NESO	*norsk-engelsk supplementsordbok, W.A. Kirkeby, Universitetsforlaget, 1983* Norwegian-English supplementary Dictionary, W.A. Kirkeby, Universitetsforlaget, 1983	*sj*	*sjelden* rare
oljeind	*oljeindustri* oil industry	*ski*	*skiuttrykk* skiing
omtr	*omtrent* approximately	*skolev*	*skolevesen* education
opt	*optikk* optics	*sms*	*sammensetning(er)* compound(s)
ovf	*ovenfor* above	*språkv*	*språkvitenskap* linguistics
paleo	*paleontologi* palaeontology	*spøkef*	*spøkefull(t)* jocular(ly)
parl	*parlamentsvesen* Parliament	*sth*	something
part.	*partisipp* participle	*subst*	*substantiv* substantive, noun
perf.	*perfektum* perfect	*superl*	*superlativ* the superlative (degree)
perf.part.	*perfektum partisipp* past participle	*tannl*	*tannlegevesen* dentistry
pers	*personlig* personal	*teat*	*teater* theatre
pl	*flertall* plural	*tekn*	*teknisk uttrykk* technical term
poet	*poetisk, dikterisk* poetical	*teol*	*teologi* theology
polit	*politikk, politisk* politics, political	*tilsv*	*tilsvarer, tilsvarende* corresponds to, corresponding
prep	*preposisjon* preposition	*tlf*	*telefoni* telephony
pres	*presens* present	*tlgr*	*telegrafi* telegraphy
pret	*preteritum* preterite, past tense	*tollv*	*tollvesen* customs
pron	*pronomen* pronoun	*TV*	*fjernsyn* television
psykol	*psykologi* psychology	*typ*	*typografisk uttrykk* printing term
radio	*radiouttrykk* radio	*tøm*	*tømmermannsuttrykk* carpentry
rel	*religion*	*ubest*	*ubestemt* indefinite
rørl	*rørleggeruttrykk* plumbing	*univ*	*universitetet* university
sagbr	*sagbruksuttrykk* sawmill industry	*vann*	*vannverksvesen* hydraulic engineering
sby	somebody	*vb*	*verb*
seilsp	*seilsport* sailing	*vet*	*veterinæruttrykk* veterinary term
sing	*entall* singular	*vulg*	*vulgært* vulgar
		zo	*zoologi* zoology
		økon	*økonomi* economics

Til Hilde Johansen
fra
Willy Kirkeby

Engelsk–norsk ordbok

13.11.96

English–Norwegian Dictionary

Av samme forfatter

Norsk-engelsk ordbok. 5. utg. 1988
Norsk-engelsk ordbok, stor utgave, 2. rev. utg. 1986
Engelsk-norsk ordbok, stor utgave. 1991
Norsk-engelsk ordbok for handels- og næringsliv. 1992
Engelsk-norsk ordbok for handels- og næringsliv. 1993

Ordbøker fra Universitetsforlaget

Marit Ingebjørg Landrø, Boye Wangensteen (red.)
Bokmålsordboka
Definisjons- og rettskrivningsordbok. Rev. utg. 1993
65 000 oppslagsord
Utarbeidet av Avdeling for leksikografi ved Universitetet i Oslo
i samarbeid med Norsk språkråd

Boye Wangesteen
Bokmålsordlista
Rettskrivningsordliste for skole, hjem og kontor
56 000 oppslagsord
Utarbeidet av Avdeling for leksikografi ved Universitetet i Oslo
i samarbeid med Norsk språkråd

Einar Haugen
Norsk-engelsk ordbok. Studentutgave
60 000 oppslagsord på bokmål og nynorsk

Lars Otto Grundt
Stor norsk-fransk ordbok
70 000 oppslagsord på bokmål og nynorsk

Tom Hustad
Stor norsk-tysk ordbok, 2. rev. utg.
65 500 oppslagsord

Kåre Nilsson
Norsk-spansk ordbok
20 000 oppslagsord

Kåre Nilsson
Norsk-portugisisk ordbok
45 000 oppslagsord

Willy A. Kirkeby

Engelsk–norsk ordbok

English–Norwegian Dictionary

Universitetsforlaget

ISBN 82-00-22463-5

Henvendelser om denne boka kan rettes til/
Distribution office:

Universitetsforlaget AS
Postboks 2959 Tøyen
N-0608 OSLO

Norsk faglitterær forfatterforening har støttet utarbeidelsen av boken.
The Association of Norwegian Non-Fiction Writers has supported
the compilation of the dictionary.

Omslag: Kari Steinnes Christoffersen

Printed in Norway by: Rotanor As, Skien

FORORD

Lærerne ser ofte hvordan elevene misforstår opplysningene i ordbøkene, og de kan selv komme galt av sted om de kommer i skade for å glemme sitt eget råd om alltid å kontrollere et uttrykks gangbarhet ved å slå opp i en ordbok fra morsmålet til fremmedspråket. I særlig grad må dette gjelde for engelsk på grunn av dette språkets fleksibilitet og rikdom på ord og vendinger.

Den innfødte bruker har her et redskap som han eller hun kan foreta seg de underligste krumspring med. Hvis for eksempel John, som er stolt av sine kjøreferdigheter, presterer å kjøre ned en portstolpe, kan det meget godt tenkes at han blir minnet om dette uhellet på en godmodig og spøkefull måte når Mary har vært utsatt for et lignende uhell. Det kan da sies at hun har 'done a John' med bilen sin. – I en engelsk film skulle en person snakke inn sine erindringer på bånd. Båndopptageren var vanskelig å betjene og tydeligvis ikke noe vanlig syn for de tilstedeværende. På spørsmål fra en nyankommen om hva slags tingest dette var, ble det svart: «That's the machine that Bill's doing his remembering into.» Bemerkningen viser hva vedkommende mener om denne nymotens måte å nedtegne sine erindringer på.

Kritiske viderekomne engelskstuderende, med kunnskaper så omfattende at de nesten utelukkende benytter ettspråklige engelske ordbøker, vil forhåpentligvis finne at denne ordboken gir dem noe vesentlig mer enn hva hittil utgitte tospråklige ordbøker kan tilby. Denne kategori brukere vil kreve rettledning med hensyn til gangbarheten av ord og uttrykk i tillegg til de vanlige opplysninger om betydning og uttale, slik at behovet for kontroll ved hjelp av en norsk-engelsk ordbok blir mindre påtrengende. Det vil jo ofte være slik at det ord eller uttrykk man slår opp, ikke alltid er det som er mest brukt. I slike tilfeller gjøres det derfor oppmerksom på at andre ord eller uttrykk kan være like anvendelige eller til og med å foretrekke. Det foreslåtte alternativ er kursivert og har likhetstegn foran seg. Det er imidlertid viktig å merke seg at når likhetstegnet mangler, dreier det seg om en forklaring eller definisjon (som **ablation** 2. eller **institutionalize** 2.). Etter en parentes som angir ny betydningsvalør, vil man fra tid til annen finne et kolon etterfulgt av ett eller flere engelske eksempler med tilhørende norske ekvivalenter. Dette viser at konnotasjonen bare har gyldighet i et fåtall faste forbindelser, slik det vil fremgå av eksemplene.

Brukere som er fortrolige med ettspråklige engelske ordbøker, har kanskje blitt slått av hvor lite man benytter etiketter for å angi om et ord er «gammeldags» eller «litterært». Den innfødte bruker synes kanskje ikke slike etiketter er viktige, men det er de for den utenlandske student. I følge anerkjente engelske ordbøker skulle det således være helt i orden å «draw on one's clothes» (trekke på seg klærne), «draw off one's socks» (trekke av seg sokkene) eller å omtale et hjemmemenneske som en «frowster». Disse uttrykkene er imidlertid eksempler på arkaisk språkbruk. Denne uvilligheten hos engelske ordboksforfattere til å merke et ord som «gammeldags» eller «litterært» gjenspeiles i de tospråklige ordbøker fra engelsk til fremmede språk, hva enten de utgis i Storbritannia eller i utlandet. Og det er nettopp i slike ordbøker at denne mangelen kan føre til valg av feil ord eller uttrykk. Et karakteristisk trekk ved denne ordboken er den utstrakte bruk av etiketter, også der hvor forfatteren har funnet valget vanskelig, og hvor bekvemmelighetshensyn kunne tilsi at den ble sløyfet. Imidlertid har brukeren, etter min mening, et berettiget krav på slike opplysninger, og dette hensynet har veid tyngst. Arkaismer er stort sett sløyfet, men der hvor slike forekommer, er de tydelig merket.

Et annet trekk ved denne ordboken er at amerikanismer i stor utstrekning er tatt med. Amerikansk uttale, som normalt ikke oppgis i denne boken, er vist for noen ords vedkommende, især når de avviker sterkt fra vanlig britisk uttale (f.eks. **illustrative, inculcate, incursion, nomenclature**).

Når det gjelder lydskriften, har jeg gått lenger enn noen annen bilingval ordbok, idet det også opplyses om adjektivene skifter, eller kan tenkes å skifte, trykk når de står attributivt. (Se f. eks. **unfair, underdone, unavailing**).

Bare et utvalg av de vanligst forekommende forkortelser er tatt med i selve ordboken. En fyldigere liste finnes som eget tillegg bak.

Her, som i mine øvrige ordbøker, har jeg begrenset meg til bokmål. Norskstudenter bør derfor også ha adgang til Einar Haugen: Norsk-engelsk ordbok, hvor begge målformer behandles parallelt, og hvor den grammatiske beskrivelse er uttømmende.

Når det gjelder satsbildet, så er alt gjort for at dette skal være så greit og oversiktlig at man lett finner ord eller uttrykk man leter etter. Konnotasjonene er nummererte.

Mange års arbeid med en større norsk-engelsk ordbok, mer enn 20 års undervisning, samt god daglig kontakt med lærerkolleger har gitt erfaring som er nedfelt i denne ordboken. I tillegg til alle dem som opp gjennom årene har hjulpet meg i arbeidet mitt, er nye kommet til. Det er ugjørlig her å takke hver især, men jeg må likevel spesielt nevne Ray Roberts, M.A., of Devizes, Wilts., som har vært en god hjelp på en rekke områder, kanskje særlig når det gjelder å oversette språklige nøtter til god, dagsaktuell engelsk, men også når det gjelder problemløsning generelt. Flere realister blant kollegene ved Lillestrøm videregående skole vil sikkert huske mine mange spørsmål om faguttrykk. En hjertelig kollektiv takk til dem også!

Men den aller største takk skylder jeg Joan M. Tindale, M.A. (Oxon.), førstelektor i engelsk ved Universitetet i Oslo, som har vært en uvurderlig konsulent, opprinnelig for min norsk-engelske ordbok og dernest for det videre arbeid som har resultert i denne boken.

Willy A. Kirkeby

PREFACE

Teachers frequently see how pupils misunderstand the information given in dictionaries, and they can themselves come to grief if they ignore their own advice always to check the currency of an expression by referring to a dictionary from the mother tongue into the foreign language. This advice must be particularly valid in the case of English on account of its flexibility and richness in word and phrase.

The native speaker has a ready tool here with which to accomplish the most remarkable linguistic feats. If John, for example, who is proud of his driving skill, manages to knock a gatepost over, he may well be reminded of this mishap in a light-hearted and good-humoured way when Mary has had a similar accident. She may then be said to have 'done a John' with her car. A character in an English film was about to record his reminiscences on tape. The tape recorder was difficult to operate and clearly not a familiar sight to the people present. To the question of a newcomer as to what sort of gadget it was, someone replied "That's the machine that Bill's doing his remembering into." The remark shows what the individual concerned thinks about this new-fangled way of recording one's reminiscences.

The critical and advanced students of English whose command of the language is so comprehensive that they use all-English dictionaries almost exclusively will find, hopefully, that this dictionary offers them substantially more than do the bilingual dictionaries hitherto published. In addition to the usual information concerning meaning and pronunciation, this group of users will require guidance as to the currency of words and expressions, so that the need for verification with the aid of a Norwegian-English dictionary is rendered less pressing. Indeed it will often be the case that the word or expression one is looking up cannot be said to be the one most frequently used. In such cases, attention is drawn in this dictionary to the fact that other words and expressions may be just as applicable or even preferable. The suggested alternative is italicized and preceded by the equation sign. It is important to notice, however, that the absence of the equation sign indicates an explanation or definition (for example **ablation** 2. or **institutionalize** 2.) After brackets enclosing a new shade of meaning, there will sometimes be a colon, followed by one or more examples in English with associated Norwegian equivalents. This indicates that such connotations have validity in only a limited number of set expressions, as shown by the examples.

Readers who are familiar with all-English dictionaries may have been struck by the sparing use of labels to show whether a given word or phrase is 'archaic' or 'literary'. Such labels may not be felt to be important to the native-speaking user but are essential to the foreign student. Thus, according to recognized English dictionaries, it is supposedly in good order to 'draw on one's clothes', 'draw off one's socks' or to say of a homebird that he is a 'frowster'. These terms are, however, examples of archaic usage. This hesitancy on the part of those who compile English dictionaries to mark a word as 'archaic' or 'literary' is reflected in the bilingual works from English into other languages, whether they are published in the UK or abroad. And it is precisely in such dictionaries that this shortcoming can lead to the choice of a wrong word or expression. A characteristic feature of this dictionary is the extensive use of labels, even where the choice is difficult and where considerations of convenience might indicate that they be omitted. However, in my opinion the reader is justified in demanding such information, and this has been an overriding consideration. Archaisms have largely been omitted, but where they occur they are clearly marked as such.

Another feature of this dictionary is that Americanisms are included to a great extent. American pronunciation, not normally represented in this book, is shown in the case of a few words, notably in cases where it differs greatly from the usual British pronunciation (e.g. **illustrative, inculcate, incursion, nomenclature**).

As regards phonetic notation, I have gone further than any other bilingual dictionary, in that information is given as to actual or possible shifts in stress when attributive. (See e.g. unfair, underdone, unavailing.)

The dictionary itself contains only a selection of the most frequently occurring abbreviations. A fuller list will be found in an appendix at the end of the book.

As in my other dictionaries, I have confined myself to bokmål (Standard Norwegian). For this reason students of Norwegian should also have access to Einar Haugen: Norwegian-English Dictionary, which treats both forms of Norwegian and gives exhaustive grammatical information.

As regards print, the maximum effort has been made to ensure ease in finding the word or phrase in question. Connotations are numbered.

Many years' work on a major Norwegian-English dictionary, more than 20 years of teaching, together with a good daily contact with teacher colleagues have provided the experience which has gone into this dictionary. In recent years, many newcomers have joined all those good people who, in the past, have helped me in my work. It is impracticable to thank each one individually here. However, I must mention Ray Roberts, M.A., of

Devizes, Wilts., who has been a great help in a number of sectors, especially perhaps in rendering linguistic posers into good, current English, but also where the resolving of problems in general was involved. Several scientists among my colleagues at Lilleström Sixth Form College will certainly remember my numerous questions about technical terms. Sincere thanks to all of them, too!

But above all I am indebted to Joan M. Tindale, M.A. (Oxon.), senior lecturer in English at the University of Oslo. She has been an indispensable consultant, originally to my Norwegian-English dictionary and more recently to the further work which has resulted in this book.

Willy A.Kirkeby

INNHOLD

BRUKERVEILEDNING *USER'S GUIDE*

Uttale *Pronunciation*

a:	farm	ə	a'fraid	ŋ	**sing**	ð	**th**en
æ	back	əː	bird	ɔ	top	θ	**th**ink
ʌ	but	ɛə	**hair**	ɔː	**tall**	ʒ	pleasure
ai	pipe	ei	state	ɔi	**boy**	dʒ	**j**ust
aiə	**fire**	i	sit	ou	home	ʃ	**sh**ort
au	house	i:	seat	ouə	**lower**	tʃ	**ch**op
auə	hour	iə	**here**	s	some	v	vivid
e	bed	j	**y**es	z	**z**oo	w	we

' betegner hovedtrykk, plassert foran den trykksterke vokalen som i **baby** ['beibi].
' *denotes main stress, placed before the stressed vowel, as in* **baby** ['beibi].

ˌ betegner sekundært trykk, plassert foran den trykksterke vokalen som i **baby-sit** ['beibi,sit]
ˌ *denotes secondary stress, placed before the stressed vowel, as in* **baby-sit** ['beibi,sit]

~ over en vokal markerer nasalering (bare i noen franske ord).
~ *above a vowel indicates nasalisation (only in some French words).*

: betegner lang vokal
: *denotes a long vowel*

Tegnforklaring *Symbols used*

~ betegner at oppslagsordet skal gjentas, for eksempel **abdominal: ~ cavity**
~ *replaces the headword, e.g.* **abdominal: ~ cavity**

Hvis et bindestreksord, for eksempel **absent-minded**, må deles, settes bindestreken først på neste linje for å vise at den er en del av selve ordet, for eksempel
absent
-minded

If a hyphenated word, e.g. **absent-minded**, *has to be divided, the hyphen is placed at the beginning of the next line to show that it is part of the word, e.g.*
absent
-minded

(-ing) brukes for å markere at man på engelsk i angjeldende uttrykk bruker verbets ing-form, for eksempel **gain by (-ing)** stå seg på å.

(-ing) *is used to show that in English the ing-form of the verb is used in the expression concerned, e.g.* **gain by (-ing)** stå seg på å.

Parentes ( ) om en oversettelse vil si at denne kan tas med eller utelates, for eksempel **that's about (the size) of it.** Komma og parentes benyttes også for å vise den amerikanske formen eller stavemåten, for eksempel **declare oneself in favour(,US:** *favor*) **of something.** Komma foran US indikerer i slike tilfeller alltid at bare det umiddelbart foranstående britisk-engelske ord byttes ut.

Brackets ( ) are used to indicate that the word or words enclosed in them may be included or left out of the translation, e.g. **that's about (the size) of it.** *A comma and brackets are also used to show the American form or spelling, e.g.* **declare oneself in favour(,US:** *favor*) **of something**. *In such cases a comma before* **US** *always indicates that only the British-English word immediately before it is replaced.*

Foreslåtte alternativer står kursivert i parentes og har likhetstegn foran seg:
high hat(=*top hat*) høy hatt; flosshatt.

Når likhetstegnet mangler, dreier det seg om en forklaring eller definisjon:
ablation ... 2. *med. (=removal of body tissue by surgical methods)* ablasjon.

Suggested alternatives are bracketed, italicized and preceded by an equation sign:
high hat(=*top hat*) høy hatt; flosshatt.

The absence of an equation sign indicates an explanation or definition:
ablation … 2. med. (=*removal of body tissue by surgical methods*) ablasjon.

Kolon etter en parentes som angir ny betydningsvalør angir at konnotasjonen bare har gyldighet i et begrenset antall faste forbindelser, slik det vil fremgå av eksemplet:
II. call … 14(=*expose*): **I -ed his bluff**
jeg avslørte bløffen hans;

A colon after brackets enclosing an additional shade of meaning indicates that the connotation is valid in only a limited number of set phrases, as shown by the example:
II. call ... 14(=*expose*): **I -ed his bluff**
jeg avslørte bløffen hans;

FORKORTELSER

Forkortelser som uttales som det ord de representerer (f.eks. **amt,** som uttales 'amount', og **Adm.,** som uttales 'Admiral'), står i listen oppført uten uttaleveiledning. Når forkortelsene uttales som ord, er de forsynt med lydskrift (f.eks. **Benelux** ['beni,lʌks].

Det er en tendens til å skrive forkortelser, især vitenskapelige faguttrykk, universitetsgrader og navn på organisasjoner, uten punktum mellom bokstavene. Stort sett er punktumene utelatt i nedenstående liste, men i de fleste tilfeller er begge former (med og uten punktum) like korrekte.

ABBREVIATIONS

No pronunciation is given for abbreviations which, when spoken, are pronounced in the same way as the full form of the word(s) concerned (e.g. **amt** which is pronounced as 'amount' and **Adm.** as 'Admiral'). For abbreviations which are pronounced as words, a transcription is provided (e.g. **Benelux** ['beni,lʌks]).

There is a tendency to spell abbreviations, esp. of scientific terms, university or college degrees, and the names of organizations, without full stops between the letters. The full stops have generally been left out in the list below, but it should be understood that in most cases both forms (with or without full stops) are equally correct.

AAM *air-to-air missile.*
ABM *antiballistic missile.*
ACAS ['eikæs] *Advisory, Conciliation and Arbitration Service.*
ACW *aircraftwoman.*
Adm. *Admiral.*
admin ['ædmin] *administration.*
advt. *advertisement.*
AEC *Atomic Energy Commission.*
AGM *annual general meeting; (se general meeting).*
AID US: *Agency for International Development.*
AIDS [eidz] *Acquired Immune Deficiency Syndrome.*
AM US: *Master of Arts.*
AMA American Medical Association.
amt *amount.*
ans *answer.*
a.o.b., A.O.B. *any other business.*
approx. *approximate(ly).*
apt. *apartment.*
arr. *arrival; arrive(s).*
ARW *air-raid warden.*
ASM *air-to-surface missile.*
asst *assistant.*
ACT *air traffic control.*
att., atty *attorney.*
Aug. *August.*

B & B, b and b *bed and breakfast.*
BAOR *British Army of the Rhine.*
BCom [bi:'kɔm] *Bachelor of Commerce; (jvf MBA).*
BEd [bi:'əd] *Bachelor of Education; (se* NEO: lærerskole*).
Benelux ['beni,lʌks] *Belgium, the Netherlands and Luxembourg.*
BEng [,bi:'endʒ] *Bachelor of Engineering.*
BG *Brigadier-General.*
bhp *brake horsepower.*
bk *book.*
bkg *banking.*
B/L, b/l *bill of lading.*
bldg *building.*
BMA *British Medical Association.*
BMTA *British Motor Trade Association.*
bn *billion.*
B.O., b.o. *body odour.*
bor *borough.*
BOTB *British Overseas Trade Board.*
Bp *bishop.*
BR *British Rail.*
BRCS *British Red Cross Society.*
Brig **1.** *Brigadier;* **2.** *brigade.*
Brig-Gen *brigadier-General.*
Brit [brit] **1.** *Britain;* **2.** *British.*
Bro. [brou] *Brother.*
Bros *Brothers.*
BS **1.** *bill of sale;* **2.** *British Standard;* **3. US:** *Bachelor of Science.*
BSI **1.** *British Standards Institution;* **2.** *Building Societies Institute.*
Bt *Baronet.*
BTA *British Tourist Authority.*
bus *business.*

CA *Chartered Accountant.*
CAA *Civil Aviation Authority.*
cal *calorie(s).*
Cantab ['kæntæb] *se ordboken.*
cap capital.
Capt *Captain.*
CARD [ka:d; 'si:,eia:'di:] *Campaign Against Racial Discrimination.*
CAT *College of Advanced Technology.*
Cath *Catholic.*
CB *confinement to barracks.*
CBC *Canadian Broadcasting Corporation.*
CBE *Commander of the (Order of the) British Empire.*

CBI *Confederation of British Industry.*
CBR *chemical, bacteriological, and radiation.*
CBS *Columbia Broadcasting System.*
CD *Corps Diplomatique, Diplomatic Corps.*
Cdn *Canadian.*
Cdr *Commander.*
Cdre *Commodore.*
CEGB *Central Electricity Generating Board.*
CEng *Chartered Engineer.*
Cert. *Certificate.*
cf. *confer.*
CFE *College of Further Education.*
ch., chap *chapter.*
CI *Channel Islands.*
CIA US: *Central Intelligence Agency.*
CID *Criminal Investigation Department.*
CIGS *Chief of the Imperial General Staff.*
CMS *Church Missionary Society.*
CNAA *Council for National Academic Awards; (se ordboken).*
CND *Campaign for Nuclear Disarmament.*
CO *Commanding Officer.*
Co. 1. *Company;* **2.** *county.*
COD *cash on delivery.*
col 1. *colour;* **2.** *coloured;* **3.** *column.*
Col. *Colonel.*
coll. 1. *college;* **2.** *colloquial.*
com, comm 1. *commerce;* **2.** *commercial;* **3.** *Commonwealth;* **4.** *Communist.*
Com, Comm 1. *Commander;* **2.** *Commodore;* **3.** *Commonwealth;* **4.** *Communist.*
comdg *commanding.*
Comdr *Commander.*
Comdt *Commandant.*
comp. 1. *compare;* **2.** *comparative;* **3.** *composition;* **4.** *comprehensive.*
con 1. *consul;* **2.** *consolidated.*
Con, Cons *Conservative.*
conj 1. *conjugation;* **2.** *conjunction;* **3.** *conjunctive.*
constr *construction.*
cont., contd *continued.*
Corp 1. *Corporal;* **2. US:** *Corporation.*
Coy *mil: Company.*
cpd *compound.*
Cpl *Corporal.*
CPO *Chief Petty Officer.*
Cres(c). *Crescent.*
CSE *Certificate of Secondary Education.*
cu., cub. *cubic.*
CSC *Civil Service Commission.*
CT *College of Technology.*
cwt *hundredweight(s).*

DA 1. *deposit account;* **2. US:** *District Attorney.*
dB, db *decibel(s).*
dc, DC *direct current.*
DEA US: *Drug Enforcement Administration.*
Dec *December.*
deg. *degree(s).*
dep. 1. *depart(s);* **2.** *departure.*
Dep., Dept., dep, dept. 1. *department;* **2.** *deputy.*
DES *Department of Science and Education.*
Det. *Detective.*
DHSS *Department of Health and Social Security.*
DANIDA [də'ni:də] *Danish International Development Agency.*
DI *Detective Inspector.*
dial *dialect.*
diam *diameter.*
dict 1. *dictionary;* **2.** *dictator.*
dim 1. *dimension;* **2.** *diminutive.*
Dip *Diploma.*
DipEd [,dip'ed] *Diploma in Education; (se education).*
dir *director.*
DIY [,di:ai'wai; ,du:itjɔ:'self] *Do-It-Yourself.*
DLitt [,di:'lit] *Doctor of letters.*
DM 1. *Deutsche Mark(s);* **2.** *Doctor of Medicine.*
DMus [,di:'mʌs] *Doctor of Music.*
do *ditto.*
doc *document.*
DOD US: *Department of Defense.*
DOE *Department of the Environment.*
DOS *disk operating system.*
DOT *Department of Trade.*
doz. [dʌz; dʌzən] *dozen.*
dp, DP *data processing.*
DP 1. *displaced person;* **2.** *data processing.*
DPhil [,di:'fil] *Doctor of Philosophy.*
DPP *Director of Public Prosecutions.*
dpt *department.*
DS *Detective Sergeant.*
DSc *Doctor of Science.*
DTI *Department of Trade and Industry.*

Ed. 1. *Editor;* **2.** *education.*
EDP, edp *electronic data processing.*
EEC *European Economic Community.*
EFTA ['eftə] *European Free Trade Association.*
e.g., eg [,i:'dʒi:] *for example.*
elec, elect 1. *electric(al);* **2.** *electricity.*
EMA *European Monetary Agreement.*
Emp. 1. *Emperor;* **2.** *Empress.*
EMS *European Monetary System.*
enc, encl 1. *enclosed;* **2.** *enclosure.*
Eng. 1. *England;* **2.** *English.*
EOC Equal Opportunities Commission.
ESL *English as a second language.*
ESN *educationally subnormal.*
ESP *extrasensory perception.*
esp. *especially.*
Esq. *Esquire.*
ETA *estimated time of arrival.*
ETD *estimated time of departure.*
euph *euphemistic.*
exor *executor.*
ext 1. *extension;* **2.** *exterior;* **3.** *external(ly);* **4.** *extinct.*

F 1. *Fahrenheit;* **2.** *Fellow.*
FA *Football Association.*
FAO *Food and Agriculture Organization.*
FBI US: *Federal Bureau of Investigation.*
FCO *Foreign and Commonwealth Office.*
Feb. *February.*
fem 1. *female;* **2.** *feminine.*
FIFA ['fi:fə] *International Football Federation.*
fig. 1. *figurative(ly),* **2.** *figure.*
Flt Lt *Flight Lieutenant.*
Flt Sgt *Flight Sergeant.*
FM *Field Marshal.*
FO 1. *Foreign Office;* **2.** *Flying Officer;* **3.** *Field Officer.*
fr *franc(s).*
Fri. *Friday.*
ft. *foot; feet.*
FWD 1. *four-wheel drive;* **2.** *front-wheel drive.*

g *gram(me)(s).*
gal(l) *gallon(s).*
GATT [gæt] *General Agreement on Tariffs and Trade.*
gaz *gazette.*
GB *Great Britain.*

GCE *General Certificate of Education.*
GCHQ *Government Communications Headquarters, (jvf NSA).*
GCSE *General Certificate of Secondary Education.*
Gnds *Gardens.*
Gen *General.*
GHQ *General Headquarters.*
Gk *Greek.*
GLC *Greater London Council.*
Glos *Gloucestershire.*
GM **1.** *general manager;* **2.** *guided missile.*
GMC *General Medical Council.*
GMT *Greenwich Mean Time.*
govt *government.*
GP *general practitioner.*
Gp Capt *Group Captain.*
GPO *general post office.*
Gr *Greek.*
gram **1.** *grammar;* **2.** *grammatical.*
Gro *Grove.*
GS *General Staff.*
GSO *General Staff Officer.*
gt *great.*
gtd *guaranteed.*

ha *hectare.*
hdbk *handbook.*
hdqrs headquarters.
her *heraldry.*
Here., Heref. *Herefordshire.*
Herts *Hertfordshire.*
hf *half.*
HF *high frequency.*
hg **1.** *hectogram;* **2.** *haemoglobin.*
HGV *heavy goods vehicle.*
hist **1.** *history;* **2.** *historian;* **3.** *historical.*
hl *hectolitre.*
HM **1.** *headmaster;* **2.** *headmistress;* **3.** *Her (,His) Majesty.*
HMF *Her (,His) Majesty's Forces.*
HMS *Her (,His) Majesty's Ship.*
HMSO *Her (,His) Majesty's Stationery Office.*
HO *Home Office.*
hon **1.** *honour;* **2.** *honourable;* **3.** *honorary.*
Hon *(the) Honourable.*
Hons *Honours.*
hort *horticultural.*
hos, hosp *hospital.*
HP **1.** *hire purchase;* **2.** *horsepower;* **3.** *high pressure;* **4.** *Houses of Parliament.*
HQ *headquarters.*
hr *hour.*
HRH *Her (,His) Royal Highness.*
ht *height.*
HV **1.** *high-voltage;* **2.** *high velocity.*
hwy *highway.*
Hz *hertz.*

IATA [ai'a:tə] *International Air Transport Association.*
IAEA *International Atomic Energy Agency.*
IBM *International Business Machines.*
ICAO *International Civil Aviation Organization.*
ICBM *intercontinental ballistic missile.*
ILEA [,ai,eli:'ei; 'iliə] *Inner London Education Authority.*
ill, illus, illust **1.** *illustrated;* **2.** *illustration.*
ILO **1.** *International Labour Organization;* **2.** *International Labour Office.*
ILS *instrument landing system.*
IMF *International Monetary Fund.*
in *inch(es).*
INF *intermediate-range nuclear forces.*
inf **1.** *infinitive;* **2.** *inferior;* **3.** *influence;* **4.** *information.*
info ['infou] **T:** *information.*
ins *insurance.*
insp *inspector.*
inst **1.** *instant;* **2.** *institute;* **3.***institution.*
inter *interjection.*
in trans *in transit.*
intro *introduction.*
IRA *Irish Republican Army.*
ISBN *International Standard Book Number.*
ITB *Industry Training Board.*
ITV *Independent Television.*
IUD *intrauterine device.*

J *joule(s).*
JA *Judge Advocate.*
JAG *Judge Advocate General.*
Jan. *January.*
jct *junction.*
Jnr *Junior.*
JP *Justice of the Peace.*
Jr *Junior.*
Jul. *July.*
Jun. *June.*

k *carat.*
KANU ['ka:nu] *Kenya African National Union.*
kg *kilogram(me)(s).*
kilo *kilogram(me).*
KG *Knight of the (Order of the) Garter.*
km *kilometre(s).*
KO, ko *knock out.*
kph *kilometres per hour.*
Kt *Knight.*
kV *kilovolt.*
kW, kw *kilowatt.*

La *lane.*
Lab *Labour.*
LAC *Leading Aircraftman.*
LACW *Leading Aircraftwoman.*
Lancs. *Lancashire.*
lang *language.*
Lat *Latin.*
lb *pound(s).*
lbw *leg before wicket.*
LCC *London County Council.*
LCJ *Lord Chief Justice.*
L/Cpl, LCpl, Lance-Cpl *Lance Corporal.*
LEA *Local Education Authority.*
Lib *Liberal.*
Lieut *Lieutenant.*
Lincs. *Lincolnshire.*
lit **1.** *literature;* **2.** *litre.*
LD *Lord Justice.*
LNG *liquefied natural gas.*
Lt *Lieutenant.*
LTA *Lawn Tennis Association.*
Lt-Col *Lieutenant-Colonel.*
Ltd. *Limited.*
Lt-Gen *Lieutenant-General.*
LV **1.** *low velocity;* **2.** *low voltage;* **3.** *luncheon voucher.*
LWT *London Weekend Television.*

m **1.** *metre(s);* **2.** *mile(s).*
MA *Master of Arts.*
MAFF *Ministry of Agriculture, Fisheries, and Food.*
Maj *Major.*
Maj-Gen *Major-General.*

M & M *Marks and Spencer.*
mar *maritime.*
masc *masculine.*
max [mæks] *maximum.*
MBA US: *Master of Business Administration; (jvf BCom).*
MC 1. *Master of Ceremonies;* **2.** *Military Cross;* **3.** *Medical Corps;*
MCP *male chauvinist pig.*
ME *Middle English.*
med [med] **1.** *medical;* **2.** *medicine;* **3.** *mediaeval;* **4.** *medium.*
MEP *Member of the European Parliament.*
met 1. *meteorology;* **2.** *meteorological;* **3.** *metropolitan.*
mfg *manufacturing.*
mg *milligram(me)(s).*
MG *machine gun.*
min 1. *minimum;* **2.** *minute.*
Min *Minister.*
mixt *mixture.*
misc. *miscellaneous.*
ml *millilitre(s).*
mm *millimetre(s).*
MOH *Medical Officer of Health.*
Mon. *Monday.*
MOT *Ministry of Transport.*
MP 1. *Member of Parliament;* **2.** *Metropolitan Police;* **3.** *Military Police; Military Policeman.*
MRA *Moral Re-Armament.*
MSC 1. *Manpower Services Commission;* **2.** *Metropolitan Special Constabulary.*
MSc *Master of Science.*
MSS *manuscripts.*
Mt *Mount(ain).*
MY *Motor Yacht.*

NAAFI ['næfi] *Navy, Army, and Air Force Institutes.*
NALGO ['nælgou] *National and Local Government Officers' Association.*
NASA ['næsə] **US:** *National Aeronautics and Space Administration.*
NATO ['neitou] *North Atlantic Treaty Organization.*
naut *nautical.*
nav 1. *navigable;* **2.** *navigation.*
NBC US: *National Broadcasting Company.*
nbg T: *no bloody good.*
NCB *National Coal Board.*
NCD *no-claims discount.*
ncv *no commercial value.*
NEB 1. *National Enterprise Board;* **2.** *New English Bible.*
NEC *National Executive Committee.*
neg *negative.*
neut *neuter.*
NF 1. *National Front;* **2.** *Newfoundland;* **3.** *no funds.*
NFS *not for sale.*
NGA *National Graphical Association.*
NHS *National Health Service.*
No., no. *number.*
nom *nominative.*
NOP *National Opinion Poll.*
NORAD ['nɔ:,ræd] *Norwegian Agency for International Development.*
Norf *Norfolk.*
norm *normal.*
Northants. [nɔ:θænts; nɔ:θ'hænts] *Northamptonshire.*
Northumb. *Northumberland.*
nos. *numbers.*
Notts. [nɔts] *Nottinghamshire.*
Nov. *November.*
NP *Notary Public.*
nr *near.*
NSA US: *National Security Agency; (jvf GCHQ).*
NSB *National Savings Bank.*
NSPCC *National Society for the Prevention of Cruelty to Children.*
NT 1. *New Testament;* **2.** *National Trust;* **3.** *no trumps.*
NTP *normal temperature and pressure.*
nt wt *net weight.*
NUBE ['nju:bi] *National Union of Bank Employees.*
NUGMW *National Union of General and Municipal Workers.*
num numeral.
NUM *National Union of Mineworkers.*
NUPE ['nju:pi] *National Union of Public Employees.*
NUR *National Union of Railwaymen.*
NUS 1. *National Union of Seamen;* **2.** *National Union of Students.*
NUT *National Union of Teachers.*
NY *New York.*
NYC *New York City.*
NZ *New Zealand.*

o *ohm.*
OAP *old-age pensioner.*
OAU *Organization of African Unity.*
OBE *Officer of the (Order of the) British Empire.*
obj 1. *object;* **2.** *objective.*
obs 1. *obsolete;* **2.** *obstetrical;* **3.** *obstetrics.*
OC *Officer Commanding.*
occas occasionally.
oct *octavo.*
Oct. *October.*
OE *Old English.*
OECD *Organization for Economic Cooperation and Development.*
OFT *Office of Fair Trading.*
OM *Order of Merit.*
OPEC ['oupek] *Organization of Petroleum Exporting Countries.*
orig 1. *origin;* **2.** *original(ly).*
OS 1. *ordinary seaman;* **2.** *Ordnance Survey;* **3.** *out of stock;* **4.** *outsize.*
OSD *optical scanning device.*
OT *Old Testament.*
OTC *Officers' Training Corps.*
OU *Open University.*
OXFAM ['ɔksfæm] *Oxford Committee for Famine Relief.*
oz *ounce(s).*

p 1. *penny; pence;* **2.** *page;* **3.** *past;* **4.** *participle;* **5.** *per.*
p.a. *per annum.*
par., para. *paragraph.*
P & L *profit and loss.*
p & p *postage and packing.*
part *participle.*
pass *passive.*
pat 1. *patent;* **2.** *patented.*
PAYE *Pay As You Earn.*
pc 1. personal computer; **2.** *per cent;* **3.** *postcard.*
pc 1. *price;* **2***(pl: pcs)* piece.
PC 1. *Police Constable;* **2.** *Privy Councillor;* **3.** *Parish Council(lor);* **4.** *Prince Consort.*
pd *paid.*
Pde *Parade.*
PE *physical education.*
pen *peninsula.*
PEP *Political and Economic Planning.*

PER *Professional Employment Register.*
perh *perhaps.*
perm *permanent.*
pers **1.** *person;* **2.** *personal.*
PG **1.** *paying guest;* **2.** *postgraduate.*
PhD *Doctor of Philosophy.*
phil *philosophy.*
phon *phonetics.*
phr *phrase.*
phys **1.** *physics;* **2.** *physical.*
physiol *physiology.*
PI *petrol injection.*
pkg *package.*
Pl. *Place.*
PLA *Port of London Authority.*
PLO *Palestine Liberation Organization.*
PM **1.** *Prime Minister;* **2.** *postmortem;* **3.** *Provost Marshal.*
PMG **1.** *Postmaster General;* **2.** *Paymaster General.*
PO **1.** *Petty Officer;* **2.** *Pilot Officer;* **3.** *postal order;* **4.** *Post Office.*
POB *Post Office Box.*
pol, polit **1.** *politics;* **2.** *political.*
pop *population.*
pos *positive.*
POW *prisoner of war.*
pp **1.** *pages;* **2.** *per pro.*
PPS **1.** *Parliamentary Private Secretary;* **2.** *further postscript.*
pr **1.** *pair;* **2.** *present;* **3.** *price;* **4.** *pronoun.*
PR *public relations.*
prep **1.** *preposition;* **2.** *preparation;* **3.** *preparatory.*
pres *present.*
Pres *President.*
prev *previous.*
PRO **1.** *Public Record Office;* **2.** *public relations officer.*
pro. *professional.*
prod *production.*
Prof *Professor.*
pron **1.** *pronoun;* **2.** *pronunciation;* **3.** *pronounced.*
Prot. *Protestant.*
PS **1.** *Police Sergeant;* **2.** *postscript.*
PSV *public service vehicle.*
pt **1.** *pint(s);* **2.** *part;* **3.** *port;* **4.** *point.*
PTA *Parent-Teacher Association.*
Pte *mil: Private.*
ptg *printing.*
PTO *please turn over.*
PVC *polyvinyl chloride.*
PW *policewoman.*

QB *Queen's Bench.*
QC *Queen's Counsel.*
QM *quartermaster.*
QMG *Quartermaster General.*
qr *quarter.*
qt *quart.*
qty *quantity.*
quot *quotation.*
qy *query.*

RA **1.** *Royal Academy;* **2.** *Rear Admiral;* **3.** *Royal Artillery.*
RAA *Royal Academy of Arts.*
RAC *Royal Automobile Club.*
RADA ['ra:də] *Royal Academy of Dramatic Art.*
RAEC *Royal Army Educational Corps.*
RAF [,a:rei'ef; ræf] *Royal Air Force.*
RAH *Royal Albert Hall.*
RAMC *Royal Army Medical Corps.*
RAOC *Royal Army Ordnance Corps.*
RB *Rifle Brigade.*
RC **1.** *Red Cross;* **2.** *Roman Catholic;* **3.** *reinforced concrete.*
RCA *Royal College of Art.*
RCM *Royal College of Music.*
Rd *Road.*
RDC *Rural District Council.*
RE **1.** *religious education;* **2.** *Royal Engineers.*
regt *regiment.*
rel **1.** *relative;* **2.** *relation;* **3.** *relating.*
REME ['ri:mi] *Royal Electrical and Mechanical Engineers.*
Rep **1.** *republic;* **2.** *Republican.*
retd *retired.*
Rev., Revd. *Reverend.*
RFH *Royal Festival Hall.*
RGS *Royal Geographical Society.*
RH *Royal Highness.*
RHG *Royal Horse Guards.*
RI *religious instruction.*
RM **1.** *Royal Marines;* **2.** *Royal Mail;* **3.** *Resident Magistrate.*
RMA *Royal Military Academy.*
RN *Royal Navy.*
RNAS *Royal Navy Air Service.*
rpm **1.** *revolutions per minute;* **2.** *retail price maintenance.*
RPO *Royal Philharmonic Orchestra.*
RRB *Race Relations Board.*
RSPCA *Royal Society for the Prevention of Cruelty to Animals.*
rt *right.*
Rt Hon *Right Honourable.*
RUC *Royal Ulster Constabulary.*
ry, rwy *railway.*

SA **1.** *South Africa;* **2.** *Salvation Army;* **3.** *sex appeal;* **4.** *small arms.*
SAA *South African Airways.*
sae, S.A.E. *stamped addressed envelope.*
SALT [sɔ:lt] *Stragetic Arms Limitation Talks.*
SAM *surface-to-air missile.*
SAS **1.** *Special Air Service;* **2.** *Scandinavian Airlines System.*
Sat. *Saturday.*
SAYE *save-as-you-earn.*
sb *substantive.*
SBN *Standard Book Number.*
SBS *Special Boat Squadron.*
s/c *self-contained.*
Sc *Scots.*
SCE *Scottish Certificate of Education.*
SCF *Save the Children Fund.*
sch *school.*
sci fi ['sai,fai] *science fiction.*
SCM *State Certified Midwife.*
Scot *Scotland.*
SDA *Sex Discrimination Act.*
SDP *Social Democratic Party.*
SEATO ['si:tou] *Southeast Asia Treaty Organization.*
sec. **1.** *second;* **2.** *secondary;* **3.** *secretary;* **4.** *section.*
sect. *section.*
secy *secretary.*
sen **1.** *senate;* **2.** *senator;* **3.** *senior.*
SEN *State Enrolled Nurse; (se I. nurse).*
Sep., Sept. *September.*
Serg, Sergt *Sergeant.*
SG *Solicitor General.*
sgd *signed.*
Sgt *Sergeant.*
Shak *Shakespeare.*

SHAPE [ʃeip] *Supreme Headquarters Allied Powers Europe.*
SIDA ['si:də] *Swedish International Development Agency.*
sig *signature.*
sing *singular.*
SIS *Secret Intelligence Service.*
sit 1. *situated;* **2.** *situation.*
sm *small.*
snr *senior.*
SO 1. *Scientific Officer;* **2.** *Stationery Office.*
soc [sə'saiəti; sɔk] *society.*
sociol 1. *sociological;* **2.** *sociologist;* **3.** *sociology.*
SOGAT ['sougæt] *Society of Graphical and Allied Trades.*
sol 1. *solicitor;* **2.** *soluble;* **3.** *solution.*
Som. Somerset.
specif *specific(ally).*
SPRC *Society for the Prevention and Relief of Cancer.*
SPUC *Society for the Protection of the Unborn Child.*
sq *square.*
Sqn Ldr *Squadron Leader.*
SR *Senior Registrar.*
SRC *Science Research Council.*
SRMN *State Registered Mental Nurse.*
SRN *State Registered Nurse.*
SSRC *Social Science Research Council.*
SSM *surface-to-surface missile.*
St 1. *Saint;* **2.** *Street.*
sta. 1. *station;* **2.** *stationary.*
Staffs [stæfs] *Staffordshire.*
std *standard.*
stg *sterling.*
stn *station.*
subj 1. *subject;* **2.** *subjunctive.*
suff *suffix.*
Sun. *Sunday.*
sup 1. *superlative;* **2.** *superior;* **3.** *supplement(ary).*
superl *superlative.*
supp, suppl *supplement(ary).*
supt *superintendent.*
surg 1. *surgeon;* **2.** *surgery;* **3.** *surgical.*
surv 1. *survey(ing);* **2.** *surveyor.*
SWAPO ['swa:pou] *South-West Africa People's Organization.*
Sx *Sussex.*
syl, syll *syllable.*
sym *symmetrical.*
syn 1. *synonym;* **2.** *synonymous.*
syst *system.*

TAB [tæb; ,ti:ei'bi:] *typhoid-paratyphoid A and B (vaccine).*
tb 1. *trial balance;* **2.** *tuberculosis.*
TB 1. *torpedo boat;* **2.** *tuberculosis.*
tbs, tbsp *tablespoon(ful).*
TC technical college.
Tce *terrace.*
tech 1. *technical(lly);* **2.** *technician;* **3.** *technological;* **4.** *technology.*
technol 1. *technological;* **2.** *technology.*
TEFL ['tefəl; ,ti,i:ef'el] *teaching English as a foreign language.*
tel 1. *telephone;* **2.** *telegraph;* **3.** *telegram;* **4.** *telegraphic.*
temp 1. *temperature;* **2.** *temporary;* **3. T:** *temporary employee.*
Ter, Terr *terrace.*
TES *Times Educational Supplement.*
TESL [,ti:i:es'el; 'tesəl] *teaching English as a second language.*
Test *Testament.*
TGWU *Transport and General Workers' Union.*
Th. *Thursday.*
Tho, Thos *Thomas.*
Thurs. *Thursday.*
tot *total.*
tr 1. *transitive;* **2.** *translated;* **3.** *translation;* **4.** *translator.*
transl 1. *translation;* **2.** *translated.*
treas *treasurer.*
TU *trade union.*
TUC *Trades Union Congress.*
Tu., Tue., Tues. *Tuesday.*
TWA *Trans-World Airlines.*
typ, typog 1. *typographer;* **2.** *typography.*

UAE *United Arab Emirates.*
UAR *United Arab Republic.*
UC *University College.*
UCCA ['ʌkə] *Universities Central Council on Admissions.*
UCL *University College London.*
UDE *University Department of Education; (se education).*
UDI *Unilateral Declaration of Independence.*
UN *United Nations.*
unan *unanimous.*
UNCTAD ['ʌŋktæd] *United Nations Commission on Trade and Development.*
UNESCO [ju:'neskou] *United Nations Educational, Scientific, and Cultural Organization.*
UNICEF ['ju:ni,sef] *United Nations Children's Fund.*
univ 1. *university;* **2.** *universal.*
UNO ['ju:nou] *United Nations Organization.*
UNRWA ['ʌnrə] *United Nations Relief and Works Agency.*
UPI *United Press International.*
UPOW *Union of Post Office Workers.*
URC *United Reformed Church.*
USA 1. *United States of America;* **2.** *United States Army.*
USAF *United States Air Force.*
USN *United States Navy.*
usu *usual(ly).*

V 1. *volume;* **2.** *volt(s);* **3.** *voltage;* **4.** *velocity.*
v *versus.*
vac *vacant.*
var 1. *variable;* **2.** *variant;* **3.** *variation;* **4.** *variety;* **5.** *various.*
VAT [væt; ,vi:ei'ti:] *value-added tax.*
vb 1. *verb;* **2.** *verbal.*
VC 1. *Vice Chairman;* **2.** *Vice Chancellor;* **3.** Vice Consul; **4.** *Victoria Cross.*
VCR *video cassette recorder.*
VD *venereal disease.*
VDU *visual display unit.*
vel *velocity.*
VHF *very high frequency.*
vi *verb intransitive.*
VIP *Very Important Person.*
Visc *Viscount(ess).*
viz ['neimli; vi'di:liset] *videlicet.*
vocab ['voukæb] *vocabulary.*
vol *volume.*
VP *Vice-President.*
vs 1. *verse;* **2.** *især* **US**(=v) *versus.*
VSO *Voluntary Service Overseas.*
VSOP *Very Special Old Pale; (type of brandy).*
vt *verb transitive.*

VTOL ['vi:tɔl] *vertical takeoff and landing.*
VTR *video tape recorder.*
vulg **1.** *vulgar;* **2.** *vulgarity.*
Vulg *Vulgate.*

w **1.** *week;* **2.** *weight;* **3.** *white;* **4.** *wicket;* **5.** *wide;* **6.** *width;* **7.** *wife;* **8.** *with.*
W **1.** *Watt;* **2.** *west; westerly; western.*
War., Warw. *Warwickshire.*
WAR *Women Against Rape.*
Wat. *Waterford.*
WBA *World Boxing Association.*
WC **1.** *water closet;* **2.** postdistrikt: *West Central.*
WCdr *Wing Commander.*
WCT *World Championship Tennis.*
WD **1.** *War Department;* **2.** *Works Department.*
WEA *Workers' Education Association.*
Wed., Weds. *Wednesday.*
WEU *Western European Union.*
WFTU *World Federation of Trade Unions.*
Wg Cdr *Wing Commander.*
WHO *World Health Organization.*
WI **1.** *Women's Institute;* **2.** *West Indies.*
Wilts. [wilts] *Wiltshire.*
wk **1.** *week;* **2.** *work.*
wkly *weekly.*
Wlk *i gatenavn:* Walk.
Wm *William.*
w/o *without.*
WO *Warrant Officer.*
Worcs. *Worcestershire.*
WP **1.** *word processor;* **2.** *word processing.*
wpb *wastepaper basket.*
WPC *Woman Police Constable.*
wpm *words per minute.*
WPS *Woman Police Sergeant.*
WRAC ['ræk; ,dʌbəlju:,a:rei'si:] *Women's Royal Army Corps.*
WRAF *Women's Royal Air Force.*
WRNS [renz; ,dʌbəlju:,a:ren'es] *Women's Royal Naval Service.*
WWF *World Wildlife Fund.*

yd *yard(s).*
YHA *Youth Hostels Association.*
YMCA *Young Men's Christian Association.*
Yorks. [jɔ:ks] *Yorkshire.*
yr *year.*
YWCA *Young Women's Christian Association.*

ZANU ['za:nu:] *Zimbabwe African National Union.*
ZAPU ['za:pu:] *Zimbabwe African People's Union.*
zoo, zool **1.** *zoology;* **2.** *zoological.*
ZPG *zero population growth.*

A

A,a [ei] **1.** (bokstaven) A; a; *tlf:* **A for Andrew** A for Anna; **capital A** stor A; **small a** liten a; **it is spelt with two a's** det skrives med to a'er; **from A to Z** fra a til å; **he knows it from A to Z** han kan det ut og inn; **2.** *mus:* **(the note) A** (noten) a; **tune in A major (,A minor)** melodi i a-dur (,a-moll).

A 1. *skolev:* beste karakter; svarer til S (særdeles tilfredsstillende) eller tallkarakteren 6; **2.** *skolev(fk.f. Advanced Level, fx GCE (A)): se A-level; General Certificate of Education;* **3.** *film:* **an ~ film** en film som ikke anbefales vist for barn under 14 år; *(jvf AA 4);* **4** *(fk.f. Australian)* australsk *(fx £A10,000);* **5. UK:** betegnelse for hovedvei *(fx the A3 runs from London to Portsmouth).*

a [ei; *trykksvakt:* ə], **an** [æn; *trykksvakt:* ən] **1.** *ubest art:* en, ei, et *(fx a book; a union; an artist);* **a horse is an animal** hesten er et dyr; **half an hour** en halv time; **a cup and saucer** kopp og skål; **a knife and fork** kniv og gaffel; **it's too difficult a book for me** boka er for vanskelig for meg; **a book of John's** *(=one of John's books)* en av Johns bøker; **a friend of my father's***(=one of my father's friends)* en venn av min far; en av min fars venner; **a friend of his (,hers,** *etc)* en venn av ham (,henne, *etc*); en av hans (,hennes, *etc*) venner;
2. *tallord:* en, ett; **at a (single) blow***(=at one blow)* med ett slag;
3. *pron:* samme; **they're all of a size***(=they're all the same size)* de er alle like store; **we're of an age** *(=we're the same age)* vi er like gamle; vi er jevngamle;
4. *prep:* pr.; om; i; **£10 a day** £10 pr. dag; £10 om dagen; **£5 an hour** £5 i timen; £5 pr. time; **5 kroner a kilo** 5 kroner kiloen; 5 kroner pr. kilo; **carry them three at a time** bære dem tre om gangen; **once a week** én gang pr. uke; én gang i uken;
5. *uoversatt:* **he was a teacher** han var lærer;
6. en (viss) *(fx a Mr Brown is asking to see you);* **he thinks he's a Napoleon** han tror han er en Napoleon.

a- [ə] *forstavelse:* **1. aboard***(=on board)* ombord; **ashore** i land *(fx go ashore);* **ablaze** i lys lue; *(se ablaze); glds el. litt.:* **abed***(=in bed)* i seng; **2** [ei,ə; **US:** ei] **aseptic** aseptisk; **asocial** asosial; *(se aback; abaft; afloat; afoot; aground; asleep).*

A 1, A-1, A-one [,ei'wʌn] **1.** *mil:* tjenestedyktig; *hist:* stridende A; **2. T:** flott; tipp topp; super; førsteklasses; **3.** *mar; om høyeste klasse i Lloyd's Register:* A 1, A I.

AA 1. UK *(fk.f. Automobile Association) svarer til:* NAF *(fk.f. Norges Automobilforbund);* **2.** *mil (fk.f. anti-aircraft)* luftvern- *(fx AA guns);* **3.** *(fk.f. Alcoholics Anonymous)* (kontaktforeningen) Anonyme Alkoholikere; **4.** *film:* tillates ikke vist for barn under 14 år; *(jvf A 3);* **5. US** *(fk.f. Associate in Arts)* grad som tas etter to år ved college; *(jvf AS).*

AAA 1. US *(fk.f. Automobile Association of America) svarer til:* NAF *(fk.f. Norges Automobilforbund);* **2. UK** *(fk.f. Amateur Athletic Association) svarer til:* Norges Fri-idrettsforbund.

aardvark ['a:d,va:k] *subst; zo:* jordsvin.

aardwolf ['a:d,wulf] *subst; zo:* jordulv.

AB 1. *mar (fk.f. able-bodied)* fullbefaren; helbefaren; *(se able-bodied);* **2. US:** *fk.f. Bachelor of Arts; (se bachelor).*

a/b *mil (fk.f. airborne)* flybåren.

aback [ə'bæk] *adv; mar:* bakk; **brace ~***(=back (the sails))* brase bakk; hale seil bakk; **lay ~** legge (*el.* ligge) bakk; **be taken ~** få bakk seil; *fig:* bli forbløffet (*el.* forfjamset); bli forskrekket.

abaft [ə'ba:ft] *adv & prep; mar:* akter; akterut (innabords); aktenfor (innabords); akterlig; **~ the beam** aktenfor tvers; akterligere enn tvers; **two points ~ the starboard beam** to streker aktenfor tvers om styrbord; **a little ~ the beam** litt aktenfor midtskips; *(jvf aft; astern).*

I. abandon [ə'bændən] *subst:* ubekymrethet; løssloppenhet; overgivenhet; **they waved their arms with ~** de vinket overgivent med armene; *(se restraint: absence of ~; lack of ~; unconcern).*

II. abandon *vb* **1.** forlate; la i stikken; løpe fra; **the order was given to ~ (the sinking) ship** det ble gitt ordre om å forlate (det synkende) skipet; *(jvf derelict: a ~ ship);* **the man -ed his wife and children** mannen lot kone og barn i stikken; mannen forlot kone og barn; **2.** *stivt el. litt.(=give up)* oppgi; skrinlegge; **they had -ed all hope** de hadde oppgitt alt håp; **the project had to be -ed for lack of financial support** prosjektet måtte skrinlegges av mangel på økonomisk støtte; **he -ed himself to despair***(=he gave himself up to despair)* han henga seg til fortvilelse; **3.** *sport; om påbegynt kamp:* avlyse *(fx the match was abandoned);* **4.** *mar; fors:* abandonere; *(se abandoned).*

abandoned [ə'bændənd] *adj & perf. part.* **1.** forlatt; **an ~ house** et forlatt hus; *(jvf deserted); jur:* **~ property** *(=res derelicta)* derelikt; **2.** løssloppen; gudsforgåen; *(jvf unrestrained; profligate).*

abandonment [ə'bændənmənt] *subst* **1.** oppgivelse; **2.** *mar;fors:* abandon; **notice of ~** erklæring om abandon; *(se II. abandon 3).*

abase [ə'beis] *vb:* ydmyke; fornedre; **he -d himself** han ydmyket seg; *(se debase; degrade; I. humble; humiliate).*

abasement [ə'beismənt] *subst:* ydmykelse; fornedrelse; *(se debasement; degradation; humiliation).*

abashed [ə'bæʃt] *adj:* beskjemmet; forvirret; tafatt; **he felt ~ at this display of wealth** han var helt forvirret (*el.* stod der helt tafatt) ved synet av all denne rikdommen; *(se ashamed; embarrassed).*

abate [ə'beit] *vb* **1.** avta; minke; **the storm -d** stormen løyet; **the international tension is abating** den internasjonale spenningen er i ferd med å avta; **2.** bekjempe (støv, støy, etc); **we must ~***(=fight)* **the smoke nuisance** vi må bekjempe røykplagen; *(se abatement).*

abatement [ə'beitmənt] *subst* **1.** reduksjon; det å avta (*el.* gå tilbake); **the demand shows no signs of ~** *(=falling off)* det er ingenting som tyder på at etterspørselen avtar; **2.** bekjempelse (av støv, støy, etc); **noise ~***(=fighting noise nuisance)* bekjempelse av støyplagen.

abbacy ['æbəsi] *subst:* abbeds embete (*el.* embetstid); abbedverdighet; *(se abbatial: ~ dignity).*

abbatial [ə'beiʃl] *adj:* abbed-, abbedisse-, abbedi-; ~ **dignity** abbedverdighet; *(se abbacy).*
abbess ['æbis] *subst:* abbedisse.
abbey ['æbi] *subst* **1.** abbedi; **2.:** ~ **(church)** klosterkirke.
abbot ['æbət] *subst:* abbed.
abbreviate [ə'bri:vieit] *vb:* forkorte (ord); *(se abridge; shorten).*
abbreviation [ə,bri:vi'eiʃən] *subst:* forkortelse *(av ord); (se abridgment; shortening).*
I. ABC [,eibi:'si:] *fk.f.* **1.** atomic, biological and chemical (warfare); **2.** American Broadcasting Company; **3.** Australian Broadcasting Commission.
II. ABC *subst:* abc; begynnelsesgrunner; grunnprinsipp.
ABC (book) abc(-bok).
abdicate ['æbdikeit] *vb:* abdisere; frasi seg tronen.
abdication [,æbdi'keiʃən] *subst:* abdikasjon; tronfrasigelse.
abdomen ['æbdəmən, æb'doumən] *subst* **1.** *anat:* abdomen; **(lower)** ~ underliv; **trouble in the lower** ~ underlivslidelse; **2.** *zo; på insekt:* bakkropp.
abdominal [æb'dɔminəl] *adj* **1.** buk-; underlivs-; som har med underlivet å gjøre; ~ **cavity** bukhule; ~ **muscle** bukmuskel; *(se stomach muscle);* ~ **respiration** det å puste med mellomgulvet; **2.** *zo:* bakkropps-; ~ **section** bakkroppsledd; bakkroppsring (på insekt).
abduct [æb'dʌkt] *vb:* bortføre (kvinne); ~ **a minor** bortføre en mindreårig; *(se carry: ~ off; elope; kidnap; II. run: ~ away with).*
abduction [æb'dʌkʃən] *subst* **1.** bortførelse (av kvinne); kvinnerov; ~ **by consent** bortførelse med kvinnens samtykke; *(se abduct);* **2.** *anat:* abduksjon; bevegelse (av ekstremitet) ut til siden og bort fra medianplanet.
abductor [æb'dʌktə] *subst* **1.** kvinneraner; **2.** *anat:* abduktor.
abeam [ə'bi:m] *adv; mar:* tvers; tverrskips; **get the wind** ~ få vinden (inn) tverrskips; **the lighthouse was** ~ **of the ship** fyrtårnet lå tvers av skipet.
abed [ə'bed] *adv; glds el. litt.:* i seng; *(se bed: in ~).*
abele [ə'bi:l] *subst; bot:* sølvpoppel.
aberration [,æbə'reiʃən] *subst* **1***(=deviation (from type))* avvik (fra norm, etc); **mental** ~ lettere sinnsforvirring; ~ **of memory** erindringsforskyvning; *(se derangement: mental ~; disorder: mental ~);* **2.** *litt.:* **moment of** ~ forvirret øyeblikk; øyeblikk da man er forvirret; **it is in these moments of** ~ **that a lion becomes unpredictable** det er i slike forvirrede øyeblikk at en løve blir uberegnelig; **3.** *astr; meteorol:* **(planetary)** ~ avvik; aberrasjon; **chromatic (,spherical)** ~ kromatisk (,sfærisk) avvik (*el.* aberrasjon); *optikk:* ~ **(of light)** avvik; aberrasjon; *(se deviation).*
abet [ə'bet] *vb; jur:* **aid and** ~ medvirke til forbrytelse; være delaktig i forbrytelse; **he was charged with aiding and -ting the burglar** han ble tiltalt som medskyldig i tyveriet; *(se II. accessory 2; accomplice; complicity).*
abeyance [ə'beiəns] *subst:* **in** ~ (stilt) i bero; *jur:* (midlertidig) uten innehaver (*el.* eier).
abhor [əb'hɔ:] *vb:* avsky; *(se detest; horror: have a ~ of; loathe).*
abhorrence [əb'hɔrəns] *subst:* avsky; *(se detestation; I. disgust; I. dislike: violent ~; horror; loathing).*
abhorrent [əb'hɔrənt] *adj:* avskyelig; *(se abominable; detestable; disgusting; loathsome).*
abide [ə'baid] *vb* **1.:** ~ **by the rules** overholde reglene; rette seg etter reglene; ~ **by one's promise** *(=keep one's promise)* holde sitt løfte; stå ved sitt løfte; **2.** *glds el. litt.:* ~ **in a place** forbli på et sted; ~ **with sby** bli hos en; **3.** *litt.:* vente på; avvente; ~ **an event** avvente en begivenhet; ~ **sby's coming** avvente ens komme; ~ **one's time** vente til ens tid kommer; **4.** *især med can/could i nektende og spørrende setninger:* **how can you** ~ **him?** hvordan kan du utstå ham?
abiding [ə'baidiŋ] *adj; litt.:* varig; blivende; **music is his** ~ **passion** musikk er hans store lidenskap; *(se law-abiding).*
ability [ə'biliti] *subst:* dyktighet; evne; *(jvf inability);* **have all-round abilities** være (ganske) jevnt begavet; *neds:* **his** ~ **is no more than ordinary** han er ganske jevnt begavet (men heller ikke mer); **UK,** *om elev:* **his** ~ **for A-level work is nil** han kan ikke tenkes å kunne følge et artiumskurs; han er helt uskikket til å kunne motta gymnasundervisning; **his general** ~ **is poor** han har jevnt over dårlige evner; **they are roughly of the same** ~ evnemessig sett står de på omtrent samme nivå; **mental** ~*(=mental faculties)* åndsevner; **a man of great** ~ en meget dyktig mann; **no one had seen such a wealth of** ~ **in one person** ingen hadde sett en slik evnerikdom hos ett enkelt menneske; **make use of one's abilities** bruke sine evner; **to the best of one's** ~ etter beste evne; **to the best of one's modest abilities** etter fattig evne; **the** ~ **to** . . . *(=the capability of (-ing))* evnen til å . . .; *(se capability; skill).*
abject ['æbdʒekt] *adj* **1.** ussel; ynkelig; som fortjener forakt; foraktelig; (altfor) ydmyk; krypende; underdanig; **an** ~ **apology** en ydmyk unnskyldning; ~ **behaviour** krypende oppførsel; underdanig opptreden; ~ **flattery** nesegrus smiger; **2.** *om omstendigheter:* ussel; elendig; uverdig; **in** ~ **despair** i den ytterste fortvilelse; **in** ~ **misery** i den største elendighet; **he lived in** ~ **poverty** han levde i den usleste fattigdom; *(se II. humble; miserable; subservient; submissive; wretched).*
abjectness ['æbdʒektnis] *subst:* usselhet; underdanighet; uverdighet; elendighet; *(se misery; subservience; submissiveness; wretchedness).*
abjuration [,æbdʒu'reiʃən] *subst:* avsvergelse; ~ *(=renunciation)* **of one's religion** avsvergelse av sin religion.
abjure [əb'dʒuə] *vb:* avsverge; ~*(=renounce)* **one's faith** avsverge sin tro.
ablation [æb'leiʃən] *subst* **1.** *geol:* ablasjon; bortsmelting; avsmelting; **2.** *med. (removal of body tissue by surgical methods)* ablasjon.
ablaze [ə'bleiz] *adj* **1.:** **be** ~*(=be in flames)* stå i lys lue; **2.** *fig:* strålende; **the garden was** ~ **with flowers** hagen lå der i strålende blomsterprakt.
able [eibl] *adj.* **1.** dyktig; flink; **an** ~ **man (,pupil)** en dyktig mann (,elev); **he's unquestionably an** ~ **man** han er avgjort (*el.* utvilsomt) dyktig; **one of our -st** *(=most able)* **people** en av våre dyktigste folk; *(se capable; competent; good; proficient; skilful);* **2.:** ~ **to** i stand til; som kan; **be** ~ **to** kunne; være i stand til; **he's** ~ **to do it** han kan gjøre det; han er i stand til å gjøre det.
able(-bodied) ['eibəl,bɔdid] *adj:* ~ **seaman** fullbefaren matros.
ablution(s) [ə'blu:ʃən(z)] *subst* **1.** *rel:* tvetting; renselse; **2.** *spøkef:* vask(ing); bad; **perform one's -s** vaske seg.
ably ['eibli] *adv:* på en dyktig måte; **he handled the situation very** ~ han behandlet situasjonen på en dyktig måte; *(se able).*
abnegate ['æbnigeit] *vb; litt.:* nekte seg; gi avkall på; oppgi; fraskrive seg; ~ **one's God** gi avkall på sin Gud; *(se forgo; give: ~ up; relinquish; renounce).*
abnegation [,æbni'geiʃən] *subst* **1.** *litt.(=self-denial)*

selvfornektelse; **2.** *litt.:* fornektelse; avkall; oppgivelse; fraskrivelse; ~ **of one's God** fornektelse av sin Gud.
abnormal [æb'nɔ:m(ə)l] *adj* **1.** abnormal; som avviker fra normen; **2.** uvanlig; usedvanlig; **-ly low** abnormt (*el.* uvanlig) lav(t).
abnormality [,æbnɔ:'mæliti] *subst:* abnormitet; avvik fra normen.
aboard [ə'bɔ:d] **1.** *adv; mar, etc:* ombord, om bord; **all** ~ ! alle mann ombord! *jernb, etc:* klar til avgang! **get** ~*(=get on board)* komme (seg) ombord; gå på (tog, etc); **2.** *prep:* ombord på (*el.* i).
abode [ə'boud] *subst* **1.** *litt. el. glds (=dwelling)* bolig; *spøkef:* **my humble** ~ min ringe bolig; *litt. el. spøkef:* **take up one's** ~ ta opphold; slå seg ned; **a young rhino took up its** ~ **at the waterhole** et ungt neshorn slo seg til ved vannhullet; *spøkef:* **take up one's** ~ **with sby** slå opp sitt paulun hos en; slå seg til hos en; **2.** *jur; glds(=address)* adresse; **of** *(=with)* **no fixed** ~ uten fast bopel (*el.* adresse).
abolish [ə'bɔliʃ] *vb:* avskaffe; oppheve; ~ **slavery** avskaffe (*el.* oppheve) slaveriet.
abolition [,æbə'liʃən] *subst:* avskaffelse; opphevelse.
abolitionist [,æbə'liʃənist] *subst:* tilhenger av avskaffelse (*el.* opphevelse) (av fx slaveri).
abomasum [,æbə'meisəm] *subst; zo:* kallun; løypemage.
A-bomb ['eibɔm] *subst(=atom bomb)* atombombe.
abominable [ə'bɔminəbl] *adj* **1.** avskyelig; motbydelig; vederstyggelig; **the Abominable Snowman** *(=yeti)* den avskyelige snømann; ~ **to sby** avskyelig for en; som byr en imot; **2. T:** gyselig; ufyselig; redselsfull; ubehagelig; ~ **weather** gyselig vær; ufyselig vær; **the food was** ~ maten var aldeles forferdelig; maten var redselsfull.
abominate [ə'bɔmineit] *vb; litt.(=loathe)* avsky; **be -d by sby***(=be loathed by sby)* bli avskydd av en.
abomination [ə,bɔmi'neiʃən] *subst; litt.(=detestation)* avsky; **be an** ~ **to sby** være en en vederstyggelighet; **hold sth in** ~ avsky noe; betrakte noe som en vederstyggelighet.
aboriginal [,æbə'ridʒinəl] **1.** *subst(=aboriginal inhabitant)* urinnvåner; opprinnelig beboer; innfødt; **2.** *adj:* som har hørt hjemme (*el.* har eksistert) i et område siden de eldste tider; opprinnelig; ~ **inhabitant** urinnvåner; opprinnelig beboer; innfødt.
aborigine [,æbə'ridʒini] *subst:* opprinnelig beboer; urinnvåner; innfødt.
abort [ə'bɔ:t] *vb* **1.** *vi; med.(=miscarry)* abortere; nedkomme for tidlig; **2.** *vi:* stanse; ikke komme til full utvikling; ikke bli til noe; **3.** *vt:* avbryte (romfartsforsøk etter start *el.* militær operasjon).
aborticide [ə'bɔ:tisaid] *subst* **1.** fosterdrap; fosterfordrivelse; **2.** abortfremkallende middel.
abortifacient [ə,bɔ:ti'feiʃənt] **1.** *adj:* abortfremkallende; **2.** *subst:* abortfremkallende middel.
abortion [ə'bɔ:ʃən] *subst* **1.: (induced)** ~ svangerskapsavbrytelse; (fremkalt) abort; ~ **on demand** selvbestemt abort; **2.: (spontaneous)** ~ (spontan) abort; **threatened** ~ abortus imminens; truende abort; **3.** *om fosteret:* abort; **4.: the project proved an** ~ prosjektet slo feil.
abortionist [ə'bɔ:ʃənist] fosterfordriver(ske).
abortive [ə'bɔ:tiv] *adj* **1.** forgjeves; forfeilet; mislykket; **2.** *om organisme:* rudimentær; uutviklet; ufullstendig utviklet; **3.** *med.:* abortiv; abortfremkallende; ~ **treatment** abortivkur.
abound [ə'baund] *vb* **1.** finnes i overflod; **fish** ~ **in the river** elven er full av fisk; **2.:** ~ **in***(=with)* være full av *(fx the river abounds in fish).*
I. about [ə'baut] *prep* **1.** om; angående; med hensyn til; når det gjelder; **he told us all** ~ **it** han fortalte oss alt om det; **he doesn't bother** ~ **his appearance** han bryr seg ikke om hvordan han ser ut; **I was wrong** ~ **John** jeg tok feil av John; jeg tok feil når det gjaldt (*el.* med hensyn til) John; **I made a mistake** ~ **the price** jeg tok feil m.h.t. prisen; **I have no worries** ~ **the future** jeg har ingen bekymringer når det gjelder fremtiden; **what's he so angry** ~ ? hva er det han er så sint for? **what are you** ~*(=up to)?* hva er det (nå) du holder på med? hva er det du har fore? **they know what they're** ~ de vet hva de gjør; . . . **and while you're** ~ **it** . . . og med det samme du holder på; . . . og når du først er i gang (med dette); **what** ~ **(taking) a little walk?** hva med en liten spasertur? hva om vi tok en liten spasertur? **it was all nonsense** ~ **that inheritance** det var bare tøv (dette) med den arven; **it was something** ~ **forestry** det var noe med skogbruk;
2*(=round)* rundt *(fx the fields about Oxford);*
3. omkring i; rundt i *(fx walk about the streets);* **books and papers lying** ~ **the room** bøker og aviser som ligger og flyter (*el.* ligger omkring) i værelset; **she thought it would be nice to have a man** ~ **the house** hun syntes det ville være fint å ha en mann i huset; *(se II. about 1);*
4.: ~ **one***(=in one's pockets)* på seg *(fx I have no money about me);*
5. *om person:* ved; over; **there's something nervous** ~ **him** det er noe nervøst over (*el.* ved) ham; **there's something** ~ **him I don't like** det er noe ved ham som jeg ikke liker.
II. about *adv* **1.** omkring; rundt; rundt omkring; i nærheten; **run** ~ løpe omkring; **there was no one** ~ det var ingen å se; det var ingen i nærheten; **leave litter** ~ legge igjen avfall etter seg; forsøple naturen; **books and papers lying** ~ bøker og aviser som ligger (,lå) omkring; **the lake is 40 miles** ~ innsjøen er 40 miles i omkrets; *(se I. about 3);*
2. omtrent; cirka; nesten; ~ **here** omtrent her; et sted her i nærheten; ~ **the best (,worst) I've ever seen** noe av det beste (,verste) jeg har sett; **T: that's** ~ **(the size of) it** det kan stemme; det er nok (omtrent) slik det forholder seg; ~ **as high as that tree** omtrent så høy som det treet; **(at)** ~ **six o'clock** omtrent klokken seks; **(at)** ~ **the same time** omtrent på samme tid; omtrent samtidig; **it's** ~ **time** det er (omtrent) på tide; **it's** ~ **time you stopped being so rude** det er på tide du holder opp med å være så uhøflig; **they were** ~ **frozen stiff** de var nesten stivfrosne; **I've had just** ~ **enough of your insults** nå har jeg fått nok av dine uforskammetheter;
3. *mar:* **ready** ~ ! klar til å vende!
4.: it's the other way ~*(=round)* det er akkurat omvendt (*el.* motsatt);
5. blant folk *(fx there's plenty of money about); om sykdom:* **there's a lot of it** ~ **just now** det er noe som går (akkurat nå); **get** ~ **1.** komme ut (blant folk) *(fx she doesn't seem to get about much);* **2***(=be rumoured)* ryktes; *om nyhet:* sive (*el.* komme) ut; bli kjent; **go** ~*(=out)* **a great deal** komme mye ut blant folk; **there's a rumour going** ~*(=round)* **that** . . . det går det rykte at . . .; **it's time you were up and** ~ det er på tide du var på bena igjen;
6.: be ~ **to***(=be going to)* (akkurat) skulle til å; stå i begrep med å *(fx he was about to leave the room).*
I. about-face [ə,baut'feis] *subst* **1.** *mil:* helomvending; **2.** *fig:* kuvending; helomvending.
II. about-face *vb:* gjøre helomvending; *int:* helt om!
about-ship [ə,baut'ʃip] *vb; mar:* vende; snu.
I. above [ə'bʌv] *prep* **1.** over; **on the floor** ~ **us** i etasjen over oss; **a door with an inscription** ~ **it** *(=over it)* en dør med en inskripsjon over; ~ **the**

clouds over skyene; **the branch ~***(=over)* **his head** grenen over hodet hans; **the stars ~ us** stjernene over oss; **on the wall hung a clock and ~ it***(=over it)* **a picture** på veggen hang en klokke og over den et bilde; **there is a picture on the wall ~ the table** det er et bilde på veggen over bordet;
2. ovenfor; **(just) ~ the waterfall** (like) ovenfor fossen; **~ water***(=afloat)* oven vanne;
3. ovenpå; **the family (on the floor) ~ us** familien ovenpå; familien over oss;
4. over; mer enn; **five degrees ~ zero** fem grader over null; **that price was ~ what he was prepared to pay** den prisen lå over hva han var villig til å betale; **people ~ the age of fifty***(=people over fifty)* folk over femti; **~ all** fremfor alt; først og fremst; **she loved her children ~ all***(=most of all)* hun elsket barna sine høyest av alt; **~ average** over gjennomsnittet; over middels; **~ average in weight** over middels tung; *(se par; sea level)*;
5. nord for *(fx which town lies just above London?)*;
6. *fig:* over (ens fatteevne); for vanskelig for; høyere enn; hevet over; **John thinks himself ~ the other boys** John føler seg hevet over de andre guttene; **be ~** stå over; ha høyere rang enn; være (*el.* føle seg) hevet over; holde seg for god til; **be ~ oneself** være innbilsk; være overlegen (*el.* anmassende); **~ and beyond***(=over and above)* ut over *(fx the soldier showed courage above and beyond what was expected)*; **~ reproach** hevet over (all) kritikk; **place honour ~ wealth** sette ære høyere enn rikdom;
7. *om lydstyrke:* over *(fx we could hear them above the radio)*.

II. above *adv:* over; ovenpå *(fx in the flat above)*; *i bok, etc:* ovenfor *(fx as stated above)*; *(se III. above)*; **£200 and ~***(=upwards)* £200 og derover; **the powers ~** de høyere makter; **from ~***(=from on high)* ovenfra; fra oven; fra det høye; fra himmelen; **by order from ~** etter ordre fra høyere hold; **all good things are sent from heaven ~** alt godt kommer ovenfra.

III. above *adj:* ovennevnt; ovenfor nevnt; **the ~** det som er nevnt ovenfor; det ovennevnte; **the ~ (quoted) figures for 19-** de nevnte tall for 19-.

above board *adj & adv; om foretagende el. transaksjon:* **(open and) ~** regulær; uten knep; åpen(t) og ærlig.

above-mentioned [ə'bʌv,menʃənd] *adj:* ovennevnt; førnevnt.

abracadabra [,æbrəkə'dæbrə] *subst* **1.** *trylleformel:* abrakadabra; **2.** *fig:* sludder; tøv.

abrade [ə'breid] *vb* **1.** slite av; skrape av; **2** *(=wear down)* slite ned.

Abraham ['eibrə,hæm]: **in ~'s bosom** i Abrahams skjød.

abrasion [ə'breiʒən] *subst* **1.** avskrubbing; avsliting; slitasje; **2.** *tannl:* abrasjon; slitasje (på tennene); **3.** *geol:* abrasjon; **4.** *med.:* abrasjon; avskrapning; skrubbsår.

abrasion-resistant [ə'breiʒənri,zistənt] *adj:* slitefast.

abrasive [ə'breisiv] **1.** *subst(=grinding medium)* slipemiddel; **2.** *adj:* **~ paper** slipepapir; **~ powder** slipepulver.

abreact [,æbri'ækt] *vb; psykol:* avreagere.

abreaction [,æbri'ækʃən] *subst:* avreagering.

abreast [ə'brest] *adj, adv:* side om side; ved siden av hverandre; **walk three ~** gå tre i bredden; **~ of 1.** *mar:* tvers av; **2.** à jour med; **keep ~ of events** holde seg à jour; følge med (i det som skjer).

abridge [ə'bridʒ] *vb:* forkorte; beskjære *(fx a book)*; *(se abbreviate)*.

abridg(e)ment [ə'bridʒmənt] *subst* **1.** forkortelse; beskjæring; **2.** forkortet utgave.

abroad [ə'brɔ:d] *adv* **1.** i (*el.* til) utlandet; **from ~** fra utlandet; **go ~** reise til utlandet; dra utenlands; **2.** *om rykte, etc:* i omløp; **3.** *glds:* ute; utendørs.

abrogate ['æbrəgeit] *vb; stivt(=abolish)* avskaffe *(fx a law)*.

abrogation [,æbrə'geiʃən] *subst(=abolition)* avskaffelse *(fx of a law)*.

abrupt [ə'brʌpt] *adj* **1.** brå; abrupt; **an ~ ending** en brå slutt; **2.** *om uttrykksform:* abrupt; springende; brysk; kort; **3***(=steep)* bratt.

abscess ['æbses, 'æbsis] *subst:* byll; abscess.

abscission [æb'siʃən] *subst* **1.** avskjæring; **2.** *bot:* løsning.

abscond [əb'skɔnd] *vb:* stikke av; forsvinne; rømme.

abseil ['æbsail] *vb; fjellsp(=rappel):* **~ down a vertical wall** fire seg ned en loddrett fjellvegg.

abseil rope *subst; fjellsp:* rappelltau.

absence ['æbsəns] *subst* **1.** fravær; **a long ~** et langt fravær; **after an ~ of two months** etter et fravær på to måneder; **during his ~** mens han var fraværende; **lawful ~** lovlig forfall; **~ of mind** åndsfraværenhet; distraksjon; **2.: in the ~ of** i mangel av.

I. absent ['æbsənt] *adj* **1.** fraværende; ikke til stede; borte; **~ from home** ikke hjemme; hjemmefra; bortreist; *mil:* **go ~ without leave** ta tjuvperm; **2** *(=lacking):* **be ~** mangle; ikke finnes; **3** *(=inattentive; absent-minded)* uoppmerksom; fjern; åndsfraværende.

II. absent [æb'sent] *vb:* **~ oneself** absentere seg; fjerne seg; **~ oneself from school***(=stay away from school)* ikke gå på skolen; holde seg hjemme fra skolen.

absentee [,æbs(ə)n'ti:] *subst:* fraværende (person).

absenteeism [,æbs(ə)n'ti:izəm] *subst:* skoft; stadige forsømmelser.

absent-minded [,æbsənt'maindid; *attributivt:* 'æbsənt,maindid] *adj:* åndsfraværende; distré *(fx professor)*.

absent-mindedness [,æbsənt'maindidnis] *subst:* åndsfraværenhet; distraksjon.

absinth(e) ['æbsinθ] *subst* **1.** absint; **2.** *bot (=wormwood)* malurt.

absolute ['æbsəl(j)u:t] *adj* **1.** absolutt; fullstendig; fullkommen; ubetinget; **have ~ trust in sby***(=have complete confidence in sby)* ha full tillit til en; **an ~ necessity** en tvingende nødvendighet; **2** *(=undoubted)* utvilsom; uomtvistelig; uomstøtelig *(fx fact, proof)*; **3***(=unrestricted)* absolutt; uinnskrenket *(fx power)*; **~ rule** enevelde; absolutisme; **be an ~ ruler** regjere eneveldig; **4***(=outright)* ren *(fx fool, nonsense)*; **5.** *fys, gram, kjem:* absolutt; **~ zero** absolutt nullpunkt.

absolutely ['æbsəl(j)u:tli] *adv* **1.** absolutt *(fx necessary; nothing)*; helt *(fx impossible)*; helt og holdent; aldeles; ganske; likefrem; simpelthen *(fx ridiculous)*; **rule ~** herske absolutt; **deny sth ~***(=flatly)* benekte noe på det bestemteste; **2. T:** ja, absolutt!

absolute monarch enevoldskonge.

absolute monarchy absolutt (*el.* enevoldig) monarki.

absolute pitch *mus* **1.** absolutt tonehøyde; **2.: have ~** ha absolutt gehør.

absolute volume absolutt (*el.* netto) rominnhold.

absolution [,æbsə'lu:ʃən] *subst:* absolusjon; syndsforlatelse.

absolutism ['æbsəl(j)u:,tizəm] *subst:* absolutisme; enevelde.

absolve [əb'zɔlv] *vb* **1.** frikjenne; **~ from***(=release from)* løse fra; erklære løst fra *(fx they absolved him from his vows)*; **2.** *rel:* absolvere; gi syndsforlatelse.

absorb [əb'sɔ:b] *vb* **1.** suge opp; trekke til seg, absorbere *(fx sponges absorb water)*; **2**

(=assimilate) oppta (i seg); absorbere; **3.** *fys:* absorbere; oppta; dempe; *mil:* ~ **an attack** fange opp (og nøytralisere) et angrep; **-ed***(=lost)* **in thought** i dype tanker; **become (deeply) -ed in** *(=lose oneself in)* fordype seg i; **he was -ed***(=engrossed)* **in a book** han var fordypet i en bok; **his business -s him** *(=he is completely absorbed in his business)* han er (helt) opptatt av sin forretning.

absorbent [əb'sɔ:bənt] *adj:* absorberende; **US:** ~ **cotton** *(=cotton wool)* bomull.

absorbing [əb'sɔ:biŋ] *adj:* fengslende; spennende; altoppslukende; **of** ~ **interest** av altoppslukende interesse.

absorption [əb'sɔ:pʃən] *subst* **1.** oppsugning; absorpsjon; absorbering *(fx of light)*; **2.** opptak(ing) *(fx of immigrants)*; **3.** oppslukthet; opptatthet; **his** ~ **in sport** hans opptatthet av sport; det at han er (,var) så opptatt av sport; **4.** *fysiol:* opptak.

abstain [əb'stein] *vb* **1.** unnlate å stemme; **2.:** ~ **from** avstå fra; avholde seg fra *(fx comment)*.

abstainer [əb'steinə] *subst* **1.** en som ikke stemmer; **2.:** **(total)** ~*(=teetotaller)* totalavholdsmann.

abstemious [əb'sti:mjəs] *adj:* avholdende; edruelig; meget måteholden; nøysom.

abstemiousness [əb'sti:mjəsnis] *subst:* avholdenhet; nøysomhet; *(se abstention 2; abstinence)*.

abstention [əb'stenʃən] *subst* **1.** unnlatelse av å stemme; **with 20 -s** idet 20 lot være å stemme; **2.** avholdenhet (m.h.t. alkohol) *(fx the doctor advised total ~ from alcohol); (se abstemiousness; abstinence)*.

abstinence ['æbstinəns] *subst:* avholdenhet; abstinens; **total** ~ totalavhold; *(se abstemiousness; abstention 2)*.

abstinent ['æbstinənt] *adj:* avholdende.

I. abstract ['æbstrækt] *subst* **1.** abstrakt begrep; **the** ~ det abstrakte; **in the** ~ (rent) abstrakt; **2** *(=summary)* utdrag; ekstrakt; ~ **of accounts** regnskapsutdrag; *jur:* ~ **of title** utskrift av grunnboken; **3.** *gram:* abstrakt.

II. abstract ['æbstrækt] *adj:* abstrakt *(fx art, word)*.

III. abstract [æb'strækt] *vb* **1.** fjerne; utvinne *(fx metal from ore)*; **2.** abstrahere *(fra* from); **3. T:** kvarte; rappe *(fx a wallet from sby's pocket)*; **4.** lage et sammendrag av.

abstracted [æb'stræktid] *adj; om person:* atspredt.

abstraction [æb'strækʃən] *subst* **1.** fjerning; utvinning; **2.** abstraksjon; **3.** distraksjon; åndsfraværenhet.

abstriction [əb'strikʃən] *subst; bot:* avsnøring.

abstruse [æb'stru:s] *adj:* vanskelig tilgjengelig; dyp; dunkel; vanskelig å forstå.

absurd [əb'sə:d] *adj:* absurd; meningsløs; urimelig.

absurdity [əb'sə:diti] *subst:* absurditet; meningsløshet; urimelighet; **the** ~ **of the suspicion** det urimelige i mistanken.

abundance [ə'bʌndəns] *subst:* overflod *(fx an abundance of good things)*; *økon:* ~ **of money***(=surplus purchasing power)* pengerikelighet; **in** ~ i overflod *(fx food and drink in abundance)*; **live in** ~ leve i overflod.

abundant [ə'bʌndənt] *adj:* rikelig; **fruit was** ~ det var rikelig med frukt; **an** ~ **supply of** en rikelig forsyning av; ~ **in** *(=rich in)* rik på.

abundantly *adv:* rikelig; **it is** ~ **clear that** . . . det er til overmål klart at . . .

I. abuse [ə'bju:s] *subst* **1***(=misuse; improper use)* misbruk; **-s** misligheter; uheldige forhold; **2.:** **(word of)** ~ ukvemsord; **she heaped** ~ **upon him** hun lot det regne med ukvemsord over ham; **3.** *glds(=ill-treatment):* mishandling.

II. abuse [ə'bju:z] *vb* **1.** misbruke; **2.** skjelle ut; **3.** *glds(=ill-treat):* mishandle.

abusive [ə'bju:siv] *adj:* grov (i munnen) *(fx he became abusive)*; ~ **language** grovheter; skjellsord; ukvemsord *(pl)*.

abut [ə'bʌt] *vb:* ~ **on** grense til; støte opp til; **the two gardens** ~*(= are next to each other)* de to hagene grenser til hverandre.

abutment [ə'bʌtmənt] *subst:* ~ **(pier)** landfeste for bru; ~ **wall** støttemur.

abysm [ə'bizəm] *subst; poet:* avgrunn; *(se abyss)*.

abysmal [ə'bizməl] *adj:* avgrunnsdyp; bunnløs.

abyss [ə'bis] *subst:* avgrunn.

AC, ac, A.C., a.c. [,ei'si:] *(fk.f. alternating current)* vekselstrøm.

A/C *(fk.f. account current)* kontokurant.

a/c *(fk.f. account)* konto.

I. academic [,ækə'demik] *subst* **1.** medlem av et college el. universitet; **2.** *ofte neds:* universitetslærer.

II. academic *adj:* akademisk; **a purely** ~ **question** et rent akademisk spørsmål; ~ **subject** teoretisk fag.

academician [ə,kædə'miʃ(ə)n] *subst(=member of an academy)* medlem av et akademi.

academy [ə'kædəmi] *subst:* akademi; ~ **of music** musikkhøyskole.

acanthus [ə'kænθəs] *subst; bot:* akantus.

acarid, acaridan ['ækərid, ə'kæridən] *zo* **1.** *subst (=mite; tick)* midd; **2.** *adj:* midd-, middaktig.

acaroid ['ækərɔid] *zo; adj:* middaktig.

accede [æk'si:d] *vb:* ~ **to 1***(=agree to)* gå med på; **2** *(=take)* tiltre *(fx office* embete); **3***(=come to):* ~ **the throne** bestige tronen; arve tronen.

accelerate [æk'seləreit] *vb* **1.** akselerere; øke hastigheten; **2.** fremskynde *(fx the cold weather accelerated the end of the holiday season)*.

accelerated motion *fys:* tiltagende bevegelse.

acceleration [æk,selə'reiʃən] *subst:* akselerasjon; akselerasjonsevne.

acceleration lane *på motorvei:* akselerasjonsfelt.

accelerator [æk'seləreitə] *subst* **1.** *fys, kjem:* akselerator; **2.:** ~ **(pedal)** gasspedal.

I. accent ['æks(ə)nt] *subst* **1.** aksent *(fx he speaks with a foreign accent)*; **without a foreign** ~ uten (fremmed) aksent; **2.** *fon:* aksent; **pitch** ~ tonelag; **3.** *mus:* aksent.

II. accent [æk'sent] *vb* **1***(=accentuate)* aksentuere; betone; **2.** forsyne md aksenttegn (*el.* aksenter); *(se accentuate)*.

accented [æk'sentid] *adj; språkv:* betont; trykksterk *(fx syllable)*.

accentor [æk'sentə] *subst; zo:* **alpine** ~ alpejernspurv; **hedge** ~*(=hedge sparrow)* jernspurv; **mountain** ~ sibirjernspurv.

accentuate [æk'sentjueit] *vb(=stress)* aksentuere; fremheve.

accentuation [æk,sentju'eiʃən] aksentuering; betoning; fremhevelse.

accept [ək'sept] *vb* **1.** akseptere; godkjenne; godta *(fx they accepted his excuse)*; godta; gå med på *(fx the terms)*; **2.** ta imot; si ja til *(fx an invitation)*; *skolev:* ta opp *(fx accept students on the basis of their examination results)*; **he proposed to her, and she -d him** han fridde til henne, og hun sa ja; **3.** påta seg *(fx a task)*; ~ **the responsibility** ta (*el.* påta seg) ansvaret; **4***(=put up with)* finne seg i; være tilfreds med; **5.** *merk:* akseptere; meddele aksept; **-ed bill** akseptert veksel; ~ **a draft** forsyne en tratte med aksept; *(se også accepted)*.

acceptability [ək,septə'biliti] *subst:* antagelighet.

acceptable [ək'septəbl] *adj:* akseptabel; som kan godtas; antagelig.

acceptance [ək'septəns] *subst* **1.** akseptering; godtagelse; 2. *merk:* aksept; **blank** ~ aksept in blanko; **meet***(=take up)* **one's** ~ innfri sin aksept; **against three months'** ~ mot tre måneders aksept; ~ **at three months** tre måneders aksept.

accepted [ək'septid] *adj* **1.** alminnelig anerkjent *(fx truth, rule);* gjengs *(fx the accepted meaning of the word);* **be widely** ~ finne (*el.* få) bred tilslutning; **2.** *merk:* akseptert; ~ **bill** akseptert veksel; **return the draft duly** ~ sende tratten tilbake i akseptert stand.

acceptor [ək'septə] *subst; merk:* (veksel)akseptant.

access ['ækses] *subst* **1.** adgang; atkomst; ~ **to highway** atkomst til offentlig vei; **easy** ~ **to** lett atkomst til; **with** ~ **to the sea** med adgang til havet; **easy of** ~ lett tilgjengelig; lett å få i tale; **gain** ~ **to** skaffe seg adgang til; **2.** *om sykdom el. sinne; stivt (=fit)* anfall.

accessibility [æk,sesi'biliti] *subst* **1.** tilgjengelighet; **2.** mottagelighet.

accessible [æk'sesibl] *adj* **1.** tilgjengelig; **easily** ~ lett tilgjengelig; **facts that are** ~ **to all** fakta som er tilgjengelige for alle; **2.** mottagelig; **he is not** ~ **to reason** han er ikke mottagelig for fornuft.

I. accession [æk'seʃən] *subst* **1.:** ~ **to** tiltredelse av; overtagelse av; **in the event of our** ~ **to the treaty** hvis vi tiltrer traktaten; ~ **to an office** tiltredelse av et embete; ~ **to power***(= assumption of power)* overtagelse av makten; maktovertagelse; ~ **to the throne** tronbestigelse; **2***(=increase)* tilvekst; forøkelse; *jur:* tilvekst; *i bibliotek:* **(new) -s** aksesjoner; nyervervelser.

II. accession *vb; bibliotek:* aksesjonere; katalogisere nyervervelser.

accessories [æk'sesəriz] *subst; pl:* rekvisita; tilbehør.

accessories department delelager.

accessories manager delelagersjef.

I. accessory [æk'sesəri] *subst* **1.** rekvisitt; *(se accessories);* **2.** *jur:* ~ **before the fact (,after the fact)** medskyldig (som ikke fysisk er til stede).

II. accessory [æk'sesəri] *adj* **1.** ekstra-, bi-; *(se sms);* **2.** *jur:* delaktig; *(se I. accessory 2);* **3.** *min; zo:* aksessorisk *(fx mineral; organ).*

accessory fruit *bot:* falsk frukt.

accessory nerve *anat:* hjelpenerve.

accessory spleen *anat:* bimilt.

accessory spores *bot:* bisporer.

access road atkomstvei; tilkjørselsvei.

accidence ['æksidəns] *subst; gram:* formlære, bøyningslære.

accident ['æksidənt] *subst* **1.** tilfeldighet; **it's no** ~ **that** ... det er ingen tilfeldighet at ...; **by** ~*(=by chance)* tilfeldigvis; ved et tilfelle; **2.** ulykke; ulykkestilfelle; **-s will happen in the best-regulated families** det hender i de beste familier; **have an** ~ komme ut for en ulykke; komme til skade; **motoring***(=road)* ~ bilulykke; **3.** *logikk:* aksidens; uvesentlig attributt; **4.** *geol(=surface irregularity)* uregelmessighet (i overflaten).

accidental [,æksi'dentəl] *adj:* tilfeldig; uvesentlig; *(se accidentals).*

accidentally [,æksi'dentəli] *adv:* tilfeldigvis.

accidentals [,æksi'dentəlz] *subst, pl; mus:* tilfeldige fortegn.

accident insurance *subst:* ulykkesforsikring; **industrial** ~ arbeidsgivers ulykkesforsikring.

accident-prone ['æksidənt,proun] *adj:* som har lett for å bli utsatt for ulykker *(fx he's accident-prone);* ~ **person***(=potential victim)* ulykkesfugl.

accident write-off totalskadd bil (etc).

acclaim [ə'kleim] *vb:* hilse med bifallsrop; utrope til; hilse som *(fx he was acclaimed king).*

acclamation [,æklə'meiʃən] *subst:* bifallsrop; **elected by** ~ valgt med akklamasjon.

acclimate [ə'klaimeit, 'æklimeit] *vb* **US** = *acclimatize.*

acclimatization [ə,klaimətai'zeiʃən] *subst:* akklimatisering.

acclimatize [ə'klaimətaiz] *vb:* akklimatisere; **get** *(=become)* **-d to life in a country** bli akklimatisert i et land.

acclivity [ə'kliviti] *subst:* stigning.

accolade ['ækəleid] *subst* **1.** ridderslag; **2.** *fig:* anerkjennelse; hyllest; **3.** *mus:* akkolade; klamme (som forbinder flere notesystemer).

accommodate [ə'kɔmədeit] *vb* **1.** huse; gi husly; innkvartere; romme; *om hotell:* ha plass til; **2.:** ~ **sby (with sth)** vise en imøtekommenhet (ved å gi en noe); **the bank will** ~ **you with a loan** banken vil gi deg (*el.* forstrekke deg med) et lån; **3***(=adjust)* tilpasse; tillempe; *om øyet:* akkommodere; ~ **oneself to** innrette seg etter; tilpasse seg til.

accommodation [ə,kɔmə'deiʃən] *subst* **1.** husly; innkvartering(smulighet); **hotel** ~ hotellplass; **(some) overnight** ~ overnattingsmulighet; **2.** imøtekommenhet; **3.** (kortsiktig) banklån; **4.** tilpasning; tillempning; *om øyet:* akkommodasjon.

accommodation address*(=cover address)* dekkadresse.

accommodation bill *merk:* akkommodasjonsveksel.

accommodation ladder *mar:* fallrepstrapp.

accommodation platform*(=accommodation rig)* *oljeind:* boligplattform.

accompaniment [ə'kʌmpənimənt] *subst* **1.** *mus:* akkompagnement; ledsagelse; **she plays her own -s** hun akkompagnerer seg selv; **2.** tilbehør; noe som hører med *(fx disease is often the accompaniment of famine).*

accompanist [ə'kʌmpənist] *subst; mus:* akkompagnatør.

accompany [ə'kʌmpəni] *vb* **1.** *mus:* akkompagnere; ledsage; ~ **sby on the piano** akkompagnere en på pianoet; **2.** ledsage; **he was accompanied by an officer** han var i følge med en offiser; en offiser ledsaget ham; **pneumonia accompanied by a high temperature** lungebetennelse ledsaget av høy feber; **he accompanied his words with lively gestures** han ledsaget sine ord med livlige fakter.

accompanying *adj:* ledsagende; *sport:* ~ **boat** ledsagerbåt; ~ **circumstances** ledsagende omstendigheter.

accomplice [ə'kʌmplis] *subst:* medskyldig; ~ **in** medskyldig i; *(se I. accessory 2).*

accomplish [ə'kɔmpliʃ] *vb(=do; finish (successfully))* utføre; gjøre ferdig; avslutte; fullføre; utrette; **we -ed very little** vi fikk utrettet svært lite.

accomplished *adj* **1.** (meget) dyktig (*in* i); **an** ~ **dancer** en som er flink til å danse; **2.** dannet; kultivert; **an** ~ **young lady** en kultivert ung dame; **3.: an** ~ **fact** en fullbyrdet kjensgjerning.

accomplishment [ə'kɔmpliʃmənt] *subst* **1.** utførelse; fullføring; **2***(=achievement)* prestasjon; (heldig) resultat; noe som er gjennomført med hell; **3** *(=skill; talent)* ferdighet; (selskapelig) talent *(fx among her accomplishments were dancing and playing the piano).*

I. accord [ə'kɔ:d] *subst* **1***(=agreement)* overensstemmelse; samsvar; **in** ~*(=accordance)* **with** i overensstemmelse med; **2***(=consent):* **by general** ~ etter alles samstemmige mening; **3***(=harmony)* harmoni; samklang; **4***(=settlement of differences, as between nations)* forlik; **the Helsinki Accord** Helsinkiavtalen; **5.: of one's own** ~ av seg selv; av egen drift; **6.: with one** ~*(=unanimously)* alle som én; enstemmig.

II. accord [ə'kɔ:d] *vb* **1.** *stivt(=bestow on)* tildele *(fx sby an honorary title);* **2.** *stivt(=grant)* innrømme;

tilstå; gi; **rights not -ed to foreigners** rettigheter som ikke innrømmes (*el.* tilstås *el.* gis til) utlendinger; **3.** *stivt(=agree):* **~ (with)** stemme overens (med); stemme (med).

accordance [ə'kɔ:dəns] *subst* **1.** *stivt(=granting):* **~ of rights** tilståelse av rettigheter; *(se II. accord 2)*; **2.:** **in (strict) ~ with** i (nøye) overensstemmelse med; **in ~ with instructions** ifølge instruks.

accordant [ə'kɔ:dənt] *adj:* **~ with** som stemmer med; som harmonerer med.

according [ə'kɔ:diŋ] *adj:* **~ as** (alt) etter som; **prices vary ~ as goods are scarce or plentiful** prisene varierer etter som det er liten eller god tilgang på varer; **~ to** alt etter; ifølge; **~ to these figures** ifølge disse tallene; etter disse tallene å dømme; **~ to the text** ifølge teksten; **~ to what we earn** alt etter hva vi tjener; **~ to circumstances** alt etter omstendighetene; **~ to whether you go up or down** alt etter som man går opp eller ned; **~ to whether the paper is thick or thin** alt etter som papiret er tykt eller tynt.

accordingly *adv* **1***(=consequently)* følgelig; av den grunn; derfor; **2.** i overensstemmelse med dette; **plan ~** innrette seg deretter; legge planer deretter; **they sat in the bar all evening and drank ~** de satt i baren hele kvelden og drakk tilsvarende meget; **I accept your suggestion and have altered my plans ~** jeg godtar Deres forslag og har gjort tilsvarende endringer i mine planer.

accordion [ə'kɔ:diən] *subst; mus:* trekkspill.

accost [ə'kɔst] *vb* **1.** tilsnakke (på gaten, etc) *(fx I was accosted by a beggar)*; **2.** *glds; om prostituert (=solicit)* oppfordre til utukt.

I. account [ə'kaunt] *subst* **1.** *merk:* konto; **bank(ing) ~** bankkonto; **chart of -s** kontoplan; **credit ~** kredittkonto; **debit ~** debetkonto; **debtors' -s** *(=sales ledger)* debitorreskontro; **expense ~** utgiftskonto; **frozen ~** sperret konto; **joint ~** felles konto; **numbered ~** nummerkonto; **open ~** åpen (*el.* løpende) konto; *om betalingsbetingelser:* **open-~ facilities***(=open-account terms)* åpen (*el.* løpende) konto; **overdrawn ~** overtrukket konto; **suspense ~** interimskonto; sperret konto; **your ~ with us** Deres konto hos oss; *(jvf 2)*;

2. *merk:* tilgodehavende; **your ~ with us** vårt tilgodehavende hos Dem; *(jvf 1)*; **outstanding -s** utestående fordringer; ubetalte regninger; **our (outstanding) ~** vårt tilgodehavende; **have an outstanding ~ against sby** ha et tilgodehavende hos en; **-s payable (,receivable)** diverse kreditorer (,debitorer);

3. *merk:* **-s** regnskap(er); **building -s** byggeregnskap; **orderly -s** regnskapsmessig orden;

4. *merk(=statement (of account))* kontoutdrag; kontoutskrift; (av)regning; mellomværende; nota; mellomregning; *(jvf bank statement)*; **abstract of -s** regnskapsutdrag; **monthly (,quarterly) statement (of ~)** månedsnota; månedsoppgave; kvartalsnota; kvartalsregning; **itemized ~** spesifisert nota; **settle an ~** betale en regning; **slow in settling -s** sen til å sende oppgjør; **for ~ of** for regning av; **for ~ and risk of customer** for kundens regning og risiko; **by order and for ~ of** i følge ordre og for regning av; *(jvf 5)*;

5. *også fig:* **-(s)** mellomværende; **have an ~ to settle with sby** *(=have a bone to pick with sby)* ha noe uoppgjort (*el.* usnakket) med en; **it's time we settled our -s** det er på tide vi gjør opp (vårt melllomværende); **square -s with sby** 1*(=settle (up) with sby)* betale en det man skylder; gjøre opp med en; 2*(=have it out with sby)* gjøre opp med en; 3*(=get even with sby)* bli skuls med en; hevne seg på en; *(jvf 4)*;

6. redegjørelse; beretning; fremstilling; historie; **an ~***(=a story)* **of a voyage** en historie om en sjøreise; **his ~ of what happened** hans fremstilling av det som skjedde; **by all -s, he must be a good worker** etter alt hva man hører, må han være flink til å arbeide;

7.: **on ~ of** 1*(=because of)* på grunn av; 2. av hensyn til; på grunn av; **don't stay away on ~ of John***(=on John's account)* ikke la være å komme på grunn av John; **on this ~** *(=for this reason)* av denne grunn; **he was angry on that ~** *(=because of that)* han var sint av den grunn; **on no ~** *(=not on any account)* ikke under noen omstendighet; ikke i noe tilfelle; **don't on any ~ leave the child alone** *(=don't leave the child alone whatever you do)* la endelig ikke barnet være alene; **he did all this on his own ~** *(=on his own behalf)* alt dette gjorde han for sin egen del (*el.* av hensyn til seg selv); **he set up in business on his own (~)** han begynte forretning for seg selv;

8.: **to good ~** *(=profitably)* på en fordelaktig måte *(fx invest one's money to good account)*; **turn** *(=put)* **sth to (good) ~** *(=make good use of sth)* gjøre god bruk av noe; nyttiggjøre seg noe; dra fordel av noe; **turn one's abilities to ~** *(=make good use of one's abilities)* nyttiggjøre seg sine evner; **turn one's findings to ~** *(=make use of one's findings)* nyttiggjøre seg resultatene av sine undersøkelser;

9.: **leave out of ~** *(=disregard; ignore)* ikke ta hensyn til; ikke ta med i beregningen; se bort fra; **take ~ of** ta hensyn til; **take into ~** *(=consideration)* ta hensyn til; ta med i beregningen; regne med;

10*(=importance):* **of little ~** av liten betydning; **of no ~** uten betydning;

11. *ved London Stock Exchange:* regnskapsperiode;

12. *især US merk; om person el. firma som har konto hos en:* kunde;

13. *især* **US** *merk:* **they transferred their publicity ~ to another agent** de lot en annen agent få overta reklamearbeidet for dem; de overførte sine reklameoppdrag til en annen agent;

14 [*forskjellige forb med vb*] **balance an ~** saldere en konto; **balance***(=make up)* **-s** gjøre opp (*el.* avslutte) regnskapet; **balancing of -s** regnskapsavslutning; *(se II. balance: ~ the books)*; **balancing of cash -s***(=balancing the cash)* kassaoppgjør; **call sby to ~** *(=take sby to task)* kreve en til regnskap; gå i rette med en; **charge it to my ~** *(,T: put it down to me)* anfør det på meg; før det på min konto (*el.* regning); sett det på min regning; **close an ~** oppløse (*el.* slette) en konto; **credit it to my ~** krediter det min konto; **credit (,debit) your ~ with the amount** krediter (,debiter) Deres konto for beløpet; **draw money out of an ~** ta penger ut av en konto; **give an ~ of** gjøre rede for; gi en redegjørelse for; gi en forklaring på; **give a good (,bad) ~ of oneself** gjøre sine saker godt (,dårlig); skille seg godt (,dårlig) fra oppgaven; klare seg godt (,dårlig); **have an ~ with a bank** ha konto i en bank; **have £300 in one's ~** ha £300 på sin konto; **keep an ~** føre bok; **keep a special ~ for finished products** føre en særskilt konto for ferdigprodukter; **keep an ~ of** holde regnskap med; føre regnskap over; **he keeps an ~ of these things** han holder regnskap med disse tingene; **keep -s** føre regnskap; **keeping of -s** *(=accounting)* regnskapsførsel; **(statutory) obligation to keep -s** regnskapsplikt; **open an ~ at***(=with)* **a bank** åpne (en) konto i en bank; **I have overdrawn my ~ by £200** *(,T: I'm £200 overdrawn; I'm £200 in the red)* jeg har overtrukket min konto med £200; **pay money into an ~** innbetale penger på en konto;

sette penger inn på en konto; **pay on ~** betale a konto; **a sum paid on ~** en a konto betaling; **is this to go on your ~, or are you paying cash?** skal dette føres på Deres konto, eller betaler De kontant? **submit an ~ of receipts and expenditure** avlegge regnskap for inntekter og utgifter; **transfer money to another ~** overføre penger til en annen konto; **use**(=*operate*) **an ~** disponere over en konto; **authorize sby to use one's ~** gi en fullmakt til å disponere over ens konto; **only he is authorized to use this ~** det er bare han som har rett (*el.* fullmakt) til å disponere over denne kontoen.

II. account [ə'kaunt] *vb* **1.** *stivt(=consider)* regne for; anse for; **the accused is -ed**(=*considered*) **innocent until he is proved guilty** tiltalte anses (for) å være uskyldig inntil han er kjent skyldig; **2.: ~ for** forklare; gjøre rede for; avlegge regnskap for; *især i jaktspråket:* skyte; nedlegge; felle; **John -s for**(=*is responsible for*) **ten of them** ti av dem kan tilskrives John; John tar ti av dem på sin kappe; **that -s for it** det forklarer det (*el.* saken); **how do you ~ for that?** hvordan forklarer du (*el.* vil du forklare) det? **he had to ~ for the money he had spent** han måtte avlegge regnskap for (*el.* gjøre rede for) de pengene han hadde brukt.

accountability [ə,kauntə'biliti] *subst:* ansvarlighet.

accountable [ə'kauntəbl] *adj (=responsible):* **~ to sby for sth** ansvarlig for noe overfor en; **he is not ~ for his actions** han er ikke ansvarlig for sine handlinger.

accountancy [ə'kauntənsi] *subst:* regnskapsførsel; regnskapsvesen; regnskapslære; *ved landbruksskole:* **agricultural ~** regnskapslære; **financial ~** (=*accounting*) finansbokføring.

accountant [ə'kauntənt] *subst* **1.** regnskapsfører; bokholder; **chief ~** regnskapssjef; **~ general** regnskapsdirektør; **2.** revisor; **chartered** (,**US:** *certified public*) **~** statsautorisert revisor.

account book regnskapsbok.

account executive *i reklamebyrå:* konsulent; **assistant ~** konsulentassistent.

account holder kontoinnehaver.

accounting [ə'kauntiŋ] *subst (=keeping of accounts)* regnskapsførsel; *(se accountancy).*

accounting clerk kontorassistent i regnskapsavdeling.

accounting machine bokholderimaskin.

accounting period regnskapsperiode.

account sale(s) regningssalg.

accounts analysis regnskapsanalyse.

accredit [ə'kredit] *vb* **1**(=*appoint as envoy, etc*) akkreditere *(fx he was accredited to Paris);* **2** (=*ascribe, attribute*)**: it was -ed to him** det ble tilskrevet (*el.* tillagt) ham.

accredited *adj:* akkreditert *(fx minister).*

accretion [ə'kri:ʃən] *subst* **1.** tilvekst; (gradvis) forøkelse; **2.** sammenvoksing.

accrue [ə'kru:] *vb* **1**(=*accumulate*)**: -d interest** påløpne renter; **accruing of interest** påløping av renter; **2**(=*fall to*) tilfalle; **when mother works economic advantages ~** når mor er yrkesaktiv, gir dette økonomiske fordeler.

accumulate [ə'kju:mju,leit] **1.** *vi:* samle seg sammen; hope seg opp; **let the interest ~** la rentene bli stående; **the -d interest** den påløpne rente (over flere terminer); **2.** *vt:* akkumulere; samle *(fx dust);* samle sammen; **~ energy** lagre energi; **~ interest** trekke renter; **-d reserves** oppsparte reserver.

accumulation [ə,kju:mju'leiʃən] *subst* **1.** samling *(fx of data);* oppsamling; opphoping; **~ of energy** lagring av energi; **2.: ~ of capital** kapitaloppsparing; **~ of interest** påløping av renter.

accumulative [ə'kju:mju,leitiv] *adj:* kumulativ.

accumulator [ə'kju:mju,leitə] **1**(=*(storage) battery*) akkumulator; batteri; **2.** *EDB:* akkumulator.

accuracy ['ækjurəsi] *subst:* nøyaktighet; presisjon; *om våpen:* treffsikkerhet; **~ of measurement** målenøyaktighet; **degree of ~** nøyaktighetsgrad.

accurate ['ækjurit] *adj:* nøyaktig; presis; omhyggelig *(fx take accurate aim);* **quick and ~ at figures** rask og nøyaktig når det gjelder tall (*el.* regning); **~ in one's work** nøyaktig når det gjelder arbeidet; **he is ~ in his work** han arbeider nøyaktig.

accursed, accurst [ə'kə:sid, ə'kə:st] *adj* **1**(=*under a curse*) forbannet; som det hviler en forbannelse over; **2**(=*detestable*) avskyelig; motbydelig.

accusation [,ækju'zeiʃn] *subst:* anklage; beskyldning; **under an ~ of theft** beskyldt (*el.* anklaget) for tyveri; **raise** (=*bring*) **an ~ against sby** fremsette en beskyldning mot en; *(se I. charge; indictment).*

accusative [ə'kju:zətiv] *gram* **1.** *subst:* akkusativ; **in the ~** i akkusativ; **2.** *adj:* akkusativ- *(fx ending).*

accuse [ə'kju:z] *vb* **1.** beskylde; **2.** anklage; **~ sby of sth** beskylde (,anklage) en for noe; **the -d** (den) tiltalte; *(se II. charge; indict).*

accustom [ə'kʌstəm] *vb:* venne (*to* til).

accustomed [ə'kʌstəmd] *adj* **1.** vant (*to* til); **2.** tilvent; **3.** sedvanlig; vant; **in his (,her) ~ seat** på sin vante plass.

ace [eis] *subst* **1.** *kortsp:* ess; **the ~ of clubs** kløveress; **2.** *på terning:* ener; **3.** *mil; flyv:* stjernepilot (som har skutt ned minst tre fiendtlige fly); **4.** sportshelt; stjerne-; **racing ~** stjernekjører; **5.: within an ~ of death** en hårsbredd fra døden; **within an ~ of being killed** like ved å bli drept.

ace reporter stjernereporter.

acerbity [ə'sə:biti] *subst* **1**(=*sourness; bitterness*) *om smak:* surhet; bitterhet; **2.** *fig (=bitterness)* bitterhet; skarphet.

acescent [ə'sesnt] *adj:* blåsur *(fx milk).*

acetate ['æsiteit] *subst; kjem:* acetat; eddiksurt salt.

acetic [ə'si:tik, ə'setik] *adj:* eddiksur; eddiksyre-, eddik-; **~ acid** eddiksyre.

acetous ['æsitəs] *adj* eddikaktig; eddik-; som smaker som eddik.

acetylene [ə'setili:n] *subst; kjem:* acetylen; **~ welding** acetylensveising; **oxy- ~ flame** acetylenflamme.

I. ache [eik] *subst(=pain)* (vedvarende) smerte; verk(ing); *(se earache; headache; stomachache; toothache).*

II. ache *vb:* gjøre vondt; være øm; **my arms ~** det gjør vondt i armene; jeg har vondt i armene; **he -d all over** han verket i hele kroppen; **my ear -s** jeg har øreverk; **it makes my heart ~** det gjør meg syk om hjertet; *litt.:* **his heart -d for her** han lengtet (så) usigelig etter henne; *litt.:* **he -d to be free** han lengtet utålmodig etter å bli fri.

achene [ə'ki:n] *subst; bot:* nøttefrukt.

achieve [ə'tʃi:v] *vb(=get done; accomplish; gain)* få gjort; få til; utrette; fullføre; oppnå; nå; **it's not easy to ~ this** det er ikke lett å få dette til; **we -d very little** vi fikk ikke utrettet stort; vi oppnådde svært lite; **I went to the consulate today, but I -d nothing** jeg var på konsulatet i dag, men jeg oppnådde ingenting; **~ one's aim**(=*reach one's goal*) nå sitt mål; **~** (=*gain*) **one's end** nå sitt mål; oppnå sin hensikt; **~ great triumphs** feire store triumfer; **~** (=*gain*) **(a) victory** oppnå seier; vinne en seier.

achievement [ə'tʃi:vmənt] *subst* **1.** prestasjon; bedrift, dåd; landevinning; fullføring; gjennomføring; oppnåelse; det man har (opp)nådd; **impossible of ~** umulig å gjennomføre; **a great ~** en stor bedrift; en fin prestasjon; **it was one of his greatest -s** det var en av hans største prestasjoner (*el.* bedrifter); **scholas-**

tic -s(=*school attainments)* skoleprestasjoner; **scientific -s**(=*results of scientific investigation)* forskningsresultater; **the -s of modern science** den moderne forsknings (*el.* vitenskaps) landevinninger; **the -s of the human intellect** menneskeåndens triumfer; **2.** *her.; sj = hatchment.*

achievement test(=*assessment test)* standpunktprøve.

Achilles [ə'kili:z] *myt:* Akilles; ~' **heel** akilleshæl.

aching ['eikiŋ] *adj:* smertende; smertelig; verkende.

achlamydeous [,æklə'midiəs] *adj; bot(=having neither petals nor sepals)* uten blomsterdekke; naken.

achromatic [,ækrə'mætik] *adj* **1.** akromatisk; fargefri; fargeløs; **2.** *biol:* som ikke kan farges med vanlige fargemidler; **3.** *mus:* akromatisk; diatonisk *(fx scale).*

achromatism [ə'kroumə,tizəm] *subst:* akromatisme; fargefrihet; fargeløshet.

acicular [ə'sikjulə] *adj(=needle-shaped; needle-like)* nålformet; nålelignende.

I. acid ['æsid] *subst* **1.** syre; **stomach** ~ magesyre; **2. S:** LSD.

II. acid *adj* **1.** sur; syre-; syrlig; ~ **drops** syrlige drops; ~ **rain**(=*acidic precipitation)* surt regn; sur nedbør; **an** ~ **taste** en sur (*el.* syrlig) smak; **2.** *adj; fig:* syrlig; skarp; bitende; sviende; ~ **criticism** sur (*el.* sviende) kritikk; ~ **remarks** skarpe (*el.* syrlige) bemerkninger; **an** ~ **smile** et syrlig smil.

acid-base balance *fysiol:* syre-baselikevekt.

acid-fast ['æsid,fa:st] *adj; om bakterier og vev:* syremotstandig.

acid gravity *kjem:* syrevekt.

acid-head ['æsid,hed] *subst* **S:** LSD-bruker.

acidic [ə'sidik] *adj; kjem:* sur; ~ **precipitation** 1. *kjem:* sur utfelling; 2. *meteorol(=acid rain)* sur nedbør; surt regn.

acidiferous [,æsi'difərəs] *adj; kjem(=containing acid)* syreholdig.

acidify [ə'sidifai] *vb:* omdanne(s) til syre; gjøre sur; bli sur.

acidimeter [,æsi'dimitə] *subst:* syremåler; *(jvf acidometer).*

acidity [ə'siditi] *subst* **1.** surhet; **2.** surhetsgrad; syreholdighet; syreinnhold; aciditet; **3.:** ~ **of the stomach** for meget magesyre; **4.** *fig:* syrlighet; surhet; skarphet; *(se II. acid 2).*

acid level *kjem:* syrenivå.

acid number *kjem(=acid value)* syretall.

acidometer [,æsi'dɔmitə] *subst(=hydrometer)* syrevektmåler.

acid-proof ['æsid,pru:f] *adj:* syrefast.

acid residue *kjem:* syrerest.

acid-resisting ['æsidri,zisting] *adj:* syrefast.

acid test 1. *kjem:* syreprøve; **2.** *fig:* avgjørende prøve; prøvestein (*of* på).

acidulate [ə'sidjuleit] *vb; kjem:* syrne; gjøre syrlig.

acid value *kjem:* syretall.

acid-wash ['æsid,wɔʃ] *vb:* syrevaske.

ack-ack ['æk'æk] *subst; mil:* ~ **fire (,guns)** luftvernild; luftvernkanoner.

acknowledge [ək'nɔlidʒ] *vb* **1**(=*admit)* erkjenne; innrømme; vedgå; **refuse to** ~ **defeat** nekte å innrømme at man er slått; **I** ~ **the necessity of this step** jeg erkjenner (*el.* innser) nødvendigheten av dette skrittet; **2.** bekrefte; erkjenne; ~ **receipt of** bekrefte mottagelsen av; **3.** gjøre tegn til at man kjenner en igjen (ved hilsen, nikk, etc); **I greeted him and he -d me (civilly)** jeg hilste på ham, og han hilste (høflig) tilbake; **4.** skrive og takke for; takke for; **he was quick to** ~ **the gift** han skyndte seg å takke for gaven; **he never -d her letter** han svarte aldri på brevet hennes; han besvarte aldri brevet hennes; **5.** *især jur(=recognize)* anerkjenne; ~ **one's son** vedkjenne seg sin sønn; **6.** *om signal:* **-d!** forstått!

acknowledg(e)ment [ək'nɔlidʒmənt] *subst* **1.** innrømmelse; erkjennelse *(fx of one's mistake);* vedgåelse; vedkjennelse; **2.** bekreftelse (av mottagelse); **we have had no** ~ **of our letter** vi har ikke fått noen bekreftelse på at vårt brev er mottatt; **3.** takk; påskjønnelse; **in** ~(=*appreciation)* **of** som en påskjønnelse av; som en takk for; **we are sending you a small sum in** ~ **of your valuable help** vi sender Dem en liten sum som takk for Deres verdifulle hjelp.

aclinic [ə'klinik] *adj:* **the** ~ **line**(=*the magnetic equator)* aklinen; den magnetiske ekvator.

acme ['ækmi] *subst; fig:* høydepunkt, toppunkt.

acne ['ækni] *subst; med.:* akne; **(~) pimple** kvise.

acolyte ['ækəlait] *subst* **1.** *rel:* ministrant; **2.** følgesvenn; hjelper.

acorn ['eikɔ:n] *subst; bot:* eikenøtt.

acoustic [ə'ku:stik] *adj:* akustisk; høre- *(fx nerve).*

acoustic homing *mil:* akustisk målsøking.

acoustic nerve *anat:* hørenerve.

acoustics [ə'ku:stiks] *subst:* akustikk; akustiske forhold.

acquaint [ə'kweint] *vb:* ~ **(oneself) with** gjøre (seg) kjent med; sette (seg) inn i; **there's a lot to** ~ **oneself with (,T:** *find out about)* **in the new job** det er meget å sette seg inn i i forbindelse med den nye stillingen; ~ (=*familiarize)* **oneself with the case** sette seg inn i saken; gjøre seg kjent med saken; ~ **sby with the facts of the case** gjøre en kjent med sakens fakta; **we are -ed** vi kjenner hverandre; vi er kjente; **-ed with** kjent med; **become -ed with**(=*get to know)* bli kjent med; stifte bekjentskap med; **when I have become better -ed with him**(=*when I know him better)* når jeg har blitt bedre kjent med ham.

acquaintance [ə'kweintəns] *subst* **1.** bekjentskap; **on closer** ~ ved nærmere bekjentskap; **improve on** ~ vinne seg ved nærmere bekjentskap; **make sby's** ~; **make the** ~ **of sby**(=*become acquainted with sby)* stifte bekjentskap med en; **have a nodding** ~ **with sby** være på hilsefot med en; **2.** *om person:* bekjent; bekjentskap; **have a wide** (=*large)* **circle of -s** ha en stor bekjentskapskrets.

acquaintanceship [ə'kweintənsʃip] *subst:* bekjentskapskrets; bekjente; *(se acquaintance 2).*

acquiesce [,ækwi'es] *vb:* samtykke uten protest; føye seg; ~ **in** finne seg i (*el.* gå med på) uten å protestere; ikke gjøre innsigelser mot.

acquiescence [,ækwi'esəns] *subst* **1.** det å føye seg; det ikke å gjøre innsigelser; **2.** føyelighet; **his obedient** ~ det at han føyde (,føyer) seg så lydig.

acquiescent [,ækwi'esənt] *adj:* føyelig.

acquire [ə'kwaiə] *vb(=obtain)* erverve (seg); skaffe seg; ~ **a taste for** få smak for; lære å like; ~ **some more useful acquaintances** skaffe seg flere nyttige bekjentskaper (*el.* forbindelser); *(se også acquired).*

acquired *adj:* ervervet; tillært; **an** ~ **habit** en vane man har lagt seg til; **an** ~ **taste** en ervervet smak.

acquirement [ə'kwaiəmənt] *subst* **1.** = *acquisition;* **2.** *glds(=accomplishment)* ferdighet; talent.

acquisition [,ækwi'ziʃən] *subst* **1.** ervervelse; tilegnelse; *fors:* ~ **(of new business)** akkvisisjon; **2.** ervervelse; vinning; **he is an** ~ **to the firm** han er en vinning (*el.* et pluss) for firmaet; **new**(=*recent)* ~ nyervervelse.

acquisitive [ə'kwizitiv] *adj:* glad i (*el.* ivrig etter) å erverve ting; ~ **instinct** samlerinstinkt; *økon:* berikelsesdrift; **the** ~ **society** samfunn hvor trangen til å erverve materielle goder er den økonomiske drivkraft.

acquit [ə'kwit] *vb* **1.** *jur:* frikjenne; frifinne; **be -ted of the crime** bli frikjent for forbrytelsen; **2.: ~ oneself well***(=with credit)* skille seg bra fra oppgaven; gjøre det (*el.* sine saker) godt.

acquittal [ə'kwitəl] *subst:* frifinnelse; frikjennelse.

acre ['eikə] *subst* **1.** *flatemål (4047 m^2):* acre; **2. -s** *især om større område:* jord, jorder; **3. T: he has -s of space in his room** han har massevis av plass på rommet sitt; **4.** *glds:* **God's ~** kirkegården.

acreage ['eikəridʒ] *subst:* areal målt i *acres.*

acrid ['ækrid] *adj:* skarp; bitter; besk *(fx taste); fig:* **~** *(=cutting)* **remarks** beske (*el.* skarpe) bemerkninger.

acridity [ə'kriditi] *subst:* skarphet; bitterhet; beskhet.

acrimonious [,ækri'mounjəs] *adj; fig:* skarp; bitter.

acrimony ['ækriməni] *subst; fig:* skarphet; bitterhet.

acro- *forstavelse:* øverst; høyest; på toppen; fra (*el.* ved) spissen; fra enden.

acrobat ['ækrəbæt] *subst:* akrobat.

acrobatic [,ækrə'bætik] *adj:* akrobatisk; **~ feat** akrobatisk trick; akrobats kunststykke; *(se II. stunt).*

acrobatics [,ækrə'bætiks] *subst:* akrobatikk.

acronym ['ækrənim] *subst(=initial word)* akronym; kortord *(fx NATO is an acronym).*

acrophobia [,ækrə'foubiə] *subst; med.(=fear of heights)* høydeskrekk; akrofobi.

across [ə'krɔs] **1.** *prep:* på den andre siden av *(fx the street);* (tvers) over *(fx run across the street);* **a bridge ~** *(=over)* **the river** ei br over elva; **a journey ~ the desert** en reise gjennom ørkenen; **she pointed ~ the water** hun pekte ut over vannet; **the idea flashed ~ his mind** tanken streifet ham; **2.** *adv:* over; tvers over; på tvers; **shall I row you ~?** skal jeg ro deg over? **cut (right) ~** *(=over)* skjære (tvers) over; **with arms ~** *(=folded)* med armene i kors; *om mål:* **six inches ~** seks tommer tvers over (*el.* i diameter); **the river is half a mile ~** *(=wide)* elva er en halv mile bred; **3.** *subst; i kryssord:* vannrett.

across-the-board 1. *adj:* generell; som gjelder for alle; **an ~ wage increase** et generelt lønnstillegg; **2.** *adv:* **a wage increase of £10 a week across the board** et lønnstillegg på £10 pr. uke for alle.

acrylic [ə'krilik] *adj; kjem:* akryl-; akrylsyre-.

I. act [ækt] *subst* **1.** handling; **official ~** embetshandling; **sexual ~** seksualakt; kjønnsakt; **the Acts of the Apostles** Apostlenes gjerninger; **an ~ of charity** en velgjørenhet; **an ~ of despair** en fortvilet handling; **an Act of God** force majeure; **an ~ of justice** en rettferdig handling; **an ~ of violence** en voldshandling; **an ~ of war** en krigshandling;**caught in the ~ (of stealing)** grepet (*el.* tatt) på fersk gjerning (i å stjele); **in the ~ of** *(=while)* **picking up the ball, he slipped and fell** idet han skulle ta opp ballen, gled han og falt;

2. *parl:* **Act (of Parliament)** (,**US:** *Act of Congress)* lov;

3. *teat:* akt; **~one** *(=the first act)* første akt; **a play in three -s** et skuespill i tre akter;

4. *på varieté, sirkus, etc:* nummer; *også fig:* **do a disappearing ~** lage et forsvinningsnummer; **he is** *(=has a part)* **in a circus ~** han opptrer på sirkus; han er med i et sirkusnummer; **he is part of the ~** han er med i dette nummeret; **he appears as a solo ~ on TV** han har sitt eget nummer på TV; han opptrer solo på TV;

5. *fig:* komedie; **put on an ~** spille komedie; **she did the neglected-wife ~** hun spilte den forsømte hustru.

II. act [ækt] *vb* **1.** handle; **we must ~** *(=take action)* **at once** vi må handle med én gang; **how would you have -ed in such a case?** hvordan ville du ha handlet i et slikt tilfelle? **you have -ed generously** du har vært generøs; **2.** oppføre seg; opptre; **~ stupidly** bære seg dumt at; handle dumt; **~ tactfully** opptre taktfullt; **3.** virke, fungere; **the pump isn't -ing very well** *(=doesn't work properly)* pumpen virker ikke som den skal; **this poison -s slowly** denne giften virker langsomt; **4.** gripe inn; handle; **the police refused to ~** *(=interfere)* politiet ville ikke gripe inn; **5.** *teat:* opptre; spille; **he used to ~ in his own plays** han pleide å spille (*el.* ha roller) i sine egne skuespill; **who is -ing (the part of) Hamlet?** hvem spiller Hamlet? hvem har Hamlets rolle? *om skuespill, etc (=put on; present)* oppføre, spille; **the play does not ~ very well** stykket gjør seg ikke på scenen; **she -s well** hun spiller godt; **~ the hero***(=act like a hero)* spille helt; **~ stupid** spille dum; late som om man er dum;

[*forskjellige forb m adv & prep*] **~ accordingly** handle deretter; **~ against one's instructions** handle mot sine instrukser; **~ against one's better judgement** handle mot bedre vitende; *neds:* **~ at one's own sweet will** handle etter eget forgodtbefinnende; **~ as** virke som, fungere som *(fx interpreter); om advokat:* **~ for***(=on behalf of)* representere; **~ from motives of self-interest***(=act out of self-interest)* handle ut fra egeninteresse; **~ on 1.** handle i overensstemmelse med; rette seg etter; følge; **he -ed on my advice** han fulgte mitt råd; **I am -ing on instructions from my firm** jeg handler etter instruks fra mitt firma; **~ on one's own** handle på egen hånd; **~on a principle** handle etter et prinsipp; **2.** virke på; **this medicine -s on the heart** denne medisinen virker på hjertet; **3.** handle ut fra; reagere på; **it was not enough to ~ on***(=take action on)* det var ikke nok til at man kunne foreta seg noe (med saken); **the engine began to ~** *(=play)* **up again** motoren begynte å lage vanskeligheter igjen; **~** *(=live)* **up to one's reputation** leve opp til sitt rykte.

actable ['æktəbl] *adj(=suitable for the stage)* som egner seg for oppførelse; som kan oppføres (*el.* spilles).

act curtain *teat(=drop (curtain))* mellomaktteppe.

actg. *fk.f. acting.*

I. acting ['æktiŋ] *subst:* skuespilleryrket; skuespillerkunst; *om måte å spille på:* **straight ~** karakterskuespill; *(jvf straight drama).*

II. acting *adj* **1.** fungerende; konstituert; **~ headmaster** fungerende rektor; **2.** *om instruks, etc:* som står ved makt; stående *(fx an acting order);* **3.** *teat:* **~ copy** teatereksemplar; **4.** -virkende; **single- ~** enkeltvirkende.

actinia [æk'tiniə] *pl:* **-e** [æk'tinii:] *subst; zo (=sea anemone)* aktinie, sjøanemone.

action ['ækʃən] *subst* **1.** handling; aksjon; **firm ~** fast handlemåte (*el.* opptreden); **joint ~** felles (*el.* samlet) opptreden; **freedom of ~** handlefrihet; **a man of ~** en handlingens mann; **radius of ~** aksjonsradius; **~ became imperative** det ble tvingende nødvendig å handle; **~ was forced on them** de ble tvunget til å handle (*el.* foreta seg noe); **judge him by his -s** dømme ham ut fra det han gjør (,gjorde); **go into ~** *(=take action)* gå til aksjon; skride til handling; *(se også 4 ndf);* **he refused to take ~** han nektet å foreta seg noe; han nektet å aksjonere; **he should have taken ~ on that** det burde han ha reagert på (*el.* foretatt seg noe med); det burde vært grunn god nok for ham til å handle; **take appropriate ~** ta passende forholdsregler; gjøre det som bør gjøres; **2.** virksomhet; virkning;

brake ~ *(=braking effect)* bremsevirkning; **capillary ~** *(=capillary effect)* kapillarvirkning; **reciprocal ~** *(=interaction)* vekselvirkning; **in full ~** *(=in full activity)* i full virksomhet (*el.* aktivitet); **3.** *jur (=legal action; (law)suit)* søksmål; sak(sanlegg); prosess; **bring an ~ against sby***(=sue sby)* gå til sak(sanlegg) mot en; anlegge sak mot en; saksøke en; stevne en for retten; **take court ~** *(=take the matter to court)* bringe saken for retten; **take legal ~** gå rettens vei; ta rettslige skritt; **take legal ~ against sby** ta rettslige skritt mot en; **~ for damages** erstatningssøksmål; **4.** *mil:* kamp; kamphandling; trefning; *mar:* **all clear for ~!** klar til kamp! *også fig:* **plan of ~** slagplan; **ready for ~** kampklar; kampberedt; **he saw ~ in the war** han var med i trefninger under krigen; **go into ~** gå i kamp; *(se også 1 ovf);* **killed in ~** *(=battle)* falt i kamp; **put out of ~** gjøre kampudyktig; *også fig:* sette ut av spillet; **5. S** *(main (social) activity):* **be where the ~ is** være i begivenhetenes sentrum; være der hvor tingene skjer; **6.** *i roman, etc:* gang; handling; **7.** *tekn:* virkemåte; virkning; funksjon; **spring ~** fjærvirkning; **8.** *tekn:* bevegelige deler; mekanisme *(fx the action of a piano);* **9.** *fys:* kraft; **~ and reaction** kraft og motkraft; *(se reaction);* **10.** *fys:* **Planck's constant of ~** Plancks konstant.

actionable ['ækʃənəbl] *adj; jur:* som kan gjøres til gjenstand for søksmål *(fx an actionable offence).*

action committee aksjonsutvalg; aksjonskomité.

action-packed ['ækʃən,pækt] *adj:* handlingsmettet.

(action) replay *TV:* repetisjon (av en scene i langsom kino).

action stations *subst; mil* **1.** kampstilling(er); post; **2.** *kommando:* alle mann på post! *mar:* klart skip!

activate ['æktiveit] *vb* **1.** aktivisere; **2.** *kjem:* aktivere; **3.** *fys(=radioactivate)* gjøre radioaktiv; **4. US;** *mil:* **~ a unit** gjøre en enhet operasjonsklar; mobilisere en enhet; **S.: -d carbon, -d charcoal** aktivkull.

activation [,ækti'veiʃən] *subst* **1.** aktivisering; **2.** *kjem:* aktivering.

activator ['æktiveitə] *subst; fysiol:* aktivator.

I. active ['æktiv] *subst* **1.** *gram:* **~ (voice)** aktiv; **2.** US*(=active member)* aktivt medlem.

II. active *adj* **1.** aktiv; **he is very ~** han er meget aktiv; **an ~ member** et aktivt medlem; **take an ~ part***(=share)* **in** delta aktivt i; **2.** *elekt:* aktiv; **~ power** aktiveffekt; **3.** *fys(=radioactive)* radioaktiv; **4.** *med.:* aktiv; **in the ~ stage** på det aktive stadium; **5.** *merk:* aktiv; *bankuttrykk:* **~ business** aktivforretninger; **~***(=working)* **capital** aktivkapital; **~ commerce** aktivhandel; **~***(=working)* **partner** aktiv deltager; **6.** *mil:* **on ~ service** i aktiv tjeneste; *om offiser:* **be on the ~ list** stå i rullene; *(se active service);* **7.** *gram:* aktiv; **a verb in the ~ voice** et verb i aktiv; **8.** *om vulkan:* virksom; aktiv.

active service *mil (,US: active duty)* aktiv tjeneste; **be on ~** være i aktiv tjeneste; *(se II. active 6).*

activity [æk'tiviti] *subst* **1.** aktivitet; virksomhet; liv; **business** *(=trade)* **~** forretningsvirksomhet; **cerebral ~** *(=cerebration)* hjernevirksomhet; **commercial ~** handelsvirksomhet; **mental ~** åndsvirksomhet; **oil ~** oljevirksomhet; *merk; økon:* **low ~** *(=a low rate of activity)* lav aktivitet; **a very low rate of port ~** en meget lav havneaktivitet; **field of ~** virkefelt; **in full ~** i full aktivitet (*el.* virksomhet); **his time of full ~ is past** han er ikke lenger så aktiv; **there was not much ~** det foregikk ikke stort der; det var ikke så meget liv der; **transfer one's ~ somewhere else** henlegge sin virksomhet til et annet sted;

2.: activities aktiviteter; sysler; virksomheter; **classroom activities** klasseromsaktiviteter; **her daily activities channel off her excess (of) energy** de daglige aktiviteter gir henne utløp for det store energioverskuddet; **official activities** embetsvirksomhet; **outdoor activities** livet utendørs; utendørs sysler.

actor ['æktə] *subst:* skuespiller.

actress ['æktrəs] *subst:* skuespillerinne.

actual ['æktʃuəl] *adj:* virkelig; faktisk; egentlig; selve *(fx the actual loss was not so serious);* **give me the ~ figures** gi meg tallene; **what is the ~ state of affairs?** hvordan er nå egentlig det faktiske forhold? hvordan ligger det egentlig an? **in (~) fact, he is forty-two** han er faktisk førtito; **in ~ life** i det virkelige liv.

actuality [,æktʃu'æliti] *subst* **1***(=reality)* realitet; virkelighet *(fx the actuality of the situation);* **2.: actualities***(=facts; realities)* realiteter; fakta *(fx the actualities do not agree with his excuses).*

actualize, actualise ['æktʃuə,laiz] *vb:* virkeliggjøre; realisere.

actually ['æktʃəli, 'æktʃuəli] *adv* **1***(=really, in truth)* egentlig, når sannheten skal sies, sant å si; likefrem, formelig *(fx he could actually feel the tension);* **those ~ in power** de som har den egentlige makt; **Jack likes to pretend he is older than Bob, but ~ Bob is older than Jack** Jack liker å late som om han er eldre enn Bob, men egentlig er Bob eldre enn Jack; **not ~** ikke egentlig; ikke i og for seg; **2.** faktisk; **he ~ asked me to do his work for him** han ba meg faktisk gjøre arbeidet hans for ham; **he ~ won that race** han vant faktisk det løpet; **I don't know, ~** jeg vet faktisk ikke; **3.** reelt; **nominally but not ~** nominelt, men ikke reelt; **4.** for øyeblikket; for tiden.

actuary ['æktʃuəri] *subst; fors:* aktuar, forsikringsmatematiker.

actuate ['æktʃueit] *vb* **1.** *mask:* bevege; drive; styre; **actuating cam** styrekam; **2.** *fig:* tilskynde; drive; **be -d by** bli tilskyndet av; bli drevet av.

actuator ['æktʃu,eitə] *subst; mask:* arbeidsutførende del.

acuity [ə'kju:iti] *subst(=acuteness)* skarphet; *fig:* skarpsyn; skarpsindighet.

acumen [ə'kju:mən] *subst:* skarpsindighet; **business ~** forretningssans.

I. acupuncture ['ækju,pʌnktʃə] *subst; med.:* akupunktur.

II. acupuncture *vb:* akupunktere.

acute [ə'kju:t] *adj* **1.** *også geom:* spiss; **an ~ angle** en spiss vinkel; **an ~** *(=acute-angled)* **triangle** en spissvinklet trekant; **2.** *om person:* skarp; skarpsindig; *om sanser, etc:* skarp; **an ~ mind** en skarp hjerne; **an ~ sense of hearing** en skarp hørsel; **3.: cause ~ pain** forårsake (*el.* gi) heftig smerte; **his anxiety became more ~** hans engstelse ble sterkere; **4.** *med. & fig:* akutt *(fx disease);* **5.** *fon:* **~ accent** accent aigu.

acutely [ə'kju:tli] *adv (se acute):* **this was ~ painful to him** dette ga ham heftige smerter.

acuteness [ə'kju:tnis] *subst:* skarphet; heftighet; skarpsinn; skarpsyn.

acyclic [ei'saiklik] *adj* **1.** *kjem:* asyklisk; **2.** *bot:* skruestilt.

I. ad [æd] *subst (fk.f. advertisement)* annonse; **small -s** rubrikkannonser.

II. ad *subst; tennis;* **US** *(,UK: van; fk.f. advantage)* fordel; **~ in (,out)** fordel inne (,ute).

A.D. 1. *fk.f. Anno Domini:* e. Kr. *(fk.f. etter Kristi fødsel);* **~ 500** 500 e. Kr.; **2.:** *fk.f. art director.*

adage ['ædidʒ] *subst:* ordtak; munnhell.

adapt [ə'dæpt] *vb* **1.** tilpasse (*to* til); avpasse (*to* etter); gjøre egnet (*to* til); **the book has been -ed**

from the French boka er bearbeidet og oversatt fra fransk; **the book is -ed for use in schools** boka er tilrettelagt for bruk i skolen; **-ed for beginners** tilrettelagt for begynnere; **-ed to** tilpasset til; avpasset etter; egnet for; **-ed to the needs of beginners** tilpasset begynnertrinnet; tilpasset begynnernes behov; **2.: ~ oneself to new customs** tilpasse seg andre skikker; *(se adapted)*.

adaptability [ə,dæptə'biliti] *subst:* tilpasningsevne; *(jvf adaptation 2)*.

adaptable [ə'dæptəbl] *adj* **1.** som kan tilpasses (*el.* avpasses); **2.** *om person:* som kan tilpasse seg; som kan innordne seg; smidig.

adaptation [,ædæp'teiʃən] *subst* **1.** tilpasning; avpasning; bearbeidelse (og oversettelse); tilrettelegelse; **2.** *biol:* tilpasningsevne; *om øyet:* adaptasjon.

adapted [ə'dæptid] *adj:* tilpasset; egnet (*to* til); *(se adapt)*.

adapter, adaptor [ə'dæptə] *subst* **1.** *tekn:* adapter; tilslutningsstykke; forlenger; overgang(sstykke); **2.** *elekt:* **(multiple) ~** tjuvkontakt.

adapter (fitting) *tekn:* adapter; overgang(sstykke); forlenger; tilslutningsstykke.

ADC [,eidi:'si:] *(fk.f. aide-de-camp) subst; mil:* (generals *el.* kongelig) adjutant; *(se adjutant; military assistant; administrative assistant to commander)*.

add [æd] *vb* **1.** addere; legge sammen; **~ 5 to***(=and)* **5** legge sammen 5 og 5; legge 5 til 5 **~ up** addere; legge sammen; regne sammen; summere; **~ up a column of figures** legge sammen en tallkolonne; **the figures ~ up to 500** summen av tallene er 500; **it -s up right** det (ɔ: regnestykket) stemmer; *(se også 6 ndf)*; **2.** tilføye, føye til; **he -ed that** . . . han tilføyde at . . .; **I should ~ that** . . . jeg bør kanskje tilføye at . . .; **we would ~ that** . . . vi kan føye til at . . .; **~ to this that** . . . hertil kommer at . . .; **~ insult to injury***(=make bad worse)* føye spott til skade; gjøre galt verre; **3.: ~ (to)** tilsette; ha på *(fx if the tea is too strong, add some hot water)*; **~ yellow paint to blue, and you will have green** tilsett gul farge til blått, og du vil få grønt; **~ sugar to taste** tilsett (*el.* ha i) sukker etter smak; smak det (,den, *etc*) til med sukker; **4.** bygge på; **this wing was -ed in 1780** denne fløyen ble bygd på i 1780; **the house has been -ed to several times** huset har blitt påbygd flere ganger; *(se også 5 ndf)*; **5.: ~ to** øke; forøke; gjøre større; **this -s to our difficulties** dette gjør det enda vanskeligere for oss; **her illness -ed to his worries** sykdommen hennes ga ham enda større bekymringer; **it -s to the enjoyment** det forhøyer nytelsen; det høyner gleden; det gjør gleden større; **6.** *fig* **T: ~ up** gi mening; stemme; bety; **it just doesn't ~ up** det gir ingen mening; det stemmer ikke; det rimer ikke; **it all -s up** alt sammen stemmer; **all that this -s up to is that he doesn't want to help** dette betyr bare at han ikke 'vil hjelpe.

added *adj(=additional)* ytterligere; **this was an ~ pleasure** denne gleden kom i tillegg.

addend ['ædənd] *subst; mat.:* addend.

addendum [ə'dendəm] *subst (pl: addenda)* tilføyelse; tillegg.

adder ['ædə] *subst; zo:* hoggorm.

I. addict ['ædikt] *subst* **1.: (drug) ~** narkoman; **morphia ~** morfinist; **2.** *fig.:* **he's a football ~** han har fotballdilla; **he's a jazz ~** han har jazzdilla.

II. addict [ə'dikt] *vb* **1.** gjøre henfallen til; skape tilvenning; **2.: ~ oneself to** hengi seg til; bli henfallen til.

addicted [ə'diktid] *adj:* henfallen (*to* til (å)).

addiction [ə'dikʃən] *subst:* henfallenhet (*to* til); avhengighet (*to* av); *m.h.t. narkotika, også:* misbruk.

addictive [ə'diktiv] *adj; om medikament:* vanedannende; som skaper avhengighet; **this drug is strongly ~** dette stoffet er sterkt vanedannende.

adding machine summeringsmaskin, adderingsmaskin.

Addis Ababa ['ædis 'æbəbə] *subst; geogr:* Addis Abeba.

addition [ə'diʃən] *subst* **1.** *mat.:* addisjon; addering; addisjonsstykke *(fx do an addition)*; **2.** *kjem:* addisjon; **3***(=extension)* tilbygg; utvidelse; **4.** tilføyelse; tilsetning; tillegg; forøkelse; **an ~ to the family** en familieforøkelse; *(se event: a happy ~)*; **in ~** dessuten; i tillegg; **in ~ to** foruten; i tillegg til.

additional [ə'diʃənəl] *adj:* som kommer i tillegg; i tillegg; tilleggs-; ekstra-; mer-; **~***(=extra)* **income** merinntekt; **~ tables had to be used** det måtte tas i bruk flere bord; **~ tax** ekstraskatt.

additionally *adv:* ytterligere; i tillegg.

additive ['æditiv] *subst:* tilsetningsstoff; tilsats; additiv.

addle ['ædəl] *vb:* **~ one's brains***(=head)* gjøre en forvirret i hodet; **-d egg** råttent egg.

addle-head ['ædəl,hed] *subst(=addle-pate)* fehode; skrulling; *(se crackbrain)*.

I. address [ə'dres] *subst* **1.** adresse; **fixed** *(=permanent)* **~** fast bopel; **of no fixed ~** uten fast bopel; **incomplete ~** ufullstendig adresse; **the wrong ~** feil adresse; **forward as per ~** besørge etter adressen; **give an ~** oppgi en adresse; **leave me your ~** legg igjen adressen din til meg; **2***(=talk)* foredrag; **3.** *stivt:* adresse; (muntlig *el.* skriftlig) henvendelse; **4.** *glds:* **(form of) ~** opptreden; vesen *(fx a man of pleasing address)*; måte å snakke på; **polite forms of ~** dannet omgangstone; dannet måte å snakke på; **5.** *glds:* **pay one's -es to a lady***(=court a lady)* gjøre kur til en dame; **6***(=skilfulness; tact)* behendighet; takt.

II. address [ə'dres] *vb* **1.** adressere; skrive adresse på; **2.** henvende; rette; stile *(fx the letter was addressed to the Prime Minister)*; **he -ed his thanks to the hostess** han rettet sin takk til vertinnen; **this book is -ed to parents and specialists alike** denne boka henvender seg både til foreldre og fagfolk; **3.** tale til; **~ the meeting** tale til forsamlingen; **4.** titulere; **~ as** titulere som *(fx they addressed him as 'General')*; **~ oneself to***(=apply oneself to)* ta fatt på; gå i gang med.

addressee [,ædre'si:] *subst:* adressat.

adduce [ə'dju:s] *vb:* anføre (som bevis).

adductor [ə'dʌktə] *subst* **1.** *anat:* adduktor; **2.** *zo:* lukkemuskel (hos musling).

Aden [eidn] *subst; geogr:* Aden.

adenoids ['ædinɔidz] *subst; pl; med.:* adenoide vegetasjoner; polypper.

I. adept ['ædept] *subst:* mester; ekspert (*in* i; *in, at (-ing)* i å).

II. adept [ə'dept] *adj:* (meget) dyktig; flink; **be ~ in (-ing)** være flink til å . . .; ha det rette håndlaget når det gjelder å . . .

adequacy ['ædikwəsi] *subst:* tilstrekkelighet; **he doubts his ~ as a father** han tviler på om han strekker til som far.

adequate ['ædikwət] *adj:* tilstrekkelig; adekvat; fyllestgjørende; fullgod; fullverdig; hensiktsmessig; **an ~ translation** en dekkende oversettelse; **this sum is not ~ for the purpose** denne summen strekker ikke til her.

adhere [əd'hiə] *vb:* **~ to 1.** henge fast på (*el.* ved); klebe til; **2.** *fig:* holde fast ved *(fx the original plan)*; overholde *(fx the rules)*; **we decided to ~ to the programme** vi bestemte oss for å holde fast ved programmet; **even if the correct working procedure**

is -d to selv om arbeidsmåten er riktig (*el.* korrekt); selv om man går frem på foreskreven måte.
adherence [əd'hiərəns] *subst* **1.** det å henge fast ved (*el.* klebe til); **2.** *fig:* fastholdelse (*to* av); overholdelse (*to* av); **their ~ to this plan** det at de holdt fast ved denne planen.
I. adherent [əd'hiərənt] *subst:* tilhenger (av parti, *etc*).
II. adherent *adj:* klebrig; som henger ved; vedhengende.
adhesion [əd'hi:ʒən] *subst* **1.** fastklebing; sammenklebing; **2.** adhesjon(sevne); evne til å henge ved; evne til god kontakt med underlaget; **3.** *med.:* adhesjon.
I. adhesive [əd'hi:siv] *subst:* klebestoff; klebemiddel; klebebånd.
II. adhesive *adj:* som henger ved; klebrig; klebe-.
adhesiveness [əd'hi:sivnis] *subst:* klebeevne.
adhesive plaster*(=sticking plaster)* heftplaster.
adhesive tape klebebånd; limbånd; tape.
ad hoc [æd 'hɔk] *latin:* til dette formål; laget for anledningen *(fx an ad hoc committee; an ad hoc decision).*
I. adipose ['ædipous] *subst(=animal fat)* animalsk fett.
II. adipose *adj:* fett-; fettholdig; **~ fin** fettfinne; **~ tissue** fettvev.
adiposity [,ædi'pɔsiti] *subst:* fedme.
adit ['ædit] *subst; bergv.:* stoll (i fjellvegg *el.* åsside).
adjacent [ə'dʒeisənt] *adj:* tilgrensende; tilstøtende; *geom:* **~** *(=contiguous)* **angle** nabovinkel.
adjectival [,ædʒek'taivəl] *adj:* adjektivisk.
adjective ['ædʒiktiv] *subst:* adjektiv.
adjoin [ə'dʒɔin] *vb:* grense opp til; støte opp til; støte opp til hverandre; ligge inntil hverandre *(fx the two houses adjoin).*
adjoining *adj:* tilgrensende; tilstøtende; nabo-; **the ~ room** værelset ved siden av.
adjourn [ə'dʒə:n] *vb* **1.** heve; **the court -ed** retten ble hevet; **~ the meeting** heve møtet; **2.** utsette, oppsette; vente med *(fx a debate);* **3. T:** begi seg til; *spøkef:* **let's ~ to the kitchen** la oss henlegge vår virksomhet til kjøkkenet.
adjourned game *sjakk:* hengeparti.
adjournment [ə'dʒə:nmənt] *subst* **1.** utsettelse (av møte, *etc);* **2.** tidsrom mellom to parlamentsmøter.
adjudge [ə'dʒʌdʒ] *vb* **1.** *vanligvis brukt i passiv:* erklære for *(fx he was adjudged the winner);* **2.** *jur:* **be -d bankrupt** bli erklært fallitt; **3.** *jur(=award)* tilkjenne *(fx costs).*
adjudicate [ə'dʒu:di,keit] *vb:* avsi dom; pådømme; avgjøre; **~ a claim for damages** avgjøre et krav om skadeserstatning.
adjudication [ə,dʒu:di'keiʃən] *subst; jur:* pådømmelse; avgjørelse.
Adjudication Order UK: konkurskjennelse.
adjudicator [ə'dʒu:dikeitə] *subst:* medlem av dommerkomité (ved konkurranse); dommer.
adjunct ['ædʒʌŋ(k)t] *subst* **1.** tilbehør; supplement; **2.** *gram:* attributt; **3.** *logikk(=accident)* aksidens; **4** *(=assistant)* hjelpesmann; assistent.
adjuration [,ædʒuə'reiʃən] *subst (=solemn request)* inntrengende henstilling.
adjure [ə'dʒuə] *vb; stivt:* henstille inntrengende til; bønnfalle; besverge; **I ~ you to tell us the truth** jeg besverger deg til å si oss sannheten; jeg bønnfaller deg om å si oss sannheten.
adjust [ə'dʒʌst] *vb* **1.** justere; regulere; innstille (riktig); stille inn (riktig) *(fx an instrument; a tool);* **~ sth finely** *(=set sth finely)* fininnstille noe; **2.** tilpasse; tilpasse seg *(fx adjust to new conditions; the body adjusts itself to changes in temperature);* **ability to ~** *(=adapt)* tilpassingsevne; **the telescope is not -ed to her sight** teleskopet er ikke tilpasset henne; **3***(=settle)* ordne; bilegge *(fx a dispute);* **it -ed itself** det gikk i orden av seg selv; **4.** *om klær:* rette på; bringe i orden; **~ one's tie** rette på slipset; **5.** *fors:* **~ a claim** fastsette størrelsen av en skadeserstatning.
adjustable [ə'dʒʌstəbl] *adj:* regulerbar; stillbar; justerbar; **~ shelves** stillbare hyller; **~ spanner** skiftenøkkel.
adjuster *se average adjuster.*
adjusting *pres part, adj:* innstillings- *(fx screw);* stille- *(fx ring; screw);* regulerings-; juster-.
adjustment [ə'dʒʌstmənt] *subst* **1.** justering; regulering; innstilling; **~ of wages and salaries** lønnsregulering; **fine ~** *(=fine setting)* fininnstilling; **fine-~ screw***(=micrometer adjusting screw)* skrue for fininnstilling; **2.** tilpassing; **difficulties of ~** tilpassingsvansker; **3.** *tekn:* innstilling(smekanisme) *(fx the adjustment for the volume is beside the speaker);* **4.** ordning; bileggelse *(fx of a dispute);* **5.** *fors:* **~ of a claim** fastsettelse av størrelsen av en skadeserstatning.
adjustment problem tilpasningsproblem; **pupils with -s** elever med tilpasningsvansker.
adjutancy ['ædʒutənsi] *subst:* adjutantstilling.
adjutant ['ædʒutənt] *subst:* adjutant.
I. ad lib [æd'lib] *adv:* etter behag; i fleng *(fx he borrows books ad lib from his friends);* uforberedt *(fx he spoke ad lib for ten minutes on pollution).*
II. ad-lib [æd'lib] *subst:* improvisasjon.
III. ad-lib [æd'lib] *vb:* improvisere *(fx he forgot his speech and had to ad-lib).*
IV. ad-lib [æd'lib] *adj:* improvisert; uforberedt *(fx an ad-lib speech; his speech was entirely ad lib).*
adman ['ædmən] *subst;* **T:** reklametekstforfatter; reklamemann.
admass ['ædmæs] *subst:* **the ~** det publikum som massemediene henvender seg til.
admeasure [æd'meʒə] *vb(=measure out)* fordele, tilmåle *(fx land among the heirs).*
adminicle [æd'minikəl] *subst; jur:* supplerende bevis.
administer [əd'ministə] *vb* **1.** administrere; forvalte; bestyre; **~ funds** forvalte midler; **~ sby's finances** forvalte ens penger; **2***(=give)* gi; foreskrive *(fx medicine to sby);* **~ justice** holde rett; være dommer; **the oath was -ed to him** han ble tatt i ed; **~ extreme unction** gi den siste olje.
administrate [əd'ministreit] *vb: se administer 1.*
administration [əd,mini'streiʃən] **1.** administrasjon; forvaltning; bestyrelse; **2.** tildeling *(fx of blows);* **3** *(=term of office)* (presidents *el.* regjerings) embetstid; **4.** *i sær* **US:** regjering *(fx the Reagan administration).*
administration committee *jur:* administrasjonsstyre.
administration order *jur:* kjennelse om forenklet konkursbehandling.
administrative [əd'ministrətiv] *adj:* administrativ *(fx an administrative post);* administrasjons-; forvaltnings-.
administrative ability evne til å administrere; **lacking in ~** som mangler evnen til å administrere.
administrative assistant *mil:* **~ to commander** adjutant.
administrative expenses *pl:* administrasjonsomkostninger.
administrative machine(ry) (**,T:** *administrative setup)* administrasjonsapparat.
administrative overheads *pl:* administrasjonsomkostninger.
administrative talent(s) administrasjonstalent.
administrator [əd'ministreitə] *subst:* administrator;

jur **UK:** bestyrer (især av dødsbo, når avdøde ikke har satt opp testament eller utnevnt noen eksekutor).
admirable ['ædmərəbl] *adj:* beundringsverdig; ypperlig; glimrende.
admirably ['ædmərəbli] *adv:* på en fortreffelig (*el.* utmerket) måte.
admiral ['ædmərəl] *subst:* admiral; **UK: Admiral of the Fleet** *svarer til:* storadmiral; *(se rear-admiral; vice-admiral).*
admiralship ['ædm(ə)rəlʃip] *subst:* admiralsverdighet.
admiralty ['ædm(ə)rəlti] *subst* **1.** admiralsembete; **2. UK: the Admiralty (Board)** Admiralitetet (ɔ: flåtens øverste ledelse); **3.** *jur* **UK: Admiralty case** *(=maritime case)* sjørettssak.
Admiralty Court **UK***(=maritime court) jur; om domstol:* sjørett.
admiration [,ædmə'reiʃən] *subst:* beundring; ~ **of** beundring for; **he was the ~ of all the boys** alle guttene beundret ham.
admire [əd'maiə] *vb:* beundre; . . . **and I ~ him for that** . . . og 'det beundrer jeg ham for.
admirer [əd'maiərə] *subst:* beundrer.
admiringly [əd'maiəriŋli] *adv:* beundrende; med beundring.
admissibility [əd,misi'biliti] *subst* **1***(=acceptability)* antakelighet; **2.** *jur (om bevis)* tilstedelighet; **3** *(=right of entrance)* adgangsrett.
admissible [əd'misəbl] *adj* **1***(=acceptable)* antakelig *(fx the plan is not admissible);* **2.** *jur; om bevis:* tilstedelig; **3.** som kan (*el.* bør) gis adgang.
admission [əd'miʃən] *subst* **1.** adgang; det å få adgang *(fx to a building);* entré; ~ **free** gratis adgang; ~ **to hospital** innleggelse på sykehus; *(jvf hospitalization);* ~ **to a school** det å komme inn ved en skole; **application for** ~ *(=entry)* **to** . . . søknad om opptak ved . . .; **2.** innrømmelse; ~*(=confession)* **of failure** fallitterklæring; **by** *(=on)* **his own** ~ ifølge hans egen innrømmelse; **3.** *tekn:* tilførsel *(fx of steam).*
admit [əd'mit] *vb* **1.** la komme inn; la slippe inn; gi adgang; ~ **to a hospital** legge inn på et sykehus; **be -ted to a school** komme inn ved en skole; **2.** innrømme; vedgå; tilstå; **he -s to having been there** han innrømmer at han har vært der; **3.** ha plass til; kunne romme; **4.** ~ **of** tillate *(fx it admits of no doubt);* gi mulighet for; ~ **of interpretation** la seg fortolke; gi mulighet for fortolkninger.
admittance [əd'mitəns] *subst:* **no** ~ adgang forbudt; **no ~ except on business** adgang forbudt for uvedkommende; *(se admission).*
admittedly [əd'mitidli] *adv:* det må innrømmes at *(fx admittedly he is no fool);* ~ **I am afraid** jeg skal villig innrømme at jeg er redd; **he is ~ rich but** . . . ganske visst er han rik, men . . .; vel er han rik, men . . .; riktignok er han rik, men . . .
admixture [əd'mikstʃə] *subst* **1.** tilsetning; **2.:** *se mixture.*
admonish [əd'mɔniʃ] *vb:* formane *(fx one's children);* **he -ed the boys against smoking** han advarte guttene mot røyking.
admonition [,ædmə'niʃən] *subst:* formaning; advarsel.
admonitory [əd'mɔnitri; **US:** əd'mɔnitɔ:ri] *adj:* formanende; advarende.
ad nauseam [æd'nɔ:siəm] *adv:* til kjedsommelighet *(fx it was repeated ad nauseam).*
adnominal [əd'nɔminəl] *adj; gram:* adnominal; som bestemmer et substantiv.
ado [ə'du:] *subst; glds(=fuss; to-do):* **much ~ about nothing** stor ståhei for ingenting; **without more** *(=further)* ~ **he signed** han undertegnet uten videre.
adobe [ə'doubi] *subst* **US:** soltørket leirstein.
adolescence [,ædə'lesəns] *subst:* ungdomstid; oppvekst; pubertetsalder.
I. adolescent [,ædə'lesənt] *subst:* ung mann (,pike); tenåring.
II. adolescent *adj:* halvvoksen; i pubertetsalderen; pubertets-.
adopt [ə'dɔpt] *vb* **1.** *om barn; også fig:* adoptere; **-ed daughter** adoptivdatter; **he soon -ed the French way of life** det varte ikke lenge før han adopterte fransk levesett; **2.** innføre; ta i bruk *(fx a new weapon);* innta *(fx a neutral position);* anslå *(fx a more friendly tone);* knesette *(fx a new principle);* **3.** *om rapport:* godkjenne; **4.** *polit, etc:* vedta; ~*(=pass el. carry)* **a resolution** vedta en resolusjon; **5.** *om politiker:* bli formelt godkjent *(fx he has been adopted as Liberal candidate for Manchester).*
adoption [ə'dɔpʃən] *subst:* adopsjon; innførelse; vedtakelse; *(se adopt).*
adoption order *jur:* adopsjonsbevilling.
adoptive [ə'dɔptiv] *adj:* adoptiv- *(fx father; parents).*
adorable [ə'dɔ:rəbl] *adj:* henrivende; yndig *(fx child).*
adoration [,ædə'reiʃən] *subst:* tilbedelse; forgudelse.
adore [ə'dɔ:] *vb:* tilbe; forgude; **T** elske *(fx she adores going to the theatre).*
adorer [ə'dɔ:rə] *subst:* tilbeder.
adorn [ə'dɔ:n] *vb:* smykke; pryde; være en pryd for.
adornment [ə'dɔ:nmənt] *subst:* pryd; prydelse; smykke.
A double flat *mus:* assass.
adrenal [ə'dri:nəl] *adj:* binyre-; ~ **gland** binyre.
adrenaline [ə'drenəlin] *subst:* adrenalin.
Adriatic [,eidri'ætik] *adj:* adriatisk; som har med Adriaterhavet å gjøre; **the ~ (Sea)** Adriaterhavet.
adrift [ə'drift] *adj, adv(=drifting)* i drift; drivende (for vind og vær) *(fx adrift on the open sea);* **be ~ in London** drive om i London; **he was turned ~ (in the world)** han ble overlatt til sin egen skjebne.
adroit [ə'drɔit] *adj:* dyktig; behendig; **his handling of the difficult situation was most ~** han taklet den vanskelige situasjonen på en meget behendig måte.
adulation [,ædju'leiʃən] *subst; stivt (=excessive flattery)* grov smiger.
I. adult ['ædʌlt; **US:** ə'dʌlt] *subst:* voksen (person).
II. adult *adj:* voksen.
adulterate [ə'dʌltəreit] *vb:* forfalske (om levnetsmidler); fortynne; blande opp.
adulteration [ə,dʌltə'reiʃən] *subst:* forfalskning (av levnetsmidler); oppblanding; fortynning.
adulterer [ə'dʌltərə] *subst:* ekteskapsbryter.
adulteress [ə'dʌltərəs] *subst:* ekteskapsbryterske.
adulterous [ə'dʌltərəs] *adj:* skyldig i ekteskapsbrudd; **an ~ relationship** et utenomekteskapelig forhold; *(se extra-marital).*
adultery [ə'dʌltəri] *subst:* ekteskapsbrudd; *bibl:* hor.
adult life livet som voksen.
I. advance [əd'va:ns] *subst* **1***(=progress)* fremskritt; fremgang; **2.** *mil:* fremrykning; **3.** *merk:* stigning *(fx an advance in retail prices);* **4.:** ~ **(of money)** *(=money in advance)* forskudd; **5.:** **-s** *pl:* tilnærmelser *(fx she had difficulty in escaping his advances);* **6.** *på auksjon:* høyere bud *(fx any advance on three hundred?);* **7.:** **in ~** *(=beforehand)* på forhånd.
II. advance [əd'va:ns] *vb* **1***(=make progress)* gjøre fremskritt; **2.** *mil:* rykke fram; avansere; **3.** *merk; om pris:* stige; sette opp *(fx shopkeepers advanced (=increased) their prices);* **4.** forskuttere *(fx sby some money);* **5***(=put forward)* fremsette (forslag, krav); stille opp (teori); komme med (mening) *(fx may I advance an opinion on the matter?);* **6** *(=further)* fremme *(fx such behaviour is not likely*

to advance your interests); hjelpe frem *(fx trade and industry);* 7*(=be promoted)* bli forfremmet; avansere; rykke opp *(fx he advanced rapidly in his job);* 8*(=move forward)* skyte fram; fremskynde *(fx the date of the wedding);* **9. ~ on: he -d on me in a threatening manner** han kom truende mot meg.

III. advance [əd'va:ns] *adj:* forhånds-; forskudds-; forskuddsvis; **~ copy** forhåndseksemplar (av bok); **~ publicity** forhåndsreklame; **~ payment** forskuddsvis betaling.

advanced [əd'va:nst] *adj* **1.** fremskreden; fremrykket; **a man of ~ age** en mann i fremskreden alder; **at an ~ age** i en fremskreden alder; **at an ~ stage of development** på et høyt utviklingstrinn; **the building was in an ~ stage of decay** bygningen var svært forfallen; **technically ~***(=developed)* **countries** land som har kommet langt i sin tekniske utvikling; **2.** videregående; viderekommen; **~ course (of study)** kurs for viderekomne; **a more ~ course** et mer videregående kurs; **3.** *mil:* fremskutt *(fx position);* **4.** ultramoderne *(fx advanced views on religion);* forut for sin tid *(fx he has advanced ideas);* ytterliggående *(fx an advanced Radical);* **5.** *mask:* **~ ignition** høy (*el.* tidlig) tenning; fortenning.

advance guard *mil & fig:* fortropp; *(se vanguard).*

advancement [əd'va:nsmənt] *subst* **1.** forfremmelse; avansement; 2*(=encouragement)* fremme; fremhjelp; **3.** *jur:* arveforskudd.

advantage [əd'va:ntidʒ] *subst* **1.** fordel; fortrinn; **2.** *tennis:* fordel; **~ in** *(,***T:** *van in;* **US:** *ad in)* fordel inne; **what ~ is that to him?** hvilken fordel har han av det? **it has certain -s***(=it has its good points)* det har sine fordeler; **enjoy the ~ of***(=benefit by)* nyte godt av; **find it an ~ to do sth** se sin fordel i å gjøre noe; finne det fordelaktig å gjøre noe; **have an ~ over sby** ha en fordel fremfor en; **it would be greatly to your ~** det ville være en stor fordel for deg (,Dem); **with ~** *(=profitably)* med fordel; **the ~ of (-ing)** fordelen ved å . . . ; **take ~ of** benytte seg av; misbruke *(fx sby's kindness).*

advantageous [,ædvən'teidʒəs] *adj:* fordelaktig.

advent ['ædvənt] *subst:* komme; *rel:* **Advent** advent.

Adventist ['ædvəntist] *subst:* adventist.

adventure [əd'ventʃə] *subst* **1.** dristig foretagende; vågestykke; **2.** spennende opplevelse; eventyr; **go in search of ~** dra ut på eventyr.

adventure playground skrammellekeplass.

adventurer [əd'ventʃ(ə)rə] *subst:* eventyrer; lykkeridder.

adventuress [əd'ventʃ(ə)rəs] *subst:* eventyrerske.

adventurous [əd'ventʃ(ə)rəs] *adj:* eventyrlysten.

adverb ['ædvə:b] *subst; gram:* adverb.

adverbial [əd'və:biəl] *adj:* adverbial; adverbiell; **-ly** adverbielt.

adversary ['ædvəsəri] *subst* **1.** fiende; motstander; **2.** *kortsp; sport:* motspiller; *sport, også:* motstander.

adverse ['ædvə:s] *adj* **1***(=unfavourable)* uheldig; ugunstig; negativ *(fx criticism; publicity);* **2.** *bot:* vendt mot aksen.

adversity [əd'və:siti] *subst:* motgang; ulykke(r); **in times of ~** i motgang.

I. advert ['ædvə:t] *subst* **T***(=advertisement)* annonse, avertissement.

II. advert [əd'və:t] *vb; stivt:* **~ to***(=refer to)* henvise til, referere til; **~ to a problem** henvise til (*el.* gjøre oppmerksom på) et problem.

advertise ['ædvətaiz] *vb* **1.** reklamere; **~ oneself** drive reklame for seg selv; **2.** avertere *(fx I've advertised (my house) in the newspaper);* **~ for** avertere etter; **~ for creditors** utstede proklama; 3*(=make known)* bekjentgjøre; **T:** utbasunere.

advertisement [əd'və:tizmənt, əd'və:tismənt; **US:** ,ædvə'taizmənt] *subst* **1.** reklame(annonse) *(fx an advertisement for toothpaste on TV);* **2.** annonse, avertissement; **he put an ~ in the paper** han satte en annonse i avisen; **she replied to my ~ for domestic help** hun svarte på min annonse om hjelp i huset.

advertisement copy annonsetekst.

advertiser ['ædvətaizə] *subst:* annonsør.

advertising ['ædvə,taiziŋ] *subst:* reklame; **he's in ~** han er i reklamebransjen; **truth in ~** ærlig reklame.

advertising agency reklamebyrå

advertising art director reklametegner; *(se art director).*

advertising designer*(=commercial artist)* reklametegner.

advertising display reklameoppsett; *(se NEO oppsett 2).*

advertising film*(=commercial (film))* reklamefilm.

advertising manager reklamesjef.

advertising matter (reklame)trykksak(er).

advertising stunt reklameknep.

advice [əd'vais] *subst* **1.** råd; **a piece of good (,bad) ~** et godt (,dårlig) råd; **give sby some ~** gi en råd; råde en; **a great deal of useful ~** mange nyttige råd; **ask sby's ~** *(=consult sby)* spørre en til råds; **take ~** innhente råd; **take sby's ~** følge ens råd; **2.** *merk:* advis; *på veksel:* avisering; **as per ~** ifølge advis; **letter of ~** advisbrev; **3.** *post:* melding; bevis; **~ of non-delivery** ubesørgelighetsmelding; **~** *(,om telegram: notice)* **of delivery** mottagelsesbevis; **~ of payment** utbetalingsmelding; **4.** *fors:* **~ of claim** *(=claim (advice))* skademelding; **5.: -s** *pl; stivt (=news)* etterretninger; meldinger *(fx according to the latest advices from Paris).*

advisability [əd,vaizə'biliti] *subst:* tilrådelighet.

advisable [əd'vaizəbl] *adj:* tilrådelig.

advise [əd'vaiz] *vb* **1.** råde; **I wouldn't ~ taking** *(=you to take)* **the car** jeg ville ikke råde deg til å ta bilen; **~ sby against doing sth** *(=advise sby not to do sth)* fraråde en å gjøre noe; råde en fra å gjøre noe; **~ with friends***(=consult with friends)* rådføre seg med venner; rådspørre venner; spørre venner til råds; **2.** *merk(=notify)* advisere (*of* om); **~ a bill** advisere en veksel; **3.** *fors:* melde; **~ a claim** melde en skade.

advisedly [əd'vaizidli] *adv; stivt (=after careful consideration)* med velberådd hu *(fx I tell you this advisedly and in strictest confidence).*

adviser, advisor [əd'vaizə] *subst:* rådgiver; konsulent; **legal ~** juridisk konsulent.

advisory [əd'vaizəri] *adj:* rådgivende; veiledende.

advocacy ['ædvəkəsi] *subst:* (aktiv) støtte; kamp; **~ of reform** kamp for reform.

I. advocate ['ædvəkət] *subst* **1.** talsmann; forkjemper *(fx an advocate of equal pay for men and women);* **2.** *ved skotsk rett(=barrister)* advokat.

II. advocate ['ædvəkeit] *vb:* gjøre seg til talsmann for; forfekte; forsvare.

Aegean [i:'dʒi:ən] *adj:* egeisk; **the ~ Sea** Egeerhavet; **the ~ Islands** øyene i Egeerhavet.

aegis ['i:dʒis] *subst* **1.** *myt:* aigis; egide; Zeus' skjold; **2.** *fig.* beskyttelse; vern; **under the ~ of the UN** under FNs auspisier; i FNs regi.

aeon ['i:ən] *subst; litt:* æon; evighet.

aerated ['eiəreitid] *adj:* kullsyrehevet *(fx bread);* kullsyreholdig *(fx water).*

I. aerial ['ɛəriəl] *subst(=antenna)* antenne.

II. aerial *adj:* luftig; eterisk; luft-.

aerial attack *mil:* luftangrep.

aerial bulb *bot(=top onion)* luftløk.

(aerial) cableway taubane; *(se funicular (railway); telpher (line)).*

aerialist ['ɛəriəlist] *subst* **US***(=trapeze artist)* trapes-

kunstner.
aerial ladder *på brannbil:* motorstige.
aerial shoot *bot:* lysskudd.
aerial target *mil; flyv:* slepemål.
aerie ['ɛəri] *subst; zo* **US**(*=eyrie*) rovfuglreir.
aerobatics [,ɛərou'bætiks] *subst; pl; flyv:* luftakrobatikk, kunstflyvning.
aerodynamics [,ɛəroudai'næmiks] *subst:* aerodynamikk.
aerofoil ['ɛərou,fɔil] *subst; flyv* (,**US:** *airfoil*) bæreflate.
aeronautical [,ɛərə'nɔ:tikəl] *adj:* luftfarts-; **~ engineer**(*=aircraft engineer*) flyingeniør; **~ medicine** flymedisin.
aeronautics [,ɛərə'nɔ:tiks] *subst:* flyvning, luftfart.
aeroplane ['ɛərə,plein] *subst* (,**US:** *airplane*) fly.
I. aerospace [ɛərə,speis] *subst:* atmosfæren og det ytre rom.
II. aerospace *adj:* romfarts-; **the ~ industry** romfartsindustrien.
aerostat ['ɛərə,stæt] *subst:* aerostat.
aerostatics [,ɛərə'stætiks] *subst:* aerostatikk.
aesthete ['i:s,θi:t] *subst* (,**US:** *esthete*) estetiker.
aesthetic(al) [i:s'θetik] *adj:* estetisk.
aesthetician [,i:sθi'tiʃn] *subst:* person som studerer estetikk.
aesthetics [i:s'θetiks] *subst* (,**US** *ofte: esthetics*) estetikk.
afar [ə'fa:] *adv; poet el. glds:* **from ~** langt borte fra.
affability [,æfə'biliti] *subst:* forekommenhet; belevenhet.
affable ['æfəbl] *adj:* forekommende; beleven; omgjengelig; lett å snakke med.
affair [ə'fɛə] *subst* **1.** sak; anliggende (*fx affairs of the state*); **that's my own ~** det må bli min egen sak; **my private -s** mine private forhold; **the whole ~ lasted only two minutes** det hele varte bare i to minutter; **the Kennedy ~** Kennedy-saken; **2**(*=thing*): **the new machine is a weird-looking ~** den nye maskinen ser nifs ut; **3.: (love) ~** kjærlighetshistorie; **have an ~ with sby** stå i forhold til en; **he's had a number of -s** han har stått i forhold til mange kvinner.
I. affect ['æfekt; ə'fekt] *subst; psykol:* affekt.
II. affect [ə'fekt] *vb* **1**(*=have an effect on*) virke (inn) på; ha en virkning på (*fx rain affects the grass*); **it -s me personally** det berører meg personlig; **2.** *med.; om sykdom:* angripe; **3.** *stivt*(*=pretend to feel*): **she -ed grief** hun forega sorg; hun lot som om hun sørget.
affectation [,æfek'teiʃən] *subst:* affektasjon; affekterthet; jåleri; tilgjorthet; **her silly -s annoy me** affektertheten hennes irriterer meg; **~ of ignorance** (*=pretended ignorance*) påtatt uvitenhet.
affected [ə'fektid] *adj* **1.** affektert; **2.** *med.:* angrepet; **the ~ part** det angrepne sted; (*se II. affect 2*).
affecting [ə'fektiŋ] *adj*(*=moving*) rørende; gripende.
affection [ə'fekʃən] *subst:* kjærlighet; ømhet; hengivenhet (*fx every mother has affection for her children*); **he is held in much ~** (*=he is much loved*) han er meget avholdt; **win sby's -(s)** vinne ens kjærlighet; **play on sby's -s** spille på ens følelser.
affectionate [ə'fekʃnət] *adj:* kjærlig; hengiven.
affective [ə'fektiv] *adj; psykol:* affektiv; følelses-; følelsesmessig.
affidavit [,æfi'deivit] *subst; jur:* beediget skriftlig erklæring.
affiliated [ə'fili,eitid] *adj:* tilsluttet; tilknyttet (*fx an affiliated branch of the union; that union is affiliated to the engineering union*).
affiliation [ə,fili'eiʃən] *subst* **1.** tilslutning; tilknytning; (*se affiliated*); **2.** forbindelse; tilknytning (*fx his new job prevents him from having any affiliation* (*=connection*) *with a political party*); **3.** *polit;* tilhørighet (*fx there can be no doubt about their political affiliations*).
affiliation order *jur:* fastsettelse av underholdningsbidragets størrelse i farskapssak.
affiliation proceedings (,**US:** *paternity suit*) farskapssak.
affinity [ə'finiti] *subst* **1.** likhet, slektskap (*fx there is a distinct affinity between these two languages*); **2.** *stivt:* **have an ~ for**(*=feel attracted to*) føle seg tiltrukket av (*fx he had an affinity for cats*); **3.** *bot, zo:* slektskap; **4.** *fig:* slektskap; beslektethet; **there is an ~ between them** de er vesensbeslektede; **spiritual ~** åndsbeslektethet; **5.** *kjem:* affinitet.
affirm [ə'fə:m] *vb:* erklære (bestemt); forsikre; påstå (*fx despite all the policeman's questions the lady continued to affirm that she was innocent*).
affirmation [,æfə'meiʃən] *subst:* forsikring; påstand; høytidelig erklæring (i stedet for ed).
affirmative [ə'fə:mətiv] *adj:* bekreftende; **answer in the ~** svare bekreftende; **an ~ answer**(*=a reply in the affirmative*) et bekreftende svar; **he gave an ~ nod** han nikket bekreftende.
I. affix ['æfiks] *subst; språkv:* affiks.
II. affix [ə'fiks] *vb:* påklebe (*fx a stamp*); vedhefte; **~ one's signature to** sette sin underskrift på; forsyne med sin underskrift.
afflict [ə'flikt] *vb: stivt* **1.** volde sorg (*el.* smerte); **2.** plage; hjemsøke (*fx the evils which afflict society*); (*se afflicted*).
afflicted *adj, perf part* **1.** dypt sørgende; **2.** hardt rammet; hjemsøkt (*fx the sorely afflicted family*).
affliction [ə'flikʃən] *subst:* sorg; lidelse.
affluence ['æfluəns] *subst:* overflod; rikdom.
I. affluent ['æfluənt] *subst*(*=tributary*) bielv.
II. affluent *adj:* rik; velstående; **the ~ society** velstandssamfunnet.
afford [ə'fɔ:d] *vb* **1.** ha råd til; avse penger til; *om tid:* avse; **I can't ~ (to buy) a new car** jeg har ikke råd til (å kjøpe) ny bil; **I can only ~ two days for painting the room** jeg kan ikke avse mer enn to dager til å male rommet; **he couldn't ~ the time (to do it)** han kunne ikke avse tid til å gjøre det; **2.** *med 'can' el. 'could':* tillate seg (*fx she couldn't afford to be rude to her employer no matter how rude he was to her*); **3.** *stivt*(*=give*) gi (*fx that will afford him little pleasure*).
afforest [ə'fɔrist] *vb:* beplante med skog; plante til med skog.
afforestation [ə,fɔris'teiʃən] *subst:* skogplanting.
affray [ə'frei] *subst; stivt el. jur*(*=fight*): slagsmål (*fx an affray in a public house*).
I. affront [ə'frʌnt] *subst:* (åpenlys) fornærmelse (*to* mot) (*fx his remarks were obviously intended as an affront to her*).
II. affront *vb:* fornærme (åpenlyst); krenke (*fx they were affronted by the offhand way in which he treated them*).
Afghan ['æfgæn] **1.** *subst:* afghaner; **2.** *adj:* afghansk.
Afghanistan [æf'gænista:n; -stæn] *subst; geogr:* Afghanistan.
afield [ə'fi:ld] *adv*(*=away*): **don't go too far ~** (*=away*) ikke gå for langt bort; **far ~** (*=far*) langt (*fx he travelled far afield*).
afire [ə'faiə] *adv*(*=on fire*): **set ~** (*=set on fire*) stikke i brann.
aflame [ə'fleim] *adv:* i lys lue, i flammer; *fig:* oppflammet; **~ with desire** oppflammet av begjær.
afloat [ə'flout] *adj, adv; mar* **1.** flott, klar av grunnen (*fx we've got the boat afloat at last*); **2.** flytende (*fx the boat remained afloat*); **3.** til sjøs; **life ~** (*=life at sea*) livet til sjøs; **get people ~** få folk ut på sjøen (i

båt)· **4.** *fig:* **keep ~** holde seg oven vanne.
afoot [ə'fut] *adv* **1.** *glds(=on foot)* til fots; **2.** i gjære; under forberedelse; under oppseiling; på gang.
aforesaid [ə'fɔ:,sed], **aforementioned** [ə'fɔ:,menʃənd] *adj; stivt el. jur:* førnevnt, ovennevnt.
a fortiori [ei,fɔ:ti'ɔ:rai] med desto større grunn; **if we cannot afford a space programme, then, ~, neither can Kenya** hvis vi ikke har råd til et romfartsprogram, er det enda mindre grunn til at Kenya skulle ha det.
afraid [ə'freid] *adj* **1**(*=frightened)* redd *(fx he's afraid; they were very much afraid); (NB 'afraid' kan ikke stå attributivt; 'frightened' må da brukes, fx 'a frightened child');* **2.: ~ for***(=anxious about; uneasy about)* bekymret for; engstelig for; redd for *(fx I'm afraid for his safety);* **3.: ~ of** redd for *(fx she's afraid of her sister);* **~ of (-ing)***(=afraid to)* redd for å *(fx I'm afraid of flying; I'm afraid to fly; I'm afraid of telling her; I'm afraid to tell her);* **4.** *m.h.t. ubehagelig el. uønsket eventualitet:* **~ of (-ing)** redd for at; **I'm ~ of making mistakes** jeg er redd for at jeg skal (komme til å) gjøre feil; jeg er redd for å gjøre feil; **I'm ~ of falling into the river** jeg er redd for at jeg skal (komme til å) falle i elven; jeg er redd for å falle i elven; *(NB i slike tilfeller er konstruksjon med 'afraid to' ikke mulig);* **5.** *innleder beklagende utsagn:* **I'm ~ your wife's had an accident** jeg er redd din kone har vært utsatt for en ulykke; **I'm ~ that** . . . jeg er redd for at . . .; dessverre *(fx I'm afraid I must go now);* **6.** *i beklagende svar:* **I'm ~ not** nei, dessverre; **I'm ~ so** ja, jeg er redd for det.
afresh [ə'freʃ] *adv:* på nytt; **start ~** *(=start from the beginning again)* begynne forfra (igjen) *(fx we'll just have to start the whole thing afresh).*
Africa ['æfrikə] *subst; geogr:* Afrika.
African ['æfrikən] **1.** *subst:* afrikaner; **2.** *adj:* afrikansk.
Afrikaans [,æfri'ka:ns, ,æfri'ka:nz] *subst(=South African Dutch; the Taal)* afrikaans (ett av de to offisielle språk i Sørafrikarepublikken).
Afrikander [,æfri'kændə] *subst; hist: se Afrikaner.*
Afrikaner [,afri'ka:nə, ,æfri'ka:nə] *subst:* hvit sørafrikaner (hvis morsmål er afrikaans).
Afro-Asian ['æfrou'eiʃən] *adj:* afro-asiatisk.
aft [a:ft] *adv; mar* **1**(*=abaft)* akter; akterut (innabords); akterover (innabords); akterlig; **more ~** mer akterlig; **the wind is veering ~** vinden blir akterlig; **2**(*=from astern)* akterinn; **wind right** *(=dead)* **~** vind rett akterinn.
after [a:ftə] **1.** *prep:* etter *(fx after the car came a bus; after dinner);* **shut the door ~** *(=behind)* **you** lukk døra etter deg; **one thing ~ another** det ene etter det andre; **night ~ night** natt etter natt; **I've told you time ~ time** jeg har sagt det til deg gang på gang; **the day ~ tomorrow** i overmorgen; **~ that** og så; dernest; derpå; deretter; **~ you!** etter Dem! **2.** *adv(=afterwards)* etter; etterpå; senere; **they arrived soon ~** de kom straks etter; **3.** *adj; mar(=further aft)* lenger akterut *(fx the after cabin);* **4.** *konj:* etterpå; senere; etterat *(fx after she died we moved house twice);* **5.** *prep* **US***(=past (the hour of)):* **twenty ~** *(=past)* **three** tjue over tre; **6.: ~ all** når alt kommer til alt; likevel; **~ all, he is your father** han er nå engang din far; **7.** *fig:* **be ~** være ute etter *(fx he's after money);* **she's always ~ me** hun er alltid etter meg; hun hakker alltid på meg.
afterbirth ['a:ftə,bə:θ] *subst:* etterbyrd.
aftercare ['a:ftə,kɛə] *subst* **1.** *med.:* etterbehandling; **2.** *av kriminell:* ettervern.
aftercrop ['a:ftə,krɔp] *subst; landbr:* ettergrøde.
after-dinner nap middagslur.
after-dinner speaker bordtaler; festtaler.
after-dinner speech bordtale.
after-effect ['a:fteri,fekt] *subst:* ettervirkning.
afterglow ['a:ftə,glou] *subst(=sunset glow)* aftenrøde.
aftergrass ['a:ftə,gra:s] *subst(=aftermath)* etterslått.
aftermath ['a:ftəmæθ] *subst* **1.** *landbr:* etterslått; **2.** *fig:* ettervirkning; følger *(fx the aftermath of war).*
aftermost ['a:ftə,moust] *adj; mar:* akterst.
I. afternoon [,a:ftə'nu:n] *subst:* ettermiddag; **this ~** i ettermiddag; **in the early (,late) ~** tidlig (,sent) på ettermiddagen; **in the ~** om ettermiddagen; **at 5 o'clock on Saturday ~** klokken 5 lørdag ettermiddag; **on the ~ of Wednesday, October 11th** onsdag ettermiddag den 11. oktober; **one ~ last week** en ettermiddag i forrige uke; **on several -s** flere ettermiddager.
II. afternoon ['a:ftə,nu:n] *adj:* ettermiddags- *(fx afternoon tea).*
afterpains ['a:ftə,peinz] *subst; pl; med.:* etterveer.
afterpeak ['a:ftə,pi:k] *subst; mar:* akterpigg; *(jvf forepeak).*
afters ['a:ftəz] *pl* **T:** dessert; **what's for ~?** hva skal vi ha til dessert?
afterthought ['a:ftə,θɔ:t] *subst* **1.** ettertanke; noe man kommer til å tenke på etterpå; **2.** *om barn* **T:** attpåsleng.
after-treatment ['a:ftə,tri:tmənt] *subst; med.:* etterbehandling.
afterwards ['a:ftəwədz] *adv:* etterpå; etter; senere.
afterword ['a:ftə,wə:d] *subst:* epilog; etterskrift.
again [ə'gen, ə'gein] *adv:* igjen; om igjen! **~ and ~** atter og atter; **over ~** *(=once more)* en gang til; **nobody ever saw him ~** man så ham aldri mer; **as much ~** dobbelt så mye; én gang til så mye; **half as much ~** en halv gang til så mye; **what was his name ~?** hva var det nå han het (igjen)? **but then ~ he may be right** men på den annen side kan det jo være han har rett; **and then ~ you mustn't forget to** . . . og dessuten må du ikke glemme å . . .; **now and ~** av og til; nå og da; **ring ~** gi gjenlyd.
against [ə'genst; ə'geinst] *prep* **1.** mot *(fx they fought against the enemy);* **drive ~ the traffic** kjøre mot kjøreretningen; **the doctors are powerless ~ cancer** legene er makteslØse i kampen mot kreft; legene står makteslØse overfor kreft; **2.** inntil; opptil *(fx there's a table against the wall);* **3.** ut for; overfor *(fx put a cross against his name);* **4.** med henblikk på; **they're stocking up ~ the winter** de hamstrer med henblikk på vinteren; **provide ~ a rainy day** spare med henblikk på vanskelige tider; **5.: as ~** sammenlignet med; i motsetning til; **6.: come up ~ difficulties** støte på vanskeligheter.
agape [ə'geip] *adj:* med åpen munn; måpende; gapende; målløs.
agaric ['ægərik, ə'gærik] *subst; bot:* skivesopp; **fly ~** *(=fly amanita)* rød fluesopp.
agate ['ægət] *subst; smykkesten:* agat.
I. age [eidʒ] *subst* **1.** alder; levealder *(fx the normal age of a dog);* **(old) ~** alderdom(men); **what ~ is she** *(=how old is she)?* hvor gammel er hun? **he went to school at the ~ of six** han begynte på skolen da han var seks år gammel; **at my ~** i min alder; **he is (of) my ~** han er på min alder; vi er jevngamle; **be your ~!** ikke oppfør deg så barnslig! **this wine will improve with ~** denne vinen blir bedre med alderen; **2.** tidsalder; alder; **the dark -s** den mørke middelalder; **this machine was the wonder of the ~** denne maskinen var den tids under; **through the -s, over the -s** (opp) gjennom tidene *(fx ideals in beauty have changed over the ages);* **3.** *om myndighetsalder:* **be of ~** være myndig; **be fully of ~** være

fullmyndig; **over ~** over aldersgrensen; for gammel *(fx he won't be called up for military service because he's over age);* **under ~** under aldersgrensen; umyndig; mindreårig; for ung; **come of ~** *(=attain one's majority)* bli myndig; **4. T: it's -s since I saw him** jeg har ikke sett ham på lange tider; **we've been waiting (for) -s for a bus** vi har (stått og) ventet i evigheter på en buss.

II. age *vb* **1.** bli gammel; eldes; gjøre gammel; **he has -d a lot since I last saw him** han har blitt mye eldre siden sist jeg så ham; **2.** få til å se gammel (*el.* eldre) ut *(fx that hat ages her).*

I. aged [eidʒd] *adj:* **~ 20** 20 år gammel.

II. aged ['eidʒid] *adj:* gammel; alderstegen *(fx an aged man).*

age group aldersgruppe; **T: well, I'm in that sort of ~, you know** vel, jeg tilhører jo den aldersgruppen, vet du.

ag(e)ing *adj:* aldrende.

ageless ['eidʒlis] *adj:* tidløs; upåvirket av tiden; som ikke har noen alder.

age limit aldersgrense.

agency ['eidʒənsi] *subst* **1.** *merk:* agentur; representasjon; **2.** *i sms:* -byrå; -kontor; **news ~** telegrambyrå; **advertising ~** reklamebyrå; **ticket ~** billettkontor; **3.** organ *(fx one of the numerous UN agencies);* **4.** handling; virke; formidling; mellomkomst; **through the ~ of X** gjennom X; ved X's mellomkomst; **it was arranged through the ~ of the British Council** det ble arrangert gjennom British Council; **I detected his ~ in the trouble in the office** jeg oppdaget hvilken rolle han hadde spilt i vanskelighetene på kontoret.

agenda [ə'dʒendə] *subst:* dagsorden; **the ~ is a long one** det står mange saker på dagsorden; **item on the ~** punkt på dagsorden.

agent [eidʒənt] *subst* **1.** agent; representant; forhandler; **sole ~** *(=sole distributor)* eneforhandler; enerepresentant; **(secret) ~** (hemmelig) agent; **I'm not (entirely) a free ~** jeg står ikke (helt) fritt; **2.** *stivt:* opphav; den som bevirker (*el.* er årsak til) noe *(fx she was the agent of his despair);* **3.** *jur:* fullmektig; befullmektiget; **4.** -middel; **cleaning ~** rengjøringsmiddel.

I. agglomerate [ə'glɔmərit; ə'glɔməreit] *subst:* agglomerat.

II. agglomerate [ə'glɔməreit] *vb:* hope seg sammen; agglomerere.

III. agglomerate [ə'glɔmərit] *adj:* sammenhopet; sammenklumpet.

agglomeration [ə,glɔmə'reiʃən] *subst:* agglomerasjon, sammenhopning.

agglutinative [ə'glu:tinətiv] *adj:* agglutinerende.

aggrandize, aggrandise [ə'ægrən,daiz; ə'grændaiz] *vb; om makt, rikdom, status:* øke; **~***(=increase)* **one's wealth** øke sin rikdom.

aggrandizement, aggrandisement [ə'grændizmənt] *subst; stivt:* **a man bent on personal ~** en mann (som er) opptatt av personlig berikelse og makt.

aggravate ['ægrə,veit] *vb* **1.** forverre *(fx his bad temper aggravated the situation);* **2. T:** ergre, irritere.

aggravating *adj* **1.** skjerpende; **~ circumstances** skjerpende omstendigheter; **2. T***(=annoying)* irriterende; ergerlig; **how ~!** så ergerlig!

aggravation [,ægrə'veiʃən] *subst* **1.** forverring; **2. T:** ergrelse; irritasjon.

I. aggregate ['ægrigət] *subst* **1.** totalsum; samlet sum; aggregat; **in the ~** *(=taken as a whole)* alt i alt; sammenlagt; **2.** *bygg:* tilslag (i betong).

II. aggregate ['ægrigeit] *vb* **1.** hope (*el.* klumpe) seg sammen; **2.** *om tall:* beløpe seg til; utgjøre i alt.

aggregation [,ægrə'geiʃən] *subst:* sammenhopning, sammenklumpning.

aggression [ə'greʃən] *subst:* aggresjon.

aggressive [ə'gresiv] *adj:* aggressiv; pågående.

agressiveness [ə'gresivnis] *subst:* aggressivitet; pågåenhet.

aggressor [ə'gresə] *subst:* angriper; angripende part.

aggrieved [ə'gri:vd] *adj; stivt:* forurettet; krenket; såret (*at* over); **the ~** *(=injured)* **party** den forurettede part.

aghast [ə'ga:st] *adj:* forferdet; fælen; **they were ~ at the blunder** de var forferdet over bommerten.

agile ['ædʒail] *adj(=nimble)* kvikk; rask *(fx an agile animal);* lett til bens; smidig.

agility [ə'dʒiliti] *subst:* raskhet; smidighet.

agitate ['ædʒi,teit] *vb* **1.** gjøre urolig (*el.* nervøs) *(fx his presence agitated her);* **2.** *polit, etc:* agitere *(fx they are agitating for prison reform);* **3.** *stivt (=shake)* ryste; sette i bevegelse *(fx the tree was agitated violently by the wind).*

agitated ['ædʒi,teitid] *adj; om person:* urolig; nervøs.

agitation [,ædʒi'teiʃən] *subst* **1.** uro; sinnsbevegelse; **2.** *polit, etc:* agitasjon; **3.** *stivt:* rystelse.

agitator ['ædʒi,teitə] *subst:* agitator.

aglow [ə'glou] *adj; litt.* **1.** *om himmel el. natur:* **be ~ with the colours of autumn** være iført høstens fargeprakt; **2.** *om ansikt:* blussende, rødmende; **her face was ~ with health** hennes ansikt rødmet av sunnhet; **~ with pleasure** skinnende av glede.

agnostic [æg'nɔstik] **1.** *subst:* agnostiker; **2.** *adj:* agnostisk.

agnosticism [æg'nɔstisizəm] *subst:* agnostisisme.

ago [ə'gou] *adv:* for . . . siden; **not long ~** for ikke lenge siden; **that was long ~** det er lenge siden (nå); **as long ~ as 1945** allerede i 1945; **how long ~ did he leave?** hvor lenge er det siden han dro?

agog [ə'gɔg] *adj:* ivrig (og opphisset); spent; **she was ~ with excitement** hun stod og trippet av spenning; **we were all ~ at the news** vi var alle opprømte over nyheten(e); **they were ~ for news***(=they were agog to hear the news)* de kunne knapt styre seg i sin iver etter å få høre nyheten(e).

agonize, agonise ['ægənaiz] *vb:* pines; lide kval; pine.

agonized ['ægənaizd] *adj:* forpint *(fx he had an agonized expression on his face).*

agonizing *adj:* pinefull.

agony ['ægəni] *subst* **1.** pine; (sjele)kval *(fx she suffered agonies of regret over her decision);* **be in agonies of pain** ha fryktelige smerter; **an ~ of suspense** en uutholdelig spenning; **2.** *litt.:* **be in one's last agonies***(=be on one's deathbed; be dying)* ligge for døden; ligge på sitt siste; *bibl:* **the Agony** Kristi lidelser.

agoraphobia [,ægərə'foubiə] *subst; med.:* plassangst.

agraphia [ə'græfiə] *subst; med.:* tap av skriveevnen.

agrarian [ə'greəriən] *adj:* agrar-; landbruks-.

agree [ə'gri:] *vb* **1.** bli enige; være enige *(fx he and I usually agree; I agreed with them that we should try again);* være enig; **I entirely ~** jeg er helt enig; **we -d that** vi var (,ble) enige om at . . .; **it was -d that he should go away** man ble enig om at han skulle reise bort; **they were -d** de var enige; **I can't ~ in our choice** jeg er ikke enig i at vi har truffet et slikt valg; **~ about, ~ on** bli enige om *(fx they couldn't agree about anything; agree on a plan; agree on a date);* **let's ~ to differ** la oss ha hver vår mening;

2*(=be similar; correspond)* være like; svare til hverandre *(fx both copies agree);*

3. stemme overens (*with* med) *(fx the story agrees with the facts; this doesn't agree with what he told us);*

4. *gram:* samsvare; **the verb must ~ with its subject**

verbet må rette seg etter subjektet;
5.: ~ **to** gå med på; erklære seg innforstått med; **she -d to go home** hun gikk med på å dra hjem; **I can't ~ to that** det kan jeg ikke gå med på;
6.: ~ **with** 1.: *se 1 & 3 ovf;* 2. *om mat, etc:* **cheese doesn't ~ with me** jeg tåler ikke ost; jeg har ikke godt av ost.

agreeable [ə'gri:əbl] *adj* **1.** *stivt(=pleasant)* behagelig; hyggelig *(fx she seems very agreeable);* **2** *(=prepared to consent)* innforstått med *(fx are you agreeable to (doing) that?);* **3.: the terms were not ~ to him** *(=the terms were not to his liking)* han likte ikke betingelsene; **salaries ~ with** *(=in keeping with)* **current trends** gasjer som harmonerer med tendensene i tiden.

agreeably *adv:* **I was ~ surprised** jeg ble behagelig overrasket.

agreement [ə'gri:mənt] *subst* **1.** enighet; **2.** avtale; kontrakt; overenskomst; **3***(=correspondence)* samsvar; overensstemmelse; **4.** *gram:* samsvar; *(se agree 4);* **we are all in ~** vi er alle enige; **you have broken our ~** du har brutt avtalen vår; **come to** *(=reach)* **an ~** komme til en ordning; **he has come to an ~ with his friend about sharing a car** han har blitt enig med vennen sin om å dele en bil; **sign an ~** undertegne en avtale; **under the terms of this ~** ifølge denne kontrakts bestemmelser.

agricultural [,ægri'kʌltʃərəl] *adj:* landbruks-; ~ **college***(=college of agriculture)* landbruksskole; jordbruksskole; **UK: National College of Agricultural Engineering** landbrukshøyskole; ~ **economics** landbruksøkonomi; ~ **product** landbruksprodukt.

agriculturalist [,ægri'kʌltʃ(ə)rəlist] *subst; sj:* gårdbruker, jordbruker.

agriculture ['ægri,kʌltʃə] *subst:* landbruk, jordbruk; **subsistence ~** *(=farming)* selvbergingsjordbruk; *(jvf cash-crop farming);* **college of ~** landbruksskole; jordbruksskole; **graduate in ~** landbrukskandidat; **department of ~** landbruksdepartement; **UK: Ministry of Agriculture, Fisheries and Food** Landbruksdepartementet.

agriculturist [,ægri'kʌltʃərist] *subst; sj:* gårdbruker, jordbruker.

agrimony ['ægriməni] *subst; bot:* åkermåne.

agronomics [,ægrə'nɔmiks] *subst:* landøkonomi; *(jvf agricultural: ~ economics).*

agronomy [ə'grɔnəmi] *subst:* agronomi.

aground [ə'graund] *adv:* på grunn.

ahead [ə'hed] *adv* **1.** foran; fremover; forut; **2***(=in advance)* i forveien; ~ **of all the others** foran alle de andre; ~ **of time** før tiden; **he went on ~ of me** han gikk i forveien; **go ~** gå i gang; **go straight ~** gå rett fram; **go ~ with** gå i gang med; **look ~** være forutseende; **plan ~** planlegge på sikt; legge planer for fremtiden.

ahoy [ə'hɔi] *int; mar:* ohoi.

I. aid [eid] *subst* **1.** hjelp; bistand; **(development) ~** u-hjelp; **2.** hjelpemiddel; **hearing ~** høreapparat; **3.: in ~ of** til inntekt for *(fx what's this collection in aid of?);* **T: what's that in ~ of?** hva skal det være godt for?

II. aid *vb* **1.** *stivt(=help)* bistå; hjelpe; **2.** *jur:* ~ **and abet the burglar** være delaktig i innbruddet *(fx he was charged with aiding and abetting the burglar).*

aide [eid] *subst* **1.** *mil: fk.f. aide-de-camp;* **2.** *polit (=assistant)* medarbeider *(fx a White House aide);* **top-level -s** medarbeidere på topplanet; **his top ~** hans nærmeste medarbeider.

aide-de-camp ['eid də 'kɔ̃] *subst; mil:* adjutant (generals el. kongelig).

aid officer*(=overseas aid officer; development aid officer; foreign aid officer)* u-hjelper; bistandsarbeider.

aiguillettes [,eigwi'lets] *subst; pl; mil:* adjutantsnorer.

ail [eil] *vb(=be ill)* være syk; skrante; *(se ailing).*

aileron ['eilə,rɔn] *subst; flyv:* balanseror.

ailing *adj:* skrantende; sykelig; **be ~** skrante.

ailment ['eilmənt] *subst:* (mindre alvorlig) sykdom; lidelse *(fx a kidney ailment).*

I. aim [eim] *subst* **1.** sikte; **take ~** (ta) sikte; legge an; **2.** *fig:* mål; hensikt; formål.

II. aim *vb* **1.** sikte (*at* på); *fig:* **be -ed at** være myntet på *(fx his remark was aimed at me);* **2.: ~ at (-ing), ~ to** ha til hensikt å *(fx he aims at becoming a doctor);* **3.: ~ for** ta sikte på *(fx he's aiming for a much better job than the one he has at present).*

aimless ['eimlis] *adj:* ørkesløs; formålsløs *(fx an aimless life).*

aimlessly *adv:* uten mål og med *(fx he wandered about aimlessly).*

I. air [ɛə] *subst* **1.** luft; **in the ~** (oppe) i luften; *fig:* **that's all in the ~** det er helt i det blå; **castles in the ~** luftslott; *fig:* **live on ~** leve av luft; *fig:* **clear the ~** rense luften; *flyv:* **go by ~** reise med fly; fly; **2.** luftning; bris *(fx a light air);* **3.** *glds(=tune)* melodi; **4.** *stivt(=appearance):* **the house had an ~ of neglect** huset bar preg av å være forsømt; **5.** *om person:* mine; **assume an ~ of ignorance** sette opp en uskyldig mine; **give oneself -s** skape seg; gjøre seg til; **6.** *radio:* **go off the ~** avslutte sendingen; **the station went off the ~** sendingen ble avbrutt; **go on the ~** begynne sendingen; **T:** gå på lufta; **the Prime Minister will be on the ~ today** vi får høre statsministeren i radioen i dag.

II. air *vb; også fig:* lufte *(fx air the bedclothes; air one's views);* ~ **a room** lufte ut i et rom.

air activity flyvirksomhet.

air ambulance luftambulanse; ambulansefly.

air attack flyangrep; luftangrep.

air base flybase.

air bed luftmadrass.

airborne ['ɛə,bɔ:n] *adj* **1.** flybåren; ~ **troops** luftlandetropper; **2.** som føres gjennom luften *(fx bacteria);* **3.** *om fly:* **be ~** være i luften; **become ~** lette; ta av.

airborne traffic flytrafikk.

airbridge *mil:* luftbru; *(jvf airlift).*

air canopy *mil:* flyparaply; luftbeskyttelse.

Air Chief Marshall *(fk ACM) flyv* **UK:** general.

air combat *mil:* luftkamp.

Air Commodore *flyv* **UK** *(,US: Brigadier-General): intet tilsv; graden er plassert over 'group captain' (oberst) og under 'air vice marshal' (generalmajor).*

air compressor luftkompressor.

air conditioning luftkondisjonering; air conditioning.

air cover *mil:* luftdekning; flybeskyttelse.

aircraft ['ɛə,kra:ft] *subst (pl: aircraft)* fly; luftfartøy; **two enemy ~ were shot down** to fiendtlige fly ble skutt ned.

aircraft carrier *mil:* hangarskip.

aircraft control flykontroll; *(jvf air traffic control).*

aircraft engine flymotor.

aircraft engineer flyingeniør.

aircraftman ['ɛə,kra:ftmən] *subst; mil (,US: airman basic)* flysoldat; *(se leading aircraftman & senior aircraftman).*

aircraftwoman ['ɛəkra:ft,wumən] *(fk ACW) subst; mil* **UK:** kvinnelig flysoldat.

aircraft wireless operator*(=flight radio operator)* flytelegrafist.

air crash flystyrt; flyulykke.

air current luftstrøm.

air defence luftforsvar.

air defence staff luftforsvarsstab; *(jvf air staff).*

air dried *adj:* lufttørket.
air duct ventilasjonskanal; avtrekkskanal.
air embolism *med.:* luftemboli.
airfield ['ɛə,fi:ld] *subst:* flyplass.
air force flyvåpen.
air force officer flyoffiser.
air freight flyfrakt; flysending; **by ~** som luftfraktgods.
airfreight terminal flyfraktterminal.
air gun luftgevær.
air hole *flyv* **T**(*=air pocket)* luftlomme.
air hostess flyvertinne.
air house boblehall.
air lane *flyv:* luftkorridor.
air letter aerogram.
airlift ['ɛə,lift] *subst; især mil:* luftbru.
airline ['ɛə,lain] *subst* **1.** flyselskap; **which ~ are you travelling by?** hvilket flyselskap har du tenkt å bruke? hvilket flyselskap reiser du med? **2.** luftrute; **3.** *på servicestasjon:* luftslange.
airline pilot trafikkflyver.
airliner ['ɛə,lainə] *subst:* passasjerfly; rutefly.
airmail ['ɛə,meil] *subst:* luftpost; **by ~** med luftpost.
airmail pilot postflyver.
airman ['ɛəmən] *subst* **1.** *mil:* **he's an ~** han er i flyvåpenet; **2. US: ~ basic**(*=aircraftman)* flysoldat.
air marshal *(,***US:** *lieutenant-general; fk LTG) flyv:* generalløytant; **air vice-marshal** *(,***US:** *major -general; fk MG)* generalmajor; *(jvf lieutenant -general & major-general).*
air mechanic(*=aero-engine fitter)* flymekaniker.
air-minded ['ɛə,maindid] *adj:* flyinteressert.
Air Ministry luftfartsministerium.
air navigation light *subst:* luftfyr.
air passage *anat(=respiratory passage)* luftvei.
airplane ['ɛə,plein] *subst* **US**(*=aeroplane)* fly.
air pocket *flyv (,***T:** *air hole)* luftlomme.
airport ['ɛə,pɔ:t] *subst:* lufthavn.
airport landing charge(*=airport service charge)* landingsavgift; lufthavnavgift.
air raid flyangrep; luftangrep.
air-raid alarm flyalarm.
air-raid shelter tilfluktsrom.
air-raid warden *(fk ARW) hist;* **UK:** sivilforsvarsmann ansvarlig for at reglene ble fulgt under flyalarm.
air-raid warning flyalarm.
air reconnaissance flyrekognosering.
air rifle luftgevær.
air route(*=airway)* flyrute; luftlinje.
airscrew ['ɛə,skru:] *subst(=aircraft propeller)* propell.
air ship *hist:* luftskip.
airspace ['ɛə,speis] *subst:* luftrom.
airspeed ['ɛə,spi:d] *subst(=flying speed)* flyhastighet.
air staff luftmilitær stab; *(jvf air defence staff).*
air strike flyangrep; luftangrep.
airstrip ['ɛə,strip] *subst:* flystripe.
air surveying kartlegging fra luften.
air terminal flyterminal.
airtight ['ɛə,tait] *adj* **1.** lufttett; **2.** *fig:* vanntett *(fx an airtight alibi).*
air-to-air missile *(fk AAM) mil:* luft-til-luftrakett.
air-to-ground missile *mil:* luft-til-bakkerakett.
air traffic lufttrafikk.
air traffic control *(fk ATC) i lufthavn:* flyledelse.
air traffic controller(*=air traffic control officer)* flyleder; **chief air traffic control officer** flyledersjef.
air train fly med glidefly på slep.
air umbrella luftparaply; luftbeskyttelse.
air vice marshal *(fk AVM) flyv; RAF:* generalmajor.
airway ['ɛə,wei] *subst* **1**(*=air route)* flyrute; luftrute; **2.** *i gruve:* ventilasjonssjakt; **3.** *anat(=air passage; respiratory passage)* luftvei.
airway beacon(*=air navigation light)* luftfyr.
airway bill luftfraktbrev.
airworthy ['ɛə,wə:ði] *adj:* luftdyktig.
airy['ɛəri] *adj* **1.** luftig *(fx a nice airy room);* **2.** luft-; lik luft; som består av luft; lett som luft; **3.** vektløs; uhåndgripelig; **3.** *fig:* luftig; flyktig; virkelighetsfjern; **~ plans** luftige planer; **~ promises** flyktige (*el.* urealistiske) løfter; *(jvf airy-fairy);* **4** *(=nonchalant)* nonchalant *(fx he had an airy manner).*
airy-fairy ['ɛəri'fɛəri] *adj* **1. T**(*=fanciful and unrealistic)* fantasifull; virkelighetsfjern; urealistisk *(fx it was an airy-fairy scheme; he had airy-fairy ideas about the brotherhood of man);* **2.** sart; spinkel; lett.
aisle [ail] *subst* **1.** *arkit; i kirke:* sideskip; midtgang; **walk up the ~** gå oppover kirkegulvet; **2.** *i kino, etc (=gangway)* midtgang.
aitch [eitʃ] bokstaven h; **drop one's -es** unnlate å uttale h i begynnelsen av ord (hvilket er udannet og typisk for cockneydialekten).
ajar [ə'dʒa:] *adv:* på klem; på gløtt *(fx he left the door ajar).*
akimbo [ə'kimbou] *adv:* **with arms ~** med hendene i siden.
akin [ə'kin] *adj:* **this problem is ~ to the one we had last week** dette problemet er beslektet med det vi hadde i forrige uke.
alacrity [ə'lækriti] *subst; stivt:* beredvillighet.
I. alarm [ə'la:m] *subst* **1.** alarm; alarmapparat; alarmmekanisme; **2.: ~ (clock)** vekkerklokke; **3.** engstelse; uro; skrekk; **give** (*el.* **sound) the ~** slå alarm; **there is no cause for ~** det er ingen grunn til engstelse; **take ~** bli urolig (*el.* skremt).
II. alarm *vb* **1.** alarmere; varsle; **2.** skremme (opp) *(fx the shots alarmed hundreds of birds);* **3.** engste; gjøre urolig; skremme opp *(fx the old lady).*
alarm clock vekkerklokke.
alarming [ə'la:miŋ] *adj:* alarmerende; urovekkende; foruroligende; **to an ~ degree** i foruroligende grad.
alarmist [ə'la:mist] *subst:* ulykkesprofet; svartseer *(fx alarmists who forecast the end of the world).*
alas [ə'læs] *int:* akk; akk o ve.
Alaska [ə'læskə] *subst; geogr:* Alaska.
alb [ælb] *subst; kat:* messeserk; messeskjorte; *(jvf surplice).*
Albania [æl'beiniə] *subst; geogr:* Albania.
Albanian 1. *subst:* albaner; *språket:* albansk; **2.** *adj:* albansk.
albinism ['ælbinizəm] *subst:* albinisme.
albino [æl'bi:nou] *subst:* albino.
Albion ['ælbiən] *geogr; poet el. glds:* Albion, England.
album ['ælbəm] *subst:* album.
albumen ['ælbjumin] *subst(=white of an egg)* eggehvite.
albumin ['ælbjumin] *subst(=albuminous substance)* eggehvitestoff; albumin.
albuminous [æl'bju:minəs] *adj:* eggehvitestoffholdig.
alchemy ['ælkimi] *subst:* alkymi.
alcohol ['ælkəhɔl] *subst:* alkohol; sprit; **technical ~** teknisk sprit; **wood ~** tresprit.
I. alcoholic [,ælkə'hɔlik] *subst:* alkoholiker.
II. alcoholic *adj:* alkoholisk; alkoholholdig; alkohol-.
alcoholism ['ælkəhɔlizəm] *subst:* alkoholisme.
alcoholize ['ælkəhɔ,laiz] *vb:* alkoholisere.
alcove ['ælkouv] *subst:* alkove; **dining ~** spisekrok.
alder ['ɔ:ldə] *subst; bot:* svartor.
alderman ['ɔ:ldəmən] *subst; i England og Wales inntil*

1974: medlem av en komité som utgjør en tredjedel av kommunestyret; jvf norsk: formannskapsmedlem.

ale [eil] *subst(=beer)* øl.

I. alert [ə'lə:t] *subst* **1.** flyalarm; **2.** *mil:* beredskap; **place on ~** sette i beredskap; **3.** *fig:* **on the ~** på vakt; årvåken.

II. alert *vb* **1.** alarmere; **2.** *mil:* sette i beredskap; **3.:** **~ sby to sth** få en til å innse noe *(fx alert him to his responsibility);* gjøre en oppmerksom på noe *(fx the sound of gunfire alerted us to our danger).*

III. alert *adj:* våken; kvikk *(fx he's a very alert child; she's very old now but still very alert);* **with all senses ~** med alle sanser på vakt; **~ to** årvåken overfor; oppmerksom på *(fx you must be alert to the dangers around you);* **~ to the problems** (i høy grad) oppmerksom på problemene; **he's very much ~ to what's going on around him***(=he's very much in touch with real life)* han er i høy grad oppmerksom på det som skjer omkring ham; han har en utpreget virkelighetssans; han har god bakkekontakt; **try to be ~ to the use of words** prøve å merke seg hvordan ordene brukes.

Aleutian [ə'lu:ʃn] *adj; geogr:* **the ~ Islands** Aleutene.

A-level *(fk.f. advanced level; jvf O-level):* **-s** examen artium *(fx take one's A-levels);* **take one ~ at a time** ta artium som deleksamen; **~ entrants** søkere med artium; **~ course** artiumskurs; **~ essay** artiumsstil; **~ grades** artiumskarakterer *(fx high A-level grades are required);* **~ paper (for the GCE examination)** artiumsoppgave; *(se GCE).*

alga ['ælgə] *pl:* **algae** ['ældʒi:] *subst; bot:* alge.

algebra ['ældʒibrə] *subst:* aritmetikk; algebra.

algebraic [,ældʒi'breiik] *adj:* algebraisk *(fx equation).*

Algeria [æl'dʒiəriə] *subst; geogr:* Algerie.

Algerian [æl'dʒiəriən] **1.** *subst:* algerier; **2.** *adj:* algerisk.

Algiers [æl'dʒiəz] *subst; geogr:* Alger.

alias ['eiliəs] **1.** *subst:* alias; dekknavn *(fx they keep changing aliases; what alias did he use this time?):* **2.** *adv:* alias *(fx John Smith, alias Peter Jones).*

alibi ['ælibai] *subst* **1.** alibi; **a watertight ~** et vanntett alibi; **establish an ~** skaffe seg et alibi: **2. T** *(=excuse)* unnskyldning.

alien ['eiljən] **1.** *subst; jur & offisielt språkbruk:* utlending; utenlandsk statsborger; **UK: the Aliens Division of the Home Office** fremmedkontoret; **-s registration form** fremmedkontrollskjema: **2.** *subst; om person el. ting fra fremmed miljø:* fremmed *(fx an alien from another planet):* **3.** *adj:* utenlandsk; fremmed *(fx alien customs);* **4.:** **~ to***(=not in keeping with)* i strid med *(fx war is alien to his philosophy);* fremmed for; **treachery was ~ to his nature***(=treachery was not in his nature)* forræderi var ham fremmed.

alienable ['eiljənəbl] *adj; jur:* som kan overdras til andre; avhendelig.

alienate ['eiljə,neit] *vb* **1***(=estrange)* støte fra seg *(fx he alienated his wife by his cruelty to her);* fremmedgjøre; **feel -d from society** føle at man ikke hører til i samfunnet; **2.** *jur(=seize)* beslaglegge *(fx enemy property is often alienated in times of war).*

alienation [,eiljə'neiʃən] *subst* **1.** det å støte fra seg; fremmedgjørelse; det å føle at man ikke hører til; det å føle seg fremmed; **2.** *jur(=seizure)* beslagleggelse.

alienist ['eiljənist] *subst; glds(=psychiatrist)* psykiater.

Aliens Division of the Home Office: *se alien.*

aliens registration office *ved politiet:* fremmedkontor.

alien substance*(=foreign body)* fremmedelement.

I. alight [ə'lait] *vb* **1***(=get down from)* stige ned; stige ut; **~ from a car** stige ut av en bil; **~ from a horse** stige av hesten; **2.:** **~ on** sette seg på *(fx the bird alighted on the fence); fig; stivt:* **then his eyes -ed on the letter***(=then he saw the letter)* da falt hans blikk på brevet; da fikk han se brevet.

II. alight *adj; adv:* **the stove was still ~** *(=there was still a fire in the stove)* det var fremdeles fyr i ovnen; **his eyes were ~ with joy** øynene hans lyste av glede; **set sth ~** *(=set fire to sth)* sette fyr på noe.

align [ə'lain] *vb* **1.** *tekn:* rette inn; justere; **~** *(=adjust)* **the front wheels** justere forstillingen; **2.:** **~ oneself with sby** stille seg på ens side; slutte seg til en; **nations -ed against fascism** nasjoner som står sammen mot fascismen.

alignment [ə'lainmənt] *subst* **1.** *tekn:* oppretting; justering; **check the ~** kontrollere *(el.* sjekke) forstillingen; **the desks are in (,out of) ~** pultene står på (,står ikke på) rekke; **2.** gruppering; **new political -s are forming in Europe** nye politiske grupperinger er i ferd med å oppstå i Europa.

alike [ə'laik] **1.** *adj:* like *(fx the two sisters are very much alike);* **they all look ~ to me** for meg ser de alle like ut; jeg ser ikke forskjell på noen av dem; **all music is ~ to him** all musikk er lik for ham; **2.** *adv:* på samme måte *(fx he treated all his children alike);* **summer and winter ~** både sommer og vinter; **share and share ~** dele likt.

alimentary [æli'mentəri] *adj:* nærings-; fordøyelses- *(fx alimentary canal).*

alimony ['æliməni] *subst; jur(=maintenance)* underhold(ning)sbidrag; *(se maintenance).*

alive [ə'laiv] *adj* **1.** i live; **be ~** være i live; leve; **he was still ~** han var fremdeles i live; han levde ennå; **2.** *fig:* levende; i live *(fx the tradition was still alive);* **they kept hope ~** de ga ikke slipp på håpet; de holdt liv i håpet; **the most ~ character in the book** den mest levende skikkelse i boken; **3.** *etter superl:* **I'm the happiest man ~** jeg er den lykkeligste mann på denne jord; **she was the happiest woman ~** hun var den lykkeligste kvinne man kunne tenke seg; **4.** full av liv; livlig *(fx she was wonderfully alive for her age);* **5.** *elekt:* strømførende *(fx this wire is alive); (jvf live 2);* **6.:** **~ to** *(=aware of)* oppmerksom på *(fx he was alive to the dangers of the situation);* **7.:** **be ~ with** vrimle av *(fx the town was alive with policemen);* **the mattress was ~ with fleas** madrassen var yrende full av lopper; **a face ~ with emotion** et ansikt hvor sinnsbevegelsen stod tydelig å lese.

alkali ['ælkə;lai] *subst; kjem:* alkali.

alkaline ['ælkə,lain] *adj; kjem:* alkalisk; alkali-.

I. all [ɔ:l] *subst; med foranstilt my, his, etc:* **give your ~** gi alt du har; gi hele deg; legg hele din sjel i det; *stivt:* **you are my ~***(=you mean everything to me)* du er alt for meg; du betyr alt for meg.

II. all **1.** *pron; adj:* all; alt; alle; hele *(fx all the time);* alt sammen; **~ that's lacking now is** . . . alt (*el.* det eneste) som mangler nå er . . .; **T: I'm fed up with it ~** jeg er lut lei det hele; jeg er lut lei alt sammen; **beyond ~ doubt** hevet over enhver tvil; **deny ~ responsibility** nekte ethvert ansvar; **~ (that) he said was** . . . alt han sa var . . .; **is that ~ there are?** er det ikke flere? **I told him ~ about it** jeg fortalte ham alt om det; jeg fortalte ham det hele; **tell him what it's ~ about** fortell(e) ham hva det (hele) dreier seg om; **~ of it** alt sammen; det hele; **~ of you (,us)** alle (sammen); **~ of us who** alle vi som; **~ of two million dollars** hele to millioner dollar;

2. *adv:* helt; **its ~ wrong** det er helt galt; **~ too** altfor; **~ too fast** altfor fort; **dressed ~ in blue** kledd helt i blått;

3. *sport:* **the score at half-time was four ~** stillingen etter første omgang var 4–4;

4.: above ~ fremfor alt;
5.: after ~ når alt kommer til alt; likevel; i grunnen;
6. *etteranstilt* **T: and ~** også; **and you can take that smile off your face and ~!** og stå ikke der og flir heller! **and ~ that** og så videre *(fx coffee, tea, and all that will be served in the garden);* **she was sweet and pretty and ~ that, but I still didn't like her** hun var nok både søt og pen, men jeg likte henne likevel ikke;
7. T: not ~ that good*(=not very good)* ikke 'så god (,bra); **he isn't ~ that good either** 'så god er han nå heller ikke; **not as pretty as ~ that** ikke 'så pen (som man kunne vente) *(fx she's not as pretty as all that, but she has personality);*
8.: at ~ i det hele tatt; overhodet *(fx I didn't know that at all);* **I'm surprised you came at ~** jeg er overrasket over at du i det hele tatt kom; **if I know him (at ~)** hvis jeg kjenner ham rett; **not at ~** 1. slett ikke; 2*(=don't mention it)* ingen årsak! ikke noe å takke for! **I'm not at ~ sure** jeg er slett ikke sikker; **nothing at ~** slett ingenting; ikke noe i det hele tatt;
9.: ~ at once 1*(=all at the same time)* alle på én gang *(fx don't eat those cakes all at once);* 2*(=suddenly)* plutselig *(fx all at once the light went out);*
10.: ~ but*(=almost)* nesten *(fx I'm all but certain of it);*
11.: I'm ~ for staying jeg er helt stemt for at vi skal bli; jeg synes absolutt at vi skal bli;
12.: for ~ anyone knows for alt hva man vet *(fx for all anyone knows he was a baron);* **for ~ my pushing, I still couldn't move it** jeg kunne ikke rikke den, uansett hvor meget jeg skjøv; **for ~ that** *(=in spite of that)* tross alt *(fx he was a nice man for all that);*
13.: in ~*(=altogether)* i alt *(fx there were five of them in all);* **~ in ~** alt i alt *(fx all in all he's a nice chap);*
14. T: ~ in 1. utkjørt; utmattet; 2. alt iberegnet *(fx is that the price all in?);*
15.: one and ~ alle som en;
16.: it's ~ one det kommer ut på ett; det blir det samme;
17.: ~ over 1*(=over)* over *(fx the excitement's all over now);* 2. over det hele *(fx my car's dirty all over);* 3*(=everywhere)* overalt *(fx we've been looking all over for you);* 4*(=typical of)* typisk for; nøyaktig hva man kunne vente av *(fx isn't that just Peter all over!);*
18.: ~ over with*(=finished with)*: **that problem's ~ over with now** vi er ferdige med det problemet nå;
19.: ~ right *se egen artikkel ndf;*
20.: ~ the (så meget) desto; **if he talked little, he worked ~ the harder** om han snakket lite, så arbeidet han desto hardere; **he's had a week's holiday and looks ~ the better for it** han har hatt en ukes ferie og ser mye bedre ut;
21.T: ~ there våken; kvikk i oppfattelsen; **not ~ there** ikke riktig klok; ikke riktig vel bevart;
22.: that's ~ there is to it det er det hele; det er hele hemmeligheten; verre er det ikke; og så snakker vi ikke mer om den saken.

allay [ə'lei] *vb* **1.** *om frykt, sinne, etc(=reduce)* dempe *(fx he allayed her fears);* **2.** lindre *(fx the pain).*

all clear, All Clear *subst:* faren over (signal).

allegation [,æli'geiʃən] *subst:* påstand; beskyldning *(fx he submitted his allegation to the police in writing; his allegations about her behaviour are untrue).*

allege [ə'ledʒ] *vb* **1.** påstå; hevde *(fx he alleged that he had been with the accused on the night of the murder);* fremsette påstand om; **he -d malpractice** han fremsatte påstand om at det var begått misligheter; **the statement -d to have been made by the accused is clearly untrue** den uttalelse som den tiltalte skal ha kommet med, er klart usann; **2.** *for el. imot en beskyldning(=claim):* anføre; hevde; *(se II. claim);* **3.** påberope seg; **he -s illness as the cause of** . . . han påberoper seg sykdom som årsak til . . . ; **by way of excuse he -s that he has been ill** *(=he pleads that he has been ill)* han anfører til sin unnskyldning at han har vært syk; *(se alleged).*

alleged [ə'ledʒd] *adj* **1.** påstått *(fx the alleged murderer);* **2.** som påståes å være *(fx an alleged Rembrandt);* **an ~ miracle** et påstått mirakel.

allegedly [ə'ledʒidli] *adv:* angivelig.

allegiance [ə'li:dʒəns] *subst* **1.** *om undersått:* troskap *(fx we owe allegiance to the Queen);* **2.: I have no ~ to any political party** jeg har ingen forpliktelser overfor noe politisk parti.

allegorical, allegoric [,æli'gɔrik(əl)] *adj:* allegorisk.

allegory ['æligəri] *subst:* allegori.

allegro [ə'leigrou, ə'legrou] *mus:* allegro.

Allen key sekskantnøkkel; **a set of -s** et sett sekskantnøkler.

all-embracing [,ɔ:lim'breisiŋ]; *attributivt:* 'ɔ:lim-,breisiŋ] *adj:* altomfattende, altfavnende.

allergic [ə'lə:dʒik] *adj; med.:* allergisk (*to* overfor); **T: be ~ to** ikke kunne fordra.

allergy ['ælədʒi] *subst; med.:* allergi.

alleviate [ə'li:vi,eit] *vb; stivt* **1***(=ease, soothe)* lindre; dulme; døyve *(fx the drugs will alleviate the pain);* **2.** *fig:* **her conversation -d the dullness of the evening somewhat** takket være hennes konversasjon ble kvelden noe lettere å komme gjennom.

alleviation [ə,li:vi'eiʃən] *subst:* lindring; lettelse.

alley ['æli] *subst* **1***(=alleyway)* smal gate; bakgate; smug; *også fig:* **blind ~** blindgate; *(se cul-de-sac);* **2.: (skittle) ~** kjeglebane; **S: that's up his ~** det er nettopp noe for ham.

alleyway ['æli,wei] *subst:* trang passasje; smug; bakgate.

All Fools' Day*(=April Fools' Day)* første april.

Allhallows [,ɔ:l'hælouz] *subst:* allehelgensdag (1. nov.).

allheal ['ɔ:l,hi:l] *subst; bot(=valerian)* baldrian; vendelrot.

alliance [ə'laiəns] *subst:* allianse; giftermål; forbindelse; **enter into an ~** inngå en allianse *(fx with another country);* inngå en forbindelse *(fx our company has entered into an alliance with a French company);* **he formed firm -s with many black friends** han stiftet solide vennskap med mange svarte.

I. allied [ə'laid] *perf part av II. ally:* **~ to** beslektet med.

II. allied ['ælaid] *adj:* alliert; **the ~ forces entered the country** de allierte styrker gikk inn i landet.

alligator ['æli,geitə] *subst; zo:* alligator.

alligator pear *bot(=avocado (pear))* avokado(pære).

all-important [,ɔ:lim'pɔ:tənt; *attributivt:* 'ɔ:lim-,pɔ:tənt] *adj:* av største viktighet; av den aller største betydning.

all in [,ɔ:l'in; *attributivt:* 'ɔ:l,in] **1.** *adj; etteranstilt;* **S***(=exhausted)* utkjørt; **2.** *adj; adv (som attributivt adj: all-in)* alt iberegnet *(fx the flat is thirty pounds a week all in; the all-in price is thirty pounds);* **3.: all-in wrestling***(=freestyle wrestling)* fribrytning.

allis shad ['ælis 'ʃæd] *subst; zo:* maisild.

alliteration [ə,litə'reiʃən] *subst:* alliterasjon; bokstavrim.

all-night [,ɔ:l'nait] *adj:* som varer hele natten; som er åpen hele natten *(fx an all-night café).*

allocate ['ælə,keit] *vb:* tildele *(fx he allocated a room to each student);* sette til side (til et bestemt formål); avsette *(fx they allocated £500 to the project).*

allocation [,ælə'keiʃən] *subst* **1.** tildeling *(fx the allocation of money is the responsibility of the committee);* **2.** *i regnskap:* avsetning; **3.** *stivt (=quota)* kvote; det en får seg tildelt *(fx the boy ate his allocation of chocolate all at once);* **4.:** ~ **by sex quota(s)** kjønnskvotering; ~ **of jobs according to sex** kjønnskvotering i arbeidslivet.

allot [ə'lɔt] *vb:* tildele *(fx he was allotted a small part of the work);* avsette *(fx we allotted two hours to the case);* **money was -ted to cover expenses** det ble avsatt penger til å dekke utgiftene.

allotment [ə'lɔtmənt] *subst* **1.** tildeling *(fx the allotment of money);* **2. UK** kolonihage; parsell(hage).

all-out [,ɔ:l 'aut; *attributivt:* 'ɔ:l,aut] *adj:* ubetinget *(fx support);* fullstendig; gjennomført; **he was making an ~ effort** han anstrengte seg av alle krefter; han tok et skippertak.

all over 1. *adj:* over hele; ~ **Norway** over hele Norge; **2.** *adv:* over det hele *(fx he was wet all over; it was dark all over).*

allow [ə'lau] *vb* **1.** tillate; la; **we don't ~ smoking** *(=we don't allow people to smoke)* **in here** vi tillater ikke at folk røyker her inne; ~ **it to sink***(=let it sink)* **to the bottom** la det synke til bunns; ~ **me!** la meg få hjelpe Dem! **2***(=set aside)* avsette *(fx two hours were allowed to do the job);* **they -ed three days for the journey** de beregnet tre dager på reisen; **3***(=give)* gi; la få *(fx his father allows him too much money);* **the prisoner was -ed writing materials** fangen fikk skrivesaker; ~ **sby credit***(=grant sby credit; give sby credit)* gi en kreditt; **4.:** ~ **(to enter),** ~ **in** la komme inn; slippe inn; **they don't ~ dogs** de tillater ikke hunder; hunder har ikke adgang; **the prisoner was -ed out** fangen fikk komme ut; **5.** *om tidsfrist (=give)* gi; **they -ed***(=gave)* **him till Monday** de ga ham frist til mandag; han fikk frist til mandag; **6.** trekke fra *(fx allow 5 per cent for cash payment);* **7.** *stivt(=admit)* innrømme; **8.** *om krav:* godkjenne *(fx the judge allowed the claim);* **9.:** ~ **for** regne med; ta i betraktning *(fx these figures allow for price rises);* **they had not -ed for this emergency** de hadde ikke forutsett at denne krisesituasjonen kunne oppstå; **-ing for** . . . når man tar hensyn til . . . ; når (*el.* hvis) man regner med . . . ; når (*el.* hvis) man trekker fra . . . ; **10.:** ~ **of***(=admit of)* tillate *(fx his statement allows of several interpretations);* **the situation -s of no delay** situasjonen tåler ikke utsettelse.

allowable [ə'lauəbl] *adj(=permissible)* tillatelig; tillatt.

allowance [ə'lauəns] *subst* **1.** tildeling; kvote; rasjon; **duty and tax free -(s)** det som tillates innført toll- og avgiftsfritt; **housekeeping ~** husholdningspenger; **weekly ~** ukepenger; **2.** *merk(=discount)* rabatt; **make a special ~ on them of 5%** gi en spesiell rabatt på dem på 5%; **3.** understøttelse *(fx they pay him a monthly allowance);* **a good spending ~** *(=adequate pocket money)* gode lommepenger; **4.** *tekn:* **shrinkage ~** krympemonn; **make ~ for***(=take into consideration)* ta hensyn til; ta i betraktning; regne med *(fx we've made allowance for the fact that everyone has different tastes);* **make -s for sby** ikke dømme så strengt; ikke kreve så mye av; unnskylde *(fx we must make allowances for Mary – she's not well).*

I. alloy ['ælɔi] *subst:* legering.

II. alloy [ə'lɔi] *vb:* legere.

alloy steel*(=special steel)* spesialstål.

all right 1. *adj:* i orden; som det skal være; all right; **it's quite ~** det er helt i orden; **it'll be ~** det skal nok ordne seg; **he's ~** han er i orden; han er det ikke noe i veien med; *m.h.t. helsen:* det feiler ham ingenting; han er helt i orden; **it's ~ with me** gjerne for meg; det er i orden for mitt vedkommende; **2.** *adv:* bra; godt; **he's doing ~** han klarer seg fint; **the car goes ~** bilen går bra; **3.: he's a bad one ~** han er et dårlig menneske, det er sikkert nok; **the police caught him ~** og politiet tok ham da også; **4.** *int:* all right; godt; helt i orden; *i en oppgitt tone:* **~, I'll do it then** all right, jeg får gjøre det da.

I. all-round ['ɔ:l,raund] *adj:* allsidig *(fx an all-round player; an all-round education);* **an ~ tool** et redskap som kan brukes til mange ting; **an ~ reduction** en generell reduksjon; **an ~ pay rise** en generell lønnsøkning.

II. all round [,ɔ:l'raund] *adv* **1.** overalt, over det hele; **2.: he owes money ~** han skylder penger overalt; **he failed ~** han mislyktes på alle punkter.

all-rounder [,ɔ:l'raundə] *subst; især sport:* allrounder.

All Saints' Day [,ɔ:l'seints,dei] *subst:* allehelgensdag (1. nov.).

allspice ['ɔ:l,spais] *subst; krydder:* allehånde.

all-time ['ɔ:l,taim] *adj* **T:** enestående, alle tiders *(fx an all-time record);* **an ~ low** en bunnrekord.

all told *adv:* alt i alt *(fx we were seven all told).*

allude [ə'lu:d] *vb:* ~ **to** hentyde til *(fx allude to the remarks made by the previous speaker; he often alluded to his life in the army).*

all-up weight totalvekt; samlet vekt (av kjøretøy).

I. allure [ə'luə] *subst; litt.(=attraction)* tiltrekning; sjarm *(fx the allure of the stage; the allure of foreign countries);* **the cottage's ~ was its isolation** det som var sjarmen ved huset, var at det lå så ensomt til.

II. allure *vb; sj(=lure)* lokke.

alluring *adj:* forlokkende; besnærende.

allusion [ə'lu:ʒən] *subst:* hentydning *(fx the play was full of allusions to the author's own life);* **he made no ~ to the war in his speech** han kom ikke med noen hentydning til krigen i talen sin.

allusive [ə'lu:ziv] *adj:* full av hentydninger.

all-weather [,ɔ:l'weðə] *adj:* som kan brukes i allslags vær.

all-wool [,ɔ:l'wul] *adj:* helull-; helulls-.

I. ally ['ælai] *subst:* forbundsfelle; alliert.

II. ally [ə'lai] *vb:* ~ **oneself with** *(=to)* alliere seg med *(fx small countries must ally themselves with larger countries in order to survive);* **the two companies allied with each other to increase profits** de to selskapene gikk sammen (*el.* allierte seg med hverandre) for å øke fortjenesten; *(se allied).*

almanac ['ɔ:lmə,næk] *subst:* almanakk.

almighty [ɔ:l'maiti] *adj* **1.** allmektig *(fx God is almighty);* ~ **God** den allmektige Gud; **the Almighty** *(=God)* Gud; *spøkef:* **our ~ headmaster** vår allmektige rektor; **2. T: an ~ loud bang** et fryktelig smell; **we had an ~ row** vi hadde en fryktelig krangel.

almond [a:mənd] *subst:* mandel; **bitter ~** bittermandel; **sweet ~** søtmandel; **thin-shelled ~** krakkmandel.

almond paste mandelmasse.

almond snaps *pl; småkaker:* mandelflarn.

almoner ['a:mənə] *subst; ved sykehus* **UK:** sosialkurator; *(se welfare officer).*

almost ['ɔ:lmoust] *adv:* nesten *(fx she's almost five years old).*

alms [a:mz] *subst; sing & pl:* almisse.

aloft [ə'lɔft] *adv; etteranstilt* **1.** *litt.:* høyt oppe; i været *(fx he held the banner aloft);* **2.** *mar:* opp(e) i riggen; til værs *(fx the sailors were sent aloft).*

alone [ə'loun] **1.** *adj; adv:* alene; **be** ~*(=be by oneself)* være alene; **all** ~ helt alene; **wait till we're** ~ *(=wait till we get by ourselves)* vent til vi blir alene; **2.** *adv:* bare; utelukkende; alene; **in Oslo** ~ i Oslo alene; *bibl:* **Man shall not live by bread** ~ mennesket lever ikke av brød alene; **he** ~ **can remember** han alene kan huske det; det er bare han som kan huske det.

along [ə'lɔŋ] **1.** *prep:* langs; langs med *(fx along the river)* ~ **here** denne veien; i denne retningen; *fig:* **sth** ~ **those lines** noe i den retning; **2.** *adv:* av sted *(fx he walked along);* **come** ~ bli med *(fx he says he'd like to come along);* **bring** ~ **(with one), take** ~ **(with one)** ta med seg *(fx he brought his wife along);* **move** ~ **please!** fortsett videre; ikke bli stående her! **he got the work moving** ~ han fikk fart på arbeidet; **all** ~ hele tiden *(fx I knew all along that sth was wrong); (se II. go:* ~ *along with).*

alongside [ə'lɔŋ,said] *adv; prep:* langs med; ved siden av: langs siden av; **come** *(el. go)* ~ **(the quay)** legge til.

aloof [ə'lu:f] **1.** *adj:* fjern; reservert *(fx people find the new teacher rather aloof);* **2.** *adv:* **I kept** ~ **from the whole business** jeg holdt meg unna det hele.

aloud [ə'laud] *adv:* høyt; **read** ~ lese høyt; **think** ~ *(=think out loud)* tenke høyt.

alphabet ['ælfə,bet] *subst:* alfabet.

alphabetical, alphabetic [,ælfə'betik(əl)] *adj:* alfabetisk.

alphabetize, alphabetise ['ælfə,betaiz] *vb:* alfabetisere.

alpine ['ælpain] *adj:* alpe-; alpin; ~ **accentor** alpejernspurv; ~ **chough** alpekaie; ~ **swift** alpeseiler.

alpinist ['ælpinist] *subst:* alpinist; fjellklatrer.

Alps [ælps] *subst; pl; geogr:* **the** ~ Alpene.

already [ɔ:l'redi] *adv:* allerede.

Alsace [æl'sæs] *subst; geogr:* Elsass.

Alsatian [æl'seiʃən] **1.** *subst:* elsasser; ~ **(dog)** schæferhund; **2.** *adj:* elsassisk.

also ['ɔ:lsou] *adv:* også.

also-ran ['ɔ:lsou,ræn] *subst* **1.** *om hest:* ikke blant de tre første; **2.** *om person:* **he's a bit of an** ~ han har ikke noe større hell med seg (ɔ: er ikke videre dyktig); **he was an** ~ **in the race for promotion** han hadde ikke hellet med seg i kampen om forfremmelse.

altar ['ɔ:ltə] *subst:* alter; **lead her to the** ~ føre henne til alteret.

altar piece altertavle.

altar rail *pl:* alterring.

altar vessel*(=sacred vessel)* alterkar.

alter ['ɔ:ltə] *vb; især om mindre endringer:* forandre; foreta endringer ved; sy om *(fx will you alter this dress (to fit me)?);* **that -s the case** det forandrer saken; ~ **one's course** forandre kurs; **he has -ed his name** han har forandret navnet sitt.

alteration [ɔ:ltə'reiʃən] *subst:* forandring; endring; omsying; **the -s he has made to the play has not improved it** de endringer han har foretatt ved stykket har ikke forbedret det; ~ **of the shop-front is still in progress** man arbeider fortsatt med endringer av butikkfasaden.

altercation [,ɔ:ltə'keiʃən] *subst; stivt el. spøkef:* krangel; krangling.

I. alternate [ɔ:l'tə:nit] *subst; US(=stand-in)* stedfortreder.

II. alternate ['ɔ:ltə,neit] *vb:* veksle *(fx day and night alternate; good times alternate with bad);* skifte på; la veksle; **he -s reading with***(=and)* **watching television** han skifter på med å lese og se på TV; **most farmers** ~ **crops** de fleste bønder driver vekselbruk.

III. alternate [ɔ:l'tə:nit] *adj* **1.** vekslende; avvekslende *(fx the water came in alternate bursts of hot and cold);* **there were** ~ **layers of clay and sand** leire og sand lå skiftevis i lag; **2.** annenhver *(fx he came to visit us on alternate Tuesdays);* **free (on)** ~ **Saturdays** fri annenhver lørdag; **Peter and I take the children to school on** ~ **days** Peter og jeg kjører barna på skolen hver vår dag; **3.** *bot:* vekselstilt.

alternately [ɔ:l'tə:nətli] *adv:* vekselvis; skiftevis *(fx she felt alternately hot and cold).*

alternating current *elekt:* vekselstrøm.

alternation [,ɔ:ltə'neiʃən] *subst:* veksling; skifte; vekselspill; *biol:* ~ **of generations** generasjonsskifte.

I. alternative [ɔ:l'tə:nətiv] *subst:* alternativ; valg; annen mulighet *(fx do we have any alternative in this case?);* **you leave me no** ~ **but to dismiss you** du gir meg ingen annen mulighet enn å avskjedige deg; **I can see no** ~ jeg ser ingen annen utvei; **there was no** ~ **left to us** vi hadde ikke noe annet valg.

II. alternative *adj:* alternativ.

alternatively [ɔ:l'tə:nətivli] *adv:* alternativt; subsidiært; **a fine of £200 or** ~ **six weeks' imprisonment** en bot på £200, subsidiært seks ukers fengsel.

alternator ['ɔ:ltə,neitə] *subst:* vekselstrømsdynamo.

although [ɔ:l'ðou] *konj:* skjønt; selv om; *(se IV even:* ~ *if; though).*

altimeter [æl'timitə, 'ælti,mi:tə] *subst; flyv:* høydemåler.

altitude ['ælti,tju:d] *subst:* høyde over havet; **what is the** ~ **of the ski resort?** hvor høyt ligger skisenteret? **I'm not used to living at this** ~ jeg er ikke vant til å bo så høyt.

alto ['æltou] *subst; mus:* alt; altsanger.

altogether [,ɔ:ltə'geðə] *adv* **1.** alt i alt; i det hele *(fx altogether he owed me sixty pounds);* **2** *(=completely)* fullstendig; helt *(fx he was altogether mad);* **I don't** ~ **agree with him** jeg er ikke helt enig med ham; **it's** ~ **out of the question** det kommer i det hele tatt ikke på tale; **I'm not** ~*(=entirely)* **satisfied** jeg er ikke helt tilfreds; **3***(=on the whole)* i det hele tatt; alt i alt *(fx altogether, it was a very good party)* **4.** *brukt som subst:* **in the** ~ splitter naken.

altruism ['æltru:,izəm] *subst:* altruisme, uegennytte.

altruist ['æltruist] *subst:* altruist.

altruistic [,æltru'istik] *adj:* altruistisk.

alum ['æləm] *subst; kjem:* alun.

aluminium [,ælju'miniəm] *subst:* aluminium.

aluminum [ə'lu:minəm] *subst* **US:** aluminium.

alveolar [æl'viələ; ,ælvi'oulə] *adj:* alveolar.

always ['ɔ:lweiz, 'ɔ:lwiz] *adv* **1.** alltid; **2.** hele tiden; ustanselig; støtt *(fx he's always making mistakes);* **3.** *med can/could:* alltid; **you could** ~ **take a day off work** du kunne (jo) alltid ta deg en dag fri fra arbeidet; **if you don't like it, you can** ~ **go home** hvis du ikke liker det, kan du bare gå hjem; **4.:** ~ **supposing that** ... dog under den forutsetning at; dog forutsatt at ....

alyssum ['ælisəm] *subst; bot:* kroknål; **hoary** ~ hvitdodre; **sweet** ~*(=rocky mat)* silkedodre.

am [æm, *trykksvakt:* (ə)m] *1. pers sing pres av 'to be':* **I** ~ jeg er.

a.m., A.M. ['ei 'em] *fk.f. ante meridiem:* om formiddagen *(fx at 10 a.m.).*

amalgamate [ə'mælgə,meit] *vb* **1.** *kjem:* amalgamere; **2.** *stivt(=unite);* ~ **with***(=unite with)* slutte seg sammen med *(fx the small firm had to amalgamate with a larger one to avoid going bankrupt).*

amalgamation [ə,mælgə'meiʃən] *subst* **1.** *kjem:* amalgamering; **2.** *merk(=merger):* sammenslutning.

amanita [,æmə'naitə] *subst; bot:* **deadly** ~ *(=death* *cap)* grønn fluesopp; **fly** ~*(=fly agaric)* rød fluesopp.

amass [ə'mæs] *vb:* samle sammen *(fx he amassed a fortune).*

I. amateur ['æmətə; 'æmətʃə; 'æmə,tjuə; ,æmə'tə:] *subst:* amatør; **he's an ~ of modern art** han er glad i moderne kunst.

II. amateur *adj:* amatør-; ~ **photography** amatørfotografering.

amateurish ['æmətəriʃ; 'æmətʃəriʃ; 'æmə,tʃuəriʃ; ,æmə'tə:riʃ] *adj:* amatørmessig *(fx he made an amateurish attempt at carpentry).*

amateurism ['æmətərizəm] *subst; sport:* amatørstatus.

amatory ['æmətəri], **amatorial** [,æmə'tɔ:riəl] *adj:* elskovs-; som stimulerer seksualdriften.

amaze [ə'meiz] *vb:* forbløffe *(fx his stupidity amazed her; I was amazed at his stupidity).*

amazement [ə'meizmənt] *subst:* forbløffelse *(fx to my amazement they had never heard of her).*

amazing *adj:* forbløffende *(fx an amazing sight);* **it's ~ that you've not heard of him** det overrasker meg at du ikke har hørt om ham.

amazingly *adv:* forbløffende; ~, **the injured man survived** den tilskadekomne overlevde, utrolig nok.

Amazon ['æməzən] *subst* **1.** *myt:* amasone; krigersk kvinne; **2.** *geogr:* **the** ~ Amasonas

ambassador [æm'bæsədə] *subst:* ambassadør.

amber ['æmbə] *subst:* rav.

ambergris ['æmbə,gri:s] *subst:* ambra.

ambidextrous [,æmbi'dekstrəs] *adj:* like flink med begge hender.

ambience ['æmbiəns] *subst; stivt(=atmosphere)* stemning; atmosfære *(fx I like the ambience of French cafés).*

ambient ['æmbiənt] *adj; om luft og temperatur (=surrounding)* omgivende; ~ **air temperature** omgivende lufttemperatur.

ambiguity [,æmbi'gju:iti] *subst:* flertydighet; tvetydighet.

ambiguous [æm'bigjuəs] *adj:* tvetydig; flertydig; uklar.

ambiguousness [æm'bigjuəsnis] *subst:* flertydighet; tvetydighet *(fx the ambiguousness of his letter confused her);* uklarhet.

ambition [æm'biʃən] *subst:* ambisjon; ærgjerrighet; mål *(fx what's your ambition in life?).*

ambitious [æm'biʃəs] *adj* **1.** ærgjerrig *(fx he's very ambitious);* **2.** *om prosjekt, etc:* ærgjerrig; krevende *(fx an ambitious project).*

ambivalence [æm'bivələns] *subst:* ambivalens.

ambivalent [æm'bivələnt] *adj:* ambivalent.

I. amble ['æmbəl] *subst* **1.** slentring; **he was coming along at an** ~ han kom slentrende (*el.* ruslende); **2.** *om dyr:* passgang.

II. amble *vb* **1.** slentre; rusle *(fx we were ambling along enjoying the scenery);* **the bus -d along** bussen rullet bedagelig avgårde; **2.** *om dyr:* gå i passgang.

ambler *subst:* passgjenger.

ambulance ['æmbjuləns] *subst:* ambulanse.

ambulate ['æmbju,leit] *vb:* ambulere.

ambulatory ['æmbjulətəri] *adj:* som kan gå; oppegående *(fx patient).*

ambuscade [,æmbə'skeid] *subst & vb: se ambush.*

I. ambush ['æmbuʃ] *subst:* bakhold; bakholdsangrep; **fall into an** ~ falle i bakhold; **stage an** ~ arrangere et bakhold.

II. ambush *vb:* angripe fra bakhold; lokke i bakhold; legge seg i bakhold; ligge i bakhold.

ameliorate [ə'mi:ljə,reit] *vb; stivt(=improve)* forbedre; bli bedre.

amen [,ei'men; ,a:'men] *int:* amen.

amenability [ə,mi:nə'biliti] *subst; stivt* **1.** *om person overfor råd og veiledning:* medgjørlighet; mottagelighet; **2.** *jur:* ansvarlighet (*to the law* overfor loven).

amenable [ə'mi:nəbl] *adj* **1.** medgjørlig; føyelig; **he suddenly found her less** ~ han fant plutselig at hun var blitt mindre føyelig; ~ **to reason** mottagelig for fornuft; **2.** *jur:* ansvarlig; ~ **to the law** ansvarlig overfor loven; **3.** *om sak, etc:* **the case is not ~ to ordinary rules** saken kan ikke behandles ut fra vanlige regler; tilfellet kan ikke underkastes vanlige regler.

amend [ə'mend] *vb* **1.** endre; forandre på *(fx amend the text);* **2.** *stivt(=correct; improve)* rette på *(fx we shall amend the error);* **3.** *parl:* ~ **an Act** endre en lov.

amendment [ə'mendmənt] *subst:* rettelse; endring; *parl:* **move an** ~ fremsette et endringsforslag; **-s to the text** endringer i teksten.

amends [ə'mendz] *subst:* **make** ~ gjøre det godt igjen *(fx he gave her a present to make amends for his rudeness).*

amenity [ə'mi:niti] *subst:* bekvemmelighet *(fx a swimming pool was just one of the amenities);* **the ~ of the climate***(=the pleasant climate)* det behagelige klimaet: **an exchange of amenities***(=courtesies)* en utveksling av høfligheter; **the amenities***(=facilities)* **offered by the bank** de tjenester som banken tilbyr; **the amenities of home life** hjemmelivets gleder.

America [ə'merikə] *subst; geogr:* Amerika.

American [ə'merikən] **1.** *subst:* amerikaner; **2.** *adj:* amerikansk.

Americanism [ə'merikə,nizəm] *subst:* amerikanisme; amerikansk uttrykk (,skikk).

americanize, americanise*(=Americanize, Americanise)* [ə'merikə,naiz] *vb:* amerikanisere.

American slipper *zo:* tøffelsnegl.

Amerindian [,æmə'rindiən] *(=American Indian)* **1.** *subst:* indianer; **2.** *adj:* indiansk.

amethyst ['æmiθist] *subst:* ametyst.

amiability [,eimjə'biliti] *subst:* elskverdighet; vennlighet.

amiable ['eimiəbl] *adj:* elskverdig; vennlig; godlynt *(fx John is a very amiable young man);* **she was very ~ to him** hun var meget vennlig mot ham.

amicable ['æmikəbl] *adj; stivt(=friendly)* vennlig; fredelig; minnelig; **the dispute was settled in a very** ~*(= friendly)* **manner** striden ble bilagt på en svært fredelig måte

amicable settlement **1.** minnelig ordning; avgjørelse i minnelighet; **2.** *jur:* forlik.

amid, amidst [ə'mid(st)] *prep; ofte litt.(=in the middle of; among)* blant; midt iblant; ~ **all the confusion, the real point of the meeting was lost** i all forvirringen ble den egentlige hensikten med møtet borte.

amidships [ə'midʃips] *adj; adv; mar:* midtskips.

amino acid [ə'mainou 'æsid] *kjem:* aminosyre.

amiss [ə'mis] **1.** *adj; etteranstilt:* i veien *(fx what's amiss(=wrong) with that machine today?);* **that would not be** ~ det ville ikke være av veien; **2.** *adv:* **T: nothing comes ~ to him** *(=he's ready to welcome anything that comes to him)* alt er like velkomment hos ham; **take sth** ~*(=take offence at sth)* ta noe ille opp.

amity ['æmiti] *subst:* vennskap.

ammeter ['æmitə] *subst; elekt:* ampèremeter.

ammo ['æmou] *fk.f. ammunition.*

ammonia [ə'mouniə] *subst; kjem:* ammoniakk.

ammunition [,æmju'niʃən] *subst:* ammunisjon.

amnesia [æm'ni:ziə] *subst; med.:(=total loss of memory)* amnesi; hukommelsestap.

I. amnesty ['æmnisti] *subst:* amnesti.
II. amnesty *vb:* gi amnesti.
amnion ['æmniən] *subst; anat:* innerste fosterhinne; *(se chorion).*
amniotic [,æmni'ɔtik] *adj:* ~ **fluid** fostervann.
amoeba [ə'mi:bə] *subst (pl: amoebae* [ə'mi:bi:]) *zo:* amøbe.
amoebic [ə'mi:bik] *adj:* amøbe-; amøbeaktig; ~ **dysentery** amøbedysenteri.
amok [ə'mʌk, ə'mɔk] *adv: se amuck.*
among, amongst [ə'mʌŋ(st)] *prep:* blant *(fx he was among friends);* **divide the chocolate ~ you** del sjokoladen mellom dere; **we only had one programme ~ the three of us** vi hadde bare ett program til oss tre.
amoral [æ'mɔrəl, ei'mɔrəl] *adj:* amoralsk.
amorist ['æmərist] *subst:* erotiker.
amorous ['æmərəs] *adj:* elskovs-; elskovssyk; forelsket *(fx he gave her an amorous glance);* **he gets ~ when he's had a glass of wine** han blir erotisk av et glass vin.
amorphous [ə'mɔ:fəs] *adj:* amorf; uten bestemt form.
amortization, amortisation [ə,mɔ:tai'zeiʃən] *subst:* amortisering; amortisasjon *(fx of a debt).*
amortize [ə'mɔ:taiz] *vb:* amortisere *(fx a debt).*
I. amount [ə'maunt] *subst* **1***(=sum)* beløp; størrelse *(fx the amount of my expenses);* **2***(=quantity)* mengde *(fx an enormous amount of work);* **3** *(=extent)* omfang *(fx decide on the amount of assistance to be given);* **4.** *merk:* **-s received** *(=receipts)* inngåtte beløp.
II. amount *vb:* ~ **to** beløpe seg til; **that -s to** . . . det vil være det samme som å . . .; **that would ~ to the same thing** det ville ikke endre noe; **a probability -ing almost to certainty** en til visshet grensende sannsynlighet; **it does not ~ to much** det er uten noen større betydning.
amour [ə'muə] *subst; spøkef:* kjærlighetsaffære.
amp. *fk.f. 1. amperage; 2. ampere.*
amperage ['æmpəridʒ] *subst; elekt:* strømstyrke, ampèretall.
ampere ['æmpɛə] *subst; elekt:* ampère.
ampersand ['æmpə,sænd] *subst; typ:* et-tegn; tegnet &.
amphetamine [æm'fetə,mi:n] *subst; med.:* amfetamin; *(se I. speed 4).*
amphibian [æm'fibiən] **1.** *subst:* amfibium; **2.** *adj:* amfibisk.
amphibious [æm'fibiəs] *adj:* amfibisk.
amphitheatre ['æmfi,θiətə] *subst:* amfiteater.
ample ['æmpəl] *adj* **1.** rikelig *(fx there is ample space for four people);* **three days will be ~ time for the journey** tre dager vil være rikelig til den reisen; **2.** fyldig; drøy; yppig *(fx her ample curves),* **with an ~ waistline** fyldig (*el.* drøy) rundt livet.
ample-bosomed ['æmpəl,buzəmd] *adj; om kvinne:* stor over brystet; med svulmende barm; brystfager.
amplification [,æmplifi'keiʃən] *subst* **1.** *elekt:* forsterkning; ~ **of sound** lydforsterkning; **2.** *av rapport, uttalelse, etc:* utdyping, supplering.
amplifier ['æmpli,faiə] *subst; elekt:* forsterker.
amplify ['æmpli,fai] *vb* **1.** *elekt:* forsterke; **2.** utdype *(fx could you please amplify that statement?);* presisere; behandle utførligere.
amplitude ['æmpli,tju:d] *subst* **1.** *astr; elekt; fys:* amplityde; **2.** *stivt(=magnitude; abundance)* størrelse; rikelighet.
ampoule ['æmpu:l; 'æmpju:l] *subst; med.:* ampulle.
amputate ['æmpju,teit] *vb; med.:* amputere.
amputation [,æmpju:'teiʃən] *subst; med.:* amputasjon.
amuck [ə'mʌk] *adv:* **run ~** gå amok.
amulet ['æmjulit] *subst:* amulett.
amuse [ə'mju:z] *vb* **1.** more *(fx it amused him);* **I was -d at***(=by)* **the monkey's antics** apekattens narrestreker moret meg; **2***(=enterain)* underholde *(fx amuse the children);* **3.:** ~ **oneself** 1. underholde seg (selv); 2. more seg (selv).
amusement [ə'mju:zmənt] *subst:* underholdning; fornøyelse; **-s** forlystelser: **not for ~ only** ei blott til lyst.
amusement centre spillehall (med spilleautomater).
amusement park fornøyelsespark.
amusing [ə'mju:ziŋ] *adj:* underholdende; morsom; ~ **(in a small way)** småmorsom; småpussig.
an [æn; *trykksvakt:* ən] *ubest art:* en, ei, et; *(se a).*
anachronism [ə'nækrə,nizəm] *subst:* anakronisme.
anachronistic [ə,nækrə'nistik] *adj:* anakronistisk.
anaconda [,ænə'kɔndə] *subst; zo:* anakonda.
anaemia [ə'ni:miə] *subst; med.:* anemi; **pernicious ~** pernisiøs anemi.
anaemic [ə'ni:mik] *adj; med.:* anemisk; som lider av anemi.
anaesthesia *(,US: anesthesia)* [,ænis'θi:ziə] *subst; med.:* anestesi; bedøvelse; **general ~** narkose; **local ~** *(,T: local)* lokalbedøvelse.
anaesthetic, US: anesthetic [,ænis'θetik] **1.** *subst:* bedøvelsesmiddel; **local ~** lokalbedøvelse; **2.** *adj:* bedøvende; bedøvelses-.
anaesthetist [ə'ni:sθetist] *subst:* anestesilege.
anaesthetize, anaesthetise, US: anesthetize [ə'ni:sθə,taiz] *vb; med.:* bedøve.
anagram ['ænə,græm] *subst:* anagram (ord fremkommet ved omgruppering av bokstavene i et annet ord, *fx mean – name).*
anal ['einəl] *adj:* anal; endetarms-; *zo også:* gatt-.
analgesia [,ænəl'dʒi:ziə], **analgia** [æn'ældʒiə] *subst; med.:* analgesi; smertefrihet.
analgesic [,ænəl'dʒi:zik, ,ænəl'dʒi:sik] **1.** *subst:* smertestillende middel; **2.** *adj:* smertestillende.
analogic(al) [,ænə'lɔdʒik(əl)] *adj:* analogisk; analogi-; ~*(=analogy)* **formation** analogidannelse; *(se analogous).*
analogous [ə'næləgəs] *adj:* analog *(with, to* med); **an ~ case** et analogt tilfelle; **an ~ instance is found in** . . . noe analogt finner man i . . .
analogue ['ænə,lɔg] *subst(=parallel; counterpart)* sidestykke; parallell; analogi.
analogy [ə'nælədʃi] *subst:* analogi; overensstemmelse; **by ~ with, on the ~ of** *(=on the pattern of)* i analogi med.
analyse, US: analyze ['ænə,laiz] *vb:* analysere.
analysis [ə'nælisis] *subst (pl: analyses* [ə'næli,si:z]) analyse; **in the final ~** i siste instans; når alt kommer til alt; alt tatt i betraktning.
analyst ['ænəlist] *subst* **1.** analytiker *(fx a chemical analyst in a laboratory);* **2***(=psychoanalyst)* psykoanalytiker.
analytic(al) [,ænə'litik(əl)] *adj:* analytisk *(fx an analytical report on the problem; he has an analytical mind).*
anandrous [æn'ændrəs] *adj; bot(=without stamens)* uten støvbærere.
anarchic(al) [æn'a:kik(əl)] *adj:* anarkistisk.
anarchism ['ænə,kizəm] *subst:* anarkisme.
anarchist ['ænəkist] *subst:* anarkist.
anarchy ['ænəki] *subst:* anarki.
anathema [ə'næθəmə] *subst* **1.** *stivt; om noe(n) forhatt:* **he is ~ to me** han er den rene gift for meg; **strong drink is (an) ~ to him** sterke drikker er som gift for ham; **2.** *rel:* bannlysing; bannstråle.
anathematize, anathematise [ə'næθimə,taiz] *vb:* forbanne; *rel:* bannlyse.
anatomical [,ænə'tɔmikəl] *adj:* anatomisk.

anatomist [ə'nætəmist] *subst:* anatom.
anatomize, anatomise [ə'nætə,maiz] *vb:* dissekere.
anatomy [ə'nætəmi] *subst:* anatomi.
ancestor ['ænsistə] *subst:* stamfar; **-s** forfedre; aner.
ancestral [æn'sestrəl] *adj:* som stammer fra forfedrene; fedrene; ~ **farm** slektsgård.
I. anchor ['æŋkə] *subst:* anker; **lie at** ~ ligge for anker.
II. anchor *vb:* ankre (opp).
anchorage ['æŋkəridʒ] *subst* **1.** oppankring; **2.** ankerplass.
anchorite ['æŋkə,rait] *subst:* eremitt.
anchor man 1. *sport:* ankermann; **2.** *TV:* programleder.
anchovy ['æntʃəvi] *subst; zo:* ansjos.
ancient ['einʃənt] *adj:* (eld)gammel; ~ **history** oldtidshistorie: **T: all that is** ~ **history now** alt det der er en gammel historie; ~ **monument** fortidsminnesmerke; **the -s** de gamle (om oldtidens folk); *spøkef el. litt.:* **an** ~ en meget gammel person.
ancillary [æn'siləri] *adj:* hjelpe- *(fx ancillary workers in hospitals)*.
and [ænd; *trykksvakt:* nd, ən] *konj:* og.
Andes ['ændi:z] *subst; geogr:* **the** ~ Andesfjellene.
anecdote ['ænik,dout] *subst:* anekdote.
anemone [ə'neməni] *subst; bot:* anemone; **blue** ~ blåveis; **white** ~ hvitveis; **sea** ~ sjøanemone.
angel ['eindʒəl] *subst:* engel.
angelic [æn'dʒelik] *adj:* engleaktig; engle-.
I. anger ['æŋgə] *subst:* sinne; **in** ~ i sinne.
II. anger *vb:* gjøre sint *(fx his words angered her)*.
angina [æn'dʒainə] *subst; med.:* angina.
angina pectoris *med.:* angina pectoris.
I. angle ['æŋgəl] *subst* **1.** vinkel *(fx an angle of 90°; a sharp angle)*; **2.** synsvinkel *(fx what's your angle on this matter?)*; **3. T:** baktanke *(fx that was his angle)*.
II. angle *vb:* vinkle; gi skrå retning; **he -d the camera up towards the ceiling** han lot kameraet peke opp mot taket.
III. angle *vb:* fiske (med snøre); ~ **for trout** fiske ørret; ~ **for an invitation** fiske etter en invitasjon.
angle grinder vinkelsliper.
angler ['æŋglə] *subst* **1***(=fisherman)* sportsfisker; **2.** *zo:* ~ **(fish)** *(,T: frog fish, monk fish)* havulke; breiflabb.
Angles ['æŋgəlz] *subst; pl; hist:* **the** ~ anglerne.
Anglican ['æŋglikən] *rel* **1.** *adj:* anglikansk *(fx the Anglican Church)*; **2.** *subst:* anglikaner.
anglicism ['æŋgli,sizəm] *subst:* anglisisme.
anglicize, anglicise ['æŋgli,saiz] *vb:* anglisere; gjøre engelsk.
Anglo- ['æŋglou] engelsk- *(fx Anglo-Norse)*.
Anglo-Indian 1. *subst:* anglo-inder; engelskmann i India; **2.** *adj:* anglo-indisk.
anglophile ['æŋgloufil, 'æŋglou,fail] *subst; adj:* engelskvennlig; anglofil.
anglophobe ['æŋglou,foub] *subst; adj:* engelskfiendtlig; anglofob.
Anglo-Saxon ['æŋglou'sæksən] **1.** *subst:* angelsakser; **2.** *subst; adj:* angelsaksisk.
angry ['æŋgri] *adj:* sint; ~ **with sby** sint på en; ~ **about sth** sint for noe *(fx she'll be very angry about this)*; **he was** ~ **at being kept waiting** han ble sint over å måtte vente (*el.* fordi han måtte vente); **he gets** ~ **over nothing** han blir sint for ingenting; ~ **words** sinte ord.
anguish ['æŋgwiʃ] *subst:* kval; pine; **be in** ~ lide de frykteligste kvaler.
angular ['æŋgjulə] *adj* **1.** kantet; som har kant(er); **an** ~ **building** en kantet bygning; **2.** *om person:* tynn; mager; knoklet *(fx an angular young man; she was tall and angular)*; **3.** *om persons vesen(=stiff; awkward)* stiv; klosset; **4.** vinkel-; vinkeldannet.
angularity [,ængju'læriti] *subst:* kantethet.
animal ['æniməl] **1.** *subst:* dyr; **2.** *adj:* animalsk; dyrisk; **the** ~ **kingdom** dyreriket; ~ **life** dyreliv.
animal heat kroppsvarme.
animal husbandry husdyrbruk.
animal technician *ved forskningsinstitusjon, etc:* røkter.
I. animate ['æni,meit] *vb:* gjøre levende; gi liv *(fx joy animated his face)*; anspore *(fx his actions were animated by revenge)*; **-d by the best intentions** besjelet av de beste hensikter; *(se animated)*.
II. animate ['ænimət] *adj:* som har liv; levende *(fx is the object animate or inanimate?)*.
animated ['æni,meitid] *adj:* levende; livlig; animert; **an** ~ **discussion** en livlig diskusjon; **an** ~ **doll** en levende dukke; en dukke som kan bevege seg; *(se I. animate)*.
animated film*(=cartoon (film))* tegnefilm.
animation [,æni'meiʃən] *subst* **1.** livlighet; liv; **2.** fremstilling av tegnefilm.
animosity [,æni'məsiti] *subst:* fiendskap; fiendtlig sinnelag; sterk uvilje; antipati *(fx she felt a strong animosity towards her new neighbour)*; **the rivals had regarded one another with** ~ **for years** rivalene hadde gått og sett hatsk på hverandre i årevis.
anise ['ænis] *subst; bot:* anis.
ankle ['æŋkəl] *subst; anat:* ankel.
anklet ['æŋklit] *subst; mil:* gamasje.
annalist ['ænəlist] *subst:* årbokforfatter; annalist.
annals ['ænəlz] *subst; pl:* annaler; årbok.
anneal [ə'ni:l] *vb:* adusere; utgløde.
annelid ['ænəlid] *subst; zo:* ~ **(worm)***(=ringed worm)* leddorm.
I. annex ['æneks] *subst; især* **US:** *se annexe*.
II. annex [ə'neks] *vb* **1.** *om land:* annektere; **2.** vedlegge; vedføye.
annexation [,ænik'seiʃən] *subst:* anneksjon; innlemmelse.
annexe ['æneks] *subst* **1.** anneks; tilbygg; **2.** *til lov, etc:* tilføyelse; tillegg; *til skriv, etc:* bilag.
annihilate [ə'naiə,leit] *vb:* tilintetgjøre.
annihilation [ə,naiə'leiʃən] *subst:* tilintetgjørelse.
anniversary [,æni'və:səri] *subst:* årsdag (*of* for); **wedding** ~ bryllupsdag; **they celebrated their fifth** ~ de feiret femårsdagen for bryllupet sitt.
anniversary dinner *subst:* årsfest.
Anno Domini ['ænou'dəminai] etter Kristi fødsel; i det Herrens år *(fx Anno Domini 200)*.
annotate ['ænou,teit. 'ænəteit] *vb:* skrive merknader til; kommentere; **-d edition** kommentert utgave.
annotation [,ænou'teiʃən; ,ænə'teiʃən] *subst:* merknader; kommentering; kommentar.
announce [ə'nauns] *vb* **1.** bekjentgjøre *(fx Mary and John have announced their engagement)*; kunngjøre; gjøre kjent; meddele; **the Government -d that the danger was past** regjeringen meddelte at faren var over; **he -d to his friends that** . . . han gjorde det kjent for sine venner at . . .; **2.** *om ankomst:* melde *(fx the servant announced me)*; annonsere; **3.** *radio:* annonsere; **4.** *fig:* gi varsel om; bebude *(fx the dark clouds announced rain)*; **the stepping up of the war that has been -d** den varslede opptrapping av krigen; **5. US:** gjøre kjent at man stiller som kandidat (*for* til) *(fx he announced for the presidency)*.
announcement [ə'naunsmənt] *subst* **1.** bekjentgjørelse; kunngjøring; melding *(fx 'Attention please. We have an announcement to (= for) the passengers.')*; **a broadcast** ~ en melding over radio; **2.** *radio; etc:* annonsering; **3.** *poet; litt.:* bebudelse; varsel.

announcer [ə'naunsə] *subst; radio:* hallomann.
annoy [ə'nɔi] *vb* **1.** irritere; ergre; **2.** plage; sjenere.
annoyance [ə'nɔiəns] *subst:* ergrelse, irritasjon.
annoyed [ə'nɔid] *adj:* ergerlig (*at* over, *with* på); irritert; misfornøyd.
I. annual ['ænjuəl] *subst* **1.** hefte (,bok) som utkommer en gang pr. år; **Christmas ~** julehefte; **2.** *bot:* ettårig plante.
II. annual *adj:* årlig; årlig tilbakevendende; års- *(fx annual fee);* **~ ring***(=growth ring)* årring.
annually *adv:* årlig; hvert år *(fx his salary is increased annually).*
annuitant [ə'njuitənt] *subst:* person som mottar livrente.
annuity [ə'njuiti] *subst:* livrente.
annul [ə'nʌl] *vb:* annullere; erklære ugyldig *(fx their marriage was annulled by the Pope).*
annular ['ænjulə] *adj:* ringformet; ring-.
annulment [ə'nʌlmənt] *subst:* annullering; opphevelse.
annunciation [ə,nʌnsi'eiʃən] *subst; rel:* bebudelse; **Annunciation Day***(=the Annunciation)* Marias budskapsdag.
anode ['ænoud] *subst; elekt (,især* **US:** *plate)* anode.
anodyne ['ænə,dain] **1.** *subst; med.(=analgesic)* smertestillende middel; **2.** *adj:* smertestillende; **3.** *fig:* beroligende.
anoint [ə'nɔint] *vb:* salve (især i religiøs seremoni) *(fx he was anointed by a priest).*
anomalous [ə'nɔmələs] *adj:* anomal; uregelmessig; avvikende.
anomaly [ə'nɔməli] *subst:* anomali.
anonymity [,ænə'nimiti] *subst:* anonymitet.
anonymous [ə'nɔniməs] *adj:* anonym; ikke navngitt.
anopheles [ə'nɔfi,li:z] *subst; zo(=malaria-carrying mosquito)* malariamygg.
anorexia [,ænə'reksiə] *subst; med.(=loss of appetite)* appetittløshet.
another [ə'nʌðə] *pron* **1.** en annen (en); et annet (et); **~ time** en annen gang; **2.** en til; et til; **one after ~** den ene etter den andre; **3.: one ~***(=each other)* hverandre.
anoxia [ə'nɔksiə] *subst; med.:* oksygenmangel.
I. answer ['a:nsə] *subst:* svar; *på problem:* løsning; *(fx she refused to give an answer to his questions; he made no answer; when she criticised his driving, his answer was to drive faster than ever);* **a plain ~** klar beskjed; et klart svar; **the ~ to your transport difficulties is to buy a car** løsningen på ditt transportproblem er å kjøpe en bil; **the short ~ to that is no!** svaret på det er kort og godt nei! **in ~ to***(=in reply to)* som svar på.
II. answer *vb* **1.** svare; besvare; svare på *(fx why don't you answer the letter?); om barn, etc:* **~ back** *(=reply rudely)* svare igjen; svare frekt; **2.** *om dør el. tlf:* **~ the door** lukke opp; se hvem det er som ringer på; **~ the (tele)phone** ta telefonen *(fx he answered the telephone promptly as soon as it rang);* **3.** *mar:* **~ the helm** lystre roret; **4.** *stivt(=be suitable)* passe; kunne brukes *(fx will this tool answer the purpose?);* **this paper clip will ~** *(=do)* **for the time being** denne bindersen gjør nytten foreløpig; **5.: ~ a description***(=answer to a description)* svare til en beskrivelse; **6.: ~ for** svare for; stå inne for; innestå for *(fx I won't answer for the consequences);* **I'll ~ to your mother for your safety** jeg er ansvarlig for din sikkerhet overfor din mor; **he has a lot to ~ for** han har mye å svare for; han har litt av hvert på samvittigheten; han har mye å stå til regnskap for; **7.: ~ to** 1. svare til *(fx the police found a man answering to the description); 2. tekn:* reagere på *(fx the steering answers to the slightest touch); 3.:* **the dog -s to his name** hunden lyder navnet sitt; **~ to the name of Jeff** lyde navnet Jeff; **8.: ~ up!***(=speak up!)* svare tydelig!.
answerable ['a:nsərəbl] *adj(=responsible)* ansvarlig *(fx she's answerable for the whole project);* **I'll be ~ to you for his good conduct** jeg er ansvarlig overfor deg for at han oppfører seg pent.
ant [ænt] *subst; zo:* maur; **white ~** termitt; **T: have -s in one's pants** ha lopper i blodet.
antagonism [,æn'tægənizəm] *subst:* antagonisme; motsetningsforhold; fiendtlig innstilling *(fx he sensed their antagonism immediateley he entered the room);* **the ~ between the two men** motsetningsforholdet mellom de to mennene.
antagonist [æn'tægənist] *subst; i kappestrid, etc:* motstander.
antagonistic [æn,tægə'nistik] *adj:* fiendtlig; antagonistisk; som står i motsetningsforhold til hverandre.
antagonize, antagonise [æn'tægə,naiz] *vb:* støte fra seg *(fx one's friends);* gjøre til sin(e) fiende(r).
antarctic [ænt'a:ktik] *adj:* antarktisk; **the Antarctic** Antarktis.
ante ['ænti] *subst; kortsp:* ante; innsats.
anteater ['ænt,i:tə] *subst; zo:* maursluker.
I. antecedent [,ænti'si:dənt] *subst* **1.** forutgående begivenhet; **2.** *logikk:* forsetning; **3.** *gram:* styrelse; korrelat; **4.** *mat.:* forledd (i proporsjon); **5. -s: his ~** hans tidligere liv *(fx what are his antecedents?);* **the -s** forhistorien.
II. antecedent *adj:* forutgående; **~ to** tidligere enn.
antechamber ['ænti,tʃeimbə] *subst:* forværelse.
antedate ['ænti,deit, ,ænti'deit,] *vb:* antedatere, forutdatere.
antediluvian [,æntidi'lu:vjən] *adj:* antediluviansk; fra før syndfloden; *fig; spøkef:* antikvert *(fx she has antediluvian ideas on the upbringing of children).*
antelope ['ænti,loup] *subst; zo:* antilope.
antenatal [,æti'neitəl] *adj:* før fødselen; under svangerskapet.
antenna [æn'tenə] *subst* **1.** *zo (pl: antennae* [æn'teni:]) følehorn; **2***(pl: antennas)(=aerial)* antenne.
anterior [æn'tiəriə] *adj* **1.** forrest; **2.** *zo:* for-, fremre; **3.** *bot; om blomst el. blad:* lengst unna hovedstengelen; *(se posterior).*
anteroom ['ænti,ru:m, 'ænti,rum] *subst:* forværelse.
anthem ['ænθəm] *subst:* hymne; **national ~** nasjonalsang.
anther [ænθə] *subst; bot:* støvknapp.
anthill ['ænt,hil] *subst:* maurtue.
anthology [æn'θɔlədʒi] *subst:* antologi.
anthrax ['ænθræks] *pl:* **anthraces** ['ænθrə,si:z] *subst; vet:* miltbrann.
anthropoid ['ænθrəpɔid] *adj:* antropoid; menneskelignende *(fx apes);* **~ ape** menneskeape.
anthropology [,ænθrə'pɔlədʒi] *subst:* antropologi.
anti [ænti] *adj* **T:** imot *(fx he won't go there because he's rather anti).*
anti- ['ænti **US:** 'æntai] *forstavelse:* anti-; som er imot.
antiaircraft [,ænti'ɛəkra:ft] *adj:* luftvern-; **~ batteries** luftvernbatterier.
antiballistic [,æntibə'listik] *adj:* **~ missile** *(fk ABM)* antirakett-rakett, antirakettvåpen.
antibiotic [,æntibai'ɔtik] **1.** *subst:* antibiotikum; **2.** *adj:* antibiotisk.
antibody ['ænti,bɔdi] *subst; med.:* antistoff.
antic [æntik] *subst:* **-s** krumspring; (klovns) narrestreker.
Antichrist ['ænti,kraist] Antikrist.
anticipate [æn'tisi,peit] *vb* **1***(=expect)* vente (seg); regne med *(fx I'm not anticipating any trouble; I'm anticipating a large crowd of people at tonight's*

meeting); **2.** forutse *(fx a businessman must try to anticipate what his customers will want);* **3.** foregripe; **but let us not ~** men la oss ikke foregripe begivenhetenes gang; **4.** *om penger:* bruke før man har dem *(fx don't anticipate your income);* **5.** *stivt (=forestall)* komme i forkjøpet *(fx they were anticipated by the French);* **6.** *om betaling:* **~ payment** betale før forfallstid.

anticipation [æn,tisi'peiʃən] *subst* **1.** forventning; **in ~ of** i forventning om; i påvente av; **I'm looking forward to the concert with great ~** jeg ser frem til konserten med den største forventning; **2.** det å forutse (*el.* foregripe); **his ~ of the question meant that he was ready to answer it** det at han foregrep spørsmålet, betød at han var innstilt på å besvare det.

anticipatory [æn'tisi,peitəri] *adj:* forhånds-; på forhånd.

anticlimax [,ænti'klaimæks] *subst:* antiklimaks.

anticlockwise [,ænti'klɔk,waiz] *adv (,***US:** *counterclockwise)* mot urviseren.

antidazzle ['ænti,dæzəl] *adj:* som skal forhindre blending.

antidote ['ænti,dout] *subst:* motgift.

antifreeze ['ænti,fri:z] *subst:* **~ (solution)** frostvæske.

Antilles [æn'tili:z] *subst; pl; geogr:* **the ~** Antillene.

antimatter ['ænti,mætə] *subst; fys:* antimaterie.

antimony ['æntiməni] *subst; kjem:* antimon.

anti-nuclear campaigner atomprotestant.

antipathetic [æn,tipə'θetik] *adj:* antipatisk; motvillig innstilt (*to, towards* overfor).

antipathy [æn'tipəθi] *subst:* antipati; motvilje (*to, towards, against* overfor).

antipersonnel [,ænti,pə:sə'nel] *adj; mil:* **~ bomb** splintbombe.

antiphony [æn'tifəni] *subst:* vekselsang.

antipodal [æn'tipədəl] *adj* **1.** som befinner seg på den andre siden av jordkloden; antipodisk; **2.** diametralt motsatt.

antipode ['æntipoud] *subst:* direkte motsetning (*of* til).

antipodes [æn'tipə,di:z] *subst; pl:* sted på den motsatte siden av jordkloden *(fx Australia is the antipodes of England);* antipoder; mennesker på den motsatte siden av jordkloden *(fx our antipodes sleep while we wake), også fig:* direkte motsetninger (*of* til).

antipyretic [,æntipai'retik] *adj:* feberstillende.

antiquarian [,ænti'kwεəriən] *subst:* antikvar; antikvitetskyndig person; **~ bookshop** antikvariat.

antiquary ['ænti,kwəri] *se antiquarian.*

antiquated ['ænti,kweitid] *adj:* antikvert.

antique [æn'ti:k] **1.** *subst:* antikvitet; **2.** *adj:* antikk.

antiquity [æn'tikwiti] *subst* **1.** oldtiden *(fx they enjoy reading about the gods and heroes of antiquity);* **2.** *om gjenstand:* det å være svært gammel; **a vase of great ~** en eldgammel vase; **3.: antiquities** antikviteter.

anti-Semite ['ænti'si:mait] *subst:* antisemitt.

anti-Semitic [,æntisi'mitik] *adj:* antisemittisk.

anti-Semitism [,ænti'semitizəm] *subst:* antisemittisme.

antiseptic [,ænti'septik] *adj; subst:* antiseptisk (middel).

antiseptics [,ænti'septiks] *subst; med.:* antiseptikk.

antisocial [,ænti'souʃəl] *adj:* asosial; samfunnsfiendtlig.

anti-terrorist [,ænti'terərist] *adj:* antiterror- *(fx Scotland Yard's anti-terrorist squad).*

antithesis [æn'tiθisis] *subst (pl: antitheses* [æn'tiθisi:z]) **1.** antitese; **2.** motsetning; det motsatte.

antler [æntlə] *subst; zo:* takk (på gevir); hjortetakk; **-s** takker; gevir.

antonym ['æntənim] *subst:* antonym; ord med motsatt betydning.

Antwerp ['æntwə:p] *subst; geogr:* Antwerpen.

anus ['einəs] *subst; anat:* anus; endetarmsåpning; *hos fisk:* gatt.

anvil ['ænvil] *subst:* ambolt.

anxiety [æŋ'zaiəti] *subst:* **1.** engstelse; bekymring; **2***(=eagerness)* iver *(fx his anxiety to please);* **3.** *psykol:* angst.

anxiety neurosis *subst; psykol:* angstneurose.

anxious ['æŋkʃəs] *adj* **1.** engstelig; **2***(=eager)* ivrig; **~ to** ivrig etter å; oppsatt på å *(fx he was anxious to please us);* **~ for promotion** ivrig etter å bli forfremmet; **3.** angstfylt *(fx an anxious time).*

any ['eni] *pron; adv* **1.** noe, noen *(fx have you any money? I didn't know any of them; he hadn't seen any of it);* **2.** (en) hvilken som helst, (et) hvilket som helst *(fx any book will do; I'll take any of them);* enhver; ethvert; **~ attempt at doing this** ... ethvert forsøk på å gjøre dette; alle forsøk på å gjøre dette; **3.** eventuell, eventuelt; eventuelle; **~** *(=possible)* **mistakes will be corrected at once** eventuelle feil vil bli rettet med én gang; **4.** *adv:* det (aller) minste; det grann; noe; **I don't think his writing has improved ~** jeg synes ikke at det han skriver, har blitt det minste bedre; **is this book ~ better than the last one?** er denne boken noe bedre enn den forrige? **he found he couldn't walk ~ further** han greide ikke å gå lenger; **he's not ~ the wiser** han er ikke det spor klokere; **hardly ~** nesten ingen (,ingenting) *(fx we have hardly any coffee left);* **~ more** mer *(fx is there any more tea left?);* **not ~ more** ikke nå lenger; **he doesn't work here ~ more** han arbeider ikke her lenger; **~ time** når som helst.

anybody ['eni,bɔdi, 'enibədi] *pron:* noen (som helst) *(fx he doesn't know anybody here);* enhver *(fx anybody knows that);* hvem som helst; **he's not just ~** han er ikke en hvem som helst; **everybody who was ~ had turned up** alle som betydde (*el.* var) noe, var kommet.

anyhow ['eni,hau] *adv* **1***(=at any rate; in any case)* i hvert fall *(fx anyhow, you can try);* **it's too late now, ~** det er for sent nå likevel; **2***(=in any manner; by any means whatever)* på noen som helst måte *(fx we couldn't get in anyhow);* **3***(=carelessly)* skjødesløst; slurvet *(fx the work was done all anyhow).*

anyone ['eni,wʌn, 'eniwən] *se anybody.*

anyplace ['eni,pleis] *adv* **US** *se anywhere.*

anything ['eni,θiŋ] **1.** *pron:* noe (som helst); hva som helst; hva det skal være; **2.** *adv:* på noen som helst måte; **he wasn't ~ like his father** han lignet ikke sin far på noen som helst måte; **~ but** alt annet enn *(fx she was anything but happy);* **like ~** som bare det *(fx he ran like anything).*

anyway ['eni,wei] *adv: se anyhow.*

anywhere ['eni,wεə] *adv* **1.** noen steder *(fx he couldn't go anywhere);* **2.** hvor som helst; hvor det skal være *(fx I can meet you anywhere);* **~ you like** hvor du vil; **3.: get ~** komme noen vei *(fx it took three years before he got anywhere);* **4.: ~ from: he could be ~ from 40 to 50 years old** han kan være hva som helst mellom 40 og 50 år gammel; **5.: ~ near: don't go ~ near that place** hold deg langt unna det stedet.

aorta [ei'ɔ:tə] *subst; anat:* aorta; den store livpulsåren.

apace [ə'peis] *adv:* **ill weeds grow ~** ukrutt forgår ikke.

apart [ə'pa:t] *adj (etteranstilt); adv* **1***(=to pieces; in pieces)* i stykker; i sine enkelte bestanddeler *(fx he* *had the television apart on the floor);* **come ~** *1(=break into pieces)* gå (*el.* falle) fra hverandre *(fx the book came apart in my hands); 2. fig:* **their marriage came ~** *(=broke down)* ekteskapet deres gikk i stykker; **2.** et lite stykke borte; litt unna *(fx she sat apart from the other people);* fra hverandre *(fx the two towns are miles apart);* **keep them ~** holde dem fra hverandre; **I can't tell them ~** jeg kan ikke holde dem fra hverandre; jeg ser ikke forskjell på dem; **3.** hver for seg *(fx they live apart);* **4.** bortsett fra *(fx these difficulties apart, the project ran smoothly);* **~ from** bortsett fra *(fx I can't think of anything I need, apart from a car);* **joking ~** spøk til side; *(se II. set: ~ apart).*

apartheid [ə'pa:thait] *subst:* apartheid; raseskillepolitikk.

apartment [ə'pa:tmənt] *subst* **1.** US*(=flat)* leilighet; **2.** -(s) værelse(r) (som del av suite).

apartment building US*(=block of flats)* leiegård.

apathetic [,æpə'θetik] *adj:* apatisk; sløv.

apathy ['æpəθi] *subst:* apati; sløvhet.

I. ape [eip] *subst; zo:* **(anthropoid) ~** menneskeape; **play the ~** ape.

II. ape *vb:* etterape; ape etter.

Apennines ['æpə,nainz] *geogr:* **the ~** Apenninene.

aperient [ə'piəriənt] **1.** *adj(=laxative)* avførende; **2.** *subst(=laxative):* avførende middel.

aperture ['æpətʃə] *subst* **1.** åpning; hull; **2.** *fot:* blenderåpning.

apex ['eipeks] *subst* (*pl:* **apexes,** *el.* **apices** ['æpi,si:z, 'eipi,si:z]) **1.** topp; spiss; *geom:* toppunkt; **2.** *fig:* toppunkt *(fx the apex of a person's career).*

aphasia [ə'feisziə] *subst; med.:* afasi.

aphid ['eifid] *subst; zo(=plant louse)* bladlus.

aphorism ['æfə,rizəm] *subst:* aforisme.

aphrodisiac [,æfrə'diziæk] *subst:* afrodisiakum; elskovsmiddel.

Aphrodite [,æfrə'daiti] *myt:* Afrodite.

apiary ['eipiəri] *subst:* bigård.

apiculture ['eipi,kʌltʃə] *subst:* biavl.

apiece [ə'pi:s] *adv:* pr. stk; til hver.

apish ['eipiʃ] *adj:* apeaktig; narraktig.

aplomb [ə'plɔm] *subst; stivt(=assurance)* sikkerhet *(fx she carried out her duties with great aplomb).*

apocalypse [ə'pɔkəlips] *subst:* åpenbaring; **the Apocalypse***(=Revelations; the Book of Revelations)* Johannes' åpenbaring.

apologetic [ə,pɔlə'dʒetik] *adj:* unnskyldende.

apologize, apologise [ə'pɔlə,dʒaiz] *vb:* be om unnskyldning *(fx I apologize for not coming sooner).*

apology [ə'pɔlədʒi] *subst:* unnskyldning; **he made his apologies for not attending** han ba om unnskyldning for at han ikke var kommet; **please accept my ~** jeg ber så meget om unnskyldning; **an ~ for** noe som skal forestille *(fx an apology for a car).*

apoplectic [,æpə'plektik] **1.** *subst:* apoplektiker; **2.** *adj:* apoplektisk.

apoplexy ['æpə,pleksi] *subst; med.:* apopleksi.

aport [ə'pɔ:t] *adv; mar:* om babord; til babord.

apostasy [ə'pɔstəsi] *subst; rel:* frafall.

apostate [ə'pɔsteit, ə'pɔstit] **1.** *subst:* frafallen; apostat; **2.** *adj:* frafallen.

apostle [ə'pɔsəl] *subst:* apostel.

apostolic [,æpə'stɔlik] *adj:* apostolsk.

apostrophe [ə'pɔstrəfi] *subst; gram:* apostrof.

apostrophize, apostrophise [ə'pɔstrə,faiz] *vb:* tiltale direkte.

apotheosis [ə,pɔθi'ousis] *pl:* **apotheoses** [ə,pɔθi'ousi:z] *subst; stivt* **1***(=deification)* apoteose; guddommeliggjørelse; **2***(=ideal; quintessence)* ideal; innbegrep *(fx she's the apotheosis of womanhood).*

appal *(,US: appall)* [ə'pɔ:l] *vb:* forferde.

Appalachian [,æpə'leitʃiən] *adj; geogr:* **the ~ Mountains** Appalachian-fjellene.

appalling [ə'pɔ:liŋ] *adj:* forferdelig; redselsfull; **the roads were in an ~ state** veiene så helt forferdelige ut.

appanage ['æpənidʒ] *subst:* apanasje.

apparatus [,æpə'reitəs] *subst:* apparat; apparatur; **a piece of gymnastic ~** et gymnastikkapparat; **this is an ~ for stretching leather** dette er en mekanisme til å strekke lær med; *fig:* apparat *(fx the apparatus of local government).*

apparel [ə'pærəl] *subst; glds el. litt.:* klesdrakt.

apparent [ə'pærənt, ə'pɛərənt] *adj* **1.** tydelig *(fx it is quite apparent to all of us that you haven't done your work properly);* klar; åpenbar; **as will soon become ~** som snart vil vise seg; **2.** tilsynelatende *(fx his apparent unwillingness would disappear if we paid him enough);* **for no ~ reason** uten påviselig grunn; uten tilsynelatende grunn; **as is ~ from what has been said** som det fremgår av det som har blitt sagt.

apparently [ə'pærəntli] *adv:* tilsynelatende *(fx apparently he is not feeling well);* **they are ~ not coming** det ser ikke ut til at de kommer.

apparition [,æpə'riʃən] *subst:* syn; spøkelse; gjenferd; *om person:* fremtoning *(fx a strange apparition met us at the door).*

I. appeal [ə'pi:l] *subst* **1.** *jur:* appell; anke; **2***(=request)* appell; bønn; **make an ~ for help** be om hjelp; **with a look of ~ on her face** med et bønnfallende uttrykk i ansiktet; **3***(=attraction)* tiltrekning *(fx music holds little appeal for me);* **the ~ of** ... det tiltrekkende ved; **sex ~** sex appeal; tiltrekning på det annet kjønn.

II. appeal *vb* **1.** *jur:* appellere; anke (*to* til); **~ against a sentence** appellere en dom; påanke en dom; **2.** appellere (*to* til); bønnfalle; be *(fx appeal for mercy);* **3.** tiltale; falle i smak; **this place -s to me** *(=I like this place)* dette stedet tiltaler meg; jeg liker dette stedet; **4.: ~ to the country** skrive ut nyvalg.

appealing *adj* **1.** bønnfallende *(fx she gave him an appealing look);* **2***(=attractive)* tiltalende *(fx an appealing little girl; the idea of going abroad is very appealing).*

appear [ə'piə] *vb* **1.** (an)komme *(fx he never appears before nine o'clock);* **2.** komme til syne; dukke opp *(fx the sun appeared on the horizon; a man appeared at the door);* **then John -ed on the scene** så dukket John opp; **3.** utkomme *(fx his novel appeared last week);* **4.** opptre *(fx he first appeared on a television variety show);* **5.** *jur:* **~ (in court)** møte (i retten) *(fx he appeared on three charges of theft);* **6***(=look, seem)* synes; virke *(fx he appears happy enough; she appears a little upset);* **it -s that** 1. det ser ut til at; 2. det viser seg at *(fx it appears that he was wrong (after all));* **there -s to have been a mistake** det ser ut til at det er begått en feil; **so it -s** ja, slik ser det ut; ja, det ser ut til det; **it -s not** nei, det ser ikke slik ut; nei, det er ikke tilfelle; **it -s to me that***(=it seems to me that)* jeg har inntrykk av at; det virker for meg som om; **7.: ~ from** fremgå av *(fx it appears from what he says that ...);* **8.** stå *(fx my name must not appear on the cases);* **this word does not ~ in the dictionary** *(=this word isn't in the dictionary)* dette ordet står ikke i ordboken.

appearance [ə'piərəns] *subst* **1.** tilsynekomst; **make one's ~** vise seg; komme inn; **put in an ~** stikke innom; **2.** *om bok:* utgivelse; utsendelse; **since the ~ of the book** siden boken kom ut; **3.** *om skuespiller:* opptreden *(fx he is making his first appearance at our local theatre);* **4.** utseende *(fx from his appearance he seemed very wealthy; you* *could see he was poor by his appearance);* **she has a slightly foreign ~** hun ser litt utenlandsk ut; **he has a pleasing ~** han har et behagelig ytre; **Please excuse my ~. I was in the middle of washing my hair** Unnskyld at jeg ser slik ut. Jeg holdt akkurat på å vaske håret; *litt.:* **present a ragged ~** *(=look shabby)* se lurvet ut; **the old opera house, now rebuilt, presents a new ~** etter ombyggingen fremstår operaen i ny skikkelse; **the house had every ~ of being well kept** alt tydet på at huset var velholdt; **this has the ~ of truth** dette bærer preg av å være sant; **-s are deceptive** skinnet bedrar; **keep up -s** bevare skinnet; redde ansiktet; **to all -s** etter alt å dømme; **5.** *jur:* fremmøte (i retten); **6.** *jur:* **enter an ~** avgi tilsvar.

appease [ə'pi:z] *vb; stivt(=calm; satisfy)* berolige *(fx she appeased his curiosity by explaining the situation);* pasifisere; *polit:* stagge (ved å vise ettergivenhet); **~** *(=satisfy)* **sby's hunger** stille ens sult.

appeasement [ə'pi:zmənt] *subst:* pasifisering; *især polit:* ettergivenhet; ettergivenhetspolitikk.

appellant [ə'pelənt] *subst; jur:* appellant.

appellation [,æpə'leiʃən] *subst; stivt(=name)* benevnelse.

append [ə'pend] *vb; stivt(=add)* tilføye; vedlegge *(fx appended(=enclosed) is a note of my expenses);* **have you -ed your signature to the document?** *(=have you signed the document?)* har du undertegnet dokumentet?

appendage [ə'pendidʒ] *subst* **1.** *stivt(=addition)* tillegg; **2.** *anat; zo:* vedheng.

appendicitis [ə,pendi'saitis] *subst; med.:* appendisitt; blindtarmsbetennelse.

appendix [ə'pendiks] *subst (pl:* **appendixes;** *el.* **appendices** [ə'pendi,si:z]) **1.** *til bok:* appendiks; tillegg; *til dokument, etc:* appendiks; tilføyelse; **at ~ A** i appendiks A; **2.** *anat:* **the (vermiform) ~** blindtarmen.

appertain [,æpə'tein] *vb; stivt:* **~ to***(=belong to)* tilhøre *(fx there are certain privileges appertaining to this post).*

appetence, appetency ['æpi,təns(i)] *subst:* tilbøyelighet; naturdrift.

appetite ['æpi,tait] *subst:* appetitt (*for* på).

appetizer, appetiser ['æpi,taizə] *subst:* appetittvekker.

appetizing, appetising *adj:* appetittvekkende.

applaud [ə'plɔ:d] *vb:* applaudere; klappe (for); bifalle.

applause [ə'plɔ:z] *subst:* applaus; bifall.

apple [æp(ə)l] *subst; bot:* eple; **the ~ of his eye** hans øyensten; **~ of discord** stridens eple.

applecart ['æp(ə)l,ka:t] *subst:* **upset sby's ~** stikke kjepper i hjulene for en.

apple flan *se apple tart.*

apple pie eplepai.

apple-pie order: in ~ i mønstergyldig orden.

apple sauce eplemos.

apple tart: (open) ~ *(=apple flan;* **US:** *apple cake)* eplekake.

apple turnover*(=apple puff)* epleterte.

appliance [ə'plaiəns] *subst:* innretning; apparat; instrument; **fire-fighting ~** brannslukningsapparat.

applicable ['æplikəbl, ə'plikəbl] *adj:* anvendelig.

applicant ['æplikənt] *subst:* søker (*for* til).

application [,æpli'keiʃən] *subst* **1.** søknad (*for* om); **on ~ to** ved henvendelse til; **2.** *om regel:* gyldighet; **3.** *om metode, teknikk:* anvendelse; bruk; **4.** *om maling, salve, etc:* påføring; påsmøring; **5.** *stivt (=hard work)* flid; arbeidsomhet.

application form søknadsskjema.

applied *adj:* anvendt *(fx science);* **~ art** kunstindustri.

apply [ə'plai] *vb* **1.** søke (*for* om); **she has applied to do nursing** hun har søkt sykepleien; **~ to** henvende seg til; **~ within** henvend Dem innenfor; **2.** *om regel:* gjelde; **3.** anvende; bruke; **4.** påføre; smøre på; **5.: ~ oneself to sth***(=concentrate on sth)* konsentrere seg om noe.

appoint [ə'pɔint] *vb* **1.** utnevne; ansette (*to a post* i en stilling); **~ a committee** sette ned et utvalg; **2.** *om tid; stivt(=fix; agree on)* beramme; avtale; **~** *(=fix)* **a time for a meeting** beramme et møte; avtale tid for et møte.

appointment [ə'pɔintmənt] *subst* **1.** utnevnelse; ansettelse; **2.** stilling *(fx a good appointment);* **3.** avtale (om møte); **a dental ~** en tannlegetime; **make an ~** treffe en avtale; **4.: -s** utstyr; utrustning.

apportion [ə'pɔ:ʃən] *vb:* dele ut; fordele; **it is difficult to ~ the blame in this case** det er vanskelig å avgjøre hvordan skylden skal fordeles i dette tilfellet.

apposite ['æpəzit] *adj; stivt(=appropriate)* passende *(fx remark).*

apposition [,æpə'ziʃən] *subst; gram:* apposisjon.

appraisal [ə'preizəl] *subst; stivt:* vurdering *(fx my appraisal of the situation); (jvf appraisement; assessment).*

appraise [ə'preiz] *vb; stivt(=assess)* vurdere.

appraisement [ə'preizmənt] *subst; stivt:* vurdering; **based on a total ~** ut fra en samlet vurdering; ut fra en helhetsvurdering.

appraising *adj:* vurderende *(fx she gave him an appraising look).*

appreciable [ə'pri:ʃiəbl, ə'pri:ʃəbl] *adj:* merkbar; betydelig; vesentlig.

appreciate [ə'pri:ʃi,eit] **1.** *vt:* verdsette; sette pris på *(fx I appreciate his generosity; he appreciates poetry; 'It would be appreciated if you would not smoke at this table');* **mothers are very often not -d** mødre blir ofte ikke ordentlig verdsatt; **2.** *vt; stivt (=understand)* forstå: **3.** *vi:* **~ (in value)** stige (i verdi).

appreciation [ə,pri:ʃi'eiʃən] *subst* **1.** takknemlighet *(fx I wish to show my appreciation for what you have done);* **2.** verdsettelse; påskjønnelse; **in ~ of** som en påskjønnelse av; **3.** *i form av artikkel, etc:* vurdering *(fx of a new book);* **4.** forståelse *(fx a deep appreciation of poetry; to get a full appreciation of what this means we must . . .);* **5***(=increase in value)* verdistigning; **capital ~***(=increase of capital)* kapitalforøkelse.

appreciative [ə'pri:ʃiətiv] *adj; om publikum, etc:* anerkjennende; takknemlig *(fx audience); stivt:* **be ~ of** sette pris på.

apprehend [,æpri'hend] *vb* **1.** *stivt(=arrest)* pågripe; **2.** begripe; fatte; oppfatte; **3.** *stivt(=fear)* frykte.

apprehensible [,æpri'hensibl] *adj:* begripelig; forståelig.

apprehension [,æpri'henʃən] *subst* **1.** *stivt(=arrest)* pågripelse; **2.** oppfattelse; oppfatning *(fx be slow of apprehension);* **(power of) ~***(=faculty of perception)* oppfatningsevne; **he has a clear ~ of our problem** han har en klar forståelse av vårt problem; **3.** *stivt(=anxiety)* frykt; engstelse.

apprehensive [,æpri'hensiv] *adj:* engstelig.

I. apprentice [ə'prentis] *subst:* **(craft) ~** lærling; **motor vehicle ~** lærling på billinjen.

II. apprentice *vb:* **~ to** sette i lære hos.

apprenticeship [ə'prentis,ʃip] *subst:* læretid; lærlingetid.

appro ['æprou] *subst* **T***(=approval)* godkjenning; *om bok:* **on ~** til gjennomsyn.

I. approach [ə'proutʃ] *subst* **1.** det å nærme seg; komme *(fx the approach of winter);* **they ran off at**

the ~ of a policeman de løp sin vei da en politimann nærmet seg; **this is the nearest ~ to the truth** dette kommer sannheten nærmest; **2.** innfartsvei; **3.** *flyv:* innflyvning; **final ~** sluttinnlegg; **4.** *mar:* innseiling; innløp; **5.** *fig:* måte å gripe noe an på; måte å nærme seg et problem på; betraktningsmåte; **a purely intellectual ~** en rent intellektuell betraktningsmåte; **(method of) ~** fremgangsmåte; **6** *(=attitude)* innstilling *(fx a different approach to marriage);* **7.: -es**(*=advances)* tilnærmelser *(fx tentative approaches to Britain and West Germany drew a chilly response);* **he made -es to her** han gjorde tilnærmelser til henne; **8.** henvendelse *(fx they have made an approach to the Government);* **9.** *golf:* **~ (shot)** innspill.

II. approach *vb* **1.** nærme seg; **2.** *om problem, etc:* gripe an; **3.** henvende seg til (*about* angående); **he is rather difficult of ~** han er ikke lett å komme innpå.

approachable [ə'proutʃəbl] *adj* **1.** tilgjengelig *(fx the place is not approachable by road);* **2.** omgjengelig *(fx he is a very approachable person).*

approaching *adj* **1.** forestående; **2.** som nærmer (,nærmet) seg.

approach road innfallsvei.

approbation [,æprə'beiʃən] *subst; stivt(=approval)* bifall; godkjenning.

I. appropriate [ə'proupri,eit] *vb* **1.** tilvende seg; legge beslag på *(fx he appropriated the best bedroom);* **2.** *om pengemidler:* avsette (*for* til).

II. appropriate [ə'proupriit] *adj:* passende; formålstjenlig; hensiktsmessig.

appropriation [ə,proupri'eiʃən] *subst* **1.** tilvending; *polit:* ekspropriering; beslagleggelse; **2.** *parl:* bevilgning; **3.** *merk:* avsetning *(fx of funds).*

approval [ə'pru:vəl] *subst:* bifall; godkjenning; *om bøker:* **on ~** til gjennomsyn; **meet with ~** vinne bifall; bli godkjent.

approve [ə'pru:v] *vb:* **~ (of)** bifalle; godkjenne; godta; **her father does not ~** hennes far er ikke enig.

I. approximate [ə'prɔksi,meit] *vb:* nærme seg; komme nær opptil *(fx his story approximates to the truth).*

II. approximate [ə'prɔksimit] *adj:* omtrentlig.

approximately *adv:* omtrentlig; tilnærmelsesvis.

approximation [ə,prɔksi'meiʃən] *subst:* **this figure is just an ~** dette er bare et tilnærmet riktig tall.

appurtenances [ə'pə:tinənsiz] *subst; pl; stivt (=accessories)* tilbehør.

appricot ['eipri,kɔt] *subst; bot:* aprikos.

April ['eiprəl] *subst:* april.

April fool aprilsnarr; **April Fool('s) Day** 1. april.

apron ['eiprən] *subst* **1.** forkle; **2.** *teat:* forscene.

apron string: be tied to one's mother's -s henge i skjørtene på mor.

apropos [,æprə'pou] **1.** *adj:* beleilig; **2.** *adv:* **~ of** *(=with regard to)* med hensyn til; angående.

apt [æpt] *adj* **1.** passende; *om bemerkning:* treffende; **2.** *stivt(=clever; quick to learn)* flink; **3.: ~ to** tilbøyelig til; **he is ~ to forget** han har lett for å glemme.

aptitude ['æpti,tju:d] *subst; stivt:* **~ (for)**(*=talent (for))* anlegg (for) *(fx he shows an aptitude for mathematics).*

aptly *adv:* treffende; på en treffende måte; **as John very ~ remarked** som John så treffende bemerket.

aptness ['æptnis] *subst* **1.** tilbøyelighet *(fx to forget);* **2.** evne; **3.: the ~ of the remark** det treffende ved bemerkningen.

aquaplane ['ækwə,plein] *vb:* akvaplane; skli på vått veidekke.

aquarium [ə'kwεəriəm] *subst:* akvarium.

Aquarius [ə'kwεəriəs] *subst; astr(=the Water Carrier)* Vannmannen.

aquatic [ə'kwætik] *adj:* vann-; *zo:* **~ warbler** vannsanger.

aquavit, akvavit ['ækwə,vit] *subst:* akevitt.

aqueduct ['ækwi,dʌkt] *subst:* akvedukt; vannledning.

aqueous ['eikwiəs] *adj:* vannaktig; som inneholder vann; *kjem:* vandig.

aquiline ['ækwi,lain] *adj:* ørne-.

Arab ['ærəb] **1.** *subst:* araber; araber(hest); **2.** *adj:* arabisk *(fx the Arab nations).*

Arabia [ə'reibiə] *geogr:* Arabia.

Arabian [ə'reibjən] *adj:* arabisk.

Arabic ['ærəbik] **1.** *subst; språk:* arabisk; **2.** *adj:* arabisk.

arable ['ærəbl] *adj:* dyrkbar; **~ farming** åkerbruk; **~ land** dyrkbar jord; *(se pastoral).*

arbiter ['a:baitə] *subst:* person som har makt *el.* innflytelse til å treffe avgjørelse om noe; **they are the -s of fashion** det er de som bestemmer moten.

arbitrary ['a:bitrəri] *adj:* vilkårlig; egenmektig.

arbitrate ['a:bi,treit] *vb:* (la) avgjøre ved voldgift.

arbitration [,a:bi'treiʃən] *subst:* voldgift; **National Arbitration Tribunal** *svarer til:* riksmeglingsmann.

arbitrator ['a:bi,treitə] *subst:* voldgiftsmann.

arbor ['a:bə] *subst* **1.** *tekn:* aksel; **2. US:** *se arbour.*

arbour ['a:bə] *subst:* lysthus.

arc [a:k] *subst:* **(electric) ~** lysbue.

arcade [a:'keid] *subst:* buegang; arkade.

I. arch [a:tʃ] *subst* **1.** *arkit:* bue; **2.: have fallen -es** være tverrplattfot.

II. arch *vb:* hvelve seg (over); danne en bue (over) *(fx the trees arch over the river);* **the cat -ed its back** katten skjøt rygg.

III. arch *adj:* skjelmsk.

IV. arch- erke- *(fx an arch liar).*

archaeological [,a:kiə'lɔdʒikəl] *adj:* arkeologisk.

archaeologist [,a:ki'ɔlədʒist] *subst:* arkeolog.

archaeology [,a:ki'ɔlədʒi] *subst:* arkeologi.

archaic [a:'keiik] *adj:* arkaisk; gammeldags.

archaism ['a:k(e)i,izəm] *subst:* arkaisme; gammeldags (*el.* foreldet) uttrykk.

archangel ['a:k,eindʒəl] *subst:* erkeengel.

archbishop]'a:tʃ'biʃəp] *subst:* erkebiskop.

archbishopric ['a:tʃ'biʃəprik] *subst:* erkebispedømme.

archdeacon ['a:tʃ'di:kən] *subst:* geistlig umiddelbart under en biskop.

archer ['a:tʃə] *subst:* bueskytter.

archery ['a:tʃəri] *subst:* bueskyting.

archetype ['a:ki,taip] *subst:* grunnform; *især psykol:* arketype; mønster; original.

archipelago [,a:ki'peləgou] *subst:* arkipelag; øyhav.

architect ['a:ki,tekt] *subst* **1.** arkitekt; **2.** *fig:* opphavsmann.

architectural [,a:ki'tektʃərəl] *adj:* arkitektonisk.

architecture ['a:ki,tektʃə] *subst:* arkitektur.

archives ['a:kaivz] *subst; pl;* **1.** *om bygningen:* arkiv; **2.** *om dokumentene:* arkivalier.

archivist ['a:kivist] *subst:* arkivar.

arch support *i sko:* innlegg.

archway ['a:tʃ,wei] *subst:* buegang; porthvelving.

arc lamp buelampe.

arctic ['a:ktik] *adj:* arktisk, nordpols-.

ardency ['a:dənsi] *subst: se ardour.*

ardent ['a:dənt] *adj; fig:* brennende; glødende; lidenskapelig; fyrig.

ardour ['a:də] *subst; fig:* glød; varme; fyrighet; iver.

arduous ['a:djuəs] *adj:* anstrengende; vanskelig.

I. are [a:] *subst:* ar ($100m^2$)

II. are [a:; *trykksvakt:* ə] 2. *pers sing, 1. 2. & 3. pers*

pl av 'to be': **you are, we are, they are** du (,dere) er, vi er, de er.
area ['ɛəriə] *subst* **1.** område; **2.** areal; flateinnhold; **3.** *arkit; foran hus:* forsenket gård mellom fortau og fasade; lysgård.
area manager distriktssjef; *for reisebyrå:* plassjef.
area steps *pl:* trapp ned til kjøkkenet; *(se area 3).*
arena [ə'ri:nə] *subst:* arena; kampplass.
aren't [a:nt] *fk.f. are not, am not.*
Argentina [,a:dʒən'ti:nə] *subst; geogr:* Argentina.
Argentine ['a:dʒən,tain] **1.** *adj:* argentinsk; **2.** *subst:* argentiner; **the ~ (Republic)** Argentina.
argentine ['a:dʒən,tain] *adj:* sølv-, sølvklar.
arguable ['a:gjuəbl] *adj:* som kan diskuteres; **it is ~ that** ... det kan hevdes at ....
argue ['a:gju:] *vb* **1.: ~ with sby about sth** strides med en om noe; krangle med en om noe; **I'm not going to ~** jeg har ikke tenkt å krangle; **2.** argumentere; diskutere; gjøre gjeldende; hevde; fremføre; legge fram; **he -d that** ... han hevdet at ...; **~ against (,for) sth** argumentere mot (,for) noe; **~ along logical lines***(=argue logically)* argumentere logisk; **if you ~ along these lines** ... hvis du diskuterer på denne måten ...; **she -d the point very cleverly** hun var meget flink til å legge det (ɔ:sitt syn) fram; **the case was fully -d** saken ble gjennomdrøftet; **3.: ~ sby into doing sth** overtale en til å gjøre noe; **4.** *stivt(=suggest)* tyde på; vitne om; være tegn på *(fx these buried ruins argue the existence of an earlier civilization).*
argument ['a:gjumənt] *subst* **1.** trette; krangel; uvennlig diskusjon; **2.** diskusjon; meningsutveksling; argumentasjon; **3.** argument; **let us assume, for the sake of ~, that** ... la oss gjøre det tankeeksperiment at ...
argumentation [,a:gjumənt'teiʃən] *subst:* argumentasjon.
argumentative [,a:gju'mentətiv] *adj:* stridslysten; trettekjær.
Argy ['a:dʒi] *subst* **T:** argentiner.
aria ['a:riə] *subst; mus:* arie.
arid ['ærid] *adj:* tørr; vannfattig; regnfattig; *fig:* åndløs; tørr.
aridity [ə'riditi] *subst* **1.** tørrhet; **2.** *fig:* åndløshet.
Aries ['ɛəri:z] *subst; astr(=the Ram)* Væren.
arise [ə'raiz] *vb (pret: arose; perf.part.: arisen)* **1.** oppstå *(fx a strong wind arose);* **if the need -s** hvis det skulle bli nødvendig; **2.: ~ from, ~ out of** skyldes; komme av; være et resultat av; **3.** *stivt(=get up; stand up)* stå opp.
aristocracy [,æri'stɔkrəsi] *subst:* aristokrati.
aristocrat ['æristə,kræt; æ'ristə,kræt; ə'ristə,kræt] *subst:* aristokrat.
aristocratic [,æristə'krætik] *adj:* aristokratisk.
arithmetic [ə'riθmətik] *subst:* regning; **simple ~** praktisk regning.
arithmetic(al) [,æriθ'metik(əl)] *adj:* regne-; **the four ~ operations** de fire regningsarter; **~ progression** aritmetisk rekke.
ark [a:k] *subst; bibl:* ark; **the Ark of the Covenant** paktens ark.
I. arm [a:m] *subst* **1.** *anat:* arm; **2***(=sleeve)* erme; arm *(fx this shirt is too long in the arms for me);* **3.** *på stol:* arm *(fx she sat on the arm of the chair);* **the (long) ~ of the law** lovens lange arm; **hold (,lift) sth at -'s length** holde (,løfte) noe på strak arm; **keep sby at -'s length** holde en på avstand; holde en tre skritt fra livet.
II. arm *subst* **1.** *mil; del av våpengren:* våpenart; **the Fleet Air Arm** marinens flyvåpen; **2***(=weapon)* våpen; **3.: (coat of) -s** våpen *(fx the arms of the town);* **in -s** væpnet; kampklar; *fig:* **up in -s** i krigshumør; i harnisk; **small -s** håndvåpen; **under -s** under våpen; **take up -s** gripe til våpen.
III. arm *vb* **1.** væpne; utlevere våpen til; væpne seg; *om nasjon:* ruste; *om skip:* bestykke; **-ed neutrality** væpnet nøytralitet; **2.** *fig:* væpne; utruste *(fx with a camera).*
armament ['a:məmənt] *subst* **1.** *mil; på tank, fly etc:* bevæpning; bestykning; utrustning; **2.** kampstyrke; krigsmakt; **3.** væpning; opprustning; **-s race** rustningskappløp.
armature ['a:mətjuə] *subst; elekt:* anker.
armband ['a:m,bænd] *subst:* armbind.
armchair ['a:m,tʃɛə] *subst:* lenestol.
armchair politician skrivebordspolitiker.
Armenian [a:'mi:niən] **1.** *subst:* armenier; **2.** *adj:* armensk.
armhole ['a:m,houl] *subst:* ermehull.
armistice ['a:mistis] *subst:* våpenstillstand.
armlet ['a:mlit] *subst:* armbind.
armlock ['a:m,lɔk] *subst:* førergrep.
armorial [a:'mɔ:riəl] **1.** *her.:* våpenbok; **2.** *adj:* våpen-; heraldisk; **~ bearings** våpen.
armory [a:məri] *subst* **1.** *sj; se heraldry;* **2. US:** *se armoury.*
I. armour ['a:mə] *subst* **(,US:** *armor):* **1.** rustning; **2.** *mar; mil; zo:* panser; **3.** *mil:* stridsvogner; tanks; panservogner; **division of ~** panserdivisjon.
II. armour *vb* **(,US:** *armor):* pansre.
armourer ['a:mərə] *subst* **(,US:** *armorer) mil:* børsemaker.
armoury ['a:məri] *subst* **(,US:** *armory) mil* **1.** våpenkammer; **2.** våpenfabrikk; **3.** *kollektivt:* våpen.
arms control talks *pl:* nedrustningskonferanse.
army chaplain feltprest.
army corps ['a:mi 'kɔ:] *subst (pl: army corps* ['a:mi 'kɔ:z]) armékorps; **UK: Women's Royal Army Corps** *(fk WRAC)* Lottekorpset.
army group armégruppe.
Army Headquarters Hærens overkommando *(fk HOK).*
Army List UK: fortegnelse over hærens offiserer.
Army Quartermaster Corps US (,UK: *dekkes til dels av: Royal Army Service Corps)* Hærens forsyningstropper.
aroma [ə'roumə] *subst:* aroma; (krydret) duft.
aromatic [,ærə'mætik] *adj:* aromatisk.
I. around [ə'raund] *prep* **1***(=round)* rundt; rundt om; omkring *(fx wear sth around one's neck; they were seated around the table; the woods around the castle; he put his arm around her shoulders); fig:* **there's no getting ~ it** det er ikke til å komme bort fra; **2***(=about)* rundt omkring i *(fx there were a lot of shelves around the house);* **3***(=about) ved bevegelse:* fra sted til sted; rundt omkring i *(fx travel around in Africa);* **4***(=about)* (et eller annet sted) i; like ved *(fx stay around the house);* **5***(=round)* som beskriver en bue utenom; rundt *(fx the ring road around the town);* **6***(=round)* like rundt *(fx the shop around the corner);* **7***(=round) m.h.t. akse, sentrum:* om; rundt *(fx the earth's motion around its axis);* **8***(=round) om bakgrunnsstoff:* rundt *(fx a story built around a good plot);* **9***(=about) ved omtrentlig tidsangivelse:* omkring *(fx it happened around 1969, I think).*
II. around *adv* **1***(=about)* rundt; omkring *(fx I'll just wander around for a while);* **2***(=about)* rundt omkring i rommet (,huset, *etc*); rundt omkring; både her og der *(fx clothes had simply been left lying around);* **3***(=round) om helomvending:* rundt *(fx turn around!);* **4***(=round) om hjul:* rundt *(fx the wheel turns around);* **5***(=round) om omkrets:* rundt *(fx the racing track is 400 metres around);*

6(=round) ved bordet: rundt *(fx pass the food around); 7(=round)* bortom; innom *(fx she came around to see us); 8(=in use)* i bruk; kjent *(fx that type of phone has been around for some years now); 9(=about)* til stede; i nærheten *(fx there was no one around);* **10 T:** *om person i underholdningsbransjen:* kjent; fremme (i rampelyset) *(fx some pop stars are around for only a few years; have they been around long?); (jvf 14);* **11.: ~ by***(=round by) om omvei:* rundt; bortom; **the road to the farm goes ~ by the pond** for å komme til gården må man gå (,kjøre) rundt dammen; **12. T: ~ here somewhere***(=somewhere hereabouts)* et sted her i nærheten *(fx if you need me I'll be somewhere around);* **13.: all ~***(=all over the place)* over det hele; **that would be a lot better all ~** det ville være langt bedre for alle parter; **the garden is fenced all ~***(=there is a fence all round the garden)* det er gjerde rundt hele hagen; **14.: he's been ~ (a lot)** han har sett seg om her i verden; han har sett noe av livet; *(jvf 10);* **15.: gather ~***(=assemble)* samle seg; **a crowd gathered ~** det kom folk til: **16.: get ~** komme mye omkring; reise mye; **17.** *neds:* **sleep ~** sove der (hvor) det faller seg; inngå tilfeldige seksuelle forbindelser; **18.** *om uvirksomhet:* **stand ~***(=stand about)* stå og henge; stå uvirksom; **he waited ~ for two hours** han stod og ventet i to timer.

arouse [ə'rauz] *vb; stivt; især fig(=rouse; awaken)* vekke.

arrack ['ærək] *subst:* arak.

arraign [ə'rein] *vb; jur(=bring to trial)* stille for retten; **he was -ed on a charge of drunken driving***(=he was charged with drunken driving)* han ble tiltalt for fyllekjøring.

arraignment [ə'reinmənt] *subst:* tiltale; anklage.

arrange [ə'reindʒ] *vb* **1.** ordne; arrangere; få i stand; **2.** avtale *(fx they had arranged to meet at six o'clock);* **I've -d with John to meet him at the station** jeg har avtalt med John at jeg skal møte ham på stasjonen; **~ for** treffe avtale om; sørge for *(fx I've arranged for a car to meet you at the airport);* **I've -d for you to meet her tomorrow** jeg har ordnet det slik at du treffer henne i morgen; **can you ~ to be there?** kan du ordne det slik at du er der? **3.** *mus:* bearbeide; utsette *(fx this music has been arranged for choir and orchestra).*

arrangement [ə'reindʒmənt] *subst* **1.** ordning; arrangement; **2.** avtale; **3.** *jur:* akkord; **deed of ~***(=composition deed)* akkordavtale; **private ~ (with one's creditors)** underhåndsakkord; **4.** *mus:* arrangement; bearbeidelse; utsettelse; **come to an ~** komme til en ordning *(fx they have come to some sort of arrangement about sharing expenses);* **I've made my -s** jeg har truffet mine disposisjoner.

arrant ['ærənt] *adj; stivt el. litt.(=utter; out-and-out)* erke- *(fx he is an arrant fool).*

I. array [ə'rei] *subst; litt.* **1.** *mil:* **battle ~***(=battle line)* fylking; **an ~ of soldiers** en oppstilling av soldater; **2.** rekke; arrangement *(fx an array of jars on the shelves);* **an impressive ~ of facts** en imponerende rekke fakta; **3.** fine klær *(fx they were dressed up in holiday array).*

II. array *vb* **1.** *mil:* stille opp (til slag) *(fx soldiers arrayed for battle);* **2.** ordne; stille opp; **3.** *især i passiv:* **be -ed in fine clothes** bli iført fine klær.

arrears [ə'riəz] *subst; pl* **1.** restanse; **rent ~** husleierestanser; **2.** *fig:* **~ of work** ugjort arbeid; **he is in ~***(=behindhand)* **with his work** han er på etterskudd med arbeidet sitt.

I. arrest [ə'rest] *subst* **1.** arrestasjon; **make an ~** foreta en arrestasjon; **2.** *tekn; med.:* stans; stopp; **cardiac ~** hjertestans; **3.** *jur; av eiendom:* arrest.

II. arrest *vb* **1.** arrestere; **2.** *stivt(=stop)* stoppe; stanse *(fx economic difficulties arrested the growth of industry);* **3.** *stivt(=attract):* **~ one's attention** tiltrekke ens oppmerksomhet.

arresting [ə'restiŋ] *adj* **1.** fengslende; slående; frapperende; **2.** *om politimann:* som foretar arrestasjon; **who was the ~ officer?** hvem foretok arrestasjonen?.

arrest warrant arrestordre.

arrival [ə'raivəl] *subst* **1.** ankomst; **on his ~** ved hans ankomst; da han kom; **2.: new ~** nyankommen; **he was a late ~** han kom sent; **the last ~** den sist ankomne; **3.** *jernb:* **-s and departures** ankomst- og avgangstider; innkommende og avgående tog.

arrive [ə'raiv] *vb:* ankomme *(fx at the station; at Oxford; in England; in London); fig:* **we both -d at the same conclusion** vi kom begge til samme konklusjon.

arroganse ['ærəgəns] *subst:* arroganse; overlegenhet.

arrogant ['ærəgənt] *adj:* arrogant; overlegen *(fx an arrogant man; an arrogant manner).*

arrogate ['ærə,geit] *vb; stivt:* **~ to oneself***(=seize (,claim) unjustly)* tilrive seg; kreve med urette.

arrow ['ærou] *subst:* pil.

arrowhead ['ærou,hed] *subst:* pilespiss.

arse [a:s] *(,***US:** *ass) subst; vulg:* ræv; rasshull.

arsenal ['a:sənəl] *subst:* arsenal.

I. arsenic ['a:snik] *subst; kjem:* arsenikk.

II. arsenic [a:'senik] *adj:* arsenikk-.

arson ['a:sən] *subst:* brannstiftelse; ildspåsettelse.

arsonist ['a:sənist] *subst:* brannstifter; ildspåsetter.

art [a:t] *subst* **1.** kunst; kunsten; **advertising ~** reklamekunst; **the black ~** svartekunsten; **the fine -s** de skjønne kunster; **teaching is an ~** å undervise er en kunst; **-s and crafts** kunst og håndverk; **college of -s and crafts** kunst- og håndverksskole; **academy of fine -s***(=college of art and design)* kunstakademi; **work of ~** kunstverk; **2.** *om metode, system, etc:* kunst *(fx the art of landscape painting; the art of threading a needle; the art of writing letters);* **the ~ of government** kunsten å regjere; **3.** *skolev:* forming; *(se Arts);* **4.: -s** *neds(=artfulness; cunning)* list; sluhet; knep *(fx in spite of all his arts he failed to persuade the girl to come to his room).*

art critic kunstkritiker.

art director *(fk AD)* **1.** *film:* kunstnerisk leder; *(jvf artistic director);* **2***(=advertising art director)* reklametegner; *(se commercial artist).*

artefact ['a:ti,fækt] *subst; arkeol:* artefakt; kulturgjenstand.

arterial [a:'tiəriəl] *adj* **1.** *med.:* arterie-; arteriell; pulsåre-; **2.: ~ road***(=traffic artery)* trafikkåre; **main ~ road***(=main artery; major road)* hovedtrafikkåre.

arteriosclerosis [a:,tiəriouskli'rousis] *subst; med.:* arteriosklerose; åreforkalkning.

artery ['a:təri] *subst; anat:* arterie; pulsåre; *(se arterial).*

art faker kunstforfalsker; **master ~** mesterlig kunstforfalsker.

art film kunstfilm.

artful ['a:tful] *adj; som regel neds:* lur; slu; flink *(fx an artful thief).*

art gallery kunstgalleri.

art historian kunsthistoriker.

arthritic [a:'θritik] *adj; med.:* artritisk.

arthritis [a:'θraitis] *subst; med.:* **(articular) ~** leddgikt; **rheumatoid ~** revmatisk leddgikt.

artichoke ['a:ti,tʃouk] *subst; bot:* artisjokk.

artichoke heart *bot:* artisjokkbunn.

I. article ['a:tikl] *subst* **1.** gjenstand; artikkel; vare *(fx* *this shop sells all kinds of articles);* ~ **of clothing** klesplagg; **2.** *i avis; gram:* artikkel; **3.** *rel:* ~ **(of faith)** (tros)artikkel; *glds:* **-s (of apprenticeship)***(=contract of apprenticeship; indenture)* lærlingekontrakt; **UK** *jur:* **-s (of clerkship)** praktikanttjeneste *(fx intending solicitors are required to serve a period of articles with a qualified solicitor).*

II. article *vb:* sette i lære hos; **UK:** *jur:* **-d clerk (in a solicitor's office)** praktikant (på advokatkontor).

articles of association aksjeselskaps vedtekter *(fx the company's articles of association); (NB This document covers matters concerning shares, formal meetings, the powers of the directors, the election of officers, and the approval of accounts. A copy of the Articles must be placed in the office of the Registrar of Companies for examination by any member of the public).*

articular [a:'tikjulə] *adj; anat:* artikulær; ~ **cartilage** leddbrusk.

I. articulate [a:'tikju,leit] *vb:* artikulere; uttale tydelig; **-d bus** leddbuss.

II. articulate [a:'tikjulit] *adj* **1.** *om tale:* tydelig; klar *(fx articulate speech is essential for a teacher);* **2.** *om person:* i stand til å uttrykke seg tydelig *(fx that man is not very articulate);* veltalende *(fx an articulate lecturer);* **3.** *anat:* leddelt; leddet.

articulation [a:,tikju'leiʃən] *subst* **1.** tydelig uttale; artikulasjon; **2.** *anat:* leddforbindelse; ledd.

artifact ['a:ti,fækt] *subst: se artefact.*

artifice [a:tifis] *subst; stivt(=trick)* knep; list.

artificial [,a:ti'fiʃəl] *adj:* kunstig; tilgjort *(fx smile).*

artillery [a:'tiləri] *subst:* artilleri.

artilleryman [a:'tilərimən] *subst:* artillerist.

artisan ['a:ti,zæn, ,a:ti'zæn] *subst:* håndverker.

artist ['a:tist] *subst:* kunstner; **commercial** ~ reklametegner.

artiste [a:'ti:st] *subst:* artist *(fx a circus artiste).*

artistic [a:'tistik] *adj:* kunstnerisk; kunstner-; kunst-; ~ **director** kunstnerisk leder; *(jvf art director 1);* ~ **interest** kunstinteresse.

artistry ['a:tistri] *subst* **1***(=artistic skill)* kunstnerisk dyktighet; **2***(=artistic pursuits)* kunstneriske sysler; **3***(=great skill)* stor dyktighet.

artless ['a:tlis] *adj:* naturlig; ukunstlet; ~ **beauty** naturlig skjønnhet.

art paper kunsttrykkpapir.

Arts [a:ts] *subst; pl (jvf art)* **1.: the** ~*(=the arts)* åndsvitenskapene; kulturvitenskapene *(fx he's a great patron of the Arts);* **2.** *univ(=arts)* filologi; filologiske fag *(fx history and literature are among the arts (subjects));* **the** ~ **Faculty** historisk-filosofisk fakultet; **Bachelor of** ~ *(fk BA;* **US:** *AB)* universitetsgrad tilsvarende norsk cand. mag.; **Master of** ~ *(fk MA;* **US:** *AM)* universitetetsgrad tilsvarende norsk cand. philol.; *(jvf science).*

arts teacher lærer i filologiske fag; filolog; *(se art teacher).*

art subject 1. kunstfag; **2.** *skolev:* formingsfag.

art teacher *skolev:* formingslærer; *(se arts teacher).*

artwork ['a:t,wə:k] *subst:* illustrasjonsmateriale; illustrasjoner; layout *(fx the artwork for the cover of the book has been redesigned).*

arty ['a:ti] *adj* **T** *om person:* tilgjort kunstnerisk.

arum ['ɛərəm] *subst; bot:* arum; dansk ingefær.

arum lily*(=calla lily)* stuekala.

Aryan ['ɛəriən] **1.** *subst:* arier; **2.** *adj:* arisk.

AS US *(fk.f. Associate in Science)* grad som tas etter to år ved college; *(jvf AA 5).*

as [æz, *trykksvakt:* əz, z] *konj; adv* **1.** *om tid:* idet; da *(fx he caught me as I was leaving; I met Peter as I was coming home);* etter hvert som *(fx as he grew older he became less active);* mens *(fx we'll be able to talk as(=while) we go);* når *(fx she wiggles her hips as she walks);* ~ **a child***(=when he (,she) was a child)* som barn; **just** ~ nettopp idet; akkurat idet; aller best som *(fx just as he was speaking a shot rang);*

2. *om årsak:* siden; ettersom; da *(fx as you're in charge here, you'd better tell me where to wait; as he wasn't ready in time, we set out without him);*

3. som; i egenskap av *(fx he worked as a journalist); ved sammenligninger* **(as** ... **as)**: like(så) ... som *(fx she is as heavy as her sister; she is as heavy now as she used to be);* **she is the same height** ~ **her sister** hun er like høy som sin søster; **T: he has to work, the same** ~*(=just like)* **everybody else** han må arbeide akkurat som alle andre; **I would** ~ **soon stay here** jeg ville helst bli her; ~ **his friend***(=as you're his friend)* **your opinion is probably biased** da du er hans venn, er du sannsynligvis forutinntatt;

4. slik som; som *(fx if you're not sure how to behave, do as I do);* **I did** ~ **I was told** jeg gjorde som jeg fikk beskjed om; ~ **you know I'll be leaving tomorrow** som du (,dere) vet, reiser jeg i morgen; ~ **it is** slik som det er; slik som forholdene ligger an; **it is bad enough** ~ **it is** det er galt (*el.* ille) nok som det er;

5.: ~ **is (,are)***(=like)* i likhet med; som; akkurat som *(fx he is very stupid, as are all the members of his family; Tom is Welsh, as are Dick and Harry);*

6*(=like)***: (such)** ~ som for eksempel *(fx capital cities, as London);*

7*(=although; even though)* skjønt; hvor ... enn; **absurd** ~ **it may sound** enda så absurd det lyder; **old** ~ **I am I can still fight** enda så gammel jeg er, kan jeg fremdeles slåss; **try** ~ **you may, you'll never succeed** hvor mye du enn prøver, vil du ikke lykkes (,klare det); **much** ~ **I want to, I cannot go** jeg kan ikke dra, hvor gjerne jeg enn ville;

8.: ~ **it were***(=in a way ; so to speak)* liksom; på en måte; **he was staring at us,** ~ **it were** han liksom stirret på oss; han stirret på oss liksom; **I'm a sort of unpaid adviser,** ~ **it were, to the committee** jeg er liksom en slags ubetalt konsulent for komitéen;

9. *mil:* ~ **you were!** hvil!

10.: such ... **as***(=those ... who(m))* de som *(fx such women as knew Tom thought he was charming);*

11.: so ~ **to***(=in order to)* for å; **he stood up so** ~ **to see better** han reiste seg for å kunne se bedre; *(jvf 21);*

12.: ~ **against** sammenlignet med; i motsetning til;

13.: ~ **can (,could) be** som det (bare) går (,gikk) an; som bare det *(fx she was as happy as could be);*

14.: ~ **far** ~ 1. (så langt som) til; 2. så vidt *(fx as far as we know);* ~ **far** ~ **I can see** etter hva jeg kan se; ~ **far** ~ **I am concerned** hva meg angår; for mitt vedkommende;

15.: ~ **for***(=as regards)* hva angår; ~ **for me** hva meg angår; ~ **for myself***(=speaking for myself)* hva meg selv angår; for mitt eget vedkommende; for min egen del; ~ **for that***(=as to that)* hva det angår;

16. *i tidsuttrykk:* ~ **from** fra og med; f.o.m. *(fx as from today; as from August 1st);* ~ **of today***(=as per today)* pr. i dag; *merk:* **statement** ~ **per***(=statement on)* **1 Jan.** oppgave pr. 1. jan.; *bokf:* **(~) at 31 Dec. 1984** pr. 31/12 1984;

17.: ~ **if***(=as though)* som om; ~ **if to** som for å; **it was not** ~ **if he didn't know** det var ikke det at han ikke visste det;

18.: ~ **new** som ny *(fx the engine is as new);*

19.: ~ **regards***(=with regard to)* med hensyn til; hva angår; når det gjelder;

20.: ~ **though***(=as if)* som om; ~ **though to** som for

å;
21.: ~ **to**((=*as regards)* hva angår; med hensyn til; ~ **to that** hva det angår; **so ~ to:** *se 11;*
22.: ~ **well:** *se IV. well;*
23.: ~ **yet**(=*so far)* ennå; hittil *(fx he hasn't had a book published as yet);* på det tidspunkt; ennå; ~ **yet, Shakespeare had not become famous** Shakespeare var ennå ikke blitt berømt;
24. *int:* ~ **I live!** så sant jeg lever!
25. *dial el. vulg; rel pron(=that, which, who)* som *(fx the man as did it was my father).*

asbestos [æs'bestɔs, æs'bestəs] *subst:* asbest.

ascaris ['æskəris] *subst* (*,pl:* ascarides [ə'skæri,di:z] **lumbricoides)** *zo; den største typen rundorm:* spolorm; *(se hookworm; roundworm; threadworm; whipworm).*

ascend [ə'send] *vb* **1.** klatre opp på; bestige *(fx they ascended the mountain);* gå opp(over) *(fx the stairs);* ~ **the throne** bestige tronen; **2.** *om røyk, tåke(=rise)* stige (til værs); stige opp *(fx the smoke ascended into the air);* **3.** *om hellingsvinkel:* stige; helle oppover.

ascendance, ascendence [ə'sendəns] *subst: se ascendancy, ascendency.*

ascendancy, ascendency [ə'sendənsi] *subst:* (over)herredømme; overtak; *stivt:* **gain (,have) the ~ over sby** få (,ha) overtak (*el.* makt) over en.

I. ascendant, ascendent [ə'sendənt] *subst* **1.** *astr:* ascendent; **2** *fig; om makt, innflytelse:* på vei oppover.

II. ascendant, ascendent *adj* **1.** stigende; på vei oppover; **2.** *bot(=ascending)* oppstigende; **3.** *stivt(=superior; dominant)* overlegen; dominerende.

Ascension [ə'senʃən] *subst; rel:* himmelfart.

Ascension Day Kristi himmelfartsdag.

ascent [ə'sent] *subst* **1.** oppstigning; bestigning *(fx the ascent of Mount Everest);* **2.** oppstigning; vei oppover *(fx they had great difficulty in climbing the steep and difficult ascent);* **3.** *om hellingsvinkel:* stigning *(fx an ascent of six degrees);* **4.** *genealogi:* **line of ~** oppstigende linje; **5.** *om fisk i elv:* oppgang.

ascent route oppstigningsrute.

ascertain [,æsə'tein] *vb:* bringe på det rene; konstatere.

ascetic [ə'setik] **1.** *subst:* asket; **2.** *adj:* asketisk.

asceticism [ə'seti,sizəm] *subst:* askese.

ascribable [ə'skraibəbl] *adj:* **it is ~ to** ... det kan tilskrives ...

ascribe [ə'skraib] *vb:* ~ **to** tilskrive *(fx he ascribed his success to the help of his friends);* tillegge *(fx the play was wrongly ascribed to Shakespeare).*

asdic ['æzdik] *(fk.f. Anti-Submarine Detection Investigation Committee) subst; mil:* asdic; undervannslytteapparat.

asepsis [ə'sepsis, ei'sepsis] *subst; med.:* aseptikk.

aseptic [ə'septik, ei'septik] *adj; med.* **1.** *subst:* aseptisk middel; **2.** *adj:* aseptisk; bakteriefri.

asexual [ei'seksjuəl] *adj* **1.** kjønnsløs; **2.** *biol:* ukjønnet; ~ **reproduction** ukjønnet formering.

asexuality [ei,seksju'æliti] *subst:* kjønnsløshet.

I. ash [æʃ] *subst; bot:* ~ **(tree)** ask(etre) *(fx that tree is an ash).*

II. ash *subst* **1.** aske *(fx bone ash; cigar ash);* **2.**: **-es** aske; **be burnt to -es** brenne til aske; **reduce to -es**(=*lay in ashes)* forvandle til aske; legge i aske; **rise from the -es** stige opp av asken; **3.**: **-es** jordiske levninger; aske *(fx his ashes were scattered to the winds).* **4.** *om seier i cricketlandskamp mellom England og Australia:* **bring back the Ashes** få revansj over Australia.

III. ash *subst:* bokstaven æ.

ashamed [ə'ʃeimd] *adj:* skamfull; **be ~** skamme seg *(fx he was ashamed of his bad work);* **he was ~ to admit his mistake** han skammet seg for å innrømme feilen; **he felt ~ of himself** han skammet seg (over seg selv); **I'm ~ to say that** ... jeg må med skam melde at ...

ash can US(=*dustbin)* søppeldunk; søppelspann.

ashen [æʃən] *adj:* aske-; askegrå; *om ansikt:* askegrå.

ashlar, ashler [æʃlə] *subst:* kvaderstein.

ashore [ə'ʃɔ:] *adv; mar:* i land; **go ~** gå i land; gå fra borde; **run ~** løpe på grunn; **run the boat ~** sette båten på grunn.

ashpan ['æʃ,pæn] *subst; i ovn:* askeskuff.

ashtray ['æʃ,trei] *subst:* askebeger.

Ash Wednesday askeonsdag.

Asia ['eiʃə] *geogr:* Asia; ~ **Minor** Lilleasia.

Asian ['eiʃən, 'eiʒən] **1.** *subst:* asiat; **2.** *adj:* asiatisk.

Asiatic [,eiʃi'ætik] *adj: se Asian 2.*

I. aside [ə'said] *subst:* sidebemerkning; *teat:* avsides bemerkning *(fx she whispered an aside to him).*

II. aside *adv:* til side; *teat:* avsides; **put ~** legge til side; **stand ~** gå til side *(fx they stood aside to let her pass);* **take sby ~** ta en til side; *(se også II. lay C: III. put; II. set B).*

ask [a:sk] *vb* **1.** spørre; ~ **questions (,a question)** stille (et) spørsmål; ~ **sby's advice** spørre en til råds; ~ **the time** spørre hvor mange klokken er; ~ **the way** spørre om veien; ~ **one's way** spørre seg fram; ~ **sby the way,** ~ **the way of sby** spørre en om veien; **2.** be (*for* om); **he -ed to get up** han ba om lov til å stå opp; **he -ed to be excused** han ba seg unnskyldt; **my father -s to be remembered to you** min far ber meg hilse (Dem); ~ **nicely** be pent; **he -ed so pathetically to be allowed to come with us** han ba så pent om å få (lov til å) bli med oss; ~ *(=invite)* **sby for**(=*to)* **dinner** be en til middag; **he had -ed her (to come out with him) to a dance** han hadde bedt henne ut på dans; **I would ~ you to** ... jeg vil be Dem om å ...; **he did not have**(=*need)* **to be -ed twice**(=*he did not need telling twice)* han lot seg ikke be to ganger; ~ **about** spørre om; forhøre seg om; **he -ed me all about my work** han spurte meg ut om arbeidet mitt; *m.h.t. velbefinnende:* ~ **after** spørre etter *(fx I asked after his brother);* ~ **for** 1. spørre etter; 2. be om; ~ **for leave of absence**(=*ask for a day (,etc) off)* be seg fri; 3. *om prisforlangende:* forlange *(fx what did they ask for it?);* ~ **for news of mutal acquaintances** spørre nytt om felles kjente; ~ **for trouble** 1. være ute etter bråk; 2. *fig:* utfordre skjebnen *(fx going out in cold weather without a coat is just asking for trouble);* **it is to be had for the asking** man får det hvis man ber om det; **this table is yours for the asking** du kan trygt be om å få dette bordet; ~ **if**(=*whether)* spørre om *(fx I asked if he could come).*

askance [ə'ska:ns] *adv:* **look ~ at** se med mistenksomhet på *(fx she looked askance at any offer of help).*

askew [ə'skju:] *adj; adv:* på skrå; skjev; skjevt.

asking price prisforlangende.

aslant [ə'sla:nt] **1.** *adv(=at a slant)* på skrå; skjevt; **2.** *prep(=at a slant across)* på skrå (tvers) over.

asleep [ə'sli:p] **1.** *adj:* **be ~** sove *(fx the baby's asleep; my foot's asleep);* **2.** *adv:* **fall ~** sovne.

asparagus [ə'spærəgəs] *subst; bot:* asparges(hode).

asparagus green *bot:* aspargestopp.

aspect ['æspekt] *subst:* utseende; aspekt; side; synsvinkel *(fx consider a problem from every aspect);* **the house has a southern ~**(=*the house looks south)* huset vender mot syd.

aspen ['æspən] *subst; bot:* osp. asp.

asperity [æ'speriti] *subst; stivt:* barskhet; strenghet.
aspersions [ə'spə:ʃənz] *subst; pl; stivt:* **cast ~ on** snakke nedsettende om.
asphalt ['æsfælt] **1.** *subst:* asfalt; **2.** *vb:* asfaltere.
asphyxiate [æs'fiksi,eit] *vb; med røyk el. gass:* kvele; røykforgifte; gassforgifte; **the fireman was -d by the dense smoke** brannmannen ble forgiftet av den tette røyken.
aspic ['æspik] *subst:* aspik; kjøttgelé.
aspirant ['æspirənt, ə'spaiərənt] *subst:* aspirant.
aspiration [,æspi'reiʃən] *subst* **1.** aspirasjon; streben; **he has -s to greatness** han aspirerer til noe stort; **2.** *med.:* aspirasjon; innånding; åndedrett **3.** *fon:* aspirasjon.
aspire [ə'spaiə] *vb:* **~ to** strebe etter; trakte etter.
ass [æs] *subst* **1.** *zo:* esel; **2.** *fig:* fe; fjols; **3. US:** *se arse.*
assail [ə'seil] *vb; stivt; også fig:* angripe; overfalle *(fx he was assailed with questions).*
assailant [ə'seilənt] *subst; stivt(=attacker)* angriper *(fx his assailant came up behind him in the dark).*
assassin [ə'sæsin] *subst; polit:* morder; attentatmann.
assassinate [ə'sæsi,neit] *vb; polit:* myrde.
assassination [ə,sæsi'neiʃən] *subst; polit:* mord.
1. assault [ə'sɔ:lt] *subst* **1.** *også fig:* angrep; overfall; **2.** *jur:* overfall; **sexual** *~(=sexual attack; indecent assault)* seksuelt overgrep; **~ and battery** legemsfornærmelse.
II. assault *vb* **1.** *også fig(=attack)* angripe; overfalle; **2.** *jur:* **be sexually -ed** bli utsatt for et seksuelt overgrep; **he was sent to prison for sexually -ing a little girl** han ble sendt i fengsel for seksuelt overgrep mot en liten pike.
assault course *mil:* kommandoløype.
I. assay [ə'sei, 'æsei] *subst; av malm el. edelt metall:* analyse *(fx on assay the gold was found to be very impure).*
II. assay [ə'sei] *vb; malm el. edelt metall:* analysere *(fx the ore was assayed and found to be of high quality).*
assemblage [ə'semblidʒ] *subst: se assembly.*
assemble [ə'sembl] *vb* **1.** samle; samle seg; **2.** montere; sette sammen.
assembly [ə'sembli] *subst* **1.** *av mennesker:* forsamling; samling; *skolev:* møte i aulaen før ordinær skoletid; **legislative ~** lovgivende forsamling; **2.** montering; **3.** aggregat; noe som er komplett, sammensatt el. sammenbygd; **welded ~** sveiset konstruksjon; **4.** *mil:* samlingssignal.
assembly bay*(=assembly shop)* monteringsavdeling.
assembly hall *skolev:* aula.
assembly line samlebånd.
assembly operation monteringsarbeid.
assembly plant monteringshall; samlefabrikk.
assembly rooms *pl:* selskapslokaler.
assembly shop*(=assembly bay)* monteringsavdeling.
I. assent [ə'sent] *subst; stivt(=consent; approval)* samtykke (*to* i); **give one's** *~(=consent)* **to sth** gi sitt samtykke til noe.
II. assent *vb; stivt(=consent):* **~ to***(=consent to)* samtykke i.
assert [ə'sə:t] *vb* **1***(=insist on)* hevde; forfekte *(fx they asserted their right to disagree);* **2***(declare; maintain)* påstå; hevde; **~ one's innocence***(=assert that one is innocent)* påstå (*el.* hevde) at man er uskyldig; **it can confidently be -ed that** ... det kan trygt hevdes at ...; **3.: ~ oneself** hevde seg; gjøre seg gjeldende.
assertion [ə'sə:ʃən] *subst* **1.** hevdelse; forfektelse; **2.** påstand; **make a somewhat bold ~** fremsette en litt dristig påstand; *(se self-assertion).*
assertive [ə'sə:tiv] *adj:* påståelig; som hevder seg; selvsikker *(fx a very assertive young woman).*
assess [ə'ses] *vb* **1***(=value)* taksere (*at* til) *(fx the house was assessed at £50,000);* **2***(=fix)* fastsette; *om skatt:* iligne; ligne; **my income has been wrongly -ed** jeg har blitt galt lignet m.h.t. inntekt; **3.** *fig:* vurdere *(fx the possibilities; the results);* **each case will be -ed separately** hvert tilfelle vil bli vurdert for seg.
assessment [ə'sesmənt] *subst* **1***(=valuation)* taksering; **2.** ligning; skatteligning; *~(=fixing)* **of the sentence** straffeutmåling; **3.** *fig:* vurdering.
assessment test *skolev:* standpunktprøve.
assessor [ə'sesə] *subst* **1.** *jur:* teknisk sakkyndig; **2.** *fors; ved bilskader:* **engineer-assessor** skadeinspektør; takstmann; *(jvf claims inspector).*
asset ['æsət] *subst* **1.** *jur:* formuesgjenstand; **2.** aktivum *(fx experience is their main asset);* **3.: a public ~, a social ~** et samfunnsgode; *(se assets).*
assets *pl* **1.** verdier *(fx Britain possessed enormous assets in Africa);* **2.** *merk (,***US:** *resources)* aktiva; **~ and liabilities** aktiva og passiva; **business ~** forretningsaktiva; **capital ~:** *se ndf: fixed ~;* **current ~** omløpsaktiva; **fixed ~** faste aktiva; anleggsmidler; fast investert realkapital; **floating ~** flytende aktiva; **intangible***(=invisible)* **~** immaterielle aktiva; **liquid** *~(=available assets)* likvide midler; **permanent ~ :** *se ovf: fixed ~;* **tangible ~** *(=visible assets)* materielle aktiva; **total ~** sum aktiva; forvaltningskapital.
asseverate [ə'sevə,reit] *vb; stivt:* høytidelig forsikre; bedyre.
assiduity [,æsi'dju:iti] *subst; stivt:* (stor) flid.
assiduous [ə'sidjuəs] *adj; stivt(=hard-working)* flittig.
assign [ə'sain] *vb* **1.** *stivt(=give)* tildele; gi *(fx they assigned the task to us);* **~ land to the colonists** anvise nybyggerne land; **2.** peke ut; velge ut *(fx he assigned three men to the job);* **3.: ~ to***(=attribute to)* tilskrive; tillegge *(fx the stone cross was assigned to the Vikings).*
assignation [,æsig'neiʃən] *subst; stivt* **1.** (hemmelig) stevnemøte *(fx he made an assignation with his secretary);* **2.:** *se assignment.*
assignment [ə'sainmənt] *subst* **1***(=mission; task)* oppgave *(fx you must complete this assignment by tomorrow);* **2.** *skolev; især* **US:** oppgave; **written ~** *(=written work)* skriftlig oppgave; **3.** tildeling *(fx he was in charge of the assignment of work);* **4.** *jur(=transfer)* overdragelse.
assignment grant *ved tiltredelse av ny stilling:* tiltredelsesgodtgjørelse; *(jvf installation grant).*
assimilate [ə'simi,leit] *vb* **1.** assimilere; oppta (i seg) *(fx plants assimilate food from the earth);* **2.** *fig:* assimilere; lære *(fx I can't assimilate all these facts at once);* bli assimilert *(fx the new immigrants assimilated easily);* **3.** *fon:* assimilere; bli assimilert (*to* til).
assimilation [ə,simi'leiʃən] *subst:* assimilasjon.
assist [ə'sist] *vb:* hjelpe; assistere.
assistance [ə'sistəns] *subst:* hjelp; bistand; **give***(=render)* **~** yte assistanse; **be of ~** *(=use)* **to sby** være til hjelp for en.
I. assistant [ə'sistənt] *subst:* assistent; hjelper; **(shop) ~** ekspeditør; **~ to** assistent for; *mil; ved regiment, etc:* **administrative ~ to commander***(=military assistant)* adjutant.
II. assistant *adj:* assisterende; hjelpe-.
assistant account executive *i reklamebyrå:* konsulentassistent.
assistant curator *(,***US:** *associate curator) ved mindre museer og samlinger:* konservator; *(jvf conservation officer; curator).*
assistant director *film:* instruktørassistent.

assistant keeper 1. konservator; **2.** museumsarkivar: *i lønnsregulativet:* administrasjonssekretær; *(se conservation officer; curator; keeper 3).*
assistant professor *univ* **US***(=senior lecturer)* førstelektor.
assizes [ə'saiziz] *subst; jur* **UK** *inntil 1971:* lagmannsrett (for kriminalsaker); *(se crown court).*
I. associate [ə'souʃiit] *subst:* partner; **business** ~*(=business partner)* forretningspartner; **US:** ~ **in arts (,science)** *(fk AA (,AS))* person med 'associate degree'; *(se associate degree).*
II. associate [ə'souʃi,eit] *vb* **1.** assosiere; forbinde *(fx she always associated warm weather with holidays by the sea);* **2.** omgås *(fx associate with artists).*
III. associate [ə'souʃiit] *adj:* assosiert *(fx an associate member of the society).*
associate degree US: grad som tas etter 2 år ved college; *(jvf AA 5; AS; I. associate).*
associate director meddirektør.
associate judge meddommer.
associate professor US: professor; *hist:* dosent; *(NB UK har intet tilsv).*
association [ə,sousi'eiʃən; ə,souʃi'eiʃən] *subst* **1.** forening; **2.** assosiasjon *(fx the house had too many associations with his dead wife for him to live in);* **3.** forbindelse; vennskap *(fx their association will not last);* **4.: in** ~ **with** i samarbeid med; *(se articles of association).*
association football*(=soccer)* fotball.
assonance ['æsənəns] *subst:* assonans; halvrim.
assort [ə'sɔ:t] *vb; glds:* ~ **with***(=associate with)* omgås (med).
assorted [ə'sɔ:tid] *adj:* assortert; blandet utvalg av *(fx a pound of assorted sweets).*
assortment [ə'sɔ:tmənt] *subst:* assortiment; utvalg.
assuage [ə'sweidʒ] *vb; stivt el. litt.(=ease; relieve)* lindre.
assume [ə'sju:m] *vb* **1***(=suppose)* anta; **2.** overta *(fx the command);* **3***(=undertake)* påta seg; ~*(=undertake)* **responsibility for sth** påta seg ansvar(et) for noe; **4.** *om ansiktsuttrykk, etc:* anta; legge seg til; ~ **an air of cheerfulness** forsøke å se munter ut; ~ **another name** ta et annet navn.
assumed [ə'sju:md] *adj:* påtatt *(fx an assumed name);* **with** ~ **indifference** med påtatt (*el.* tilgjort) likegyldighet.
assumption [ə'sʌmpʃən] *subst* **1.** antakelse; formodning *(fx this is a mere assumption);* forutsetning; **we're going***(=working)* **on the** ~ **that** . . . vi arbeider ut fra den forutsetning at . . .; **2.** overtagelse; ~ **of power** maktovertagelse; **3.** påtatthet; skinn *(fx of innocence).*
assurance [ə'ʃɔ:rəns; ə'ʃuərəns] *subst* **1.** forsikring; tilsagn; **he gave me his** ~ **that he would help** han forsikret meg om at han ville hjelpe; **2.** forvissning; **in the confident** ~ **that** i den sikre forsvissning at; **3.: (life)** ~ livsforsikring; **4.** selvsikkerhet *(fx I envy him his assurance).*
assure [ə'ʃɔ:; ə'ʃuə] *vb* **1.** forsikre *(fx I assured him that the house was empty; he assured her of his love);* **2.:** ~ **oneself of** forvisse seg om; ~ **oneself that** forvisse seg om at; **3.** sikre *(fx this assured the victory).*
assured [ə'ʃɔ:d; ə'ʃuəd] *adj* **1.** sikker; **an** ~ **income** en sikker inntekt; **2.: you can rest** ~ **that** du kan være forvisset om at; **3.** (selv)sikker *(fx he always seems very assured).*
assuredly [ə'ʃɔ:ridli; ə'ʃuəridli] *adv(=certainly)* sikkert.
assuredness [ə'ʃɔ:dnis; ə'ʃuədnis] *subst:* (selv)sikkerhet.
aster ['æstə] *subst; bot:* asters.
asterisk ['æstərisk] *subst; typ:* stjerne.
astern [ə'stə:n] *adv; mar:* akter (utabords); akterut; akterlig; aktenom; **from** ~ akterinn; akterlig; **full speed** ~ full fart akterover; **go** ~ gå akterover.
asthma ['æsmə] *subst:* astma.
asthmatic [æs'mætik] **1.** *subst:* astmatiker; **2.** *adj:* astmatisk.
astir [ə'stə:] *adj:* i bevegelse; på bena *(fx the whole household was astir early).*
astonish [ə'stɔniʃ] *vb:* forbause; overraske.
astonishment [ə'stɔniʃmənt] *subst:* forbauselse; overraskelse.
astound [ə'staund] *vb:* forbløffe.
astral body astrallegeme.
astray [ə'strei] *adv:* **go** ~ komme bort; komme på avveier; komme på gale veier; **lead** ~ føre på villspor *(fx we were led astray by an inaccurate map);* **his friends led him** ~ hans venner førte ham på gale veier.
astride [ə'straid] **1.** *adv:* overskrevs; med skrevende ben; **2.** *prep:* overskrevs på *(fx a chair).*
I. astringent [ə'strindʒənt] *subst:* astringerende middel.
II. astringent *adj* **1.** *stivt(=sharp)* skarp *(fx an astringent remark);* **2.** *med.:* astringerende.
astrologer [ə'strɔlədʒə] *subst:* astrolog.
astrological [,æstrə'lɔdʒikəl] *adj:* astrologisk.
astrology [ə'strɔlədʒi] *subst:* astrologi.
astronaut ['æstrə,nɔ:t] *subst:* astronaut.
astronautics [,æstrə'nɔ:tiks] *subst:* romfart; romfartsvitenskap.
astronomer [ə'strɔnəmə] *subst:* astronom.
astronomical [,æstrə'nɔmik(əl)] *adj:* astronomisk.
astronomy [ə'strɔnəmi] *subst:* astronomi.
astrophysics [,æstrou'fiziks] *subst:* astrofysikk.
astute [ə'stju:t] *adj:* kløktig; snedig; **an** ~ **lawyer** en skarpskodd jurist.
asunder [ə'sʌndə] *adv; stivt(=to pieces)* i stykker *(fx tear asunder).*
asylum [ə'sailəm] *subst* **1.** asyl; fristed; **political** ~ politisk asyl *(fx he was granted political asylum);* **2.** *glds:* **(lunatic)** ~ sinnssykehus; asyl.
asymmetrical [æsi'metrikəl; ,eisi'metrikəl] *adj:* asymmetrisk.
at [æt, *trykksvakt:* ət] *prep* **1.** *om sted:* på *(fx at the corner; at the hotel; at the station);* i *(fx at Harwich; at Dover);* ~ **the other end** i den andre enden; ~ **my aunt's** hos min tante; ~ **the grocer's** hos kjøpmannen; ~ **home** hjemme; ~ **sea** på (*el.* i) sjøen; til sjøs; ~ **the seaside***(=by the sea)* ved sjøen; ~ **the table** *(,om måltidet:* **at table**) ved bordet; ~ **the window** ved vinduet;
2. *om adresse:* i *(fx she lives at 33 Forest Road; he lives at no. 4);*
3. *om avstand:* på *(fx at a distance);*
4*(=through)* gjennom *(fx come (,look) in at the window);*
5. *om beskjeftigelse el. tilstand:* på *(fx at work);* ved *(fx at dinner);* **children** ~ **play** barn som leker; **work** ~ **German grammar** arbeide med tysk grammatikk; **work** ~ **digging ditches** arbeide med å grave grøfter; **what does he think he's playing** ~? hva er det han tror han holder på med? **now he's** ~ **it again!** nå holder han på igjen! **they've been** ~ **him again** de har vært etter (,på) ham igjen; **he was** ~ **his most charming today** han viste seg fra sin mest sjarmerende side i dag; **the two countries are** ~ **war** de to landene er i krig;
6. *om bevegelse el. retning:* i *(fx he flung the book at the wall);* på *(fx throw stones at; look at);* mot *(fx they rushed at him);* til *(fx she shouted at the boys);* **arrive** ~ ankomme til; *(se arrive);*

7. *om pris:* til *(fx bread at 20 pence a loaf);* ~ **a**(*=the*) **price of** til en pris av; **two (tickets)** ~ **50p (each)**(*=two 50p (tickets)*) to (billetter) til 50p;
8. *om hastighet:* i *(fx at full speed);* ~ **high speeds** i store hastigheter; ~ **a speed of** med en hastighet av; ~ **a gallop** i galopp;
9. *om tid:* ved *(fx at daybreak);* i *(fx at that moment);* ~ **the beginning of June**(*=early in June*) i begynnelsen av juni; ~ **night** om natten; ~ **all times** til enhver tid; til alle tider; ~ **ten (o'clock)** klokken ti; ~ **the same moment**(*=just then*) i det samme; i samme øyeblikk; akkurat da;
10. *om høytid:* i *(fx at Christmas; at Easter);*
11. *om følelser:* over *(fx we were shocked at his behaviour);* på *(fx she was angry at the driver);* av *(fx she laughed at him);* **terrified** ~ **the sight of** skrekkslagen ved synet av;
12.: ~ **all:** *se II. all;*
13.: ~ **best (,worst)** i beste (,verste) fall;
14.: ~ **last** til slutt;
15.: ~ **length** 1. *stivt(=at last)* til slutt; 2. utførlig; detaljert *(fx he described the play at great length);*
16.: ~ **long last** omsider *(fx at long last the rain stopped);*
17.: ~ **once** med én gang *(fx do it at once!);*
18.: let us leave it ~ **that** la det være nok med det; ~ **this he said nothing** til dette sa han ingenting; ~ **these words he looked up** da han hørte disse ordene, så han opp;
19.: ~ **a time** om gangen *(fx two at a time).*
atheism ['eiθi,izəm] *subst:* ateisme.
atheist ['eiθiist] *subst:* ateist.
atheistic [,eiθi'istik] *adj:* ateistisk.
Athena [ə'θi:nə], **Athene** [ə'θi:ni] *myt:* Athene.
athenaeum (US: atheneum) [,æθi'ni:əm] *subst:* ateneum.
Athenian [ə'θi:niən] **1.** *subst:* atener; **2.** *adj:* atensk.
Athens ['æθinz] *subst; geogr:* Aten.
athlete ['æθli:t] *subst:* idrettsmann; **(track and field)** ~ friidrettsmann; friidrettsutøver.
athletic [æθ'letik] *adj* **1.** atletisk; **2.** friidretts-; ~ **meeting** friidrettsstevne; **he is taking part in the** ~ **events** han deltar i friidrett; **engage in** ~ **activities**(*=go in for athletics*) drive idrett.
athletic association idrettsforening.
athletic club idrettslag.
athletic federation idrettsforbund.
athletics [æθ'letiks] *subst(=athletic sports)* idrett; **(track and field)** ~ *(,US: track sports)* friidrett; **branch of** ~ idrettsgren *(fx in which branch of athletics is he active?);* **go in for** ~ drive idrett; *(se athletic).*
athletics ground(*=stadium; sports ground*) idrettsplass.
athletics meeting(*=sports meeting*) idrettsstevne.
athletics theory idrettsteori.
at-home [ət'houm] *subst:* mottagelse; åpent hus.
athwart [ə'θwɔ:t] **1.** *adv:* på tvers; **2.** *prep:* tvers over; på tvers av; *mar:* tvers på *(fx a ship's course).*
athwartships [ə'θwɔ:t,ʃips] *adv; mar:* tverrskips.
Atlantic [ət'læntik] *subst & adj; geogr:* **the** ~ **(Ocean)** Atlanterhavet.
atlas ['ætləs] *subst:* atlas.
atmosphere ['ætməs,fiə] *subst:* atmosfære; *fig:* stemning.
atmospheric(al) [ætməs'ferik(əl)] *adj:* atmosfærisk; **T: the place is** ~ stedet har atmosfære.
atmospherics [,ætməs'feriks] *subst; radio:* atmosfæriske forstyrrelser.
atoll ['ætɔl, ə'tɔl] *subst:* atoll; korallrev.
atom ['ætəm] *subst:* atom; **there's not an** ~ **of truth in what he says** det er ikke et fnugg av sannhet i det han sier; **blow to -s** sprenge i stumper og stykker.
atom bomb atombombe.
atomic [ə'tɔmik] *adj:* atom-.
atomic dust(*=radioactive dust*) atomstøv.
atomic fission(*=nuclear fission*) atomspaltning.
atomic number *(fk at. no.)(=proton number) kjem:* atomtall.
atomic weight atomvekt.
atomize, atomise ['ætə,maiz] *vb:* forstøve.
atom-powered ['ætəm,pauəd](*=nuclear-powered*) *adj:* atomdrevet.
atonal [ei'tounəl, æ'tounəl] *adj; mus:* atonal.
atone [ə'toun] *vb; stivt(=make amends):* ~ **(for)** gjøre godt igjen *(fx he tried to atone for it); rel:* sone; gjøre bot for; ~ **for one's sins**(*=pay the penalty of one's sins*) sone for sine synder.
atonement [ə'tounmənt] *subst; rel(=penance)* soning *(fx for one's sins).*
atrium ['eitriəm, 'a:triəm] *pl:* **atria** ['eitriə, 'a:triə] **1.** *arkit; hist:* atrium; *(se patio);* **2.** *anat:* atrium; forkammer.
atrocious [ə'trouʃəs] *adj* **1.** avskyelig; grusom *(fx crime)* **2.** sjokkerende; forferdelig *(fx road accident)* **3. T:** forferdelig; skrekkelig *(fx your handwriting is atrocious).*
atrocity [ə'trɔsiti] *subst:* grusom handling; grusomhet *(fx the invading army committed many atrocities(=cruelties) on innocent women and children).*
atrophy ['ætrəfi] *subst; med.:* atrofi; **(progressive) muscular** ~ muskelsvinn.
attach [ə'tætʃ] *vb* **1.** feste; vedhefte; sette på *(fx attach labels to the suitcases);* **2.:** ~ **oneself to** slutte seg til *(fx he attached himself to the expedition);* **3.:** ~ **importance to** tillegge betydning; **4.:** ~ **to** knytte til *(fx he has been attached to a research council);* **no blame -es to him** han kan ikke bebreides for noe; **be -ed to sby** være knyttet til en; **a proviso -es to this contract** det knytter seg en betingelse til denne kontrakten; **5.** *mil:* forflytte *(fx sby to another unit); om diplomat:* **be -ed to the embassy** bli knyttet til ambassaden.
attaché [ə'tæʃei] *subst:* attaché *(fx military attaché).*
attaché case dokumentmappe; *(se briefcase).*
attachment [ə'tætʃmənt] *subst* **1.** feste; fastgjøring; **2.** tilbehørsdel *(fx an attachment for an electric drill);* **-s** utstyr *(fx there are several attachments for this food mixer);* **3.** hengivenhet *(for* for*);for sted:* forkjærlighet *(fx he has a special attachment for this town).*
I. attack [ə'tæk] *subst* **1.** angrep *(on* på); **2.** *med.:* anfall *(fx a heart attack).*
II. attack *vb* **1.** angripe; gå løs på; **2.** *spøkef:* gå løs på *(fx he attacked the steak with gusto);* **3.** *om problem:* angripe.
attain [ə'tein] *vb:* nå; oppnå; ~ **old age** bli gammel; oppnå høy alder; ~ **to glory** oppnå ære.
attainable [ə'teinəbl] *adj:* oppnåelig.
attainment [ə'teinmənt] *subst* **1.** oppnåelse *(fx the attainment of wealth did not make him happy);* **2**(*=achievement*) prestasjon *(fx school attainments);* **a man of great -s** en mann med mange kvalifikasjoner.
attar ['ætə] *subst:* ~ **of roses**(*=rose oil*) rosenolje.
I. attempt [ə'tempt] *subst:* forsøk *(at* på; *to* på å); **make an** ~ gjøre et forsøk; **at the first** ~ ved første forsøk; **the** ~ **is worth making** det er et forsøk verdt; **many were killed in the** ~ mange ble drept under forsøket; **an** ~ **was made on his life** han ble utsatt for mordforsøk.
II. attempt *vb:* forsøke; *om oppgave:* prøve seg på; besvare; **all sections of the paper should be -ed**

kandidaten må forsøke å besvare alle deler av oppgaven.

attend [ə'tend] *vb* **1**(*=be present at)* være til stede ved *(fx she attended the meeting);* **2**(*=go to)* gå på *(fx school; a course);* **fail to ~** la være å møte opp (*el.* fram) *(fx he has twice failed to attend tests);* **such meetings are well -ed** slike møter er godt besøkt; **3.** *om lege, etc(=care for)* ta seg av; se til *(fx he attended her all through her illness);* **4**(*=serve)* betjene *(fx we were attended by two waiters);* **are you being -ed to?** blir De ekspedert? **5.** *stivt; også fig(=accompany)* ledsage *(fx the Queen was attended by her ladies-in-waiting);* **our arrival was -ed by many problems** det fulgte mange problemer med vår ankomst; **our plans were -ed with great difficulties** våre planer bød på store vanskeligheter; **6.: ~ to** 1(*=listen to)* høre etter *(fx attend to what the teacher is saying; attend to me!);* 2(*=see to)* ta seg av; sørge for *(fx I'll attend to that; attend to one's garden);* være nøye med *(fx the details);* **~ to customers** betjene kunder; **7.** *stivt:* **~ on**(*=wait on)* oppvarte *(fx attend on a guest; he had two nurses attending on him);* gjøre sin oppvartning *(fx he had the honour of attending (on) the Prince).*

attendance [ə'tendəns] *subst* **1.** nærvær; tilstedeværelse *(fx his attendance at the wedding surprised the family);* **2.** fremmøte; besøk; *skolev:* **take the ~** føre fravær; **there was a large ~ at the meeting** møtet var godt besøkt; **compulsory school ~** skoleplikt; tvungen skolegang; **3.: medical ~** *(=attention)* legetilsyn; **there were two doctors in ~** to leger hadde tilsyn med pasienten; **dance ~ on sby**(*=be at sby's beck and call)* stå på pinne for en; **4.** *stivt:* oppvartning.

attendance allowance UK: ekstra trygd utbetalt til pasient som trenger heltidspleie.

attendance centre UK: senter hvor unge lovbrytere må møte regelmessig som et alternativ til fengsel.

I. attendant [ə'tendənt] *subst* **1.** ledsager; **2** oppsynsmann; *teat:* billettkontrollør; **cloakroom ~** garderobevakt; **(filling station) ~** (bensin)ekspeditør; *ved museum:* **head ~**(*=head warder)* vaktsjef; *ved idrettsstevne, etc:* **ticket ~** billettør; **-s** betjening; *(se gateman; groundsman; warder; warding staff).*

II. attendant *adj* **1.** ledsagende *(fx the attendant circumstances);* **famine and its ~ diseases** hungersnød og de sykdommer som følger med; **the discomforts ~ on flu** det ubehag som følger med influensa; **2.** som har tilsynet *(fx the attendant nurse).*

attention [ə'tenʃən] *subst* **1.** oppmerksomhet; **an (act of) ~** en oppmerksomhet; **attract ~** vekke oppmerksomhet; **attract sby's ~** tiltrekke seg ens oppmerksomhet; **call**(*=draw)* **sby's ~ to sth** gjøre en oppmerksom på noe *(fx I called his attention to the problem); om taler:* **call for ~** be om oppmerksomheten; **he'll give your letter his ~ when he returns** han tar seg av brevet ditt når han kommer tilbake; **pay ~ to your teacher** hør på læreren din; **pay ~ to what he's saying** hør etter hva han sier; **pay ~ to what I'm going to say!** hør etter det jeg nå sier (*el.* kommer til å si)! **the matter is receiving our ~** vi har vår oppmerksomhet henvendt på saken; vi er oppmerksom på saken; **he showed her little -s** han viste henne små oppmerksomheter; **his ~ wanders** han klarer ikke å konsentrere seg **~ to detail** påpasselighet når det gjelder detaljene; **with close ~ to detail** idet man er meget påpasselig (*el.* omhyggelig) med detaljene; **we are following this matter with close ~** vi følger oppmerksomt med i denne saken; **2.** *mil:* **~!** giv akt! **he stood to ~** han stod i giv akt; **3**(*=care)* tilsyn; pleie; **medical ~** legetilsyn; **that broken leg needs urgent ~** det benbruddet må behandles med én gang.

attentive [ə'tentiv] *adj:* oppmerksom *(fx the children were very attentive when the teacher was speaking);* **he was very ~ to her needs** han passet godt på at hun ikke manglet noe; **be ~ to detail** være nøye med detaljene.

attenuate [ə'tenju,eit] *vb* **1.** *kjem:* fortynne; **2.** *også fig:* svekke; avsvekke.

attenuation [ə,tenju'eiʃən] *subst* **1.** fortynning; **2.** svekkelse; avsvekkelse.

attest [ə'test] *vb(=certify)* attestere; bevitne; **~ the signature** attestere underskriftens riktighet; **the witness -ed to the good character of the accused** vitnet ga tiltalte et godt skussmål; **his life of luxury -s his wealth** hans liv i luksus bærer vitnesbyrd om hvor rik han er.

attestation [,ætə'steiʃən] *subst:* attestering; attestasjon; bekreftelse; bevitnelse.

attic ['ætik] *subst(=loft)* loft; **(room in the) ~** kvistkammer.

attic flat kvistleilighet; loftsleilighet.

attic space loftsplass; **available ~** disponibel loftsplass.

attic storey loftsetasje.

attire [ə'taiə] **1.** *subst; meget stivt(=clothes; dress)* klær; påkledning; **in formal ~** i formelt antrekk; **a strange ~**(*=a strange get-up)* et underlig antrekk; **2.** *vb; meget stivt(=dress)* kle; **she was -d in red silk** hun var iført rød silke.

attitude ['æti,tju:d] *subst* **1**(*=posture)* (legems)stilling *(fx paint sby in various attitudes);* **strike an ~** stille seg i positur; innta en teatralsk stilling; **2.** *fig:* innstilling; holdning (*to, towards* til, overfor); **his general ~** hele hans innstilling; **his ~ to** hans innstilling (*el.* holdning) til *(fx what is his attitude to politics?);* **adopt**(*=take up)* **a hostile ~** innta en fiendtlig holdning; **he adopted a rigid ~ towards the authorities** overfor myndighetene inntok han en fast holdning; **maintain a firm ~** vise en fast holdning; **I find your ~ unhelpful!** jeg synes ikke du er videre hjelpsom! **(viewed) in the light of the ~ he has taken in the matter** ... i lys av den holdning han har inntatt i denne saken ...

attitudinize, attitudinise [,æti'tju:dinaiz] *vb:* posere; stille seg i positur; skape seg.

attorney [ə'tə:ni] *subst* **1.** *jur:* fullmektig; **2. US: (public) ~** *(,yrkestittel: attorney-at-law)* advokat; **power of ~** skriftlig fullmakt; *jur:* **warrant of ~** fullmaktsdokument; fullmaktserklæring.

Attorney General UK: regjeringsadvokat; **US:** justisminister.

attract [ə'trækt] *vb; også fig:* tiltrekke; trekke til seg; **I tried to ~ her attention** jeg prøvde å tiltrekke meg hennes oppmerksomhet; **she -ed all the young men in the neighbourhood** hun trakk til seg alle de unge mennene i nabolaget; **it -ed my attention** det tiltrakk seg min oppmerksomhet.

attraction [ə'trækʃən] *subst* **1.** tiltrekning; **2.** tiltrekningskraft *(fx magnetic attraction); fig:* **she had no ~ for him** hun øvde ingen tiltrekning på ham; **3.** attraksjon; **chief**(*=main)* **~** hovedattraksjon; **there are so many -s in London** det er så mye å ta seg til i London.

attractive [ə'træktiv] *adj* **1.** som tiltrekker *(fx an attractive force);* **2.** *fig:* tiltrekkende *(fx she is young and attractive);* **an ~ appearance** et tiltalende ytre; **the goods were offered at ~ prices** varene ble frembudt til sympatiske priser.

I. attribute ['ætri,bju:t] *subst; også gram:* attributt.

II. attribute [ə'tribju:t] *vb:* **~ to**(*=ascribe to)* tilskrive *(fx the play is attributed to Shakespeare).*

attribution [,ætri'bju:ʃən] *subst:* tilskrivelse.

attributive [ə'tribjutiv] *adj:* attributiv.
attrition [ə'triʃən] *subst:* nedsliting; **war of ~** utmattelseskrig.
attune [ə'tju:n] *vb* **1.** *mus:* stemme *(fx a piano);* **2.** bringe i harmoni; samstemme; **-d to** avstemt etter; vant til *(fx ears attuned to the sound of gunfire).*
atypical [ei'tipik(ə)l] *adj:* atypisk.
aubergine ['oubə,ʒi:n] *subst; bot(,***US:** *eggplant)* aubergine.
auburn ['ɔ:bən] *adj:* rødbrun; *om hår:* kastanjebrun.
auction ['ɔ:kʃən] **1.** *subst(=public auction; (auction) sale)* auksjon; **buy at an ~** kjøpe på auksjon; **he had been to an ~***(=to a sale)* han hadde vært på en auksjon; **sell by ~** selge ved auksjon; **2.** *vb(=sell by auction)* selge ved auksjon.
auctioneer [,ɔ:kʃə'niə] *subst:* auksjonarius.
audacious [ɔ:'deiʃəs] *adj:* dristig *(fx this is an audacious plan);* freidig *(fx her audacious replies embarrassed her mother); (se bold).*
audacity [ɔ:'dæsiti] *subst:* dristighet *(fx you have to admire his audacity);* frekkhet; **he had the ~ to ignore my letter** han var frekk nok til å ignorere brevet mitt.
audible ['ɔ:dibl] *adj:* hørbar; **his voice was distinctly ~** stemmen hans kunne tydelig høres.
audience ['ɔ:diəns] *subst* **1.** publikum; tilhørere; tilskuere; **TV:** seere *(fx a television audience);* **a responsive ~** et lydhørt (*el.* interessert) publikum; **an appreciative ~** et takknemlig publikum; **he always has to have an ~** han må alltid ha et publikum; **he roused the ~ to thunderous applause** han høstet stormende applaus; **2.** audiens; **obtain an ~ of***(=with)* få audiens hos; **seek an ~ with***(=demand an audience of)* søke audiens hos.
audile ['ɔ:dil, 'ɔ:dail] *adj; psykol(=ear-minded)* auditiv.
audiosecretary*(=audiotypist)* maskinskriver som skriver etter diktafon.
audiovisual [,ɔ:diou'vizjuəl, ,ɔ:diou'viʒuəl] *adj:* audio-visuell; **~ aids** audio-visuelle hjelpemidler.
I. audit ['ɔ:dit] *subst* **1.** bokettersyn; **2***(=auditing)* revisjon; **continuous ~** løpende revisjon.
II. audit *vb:* revidere.
I. audition [ɔ:'diʃən] *subst* **1.** *for skuespiller, sanger, musiker:* prøve; prøveforestilling *(fx she had an audition for the part of Lady Macbeth);* **2***(=hearing power)* høreevne.
II. audition *vb; om skuespiller, etc:* avlegge prøve *(fx she auditioned for the part of Ophelia but did not get it);* la avlegge prøve; høre på *(fx he's auditioned forty people already).*
auditor ['ɔ:ditə] *subst* **1.** revisor; *(NB dennes yrkestittel: accountant; se accountant* 2); **-'s report** revisjonsberetning; **2.** tilhører.
Auditor-General riksrevisor; **office of the ~** *(,***US:** *the United States General Accounting Office)* Riksrevisjonen.
auditorium [ɔ:di'tɔ:riəm] *subst:* auditorium.
auditory ['ɔ:ditəri] *adj:* høre- *(fx nerve);* øre-; **~ canal***(=auditory meatus)* øregang; **~ sense***(=sense of hearing)* høresans.
auger ['ɔ:gə] *subst:* naver; **earth***(=ground)* **~** jordbor.
aught [ɔ:t] *dial el. glds(=anything)* noe *(fx did you hear aught about it?);* **for ~ I know***(=for all I know)* for alt hva jeg vet.
augment [ɔ:g'ment] *vb; stivt(=increase)* øke; forøke; *mus:* **-ed** forstørret *(fx interval).*
augmentation [,ɔ:gmen'teiʃən] *subst* **1.** økning; forøkelse; **2.** *mus:* augmentasjon.
augur ['ɔ:gə] **1.** *subst; hist:* augur; spåmann; **2.** *vb; stivt(=promise):* **~ well** love bra; **this does not ~ well***(=this is not too promising for the future)* dette lover ikke godt for fremtiden.
August ['ɔ:gəst] *subst:* august.
august [ɔ:'gʌst] *adj:* ærverdig; verdig *(fx the judge was an august figure in his robes).*
auk [ɔ:k] *subst; zo:* alkefugl; **great ~** geirfugl; **little ~***(,***US:** *dovekie)* alkekonge; **razor-billed ~***(=razorbill)* alke.
aunt [a:nt] *subst:* tante.
auntie ['a:nti] *subst; kjæleform: se aunt.*
au pair au pair; **~ girl** au pair-pike; **a summer ~ post** en sommerjobb som au pair.
aura ['ɔ:rə] *subst:* aura; utstråling; nimbus; **there was an ~ of mystery about her** det var noe mystisk ved henne.
aural ['ɔ:rəl] *adj:* øre-.
aureola [ɔ:'riələ], **aureole** ['ɔ:rioul] *subst:* glorie.
auricle ['ɔ:rikl] *subst; anat* **1.** *i hjertet:* forkammer; atrium; **2.** øremusling; ytre øre.
auricula [ɔ:'rikjulə] *subst; bot:* aurikkel.
auricular [ɔ:'rikjulə] *adj* **1.** øre-; høre-; **2.** øreformet; **3.: ~ flutter** atrieflagring.
Aurora [ɔ:'rɔ:rə] *myt:* Aurora; **~ australis** sydlys; **~ borealis** nordlys.
auscultate ['ɔ:skəl,teit] *vb; med.:* lytte; auskultere.
auspices ['ɔ:spisiz] *subst; pl:* auspisier; **under his ~** i hans regi; under hans auspisier.
auspicious [ɔ:'spiʃəs] *adj; stivt(=promising)* lovende; som lover godt.
Aussie ['ɔzi] *subst* **T***(=Australian)* australier.
austere [ɔ'stiə] *adj* **1.** streng *(fx an austere schoolmaster);* **2***(=serious)* alvorlig *(fx an austere expression);* **3.** spartansk; strengt nøysom; asketisk *(fx a man of austere habits; his way of life is rather austere);* **4.** *om stil:* enkel i linjene; streng *(fx an austere design);* **I find that building rather too ~** jeg synes den bygningen er holdt i en litt for streng stil.
austerity [ɔ'steriti] *subst* **1.** strenghet; **2.** alvor; **3.** streng nøysomhet; askese; **4.** *om stil:* streng enkelhet; **5.** *polit:* knapphet på luksus- og forbrukervarer; **~ budget** sparebudsjett.
Australasia [,ɔstrə'leiziə] *subst; geogr:* Australasia.
Australia [ɔ'streiliə] *subst; geogr:* Australia.
Australian [ɔ'streiliən] **1.** *subst:* australier; **2.** *adj:* australsk.
Austria ['ɔstriə] *subst; geogr:* Østerrike.
Austrian ['ɔstriən] **1.** *subst:* østerriker; **2.** *adj:* østerriksk.
authentic [ɔ:'θentik] *adj:* autentisk; ekte; pålitelig *(fx an authentic account of what happened).*
authenticate [ɔ:'θenti,keit] *vb:* bevise (*el.* bekrefte) ektheten av *(fx has his signature been authenticated?).*
authentication [ɔ:,θenti'keiʃən] *subst; om dokuments ekthet:* bekreftelse *(fx the authentication of his certificates was a mere formality).*
authenticity [,ɔ:θen'tisiti] *subst:* autentisitet; ekthet *(fx they doubted the authenticity of his passport);* pålitelighet.
author ['ɔ:θə] *subst* **1.** forfatter; forfatterinne; **he is the ~ of** . . . han er forfatter av . . . ; **2***(=originator)* opphavsmann.
authoress ['ɔ:θəris] *subst:* forfatterinne.
author index forfatterregister.
authoritarian [ɔ:,θɔri'tɛəriən] **1.** *subst:* autoritær person; **2.** *adj:* autoritær.
authoritative [ɔ:'θɔritətiv] *adj:* autoritativ.
authoritatively *adv:* på autoritativt hold *(fx it is authoritatively asserted that . . .).*
authority [ɔ:'θɔriti] *subst* **1.** autoritet *(fx he is a great authority on Roman history);* **2.** myndighet *(fx the authority of the President);* **final ~** avgjørende

myndighet; **a person of ~** en myndig person; **in a tone of ~** i en myndig tone; **the authorities** myndighetene; **3.** fullmakt *(fx he gave me the authority to act on his behalf)*; **by ~** i henhold til fullmakt; **4.** hold; kilde; **we have it on good ~ that** . . . vi har det fra pålitelig hold at; **we have it on his ~ that she is dead***(=according to him she is dead)* i følge ham er hun død; han har opplyst at hun er død.

authorization, authorisation [,ɔ:θərai'zeiʃən] *subst:* autorisasjon; bemyndigelse; fullmakt; fullmaktsdokument.

authorize, authorise ['ɔ:θə,raiz] *vb* **1.** bemyndige; gi fullmakt *(fx I authorized him to sign the document)*; **he -d his wife to use his salary account** han ga sin kone fullmakt til å disponere over hans lønnskonto; **2.** gi tillatelse til *(fx he authorized the payment of £100 to John Smith)*; **the Government -d the expenditure of £20m on the project** regjeringen bevilget 20 millioner pund til prosjektet; **3.** autorisere *(fx an authorized translation)*; **state -d (public) accountant** *(,***UK:** *chartered accountant;* **US:** *certified public accountant)* statsautorisert revisor; **4.** *om lov, vedtekt, etc:* hjemle; gi hjemmel for.

authorship ['ɔ:θəʃip] *subst:* forfatterskap; **a book of unknown ~** en bok av ukjent forfatter.

auto ['ɔ:tou] *subst;* **US***(fk.f. automobile)* bil.

autobiography [,ɔ:tə,bai'ɔgrəfi] *subst:* selvbiografi.

autocade ['ɔ:tou,keid] *subst(=motorcade)* bilkortesje.

autocracy [ɔ:'tɔkrəsi] *subst:* enevelde; autokrati.

autocrat ['ɔ:tə,kræt] *subst:* enehersker; autokrat.

auto-electrician bilelektriker.

autogamy [ɔ:'tɔgəmi] *subst; bot:* selvbestøving.

autogenous [ɔ:'tɔdʒinəs] *adj* **1.** autogen; som stammer fra en selv *(fx vaccine)*; **2.** *tekn:* uten flussmiddel; autogen-; **~ welding***(=oxy-acetylene welding)* autogensveising.

autograph ['ɔ:tə,gra:f] **1.** *subst:* autograf; **2.** *adj:* egenhendig *(fx an autograph letter)*; **3.** *vb:* skrive sin autograf på *(fx the actor autographed her programme)*; **-ed by the author** med forfatterens egenhendige underskrift; med forfatterens autograf; **-ed copy** dedisert eksemplar.

autographic [,ɔ:tə'græfik] *adj:* egenhendig.

automat ['ɔ:təmæt] *subst* **US:** automatkafé.

automated ['ɔ:tə,meitid] *adj:* automatisert.

automatic [,ɔ:tə'mætik] *adj:* automatisk; **(~) ticket machine** billettautomat.

automation [,ɔ:tə'meiʃən] *subst:* automatisering.

automaton [ɔ'tɔmə,tɔn, ɔ'tɔmə,tən] *subst; også fig:* robot.

automobile ['ɔ:təmə,bi:l] *subst; især* **US:** bil.

automobile industry **US***(=car industry)* bilindustri.

automobile insurance **US***(=motor insurance)* bilforsikring.

autonomous [ɔ:'tɔnəməs] *adj:* autonom; selvstyrt.

autonomy [ɔ:'tɔnəmi] *subst:* autonomi; selvstyre.

autopilot ['ɔ:tə,pailət] *subst; flyv(=automatic pilot)* autopilot; automatisk pilot.

autopsy [ɔ:'tɔpsi, 'ɔ:təpsi] *subst; med.:* obduksjon; autopsi.

autumn ['ɔ:təm] *subst:* høst; **in the ~** om høsten; til høsten; **this ~** i høst; **last ~** i fjor høst.

autumnal [ɔ:'tʌmnəl] *adj:* høst-; høstaktig; **~ equinox** høstjevndøgn.

I. auxiliary [ɔ:g'ziljəri; ɔ:g'ziləri] *subst* **1***(=helper)* hjelper; **nursing ~***(=nursing assistant)* pleieassistent; **2.** *gram(=auxiliary verb)* hjelpeverb; **modal ~** modalt hjelpeverb; **3.: auxiliaries** hjelpetropper.

II. auxiliary *adj:* hjelpe-; *mar:* **~ craft** hjelpefartøy; *gram:* **~ verb** hjelpeverb; *mask:* **~ transmission** hjelpegir.

avail [ə'veil] **1.** *subst; stivt(=use)* nytte; **of no ~** til ingen nytte; **to little ~** til liten nytte; **2.** *vb; stivt(=be of use)* være til nytte; **~ oneself of***(=make use of)* benytte seg av *(fx you must avail yourself of any financial support you can get)*.

availability [ə,veilə'biliti] *subst* **1.** tilgjengelighet; **2.** *om billett(=validity)* gyldighet.

available [ə'veiləbl] *adj* **1.** disponibel; som står til rådighet; tilgjengelig; ledig *(fx available capital; the assembly hall will be available on Saturday night)*; **the plans are ~ for inspection** planene er utlagt; enhver har adgang til å få se planene; **the book will not be ~ until March** boken vil ikke bli å få før i mars måned; **all the ~ money has been used** alle disponible midler er oppbrukt; **make ~** stille til rådighet; frigjøre; **2.** *om billett(=valid)* gyldig *(fx the ticket is available for one month)*.

available cash resources *økon(=available funds)* likvide midler.

avalanche ['ævə,la:nʃ] *subst* **1.** snøskred; lavine; **2.** *fig:* stormflod *(fx of letters)*.

avarice ['ævəris] *subst:* gjerrighet; griskhet; **he looked at the gold coins with ~** han så grådig på gullmyntene; **his ~ for money increased as he grew older** hans pengebegjær tiltok med alderen; **rich beyond the dreams of ~** ufattelig rik.

avaricious [,ævə'riʃəs] *adj:* gjerrig; grisk.

avenge [ə'vendʒ] *vb:* hevne *(fx he avenged his brother)*; **~ oneself on sby** hevne seg på en; **he -d his father's death on the murderer** han hevnet seg på morderen for sin fars død.

avens ['ævinz] *subst; bot:* humleblom.

avenue ['ævənju:] *subst* **1.** aveny; allé; **2.** *fig:* vei *(fx an avenue to success)*.

aver [ə'və:] *vb; stivt(=assert)* forsikre; påstå.

I. average ['ævəridʒ] *subst* **1.** gjennomsnitt; middel; **above (,below) ~** over (,under) gjennomsnitt; **on (an) ~***(=on the average)* i gjennomsnitt; **2.** *mat.:* middeltall; gjennomsnitt; middelverdi; **strike an ~** bestemme middeltallet; **3.** *mar:* havari; **general ~** havari grosse; **particular ~** partikulært havari; **certificate of ~***(=average certificate)* havariattest.

II. average *vb* **1.** utgjøre i gjennomsnitt; **the hikers -d twenty miles a day** fotturistene tilbakela tjue miles pr. dag i gjennomsnitt; **2.** beregne gjennomsnittsverdien av.

III. average *adj* **1.** gjennomsnittlig; gjennomsnitts-; **of ~ height** middels høy; **2.** *mar:* havari-; **~ bond** havarierklæring: **~ certificate** havariattest; **~ loss** sjøskade.

average performer *skolev:* gjennomsnittselev.

averse [ə'və:s] *adj:* **I'm not ~ to working hard** jeg har ikke noe imot å arbeide hardt.

aversion [ə'və:ʃən] *subst; stivt:* motvilje; sterk ulyst; uvilje; aversjon; **he has an ~ to smoking***(=he is opposed to smoking)* han er imot røyking; **he's my pet ~** han er det verste jeg vet.

avert [ə'və:t] *vb* **1.** vende bort *(fx she averted her eyes)*; **2.** forhindre; avverge *(fx a disaster)*.

aviary ['eivjəri] *subst:* stort fuglebur.

aviation [,eivi'eiʃən] *subst:* flyvning; luftfart.

aviation petrol flybensin.

avid ['ævid] *adj; stivt(=eager; greedy)* ivrig *(fx avid readers of historical novels; she was avid for information)*; **he's an ~ stamp collector** han er en ivrig frimerkesamler.

avidity [ə'viditi] *subst:* iver; begjærlighet.

avocado [,ævə'ka:dou] *subst; bot:* **~ (pear)** avokado(pære).

avocation [,ævə'keiʃən] *subst; litt.:* gjøremål *(fx resume one's daily avocations)*.

avoid [ə'vɔid] *vb:* unngå.

avoidance [ə'vɔidəns] *subst:* unngåelse.

avow [ə'vau] *vb; stivt:* innrømme; si åpent fra om *(fx he avowed his intention of resigning).*

avowal [ə'vauəl] *subst; stivt:* (åpen) innrømmelse *(fx he made an open avowal of his feelings).*

avowed [ə'vaud] *adj:* erklært *(fx an avowed enemy of the Church);* åpent uttalt *(fx his avowed policy was to make a great deal of money);* **the ~ author of** ... den som har vedkjent seg forfatterskapet til ....

avowedly [ə'vauidli] *adv:* åpent; uforbeholdent; **he was ~ in the wrong** han innrømte åpent at han hadde urett.

avuncular [ə'vʌŋkjulə] *adj:* onkel-; onkelaktig; *fig:* bestefaderlig *(fx he gave an avuncular smile).*

await [ə'weit] *vb(=wait for)* vente på; **~ developments***(=await (the course of) events)* avvente begivenhetenes gang; **the fate that -ed him** den skjebne som ventet ham.

I. awake [ə'weik] *vb* **1***(=wake (up))* vekke; **his mother awoke him***(=woke him up)* hans mor vekket ham; *litt.:* **he was -d***(=woken (up))* **by his mother** han ble vekket av moren; **2***(=wake (up))* våkne; **he awoke***(=woke up)* **suddenly** han våknet plutselig; **3: ~ to** få øynene opp for *(fx he awoke to the hard reality of life).*

II. awake *adj:* våken; **be ~** være våken; **keep ~** holde seg våken; **when ~***(=in the waking state)* i våken tilstand; **wide ~** lysvåken; **~ to***(=aware of)* oppmerksom på *(fx do you think they are fully awake to the problems involved?);* **~ to what's going on** våken for det som foregår.

awaken [ə'weikən] *vb; litt.(=awake)* vekke; våkne; **his interest was -ed by the lecture** forelesningen vakte hans interesse; **~ to***(=realize)* innse *(fx it was a long time before he awakened to the danger around him).*

I. award [ə'wɔ:d] *subst* **1.** premie; pris *(fx his horse was given the highest award at the show);* **an ~ for bravery** en utmerkelse for tapperhet; **film ~** filmpris; **2.** tildeling *(fx of a prize);* **3.: (arbitration) ~** voldgiftskjennelse.

II. award *vb* **1.** gi; tildele *(fx they awarded her first prize);* **2.** *jur:* tilkjenne; **he was -ed £2000 damages***(=he was awarded damages of £2000)* han ble tilkjent £2000 i skadeserstatning.

aware [ə'wɛə] *adj* **1.** våken; bevisst *(fx a politically aware young woman; she's not politically aware);* **2.: ~ that** klar over at; **~ of** klar over; **~ (of) how** klar over hvor *(fx I was not aware (of) how deep he had sunk);* **is he ~ of the problem?** er han klar over problemet? **I am perfectly ~ that** jeg er fullstendig klar over at; **she became ~ of a peculiar smell** hun ble oppmerksom på en eiendommelig lukt; *(se unaware).*

awareness [ə'wɛənis] *subst* **1***(=knowledge; consciousness)* viten; bevissthet; **he acted in full ~ of the consequences** han var seg fullt bevisst hvilke konsekvenser hans handling ville få; **2***(=alertness)* våkenhet.

awash [ə'wɔʃ] *adv:* overskylt (av vann); i vannskorpen; **float ~** flyte i vannskorpen.

away [ə'wei] *adv* **1.** borte; fraværende; **~ from home** bortreist; **~ from school** borte fra skolen;

2. *om avstand:* borte; unna *(fx a few miles away);* **far ~** langt borte; **keep ~** 1. holde borte *(fx he tried to keep them away);* 2. holde seg borte *(fx keep away from strangers);* **what kept you ~?** hvorfor kom du ikke? **stay ~** utebli; la være å komme; bli borte;

3. *om avstand i tid:* **his arrival is still six hours ~** det er ennå seks timer til han kommer; **US: ~ back in 1939***(=as long ago as in 1939)* så langt tilbake som i 1939;

4. *om bevegelse:* bort; vekk; av sted; unna; **call ~** kalle bort; **clear ~** rydde bort; **go ~** reise bort; **go ~!** forsvinn! vekk med deg! *glds:* **~ with him!***(=take him away!)* før ham bort! **take it ~!***(=remove it!)* fjern det! **turn one's head ~** vende hodet bort; **she turned ~ so that he would not see her tears** hun vendte seg bort (*el.* snudde seg unna) slik at han ikke skulle se tårene;

5. *om lyd:* bort; hen *(fx the noise died away; the music faded away);*

6. *om gavmildhet, ødselhet:* bort *(fx give away money; sleep away the hours);*

7. *forsterkende:* løs; i vei *(fx they worked away until dark);* **he was hammering ~** han hamret i vei; han brukte hammeren flittig; **they were laughing ~** de lo og de lo; de bare lo.

awe [ɔ:] **1.** *subst:* ærefrykt; **hold sby in ~** nære ærefrykt for en; **we were at first a little in ~ of him but** ... til å begynne med var vi litt redde for ham, men ...; **they stood in quiet ~** de stod der i stille ærefrykt; **2.** *vb:* fylle med ærefrykt *(fx he was awed by the whole situation);* imponere; skremme *(fx they were awed into silence).*

aweigh [ə'wei] *adv; mar; om anker:* lett.

awe-inspiring ['ɔ:in,spaiəriŋ] *adj:* ærefryktinngytende; respektinngytende; imponerende *(fx an awe -inspiring building).*

awesome ['ɔ:səm] *adj: se awe-inspiring.*

awestruck ['ɔ:strʌk], **awestricken** ['ɔ:,strikən] *adj:* slått med ærefrykt; fylt av ærefrykt *(fx she was awestruck by the beauty of the mountains).*

awful ['ɔ:ful] *adj* **1.** *stivt(=terrible)* fryktelig; forferdelig; skrekkelig *(fx his death was an awful experience for his wife);* **as an ~ warning** til skrekk og advarsel; **2. T:** fryktelig *(fx I have an awful headache: this book is awful);* **an ~ lot** en hel masse; **I'm in an ~ rush today** jeg har det veldig travelt i dag; **3.** *adj; ukorrekt(=awfully)* fryktelig *(fx an awful cold day).*

awfully ['ɔ:fəli, 'ɔ:fli] *adv* **T:** fryktelig *(fx I'm awfully sorry!);* **he was ~ keen to come** han var veldig ivrig etter å komme (,bli med); **it's an ~ good book** det er en veldig god bok; **thanks ~!** tusen takk!

awkward ['ɔ:kwəd] *adj* **1***(=clumsy)* klosset; ubehjelpelig *(fx translation);* **2.** *om person(=clumsy; ungainly)* klosset; kløne; keitet; **the ~ age** den vanskelige alderen (ɔ: puberteten); **3***(=delicate)* delikat; kilden; vanskelig *(fx it was a very awkward business; an awkward question);* **4***(=difficult)* vanskelig; vrien *(fx question); (jvf 3);* **5***(=embarrassing)* pinlig *(fx there was an awkward silence);* **how very ~!** tenk så flaut! så pinlig! **he found it a bit ~ as there was someone else in the room** han syntes det var litt vanskelig, da det var en annen person i rommet; **he felt ~***(=embarrassed)* **about leaving** han syntes det var flaut å dra; han følte seg brydd ved å måtte dra.

awl [ɔ:l] *subst:* syl.

awn [ɔ:n] *subst; bot; på korn:* snerp.

awning ['ɔ:niŋ] *subst* **1.** markise; **2.** *mar:* solseil.

awry [ə'rai] *adj; adv:* skjev(t) *(fx his tie was all awry); adv; fig:* **his plans went ~** det gikk galt med planene hans.

I. axe *(,US: ax)* [æks] *subst* **1.** øks; **2.** *i budsjett:* **apply the ~** bruke sparekniven; **get the ~** falle for sparekniven; bli avskjedighet pga. innsparinger; **3.** *fig:* **have an ~ to grind** ha sine svin på skogen.

II. axe *(,US: ax) vb* **1.** skjære ned på *(fx Government spending in education has been axed);* **2.** avskjedige (som ledd i innsparinger) *(fx they have axed 50% of*

their staff); **3.** *som ledd i innsparing på budsjett:* oppgi *(fx they have axed the plan for the new swimming-pool).*
axil ['æksil] *subst; bot:* bladhjørne.
axilla [æk'silə] *pl:* **axillae** [æk'sili:] *subst(=armpit)* armhule.
axillary [æk'siləri] *adj* **1.** *anat:* armhule-; aksillær *(fx gland);* **2.** *bot:* ~ **bud** sideknopp; akselknopp.
axiom ['æksiəm] *subst:* aksiom; selvinnlysende sannhet.
axiomatic [,æksiə'mætik] *adj:* aksiomatisk; umiddelbart innlysende; selvinnlysende.
axis ['æksis] *pl:* **axes** ['æksi:z] *subst:* akse.
axle ['æksəl] *subst:* (hjul)aksel.
axle bush *tekn:* akselforing.
ay(e) [ai] *int* **1.** *dial el. glds, bortsett fra ved avstemning:* ja; *parl:* **the ayes have it** forslaget er vedtatt; *mar:* **~ ~, sir!** javel! **2.** *muntert uttrykk for overraskelse når man finner sine anelser bekreftet:* heisan! **3.** *subst:* ja-stemme; *(se nay).*
ayah ['aiə] *subst; i Øst-Afrika og andre deler av de tidligere kolonier:* barnepike.
Azores [ə'zɔ:z] *subst; geogr:* **the ~** Azorene.
azure ['æʒə, 'eiʒə] **1.** *subst:* asurblått; himmelblått; **2.** *adj:* asurblå; himmelblå.

B

B,b [bi:] 1 (bokstaven) B, b; *tlf:* **B for Benjamin** B for Bernhard; **capital B** stor B; **small b** liten b; **it is spelt with two b's** det skrives med to b'er; **2.** *mus:* **(the note) B** (noten) h; **B flat** b; **B flat major** b-dur; **B flat minor** b-moll; **B sharp** hiss.

B 1. *skolev:* nestbeste karakter; svarer til M (meget tilfredsstillende) el. tallkarakteren 5; **2.** *univ; fk.f.* bachelor; *(se bachelor 2; BA,BSc).*

BA [bi:'ei] *fk.f.* Bachelor of Arts; *(se bachelor 2).*

I. baa [ba:] *subst:* brek.

II. baa *vb:* breke.

III. baa *int:* bæ; mæ.

baa-lamb ['ba:,læm] *subst:* lite lam.

I. babble ['bæbəl] *subst* **1.** plapring; *neds:* babling; **a low ~ of noise** en lavmælt mumling (*el.* summing); **2.** *litt. el. stivt om bekk(=gurgle)* klukking; pludring *(fx the babble of the stream could be faintly heard).*

II. babble *vb* **1***(=chatter; jabber)* skravle; *neds:* bable; **what are you babbling about?** hva er det du babler om? **2.** *litt. el. stivt om rennende vann (=gurgle)* klukke; pludre; **3***(=tell secrets)* bable; sladre.

babbler ['bæblə] *subst(=gossip; chattering busybody)* skvaldrebøtte; sladderhank; pratmaker.

babe [beib] *subst* **1.** *litt.(=baby)* spedbarn; baby; **innocent as the ~ unborn** uskyldig som barn i mors liv; **2. US S:** ungjente; **S** skreppe; kjei.

Babel ['beibəl] *subst* **1.** *hist:* Babel; **the Tower of ~** Babels tårn; **2***(=babel)* babelsk forvirring.

baboon [bə'bu:n] *subst; zo:* bavian.

I. baby ['beibi] *(pl: babies) subst(=infant)* baby; spedbarn; *spøkef:* yngstemann; **change -'s nappy** *(,T: change baby)* bytte (bleie) på babyen; *ved fødsel:* **deliver a ~** ta imot en baby; **T: be left holding the ~** *(,US: bag)* bli sittende med skjegget i postkassen; **S: that's your ~** det er (,blir) din (egen) sak.

II. baby *adj:* spedbarns-; baby- *(fx shoes);* **she had a ~ boy** hun hadde en liten gutt.

III. baby *vt:* behandle som en liten unge; forkjæle *(fx sby).*

baby carriage **US***(=pram)* barnevogn.

baby farmer *subst:* person som tar barn i pleie.

baby grand *subst; mus:* kabinettflygel.

babyhood ['beibi,hud] *subst:* spedeste (*el.* tidligste) barndom.

babyish ['beibiiʃ[*adj* **1.** som passer for en baby *(fx babyish clothes);* **2.** pysete *(fx he's so babyish).*

Babylon ['bæbilən] *geogr; hist:* Babylon.

Babylonia [,bæbi'louniə] *geogr; hist:* Babylonia.

I. Babylonian [,bæbi'louniən] *subst* **1.** babylonier; **2.** *(språket)* babylonsk.

II. Babylonian *adj:* babylonsk; **~ confusion** babelsk forvirring.

babyminder ['beibi,maində] *subst:* **T***(=childminder)* dagmamma.

baby-sit ['beibi,sit] *vb:* sitte barnevakt.

baby-sitter *subst:* barnevakt.

baby-snatcher ['beibi,snætʃə] *subst; også fig:* barnerøver; person som gjør seg skyldig i barnerov.

I. bacchanal ['bækənəl] *subst* **1.** *se bacchant;* **2.** *hist; om romerske forhold:* bakkanal; bakkusfest; bakkantisk sang el. dans; **3.** *litt.(=drunken revelry)* bakkanal; løssloppen, vill fest; sviregilde; **4.** *litt. (=reveller)* bakkant(inne); svirebror.

II. bacchanal *adj; hist; om romerske forhold (=bacchanalian)* bakkantisk; bakkisk.

bacchanalia, Bacchanalia [,bækə'neiliə] *subst; pl; hist; om romerske forhold:* bakkanaler; bakkusfester.

I. bacchanalian [,bækə'neiliən] *subst; hist: se bacchant.*

II. bacchanalian *adj; hist(=II. bacchanal)* bakkantisk; bakkisk.

bacchant ['bækənt] *(pl: -s el. bacchantes* [bə'kæntiz]) *subst* **1.** *hist; om romerske forhold;* bakkant; bakkustjener; **2.** *litt.(=reveller)* svirebror; bakkant(inne).

bacciferous [bæk'sifərəs] *adj; bot(=berry-bearing)* bær-; som har bær; **~ shrub** bærbusk.

baccivorous [bæk'sivərəs] *adj(=feeding on berries)* som eter bær; bæretende.

bachelor ['bætʃələ] *subst* **1.** ungkar; **2.** *univ:* person med bachelor-graden; *(se Arts; commerce 3; science).*

bachelor girl*(=bachelor woman)* ungkarskvinne; ugift yrkeskvinne.

bachelorhood ['bætʃələ,hud] *subst:* ungkarsstand; ugift stand; ungkarstilværelse; **he enjoys ~ too much to get married** han er altfor glad i å være ungkar til å ville gifte seg.

bacillary [bə'siləri] *adj* **1.** basill-; basillær; **2** *(=bacilliform; shaped like a short rod)* stavformet.

bacilliform [bə'sili,fɔ:m] *adj(=shaped like a short rod)* stavformet.

bacillus [bə'siləs] *(pl: bacilli* [bə'silai]) *subst(=rod -shaped bacterium)* stavbakterie; basill; *fagl:* bacillus.

I. back [bæk] *subst* **1.** *anat:* rygg; **2.** bakside; vrange *(fx the back of a carpet);* bakerste del; bakstykke; **3.** *på bok(=spine)* rygg; **4.** *anat:* **~ of the foot** fotrygg; **~ of the head** bakhode; **5.** *av slakt:* **~ of bacon** *(=pork back)* nakke(stykke) (av svin); **6.** *fotb:* back; **7.** *mus; på fiolin, etc:* rygg; **8.** *i lek:* **make a ~** stå bukk; **the ~** den som står bukk;

at the ~ bak *(fx the dress buttons at the back);* **the house at the ~** det bakre (*el.* bakerste) huset; **those at the ~** de som står (,sitter) bakerst; **standing room at the ~** ståplasser bak(erst); **at the ~ of the book** bak(erst) i boka; **a garden at the ~ of the house** en hage bak huset; **at the ~ of one's mind** i underbevisstheten; *fig:* **be at the ~** *(=bottom)* **of** stikke (*el.* ligge) under *(fx there's something at the back of it);* **at the ~ of beyond** i en avkrok; utenfor folkeskikken; **with this force at his ~ he could** . . . med denne styrken i ryggen kunne han . . .; **behind one's ~** bak ens rygg; **tie his hands behind his ~** binde hendene hans bak på ryggen; **break one's ~** 1. brekke (*el.* knekke) ryggen; 2. *fig:* overanstrenge seg; **break the ~ of a job** få gjort unna det verste (ved en jobb); **excuse my ~!** unnskyld at jeg vender (*el.* står med) ryggen til! **get off sby's ~** la en være i fred; holde opp med å plage (*el.* kritisere) en; **sit in the ~ of the car** sitte bak i bilen; **put one's ~ into it** ta et krafttak; ta i så det forslår; **see the ~ of sby***(=be rid of sby)* være kvitt en; *fig:* **turn one's ~ on sby** vende en ryggen; *om katt, etc:* **put up** *(el. arch)* **its ~** skyte rygg; **put***(=get)* **sby's ~ up***(=annoy sby)* få en til å reise bust; irritere en; *også fig:* **with one's ~ to the wall** med ryggen mot veggen; **I sat with my ~ to him** jeg satt med ryggen til ham; **the man standing with his ~ towards us***(=the man who has his back (turned) towards us)* mannen som står med ryggen til oss.

II. back [bæk] *vb* **1.** gå baklengs; kjøre baklengs; rygge; **2.** få til å gå bakover; **3.** *mar:* **~ (the oars), ~ water, ~ down** skåte; **4.** *fig:* stå bak; støtte; **5.: ~ a horse** 1*(=bet on a horse)* spille (*el.* sette penger) på en hest; 2.*glds(=mount a horse)* sette seg på en hest; stige opp på en hest; **~ the wrong horse** holde (*el.* sette) på gal hest; **6.** danne bakgrunn for *(fx mountains back the town)*; **7.** *merk(=endorse)* skrive bakpå; endossere; **8.: ~ on(to)** vende baksiden mot *(fx the house backs onto a river)*; **9.** *mar, meteorol:* **the wind -s** vinden dreier (mot solen); *(jvf II. veer)*; **10.** *mar:* **~ and fill** 1. *mar:* bakke og fylle; 2.*fig(=vacillate in one's opinion)* vakle (i sine meninger);
11.: ~ down 1. trekke seg; bakke ut; *om krav:* oppgi; 2.: *se 3 ovf;* **~ down on sth** trekke seg ut av noe;
12.: ~ out trekke seg ut;
13.: ~ up 1*(=support)* støtte; bakke opp; 2. *om vann:* slå tilbake *(fx clogged drain pipes caused the water to back up into the building)*; samle seg; hope seg opp (ved at strømmen stanser); 3. *bygg:* bakmure.

III. back [bæk] *adj* **1.** bak- *(fx back street)*; **2.** rygg-; *(se backache)*; **3.** *om tidsskrift, etc:* gammel *(fx back issues of a magazine)*; **4.** tilbakegående *(fx current)*.

IV. back [bæk] *adv* **1.** tilbake *(fx come back; lean back against the wall; look back on one's childhood; pay back a debt; keep sth back; the dam holds the water back; hold back information)*; **put the book ~** sette boka tilbake (på plass); **move ~!** flytt deg (,dere)! **~ and forth** fram og tilbake; **2.** hjem (igjen); hjemme (igjen); **there and ~** bort og hjem; tur-retur; **3.** igjen; **hit ~** slå igjen; **if he kicks you, kick him ~** hvis han sparker deg, spark ham igjen; **answer ~** ta til motmæle; svare (nesevist); **take the goods ~** ta igjen varene; **4.** *om tid:* **I saw him a few years ~** *(=ago)* jeg så ham for noen få år siden; **~ in the 30's** tilbake i 30-årene; så langt tilbake i tid som i 30-årene; **5.: ~ to front** bak fram *(fx put one's cap on back to front)*.

backache ['bæk,eik] *subst:* ryggsmerter.

backbencher [,bæk'bentʃə] *subst; parl* **UK:** menig parlamentsmedlem.

backbend ['bæk,bend] *gym:* bru; **do a ~** gå ned i bru.

backbite ['bæk,bait] *vb:* bakvaske; baktale.

backbiting *subst:* bakvaskelse; baktalelse.

backboard ['bæk,bɔ:d] *subst* **1.** bakfjel (på vogn); **2.** *med.:* ryggbrett.

backbone ['bæk,boun] *subst; fig:* ryggrad *(fx young people are the backbone of the country)*; **have ~** ha ben i nesen; **he hasn't enough ~** han er svak; **he's British to the ~** han er engelsk helt igjennom.

backbreaker ['bæk,breikə] *subst:* hard jobb.

backbreaking *adj:* meget anstrengende *(fx job)*.

backchat ['bæk,tʃæt] *subst* **T:** nesevist svar; nesevise svar *(fx he is always giving backchat to the older employees)*.

backcloth ['bæk,klɔθ] *subst; teat(=backdrop)* bakteppe.

backcomb ['bæk,koum] *vb(,især* **US:** tease) tupere *(fx one's hair)*.

backdate [,bæk'deit] *vb* **1.** gi tilbakevirkende kraft *(fx the pay rise was backdated to August 1st)*; **2.:** *se antedate.*

back dive baklengs stup; *(jvf reverse dive)*.

back door *subst; også fig:* bakdør; **use -s** gå bakveier.

backdrop ['bæk,drɔp] *subst; teat(=backcloth)* bakteppe.

backer ['bækə] *subst* **1.** kapitalinnskyter; bakmann; **2.** *veddeløp, etc:* som holder (*el.* setter) penger på; **3.** *om person:* støtte; **he secured some powerful -s** han sikret seg innflytelsesrik støtte.

I. backfire ['bæk,faiə] *subst; om motor:* tilbakeslag.

II. backfire *vb* **1.** *om motor:* slå tilbake *(fx the engine is backfiring)*; **2.** *fig:* slå feil *(fx his scheme backfired (on him))*.

backflash *subst; om gass:* tilbakeslag; *(jvf backfire)*.

back flow *subst; i fx kloakk:* tilbakestrømning; *(jvf reflux)*.

back freight returfrakt.

backgammon ['bæk,gæmən; bæk'gæmən] *subst; brettspill:* triktrak.

I. background ['bæk,graund] *subst* **1.** bakgrunn; **2.** *fig:* bakgrunn; miljø *(fx what kind of background does he come from?)*; **children from deprived -s** barn fra ressurssvake hjem; **students from a wide variety of -s** studenter med de forskjelligste forutsetninger; studenter fra de forskjelligste miljøer; **the ~ of***(=to)* bakgrunnen for; **the ~ to the French Revolution** bakgrunnen for den franske revolusjon; **but that is only a ~ for the story** men det er bare en bakgrunn for historien; **keep in the ~** holde seg i bakgrunnen; **she's kept in the ~** hun holdes (*el.* blir holdt) i bakgrunnen; **stay***(= keep)* **in the ~** holde seg i bakgrunnen; **push sby into the ~** skyve (*el.* trenge) en i bakgrunnen; **recede into the ~** tre i bakgrunnen.

II. background *adj:* bakgrunns- *(fx information)*.

background documents *pl:* underlagsmateriale.

backhand ['bæk,hænd] *subst* **1.** steilskrift; **2.** *tennis:* backhand.

backhanded [,bæk'hændid; *attributivt:* 'bæk,hændid] *adj* **1.** skrevet med steilskrift; **2.** *tennis:* **~ stroke***(=backhander)* bakhåndsslag; **3***(=double-edged; equivocal):* **a ~ compliment** et tvetydig kompliment.

backhander ['bæk,hændə] *subst* **1.** *tennis:* backhandslag; **2. T:** indirekte angrep; **3. S***(=bribe)* bestikkelse; **S:** smøring.

backing ['bækiŋ] *subst* **1.** rygging; det å kjøre baklengs; **2.** *fig:* støtte; **3.** *på film, speil:* belegg; **4.** *meteorol:* (vind)dreining (mot solen); *(jvf veering)*; **5.** *mus:* akkompagnement; **6.** *økon:* seddeldekning; bankdekning.

backlash ['bæk,læʃ] *subst* **1.** *tekn(=(free) play)* dødgang; **2.** (voldsom) negativ reaksjon *(fx there was a backlash against the government's financial policy)*; baksmell; **if the ~ does come** hvis det likevel blir en baksmell.

backlight ['bæk,lait] *subst; fot:* motlys.

backlog ['bæk,lɔg] *subst:* **a ~ of work** arbeid som venter på å bli gjort.

back number *subst* **1.** *av tidsskrift, etc:* gammelt nummer; **2.** *om person;* **T:** person som tiden har løpt fra *(fx he's a back number)*.

I. backpack ['bæk,pæk] *subst* **1.** oppakning; **2.** pakkrammesekk.

II. backpack *vb:* gå på tur med sekk på ryggen.

back pay *subst:* etterbetaling av lønn.

back-pedal ['bæk,pedəl] *vb* **1.** *om syklist:* bremse (ved å trå bakover); **2.** *fig:* gjøre helomvending; skifte standpunkt.

back rent *subst:* forfallen husleie; husleierestanse.

back room *subst:* bakværelse.
backroom boys *subst; pl:* **the ~** de som arbeider bak kulissene.
back seat *subst* **1.** baksete; **2. T:** underordnet stilling; **take a ~** tre i bakgrunnen; holde seg (beskjedent) i bakgrunnen.
back-seat driver *subst* **1.** person som gir sjåføren uønskede råd fra sin plass i baksetet; **2.** person som ved råd og på annen måte blander seg bort i det som er ham uvedkommende.
backside ['bæk'said; 'bæk,said] **1.** bakside; **2. T** *(=buttocks)* bakdel, bak; rumpe *(fx he sits on his backside all day long).*
back-slapping *subst:* overdreven jovialitet.
backslide ['bæk,slaid] *vb:* få tilbakefall; slå inn på forbryterbanen igjen; **there wil be no backsliding on election promises** det vil ikke bli gått tilbake på valgløftene.
backslider ['bæk,slaidə] *subst(=recidivist)* tilbakefallsforbryter; recidivist.
I. backstage ['bæk,steidʒ] *adj:* bak kulissene; bak scenen *(fx a backstage job);* **2.** *fig* **T***(=away from public view)* som foregår bak kulissene *(fx dealings).*
II. backstage [,bæk'steidʒ] *adv:* bak kulissene; bak scenen; mot bakre del av scenen.
backstair(s) ['bæk,stɛə(z)] *adj:* underhånds-; baktrapp- *(fx backstairs gossip).*
backstairs ['bæk'stɛəz] *subst; pl:* baktrapp; kjøkkentrapp; *også fig:* **by the ~** kjøkkenveien.
backstay ['bæk,stei] *subst; mar:* bardun; bakstag.
back straight *sport:* bortre langside.
backstreet ['bæk,stri:t] *subst:* bakgate.
back stretch *sport; hesteveddeløp:* bortre langside.
backstroke ['bæk,strouk] *subst; sport:* ryggcrawl.
backswept ['bæk,swept] *adj* **1.** tilbakestrøket; **2.** *flyv (=sweptback)* tilbakestrøket *(fx wing).*
back tax*(=tax arrears)* skatterestanse; restskatt.
back-to-back *adj:* rygg mot rygg.
backtrack ['bæk,træk] *vb* **1.** gå samme vei tilbake; **~ sby** følge ens spor tilbake; **2.** *fig:* endre syn; kapitulere *(fx he was forced to backtrack on hearing the new evidence).*
backup ['bæk,ʌp] *subst(=support)* støtte; **they got no ~ from** ... de fikk ingen støtte fra ...
back-up light *subst* **US***(=reversing light)* ryggelys.
back-up vocal korpike; *(jvf chorus girl).*
backward ['bækwəd] *adj* **1.** baklengs; **a ~ glance** et blikk bakover; **2***(=retarded)* tilbakestående *(fx country);* evneveik *(fx child);* **she takes the ~ class** hun har hjelpeklassen; **3.** *litt.(=reluctant; shy)* motvillig; sky *(fx a backward lover);* **he is ~ in giving his views** han er forsiktig med å uttale seg; **4.** *adv: se backwards.*
backward roll *gym:* baklengs rulle.
backwards ['bækwədz] *adv(=backward)* **1.** tilbake; baklengs; bakover; **lean over ~ to help** være altfor ivrig etter å hjelpe; **2.** *om rekkefølge:* bakfra *(fx say the alphabet backwards).*
backwash ['bæk,wɔʃ] *subst* **1.** tilbakeslag (av bølge); motsjø; dragsug (etter bølge som trekker seg tilbake); **2.** *etter skip:* kjølvannsbølger; **3.** *fig:* etterdønning; **4.** *fra flymotor:* luftstrøm.
backwater ['bæk,wɔ:tə] *subst* **1.** *i forbindelse med elv:* stillestående vann; bakevje; **2.** oppdemmet vann; **3.** *fig:* dødvanne; stagnasjon; *om sted:* bakevje *(fx the village where he lives is rather a backwater).*
backwoods ['bæk,wudz] *subst; pl:* avkrok; store, øde skogområder.
backwoodsman ['bæk,wudzmən] *subst* **1. US:** nybygger; rydningsmann; **2. UK:** overhusmedlem som sjelden møter fram; **3.** *neds* **T:** heimføding.
backyard ['bæk,ja:d] *subst* **1.** bakgård; **2. US:** bakhage; **3.** *fig:* **in one's own ~** like utenfor ens egen stuedør.
bacon ['beikən] *subst:* bacon; **bring home the ~** 1. klare brasene; 2. tjene til maten; *fig:* **save one's ~** redde skinnet.
bacterial [bæk'tiəriəl] *adj:* bakteriell; bakterie-.
bacteriological [bæk,tiəriə'lɔdʒikəl] *adj:* bakteriologisk.
bacteriologist [bæk,tiəri'ɔlədʒist] *subst:* bakteriolog.
bacteriology [bæk,tiəri'ɔlədʒi] *subst:* bakteriologi.
bacterium [bæk'tiəriəm] *(pl: bacteria* [bæk'tiəriə]) *subst:* bakterie.
bad [bæd] *adj (komp: worse; superl: worst)* **1.** dårlig; **~ at** ikke flink i; **2***(=wicked)* ond; slett; **3***(=naughty)* slem; uskikkelig; **4***(=severe)* lei; stygg; slem *(fx headache);* **5***(=unpleasant)* ubehagelig; dårlig *(fx smell);* **~ news:** *se eget oppslag;* **6***(=incorrect; faulty):* **a ~ pronunciation** en dårlig uttale; **7***(=not valid):* **a ~ cheque** en ugyldig sjekk; **8***(=not recoverable):* **a ~ debt** en uerholdelig fordring; **9***(=unwell):* **the patient is feeling quite ~ today** pasienten føler seg riktig dårlig i dag; **10***(=spoiled; rotten)* dårlig *(fx a bad egg; the meat is bad);* **11.** *om kroppsdel:* dårlig *(fx a bad leg);* **it's as ~ as (~) can be** det er så dårlig (*el.* ille) som det kan få blitt; **feel ~** føle seg dårlig; **feel ~ about** være lei seg for; føle seg ille til mote ved tanken på; *om mat:* **go ~** bli dårlig; bli bedervet; **go from ~ to worse** bli verre og verre; **in a ~ way** 1. *m.h.t. sykdom el. skade:* dårlig; 2*(=in trouble)* ille ute; ute å kjøre; **make the best of a ~ job** gjøre det beste ut av det; **not (so) ~***(=fairly good)* ikke (så) verst; brukbar(t); **not half ~ T***(=very good)* meget bra (*el.* godt); **too ~** kjedelig *(fx it's too bad that your holiday was cancelled);* **I'm sorry I can't come, but it's just too ~** det er synd jeg ikke kan komme, men det er (det) dessverre ikke noe å gjøre ved; **that's really too ~** det var da virkelig kjedelig; det er da virkelig for galt; **go to the ~** gå i hundene; **take the ~ with the good** ta det som det kommer; ta det onde med det gode; **£200 to the ~** £200 i underskudd; **T: in ~ with***(=out of favour with)* ikke velanskrevet hos; i unåde hos.
bad blood vondt blod; **make***(=cause)* **~ between them** sette vondt blod mellom dem.
baddie, baddy ['bædi] *subst* **T:** (film)skurk.
badge [bædʒ] *subst:* merke *(fx school badge);* emblem; **policeman's ~** politiskilt; **merit** *(=proficiency)* **~** ferdighetsmerke; **~ (of rank)***(=distinguishing badge)* distinksjon.
I. badger ['bædʒə] *subst; zo:* grevling.
II. badger *vb(=pester; harass)* plage; trakassere; ergre (ved gjentatte spørsmål *el.* anmodninger); **he -ed the authorities until they gave him a new passport** han plaget myndighetene inntil de ga ham et nytt pass.
badly ['bædli] *adv:* dårlig; **~ wounded** hardt såret; **I need it ~** jeg trenger det sårt; **~ needed** hardt tiltrengt; *sport, etc:* **be ~ beaten** bli slått sønder og sammen; **~ off** dårlig stilt; **we're ~ off for** vi mangler; *om sykdom:* **is she having it ~?** har hun det hardt?
bad news 1. dårlige nyheter; **2. S:** uønsket *(fx he's bad news around here).*
bad-tempered [,bæd'tempəd; *attributivt:* 'bæd-,tempəd] *adj:* i dårlig humør; gretten.
I. baffle [bæfəl] *subst; akustikk:* lydskjerm; **noise ~** støyskjerm.
II. baffle *vb* **1***(=bewilder; puzzle)* forvirre; forbløffe; være for vanskelig for; **the police have not solved the crime – they are completely -d by it** politiet har ikke

kommet noen vei når det gjelder å finne løsningen på forbrytelsen; de står helt fast; **2.** forpurre; **our hopes were -d** våre forhåpninger ble gjort til skamme; **3.** *tekn:* avlede; avbøye (med plate *el.* skjerm).

baffling ['bæfliŋ] *adj:* forvirrende; desorienterende; vanskelig å bli klok på; uløselig *(fx mystery)*.

I. bag [bæg] *subst* **1.** sekk; pose; **paper ~** papirpose; **sleeping ~** sovepose; **(hand) ~** (hånd)veske *(fx she carried a small bag)*; **shopping ~** shoppingveske; **2***(=udder)* jur; **3.** *jaktspråk:* fangst *(fx did you get a good bag today?)*; **4.** *neds* **S: old ~** gammel hurpe; **5. S:** porsjon (marihuana, heroin, etc); **6. S:** spesiale; særinteresse *(fx blues is his bag)*; **~ and baggage** med pikk og pakk; med alt hva man har *(fx she left him bag and baggage)*; **a ~ of bones** bare skinn og ben; **T: in the ~** i orden; i lås; **S:** i boks; **T: the whole ~ of tricks***(=the whole lot)* alt sammen; **T:** hele sulamitten; *fig:* **a mixed ~** en broket blanding; **a mixed ~ of people** en broket forsamling.

II. bag *vb* **1.** legge i sekk (*el.* pose); **2.** *jaktuttrykk:* nedlegge *(fx I bagged two rabbits)*; **3.** ta; rappe *(fx who has bagged my cigarettes?)*; **4. T:** legge beslag på *(fx he bagged the best chair)*; holde av *(fx please bag a front seat for me)*; **~ the whole lot** ta det hele; **T:** ta hele kaka; **5.** *om klesplagg(=hang loosely)* henge løst; henge og slenge *(fx her dress bagged about her)*.

baggage ['bægidʒ] *subst(=luggage)* bagasje.

baggy *adj; om klær:* **his trousers are ~ at the knees** han har knær i buksene.

bagpipe ['bæg,paip] *subst; mus:* sekkepipe.

bagpiper *subst:* sekkepipeblåser.

bag snatcher *subst:* veskenapper.

bah [ba:, bæ] *int; uttrykk for avsky el. forakt(=ugh):* uff; æsj.

I. bail [beil] *subst* **1.** *jur:* kausjon *(fx £300 bail)*; **he was released on ~** han ble løslatt mot kausjon; **go***(=stand)* **~ for** kausjonere for; **find ~** stille kausjonist; **jump ~** flykte når man er løslatt mot kausjon; **2.** *cricket:* overligger; **3***(=bale)* bøyle; *på kjele; bøtte:* hank.

II. bail *vb; jur:* **~ sby out** få en løslatt mot kausjon; *(jvf III. bale 3)*.

III. bail *vb: se III. bale 1.*

bail bond *jur:* kausjonserklæring.

Bailey ['beili]: **the Old ~***(=the Central Criminal Court)*: rettsbygning i London.

bailiff ['beilif] *subst* **1.** gårdsforvalter; **2.** *jur; ved utpanting, etc; kan gjengis:* lensmannsbetjent; **3. US***(=court usher)* rettsbetjent; **4.** fiskeoppsynsmann.

I. bait [beit] *subst* **1.** lokkemat; **2.** agn; **spinning ~** sluk; **spoon ~** skjesluk; **3.** *fig:* **rise to the ~** bite på kroken; **swallow the ~** gå på limpinnen.

II. bait *vb* **1.** sette agn på (fiskekrok); plassere lokkemat i (felle) *(fx he baited the mousetrap with cheese)*; **2.** *stivt:* tirre; plage; *(jvf bear-baiting)*; **3.** *glds:* **~ a horse***(=feed a horse)* fôre en hest.

baize [beiz] *subst; slags tøy:* boi.

I. bake [beik] *subst* **1***(=baking)* bakst; **2.** *Skottland:* tørr, flat kake.

II. bake *vb* **1.** bake; **~***(=make)* **bread** bake brød; **~ bricks** bake teglstein; **2***(=roast)* steke (i ovn) *(fx she baked the ham)*; **3***(=become very hot)*: **I'm baking in this heat** jeg blir stekt i denne varmen.

baked potatoes bakte poteter.

baker ['beikə] *subst:* **1.** baker; **2***(=baker's shop)* bakeri.

bakehouse ['beik,haus] *subst:* bakeri.

bakery ['beikəri] *subst:* bakeri; bakeriutsalg; bakerbutikk.

baking ['beikiŋ] *subst* **1.** baking; **she's good at ~** hun er flink til å bake; **2.** bakst *(fx she put the baking away in tins)*.

baking powder bakepulver.

I. balance ['bæləns] *subst* **1.** balanse; likevekt; **mental ~** sinnslikevekt; **2.** (skål)vekt; vektstang; *fig. om resultat, skjebne, etc:* **hang in the ~** være uviss(t); ikke være avgjort; ligge i vektskålen *(fx her fate is (hanging) in the balance)*; **his life hangs in the ~** han svever mellom liv og død; *fig:* **on ~** alt i alt; stort sett; i det store og hele *(fx on balance, they stood to gain by it)*; etter å ha veid for og imot *(fx I decided, on balance, to go on)*; **3.** *merk, økon:* balanse; **active ~** aktiv balanse; **~ of payments** betalingsbalanse (overfor utlandet); utenriksregnskap; **~ of trade** handelsbalanse; varebalanse; **trial ~** råbalanse; **4.** *merk:* saldo; *(=remainder; remaining sum)* restbeløp; **a ~ in our favour** en saldo i vår favør; **the ~ in our favour** saldoen i vår favør; vårt tilgodehavende; **5***(=bank balance)* banksaldo; det man har innestående i banken; **I have a ~ of £100 in my bank account** jeg har enda £100 igjen på min bankkonto; min banksaldo er på £100; **a large bank ~** mange penger i banken; **6.** rest; restbeløp; det som mangler *(fx I shall send you the balance on Monday)*; **let me have the ~ of what you owe me** la meg få resten av det du skylder meg.

II. balance *vb* **1.** være i likevekt; balansere; **2.** balansere (med); bringe i balanse; **3.** *fig:* bringe i balanse; **4***(=balance oneself)* balansere *(fx on one's toes)*; **5.** *merk:* saldere *(fx an account)*; balansere; vise balanse; avslutte (regnskap); gjøre opp (bøker); **the accounts ~ at £2000** regnskapet balanserer med £2000; **my accounts ~** mine konti balanserer (*el.* viser balanse); **~ accounts***(=close accounts)* avslutte regnskapet; **~ the ledger** avslutte (*el.* avstemme) hovedboken.

balanced ['bælənst] *adj:* (vel) avbalansert; i likevektstilling; **a ~ diet** allsidig kost.

balance sheet *merk:* statusoppgjør; **annual ~** årsbalanse.

balcony ['bælkəni] *subst:* balkong; altan.

bald [bɔ:ld] *adj* **1.** skallet *(fx a bald head; he's going bald)*; **~ as a coot** flintskallet; **2.** *zo:* uten fjær; uten pels; **a ~ tyre** et nedslitt dekk; **3.** tydelig; likefrem; enkel; usmykket *(fx he gave a bald statement of the facts)*; tørr; kjedelig; fargeløs *(fx his account was rather bald)*; **a ~ question** et utilslørt spørsmål.

baldachin ['bɔ:ldəkin] *subst:* baldakin.

baldhead ['bɔ:ld,hed] *subst:* flintskalle; skallet person.

baldheaded ['bɔ:ld,hedid] *adj* **1.** skallet; **2.: go ~ into** kastet seg ut i; **go at***(=for)* **it ~** gå på med krum hals.

balding *adj:* litt skallet; som holder på å bli skallet.

baldly ['bɔ:ldli] *adv:* uten omsvøp; like ut; **he answered her questions ~ but adequately** han ga enkle men fyldestgjørende svar på spørsmålene hennes.

baldness [bɔ:ldnis] *subst:* skallethet.

baldpate ['bɔ:ld,peit] *subst:* flintskalle.

I. bale [beil] *subst:* vareballe.

II. bale *vb:* pakke i baller.

III. bale *vb* **1.** øse; **~ the boat out** øse tom båten; **~ the water out** øse ut vannet; **2.** *flyv:* **~ out** hoppe ut (i fallskjerm); *fig:* **he -d out** han reddet seg unna; **3.: the government -d***(=bailed)* **the company out** regjeringen reddet selskapet.

baleen [bə'li:n] *subst(=whalebone)* barde.

baleen whale *zo:* bardehval.

baleful ['beilful] *adj; litt.(=evil; full of hate)* ond;

hatefull.

I. balk(=baulk) [bɔ:k] *subst* **1.** åkerrenne; **2.** stor, grovt tilhogd tømmerbjelke; **3.** hinder; hindring.

II. balk(=baulk) *vb* **1.** *om hest(=stop short)* bråstoppe; ~ **at the jump** refusere; **2.** *stivt; fig:* ~ **at**(=jib at) steile over *(fx she balked at the suggestion).*

Balkan ['bɔ:lkən] *adj:* balkan-; **the -s** Balkan.

balky ['bɔ:ki] *adj:* sta; gjenstridig *(fx a balky horse).*

I. ball [bɔ:l] *subst* **1.** ball; kule; nøste *(fx of wool);* bolle *(fx meatball);* **2.** *anat:* **eye-** øyeeple; **the ~ of the foot** fotballen; **3.: -s** 1. *vulg; om testikler:* baller; 2. sludder *(fx he's talking balls);* **4.** *fig:* **keep the ~ rolling** holde samtalen i gang; holde det hele i gang; **5. T: play ~** samarbeide; **6. T: you have the ~ at your feet** nå har du sjansen (til å gjøre noe); **the ~ is in your court** neste trekk er ditt; **7. T: start**(=set) **the ~ rolling** få satt i gang noe; begynne.

II. ball *subst(=dance)* ball; **T: have a ~**(=have a good time) ha det fint; ha det riktig morsomt.

III. ball *vb:* ~ **(up)** klumpe seg sammen; danne en ball (*el.* kule).

ballad ['bæləd] *subst:* folkevise; ballade.

ballade [bæ'la:d] *subst* **1.** *mus:* ballade; **2.** *verseform:* ballade.

ball-and-socket joint *mask:* kuleledd.

I. ballast ['bæləst] *subst; også fig:* ballast; *mar:* **in ~** i ballast; ballastet.

II. ballast *vb:* ballaste; forsyne med ballast.

ball bearing *mask:* kulelager.

ball cartridge skarp patron.

ball check valve *mask:* kuleventil.

ballet ['bælei] *subst:* ballett.

ball game ballspill; **US:** baseballkamp; **US: a whole new ~** noe helt nytt; noe helt annet *(fx aeronautics is a whole new ball game from what it was in 1903).*

ballistic [bə'listik] *adj:* ballistisk; ~ **missile** ballistisk missil; rakett(våpen).

ballistics [bə'listiks] *subst:* ballistikk.

ball joint *mask:* kuleledd.

ball lightning kulelyn.

balloon [bə'lu:n] *subst:* ballong; *i tegneserie:* boble; **then the ~ went up**(=then the fun started) så begynte moroa!

I. ballot ['bælət] *subst* **1**(=secret vote; voting by ballot) hemmelig avstemning; *i fagforening(=referendum):* ~ **(among the members)** uravstemning; **they held a ~ to choose a new chairman** de holdt avstemning på ny formann; **2.** kandidatliste; **3.** stemmetall.

II. ballot *vb(=vote by ballot)* holde hemmelig avstemning; **we -ed the members on this issue** vi holdt avstemning blant medlemmene om dette.

ballot box stemmeurne.

ballot paper *især parl:* stemmeseddel; *(jvf voting slip).*

ball peg *mask:* kuletapp.

ballpoint (pen) kulepenn.

ballroom ['bɔ:l,rum] *subst:* ballsal; dansesal.

ballyhoo [,bæli'hu:] *subst* **T 1.** larm; ballade; styr; ståhei; **2.** reklamebrøl; overdreven reklame (*el.* publisitet); **there was a lot of ~ about the President's visit** det var stor ståhei omkring presidentens besøk.

balm [ba:m] *subst* **1**(=balsam) balsam; **2.** *fig:* balsam; **it was ~ to his nerves** det var (som) balsam for nervene hans; **3.** *bot:* **(lemon) ~**(=garden balm) sitronmelisse.

balmy ['ba:mi] *adj* **1.** balsamisk; lindrende; *om vær:* mildt og behagelig *(fx the air is balmy tonight).* **2. S**(=barmy; crazy) sprø; skrullet.

baloney(=boloney) [bə'louni] *subst* **T**(=foolish talk) sludder; vrøvl; tullprat.

balsam ['bɔ:lsəm] *subst:* balsam; *(jvf balm).*

Balt [bɔ:lt] *subst:* balter.

Baltic ['bɔ:ltik] *adj:* baltisk; **the ~ states** de baltiske stater; **the ~ (Sea)** Østersjøen.

baluster ['bæləstə] *subst; arkit:* baluster; sprosse (i rekkverk).

balustrade ['bælə,streid] *subst; arkit:* balustrade; rekkverk.

bamboo [bæm'bu:] *subst:* bambus.

bamboozle [bæm'bu:zəl] *vb* **T:** snyte; forvirre fullstendig.

I. ban [bæn] *subst* **1.** forbud (*on* mot); **travel ~** reiseforbud; **lift the ~** oppheve forbudet; **there is a ~ on smoking in the bus** det er forbudt å røyke inne i bussen; **2.** idømmelse av fredløshet; (lands)forvisning.

II. ban *vb(=forbid)* forby; utstede forbud mot *(fx he was banned from entering the school grounds; the Government banned publication of his book);* ~ **smoking** forby røyking.

banal [bə'na:l, bæ'na:l; **US:** 'beinəl] *adj:* banal.

banality [bə'næliti] *subst:* banalitet.

banana [bə'na:nə; **US:** bə'nænə] *subst; bot:* banan.

banana skin bananskall.

I. band [bænd] *subst* **1.** bånd; **2.** *på klær:* linning; **3.** stripe *(fx a cup with a blue band round it);* **4**(=driving belt) drivrem; **5.** *om ring:* ~ **(of gold)** glatt (gull)ring; **6.** *radio:* bånd; **7.** *min:* (tynn) åre; tynt (malm)lag.

II. band *subst* **1.** flokk *(fx a band of football supporters);* **a ~ of outlaws** en flokk fredløse; **2.** *mus:* band; **brass ~** hornorkester; musikkorps; **dance ~** danseorkester.

III. band *vb:* binde (*el.* knytte) sammen; **they -ed together to oppose** ... de slo seg sammen mot ...

I. bandage ['bændidʒ] *subst:* bandasje; **hernial ~**(=truss) brokkbind.

II. bandage *vb:* forbinde; bandasjere; legge bandasje på.

bandmaster ['bæn(d),ma:stə] *subst; mus:* dirigent *(fx of a military band); (jvf conductor).*

bandolier(=bandoleer) [,bændə'liə] *subst; mil:* bandolær.

bandsman ['bæn(d)zmən] *subst; mus:* korpsmedlem; medlem av et band.

bandstand ['bæn(d),stænd] *subst:* musikktribune.

bandwagon ['bæn(d),wægən] *subst; i opptog:* vogn med orkester; **jump**(=get) **on the ~** sørge for å komme med; kaste seg på lasset; hyle med ulvene (ɔ: slutte seg til moteretning).

I. bandy ['bændi] *subst* **1.** bandy; **2.** bandykølle.

II. bandy *vb:* munnhugges; **have one's name bandied about** bli gjenstand for sladder.

III. bandy *adj(=bandy-legged)* hjulbent; **her legs are a bit ~** hun er litt hjulbent.

bandy-legged ['bændi,legd] *adj:* hjulbent.

bane [bein] *subst; om person el. ting:* forbannelse.

baneberry ['beinbəri] *subst; bot:* trollbær.

I. bang [bæŋ] *subst* **1.** brak; smell; knall; **2.** hardt slag *(fx I got a bang on the head from a falling branch);* **3. S:** rusgiftsprøyte; stoffsprøyte; **4. S:** samleie; nummer; **5.: the party went with a ~** selskapet var en kjempesuksess; **6.: he realized with a ~ that** ... han innså plutselig at; **7.:** *se bhang.*

II. bang *vb* **1.** slå (hardt); slå (*el.* hamre) på; **2.** dundre; smelle; **3.** smelle igjen *(fx the door);* **4.** få til å smelle *(fx he blew into the paper bag, then banged it);* **5. S:** knulle med; **6. S:** sette rusgiftsprøyte på seg selv. **7. S: ~ sby up (for the night)** sette en inn (for natten); kaste en i hullet (for natten).

III. bang *adv:* ~ **in the middle of the road** nøyaktig

midt i veien; **the car drove ~ into a lamp-post** bilen braste rett inn i en lyktestolpe; **go ~** si bang; smelle; **~ went his hopes of winning** der røk hans håp om å vinne; **~ up to date***(=right up to date)* helt à jour; helt moderne *(fx that hairstyle's bang up to date);* **T: ~ on** 1. nøyaktig; like på; rett på; 2. *adj, adv:* helt fint; topp.
IV. bang *int:* bang; bom.
banger ['bæŋə] *subst* **1. S***(=sausage)* pølse; **2.: (old) ~** (gammel) skramlekasse; **3.** *om fyrverkeri:* kasteknall; fyrverkeri med knall; **4. S***(=dachshund)* grevlinghund.
bangle ['bæŋgəl] *subst:* armring; ankelring.
banish ['bæniʃ] *vb* **1.** forvise; landsforvise (som straff); **2.** *fig:* jage bort; bannlyse *(fx fear and doubt).*
banishment ['bæniʃmənt] *subst:* forvisning; landsforvisning.
banisters ['bænistəz] *subst; pl:* trappegelender.
I. bank [bæŋk] *subst* **1.** bank; **blood ~** blodbank; **at***(=in)* **the ~** i banken; **2.: ~ (of earth)** (jord)voll; **3.: fishing ~***(=fishing ground)* fiskebanke; **~ of fog** tåkebanke; **4.: (river) ~** elvebredd; **on the south ~ of the river** på elvens sørbredd; **5***(=slope)* skrent; skråning; **6.** *flyv(=banking)* krengning; **7.** *biljard:* vant; **7.** *om samling instrumenter, etc:* gruppe; batteri; **-s of instruments** rader med instrumenter; et helt batteri av instrumenter.
II. bank *vb* **1.** sette i banken; **with whom do you ~?***(=who are your bankers?)* hvilken bank bruker du? **2.** *flyv:* krenge; **3. ~ (up)** dynge opp: hope opp; demme opp; **snow always -s up quickly against our back door** det legger seg alltid snø med én gang foran bakdøren vår; **4.** *veddeløpsbane:* **~ the curves** dossere kurvene; *(jvf camber);* **5. T: ~ on** stole på; **you can ~ on that** det kan du (trygt) stole på.
bankable ['bæŋkəbl] *adj:* som en bank godtar; sikker.
bank acceptance*(=banker's acceptance)* bankaksept.
bank account bankkonto.
bank balance banksaldo.
bank card*(=banker's card)* bankkort.
bank clerk bankassistent.
bank deposit bankinnskudd.
bank discount forskuddsrente; *fagl:* uoppgjort diskonto.
banker ['bæŋkə] *subst* **1.** bankier; **2.** *kortsp:* bankør.
banker's draft bankremisse.
bank holiday UK: offentlig fridag (da bankene holder stengt).
banking ['bæŋkiŋ] *subst* **1.** bankvesen; bankvirksomhet; **2.** *flyv:* krengning; **3.** *på veddeløpsbane:* dossering; *(jvf camber).*
bank lending banks utlån av penger; **controls on ~** kontroll med bankenes utlån.
bank note *(,***US:** *bank bill)* pengeseddel.
Bank of England: the ~ *(,***US:** *the Federal Reserve) svarer til:* Norges Bank.
bank rate diskonto; *(jvf I. discount 3; se NEO diskonto).*
I. bankroll ['bæŋk,roul] *subst* **US 1.** rull med pengesedler; **2.** *fig:* kapital.
II. bankroll *vb* **S:** finansiere; skaffe penger til.
I. bankrupt ['bæŋkrʌpt] *subst:* fallent; **(un)discharged ~** fallent hvis bo (ikke) har blitt ekstradert.
II. bankrupt *adj:* fallitt; fallert; bankerott; **be ~** være fallitt (*el.* konkurs); **make sby ~** erklære en fallitt (*el.* konkurs); **go ~** fallere; gå konkurs; gå fallitt.
III. bankrupt *vb:* **~ sby** slå en konkurs; få en til å gå fallitt.
bankruptcy ['bæŋkrʌptsi] *subst:* fallitt; konkurs; **go into ~***(=file a petition in bankruptcy)* erklære seg fallitt.
bank statement kontoutdrag (fra bank).
bank vole *zo:* klatremus.
banner ['bænə] *subst* **1.** banner; fane; **2.: (transparent) ~** transparent; **3.** *i avis:* **~ (headline)** flerspaltet overskrift *(fx the news was given banner headlines);* **4.** *fig:* banner *(fx the banner of freedom).*
bannock ['bænək] *subst:* flat kake av hvete el. bygg, ofte fylt med korinter, rosiner, etc.
banns [bænz] *subst; pl:* lysning *(fx the banns of their marriage were put up outside the registry office);* **ask the ~** bestille (*el.* ta ut) lysning; **publish the ~** lyse til ekteskap; *fra prekestolen:* **read the ~** lyse til ekteskap.
banquet ['bæŋkwit] *subst:* bankett; festmiddag.
banshee ['bænʃi:; bæn'ʃi:] *subst; irsk folketro:* overnaturlig kvinnelig vesen som antas å være knyttet til bestemte familier, som hun advarer og skremmer med sine skrik når et av familiemedlemmene dør el. skal til å dø.
bantam ['bæntəm] *subst; zo:* bantamhøne; dverghøne.
I. banter ['bæntə] *subst(=friendly teasing)* godmodig erting.
II. banter *vb:* småerte; erte på en godmodig måte.
baptism ['bæptizəm] *subst:* dåp; **~ of fire** ilddåp; *(se christening).*
baptismal [,bæp'tizməl] *adj:* dåps-; **~ covenant** dåpspakt.
Baptist ['bæptist] *subst:* baptist; gjendøper.
baptist(e)ry ['bæptistri] *subst* **1.** dåpskapell; **2.** *hos baptister:* dåpsbasseng.
baptize [bæp'taiz] *vb:* døpe.
I. bar [ba:] *subst* **1.** stang; **iron ~** jernstang; **prison -s** fengselsgitter; **behind -s** bak lås og slå; **2***(=crossbar)* tverrstang; sprosse *(fx a five-bar garden gate);* **3.** (avlangt) stykke; barre; **gold ~** gullbarre; **bar of chocolate** sjokoladeplate; **4.** (vei)bom; **toll ~** veibom hvor det avkreves bompenger; **there's a ~ on the door** det er bom (*el.* slå) for døren; **5.** *gym:* **horizontal ~***(=high bar)* svingstang; **parallel -s** skranke; **6.** *jur; i rettssal:* skranke; **at the ~** for rettens skranke *(fx the prisoner at the bar collapsed when he was sentenced to ten years' imprisonment);* **the (members of the) Bar** advokatstanden; **be called to the Bar** få advokatbevilling; *(jvf barrister);* **7.** bar; bardisk; **8.** *i hav el. elv:* (sand)banke; sjeté; *over vannet:* tange; **offshore ~** sandbanke utenfor kysten; *(jvf reef);* **9.** *sport(=crossbar)* overligger; **clear the ~** komme over; **dislodge the ~** rive; **10.** *i kjettingledd:* stiver; **11.** *mus:* takt *(fx they played a few bars of God save the Queen);* **three beats to the ~** tre slag i takten; **12.** *her.:* bjelke; **13.** *på utmerkelse; betegner at den er oppnådd to ganger:* stolpe *(fx he won the MC and bar);* **14.** *av lys el. farge:* stripe; **a ~***(=shaft)* **of light** en lysstripe; **15.** *zo; på fugl:* bånd; **16.** *vet; på hov:* hjørnestøtte; **17.** *del av bissel:* munnbitt; **18.** *fig(=obstacle)* hinder *(fx his poverty is a bar to his ambition).*
II. bar *vb (se også barred & barring)* **1.** sette bom (*el.* slå) for *(fx bar the door and lock it);* sette stenger el. sprosser for; **be -red out** bli stengt ute; **2***(=ban)* nekte adgang *(fx he's been barred from the club);* **3.** sperre veien for *(fx the tractor barred the way);* **he -red my way** han sperret veien for meg; **4.: ~***(=prevent)* **sby from (-ing)** hindre en i å.
III. bar*(=except)* **T:** unntatt *(fx all bar one).*
I. barb [ba:b] *subst* **1.** *zo; på fisk:* skjeggtråd; haketråd; **2.** *zo; på fjær:* stråle; **3.** *på krok:* mothake; *på piggtråd:* pigg.
II. barb *vb:* forsyne med mothake; *(se også barbed).*

Barbados [ba:'beidouz] *subst; geogr:* Barbados.
I. barbarian [ba:'bɛəriən] *subst:* barbar.
II. barbarian *adj:* barbarisk *(fx a barbarian people).*
barbaric [ba:'bærik] *adj* **1.** barbarisk; **2.:** *se barbarous.*
barbarism ['ba:bə,rizəm] *subst:* barbari.
barbarity [ba:'bæriti] *subst* **1.** barbari; **2***(=barbarous act)* grusomhet.
barbarous ['ba:bərəs] *adj* **1.** barbarisk; usivilisert *(fx habits);* **2.** brutal; grusom; vill *(fx they made a barbarous assault on the women);* **a ~ act** en grusomhet.
I. barbecue ['ba:bi,kju:] *subst* **1.** måltid tilberedt utendørs over åpen ild; utendørs grillselskap; **2.** hagegrill *(fx we cooked the steak on a barbecue).*
II. barbecue *vb(=cook on a barbecue)* grille *(fx he barbecued enough steak for twelve people).*
barbed [ba:bd] *adj* **1.** med mothake *(fx arrow);* **2.** skarp; sårende *(fx remark).*
barbed wire, piggtråd.
barbel ['ba:bəl] *subst; zo; på fisk:* skjeggtråd; haketråd.
barber ['ba:bə] *subst* **1.** (herre)frisør; barber; **2***(=barber's shop)* herrefrisersalong *(fx where's the nearest barber?).*
barberry ['ba:bəri] *subst; bot:* berberiss(bær).
barber's *(=barber's shop)* herrefrisersalong.
barber's pole rød- og hvitstripet stang brukt som barberskilt.
bard [ba:d] *subst:* barde; skald.
I. bare [bɛə] *adj* **1.** bar; naken *(fx room; tree; the hot sun burned her bare arms);* **the ~ facts** (de) nakne kjensgjerninger; **with one's ~ hands** med bare hendene; **2***(=empty)* tom *(fx bare shelves; the cupboard was completely bare (of food));* **3***(=worn thin)* tynnslitt *(fx the carpets are a bit bare);* **4.: the ~ necessities of life** de viktigste livsfornødenheter; **5.** knepen; snau; **he earned the ~ minimum** han tjente bare såvidt til livets opphold.
II. bare *vb* **1***(=uncover)* blotte *(fx one's head);* **2.** *om hund:* **~ its teeth** flekke tenner; **3.** *fig(=lay bare; expose)* blottlegge *(fx one's thoughts).*
bareback ['bɛə,bæk] *adj; adv:* uten sal *(fx a bareback riding act);* **ride ~** ri uten sal.
barefaced ['bɛə,feist] *adj:* frekk; skamløs; **a ~ lie** en frekk løgn.
barefoot(ed) ['bɛə,fut(id)] *adj; adv:* barfot.
bareheaded ['bɛə,hedid] *adj:* barhodet; med blottet hode.
barely ['bɛəli] *adv* **1***(=scarcely; hardly; only just)* såvidt *(fx barely enough for their needs);* med nød og neppe *(fx I could barely keep pace with him);* **2.** **T***(=not quite)* knapt; **he's ~ old enough** han er knapt gammel nok; han er i yngste laget; **3***(=scantily; poorly)* sparsomt *(fx the room was barely furnished).*
I. bargain ['ba:gin] *subst* **1.** handel; kjøp; forretning; **a good (,bad) ~** en god (,dårlig) handel (*el.* forretning); et godt (,dårlig) kjøp; **2.: a ~** et godt kjøp; en god forretning; en god handel *(fx it was a (real) bargain); ved utsalg:* tilbudsvare; **3.** avtale; **a ~ is a ~** en avtale er en avtale; **make the best of a bad ~** gjøre det beste ut av det; **make***(=strike)* **a ~** bli enige (om betingelsene); gjøre en handel; slå av en handel; **drive a (hard) ~** tvinge igjennom harde betingelser; **into** *(,***US:** *in)* **the ~** attpåtil; på kjøpet.
II. bargain *vb:* kjøpslå; prute *(fx I bargained with him);* **2.** bytte *(fx one horse for another);* **~ for** regne med *(fx I didn't bargain for everyone arriving at once).*
bargain counter utsalgsdisk; billigdisk.
bargain price 1. spottpris; **2.** nedsatt pris.
I. barge [ba:dʒ] *subst* **1.** flatbunnet lekter; (laste)-pram; **2.** *mar:* sjalupp.
II. barge *vb:* **~ in** komme busende inn; **~ into** 1. buse inn i; 2. løpe på; møte tilfeldig.
bargee [ba:'dʒi:] *subst (,***US:** *bargeman)* pramdrager; prammann.
barge pole 1. pramstake; stang som det stakes med; **2.** *fig:* **I wouldn't touch it with a ~** jeg ville ikke ta i det med en ildtang.
baritone ['bæri,toun] *subst; mus:* baryton.
I. bark *subst:* **1.** *bot:* bark; **2.** *mar(=barque)* bark-(skip).
II. bark *subst* **1.** bjeffing; gjøing; **2.** skarp tone; **his ~ is worse than his bite** han er ikke så ille som han høres ut til (*el.* som); han har det mest i kjeften.
III. bark *vb:* barke; flå barken av.
IV. bark *vb:* bjeffe; gjø; **you're -ing up the wrong tree** du er på villspor; **~ out an order** bjeffe en ordre; **~ at the moon** hyle mot månen.
barkeeper ['ba:,ki:pə] *subst* **1.** innehaver av en bar; **2.** bartender.
barker ['ba:kə] *subst; på marked:* utroper.
barley ['ba:li] *subst; bot:* bygg.
barmaid ['ba:,meid] *subst:* barpike; servitrise i en 'pub'.
barman ['ba:mən] *subst (,***US:** *bartender)* bartender.
barmy ['ba:mi] *adj(=balmy)* **S***(=crazy)* sprø; skrullet.
barn [ba:n] *subst* **1.** låve; **2. US:** stall; **cow ~** fjøs; **US: go all around the ~ to find the door***(=take unnecessary trouble)* gå over bekken etter vann; gjøre seg unødvendig bry.
barnacle ['ba:nəkl] *subst; zo:* andeskjell.
barnstorm ['ba:n,stɔ:m] *vb* **US 1.** *om skuespiller:* dra på turné i utkantstrøkene; **2.** *om politiker:* drive valgkampanje på landsbygda.
barnyard ['ba:n,ja:d] **1.** *subst:* plass ved låven (hvor man har husdyr); **2.** *adj:* skitten; jordet; *fig:* ikke stueren; grovkornet; **~ humour** grovkornet humor.
barometer [bə'rɔmitə] *subst:* barometer.
barometric [,bærə'metrik] *adj:* barometer-; **~ height***(=pressure)* barometerstand.
baron ['bærən] **1.** baron; **2.** magnat *(fx oil baron);* finansfyrste; *(se magnate; tycoon).*
baronet ['bærənit] *subst:* baronett.
baroque [bə'rɔk] *subst; adj:* barokk.
barracks ['bærəks] *subst; mil:* kaserne; **confinement to ~** *(fk CB)* portforbud; permisjonsnektelse; leirarrest; **he was confined to ~** *(,***US:** *he was restricted to quarters)* han fikk portforbud.
barrage ['bæra:ʒ] *subst* **1.** *mil:* sperreild; **2.** *fig:* trommeild *(fx of questions);* **a whole ~ of witticisms** et helt fyrverkeri av åndrikheter; **a ~ of flashlights** det rene fyrverkeri av blitzlys.
barratry ['bærətri] *subst; mar:* baratteri; beskadigelse av skip el. last påført av kaptein el. mannskap.
barred [ba:d] *adj* **1.** tilgitret *(fx window);* **2.** sperret; **3.** stripet; **4.** *zo:* tverrstripet; med bånd.
barrel ['bærəl] *subst* **1.** *også om rommålet:* tønne; *fig:* **scrape the ~** skrape bunnen; **2.** (gevær)løp; børsepipe; **3.** *mask:* trommel; sylinder.
barren ['bærən] *adj* **1.** ufruktbar *(fx trees; land);* **a ~ landscape** et goldt landskap; **2.** *om kvinne:* ufruktbar; gold; **2.** *fig(=dull)* kjedelig; **3.** *fig:* tom *(fx barren knowledge);* ufruktbar *(fx a barren period in the writer's life);* som ikke fører noe sted hen; nytteløs *(fx barren speculations).*
bar rest *mus:* taktpause.
barricade [,bæri'keid] *subst* **1.** barrikade; **2.** *vb:* barrikadere.
barrier ['bæriə] *subst* **1.** barriere; (av)sperring; skranke; **the police put up -s to keep back the**

crowds politiet satte opp sperringer for å holde folk unna; **2.** *jernb; om stedet:* billettkontroll *(fx tickets must be shown at the barrier);* **3.** *fig:* barriere; skranke; hindring *(fx a barrier to progress).*

barrier cream beskyttende hudkrem; beskyttelseskrem.

barrier reef korallrev ved kysten; kystrev.

barring ['ba:riŋ] *prep:* ~ **accidents** med mindre det skjer uhell.

barrister ['bæristə] *subst:* advokat (som prosederer i retten); *(jvf 'solicitor', som forbereder saker for 'barristers').*

barrister-at-law en barristers yrkestittel.

bar room skjenkestue.

barrow ['bærou] *subst* **1.** (gateselgers) dragkjerre; **2***(=wheelbarrow)* trillebår; *(se også handbarrow).*

barrow boy gateselger (med kjerre).

bartender ['ba:,tendə] *subst* **US***(=barman)* bartender.

I. barter ['ba:tə] *subst:* byttehandel; tuskhandel.

II. barter *vb:* drive byttehandel; **the refugees -ed for food** flyktningene drev byttehandel for å skaffe mat; **they -ed gold for guns** de byttet til seg geværer for gull; de byttet bort gull for geværer; *fig:* **she -ed away her freedom for money when she married him** hun byttet bort sin frihet for penger da hun giftet seg med ham.

barter economy naturalhusholdning; *(jvf subsistence economy).*

I. base [beis] *subst* **1.** basis; fundament; fot; grunnflate; **2.** *mil, etc:* base; ~ **camp** hovedleir; **3.** hovedingrediens *(fx rice as a base in cookery);* **4.** *for maling, etc:* underlag; **5.** *anat:* **the cranial** ~ kraniets basis; **6.** *fig:* basis *(fx he used the novel as a base for the film);* utgangspunkt *(fx the new discovery became the base for further research);* **7.** *bot:* fot; **the** ~ **of a leaf** en bladfot; **8.** *arkit:* (søyle)fot; fotstykke; basis *(fx the base of the statue is made of stone);* **9.** *kjem:* base; **10.** *mat.(=baseline)* grunnlinje; basislinje; **11.** *mat.; i logaritme:* grunntall *(fx the logarithm to the base 10 of 1000 is 3);* **12.** *geodesi(=baseline)* målelinje; basis; **13.** *språkv(=root; stem)* rot; stamme; **14.** *i statistikk:* basisår; **15.** *i visse ballspill:* start; mål; *i baseball:* base; *fig* **S: be off** ~ være på villspor; **S: he won't get to first** ~ **with her** han kommer ingen vei med henne.

II. base *vb:* basere (*on* på); **this house is -d on solid rock** dette huset står på fast fjell; **the novel is -d on a real experience** romanen bygger på en virkelig opplevelse; **our group was -d in Paris** gruppen vår var forlagt i Paris; gruppen vår hadde Paris som base.

III. base *adj* **1.** *stivt(=vile)* nedrig; nederdrektig; ussel *(fx is he base enough to do such a thing?);* **2***(=low; mean)* lav *(fx base motives);* **3.** *om metall:* uedel *(fx iron is a base metal);* **a** ~ **coin***(=a counterfeit coin; a bad coin)* en falsk mynt.

baseless ['beislis] *adj:* grunnløs; ubegrunnet; ugrunnet.

baseline ['beis,lain] *subst* **1.** *mat., etc:* grunnlinje; basislinje; **2.** *geodesi:* målelinje; basis; **3.** *sport:* baklinje; *tennis:* grunnlinje.

base material*(=base metal; parent metal) sveising:* grunnmateriale.

basement ['beismənt] *subst(=lower ground floor)* underetasje.

baseness ['beisnis] *subst:* nedrighet; *(jvf III. base).*

base rate UK *(rate of interest used by individual clearing banks as a basis for their lending rates)* basisrente (som har erstattet den offisielle diskonto).

I. bash [bæʃ] *subst* **T 1.** (tungt) slag; *i bilkarosseri(=dent)* bulk; **he gave the door a** ~ han ga døra et kraftig slag; **2. S***(=party)* selskap; fest; **S:** kåk; **3***(=attempt):* **have a** ~ **(at)***(=have a go (at))* gjøre et forsøk (på); prøve (på) *(fx he had a bash at mending the lock).*

II. bash *vb* **1.** slå *(fx he bashed his head against the wall);* slå til (av all kraft); **2.:** ~ **into***(=crash into)* brase inn i *(fx he bashed into a lamppost);* **3.:** ~ **down,** ~ **in***(=smash)* slå ned; slå inn; slå i stykker *(fx they bashed down the door);* **4. S:** ~ **on with***(=go on with)* fortsette ufortrødent med *(fx in spite of his father's advice he bashed on with the painting).*

bashful ['bæʃful] *adj:* sjenert; unnselig.

basic ['beisik] *adj* **1.** grunn- *(fx the basic price);* **2.** *kjem:* basisk.

basically *adv:* innerst inne *(fx she's basically a nice woman but ...);* dypest sett; i grunnen; prinsipielt; ~*(=in principle)* **I have nothing against it but** ... prinsipielt har jeg ingenting imot det, men ...

basic industries*(=primary industries)* råvareindustrier.

basic need grunnbehov; grunnleggende behov.

basic position *gym:* utgangsstilling.

basic price grunnpris; basispris.

basic rate grunntakst.

basic research grunnforskning.

basic stock grunnstamme *(fx of words and phrases).*

basic training grunnutdanning; grunntrening.

basic view grunnsyn.

basic wage grunnlønn.

basil ['bæzəl] *subst; bot(=sweet basil)* basilikum.

basin ['beisən] *subst* **1.** (vaskevanns)fat; balje; **2***(=bowl)* bolle; **3.: sugar** ~ sukkerskål; **4.** *geol:* bekken *(fx the basin of the Nile);* **5.: harbour** ~ havnebasseng.

basin haircut*(=pudding-bowl haircut)* potteklipp.

basis ['beisis] *subst (pl: bases* ['beisi:z]) basis; grunnlag; *skolev:* ~ **for entrance** opptaksgrunnlag; **form the** ~ **of** danne grunnlaget for; **on a shaky***(=unsound)* ~ på sviktende grunnlag *(fx the matter was raised on a shaky basis);* **on the** ~ **of** på grunnlag av *(fx accept students on the basis of their examination results);* **on the** ~ **of what he said** på grunnlag av hva (*el.* det) han sa.

bask [ba:sk] *vb* **1.:** ~ **in the sun** sole seg; **2.** *fig:* ~ **in the knowledge that** ... sole seg i bevisstheten om at ...

basket ['ba:skit] *subst:* kurv; **T: put all one's eggs in one** ~ *(=stake everything on one card)* sette alt på ett kort.

basking shark *zo; haiart:* brugde.

basque [bæsk] **1.** *subst:* basker; **2.** *adj:* baskisk.

bas-relief ['bæsri,li:f, 'ba:ri,li:f] *subst:* basrelieff.

I. bass [beis] *mus* **1.** *subst:* bass; **2.** *adj:* bass-.

II. bass [bæs] *subst; fisk;* havåbor.

bass clef ['beis,klef] *subst; mus:* bassnøkkel; f-nøkkel.

bass drum ['beis,drʌm] *subst; mus:* stortromme.

basso ['bæsou] *subst; mus:* bass; bassanger.

bassoon [bə'su:n] *subst; mus:* fagott.

bass viol *mus:* kontrabass.

bast [bæst] *subst; bot:* bast.

I. bastard ['bæstəd] *subst* **1.** bastard; barn født utenfor ekteskap; **2. T:** jævel; **he's a** ~ han er en jævel; **3. T** *med 'lucky' el. 'old' foran seg; rosende el. spøkef:* **you old** ~**!***(=you're a good sort)* du er en bra kar! **he's a lucky** ~ han er en heldiggris; **4. T** *om noe særlig vrient el. ubehagelig:* **that job's a real** ~ det er en jævlig jobb.

II. bastard *adj* **1.** *om barn(=illegitimate)* født utenfor ekteskap; uekte *(fx a bastard son of Charles II)*; **2.** *(abnormal, or inferior in shape, size or appearance); om størrelse:* ukurant; uvanlig; *om form:* unormal; uvanlig.

baste [beist] *vb* **1.** dryppe (en stek); **2.** *søm:* ~ **(together)** tråkle sammen *(fx baste the hem before you sew it properly)*; **3***(=thrash; beat thoroughly)* pryle; jule opp; banke opp.

I. bat [bæt] *subst* **1.** balltre; **2.** *cricket(=batsman)* forsvarer; **3.** *zo:* flaggermus; **blind as a ~** blind som en moldvarp; **he got out of the room like a ~ out of hell** han forsvant ut av rommet som et oljet lyn; **3.: off one's own ~** på egen hånd; uten hjelp *(fx he did it entirely off his own bat)*; *(se belfry)*.

II. bat *vb* **1.** *cricket:* slå; være inne som forsvarer; **2.** blunke; **T: without -ting an eye(lid)** uten å blunke; uten å vise tegn på overraskelse.

batata [bə'ta:tə] *subst; bot:* søtpotet; batate.

batch [bætʃ] *subst* **1.** bakst *(fx a batch of cakes)*; **2.** porsjon; sending; **in this ~** i denne sendingen; **3***(=group)* gruppe *(fx they arrived at the party in batches of three or four)*.

bated ['beitid] *adj:* **with ~ breath** med tilbakeholdt åndedrett; åndeløs; i åndeløs spenning *(fx the crowd watched with bated breath)*; *spøkef:* **I'll wait with ~ breath to see what happens when you arrive** jeg er spent på å se hva som skjer når du kommer.

I. bath [ba:θ] *(pl: baths* [ba:ðz]) *subst* **1.** bad; **have a ~** bade; **2.** badekar; **run the ~***(=fill the bath with water)* fylle vann i badekaret; **3. US***(=bathroom)* badeværelse; **4.: (public) -s** (offentlig) bad; badeanstalt.

II. bath *vb:* bade; vaske i et badekar *(fx I'll bath the baby)*; bade *(fx she bathed in cold water)*.

bath bun søt bolle (inneholdende krydder og tørrede frukter).

I. bathe [beið] *subst:* bad (i det fri); svømmetur; **a midnight ~** en svømmetur ved midnatt; et midnattsbad.

II. bathe *vb* **1.** *om kroppsdel:* bade; **he -d his feet to get the dirt off** han stakk benene (*el.* føttene) i vann for å få av skitten; **2. US***(=II. bath)* bade; vaske i et badekar *(fx to bathe the baby)*; **3.** bade (i det fri); ta en svømmetur *(fx she bathes in the sea every day)*.

bathed [beiðd] *adj:* ~ **in** badet i *(fx the hills are bathed in sunlight)*.

bather ['beiðə] *subst:* badende; badegjest.

bathing ['beiðiŋ] *subst:* bading.

bathing beauty badenymfe; badeskjønnhet.

bathing suit*(=bathing costume)* badedrakt.

bathrobe ['ba:θ,roub] *subst* **1.** badekåpe; **2. US***(=dressing gown)* slåbrok; morgenkåpe.

bathroom 1. badeværelse; bad; **2. US***(=toilet)* toalett; W.C.

bathroom suite baderomsmøbler; *(jvf dining-room suite)*.

bathtowel ['ba:θ,tauəl] *subst:* badehåndkle.

bathtub ['ba:θ,tʌb] *subst* **1.** badebalje; **2.** badekar.

baton ['bætən] *subst* **1.** *mus:* taktstokk; **2.** (stafett)-pinne; **3.** (politi)kølle; **4.** tamburstav.

batsman ['bætsmən] *subst; cricket:* forsvarer.

battalion [bə'tæljən] *subst; mil:* (infanteri)bataljon; *(jvf regiment)*.

I. batten ['bætən] *subst* **1.** *tøm:* labank; (grov) lekt; **2.** *mar:* skalkelist; **3.** *teat:* lysrad.

II. batten *vb:* meske seg (*on* på); ~ **on sby** leve høyt på ens bekostning.

III. batten *vb; mar:* ~ **down the hatches** skalke lukene.

I. batter ['bætə] *subst* **1.** *i ballspill:* den som slår; **2.** vaffelrøre; pannekakerøre; røre.

II. batter *vb* **1.** tildele voldsomme slag; slå løs på; hamre løs på; **he was -ed to death with a large stick** han ble slått i hjel med en stokk; **2.** *også fig:* gi en hard medfart; *(se også battered)*.

battered *adj:* ramponert; medtatt *(fx a battered old hat)*; mishandlet *(fx a battered baby)*.

battering *(se II. batter 1) subst:* **baby ~** barnemishandling; **wife ~** koneplageri; konemishandling.

battery ['bætəri] *subst* **1.** batteri; **2.** *landbr:* rekke av fjærfebur; *(jvf battery eggs)*; **3.** sett kokekar; **4.** *mus:* batteri; **5.** *jur:* **assault (and ~)** overfall; legemsfornærmelse.

battery eggs *pl:* egg produsert ved forsert egglegging.

I. battle [bætəl] *subst* **1.** *mil:* slag; **2.** *hist:* tvekamp; **3.** *fig:* kamp *(fx the battle for promotion)*; **do***(=give, join)* ~ *(=start fighting)* begynne å slåss; ta kampen opp; **fight a ~** utkjempe et slag; **that's only half the ~** det er bare et skritt på veien; **that's half the ~** det er halve seieren.

II. battle *vb; stivt(=fight)* kjempe; *fig:* ~ **for** kjempe om; **he -d through the crowd** han kjempet seg gjennom mengden.

battle array *mil:* slagorden; *spøkef:* **he showed up, dressed in full ~** han troppet opp i full krigsmundur.

battle axe *(,US: ax)* **1.** stridsøks; **2.** arrig kvinnfolk.

battle cruiser slagkrysser.

battle cry *også fig:* krigsrop; kamprop.

battle fatigue*(=combat fatigue)* kamptretthet.

battlefield ['bætəl,fi:ld] *subst(=battle ground)* slagmark.

battlefield nuclear weapons *pl:* taktiske atomvåpen.

battle morale kampmoral.

battle royal 1. alminnelig slagsmål; drabelig kamp; holmgang; **2.** voldsom trette.

battleship ['bætəl,ʃip] *subst; mar:* slagskip.

batty ['bæti] *adj* **S***(=crazy)* sprø; tullet.

baulk [bɔ:k] *se balk.*

Bavaria [be'vɛəriə] *subst; geogr:* Bayern.

Bavarian [bə'vɛəriən] *adj:* bayersk.

bawdy ['bɔ:di] *adj:* lidderlig; uanstendig *(fx jokes)*.

bawl [bɔ:l] **1.** *subst:* skrål; brøl; vræl; **2.** *vb:* skrike; skråle; vræle.

I. bay [bei] *subst* **1.** bukt; **2***(=bay window)* karnappvindu; **3.** *i bokreol:* kassett; **4.** rom; *i fly:* **bomb ~** bomberom; lomme; **parking ~** parkeringslomme *(fx the area is a parking bay for doctors' cars); mar; i skole, etc:* **sick- ~** sykelugar; sykestue; **loading ~** sted hvor det lesses på; lasteplass.

II. bay *subst; bot:* laurbær(tre).

III. bay *subst; zo:* fuks; rødbrun hest.

IV. bay *subst:* gjøing; bjeffing; halsing; (hunde)-glam; **hold***(=keep)* **at ~** holde i sjakk; holde seg fra livet; **I'm just managing to hold disaster at ~** det er bare såvidt jeg kan holde katastrofen i sjakk; *om jaget dyr:* **at ~** med front mot forfølgerne; **the giraffe turned at ~** sjiraffen gjorde front mot forfølgerne; **bring sby to ~** trenge en opp i et hjørne.

V. bay *vb:* gjø; bjeffe; halse; ~ **at** gjø mot.

VI. bay *adj:* rødbrun *(fx a bay horse)*.

bayonet ['beiənit] *subst:* bajonett.

bay window 1. karnappvindu; **2. T:** mage; alderstillegg; vom.

bazaar [bə'za:] *subst:* basar.

be [bi:] *vb* **1.** være; **2.** bli *(fx she wants to be an actress)*; **3.** *hjelpeverb i passiv:* bli *(fx the house was built; it was done at once)*; **4.** *om tid:* vare *(fx it was long before he came; it won't be long now)*; **5.** *om pris:* koste *(fx how much is this?)*; **6.** *foran infinitiv:* skulle; **what am I to do?** hva skal jeg gjøre? **if he was***(=were)* **to lose, I'd win** hvis han skulle tape, ville jeg vinne; **it's nowhere to ~ seen** det er ikke å se noe sted; **after his accident he was never to walk again** han kom aldri til å gå mer etter ulykken; **7.** *foran ing-form:* **he is***(=he's)* **reading** han sitter (,ligger, står) og leser; han er opptatt (*el.* beskjeftiget) med å lese; **he's writing a letter** han sitter og skriver et brev; han holder på med (å skrive) et brev; **I'm going to London next week** jeg skal (reise) til London neste uke; jeg reiser til London neste uke; **I shall***(=I'll)* **~ seeing him tomorrow** jeg treffer ham i morgen; jeg ser ham i morgen; **I'm -ing followed** det er noen (*el.* en eller annen) som følger etter meg; **what were you saying?** hva var det du skulle til å si? **8.** *danner perf ved enkelte bevegelsesvb:* **the train is gone***(=the train's gone)* toget er gått; **9.** *konjunktiv:* være; **God ~ with you!** Gud være med deg! **~ that as it may** det får nå være som det være vil; hvordan det nå enn forholder seg; **~ he white or black** hva enten han er hvit eller svart; **if he were***(=was)* **to do it** hvis han skulle gjøre det; **as it were** så å si; faktisk; liksom; **10.** *forskjellige uttrykk:* **his wife to ~** hans tilkommende kone; **I must ~ off** jeg må gå (,T: stikke (av)); **but that was not to ~** men det skulle det ikke bli noe av; men så skulle ikke skje; *(jvf 6 ovf);* **here you are!** vær så god! **here we are** her er vi; (se) her har vi det; **how is he?** hvordan har han det? hvordan står det til med ham? **there's a bus at twenty to** det går en buss tjue på.

I. beach [bi:tʃ] *subst:* strand; strandbredd.

II. beach *vb:* sette på land; trekke opp på stranden.

beachcomber ['bi:tʃ,koumə] *subst:* boms; (hvit) dagdriver (på Stillehavskysten).

beachhead ['bi:tʃ,hed] *subst; mil:* bruhode.

beachwear ['bi:tʃ,wɛə] *subst:* strandtøy.

beacon ['bi:kən] *subst* **1.** baun(bluss); **2.** *mar:* båke; sjømerke; **radio ~** radiofyr; **3.** *på utrykningsvogn:* **rotating ~***(=rotating light)* blinklys; **4.** *flyv:* **airway ~***(=air navigation light)* luftfyr; **5.** *fig:* ledestjerne.

bead [bi:d] *subst* **1.** glassperle; liten kule; **-s of sweat** svettperler; **2.** *på skytevåpen:* (sikte)korn; **3.: (tyre) ~** vulst (på dekk).

beady ['bi:di] *adj; om øyne:* **his eyes were small and ~** øynene hans var små og stikkende.

beagle ['bi:gəl] *subst; zo:* beagle; liten harehund.

beak [bi:k] subst **1.** *zo:* nebb; **2.** *hist; på skip:* snabel; **3***(=spout)* tut; **4. T:** spiss (*el.* krum) nese; snyteskaft.

beaker ['bi:kə] *subst* **1.** beger; **2.** *kjem:* begerglass.

I. beam [bi:m] *subst* **1.** *bygg:* bjelke; *bibl:* **the ~ in thine eye** bjelken i ditt eget øye; **2.** *gym:* bom; **3.** *på vev:* bom; **4.** (vekt)stang; **5.: plough ~** plogås; **6.** *mar(breadth of a ship)* dekksbredde; **abaft the ~** aktenfor tvers; **on the port ~** tvers om babord; *om person* **T: broad in the ~** bred over baken; **7.** (lys)stråle; *i billys:* **the high ~** fjernlyset; **8.** *radio, radar:* stråle; **radio landing ~** landingsstråle; **off (the) ~** ute av kurs; **T:** på villspor; **on the ~** på rett kurs; **9.** (bredt) smil *(fx a beam of pleasure lit up her face).*

II. beam *vb* **1.** stråle; **~ on sby** smile strålende til; **2.** *radio:* sende (*at* i retning av); rette inn (ved hjelp av antennen); **3.** *mar: se abeam.*

beam-ends [,bi:m'endz; 'bi:m,endz] *subst; om skip:* **on her ~** med slagside (på 90°); i ferd med å krenge over; *om person:* **be on one's ~** være på knærne; være i store vanskeligheter.

bean [bi:n] *subst* **1.** *bot:* bønne; **2. US S***(=head)* hode; **3. S***(=money):* **I haven't got a ~ with me** jeg har ingen penger (;T: ikke en rød øre) på meg; **4.: -s T***(energy and vitality):* **she's full of -s** hun er i full vigør; hun er strålende opplagt; **5.: -s T***(=information):* **spill the -s** være løsmunnet: plapre ut med det hele.

beanfeast ['bi:n,fi:st] *subst* **T:** fest for personalet; firmafest.

I. bear [bɛə] *subst.***1.** *zo:* bjørn; **2.** *børsspråk:* baissist.

II. bear *vb (pret: bore; perf. part.: born(e))* **1.** *stivt(=carry)* bære; **2.** *stivt(=have)* bære *(fx he bears the scars to this day; the statue bears an inscription);* **3.** *om motgang, etc:* bære *(fx one's misfortunes);* **it's hard to ~** det er bittert; **~ a loss** bære et tap; *i nektende setninger:* tåle *(fx he was unable to bear the pain any longer);* **I couldn't ~ it if he left** jeg ville ikke holde ut at han dro (sin vei); **it doesn't ~ thinking about** det er ikke til å holde ut å tenke på det; **his story does not ~ scrutiny** historien hans står ikke for (*el.* vil ikke tåle) nærmere granskning; **4***(=be strong enough for; be able to support)* tåle *(fx will the table bear my weight?);* **5***(=produce)* bære *(fx flowers; fruit);* **6.** *meget stivt(=spread):* **~ gossip** fare med sladder; **7.: ~ sby a grudge***(=have a grudge against sby)* bære nag til en; **I'll ~ that in mind** jeg skal huske på det; **8.** *meget stivt:* **~ oneself well** 1*(=behave well)* oppføre seg bra; 2*(=acquit oneself well)* komme godt fra; klare seg godt *(fx he bore himself well at the trial);* **9.** *om retning; stivt(=stretch):* **the coast -s north** kysten strekker seg nordover; **they bore***(=headed)* **north** de styrte nordover; **~ right***(=keep right)* holde til høyre; **the light -s SE** fyret peiler i SO; **10.** *børsspråk:* falle i kurs; baisse; **11.: bring to ~** gjøre gjeldende (*on* overfor); **bring pressure to ~ on him** utsette ham for press; **bring one's mind to ~ on the problem** beskjeftige tankene sine med problemet; **12.** føde *(fx she has borne (him) three children);* **be born** bli født; **she was born on July 10** hun ble (,er) født den 10. juli; **13.** *mar:* **~ away** dreie av; falle av; **14.: ~ down the enemy** overrenne (*el.* overvelde) fienden; **15.: ~ down on** 1. *mar; også fig:* styre like mot *(fx the angry teacher bore down on the child);* 2. være en belastning for *(fx the weight is bearing down on my feet);* **16.: it was borne in on them***(=they realized)* **how close they had been to disaster** de forstod hvor nær de hadde vært katastrofen; **the terrible truth was borne in on him** den forferdelige sannheten gikk opp for ham; **17.** *fig:* **~ on** 1. ha noe å gjøre med *(fx facts bearing on(=relating to) the situation);* 2*(=weigh on)* veie tungt på *(fx his misdeeds bore heavily on his conscience);* **18.: ~ out** bekrefte; **John will ~ me out***(=John will bear out what I've said)* John vil bekrefte riktigheten av det jeg har sagt; **19.: ~ up** 1. *fig:* holde motet oppe; klare seg *(fx she's bearing up well after her shock);* 2. *mar:* **~ up the helm** legge roret opp; **~ up two points** holde to streker av; **20.: ~ with** bære over med; vise overbærenhet med; ha tålmodighet med *(fx bear with me for a minute, and you'll see what I mean).*

bearable ['bɛərəbl] *adj:* utholdelig; til å holde ut; levelig; **make life ~***(=livable)* **for sby** gjøre livet levelig for en.

bearberry ['bɛəbəri] *subst; bot:* **common***(=red)* **~** melbær; **black ~** rypebær.

beard ['biəd] *subst* **1.** skjegg; **wear a ~** gå med skjegg; **grow a ~** la skjegget vokse; **2.** *bot(=awn)* snerp; skjegg *(fx the beard on barley);* **3.** *zo; hos østers(=gills)* skjegg; **4.** *på fiskekrok el. pil(=barb)* mothake.

bearded ['biədid] *adj* **1.** skjegget; **2.** *bot:* med snerp (*el.* skjegg); skjegget; **3.** med mothaker.

bearded tit *zo:* skjeggmeis.

bearer ['bɛərə] *subst* **1.** *merk:* ihendehaver; **2.** overbringer.

bearer bond*(=bond payable to bearer)* ihendehaverobligasjon.

bear garden 1. *hist:* sted hvor det foregår bjørnehissing; **2**(*=tumultuous meeting)* rabaldermøte; sted hvor det råder vill forvirring; polsk riksdag.

bearing ['bɛəriŋ] *subst* **1.** holdning; fremtreden; **2.** *mask:* lager; **ball ~** kulelager; **3.** *mar:* peiling; **take a ~** peile; **4.** forbindelse; **it has no ~ on the matter** det har intet med saken å gjøre; det har ingen forbindelse med den foreliggende sak; **find**(*=get)* **one's -s** orientere seg; **he'll soon find his -s in his new job** han vil snart finne seg til rette i den nye jobben sin; **lose one's -s** ikke lenger være i stand til å orientere seg; **I've lost my -s** jeg kan ikke orientere meg lenger.

bearing-down pains *pl; med.:* pressveer.

beast [bi:st] *subst* **1.** dyr; **~ of burden** lastedyr; **~ of prey** rovdyr; **2.** *landbr:* **-s** krøtter; buskap; **3.** *fig:* dyr; **the ~ in him** dyret i ham.

beastliness ['bi:stlinis] *subst:* dyriskhet; bestialitet.

beastly ['bi:stli] **1.** *adj:* dyrisk; bestialsk; **2. T:** ufyselig *(fx weather);* motbydelig; vemmelig; **what a ~ thing to do!** det var vemmelig gjort!

I. beat [bi:t] *subst* **1.** slag; **heart -s** hjerteslag; **2.** *mus:* (takt)slag; **three -s to the bar** tre slag i takten; **3.** *metrikk:* takt; rytme; **4.** runde; distrikt *(fx a policeman's beat); fig:* **that's off my ~** det forstår jeg meg ikke på; det ligger utenfor mitt område; **5.** *mar:* bidevindskurs; **6.** *jaktuttrykk:* klappjakt.

II. beat *vb (pret: beat; perf. part.: beaten)* **1.** slå; banke *(fx his heart was beating like mad);* **2.** pryle; **~ him up** jule ham opp; **3.** piske *(fx eggs);* **4.** *fig:* slå; **if you can't ~ them, join them!** man må hyle med ulvene! *uttrykk for overraskelse;* **S: can you ~ it**(*=that)?* har du hørt (,sett) på maken? slå den! **the problem has got him -en** han kan ikke hamle opp med det problemet; **it -s**(*=puzzles)* **me how you can walk so fast** jeg forstår ikke hvordan du kan gå så fort; **~ about the bush** komme med utflukter (*el.* utenomsnakk); unngå å komme til saken; **~ down** 1. prute ned *(fx I beat him down £2);* 2. *om sol:* være brennende varm; **S: ~ it!** forsvinn! stikk av! **~ off** drive vekk; *om angrep:* slå tilbake; **~ a (hasty) retreat** slå (en hastig) retrett; *(se III. beat; beaten).*

III. beat *adj* **S: (dead) ~** helt utkjørt.

beaten ['bi:tən] *adj; perf. part.* **1.** hamret *(fx of beaten gold);* **2.** *fig:* slått *(fx the beaten army; he looked tired and beaten);* **a ~ egg** et pisket egg; **the ~ track** den slagne landevei; **off the ~ track** utenfor allfarvei.

beater ['bi:tə] *subst* **1.** *jaktuttrykk:* klapper; **2.: carpet ~** teppebanker; **panel ~** bilopppretter; **rotary ~** hjulvisp.

beatific [,biə'tifik] *adj; litt.:* **a ~ smile** et lykksalig smil.

beatify [bi'æti,fai] *vb* **1.** *litt.:* lykksaliggjøre; **2.** *kat:* beatifisere; erklære (en avdød for) salig.

beating ['bi:tiŋ] *subst:* banking; nederlag; pryl; **take a ~** lide nederlag; bli slått; få juling; **that takes some**(*=a lot of)* **~** den prestasjonen er ikke god å slå; **the schoolboy was given a ~** skolegutten fikk en omgang juling.

beatitude [bi'æti,tju:d] *subst; litt.:* (lykk)salighet; *(jvf bliss).*

beau [bou] *(pl: beaus, beaux* [bouz]) *subst* **1.** *glds:* laps; motelaps; **2.** *glds el. spøkef:* kavaler *(fx who is her latest beau?); (jvf belle).*

beautician [bju:'tiʃən] *subst:* skjønnhetsekspert.

beautiful ['bju:tiful] *adj:* vakker; meget pen.

beautify ['bju:ti,fai] *vb:* forskjønne; forskjønnes.

beauty ['bju:ti] *subst:* skjønnhet *(fx she's a beauty);* **this picture has great ~** dette er et vakkert bilde; **the horse is a (real) ~** det er en (virkelig) fin hest; **T: the black eye he got was a real ~!** det var virkelig et flott blått øye han fikk! **one ~ of the job is the short hours** én god ting ved jobben er den korte arbeidstiden; **the ~ of it is that** ... det fine (*el.* gode) ved det er at ...

beauty salon(*=beauty parlour)* skjønnhetssalong.

beauty spot 1. skjønnhetsplett; **2.** naturskjønt sted; perle.

I. beaver ['bi:və] *subst* **1.** *zo:* bever; beverskinn; **2.** *hist; på hjelm(=visor)* visir.

II. beaver *vb* **T: ~ away at sth** arbeide flittig med noe.

beaver lodge beverhytte.

becalmed [bi'ka:md] *adj; mar:* **be ~** få vindstille; ligge stille (av mangel på vind).

because [bi'kɔz, bi'kəz] *konj* **1.** fordi *(fx she won because she's best);* **this is ~** dette er fordi; dette kommer av at; **2.** fordi om *(fx he doesn't think it'll be the end of the world because he forgets to water the roses);* **3**(*=since)* siden *(fx because it's so cold we'll go home);* **4**(*,stivt: for)* for *(fx it must be late because I have been here a long time);* **5.: ~ of**(*=on account of)* på grunn av; pga. *(fx I lost my job because of her).*

beck [bek] *subst* **1.** *i Nord-England:* (fjell)bekk; **2.: be at sby's ~ and call** lystre ens minste vink; stå på pinne for en; **he has many servants at his ~ and call** han har mange tjenere til å varte seg opp.

becket ['bekit] *subst; mar:* hundsvott; **~ block** blokk med hundsvott.

beckon ['bekən] *vb:* vinke til; **~ your friend over** gjør tegn til vennen din at han skal komme bort til oss; *fig:* **I'd like to sit and read, but the housework -s!** jeg skulle gjerne sitte og lese, men husarbeidet kaller!

becloud [bə'klaud] *vb(=confuse)* gjøre uklar; **~ the issue** gjøre saken uklar.

become [bi'kʌm] *vb (pret: became; perf.part.: become)* **1.** bli *(fx a doctor);* **~ known** bli kjent; **~ of** bli av *(fx what has become of him?);* **2**(*=suit)* kle *(fx that hat becomes you);* **3.: ~ sby**(*=befit sby)* sømme seg for en; passe seg for en.

becoming [bi'kʌmiŋ] *adj* **1**(*=attractive)* kledelig *(fx a very becoming dress);* **2.** *glds el. stivt(=appropriate; suitable)* passende; høvelig; **he made a speech ~ (to) the occasion** han holdt en tale som passet godt for anledningen.

I. bed [bed] *subst* **1.** seng; **a ~ of straw** en halmmadrass; *ordspråk:* **life is not a ~ of roses** livet er ingen dans på roser; **in ~** i seng *(fx he's in bed);* **go to ~** legge seg; gå til sengs; **put a child to ~** legge et barn; *fig:* **get out of ~ on the wrong side** stå opp med det gale benet først; **make a ~** re (opp) en seng; *ordspråk:* **as you make your ~, so you must lie on it** som man reder, så ligger man; **2.: ~ and board** kost og losji; *på hotell, etc:* **~ and breakfast** værelse med frokost; **3.: river ~** elveleie; elveseng; **the ~ of the sea** havbunnen; **oyster ~** østersbanke; **4.** *i hage:* bed; **a ~ of flowers** et blomsterbed.

II. bed *vb* **1.: ~ down** legge seg (for natten); skaffe sengeplass til; **~ with sby** gå til sengs med en; **2**(*=embed)* legge *(fx the bricks are bedded in mortar);* **3.** plante (i bed); **~ out** plante ut.

bedaub [bi'dɔ:b] *vb; stivt(=dirty)* smøre til; søle til; grise til.

bedazzle [bi'dæzəl] *vb; også fig; stivt(=dazzle)* blende; gjøre forvirret.

bedbug ['bed,bʌg] *subst; zo:* veggedyr; sengetege.

bed chart *ved sykeseng:* temperaturkurve.

bedclothes ['bed,klouðz] *subst; pl:* sengeklær.

beddable ['bedəbəl] *adj(=sexually attractive)* seksuelt tiltrekkende.

bedder ['bedə] *subst* **1.** *ved Cambridge for studentene:* tjener; **2**(*=bedding plant)* utplantingsplante.
bedding ['bediŋ] *subst* **1**(*=bedclothes)* sengeklær; sengetøy; *mar:* køyeklær; køyetøy; **2.** *landbr(=litter)* strø; **3**(*=foundation)* underlag; **4.** *geoteknikk:* lag.
bedeck [bi'dek] *vb(=adorn)* smykke; pynte; **-ed with jewels** behengt med smykker.
bedevil [bi'devəl] *vb* **1**(*=torment)* plage (livet av en); **2**(*=bewitch)* forhekse; **3**(*=confuse; complicate)* forkludre; bringe i uorden; forplumre *(fx a problem).*
bedfellow ['bed,felou] *subst* **1.** person man deler seng med; sengekamerat; **2.** (midlertidig) forbundsfelle.
bed-hopper ['bed,hɔpə] *subst:* **US T:** pike som det er lett å komme til sengs med.
bedlam ['bedləm] *subst; fig:* galehus; hurlumhei; spetakkel *(fx his speech caused bedlam).*
bed linen *om laken, putevar, etc:* sengetøy; *glds:* sengelinnet; *(jvf linen).*
Bedouin ['beduin]*(=Beduin) subst:* beduin.
bedpan ['bed,pæn] *subst:* (stikk)bekken.
bedpost ['bed,poust] *subst:* sengestolpe.
bedraggled [bi'drægəld] *adj:* sjasket; tilsølt.
bed rest *med.:* sengeleie.
bedridden ['bed,ridən] *adj:* sengeliggende.
bedrock ['bed,rɔk] *subst* **1.** grunnfjell; **2.** *fig:* laveste punkt; bunnivå *(fx his financial position has reached bedrock);* **touch ~** nå bunnen; nå laveste nivå.
bedroom ['bed,rum] *subst:* soveværelse.
bedside ['bed,said] *subst:* sengekant.
bedside lamp nattbordlampe.
bedsit ['bed,sit], **bedsitter** ['bed,sitə] *subst:* hybel.
bedsore ['bed,sɔ:] *subst:* liggesår.
bedspread ['bed,spred] *subst(=bedcover)* sengeteppe.
bedstead ['bed,sted] *subst:* sengeramme; seng uten madrass i; sengested.
bedstraw ['bed,strɔ:] **1.** sengehalm; **2.** *bot:* maure; **lady's ~** *(=yellow cleavers)* gulmaure; **northern ~** hvitmaure.
bedtime ['bed,taim] *subst:* sengetid.
bed-wetter ['bed,wetə] *subst:* sengevæter; en som ikke kan holde seg tørr om natten.
bee [bi:] *subst; zo:* bie; **keep -s** holde bier; **(as) busy as a ~** flittig som en bie; **she's a busy ~** hun er flittig; **have a ~ in one's bonnet** ha en fiks idé.
beech [bi:tʃ] *subst; bot:* bøk; bøketre.
bee-eater ['bi:,i:tə] *subst; zo:* bieter.
I. beef [bi:f] *subst* **1.** storfekjøtt; oksekjøtt; **2.** *(pl: beeves)* okse (som slaktedyr); **3. T: he has a lot of ~ on him** han er i godt hold; han er i hvert fall ikke for tynn; **4.** *(pl: beefs)* **S**(*=complaint)* klage.
II. beef *vb* **1. S:** klage; beklage seg *(fx he was beefing about his tax);* **2. US S: ~ up** styrke; forsterke.
beefcake ['bi:f,keik] *subst* **S:** bilde av muskelmann; *(jvf cheesecake 2).*
beef cattle *landbr; pl:* kjøttdyr; slaktekveg.
beefeater ['bi:f,i:tə] *subst(=yeoman warder of the Tower of London)* oppsynsmann ved Tower of London.
beefsteak ['bi:f,steik] *subst:* oksekjøtt; **~ (on the bone)** oksekotelett.
beef tapeworm *zo:* oksetintens bendelorm.
beefy ['bi:fi] *adj* **T:** kraftig *(fx a huge, beefy man).*
beehive ['bi:,haiv] *subst:* bikube.
bee-keeper ['bi:,ki:pə] *subst(=apiarist)* birøkter.
beeline ['bi:,lain] *subst:* **make a ~ for** styre rett løs på.
beer [biə] *subst:* øl; **life is not all ~ and skittles** livet er ikke bare en dans på roser.
beestings, biestings ['bi:stiŋz] *subst:* råmelk.
beeswax ['bi:z,wæks] *subst:* bivoks.
beet [bi:t] *subst; bot:* bete; **leaf ~** bladbete; **US: (red) ~**(*=beetroot)* rødbete; **sugar ~** sukkerroe.
I. beetle ['bi:təl] *subst* **1.** *zo:* bille; **2.** (brulegger)-jomfru.
II. beetle *vb* **T**(*=scuttle; scurry):* **~ along, ~ off** pile av sted; stikke av'sted *(fx he beetled off to chat up a couple of firemen).*
beetle crushers *pl; om store sko* **T:** flytebrygger.
beetroot ['bi:t,ru:t] *subst; bot(,***US:** *red beet)* rødbete.
beet sugar roesukker.
beezer ['bi:zə] *subst* **S 1**(*=chap)* fyr; kar; **2**(*=nose)* snyteskaft.
befall [bi'fɔ:l] *vb (pret: befell; perf. part.: befallen) stivt* **1**(*=come to pass)* tildra seg; hende; **2**(*=happen to)* vederfares; ramme *(fx a disaster has befallen her).*
befit [bi'fit] *vb; stivt(=be right for; be suitable for)* passe for *(fx his speech befitted the occasion).*
I. before [bi'fɔ:] *adv & konj* **1.** *adv(=earlier)* tidligere; før *(fx I've seen this before);* **long ~** lenge i forveien; for lenge siden; **a couple of days ~**(*=previously)* et par dager i forveien; for et par dager siden; **he knew from ~**(*=earlier)* **that** han visste fra før at; han visste i forveien at; **neither ~ nor since** hverken før eller siden; **now as ~** nå som før; **2.** *konj:* før *(fx I'll phone before I come; before I go I must phone my parents);* heller enn; før *(fx he'll resign before he agrees to it);* **I would**(*=I'd)* **die ~ I would give up**(*=I'd sooner die than give up)* jeg ville heller dø enn å gi opp; **~ the year was out** før året var omme; **it will be five years ~ we meet again** det er fem år til vi ses (*el.* treffes) igjen; **it was some time ~ he saw me** det varte en stund før han så meg.
II. before *prep* **1.** *om tid:* før *(fx before the war);* **the day ~ yesterday** i forgårs; **~ long**(*=soon)* snart; **be ~ one's time** være forut for sin tid; **not ~ Christmas** ikke før jul; først etter jul; **2.** *om sted(=in front of)* foran *(fx before the altar);* **~ my (very) eyes** (like) for(an) øynene på meg; **your name comes ~ mine on the list** navnet ditt står foran mitt på listen; **3**(*=in the presence of)* i nærvær av; **not ~ the children!** ikke mens barna er til stede! **he had to appear ~**(*=report to)* **the headmaster** han måtte møte for rektor; **~ God!** ved Gud! **4**(*=when confronted by)* stilt overfor; **they withdrew ~ their enemies** de trakk seg tilbake for fienden; **5.** framfor *(fx he was chosen before all the others);* **put friendship ~ money** sette vennskap høyere enn penger; **he'd die ~ betraying**(*=rather than betray)* **his country** han ville heller dø enn forråde sitt land; **6.** *merk:* **profit ~ tax(ation)** resultat før skatt.
beforehand [bi'fɔ:,hænd] *adv:* på forhånd; i forveien.
before-mentioned [bi'fɔ:,menʃənd] *adj:* førnevnt.
befriend [bi'frend] *vb; stivt:* være vennlig mot; gjøre seg til venns med.
beg [beg] *vb* **1.** tigge; tigge til seg; **~ for** tigge om; **2.** be inntrengende; trygle; **I ~ you not to do it!** jeg ber deg (så pent) om ikke å gjøre det! **don't do it – I ~ of you!** gjør det ikke, så er du snill! **3.** *glds el. stivt:* tillate *(fx we beg to inform you that); stivt:* **I ~ to differ**(*=I don't agree)* jeg tillater meg å være uenig; jeg er uenig; **4**(*=evade):* **~ a point** la et punkt forbli ubesvart; la et punkt stå åpent; **~ the question**(*=evade the issue)* unngå selve spørsmålet; unngå spørsmålet *(fx your statement begs the question of whether we get any money);* **5.: ~ off** be seg fritatt (fra avtale *el.* forpliktelse); **I had to ~ off** jeg måtte be meg fritatt.
beget [bi'get] *vb (pret: begot; perf. part.: begotten)* **1** *glds(=be the father of)* avle; være far til; **2.** *stivt(=be the cause of)* avle; være årsak til; **they**

begot(=*caused*) **a great deal of ill-will** de ble årsak til meget fiendskap.

I. beggar ['begə] *subst* **1.** tigger; **-s can't be choosers** man kan ikke velge og vrake; vi har ikke råd til å være kresne; **2.** *spøkef; godmodig:* **cheeky ~!** den (lille) frekkasen! **lucky ~**(=*dog*) heldiggris.

II. beggar *vb* **1**(=*make very poor*) bringe til tiggerstaven; ruinere; **2.** *stivt:* **it -s**(=*is beyond*) **description** det trosser enhver beskrivelse.

beggarly ['begəli] *adj*(=*meanly inadequate; very poor*) ussel; fattigslig (*fx beggarly living conditions*); **a ~ sum of money** en ussel sum.

beggary ['begəri] *subst*(=*extreme poverty*): **reduce sby to ~** bringe en til tiggerstaven.

begin [bi'gin] *vb (pret: began; perf. part.: begun)* begynne; **~ to eat**(=*begin eating*) begynne å spise; **to ~ with** til å begynne med; **~ at question 1 and answer all the questions** begynn med spørsmål 1 og besvar så alle spørsmålene; **well begun is half done** godt begynt er halvt fullendt; **when did you ~ English?** når begynte du med engelsk? *bare i negert setning:* **he couldn't ~ to compete with her** han var ikke på noen måte i stand til å ta opp konkurransen med henne; *(se også II. start).*

beginner [bi'ginə] *subst:* begynner.

beginning [bi'giniŋ] *subst:* begynnelse; **at the ~ of**(=*in the early part of*) **her speech** i begynnelsen av talen (hennes); **at the very ~**(=*at the (very) outset*) straks i begynnelsen; helt i begynnelsen; **from ~ to end** fra begynnelse til slutt; fra begynnelsen til enden; **from the (very) ~** (helt) fra begynnelsen av; **the -s of Greek art** den tidlige greske kunst.

begonia [bi'gouniə] *subst; bot:* begonia; **winter -flowering ~** juleglede.

begrudge [bi'grʌdʒ] *vb; stivt*(=*envy*) misunne.

beguile [bi'gail] *vb; stivt* **1**(=*charm*) lure; forlede (*fx sby into doing sth*); **2.** *om tid; på en behagelig måte:* **~ (away)** (=*pass pleasantly*) fordrive (*fx he beguiled (away) the time with gardening*) **3.** *litt.*(=*amuse*) more (*fx she beguiled the children with stories*).

behalf [bi'ha:f] *subst:* **on sby's ~** (,**US:** *in sby's behalf*) på ens vegne; **he is acting on his own ~** han handler på egne vegne.

behave [bi'heiv] *vb* **1.** oppføre seg (*fx he behaved badly*); opptre (*fx with dignity*); **2.: ~ (oneself)** oppføre seg ordentlig; **3.** *om motor, etc:* oppføre seg.

behaviour (,**US:** *behavior*) [bi'heiviə] *subst* **1.** oppførsel; **be on one's best ~** oppføre seg så pent man kan; vise seg fra sin beste side; **2.** *psykol, etc:* atferd.

behavioural (,**US:** *behavioral*) [bi'heiviərəl] *adj:* atferds-; **~ science** atferdsvitenskap.

behaviourism (,**US:** *behaviorism*) [bi'heiviə,rizəm] *subst:* atferdspsykologi.

behead [bi'hed] *vb:* halsnogge.

I. behind [bi'haind] *subst* **T**(=*buttocks*) bak; ende; rumpe.

II. behind *prep:* bak; bakenfor; **~ my back** bak min rygg; **with a rich father ~ you, you can afford things like that** med en rik far i ryggen kan man unne seg denslags; **I've got the exams ~ me now** jeg har eksamen bak meg nå; **be ~** stå bak (*fx who is behind this plan?*); **I'm right ~ you in your application** jeg skal støtte godt opp om søknaden din; **~ schedule** etter ruten (*fx the bus is running behind schedule*); **they left a lot of litter ~ them** de la igjen mye avfall (etter seg).

III. behind *adv:* bak; baketter; **be ~ with one's work** være på etterskudd med arbeidet (sitt); **he left his books ~** han la igjen bøkene sine; **stay ~** bli igjen.

behindhand [bi'haind,hænd] *adj & adv:* ikke à jour; på etterskudd (*fx he's behindhand with his work*).

behold [bi'hould] *vb (pret: beheld; perf. part.: beheld) glds el. litt.:* se; skue.

I. being ['bi:iŋ] *subst* **1**(=*existence*) tilværelse; eksistens; **come into ~** bli til; bli skapt; **2.** vesen (*fx beings from outer space*); **human ~** menneske; menneskelig vesen; **she put her whole ~ into the part** hun la hele seg i rollen.

II. being 1. *adj:* **for the time ~** for øyeblikket; foreløpig; inntil videre; **2.** *pres part.:* **~ your uncle I must** . . . da (*el.* siden) jeg er din onkel, må jeg . . .; **this ~ so** da (*el.* siden) det forholder seg slik.

belabour [bi'leibə] *vb; stivt:* slå løs på.

belated [bi'leitid] *adj:* forsinket; som kommer for sent; **a ~ birthday card** et forsinket fødselsdagskort; **~ wisdom** etterpåklokskap.

belatedly [bi'leitidli] *adv:* for sent; etterpå (*fx we thanked him belatedly for his kindness*); **~, an attempt is now being made to** . . . om enn noe sent, gjøres det nå et forsøk på å . . .

I. belay [bi'lei] *subst; fjellsp:* forankring.

II. belay *vb* **1.** *fjellsp:* forankre; **2.** *mar:* belegge; gjøre fast.

I. belch [beltʃ] *subst:* rap; **he gave a loud ~** han rapte høyt.

II. belch *vb* **1.** rape; **2.** *om skorstein, vulkan, etc:* spy ut; bli spydd ut (*fx smoke belching from factory chimneys; factory chimneys belching (out) smoke; the chimney belched forth smoke*).

beleaguered [bi'li:gəd] *adj*(=*under attack*) beleiret.

belfry ['belfri] *subst:* klokketårn; **have bats in the ~** ha rare idéer; være litt rar.

Belgian ['beldʒən] **1.** *subst:* belgier; belgisk (språk); **2.** *adj:* belgisk.

Belgium ['beldʒəm] *subst; geogr:* Belgia.

Belgrade ['belgreid, bel'greid] *subst; geogr:* Beograd.

belie [bi'lai] *vb; stivt*(=*give a false idea of*) gi et galt inntrykk av; stå i motsetning til (*fx his innocent face belies his cunning*); **the old inn -s its humble exterior** det beskjedne ytre gir en et galt inntrykk av det gamle vertshuset.

belief [bi'li:f] *subst* **1**(=*faith*) tro; **~ in God** tro på Gud; **2.** lære; trossetning (*fx Christian beliefs*); **if this conflicts with their -s** hvis dette strider mot deres livssyn; **3.** tro; mening; **die in the ~ that** dø i den tro at; **it is my ~ that** det er min tro at; **in the ~ that**(=*thinking that*) i den tro at; i den formening at; **I do not share your ~ in his ability** jeg deler ikke din tro på hans dyktighet; **to the best of my ~**(=*in my sincere opinion*) etter beste overbevisning; så vidt jeg vet.

believe [bi'li:v] *vb:* tro; mene; tenke; **I ~ God exists** jeg tror at Gud eksisterer; **I ~ you** jeg tror deg; **I ~**(=*think*) **he's coming tomorrow** jeg tror han kommer i morgen; **it is -d to be gold** man mener det er gull; **~ in** tro på (*fx God; sby*); **I don't ~ in reading in bed** jeg er ikke tilhenger av å lese på sengen.

believer [bi'li:və] *subst* **1.** *rel:* troende; **he's a true ~** han er en sann troende; **2.** person som tror på noe; **-s in ghosts** de som tror på spøkelser; **he's a great ~ in having breakfast in bed** han er en stor tilhenger av frokost på sengen.

belittle [bi'litəl] *vb; stivt:* bagatellisere.

I. bell [bel] *subst* **1.** klokke; **church ~** kirkeklokke; **door-** dørklokke; **electric ~** elektrisk klokke; ringeapparat; **harness ~** dombjelle; **2.** *tekn; på rør:* muffe; **3.** *mar:* skipsklokke; glass (*fx strike eight bells*); **~, book, and candle** med alt som hører til; etter alle kunstens regler; **(as) sound as a ~**(=*in perfect condition*) i utmerket stand; **ring a ~ 1.** ringe på en klokke; **2**(=*sound familiar*) høres kjent ut; minne en om noe; **this rang a ~ for me** dette minnet meg om noe; **does that word ring any ~?** minner det ordet deg om noe? *om bokser:* **he was saved by the ~** han ble reddet av gongongen.

II. bell *vb:* henge bjelle på; **T: ~ the cat** henge bjella på katten.

bell animalcule *zo:* klokkedyr.

bellbind(er) ['bell,baind(ə)] *subst; bot(=bindweed)* vindel.

bell-bottomed ['bell,bɔtəmd] *adj.* **~ trousers***(=bell-bottoms)* bukse(r) med sjømannssleng.

bellboy ['bel,bɔi] *subst(=bellhop)* **US***(=page)* pikkolo.

bell-buoy ['bel,bɔi] *subst; mar:* klokkebøye.

bell button ringeknapp.

belle [bel] *subst; glds:* skjønnhet; vakker kvinne; **the ~ of the ball** ballets dronning.

belles-lettres ['bel'letr] *subst; pl:* skjønnlitteratur.

bellflower ['bel,flauə] *subst; bot:* klokkeblomst.

bellhop US: *se bellboy.*

bellicose ['beli,kous, 'beli,kouz] *adj; litt.:* krigersk; stridbar.

belligerence [bi'lidʒərəns] *subst:* krigerskhet.

I. belligerent [bi'lidʒərənt] *subst; om person el. land:* krigførende.

II. belligerent *adj* **1.** krigersk; **in a ~ tone (of voice)** i en krigersk tone; **2.** krigførende *(fx belligerent nations).*

bell jar glassklokke.

I. bellow ['belou] *subst:* brøl.

II. bellow *vb:* brøle *(fx he bellowed at the children).*

bellows ['belouz] *subst:* **a (pair of) ~** en blåsebelg.

bell pull klokkestreng.

bell push*(=bell button)* ringeknapp.

bell-ringer ['bel,riŋə] *subst* **1.** *i kirke:* ringer; **2***(person who plays musical handbells)* klokkespiller.

bellwether ['bel,weðə] *subst; zo:* bjellesau.

I. belly ['beli] *subst* **T***(=abdomen)* mage; buk; vom; underliv.

II. belly *vb:* bule ut; få til å svulme; **-ing sails** svulmende seil.

bellyache ['beli,eik] *subst* **T***(=stomach ache)* mageknip.

bellyband ['beli,bænd] *subst; del av seletøy:* bukgjord.

bellybutton ['beli,bʌtən] *subst* **T***(=navel)* navle.

belly dance magedans.

belly flop 1. mageplask; **2***(=belly landing)* buklanding.

bellyful ['beli,ful] *subst* **S: get a ~ of** få mer enn nok av.

belly landing T*(=wheels-up landing)* buklanding.

belly laugh skrallende latter.

belong [bi'lɔŋ] *vb:* høre til (*in* i); høre hjemme *(fx where do these things belong?);* **~ to** tilhøre *(fx it belongs to me);* være medlem av; tilhøre *(fx he belongs to that club);* **~ under** høre inn under; sortere under *(fx this matter belongs under another department);* **~ with** høre sammen med *(fx this page belongs with all the others);* **T: although they were rich, they just didn't ~** selv om de var rike, passet de ikke inn (i det gode selskap).

belonging: a sense of ~ en følelse av samhørighet *(fx a fine sense of belonging existed within the club).*

belongings *subst; pl:* eiendeler; saker *(fx all her belongings are still here).*

beloved [bi'lʌvd] *perf. part.; adj* **1.** elsket; avholdt; **~ by all** elsket (*el.* avholdt) av alle; *litt. el. spøkef:* **~ of** elsket av *(fx beloved of all who knew her);* **a sentence ~ of our women's magazine authoresses** en yndet setning hos de kvinnelige bidragsytere i våre dameblader; **2.** *attributivt* [bi'lʌvid] elsket *(fx his beloved country; his beloved wife).*

I. below [bi'lou] *adv* **1.** nedenunder; under (oss, *etc*) *(fx we could see the ocean below);* **we heard voices from ~** vi hørte stemmer nedenfra; **the family (on the floor) ~** *(=the family downstairs)* familien nedenunder; **they lived on the floor ~ us** de bodde i etasjen under oss; **he's waiting down ~** han venter nedenunder; **2.** *mar:* ned; nede, under dekk; **go ~ (deck)** gå under dekk; **3.** *på bokside, etc:* nedenfor; **mentioned ~** nevnt nedenfor; **4.: here ~***(=here on earth)* her nede; her på jorden.

II. below *prep* **1.** *lavere enn:* under *(fx wounded below the knee; below the line; below the window; a major is below a general in rank);* **2.** *mindre enn:* under; **children ~***(=under)* **six years of age** barn under seks år; **there is nothing ~***(=under)* **£5** det er ingenting som koster under (*el.* mindre enn) £5; **3***(=downstream of)* nedenfor *(fx a little way below the waterfall);* **4.** *fig(=beneath)* under *(fx it's below his dignity); kan ikke erstattes med 'beneath':* **his work is ~ average** arbeidet hans ligger under gjennomsnittet (i kvalitet).

I. belt [belt] *subst:* belte; livre(i)m; drivre(i)m; *geogr om område:* belte; *om farvann:* belte; **fan ~** viftere(i)m; **conveyor ~** transportbånd; *(jvf belt conveyor);* **tighten one's ~** stramme inn livremmen; *om bokser:* **hit below the ~** slå under beltestedet; **under one's ~** 1. *om mat og drikke i magen:* under vesten; 2. i ens besittelse; 3*(=as part of one's experience):* **he had a university degree under his ~** han hadde også (*el.* var også utstyrt med) en universitetseksamen.

II. belt *vb* **1.** feste med belte; **he -ed his trousers on** han spente på seg buksene; **he -ed his sword on** han spente på seg sverdet; **T: ~ up***(=fasten one's seat belt)* spenne seg fast; **2.** slå med belte; **3.** gi juling *(fx if you don't shut up, I'll belt you!).*

belt conveyor *om hele maskinen:* transportbånd; *(jvf conveyor belt).*

belt drive reimdrift.

belting ['beltiŋ] *subst* **1.** reimtøy; *kollektivt:* belter; reimer; **2. T***(=beating)* juling.

belt moulding *på bil:* pyntelist.

bemoan [bi'moun] *vb; stivt(=moan about)* sukke over; beklage seg over *(fx bemoaned his fate in being born the younger son).*

bemused [bi'mju:zd] *adj; stivt(=greatly puzzled)* meget forvirret *(fx the old lady was bemused by the traffic rushing past);* **his face had a ~ look** han så meget forvirret ut; han hadde et meget forvirret uttrykk i ansiktet.

bench ['bentʃ] *subst:* benk; **work-** arbeidsbenk; **carpenter's ~** høvelbenk; **a park ~** en benk i parken; **the ~** 1. *sport:* benken, hvor funksjonærer og reservespillere sitter; 2. *jur:* domstolen; dommerne; **you'll be appearing before the ~ in January** du vil komme for retten i januar.

bencher ['bentʃə] *subst:* et av de ledende medlemmer av en *Inn of Court,* vanligvis en dommer el. en *Queen's Counsel.*

bench mark 1. *geodesi:* polygonpunkt; **2.** *fig:* utgangspunkt; sammenligningsgrunnlag.

I. bend [bend] *subst* **1.** bøy; bøyning; **2.** (vei)sving; kurve; **3. T: round the ~***(=crazy)* sprø; **send sby round the ~***(=drive sby mad)* gjøre en helt sprø; **4.** *mus:* sløyfe; **5.** *her:* skråbjelke.

II. bend *vb (pret: bent; perf. part.: bent)* **1.** bøye; bøye seg *(fx she was bending over the cradle);* **~***(=draw)* **a bow** spenne en bue; **~ a spring** bøye en fjær; *gym:* **~ forward** bøye kroppen fremover; *fig:* **~ the rules***(=alter the rules)* forandre reglene *(fx he bends the rules to suit himself);* **~ the rules (slightly)**

synde (litt) mot reglene; *fig:* ~ **over backwards**(*=make great efforts*) gjøre seg store anstrengelser (*fx he's bending over backwards to please them*); **2.** *om vei, etc:* svinge (*fx the road bends to the right along here*); dreie; bukte seg; **3.** *mar:* beslå; **4.** *litt.:* ~ **one's steps towards home** styre sine skritt i retning av hjemmet; ~ **one's mind to sth** konsentrere seg om noe; (*se bended; bends; bent*).

bended ['bendid] *adj; fig:* **on one's** ~ **knees** på sine knær.

bending ['bendiŋ] *pres part.; adj:* **catch sby** ~ få ram på en; få has på en i et ubevoktet øyeblikk.

bends *subst; pl(=decompression sickness)* dykkersyke.

beneath [bi'ni:θ] **1.** *adv; stivt(=below; under; underneath)* under; nedenunder; **the grass** ~(*=under*) **your feet** gresset under dine føtter; **the little village** ~(*=below*) den lille landsbyen nedenunder; **the white paint** ~(*=underneath*) den hvite malingen under; **2.** *prep; stivt(=below; under)* under; nedenfor; ~(*=under*) **her coat** under kåpen; ~(*=under*) **the floorboards** under gulvbordene; **a camp** ~(*=below*) **a hill** en leir ved foten av et høydedrag (el. en ås); en leir innunder en åsside; **3.** *prep; fig; kan ikke erstattes med 'below' el. 'under':* ~ **contempt** under all kritikk; ~ **one's dignity** under ens verdighet; **he thinks it's** ~ **him** han synes det er under hans verdighet; **marry** ~ (*,lett glds: below*) **oneself** gifte seg under sin stand.

benediction [,beni'dikʃən] *subst:* velsignelse; *kat.:* benediksjon.

benefaction [,beni'fækʃən] *subst:* velgjerning.

benefactor ['beni,fæktə; ,beni'fæktə] *subst:* velgjører; velynder; donator; **a** ~ **of mankind** en menneskehetens velgjører.

benefactress ['beni,fæktrəs] *subst:* velgjørerinne; donator.

benefice ['benifis] *subst* **1.** *rel(=living)* (preste)kall; **2.** *hist:* len.

beneficence [bi'nefisəns] *subst* **1**(*=charity*) velgjørenhet; godgjørenhet; **2**(*=charitable gift; charity*) velgjørenhet; gave til veldedig formål.

beneficent [bi'nefisənt] *adj(=charitable)* velgjørende; gavmild.

beneficial [,beni'fiʃəl] *adj:* gagnlig; gunstig; heldig (*fx fresh air is beneficial to your health; the beneficial effects of a holiday*).

beneficial owner *jur:* person som eier verdipapirer registrert i en annens navn; berettiget eier; kompetent eier; (*jvf nominee 2*).

beneficial price *merk:* favørpris.

beneficial right *jur:* bruksrett; nytelsesrett.

beneficiary [,beni'fiʃəri] **1.** *subst; fors:* begunstiget; *jur:* andelsberettiget; begunstiget (i testament, etc) (*fx under my aunt's will, my sister and I were the only beneficiaries*); **be a** ~ **of** nyte godt av; **2.** *adj; fors:* **a** ~ **member** et begunstiget medlem.

I. benefit ['benifit] *subst(=advantage; help)* fordel; nytte; hjelp; gagn; utbytte; **he had a lot of** ~ **from their friendship** han hadde mange fordeler av vennskapet (deres); **the** ~ **of experience** fordelen ved erfaring; **all the -s of fresh air and exercise** alle fordelene ved frisk luft og mosjon; **there's no** ~ **to be had from changing jobs now** det er ingen fordel å skifte jobb nå; **the book wasn't of much** ~ **to me** jeg hadde ikke stort nytte av boken; **this is for your** ~ dette er til din (egen) fordel; **for the** ~ **of** til fordel for; til beste (*el.* gagn) for; **have the** ~ **of** nyte godt av; **he has had the** ~ **of a good education** han har hatt fordelen av en god utdannelse; **give him the** ~ **of doubt** la tvilen komme ham til gode.

II. benefit *vb* **1.** gagne (*fx sby*); **it won't** ~ **him** det vil ikke gagne hans sak; **the mountain air will** ~ **you** du vil ha godt av fjelluften; **2.:** ~ **by**(*=from*) dra fordel av; høste fordel av; dra (*el.* ha) nytte av; **he -ed greatly from the advice** han hadde stor nytte av rådet (,rådene); **he would** ~ **more from a long holiday** han ville ha mer godt av en lang ferie.

benefit association **US**(*=friendly society*) veldedig forening.

benefit claimant sosialklient.

benevolence [bi'nevələns] *subst; stivt:* mildhet; menneskekjærlighet; godgjørenhet.

benevolent [bi'nevələnt] *adj; stivt:* velvillig; vennlig; godgjørende; menneskekjærlig; kjærlig; **a** ~ **father** en kjærlig far; **a** ~ **old man** en vennlig gammel mann; **a** ~ **smile** et velvillig smil.

Bengal [ben'gɔ:l] *subst; geogr; hist:* Bengal.

Bengali [ben'gɔ:li] **1.** *subst:* bengaler; *språk:* bengali; **2.** *adj:* bengalsk.

benighted [bi'naitid] *adj:* åndsformørket; uopplyst.

benign [bi'nain] *adj* **1.** *stivt:* vennlig; mild; **a** ~ **old man** en vennlig gammel mann; **his smile was** ~ han smilte mildt; **2.** *fig; stivt:* behagelig; gunstig (*fx the weather was very benign*); **3.** *med.:* godartet; **a** ~ **tumour** en godartet svulst.

benignant [bi'nignənt] *adj:* nådig; vennlig (og nedlatende).

benignity [bi'nigniti] *subst* **1.** vennlighet; mildhet; **2.** *med.:* godartethet.

benny ['beni] *subst* **S:** amfetamintablett.

I. bent [bent] *subst; stivt(=inclination; aptitude)* tilbøyelighet; hang; dragning; anlegg (*fx he has a bent(=talent) for mathematics*); **his** ~ **towards mysticism** hans hang til mystisisme; **he's of a studious** ~ han har en hang til det boklige.

II. bent (*pret & perf. part. av II. bend*) *adj* **1.** bøyd; **2.** *stivt:* ~ **on** fast bestemt på; oppsatt på; **he's** ~ **on winning**(*=he is determined to win*) han er fast bestemt på å vinne; **3. S:** uærlig; korrupt; *om ting:* stjålet; *om person(=crazy)* sprø;(*=sexually deviant*) som avviker seksuelt; homoseksuell.

benumb [bi'nʌm] *vb* **1.** gjøre følelsesløs; avstumpe; lamme (*fx sby's feelings*); **2.** gjøre følelsesløs (*el.* valen) av kulde.

benzene ['benzi:n, ben'zi:n] *subst; kjem:* benzen.

benzol(e) ['benzɔl] *subst; kjem:* bensol.

bequeath [bi'kwi:ð] *vb* **1.** *jur(=devise)* testamentere bort (*fx she bequeathed £100 to charity*); **2.** *fig(=hand down; pass on)* la gå videre; la gå i arv.

bequest [bi'kwest] *subst:* testamentering; testamentarisk gave (*fx I received a bequest in my uncle's will*).

bereave [bi'ri:v] *vb; stivt:* **be -d of one's son** miste sønnen sin.

bereaved *adj:* som har mistet en av sine kjære; **a** ~ **mother** en sørgende mor; **the** ~ de etterlatte; (*se også bereft*).

bereavement [bi'ri:vmənt] *subst(=death in the family)* dødsfall i familien; **your** ~ tapet av den (,de) du har kjær; **she sent a letter of sympathy on his** ~ hun sendte ham et kondolansebrev.

bereft [bi'reft] *adj; fig:* ~ **of hope**(*=deprived of hope*) berøvet håpet; (*se også bereaved*).

beret ['berei] *subst:* beret; alpelue.

berg [bə:g] *subst(=iceberg)* isfjell.

bergschrund ['bɛrkʃrunt] *subst(=crevasse at the head of a glacier)* bresprekk (foran breen); (*se crevasse*).

Bermuda [bə'mju:də] *subst; geogr:* **the -s** Bermudaøyene.

I. berry ['beri] *subst* **1.** *bot:* bær; **coffee** ~ kaffebønne; **brown as a** ~ brun som en neger; **2.** *zo:* egg (av hummer, etc).

II. berry *vb* **1.** frembringe bær; **2.** plukke bær; **go -ing** gå på bærtur.

berserk [bə'zə:k, bə'sə:k] *subst* **1**(*=berserker*) berserk; **2.: go** ~ gå berserkergang.

I. berth [bə:θ] *subst* **1.** *jernb; mar:* køye; køyeplass; soveplass; **book a** ~ **on a ship** bestille plass (ɔ: lugarplass) på et skip; **2.** *mar:* kaiplass; **give it a wide** ~ holde seg langt unna det; gå langt utenom det; **3.** *mar* **T: get a** ~(*=sign on)* få hyre.

II. berth *vb* **1.** *jernb; mar:* skaffe soveplass; skaffe lugarplass; **-ed passengers** lugarpassasjerer; **2.** *mar:* anvise kaiplass; klappe (*el.* legge) til kai.

beseech [bi'si:tʃ] *vb (pret: besought; perf. part.: besought)* bønnfalle; be innstendig.

beset [bi'set] *vb (pret: beset; perf. part.: beset)* **1.** *vanligvis i passiv:* **they were** ~ **by thieves**(*=they were constantly harassed by thieves)* de var helt omgitt av tyver; **2.** *fig:* **he was constantly** ~ **by worries** han var stadig plaget av bekymringer; **it was** ~ **with great difficulties** det var forbundet med store vanskeligheter; **3.** *glds:* ~ **with jewels**(*=jewelled)* juvelbesatt.

beside [bi'said] *prep:* ved siden av; sammenlignet med *(fx his work is poor beside yours);* **that's** ~ **the point** det er saken uvedkommende; **be** ~ **oneself with jealousy** være fra seg av sjalusi.

besides [bi'saidz] **1.** *adv:* dessuten *(fx besides, I know very little about it);* i tillegg *(fx she has two sons and an adopted one besides);* **and a lot more** ~ og mye mer også; og mer(e) til; **2.** *prep:* foruten; i tillegg til *(fx there were two guests besides me);* ~ **costing too much, the scheme is impractical** i tillegg til at planen koster for mye, er den også ugjennomførlig; **is anyone coming** ~ **John?** kommer det flere enn John?

besiege [bi'si:dʒ] *vb* **1.** *mil:* beleire; **2.** *fig:* beleire; bestorme *(fx the reporters besieged him with questions).*

besom ['bi:zəm] *subst:* sopelime.

besotted [bi'sɔtid] *adj:* ~ **with**(*=very much in love with)* forgapet i *(fx he's besotted with a girl in London);* **he looked at her with a** ~ **expression** han så henført på henne.

bespeak [bi'spi:k] *vb (pret: bespoke; perf. part.: bespoken)* **1.** bestille; tinge på; reservere; **2**(*=suggest)* tyde på *(fx this act bespeaks kindness).*

bespectacled [bi'spektəkəld] *adj:* bebrillet; med briller.

bespoke [bi'spouk] *adj* **1.** sydd etter mål *(fx a bespoke suit);* **2.: a** ~ **tailor** en skredder som syr etter mål; ~ **tailoring** målsøm.

I. best [best] *adj (superl av good); adv (superl av well)* best *(fx the best book on the subject; she's my best friend; he works best in the morning);* **which method is (the)** ~? hvilken metode er best? **the** ~ **(that) I can do** det beste jeg kan gjøre; **much the** ~ langt den (,det) beste; **the roses are at their** ~ **in June** rosene er på sitt beste i juni; **it was all for the** ~ det var best slik; det var best at det gikk som det gikk; **they're the** ~ **of friends** de er de beste venner av verden; de er verdens beste venner; **in the** ~ **of health** ved utmerket helse; **T:** i fin form; **to the** ~ **of my ability** etter beste evne; etter fattig evne; **to the** ~ **of my knowledge**(*=as far as I know)* såvidt jeg vet.

II. best *vb; stivt*(*=defeat)* slå; overgå; overvinne; **he was -ed in the argument** han trakk det korteste strå i diskusjonen.

bestial ['bestiəl] *adj; litt. el. stivt* **1**(*=savage; like an animal)* dyrisk; **2**(*=brutish)* dyrisk; rå; bestialsk.

bestiality [,besti'æliti] *subst* **1.** dyriskhet; **2.** råhet; bestialitet.

bestir [bi'stə:] *vb; stivt:* ~ **oneself** våkne til dåd; komme i gang; ~ **yourself!** se til å komme i gang!

best man ['best,mæn] forlover.

bestow [bi'stou] *vb; stivt:* ~ **sth on sby**(*=give sth to sby)* skjenke en noe; gi en noe; **the Queen -ed**(*=conferred)* **a knighthood on him**(*=he received a knighthood from the Queen)* dronningen utnevnte ham til ridder.

I. bet [bet] *subst* **1**(*=wager)* veddemål *(fx I won my bet);* **make a** ~ **that** vedde om at; **make a** ~ **with sby** inngå et veddemål med en; **he lost his** ~ han tapte veddemålet; **his** ~ **was that the horse would win** han veddet på at hesten ville vinne; **2.** det som satses; innsats *(fx place your bets gentlemen!);* **it's a good** ~ **that they will succeed** det er ganske sikkert at de vil klare det; **that's a safe** ~ det er helt sikkert; det er bombesikkert; **3**(*=course of action)*: **your best** ~ **is to** det beste du kan gjøre, er å; **4. T**(*=opinion)*: **my** ~ **is that you've been up to no good** jeg tror du (,dere) har hatt et eller annet fore; jeg tror du (,dere) har gjort noe galt.

II. bet *vb (pret & perf. part. bet(ted))* **1.** vedde; ~ **with sby** vedde med en; **I'll** ~ **you £5 that** jeg skal vedde £5 med deg på at; ~ **on sth**(*=have a bet on sth)* vedde om noe; **2.** *fig:* **you** ~! det skal jeg hilse deg å si! det kan du være trygg på! **I** ~(*=I'll bet)* **you were angry** jeg skal vedde på at du var sint; jeg kan (godt) tenke meg at du var sint; **you (can)** ~ **your life (on that)!**(*=you bet your boots!)* det kan du ta gift på! ja, det skal jeg love for!

betake [bi'teik] *vb (pret: betook; perf. part.: betaken) litt. el. spøkef*(*=go)* reise av sted (*to* til) *(fx I betook myself to London).*

bethel ['beθəl] *subst*(*=chapel)* bedehus.

betide [bi'taid] *litt. el. spøkef:* **woe** ~ **him (,you,** *etc***)!** ve ham (,deg, *etc*)!

betoken [bi'toukən] *vb* **1**(*=signify)* betegne; bety *(fx black clothes betoken mourning);* **2**(*be a sign of; spell)* varsle (om); bebude *(fx those black clouds betoken rain).*

betray [bi'trei] *vb* **1.** forråde *(fx he betrayed his own brother to the enemy; betray one's country);* **2**(*=disclose)* røpe *(fx a secret);* **he -ed himself** han røpet seg; **3**(*=show signs of)* røpe *(fx her pale face betrayed her fear);* **if one taps china the sound -s any faults** hvis man banker på porselen, vil lyden avsløre (*el.* røpe) eventuelle feil; **4.** *stivt*(*=fail)* **his tired legs -ed him** de trette bena hans sviktet ham.

betrayal [bi'treiəl] *subst:* forræderi.

betroth [bi'trouð; **US:** bi'trouθ] *vb; glds el. stivt; ofte i passiv:* trolove.

betrothal [bi'trouðəl] *subst; glds el. stivt (=engagement)* trolovelse.

I. better (*,***US:** *bettor)* ['betə] *subst:* en som vedder.

II. better *adj (komp av good); adv (komp av well)* bedre; **1.** *substantivisk bruk:* **something** ~ noe bedre; **someone** ~ en som er bedre; *spøkef:* **one's -s** ens overordnede; de som står over en (i rang, etc); **don't be rude to your -s!** ikke vær uforskammet mot dine overordnede! **his social -s** de som sosialt sett står over ham; **a change for the** ~ en forandring til det bedre; **get the** ~ **of** 1(*=defeat)* seire over *(fx he got the better of his opponent);* **he got the** ~ **of the argument** han gikk seirende ut av diskusjonen; **2.: his temper got the** ~ **of him** hissigheten løp av med ham; **he's the** ~ **of the two** han er den beste av de to; **2.** *adj; adv:* bedre; **he has a** ~ **car than I do** han har en bedre bil enn jeg; **I feel** ~ **today** jeg er (*el.* føler meg) bedre i dag; **T: she's completely** ~ **now** hun er helt frisk igjen nå; **appeal to his** ~ **feelings**(*=nature)* appellere til hans bedre jeg; *i vielsesritual:* **for** ~ **for worse** i gode og onde dager; **you'll be (all the)** ~ **for it** det vil du ha (bare) godt av; **go one** ~ gjøre det et hakk bedre; **we'd**(*=we* *had)* ~ **go home now** det er best vi går hjem nå; **hadn't we ~ be starting?** er det ikke best vi kommer av sted? **you'd ~ not** det synes jeg ikke du burde; **(it's) ~ to do it now than later** det er bedre (å gjøre det) nå enn senere; **it's ~ to leave your job than wait to be sacked** det er bedre å slutte i jobben enn å bli sagt opp; **he was ~ loved than ever** han var mer elsket (*el.* avholdt) enn noensinne; ~ **off** bedre stilt *(fx she'd be better off if she divorced him);* **you'd be ~ off without him** det ville være bedre for deg om du ikke hadde ham; **T: the ~ part of***(=a large part of)* en stor del av *(fx the better part of the day);* **he talked for the ~ part of an hour** han snakket i nesten en time; **his ~ self** hans bedre jeg; **that's ~!** det var bedre! **the sooner the ~** jo før jo heller; **think ~ of it** ombestemme seg.

III. better *vb:* bedre; forbedre; *stivt(=improve)* bli bedre *(fx the situation has bettered a little);* ~ **oneself***(=better one's circumstances)* bedre sine kår ~*(=beat)* **a record** forbedre (*el.* slå) en rekord; **she has -ed her last year's time for the race** hun har forbedret sin løpstid fra i fjor.

better-class [,betə'kla:s; *attributivt:* 'betə,kla:s] *adj:* ~ **customers** mer velstående kunder; kunder fra de høyere samfunnslag.

better-looking [,betə'lukiŋ; *attributivt:* 'betə,lukiŋ] *adj:* penere *(fx her sister is better-looking).*

betterment ['betəmənt] *subst* **1.** *stivt(=improvement)* forbedring; **this research is for the ~ of our lives** denne forskningen skal gjøre livet bedre å leve for oss alle; **2.** *jur:* eiendomsforbedring (som øker verdien).

better-off [,betər'ɔf] *adj:* bedrestilt; **the ~** de bedrestilte; de mer velstående; *(jvf II. better 2: ~ off).*

betting ['betiŋ] *subst:* det å vedde; vedding.

I. between [bi,twi:n] *adv:* (i)mellom; **in ~** innimellom; **the towns in ~** de mellomliggende byer; **they are few and far ~** det er langt mellom dem.

II. between *prep* **1.** mellom; **a look passed ~ them** de vekslet øyekast; **2.: we did it ~ us** vi gjorde det sammen; **they had only five pounds ~ them** de hadde bare fem pund til sammen; ~ **you and me** oss imellom; ~ **his job and his studies***(=what with his job and his studies)* **there was very little time for fun** med både arbeid og studier ble det lite tid til fornøyelser.

betweentimes [bi'twi:n,taimz], **betweenwhiles** [bi'twi:n,wailz] *adv:* innimellom; av og til.

betwixt [bi'twikst] *adv:* ~ **and between** midt imellom; hverken det ene eller det andre.

I. bevel ['bevəl] *subst* **1***(=bevel edge)* skråkant; fas; **2***(=bevel square)* svaivinkel; skjevvinkel.

II. bevel *vb:* avfase; skråhøvle.

beverage ['bev(ə)ridʒ] *subst:* drikk; **-s** drikkevarer.

bevy ['bevi] *subst* **1***(=flock of quails)* flokk vaktler; **2***(=group of roedeer)* flokk rådyr; **3.** *fig:* **a ~ of girls** en flokk jenter.

beware [bi'wɛə] *vb:* ~ **of** vokte seg for *(fx dogs; pickpockets);* ~ **of imitations** se opp for etterligninger.

bewilder [bi'wildə] *vb:* forvirre.

bewilderment [bi'wildəmənt] *subst:* forvirring.

bewitch [bi'witʃ] *vb* **1.** forhekse; **2.** *fig:* fortrylle; forhekse; **a -ingly beautiful girl** en forførende vakker pike.

I. beyond [bi'jɔnd] *subst:* **the ~** det hinsidige; **at the back of ~** i en avkrok; (langt) utenfor folkeskikken.

II. beyond *adv:* på den andre siden *(fx in the woods beyond).*

III. beyond *prep* **1***(=on the other side of)* på den andre siden av; bortenfor *(fx beyond those hills there is a river);* **2***(outside the limits or scope of)* utenfor; ~ **my reach** utenfor min rekkevidde; ~ **this country's jurisdiction** utenfor vårt lands jurisdiksjon (*el.* rettsmyndighet); ~ **good and evil** hinsides godt og ondt; **3***(=further than)* lenger enn *(fx don't go beyond the last house);* **4.** *forskjellige uttrykk:* ~ **belief** ikke til å tro; utrolig; ~ **all criticism** hevet over all kritikk; **beautiful ~ expression** ubeskrivelig vakker; **build ~ one's means** bygge seg til fant; **it's ~ me** det går over min forstand; **the result was far ~ our expectations** resultatet var langt over forventning.

bezel ['bezəl] *subst* **1.** *på edelstein:* krone; øvre skråflater på slipt stein; **2.** skråslipt flate; **3.** *for klokkeglass, edelstein, etc:* innfatning (med fals); *på bil:* lyktering; innfatning for lykteglass.

bhang, bang [bæŋ] *subst:* indisk hamp; hasjisj.

bi- [bai] *prefiks:* bi-; to-; **bilateral** tosidig.

I. bias [baiəs] *subst* **1.** skråsnitt; **a tie cut on the ~** et slips med skråstriper; **2.** *fig:* partiskhet; skjevhet (i oppfatning); tendens; slagside; **a ~ towards** 1. en hang til; en forkjærlighet for; 2. en tendens i retning av.

II. bias *vb:* gi en skjev oppfatning; forutinnta; **-(s)ed** forutinntatt; partisk; **take a -sed view of sth** ha en forutfattet mening om noe.

III. bias *adj:* skrå.

biathlon [bai'æθlən] *sport:* skiskyting.

bib [bib] *subst* **1.** smekke; spisesmekke; **2.** *zo(=pout)* skjeggtorsk.

bib and brace arbeidsoverall.

bib and tucker T: in one's best ~ i sin fineste stas.

bible ['baibəl] *subst:* bibel.

biblical ['biblikəl] *adj:* bibelsk.

bibliographic [,bibliou'græfik] *adj:* bibliografisk.

bibliography [,bibli'ɔgrəfi] *subst:* bibliografi.

bibliomaniac [,bibliou'meiniæk] *subst:* biblioman.

bicameral [bai'kæmərəl] *adj; om lovgivende forsamling:* som består av to kammere; tokammer-.

bicarb ['baika:b] *subst; kjem(=bicarbonate of soda)* natriumbikarbonat; natron.

biceps ['baiseps] *subst; anat:* overarmsmuskel; biceps.

bicker ['bikə] *vb(=squabble)* småkjekle; rangle.

I. bicycle ['baisikl] *subst(, T: bike)* sykkel; **ride a ~***(=cycle)* sykle.

II. bicycle *vb(=cycle)* sykle.

I. bid [bid] *subst* **1.** bud; **make a ~ for it** by på det; **2.** *kortsp:* melding; **3***(=attempt)* forsøk *(fx a rescue bid);* **make a ~ for power** forsøke å få (*el.* tilrive seg) makten.

II. bid *vb (pret: bade, bid; perf. part.: bid, bidden)* **1.** by (*for sth* på noe); **2.** *om hilsen:* ~ **sby farewell** si farvel til en; **3.: do as you are ~***(=told)***!** gjør som det blir sagt deg! **4***(=ask kindly):* **she bade him sit down** hun ba ham sette seg; **5.: ~ sby defiance** sette seg opp mot en; **6.: ~ fair to** tegne til å; se ut til å.

biddable ['bidəbl] *adj; kortsp:* meldbar.

bidder ['bidə] *subst* **1.** en som byr; **2.** *kortsp:* melder.

bidding ['bidiŋ] *subst* **1.** *på auksjon:* det å by; **2.: at sby's ~** på ens befaling; **3.** *kortsp:* det å melde; melding.

bide [baid] *vb:* ~ **one's time** se tiden an; forholde seg avventende.

biennial [bai'eniəl] **1.** *subst:* toårig plante; **2.** *adj:* som skjer hvert annet år; som varer to år; *bot:* toårig.

bier [biə] *subst:* likbår.

biestings ['bi:stiŋz] *subst(=beestings)* råmelk.

biff [bif] **S 1.** *subst:* slag; **2.** *vb:* slå; ~ **sby one** lange til en; **S:** gi en en på tygga.

bifocal [bai'foukəl] **1.** *subst:* **-s** bifokalbriller; **2.** *adj:* bifokal-; ~ **glass** bifokalglass.

I. bifurcate ['baifə,keit] *vb:* spalte seg i to grener.

II. bifurcate *adj:* togrenet; gaffeldelt.
big [big] *adj (komp: bigger; superl: biggest)* **1.** stor *(fx a big house)*; **a ~ decision***(=an important decision)* en stor avgjørelse; **2***(=grown-up)*: **when you're ~ you can stay up later** når du blir stor; kan du få være oppe lenger; **3***(=magnanimous)*: **that's very ~ of you** det er storsinnet av deg; **4.** *i sms:* **~ -hearted** med stort hjerte; **5.: ~ with** fylt til randen av *(fx my heart is big with sadness)*; **~ with child** gravid; med barn; **6. T: ~ on***(=enthusiastic about)*: **that company is ~ on research** det selskapet satser stort på forskning; **7.** *adv* **T: talk ~** bruke store ord; **think ~** tenke stort; **his talk went over ~***(=well)* **with the audience** hans tale gjorde stor lykke hos forsamlingen.
bigamy ['bigəmi] *subst:* bigami.
big business storkapitalen.
big cheese *om person; lett glds* **S:** stor kanon; storing; storkar.
big deal *int; foraktelig; bagatelliserer krav el. tilbud;* **S:** det var ikke rare greiene!
big dipper *subst(=roller coaster)* berg-og-dalbane.
big end *mask(=big end of con-rod)* veivstangfot.
big-end trouble rådebank.
big gun *om person* **S:** stor kanon; storing; storkar.
big-hearted [,big'ha:tid; *attributivt:* 'big,ha:tid] *adj(=magnanimous)* storsinnet.
bight [bait] *subst* **1.** *på slakt tau:* bukt; **2.** bukt; havbukt.
bigoted ['bigətid] *adj:* bigott; helt intolerant (overfor andres meninger); sneversynt.
big shot *om person; især* **US S***(=big gun)* stor kanon; storing; storkar.
big stick T: (trusel om) maktbruk; **use the ~** svinge pisken.
big-time comedian komiker som er på toppen.
big-timer ['big 'taimə] *i underholdningsbransjen:* person som står på *(el.* har nådd) toppen.
big top T*(=main tent of a circus)* hovedtelt.
bigwig ['big,wig] *subst* **S:** stor kanon; storing; storkar; **the -s** de store kanonene; de store gutta.
bike [baik] **T 1.** *subst:* sykkel; **2.** *vb:* sykle.
bikini briefs bikinitruser.
bilateral [bai'lætərəl] *adj:* tosidig; bilateral.
bilberry ['bilbəri] *subst; bot:* blåbær.
bile [bail] *subst; anat & fig:* galle.
I. bilge [bildʒ] *subst* **1.** *mar:* kimming; overgang mellom bunn og sider; **2. T***(=silly rubbish)* tøys; tøv.
II. bilge *vb:* bli lekk i bunnen; springe lekk i bunnen.
bilge water *mar:* bunnvann.
bilharzia [bil'ha:tsiə] *subst; med.: tropesykdom (=schistosomiasis)* bilharzia.
biliary ['biljəri] *adj:* galle-; **~ duct** gallegang.
bilingual [bai'liŋgwəl] *adj* **1.** bilingval; tospråklig; **2.** forfattet på to språk; tospråklig.
bilious ['biliəs] *adj* **1.** gallesyk; **2.** irritabel.
I. bill [bil] *subst; zo(=beak)* nebb.
II. bill *subst* **1.** regning; **2.** plakat; **'stick no -s'** plakatklistring forbudt; **3.** *teat:* program; **4.: ~ of fare***(=menu)* meny; spiseseddel; **5.** *merk:* **~ (of exchange)** veksel; **6.** *parl:* lovforslag; **7. US:** pengeseddel; **8.: fill the ~:** *se II. fill 3.*
III. bill *vb* **1.** sette på plakaten *(fx bill a play)*; **2.** *om fugler:* nebbes; *om mennesker:* **~ and coo** kysse og kjæle.
billboard ['bil,bɔ:d] *subst* **US***(=hoarding)* plakattavle.
bill broker vekselmegler.
I. billet ['bilit] *subst; mil; hist* **1.** innkvarteringsseddel; **2.** innkvartering; **be in -s** ligge i kvarter.
II. billet *subst* **1***(=chunk of wood)* vedkubbe; **2***(=metal bar)* barre.
III. billet *vb; mil:* anvise kvarter; innkvartere.
billfold ['bil,fould] *subst* **US***(=wallet)* lommebok.
billiards ['biljədz] *subst:* biljard.
billiard table biljardbord.
billion ['biljən] *subst (pl: billion(s))(=a thousand millions)* milliard; **a deficit of 5 billion dollars, which within another two years rose to 10 billions** et underskudd på 5 milliarder dollar, som i løpet av ytterligere to år steg til 10 milliarder; (NB Ordet 'milliard' brukes ikke lenger i moderne engelsk.)
bill of entry *om dokumentet:* tollangivelse; tolldeklarasjon; *(jvf customs declaration)*.
bill of exchange *merk:* veksel.
bill of health 1. *mar:* helseattest; **2. T: a clean ~** fin helseattest.
bill of indictment *jur:* tiltalebeslutning.
bill of lading *(fk B/L, b/l (pl: Bs/L, bs/l)) mar; merk:* konnossement.
I. billow ['bilou] *subst; litt.(=great wave)* stor bølge.
II. billow *vb:* bølge; **~ out** svulme *(fx the sails billowed out in the strong wind)*; bølge; flagre *(fx her skirt billowed out in the breeze)*.
billowy ['biloui] *adj:* bølgende.
billposter ['bil,poustə] *subst(=billsticker)* plakatklistrer.
bills in hand *merk:* vekselbeholdning.
bills payable*(=liability on bills; acceptances;* **US:** *notes payable)* akseptgjeld.
bills receivable vekselfordringer; vekselkrav.
billy ['bili] *subst* **US***(=policeman's truncheon)* politikølle.
billycan ['bili,kæn] *subst:* kokekar; leirspann.
billy goat T*(=male goat)* geitebukk; *(jvf nanny goat)*.
bimonthly [bai'mʌnθli] *adj; adv:* som skjer to ganger i måneden; hver annen måned; **a ~ periodical** et tidsskrift som utkommer hver annen måned.
bin [bin] *subst* **1.** kasse; beholder; **2.** lagerplass for vinflasker; **3.: bread ~** brødboks; **kitchen ~** søppelbøtte; **litter ~** avfallskurv; papirkurv; *(jvf dustbin)*.
binary ['bainəri] *adj:* binær; dobbelt; *biol:* **~ fission** todeling; **~ star** dobbeltstjerne; **the ~ system** totallsystemet.
I. bind [baind] *subst* **T 1.** knipe; vanskelig situasjon; **2.** sur jobb *(fx they considered it a bind)*.
II. bind *vb (pret: bound; perf. part.: bound)* binde; innbinde.
binder ['baində] *subst* **1.** samleperm; **ring ~** ringperm; **2.** *landbr; hist:* selvbinder; *(jvf combine harvester)*; **3.** *bygg:* bindebjelke.
I. binding ['baindiŋ] *subst* **1.** bind; innbinding; **2.** skibinding.
II. binding *adj:* bindende *(fx a binding promise)*; **the judgment is ~** dommen har bindende virkning; **~ on both parties** forpliktende for begge parter.
bindweed ['baind,wi:d] *subst; bot:* **(lesser) ~***(=field bindweed)* åkervindel; **black ~** vindelslirekne; *(se hedge bindweed)*.
binge [bindʒ] *subst* **T:** rangel; **go on a ~** gå på rangel.
bingo hall bingolokale.
binnacle ['binəkəl] *subst; mar:* kompasshus; natthus.
binocular [bi'nɔkjulə] *adj:* binokulær **~ vision** samsyn.
binoculars [b(a)i'nɔkjuləz] *subst; pl(=field glasses)* kikkert.
bint [bint] *subst; neds* **S:** skreppe; kvinnfolk.
biochemistry [,baiou'kemistri] *subst:* biokjemi.
biographical [,baiə'græfikəl] *adj:* biografisk.
biography [bai'ɔgrəfi] *subst:* biografi.
biological [,baiə'lɔdʒikəl] *adj:* biologisk.
biologist [bai'ɔlədʒist] *subst:* biolog.
biology [bai'ɔlədʒi] *subst:* biologi.

biopsy ['baiɔpsi] *subst:* biopsi.
biotope ['baiə,toup] *subst; biol:* biotop.
biotype ['baiə,taip] *subst:* biotype; livstype.
biovular [bai'ɔvjulə] *adj:* toegget; ~ **twins** toeggede tvillinger.
biped ['baiped] **1.** *subst:* tobent dyr; **2.** *adj(=bipedal)* med to ben; som har to ben.
biplane ['bai,plein] *subst; flyv:* todekker.
birch [bə:tʃ] **1.** *subst:* bjerk; **2.** *vb:* rise med bjerkeris.
bird [bə:d] *subst* **1.** *zo:* fugl; ~ **of passage** trekkfugl; ~ **of prey** rovfugl; **2. T: a clever** ~ en lur fyr; en luring; **an odd** ~ en raring; **3. S:** skreppe; jente *(fx who's that bird over there?)*; **that's his new** ~ det er den nye jenta hans; **4. S***(=prison)*: **do** ~ sitte inne; **5.: a** ~ **in the hand** noe sikkert noe; *ordspråk:* **a** ~ **in the hand is worth two in the bush** en fugl i hånden er bedre enn ti på taket; **6.** *neds:* **-s of a feather** like barn; *ordspråk:* **-s of a feather flock together** like barn leker best; **7. T: the** ~ **has flown** fuglen er fløyet; **8. T: get the** ~*(=be booed)* bli pepet ut; **give sby the** ~ 1. pipe en ut; 2. be en forsvinne; **9.: kill two -s with one stone** slå to fluer i én smekk; **10.: be an early** ~ stå tidlig opp; *ordspråk:* **the early** ~ **catches the worm** morgenstund har gull i munn; **11. T: (strictly) for the -s** ikke rare greiene.
bird call fugleføyt.
bird cherry *bot:* hegg(bær).
bird dirt*(=bird droppings)* fugleskitt.
bird fancier fugleoppdretter.
bird's-eye view fugleperspektiv *(fx a bird's-eye view of the castle)*; *fig:* **get a** ~ **of the situation** få et overblikk over situasjonen.
bird's nest fuglerede; fuglereir.
bird table fuglebrett.
biro ['baiərou] *subst(=ball-point pen)* kulepenn.
birth [bə:θ] *subst* **1.** fødsel; **give** ~ føde; **she gave** ~ **to a son** hun fødte en sønn; **she had a difficult** ~ hun hadde en vanskelig fødsel; **2.** herkomst; fødsel *(fx she's Scots by birth)*.
birth control fødselskontroll; barnebegrensning; **practise** ~ drive fødselskontroll *(fx they keep having children because they don't practise birth control)*.
birthday ['bə:θ,dei] *subst:* fødselsdag.
birthmark ['bə:θ,ma:k] *subst:* føflekk.
birthplace ['bə:θ,pleis] *subst:* fødested.
birthrate ['bə:θ,reit] *subst:* fødselsrate; fødselshyppighet *(fx the birthrate has decreased)*; fødselsprosent.
birthright ['bə:θ,rait] *subst:* (første)fødselsrett; **the local dialect is everyone's** ~ stedets dialekt får alle i vuggegave.
Biscay ['biskei] *subst; geogr:* **the Bay of** ~ Biskaiabukten.
biscuit ['biskit] *subst* **1***(,US: cracker)* kjeks; **2.: (sweet)** ~ *(,***US:** *cookie)* tørr flat kake; småkake; **3. US:** bolle; **4.** *om noe svært overraskende* **T: take the** ~ ta kaka; være toppen; *(jvf I. cake 6)*.
bisect [bai'sekt] *vb:* dele i to; *geom:* halvere *(fx an angle)*.
bisexual [bai'seksjuəl] *adj* **1.** tvekjønnet; **2.** biseksuell; bifil.
bishop ['biʃəp] *subst* **1.** biskop; **2.** *i sjakk:* løper.
bishopric ['biʃəprik] *subst* **1.** bispedømme; **2***(=see)* bispestol; bispeembete.
bismuth ['bizməθ] *subst:* vismut.
I. bit [bit] *subst* **1***(=small piece)* lite stykke; bit *(fx bits of wood; a nice bit of work; the broken mirror lay in bits on the floor)*; **2. T: a** ~ 1*(=a little)* litt *(fx wait a bit longer; walk a bit further)*; 2*(=rather)* litt *(fx I'm a bit tired; the dress is a bit too tight)*; **he's a** ~ **of a fool** han er litt av en tosk; **3.** *om mynt:* stykke; **4. US:** *1/8 dollar, men omtales bare i toerenheter:* **two -s** 25 cent; **four -s** 50 cent; **5.** *teat(=bit part)* liten rolle; **6. T: she's doing the prima donna** ~ hun spiller primadonna; **T: do one's** ~ gjøre sitt; **7. T: quite a** ~ **of***(=a considerable amount of)*: **that must take quite a** ~ **of courage** det må kreve en god porsjon mot; **8. S: a** ~ **of all right, a** ~ **of crumpet, a** ~ **of skirt, a** ~ **of stuff, a** ~ **of tail** 1. flott jente; skreppe; kjei; 2*(=sexual intercourse)* samleie; **T:** nummer; **9.:** ~ **by** ~*(=gradually)* litt etter litt; gradvis; **10.: every** ~ **as clever as** minst like flink som; **11.: not a** ~ **(of it)***(=not at all)* slett ikke; (nei,) langt ifra; **12.: to -s** i (stumper og) stykker; fra hverandre *(fx fall to bits)*.
II. bit *subst* **1.** bissel; *fig:* **take the** ~ **in***(=between)* **one's teeth** gjøre opprør; legge seg i selen; **2.: (drill)** ~*(=grooved bit)* trebor; borstål; **flat** ~ sentrumsbor; *(jvf I. drill 1)*; **3.** (nøkle)skjær; **4***(=blade of a plane)* høvelstål; høveljern.
III. bit *vb:* legge bissel på; *fig:* tøyle.
I. bitch [bitʃ] *subst* **1.** *zo; om hundyr:* tispe; **2.** *neds om kvinne:* tispe; merr *(fx she's a real bitch)*; **US: son of a** ~ drittsekk; **3. S:** klage; **4. S:** kinkig situasjon; vanskelig problem.
II. bitch *vb* **1. S:** klage; jamre seg; kjefte *(fx she's always bitching about how badly she's treated)*; **2. S:** ~ **(up)***(=botch; bungle)* forkludre; ~ **it up** ødelegge (*el.* forkludre) det; spolere det.
bitchy ['bitʃi] *adj:* ondskapsfull; spydig *(fx she's sometimes very bitchy about her colleagues)*.
I. bite [bait] *subst* **1.** bit *(fx your dog gave me a nasty bite)*; *(se III. bark)*; **2.** bit *(fx he took a bite from the apple)*; **T: a** ~ **(of food)** en matbit; litt mat; **3.** (insekt)stikk; **flea-** loppestikk; **you've a mosquito** ~ **on your leg** du har fått et myggstikk på benet; **4.** *fisk:* napp; bitt; **5.** *tannl:* bitt; **6.** *om verktøymaskin(=depth of cut)* dybde; skjæredybde; **7.** *om verktøymaskin på arbeidsstykke:* grep; hold; **8.** (stikkende *el.* plutselig) smerte; svie; **9.** *fig* **T: that's a question with a** ~ det er et spørsmål som går dypt.
II. bite *vb (pret: bit; perf. part.: bitten)* **1.** bite *(fx the dog bit my leg)*; **2.** *om insekt:* bite; **3.** *om verktøy:* holde; gripe; ta; *om skrue:* bite; **the saw -s well** sagen tar godt (*el.* skjærer godt); **the drill won't** ~ **(into this wood)** boret tar ikke (i dette trevirket); **4:** *om syre:* etse; **5.** *om krydret mat, etc:* svi; **the sauce -s the tongue** sausen svir på tungen; **6. S***(=annoy)*: **what's biting her?** hva er det som plager henne? **7. S***(=cheat)* snyte; **he's been bitten** han har blitt snytt (*el.* lurt); **8. T:** ~ **off more than one can chew***(=attempt more than one can cope with)* ta seg vann over hodet; **9. T:** ~ **one's head off** bite hodet av en; **10. S:** ~ **the dust** bite i gresset; dø; *om plan, etc:* mislykkes *(fx that's another scheme that's bitten the dust)*; **11. T:** ~ **the hand that feeds one** vise seg utakknemlig; **12.** *ordspråk:* **once bitten, twice shy** brent barn skyr ilden; **13.: (it's a case of) biter bit** han (,hun, *etc*) er fanget i sitt eget garn.
biting surface *tannl(=masticating surface)* tyggeflate.
bitt [bit] *subst; mar:* puller; fortøyningspæl.
I. bitter ['bitə] *subst; om alminnelig type fatøl:* bitter.
II. bitter *adj:* bitter *(fx learn from bitter experience; these plums are bitter)*; **a** ~ **wind** en bitende vind.
bitter cress *bot:* springkarse.
bitter end *fig:* **to the** ~ til den bitre slutt.
bitter herb *subst; bot:* vanlig tusengyllen; *(jvf centaury: lesser ~)*.
bitterly ['bitəli] *adv:* bittert; **cry** ~ gråte bittert; gråte sine modige tårer.
bitty ['biti] *adj:* oppstykket *(fx his essay was rather*

bitty); som består av små deler uten sammenheng; **we had a very ~ conversation** vi snakket sammen om både løst og fast.

bivalve ['bai,vælv] **1.** *subst; zo:* toskallet skalldyr; **2.** *adj; zo:* toskallet.

bivouac ['bivu,æk] **1.** *subst:* bivuakk; **2.** *vb:* bivuakere.

biz [biz] **T***(=business):* **the show ~** underholdningsbransjen.

bizarre [bi'za:] *adj(=odd; unusual)* bisarr; underlig.

blab [blæb] *vb:* sladre (*to* til); fare med løst snakk.

blabber ['blæbə] *subst(=blabbermouth)* løsmunnet person.

I. black [blæk] *subst* **1***(=black colour)* svart; **in the ~ of the night** i svarte natten; i nattens mulm og mørke; **2.** neger; svart; **3.: in the ~** uten gjeld; **operate in the ~** drive med overskudd; **4.: in ~ and white** svart på hvitt.

II. black *adj* **1.** svart *(fx black colour);* **the night was ~ and starless** natten var belgmørk og uten stjerner; **2. T***(=dirty)* skitten *(fx your hands are black);* **3***(=without milk)* svart *(fx black coffee);* **4***(evil):* **~ magic** sort (*el.* svart) magi; **5***(=wicked):* **a ~ lie** en svart løgn; **6***(=gloomy)* svart; dyster *(fx the future looked black):* **7.** *brukt attributivt(=deep):* **~ despair** svart (*el.* sort) fortvilelse; **8.** *vanligvis brukt attributivt(=angry):* **she gave him a ~ look** hun så sint på ham; **9.** *under streik(=banned)* svartelistet *(fx this cargo is black, so we can't touch it);* **10***(=hard hit):* **~ areas of unemployment** områder som er hardt rammet av arbeidsløshet; **11***(=macabre):* **~ humour** svart (*el.* sort) humor.

III. black *vb* **1.:** *se blacken;* **2***(=clean with black polish)* sverte; **3***(=ban work on)* svarteliste; blokkere *(fx this cargo has been blacked by the strikers);* **4.: ~ out** 1. miste bevisstheten *(fx he blacked out for almost a minute);* 2. *teat, etc:* mørklegge.

black alder *bot:* svartor.

blackberry ['blækbəri] *subst; bot:* bjørnebær.

blackbird ['blæk,bə:d] *subst; zo:* svarttrost.

blackboard ['blæk,bɔ:d] *subst:* veggtavle.

black book svarteliste.

black box T*(=flight recorder)* ferdskriver.

black bread grovbrød; rugbrød.

black cock *zo:* orrhane.

black currant *bot:* solbær.

blacken ['blækən] *vb* **1.** sverte; **2** *fig:* sverte; bakvaske.

black eye blått øye.

blackfish *zo(=pilot whale)* grindhval.

black frost barfrost.

black grouse *zo:* orrfugl.

blackhead ['blæk,hed] *subst:* hudorm.

blackheaded gull *zo:* hettemåke.

blacking ['blækiŋ] *subst:* sverte.

black kite *zo:* svartglente.

blackleg ['blæk,leg] **1.** *subst:* streikebryter; **2.** *vb:* være streikebryter.

blacklist ['blæk,list] **1.** *subst:* svarteliste; **2.** *vb:* sette på svarteliste.

blackmail ['blæk,meil] **1.** *subst:* pengeutpressing; **2.** *vb:* drive pengeutpressing mot.

blackmailer ['blæk,meilə] *subst:* pengeutpresser.

Black Maria *om politibil* **T:** svartemarja.

black mark *skolev:* anmerkning.

black market svartebørs.

black marketeer svartebørshandler; svartebørshai.

blackout ['blæk,aut] **1.** mørklegging; **2.** *med.:* momentan bevisstløshet *(fx he had several blackouts during his illness);* **3.** *fig:* jernteppe *(fx I had a blackout);* **4***(=ban):* **there has been a ~ of news about the coup** det er ikke sendt ut noen nyheter om kuppet; **5.** *teat:* slukking av scenebelysningen; **6.** mangel på radiokontakt.

black pudding*(=blood sausage)* blodpølse.

Black Rod *parl:* **the ~***(=the Gentleman Usher of the Black Rod)* overhusets seremonimester.

black slug *zo:* skogsnegl(e).

blacksmith ['blæk,smiθ] *subst:* grovsmed.

blackthorn ['blæk,θɔ:n] *subst; bot:* slåpetorn.

bladder ['blædə] **1.** blære; **2.** *anat:* urinblære.

bladder kelp *bot:* blæretang.

bladder wrack *bot:* blæretang.

blade [bleid] *subst* **1.** *på kniv, etc:* blad; **a ~ of grass** et gresstrå; **2.** *på plog, skøyte:* skjær; **3.** *på sverd:* klinge; **4***(=swordsman)* fektemester; **5.** *glds:* flott fyr; **6.** *neds(=woman):* **the old ~** den gamle røya.

blah*(=blah blah)* [bla:] **S 1.** *subst:* vås; tullprat; **2.** *adj:* kjedelig; uinteressant.

I. blame [bleim] *subst:* skyld; **put the ~ on sby** legge skylden på en; **take the ~** ta skylden.

II. blame *vb:* kritisere; klandre; bebreide *(fx I don't blame you);* **you can't ~ the accident on him** du kan ikke gi ham skylden for ulykken; **he -d the wet road for the accident** han mente den våte veibanen var skyld i ulykken.

blameless ['bleimlis] *adj;* **1.** *stivt(=innocent)* skyldfri *(fx he was not entirely blameless);* **2***(=irreproachable)* uklanderlig *(fx he led a blameless life).*

blameworthy ['bleim,wə:ði] *adj:* klanderverdig; kritikkverdig.

blanch [bla:ntʃ] *vb* **1.** bleke *(fx the sun blanched the carpet);* **2.** forvelle *(fx vegetables);* skålde *(fx almonds);* **3.** *stivt(=turn pale)* bli hvit (*el.* likblek); **she -ed with fear** hun ble hvit av skrekk.

blancmange [blə'mɔnʒ] *subst(,***US:** *cornstarch pudding)* pudding; **chocolate ~** sjokoladepudding.

bland [blænd] *adj* **1.** *om mat:* uinteressant; kjedelig *(fx he's on a diet of bland food for his ulcer);* **2.** *om mennesker og handlinger:* (for) mild *(fx that man is so bland that he irritates me);* **3.** uberørt; rolig; **his ~ smile showed nothing of what he felt** hans rolige smil viste ingenting av det han følte; **he gave us a ~ account of the atrocities** han fortalte oss rolig og uanfektet om grusomhetene; **4.: his statement was pretty ~ about this** forklaringen hans sa ikke stort om dette.

blandishments ['blændiʃmənts] *subst; pl(=flattery)* smiger.

blandly ['blændli] *adv:* rolig (og uanfektet).

I. blank [blæŋk] *subst* **1.** tom plass; tomrom; *på papir:* åpen plass; *på skjema; etc:* **fill in all the -s** fyll ut alle steder hvor det står åpent; **2.** *fig:* **my mind went a complete ~** jeg ble helt tom i hodet; det stod helt stille for meg; **3.** (rå)emne; **4***(=blank cartridge)* løspatron; **fire -s** skyte med løst (krutt); skyte med løsammunisjon; **5.** *typ:* blank side; **6.** lodd som det ikke er gevinst på; *fig:* **I drew a ~ with him** jeg kom ingen vei med ham; **7.** *i stedet for utelatt ord:* tankestrek *(fx Mr – Smith* leses: *Mr Blank Smith).*

II. blank *adj* **1.** ubeskrevet; blank; ikke utfylt; **give me a ~ sheet** gi meg et rent ark; **2***(=expressionless)* uttrykksløs *(fx his face was completely blank);* **3***(=confused):* **he looked ~** han så helt uforstående ut; **4***(=empty of thought):* **my mind went ~ when the policeman questioned me** da politimannen stilte meg spørsmål, stod det helt stille for meg.

blank cartridge løspatron.

blank cheque blankosjekk.

blank endorsement *merk:* blankoendossement.

I. blanket ['blæŋkit] *subst* **1.** ullteppe; **2.** *fig:* teppe *(fx a blanket of snow);* **3.: wet ~** gledesdreper.

II. blanket *vb* **1.** dekke til; **2.: ~ out** viske ut *(fx the storm blanketed out the television picture);* **3.** *seilsp:* ta vinden fra.
blanket term fellesbetegnelse.
blankly ['blæŋkli] *adv:* uforstående *(fx he looked at me blankly).*
blank verse blankvers; urimede vers.
I. blare [blɛə] *subst:* høy, skingrende lyd; skrall; skingring; **the ~ of pop music** øredøvende popmusikk, **the ~ of trumpets** trompetstøt.
II. blare *vb* **1.** skingre; skralle; *om bilhorn:* tute; *om trompet:* gjalle *(fx we could hear the trumpets blaring in the distance);* **2.** *fig:* utbasunere.
blarney ['bla:ni] **T 1.** *subst:* smiger; **2.** *vb:* smigre.
blasé ['bla:sei] *adj:* blasert.
blaspheme [blæs'fi:m] *vb:* være blasfemisk.
blasphemer [blæs'fi:mə] *subst:* gudsbespotter.
blasphemous ['blæsfiməs] *adj:* blasfemisk; bespottelig.
I. blast [bla:st] *subst* **1.** eksplosjon; **2.** trykkbølge *(fx the blast from the explosion);* vindkast; **a ~ of cold air** en brå gufs av kald luft; **3.** *om høy lyd:* støt; tuting; **a prolonged ~** lang tone; **4***(=violent verbal outburst)* voldsomt (verbalt) utfall; heftig angrep; **5.: (at) full ~** for full kraft; for fullt trykk; *om radio, etc:* på toppstyrke; **the radio was going full ~** radioen stod på for fullt.
II. blast *vb* **1.** sprenge *(fx a hole in the wall);* **the door was -ed off its hinges** døren ble sprengt av gangjernene; **2.** *om avling, etc; stivt(=destroy)* ødelegge; **3.** *om høy lyd:* **music was being -ed out from the radio** radioen ga fra seg høy musikk; **4. S: ~ him!** pokker ta ham!
blasted ['bla:stid] *adj* **T:** pokkers *(fx what a blasted mess you've made!).*
blasting ['bla:stiŋ] *subst:* sprengning; sprengningsarbeid *(fx dynamite is often used in blasting).*
blast-off ['bla:st,ɔf] *subst; av rakett:* oppskyting; utskyting; start.
blatant ['bleitənt] *adj* **1***(=very obvious)* åpenbar *(fx a blatant lie);* **2***(=loud; noisy)* larmende; **3.** *om farger:* skrikende.
blatantly *adv(=shamelessly)* skamløst; ganske usjenert.
blather ['blæðə] **1.** *subst:* pjatt; vrøvl; **2.** *vb:* pjatte; vrøvle.
I. blaze [bleiz] *subst* **1.** flammende lys; **2.** brann; **3.** *fig(=outburst)* utbrudd *(fx in a blaze of fury);* **4.** *forst:* blinkmerke; **5.** *på dyr:* bles(s); bliss.
II. blaze *vb* **1.** lyse; skinne; **the fire -d all night** det brant hele natten; **2.: ~ a trail***(=lead the way)* vise vei *(fx his discoveries blazed a trail in the field of power);* **3.** *fig; litt.:* **~ sth abroad***(=advertise sth)* utbasunere noe.
blazer ['bleizə] *subst:* blazer; skolejakke.
blazes ['bleiziz] **S***(=hell):* **go to ~!** dra til helvete! **run like ~** løpe som bare fanden; **what the ~ are you doing?** hva fanden er det du gjør?
blazing ['bleiziŋ] *adj* **1.** flammende; som brenner godt; **2. T***(=very angry)* veldig sint; **they had a ~ row** de hadde en forrykende krangel.
bleach ['bli:tʃ] **1.** *subst(=bleaching agent)* blekemiddel; **2.** *vb:* bleke.
bleak [bli:k] *adj:* kald; forblåst; ødslig; trist; **his future looks rather ~** hans fremtidsutsikter er ikke videre lyse.
bleary-eyed ['bliəri,aid] *adj:* **be ~** være søvndrukken; ha røde ringer rundt øynene.
I. bleat [bli:t] **1.** *subst:* breking; **2.** *vb:* breke; *om mennesker:* jamre seg *(fx stop bleating about being tired!).*
bleb [bleb] *subst(=blister)* blemme (med væske i).
bleed [bli:d] *vb (pret & perf. part.: bled)* **1.** blø; **~ to death** blø seg i hjel *(fx he lay there slowly bleeding to death);* **2.** *hist:* årelate; **3.** *fig:* presse penger av; presse for penger; **4.: ~ the brakes** lufte bremsene.
bleeder ['bli:də] *subst* **1***(=haemophiliac)* bløder; **2.** *neds* **S:** fyr; **a rotten ~** en jævla stakkar.
bleeding 1. *subst:* blødning; årelating; pengeutpressing; **2.** *adj; adv:* fordømt *(fx he's a bleeding fool; she's bleeding beautiful).*
I. bleep [bli:p] *subst* **1.** *radio:* kallesignal; **2***(=bleeper)* personsøker; **T:** calling; **call him on his ~***(=give him a bleep)* kalle på ham.
II. bleep *vb:* sende (radio)signal *(fx satellites bleep as they circle the earth).*
bleeper ['bli:pə] *subst(=bleep)* personsøker; **T:** calling; *(se I. bleep).*
blemish ['blemiʃ] **1.** *subst:* skavank; lyte; feil; **2.** *vb:* skjemme.
I. blend [blend] *subst:* blanding *(fx a fine blend of tea; a pleasant blend of charm and simplicity).*
II. blend *vb:* blande.
blenny ['bleni] *subst; zo:* **viviparous ~** ålekvabbe.
bless [bles] *vb (pret: blessed; perf. part.: blessed, blest)* velsigne; **well, I'm blest if I know** så sannelig om jeg vet.
blessed ['blesid] *adj* **1.** velsignet; **2. T:** forbasket; **she's hit every ~ one!** hun har truffet hver eneste en!
blessedness ['blesidnis] *subst; rel(=bliss)* lykksalighet.
blessing ['blesiŋ] *subst* **1.** velsignelse *(fx the priest gave them his blessing);* **2.** *fig:* **her daughter was a great ~ to her** hun hadde meget glede av sin datter; **3.: a ~ in disguise** hell i uhell; noe som tross alt viser seg å være til det gode; **an unqualified ~** et ubetinget gode.
blight [blait] *subst:* sykdom som får plantene til å visne; **potato ~** potetsyke.
blighter ['blaitə] *subst* **T:** fyr.
blimey ['blaimi] *int* **S:** gudbevares.
I. blind [blaind] *subst* **1.** rullegardin; **2***(=cover)* skalkeskjul; **he did that as a ~** det gjorde han for å villede.
II. blind *adj:* blind; **~ in***(=of)* **one eye** blind på ett øye; *fig:* **~ to** blind for; **love is ~** kjærlighet gjør blind; **a ~ man may hit the mark** blind høne kan også finne et korn.
III. blind *vb* **1.** gjøre blind *(fx he was blinded in the war);* **2***(=dazzle)* blende *(fx he was blinded by the light).*
blind alley 1. blindgate; **2.** *fig:* blindgate; noe som ikke fører noe sted hen *(fx his job is a blind alley).*
blind date stevnemøte mellom to som ikke kjenner hverandre *(fx she met him on a blind date).*
blind drunk *adj:* døddrukken.
blind eye: turn a ~ to sth se gjennom fingrene med noe.
blindfold ['blain,fould] **1.** *vb:* binde for øynene på; **2.** *adv:* med bind for øynene.
blindman's buff blindebukk.
blind spot 1. blind flekk; *fig:* blindt punkt *(fx she seems to have a blind spot about physics);* **2.** dødvinkel.
blindworm ['blaind,wə:m] *subst; zo:* stålorm.
blink [bliŋk] **1.** *subst:* blunk; **2.** *vb:* blunke.
blinkers ['bliŋkəz] *subst; pl:* skylapper.
blinking ['blinkiŋ] *adj:* pokkers.
bliss [blis] *subst:* lykksalighet; **in a state of ~** lykksalig.
blissful ['blisful] *adj:* lykksalig.
I. blister ['blistə] *subst:* blemme; vable.
II. blister *vb:* få blemmer *(fx his skin blisters easily);*

the heat -ed the paint varmen fikk malingen til å slå ut i blemmer.
blistering ['blistəriŋ] *adj:* pokkers.
blithe [blaið] *adj* **1**(=*cheerful)* glad; munter; **be in ~ ignorance of** være lykkelig uvitende om; **2**(=*carefree)* ubekymret; lykkelig og sorgløs.
blithering ['bliðəriŋ] *adj:* erke- *(fx he's a blithering idiot).*
blitz [blits] **1.** *subst:* luftangrep; **2.** *vb:* bombe.
blizzard ['blizəd] *subst:* snøstorm.
bloated ['bloutid] *adj:* oppsvulmet; oppblåst.
bloater ['bloutə] *subst:* saltet og røket sild.
blob [blɔb] *subst:* liten blære; liten klatt *(fx a blob of paint).*
bloc [blɔk] *subst; polit:* blokk.
I. block [blɔk] *subst* **1.** blokk; kloss; **chopping ~** hoggestabbe; **2.** *mar:* (talje)blokk; **double ~** dobbelt blokk; **3**(=*barrier):* **road ~** veisperring; **4.: ~ of flats** boligblokk; **5.** *især* **US:** kvartal; **6.** *psykol:* **(psychological) ~** blokkering.
II. block *vb:* sperre; blokkere *(fx a snowdrift blocked his path).*
blockade [blɔ'keid] **1.** *subst:* blokkering; blokade; **run the ~** bryte blokaden; **2.** *vb:* blokkere.
blockade runner blokadebryter.
blockage ['blɔkidʒ] *subst* **1.** blokkering *(fx there's a blockage in the pipe);* **2.** *psykol:* **emotional ~** følelsesmessig blokkering.
blockboard ['blɔk,bɔ:d] *subst:* blokklimt møbelplate.
blockhead ['blɔk,hed] *subst:* dumrian.
blockhouse ['blɔk,haus] *subst:* blokkhus.
block letters(=*block capitals) subst; pl:* store, trykte bokstaver.
bloke [blouk] *subst* **T:** fyr.
blond [blɔnd] *adj:* blond.
blonde [blɔnd] *subst:* blondine.
blood [blʌd] *subst* **1.** blod; **2.** byrd *(fx he's of royal blood);* **3.: his ~ was up**(=*he was very angry)* han var meget sint; **make bad ~ between them** sette ondt blod mellom dem.
blood bank blodbank.
(blood) corpuscle blodlegeme; **red ~** rødt blodlegeme; **white ~** hvitt blodlegeme; *(se leucocyte).*
blood count blodtelling.
blood-curdling ['blʌd,kə:dliŋ] *adj; fig:* bloddryppende *(fx story);* **a ~ scream** et skrik som får blodet til å stivne i ens årer.
blood donor blodgiver.
blood group(=*blood type)* blodgruppe; blodtype.
bloodhound ['blʌd,haund] *subst; zo:* blodhund.
bloodless ['blʌdlis] *adj; også fig:* blodløs.
bloodletting ['blʌd,letiŋ] *subst:* årelating.
blood platelet *anat:* blodplate.
blood-poisoning blodforgiftning.
blood pressure blodtrykk.
blood relation kjødelig slektning.
blood sample blodprøve.
bloodshed ['blʌd,ʃed] *subst:* blodsutgydelse.
bloodshot ['blʌd,ʃɔt] *adj; om øyne:* blodskutt.
blood-stained *adj:* blodig; med blodflekker på.
blood test blodprøve.
bloodthirsty ['blʌd,θə:sti] *adj:* blodtørstig.
blood vessel *anat:* blodkar.
bloody ['blʌdi] *adj* **1**(=*blood-stained; bleeding)* blodig *(fx a bloody shirt; a bloody nose);* **2.** *stivt el. litt.:* blodig *(fx a bloody battle; take a bloody revenge);* **3.** *vulg:* fandens; faens; satans *(fx he's a bloody fool);* jævla *(fx that's bloody good);* **he's a ~ genius!** han er et jævla geni! **it's a ~ lie!** det er fordømt løgn! **that's no ~ good!** det er noe fordømt dritt! **that's no ~ good to any of us!** det der er det ingen av oss som har noen nytte av! **not ~ likely!** nei, så faen heller!
bloody-minded [,blʌdi'maindid] *adj* **T:** sta; vanskelig å ha med å gjøre.
I. bloom [blu:m] *subst:* blomst; blomstring; blomstringstid; **be in full ~** stå i fullt flor; **in the ~ of youth** i ungdommens vår.
II. bloom *vb* **1**(=*flower)* blomstre *(fx daffodils bloom in the spring);* **2.** *fig*(=*flourish)* blomstre.
bloomer ['blu:mə] *subst* **T**(=*mistake)* bommert.
I. blossom ['blɔsəm] *subst; bot;* fruktblomst; **be in ~** blomstre.
II. blossom *vb* **1.** *bot; om tre:* blomstre; *om blomst*(=*flower; bloom)* blomstre; folde seg ut; **2.** *fig*(=*bloom)* blomstre *(fx she has blossomed into a real beauty).*
blot [blɔt] **1.** *subst:* flekk; klatt; *fig:* plett *(fx a blot on his reputation);* **2.** *vb:* lage flekk(er) på (*el* i); **~ one's copybook** ødelegge for seg selv; tråkke i salaten; **~ out** skjule *(fx the rain blotted out the view);* slette ut; viske ut.
blotch [blɔtʃ] *subst:* kvise.
blotting pad skriveunderlag.
blouse [blauz] *subst:* bluse.
I. blow [blou] *subst; også fig:* slag; **come to -s (with)** komme i slagsmål (med); **without a ~** uten sverdslag.
II. blow *vb (pret: blew; perf. part.: blown)* **1.** blåse; puste; **~ one's nose** snyte seg; pusse nesen; **~ into a tube** puste inn i et rør; **2.** *om sikring:* **the fuse has -n** sikringen er gått; **3.** *om penger*(=*spend)* bruke (opp); **4**(=*spoil)* spolere; ødelegge; **5. T: ~ one's top** eksplodere; **6.: ~ up** 1. sprenge (i luften); 2. *fot:* forstørre; 3. *om ballong, etc:* blåse opp; pumpe opp *(fx he blew the tyre up);* 4.: **she blew me up for arriving late** hun ga meg kjeft fordi jeg kom for sent.
blower ['blouə] *subst* **1.** blåsebelg; **2. S:** telefon.
blowfly ['blou,flai] *subst; zo:* spyflue.
blowhole ['blou,houl] *subst* **1.** *i isen:* åndehull; **2.** *zo; hos hval:* blåsehull.
blowlamp ['blou,læmp] *subst (,også* **US:** *blowtorch)* blåselampe.
blowout ['blou,aut] *subst* **1.** (dekk)eksplosjon; **2.** *oljeind:* utblåsning; **3. S:** etegilde.
blowpipe ['blou,paip] *subst:* pusterør.
blowy ['bloui] *adj* **T**(=*windy)* blåsete.
I. blubber ['blʌbə] *subst:* spekk.
II. blubber *vb (cry noisily)* tute *(fx stopp blubbering!).*
bludgeon ['blʌdʒən] **1.** *subst:* kølle; **2.** *vb:* slå gjentatte ganger med kølle el. stump gjenstand; *fig:* tvinge (ved stadig mas, etc) *(fx she bludgeoned me into doing it).*
I. blue [blu:] *subst* **1.** blå farge; **2.: the ~** det blå; himmelen; **the balloon floated off into the ~** ballongen forsvant opp i det blå; **T: out of the ~** helt uventet; som lyn fra klar himmel; **3.** merke tildelt en person; især ved Oxford el. Cambridge, etter å ha representert sitt college i en idrett; personen som har fått dette merke *(fx he's an Oxford blue);* **4.: the -s** dårlig humør.
II. blue *adj* **1.** blå; **2.** *fig:* nedtrykt; i dårlig humør; **3.** *om bok, film:* pornografisk *(fx a blue film);* **~ jokes** stygge (*el.* uanstendige) vitser; stygge skrøner; **in a ~ funk** livredd; **once in a ~ moon** så godt som aldri; en gang hvert jubelår.
bluebell ['blu:,bel] *subst; bot* **1**(=*wood hyacinth)* klokkeblåstjerne; **2.** *i Skottland*(=*harebell)* blåklokke.
bluebottle ['blu:,bɔtəl] *subst; zo:* spyflue.
bluecollar [,blu:'kɔlə]: *adj:* **~ workers** arbeidere (mots. funksjonærer).
blue-eyed ['blu:,aid] *adj:* med blå øyne; blåøyd; ~

boy yndling *(fx he's the boss's blue-eyed boy).*
blue murder: cry ~ skrike opp; gjøre anskrik.
blueprint ['blu:,print] *subst:* blåkopi; *fig:* (gjennomarbeidet) plan *(fx the blueprints for a new aircraft);* **a ~ for success** en oppskrift på suksess.
bluestocking ['blu:,stɔkiŋ] *subst; om kvinne:* blåstrømpe.
I. bluff [blʌf] *subst* **1.** klippeskrent; **2.** *i poker; også fig:* bløff; **call sby's ~** avsløre at en bløffer.
II. bluff *adj* **1.** steil; **2.** *om person:* (ubehøvlet, men hjertelig og) liketil; bramfri *(fx his manner was bluff and friendly);* **he's a ~ old man** han er en enkel og bramfri gammel mann.
III. bluff *vb:* bløffe; føre bak lyset; **he -ed his way** han bløffet seg gjennom.
blunder [blʌndə] **1.** *subst:* bommert; **2.** *vb:* gjøre en bommert; **~ about***(=stumble about)* gå med usikre skritt; vakle omkring; **~ along** vakle av sted; famle seg fram; *fig:* **he's -ing along as best he can** han klarer seg som best han kan; det går på et vis; **~ into** komme bort i; snuble over; **he -ed into the door** han gikk rett på døren; **~ on** finne tilfeldig; *fig:* snuble over; **~ out sth** buse ut med *(fx a story).*
blunderbuss ['blʌndə,bʌs] *subst:* muskedunder.
blunderer ['blʌndərə] *subst:* klodrian; klossmajor.
blundering ['blʌndəriŋ] *adj:* klosset.
I. blunt [blʌnt] *adj* **1.** *om redskap:* sløv; **2.** likefrem; som går rett på sak; **~ criticism** uforbeholden (*el.* utvetydig) kritikk.
II. blunt *vb:* sløve.
I. blur [blə:] *subst:* noe man ikke kan se tydelig; **everything is just a ~ when I take my spectacles off** jeg ser ingenting klart når jeg tar av meg brillene.
II. blur *vb:* gjøre uklar; sløre; **the rain -red my vision** regnet gjorde det vanskelig for meg å se; **the issue was -red by the lack of information** mangelen på opplysninger tilslørte saken.
blurb [blə:b] *subst* **1.** baksidetekst (på bok); **2.** *neds* **T:** reklamemateriell *(fx they keep sending me blurb about holidays abroad).*
blurt [blə:t] *vb:* **~ out** buse ut med *(fx a question).*
blush [blʌʃ] **1.** *subst:* rødme; **2.** *vb:* bli rød; rødme.
bluster ['blʌstə] *vb:* skrike opp; bruke store ord; buldre *(fx he's only blustering).*
blusterer ['blʌstərə] *subst:* buldrebasse.
blustery ['blʌstəri] *adj; om vind:* som kommer i sterke kast; *om været(=windy)* blåsete; surt *(fx a blustery day).*
b.o. ['bi:'ou] *(fk.f. body odour)* transpirasjonslukt; kroppslukt.
boa ['bouə] *subst; zo(=boa constrictor)* kvelerslange.
boar [bɔ:] *subst; zo:* villsvin.
I. board [bɔ:d] *subst* **1.** *om trevirke:* bord; **2.** kost; **~ and lodging** kost og losji; **3***(=committee)* komité *(fx a board of interviewers);* **the school (management) ~** skolens utvalg; *ved sykehus, skole, etc:* **~ of governors** styre; **4.: ~ (of directors)** direksjon; styre *(fx he's on the board of directors);* **5.** *bokb:* perm; **6.** *teat:* **the -s** de skrå bredder; **7.** *også mar:* **on ~** om bord; **8.** *fig:* **above ~** åpent og ærlig; **everything was (open and) above ~** det ble ikke lagt skjul på noen ting; **9.** *fig:* **across the ~** over hele linjen; **an across-the- ~ increase in wages** lønnsøkning over hele linjen; **10.** *fig:* **go by the ~** bli til intet; **T:** gå i vasken *(fx all his plans went by the board); (se chessboard; diving board; noticeboard).*
II. board *vb* **1.: ~ up** spikre igjen (ved å sette bord foran) *(fx board up a window);* **2.** gå om bord i (*el.* på); **3.** ha i kosten *(fx she can ~ three students);* ha kost og losji hos *(fx he boards at Mrs Smith's).*
boarder ['bɔ:də] *subst* **1.** kostelev; **2.** pensjonær
boarding-house ['bɔ:diŋ,haus] *subst:* pensjonat.
boarding pass *flyv(=boarding card)* boarding card; ombordstigningskort.
boarding school kostskole.
board meeting styremøte.
Board of Trade: The ~ *(,US: the Chamber of Commerce)* Handelskammeret.
boast [boust] **1.** *subst:* skryt; *stivt(=pride)* stolthet *(fx the church was the boast of the town);* **2.** *vb:* skryte *(about* av, med); *stivt:* kunne rose seg av (å ha) *(fx our office boasts the finest view for miles).*
boaster ['boustə] *subst:* skrytepave; skrythals.
boastful ['boustful] *adj:* skrytende; skrytet(e).
boat [bout] **1.** *subst:* båt; *fig:* **in the same ~** i samme båt; **2.** *vb:* være i båt; seile (,ro) *(fx they're boating on the Thames);* **we go -ing every Sunday** hver søndag er vi ute i båt(en); hver søndag er vi på båttur.
boat drill *mar:* redningsøvelse.
boater ['boutə] *subst (flat straw hat)* flat stråhatt.
boathook ['bout,huk] *subst:* båtshake.
boathouse ['bout,haus] *subst:* naust; båthus.
boating ['boutiŋ] *subst:* **go ~** dra på båttur.
boatman ['boutmən] *subst:* båtutleier.
boatswain*(=bosun)* ['bousən] *subst; mar:* båtsmann.
I bob [bɔb] *subst* **1.** *på loddesnor:* lodd; **2.** *glds(=curtsy)* kniks; **3.** *glds* **T:** én shilling.
II. bob *vb* **1.** bevege seg opp og ned; duppe opp og ned *(fx the cork was bobbing about in the water);* **2.** *glds(=curtsy)* knikse; neie.
bobbin ['bɔbin] *subst:* (tråd)snelle; spole; *(jvf I. reel).*
bobby ['bɔbi] *subst* **T:** politimann.
bobsleigh ['bɔb,slei] *subst (,US: bobsled)* bobsleigh.
Boche [bɔʃ] *subst; glds* **S***(=Jerry)* tysker.
bode [boud] *vb; stivt:* **~ ill (,well)** love dårlig (,godt) *(fx this bodes well for the future).*
bodice [bɔdis] *subst:* kjoleliv.
bodily ['bɔdili] *adj:* legemlig; fysisk *(fx needs); adv:* **they lifted him ~** de løftet hele ham.
body [bɔdi] *subst* **1.** *anat:* kropp; **2***(=corpse)* lik; **3** hoveddel (av noe); **4.** *fig:* organ *(fx decision -making bodies);* **legislative ~** lovgivende forsamling; **professional ~** yrkesorganisasjon; **5.** (bil)karosseri; **6.** *om vin:* fylde; **7.** mengde; **a huge ~ of evidence** en stor mengde bevismateriale; **8.** *glds el. dial; ubest pron:* **a ~** man; en; **9.: in a ~** samlet; i sluttet tropp; **10.: barely enough to keep ~ and soul together** så vidt nok til å opprettholde livet.
body-builder ['bɔdi,bildə] *subst:* body-builder.
body building kroppsbygging.
body colour dekkfarge.
bodyguard ['bɔdi,ga:d] *subst:* livvakt.
body odour *(fk B.O.; b.o.)* transpirasjonslukt; kroppslukt.
body roll *om bilkarosseri:* krengning; *(jvf I. bank 6 & I. heel 4).*
bodywork ['bɔdi,wə:k] *subst:* (bil)karosseri.
Boer [buə; 'bouə] *subst:* boer.
boffin ['bɔfin] *subst; mil* **T:** forsker.
bog [bɔg] **1.** *subst:* myr; **2.** *vb:* **be -ged down in the mud** synke ned i sølen; **I'm getting -ged down in all this paperwork** jeg kjører meg helt fast i alt dette papirarbeidet.
bogey, bogy ['bougi] *subst(=bogeyman)* busemann; skremmebilde; **the ~ of inflation** inflasjonsspøkelset.
bogie (wagon) *jernb(,US: truck car)* boggi.
boggle ['bɔgl] *vb* **1.** bli nesten overveldet av forbløffelse; **~ at** steile over; **2. US***(=amaze)*: **it -s my mind** jeg er forbløffet.
bog myrtle *bot(=sweet gale)* pors; *(se candleberry).*
bogus ['bougəs] *adj(=false; not genuine)* falsk; uekte *(fx a bogus identity card);* **his foreign accent was ~**

hans utenlandske aksent var ikke ekte.
Bohemia [bə'hi:miə] *subst; geogr:* Böhmen.
Bohemian [bə'hi:mjən] **1.** *subst:* böhmer; **2.** *adj:* böhmisk.
bohemian 1. *subst:* bohem; **2.** *adj:* bohemaktig.
I. boil [bɔil] *subst; med.:* byll.
II. boil *subst:* kok; **the kettle is on the ~** vannet holder på å koke; **bring the water to the ~** la vannet koke opp; **the milk's coming to the ~** melken koker snart.
III. boil *vb* **1.** koke; **the kettle***(=the water in the kettle)* **is -ing** vannet koker; **~ over** koke over; **2.** *fig:* koke (av sinne); **I was -ing when I saw the mess they had made** det kokte i meg (av sinne) da jeg så hva de hadde stelt i stand av rot; **3***(=be hot):* **I'm -ing in this thick coat** jeg smelter i denne varme frakken.
boiler [bɔilə] *subst:* (fyr)kjele.
boiler suit kjeledress.
boiling ['bɔiliŋ] **1.** *subst:* koking; **S: the whole ~** hele rasket; hele sulamitten; **2.** *adj; adv:* kokende; **~ hot** kokende hett; **keep the pot ~** holde det gående.
boiling point kokepunkt.
boisterous ['bɔistərəs] *adj:* støyende; høyrøstet.
bold [bould] *adj* **1.** dristig *(fx a bold plan);* **2.** *glds el. stivt(=impudent)* frekk; freidig *(fx a bold remark);* **would you think me ~ if** . . . ville det være frekt av meg å . . .; **make so ~ as to** driste seg til å . . .; **T: ~ as brass** frekk som bare det; **3.** tydelig *(fx a dress with bold stripes);* **4.** *typ:* fet; **~ headlines** store overskrifter.
boldfaced ['bould,feist] *adj* **1.** *typ:* fet; **2.** *glds el. stivt:* frekk.
bole [boul] *subst; bot(=trunk)* (tre)stamme.
boll [boul] *subst; bot:* frøkapsel.
bollard ['bɔla:d] *subst* **1.** *mar:* fortøyningspæl; puller; **2.: (traffic) ~** trafikkstolpe.
boloney [bə'louni] *subst* **S:** vrøvl; tøys.
Bolshevik ['bɔlʃivik] *subst:* bolsjevik.
bolshie, bolshy ['bɔlʃi] *adj; neds* **S:** opprørsk; lite samarbeidsvillig; sta.
bolster ['boulstə] **1.** *subst:* lang, rund pute; **2.** *vb:* støtte opp med puter; *fig:* **we're getting a loan to ~ (up) our economy** vi skal ta et lån for å støtte opp under økonomien vår.
I. bolt [boult] *subst* **1.** bolt; **2.** *på gevær:* sluttstykke; **3.: like a ~ from the blue** som et lyn fra klar himmel; **4.: ~ upright** rett opp og ned.
II. bolt *vb* **1.** bolte; **2***(=swallow hastily):* **he -ed his food** han slukte maten; **3.** stikke av; *om hest:* løpe løpsk.
I. bomb [bɔm] *subst* **1.** bombe; **2. T: the car goes like a ~** bilen går som et skudd; **3. T: make a ~** tjene en masse penger.
II. bomb *vb:* bombe; plassere bombe(r) i.
bombard [bɔm'ba:d] *vb:* bombardere.
bombardment [bɔm'ba:dmənt] *subst:* bombardement.
bombast ['bɔmbæst] *subst:* svulstighet.
bombastic [bɔm'bæstik] *adj:* svulstig; bombastisk.
bomb bay *flyv:* bomberom.
bomb-disposal squad sprengningskommando.
bomber ['bɔmə] *subst* **1.** *mil:* bombefly; **2.** person som kaster bomber.
bomb-proof ['bɔm,pru:f] *adj:* bombesikker.
bomb scare bombetrusel.
bombshell ['bɔm,ʃel] *subst; fig:* bombe; **his resignation was a real ~** hans oppsigelse kom som en bombe.
bombsite ['bɔmsait] *subst:* bombekrater; sted hvor det har falt en bombe.
bomb threat bombetrusel.
bona fide [,bounə'faidi] **1.** *adj:* bona fide; ekte; i god tro *(fx it's a bona fide agreement);* **2.** *adv:* **he travelled ~** han reiste legalt.
bonanza [bə'nænzə] *subst* **1.** rikt malmfunn; **2.** *fig:* gullalder; gode tider; **enjoy a ~** ha gode tider.
I. bond [bɔnd] *subst* **1.** *fig:* bånd *(fx a bond of friendship);* **2.** *litt., også fig:* **-s** bånd *(fx they released the prisoner from his bonds);* **the -s of slavery** slaveriets lenker; **3.** *arkit:* forband; **4.** *kjem:* binding; **5.** frilager; **in ~** på frilager; **take goods out of ~** løse ut varer fra frilager; **6.** *jur:* forskrivning; forpliktelseserklæring; *(se bondsman 2);* **7.** obligasjon; *(se også debenture); ved løslatelse mot kausjon:* **bail ~** kausjonserklæring; *(jvf ndf: surety bond);* **bearer ~***(=bond payable to bearer)* ihendehaverobligasjon; **government ~** statsobligasjon; **savings ~** spareobligasjon; **surety ~***(=guarantee)* kausjonserklæring; *(jvf ovf: bail bond);* **redeem a ~** innløse en obligasjon; *(jvf bondholder).*
II. bond *vb:* binde; forbinde *(fx this glue will bond plastic to wood).*
bondage ['bɔndidʒ] *subst:* trelldom *(fx keep sby in bondage).*
bonded ['bɔndid] *adj:* **~ goods** varer på frilager; frilagervarer; **~ warehouse** frilager; transittopplag.
bondholder ['bɔnd,houldə] *subst:* obligasjonsinnehaver.
bondsman ['bondzmən] *subst* **1***(=serf)* trell; **2.** *jur:* kausjonist; *(se I. bond 6).*
I. bone [boun] *subst* **1.** ben; knokkel *(fx she broke two bones in her foot);* **2.** korsettstiver; **3.: -s T***(=human skeleton):* **they laid his -s to rest** de la hans ben til hvile; **come and rest your -s** kom og hvil deg litt; **4.: the (bare) -s***(=the essentials)* det vesentlige *(fx the bare bones of her argument);* **he explained the -s of the situation** han forklarte situasjonen i grove trekk; **5. -s T***(=doctor)* lege; **it's bred in the ~** det ligger i blodet; **a ~ of contention** et stridens eple; **I've (got) a ~ to pick with you** jeg har en høne å plukke med deg; **they made no -s about (telling us) how they felt** de la ikke skjul på hvordan de følte det; **near***(=close to)* **the bone** vovet, grovkornet, på grensen til det usømmelige; på streken *(fx his jokes are rather near the bone);* **he's nothing but skin and -s** han er bare skinn og ben; **I was chilled to the ~** kulda gikk meg til marg og ben; **cut one's expenses to the ~***(=to the minimum)* redusere utgiftene til et minimum; **I feel it in my -s** jeg føler det på meg.
II. bone *vb:* ta bena ut av (fisk el. kjøtt) *(fx get the butcher to bone the joint of beef).*
bone(-)dry [,boun'drai; *attributivt:* 'boun,drai] *adj:* knusktørr *(fx sheets);* **the well was bone dry** brønnen var helt tørr.
bonehead ['boun,hed] *subst* **S:** dumrian; stabeis.
bone idle *adj:* lutdoven.
boner ['bounə] *subst* **S***(=blunder)* bommert.
bonesetter ['boun,setə] *subst; glds om person uten medisinsk bakgrunn:* person som er flink til å spjelke ben el. få lem i ledd igjen.
boneshaker ['boun,ʃeikə] *subst* **S 1.** *om sykkel:* gammel rokk; **2.** *om bil:* skranglekasse.
bonfire ['bɔn,faiə] *subst:* bål.
bonhomie ['bɔnə,mi] *subst(=exuberant friendliness)* overstrømmende vennlighet; gemyttlighet.
bonkers ['bɔnkəz] *adj* **S***(=crazy)* sprø (på nøtta); skjør (i knollen).
bonnet ['bɔnit] *subst* **1.** skottelue; **2.** kyse; **poke ~** kysehatt; **3***(,US: hood)* motorpanser; panser; **have a bee in one's ~** ha en fiks idé.
bonny ['bɔni] *adj; skotsk el. nordengelsk* **1***(=beautiful; handsome)* vakker *(fx she's very*

bonny; a bonny lass); 2(=lively; merry) livlig; full av liv (fx a bonny family); 3(=good; fine) fin (fx a bonny house); 4(=healthy-looking (and plump)) god (og rund); fin (fx a bonny baby).

bonus issue merk: se scrip issue.

bonus ['bounəs] subst 1. bonus; 2. gratiale; tantième; Christmas ~ julegratiale; 3. S(=bribe) bestikkelse; smøring.

bonus share (,US: stock dividend) friaksje.

bony [bouni] adj: 1. benet; full av ben (fx this fish is very bony); 2. radmager (fx a bony old woman; she's tall and bony); 3.: ~ cheeks fremstående kinnben; ~ fingers knoklete fingre.

I. boo [bu:] subst: mishagsytring; fyrop (fx he ignored the boos of the crowd); he wouldn't say ~ to a goose han gjør ikke en katt fortred.

II. boo int: bø (fx he crept up behind her and said 'Boo!').

III. boo vb: rope fy til; pipe ut; si 'bø' til.

I. boob [bu:b] subst S 1. fjols; 2(=blunder) bommert; 3. (kvinne)bryst; pupp.

II. boob vb: gjøre en bommert (fx you've booped again).

booby ['bu:bi] subst 1. glds: dumrian; 2. den som taper i et spill; sistemann; 3.: beat ~(=goose) slå floke; 4. S: -s bryster; pupper.

booby prize jumbopremie; trøstepremie.

booby trap 1. mil: mine, etc som ser ufarlig ut; dødsfelle; 2. ubehagelig overraskelse; felle; he walked into a ~ han fikk seg en ubehagelig overraskelse; han gikk rett i fellen.

boodle [bu:dəl] subst S især US 1. penger el. verdisaker (især stjålne el. brukt som bestikkelse); falske penger; 2. se caboodle.

boohoo [,bu'hu:] vb: hulke; tute; (jvf II. blubber).

I. book [buk] subst 1. bok; a ~ on Shakespeare en bok om Shakespeare; 2. hefte (fx a book of stamps; a book of tickets); 3.: (telephone) ~ (telefon)katalog (fx the Essex book); it's not in the ~ det står ikke i (telefon)katalogen; 4. (opera)tekst (fx she wrote the music and he wrote the book); 5.: swear on the Book sverge med hånden på Bibelen; 6.: according to the ~(=the rules) i overensstemmelse med reglene (el. regelverket); go by the ~ følge reglene nøye; she always does things by the ~(=strictly according to the rules) hun følger alltid reglene til punkt og prikke; 7. bokf: close the -s(=balance accounts) avslutte regnskapet; keep ~s(=keep accounts) føre bøker; keep the -s føre bøkene (fx who keeps the books?); enter in the -s føre inn i bøkene; 8(=opinion): in my ~ etter min mening; 9.: on the -s registrert; oppført (i kartoteket); på medlemslisten (fx he's not on the books); your name is not on my -s jeg har deg ikke i mine bøker; 10. stivt: bring sby to ~ for(=call sby to account for) kreve en til regnskap for; trekke en til ansvar for; 11.: suit sby's -s passe en (fint); være helt akseptabelt for en; 12.: throw the ~ at sby beskylde en for alt mulig; straffe en på strengeste vis; 13.: be in sby's bad(=black) -s(=be out of favour with sby) være i unåde hos en (fx ever since he forgot about her birthday he has been in her black books); be in sby's good -s(=be in favour with sby) være velanskrevet hos en; ha en høy stjerne hos en (fx the salesman has been in the manager's good books since he increased last year's sales); 14. om person el. ting: an open ~ en åpen bok; chemistry is a closed ~ to him han forstår seg ikke det minste på kjemi; kjemi er (som) en lukket bok for ham.

II. book vb 1. om billett, plass, reise: bestille; kjøpe billett (fx I've booked two seats for Friday's concert); om foredragsholder, orkester, etc: bestille; engasjere (fx book a band); ~ (,US: reserve) a ticket bestille (el. kjøpe) billett (fx I've booked to London); (se ticket); ~ a flight to Paris kjøpe flybillett til Paris; I'm -ed on that plane jeg har billett til det flyet; jeg er booket med det flyet; tlf: ~ a call bestille en samtale; can we ~ in advance? kan vi bestille i forveien? kan vi forhåndsbestille? ~ a room for sby at a hotel(=book sby in at a hotel) bestille rom for en på et hotell; ~(=check) in at a hotel(=book(=check) into a hotel) ta inn på et hotell; have you -ed(=checked) in? har du (,De) sjekket inn? he -ed(=checked) in yesterday han kom (til hotellet) i går; han sjekket inn i går; ~ out 1(=check out) sjekke ut; forlate (el. reise fra) hotellet; 2. på bibliotek(=sign for) kvittere for; låne; om tur, etc: -ed up fulltegnet; is the hotel (fully) -ed up (yet)? har hotellet fullt belegg? er hotellet fullt (enda)? m.h.t. arbeid(soppdrag), etc: I'm -ed up till August jeg har nok å gjøre frem til august;
2. om politimann: notere (navnet på); bøtlegge (fx he was booked for speeding);
3. bokf(=enter) bokføre; ~ singly bokføre enkeltvis.

bookable ['bukəbl] adj: ~ (in advance) som kan forhåndsbestilles; tables (are) ~ (in advance) bordbestillinger mottas.

bookbinder ['buk,baində] subst: bokbinder.

book bindery bokbinderi.

bookbinding ['buk,baindiŋ] subst: bokbinding.

bookcase ['buk,keis] subst: bokreol; closed ~, glass -fronted ~ bokskap.

bookend ['buk,end] subst: bokstøtte.

bookie ['buki] subst T(=bookmaker) bookmaker.

booking ['bukiŋ] subst 1. bestilling; 2. engasjement.

booking clerk jernb; som selger billetter: jernbaneekspeditør.

booking office billettkontor; (jvf box office).

bookish ['bukiʃ] adj: boklig; boklig interessert (fx he's a bookish person); a ~ expression et boklig uttrykk.

bookkeeper ['buk,ki:pə] subst: bokholder.

bookkeeping ['buk,ki:piŋ] subst: bokføring; ~ by single (,double) entry enkelt (,dobbelt) bokføring.

book-learning ['buk,lə:niŋ] subst: boklig lærdom.

booklet ['buklit] subst: brosjyre; hefte; liten bok.

bookmaker ['buk,meikə] subst: bookmaker.

bookmaking ['buk,meikiŋ] subst: bokproduksjon.

bookmark(er) ['buk,ma:k(ə)] subst: bokmerke.

bookmobile ['bukmə,bi:l] subst US(=mobile library) bokbuss.

bookplate ['buk,pleit] subst: ex libris; bokeiermerke.

bookseller ['buk,selə] subst: bokhandler.

bookshop ['buk,ʃɔp] subst: bokhandel.

bookstall ['buk,stɔ:l] subst; på jernbanestasjon, etc: aviskiosk; (jvf newsstand).

bookworm ['buk,wə:m] subst: bokorm; lesehest.

I. boom [bu:m] subst 1. mar; til seil: bom; cargo ~(=derrick) lastebom; 2. i næringslivet: oppsving; ~ period oppgangstid; 3. drønn (fx the boom of the sea); 4.: (log) ~ tømmerlense; 5. film: mikrofonstativ.

II. boom vb 1. merk: ta et oppsving; være inne i en oppgangstid; business is -ing this week forretningen går godt denne uken; 2. drønne; his voice -ed out over the loudspeaker stemmen hans tordnet over høyttaleren.

boomerang ['bu:mə,ræŋ] 1. subst; også fig: bumerang; 2. vb: virke som en bumerang; falle tilbake på en selv.

boon [bu:n] subst 1. noe som er meget nyttig; velsignelse (fx the car was a boon to him); 2.

glds(=favour) gunst(bevisning) *(fx he asked a boon of the king).*

boon companion *stivt(=close friend)* nær venn *(fx they used to be boon companions but now they are enemies).*

boor [buə] *subst; neds:* ubehøvlet fyr.

boorish ['buəriʃ] *adj; neds:* ubehøvlet.

I. boost [bu:st] *subst* **1***(=help; encouragement)***: this publicity will give our sales a real ~** denne publisiteten vil hjelpe godt på omsetningen; **a ~ to morale** en styrkning av moralen; **2***(=push upwards)***: I gave him a ~ over the wall** jeg hjalp ham å komme seg over muren; **3***(=rise)* stigning *(fx a boost in salary).*

II. boost *vb* **1***(=increase)* øke; øke effekten av; forsterke; **~ sales** øke omsetningen; *elekt:* **~ the voltage** øke spenningen; **2.** hjelpe opp (ved å skyve); *fig:* hjelpe på; styrke; drive reklame for; **~ sby's morale** styrke ens moral; gi en moralsk støtte.

booster ['bu:stə] *subst* **1.** *om person el. ting:* hjelp; støtte; *om person også:* reklamemaker; **a morale ~** noe som styrker moralen; **2.** *med.(=booster shot)* ny innsprøyting av vaksine for å forsterke tidligere oppnådd immunitet; booster; **3.** *tekn:* forsterker; **4: ~ (rocket)***(=launching vehicle)* startrakett; starttrinn; **5.** *radio; TV(=radio-frequency amplifier)* forsterker.

I. boot [bu:t] *subst* **1.** støvel; **2.** *i orgel:* støvel; **3.** *torturinstrument:* spansk støvel; **4.** *i bil(,***US:** *trunk)* bagasjerom; **5.: -s** hotellgutt; **6.** spark *(fx he gave the door a boot);* **7.** *mask; over koplinger, etc:* støvhette; muffe; **8.: the ~** sparken *(fx get the boot; give sby the boot);* **now the ~ is on the other foot***(=leg)* situasjonen er nå en helt annen; rollene er nå byttet om; bladet har vendt seg; **T: you can bet your -s he'll come** du kan ta gift på at han kommer; **T: he's too big for his -s** han er høy på pæra.

II. boot *subst; dial:* noe som gis attpå for å avslutte en handel *(fx a ten-pound boot to settle the bargain);* **to ~** oven i kjøpet; attpåtil.

III. boot *vb* **1***(=kick)* sparke *(fx the ball out of the goal);* **2. T***(=dismiss)* gi sparken; **3. T: ~ out***(=throw out by force)* kaste ut; sparke ut *(fx he was booted out of his last job).*

bootee ['bu:ti:] *subst:* strikket babysokk.

booth [bu:ð; **US:** bu:θ] *subst* **1.** bu; (markeds)bod; **2. polling ~** stemmerom; avlukke for stemmegivning; *især* **US: (tele)phone ~***(=call box)* telefonboks.

bootlace ['bu:t,leis] *subst:* støvellisse.

bootleg ['bu:t,leg] *vb:* gauke; smugle sprit.

bootlegger ['bu:t,legə] *subst:* gauk; spritsmugler.

bootleg whisky smuglerwhisky.

booty ['bu:ti] *subst:* bytte; **burglar's ~** tyvegods.

booze [bu:z] **T 1.** *subst:* brennevin; rangel; **go on a ~** gå på rangel; **2.** *vb:* drikke; supe *(fx he's been boozing since the pubs opened).*

boozer ['bu:zə] *subst* **T 1.** drukkenbolt; **2***(=pub)* pub; vertshus.

booze-up ['bu:z,ʌp] *subst* **S***(=drinking spree)* rangel.

boozy ['bu:zi] *adj* **T:** drikkfeldig; **~ party** fyllefest.

bop [bɔp] **T 1.** *subst:* dansetilstelning hvor det danses til popmusikk; **2.** *vb:* danse til popmusikk.

bo-peep [,bou'pi:p] *subst:* tittelek.

I. border ['bɔ:də] *subst* **1.** kant; rand; bord; **2.** grense; grenseområde; **at the ~** ved grensen; **3.** blomsterbed (langs plen); kantbed.

II. border *vb* **1.** kante; forsyne med bord (*el.* kant); grense til; støte opp til; **the Indian Ocean -s the eastern coast** østkysten ligger ved Det indiske hav; **2.: ~ on** grense til; **3.** *fig:* **~ on***(=verge on)* grense til; **this -s on the ridiculous** dette grenser til det latterlige.

borderland ['bɔ:də,lænd] *subst; også fig:* grenseland; grenseområde.

borderline ['bɔ:də,lain] *subst* **1.** grenselinje; **2.** *fig:* grense *(fx the borderline between friendship and love).*

borderline case *fig:* grensetilfelle.

border state randstat.

I. bore [bɔ:] *subst; ved elvemunning:* stor tidevannsbølge; flodbølge.

II. bore *subst* **1.** borehull; boret hull; **2.** *mask:* sylinderdiameter; boring; **3.** innvendig rørdiameter; *på skytevåpen:* kaliber.

III. bore *subst* **1.** kjedelig fyr; **2.** kjedelig ting; noe som er kjedelig *(fx it's a bore to have to go out again); (se V. bore).*

IV. bore *vb* **1.** bore hull; grave hull; **they -d a tunnel under the sea** de gravde tunnel under havet; **2.** utvide diameteren i; bore (opp); *(se rebore);* **3.** *om hest el. idrettsutøver i konkurranse:* blokkere.

V. bore *vb (se III. bore)* kjede *(fx he bored us);* **be -d** kjede seg; **be -d stiff, be -d to death** kjede seg fordervet.

boreal ['bɔ:riəl] *adj:* nordlig; nordavind-.

borecole ['bɔ:koul] *subst; bot(=kale)* grønnkål (som dyrefôr); *(se kale: curly ~).*

boredom ['bɔ:dəm] *subst:* kjedsomhet.

borer ['bɔ:rə] *subst* **1.** bor; bormaskin; **2.** *zo:* borende insektlarve; boremusling; *(se woodborer).*

boric acid borsyre.

boring ['bɔ:riŋ] *adj:* kjedelig.

boron ['bɔ:rɔn] *subst; kjem:* bor.

borough ['bʌrə] *subst* **1.** *hist:* by med kjøpstadsrettigheter; **2.** en av de 32 kretser som, sammen med City of London, utgjør Greater London; **3.** en av de 5 valgkretser i New York City; **4. US:** bykommune; **5.: county ~** bykommune; **non-county ~***(=municipal borough)* mindre bykommune uten fullstendig kommunalt selvstyre.

borrow ['bɔrou] *vb:* låne *(fx she borrowed £10 from a friend; borrow books from the library; English borrows words from French); fig:* **-ed plumes** lånte fjær.

borrowable *adj:* som kan lånes; **these books are not ~***(=are not to be lent (out))* disse bøkene er ikke for utlån.

borrower *subst:* låntager; låner.

borstal ['bɔ:stəl] *subst; for lovovertredere mellom 15 og 21:* ungdomsfengsel; *(se community home).*

bosh [bɔʃ] *subst* **T:** tøv; tøys; sludder.

bosom ['buzəm] *subst* **1.** barm; bryst; **2.** *fig:* skjød *(fx in the bosom of one's family).*

bosom friend hjertevenn(inne).

bosomy ['buzəmi] *adj* **S:** brystfager.

I. boss [bɔs] **1.** *subst:* sjef; **overall ~***(=overall head)* toppsjef; **2.** *vb:* **he wants to ~ the show** han vil spille (*el.* være) sjef; **don't let him ~ you about***(=around)* ikke la ham kommandere deg.

II. boss *subst:* knast; knott; fremspring.

bossism ['bɔsizəm] *subst* **US:** pampevelde.

bossy ['bɔsi] *adj* **T:** dominerende; sjefete; som liker å kommandere andre.

bosun ['bousn] *subst; mar: se boatswain.*

botanic(al) [bə'tænik(əl)] *adj:* botanisk.

botanist ['bɔtənist] *subst:* botaniker.

botany ['bɔtəni] *subst:* botanikk.

I. botch [bɔtʃ] *subst; om reparasjon el. arbeidsoppgave:* **make a ~ of sth** slurve med noe; gjøre en dårlig jobb med noe.

II. botch *vb:* **he really -ed the job** den jobben gjorde han virkelig dårlig.

botcher ['bɔtʃə] *subst:* en som gjør dårlig arbeid.

botfly ['bɔt,flai] *subst; zo(=gadfly)* brems.

both [bouθ] **1.** *adj; pron:* begge *(fx both dogs were dirty);* ~ **are to blame** begge har skyld; begge kan klandres; **I want** ~ jeg vil ha begge (*el.* begge deler); ~ **(the) men are dead***(=the men are both dead)* begge mennene er døde; mennene er begge døde; ~ **(of them) are dead** begge (to) er døde; **we** ~ **went** vi dro begge to; **2.** *konj:* ~ . . . **and** både . . . og *(fx he's both rich and handsome; both cats and dogs; she has been successful both as a novelist and as a playwright).*

I. bother ['bɔðə] *subst* **1.** bry; besvær; **what a** ~ **all this is!** så mye bry det er med alt dette! **isn't it a** ~**!** er det ikke ergerlig? **his lazy son is quite a** ~ **to him** han har mye bry med den dovne sønnen sin; **2.** **T***(=trouble)* bråk; **a spot of** ~ litt bråk; **we had quite a lot of** ~ **(in) getting here because of the fog** det var ikke så lett for oss å ta oss fram hit pga. tåken; **it'll be no** ~ **(to me)** det vil ikke være noe bry for meg; **if it's no** ~ **we'll come tomorrow** hvis det er i orden, kommer vi i morgen.

II. bother *vb* **1***(=worry)* plage; sjenere; forstyrre; **stop -ing me!** hold opp med å plage meg! **it -s me that** . . . det bekymrer meg at . . . ; **his bad leg is -ing him again** det vonde benet hans plager ham igjen; **2***(=take the trouble):* **don't** ~ **to write** du behøver ikke å skrive; **don't** ~ **about that** bry deg ikke om det; ikke gjør deg noe bry med det; **I can't be -d (to)** jeg gidder ikke (å); **3.** *int:* **oh,** ~**!** søren også! **oh,** ~ **you!** søren ta deg!

botheration [,bɔðə'reiʃən] **1.** *subst: se I. bother 1;* **2.** *int:* søren også!

bothersome ['bɔðəsəm] *adj; stivt(=troublesome)* brysom; plagsom; irriterende *(fx a bothersome cough).*

Bothnia ['bɔθniə] *subst; geogr:* **the Gulf of** ~ Bottenvika.

Botswana [bɔ'tswa:nə, bu'tswa:nə, but'swa:nə] *subst; geogr:* Botswana.

I. bottle ['bɔtəl] *subst* **1.** flaske *(fx a bottle of wine); for piller, etc:* glass; **feeding** ~ tåteflaske; **he's too fond of the** ~ han er for glad i det sterke (*el.* i flasken); **2.** **S***(=nerve)* mot *(fx he lost his bottle; they didn't have the bottle to go through with it).*

II. bottle *vb:* fylle på flasker; **-d beer** flaskeøl; ~ **up** holde tilbake *(fx don't bottle up your anger – tell him what's annoying you);* **T: the French fleet was -d up in Le Havre** den franske flåten lå innesperret i Le Havre.

bottle-feed ['bɔtəl,fi:d] *vb:* ~ **a baby** gi en baby av flasken.

bottleneck ['bɔtəl,nek] *subst; også fig:* flaskehals.

bottle opener flaskeåpner.

bottle party spleisefest (hvor gjestene medbringer drikkevarer).

I. bottom ['bɔtəm] *subst* **1.** bunn; havbunn; **touch** ~*(=run aground)* gå på grunn; **2.** skipsbunn; *litt. el. merk, også:* skip *(fx in foreign bottoms);* **3.** underside; nederste del; innerste del; **he's (at) the** ~ **of the class** han er den svakeste i klassen; **at the** ~ **of the hill** nederst i bakken; **4.** **T***(=buttocks)* ende; bakdel; rumpe; **5.** *på stol(=seat)* sete; **6***(=staying power) om hest:* utholdenhet; **7.** *fig:* bunn; **knock the** ~ **out of his arguments** plukke argumentene hans fra hverandre; **from the** ~ **of one's heart** av hele sitt hjerte;

at ~ på bunnen *(fx he's a kind man at bottom);* innerst inne *(fx at bottom, he's really a very shy person);* **at the** ~ **of** på bunnen av; **at the** ~ **of the page** nederst på siden; *fig:* **there's something at the** ~ **of this** her ligger det noe under; **T: get to the** ~ **of** komme til bunns i; ~ **up** med bunnen i været *(fx the boat was found floating bottom up);* **-s up!** drikk ut!

II. bottom *adj* **1.** lavest; nederst; underst; **2.** sist; **bet***(=put)* **one's** ~ **dollar on sth** sette sin siste daler på noe.

III. bottom *vb* **1.** sette bunn i; **2.** *mar:* ta bunnen; **3.** *om stempel, etc:* ta bunnen; bunne.

bottom drawer *(,US: hope chest)* nederste kommodeskuff (hvor unge piker samler utstyr).

bottomless ['bɔtəmlis] *adj:* bunnløs; uten bunn *(fx the lake is said to be bottomless).*

bottomry ['bɔtəmri] *subst; mar:* bodmeri; sjølån.

bough [bau] *subst; bot:* (stor) gren.

bought note *merk; utstedt av megler til kjøper:* sluttseddel; *(se contract note; sold note).*

bouillon ['bu:jɔn] *subst:* buljong.

boulder ['bouldə] *subst:* kampestein; rullestein; **erratic** ~ flyttblokk.

I. bounce [bauns] *subst* **1.** sprett *(fx with one bounce the ball went over the net);* **2.** *fig* **T***(=vitality):* **she has a lot of** ~ hun er svært så vital.

II. bounce *vb* **1.** *om ball, etc:* sprette; få til å sprette *(fx he bounced the ball over the fence); om person:* hoppe opp og ned; sprette *(fx she was bouncing up and down with excitement);* **she -d up from her chair** hun spratt opp av stolen; **2. T;** *om sjekk:* bli avvist av banken pga. manglende dekning *(fx the cheque has bounced).*

bouncer ['baunsə] *subst* **S** **1.** utkaster; **2.** dekningsløs sjekk.

bouncing *adj:* struttende av sunnhet *(fx a bouncing baby).*

I. bound [baund] **1.** *subst(=limit):* **go beyond all -s***(=go beyond all limits)* sette seg utover alle grenser; **her joy knew no -s** hennes glede kjente ingen grenser; *mil:* **in -s to** tillatt område for; **out of -s to** forbudt område for; **out of -s to all ranks** forbudt område for befal og menige; **2.** *vb; litt. el. stivt:* omgi *(fx Britain is bounded(=surrounded) by water on every side);* **the desert is -ed to the north by a range of mountains** ørkenen er begrenset mot nord av en fjellkjede.

II. bound **1.** *subst:* hopp; byks; sprett; **in** *(=at)* **one** ~ med ett hopp (*el.* byks) *(fx he reached me in one bound);* **2.** *vb:* hoppe; bykse; sprette.

III. bound *perf. part. av bind; adj* **1.** *også kjem:* bundet; **a** ~ **prisoner** en bundet fange; **2.** innbundet *(fx bound books);* **3.:** ~ **to***(=certain to)* **fail** på forhånd dømt til å mislykkes; **he's** ~ **to notice your mistake** han kommer sikkert til å merke den feilen du har gjort; **I felt** ~ **to mention it** jeg syntes jeg måtte nevne det; **4.** *mar:* ~ **for** med kurs for; på vei til; bestemt for; **I'm** ~ **for Africa** jeg skal (reise) til Afrika; **5.: he's very** ~ **up in his work** han er svært opptatt av arbeidet sitt; **6.: be** ~ **up with** henge sammen med; ha sammenheng med *(fx his irritability is bound up with his work).*

boundary ['baundəri] *subst:* grense; *fig:* grense; grenselinje; **the** ~ **between the possible and the impossible** grensen mellom det mulige og det umulige.

bounden [baundən] *adj:* **my** ~ **duty** min simple plikt.

boundless ['baundlis] *adj:* grenseløs *(fx she has boundless faith in her husband's ability);* **his strength is** ~ hans styrke kjenner ingen grenser; ~ **freedom** ubegrenset frihet.

bounteous ['bauntiəs] *adj; litt.* **1***(=generous)* gavmild *(fx the bounteous goodness of God);* **2***(=plentiful)* rikelig.

bountiful ['bauntiful] *adj: se bounteous.*

bounty ['baunti] *subst* **1.** skuddpenger; skuddpremie *(fx there's a bounty for foxes);* **2.** *stivt(=generosity)* gavmildhet; **3.** *stivt(=generous gift)* rik (*el.* rundhåndet) gave.

bouquet [bu:'kei; bou'kei] *subst* **1.** bukett; **2.** *om vin:* bouquet.
bourgeois ['buəʒwa:] **1.** *subst (pl: ~)* spissborger; **2.** *adj:* spissborgerlig.
bout [baut] *subst* **1**(*=spell) anfall (fx a violent bout of flu);* **2.** *boksing & bryting:* kamp *(fx a bout of 15 five-minute rounds);* **3.** *om tid som går med til en aktivitet:* omgang; raptus; **a ~ of fighting** litt slåssing.
boutique [bu:'ti:k] *subst:* liten moteforretning.
bovine ['bouvain] *adj* **1.** okse-; kveg-; fe-; **2.** *neds:* sløv; dum.
bovver ['bɔvə] *subst* **S:** slagsmål; (bande)bråk *(fx a spot of bovver).*
I. bow [bau] **1.** *subst:* bukk; **he made a ~ to the ladies** han bukket til damene; **2.** *vb:* bukke; **~ and scrape** bukke og skrape; *fig:* **~ to***(=submit to)* bøye seg for *(fx I bow to your superior knowledge);* **they've -ed to the inevitable** de har bøyd seg for det uunngåelige.
II. bow [bau] *mar* **1.** *subst (ofte i pl)* baug; *mar; mil:* **a shot across the -s** et skudd for baugen; *fig:* **I fired a shot across his ~** jeg ga ham et skudd for baugen; **2.** *adj:* baug-.
III. bow [bou] **1.** *subst:* bue; (fiolin)bue; sløyfe; **~ tie** sløyfeslips; **~ and arrows** pil og bue; **draw the long ~** overdrive; **have two strings to one's ~** ha noe (mer) i bakhånden; ha flere strenger å spille på; **you have another string to your ~, then?** du har altså noe annet i bakhånden? du har altså en alternativ plan?
bowel ['bauəl] *subst* **1.** *anat(=intestine)* tarm; **have the child's -s moved***(=has the child defecated)?* har barnet hatt avføring? **2.** *fig:* **the -s of the earth** jordens indre.
bowel movement avføring.
bowel routine *med.:* avføring; **regular, unhurried ~** regelmessig, normal avføring.
bower ['bauə] *subst* **1**(*=arbour)* lysthus; **2.** *litt.; poet:* jomfrubur; **3.** *mar(=bower anchor)* bauganker.
bowhead ['bou,hed] *subst; zo(=Greenland whale)* grønlandshval.
I. bowing ['bouiŋ] *subst; mus:* bueføring.
II. bowing ['bauiŋ] *subst:* bukking; **have a ~***(=nodding)* **acquaintance with sby** være på nikk med en; kjenne en overfladisk.
I. bowl [boul] *subst* **1.** bolle; skål; **sugar ~***(=basin)* sukkerskål; **punch ~** punsjbolle; **2***(=basin)* kum; fat; **toilet ~***(=lavatory pan)* klosettskål; **3.** uthulet (*el.* den hule) del av noe; **the ~ of a spoon** et skjeblad; **pipe ~** pipehode.
II. bowl *subst* **1.** bowlingkule; **2.** *om spillet:* **-s** bowling.
III. bowl *vb* **1.** kaste; bowle; spille bowling; **2.** *cricket:* sette en forsvarer ut av spillet ved å treffe gjerdet med ballen; **Smith was -ed (out) for eighty -five** Smith ble slått ut etter å ha oppnådd 85 poeng; **3.: ~ sby over** løpe en over ende; *fig* **T: be -ed over***(=be pleasantly surprised)* bli behagelig overrasket; **4.: ~ along** trille (*el.* rulle) avsted *(fx in a car).*
bow legs*(=bandy legs) pl:* hjulben.
bow-legged ['bou,legd] *adj(=bandy-legged)* hjulbent.
bowler ['boulə] *subst; cricket:* bowler; kaster.
bowling ['bouliŋ] *subst* **1.** *se II. bowl 2;* **2.** kjeglespill; **3.** *cricket:* det å kaste (*el.* bowle).
bowman ['baumən] *subst(=bow oar)* baugroer; forreste roer.
bowshot ['bou,ʃɔt] *subst:* pileskudd; **within (,out of) ~** på (,utenfor) skuddhold.
bowsprit ['bousprit] *subst; mar:* baugspryd.
bow tie sløyfe(slips).
bow-wow ['bau,wau; 'bau'wau] **1.** *barnespråk(=dog)* vovvov; **2.** *vb:* gjø; si vov-vov; **3.** *int:* vov-vov.
I. box [bɔks] *subst; bot:* buksbom.
II. box *subst* **1**(*=case)* kasse *(fx a wooden box);* **letter ~** (privat) postkasse; **T: the ~** TV; **T: (long) ~** (lik)kiste; **2.: (cardboard) ~** (papp)eske; **a ~ of chocolates** en konfekteske; **3.** skrin; boks; **money ~** pengeskrin; **safe-deposit ~** bankboks; **4.** avlukke; bås; **witness ~** vitneboks; **sentry ~** skilderhus; *jernb:* **signal ~** blokkpost; **shooting ~** jakthytte; **5.** *teat:* losje; **6.** kuskesete; bukk; **7.: (horse) ~** spilltau; **8.** *typ:* ramme (om sats); kasse; **9.** bilde (i tegneserie); **10.: Christmas ~** *til postbud, etc:* juleklapp; **11.** *i annonse:* **apply Box 1144** BM 1144 (*fk.f.* billett merket 1144).
III. box 1. *subst:* **a ~ on the ear** en ørefik; **2.** *vb:* bokse; **~ sby's ears** gi en noen ørefiker.
IV. box *vb* **1.** *stivt(=put into boxes)* legge i esker (*el.* kasser); **2.** *mar:* **~ the compass***(=name the compass points in order)* nevne strekene hele kompasset rundt; **3.: ~ in** sperre inne *(fx my car's boxed in between yours and Peter's);* **4.: ~ up** stenge inne *(fx I'm boxed up in this tiny office all day);* **keep one's feelings -ed up** beholde sine følelser for seg selv.
boxboard ['bɔks,bɔ:d] *subst:* eskekartong.
box calf bokskalv.
box car US*(=goods van) jernb:* lukket godsvogn.
boxer ['bɔksə] *subst* **1.** bokser; **2.** *zo; hund:* bokser.
boxing ['bɔksiŋ] *subst:* boksing.
Boxing Day annen juledag.
box junction UK: gatekryss hvor kjørebanen er gulskravert, og hvor all stans er forbudt.
box office billettkontor; **the play was bad ~** stykket gikk dårlig.
box-office success *teat:* kassasuksess.
box room lagerrom; kott; *ved kostskole:* lagerrom for elevenes eiendeler.
box seat 1. *teat:* losjeplass; **2.** (kuske)bukk.
box spanner*(=socket spanner; socket wrench)* pipenøkkel; toppnøkkel.
boy [bɔi] *subst:* gutt; **-s will be -s** gutter er gutter.
boycott ['bɔikɔt] **1.** *subst* boikott(ing); **2.** *vb:* boikotte.
boyfriend ['bɔi,frend] *subst:* **her ~** vennen (*el.* kjæresten) hennes.
boyhood ['bɔihud] *subst:* gutts barndom; guttedager; **his ~ was happy** han hadde en lykkelig barndom.
boyish ['bɔiiʃ] *adj:* guttaktig *(fx a boyish smile).*
boy scout speider; speidergutt.
bra [bra:] *subst:* behå; bysteholder.
I. brace [breis] *subst* **1**(*=bit brace; brace and bit)* borvinde; **2.** *tøm:* støttebjelke; stiver; **diagonal ~***(=cross brace)* skråbånd; **3.** *tannl:* bøyle; **4.** *mar; tau ved begge ender av en rå:* bras; **5.** *jaktuttrykk:* to; par *(fx a brace of partridges);* **6.: -s (,US:** *suspenders)* bukseseler.
II. brace *vb* **1.** støtte; avstive; **2.** *mar:* brase; **~ aback** brase bakk; **~ to** brase an; **3.: ~ oneself** stramme seg opp; forberede seg (*for* på) *(fx he braced himself for the struggle).*
bracelet ['breislit] *subst* **1.** armbånd; **2. S: -s***(=handcuffs)* håndjern.
bracer ['breisə] *subst* **T***(=drink)* oppstrammer.
bracing ['breisiŋ] **1.** *subst:* avstivning; støtte; **2.** *adj:* styrkende; forfriskende *(fx bracing sea air).*
bracken ['brækən] *subst; bot(=brake)* ørnebregne; *(se fern).*
I. bracket ['brækit] *subst* **1.** hylleknekt; brakett; **2.: ~ (shelf)** vegghylle; **3.** *arkit:* konsoll; **4.** *mask:* **~ bearing** konsollager; **5.: ~ lamp***(=sconce)* lampett; **6.** *typ:* **-s** klammer; parentes; **square -s** hakeparentes; **in (square) -s** i (hake)parentes; *mat.:* **remove**

the -s løse opp parentesene; **7.** gruppe; kategori; **in the lower income -s** i de lavere inntektsgrupper; **T: I wish I were in John's income ~** jeg skulle ønske jeg hadde Johns inntekter; **he's in a very high tax ~** han betaler meget skatt; han er i en høy skatteklasse; **T: that house isn't in my price ~** det huset er ikke i min prisklasse; det er ikke et hus 'jeg har råd til å kjøpe.

II. bracket *vb* **1.** understøtte (med brakett, konsoll, etc); **2.** sette i parentes; **a -ed figure** et tall som står i parentes; **3.** *fig:* sette i samme gruppe (*el.* bås); sidestille *(fx bracket Marx with the philosophers);* **Jones and Smith were -ed together at the top of the list** Jones og Smith stod sammen øverst på listen; **don't ~ me with him just because we work for the same company** ikke sammenlign meg med ham bare fordi vi er ansatt i samme selskap.

brackish ['brækiʃ] *adj:* brakk; **~ water** brakkvann.

bract [brækt] *subst; bot:* dekkblad; kurvblad.

brad [bræd] *subst; tøm:* **(small) ~** tømmermannsspiker.

I. brag [bræg] *subst* **1.** skryt; skryting; praleri; **2.** det man skryter av; det man praler med *(fx his brag was his new car);* **3***(=braggart; boaster)* skrythals.

II. brag *vb(=boast)* skryte; **~ about** *(=of)* skryte av.

braggart ['brægət] *subst:* skrytepave; skrythals.

I. braid [breid] *subst* **1.** flettet bånd; pyntebånd; *på møbel:* snor; besetning; *på uniform:* tresse; galon; **gold ~** gulltresse; **gold-braided** gulltresset; gullgalonert *(fx a gold-braided officer);* **2** *glds(=plait)* hårflette.

II. braid *vb:* flette; pynte med snorer (tresser, etc).

braille [breil] *subst:* blindeskrift.

I. brain [brein] *subst* **1.** *anat:* hjerne; **T: -s** *(fx he blew his brains out);* **2.** *fig; oftest:* **-s** hjerne; forstand *(fx you've plenty of brains – why don't you use them!);* **he's got -s** han har et godt hode; **he's one of the best -s in the country** han er en av de beste hjerner i landet; **3. T: on the ~** på hjernen *(fx I had that song on the brain);* **4. T: pick sby's -s** utnytte ens viten; **5.: rack***(=puzzle)* **one's -s** bry hjernen sin; legge hjernen sin i bløt; **S: beat one's -s (out)** vrenge hjernen sin (i forsøket på å finne en løsning, *etc).*

II. brain *vb* **1.** smadre hjerneskallen på; **2. S:** slå en hardt i hodet.

brainchild ['brein,tʃaild] *subst* **T:** yndlingsteori; åndsprodukt; oppfinnelse.

brain death hjernedød.

brain drain forskerflukt.

brainpan ['brein,pæn] *subst* **T:** hjerneskalle.

brainstorm ['brein,stɔ:m] *subst* **1.** anfall av sinnsforvirring *(fx he had a brainstorm and murdered his wife);* **2. US***(=brainwave)* lys idé.

brainstorming ['brein,stɔ:miŋ] *subst:* intens diskusjon for å løse problemer el. komme fram til nye idéer.

brains trust hjernetrust; gruppe eksperter.

brainwash ['brein,wɔʃ] *vb:* hjernevaske *(fx they brainwashed him into believing in their ideas).*

brainwashing ['brein,wɔʃiŋ] *subst:* hjernevask.

brainwave ['brein,weiv] *subst:* lys idé.

brainwork ['brein,wə:k] åndsarbeid.

brainworker ['brein,wə:kə] *subst:* åndsarbeider.

brainy ['breini] *adj* **T:** intelligent.

braise [breiz] *vb:* grytesteke.

I. brake ['breik] *subst; bot(=bracken)* ørnebregne; *(se fern).*

II. brake *subst; tekn:* brems; **disc ~** skivebrems; **front-wheel ~** forhjulsbrems; **apply the -(s)***(=put the brake(s) on)* bremse; sette på bremsen; **slam***(=jam)* **on the -s** bremse hardt opp; **the -s are spongy** bremsepedalen fjærer.

III. brake *vb(=put the brake(s) on)* bremse; bremse av (*el.* opp); **~ to avoid a lorry** bremse opp for en lastebil; **~ to a halt, ~ to a stop** bremse opp (og stoppe).

brake band *tekn:* bremsebånd.

brake disc *tekn; for skivebrems:* bremseskjold.

brake drum *tekn:* bremsetrommel.

brake hose *tekn:* bremseslange.

brake lamp bremselykt.

brake lining *tekn(=shoe lining)* bremsebelegg.

brake pad *tekn:* bremsekloss.

brake van *jernb(=guard's van;* **US:** *caboose)* konduktørvogn.

braking distance bremselengde; *(jvf stopping distance).*

braking system *tekn:* bremsesystem.

bramble [bræmbəl] *subst; bot* **1.** bjørnebærbusk; **2.** klunger; tornet busk *(fx he was badly scratched when he fell into the brambles);* **3.** *i Skottland(=blackberry)* bjørnebær.

brambling ['bræmbliŋ] *subst; zo(=bramblefinch)* bergfink.

bran [bræn] *subst:* kli.

I. branch [bra:ntʃ] *subst* **1.** *bot:* gren; **2.** *fig:* gren; filial; **a ~ of the river** en gren av elven; **3.** *på horn:* takk.

II. branch *vb* **1.** forgrene seg; skyte grener; **2.** *fig:* dele seg; **~ off** ta av *(fx the line to Guildford branches off here);* **T: ~ out** utvide sitt virkefelt; **our company has -ed out into computers now** firmaet vårt har nå også begynt med datamaskiner (el. computere); **he's left the family business and -ed out on his own** han har gått ut av familieforretningen og begynt for seg selv.

branch line *jernb:* sidelinje; stikklinje.

branch office filialkontor.

I. brand [brænd] *subst* **1.** merke *(fx what brand of tea do you use?);* **2.** *fig(=variety)* type *(fx he has his own brand of humour);* **3.** *på kveg:* svimerke; **4.** svijern; **5.** *litt.(=stigma)* brennemerke *(fx he bore the brand of a coward);* **6.** *plantesykdom:* brann; **7.** brennende trestykke; brann; **8.** *glds el. poet(=sword)* sverd; *poet:* glavin; brand.

II. brand *vb* **1.** merke med svijern; **2.** *fig(=stigmatize)* brennemerke *(fx they branded him a traitor);* stemple *(fx he was branded for life as a thief);* **3.: his name is -ed on my memory for ever** navnet hans har festet seg i hukommelsen min for alltid; **4.: -ed goods** merkevarer.

brand image *merk:* bumerke.

brandish ['brændiʃ] *vb:* svinge *(fx brandish a sword).*

brand-new [,bræn(d)'nju:; *attributivt:* 'bræn(d),nju:] *adj:* splinter ny.

brash [bræʃ] *adj* **T 1.** frekk (og uforskammet); frekk og stor i kjeften; (svært så) freidig *(fx a brash young man);* **2.** brå (av seg); ubesindig.

brass [bra:s] *subst* **1.** messing; **2.** *mus:* messinginstrument; **the ~** messingblåserne; **3.: ~ (memorial plaque)** minneplate; messingplate med inskripsjon; **4***(=cheek)* frekkhet *(fx he had the brass to ask for more time);* **5. T: get down to ~ tacks** komme til saken; **6. T: the top ~** de store gutta; de høyere offiserene.

brassard ['bræsa:d] *subst(=armband)* armbind.

brass band hornorkester.

brass hat **T***(=top-ranking officer)* høytstående offiser.

brassiere ['bræsiə] *subst; lett glds(=bra)* bysteholder; behå.

brassy ['bra:si] *adj* **1.** messing-; messinglignende; messingfarget; **2***(=insolent)* frekk *(fx she looks rather brassy).*

brass tacks *se brass 5.*

brat [bræt] *subst; neds el. spøkef:* unge.
bravado [brə'va:dou] *subst:* utfordrende opptreden (som dekker over frykt) *(fx he's full of bravado, but really he's a coward).*
I. brave [breiv] *adj* **1.** modig; tapper; **the ~** de tapre; **2.** *litt.:* fin; strålende; **~ new world** vidunderlige nye verden.
II. brave *vb; stivt(=face boldly)* trosse *(fx the cold weather).*
bravery ['breivəri] *subst:* tapperhet.
bravo ['bra:,vou] **1.** *subst:* bravorop; **2.** *int:* bravo.
bravura [brə'vuərə] *subst* **1***(=display of boldness)* bravur; **2.** *mus:* bravurnummer.
brawl [brɔ:l] **1.** *subst:* slagsmål; bråk; **drunken ~** fyllebråk; fylleslagsmål; **2.** *vb:* lage spetakkel; slåss.
brawler ['brɔ:lə] *subst:* bråkmaker; slagsbror.
brawn [brɔ:n] *subst* **1.** muskler; fysisk styrke *(fx some women admire brawn more than brains);* **2.** grisesylte; **mock ~***(=collared cheese)* persesylte; **~ roll** rullesylte.
brawny ['brɔ:ni] *adj(=muscular and strong)* muskelsterk; kraftig.
I. bray [brei] *subst* **1.** *om esel:* skryting; **2.** *fig:* skrål; rop *(fx a bray of protest).*
II. bray *vb* **1.** *om esel:* skryte; **2.** *fig:* skråle; *om latter:* knegge; le kneggende *(fx he brayed at the joke).*
I. brazen ['breizən] *vb:* **~ it out** være frekk og late som ingenting.
II. brazen *adj* **1.** messing-; messinglignende; **2***(=shameless; impudent)* frekk; skamløs *(fx a brazen young woman).*
brazier, brasier ['breiziə] *subst: beholder for koking og oppvarming:* fyrfat; globekken; kullbekken; kullpanne; varmebekken.
Brazil [brə'zil] *subst; geogr:* Brasil.
Brazilian [brə'ziliən] **1.** *subst:* brasilianer; **2.** *adj:* brasiliansk.
I. breach [bri:tʃ] *subst* **1.** brudd; **a ~ of contract** et kontraktbrudd; **a ~ of discipline** et brudd på disiplinen; **a ~ of security** et brudd på sikkerhetsbestemmelsene; *jur:* **he was found guilty of ~ of the peace** han ble funnet skyldig i gateuorden; **2.** revne; brudd; hull *(fx there's a breach in the castle wall);* **~ in the line** linjebrudd; **3.** *fig:* hull; **there's a ~ in our security** det er et hull i vårt sikkerhetssystem; **4.** *fig:* brudd *(fx there was a breach between the two factions of the party);* **5.** *mil:* bresje; gjennombruddssted; *fig:* **step into the ~ for sby** ta støyten for en; *spøkef:* holde skansen (*el.* stillingen) for en.
II. breach *vb* **1.** gjøre en åpning i; skyte en bresje i; **2.** *om hval:* komme til overflaten.
I. bread [bred] *subst* **1.** brød; **a loaf of ~** et brød; **a loaf of white ~***(=a white loaf)* en loff; **2***(=living):* **earn one's (daily) ~** tjene til livets opphold; **this is how I earn my daily ~** det er dette jeg lever av; **3. S:** penger; gryn; **I don't make enough ~ in this job** jeg tjener ikke nok i denne jobben; **4.: know which side one's ~ is buttered** vite å innrette seg; ha næringsvett.
II. bread *vb:* panere *(fx breaded cutlets).*
bread and butter **1.** brød med smør på; **2.** *fig:* levebrød.
bread-and-butter *adj* **1.** materialistisk *(fx the bread-and-butter side of life);* **a ~ job** en brødjobb; en jobb man gjør for å ha noe å leve av; **2***(=solid; reliable):* **a ~ player** en solid spiller; **3.** *som uttrykker takknemlighet:* **~ letter** takkebrev (for utvist gjestfrihet).
breadbasket ['bred,ba:skit] *subst* **1.** brødbakke; **2.** brødkurv; **3. S***(=stomach)* mage.
bread bin *(,US: bread box)* brødboks.
breadboard ['bred,bɔ:d] *subst(=bread plate)* brødfjel.
breadcrumbs ['bred,krʌmz] *subst; pl:* brødsmuler.
breadfruit ['bred,fru:t] *subst; bot:* brødfrukt.
breadline ['bred,lain] *subst* **1.** matkø; **2.: on the ~***(=at subsistence level)* på eksistensminimum *(fx the widow and her children are living on the breadline).*
breadth [bredθ, bretθ] *subst* **1***(=width)* bredde; **the ~ of the shoulders** skulderbredden; **2.** *fig:* bredde; **~ of vision** vidt utsyn; vid horisont; **~ of mind** frisinn; frisinnethet.
breadthways ['bredθ,weiz, 'bretθ,weiz] *adv (,især* **US:** *breadthwise)* i bredden.
breadwinner ['bred,winə] *subst:* (familie)forsørger *(fx when her husband died she had to become the breadwinner).*
I. break [breik] *subst* **1.** *elekt:* brudd (i strømkrets); **a ~ in the wire** (et) brudd i ledningen; **2.** brudd; sprekk; åpning; hull *(fx a break in the wall);* **3.** *fig(=breach)* brudd *(fx a break between the two friends);* **she has made a ~ from her family***(=she has broken with her family)* hun har brutt med familien sin; **4***(=pause)* pause; opphold *(fx a break in the conversation);* **a ~ from one's toil** en pause i slitet; **a ~ of the journey** et avbrekk i reisen; **give it a ~***(=hold off for a bit)* holde opp litt; ta en pause; **5.** *om pause i verselinje(=caesura)* cesur; **6***(,***US:** *recess)* frikvarter; **at eleven o'clock ~** i 11-frikvarteret; **7***(=change)* forandring; omslag *(fx a break in the weather);* **8***(=dash):* **make a ~ for freedom** gjøre et rømningsforsøk; **9.** *tennis:* **(service) ~***(=break of serve)* det å bryte motstanderens serve; **10.** *i hesteveddeløp:* **an even ~** en vellykket start; **11.** *børsuttrykk:* (plutselig) prisfall; **12.** *mar:* halvskott; **~ of the poop** forkant av poopen; **~ of the forecastle** akterkant av bakken; **13. T***(=chance)* sjanse *(fx give him a break; this is your big break);* **a bad ~** uflaks *(fx that was a bad break for you);* **have a lucky ~** være heldig; *kortsp; etc:* sitte i hell.
II. break *vb (pret: broke; perf. part.: broken)*
1. brekke; knekke; bryte av; gå i stykker; bli ødelagt; falle fra hverandre; **she's broken an arm** hun har brukket armen; **the branch broke***(=snapped)* grenen knakk; **the film broke***(=snapped)* filmen røk; **he broke his neck** han brakk (*el.* knakk) nakken; **the glass broke** glasset gikk i stykker; glasset sprakk (*el.* fikk en sprekk);
2. slå i stykker; knuse; smadre; ødelegge *(fx she's broken the toaster again!);* **~ a window** knuse (*el.* slå i stykker) et vindu; slå inn et vindu;
3. bryte *(fx break a hole in the wall); om avtale, kode, kontrakt, lov, løfte, ord, rekord:* bryte; *om bølger:* bryte; slå *(fx the waves were breaking against the rocks); ski :* **~ a (,the) track** brøyte løype; **a cry broke the silence** et skrik brøt gjennom stillheten;
4. *om pengeskap, etc(=blow)* sprenge *(fx break a safe);*
5. *om fall el. støt:* dempe; ta av for *(fx the dried leaves broke his fall from the ladder);*
6. *om stemme:* sprekke; knekke; **my voice broke when I was twelve** jeg kom i stemmeskiftet da jeg var tolv år;
7. *fig:* knekke; bryte sammen *(fx he broke under the strain of all the worry);* **it'll ~ his heart** det vil knuse hjertet hans; **T: this expense will ~ me** denne utgiften vil ta knekken på meg;
8. *om vær* 1. slå om *(fx the weather broke);* 2*(=come to an end)* ta slutt *(fx the summer weather broke);*
9. begynne; bryte fram; *om uvær:* bryte løs *(fx the storm broke);* **the day is -ing** det gryr av dag; **day**

will ~ soon det blir snart dagslys; **light broke over the mountains** det ble lyst over fjellene;
10(*=make known; become known*): **the story broke in the Washington Post** historien ble først kjent gjennom Washington Post; **they broke the news gently** de fortalte nyheten skånsomt; **I shall have to ~ it to her tomorrow** jeg må fortelle henne det (ɔ: den sørgelige nyheten) i morgen;
11. avbryte *(fx she broke her journey in London)*; **~ for tea** ta tepause;
12. *om uvane:* **~ (oneself of) a bad habit** legge av (seg) en uvane *(fx she's broken all her bad habits)*;
13(*=bring to an end*) gjøre slutt på; **~ a strike** gjøre slutt på en streik; bryte en streik (ved å tvinge arbeiderne i kne);
14. *børsuttrykk; om priser(=fall sharply)* falle brått;
15. *om farge; endre tilsetningen:* brekke *(fx break a colour)*;
16(*=disperse*) spre seg; **the clouds broke** det ble en rift i skydekket;
17. *om hest(=break in)* venne til seletøy; ri (,kjøre) inn; *om person:* lære opp; venne til;
18. *om fostervann:* gå; **when the waters ~** når fostervannet går;
19. *om omstendigheter* **T:** ordne seg; **T:** flaske seg *(fx things are breaking well)*;
20. *mil(=demote)* degradere;
21. *om cricketball:* skru;
22. *biljard:* gjøre første støt;
23. *språkv:* bryte(s);
A [*forb m. subst*] **~ one's back** brekke ryggen; *fig:* overanstrenge seg; knekke nakken; **he'll ~ his back in the attempt** han kommer til å knekke nakken på det; **~ the back of a job** gjøre unna det vanskeligste ved en jobb; **~ the bank** sprenge banken; *mil:* **~ bounds** gå utenfor det tillatte området; *mar:* **~ bulk** ta hull på lasten; bryte lasten; **~ camp** bryte leir; bryte opp leiren; *jaktuttrykk:* **~ cover** komme fram fra gjemmestedet; *om fugl:* fly opp; **~ new ground** skape noe nytt; gjøre en banebrytende innsats; *fig:* **~ the ice** bryte isen; **~ jail**(*=break out of jail*) rømme fra fengslet; *(jvf I. break 8)*; **~ a journey** avbryte en reise; *mil:* **~ ranks** bryte ut av geleddet; *tennis:* **~ service** bryte serven; *mar:* **~ sheer** gå over ankeret; **~ new soil** bryte (opp) ny jord; legge ny jord under plogen; **~ the spell** bryte fortryllelsen; **~ sby's spirit** knekke en; *mil:* **~ step** bryte takten; falle ut av takt(en); *om ubåt:* **~ surface** komme opp; komme til overflaten; **~ sby's will** bøye ens vilje; bryte ned ens viljestyrke; **~ wind** fjerte; prompe;
B [*forb m. prep, adj, adv*] **~ away** rive seg løs; **the dog broke away** hunden slet seg; *fig:* **several states broke away and became independent** flere stater rev seg løs og ble selvstendige; **can't you ~ away from old habits?** kan du ikke fri deg fra gamle vaner?
~ down 1. bryte ned *(fx break the wall down)*; slå inn *(fx break the door down)*; knuse *(fx break all resistance)*; **2.** gå i stykker *(fx the machinery broke down)*; **the engine broke down** bilen fikk motorstopp; **my car broke down** jeg hadde et uhell med bilen; **public transport had broken down** den kollektive transport var gått i stå (*el.* var brutt sammen); *(jvf 3 ndf)*; **3.** *fig:* bryte sammen *(fx the prisoner broke down)*; **her resistance broke down** hennes motstand brøt sammen; **his health broke down** helsen hans sviktet; **our plans have broken down** planene våre har falt i fisk; planene våre har ikke blitt noe av; **the talks have broken down** forhandlingene (*el.* drøftelsene) har gått i stå (*el.* har brutt sammen); **4.** demontere; ta fra hverandre; **5.** dele opp; *kjem:* spalte opp *(fx the chemist has broken the compound down into its parts)*; bryte ned *(fx sugar and starch are broken down in the stomach)*; **~ a passage down into its component parts** dele et avsnitt opp i sine enkelte bestanddeler; **the budget -s down into three main groups** budsjettet kan deles inn i tre hovedgrupper; **6.** analysere *(fx the results can be broken down in several ways)*; **~ down expenditure** analysere utgiftene; spesifisere utgiftene; *gram:* **~ down a sentence** analysere en setning; **7.** *om farge:* dempe; tone ned;
~ even hverken vinne eller tape *(fx I spent £100 and made £100, so overall I broke even)*; klare seg uten tap; *merk:* få regnskapet til å balansere;
~ forth(*=burst out*) bryte ut *(fx they broke forth into singing)*; *(jvf ndf: break into song)*;
~in 1. bryte inn; bryte seg inn; **2.** *om hest:* venne til seletøyet; ri (,kjøre) inn; *om sko:* gå til *(fx the shoes have been properly broken in and don't give me blisters any more)*; *om person:* lære opp; venne til; *spøkef:* **he's been well broken in** han er godt oppdratt; **3.** avbryte *(fx he broke in with a rude remark)*; **he broke in on our conversation** han brøt inn i samtalen vår; han avbrøt oss i vår samtale;
~ into 1. bryte inn i; bryte seg inn i *(fx he broke into a house)*; **the house has been broken into** det har vært innbrudd i huset; **2.** *om brå forandring:* **the horse broke into a gallop** hesten slo over i galopp; **they broke into song** de begynte å synge; **she broke into a smile** plutselig smilte hun; **3.** begynne å bruke av; ta hull på *(fx break into one's capital)*;
~ loose 1. slite seg *(fx the dog has broken loose)*; **three prisoners have broken loose** tre fanger har unnsloppet; **2.** løsne; **a stone broke loose from the wall** det løsnet en stein i veggen;
~ sby of sth venne en av med noe; **he has broken himself of that habit** han har kvittet seg med den vanen;
~off 1. bryte av: brekke av *(fx he broke a piece off the bar of chocolate)*; bli brukket av *(fx the handle has broken off)*; **it broke off in my hands** det brakk av mellom hendene på meg; **2.** bryte; avbryte *(fx diplomatic relations)*; **they broke the engagement off yesterday** de hevet forlovelsen i går; **he broke off communications with his family** han brøt forbindelsen med familien sin; **she broke off in the middle of a sentence** hun brøt av midt i en setning; **let's ~ off for half an hour and have some tea** la oss ta en halv times pause og få oss litt te;
~ open(*=force open*) bryte opp; brekke opp *(fx break open the lock; break the box open)*;
~ out 1. bryte ut *(fx panic broke out)*; **2.** bryte seg ut *(fx a prisoner has broken out (from the prison))*; **3.:** **~ out in spots** få filipenser; **her face has broken out in a rash** hun har fått et utslett i ansiktet; **he broke out in a cold sweat** han begynte å kaldsvette; **he broke out in a rage** han ble plutselig rasende; **4**(*=exclaim*) utbryte *(fx 'Nonsense,' he broke out, 'that isn't true!')*;
~ through 1. bryte gjennom *(fx a wall)*; **the sun broke (through the clouds)** sola brøt fram (bak skyene); **2.** *fig:* oppnå et gjennombrudd; komme til gjennombrudd;
~ up 1. brekke (*el.* bryte) opp; slå i stykker *(fx old furniture)*; *om bil, skip:* hogge opp; **2.** brytes i stykker *(fx the ship broke up on the rocks)*; **3.** spre; **the policeman broke up the crowd** politimannen fikk folk til å spre seg; *fig:* skille lag; gå fra hverandre *(fx John and Mary broke up last week)*; **~ up a home** oppløse et hjem; **their marriage has**

broken up deres ekteskap har gått i stykker; **4.** avslutte; slutte *(fx the meeting broke up at 5.30); om skole:* **the schools broke up for the holidays** skoleferien begynte; **5.** S*(=be overcome with laughter)* le seg i hjel; **6.** S: **the news of his death broke her up** da hun fikk vite at han var død; falt hun sammen som en klut;

~ **with** bryte med *(fx an old friend; he broke with tradition and married a girl of a different race);* ~ **with a habit** bryte med en vane; kvitte seg med en vane; ~ **with old ties** bryte over gamle bånd.

I. breakable ['breikəbl] **1.** *subst:* gjenstand som lett går i stykker; **2.** *adj(=easily broken)* som lett går i stykker *(fx breakable toys).*

breakage ['breikidʒ] *subst:* brekkasje *(fx are you insured against breakage?);* **who's going to pay for the -s?** hvem skal betale for det som går i stykker?

breakaway ['breikə,wei] **1.** *subst:* løsrivelse; **2.** *fotb. etc:* plutselig angrep; *fotb, også:* utbrudd; **2.** *adj:* løsrivelses-.

breakaway faction *polit, etc:* utbrytergruppe.

breakdown ['breik,daun] *subst* **1.** (maskin)skade; (motor)stopp; driftsuhell; driftsforstyrrelse; **2.** *fig:* sammenbrudd *(fx a breakdown of communications);* **have a (nervous)** ~ få nervøst sammenbrudd; **3.** analyse *(fx he prepared a breakdown of the report);* spesifisering; **4.** *kjem:* nedbrytning; *(se II. break B:* ~ *down 5).*

breakdown lorry *(,US: wrecking car)* kranbil.

breaker ['breikə] *subst* **1.** bilopphogger; **-'s yard** bilopphoggeri; **2.** *mar:* brottsjø; styrtsjø; *mot kyst:* **-s***(=surf)* brenning; **3.** *elekt(=circuit breaker)* avbryter; strømbryter; **4.** *mar:* vannanker; **5.** *i bildekk:* gummilag mellom slitebane og kordlag.

break-even [,breik'i:vən] *subst; merk:* dekningsprosent; break-even; **with rates partly under the** ~ **level** med rater til dels under break-even; *(se II. break B:* ~ *even).*

break-even chart *merk:* kostnadsdiagram.

breakfast ['brekfəst] **1.** *subst:* frokost; **2.** *vb:* spise frokost.

breaking point 1. *fig:* bristepunkt; **2.** *statikk:* bruddgrense; bruddpunkt.

breakneck ['breik,nek] *adj:* halsbrekkende.

breakthrough ['breik,θru:] *subst* **1.** *mil:* gjennombrudd; **2.** *i forskning, etc:* gjennombrudd; *i forhandlinger:* avgjørende vending; gjennombrudd.

break-up ['breik,ʌp] *subst* **1.** oppløsning *(fx of a marriage);* splittelse; sammenbrudd; **2.** *av jord, etc:* oppdeling; utstykking.

breakwater ['breik,wɔ:tə] bølgebryter; molo.

bream [bri:m] *subst; zo; fisk:* brasme; **white** ~ flire.

I. breast [brest] *subst; også fig:* bryst; **make a clean** ~ **of it** *(,T: come clean)* tilstå det hele; T: pakke ut.

II. breast *vb* **1.** *litt.:* trosse; by tross *(fx breast the storm)* **2***(=come to the top of)* komme til toppen av *(fx as they breasted the hill they saw the enemy in the distance);* **3.** *sport:* ~ **the tape** bryte (mål)snoren.

breastfeed ['brest,fi:d] *vb:* gi bryst.

breaststroke ['brest,strouk] *subst:* ~ **(swimming)** brystsvømming.

breath [breθ] *subst* **1.** pust; ånde; åndedrett; åndedrag; **have bad** ~ ha dårlig ånde; **I paused to get my** ~ **(back)** jeg stoppet for å få igjen pusten; **take a deep** ~ puste dypt; **2.: a** ~ **of wind***(=a faint breeze)* et vindpust; **3.** pustepause *(fx take a breath for five minutes);* **4***(=suggestion; suspicion):* **a** ~ **of scandal** en antydning til skandale; **5.** *litt.(=life)* liv *(fx the breath of new industry);*

under*(=below)* **one's** ~ halvhøyt; **catch one's** ~ snappe etter været; holde pusten (et øyeblikk); **hold one's** ~ holde pusten *(fx she held her breath and hoped that they wouldn't see her);* **out of** ~*(=breathless)* andpusten; **get out of** ~*(=lose one's breath)* bli andpusten; miste pusten; **waste one's** ~ snakke for døve ører.

breathalyser ['breθə,laizə] *subst(,***US:** *drunkometer):* ~ **test***(=breath test)* alkotest.

breathe [bri:ð] *vb* **1.** puste; trekke pusten; ånde; **he -d tobacco smoke into my face** han pustet tobakkrøyk i ansiktet på meg; **she -d a sigh of relief** hun trakk et lettelsens sukk; **2. T: don't** ~ **a word of this to anyone** ikke si et ord om dette til noen; **3.** *fon:* **a -d sound** en ustemt lyd.

breather ['bri:ðə] *subst* **1.** ventilasjonsåpning: **2. T:** pustepause; **take a** ~ ta en pustepause.

breathing apparatus surstoffapparat.

breathing space 1. *om plassforhold:* pusterom *(fx the country gives us some breathing space);* **2.** pustepause *(fx a coffee-break was their only breathing space).*

breathless ['breθlis] *adj:* andpusten; forpustet; *fig:* åndeløs; ~ **suspense** åndeløs spenning.

breathtaking ['breθ,teikiŋ] *adj; fig:* som (rent) tar pusten fra en *(fx a breathtaking view).*

breech [bri:tʃ] *subst* **1.** *på gevær:* sluttstykke; *på kanon:* bakstykke; **2.** *mar:* bunnstykke i skiveblokk; **3.: -es** ['britʃiz] knebukser.

breeching ['bri:tʃiŋ] *subst; del av seletøy:* bakreim.

breech presentation *med.:* **(delivery with a)** ~ setefødsel.

I. breed [bri:d] *subst* **1.** rase *(fx what breed of dog is it?);* **2.** type; slag *(fx an entirely new breed of salesmen)* **a special** ~ **of hatred** en spesiell type hat; **3.** *litt.:* ætt; **artists are a curious** ~ kunstnere er et underlig folkeferd.

II. breed *vb (pret: bred; perf. part.: bred)* **1.** formere seg; yngle; *biol:* ~ **true** gi konstant avkom; **2***(=raise)* ale opp; **3.** *bot; zo:* foredle; **4.** *fig:* avle(s); oppstå *(fx violence breeds in densely populated areas);* **war -s violence** krig avler vold; **this sort of thing -s trouble** det er slikt som dette det blir bråk av; **it's bred in the bone** det ligger i blodet.

breeder ['bri:də] *subst* **1.** oppdretter; **2.** avlsdyr; **3.: rabbits are persistent -s** kaniner formerer seg meget raskt; **4***(=source; cause)* kilde; årsak; **a** ~ **of discontent** en årsak til misnøye; **5.:** *atom;* brider; *(se breeder reactor).*

breeder reactor *atom:* briderreaktor; formeringsreaktor; **fast** ~ hurtigbriderreaktor; hurtigformeringsreaktor.

breed improvement foredling; *(se II. breed 3).*

breeding ['bri:diŋ] *subst* **1.** formering; yngling; **2.** avl; oppdrett; **3.** *bot; zo:* foredling; **4***(=good manners)* pene manerer; dannelse; **a man of (good)** ~ en (meget) dannet mann.

breeding ground 1. yngleplass; **2.** *fig:* utklekningssted.

I. breeze [bri:z] *subst* **1.** bris; **2. T***(=quarrel)* krangel; **3.: coke** ~ koksgrus.

II. breeze *vb:* **he -d into the room** han kom feiende inn i rommet.

breezy ['bri:zi] *adj* **1***(=pleasantly windy):* **it's** ~ **today** det er friskt i dag; **2***(=jovial; lively)* jovial; livlig *(fx a breezy young man);* **bright and** ~ livlig og glad.

brent goose ringgås.

brethren ['breðrin] *se brother.*

Breton ['bretən] **1.** *subst:* bretagner; *om språket:* bretagnsk; **2.** *adj:* bretagnsk.

breviary ['brevjəri, 'bri:vjəri] *subst; kat:* breviar.

brevity ['breviti] *subst:* korthet.

I. brew [bru:] *subst:* brygg; **the best -s of beer** de beste typer øl; **a good, strong** ~ **of tea** en sterk, god te.

II. brew *vb* **1.** brygge *(fx beer);* lage *(fx tea);* **she -ed***(=made)* **another pot of tea** hun laget en kanne te til; **2***(=plan)* pønske på *(fx they are brewing a plot);* **3.** *om vær & fig:* være i anmarsj *(fx there's a storm brewing);* være i gjære *(fx there's something unpleasant brewing).*
brewage ['bru:idʒ] *subst(=brew)* brygg.
brewer ['bru:ə] *subst:* brygger.
brewery ['bruəri, 'bru:əri] *subst:* bryggeri.
briar, brier [braiə] *subst* **1.** *bot:* treaktig lyng; bruyère; **2.** *bot:* vill rosenbusk; **3.** bruyèrepipe.
bribable ['braibəbl] *adj:* mottagelig for bestikkelse.
bribe [braib] **1.** *subst:* bestikkelse; **2.** *vb:* bestikke.
bribery ['braibəri] *subst:* bestikkelse; det å bestikke.
bric-a-brac ['brikə,bræk] *subst; neds:* krimskrams; (verdiløse) nipsgjenstander *(fx her house is full of useless bric-a-brac).*
I. brick [brik] *subst* **1.** murstein; teglstein; **a house made of** ~*(=a house built with bricks)* et teglsteinshus; **2.** *leketøy:* **(building) -s** byggeklosser; **3. T:** kjernekar; kjekk jente; **you're a** ~**!** du er en knupp! **4. T: drop a** ~*(=make a tactless remark)* begå overtramp; trampe i klaveret; **5. T: the book landed like a ton of -s** boka landet (på bordet, etc) med et brak.
II. brick *vb:* ~ **up a window** mure igjen et vindu; ~ **over a patio** legge mursteinsgulv i et atrium.
III. brick *adj:* teglsteins-; mursteins- *(fx a brick building).*
brickbat ['brik,bæt] *subst* **1.** murbrokk; mursteinsbit (brukt som våpen); **2. T***(=insult)* fornærmelse *(fx they hurled brickbats at the politician);* **3. T: -s***(=blunt criticism):* **throw -s at sby** gi en uforbeholden kritikk.
bricklayer ['brik,leiə] *subst:* murer.
brick wall mur (av murstein); **run one's head against a** ~renne hodet mot veggen.
bridal ['braidəl] *adj:* brude-; *(se sms med wedding).*
bride [braid] *subst:* brud; ~ **and bridegroom** brudepar.
bridegroom ['braid,gru:m, 'braid,grum] *subst:* brudgom.
bride price brudepris.
bridesmaid ['braidz,meid] *subst:* brudepike; **chief** ~ brudens forlover.
I. bridge [bridʒ] *subst* **1.** bru; **2.** *mar:* (kommando)-bru; **3.** *tannl(=bridgework)* bru; **4.** *mus; på fiolin:* stol; **5.** *mus(=bridge passage)* overgang; **6.** *biljard:* grep; **7.** *anat:* ~ **of the nose** neserygg; **8.** *kortsp:* bridge; **burn one's -s** brenne bruene bak seg; **we'll cross that** ~ **when we come to it** la oss ta det problemet når det oppstår; la oss ikke ta bekymringene på forskudd; **much water has flowed under the -s since then** det har rent mye vann i havet siden da.
II. bridge *vb; også fig:* slå (*el.* bygge) bru over; **let's** ~ **our differences** la oss slå bru over våre motsetninger; **he -d the awkward silence with a funny remark** han fylte ut den pinlige pausen med en vits.
bridgehead ['bridʒ,hed] *subst; mil:* bruhode.
I. bridle ['braidəl] *subst* **1.** bissel; **2.** *fig:* tøyle.
II. bridle *vb* **1.** legge bissel på; **2.** *fig:* tøyle; legge bånd på; **3.** *fig(=react angrily)* bli ergerlig; ~ **at** *også:* steile over *(fx he bridled at her insulting comments).*
bridle path ridesti.
I. brief [bri:f] *subst* **1.** *jur:* saksresymé; **2.** instruks *(fx her brief was to find the right people for the job);* **3.** *se briefing;* **4.: (papal)** ~ pavebrev; **5.: -s** truser; *for menn:* korte underbukser; **6.: in** ~ *(=in short)* kort sagt.
II. brief *vb* **1.** gi et saksresymé *(fx the solicitor briefs a barrister);* engasjere; **the defence has -ed two counsel** to advokater har blitt engasjert som forsvarere; **2.** *også mil:* briefe; orientere; ~ **him about the job** sette ham inn i jobben; orientere ham om jobben; ~ **him on it** sette ham inn i det; orientere ham om det.
III. brief *adj:* kort *(fx a brief visit);* kortfattet *(fx a brief account of what happened);* **be** ~ fatte seg i korthet; si det kort; **be** ~ **with** være kort mot en *(fx he was brief with me this morning).*
briefcase ['bri:f,keis] *subst:* dokumentmappe; **executive** ~ stresskoffert.
brig [brig] *subst; mar:* brigg.
brigade [bri'geid] *subst; også mil:* brigade; *(se fire brigade).*
brigadier [,brigə'diə] *subst; mil (fk Brig)* **1** *(,***US:** *brigadier-general)* oberst I; *hist:* brigadegeneral; **2. US:** *fk.f. brigadier-general.*
brigadier-general *(fk BG)* **1. US***(=brigadier)* oberst I; *hist:* brigadegeneral; **2.** *hist: se brigadier 1.*
bright [brait] *adj* **1***(=shining)* skinnende; strålende; blank(pusset); klar *(fx bright sunshine):* **that lamp's very** ~ den lampen har et sterkt lys; **2.** *fig:* lys *(fx a bright future);* **3.** *fig:* strålende *(fx a bright face);* **she's always** ~ **and happy** hun er alltid munter og glad; **4. T***(=clever)* oppvakt; (meget) flink; **5***(=glorius)* strålende *(fx victory);* **6.** *om farge:* sterk; **a** ~ **red** en sterk rød farge; **the leaves are** ~ **green** bladene er lysegrønne; **7.:** ~ **and early***(=very early in the morning)* tidlig; tidlig på'n; **8.: see the** ~ **side of things** se lyst på tilværelsen; **9.: he's not on the** ~ **side** han er ikke av de mest oppvakte; **10.** *fig:* **for the sake of our** ~ **eyes** for våre blå øynes skyld.
brighten ['braitən] *vb* **1.** bli lysere; **2.** gjøre lysere; **3.** *fig:* lyse opp *(fx this new wallpaper brightens the room; a child will brighten your life);* **they -ed up as soon as you arrived** de lyste opp med det samme du kom.
bright lights *pl* **T***(=places of entertainment)* fornøyelsessteder.
brightness ['braitnis] *subst:* lyshet.
brill [bril] *subst; zo; fisk:* slettvar.
brilliance ['briljəns], **brilliancy** ['briljənsi] *subst* **1.** stråleglans; sterkt lys; glans *(fx the brilliance of the moon);* **2.** fremragende dyktighet *(fx his brilliance as a surgeon);* **3.** *fig(=splendour)* prakt *(fx the brilliance of the royal court).*
I. brilliant ['briljənt] *subst: edelsten:* briljant.
II. brilliant *adj* **1.** strålende; **2.** *fig:* strålende *(fx your idea is brilliant);* fremragende dyktig.
brilliantly ['briljəntli] *adv:* strålende; glimrende; ~ **witty** strålende vittig; strålende åndrik.
I. brim [brim] *subst* **1.** kant; rand *(fx the brim of a cup);* **filled to the** ~ fylt til randen; **2.** *på hatt:* brem.
II. brim *vb:* ~ **over with** være fylt til randen av *(fx the cup is brimming over with water); fig:* **she's -ming over with excitement** hun er så spent at hun nesten ikke holder det ut; **eyes -ming with tears** tårefylte øyne.
brimful, brimfull [,brim'ful] *adj; etteranstilt:* ~ **of***(=filled up to the brim with)* fylt til randen med; breddfull av.
brine [brain] **1.** *subst:* saltlake; saltvannsoppløsning; *poet:* **the** ~*(=the briny)* salten hav; havet; **2.** *vb:* legge i saltlake.
bring [briŋ] *vb (pret: brought; perf. part.: brought)* **1.** bringe; komme med *(fx he brought me some fresh tea);* **see what I've brought you!** se hva jeg har (tatt) med til deg! **have you brought your records?** har du (tatt) med deg platene dine? ~ **sth into agreement with sth** bringe noe i overensstemmelse med noe; **2***(=fetch)* hente; ta hit *(fx bring me that book);* ~

him to me hent ham; la ham komme hit; før ham til meg; ~ **in that chair** hent (*el.* ta) inn den stolen;
3.: ~ **(along),** ~ **along with one** ta med seg (til et sted); bringe med seg; **will you** ~ **Jane to the party?** tar du med deg Jane i selskapet? **I'll** ~ **plenty of food with me** jeg skal ta med rikelig med mat; **the soldiers came back -ing ten prisoners** soldatene kom tilbake med ti fanger; **kindly** ~ **this card** dette kortet bes medbrakt; *jur:* **brought into the marriage** medbrakt i ekteskapet;
4(*=result in)* resultere i; føre med seg; medføre; bringe *(fx his efforts brought him luck; that brings bad luck);* **it brought protests from the workers** det førte til protester fra arbeiderne; **responsibility -s maturity** man modnes gjennom ansvar; **this medicine will** ~ **you relief** denne medisinen vil lindre smertene; **his death brought sadness** det ble trist da han døde;
5. bevirke; ha til følge; **the punch brought him to his knees** slaget fikk ham til å gå i kne;
6. *om inntekt:* innbringe *(fx his painting brought(=fetched) £200);* **his literary work -s him £5000 a year***(=he makes £5000 a year by his literary work)* hans litterære arbeid innbringer ham £5000 i året; *(se for øvrig ndf:* ~ *in);*
7. *om beskjed(=deliver)* overbringe *(fx a message);* ~ **bad news** komme med dårlige nyheter; *(se også 1. ovf);*
8(*=persuade):* **I couldn't** ~ **myself to do it** jeg kunne ikke få meg til å gjøre det; **I wish I could** ~ **you to see***(=make you see)* **the situation from my point of view** jeg skulle ønske jeg kunne få deg til å se situasjonen fra min synsvinkel;
9. *om argument, bevis(=advance)* fremføre;
10. *jur:* ~ **an action***(=case)* **against sby***(=take sby to court)* anlegge sak mot en; ~ **a charge against sby for sth***(=indict sby for sth)* sette en under tiltale for noe; **there was not enough evidence to** ~ **criminal charges against them** det var ikke tilstrekkelig bevis til at de kunne settes under tiltale;
11.: ~ **to pass** *glds(=cause to happen)* avstedkomme; forårsake;
12.: ~ **sth home to sby***(=convince sby of sth; make sby realise sth)* overbevise en om noe; få en til å innse noe; **his account brought home to us the gravity of the situation** hans beretning fikk oss til å innse alvoret i situasjonen; **his illness brought home to her***(=made her realise)* **how much she depended on him** sykdommen hans fikk henne til å forstå hvor avhengig hun var av ham;
13.: ~ **to bear** *se II. bear 11;*
14 [*forb m. adv & prep*] ~ **about** 1*(=cause)* forårsake; bevirke *(fx what brought it about?);* **this brought about his death** dette var årsaken til at han døde; ~ **about a change in the law** få til en lovendring; 2. *mar:* ~ **a ship about***(=turn a ship around)* vende et skip;
~ **along:** *se 3 ovf;*
~ **back** 1*(=return)* komme tilbake med; komme igjen med *(fx May I borrow your pen? I'll bring it back tomorrow);* **if you're going to the baker('s), please** ~ **me back a white loaf** hvis du skal til bakeren, så vær så snill å ta med en loff til meg; 2. *fig(=reintroduce)* gjeninnføre; ~ **back capital punishment** gjeninnføre dødsstraffen; 3. *fig(=restore):* **her stay in the mountains brought her back to health***(=restored her health)* oppholdet på fjellet ga henne helsen tilbake; 4. *fig; om minner:* **it brought back many memories** det vakte mange minner til live (hos oss, dem *etc);* **this story brought back our childhood** denne historien minnet oss om barndommen vår; **that -s it all back to me** nå husker jeg alt sammen;
~ **down** 1*(=cause to fall)* få til å falle; velte *(fx the storm brought all the trees down); mil:* skyte ned *(fx bring down an enemy aircraft); jaktuttrykk:* felle; skyte; 2*(=reduce)* redusere; sette ned *(fx the price of oil);* 3*(=overthrow)* styrte *(fx the dictator);* 4.: ~ **down the house,** ~ **the house down** høste stormende bifall (*el.* applaus);
~ **forth** *stivt el. bibl(=give birth to)* føde; frembringe;
~ **forward** 1. *om forslag; stivt:* ~*(=put)* **forward a proposal** fremsette et forslag; **can you** ~ **forward***(=produce)* **any proof of what you say?** kan du fremlegge noe bevis for det du sier? 2. *om tidspunkt for noe(=advance)* fremskynde; fremskyte; skyte fram *(fx the meeting has been brought forward from May 10th to May 3rd);* 3. *bokf(=carry forward)* overføre (til ny side i regnskapet); føre i ny regning;
~ **in** 1. hente inn; ta inn; bære inn; *(se ovf: bring* **2);** 2. *om inntekt:* innbringe *(fx his books are bringing in thousands of pounds);* 3*(=introduce)* innføre *(fx a new fashion);* ~ **in a new topic** bringe et nytt tema på bane; 4. *om lovforslag(=introduce)* fremsette; 5. *om jury:* ~ **in a verdict***(=return a verdict)* avgi en kjennelse;
~ **off** 1. *fra forlist skip, etc(=rescue)* redde; redde i land; bringe i sikkerhet; 2*(=manage; succeed)* klare; greie *(fx I never thought they'd bring it off);* **he was the one who brought the whole thing off** det var han som gjennomførte det hele; **he managed to ~off the deal** han greide å få handelen i stand; **they brought off an unexpected victory** de vant en uventet seier; 3. *vulg:* ~ **sby off** gi en orgasme;
~ **on** 1. *med., etc:* fremkalle *(fx an attack);* **his illness was brought on by not eating enough** han fikk (*el.* pådro seg) sykdommen ved ikke å spise nok; 2. *sport; om trener:* trene opp *(fx the coach is bringing on some youngsters);* 3. *vulg:* hisse opp (seksuelt);
~ **out** 1*(=publish)* utgi *(fx he brings a new book out every year);* **when are you -ing out a new dictionary?** når kommer du med en ny ordbok? når kommer du til å utgi en ny ordbok? 2*(=make clear; reveal; show clearly)* vise *(fx he brought out the weakness of their theory);* få fram *(fx bring out the meaning of a passage of prose);* få til å åpne seg *(fx the sunshine will bring out the apple blossom);* ~ **out the best in him** få fram det beste i ham; ~ **out the contrast** fremheve kontrasten; 3.: ~ **out a girl***(=introduce a girl to fashionable society)* innføre en pike i selskapslivet; 4.: ~ **him out of himself** gjøre ham mindre sky: få ham til å åpne seg (*el.* bli mer åpen);
~ **over** få til å skifte side; ~ **him over to our side** få ham over på vår side;
~ **round** 1*(=restore to consciousness)* bringe til bevissthet; få til seg selv igjen *(fx the brandy will soon bring him round);* 2. **T:** få til å skifte mening; overtale; **we'll soon** ~ **him round to the idea** vi skal snart få overtalt ham;
~ **to** 1.: *se bring round 1;* 2. *mar(=heave to)* dreie bi; 3.: **this -s your bill to £17** dermed kommer regningen din opp i £17;
~ **together** bringe sammen *(fx bring two people together);*
~ **up** 1. oppdra *(fx she has brought up three children; we had been brought up to go to church; her parents brought her up to be polite);* 2. *om tema:* bringe på bane; ta opp; ~ **the matter up at the next meeting** ta opp saken på neste møte; **why are you -ing up all these foolish arguments?** hvorfor kommer du med alle disse tåpelige argumentene? 3*(=vomit):* ~ **up one's dinner** kaste opp det man

har spist til middag; ~ **up mucus** kaste opp slim; 4.: **it brought him up short** det fikk ham til å bråstoppe; 5.: ~ **sth up to date***(=update sth)* ajourføre noe; 6.: ~ **up the rear***(=come last)* danne baktroppen.

bringing-up [,briŋiŋ'ʌp] *subst:* oppdragelse; det å oppdra.

brink [briŋk] *subst; også fig:* kant; rand; **on the ~ of war** på randen av krig.

brinkmanship ['briŋkmən,ʃip] *subst; polit; i internasjonale forhandlinger, etc:* kunsten å presse motparten så hardt at man balanserer på randen av krig.

brisk [brisk] *adj* **1.** livlig *(fx a brisk correspondence; trade was brisk);* **2.** rask *(fx a brisk walk);* **3.** *om værtype:* frisk *(fx weather).*

brisket ['briskit] *subst; av storfe:* bryst; bibringe; bogstykke *(fx brisket of beef); (jvf I. shoulder 2).*

brisling ['brisliŋ] *subst; zo; fisk(=sprat)* brisling.

I. bristle ['brisəl] *subst* **1.** *også zo:* bust; **2.** *zo:* børstefjær.

II. bristle *vb* **1.** *også fig:* reise bust; **she -d at the suggestion** hun reiste bust da hun hørte forslaget; **2.** *fig:* ~ **with** vrimle av; være full av; strutte av *(fx the office was bristling with activity).*

bristly ['brisli] *adj* **1.** *zo:* med børster; **2.** strittende *(fx a bristly moustache);* ~ **hair** stritt hår; **his chin was** ~ haken hans var ubarbert; **3.** *fig:* amper *(fx she's a bit bristly this morning).*

bristols ['bristəlz] *subst; pl* **S:** bryster.

Britain ['britən] *subst; geogr(=Great Britain)* Storbritannia.

Briticism ['briti,sizəm] *subst:* eksempel på britisk språkbruk (motsatt amerikanisme); noe som er spesielt britisk.

British ['britiʃ] **1.** *adj:* britisk; ~ **subjects** britiske undersåtter; **2.** *subst:* **the** ~ britene.

Britisher ['britiʃə] *subst* **US:** brite.

British Rail De britiske statsbaner.

British Telecom *(fk.f. British Telecommunications)* Televerket.

Briton ['britən] *subst* **1.** *sj:* brite; **2.** *hist:* brite.

Brittany ['britəni] *subst; geogr:* Bretagne.

brittle ['britəl] *adj* **1.** sprø; skjør *(fx glass and dry twigs are brittle); fig:* **a** ~ **smile** et skjelvende smil; **2***(=irritable):* **he has a** ~ **temper** han er irritabel av seg; **a** ~ **reply** et kort (og avvisende) svar.

I. broach [broutʃ] **1.** *tekn:* brosj; **2.** stekespidd.

II. broach *vb* **1.** *tekn:* brosje; **2.** *om vinfat, etc:* ta hull på; brekke; anstikke *(fx a wine cask);* **3.** *mar; om last:* bryte *(fx the cargo);* **4.** *om tema(=bring up)* bringe på bane *(fx a dangerous subject);* **5.** *mar; om seilskip med vinden akterinn:* kaste seg på tvers i sjøen; **6.** *om fisk:* komme til overflaten *(fx the trout broached after being hooked).*

I. broad [brɔ:d] *subst* **1.: the** ~ **of the back** selve ryggen; **2. US S** *neds:* kvinnfolk; **3.** *dial:* elv som brer seg ut over lavlandet; *i Norfolk & Suffolk:* **the Broads** gruppe grunne, men farbare, innsjøer forbundet med et nettverk av elver; **4.** *dial(=shallow lake)* grunn innsjø.

II. broad *adj* **1.** bred; **2.** vidstrakt *(fx a broad plain);* **3***(=obvious):* **a** ~ **hint** et tydelig vink; **4.** romslig *(fx interpretation; definition);* **a** ~ **political stance** en liberal (*el.* frisinnet) politisk holdning; **have a** ~ **mind** være tolerant (*el.* frisinnet); **a person of** ~ **views** en tolerant (*el.* frisinnet) person; **5.: a** ~ **distinction** et grovt skille; **in** ~ **outlines** i store trekk; **6.** *om vesen:* likefrem *(fx a broad manner);* **7.** *om dialekt; aksent:* bred *(fx a broad dialect; his accent is very broad);* **8.** *om spøk:* grov *(fx broad jokes);* **9.** *om latter:* uhemmet *(fx broad laughter);* **10***(=extensive):* ~ **support** utstrakt støtte; støtte i vide kretser; **11.: in** ~ **daylight** midt på lyse dagen; **12.: it's as** ~ **as it is long** det er hipp som happ.

broad bean *bot(=horse bean)* hestebønne; bønnevikke.

broad-billed sandpiper *zo:* fjellmyrløper.

I. broadcast ['brɔ:d,ka:st] *subst* **1.** (radio)sending; radioprogram; **live** ~*(=live transmission)* direkte sending; **school** ~ skolesending; **2.** *landbr (=broadcast sowing)* bredsåing.

II. broadcast *vb* **1.** *radio:* sende; kringkaste; *TV:* sende; **2.** opptre (i radio *el.* TV); **3.** *fig:* utbasunere *(fx there's no need for you to broadcast this business);* **4.** *landbr:* bredså; håndså.

broadcast 1. *adj:* radio-; **2.** *landbr:* ~ **sowing** bredsåing; **3.** *adv; landbr:* **sow** ~ bredså.

broadcaster ['brɔ:d,ka:stə] *subst(=announcer)* hallomann.

broadcasting ['brɔ:d,ka:stiŋ] **1.** *subst:* kringkasting; radioutsendelse; det å sende opptak av *(fx by broadcasting the call of the hyena we persuaded whole prides of lions to congregate round our Volkswagen bus);* **2.** *subst; fig:* utbasunering; det å gjøre kjent for alle og enhver. **3.** *adj:* radio-; kringkastings-; **director of** ~ kringkastingssjef; (*NB* 'Director General of the BBC'); **state** ~ **system** rikskringkasting; (*NB* 'the Norwegian Broadcasting System').

broaden ['brɔ:dən] *vb* **1.** gjøre bredere; bli bredere *(fx the path broadens further on);* **2.** *fig:* ~ **one's mind** utvide sin horisont *(fx his experiences have broadened his mind);* **his face -ed into a grin** han smilte bredt.

broad gauge *jernb:* bredspor.

broad jump *sport* **US***(=long jump)* lengdesprang.

broadly ['brɔ:dli] *adv(=generally):* ~ **speaking, I'd say your chances are poor** i det store og hele tror jeg dine sjanser er dårlige.

broad-minded [,brɔ:d'maindid; *attributivt:* 'brɔ:d,maindid] *adj:* tolerant; frisinnet; liberal; som ser stort på det.

broad-mindedness [,brɔ:d'maindidnis] *subst:* toleranse; frisinn; liberalitet; evne til å se stort på tingene.

broadness ['brɔ:dnis] *subst* **1***(=breadth)* bredde *(fx the broadness of his shoulders);* **2.** *om aksent:* **the** ~ **of his Scots accent** hans brede skotske aksent.

broadsheet ['brɔ:d,ʃi:t] *subst* **1.** *hist:* skillingstrykk; **2.** avisformat (38 cm × 61 cm).

I. broadside ['brɔ:d,said] *subst* **1.** *mar:* bredside; **2.** *mar; mil:* bredside; **3.** *fig:* bredside *(fx the Prime Minister delivered a broadside to the Opposition);* **give him a** ~ gi ham inn; gi ham det glatte lag; **4.** *hist(=broadsheet)* skillingstrykk; ~ **ballad** skillingsvise.

II. broadside *adv:* ~ **on** med bredsiden til *(fx the ships collided broadside (on));* **the train hit the lorry** ~ toget rammet lastebilen fra siden.

broccoli ['brɔkəli] *subst; bot:* aspargeskål; broccoli.

brochure ['brouʃjuə,'brouʃə] *subst:* brosjyre.

I. brogue [broug] *subst; om dialektuttale:* **Irish** ~ irsk aksent.

II. brogue *subst:* sportssko *(fx I want a pair of strong brogues for my walking holiday).*

broil [brɔil] *vb* **1. US***(=grill)* grillsteke; **2.: -ing hot** stekende hett.

broiler ['brɔilə] *subst* **1. US***(=grill)* grillrist; **2.:** ~ **(chicken)** stor kylling (beregnet på å grilles).

broke [brouk] *adj:* blakk; pengelens; **T: stony** ~ helt blakk.

broken ['broukən] *adj* **1.** istykkerslått; i stykker; ~ **bits of glass** glasskår; **a** ~ **window** et istykkerslått vindu; **my watch is** ~ armbåndsuret mitt er i stykker; **2***(=interrupted):* ~ **sleep** urolig søvn; **a** ~

telephone call en avbrutt telefonoppringning; **3***(=incomplete):* **a ~ set of books** en ufullstendig bokserie; **4.** brukket *(fx leg);* **5.** oppløst; som har gått i oppløsning *(fx home; marriage);* **6.** *om språk:* gebrokken; **in ~ English** på gebrokkent engelsk; **7.: a ~ promise** et brutt løfte; **8.** nedbrutt; som har fått en varig knekk; **~ in body and mind** nedbrutt på sjel og legeme; **9***(=uneven):* **~ ground** ujevnt terreng; **10***(=broken-in) om hest:* innridd; innkjørt; *om rekrutt:* som er ferdig med rekruttutdannelsen *(fx a broken recruit);* **11.** fallitt; ruinert *(fx industry);* **12.** *mil; om forsvarslinje:* gjennombrutt *(fx defensive lines).*

broken-down [,broukən'daun; *attributivt:* 'broukən,daun] *adj* **1.** ødelagt; forfallen; **a ~ fence** et forfallent gjerde; **2.** *mask:* i uorden; brutt sammen *(fx tractor);* **3.** *fig:* nedbrutt.

broken-hearted [,broukən'ha:tid; *attributivt:* 'brouken,ha:tid] *adj:* sønderknust; dypt fortvilet.

broker ['broukə] *subst:* megler.

brokerage ['broukəridʒ] *subst* **1.** meglerprovisjon; **2.** meglervirksomhet.

brolly ['brɔli] *subst* **T***(=umbrella)* paraply.

brome [broum] *subst; bot(=brome grass)* faksgress.

bromide ['broumaid] *subst; kjem:* bromid; **~ of silver** bromsølv.

bromine ['broumi:n; 'broumin] *subst; kjem:* brom.

bronchia ['brɔŋkiə] *subst; pl; anat(=bronchial tubes)* bronkier.

bronchitis [brɔŋ'kaitis] *subst; med.:* bronkitt.

bronze [brɔnz] **1.** *subst:* bronse; bronsefarge; bronsefigur; **2.** *adj:* bronse-; bronsefarget; **the Bronze Age** bronsealderen; **3.** *vb:* bronsere; gi bronsefarge; gjøre (*el.* bli) bronsebrun *(fx faces bronzed by the sun and wind).*

brooch [broutʃ] *subst:* brosje; brystnål.

I. brood [bru:d] *subst* **1.** *zo:* kull; ungekull *(fx a brood of chickens);* **2.** *om mennesker; neds el. spøkef:* barn; unger; avkom *(fx she took her brood to the cinema).*

II. brood *vb:* ruge; ruge ut; sitte på egg; **2.** ruge *(fx don't sit brooding all day!);* **there's no point in -ing about what happened** det har ingen hensikt å ruge over det som skjedde; **she spent weeks -ing over***(=on)* **what he had said** hun tilbrakte uker med å ruge over det han hadde sagt; **3.** *litt.:* **~ over** henge truende over *(fx dark clouds brooded over the horizon).*

brooder ['bru:də] *subst* **1***(=brood hen)* liggehøne; **2.** rugemaskin; **3.** *fig:* grubler.

brood mare stohoppe; avlshoppe; føllhoppe.

broody ['bru:di] *adj* **1.** *om høne:* liggesyk; verpesyk; **2.** *fig:* tungsindig; grublende; **3.** *om kvinne* **T:** syk etter å få sitt eget barn.

I. brook [bruk] *subst; litt.(=small stream)* bekk.

II. brook *vb; stivt; i nektende setning(=tolerate):* **he will not ~ any interference** han vil ikke finne seg i noen innblanding.

brooklet ['bruklit] *subst:* liten bekk.

brook trout*(=speckled trout)* bekkørret.

broom [bru:m, brum] *subst* **1.** sopelime; *fig:* **a new ~** en ny kost; **2.** *bot:* gyvel.

broom cupboard bøttekott; kosteskap.

broomstick ['bru:m,stik, 'brum,stik] *subst:* kosteskaft.

bros., Bros. *(fk.f. brothers)* brødrene; **Smith Bros.** brødrene Smith.

broth [brɔθ] *subst* **1.: (meat) ~** kjøttsuppe; **2***(=stock)* sjy; (kjøtt)kraft; **too many cooks spoil the ~** jo flere kokker desto mer søl.

brothel ['brɔθəl] *subst:* bordell.

brother ['brʌðə] *subst* **1.** bror; **2.** *rel:* bro(de)r; medbro(de)r *(pl: brothers, brethren);* **-s of charity** barmhjertige brødre; **3.: a ~ officer** en offiserskollega; **~ workers** arbeidskolleger; arbeidskamerater; **-s in arms** krigskamerater; våpenbrødre.

brotherhood ['brʌðə,hud] *subst* **1.** faglig sammenslutning; brorskap *(fx the outlaws formed a brotherhood);* **2.** det å være brødre (,bror); brorskap; **3.** brodersamfunn.

brother-in-law ['brʌðərin,lɔ:] *subst:* svoger.

brotherliness ['brʌðəlinis] *subst:* broderlighet.

brotherly ['brʌðəli] *adj:* broderlig; **~ love** broderkjærlighet.

brow [brau] *subst* **1***(=eyebrow)* (øyen)bryn *(fx he has bushy brows);* **2.** *stivt(=forehead)* panne; **3.** *stivt(=expression)* mine *(fx with an angry brow);* **4.: the ~ of a hill** en bakkekam.

browbeat ['braubi:t] *vb(=bully)* herse med; true *(fx he browbeat me into going with him).*

I. brown [braun] **1.** *adj:* brun; **done ~** brunstekt; **T: be done ~***(=be properly had)* bli tatt ordentlig ved nesen; bli ordentlig lurt; **2.** *subst:* brunt; brunfarge.

II. brown *vb:* brune; brunes; **you'll ~ nicely in the sun today** du vil bli fin og brun i sola i dag; **T: -ed off 1***(=bored):* **I feel -ed off** jeg kjeder meg; **2***(=annoyed):* **I'm -ed off with his behaviour** jeg er sur på den oppførselen hans.

brown ale mørkt øl.

brown beat *zo:* brun bjørn; landbjørn.

brownie ['brauni] (vennligsinnet og hjelpsom) nisse.

Brownie (Guide) *om småspeiderpike:* meise.

Browning ['brauniŋ] *subst; mil* **1.: ~ automatic rifle** *(fk BAR)* Browning automatrifle; **2.: ~ machine gun** Browning maskingevær; **3.** browningpistol.

brown owl *zo(=tawny owl)* kattugle.

brown study: in a ~ i dype tanker.

I. browse [brauz] *subst* **1.** unge skudd og nytt løv (som dyr spiser); **2.** *fig:* det å bla (*el.* lese) planløst i bøker; det å se i bøker *(fx he had a good browse);* **a ~ through a magazine** en rask titt på et tidsskrift.

II. browse *vb* **1.** *om dyr:* småspise (unge skudd, etc); gresse; **2.** *fig; i forretning:* se seg om *(fx 'I'm only browsing!'); om bok, etc:* **~ in a book** smålese i en bok; kikke litt i en bok.

Bruin ['bru:in] *subst; i eventyr:* bamse; bjørn.

bruise [bru:z] **1.** *subst:* blått merke; merke etter slag; kvestelse; *på frukt:* flekk (etter slag *el.* støt) *(fx these apples are covered in bruises);* **2.** *vb:* få blå merker; få et blått merke *(fx she bruised her forehead when she fell); om frukt:* støte; **these apples are -d** disse eplene er skadde.

brunch [brʌntʃ] *subst; især* **US:** forsinket solid frokost.

brunette [bru:'net] **1.** *subst:* brunette; **2.** *adj(=brunet)* brunett *(fx brunette hair).*

brunt [brʌnt] *subst:* hovedtyngde *(fx the brunt of an attack); fig:* **bear the ~** bære hovedbyrden; ta støyten; ta imot det verste *(fx I had to bear the brunt of his abuse).*

I. brush [brʌʃ] *subst* **1.** børste; **(paint) ~** pensel; kost; **give one's shoes a ~** pusse skoene sine; pusse litt på skoene sine; **2***(=undergrowth)* kratt; småkratt; **3***(=light touch)* streif; lett berøring; **4.** *mil, etc:* sammenstøt; **5.** *jaktuttrykk:* revehale (som jakttrofé).

II. brush *vb* **1.** børste; koste; **2***(=touch lightly)* streife *(fx the twigs brushed her face);* **he -ed against me** han kom (*el.* streifet) borti meg; **3.** *fig:* **~ aside** feie til side *(fx she brushed aside my objections);* **4.: ~ away** 1*(=wipe off)* viske bort *(fx she brushed away a tear);* 2. *se* **~ off;** **5.: ~ off** 1. børste av; koste av *(fx brush some of the snow off);* 2. **T***(=reject)* avvise *(fx she brushed him off);* **6.: ~ up** friske opp; pusse

på *(fx brush up one's French);* **I must ~ up on British history** jeg må friske opp mine kunnskaper i britisk historie.
brush-off ['brʌʃɔf] *subst* **T:** avslag *(fx she gave him the brush-off).*
brush-up ['brʌʃʌp] *subst* **1.** *om kunnskaper:* gjenoppfriskning; **2.** det å få stelt seg *(fx 'Wash and brush-up, 10p').*
brushwood ['brʌʃ,wud] *subst:* krattskog.
brushwork ['brʌʃ,wə:k] *subst; om malemåte:* penselføring.
brusque [bru:sk, brusk] *adj:* brysk; kort.
Brussels ['brʌsəlz] *subst; geogr:* Brussel.
Brussels sprouts *subst; pl: bot:* rosenkål.
brutal ['bru:təl] *adj* **1***(=cruel; savage)* brutal; rå; **2.:** **~ cold** streng kulde; **~ heat** uutholdelig varme.
brutality [bru:'tæliti] *subst(=cruelty; savagery)* brutalitet; råhet; råskap.
brutalize, brutalise ['bru:tə,laiz] *vb:* brutalisere; forråe.
I. brute [bru:t] *subst* **1***(=beast)* dyr; **2.** brutal fyr *(fx he was an absolute brute to his wife); spøkef:* **you're a ~ not to take me to the party!** fy deg som ikke tar meg med i selskapet!
II. brute *adj:* rå; **~ strength** rå styrke; **a rule based on ~ force** en regel basert på (rå) makt.
brutish ['bru:tiʃ] *adj:* som ligner på et dyr; grov; simpel *(fx his manners are rather brutish).*
BSc [,bi:,es'si:] *(,***US:** *BS) (fk.f. Bachelor of Science): se science.*
B sharp *mus:* hiss.
I. bubble ['bʌbəl] *subst* **1.** boble; **soap ~** såpeboble; **2.** *fig:* såpeboble; **the ~ burst** såpeboblen brast.
II. bubble *vb* **1.** boble *(fx the champagne bubbled in the glass);* **2.:** **~ over** 1*(=boil over)* koke over; 2.: **~ over with joy** være jublende glad; **she was bubbling over with excitement at the news** hun stod og trippet av spenning da hun hørte nyheten.
bubble and squeak restemåltid bestående av kokt kål, kokte poteter og kjøtt stekt sammen i panne.
bubble bath **1.** skumbad; **2.** pulver, etc som får badevannet til å skumme.
bubble gum ballongtyggegummi.
bubbling *adj:* sprudlende: **he was in ~ spirits** han var i perlehumør.
I. bubbly ['bʌbli] *subst* **T***(=champagne)* sjampis.
II. bubbly *adj:* sprudlende *(fx a bubbly personality).*
bubonic [bju:'bɔnik] *adj:* bylle-; som gir byller; **~ plague** byllepest.
buccaneer [,bʌkə'niə] *subst; hist:* fribytter; sjørøver.
Bucharest [,bu:kə'rest, ,bju:kə'rest] *subst; geogr:* Bukarest; Bucuresti.
I. buck [bʌk] *subst* **1.** *zo:* (rå)bukk; hann; **2.** *gym:* bukk; **3. US***(=sawhorse)* sagkrakk; **4. US:** dollar; **5. T: pass the ~ to sby else** velte ansvaret (,skylden) over på en annen.
II. buck *vb* **1.** *om hest, etc:* skyte rygg; **~ a rider** kaste av en rytter; **2. T** *især* **US: ~ (against)** hardnakket motsette seg *(fx change);* **3. T***(=cheer; encourage)* oppmuntre; kvikke opp; **I was very -ed at passing the exam** det kvikket meg veldig opp at jeg stod til eksamen; **4.** *især om bil* **US T***(=jerk; move forward jerkily)* bevege seg rykkevis; rykke; **5***(=butt)* stange; **6.: ~ up** 1*(=hurry)* skynde seg *(fx you'd better buck up if you want to catch the bus);* 2*(=cheer up)* kvikke opp *(fx the good news will buck her up);* **~ up!** opp med humøret!
I. bucket ['bʌkit] *subst* **1.** bøtte; spann; **2.** *mask:* skovl; graveskovl; grabb; *på vannhjul:* skovl; **3. T: kick the ~** dø; pigge av; vandre heden.
II. bucket *vb* **1.** bære i bøtte(r); fylle i bøtte(r); **2.: ~ a horse** *(=ride a horse hard)* ri en hest hardt; **3. T: ~ along** kjøre fort; **4.** *mar; om skip i storm(=toss; shake violently)* kaste (voldsomt) på seg; slingre.
bucket shop **1.** uregistrert børsmeglerfirma; **2.** lite flymeglerfirma (som spesialiserer seg på salg av billigbilletter).
I. buckle ['bʌkəl] *subst* **1.: (belt) ~** (belte)spenne; **2.** *på sko; etc:* pyntespenne; **3.** bule; bulk *(fx a buckle in a railway track).*
II. buckle *vb* **1.** spenne; **~ (on)** spenne på seg; **2.** *som resultat av trykk el. varme:* vri seg; slå bulk på seg; **3.** *fig:* **~ down to a job** begynne på et arbeid for alvor; **~ to** ta seg sammen; henge i *(fx you must buckle to or go).*
buckskin ['bʌk,skin] *subst* **1.** hjorteskinn; **-s** hjorteskinnsbukser; **2.** grågult semsket skinn (nå oftest av sau).
buckteeth ['bʌk,ti:θ] *subst; pl; neds:* hestetenner; utstående tenner.
buckthorn ['bʌk,θɔ:n] *subst; bot:* **(alder) ~** trollhegg.
buckwheat ['bʌk,wi:t] *subst; bot:* bokhvete.
I. bucolic [bju:'kɔlik] *subst* **1***(=pastoral poem)* hyrdedikt; **2.** *litt.:* bonde.
II. bucolic *adj; litt.:* hyrde-; bukolisk; landsens; landlig.
I. bud [bʌd] *subst; bot:* knopp; **be in ~** skyte knopper; stå i knopp; *fig:* **nip it in the ~** kvele det i fødselen.
II. bud *vb(=put forth buds)* skyte knopper; knoppes.
budding *adj:* vordende; **a ~ poet***(=a poet in embryo)* en dikter in spe; **a ~ author** en forfatterspire.
buddy ['bʌdi] *subst* **US T***(=friend)* kamerat.
budge [bʌdʒ] *vb(=move)* bevege; rikke (på); rikke seg *(fx it won't budge!);* **I can't ~ it** jeg kan ikke rikke på den (,det); **he refused to ~ from the sofa** han rikket seg ikke fra sofaen.
budgerigar ['bʌdʒəri,ga:] *subst; zo(,***T:** *budgie)* undulat.
I. budget ['bʌdʒit] *subst:* budsjett; *parl:* **the (Chancellor's) Budget** budsjettforslaget; **be on a ~** ha lite penger å rutte med; **he went to Africa on a ~** han dro til Afrika med svært beskjedne midler.
II. budget *vb:* budsjettere; sette opp et budsjett *(fx we must try to budget or we shall be in debt);* **~ for** ta med i budsjettet *(fx I hadn't budgeted for a new car).*
budget holiday billigferie.
budgie ['bʌdʒi] *subst* **T***(=budgerigar)* undulat.
Buenos Aires ['bweinɔs 'airiz] *subst; geogr:* Buenos Aires.
I. buff [bʌf] *subst* **1.** bøffellær; **2***(=buffer)* polerskive; **3.** brungul farge; brungult.
II. buff *adj* **1.** bøffellær(s)-; **2.** brungul *(fx a buff envelope).*
III. buff *vb:* polere (med polerskive).
buffalo ['bʌfə,lou] *subst; zo:* bøffel.
buffer ['bʌfə] *subst* **1.** *også fig:* støtpute; **2***(=buff)* polerskive; **3.: an old ~** en gammel krok (*el.* stakkar) *(fx he's a bit of an old buffer but I like him); neds:* en gammel (udugelig) tosk.
buffer state bufferstat.
I. buffet ['bʌfit] **1.** *subst; stivt(=blow (with the hand or fist))* (knyttneve)slag; slag med hånden; **2.** *vb; stivt:* slå; **the boat was -ed by the waves** båten ble slengt hit og dit av bølgene.
II. buffet ['bufei] *subst* **1***(=refreshment bar)* sted hvor det selges forfriskninger; *jernb:* liten restaurant; **2.** *på restaurant el. hotell:* anretning; stående anretning *(fx they had a buffet at the wedding).*
buffet lunch (,supper) koldtbord; kald anretning.
bufflehead ['bʌfəl,hed] *subst; zo(=buffle-headed duck)* bøffeland.
buffoon [bə'fu:n] *subst:* bajas.

buffoonery [bə'fu:nəri] *subst:* bajasstreker; narrestreker.

I. bug [bʌg] *subst* **1.** *zo:* tege; **bed~** veggedyr; sengetege; **assassin ~** støvtege; **2. US***(=insect)* insekt; **3. T:** mikroorganisme (især bakterie) som forårsaker sykdom; **tummy -s** omgangssyke; **there's a flu ~ going around** det går influensa; *fig* **T***(=craze)* **get the ~** bli smittet (med begeistring for noe); **he's got the travel ~** han har fått dilla med å reise; han har blitt helt vill med å reise; **4.** *i maskin, etc* **T:** feil; **5. T***(=hidden microphone)* skjult mikrofon; **6. S: a big ~** en storkar; en stor kanon.

II. bug *vb* **1.** skjule mikrofon(er) i *(fx the spy's bedroom was bugged);* **2. T***(=bother; irritate)* plage *(fx she's always bugging me);* **I don't know what's -ging her** jeg vet ikke hva det er som plager henne.

bugbear ['bʌg,bɛə] *subst* **1.** skremmebilde; **2***(goblin said to eat naughty children and thought to be in the form of a bear); kan gjengis:* busemann.

I. bugger ['bʌgə] *subst* **1.** sodomitt; soper; **2.** *vulg:* satans fyr *(fx that bugger spilled my milk!);* **this problem's a real ~!** dette er et jævla problem! **3.** *spøkef el. kjærlig om mann el. barn:* **a friendly little ~** en hyggelig liten fyr; **a silly old ~** en gammel tøysebukk; **4.** *int* **S: oh, ~ (it)!** faen også! faen ta det! **5.** *int* **S: ~ all** ingenting; ikke en jævla ting *(fx there's bugger all else to do!).*

II. bugger *vb* **1.** praktisere sodomi (med): **2.** *vulg:* ødelegge *(fx that's buggered (up) my chances of success);* **3. S: -ed***(=exhausted)* utslitt; (helt) ferdig *(fx I'm buggered);* **4. S: ~ about; ~ around** 1. drive omkring og kaste bort tiden; 2. skape vanskeligheter for *(fx bugger sby about);* **5.** *vulg:* **~ off!** dra til helvete!

buggery ['bʌgəri] *subst:* sodomi.

I. buggy [bʌgi] *subst;* **1.** *om hestekjøretøy:* liten vogn (med to eller fire hjul); **2.: (baby) ~** 1*(=pushchair)* sportsvogn; 2. **US***(=pram)* barnevogn.

II. buggy *adj:* befengt med veggedyr.

bugle ['bju:gəl] *subst; mil; mus:* (signal)horn.

bugler ['bju:glə] *subst:* hornblåser.

I. build [bild] *subst:* (kropps)bygning; **of heavy ~** med kraftig kroppsbygning; **a man with an athletic ~** en mann med atletisk kroppsbygning.

II. build *vb (pret: built; perf. part.: built)* bygge *(fx build a house);* (la) bygge *(fx the government builds most of our hospitals);* anlegge *(fx build a railway);* **~ in** bygge inn *(fx build in safety features);* **~ on** 1. *også fig:* bygge på *(fx they built a new wing on in 1983; he had built all his hopes on the book being published);* 2. *om tomt:* bebygge; **~ up** 1. *også fig:* bygge opp *(fx they built the wall up gradually; they built her up into a star);* 2*(=improve)* bygge opp; 3*(=increase):* **the murmur built up to a roar** susingen steg til et brøl; **don't ~ up the child's hopes** ikke gi barnet forhåpninger; 4. *om område:* bebygge.

builder ['bildə] *subst* **1***(=building worker)* bygningsarbeider; **2***(=skilled builder)* bygningshåndverker; **3***(=master builder)* byggmester.

building ['bildiŋ] *subst* **1.** bygning; **2.** bygging; byggevirksomhet.

building society *(,***US:** *building and loan association)* boligselskap; byggeselskap.

build-up ['bildʌp] *subst* **1.** økning *(fx a build-up of pressure);* **a ~ of traffic** en økning i trafikktettheten; **2.: (publicity) ~** (overdreven) forhåndsreklame; **3.** *mil:* oppbygging; **~ of naval units** flåteoppbygging.

built-in [,bilt'in; *attributivt:* 'bilt,in] *adj:* innbygd *(fx a built-in cupboard).*

built-up [,bilt'ʌp; *attributivt:* 'bilt,ʌp] *adj:* bebygd; **densely ~ areas** tettbebygde områder.

bulb [bʌlb] *subst* **1.** *bot:* (blomster)løk; **2.** *elekt:* **(light) ~** (lys)pære; **3.** (glass)kolbe.

bulbous ['bʌlbəs] *adj:* løkformet; kuleformet.

bulbous buttercup *bot:* knollsoleie.

Bulgaria [bʌl'gɛəriə, bul'gɛəriə] *subst; geogr:* Bulgaria.

Bulgarian [bʌl'gɛəriən, bul'gɛəriən] **1.** *subst:* bulgar; *språket:* bulgarsk; **2.** *adj:* bulgarsk.

I. bulge [bʌldʒ] *subst* **1.** utbuling; bule; **2***(=sudden increase):* **the birthrate ~** stigningen i antall barnefødsler; **3.** *mil:* frontfremspring.

II. bulge *vb* **1.** bule ut; bue seg utover; svulme *(fx his muscles bulged);* **2.** *om øyne:* være utstående.

I. bulk [bʌlk] *subst* **1.** omfang; volum; **2***(=main part)* størsteparten *(fx the bulk of his money was spent on drink);* **3.** skikkelse *(fx his huge bulk appeared round the corner);* **4.** *mar(=unpackaged cargo)* styrtegods; **break ~** ta hull på lasten; bryte lasten; **5.: in ~** 1. i stort *(fx buy in bulk);* i store partier; 2. i løs vekt; løst.

II. bulk *vb; stivt:* **~ large** ta stor plass; være av stor betydning; ruve; **the coming court case -ed large in his thoughts** tankene hans beskjeftiget seg meget med den kommende rettssaken.

III. bulk *adj:* løs; upakket.

bulk buying storinnkjøp; det å kjøpe i stort (*el.* i store partier).

bulk cargo *mar:* styrtegods.

bulkhead ['bʌlk,hed] *subst; mar:* skott.

bulk orders *pl; merk:* store ordrer; ordrer på store partier.

bulky [bʌlki] *adj:* omfangsrik; stor *(fx a bulky parcel; this is too bulky to send by post);* **~ goods** sperregods.

I. bull [bul] *subst* **1.** *zo:* okse; *om elefant, sjiraff, etc:* hann; *fig:* **take the ~ by the horns** ta tyren ved hornene; **2***(=bull's eye)* blink *(fx he got five bulls);* **3.** *børsuttrykk:* haussist.

II. bull *subst:* (pavelig) bulle; **~ of excommunication** bannbulle; bannbrev.

III. bull *vb* **1.** *børsuttrykk:* **~ the market** *(=go a bull)* spekulere i haussen; **2***(=serve)* bedekke *(fx bull a cow).*

bulldog ['bul,dɔg] *subst* **1.** *hunderase:* bulldogg; **2.** *ved Oxford; som ledsager 'the proctor'; kan gjengis:* ordensbetjent.

bulldoze ['bul,douz] *vb* **1.** bruke bulldoser på; planere; rydde; **2.** *fig:* **~ sby into doing sth** true en til å gjøre noe; **~ one's way** brøyte seg fram.

bulldozer ['bull,douzə] *subst* **1.** *mask:* bulldoser; **2.** *fig; om person:* bulldoser.

bullet ['bulit] *subst:* kule; prosjektil.

bulletin ['bulitin] *subst:* bulletin; **medical ~** legebulletin.

bulletin board*(=notice board)* oppslagstavle.

bulletproof ['bulit,pru:f] *adj:* skuddsikker; **~ glass** skuddsikkert glass.

bullet wound*(=gunshot wound)* skuddsår.

bullfight ['bul,fait] *subst:* tyrefekting.

bullfinch ['bul,fintʃ] *subst; zo:* dompap.

bull-headed ['bul,hedid] *adj; neds:* stivsinnet; sta som et esel.

bullion ['buljən] *subst:* barre (av gull *el.* sølv); **gold in ~** gull i barrer.

bullock ['bulək] *subst* **1***(=gelded bull)* gjeldokse; gjeldet okse; **2.** *glds(=young bull)* oksekalv.

bullring ['bul,riŋ] *subst; for tyrefekting:* arena.

bull's-eye 1. *sport:* sentrum (i blinkskive); blink; blinkskudd *(fx he got three bull's-eyes one after the other); fig:* blink; **you hit the ~ with that question** du traff blinken med det spørsmålet; **2.** *mar:*

skylight.
bullshit ['bulʃit] *subst; vulg:* tullprat; *vulg:* drittprat.
I. bully ['buli] *subst:* bølle; brutal fyr.
II. bully *vb:* tyrannisere; herse med.
bully beef*(=tinned corned beef)* hermetisk sprengt oksekjøtt; sprengt oksekjøtt på boks.
bullyrag ['buli,ræg] *vb:* erte; plage.
bulrush ['bul,rʌʃ] *subst; bot:* dunkjevle; **great ~** sjøsivaks; *bibl:* papyrus.
bulwark ['bulwək] *subst* **1.** (festnings)voll; **2.** *fig:* bolverk; vern; **3.** *mar:* skansekledning.
I. bum [bʌm] *subst* **1.** T*(=buttocks)* rumpe; **sit on one's ~ all day long** sitte på rumpa hele dagen (lang); **2.** *især* **US** T*(=hobo; tramp)* boms; uteligger; **drunken ~** fyllik; fordrukken boms; **be on the ~** gå på bommen.
II. bum *vb* **1.** tigge; bomme *(fx a lift);* **can I ~ a cigarette off you?** kan jeg (få) bomme en sigarett av deg? **2.: ~ (around)** gå på bommen; drive dank; **US S** *også:* reise omkring *(fx I spent last year bumming around in Europe).*
bumble ['bʌmbəl] *vb* **1.** summe; **2.** være klosset (*el.* forvirret); snuble; være ustø; **he -d his way through his speech** han fikk rotet seg gjennom talen sin.
bumblebee ['bʌmbəl,bi:] *subst; zo:* humlebie.
bumf, bumph [bʌmf] *subst* **S 1.** dopapir; **2.** *neds:* papirer; dokumenter; skjemaflom.
bummer ['bʌmə] *subst* **S 1.** boms; omstreifer; **2.** *om negativ virkning av et narkotikum; kjennetegnet ved frykt el. panikk:* noia.
I. bump ['bʌmp] *subst* **1.** dunk *(fx we heard a loud bump);* støt; slag; **2.** *på kroppen (=lump)* kul; **3.** *i veibanen:* kul; ujevnhet; **4.** *flyv:* voldsom oppdrift; **5.** *anat; i kraniet:* fremspring; **6.: have the ~***(=a sense)* **of locality** ha stedsans.
II. bump *vb* **1.** dunke; støte; slå *(fx he bumped his head on the ceiling);* **2.: ~ along** skumpe avsted; **3.** støte mot; løpe på; dunke (*el.* komme) borti *(fx another car bumped ours); fig:* treffe tilfeldig; løpe på *(fx I bumped into him the other day in the street);* **4. S: ~ off***(=murder)* drepe; rydde av veien *(fx he got bumped off);* **5.** *om danserinne; især* **US: ~ and grind** støte og vrikke med underlivet.
I. bumper ['bʌmpə] *subst* **1.** *på bil:* støtfanger; **2.** stort, fint eksemplar av noe; (stor) deising; **3.** breddfullt glass.
II. bumper *adj:* rekord-; **a ~ crop** en rekordavling.
bumper car*(=dodgem)* radiobil (i fornøyelsespark).
bumpkin ['bʌmpkin] *subst:* **(country) ~** bondeknoll.
bump start*(=push-start)* igangskyving av bil.
bump-start*(=push-start) vb:* skyve i gang; **~ a car** skyve i gang en bil.
bumptious ['bʌmpʃəs] *adj; neds:* skittviktig; brautende; overlegen.
bumpy ['bʌmpi] *adj; om vei:* ujevn; humpete.
bumsucker ['bʌm,sʌkə] *subst; vulg:* spyttslikker.
bun [bʌn] *subst* **1.** *bakverk:* bolle; **choc ~** vannbakkelsbolle med sjokoladeovertrekk; **currant ~** bolle med rosiner i; **London ~, small wheat ~** *(,***US:** *roll)* hvetebolle; **Swiss ~***(=sugar bun)* liten, avlang kake med strøsukker på; **Shrovetide ~** fastelavnsbolle; **T: have a ~ in the oven***(=be pregnant)* være med barn; **2.** hårknute (i nakken) *(fx she wears her hair in a bun).*
I. bunch [bʌntʃ] *subst* **1.** knippe *(fx of keys);* bukett *(fx of flowers);* klase *(fx of grapes);* **2.** *om antall:* **a ~ of queries** en del spørsmål; **3.** flokk *(fx of boys);* **T: the best of the ~***(=the best of the lot)* den beste av dem alle.
II. bunch *vb:* **~ (up)** bunte (sammen); hope seg opp *(fx traffic often bunches on a motorway).*
I. bundle ['bʌndəl] *subst* **1.** bunt *(fx of letters);* bylt *(fx of clothes);* knippe *(fx of sticks);* **2. S:** masse penger.
II. bundle *vb* **1.** bunte sammen; bylte sammen; **2.: ~ sth into a drawer** dytte noe ned i en skuff; **we all -d into his small car** vi kom oss alle sammen inn i den vesle bilen hans; **3.: we -d him out of the house** vi gjorde kort prosess og fikk ham ut av huset; **4.: ~ together, ~ up** bunte sammen; **~ him up** kle godt på ham.
bun fight *subst* **S***(=tea party)* teselskap.
bung [bʌŋ] **1.** *subst:* spuns; **2.** *vb:* spunse; **T: -ed up** tilstoppet; tett *(fx the car's exhaust was bunged up with mud).*
bungalow ['bʌŋgə,lou] *subst(=one-storey house)* enetasjes hus; hus.
I. bungle ['bʌŋgəl] *subst:* dårlig (*el.* slurvet utført) jobb.
II. bungle *vb:* forkludre *(fx he bungled the deal and lost thousands of pounds);* gjøre feil; **obviously someone has -d** det er opplagt at en eller annen har gjort en feil.
bungler ['bʌŋglə] *subst:* klossmajor; klodrian.
bunion ['bʌnjən] *subst; med.:* betent hevelse i stortåen; ilke.
I. bunk [bʌŋk] *subst* **1.** køye; **2. T***(=bed)* seng; loppekasse; **3. S: do a ~** stikke av; **4. T***(=bunkum)* tøys; tull.
bunk bed køyeseng; etasjeseng.
I. bunker ['bʌŋkə] *subst* **1.** *mar, mil:* bunker; **2.** *golf (,***US:** *sand trap)* bunker.
II. bunker *vb; mar:* bunkre.
bunkum ['bʌŋkəm] *subst:* sludder; tøys; **all the ~ that goes down these days** alt det sludderet folk lar seg proppe med nå for tiden.
bunny ['bʌni] *subst* **1.** *barnespråk:* **~ (rabbit)** kanin; **2.: ~ (girl)** nattklubbvertinne (med drakt som har kaninører og kaninhale).
bunting ['bʌntiŋ] *subst* **1.** *zo:* buskspurv; **yellow ~***(=yellow hammer)* gulspurv; **2.** flaggduk; *kollektivt:* flagg *(fx bunting was hung in honour of the coronation).*
buoy [bɔi] **1.** *subst; mar:* bøye; merkebøye; **life ~** livbøye; **2.** *vb:* avmerke med bøyer *(fx buoy a channel);* **~ up** 1. holde oppe *(fx the life belt buoyed him up);* 2. *fig:* holde oppe; muntre opp; **-ed up with new hope** båret oppe av nytt håp; **it's cruel to ~ up his hopes if he's going to fail** hvis det er slik at han kommer til å stryke, er det stygt å holde liv i forhåpningene hans.
buoyage ['bɔiidʒ] *subst; mar:* bøyesystem; merking med bøyer.
buoyancy ['bɔiənsi] *subst* **1.** *mar (ability to float)* flyteevne; **2.** *fys(ability to keep things floating)* oppdrift *(fx salt water has more buoyancy than freshwater);* **3.** *fig(=resilience)* evne til raskt å gjenvinne sitt gode humør; **4.** *fig:* lyst humør; livsmot.
buoyant ['bɔiənt] *adj* **1.** som flyter; som har oppdrift *(fx salt water is more buoynt than freshwater);* **iron is ~ on mercury** jern flyter på kvikksølv; **2.** *fig:* lett; **a ~ disposition** et lett sinn; **with a ~ step** med spenstige skritt.
buoyant force*(=buoyancy) fys:* oppdrift.
burbot ['bə:bət] *subst; zo; fisk(=eelpout)* lake; *(jvf NEO ålekone).*
I. burden ['bə:dən] *subst* **1.** bør; byrde; **beast of ~** lastedyr; **2.** *fig:* byrde; **the ~ of taxation** skattebyrden; **the ~ of proof** bevisbyrden; **her old mother is a ~ to her** den gamle moren er en belastning for henne; **a massive ~***(=a heavy strain)* **on the limited resources of the family** en stor belastning av familiens begrensede ressurser; **3.** *stivt(=chief idea)*

hovedtanke *(fx the burden of his remarks was ...)*; **the ~ of his complaint** det klagen hans gikk ut på; **4.** *mus, etc:* omkved; refreng; **5.** *fig:* (stadig) omkved; **6.** *mar:* drektighet.

II. burden *vb:* **~ sby with sth** bebyrde en med noe.

burdensome ['bə:dənsəm] *adj:* byrdefull; tyngende.

burdock ['bə:,dɔk] *subst; bot; om planten:* borre; *(se I. burr).*

bureau ['bjuərou] *subst (pl: bureaus, bureaux)* **1.** skatoll; **2. US***(=chest of drawers)* kommode; **3.** *især i sms:* -byrå; -kontor; **accommodation ~** boligformidlingskontor; **travel ~** reisebyrå; **information ~** opplysningskontor; informasjonsbyrå; **tourist ~** turistbyrå.

bureaucracy [bjuə'rɔkrəsi] *subst:* byråkrati; embetsmannsvelde; **government by ~** forvaltningsstat.

bureaucrat ['bjuərə,kræt] *subst:* byråkrat.

bureaucratic [,bjuərə'krætik] *adj:* byråkratisk.

bureaucratize, bureaucratise [bjuə'rɔkrə,taiz] *vb:* byråkratisere.

bureaucratized *adj(=tied up in red tape)* overadministrert; byråkratisert.

burg [bə:g] *subst* **1.** *hist:* befestet by; **2. US T***(=town)* by.

burgee ['bə:dʒi:] *subst; mar:* **1.** *seilsp(=wind indicator)* vaker; **2.** *på handelsskip som kjennetegn:* (lite) splittflagg.

burgeon ['bə:dʒən] **1.** *subst; poet(=bud)* knopp; **2.** *vb:* **~ (forth); ~ (out)** spire fram; få knopper; begynne å blomstre; *fig(=flourish)* blomstre.

burgess ['bə:dʒis] *subst* **1.** *i England:* borger av en 'borough'; *hist:* parlamentsmedlem fra en 'borough', kjøpstad el. universitet; **2. US** *hist:* medlem av lovgivende forsamling i Virginia el. Maryland.

burgh ['bʌrə] *subst* **1.** *i Skottland:* kjøpstad med større *el.* mindre grad av selvstendighet, 'large burgh' el. 'small burgh'; **2.** *glds: se borough.*

burglar ['bə:glə] *subst:* innbruddstyv.

burglar alarm tyverialarm.

burglar-proof ['bə:glə,pru:f] *adj:* innbruddssikker; *om lås:* dirkfri.

burglary ['bə:gləri] *subst:* innbrudd; innbruddstyveri.

burgle ['bə:gəl] *vb:* gjøre innbrudd i; **our house has been -d** det har vært innbrudd i huset vårt; **we've been -d twice** vi har vært utsatt for innbrudd to ganger.

Burgundy ['bə:gəndi] *subst; geogr:* Bourgogne; *hist:* Burgund.

burial ['beriəl] *subst:* begravelse.

burial ground *subst:* gravsted; *(jvf cemetery; churchyard; graveyard).*

burial mound *hist:* gravhaug.

burial service begravelsesritual.

burk [bə:k] *subst* **S***(=fool)* tosk.

burlesque, burlesk [bə:'lesk] **1.** *subst:* burlesk; latterlig imitasjon el. karikatur; **US***(=bawdy comedy)* varieté med striptease; **2.** *adj:* burlesk; **3.** *vb:* parodiere.

burly ['bə:li] *adj:* kraftig *(fx a big burly labourer).*

I. burn *subst* **1.** brannsår; forbrenning; **2.** svidd flekk; brannflekk.

II. burn *vb (pret: burnt, burned; perf. part.: burnt, burned)* **1.** brenne *(fx have you burnt (up) all the dead leaves yet?)*; bli forbrent *(fx his hand was badly burned by the acid)*; svi *(fx I've burnt the toast)*; **he burnt his hand** han brant seg på hånden; **2.** fyre med *(fx burn oil)*; **3.** *kjem:* forbrenne; **4.** kjennes varm; **my forehead -s** jeg er varm i pannen; **5.** *om drikk, etc:* svi; brenne *(fx brandy burns one's throat)*; **6.** *om mat i kjele:* svi seg *(fx the potatoes are burning)*; **7.** *om hud:* **she has a skin that -s easily** hun blir lett solbrent; **8.** *fig:* brenne; **her cheeks were -ing with shame** hun var brennende rød i kinnene av skam; **he was -ing with anger** han var rød (i ansiktet) av sinne; **~ with enthusiasm** gløde av begeistring; **9.: ~ the candle at both ends***(=take on too much)* brenne sitt lys i begge ender; påta seg for mye; **10.** *fig:* **~ one's boats***(=bridges)* brenne sine skip; **11.** *fig:* **~ one's fingers** brenne fingrene; brenne seg; **12.: a burnt child dreads the fire***(=once bitten, twice shy)* brent barn skyr ilden; **13.: ~ the midnight oil***(=work (,study) late into the night)* arbeide (,studere) til langt på natt; **14.: ~ away** 1*(=continue to burn)* brenne (i vei); **the fire was -ing away cheerfully** bålet brant lystig; det brant lystig på peisen; 2. *om stearinlys:* bli mindre; **half the candle had -ed away** halve lyset var brent ned; 3*(=be burnt up)* brenne opp *(fx half the roof was burnt away)*; *om hud:* bli brent bort; **15.: ~ down***(=cause to burn)*: **~ down a house** svi av et hus; la et hus brenne ned; **be -t down** brenne; **our house has -t down** huset vårt har brent; **16.: ~ out** 1. slukne *(fx the fire burnt (itself) out; the candle burnt out)*; 2.: **be -t out***(=be gutted)* brenne helt ned (til grunnen); 3.: **~ oneself out** 1. *om løper, etc:* ta seg ut; 2*(=ruin one's health)*: **he's -t himself out** han er utbrent; **17.: she was -t to death** hun brant i hjel; **18.: ~ up** brenne opp *(fx the rocket burnt up; we burnt up all the garden rubbish).*

burner ['bə:nə] *subst:* brenner.

burnish ['bə:niʃ] *vb:* polere; gjøre blank.

burnout ['bə:naut] *subst* **1.** *elekt; etc:* sammenbrudd (pga. overoppheting); **2.** *i rakett:* drivstoffslutt.

burp [bə:p] **1.** *subst; hos baby:* rap; **2.** *vb:* rape.

I. burr [bə:] *subst* **1.** *bot, om frukten av borreplanten:* borre; *(se burdock)*; **2.** *på arbeidsstykke:* grat; skarp kant; **3***(=whirring sound)* during; surring; **4.** *fon:* skarring.

II. burr *vb* **1.** *på arbeidsstykke:* lage grat; **2.** *om maskin, etc(=make a whirring sound)* dure; surre; **3.** *fon:* skarre.

burrow ['bʌrou] **1.** *subst:* **fox ~** revehi; **badger's ~** grevlinghi; **rabbit ~** kaninhule; **2.** *vb:* grave gang(er) under jorden; grave hi; *om menneske:* **Peter -ed under the bedclothes to hide from his sister** Peter gravde seg ned under sengeklærne for å gjemme seg for søsteren sin.

bursar ['bə:sə] *subst* **1.** *univ:* kvestor; **2.** *i Skottland:* stipendiat.

bursary ['bə:səri] *subst* **1.** *univ(=bursar's office)* kvestur; **2.** *i Skottland; univ(=scholarship; grant)* stipend.

I. burst [bə:st] *subst* **1.** sprengning; brudd; **pipe ~***(=burst pipe)* ledningsbrudd; brudd på ledninger; *(jvf I. break 2)*; **2.** *mil(=volley)* salve *(fx a burst of fire)*; *fig:* **a ~ of laughter** en lattersalve; **a ~***(=round)* **of applause** en bifallssalve; **3***(brief, violent effort)* anfall *(fx a burst of energy)*; **a ~ of speed** en plutselig fartsøkning; **a ~ of heavy rain** et plutselig regnskyll.

II. burst *vb (pret: burst; perf. part.: burst)* **1.** briste; sprenges i stykker; gå i stykker *(fx the bag burst and everything fell out)*; sprekke *(fx the boy ate till he almost burst)*; **the bubble ~***(=broke)* boblen brast; **he has ~***(=ruptured)* **a blood vessel** han har sprengt et blodkar; **2.** *bot; om knopper:* springe ut *(fx the buds are bursting)*; **3.: ~ into** 1. *om bevegelse:* komme farende (*el.* styrtende) inn i *(fx a room)*; 2. *om plutselig begynnelse:* **he ~ into song** han begynte plutselig å synge; **the house ~ into flames** huset stod plutselig i lys lue; huset begynte plutselig å brenne; 3. *om busker el. trær:* **~ into leaf** springe ut; få løv; **4.: ~ out** 1. utbryte *(fx 'Why don't you behave?' he* *burst out)*; 2. *om plutselig begynnelse:* **he ~ out laughing** han begynte plutselig å le; han brast i latter; *(jvf 3 ovf: ~ into 2)*; 3. *om bevegelse:* **he ~ out of the room** han fór ut av rommet; **5.: ~ through** 1. bryte gjennom *(fx the sun burst through)*; 2. *om bevegelse:* **he ~ through the door** han braste gjennom døren; **6.** *stivt:* **the truth ~ upon him***(=he suddenly realised the truth)* plutselig gikk sannheten opp for ham.

bursting ['bə:stiŋ] *adj* **1.: ~ with** sprengfull av *(fx sacks bursting with grain)*; **2.** *fig(=very eager)* bristeferdig; sprekkferdig *(fx he was bursting to tell us the good news)*; **he's ~ with health** han strutter av sunnhet; **they were ~ with pride** de holdt på å sprekke av stolthet.

burton ['bə:tən] *subst* **1.** *mar:* håndtalje: **2. S: go for a ~** 1. dø; bli meldt savnet *(fx he's gone for a burton)*; 2.: **it's gone for a ~** det er ødelagt (*el.* ubrukelig).

bury ['beri] *vb* **1.** begrave *(fx they buried him in the graveyard by the church)*; **2.** *også fig:* grave ned; begrave; **she buried***(=hid)* **her face in her hands** hun skjulte ansiktet i hendene; **he's buried himself in his work** han har begravd seg i arbeidet sitt; **he was buried in a book (,in his work)** han var begravd i en bok (,i arbeidet sitt); *fig:* **~ the hatchet** begrave stridsøksen.

I. bus [bʌs] *subst* **1.** buss; **he came by ~***(=on the bus)* han kom med bussen; **he got on the ~** han gikk på bussen; **miss the ~** 1. komme for sent til bussen; 2. **S***(=miss the boat)* la sjansen gå fra seg; **she's missed the ~***(=boat)* hun har latt sjansen (til å bli gift) gå fra seg; **2.** *om gammel bil el. fly* **T:** kjerre.

II. bus *vb* **1.: ~ it** bruke buss; reise med buss *(fx I think I'll bus it)*; **2.** *især* **US:** frakte skolebarn i buss.

busboy ['bʌsbɔi] *subst* **S***(=waiter's assistant)* ryddegutt.

I. bush [buʃ] *subst* **1.** *bot(=shrub)* busk; **gooseberry ~** stikkelsbærbusk; **2.** krattskog; buskas; *i Afrika, Australia, etc:* **the ~** udyrket og tynt befolket område; **3***(=fox's tail)* revehale; *(jvf I. brush 5)*. **4.** *glds:* eføybunt benyttet som kroskilt; **good wine needs no ~** *kan gjengis:* en god vare anbefaler seg selv; **5.: beat about the ~** komme med utenomsnakk (*el.* utflukter); **6.: beat the -es for** lete med lys og lykt etter; gjøre store anstrengelser for å finne; **7.** *fig:* **they don't grow on every ~** de vokser ikke på trær.

II. bush *subst; tekn:* bøssing; **axle ~** akselfôring; **kingpin ~** bærebolt for kingbolt.

bushel ['buʃəl] *subst:* skjeppe (ɔ: 36,4 liter); *bibl:* **hide one's light under a ~***(=be modest about one's abilities)* sette sitt lys under en skjeppe.

bushing ['buʃiŋ] *subst; tekn(=bush)* bøssing; hylse; **guide ~** føringshylse; **split ~** klembøssing.

Bushman ['buʃmən] *subst:* buskmann.

bush telegraph T: jungeltelegraf; *(se grapevine)*.

bushy ['buʃi] *adj* **1.** krattbevokst; **2.** busket *(fx bushy eyebrows)*.

business ['biznis] *subst* **1***(=trade)*: **(line of) ~** bransje *(fx we're in the same line of business)*;
2*(=business activity)* forretningsvirksomhet; **~ deal** handel; forretning; **go into ~** gå forretningsveien; **on ~** i forretninger *(fx he was in London on business)*;
3*(=trade; sales)*: **~ is poor today** det er dårlig omsetning i dag; **it's bad for ~** det går ut over omsetningen;
4*(=commercial enterprise)* forretning(sforetagende);
5*(=task; job)* oppgave *(fx it's our business to ...)*;
6*(=matter)* sak *(fx a serious business)*; affære *(fx this business is making me ill)*; **what I do after work is my own ~** hva jeg gjør etter arbeidstid, er min egen sak;
7*(=right)* rett *(fx you've no business to be here)*;
8. T: jets, fast cars, and all that ~ jetfly, raske biler og alt det der;
9. *om barn* **T: do one's ~** gjøre stort;
10. S*(=prostitution)* prostitusjon;
11*([forskj. forb)* **go about one's ~** passe sine egne saker; **T: send sby about his ~***(=send sby packing)* gi en løpepass; **an awkward ~** en kjedelig sak; en lei historie; **T: now we're back in ~** 1. nå begynner det å flaske seg igjen; 2. nå har vi noe å henge fingrene i igjen; **a bad ~** en lei historie (*el.* sak); **~ before pleasure** arbeid (går) foran fornøyelser; **combine ~ with pleasure** forene det nyttige med det behagelige; **current ~** løpende forretninger; **do ~ with***(=trade with)* handle med; **everybody's ~ is nobody's ~** det som alle skal ta seg av; blir ikke gjort; jo flere kokker desto mer søl; **get down to ~** komme til saken; begynne med det man egentlig skulle gjøre; **he made it his ~ to help me** han satte seg fore å hjelpe meg; han gjorde det til sin oppgave å hjelpe meg; **mean ~** mene det alvorlig; **meddle in other people's ~** blande seg i andres saker; **mind one's own ~** passe sine egne saker; **he has no ~ coming here** han har ikke noe med å komme hit; **that's nobody's ~** det vedkommer ingen; **official ~** tjenstlig anliggende; **on ~** i forretninger; **on official ~** i embets medfør; **I'd be out of ~ if I did that** jeg kunne like godt pakke sammen hvis jeg gjorde det; **an ugly ~** en stygg historie (*el.* sak); **what ~ is that of yours?** hva angår (,T: raker) det deg? **what's your ~ here?** hva gjør du her?

business acumen forretningssans.

business administration*(=science of industrial management) skolev:* bedriftsøkonomi; **the Institute of Business Administration** Bedriftsøkonomisk institutt.

business assets *pl:* forretningsaktiva.

business capital*(=invested capital)* anleggskapital; *(se I. capital 4)*.

business college UK: handelsskole (som tilbyr sekretærkurs og økonomiske fag); *(jvf commercial college)*.

business cycles *pl; økon(=trade cycles)* konjunkturer.

business economy driftsøkonomi; *(jvf business administration; business management)*.

business education*(=business training)* handelsutdannelse.

business end: the ~ 1*(=the business side of it)* den forretningsmessige siden av saken; **2. T:** den skarpe enden (av et verktøy).

business enterprise forretningsforetagende.

business ethics forretningsmoral.

business footing: on a strictly ~ på strengt forretningsmessig basis.

business girl *evf:* prostituert.

business hours*(=hours of business)* forretningstid; åpningstid; **during ~** i forretningstiden; *(se office hours)*.

business instinct forretningssans.

businesslike ['biznis,laik] *adj:* forretningsmessig.

businessman ['biznis,mən, 'biznis,mæn] *subst:* forretningsmann.

business management bedriftsøkonomi; *(jvf business administration; works management)*.

business manager 1. bedriftsleder; **2.** *for artist, etc:* forretningsfører.

business proposition forretningsspørsmål; **as a ~** forretningsmessig sett.

business purposes *pl:* **for ~** i forretningsøyemed.
business studies *pl; fag:* yrkesøkonomi.
business year*(=working year) merk:* driftsår.
busker ['bʌskə] *subst: i London:* gatemusikant; gatesanger.
busman's holiday ferie som benyttes til det man holder på med til daglig.
bus service bussforbindelse; bussrute.
bus shelter *ved bussholdeplass:* leskur.
bus stop bussholdeplass.
I. bust [bʌst] *subst* **1.** byste *(fx a bust of Julius Caesar);* **2.** byste; **what ~ is she?** hva slags byste har hun? **she has a very small ~** hun har en meget liten byste; **3***(=bust measurement)* bystemål; brystmål *(fx what's your bust measurement?).*
II. bust *subst* **T 1.** politirazzia; **2.** arrestasjon; **3.** narko(tika)beslag; **the ~ is analyzed** narkobeslaget analyseres; **4.** *især* **US***(=punch)* slag; **5. US***(=failure; bankruptcy)* fiasko; fallitt; **5. S: go on the ~***(=go on a bender)* gå på fylla.
III. bust *adj* **T 1.** ruinert; fallitt; **go ~** gå fallitt; **2***(=broke)* blakk.
IV. bust *vb (pret: bust, busted; perf. part.: bust, busted)* **T 1.** arrestere *(fx the girl was busted for drugs);* **2. US***(=hit)* slå; **3.** brekke; knekke; **4. US;** *mil(=demote)* degradere.
bustard ['bʌstəd] *subst; zo:* trappe; **great ~** stortrappe; **little ~** dvergtrappe.
buster ['bʌstə] *subst* **US** *i tiltale:* kamerat.
I. bustle ['bʌsəl] *subst* **1.** travelhet; røre; **hustle and ~** liv og røre; stor travelhet; **2.** *på kjole:* kø.
II. bustle *vb:* **~ about** være travelt beskjeftiget *(fx she bustled about doing things all day).*
bustling ['bʌsliŋ] *adj:* travel; geskjeftig.
busty ['bʌsti] *adj; om kvinne:* barmsvær.
I. busy ['bizi] *adj* **1.** travel; travelt opptatt; **~ as a bee** maurflittig; **~ with** (travelt) opptatt med; **keep sby ~** sørge for at en er opptatt med noe; sørge for at en har noe å henge fingrene i; holde en i ånde; **I'm very ~ just now** jeg er meget opptatt akkurat nå; jeg har det meget travelt akkurat nå; **2.** *tlf* **US***(=engaged)* opptatt *(fx all the lines to New York are busy);* **3.** *om gate, vei(=much used)* (sterkt) trafikkert *(fx a busy road);* **4.** *om maleri:* overdetaljert *(fx a busy painting).*
II. busy *vb:* beskjeftige; **~ oneself** beskjeftige seg *(fx she busied herself preparing the meal);* **he busied himself about***(=in)* **the house** han fant seg noe å gjøre i huset.
busybody ['bizi,bɔdi] *subst:* geskjeftig person; person som er travelt opptatt med å blande seg i andres saker.
busy signal *tlf* **US***(=engaged tone)* opptattsignal.
I. but [bʌt; *trykksvakt:* bət] *konj, adv, prep* **1.** men *(fx he cut his knee but didn't cry; I like opera but my husband doesn't);* **2.** *i nektende setning(=other than):* **we can't do anything ~ wait** vi kan ikke gjøre annet enn å vente; **I couldn't ~ admit***(=I had to admit)* **that he was right** jeg kunne ikke annet enn innrømme at han hadde rett; **it's no one's fault ~ your own***(=you have only yourself to thank for it)* du har bare deg selv å takke for det; det er din egen skyld; **3.** *stivt(=only):* **I can ~ try** jeg kan ikke gjøre annet enn å forsøke; **4.** *stivt; etter nektelse el. med implisitt nektelse:* **we never go out ~ it rains***(=when we go out it invariably rains)* vi kan aldri gå ut uten at det regner; **no man is so old ~ he may learn** ingen er for gammel til å lære; **5.: ~ that** *stivt(=except that)* bortsett fra at; **nothing is impossible ~ that we live for ever** ingenting er umulig bortsett fra at vi skulle kunne leve evig; **6.** *i utrop;* **T: my, ~ you're nice!** nei, så søt du er! **7.** *stivt(=except)* bortsett fra; unntatt *(fx they saved all but one of the pigs);* **the next road ~ one***(=the road after the next one)* den andre veien; **8.: ~ for** *stivt(=without)* hvis det ikke hadde vært for; uten *(fx but for your help we would have been late);* **9.** *stivt(=just)* bare *(fx he was but a child);* **10.: all ~** *stivt(=almost)* nesten *(fx he was all but dead when they found him);* **11.: ~ then***(=however)* men *(fx she's very beautiful – but then so are her sisters);* **I like living here – ~ then I've never lived anywhere else** jeg liker å bo her, men så har jeg da heller aldri bodd noe annet sted.
II. but *subst:* men; **I won't have any ifs or -s!** jeg vil ikke ha noen om og men!
butch [butʃ] **S 1.** *subst(=mannish woman)* mannhaftig kvinnfolk; **2.** *adj; om kvinne(=mannish)* mannhaftig *(fx butch clothes; a butch hairstyle); om mann:* maskulin; med et mandig ytre.
I. butcher ['butʃə] *subst* **1.** slakter; person som driver slakterforretning; **I'm going to the ~** jeg skal til slakteren; **2.** *fig:* slakter; bøddel; morder.
II. butcher *vb* **1.** slakte *(fx a pig);* **2.** slakte; slakte ned *(fx all the prisoners were butchered).*
butcher bird *zo(=red-backed shrike)* tornskate.
butchery ['butʃəri] *subst* **1.** *se slaughterhouse;* **2.** slakteryrke; **he's in the ~ business** han er slakter (av yrke); **3.** nedslakting (av mennesker); myrderi.
butler ['bʌtlə] *subst:* hovmester.
butlery ['bʌtləri] *subst* **1.** anretningsrom; **2***(=buttery)* proviantrom.
I. butt [bʌt] *subst* **1.** tykk ende; skaft *(fx the butt of a fishing rod);* **rifle ~***(=stock of a rifle)* geværkolbe; **2.: (cigarette) ~***(=stub)* (sigarett)stump; **3. US S***(=cigarette)* røyk; sigarett; **4. US T***(=buttocks)* rumpe *(fx get off your butt!);* **5.** *fra dyr med horn:* støt; **6.** jegers skjermede standplass; **7.** *mil, etc:* skytevoll (med blinkskiver); **-s***(=rifle range)* skytebane; **8.** *fig(=victim):* **she's the ~ of all his jokes** alle hans vitser går ut over henne; **9.** stort fat; tønne; **water ~** vanntønne.
II. butt *vb* **1.** støte; stange *(fx the goat butted him);* **2.** *tøm(=meet end to end)* butte; støte sammen; *om bjelke, stokk:* plassere med enden mot; **~ a beam against the wall** legge en bjelke an mot muren; støtte muren opp med en bjelke; **3.: ~ in***(=interrupt; interfere)* avbryte; blande seg inn *(fx don't butt in while I'm speaking!);* **~ into***(=interrupt)* **a conversation** blande seg inn i en samtale.
butt end 1. tykk ende; **2.** *av stokk:* rotende.
I. butter ['bʌtə] *subst:* smør; **she looks as if ~ would not melt in her mouth** hun ser så uskyldig ut som et lam; hun ser ut som om hun ikke kunne gjøre en katt fortred.
II. butter *vb* **1***(=spread butter on)* smøre smør på *(fx she buttered the bread);* **2.: ~ up***(=flatter)* smigre (for å oppnå noe).
buttercup ['bʌtə,kʌp] *subst; bot(=(upright) meadow buttercup)* smørblomst; *(se crowfoot; kingcup).*
butterfingered ['bʌtə,fiŋgəd] *adj(=apt to drop things)* slepphendt.
butterfingers ['bʌtə,fiŋgəz] *subst:* klossmajor.
butterfly ['bʌtə,flai] *subst* **1.** *zo:* (dag)sommerfugl; **break a ~ on a wheel***(=crack a nut with a sledgehammer)* skyte spurver med kanoner; **have butterflies in the stomach** ha sug i mellomgulvet (av nervøsitet); kjenne at det kribler i magen; **2.** *svømming:* **~ (stroke)** butterfly.
butterfly nut*(=wing nut)* vingemutter.
butterfly (valve) *mask:* spjeld; **carburettor ~** forgasserspjeld.
buttermilk ['bʌtə,milk] *subst:* kjernemelk.
butter pat smørkule; (formet) smørklump.

butterscotch ['bʌtə,skɔtʃ] *subst:* fløtekaramell.
I. buttery ['bʌtəri] *subst* **1.** proviantrom; **2.** *univ:* sted hvor studentene får (kjøpt) matvarer.
II. buttery *adj* **1.** som ligner smør; som inneholder smør; med smør på *(fx my fingers are buttery; a buttery knife);* **2. T:** slesk; smisket(e).
butt hinge kanthengsel.
butt joint buttskjøt; skjøt ende mot ende.
butt log *forst:* rotstokk.
buttock ['bʌtək] *subst* **1.** *mar:* akterspeil; **2.** akterball; seteball.
buttocks *pl:* rumpe *(fx she smacked the child on the buttocks).*
I. button ['bʌtən] *subst* **1.** knapp; **bell ~** ringeknapp; **2. S: he's a ~ short** han mangler noe på forstanden.
II. button *vb* **1. ~ (up)** kneppe igjen *(fx button your jacket);* **this dress -s up to the neck** denne kjolen har knapper helt opp til halsen; **2. T: ~ up** avslutte (på en tilfredsstillende måte).
buttonhole ['bʌtən,houl] **1.** *subst:* knapphull; **2.** *vb:* **~ sby** oppholde en med snakk; hake seg fast i en (for å snakke).
button mushroom *bot:* liten sjampinjong; *(jvf field mushroom).*
buttons ['bʌtənz] *subst* **T***(=page)* pikkolo.
I. buttress ['bʌtris] *subst* **1.** *arkit(=pier)* strebepilar; støttepilar; **2.** *fig:* støtte *(fx the buttresses of society).*
II. buttress *vb* **1.** støtte opp (med støttepilar) *(fx these massive planks buttress the crumbling wall);* **2.** *fig(=support)* støtte.
butyric [bju:'tirik] *adj:* **~ acid** *kjem:* smørsyre.
buxom ['bʌksəm] *adj(=plump and attractive)* trivelig; fyldig; yppig *(fx a buxom blonde; she's small and buxom).*
I. buy [bai] *subst:* kjøp; **a good (,bad) ~** et godt (,dårlig) kjøp.
II. buy *vb (pret: bought; perf. part.: bought)* **1.** kjøpe *(fx a car);* **~ me one***(=buy one for me)* kjøp en til meg; **money can't ~ love** kjærlighet kan ikke kjøpes med penger; **what have you bought with the money?** hva har du kjøpt for pengene? **~ time** vinne tid; **2***(=bribe)* kjøpe; bestikke; **3. T** *især* **US:** tro (på); godta; **4. S: he's bought it** han er død;
5 *(forb m. adv, prep)* **~ back** kjøpe tilbake; **~ British!** kjøp engelske varer! **~ for cash** kjøpe kontant; **~ from** kjøpe av; kjøpe hos; **~ in** 1. kjøpe inn *(fx have you bought in enough bread for the weekend?);* **~ in for the winter** kjøpe inn for vinteren; 2. kjøpe seg inn; **~ into** kjøpe seg inn *(fx we have bought into General Motors);* **~ off***(=bribe)* bestikke *(fx the police witness);* **~ out** kjøpe ut *(fx expand by buying out several smaller firms);* **I bought him out** jeg kjøpte ham ut; **~ up** kjøpe opp.
buyer ['baiə] *subst* **1.** kjøper; **2.** *merk:* **(chief) ~** innkjøpssjef; **assistant ~** innkjøpsassistent.
buying ['baiiŋ] *subst:* **~ (up)** oppkjøp.
buying pressure *økon:* kjøpepress *(fx cotton came under heavy buying pressure).*
I. buzz [bʌz] *subst* **1***(=buzzing sound)* summende lyd; summing *(fx a low buzz of conversation);* **2. T***(=telephone call):* **give me a ~ sometime** ring til meg engang.
II. buzz *vb* **1.** surre; summe *(fx the bees were buzzing angrily in the hive);* **my ears are -ing** det suser for ørene mine; jeg har øresus; **2.** *mil:* fly lavt over; avskjære; **3.** ringe på; tilkalle (ved hjelp av ringeapparat); **4.: the village was -ing with excitement** sladderen gikk i landsbyen; **the whole firm was -ing with the news of his promotion** nyheten om hans forfremmelse ble livlig kommentert i firmaet; **the town was -ing with rumours** ryktene svirret i byen; **5.: ~ about, ~ around** fare omkring; være stadig på farten; **she's always -ing around the place** hun kan ikke sitte ned; hun er hele tiden opptatt med et eller annet; hun er ustanselig på farten; **6. S: ~ off***(=go away)* dra av sted; **~ off!** forsvinn!
buzzard ['bʌzəd] *subst; zo:* musvåk.
buzzer ['bʌzə] *subst* **1.** person el. ting som summer; **2.** ringeapparat.
I. by [bai] *adv* **1***(=near)* ved *(fx the house is close by);* **a crowd stood ~ and watched***(=there was a crowd of people watching)* det stod en flokk mennesker der og så på; det stod folk der og så på;
2*(=away; aside)* til side *(fx he put some money by each week for savings; money put by for an emergency);*
3*(=past)* forbi *(fx he drove by; a dog ran by);*
4.: ~ and ~*(=after a short time)* litt senere; litt etter;
5.: ~ and large*(=mostly; all things considered)* i det store og hele; stort sett; alt i alt;
6.: come ~: *se come 14.*
II. by *prep* **1.** *i passiv:* av *(fx he was struck by a stone);* **they are represented ~ ...** de er representert ved; de representeres av;
2*(=near)* ved *(fx by the door);* hos *(fx he sat by his sister);*
3*(=past)* forbi *(fx I saw him going by the house);*
4. *om reisemåte, rute, vei:* med; **he came ~ air** han kom med fly; han kom luftveien; **we came ~***(=on the)* **bus** vi kom med buss(en); **they came ~***(=across)* **the fields** de kom over jordene; **she came ~***(=along)* **the main road** hun kom hovedveien; hun benyttet hovedveien; **enter ~***(=through)* **the back door** komme inn gjennom bakdøren; **travel ~ night** reise om natten; **travel to Paris ~ Dover and Calais** reise til Paris via Dover og Calais;
5. *ved midlet:* ved *(fx he earns his living by writing novels);* **~ means of***(=with the aid of)* ved hjelp av; **take him ~ the hand** ta ham ved hånden; **he frightened her ~ hiding behind the door** han skremte henne ved å gjemme seg bak døren;
6. *om tilfeldighet:* **we met ~ chance** vi møttes tilfeldig;
7. *om tid(=not later than)* senest; ikke senere enn; innen; til *(fx you must be home by nine);* **~ then***(=by that time)* innen da; **~ now** nå *(fx he should be there by now);* **~ Friday** innen fredag; senest (på) fredag;
8. *om lyskilde:* i *(fx read by lamplight);* **~ candlelight** i stearinlys; med levende lys; **~ moonlight** i måneskinn;
9. *ved besvergelse:* ved *(fx he swore by all that he held sacred that ...);*
10. *ved angivelse av kjennetegn; ved sammenligninger:* **I know him ~ sight** jeg kjenner ham av utseende; **I know him ~ his voice** jeg kjenner ham på stemmen; **better ~ far***(=far better)* langt bedre; **he's taller ~ ten centimetres***(=he's ten centimetres taller)* han er 10 cm høyere; **it's hotter ~ five degrees than it was yesterday** det er fem grader varmere enn det var i går; **win ~ two metres** vinne med to meter;
11. *ved angivelse av dimensjoner, mål, enheter:* **10 metres ~ 4 (metres)** 10 ganger 4 meter; **divided ~** dividert med; **multiplied ~** multiplisert med; *mil:* **~ companies** kompanivis; **~ the dozen** (i) dusinvis; **~ the score** (i) snesevis; i massevis; **sell potatoes ~ the kilo** selge poteter kilovis; **can we pay ~ the week?** kan vi få betale hver uke (*el.* på ukebasis)? **one ~ one** en etter en; en for en; enkeltvis; **two ~ two** to og to (sammen); to om gangen; *om mål:* to ganger

to; ~ **twos and threes** to og tre om gangen; i grupper på to og tre; ~ **oneself** alene; på egen hånd; **he did it all ~ himself** han gjorde det helt på egen hånd; han gjorde det helt uten hjelp; **he's in a class ~ himself** han er i en klasse for seg; **stone ~ stone** sten for sten;
12. *ved fødsel, yrke, navn:* **English ~ birth** engelsk av fødsel; **a teacher ~ profession** (en) lærer av yrke; **they have sold the house to a doctor, Jones ~ name** de har solgt huset til en lege, som heter Jones; **he goes ~ the name of Plug** han går under navnet Plug;
13. *ved kompassretning:* til; **north ~ east** nord til øst; **north-east ~ north** nordnordøst;
14. *m.h.t. overensstemmelse; noe man bygger på; noe man retter seg etter:* ~ **all accounts** etter alt å dømme; **she always does things ~ the book** hun holder seg alltid nøye til reglene; ~*(=on)* **request** på oppfordring; etter anmodning; **sell ~ sample** selge etter prøve; **go ~ the sound** gå etter lyden; **have sth to go ~** ha noe å gå (*el.* rette seg) etter; **that's nothing to go ~** det er ikke noe å gå etter; **we can't go ~ what he says** vi kan ikke bygge på det han sier; ~ **my watch it's two o'clock** klokken er to etter min klokke;
15. *som resultat av samliv:* med *(fx he had two sons by his first wife)*;
16.: ~ **degrees***(=little by little)* gradvis; litt etter litt;
17.: learn sth ~ heart lære noe utenat; **learn English ~ correspondence** lære engelsk pr. korrespondanse; **contact us ~ letter** kontakt oss pr. brev;
18.: ~ **the way***(=incidentally)* for øvrig; apropos; forresten; fra det ene til det andre *(fx by the way, have you a moment to spare?)*.

by- *forstavelse:* bi-, side-.

bye-bye ['bai'bai] **T***(=goodbye)* ha det; morna.

by-election ['baii,lekʃən] *subst:* suppleringsvalg.

bygone ['bai,gɔn] **1.** *subst:* **let -s be -s***(=let's agree to forget past quarrels)* la oss ikke rippe opp i det; la oss bli enige om å la gjemt være glemt; **2.** *adj(=past; former)* forgangen; svunnen; **in ~ days** i svunne tider.

by-law, bye-law ['bai,lɔ:] *subst:* (kommunal) vedtekt.

by-line ['bai,lain] *subst* **1.** *fotb(=touchline)* sidelinje; **2.** *i avis:* forfatterangivelse (mellom overskriften og selve artikkelen).

by-liner ['bai,lainə] *subst; i avis:* fast medarbeider.

I. bypass, by-pass ['bai,pa:s] *subst* **1.** omkjøringsvei; ringvei; **2.** omføringsledning.

II. bypass *vb* **1.** føre (*el.* lede) utenom; **2.** *fig:* omgå; gå utenom *(fx I've bypassed my boss and gone straight to his boss)*.

bypath ['bai,pa:θ] *subst:* (liten) sti; lite brukt sti.

by-play ['bai,plei] *subst; teat; især* **US 1.** stumt spill; **2.** sidehandling.

by-product ['bai,prɔdəkt] *subst; også fig:* biprodukt.

byroad ['bai,roud] *subst(=bylane)* sidevei.

bystander ['bai,stændə] *subst:* tilskuer; en som står i nærheten, men ikke deltar; **the -s** de omkringstående; (de som er) tilskuere *(fx there were several bystanders present when the accident happened)*.

bystreet ['bai,stri:t] *subst:* (liten) sidegate.

byway ['bai,wei] *subst* **1.** (liten) sidevei; **2.** *fig:* lite kjent område *(fx byways of history)*.

byword ['bai,wə:d] *subst* **1.** *person, sted el. ting som anses som typisk eksempel på noe:* **their name is a ~ for good service** navnet deres står for god service; **2***(=common saying)* munnhell; ordtak.

Byzantine [bi'zæn,tain] **1.** *subst:* bysantiner; **2.** *adj:* bysantinsk.

Byzantium [bi'zæntiəm] *subst; hist; geogr:* Bysants.

C

C,c [si:] **1.** (bokstaven) C,c; *tlf:* **C for Charlie** C for Cæsar; **capital C** stor C; **small c** liten c; **it is spelt with two c's** det skrives med to c'er; **2.** *mus:* **C major** C-dur; **middle C** liten c; **take top C** ta den høye c.
CAA. *(fk.f. Civil Aviation Authority):* **the ~** *(,***US:** *the Federal Aviation Administration)* Luftfartsdirektoratet.
cab [kæb] *subst* **1***(=taxi)* drosje; **2.: (driver's) ~** førerhus (i lastebil, etc).
cabaret ['kæbə,rei] *subst:* kabaret.
cabbage ['kæbidʒ] *subst* **1.** *bot:* (hvit)kål; **2. T** *om hjelpeløst menneske(=vegetable)* grønnsak.
cabbage lettuce *bot(=head lettuce)* hodesalat.
cabbage turnip *bot:* turnips; *(se turnip).*
cabby, cabbie ['kæbi] *subst* **T***(=taxi-driver)* drosjesjåfør.
cabin ['kæbin] *subst* **1.** *mar:* lugar; kahytt; **four-berth ~** firemannslugar; **2.: (log) ~** (tømmer)hytte.
cabin cruiser *mar:* kabinkrysser.
cabinet ['kæbinit] *subst* **1.** skap; **2.** *polit:* statsråd.
cabinet maker møbelsnekker.
cabinet minister *polit:* statsråd.
cabin maid *mar:* lugarpike; *(jvf stewardess).*
cabin passenger *mar:* lugarpassasjer.
I. cable ['keibəl] *subst* **1.** kabeltau; **2.** *mar:* ankertau; **3.** kabel *(fx a submarine cable);* **4***(=overseas telegram; cablegram)* kabeltelegram.
II. cable *vb:* telegrafere.
cablegram ['keibəl,græm] *subst:* kabeltelegram.
cable release *fot:* snorutløser.
cableway ['keibəl,wei] *subst:* taubane; kabelbane.
caboodle [kə'bu:dəl] *subst* **T: the whole (kit and) ~** hele sulamitten; alt sammen.
caboose [kə'bu:s] *subst* **1.** *mar:* bysse (på dekk); *(se galley);* **2. US***(=guard's van)* konduktørvogn; brekkvogn.
cab rank*(=cab stand)* drosjeholdeplass.
cacao [kə'ka:ou] *subst; bot:* kakaotre.
cacao bean*(=coco bean)* kakaobønne.
cache [kæʃ] *subst* **1.** (hemmelig) skjulested; (hemmelig) depot (av våpen el. proviant); **2.** *stivt el. spøkef:* hemmelig forråd *(fx a cache of chocolate).*
cachepot ['kæʃ,pɔt] *subst:* potteskjuler.
cachet ['kæʃei] *subst; fig:* preg; særpreg; prestisje *(fx to have been to Eton gives you a certain cachet).*
I. cackle ['kækəl] *subst* **1.** *om høne:* kakling; *om gås:* snadring; **2***(=noisy chatter)* høymælt skravl; **T: cut the ~!** hold munn! **3.** kvekkende latter; **an evil ~** en ubehagelig, ond latter.
II. cackle *vb* **1.** *om høne:* kakle; *om gås:* snadre; **2.** skravle; **3.** le kvekkende.
cactus ['kæktəs] *subst (pl: cactuses, cacti* ['kæktai]*)* kaktus.
caddie ['kædi] *subst; golf:* caddie; gutt som bærer køllene.
caddy ['kædi] *subst* **1.** (liten) teboks; **2.:** *se caddie.*
cadence ['keidəns] *subst* **1.** *mus:* kadens; **2.** rytme; **3.** tonefall.
cadet [kə'det] *subst* **1.** *mil:* kadett *(fx an army cadet);* **officer ~** befals(skole)elev; **police ~** *intet tilsv.; se NEO: politiaspirant*;* **2.** yngre sønn.
cadge ['kædʒ] **1.** *subst* **T: on the ~** som tigger; som snylter på andre; **2.** *vb:* tigge (seg til); snylte på andre.
cadmium ['kædmiəm] *subst; kjem:* kadmium.
cadre ['ka:də] *subst; mil, pol:* kader; stampersonell.
Caesarean *(,***US:** *Cesarean)* [si'zɛəriən] *adj: med.:* **~ birth** fødsel ved keisersnitt; **~ operation** keisersnitt.
café ['kæfei; 'kæfi] *subst* **1. UK** lite, billig bevertningssted (uten skjenkerettigheter); **2.** *utenfor* **UK:** kafé.
caff [kæf] *subst* **S:** *se café 1.*
caffein(e) ['kæfi:n] *subst; kjem:* koffein.
I. cage [keidʒ] *subst* **1.** bur; **2.** gruveheis.
II. cage *vb:* sette i bur.
cagey, cagy ['keidʒi] *adj* **T:** (meget) forsiktig; tilbakeholden *(fx he's very cagey about telling people his plans).*
caginess ['keidʒinis] *subst:* forsiktighet; tilbakeholdenhet.
Cain [kein] *bibl:* Kain.
cairn [kɛən] *subst:* varde.
cairned route *i fjellet:* varderute.
caisson disease*(=decompression sickness)* dykkersyke.
cajole [kə'dʒoul] *vb; stivt(=coax)* godsnakke med; overtale (ved godsnakking).
I. cake [keik] *subst* **1.** kake; **fish ~** fiskekake; **2.** stykke *(fx a cake of soap);* **3.: you can't have your ~ and eat it***(=you can't have it both ways)* du kan ikke få både i pose og sekk; **4. T: go***(=sell)* **like hot -s***(=ripe cherries)* gå som varmt hvetebrød; **5. T: that's a piece of ~** det er en lett sak; **6. T: that takes the ~!** det tar kaka! det tar prisen! det overgår alt! det er det verste jeg har hørt! *(jvf biscuit 4);* **7.: the ~** samfunnskaken; kaken *(fx they all want a bigger share(=slice) of the cake).*
II. cake *vb:* **his shoes were -d with mud** sølen satt i tykke lag på skoene hans; **the hull was -d with salt** skroget var dekket med lag av salt.
cake server kakespade.
calabash ['kælə,bæʃ] *subst; bot* **1.: ~ (tree)** kalebasstre; **2***(=bottle gourd)* flaskegresskar; *drikkekar:* kalebass.
calamitous [kə'læmitəs] *adj(=disastrous)* katastrofal; **a ~ result** et katastrofalt (*el.* bedrøvelig) resultat.
calamity [kə'læmiti] *subst(=disaster; great misfortune)* katastrofe; **it'll be a ~ if he fails his exam** det vil være den rene katastrofe om han stryker til eksamen.
calcification [,kælsifi'keiʃən] *subst:* forkalkning.
calcify ['kælsi,fai] *vb:* forkalke; forkalkes.
calcium ['kælsiəm] *subst; kjem:* kalsium; kalk.
calculate ['kælkju,leit] *vb* **1.** beregne; regne ut; kalkulere; **2***(=design):* **the car was -d to appeal to women** bilen var beregnet på å skulle appellere til kvinner; **3.: ~ on***(=depend on)* regne sikkert med *(fx we can calculate on winning).*
calculated *adj & perf. part.* **1.** beregnet; utregnet; **2***(=deliberate)* bevisst *(fx a calculated attempt to kill sby);* tilsiktet *(fx a calculated insult);* **3.: a ~ risk** en risiko man tar (,har tatt) med i beregningen; **it was a ~ risk** det var en risiko vi hadde regnet med.

calculating *adj(=selfishly scheming)* beregnende *(fx a cold and calculating woman).*
calculating machine*(=calculator)* regnemaskin; *(se calculator).*
calculation [,kælkju'leiʃən] *subst* **1.** beregning; utregning; kalkulasjon; **a fault of ~** en kalkulasjonsfeil; en feil i utregningen; **his -s are never accurate** de regnestykkene han setter opp, stemmer aldri; **2.** *fig:* beregning; *neds:* kald beregning *(fx his success was the result of his cunning and calculation);* **be out in one's -s** ha forregnet seg.
calculator ['kælkju,leitə] *subst* **1***(=calculating machine)* regnemaskin; **pocket ~** lommekalkulator; **2.** regnetabell.
calculus ['kælkjuləs] *subst* **1.** *med. (pl: calculi)* stein; **biliary ~***(=gallstone)* gallestein; **2.** *mat.:* **differential ~** differensialregning; **integral ~** integralregning.
calendar ['kæləndə] *subst:* kalender.
calf [ka:f] *subst (pl: calves)* **1.** kalv; **2.** brekalv; **3.** *anat:* legg.
calf love ungdomsforelskelse; pubertetsforelskelse.
calibrate ['kæli,breit] *vb:* kalibrere; *måleinstrument:* justere.
calibration [,kæli'breiʃən] *subst:* kalibrering; justering.
calibre *(,***US:** *caliber)* ['kælibə] *subst* **1.** kaliber; **2.** *fig:* kaliber *(fx a salesman of extremely high calibre).*
California [,kæli'fɔ:niə] *subst; geogr:* California.
Californian [,kæli'fɔ:niən] **1.** *subst:* kalifornier; **2.** *adj:* kalifornisk.
caliper US: *se calliper.*
calk [kɔ:k] **1.** *subst; under hestesko:* grev; brodd; **2.** *vb; om kopiering(=trace)* kalkere.
I. call [kɔ:l] *subst* **1.** rop; skrik; *flyv:* opprop; *(jvf roll call);* **2.** *dyrs el. fugls:* skrik; fløyt; **3.** signal; **bugle ~** hornsignal; **4***(=visit)* besøk *(fx the doctor made six calls this morning);* **pay sby a ~***(=visit)* avlegge et besøk hos en; **5***(=attraction)* dragning; det å føle seg tiltrukket av *(fx he felt the call of the sea);* **6.** *tlf:* samtale; oppringning *(fx I've just had a call from the police);* **there's a ~ for you** det er telefon til deg; **book a ~** bestille en samtale; **take the ~***(=answer the call)* ta telefonen; **7.** *i nektende setning(=demand)* etterspørsel *(fx there's no call for shepherds nowadays).* **8.** *i nektende setning(=need; reason):* **you've no ~ to say such things** det er ingen grunn for deg til å si slikt; **there's no ~ to shout** du behøver ikke å rope; det er ingen grunn for deg til å rope; **9.** *kortsp(=bid; turn to bid)* melding; tur til å melde; *poker:* krav om at kortene vises (*el.* legges opp); **10.** *mar:* anløp; **port of ~** anløpshavn; **11***(=demand for an instalment payment)* pålegg om innbetaling; **pay -s on the shares** foreta innbetalinger på aksjene; **12.** *børsuttrykk:* **~ (option)** kjøpsopsjon; **13. T** *spøkef:* **answer a ~ of nature** tre av på naturens vegne; **14.: close ~***(=close shave)* noe som nær var gått galt; **that was a close ~!** det var på nære nippet! det var nære på! **15.** *om lån:* oppsigelse; **16.: on ~** 1. i beredskap *(fx keep the men on call); om lege, etc:* på vakt; **I'm on ~ tonight** jeg har vakt i kveld; 2. *om lån:* **a loan on ~** et oppsigelig lån; **17.: within ~** innen hørevidde; som man kan rope på.
II. call *vb* **1.** rope *(fx I heard him calling);* rope på *(fx he called me);* **why is he -ing so excitedly?** hvorfor står han (der) og roper så opphisset? **I -ed loudly and distinctly** jeg ropte høyt og tydelig; **he -ed (out) her name** han ropte navnet hennes; **they came when he -ed** de kom når (,da) han ropte (på dem); **she -ed him to her** hun ropte ham bort til seg; **duty -s** plikten kaller;
2. *om dyr:* skrike; *om fugl:* fløyte; synge; **the cuckoo is -ing** gjøken galer;
3. tilkalle *(fx a policeman);*
4. innkalle til *(fx a meeting);*
5. *ved navneopprop:* lese (*el.* rope) opp *(fx they called his name); flyv:* kalle opp; rope opp *(fx a flight number);*
6.: ~ sby*(=call on sby to speak)* gi en ordet; gi ordet til en; **I haven't -ed you!** du har ikke blitt bedt om å ta ordet! du har ikke fått ordet (enda)! *(jvf 25: call on 3);*
7*(=visit)* komme innom; besøke; komme på besøk; **has John -ed?** har John vært innom? *(jvf 25: call on 1);*
8. kalle *(fx my friends call me Drew);* **du you ~ that working hard?** kaller du det å jobbe hardt?
9. vekke; *mar:* **~ the watch** purre vakten;
10*(=telephone)* ringe *(fx I'll call you at 6 p.m.); (se 19: call back; 28: call up);* **~ sby a taxi** ringe etter drosje for en;
11. *kortsp(=bid)* melde;
12. *jur:* **~ sby as a witness** føre en som vitne;
13. *om lån:* si opp;
14*(=expose):* **I -ed his bluff** jeg avslørte bløffen hans;
15.: ~ a strike erklære streik;
16.: be -ed to the bar *se I. bar 6;*
17.: ~ at 1. *mar:* anløpe; gå innom; 2. besøke; henvende seg på *(fx I called at their office);* **I -ed at his house** jeg besøkte ham hjemme; jeg gikk hjem til ham; jeg oppsøkte ham hjemme;
18.: ~ away kalle ut *(fx the doctor was called away twice);*
19.: ~ back 1. rope tilbake; kalle tilbake; 2. ringe tilbake *(fx he called back at nine); (jvf 9);*
20. *fig:* **~ down** nedkalle *(fx God's anger);*
21.: ~ for 1. rope på *(fx he called for the waiter);* rope om; 2*(=require)* kreve; *fig:* rope på *(fx call for revenge);* **this -s for quick action** her kreves det at man handler raskt; **was your rudeness really -ed for?** var det virkelig nødvendig å være så uhøflig? 3*(=collect; get)* hente; komme og hente *(fx I'll call for my book later; I'll call for you at eight);* **to be -ed for** poste restante.
22. *litt.:* **~ forth***(=summon; muster)* mønstre; *(fx she called forth all her courage);* **he -ed forth***(=exerted)* **all his strength** han satset alt han eide av krefter;
23.: ~ in 1. *om kort visitt:* stikke innom *(fx call in if you're in the neighbourhood);* **I -ed in to see her last night** jeg stakk innom henne i går kveld; 2. tilkalle *(fx call in the doctor); (jvf 3 ovf);* 3. rope inn *(fx call him in (here)); 4. om mynter, sedler:* inndra (til innløsning); 5. *om lån:* si opp; 6. **US: ~ in sick** ringe (til arbeidsstedet) og si man er syk;
24.: ~ off 1*(=cancel)* avlyse *(fx the game was called off because of rain);* 2. gi avbud *(fx she accepted the invitation to the party but called off at the last minute);* 3. *om hund:* kalle tilbake; rope på *(fx the man called off his dog);* 4. *om aksjon, streik:* avblåse *(fx the strike was called off);* 5.: **the engagement has been -ed***(=broken)* **off** forlovelsen er hevet;
25.: ~ on 1*(=visit)* besøke *(fx I'll call on our new neighbour tomorrow);* 2. *stivt(=appeal to):* **they -ed on Gud for help** de påkalte Guds hjelp; **~ (up)on sby to do sth***(=request sby to do sth)* oppfordre en til å gjøre noe; anmode en om å gjøre noe; **he -ed on***(=asked)* **his friend for help** han ba vennen sin om hjelp; **I feel -ed upon to warn you***(=I feel I ought to warn you)* jeg synes det er min plikt å advare deg; 3.: **~ on sby to speak** gi en ordet; **I now ~ on Mr Jones to address the meeting** jeg gir nå

ordet til Jones; *(jvf 6 ovf);*
26.: ~ **out.** 1. rope; **he -ed out in a loud voice** han ropte høyt; **she -ed out his name** hun ropte navnet hans; **she -ed him out to see it** hun ropte ham ut for at han skulle (få) se det; *mar:* ~ **out the watch** purre vakten; 2. ta ut i streik *(fx call out the electricity workers);* 3. utkalle; utkommandere *(fx the army was called out to deal with the riot);* **the fire brigade was -ed out twice** brannvesenet hadde to utrykninger;
27. *stivt:* ~ **to mind***(=remember)* huske *(fx he could not call this event to mind);*
28.: ~ **up** 1. *mil:* innkalle; 2. *fig(=evoke)* vekke til live *(fx his words called up old memories);* 3. *om forsterkninger, etc:* tilkalle *(fx call up reinforcements);* 4. ringe til *(fx he called his mother up from the airport); (jvf 3).*

calla ['kælə] *subst; bot:* kala; ~ **lily***(=arum lily)* stuekala.
callable ['kɔ:ləbəl] *adj* **1.** *om verdipapir:* oppsigelig (før forfallstid); **2.** *om lån(=on call)* oppsigelig.
call box telefonkiosk.
callboy ['kɔ:l,bɔi] *subst; teat:* regiassistent.
caller ['kɔ:lə] *subst* **1.** besøkende; gjest; **-s** gjester; folk som stikker innom; **2.** *tlf:* **the** ~ den som ringer opp.
calligraphy [kə'ligrəfi] *subst(=chirography)* kalligrafi; skjønnskrift.
calling ['kɔ:liŋ] *subst* **1***(=vocation)* kall; **2.** *stivt(=trade; profession)* yrke.
calling card US*(=visiting card)* visittkort.
calliper (,**US:** *caliper)* ['kælipə] *subst* **1.** *med.* *(=calliper splint; walking calliper)* benskinne; **2.** *forst:* tømmerklave; **3.** *geom:* ~ **(compasses)** målepasser; **inside -s** innvendig passer; **outside -s** krumpasser; **slide** ~ skyvelære; **vernier** ~ skyvelære med nonius.
callisthenics [,kælis'θeniks] *subst* **1.** *fag:* holdningsgymnastikk; **2***(=callisthenic exercises; deportment exercises)* holdningsøvelser.
call loan oppsigelig lån.
call mark *på bibliotekbok(=call number)* plassignatur.
call meter *tlf:* samtaleteller; tellerskrittapparat.
callosity [kə'lɔsiti] *subst* **1***(=hard-heartedness)* hardhjertethet; **2.** *med.: se callus.*
I. callous ['kæləs] *adj* **1.** *om hud:* hard og fortykket; med træl *(fx callous(=calloused) hands);* **2.** *fig(=hard; unfeeling)* hard; ufølsom; hardhjertet; følelseskald;*(=cruel)* brutal *(fx a callous attack).*
II. callous *vb(=make callous; become callous)* få (,gi) træl(er) *(fx he had calloused hands as a result of gardening).*
call-over ['kɔ:louvə] *subst(=roll call)* navneopprop.
callow ['kælou] *adj; stivt; neds(=young and inexperienced)* ung og uerfaren; grønn.
call sign*(=call letters) radio:* kallesignal.
call slip *i bibliotek(=call card; requisition form)* bestillingsseddel; reserveringsseddel.
call-up ['kɔ:lʌp] *subst; mil:* innkallelse.
callus ['kæləs] *subst(=callosity)* **1.** *med.:* hard hud; hornhud; fortykkelse av huden; træl; **2.** *bot, fysiol:* erstatningsvev; kallus.
I. calm [ka:m] *subst* **1.** stillhet; ro; sinnsro; **2.** vindstille; *mar:* **dead** ~ havblikk.
II. calm *adj:* rolig *(fx a calm voice);* **keep** ~**!** ta det rolig! **he stayed** ~ han mistet ikkc fatningen; han bevarte roen.
III. calm *vb:* ~ **(down)** berolige; bli rolig; roe seg *(fx calm yourself! calm down!).*
calmly ['ka:mli] *adv:* rolig; **take it** ~ ta det rolig.
calmness ['ka:mnis] *subst:* ro; stillhet.
Calor gas *varemerke(=butane gas)* butangass *(fx a Calor gas stove).*
calorie, calory ['kæləri] *subst(=gram calorie; small calorie)* (gram)kalori.
calorific [,kælə'rifik] *adj:* varmeproduserende; varme-.
calorific value kaloriverdi.
calumniate [kə'lʌmnieit] *vb; stivt(=slander)* baktale; bakvaske.
calumny ['kæləmni] *subst; stivt(=slander)* baktalelse; bakvaskelse.
calve [ka:v] *vb; også om bre og isfjell:* kalve; **-d ice** kalvis.
Calvinism ['kælvi,nizəm] *subst:* kalvinisme.
calyx ['keiliks, 'kæliks] *subst; bot:* (blomster)beger.
cam [kæm] *subst; tekn:* kam; kamskive; knast; **brake** ~ bremseekspander; **breaker** ~ avbryterknast.
I. camber ['kæmbə] *subst* **1.** dossering; **reverse** ~ dossering utover; dossering den gale veien *(fx the bends have a reverse camber);* **2.: the** ~ **of the front wheels** forhjulenes hellingsvinkel utover; styrt.
II. camber *vb:* dossere *(fx the bends are well cambered);* **an uncambered bend** en sving (*el.* kurve) som ikke er dossert.
cambric ['kæmbrik] *subst:* kammerduk; **downproof** ~ dunlerret.
cam disc *tekn:* kamskive; knastskive.
camel ['kæməl] *subst; zo:* **(Bactrian)** ~ kamel; **Arabian** ~*(=dromedary)* dromedar; **the last straw (that breaks the -'s back)** dråpen som får begeret til å flyte over.
cameo ['kæmi,ou] *subst:* kamé; utskåret edelstein.
camera ['kæmərə] *subst* **1.** kamera; foto(grafi)apparat; **cine** ~ *(,***US:** *movie camera)* smalfilmkamera; **2.** *jur:* **in** ~*(=in private)* for lukkede dører.
cameraman ['kæmərə,mæn, 'kæmrə,mæn] *subst:* kameramann; pressefotograf; filmfotograf.
camera-shy ['kæmərə,ʃai] *adj:* kamerasky.
camomile ['kæmə,mail] *subst; bot:* kamille; gåseblom; **wild** ~ kamilleblom; **yellow** ~ gulgåseblom; *(jvf mayweed).*
camouflage ['kæmə,fla:ʒ] **1.** *subst:* kamuflasje; **2.** *vb:* kamuflere.
I. camp [kæmp] *subst* **1.** *også fig:* leir; **2. T:** noe som er feminint el. oppstyltet; oppstyltethet; oppstyltet stil.
II. camp *vb* **1.** slå leir; ligge i leir; kampere; **2. T:** ~ **up** overdramatisere; gjøre feminin; overspille; ~ **it up** forsøke å fokusere oppmerksomheten på seg selv (ved overspill, etc); stille sin homoseksualitet til skue.
III. camp *adj* **1.** (bevisst) feminin *(fx behaviour);* homoseksuell; **the way he walks is very** ~ han går på en svært feminin måte; **2.** så gammeldags el. overdrevet at det virker komisk.
campaign [kæm'pein] **1.** *subst:* kampanje *(fx against smoking); mil:* felttog; **2.** *vb:* organisere en kampanje; *mil:* delta i et felttog; leve på feltfot.
campaigner [kæm'peinə] *subst:* forkjemper; **be a** ~ **against** dra til felts mot; **peace movement** ~ medlem av en fredsbevegelse.
camp bed feltseng.
camper ['kæmpə] *subst* **1.** teltturist; person som ligger i telt, campingvogn, etc.; **2. US***(=motor caravan)* campingbil.
camphor ['kæmfə] *subst; kjem:* kamfer.
camping ['kæmpiŋ] *subst:* camping; leirliv; leirsport; **go** ~*(=go on a camping holiday)* dra på telttur; dra på campingtur.
camping site *(,***US:** *campground)* campingplass.
campion ['kæmpiən] *subst; bot:* smelle; **bladder** ~ engsmelle; **red** ~ rød jonsokblom; **sea** ~ strand-

smelle; **viscid** ~ tjæreblom; **white** ~ hvit jonsokblom.
camp site(=*camping site)* campingplass.
campus ['kæmpəs] *subst* **1.** universitetsområde (med påstående bygninger); **2.** *især* **US:** friluftsområde i tilknytning til college el. universitet.
campus university UK: universitet hvor alle bygninger, ofte iberegnet butikker og kaféer, befinner seg på ett område.
camshaft *tekn:* registeraksel; kamaksel; **overhead ~** overliggende kamaksel.
I. can [kæn] *subst* **1.** kanne *(fx petrol can);* spann *(fx milk can);* **2.** *især* **US**(=*tin)* (hermetikk)boks; **beer ~** ølboks; **a ~ of beer** en boks øl; **3. S**(=*prison)* fengsel; **4.: T: in the ~** 1. *om film, lydopptak, etc:* ferdig; 2. *om avtale, kontrakt, etc:* i orden; i lås *(fx the contract is almost in the can);* **5. T: carry the ~**(=*take the rap)* ta støyten.
II can *vb* **1.** hermetisere *(fx raspberries);* **2. US S**(=*sack)* gi sparken; **3. US T: ~ it!**(=*stop it!)* hold opp! *(se canned).*
III. can [kæn, kən] *vb; pres av 'be able to' (pret: could; perf. part.: been able to)* kan *(fx you can do it if you try hard; he can be very charming when he likes);* **~ you drive a car?** kan du kjøre bil? *om tillatelse:* **~ I go now?** kan jeg gå nå? får jeg lov til å gå nå? **I ~ go, can't I?** jeg får vel lov (til) å gå, vel? **you ~ go if you behave yourself** du kan få lov til å gå (,dra) hvis du oppfører deg pent; *uttrykk for overraskelse, etc:* **what ~ he be doing all this time?** hva kan det (nå) være han holder på med hele tiden? **how ~ she possibly marry him?** hvordan kan hun (finne på å) gifte seg med ham? *ved høflig forespørsel:* **could I speak to you for a minute?** kunne (*el.* kan) jeg få snakke litt med deg? **could you possibly . . .?** kunne du (være så snill å) . . .? *ved antagelse:* **could it be that . . .?** kunne det tenkes at . . .? **that could very well be (the case)** det kan meget godt tenkes; **how could you do a thing like that!** hvordan kunne du finne på å gjøre noe slikt!
Canaan ['keinən] *bibl:* Kanaan.
Canada ['kænədə] *subst; geogr:* Canada.
Canadian [kə'neidiən] **1.** *subst:* kanadier; **2.** *adj:* kanadisk.
canal [kə'næl] *subst* **1.** *om kunstig vannvei:* kanal; **2.** *anat:* **alimentary ~** fordøyelseskanal; *(jfv channel).*
canalize, canalise ['kænə,laiz] *vb* **1.** bygge kanal gjennom; **2.** *fig(=channel)* kanalisere *(fx he canalized all his energies into making the old house habitable).*
canapé ['kænəpei; 'kænəpi] *subst; også kul:* kanapé.
canard [kæ'na:d] *subst:* avisand; skrøne.
Canaries [kə'nεəri:z] *subst; pl; geogr:* **the ~**(=*the Canary Islands)* Kanariøyene.
canary [kə'nεəri] *subst; zo:* kanarifugl.
I. cancel ['kænsel] *subst; mus* **US**(=*natural)* oppløsningstegn.
II. cancel *vb* **1**(=*call off)* avlyse; **2.** *om billett:* avbestille; **3**(=*annul; revoke)* annullere *(fx the order was cancelled);* **4.** *frimerke:* stemple; **5.** *mat.:* eliminere; **6**(=*cross out; delete)* stryke over (*el.* ut); slette *(fx he cancelled his name and substituted hers);* **7.: ~ out**(=*make up for)* oppveie *(fx his generosity cancelled out his past unkindness);* oppveie hverandre *(fx the two quantities cancel out).*
cancellation [,kænsə'leiʃən] *subst* **1.** avlysning; **2.** avbestilling; avbestilt billett *(fx we have a cancellation in the balcony);* **3.** annullering; **4.** stempling (av frimerke); **4.** sletting; strykning.
cancer ['kænsə] *subst; med.:* cancer; kreft; **~ of the stomach** magekreft; **~ in women** kreft hos kvinner.
Cancer *astr:* Krepsen; **the Tropic of ~** Krepsens vendekrets.
cancerous ['kænsərəs] *adj:* kreft-; som er angrepet av kreft.
candelabra [,kændi'la:brə] *subst:* kandelaber; flerarmet lysestake.
candid ['kændid] *adj(=frank)* oppriktig; som sier hva man mener; åpen *(fx he was candid about his dislike of our friends).*
candidacy ['kændidəsi] *subst(=candidature)* kandidatur.
candidate ['kændi,deit; 'kændidit] *subst; også fig:* kandidat.
candidness ['kændidnis] *subst(=candour)* oppriktighet; åpenhet.
candied ['kændid] *adj:* kandisert; **~ peel** sukat.
I. candle ['kændəl] *subst:* (stearin)lys; **burn the ~ at both ends** brenne sitt lys i begge ender; **T: the game's not worth the ~** det er ikke umaken (*el.* bryet) verdt.
II. candle *vb:* **~ eggs** gjennomlyse egg.
candleberry ['kændəlbəri] *subst; bot(=wax myrtle)* vokspors; *(se bog myrtle).*
candlestick ['kændəlstik] *subst:* lysestake.
candour ['kændə] *subst:* oppriktighet; åpenhet.
candy ['kændi] **1.** *subst; især* **US:** sukkertøy; gotter; **2.** *vb:* kandisere; *(se candied):*
candy floss *(,***US:** *cotton candy)* sukkervatt.
candy store US(=*sweetshop)* sjokoladeforretning.
I. cane [kein] *subst* **1.** (spansk)rør; **2**(=*walking-stick)* spaserstokk; spanskrørstokk.
II. cane *vb:* bruke spanskrøret på; pryle.
cane sugar rørsukker.
canine ['keinain; 'kænain] **1.** *subst:* **~ (tooth)** hjørnetann; **2.** *adj:* hunde-; som tilhører hundefamilien.
caning ['keiniŋ] *subst:* pryl.
canister ['kænistə] *subst:* boks; blikkboks.
canker ['kæŋkə] *subst* **1.** *vet:* hovkreft; *hos hund, katt:* sår i det ytre øret *(fx a canker in a dog's ear);* **2.** *fig:* kreftskade *(fx drug addiction is a canker in the heart of society).*
cannabis ['kænəbis] *subst; bot:* cannabis; **he's hooked on**(=*addicted to)* **~** han er avhengig av cannabis.
canned [kænd] *adj* **1.** hermetisk; hermetisert; på boks; **~**(=*tinned)* **meat** kjøtthermetikk; **~**(=*tinned)* **peas** erter på boks; **2. T: ~ music** hermetisert musikk *(fx I hate canned music in restaurants);* **3. S**(=*drunk)* full.
cannery ['kænəri] *subst:* hermetikkfabrikk.
cannibal ['kænibəl] *subst:* kannibal; menneskeeter.
cannibalism ['kænibə,lizəm] *subst:* kannibalisme; menneskeeteri.
cannibalize, cannibalise ['kænibə,laiz] *vb; om bil el. motor:* slakte (for å bruke delene om igjen).
I. cannon ['kænən] *subst* **1.** *hist; mil:* kanon (montert på vogn); **2.** *biljard:* karambolasje.
II. cannon *vb* **1.** *i biljard:* karambolere; **2.: ~ into** løpe rett på; brase inn i *(fx he cannoned into me).*
cannula ['kænjulə] *subst; med.; til dren:* kanyle.
canny ['kæni] *adj* **1**(=*shrewd)* skarp; med god dømmekraft; **2.** *nordengelsk & skotsk(=good; nice)* bra; fin; grei.
canoe [kə'nu:] *subst* **1.** kano; **2.** *spøkef om store sko* **T: -s** flytebrygger; **3.: paddle one's own ~** *se II. paddle 3.*
canon ['kænən] *subst* **1.** *rel:* kirkelov: **2.** *fig:* lov; regel; **3.** *ved katedral:* kannik; *hist:* domherre; korherre; **4.** *mus:* kanon; **5.** *bibl; om de skrifter som anses ekte:* kanon; **6.** liste over klassisk forfatters verker; **the Chaucer ~** Chaucers forfatterskap; de verker man med sikkerhet vet stammer fra Chaucer.

canonic(al) [kə'nɔnik(əl)] *adj:* kanonisk; kirkerettslig.

canonize, canonise ['kænə,naiz] *vb:* kanonisere; erklære for helgen.

canon law kirkerett; kanonisk rett; kirkelov.

can opener*(=tin opener)* bokseåpner.

canopy ['kænəpi] *subst* **1.** sengehimmel; tronhimmel; baldakin; **2.:** *jernb:* **platform** ~*(=covered platform area)* toghall; **3.** *flyv:* (selve) fallskjermen; **4.** *flyv:* cockpittak; **5.** *fig; poet:* tak; himmel; **a ~ of leaves** et løvtak; et tak av løvkroner.

I. cant [kænt] *subst; stivt* **1***(=pious platitudes)* fromme fraser (*el.* plattheter); **2.** *om tigger:* messing; monoton jamring; **3***(=jargon)* fagsjargong; **thieves' ~** tyvespråk.

II. cant *subst; stivt* **1***(=inclination)* helling *(fx this table has a definite cant)*; **2***(=tilt)* støt (som bevirker at noe blir brakt i skjev stilling).

III. cant *vb;* **1.** *stivt(=tilt)* stille på kant; gi helling; støte til (og bringe ut av rett stilling); **the ship began to ~** skipet begynte å legge seg over (på siden); **2.** *om tigger:* messe.

IV. cant *adj* **1***(=oblique; slanting)* skråttstilt; skrånende; hellende; **2.: a ~ phrase** et fagsjargonguttrykk.

Cantab ['kæntæb], **Cantabrigian** [,kæntə'bridʒiən] **1.** *subst:* person som studerer el. har studert ved Cambridge University; **2.** *adj:* som hører Cambridge University til.

cantankerous [kæn'tæŋkərəs] *adj; stivt(=quarrelsome)* kverulantisk; trettekjær; krakilsk.

cantata [kæn'ta:tə] *subst; mus:* kantate.

canteen [kæn'ti:n] *subst* **1.** *også mil:* kantine; **2.** *mil:* feltflaske; **3.** *mil(=mess tin)* kokekar.

canter ['kæntə] **1.** *subst:* kort galopp; **he won at a ~** han vant med letthet; **2.** *vb:* ri i kort galopp.

cant hook, cant dog *(,US:* *peavey)* kanthake; tømmerhake.

cantilever ['kænti,li:və] **1.** *subst:* utkravning; **~ bridge** utkraverbru; **2.** *adj:* frittbærende; *flyv:* **~ wing** frittbærende vinge.

canto ['kæntou] *subst; del av epos:* sang.

I. canvas ['kænvəs] *subst* **1.** lerret; seilduk; teltduk; **2.** *om maleri:* lerret *(fx he painted a few canvases)*; **3.: under ~** 1. *om soldater, speidere, etc:* i telt; 2. *mar; om skip:* under seil.

II. canvas *adj:* lerrets-; seilduks-.

I. canvass ['kænvəs] *subst:* husbesøk i forbindelse med meningsmåling, stemmeverving, etc.

II. canvass *vb* **1.** *polit:* drive stemmeverving *(fx for the Conservative Party)*; **~ for votes** verve stemmer; **2.** *glds(=sell books by subscription)* kolportere bøker.

canvasser ['kænvəsə] *subst* **1.** person som driver stemmeverving; **2.** *glds(=travelling bookseller)* kolportør.

canyon ['kænjən] *subst:* dyp elvedal (med bratte sider).

I. cap [kæp] *subst* **1.** lue; **peaked ~** skyggelue; **nurse's ~** sykepleierkappe; **skull ~** kalott; *fig:* **~ in hand***(=humbly)* med luen i hånden; ydmykt; **2.** *tekn:* deksel; hylse; topp; **breather ~** luftelokk; **filler ~** påfyllingsdeksel; **hub ~** hjulkapsel; **lens ~** objektivlokk; **screw ~** skrulokk; **3.** *tannl(=crown)* krone; **4.** *bot; på sopp(=pileus)* hatt; **5.** *på bildekk:* ny slitebane; **6.** *for leketøyspistol:* kruttlapp; *(jvf percussion cap)*; **7.** *sport:* plass på landslaget; **he has won three England -s** han har vært på det engelske landslaget tre ganger; **8.** *om kvinne:* **set one's ~ at***(=for)* legge an på *(fx she's set her cap at him)*.

II. cap *vb* **1.** sette deksel på; **screw-capped** med skrulokk; **2.** *tannl:* **have a tooth -ped** få satt krone på en tann; **3***(=cover)* dekke *(fx snow capped the mountain tops)*; **4.** *sport:* **be -ped** få plass på landslaget *(fx he was capped for England at football)*; **5.** overgå; prestere noe som er bedre enn *(fx he capped my joke with a better one)*; **to ~ it all***(=on top of it all)* på toppen av det hele; attpåtil *(fx . . . and to cap it all we had a free car)*; **6***(=end; put the finishing touch to)* avslutte; sette sluttstrek for *(fx the signing of the treaty caps three years of negotiations)*.

capability [,keipə'biliti] *subst* **1.** dyktighet; **2.** evne; **the ~ of (-ing)***(=the ability to)* evnen til å . . .; **he has great capabilities** han har meget gode evner.

capable ['keipəbəl] *adj:* dyktig; flink *(fx she's so capable; a very capable person)*; **~ of 1.** *om person:* i stand til *(fx he's capable of doing better)*; **she's ~ of hard work** hun kan arbeide hardt; *iron:* **he's quite ~ of letting someone else take the blame** han er absolutt i stand til å la en annen få skylden; **2.: a passage ~ of misinterpretation** et avsnitt som kan misforstås (*el.* som lett kan feiltolkes).

capacious [kə'peiʃəs] *adj:* rommelig *(fx a capacious handbag)*.

capacitance [kə'pæsitəns] *subst; elekt:* kapasitet *(fx the capacitance of a condenser)*.

capacitor [kə'pæsitə] *subst:* kondensator.

capacity [kə'pæsiti] *subst* **1.** evne; evner; **her intellectual ~** hennes intellektuelle evner; **he shows great ~***(=talent)* **for giving realistic details** han viser stor evne til å gi realistiske detaljer; **he has a great ~ for remembering facts** han er meget flink til å huske fakta; **2.: have a ~ of** romme *(fx this tank has a capacity of 300 litres)*; **seating ~** antall sitteplasser; **with a seating ~ of 200** med 200 sitteplasser; **3.** *elekt:* kapasitet; **production ~** produksjonskapasitet; **4.** egenskap; **in the ~ of** i egenskap av *(fx he was employed in the capacity of manager)*; **in an official ~** i embets medfør; **5.: to ~** for fullt *(fx they are working to capacity)*; **tilled to ~** helt fylt; **6.** *jur:* habilitet; **the ~ to make a will** testasjonshabilitet.

cape [keip] *subst* **1.** (sleng)kappe; **2.** *geogr:* nes; odde; kapp.

the Cape 1. sørvestlige del av Cape Province i Sørafrikarepublikken; **2***(=the Cape of Good Hope)* Kapp det gode håp.

I. caper ['keipə] *subst; bot* **1.** kapersbusk; **2.: -s** kapers.

II. caper *subst* **1.** (lekent) hopp; **2***(=prank)* skøyerstrek *(fx that child's capers will get him into trouble)*; **3.: cut a ~, cut -s** hoppe og sprette.

III. caper *vb:* **~ about** hoppe og springe omkring *(fx with excitement)*.

capercaillie [,kæpə'keilji], **capercailzie** [,kæpə'keilji; ,kæpə'keilzi] *subst; zo(=wood grouse)* tiur.

Cape Town, Capetown *subst; geogr:* Cape Town.

capillarity [,kæpi'læriti] *subst* **1***(=capillary action)* kapillaritet: kapillarvirkning; hårrørsvirkning; **2***(=capillary force)* kapillarkraft.

capillary [kə'piləri] **1.** *subst(=capillary blood vessel)* kapillar; **2.** *adj:* kapillar-; hårrørs-; *anat:* kapillær-.

1. capital [kæpitəl] *subst* **1***(=capital city)* hovedstad; **2***(=capital letter)* stor bokstav; **3.** *arkit:* kapitél; **4.** kapital; **borrowed ~***(=outside capital)* fremmedkapital; lånt kapital; **circulating ~***(=floating capital; working capital)* omløpskapital; flytende kapital; **net circulating ~** *(=net working capital)* arbeidskapital; **dead ~** død kapital; **equity ~** egenkapital; **fixed ~***(=fixed assets)* fast kapital; faste aktiva; **free ~** fri kapital; **idle ~** ledig kapital; **initial ~** etableringskapital; startkapital; **invested ~** 1*(=business capital)* anleggskapital; 2*(=capital put up)* innskuddskapital; **investment ~** investeringskapital; nedlagt kapital; **liquid ~** likvid kapital; **loan ~** lånekapital; **locked-up ~** bundet kapital; **original ~** stamkapital; **productive** *~(=capital invested in trade)* ervervskapital; **real ~** realkapital; **return on** *~(=profit from investment)* kapitalutbytte; forrentning av investert kapital; **risk***(=venture)* ~ risikovillig kapital; **uncalled ~** ikke innkalt (aksje)kapital; **unissued ~** godkjent, ikke utstedt (aksje)kapital; **working ~** 1.: *se circulating capital;* 2*(=net working capital): se net circulating capital;* 3*(=gross working capital)* driftskapital; **writing down of ~** kapitalnedskrivning; **make ~ out of** utnytte; slå mynt (*el.* kapital) på.

II. capital *adj* **1.** *om forbrytelse:* som straffes med døden *(fx a capital offence);* **2.** *stivt(=very serious)* meget alvorlig *(fx error);* **3.** *stivt(=chief)* viktigst *(fx our capital concern is that everyone be fed);* **4.** *lett glds* **T***(=excellent)* flott; utmerket *(fx a capital idea).*

capital account *økon:* kapitalregnskap.

capital appreciation*(=increase of capital)* kapitalforøkelse.

capital appropriation *merk:* disponering (*el.* avsetning) av fonds til bestemte formål; **cumulative -s** kumulative disponeringer (*el.* avsetninger).

capital-demanding ['kæpitəldi,ma:ndiŋ] *adj:* kapitalkrevende *(fx industry).*

capital equipment*(=capital goods)* kapitalgoder.

capital expenditure*(=capital outlays)* kapitalutgifter.

capital gains tax UK: formuesgevinstskatt.

capital goods *pl:* kapitalvarer; kapitalgoder.

capital-intensive ['kæpitəlin,tensiv] *adj:* kapitalintensiv.

capital investment kapitalinvestering.

capitalism ['kæpitə,lizəm] *subst:* kapitalisme.

capitalist ['kæpitə,list] **1.** *subst:* kapitalist; **the big -s** storkapitalen; **2.** *adj:* kapitalistisk.

capitalistic [,kæpitə'listik] *adj:* kapitalistisk.

capitalization, capitalisation [,kæpitəlai'zeiʃən] *subst* **1.** kapitalisering; **2.** kapitalverdi; **3.** summen av den samlede aksjekapital, medregnet lånekapital og undertiden reserver; **4.** det å skrive el. trykke med store bokstaver.

capitalize, capitalise ['kæpitə,laiz] *vb* **1.** kapitalisere; anvende som kapital; omdanne til kapital; **2.** *bokf:* aktivere; **-d costs** aktiverte kostnader; **3.** *fig:* **~ on** slå mynt på; utnytte; dra fordel av *(fx I'm capitalizing on being in bed ill by reading lots of books);* **4.** skrive (,trykke) med stor forbokstav.

caital letter stor forbokstav.

capital punishment*(=death penalty)* dødsstraff.

capital reserve bunden reserve; kapitalreserve.

capital stock 1. US*(=share capital)* aksjekapital; **2.** *intet tilsv.; kan gjengis:* aksjekapital *(NB Når aksjene i et engelsk firma er fullt innbetalte, kan de gjøres om til 'capital stock', som så kan deles opp og omsettes i mindre enheter, fx £25 el. £33 ⅓).*

capital transfer kapitaloverføring.

capital transfer tax *(fk CTT)* **UK** *på pengegaver:* arveavgift.

capital turnover kapitalomsetning.

capital yield*(=interest (on capital))* kapitalavkastning; kapitalrente.

capitulate [kə'pitju,leit] *vb; stivt(=surrender)* kapitulere (*to* for) *(fx we capitulated to the enemy).*

capitulation [kə,pitju'leiʃən] *subst; stivt(=surrender)* kapitulasjon.

capon ['keipən] *subst:* kapun; kastrert hane.

caprice [kə'pri:s] *subst; stivt(=whim)* lune; innfall.

capricious [kə'priʃəs] *subst(=whimsical)* lunefull; ustadig.

Capricorn ['kæpri,kɔ:n] *astr(=the Goat)* Steinbukken.

capsize [kæp'saiz] *vb; mar:* kantre.

capstan ['kæpstən] *subst; mar:* gangspill.

capsule ['kæpsju:l] *subst* **1.** kapsel; **2.** *med.:* kapsel; pille; **3.** *bot:* kapselfrukt; **4.: space ~** romkapsel.

captain ['kæptin] *subst* **1.** *mar:* kaptein; *i marinen:* kommandørkaptein; **2.** *mil:* kaptein; *hist:* **~ of horse** rittmester; **3.** *sport:* **(team) ~** lagkaptein; **4.** *skolev:* **form ~** tillitsmann; **5. US:** (politi)stasjonssjef; **6.: ~ of industry** industrileder.

captaincy ['kæptinsi] *subst:* stilling som kaptein.

caption ['kæpʃən] *subst* **1.** billedtekst; **2.** kapitteloverskrift.

captious ['kæpʃəs] *adj; meget stivt(=ready to find fault)* kritikksyk; kverulantisk.

captivate ['kæpti,veit] *vb; stivt; fig:* fengsle *(fx he was captivated by her performance);* fortrylle; sjarmere; **he was -d by her beauty** han ble betatt av hennes skjønnhet.

captivating ['kæpti,veitiŋ] *adj:* fengslende; vinnende; sjarmerende; inntagende *(fx smile).*

captive ['kæptiv] **1.** *subst; også fig:* fange *(fx a captive of love; two of the captives escaped);* **2.** *adj:* fanget; **a ~ audience** tvungne tilhørere.

captivity [kæp'tiviti] *subst:* fangenskap.

captor ['kæptə] *subst; stivt:* person som holder en fanget.

I. capture ['kæptʃə] *subst* **1.** erobring; inntagelse *(fx of a city);* tilfangetagelse *(fx of a thief);* **2.** det som er fanget; fangst *(fx a wild cat was his most recent capture).*

II. capture *vb* **1.** erobre; innta *(fx a town);* **2.** ta til fange; **3.** *fig:* fengsle; fange *(fx the attention of readers);* **4.** *om motiv, stemning:* fange inn *(fx the photographer captured the happiness of the occasion);* få til; være heldig med *(fx the artist captured her likeness);* **5.** *i sjakk:* slå *(fx he captured a pawn).*

car [ka:] *subst* **1.** bil; **did you go by ~?** tok du bilen? brukte du bil(en)? **2.** *jernb; i sms:* **buffet ~** vogn hvor man kan få kjøpt mat; **dining** *~(=restaurant car)* spisevogn; **sleeping ~** sovevogn; **3.** *jernb* **US***(=carriage; coach)* vogn; **baggage** *~(=luggage van)* bagasjevogn; **box** *~(=goods van)* lukket godsvogn; **freight** *~(=goods wagon)* godsvogn; **vestibule** *~(=corridor carriage)* gjennomgangsvogn; **4.** *poet(=chariot)* vogn.

carafe [kə'ræf, kə'ra:f] *subst:* karaffel.

caramel ['kærəməl; 'kærəmel] *subst:* karamell.

carat ['kærət] *subst:* karat.

caravan ['kærə,væn] *subst* **1***(,***US:** *trailer)* campingvogn; **2.** karavane; **a ~ of merchants** en handelskaravane.

caravanning: go ~ dra på ferie i campingvogn.

caravanserai [,kærə'vænsə,rai] *subst:* herberge for ørkenkaravaner.

caraway ['kærə,wei] *subst; bot:* karve(plante).

caraway seeds *pl:* karvefrø; karve.

carbide ['ka:baid] *subst; kjem:* **(calcium) ~** (kalsium)karbid.

carbine ['ka:bain] *subst; mil:* karabin.

carbohydrate [,ka:bou'haidreit] *subst; kjem:* kullhydrat.

carbolic [ka:'bɔlik] *adj:* karbol; **~ acid***(=phenol)* karbolsyre.

carbon ['ka:bən] *subst* **1.** *kjem:* kullstoff; karbon; **2.** *i motor(=soot)* sot.

carbonate ['ka:bə,neit] *subst; kjem:* karbonat; **~ (salt)** kullsurt salt.

carbon dioxide*(=carbonic-acid gas)* kulldioksyd; kullsyregass.

carbon dioxide snow tørris.

carbonic [ka:'bɔnik] *adj:* **~ acid** kullsyre.

carbonic-acid gas(=*carbon dioxide*) kullsyregass; kulldioksyd.
carbonize, carbonise ['ka:bə,naiz] *vb:* karbonisere; forkulle.
carbon monoxide kulloksyd; kullos.
carboy ['ka:,bɔi] *subst; beholder:* syreballong; vinballong.
car breaker bilopphogger; **breaker's yard**(=*motor and car breaker's yard*) bilopphoggeri.
carburettor, carburetter (,**US:** *carburetor*) [,ka:bju'retə, 'ka:bju,retə] *subst:* forgasser; **downdraft ~** fallforgasser; **dirt in the ~** rusk i forgasseren; **flood the ~** tippe forgasseren; **freezing of the ~** forgasserising.
carburettor butterfly forgasserspjeld.
carburettor float flottør (i forgasser).
carcase, *især* **US: carcass** ['ka:kəs] *subst* **1.** død dyreskrott; kadaver; åtsel; **2.** *spøkef* **S: shift your ~!** flytt på liket ditt! **3.: tyre ~** dekkropp.
carcinogenic [,ka:sinou'dʒenik] *adj; med.:* kreftfremkallende *(fx substances)*.
car cover bilpresenning; **shaped ~** fasongsydd bilpresenning.
car crash bilkollisjon.
I. card [ka:d] *subst* **1.** kort; **2.: (race) ~** veddeløpsprogram: **3.: have a ~ up one's sleeve** ha noe i bakhånd; *(se også cards)*.
II. card *vb:* karde (ull).
cardamom, cardamum ['ka:dəməm] *subst; bot:* kardemommeplante; **~ (seeds)** kardemomme(frø).
cardboard ['ka:d,bɔ:d] *subst:* kartong; papp; **~ box** pappeske; *(se NEO: kartong & papp)*.
card-carrying ['ka:d,kæriiŋ] *adj:* som har medlemskort; *polit:* **be a ~ member** være partimedlem; ha medlemskapet i orden.
car dealer bilforhandler.
cardiac ['ka:di,æk] **1.** *subst:* person med hjertelidelse; hjertestyrkende middel: **2.** *adj:* hjerte-; **~ stimulant** hjertestyrkende middel.
cardiac arrest hjertestans.
cardiac infarction(=*infarct of the heart*) hjerteinfarkt.
cardiac insufficiency *subst; med.:* hjertesvikt.
cardialgia [,ka:di'ældʒiə] *subst; med.*(=*heartburn*) kardialgi.
cardigan ['ka:digən] *subst:* cardigan; strikkejakke.
I. cardinal ['ka:dinəl] *subst* **1.** *kat:* kardinal; **2.:** *se cardinal number;* **3.** *zo:* **~ (grosbeak)** (,**US:** *redbird*) kardinal.
II. cardinal *adj; stivt*(=*principal*)*:* **~ virtue** kardinaldyd.
cardinal number(=*cardinal numeral*) kardinaltall; grunntall.
card index(=*card file*) **1.** kartotek; **2**(=*file box*) kartotekskuff.
card index system kartoteksystem.
cardiogram ['ka:diou,græm] *subst; med.* (=*electrocardiogram*) (elektro)kardiogram.
cardiograph ['ka:diou,gra:f; 'ka:diou,græf] *subst; med.* **1.** kardiograf; **2.:** *se electrocardiograph.*
cardiology [,ka:di'ɔlədʒi] *subst; med.:* kardiologi; læren om hjertet og dets sykdommer.
cardiovascular [,ka:diou'væskjulə] *adj:* **~ disease** hjerte-karsykdom.
cards [ka:dz] *subst; pl* **1.** kortspill; **a pack of ~** en kortstokk; **2.: ask for one's ~** si opp sin stilling; **get one's ~** bli sagt opp; **3.: on the ~** (,**US:** *in the cards*) sannsynlig *(fx it's very much on the cards);* **4.: play one's ~ right** spille sine kort riktig; **5.: put**(=*lay*) **one's ~ on the table**(=*show one's cards*) legge kortene på bordet.
cardsharp(er) ['ka:d,ʃa:p(ə)] *subst:* falskspiller.
card vote *i fagforening, etc:* skriftlig avstemning.
I. care [kɛə] *subst* **1.** forsiktighet; **exercise ~** utvise forsiktighet; **take ~** være forsiktig *(fx do take care or you will fall!);* **'handle with ~'** 'forsiktig'; *jur:* **with due ~** med nødvendig forsiktighet; med rimelig aktsomhet; **2.** omhu; **do it with ~** gjør det omhyggelig (*el.* med omhu); **with the utmost ~**(=*with the greatest possible care*) med den største omhu; **exercise great ~** være meget omhyggelig; **devote special ~ to** være særlig omhyggelig med; **you should take more ~ over your work** du burde være omhyggeligere med arbeidet ditt; **3**(=*nursing*) pleie; **in need of ~**(=*nursing*) som trenger pleie; **the ~ of the old and infirm** pleie av gamle og syke; **take ~ of**(=*look after*) dra omsorg for; **4.** varetekt; **the child was left in its sister's ~** barnet ble overlatt i søsterens varetekt; **in my ~** i min varetekt; **in the ~ of a doctor** under legetilsyn; **her children have been taken into ~**(=*her children are in care*) man har tatt barna fra henne; **under her ~ the plant flourished** hun fikk planten til å trives: **5.** *om noe(n) man tar seg særlig av:* **the garden was her special ~** hagen tok hun seg særlig av; **6**(=*worry*) bekymring *(fx I haven't a care in the world!);* **all the -s of the world** all verdens bekymringer; **free from ~**(=*carefree*) sorgfri; ubekymret; **freedom from ~**(=*cares*) sorgfrihet; **7.: ~ of** *(fk c/o)* c/o; adr., **8.: take ~ of** 1(=*look after*) dra omsorg for; ta seg av; passe på; 2. være forsiktig med *(fx take care of your health);* **take ~ of yourself while I'm away** ta godt vare på deg selv mens jeg er borte; 3. klare; ordne; **T: I'll take ~ of him**(=*I'll handle him*) ham skal jeg ta meg av.
II. care *vb* **1.** bry seg om; **do you think he -s?** tror du han bryr seg om det? **he failed in the exam but I don't think he -s very much** han strøk til eksamen, men jeg tror ikke han tar det så tungt; **he doesn't seem to ~** det ser ikke ut til at han bryr seg om det; det ser ikke ut til at han lar det gå innpå seg; **I don't ~ to go**(=*I don't feel like going*) jeg bryr meg ikke om å dra (,gå); jeg har ikke lyst til å dra (,gå); **T: he doesn't ~ a damn**(=*he doesn't give a damn*) det gir han fullstendig blaffen i; **well, who -s?** men hvem bryr seg vel om det? *iron* **S: a fat lot 'you ~!** det bryr 'du deg mye om! **I don't ~ to been seen in his company** jeg vil helst ikke bli sett sammen med ham;
2. *i uttrykk for manglende interesse:* **I couldn't ~ less** det gir jeg (fullstendig) blaffen i; **I don't ~** gjerne for meg (ɔ: jeg er likeglad); *uhøflig:* **I don't ~ who you are!** jeg gir blaffen i hvem De er! *uhøflig:* **you may go for what I ~** for meg kan du (,De) gjerne reise;
3. *stivt; ved spørsmål:* **would you ~ for some tea?**(=*would you like some tea?*) kunne De (,du) ha lyst på litt te? **would you ~ to have dinner with me?** kunne De (,du) tenke Dem (,deg) å spise middag (sammen) med meg?
4.: ~ about bry seg om; være interessert i; **he doesn't ~ about**(=*for*) **her** han bryr seg ikke om henne; han er ikke interessert i henne; **he doesn't ~ (about) what happens to me** han bryr seg ikke om hva som skjer med meg;
5.: ~ for 1(=*look after*) ta seg av;(=*nurse*) pleie; stelle; 2(=*be fond of*) bry seg om; **I don't ~ for him enough to marry him** jeg bryr meg ikke nok om ham til å ville gifte meg med ham; *(se caring)*.
careen [kə'ri:n] *vb; mar* **1.** kjølhale; **2.** krenge.
I. career [kə'riə] *subst* **1.** levnetsløp; løpebane *(fx the present government is nearly at the end of its career);* **2.** karriere *(fx he's had a brilliant career);* **make a ~** gjøre karriere;

3. levevei; yrke; **-s** yrkesmuligheter; yrker *(fx should all careers be open to women?)*; **a professional** ~ et akademisk yrke; **change** ~ skifte yrke; **choice of (a)** ~ yrkesvalg; **his choice of a** ~ hans yrkesvalg; **the handicapped in the choice of a** ~ de yrkesvalghemmede; **choose a** ~ velge et yrke; foreta et yrkesvalg; **one's chosen** ~ det yrket man har valgt; **return to a** ~ **outside the home** vende tilbake til et yrke utenfor hjemmet; **start a** ~ **in banking** begynne i bank; **in** ~ **terms** i yrkessammenheng;
4. *litt.; fig(=swift course)* flukt;
5. *litt.; om hest el. kjøretøy:* **in full** ~ i en halsbrekkende fart.

II. career *vb; om hest el. kjøretøy:* **the runaway horse -ed along the street** den løpske hesten raste av sted bortover gaten.
career diplomat karrierediplomat.
careerist [kə'riərist] *subst:* karrierejeger.
careerism [kə'riərizəm] *subst:* karrierejag.
career objective: achieve one's ~ komme inn i det yrket man har satt seg som mål.
career training*(=vocational or professional training)* yrkesopplæring; yrkesutdanning.
careers guidance*(=vocational guidance)* yrkesveiledning.
careers master (,mistress) *skolev:* yrkesveileder.
careers office *(,hist: youth employment office)* yrkesveiledningskontor for ungdom.
careers officer sjef for et yrkesveiledningskontor for ungdom.
carefree ['kεə,fri:] *adj:* sorgløs.
careful ['kεəful] *adj* **1***(=cautious)* forsiktig; varsom; **she's a** ~ **driver** hun kjører forsiktig; **2***(=thorough)* grundig *(fx he has made a careful study of the problem)*; **3.: be** ~ **of one's reputation** være forsiktig med ryktet sitt.
careless ['kεəlis] *adj:* skjødesløs; slurvet; uforsiktig; **a** ~ **mistake** en slurvefeil; **a** ~ **worker** en som slurver i arbeidet; **this work is** ~ dette arbeidet er slurv; **she's very** ~ **about her clothes** hun er slurvet i påkledningen; **be** ~ **of one's reputation** være likeglad med ryktet sitt.
carelessness ['kεəlisnis] *subst:* skjødesløshet; slurv; likegladhet.
caress [kə'res] **1.** *subst:* kjærtegn; **2.** *vb:* kjærtegne.
caretaker ['kεə,teikə] *subst; fx ved skole:* vaktmester; *(se NEO vaktmester)*.
caretaker government forretningsministerium.
careworn ['kεə,wɔ:n] *adj:* forgremmet *(fx face)*.
cargo ['ka:gou] *(pl: cargoes; især* **US:** *cargos) subst; mar:* last; frakt; **get a homeward** ~ få frakt hjem.
cargo hold 1. *mar:* lasterom; **2.** *flyv(=cargo compartment)* lasterom.
car hire service bilutleie.
Caribbean [,kæri'biən] **1.** *subst(=Carib)* kariber; **the** ~ **(Sea)** Det karibiske hav; **2.** *adj:* karibisk.
caribou ['kæri,bu:] *subst; zo:* caribou; nordamerikansk reinsdyr.
caricature ['kærikə,tjuə] **1.** *subst:* karikatur; **2.** *vb:* karikere.
caricaturist ['kærikə,tjuərist] *subst:* karikaturtegner.
caries ['kεərii:z] *subst; med.:* tannråte; karies.
caring ['kεəriŋ] *adj:* myk *(fx man)*: **the more** ~ **aspects of society** de myke linjer i samfunnet.
car-mad ['ka:,mæd] *adj:* bilgal.
carmine ['ka:main] **1.** *subst:* karminrødt; **2.** *adj:* karminrød.
carnage ['ka:nidʒ] *subst:* blodbad.
carnal ['ka:nəl] *adj; litt.(=sexual)* kjødelig; sanselig; ~ **desires** sanselige lyster; ~ **pleasure** kjødelig lyst.
carnation [ka:'neiʃən] *subst; bot(=pink)* nellik.
carnival ['ka:nivəl] *subst:* karneval.
carnivore ['ka:ni,vɔ:] *subst; zo:* kjøtteter.
carnivorous [ka:'nivərəs] *adj; zo:* kjøttetende.
carol ['kærəl] *subst:* **Christmas** ~ julesang.
carousal [kə'rauzəl] *subst; lett glds(=merry drinking party)* svirelag.
carousel [,kærə'sel] *subst* **1. US***(=merry-go-round)* karusell; **2.** *flyv:* **(luggage)** ~ bagasjekarusell (i flyhavn).
I. carp [ka:p]; *subst; zo:* karpe.
II. carp *vb; neds:* ~ **at** kritisere (på en smålig måte); hakke på.
car park (,**US:** *parking lot)* parkeringsplass; **multi -storey** ~ parkeringshus.
Carpathian [ka:'peiθiən] *adj:* **the -s***(=the Carpathian Mountains)* Karpatene.
I. carpenter ['ka:pintə] *subst:* tømmermann; **master** ~ tømmermester.
II. carpenter *vb:* tømre.
carpentry ['ka:pintri] *subst* **1.** tømring; **2.** tømrerhåndverk; **3.** tømmermannsarbeid; snekkerarbeid; *skolev:* tresløyd.
I. carpet ['ka:pit] *subst* **1.** gulvteppe; **2.** *stivt el. litt.:* teppe *(fx a carpet of flowers)*; **3.** *fig* **T: on the** ~ på teppet; innkalt for å få reprimande *(fx you'll be on the carpet for that)*.
II. carpet *vb* **1.** legge teppe *(fx they haven't carpeted the floor yet)*; **2. T***(=scold)* skjenne på.
carpetbagger ['ka:pit,bægə] *subst* **US 1.** politiker som søker offentlig embete i et distrikt hvor han ikke har noen tilknytning; **2.** *hist:* nordstatsmann som dro til sørstatene etter borgerkrigen for å tjene penger på gjenoppbyggingen.
carpet sweeper teppefeier.
car pool kameratkjøring.
car-pool *vb:* ~ **with sby** dele bil med en (for å komme på arbeidet).
carriage ['kæridʒ] *subst* **1.** *hestekjøretøy med fire hjul:* vogn; **a horse and** ~ hest og vogn; **2.** *jernb; for passasjerer(=coach;* **US:** *car)* vogn; *(se car 2)*; **3.** *mask:* vogn *(fx a typewriter carriage)*; **4.** *jernb(,***US:** *freight)* frakt; **5.** *stivt(=bearing)* holdning.
carriage and wagon examiner *jernb:* vognvisitør; *(jvf engine cleaner)*.
carriage and wagon foreman *jernb:* vognmester.
carriage forward *jernb:* frakt ubetalt; frakt betales av mottager.
carriage free*(=carriage paid) jernb:* fraktfritt; frakt er betalt av avsender.
carriageway ['kæridʒ,wei] *subst(=roadway;* **US:** *pavement)* kjørebane; **UK: dual** ~ vei med to kjørebaner i hver retning og midtrabatt (men uten status som motorvei).
carrier ['kæriə] *subst* **1.** *glds:* vognmann; **2***(=firm of carriers)* transportfirma; **3.** *mar:* bortfrakter; **4.** *på sykkel:* **(luggage)** ~ bagasjebrett; **5. US***(=roof rack)* takgrind; **6.** *jernb* **US***(=porter)* bærer; **7.** *med.:* ~ **(of infection)***(=vector)* smittebærer; **8.** *mar:* **(aircraft)** ~ hangarskip; **9.** *radio:* ~ **(wave)** bærebølge; **10.** *mask(=dog)* medbringer; **11.** *kjem:* overføringskatalysator.
carrier bag bærepose.
carrier pigeon *zo;* brevdue.
carrion ['kæriən] *subst:* åtsel.
carrion beetle *zo;* åtselbille.
carrion crow *zo;* svartkråke.
carrot ['kærət] *subst* **1.** *bot:* gulrot; **2.** *fig(=incentive)* gulrot; lokkemiddel.
carry ['kæri] *vb* **1.** bære; **you can't** ~ **such a load!** du kan ikke bære så tungt!
2. *om lyd, stemme:* bære;
3. *om gravid kvinne:* bære på; gå med;

4. *bygg(=support)* bære;
5. frakte; transportere; *mar:* seile med *(fx we carry timber);* **~ goods** frakte varer; **seeds are carried by the wind for great distances** frø fraktes av vinden over store avstander;
6. *om nyhet, etc(=bring)* bringe; **~ news** bringe nyheter;
7. *om avis:* bringe; **all the newspapers carried the news** alle avisene brakte nyheten;
8*(=take)* gå (videre) med; **he carried his complaints to her superior** han gikk til hennes overordnede med klagene sine;
9. ha med seg; gå med *(fx an umbrella; a watch);* **I never ~ much money with me** jeg går aldri med mange penger på meg; **we carried provisions for two months** vi hadde med oss forsyninger for to måneder;
10*(=have):* **he carries great responsibility** han har en meget ansvarsfull stilling; **she carries all the information for her speeches in her head** alle de opplysningene hun trenger til talene sine, har hun i hodet; **a spy carries his life in his hands** en spion risikerer livet (*el.* går med livet i hendene);
11*(=convey)* føre *(fx the oil is carried across the desert in pipelines);* **the pipe carries water** det går vann i røret.
12. *om krigsoperasjoner(=extend):* **the war was carried into enemy territory** krigen ble brakt inn på fiendens territorium;
13*(=cause to go):* **desire for riches carried him to the city** et ønske om rikdom førte (*el.* brakte) ham til byen;
14. *stivt(=sell; stock)* føre *(fx this shop does not carry cigarettes);*
15. *om ens holdning:* **she carried her head high** hun gikk med hodet høyt hevet; **she carries herself badly** hun har en dårlig holdning; **he carries himself like a soldier** han fører seg som en soldat; **she carried herself well in a difficult situation** hun tok en vanskelig situasjon på en fin måte;
16. *om skytevåpens rekkevidde:* **this rifle carries for 1200 metres** denne riflen har en rekkevidde på 1200 meter; **the shot carried to the foot of the mountain** skuddet nådde til foten av fjellet;
17*(=conquer)* erobre *(fx our troops' carried the town);* **~** *(=take)* **by assault** ta med storm; *fig; om taler:* **his words carried the audience** han rev tilhørerne med seg;
18. *i konkurranse(=win):* **~ the day** hale seieren i land;
19. *polit; især* **US:** få stemmeflertall i; erobre *(fx the candidate carried 40 states);*
20. *jur:* **this crime carries a heavy penalty** denne forbrytelsen straffes strengt (*el.* medfører streng straff);
21. *om lånerente:* **the loan carries 3½% interest** lånerenten er 3½%; det er 3½% rente på lånet;
22. *fig(=involve)* medføre; føre med seg *(fx the post carries certain privileges);* **does this ~ VAT?** er det merverdiavgift på dette? **power carries responsibility with it** med makt følger ansvar;
23. *om alkohol:* **drink more than one can ~** drikke mer enn man tåler;
24. *om argument, ord, etc:* **~ conviction** virke overbevisende; **his word carries weight***(=he is influential)* hans ord har vekt;
25. *også parl:* vedta; **be carried** bli vedtatt;
26. *skolev:* **all questions ~ equal marks***(=equal weighting)* alle spørsmålene teller likt (*el.* har samme vekttall);
27. *mar; om lastekapasitet:* laste *(fx the ship carries 10,000 tons);*
28. *mar:* **the ship carried too much sail** skipet hadde for stor seilføring;
29. 1. *bokf:* overføre; **~ a loss** fremføre et tap; 2. *mat.:* **one down and ~ four***(=one down and four to carry)* én opp og fire in mente;
30.: **~ a joke too far** drive en spøk for langt; **don't ~ modesty too far!** driv nå ikke beskjedenheten for langt! vær nå ikke 'for beskjeden!
31. T: **~ the can***(=take the rap)* ta støyten *(fx I'm not going to carry the can for his mistakes);*
32. *om motstand som overvinnes:* **~ all before one** rive (alt og) alle med seg; ta alle med storm; gå fra seier til seier;
33. *om overtalelse:* **~** *(=gain)* **one's point** sette sin vilje gjennom; få det som man vil (ha det);
34.: **~ away** 1. bære bort; føre bort; 2. *fig:* løpe av med *(fx you let your prejudice carry you away);* **be carried away** 1. bli båret bort; bli ført bort; *mar:* bli skylt over bord *(fx the mast was carried away during the storm);* 2. *fig:* **he was***(=got)* **carried away (by the music)** han ble revet med (av musikken); **let oneself be carried away** forløpe seg; handle overilt;
35.: **~ back** 1. bære tilbake; føre tilbake; *fig:* **be carried back to** føle seg hensatt til *(fx he was carried back to his childhood);* 2. *bokf:* tilbakeføre;
36. *bokf:* **~ forward** 1*(=bring forward)* overføre (til ny side) *(fx carry forward the balance);* transportere; 2: *se* **~** *over;*
37.: **~ off** 1*(=abduct)* bortføre; **the police caught the thief and carried him off to prison** politiet grep tyven og dro av sted til fengslet med ham; 2*(=drain off)* lede bort (vann); 3*(=win)* vinne; dra av sted med *(fx he carried off all the prizes);* 4.: **he was carried off by pneumonia***(=he died of pneumonia)* han ble revet bort av lungebetennelse; 5. *om situasjon(=cope with):* **he carried off the introductions well** presentasjonene greide han fint; 6. *fig:* **~ sby off his feet** ta en med storm;
38.: **~ on** 1*(=continue)* fortsette *(fx with one's work);* gå (,kjøre) videre; føre videre *(fx carry on the business);* 2.: **~ on a conversation** føre en samtale; 3.: **~ on***(=run)* **a business** drive forretning; 4.: **~ on***(=wage)* **war** føre krig; 5. skape seg; gjøre seg til; ta på vei *(fx she carried on dreadfully);* oppføre seg *(fx did you notice how they were carrying on?);* oppføre seg dårlig; bråke *(fx the children always carried on when the teacher was out of the classroom);*
39.: **~ on with***(=have an affair with)* ha et forhold til *(fx she's been carrying on with the milkman);*
40.: **~ out** 1*(=carry into effect)* utføre *(fx he carried out the plan successfully);* 2. *merk(=execute)* effektuere *(fx an order);* 3. *mil, etc(=execute):* **~ out an order** utføre en ordre; 4. gjennomføre *(fx carry out a long foot safari);* 5. *jur:* **~ out a sentence** fullbyrde en dom; 6*(=fulfil):* **~ out a promise** oppfylle et løfte; **~ out the contract we have entered into** oppfylle den kontrakten vi har inngått;
41.: **~ over** 1. *bokf:* fremføre *(fx the surplus is carried over to next year);* 2.: *se* **~** *forward;*
42.: **~ through** 1. gjennomføre; 2. hjelpe gjennom *(fx your support will carry me through).*

carry-back [,kæri'bæk] *subst; bokf; om fradragsberettiget tap:* tilbakeførsel.
carry-cot ['kæri,kɔt] *subst:* (barnevogns)bag.
carry-forward [,kæri'fɔ:wəd] *subst; bokf:* overførsel.
carrying ['kæriiŋ] *subst:* transport; frakt.
carrying capacity 1. *elekt:* belastningsevne; **2.** *mar(=dead weight measurement)* bæreevne.
carrying-on [,kæriiŋ'ɔn] *(pl:carryings-on) subst* **T 1.** upassende oppførsel; **2.** leven; bråk; **queer carryings-on next door** underlige ting som skjer hos

naboene.
carrying trade *mar:* fraktfart.
carry-on [ˌkæriˈɔn] *subst* **1**(*=fuss*) leven; **2**(*=love affair*) affære (*fx she's having a carry-on with the milkman*).
carry-over [ˌkæriˈouvə] *subst; bokf:* overførsel.
car sharing(*=car sharing to work (to reduce peak-hour traffic); car pool*) kameratkjøring.
car shark T bilhai; person som driver svindel med brukte biler.
carsick [ˈka:ˌsik] *adj:* bilsyk.
I. cart [ka:t] *subst* **1.** *hestekjøretøy med to hjul:* kjerre; *for personbefordring:* tohjuls fjærvogn; **2**(*=handcart*) håndkjerre; **3. T: in the ~** 1(*=in an awkward situation*) i en kjedelig situasjon; 2(*=in the lurch*) i knipe; **4.: put the ~ before the horse** begynne i den gale enden.
II. cart *vb* **1.** kjøre med kjerre; **~ dung** kjøre møkk; **2.** *fig:* **~ off** dra av sted med; slepe med seg (*fx they carted him off to the station*); **3. T: she had to ~ her luggage around all day** hun måtte slepe rundt på bagasjen sin hele dagen.
cartage [ˈka:tidʒ] *subst* **1.** kjøring; **2.** frakt(utgifter); transport(omkostninger).
cartel [ka:ˈtel] *subst; økon:* kartell.
carter [ˈka:tə] *subst:* vognmann; kjørekar.
Carthage [ˈka:θidʒ] *subst; geogr; hist:* Kartago.
cart horse(*=farm horse*) arbeidshest.
cartilage [ˈka:tilidʒ] *subst; anat:* brusk.
cartilage operation: ~ on the knee meniskoperasjon; **he's had a ~ on his knee** han har gjennomgått en meniskoperasjon.
cartilaginous [ˌka:tiˈlædʒinəs] *adj:* brusk-; bruskaktig.
cartographer [ka:ˈtɔgrəfə] *subst:* karttegner.
carton [ˈka:tən] *subst:* kartong (*fx of cigarettes*); **that orange juice is sold in -s** den appelsinsaften selges i kartonger.
I. cartoon [ka:ˈtu:n] *subst* **1.** vittighetstegning; karikaturtegning (*fx there's a cartoon of the Prime Minister in the newspaper*); **2.: (strip)** ~(*=comic strip*) tegneserie; **3.: ~ (film)**(*=animated cartoon*) tegnefilm.
II. cartoon *vb:* tegne karikaturer (*el.* vittighetstegninger).
cartoonist [ka:ˈtu:nist] *subst:* vittighetstegner; karikaturtegner (i avis).
cartridge [ˈka:tridʒ] *subst* **1.** *mil:* patron; **2.: film ~** filmkassett; **3.** *til fyllepenn:* blekkpatron; **4.** *i pickup:* hode.
cartridge case patronhylster.
cartridge hammer boltepistol.
cartwheel [ˈka:tˌwi:l] *subst* **1.** kjerrehjul; **2.** *gym:* **turn -s** slå hjul.
cartwright [ˈka:tˌrait] *subst:* vognmaker.
carve [ka:v] *vb* **1.** skjære (ut); hogge (ut); **~ wood** skjære i tre; **2.** *om kjøtt:* skjære opp (*fx the joint*); **3. T: he -d out his own future** han skapte seg sin egen fremtid; **4.: ~ up** 1. skjære opp; **they really -d the old man up** de skar den gamle mannen stygt opp; 2(*=divide*) dele; **we're going to ~ up the profits between ourselves** vi skal dele fortjenesten mellom oss.
carving knife forskjærkniv.
car wash bilvask.
I. cascade [kæsˈkeid] *subst* **1**(*=waterfall*) foss; vannfall; **2.** *fig:* kaskade; brus (*fx a cascade of blonde hair*).
II. cascade *vb:* strømme; bruse (*fx water cascaded over the rock*); **her hair -d in waves down her back** håret hennes falt i viltre bølger nedover ryggen.
I. case [keis] *subst* **1.** sak; spørsmål; *jur:* sak (*fx a murder case*); **make out a ~ against sby** skaffe beviser mot en; **there is no ~ against him** det er ingen beviser mot ham; **there is a strong ~ against him** det er sterke beviser mot ham; *også fig:* **have a strong ~** stå sterkt; **2.** *m.h.t. fremsatt påstand:* **prove one's ~** bevise sin påstand; **3**(*=reason*): **there's a good ~ for thinking he's wrong**(*=there's good reason to think he's wrong*) det er god grunn til å anta at han tar feil; **4.** *gram:* kasus (*fx the nominative case*); **5.** *med.:* tilfelle (*fx a complicated case*); pasient (*fx the doctor has many cases to see today*); **6.** tilfelle (*fx in my case; in your case*); **I don't think that's really the ~**(*=I don't think that's really a fact*) jeg tror ikke at det egentlig er tilfelle; **that's not the ~** det er ikke tilfelle; **today it's the ~ that** i dag er det slik at; *sist i setningen:* **as the ~ may be**(*=according to the circumstances*) alt etter omstendighetene; **a ~ in point**(*=a relevant example*) et godt (*el.* illustrerende) eksempel (*fx talking of wasting money, my buying this car is a case in point*); **in ~**(*=if*) hvis; i tilfelle (av at) (*fx take your coat in case it rains*); **in ~ of fire** hvis det brenner ut brann; for det tilfelle at det bryter ut brann; **in any ~** i alle tilfeller; under enhver omstendighet (*fx we will leave in any case*); **in no ~** ikke under noen omstendighet (*fx in no case should you fight back*); **in that ~**(*=if so*) i så fall; i så tilfelle.
II. case *subst* **1.** kasse; **packing ~** pakkasse; **2.** etui; futteral; **a ~ of drawing instruments** et tegnebestikk; **spectacle ~** brillefutteral; **3**(*=suitcase*) koffert; **4.** *arkit*(*=casing*): **door ~**(*=door casing; door frame*) dørkarm; (*se bookcase; briefcase; dressing-case; pillow case*).
III. case *vb* **1.** legge i kasse(r) (*fx case the machinery*); **2. US S** *som ledd i planlegging av forbrytelse:* rekognosere i; ta en rekognoseringstur til (*fx they cased the bank*).
case documents(*=case papers*) *dokumenter, etc:* underlagsmateriale.
case-harden [ˈkeisˌha:dən] *vb:* **1.** *met:* overflateherde; **2.** *fig*(*=harden*) herde.
case history *med.:* sykehistorie; *fagl:* anamnese.
casein [ˈkeisiin] *subst* (,**US** *også: paracasein*) kasein; ostestoff.
case law *jur:* lov skapt av dommere ved prinsipielle avgjørelser.
casement [ˈkeismənt] *subst:* **~ window** sidehengslet vindu.
case study studie (og analyse) av et enkelt, konkret tilfelle.
casework *i sosialtjenesten:* saksbehandling.
caseworker: (social) ~ saksbehandler (i sosialtjenesten).
I. cash [kæʃ] *subst & adj:* kontant; kontante penger; kontanter; *i bank:* **draw ~** heve kontanter; **pay (by) ~** betale kontant; **he paid ~ down** han betalte kontant; **he has plenty of ~** han har rikelig med kontanter; **buy for ~** kjøpe kontant; **sell for ~** selge mot kontant (betaling); **'~ sales only'** kun kontant salg.
II. cash *vb* **1.** heve (*fx cash a cheque*); innløse (*fx the bank cashed the cheque*); **I've -ed in all my shares** jeg har innløst alle aksjene mine; **2. T: ~ in on** dra fordel av (*fx other people's misfortunes*); **3.: ~ up** gjøre opp kassen (for dagen).
cash account *merk* **1.** kassakonto; **2.** kasseregnskap.
cash accounts *merk:* **the balancing of ~**(*=balancing the cash*) kassaoppgjør.
cash amount kontantbeløp.
cash-and-carry store billigforretning (hvor man selv henter frem varene fra hyllene og frakter dem hjem).

cash audit *merk:* kasserevisjon.
cash balance *merk(=balance in hand)* kassabeholdning.
cashbook ['kæʃ,buk] *subst; merk:* kassabok.
cash crop *landbr:* salgsavling.
cash-crop farming handelsjordbruk.
cash desk *i forretning(=cash point)* kasse.
cash deficit *merk(=adverse cash balance)* kassamanko.
cash discount *merk:* kontantrabatt.
cashier [kæ'ʃiə] *subst:* kasserer.
cash in hand *merk(=cash balance)* kontantbeholdning; *(jvf cash on hand).*
cash management *økon:* likviditetsstyring.
cash on delivery *om betalingsbetingelse:* kontant ved levering.
cash on hand *bankv:* kontantbeholdning; *(jvf cash in hand).*
cash payment kontantbetaling; kontant betaling.
cashpoint ['kæʃ,pɔint] *subst:* minibank.
cashpoint card minibankkort.
cash price: the ~ kontantprisen; prisen når man betaler kontant.
cash purchase *merk:* kontantkjøp.
cash ratio *bankv:* kontantdekning.
cash register kassaapparat; kasseapparat.
cash sale *merk:* kontantsalg.
cash voucher *merk:* kasseanvisning.
casing ['keisiŋ] *subst* **1.** hylster; kappe (fx om maskindel); **clutch** *~(=clutch housing)* kløtsjhus; clutchhus; **2.** brønnrør; **3.** *i bildekk:* kordstamme; **4.: sausage** *~(=sausage skin)* pølseskinn; **5.** *arkit: se II. case 4.*
casino [kə'si:nou] *subst:* kasino; spillekasino.
cask [ka:sk] *subst:* fat *(fx wine cask);* tønne.
casket ['ka:skit] *subst* **1***(=jewel box)* smykkeskrin; **2. US***(=coffin)* (lik)kiste.
casserole ['kæsə,roul] *subst* **1.** ildfast fat (*el.* gryte); **2.** gryterett; **chicken ~** gryterett med kylling.
cassette [kæ'set] *subst:* kassett.
cassette recorder kassettspiller.
cassock ['kæsək] *subst; slags prestekjole:* sutan.
I. cast [ka:st] *subst* **1.** *stivt(=throw)* kast; **2.** støp; avstøp; avstøpning; **plaster ~** gipsavstøpning; **3***(=mould)* støpeform; **4.** *fisk(=trace; leader)* sene (med flue el. krok på); **5.** *teat:* rollebesetning; **the whole ~ of the play** alle skuespillerne i stykket; **6.** *stivt(=mentality):* **he has a strange ~ of mind** han har en underlig mentalitet; **of a different** *~(=fibre)* av en annen støpning; **7.** *stivt(=squint)* skjeling; **he has a ~ in his right eye** han skjeler på det høyre øyet; **8.** *zo:* oppgulp.
II. cast *vb (pret: cast; perf. part.: cast)* **1.** *stivt (=throw)* kaste; **2.** *fig; stivt(=throw)* kaste *(fx a new light on the matter);* **3.** *om slange:* **some snakes ~ their skins** enkelte slanger skifter ham; **4.** støpe *(fx metal is melted before it is cast);* **5.** *teat:* sette opp rollelisten *(fx the director is casting (the film) tomorrow);* **she was ~ as Lady Macbeth** hun fikk rollen som Lady Macbeth; **6.** *stivt; om stemmegivning:* **~ one's vote***(=vote)* avgi stemme; **7***(=predict):* **the old woman ~ my fortune** den gamle kvinnen spådde meg; **8.: ~ your***(=an)* **eye over this** se litt på dette; ta en titt på dette; **9.: ~ a spell on***(=spellbind)* trollbinde; **10.:** *~(=throw)* **in one's lot with sby** gjøre felles sak med en; **11.: ~ one's mind back to** tenke tilbake på *(fx they cast their minds back to the happy days before the war);* **12.: ~ about for** *om idé, etc(=try to think of)* prøve å komme på *(fx cast about for an idea for a book);* **he was -ing about for the right word** han prøvde å komme på det riktige ordet; **13.: ~ off** 1. *mar:* kaste loss; 2*(=cast aside)* kaste vrak på; vrake *(fx he cast her off for another woman);* 3. *i strikking:* felle av; **14.** *i strikking:* **~ on** legge opp.
castanets [,kæstə'nets] *subst; pl:* kastanjetter.
caste [ka:st] *subst:* kaste; **lose ~** bli utstøtt av sin kaste.
castellated ['kæsti,leitid] *adj:* med tårn og tinder.
castellated nut kronemutter.
caster *se castor.*
castings ['ka:stiŋz] *subst; pl:* støpegods; **malleable ~** adusert støpegods; adusergods.
casting vote avgjørende stemme; dobbeltstemme.
cast iron støpejern.
cast-iron alibi vanntett (*el.* uangripelig) alibi.
castle ['ka:səl] *subst* **1.** borg; befestet slott; **2.** *i sjakk:* tårn; **3.** *fig:* **~ in the air** luftslott.
cast list *teat:* rolleliste.
castor ['ka:stə] *subst* **1.** *på møbel:* trinse; **2.** *på tralle:* styrehjul; **3.** bøsse; strøboks; **sugar** *~(=sugar caster)* sukkerbøsse.
castor oil amerikansk olje.
castor sugar*(=caster sugar)* farin.
castrate [kæ'streit] *vb:* kastrere.
casual ['kæʒjuəl] **1.** *subst:* **~ (worker)** leilighetsarbeider; **2.** *adj:* flyktig; nonchalant; tilfeldig *(fx a meeting);* **~ clothes** klær til daglig bruk; dagligklær; **~ leave** velferdspermisjon.
casualty ['kæʒjuəlti] *subst* **1.** *i ulykke:* såret el. drept; tilskadekommet; **other British casualties included** ... blant de briter som kom til skade, var også ...; **2.: casualties** 1. *mil:* tap *(fx heavy casualties);* **civilian casualties** sivile tap; tap blant sivilbefolkningen; 2. skader; **most casualties were caused by flying glass (splinters)** de fleste skader skyldtes glassplinter; **3.** *fig; ofte spøkef:* **his research project was one of the first casualties of this new policy** hans forskningsprosjekt var noe av det første som ble offer for denne nye politikken.
casualty department *ved sykehus:* skadeavdeling.
casualty list *mil:* tapsliste.
I. cat [kæt] *subst* **1.** *zo:* katt; **domestic ~** huskatt; **she** *~(=tabby cat)* hunkatt; **tom-** hankatt; **2.** *zo; om løve, tiger; etc(=big cat)* kattedyr; **3.** *neds:* arrig kvinnfolk; **4.** *i leken 'vippe pinne':* pinne; *(se tipcat);* **5.** *fig:* **let the ~ out of the bag** forsnakke seg; røpe det hele; **6.: T: there isn't room to swing a ~ in here***(=there's hardly room to turn round here)* det er trangt her inne; *spøkef:* det er trangt om saligheten her inne; **7.: it's raining -s and dogs** det pøsregner; det styrtregner; det pøser ned; **8.: be like a ~ on a hot tin roof; be like a ~ on hot bricks***(=be very nervous)* gå som på glør; være svært nervøs *(fx she was like a cat on hot bricks before her exam);* **9. S: he doesn't have a ~ in hell's chance***(=he hasn't got a chance)* han har ikke en sjanse; **10.** *spøkef:* **look like sth the ~ brought in** se forpjusket (og ynkelig) ut; være litt av et syn; se helt ubeskrivelig ut *(fx he arrived looking like something the cat brought in);* **11.: see which way the ~ jumps, wait for the ~ to jump***(=see which way the wind blows)* se hvilken vei vinden blåser; **12.: put***(=set)* **the ~ among the pigeons** gi støtet til voldsomt spetakkel; **if they don't get a rise it will really put the ~ among the pigeons** hvis de ikke får lønnspålegg, blir det bråk (*el.* blir det virkelig månelyst); **13.: all -s are grey in the dark** i mørket er alle katter grå; **14.: when the -'s away the mice will play** når katten er borte, danser musene på bordet; **15.: lead a ~ -and-dog life** leve som hund og katt; **16.: play ~ and mouse with him** leke med ham som katten med musen.
II. cat *vb* **1.** *mar(=hoist):* **~ the anchor** katte

ankeret; **2.** S*(=vomit)* spy.

cataclysm ['kætə,klizəm] *subst:* voldsom omveltning.

catacomb [kætə,koum, 'kætə,ku:m] *subst:* katakombe.

catalogue *(,US:* **catalog***)* ['kætə,lɔg] **1.** *subst:* katalog; **2.** *fig:* lang liste; **he recited a ~ of my faults** han regnet opp alle feilene mine.

catalyse *(,US:* **catalyze***)* ['kætə,laiz] *vb:* katalysere.

catalysis [kə'tælisis] *(pl. catalyses* [kə'tæli,si:z]) *subst; kjem:* katalyse.

catalyst ['kætə,list] *subst; også fig:* katalysator.

catalytic [,kætə'litik] *adj; kjem:* katalytisk; som virker som katalysator.

I. catapult ['kætə,pʌlt] *subst* **1.** *hist:* katapult; kastemaskin; **2***(=sling)* sprettert; **3.** *flyv:* katapult.

II. catapult *vb:* slynge (med stor kraft); *fig:* **she was -ed to stardom overnight** hun ble stjerne over natten.

cataract ['kætə,rækt] *subst* **1.** *stivt(=waterfall)* vannfall; foss; **2.: a ~ (of rain)** den rene syndflod; **3.** *med.; øyensykdom:* grå stær; **couch a ~** operere for grå stær; *(jvf glaucoma).*

catarrh [kə'ta:] *subst; med.:* katarr.

catastrophe [kə'tæstrəfi] *subst(=disaster)* katastrofe.

catbird ['kæt,bə:d] *subst; zo:* kattetrost.

cat burglar innstigningstyv; fasadeklatrer.

catcall ['kæt,kɔ:l] **1.** *subst; om mishagsytring:* piping; **-s** piping; pipekonsert; **2.** *vb:* pipe.

I. catch [kætʃ] *subst* **1.** *fotb(=save)* redning; **2.** fangst; *fig(=match)* parti *(fx he's a damn good catch);* **3.** *på armbånd, håndveske, etc(=snap; fastener)* lås; *på dør, vindu(=hasp)* haspe; krok; *på skytevåpen:* **safety** (~) sikring; **4.** aber; skjult felle *(fx there's a catch in it);* **a ~ question** et spørsmål med en felle i; **there's a ~ in that question** det er en felle i det spørsmålet; **5.: there was a ~ in his voice** han skalv litt i stemmen; han var ikke helt herre over stemmen sin.

II. catch *vb (pret: caught; perf. part.: caught)* **1.** gripe; gripe fatt i; *(jvf 22: catch up 1);* **2.** fange *(fx the cat caught a mouse); fig:* **~ sby's attention** fange ens oppmerksomhet; **she tried to ~ his eye** hun prøvde å fange blikket hans; **the advertisement caught my eye** jeg ble oppmerksom på annonsen; **3.** *om transportmiddel:* nå *(fx catch the 9.45 (train) to London);* **4.** overraske *(på fersk gjerning) (fx I caught him stealing my watch);* **he was***(=got)* **caught red-handed** han ble grepet på fersk gjerning; **he caught them at it** han grep dem på fersk gjerning; **5.** *med.:* pådra seg; bli smittet med; få *(fx he caught flu);* **~ (a) cold** *(,***T:** *get a cold)* bli forkjølet; **6.** *ved uhell:* komme bort i; bli sittende fast i; bli hengende i *(fx my sleeve caught on a nail);* **she caught her fingers in the car door** hun fikk klemt fingrene i bildøren; *om manglende bevegelsesfrihet:* **their car was caught between two lorries** bilen deres ble liggende mellom to lastebiler; **7***(=hit)* treffe *(fx the stone caught him on the side of the head);* **8.** oppfatte; høre; få tak i *(fx did you catch what she said?);* **I didn't (quite) ~ his meaning** jeg fikk ikke (riktig) tak i hva han mente; **9***(=get a chance to see):* **I didn't ~ the Ibsen play** jeg fikk ikke sett Ibsen-stykket; jeg fikk ikke anledning til å se Ibsen-stykket; **10***(=start burning):* **~ (fire)** begynne å brenne; ta fyr *(fx when I dropped a match on the pile of wood it caught (fire) immediately);* **11.** *om kunstner:* få frem *(fx the painter managed to catch his model's beauty);* **12.: he caught his breath (in surprise)** han snappet etter pusten (av overraskelse); **13.: ~ at***(=try to grasp)* gripe etter; **he caught at the chance** han grep begjærlig sjansen; **14. T: be caught***(=be made pregnant)* bli på vei; **15.: ~ it***(=get it in the neck)* få på pukkelen; få en ordentlig skjennepreken; *truende:* **he'll ~ it (from me)!** han skal få! **16.: ~ oneself (-ing)** gripe seg i å *(fx I caught myself wishing he would leave soon);* **17.: ~ hold of***(=get hold of)* få tak i; **18.: ~ sby on the hop** komme uforvarende (*el.* overraskende) på en *(fx he wasn't expecting to be asked such detailed questions – we rather caught him on the hop);* **19.: ~ sight of** 1*(=see)* få øye på; 2*(=catch a glimpse of; get a brief look at)* få et glimt av; (få) se flyktig; **20.: ~ 'me doing that!** aldri i verden om noen skal få 'meg til å gjøre det! **21.: ~ on** 1*(=become popular; become fashionable)* slå an *(fx the play did not catch on);* bli moderne *(fx long dresses have really caught on);* 2*(=understand)* forstå *(fx he's a bit slow to catch on);* **I suddenly caught on to what she was meaning** plutselig oppfattet jeg hva det var hun forsøkte å få meg til å forstå; plutselig gikk det opp for meg hva hun mente; **he has caught on to the work here and should do well** han har fått tak på arbeidet her og kommer nok til å gjøre det bra; **22.: ~ out** 1. *cricket:* ta ute *(fx he was caught out);* 2*(=catch making a mistake)* gripe i feil; 3. *med vanskelig spørsmål:* sette fast *(fx the last question in the exam caught them all out);* **the policeman caught him (out) in a lie** politimannen grep ham i en løgn; **23.: ~ up** 1. *rask bevegelse:* snappe (opp) *(fx he caught up the ball);* gripe (tak i) *(fx I caught up my suitcases and dashed to the station);* 2. *i passiv:* **she was caught up in her reading** hun ble oppslukt av det hun leste; 3. *også fig:* innhente; ta igjen; **we waited for him to ~ up** vi ventet på at han skulle ta oss igjen; **he'll soon ~ up** 1. han tar oss (,dere, *etc*) snart igjen; 2. han tar snart igjen det forsømte; **she had a lot of schoolwork to ~ up on after her illness** hun hadde mye skolearbeid å ta igjen etter at hun hadde vært syk; **~ up with sby** *også fig:* ta en igjen; innhente en; **~ up with the rest of the class** ta igjen resten av klassen; **~ up with one's work** komme à jour med arbeidet; **can you ~ up with that lorry?** kan du ta igjen den lastebilen?

catchfly ['kætʃ,flai] *subst; bot:* **nodding ~** nikkesmelle; *(se campion).*

catching ['kætʃiŋ] *adj(=infectious)* smittsom; *fig:* smittende *(fx I find his enthusiasm catching).*

catchment area *subst* **1.** *geogr(=fluvial basin)* nedslagsdistrikt; **2.** *skolev:* inntaksområde.

catch phrase slagord.

catch pit *(,US:* *catch basin) i dreneringssystem:* slamkasse.

catch points *jernb(=derailing points)* avsporingsveksel.

catchword ['kætʃ,wə:d] *subst* **1.** slagord; moteord; **2.** *teat:* stikkord; **3.** *typ:* kolumnetittel.

catchy ['kætʃi] *adj* **1.** fengende *(fx tune);* **2.** vanskelig; som inneholder en felle *(fx question);* **3.** *om åndedrett:* støtvis *(fx catchy breathing); om vind:* **a ~ wind** kastevind.

catechism ['kæti,kizəm] *subst* **1.** *bok:* katekisme; **2.** utspørring; **put sby through his ~***(=question sby closely)* ta en i grundig forhør.

categoric(al) [,kæti'gɔrik(əl)] *adj:* kategorisk; bestemt.

category ['kætigəri] *subst:* kategori; klasse.

I. catenary [kə'ti:nəri] *subst* **1.** *jernb(=overhead contact line)* kjøreledning; **2.** *mat.:* kjedelinje.

II. catenary *adj* **1.** *jernb:* **arched ~ support** ledningsåk; **2.** *mat.:* kjedelinje-.

cater ['keitə] *vb* **1***(=provide food):* **we ~ for all types of functions** vi leverer mat for alle anledninger; **2.** *fig:* imøtekomme *(fx we cater for all educational needs; we cater to the needs of the disabled);* **~ for a**

variety of interests imøtekomme mange interesser; **a model to ~ for the needs of the more fastidious customer(s)** en modell som appellerer til den mer kresne kundes behov; **~ to the demands of the masses** søke å tilfredsstille massenes behov.

caterer ['keitərə] *subst:* selskapsarrangør; leverandør av selskapsmat.

catering ['keitəriŋ] *subst* **1.** levering av selskapsmat; **2***(=catering business)* restaurantnæring; restaurantvirksomhet; **3.** selskapsmat; mat (som blir servert i selskapet).

catering business*(=restaurant business)* restaurantvirksomhet; **hotel and ~** hotell- og restaurantvirksomhet.

catering section leader *oljeind:* forpleiningssjef.

catering trade 1. restaurantfaget; **2***(=catering industry; restaurant industry)* restaurantnæring; **the hotel and ~** hotell- og restaurantnæringen.

caterpillar ['kætə,pilə] *subst* **1.** *zo:* sommerfugllarve; kålorm; **2.: ~ (tractor)** beltetraktor.

caterwaul ['kætə,wɔ:l] *vb; om katt(=make a yowling noise)* hyle; skrike; jamre.

catfish ['kæt,fiʃ] *subst; zo; fisk(=wolffish)* gråsteinbit; havkatt; kattfisk; **smaller ~** flekksteinbit.

catgut ['kæt,gʌt] *subst:* tarmstreng; katgut.

cathedral [kə'θi:drəl] *subst:* katedral; domkirke.

catherine wheel*(=pinwheel) fyrverkeri:* sol.

catheter ['kæθitə] *subst; med.:* kateter.

cathode ['kæθoud] *subst:* katode.

Catholic ['kæθəlik] **1.** *subst:* katolikk; **2.** *adj:* (romersk)katolsk; **the ~ Church** den katolske kirke.

Catholicism [kə'θɔli,sizəm]*(=Roman Catholicism) subst:* katolisisme(n).

catkin ['kætkin] *subst; bot:* hanrakle; gjesling.

catnap ['kæt,næp] *subst:* liten lur; liten blund; **he took only -s** han tok seg bare en liten blund innimellom; **he got by on -s** han greide seg med småblunder innimellom.

cat's-eye ['kætsai] *subst* **1.** *på sykkel, etc:* kattøye; **2.** *i veibanen:* refleksmerke.

cat's-paw ['kætspɔ:] *subst* **1.** *på vannet:* krusning; iling; **2.** *fig:* redskap; **be sby's ~** rake kastanjene ut av ilden for en.

cat's-tail ['kætsteil] *subst; bot* **1***(=reed mace)* bred dunkjevle; **2.** *se catkin.*

Cattegat ['kæti,gæt] *subst; geogr:* **the ~** Kattegat.

cattle ['kætəl] *subst:* kveg; krøtter; **beef ~** slaktekveg; **dairy ~** melkekveg; **store ~** stamkveg; **stock of ~** kvegbestand.

cattle breeding kvegavl.

cattle grating ferist.

cattleman ['kætəlmən] *subst* **1.** fjøsrøkter; **2***(=cattle breeder)* kvegoppdretter; **3. US***(=owner of a cattle ranch)* kvegrancheier.

cattle show dyrskue.

cattle truck*(,US: stock car)* kuvogn; krøttervogn.

cat tribe*(=genus of cats)* katteslekt.

catty ['kæti] *adj* **1.** katteaktig; kattelignende; **2***(=spiteful)* ondskapsfull *(fx she's catty).*

catty smell kattelukt.

catwalk ['kæt,wɔ:k] *subst:* løpebru; gangbru; rørbru; *ved mannekengoppvisning:* podium; *på stillas:* gangplanke.

Caucasia [kɔ:'keiziə] *subst; geogr:* Kaukasia; Kaukasus.

Caucasian [kɔ:'keiziən, kɔ:'keiʒən] **1.** *subst:* kaukasier; person tilhørende den kaukasiske rase; *især* **US:** hvit person; **2.** *adj* 1. kaukasisk; fra Kaukasus; 2*(=caucasic; caucasoid)* som tilhører den kaukasiske (*el.* hvite) rase; *især* **US:** hvit.

Caucasus ['kɔ:kəsəs]: **the ~** *subst; geogr(=Caucasia)* Kaukasus.

caucus ['kɔ:kəs] *subst; polit* **US 1.** gruppemøte; **2.** gruppe *(fx the Democratic caucus in Congress).*

cauldron ['kɔ:ldrən] *subst; litt.; også fig(=caldron):* **witches' ~** heksegryte *(fx Piccadilly was like a seething witches' cauldron).*

cauliflower ['kɔli,flauə] *subst; bot:* blomkål.

caulk [kɔ:k] *vb; mar:* kalfatre; tette.

causal ['kɔ:zəl] *adj:* kausal-; årsaks-.

causal conjunction *gram:* årsakskonjunksjon.

causality [kɔ:'zæliti] *subst:* kausalitet; årsaksforhold; årsakssammenheng.

I. cause [kɔ:z] *subst* **1.** årsak; foranledning; grunn (*of* til); **-s and cures** årsaker og botemidler; **2.** sak *(fx a good cause);* **work for (,suffer in) a ~** arbeide (,lide) for en sak; **make common ~ with***(=join forces with)* gjøre felles sak med.

II. cause *vb:* forårsake; være årsak til; **~ sby to do sth***(=make sby do sth)* bevirke at en gjør noe; **this -d him to leave immediately** dette fikk ham til å dra med én gang; **~ bitterness** skape bitterhet; **~***(=create)* **difficulties for sby** skape vanskeligheter for en.

causeway ['kɔ:z,wei] *subst:* vei el. sti bygd på demning over myrlendt terreng.

caustic ['kɔ:stik] *adj; kjem:* kaustisk; *fig:* bitende; skarp *(fx comments).*

cauterize, cauterise ['kɔ:tə,raiz] *vb:* etse; brenne.

I. caution ['kɔ:ʃən] *subst* **1.** forsiktighet; **2.** advarsel *(fx the policeman gave him a caution for speeding).*

II. caution *vb:* advare *(fx he cautioned against optimism; he was cautioned for reckless driving).*

cautionary ['kɔ:ʃənəri] *adj:* som tjener som advarsel *(fx a cautionary tale).*

caution money *univ:* depositum.

cautious ['kɔ:ʃəs] *adj:* forsiktig; varsom.

cavalcade [,kævəl'keid] *subst:* kavalkade.

I. cavalier [,kævə'liə] *subst; hist* **1.** ryttersoldat; **2.** ridder.

II. cavalier *adj; neds(=offhand)* overlegen; nonchalant *(fx he treats women in a very cavalier manner).*

cavalry ['kævəlri] *subst; mil:* kavaleri.

cave [keiv] **1.** *subst:* hule; **2.** *vb:* **~ in***(=collapse)* falle (*el.* styrte) sammen *(fx the ceiling caved in on them); fig:* styrte i grus *(fx my whole world is caving in on me);* bryte sammen *(fx the opposition to his plan caved in).*

caveman ['keiv,mæn] *subst* **1***(=cave dweller)* huleboer; steinaldermann; **2.** *spøkef:* primitiv type.

cavern ['kævən] *subst* **1.** *stivt el. litt.(=large cave)* stor hule; **2.** *med.:* kaverne.

cavernous ['kævənəs] *adj; stivt* **1***(=large)* stor *(fx a cavernous hole in the side of the ship);* **2.** som inneholder huler el. hulrom; **3.** *med.:* kavernøs.

caviar(e) ['kævi,a:; ,kævi'a:] *subst:* kaviar.

cavil ['kævil] *vb; stivt:* **~ at, ~ about** *om utidig kritikk:* henge seg opp i *(fx he's always cavilling at silly little things).*

cavity ['kæviti] *subst* **1***(=hollow space)* hulrom; **abdominal ~** bukhule; **oral ~** munnhule; **2.** *tannl:* kavitet.

cavort [kə'vɔ:t] *vb; stivt(=leap around excitedly)* hoppe og sprette *(fx he cavorted around the room); om hest(=prance)* steile; danse på bakbena.

caw [kɔ:] **1.** *subst:* kråkeskrik; skjæreskvatring; **2.** *vb:* skrike; skvatre.

cayenne [kei'en]: **~ pepper** kajennepepper.

C double flat *mus:* cessess.

C double sharp *mus:* cississ.

cease [si:s] *vb* **1.** opphøre; slutte; **2.** opphøre med; slutte med; holde opp med; **~ fire** innstille skytingen; **~ to do it***(=cease doing it)* holde opp med å gjøre det.

cease-fire [,si:s'faiə] *subst; mil:* våpenhvile.
ceaseless ['si:slis] *adj(=without pause; incessant)* ustanselig; uopphørlig.
cedar ['si:də] *subst; bot:* seder.
cede [si:d] *vb; stivt(=surrender)* avstå *(fx they ceded their lands to the Government).*
ceiling ['si:liŋ] *subst* **1.** innvendig tak; **panelled** ~*(=intermediate ceiling)* himling; **2.** øvre grense; **a 10% ~ on wages** et lønnstak på 10%; *flyv:* **absolute** ~ største høyde.
ceiling price US*(=maximum price)* maksimalpris.
celebrate ['seli,breit] *vb:* feire *(fx one's birthday).*
celebrated ['seli,breitid] *adj:* berømt *(fx a celebrated actor; a celebrated trial).*
celebration [,seli'breiʃən] *subst:* feiring *(fx the celebration of her birthday);* fest *(fx birthday celebrations).*
celebrity [si'lebriti] *subst* **1.** berømthet *(fx celebrities from the world of entertainment);* **T:** kjendis; **2***(=fame)* berømmelse.
celerity [si'leriti] *subst; stivt(=rapidity)* raskhet; hurtighet.
celery ['seləri] *subst; bot:* bladselleri; **turnip-rooted ~** knollselleri.
celestial [si'lestiəl] *adj; stivt(=heavenly)* himmelsk; **~ body***(=heavenly body)* himmellegeme.
celibacy ['selibəsi] *subst:* sølibat; ugift stand.
celibate ['selibət] **1.** *subst:* ugift (geistlig) person; **2.** *adj:* ugift; som lever i sølibat.
cell [sel] *subst* **1.** celle; **2.** *elekt:* celle; element; **dry ~** tørrelement; **3.** *i bil:* **(rigid) safety** ~*(=reinforced passenger compartment)* sikkerhetscelle.
cellar ['selə] *subst:* kjeller; **from ~ to attic** fra kjeller til loft; **(wine)** ~ vinkjeller; *(jvf basement).*
cellist ['tʃelist] *subst(=violoncellist)* cellist.
cello ['tʃelou] *subst(=violoncello)* cello.
cellophane ['selə,fein] *subst:* cellofan.
cellular ['seljulə] *adj:* celle-; som består av celler; porøs; **~ system** cellesystem; *biol:* **~ tissue** cellevev.
cellulose ['selju,louz; 'selju,lous] *subst:* cellulose.
Celsius ['selsiəs]*(=centigrade)* Celsius *(fx 20 degrees Celsius; 20°C).*
Celt, Kelt [kelt] *subst:* kelter.
Celtic, Keltic ['keltik] *adj:* keltisk.
cembalo [tʃembəlou] *subst; mus(=harpsichord)* cembalo.
I. cement [si'ment] *subst* **1.** sement *(fx the bricklayer has not mixed enough cement);* **plastic ~** plastlim; **2.** *fig; stivt:* bånd *(fx concern for the children is the cement that holds many marriages together).*
II. cement *vb* **1.** sementere; **he -ed the bricks into place** han sementerte (mur)stenene på plass; **2.** *fig:* befeste *(fx this agreement has cemented our friendship).*
cemetery ['semitri; **US:** 'seməteri] *subst:* gravlund.
cenotaph ['senə,ta:f] *subst:* gravmonument (over døde som er gravlagt et annet sted).
censer ['sensə] *subst(=thurible)* røkelseskar.
I. censor ['sensə] *subst:* sensor; *(se NEO sensor).*
II. censor *vb:* sensurere; *(se NEO sensurere).*
censorious [sen'sɔ:riəs] *adj; stivt(=harshly critical)* dømmesyk; kritikksyk *(fx she's censorious about the behaviour of young people).*
censorship ['sensə,ʃip] *subst(=censoring)* sensur; *(se NEO sensur).*
censure ['senʃə] *1. subst; stivt(=harsh criticism; severe disapproval)* streng kritikk; **vote of** ~*(=vote of no confidence)* mistillitsvotum; **2.** *vb; stivt(=criticize harshly; blame)* laste; klandre; kritisere sterkt *(fx he was censured for staying away from work).*
census ['sensəs] *subst:* folketelling; manntall; **traffic** ~ trafikktelling *(fx conduct a traffic census).*
census paper manntallsliste; *(jvf electoral register).*
cent [sent] *subst:* cent *(fx there are 100 cents to a dollar).*
centaury ['sentɔ:ri] *subst; bot:* **lesser ~** tusengyllen; *(jvf bitter herb).*
centenarian [,senti'nɛəriən] **1.** *subst:* hundreåring; **2.** *adj:* hundreårs-.
centenary [sen'ti:nəri; sen'tenəri] **1.** *subst:* hundreårsdag; hundreårsjubileum; **2.** *adj:* hundreårs-.
centennial [sen'teniəl] **1.** *subst* **US:** *se centenary;* **2.** *adj:* hundreårs-; som forekommer én gang hvert hundrede år; hundreårig.
center US: *se centre.*
centering US: *se centring.*
centigrade ['senti,greid]*(=Celsius)* Celsius.
centigram(me) ['senti,græm] *subst:* centigram.
centilitre *(,***US:** *centiliter)* ['senti,li:tə] *subst:* centiliter.
centimetre *(,***US:** *centimeter)* ['senti,mi:tə] *subst:* centimeter.
centipede ['senti,pi:d] *subst; zo:* skolopender; tusenben; *(jvf millepede; myriapod).*
central ['sentrəl] *adj* **1.** sentral *(fx his flat is very central; a central flat);* **~ heating** sentralfyring; **~ position** sentral beliggenhet; **2***(=chief)* viktigst; hoved- *(fx the central point of his argument);* **that is ~ to his argument** det står sentralt i hans argumentasjon.
Central Criminal Court *(,***T:** *the Old Bailey) i London:* lagmannsrett i straffesaker; *(jvf crown court; county court).*
Central Electricity Generating Board *(fk CEGB):* **the ~** De britiske statskraftverker; *(jvf electricity board).*
centralization, centralisation [,sentrəlai'zeiʃən] *subst:* sentralisering.
centralize, centralise ['sentrə,laiz] *vb:* sentralisere.
I. centre ['sentə] *subst* **1.** sentrum *(fx the centre of a circle); fig:* sentrum; midtpunkt; **2.** -sentral; -senter; **data processing ~** datasentral; *flyv:* **rescue co-ordination ~** redningssentral; **health ~** helsesenter; **3.** *polit:* sentrum; **a ~ party** et sentrumsparti; **4.** *i konfekt, etc:* fyll *(fx chocolates with soft centres);* **5.** *på dreiebenk:* **(lathe) ~** pinol; **6.** *fotb(=pass)* sentring.
II. centre *vb* **1.** plassere i midten; **2.: ~ on, ~ round** konsentrere seg om *(fx everyone's attention was centred on the speaker; her plans always centre round the child);* **3.** *fotb; hockey(=plass)* sentre.
centre bit sentrumsbor.
centreboard *mar; på seilbåt:* senkekjøl.
centreboard dinghy senkekjølsjolle.
centre mark kjørnermerke.
centre punch kjørner.
centre spread *i avis:* midtsider.
centre strip*(=central reserve)* midtrabatt (på motorvei).
centrifugal [sen'trifjugəl; 'sentri,fju:gəl] *adj:* sentrifugal; sentrifugal-; **~ force** sentrifugalkraft.
centrifuge ['sentri,fju:dʒ] **1.** *subst:* sentrifuge; *(jvf cream separator; spin drier);* **2.** *vb:* sentrifugere.
centripetal [sen'tripitəl; 'sentri,pi:təl] *adj:* sentripetal-; **~ force** sentripetalkraft.
century ['sentʃəri] *subst* **1.** århundre; **2.** *cricket:* hundre poeng *(fx score a century).*
cephalic [si'fælik; *fagl:* ke'fælik] *adj:* hode-; kefal-.
ceramic [si'ræmik] *adj:* keramisk.
ceramics [si'ræmiks] *subst:* keramikk.
cereal ['siəriəl] **1.** *subst:* kornslag *(fx wheat and barley are cereals);* **a ~ for breakfast** kornfrokost; *produkt:* **breakfast ~** kornfrokost; **2.** *adj:* korn-; ~

crops kornavlinger; *kollektivt:* korn.
cerebellum [,seri'beləm] *subst; anat:* **the** ~*(=the lesser brain)* lillehjernen.
cerebral ['seribrəl; **US:** sə'ribrəl] *adj* **1.** *med.:* cerebral; hjerne-; ~ **haemorrhage** hjerneblødning; **2.** *stivt:* intellektuell *(fx poetry).*
cerebral palsy *med.:* cerebral parese.
cerebration [,seri'breiʃən] *subst:* hjernevirksomhet.
ceremonial [,seri'mouniəl] **1.** *subst:* seremoniell; **2.** *adj:* seremoniell; høytidelig.
ceremonious [,seri'mouniəs] *adj:* meget formell; høytidelig.
ceremony ['seriməni] *subst:* seremoni; seremoniell; **marriage** ~ vielsesseremoni; **stand on** ~ ta det nøye; være formell; holde på formene; **without (any further)** ~ uten videre.
cert [sə:t] *subst* **T***(=certainty):* **that horse is a dead ~ to win** den hesten vinner helt sikkert; **it's a dead** ~ det er helt sikkert.
certain ['sə:tən] *adj* **1.** (helt) sikker *(fx I'm certain that he wrote a book about it; it is certain that they were on the bus);* **he's ~ to forget** han kommer sikkert til å glemme det; **are you ~ of it?** er du sikker på det? **I don't know for** ~ jeg vet ikke sikkert (*el.* bestemt); **2.** viss *(fx a certain Mrs Smith);* **a ~ amount of admiration** en viss beundring; en viss grad av beundring; **~ of the things he said** enkelte av de tingene han sa; **there's a ~ hostility in his manner** han ser litt fiendtlig ut.
certainly ['sə:tənli] *adv* **1***(=without doubt; definitely)* absolutt; sikkert; **he ~ rides very well** det er ikke tvil om at han er meget flink til å ri; **she's ~ beautiful but** ... hun er unektelig vakker, men ...; visst er hun vakker, men ...; **most** ~ helt sikkert; ... **but she most ~ could talk!** men snakke kunne hun, det var sikkert (og visst)! **2.** *int:* ja, absolutt; javisst *(fx Do you believe her? – Certainly!);* ja, vær så god *(fx May I borrow your typewriter? – Certainly!);* ~ **not** slett ikke; absolutt ikke; ikke tale om *(fx May I drive your car? – Certainly not!).*
certainty ['sə:tənti] *subst:* sikkerhet; visshet; **a probability amounting almost to** ~ en til visshet grensende sannsynlighet; **it's a ~ that he'll win** det er helt sikkert at han vinner; **is there any ~ of success?** kan man være rimelig sikker på at det går bra?
certifiable ['sə:ti,faiəbəl] *adj:* bevislig; som kan attesteres; **T: he's a ~ lunatic** han kan få papir på at han er gal.
I. certificate [sə'tifikit] *subst:* attest; bevis; **death** ~ dødsattest; **~ of probate** skifteattest; **~ of residence** bostedsbevis; **exam(ination)** ~ eksamensbevis; **school** ~ vitnemål (fra skole); **leaving** ~ avgangsvitnemål; *(jvf diploma).*
II. certificate [sə'tifi,keit] *vb:* utstede attest(asjon); attestere *(fx a properly certificated document);* **a -d***(=qualified)* **teacher** en ferdig utdannet lærer.
certificate of incorporation *(,***US:** *corporation charter) merk:* stiftelsesbevis; *(se articles of association & memorandum of association).*
certificate of origin *merk:* opprinnelsesbevis.
certificate of secondary education *(fk CSE)* **UK:** eksamen som tas etter 5 år i 'comprehensive school' som et alternativ til O-level i faget; *(se CSE; GCE).*
certification [,sə:tifi'keiʃən] *subst:* attestering; attestasjon.
certified ['sə:ti,faid] *adj:* godkjent; attestert; autorisert; ~ **copy** bekreftet avskrift; **'~ correct'** rett avskrift bekreftes; **lifeboats ~ to carry 50 passengers** livbåter godkjent for 50 personer.
certified electrician autorisert installatør.
certified public accountant **US***(=chartered accountant)* statsautorisert revisor; *(se NEO revisjonsberetning; revisor).*
certitude ['sə:ti,tju:d] *subst:* visshet.
cerumen [si'ru:mən] *subst(=earwax)* ørevoks.
cervelat ['sə:və,læt] *subst:* servelat(pølse).
cervical ['sə:vikəl] *adj* **1.** hals-; ~ **vertebra** halsvirvel; **2.** livmorhals-; *(se cervix).*
cervix ['sə:viks] *(pl: cervixes, cervices* [sə'vaisi:z]) *subst; anat:* hals; ~ **(of the womb)***(=neck of the womb)* livmorhals; **cancer in the** ~*(=cervical cancer)* kreft i livmorhalsen; **screening for cancer in the** ~ masseundersøkelse for kreft i livmorhalsen.
cessation [se'seiʃən] *subst; stivt:* stans; opphør; **temporary ~ of hostilities** midlertidig stans i fiendtlighetene.
cession ['seʃən] *subst:* avståelse; *(se cede).*
cesspool ['ses,pu:l] *subst* **1.** kloakkum; **2.** *fig:* **a ~ of iniquity** en lastens hule.
cf. *(fk.f. confer)* jevnfør; jvf.
C flat *mus:* cess.
c.f.i., CFI *(fk.f. cost, freight, and insurance) (=c.i.f.)* c.i.f.
Chad [tʃæd] *subst; geogr:* Tsjad.
I. chafe [tʃeif] *subst:* sårhet i huden pga. friksjon; *vet:* gnagsår.
II. chafe *vb* **1.** gnage; gjøre sår *(fx these tight shoes chafe my feet);* irritere (huden); **2.** *glds(=rub)* gni (for å få varm) *(fx she chafed the child's cold feet);* **3.** *stivt(=become angry; become impatient)* bli ergerlig; bli utålmodig *(fx he chafed because he was not allowed out);* **T:** ~*(=champ)* **at the bit** være utålmodig etter å komme i gang.
chafer ['tʃeifə] *subst; zo* **1***(=cockchafer)* oldenborre; **2***(=dung beetle)* tordivel; **3***(=rose chafer)* gullbasse.
I. chaff [tʃa:f] *subst* **1.** agner; **2***(finely cut straw and hay)* hakkels(e); **3.** godmodig erting; **4.: separate the wheat from the** ~ skille klinten fra hveten.
II. chaff *vb:* smårte; skjemte med.
chaffinch [tʃæfintʃ] *subst; zo:* bokfink.
chagrin ['ʃægrin, ʃə'gri:n; **US:** ʃə'grin] **1.** *subst; stivt(=disappointment and annoyance)* skuffelse og ergrelse *(fx to his chagrin, his effort was a total failure);* **2.** *vb; stivt(=embarrass and annoy);* **be***(=feel)* **-ed at** bli både brydd og ergerlig over.
I. chain ['tʃein] **1.** kjede; kjetting; **door** ~ dørlenke *(fx keep the door on the chain);* **2.** *fig:* rekke *(fx of events);* **a ~ of shops** en butikkjede; **a mountain** ~ en fjellkjede; **~ of thought** tankerekke; *mil:* **the ~ of command** kommandoleddene *(fx men further down the chain of command);* **~ of evidence** beviskjede.
II. chain *vb:* lenke; legge i lenker; *fig:* lenke.
chain lightning*(=forked lightning)* siksaklyn.
I. chair [tʃɛə] *subst* **1.** stol; **easy** ~ lenestol; **2.: take the** ~ være ordstyrer *(fx he takes the chair at every meeting);* **who is in the ~?** hvem er ordstyrer? **3.** *univ:* lærestol; professorat.
II. chair *vb:* ~ **a meeting** være ordstyrer på et møte.
chair lift stolheis.
chairman ['tʃɛəmən] *subst (NB om kvinne: chairwoman, chairlady; kjønnsnøytralt: chairperson)* formann; **~ of the board (of directors)** styreformann.
chairmanship ['tʃɛəmən,ʃip] *subst:* formannsverv.
chalaza [kə'leizə] *subst; zo:* eggehvitestreng.
chalet ['ʃælei] *subst:* sveitserhytte.
chalice [tʃælis] *subst* **1.** *poet(=drinking cup; goblet)* beger; **2.** *rel:* (alter)kalk; **3.** *bot:* begerformet blomst.
chalk ['tʃɔ:k] **1.** *subst:* kritt; **as different as ~ and cheese** vidt forskjellige; **not by a long** ~*(=by no means)* ikke på langt nær; **2.** *vb:* kritte; skrive med kritt; ~ **up** 1. skrive med kritt *(fx the teacher*

chalked up the answer on the blackboard); 2. *fig; om seier, etc(=score)* oppnå; kunne notere *(fx he chalked up three wins in a row);* 3. *om noe man senere skal gjøre opp for:* skrive opp *(fx chalk up all these drinks to me; chalk it up);* 4. tilskrive; si (at noe) skyldes *(fx you can't chalk his bad work up to lack of trying);* **you'll just have to ~ it up to experience** du får trøste deg med at du i hvert fall er en erfaring rikere.

chalk face: those at the ~ skolefolk; de som står på kateteret.

chalky ['tʃɔ:ki] *adj* **1.** krittaktig *(fx substance);* **2.** *om ansikt:* kritthvitt.

I. challenge ['tʃælindʒ] *subst* **1.** *også fig:* utfordring *(fx I don't get enough challenge in this job);* **2.** *jur:* protest (*el.* innvending) mot jurymedlem (el. avgjørelse) *(fx the judge refused to allow the challenge);* **peremptory ~** krav om utelukkelse av jurymedlem uten begrunnelse; **~ for cause** krav om utelukkelse av jurymedlem med begrunnelse; **right of ~** utskytningsrett; **3.** *fra vaktpost:* anrop.

II. challenge *vb* **1.** *også fig:* utfordre *(fx he challenged me to a round of golf);* **2.** *stivt(=question)* betvile; **3.** *jur:* protestere mot jurymedlem el. avgjørelse; **4.** *mil; om vaktpost:* anrope.

challenge cup vandrepokal.

challenger ['tʃælindʒə] *subst:* utfordrer.

chamber ['tʃeimbə] *subst* **1***(=room)* gemakk *(fx the king retired to his chamber);* **2.** *polit:* kammer *(fx the first chamber; the second chamber);* **3.** *jur:* **(Barrister's) -s** advokatkontor; **US: judge's -s** dommers privatkontor; **4.** *i våpen:* kammer *(fx a chamber for six bullets).*

chamberlain ['tʃeimbəlin] *subst* **1.** *hist:* kammerherre; **2.: Lord Chamberlain** 1. **UK:** hoffmarskalk; 2. *i Norge:* hoffsjef.

chamber concert kammerkonsert.

chamber maid *i hotell(=room attendant)* stuepike.

chamber of commerce handelskammer.

chamber of shipping: The International Chamber of Shipping Det internasjonale rederforbund.

chameleon [kə'mi:liən] *subst; zo:* kameleon.

I chamfer ['tʃæmfə] *subst:* skråkant.

II. chamfer *vb* **1.** skråfase; skråslipe; skråskjære; **do not ~ down into the workpiece** skjær ikke på skrå ned i arbeidsstykket; **2***(=chase)* rifle; kannelere.

I. chamois ['ʃæmwa:] *subst: zo:* gemse.

II. chamois ['ʃæmi] *subst:* **~ (leather)***(=shammy leather)* semsket skinn; vaskeskinn.

I. champ [tʃæmp] **T:** *se champion I.*

II. champ *vb* **1.** *især om hest(=chew noisily)* gumle; knaske; tygge høylytt; **2. T: ~***(=chafe)* **at the bit** være utålmodig etter å komme i gang; være utålmodig (og irritert) *(fx by the time the bus arrived the man was champing at the bit).*

champagne [ʃæm'pein] *subst (,***S:** *champers)* champagne.

champagne bucket champagnekjøler.

champers ['ʃæmpəz] *subst* **S:** champagne; **S:** sjampis.

I. champion ['tʃæmpiən] *subst* **1***(,***T:** *champ)* mester *(fx he is this year's golf champion);* **2.** forkjemper *(of* for, *fx a champion of human rights);* forsvarer *(fx of a lost cause).*

II. champion *vb:* være forkjemper for; kjempe for.

championship ['tʃæmpiən,ʃip] *subst* **1.** konkurranse om mesterskapet; mesterskap; **open ~** åpent mesterskap; **2***(=title of champion)* (mesterskaps)tittel.

I. chance [tʃa:ns] *subst* **1***(=possibility)* sjanse *(fx his chances are good);* **-s are that you will win** sannsynligheten taler for at du vinner; **an even ~** en fifty-fifty sjanse *(fx we have an even chance of success);* **-s are even** sjansene står likt; **T: not a ~!***(=certainly not)* ikke tale om; slett ikke; *(fx 'Are you going to marry her?' – 'Not a chance!');* **a ~ of (-ing)** en sjanse til å *(fx he has a chance of winning);* **there's no ~ of success** det er ingen sjanse for at det skal lykkes; **is there any ~ of getting tickets for the opera?** er det noen mulighet for å få billetter til operaen? **you stand a good ~ of winning** du har god sjanse til å vinne.

2*(=opportunity)* anledning; sjanse *(fx now you have a chance to do well);* **T: this is your big ~** dette er din store sjanse; *(se 5: take one's chance(s));*

3. tilfeldighet; tilfelle; **leave it to ~** la tilfellet (*el.* skjebnen) råde; **he left nothing to ~** han overlot ingenting til tilfeldigheter; **by ~***(=by accident)* ved et tilfelle; tilfeldigvis; tilfeldig *(fx they met quite by chance);* **are you by any ~ free to come to the theatre tonight?** du skulle ikke tilfeldigvis ha anledning til å bli med i teateret i kveld?

4*(=risk)* sjanse; risiko; **take a ~** ta en sjanse; **I'm taking a ~ (by) going alone** jeg tar en sjanse (*el.* løper en risiko) ved å dra alene; **she took a ~ on the train's being late in leaving** hun tok sjansen på at toget ville komme til å gå sent; **you take a ~ with his driving** du tar en sjanse når du sitter på med ham; **taking -s***(=chancing it)* det å ta sjanser; sjansekjøring; **I'm not taking any -s** jeg tar ingen sjanser; jeg vil ikke risikere noe; *(se 5: take one's chance(s));*

5.: take one's -(s) ta sjansen (når den byr seg) *(fx you have to take your chance when it comes along);* **you'll just have to wait and take your ~ like everybody else** du må bare vente og se hvordan det går, slik som alle andre må gjøre;

6.: have an eye to the main ~ være ute etter egen fordel.

II. *vb* **1***(=risk)* ta sjansen på *(fx he'll just have to chance it);* **T: ~ one's arm***(=take a risk)* ta en sjanse *(fx you're really chancing your arm by asking for a rise just now – you'll probably get the sack); (se også I. chance 4: taking chances);*

2. *stivt(=happen):* **I -d***(=happened)* **to see him last week** jeg traff ham tilfeldigvis i forrige uke;

3.: ~ (up)on 1*(=discover by accident):* **he -d on the solution to his problem** han slumpet til å finne løsningen på problemet sitt; 2(*(=meet by accident)* treffe på; møte tilfeldig *(fx I chanced on a friend of yours).*

III. chance *adj:* tilfeldig *(fx a chance meeting);* **a ~ customer** en tilfeldig kunde.

chancel ['tʃa:nsəl] *subst; arkit; i kirke:* kor.

chancellery, chancellory ['tʃa:ns(ə)ləri] *subst* **1.** kanselli; **2.** kanslerembete; kanslerverdighet; **3.** *ved ambassade, konsulat, legasjon; også* **US***(= chancery)* sekretariat.

chancellor ['tʃa:nsələ] *subst* **1.** *polit:* kansler; **2.** nominelt overhode for universitet; *(se vice -chancellor);* **3. US:** rektor ved universitet el. college; **4***(=first secretary)* førstesekretær (ved ambassade); **5. US** *i enkelte stater; dommertittel(presiding judge of a court of chancery)* formann i billighetsrett: *(se Lord Chancellor).*

Chancellor of the Exchequer *(,***US:** *Secretary of the Treasury)* finansminister; *(se finance minister).*

chancery ['tʃa:nsəri] *subst* **1.** *jur(=Chancery Division)* kansellirett (en avdeling av High Court of Justice); **2.** *jur* **US: (court of) ~** *(=court of equity)* billighetsrett; **3.** *polit; ved ambassade, legasjon:* sekretariat; **4.** *jur; om rettssak:* **in ~** som venter på behandling i en billighetsrett (court of equity).

chancre ['ʃæŋkə] *subst; med.:* sjanker (ɔ: syfilissår).

chancy ['tʃa:nsi] *adj(=risky; uncertain)* usikker; sjansepreget *(fx a chancy arrangement).*

chandelier [,ʃændi'liə] *subst:* lysekrone.

chandler ['tʃa:ndlə] *subst* **1.** *glds:* lysestøper; person som selger lys; **2.** *i sms:* -handler; **corn** ~ kornhandler; **ship('s)** ~ skipshandler.

I. change ['tʃeindʒ] *subst* **1.** forandring; **a welcome** ~ en kjærkommen forandring; **we could do with a** ~ en forandring skulle ikke vært av veien; **a** ~ **of course** en kursendring; **a** ~ **of government** et regjeringsskifte; **there's a** ~ **in the programme** det er en programforandring; **a** ~ **of clothes** et skift (med klær); **the** ~ **of life***(=the menopause)* overgangsalderen; **a** ~ **of trains** togbytte; **for a** ~ til en forandring; til en avveksling; **a** ~ **for the better (,worse)** en forandring til det bedre (,verre);
2. *sport; stafett(=changeover; takeover; exchange)* veksling; *(se changeover);*
3. småpenger; vekslepenger; **there's some** ~ **to come on that** du får penger igjen på den (seddelen); **the book costs 90p and I gave you a pound note, so I want 10p** ~ boken koster 90p, og jeg betalte med en pundseddel, så jeg skal ha 10p igjen; **can you give me** ~ **for a five-pound note?** kan du gi meg igjen på en fempundseddel?
4.: the ~ **of the moon** det at månen skifter fase;
5. S*(=information):* **I got no** ~ **out of him** jeg fikk ingenting ut av ham;
6.: ring the -s variere *(fx I only have three shirts and two ties, but I ring the changes with them);* komme med variasjoner over samme tema.

II. change *vb* **1.** forandre; endre; bli forandret; forandre på; gjøre om; legge om *(fx a system);* **2.** skifte ut; bytte; legge om *(fx the tyre on a wheel); om klær:* skifte *(fx you haven't time to change);* kle seg om *(fx change for dinner);* ~ **the bed***(=sheets)* skifte på sengen; legge rent på sengen; **3.:** ~ **trains** bytte tog; ~ **seats** bytte plass; **4.** *om penger:* veksle *(fx could you change a five-pound note?);* **he -d his Italian money before leaving Rome** han vekslet inn de italienske pengene sine før han reiste fra Roma; **5.:** ~ **one's mind** skifte mening; forandre mening; **6.:** ~ **hands** skifte eier *(fx this car has changed hands several times);* **7.: that made him** ~ **his tune** da fikk pipen en annen lyd; **8.:** ~ **down (,up)** gire ned (,opp); **9.:** ~ **round** bytte plass; bytte om på; *fotb* **T***(=change ends)* bytte banehalvdel.

changeable ['tʃeindʒəbəl] *adj:* foranderlig; ~ **weather** ustadig vær.

changeless ['tʃeindʒlis] *adj(=unchanging)* uforanderlig.

changeover ['tʃeindʒ,ouvə] *subst* **1.** omstilling; overgang *(fx a changeover to decimal currency);* **2.** *sport* 1. *i stafett(=change; takeover)* veksling; 2. *skøyter(=crossing)* veksling; *fotb(=changing ends)* bytte av banehalvdel.

changeover straight *skøyter(=back straight)* vekslingsside.

changing room omkledningsrom.

I. channel ['tʃænəl] *subst* **1.** kanal; **the English Channel** Den engelske kanal; **2.** renne; kunstig el. naturlig fordypning hvor vann kan renne; elveleie; **3.** *mar:* **(navigation)** ~ led; lei; **the inshore** ~ den indre lei; **4.** *på søyle:* kannelyre; **5.** *radio, TV:* kanal *(fx the stereo set has two channels);* **6.** *fig:* kanal; **go through official -s** benytte offentlige kanaler; **she doesn't get her information through the usual -s** hun får ikke sine informasjoner gjennom de vanlige kanalene; *mil:* ~ **of command** kommandovei; **7.** *fig:* kanal; spor *(fx turn the debate into another channel);* **a new** ~ **of thought** en ny tankebane.

II. channel *vb* **1.** kanalisere; **information was -led through to them** det ble formidlet informasjoner til dem; **he -led all his energies into the project** han la all sin energi i prosjektet; **2.** *om søyle:* kannelere.

I. chant ['tʃa:nt] *subst* **1.** *rel:* sang; melodi; monoton tale; messing; **2.** motto, heiarop, etc. fremført på en messende måte; monotont tilrop (fra heiagjeng, etc) *(fx 'Scotland for ever' was the chant).*

II. chant *vb:* fremføre på en monoton måte; messe.

chanterelle [,ʃæntə'rel] *subst; bot:* kantarell.

chantry ['tʃa:ntri] *subst:* kapell til sjelemesser.

chaos ['keiɔs] *subst:* kaos; virvar.

chaotic [kei'ɔtik] *adj:* kaotisk.

I. chap [tʃæp] *subst* **1. T:** fyr *(fx he's the sort of chap everyone likes);* **2.** *i huden:* sprekk.

II. chap *vb; om hud:* sprekke; **-ped lips** sprukne lepper.

chapel ['tʃæpəl] *subst* **1.** kapell; **2.** *ved institusjon:* kirke; **prison** ~ fengselskirke; **3***(=nonconformist church)* frikirke; dissenterkirke; **4.** *typ:* **(printers')** ~ (typografers) verkstedklubb *(fx he belongs to the printers' chapel).*

chapel of ease annekskirke.

chaperon(e) ['ʃæpə,roun] **1.** *subst:* chaperone; anstandsdame; **2.** *vb:* være anstand(sdame) for.

chapfallen ['tʃæp,fɔ:lən] *adj(=crestfallen)* slukkøret; motfallen.

chaplain ['tʃæplin] *subst; om prest knyttet til institusjon:* **army** ~*(=chaplain to the forces)* feltprest; **prison** ~ fengselsprest.

chaplet ['tʃæplit] *subst* **1.** *kat;* en tredjedel av en rosenkrans; *(jvf rosary);* **2.** krans til å bære rundt hodet; *fig:* krans; **3.** *arkit:* perlesnor.

chapter ['tʃæptə] *subst* **1.** kapittel; **2.** *rel:* domkapittel; **3.** *av enkelte foreninger:* lokalavdeling.

chapter house *om bygningen:* domkapittel.

I. char [tʃa:] *subst* **1.** *zo; fisk:* røye; **2. T***(=charwoman)* vaskekone; **3. S***(=tea)* te *(fx a cup of char).*

II. char *vb* **1.** forkulle; **2.** *om vaskekone:* gjøre rent; vaske.

character ['kæriktə] *subst* **1.** karakter; beskaffenhet; egenart *(fx our national character);* **he showed great** ~ **in his handling of the situation** han viste stor karakterfasthet i sin måte å behandle situasjonen på; **a man of** ~ en karakterfast mann; **they changed the whole** ~ **of the house** de forandret hele husets egenart; **a house of** ~ et hus med en egenart; **a wine of great** ~ en meget særpreget vin; **2.** *stivt(=kind; nature)* art *(fx publicity of this character is not good for the firm);* **3***(=reputation)* ry; rykte; navn *(fx they tried to damage his character);* **4***(=testimonial)* attest *(fx a good character);* **5.** skikkelse *(fx one of the great characters of the century);* **the -s in a novel** personene i en roman; **6. T:** original *(fx he's quite a character; one of the town's characters);* **7.** *typ:* (skrift)tegn; type; **8.** *biol:* egenskap *(fx hereditary characters);* **secondary sexual -s** sekundære kjønnskarakterer; **9.: in** ~ helt i stilen; som passer helt til rollen; **out of** ~ som ikke passer til rollen (*el.* stilen); **act out of** ~ falle ut av rollen.

character actor karakterskuespiller.

character assassination systematisk nedrakking.

character drawing karakterskildring.

character-forming ['kæriktə,fɔ:miŋ] *adj:* karakterdannende.

characteristic [,kæriktə'ristik] **1.** *subst:* karakteregenskap *(fx it's one of his characteristics to be obstinate);* eiendommelighet; *mask; TV:* karakteristikk; **2.** *adj:* karakteristisk; **a** ~ **feature** et karakteristisk trekk; ~ **of** karakteristisk for; betegnende for.

characteristically *adv:* karakteristisk nok; typisk nok.

characterize, characterise ['kæriktə,raiz] *vb:* karakterisere.

character part karakterrolle.

charcoal ['tʃa:,koul] *subst:* trekull.

I. charge ['tʃa:dʒ] *subst* **1.** prisforlangende; pris *(fx what is the charge for a telephone call?);* **-s** gebyrer; kostnader; omkostninger *(fx the bank charges);* **free of ~** gratis; **there is no ~** det koster ikke noe; **2.** *merk:* debitering; debitert beløp; **3.** *elekt:* (opp)ladning *(fx I've put the battery on charge);* strøm *(fx there is not enough charge left in the battery to operate the starter);* **(explosive) ~** (spreng)ladning; **a ~ of shot** en haglladning; **4***(=attack)* angrep; **sound the ~** blåse til angrep; **5.** *stivt:* **these children are my -s** disse barna har jeg ansvaret for; **6.** *her:* våpenmerke *(fx a charge of three lions);* **7.** *jur:* siktelse; tiltale; **he faces three -s of murder** han står tiltalt for tre (tilfeller av) mord; **bring a ~ against sby***(=indict sby)* reise tiltale mot en; sette en under tiltale; **there was not enough evidence to bring criminal -s against them** det forelå ikke tilstrekkelig bevis til at de kunne settes under tiltale; **the ~ was withdrawn on account of insufficient evidence** tiltale ble frafalt pga. manglende bevis; *(se indictment: bill of ~);* **8.** *jur:* **~ to the jury** belæring om juryens plikter (av rettens formann ved avslutningen av bevisføringen); *(jvf II. charge 7);* **9.: be in ~** ha ansvaret; *på sykehus:* ha ansvarsvakt; **be in ~ of** ha ansvaret for *(fx he's in charge of the shop while I'm on holiday; he's in charge of 30 men);* **the children are in my ~** det er jeg som har ansvaret for barna; **10.: take ~** 1. overta kontrollen *(fx the department was in chaos until he took charge (of it));* 2.: **take ~ of** overta; ta i forvaring *(fx the policeman said he would take charge of the gun).*

II. charge *vb* **1.** *om pris:* forlange; ta *(fx he charged too much for it);* **they don't ~ for delivery** de tar ingenting for leveringen; **they ~ extra for that** det beregner de seg ekstra for; **she hardly -d us anything** hun tok seg nesten ikke betalt av oss; **2.** *merk:* **~ it to his account** debitere ham for det; **~ the bill to my account** regningen kan du debitere min konto; **3.** *elekt:* lade opp *(fx a battery);* **the battery is not fully -d** batteriet er ikke fullt oppladet; **4.** angripe; storme av sted *(fx the bull started charging towards the house);* **the children -d down the hill** barna stormet nedover bakken; **5.: be -d to** bli pålagt å *(fx I was charged to take the message to headquarters);* **6.: ~ sby with sth** 1*(=accuse sby of sth)* beskylde en for noe; 2. *jur:* tiltale en for noe *(fx he was charged with theft);* **7.** *jur; om rettens formann:* **~ the jury** belære juryen om dens plikter; *(jvf I. charge 8).*

chargeable ['tʃa:dʒəbl] **1.** *jur:* straffbar; som det kan reises tiltale for *(fx this is a chargeable offence);* **2.** *merk:* som kan debiteres; **~ expenses** utgifter som kan legges til i regningen; **this expense is ~ to the firm's account** denne utgiften skal debiteres (*el.* belastes) firmaets konto; **the fees ~ to him** de gebyrer (*el.* avgifter) som han skal betale; **3***(=chargeable with tax)* som det må svares skatt av; **a ~ capital transfer** en kapitaloverføring som det må svares skatt av.

charge account *især* **US***(=credit account)* kredittkonto; kundekonto.

charged *adj; også fig:* ladet; **~ with** ladet med.

charged parcel pakke som det hviler avgift på.

charge hand arbeidsformann (som rangerer like under en 'foreman').

chargeman ['tʃa:dʒmən] *subst; jernb:* **shed ~** lokomotivstallformann.

charge nurse *(,***US:** *head nurse)* avdelingssykepleier.

charger ['tʃa:dʒə] *subst* **1.** *hist:* stridshest; **2.: (battery) ~** batterilader; ladeapparat; **3.** *glds:* fat *(fx demand his head on a charger).*

chariot ['tʃæriət] *subst; hist:* stridsvogn.

charisma [kə'rizmə], **charism** ['kærizəm] *subst:* karisma; personlig utstråling; evne til å vinne folk for seg.

charitable ['tʃæritəbəl] *adj* **1.** nestekjærlig; **that wasn't a very ~ remark** det var ikke videre hyggelig sagt; **try to be more ~** prøve å vise mer nestekjærlighet; prøve å være hyggeligere mot folk; **be ~ about sby's faults***(=take a lenient view of sby's faults)* se mildt på ens feil; bedømme ens feil mildt; **put a ~ interpretation on it***(=put a good construction on it)* oppta det i beste mening; **2.** veldedig; velgjørende; **~ organization***(=charity)* forening med veldedig formål; **~ trust***(=public trust)* velgjørende stiftelse; **large-scale ~ work** storstil(e)t veldedighet (*el.* velgjørenhet); **for ~ purposes** i veldedig øyemed.

charity ['tʃæriti] *subst* **1.** nestekjærlighet; mildhet; overbærenhet; **faith, hope and ~** tro, håp og kjærlighet; *ordspråk:* **~ begins at home** enhver er seg selv nærmest; **2.** veldedighet; velgjørenhet; **3***(=alms)* almisser; **live on ~** leve av almisser; leve på andres nåde; **4***(=charitable organization)* forening med veldedig formål; veldedighetsforening.

charity bazaar *(,***US:** *kermess, kermis)* veldedighetsbasar.

charlock ['tʃa:lɔk] *subst; bot(=wild mustard)* åkersennep; **white ~***(=wild radish)* åkerreddik.

I. charm ['tʃa:m] *subst* **1.** sjarm; **it has a ~ of its own** det har sin egen sjarm; **her ~ of manner made her popular** hennes sjarmerende vesen gjorde henne populær; **he fell a victim to her -s** han ble offer for hennes sjarm; **2.** trylleformular *(fx the witch recited a charm);* **under a ~** fortrollet; forhekset; **it worked like a ~** det gikk strykende (*el.* helt fint); **3***(=amulet)* amulett.

II. charm *vb* **1.** sjarmere *(fx he can charm any woman);* **he -ed them into believing him** han var så sjarmerende at de trodde ham; **we were -ed with the scenery** vi ble betatt av landskapet; **2.** trylle; fortrylle; **he bears a -ed life** han er usårlig.

charmer ['tʃa:mə] *subst* **1.** *spøkef; om mann el. kvinne:* **she's a real ~!** hun er virkelig søt! **2.: snake ~** slangetemmer.

charming ['tʃa:miŋ] *adj:* sjarmerende *(fx she's charming; a charming smile);* **a ~ child** en søt unge.

charred [tʃa:d] *adj:* forkullet *(fx the charred bodies of the victims).*

I. chart ['tʃa:t] *subst* **1.** *mar:* draft; sjøkart; **general ~** overseilingskart; **2.** *geol; meteorol:* kart; **weather ~** værkart; **3.** grafisk fremstilling; diagram; kurve; plansje; **illustration ~** plansje; **wall ~** veggplansje; **bar ~***(=bar graph)* søylediagram; **break-even ~** kostnadsdiagram; **flow ~***(=flow sheet)* produksjonsdiagram; arbeidsdiagram; **key ~** oversiktsdiagram; *(se I. curve; diagram; graph).*

II. chart *vb* **1.** lage draft (*el.* sjøkart) over *(fx he charted the Black Sea);* **2.** *mar; om kurs; også fig:* stikke ut; **3.** fremstille grafisk *(fx I'm charting our progress).*

I. charter ['tʃa:tə] *subst* **1.** charter; frihetsbrev; pakt *(fx the Charter of the United Nations);* **the Atlantic ~** Atlanterhavserklæringen; **city ~** kjøpstadsrettigheter; **2.** *mar; merk(=charter party)* certeparti; befraktningskontrakt *(fx charters of oil tankers may be by time or for the voyage);* **3.** *leie av transportmiddel:* charter; **people fly south by ~***(=people go south on charter flights)* folk flyr sørover på charter.

II. charter *vb* **1.** gi charter (*el.* frihetsbrev) til; **2.** *om transportmiddel:* chartre; leie *(fx they chartered a bus).*

chartered accountant *(,***US:** *certified public ac-*

countant) statsautorisert revisor; *(se NEO revisjonsberetning; revisor).*
chartered electrical engineer elektroingeniør; *(se NEO sivilingeniør).*
chartered owner *mar:* rebefrakter.
charterer ['tʃa:tərə] *subst:* chartrer; *mar:* befrakter; **sole ~** enebefrakter.
charter flight charterflyvning.
chartering ['tʃa:təriŋ] *subst:* chartring; befraktning.
charter party 1. befraktningskontrakt; certeparti; **2.** person el. gruppe som chartrer skip, etc.
charter trip charterreise; chartertur.
chart house *mar(=chart room)* bestikklugar.
charwoman ['tʃa:wumən] *subst(,***T:** *char)* vaskekone; *(jvf cleaner 1).*
chary ['tʃεəri] *adj; stivt(=cautious; wary)* forsiktig; varsom *(fx be chary of lending money to him).*
I. chase ['tʃeis] *subst* **1.** jakt *(fx after a long chase we caught the thief);* **give** *~(=start in pursuit)* oppta forfølgelsen; **2. UK:** inngjerdet viltreservat; **3.** jaktett (over annen manns eiendom); **4.** *stivt:* **the pleasures of the ~** jaktens gleder.
II. chase *vb* **1.** løpe etter; forfølge; **~ that dog out of the garden** jag den hunden ut av hagen; *fig* **T: there are too many students chasing far too few places** det er altfor mange studenter om altfor få plasser; *fig:* **he's always chasing after women** han er en ordentlig kvinnejeger; **~ down** oppspore; **2.** *merk:* **~ sby up** purre på en *(fx we'll chase them up);* **3.** siselere; **a -d bracelet** et siselert armbånd.
chaser ['tʃeisə] *subst* **1.** forfølger; **skirt ~** skjørtejeger; **2.** siselør; **3.** *mask:* gjengestål *(fx external (,internal) chaser);* **4.** drikk til å skylle ned (en annen drikk) med *(fx drink beer with whisky chasers).*
chasm ['kæzəm] *subst* **1.** kløft; **2.** *fig; stivt:* kløft *(fx a chasm developed between the two families).*
chassis ['ʃæsi] *subst (pl: chassis* ['ʃæsiz]) *subst:* chassis.
chassis frame *på bil:* bunnramme.
chaste [tʃeist] *adj* **1***(=virginal)* kysk; **2.** ærbar; **3.** *om stil:* enkel.
chasten ['tʃeisən] *vb* **1.** tukte; **2.** legge en demper på; holde i age; **3.** lutre.
chastise [tʃæs'taiz] *vb; stivt(=punish (by beating); scold severely)* tukte; straffe *(fx they chastised the boy severely for his disobedience);* refse.
chastisement [tʃæs'taizmənt, 'tʃæstizmənt] *subst; stivt(=punishment; severe scolding)* tukt; straff; refselse.
chastity ['tʃæstiti] *subst* **1.** kyskhet; *rel:* **vow of ~** kysthetsløfte; **2.** ærbarhet; **3.** *om stil:* enkelhet.
chasuble ['tʃæzjubəl] *subst; rel:* messehakel.
I. chat [tʃæt] *subst* **1.** prat *(fx we had a chat over coffee yesterday);* **women's ~ bores him** kvinnfolksnakk kjeder ham; **2.** *zo: se stonechat; whinchat.*
II. chat *vb* **1.** prate; snakke *(fx about the weather);* **2. T: ~ up sby** slå av en prat med en; **~ up girls** sjekke jenter.
chat show*(=talk show) radio; TV:* prateprogram.
chattels ['tʃætəlz] *subst; pl; jur:* **goods and ~** løsøre.
I. chatter ['tʃætə] *subst* **1.** skravling; **2.** *om fugl:* skravling; *om skjære:* skvatring; skratting; sladring; **3.** *om bekk:* pludder; mumling.
II. chatter *vb* **1.** skravle; **2.** *om fugl:* skravle; *om skjære:* skvatre; skratte; sladre; **3.** *om bekk:* pludre; mumle; **4.** *om tenner:* klapre.
chatterbox ['tʃætə,bɔks] *subst* **T:** skravlebøtte; pratmaker.
chatty ['tʃæti] *adj* **1.** pratsom; snakkesalig *(fx a chatty old lady);* **2.** *om stil:* uhøytidelig; kåserende *(fx a chatty letter);* **a ~ conversation** småprating; småprat.
chauffeur ['ʃoufə] **1.** *subst:* privatsjåfør; **2.** *vb:* være privatsjåfør for *(fx he chauffeurs for the Duke).*
chauvinism ['ʃouvi,nizəm] *subst:* sjåvinisme; **male ~** mannssjåvinisme.
chauvinist ['ʃouvinist] *subst:* sjåvinist; **male** *~(=sexist man)* mannssjåvinist.
cheap ['tʃi:p] **1.** *adj:* billig; **2.** *adj; neds:* billig; **a ~ trick** et billig knep; **3.** *adj:* **feel ~** føle seg liten; **4.** *subst* **T: on the ~** billig; **do it on the ~** gjøre det så billig som mulig; **5.** *adv:* **buy (,sell) ~** kjøpe (,selge) billig; **we're selling these books off ~** vi selger ut disse bøkene billig; **T: I got it dirt ~** jeg fikk det vanvittig billig.
cheapen ['tʃi:pən] *vb* **1.** forsimple; få til å se billig ut *(fx the gold trimming cheapens the dress);* **her behaviour -ed her in his eyes** hennes oppførsel nedsatte henne i hans omdømme; **2.** sette ned prisen på; gjøre billig(ere).
cheaply ['tʃi:pli] *adv* **1***(jvf cheap 5)* billig; **buy ~** kjøpe (inn) billig; **2.** *fig:* **he got off ~** han slapp billig.
I. cheat [tʃi:t] *subst* **1.** snyteri; svindel; juks; **that was a ~!** det var juks! **2.** snytepave; juksemaker *(fx he only wins because he's a cheat);* bedrager.
II. cheat *vb* **1.** snyte; svindle; jukse; **~ at cards** snyte i kortspill; **he was -ed out of £100** han ble snytt for £100; **2. T: ~ on***(=be unfaithful to)* være utro mot *(fx he cheated on his wife).*
cheater ['tʃi:tə] *subst:* snytepave; juksemaker; bedrager.
I. check [tʃek] *subst* **1.** *av billett, liste, maskin, pass, etc:* sjekk; kontroll; **2. US** *på kontrollert bagasje(=tick)* sjekkemerke; **3. US***(=cloakroom ticket)* garderobemerke; **4. US***(=cheque)* sjekk; **5. US***(=bill)* regning *(fx the check please, waiter);* **6***(=sales slip)* kassalapp; **7.** sjakk *(fx he put his opponent's king in check);* **8***(=small crack)* liten sprekk *(fx i tømmer under lagring);* **9***(=chip; counter)* spillemerke; **10.** rutemønster; *adj(=checked)* rutet *(fx a check shirt);* **11.** hinder; hindring; (midlertidig) stans; motbør; **12.: keep sby in ~** holde en i sjakk; holde en i tømme; **keep a ~ on** føre kontroll med; passe på.
II. check *vb* **1.** sjekke; kontrollere *(fx figures; the battery);* etterprøve; kontrollregne; gå over *(fx the accounts);* **~ the cash** foreta kasseettersyn; **-ing the cash** kasseettersyn; *(se 12: ~ on; 13: ~ up);*
2. US: ~ off*(=tick (off))* sjekke av; krysse av; sette hake ved;
3. *i garderobe, etc; for oppbevaring; især* **US:** levere inn; levere fra seg *(fx he checked his coat);*
4. *sjakk:* sette sjakk;
5. *ishockey:* blokkere;
6. *om jakthund:* stanse opp for å få igjen losen;
7. lage rutemønster;
8*(=rebuke)* irettesette;
9. stanse; stoppe; bremse; sette en stopper for *(fx this extravagant spending must be checked);* bremse opp for; holde tilbake *(fx she checked her tears);* beherske *(fx one's anger);* tøyle; legge bånd på *(fx one's passion);* **~ oneself***(=think better of it)* ta seg i det; bestemme seg for ikke å si det likevel; **he was going to run away but was -ed by the sight of the policeman** han skulle til å løpe sin vei, men stoppet da han så politimannen;
10.: ~ in 1. *på hotell:* sjekke inn *(fx we checked in last night);* **~ sby in at a hotel** bestille rom for en på et hotell *(fx he checked us in at the George Hotel);* 2. *i flyhavn, etc om bagasje:* levere inn; 3. *på arbeidsplass:* **~ in (for work)** sjekke inn;
11.: ~ out 1. *på hotell:* (betale regningen og) reise;

sjekke ut *(fx you must check out before 12 o'clock);* 2. *på arbeidsplass:* gå; sjekke ut; 3. *især* **US:** kontrollere; sjekke opp; **their credentials -ed out** papirene deres viste seg å være i orden; *(jvf 14);* **12.: ~ on** sjekke; kontrollere; undersøke; foreta undersøkelser angående; *(se 13: ~ up);*
13.: ~ up (on) *når man har en mistanke:* sjekke *(fx the police checked up on him; the police checked him up);*
14.: ~ with 1. spørre; høre med *(fx I must check with Peter first);* 2. *især* **US***(=agree with)* stemme overens med *(fx this report checks (out) with the other); (se checked).*
III. check *adj(=checked)* med rutemønster; rutet *(fx a check skirt).*
checkable ['tʃekəbl] *adj:* som kan sjekkes; som kan etterprøves; som det lar seg gjøre å kontrollere.
checkbook ['tʃek,buk] *subst* **US***(=chequebook)* sjekkhefte.
checked [tʃekt] *adj:* med rutemønster; rutet *(fx a checked shirt).*
checker ['tʃekə] *subst; især* **US 1***(=cloakroom attendant)* garderobevakt; **2***(=cashier; check-out girl)* kasserer (i supermarked).
checkers ['tʃekəz] *subst; brettspill* **US***(=draughts)* dam.
I. check-in ['tʃek,in] *subst(=checking-in)* innsjekking; innsjekk; **who's doing the ~ today?** hvem er det som har (*el.* tar seg av) innsjekken i dag? *flyv:* **baggage ~** bagasjeinnlevering; innsjekking av bagasjen.
II. check-in [,tʃek'in] *adj:* innsjekkings-.
check-in time innsjekkingstid; innsjekktid.
checking account US*(=current account)* sjekkonto.
check list sjekkliste.
I. checkmate ['tʃek,meit] *subst* **1.** sjakkmatt; trekk som gjør sjakkmatt; **2.** *fig(=utter defeat)* sjakkmatt;*(=deadlock)* situasjon som har låst seg *(fx they've reached checkmate).*
II. checkmate *vb* **1.** gjøre sjakkmatt; **2.** *fig; om person(=defeat)* gjøre sjakkmatt; *om plan, etc:* forhindre; sette en stopper for *(fx he's checkmated any chance of progress).*
check nut kontramutter.
I. check-out ['tʃek,aut] *subst* **1.** utsjekking; utsjekk; **2***(=check-out time)* utsjekktid; **3.** *i supermarked(=check-out point)* kasse.
II. check-out [,tʃek'aut] *adj:* utsjekkings- *(fx time).*
check-out girl *(,***US:** *checker)* kassadame (i supermarked).
checkpoint ['tʃek,pɔint] *subst; fx ved grense:* kontrollpost.
checkrail ['tʃek,reil] *subst; jernb(=guard rail)* styreskinne; *(se guard rail)*
checkroom ['tʃek,ru:m, 'tʃek,rum] *subst* **US 1***(=left-luggage office)* bagasjeoppbevaring; **2***(=cloakroom)* garderobe.
check-up ['tʃek,ʌp] *subst* **1.** undersøkelse; oppsjekking; **2.: (medical) ~** legeundersøkelse.
I. cheek [tʃi:k] *subst* **1.** *anat:* kinn; *fig:* **~ by jowl** side om side; tett sammen *(fx the soldiers were packed cheek by jowl in the back of a lorry); fig:* **he said it with his tongue in his ~** han sa det for spøk, han mente det ikke bokstavelig; *fig:* **turn the other ~** vende det andre kinnet til; **2.** *på skrustikke:* bakke; **3.** *anat* **T***(=buttock)* rumpeballe; **4. T***(=impudence)* frekkhet; uforskammethet; **he had the ~ to refuse me entrance** han var frekk nok til å nekte meg å komme inn.
II. cheek *vb(=be cheeky to)* være frekk mot *(fx sby).*
cheeky ['tʃi:ki] *adj* **T:** frekk; uforskammet.
I. cheep ['tʃi:p] *subst* **1.** kvidring; kvidder; **2.: not a ~** ikke et ord; ikke en lyd.
II. cheep *vb; om fugl:* pipe; kvidre.
I. cheer [tʃiə] *subst* **1.** hurrarop; heiarop; bifallsrop; **2.** munterhet; godt humør; **3.: be of good ~** være ved godt mot; *(se cheers).*
II. cheer *vb* **1.** rope hurra; rope hurra for; **2.** *sport:* heie; heie på; **3.: ~ up** 1. bli i bedre humør; **do ~ up and try to smile!** smil nå og forsøk å få opp humøret! 2. sette i bedre humør; muntre opp; **we tried to ~ him up** vi prøvde å få ham i bedre humør.
cheerful ['tʃiəful] *adj* **1.** glad; fornøyd; i godt humør; **2.** munter *(fx a cheerful smile);* gledelig *(fx cheerful news);* **a ~ room** et lyst og vennlig rom; et hyggelig rom; **~ help** velment hjelp; begeistret hjelp; **a ~***(=friendly)* **atmosphere** en hyggelig stemning; **let's try to be ~ about it** la oss forsøke å ta det med godt humør.
cheerfully *adv:* med glede; uten sure miner; med godt humør *(fx he put up with it cheerfully).*
cheering ['tʃiəriŋ] *subst:* hurrarop; heiarop.
cheering gang*(=cheering crowd)* heiagjeng.
cheerio [,tʃiəri'ou] *int* **T:** morn så lenge; ha det.
cheerless ['tʃiəlis] *adj; stivt(=gloomy)* trist; lite hyggelig *(fx a cheerless room).*
cheers ['tʃiəz] *int* **T 1.** skål; **2***(=cheerio; goodbye)* morn så lenge; ha det.
cheery ['tʃiəri] *adj:* munter.
I. cheese [tʃi:z] *subst:* ost; **say ~!** smil pent (til fotografen)! **S: big ~** kjendis; storkar.
II. cheese *vb* **S 1.** *om fange(=grovel)* krype; være underdanig; **2.: ~ it** 1. ta bena på nakken; 2. hold opp! hold kjeft! *(se cheesed off).*
cheeseboard ['tʃi:z,bɔ:d] *subst:* osteanretning (på brett); ostebrett.
cheesecake ['tʃi:z,keik] *subst* **1.** engelsk ostekake; **2. S:** pin-up bilde; *(jvf beefcake).*
cheesed ['tʃi:zd] *adj* **S: -d off** lut lei det hele.
cheese factory ysteri.
cheeseparing ['tʃi:z,pɛəriŋ] **1.** *subst; neds (=stinginess)* gnieraktighet; overdreven sparsommelighet; smålighet; **2.** *adj:* gjerrig; gnieraktig; smålig.
cheese rind osteskorpe.
cheese straw *bakverk:* ostepinne.
cheesy ['tʃi:zi] *adj:* osteaktig.
cheetah ['tʃi:tə] *subst; zo:* gepard.
chef [ʃef] *subst:* **(head) ~** overkokk; kjøkkensjef; **executive ~***(=chef de cuisine) ved større etablissement, med administrative oppgaver:* kjøkkensjef.
chemical ['kemikəl] **1.** *subst:* kjemikalie; **2.** *adj:* kjemisk.
chemical engineering kjemiteknikk.
chemical engineer kjemiingeniør (vesentlig med kjemiteknikk); *(jvf chemical scientist).*
chemical science *fag:* kjemi (vesentlig almen og teoretisk).
chemical scientist kjemiingeniør (vesentlig med almen og teoretisk kjemi); *(jvf chemical engineer).*
chemical technician: (graduate) ~ kjemitekniker.
chemical (wood-)pulp kjemisk masse; *(jvf chemimechanical (wood-)pulp*
chemi-mechanical (wood-)pulp kjemimekanisk masse.
chemist ['kemist] *subst* **1.** kjemiker; **2.: dispensing ~***(=pharmaceutical chemist)* apoteker; farmasøyt; **3***(=chemist's shop)* apotek.
chemist's (shop) *(,***US:** *drugstore)* apotek.
chemistry ['kemistri] *subst:* kjemi; *(jvf chemical science).*
cheque *(,***US:** *check)* [tʃek] *subst:* sjekk; **cash a ~** heve en sjekk; **pay by ~** betale med sjekk; **a ~ for £50** en sjekk på £50; **write***(=make)* **out a ~ to sby**

skrive ut en sjekk til en; **the ~ has bounced** sjekken er avvist i banken grunnet manglende dekning.
chequebook *(,US: checkbook) subst:* sjekkhefte.
I. chequer ['tʃekə] *subst* **1.** rutemønster; **2.** rute (i rutemønster).
II. chequer *vb:* lage rutemønster; *fig:* **a -ed career** en omtumlet tilværelse.
chequers ['tʃekəz] *subst(=draughts)* dam; *(jvf checkers).*
cherish ['tʃeriʃ] *vb; stivt* **1***(=love)* elske; sette høyt; **2.** *fig:* verne om; **~ old traditions** verne om gamle tradisjoner; **he -es the hope that** han nærer det håp at; **~ ambitions** ha ambisjoner.
cherished ['tʃeriʃt] *adj:* elsket; (høyt) skattet.
cherry ['tʃeri] *subst; bot:* kirsebær.
cheery brandy kirsebærlikør.
cherub ['tʃerəb] *subst:* kjerub.
chervil ['tʃə:vil] *subst; bot:* kjørvel.
chess [tʃes] *subst:* sjakk; **a game of ~** et parti sjakk.
chessboard ['tʃes,bɔ:d] *subst:* sjakkbrett.
chest [tʃest] *subst* **1.** *anat; også om lunger, etc:* bryst; brystkasse; **2.: get it off one's ~** snakke ut om det (som bekymrer en); lette sitt hjerte; **3.** kiste; **linen ~** lintøykiste; **medicine ~** medisinskrin; **tool ~***(=tool box)* verktøykasse; **~ of drawers** kommode.
chest note *mus:* brysttone.
I. chestnut ['tʃes,nʌt] *subst* **1.** *bot:* kastanje; **horse ~** vill kastanje; hestekastanje; **sweet ~** edelkastanje; **2.** kastanjebrunt; **3.** *om hest:* fuks; **4.: an old ~***(=an old joke)* en gammel traver *(fx not that old chestnut again!).*
II. chestnut *adj:* **~ hair** kastanjebrunt hår.
cheviot ['tʃeviət] *subst; tekstil:* sjeviot.
chevron ['ʃevrən] *subst* **1.** *mønster:* vinkel; **2.** *mil; ermedistinksjon:* vinkel; **T:** stripe; *(jvf distinguishing badge);* **3.** *her:* sparre.
I. chew [tʃu:] *subst* **1.** tygg *(fx when he had toothache each chew was agony);* **2.** noe å tygge på *(fx cherry-flavoured chews);* **a ~***(=quid)* **of tobacco** en skrå.
II. chew *vb* **1.** tygge; **~ the cud** tygge drøv; *fig:* **bite off more than one can ~** ta seg vann over hodet; påta seg mer enn man kan makte; **2. S: ~ the fat***(=rag)* prate; diskutere frem og tilbake; **3.** *fig:* **~ sth over** tygge på noe; **4.: ~ up** tygge i stykker; male i stykker; **S: all -ed up***(=nervous)* nervøs *(fx he was all chewed up about it).*
chewing gum *(,S:gum)* tyggegummi.
chewing tobacco skråtobakk.
chewy ['tʃu:i] *adj:* seig og klebrig.
chic [ʃi:k; ʃik] **1.** *subst:* eleganse; chic; **2.** *adj:* chic; elegant; fiks *(fx a chic dress; she always looks very chic).*
chicane [ʃi'kein] *subst* **1.** *kortsp:* hånd uten trumf; **2.** *i bilveddeløp(=moveable barrier)* hinder.
chick [tʃik] *subst* **1.** *zo:* kylling; fugleunge; **2. S:** kjei; skreppe.
chickadee ['tʃikə,di:] *subst; zo* **US: black-capped ~***(=willow tit)* granmeis.
I. chicken ['tʃikin] *subst* **1.** (ung) høne; **2.** *som mat:* kylling; **3. S:** feiging; **4. S:** grønnskolling; **5. S: she's no (spring) ~** hun er ingen ungsau lenger; **6.: count one's -s before they are hatched** selge skinnet før bjørnen er skutt.
II. chicken *vb:* **~ out** trekke seg fordi man er redd.
chicken farm*(=poultry farm)* hønseri.
chickenfeed ['tʃikin,fi:d] *subst; fig* **S:** småpenger.
chicken-hearted ['tʃikin,ha:tid] *adj:* **to be ~** være en reddhare.
chickenpox ['tʃikin,pɔks] *med.:* vannkopper.
chicken-run ['tʃikin,rʌn] *subst:* hønsegård.
chicken wire hønsenetting; **~ fence** gjerde av hønsenetting.
chickpea ['tʃik,pi:] *subst; bot:* bukkeert.
chickweed ['tʃik,wi:d] *subst; bot:* **(common) ~** vassarve; **jagged ~** fuglearve.
chicory ['tʃikəri] *subst; bot* **1***(=succory)* sikori; **2. US***(=curly endive)* sikorisalat; julesalat; *(jvf endive).*
chide ['tʃaid] *vb; stivt(=scold)* skjenne på.
I. chief ['tʃi:f] *subst* **1.** sjef; **US: ~ of police** politimester; *(se NEO politimester); mil:* **~ of staff** stabssjef; **2***(=chieftain)* høvding; **3.** *her.:* skjoldhode; **4.: in ~** sjef-; øverst-; *i avis:* **editor in ~** sjefredaktør; *mil:* **commander-in- ~** øverstkommanderende; *(se I. boss; commander; I. head; leader 1; manager).*
II. chief *adj* **1.** viktigst *(fx the chief thing to remember);* **the ~ police officer** den høyeste polititjenestemannen; **2.** *ofte(=main)* hoved-; **~ cause** hovedårsak; **~ constituent** hovedbestanddel; **~ point** hovedpunkt; *(se III. main; II. principal).*
chief accountant hovedbokholder; *jernb:* økonomidirektør.
chief auditor hovedrevisor.
chief building inspector *i kommune:* bygningssjef; *(se NEO rådmann).*
chief cashier 1. hovedkasserer; **2.** *i kommune:* kommunekasserer; kemner.
chief civil engineer *jernb:* banedirektør; jernbanedirektør; *(se NEO jernbanedirektør).*
chief (,senior) conservation officer teknisk førstekonservator.
chief consultant sjefkonsulent; *(se consultant).*
chief contents *pl:* hovedinnhold.
chief editor sjefredaktør; hovedredaktør.
(chief) education officer*(=director of education)* skoledirektør; **deputy ~** skoleinspektør; *(se NEO skoledirektør; skoleinspektør).*
chief engineer 1. sjefsingeniør; overingeniør; *(se NEO overingeniør);* **2.** *mar:* maskinsjef.
chief engineer's log *mar:* maskindagbok.
chief establishment and staff officer *jernb:* personaldirektør; jernbanedirektør; *(se NEO jernbanedirektør).*
chief executive 1. *i aksjeselskap(=managing director; US især: president)* administrerende direktør; *(jvf managing director; president 2 & 3);* **2. UK** *i kommune:* **~ (officer)***(=city manager;* **US:** *city manager)* administrasjonssjef.
chief financial officer*(=city (,borough) treasurer)* finansrådmann.
chief inspector 1. politiførstebetjent; politistasjonssjef; *(se NEO politistasjonssjef);* **2.: ~ of the Inspectorate of Ancient Monuments and Historic Buildings** riksantikvar.
chief justice *i flere Commonwealth-land:* høyesterettsjustitiarius; **Chief Justice of the United States** høyesterettsjustitiarius; *(se Lord Chief Justice).*
chiefly ['tʃi:fli] *adj:* hovedsakelig; først og fremst *(fx she became ill chiefly because she didn't eat enough).*
chief mechanical and electrical engineer *jernb:* elektrodirektør; jernbanedirektør; *(se NEO jernbanedirektør).*
chief merit *fig:* hovedfortjeneste.
chief motive hovedmotiv.
chief negotiator forhandlingsleder.
Chief of Defence *mil:* forsvarssjef.
Chief of Defence Staff *mil:* sjef for forsvarsstab.
chief officer *i kommune:* rådmann; *(jvf chief financial officer; se NEO rådmann).*
Chief of the Imperial General Staff *(fk CIGS)* **(,US:**

Chief of Staff of the Army) sjef for hæren.
Chief of Naval Operations US*(=First Sea Lord)* generalinspektør for sjøforsvaret; *(jvf inspector general).*
chief of staff *mil:* stabssjef.
chief park warden *i østafrikansk land:* øverste sjef for nasjonalparkene og reservatene; *(se park warden).*
chief petty officer *(fk CPO) også* **US:** kvartermester 1; **US***(,***UK:** *intet tilsv):* **senior ~** *(fk SCPO)* flaggkvartermester; *(se petty officer; NEO flaggkvartermester; kvartermester).*
chief physician (,surgeon) overlege.
chief press officer pressesjef.
chief psychologist*(=principal psychologist)* sjefpsykolog.
chief radio officer *mar:* sjefstelegrafist.
chief*(=senior)* **resident US***(=senior registrar)* reservelege; (også om viktigere stilling som) assistentlege; *(se NEO assistentlege; kvalifikasjonskandidat; reservelege).*
chief scientific officer*(=director of research)* forskningssjef.
chief signal and telecommunications engineer *jernb:* elektrodirektør; jernbanedirektør; *(se NEO jernbanedirektør).*
chief signalman *jernb:* stillverksformann.
chief stewardess *mar:* oldfrue; **assistent ~** oldfrueassistent; *(jvf housekeeper; stewardess).*
chief superintendent *intet tilsv; svarer i rang omtr til:* politiadjutant; politifullmektig.
chieftain ['tʃi:ftən; 'tʃi:ftin] *subst(=chief)* høvding.
chieftaincy ['tʃi:ftənsi; 'tʃi:ftinsi], **chieftainship** ['tʃi:ftənʃip; 'tʃi:ftinʃip] høvdingverdighet.
chief technical officer *(,***US:** *assistant professor)* førsteamanuensis; *(jvf senior scientific officer).*
chief trading standards officer justerdirektør.
chiffon [ʃi'fɔn; 'ʃifɔn] *subst; tekstil:* chiffon.
chilblain ['tʃil,blein] *subst; med.:* frostknute.
child [tʃaild] *subst (pl: children* ['tʃildrən]*) også fig:* barn; **young -ren***(=little children)* små barn; småbarn; **a ~ of God** et Guds barn; **be with ~***(=be pregnant)* være gravid; være med barn.
child-bearing ['tʃaild,bɛəriŋ] *subst:* barnefødsel; **of ~ age** i befruktningsdyktig alder; **past ~** for gammel til å få barn.
childbed ['tʃaild,bed] *subst:* barselseng; **die in ~** dø i barselseng.
child benefit barnetrygd.
childbirth ['tʃaild,bə:θ] *subst:* fødsel.
child care 1. barnevern; barnevernsarbeid; **2.** barneomsorg; ungestell; **split the ~** dele på ungestellet.
child care department barnevernsnemnd.
child-centred ['tʃaild,sentəd] *adj; skolev:* som setter barnet i sentrum.
childhood ['tʃaild,hud] *subst:* barndom; barndomsliv; **from ~ (onwards)** fra barndommen av; **the home of one's ~***(=one's home as a child)* ens barndomshjem; **enter one's second ~** begynne å gå i barndommen.
childhood friend barndomsvenn.
childish ['tʃaildiʃ] *adj:* barnslig; barnaktig.
childishness ['tʃaildiʃnis] *subst:* barnslighet; barnaktighet.
child labour barnearbeid; det å benytte barn som arbeidskraft.
childlike ['tʃaild,laik] *adj:* barnlig; barnslig.
childminder ['tʃaild,maində] *subst:* dagmamma.
child-proud ['tʃaild,praud] *adj:* **she's very ~** hun er en ordentlig myrsnipe.
children's nurse barnepleier; **UK,** *ikke i Norge:* **sick ~** barnesykepleier; **registered sick ~** *(fk RSCN)* barnesykepleier med offentlig godkjenning.
children's officer UK: tilsynsverge for barn; **a child supervised by a ~** et barn som står under tilsyn av barnevernsnemnda; *(jvf probation officer).*
child's play *om noe som er lett:* barnemat *(for* for).
child star barnestjerne.
Chile ['tʃili] *subst; geogr:* Chile.
Chilean ['tʃiliən] **1.** *subst:* chilener; **2.** *adj:* chilensk.
I. chill [tʃil] *subst* **1.** kjølighet; **there's a ~ in the air** det er kjølig i luften; **take the ~ off** kuldslå; **2.** lett forkjølelse *(fx I think I've caught a chill);* **3.** *fig:* kulde; **the bad news cast a ~ over the proceedings** de dårlige nyhetene la en klam hånd over møtet; **4.** *støpeform(=chill mould)* kokille.
II. chill *vb* **1.** avkjøle *(fx the wine);* bli kald; **he was -ed to the bone** han ble isnende kald; **2.** *fig:* legge en demper på *(fx sby's enthusiasm).* **3.** *met(=chill -cast)* kokillestøpe.
III. chill *adj(=chilly)* kjølig; **a ~ wind** en kjølig vind.
chilly ['tʃili] *adj* **1.** kjølig; **2.** *fig:* kjølig; uvennlig; **a ~ stare** et kjølig blikk.
I. chime ['tʃaim] *subst:* klokkespill; ringing *(fx the chime of the church bell).*
II. chime *vb* **1.** kime; ringe; **2.** slå *(fx the grandfather clock chimed 9 o'clock).*
chimney ['tʃimni] *subst* **1.** skorstein; skorsteinspipe; **2.** *især gammelt og stort:* ildsted; **3.** *fjellsp:* skorstein; **4.** *på parafinlampe:* lampeglass.
chimneypiece ['tʃimni,pi:s] *subst(=mantelpiece)* kaminhylle.
chimneypot ['tʃimni,pɔt] *subst; ovenpå skorstein (av tegl el. metall):* røykhatt.
chimney stack skorsteinspipe.
chimney sweep(er) skorsteinsfeier.
chimp [tʃimp] *subst; zo* **T***(=chimpanzee)* sjimpanse.
chimpanzee [,tʃimpæn'zi:] *subst; zo:* sjimpanse.
chin [tʃin] *subst; anat:* hake; **keep your ~ up** opp med humøret.
China ['tʃainə] *subst; geogr:* Kina.
china *subst:* porselen.
Chinaman ['tʃainəmən] *subst; neds:* kinamann.
Chinatown ['tʃainə,taun] *subst:* kineserkvarter.
chine [tʃain] *subst* **1.** ryggben (på slakt); **2.** åskam; **3.** *i søreng:* dyp sprekk i fjellsiden.
Chinese [tʃai'ni:z] **1.** *subst:* kineser; *om språket:* kinesisk; **2.** *adj:* kinesisk.
chink ['tʃiŋk] *subst(=fissure)* sprekk; *fig:* **a ~ in one's armour***(=a weak spot)* akilleshæl *(fx there's a chink in everyone's armour).*
I. chip [tʃip] *subst* **1.** flis; skall; skår *(fx there's a chip in the edge of this saucer);* **2.** *EDB:* brikke; **3***(=counter)* spillemerke; sjetong; **4.** *sagbr:* **-s** flis; **5.: -s** *(,***US:** *French fries)* stekte poteter; pommes frites; **6. US.: -s***(=crisps)* potetgull; **7.: he's a ~ off the old block** han ligner på opphavet; han er et eksempel på at eplet ikke faller langt fra stammen; **8.: when the -s are down** når det virkelig blir alvor; når det kommer til stykket; **9.: he has a ~ on his shoulder** han tåler ikke å snakkes til; han reiser bust for et godt ord; **they have a ~ on their shoulder about the police** de er i opposisjon til politiet; de nærer en dyp mistillit til politiet.
II. chip *vb* **1.** hogge en flis av; slå et skall av; lage skår i; **the table was -ped** det gikk en flis av bordet; **this glass -ped when I knocked it over** det ble skår i dette glasset da jeg veltet det; **2.** *golf:* slå et kort slag *(fx he chipped the ball on to the green); fotb:* **he -ped the ball to the goalkeeper** han vippet ballen bort til keeper; **3.: ~ in** 1. *i samtale:* bryte inn *(fx he chipped in with a remark);* 2. *om penger:* bidra *(fx I'll chip in with five pounds).*
chipboard ['tʃip,bɔ:d] *subst:* sponplate.
chipolata [,tʃipə'la:tə] *subst:* såsiss.

chiropodist [ki'rɔpədist] *subst:* fotpleier.
chiropody [ki'rɔpədi] *subst:* fotpleie.
chiropractic [,kairə'præktik] *subst:* kiropraktikk.
chiropractor ['kaiərə,præktə] *subst:* kiropraktiker.
I. chirp [tʃə:p] *subst; om fugl:* pip; kvidder.
II. chirp *vb:* pipe; kvidre *(fx the birds are chirping);* **the cicadas are -ing** sikadene synger.
I. chirrup ['tʃirəp] *subst:* intens kvidring.
II. chirrup *vb:* kvidre intenst; **the crickets are -ing** sirissene synger.
I. chisel ['tʃizəl] *subst:* hoggjern; meisel; **bevel-edge(d)** ~ faset hoggjern; stikkjern; **firmer** ~ rettkantet hoggjern.
II. chisel *vb* **1.** meisle; hogge ut; skjære ut; **2. S:** snyte.
chit [tʃit] *subst* **1. T***(=brief note)* lapp; lite notat *(fx hand in a chit stating your expenses);* **2***(=requisition)* rekvisisjon; **3.** *i forb med bargjeld, etc:* skyldseddel; gjeldsbevis; **4.** *neds:* **a mere ~ of a girl** en (frekk) liten jentunge.
chitchat ['tʃit,tʃæt] **1.** *subst:* småprat; småsladder; **2.** *vb:* småprate; småsladre.
chivalrous ['ʃivəlrəs] *adj; stivt(=gallant; courteous)* ridderlig; gallant.
chivalry ['ʃivəlri] *subst; stivt(=gallantry; courtesy)* ridderlighet; galanteri; **the age of** ~ riddertiden.
chives ['tʃaivz] *subst; bot(=chive garlic)* gressløk; **a bunch of** ~ en bunt gressløk.
chiv(v)y ['tʃivi] *vb* **1.** plage; herse med; **2.** jage *(fx he chivvied them about).*
chloric ['klɔ:rik] *adj; kjem:* klor-; som inneholder klor.
chloric acid *kjem:* klorsyre.
chlorine ['klɔ:ri:n] *subst; kjem:* klor.
chloroform ['klɔrə,fɔ:m] **1.** *subst; kjem:* kloroform; **2.** *vb:* kloroformere.
chlorophyll *(,US: chlorophyl)* ['klɔrəfil] *subst:* klorofyll; bladgrønt.
choc-ice ['tʃɔk,ais] *subst:* is med sjokoladetrekk.
I. chock [tʃɔk] *subst* **1.** *som skal hindre at noe forskyver seg:* (tre)kloss; kile; **2.** *mar:* halegatt.
II. chock *vb* **1.** klosse opp; støtte opp med klosser; **2.:** ~ **up***(=cram full)* tettpakke.
III. chock *adv (as closly or tightly as possible)* helt *(fx chock against the wall).*
chock-a-block [,tʃɔkə'blɔk] *adv* **1.** *mar(=with the blocks brough close together)* blokk-i-blokk; **2***(=chock-full)* proppfull.
choc bun vannbakkels med sjokoladeovertrekk; *(se NEO vannbakkels).*
chock-full [,tʃɔk'ful] *adj; etteranstilt(=crammed)* proppfull *(fx his pockets are chock-full of rubbish).*
I. chocolate ['tʃɔklit] *subst* **1.** sjokolade; **household***(=cooking)* ~*(=block chocolate)* kokesjokolade; ~ **(for eating)** spisesjokolade; **a bar of** ~ en sjokolade(stang); **2.** konfekt; **a box of (assorted) -s** en eske konfekt; **3.: a cup of hot** ~ en kopp sjokolade.
II. chocolate *adj* **1.** sjokolade- *(fx chocolate cake);* **2***(=chocolate-coloured)* sjokoladefarget.
(chocolate) eclair ['tʃɔklitə'klɛə] *subst:* avlang vannbakkels med sjokoladetrekk og eggekremfyll; *(se NEO vannbakkels).*
chocolate-iced ['tʃɔklit,aist] *adj(=with chocolate icing)* med sjokoladetrekk.
chocolate icing *(,US: chocolate frosting)* melisglasur med sjokoladesmak; sjokoladetrekk.
chocolate mousse sjokoladefromasj.
I. choice [tʃɔis] *subst* **1.** valg *(fx he made a foolish choice; you have no choice);* **which car was your original** ~? hvilken bil hadde du opprinnelig valgt? **make one's** ~ treffe sitt valg; velge; **2***(=alternative)* alternativ; **what ~ did I have?** hvilken annen mulighet hadde jeg? **3.** utvalg; **a poor ~ of shoes** et dårlig utvalg i sko.
II. choice *adj* **1***(=excellent)* utsøkt *(fx choice wines);* **2.** *fig; ofte spøkef:* velvalgt *(fx he's a choice example of British manhood);* **some of her remarks were really** ~ noen av de bemerkningene hun kom med, var virkelig velvalgte.
choir [kwaiə] *subst* **1.** kor; sangkor; **he used to sing in the church** ~ han sang i kirkekoret engang; **2.** *del av kirke:* kor; **3***(=choir organ)* kor; annet manual.
choir leader forsanger.
choirmaster ['kwaiə,ma:stə] *subst:* korleder.
I. choke ['tʃouk] *subst; i forgasser:* choke.
II. choke *vb* **1.** holde på å kveles *(fx I'm choking!); fig; pga. sinne, etc:* kvele *(fx anger choked his words); også fig:* ~ **on it** få det i vrangstrupen; få det i halsen; **2.:** ~ **sby to death** kvele en; *truende:* **I'll ~ the life out of him!** jeg skal vri halsen om på ham! **3.** *om rør, etc(=block)* blokkere; stoppe til; **4. S:** dø; **5. S:** ~ **sby off** gi en en ordentlig overhaling; **6.:** ~ **up** 1. *om rør, etc(=block; choke)* blokkere; stoppe til; 2. *i passiv* **T: be -d up***(=be overcome)* bli overveldet (av følelser).
choker ['tʃoukə] *subst:* tettsluttende halstørkle el. halsbånd *(fx she wore a black velvet choker).*
cholera ['kɔlərə] *subst; med.:* kolera.
choleric ['kɔlərik] *adj; stivt(=bad-tempered)* kolerisk; oppfarende.
cholesterol [kə'lestə,rɔl] *subst; med.:* kolesterol.
choo-choo ['tʃu:,tʃu:] *subst; barnespråk(=train)* tøfftøff.
choose [tʃu:z] *vb (pret: chose; perf. part.: chosen)* **1.** velge; velge ut; velge seg ut; **always ~ a book carefully** vær alltid omhyggelig når du velger ut en bok; **a house of her own choosing** et hus hun selv har (,hadde) valgt; et hus hun velger selv; ~ **sby as one's successor** velge en til sin etterfølger; *(jvf elect);* **2.** finne det for godt å *(fx if he chooses to ring, let him do so);* gidde *(fx when he chooses to work);* ... **when he -s** når det passer ham; **if you** ~*(=if you like)* hvis du vil; hvis du foretrekker det *(fx you may stand if you choose);* **he chose to stay where he was** han foretrakk å bli hvor han var; **I don't ~ to read that book***(=I prefer not to read that book)* jeg foretrekker å ikke lese den boken; **3.: pick and** ~ velge og vrake; **4.: there's not much to ~ between them** de er omtrent like; det kan bli nesten det samme hvem av dem man velger.
choosy ['tʃfu:zi] *adj* **T:** kresen *(fx don't be so choosy!).*
I. chop [tʃɔp] **1.** hogg; det å hogge; **2.** avhogd stykke; **3.** kotelett; **4. S: get the** ~ 1*(=be sacked)* få sparken; 2. *om prosjekt, etc:* bli droppet *(fx that research project will be chopped).*
II. chop *vb* **1.** hogge *(fx chop wood);* hakke *(fx she chopped the meat into pieces);* ~ **down** hogge ned *(fx a tree);* ~ **up** hakke opp *(fx vegetables);* **2.:** ~ **logic** krangle om småting; **3.:** ~ **and change***(=keep changing (one's mind))* skifte mening hele tiden; stadig ombestemme seg.
chopper ['tʃɔpə] *subst* **1.** liten øks; **wood-**~ vedøks; **2. T***(=helicopter)* helikopter.
choppy ['tʃɔpi] *adj; om sjø:* krapp.
chops [tʃɔps] *subst; pl* **1.** *om dyr:* kjeft *(fx blood was dripping from the wolf's chops);* **2. T: lick one's** ~ slikke seg forventningsfullt om munnen.
chopsticks ['tʃɔp,stiks] *subst; pl:* spisepinner.
choral ['kɔ:rəl] **1.** *subst: se chorale;* **2.** *adj:* beregnet på kor; sunget av kor; kor-.
chorale, choral [kɔ'ra:l] *subst:* koral; salmemelodi.
choral singing korsang.

choral society sangforening.
chord [kɔ:d] *subst* **1.** *mus:* akkord; **strike a ~** slå an en akkord; **2.** *geom:* korde; **3.** *anat: se cord;* **4.** *glds; mus:* streng; **5.** *fig:* streng; **strike a ~** minne en om noe; få en til å huske noe; **touch a ~** røre ved en streng *(fx the orphan's smile touched a chord in the stern old lady's heart).*
chore [tʃɔ:] *subst:* arbeidsoppgave i huset; kjedelig jobb; kjedelig plikt; **she always does her -s in the morning** hun gjør alltid husarbeidet om morgenen.
choreography [,kɔri'ɔgrəfi] *subst:* koreografi.
chorister ['kɔristə] *subst:* korsanger; korgutt.
I. chortle ['tʃɔ:təl] *subst:* klukklatter *(fx he gave a chortle of delight).*
II. chortle *vb:* klukkle *(fx the baby chortled happily).*
I. chorus ['kɔ:rəs] *subst* **1.** *gruppe sangere:* kor *(fx a festival chorus);* **2.** *gruppe sangere el. dansere:* kor; **3.** omkved; refreng; **4.: they sang -es round the camp fire** de sang (sanger) i kor rundt leirbålet; **5.** *fig:* **a ~ of birds** et fuglekor; **6.** *fig:* kor *(fx of protest);* **a ~ of sighs** et kor av sukk; **the dawn ~** morgenkoret (dvs. lydene som tyder på at dagen har begynt); **7.: in ~** i kor.
II. chorus *vb:* si i kor; rope i kor.
chorus girl korpike; dansepike.
chosen ['tʃouzən] *adj:* utvalgt.
choux [ʃu:] *subst:* vannbakkels; *(se NEO vannbakkels).*
Christ [kraist] *subst:* Kristus.
christen ['krisən] *vb* **1.** døpe; **2.** *spøkef* **T:** innvie *(fx our new whisky glasses).*
Christendom ['krisəndəm] *subst:* kristenheten; den kristne verden.
christening ['krisəniŋ] *subst:* dåp.
christening robe dåpskjole.
Christian ['kristʃən] **1.** *subst:* kristen; **2.** *adj:* kristen *(fx he had a Christian upbringing).*
Christianity [,kristi'æniti] *subst:* kristendom.
Christianize, Christianise ['kristʃə,naiz] *vb:* kristne.
christian name *(,US: given name)* fornavn; døpenavn.
Christmas ['krisməs] *subst:* jul; **a merry ~** god jul.
Christmas box juleklapp.
Christmas card julekort.
Christmas carol julesang.
Christmas Day første juledag.
Christmas Eve julaften.
Christmas greeting julehilsen.
Christmas present*(=Christmas gift)* julegave.
Christmas rose*(=hellebore; winter rose)* julerose.
chrome [kroum] *subst; kjem(=chromium)* krom.
chrome yellow kromgul.
chromium ['kroumiəm] *subst; kjem:* krom.
chromium-plated ['kroumiəm,pleitid] *adj:* forkrommet.
chromosome ['kroumə,soum] *subst:* kromosom.
chronic ['krɔnik] *adj* **1.** *med.:* kronisk *(fx disease);* **2.** *fig:* kronisk *(fx smoker);* **3. T***(=very bad)* elendig *(fx the play was chronic); (=very serious)* meget alvorlig *(fx he left her in a chronic condition).*
chronicle ['krɔnikəl] **1.** *subst:* krønike; nedtegnelse av begivenheter i kronologisk rekkefølge; **2.** *vb:* nedtegne; skrive ned; nedskrive.
chronicler ['krɔniklə] *subst:* krønikeskriver.
chronological [,krɔnə'lɔdʒikəl] *adj:* kronologisk; **in ~ order** i kronologisk rekkefølge.
chronology [krə'nɔlədʒi] *subst:* kronologi.
chronometer [krə'nɔmitə] *subst:* kronometer.
chrysalis ['krisəlis] *subst; zo:* (sommerfugl)puppe; *(jvf pupa).*
chub [tʃʌb] *subst; zo; fisk (,T: loggerhead)* årbuk.
chubby ['tʃʌbi] *adj(=plump)* god og rund; rund (og trivelig) *(fx a baby's chubby face);* **he's becoming quite ~** han begynner å bli ganske rund.
I. chuck [tʃʌk] *subst* **1.** kast; **2.** *på dreiebenk:* kjoks; patron; **3.** *på slakt(=shoulder)* bog; **4. S: get the ~***(=be sacked)* få sparken.
II. chuck *vb* **1. T***(=throw)* kaste; **2.** klappe vennlig under haken; **3. T:** gi på båten *(fx she's chucked her boyfriend);* **~ in, ~ up** oppgi; slutte med.
chucker-out [,tʃʌkə'raut] *subst* **S***(=bouncer)* utkaster.
chuckle ['tʃʌkəl] **1.** *subst:* klukklatter; lav, klukkende latter; **2.** *vb:* le lavt og klukkende; klukkle.
chuff [tʃʌf] **1.** *subst; om lyden av lokomotiv, etc:* tøffing; **2.** *vb:* tøffe *(fx the train chuffed on its way).*
chuff-chuff *int(=puff-puff)* tøff-tøff.
chuffed *adj* **S***(=very pleased)* meget fornøyd.
chug [tʃʌg] **1.** *subst; om liten motor:* putring; tøffing; **2.** *vb:* putre; tøffe; *om dieselmotor:* dunke.
chum [tʃʌm] **1.** *subst* **T:** venn; kamerat *(fx a school chum);* **2.** *vb:* **~ up with** bli godvenner med.
chummy ['tʃʌmi] *adj* **T:** kameratslig; **be ~ with** være kamerat med.
chump [tʃʌmp] *subst* **1** *(thick heavy block of wood)* trekubbe; **2. T***(=fool)* tosk; **3. S***(=head)* knoll; **go off one's ~** bli skjør i knollen.
chunk [tʃʌŋk] *subst* **1.** *om tykt stykke el. skive:* blings *(fx a chunk of bread);* **-s of meat for the dog** kjøttstykker til hunden; **~ of wood** trekubbe; **2.** *om mengde:* **a ~ of** en god porsjon (med).
chunky ['tʃʌŋki] *adj* **1***(=thick and short)* kort og tykk; firskåren; **2.** solid; som ruver *(fx whisky glasses);* som er noe å bite i *(fx food).*
church [tʃə:tʃ] *subst:* kirke; **after ~** etter kirketid; *stivt:* **enter the Church***(=become a clergyman)* bli prest.
churchgoer ['tʃə:tʃ,gouə] *subst:* kirkegjenger.
church mouse: as poor as a ~ så fattig som en kirkerotte.
church service kirkegudstjeneste.
church warden kirkeverge.
church wedding kirkelig vielse; kirkebryllup.
churchyard ['tʃə:tʃ,ja:d] *subst:* kirkegård; *(jvf burial ground; cemetery; graveyard).*
churlish ['ʃə:liʃ] *adj(=bad-mannered and bad-tempered)* tølperaktig; uhøflig og gretten.
I. churn [tʃə:n] *subst* **1.** smørkjerne; **2.** (stort) melkespann *(fx he collects the milk from the farm in churns).*
II. churn *vb* **1.** kjerne *(fx butter);* **2.** *om propell, etc:* gå rundt; male rundt; kverne rundt; **-ing waters** frådende vannmasser; **3.** *fig:* gå rundt *(fx ideas were churning in his head);* **my stomach's -ing with anxiety** jeg er så engstelig at det slår seg på magen; **4.** *ofte neds* **T: ~ out** masseprodusere *(fx he's been churning out bad plays);* **~ out ideas** produsere ideer på løpende bånd; **~ out a song** lire av seg en sang; **5.: ~ up** male opp *(fx the big trucks churn up the roads).*
I. chute [ʃu:t] *subst* **T***(=parachute)* fallskjerm.
II. chute *subst* **1.** gliderenne; transportrenne; styrtsjakt; **rubbish ~** *(,US: garbage chute(=shoot))* søppelsjakt; **2.** *forst(=flume)* tømmerrenne; **3.** *på lekeplass:* rutsjebane; **4***(=rapid)* (elve)stryk.
cider ['saidə] *subst* **1***(,US: hard cider)* sider; alkoholholdig eplemost; **2. US: (sweet) ~***(=apple juice)* eplesaft.
c.i.f., CIF [sif] *(fk f cost, insurance, and freight)* cif *(ɔ: levert omkostnings-, forsikrings- og fraktfritt til mottagerstedet); (jvf f.o.b.).*
cigar [si'ga:] *subst:* sigar.
cigarette [,sigə'ret] *subst:* sigarett; **stub that ~ out!** stump den røyken!

cigarette end*(=cigarette stub)* sigarettstump.
cilium ['siliəm] *subst (pl: cilia) anat; bot:* cilie; *biol:* cilie; flimmerhår; svingtråd; svømmehår.
cinch [sintʃ] *subst* **1.** *S(=easy task)* lett sak; **2.** *S(=certainty):* **it's a ~ that he'll get the job** han får helt sikkert jobben; **3. US***(=saddle girth)* salgjord.
cinder ['sində] *subst:* sinders *(fx she searched among the cinders for her missing ring).*
Cinderella [,sində'relə] Askepott.
cinder track *sport; for løpere:* grusbane.
cine ['sini] *subst:* smalfilm; smalfilming.
cine camera *(,***US:** *movie camera)* smalfilmkamera.
cine film smalfilm.
cinema ['sinimə] *subst:* **1.** kino; **go to the ~** gå på kino; **2.: the ~** filmkunsten; **the Norwegian ~** norsk filmkunst; norsk film.
cinema performance kinoforestilling.
cine photographer: amateur ~ *(,***US:** *amateur movie -maker)* smalfilmamatør.
cinerary ['sinirəri] *adj:* **~ urn** askeurne.
cinereous [si'niəriəs] *adj(=greyish):* **~ bunting** tyrkerspurv.
cine work smalfilming.
cinnabar ['sinə,ba:] *subst:* sinnober; sinnoberrødt.
cinnamon ['sinəmən] *subst:* kanel.
cinquefoil ['siŋk,fɔil] *subst; bot:* mure; **creeping ~** krypmure; tepperot.
cipher, cypher ['saifə] *subst* **1.** chiffer(skrift); kode *(fx the message was written in cipher);* **2.** siffer; talltegn; *glds(=zero)* null; **3.** *om person:* null *(fx he's a mere cipher in this organization).*
circa ['sə:kə] *prep; foran årstall (fk c.; ca.)* ca. *(fx circa 188 B.C.; c. 1800).*
I. circle ['sə:kəl] *subst* **1.** *geom:* sirkel; **2.** krets; ring *(fx she was surrounded by a circle of admirers);* **she moves in wealthy -s** hun ferdes blant velstående mennesker; **3.** *teat* 1*(=dress circle)* balkong; balkongplass; 2*(=upper circle)* øverste galleri; **4.** *fig:* **run***(=go)* **round in -s** løpe rundt i ring (uten å få utrettet noe); **5.: argue in a ~** føre sirkelbevis; **6.** *fig:* **the wheel has come full ~** ringen er sluttet; **7.** *i stedsnavn:* (rund) plass.
II. circle *vb:* kretse; gå (,kjøre, *etc)* i ring; **we -d the town by car** vi kjørte rundt byen i bil; **please ~ the word which you think is wrong** vær så snill å tegne en ring rundt det ordet du mener er galt.
circlip ['sə:klip] *subst; tekn:* låsering; fjærring.
circlip pliers seegerringstang.
circuit ['sə:kit] *subst* **1.** kretsløp *(fx the earth's circuit round the sun); sport:* gang rundt banen; runde; **he ran three -s of the race track** han løp tre ganger rundt banen; **2.** *sport:* bane *(fx the York circuit is very flat);* **3.** *flyv:* landingsrunde *(fx I saw an Airtruck on the circuit, coming in to land);* **on the ~** i landingsrunden; **4.** *elekt:* strømkrets; krets; **5.** *jur:* tingreisedistrikt.
circuit breaker *elekt:* avbryter; strømbryter.
circuit judge dommer i "county court" eller "crown court"; *(jvf district stipendiary judge).*
circuitous [sə'kju:itəs] *adj; stivt(=roundabout):* **a ~ route** en omvei.
I. circular ['sə:kjulə] *subst:* rundskriv; sirkulære.
II. circular *adj* **1.** sirkelrund; rund; sirkel- *(fx a circular motion);* **2.** *om argumentasjon:* som kjører rundt i ring *(fx your argument seems to be rather circular);* **a ~ argument** et sirkelbevis; **3.: a ~ tour** en rundreise (*of* i).
circularity [,sə:kju'læriti] *subst:* sirkelform.
circularize, circularise ['sə:kjulə,raiz] *vb* **1.** sende rundskriv til; **2.** sende vervemateriell, etc. til.
circular letter rundskriv; sirkulære.
circulate ['sə:kju,leit] *vb* **1.** sirkulere *(fx blood circulates through the body);* **2.** *om rykte, nyhet, etc:* spre *(fx don't circulate the news);* **there's a rumour circulating that she's getting married** det går et rykte om at hun skal gifte seg; **3.** *i selskap:* sirkulere *(fx as hostess you are expected to circulate).*
circulation [,sə:kju'leiʃən] *subst* **1.** sirkulasjon; omløp; spredning *(fx the circulation of information);* **2.** *om avis:* opplag *(fx what's the circulation of that newspaper?);* **3.: in ~** 1. *om penger:* i omløp *(fx there are forged £5 notes in circulation);* 2. *om person:* ute blant folk *(fx she's back in circulation now).*
circulatory ['sə:kju,leitəri] *adj; med.:* sirkulasjons-; kretsløps-; **~ collapse** sirkulasjonssvikt.
circumcise ['sə:kəm,saiz] *vb:* omskjære.
circumcision [,sə:kəm'siʒən] *subst:* omskjæring.
circumference [sə'kʌmfərəns] *subst:* omkrets.
circumlocution [,sə:kəmlə'kju:ʃən] *subst; stivt:* omsvøp.
circumnavigate [,sə:kəm'nævi,geit] *vb(sail or fly completely around)* seile (,fly) rundt *(fx the world).*
circumnavigation ['sə:kəm,nævi'geiʃən] *subst:* **~ of the globe** jordomseiling; jordomflyvning.
circumscribe [,sə:kəm'skraib; 'sə:kəm,skraib] *vb* **1.** *geom:* omskrive *(fx a circle);* **2.** *stivt(=restrict)* begrense.
circumscription [,sə:kəm'skripʃən] *subst* **1.** *geom:* omskrivning; **2.** *stivt(=restriction)* begrensning; avgrensning; **3***(inscription around a coin or medal)* omskrift.
circumspect ['sə:kəm,spekt] *adj; stivt(=cautious; prudent)* (klok og) forsiktig.
circumspection [,sə:kəm'spekʃən] *subst:* omtanke; forsiktighet.
circumstance ['sə:kəmstəns] *subst* **1.** omstendighet; forhold; **in***(=under)* **the -s** slik som forholdene er (,var); slik som forholdene ligger (,lå) an; **under no -s (whatever)** ikke under noen omstendighet; **2.** *om pengeforhold:* **-s** omstendigheter; kår; **in good (,bad) -s** i gode (,dårlige) kår; **3.: pomp and ~** pomp og prakt.
circumstantial [,sə:kəm'stænʃəl] *adj* **1.** detaljert; utførlig; **a ~ account of what happened** en utførlig beretning om det som hendte; **2***(=incidental)* tilfeldig; **3.** som avhenger av omstendighetene; **4.: ~ evidence** indisiebevis.
circumvent [,sə:kəm'vent] *vb; stivt(=evade)* omgå *(fx the rules).*
circus ['sə:kəs] *subst* **1.** sirkus; sirkusforestilling; **2.** *i by:* rund, åpen plass *(fx Oxford Circus).*
circus ring manesje.
cirrhosis [si'rousis] *subst; med.:* **~ of the liver** skrumplever; levercirrhose.
cistern ['sistən] *subst:* cisterne.
citation [sai'teiʃən] *subst* **1.** sitat (som støtte for påstand); **2.** *mil:* omtale (for tapperhet) i dagsbefalingen; **3.** *jur (summons to appear in court)* stevning; innstevning (for retten).
cite [sait] *vb* **1.** sitere; anføre (som eksempel); **2.** *mil:* omtale (for tapperhet) i dagsbefalingen; **3.** *i skilsmissesak:* **be -d** bli nevnt (som den man har begått ekteskapsbrudd sammen med) *(fx she was cited as co-respondent).*
citizen ['sitizən] *subst* **1.** borger *(fx a citizen of London);* **2.** statsborger *(fx a British citizen; he is French by birth but is now a citizen of the USA);* **3.** samfunnsborger; (vanlig) borger *(fx the relations between students in the universities and local citizens);* **~ of the world** verdensborger.
citizenship ['sitizən,ʃip] *subst* **1.** stilling som samfunnsborger; **2.** statsborgerskap; borgerrett; **3.** *skolev:* samfunnslære; samfunnskunnskap.

city ['siti] *subst* **1.** by; **2. UK:** *ofte med bispesete og særlig status:* by; bykommune; **3.** forretningsstrøk.
city council *i by med status som 'city':* kommunestyre; *(jvf county borough council; town council); (se NEO kommunestyre).*
city engineer and surveyor oppmålingssjef og kommuneingeniør; *(jvf city surveyor); (se NEO rådmann).*
city manager *især* **US***(=chief executive offiser)* kommunal byrådsleder.
city surveyor oppmålingssjef; *(se NEO rådmann).*
civic ['sivik] *adj* **1.** by-; kommune-; **2.** borger-; ~ **duty** borgerplikt.
civic centre *i by:* administrasjonssentrum.
civics ['siviks] *subst; skolev* **1.** *om ens plikter som samfunnsborger(=citizenship)* samfunnslære; samfunnskunnskap; **2. US:** samfunnskunnkap.
civil ['sivil] *adj* **1.** borger-; samfunns-; **we all have ~ rights and duties** vi har alle rettigheter og plikter som samfunnsborgere; **2.** sivil; **what are you in ~ life?** hva er du i det sivile (liv)? **3***(=polite)* høflig.
civil aviation trafikkflyvning; **the Civil Aviation Authority***(=the CAA;* **US:** *the Federal Aviation Agency)* Luftfartsdirektoratet.
civil engineer anleggs- el. bygningsingeniør; *(se NEO ingeniør; sivilingeniør).*
civil engineering byggteknikk.
civilian [si'viljən] **1.** *subst:* sivilist; **2.** *adj:* sivil; ~ **casualties** sivile drepte og sårede; **a ~ job** en jobb i det sivile.
civility [si'viliti] *subst(=politeness; act of politeness)* høflighet.
civilization, civilisation [,sivilai'zeiʃən] *subst:* **1.** sivilisasjon; **2.** *univ:* **American (,British)** ~*(=American (,British) background)* amerikansk (,briisk) kulturkunnskap.
civilize, civilise ['sivi,laiz] *vb:* sivilisere.
civil law *jur:* sivilrett.
civil list UK: årlig bevilgning til kongehusets løpende utgifter; *(jvf privy purse).*
civil marriage borgerlig vielse.
civil servant ansatt i statsadministrasjonen; **senior ~** *kan gjengis:* embetsmann; **junior ~** *kan gjengis:* statstjenestemann.
civil service: the ~ statsadministrasjonen.
civil war borgerkrig.
cladding ['klædiŋ] *subst; tekn* **1.** *bygg:* kledning; **2.** *på rør, etc(=lagging)* kledning.
I. claim [kleim] *subst* **1.** krav; fordring; gjeldsfordring *(fx a claim for £10,000);* **2.** *fors:* erstatningskrav: *om summen:* erstatning; **3.** påstand.
II. claim *vb* **1.** kreve; **2.** *fors:* ~ **(insurance)** fremme krav (overfor et forsikringsselskap); ~ **against sby** reise krav mot en; **he may ~ for any loss he has suffered** han kan reise krav for eventuelt tap; **3.** påstå; hevde.
claimant ['kleimənt] *subst* **1.** fordringshaver; **2.: (benefit) ~** sosialklient.
claims inspector *fors:* takstmann; *(jvf engineer -assessor).*
clam [klæm] **1.** *subst:* spiselig musling; **2.** *vb:* ~ **up** bli taus; bli stum som en østers.
clamber ['klæmbə] **1.** *subst:* klyving; kravling; klatring; **2.** *vb:* klyve; klatre; kravle *(fx clamber over the rocks; clamber up the slope).*
clammy ['klæmi] *adj:* klam.
clamorous ['klæmərəs] *adj; stivt(=noisy)* larmende; skrikende; ~ **demands** høylytte krav.
clamour *(,US: clamor)* ['klæmə] **1.** *subst:* skrik (og skrål); høylytt krav *(fx there was a clamour from the audience to have their money returned);* **2.** *vb:* skrike (og skråle); ~ **for revenge** rope på hevn.

I. clamp [klæmp] *subst* **1.** skrutvinge; **2.** kloss; klamp; **3.** klemme.
II. clamp *vb* **1.** *om arbeidsstykke:* spenne fast; ~ **two pieces together** spenne to stykker sammen; **2.** *fig:* ~ **down on** slå ned på; ta hardere på; øve streng kontroll med.
clampdown, clamp-down ['klæmp,daun] *subst:* plutselig innstramning; energisk inngrep; hardere tiltak (*on* overfor).
clamp nut klemmutter; spennmutter.
clan [klæn] *subst:* klan.
clandestine [klæn'destin] *adj; stivt(=secret)* hemmelig *(fx marriage);* i smug; i (all) hemmelighet.
clang [klæŋ] **1.** *subst:* klang (av metall); klirring; rasling; **the ~ of the prison gates shutting** raslingen av fengselsportene som ble lukket; **2.** *vb:* klirre; gi fra seg en metallisk lyd; **the heavy gate -ed shut** den tunge porten smalt igjen.
clanger ['klæŋə] *subst* **T: drop a ~** tråkke i spinaten; gjøre en ordentlig brøler.
clangour, clangor ['klæŋgə, 'klæŋə] *subst:* (metall)-klang; klirring; larm.
clank [klæŋk] **1.** *subst; om metallisk lyd:* klirr *(fx the clank of the gates closing made an eerie sound);* **2.** *vb:* klirre; rasle; **the chains -ed together** lenkene slo mot hverandre.
clannish ['klæniʃ] *adj* **1.** med sterk slektsfølelse; klan-; **2.** *neds(=cliquish)* som rotter seg sammen *(fx a clannish set of people).*
clansman ['klænzmən] *subst:* medlem av en klan.
I. clap [klæp] **1.: a ~ of thunder** et tordenskrall; **2.** klapp *(fx he gave me a clap on the back);* **3.** applaus *(fx he deserves a good clap; they gave him a clap);* **4.** *med.:* gonorré; dryppert.
II. clap *vb* **1.** klappe *(fx clap loudly);* ~ **sby** klappe for en *(fx they clapped him vigorously);* ~ **one's hands in time to the music** klappe i takt med musikken; **2.** *om lett slag:* klappe *(fx he clapped him on the back and congratulated him);* **3.** *om plutselig handling:* **they -ped him in(to) jail** de kastet ham i fengsel; **he -ped his hat on** han klasket på seg hatten; **4.** *især i nektende setning* **T:** ~ **eyes on***(=catch sight of; see)* få øye på; se *(fx he had never clapped eyes on her before).*
clapper ['klæpə] *subst* **1.** en som klapper; **2.** *i klokke(=tongue)* knebel; klov; **3.: like the -s** lynraskt; lynrapt.
clapperboards ['klæpə,bɔ:dz] *subst; pl; film:* klapper.
claptrap ['klæp,træp] *subst:* talemåter.
claret ['klærət] *subst:* rødvin (især fra Bordeaux).
clarification [,klærifi'keiʃən] *subst* **1.** klaring; **2.** *fig:* avklaring.
clarify ['klæri,fai] *vb* **1.** *om væske:* klare; **2.** *fig:* klargjøre; presisere *(fx would you please clarify your last statement?);* **be clarified** bli avklaret *(fx two issues remain to be clarified).*
clarinet [,klæri'net] *subst; mus:* klarinett.
clarinettist *(,US: clarinetist)* [,klæri'netist] *subst; mus:* klarinettist.
clarion ['klæriən] *subst; mus* **1.** *i orgel(=clarion stop)* trompetregister; **2.** *hist:* trompet (med skingrende tone).
clarion call *fig:* fanfare; **there was a ~ to action** det ble blåst til kamp.
clarity ['klæriti] *subst; stivt(=clearness)* klarhet.
I. clash [klæʃ] *subst* **1.** *når (metall)gjenstander støter sammen:* klirring; klang *(fx of swords);* **the ~ of metal on metal** lyden av metall mot metall; **2.** *fig:* sammenstøt *(fx between strikers and the police);* **a ~ of personalities** en personlighetskonflikt; **a ~ of points of view** en meningskonflikt; helt motsatte syn; **a ~ of interests** en interessekonflikt; **a ~ of**

colours farger som slett ikke står til hverandre.
II. clash *vb* **1.** *om metall mot metall:* klirre *(fx their swords clashed);* skramle; skramle med; **2.** støte sammen *(fx the two armies clashed outside the town);* **3.** bli meget uenige; tørne sammen *(fx they clashed over the question of whether to approve the plan);* **they -ed at the last meeting** de røk i tottene på hverandre på forrige møte; **4.** *om farger:* **the colours ~** fargene står slett ikke til hverandre.
clasp [kla:sp] **1.** *subst; på halskjede; håndveske, etc:* lås; hekte; **2.** *vb:* omfavne; holde tett inntil seg.
clasp knife foldekniv.
I. class [kla:s] *subst* **1.** klasse; **an expensive ~ of house** en kostbar hustype; **2.** *i samfunnet:* klasse *(fx the working class; to which class does he belong?);* **~ often prevents friendships between certain people** klasseforskjellen stiller seg ofte hindrende i veien for vennskap; **3.** *skolev(jvf I. form 10):* klasse *(fx they're in the same class);* **4.** *skolev:* time; **during ~ (time)***(=in class)* i timen(e); **a French ~** en fransktime; *om lærer:* **take a ~** ha time; gå til time; *i videregående skole:* **take a Lower Sixth Form ~ in biology** ta en time i biologi i 2. klasse; **5.** *univ:* **first ~ (honours degree)** *(,T: first)* laud(abilis); *(se NEO innstilling 5);* **second ~ (honours degree)** *(,T: second)* haud (illaudabilis); **third ~ (honours degree)** *(,T: third)* non (condemnendus); *(se NEO immaturus);* **a high ~ of degree***(=a good degree)* en god (universitets)eksamen; **6.** *på tog, etc:* klasse; **travel***(=go)* **first ~** reise på første klasse; **7.** *mar:* klasse; **8. US** *om elever som tar avgangseksamen ved 'high school' samtidig:* årskull *(fx the class of '83);* **9. T:** stil *(fx that woman really has class; that girl's got class);* **10.: in a ~ by oneself, in a ~ of its own** i en klasse for seg; **11.: he's not in the same ~ with B** han er ikke i samme klasse som B; han kan ikke sammenlignes med B.
II. class *vb* **1.** klassifisere; ordne i klasser; **2.** regne som; **he -es all women as stupid** han mener alle kvinner er dumme; **~ among** regne med blant; **~ with** sette i klasse med.
class-conscious ['kla:s,kɔnʃəs] *adj:* klassebevisst.
class distinction klasseforskjell; klasseskille; **fight ~ in society** bekjempe klasseskillet i samfunnet.
classed books *i bibliotek:* faglitteratur.
class gap*(=class distinction)* klasseskille.
I. classic ['klæsik] *subst:* klassiker.
II. classic *adj* **1.** klassisk; velkjent *(fx a classic example);* **Lewis Carroll's ~ works for children** Lewis Carrolls fortrinlige (*el.* klassiske) barnebøker; **2.:** *se classical.*
classical ['klæsikəl] *adj* **1.** klassisk *(fx classical studies; classical music);* **a ~ scholar** en som har studert latin og gresk; **2.** *om stil, etc:* enkel *(fx a classical design).*
classicism ['klæsi,sizəm] *subst:* klassisisme.
classicist ['klæsisist] *subst:* klassisist; person som studerer de greske og romerske klassikere.
classification [,klæsifi'keiʃən] *subst:* klassifisering; inndeling i klasser; klassifikasjon.
classified ['klæsi,faid] *adj* **1.** klassifisert; **2.** *om dokument, etc:* sikkerhetsgradert.
classified advertisement*(=small ad)* rubrikkannonse.
classified catalogue *i bibliotek:* systematisk (emne)-katalog.
classified newspaper UK: avis som inneholder sportsresultater, især fotballresultater.
classified road UK: riksvei.
classified telephone directory*(=yellow pages)* **UK** *egen bok, svarer til vårt tillegg til telefonkatalogen:* fagfortegnelse.
classify ['klæsi,fai] *vb* **1.** klassifisere; inndele i klasser; ordne; systematisere; **2.** sikkerhetsgradere.
classing ['kla:siŋ] *subst:* klassifisering.
classroom ['kla:s,ru(:)m] *subst:* klasseværelse; klasserom.
class struggle klassekamp.
classy ['kla:si] *adj:* fin; flott; hyperelegant *(fx that's a really classy dress).*
I. clatter ['klætə] *subst* **1.** klapring *(fx of horses' hoofs);* larm; **the noisy ~ of children climbing the stairs** larm og ståk fra barn på vei oppover trappen; **the ~ of knives and forks** klirringen av kniver og gafler; **2***(=noisy talk)* skravling.
II. clatter *vb* **1.** klapre; klirre; klirre med *(fx she clattered the dishes in the sink);* **the children -ed downstairs** barna klapret ned trappen; **2***(=talk noisily)* skravle.
clause [klɔ:z] *subst* **1.** *jur:* klausul; paragraf; **2.** *gram; del av periode:* setning; **subordinate ~** bisetning; **main ~** hovedsetning.
claustrophobia [,klɔ:strə'foubiə] *subst; med.:* klaustrofobi.
clavicle ['klævikəl] *subst; anat(=collarbone)* krageben; nøkleben.
claw [klɔ:] **1.** *subst:* klo; **2.** *vb:* krafse; klore; bruke klørne på.
claw hammer klohammer.
clay [klei] *subst* **1.** leire; **2.** *fig(=wax)* voks.
clayey ['kleii] *adj* **1.** leiraktig; som ligner leire; **2.** leirholdig *(fx soil).*
clay pipe krittpipe.
I. clean [kli:n] *vb:* gjøre rent *(fx a room);* rense *(fx a chicken; a dress);* pusse *(fx windows; a rifle);* **~ out a room** gjøre grundig rent i et rom; **she -ed (the room) up** hun gjorde grundig rent (i rommet).
II. clean *adj* **1.** ren; **~ as a new pin***(=spotlessly clean)* gullende ren; **nice and ~** pen og ren; **keep the rooms ~** holde rent i rommene; **2.** renslig *(fx cats are very clean animals);* **3***(=blank)* ubeskrevet *(fx a clean page);* ren *(fx a clean sheet of paper);* **4.** plettfri *(fx he leads a clean life);* **have a ~ record** ha rent rulleblad; **5.** *om korrektur, etc:* relativt feilfri; lett å lese *(fx a clean copy);* **6.** *om prøveflyvning:* vellykket *(fx a clean test flight);* **7.** ikke usømmelig; pen *(fx a clean joke);* **8***(=neat and even):* **a blunt knife won't make a ~ cut** en sløv kniv skjærer ikke pent; **9.** *om linjeføring:* ren *(fx the ship has clean lines);* **10***(=thorough; complete):* **a ~ break with the past** et fullstendig brudd med fortiden; **11.** *sport, etc:* på forskriftsmessig måte; **a ~ throw** et rent kast; **12. UK** *om førerkort:* uten påtegninger; *(se NEO førerkort; påtegning);* **13. S***(=innocent)* uskyldig; **14. S: he's ~***(=he doesn't carry weapons or illegal drugs)* han har ingenting (ulovlig) på seg; **15.: make a ~ breast of it** *(,T: come clean)* tilstå det hele; **T:** pakke ut; **16.: make a ~ sweep** gjøre rent bord; **make a ~ sweep of** kvitte seg med *(fx the new manager made a clean sweep of all the lazy people in the department);* **17.: have a ~ bill of health** være frisk(meldt); **18.: start with a ~ slate** begynne på et nytt blad (etter å ha sonet for tidligere forbrytelser).
III. clean *adv:* fullstendig; helt; **I ~ forgot about it** det glemte jeg helt; **the bullet went ~ through his arm** kulen gikk rett gjennom armen hans.
cleaner ['kli:nə] *subst* **1.** rengjøringshjelp; vaskehjelp; vaskekone; renholdsassistent; rengjøringsbetjent; **2.** rensemiddel; renser; **3.: -('s), -s', -s***(=drycleaner's)* renseri; **same day -s** renseri som renser på dagen; **4.: firm of industrial -s** rengjøringsfirma.
cleaning ['kli:niŋ] *subst* **1***(=clean-up)* rengjøring; renhold; **2.** rensing; **3***(=purification)* renselse; **4.: ~ with compressed air** renblåsing.

cleaning agent rengjøringsmiddel.
cleaning compound(*=cleanser; cleansing agent*) rensemiddel.
cleaning staff(*=cleaners*) rengjøringspersonale.
cleanliness ['klenlinis] *subst:* renslighet.
I. cleanly ['klenli] *adj:* renslig.
II. cleanly ['kli:nli] *adv:* rent.
cleanse [klenz] *vb; også fig:* rense (*fx one's skin; he felt that he had been cleansed of guilt*).
cleanser ['klenzə] *subst:* rensemiddel.
clean-shaven [,kli:n'ʃeivən; *attributivt:* 'kli:n,ʃeivən] *adj:* glattbarbert.
cleansing agent(*=cleanser; cleaning compound*) rensemiddel.
cleansing cream rensekrem.
clean-up ['kli:n,ʌp] *subst* **1.** rengjøring; **2. T** *især* **US**(*=great profit*) kjempefortjeneste.
I. clear [kliə] *subst:* **in ~**(*=in clear text; in the clear*) i klartekst; **in the ~** 1(*=in clear text*) i klartekst; 2. ikke lenger mistenkt; utenfor fare; 3. *fotb*(*=unmarked*) udekket.
II. clear *vb* **1.** klarne (*fx the sky cleared*); **the fog -ed** tåken lettet; **his face -ed** han lyste opp i ansiktet; **2.** klare; rense; **~ one's throat** harke; kremte; *fig:* **~ the air** rense luften; **3.** frikjenne; fri for mistanke; renvaske; **4.** komme over (uten å berøre) (*fx he cleared the wall easily*); klare (*fx he cleared six feet*); gå klar av (*fx the car only just cleared the gatepost*); **5.** *merk:* klarere; **~ inwards (,outwards)** innklarere (,utklarere); **~ goods through Customs** tollklarere varer; **6**(*=make (a profit of)*) tjene (*fx he cleared £100 on that deal*); **7.** rydde; **~ the hall** rydde salen; **~ the road of snow** rydde veien for snø; brøyte; måke; **~ the table** ta (*el.* rydde) av bordet; **~ the way for** bane vei for (*fx the police cleared the way for the car*); (*jvf pave:* **~** *the way for*); **8.: ~ away** 1. rydde bort (etter måltid); 2. forsvinne (*fx the clouds have cleared away*); **9.: ~ off** 1. **T:** gå (sin vei); 2(*=settle*)*:* **~ off one's account** betale det man skylder (*fx you must clear off your account before we give you any more credit*); **10.: ~ out** 1. *om loftsbod, etc:* rydde ut (av); 2. gå (sin vei); stikke av (*fx clear out and leave me alone!*); 3. **S: they -ed him out** de tok det han hadde; de robbet ham til skinnet; **11.: ~ up** 1. rydde opp i (*fx clear up this mess*); *fig:* oppklare (*fx a misunderstanding*); **~ up any points of which you're not sure** skaff klarhet i det du eventuelt ikke er sikker på; 2. *om været:* klarne; 3. *om forbrytelse:* oppklare; 4. *med.:* **his infection has -ed up now** betennelsen hans er bedre nå.
III. clear *adj* **1.** klar (*fx glass; sky; explanation*); **it's ~ that**(*=it's plain that*) det er klart at; **I'm not quite ~ as to the meaning of that word** jeg er ikke helt klar over hva det ordet betyr; **2.** fri for hindringer; klar; **a ~ passage** fri passasje; **all ~ on the right!** alt klart fra høyre! **the way is ~ for you to do what you like** ingenting kan hindre deg i å gjøre hva du vil; *fig:* **the coast is ~** kysten er klar: **3.** *om hud:* ren; **4.** *om samvittighet*(*=good*) god (*fx a clear conscience*); **5**(*=complete*) fullstendig; klar (*fx victory*); **6.** *om lyd, note, etc:* klar; lys; tydelig; *fon*(*=light*) lys (*fx a clear 'l'*); **7.** *merk*(*=net*)*:* **a ~ profit of £100** en nettofortjeneste på £100; **they made a ~ profit** de tjente på det; de kom ut med (en netto)fortjeneste; **8.: three ~ days** tre hele dager (*fx the bank needs three clear days to deal with a cheque*); **9.: ~ about** sikker med hensyn til; sikker på (*fx are you quite clear about what you mean?*); **my memory is not ~ about**(*=on*) **that point** min hukommelse er ikke helt sikker på det punktet; **10.: ~ of** 1. klar av (*fx is the ship clear of the rocks?*); **keep ~ of the gate!** kom ikke borti porten! 2(*=free from*)*:* **~ of debt** uten gjeld; fri for gjeld; gjeldfri; **~ of all infection** ikke lenger betent; **11.: make oneself ~, make one's meaning ~**(*=make oneself understood*) gjøre seg forstått; **have I made myself ~?** har jeg uttrykt meg tydelig nok? **he made his meaning quite ~** det var helt tydelig hva han mente.
clearance ['kliərəns] *subst* **1.** rydding; opprydding; **the ~ of these trees from the front of the window will give you more light** når disse trærne som står foran vinduet, blir fjernet, vil du få mer lys; **2.** klaring (*fx a clearance of half a metre*); **3.** klarering (*fx the ship obtained (a) clearance to sail; have you received clearance from the managing director for that project?*); **~ inwards (,outwards)** innklarering (,utklarering **4.: (customs) ~** tollbehandling; tollklarering; **5.: slum ~** sanering; (*jvf urban renewal*).
clearance sale opphørssalg; utsalg.
clear-cut [,kliə'kʌt; *attributivt også* 'kliə,kʌt] *adj:* klar; tydelig; skarpskåret (*fx profile*); **a ~ division** en skarp deling; *fig:* **a ~ issue** rene linjer; **a ~ plan** en klar plan.
clearly ['kliəli] *adv* **1.** klart (*fx I can't see clearly*); **think ~**(*=think straight*) tenke klart; **2.** klart; utvetydig; **a ~ worded refusal** et klart formulert avslag; **3**(*=obviously*)*:* **we ~ need to think again** det er klart at vi må tenke om igjen.
clear-sighted [,kliə'saitid; *attributivt også:* 'kliə,saitid] *adj:* klarsynt.
clearway ['kliə,wei] *subst* **UK:** veistrekning med stoppforbud; **urban ~** gate med stoppforbud.
cleat [kli:t] *subst; mar:* klamp; skjøtefeste.
cleavage ['kli:vidʒ] *subst* **1.** *stivt*(*=split*) spalte (*fx in a rock*); **2. T:** utringning (*fx the men stared at her cleavage*); **3.** *fig*(*=split*) splittelse (*fx in a party*).
cleave [kli:v] *vb* (*pret: cleft, cleaved, clove; perf. part.: cleft, cleaved, cloven*) *stivt el. glds* **1**(*=split*) kløve; **2.: they were cleaving**(*=making*) **a way through the jungle** de hogg seg vei gjennom jungelen.
cleaver ['kli:və] *subst:* (stor og tung) slakterkniv.
cleavers ['kli:vəz] *subst; bot*(*=scratchweed*) klengemaure.
clef [klef] *subst; mus:* nøkkel.
I. cleft [kleft] *subst:* kløft; spalte.
II. cleft *perf. part. av cleave.*
cleft palate *med.:* åpen gane.
cleft stick T: be in a ~ være i knipe; sitte i klemme.
clemency ['klemənsi] *subst; stivt* **1**(*=mercy; leniency*) barmhjertighet; mildhet; **2.** *om værtype:* mildhet.
clement ['klemənt] *adj; stivt*(*=merciful*) barmhjertig; mild.
clench [klentʃ] *vb:* presse hardt sammen; **~ one's teeth** bite tennene hardt sammen; **~ one's fist** knytte neven.
clergy ['klə:dʒi] *subst:* geistlighet; geistlige; prester; **sons of ~** prestesønner.
clergyman ['klə:dʒimən] *subst:* prest; geistlig.
cleric ['klerik] *subst; stivt*(*=clergyman*) geistlig.
clerical ['klerikəl] *adj* **1.** geistlig; **~ collar** prestekrage; **2.** kontor-; **a ~ error** en skrivefeil.
clerical assistant UK *i etatene*(*=assistant clerical officer; assistant clerk*) kontorassistent; (*se clerk*).
clerical officer UK *i etatene* **1**(*=clerk*) kontorfullmektig II; **2.: senior ~**(*=head clerk*) kontorfullmektig I; **3.: principal (~), assistant principal (~)** konsulent I, konsulent II.
clerk [kla:k; **UK:** klə:k] *subst* **1.** kontorist; **bank ~** bankfunksjonær; **2. UK** *i etatene*(*=clerical officer*) kontorfullmektig II; **head ~**(*=senior clerical officer*) kontorfullmektig I; **3.** *rel:* klokker; **4. US: (sales) ~**(*=shop assistant*) ekspeditør; **5. US: (desk)**

~*(=hotel receptionist)* resepsjonssjef; **6.: reception** ~ *(,US: room clerk)* resepsjonist; **7.: ~ of works** byggeleder; *(jvf site engineer).*

clever ['klevə] *adj* **1.** flink; som lærer raskt; **2***(=skilful)* dyktig; flink *(fx carpenter; he's clever with his hands);* **3.** *om ting:* smart; fiks *(fx a clever gadget; a clever idea);* **4.** *om person; neds* **T:** lur; (altfor) smart; **he was too ~ for us** han var for lur for oss.

clever Dick, cleverdick ['klevə,dik] *subst* **T:** luring; *ofte neds:* en som tror han er lur.

clevis ['klevis] *subst; tekn:* gaffel; **plough ~** plogbiksel.

clevis pin gaffelbolt.

cliché ['kli:ʃei] *subst* **1.** *typ:* klisjé; **2.** *fig:* klisjé; forslitt frase.

I. click [klik] *subst* **1.** klikk; **the ~ of her high-heeled shoes** klapringen av de høyhælte skoene hennes; **2.** *tekn(=pawl)* pal; sperrehake.

II. click *vb* **1.** klikke; **~ one's heels (together)** slå hælene sammen; **the gate -ed shut** grinden (,porten) smekket igjen; **I heard a door ~ shut** jeg hørte at en dør ble lukket; **his jaws -ed as he chewed** det knaket i kjevene hans når han tygde; **2. S***(=work properly; become successful)* virke som det skal *(fx things are suddenly beginning to click);* **the play -ed with the audience right away** stykket slo an hos publikum med én gang; **3. T: it finally -ed when her name was mentioned** da navnet hennes ble nevnt husket jeg omsider; **it's just -ed what you meant me to do** jeg har nettopp forstått hva du ville at jeg skulle gjøre; **4. S: they -ed from their first meeting** de fant hverandre fra første stund; **he's -ed (with a girl)** han har fått kjangs.

click beetle *zo(=skipjack; snapping beetle)* smeller.

client ['klaiənt] *subst:* klient; kunde.

clientele [,kli:ɔn'tel] *subst:* klientel; klienter; kundekrets.

cliff [klif] *subst:* (fjell)skrent; klippe.

cliffhanger ['klif,hæŋə] *subst* **1.** *om film:* **be a ~** være spennende; **2.: a ~ (situation)** en dramatisk situasjon; **it's a ~ in Europe over the fate of the French franc** det hersker stor spenning i Europa når det gjelder den franske francs skjebne.

I. climacteric [klai'mæktərik; ,klaimæk'terik] *subst* **1***(=menopause)* klimakterium; overgangsalder; **2.** kritisk periode; vendepunkt.

II. climacteric [,klaimæk'terik] *adj* **1.** klimakterisk; som angår overgangsalderen; **2.** kritisk; avgjørende.

climate ['klaimit] *subst; også fig:* klima.

climatic [klai'mætik] *adj:* klimatisk; klima-.

climax ['klaimæks] **1.** *subst:* klimaks; **sexual** ~*(=orgasm)* orgasme; **2.** *vb:* nå et klimaks.

I. climb [klaim] *subst:* klatring; klatretur; oppstigning; klatrerute; *på vei:* stigning.

II. climb *vb:* klatre *(fx a tree; up the ladder; over the wall);* **~ down** 1. klatre ned; 2. *fig:* gi seg; falle til fote; kapitulere.

climber ['klaimə] *subst:* klatrer; **social ~** sosial streber.

clime [klaim] *subst; poet:* **in distant -s***(=under distant skies)* under fjerne himmelstrøk.

I. clinch [klintʃ] *subst:* clinch.

II. clinch *vb* **1.** *om bokser:* gå i clinch; **2.: ~ a nail** neie en spiker; **3.** avgjøre *(fx that clinched the matter).*

clincher ['klintʃə] *subst* **T 1.** person som går i clinch; **2***(=decisive argument)* avgjørende argument; noe som avgjør saken.

cling [kliŋ] *vb(pret, perf. part.: clung)* **1.** henge fast; henge ved; *om barn, etc:* klenge; **~ to** henge fast på *(fx the mud clung(=stuck) to her shoes);* klynge seg til; *om barn, etc også:* klenge på; *om lukt:* henge igjen i *(fx the smell of tobacco clings to the curtains);* **~ desperately to** klamre seg til; holde krampaktig fast ved; **2.** *fig:* **~ to** klynge seg til *(fx he clings to the belief that she was faithful to him);* **~ to life** klynge seg til livet; **3.** *mar:* **~ to***(=stay close to)* **the coastline** holde seg tett inntil kysten; **4.: ~ together** henge sammen; holde tett sammen *(fx the ships clung together).*

clinging ['kliŋiŋ] *adj* **1.** *om klær(=tight-fitting)* ettersittende; stramtsittende; **2.** *om person:* klenget(e); **she's the ~ sort** hun er klengete (av seg).

clinic ['klinik] *subst* **1.** klinikk; **2.** *med.:* klinisk undervisning; klinikk; **3.: car-testing ~** bilprøveanstalt.

clinical ['klinikəl] *adj:* klinisk.

clinical picture*(=pathological picture) med.:* sykdomsbilde.

clinical thermometer febertermometer.

I. clip [klip] *subst* **1.** klemme; klype; **paper-** binders; **2.** *smykkegjenstand:* klips; **3.** *for skytevåpen(=cartridge clip)* patronholder; magasin.

II. clip *subst* **1.** *med saks:* klipp *(fx one clip of the shears cut off the tangled wool);* **2.** avklipp; avisutklipp; filmklipp; **3. T***(=sharp blow)* kraftig smekk *(fx she gave him a clip on the ear).*

III. clip *vb* **1.** *billett, dyr, film, hekk, etc:* klippe; **~ a bird's wings** stekke vingene på en fugl; *fig:* **~ his wings** stekke vingene hans; **2.** *om måte å snakke på:* **he -s his words** han klipper av ordene; **3. T***(=smack)* smekke til *(fx she clipped him on the ear);* **4.** *om trav el. bevegelse:* **a horse -ping along the road** en hest som traver bortover veien; **5. S***(=swindle; overcharge)* snyte; ta overpris av; *(jvf clip joint).*

clip-clop ['klip'klɔp] *subst:* klipp-klapp.

clip joint S: restaurant, nattklubb, etc hvor man snyter kundene; *(jvf III. clip 5).*

clipped [klipt] **1.** *pret & perf. part. av II. clip;* **2.** *adj:* **he has rather a ~ way of speaking** han har det med å klippe av ordene.

clipped form forkortet form (av et ord, fx 'doc' for 'doctor').

clipper ['klipə] *subst; mar:* klipper.

clippers ['klipəz] *subst:* saks *(fx nail clippers; hedge clippers).*

clippie ['klipi] *subst* **T***(=bus conductress)* kvinnelig konduktør.

I. clipping ['klipiŋ] *subst* **1.** klipping; **2***(=cutting)* avklipp; utklipp; avisutklipp.

II. clipping *adj; attributivt(=fast)* rask *(fx they went at a clipping pace).*

clique [kli:k] **1.** *subst:* klikk; **2.** *vb:* danne klikk(er).

cliquey ['kli:ki] *adj: se cliquish.*

cliquish ['kli:kiʃ] *adj:* med tendens til å holde sammen i klikk(er).

cliquism ['kli:kizəm] *subst:* klikkevesen.

clitoris ['klitəris; 'klaitəris] *subst; anat:* klitoris.

I. cloak [klouk] *subst* **1.** kappe; slengkappe; **2.** *fig:* kappe; kåpe; **they arrived under the ~ of darkness** de gjorde sin ankomst i ly av natten.

II. cloak *vb; stivt(=cover; hide)* dekke; skjule; **their discussions were -ed***(=shrouded)* **in secrecy** deres diskusjoner var omgitt av hemmelighetsfullhet.

cloakroom ['klouk,ru:m; 'klouk,rum] *subst* **1***(,***US:** *checkroom)* garderobe; **2. UK** *evf(=lavatory)* toalett *(fx the ladies' cloakroom).*

cloakroom attendant *(,***US:** *checkroom girl)* garderobedame.

cloakroom ticket *(,***US:** *coat check)* garderobemerke; garderobenummer.

I. clobber ['klɔbə] *subst* **S 1**(*=clothes*) klær (*fx fashionable teenage clobber*); **2**(*=bits and pieces*) småtteri (*fx the clobber he used to make his model aeroplanes*).

II. clobber *vb* **S**(*=hit*) slå til (*fx he clobbered me*); **the Tories were -ed in the elections** Toryene fikk bank i valget.

I. clock [klɔk] *subst* **1.** klokke; **alarm ~** vekkerklokke; **2. T**(*=taximeter*) taksameter; **3. T: the ~**(*=the speedometer*) speedometeret; **the car has gone round the ~** speedometeret har gått én gang rundt; **4.: time ~** stemplingsklokke; kontrollur; **5. UK S**(*=face*) fjes; tryne; **6.: round the ~** døgnet rundt (*fx work round the clock*); **7.: put the ~ back** stille klokken tilbake.

II. clock *vb* **1.** *sport:* ta tiden på; **what time did he ~?** hvilken tid fikk han? **2.** *på arbeidsplass:* **~ in, ~ on** stemple inn; **~ out, ~ off** stemple ut; **3.** *om kjørelengde:* **I've -ed up 15,000 km this year** i år har jeg kjørt 15.000 km.

clockwise ['klɔk,waiz] *adv:* med urviserne; med solen.

clockwork ['klɔk,wə:k] *subst* **1.** urverk; **2** opptrekksmotor; klokkemotor; **~ train** (leketøys)tog til å trekke opp; **3.** *fig:* **like ~** som smurt (*fx everything went like clockwork*).

clod [klɔd] *subst* **1.** jordklump; **2. T:** dum fyr.

clodhopper ['klɔd,hɔpə] *subst* **1.** klossmajor; **2.** ubehøvlet fyr; **3.: -s** *om store sko el. støvler:* flytebrygger (*fx he makes such a noise in those clodhoppers*).

I. clog [klɔg] *subst:* tresko (*fx Dutch clogs*); sko med tresåle; (*jvf sabot*).

II. clog *vb:* **~ (up) 1.** *om rør, etc:* tette til; tette igjen; bli blokkert; bli tilstoppet (*fx the wastepipe of this sink clogs (up) easily*); **2.** hindre (*fx mud clogs (up) the wheels of a car*); *fig:* **too many laws can ~ (up) the running of a country** altfor mange lover kan få landet til å gå i stå; **3.** *fotb*(*=foul*) takle for hardt.

cloister ['klɔistə] *subst* **1.** buegang; klostergang; **2.** *stivt*(*=monastery or nunnery*) kloster.

cloistered ['klɔistəd] *adj* **1.** med buegang rundt (*fx garden*); **2.** isolert fra omverdenen (*fx existence*).

clone [kloun] *subst; biol:* klon.

I. close [klouz] *subst* **1.** slutt (*fx towards the close of the 19th century*); **bring to a ~** avslutte; **the meeting came to a ~** møtet ble avsluttet; **2.** *mus*(*=cadence*) kadens.

II. close [klous] *subst* **1.** privateid stykke land (med gjerde, mur el. hekk rundt); løkke; **2.** gårdsplass omgitt av bygninger el. passasje som fører inn til en slik gårdsplass; **3.** jord og bygninger som omgir og tilhører en katedral.

III. close [klouz] *vb* **1.** lukke (*fx one's eyes; the door*); stenge; holde lukket (*fx the shops close on Sundays*); **2**(*=finish*) avslutte (*fx a discussion*); **3.** *om forretningstransaksjon:* avslutte; **we -d the deal yesterday** vi avsluttet handelen i går; *merk:* **~ a charter (,freight)** slutte et certeparti (,en frakt); **4.** *merk:* **~ the books** avslutte regnskapet; **5.** *bankv:* **~ an account** likvidere en konto; gjøre opp en konto; **6.: ~ down** legge ned (*fx he closed down his firm*); *radio, TV:* avslutte sendingen for dagen; **7.: ~ in** 1(*=come nearer*): **the enemy are closing in on us** fienden rykker stadig nærmere inn på livet av oss; 2. *om dagene:* bli kortere; **8.: ~ ranks** slutte geleddene; *fig:* **the staff have -d ranks and refused to discuss the matter** personalet står samlet og har nektet å diskutere saken; **9.: ~ up** 1(*=shut up*) låse av (*fx he closed up the house when he went on holiday*); 2. rykke sammen; forminske mellomrommet; **10.: ~ with** 1. komme i kamp med (*fx the enemy*); 2. *om tilbud:* akseptere; godta.

IV. close [klous] *adj, adv* **1.** nær; **~ at hand** like ved; like i nærheten; **~ behind** like bak; like etter (*fx follow close behind*); **~ by** like ved; **~ to** nær inntil; like ved; *fig:* **he's always been ~ to his father** han har alltid stått sin far nær; **the houses are very ~ together** husene ligger svært tett; husene ligger like inntil hverandre; **a ~ friend** en nær venn; **2.** tett (*fx handwriting*); *om tekstil:* tett(vevd); **a ~ weave** en tett vev(ning); *mil:* **in ~ order** i sluttet orden; **3.** *om været*(*=sultry*) lummert; *om luften*(*=stuffy*) kvalm; innestengt (*fx it's too close in here*); **4.** *fon:* lukket (*fx vowel*); **5.** *om utfallet av konkurranse:* (svært) jevnt; **the result was ~** det ble (,var) et svært jevnt resultat; **it was a ~ finish** de gikk omtrent samtidig i mål; **6.: under ~ arrest** strengt bevoktet; **a ~ examination** en omhyggelig (*el.* grundig) undersøkelse; **a ~ observer** en oppmerksom iakttager; **keep a ~ watch on** holde strengt oppsyn med; passe godt på (*fx keep a close watch on him*).

close call: *se close shave.*

closed circuit television internt fjernsyn.

closed shop bedrift som bare bruker organiserte arbeidere; organisasjonstvang (*fx there is a closed shop in the printing industry*) (*jvf open shop; union shop*).

close-fisted [,klous'fistid; *attributivt:* 'klous,fistid] *adj*(*=mean*) gjerrig; påholdende.

close-knit [,klous'nit; *attributivt:* 'klous,nit] *adj; fig:* fast sammensveiset.

close-lipped [,klous'lipt; *attributivt:* 'klous,lipt] *adj:* umeddelsom; tilknappet.

closely ['klousli] *adv* **1.** nær; **~ related** nært beslektet; **~ written** tettskrevet; **2.** nøye (*fx look closely at him*).

close quarters: at ~ på nært hold; **be at ~ with** være tett innpå livet av; **live in ~** bo trangt; være trangbodd; **fighting at ~** nærkamp.

close range: at close (,short, long) ~ på kloss (,kort, langt) hold; (*se for øvrig close quarters*).

close-range weapon nærkampvåpen.

close season ['klous,si:sən] *subst:* fredningstid.

close shave T: that was a ~ det var nære på; det var nær gått galt; det var på et hengende hår.

close-shaven ['klous,ʃeivən] *adj*(*=clean-shaven*) glattbarbert.

close shot *film:* næropptak.

I. closet ['klɔzit] *subst* **1. US**(*=cupboard*) skap; kott; **clothes ~** kleskott; **2.** *glds; hist:* kabinett; lite rom; (*jvf earth closet; water closet*).

II. closet *vb; stivt:* **they are -ed in his office** de sitter og rådslår på hans kontor; **he's -ed with the rest of the directors** han sitter i drøftinger med de andre styremedlemmene.

closet drama *i sær* **US:** lesedrama.

close-up ['klous,ʌp] *subst; fot:* nærbilde.

close-up focus *fot:* nærinnstilling.

closing date: when is the ~ for entries? når er siste frist for påmelding? **~ for applications** søknadsfrist.

closing time lukketid; stengetid.

closure [klouʒə] *subst:* lukking; stenging.

I. clot [klɔt] *subst* **1.** klump; **a ~ of blood** en klump størknet blod; **2. S**(*=fool*) tosk.

II. clot *vb:* klumpe seg; danne klumper; *om blod:* størkne: levre seg; (*se også clotted*).

cloth [klɔθ] *subst* (*pl: cloths*) **1.** stoff; tøy; klede; **2.** *bokb*(*=bookbinder's cloth*) sjirting; **in ~** (*=clothbound*) innbundet i sjirting; (*se dishcloth; face cloth; floor cloth*).

cloth binding sjirtingsbind; **full ~** helsjirtingsbind.

cloth cap(*=flat cap*) skyggelue; sikspenslue.

clothe [klouð] *vb* (*pret & perf. part.: clothed (,glds el. litt.: clad)*) **1.** *stivt*(*=dress; provide with clothing*)

kle; skaffe klær til; **2.** *fig; litt.(=cover in):* **the mountains were -d in snow** fjellene var dekket av snø; **3.** *fig(=express):* **~ in suitable language** uttrykke i pene vendinger.
clothes [klouðz] *subst; pl* **1.** klær; **2.** *især* **UK***(=bedclothes)* sengeklær *(fx the child pulled the clothes up tightly).*
clothes-brush ['klouðz,brʌʃ] *subst:* klesbørste.
clothes-horse ['klouðz,hɔ:s] *subst; for tøy:* tørkestativ.
clothes-peg ['klouðz,peg] *subst (,***US:** *clothespin)* klesklype.
clothing ['klouðiŋ] *subst(=clothes)* klær *(fx warm clothing).*
clotted ['klɔtid] *adj:* størknet; levret *(fx blood);* klumpet; **~ cream***(=Devonshire cream)* tykk fløte skummet av melk som er brakt til kokepunktet.
I. cloud [klaud] *subst* **1.** *meteorol; fig:* sky; **2.** *av insekter:* sverm; **3.: under a ~** 1*(=under suspicion)* under mistanke; 2*(=out of favour)* i unåde; **come under a ~** falle i unåde. **4.** *fig:* **be in the -s** sveve oppe i skyene.
II. cloud *vb* **1.: ~ over***(=become cloudy)* skye over; skye til; bli overskyet *(fx the sky clouded over);* **2.** *litt. el. stivt(=become blurred):* **her eyes -ed with tears** hennes blikk ble sløret av tårer; **3.** *litt.(=become gloomy):* **his face -ed** han ble mørk i ansiktet; **4.** *litt.(=trouble):* **the death of her dog -ed her happiness** det at hunden hennes døde var et skår i lykken.
cloudberry ['klaudbəri] *subst; bot:* molte; multe.
cloudburst ['klaud,bə:st] *subst:* skybrudd.
cloudless ['klaudlis] *adj:* skyfri.
cloudy [klaudi] *adj* **1.** skyet; overskyet; **2.** *om væske, fx vin:* uklar.
I. clout [klaut] *subst* **1. T***(=blow)* slag; **2.** *dial* **UK***(=cloth)* klut; **dish ~***(=dishcloth)* oppvaskklut; **3***(=influence; power)* innflytelse; makt *(fx he has a lot of clout in Parliament).*
II. clout *vb* **T***(=hit)* slå til; dra til.
clove [klouv] *subst; bot:* kryddernellik.
clove hitch dobbelt halvstikk; *(se NEO halvstikk).*
cloven hoof*(=cloven foot)* **1.** *zo:* spaltet klov; **2.** *om djevelen:* hestehov; **show the ~** stikke hestehoven fram.
clover ['klouvə] *subst* **1.** *bot:* kløver; **four-leaf(ed) ~** firkløver; **2.** *fig:* **be***(=live)* **in ~** ha det som plommen i egget; ha det som kua i en grønn eng; være på den grønne gren.
I. clown [klaun] *subst* **1.** klovn; **2.** *fig:* klovn; bajas: klosset fyr; tåpelig fyr.
II. clown *vb:* **~ (around)** oppføre seg som en bajas.
clownish ['klauniʃ] *adj:* klovnaktig; bajasaktig; klosset; tåpelig.
cloy [klɔi] *vb; stivt(=satiate)* overmette; gjøre overmett *(fx cloyed with pleasure);* **too much sweet food eventually -s** for mye søt mat får en til å miste appetitten.
cloying ['klɔiiŋ] *adj:* vammel; søtladen.
I. club [klʌb] *subst* **1***(=heavy stick)* klubbe; **2.** *sport, fx golf:* kølle *(fx a golf club);* **3.** klubb; **4.:** *kortsp:* kløver; **5. S: in the ~***(=pregnant)* gravid; på vei.
II. club *vb* **1.** slå med klubbe *(fx they clubbed him to death);* **2.: ~ together** slå seg sammen; spleise.
clubfoot ['klʌb,fut] *subst:* klumpfot.
club sandwich tre skiver toast ovenpå hverandre med pålegg imellom.
club strip *sport* **T: the ~***(=the club colours)* klubbfargene.
cluck [klʌk] **1.** *subst:* (høncs) klukk; **2.** *vb:* klukke; smatte med tungen.
clue [klu:] *subst:* spor; ledetråd; holdepunkt; **a ~ to the identity of the murderer** en nøkkel til morderens identitet; **find a ~ to the mystery** finne en nøkkel til mysteriet; **T: I haven't a ~** jeg aner ikke.
clump [klʌmp] **1.** *subst; om trær el. busker:* klynge *(fx a clump of trees);* **2.** *vb:* trampe (tungt) *(fx he clumps around in those heavy boots).*
clumsy ['klʌmzi] *adj* **1.** klossete; klønete; *fig:* klossete *(fx a clumsy apology);* **2.** *om form:* klumpete *(fx the wardrobe is a clumsy shape).*
I. cluster ['klʌstə] *subst* **1.** klynge *(fx the children stood in a cluster round the dog);* **2.** *om bær, etc:* klase.
II. cluster *vb* **1.** flokke seg (*round* om); **2.** vokse (*el.* henge) i klaser.
cluster bomb *mil(=fragmentation bomb)* splintbombe.
I. clutch [klʌtʃ] *subst* **1.** *mask:* kløtsj; clutch; kløtsjpedal; **2.** fast grep; *fig:* klo; **women who tried to get their -es on him** kvinner som forsøkte å få slått kloen i ham; **get into sby's -es** være i klørne på en.
II. clutch *subst; om fugleunger el. egg:* kull.
III. clutch *vb:* gripe (hardt) tak i; **~ at** gripe etter; *fig:* **~ at straws** gripe etter et halmstrå.
clutch pedal *mask:* kløtsjpedal.
I. clutter ['klʌtə] *subst:* virvar; rot *(fx my desk is always full of clutter);* **the house is in a ~** huset er et eneste rot.
II. clutter *vb:* skape rot i *(fx she cluttered the room with her things); neds:* **~ up with** fylle med *(fx the drawer was cluttered up with odd gloves and scarves).*
cluttered ['klʌtəd] *adj; om rom, etc:* overfylt; overmøblert.
CNAA *(fk.f. Council for National Academic Awards).* CNAA er et råd hvis hovedoppgave er å tildele akademiske grader til studenter som ønsker å ta disse ved andre læresteder enn universiteter. Dette skjer når kursopplegget er godkjent og sensorer oppnevnt av rådet.
CNAA degree course kurs godkjent av CNAA; *(se ovf).*
c/o *(fk.f. care of)* adr.; **please write to us ~ the above address** vær snill å skrive til oss til adressen som er oppgitt ovenfor.
co- *forstavelse:* med- *(fx coeditor, coauthor).*
I. coach [koutʃ] *subst* **1***(=railway carriage)* jernbanevogn; **2.** (turist)buss; rutebil; **3.** vogn (med fire hjul) *(fx a horse and coach);* **4.** privatlærer; trener; instruktør.
II. coach *vb:* **~ sby 1.** trene en; instruere en; **2.** lese privat med en; gi en privattimer.
coach house vognskur.
coaching house*(=coaching inn) hist:* skysstasjon.
coachman ['koutʃmən] *subst:* kusk.
coach station rutebilsentral.
coagulate [kou'ægju,leit] *vb:* koagulere; størkne; få til å koagulere.
coagulation [kou,ægju'leiʃən] *subst:* koagulering; størkning.
coal [koul] *subst* **1.** kull; **2.: (burning) ~***(=live coal)* glo; stykke brennende kull *(fx a coal shifted noisily in the fire);* **the dying -s** ilden som var i ferd med å gå ut.
coalesce [,kouə'les] *vb; stivt(=grow together and unite)* vokse sammen; forene seg.
coalface ['koul,feis] *subst; i kullgruve:* bruddsted.
coalfield [koul,fi:ld] *subst:* kulldistrikt.
coalfish [koul,fiʃ] *subst; zo(=saithe; coley)* sei.
coalition [,kouə'liʃən] *subst:* koalisjon.
coalition government koalisjonsregjering.
coal scuttle kullboks.
coal tit(mouse) *zo:* svartmeis.

coaming ['koumiŋ] *subst; mar:* lukekarm.
coarse [kɔ:s] *adj* **1.** grov *(fx sand);* **2***(=rude)* grov *(fx coarse jokes; don't be so coarse).*
coarse fish fisk som ikke tilhører laksefamilien.
coarse-grained ['kɔs,greind] *adj:* grovkornet.
coarsen ['kɔ:sən] *vb:* gjøre grov *(fx the sea air coarsened her skin).*
I. coast [koust] *subst* **1.** kyst; **2. US***(=toboggan run)* akebakke; **3.** *fig:* **the ~ is clear** kysten er klar.
II. coast *vb* **1.** trille *(fx he coasted for half a mile after the car ran out of petrol);* rulle; gli; *om syklist, også:* kjøre på frihjul; **2.** *fig:* **he -ed to victory** han vant med letthet; **~ along***(=not make much of an effort)* ta det lettvint.
coastal ['koustəl] *adj:* kyst-; **~ trade** kystfart.
coaster ['koustə] *subst* **1.** *mar:* skip i kystfart; **2.** *mar:* kystskipper; **3. US***(=beer mat; drip mat)* ølbrikke; brikke; **4. US***(=roller coaster; big dipper)* berg- og dalbane.
coastguard ['koust,ga:d] *subst:* kystvakt.
coast light *mar:* kystfyr.
coastwise ['koust,waiz] *adv:* langs kysten; *adj:* **~ trade** kystfart; handel langs kysten.
I. coat [kout] *subst* **1.** frakk; kappe; kåpe *(fx winter coat); (jvf overcoat; greatcoat);* **(white) ~** kittel; **2***(=jacket)* jakke *(fx a man's coat and trousers);* **3.** *zo:* pels; **a smooth ~** (en) glatt pels; **4.** *om maling, etc:* strøk; lag; **two -s of paint** to strøk maling; **a ~ of dust** et lag med støv.
II. coat *vb:* overtrekke *(fx pills with sugar);* **the wood was -ed with a special paint** treverket hadde fått et strøk med spesialmaling; **-ed lens** antirefleksbehandlet linse.
coat hanger kleshenger.
coating ['koutiŋ] *subst:* overtrekk; lag; belegg.
coat of arms våpen(skjold).
coat tail frakkeskjøt.
I. coax ['kouæks] *subst(=coaxial cable)* koaksialkabel.
II. coax [kouks] *vb:* **~ sby** godsnakke med en; prøve å overtale en; **~ sby into doing sth** overtale en til å gjøre noe; **~ sby out of doing sth** få en fra å gjøre noe.
coaxial [,kou'æksiəl] *adj:* koaksial-; **~ cable** koaksialkabel.
cob [kɔb] *subst* **1.** *zo(=male swan)* hansvane; **2.** liten, kraftig hest; **3.:** *se cobnut;* **4.:** *se corncob; corncob pipe;* **5.** *om kull el. malm:* liten klump.
cobalt ['koubɔ:lt] *subst:* kobolt.
I. cobble ['kɔbəl] *subst(=cobblestone)* brustein; kuppelstein.
II. cobble *vb:* lappe sammen; flikke sammen; reparere på.
cobbler ['kɔblə] *subst* **1.** lappeskomaker; **2.** *drink:* cobbler.
cobblers ['kɔbləz] *subst; pl; vulg* **S***(=testicles)* testikler; baller.
cobnut, cob*(=hazelnut)* hasselnøtt.
cobra ['koubrə] *subst; zo:* kobra; brilleslange.
cobweb ['kɔb,web] *subst:* spindelvev; kingelvev.
cocaine [kə'kein] (,**S:** *coke* [kouk]) *subst:* kokain.
coccus ['kɔkəs] *subst (pl: cocci* ['kɔksai]) **1.** *om bakterie:* kokk; **2.** *bot:* delfrukt.
I. cock [kɔk] *subst* **1.** hane; **2.** hanfugl; **3.** *av visse andre dyr, fx hummer:* han(n); **4.** *på skytevåpen:* hane; **5.** *vulg:* kukk; **6.: be (the) ~ of the walk** føre det store ord; være eneste hane i kurven; **7.: that ~ won't fight!** den går ikke!
II. cock *vb* **1.** *om skytevåpen:* spenne hanen på; **2.: the dog -ed***(=pricked up)* **its ears** hunden spisset ører; **the dog -ed its hind leg** hunden løftet på bakbenet; **3.** *om hatt, etc:* sette på en snurr. **4.: ~ sth up***(=botch sth)* gjøre en dårlig jobb.
cock-a-doodle-doo [,kɔkə,du:dəl'du:] *int:* kykeliky.
cock-a-hoop ['kɔkə'hu:p] *adj; etteranstilt* **1***(=in very high spirits)* i strålende humør; **2***(=boastful)* skrytete; **3***(=askew; confused)* på snei; på skjeve; forvirret.
cock-and-bull story røverhistorie; skipperskrøne.
cockatoo [,kɔkə'tu:, 'kɔkə,tu:] *subst; zo:* kakadue.
cockchafer ['kɔk,tʃeifə] *subst; zo(=May beetle)* oldenborre.
cockcrow ['kɔk,krou] *subst:* hanegal; **at ~** ved hanegal.
cocked hat tresnutet hatt; **S: knock sby into a ~** slå en sønder og sammen.
cockerel ['kɔkərəl; 'kɔkrəl] *subst:* hanekylling.
cockeye ['kɔk,ai] *subst* **T:** skjelende øye; øye som blingser.
cockeyed ['kɔk,aid] *adj* **T 1.** skjeløyd; blingset; **2***(=ridiculous)* latterlig; sprø; **3***(=drunk)* på en snurr.
cockiness ['kɔkinis] *subst:* kjepphøyhet.
I. cockle ['kɔkəl] *subst* **1.: (edible) ~** hjertemusling; **2***(=corn cockle)* klinte; **3.** *i papir el. stoff:* bulk; rynke; **4.: it warmed the -s of my heart** det varmet meg helt inn til hjerterøttene.
II. cockle *vb* **1.** *om papir el. tapet:* slå bulker; krølle seg; **2.** *om stoff:* slå rynker; legge seg i rynker.
cockleshell ['kɔkəl,ʃel] *subst* **1.** skall av hjertemusling; **2.** muslingskall; **3.** *om liten båt:* nøtteskall.
cockney, Cockney ['kɔkni] **1.** *subst:* ekte londoner; cockney; *språket:* londondialekt; cockney; **2.** *adj:* londoner-; londonsk; østkant- *(fx he had a cockney accent).*
cockpit ['kɔk,pit] *subst; flyv; mar, etc:* cockpit.
cockroach ['kɔk,routʃ] *subst; zo:* kakerlakk.
cockscomb, coxcomb ['kɔks,koum] *subst* **1.** *zo:* hanekam; **2.** *bot:* hanekam.
cocksure [,kɔk'ʃuə] *adj; neds(=over-confident)* skråsikker.
cockup ['kɔk,ʌp] *subst* **S***(=bad job; mix-up; mistake)* dårlig jobb; rot; feil; **a computer ~** en feil i dataanlegget; **this is a ~** dette er ikke brukbart.
cocky ['kɔki] *adj:* kjepphøy; kry.
coco ['koukou] *subst (pl: cocos)* **1***(=coconut)* kokosnøtt; **2***(=coconut palm)* kokospalme.
cocoa ['koukou] *subst* **1.** kakao; **2.** *drikk:* kakao.
coconut, cocoanut ['koukə,nʌt] *subst:* kokosnøtt.
cocoon [kə'ku:n] *subst* **1.** *zo:* kokong; **2.** *fig:* **she keeps that child in a ~** hun overbeskytter det barnet.
coco palm*(=coconut palm)* kokospalme.
cod [kɔd] *subst; zo:* torsk.
coddle ['kɔdəl] *vb:* degge med; forkjæle.
I. code [koud] *subst* **1.** kode; **a secret ~** en hemmelig kode; **break a ~** bryte en kode; **2.** *jur:* **(legal) ~** kodeks; lovsamling; lovbok; **the Highway Code** trafikkreglene; **3.** (uskrevne) lover; kodeks; **moral ~** moralkodeks; **professional ~ (of ethics)** yrkesetikk.
II. code *vb:* kode; omsette til kode.
codfish ['kɔd,fiʃ] *subst; zo(=cod)* torsk.
codger ['kɔdʒə] *subst; spøkef* **T: old ~** gammel stabeis.
codicil ['kɔdisil] *subst; jur:* tilføyelse; **add a ~ to one's will** gjøre en tilføyelse i sitt testament.
codification [,koudifi'keiʃən] *subst; jur:* kodifisering; systematisering (av lovverk).
codify ['koudi,fai] *vb; jur:* kodifisere; samle og ordne *(fx codify the laws).*
codling ['kɔdliŋ] *subst* **1.** *zo:* småtorsk; **2***(variety of cooking apple)* slags mateple; **3***(=unripe apple)* eplekart.

cod-liver oil [,kɔdlivər'ɔil] *subst:* (torskelever)tran.
cod's roe torskerogn.
codswallop ['kɔdz,wɔləp] *subst* **S**(*=nonsense)* sludder; tull.
I. co-ed [,kou'ed] *subst* **1. T**(*=coeducational school)* skole med fellesundervisning; **2. US:** kvinnelig elev i skole med fellesundervisning.
II. co-ed *adj(=coeducational)* med fellesundervisning.
coedit [kou'edit] *vb:* utgi sammen.
coeditor [kou'editə] *subst:* medutgiver.
coeducation [,kouedju'keiʃən] *subst:* fellesundervisning; undervisning av begge kjønn i samme klasse.
coeducational [,kouedju'keiʃənəl] *adj; skolev:* for begge kjønn; med fellesundervisning *(fx school); (jvf single-sex school).*
coefficient [,koui'fiʃənt] *subst; mat.:* koeffisient.
coerce [kou'ə:s] *vb; stivt(=force)* tvinge.
coercion [kou'ə:ʃən] *subst; stivt(=force)* tvang.
coercive [kou'ə:siv] *adj; stivt:* tvangs-; ~ **methods***(=force)* tvangsmetoder; tvang *(fx use coercive methods).*
coeternal [,koui'tə:nəl] *adj(=existing together eternally)* som eksisterer samtidig i all evighet.
coeval [kou'i:vəl] *meget stivt(=contemporary)* **1.** *subst:* samtidig; **2.** *adj:* som tilhører samme tid (*el.* generasjon); samtidig; **a ~ movement** en samtidig bevegelse.
coexist [,kouig'zist] *vb:* leve side om side; bestå samtidig.
coexistence [,kouig'zistəns] *subst:* sameksistens; **peaceful ~** fredelig sameksistens.
coffee ['kɔfi] *subst:* kaffe; **ask sby in for afternoon ~** be en til kaffe; **black ~** svart kaffe; **white ~** kaffe med fløte (*el.* melk).
coffee grounds kaffegrut.
coffee maker kaffemaskin; kaffetrakter.
coffee-pot ['kɔfi,pɔt] *subst:* kaffekanne; **electric ~** elektrisk kaffekoker.
coffee table salongbord.
coffer ['kɔfə] *subst:* pengekiste; *fig:* **the nation's -s are empty** det er ikke mer penger i statskassen.
coffin ['kɔfin] *subst (***,US:** *casket)* (lik)kiste.
cog [kɔg] *subst* **1.** *på tannhjul:* tann; **2.** *fig:* **~ (in the wheel)** liten brikke; **he's just a ~ in the wheel of local government** han er bare en liten brikke i kommunestyret.
cogent ['koudʒənt] *adj; stivt(=convincing)* overbevisende *(fx argument).*
cogitate ['kɔdʒi,teit] *vb; stivt(=think deeply; ponder)* fundere; tenke alvorlig.
cognac ['kɔnjæk] *subst:* konjakk.
cognate ['kɔgneit] *adj(=related):* **~ languages** beslektede språk.
cognizance, cognisance ['kɔgnizəns] *subst; stivt:* **take ~ of***(=take notice of)* ta til etterretning.
cognizant, cognisant ['kɔgnizənt] *adj; også jur:* **be ~ of***(=be fully aware of)* være bekjent med; være fullt vitende om.
cogwheel ['kɔg,wi:l] *subst(=gearwheel)* tannhjul.
cohabit [kou'hæbit] *vb:* leve sammen (som mann og kone).
cohabitation [kou,hæbi'teiʃən] *subst:* det å leve sammen som mann og kone; samliv.
coheir [,kou'ɛə] *subst:* medarving.
cohere [kou'hiə] *vb; stivt(=stick together)* henge sammen.
coherence [kou'hiərəns] *subst:* sammenheng.
coherent [kou'hiərənt] *adj; stivt(=clear and logical)* sammenhengende *(fx give a coherent account of what has happened);* **she's not very ~ on the telephone** det er ikke så mye sammenheng i det hun sier i telefonen.
cohesion [kou'hi:ʒən] *subst; stivt(=coherence)* sammenheng.
cohort ['kouhɔ:t] *subst; hist:* kohort.
cohost ['kou'houst] *vb:* **~ a party** gå sammen om å holde et selskap *(fx a farewell party cohosted by the Harkers and the Taylors).*
I. coil [kɔil] *subst* **1.** *elekt:* spiral; spole; *i motor:* coil; **2.: a ~ of thick rope** en tykk taukveil; **3.** *med.(=intra-uterine coil; IUD coil)* spiral.
II. coil *vb:* kveile; vikle (i spiralform); *om slanger:* sno seg *(fx the snake coiled (itself) round the tree).*
coiled spring spiralfjær.
I. coin [kɔin] *subst:* mynt; **pay sby back in his own ~** betale en med samme mynt; **the other side of the ~** den andre siden av saken.
II. coin *vb* **1.** mynte; prege; **2.: ~ it in** håve inn penger; **he's really -ing the money these days** han tjener grovt med penger nå om dagen; **3.** *om ord el. uttrykk:* finne på *(fx a word for the new process); sagt iron etter å ha brukt et klisjé:* **to ~ a phrase** for å si det på en litt original måte.
coinage ['kɔinidʒ] *subst* **1.** mynting; **2***(=monetary system)* myntsystem; **Britain now uses decimal ~** myntenheten i Storbritannia er nå basert på desimalsystemet; **3.** *språkv:* nydannelse; nydannet ord (*el.* uttrykk).
coin box mynttelefon.
coincide [,kouin'said] *vb:* falle sammen; stemme overens *(fx their stories coincided);* **their tastes in music ~** de har samme smak i musikk; **~ with 1.** stemme overens med *(fx this coincides with what he told us);* **2.** inntreffe samtidig med; falle sammen med *(fx his arrival coincided with her departure).*
coincidence [kou'insidəns] *subst:* sammentreff (av omstendigheter); tilfelle *(fx it was sheer coincidence);* **but -s do happen** men det er slikt som skjer.
coincidental [kou,insi'dentəl] *adj; stivt(=accidental)* tilfeldig.
coiner ['kɔinə] *subst(=counterfeiter)* falskmynter.
coitus ['kouitəs], **coition** [kou'iʃən] *subst; stivt(=sexual intercourse)* samleie; coitus.
coke [kouk] *subst* **1.** koks; **2. S**(*=cocaine)* kokain; **3. T:** coca-cola.
colander ['kɔləndə, 'kʌləndə] *subst:* dørslag.
I. cold [kould] *subst* **1.** kulde; **do come indoors out of the ~** ikke bli stående ute i kulda; **2.** forkjølelse *(fx he has a bad cold);* **catch (a) ~** (**,T:** *get a cold)* bli forkjølet; **he never catches -s** han blir aldri forkjølet; **you look as if you're in for a ~** det ser ut som om du har tenkt å bli forkjølet; **3.** *fig:* **be left out in the ~***(=be neglected)* gå for lut og kaldt vann; bli forsømt.
II. cold *adj* **1.** kald; **I feel ~** jeg fryser; jeg synes det er kaldt; **2.** *fig:* kald; uvennlig; **a ~ welcome** en kald velkomst; **his manner was ~** han virket uvennlig; **~ logic** kald logikk; **a ~ scent** et kaldt spor; **that's ~ comfort** det er (en) mager trøst; **in ~ blood** med kaldt blod; **it left him ~** det gjorde ikke noe inntrykk på ham.
cold-blooded [,kould'blʌdid; *attributivt:* 'kould,blʌdid] *adj:* kaldblodig.
cold feet *fig:* kalde føtter; **get ~** få kalde føtter.
I. cold shoulder: give sby the ~ behandle en kjølig.
II. cold-shoulder [,kould'ʃouldə] *vb:* **~ sby** behandle en kjølig; **be -ed** møte en kald skulder; bli kjølig behandlet.
cold sore ['kould,sɔ:] (*,fagl: herpes labialis)* forkjølelsessår.
cold storage kjølelager; *fig:* **put an idea into ~** legge en idé på is.
cold turkey US S: brå avvenning fra narkotika.

coleslaw ['koul,slɔ:] *subst:* sommersalat.
coley ['kouli; 'kɔli] *subst; zo(=coalfish)* sei.
colic ['kɔlik] *subst; med.:* kolikk; mageknip.
coliseum [,kɔli'siəm] *subst:* colosseum.
colitis [kɔ'laitis], **colonitis** [,kɔlə'naitis] *subst; med.:* tykktarmbetennelse; colitt.
collaborate [kə'læbə,reit] *vb* **1***(=work together)* samarbeide *(fx on a book);* **2.** *neds:* kollaborere; samarbeide *(with the enemy* med fienden).
collaboration [kə,læbə'reiʃən] *subst* **1.** samarbeid; **work in ~ with others** samarbeide med andre; **2.** *neds:* kollaborasjon; samarbeid.
collaborator [kə'læbə,reitə] *subst* **1.** medarbeider; **they were -s on this book** de laget denne boken sammen; **2.** *neds:* kollaboratør; samarbeidsmann; medløper.
I. collapse [kə'læps] *subst* **1***(=falling down; caving in):* **the ~ of the building** det at bygningen falt (,faller) sammen; **2.** *fig(=breakdown)* sammenbrudd *(fx a nervous collapse);* kollaps; **3***(=failure)* feilslagning *(fx of plans);* **4.** *merk(=sharp fall)* svikt; fall *(fx of the pound rate).*
II. collapse *vb* **1***(fall down; cave in)* falle ned; falle sammen; **2.** *om person:* falle sammen; få sammenbrudd; få kollaps; **he -d to the ground** han falt om på bakken; **3.** *om forhandlinger:* bryte sammen; **4***(=fold up)* slå sammen *(fx the chair);* **this table -s** dette bordet er til å slå sammen; **5***(=fail)* slå feil *(fx plans);* **his story -d on investigation** ved nærmere undersøkelse holdt ikke historien hans; **6.** *merk:* bryte sammen; svikte.
collapsible [kə'læpsibəl] *adj(=that can be folded up)* til å slå (,legge) sammen *(fx these chairs are collapsible).*
I. collar ['kɔlə] *subst* **1.** krage *(fx what size (of) collar does he take?);* **soft ~** bløt snipp; **2.** halsbånd; **spiked ~** pigghalsbånd; **3.** *tekn:* flens; krage; **4.** *på okseslakt:* **~ of beef** halsstykke; **5. T: hot under the ~** varm under snippen; sint.
II. collar *vb* **1.** sette halsbånd på; **2.** gripe i kragen; **T:** hogge tak i *(fx the thief);* **3.** *fig(=buttonhole)* slå kloen i *(fx he collared the speaker as he left the room);* **4.** *merk(=capture)* erobre; slå til seg *(fx the entire market).*
collarbone ['kɔlə,boun] *subst(=clavicle)* krageben.
collate [kɔ'leit] *vb; stivt(=examine and compare)* sammenligne (og kontrollere).
I. collateral [kɔ'lætərəl; kə'lætərəl] *subst(=financial security)* sikkerhet *(fx what collateral can you offer?).*
II. collateral *adj:* underordnet; side-; **~ acceptance** vekselkausjon; **~ circumstance** biomstendighet; **~ loan** lån mot sikkerhet; lån mot håndpant.
collation [kɔ'leiʃən] *subst* **1.** *stivt:* sammenligning (og kontroll); **2.** *stivt el. spøkef om lett, oftest kaldt måltid:* **a cold ~** kald anretning.
colleague ['kɔli:g] *subst:* kollega; **her teaching -s** hennes lærerkolleger.
I. collect ['kɔlekt] *subst; rel:* (kort) bønn; kollekt.
II. collect [kə'lekt] *adj, adv:* **~ call 1. US***(=reverse -charge call)* noteringsoverføring; **I'll call my parents ~** jeg skal ta en noteringsoverføring til foreldrene mine; **2. UK** *bare om utenlandssamtaler:* noteringsoverføring.
III. collect [kə'lekt] *vb* **1.** samle seg *(fx people are collecting(=gathering) in front of the house);* samle på *(fx stamps);* samle inn *(fx she's collecting (clothes) for the jumble sale); fig:* samle *(fx one's thoughts);* **2***(=call for and take away)* hente *(fx she collects the children from school every day);* **3.** *om beløp:* innkreve; oppkreve *(fx the amount will be collected on delivery);* **4.** *post:* **~ on delivery** **US***(=cash on delivery)* mot oppkrav; **send sth ~ on delivery; send sth C.O.D.** sende noe mot oppkrav.
collected [kə'lektid] *adj* **1.: calm and ~** rolig og fattet; **2.** samlet; **the ~ works of Dickens** Dickens' samlede verker.
collection [kə'lekʃən] *subst* **1.** innsamling (*of* av); *rel:* kollekt; **make a ~** foreta innsamling; **2.** samling *(fx of stamps);* (mote)kolleksjon; **3.** ansamling *(fx of rubbish);* **4.** avhenting; **5.** oppkreving; innkassering; **6.** *post:* tømming; **there are four -s a day** postkassen tømmes fire ganger daglig; **7.** tolldistrikt; *(jvf collector 3).*
I. collective [kə'lektiv] *subst* **1.** *gram(=collective noun)* kollektiv; **2.** kollektiv(bruk).
II. collective *adj* **1.** *gram:* **a ~ noun** et kollektiv; **2***(=combined)* felles; kollektiv *(fx effort; security).*
collective bargaining kollektive forhandlinger.
collective housekeeping felleshusholdning.
collectivism [kə'lekti,vizəm] *subst:* kollektivisme.
collector [kə'lektə] *subst* **1.** samler; **2.** inkassator; **~ of taxes** skatteoppkrever; **3.: ~ (of customs and excise)** tolldistriktssjef; *(jvf collection 7);* **4.** *jernb:* **ticket ~** billettkontrollør; **5.** *elekt:* **(current) ~** strømavtager.
college ['kɔlidʒ] *subst* **1.** college; universitetsavdeling; fakultet; college-bygning; lærere og studenter ved et college; kollegium;
2. skole; fagskole; høyskole; **~ of adult education** ikke yrkesrettet skole for voksenopplæring; **agricultural ~***(=agricultural school; college of agriculture; farm institute)* landbruksskole; **~ of agricultural engineering** landbrukshøyskole; **~ of arts and crafts** kunst- og håndverksskole; **~ of art and design** kunstakademi; **business ~** handelsskole (som tilbyr sekretærkurs og økonomiske fag); **commercial ~** handelsskole; **advanced commercial ~** handelshøyskole; **~ of education** *(,US: teachers college)* pedagogisk høyskole; *hist:* lærerskole; **~ of further education** skole som tilbyr videreutdanning på et nivå under høyskole og universitet; **~ of higher education** 1. = *college of education;* 2. = *technical college;* **~ of engineering** ingeniørhøyskole; **~ of music** musikkskole; **nursery nurses ~** barnevernsakademi; **technical ~** *(,US: technical institute)* teknisk skole; yrkesfaglig studieretning ved videregående skole; *hist:* yrkesskole; **~ of technology** = *technical college;* **~ of advanced technology** *(fk CAT) (=technological university;* **US:** *institute of technology; polytechnic institute)* teknisk høyskole;
3. US: junior ~ *(=community college)* 2-årig høyere skole, som avsluttes med en 'associate degree' (Associate in Arts, *fk* AA, eller Associate in Science, *fk* AS, eller Associate in Applied Arts, *fk* AAS); *(NB det første året kalles 'freshman year', det andre 'sophomore year');*
4. US: ~ of arts and sciences *(=liberal arts college)* 4-årig skole hvor de to siste årene ('junior year' og 'senior year') fører fram til en lavere universitetsgrad – bachelor's degree (Bachelor of Arts, *fk* AB, eller Bachelor of Science, *fk* SB), som regnes å ligge et sted mellom den norske cand. mag. og cand. philol/cand. real.; *(NB 'Bachelor's degree' danner avslutningen på 'undergraduate studies'. 'Graduate studies' finner i regelen sted ved et universitet, men se 5 ndf);*
5. US *ved universitet(=(graduate) school; (professional) school):* universitetsavdeling som avsluttes med en 'master's degree' (Master of Arts, *fk* AM, eller Master of Science, *fk* SM) etter minimum ett år eller en 'doctor's degree' (Doctor of Philosophy, *fk* Ph.D.; Doctor of Science, *fk* D.Sc.) etter

minimum 3 år; *(NB Enkelte institusjoner benevnes 'college', selv om de egentlig er universiteter og gir undervisning på graduate-nivå, fx Dartmouth College).*

college of arms*(=herald's college)* **UK:** ordenskapittel.

collegian [kə'li:dʒiən] *subst:* medlem av et college; student.

I. collegiate [kə'li:dʒiit] *subst; i Canada:* en 'high school' som i hovedsak tilbyr teoretiske fag.

II. collegiate *adj* **1***(=collegial)* college-; **2.** *om univ:* som består av flere likeverdige colleges.

collegiate church kollegiatkirke; kirke som har domkapittel, men ikke er domkirke.

collegiate institute *subst; i Canada:* en 'high school' som i hovedsak tilbyr teoretiske fag.

collet ['kɔlit] *subst* **1.** *tekn:* krage; stoppring; **2.** *for smykkesten:* kasseinnfatning.

collide [kə'laid] *vb:* kollidere; *fig:* **the views of the two politicians ~ violently** de to politikerne har diametralt motsatte synspunkter.

collie ['kɔli] *subst; zo:* skotsk fårehund; collie.

collier ['kɔliə] *subst* **1***(=coalminer)* kullgruvearbeider; **2.** kullbåt.

colliery ['kɔljəri] *subst(=coalmine)* kullgruve.

collision [kə'liʒən] *subst* **1.** kollisjon; **he was in ~ with a lorry** han kolliderte med en lastebil; **2.** *fig:* sammenstøt; **a ~***(=clash)* **of interests** motstridende interesser.

collocate ['kɔlə,keit] *vb(=group together)* sammenstille.

collocation [,kɔlə'keiʃən] *subst(=grouping together)* **1.** sammenstilling; **2.** ordforbindelse; sammenstilling av ord.

colloquial [kə'loukwiəl] *adj:* som tilhører hverdagsspråket; som brukes i dagligtale; **a ~***(=informal)* **expression** et uformelt uttrykk; **his speech was very ~** han var svært uhøytidelig i sin måte å snakke på.

colloquialism [kə'loukwiə,lizəm] *subst:* ord (,uttrykk) fra hverdagsspråket (*el.* dagligtalen).

colloquially *adv:* i dagligtalen; i hverdagsspråket; **~ he is known as** ... i hverdagslaget omtales han (*el.* er han kjent) som ...

colloquium [kə'loukwiəm] *subst; univ:* kollokvium.

collude [kə'lu:d] *vb; stivt:* **~ with***(=act in collusion with)* spille under dekke med; være i hemmelig forståelse med.

collusion [kə'lu:ʒən] *subst; stivt(=conspiracy)* hemmelig forståelse; maskepi; sammensvergelse; **they acted in ~***(=they conspired)* **to rob their employer** de gikk sammen om å bestjele sin arbeidsgiver.

collusive [kə'lu:siv] *adj:* (hemmelig) avtalt *(fx evidence).*

Cologne [kə'loun] *subst; geogr:* Køln.

cologne: (eau de) ~*(=Cologne water)* eau de cologne.

colon ['koulən] *subst* **1.** *gram:* kolon; **2.** *anat:* tykktarm; colon.

colonel ['kə:nəl] *subst; mil:* oberst II; *(jvf brigadier; group captain).*

I. colonial [kə'louniəl] *subst(=native of a colony)* koloniboer; innbygger i koloni.

II. colonial *adj:* koloni-; kolonial-.

colonialism [kə'louniə,lizəm] *subst:* kolonialisme.

colonialist [kə'louniəlist] *subst:* kolonialist.

colonist ['kɔlənist] *subst* **1.** kolonist; nybygger; **2***(=colonial)* koloniboer; innbygger i koloni.

colonization, colonisation [,kɔlənai'zeiʃən] *subst:* kolonisering.

colonize, colonise ['kɔlə,naiz] *vb:* kolonisere; bosette seg som kolonist.

colonizer, coloniser ['kɔlə,naizə] *subst:* kolonisator.

colonnade [,kɔlə'neid] *subst:* søylegang; kolonnade.

colony ['kɔləni] *subst:* koloni.

color US: *se colour.*

coloration [,kɔlə'reiʃən] *subst* **1.** kolorering; koloritt; **2.** *zo:* farge(tegning); farger.

coloratura [,kɔlərə'tuərə], **colorature** ['kɔlərə,tjuə] *subst; mus:* koloratur.

colossal [kə'lɔsəl] *adj* **T***(=very big; enormous)* kolossal; kjempe-.

colossus [kə'lɔsəs] *subst (pl: colossuses; colossi* [kə'lɔsai]) koloss; kjempestatue; **he's a ~ of a man** han er en koloss av en mann.

I. colour ['kʌlə] *subst:* farge; **-s** farger; flagg; **people of all -s** mennesker av alle slags hudfarger; **this will bring (the) ~ back to your cheeks!** dette vil gi deg farge i kinnene igjen! **T: off ~** *(=not feeling very well)* ikke helt pigg; ikke helt i form; **show oneself in one's true -s** vise sitt sanne jeg; tone flagg; **what ~ is it?** hvilken farge er det på den (,det)?

II. colour *vb* **1.** farge; fargelegge; male *(fx they coloured(=painted) the walls yellow);* **2** *(=exaggerate)* overdrive; fargelegge; **3***(=blush)* rødme.

colour bar *(=racial segregation)* raseskille.

colour-blind ['kʌlə,blaind] *adj:* fargeblind.

I. Coloured ['kʌləd] *subst (pl: Coloured(s))* **1.** farget; neger; **2.** *i Sør-Afrika(=Cape Coloured)* person av blandingsrase; farget; **3.** *om vasketøy:* **the coloureds** det kulørte.

II. coloured *adj:* farget; ikke hvit; kulørt; **~ people** fargede.

colourfast ['kʌlə,fa:st] *adj; om stoff:* fargeekte.

colourful ['kʌləful] *adj; også fig:* fargerik.

colouring ['kʌləriŋ] *subst* **1.** farge(stoff) *(fx pink colouring);* **2.** fargelegging; **3.** farger *(fx the colouring of the painting was very crude);* koloritt; **4***(=complexion)* hudfarge; teint.

colourless ['kʌləlis] *adj* **1.** fargeløs; **2.** *fig:* fargeløs.

colourman ['kʌləmən] *subst:* fargehandler.

colour scheme fargeplan; **the curtains don't match the ~** gardinene passer ikke inn i fargeplanen (*el.* står ikke til de øvrige fargene i rommet).

colt [koult] *subst* **1.** *zo:* hingstføll; hingstfole; **2.** *sport:* spiller på juniorlag *(fx he's not in the senior team – he plays for the colts);* **3.** *sport:* uerfaren spiller; grønnskolling; **4.** colt(revolver).

coltsfoot ['koults,fut] *subst; bot:* hestehov.

columbine ['kɔləm,bain] *subst; bot:* villakeleie.

column ['kɔləm] *subst* **1.** *arkit:* søyle; **2.: a ~ of smoke** en røyksøyle; **a ~ of air** en luftsøyle; **3.** *anat:* **spinal ~***(=spine; vertebral column)* ryggsøyle; virvelsøyle; **4.** *i avis, etc:* spalte; **5.** (tall)kolonne; **6.** *mil:* kolonne *(fx of infantry);* **7.** lang rekke *(fx of cars).*

columnist ['kɔləm(n)ist] *subst:* spaltist.

coma ['koumə] *subst; med.:* koma; dyp bevisstløshet; **slip off into a ~** falle i koma.

comatose ['koumə,tous; 'koumə,touz] *adj; med.:* komatøs; bevisstløs *(fx he's in a comatose condition).*

I. comb [koum] *subst* **1.** kam; **fine-tooth ~** finkam; *fig:* **go over with a fine-tooth ~** gå grundig gjennom; lete grundig etter; **2.: (carding) ~** karde; **3.** *zo; på hane(=cockscomb)* kam.

II. comb *vb* **1.** kjemme *(fx one's hair);* **2***(=search thoroughly)* finkjemme *(fx the wood);* **3.: ~ out** 1. kjemme ut; 2. *om uønskede personer el. ting:* luke ut.

I. combat ['kɔmbæt] *subst:* kamp; **single ~** tvekamp; kamp mann mot mann; **close ~***(=hand-to-hand combat)* nærkamp.

II. combat *vb; oftest fig; stivt(=fight; struggle against)* kjempe mot; bekjempe; *spøkef:* **she -ed her cold with large doses of vitamin C** hun bekjempet forkjølelsen sin med store doser C-vitamin.

combatant ['kɔmbətənt] **1.** *subst:* stridende; kjempende; *mil:* **-s and non-combatants** stridende og ikke-stridende; **2.** *adj:* kjempende; stridende.

combat fatigue*(=battle fatigue)* kamptretthet.

combination [,kɔmbi'neiʃən] *subst:* kombinasjon; *til lås:* kombinasjon; kode.

I. combine ['kɔmbain] *subst* **1***(=combine harvester)* skurtresker; **2.** sammenslutning *(fx a large manufacturing combine);* **3. US:** syndikat; trust; konsortium.

II. combine [kəm'bain] *vb:* kombinere; *kjem:* **~ with** inngå forbindelse med; **everything -d against him** alt gikk ham imot.

combings ['koumiŋz] *subst; pl:* avkjemt hår.

I. combustible [kəm'bʌstəbəl] *subst:* brennbart stoff.

II. combustible *adj(=inflammable)* lettantennelig; *(jvf inflammable).*

combustion [kəm'bʌstʃən] *subst:* forbrenning.

come [kʌm] *vb (pret: came; perf. part.: come)* **1.** komme *(fx come to my house tomorrow; Mary came to collect the children);*

2. *om fremtid:* **Easter is coming soon** det er snart påske;

3*(=be obtainable; be sold):* **they ~ in packets** de selges i pakker; **they ~ in a variety of colours** de fås i mange forskjellige farger;

4. *om rekkefølge:* stå *(fx the letter 'd' comes between 'c' and 'e' in the alphabet);*

5*(=happen):* **~ what may***(=whatever happens)* hva som enn skjer; **how did you ~ to be here today?** hvordan har det seg at du er her i dag? **now that I ~ to think of it, he was late yesterday too** når jeg tenker over det, så var han sen(t ute) i går også; **T: how ~?***(=how did it happen?)* hvordan gikk det til?

6. T*(=play the part of)* spille rollen som *(fx come the innocent girl);*

7. S*(=have an orgasm)* få orgasme; **he (,she) came** det gikk for ham (,henne);

8. *int:* **Come, come! That was very rude of you!** Fy (deg)! Det var veldig uhøflig av deg!

9.: ~ about*(=happen)* skje; hende;

10.: ~ across 1*(=find by chance; meet by chance)* komme over; treffe på *(fx he came across some old friends);* 2*(=be understood; be appreciated)* bli forstått; bli satt pris på *(fx his speech came across well);*

11.: ~ along 1*(=come)* bli med *(fx come (along) with me; who's coming (along)?);* 2*(=turn up)* dukke opp; 3*(=progress):* **how's your French coming along?** hvordan går det med fransken din? **how are things coming along?** hvordan går det?

12.: ~ apart: *se apart;*

13.: ~ away 1*(=become detached)* falle av; 2.: **~ away from there!** gå vekk derfra! **they came away from the conference feeling that** ... da de forlot konferansen, hadde de inntrykk av at ...;

14.: ~ back 1. komme tilbake; vende tilbake; 2. *fig:* **~ back at** gå løs på (igjen) *(fx he came back at the speaker with some sharp questions);* 3.: **then it all came back to me** da husket jeg alt sammen;

15.: ~ between komme imellom *(fx we shouldn't let a little thing like this come between us);*

16.: ~ by 1*(=obtain)* få tak i; komme over *(fx he came by the book in London; jobs are hard to come by);* **was the money honestly ~ by?** var pengene ervervet på hederlig vis? 2*(=get)* få *(fx how did you come by that black eye?);* 3. *om transportmiddel:* komme med *(fx she came by train);*

17.: ~ down 1*(=collapse; fall)* falle sammen; falle ned; 2*(=move into the country):* **she came down last year and settled in the village** hun kom flyttende hit til landsbyen i fjor og har slått seg til; 3*(leave university after taking a degree)* være ferdig med sine studier; ha tatt sin eksamen *(fx he came down from Oxford last year);* 4*(=fall; go down)* gå ned *(fx the price of tea has come down);* 5. *om tap av status, formue:* **he has ~ down in the world** det er gått tilbake med ham; han har sett bedre dager; 6. *om avgjørelse:* **the report came down in favour of a pay increase** rapporten konkluderte med å anbefale lønnsforhøyelse; 7. **T: ~ down on sby***(=scold sby)* bruke munn på en; skjelle en ut; 8.: **~ down to** 1*(=reach to)* nå til *(fx her hair comes down to her waist);* 2*(=amount in essence to)* innskrenke seg til *(fx it comes down to two choices);*

18.: ~ for komme for å hente;

19.: ~ forward 1*(=offer one's services; volunteer)* tilby sine tjenester; tilby seg; 2*(=present oneself)* melde seg *(fx he came forward and gave us vital information; the police asked witnesses of the accident to come forward);*

20.: ~ in komme inn; *parl:* bli valgt; **where do I ~ in?** hva skal jeg gjøre? hvilken rolle er tiltenkt meg?

21.: ~ in for 1*(=receive)* få *(fx he came in for a fortune);* 2*(=be the target of)* få *(fx she came in for a lot of criticism);*

22.: ~ in on*(=join; take part in)* bli med på *(fx if you want to come in on the scheme, you must decide now);*

23.: ~ into*(=inherit)* arve *(fx money).*

24.: ~ into flower begynne å blomstre; slå ut i blomst; **~ into leaf** få løv; springe ut;

25.: ~ into force*(=take effect)* tre i kraft *(fx the law comes into effect at midnight);*

26.: ~ into one's own*(=have the opportunity of showing what one can do)* få vise hva man duger til; komme til sin rett *(fx as a cook);* **she really came into her own when she got divorced** hun fikk virkelig realisert seg selv etterat hun ble skilt;

27.: ~ of 1. *stivt(=be from; come from):* **she -s of***(=from)* **a good family** hun er av god familie; 2*(=result from):* **nothing came of his experiments** det kom ikke noe ut av eksperimentene hans; **nothing came of it***(=it came to nothing)* det ble ikke noe av; **whatever came of her plans to go to Africa?** hvordan gikk det egentlig med hennes planer om å dra til Afrika?

28.: ~ off 1. falle av *(fx a button has come off my coat);* 2*(=come loose)* løsne; 3*(=be detachable)* være til å ta av; 4. **T***(=happen; take place)* bli noe av *(fx the marriage didn't come off);* finne sted; være *(fx when does the match come off?);* 5. **T***(=succeed; have the intended effect):* **his jokes didn't ~ off** han var ikke heldig med vitsene sine; **the gamble didn't ~ off** spekulasjonen slo feil; 6. *om reduksjon:* **will anything ~ off income tax?** blir det noen reduksjon i inntektsskatten? 7. **S***(=have an orgasm)* få orgasme; **he (,she) came off** det gikk for ham (,henne); 8.: **~ off it!***(=stop pretending!)* hold opp (med det der)! ikke gjør deg til!

29.: ~ on 1. *om strøm- el. vannforsyning:* **the water came on** vannet ble satt på; vannet kom; 2*(=begin):* **she felt a cold coming on** hun følte at hun holdt på å bli forkjølet; **the rain came on again** det begynte å regne igjen; 3*(=follow)* komme etter *(fx he'll come on later);* 4. *teat(=appear on the stage)* komme på scenen; 5. *teat; om skuespill(=be performed)* bli oppført *(fx 'Macbeth' is coming on again next month);* 6. *jur; om sak:* komme opp *(fx the case comes on next week);* 8.: **~ on!** 1. *om utfordring:*

kom igjen! 2*(=hurry up)* skynd deg! 3*(=cheer up)* opp med humøret! 4*(=pull yourself together)* ta deg sammen da! 5*(=make an effort)* prøv da vel! gjør et forsøk da! 6*(=don't be ridiculous)* nei, nå får du gi deg! *(fx Come on, you don't really expect me to believe that, do you?)*;

30.: ~ out 1*(=become known)* komme ut *(fx the truth finally came out)*; 2*(=be made public)* bli gjort kjent *(fx the news of her death came out last week)*; 3*(=be published)* komme ut *(fx this newspaper comes out on Sundays)*; 4*(=go on strike)* streike *(fx the men have come out (on strike))*; 5. *om foto:* **~ out well** bli vellykket; *om personen:* være heldig *(fx you came out very well in the photos he took)*; 6*(=decide)*: **he came out in favour of the death penalty** han erklærte seg for dødsstraff; *(jvf 17 (6) ovf)*; 7. *om utslett:* **he came out in spots** han fikk utslett; 8.: **he came out of the affair rather well** han kom ganske bra fra det; 9.: **you can rely on him to ~ out with the facts** du kan stole på at han legger fakta på bordet;

31.: ~ over 1. komme over *(fx won't you come over to England for a holiday?) fig:* **he'll never ~ over to our side** han vil aldri komme over til oss; 2.: **what's ~ over him?***(=what's the matter with him?)* hva går det av ham? hva er det i veien med ham? **a fit of dizziness came over her***(=she suddenly felt dizzy)* hun følte seg plutselig svimmel;

32.: ~ round 1*(=visit; drop in)* stikke innom; **I'll ~ round and see you** jeg skal stikke innom og hilse på deg (,dere); 2*(=come to; regain consciousness)* komme til bevissthet; 3*(=change one's mind)* ombestemme seg (etter først å ha vært imot) *(fx he'll come round eventually (to your way of thinking))*; 4. **~ round by** ta en omvei om (,over) *(fx the road was blocked so we had to come round by the fields)*;

33.: ~ through 1. komme gjennom; 2*(=survive)* overleve *(fx will he come through all right after the operation?)*; 3*(pass through the official channels)*: **your posting has just ~ through: it's Nairobi!** vi har nettopp fått vite hvilket tjenestested du har fått: det er Nairobi!

34.: ~ to 1*(=regain consciousness)* komme til bevissthet; 2*(=occur to)*: **it suddenly came to me that he was the murderer** det falt meg plutselig inn at han var morderen; 3. *om beløp(=amount to)* komme på *(fx your bill comes to £20)*;

35.: ~ to light *stivt(=be discovered)* komme for en dag;

36.: ~ up 1. *også om plante:* komme opp; 2. *om person:* komme bort *(fx he came up to greet them)*; 3. *om solen(=rise)* stå opp; 4*(=begin)*: **a wind came up** det begynte å blåse; 5. *om spørsmål(=arise; be discussed)* komme opp *(fx that question will come up again)*; 6. *univ:* begynne å studere; begynne på universitetet; 7. *jur(=come on)* komme opp *(fx her divorce case comes up tomorrow)*; 8. **T***(=win)*: **have your premium bonds ever ~ up?** har du noen gang vunnet på premieobligasjonene dine?

37.: ~ up against*(=be faced with)* bli stilt overfor; støte på; **we've ~ up against a problem** vi har fått et problem;

38.: ~ up to 1*(=reach)* nå (opp) til; rekke til *(fx the water came up to my waist)*; 2*(=equal)* (kunne) måle seg med; **this piece of work doesn't ~ up to your usual high standard** dette arbeidet er ikke av din vanlige høye standard;

39.: ~ up with*(=think of)* få *(fx a great idea; the right answer)*;

40.: ~ upon *stivt el. litt.(=meet by chance; discover by chance)*: **I came upon a strange man in the park** jeg møtte en underlig mann i parken; **she came upon a solution to the problem** hun kom over *(el.* fant tilfeldig) en løsning på problemet;

41.: ~ with komme med; følge med; bli med *(fx he came with me in the car)*;

42.: ~ within høre inn under; falle inn under *(fx it falls within another chapter)*.

comeback ['kʌm,bæk] *subst* **1.** comeback; **have a ~** få et comeback; bli populær igjen; **2***(=way of getting compensation)*: **unless you report the accident at once you'll have no ~** hvis du ikke rapporterer ulykken med én gang vil du ikke ha noen mulighet for å oppnå erstatning.

comedian [kə'mi:diən] *subst* komiker; komisk skuespiller.

comedown ['kʌm,daun] *subst* **1.** tilbakeskritt; **2. T***(=disappointment)* skuffelse.

comedy ['kɔmədi] *subst* **1.** komedie; lystspill; **~ of manners** karakterkomedie; **2.** komikk; **the ~ of the situation** det komiske ved situasjonen.

comely ['kʌmli] *adj* **1.** *glds el. litt.(=attractive)* pen; tiltalende.

come-on ['kʌm,ɔn] *subst* **T:** lureri; agn; lokkemat.

comer ['kʌmə] *subst* **1***(=potential success)* en som vil nå langt; **2.: all -s** alle som kommer; alle som innfinner seg; **the first ~** den første som kommer.

comet ['kɔmit] *subst:* komet.

I. comfort ['kʌmfət] *subst* **1.** komfort; velbefinnende; **2.** trøst; **cold ~** mager trøst.

II. comfort *vb:* trøste.

comfortable ['kʌmftəbəl] **1.** komfortabel; behagelig *(fx chair)*; **a ~ standard of living** en skikkelig levestandard; **I don't feel ~ at formal dinners** jeg føler meg ikke vel i store middager; **he looked very ~ in his chair** det så ut som om han hadde det meget bra i stolen sin; **make oneself ~** gjøre seg det bekvemt; **2. T** *om inntekt(=adequate)* romslig; tilstrekkelig høy; **T: be ~***(=have an adequate income)* ikke ha noen økonomiske bekymringer *(fx we don't have a lot of money but we're comfortable)*.

comfortably *adv:* **be ~ off** sitte godt i det; være velsituert.

comforting *adj:* som skaper velvære; som trøster *(fx that's a comforting thought)*; **they found the hot tea very ~** de syntes det var deilig med den varme teen.

comfort station US*(=public lavatory)* offentlig toalett.

comfy ['kʌmfi] *adj* **T:** *se comfortable.*

I. comic ['kɔmik] *subst* **1***(=comic actor)* komiker; komisk skuespiller; **2. US***(=comic book)* tegneseriehefte; **3.: -s***(=comic strips)* tegneserier.

II. comic *adj* **1.** komedie-; **~ writer** komedieforfatter; **2.** komisk; **what's ~ about it is that** . . . *(=the joke about it is that . . .)* det komiske ved det er at . . . *(se comical)*.

comical ['kɔmikəl] *adj:* komisk; **it made a ~ impression on those present** det gjorde et komisk inntrykk på de tilstedeværende; **he was really -ly dressed** han var virkelig komisk i sin påkledning; *(se II. comic)*.

comic book *(,US: comic)* tegneseriehefte.

comic strip tegneserie.

coming ['kʌmiŋ] **1.** *subst(=arrival)* komme; ankomst; **2.** *adj(=approaching; next)* kommende; **this ~ Thursday***(=next Thursday)* førstkommende torsdag; **have it ~ to one***(=deserve what one is about to suffer)* få det man har fortjent; **the ~ thing** fremtidens løsen.

comma ['kɔmə] *subst; gram:* komma; **inverted -s** anførselstegn.

I. command [kə'ma:nd] *subst* **1***(=order)* ordre; befaling *(fx they obeyed his commands)*; **at the ~ 'halt'** på kommandoen "holdt"; **2.** kommando *(fx he has* *a hundred men under his command);* **be in ~** føre kommandoen; ha kommandoen; **3.** kommandostilling; **4.** *mil(=unit)* kommando(gruppe); **5.: the chain of ~** kommandoleddene; **6***(=control):* **he was in ~ of the whole situation** han hadde hele situasjonen under kontroll; **7***(=knowledge):* **a ~ of French** kjennskap til fransk.

II. command *vb* **1** *stivt(=order)* befale *(fx I command you to leave the room);* **2.** *mil:* ha kommandoen over *(fx he commands a regiment);* **3.** *stivt:* **he -s great respect***(=he is held in great respect)* han nyter stor respekt.

commandant ['kɔmən,dænt] *subst:* kommandant.

commandeer [,kɔmən'diə] *vb:* rekvirere (for militært bruk).

commander [kə'ma:ndə] *subst* **1.** *mil:* -sjef; **battalion ~** bataljonssjef; **company ~** kompanisjef; **2.** *mar:* orlogskaptein; **3.** *i London-politiet: sjef for en 'division'; kan gjengis:* politiinspektør; *(se NEO politiinspektør);* **4.** *av ridderorden:* kommandør.

commander-in-chief øverstbefalende; øverstkommanderende.

commanding officer kommanderende offiser; befalshavende.

commandment [kə'ma:ndmənt] *subst; rel:* bud *(fx the ten commandments).*

commando [kə'ma:ndou] *subst (pl: commando(e)s)* **1***(=commando soldier)* kommandosoldat; **Royal Marine ~** marinejeger; **2***(=commando unit)* gruppe kommandosoldater.

command performance *teat:* privat forestilling for kongehuset.

commemorate [kə'memə,reit] *vb:* feire (minnet om); minnes.

commemoration [kə,memə'reiʃən] *subst:* minnefest; **in ~ of** til minne om.

commemoration service minnegudstjeneste.

commemorative [kə'memərətiv] *adj:* minne-.

commemorative ceremony minnehøytidelighet.

commemorative stamp minnefrimerke; jubileumsfrimerke.

commence [kə'mens] *vb; stivt(=begin)* begynne.

commencement [kə'mensmənt] *subst; stivt(=beginning)* begynnelse.

commend [kə'mend] *vb; stivt* **1***(=praise)* rose *(fx his ability was highly commended);* **2***(=give in charge; entrust):* **I ~ him to your care** jeg overlater ham i din varetekt.

commendable [kə'mendəbl] *adj; stivt(=praiseworthy)* prisverdig; rosverdig; **highly ~** meget rosverdig.

commensurable [kə'menʃərəbl] *adj:* kommensurabel.

commensurate [kə'menʃərət] *adj; stivt:* **be ~ with***(=be in proportion to)* stå i et rimelig forhold til; være i forhold til.

I. comment ['kɔment] *subst* **1.** kommentar (*on* til) *(fx did he make any comment on my statement?); om lovforslag, etc:* **be circulated for ~** være ute (,bli sendt ut) til høring; **body entitled to ~** høringsinstans; **2.** kritikk; lite smigrende omtale; **be the subject of ~** være gjenstand for kritikk, **he made several -s about her untidy appearance** han kom med flere kritiske uttalelser om hennes sjuskete utseende.

II. comment *vb:* kommentere; **~ on** 1. kommentere; 2. skrive kommentar til; 3. uttale seg om; si noe om; **~ favourably on** uttale seg rosende om.

commentary ['kɔməntəri] *subst* **1.** *skolev; til pensumtekst:* (trykt) kommentar; **2.** *radio; TV:* **running ~** direkte overføring; reportasje *(fx the BBC is broadcasting a running commentary on the match);* **3.** *til film:* kommentar.

commentate ['kɔmən,teit] *vb; radio; TV:* referere; **who is commentating on the football match?** hvem refererer fotballkampen?

commentator ['kɔmən,teitə] *subst; radio; TV:* kommentator; referent; reporter.

commerce ['kɔməs; 'kɔmə:s] *subst* **1***(trade on a large scale)* handel *(fx he is engaged in commerce);* **chamber of ~** handelskammer; **2.** *skolev(=commercial science)* handelslære; **3.** *univ:* **Bachelor of Commerce** *(fk BCom)* (,**US:** *Master of Business Administration (fk MBA))* siviløkonom.

I. commercial [kə'mə:ʃəl] *subst:* TV-annonse; reklame (i radio el. TV); reklameinnslag *(fx I enjoyed the play but the commercials irritated me).*

II. commercial *adj:* kommersiell; merkantil; handels-; forretnings-; **~ television** kommersielt fjernsyn; **put sth to ~ use** utnytte noe kommersielt.

commercial art reklamekunst.

commercial artist reklametegner; *(jvf art director).*

commercial attaché handelsattaché.

commercial bank handelsbank; forretningsbank.

commercial bill *merk(=trade bill)* handelsveksel.

commercial break *TV:* pause med reklameinnslag.

commercial college handelsskole.

commercial correspondence*(=business correspondence)* handelskorrespondanse; forretningskorrespondanse.

commercial credit *se letter of credit.*

commercial designer grafisk designer; grafisk formgiver.

commercial farm fabrikkgård.

commercialism [kə'mə:ʃə,lizəm] *subst:* kommersiell verdimålestokk; kjøpmannsånd.

commercialize, commercialise [kə'mə:ʃə,laiz] *vb:* kommersialisere; utnytte kommersielt.

commercial pilot sivilflyver.

commercial traveller*(=travelling representative; sales representative)* salgsrepresentant; handelsreisende.

commercial vehicle vare- eller lastebil.

commère ['kɔmɛə] *subst:* kvinnelig konferansier.

commie ['kɔmi] *subst; neds* **T:** kommunist.

commiserate [kə'mizə,reit] *vb; stivt(=express sympathy)* uttrykke medfølelse *(fx she commiserated with him on the death of his mother).*

commissar ['kɔmi,sa:; ,kɔmi'sa:] *subst; i Sovjet (=political commissar)* kommissær.

commissariat [,kɔmi'sɛəriət] *subst* **1.** *i Sovjet inntil 1946:* kommissariat; **2.** *mil; hist:* intendantur.

commissary ['kɔmisəri] *subst* **1.** kommissær; **2.** *mil; hist(=quartermaster officer)* intendanturoffiser; **~ general** *hist(=quartermaster general)* generalintendant.

commissary minister *hist:* kommissarisk statsråd.

I. commission [kə'miʃən] *subst* **1.** *merk:* provisjon; **on a ~ basis** på provisjonsbasis; **he is on ~** han er ansatt på provisjonsbasis; **2.** *merk:* kommisjon; kommisjonsgebyr; **on ~***(=on consignment)* i kommisjon; **goods on ~***(=consigned goods)* kommisjonsvarer; **3.** kommisjon; **~ of inquiry***(=investigating committee)* undersøkelseskommisjon; **4.** *til kunstner, etc:* bestilling *(fx she had a commission to paint his portrait);* **5.** *mil:* bestalling; offisersutnevnelse; **my son got his ~ last year** sønnen min var ferdig utdannet som offiser i fjor; **hold a ~***(=be an officer)* være offiser; **5.** *mar:* tjenesteklar stand; **6.: in (,out of) ~** 1. *mar:* (ikke) tjenesteklar; 2. *om bil, etc* **T:** (ikke) i kjørbar stand.

II. commission *vb* **1.** bestille *(fx a portrait);* **be -ed to write an article** få bestilling på en artikkel; **2.: ~ sby to do sth** gi en i oppdrag å gjøre noe; **3.** *mil:* **be -ed** bli utnevnt til offiser; **-ed officer** offiser; *(jvf*

non-commissioned officer).
commission agent *merk:* kommisjonær.
commissionaire [kə,miʃə'nɛə] *subst:* uniformert dørvokter *(fx the commissionaire at the cinema).*
commissioner [kə'miʃənə] *subst* **1.** kommissær; **high ~** høykommissær *(fx the British High Commissioner in Accra);* **the High Commissioner for Canada** den kanadiske høykommissær (i London); **UK: Commissioners of Inland Revenue** skattekommisjon; **Parliamentary Commissioner***(=ombudsman)* ombudsmann; **2.** *stivt(=member of a commission)* kommisjonsmedlem; **3.** politimester; *(se NEO politimester);* **assistant ~** politiinspektør; *(se NEO politiinspektør);* **4.** *i frelsesarméen:* kommandør; **5.** *jur* **UK:** advokat for hvem man kan avgi beedigede erklæringer.
commit [kə'mit] *vb* **1.** *om forbrytelse:* begå *(fx murder);* **2.: ~ to prison***(=put in prison)* fengsle; **3.: ~ oneself***(=bind oneself)* forplikte seg; binde seg *(fx I don't want to commit myself yet);* **~ oneself to (-ing)** forplikte seg til å; **be -ted to a scheme** ha bundet seg til en plan; **he's too -ted to turn back** han har gått for langt til å kunne snu om; **without -ting oneself** uforbindtlig; **4.** *mil(=order into action)* sette inn (i kampen); **5.** tvangsinnlegge *(fx he was committed (to the mental hospital) in July); stivt:* **~ the child to the care of its aunt***(=leave the child in its aunt's care)* overlate barnet i tantens varetekt; **6.** *stivt:* **~ sth to memory***(=learn sth by heart)* memorere noe; lære noe utenat; **7.** *stivt:* **~ sth to paper***(=put sth on paper)* skrive ned noe.
commitment [kə'mitmənt] *subst* **1.** forpliktelse; (bindende) avtale (*to* med); **2***(=financial obligation)* (økonomisk) forpliktelse; **heavy -s** store forpliktelser; **3.** *merk:* kvantum man har forpliktet seg til å levere; **4.** *jur(=committal order)* fengslingskjennelse; **5.: the ~ of the facts to paper** det å få fakta skrevet ned på papiret; **6.** *fig:* engasjement; **emotional ~** følelsesmessig engasjement; **social ~** sosialt engasjement; **their fierce ~ to the system** deres voldsomme engasjement på systemets side.
committal [kə'mitəl] *subst* **1.** *jur(=committal to prison)* fengsling (som midlertidig forføyning el. for et (vanligvis) kortere tidsrom, fx for forakt for retten); **2.: ~ of a patient to a mental hospital** tvangsinnleggelse av en pasient på psykiatrisk sykehus; *(se også commitment).*
committal order 1. *jur(=committal for trial)* fengslingskjennelse; **2.** *med.:* tvangsinnleggelse.
committal proceedings *jur:* rettsmøte hvor det avgjøres om det foreligger tilstrekkelig bevis til at mistenkt kan stilles for retten.
committed *adj* **1.** engasjert *(fx a committed socialist);* **2.: ~ to** forpliktet til (å); *(se forøvrig commit).*
committee [kə'miti] *subst:* komité; utvalg; nemnd; **be on a ~** sitte i en komité; være medlem av en komité, **the ~ meet(s) today** det er komitémøte i dag; *stivt:* **he serves on several -s***(=he's on several committees)* han sitter i flere komitéer.
committee meeting komitémøte.
committee of inspection *ved konkurs:* kreditorutvalg; *(NB i UK vil samarbeidet mellom dette utvalget og "trustee in bankruptcy" (den faste bobestyreren) svare til bostyre i Norge).*
committee room styrerom.
commode [kə'moud] *subst* **1.** toalettstol; **2.** *glds(=chest of drawers)* kommode.
commodious [kə'moudiəs] *adj(=spacious)* rommelig; romslig.
commodity [kə'mɔditi] *subst:* vare; **trading ~** handelsvare; **household commodities** husholdningsvarer.
commodity study *skolev:* varekunnskap.
commodore ['kɔmə,dɔ:] *subst* **1.** *mar:* kommandør I; **2.** formann i båtklubb.
I. common ['kɔmən] *subst:* allmenning *(fx village common); (se ndf: commons).*
II. common *adj* **1***(=usual; quite normal)* alminnelig; vanlig *(fx expression);* **a ~ occurrence** en vanlig foreteelse; **2.** felles *(fx this knowledge is common to all of us);* **we share a ~ language** vi har et felles språk; **~ property** *(,***US:** *community property)* felleseie; **~ ancestors** felles forfedre; **our ~ enemy** vår felles fiende; **~ interests** felles interesser; **~ to** felles for; **for our ~ good** til vårt felles beste; **have sth in ~** ha noe felles; **they all have that in ~***(=it's common to all of them)* 'det er felles for dem alle; *(jvf III. joint & mutual);* **3.** *neds (vulgar, coarse or low-class)* simpel *(fx she uses some very common expressions; she looks very common);* **4.** *om mennesker(=ordinary)* vanlig *(fx common people; the common man);* **5.** *gram:* **~ gender** felleskjønn; **6. T: ~ or garden***(=ordinary; unexceptional)* (helt) vanlig; (helt) alminnelig; ganske alminnelig *(fx a common or garden businessman).*
common coin *fig:* noe alle kjenner til *(fx Latin phrases that are common coin among all the European nations).*
common cold vanlig forkjølelse.
Common Entrance UK: opptaksprøve til en public school, som vanligvis tas i en alder av 13.
commoner ['kɔmənə] *subst* **1.** vanlig borger *(fx the princess married a commoner);* **2.** *univ(=student not on a scholarship)* vanlig student; **3.** en som har allmenningsrett.
common ground: that's ~ på det punktet hersker det enighet.
common knowledge noe alle vet *(fx that's common knowledge).*
common law *jur:* sedvanerett.
common-law marriage papirløst ekteskap.
common-law wife: he has a ~ han lever i papirløst ekteskap.
Common Market: the ~ Fellesmarkedet.
commonplace ['kɔmən,pleis] **1.** *subst:* triviell bemerkning; **2.** *adj:* triviell; uinteressant.
common room ['kɔmən,rum] *subst; skolev:* oppholdsrom (for elever el. lærere).
commons *pl* **1.** *hist:* **the ~** borgerstanden; **2.: the House of Commons***(=the Commons)* underhuset; **the bill has been passed by the Commons** loven er gått igjennom i underhuset.
common sense sunn fornuft; folkevett; **if he has any ~ he'll change jobs** hvis han eier sunn fornuft, skifter han jobb.
common stock US*(=ordinary shares)* ordinære aksjer; stamaksjer.
commotion [kə'mouʃən] *subst:* støy; bråk; ståhei.
communal ['kɔmjunəl] *adj:* felles; **~ property** felles eiendom; **~ aerial** fellesantenne.
I. commune ['kɔmju:n] *subst* **1.** *om ikke-eng.forhold:* kommune; **2.** *samlivsform:* kollektiv; **live in a ~** leve i et kollektiv.
II. commune [kə'mju:n] *vb* **1.: ~ with***(=feel close to):* **~ with nature** føle seg i ett med naturen; **2.: ~ together***(=talk confidentially)* ha en fortrolig samtale.
communicable [kə'mju:nikəbl] *adj; stivt(=contagious)* smittsom; overførbar *(fx disease).*
communicant [kə'mju:nikənt] *subst:* nattverdsgjest.
communicate [kə'mju:ni,keit] *vb* **1.** *stivt(=make known; tell)* meddele *(fx she reluctantly communicated the facts);* **2.** *om frykt, sykdom(=pass on)* overføre *(fx he communicated his fear to her);* **3.**

stivt(=be connected): **the two rooms ~** det er dør mellom de to rommene; **communicating door** mellomdør; **4.** *stivt(=have something in common):* **she and I don't ~ any more** hun og jeg har ikke lenger noe å si hverandre; **5.: ~ with***(=get in touch with)* kommunisere med.

communication [kə,mju:ni'keiʃən] *subst* **1.** kommunikasjon; **2***(=means of communication)* kommunikasjonsmiddel; samferdselsmiddel; **3.** *stivt(message, telephone call, etc)* meddelelse; beskjed; **4.: medium of ~** meddelelsesmiddel; **5.: power of ~** meddelelsesevne.

communication cord *jernb:* nødbrems.

communication engineer svakstrømsingeniør.

communication engineering svakstrømsteknikk.

communication jamming centre*(=jamming station)* støysender.

communications headquarters sambandssenter; **UK: the Government Communications Headquarters** *(=the GCHQ)* Regjeringens sambandssenter; *(jvf National Security Agency).*

communicative [kə'mju:nikətiv] *adj; stivt(=talkative)* meddelsom; **she was very ~ with him** hun var svært meddelsom overfor ham.

communion [kə'mju:njən] *subst* **1.** kommunion; altergang; nattverd; **go to ~** gå til alters; **2.** (kirke)samfunn *(fx the communion of saints);* **3.: ~ with nature** fordypelse i naturen; **~ with God** følelse av samhørighet med Gud.

communism ['kɔmju,nizəm] *subst:* kommunisme.

communist ['kɔmjunist] **1.** *subst:* kommunist; **2.** *adj:* kommunistisk.

community [kə'mju:niti] *subst* **1.** samfunn; **local ~ problems** problemer i lokalsamfunnet; **feeling of ~** fellesskapsfølelse; **~ of spirit** åndsfellesskap; **2.** folkegruppe; samfunn; koloni *(fx he lived in an Italian community in Brooklyn).*

community centre samfunnshus; ungdomslokale.

community home *for lovbrytere mellom 10 og 17 år:* ungdomsfengsel; *(se NESO ungdomsfengsel).*

community nurse hjemmesykepleier; *(jvf district nurse).*

community nursing hjemmesykepleie; *(NB 'community nursing' innbefatter også ettervern).*

community police bydelspoliti.

community policing systemet med bydelspoliti.

community singing allsang.

commutator ['kɔmju,teitə] *subst; elekt:* kommutator.

commute [kə'mju:t] *vb* **1.** *om trafikant:* pendle; **2.** *jur; om straff:* nedsette; redusere *(fx his death sentence was commuted to life imprisonment).*

commuter [kə'mju:tə] *subst:* pendler.

commuter traffic pendlertrafikk.

I. compact ['kɔmpækt] *subst* **1.** *stivt(=contract; agreement)* overenskomst; kontrakt; **2.** liten pudderdåse.

II. compact [kəm'pækt] *adj:* kompakt; kortfattet.

III. compact [kəm'pækt] *vb; stivt(=press together)* presse(s) sammen; **-ed sand** komprimert sand.

companion [kəm'pænjən] *subst* **1.** ledsager; venn; **his dog is his constant ~** han har alltid hunden sin med seg; **Peter and his -s all ran away** Peter og de han var sammen med, løp alle sin vei; **he's an excellent ~** han er interessant å være sammen med; **he's no ~ for a young girl** han er ikke noe (passende) selskap for en ung pike; **they were -s in crime** de begikk forbrytelser sammen; **~ in misfortune***(=fellow sufferer)* lidelsesfelle; **2***(=partner in life)* livsledsager(inne); **3.: (lady's) ~** selskapsdame; **4.** *når to ting hører sammen:* den andre *(fx here's one glove, but where's the companion?);* **the ~ volume** det andre bindet; det bindet som hører til; **5.** *av orden:* ridder *(fx Companion of the Bath).*

companionable [kəm'pænjənəbl] *adj(=friendly; pleasant)* omgjengelig; selskapelig; behagelig *(fx a companionable silence).*

companionate marriage kameratekteskap.

companion ladder *mar:* lugartrapp.

companion set stående kaminsett; *(jvf fire irons).*

companionship [kəm'pænjən,ʃip] *subst:* kameratskap; selskap.

companionway [kəm'pænjən,wei] *subst; mar:* lugartrapp.

company ['kʌmpəni] *subst* **1.** *merk:* selskap; firma; **limited (liability) ~** *(,***US:** *joint-stock company)* aksjeselskap; **2***(=guests)* gjester *(fx I'm expecting company tonight);* **3***(=companionship)* selskap; **I enjoy her ~** jeg liker å være sammen med henne; **she's good ~** hun er hyggelig å være sammen med; **her ~ was a great help** det var en god hjelp å ha henne her (,der); **I was grateful for her ~** jeg var glad hun var hos meg; **keep sby ~** holde en med selskap; **part ~***(=separate)* skille lag; **I'd rather not be seen in his ~** jeg vil helst ikke bli sett sammen med ham; **it is inconsiderate to smoke when one is in the ~ of others** det er hensynsløst å røyke når man er sammen med andre; **miss ~***(=miss someone to be with)* savne selskap; **4.** *mil:* kompani.

company commander *mil:* kompanisjef.

company secretary direksjonssekretær.

comparable ['kɔmpərəbl] *adj:* som kan sammenlignes; sammenlignbar *(fx their salaries are not comparable).*

I. comparative [kəm'pærətiv] *subst; gram:* **the ~** komparativ.

II. comparative *adj* **1.** sammenlignende *(fx linguistics);* **2.** forholdsvis; **he was a ~ stranger** han var forholdsvis fremmed; **then we had ~ quiet** da hadde vi det forholdsvis rolig; **the quiet was only ~** stillheten var bare relativ.

comparatively *adv:* forholdsvis.

compare [kəm'pɛə] *vb* **1.** sammenligne; **she -d him to a monkey** hun sammenlignet ham med en apekatt; **he just can't ~ with Mozart** han kan bare ikke sammenlignes med Mozart; **gin -s with rum in alcoholic content** gin kan sammenlignes med rom når det gjelder alkoholinnhold; **~ notes***(=exchange opinions)* utveksle synspunkter (*el.* erfaringer); **2.** *gram:* komparere; gradbøye.

comparison [kəm'pærisən] *subst* **1.** sammenligning; **by ~** til sammenligning; **in ~ with** sammenlignet med; **the ~ of X and***(=with)* **Y** sammenligningen av X og Y; **the ~ of the heart to a pump** sammenligningen av hjertet med en pumpe; **there's no ~ between them***(=they cannot be compared)* de kan ikke sammenlignes.

compartment [kəm'pa:tmənt] *subst* **1.** avdeling; rom; **2.** *jernb:* kupé; **3.** *mar:* avdeling; skott; **watertight ~** vanntett skott; **4.** *del av flate:* felt.

compass ['kʌmpəs] *subst* **1.** kompass; **2.: (pair of) -es** passer; **3.** *fig; stivt(=scope)* rekkevidde; område; **this matter is not within the ~ of my department** denne saken hører ikke inn under min avdeling.

compass card kompassrose.

compassion [kəm'pæʃən] *subst(=pity)* medlidenhet *(fx she was full of compassion for the orphans); stivt:* **have ~ on sby***(=have pity on sby)* forbarme seg over en; ha medlidenhet med en.

compassionate [kəm'pæʃənət] *adj(=sympathetic)* medfølende *(fx she was very compassionate towards the young refugees);* **~ qualities** myke verdier; **a ~ woman** en kvinne som viser medfølelse.

compassionate leave velferdspermisjon (pga. dødsfall, etc).

compassionate society: the ~ velferdssamfunnet.

compass plane *tøm:* rundhøvel; skipshøvel.
compass saw *tøm:* rotterumpe.
compatibility [kəm,pæti'biliti] *subst:* forenlighet; kompatibilitet.
compatible [kəm'pætibl] *adj:* forenlig; *EDB:* kompatibel; **the two statements are not quite ~** de to forklaringene stemmer ikke helt overens; **is your tape recorder ~ with my amplifier?** går din båndopptager sammen med min forsterker? *om mennesker:* **they're quite ~** de går godt sammen; de kommer godt overens; *(jvf incompatible).*
compatibly *adv:* **they live together quite ~** de går godt sammen; de kommer godt overens.
compatriot [kəm'pætriət] *subst; stivt(=country-(wo)man)* landsmann(inne).
compel [kəm'pel] *vb(=force)* tvinge; *stivt:* **~ admiration (,respect)** avtvinge beundring (,respekt).
compelling [kəm'peliŋ] *adj* **1.** tvingende *(fx circumstances; reasons);* **2***(=extremely interesting)* fengslende *(fx I find this book compelling).*
compensate ['kɔmpen,seit] *vb* **1.** erstatte; gi erstatning *(fx compensate him for the damage);* **~ for** oppveie *(fx nothing can compensate for the loss of one's health)* **2.** *psykol:* kompensere.
compensation [,kɔmpen'seiʃən] *subst* **1.** erstatning; **pay ~ in full** yte full erstatning; **2.** *psykol:* kompensasjon.
compère ['kɔmpɛə] **1.** *subst:* konferansier; **2.** *vb:* være konferansier *(fx he compèred the show).*
compete [kəm'pi:t] *vb:* konkurrere (*for* om); **~ in a race** delta i et løp.
competence ['kɔmpitəns] *subst* **1***(=skill)* dyktighet; **2.** *jur:* habilitet; kompetanse; myndighet; **it is not within the ~ of this court to ...** denne domstolen har ikke myndighet til å ...
competent ['kɔmpitənt] *adj* **1.** *stivt(=skilled; capable)* dyktig; **2***(=suitable):* **a ~ answer** et passende svar; **3.** *om vitne:* habil.
competition [,kɔmpi'tiʃən] *subst:* konkurranse; **cut-throat***(=reckless)* **~** hensynsløs konkurranse; **keen ~** hard (*el.* skarp) konkurranse; **open ~***(=freedom of competition)* fri konkurranse; **enter a ~** melde seg på til en konkurranse; **enter into ~ with** ta opp konkurransen med; **the ~ for sth** konkurransen om noe.
competitive [kəm'petitiv] *adj.* **1.** som liker å konkurrere *(fx a very competitive child; he's not at all competitive);* **2.** konkurransepreget; konkurransebetont *(fx exam);* **3.** konkurransedyktig *(fx price).*
competitive spirit konkurransementalitet; konkurranseånd.
competitive sport(s) konkurranseidrett.
competitor [kəm'petitə] *subst* **1.** konkurrent; **2.** konkurransedeltager; deltager.
compile [kəm'pail] *vb; om litterært arbeid, etc:* samle; sette sammen; kompilere; **~ a list of names** utarbeide en navneliste; **~ a dictionary***(=write a dictionary)* utarbeide (*el.* skrive) en ordbok.
complacency [kəm'pleisənsi], **complacence** [kəm'pleisəns] *subst:* selvtilfredshet.
complacent [kəm'pleisənt] *adj:* selvtilfreds; **he was not at all ~ about his future career** han var slett ikke tilfreds med sine yrkesutsikter; **a ~ attitude** en selvtilfreds holdning.
complain [kəm'plein] *vb* **1.** klage; **~ about sth** klage på noe; beklage seg over noe; **2.: he's -ing of difficulty in breathing** han klager over pustebesvær; **3.** *merk:* reklamere (*about, of* på; *to* overfor).
complainant [kəm'pleinənt] *subst; jur(=plaintiff)* saksøker.
complaint [kəm'pleint] *subst* **1.** klage *(fx make a complaint about sth);* **2.** *merk:* reklamasjon; **3.** *med.:* lidelse *(fx he has a heart complaint).*
complaisance [kəm'pleisəns] *subst(=compliance)* imøtekommenhet; forekommenhet.
complaisant [kəm'pleisənt] *adj:* imøtekommende; forekommende.
I. complement ['kɔmplimənt] *subst* **1.** *om utfyllende el. supplerende del:* komplement; **2.** besetning *(fx a ship's complement is the full number of officers and crew);* **full ~** full bemanning; **3.** *geom:* komplement; **4.: (predicative) ~** predikativ; predikatsord.
II. complement ['kɔmpliment; ,kɔmpli'ment] *vb:* supplere; utfylle.
complementary [,kɔmpli'mentəri] *adj:* supplerende; utfyllende; **~ colour** komplementærfarge; **they are ~** de supplerer hverandre.
I. complete [kəm'pli:t] *vb* **1***(=finish)* gjøre ferdig; fullføre; **2.** gjøre komplett *(fx this completes my collection);* **the news of his success -ed her happiness** nyheten om hans suksess gjorde hennes lykke fullstendig.
II. complete *adj* **1***(=whole)* komplett; fullstendig; **2***(=thorough)* fullstendig; hel *(fx a complete overhaul).*
completely *adv:* fullstendig; helt *(fx he's completely unaware of the situation; I'm not completely satisfied).*
completeness [kəm'pli:tnis] *subst:* fullstendighet.
completion [kəm'pli:ʃən] *subst; stivt:* fullførelse; avslutning; **bring to ~***(=finish)* gjøre ferdig; avslutte arbeidet med.
I. complex ['kɔmpleks] *subst* **1.** kompleks; **housing ~** boligkompleks; **leisure ~** fritidskompleks *(fx the leisure complex will include a swimming-pool, tennis courts, a library, etc);* **2.** *psykol:* kompleks *(fx she has a complex about her feet being too big);* **inferiority ~** mindreverdighetskompleks.
II. complex ['kɔmpleks; **US:** kəm'pleks] *adj* **1.** komplisert; svært sammensatt *(fx a complex piece of machinery);* **2.** *stivt(=difficult)* komplisert; vanskelig; innviklet.
complex fraction *mat.:* brudden brøk.
complexion [kəm'plekʃən] *subst* **1.** hudfarge; teint; **with a schoolgirl ~** med hud som en ungpike; **her ~ is rather dark** hun er nokså mørk i huden; **2.** *fig:* **this puts a new ~ on the whole story** dette stiller hele historien i et nytt lys.
complexity [kəm'pleksiti] *subst:* vanskelig (*el.* innviklet) beskaffenhet *(fx she was worried about the complexity of the arrangements).*
compliance [kəm'plaiəns] *subst:* føyelighet; ettergivenhet; **in ~ with your wishes** i overensstemmelse med Deres ønsker; slik som De ønsker; **with the full ~ of the local authorities** i full forståelse med de lokale myndigheter.
compliant [kəm'plaiənt] *adj:* ettergivende; føyelig.
complicate ['kɔmpli,keit] *vb(=make difficult)* komplisere; gjøre innviklet; **this will ~ matters even more** dette vil gjøre saken enda mer innviklet.
complicated ['kɔmpli,keitid] *adj(=difficult to understand; involved)* komplisert; innviklet.
complication [,kɔmpli'keiʃən] *subst; også med.:* komplikasjon; **-s 1.** forviklinger; komplikasjoner; **2.** *med.:* komplikasjoner.
complicity [kəm'plisiti] *subst; stivt(=being an accomplice)* medskyld; delaktighet *(fx he denied complicity in his brother's crime).*
I. compliment ['kɔmplimənt] *subst* **1.** kompliment; **pay sby a ~** gi en et kompliment; **2.: -s** *merk, etc når gave el. liten oppmerksomhet medfølger:* hilsen *('with compliments from a secret admirer'; 'with the compliments of the author').*
II. compliment ['kɔmpliment; ,kɔmpli'ment] *vb:* **~ on**

komplimentere med.
complimentary [,kɔmpli'mentəri] *adj(=flattering)* smigrende; rosende *(fx remarks).*
complimentary ticket*(=free ticket)* gratisbillett; fribillett.
comply [kəm'plai] *vb:* ~ **with a request** etterkomme en anmodning; ~ **with sby's wishes** imøtekomme ens ønsker.
component [kəm'pounənt] *subst(=component part)* komponent; (bestand)del.
compose [kəm'pouz] *vb* **1.** *mus:* komponere; **2.** *typ:* sette; **3.:** ~ **oneself** fatte seg; ~ **yourself!***(=pull yourself together!)* ta deg sammen! **3.: be -d of** være sammensatt av; bestå av *(fx a word is composed of several letters put together).*
composed *adj:* fattet; rolig; **he was in a ~ state of mind** han var rolig og fattet.
composer [kəm'pouzə] *subst* **1.** komponist; **2.:** *se compositor.*
composing machine *typ:* settemaskin.
composite ['kɔmpəzit; **US:** kəm'pɔzit] *adj:* sammensatt; **it was a ~ effort of all the children** alle barna hadde vært sammen om å lage det.
composite school *i Canada:* høyere skole som tilbyr både teoretiske og praktiske fag.
composition [,kɔmpə'ziʃən] *subst* **1.** *mus; kunst:* komposisjon; **2.** sammensetning; **3.** *typ (=composed matter)* sats; **4.** *skolev:* stil; **5.** *mar:* **(antifouling)** ~ antigromaling; bunnstoff(maling); **6.** *merk; jur:* akkord; *(se NEO akkord).*
compositor [kəm'pɔzitə] *subst; typ:* setter.
compost ['kɔmpɔst] **1.** *subst:* kompost; **2.** *vb:* lage kompost; gjødsle med kompost.
composure [kəm'pouʒə] *subst(=calmness (of mind))* fatning; **she kept her ~** hun bevarte fatningen.
I. compound ['kɔmpaund] *subst* **1.** sammensetning; **2.** *kjem:* forbindelse; **3.** middel; **jointing ~** tetningsmiddel; **4***(=walled-in area; enclosure)* inngjerdet område; **5.** *gram:* sammensatt ord; sammensetning; kompositum.
II. compound ['kɔmpaund] *adj:* sammensatt; ~ **substance** sammensatt stoff; ~ **word** sammensatt ord; kompositum.
III. compound [kəm'paund] *vb* **1.** blande; sette sammen; **be -ed of** bestå av; **2.** *stivt; især om vanskeligheter:* **be -ed***(=be made worse)* bli forverret; **3.** *merk; jur; med kreditorer:* ~ **for** akkordere om; *(se NEO akkordere).*
compound fracture *med.:* komplisert brudd.
compound interest rentes rente.
comprehend [,kɔmpri'hend] *vb; stivt* **1***(=understand)* forstå; **2***(=include)* omfatte; innbefatte.
comprehensible [,kɔmpri'hensəbl] *adj:* forståelig; begripelig.
comprehension [,kɔmpri'henʃən] *subst* **1.** forståelse; *skolev:* evne til å forstå; comprehension *(fx a comprehension exercise);* **how he does it is beyond my ~** jeg begriper ikke hvordan han får det til.
I. comprehensive [,kɔmpri'hensiv] *subst; skolev (=comprehensive school)* **UK:** ungdomsskole og videregående skole.
II. comprehensive *adj:* omfattende; **a ~ solution** en helhetsløsning.
comprehensive insurance*(=comprehensive motor insurance)* kaskoforsikring *(fx he hasn't got a comprehensive insurance).*
comprehensive school 1. UK: ungdomsskole og videregående skole; **2.** *i Canada (,også: composite school)* høyere skole som tilbyr både teoretiske og praktiske fag.
I. compress ['kɔmpres] *subst; med.:* kompress.
II. compress [kəm'pres] *vb* **1.** komprimere; presse sammen; **2.** *fig:* komprimere *(fx he compressed his lecture).*
compressed air komprimert luft.
compression [kəm'preʃən] *subst* **1.** sammenpressing; sammentrykking; **2.** *mask:* kompresjon.
compression ratio *mask:* kompresjonsforhold.
compression stroke *mask:* kompresjonsslag.
compressor [kəm'presə] *subst; mask:* kompressor.
comprise [kəm'praiz] *vb(=consist of)* omfatte; bestå av.
I. compromise ['kɔmprə,maiz] *subst:* kompromiss.
II. compromise *vb* **1***(=make a compromise)* inngå et kompromiss; **2.** kompromittere; **3.** *fig:* ~ **with one's conscience** gå på akkord med sin samvittighet.
compromising *adj:* kompromitterende *(fx situation).*
compulsion [kəm'pʌlʃən] *subst:* tvang; *psykol:* trang.
compulsive [kəm'pʌlsiv] *adj:* ~ **eater** trøstespiser; ~ **drinker** vanedranker; en som må drikke.
compulsory [kəm'pʌlsəri] *adj:* obligatorisk; ~ **education***(=compulsory school attendance)* skoleplikt; ~ **purchase** ekspropriasjon.
compunction [kəm'pʌŋkʃən] *subst:* samvittighetsnag *(fx he had no compunction about keeping the money).*
compute [kəm'pju:t] *vb; stivt(=calculate; estimate)* beregne; anslå.
computer [kəm'pju:tə] *subst:* computer; datamaskin.
computer crime datakriminalitet, dataforbrytelse.
computerize, computerise [kəm'pju:tə,raiz] *vb* **1.** installere computer (*el.* datamaskin) i; **2.** datastyre.
computerized, computerised *adj:* datastyrt.
computerised technology*(=computer technology)* datateknologi.
computer science*(=computer technology)* datateknologi.
comrade ['kɔmreid] *subst* **1.** *stivt(=close companion)* kamerat; **2.** *om kommunist:* kamerat.
I. con [kɔn] *subst(=confidence trick)* bondefangerknep; svindel.
II. con *vb* **T:** lure; snyte.
concave ['kɔnkeiv; kɔn'keiv] *adj:* konkav.
conceal [kən'si:l] *vb(=hide)* skjule.
concealment [kən'si:lmənt] *subst* **1.** *stivt(=hiding)* det å gjemme; **2***(=cover; cover-up)* skalkeskjul; fasade.
concede [kən'si:d] *vb; stivt(=admit)* innrømme; medgi.
conceit [kən'si:t] *subst:* innbilskhet.
conceited [kən'si:tid] *adj:* innbilsk.
conceivable [kən'si:vəbl] *adj:* tenkelig; **any other reason is hardly ~** noen annen grunn er knapt tenkelig; **are there other ~ reasons (for this)** kan det tenkes andre grunner (til dette)? *(jvf inconceivable).*
conceivably *adv:* **he is ~ the best writer we have today** det kan godt tenkes at han er den beste forfatter vi har i dag.
conceive [kən'si:v] *vb* **1***(=become pregnant)* bli gravid; **2.** *fig(=develop):* **she -d a passion for music** hun ble lidenskapelig begeistret for musikk; **3.** *stivt; om idé(=have)* få; *spøkef:* unnfange *(fx an idea);* ~ **a plan** klekke ut en plan; **4.** *stivt(=imagine; think)* forestille seg.
concentrate ['kɔnsən,treit] **1.** *subst:* konsentrat; **2.** *vb:* konsentrere; ~ **on sth** konsentrere seg om noe.
concentration [,kɔnsən'treiʃən] *subst:* konsentrasjon.
concentric [kən'sentrik] *adj:* konsentrisk.
concept ['kɔnsept] *subst; stivt(=idea)* begrep; prinsipp; forestilling *(fx his concept of a woman's place in society).*
conception [kən'sepʃən] *subst* **1.** det å bli gravid; graviditet; **2.** *stivt(=idea)* begrep; idé; forestilling

(fx our conception of the universe); **form a ~ of** danne (*el.* gjøre) seg en forestilling om.

I. concern [kən'sə:n] *subst* **1.** *stivt(=business; firm)* bedrift; firma; forretningsforetagende; **2***(=business; task)* sak; oppgave; **that's no ~ of mine***(=it's not my business)* det er ikke min sak; det angår ikke meg; **this is the sales manager's ~** dette er salgssjefens oppgave; **his main ~ was to** . . . hans viktigste oppgave var å . . .; **3***(=anxiety; alarm)* bekymring; uro *(fx there is no cause for concern);* **there is (also) ~ about** . . . man er også bekymret når det gjelder . . .; man er også bekymret for . . .; **it's a matter of deep ~ to many of us***(=many of us are greatly concerned(=worried) about this)* dette er en sak som bekymrer mange av oss svært meget; **~ for the child's safety is growing** bekymringen for (*el.* uroen når det gjelder) barnets sikkerhet vokser.

II. concern *vb* **1.** angå; vedkomme; **so far as I'm -ed** hva meg angår; **2.** *stivt:* **~ oneself about***(=worry about)* bekymre seg om; **3.: ~ oneself with** bry seg med; bekymre seg om *(fx unimportant details).*

concerned *adj* **1.** bekymret; **he had a ~ look** han så bekymret ut; **2.: ~ about***(=worried about)* bekymret for; **3.: ~ with***(=preoccupied with)* opptatt av *(fx one's appearance);* **4.: the firm ~** vedkommende firma; **the people ~** de (,dem) det angår; *(se II. concern).*

concerning *prep; stivt(=about; regarding)* angående; vedrørende; om.

concert ['kɔnsə:t; 'kɔnsət] *subst:* konsert.

concerted [kən'sə:tid] *adj:* samlet; **~ action** samlet opptreden.

concert grand konsertflygel.

concertina [,kɔnsə'ti:nə] *subst; mus:* konsertina.

concertmaster ['kɔnsət,ma:stə] *subst* **US***(=leader)* konsertmester.

concerto [kən'tʃə:tou; kən'tʃɛətou] *subst; for soloinstrument med orkesterledsagelse:* konsert; **piano ~** klaverkonsert.

concession [kən'seʃən] *subst* **1.** innrømmelse; **2.** *jur:* konsesjon.

concessionaire [kən,seʃə'nɛə] *subst:* konsesjonshaver.

concessive conjunction *gram:* innrømmelseskonjunksjon.

conch [kɔŋk; kɔntʃ] *subst:* konkylie.

conchie, conchy ['kɔntʃi] *subst(=conscientious objector)* militærnekter.

conciliate [kən'sili,eit] *vb:* forsone.

conciliation [kən,sili'eiʃən] *subst* **1.** forsoning; **2.** megling; *(se NEO megling).*

conciliation board UK: meglingskommisjon.

conciliatory [kən'siljətəri] *adj:* forsonlig; **be in a ~ mood** være forsonlig stemt.

conciliatory spirit forsonlighet.

concise [kən'sais] *adj:* konsis; kortfattet.

conclude [kən'klu:d] *vb* **1***(=end)* avslutte; slutte; konkludere *(fx he concluded by thanking everyone);* **~ a speech** avslutte en tale; **~ the discussion of a question** sluttbehandle et spørsmål; **2.** *om avtale, handel, kontrakt, overenskomst, etc:* (av)slutte; inngå; **~***(=enter into)* **an agreement** slutte (*el.* inngå) en avtale; **~***(=close)* **a bargain***(=deal)* avslutte en handel (*el.* transaksjon); **~***(=close)* **a contract** slutte (*el.* inngå) en kontrakt; **~***(=close)* **a sale** (av)slutte et salg; **3***(=decide)* slutte seg til *(fx we concluded that you weren't coming);* **4***(=finally arrange):* **it was -d that he should go** man kom (omsider) fram til at han skulle dra.

conclusion [kən'klu:ʒən] *subst* **1.** avslutning; **in ~, I'd like to thank Mr Smith** til slutt vil jeg gjerne få takke Smith; **2.** slutning; konklusjon; **come to a ~** komme til en konklusjon; **draw a ~** trekke en slutning; **jump to -s** trekke forhastede slutninger.

conclusive [kən'klu:siv] *adj:* avgjørende *(fx proof).*

concoct [kən'kɔkt] *vb:* koke sammen; finne på; tenke ut *(fx a story; a new dish).*

concoction [kən'kɔkʃən] *subst; spøkef el. neds:* brygg; oppkok; oppdiktet historie.

concord ['kɔŋkɔ:d; 'kɔnkɔ:d] *subst* **1.** *stivt (=agreement)* enighet; **2***(=harmony (between people or nations))* harmoni; **3.** *gram:* kongruens; samsvarsbøyning.

concourse ['kɔnkɔ:s; 'kɔŋkɔ:s] *subst* **1.** *stivt(=crowd):* **a ~ of people** en folkemengde; **2.** *litt. (=concurrence)* sammenfall *(fx of events);* **3.** stor, åpen plass hvor folk samles; **4. US:** idrettsplass.

I. concrete ['kɔnkri:t] *subst:* betong.

II. concrete *adj:* konkret.

III. concrete *vb:* støpe (i betong).

concretize, concretise ['kɔnkri,taiz] *vb:* konkretisere.

concur [kən'kə:] *vb* **1.** *stivt(=agree)* være enig (*with* med); **2.** *om synspunkter:* falle sammen; være sammenfallende *(fx our views concurred);* **3.** *stivt(=happen together; act together)* inntreffe samtidig; virke sammen; **circumstances -red to make the conference a great success** omstendighetene bidro til å gjøre konferansen til en stor suksess.

concurrence [kən'kʌrəns] *subst; stivt* **1***(=agreement):* **the ~ of our views** våre sammenfallende synspunkter; **2***(=simultaneous occurrence)* sammenfall; **the ~ of events** de sammenfallende begivenheter.

concurrent [kən'kʌrənt] *adj* **1.** *om linjer:* som løper sammen; **2.** *om begivenheter, etc:* samtidig; **are his two prison sentences to be ~?** skal hans to dommer sones samtidig? **3.** *om synspunkter:* sammenfallende; **we had ~ views** vi hadde sammenfallende synspunkter.

concuss [kən'kʌs] *vb; stivt:* **be -ed***(=suffer from concussion)* ha hjernerystelse.

concussion [kən'kʌʃən] *subst:* hjernerystelse.

condemn [kən'dem] *vb* **1.** fordømme; **2.** dømme *(fx she was condemned(=sentenced) to death);* **3.** *om bygning:* kondemnere; **4.** *om matvare:* kondemnere.

condemnation [,kɔndem'neiʃən] *subst* **1.** fordømmelse; **2.** domfellelse; **3.** kondemnering.

condemnatory [kən'demnətəri] *adj:* fordømmende.

condensation [,kɔnden'seiʃən] *subst* **1.** kondensering; **2.** kondens *(fx on the window);* **3.** *fig:* sammentrengning (av stoffet).

condensation trail*(=vapour trail;* **T:** *contrail) flyv:* kondensstripe.

condense [kən'dens] *vb* **1.** *fys:* kondensere(s); fortette(s); **2.** *om væske:* gjøre tykkere; kondensere; **3.** *fig; om stoff:* trenge sammen; forkorte *(fx a book).*

condescend [,kɔndi'send] *vb* **1.: ~ to do sth** være så elskverdig å *(fx the Queen condescended to open our factory);* **2.** *ofte iron:* **will you kindly ~ to remove your feet from my desk?** vil du være så elskverdig å fjerne bena dine fra mitt skrivebord?

condescending [,kɔndi'sendiŋ] *adj(=patronizing)* nedlatende.

condescension [,kɔndi'senʃən] *subst(=behaving in a patronizing way)* nedlatenhet.

condiment ['kɔndimənt] *subst; stivt(=spice)* krydder.

I. condition [kən'diʃən] *subst* **1.** tilstand; forfatning; **out of ~***(=out of training)* ute av form; **under ideal -s** under ideelle forhold; **2.** betingelse; forutsetning; **external -s** ytre betingelser; rammebetingelser; **on ~ that***(=on the understanding that)* på betingelse av at; **impose***(=make)* **a ~** stille en betingelse; **an indispensable ~ for** en absolutt betingelse for; **a ~**

of en forutsetning for *(fx it was a condition of his going that he should pay his own expenses);* **a ~ of sale** en salgsbetingelse; en forutsetning for salg; **on no ~** ikke under noen omstendighet.

II. condition *vb* **1**(*=determine)* betinge; **be -ed by** være betinget av *(fx his behaviour was conditioned by his circumstances);* **2.** *psykol:* kondisjonere, indoktrinere.

conditional [kən'diʃənəl] *adj* **1.** betinget *(fx promise);* **~ on***(=depending on)* betinget av; **2.** *gram:* **~ clause** betingelsessetning; **~ conjunction** betingelseskonjunksjon.

conditioned reflex *psykol:* betinget refleks.

condole [kən'doul] *vb; stivt:* **~ with***(=sympathize with)* kondolere.

condolence [kən'douləns] *subst(=sympathy)* kondolanse *(fx he sent her his condolences on the death of her husband).*

condom ['kɔndəm] *subst:* kondom.

condone [kən'doun] *vb; stivt(=forgive)* tilgi.

conducive [kən'dju:siv] *adj:* **~ to** som bidrar til.

I. conduct ['kɔndʌkt] *subst* **1**(*=behaviour)* oppførsel; atferd; **2**(*=handling):* **the government's ~ of the affair was not satisfactory** regjeringens måte å behandle saken på var ikke tilfredsstillende.

II. conduct [kən'dʌkt] *vb* **1.** *stivt(=lead; guide)* føre; **2**(*=convey)* lede *(fx the hot water is conducted through these pipes);* **3.** *fys:* lede *(fx most metals conduct electricity);* **4.** *mus(,især* **US:** *direct)* dirigere; **5.** *om forretning(=manage)* lede *(fx a business);* **6.** *stivt:* **~ oneself***(=behave (oneself))* oppføre seg.

conducted tour*(,***US:** *guided tour)* selskapsreise; fellesreise med reisefører.

conduction [kən'dʌkʃən] *subst; fys:* ledning(sevne).

conductive [kən'dʌktiv] *adj; fys:* ledende.

conductivity [,kɔndʌk'tiviti] *subst; fys(=conduction)* ledningsevne.

conductor [kən'dʌktə] *subst* **1.** (buss)konduktør; **US** *jernb(=guard)* konduktør; **2.** *mus(,især* **US:** *director)* dirigent; **3.** *fys:* leder *(fx copper is a good conductor);* **lightning ~** lynavleder; **4.** *for regnvann(=leader)* avløpsrør.

conduit ['kɔndit] *subst:* ledningskanal; ledningsrør.

cone [koun] *subst* **1.** *geom:* kjegle; **2.** *for is(=cornet)* kjeks; **ice-cream ~** 1. kjeksis; 2. kjeks (for kjeksis); **3.** *bot:* kongle; **spruce** *(,***T:** *fir)* **~** grankongle; **4.: (traffic) ~** trafikkjegle; **5.** *tekn:* konus.

confectioner [kən'fekʃənə] *subst:* konditor; konfekthandler.

confectioner's (shop) konfektforretning.

confectioner's sugar US*(=icing sugar)* melis.

confectionery [kən'fekʃənəri] *subst:* konditorvarer.

confederacy [kən'fedərəsi] *subst:* (kon)føderasjon; **the Confederacy US** *hist:* Konføderasjonen (ɔ: sørstatene).

confederate [kən'fedərit] **1.** *subst:* forbundsfelle *(fx he and his confederates were found with stolen money in their possession);* **US** *hist:* **Confederate** sørstatsmann; **2.** *adj:* konføderert; forbunds-; **3**[kən'fedə,reit] *vb:* slutte forbund; slutte seg sammen.

confederation [kən,fedə'reiʃən] *subst:* (kon)føderasjon; **the Confederation of British Industry** *(fx CBI)* Det britiske industriforbund; *(jvf federation: the Federation of Norwegian Industries).*

confer [kən'fə:] *vb* **1.** *stivt(=consult together)* konferere; **2.** *om utmerkelse:* **~ on***(=grant; bestow on)* gi; tildele *(fx a doctor's degree on sby).*

conference ['kɔnfərəns] *subst:* konferanse.

confess [kən'fes] *vb* **1.** tilstå; **he -ed to the crime** han tilstod forbrytelsen; **2.** skrifte; **~ sby** motta ens skriftemål.

confession [kən'feʃən] *subst* **1.** tilståelse; **make a ~** avlegge tilståelse; **2.** skriftemål; **hear sby in ~***(=confess sby)* motta ens skriftemål.

confessional (box) *rel:* skriftestol.

confessor [kən'fesə] *subst; rel:* skriftefar.

confetti [kən'feti] *subst; pl:* konfetti.

confidence ['kɔnfidəns] *subst* **1.** tillit *(fx I have great confidence in you);* tiltro; sikkerhet; **self-~***(=self -assurance)* selvsikkerhet; selvtillit; **vote of (no) ~** (mis)tillitsvotum; **2**(*=optimism)* optimisme; **~ is growing** det er voksende optimisme; **it is also hinted with some ~ that** ... det antydes også med en viss optimisme at ...; **3.** fortrolighet; **in strict ~** i all fortrolighet; **take sby into one's ~** betro seg til en; **4.** betroelse; **exchange -s** utveksle betroelser (*about* om).

confidence man *(,***T:** *con-man)* bondefanger; svindler.

confidence trick *(,***T:** *con-trick)* bondefangerknep.

confident ['kɔnfidənt] *adj* **1.** sikker; **he has a ~ manner** han har en sikker fremtreden; **~ that** ... i den sikre forvissning at ...; **he's ~ of winning***(=he is confident that he will win)* han er sikker på å vinne; **are you reasonably ~ that** ...? er du noenlunde sikker på at ...? **you can be ~ that** ...*(=you can rely on the fact that ...)* du kan stole på at ...; **2.** fortrøstningsfull; trygg; tillitsfull; **be ~ as to the future** se fremtiden trygt i møte.

confidential [,kɔnfi'denʃəl] *adj* **1.** fortrolig; konfidensiell; **2.** betrodd *(fx secretary);* **3.** tillitsfull; åpen *(fx don't become too confidential with strangers).*

confidentiality [,kɔnfi,denʃi'æliti] *subst:* konfidensiell beskaffenhet (*el.* natur).

confidentially *adv:* i all fortrolighet; konfidensielt; **~, I think he'll get the job** mellom oss sagt, så tror jeg han får jobben; **I'm speaking ~** det jeg sier er konfidensielt.

confidential report konfidensiell rapport; tjenesterapport.

confiding [kən'faidiŋ] *adj(=unsuspicious; trustful)* tillitsfull; **her ~ nature** hennes tillitsfulle vesen; **she's too ~** hun er godtroende.

I. confine ['kɔnfain] *subst:* **-s** *fig; stivt(=limits; boundaries)* grenser.

II. confine [kən'fain] *vb* **1**(*=limit)* begrense *(fx the fire to a small area);* **I -d myself to (the) bare necessities** jeg begrenset meg til det aller nødvendigste; **2**(*=imprison)* sperre inne; *mil:* **be -d to barracks** ha leirarrest.

confinement [kən'fainmənt] *subst* **1.** innesperring; **solitary ~** enecelle; **2**(*=childbirth)* barsel; fødsel.

confirm [kən'fə:m] *vb* **1**(*=corroborate; verify)* bekrefte (riktigheten el. gyldigheten av); stadfeste; **2.** *om gjentagelse av bestilling, uttalelse:* bekrefte; **3**(*=strengthen)* bestyrke *(fx sby in his opinion);* **4.** *rel:* konfirmere.

confirmation [,kɔnfə'meiʃən] *subst* **1.** bekreftelse; stadfestelse; **2.** bestyrkelse; **3.** *rel:* konfirmasjon; **4.: subject to ~** med forbehold om godkjenning.

confirmed *adj* **1.** bekreftet *(fx confirmed reports of the incident);* **2.** *rel:* konfirmert; **3.: a ~ bachelor** en uforbederlig (*el.* inngrodd) ungkar.

confiscate ['kɔnfi,skeit] *vb:* beslaglegge; konfiskere.

confiscation [,kɔnfis'keiʃən] *subst:* beslagleggelse; konfiskasjon.

conflagration [,kɔnflə'greiʃən] *subst:* kjempebrann.

I. conflict ['kɔnflikt] *subst* **1.** *stivt(=struggle)* kamp; strid; **2.** konflikt; uenighet; *jur:* **there is a ~ of evidence** påstand står mot påstand.

II. conflict [kən'flikt] *vb(=contradict each other):* **the two accounts of what happened -ed (with each other)** de to beretningene om hva som skjedde, er

motstridende.
conflicting *adj:* motstridende *(fx accounts).*
confluence ['kɔnfluəns] *subst:* **a ~ of two rivers** der hvor to elver møtes (*el.* løper sammen).
conform [kən'fɔ:m] *vb* **1.** tilpasse seg; **2.: ~ to***(=act according to)* handle i samsvar med; overholde *(fx conform to the rules);* **~ to his wishes** føye seg etter ham.
conformity [kən'fɔ:miti] *subst* **1.** konformitet; **2.: in ~ with her wishes***(=in accordance with her wishes)* i overensstemmelse (*el.* samsvar) med hennes ønsker.
confound [kən'faund] *vb* **1***(=bewilder; surprise greatly)* forvirre; forbløffe *(fx her attitude completely confounded me);* **2.** *int:* **~ it!** pokker også!
confounded *adj:* ulykksalig; forbasket *(fx where is that confounded letter?).*
confront [kən'frʌnt] *vb* **1.** konfrontere; **be -ed with** bli stilt overfor *(fx a problem);* **2.** gjøre front mot; stå overfor *(fx they confronted the enemy).*
confrontation [,kɔnfrʌn'teiʃən] *subst:* konfrontasjon.
confuse [kən'fju:z] *vb* **1***(=bewilder)* forvirre; **2.** forveksle; **3.: ~ the issue** stokke kortene; forvirre begrepene; **he -d the issue with too many unnecessary details** han skapte rot i saken ved å bringe inn for mange unødvendige detaljer.
confused *adj:* forvirret *(fx the message I received was rather confused);* **in a ~ state of mind** forvirret (til sinns).
confusedly [kən'fju:zidli] *adv(=in a confused manner)* forvirret; på en forvirret måte.
confusion [kən'fju:ʒən] *subst* **1***(=disorder)* uorden: forvirring *(fx the books lay about in confusion);* **~ of ideas** begrepsforvirring; **2***(=mixing up)* sammenblanding *(fx he apologized for his confusion of their names);* **3***(=bewilderment)* forvirring; **he looked in ~ at his new surroundings** han så forvirret på sine nye omgivelser; **she was covered in ~** hun ble fullstendig forvirret; hun gikk helt fra konseptene.
confute [kən'fju:t] *vb(=prove wrong)* gjendrive; tilbakevise.
con-game **US***(=con-trick)* bondefangerknep.
congeal [kən'dʒi:l] *vb:* størkne *(fx the fat congealed).*
congenial [kən'dʒi:niəl] *adj; stivt* **1***(=friendly; pleasant)* hyggelig *(fx atmosphere);* behagelig *(fx climate);* **2.** åndsbeslektet; som virker sympatisk (på en) *(fx society; people);* **they are ~***(=kindred)* **spirits** de er åndsbeslektet.
congeniality [kən,dʒi:ni'æliti] *subst* **1.** hygge; hyggelig (*el.* behagelig) atmosfære; **2***(=community of spirit)* åndsfellesskap.
congenital [kən'dʒenitəl] *adj:* medfødt *(fx disease).*
conger ['kɔŋgə] *subst; zo:* **~ (eel)** havål.
congest [kən'dʒest] *vb* **1.** tilstoppe; blokkere; **2.** *med.:* gi forstoppelse.
congested *adj* **1.** *stivt(=overcrowded)* overfylt; **2.** *med.:* med for sterk blodtilstrømning *(fx lungs).*
congestion [kən'dʒestʃən] *subst* **1***(=overcrowding)* overfylling; **a ~ of traffic***(=a build-up of traffic)* en trafikkopphopning; **2.** *med.:* kongestion; økt blodtilførsel.
I. conglomerate [kən'glɔmərit] **1.** *subst:* konglomerat; broket blanding; **2.** *adj:* svært sammensatt.
II. conglomerate [kən'glɔmə,reit] *vb:* hope sammen.
conglomeration [kən,glɔmə'reiʃən] *subst* **1***(=conglomerate)* konglomerat; **2.** *spøkef(=collection)* (broket) samling *(fx what a conglomeration of old clothes!).*
congratulate [kən'grætju,leit] *vb:* gratulere; lykkønske (*on* med).
congratulation [kən,grætju'leiʃən] *subst:* **-s** gratulasjon(er); lykkønskning(er); **-s on** . . . til lykke med . . .; gratulerer med . . . .
congratulatory [kən'grætju,leitəri] *adj; stivt (=greetings)* gratulasjons-; lykkønsknings-; hilsnings- *(fx telegram).*
congregate ['kɔŋgri,geit] *vb(=come together)* samle seg.
congregation [,kɔŋgri'geiʃən] *subst:* menighet.
congress ['kɔŋgres] *subst* **1.** kongress; **2. US: the Congress** Kongressen.
congressional [kən'greʃənəl] *adj:* kongress-.
Congressional district US: valgdistrikt.
Congressman ['kɔŋgresmən] *subst* **US:** kongressmedlem; medlem av Representantenes hus.
congruent ['kɔŋgruənt] *adj; geom:* kongruent.
conic ['kɔnik] *adj:* konisk; kjegle-; **~ section** kjeglesnitt.
conical ['kɔnikəl] *adj(=cone-shaped)* kjegleformet.
conifer ['kounifə; 'kɔnifə] *subst; bot:* nåletre.
coniferous [kə'nifərəs] *adj; bot:* konglebærende; som har nåler; **~ tree** nåletre; *(jvf deciduous).*
I. conjecture [kən'dʒektʃə] *subst; stivt(=guess; guessing)* gjetning *(fx that's pure conjecture).*
II. conjecture *vb; stivt(=guess)* gjette.
conjugal ['kɔndʒugəl] *adj:* ekteskapelig; **~ rights** rettigheter i ekteskapet.
conjugate ['kɔndʒu,geit] *vb; gram:* konjugere; bøye (et verb).
conjugation [,kɔndʒu'geiʃən] *subst; gram:* konjugasjon.
conjunction [kən'dʒʌnkʃən] *subst* **1.** *gram:* konjunksjon; **2.** *stivt:* **in ~***(=together)* sammen *(fx they work in conjunction);* **in ~ with***(=together with)* sammen med.
I. conjure ['kʌndʒə] *vb* **1.** trylle; gjøre tryllekunster; **2.: ~ up** 1. trylle fram; 2. mane fram.
II. conjure [kən'dʒuə] *vb; stivt(=implore; beseech)* bønnfalle *(fx I conjure you to help me).*
conjurer, conjuror ['kʌndʒərə] *subst:* tryllekunstner.
conjuring trick tryllekunst.
I. conk [kɔŋk] *subst* **S***(=nose)* snyteskaft.
II. conk *vb* **1. S: ~ sby** gi en en på snyteskaftet; **2. T: ~ out** *om motor, etc:* svikte; **T:** pakke sammen.
conker ['kɔŋkə] *subst* **T***(=horse chestnut)* hestekastanje; vill kastanje.
conman, con-man ['kɔnmən] *subst:* bondefanger; svindler.
connect [kə'nekt] *vb* **1***(=join)* forbinde *(fx this road connects the two roads);* **2.** *elekt, mask:* kople sammen; kople til *(fx a lamp to the battery);* **be -ed to** være forbundet med *(fx the hose is connected to a supply point on shore);* **~ up** kople; **-ed up wrongly** galt koplet; **~ up differently** kople om *(fx the lamp will have to be connected up differently);* **3.** *fig:* **he's -ed with royalty** han er i slekt med de kongelige; **4.: ~ with***(=associate with)* forbinde *(fx I connect him with my childhood);* **5.** *tlf:* **~ sby with***(=put sby through to)* sette en over til; **6.** *jernb:* **~ with** korrespondere med *(fx this train connects with another at Crewe).*
connecting rod *mask(=con-rod)* veivstang; råde.
connection, connexion [kə'nekʃən] *subst* **1.** forbindelse (*with* med); **in this ~** i denne forbindelse; i denne sammenheng; **2.** *merk:* **(business) ~** (forretnings)forbindelse; **3.** *elekt, mask:* forbindelse; kopling; tilkopling; *elekt, også:* tilslutning; **diagram of -s** koplingsskjema.
connective tissue *anat:* bindevev.
conning tower *mar:* kommandotårn.
connivance [kə'naivəns] *subst:* medviten; det å se gjennom fingrene med.
connive [kə'naiv] *vb:* **~ at** *neds; stivt(=do nothing to stop)* se gjennom fingrene med.

connoisseur [ˌkɔni'sə:] *subst:* kjenner; kunstskjønner.
connotation [ˌkɔnə'teiʃən] *subst* **1.** *språkv:* konnotasjon; **2***(=implication)* bibetydning *(fx the word 'intercourse' has come to have strong sexual connotations).*
connote [kə'nout] *vb:* ha bibetydning av.
connubial [kə'nju:biəl] *adj; stivt(=conjugal)* ekteskapelig; ~ **bliss** ekteskapelig lykke.
conquer ['kɔŋkə] *vb* **1.** erobre; underlegge seg; seire (over); beseire; overvinne; **2.** *fig:* få bukt med; bli herre over.
conqueror ['kɔŋkərə] *subst:* erobrer; seierherre.
conquest ['kɔŋkwest] *subst* **1.** erobring; **2.** *fig; spøkef:* erobring *(fx she's made quite a conquest).*
conscience ['kɔnʃəns] *subst:* samvittighet; **have a bad***(=guilty)* ~ **about sth***(=feel badly about sth)* ha en dårlig samvittighet m.h.t. noe; **a clear***(=good)* ~ (en) god samvittighet; **an accommodating** ~ en romslig samvittighet; **ease one's** ~ lette sin samvittighet; **unburden one's** ~ *ved tilståelse:* lette sin samvittighet; **in all** ~ ærlig talt *(fx in all conscience, I can't bring myself to do it);* **I can assure you in all ~ that** ... jeg kan forsikre Dem på ære og samvittighet at ...; *polit:* **prisoner of** ~ samvittighetsfange.
conscientious [ˌkɔnʃi'enʃəs] *adj:* samvittighetsfull.
conscientious objector (,T: *conchie)* militærnekter.
conscious ['kɔnʃəs] *adj* **1.** ved bevissthet; **2***(=aware)* klar over *(fx he was conscious that they disapproved);* **they were ~ of his disapproval** de var klar over (*el.* var seg bevisst) at han stilte seg avvisende; **become ~ of** bli seg bevisst; merke; fornemme *(fx he became conscious of a pleasant sensation in the pit of his stomach);* **3***(=deliberate)* bevisst *(fx he made a conscious effort to please);* **4.** *i sms:* -bevisst *(fx price-conscious).*
consciousness ['kɔnʃəsnis] *subst:* bevissthet.
I. conscript ['kɔnskript] *subst; mil:* vernepliktig.
II. conscript [kən'skript] *vb; mil:* innkalle.
conscription [kən'skripʃən] *subst:* verneplikt.
consecrate ['kɔnsi,kreit] *vb* **1.** *rel:* innvie; vigsle *(fx a church);* **-d ground** vigslet jord; kristenjord; hellig jord; **2***(=devote):* ~ **oneself to art** vie seg til kunsten.
consecration [ˌkɔnsi'kreiʃən] *subst; rel:* innvielse; vigsling *(fx of a church).*
consecutive [kən'sekjutiv] *adj(=successive):* **three ~ days** tre dager etter hverandre; tre dager i trekk.
consecutive clause *gram:* følgesetning.
consensus [kən'sensəs] *subst:* **the ~ (of opinion) is that** ... det er full enighet om at ...
I. consent [kən'sent] *subst* **1***(=agreement; permission)* samtykke; **give one's ~ to** samtykke i; **2.: the age of** ~ den kriminelle lavalder; **3.: by mutual** ~ ved felles overenskomst.
II. consent *vb:* samtykke; ~ **to** samtykke i; **sexual intercourse between -ing adults** seksuell omgang mellom voksne mennesker på frivillig basis.
consequence ['kɔnsikwəns] *subst* **1.** følge; konsekvens; **take the -s** ta følgene; **as a** ~ som en følge av det; **in** ~*(=consequently)* følgelig; **in ~ of***(=as a consequence of; as a result of)* som en følge av; som et resultat av; **2.** *stivt(=importance)* betydning *(fx a small mistake is of no consequence).*
consequent ['kɔnsikwənt] *adj* **1.** *stivt(=resultant)* (derav) følgende; som blir (,ble) følgen; **the ~ loss** det derav følgende tap; det tapet som blir (,ble) følgen; **the ~ protest** den protesten som fulgte; **with all the ~ advantages** med alle de fordeler det(te) innebærer; **2.** *meget stivt:* ~ **(up)on***(=as a result of)* som et resultat av; etter.
consequential [ˌkɔnsi'kwenʃəl] *adj* **1.** *meget stivt(=important)* viktig; *om person(=self-important)* viktig i egne øyne; viktig; **2.** *meget stivt(=resultant)* derav følgende; indirekte; **3.** *merk:* ~ **loss***(=loss of profit)* driftstap; avbrudd.
consequently ['kɔnsiktwəntli] *adv(=therefore; so)* følgelig; derfor.
conservancy [kən'sə:vənsi] *subst* **1.: nature** ~*(=nature conservation)* naturvern; **2***(,i Canada: forest district)* skoginspektørdistrikt; *(jvf conservator).*
conservation [ˌkɔnsə'veiʃən] *subst* **1.** bevarelse *(fx of forests);* **2.: (nature)** ~ naturvern; **nature ~ society** naturvernforening; **3.** *fys:* **the ~ of energy** energiens konstans.
conservation area: nature ~ naturfredet område.
conservationist [ˌkɔnsə'veiʃənist] *subst:* naturverner.
conservation officer teknisk konservator; **assistant (,junior)** ~ konservatorassistent; **chief** ~ atelierleder; *inntil 1975:* teknisk førstekonservator; *(se NEO konservator).*
conservatism [kən'sə:və,tizəm] *subst:* konservatisme.
I. Conservative [kən'sə:vətiv] *subst:* konservativ.
II. conservative *adj:* konservativ; **a ~ estimate** et forsiktig anslag; **at a** ~*(=low)* **estimate** lavt regnet.
conservator ['kɔnsə,veitə; kən'sə:vətə] *subst(,i Canada: district forester)* skoginspektør.
conservatory [kən'sə:vətəri] *subst:* drivhus; vinterhage.
I. conserve ['kɔnsə:v; kən'sə:v] *subst:* hermetisert frukt; syltetøy.
II. conserve [kən'sə:v] *vb* **1.** bevare *(fx natural resources); sport:* ~ **one's energy** spare på kreftene; **2.** konservere; hermetisere; lage syltetøy av.
consider [kən'sidə] *vb* **1***(=think about)* tenke over; tenke på; overveie *(fx we're considering going);* **2.** *stivt(=think)* tenke (seg om) *(fx consider carefully before doing anything);* **3***(=take into consideration; make allowance for)* ta i betraktning; ta hensyn til *(fx other people's feelings);* ~ **sby's interests** tilgodese (*el.* ta hensyn til) ens interesser; **our customers must always be -ed first** hensynet til våre kunder må alltid gå foran; **4***(=regard)* anse; anse for; betrakte; **I** ~*(=find)* **it necessary** jeg anser det for å være nødvendig; **they -ed him (to be) a fool***(=they regarded him as a fool)* de anså ham for å være en tosk; **I ~ you very foolish***(=I think you're (being) very foolish)* jeg synes du er dum; jeg synes du oppfører deg dumt; **-ed as poetry** som poesi betraktet; **5***(=discuss; deal with)* diskutere; behandle *(fx an application);* **in this programme we're going to ~ the traffic problem** i dette programmet skal vi diskutere trafikkproblemet.
considerable [kən'sidərəbl] *adj:* betydelig; betydningsfull; anselig; vesentlig *(fx increase);* **a ~ number of people** et betydelig antall mennesker; **a woman of ~ wealth** en kvinne med betydelig formue; **this will lead to** ~*(=significant; substantial)* **delays** dette vil føre til betydelige forsinkelser; *NB ikke 'considerable' i nektet setning; derfor:* **no significant***(=substantial)* **delay** ingen vesentlig forsinkelse; **she had spent some ~ time in Britain** hun hadde tilbrakt ganske lang tid i Storbritannia.
considerate [kən'sidərət] *adj:* hensynsfull (*to* overfor).
consideration [kən,sidə'reiʃən] *subst* **1.** hensyn; **out of ~ for his mother** av hensyn til sin (,hans) mor; **he had no ~ for his brother** han tok ikke hensyn til sin bror; **show ~ for***(=towards)* **sby** ta hensyn til en; **in our present society the young are shown more ~ than the sick and elderly** man tar i dagens samfunn mer hensyn til unge enn til gamle og syke; **quality**

must be given primary ~ hensynet til kvalitet må gå foran (*el.* veie tyngst); **people's health is not always given primary** ~ hensynet til folks helse blir ikke alltid tilstrekkelig tilgodesett; **2.** faktor; hensyn; **our main** ~ det viktigste hensyn vi har å ta; **take into** ~*(=take into account; consider)* ta i betraktning; ta hensyn til; **3.** overveielse; **after careful** ~*(=after much thought)* etter moden overveielse; **it needs careful** ~ det krever nøye overveielse; **the matter is under** ~ man (,vi) har saken til overveielse; **4.** *evf:* godtgjørelse; **I'll do what you ask for a small** ~ jeg skal gjøre det du ber om mot en liten godtgjørelse.

considered [kən'sidəd] *adj* **1.** *om mening:* veloverveid *(fx opinion);* **2.** *med gradsadverb foran seg:* **highly** ~ høyt aktet.

considering [kən'sidəriŋ] *prep(=taking into account)* når man tar i betraktning at; **she's very well** ~ etter omstendighetene står det meget bra til med henne.

consign [kən'sain] *vb* **1.** *stivt(=put into):* **be -ed to the wastepaper basket** havne i papirkurven; ~ **it to oblivion***(=forget it)* la det gå i glemmeboken; **2.** *merk(=address)* konsignere *(fx goods to sby).*

consignee [,kɔnsai'ni:] *subst:* varemottager.

consignment [kən'sainmənt] *subst* **1.** *merk(,***US:** *shipment)* vareparti; varesending; forsendelse; *(jvf shipment);* **2.** *merk(=commission):* **take goods on** ~ ta varer i kommisjon; **goods on** ~*(=consigned goods)* kommisjonsvarer.

consignor [kən'sainə; ,kɔnsai'nɔ:] *subst:* vareavsender; kommittent.

consist [kən'sist] *vb:* ~ **in (-ing)** bestå i å; ~ **of** bestå av *(fx the house consists of six rooms).*

consistency [kən'sistənsi], **consistence** [kən'sistəns] *subst* **1.** konsistens; beskaffenhet; **of the** ~ **of dough** av samme beskaffenhet som deig; **2.** konsekvens; følgeriktighet; *(jvf inconsistency);* **3***(=compatibility)* samsvar; forenlighet.

consistent [kən'sistənt] *adj* **1.** konsekvent; gjennomført; **he was** ~ **in his attitudes** han var konsekvent i sine holdninger; **he has a** ~ **style of writing** han er konsekvent i sin måte å skrive på; **2.: be** ~ *(=agree)* stemme overens *(fx the two statements are not consistent);* **be** ~ **with***(=agree with)* stemme overens med *(fx the second statement is not consistent with the first);* **the condition of the body was quite** ~ **with the woman having died on Saturday** den forfatning liket var i, kunne meget vel tyde på at kvinnen var død på lørdag; *(jvf inconsistent).*

consistently *adv:* konsekvent *(fx he's consistently late for appointments);* **his work is** ~ **good** arbeidet hans er alltid godt.

consolation [,kɔnsə'leiʃən] *subst:* noe som gir trøst; trøst; **by way of** ~ som en trøst; som et plaster på såret.

consolation prize trøstepremie.

I. console ['kɔnsoul] *subst* **1.** *arkit:* konsoll; **2.** *mus:* orgelbord; **3.** *tekn:* kontrollbord; konsoll.

II. console [kən'soul] *vb(=comfort)* trøste.

consolidate [kən'sɔli,deit] *vb* **1.** konsolidere; ~ **one's position** befeste (*el.* konsolidere) sin stilling; **2.** *merk(=combine)* slutte sammen *(fx four small firms into one large one).*

consolidated fund UK: regjeringens konto i Bank of England, som statens inntekter settes inn på.

consolidation [kən,sɔli'deiʃən] *subst:* konsolidering; befestelse.

consols ['kɔnsɔlz; kən'sɔlz] *subst; pl (fk.f. consolidated stock)(=bank annuities)* **UK** statsobligasjoner med fast rente (2½%).

consonance ['kɔnsənəns] *subst* **1***(=agreement)* samklang; **2.** *mus:* konsonans; harmoni.

I. consonant ['kɔnsənənt] *subst; gram:* konsonant.

II. consonant *adj; stivt:* **be** ~ **with***(=be in agreement with)* stemme med; harmonere med; være i samklang med.

I. consort ['kɔnsɔ:t] *subst* **1.** gemal(inne); **prince** ~ prinsgemal (ɔ: regjerende dronnings gemal); **queen** ~ regjerende konges gemalinne; **2.** *mar:* **(naval)** ~ eskorteskip.

II. consort [kən'sɔ:t] *vb; stivt:* ~ **with***(=associate with)* omgås *(fx he's been consorting with thieves).*

consortium [kən'sɔ:tiəm] *subst; merk:* konsortium.

conspicuous [kən'spikjuəs] *adj(=very noticeable)* iøynefallende; lett å få øye på; **make oneself** ~ gjøre seg bemerket; **be** ~ **by one's absence** glimre ved sitt fravær; *(jvf inconspicuous).*

conspiracy [kən'spirəsi] *subst:* sammensvergelse.

conspirator [kən'spirətə] *subst:* konspirator; **the -s** de sammensvorne.

conspiratorial [kən,spirə'tɔ:riəl] *adj:* konspiratorisk.

conspire [kən'spaiə] *vb; stivt* **1***(=make secret plans)* konspirere; sammensverge seg (*with* med); **2.** *om begivenheter:* **events -d to make him a rich man** begivenhetene gjorde ham til en rik mann.

constable ['kʌnstəbəl; 'kɔnstəbəl] *subst(=police constable)* (politi)konstabel.

constabulary [kən'stæbjuləri] *subst(=police force)* politikorps.

Constance ['kɔnstəns] *subst; geogr:* Konstanz; **Lake** ~ Bodensjøen.

constancy ['kɔnstənsi] *subst* **1.** uforanderlighet; bestandighet; ~ **of temperature is essential** det er meget viktig at temperaturen er konstant; **2***(=faithfulness)* trofasthet.

I. constant ['kɔnstənt] *subst:* konstant.

II. constant *adj* **1***(=unchanging)* konstant; **2** *(=continual)* stadig; ~ **changes** stadige forandringer; *(jvf repeated);* **3.** *litt.(=faithful)* trofast *(fx friend).*

constantly *adv* **1***(=very often)* stadig; **2***(=always)* hele tiden; uten avbrudd.

constellation [,kɔnsti'leiʃən] *subst* **1.** *astr:* konstellasjon; stjernebilde; **2.** *fig:* konstellasjon.

consternation [,kɔnstə'neiʃən] *subst; stivt(=dismay)* bestyrtelse.

constipate ['kɔnsti,peit] *vb; med.:* forstoppe.

constipated *adj; med.:* forstoppet; **be** ~ ha forstoppelse.

constipation [,kɔnsti'peiʃən] *subst; med.:* forstoppelse.

constituency [kən'stitjuənsi] *subst:* valgkrets.

constituency party *polit:* lokallag (av politisk parti).

constituency (party) chairman *polit:* formann i lokallag.

I. constituent [kən'stituənt] *subst* **1***(=component part)* bestanddel; **2.** *polit(=voter)* velger.

II. constituent *adj:* ~ **part** bestanddel.

constitute ['kɔnsti,tju:t] *vb* **1***(=make up; form)* utgjøre *(fx the people who constitute a jury);* **this -s***(=represents)* **a health hazard** dette er helsefarlig; **2.** *stivt(=appoint)* utnevne; **he -d himself her protector** han oppkastet seg til hennes beskytter; **legally -d** lovlig oppnevnt (*el.* innsatt) (i embete).

constitution [,kɔnsti'tju:ʃən] *subst* **1.** konstitusjon; forfatning; **2.: he has a strong** ~*(=he is very healthy)* han har en sterk konstitusjon; **3.** sammensetning; struktur.

constitutional [,kɔnsti'tju:ʃənəl] *adj:* konstitusjonell; **a** ~ **reform** en forfatningsreform; ~ **monarchy** konstitusjonelt (*el.* innskrenket) monarki; *(jvf unconstitutional).*

constrain [kən'strein] *vb; stivt:* **feel -ed to***(=feel that one has to)* føle seg tvunget til å *(fx you must not*

feel constrained to go).
constraint [kən'streint] *subst; stivt(=compulsion)* tvang; **he agreed to go only under ~** han måtte tvinges til å dra; **free from all -s** fri for all tvang.
constrict [kən'strikt] *vb; stivt* **1***(=make tight; press together)* stramme; presse sammen; snøre inn *(fx he felt as though the tight collar was constricting his neck);* **a -ed***(=narrow)* **outlook** sneversyn; **2***(=inhibit)* hemme *(fx he felt constricted by the constant presence of his superiors).*
constriction [kən'strikʃən] *subst; med.:* **~ of the chest** trykk for brystet.
constrictor [kən'striktə] *subst; zo:* kvelerslange.
construct [kən'strʌkt] *vb* **1***(=build)* bygge; **2.** konstruere.
construction [kən'strʌkʃən] *subst* **1.** bygging; oppførelse; **under ~***(=being built)* under oppførelse; **2.** konstruksjon; byggemåte; **3.** *gram:* konstruksjon; **the ~ of sentences** det å konstruere setninger; **4.** *fig:* **she always puts a wrong ~ on what I say** hun oppfatter meg alltid galt.
constructional [kən'strʌkʃənəl] *adj:* bygnings-; konstruksjons-.
constructional engineer bygningsingeniør; *(se NEO bygningsingeniør & ingeniør).*
constructional engineering*(=building technology)* byggeteknikk.
constructional timber*(=merchantable timber)* gagnvirke.
construction engineer *se constructional engineer.*
construction technician bygningstekniker; *(se NEO tekniker).*
constructive [kən'strʌktiv] *adj(=helpful)* konstruktiv.
constructor [kən'strʌktə] *subst:* konstruktør; **a ~ of bridges** en brukonstruktør; *(se NEO konstruktør).*
construe [kən'stru:] *vb; stivt(=interpret)* oppfatte; fortolke; **my silence was -d as (meaning) approval** min taushet ble oppfattet som samtykke.
consul ['kɔnsəl] *subst:* konsul; **~ general** generalkonsul.
consular ['kɔnsjulə] *adj:* konsular-; konsulær-; **in his ~ capacity** i egenskap av konsul; som konsul; **the ~ service** konsulatvesenet.
consulate ['kɔnsjulit] *subst:* konsulat.
consult [kən'sʌlt] *vb* **1***(=ask for advice)* be om råd; konsultere; **2***(=refer to (for information))* konsultere *(fx the map; a dictionary);* **2.** *om lege:* **he -s on Mondays and Fridays** han har konsultasjonstid på mandager og fredager; *(jvf surgery hours).*
consultancy [kən'sʌltənsi] *subst:* rådgivning.
consultancy fee*(=consultant's fee)* konsulenthonorar.
consultancy work*(=consultant work)* konsulentarbeid; konsulentvirksomhet.
consultant [kən'sʌltənt] *subst* **1.** konsulent; **2.** *sykehuslege(=consultant physician; consultant surgeon;* **US:** *attending (physician (,surgeon))* assisterende overlege; *hist:* avdelingslege; **3.: ~ engineer** rådgivende ingeniør; **firm of ~ engineers** rådgivende ingeniørfirma; *(se NEO konsulent).*
consultant's fee*(=consultancy fee)* konsulenthonorar.
consultant work*(=consultancy work)* konsulentarbeid; konsulentvirksomhet.
consultation [,kɔnsəl'teiʃən] *subst* **1.** konsultasjon; **2.** samråd; **work in close ~ with** arbeide i nær kontakt med.
consultative [kən'sʌltətiv] *adj:* konsultativ; rådgivende.
consulting *adj:* rådgivende; **~ room***(=surgery)* konsultasjonsværelse.
consulting engineer teknisk konsulent; *(jvf consultant 3).*
consume [kən'sju:m] *vb* **1.** *om mat, drikk:* konsumere; **2***(=use)* bruke; forbruke; **how much electricity do you ~?** hvor meget strøm bruker du? **3***(=destroy):* **the flames quickly -d the wooden house** trehuset ble raskt fortært av flammene; *fig:* **he was -d with jealousy** han holdt på å forgå av sjalusi.
consumer [kən'sju:mə] *subst:* forbruker; konsument.
consumer durables*(=durable consumer goods)* varige forbrukergoder.
consumer goods forbruksvarer; **durable ~** *(=consumer durables)* varige forbrukergoder; *(jvf capital goods).*
consumer guidance forbrukerveiledning.
consumer protection forbrukervern.
consumers' association*(=consumer association; consumers' council)* forbrukerråd.
consumers' ombudsman forbrukerombudsmann.
consuming *adj; om tidkrevende aktivitet:* **his ~ interest in life was his garden** hans store interesse i livet var hagen; **all- ~***(=absorbing)* altoppslukende; **time ~** tidkrevende.
I. consummate ['kɔnsə,meit] *vb; stivt:* fullbyrde; **-d rape** fullbyrdet voldtekt.
II. consummate [kən'sʌmit] *adj; stivt(=perfect)* fullendt; **~ skill** fullendt dyktighet.
consummation [,kɔnsə'meiʃən] *subst:* fullbyrdelse *(fx of a marriage; of a life's work).*
consumption [kən'sʌmpʃən] *subst* **1.** forbruk (*of* av); **unfit for human ~** uegnet som menneskeføde; **articles of ~** forbruksartikler; **2.** *glds (=tuberculosis)* tæring.
I. contact ['kɔntækt] *subst* **1.** berøring; kontakt; **physical ~** fysisk kontakt; **2.** *elekt, med., mil:* kontakt; **3.** kontaktperson; **4.** *fig:* kontakt; **5.: come into ~ with** komme i berøring med *(fx her hands came into contact with acid);* **get in ~ with** sette seg i forbindelse med *(fx I got in contact with him about the arrangements);* **have you been in ~ with any of them?** har du vært i kontakt (*el.* forbindelse) med noen av dem? **do you keep in ~ with your old friends?** (opprett)holder du forbindelsen med dine gamle venner? **keep -s open** holde kontaktene åpne; **make ~ with** 1. få kontakt med; 2. sette seg i forbindelse med.
II. contact [kən'tækt] *vb:* kontakte *(fx sby by telephone);* sette seg i forbindelse med.
contact(-breaker) point *mask; i fordeler:* stift.
contact surface kontaktflate; tetningsflate.
contagion [kən'teidʒən] *subst; stivt(=infection)* smitte.
contagious [kən'teidʒəs] *adj* **1***(=infectious)* smittsom; **2.** *fig:* smittsom *(fx excitement is contagious);* smittende *(fx enthusiasm).*
contain [kən'tein] *vb* **1.** inneholde; romme; **all his possessions are -ed in that box** alle hans eiendeler befinner seg i den esken; **2.** *stivt(=control)* få kontroll med; *fig:* styre *(fx one's excitement).*
container [kən'teinə] *subst* **1.** beholder; **2.** *for varetransport:* container; *(jvf I. skip).*
containerize, containerise [kən'teinə,raiz] *vb* **1.** frakte i containere; **2.** *om havn, etc:* tilpasse for bruk av containere.
containment [kən'teinmənt] *subst; mil:* oppdemming *(fx a policy of containment).*
contaminate [kən'tæmi,neit] *vb; når resultatet er helsefarlig:* kontaminere; forurense; *(jvf pollute).*
contamination [kən,tæmi'neiʃən] *subst:* kontaminasjon; forurensning; *(jvf pollution).*
contemplate ['kɔntem,pleit] *vb* **1***(=think seriously*

about) overveie; tenke på; ~ **suicide** gå med selvmordstanker; **2.** *litt.(=look thoughtfully at)* betrakte; se ettertenksomt på; *fig:* **she -d her future gloomily***(=she took a gloomy view of her future)* hun så mørkt på fremtiden sin.
contemplation [ˌkɔntemˈpleiʃən] *subst* **1.** overveielse; **2.** kontemplasjon; **he sat there in** ~ han satt der i dype tanker.
contemplative [ˈkɔntem,pleitiv, kənˈtemplətiv] *adj:* tankefull; ettertenksom; kontemplativ; **be in a** ~ **mood** være tankefull; sitte i tanker.
contemporaneous [kən,tempəˈreiniəs] *adj; meget stivt; om fortiden:* samtidig; ~ **with** samtidig med.
I. contemporary [kənˈtemprəri] *subst:* samtidig; **his contemporaries** hans samtidige; hans samtid.
II. contemporary *adj:* samtidig; dalevende; moderne *(fx art, fashion).*
contempt [kənˈtem(p)t] *subst:* forakt; **beneath** ~ under all kritikk.
contemptible [kənˈtem(p)təbl] *adj:* foraktelig; ussel.
contemptuous [kənˈtem(p)tjuəs] *adj:* foraktelig; hånlig.
contend [kənˈtend] *vb; stivt* **1.:** ~ **that***(=maintain that)* hevde at; påstå at; **2.** *fig:* ~ **with***(=struggle with)* kjempe med; **3.: the -ing parties** de stridende parter.
contender [kənˈtendə] *subst* **1.** *sport:* (mesterskaps)-kandidat; **2.** *fig:* kandidat *(fx for the chairmanship).*
I. content [ˈkɔntent] *subst* **1.** *det kvantum som finnes i noe:* innhold; **fat** ~ fettinnhold; **2***(=contents)* innhold *(fx your essay is good as to content);* **3.: -s** innhold *(fx the contents of the box).*
II. content [kənˈtent] *subst(the state of being quietly happy or satisfied):* **live in peace and** ~ leve i fred og fordragelighet; **to one's heart's** ~ av hjertens lyst.
III. content [kənˈtent] *adj(=quietly happy)* tilfreds.
contented [kənˈtentid] *adj:* tilfreds; *(se III. content).*
contention [kənˈtenʃən] *subst* **1.** *i debatt:* påstand; **2.** strid; **there's great** ~ **in the town over** ... det står strid i byen om ... **3.: a bone of** ~ et stridens eple; **4.** *sport; i mesterskap:* **be (very much) in** ~ være (i høy grad) med i têten.
contentious [kənˈtenʃəs] *adj; stivt(=quarrelsome)* stridbar; trettekjær.
contentment [kənˈtentmənt] *subst:* tilfredshet.
I. contest [ˈkɔntest] *subst:* kappestrid; tevling; konkurranse *(fx a beauty contest).*
II. contest [kənˈtest] *vb* **1.** *polit:* **he's -ing the election next week** han stiller opp til valg neste uke; **he's -ing the seat for the first time** han stiller opp til valg i den kretsen for første gang; **2.** *stivt(=call in question)* bestride.
contestant [kənˈtestənt] *subst(=competitor)* deltager (i konkurranse).
contested election kampvalg.
context [ˈkɔntekst] *subst* **1.** sammenheng; **in a school** ~ i skolesammenheng; **quote sby out of** ~ sitere en i gal sammenheng; **quotations out of** ~ sitatfusk; **briefly refer this extract to its** ~ **and explain** ... sett i korthet dette utdraget inn i sin sammenheng og forklar ...; **a textual** ~ en tekstsammenheng; **2.** *fig(=surroundings)* omgivelser.
contextual [kənˈtekstjuəl] *adj:* som fremgår av sammenhengen; ~ **criticism** tekstkritikk.
contiguous [kənˈtigjuəs] *adj:* som berører hverandre; som støter opp til hverandre *(fx states).*
continence [ˈkɔntinəns] *subst; med.:* kontinens.
I. continent [ˈkɔntinənt] *subst:* kontinent; verdensdel.
II. continent *adj; med.:* **the old lady is no longer** ~ den gamle damen er nå inkontinent; *(jvf incontinent).*
continental [ˌkɔntiˈnentəl] **1.** *subst:* person fra kontinentet; **2.** *adj:* fastlands-; kontinental.
continental breakfast lett frokost med rundstykker og kaffe.
continental quilt vatteppe.
continental sausage*(=German sausage)* påleggpølse.
continental shelf kontinentalsokkel.
contingency [kənˈtindʒənsi] *subst:* eventualitet *(fx we're prepared for any contingency).*
contingency fund katastrofefond.
contingent [kənˈtindʒənt] **1.** *subst:* (troppe)kontingent; **2.** *adj; stivt:* ~ **(up)on***(=dependent on)* avhengig av.
continual [kənˈtinjuəl] *adj(=very frequent)* stadig *(fx continual interruptions).*
continually *adv:* til stadighet; stadig.
continuance [kənˈtinjuəns] *subst; stivt:* fortsettelse.
continuation [kən,tinjuˈeiʃən] *subst:* fortsettelse.
continue [kənˈtinju:] *vb:* fortsette; ~ **at school** fortsette på skolen; **to be -d** fortsettes (i neste nummer).
continued *adj:* vedvarende *(fx a long period of continued silence).*
continuity [ˌkɔntiˈnju:iti] *subst:* kontinuitet.
continuity girl *film:* scriptgirl.
continuous [kənˈtinjuəs] *adj:* uavbrutt; sammenhengende *(fx performance);* vedvarende *(fx rain);* fortløpende *(fx series);* kontinuerlig *(fx service* drift*).*
contort [kənˈtɔ:t] *vb:* fordreie *(fx his face was contorted with pain).*
contortion [kənˈtɔ:ʃən] *subst:* fordreining; forvridd tilstand.
contortionist [kənˈtɔ:ʃənist] *subst:* slangemenneske.
contour [ˈkɔntuə] **1.** *subst:* kontur; omriss; **2.** *på kart(=contour line)* høydekurve.
contour map kart med høydekurver.
contrabass [ˈkɔntrəˈbeis; ˈkɔntrə,beis] *subst; mus(=double-bass)* kontrabass.
contraception [ˌkɔntrəˈsepʃən] *subst(=birth control)* fødselskontroll; svangerskapsforebyggelse; prevensjon.
contraceptive [ˌkɔntrəˈseptiv] **1.** *subst:* befruktningshindrende middel; **2.** *adj:* befruktningshindrende; ~ **sheath***(=condom)* preservativ; kondom.
I. contract [ˈkɔntrækt] *subst* **1.** *jur:* kontrakt; **the law of -s and torts** obligasjonsrett; **draw up a** ~ sette opp en (skriftlig) avtale (*el.* en kontrakt); **2.** *merk(=contract work)* kontrakt; avtale; **piecework** ~ akkord; **we have placed the** ~ **with** ... vi har satt arbeidet bort til ...
II. contract [kənˈtrækt] *vb* **1.** *om sykdom:* pådra seg; *fig:* **he -ed the habit of talking to himself** han la seg til den vane å snakke med seg selv; **2.** *om gjeld(=incur; run into)* pådra seg *(fx heavy debts);* **3.** trekke seg sammen *(fx metals expand when heated and contract when cooled)* trekke sammen.
III. contract [ˈkɔntrækt] *vb* **1.** *om arbeidskontrakt:* sette bort *(fx contract this to another firm);* inngå avtale (*with* med; *for* om); ~ **for the supply of** ... inngå avtale om levering av; ~ **for a piece of work***(=undertake a piece of work by contract)* overta et arbeid på akkord; ~ **out (of)** trekke seg (fra) *(fx contract out of the agreement);* **2.** *mar:* kontrahere.
contraction [kənˈtrækʃən] *subst:* sammentrekning.
contraction joint *bygg:* svinnfuge.
contract law *jur; rettsregler:* avtalerett.
contract note *merk:* sluttseddel; *(jvf bought note; sold note).*
contractor [kənˈtræktə] *subst(=building contractor)* entreprenør; byggeentreprenør; **firm of (building) -s** (**,US:** *construction firm)* (bygge)entreprenør-

firma.
contractual [kən'træktjuəl] *adj:* kontraktmessig.
contradict [,kɔntrə'dikt] *vb:* motsi.
contradiction [,kɔntrə'dikʃən] *subst:* motsigelse; ~ **in terms** selvmotsigelse.
contradictory [,kɔntrə'diktəri] *adj:* selvmotsigende; innbyrdes motstridende; **the evidence is** ~ vitneutsagnene står mot hverandre.
contrail ['kɔntreil] *subst; etter fly:* kondensstripe.
contralto [kən'træltou; kən'tra:ltou] *subst; mus:* kontralto; kontraalt.
contraption [kən'træpʃən] *subst* **T**(*=device*) innretning; tingest (*fx it was a home-made contraption*).
I. contrary ['kɔntrəri] *subst:* **the** ~(*=the opposite*) det motsatte; **on the** ~(*=quite the reverse; not at all*) tvert imot; **evidence to the** ~ bevis på det motsatte.
II. contrary *adj:* motsatt (*fx ideas*); ~ **to** i strid med; ~ **to nature** naturstridig.
III. contrary [kən'trɛəri] *adj(=obstinate; perverse)* vrangvillig.
I. contrast ['kɔntra:st] *subst:* motsetning; kontrast; kontrastvirkning; **the** ~ **of X and Y** kontrasten mellom X og Y; **the** ~ **between them is remarkable** kontrasten mellom dem (*el.* forskjellen på dem) er påfallende; **by** ~**, on the European farms** ... på de europeiske farmene, derimot, ...; **by**(*=in*) ~ **with** sammenlignet med; **be in sharp** ~ **to**(*=with*) stå i skarp kontrast til; **bring out the** ~ fremheve kontrasten; **form a** ~ **to**(*=contrast with*) danne en kontrast (*el.* motsetning) til; stikke av mot.
II. contrast [kən'tra:st] *vb* **1**(*=compare*) sammenligne; sammenholde; **2.:** ~ **with** stå i motsetning til; kontrastere med; **his words** ~ **with his actions** hans ord står i motsetning til hans handlinger.
contravene [,kɔntrə'vi:n] *vb; stivt & jur:* overtre (*fx the traffic regulations*).
contravention [,kɔntrə'venʃən] *subst:* overtredelse; **in** ~ **of the regulations** i strid med bestemmelsene.
contribute [kən'tribju:t] *vb:* bidra: ~ **sth** bidra med noe; ~ **to** bidra til; ~ **to a newspaper** skrive for en avis; sende inn artikler til en avis.
contribution [,kɔntri'bju:ʃən] *subst* **1.** bidrag; **make a** ~ gi et bidrag; bidra; **2.: (national insurance)** ~ trygdepremie; **3** *merk, økon(=contribution margin)* dekningsbidrag; **4.** *merk, økon:* **level of** ~(*=contribution rate; contribution ratio*) dekningsgrad; **excess** ~ dekningsoverskudd.
contributory [kən'tribjutəri] **1.** *subst:* bidragsyter; **2.** *adj:* som yter bidrag; medvirkende (*fx cause*); *fors:* ~ **negligence** skadelidtes medvirkning; ~ **pension scheme** pensjonsordning hvor både ansatt og arbeidsgiver betaler inn premie; **the company provides a non-** ~ **pension scheme** selskapet har fri pensjonsordning.
contrite [kən'trait; 'kɔntrait] *adj; stivt(=deeply sorry)* angerfull; meget lei seg.
contrition [kən'triʃən] *subst; stivt(=regret)* anger.
contrivance [kən'traivəns] *subst* **1**(*=device; contraption*) innretning (*fx a contrivance for opening the door automatically*); **2**(*=scheme*) påfunn.
contrive [kən'traiv] *vb* **1.** *om noe vanskelig (=manage)* klare; greie (*fx he contrived to make me feel very happy; he contrived to remove the money from her bag*); **2.** *om noe vanskelig(=arrange)* arrangere; få i stand.
contrived *adj:* kunstig; unaturlig; konstruert.
I. control [kən'troul] *subst* **1.** kontroll (*fx she is very much in control of the situation*); **out of** ~ ute av kontroll; **under** ~ under kontroll; **2.** *i orienteringsløp:* kontrollpost; **3.** *mask:* **-s** betjeningshåndtak; -knapper; **the new pilot is at the -s** den nye piloten sitter ved spaken; **4.** *om selvbeherskelse:* **he completely lost** ~ **(of himself)**(*=he completely lost his self-control*) han var (,ble) meget ubehersket.
II. control *vb:* kontrollere; ~ **your dog!** pass på hunden Deres! ~ **yourself** behersk deg.
control column (,**T:** *stick*) *flyv:* spak.
control gear *elekt:* betjeningsutstyr.
control tower *flyv:* kontrolltårn.
controversial [,kɔntrə'və:ʃəl] *adj:* omstridt; kontroversiell (*fx public figure*).
controversialist [kɔntrə'və:ʃəlist] *subst(=polemist)* polemiker.
controversy ['kɔntrə,və:si, kən'trɔvəsi] *subst:* strid.
conundrum [kə'nʌndrəm] *subst* **1.** gåte, hvis løsning er et ordspill; **2.** *fig:* gåte; problem.
conurbation [,kɔnə'beiʃən] *subst(,***US:** *megalopolis)* bydannelse; storby oppstått ved sammensmelting av flere byer.
convalesce [,kɔnvə'les] *vb(=recover)* være rekonvalesent.
convalescence [,kɔnvə'lesəns] *subst:* rekonvalesens.
convalescent [,kɔnvə'lesənt] **1.** *subst:* rekonvalesent; **2.** *adj:* rekonvalesent-; i bedring (*fx he's convalescent now*).
convalescent home rekonvalesenthjem.
convection [kən'vekʃən] *subst; fys:* konveksjon; varmestrømning.
convene [kən'vi:n] *vb; stivt; om møte(=call)* sammenkalle (*fx a meeting*); *om komité:* ha møte.
convener [kən'vi:nə] *subst; i fagforening:* hovedtillitsmann; (*jvf shop steward*).
convenience [kən'vi:niəns] *subst* **1.** bekvemmelighet; komfort; **with every modern** ~(*=with all the latest conveniences*) med alle moderne bekvemmeligheter; **for the** ~ **of the customers** for kundenes skyld; **at your** ~ når det passer for Dem; **2.** *evf:* **public** ~(*=public lavatory*) offentlig toalett.
convenience food ferdigmat.
convenient [kən'vi:niənt] *adj* **1**(*=suitable*)**: be** ~(*=be suitable*) passe (*fx when would it be convenient for you to come?*); **it was very** ~ **that** ... det passet veldig fint at ...; **2**(*=easy to use*) bekvem; lettstelt (*fx kitchen*); **3**(*=easy to reach*)**: keep this in a** ~ **place** oppbevar dette på et sted hvor det er lett å få tak i det; (*jvf inconvenient*).
convent ['kɔnvənt] *subst:* nonnekloster.
conventicle [kən'ventikəl] *subst; rel:* konventikkel.
convention [kən'venʃən] *subst* **1**(*=established custom*) konvensjon; skikk og bruk (*fx shaking hands is a convention; you must observe local conventions*); **2.** kongress (*fx a businessmen's convention*); landsmøte (*fx a party convention*).
conventional [kən'venʃənəl] *adj* **1**(*=traditional*) tradisjonell (*fx forms of art*); **2.** konvensjonell; tradisjonsbundet (*fx he's not very conventional in his behaviour*); ~ **dress** konvensjonelle klær; klær som skikk og bruk krever.
convent school klosterskole.
converge [kən'və:dʒ] *vb:* konvergere; møtes; løpe sammen; ~ **on** bevege seg mot (*fx the crowd converged on the town hall*).
convergence [kən'və:dʒəns] *subst:* konvergens; sammenløping.
convergent [kən'və:dʒənt] *adj:* konvergerende; sammenløpende.
conversant [kən'və:sənt] *adj; stivt:* ~ **with** (vel) bevandret i; fortrolig med.
conversation [,kɔnvə'seiʃən] *subst:* konversasjon; **make** ~ konversere; **carry on**(*=have; hold*) **a** ~ føre en samtale; **they were deep in** ~ de var fordypet i samtale; **enter into** ~ **with** innlede samtale med; **get into** ~ **with** komme i samtale med.
conversational [,kɔnvə'seiʃənəl] *adj:* konversasjons-;

samtale- *(fx language);* uformell *(fx conversational English);* **he's in a ~ mood today** han er i pratehjørnet i dag.
conversationalist [,kɔnvə'seiʃənalist] *subst:* konversasjonstalent *(fx he's a conversationalist).*
I. converse ['kɔnvə:s] *subst; stivt:* **the** *~(=the opposite)* det motsatte.
II. converse [kən'və:s] *vb; stivt(=talk)* snakke; konversere *(fx with people).*
conversion [kən'və:ʃən] *subst* **1.** forandring; omdannelse *(fx the conversion of cream into butter);* **2.** ombygning *(fx of a house);* **3.** *mat.:* omregning *(fx of miles into kilometres);* **4.** *av motor:* **(power)** ~ trimming; **power ~ kit***(=tuning kit)* trimmingssett; **5.** *økon:* konvertering; **6.** *rel & fig:* omvendelse (*to* til).
conversion table omregningstabell.
I. convert ['kɔnvə:t] *subst* **1.** *rel:* konvertitt; omvendt; **Jewish -s** døpte jøder; **a ~ to Islam** en som er gått over til muhammedanismen; **2.** *fig:* **I'm a ~ to this new system of yours** jeg er omvendt til dette nye systemet ditt.
II. convert [kən'və:t] *vb* **1.** gjøre om (*into* til) *(fx pounds into kroner; securities (verdipapirer) into cash);* **the sofa -s into a bed** sofaen kan gjøres om til seng; **2.** bygge om (*into* til); **3.** *mat.:* regne om (*into* til); **4.** *økon:* konvertere; **5.** *elekt:* omforme; **6.** *rel & fig:* omvende.
I. converted *subst; spøkef:* **you're preaching to the ~!** du snakker til en som allerede er omvendt!
II. converted *adj* **1.** omvendt; **2.** *forst:* **~ timber** skurlast.
convertibility [kən,və:ti'biliti] *subst; økon:* konvertibilitet.
I. convertible [kən'və:tibəl] *subst:* kabriolet.
II. convertible *adj* **1.** som kan gjøres om; som kan forandres; **2.** *økon:* konvertibel.
convex ['kɔnveks; kən'veks] *adj:* konveks *(fx lens).*
convey [kən'vei] *vb* **1***(=carry; take)* føre *(fx pipes convey hot water to every part of the building);* frakte *(fx ships convey oil from the Middle East);* **2.** *stivt(=give)* overbringe *(fx convey my regards to your brother);* **3.** *om inntrykk, tanker, etc som skal formidles:* bibringe; gi; **~ the impression that** ... gi det inntrykk at ...; **~ the impression of being** ...*(=seem to be)* gi inntrykk av å være; **it -ed nothing to me** det sa meg ingenting; **words cannot ~ what is in my mind** ord kan ikke uttrykke det jeg tenker på; **a smile can ~ so much** et smil kan si så meget; det kan ligge så mye i et smil; **4.** *jur:* overdra; tilskjøte (*to* til).
I. conveyance [kən'veiəns] *subst* **1.** transport; befordring; **2.: (means of)** *~(=means of transport)* befordringsmiddel; transportmiddel; **mode of ~** befordringsmåte; **a bus is a public ~** en buss er et offentlig (*el.* kollektivt) transportmiddel; **3.** *jur:* overdragelse; tilskjøting; **deed of ~** skjøte.
II. conveyance *vb: se convey 4.*
conveyancer [kən'veiənsə] *subst* **UK:** advokat med overdragelse av fast eiendom og rettigheter som spesiale.
conveyancing *jur* **1.** overdragelse; tilskjøting; **2. UK** *som spesiale:* eiendomsoverdragelser; overdragelse av fast eiendom og rettigheter; *(jvf conveyancer).*
conveyer, conveyor [kən'veiə] *subst* **1.** overbringer *(fx of bad news);* **2***(=conveyor belt)* transportbånd.
I. convict ['kɔnvikt] *subst* **1.** soningsfange; fange; *hist:* straffange; **2.** domfelt.
II. convict [kən'vikt] *vb; jur* **1.** erklære skyldig; dømme; *om bevisene:* felle *(fx the evidence convicted him);* **he was -ed on five charges** han ble funnet skyldig på fem punkter; **2.: be -ed of** bli funnet skyldig i; bli dømt for.
conviction [kən'vikʃən] *subst* **1.** *jur:* dom(fellelse) *(fx she's had two convictions for drunken driving);* **he had no previous -s** han var ikke tidligere straffet; **2.** overbevisning *(fx it's my conviction that he's right);* **she said it with complete ~** hun sa det med overbevisning; **carry ~** virke overbevisende.
convince [kən'vins] *vb:* overbevise (*that* om at); **~ of** overbevise om.
convincing *adj:* overbevisende.
convivial [kən'viviəl] *adj; stivt(=pleasant);* **we spent a ~ evening with them** vi tilbrakte en hyggelig aften hos dem; **in ~ company** i hyggelig selskap.
convoke [kən'vouk] *vb; til fx kirkemøte:* sammenkalle.
convolution [,kɔnvə'lu:ʃən] *subst; anat:* **-s of the brain***(=cerebral convolutions)* hjernevindinger.
I. convoy ['kɔnvɔi] *subst:* konvoi *(fx an army convoy).*
II. convoy *vb:* konvoiere; eskortere.
convulse [kən'vʌls] *vb* **1.** få krampetrekninger; **2.** *fig; stivt:* **be -d with***(=be shaken by)* bli rystet av *(fx the country was convulsed with civil wars);* **3. T: be -d with laughter** vri seg av latter.
convulsion [kən'vʌlʃən] *subst* **1. -s** krampetrekninger; **2.** *fig:* **her jokes had us all in -s (of laughter)** vitsene hennes fikk oss alle sammen til å vri oss av latter.
convulsive [kən'vʌlsiv] *adj:* krampaktig.
I. coo [ku:] *subst:* kurring.
II. coo *vb* **1.** *om due:* kurre; **2.** *om menneske:* småpludre *(fx they were cooing over the baby);* **bill and ~** kysse og kjæle; **3.** *int* **S***(=cor)* jøss!
I. cook [kuk] *subst:* kokk; **too many -s spoil the broth** jo flere kokker desto mer søl; **she's a good ~** hun er flink til å lage mat.
II. cook *vb* **1.** lage mat; **I -ed my own meals** jeg laget maten min selv; **~ a chicken for dinner** ha kylling til middag; lage i stand kylling til middag; **these apples ~ well** dette er gode matepler; *fig* **T: you've -ed your goose!** nå sitter du fint i det! **2. T: ~ the books***(=doctor the accounts)* forfalske regnskapet; *spøkef:* pynte på regnskapet; **3.: ~ up** finne på; **T:** koke sammen *(fx a story);* smøre sammen *(fx a book).*
cookbook ['kuk,buk] *subst* **US***(=cookery book)* kokebok.
cooked meats *(,***US:** *cold cuts)* kjøttpålegg.
cooker ['kukə] *subst* **1.** komfyr; **electric ~** elektrisk komfyr; **gas ~** gasskomfyr; **2***(=cooking apple)* mateple.
cookery ['kukəri] *subst:* matlagning.
cookery book (,**US:** *cookbook)* kokebok.
cookie ['kuki] *subst* **1. US***(=biscuit)* tørr kake; småkake; **2.** *skotsk(=bun)* bolle; **3. US T***(=chap):* **a smart ~** en luring; **4. T: that's the way the ~ crumbles***(=that's the way things are)* slik er det nå engang; **we'll see how the ~ crumbles***(=we'll see how things work out)* vi får se hvordan det går.
cookfire ['kuk,faiə] *subst:* bål til koking.
cooking *subst:* matlaging; **the art of** *~(=the culinary art)* kokekunsten.
cooking apple*(=cooker)* mateple.
cooking fat stekefett.
cooking oil matolje.
cooking recess kokenisje.
I. cool [ku:l] *subst:* **in the ~ of the evening** i den kjølige kveldsluften.
II. cool *vb* **1.** kjøle; avkjøle; *fig:* kjølne *(fx his enthusiasm cooled);* **2.: ~ down** 1. avkjøle; 2*(=calm down)* falle til ro; roe seg *(fx he's cooled down a bit now);* **3.: ~ off** 1. avkjøle seg *(fx I'm going to have a cold shower and cool off);* avkjøle

(fx a cold shower will cool me off); 2. kjølne *(fx he used to love her very much but he has cooled off now)*; **4.**: ~*(=kick)* **one's heels** vente utålmodig.

III. cool *adj* **1.** kjølig; **2***(=calm)* rolig *(fx he's very cool in a crisis)*; **3***(=not very friendly)* kjølig *(fx he was very cool towards his ex-wife; he gave her a cool look)*; **4. T***(=impudent)* frekk; **5.** *om tall, pengesum* **T: a ~ ten thousand** ti tusen raske; hele ti tusen pund *(etc)*; **6.** *især* **US T:** super(t); flott; **7. T: play it ~** ta det iskaldt.

coolant ['ku:lənt] *subst:* kjølevæske.

cooler ['ku:lə] *subst* **1.** vinkjøler; **2. S: in the ~** i fengsel; **S:** i buret.

cool-headed [,ku:l'hedid; *attributivt:* 'ku:l,hedid] *adj:* besindig; rolig.

cooling-off period *jur:* angrefrist.

coolness ['ku:lnis] *subst* **1.** kjølighet; **2.** *fig:* kjølighet; kulde; **there is a ~ between them** det er et kjølig forhold dem imellom; **3.** kaldblodighet.

coon [ku:n] *subst* **T***(=racoon)* vaskebjørn.

I. coop [ku:p] *subst:* (hønse)bur; (kanin)bur; **chicken ~** kyllingbur.

II. coop *vb:* **~ up** stenge inne; **we've been -ed up in this tiny room for hours** vi har sittet innemurt her i dette bittelille rommet i timevis.

coop ['kou,ɔp] *subst* **T***(=cooperative shop)* samvirkelag.

cooperate [kou'ɔpə,reit] *vb:* samarbeide.

cooperation [kou,ɔpə'reiʃən] *subst:* samarbeid; samvirke.

cooperative [kou'ɔpərətiv] *adj* **1.** samarbeidsvillig; **2.** samarbeidende; kooperativ.

cooperative shop*(=store)* samvirkelag.

cooperative society samvirkelag; andelslag.

co-opt [kou'ɔpt] *vb; om komité:* supplere seg selv med *(fx a new member)*; **she was -ed on to the committee** hun ble innvalgt i komitéen.

co-optation [,kouɔp'teiʃən] *subst; om komité:* selvsupplering.

I. coordinate [kou'ɔ:dinit] **1.** *subst; mat.:* koordinat; **2.** *adj:* sideordnet; sidestilt; koordinert; *mat.:* koordinat-.

II. coordinate [kou'ɔ:di,neit] *vb:* koordinere; samordne; sideordne.

coordination [kou,ɔ:di'neiʃən] *subst:* koordinering; koordinasjon; sideordning; samordning.

coot [ku:t] *subst; zo(=bald coot)* blisshøne; sothøne; **bald as a ~** blank (ɔ: skallet) som en biljardkule.

I. cop [kɔp] *subst* **S 1***(=policeman)* purk; **2.: it was a fair ~** jeg (,han, etc) ble tatt på fersken (ɔ: på fersk gjerning).

II. cop *vb* **1***(=catch)* ta *(fx cop (hold of) this cup of coffee, will you?)*; **S: ~ it** få juling; få en ordentlig omgang; **you'll ~ a clout if you do that!** jeg rapper til deg hvis du gjør det! **2. S***(=steal)* rappe; kvarte; **3.** *om narkotika* **S***(=buy)* kjøpe.

co-partner [kou'pa:tnə] *subst(=partner)* kompanjong.

co-partnership [kou'pa:tnəʃip] *subst(=partnership)* kompaniskap.

cope [koup] *vb(=manage)* klare; greie; **let me know if you can't ~** si fra til meg hvis du ikke greier det (*el.* hvis det blir for mye for deg); **~ with** klare; greie *(fx I can't cope with all this work)*.

Copenhagen [,koupən'heigən] *subst; geogr:* København.

copilot ['kou,pailət] *subst:* annenflyver.

coping ['koupiŋ] *subst; på mur(=coping stone)* dekkstein.

copious ['koupiəs] *adj:* fyldig; rikholdig; rikelig.

copper ['kɔpə] *subst* **1.** kopper; **2. T:** koppermynt; **3.** bryggepanne; **4. T***(=policeman)* politimann; **T:** purk.

coppice ['kɔpis] *subst(=copse)* krattskog; småskog.

copra ['kouprə] *subst:* kopra (ɔ: tørrede kokoskjerner).

copse [kɔps] *subst(=coppice)* krattskog; småskog.

copter ['kɔptə] *subst* **T***(=helicopter)* helikopter.

copula ['kɔpjulə] *subst; gram(=link verb)* kopula; uselvstendig verb.

copulate ['kɔpju,leit] *vb* **1.** *om dyr:* pare seg; **2.** *om mennesker; neds(=have sexual intercourse)* pare seg; kopulere.

copulation [,kɔpju'leiʃən] *subst:* paring; kopulasjon.

I. copy [kɔpi] *subst* **1.** kopi; **2.** avskrift; **certified ~** bekreftet avskrift; **3.** *av avis, bok, etc:* eksemplar; **4.** *typ; som skal settes:* manuskript *(fx has the copy gone to the printer yet?)*; **5.** (nyhets)stoff; **this would make good ~** dette ville være fint (*el.* godt) stoff; **6.** *i reklamebransjen:* tekst *(fx write copy for television advertisements)*; **7.** *skolev:* **fair ~** renskrift; innføring; **the fair ~** innføringen; **rough ~** kladd.

II. copy *vb* **1.** kopiere; **2.** etterligne; **3.** *skolev:* skrive av; **~ each other's work** skrive av etter hverandre; **4.** *skolev:* **~ out** 1. føre inn *(fx copy it out nicely)*; 2. skrive av; **I told him to ~ out***(=write out)* **the passage** jeg ba ham skrive av stykket.

copybook ['kɔpi,buk] *subst* **1.** skjønnskriftsbok; **2. T: blot one's ~** trampe i klaveret; tråkke i salaten.

copybook example*(=textbook example)* skoleeksempel *(fx that's a copybook example of how it should be done)*.

copycat ['kɔpi,kæt] *subst; neds* **T:** apekatt *(fx she's such a copycat)*.

copy director *(fk C.D.) subst; yrkestittel i reklamebyrå(=copywriter)* tekstforfatter.

copyhold ['kɔpi,hould] *subst(=copyhold farm)* arvefeste.

copying machine kopieringsmaskin.

copy paper *skolev:* innføringspapir.

copyright ['kɔpi,rait] **1.** *subst:* opphavsrett; copyright; **the right of ~** opphavsretten; **this book is our ~** vi har opphavsretten til denne boken; **2.** *adj:* opphavsrettslig beskyttet; **his book is still ~** det er fremdeles copyright på boken hans.

copy sheet innføringsark.

copywriter ['kɔpi,raitə] *subst; i reklamebyrå:* tekstforfatter; *(jvf copy director)*.

coquettish [kɔ'ketiʃ; kə'ketiʃ] *adj; stivt(=fond of flirting; flirtatious)* kokett.

cor [kɔ:] *int* **S***(=coo)* jøss!

coral ['kɔrəl] *subst; zo:* korall.

coral reef korallrev.

cord [kɔ:d] *subst* **1.** snor; **2.** *elekt(=flex)* ledning; **3.** *anat:* **spinal ~** ryggmarg; **vocal ~** stemmebånd; **4***(=corduroy)* kordfløyel; **a pair of -s** en kordfløyelbukse; **5.** *vedmål* *(3½ m²)*: favn.

corded *adj* **1.** med snorer på; snorbesatt; **2.** *om tekstil:* ribbet *(fx corded velvet)*; **3.** *om ved:* lagt opp i favner.

cordial ['kɔ:diəl] **1.** *subst:* oppstiver; hjertestyrker; styrkedrikk; **2.** *adj(=hearty; very friendly)* hjertelig.

cordiality [,kɔ:di'æliti] *subst(=warmth of feeling)* hjertelighet.

I. cordon ['kɔ:dən] *subst* **1.** *av politi, soldater, etc:* sperring *(fx round the house)*; **2.** *arkit:* murbånd; **3.** (pynte)snor; (ordens)bånd.

II. cordon *vb:* **~ off** sperre av *(fx the police have cordoned off the area)*.

corduroy ['kɔ:də,rɔi] *subst:* kordfløyel; **-s** kordfløyelbukse.

I. core [kɔ:] *subst* **1.** kjerne; **apple ~** kjernehus; **2.** *fig:* kjerne; kjernepunkt; **get to the ~ of the**

problem komme til kjernen i problemet; **English to the ~** engelsk i sjel og sinn; **rotten to the ~** råtten tvers igjennom; bunnråtten; **3.** *tekn:* **mould ~** støpekjerne; **4.** *tøm:* blindtre (til finéring); **5.** *rørl; i radiator:* legeme.

II. core *vb:* ta ut kjernehuset av *(fx an apple).*

core drill *mask:* kjernedrill; kjernebor.

coregent ['kou,ri:dʒənt] *subst:* medregnet.

corespondent [,kouri'spɔndənt] *subst; jur:* medinnstevnet i skilsmisseprosess.

Corfu ['kɔ:fju:] *subst; geogr:* Korfu.

coriander [,kɔri'ændə] *subst; bot:* koriander.

cork [kɔ:k] **1.** *subst:* kork; flaskekork; **2.** *vb:* sette kork(en) i *(fx a bottle).*

corkscrew ['kɔ:k,skru:] *subst:* korketrekker.

cormorant ['kɔ:mərənt] *subst; zo:* storskarv; **pygmy ~** dvergskarv.

I. corn [kɔ:n] *subst; bot* **1**(,**US:** *grain)* korn; hvete; **sheaf of ~** kornbånd; kornnek; **spike of ~** kornaks; **2. US***(=maize)* mais; **~ on the cobs** kokte maiskolber; **3***(=grain; seed):* **pepper-** pepperkorn.

II. corn *subst; anat:* liktorn; **T:** liktå; **tread on sby's -s** trå en på liktærne.

III. corn *vb:* lettsalte; **-ed beef** sprengt oksekjøtt; corned beef.

corn bunting *zo:* kornspurv.

corncob ['kɔ:n,kɔb] *subst; bot:* maiskolbe.

corncockle ['kɔ:n,kɔkəl] *subst; bot:* klinte.

corncrake ['kɔ:n,kreik] *subst; zo:* åkerrikse.

cornea ['kɔ:niə] *subst; anat:* hornhinne.

I. corner ['kɔ:nə] *subst* **1.** hjørne; gatehjørne; **2.** krok *(fx there was a chair in the corner);* hjørne; **look in every nook and ~** se i alle kriker og kroker; **let's find a quiet ~ and sit down** la oss finne en rolig krok og sette oss; **3.** *fig(=difficult situation)* klemme; knipe; **drive him into a ~** trenge ham opp i et hjørne; **4.** *fotb:* hjørnespark; corner *(fx we've been awarded a corner);* **5.** *fig:* **cut -s** ta snarveier; **6.** *fig:* **(just) round the ~** like rundt hjørnet; **7.** *fig; om fx pasient:* **have turned the ~** være over det verste.

corner *vb* **1.** *også fig:* trenge opp i et hjørne; **2.** *om kjøretøy:* ta et hjørne *(fx he cornered on only three wheels);* **this car -s very well** denne bilen har gode kurveegenskaper; **3. T***(=gain control of)* få kontroll over *(fx they've cornered the market).*

cornering characteristics *om bil:* kurveegenskaper; *(se II. corner 2).*

cornerstone ['kɔ:nə,stoun] *subst* **1.** hjørnestein; **2.** *fig:* hjørnestein.

cornet ['kɔ:nit] *subst* **1.** *mus:* kornett; **2.** *mus:* kornettist; **3.** kremmerhus; **ice-cream ~** iskremkjeks; kjeksis.

cornfield ['kɔ:n,fi:ld] *subst(,***US:** *grain field)* kornåker.

cornflour ['kɔ:n,flauə] *subst(,***US:** *cornstarch)* (fint) maismel.

cornflower ['kɔ:n,flauə] *subst; bot:* kornblomst.

cornice ['kɔ:nis] *subst* **1.** *arkit:* (del av) gesims; **2.** *arkit:* (ornamentert) taklist; **3.** *om snøskavl:* **(overhanging) ~** hengeskavl.

corn marigold *bot:* marigull.

corn mint *bot:* åkermynte.

corn poppy*(=red poppy) bot:* kornvalmue.

corn salad*(=lamb's lettuce) bot:* vårsalat.

corn snow kornsnø.

cornstarch ['kɔ:n,sta:tʃ] *subst* **US***(=cornflour)* (fint) maismel.

corny ['kɔ:ni] *adj* **T***(=trite)* fortersket *(fx joke).*

corolla [kə'rɔlə] *subst; bot:* blomsterkrone.

corollary [kə'rɔləri] *subst; stivt(=obvious deduction)* naturlig slutning; naturlig følge (*el.* konsekvens).

corona [kə'rounə] *subst* **1.** *bot:* bikrone; **2.** *astr:* korona.

I. coronary ['kɔrənəri] *subst; med.(=coronary thrombosis)* koronartrombose.

II. coronary *adj:* koronar-; **~ artery** kransarterie.

coronation [,kɔrə'neiʃən] *subst:* kroning.

coroner ['kɔrənə] *subst* **UK:** embetsmann som forestår likskue; **~ 's inquest** likskue.

coronet ['kɔrənət] *subst:* krone *(fx the baronet wore a gold coronet);* **a ~ of flowers** en blomsterkrone.

corporal ['kɔ:pərəl] **1.** *subst; mil:* korporal; **2.** *adj:* legemlig; **~ punishment** korporlig avstraffelse.

corporate ['kɔ:pərit] *adj* **1.** *stivt(=joint)* felles; **~ spirit** fellesfølelse; korpsånd; **2.** *jur:* korporativ.

corporation [,kɔ:pə'reiʃən] *subst* **1.** korporasjon; **2***(=municipal corporation; town council)* kommunestyre; bystyre; **3. T:** stor mage; borgermestermage.

corporation charter US*(=certificate of incorporation) merk:* stiftelsesbevis; *(se articles of association & memorandum of association).*

corps [kɔ:] *subst* (*pl: corps* [kɔ:z]) **1.** *mil:* korps; **the Royal Army Medical Corps***(,***US:** *the Medical Corps)* Hærens sanitet; **the Royal Corps of Signals** *(fk RCS)* Hærens samband; **2.: the diplomatic ~** det diplomatiske korps.

corpse [kɔ:ps] *subst:* lik.

corpulence ['kɔ:pjuləns] *subst; stivt(=fatness)* korpulens.

corpulent ['kɔ:pjulənt] *adj; stivt(=fat)* korpulent.

corpuscle ['kɔ:pʌsəl] *subst:* blodlegeme.

corral [kɔ'ra:l] *subst; især* **US 1.** innhegning for kveg; **2.** vognborg.

I. correct [kə'rekt] *vb:* rette; rette på *(fx please correct me if I'm wrong);* korrigere.

II. correct *adj:* korrekt; riktig.

correction [kə'rekʃən] *subst:* rettelse; korreksjon.

corrective [kə'rektiv] **1.** *subst:* korrektiv; **2.** *adj:* korrigerende *(fx lenses).*

correlate ['kɔri,leit] *vb; stivt(=show a correlation between)* korrelere.

correlation [,kɔri'leiʃən] *subst:* korrelasjon; samsvar.

correlative [kə'relətiv] *adj:* korrelativ; samsvarende.

correspond [,kɔri'spɔnd] *vb* **1.: ~ to** svare (omtrent) til *(fx a university professor in America corresponds to a university lecturer in Britain);* **2.: ~ with** *stivt(=be in agreement with)* stemme overens med; korrespondere med; **3.** *stivt(=write to one another)* brevveksle; korrespondere.

correspondence [,kɔri'spɔndəns] *subst; stivt* **1***(=similarity)* likhet *(fx there is a marked correspondence between these two murders);* **2***(=agreement)* overensstemmelse; samsvar; korrespondanse; **3.** brevveksling; korrespondanse.

correspondence column *i avis:* spalte for leserbrev.

correspondence course korrespondansekurs.

correspondent [,kɔri'spɔndənt] **1.** *subst:* korrespondent *(fx he's foreign correspondent for 'The Times');* **2.** *adj:* tilsvarende; korresponderende.

corridor ['kɔri,dɔ:] *subst:* gang; korridor.

corridor carriage *(,***US:** *vestibule car) jernb:* gjennomgangsvogn.

corroborate [kə'rɔbə,reit] *vb; stivt(=confirm)* bekrefte.

corroboration [kə,rɔbə'reiʃən] *subst:* bekreftelse.

corrode [kə'roud] *vb* **1.** ruste; **2.** *om syre:* etse.

corrosion [kə'rouʒən] *subst* **1.** korrosjon; rust; **2.** etsing.

corrosive [kə'rousiv] *adj* **1.** korroderende; **2.** etsende.

corrugate ['kɔrə,geit] *vb:* rifle; bølge.

corrugated iron bølgeblikk.

corrugated paper bølgepapp.

I. corrupt [kə'rʌpt] *vb* **1***(=make bad)* forderve;

demoralisere; **2.** *stivt(=ruin)* ødelegge *(fx this will merely corrupt your good English).*
II. corrupt *adj:* korrupt; fordervet; *om tekst:* forvansket.
corruptible [kə'rʌptəbl] *adj:* bestikkelig; som kan bestikkes; *(jvf incorruptible).*
corruption [kə'rʌpʃən] *subst* **1.** fordervelse; *om tekst:* forvanskning; **2.** bestikkelse; korrupsjon.
corsair ['kɔ:sɛə] *subst* **1***(=pirate)* sjørøver; korsar; **2***(=privateer)* sjørøverskip.
corset ['kɔ:sit] *subst* **1.** *også med.:* korsett; **2.** snøreliv.
Corsica ['kɔ:sikə] *subst; geogr:* Korsika.
Corsican ['kɔ:sikən] **1.** *subst:* korsikaner; *språket:* korsikansk; **2.** *adj:* korsikansk.
cortège, cortege [kɔ:'teiʒ] *subst; stivt(=procession)* prosesjon; kortesje; høytidelig opptog.
cortex ['kɔ:teks] *subst:* bark; **cerebral ~** hjernebark.
corvette [kɔ:'vet] *subst; mar:* korvett.
cosh [kɔʃ] **1.** *subst:* gummibatong; blykølle; **2.** *vb:* slå ned *(fx the thieves coshed him).*
cosignatory [kou'signətəri] *subst:* medunderskriver.
cosiness ['kouzinis] *subst:* lunhet; hygge.
I. cosmetic [kɔz'metik] *subst:* kosmetisk preparat; **-s** kosmetikk.
II. cosmetic *adj:* kosmetisk.
cosmetic bag toalettveske.
cosmetic holdall (større) toalettveske.
cosmetic surgery kosmetisk kirurgi.
cosmic [kɔzmik[*adj:* kosmisk; **~ rays** kosmiske stråler.
cosmonaut ['kɔzmə,nɔ:t] *subst(=Soviet astronaut)* kosmonaut.
cosmopolitan [,kɔzmə'pɔlitən] **1.** *subst:* kosmopolitt; verdensborger; **2.** *adj:* kosmopolitisk.
cosmos ['kɔzmɔs] *subst:* **the ~***(=the universe)* kosmos; universet.
I. cost [kɔst] *subst* **1***(=price)* pris *(fx what's the cost of this coat?);* **2.** *merk:* kostnad; omkostning; **force***(=press)* **-s down** drive omkostningene ned; **free of ~ to you; without ~ to you** uten omkostninger for Dem; **3.** *merk, økon:* kostnad; **direct -s** direkte kostnader; **fixed -s***(=period costs)* faste kostnader; **indirect -s** indirekte kostnader; **variable -s***(=variable overhead (costs))* variable kostnader; **~ of goods sold** solgte varers innkjøpspris; **level of -s** kostnadsgrad; kostnadsnivå; **4.** *jur:* **-s** saksomkostninger; **be awarded -s of £200** bli tilkjent £200 i saksomkostninger; **sell at ~ (price)** selge til kostpris; **5.** *fig:* pris *(fx the cost of human life);* **6.: at any ~; at all -s** for enhver pris; **7.: at the ~ of***(=at the expense of)* på bekostning av; **8.: I know it to my ~** det har jeg fått føle (*el.* erfare).
II. cost *vb* **1.** *også fig:* koste; **it ~ me dear** det kom meg dyrt å stå; **it doesn't ~ the earth, you know** det koster ikke all verden, vet du; **2.** *merk:* omkostningsberegne *(fx a project).*
cost absorption *økon:* kostnadsdekning.
cost accountant *økon(=cost clerk)* kostnadsberegner.
cost accounting *økon(=management accounting)* driftsbokførsel.
costing ['kɔstiŋ] **1.** kostnadsoverslag; **2.** *merk:* kostnadsberegning.
cost of goods sold *se I. cost 3.*
cost of living leveomkostninger; **the general rise in the ~***(=the general rise in costs)* den alminnelige kostnadsøkning.
cost-of-living bonus **1.** indekstillegg; **2***(=weighting)* stedstillegg.
cost-plus [,kɔst'plʌs] *subst; økon:* produksjonskostnad pluss beregnet (*el.* fastsatt) fortjeneste.
cost price *merk, økon(=calculated price)* kalkulasjonspris; kostpris; **sell at ~** selge til kostpris.
cost type *økon(=type of cost)* kostnadsart.
costume ['kɔstju:m] *subst* **1.** drakt; **national ~** nasjonaldrakt; bunad; **2.** kostyme.
costume ball **US***(=costume party)* kostymeball.
cosy *(,***US:** *cozy)* ['kouzi] **1.** *subst:* **tea ~** tevarmer; **2.** *adj:* koselig; hyggelig; varm og bekvem *(fx this sweater will keep you cosy).*
cot [kɔt] *subst* **1***(,***US:** *crib)* barneseng; **2. US***(=camp bed)* feltseng.
cot death krybbedød.
cote [kout] *subst:* skur; kve; *(jvf dovecote).*
cottage ['kɔtidʒ] *subst* **1.** lite hus; **country ~** lite hus på landet; **2.: holiday ~, weekend ~** feriested; hytte.
cottage industry hjemmeindustri.
cottage pie*(=shepherd's pie)* kjøtt- og potetmospai.
cottager ['kɔtidʒə] *subst* **1.** person som bor i en 'cottage'; **2***(=rural labourer)* gårdsarbeider; **3.** *især i Canada:* person som ferierer i en 'cottage'; **4.** *hist: se I. cotter 2; cottier).*
I. cotter ['kɔtə] *subst* **1.** *hist(=cottier)* husmann; **2.** *i Skottland(=cottar)* småbonde med 'cottage' og inntil to dekar jord; på samme betingelser som en irsk 'cottier'; **3***(=cottager)* person som bor i en 'cottage'; *(se cottier).*
II. cotter **1.** *subst; tekn:* **~ (pin)***(=split pin)* låsesplint; låsepinne; **2.** *vb:* sikre med låsesplint.
cotter pin *tekn:* låsesplint; låsepinne.
cottier ['kɔtiə] *subst* **1.** *hist(=cotter)* husmann; **2.** *i Irland:* småbonde; **3***(=cottager)* person som bor i en 'cottage'.
I. cotton ['kɔtən] *subst* **1.** *bot(=cotton plant(s))* bomullsplante(r); **2.** *tekstil:* bomull; **3***(yarn spun from cotton)* bomullsgarn.
II. cotton *vb* **T 1.: ~ on to** 1*(=begin to understand)* bli klar over; **he'll soon ~ on (to what you mean)** det vil snart gå opp for ham (hva du mener); 2*(=make use of)* gjøre bruk av; nyttiggjøre seg *(fx they soon cottoned on to the idea);* **2. US T: ~ to** 1*(=become friendly with)* bli venner med; 2*(=approve of)* godta; like.
cotton cake *dyrefôr:* bomullsfrøkake.
cotton candy **US***(=candy floss)* sukkervatt.
cotton gin bomullsrensemaskin.
cotton grass *bot(=bog cotton)* myrull.
cotton mill bomullsspinneri.
cotton print mønstret bomullstøy; kattun.
cotton waste pussegarn; *(jvf waste cotton).*
cotton wool **1***(=cotton)* bomull; vatt; **medicated ~***(=purified cotton;* **US:** *absorbent cotton)* renset bomull; **2.: she's been wrapped in ~ all her life** hun har vært pakket inn i bomull hele livet.
cotton-wool existence beskyttet tilværelse.
cotyledon [,kɔti'li:dən] *subst; bot(=seed-leaf)* kimblad; *(jvf endoderm).*
I. couch [kautʃ] *subst:* sofa.
II. couch *vb; stivt(=express)* uttrykke *(fx couched in legal terms);* **such a letter should be -ed in a sharper tone** et slikt brev bør skrives (*el.* avfattes) i en skarpere tone.
couchette [ku:'ʃet] *subst; jernb, etc; om soveplass:* couchette.
couch grass *subst; ugress(=scutch grass; twitch grass; quitch grass)* kveke.
I. cough [kɔf] *subst* **1.** hoste; **2***(=coughing)* hosting.
II. cough *vb* **1.** hoste; **2.: ~ up** 1. hoste opp *(fx blood);* 2. **S***(=pay)* betale; punge ut.
could [kud; kəd] *vb; pret av 'be able to'; se II. can.*
I. council ['kaunsəl] *subst* **1.** råd; rådsforsamling; **the Council of Europe** Europarådet; **~ of war** krigsråd;

an emergency ~ et kriseråd; **2.** *rel:* konsil; kirkemøte; **3**(*=local council; county council*) kommune; kommunestyre; **T: the Council** kommunestyret; **T:** kommunen; **the Greater London Council** *(fk GLC)* kommunestyret i London; *(jvf county borough council).*

II. council *adj:* kommune-; kommunal-; **the ~ offices** kommunekontorene; de kommunale kontorene.

council engineer kommuneingeniør; *(se NEO ingeniørvesen).*

council estate kommunalt boligfelt.

council worker *(,***US:** *civic worker)* kommunearbeider.

councillor *(,***US:** *councilor)* ['kaunsələ] *subst:* kommunestyremedlem.

I. counsel ['kaunsəl] *subst* **1.** *stivt(=advice)* råd *(fx he'll give you good counsel on your problems):* **take ~ with a friend** rådføre seg med en venn; **2.** *stivt:* **keep one's own ~***(=tell no one; keep it a secret)* holde det for seg selv; holde tann for tunge; **3.** *jur(pl: counsel)* prosessfullmektig; advokat (i retten); **~ for the defence** forsvarer; **~ for the defendant** saksøktes prosessfullmektig (*el.* advokat); **~ for the plaintiff** saksøkerens prosessfullmektig (*el.* advokat); **~ for the prosecution***(=counsel for the Crown;* **US:** *State attorney)* aktor; *(se NEO advokat).*

II. counsel *vb; stivt(=advise)* råde; tilrå.

counsellor *(,***US:** *counselor)* ['kaunsələ] *subst* **1.** rådgiver; **marriage guidance ~** familierådgiver; **sexual ~***(,***T:** *sexpert)* seksualrådgiver; **school ~** skolerådgiver; *(se NEO skolerådgiver);* **2.: ~ (of embassy)** ambassaderåd; **4. US: counselor(-at-law)** advokat.

I. count [kaunt] *subst; ikke-engelsk tittel:* greve.

II. count *subst* **1.** opptelling *(fx they took a count of how many people attended);* **2.** *om resultat av opptelling:* **what was the ~ at the meeting last night?** hvor mange var til stede i går kveld? **3.** *i boksing:* telling; **he went down to a ~ of eight** han tok telling til åtte; **4.** *med.:* **blood ~** blodtelling; **5.** *jur:* **~ (of an indictment)** tiltalepunkt *(fx he was found guilty on all 15 counts).*

III. count *vb* **1.** telle; **~ up to ten** telle til ti; **~ (up) the number of pages** tell antall sider; **there were six people present, not -ing the chairman** det var seks mennesker til stede, formannen ikke medregnet; **you can ~ me in** du kan regne med meg; **~ me out** ikke regn med meg; **he -ed out a hundred kroner** han talte opp hundre kroner; **2.** telle; ha betydning *(fx what he says doesn't count);* **all these essays ~ towards your exam results** alle disse stilene teller med i eksamensresultatet; **this picture -s as a rarity** dette bildet regnes som en sjeldenhet; **the job -s a lot** arbeidet betyr mye; **3.: ~ on***(=rely on; reckon with)* regne med *(fx you can count on immediate delivery);* **we ~ on your support** vi regner med din støtte; **4***(=consider; think):* **~ yourself lucky** regn deg som heldig; **I ~ him among my best friends** jeg regner ham med blant mine beste venner; **5.: your previous criminal record will ~ against you** ditt kriminelle rulleblad vil tale mot deg; **I don't like him but I won't ~ that against him** jeg liker ham ikke, men jeg skal ikke la det telle i hans disfavør.

countdown ['kaunt,daun] *subst:* nedtelling.

I. countenance ['kauntinəns] *subst; stivt* **1***(=face)* ansikt; *fig:* ansikt; utseende; **2***(=support; encouragement):* **you must not give ~ to these rumours** du må ikke oppmuntre disse ryktene.

II. countenance *vb; stivt* **1***(=encourage; favour; accept)* støtte; godta; akseptere *(fx we cannot possibly countenance these widespread changes);* **2***(=self-control):* **keep (,lose) one's ~** bevare (,tape) fatningen.

I. counter ['kauntə] *subst* **1.** disk; bardisk; skranke; **in- ~** innlånsskranke; **out- ~***(=issue counter)* utlånsskranke; **sell sth under the ~** selge noe under disken; **2.** teller; telleverk; **3.** spillemerke; spillemynt; spillebrikke; *fig:* **negotiating ~** forhandlingskort; **4.** *i boksing:* kontrastøt; **5.** *mar(=fantail)* gilling; akterhvelv.

II. counter *vb; stivt(=oppose; meet)* imøtegå; møte *(fx force with force).*

III. counter *adv:* **~ to** i strid med *(fx he acted counter to his orders);* **it runs ~ to my experience** det strider mot mine erfaringer.

counteract [,kauntər'ækt] *vb:* motvirke.

counter-attack ['kauntərə,tæk] *subst:* motangrep.

I. counterbalance ['kauntə,bæləns] *subst:* motvekt.

II. counterbalance [,kauntə'bæləns] *vb:* danne motvekt til; oppveie.

counterblast ['kauntə,bla:st] *subst:* motstøt; kraftig imøtegåelse.

countercharge ['kauntə,tʃa:dʒ] *subst; jur:* motbeskyldning.

counterclaim ['kauntə,kleim] *subst* **1.** *jur:* motklage (fra den saksøkte); **2.** imøtegåelse.

counterclockwise [,kauntə'klɔk,waiz] *adj, adv (=anticlockwise)* mot urviserne.

counterespionage [,kauntər'espiə,na:ʒ] *subst:* kontraspionasje.

counter-evidence ['kauntər,evidəns] *subst; jur(= proof to the contrary)* motbevis.

counterfeit ['kauntəfit] **1.** *subst:* forfalskning; **2.** *vb:* forfalske; **3.** *adj:* forfalsket *(fx these £1 notes are counterfeit); fig:* falsk *(fx tears).*

counterfoil ['kauntə,fɔil] *subst (,især* **US:** *stub)* talong (i sjekkhefte); kupong (på postanvisning, etc); billettstamme.

counter grill(e) *post, etc:* skrankegitter.

I. countermand ['kauntə,ma:nd] *subst:* kontraordre.

II. countermand [,kauntə'ma:nd] *vb(=cancel; revoke)* tilbakekalle *(fx an order).*

countermeasure ['kauntə,meʒə] *subst:* mottiltak; motforholdsregel; mottrekk.

countermove ['kauntə,mu:v] *subst:* mottrekk.

counterpart ['kauntə,pa:t] *subst* **1.** motstykke; pendant; **2.** *om person:* kollega *(fx I'm managing director of Smith's, and he's my counterpart at Brown & Co.).*

counterplot ['kauntə,plɔt] *subst:* motkomplott; motintrige.

counterproposal ['kauntəprə,pouzəl] *subst:* motforslag.

I. countersign ['kauntə,sain] *subst; mil:* feltrop; parole; stikkord.

II. countersign *vb:* kontrasignere.

countersignature ['kauntə,signitʃə] *subst:* kontrasignatur.

countersunk ['kauntə,sʌnk] *adj; mask:* forsenket *(fx head).*

countess ['kauntis] *subst; gift med en 'earl' el. en 'count':* grevinne.

countless ['kauntlis] *adj(=innumerable)* tallløs; utallig.

countrified ['kʌntri,faid] *adj(=rural)* landsens.

country ['kʌntri] *subst* **1.** land; **2.** *motsatt by:* land; **in the ~** på landet; **go into the ~** dra på landet; **3***(=terrain; ground)* terreng; lende; **very hilly ~** bratt terreng; **rolling ~** kupert terreng; **rugged ~** ujevnt terreng; **4.** *fig:* **new ~** nytt land *(fx we're going into completely new country);* **5.** *polit:* **appeal to the ~** skrive ut nyvalg.

country dancing gammeldans.

country house*(=country seat)* herregård.

country living det å bo på landet; **I love ~** jeg synes det er deilig å bo på landet.
countryman ['kʌntrimən] *subst* **1.** mann som bor på landet; landsens menneske; **I'm a ~ now** jeg bor på landet nå; **2.: (fellow) ~** landsmann.
countrypeople ['kʌntri,pi:pəl] *subst; pl:* landsens mennesker; bygdefolk; folk som bor på landet.
country planning officer reguleringssjef; *(se NEO rådmann).*
countryside ['kʌntri,said] *subst(=country areas):* **the ~** landsbygda; landet; **in the ~***(=in the country)* på landet; **pictures of the English ~** engelske landskapsbilder.
country town innlandsby.
countrywide ['kʌntri,waid] *adj, adv:* landsomfattende.
countrywoman ['kʌntri,wumən] *subst* **1.** kvinne som bor på landet; landsens menneske; **2.: (fellow) ~** landsmann(inne).
county ['kaunti] *subst* **1.** fylke; *hist:* grevskap; **2.** *administrativ enhet:* **(administrative) ~** kommune; *om bykommune:* **~ borough;** *om mindre bykommune uten fullstendig selvstyre:* **non- ~ borough***(=municipal borough);* **the (~) council** kommunestyret; *(se I. council 3).*
county court *jur; første instans i sivile saker:* byrett; herredsrett; *(se crown court; stipendiary magistrate's court; NEO byrett; herredsrett; lagmannsrett).*
county court judge *hist(=circuit judge)* dommer i en 'county court'; *(se NEO byrettsdommer; dommerfullmektig; sorenskriver);*
* The judge of a County Court, who is a 'circuit judge', is assisted by a registrar who acts as assistant judge and is in charge of the office staff.
County Engineer's Department det kommunale ingeniørvesen.
county engineering kommunalt ingeniørvesen.
county family godseierfamilie.
county town administrasjonssenter i et 'county'.
coup [ku:] *subst* **1.** kupp; **pull off a ~** gjøre et kupp; *(jvf I. scoop 2);* **2***(=coup d'état)* (stats)kupp.
coup d'état ['ku:dei'ta:] *subst (pl: coups d'état* ['ku:zdei'ta:]) statskupp.
coup de théatre [ku də te'a:tr] *subst; teat* **1.** virkningsfull scene; **2***(sensational device of stagecraft)* knalleffekt; **3***(=stage success)* spillesuksess.
coupé ['ku:pei; **US:** ku'pei] *subst; biltype:* kupé.
I. couple ['kʌpəl] *subst* **1.** *om antall:* par; **a ~ of chairs** et par stoler; **2.** *om to personer:* par *(fx the party was full of couples, with no unattached or single people);* **an engaged ~** et forlovet par; **a married ~** et ektepar; **a married ~, both teachers***(=a husband and wife, both teachers)* et lærerektepar; **working ~** yrkesektepar; **in -s** parvis; to og to; **3.** *om to jakthunder:* koppel.
II. couple *vb* **1.** forbinde; kombinere *(fx studying with teaching);* kople sammen; **2.** *om dyr el. neds:* pare seg.
couplet ['kʌplit] *subst; to rimede verselinjer:* kuplett.
coupling ['kʌpliŋ] *subst* **1.** *tekn:* kopling *(fx the coupling broke);* **2.** det å forbinde, kombinere, etc; *(se II. couple 1);* **3.** *om dyr el. neds:* paring.
coupon ['ku:pɔn] *subst* **1.** kupong; **(fotball) ~** tippekupong; **2.** *hist:* rasjoneringsmerke.
courage ['kʌridʒ] *subst:* mot; **their ~ failed them** motet sviktet dem; *stivt:* **take ~***(=pluck up courage)* fatte mot.
courageous [kə'reidʒəs] *adj:* modig.
courgette [kuə'ʒet] *subst; bot (,***US:** *zucchini)* buskgresskar.
courier ['kuriə] *subst* **1***(=tour conductor)* reiseleder; **2***(=special messenger)* kurér.
I. course [kɔ:s] *subst* **1.** kurs; **~ of lectures** forelesningsrekke; **2.** *med.:* **~ (of treatment)** behandling; kur *(fx course of antibiotics);* **3.** (mat)rett *(fx a fish course);* **4***(=direction)* retning; kurs; *om elv:* løp; **off ~** ute av kurs; **on ~** på rett kurs *(fx we're on course for Nairobi);* **keep***(=stay)* **on the ~** holde kursen; **set one's ~ toward** sette kursen for; *fig:* **things will run***(=take)* **their normal ~ despite the strike** alt vil gå som vanlig til tross for streiken; **in the normal ~ of events** normalt; hvis alt forløper normalt; **5.** *sport:* løype; *mil:* **assault ~** kommandoløype; *ski:* **downhill ~***(=downhill piste; downhill track)* utforløype; **slalom ~** slalåmløype; *også fig:* **stay the ~** fullføre løpet; **6.** *bygg; av teglstein:* skift; *lag stokker i vegg:* **(log) ~** laft; **7.** *strikking:* maskerekke (på tvers); *(jvf wale 2);* **8.: ~ (of action)** fremgangsmåte *(fx what would be the best course?);* **it's the only ~ open to me** jeg har ingen annen utvei (*el.* mulighet); **9.** bane *(fx the course was flooded); (se golf course; racecourse);* **10.: matter of ~** selvfølge(lighet); **as a matter of ~** som en selvfølge; **11.: in the ~ of***(=during)* i løpet av; **12.: in due ~***(=in due time)* når den tiden kommer; i rett tid; med tiden *(fx in due course, this plant will grow into a tree);* **13.: of ~***(=naturally; obviously)* selvfølgelig; naturligvis.
II. course *vb* **1.** *stivt el. litt.(=run)* løpe; **2.** *om jakthund:* jage.
course structure *skolev:* linjestruktur *(fx in the upper secondary school).*
I. court [kɔ:t] *subst* **1** *jur(=court of justice; courtroom)* rett; domstol; rettssal; **in ~***(=before the court)* i retten; for retten; **summon sby to appear in ~** 1. stevne en for retten; 2. la en innkalle som vitne; **take the matter to ~***(=bring an action; take court action)* bringe en sak for retten; gå rettens vei; **2.** *badminton, squash, tennis:* bane; felt *(fx service court);* **3.** hoff; **4.** (kongelig) slott *(fx Hampton Court);* **5***(=courtyard)* gårdsplass; **6.** *stivt el. glds:* **pay ~ to***(=try to win the love of)* beile til; **7.** *fig:* **the ball is in your ~** neste trekk er ditt.
II. court *vb* **1.** *glds:* **John and Mary are -ing** John og Mary har følge; **2.** *fig:* fri til; vinne for seg *(fx the audience's affection);* **3.** *fig:* **~ disaster** utfordre skjebnen.
court card *kortsp(,***US:** *face card)* billedkort.
courteous ['kə:tiəs] *adj(=polite; considerate and respectful)* høflig; forekommende; beleven.
courtesy ['kə:tisi] *subst* **1.** høflighet; belevenhet; **2.** *stivt:* **pay her little courtesies***(=pay her little attentions)* vise henne små oppmerksomheter.
courtesy lamp*(=courtesy light) i bil:* innvendig lys.
courthouse ['kɔ:t,haus] *subst:* rettsbygning; tinghus.
courtier ['kɔ:tiə] *subst:* hoffmann.
court injunction rettskjennelse (i form av pålegg el. forbud); *(se injunction & NEO rettskjennelse).*
court martial krigsrett.
court-martial [,kɔ:t'ma:ʃəl] *vb:* stille for krigsrett.
court of appeal appelldomstol.
court of inquiry UK: granskningskommisjon.
Court of Protection: the ~ overformynderiet; *(NB denne instans utnevner en 'receiver' (verge)).*
courtroom ['kɔ:t,rum] *subst:* rettssal.
court ruling rettskjennelse; *(se injunction & NEO rettskjennelse).*
courtship ['kɔ:tʃip] *subst* **1.** *stivt el. glds:* beiling; frieri; **2.** *zo:* **(game of) ~** paringslek.
court shoes *pl:* pumps.
courtyard ['kɔ:t,ja:d] *subst:* gårdsplass.
cousin ['kʌzən] *subst* **1***(=first cousin)* fetter; kusine; **2.: second ~** tremenning; **3.: a distant ~** en fjern

slektning.
cove [kouv] *subst:* vik; bukt.
covenant ['kʌvənənt] *subst* **1.** *bibl:* pakt; **the Ark of the Covenant** paktens ark; **2.** *jur; i forbindelse med gaver til veldedig formål:* avtaledokument *(fx she signed a covenant to give money to the school fund).*
I. cover ['kʌvə] *subst* **1.** lokk; deksel; **2.: (dust) ~** bokomslag; smussomslag; **(book) ~** perm; **from ~ to ~** fra perm til perm; **3.** varetrekk *(fx put a cover round a book);* **loose -s** løse trekk; **4***(=bedspread)* sengeteppe; **5.** dekning; **take***(=seek)* **~** søke dekning; **be under ~** være i dekning; **6.** *jaktuttrykk:* dekning: **break ~** komme fram fra gjemmestedet; *om fugl:* fly opp; **7.** *fin(=coverage)* dekning; **8.** *fors(=coverage):* **insurance ~** forsikringsmessig dekning; **she had £10,000 worth of insurance ~** hun var forsikret for £10,000; **9.** *fig(=blind)* skalkeskjul; **10.: under ~ of darkness** i ly av mørket; **11.** kuvert; **~ charge** kuvertpris; **12.** *sport:* dekning (av spiller); **13.: under plain ~** i nøytral konvolutt; **under separate ~** separat (ɔ: som egen forsendelse).
II. cover *vb* **1.** dekke; dekke til (*with* med); **2***(=be enough to pay for)* dekke *(fx will £10 cover your expenses?)* **3.** *fors:* dekke *(fx the policy covers damage caused by fire);* **are you fully -ed by insurance?***(=are you fully insured?)* er du fullt dekket? er din forsikring høy nok? **4.** *fin:* **the amount is -ed** det er dekning for beløpet; **the cheque is (not) -ed** det er (ikke) dekning for sjekken; **5.** *merk:* **to ~ our costs** til dekning av våre omkostninger; **£100 is by no means sufficient to ~ these expenses** £100 til dekning av disse utgiftene er ikke på langt nær tilstrekkelig; **6***(=include)* dekke *(fx does this definition cover the figurative meaning?);* **7***(=apply)* dekke; gjelde for *(fx this rule covers all cases);* **8.** *om emne(=deal with)* behandle; dekke *(fx we have covered the whole ground);* **9.** *mil:* dekke; **10.** *sport:* dekke; **11.** *i sjakk;* dekke; **12.** *om journalist:* dekke *(fx he covered the Coronation for the Daily Mail);* **13.** *om tidsrom:* dekke *(fx his diary covered three years);* **14***(=point a gun at)* dekke *(fx I have the prisoners covered);* **15.** *om distance(=travel)* tilbakelegge *(fx we covered 100 km in one day);* **16.: ~ for***(=stand in for)* vikariere for *(fx cover for absent colleagues);* **17.: my shoes are -ed in paint** skoene mine er helt tilsølt med maling; *fig:* **he was -ed in confusion** han ble (,var) fullstendig forvirret; **18.: ~ up** 1*(=cover)* dekke; 2. *fig:* skjule *(fx he thought he had succeeded in covering up all his mistakes);* dekke over; 3.: **~ up for sby** dekke en.
coverage ['kʌvəridʒ] *subst* **1.** *fin(=cover)* dekning; **2.** *fors(=cover):* **(insurance) ~** (forsikringsmessig) dekning; **I have very little insurance ~** jeg har en svært lav forsikring; **3.** *om emne i bok; presse, radio, TV:* omtale; dekning *(fx the TV coverage of the event was extensive);* **4.** *radio; TV(=area covered)* dekningsområde.
coveralls ['kʌvər,ɔ:lz] *subst; pl* **US***(=boiler suit)* kjeledress.
cover design *for bok:* omslagstegning.
cover girl omslagsjente; covergirl.
covering letter*(=accompanying letter)* følgeskriv *(fx I received a cheque but no covering letter).*
covering purchase *merk:* inndekningskjøp.
cover name*(=alias)* dekknavn.
cover note *fors:* dekningsnota.
I. covert ['kʌvət] *subst* **1.** *jaktuttrykk:* standplass; **2.** *jaktuttrykk:* skjul; gjemmested; **3.** *zo:* dekkfjær.
II. covert *adj; stivt(=secret; concealed)* hemmelig; som foregår i det skjulte *(fx covert activities);* forblommet; **a ~ hint** en forblommet hentydning; **a ~***(=furtive)* **glance** et stjålent blikk.
cover title omslagstittel.
cover-up ['kʌvər,ʌp] *subst; fig:* fasade; **~ (story)** dekkhistorie.
covet ['kʌvit] *vb* **1.** *bibl:* begjære; **2.** *spøkef(=want very much to have; fancy):* **Mary -s your fur coat** Mary har kastet sine øyne på skinnkåpen din.
covetous ['kʌvitəs] *adj:* **~ of** begjærlig etter.
covey ['kʌvi] *subst; om ryper el. rapphøner:* liten flokk.
I. cow [kau] *subst* **1.** ku; **dairy -s** melkekuer; **2.** *hunnen av visse dyr:* **a ~ elephant** en hunelefant; **3.** *neds om kvinne* **T: a silly ~** et tåpelig kvinnfolk; **a spiteful old ~** et arrig gammelt kvinnfolk; **3. T: till the -s come home***(=for a very long time)* i det uendelige; til dommedag *(fx sit talking till the cows come home);* **4.** *iron* **T: it's a good job -s can't fly!** alt godt kommer ovenfra!
II. cow *vb; stivt(=subdue)* kue *(fx she looked slightly cowed);* **~ sby into doing sth** tvinge en til å gjøre noe.
coward ['kauəd] *subst:* feiging; kujon.
cowardice ['kauədis] *subst:* feighet.
cowardliness ['kauədlinis] *subst:* feighet; **he was surprised at the ~ of the big bully** han var overrasket over hvor feig den store bøllen var.
cowardly ['kauədli] *adj:* feig; redd av seg.
cowbane ['kau,bein] *subst; bot(=water hemlock)* selsnepe.
cowberry ['kaubəri] *subst; bot(=red whortleberry)* tyttebær.
cower ['kauə] *vb(=crouch; cringe)* dukke seg; krype sammen.
cowhand ['kau,hænd] *subst* (,**US:** *barnman)* sveiser.
cowherd ['kau,hə:d] *subst:* gjeter.
cowhouse ['kau,haus] *subst(=cowshed;* **US:** *cow barn)* fjøs.
cowl [kaul] *subst* **1.** hette; kappe; **2***(=monk's hood)* munkehette; **3***(hooded habit of a monk)* munkekutte; munkekappe; **4.** *på skorstein:* røykhette; **5.** *flyv: se cowling.*
cowling ['kauliŋ] *subst; flyv:* motordeksel.
cowman ['kaumən] *subst* **1***(=cowherd)* gjeter; **2. US:** kvegeier; kvegoppdretter.
cowpat ['kau,pæt] *subst:* kuruke.
cowpox ['kau,pɔks] *subst; med.:* kukopper.
cowshed ['kau,ʃəd] *subst(=cowhouse;* **US:** *cow barn)* fjøs.
cowslip ['kau,slip] *subst; bot* **1***(=paigle)* kusymre; **2. US***(=marsh marigold; kingcup)* soleihov; bekkeblom.
cox [kɔks] *subst(=coxswain)* styrmann (i kapproingsbåt).
coxcomb *se cockscomb.*
coxswain ['kɔksən; 'kɔk,swein] *subst:* styrmann (i kapproingsbåt).
coy [kɔi] *adj(=shy; pretending to be shy)* sjenert; (påtatt) blyg; kokett *(fx she gave him a coy smile).*
coyote ['kɔiout; kɔi'out; kɔi'outi] *subst; zo:* prærieulv; coyot.
I. crab [kræb] *subst* **1.** *zo:* krabbe; **2.** *zo; fisk:* **stone ~** palltosk; **3.** *bot:* **~ apple** villeple; **4.** *zo(=crab louse)* flatlus; **5***(=irritable person)* grinebiter.
II. crab *vb* **1.** fange krabber; **2.** *flyv:* holde litt mot sidevind for å kompensere for avdrift; **3.** bevege seg sidelengs; **4***(=grumble; find fault with)* surmule; kritisere.
crab apple villeple.
crabbed *adj* **1***(=surly; irritable)* sur; **2.** *om håndskrift(=cramped)* gnidret.
crab louse *zo:* flatlus.

I. crack [kræk] *subst* **1.** sprekk; **the door opened a ~** døren ble åpnet på klem; **2.** smell *(fx the crack of a whip; the crack of a gun)*; **3***(=blow)* slag *(fx I got a nasty crack on the jaw)*; **4. T***(=joke)* vits; **he made a ~ about my big feet** han slo en vits om de store bena mine; **5. T: have a ~ at***(=have a try at)* forsøke seg på; **6.: at he ~ of dawn***(=at daybreak)* ved daggry; i grålysningen; **7.: the ~ of doom** (lyden av) dommedagsbasunene.

II. crack *vb* **1.** sprekke; **2.** *med.:* få en brist *(fx her bone isn't broken – it's just cracked)*; **3.** knekke *(fx peanuts)*; **4***(=break)*: **~ a safe** bryte opp et pengeskap; **5.** *under tortur:* sprekke; **6.** *om stemmen:* **his voice -ed***(=broke)* stemmen knakk; **7.** *om kode(=break)* knekke; *om problem, sak:* løse *(fx a murder case)*; **8.: ~ a whip** smelle med en pisk; **9.** *om vits:* slå *(fx he cracked a joke about it)*; **10. T: ~ a smile***(=break into a smile)* smile; **11.: ~ down on***(=take strong action against)* slå ned på; **12. T: ~ up** 1*(=break down)* bryte sammen *(fx he'll eventually crack up)*; **his health is slowly -ing up** det går langsomt nedover med helsen hans; 2*(=report (in glowing terms))*: **it's not all it's -ed up to be** det er ikke fullt så fint som man vil ha det til.

III. crack *adj* **T:** førsteklasses *(fx racing-driver)*; **a ~ shot** en mesterskytter; **a ~ regiment** et eliteregiment.

crackdown ['kræk,daun] *subst:* det å slå ned på; det å slå til; **the police ~ came at 2 p.m.** politiet slo til klokken to om ettermiddagen; *(jvf II. crack 11)*.

cracked *adj* **1.** sprukket; **2. S***(=crazy)* sprø.

cracker ['krækə] *subst* **1***(=party cracker;* **US:** *party favor)* knallbonbon; *(jvf firecracker)*; **2. US***(=biscuit)* kjeks; **3. UK:** tynn, sprø kjeks *(fx crackers and cheese)*.

crackers ['krækəz] *adj(=crazy)* sprø; **it's ~!** det er noe sprøyt!

I. crackle ['krækəl] *subst(=crackling)* knitring; spraking *(fx of burning wood)*; knasing.

II. crackle *vb* **1.** knitre; sprake; knake; knase *(fx the dry branches crackled under my feet)*; **2.** krakelere.

crackling ['kræklıŋ] *subst* **1.** knitring; spraking; knaking; knasing; *radio, tlf:* spraking; knitring; **2.** stekt fleskesvor.

crackly ['krækli] *adj:* sprakende *(fx noise)*; **the radio reception is very ~ here** det er dårlige lytteforhold her.

crackpot ['kræk,pɔt] *subst:* tulling; sprø type.

cracksman ['kræksmən] *subst* **S:** innbruddstyv (som har skapsprengning som spesiale).

crack-up ['kræk,ʌp] *subst* **T:** (fysisk el. mentalt) sammenbrudd.

I. cradle ['kreidəl] *subst* **1.** vugge; **2.** *tlf:* gaffel; **3.** *fig:* vugge *(fx the cradle of civilization)*; **4.** *mar:* beddingvogn; **5.** *bygg & mar:* hengestillas; **6.** *landbr; på ljå:* meiebøyle; **7.** *om liten plattform på ruller(=garage creeper)* liggebrett; **8.** *gravørredskap:* vuggestål; **9.** *med.; for sykehusseng:* (senge)krone.

II. cradle *vb* **1.** vugge; **2.** *om tlf:* legge på.

craft [kra:ft] *subst* **1.** håndverk; **college of arts and -s** kunst- og håndverksskole; **college of applied arts and -s** håndverks- og kunstindustriskole; **the ~ of wood-carving** treskjæring; **2.** *(pl: craft) flyv & mar:* fartøy; skip; fly; *(se spacecraft)*; **3.** *stivt(=cunning; trickery)* list; **~ and deceit** list og svik.

crafts centre salgsutstilling for kunsthåndverk.

craftsman ['kra:ftsmən] *subst:* håndverker.

craftsman designer kunsthåndverker.

craftsmanship ['kra:ftsmən,ʃip] *subst:* faglig dyktighet; fagmessig utførelse; **first-class ~** fagmessig utførelse.

craft union *(,hist:* guild) laug.

crafty ['kra:fti] *adj:* listig.

crag [kræg] *subst:* klippe; bratt fjellskrent.

crake [kreik] *subst; zo:* **spotted ~** myrrikse; **little ~** liten myrrikse; **Baillon's ~** dvergmyrrikse; *(jvf corncrake; water rail)*.

cram [kræm] *vb* **1.** proppe *(fx oneself with food)*; **the drawer was -med with papers** skuffen var proppfull av papirer; **2***(=force)* tvinge *(fx food into sby's mouth)*; **3***(=force-feed)* tvangsfôre *(fx fowls)*; **4. T:** pugge (til eksamen) *(fx he crammed through the summer holidays)*.

cramming *subst:* pugging; sprenglesing.

I. cramp [kræmp] *subst* **1.** *med.:* krampe; **2***(=iron cramp)* muranker; stor jernkrampe; *(jvf I. staple 1)*; **3***(=sash cramp; clamp)* skrutvinge.

II. cramp *vb* **1.: ~ people into a tiny room** stue folk inn på et lite rom; **2.** *fig:* **~ sby's style** hemme en *(fx working as a commercial artist tends to cramp his style as a creative artist)*; *iron:* **having a wife and child has certainly -ed his style** med kone og barn er han ikke lenger så fri og frank.

cramped [kræmpt] *adj* **1.** uten nok plass; **we have a very ~ dining-room** det er altfor liten plass i spisestuen vår; **be ~ for room** ha det for trangt; **2.** *om håndskrift:* gnidret.

crampon ['kræmpən] *subst; under støvel:* brodd.

cranberry ['krænbəri] *subst; bot:* tranebær.

I. crane [krein] *subst* **1.** kran; **floating ~** flytekran; **2.** *zo:* trane; **crested ~***(=crowned crane)* krontrane.

II. crane *vb(=stretch out)*: **~ one's neck in order to see** strekke hals for å se; **he -ed forward to see if there was a bus coming** han strakte seg frem for å se om det kom en buss.

crane fly *zo(,***T:** *daddy-longlegs)* stankelben.

cranesbill ['kreinz,bil] *subst; bot:* storkenebb.

crane truck kranbil.

cranium ['kreiniəm] *subst; anat (pl: craniums el. crania)* kranium; hodeskalle.

I. crank [kræŋk] *subst* **1***(=crank handle; starting handle)* sveiv; håndsveiv; **2.** *om person:* underlig fyr; forskrudd type; **3 US***(=bad-tempered person)* grinebiter.

II. crank *vb; om bil:* sveive (opp); **~ the engine** dreie motoren rundt.

crank journal *mask:* veivakseltapp.

crank-pin bearing *mask:* veivtapplager.

crankshaft ['kræŋk,ʃa:ft] *subst; mask:* krumtapp; veivaksel; **a five-bearing ~** en femlagret veivaksel; **double-throw ~** veivaksel med veivsleng; **throw of ~** veivakselslag; *(se shaft 3)*.

crankshaft bearing veiv(aksel)lager.

crankshaft pin veivtapp.

cranky ['kræŋki] *adj:* forskrudd; underlig.

cranny ['kræni] *subst; sj(=crevice; chink)* sprekk; **in every nook and ~***(=everywhere)* overalt.

crap [kræp] *subst* **1. US S:** dritt; avføring; **2. S***(=nonsense; rubbish)* tull; skrot *(fx clear all that crap off your desk!)*.

I. crash [kræʃ] *subst* **1.** brak; **it came down with a ~** det falt ned med et brak; **2***(=collision)* kollisjon; **3.** *fin(=collapse)* krakk; **bank ~***(=bank failure)* bankkrakk.

II. crash *vb* **1.** falle med et brak; **he -ed his fist down on my desk** han slo neven i skrivebordet mitt; **2.** *om kjøretøy:* smadre; kjøre i stykker *(fx he crashed his car)*; **~ into** kjøre inn i; *flyv:* **he -ed (the plane)** han ødela flyet under landing; **his plane -ed in the mountains** flyet hans falt ned i fjellet; **3. T***(=fold up; collapse)* gå nedenom *(fx the firm crashed)*; **4***(=force one's way noisily)*: **he -ed through the undergrowth** han braste gjennom krattet; **he -ed**

through the barrier han braste gjennom sperringen; **5. S: ~ out** 1*(=go to sleep)* sovne; 2. svime av (etter sterk narkotikarus); 3. sove over; overnatte *(fx can I crash out on your floor tonight?)*.

III. crash *adj; i sms(rapid and concentrated):* **~ course** intensivkurs; **a ~ job** et hastverksarbeid.

I. crash dive ['kræʃ,daiv] *subst; om ubåt:* hurtig neddykking.

II. crash-dive [,kræʃ'daiv] *vb; om ubåt:* dykke hurtig.

crash helmet styrthjelm.

crash landing *flyv(=emergency landing)* nødlanding.

crash pad S*(=a place to sleep or live temporarily)* midlertidig tilholdssted; (lite) krypinn.

crass [kræs] *adj; stivt(=very obvious; gross)* krass *(fx materialism);* grov *(fx insult; mistake)*.

I. crate [kreit] *subst:* pakkasse; sprinkelkasse.

II. crate *vb; stivt el. merk:* pakke i kasse(r).

crater ['kreitə] *subst:* krater; **impact ~** kollisjonskrater.

cravat [krə'væt] *subst:* halstørkle; *for damer:* **fur ~** skinnskjerf.

crave [kreiv] *vb* **1.** *glds(=beg earnestly for)* be ydmykt om *(fx forgiveness);* **2.** *stivt(=long for)* lengte etter *(fx I crave the freedom to travel abroad); spøkef:* **I ~ a cigarette** jeg 'må ha en røyk.

craven ['kreivən] *adj; glds(=cowardly)* feig.

craving ['kreiviŋ] *subst:* **a ~ for** en sterk trang til *(fx she had a craving for oranges during her pregnancy)*.

crawfish ['krɔ:,fiʃ] *subst; zo; især* **US***(=crayfish)* kreps.

I. crawl [krɔ:l] *subst* **1.** *svømming:* crawl *(fx he's good at the crawl);* **2.** krabbing; kravling; **at a ~** svært langsomt *(fx they were driving at a crawl)*.

II. crawl *vb* **1.** crawle; **2.** krabbe *(fx the baby crawls everywhere);* kravle; krype; **3.** bevege seg svært langsomt; **~ along** snegle seg av sted; **4.: it made his flesh ~** det grøsset i ham; det fikk ham til å grøsse; **they are keen to see crocodiles even if their flesh -s in the process** de er ivrige etter å se krokodiller, selv om de grøsser mens det står på; **5.: ~ with** myldre av *(fx the town's crawling with people);* **his hair is -ing with lice***(=his hair is covered with lice)* hodet hans er besatt med lus; **6.** *fig:* **~ to** krype for *(fx the boss)*.

crawler lane *på motorvei:* krabbefelt.

crayfish ['krei,fiʃ] *subst; zo:* kreps.

crayon ['kreiən] *subst* **1***(=coloured pencil)* fargeblyant; **2.: timber ~** tømmermannsblyant; **3.: wax ~** fettstift.

I. craze [kreiz] *subst:* mani; mote *(fx the current craze for cutting one's hair short)*.

II. craze *vb(=crackle)* krakelere.

crazy ['kreizi] *adj* **1. T:** sprø; gal; **a ~ idea** en sprø idé; **2.: ~ about***(=enthusiastic about)* begeistret for; gal etter *(fx she's crazy about him)*.

crazy paving (hellelegging med) bruddheller.

crazy quilt*(=patchwork quilt)* lappeteppe (med mange farger av forskjellige stoffbiter).

I. creak [kri:k] *subst:* knirking; knirkende lyd *(fx the strange creaks in the house kept her awake)*.

II. creak *vb:* knirke *(fx the chair is creaking)*.

I. cream [kri:m] *subst* **1.** fløte; **double ~** *(,***US:** *heavy cream; thick cream)* meget tykk fløte; **single ~** *(,***US:** *light cream; thin cream)* kaffefløte; **whipping ~** kremfløte; **2.: whipped ~** (pisket) krem; **3.** hudkrem; **suntan ~** solkrem; **4.** *fig:* **the ~ of***(=the best of)* kremen av *(fx the medical profession)*.

II. cream *vb* **1.** *om melk:* sette fløte; **2.** ta fløten av; skumme fløten av *(fx the milk); fig:* **~ off** skumme av; kunne velge blant *(fx the school creamed off the pupils in the district);* **3.** smøre inn med krem *(fx cream one's face);* **4.** røre sammen; **~ the eggs, butter and sugar to form a smooth paste** rør sammen eggene, smøret og sukkeret til det blir en jevn deig; **5***(cook with cream or milk):* **-ed vegetables** grønnsakstuing; **-ed potatoes** potetmos; **-ed rice***(=cream rice)* riskrem *(fx creamed rice with red fruit sauce)*.

III. cream *adj:* krem-; som inneholder fløte (*el.* krem) *(fx a cream cake)*.

cream-coloured ['kri:m,kʌləd] *adj:* kremfarget.

cream puff*(=choux)* vannbakkels.

cream sauce fløtesaus.

cream tea ettermiddagste med boller el. brød med syltetøy og 'clotted cream'; *(jvf clotted cream)*.

creamy ['kri:mi] *adj:* krem-; kremaktig; fløte-; fløteaktig.

I. crease [kri:s] *subst* **1.** *i bukser:* press *(fx he has a smart crease in his trousers);* **2.** rynke; krøll *(fx my dress is full of creases);* **3.** *i ansiktet(=wrinkle)* rynke.

II. crease *vb* **1.** krølle; bli krøllete *(fx your dress will crease);* **2.** *om kule(=graze)* streife.

crease-resistant ['kri:sri,zistənt] *adj; om tekstil:* krøllfri.

creasy ['kri:si] *adj(=creased)* krøllet(e).

create [kri:'eit] *vb* **1.** skape *(fx how was the earth created?); om skuespiller:* **~ a part** skape en rolle; **2***(=cause)* forårsake; skape; **~ difficulties for sby** skape vanskeligheter for en; **3.** utnevne *(fx Sir John was created a knight in 1958);* **~ sby a peer** opphøye en i adelsstanden.

creation [kri:'eiʃən] *subst* **1.** skapelse; **2.** kreasjon; modell; **artistic -s** kunstneriske frembringelser; kunst; **3.** *stivt(=the universe)* verden; **the Lord of all ~** skapningens herre.

creative [kri:'eitiv] *adj:* skapende; kreativ.

creativeness [,kri:'eitivnis], **creativity** [,kri:ei'tiviti] *subst:* skapende evne; kreativitet.

creator [kri:'eitə] *subst:* skaper; **the Creator** skaperen.

creature ['kri:tʃə] *subst:* skapning; levende vesen; **that poor ~** det stakkars mennesket; **she's a lovely ~***(=she's a lovely woman)* hun er en deilig kvinne; **he's a ~ of habit***(=he's a slave of habit)* han er et vanemenneske.

crèche [kreʃ; kreiʃ] *subst* **1***(=day nursery)* daghjem; **2.** julekrybbe.

credence ['kri:dəns] *subst; stivt:* **give ~ to** feste lit til *(fx his account);* **his statements no longer have any ~** det er ikke lenger noen som fester lit til det han sier.

credentials [kri'denʃəlz] *subst; pl:* papirer; *diplomats:* akkreditiver.

credibility [,kredi'biliti] *subst:* troverdighet.

credibility gap avstand mellom påstand(er) og de faktiske forhold i en sak; troverdighetskløft.

credible ['kredibl] *adj:* troverdig; som man kan tro på *(fx his story was barely credible); (jvf incredible)*.

I. credit ['kredit] *subst* **1.** *merk:* kreditt; **on ~** *(,***T:** *on tick)* på kreditt; **T:** på krita; **allow sby ~** gi en kreditt; **expand a ~***(=extend the amount of credit)* utvide kreditten; **2.** *merk; mots. debet:* kredit; postering på kreditsiden *(fx our credits are greater than our debits);* **enter an amount to sby's ~***(=place an amount to the credit of sby's account)* kreditere ens konto med et beløp; føre et beløp til ens kredit; **3.** *merk(=creditworthiness)* kreditt(verdighet) *(fx your credit is good at the moment);* **4.** *på bankkonto:* innestående beløp; saldo *(fx your credit amounts to £4355);* **5.** *om det beløp en bank vil la kunden disponere utover innestående beløp:* kreditt *(fx the bank will not give you any more credit until you* *repay the previous loan);* **6.** *stivt:* **give ~ to** feste lit til; tro *(fx a story);* **I give him ~ for being honest** jeg tror om ham at han er ærlig; **7***(=honour)* ære; **be a ~ to one's teacher** gjøre ære på læreren sin; **it does him great ~***(=it is greatly to his credit)* han har stor ære av det; **one must give ~ where ~ is due** æres den som æres bør; **take ~ for sth** innkassere æren for noe; **he came out of it with ~** han kom fra det med æren i behold; **it must be said to their ~ that** det må sies til deres ære at; **it reflects ~ on him***(=it adds to his credit)* det tjener ham til ære; **this result reflects great ~ on all concerned** dette resultatet tjener alle dem til ære som har hatt med det å gjøre; **8***(=praise)* ros; **be given ~ for***(=receive praise for)* motta ros for; bli rost for *(fx she was given credit for her work);* **9. US** *ved college:* poeng (for gjennomført kurs som ledd i et studium); vekttall; **German gives three -s***(=German counts (as) 3)* tysk har vekttallet tre; tysk gir tre poeng; **10.** *skolev* **UK:** én av de tre karakterer – pass, credit, distinction – som gis ved eksamen på S level; *(se S level);* **11.** *film:* **-s***(=credit titles)* fortekster.

II. credit *vb* **1.** *merk:* kreditere; **~ sby with an amount** kreditere en (for) et beløp; **the cheque was -ed to your account last month** sjekken ble kreditert Deres konto forrige måned; **2.** feste lit til; tro på; **3. T***(=believe)* tro *(fx would you credit that?).*

creditable ['kreditəbl] *adj(=praiseworthy)* prisverdig; rosverdig; hederlig *(fx he made a creditable attempt).*

credit account*(=charge account)* kredittkonto.

credit balance kreditsaldo.

credit card kredittkort.

credit item kreditpost.

creditor ['kreditə] *subst:* kreditor.

credit rating *merk(=credit-worthiness)* kredittverdighet; **his ~ is excellent** han nyter utstrakt kreditt.

credit rating agency*(=commercial inquiry agency)* kredittopplysningsbyrå.

credit report *merk(=status report; financial report)* kredittopplysning.

credit risk(s) kredittrisiko.

credit-worthiness ['kredit,wə:ðinis] *subst:* kredittverdighet.

creditworthy ['kredit,wə:ði] *adj:* kredittverdig.

credulity [kri'dju:liti; kre'dju:liti; krə'dju:liti] *subst:* godtroenhet; lettroenhet.

credulous ['kredjuləs] *adj:* godtroende; lettroende; **I behaved with ~ stupidity** jeg var både dum og godtroende.

creed [kri:d] *subst* **1.** trosbekjennelse; **2.: religious ~** religiøs overbevisning *(fx wearing a turban is part of his religious creed).*

creek [kri:k] *subst* **1***(=narrow inlet; bay)* vik; **2. US***(=stream)* bekk; **3. S: up the ~***(=in trouble)* i vanskeligheter.

creel [kri:l] *subst* **1***(=fish basket)* fiskekurv; **2***(=lobsterpot)* hummerteine.

I. creep [kri:p] *subst* **1. S***(=unpleasant, servile person)* kryp *(fx that fellow's a real creep);* **2.: soil ~** jordsig; **3.: rail ~***(=rail motion)* skinnevandring; **4. S: he gives me the -s** han er nifs; han får meg til å grøsse.

II. creep *vb (pret: crept; perf. part.: crept)* **1.** krype; **~ along** krype (el. snegle seg) av sted; **they arrived late and crept into the church** de kom sent og snek seg inn i kirken; **an error has crept in** det har sneket seg inn en feil; **2***(=cringe; fawn)* vandre; **3.: ~ up on** snike seg innpå; **things tend to ~ up on you** man blir liksom hele tiden overrasket av et eller annet (som man ikke hadde ventet enda); **4.: it made her flesh ~** det fikk henne til å grøsse; det grøsset i henne.

creeper ['kri:pə] *subst* **1.** *bot(=creeping plant)* slyngplante; krypende plante; **2***(=garage creeper)* liggebrett; **3.** *cricket(=daisycutter)* markkryper.

creeping ['kri:piŋ] *adj* **1.** krypende; **2***(=lurking)* snikende *(fx fear).*

creeping thistle *bot(,***US:** *Canada thistle)* åkertistel.

creepy ['kri:pi] *adj:* nifs; uhyggelig.

creepy thing*(=creeping insect)* kryp; krypende insekt.

creepy-crawly [,kri:pi'krɔ:li] *subst* **T***(=small creeping insect)* lite kryp; **all these creepy-crawlies** alle disse småkrypene.

cremation [kri'meiʃən] *subst:* kremasjon; kremering.

cremate [kri'meit] *vb:* kremere.

crematorium [,kremə'tɔ:riəm] *subst(,***US:** *crematory)* krematorium.

Creole ['kri:oul] *subst:* kreol; kreoler(inne).

crepe*(=crape)* [kreip] *subst:* krepp.

crescent ['kresənt] **1.** *subst:* halvmåne; **2.** *adj:* halvmåneformet.

cress [kres] *subst; bot:* karse.

crest [krest] *subst* **1.** kam; **the ~ of a hill** en bakkekam; **the ~***(=ridge)* **of a hill** en åsrygg; en åskam; **the ~***(=cap)* **of a wave** en bølgekam; **the -s of gigantic waves** kjempestore bølgekammer; **2.** *zo; på fugl:* fjærtopp; topp; *på hest:* halskam; **3.** hjelmkam; hjelmpryd; **4***(=coat of arms)* våpenskjold; **family ~***(=family coat of arms)* familievåpen; **5.** *fig; stivt(=culmination)* høydepunkt *(fx at the crest of his fame).*

crested ['krestid] *adj* **1.** *zo; om fugl(with a tuft on the head)* toppet; **~ tit** toppmeis; **2.** med våpenskjold.

crestfallen ['krest,fɔ:lən] *adj:* slukkøret; motfallen; **be ~** henge med nebbet.

Crete [kri:t] *subst; geogr:* Kreta.

crevasse [kri'væs] *subst:* bresprekk.

crevice ['krevis] *subst(=crack)* sprekk.

crew [kru:] *subst:* mannskap; besetning.

I. crib [krib] *subst* **1***(=manger)* krybbe; **2.** *især* **US***(=cot)* barneseng; **3.** nøkkeloversettelse (av fremmedspråklig pensumtekst); **4.** plagiering; lån; **5.** *skolev:* fuskelapp.

II. crib *vb:* plagiere; *skolev:* fuske; skrive av *(fx she cribbed the answers from her friend's exercise book).*

crick [krik] **1.** *subst:* kink (i nakken); **a ~ in the back** hekseskudd; **2.** *vb:* forstrekke (nakkemuskel) *(fx he cricked his neck playing soccer).*

cricket ['krikit] *subst* **1.** *zo:* siriss; **2.** *sport:* cricket; **3.: T: not ~***(=unfair)* urealt; ikke sporty *(fx it's definitely not cricket to cheat in exams).*

cricketer ['krikitə] *subst:* cricketspiller.

crime [kraim] *subst* **1.** forbrytelse; **commit a ~** begå en forbrytelse; **2.** kriminalitet; **~ is on the increase** kriminaliteten er økende; **3.** *fig:* forbrytelse *(fx a crime against nature).*

Crimea [krai'mi:ə] *subst; geogr:* **the ~** Krim.

crime of passion *jur; især om sjalusidrama:* forbrytelse begått som affekthandling.

crime prevention officer UK: politjenestemann som ved besøk i hjemmet gir publikum råd om hvordan de best skal beskytte seg mot innbrudd.

crime sheet *mil:* rulleblad.

I. criminal ['kriminəl] *subst:* forbryter.

II. criminal *adj:* kriminell; forbrytersk; *fig:* kriminelt *(fx it was criminal to cut that tree down);* **have a ~ record** ha et rulleblad hos politiet; være tidligere straffet.

criminal investigation department *(fk CID)* kriminalavdeling.

criminal law strafferett; straffelov; **from the point of**

view of ~ strafferettslig sett.
criminal liability straffeansvar; **involve** ~*(=be a criminal offence)* medføre straffansvar; være straffbart.
criminal offence*(=punishable offence; indictable offence)* straffbar forseelse; noe man (kan) straffes for; **it's a** ~ det er straffbart.
criminology [,krimi'nɔlədʒi] *subst:* kriminologi.
crimson ['krimzən] *adj:* karmosinrød; høyrød; rød i ansiktet *(fx he was crimson with embarrassment)*.
cringe [krindʒ] *vb* **1***(=cower)* krype sammen *(fx the dog cringed);* **2.** *fig.:* ~ **before***(=crawl to)* **sby** krype for en; ~ **with embarrassment** vri seg av forlegenhet.
cringle ['kriŋgəl] *subst; mar:* løyert.
crinkle ['kriŋkəl] **1.** *subst(=wrinkle)* krøll; **2.** *vb(=wrinkle)* krølle seg *(fx the paper crinkled in the heat);* rynke på *(fx she crinkled her nose in disapproval)*.
crinkly ['kriŋkli] *adj:* krøllet; kruset *(fx he has thick grey crinkly hair)*.
I. cripple ['kripəl] *subst:* krøpling.
II. cripple *vb* **1.** gjøre til krøpling; lemleste; **2.** *fig:* lamme *(fx the country's economy)*.
crisis ['kraisis] *subst(pl: crises* ['kraisi:z]) krise; *i sykdom:* vendepunkt; krise.
crisp [krisp] *adj* **1.** sprø; **2.** *om luften:* kald og forfriskende; frisk; **3.** kort og knapp *(fx reply);* **4***(=lively; stimulating)* frisk *(fx conversation);* **5.** *om persons ytre(=neat):* **a** ~ **appearance** et velpleid ytre.
crispbread ['krisp,bred] *subst:* **rye** ~ knekkebrød.
crisps [krisps] *subst; pl(,***US:** *chips)* potetgull.
crispy ['krispi] *adj:* sprø.
crisscross ['kris,krɔs] **1.** *adj, adv:* (som går på) kryss og tvers; **a** ~ **pattern** et kryss- og tversmønster; **2.** *vb:* gå på kryss og tvers.
criterion [krai'tiəriən] *subst(pl: criteria)* kriterium.
critic ['kritik] *subst:* kritiker; **literary** ~ litteraturanmelder.
critical ['kritikəl] *adj:* kritisk; **-ly ill** livsfarlig syk; **-ly injured** livsfarlig skadet (*el.* såret).
criticism ['kriti,sizəm] *subst:* kritikk; **be above** ~ være hevet over kritikk; **beyond all** ~*(=beneath contempt)* under all kritikk.
criticize, criticise ['kriti,saiz] *vb:* kritisere.
critic teacher US*(=teaching supervisor)* veileder (for prøvekandidat ved skole).
croak [krouk] **1.** *subst:* kvekk; **2.** *vb:* kvekke.
croaky ['krouki] *adj; om stemme:* hes.
croc [krɔk] *subst; zo* **T***(=crocodile)* krokodille.
crochet ['krouʃei] **1.** *subst:* noe som er heklet; hekletøy; **2.** *vb:* hekle.
crochet hook heklenål.
crock [krɔk] *subst* **1***(=pot; jar)* krukke; **2. T: that car's an old** ~ den bilen er en gammel kjerre; **he's a bit of an old** ~ han er ganske gammel og skrøpelig.
crockery ['krɔkəri] *subst:* steintøy; servise; ~ **and cutlery** servise og bestikk.
crocodile ['krɔkə,dail] *subst; zo(,***T:** *croc)* krokodille.
crocus ['kroukəs] *subst; bot:* krokus.
crofter ['krɔftə] *subst; i Skottland & Nord-England:* småbonde; leilending.
croissant ['k(r)wa:sɔŋ] *subst; bakverk:* horn.
crone [kroun] *subst; neds:* stygt gammelt kvinnfolk; stygg kjerring.
crony ['krouni] *subst; ofte neds* **T***(=close companion)* kamerat; venn.
I. crook [kruk] *subst* **1.** gjeterstav; krumstav; **bishop's** ~*(=crosier)* bispestav; **2.** kjeltring; **3.: in the** ~ **of one's arm** i armkroken.
II. crook *vb; især om finger:* kroke *(fx she crooked her finger to beckon to him to come to her)*.
crooked ['krukid] *adj* **1.** kroket; krumbøyd; **2***(=not straight)* skjev; som henger skjevt *(fx that picture is crooked);* ~ **lines** skjeve linjer; **3***(=dishonest)* uærlig.
croon [kru:n] *vb* **1.** nynne *(fx a lullaby);* **2***(=sing):* ~ **romantic songs** synge romantiske sanger.
crooner ['kru:nə] *subst:* vokalist; *(jvf croon 2)*.
I. crop [krɔp] *subst* **1.** *landbr:* avling; **cash** ~ salgsavling; **main** ~ hovedavling; **subsistence** ~ avling som bare tilfredsstiller egenbehovet; **subsistence -s***(=subsistence farming)* selvbergingsjordbruk; **2.: he's produced a whole new** ~ **of theories** han har kommet med en hel del nye teorier; **3.** (kortklipt) hår; **an abundant** ~ **of hair** en hårmanke; **4.** *zo(=craw)* kro (på fugl); **5.: (riding)** ~ ridepisk.
II. crop *vb* **1.** kortklippe; **2.** gnage *(fx crop the grass very short);* **3. T:** ~ **up***(=turn up)* dukke opp *(fx something important cropped up);* **4.** *øre på dyr:* kupere.
cropper ['krɔpə] *subst* **T: come a** ~*(=fail completely)* gå nedenom; stryke *(fx in history);* komme rent galt av sted; *om ting:* bli ødelagt.
croquet ['kroukei] *subst; spill:* krokket.
croquette [krou'ket] *subst; mat:* krokett.
crosier, crozier ['krouʒə] *subst:* bispestav.
I. cross [krɔs] *subst* **1.** kryss; **2.** kors; *fig:* kors; **3.** *biol; bot, etc:* krysning; **4.** *fig:* mellomting.
II. cross *vb* **1.** krysse *(fx two varieties of rose);* **2.** møtes; krysse hverandre; **3.** gå tvers over; krysse *(fx the street);* **4.** sette tverrstrek på t eller sjutall; **5.** *om sjekk:* krysse; **6. T***(=go against)* gå imot *(fx if you cross him, you'll regret it);* **when he's -ed** når noe går ham imot; **7.:** ~ **out** stryke over *(fx a mistake);* **8.: keep one's fingers -ed for sby** tenke med sympati på en (i en vanskelig el. avgjørende situasjon); **keep your fingers -ed for me!** tenk på meg! **9.: it -ed my mind that** . . . det falt meg inn at; den tanke falt meg inn at; **10.: be -ed in love** være uheldig i kjærlighet.
III. cross *adj* **1***(=angry)* sint *(fx get cross with sby);* **2***(=bad-tempered)* gretten.
crossbar ['krɔs,ba:] *subst* **1.** *på sykkel:* stang; **2.** *fotb(=bar)* tverrligger; overligger; *høydehopp:* overligger; **3.** tverrstang; **4.** *mask:* tverrstag.
crossbeam ['krɔs,bi:m] *subst(=transverse beam)* tverrbjelke.
crossbill ['krɔs,bil] *subst; zo:* korsnebb; **two-barred** ~ båndkorsnebb.
crossbones ['krɔs,bounz] *subst; pl; under dødningehode:* korslagte knokler.
crossbow ['krɔs,bou] *subst:* armbrøst.
crossbreed ['krɔs,bri:d] **1.** *subst:* krysningsavkom; krysning; **2.** *vb:* krysse.
cross-check ['krɔs,tʃek] **1.** *subst:* kryssjekk; **2.** *vb:* kryssjekke.
cross-country race terrengløp.
cross-country skiing turgåing (på ski).
cross-country (skiing) race langrenn.
crosscut saw **1.** tverrvedsag; kappsag; **2***(=felling saw)* tømmersag.
cross-examination ['krɔsig,zæmi'neiʃən] *subst:* kryss-eksaminasjon; kryssforhør.
cross-examine ['krɔsig'zæmin] *vb:* krysseksaminere; kryssforhøre.
cross-eyed ['krɔsaid] *adj:* skjeløyd.
crossfire ['krɔs,faiə] *subst; mil & fig:* kryssild.
cross-headed screwdriver stjerneskrutrekker.
crossing ['krɔsiŋ] *subst* **1.** (gate)kryss; **2.: (pedestrian)** ~ fotgjengerovergang; **3.** *jernb:* **(level)** ~ jernbaneovergang; **4.** *jernb(=frog)* skinnekryss; **5.** *mar:*

overfart.
crossing keeper *jernb(=level-crossing keeper)* grindvokter.
cross-legged ['krɔs,legd] *adj:* med korslagte ben.
crosspatch ['krɔs,pætʃ] *subst:* tverrbukk; tverrpomp.
cross-purposes: talk at ~ snakke forbi hverandre.
cross reference kryssreferanse; krysshenvisning.
crossroads ['krɔs,roudz] *subst:* veikryss; *fig:* skillevei; veiskille; **be at a ~** stå ved et veiskille; stå ved skilleveien.
crosstrees ['krɔs,tri:z] *subst; pl; mar:* tverrsaling.
crosswind ['krɔs,wind] *subst:* sidevind.
crosswise ['krɔs,waiz] *adj, adv:* på kryss; på tvers; over kors.
crossword puzzle kryssordoppgave.
crotch [krɔtʃ], **crutch** [krʌtʃ] *subst; i benklær:* skritt.
I. crouch [krautʃ] *subst:* sammenkrøket stilling.
II. crouch *vb:* krøke seg sammen; *om dyr:* ligge på spranget.
I. crow [krou] *subst* **1.** *zo:* kråke; **carrion ~** svartkråke; **2**(=*cockcrow)* hanegal; **3.: as the ~ flies** i luftlinje; **3.** *int* **S: stone the -s!** jøss!
II. crow *vb* **1.** gale; **2.** *neds(=boast)* skryte (*about* av); hovere (*about* med); **3.** *om baby(=utter cries of delight)* gi fra seg små gledesskrik.
crowbar ['krou,ba:] *subst(=nail bar)* brekkjern; kubein.
crowberry ['kroubəri] *subst; bot:* krekling.
I. crowd [kraud] *subst* **1.** menneskemengde; flokk; **a ~ of people** en flokk mennesker; mange mennesker *(fx a crowd of people gathered in the street);* **large -s of people** store menneskemengder; **2. T***(=group of friends)* venner; gjeng *(fx I think I've met most of John's crowd);* **3.: follow the ~; go along with the ~***(=run with the herd)* følge strømmen; gjøre som alle andre; tute med ulvene.
II. crowd *vb* **1.** presse (*el.* stue) sammen *(fx they crowded everyone into a corner);* **T: don't ~ me!** ikke dytt! **they -ed him out** de presset ham ut; **2.** overfylle; overlesse *(fx a room with furniture);* **demonstrators -ed the building** demonstrantene strømmet inn i bygningen; *fig:* **memories -ed in on me** minnene strømmet inn over meg; **3.** stimle sammen; trenge seg sammen (*round* om); **~ together** stimle sammen; trenge seg sammen.
crowded *adj:* overfylt.
crowd violence publikumsvold.
I. crown [kraun] *subst* **1.** *også fig:* krone; **2.: the Crown** kronen; kongemakten; **counsel for the Crown***(=counsel for the prosecution)* aktor; **3.** *anat:* **the ~ of the head** issen; **4.: the ~ of the hill** bakketoppen; **5.** *tannl:* krone; **6.** trekrone.
II. crown *vb; også fig:* krone; **~ the achievement** sette kronen på verket; **the -ed heads of Europe** Europas kronede hoder.
crown court *i straffesaker:* lagmannsrett; *(jvf Central Criminal Court; county court; se NEO lagmannsrett).*
crowning glory *fig:* **the ~** kronen på verket.
crown prince kronprins.
crown princess kronprinsesse.
crown wheel *mask:* kronhjul.
crow's-feet ['krouz,fi:t] *subst; ved øynene:* smilerynker.
crow's-nest ['krouz,nest] *subst; mar:* utkikkstønne.
crozier ['krouʒə] *subst(=crosier)* bispestav.
crucial ['kru:ʃəl] *adj:* (helt) avgjørende; **teamwork is ~** teamwork er helt avgjørende; **at the ~ moment** i det avgjørende øyeblikk.
crucian ['kru:ʃən] *subst; zo(=crucian carp)* karuss.
crucible ['kru:sibəl] *subst:* smeltedigel.
cruciferous [kru:'sifərəs] *adj; bot:* korsblomstret.
crucifix ['kru:sifiks] *subst:* krusifiks.
crucifixion [,kru:si'fikʃən] *subst:* korsfestelse.
cruciform ['kru:si,fɔ:m] *adj:* korsformet.
crucify ['kru:si,fai] *vb; også fig:* korsfeste.
crude [kru:d] *adj* **1**(=*unrefined):* **~ oil** råolje; **2**(=*rough; primitive)* grov *(fx sketch);* primitiv *(fx shelter; methods);* **3**(=*blunt):* **the ~ facts** de brutale fakta; **4.** *om statistisk materiale:* ubearbeidet; **5**(=*vulgar)* vulgær; grov; plump *(fx joke; suggestion);* **don't be ~!** ikke være grov!
crudeness ['kru:dnis], **crudity** ['kru:diti] *subst:* grovhet; primitivitet; plumphet; *(se crude).*
cruel ['kru:əl] *adj* **1**(=*merciless)* grusom; **2.** *fig:* grusom; fryktelig *(fx blow).*
cruelty ['kru:əlti] *subst:* grusomhet.
I. cruise [kru:z] *subst:* cruise; sjøreise.
II. cruise *vb* **1**(=*go cruising)* dra på cruise; være på cruise; **2.** kjøre *(fx we were cruising along the road when we met a flock of sheep);* **3.** holde marsjhastighet *(fx the plane was cruising at an altitude of 10,000 metres);* **4. T:** se seg om etter en seksualpartner; *om mann:* **T:** sjekke jenter; dra på sjekketur.
cruiser ['kru:zə] *subst; mar:* krysser.
cruising speed marsjhastighet.
I. crumb [krʌm] *subst* **1.** smule; **-s of bread** brødsmuler; **2.** *fig:* smule; **a ~ of comfort** en smule trøst; **-s of information** bruddstykker av opplysninger.
II. crumb *vb:* smule opp.
crumble ['krʌmbəl] *vb* **1.** smule opp; **2**(=*collapse)* falle sammen *(fx the building had crumbled (into ruins)); fig:* **her hopes -d** hennes forhåpninger falt i grus; **T: we'll see how the cookie -s** vi får se hvordan det går.
crumbly ['krʌmbli] *adj:* som lett smuler seg *(fx biscuits).*
crummy ['krʌmi] *adj* **S:** dårlig *(fx film);* utrivelig *(fx room).*
crumpet [krʌmpit] *subst* **1.** slags rund bløt bolle, som spises ristet med smør på; **2.** *neds* **S: a nice bit of ~** et fint støkke; **3. S: balmy on the ~** sprø på nøtta.
crumple ['krʌmpəl] *vb(=crease)* krølle *(fx this material crumples easily);* **~ up** krølle sammen *(fx a letter);* **her face -d and she began to cry** ansiktet hennes fortrakk seg og hun begynte å gråte.
I. crunch [krʌntʃ] *subst* **1.** knasing; **2. T: the ~***(=the critical moment):* **when it comes to the ~** når det kommer til stykket.
II. crunch *vb* **1.** knaske; tygge på; **2**(=*crush)* knuse; **3.** knase; **he -ed all the way up the gravel path** det knaste hele tiden under føttene hans da han gikk oppover grusgangen.
crupper ['krʌpə] *subst* **1.** *på hest:* kryss; **2.** *på ridesal:* bakreim.
crusade [kru:'seid] **1.** *subst:* korstog; *fig:* kampanje; **2.** *vb(=go on a crusade)* dra på korstog.
crusader [kru:'seidə] *subst:* korsfarer.
I. crush [krʌʃ] *subst* **1.** knusing; knusende favntak; **2**(=*tightly packed crowd)* trengsel; **3.** *om fruktdrikk:* **lemon ~** presset sitronsaft; **4. T: have a ~ on** sverme for.
II. crush *vb* **1.** knuse; **~ stones** pukke stein; **~ sby to death** knuse en; klemme en ihjel; **2**(=*crumple; crease)* krølle; **3**(=*put down)* knuse *(fx the rebellion);* **4.** *fig(=defeat):* **he was -ed by her refusal to marry him** han var helt knust da hun ikke ville gifte seg med ham; **5.** *om frukt:* presse; **6**(=*hug tightly):* **he -ed her to him** han trykket henne inntil seg; **7**(=*crowd)* presse *(fx more people into the room).*
crushing ['krʌʃiŋ] **1.** *subst:* knusing; **2.** *adj (=overwhelming)* knusende *(fx defeat).*
I. crust [krʌst] *subst* **1.** skorpe; **2.** *med.:* skorpe; **3. US**(=*pastry)* kake(r) *(fx she makes excellent crust);*

4. *i portvin:* bunnfall.
II. crust *vb:* danne skorpe; skorpe seg.
crustacean [krʌs'teiʃən] *subst(=shellfish)* skalldyr.
crusty ['krʌsti] *adj* **1.** skorpeaktig; med skorpe; **2**(*=surly; irritable)* grinete *(fx a crusty old man).*
crutch [krʌtʃ] *subst* **1.** krykke; **2.** *økon:* støtte *(fx to the economy); fig:* støtte *(fx she uses religion as a crutch for her insecurity);* **3.** *mar:* tollegang; **4.** *se crotch.*
crux [krʌks] *subst:* **the ~ of the matter**(*=the main point)* det springende punkt; **that's the ~ of the problem** det er der selve problemet ligger.
I. cry [krai] *subst* **1**(*=shout; exclamation)* skrik *(fx he gave a cry of triumph);* rop *(fx a cry for help);* **2.** *om dyr:* skrik *(fx the cry of gulls);* **the ~ of a wolf** et ulvehyl; **3.: have a ~** gråte *(fx the baby had a cry after every feed);* **have a good ~!** gråt ordentlig ut! **4.: a far ~ from**(*=very different from)* noe helt annet enn; et langt sprang fra det å være *(fx being a junior clerk is a far cry from being a manager);* **5.: in full ~**(*=in hot pursuit)* i vill jakt; **the dogs were in full ~ after the fox** reven ble skarpt forfulgt av hundene; *fig:* **the women rushed into the shop in full ~ for the bargains** kvinnene stormet inn i butikken for å sikre seg tilbudsvarene.
II. cry *vb* **1.** gråte; **~ oneself to sleep** gråte seg i søvn; **2.: ~ out**(*=shout out)* rope (*for* om); **she cried out for help** hun ropte om hjelp; **3.** *glds; om handlende:* rope ut *(fx the traders cried their wares in the market);* **4.: ~ off** 1. avlyse; 2. melde avbud *(fx she cried off at the last minute);* **5.: ~ wolf**(*=give a false alarm)* slå falsk alarm.
crybaby ['krai,beibi] *subst:* skrikerunge.
crying *adj:* himmelropende; stor *(fx shame).*
crypt [kript] *subst:* krypt.
cryptic ['kriptik] *adj:* kryptisk; gåtefull *(fx remark).*
crystal ['kristəl] *subst:* krystall; *i lysekrone:* prisme.
crystalline ['kristə,lain] *adj; litt.(=crystal-clear)* krystallklar.
crystallize, crystallise ['kristə,laiz] *vb* **1.** *også fig:* krystallisere; krystallisere seg; **2.** *om frukt:* kandisere.
CSE *(fk.f. Certificate of Secondary Education)* eksamen som tas i 'form V' for dem som man antar ikke vil klare en 0-level i faget; beste karakter (CSE Grade 1) gir samme kompetanse som en 0-level.
I. cub [kʌb] *subst* **1.** *av visse dyr:* unge; *av hund:* valp; **2.: the Cub Scouts** ulveungene.
II. cub *vb:* få unger; få valper.
Cuba ['kju:bə] *subst; geogr:* Cuba.
Cuban ['kju:bən] **1.** *subst:* kubaner; **2.** *adj:* kubansk.
cubby-hole ['kʌbi,houl] *subst* **T:** lite rom; avlukke; krok; koselig liten krok (*el.* arbeidsrom).
I. cube [kju:b] *subst* **1.** terning; **2.** *mat.:* tredje potens.
II. cube *vb* **1.** skjære i terninger; **2.** *mat.:* opphøye i tredje potens.
cube root *mat.:* kubikkrot; **extraction of the ~** utdragning av kubikkroten.
cube sugar(*=lump sugar)* raffinade.
cubic equation *mat.:* tredjegradsligning.
cubicle ['kju:bikəl] *subst:* lite avlukke; **changing ~** skifterom.
cubiform ['kju:bi,fɔ:m] *adj:* terningformet.
cub reporter fersk journalist.
I. cuckoo ['kuku:] *subst; zo:* gjøk.
II. cuckoo *adj; etteranstilt* **S**(*=crazy)* sprø.
cucumber ['kju:,kʌmbə] *subst; bot:* slangeagurk; *fig:* **as cool as a ~** kald som is; helt rolig (og uanfektet).
cud [kʌd] *subst:* **chew the ~ 1.** tygge drøv; **2.** *fig:* tenke vel og lenge; tygge.
I. cuddle ['kʌdəl] *subst(=affectionate hug)* god klem.
II. cuddle *vb:* klemme; kose med; **~ up to**(*=snuggle up to)* smyge seg inntil.
cuddly ['kʌdli] *adj:* til å kose med; som liker å bli kost med.
I. cudgel ['kʌdʒəl] *subst; stivt(=heavy stick)* stokk; knortekjepp; **take up the -s for**(*=on behalf of)* gå i bresjen for; slå et slag for.
II. cudgel *vb:* gi stokkepryl; **~ one's brains**(*=rack one's brains)* bry hjernen sin; tenke hardt.
cue [kju:] *subst* **1.** *teat:* stikkord; **2.: take one's ~ from sby** rette seg etter en; **as if on ~** som på stikkord.
I. cuff [kʌf] *subst* **1**(*=shirt cuff)* mansjett; **2. US**(*=turn-up)* oppbrett (på bukseben); **3.: -s**(*=handcuffs)* håndjern; **4.** lett slag; dask; fik; **4.: off the ~** 1(*=improvised)* på stående fot; 2. på stående fot; på sparket *(fx I shan't be able to give you the details off the cuff).*
II. cuff *vb:* fike til; daske til *(fx he cuffed him on the head).*
cuff link mansjettknapp.
cuisine [kwi'zi:n] *subst:* kokekunst; matlagning; mat *(fx I'm very fond of the French cuisine).*
cul-de-sac ['kʌldə,sæk] *subst; også fig:* blindgate; blindvei.
culinary ['kʌlinəri] *adj:* kulinarisk; som brukes i matlagningen *(fx culinary herbs).*
I. cull [kʌl] *subst* **1.** utsortering; frasortering; **2.** *om dyrebestand:* uttynning; selektiv avlivning *(fx a seal cull).*
II. cull *vb* **1.** *stivt el. litt.(=gather)* samle (sammen); **2.** *for å redusere dyrebestand:* tynne ut blant *(fx they are culling the elephants).*
culminate ['kʌlmi,neit] *vb:* kulminere.
culmination [,kʌlmi'neiʃən] *subst:* kulminasjon; høydepunkt; toppunkt.
culpable ['kʌlpəbl] *adj; stivt el. jur(=guilty)* skyldig.
culprit ['kʌlprit] *subst* **1.** *stivt(=the offender)* den skyldige; *også spøkef:* **look for the ~** se seg om etter synderen (*el.* den skyldige); **2.** *jur(=prisoner accused but not yet tried)* tiltalt.
cult [kʌlt] *subst:* kult *(fx a strange religious cult).*
cultivate ['kʌlti,veit] *vb* **1.** *landbr(=grow)* dyrke;*(=till)* dyrke *(fx the soil);* **2.** *biol:* rendyrke; **3.** *fig:* dyrke *(fx sby's friendship);* kultivere; utvikle *(fx good manners).*
cultivated variety *bot(=domesticated variety)* kulturform.
cultivation [,kʌlti'veiʃən] *subst* **1.** dyrking; kultivering; *biol:* **pure ~** rendyrking; **2.** *om person:* **a woman of ~**(*=a cultured woman)* en kultivert kvinne.
cultivator ['kʌlti,veitə] *subst:* **rotary ~**(*=soil miller)* jordfreser.
cultural ['kʌltʃərəl] *adj:* kulturell; kultur-.
cultural monument kulturminne(smerke).
cultural treasure kulturskatt.
culture ['kʌltʃə] *subst:* kultur; dyrkning.
cultured ['kʌltʃəd] *adj:* kultivert *(fx gentleman).*
cultured pearl kulturperle.
culvert ['kʌlvət] *subst; tekn:* kulvert; stikkrenne under vei.
cumbersome ['kʌmbəsəm] *adj(awkward because of size, weight, etc)* uhåndterlig *(fx piece of furniture);* tung å dra på; **this sweater is very ~** denne genseren gidder jeg ikke dra på.
cumin, cummin ['kʌmin] *subst; bot(=caraway)* karve.
cumulate ['kju:mju,leit] *vb: se accumulate.*
cumulative ['kju:mjulətiv] *adj:* kumulativ.
cuneiform ['kju:ni,fɔ:m], **cuneal** ['kju:niəl] *adj(=wedgeshaped)* kileformet.

cunning ['kʌniŋ] **1.** *subst:* list; sluhet; **2.** *adj:* listig; slu.
cunt [kʌnt] *subst; vulg* **1***(,***US:** *beaver)* fitte; kuse; **2***(woman considered sexually)* fitte; **3.** *brukt som skjellsord:* **you stupid ~!** din jævla idiot!.
I. cup [kʌp] *subst* **1.** kopp; **a ~ and saucer** kopp og skål; **2***(=cupful)* kopp *(fx two cups of tea);* **3.** *sport:* cup; pokal; *om konkurransen:* cup *(fx we played in the cup last year);* **4.** *i brystholder:* skål; **5. T: not my ~ of tea** ikke noe for meg.
II. cup *vb* **1.: he -ped his hands to catch the ball** han stod med hendene klare til å ta imot ballen; **2***(=hold in one's cupped hands):* **he -ped the mug of hot tea in his hands to warm them** han holdt hendene om det glohete tekruset for å varme dem.
cup final *sport:* cupfinale.
cupboard ['kʌbəd] *subst(,***US:** *closet)* skap; **a skeleton in the ~** en ubehagelig familiehemmelighet.
cupboard love matfrieri.
cup cake muffin.
Cupid ['kju:pid] *subst:* Amor.
cupidity [kju:'piditi] *subst; stivt(=greed)* griskhet.
cupola ['kju:pələ] *subst:* kuppel.
cuppa ['kʌpə] *subst* **S: a ~***(=a cup of tea)* en kopp te.
cupriferous [kju:'prifərəs] *adj:* kopperholdig.
cup tie *sport:* pokalkamp; pokalturnering.
cur [kə:] *subst:* kjøter.
curable ['kjuərəbəl] *adj:* helbredelig; som kan helbredes.
curacy ['kjuərəsi] *subst:* kapellani.
curate ['kjuərət] *subst:* kapellan; hjelpeprest; **perpetual ~** residerende kapellan; **resident ~** kallskapellan.
curative ['kjuərətiv] *adj:* helbredende.
curator [kjuə'reitə] *subst; ved mindre museer og samlinger(,***US:** *chief curator)* førstekonservator; *(jvf keeper);* **assistant ~** *(,***US:** *associate curator)* konservator; *(jvf keeper: assistant ~); i botanisk hage:* **~ (of the gardens)** overgartner.
I. curb [kə:b] *subst* **1.** demper *(fx put a curb on his enthusiasm);* **2***(=curb bit)* stangbissel; **3***(=curb chain)* hakereim (på bissel); **4. US***(=kerb)* fortauskant.
II. curb *vb:* tøyle; styre; dempe *(fx I hope it's not been too hot to curb your activities);* legge bånd på; styre *(fx one's tongue);* **you must ~ your spending** du må bremse på pengeforbruket ditt.
curbstone ['kə:b,stoun] *subst* **US***(=kerbstone)* kantstein; *(jvf I. curb 4).*
curd(s) [kə:d(z)] *subst:* ostemasse; skjørost; **~ and cream** dravle med fløte.
curdle ['kə:dəl] *vb* **1.** *om melk:* løpe sammen; få til å løpe sammen; **~ milk** sette bort melk til surning; **2.: it made my blood ~** det fikk blodet til å stivne i mine årer.
I. cure [kjuə] *subst* **1.** helbredelse; **2.** legemiddel; middel (*for* mot); **3.** *rel:* **the ~ of souls** sjelesorg; **4.** *ved salting, røyking, etc:* konservering.
II. cure *vb:* helbrede (*of* for); **2.** *ved salting, røyking, etc:* konservere.
cure-all ['kjuər,ɔ:l] *subst:* universalmiddel.
curettage [,kjuəri'ta:ʒ; kjuə'retidʒ] *subst; med.:* utskrapning.
curette [kjuə'ret] **1.** *subst; med.:* curette; **2.** *vb:* foreta (livmor)utskrapning på *(fx she was curetted).*
curfew ['kə:fju:] *subst* **1.** *hist; klokkesignal om at porter skulle lukkes, åpen ild dekkes til, etc:* aftenklokke; **2.** portforbud; **impose a dusk-to-dawn ~** innføre portforbud om natten.
curio ['kjuəri,ou] *subst:* kuriositet.
curiosity [,kjuəri'ɔsiti] *subst* **1***(=inquisitiveness)* nysgjerrighet; **2***(=eagerness to learn)* vitebegjærlighet; **3***(=curio)* kuriositet.
curiosity shop*(=antique shop)* antikvitetshandel.
curious ['kjuəriəs] *adj* **1***(=strange; odd)* merkelig; underlig; pussig; **2.** nysgjerrig; **3***(=interested):* **I'm ~ to find out whether he passed his exams** jeg skulle like å vite om han stod til eksamen.
curiously *adv* **1.** underlig; merkelig; **2.** nysgjerrig.
I. curl [kə:l] *subst:* krøll; **my hair has very little ~ in it** det er veldig lite krøll (*el.* fall) i håret mitt.
II. curl *vb* **1.** krølle; **2.: ~ (up)** 1. krølle seg; 2. sno seg *(fx the smoke curled into the evening air);* 3. krølle seg sammen *(fx the dog curled up in front of the fire).*
curled cress *bot:* vinterkarse; *(jvf rocket cress).*
curled parsley *bot:* kruspersille.
curler ['kə:lə] *subst:* krøllspenne; papiljott.
curlew ['kə:lju:] *subst; zo:* (stor)spove; *(jvf godwit; plover; whimbrel).*
curling tongs*(=curling iron(s))* krølltang.
curly ['kə:li] *adj:* krøllet; kruset.
curly kale *bot:* grønnkål.
currant ['kʌrənt] *subst; bot* **1.** korint; **2.: black ~** solbær; **3.: (red) ~** rips; **white ~** hvit rips.
currency ['kʌrənsi] *subst* **1.** valuta *(fx foreign currency);* **2.** gangbarhet *(fx of coins);* **a language of international ~***(=a world language)* et verdensspråk; **3.** *merk; for veksel(=term)* løpetid.
I. current [kʌrənt] *subst* **1.** strøm; **2.** *elekt:* strøm; **3.** *fig:* strømning *(fx political currents);* **the ~ of events** begivenhetenes gang.
II. current *adj* **1***(=generally accepted)* alminnelig utbredt; alminnelig godtatt *(fx story; theory);* kurant; gangbar; **a ~ coin** en gangbar mynt; **a ~ expression** et kurant (*el.* gangbart) uttrykk; **2.** *fig(=of current interest)* aktuell; **~ affairs** 1. *radio; programpost:* aktuelt; 2. *skolev:* samtidskunnskap; **3.** inneværende *(fx the current month);* **the ~ temperature** temperaturen for øyeblikket; **the ~ issue of the magazine** nyeste (*el.* siste) nummer av magasinet; **the ~ shares scandal** den aksjeskandalen som nå verserer; **4.** *økon:* **a ~ liability** en kortsiktig gjeldsforpliktelse.
current account 1*(,***US:** *checking account)* foliokonto; brukskonto; **2.** *i utenriksregnskap:* driftsregnskap; *(se NEO driftsregnskap).*
current assets *merk:* omløpsmidler.
current balance *i utenriksregnskap:* driftsbalanse.
current liabilities *merk:* kortsiktig gjeld.
currently *adv(=at present)* for øyeblikket.
curriculum [kə'rikjuləm] *subst:* undervisningsplan; studieordning; fagkrets; **history is part of our ~** historie er et av våre pensumfag.
curried ['kʌrid] *adj:* i karri *(fx curried chicken).*
I. curry ['kʌri] *subst* **1.** karri; **2.** karrirett; **chicken ~** kylling i karri.
II. curry *vb* **1.** tilberede med karri; **2.** *glds(=groom)* strigle *(fx a horse);* **3.: ~ favour with** innsmigre seg hos.
currycomb ['kʌri,koum] *subst:* striglebørste.
I. curse [kə:s] **1.** forbannelse; **2***(=oath)* ed; **3.** *fig:* sann plage; forbannelse.
II. curse *vb:* forbanne.
cursed *adj* **1**['kə:st] forbannet *(fx she's cursed with a cruel husband);* **2.** *glds el. litt.; attributivt* ['kə:sid] forbannet *(fx that woman is a cursed idiot!).*
cursor ['kə:sə] *subst; EDB:* markør.
cursory ['kə:səri] *adj; stivt(=hurried)* flyktig *(fx he gave it a cursory glance).*
curt [kə:t] *adj(=rudely brief)* så kort at det virker uhøflig; **a ~ reply** et kort (og avvisende) svar.
curtail [kə:'teil] *vb* **1.** beskjære *(fx his powers have been curtailed);* innskrenke; **2.** korte inn på; forkorte.
I. curtain ['kə:tən] *subst* **1.** gardin; forheng; **(door) ~**

portière; **the -s are closed** gardinene er for; **draw the -s** trekke for gardinene; **draw the -s back** trekke fra gardinene; **put up**(=*fix up*) **-s** henge opp gardiner; **a pair of -s** et fag gardiner; **2.** *teat:* teppe; **the ~ rises (,falls)** teppet går opp (,faller); **the ~ came down** teppet falt; **3.** *fig:* teppe (*fx the soldiers were hidden behind a curtain of smoke*); **4. T: -s**(=*the end*): **if you're late once more, it'll be -s for you** kommer du for sent én gang til, da er du ferdig (ɔ: da får du sparken); **if the enemy see us, it'll be -s for us** hvis fienden ser oss, er vi solgt; hvis fienden ser oss, er det ute med oss.

II. curtain *vb* **1.: ~ a room**(=*put up curtains in a room*) henge opp gardiner i et rom; **she -ed the windows in red velvet** hun hengte opp røde fløyelsgardiner (for vinduene); **2.: ~ off** henge et forheng foran.

curtain call *teat:* fremkallelse.

curtain raiser *teat:* forspill.

curts(e)y ['kə:tsi] **1.** *subst:* kniks; neiing; **2.** *vb:* neie (*fx she curtsied to the queen*).

curvaceous [kə:'veiʃəs] *adj; spøkef om kvinne:* med kurvene på de riktige stedene; velskapt.

curvature ['kə:vətʃə] *subst:* krumning (*fx of the earth*).

I. curve [kə:v] *subst* **1.** *mat.:* kurve; **2.** krumning; buet linje; kurve; **her ample -s** hennes yppige former; **3.** (vei)sving; kurve (*fx in the road*); **4**(=*French curve*) kurvelinjal.

II. curve *vb:* krumme seg; bøye seg; svinge i en bue; **the road -s** veien går i en bue.

curved *adj:* krum; buet; bueformet.

I. cushion ['kuʃən] *subst* **1.** pute; **scatter -s** sofaputer; **2.** *fig:* støtpute; (*se rubber cushion*).

II. cushion *vb:* ta av for (*fx the snow cushioned his fall*); *fig:* beskytte (*fx farmers are cushioned against falls in prices*); **~ the effects of** dempe virkningene av.

cushy ['kuʃi] *adj; neds* **T:** lett; makelig (*fx job*).

cuss [kʌs] *subst* **1.** *især* **US T**(=*curse; oath*) ed; **2.** *neds:* fyr (*fx he's a bad-tempered old cuss!*).

custard ['kʌstəd] *subst; svarer omtr til:* vaniljesaus; **vanilla ~**(=*pastry custard*) vaniljekrem (som kakefyll).

custard slice napoleonskake.

custodian [kʌs'toudiən] *subst* **1.** person som har noe i sin varetekt (*fx he was the custodian of an art collection*); *stivt:* **the ~ of public morals** vokteren av den offentlige moral; (*jvf guardian*); **2. US**(=*caretaker*) vaktmester.

custody ['kʌstədi] *subst* **1.** varetekt (*fx in the custody of the mother*); *jur:* **she obtained a divorce and ~ of the children** hun fikk skilsmisse og ble tilkjent foreldreretten til barna; **T: I thought mothers always got ~** jeg trodde moren alltid fikk (foreldreretten til) barna; **2**(=*imprisonment*) fengsling; forvaring; **nine months' youth ~** ni måneders ungdomsfengsel; *stivt:* **put into ~**(=*imprison*) fengsle; **take into ~**(=*arrest*) arrestere.

custom ['kʌstəm] *subst* **1**(=*habit*) skikk; skikk og bruk (*fx it's the custom*); **2.** *merk:* kunder (*fx the new supermarket has taken away all my custom*); (*se customs*).

customary ['kʌstəməri] *adj; stivt*(=*habitual; usual*) sedvanlig.

custom-built ['kʌstəm,bilt] *adj:* spesialbygd; bygd på bestilling; *fig:* **this job is ~ for you** denne jobben er som skreddersydd for deg.

customer ['kʌstəmə] *subst* **1.** kunde; **2.** *ofte neds* **T:** fyr; **he's a funny**(=*strange*) **~** han er en rar fyr; **an ugly ~** en skummel type.

custom-house ['kʌstəm,haus] *subst:* tollsted; tollbu; **at the ~** på tollbua.

custom-house declaration tollanmeldelse; (*jvf customs declaration*).

custom-house examination tollvisitasjon.

custom-made ['kʌstəm,meid] *adj:* sydd på bestilling.

customs ['kʌstəmz] *subst; pl:* **1.** toll(vesen); **he works for the ~** han arbeider i tollvesenet; **UK: Chairman of the Board of Customs and Excise** tolldirektør; **officer of ~ and excise** tollstasjonsbestyrer; **surveyor of ~ and excise** tollstedssjef; **deputy surveyor of ~ and excise** tollkasserer; **I was searched when I came through ~ at the airport** jeg ble tollvisitert da jeg kom gjennom tollen på flyplassen; **take one's luggage through ~** få bagasjen sin tollbehandlet; **2**(=*customs duty; duty*) toll (*fx did you have to pay customs on those cigarettes?*).

customs and excise district UK: tollkrets; (*NB mindre havneby som selvstendig krets benevnes 'sub-port'*).

customs check tollettersyn.

customs clearance(=*clearance*) tollklarering; tollbehandling.

customs declaration *post:* tollangivelse; (*jvf customs entry*).

customs documents tolldokumenter.

customs duty(=*duty*) tollavgift.

customs entry tollangivelse; (*jvf bill of entry*).

customs examination tollvisitasjon.

customs hall tollvisitasjonslokale.

customs officer tolltjenestemann; tollbetjent; toller; **clerical ~** tollassistent.

customs official tollembetsmann.

customs patrol-boat tollkrysser.

customs permit tollpass.

customs search tollkontroll.

customs station tollstasjon; (*jvf customs 1: officer of ~ and excise*).

customs surcharge tilleggstoll.

I. cut [kʌt] *subst* **1.** kutt; snitt; snittsår; **2.: a ~ in prices** en prisreduksjon; **3.** *i klær:* snitt; **4.** *fra slakt:* stykke; **5**(=*share (of profits)*) andel; del; **6**(=*power cut*) strømutkopling; **7**(=*railway cutting*) jernbaneskjæring; **8.** *film:* klipp; (=*jump cut*) kutt; **9.: a ~ above** et hakk bedre enn.

II. cut *vb* (*pret: cut; perf. part.: cut*) **1.** *med sverd:* hogge; *med øks:* hogge; felle (*fx cut (down) a tree*); *med kniv el. sag:* skjære; *med saks:* klippe; **~ away** hogge bort; kutte bort; klippe bort; skjære bort; **~ out:** *se 32;* **2.** *mask*(=*mill*) frese; **3**(=*reduce*) beskjære (*fx one's pay; I've cut the essay from five thousand words to three thousand*); **all prices have been ~ drastically** alle prisene er skåret drastisk ned; **4.** *fra film*(=*remove*) kutte; fjerne (*fx they cut several passages from the film*); **5.** *kortsp:* **~ (the cards)** ta av; **6**(=*switch off*): **~ the engine** skru av tenningen; stoppe motoren (*fx he cut the engine and turned off the lights*); **7. S**(=*stop*): **~ the talking!** hold kjeft! **8.** *når man tar en snarvei:* **he ~ through the park** han tok snarveien gjennom parken; **~ corners** ta snarveier; **9.** file (*fx cut a key*): **10.** *om kanal, tunnel:* grave; **~ a tunnel through the mountain** sprenge tunnel gjennom fjellet; **11**(=*ignore*): **~ dead** la være å hilse på; **12.** *skolev:* **~ a class** skulke en time; **13.** *vet*(=*geld; castrate*) gjelde; kastrere; **14.** *om linje:* skjære; krysse; **15.** *om tann:* få (*fx she was cutting her first tooth*); *fig:* **I ~ my teeth on Spitfires in the war** jeg fikk min første erfaring på Spitfire under krigen; **16.: it ~ no ice with him**(=*it was lost on him*) det gjorde ikke noe inntrykk på ham; **17.: ~ and run** stikke av; løpe sin vei; **18.: ~ it fine** beregne for knapp tid (,for lite penger, etc) (*fx don't cut it too fine or you'll miss the bus; I meant to keep enough money for my bus fare but I cut it a bit fine*); **19.: that argument -s both ways** det argumentet er et tveegget sverd; **20.: ~**

and dried fastlåst *(fx her views on this are very cut and dried; cut-and-dried opinions)*; **21.** *om tapsforetagende:* ~ **one's losses** trekke seg ut av det (før man taper mer); **22.:** ~ **sby to the quick** såre en dypt *(fx her unkind remarks cut him to the quick)*; **23.:** ~ **short** 1. avbryte *(fx he cut me short)*; 2. forkorte; avbryte *(fx one's holiday)*; **to** ~ **a long story short** for å si det kort; kort sagt; **24.** *fig:* ~ **all ties** skjære over alle bånd *(fx with the rest of the family)*; **25.:** ~ **across** 1*(=pass in front of)* passere foran *(fx the lorry cut across the little car)*; 2. ta snarveien tvers over *(fx the lawn)*; 3*(=be contrary to; disagree with)* gå på tvers av *(fx opinion on the Common Market cuts clean across party lines)*; **26.:** ~ **back** 1*(=prune)* beskjære; 2*(=reduce considerably)* skjære ned på *(fx spending was cut back by £10 million)*; **27.:** ~ **down** 1. felle; hogge ned *(fx a tree)*; 2. *om forbruk(=reduce)* redusere *(fx I haven't given up smoking but I'm cutting down)*; ~ **down on sugar** skjære ned på sukkeret (*el.* sukkerforbruket); *fig:* ~ **sby down to size** jekke en ned litt; sette en på plass; **28.:** ~ **in** 1*(=interrupt)* avbryte *(fx with a remark)*; 2. *om bilist:* svinge inn like foran *(fx a lorry cut in in front of me)*; 3. **T:** la en få være med (på noe som er lønnsomt) *(fx they said they'd cut him in if he was interested)*; **29.:** ~ **into** 1. begynne å skjære av *(fx a birthday cake)*; 2*(=interfere with)* gå ut over *(fx I'm afraid this job may cut into our weekends)*; **30.:** ~ **off** 1. skjære av; hogge av; kutte av; 2*(=separate)* avskjære *(fx they've cut us off from the rest of the army)*; 3. stenge av *(fx the water)*; stoppe *(fx our supplies of food)*; 4. *i testament(=leave nothing)* gjøre arveløs *(fx he cut his daughters off without a penny)*; 5*(=die)*: **he was** ~ **off in his prime** han ble revet bort i sin beste alder; 6*(=interrupt)* avbryte; **31.:** ~ **out** 1*(=remove)* fjerne; kutte ut; 2. skjære ut; klippe ut; ~ **out a dress** skjære til en kjole; 3. *om motor:* stoppe; kutte ut *(fx the engine cut out)*; 4. **T***(=stop)*: ~ **out all the noise!** hold opp med alt bråket! 5. *om uønsket forbruk(=stop)* kutte ut *(fx he's cut out smoking)*; 6. *fotb om pasning(=intercept)* fange opp *(fx a pass)*; 7. *om rival* **T:** jekke ut *(fx he's trying to cut me out with my girl)*; **32.: be** ~ **out for** passe for *(fx you're not cut out for this job)*; **33. T: have one's work** ~ **out***(=be faced with a difficult task)* ha sin fulle hyre (*to* med å); **34.:** ~ **up** 1. skjære (opp) i stykker; skjære opp; 2. *person, med kniv etc:* maltraktere; gi en slem medfart; 3. *om kritikk:* kritisere voldsomt; 4.: **be (badly)** ~ **up** ta svært på vei *(fx he was badly cut up by the news of her death)*; 5. **T:** ~ **up rough** bli ubehagelig; bli riktig sur; ta svært på vei.

cutback ['kʌt,bæk] *subst* **1.** (kraftig) nedskjæring *(fx in public spending)*; **2. US***(=flashback) i film:* tilbakeblikk.

cute [kju:t] *adj* **1.** *især* **US***(=sweet)* søt *(fx baby)*; **2.** *ofte neds* **T***(=cunningly clever)* smart *(fx you think you're pretty cute, don't you?)*.

cut glass krystallglass.

cuticle ['kju:tikəl] *subst; anat* **1***(=epidermis)* overhud; **2.** neglebånd.

cutlass ['kʌtləs] *subst:* huggert.

cutlery ['kʌtləri] *subst:* kniver, skjeer og gafler; spisebestikk.

cutlet ['kʌtlit] *subst:* (liten) kotelett; **lamb** ~ lammekotelett.

cutout ['kʌt,out] *subst; elekt:* avbryter *(fx most machines have safety cutouts)*.

cutout relay *elekt:* tilbakestrømsrelé.

cut-price ['kʌt,prais] *adj(,især* **US:** *cut-rate)* som kan fås til nedsatt pris.

cut-price shop lavprisbutikk.

cutter ['kʌtə] *subst* **1***(=tailor's cutter)* tilskjærer; **2.** *mask(=miller)* fresemaskin; fres; **3.** *mar:* kutter.

I. cutthroat ['kʌt,θrout] *subst* **1.** *glds(=murderer)* (leie)morder; **2***(,***US:** *straight razor)* barberkniv.

II. cutthroat *adj; om konkurranse, etc:* hard; hensynsløs; ~ **prices** bunnpriser; **it's a** ~ **profession you're in** det er beinhard konkurranse i yrket ditt.

I. cutting ['kʌtiŋ] *subst* **1.** skjæring; klipping; hogging; *mask:* fresing; **2.** *gart:* stikling; **3.** (avis)utklipp; **4.** *jernb(=railway cutting)* (jernbane)skjæring.

II. cutting *adj* **1***(=insulting; offending)* sårende *(fx remark)*; **she was very** ~ **about it** hun kom med svært sårende bemerkninger om det; **2.** skarp *(fx a cutting wind)*.

cutting blowpipe *mask(=cutting torch)* skjærebrenner.

cutting-off tool *mask(=parting tool)* kappestål; avstikkingsstål.

cutting torch*(=cutting blowpipe)* skjærebrenner.

cuttle ['kʌtəl] *subst; zo(=cuttlefish)* blekksprut.

CVC unit *(fk.f. constant voltage control unit) i bil:* vippe.

cyanide ['saiə,naid] *subst; kjem(=cyanid)* cyanid; **potassium** ~ cyankalium.

cyclamen ['sikləmən] *subst; bot:* alpefiol.

I. cycle ['saikəl] *subst* **1***(=bicycle)* sykkel; **2.** syklus; **life** ~ livssyklus; **3.** sagnkrets *(fx the Arthurian cycle)*; syklus *(fx a cycle of mystery plays)*; diktsyklus; **song** ~ sangsyklus; **4.** *mask:* arbeidssyklus; takt; **5.** *elekt:* periode.

II. cycle *vb:* sykle.

cycler ['saiklə] *subst* **S***(=cyclist)* syklist.

cycle lane *(,***US:** *bikeway)* sykkelsti; sykkelvei.

cyclic ['saiklik] *adj:* syklisk; periodisk.

cyclist ['saiklist] *subst(,***US** *også: cycler)* syklist.

cyclone ['saikloun] *subst:* syklon.

cygnet ['signit] *subst; zo(=young swan)* svaneunge.

cylinder ['silində] *subst* **1.** sylinder; **2***(=roller)* valse; **3.: (gas)** ~ gassflaske; gassbeholder.

cylinder block *mask:* motorblokk.

cylinder cover *mask:* sylinderdeksel.

cylinder head *mask:* topplokk.

cylinder head gasket *mask:* toppakning.

cylinder lining *mask(=cylinder sleeve)* sylinderfôring.

cylindrical [si'lindrikəl] *adj:* sylindrisk; sylinderformet.

cymbal ['simbəl] *subst; mus:* bekken.

Cymric, Kymric ['kimrik] **1.** *subst; om språket(=Welsh)* walisisk; **2.** *adj:* walisisk; kymrisk.

Cymry, Kymry ['kimri] *subst; pl:* **the** ~*(=the Welsh people)* waliserne; kymrerne.

cynic ['sinik] **1.** *subst:* kyniker; **2.** *adj: se cynical.*

cynical ['sinikəl] *adj* **1.** kynisk; **2.** pessimistisk *(fx he remained cynical about our chances of success)*.

cynicism ['sini,sizəm] *subst:* kynisme.

cypress ['saiprəs] *subst; bot:* sypress.

Cyprian ['sipriən] *se Cypriot.*

Cypriot ['sipriət], **Cypriote** ['sipri,out] **1.** *subst:* kypriot; *språket:* kypriotisk; **2.** *adj:* kypriotisk.

Cyprus ['saiprəs] *subst; geogr:* Kypros.

cyst [sist] *subst; anat; zo:* cyste.

cystitis [sis'taitis] *subst; med.:* blærebetennelse.

cytogenesis [,saitou'dʒenəsis] *subst(=cell formation)* celledannelse.

Czech [tʃek] **1.** *subst:* tsjekker; *om språket;* tsjekkisk; **2.** *adj:* tsjekkisk.

Czechoslovak [,tʃekou'slouvæk] **1.** *subst:* tsjekkoslovak; **2.** *adj:* tsjekkoslovakisk.

Czechoslovakia [,tʃekouslou'vækiə] *subst; geogr:* Tsjekkoslovakia.

D

D,d [di:] (bokstaven) D,d; *tlf:* **D for David** D for David; **capital D** stor D; **small d** liten d; **it is spelt with two d's** det skrives med to d'er.

DA *(fk.f. District Attorney)* **US***(=public prosecutor)* statsadvokat; *(jvf Director of Public Prosecution).*

I. dab [dæb] *subst* **1.** klatt; klump *(fx of butter);* **2.** lite dask *(fx she gave the stain a dab with the cloth);* **3. S***(=fingerprint)* fingeravtrykk; **4.** *zo:* ising; sandflyndre; **long rough** ~ gapeflyndre.

II. dab *vb:* daske; ~ **the wall with paint** klaske maling på veggen.

dabble ['dæbəl] *vb* **1.** plaske med *(fx one's feet in the water);* **2.:** ~ **in** fuske litt med *(fx painting).*

dace [deis] *subst; zo; fisk:* gullbust.

dachshund ['dæks,hund] *subst; zo(,***T:** *dachsie;* **S:** *banger)* grevlinghund.

dad [dæd], **daddy** ['dædi] *subst* **T***(=father)* pappa.

daddy-longlegs [,dædi'lɔŋlegz] *subst; zo* **1. T***(=crane fly)* stankelben; **2. US***(=harvest spider; harvestman)* vevkjerring; *dial* langbein.

daffodil ['dæfədil] *subst; bot(=lent lily)* påskelilje.

daft [da:ft] *adj(=silly; foolish; stupid)* tåpelig; dum.

dagger ['dægə] *subst; hist:* dolk; *stivt:* **be at -s drawn** være bitre fiender.

dago ['deigou] *(pl: dagoes) subst; neds:* dego.

dahlia ['deiljə] *subst; bot:* georgine.

I. daily ['deili] *subst* **1***(=daily newspaper)* dagblad; **2***(=daily help; charwoman)* daghjelp.

II. daily *adj, adv:* daglig.

I. dainty ['deinti] *subst:* lekkerbisken; delikatesse.

II. dainty *adj* **1.** *om person:* fin og tander *(fx the little girl is so dainty; a dainty little girl);* **2.** lekker; raffinert *(fx underwear).*

dairy ['dɛəri] *subst* **1.** meieri; **2***(=farm dairy)* melkebu; **3***(=dairy shop)* melkebutikk; melkeutsalg.

dairy cattle melkekveg.

dairymaid ['dɛəri,meid] *subst* **1.** meierske; **2***(=milkmaid)* budeie.

dairyman ['dɛərimən] *subst* **1.** meierist; **2.** sveiser.

dairy produce meieriprodukter.

dais ['deiis; 'deis] *subst:* podium; forhøyning.

daisy ['deizi] *subst; bot* **1.** tusenfryd; **2***(=oxeye daisy; moon daisy; marguerite)* prestekrage; **3. T: be pushing up the daisies** ligge under torven.

daisycutter ['deizi,kʌtə] *subst; sport:* markkryper.

dale [deil] *subst; litt. el. nordeng.(=valley)* dal.

dalliance ['dæliəns] *subst; stivt(=dawdling; waste of time)* sommel; tidsspille.

dally ['dæli] *vb* **1***(=dawdle)* somle; **2.** *glds el. litt.:* ~ **with***(=play with)* leke med *(fx an idea).*

I. dam [dæm] *subst* **1.** *om visse (hus)dyr:* mor *(fx is that the foal's dam?);* **2.: the Devil and his** ~ fanden og hans oldemor.

II. dam 1. *subst:* demning; damanlegg; dam; **2.** *vb:* ~ **up a river** demme opp en elv.

I. damage ['dæmidʒ] *subst* **1.** skade; **do***(=cause)* ~ gjøre skade; **2.** *jur:* **-s** skadeserstatning *(fx pay damages);* **action for -s** erstatningssøksmål; **claim -s** kreve skadeserstatning; **recover -s** bli tilkjent skadeserstatning; **liable to pay -s to** erstatningspliktig overfor; *(jvf compensation);* **3.** *spøkef* **T***(=cost):* **what's the** ~**?** hva koster det?

II. damage *vb:* skade; beskadige.

damaged *adj:* skadd; beskadiget; *(se undamaged).*

dame [deim] *subst* **1.** *hist:* adelsdame; **2.** tittel for kvinnelig medlem av visse ridderordener; **3. US S***(=woman)* kvinnfolk; **4.: Dame Fortune** fru Fortuna.

dame's violet *bot(=dame's rocket; damewort)* fruefiol.

I. damn [dæm] *subst* **T: not worth a** ~ ingenting verdt; **I don't give a** ~**!** det gir jeg blaffen i!

II. damn *vb* **1.** *rel:* fordømme; **2.** fordømme *(fx the film was damned);* **T: as near as** ~ **it***(=very near)* fordømt nær; ~ **me!** nei, så pokker! **3.** *int:* pokker *(fx Damn! I've forgotten my purse).*

III. damn 1. *adj; forsterkende:* **he's a** ~ **fool** han er en fordømt tosk; **he's a** ~ **good pianist** han er en fordømt flink pianist; **2.** *adv* **S:** ~ **all***(=absolutely nothing)* ikke filla!

damnable ['dæmnəbəl] *adj; stivt:* **what** ~ **impertinence!** 'for en uforskammethet! **I think their actions are** ~ jeg synes deres handlinger fortjener å bli fordømt.

damnation [dæm'neiʃən] *subst* **1.** *rel:* fordømmelse; **2.** *ed; svakere enn 'damn':* **Oh** ~**! I've dropped it!** Søren også! Der slapp jeg det!

damned [dæmd] *adj* **1.** *rel:* fordømt; **2.** *forsterkende* **T: a** ~ **liar** en fordømt løgner; **it was a** ~ **good try** det var et virkelig godt forsøk; **I should** ~ **well think so!** ja, det skulle jeg da sannelig mene! **3.** *uttrykk for irritasjon:* **get that** ~ **dog out of here!** få ut den fordømte bikkja! **4.** *uttrykk for misbilligelse, etc:* **I'll be** ~**!** nei, nå har jeg aldri sett på maken! **I'll be** ~ **if I will!** nei, så pokker om jeg 'det vil!

damnedest ['dæmdist] *subst* **T***(=best):* **do one's** ~ gjøre sitt beste.

damning ['dæmiŋ] *adj; om bevis:* fellende.

damp [dæmp] **1.** *subst; især i luften:* fuktighet; **2.** *adj:* fuktig *(fx weather; this towel is still damp);* **3***(=dampen)* fukte; **4.:** ~ **down** dempe *(fx the fire); fig:* dempe; legge en demper på *(fx their enthusiasm).*

damp course *bygg; i mur(=damp-proof course)* fuktighetssperre.

damp-dry *adj; om tøy:* rulletørr.

dampen ['dæmpən] *vb* **1.** fukte; **2.** *fig:* dempe *(fx the rain dampened everyone's enthusiasm).*

damper ['dæmpə] *subst* **1.** *i ovn:* trekkventil; *i peis:* spjeld; **2.** *fig:* demper.

damp-proof ['dæmp,pru:f] *adj:* fuktighetssikker.

damsel ['dæmsəl] *subst; glds el. litt.(=young girl):* **a** ~ **in distress** en jomfru i nød.

I. dance [da:ns] *subst* **1.** dans; **2.** dansetilstelning; dans *(fx go to a dance);* ball; **3.: lead sby a pretty** ~ skaffe en en masse bry.

II. dance *vb:* danse *(fx the waltz);* **he -d up and down in rage** han stod og hoppet av raseri; *fig:* ~ **to sby's pipe***(=tune)* danse etter ens pipe; ~ **attendance on sby***(=be at sby's beck and call)* stå på pinne for en.

dancer ['da:nsə] *subst* **1.** danser(inne); **2.** dansende *(fx the dancers);* **he's a good** ~ han er flink til å danse.

dancing ['da:nsiŋ] *subst; om handlingen:* dans *(fx she*

likes dancing); **country ~** gammeldans.
dancing master danselærer.
dandelion ['dændi,laiən] *subst; bot:* løvetann.
dander ['dændə] *subst* **T: get sby's ~ up***(=make sby angry)* gjøre en sint.
dandle ['dændəl] *vb:* **~ a child on one's knee** la et barn ride ranke (*el.* huske) på kneet.
dandruff ['dændrʌf] *subst:* flass.
dandy ['dændi] *subst:* laps; spradebasse.
Dane [dein] *subst* **1.** danske; **2.** *zo:* **great ~** grand danois.
danger ['deindʒə] *subst:* fare; **it's a ~ to health** det er helsefarlig; **imminent ~** overhengende fare; **a public ~** en fare for den offentlige sikkerhet; **his life was in ~** han var i livsfare; **his life is no longer in ~** han er utenfor livsfare; **be in ~ of (-ing)** stå i fare for å ...; **the danger of** faren ved; **out of ~** utenfor fare.
danger board *i trafikken:* fareskilt.
dangerous ['deindʒərəs] *adj:* farlig; **a ~ criminal***(,* **US:** *a public enemy)* en farlig forbryter; **he's -ly ill** han er farlig syk.
danger money risikotillegg.
danger zone faresone.
dangle ['dæŋgəl] *vb* **1.** henge og slenge *(fx his legs dangled over the wall);* **the belt of her coat -d in the mud** beltet til kåpen hennes hang i sølen; **2.** *fig:* vifte med *(fx he dangled the prospect of higher wages in front of me).*
Danish ['deiniʃ] **1.** *subst; språket:* dansk; **2.** *adj:* dansk; **~ pastry** wienerbrød.
dank [dæŋk] *adj; stivt(=clammy; damp)* klam; fuktig; rå.
Danube ['dænju:b] *subst; geogr:* **the ~** Donau.
dapper ['dæpə] *adj; stivt(=neat; smart; small and neat)* sirlig; liten og nett; **look ~** se fin (*el.* smart) ut.
dappled ['dæpəld] *adj; om hest:* skimlet.
I. dare [dɛə] *vb* **1.** *modalt hjelpevb:* våge *(fx I don't dare (to) go; I daren't go; he wouldn't dare do a thing like that; don't you dare say such a thing again!);* **2***(=challenge):* **I ~ you to do it** du kan bare prøve å gjøre det; **3. T: I ~ say***(=I daresay):* **I ~ say you're right***(=I suppose you're right)* jeg antar at du har rett.
daredevil ['dɛə,devəl] **1.** *subst:* våghals; **2.** *adj:* dumdristig *(fx a daredevil motorcyclist).*
I. daring ['dɛəriŋ] *subst:* vågemot; dristighet.
II. daring *adj* **1.** dristig; **2***(=cheeky)* dristig; frekk; **the rather ~ stories she produced** de mer eller mindre frekke historiene hun vartet opp med.
I. dark [da:k] *subst:* mørke; **keep sby in the ~ about** ikke informere en om; holde en utenfor når det gjelder; **be completely in the ~ about** ikke ane noe om.
II. dark *adj* **1.** mørk; **it's getting ~** det blir mørkt; *fig:* **don't look on the ~ side** ikke vær pessimistisk; **2.** *om farge:* mørk; **she has rather a ~ complexion** hun er nokså mørk i huden; **3.** *fig(=evil (and secret))* mørk; **~ deeds** mørkets gjerninger; **a ~ secret** en dyster hemmelighet; **4.: keep it ~***(=keep it a secret)* holde det hemmelig; **~ horse** outsider; konkurrent om hvem man ingenting vet; **he's a ~ horse** *også:* han kan være god for mer enn vi aner.
darken [da:kən] *vb:* bli mørkere; gjøre mørkere; **the sun had -ed her complexion** solen hadde gjort henne mørkere i huden.
darkly *adv:* mørkt; **he hinted ~ that** ... han antydet på en hemmelighetsfull måte at ...
darkness ['da:knis] *subst:* mørke; **the house was in ~** huset lå i mørke.
I. darling ['da:liŋ] *subst* **1.** *kjæleord:* vennen min; elskede *(fx is that you, darling?);* **2.** yndling *(fx she's her father's darling);* **3. T: Mary really is a ~!** Mary er virkelig alle tiders (jente)!
II. darling *adj(=lovable; pretty)* yndig; henrivende *(fx what a darling little girl!).*
I. darn [da:n] *int; evf for 'damn' (se II. damn).*
II. darn 1. *subst:* stoppet sted *(fx can you see the darn in my stocking?);* **2.** *vb:* stoppe.
darnel ['da:nəl] *subst; bot:* giftig raigress.
I. dart [da:t] *subst* **1.** pil; **a poisoned ~** en giftpil; **2.** *i spillet 'darts':* pil; **3.** kvikk bevegelse *(fx the mouse made a sudden dart and disappeared);* **4.: -s** pilespill *(fx play darts in the pub).*
II. dart *vb* **1.** pile *(fx the mouse darted into a hole);* **2.** *stivt:* **she -ed a look at him across the table***(=she gave him a look across the table)* hun sendte ham et blikk over bordet.
I. dash [dæʃ] *subst* **1.** byks; sprang *(fx he made a dash for the door);* **2.** *typ:* tankestrek; **3.** *om lite kvantum av en væske:* **coffee with a ~ of whisky** kaffe med litt whisky oppi; **a ~ of brandy** en skvett konjakk; **4***(=splashing; smashing):* **the ~ of the waves** bølgeslagene; **5***(=style; elegance)* stil; eleganse; **6.** *sport; om distanse t.o.m. 400 m:* sprint *(fx the 400-metre dash);* **7.: cut a ~** gjøre en god figur.
II. dash *vb* **1***(=rush)* styrte; storme; fare *(fx into a shop);* **2.** *stivt(knock, throw, etc violently):* **he -ed the bottle to pieces against the wall** han knuste flasken mot veggen; **3.** *fig:* **our hopes were -ed** vårt håp brast; **4.: ~ off** 1. **T:** stikke av sted; 2. *stivt(=scribble):* **I -ed off a couple of letters** jeg rablet ned et par brev.
dashboard ['dæʃ,bɔ:d] *subst(=facia panel)* dashbord.
dashing ['dæʃiŋ] *adj:* flott *(fx she looks dashing).*
dastardly ['dæstədli] *adj; glds(=cowardly)* feig.
data ['deitə; 'da:tə] *subst:* materiale; data; **key in ~** taste inn data.
data bank*(=data base)* databank; database.
data code datasignalkode.
data collection datainnsamling.
data file*(=file; logic file)* datasett; fil.
data flow datadiagram.
data library datatek; databibliotek.
data processing databehandling.
data processing centre datasentral.
data processing manager datasjef.
data protection datasikring.
data safety datasikkerhet.
data storage datalagring.
I. date [deit] *subst; bot:* daddel(palme).
II. date 1. dato; **~ of birth** fødselsdato; **2.** årstall; **3. T:** avtale (med person av motsatt kjønn); stevnemøte; **he had never asked her for a ~** han hadde aldri bedt henne ut; **4. T:** person man har avtale med; **who's your ~ for tonight?** hvem skal du ut med i kveld? **5.: out of ~** 1*(=old-fashioned)* gammeldags; **go out of ~** bli gammeldags; 2*(=no longer valid)* ugyldig *(fx your ticket is out of date; an out-of-date ticket);* **6.: up to ~** 1. à jour; **bring me up to ~ with the news***(=tell me the latest news)* gi meg de siste nyhetene; 2*(=modern)* moderne *(fx an up-to-date method);* **7.: to ~** til dags dato.
III. date *vb* **1.** datere; sette dato på; **2.** bli umoderne; gå av moten; **books that don't ~** bøker som alltid vil bli lest; **3.** tidfeste; **4. T:** gå ut med *(fx he dated her last week);* **they have been dating for years** de har gått ut med hverandre i årevis; **5.: their quarrel -s back to last year** tretten deres skriver seg fra i fjor; **our house -s from the seventeenth century** huset vårt skriver seg fra det 17. århundrede.
dated ['deitid] *adj:* foreldet.
dative ['deitiv] *subst; gram:* dativ; **in the ~** i dativ.
datum point *geodesi:* nullpunkt.

I. daub [dɔ:b] *subst* **1.** *om dårlig maleri:* smøreri; **2.** klatt *(fx a daub of glue).*
II. daub *vb* **1.** smøre *(fx a wall with paint);* kline til; **2.** klattemale *(fx he can't paint – he just daubs).*
daughter ['dɔ:tə] *subst:* datter.
daughter-in-law svigerdatter.
daunt [dɔ:nt] *vb; stivt(=frighten)* skremme.
daunting *adj:* skremmende; **a ~ task** en skremmende oppgave.
davit ['dævit] *subst; mar:* davit.
dawdle [dɔ:dəl] *vb:* somle *(fx don't dawdle!).*
dawdler ['dɔ:dlə] *subst:* somlekopp.
dawdling *subst:* sommel; somling.
dawn ['dɔ:n] **1.** *subst:* daggry; **at ~** ved daggry; **the ~ of civilization** sivilisasjonens frembrudd; **2.** *vb:* gry (av dag); *fig:* **it suddenly -ed on me what he had meant** det gikk plutselig opp for meg hva han hadde ment.
day [dei] *subst* **1.** dag; **by ~** om dagen; **~ by ~** fra dag til dag; **during the ~** om dagen; **later in the ~** senere på dagen; **call it a ~** 1. ta kvelden; 2. gi opp; **carry***(=win)* **the ~** vinne; hale seieren i land; **the ~ is lost** slaget er tapt; **it quite made the ~** det var dagens høydepunkt; **it's all in a -'s work** det hører med til jobben; **at the end of the ~***(=in the final analysis)* når alt kommer til alt; **2.** tid *(fx his day will soon come);* **in our ~ and age***(=nowadays)* i vår tid; **in the -s of sailing ships** i seilskutetiden; **3.: it's early -s (yet)** det er litt tidlig enda (til at man kan si hvordan det vil gå); **4.: late in the ~***(=very late)* svært sent; altfor sent (til å kunne få utrettet noe); **5.: that will be the ~!** 1. det ser jeg frem til! 2. jeg synes jeg ser det! det vil aldri i verden skje! **6.: a ~ off** en fridag *(fx she's having a day off tomorrow);* **7. T: have an off ~** ha en dag da alt går på tverke.
daybreak ['dei,breik] *subst:* daggry; **at ~** ved daggry.
daylight ['dei,lait] *subst:* dagslys; **by***(=in)* **~** i dagslys; **in broad ~** midt på lyse dagen; **we wanted to get the car repaired while ~ lasted** vi ville få reparert bilen før det ble mørkt.
day nursery*(=crèche)* daghjem.
daze [deiz] **1.** *subst:* **in a ~** fortumlet; **2.** *vb:* gjøre fortumlet.
dazzle ['dæzəl] **1.** *subst:* lys som blender; *fig:* glans *(fx the dazzle of fame);* **2.** *vb:* blende.
DC *(fk.f. direct current)* likestrøm.
deacon [di:kən] *subst* **1.** diakon; **2.** *i den anglikanske kirke:* hjelpeprest.
I. dead [ded] *subst:* **the ~** de døde; **the living and the ~** de levende og de døde; **rise from the ~** stå opp fra de døde; **~ and wounded** døde og sårede.
II. dead *adj* **1.** død; **the ~ man** den døde; **T: as ~ as a doornail***(=dead as mutton)* død som en sild; **~ leaves** vissent løv; **the engine (,the phone) is ~** motoren (,telefonen) er død; **he came to a ~ stop** han bråstoppet; **T: he was ~ to the world** han lå i sin dypeste søvn.
III. dead *adv:* dødsens *(fx tired);* uendelig *(fx slow);* fullstendig; helt *(fx I'm dead broke; you're dead right);* **it's ~ easy** det er slett ikke vanskelig; det er meget lett; **he's ~ (set) against it** han er absolutt imot det; **~ straight** snorrett; **be ~ on time** komme helt presis.
dead-beat [,ded'bi:t] *adj* **T:** dødstrett; helt utkjørt.
dead centre *mask:* dødpunkt(stilling).
deaden ['dedən] *vb:* dempe *(fx the sound);* døyve *(fx the pain);* **his feelings were -ed** hans følelser var sløvet.
dead end **1.** blindgate; **2.** *fig:* blindgate.
dead heat *sport:* dødt løp.
dead letter *post:* ubesørgelig brev.
deadline ['ded,lain] *subst:* (siste) frist *(fx Monday is the deadline for handing in this essay).*
deadlock ['ded,lɔk] *subst:* fastlåst situasjon; *om forhandlinger:* **reach a ~** kjøre seg fast.
dead loss T: ubrukbar; **he's a ~ as far as mending things is concerned** han er helt håpløs når det gjelder å reparere ting; **S: he's a ~** han er en helt ubrukbar fyr.
deadly ['dedli] *adj:* dødelig.
deadly amanita *bot(=death cap; death angel)* grønn fluesopp.
deadly sin*(=mortal sin)* dødssynd.
deadpan ['ded,pæn] *adj; for å oppnå komisk virkning:* gravalvorlig; **~ humour** gravalvorlig humor; **he has a ~ face** han har pokeransikt.
dead run *mar:* **I'm on a ~** jeg har vinden rett akter.
Dead Sea *subst; geogr:* **the ~** Dødehavet.
dead set T: be ~ on være oppsatt på; være fast bestemt på.
dead spit T: he's the ~ of his father han ligner sin far på en prikk.
dead weight *subst* **1.: this bag of cement is a ~** denne sementsekken er tung; **2.** *mar(=deadweight (tonnage))* dødvekt(tonnasje).
deadwood ['ded,wud] *subst* **1.** tørrved; visne grener; **2.** person som ikke gjør nytte for seg.
deaf [def] *adj:* døv; **~ and dumb** døvstum.
deaf aid T*(=hearing aid)* høreapparat.
deafen ['defən] *vb:* **I was -ed by the noise in there** jeg ble helt døv av larmen der inne.
deafening ['defəniŋ] *adj:* øredøvende.
deaf-mute [,def'mju:t] *subst:* døvstum person.
deaf-muteness ['def,mju:tnis], **deaf-mutism** ['def,mju:tizəm] *subst:* døvstumhet.
deafness ['defnis] *subst:* døvhet.
I. deal [di:l] *subst; om materialet(=pinewood)* furu.
II. deal *subst* **1.: a good***(=great)* **~** en god del; **2.** *kortsp:* giv; tur til å gi; **3.** *merk:* forretning; handel; **do a ~** gjøre en handel; **4.** *fig:* **he's had a raw ~** han har ikke hatt det lett.
III. deal *vb (pret: dealt; perf. part.: dealt)* **1***(=do business)* handle (*with* med); **2.** *kortsp:* gi; **3.** *stivt(=give):* **he dealt the boy a blow on the ear** han tildelte gutten et slag på øret; **4.: ~ with** 1. behandle *(fx the book deals with methods of teaching English);* 2. ta seg av *(fx I'll deal with this problem myself).*
dealer ['di:lə] *subst* **1.** forhandler; **2.** *kortsp:* giver.
dealfish ['di:l,fiʃ] *subst; zo:* sølvkveite.
dealing ['di:liŋ] *subst:* **I have no -s with him** jeg har ingenting med ham å gjøre.
dean [di:n] *subst* **1.** domprost; **rural ~** *svarer omtrent til:* prost; **2.** *univ(=head of a faculty)* dekanus.
deanery ['di:nəri] *subst:* prosti; domprostembete; *(se NEO prosti).*
I. dear [diə] *subst(=lovable person):* **he's such a ~!** han er så søt (og snill)! *når man godsnakker med en:* **drink your tea, Peter, there's a ~** drikk nå teen din, Peter, så er du snill.
II. dear *adj* **1.** *om pris:* dyr *(fx it's very dear);* **2***(=very lovable)* søt *(fx he's such a dear little boy);* **she is very ~ to me** jeg holder meget av henne; **those ~ to me***(=my dear ones)* mine kjære; **all that was ~ to him** alt hva han hadde kjært; **3.** *høflig tiltale, især i brev:* **Dear Mrs Brown** kjære fru Brown; **4.** *tiltale:* kjære (deg) *(fx come in, dear; Mary, my dear, is that you?).*
III. dear *adv; stivt el. glds; ofte fig:* dyrt; **it cost him ~** det kom ham dyrt å stå; det ble dyrt for ham.
dearly ['diəli] *adv* **1***(=very much):* **she loved him ~** hun elsket ham inderlig; **2.** *stivt(=at a high price):* **the battle was ~ won** seieren var dyrekjøpt.
death [deθ] *subst* **1.** død; **2.** dødsfall *(fx several*

deaths); **3.: smoking was the ~ of him** røyking kostet ham livet; *fig:* **living outside London was ~ to him** han kunne ikke holde ut å bo utenfor London; **4.: be in at the ~** være til stede i det avgjørende øyeblikk; **5.: be at -'s door** være døden nær; **6.: put to ~** avlive.
deathbed ['deθ,bed] *subst:* dødsleie *(fx on one's deathbed).*
deathblow ['deθ,blou] *subst; fig:* dødsstøt; grunnskudd.
death cap*(=deadly amanita; death angel) bot:* grønn fluesopp; **false ~** gul fluesopp; *(jvf amanita & toadstool).*
death certificate*(,jur: certificate of cause of death)* dødsattest.
death duty*(,***US:** *inheritance tax)* arveavgift.
death grant begravelsesstønad.
death rattle dødsralling.
death struggle*(=death throes)* dødskamp.
death warrant 1. ordre om å foreta henrettelse; **2.** *fig:* dødsdom.
debar [di'ba:] *vb; stivt:* **~ from** utelukke fra *(fx people under 18 are debarred from voting).*
debase [di'beis] *vb; stivt* **1***(=lower in quality)* forringe; **2***(=degrade)* fornedre.
debatable [de'beitəbl] *adj* **1***(=open to question; doubtful)* diskutabel; tvilsom; **2.** *jur(=in dispute)* omtvistet.
debate [di'beit] **1.** *subst:* debatt; diskusjon; **2.** *vb:* debattere; diskutere; drøfte.
debating society diskusjonsklubb.
debauchery [di'bɔ:tʃəri] *subst; stivt(=excesses)* utsvevelser.
debenture [di'bentʃə] *subst(=debenture bond)* langsiktig obligasjon til fast rente, med *el.* uten sikkerhet, utstedt av aksjeselskap, bank el. offentlig organ.
debilitate [di'bili,teit] *vb; stivt(=weaken)* svekke *(fx he was greatly debilitated by lack of food).*
debility [di'biliti] *subst; stivt(=(bodily) weakness)* svakhet *(fx despite his debility he leads a normal life).*
debit ['debit] *subst; merk* **1.** *subst:* debet; **2.** *vb:* debitere.
debrief [di:'bri:f] *vb; etter endt oppdrag:* intervjue.
debris ['deibri] *subst; pl:* murbrokker; rester.
debt [det] *subst:* gjeld; **a ~ of gratitude** en takknemlighetsgjeld.
debtor ['detə] *subst:* debitor; skyldner.
debug [di:'bʌg] *vb* **T 1.** fjerne skjulte mikrofoner fra *(fx a room);* **2.** fjerne insekter fra *(fx a room);* **3.** finne og rette feil (ved maskin, system, etc).
debunk [di:'bʌnk] *vb* **T:** blottstille (ved å latterliggjøre).
début ['deibju:] *subst:* debut; **stage ~** debut på scenen.
decade ['dekeid; di'keid] *subst:* tiår; decennium.
decadence ['dekədəns] *subst; stivt:* dekadanse; forfall.
decadent ['dekədənt] *adj; stivt:* dekadent; moralsk fordervet.
decamp [di'kæmp] *vb; stivt el. spøkef:* stikke av.
decanter [di'kæntə] *subst:* karaffel.
decapitate [di'kæpi,teit] *vb; stivt(=behead)* halshogge.
decathlon [di'kæθlən] *subst; sport:* tikamp.
decay [di'kei] **1.** *subst:* forfall; **in a state of ~** i forfall; **tooth ~***(=caries)* tannråte; **2.** *vb:* forfalle; få til å råtne *(fx sugar decays your teeth).*
deceased [di'si:st] **1.** *subst; jur:* **the ~** avdøde; **2.** *adj; jur(=dead)* avdød; død *(fx his parents, now deceased, were very wealthy).*
deceit [di'si:t] *subst:* svik; bedrageri; svikefullhet.
deceitful [di'si:tful] *adj:* svikefull; bedragersk; løgnaktig *(fx she's such a deceitful child!).*
deceive [di'si:v] *vb:* lure; narre; **be -d** la seg lure; *(jvf delude).*
decelerate [di'selə,reit] *vb:* saktne farten.
December [di'sembə] *subst:* desember.
decency ['di:sənsi] *subst:* sømmelighet; anstendighet; **he had the ~ to admit that it was his fault** han var ærlig nok til å innrømme at det var hans feil; **he couldn't in ~ refuse** han kunne ikke for skams skyld si nei; **has he no sense of ~***(=shame)?* eier han ikke skam i livet?
decent ['di:sənt] *adj* **1.** sømmelig; anstendig; **2. T***(=good)* skikkelig *(fx a decent meal);* **3. T:** kjekk; grei; **she's been very ~ about the whole affair** hun har tatt det hele på en veldig grei måte; **it was ~ of you to look after the children** det var snilt av deg å se etter barna.
deception [di'sepʃən] *subst:* bedrag; det å føre bak lyset; **a minor ~ was necessary** vi kunne ikke si det helt som det var.
deceptive [di'septiv] *adj:* villedende; **appearances may be ~** skinnet kan bedra.
decide [di'said] *vb* **1.** avgjøre *(fx a question);* **the last goal -d the match** det siste målet avgjorde kampen; **that's for you to ~** det må 'du avgjøre; **2.** bestemme; beslutte; bestemme seg; **we -d against it** vi bestemte oss for ikke å gjøre det; **what -d you against it?** hva var det som fikk deg til å la være? **what -d me was that** . . . det avgjørende for meg var at . . .; **T:** . . . **then I -d for home** så bestemte jeg meg for å dra hjem.
decided *adj:* avgjort *(fx a decided advantage);* **speak in a ~ manner** snakke bestemt.
decidedly *adv:* avgjort *(fx that's decidedly better).*
deciding *adj:* avgjørende; **the ~ factor***(=the determining factor)* den avgjørende faktor; *(jvf decisive).*
deciduous [di'sidjuəs] *adj:* **a ~ tree** et løvtre.
decimal ['desiməl] **1.** *subst:* desimal; **2.** *adj:* desimal-; **go ~** gå over til desimalsystemet.
decimal currency myntsystem basert på desimalsystemet.
decimal point *mat.; i desimalbrøk:* komma.
decimate ['desi,meit] *vb; stivt(=reduce greatly in number)* desimere; redusere sterkt.
decipher [di'saifə] *vb; om kode* **1.** tyde; dechiffrere; **2***(=decode)* omsette (til vanlig språk).
decision [di'siʒən] *subst:* avgjørelse; beslutning; **make***(=take)* **a ~** ta (*el.* fatte) en avgjørelse; **make the wrong ~** treffe en gal avgjørelse; **come to a ~ about** treffe en avgjørelse når det gjelder; **you must act with ~***(=firmness)* du må være bestemt (*el.* besluttsom); **a moment of ~** et avgjørende øyeblikk.
decision-making [di'siʒən,meikiŋ] *subst:* beslutningsprosess.
decisive [di'saisiv] *adj* **1.** avgjørende; utslagsgivende *(fx answer; battle; event);* **the ~ factor** den utslagsgivende faktor; den faktor som gjør (,gjorde) utslaget; den avgjørende faktor; *(jvf deciding);* **~ for me** avgjørende for meg.
I. deck [dek] *subst* **1.** *mar:* dekk; **on ~** på dekk; **2.** *på bru:* dekke; **3.** *i buss:* etasje; **let's go on the top ~** la oss sitte øverst; **4. US***(=pack of cards)* kortstokk; **5***(=tape deck)* kassettspiller (uten høyttalere og forsterker).
II. deck *vb; stivt el. spøkef:* **~ out** pynte; smykke; **~ oneself out** spjåke seg ut.
declaim [di'kleim] *vb* **1***(=recite)* deklamere; **2.** *stivt; fra talerstol:* **he -ed his views on** han redegjorde for sitt syn på; **she -ed against prostitution** hun gikk

sterkt ut mot prostitusjonen.
declamation [,deklə'meiʃən] *subst* **1***(=recitation; recital)* deklamasjon; **2.** *stivt:* protesttale; følelsesladet tale.
declaration [,deklə'reiʃən] *subst* **1.** erklæring; **~ of war** krigserklæring; **2.** *post:* **(customs) ~** tolldeklarasjon; tollangivelse; *(jvf bill of entry; customs entry);* **3.** *kortsp:* melding.
declare [di'klɛə] *vb* **1.** erklære; **2.** *kortsp:* melde; **3.** *inntekt til beskatning:* oppgi; **he bought the house with money he had not -d** *(,***T:** *he bought the house under the taxman's nose)* han kjøpte huset for svarte penger; **undeclared income** svart inntekt; **4.** oppgi til fortolling; **have you anything to ~ ?** har De noe å fortolle?
declared *adj* **1.** erklært *(fx it was his declared intention to go to the USA);* **2.** oppgitt til fortolling; oppgitt til beskatning; *(jvf declare 3 & 4).*
declared value oppgitt verdi (av vare som skal fortolles).
declarer [di'klɛərə] *subst; kortsp:* melder.
declassify [di:'klæsi,fai] *vb; om sikkerhetsgradert stoff:* frigi *(fx these reports have just been declassified).*
declension [di'klenʃən] *subst; gram:* deklinasjon; kasusbøyning.
declination [,dekli'neiʃən] *subst* **1.** deklinasjon; **2.** *om kompass:* misvisning.
I. decline [di'klain] *subst* **1.** nedgang *(fx in the birthrate);* **2***(=downward slope; declivity)* helling nedover; skråning; **3.** forfall *(fx the decline of the Roman Empire);* **4.: on the ~** i tilbakegang; på retur.
II. decline *vb* **1.** *stivt(=refuse)* avslå; si nei takk; **2.** *stivt(=grow smaller)* avta *(fx demand has declined over the years);* **3.** *stivt(=deteriorate)* bli dårligere; **4.** *gram:* deklinere; bøye i kasus.
declivity [di'kliviti] *subst(=downward slope)* helling nedover; skråning; fall.
declutch [di'klʌtʃ] *vb:* trå inn kløtsjen.
decoction [di'kɔkʃən] *subst: kjem:* dekokt; uttrekk.
decode [di'koud] *vb; om kode:* omsette (til vanlig språk); *(jvf decipher 2).*
decompose [,di:kəm'pouz] *vb; stivt* **1***(=decay)* brytes ned; gå i oppløsning (*el.* forråtnelse); **2.** *kjem(=break down)* spalte; oppløse.
decomposition [,di:kɔmpə'ziʃən] *subst:* nedbrytning; oppløsning; forråtnelse.
decontaminate [,di:kən'tæmi,neit] *vb:* dekontaminere; rense (for gass, radioaktivt støv, etc).
decontrol [,di:kən'troul] *vb:* **~ prices** oppheve priskontrollen.
décor ['deikɔ:] *subst* **1.** *teat:* dekorasjon; **2.** *stivt el. spøkef:* interiør *(fx I didn't like the décor).*
decorate ['dekə,reit] *vb* **1.** dekorere; pynte; **2.** pusse opp *(fx a room).*
decoration [,dekə'reiʃən] *subst* **1.** dekorasjon; pynt; utsmykking; **2.** oppussing.
decorative ['dekərətiv] *adj:* dekorativ; dekorasjons-.
decorator ['dekə,reitə] *subst* **1.** dekoratør; **2.** maler og tapetserer; **2.: interior ~***(=interior designer)* interiørarkitekt.
decorous ['dekərəs] *adj:* sømmelig; tekkelig.
decorum [di'kɔ:rəm] *subst; stivt(=correct behaviour)* dekorum; anstand *(fx behave with decorum).*
I. decoy ['di:kɔi] *subst:* lokkedue.
II. decoy [di'kɔi] *vb(=lure)* lokke; lure (*away from* bort fra).
I. decrease ['di:kri:s, di'kri:s] *subst:* nedgang; reduksjon; forminskelse; tilbakegang; **certain diseases showed a sharp ~***(=certain diseases decreased sharply)* visse sykdommer viste en sterk tilbakegang.
II. decrease [di'kri:s] *vb* **1.** avta; minke; gå ned; gå tilbake; være i tilbakegang; **2.** *i strikking:* felle *(fx a stitch).*
decree [di'kri:] **1.** *subst:* dekret; forordning; **2.** *vb:* forordne; bestemme; påby.
decree absolute *jur:* skilsmissebevilling.
decree nisi [di'kri: 'naisai] *jur:* foreløpig skilsmissedom.
decrepit [di'krepit] *adj* **1.** *neds(=doddering)* avfeldig; **2.** skrøpelig *(fx chair).*
decry [di'krai] *vb; stivt(=disparage)* uttale seg nedsettende om.
dedicate ['dedi,keit] *vb* **1.** *stivt:* **~ to***(=devote to)* vie til *(fx he dedicated his life to good works);* **he -s his Saturdays to football** lørdagene hans er viet fotball; **2.** tilegne; dedisere; *(jvf inscribe 2);* **3.** *stivt(=consecrate)* innvie *(fx a chapel).*
dedication [,dedi'keiʃən] *subst* **1.** tilegnelse; dedikasjon; **2.** *stivt(=consecration)* innvielse; **3.: ~***(=devotion)* **to duty** pliktroskap.
deduce [di'dju:s] *vb; stivt(=infer; conclude)* slutte; **from this I -d that** ... av dette sluttet jeg at.
deduct [di'dʌkt] *vb:* trekke fra.
deductible [di'dʌktibl] *adj:* som kan trekkes fra; **tax- ~** fradragsberettiget; som kan trekkes fra på skatten.
deduction [di'dʌkʃən] *subst:* fradrag; fradragsbeløp.
deed [di:d] *subst* **1.** gjerning; **a good ~** en god gjerning; **2.** *jur(=deed of conveyance)* skjøte; **~ of gift** gavebrev; **3.: take the will***(=thought)* **for the ~** ta hensyn til at viljen i hvert fall var til stede.
deed poll *jur:* **change one's name by ~** forandre navn.
deem [di:m] *vb; meget stivt el. spøkef(=think):* **he -ed it unwise to tell her** han holdt det for uklokt å si det til henne.
I. deep [di:p] *subst; litt.:* **the ~***(=the sea)* havet; **in the ~ of winter** midt på vinteren; midtvinters.
II. deep *adj; også fig:* dyp; **a ~ blue colour** en dypblå farge; **he's ~ in debt** han er svært forgjeldet; **~ down** innerst inne *(fx a very kind person deep down);* **T: in ~ water***(=in trouble)* på dypt vann.
deepen ['di:pən] *vb:* gjøre dypere.
deep end *se I. end 1: go off the deep ~.*
deep fat frityr; **fry in ~***(=deep-fry)* frityrsteke.
I. deepfreeze ['di:p'fri:z; 'di:p,fri:z] *subst(=freezer)* fryser.
II. deep-freeze ['di:p,fri:z] *vb:* fryse ned; dypfryse.
deep-rooted [,di:p'ru:tid; *også attributivt:* 'di:p,ru:tid] *adj(=deep-seated)* inngrodd; rotfestet.
deer [diə] *subst; zo:* hjortedyr; **fallow ~** dådyr; **red ~** kronhjort; **roe ~** rådyr.
de-escalate [di:'eskə,leit] *vb(=step down; scale down)* nedtrappe; trappe ned.
deface [di'feis] *vb* **1.** *om inskripsjon, etc:* utviske; gjøre uleselig; **2.** *stivt(=spoil)* ødelegge; **~ with red paint** kline til med rød maling.
defamation [,defə'meiʃən] *subst; jur:* ærekrenkelse; injurie; *(jvf libel).*
defamatory [di'fæmətəri] *adj:* ærekrenkende.
default [di'fɔ:lt] **1.** *subst; jur:* uteblivelse (fra retten); **judg(e)ment by ~** uteblivelsesdom; **2.** *vb:* ikke møte opp; *jur:* utebli (fra retten).
defaulter [di'fɔ:ltə] *subst* **1.** *jur:* person som uteblir; person som ikke betaler; **2.** *især mil:* soldat som har begått tjenesteforsømmelse.
I. defeat [di'fi:t] *subst:* nederlag; *fig:* **the ~ of all our hopes** kullkastingen av alle våre håp; **suffer ~** lide nederlag.
II. defeat *vb:* beseire; vinne over; *parl:* forkaste *(fx a motion);* **~ its own end***(=aim)* virke mot sin hensikt.

defect [di'fekt] **1.** *subst:* mangel; feil; defekt; **a ~***(=flaw)* **in his character** en karakterbrist hos ham; **2.** *vb:* falle fra; *polit:* hoppe av *(fx defect to Britain)*.
defection [di'fekʃən] *subst* **1.** frafall; **2.** *polit:* avhopping.
defective [di'fektiv] *adj:* mangelfull.
defector [di'fektə] *subst; polit:* avhopper.
defence [di'fens] *subst(,***US:** *defense)* **1.** forsvar; **2.** *kortsp:* motspill; **3.:** **-s** 1. forsvarsverker; 2.: **the body's -s** kroppens forsvarsmekanismer; **4.** *jur:* forsvar; **appear for the ~** møte som forsvarer.
defence budget forsvarsbudsjett.
defence counsel *i retten:* forsvarsadvokat; *(jvf defence lawyer)*.
defence issue sikkerhetspolitisk spørsmål.
defence lawyer forsvarsadvokat; *(jvf defence counsel)*.
defenceless [di'fenslis] *adj:* forsvarsløs.
defencelessness [di'fenslisnis] *subst:* forsvarsløshet.
defence mechanism *psykol:* forsvarsmekanisme.
defence policy sikkerhetspolitikk; **where does Norway stand on matters of ~?** hvor står Norge i sikkerhetspolitisk sammenheng? **political differences on Norwegian ~** politisk strid om Norges sikkerhetspolitikk.
defence staff *mil:* forsvarsstab; **the Chief of Defence Staff** Sjefen for Forsvarsstaben.
defend [di'fend] *vb:* forsvare (*from* mot); **~ oneself** forsvare seg.
defendant [di'fendənt] *subst; jur:* saksøkte.
defender [di'fendə] *subst:* forsvarer; *fotb:* forsvarsspiller.
defense [di'fens] **US:** *se defence.*
defensive [di'fensiv] **1.** *subst:* defensiv; **on the ~** på defensiven; **2.** *adj:* defensiv; forsvars-.
defer [di'fə:] *vb* **1.** *stivt(=postpone)* utsette; *om tilbud, etc som man avslår:* **but perhaps I can ~ the pleasure?** *(,***US:** *can I have a rain check?)* men kanskje jeg kan få ha det til gode (til en annen gang)? **2.** *stivt:* **~ to***(=yield to)* bøye seg for *(fx I defer to your greater knowledge of the matter)*.
deference ['defərəns] *subst; stivt(=respect)* aktelse; respekt; **in***(=out of)* **~ to***(=out of respect for)* av respekt for; **in ~ to***(=in compliance with)* **his wishes** av hensyn til hans ønsker; **treat sby with ~***(=respect)* behandle en med respekt.
deferential [,defə'renʃəl] *adj; stivt(=respectful)* ærbødig.
deferment [di'fə:mənt] *subst:* utsettelse; *mil:* **~ of call-up** utsettelse med innkallingen.
defiance [di'faiəns] *subst:* tross; trass; **he went in ~ of my orders** han dro stikk i strid med min ordre.
defiant [di'faiənt] *adj; stivt(=obstinate)* trassig; **he was very ~ about it** han var meget trassig på det punktet.
deficiency [di'fiʃənsi] *subst* **1***(=shortage)* mangel (*of* på) *(fx of vitamin B)*; **2***(=fault)* feil; mangel *(fx her deficiencies as an organizer were soon discovered)*.
deficiency disease mangelsykdom.
deficient [di'fiʃənt] *adj:* mangelfull; utilstrekkelig; **their food is ~ in vitamins** maten deres er vitaminfattig; **be ~ in***(=lack)* **courage** mangle mot.
deficit ['defisit] *subst; merk:* underskudd; manko.
defile [di'fail] *vb* **1.** *glds el. stivt(=dirty)* skitne til; besudle *(fx the minds of little children)*; **2.** *mil(=march in single file)* defilere.
definable [di'fainəbl] *adj:* definerbar.
define [di'fain] *vb:* definere.
definite ['definit] *adj:* bestemt *(fx answer)*; *gram:* **the ~ article** den bestemte artikkel; **she was very ~ about having seen him** hun hevdet meget bestemt at hun hadde sett ham.
definition [,defi'niʃən] *subst* **1.** definisjon; **2.** *opt; fot:* skarphet; *fot:* **depth ~***(=depth of field)* dybdeskarphet; *opt:* **~ in depth** dybdeskarphet.
definitive [di'finitiv] *adj:* definitiv; endelig.
deflate [di:'fleit] *vb* **1.:** **~ the air bed** slippe luften ut av madrassen; **2.** *fig:* jekke ned *(fx a pompous politician)*; **3.** *økon:* deflatere.
deflation [di'fleiʃən] *subst; økon:* deflasjon; *(jvf disinflation)*.
deflationary [di'fleiʃənəri] *adj; økon:* deflatorisk; inflasjonshemmende.
deflection [di'flekʃən] *subst* **1.** *av viser:* utslag; **2.** *fys:* avbøyning.
deflower [di:'flauə] *vb:* deflorere *(fx a woman)*.
deforest [di:'fɔrəst] *vb:* avskoge; rydde for trær.
deform [di'fɔ:m] *vb:* deformere *(fx heat deforms plastic)*.
deformation [,di:fɔ:'meiʃən] *subst:* deformasjon.
deformed *adj:* deformert *(fx his foot was deformed)*.
deformity [di'fɔ:miti] *subst:* misdannelse.
defraud [di'frɔ:d] *vb; stivt:* **~ sby of sth***(=cheat sby out of sth)* bedra en for noe; snyte en for noe.
defray [di'frei] *vb; stivt(=pay)* betale; dekke *(fx expenses)*.
defrost [di:'frɔst] *vb:* avrime *(fx a fridge)*.
defroster [di'frɔstə] *subst; i bil:* defroster.
deft [deft] *adj:* behendig *(fx his deft handling of the situation)*; **he is very ~ with his fingers** han er meget fingernem; **his ~ fingers** hans fingernemhet.
defunct [di'fʌŋkt] **1.** *subst; jur:* **the ~***(=the deceased)* den avdøde; **2.** *adj; stivt el. spøkef(=no longer operative)* ikke lenger i bruk; som er gått av bruk *(fx a defunct system)*; **I'm afraid your car is ~** jeg er redd bilen din er avgått ved døden; **the ~ laundry** vaskeriet som har opphørt å eksistere; *spøkef:* det avdøde vaskeriet.
defuse [di:'fju:z] *vb* **1.** uskadeliggjøre *(fx a bomb)*; **2.** *fig:* avdramatisere *(fx the situation)*.
defy [di'fai] *vb* **1***(=dare)*: **I ~ you to try and stop me!** du kan bare prøve å stoppe meg! **2.** sette seg opp mot; **3.:** **it defies definition** det er umulig å definere; **her beauty defies description** det er umulig å beskrive hennes skjønnhet.
I. degenerate [di'dʒənərit] **1.** *subst:* degenerert individ; **2.** *adj:* degenerert.
II. degenerate [di'dʒenə,reit] *vb:* degenerere.
degeneration [di,dʒenə'reiʃən] *subst:* degenerering; utarting.
degenerative [di'dʒenərətiv] *adj:* degenerativ; degenerasjons-.
degenerative joint disease *med.(=osteoarthritis; arthritis deformans)* slitasjegikt; artrose.
degradation [,degrə'deiʃən] *subst* **1.** fornedrelse; **2.** *mil:* degradering.
degrade [di'greid] *vb* **1.** fornedre; **2.** *mil:* degradere; **3.:** **~ oneself** nedverdige seg *(fx she won't degrade herself by asking for money)*.
degraded *adj:* nedverdiget; ussel *(fx he felt degraded by having to ask for money)*.
degrading *adj:* nedverdigende.
degree [di'gri:] *subst:* grad; universitetseksamen; **a ~ course** kurs som fører frem til universitetseksamen; **in***(=to)* **a high ~** i høy grad; **in a less ~** i mindre grad; **in greater or less ~** i større eller mindre grad; **to an essential ~** i vesentlig grad.
dehydrate [di:'haidreit] *vb:* dehydrere.
de-ice [di:'ais] *vb:* avise.
deification [,di:ifi'keiʃən] *subst:* deifikasjon; guddommeliggjørelse.
deify ['di:i,fai] *vb; stivt* **1***(=make a god of)* gjøre til gud; guddommeliggjøre; **2.** *fig(=idolize)* forgude.

deign [dein] *vb; stivt(=condescend):* **she did not ~ to reply** hun nedlot seg ikke til å svare.
deism ['di:izəm] *subst:* deisme.
deity ['di:iti] *subst:* guddom.
dejected [di'dʒektid] *adj:* nedslått.
dejection [di'dʒekʃən] *subst:* nedslåtthet.
I. delay [di'lei] *subst:* forsinkelse; **~ in delivery** *(=delayed delivery)* forsinket levering; **without ~** straks.
II. delay *vb* **1.** forsinke; hefte *(fx I was delayed by traffic);* **2.** utsette *(fx publication of the book).*
delectable [di'lektəbl] *adj; stivt(=delightful)* deilig.
I. delegate ['deli,geit; 'deligit] *subst:* delegert.
II. delegate ['deli,geit] *vb:* delegere; overlate; *spøkef:* **I was -d to do the washing-up** jeg ble betrodd oppvasken.
delegation [,deli'geiʃən] *subst:* delegasjon.
delete [di'li:t] *vb:* stryke ut *(fx a name from a list);* slette; la utgå; **'~ as required'** stryk det som ikke passer.
deleterious [,deli'tiəriəs] *adj; stivt(=harmful)* skadelig.
deletion [di'li:ʃən] *subst:* stryking; sletting.
I. deliberate [di'libə,reit] *vb; stivt(=consider)* overveie.
II. deliberate [di'lib(ə)rət] *adj:* veloverveid; tilsiktet *(fx that was a deliberate insult);* rolig og sindig *(fx he has a very deliberate way of walking).*
deliberately *adv:* med forsett; med vilje.
deliberation [di,libə'reiʃən] *subst; stivt(=careful thought)* overveielse *(fx after some deliberation he decided not to go);* **speak with ~** snakke rolig og sindig.
delicacy ['delikəsi] *subst* **1.** delikatesse; **2.** delikat beskaffenhet; **the ~ of the situation** den delikate (*el.* ømfintlige) situasjonen; **3***(=fragility)* skjørhet *(fx the delicacy of the china);* **4.** svak helbred *(fx the girl's delicacy was a constant source of worry);* ømfintlighet; tanderhet; **5.** takt; finfølelse; **6.** finhet; ynde; sarthet; **the ~ of her skin** hennes sarte hud; **7.** *meget stivt(=feeling)* følelse *(fx play with delicacy);* **8.** *om utførelse:* finhet; **the ~ of craftsmanship** den fine utførelsen.
delicate ['delikət] *adj* **1.** delikat; **2.** ømfintlig; delikat *(fx situation);* **3***(=fragile)* skjør; **4.** tander; ømfintlig; *om helbred:* svak; **5.** fin; sart; **6.** vanskelig; delikat *(fx operation).*
delicatessen [,delikə'tesən] *subst:* **~ (shop)** delikatesseforretning.
delicious [di'liʃəs] *adj:* deilig; **a ~ joke** en herlig spøk.
I. delight [di'lait] *subst:* glede; **music was always his ~** musikk hadde han alltid glede av; **she's a ~ to the eye** hun er en fryd for øyet; **to the great ~ of** til stor glede for.
II. delight *vb:* glede; **~ in***(=find pleasure in)* finne glede i; føle glede ved.
delighted *adj(=greatly pleased)* meget glad; henrykt; **be ~ that***(=be glad that)* glede seg over at; være (svært) glad for at; **I am ~ to tell you that ...** jeg har den store glede å fortelle Dem (,deg) at ...; **I shall be ~ to accept your invitation** jeg sier med glede ja takk til innbydelsen.
delightful [di'laitful] *adj:* herlig; deilig *(fx holiday).*
delightfully *adv:* herlig; deilig; **the grass was ~ soft** gresset var deilig og bløtt.
delimit [di:'limit] *vb:* avgrense.
delineate [di'lini,eit] *vb; stivt(=sketch; outline)* skissere; streke opp.
delinquency [di'liŋkwənsi] *subst; stivt el. jur:* lovovertredelse; **juvenile ~** ungdomskriminalitet.
delinquent [di'liŋkwənt] *subst; stivt el. jur:* delinkvent; **juvenile ~** ungdomsforbryter.
delirious [di'liriəs] *adj:* **be ~** fantasere; ha feberfantasier; **T: be ~ with joy** være helt vill av glede.
delirium [di'liriəm] *subst:* delirium.
deliver [di'livə] *vb* **1.** levere; overlevere *(fx a letter); merk:* levere *(fx when can you deliver the goods?);* **2.** *om fødsel; stivt:* **she was -ed of a boy***(=she gave birth to a boy)* hun fødte en sønn; **the doctor has -ed many babies** legen har tatt imot mange barn; **3.** *stivt(=give):* **he -ed a speech** han holdt en tale; **he -ed a blow to his attacker** han tilføyde sin angriper et slag; **4.** *glds el. bibl(=rescue)* redde; frelse *(fx from prison; deliver us from evil);* **5. T: ~ the goods** gjøre som det ventes av en; holde det man har lovet *(fx he said he could arrange a loan for us, but I don't think he can deliver the goods).*
deliverance [di'livərəns] *subst; glds el. bibl(=rescue; salvation)* frelse; befrielse.
delivery [di'livəri] *subst* **1.** *post:* ombæring *(fx there are two parcel deliveries a week);* **by special ~** med bilbud; **2.** *merk:* levering; **cash on ~***(fk COD)* betaling ved levering; *post:* **send cash on ~***(=send COD)* sende mot oppkrav; **3.** *med.:* fødsel *(fx there was no doctor present at the delivery of the twins);* **4.** *skuespillers, etc:* fremsigelse; måte å fremføre noe på; foredrag.
delivery van varebil; varevogn.
delouse [di:'laus; di'lauz] *vb:* avluse.
delude [di'lu:d] *vb; stivt(=deceive; mislead)* narre *(fx she deluded him into thinking that she was wealthy).*
deluge ['delju:dʒ] **1.** *subst; også fig:* syndflod *(fx we've had a deluge of letters);* **2.** *vb:* oversvømme.
delusion [di'lu:ʒən] *subst:* illusjon; vrangforestilling; **-s of grandeur***(=megalomania)* stormannsgalskap.
delusive [di'lu:siv] *adj:* illusorisk; villedende.
delve [delv] *vb; stivt el. spøkef:* lete tålmodig (*in* i); grave (*in* i); **I've been delving into my family history** jeg har fordypet meg litt i min families historie.
demagogue*(,***US** *også: demagog)* ['demə,gɔg] *subst:* demagog.
demagogy ['demə,gɔgi] *subst:* demagogi.
I. demand [di'ma:nd] *subst* **1.** krav; fordring; **2.** *merk:* etterspørsel (*for* etter); behov *(fx there is a great demand(=need) for teachers);* **these goods are in great ~** disse varene er meget etterspurt.
II. demand *vb:* kreve; forlange.
demand bill, demand draft, demand note*(=sight bill)* siktveksel.
demand pull*(=pressure of demand)* etterspørselspress.
demarcation [,di:ma:'keiʃən] *subst:* avgrensning; *polit:* demarkasjon; **line of ~** demarkasjonslinje.
demean [di'mi:n] *vb:* **~ oneself** nedverdige seg.
demeanor [di'mi:nə] *subst; stivt(=manner; conduct)* oppførsel; atferd.
demented [di'mentid] *adj* **1***(=insane)* gal *(fx she was nearly demented with the pain in her ear);* avsindig; **2***(=very worried):* **nearly ~** nesten fra seg (av engstelse).
demerara [,demə'rɛərə] *subst:* **~ (sugar)***(=brown sugar)* brunt sukker.
demerge [di'mə:dʒ] *vb; merk:* fisjonere; *(jvf merge).*
demerger [di:'mə:dʒə] *subst; merk:* fisjon; *(jvf merger).*
demerit [di:'merit; 'di:,merit] *subst* **1.** mangel; **the merits and -s of the system** fortrinn og mangler ved systemet; **2. US** *skolev:* minuspoeng; *mil:* anmerkning på rullebladet.
demigod ['demi,gɔd] *subst:* halvgud.
demijohn ['demi,dʒɔn] *subst:* vinballong; kurvballong.
demise [di'maiz] *subst; stivt(=death)* bortgang; død.
demitasse ['demi,tæs] *subst:* mokkakopp.

demo ['demou] *subst (pl: demos)* **T***(=demonstration)* demonstrasjon.
demobilize, demobilise [di:'moubi,laiz] *vb; mil:* demobilisere.
democracy [di'mɔkrəsi] *subst:* demokrati.
democrat ['demə,kræt] *subst:* demokrat.
democratic [,demə'krætik] *adj:* demokratisk.
democratize, democratise [di'mɔkrə,taiz] *vb:* demokratisere.
demolish [di'mɔliʃ] *vb* **1***(=pull down)* rive ned; **2.** *fig; spøkef:* gjøre ende på *(fx the food in record time).*
demolition [,demə'liʃən] *subst:* nedrivning; **due for ~** nedrivningsmoden.
demolition party *mil:* sprengningskommando.
demon ['di:mən] *subst:* demon; djevel; *fig:* **she's a real ~ for work** hun er et jern til å arbeide.
demoniac [di'mouni,æk], **demoniacal** [,di:mə'naiəkəl] *adj* **1.** djevelsk; demonisk; **2.** *om aktivitet, etc(=frenzied)* vanvittig; avsindig *(fx demoniac activity).*
demonic [di'mɔnik] *adj:* demonisk *(fx a demonic laughter).*
demonstrable [di'mɔnstrəbl; 'demənstrəbl] *adj:* påviselig.
demonstrate ['demən,streit] *vb* **1.** bevise; påvise; vise *(fx this demonstrates his ignorance of the situation);* **2***(show how something works)* demonstrere; **3.** *polit:* demonstrere.
demonstration [,demən'streiʃən] *subst:* påvisning; bevis; demonstrasjon.
demonstration car*(=demonstration model)* demonstrasjonsbil.
demonstrative [di'mɔnstrətiv] *adj* **1.** demonstrativ; som viser sine følelser; **2.** *stivt:* **be ~ of***(=prove; point out)* vise *(fx these figures are demonstrative of our progress);* **3.** *gram:* påpekende *(fx pronoun).*
demonstrator ['demən,streitə] *subst* **1.** demonstrant; **2***(=demonstrator model; demonstration model)* demonstrasjonsmodell; demonstrasjonsbil.
demoralize, demoralise [di'mɔrə,laiz] *vb:* demoralisere.
demote [di'mout] *vb(=degrade)* degradere *(fx the officer was demoted for misconduct).*
demountable [di:'mauntəbl] *adj:* demonterbar; **~ rim** demonterbar felg.
demount [di:'maunt] *vb:* demontere; ta av; *(jvf disassemble).*
I. demur [di'mə:] *subst; stivt(=objection)* innsigelse; innvending.
II. demur *vb; stivt:* **~ at***(=object to)* gjøre innsigelser mot *(fx she demurred at having to leave so early).*
demure [di'mjuə] *adj:* anstendig; beskjeden *(fx she looked too demure ever to do such a bold thing); også neds:* påtatt beskjeden; dydsiret *(fx a demure smile).*
demurely *adv:* beskjedent; *neds:* dydsiret; med påtatt beskjedenhet.
demurrage [di'mʌridʒ] *subst; mar:* liggedager; liggedagspenger; *(jvf lay day).*
demystify [di:'misti,fai] *vb:* avmystifisere.
den [den] *subst* **1.** *zo(=lair)* tilfluktssted; leie; hi; *fig; glds:* **~ of thieves** røverreir; *bibl:* **the lion's ~** løvens hule; *fig:* **walk into the lion's ~***(=put one's head in the lion's mouth)* gå like i løvens gap; **2.** *fig:* lite (arbeids)rom; hule *(fx you could hear the sound of typing from the author's den).*
denatured [di'neitʃəd] *adj:* denaturert *(fx spirits).*
denial [di'naiəl] *subst* **1.** benektelse; nektelse *(fx of privileges);* **~ on oath** nektelse under ed; **2***(=disclaimer)* dementi; **3.** fornektelse *(fx to do that would be a denial of my religious faith);* **4.** *meget stivt(=refusal)* avslag; **an emphatic ~** et bestemt avslag.
denigrate ['deni,greit] *vb; meget stivt* **1***(=belittle; disparage)* bagatellisere; snakke nedsettende om *(fx a housewife's work);* **2***(=defame; cast aspersions on)* ærekrenke; snakke nedsettende om; **~ sby***(=blacken sby)* baktale en.
denims ['denimz] *subst; pl(=jeans)* olabukse.
denizen ['denizən] *subst; stivt el. spøkef:* beboer; innvåner; **the -s of the deep** havets innvånere.
Denmark ['denma:k] *subst; geogr:* Danmark.
I. denominate [di'nɔmi,neit] *vb(=designate)* benevne; gi navn.
II. denominate [di'nɔminət] *adj; mat.:* benevnt *(fx number).*
denomination [di,nɔmi'neiʃən] *subst* **1.** pålydende verdi *(fx of a banknote, of a stamp);* **banknotes of all -s** pengesedler i alle størrelser; **large -s** store sedler; **2.** *meget stivt(=name)* navn; benevnelse; **3.** *mat.:* benevnelse; *(jvf denominator);* **4.** trosretning *(fx people of all denominations).*
denominational [di,nɔmi'neiʃənəl] *adj:* som tilhører en bestemt trosretning; **~ school** skole med kristen formålsparagraf; skole drevet av et religiøst samfunn.
denominator [di'nɔmi,neitə] *subst; mat.:* nevner; **common ~** fellesnevner.
denote [di'nout] *vb* **1.** *om ord, etc(=mean)* bety; betegne; **2.** *stivt(=mean)* tyde på; bety; **3.** betegne *(fx X denotes an unknown quantity).*
denouement, dénouement [dei'nu:mɔn; denu'mã] **1.** *i drama, teaterstykke, etc:* (intrigens) oppklaring; *i drama:* (gåtens) løsning; **2.** *fig(=outcome; solution)* slutt; løsning; **I was away that weekend and so missed the ~ of the whole affair** jeg var bortreist den helgen og gikk derfor glipp av slutten på saken.
denounce [di'nauns] *vb* **1***(=inform on)* angi; **he -d his accomplices** han anga sine medskyldige; **2.** *i presse, etc(=accuse publicly)* rette beskyldninger mot; fordømme; **3.** kategorisk avvise; bestemt benekte.
denouncer [di'naunsə] *subst(=informer)* angiver.
dense [dens] *adj* **1.** tett *(fx fog; forest);* **2.** *om pels:* tykk; **3.** *fot; fys:* tett; **a ~ negative** et tett negativ; **4.** **T***(=thick-headed)* dum; **T: tett i knollen.**
density ['densiti] *subst* **1.** tetthet; **2. T:** dumhet.
dent [dent] **1.** *subst:* bulk; fordypning; **2.** *vb:* bulke; lage bulk i; *fig:* bringe ut av fatning; virke inn på *(fx nothing will dent his self-composure).*
dental ['dentəl] **1.** *subst; fon:* tannlyd; **2.** *adj:* tann-; dental-; tannlege-.
dental college*(=school of dental surgery)* tannlegehøyskole.
dental decay*(=tooth decay; caries)* tannråte; **reduce ~ among children** redusere forekomsten av tannråte hos barn.
dental floss *tannl:* tanntråd.
dental hygiene tannhygiene.
dental plate*(=denture)* tannprotese.
dental surgeon*(=dentist; dental practitioner)* tannlege; *(jvf oral surgeon).*
dental surgery tannlegekontor.
dental surgery assistant tannlegeassistent; *(se NEO tannlegeassistent).*
dental technician tanntekniker.
dentate ['denteit] *adj:* tannet; takket.
dentifrice ['dentifris] *subst:* tannpasta; tannpulver.
dentist ['dentist] *subst:* tannlege.
dentistry ['dentistri] *subst:* tannlegevitenskap; **preventive ~** forebyggende tannpleie.
dentition [den'tiʃən] *subst; fagl* **1.** tannsystem; tannstilling; **primary ~** melketannsett; **secondary ~** blivende tenner; **2***(=teething)* tannfrembrudd; det å få tenner.

denture(s) ['dentʃə(z)] *subst(=dental plate)* tannprotese; gebiss.
denuclearize, denuclearise [di'nju:kliə,raiz] *vb:* gjøre atomvåpenfritt *(fx a country).*
denude [di'nju:d] *vb; stivt:* ~ **of**(=*strip of)* ribbe for *(fx the land was denuded of vegetation).*
denunciation [di,nʌnsi'eiʃən] *subst* **1.** angiveri; **2.** (åpen) fordømmelse; **3.** kategorisk avvisning; bestemt benektelse.
deny [di'nai] *vb* **1.** benekte *(fx he denied having written the letter; he denied the charge of theft);* **2.** *stivt(=refuse)* nekte *(fx he was denied admission to the house);* **she denies that child nothing** hun nekter ikke det barnet noenting; **3**(=*disclaim)* dementere.
depart [di'pa:t] *vb; stivt* **1**(=*leave; start out)* dra av sted; **the train -ed at nine** det var togavgang klokken ni; **2.** *fig:* ~ **from**(=*deviate from)* avvike fra *(fx our original plan);* **3.:** ~ **this life** avgå ved døden.
departed *evf:* **the** ~ den (,de) avdøde.
department [di'pa:tmənt] *subst* **1.** avdeling *(fx the sales department; the menswear department); skolev; univ:* seksjon *(fx the German Department); skolev:* **head of** ~ hovedlærer; **2.** *fig(=field)* område; felt; **3.** departement; **the Department of the Environment** miljøverndepartementet.
departmental [,di:pa:t'mentəl] *adj* **1.** departemental *(fx style);* **2.** avdelings- *(fx manager).*
department store varemagasin.
departure [di'pa:tʃə] *subst* **1.** avreise (*for* til); *jernb:* avgang; *stivt el. spøkef:* **take one's** ~(=*leave)* dra sin kos; **2.** avvik *(fx his behaviour was a departure from the normal);* **3.** *fig:* **a new** ~ noe nytt; en kursendring; **4.:** **point of** ~ utgangspunkt.
departure platform avgangsplattform.
depend [di'pend] *vb* **1.:** ~ **on** 1. avhenge av *(fx it depends on you);* 2(=*rely on)* stole på; regne med *(fx you can't depend on him to arrive on time);* **2.:** **that -s** det kommer (helt) an på; det er uvisst; **it -s whether you want a really good job or not** det kommer an på om du vil ha en virkelig god jobb eller ei.
dependable [di'pendəbl] *adj:* pålitelig; *mask:* driftssikker.
dependant *(,især* **US:** *dependent)* [di'pendənt] *subst:* person man har forsørgelsesplikt overfor; **he has no -s** han har ingen å forsørge; han har ingen forsørgelsesbyrde; **he has five -s to support** han har fem personer å forsørge.
dependence [di'pendəns] *subst* **1.** avhengighet; **(state of)** ~ **on**(=*dependent relationship to)* avhengighetsforhold til; **mutual** ~(=*interdependence)* gjensidig avhengighet; **feeling of** ~ avhengighetsfølelse; **2.** *stivt:* **place** ~ **on**(=*trust)* stole på; feste lit til.
dependency [di'pendənsi] *subst; polit(,***US** *også: dependancy)* biland; besittelse.
I. dependent *især* **US**(=*dependant): se dependant.*
II. dependent *adj:* ~ **on** avhengig av.
depict [di'pikt] *vb; stivt* **1.** avbilde (ɔ: tegne el. male); **2**(=*describe)* skildre.
depilatory [di'pilətəri] **1.** *subst(=superfluous-hair remover)* hårfjerningsmiddel; **2.** *adj:* hårfjernings-.
deplete [di'pli:t] *vb; stivt* **1.** tømme; tappe; tynne ut; ~ **a lake** drive rovfiske i en sjø; ~ **the stocks** tømme lagrene; **2.** *fig:* ~ **his strength** tappe ham for krefter.
depletion [di'pli:ʃən] *subst:* tømming; tapping; uttynning; *(se deplete).*
deplorable [di'plɔ:rəbl] *adj; stivt(=regrettable; very bad)* beklagelig; ytterst uheldig; **such** ~ **behaviour** en så slett oppførsel; **a** ~ **lack of taste** en beklagelig mangel på smak.
deplorably *adv:* kritikkverdig; klanderverdig.
deplore [di'plɔ:] *vb; stivt:* beklage dypt *(fx we all deplore hooliganism).*
deploy [di'plɔi] *vb; mil:* utplassere.
deployment [di'plɔimənt] *subst; mil:* utplassering.
depopulate [di'pɔpju,leit] *vb:* avfolke.
depopulation [di,pɔpju'leiʃən] *subst:* avfolking.
deport [di'pɔ:t] *vb* **1.** deportere; **2.** *utlending(=expel)* utvise *(fx an alien).*
deportation [,di:pɔ:'teiʃən] *subst* **1.** deportasjon; **2.** *av utlending(=expulsion)* utvisning.
deportee [,di:pɔ:'ti:] *subst* **1.** deportert (person); person som skal deporteres; **2.** *om utlending:* utvist (person).
deportment [di'pɔ:tmənt] *subst; stivt(=bearing)* holdning *(fx military deportment);* måte å føre seg på *(fx she was praised for her deportment).*
depose [di'pouz] *vb; fra høyt embete:* avsette.
I. deposit [di'pɔzit] *subst* **1.** *i bank:* innskudd; **2.** depositum; **3.** bunnfall; **4.** avleiring; **5.:(weld)** ~ (sveise)avsett.
II. deposit *vb* **1.** *i bank:* sette inn; skyte inn; **2.** deponere; **3.** bunnfelle; **4.** avleire; **5.** avsette.
deposit account innskuddskonto.
deposit disc(=*deposit token)* garderobemerke *(av metall); (jvf cloakroom ticket).*
depositer [di'pɔzitə] *subst:* innskyter.
deposit rate(=*interest on deposits)* innlånsrente; innskuddsrente.
deposit slip *i bank:* innbetalingsseddel; *(jvf pay-in slip).*
depot ['depou] *subst* **1.** depot; **2.** *mil:* depot; magasin; **3.** *jernb:* **(motive power)** ~ lokomotivstall; **bus** ~ rutebilstasjon med verksted; **4. US**(=*railway station)* (jernbane)stasjon.
depraved [di'preivd] *adj; stivt(=corrupt; morally bad; evil)* ond; moralsk fordervet *(fx a depraved mind).*
depravity [di'præviti] *subst; stivt(=moral corruption; wickedness)* moralsk fordervelse; ondskap; **an act of unbelievable** ~ en utrolig ond handling.
deprecate ['depri,keit] *vb; stivt(=disapprove of)* misbillige; klandre.
deprecatory [,depri'keitəri] *adj:* misbilligende *(fx remarks);* **speak in** ~ **terms of** snakke misbilligende om.
depreciate [di'pri:ʃi,eit] *vb* **1**(=*fall in value)* synke i verdi; **2.** forringe (i verdi); **3.** *bokf:* avskrive; **4.** nedvurdere.
depreciation [di,pri:ʃi'eiʃən] *subst* **1.** verdiforringelse; **2.** *bokf:* avskrivning *(fx annual depreciation of machinery).*
depreciation fund(=*depreciation reserve)* avskrivningsfond.
depreciative [di'pri:ʃətiv], **depreciatory** [di'pri:ʃjətri] *adj; stivt(=disparaging)* nedsettende.
depredations [,depri'deiʃənz] *subst; pl; stivt (=plundering)* plyndring(er); herjinger.
depress [di'pres] *vb* **1**(=*press down)* trykke ned *(fx a pedal);* **2.** *fig:* gjøre nedtrykt; virke deprimerende på; **3.** *merk:* hemme *(fx trade was depressed by the rise in oil prices);* **4.** *med.(=make less active):* **this drug -es the action of the heart** dette midlet nedsetter hjerteaktiviteten.
depressed *adj* **1.** deprimert; **2.** *merk; om marked:* trykket.
depression [di'preʃən] *subst* **1.** det å trykke ned; **2.** depresjon; **3.** *merk:* depresjon *(fx during the depression of the 1930's);* **4.** *meteorol(=low)* lavtrykk.
deprivation [,depri'veiʃən] *subst; stivt* **1.** berøvelse; **2.** *jur:* avsavn; *stivt:* **live in a state of** ~ mangle (*el.*

være fratatt) det nødvendigste.

deprive [di'praiv] *vb:* ~ **sby of sth** frata en noe *(fx deprive sby of food and drink); stivt:* berøve en noe.

deprived *adj:* ressurssvak; fattig *(fx area);* **culturally** ~ kulturfattig; **the socially** ~ de ressurssvake; **children from** ~ **backgrounds** barn fra ressurssvake hjem; **he had a** ~ **childhood** han kom fra et ressurssvakt hjem.

depth [depθ] *subst; også fig:* dybde *(fx the depth of his knowledge of Latin surprised them all);* **in** ~ i dybden; inngående; *fig:* **go into things in** ~ gå i dybden; **an in-** ~ **report on alcoholism** en inngående rapport om alkoholismen; **in the -s of winter** midtvinters; midt på vinteren; **be out of one's** ~ **1.** *i vannet:* ikke kunne nå bunnen; **2.** *fig:* befinne seg på dypt vann.

depth charge*(=depth bomb) mil:* dypvannsbombe.

deputation [,depju'teiʃən] *subst:* deputasjon.

depute [di'pju:t] *vb; stivt el. spøkef:* **she was -d to do the shopping for the party** hun ble betrodd å ta seg av innkjøpene til selskapet; **they -d the job of collecting money for the present to his secretary** de overlot til sekretæren hans å samle inn penger til presangen.

deputize, deputise ['depju,taiz] *vb:* ~ **for sby***(=stand in for sby)* vikariere for en.

deputy ['depjuti] *subst* **1.** stedfortreder; vikar; **2.** vise-; assisterende; nest- *(fx deputy chairman);* ~ **education officer***(=deputy director of education)* skoleinspektør; **3.** *i gruve(=fireman;* **US:** *fire boss)* person som har ansvaret for sikkerhetstiltakene.

derail [di'reil] *vb; jernb:* gå av sporet; spore av.

derailment [di'reilmənt] *subst:* avsporing.

deranged [di'reindʒd] *adj; stivt:* **mentally** ~ sinnsforvirret.

derangement [di'reindʒmənt] *subst:* **mental** ~ sinnsforvirring.

derelict ['derilikt] *adj* **1.** ikke lenger i bruk *(fx airfield);* forlatt; ubebodd; **in a** ~ **state** forfallent.

dereliction [,deri'likʃən] *subst:* ~ **of duty** pliktforsømmelse.

deride [di'raid] *vb; stivt(=mock)* spotte; håne.

derision [di'riʒən] *subst; stivt(=mockery)* spott; hån.

derisive [di'raisiv] *adj; stivt(=mocking)* spottende; hånlig *(fx laughter);* **the salary they offered me was** ~ den gasjen de tilbød meg var den rene hån.

derisory [di'raisəri] *adj; stivt* **1***(=mocking)* spottende; hånlig; **2***(=ridiculous)* latterlig.

derivation [,deri'veiʃən] *subst; språkv:* avledning; opprinnelse *(fx what is the derivation of that word?).*

I. derivative [di'rivətiv] *subst* **1.** *språkv:* avledning; avledet ord; **2.** *kjem:* derivat; **3.** derivativ; avledning.

II. derivative *adj* **1.** derivativ; avledet; utledet; **2.** uoriginal; sekundær; ~ **poetry** epigondiktning; **his work seems very** ~ hans arbeid gir ikke inntrykk av å være originalt.

derive [di'raiv] *vb:* avlede; utlede; **the word is -d from French** ordet stammer fra fransk; *stivt:* ~ **advantage from***(=profit by; benefit by)* dra fordel av.

derma [də:mə] *subst; anat(=dermis; corium)* lærhud; *(jvf hypodermis 1).*

dermabrasion [,də:məb'reiʒən] *subst; med.:* hudsliping.

dermal ['də:məl] *adj:* hud-; dermal-.

dermatitis [,də:mə'taitis] *subst; med.(=inflammation of the skin)* betennelse i huden; dermatitt.

dermatoid ['də:mə,tɔid] *adj(=resembling skin)* hudlignende.

dermatologist [,də:mə'tɔlədʒist] *subst(=skin specialist)* hudspesialist; dermatolog.

dermis ['də:mis] *subst; anat(=derma; corium)* lærhud.

derogatory [di'rɔgətəri; **US:** di'rɔgətɔri] *adj:* nedsettende *(fx remark).*

derrick ['derik] *subst* **1***(=cargo boom)* lastebom; lossebom; **2.** *oljeind(=oil derrick)* boretårn; **3.:** ~ **crane***(=derricking jib crane)* stor byggekran.

DES *(fk.f. Department of Education and Science)* **UK:** undervisningsdepartementet.

desalinize, desalinise [di'sæli,naiz] *vb:* avsalte.

descend [di'send] *vb* **1.** *stivt(=go down; climb down)* gå ned; stige ned *(fx he descended the stairs with dignity);* **2.** *om terreng(=slope downwards)* skråne nedover (*to* mot) *(fx the hills descend to the sea);* **3.** *stivt:* ~ **from***(=get off)* gå av; stige av *(fx one's bicycle);* **4.:** ~ **to** 1*(=pass to)* gå i arv til; 2*(=stoop to)* nedverdige seg til *(fx descend to begging);* **5.:** ~ **on** 1*(=make a sudden attack on)* kaste seg over; overfalle *(fx the village); fig:* **they -ed on the food** de kastet seg over maten; 2. *fig; neds:* **visitors** ~ **on us every weekend** vi blir invadert av besøkende hver helg; **6.: be -ed from***(=be a descendant of)* nedstamme fra.

descendant [di'sendənt] *subst:* etterkommer.

descent [di'sent] *subst* **1.** nedstigning; **2.: (parachute)** ~ (fallskjerm)utsprang; **3.** *rel:* **the Descent from the Cross** Kristi nedtagelse fra korset; **4***(=slope)* nedoverbakke; **it was a steep** ~ det gikk bratt nedover; **5***(=ancestry)* avstamning *(fx she's of royal descent);* **6.:** ~ **on***(=sudden attack on)* plutselig angrep på; overfall på.

describe [di'skraib] *vb:* beskrive; betegne; *geom:* tegne *(fx a circle);* **would you** ~ **her as beautiful?** ville du kalle henne vakker?

description [di'skriptʃən] *subst* **1.** beskrivelse; skildring; signalement; **2.** beskaffenhet; art; slags *(fx he's a golfer of some description);* **goods of every** ~*(=all kinds of goods)* alle slags varer.

descriptive [di'skriptiv] *adj:* beskrivende *(fx poem).*

desecrate ['desi,kreit] *vb:* vanhellige; skjende *(fx a grave).*

desecration [,desi'kreiʃən] *subst:* vanhelligelse; skjending; ~ **of a grave** skjending av en grav.

desensitize, desensitise [di'sensi,taiz] *vb:* gjøre ufølsom; *med.:* desensibilisere.

I. desert ['dezət] *subst:* ørken.

II. desert [di'zə:t] *subst:* **-s** *fig:* lønn som fortjent *(fx he got his (just) deserts).*

III. desert [di'zə:t] *vb* **1.** *mil:* desertere; **2.** forlate *(fx he had deserted his wife);* **3.** svikte *(fx why did you desert us just when we needed you?);* **my courage -ed me** motet sviktet meg; **his sense of humour has -ed him** hans humoristiske sans har sviktet ham; *spøkef:* **you don't mind us -ing you tonight, do you?** du har vel ikke noe imot at vi lar deg i stikken i kveld, vel?

desert buzzard *zo:* russevåk.

deserted [di'zə:tid] *adj* **1***(=abandoned)* forlatt *(fx his deserted wife);* **2.** folketom *(fx a deserted street).*

deserter [di'zə:tə] *subst; mil:* desertør; overløper.

desertion [di'zə:ʃən] *subst* **1.** *mil:* desertering; **2.: he was granted a divorce on the grounds of** ~ han fikk innvilget skilsmisse fordi hans kone hadde forlatt ham.

deserve [di'zə:v] *vb:* fortjene.

deservedly [di'zə:vidli] *adv:* med rette *(fx punished).*

deserving *adj:* fortjenstfull; **a** ~ **cause** en verdig sak.

desiccant ['desikənt] **1.** *subst(=drying agent)* tørremiddel; **2.** *adj:* tørrende.

desiccation [,desi'keiʃən] *subst:* tørking (av frukt, etc); uttørking.

I. design [di'zain] *subst* **1.** tegning; **2.** mønster; motiv *(fx a beautiful design);* **3.: (industrial)** ~ formgivning; design; **4.** konstruksjon; utførelse; **5.: by** ~ fordi det var planlagt (slik) *(fx our holidays coincided by design and not by accident);* **6.: he has -s on my job** han er ute etter jobben min.

II. design *vb* **1.** tegne *(fx a building; clothes);* **2.** konstruere *(fx a bridge);* **3.** utvikle *(fx products specially designed for repair work).*

I. designate ['dezig,neit] *vb; stivt:* **1***(=call)* benevne *(fx it was designated a protected area);* **2***(=point out)* peke ut *(fx he designated our table with a wave of his hand);* **3.** utpeke *(fx he designated Smith as his successor).*

II. designate ['dezignit; 'dezig,neit] *adj:* som er utnevnt, men enda ikke har tiltrådt; **the ambassador** ~ den nyutnevnte ambassadøren; **he was the leader** ~ **of the expedition** han var den som var utpekt til å lede ekspedisjonen.

designation [,dezig'neiʃən] *subst; stivt* **1***(=title)* tittel *(fx his designation has been changed recently from Area Manager to District Organizer);* **2.** benevnelse; betegnelse; ~ **of type** typebetegnelse; **3.** utpeking.

designedly [di'zainidli] *adv; stivt(=intentionally)* med forsett; med vilje.

designing [di'zainiŋ] *adj; neds(=scheming; crafty)* utspekulert *(fx she's a designing woman).*

desirability [di,zaiərə'biliti] *subst:* ønskelighet; **look into the** ~ **of (-ing)** se på om det skulle være ønskelig å.

desirable [di'zaiərəbl] *adj:* ønskelig.

I. desire [di'zaiə] *subst* **1.** (sterkt) ønske; **2.** seksuell interesse; begjær; **arouse sby's** ~ *(,***T:** *turn sby on)* vekke ens begjær; **T:** få en til å tenne; **3** *i nektende setninger:* **I have no** ~ **to** jeg har ikke noe ønske om å.

II. desire *vb* **1.** *stivt(=want (to have))* ønske (seg) *(fx all I desire is a hot bath);* **it leaves a great deal to be -d** det er langt fra hva det burde være; det later meget tilbake å ønske; **2.** *glds el. meget stivt(=ask)* be *(fx Her Majesty desires you to enter);* **3.** begjære; føle seg seksuelt tiltrukket av.

desirous [di'zaiərəs] *adj; meget stivt:* **His Excellency is** ~ **of your company** Hans Eksellense ønsker å se Dem; **he is** ~ **that no one else should learn of this** han ønsker ikke at noen andre skal få vite dette.

desist [di'zist] *vb; stivt:* ~ **from***(=stop)* holde opp med; avstå fra.

desk [desk] *subst* **1.** pult; **2.: (writing)** ~ skrivebord; **3.** *i hotell:* **reception** ~ resepsjon; **4.: the information** ~ informasjonen; **please come***(=report)* **to the information** ~ vennligst henvend Dem i Informasjonen; **5.** *radio, avis:* **at the news-** i nyhetsredaksjonen.

desk officer *mil:* kontoroffiser.

desolate ['desəlit] *adj* **1.** *om landskap:* øde; ødslig; **2.** *om person:* **be left** ~ bli sittende ensom og forlatt igjen.

desolation [,desə'leiʃən] *subst* **1.** øde landskap; ødslig beskaffenhet *(fx the desolation of the countryside);* **2.** *om person:* ensomhet; forlatthet; **a feeling of** ~ en følelse av forlatthet.

despair [di'spɛə] **1.** *subst:* fortvilelse; **an act of** ~ en fortvilet handling; **in** ~ fortvilet; oppgitt; **in the depths of** ~ i den ytterste fortvilelse; **2.** *vb:* fortvile.

despairing *adj:* fortvilet; *(jvf despondent).*

despatch [di'spætʃ] *subst: se dispatch.*

desperate ['despərit] *adj:* fortvilet; desperat; **a** ~ **remedy** en fortvilet utvei; **T:be** ~ **for sth***(=need sth urgently)* være opprådd for noe; *ordspråk:* ~ **ills need** ~ **remedies** *(,***US:** *one must fight fire with fire)* med ondt skal ondt fordrives.

desperation [,despə'reiʃən] *subst:* fortvilelse; desperasjon; **with a strength born of** ~ med fortvilelsens kraft.

despicable ['despikəbl; di'spikəbl] *adj; stivt (=contemptible)* foraktelig; ussel.

despise [di'spaiz] *vb:* forakte.

despite [di'spait] *prep(=in spite of)* til tross for; på tross av.

despondency [di'spɔndənsi] *subst:* fortvilelse; håpløshet.

despondent [di'spɔndənt] *adj; om person; svakere enn 'despairing':* fortvilet; **don't look so** ~**!** se ikke så fortvilet ut!

despot ['despɔt] *subst:* enehersker; despot.

despotism ['despə,tizəm] *subst:* enevelde; despoti; **enlightened** ~ opplyst enevelde.

dessert [di'zə:t] *subst:* dessert.

destination [,desti'neiʃən] *subst:* bestemmelsessted; destinasjon; reisemål.

destined ['destind] *adj* **1.** *stivt:* forutbestemt *(fx his destined role in life);* **this was** ~ **to happen** det var forutbestemt at dette skulle skje; **a plan** ~ **to fail** en plan som var dømt til å mislykkes; **2.** *stivt el. spøkef(=bound for; heading for):* **where are you** ~**?** hvor skal du?

destiny ['destini] *subst:* skjebne.

destitute ['desti,tju:t] *adj* **1.** nødlidende; på bar bakke *(fx she was left destitute);* **2.** *stivt:* ~ **of***(=deprived of)* blottet for; uten et fnugg av *(fx common sense).*

destitution [,desti'tju:ʃən] *subst:* nød; fattigdom.

destroy [di'strɔi] *vb* **1***(=ruin)* ødelegge; **2.** *om dyr(=put to death)* avlive.

destruct [di'strʌkt] *vb; om rakettvåpen, etc(=destroy for safety)* destruere; tilintetgjøre.

destruction [di'strʌkʃən] *subst* **1.** ødeleggelse; tilintetgjørelse; **2.** *fig:* undergang; **the** ~ **of civilization** sivilisasjonens undergang; **3.** *tekn:* destruksjon.

destructive [di'strʌktiv] *adj:* ødeleggende; destruktiv; ~ **forces** nedbrytende krefter; ~ **urge** ødeleggelseslyst; ødeleggelsestrang.

destructiveness [di'strʌktivnis] *subst(=destructive urge)* ødeleggelseslyst; ødeleggelsestrang.

desultory ['desəltəri] *adj:* springende *(fx discussion);* ~ **reading** planløs lesing.

detach [di'tætʃ] *vb* **1.** ta av *(fx the bottom part);* **2.** *mil; om enhet:* frigjøre (for oppdrag); sende ut.

detachable [di'tætʃəbl] *adj:* til å ta av; løs.

detached [di'tætʃt] *adj* **1.** *om hus:* frittstående; ~ **house** enebolig; **2.** uhildet *(fx attitude);* uengasjert; . . . **but now I feel completely** ~ men nå distanserer jeg meg helt fra det.

detachment [di'tætʃmənt] *subst* **1.** løsgjøring; det å få løs; **2.** *mil:* avdeling; **3.** mangel på engasjement; **watch events from a position of complete** ~ følge begivenhetene uten et øyeblikk å la seg rive med.

I. detail ['di:teil] *subst* **1.** detalj; enkelthet; **in** ~ i detalj; inngående *(fx I've looked at it already but not in too great detail);* **go into -(s)** gå i detalj(er); **if he had gone too much into** ~ . . . hvis han hadde gått for meget i detaljer . . .; **it must be read carefully with close attention to** ~ det må leses omhyggelig, idet man fester seg særlig ved detaljene; **2.** *mil:* mannskap; gjeng (avgitt til vakttjeneste, etc); **guard** ~ vaktmannskap.

II. detail *vb* **1.** gi en detaljert redegjørelse for *(fx the arrangements for the party);* **2.** *mil:* avgi *(fx be detailed for guard duty);* **3.** *stivt:* **be -ed to***(=be set to)* bli satt til å *(fx do the washing-up every morning).*

detailed *adj:* detaljert; utførlig.

detain [di'tein] *vb* **1.** *stivt(=delay)* hefte; oppholde; **I**

won't ~ you just now jeg skal ikke hefte deg akkurat nå; **2.** *jur:* ta i fengslig forvaring *(fx the suspects were detained at the police station);* **be -ed***(=remanded)* **in custody** bli varetektsfengslet; *(jvf custody 2);* **3.** *skolev:* **be -ed***(=be kept in)* måtte sitte igjen.

detainee [,di:tei'ni:] *subst:* person som holdes tilbake (*el.* i forvaring); **political -s** folk som holdes i forvaring av politiske grunner.

detect [di'tekt] *vb* **1.** *stivt(=notice)* merke *(fx a smell of gas);* **2.** *om forbrytelse; meget stivt(=clear up)* oppklare; **3.** oppdage; oppspore; **~ him in the act of stealing** gripe ham i å stjele.

detection [di'tekʃən] *subst* **1.** det å merke el. oppdage; **escape ~** unngå å bli oppdaget; **2.: crime ~***(=clearing up (of) crimes)* oppklaring av forbrytelser.

detective [di'tektiv] *subst:* detektiv.

detective inspector *(fk CID inspector)* førstebetjent i kriminalpolitiet; *i løst språkbruk, men ikke stillingsbetegnelse:* kriminalbetjent.

detector [di'tektə] *subst; tekn:* detektor *(fx a metal detector).*

detector dog*(=sniffer dog)* narkotikahund.

détente [dei'ta:nt; de'tãt] *subst; polit:* avspenning.

detention [di'tenʃən] *subst* **1.** *jur:* fengslig forvaring *(fx at a police station); stivt:* **be in ~***(=be in prison)* være fengslet; **2.** *skolev:* gjensitting *(fx he was given (a) detention for being late for school).*

detention camp*(=internment camp)* interneringsleir.

detention centre UK: ungdomshjem (hvor unge lovbrytere kan måtte tilbringe inntil 6 måneder).

deter [di'tə:] *vb:* avskrekke; **be -red** la seg avskrekke.

detergent [di'tə:dʒənt] *subst:* (syntetisk) vaskemiddel.

deteriorate [di'tiəriə,reit] *vb; stivt* **1***(=grow worse)* bli verre; forverres *(fx his condition is deteriorating rapidly);* **2.** forringes (i kvalitet); bli dårligere.

deterioration [di,tiəriə'reiʃən] *subst* **1.** forverring; **2.** forringelse; **3.: general (physical) ~** alminnelig (fysisk) forfall.

determent [di'tə:mənt] *subst* **1.** avskrekkelse; **2.** avskrekkende moment.

determinable [di'tə:minəbl] *adj:* som kan bestemmes.

determinant [di'tə:minənt] **1.** *subst; psykol:* bestemmende faktor; *(jvf determining);* **2.** som hjelper til å bestemme; bestemmende.

determination [di,tə:mi'neiʃən] *subst* **1.** fasthet; besluttsomhet; bestemthet; **2.** bestemmelse *(fx the determination of his exact position proved difficult);* **the ~ of the cause of death** bestemmelse (*el.* konstatering) av dødsårsaken.

determine [di'tə:min] *vb* **1***(=decide)* bestemme *(fx his course of action has been determined by circumstances);* **2***(=find out)* fastslå; konstatere; bestemme; finne ut.

determined *adj* **1.** fast; bestemt *(fx she's very determined);* **2.** målbevisst; **a ~ effort to ...** et målbevisst forsøk på å ...; **3.: ~ to** fast bestemt på å.

determining *adj(=deciding)* bestemmende; **a ~ factor** en bestemmende faktor; *(jvf determinant 1).*

I. deterrent [di'terənt] *subst* **1.** avskrekkende middel; **mosquito ~** myggolje; **2.** *mil:* avskrekkelsesvåpen.

II. deterrent *adj:* avskrekkende.

detest [di'test] *vb(=hate intensely)* avsky.

detestable [di'testəbl] *adj:* avskyelig.

detestation [,di:tes'teiʃən] *subst:* avsky.

dethrone [di'θroun] *vb:* detronisere.

detonate ['detə,neit] *vb:* detonere; eksplodere.

detonating charge*(=firing charge)* tennsats; *(jvf detonator).*

detonating fuse*(=firing fuse)* detonerende lunte.

detonation [,detə'neiʃən] *subst:* detonasjon.

detonator ['detə,neitə] *subst(=detonator capsule)* sprengkapsel; tennsats; **fused ~** tennsats med lunte.

detour ['di:tuə] *subst:* omvei; avstikker.

detract [di'trækt] *vb* **1***(=distract)* avlede; **~ attention from** avlede oppmerksomheten fra; **2.: ~ from***(=reduce)* forringe; redusere *(fx the crack detracted from the value of the plate).*

detraction [di'trækʃən] *subst:* forringelse.

detribalize, detribalise [di:'traibə,laiz] *vb:* fjerne fra stammetilværelsen.

detribalization, detribalisation [di:,traibəlai'zeiʃən] *subst:* oppløsning av stammefellesskapet.

detriment ['detrimənt] *subst; stivt(=harm; damage)* skade; **to the ~ of his health** til skade for helsen hans; **without ~ to his reputation** uten at hans omdømme tar (,tok) skade av det.

detrimental [,detri'mentəl] *adj; stivt(=harmful)* skadelig (*to* for).

detritus [di'traitəs] *subst* **1.** *geol; med.:* detritus; **2***(=litter)* avfall.

deuce [dju:s] *subst* **1.** *kortsp, etc:* toer; **2.** *tennis(=40-all)* a 40; **3.** *int:* **what the ~** hva pokker; **where the ~** hvor pokker.

Deutsche Mark*(=Deutschmark; mark)* tyske mark; DM.

devaluation [di:,vælju:'eiʃən] *subst; økon:* devaluering.

devalue [di:'vælju:] *vb; økon:* devaluere.

devastate ['devə,steit] *vb; stivt* **1***(=leave in ruins; lay waste)* ødelegge; herje; legge øde; **2. T***(=overwhelm)* overvelde *(fx she was devastated by the terrible news).*

devastating *adj; også fig:* ødeleggende; **~ criticism** knusende kritikk; ødeleggende kritikk.

devastatingly *adv:* ødeleggende; **T: she was ~ beautiful** hun var en fantastisk skjønnhet.

devastation [,devəs'teiʃən] *subst:* ødeleggelse.

develop [di'veləp] *vb* **1.** utvikle; **~ a new technique** utvikle en ny teknikk; **~ further** videreutvikle; **2.** utvikle seg; **~ into a major war** utvikle seg til full krig; **3.** få *(fx engine trouble);* **~ a taste for wine** få smaken på vin; **4.** *bygg; om større prosjekt:* bebygge *(fx a site);* **5.** *fot:* fremkalle; **6.** *om organisasjon:* bygge ut; **7.** *om ressurser:* utnytte; **~ water power** utnytte vannkraften.

developer [di'veləpə] *subst* **1.** *fot:* fremkallervæske; **2.: a late ~** en som er sent utviklet.

developing country utviklingsland; bistandsland.

development [di'veləpmənt] *subst* **1.** utvikling; **2.** bebyggelse; **3.** utnyttelse; **4.** *fot:* fremkalling.

development aid utviklingshjelp; u-hjelp; bistand.

development aid officer*(=aid officer)* u-hjelper.

deviant ['di:viənt] *subst:* avviker; **sexual ~** seksuell avviker; *(jvf deviationist).*

deviate ['di:vi,eit] *vb(=depart)* avvike *(fx from a course; from a rule).*

deviation [,di:vi'eiʃən] *subst* **1.** avvik(else); **2.** *mar(=drift)* avdrift; **3.** *om kompassnålen:* **US: (magnetic) ~***(=magnetic declination)* misvisning.

deviationist [,di:vi'eiʃənist] *subst; polit:* avviker; *(jvf deviant).*

device [di'vais] *subst* **1.** anordning; innretning; mekanisme; **equipped with every modern technical ~** med det mest moderne tekniske utstyr; **2.** plan; system *(fx a device for avoiding income tax);* **3.** *her:* **a ~ on a shield** en skjoldfigur; **4.: leave him to his own -s** overlate ham til seg selv.

devil ['devəl] *subst* **1.** *også fig:* djevel; **2.** *meteorol:* **dust ~** liten virvelvind; **3.** *neds:* **she's a lazy ~** hun er et dovent dråk; **he's a bit of a ~ with girls** han er

stygg mot jentene; **4.** *medfølende:* **poor -s!** stakkars kroker! **5.: give the ~ his due** rett skal være rett; **6.: between the ~ and the deep blue sea***(=between wind and water)* mellom barken og veden; **7.: (let) the ~ take the hindmost!** redde seg den som kan! **8.: go to the ~** gå pokker i vold; gå vest; **9.: talk***(=speak)* **of the ~!** når man snakker om sola, så skinner den! **10. T: then there'll be the ~ to pay!** da er selve fanden løs! **11.** *om noe vanskelig el. ergerlig* **T: that's the ~ of it!** det er 'det som er pokker! **12.** *om noe vanskelig el. kjedelig* **T: that's the very ~!** det er 'det som er pokker så kjedelig (,vanskelig)! **13.: a ~ of a fine horse** en pokker så fin hest; **14.: they're in a ~ of a hurry** de har det pokker så travelt.
devilfish ['devəl,fiʃ] *subst; zo:* kjemperokke.
devilish ['deväliʃ] *adj* **1.** djevelsk; **that boy can be really ~** den gutten kan virkelig være en liten djevel; **2.** pokkers *(fx that's a devilish problem).*
devilment ['devəlmənt] *subst; spøkef:* spilloppmakeri; spillopper *(fx he's full of devilment but he's not really bad).*
devilry ['devəlri] *subst* **1.** djevelskap; **2.:** *se devilment.*
devious ['di:viəs] *adj* **1***(=roundabout):* **a ~ route***(=numerous detours)* mange omveier; *fig:* **by ~ ways***(=by roundabout methods)* ad omveier; på omveier; *neds(=dishonest):* **he used ~ methods to get what he wanted** han benyttet tvilsomme metoder for å oppnå det han ville; **2.** *om person; neds:* underfundig.
devise [di'vaiz] *vb* **1***(=contrive)* tenke ut *(fx a new plan);* **2.** *jur:* testamentere bort fast eiendom.
devisee [divai'zi:] *subst; jur:* legatar (til fast eiendom).
devisor [di'vaizə] *subst; jur; av fast eiendom:* arvelater; *(se NEO arvelater).*
devoid [di'vɔid] *adj:* **~ of** blottet for; **~ of sense** meningsløs.
devolution [,di:və'lu:ʃən] *subst* **1.** overføring av myndighet fra regjering til regionale myndigheter; økt selvstyre *(fx did Scotland demand devolution?)* **2.** *jur:* **~ of property** arvefall; *(se NEO arvefall).*
devolve [di'vɔlv] *vb* **1.** *stivt:* **~ on***(=fall on)* falle på *(fx this duty devolved on me);* **2.** *jur:* **~ to***(=fall to)* tilfalle; **share that -s to the heirs on the father's side** andel som tilfaller arvingene på farssiden.
devote [di'vout] *vb:* **~ to** vie til; **~ one's efforts to** vie sine krefter til.
devoted *adj* **1.** trofast *(fx friend);* **I'm ~ to him** jeg setter stor pris på ham; **2.** engasjert (*to* av) *(fx one's work).*
devotee [,devə'ti:] *subst; stivt(=keen follower; enthusiast):* **a ~ of Beethoven***(=a Beethoven enthusiast (,T: fan))* en Beethovenelsker.
devotion [di'vouʃən] *subst; stivt* **1***(=great love)* hengivenhet (*to* for); **2.** begeistring (*to* for) *(fx football);* **3***(=piety)* fromhet; andakt; **with the ~ of a child** med barnlig andakt; **4.: -s***(=prayers)* andakt(søvelser) *(fx the monks were at their devotions);* **5.: his ~ to duty** hans plikttroskap; **6.: the ~ of his energies to the cause of peace** det at han vier (,viet) sine krefter til fredssaken.
devotional [di'vouʃənəl] *adj:* andakts- *(fx book; meeting).*
devour [di'vauə] *vb; stivt el. spøkef(=eat greedily)* sluke.
devout [di'vaut] *adj:* from *(fx a devout Christian).*
dew [dju:] **1.** *subst:* dugg; **2.** *vb:* dugge.
dewy ['dju:i] *adj; oftest litt.(=moist with dew; covered in dew)* dugget; *fig:* **a ~ complexion** en duggfrisk hud; **a ~ freshness** duggfriskhet.
dexterity [dek'steriti] *subst; stivt(=skill)* behendighet; dyktighet; **he was surprised at the child's ~ in making things** han var overrasket over hvor fingerferdig barnet var.
dexterous ['dekstərəs] *adj:* behendig; fingerferdig.
diabetes [,daiə'bi:tis; ,daiə'bi:ti:z] *subst:* sukkersyke.
diabetic [,daiə'betik] **1.** *subst:* diabetiker; **2.** *adj:* diabetisk; sukkersyke-; **~ food** diabetikerkost.
diabolic(al) [,daiə'bɔlik(əl)] *adj:* diabolsk; djevelsk.
diagnose ['daiəg,nouz] *vb:* stille en diagnose; diagnostisere.
diagnosis [,daiəg'nousis] *subst:* diagnose.
diagonal [dai'ægənəl] **1.** *subst:* diagonal; **2.** *adj:* diagonal(-); skrå-; **~ brace***(=cross brace; strut)* skråbånd; skråstiver.
diagram ['daiə,græm] *subst:* diagram.
I. dial ['daiəl] *subst* **1.** urskive; *(jvf sundial);* **2.** *tlf:* nummerskive; **3.** *tekn:* skala; skive; *på radio:* skala; **4. S***(=face)* fjes; **S:** tryne.
II. dial *vb; tlf:* dreie; slå *(fx dial a number).*
dialect ['daiə,lekt] *subst:* dialekt.
dialectal [,daiə'lektəl] *adj:* dialekt- *(fx differences).*
dialling code *tlf(=code; code number)* retningsnummer.
dialling tone *(,US: dial tone)* summetone.
diameter [dai'æmitə] *subst:* diameter.
diametrical [,daiə'metrikəl] *adj:* diametrisk; **we are ~ opposites of each other** vi er diametrale motsetninger; **a -ly opposed view** et diametralt motsatt syn.
diamond ['daiəmənd] *subst* **1.** diamant; **2.** *geom:* rombe; **3.** *kortsp:* **-s** ruter; **4.: ~ cut ~** hauk over hauk; **5.** *fig:* **he's a rough ~** han er en uslepen diamant; han har et barskt ytre, men er god som gull på bunnen.
diamond anniversary sekstiårsdag.
diamond crossing *jernb(=double frog)* dobbelt skinnekryss.
diamond cutter diamantsliper.
diamond wedding anniversary diamantbryllup.
diaper ['daiəpə] *subst* **US***(=nappy)* bleie.
diaphanous [dai'æfənəs] *adj; om stoff(=transparent)* gjennomsiktig *(fx a diaphanous nightdress).*
diaphragm ['daiə,fræm] *subst* **1.** *anat:* mellomgulv; diafragma; **2.** *med.(=cap)* pessar; **3.** *fot(=stop)* blender.
diapositive [,daiə'pɔzitiv] *subst; fot(=slide)* diapositiv; dias.
diarist ['daiərist] *subst:* dagbokforfatter.
diarrhoea *(,især* **US:** *diarrhea)* [,daiə'riə] *subst; med.:* diaré.
diary ['daiəri] *subst:* dagbok.
diastolic [,daiə'stɔlik] *adj; anat:* diastolisk; **~ pressure** diastolisk blodtrykk.
I. dice [dais] *subst (pl: dice)* terning (i terningspill).
II. dice *vb* **1.** spille med terninger; kaste terninger; **2.** skjære opp i terninger; **3.: ~ with death** risikere livet.
dicey ['daisi] *adj* **S***(=risky)* risikabel *(fx trip).*
dick [dik] *subst* **1. S***(=chap)* fyr; **2. US S***(=detective)* detektiv; **3. S***(=penis)* pikk.
dickens ['dikinz] *subst; evf(=devil):* **what the ~** hva pokker.
dick(e)y ['diki] *adj* **S***(=shaky)* dårlig *(fx feel dickey).*
I. dictate ['dikteit] *subst:* maktbud; diktat.
II. dictate [dik'teit] *vb* **1.** diktere; **2.** *stivt(=lay down)* bestemme; diktere; **3.** *neds:* **be -d to by***(=take orders from)* bli diktert av; ta imot ordrer av *(fx I certainly won't be dictated to by you);* **4.** *fig:* **we decided to act as circumstances -d** vi bestemte oss for å gjøre som omstendighetene tilsa.
dictating machine*(=dictaphone)* diktafon; dikteringsanlegg.
dictation [dik'teiʃən] *subst; skolev:* diktat.

dictator [dik'teitə] *subst:* diktator.
dictatorial [,diktə'tɔ:riəl] *adj:* diktatorisk.
dictatorship [dik'teitə,ʃip] *subst:* diktatur.
diction ['dikʃən] *subst* **1**(=*speech)* måte å snakke på; **clear ~** klar tale; **2.** språkbehandling; diksjon; foredrag; fremføring.
dictionary ['dikʃənəri] *subst:* ordbok.
didactic [di'dæktik] *adj:* belærende; **~ poem** læredikt.
diddle [didəl] *vb* **T**(=*cheat)* snyte (*out of* for).
I. die [dai] *subst* **1.** *mask:* stanse; presse; pregeplate; stansering; **2.** *for utvendige gjenger(=threading die)* gjengeskjærer; *(jvf I. tap 2);* **-s and taps** snittverktøy; **3.** *glds el.* **US**(=*dice)* terning (for terningspill); *fig:* **the ~ is cast** loddet er kastet.
II. die *vb* **1.** *også fig:* dø; **~ of** dø av; **~ of**(=*from)* **exposure** dø av forfrysning; **~ poor** dø fattig; **2.** *om motor:* stoppe; **3.** *om lyd:* **~ away** dø hen; **4.: ~ down** 1. *om vind(=drop)* løye (av); 2. *om staude:* visne ned; 3. *om bål:* dø hen; brenne ned; **5.: old habits ~ hard** gammel vane er vond å vende; **6.** *raskt el. i stort antall:* **~ off** dø *(fx herds of cattle were dying off because of the drought);* **7.** *beklagende:* **I'm afraid the horse is going to ~ on us** jeg er redd hesten kommer til å dø for (*el.* fra) oss; **8.: ~ out** 1. dø ut *(fx the custom died out a long time ago; the family died out);* 2. *om samtale:* stilne av; dø hen *(fx the conversation died (out));* **9.: never say ~!**(=*cheer up!)* friskt mot! **10.** *fig:* **~ in harness** dø stående; dø mens man enda er (yrkes)aktiv; **11. T: I'm dying for a drink!** jeg 'må ha noe å drikke! **I'm dying to see her again** jeg lengter etter å se henne igjen.
die-cast ['dai,ka:st] *vb:* presstøpe; **pressure ~** trykkstøpe.
die-hard ['dai,ha:d] **1.** *subst:* stokkonservativ (person); **2.** *adj:* stokkonservativ.
die head *mask:* gjengehode.
diesel [di:zəl] *subst:* **~ engine** dieselmotor.
I. diet ['daiət] *subst; hist:* riksdag *(fx the Diet of Worms).*
II. diet *subst* **1.** diett *(fx be on a diet);* **2.** kosthold; kost; **a balanced ~** allsidig kost; **a ~ of fish and oatmeal** en kost som består av fisk og havremel; **a good ~ is important to the maintenance of good health** et godt kosthold er viktig når det gjelder å bevare helsen.
III. diet *vb:* sette på diett; holde diett.
diet chart kostplan.
dietetics [,daii'tetiks] *subst:* dietetikk; kostholdsvitenskap.
dietetics consultant(=*nutrition consultant)* kostholdskonsulent.
dietician [,daii'tiʃən] *subst:* ernæringsfysiolog.
differ ['difə] *vb* **1.** være forskjellig (*from* fra); være annerledes (*from* enn); atskille seg (*from* fra); **2**(=*disagree)* være uenig; ha en annen mening; **she -ed with me over the choice of menu for the dinner** hun var uenig med meg i valg av meny for middagen; **I think we will have to agree to ~** jeg tror vi må bli enige om at vi har hver våre meninger.
difference ['difərəns, 'difrəns] *subst* **1.** forskjell; **the ~ between them** forskjellen på dem; **2.: ~ of opinion** meningsforskjell; uenighet; **have they settled their -s?**(=*have they stopped arguing?)* har de bilagt striden? **3.** differanse *(fx the difference in their weight is about five kilos);* **I'll give you £5 now and make up the ~ later** jeg gir deg £5 nå og betaler resten siden; **4.: it doesn't make any ~**(=*it doesn't matter)* **to me whether you go or stay** det blir det samme for meg om du drar eller blir; **earning more money will make a ~ to your standard of living** større inntekter vil bety mye for levestandarden; **that makes all the ~** det er en helt annen sak; det gjør hele forskjellen; **5.** *mht. pris:* **split the ~** møtes på halvveien.
different ['difərənt, 'difrənt] *adj:* forskjellig (*from* fra); **that's ~** det er noe annet; det er en annen sak; **yesterday she wore a ~ hat** i går hadde hun en annen hatt (på).
differential [,difə'renʃəl] *subst* **1.** *stivt(=difference)* forskjell; **2.** *mat.:* differensial; **3.** *mask:* **~ (gear)**(=*final drive)* differensial; **limited slip ~** differensialsperre.
differential calculus differensialregning.
differentiate [,difə'renʃi,eit] *vb:* differensiere.
difficult ['difikəlt] *adj:* vanskelig.
difficulty ['difikəlti] *subst:* vanskelighet; **I have ~ in understanding him** jeg har vanskelig for å forstå ham; **this resolves the ~** dette løser vanskeligheten.
diffident ['difidənt] *adj(=shy; timid)* forsagt; usikker; forknytt; **he's ~ about his achievements** han er beskjeden når det gjelder å snakke om sine prestasjoner.
diffraction [di'frækʃən] *subst; fys:* diffraksjon.
I. diffuse [di'fju:z] *vb:* spre *(fx light; learning).*
II. diffuse [di'fju:s] *adj:* diffus.
diffusion [di'fju:ʒən] *subst:* diffusjon; spredning.
I. dig [dig] *subst* **1**(=*poke)* puff; dytt; **2.** (sted hvor det foregår) utgraving; **3.** *fig:* hint; hipp *(fx that was a dig at you).*
II. dig *vb (pret: dug; perf. part.: dug)* **1.** grave; grave i *(fx dig one's garden);* **2. T**(=*have lodgings)* bo på hybel *(fx he digs in South London);* **3. US S**(=*cram)* sprenglese; **4.: ~ in** 1. spa ned; 2. *om måltid* **T:** gå i gang; sette i gang; lange innpå; 3. *mil, etc:* grave seg ned; **5.: ~ oneself in** 1. **T:** installere seg *(fx they quickly dug themselves in at their holiday cottage);* **we'll never get rid of her now – she's dug herself in** vi blir aldri kvitt henne nå – hun er kommet for å bli; 2. grave seg ned *(fx they would spread armfuls of branches and foliage in front of the tyres to stop the bus digging itself in);* **6.: ~ out** 1. grave ut; grave frem *(fx the car out of the snow);* 2. *etter leting:* finne *(fx I have that newspaper somewhere, I'll have to dig it out);* **7.: ~ over**(=*dig; dig up)* spa om *(fx the garden);* **8.: ~ up** 1. grave opp; **2**(=*dig over)* spa om *(fx the garden);* **3**(=*unearth)* rote frem; finne *(fx I dug up some old magazines you might like); (se I. heel: dig one's -s in).*
I. digest ['daidʒest] *subst; stivt(=summary)* sammendrag.
II. digest [di'dʒest; dai'dʒest] *vb* **1.** fordøye; **2.** *fig:* fordøye; tenke gjennom.
digestible [di'dʒestəbl; dai'dʒestəbl] *adj:* (lett) fordøyelig; **~ food** lettfordøyelig mat; **that pudding was not very ~** den puddingen var ikke videre lett å fordøye.
digestion [di'dʒestʃən; dai'dʒestʃən] *subst:* fordøyelse.
digestive [di'dʒestiv] **1.** *subst:* fordøyelsesfremmende middel; **2.** *adj:* fordøyelses- *(fx trouble).*
digger ['digə] *subst:* **ditch ~** grøftegraver; **gold ~** gullgraver; **mechanical ~** gravemaskin.
digit ['didʒit] *subst* **1.** *anat:* finger; tå; **2.** *mat.:* ensifret tall.
digital ['didʒitəl] *adj:* digital-; finger-; **~ watch** digitalur.
dignified ['digni,faid] *adj:* verdig.
dignitary ['dignitəri] *subst:* standsperson; rangsperson; **he is one of the town's dignitaries** han er en av byens kjente menn.
dignity ['digniti] *subst* **1.** verdighet; **beneath one's ~** under ens verdighet; **stand on one's ~** holde på sin verdighet; **2**(=*importance):* **he was conscious of the**

~ **of the occasion** han var seg bevisst at det var en betydningsfull anledning; **3.** *ofte spøkef:* opphøyd stilling; **he had risen to the ~ of an office of his own** han hadde steget i gradene og fått sitt eget kontor.
digress [dai'gres] *vb:* komme bort fra emnet; gjøre sidesprang.
digression [dai'greʃən] *subst:* digresjon; sidesprang.
digressive [dai'gresiv] *adj:* springende; som ikke holder seg til emnet.
digs [digz] *subst; pl* **T***(=lodgings)* hybel.
dik-dik ['dik,dik] *subst; zo:* dvergantilope.
dike *se dyke.*
dilapidated [di'læpi,deitid] *adj:* falleferdig *(fx building).*
dilate [dai'leit; di'leit] *vb; om pupiller:* utvide seg.
dilation [dai'leiʃən, di'leiʃən] *subst(=dilatation)* utvidelse.
dilatory ['dilətəri] *adj; stivt(=slow)* langsom; sendrektig; nølende.
dilatory policy forhalingspolitikk.
dilemma [di'lemə; dai'lemə] *subst:* dilemma; **be in a ~; be on the horns of a ~** være i et dilemma.
dilettante [,dili'tænti] *subst:* dilettant.
diligence ['dilidʒəns] *subst; stivt(=willingness to work; application)* flid; arbeidsomhet.
diligent ['dilidʒənt] *adj; stivt(=hard-working)* flittig; arbeidsom.
dill [dil] *subst; bot(=garden dill)* dill.
dilly-dally ['dili,dæli] *vb(=dawdle)* somle.
dilute [dai'lu:t] *vb:* fortynne; tynne ut *(fx in water).*
dilution [dai'lu:ʃən] *subst* **1.** fortynning; oppblanding; uttynning; **2.** *fig(=watering down)* utvanning.
diluvial [dai'lu:viəl] *adj* **1.** *geol:* diluvial- *(fx formations);* **2.** syndflods-; *(jvf deluge).*
dim [dim] *adj* **1.** svak; **a ~ light** et svakt lys; **his eyesight is getting ~** synet hans begynner å bli svakt; **2***(=badly illuminated; dimly lit)* dårlig opplyst *(fx room);* **3.** uklar *(fx shape);* **have some ~ notion of** ha et uklart begrep om; **her eyes were ~ with tears** øynene hennes var sløret av tårer; **4.** *om person* **T:** langsom i oppfattelsen *(fx she's a bit dim);* **5. T: take a ~ view of***(=disapprove of)* ikke se med blide øyne på; misbillige; mislike.
dimension [di'menʃən] *subst:* dimensjon.
diminish [di'miniʃ] *vb:* minske; forminskes; bli mindre; avta *(fx our supplies are diminishing rapidly);* **his reputation had -ed** han stod ikke lenger så høyt i folks omdømme; *økon:* **the law of -ing returns** det avtagende utbyttes lov.
diminution [,dimi'nju:ʃən] *subst; meget stivt (=lessening; decrease; reduction)* forminskelse; nedgang; reduksjon.
diminutive [di'minjutiv] **1.** *subst:* forminskelsesord; **2.** *adj:* meget liten; diminutiv.
dimmer switch*(=dipper switch)* nedblendingskontakt.
dimple ['dimpəl] **1.** *subst:* liten fordypning; smilehull; **2.** *vb:* lage små fordypninger i *(fx rain dimpled the surface of the water);* vise smilehullene sine *(fx she dimpled prettily at his compliment).*
din [din] **1.** *subst:* larm; bråk *(fx what an infernal din that machine makes);* **2.** *vb:* larme; bråke; **~ sth into sby** banke noe inn i hodet på en.
dine [dain] *vb; stivt(=have dinner)* spise middag; **wine and ~ sby** beverte en godt; **he wined and -d his way to the top** han klatret helt til topps ved å dyrke selskapslivet; **~ out** spise middag ute.
diner ['dainə] *subst* **1***(=dining car)* spisevogn; **2.** *på restaurant, etc:* middagsgjest.
dinghy, dingey ['diŋgi] *subst; mar:* jolle; **racing ~** regattajolle.
dingy ['dindʒi] *adj(=dirty-looking)* snusket *(fx room);* skitten *(fx town).*
dining alcove spisekrok.
dining car *jernb(=diner)* spisevogn.
dining room spisestue.
dining-room suite spisestuemøblement; *(jvf bathroom suite).*
dining table spisebord.
dinner ['dinə] *subst:* middag; **have ~** spise middag.
dinner jacket *(,***US:** *tuxedo)* smoking.
dinner party middagsselskap.
dinner set middagsservise.
dint [dint] *subst:* **by ~ of***(=by means of)* ved hjelp av *(fx by dint of hard work).*
diocese ['daiəsis] *subst:* bispedømme.
dioptrics [dai'ɔptriks] *subst:* dioptrikk.
I. dip [dip] *subst* **1.** fordypning; forsenkning *(fx a dip in the road);* **the car was hidden by a ~ in the road** bilen var skjult av en liten bakkekam; **2. T***(=short swim)* dukkert; **3.** *fys(=angle of dip; magnetic dip; inclination) magnetnåls:* inklinasjonsvinkel; **4.** *landbr; for kveg:* vaskeanlegg.
II. dip *vb* **1.** dyppe *(fx one's spoon into the soup);* **2***(=slope downwards)* skråne nedover; falle; **3.** *om bilist:* blende *(fx one's lights);* **4.: ~ the flag** hilse med flagget; **5.: ~ into** 1. *om sparepenger, etc:* ta av *(fx one's savings); neds:* **~ into the till***(=rob the till)* forsyne seg av kassen; 2*(=look briefly at)* se litt på; ta en (liten) titt på *(fx a book);* **6.** *landbr:* vaske (kveg i vaskeanlegg).
diphtheria [dif'θiəriə] *subst; med.:* difteri.
diphthong ['difθɔŋ] *subst; gram:* diftong.
diploma [di'ploumə] *subst:* diplom; eksamensbevis; **course ~** kursbevis.
diplomacy [di'ploumәsi] *subst:* diplomati.
diplomat ['diplə,mæt] *subst:* diplomat.
diplomatic [,diplə'mætik] *adj:* diplomatisk.
diplomatic gallery *parl:* diplomatlosje.
diplomatic service *(,***US:** *foreign service):* **the ~** utenrikstjenesten.
dipper ['dipə] *subst* **1.** øse; **2***(=dipper switch)* nedblendingskontakt; **3.** *zo(=water ouzel)* fossekall.
dipsomania [,dipsou'meiniə] *subst; med.:* periodefyll; dipsomani.
dipsomaniac [,dipsou'meini,æk] *subst (,***S:** *dipso)* periodedranker.
dipstick ['dip,stik] *subst(=oil dipper rod)* olje(måle)pinne; peilepinne.
dire [daiə] *adj; stivt el. spøkef(=dreadful)* fryktelig *(fx he said there would be dire consequences if she left);* **they were in ~***(=urgent)* **need of help** de trengte øyeblikkelig hjelp.
I. direct [di'rekt; dai'rekt] *vb* **1***(=show the way)* vise vei(en) (*to* til); **2.** *stivt(=address)* adressere; skrive adresse på; **3.** *om bemerkning, ord, etc; stivt(=address)* henvende; adressere (*at* til); **4.** lede; ha oppsyn med; **5.** *film:* iscenesette; **6.** *film, teat; under prøve el. innspilling:* instruere; **7.** *mus(=conduct)* dirigere; **8.: ~***(=call)* **sby's attention to** henlede ens oppmerksomhet på; **9.** *stivt:* **~ sby to***(=tell sby to; order sby to)* beordre en til å; gi en ordre om å; **we will do as you ~***(=say)* vi skal gjøre som De sier.
II. direct *adj* **1.** direkte; **she was very ~ about it** hun var meget direkte; **he was in favour of a ~ approach** han var stemt for å gå rett på sak; **a ~ link** en direkte forbindelse; **that was a ~ result of the accident** det var et direkte resultat av ulykken; **2***(=exact):* **her opinions are the ~ opposite of his** hennes meninger er den rake motsetning til hans; **a ~ quotation** et direkte sitat; **3.: be a ~ descendant of** nedstamme i rett linje fra.
direct current *(fk DC, dc)* likestrøm; *(jvf alternating*

current).
direct hit fulltreffer.
direction [di'rekʃən, dai'rekʃən] *subst* **1.** retning; **maintain** ~*(=keep straight)* holde retningen; . . . **and proceeded in precisely the wrong** ~ og fortsatte i helt gal retning; **in the** ~ **of** i retning av; **he looked in the** ~ **of the door** han så bort mot døren; **I have very little sense of** ~ jeg har dårlig retningssans (*el.* stedsans); **he came from the** ~ **of Andover** han kom i retning fra Andover; **2.** *stivt(=management; control)* ledelse; **3.** *film:* iscenesettelse; **4.** *film, teat:* instruksjon; **5.** *post:* **-s***(=address)* adresse; **6.:** **-s***(=information; instructions):* **we asked the policeman for -s***(=we asked the policeman how to get there)* vi spurte politimannen om veien; **7.:** **-s***(=instructions)* retningslinjer; instrukser; **-s (for use)***(=instructions (for use))* bruksanvisning; **8.** *mus(=conducting)* dirigering; ledelse.
direction finder peileapparat.
directive [di'rektiv; dai'rektiv] *subst:* direktiv.
directly 1. *adv:* direkte *(fx I went directly to the office);* ~ **affected by** direkte berørt av; **2.** *adv(=very soon)* om et øyeblikk; straks *(fx he'll be here directly);* ~ **before***(=just before)* like før; ~ **after***(=just after)* like etter; **3.** *konj(=as soon as)* straks; så snart *(fx we left directly the money arrived).*
directness [di'rektnis] *subst:* likefremhet.
director [di'rektə; dai'rektə] *subst* **1.: (film)** ~ regissør; **stage** ~ sceneinstruktør; **2.** *for offentlig institusjon:* direktør; **3.** *merk:* styremedlem (i aksjeselskap); **managing** ~ *(fk Man. Dir.;* **US:** *Mgn Dir)* administrerende direktør; **he's on the Board of Directors** han sitter i direksjonen; han er styremedlem; ~ **general** generaldirektør; *(jvf president).*
directorate [di'rektərit] *subst:* direktorat.
Director-General of Army Medical Services: the ~ Sjefslegen for Hæren.
Director General of the BBC kringkastingssjef; *(jvf director of broadcasting).*
director of broadcasting kringkastingssjef; *(jvf Director General of the BBC).*
Director of Military Intelligence etterretningssjef.
director of nurse *(,***US:** *nursing)* **education** rektor (ved sykepleieskole); *hist:* forstanderinne.
Director of Public Prosecutions *(fk DPP)* riksadvokat.
I. directory [di'rektəri; dai'rektəri] *subst* **1.** *tlf; hist:* **(telephone)** ~*(=phone book)* telefonkatalog; ~ **inquiries** opplysningen: **2.: medical** ~ legefortegnelse.
II. directory *adj(=advisory)* rådgivende; veiledende; retningsgivende.
dirge [də:dʒ] *subst:* klagesang.
dirt [də:t] *subst:* skitt; søle *(fx his shoes were covered in dirt);* **T: eat** ~*(=take everything lying down)* la seg by hva som helst; **treat sby like** ~ behandle en som skitt.
dirt-cheap T*(=very cheap)* veldig billig; spott billig.
dirt road US*(=earth road; unmade road)* uasfaltert vei; grusvei.
I. dirty [də:ti] *adj* **1.** skitten *(fx your hands are dirty);* **2***(=obscene)* stygg; umoralsk; **a** ~ **word** et stygt ord; **3***(=mean; unfair)* simpel *(fx trick);* **4.** *om rykte:* stygg; **a** ~ **rumour** et stygt rykte; **5. T: do the** ~ **on sby** behandle en sjofelt.
II. dirty *vb:* skitne til; ~ **one's hands** gjøre seg skitten på hendene; ~ **one's pants** gjøre i buksen.
disability [,disə'biliti] *subst* **1.** arbeidsuførhet; uførhet; **permanent** ~ varig arbeidsuførhet; **2.** *jur:* inhabilitet.
disable [dis'eibəl] *vb* **1.** gjøre arbeidsufør; **2.** *jur:* gjøre inhabil.
disabled *adj:* (arbeids)ufør.
disablement [dis'eibəlmənt] *subst* **1.** det å bli gjort ufør; **2.** uførhet.
disablement benefit uførhetstrygd.
disabuse [,disə'bju:z] *vb; meget stivt el. spøkef:* rive ut av villfarelsen.
disadvantage [,disəd'va:ntidʒ] *subst* **1***(=drawback)* ulempe; **the** ~ **of it is that** . . . ulempen ved det er at . . .; **there are several -s to this plan** denne planen har flere uheldige sider; det er flere ulemper ved denne planen; **2***(=unfavourable circumstance)* uheldig omstendighet; **under great -s** under svært ugunstige vilkår; **under every (possible)** ~ under så uheldige omstendigheter som vel mulig; **3.: be at a** ~ være uheldig stilt.
disadvantageous [dis,ædva:n'teidʒəs; ,disædva:n'teidʒəs] *adj(=unfavourable)* ufordelaktig.
disaffected [,disə'fektid] *adj; stivt(=discontented)* utilfreds.
disagree [,disə'gri:] *vb* **1.** ikke stemme overens; **2.** være uenig *(fx we disagree about almost everything);* ~ **with** være uenig med; **3***(=quarrel)* krangle *(fx we never meet without disagreeing);* **4.** *om mat:* **curry -s with me** jeg tåler ikke karri.
disagreeable [,disə'gri:əbl] *adj(=unpleasant)* ubehagelig *(fx she's often rather disagreeable in the morning);* **he's a most** ~ **person** han er en virkelig ubehagelig fyr.
disagreement [,disə'gri:mənt] *subst* **1.** uoverensstemmelse; **2.** uenighet; **there were signs of** ~ **among those present** det var tilløp til uenighet blant de tilstedeværende; **3***(=quarrel)* krangel *(fx we had a violent disagreement last time we met).*
disallow [,disə'lau] *vb; stivt(=refuse to allow)* avvise; forkaste *(fx his appeal was disallowed).*
disappear [,disə'piə] *vb:* forsvinne.
disappearance [,disə'piərəns] *subst:* forsvinning.
disappearing act forsvinningsnummer; **do a** ~ lage et forsvinningsnummer.
disappoint [,disə'pɔint] *vb:* skuffe; **be -ed with sth** være skuffet over noe; **be -ed in***(=with)* **sby** være skuffet over en; **I was -ed at her lack of understanding** jeg var skuffet over hennes mangel på forståelse; **he was very -ed at not having been invited** han var meget skuffet over ikke å ha blitt invitert.
disappointment [,disə'pɔintmənt] *subst:* skuffelse; **her** ~ **(at it) was great** hennes skuffelse var stor; **her** ~ **was obvious from her face** skuffelsen stod å lese i ansiktet hennes; **his failure was a great** ~ **to his wife** at han ikke hadde hellet med seg, var en stor skuffelse for hans kone; **there will be -s ahead** fremtiden vil by på skuffelser.
disapproval [,disə'pru:vəl] *subst:* misbilligelse.
disapprove [,disə'pru:v] *vb:* mislike; ikke like; ~ **of sth** mislike noe; misbillige noe.
disarm [dis'a:m; di'za:m] *vb* **1.** avvæpne; **2.** nedruste.
disarmament [dis'a:məmənt] *subst* **1.** avvæpning; **2.** nedrustning.
disarrange [,disə'reindʒ] *vb(=make untidy)* bringe uorden i; **the wind had -d her hair** vinden hadde gjort henne uordentlig på håret.
disarrangement [,disə'reindʒmənt] *subst:* uorden.
disarray [,disə'rei] *subst(=disorder)* uorden; forvirring; **Labour's** ~ forvirringen i Labours rekker.
disassemble [,disə'sembəl] *vb:* demontere; ta fra hverandre.
disaster [di'za:stə] *subst; også fig; spøkef:* katastrofe.
disastrous [di'za:strəs] *adj:* katastrofal; *fig:* ulykksalig.
disavow [disə'vau] *vb; stivt(=deny; disclaim)* dementere.

disavowal [,disə'vauəl] *subst; stivt(=denial; disclaimer)* dementi.
disband [dis'bænd] *vb:* oppløse; sende hjem *(fx an army).*
disbar [dis'ba:] *vb:* frata bevillingen som 'barrister'.
disbelief [,disbi'li:f] *subst:* vantro; tvil; **she stared at him in ~** hun stirret vantro på ham.
disbelieve [,disbi'li:v] *vb:* ikke tro på; **he was inclined to ~ her story** han var tilbøyelig til ikke å tro på historien hennes.
disbeliever [,disbi'li:və] *subst:* vantro.
disburden *vb: se unburden.*
disburse [dis'bə:s] *vb; stivt(=pay out)* betale ut.
disc [disk] *subst* **1.** skive; **the sun ~** solskiven; **2***(=record)* grammofonplate; **3.** *anat:* diskus; **slipped ~** diskusprolaps; **4.** *EDB: se disk.*
discard [dis'ka:d] *vb; stivt* **1***(=throw away; scrap)* kaste; vrake; **2.** *kortsp:* sake.
discern [di'sə:n] *vb: se distinguish.*
discernible [di'sə:nəbl] *adj; stivt(=distinguishable)* som kan skjelnes; *(se distinguishable).*
discerning *adj:* skarp; forstandig.
I. discharge ['distʃa:dʒ; dis'tʃa:dʒ] **1.** *fra sykehus:* utskrivning; **2.** *mil(=dismissal)* dimittering *(fx he was given his discharge from the army);* **3.** *mar:* avmønstring; **certificate of ~** avmønstringsbevis; **4.** *fra fengsel(=release)* løslatelse; **5.** *om plikter:* utførelse *(fx she was very efficient in the discharge of her various duties);* **6.** utslipp *(fx of waste oil from tankers); (jvf effluent);* **7.** *mar(=discharging; unloading)* lossing; **8.** *elekt:* utladning; **glow ~** glødeutladning; glimutladning; **9.** *fra innsjø, etc:* avløp; **10.** avfyring (av kanon); **11.** *med.:* utflod *(fx vaginal discharge).*
II. discharge [dis'tʃa:dʒ] *vb* **1.** utskrive; **2.** *mil:* dimittere; **3.** *mar:* avmønstre; **4.** *fra fengsel:* løslate; **5.** *om plikter:* utføre; **6.** slippe ut *(fx waste oil);* **7.** *mar(=unload)* losse; **8.** *elekt:* lade ut *(fx a battery);* **9.** avgi; slippe ut; strømme ut; renne ut *(fx the Nile discharges itself into the Mediterranean);* **10.** *kanon:* avfyre; fyre av.
discharge book sjøfartsbok.
disciple [di'saipəl] *subst:* disippel.
I. disciplinarian [,disipli'nɛəriən] *subst:* **he was a poor ~** han holdt dårlig disiplin.
II. disciplinarian *adj; om system, etc:* som bygger på streng disiplin *(fx principles).*
disciplinary ['disi,plinəri] *adj:* disiplinær.
I. discipline ['disiplin] *subst:* disiplin.
II. discipline *vb* **1***(=bring under control)* disiplinere *(fx you must discipline yourself);* **2***(=punish)* straffe *(fx the students who caused the disturbance have been disciplined).*
disc jockey *radio:* plateprater.
disclaim [dis'kleim] *vb* **1***(=deny)* dementere; **2***(=deny)* fraskrive seg *(fx all responsibility);* **3.: ~ the authorship** nekte å vedkjenne seg forfatterskapet.
disclaimer [dis'kleimə] *subst(=(official) denial)* dementi.
disclose [dis'klouz] *vb:* oppdage; avsløre; røpe *(fx a secret).*
disclosure [dis'klouʒə] *subst:* avsløring.
disco ['diskou] *subst* **T***(=discotheque)* disko(tek).
discoloration [dis,kʌlə'reiʃən] *subst* **1***(=stain)* skjold; **2.** misfarging; skjolder.
discolour *(,***US:** *discolor)* [dis'kʌlə] *vb:* avfarge; falme; gjøre skjoldet; bli skjoldet; avfarges; skifte farge.
discomfit [dis'kʌmfit] *vb; stivt* **1***(=embarrass; make uncomfortable; confuse)* forvirre; gjøre forlegen; bringe ut av fatning; få til å tape fatningen.
discomfiture [dis'kʌmfitʃə] *subst; stivt(=embarrassment; discomfort)* forlegenhet; ubehag; forvirring.
I. discomfort [dis'kʌmfət] *subst* **1.** manglende komfort; ubehag; besvær *(fx her broken leg caused her great discomfort);* **he was overtaken by a feeling of ~** han begynte å føle seg ille til mote; han begynte å føle ubehag; **2.: -s***(=hardship)* strabaser *(fx the discomforts of a camping holiday).*
II. discomfort *vb:* volde besvær; volde ubehag; sjenere.
discompose [,diskəm'pouz] *vb; stivt(=disconcert)* bringe ut av fatning.
discomposure [,diskəm'pouʒə] *subst:* mangel på fatning; uro.
disconcert [,diskən'sə:t] *vb:* bringe ut av fatning.
disconcerted *adj:* forvirret; brakt ut av fatning; desorientert.
disconnect [,diskə'nekt] *vb:* kople fra *(fx two wires from the battery);* kople ut.
disconnected *adj* **1.** frakoplet; utkoplet; **2.** *om fremstilling:* springende; usammenhengende.
disconnection [,diskə'nekʃən] *subst* **1.** frakopling; utkopling; **2.** mangel på sammenheng.
disconsolate [dis'kɔnsəlit] *adj; stivt(=unhappy; very sad)* ulykkelig; lei seg; nedtrykt.
I. discontent [,diskən'tent] *subst(=discontentment)* misnøye.
II. discontent *adj(=discontented)* misfornøyd; utilfreds.
discontinuation [,diskən,tinju'eiʃən] *subst:* opphør; avbrytelse.
discontinue [,diskən'tinju:] *vb* **1***(=stop)* holde opp; avbryte *(fx work);* **2.** holde opp med *(fx he has discontinued his visits there);* **3.** opphøre; stanse.
discontinuous [,diskən'tinjuəs] *adj:* usammenhengende.
discord ['diskɔ:d] *subst* **1.** strid; disharmoni; **2.** *mus(=dissonance)* dissonans; disharmoni.
discordance [dis'kɔ:dəns] *subst:* mangel på harmoni; disharmoni; uenighet.
discordant [dis'kɔ:dənt] *adj:* uharmonisk.
I. discount ['diskaunt] *subst* **1***(=cash discount)* kontantrabatt; rabatt; **a 5% ~, a ~ of 5%** 5% rabatt; **2***(=trade discount)* forhandlerrabatt; **3***(=discount rate; market discount)* (markedets) diskonto; diskontosats; *(jvf bank rate; NEO diskonto);* **4.: bank ~** forskuddsrente; uoppgjort diskonto; **5.: at a ~***(=below par)* under pari; *fig:* lavt i kurs.
II. discount [dis'kaunt; 'diskaunt] *vb* **1.** *merk:* diskontere; **2***(=not take into account)* se bort fra; ikke ta hensyn til.
discountenance [dis'kauntənəns] *vb; stivt(=disapprove of)* mislike; være imot *(fx a plan).*
discounter [dis'kauntə] *subst; merk:* diskontør.
discount rate diskontosats; *(se I. discount 3).*
discount store rabattforretning; lavprisforretning.
discourage [dis'kʌridʒ] *vb* **1.** ta motet fra; gjøre motløs; **2***(=try to prevent)* prøve å hindre; ikke oppmuntre *(fx they discouraged visitors);* **they -d him from doing it** de prøvde å forhindre at han skulle gjøre det.
discouragement [dis'kʌridʒmənt] *subst* **1.** nedtrykthet; **2.** motarbeidelse; det at man prøver å forhindre at en annen gjør noe; *(jvf discourage 2).*
discouraging [dis'kʌridʒiŋ] *adj:* nedslående.
I. discourse ['diskɔ:s; dis'kɔ:s] *subst; stivt* **1***(=speech)* foredrag; **2***(=dissertation)* avhandling; **3***(=lecture)* foredrag; **4.** *glds(=conversation)* samtale; **hold ~ with** samtale med.
II. discourse [dis'kɔ:s] *vb; stivt:* **~ on 1***(=lecture on)* holde foredrag om; **2***(=talk about)* samtale om.

discourteous [dis'kə:tiəs] *adj; stivt(=rude)* uhøflig *(fx remark; that was discourteous of him).*
discourtesy [dis'kə:təsi] *subst; stivt(=rudeness)* uhøflighet.
discover [dis'kʌvə] *vb* **1.** oppdage *(fx a really nice place to have lunch);* **2***(=find out)* finne ut *(fx what's going on).*
discoverer [dis'kʌvərə] *subst:* oppdager.
discovery [dis'kʌvəri] *subst:* oppdagelse.
disc recording plateinnspilling.
I. discredit [dis'kredit] *subst* **1***(=disgrace)* skam *(fx her untidy garden is a discredit to the whole street);* **bring ~ on oneself** bringe skam over seg selv; **I know something to his ~** jeg vet noe ufordelaktig om ham; **2***(=disrepute)* vanry; miskreditt; **bring into ~** bringe i miskreditt.
II. discredit *vb* **1***(=reject; refuse to believe)* ikke ville tro på; avvise *(fx his story);* **2***(=disgrace):* **be -ed** miste anseelse.
discreditable [dis'kreditəbl] *adj:* kritikkverdig; beskjemmende *(fx action);* **their behaviour was ~ to the team** oppførselen deres brakte skam over laget.
discreet [di'skri:t] *adj(=tactful)* diskret; taktfull.
discrepancy [dis'krepənsi] *subst:* uoverensstemmelse; mangel på samsvar.
discretion [di'skreʃən] *subst* **1***(=discreetness)* diskresjon; **2.: I leave the arrangements entirely to your ~***(=judgment)* jeg overlater arrangementet helt til ditt skjønn; **at one's own ~** etter eget skjønn; **money will be given at the ~ of the management** bedriftsledelsen vil avgjøre når det skal gis penger; **reach the age of ~***(=grow up)* komme til skjels år og alder; **~ is the better part of valour** forsiktighet er en dyd; **use your own ~***(=judgment)* bruk ditt eget skjønn.
discretionary [di'skreʃənəri] *adj:* **have large ~ powers** ha vide fullmakter.
I. discriminate [di'skrimi,neit] *vb* **1.** diskriminere (*against* mot); **2.: ~ between** skjelne mellom.
II. discriminate [di'skriminit] *adj:* som forstår å velge og vrake; skjønnsom.
discriminating *adj* **1.** kresen; som viser innsikt *(fx he was most discriminating in his choice of furniture);* **2.** *om tollsatser, etc:* diskriminerende *(fx tariff rates).*
discrimination [di,skrimi'neiʃən] *subst* **1.** diskriminering; **sex ~** kjønnsdiskriminering; **2.** kresenhet; skjønnsomhet; skjønn.
discriminative [di'skriminətiv], **discriminatory** [di'skriminətəri] *adj* **1.** kresen; med fint skjønn; **2.** diskriminerende; forutinntatt.
discursive [di'skə:siv] *adj; stivt(=rambling; digressive)* vidløftig; springende.
discus ['diskəs] *subst; sport:* diskos.
discuss [dis'kʌs] *vb* **1.** diskutere; drøfte; **2.** *om tema:* behandle; drøfte; **3***(=negotiate)* forhandle; **they're -ing it***(=they're having talks about it)* de holder på å forhandle om det; **4.: start -ing** 1. begynne å diskutere (*el.* drøfte); 2. begynne å forhandle; **they will start -ing it tomorrow** de begynner å forhandle om det i morgen.
discussion [dis'kʌʃən] *subst* **1.** diskusjon; drøfting; **2.** drøfting; behandling; **the matter is under ~** saken er oppe til behandling; saken drøftes.
disdain [dis'dein] **1.** *subst; stivt(=scorn)* forakt; **2.** *vb:* forakte; se ned på; **she -s our company** hun holder seg for god til å være sammen med oss; **she -ed to save herself by telling lies** hun var for stolt til å redde seg ved å fortelle løgner.
disdainful [dis'deinful] *adj:* foraktelig *(fx glance).*
disease [di'zi:z] *subst:* sykdom.
disease carrier smittebærer.
diseased *adj:* ikke frisk; syk *(fx liver; plants).*
disembark [,disim'ba:k] *vb* **1.** gå i land; gå fra borde; **2.** utskipe; **3.** *mil:* landsette.
disembarkation [,dis,emba:'keiʃən] *subst* **1.** landgang; **2.** utskipning; **3.** *mil:* landsetting.
disembodied [,disim'bɔdid] *adj; om ånd el. sjel:* frigjort fra legemet; herreløs; **a ~ voice came from the loudspeaker** fra høyttaleren kom det en herreløs stemme.
disembowel [,disim'bauəl] *vb* **1.** ta innvollene ut av; **2.** sprette magen opp på.
disenchant [,disin'tʃa:nt] *vb:* desillusjonere.
disenchanted *adj:* desillusjonert; **I'm completely ~ with politics** jeg er lut lei politikk.
disengage [,disin'geidʒ] *vb* **1.** gjøre fri; frigjøre; **~ oneself** frigjøre seg (*from* fra); **2.** *mil:* trekke ut (tropper av kampen); **3.** *tekn:* **~ the clutch** kople ut clutchen.
disengaged *adj; om person:* ledig; ikke opptatt.
disengagement [,disin'geidʒmənt] *subst* **1.** løsgjøring; frigjøring; **2.** *mil:* atskillelse av styrkene; **3.** utkopling.
disentangle [,disin'tæŋgəl] *vb* **1.** *om noe som har floket seg:* vikle opp; greie ut *(fx a piece of string from the heap);* **2.: ~ oneself** løsgjøre seg; komme seg løs.
disestablish [,disi'stæbliʃ] *vb:* **~ the Church** skille stat og kirke.
I. disfavour *(,US: disfavor)* [dis'feivə] *subst* **1***(=disapproval; dislike)* mishag; **2***(=disgrace)* unåde *(fx he was in disfavour);* **fall into ~** falle i unåde.
II. disfavour *vb(=disapprove of)* mislike; ikke like; være ugunstig stemt overfor.
disfigure [dis'figə] *vb:* vansire; skjemme.
disfranchise [dis'fræntʃaiz] *vb:* frata stemmerett; frata en rettighet.
disgorge [dis'gɔ:dʒ] *vb; stivt* **1***(=throw up)* kaste opp *(fx wild dogs disgorge half-digested food for their puppies),* **2.** *om fabrikkpipe, etc(=belch forth)* spy ut; **3.** *fig(=produce)* komme fram med *(fx the missing papers).*
I. disgrace [dis'greis] *subst* **1.** vanære; **~ and shame** vanære og skam; **2***(=disfavour)* unåde *(fx he's in disgrace because of his behaviour);* **fall into ~** falle i unåde; **3***(=discredit)* skam; noe man bør skamme seg over *(fx your clothes are a disgrace);* **the service you get here is a ~** det er en skam hvor dårlig service man får her.
II. disgrace *vb* **1.** vanære; **2.** bringe skam over; skjemme ut.
disgraceful [dis'greisful] *adj(=shameful)* skammelig *(fx behaviour).*
disgruntled [dis'grʌntəld] *adj:* mellomfornøyd; utilfreds; sur; **he's very ~ at the way things are going** han er veldig sur over den måten tingene utvikler seg på.
I. disguise [dis'gaiz] *subst:* forkledning; **in the ~ of** forkledd som; **a blessing in ~** hell i uhell; **assume a ~** anlegge forkledning.
II. disguise *vb* **1.** forkle; kle ut; **~ oneself as** kle seg ut som; **~ one's voice** fordreie stemmen; **2.** *fig:* skjule; **badly -d satisfaction** dårlig skjult tilfredshet.
I. disgust [dis'gʌst] *subst* **1.** vemmelse; avsky; **2.** *fig:* sterk misnøye; forargelse *(fx my disgust at what he had said grew stronger all the time);* **she left the room in ~** hun forlot rommet meget forarget (*el.* dypt rystet).
II. disgust *vb* **1.** virke frastøtende på *(fx the smell of that soup disgusts me);* **2.** *fig:* **your attitude -s me** jeg er opprørt over holdningen din; **she was -ed by your behaviour** hun ble meget forarget over oppførselen din.

disgustedly *adv:* med vemmelse; med avsky; **look ~ at** betrakte med avsky (*el.* vemmelse).
disgusting *adj:* vemmelig *(fx smell);* avskyelig; **her house is in a ~ mess** det ser fælt ut i huset hennes.
I. dish [diʃ] *subst* **1.** fat; **-es** fat; servise; **do the -es** vaske opp; **2.** rett; **a fish ~** en fiskerett.
II. dish *vb* **1.** legge på fat; **2 S***(=ruin)* ødelegge *(fx he dished his chances of getting the job);* **3. T: ~ out** 1. dele ut; *fig:* **they -ed out jobs all round** de delte ut jobber i øst og vest; 2. slå fra seg; **he sure can ~ it out!** jeg skal si han kan slå fra seg: **4. T: ~ up** 1. *om mat:* servere; legge på tallerknene; 2. *om argumenter, fakta, etc:* diske opp med; 3. få til å se lekkert ut.
disharmonious [,disha:'mouniəs] *adj:* disharmonisk.
disharmony [dis'ha:məni] *subst:* disharmoni.
dishcloth ['diʃ,klɔθ] *subst:* oppvaskklut.
dishearten [dis'ha:tən] *vb:* gjøre motløs.
disheartening *adj:* nedslående.
dishevelled [di'ʃevəld] *adj* **1.** pjusket; ustelt *(fx wet and dishevelled);* **2.** *om håret:* pjusket.
dishonest [dis'ɔnist] *adj:* uærlig; uhederlig; **be -ly inclined** ha uærlige tilbøyeligheter.
dishonesty [dis'ɔnisti] *subst:* uærlighet; uhederlighet.
I. dishonour *(,***US:** *dishonor)* [dis'ɔnə] *subst; stivt(=disgrace; shame)* vanære.
II. dishonour *vb* **1.** vanære *(fx one's family);* **2.** *merk; om veksel(=fail to meet)* misligholde; ikke innfri.
dishonourable *(,***US:** *dishonorable)* [dis'ɔnərəbl] *adj:* vanærende; skammelig.
dishtowel ['diʃ,tauəl] *subst* **US***(=tea cloth)* glass-håndkle.
dishwasher ['diʃ,wɔʃə] *subst:* oppvaskmaskin.
dishwater ['diʃ,wɔtə] *subst:* oppvaskvann.
dishy ['diʃi] *adj* **S***(=good-looking; attractive)* kjekk; søt.
disillusion [,disi'lu:ʒən] *vb:* desillusjonere.
disillusionment [,disi'lu:ʒənmənt] *subst:* desillusjonering.
disincentive [,disin'sentiv] **1.** *subst:* hemsko; hindring (for økonomisk fremgang); **2.** *adj:* som virker hemmende på.
disinclination [,disinkli'neiʃən] *subst:* utilbøyelighet; ulyst.
disinfect [,disin'fekt] *vb:* desinfisere.
disinfectant [,disin'fektənt] **1.** *subst:* desinfeksjonsmiddel; **2.** *adj:* desinfiserende.
disinfection [,disin'fekʃən] *subst:* desinfeksjon.
disingenuous [,disin'dʒenjuəs] *adj(=insincere; not straightforward)* uoppriktig; falsk.
disingenuousness [,disin'dʒenjuəsnis] *subst:* uoppriktighet; falskhet; **a piece of ~** en tilsnikelse.
disinherit [,disin'herit] *vb:* gjøre arveløs.
disinhibit [,disin'hibit] *vb:* frata hemningene; **when -ed by alcohol** når alkoholen har (,hadde) fratatt ham (,henne) hemningene.
disintegrate [dis'inti,greit] *vb* **1***(=fall to pieces)* falle fra hverandre *(fx the paper bag was so wet that the bottom disintegrated);* **2.** *fig:* gå i oppløsning *(fx the values of society are disintegrating).*
disintegration [dis,inti'greiʃən] *subst:* oppløsning; nedbrytning *(fx the disintegration of the social structure).*
disinter [,disin'tə:] *vb(=exhume)* grave opp *(fx the body was disinterred); fig; om tema:* bringe på bane igjen; grave fram *(fx the subject was disinterred yet again).*
disinterested [dis'intristid] *adj(=impartial; objective)* uhildet; objektiv; uten egne interesser i saken; **he's not entirely ~** han gjør det ikke for dine blå øynes skyld; han er ikke helt uten egne motiver.
disinterment [,disin'tə:mənt] *subst(=exhumation)* oppgraving; ekshumasjon.
disinvest [,disin'vest] *vb; økon:* trappe ned investeringene.
disinvestment [,disin'vestmənt] *subst; økon:* nedtrapping av investeringene.
disjointed [dis'dʒɔintid] *adj* **1.** *med.:* av ledd; **2.** usammenhengende *(fx a few disjointed remarks).*
disk [disk] *subst* **1.** *især* **US:** *se disc;* **2.** *EDB(=magnetic disk)* disk; magnetplate.
disk drive *EDB:* platedrev.
diskette [dis'ket] *subst; EDB:* diskett.
disk pack *EDB:* platepakke.
I. dislike [dis'laik] *subst:* motvilje; antipati; **likes and -s** ['dislaiks] sympatier og antipatier; **take a ~ to** fatte motvilje mot; få antipati for; **his ~ of crowds** hans motvilje mot å befinne seg blant mange mennesker; **have a violent ~ of** føle avsky for; **he has few real -s** det er svært få ting han ikke liker.
II. dislike *vb:* mislike; ikke like.
dislocate ['dislə,keit] *vb* **1.** få av ledd *(fx she dislocated her hip when she fell);* **2.** *om trafikk:* **be -d** bryte sammen.
dislocated *adj(=out of joint)* av ledd.
dislocation [,dislə'keiʃən] *subst* **1.** det å få ut av ledd; *fagl:* dislokasjon; **2.** sammenbrudd *(fx a dislocation of traffic).*
dislodge [dis'lɔdʒ] *vb* **1.** flytte på; rive løs *(fx a stone from the wall);* **2.** *mil:* **~ the enemy** drive fienden ut av stillingen.
disloyal [dis'lɔiəl] *adj:* troløs; illojal.
disloyalty [dis'lɔiəlti] *subst:* troløshet; illojalitet.
dismal ['dizməl] *adj* **1.** dyster *(fx he looked dismal);* **2.** *om vær(=miserable)* elendig; trøstesløs *(fx isn't it a dismal day?).*
dismantle [dis'mæntəl] *vb* **1.** demontere; ta fra hverandre; **2.** *mil:* demontere; fjerne *(fx one's nuclear weapons);* **3.** avvikle *(fx the National Health Service);* **~ fiscal discrimination against** . . . avskaffe skattemessig diskriminering av . . .
dismay [dis'mei] **1.** *subst(=consternation; alarm)* bestyrtelse; skrekk; **he looked at them in ~** han så bestyrtet på dem; **we watched his actions in horrified ~** vi så med forferdelse på det han gjorde; **2.** *vb:* gjøre bestyrtet; forskrekke *(fx we were dismayed by the violence of his reactions).*
dismember [dis'membə] *vb; sj(=tear to pieces)* rive i stykker; partere *(fx the murderer dismembered his victim).*
dismiss [dis'mis] *vb* **1.** avskjedige; si opp; **2.** la gå *(fx the teacher dismissed the class);* sende av sted; **3.** avferdige; avvise *(fx she dismissed the idea);* **~ it from your mind** slå den tanken fra deg; **he -ed the problem** han skjøv problemet fra seg; **4.** *jur:* avvise *(fx an appeal);* **~ the case** avvise saken; **5.** *mil:* **~!** tre av!
dismissal [dis'misəl] *subst* **1***(=notice (to quit))* oppsigelse; avskjedigelse; **notice of ~***(=dismissal notice)* skriftlig oppsigelse; **2.** avferdigelse.
dismount [dis'maunt] *vb* **1.** *fra hest el. sykkel; stivt(=get off)* stige av; gå av; **2.** *mil:* demontere *(fx a gun);* **3.** *om edelstein; etc:* ta ut av innfatningen; avmontere.
disobedience [,disə'bi:diəns] *subst:* ulydighet.
disobedient [,disə'bi:diənt] *adj:* ulydig (*to* mot).
disobey [,disə'bei] *vb:* ikke adlyde; nekte å adlyde; være ulydig mot.
disobliging [,disə'blaidʒiŋ] *adj:* lite forekommende; lite hjelpsom.
I. disorder [dis'ɔ:də] *subst* **1.** uorden; forvirring; **2.** uro *(fx scenes of disorder and rioting);* **3.** *med.:* forstyrrelse *(fx menstrual disorder);* **mental ~** sinnslidelse.

II. disorder *vb stivt(=throw out of order)* bringe uorden i.
disorderly [dis'ɔ:dəli] *adj* **1.** uordentlig; i uorden; **2.** urolig; ~ **conduct** gateuorden.
disorganization, disorganisation [dis,ɔ:gənai'zeiʃən] *subst:* desorganisasjon; desorganisering; oppløsning.
disorganize, disorganise [dis'ɔ:gə,naiz] *vb:* desorganisere; oppløse; bringe i uorden; **the meeting was very -d** det var et dårlig organisert møte; **a -d person** person som ikke har noen orden på tilværelsen sin.
disorient [dis'ɔ:riənt] *vb:* desorientere; forvirre *(fx this completely disoriented him).*
disorientate [dis'ɔ:riən,teit] *vb: se disorient.*
disown [dis'oun] *vb:* nekte å kjennes ved; fornekte.
disparage [di'spæridʒ] *vb:* snakke nedsettende om; nedvurdere.
disparagement [di'spæridʒmənt] *subst:* det å snakke nedsettende om; nedvurdering; **this implies ~ of his book** dette innebærer en nedvurdering av boken hans.
I. disparate ['dispərit] *subst:* **-s** helt vesensforskjellige ting; ting som overhodet ikke kan sammenlignes.
II. disparate *adj(=essentially different; that cannot be compared)* helt vesensforskjellig; ikke sammenlignbar.
disparity [di'spæriti] *subst; stivt(=inequality; difference)* ulikhet; forskjell; ~ **in age** aldersforskjell; **there is some ~ between their ages** det er en viss aldersforskjell på dem.
dispassionate [dis'pæʃənit] *adj:* lidenskapsløs; rolig; sindig; upartisk; objektiv.
I. dispatch*(=despatch)* [di'spætʃ] *subst* **1.** *fra fronten; fra journalist til avis:* rapport; *om soldat:* **be mentioned in -es** bli nevnt i dagsbefalingen (for tapperhet); **2.** *stivt:* **the ~ of a letter** det å sende et brev; **3.** *stivt:* **with ~** *(=quickly)* raskt.
II. dispatch *vb; stivt* **1***(=send off)* sende (av sted) *(fx a letter);* **2***(=deal with quickly; finish off)* gjøre unna; få raskt fra hånden; **3.** *glds(=kill)* ekspedere.
dispel [di'spel] *vb* **1.** *stivt(=scatter)* spre *(fx the fog);* **2.** *fig(=drive away)* jage på flukt.
dispensable [di'spensəbəl] *adj:* unnværlig.
dispensary [di'spensəri] *subst* **1.** *i apotek:* reseptur; **2.** *ved sykehus:* apotek; *mar:* skipsapotek; *mil:* **field ~** feltapotek.
dispensation [,dispen'seiʃən] *subst* **1.** utdeling (av medisin); **2.** *rel:* **(episcopal) ~** dispensasjon; **3.: by a divine ~** ved forsynets styrelse; **a ~ of fate** en (skjebnens) tilskikkelse.
dispense [di'spens] *vb* **1.** dele ut *(fx medicine; money to the poor); spøkef:* **the hostess -d cakes** vertinnen serverte kaker; **2.: ~ justice** avsi dom(mer); være dommer; **3.** *om reseptar:* **~***(=make up)* **a prescription** ekspedere en resept; **T:** lage i stand en resept; **4.: ~ with** 1*(=do without)* unnvære; klare seg uten; 2*(=get rid of)* kvitte seg med.
dispenser [di'spensə] *subst* **1.** *om liten beholder:* dispenser; **2.** person som lager i stand medisiner; **head ~** provisor; *(jvf dispensing technician).*
dispensing chemist apoteker; **a ~ must be a registered pharmacist** en apoteker må ha godkjent utdannelse som farmasøyt.
dispensing technician*(=pharmacy technician)* reseptar; *(se NEO reseptar).*
dispersal [di'spə:səl] *subst:* spredning *(fx of a crowd).*
disperse [di'spə:s] *vb:* spre; **the crowd had -d** folk hadde spredt seg.
dispersion [di'spə:ʃən] *subst:* spredning.
dispirited [di'spiritid] *adj:* forstemt; motløs; mistrøstig; **she gave a ~ sigh** hun sukket oppgitt.

displace [dis'pleis] *vb* **1.** flytte på *(fx some of the objects on the table had been displaced);* **2.** erstatte *(fx the dog had displaced her doll in the little girl's affections);* **3.** *polit:* fordrive (fra hjemlandet); **-d person***(=refugee)* flyktning (etter krig el. revolusjon).
displacement [dis'pleismənt] *subst* **1.** *mar:* deplasement; **load ~** deplasement i lastet stand; **2.** *mask:* **piston ~** slagvolum; **3.** flytning; fjerning; fortrengning.
I. display [di'splei] *subst* **1.** utfoldelse; praktutfoldelse; **~ of power** maktutfoldelse; maktdemonstrasjon; **2.** oppvisning; **air ~** flyoppvisning; **fashion ~** moteoppvisning; **a grand ~ of fireworks** et stort festfyrverkeri; **make a ~ of one's knowledge** skilte med sine kunnskaper; **3.** *om måten noe publiseres på:* oppsett *(fx the display of an article);* **advertising ~** reklameoppsett.
II. display *vb* **1.** utvise; legge for dagen; røpe *(fx criminal tendencies);* **2.** vise fram; stille til skue *(fx one's ignorance);* **3.** folde ut; bre ut *(fx a map on the table).*
display unit: (visual) ~ *(fk VDU)* dataskjerm.
display work *typ:* aksidensarbeid.
displease [dis'pli:z] *vb:* mishage; vekke misnøye hos.
displeasure [dis'pleʒə] *subst:* mishag; misnøye.
disposable [di'spouzəbl] *adj* **1.** som kastes etter bruk; **~ nappy** papirbleie; **2.** *økon:* **~ personal income** disponibel inntekt.
disposal [di'spouzəl] *subst* **1.** fjerning; det å bli kvitt *(fx the disposal of waste paper);* **2.** disposisjon; rådighet; **have sth at one's ~** disponere over noe; **it's at your ~** det står til Deres (,din) disposisjon.
dispose [di'spouz] *vb* **1.** *stivt(=arrange; settle)* ordne; arrangere *(fx he refused to rest until things were disposed as he wanted them);* **2.: be -d to** være innstilt på å *(fx I am not disposed to help him);* **3.: ~ of** 1. kvitte seg med; 2. avfeie; gjøre seg ferdig med.
disposition [,dispə'ziʃən] *subst:* sinnelag; lynne; gemytt.
dispossess [,dispə'zes] *vb:* **be -ed of sth** bli fratatt noe.
disproportion [,disprə'pɔ:ʃən] *subst:* misforhold.
disproportionate [,disprə'pɔ:ʃənit] *adj:* uforholdsmessig; **a ~ part of our holiday was spent on travelling** en uforholdsmessig stor del av ferien vår gikk med til selve reisen.
disprove [dis'pru:v] *vb:* motbevise.
disputable [di'spju:təbl, 'dispjutəbl] *adj; stivt(=questionable)* omtvistelig; diskutabel.
I. dispute [di'spju:t] *subst:* strid; stridighet; **beyond ~** uomtvistelig; ubestridelig; **the amount in ~** det omstridte beløp; **point in ~** stridspunkt.
II. dispute *vb* **1.** bestride *(fx the truth of what he said);* **2***(=argue about)* strides om.
disputed *adj:* omstridt.
disqualification [dis,kwɔlifi'keiʃən] *subst* **1.** diskvalifisering; diskvalifikasjon; **2.** diskvalifiseringsgrunn *(fx her age was a disqualification to membership of the club);* **3.: ~ of driving licence***(=disqualification from driving)* inndragelse av førerkortet.
disqualify [dis'kwɔli,fai] *vb* **1.** diskvalifisere; **2.: ~ sby from driving***(=suspend sby's licence)* inndra ens førerkort; *(se NEO førerkort).*
disquiet [dis'kwaiət] **1.** *subst; stivt(=uneasiness; anxiety)* uro; engstelse; **2.** *vb; stivt(=worry; make uneasy)* forurolige; gjøre engstelig.
I. disregard [,disri'ga:d] *subst; stivt(=neglect; lack of attention)* ignorering; manglende hensyn; **his ~ for the rules led to his disqualification** hans manglende respekt for reglene førte til at han ble diskvalifisert; **he has a complete ~ for my feelings***(=he completely ignores my feelings)* han tar ikke det minste hensyn

til mine følelser.

II. disregard *vb; stivt(=ignore; pay no attention to)* ignorere; ikke ta hensyn til *(fx he consistently ignores my warnings).*

disrepair [,disri'pɛə] *subst:* **in (bad) ~** forfallen; **fall into ~** forfalle.

disreputable [dis'repjutəbl] *adj* **1.** med dårlig rykte *(fx dance halls);* **he's rather a ~ character, I'm afraid** han har ikke noe videre godt ord på seg, er jeg redd; **2.** gyselig; fryktelig; fæl *(fx a disreputable old coat).*

disrepute [,disri'pju:t] *subst; stivt(=bad reputation)* vanry *(fx he has brought the family into disrepute).*

disrespect [,disri'spekt] *subst:* mangel på respekt; uærbødighet; **no ~ intended** jeg sier ikke dette for å være uhøflig; **no ~ to you, of course!** ikke for å kritisere deg, naturligvis! **bring ~ on oneself** utsette seg for tap av aktelse.

disrespectful [,disri'spektful] *adj:* uærbødig; respektløs.

disrupt [dis'rʌpt] *vb* **1.** avbryte; **2.** bringe forstyrrelse i; få til å bryte sammen *(fx traffic was disrupted);* **3.** få til å gå i oppløsning *(fx family life);* splitte; sprenge.

disruption [dis'rʌpʃən] *subst* **1.** avbrytelse *(fx the disruption of the meeting by angry shouts);* **2.** sammenbrudd *(fx of traffic);* **national ~** nasjonal oppløsning; **social ~** sosial oppløsning; **3.** sprengning; splittelse.

disruptive [dis'rʌptiv] *adj:* nedbrytende *(fx forces);* oppløsende; splittende; **~ pupils** elever som forstyrrer undervisningen; uroelementer i klassen.

dissatisfaction [,dissætis'fækʃən] *subst:* misnøye; utilfredshet.

dissatisfactory [,dissætis'fæktəri] *adj:* utilfredsstillende.

dissatisfied [dis'sætis,faid] *adj:* misfornøyd; utilfreds (*with* med).

dissect [di'sekt; dai'sekt] *vb* **1.** *med.:* dissekere; **2.** *fig:* dissekere; trevle opp.

dissection [di'sekʃən; dai'sekʃən] *subst* **1.** *med.:* disseksjon; dissekering; **2.** *fig:* dissekering; opptrevling.

dissemble [di'sembəl] *vb:* forstille seg; hykle; *stivt:* **~ one's emotions***(=hide one's feelings)* skjule sine følelser.

disseminate [di'semi,neit] *vb(=spread)* spre.

dissemination [di,semi'neiʃən] *subst(=spreading)* spredning; **~ of knowledge** spredning av kunnskaper; kunnskapsformidling.

dissension [di'senʃən] *subst; stivt(=disagreement; quarrel)* stridighet; sterk uenighet; **internal ~** sterk innbyrdes uenighet.

I. dissent [di'sent] *subst; stivt(=disagreement; difference of opinion)* avvikende mening; dissens *(fx the motion was carried without dissent);* **there was a murmur of ~** det var røster som protesterte.

II. dissent *vb; stivt* **1***(=disagree)* dissentere *(fx from the general opinion);* **2.** *jur:* avgi dissenterende votum; **-ing judge** dissenterende dommer; **with -ing votes** under dissens.

dissenter [di'sentə] *subst:* dissenter.

dissertation [,disə'teiʃən] *subst:* dissertasjon; avhandling.

disservice [dis'sə:vis] *subst:* dårlig tjeneste; bjørnetjeneste *(fx do sby a disservice).*

dissident ['disidənt] **1.** *subst; polit:* **(political) ~** systemkritiker; **-s** systemkritikere; misfornøyde (i samfunnet); **2.** *adj; stivt(=disagreeing; dissenting)* dissenterende; som er uenig; **there were no ~ voices** ingen stemmer hevet seg i protest; ingen protesterte.

dissimilar [dis'similə] *adj:* ulik *(fx the two sisters have very dissimilar characters);* **the two cases are not ~** de to tilfellene er ikke ulike.

dissimilarity [,disimi'læriti] *subst:* ulikhet.

dissimulate [di'simju,leit] *vb; stivt(=dissemble)* forstille seg; hykle.

dissimulation [di,simju'leiʃən] *subst; stivt(=dissembling)* forstillelse; hykleri.

dissipate ['disi,peit] *vb* **1***(=dispel)* spre; jage på flukt *(fx his words dissipated her fears);* **2.** forøde *(fx one's fortune).*

dissipated *adj:* forranglet; utsvevende.

dissipation [,disi'peiʃən] *subst* **1.** det å spre (el. jage på flukt); **2.** bortødsling; forøding; sløsing *(fx the dissipation of valuable resources);* **3.** rangling; utsvevelser; **lead a life of ~** føre et utsvevende liv.

dissociate [di'souʃi,eit] *vb* **1.** atskille; holde fra hverandre *(fx X and Y);* **I can never ~ him in my mind from the circumstances in which we met** jeg kan aldri la være å forbinde ham med de omstendighetene vi møttes under; **2.** *kjem:* dissosiere; spalte; **3.: ~ oneself from** ta avstand fra.

dissociation [di,sousi'eiʃən] *subst* **1.** atskillelse; **2.** *kjem:* dissosiasjon; **3.** avstandtagen.

dissolute ['disə,lu:t] *adj; stivt(=immoral; bad)* ryggesløs; utsvevende.

dissolution [,disə'lu:ʃən] *subst* **1.** oppløsning *(fx of a marriage; of Parliament);* **right of ~** oppløsningsrett; **2.** *kjem:* oppløsning.

I. dissolve [di'zɔlv] *subst; film:* overtoning.

II. dissolve *vb* **1.** løses opp; løse seg opp *(fx in water);* løse opp *(fx water dissolves sugar);* **2.** *fig:* oppløse *(fx a marriage);* **3.** *film:* overtone.

dissolvent [di'zɔlvənt] *subst; sj: se I. solvent.*

dissonance ['disənəns] *subst* **1.** mislyd; **2.** *mus & fig:* dissonans; disharmoni.

dissonant ['disənənt] *adj:* skurrende; disharmonisk; *mus:* **be ~** dissonere.

dissuade [di'sweid] *vb; stivt(=persuade not to)* fraråde *(fx sby from doing sth).*

dissuasion [di'sweiʒən] *subst; stivt:* det å fraråde.

I. distance ['distəns] *subst* **1.** avstand; distanse; strekning; **at a ~** på avstand; **keep one's ~** holde seg på avstand; **in the ~** i det fjerne; **some ~** et stykke (av veien); et stykke på vei; **a short ~** et lite stykke (vei); **2.** *fig; om holdning overfor en:* fjernhet; kulde *(fx there was more distance in his manner than before);* **3.** *i bilde:* **middle ~** mellomgrunn; **4.: go the ~** klare å fullføre oppgaven.

II. distance *vb: se outdistance.*

distant ['distənt] *adj* **1.** fjern; **2.** *fig(=not friendly)* fjern; kald *(fx her manner was rather distant).*

distaste [dis'teist] *subst:* avsmak; **acquire a ~ for** få avsmak for.

distasteful [dis'teistful] *adj; stivt(=disagreeable; unpleasant)* ubehagelig; usmakelig *(fx a distasteful job);* **the whole subject is ~ to me** det hele byr meg imot.

distemper [dis'tempə] *subst* **1.** *vet:* **(canine) ~** hvalpesyke; **2***(=colour wash)* limfarge.

distend [di'stend] *vb:* spile ut; utvide seg; **-ed stomach** utspilt mage; **-ed udder** spent jur.

distension [di'stenʃən] *subst:* utspiling; utvidelse.

distil *(,US: distill)* [di'stil] *vb:* destillere *(fx water);* **~ off** avdestillere.

distillate ['distilit] *subst:* destillat.

distillation [,disti'leiʃən] *subst* **1.** destillering; destillasjon; **2***(=distillate)* destillat.

distiller [di'stilə] *subst* **1.** spritfabrikant; **2.: illicit ~** hjemmebrenner.

distillery [di'stiləri] *subst:* spritfabrikk; whiskyfabrikk.

distinct [di'stiŋkt] *adj* **1.** tydelig *(fx differences; handwriting; voice);* **there was a ~ coldness in her voice** det var en tydelig kulde i stemmen hennes; **a ~ improvement** en tydelig forbedring; **2**(=*different; separate)* forskjellig *(fx those two birds are quite distinct);* **keep ~ from** holde atskilt fra; **as ~ from**(=*unlike)* til forskjell fra; i motsetning til.

distinction [di'stiŋkʃən] *subst* **1**(=*difference)* forskjell; **make invidious -s** gjøre forskjell (ɔ: være urettferdig); **make a ~ between X and Y** gjøre forskjell på X og Y; skjelne mellom X og Y; **what is the ~**(=*difference)* **between the two cases?** hva er det som skiller de to tilfellene? hva er forskjellen på de to sakene? **he chose children to act in the play without ~ of sex or age** han valgte barn til å spille i stykket uten å gjøre forskjell på kjønn eller alder; **2.** særpreg; **his books are without ~** bøkene hans er uten særpreg; **3.: of ~** høyt ansett *(fx a writer of distinction);* **4.** utmerkelse *(fx she passed her exams with distinction);* **achieve**(=*gain)* **~** utmerke seg; **5.** hedersbevisning *(fx military distinctions; as a special (mark of) distinction he was allowed to go first).*

distinctive [di'stiŋ(k)tiv] *adj:* særegen; karakteristisk; **~ feature** karakteristisk trekk; kjennemerke; **the ~ feature of** det karakteristiske ved; **~ mark** kjennemerke.

distinctly *adv:* klart; tydelig *(fx I distinctly heard him tell you to wait; he pronounces his words very distinctly);* **she looks ~ ill** hun ser avgjort syk ut.

distinguish [di'stiŋgwiʃ] *vb* **1**(=*make out)* skjelne; **2.: ~ between** skjelne mellom; se forskjell på *(fx I can't distinguish between the two types – they both look the same to me);* **~ from** utgjøre forskjellen på; skille fra *(fx what distinguishes this café from all the others?);* **3.: ~ oneself**(=*gain distinction)* utmerke seg.

distinguishable [di'stiŋgwiʃəbl] *adj:* som kan skjelnes; som man kan se forskjell på *(fx the two sisters are hardly distinguishable).*

distinguished [di'stiŋgwiʃt] *adj* **1.** høyt anerkjent *(fx scientist);* **2**(=*distinguished-looking)* distingvert; **~ appearance, ~ looks** distingverthet; fornemt utseende.

distinguishing badge *mil(=badge (of rank))* distinksjon; *(jvf chevron 2; distinguishing symbol; shoulder badge).*

distinguishing mark kjennetegn; **no special ~** ingen særlige kjennetegn.

distinguishing symbol *mil:* **service ~** kjennetegn for forsvarsgren; *(jvf distinguishing badge).*

distort [di'stɔ:t] *vb* **1.** fordreie *(fx her face was distorted with pain);* **a -ed map** et fortegnet kart; **~ the sound** forvrenge lyden; **~ the truth**(=*twist the facts)* forvrenge kjensgjerningene; **2.** vri seg *(fx metal distorts under stress).*

distortion [di'stɔ:ʃən] *subst:* fordreining; forvrengning.

distract [di'strækt] *vb:* distrahere *(fx be distracted);* avlede *(fx the public attention from sth).*

distracted *adj* **1.: he had slipped out while her attention was ~** han hadde stukket ut mens hennes oppmerksomhet var et annet sted; **2.** *stivt(=mad)* gal; **3.** *stivt(=troubled; distressed)* forstyrret; urolig.

distraction [di'strækʃən] *subst* **1.** distraksjon; noe som distraherer *(fx there are too many distractions here);* **2.** *stivt(=anxiety; confusion)* engstelse; forvirring *(fx she phoned in some distraction to ask what she should do);* **3.: he loved her to ~** han elsket henne til vanvidd.

distrain [di'strein] *vb:* foreta utpant(n)ing; **~ for rent** inndrive husleie ved utpant(n)ing; **~ on** utpante; foreta utpanting i; ta utlegg i *(fx the furniture); (se NEO utpant(n)ing).*

distraint [di'streint] *jur:* utlegg; utpant(n)ing.

distraught [di'strɔ:t] *adj; stivt(=very agitated)* forstyrret; meget urolig.

I. distress [di'stres] *subst; stivt* **1.** sorg *(fx she was in great distress over his disappearance);* **2.** nød *(fx the loss of all their money left the family in acute distress); flyv, mar:* **in ~** i nød; **3**(=*discomfort)* ubehag; noe som plager; **is your leg causing you any ~?** er benet ditt plagsomt? **4.** *jur: se distraint.*

II. distress *vb; stivt* **1.** volde sorg (*el.* bekymring); **I'm -ed by your lack of interest** det bekymrer meg meget at du er så lite interessert; **2.** *jur: se distrain.*

distressed *adj:* nødlidende; nødstedt; kriserammet.

distress flare nødbluss.

distressing *adj(=disquieting)* foruroligende.

distressingly *adv:* fortvilet; sørgelig *(fx poor).*

distress rocket signal nødrakett.

distribute [di'stribju:t] *vb* **1.** dele ut; **2.** *film:* leie ut; **3.** omsette *(fx distribute heroin).*

distributed *adj:* fordelt.

distributing company: film ~ filmutleiebyrå.

distribution [,distri'bju:ʃən] *subst* **1.** fordeling; distribusjon; **2.** *av film:* utleie; **3.** *bot; zo:* utbredelse; **4.** omsetning *(fx the distribution of heroin).*

distributor [dis'tribjutə] *subst* **1.** *merk:* forhandler; **sole ~**(=*sole concessionaire)* eneforhandler; *(jvf stockist);* **2.: film ~** filmutleier; **3.** *mask:* **(ignition) ~** (tennings)fordeler.

distributor contacts *mask:* **set of ~** stiftesett; sett fordelerstifter.

district ['distrikt] *subst:* distrikt; område.

district attorney *(fk DA)* **US**(=*public prosecutor)* statsadvokat; *(jvf Director of Public Prosecution).*

district captain US: *se police captain 1: precinct ~.*

district forest officer *(,Canada: supervisor of rangers)* skogforvalter.

district inspector *jernb:* banemester.

district lieutenant US: *se police lieutenant: precinct ~.*

district nurse menighetssøster.

district postmaster (,postmistress) *i London:* postsjef; *(se postmaster 2).*

district stipendiary magistrate *jur; svarer til:* sorenskriver.

distrust [dis'trʌst] **1.** *subst:* mistro; **have a ~ of** ha mistro til; **2.** *vb:* ha mistillit til; mistro.

distrustful [dis'trʌstful] *adj:* mistroisk (*of* overfor).

disturb [di'stə:b] *vb* **1.** forstyrre *(fx I'm sorry, am I disturbing you?);* **I didn't like to ~ him** jeg syntes ikke jeg ville forstyrre ham; **2**(=*worry; make anxious)* gjøre urolig *(fx this news has disturbed me very much);* **3.** bringe uorden i; flytte på; *mask; om innstilling:* røre ved.

disturbance [di'stə:bəns] *subst* **1.** forstyrrelse *(fx I've done quite a lot of work, despite several disturbances; he was thrown out of the meeting for causing a disturbance); jur:* **he was arrested for ~ of the peace** han ble arrestert for brudd på offentlig ro og orden; **2.** *meget stivt:* **he was complaining about the ~ of his papers** han beklaget seg over at noen hadde brakt uorden i papirene hans; **3.: -s**(=*tumults)* tumulter; opptøyer.

disturbed *adj:* i mental ubalanse.

disturbing *adj(=alarming)* foruroligende *(fx news);* **~ element, ~ factor** foruroligende element; uroelement.

disunity [dis'ju:niti] *subst:* uenighet; splid.

disuse [dis'ju:s] *subst; stivt:* **fall into ~**(=*cease to be used)* ikke lenger bli brukt *(fx the canal fell into disuse).*

disused [dis'ju:zd] *adj:* ubenyttet *(fx the old buildings are now disused);* nedlagt *(fx a disused mine).*

ditch [ditʃ] **1.** *subst:* grøft; **die in the last ~** dø som sistemann på skansen; **2.** *vb:* grave grøft(er); **S: ~ the car** kjøre bilen i grøfta; **S: ~ a plane** nødlande på vannet; **S: ~ a girlfriend** gå fra en pike.

ditcher ['ditʃə] *subst(=ditch digger)* grøftegraver.

ditchwater ['ditʃ,wɔ:tə] *subst:* grøftevann; **dull as ~** dødsens kjedelig.

dither ['diðə] **1.** *subst* **T: be all in***(=of)* **a ~** være helt oppkavet; **2.** *vb* **T***(=hesitate)* nøle *(fx I'm still dithering about what to do).*

ditty ['diti] *subst; ofte spøkef(=simple little song)* vise.

diuretic [,daiju'retik] **1.** *subst:* urindrivende (*el.* vanndrivende) middel; **2.** *adj:* urindrivende; vanndrivende.

I. dive [daiv] *subst* **1.** stup *(fx she did(=made) a beautiful dive into he deep end of the pool);* **back ~** baklengs stup; **fancy ~** kunststup; **high***(=plain)* **~** rett stup; **spring ~** sviktstup; **running spring ~** sviktstup med tilsprang; **he took a headlong ~** han stupte uti; **2.** *flyv:* stup; **3.** *neds(=seedy bar; seedy club)* bule; kneipe.

II. dive *vb* **1.** dykke; **2***(=surface dive)* dukke *(fx surface dive in four feet);* dukke under; **he -d in after the drowning man** han dukket ned etter den druknende; **3.** stupe *(fx off a rock into the sea); om rovfugl:* **~ on** stupe ned på.

diver ['daivə] *subst; også zo:* dykker.

diverge [dai'və:dʒ] *vb; stivt* **1.** gå i forskjellige retninger; dele seg *(fx the roads diverge);* **2.** avvike *(fx on this matter he diverged from our views);* divergere; fjerne seg fra hverandre *(fx this is where our opinions on the subject begin to diverge).*

divergence [dai'və:dʒəns], **divergency** [dai'və:dʒənsi] *subst:* divergens; avvik.

divergent [dai'və:dʒənt] *adj:* divergerende; avvikende.

diverse [dai'və:s; 'daivə:s] *adj; stivt* **1***(=different)* forskjellig *(fx the firm's interests are diverse);* **2***(=various)* diverse *(fx we have received help from diverse sources).*

diversification [dai,və:sifi'keiʃən] *subst; økon:* spredning.

diversify [dai'və:si,fai] *vb; økon:* spre *(fx diversify the country's economy).*

diversion [dai'və:ʃən] *subst* **1***(,US: detour)* omkjøring; **2.** avledning *(fx he created a diversion while I slipped out);* **3.** *stivt(=amusement)* atspredelse; fornøyelse.

diversionary [dai'və:ʃənəri] *adj:* avlednings- *(fx attack).*

diversity [dai'və:siti] *subst:* mangfold(ighet) *(fx an amazing diversity of detail);* **the ~ of nature** naturens mangfold.

divert [dai'və:t] *vb* **1.** *trafikk:* omdirigere; **2.** *fig:* bortlede; avlede *(fx his attention);* **she -ed her energies to organizing the move** i stedet brukte hun sin energi på å organisere flyttingen; **3.** *stivt(=amuse)* more; forlyste; underholde; **the antics of the clown -ed the child** barnet fant klovnens narrestreker morsomme.

divest [dai'vest] *vb; stivt:* **~ of***(=strip of; deprive of)* berøve; frata *(fx he was divested of all his titles).*

I. divide [di'vaid] *subst* **1.** *geogr; især* **US***(=watershed)* vannskille; **2.** *fig; stivt(=split)* skille; kløft.

II. divide *vb* **1.** dele *(fx the wall divides the garden in two; divide into two equal portions; divide into groups);* dele seg *(fx the group divided into three when we got off the bus);* **2.: we -d the sweets between us** vi delte søtsakene mellom oss; **3.: ~ (up)** dele opp; dele inn; **4.** *mat.:* dividere; dele *(fx divide 6 into 24; divide 24 by 6);* **5.** *parl:* gå til avstemning; stemme.

dividend ['divi,dend] *subst; merk:* utbytte; dividende.

dividers [di'vaidəz] *subst; pl:* stikkpasser; *(jvf calliper 3; I. compass 2).*

divination [,divi'neiʃən] *subst; stivt(=guess; presentiment)* gjetning; forutanelse.

I. divine [di'vain] *vb; stivt(=perceive (by intuition))* ane *(fx he divined the truth).*

II. divine *adj* **1.** guddommelig *(fx wisdom);* **2.** **T***(=very good; excellent)*: **what ~ weather!** for et herlig vær!

divine service gudstjeneste.

diving ['daiviŋ] *subst:* dykking; **he's been in ~ for 20 years** han har vært dykker i 20 år.

diving board stupebrett.

divining rod ønskekvist.

divinity [di'viniti] *subst* **1***(=god)* gud *(fx the Ancient Greeks worshipped many divinities);* **2.** guddommelighet *(fx the divinity of God);* **3.** teologi; **Doctor of Divinity** *(fk DD)* doctor theologiae *(fk dr. theol.).*

divisible [di'vizəbəl] *adj:* delelig.

division [di'viʒən] *subst* **1.** deling *(fx we made a division of the profits);* **~ of labour** arbeidsdeling; **2.** inndeling; oppdeling; **3.** skille; dele *(fx between the two parts of the garden);* **4.** *mil:* divisjon; **5.** *mat.:* divisjon; **6.** *i departement:* kontor *(fx exports division).*

divisive [di'vaisiv] *adj:* splittende; **~ policy** splittelsespolitikk; **~ voting** kampvotering *(fx divisive voting at the nomination meeting of the Akershus branch of the Labour Party).*

divorce [di'vɔ:s] **1.** *subst:* skilsmisse; **obtain***(=get)* **a ~** oppnå (*el.* få) skilsmisse; **2.** *vb:* la seg skille (fra).

divorcé [di'vɔ:sei] *subst; jur(=divorced man)* fraskilt mann.

divorced *adj:* fraskilt; skilt *(fx she's divorced).*

divorcée [divɔ:'si:] *subst; jur(=divorced woman)* fraskilt kvinne.

divulge [dai'vʌldʒ] *vb; stivt(=disclose; betray)* røpe *(fx a secret).*

Dixieland ['diksi,lænd] *subst* **US:** sørstatene.

D.I.Y., DIY *(fk.f. Do It Yourself)* gjør det selv; **~ kit** byggesett for amatører; **~ shop** hobbyforretning.

dizzy ['dizi] *adj* **1***(=giddy)* svimmel; **2***(=foolish; flighty)* fjollet *(fx a dizzy young girl).*

I. do [du:] *subst (pl: do's)* **1.** **T***(=party; festive gathering)* selskap; fest; tilstelning *(fx the firm is having some sort of a do for Christmas);* **was their wedding a big ~?** var det et stort bryllup? **2.** **S***(=swindle)* svindel; **3.: do's and don'ts** regler for hva man bør og hva man ikke bør gjøre.

II. do [du:; *trykksvakt:* du, də] *vb (pret: did; perf. part.: done)* **1.** *hjelpevb:* **do you smoke?** røyker du? **I don't know him** jeg kjenner ham ikke; **you don't smoke, do you?** du røyker ikke, vel? **don't do it** ikke gjør det; **don't!** la være! **'he saw it and so did I** han så det, og det samme gjorde jeg; **do you like it? – yes, I do** liker du det? – ja, det gjør jeg; **well, I do and I don't** vel, både ja og nei; **I do think you should let him know where you are** jeg synes virkelig du skulle la ham få vite hvor du er; **do shut that door, will you?** lukk den døren da!

2. *litt. el. stivt; etter ordene 'little', 'only then', 'not till then', 'rarely', 'seldom':* **only then did he realise that***(=it was only then he realised that . . .)* først da forstod han at . . .; **little did he know***(=he had no idea)* **what was in store for him** lite ante han hva som ventet ham;

3. gjøre *(fx what shall I do? do one's best; do one's duty; do sby a favour; we did it in three hours; do as*

you're told); **by all means, do!** det må du gjerne gjøre! ja, gjør endelig det! ja, for all del! *(se for øvrig vedkommende subst, fx I. credit; I. damage; I. harm; I. honour; II. job; I. wonder).*
4. *om arbeidsoppgaver:* ta (seg av); gjøre i stand; **will you do the beds while I do the windows?** vil du ta (*el.* gjøre i stand) sengene mens jeg tar (meg av) vinduene? **who's going to do the garden?** hvem skal ta (seg av) hagen? **have you done the bedroom?** har du gjort i stand i soveværelset?
5. *om tilvirkning:* **he did a bust of Churchill** han laget en byste av Churchill; **do a portrait** male (,tegne) et portrett; **the book was done into a play** boken ble laget om til skuespill; **I do my own cooking** jeg lager maten min selv;
6. *m.h.t. helse, økonomi, prestasjon, ytelse:* gå *(fx how is it going?);* klare; greie *(fx I can only do half of this crossword; I can't do this sum; he did it in less than a year);* gjøre *(fx he did a good job);* **I haven't done much walking lately** jeg har ikke (fått) gått noe større i det siste; **how's your wife doing?** hvordan går det med din kone? **she was very ill, but she's doing better now** hun var meget syk, men nå går det bedre; **their firm did badly last year** firmaet deres gjorde det dårlig i fjor;
7. *m.h.t. beskjeftigelse, studier, etc:* **what do you do for a living?** hvilket yrke har du? hva slags jobb har du? **be doing** holde på med; være opptatt med; studere *(fx he's at university doing science);* **she's doing sums** hun sitter og regner; **I'm doing some research on Mussolini** jeg driver og forsker litt omkring Mussolini; jeg holder på med et arbeid om Mussolini;
8. *om mat mht. kvalitet el. tidsfaktor:* steke *(fx the meat isn't done enough; put it in the oven and do it a little longer);* **done to a turn** passe stekt; **how would you like your steak done?** hvordan vil du ha biffen stekt? *(se overdone; underdone; NEO steke);*
9. *om fange:* sone *(fx do six years for manslaughter);*
10. *om hår:* **do one's hair** stelle seg på håret;
11. *om skuespill:* **they're doing "Hamlet" next week** de spiller (*el.* oppfører) "Hamlet" neste uke;
12. *om turist:* bese; gjøre *(fx they did Paris in two days);*
13. T(*=swindle; cheat)* snyte *(fx the baker did him);*
14. S(*=rob)* gjøre innbrudd i *(fx they did a shop);*
15. T(*=imitate)* imitere *(fx he's a good mimic – he can do all his friends well);*
16. *ved presentasjon:* **how do you do?** god dag!
17(*=be good enough; be adequate; be suitable)* være bra nok *(fx will a blue one do? yes, that'll do; this won't do as a translation);* **if you drop me at the corner, it'll do nicely** hvis du slipper meg av på hjørnet, så er det helt fint;
18. T(*=be sufficient)* være nok; greie seg; klare seg *(fx shall I make some more, or will that do? will this piece of fish do (for the) two of us?);*
19. *vulg; om mann(=make love with)* knulle (med);
20.: ~ away with 1(*=abolish)* avskaffe *(fx uniforms);* 2. **T**(*=kill)* rydde av veien;
21.: ~ by *ordspråk:* **do as you would be done by** gjør mot andre som du vil at de skal gjøre mot deg;
22. T: do down 1(*=cheat)* snyte; 2(*=humiliate)* ydmyke; **T:** tråkke på *(fx he enjoys doing other people down);*
23. T: do for 1. ta knekken på *(fx the coming of television did for the cheap cinemas; the last punch did for him);* 2. stelle huset for *(fx she comes in twice a week to do for us);* 3(*=convict):* **they did him for manslaughter** de fikk han dømt for drap; **T:** de fikk et drap på ham; 4.: **what do you do for water?**(*=how do you get water?)* hva gjør dere med vann? hvordan får dere tak i vann? 5.: **he did well for himself**(*=he was successful)* han gjorde det bra;
24. T: done for(*=dead; in serious difficulty)* fortapt; i alvorlige vanskeligheter; **T:** ferdig; solgt *(fx we're done for if that bomb goes off);*
25. T: do sby in(*=kill sby)* ta en av dage; ta livet av en;
26. T: done in(*=exhausted)* utmattet; **T:** utkjørt; helt ferdig;
27. do into 1(*=translate into)* oversette til; 2.: **the book was done into a play** det ble laget skuespill av boken;
28.: now you've done it(*=that's done it)* nå er skaden (allerede) skjedd *(fx That's done it. He's bound to realize we were playing a trick on him now);*
29.: do or die seire eller dø;
30. T: do sby out of snyte en for; lure en for *(fx he feels he's been done out of a rise in salary);* **they did me out of a day's holiday** de snøt meg for en feriedag;
31. T: do over(*=redecorate; do up)* pusse opp *(fx a room);*
32.: do to gjøre med *(fx what have they done to you?);*
33.: do up 1(*=wrap up)* pakke inn *(fx do up a parcel);* 2. **T**(*=redecorate)* pusse opp *(fx a room);* 3(*=button up)* kneppe igjen *(fx do up all the buttons).*
34.: do well gjøre det bra; **this will do me very well** dette vil passe fint for meg; **they do you well at that hotel** det er god service på det hotellet; *om vellevnet:* **he does himself well** han nekter seg ingenting; **they did well by him** de behandlet ham pent;
35.: do well out of tjene godt på *(fx he did very well out of the war);* **he did well out of the change of job** det lønte seg for ham å skifte jobb;
36.: have to do with ha å gjøre med *(fx our firm has quite a lot to do with yours; I'm sorry, but that question has nothing to do with me);*
37.: have done with 1(*=have finished using)* være ferdig med (å bruke) *(fx have you done with the ink?);* 2. *fig:* **I've done with him**(*=I'm through with him)* jeg er ferdig med ham;
38.: do without 1(*=manage without)* greie seg uten; 2. *iron el. spøkef(=manage better without) (fx we could have done without this little problem; I can do without your opinion, if you don't mind).*

doc [dɔk] *subst* **T**(*=doctor)* doktor.

docile ['dousail; **US:** 'dɔsl] *adj:* føyelig; medgjørlig.

docility [dou'siliti, də'siliti] *subst:* føyelighet; medgjørlighet.

I. dock [dɔk] *subst* **1.** *mar:* dokk; **2.** *jur:* tiltalebenk; **3.** *bot:* høymole; syre; **curled ~** krushøymole.

II. dock *vb* **1.** *mar:* gå i dokk; dokke; **2.** kupere *(fx a dog's tail);* **3. T: his wages were -ed to pay for the window he had broken** han fikk trekk i lønnen for å betale av på det vinduet han hadde knust; **4.** *romfart(=link together)* kople sammen.

dockage ['dɔkidʒ] *subst:* dokkavgifter.

dock dues(*=port charges)* havneavgifter.

docker ['dɔkə] *subst(=dock worker)* havnearbeider.

docket ['dɔkit] *subst* **1.** merkelapp; **2.** *jur:* utdrag av rettsforhandlinger; **3.** *jur* **US:** liste over saker som skal opp.

dockyard ['dɔk,ja:d] *subst:* **(naval) ~** orlogsverft; *(jvf shipyard).*

I. doctor ['dɔktə] *subst:* doktor; lege.

II. doctor *vb* **1.** *ofte spøkef:* doktorere; kurere *(fx I'm doctoring my cold with aspirin);* **2.** *fig:* pynte på *(fx the accounts);* **3.: someone had -ed her drink and**

she was very ill en eller annen hadde hatt noe opp i drinken hennes, slik at hun ble meget syk.
doctorate ['dɔktərit] *subst(=doctor's degree)* doktorgrad.
doctrine ['dɔktrin] *subst:* doktrine; læresetning.
I. document ['dɔkjumənt] *subst:* dokument.
II. document ['dɔkju,ment] *vb:* dokumentere.
documentary [,dɔkju'mentəri] **1.** *subst:* dokumentarfilm; **2.** *adj:* dokumentarisk.
documentary credit *se letter of credit 3.*
documentation [,dɔkjumen'teiʃən] *subst:* dokumentasjon.
dodder ['dɔdə] *vb* **T** vakle; gå med skjelvende skritt.
doddery ['dɔdəri] *adj(=shaky)* skjelvende *(fx old man).*
I. dodge [dɔdʒ] *subst* **1.** (kvikk,) unnvikende bevegelse; **2. T***(=trick)* knep.
II. dodge *vb:* smette unna *(fx he dodged behind a tree);* ~ **a blow** unnvike et slag; *fig:* ~ **the issue** gå utenom.
dodgem ['dɔdʒəm] *subst(=bumper car)* radiobil (for barn).
dodgy ['dɔdʒi] *adj* **T 1***(=risky; difficult)* risikabel; vanskelig; **2***(=uncertain)* upålitelig; usikker *(fx business).*
doe [dou] *subst; om hundyr* **1.** *av dådyr:* då; **2.** *av hare, kanin:* hunn.
DOE *(fk.f. Department of the Environment)* miljøverndepartement.
doer ['du:ə] *subst:* **he's a** ~ han er en person som handler *(fx he's a doer rather than a thinker).*
I. dog [dɔg] *subst* **1.** *zo:* hund; **2.** *zo:* hann *(fx a dog fox);* **3.** *mask(=carrier)* medbringer; **4.** *om person:* **you lucky ~!** din heldiggris! **4. T: things are going to the -s** det går den veien høna sparker; *om person:* **go to the -s** gå i hundene.
II. dog *vb:* følge etter *(fx she dogged his footsteps).*
dog collar hundehalsbånd.
dog-ear ['dɔg,iə] *vb; i bok:* lage eseløre(r).
dogged ['dɔgid] *adj:* utholdende; stedig.
doghouse ['dɔg,haus] *subst* **US***(=kennel)* hundehus; *fig* **T: be in the** ~ være i unåde.
dogma ['dogmə] *subst:* dogme.
do-gooder [,du:'gudə] *subst; neds:* velmenende, naiv person.
dog rose *bot:* steinnyperose.
dogsbody ['dɔgz,bɔdi] *subst:* altmuligmann; altmuligkvinne *(fx she acts as secretary and general dogsbody).*
dog tag *mil* **US***(=identity disc)* identitetsmerke; dødsmerke.
dogwood ['dɔg,wud] *subst; bot:* kornell; **red** ~ villkornell.
doily ['dɔili] *subst:* (pynte)brikke.
doing ['du:iŋ] *subst* **1.: whose ~ is this?** hvem har gjort dette? **2. S***(=beating)* juling *(fx give sby a doing).*
doings *subst; pl:* **he tells me about all your** ~ han forteller meg om alt det du holder på med.
do-it-yourself kit *(fk DIY kit)* byggesett; sett til å sette sammen selv; sett for amatører.
do-it-yourself shop *(fk DIY shop)* hobbyforretning.
doldrums ['dɔldrəmz] *subst; pl:* **the ~ 1.** *geogr:* det ekvatoriale stillebelte; kalmebeltet; **2.** *fig:* **be in (,get into) the** ~ være i (,komme i) dårlig humør.
I. dole [doul] *subst* **1***(=dole money; unemployment benefit)* arbeidsledighetstrygd; ~ **money and Social Security benefits** arbeidsledighetstrygd og annen trygd; **2.: be on the** ~ motta arbeidsledighetstrygd; være arbeidsløs *(fx he's been on the dole for years);* **sign on for the** ~ melde seg (som) arbeidsledig.
II. dole *vb* **T:** ~ **out***(=share out)* dele ut *(fx money).*
doleful ['doulful] *adj; stivt(=sad)* sørgmodig.
doll [dɔl] **1.** *subst:* dukke; **2.** *vb:* ~ **up** pynte; stase opp.
dollop ['dɔləp] *subst:* klump; klatt *(fx a dollop of jam).*
dolly-bird S*(fashionable and attractive young girl)* flott jente; **S:** lekkert kjei; lekker skreppe.
dolmen ['dɔlmən] *subst:* steindysse.
dolorous ['dɔlərəs] *adj; poet(=sorrowful)* sørgelig.
dolphin ['dɔlfin] *subst; zo:* delfin.
domain [də'mein] *subst* **1.** *glds:* domene; landeiendom; land *(fx the domain of a king);* **2.** *fig; stivt(=field)* område; felt.
dome [doum] *subst* **1.** kuppel; **2. S***(=head)* hode; **S:** kuppel.
domesday ['du:mz,dei] *subst: se doomsday.*
I. domestic [də'mestik] *subst* **1.** *glds el. stivt(=servant)* tjener; **2.** *på sykehus(,inntil 1974: ward maid)* avdelingshjelp.
II. domestic *adj* **1.** hus-; hjemme-; **designed for ~ use** beregnet på (*el.* konstruert for) bruk i hjemmet; ~ **industry***(=home crafts industry)* husflid; **2.** *polit:* innenriks *(fx the Government's domestic policy);* innenlandsk; *flyv:* ~ **flight** innenlandsk flyvning; innenlandsk rute; ~ **shipping** innenriksfart; ~*(=home)* **trade** innenlandsk handel; **3.:** ~ **animal** husdyr; **4.:** ~ **problems** problemer hjemme; familieproblemer *(fx he has domestic problems);* **5***(=domesticated)* huslig.
domesticate [də'mesti,keit] *vb* **1.** *om dyr:* temme; gjøre til husdyr; **2.** *bot:* tilpasse (til annet miljø); **3.** *om menneske:* gjøre huslig.
domesticity [,doumə'stisiti] *subst; stivt(=home life)* hjemmeliv.
domestic science *se home economics.*
I. domicile ['dɔmi,sail], **domicil** ['dɔmisil] *subst* **1.** *jur:* (fast) bopel; **2.** *merk; for veksel:* domisil.
II. domicile *vb* **1.** *jur:* **-d in** bosatt i; **2.** *merk; om veksel:* domisiliere.
domiciliary [,dɔmi'siliəri] *adj:* hus-; ~ **visit***(=search of a house)* husundersøkelse.
dominance ['dɔminəns] *subst:* dominans; **male** ~ mannsdominans.
I. dominant ['dɔminənt] *subst; mus:* dominant.
II. dominant *adj* **1.** *biol:* dominant *(fx character);* **2.** dominerende *(fx the dominant group in society).*
dominate ['dɔmi,neit] *vb:* dominere; **-d by men***(=male-dominated)* mannsdominert.
domination [,dɔmi'neiʃən] *subst:* herredømme.
domineering [,dɔmi'niəriŋ] *adj; neds:* dominerende.
Dominican [də'minikən] **1.** *subst:* dominikaner; **2.** *adj:* dominikansk.
dominion [də'minjən] *subst* **1.** herredømme; **2.** *polit; hist:* dominion.
domino ['dɔmi,nou] *subst* **1.** dominobrikke; **2.** *kostymeantrekk:* domino; **3.: -es** domino(spill).
don [dɔn] *subst(=lecturer)* universitetslektor (især ved Oxford el. Cambridge).
donate [dou'neit] *vb:* donere.
donation [dou'neiʃən] *subst:* donasjon; gave.
done [dʌn] *perf. part. av II. do.*
donkey ['dɔŋki] *subst* **1.** *zo(=ass)* esel; **2.: talk the hind leg(s) off a** ~*(=talk endlessly)* snakke i hjel seg; snakke til ørene faller av.
donkey bridge T*(=mnemonic)* huskeregle.
donkey-work ['dɔŋki,wə:k] *subst:* grovarbeid.
donor ['dounə] *subst* **1.** *om person som donerer:* giver; **2.** *med.:* **(blood)** ~ blodgiver.
donor country giverland.
doodle ['du:dəl] **1.** *subst:* krusedull (på et stykke papir); **2.** *vb:* tegne kruseduller.
I. doom [du:m] *subst:* dommedag *(fx the whole place*

had an atmosphere of doom); **his ~ was inevitable***(=his fate was sealed)* hans skjebne var beseglet.

II. doom *vb; fig:* dømme *(fx his crippled leg doomed him to long periods of unemployment);* **our plan is -ed** vår plan er dømt til å mislykkes.

doomsday [ˈdu:mz,dei] *subst:* dommedag.

door [dɔ:] *subst; også fig:* dør; **back ~** bakdør; **front ~** inngangsdør; entrédør; *fig:* **lay it at sby's ~** gi en skylden; **he lives next ~** han bor i huset ved siden av; **out of -s** utendørs; i det fri.

door case*(=door casing; door frame)* dørkarm.

door closer dørpumpe.

door handle dørhåndtak.

door jamb 1. *arkit:* sidekarm (i dør); dørstolpe; **2.** *i bil(=door pillar)* dørstolpe.

door knob rundt dørhåndtak.

doorman [ˈdɔ:,mæn; ˈdɔ:mən] *subst:* dørvakt; portner.

doornail [ˈdɔ:,neil] *subst:* **(as) dead as a ~** død som en sild.

door plate dørskilt; navneskilt.

door sill dørterskel; dørtrinn.

doorspeak [ˈdɔ:,spi:k] *subst(=entry phone)* dørtelefon.

doorstep [ˈdɔ:step] *subst:* dørtram.

doorstep delivery levering ved døren.

doorway [ˈdɔ:,wei] *subst:* døråpning; **in the ~** i døren; i døråpningen.

I. dope [doup] *subst* **1.** preparat; **2. S***(=illegal drug)* stoff; **3. T***(=information)* opplysninger; tips; **4.** *sport:* stimulerende middel.

II. dope *vb* **1. S:** være stoffmisbruker; **2.** *sport:* dope *(fx a racehorse).*

dope addict *især* **US***(=drug addict)* narkotiker; stoffmisbruker.

dorm [dɔ:m] *subst* **T***(=dormitory)* sovesal.

dormant [ˈdɔ:mənt] *adj; stivt el. fagl:* sovende; *gart:* **~ bud** sovende knopp; *zo:* **be ~** ligge i dvale.

dormer [ˈdɔ:mə] *subst(=dormer window)* kvistvindu; *arkit:* ark.

dormitory [ˈdɔ:mitəri] *subst:* sovesal.

dormitory suburb soveby.

dormouse [ˈdɔ:,maus] *subst (pl: dormice) zo:* **(common) ~** hasselmus.

dorsal [ˈdɔ:səl] *adj: rygg-;* **~ fin** ryggfinne.

dosage [ˈdousidʒ] *subst:* dosering.

I. dose [dous] *subst* **1.** *med.:* dosis; **2.** *om noe ubehagelig:* omgang *(fx a dose of flu);* **3. S***(=gonorrhoea)* gonoré; dryppert.

II. dose *vb:* dosere.

dosser [ˈdɔsə] *subst(=down-and-out;* **US:** *hobo)* uteligger.

dosshouse [ˈdɔs,haus] *subst* **S***(,***US:** *flophouse)* billig losji; nattherberge (for uteliggere).

dossier [ˈdɔsi,ei] *subst:* saksdokumenter; saksmappe.

I. dot [dɔt] *subst* **1.** prikk; **2.** *mus:* punkt; **3.: on the ~** presis.

II. dot *vb* **1.** prikke *(fx a dotted line);* **2.** sette prikk over (,under); **~ one's i's** sette prikk over i'ene; *fig:* **~ one's i's and cross one's t's** være meget omhyggelig (*el.* nøyaktig); **3.** *fig* **T: ~ with***(=intersperse with)* spekke med.

dotage [ˈdoutidʒ] *subst(=senility)* alderdomssløvhet; **be in one's ~** lide av alderdomssløvhet; gå i barndommen.

dote [dout] *vb:* **~ on** forgude *(fx he dotes on that child).*

dotterel [ˈdɔtrəl] *subst; zo:* boltit; fjello.

dotty [ˈdɔti] *adj* **T***(=crazy)* sprø; smårar.

I. double [dʌbəl] *subst* **1.: the ~** det dobbelte; **2.** dobbeltgjenger; **3.** motpart; noe som er nøyaktig tilsvarende; **4.** *bridge:* dobling; **5.** *teat:* skuespiller med to roller i samme stykke; **6.** *mil(=double time)* springmarsj; **march at the ~** løpe springmarsj; **7.: at***(=on)* **the ~** i full fart.

II. double *vb:* doble; **~ back (on one's tracks)** snu; **prices have -d** prisene er steget til det dobbelte; **~ up** folde (*el.* rulle) sammen; krumme seg *(fx he doubled up).*

III. double *adj, adv:* dobbel; dobbelt; **do ~ work** gjøre dobbelt arbeid; **~ the number***(=twice as many)* dobbelt så mange; **~ the quantity***(=twice as much)* dobbelt så mye; **see ~** se dobbelt.

double-barrelled [,dʌbəlˈbærəld; *attributivt:* ˈdʌbəl,bærəld] *adj* **1.** *om våpen:* dobbeltløpet; **2.** *om navn:* med bindestrek *(fx a double-barrelled name);* **3***(=ambiguous)* tvetydig *(fx remark).*

double bass *mus:* kontrabass.

double bed dobbeltseng.

double-breasted [,dʌbəlˈbrestid; *attributivt;* ˈdʌbəl,brestid] *adj:* dobbeltspent *(fx jacket).*

double-cross [,dʌbəlˈkrɔs] *vb* **T***(=cheat; betray)* snyte; forråde.

double Dutch T*(=gibberish)* kaudervelsk; labbelensk.

double-glazed [ˈdʌbəl,gleizd] *adj:* **~ windows** dobbeltvinduer.

double-park [,dʌbəlˈpa:k] *vb:* dobbeltparkere.

double talk tomme fraser.

doubly [ˈdʌbli] *adv:* dobbelt *(fx difficult); (se III. double).*

I. doubt [daut] *subst* **1.** tvil *(fx there is some doubt as to what happened);* **I have -s about that place** jeg har mine tvil når det gjelder det stedet; **throw ~ on** kaste tvil over; **2.: beyond ~** 1. hevet over tvil *(fx his honesty is quite beyond doubt);* 2*(=certainly)* sikkert *(fx beyond doubt, they will arrive tomorrow);* **3.: in ~** 1*(=uncertain)* uviss *(fx the result of the dispute is still in doubt);* 2. i tvil *(fx I'm still in doubt);* **4.: no ~***(=surely; probably):* **no ~ you would like to see your bedroom** du vil sikkert gjerne se soveværelset ditt; **he'll be back tomorrow, no ~** han kommer nok igjen i morgen; **as you no ~ know** . . . som De (,du) sikkert vet . . .; **I have no ~ that** . . . jeg tviler ikke på at . . .

II. doubt *vb:* tvile på; betvile; **I ~ whether** *(,***T:** *I doubt if)* jeg tviler på om; **I don't ~ that** . . . jeg tviler ikke på at; **I ~ it** det tviler jeg på.

doubter [ˈdautə] *subst:* tviler.

doubtful [ˈdautful] *adj* **1.** tvilsom *(fx the meaning is doubtful);* uviss *(fx a doubtful result);* **the wisdom of this action is ~** det er tvilsomt om dette er en klok handling (*el.* om dette er klokt); **2***(=suspicious)* tvilsom; mistenkelig *(fx there's a doubtful character looking in the windows of their house);* **a ~ past** en tvilsom fortid; **3.: be ~ about** være i tvil med hensyn til (*el.* når det gjelder).

doubting Thomas vantro Tomas; skeptiker.

doubtless [ˈdautlis] *adv; stivt(=certainly; probably)* utvilsomt *(fx John has doubtless told you about me);* **as you ~ know***(=as you no doubt know)* som De (,du) sikkert vet.

douche [du:ʃ] **1.** *subst; med.:* utskylling *(fx a vaginal douche);* **2.** *vb:* skylle ut.

dough [dou] *subst* **1.** deig *(fx bread dough);* **2.** *især* **US S***(=money)* penger; **S:** gryn.

doughnut [ˈdounʌt] *subst* **1***(,***US:** *bismark)* smultebolle; **2. US***(=dough ring)* smultring.

dough ring *(,***US:** *doughnut)* smultring.

doughty [ˈdauti] *adj; litt. el. spøkef(=hardy; resolute)* robust; djerv; resolutt *(fx a doughty old lady).*

dour [duə] *adj; stivt* **1***(=sullen)* mutt; innesluttet; **2***(=hard; obstinate)* hard; trassig; **~ resistance** seig

motstand.
douse [daus] *vb: se dowse.*
dove [dʌv] *subst; også fig:* due; *(se pigeon; turtle-dove).*
dovecote ['dʌv,kout], **dovecot** ['dʌv,kɔt] *subst:* dueslag; *fig:* **flutter the -s** skape røre i andedammen.
dovetail ['dʌv,teil] **1.** *subst; tøm:* sinketapp; ~ **(joint)** sinkeskjøt; **lap** ~ svalehaleskjøt; halvfordekt sinking; **2.** *vb; tøm:* sinke; *fig:* føye seg inn i hverandre; passe sammen *(fx their holidays dovetailed exactly).*
dowager ['dauədʒə] *subst:* rik, fornem enke; **queen** ~ enkedronning; ~ **countess** enkegrevinne; ~ **duchess** enkehertuginne.
dowdy [daudi] *adj:* unett *(fx that dress looks dowdy);* ufiks; *(se frump).*
dowel ['dauəl] *subst* **1.** *tøm(=dowel pin)* dybbel; dømling; **2.** *mask:* ~ **pin** 1. styretapp; 2*(=guide pin)* styrestift.
dower ['dauə] *subst:* den del av mannens formue som etter loven tilfaller enken; enkelodd.
I. down [daun] *subst* **1.** *zo:* dun; **2.** *bot:* dun; fnugg.
II. down *subst* **1.** *glds:* høydedrag; klitt; **2.**: **-s***(=downland)* bakkelandskap.
III. down *subst* **1***(=descent; downward movement)* nedgang; nedadgående bevegelse; **2.** *fig:* **ups and -s** medgang og motgang; **the ups and -s of life** livets tilskikkelser; **3. T: have a ~ on sby***(=have it in for sby)* ha et horn i siden til en.
IV. down *vb* **1.** *sport, fx fotb:* felle (ved takling); **2. T***(=drink quickly)* helle i seg; **3.**: ~ **tools** nedlegge arbeidet.
V. down *adj, adv* **1.** ned *(fx climb down; fall down);* nedover *(fx he ran down the street);* **sit** ~ sitt ned; **2.** nede *(fx the tyre is down; don't hit a man when he's down);* **3.** *fotb:* **they were 2–0 down***(=two to nil down)* **at half-time** stillingen var 2–0 i deres disfavør etter første omgang; **4.** *kortsp; bridge:* **be (,go) two** ~ ha (,få) to beter; **5.** *om prisbevegelser:* **be** ~ **by 10%** ha falt (*el.* gått ned) med 10%; **6.** *fig:* **cut** ~ beskjære; gjøre kortere *(fx I've cut the list down quite a bit);* **7***(=cash)* kontant *(fx I paid him half the money down);* **8.** nedskrevet; notert *(fx I have your phone number down in my address book);* **he's ~ for a speech at our next meeting** han skal holde en tale på vårt neste møte; **9***(=depressed)* nedtrykt; nede; **be ~ in the dumps** være molefonken; **10.: be handed** ~ gå i arv *(fx the recipe has been handed down in our family for years);* **11.: be ~ on** 1*(=have a down on; have it in for)* ha et horn i siden til; være etter; 2*(=be opposed to)* være imot *(fx the headmaster is very down on the wearing of make-up at school);* **12. T: be ~ on one's luck** ha hatt motgang *(fx he's been down on his luck since his wife died);* **13.: get ~ to it** se til å få gjort det; **get ~ to writing some letters** se til å få skrevet noen brev; **14. T: that arrangement will suit me ~ to the ground** den ordningen vil passe meg helt fint; **15.** *int:* ~ **with the king!** ned med kongen! **16.: be ~ with (the) flu** ligge til sengs med influensa; **they all went ~ with measles** de fikk meslinger alle sammen.
I. down-and-out [,daunən'aut] *subst(=dosser)* uteligger.
II. down-and-out *adj:* helt på bar bakke; helt på knærne.
down-at-heel [,daunət'hi:l] *adj* **1.** nedtrådt *(fx shoes);* **2.** *fig(=shabby; untidy)* lurvet; nedslitt; dårlig vedlikeholdt.
downbeat ['daun,bi:t] *subst; mus:* nedslag.
downcast ['daun,ka:st] *adj; stivt* **1.** *om person:* nedslått; **2.** *om øyne:* ~ **eyes** nedslagne øyne.
downdraught ['daun,dra:ft] *subst; i pipe:* nedslag.
downfall ['daun,fɔ:l] *subst* **1.** *fig:* fall; undergang; **2.** (plutselig og sterk) nedbør.
I. downgrade ['daun,greid] *subst* **1.** *om hellingsvinkel:* fall; **2***(=downhill slope)* utforbakke.
II. downgrade *vb* **1.** nedvurdere; nedgradere *(fx his job was downgraded);* **2.** *om hemmelig dokument:* nedgradere.
downhearted [,daun'ha:tid] *adj:* motløs.
I. downhill ['daun,hil] *subst* **1***(=downhill slope)* nedoverbakke; utforbakke; **2***(=downhill race)* utforrenn.
II. downhill [,daun'hil; *attributivt:* 'daun,hil] *adj, adv:* nedover *(fx the way is all downhill; the road goes downhill all the way from our house to yours); fig(=easy)* lett *(fx the rest was downhill); om pasient:* **go** ~ bli dårligere.
downhill course*(=downhill piste)* utforløype.
downhill race utforrenn.
downland ['daun,lænd] *subst(=downs)* bakkelandskap.
downlight ['daun,lait] *subst:* overlys.
down payment depositum; **make a ~ on a house** deponere på (*el.* betale første avdrag på) et hus.
downpipe ['daun,paip] *subst:* nedløpsrør.
downpour ['daun,pɔ:] *subst:* øsregn; kraftig regnskyll.
downright ['daun,rait] **1.** *adj:* **a ~ lie** en loddrett løgn; **he's a ~ nuisance** han er rett og slett en plage; **I think it would be a ~ advantage to us** jeg tror det rett og slett ville være en fordel for oss; **it's ~ nonsense** det er det rene tøv; **2.** *adv:* direkte *(fx he was downright rude).*
downstage ['daun,steidʒ] **1.** *subst; teat:* forgrunn; **2.** *adv:* mot forgrunnen; ned mot rampen.
I. downstairs ['daun,stɛəz] *adj:* i etasjen under; nedenunder *(fx a downstairs flat).*
II. downstairs ['daun'stɛəz] *adv:* nedenunder; i etasjen under; nedover trappen *(fx he walked slowly downstairs).*
down-to-earth [,dauntu'ə:θ; 'dauntu,ə:θ] *adj:* nøktern; realistisk; jordnær.
I. downtown ['daun,taun] *adj* **US:** ~ **Manhattan** Manhattan sentrum.
II. downtown ['daun'taun] *adv:* ned i byen; inn til byen.
downtrodden ['daun,trɔdən] *adj:* underkuet.
downward ['daunwəd] *adj:* som skråner nedover *(fx path).*
downward(s) *adv:* nedad; nedover; *om tid:* **from the Stuarts** ~ fra stuartene og frem til vår tid.
downwind [,daun'wind] *adv:* med vinden; **we were ~ from the deer** hjorten kunne ikke merke oss, da vi hadde vinden mot oss.
downy ['dauni] *adj:* dunet.
downy mildew *bot:* bladskimmel.
dowry ['dau(ə)ri] *subst:* medgift.
I. dowse [daus] *vb; stivt(=douse; throw water on)* tømme vann på.
II. dowse [dauz] *vb:* lete etter vann med ønskekvist.
dowsing rod*(=divining rod)* ønskekvist.
doyen ['dɔiən] *subst:* doyen.
doz. *(fk.f. dozen)* dus. *(fk.f. dusin).*
doze [douz] **1.** *subst:* døs; blund; **2.** *vb:* døse; blunde.
dozen ['dʌzən] *subst:* dusin *(fx two dozen eggs; we sell eggs in dozens).*
dozer ['douzə] *subst(=bulldozer)* bulldozer.
DPP *(fk.f. Director of Public Prosecutions)* riksadvokat.
drab [dræb] *adj* **1.** *om farge:* trist *(fx a drab brown);* **2.** trist; grå *(fx existence).*
I. draft [dra:ft] *subst* **1.** utkast *(fx make a draft; he has now written the first draft);* **2.** *skolev:* **(rough)** ~*(=rough copy)* kladd; **make a rough** ~ kladde; **3.**

merk: tratte; **4. US** *mil(=call-up)* innkallelse.
II. draft *vb* **1.** lage utkast til; **2.** *skolev(=make a rough draft)* kladde; **3. US** *mil(=call up)* innkalle; **liable to be -ed** vernepliktig.
draft agreement avtaleutkast.
draft board US *mil(=medical board):* **come up before a ~** møte til sesjon.
draft dodger US: en som unndrar seg militærtjeneste.
draftee [dra:f'ti:] *subst* **US***(=conscript)* utskrevet soldat; vernepliktig.
draftsman ['dra:ftsmən] *subst* **US:** *se draughtsman.*
I. drag [dræg] *subst* **1.** hemsko *(fx his lack of education was a drag on his progress);* **2.** *glds; på vogn:* bremsekloss; **3.** *flyv:* **(air)** ~*(=air resistance)* luftmotstand; **surface ~** luftmotstand nede ved bakken; **4.** drag *(fx he took a long drag at his cigarette);* **5.** *om person el. ting:* kjedelig *(fx he's nice but his wife is a drag; washing up is a drag);* **I'm a terrible ~ on the subject** hvis jeg begynner å snakke om det, blir det meget kjedelig å høre på; **6.** *landbr:* **~ (harrow)** slodd; **7.** *om mann:* **in ~** i kvinneklær; **8. S***(=car)* bil; **S:** kjerre.
II. drag *vb* **1.** dra; trekke; **2.** slepe; **3.** sokne i *(fx the canal to try to find the body);* **4.** *landbr:* slodde; **5.** trekke i langdrag *(fx the evening dragged a bit);* **6.: ~ out of***(=drag from)* trekke ut av *(fx we couldn't drag a word out of him);* **~ out a speech** trekke ut en tale.
drag anchor *mar:* drivanker.
dragnet ['dræg,net] *subst(=townet)* slepenot; dragnot; *(jvf seine).*
dragon ['drægən] *subst:* drage.
dragonfly ['drægən,flai] *subst; zo:* gullsmed.
I. drain [drein] *subst* **1***(=drainage canal)* avløpskanal; **gully ~** avløpskanal fra rennestein til kloakk; **2.** *med.(=drain tube)* dren; **3.** *fig:* belastning *(fx his car is a constant drain on his money);* **4.: that's money down the ~** det er bortkastede penger.
II. drain *vb* **1.** drenere; **2.** *med.:* drenere; **3.: ~ out of** renne ut av *(fx the water drains out of the flowerpot through the holes in the bottom);* **4.** tømme vannet av *(fx the potatoes);* tømme *(fx the petrol tank);* **leave the dishes to ~** la oppvasken stå og renne av seg; **5.** *fig:* tappe (*of* for).
drainage ['dreinidʒ] *subst* **1.** bortledning av spillvann; (det å skaffe) avløp *(fx drainage is our main problem; the town's drainage is very efficient);* **2.** kloakksystem; **be on main ~***(=be connected to the municipal sewerage system)* være tilkoplet hoved(kloakk)ledningen.
drainage pipe: site ~ overvannsledning.
draining board oppvaskbrett; tørkebrett.
drainpipe ['drein,paip] *subst:* avløpsrør; *(jvf soil pipe; waste pipe).*
drain plug spunstapp; propp.
drain tile *landbr:* dreneringsrør; teglrør.
drain tube *med.(=drain)* dren(srør).
drake [dreik] *subst; zo:* andestegg; andrik.
dram [dræm] *subst* **1***(=tot)* dram; **2.** *vektenhet:* 0,0018 kg; **3.** *vektenhet* **US***(også: drachm(a))* 0,0039 kg.
drama [dra:mə] *subst:* drama.
dramatic [drə'mætik] *adj:* dramatisk.
dramatist ['dræmətist] *subst:* dramatiker; skuespillforfatter.
dramatize, dramatise ['dræmə,taiz] *vb:* dramatisere.
I. drape [dreip] *subst* **1.** den måten stoff henger på; **2. US: -s***(=curtains)* gardiner.
II. drape *vb:* drapere; henge (stoff) over *(fx the sofa in red velvet); fig:* **be -d with** være behengt med; være overlesset med *(fx parcels);* **she -d herself across the arm of his chair** hun slengte seg ned på armlenet av stolen hans.
draper's shop*(,***US:** *dry goods store)* manufakturforretning.
drapery ['dreipəri] *subst:* draperi *(fx the walls were hung with blue drapery).*
drastic ['dræstik] *adj:* drastisk.
draught [dra:ft] *subst(,***US:** *draft)* **1.** trekk *(fx there's a draught in this room);* **2.** slurk *(fx of beer);* **3.** *mar:* dypgående *(fx this boat has a draught of half a metre).*
draught beer fatøl.
draughtboard ['dra:ft,bɔ:d] *subst(,***US:** *checkerboard)* dambrett.
draughts [dra:fts] *subst(,***US:** *checkers)* dam(spill).
draughtsman ['dra:ftsmən] *subst* **1***(,***US:** *draftsman) på ingeniørkontor, etc:* tegner; **2***(,***US:** *checker)* dambrikke.
I. draw [drɔ:] *subst* **1.** *sport(=drawn game)* uavgjort kamp; **2***(=attraction)* trekkplaster; **3***(=prize draw)* trekning *(fx when does the draw take place? the draw will be held on June 2nd);* **4***(=raffle)* utlodning *(fx there will be a draw);* **5.** *om skytevåpen:* **he's quick on the ~** han er rask til å trekke.
II. draw *vb (pret: drew; perf. part.: drawn)* **1.** tegne; **2.** trekke *(fx she drew the chair towards her; he drew a gun; draw a card; draw teeth);* **~ a conclusion** trekke en konklusjon; **~ a prize** vinne en premie; **~ lots** trekke lodd; **~ for partners** trekke partner; **the chimney -s well** pipen trekker godt; **~ water from a well** trekke vann opp av en brønn; **3***(=attract)* tiltrekke; **she was trying to ~ my attention to something** hun prøvde å gjøre meg oppmerksom på noe; **this drew a crowd** dette tiltrakk seg mennesker; **4.** *stivt(=receive; obtain):* **he drew total loyalty from all his employees** han oppnådde absolutt lojalitet hos alle sine ansatte; **5.** *sport(=tie)* spille uavgjort; **~ with** spille uavgjort mot; **6.** utlede *(fx what moral can be drawn from this story?);* **7***(=entice)* lokke *(fx draw him away from his work);* **8.** få til å uttale seg; pumpe; provosere *(fx he refused to be drawn);* **9.** *om fugl:* ta innvollene ut av; rense *(fx a chicken);* **10***(=draw off)* tappe *(fx wine from a cask);* **11.** *om inspirasjon:* hente *(fx draw inspiration from his example);* **12***(=cause to flow):* **it drew blood** det forårsaket blødning; det (gjorde at det) begynte å blø; *fig:* det krenket dypt; **13.** *kortsp:* **~ trumps** trekke ut trumfen; **14.** *mar; om det å trenge en viss dybde for å kunne flyte:* stikke *(fx ships which draw up to six metres);* **15.: we drew (a) blank** vi hadde ikke hellet med oss; det hele var resultatløst; **16.: ~ a bow***(=bend a bow)* spenne en bue; **T: ~ the longbow***(=exaggerate)* overdrive; **17.: ~ breath** trekke pusten *(fx we stopped to draw breath); fig:* **before we could ~ breath, we had to start on the next task** før vi fikk summet oss, måtte vi ta fatt på neste oppgave; **18.: ~ a cheque (on a bank)** utstede en sjekk (på en bank); **19.** heve *(fx draw money from a bank; draw a salary);* **20.: ~ interest***(=earn interest)* trekke renter; **21.** *fig:* **~ the line** sette grensen (*at* ved) *fx she draws the line at doing his washing);* **22. ~ away** trekke seg unna *(fx she drew away in horror); (jvf II. pull: ~ away);* **23.: ~ off** tappe *(fx a pint of beer);* **24.: ~ on** 1. bruke av; ta av *(fx she's been drawing on her capital for years);* 2. *fig:* øse av *(fx a source);* trekke veksler på *(fx he draws on her strength a lot; he drew on his imagination for a lot of the details);* **~ heavily on** belaste sterkt; *fig:* være sterkt avhengig av; trekke store veksler på; **25.: ~ out** 1. *fra bank:* ta ut *(fx twenty pounds);* 2. trekke ut *(fx we drew out the journey as much as we could, but we still arrived early);* tøye ut *(fx an interview);*

3. svinge ut fra fortauskanten *(fx a car drew out in front of us as we were overtaking);* 4. *om sjenert el. reservert person:* ~ **him out** få i gang en samtale med ham; få ham på gli; **26.:** ~ **up** 1. stoppe *(fx we drew up outside their house);* 2. stille opp *(fx he drew up the soldiers in line);* 3. sette fram *(fx a chair);* 4. *om kontrakt:* lage i stand; sette opp; 5.: **he drew himself up to his full height** han rettet seg opp til sin fulle høyde; *(se III. level 8: draw ~ with).*

drawback ['drɔ:,bæk] *subst* **1**(*=disadvantage)* ulempe; **2.** *ved reeksport:* tollgodtgjørelse.

drawbridge ['drɔ:,bridʒ] *subst:* vindebru.

drawee [drɔ:'i:] *subst; merk:* trassat.

drawer ['drɔ:ə] *subst* **1**(*=draughtsman)* tegner; **2.** *merk:* trassent; **3.: the ~ of a cheque** en sjekkutsteder; **4.** skuff; **chest of -s** kommode; **T: he's out of the top** ~*(=he's in (=out of) the top bracket)* han tilhører det sosiale toppsjikt.

drawing ['drɔ:iŋ] *subst* **1.** tegning; **engineering** ~ maskintegning; **technical** ~ teknisk tegning; **2**(*=wiredrawing)* trådtrekking.

drawing board tegnebrett.

drawing pin(*,***US:** *thumbtack; pushpin)* tegnestift.

drawing room(*=(best) parlour;* **US:** *parlor)* stasstue; penstue.

drawing-room comedy salongkomedie.

drawl [drɔ:l] **1.** *subst:* langsom, slepende måte å snakke på; **2.** *vb:* snakke med slepende tonefall *(fx he drawled his words in an irritating manner).*

dray [drei] *subst:* ølvogn.

drayman ['dreimən] *subst:* ølkjører.

I. dread [dred] *subst; litt. el. stivt(=great fear)* frykt.

II. dread *vb(=fear greatly)* frykte; grue for *(fx we dreaded his arrival).*

dreadful ['dredful] *adj:* fryktelig.

I. dream [dri:m] *subst:* drøm.

II. dream *vb (pret: dreamed, dreamt; perf. part.: dreamed, dreamt)* drømme (*about* om); **I wouldn't ~ of it!** det kunne ikke falle meg inn! **T: ~ up**(*=invent)* finne på.

dreamer ['dri:mə] *subst:* drømmer.

dreamy ['dri:mi] *adj:* drømmende.

dreary ['driəri] *adj* **1**(*=gloomy)* trist *(fx what dreary weather);* **2. T**(*=very dull)* kjedelig *(fx person; meeting).*

I. dredge [dredʒ] *subst(=dredger)* muddermaskin; oppmudringsfartøy.

II. dredge *vb* **1.** *om sjøbunnen:* bunnskrape; **2.** dregge; ~ **for** dregge etter; **3.** mudre.

dredger ['dredʒə] *subst:* muddermaskin; oppmudringsfartøy.

dregs [dregz] *subst; pl* **1.** bunnfall *(fx the dregs of the wine);* **2.** *fig:* berme *(fx the dregs of society).*

drench [drentʃ] *vb:* gjennombløte; gjøre (,bli) gjennomvåt.

I. dress [dres] *subst* **1.** kjole; **evening** ~ selskapskjole; **2.** antrekk; *på innbydelse:* ~ **informal** daglig antrekk; *mil:* **field** ~*(=field kit)* feltmessig antrekk; **in full** ~ i full galla; gallakledd; **full ~ uniform** gallauniform.

II. dress *vb* **1.** kle på *(fx the children);* kle på seg; **2.:** ~ **for dinner** kle seg om til middag; **3.** *med.:* bandasjere; forbinde *(fx a wound);* **4.** pynte; dekorere *(fx a shop window);* **5.** *tøm:* avrette; hogge til; **6.** *gart(=prune)* beskjære; **7.** *om lær:* berede; **8.** *mil:* ~ **ranks** rette inn; *kommando:* **right ~!** retning høyre! **9. T: ~ sby down**(*=tick sby off)* overhøvle en; **10.:** ~ **up** 1. pynte seg; 2. *også fig:* pynte på *(fx dress that blouse up with a necklace; we dressed it up when we told him);* 3.: **he -ed up as a pirate for the party** han kledde seg ut som pirat til selskapet.

dress circle *teat:* balkong; første losjerad; *(jvf upper circle).*

dress coat snippkjole.

dresser ['dresə] *subst* **1**(*=kitchen dresser)* kjøkkenskap med tallerkenrekke; **2.** toalettkommode; **3.** *teat:* påkleder(ske); **4.: he's a fashionable** ~ han kler seg moderne; **5.** *mask:* avretter; **6.:** *se window dresser.*

dressing ['dresiŋ] *subst* **1.** påkledning; **2.: (salad)** ~ salatdressing; dressing; **3.** *med.:* forbinding; bandasje; **change the** ~ skifte på såret; skifte bandasje *(fx has the dressing been changed today?);* **she changes -s all day long** hun skifter på sår (*el.* skifter bandasjer) hele dagen.

dressing-down [,dresiŋ'daun] *subst:* **T**(*=scolding)* overhøvling; påpakning.

dressing-gown ['dresiŋ,gaun] *subst (,***US:** *bathrobe)* **1.** morgenkåpe; **2.** slåbrok.

dressing materials forbindingssaker.

dressing roll forbindingspakke.

dressing-room ['dresiŋ,ru(:)m] *subst; teat:* garderobe.

dressing-table ['dresiŋ,teibəl] *subst:* toalettbord.

dressmaker ['dres,meikə] *subst;* sydame.

dress parade *mil:* parade i gallauniform.

dress suit(*=dress coat)* snippkjole; kjole og hvitt.

dress uniform *mil:* gallauniform.

dressy ['dresi] *adj* **1.** glad i pene klær *(fx a very dressy woman); neds:* **she's too ~ for me** hun er altfor pyntesyk for meg; **2.** *om klesplagg:* **a bit (too)** ~ litt for pen *(fx this coat is a bit dressy to wear to work);* **she's wearing a very ~ suit** hun har en meget pen drakt på seg.

I. dribble [dribəl] *subst* **1.** *om liten mengde:* **there was only a ~ of water in the pipe** det bare sildret og rant litt vann i røret; **2.** sikkel; **a ~ ran down his chin** det rant sikkel nedover haken hans.

II. dribble *vb* **1.** dryppe; sildre; komme i dråper; **2.** sikle; **3.** *fotb. etc:* drible.

dribs and drabs T: in ~ i småporsjoner; litt om gangen *(fx do the spring-cleaning in dribs and drabs).*

dried ['draid] *adj:* tørket; ~ **milk** tørrmelk.

dried-out [,draid'aut; *attributivt:* 'draid,aut] *adj:* uttørket; ~ **watercourse** uttørket elveleie.

drier, dryer ['draiə] *subst* **1. (hair)** ~ hårtørrer; **2.** *for tøy:* **spin** ~ sentrifuge; *(jvf tumble drier).*

I. drift [drift] *subst* **1.** noe som er føket sammen; haug *(fx of dead leaves; of sand);* **a snow-** en snødrive; **2.** *i Sør- og Øst-Afrika:* vadested; **3.:** ~ **net** drivgarn; **4**(*=mining drift; gallery)* stoll; **5.** *flyv:* avdrift; *mar(=leeway)* avdrift; **6.** *til å utvide hull med(=driftpin)* dor; **7**(*=drove):* **a ~ of cattle** en bøling (med kveg); **8.** *i instrument:* gangkurve; **9.: the ~ of the current** strømretningen; **10.** *geol:* smeltevannsavleiring; **11.** *i bilveddeløp(=controlled four-wheel skid)* kontrollert skrens på alle fire hjul; **12.** *fig:* det å drive (*el.* flyte); strøm; **the ~ from the country**(*=the urban drift)* flukten fra landsbygda; **13.** *fig:* retning; tendens; mening; **I saw the ~ of his argument quite clearly** jeg forstod meget godt hvor han ville hen; **I couldn't hear you clearly but I did catch the ~ of what you said** jeg kunne ikke høre deg så tydelig, men jeg fikk da tak i meningen med det du sa.

II. drift *vb* **1.** fyke (sammen); **2.** drive *(fx the tide has drifted the boat out to sea);* bli ført av sted *(fx the boat drifted(=floated) down the river);* **the clouds are -ing** skyene driver; ~ **about the streets** drive om i gatene; ~ **about at the mercy of wind and waves** drive for været; ~ **ashore**(*=be washed ashore)* drive i land; bli skyllet i land; **3.** *fig:* **let things** ~ la tingene drive; la det drive; **he just let himself ~** han lot seg bare drive; **~ apart** komme fra hverandre; **we are -ing towards a disaster** vi driver mot en katastrofe; **he -s in to see us now and again** han slenger innom og ser til oss av og til; **4.** *tekn:* **~ a hole** dore opp et hull; *(jvf I. drift 6).*

drift anchor *mar:* drivanker.

drifter ['driftə] *subst* **1.** *om fiskebåt:* drivgarnsfisker; **2. T:** løsgjenger; person som går fra jobb til jobb; rotløs person.

drift ice drivis.

drift net drivgarn.

drift timber*(=floating timber)* drivtømmer.

driftwood ['drift,wud] *subst:* drivved.

I. drill [dril] *subst* **1.** metallbor; drillbor; **twist ~** spiralbor; **2.** *verktøy:* bor; drill *(fx an electric drill);* **3.** *landbr:* rad *(fx beetroot is sown thinly in shallow drills);* **4.** *landbr:* radsåmaskin; **5.** *mil:* eksersis; **6.** øvelse; *mar:* **boat ~** redningsøvelse; livbåtøvelse; **fire ~** brannøvelse; **7. T***(=correct procedure)* riktig fremgangsmåte; **what's the ~ for filling in this form?** hvordan skal man fylle ut dette skjemaet?

II. drill *vb* **1.** bore (hull i); gjennomhulle *(fx they drilled the door with bullets);* **2.** øve inn; drille *(fx the children have only been drilled in mental arithmetic);* **3.** *mil:* eksersere; drive eksersis; gjennomgå eksersis *(fx they were rigorously drilled every morning).*

drill bit metallbor; borstål.

driller ['drilə] *subst; oljeind:* borer; **assistant ~** assisterende borer.

drill ground*(=parade ground) mil:* ekserserplass.

drill(ing) rig *oljeind:* borerigg.

drilling section leader*(=tool pusher) oljeind:* boresjef.

drill stem*(=drill string; drill column) oljeind:* borestreng.

I. drink [driŋk] *subst* **1.** drikk; drink; **have a ~** ta seg en drink; **have a ~ of (cold) water** drikke et glass (kaldt) vann; **have a cold ~** få seg noe kaldt å drikke; **2.: take to ~** slå seg på flasken; begynne å drikke.

II. drink *vb:* drikke; **~ sby's health, ~ to (the health of) sby** skåle for en *(fx drink to the bride and groom!);* **let's ~ to that!** la oss skåle på det! *fig:* **~ in** suge inn *(fx they were drinking it all in);* **~ up** drikke opp (*el.* ut).

drinkable ['driŋkəbl] *adj:* drikkelig.

drink-driver ['driŋk,draivə] *subst:* promillekjører; *(jvf drunken driver).*

drink-driving ['driŋk,draiviŋ] *subst:* promillekjøring; *(jvf drunken driving).*

drinker ['driŋkə] *subst:* dranker; en som drikker.

drinking water drikkevann.

drink problem*(=drinking problem)* alkoholproblem *(fx he has a drink problem).*

I. drip [drip] *subst* **1.** drypp; dråpe *(fx a drip of water ran down her arm);* **2.** drypp(ing) *(fx the steady drip of rain falling from the trees);* **3.** *med.* **T: be on the ~***(=be on intravenous feeding)* få intravenøs ernæring; **T:** ligge med intravenøst *(fx he's on the drip);* **4. T:** pyse *(fx don't be such a drip!).*

II. drip *vb:* dryppe.

I. drip-dry ['drip,drai] *vb:* drypptørke.

II. drip-dry ['drip,drai] *adj(=noniron)* strykefri *(fx shirt).*

dripping ['dripiŋ] *subst* **1.** drypping; **2.** stekefett.

dripping wet *adj:* dyvåt; søkkvåt.

I. drive [draiv] *subst* **1.** kjøring; **2.** kjøretur; **3.** oppkjørsel; innkjørsel; **4.** *mask(=transmission of power)* kraftoverføring;*(=drive gear)* drivmekanisme; *(jvf drive gear);* **final ~***(=differential (gear))* differensial; **front(-wheel) ~** forhjulsdrift; **rear ~** bakhjulsdrift; *i automatisk girkasse:* **fluid ~** væskekopling; **~ shaft** mellomaksel; **5.** *merk:* **sales ~***(=sales campaign)* salgskampanje; **6.** *mil:* kraftig offensiv; **7.** *fig(=go-ahead spirit; push)* pågangsmot.

II. drive *vb (pret: drove; perf. part.: driven)* **1.** kjøre *(fx he can drive a tractor; shall I drive?);* **2.** drive *(fx a herd of cattle across the road);* **work drove him to despair** arbeidet drev ham til fortvilelse; **he won't be -n***(=he's easier led than driven)* han må tas med det gode; **3.** *mask:* drive *(fx the mill is driven by water);* **4.** slå *(fx he drove a nail into the door);* **5.: what are you driving at?** hvor vil du hen? hva sikter du til? **I don't know what he was driving at, but it sounded rude** jeg vet ikke hva han forsøkte å si, men det hørtes uhøflig ut; **6.: ~ a hard bargain** tvinge igjennom harde betingelser; **7.: ~ off** 1. kjøre sin vei; 2. jage vekk *(fx wasps);* **8.: ~ on** 1. kjøre videre; **~ on!** kjør videre! fortsett! 2. drive frem *(fx he drove his horse on towards the fence);* 3. *fig:* **his ambition drove him on** hans ærgjerrighet drev ham frem; **9.: ~ up** komme kjørende *(fx a car drove up).*

drive door *EDB:* diskettklaff.

drive gear *mask:* drev; drivmekanisme.

I. drivel ['drivəl] *subst* **1***(=dribble)* sikkel; sikling; **2. T***(=nonsense)* tull; tøys; sprøyt.

II. drivel *vb* **1***(=dribble)* sikle; **2. T***(=talk nonsense)* snakke tull (*el.* tøys).

drive noise *mask:* differensialdur.

driven snow: white as (the) ~ hvit som nyfallen snø.

drive pinion *mask:* bakakseldrev.

driver ['draivə] *subst* **1.** sjåfør; bilfører; **2.** *jernb:* **engine ~***(,US: (locomotive) engineer)* lokomotivfører.

driveway ['draiv,wei] *subst(=drive)* oppkjørsel; innkjørsel.

driving belt *mask:* drivreim.

driving examiner inspektør i Biltilsynet.

driving instructor sjåførlærer.

driving lesson kjøretime.

driving licence*(,US: driver's license)* førerkort; *(se NEO førerkort).*

driving lights fjernlys.

driving practice øvelseskjøring.

driving school kjøreskole; sjåførskole.

driving test førerprøve; *(se NEO førerprøve).*

driving wheel *mask:* drivhjul.

drizzle ['drizəl] **1.** *subst:* støvregn; duskregn; **2.** *vb:* duskregne.

drizzly ['drizli] *adj:* **it's cold and ~** det er kaldt, og det duskregner.

droll [droul] *adj; stivt el. glds:* rar; pussig.

dromedary ['drɔmədəri] *subst; zo:* dromedar.

I. drone [droun] *subst* **1.** *zo; fig:* drone; **2.** dur *(fx the distant drone of traffic on the motorway).*

II. drone *vb* **1.** dure *(fx a plane droned overhead);* **2.** snakke monotont; **time passed, and the lecturer -d on and on** tiden gikk, og foreleseren snakket og snakket.

droop [dru:p] *vb* **1.** *stivt(=hang down)* henge ned *(fx the willows drooped over the pond);* henge slapt ned *(fx her head drooped sadly);* **2.** *fig* **T***(=grow faint)* bli matt.

I. drop [drɔp] *subst* **1.** dråpe; *om mengde:* litt *(fx if you want more wine there's a drop left);* **2.** øredobb *(fx she had a pair of diamond drops in her ears);* **3.** fall *(fx a drop in temperature; a drop in prices);* **there was a sheer ~ of a hundred metres** det var et loddrett fall (*el.* stup) på hundre meter; **4.** *teat(=drop curtain; act curtain)* mellomaktteppe;

5(*=trap door*) falldør; **6.** *mil; flyv:* slipp; **7.: -s**(**,US:** *hard candy*) drops; **acid -s** syrlige drops; **8.: ~ in the bucket**(*=ocean*) en dråpe i havet; **9.: he's had a ~ too much** han har fått litt for mye å drikke; **10.: at the ~ of a hat** for et godt ord (*fx she'd report you to the police at the drop of a hat*).

II. drop *vb* **1.** falle; **2.** la falle; miste; slippe (*fx he dropped the vase*); **3.** *om venn, idé; vane:* droppe (*fx she's dropped him*); **she's -ped the idea of going to Paris** hun har oppgitt tanken om å dra til Paris; **4.** *sport*(*=lose*) tape (*fx the first set*); **5. T: ~ sby a note; ~ a note to sby** skrive til en; sende en noen ord; **he -ped one or two general remarks about the weather** han lot falle et par alminnelige bemerkninger om været; **6.: ~ by** stikke innom; **7.: ~ in** stikke innom (*fx do drop in if you happen to be passing!*); **8.: ~ off** 1. falle av; 2. *mar:* falle av; 3. **T**(*=fall asleep*) sovne; **T:** duppe av; 4. **T**(*=decline*) avta; gå tilbake (*fx sales have dropped off*); falle fra (*fx his customers dropped off*); **9.: ~ out** 1. melde frafall; 2. falle fra; falle av lasset; 3. utebli helt (fra omgang med andre).

drop compass nullpasser.

drop curtain *teat*(*=act curtain*) mellomaktteppe.

dropout ['drɔp,aut] *subst* **1.** student som ikke fullfører; **2.: social ~** sosial taper.

dropout rate frafallsprosent.

dropper ['drɔpə] *subst*(*=drop counter*) dråpeteller.

droppings ['drɔpiŋz] *subst; pl:* **bird ~** fugleskitt; **cow ~** kuruker; **mouse ~** muselort.

dropwort ['drɔp,wə:t] *subst; bot:* knollmjødurt; **water ~** hestekjørvel; (*jvf meadowsweet*).

dross [drɔs] *subst; på smeltet metall:* skum.

drought [draut] *subst:* tørke (*fx the land was in a state of drought for six months*).

drove [drouv] *subst* **1**(*=drift*)**: a ~ of cattle** en bøling (med kveg); **2.** *fig:* flokk (*fx droves of shoppers*).

drown [draun] *vb* **1.** drukne (*fx drown a cat; he drowned*); **be -ed** drukne (*fx he was drowned*); **2.** overdøve; drukne (*fx his voice was drowned (out) by the roar of the traffic*).

drowsy ['drauzi] *adj:* søvnig (*fx children*); søvndyssende; døsig; kjedelig (*fx it was a drowsy day*).

drub [drʌb] *vb; lett glds*(*=beat*) slå; pryle.

I. drudge [drʌdʒ] *subst:* (arbeids)slave.

II. drudge *vb:* slite og streve.

drudgery ['drʌdʒəri] *subst:* slit og strev; *fig:* slavearbeid.

drug [drʌg] *subst* **1.** medikament; legemiddel; **2. (narcotic) ~** (*,fagl: controlled drug*) narkotikum; **take**(*=use*) **-s** bruke narkotika; **he behaves as though he is on -s** han oppfører seg som om han går på narkotika (*el.* stoff).

drug addict(**,US:** *dope addict*) narkoman.

drug addiction narkomani; stoffmisbruk.

drug agent US: narkotikaspaner.

drug courier narkotikakurér.

Drug Enforcement Administration (*fk DEA*) **US**(**,UK:** *drug squad*) narkotikapoliti.

druggist ['drʌgist] *subst* **US**(*=dispensing chemist*) apoteker.

drug pusher narkotikalanger.

drug scene narkotikamiljø; **on Oslo's ~** i narkotikamiljøet i Oslo.

drug squad narkotikapoliti; narkotikaavsnitt.

drugstore ['drʌg,stɔ:] *subst* **US:** drugstore (slags apotek, hvor det også selges mange andre varer; vanligvis serveres også lette måltider).

drug trafficker(*=undercover drug dealer*) narkotikahai.

drug user stoffmisbruker.

drug withdrawal symptom abstinenssymptom.

I. drum [drʌm] *subst* **1.** *mus:* tromme; **bass ~** stortromme; **snare ~** skarptromme; **2.** trommel; **wheel ~**(*=brake drum*) bremsetrommel; **3.** fat; **petrol ~** bensinfat; **oil ~** oljefat.

II. drum *vb:* tromme; slå på tromme; *fig:* **you never remember anything unless I ~ it in** du husker aldri noenting hvis ikke jeg banker det inn i deg.

drumhead ['drʌm,hed] *subst:* trommeskinn.

drum kit trommesett.

drummer ['drʌmə] *subst:* trommeslager.

drumshell ['drʌm,ʃel] *subst:* trommesarg.

drumstick ['drʌm,stik] *subst:* trommestikke.

I. drunk [drʌŋk] *subst:* person som er full; fyllik.

II. drunk *adj:* full (*fx he was drunk*); *fig:* beruset (*fx with success*); **get ~** bli full; drikke seg full; **get fighting ~** bli full og ville slåss; bli full og kranglete; **~ and disorderly** full og bråkete.

drunkard ['drʌŋkəd] *subst:* dranker.

drunken ['drʌŋkən] *adj; foranstilt:* full (*fx a drunken soldier*); **~ driver** fyllekjører; (*jvf drink-driver*); **~ driving** fyllekjøring; (*jvf drink-driving*).

drunkenness ['drʌŋkənnis] *subst:* fullskap.

Druze [dru:z] **1.** *subst:* druser; **the ~** druserne; **2.** *adj*(*=Druzian*) drusisk.

I. dry [drai] *subst*(*pl: drys, dries*) **1. T: Tory ~** mørkeblå høyremann (,-kvinne); **2. US T**(*=prohibitionist*) forbudsmann; tilhenger av brennevinsforbud; **3.** *i Australia:* **the ~**(*=the dry season*) tørketiden; **4.** tørt sted.

II. dry *vb* **1.** tørke; **~ oneself** tørke seg; **2.: ~ off** tørke av (*fx she dried herself off*); **3.: ~ out** 1. bli (,få) ordentlig tørr (*fx it'll take ages to dry out your gloves!*); 2. *om alkoholiker:* **be dried out** bli tørrlagt; gjennomgå en avvenningskur (*fx he went to a nursing home to be dried out*); 3. *om narkoman:* trappe ned; **4.: ~ up** 1. tørke inn: tørke ut (*fx all the rivers dried up in the heat*); *fig:* gå tørr; løpe tørr (*fx all my normal sources of news have dried up*); **supplies of bandages have dried up sooner than expected** vi har sluppet opp for bandasjer før vi hadde ventet det; 2. *om skuespiller, etc* **T:** gå i stå; glemme det man skulle si (*fx he dried up in the middle of the scene*); 3. *om oppvask:* tørke opp; 4. *int* **T:** hold munn!

III. dry *adj* **1.** tørr; **get ~ clothes on** få tørt på kroppen; **2.** uinteressant; tørr; **3.** *om humor, etc:* tørr; **with a ~ sense of humour**(*=witty in a dry way*) tørrvittig; **(piece of) ~ humour** tørrvittighet; **4.** *om vin:* tørr; **5.** *om terreng:* tørrlendt; **6.** *om person:* tørrlagt; *om land:* tørrlagt.

dry cargo *mar:* tørrlast.

dry-clean ['drai,kli:n] *vb; om tøy:* rense.

dry dock ['drai,dɔk] *subst; mar:* tørrdokk.

dry-dock ['drai,dɔk] *vb; mar:* sette i tørrdokk.

dry goods ['drai,gudz] *subst; pl; især* **US**(*=soft goods*) manufakturvarer.

dry rot tørråte.

dry run T: tørrtrening; generalprøve; **have a ~** tørrtrene; ha generalprøve.

dryshod ['drai,ʃɔd] *adj:* tørrskodd.

dual ['djuəl] *adj:* dobbelt; **in his ~ capacity of** i sin dobbelte egenskap av.

dual carriageway(**,US:** *divided highway*) vei med to kjørebaner i hver retning og midtrabatt, men uten status som motorvei.

dual ownership *stivt:* det å eie noe i fellesskap (*fx my sister and I have dual ownership of the flat*).

dual-purpose [,djuəl'pə:pəs] *adj:* med et dobbelt formål; **a ~ tool** et verktøy som kan brukes til to ting.

dub [dʌb] *vb* **1.** *glds*(*=knight*) slå til ridder; **2.** *stivt*(*=nickname*)**: they -bed him Shorty** de ga ham

oppnavnet Shorty; **3.** *film:* ettersynkronisere.
dubious ['dju:biəs] *adj* **1***(=doubtful)* tvilende; *(=uncertain)* usikker; **I'm ~ about the wisdom of this action** jeg stiller meg tvilende til om det er klokt å gjøre dette; **2.** *evf(=doubtful)* tvilsom; mistenkelig *(fx behaviour);* **by ~ means** ved tvilsomme midler; på tvilsomt vis.
dubitable ['dju:bitəbl] *adj; meget sj(=open to doubt)* tvilsom; *(jvf indubitable).*
ducal ['dju:kəl] *adj:* hertugelig.
duchess ['dʌtʃis] *subst:* hertuginne.
duchy ['dʌtʃi] *subst:* hertugdømme.
I. duck [dʌk] *subst* **1.** *zo:* and; **T: it's like water off a ~ 's back** det er som å skvette vann på gåsa; **T: he took to it like a ~ to water** det gikk som en lek for ham; han lærte det på rekordtid; **play -s and drakes** kaste smutt; **2.** *kjæleord(=darling)* elskede; **3.** det å dukke (*el.* bli dukket); dukkert.
II. duck *vb* **1.** *for å unngå å bli sett el. rammet:* dukke; dukke seg; *fig:* **~ the issue** unngå spørsmålet; **2.** *kortsp:* smyge; **3.** *i vannet:* dukke *(fx they splashed about, shouting and ducking each other like a lot of children).*
duckboards ['dʌk,bɔ:dz] *subst; pl* **1.** *over vått lende:* gangplanker; **2.** tremmegulv.
ducking ['dʌkiŋ] *subst:* ufrivillig dukkert.
duckling ['dʌkliŋ] *subst; zo(=young duck)* andunge.
duct [dʌkt] *subst* **1.** *anat:* kanal; gang; **tear ~** tårekanal; **2.** *tekn:* kanal *(fx ventilation duct); i bilkarosseri:* kanal; **3.** *elekt(=conduit)* ledningskanal; ledningsrør.
ductile ['dʌktail] *adj; om metall:* strekkbar; som kan hamres.
ductless ['dʌktlis] *adj; anat:* **~ gland***(=endocrine gland)* indresekretorisk kjertel; endokrin (*el.* lukket) kjertel.
I. dud [dʌd] *subst* **T 1.** *mil:* blindgjenger (ɔ: granat el. bombe som ikke eksploderer)); **2.** *om person el. ting:* **I think your washing machine is a ~** jeg synes den vaskemaskinen din er ubrukelig.
II. dud *adj* **T***(=useless)* ubrukelig *(fx this knife is dud; a dud battery).*
dude [dju:d] *subst* **US***(=city dweller)* byboer.
dude ranch US: ferieranch.
dudgeon ['dʌdʒən] *subst; spøkef:* **in high ~***(=highly offended)* meget forarget.
I. due [dju:] *subst* **1.** det man har krav på; det som tilkommer en; **give sby his ~** gi en det han har krav på; gi en det han har fortjent; **to give him his ~ . . .** for å yte ham rettferdighet *(fx to give him his due, he did try to warn me);* **I'm only taking what is my ~** jeg bare tar det jeg har krav på; **2.: -s** avgifter; **port -s** havneavgifter.
II. due *adj* **1.** til gode *(fx he has one year's pay due; I think I'm due several pounds in expenses);* **the amount ~***(=owing)* **to me** det beløp jeg har til gode; **the amount ~***(=the amount owing)* det skyldige beløp; det beløp som skal betales; **2***(=proper)* tilbørlig *(fx we paid due attention to the problem; he was treated with all due respect);* **take ~ care** passe ordentlig på; **3.** *i henhold til rute, etc:* **the bus is ~ in three minutes** bussen skal være her om tre minutter; **the train was ~ at ten** toget skulle vært her (,der) klokken ti; **4.: be ~ for** stå for tur til *(fx he's due for promotion);* **5.: be ~ to** 1. skyldes *(fx his success was due to hard work; the error was due to carelessness);* 2. *i løst språkbruk(=because of; on account of)* på grunn av; pga. *(fx the game has been cancelled due to frost);* **6.: in ~ course** med tiden; i rett tid; når den tid kommer; i tidens fylde; da tiden var inne.
III. due *adv:* rett; **~ north** rett nord.

due date forfallsdag.
duel ['dju:əl] **1.** *subst:* duell; **2.** *vb:* duellere.
duellist ['dju:əlist] *subst:* duellant.
duet, duette ['dju:et; dju:'et] *subst; mus:* duett.
duff [dʌf] **1.** *subst:* melpudding; **2.** *vb* **S:** forandre utseendet på (tyvegods); forkludre; spolere; **3.** *adj(=bad; useless)* dårlig; elendig; ubrukelig.
dug [dʌg] *subst; zo(=teat)* patte; spene.
dugout ['dʌg,aut] *subst* **1.** kano laget av uthult trestamme; **2.** *mil:* beskyttelsesgrav.
duke [dju:k] *subst:* hertug.
dukedom ['dju:kdəm] *subst:* hertugdømme.
dulcet ['dʌlsit] *adj; litt. foranstilt(=sweet to the ear)* søt *(fx the dulcet tones of a flute).*
I. dull [dʌl] *vb* **1.** sløve; gjøre sløv; **2.** *fig:* sløve *(fx her senses were dulled by the amount she had drunk);* **3.** lindre; døyve *(fx the drugs dulled the pain).*
II. dull *adj* **1.** tungnem; treg i oppfatningen; **2.** *om været:* **a ~ day** en gråværsdag; **3.** kjedelig *(fx book; party);* **~ as ditchwater** dødsens kjedelig; **4***(=blunt)* sløv *(fx this knife is quite dull);* **5.** *om lyd(=muffled)* dempet; **6.** *om farge:* matt; **7.** *merk; om marked(=slack)* flau.
dull-witted [,dʌl'witid; *attributivt:* 'dʌl,witid] *adj:* dum; enfoldig.
duly ['dju:li] *adv:* i rett tid; som ventet *(fx the bus duly arrived);* på behørig måte; som seg hør og bør *(fx he duly asked her as he had been told to);* **~ elected** lovlig valgt; **~ received** riktig mottatt; **~ signed** undertegnet på foreskreven måte.
dumb [dʌm] *adj* **1.** døv *(fx she was born dumb);* **2.** målløs *(fx not unnaturally, this remark struck us dumb);* **3.** umælende *(fx you mustn't hurt poor dumb animals);* **4.** *litt.(=silent)* taus *(fx on this point, the great writers are dumb);* **5.** *især* **US T***(=very stupid)* dum; tåpelig.
dumbbell ['dʌm,bel] *subst:* manual.
dumbfound [dʌm'faund] *vb:* gjøre målløs (av forbløffelse).
dumb-waiter ['dʌm,weitə] *subst* **1.** *om lite serveringsbord:* stumtjener; **2***(,***US:** *lazy Susan)* stort, dreibart brett (for plassering på spisebord).
I. dummy ['dʌmi] *subst* **1.** *om noe som ser ekte ut, men ikke er det:* attrapp; **(shelf) ~** bokattrapp; **display ~** utstillingsfigur; **2.** *for baby(,***US:** *pacifier)* narresmokk; **3.** *buktalers:* dukke; **4.** stråmann; **5.** *kortsp:* blindemann; **6.** *mil(=blank round)* løspatron; øvelsespatron; **7. T:** person som hverken sier eller gjør noe; **8. S***(=fool)* tosk.
II. dummy *adj:* falsk; uekte; narre-.
dummy buyer person som spiller rollen som kjøper.
dummy run prøve (for å se om alt går som det skal) *(fx the organizers arranged a dummy run the day before).*
I. dump [dʌmp] *subst* **1.: (rubbish) ~** fylling; avfallsplass; **2.** *mil:* (forsynings)depot; **3.** *om sted* **T:** hull; **4.** *fløtning:* utslagsplass.
II. dump *vb* **1.** *om søppel, etc:* lesse av; **2***(=set down heavily)* slenge ned; sette (tungt) fra seg.
dump body *på lastebil:* tipp.
dumping ['dʌmpiŋ] *subst* **1.** avlessing; tømming (av avfall); **2.** *merk:* dumping; **~ price** dumpingpris.
dumpling [dʌmpliŋ] *subst* **1.** melbolle; **apple ~** innbakt eple; **2.** *om person* **T:** bolle.
dumps [dʌmps] *subst; pl* **T: down in the ~** nedtrykt; molefonken.
dump truck*(=dumper truck; tipper truck)* lastebil med tipp.
dumpy [dʌmpi] *adj(=short and plump)* liten og tykk.
dun [dʌn] *subst* **1***(=brownish-grey colour)* gråbrunt; **2.** gråbrun hest.

dunce [dʌns] *subst; stivt el. glds:* dumrian.
dune [dju:n] *subst:* sandbanke; sanddyne; klitt.
dung [dʌŋ] **1.** *subst:* naturgjødsel; **2.** *vb:* gjødsle.
dungarees [,dʌŋgə'ri:z] *subst; pl:* overalls (av dongeristoff).
dung beetle *zo(=chafer)* gjødselbille; *(jvf cockchafer; rose chafer).*
dungeon ['dʌndʒən] *subst:* underjordisk fangehull.
dung fork møkkgreip.
dunghill ['dʌŋ,hil] *subst(=heap of dung)* gjødselhaug; møkkdynge.
dunlin ['dʌnlin] *subst; zo(=red-backed sandpiper)* myrsnipe.
dunnage ['dʌnidʒ] *subst; mar:* garnering; ~ **mat** garneringsmatte.
duo ['dju:ou] *subst; mus; også fig:* duo.
duodecimal [,dju:ou'desiməl] *adj:* tolvtalls- *(fx system).*
duodenal [,dju:ou'di:nəl] *adj; anat:* som angår tolvfingertarmen; ~ **ulcer** sår på tolvfingertarmen.
duodenum [,dju:ou'di:nəm] *subst; anat:* tolvfingertarmen.
dupe ['dju:p] **1.** *subst:* person som lett lures; person som lett lar seg bruke som redskap for andre; **2.** *vb:* lure *(fx he duped me into thinking he had gone home).*
duplex ['dju:pleks] *subst* **US 1.:** ~ **(apartment)** leilighet i to etasjer; **2.:** ~ **(house)***(=semi-detached house)* vertikaldelt enebolig.
I. duplicate ['dju:plikit] *subst* **1.** dublett; **2.** kopi; **3.** *merk; stivt:* **in** *~(=in two copies)* i to eksemplarer.
II. duplicate ['dju:pli,keit] *vb* **1***(=copy)* kopiere; ta gjenpart(er) av *(fx he duplicated the letter);* **2.** *fig:* kopiere *(fx it occurred to me that I was just duplicating his work);* gjenta *(fx one's former success);* ~ **one's own work** gjøre det samme arbeidet to ganger.
duplication [,dju:pli'keiʃən] *subst* **1.** kopiering; duplisering; **2***(=duplicate; copy)* kopi; duplikat; dublett.
duplicity [dju:'plisiti] *subst; stivt(=double-dealing; deception)* bedrag; falskhet.
durability [,djuərə'biliti] *subst:* holdbarhet.
I. durable ['djuərəbl] *subst; økon:* **consumer -s** varige forbrukergoder.
II. durable *adj* **1.** varig *(fx a durable peace);* **2.** holdbar; varig *(fx his trousers are of a very durable material);* **3.** *økon:* ~ **consumer goods***(=consumer durables)* varige forbrukergoder.
duramen [dju'reimən] *subst(=heartwood)* kjerneved.
duration [dju'reiʃən] *subst:* varighet; **for the ~ of the crisis** så lenge krisen varte (,varer); ~ **of life** levealder; **the average ~ of life** den gjennomsnittlige levealder.
duress [dju'res] *subst; jur:* **under** ~ under tvang.
during ['djuəriŋ] *prep* **1.** under *(fx during the war);* ~ **his absence** under hans fravær; mens han var borte; **2.** i løpet av *(fx during the summer);* ~ **the day***(=in the daytime)* om dagen.
durra ['dʌrə] *subst; bot(=Indian millet; Guinea corn)* indisk hirse.
dusk [dʌsk] *subst:* tussmørke; skumring.
dusky ['dʌski] *adj; litt.(=dark-coloured; swarthy)* mørk; mørkhudet.
dusky thrush *zo:* bruntrost.
I. dust [dʌst] *subst* **1.** støv; **2***(=gold dust)* gullstøv; **3.** *om nederlag* **T: bite the ~** bite i gresset; **4. T** *fig:* **raise a ~, kick up a ~, make a ~** virvle opp støv; **throw ~ in sby's eyes***(=mislead sby)* kaste en blår i øynene; **the cloth was so ancient that it fell to ~ as she touched it** kledet var så gammelt at det løste seg opp i støv idet hun tok i det.
II. dust *vb* **1.** tørke støv av; tørke støv *(fx she dusts once a week);* ~ **oneself down** børste av seg støvet; **T:** ~ **sby down** bruke munn på en; **2.** pudre; strø på *(fx she dusted the cake with icing sugar).*
dustbin ['dʌs(t)bin] *subst(,***US:** *garbage can; trash can; ash can)* søppeldunk; *(jvf refuse bin).*
dustcart ['dʌs(t),ka:t] *subst(,fagl: refuse collection truck;* **US:** *garbage truck)* søppelbil; *fagl:* renovasjonsvogn.
dustcart driver*(=cleansing driver)* sjåfør på renovasjonsvogn; søppelkjører.
dust cover 1. *til møbler(=dust sheet)* varetrekk; **2.** *på bok(=dust jacket; book jacket; jacket)* smussomslag; varebind.
duster ['dʌstə] *subst* **1.** støvekost; **2***(,***US:** *dust cloth)* støveklut.
dust jacket *se dust cover.*
dustman ['dʌs(t)mən] *subst(,***US:** *garbage man)* renovasjonsarbeider; søppeltømmer; søppelkjører; **T:** søppelmann.
dustpan ['dʌs(t)pæn] *subst:* feiebrett.
dust-up ['dʌst,ʌp] *subst* **T***(=argument; quarrel)* krangel; **T:** ballade.
dusty [dʌsti] *adj:* støvet.
I. Dutch [dʌtʃ] *subst* **1.** *språket:* nederlandsk; hollandsk; **2.: the ~** nederlenderne; hollenderne; **3.: double ~** kaudervelsk; labbelensk: **4. S: in ~** i vanskeligheter.
II. Dutch *adj:* nederlandsk; hollandsk; **go ~** betale hver for seg; spleise.
Dutch cap *med.(=diaphragm)* pessar.
Dutch comfort det å bli trøstet med at noe verre kunne ha skjedd; **that's ~!** det var dårlig trøst å få!
Dutch courage: get up ~ drikke seg til mot.
Dutchman ['dʌtʃmən] *subst:* nederlender; hollender.
Dutch treat spleiselag.
dutiable ['dju:tiəbl] *adj(=liable to duty)* tollpliktig; avgiftspliktig; ~ **goods** tollbelagte varer.
dutiful ['dju:tiful] *adj:* plikttro; pliktoppfyllende.
I. duty ['dju:ti] *subst* **1.** plikt *(fx do one's duty);* **2.** vakt; tjeneste; *mil* **US: active ~** *(fk AD)(=active service)* aktiv tjeneste; **be off ~** ha frivakt; **be on ~** ha vakt *(fx I'm on duty again for four hours this evening);* **officer on** *~(=duty officer)* vakthavende offiser; **be on early ~** ha tidligvakt; **be on guard ~** ha vakttjeneste; holde vakt; **be on sentry** *~(=stand sentry)* stå vakt; være skiltvakt; **3***(=tax on goods)* avgift; **(customs) ~** *(,T: customs)* toll *(fx you must pay duty when you bring wine into the country);* **export ~** eksportavgift; **fiscal ~** finanstoll; **import ~** importtoll; **pay ~ on** betale toll på; **how high is the** *~?(=what is the duty?)* hvor høy er tollen? **put***(=place)* **a ~ on** legge toll på.
II. duty *adj* **1.** plikt- *(fx a duty dance);* **2.** tjenstgjørende; vakthavende; ~ **medical officer** vakthavende lege; *mil:* ~ **officer** vakthavende offiser.
duty-free ['dju:ti,fri:] *adj.* tollfri *(fx duty-free wines; buy cigarettes duty-free);* **duty and tax-free allowances** tollfrie kvoter; det som tillates innført toll- og avgiftsfritt.
I. dwarf [dwɔ:f] *subst:* dverg.
II. dwarf *vb* **1.** få til å virke liten *(fx the cathedral was dwarfed by the skyscrapers which rose all around it);* **2.** hindre i veksten *(fx the plants had been dwarfed by the lack of warmth).*
dwell [dwel] *vb (pret: dwelt, dwelled; perf. part.: dwelt, dwelled)* **1.** *glds el. litt.(=live)* bo; **2.: ~ on** dvele ved; oppholde seg ved *(fx we have dwelt too long on this subject).*
dwelling ['dweliŋ] *subst; glds(=housing; home(s))* bolig; **my humble ~** min ringe bolig.

dwelling house *subst:* beboelseshus.
dwindle ['dwindəl] *vb:* svinne *(fx his hopes dwindled);* skrumpe sammen (*el.* inn) *(fx his fortune dwindled):* **it -s into insignificance beside***(=it pales altogether beside)* det blekner helt ved siden av . . .
I. dye [dai] *subst:* farge; fargestoff.
II. dye *vb:* farge *(fx dye the curtains green);* **she had -d her hair red** hun hadde farget håret sitt rødt; *(jvf II. tint).*
dyed-in-the-wool [,daidinðə'wul] *adj* **1.** *om tekstil:* ullfarget; **2.** *ofte neds:* **a ~ Tory***(=a Tory through and through)* en vaskeekte høyremann.
dyestuff ['dai,stʌf] *subst:* fargestoff.
dying ['daiiŋ] **1.** *subst:* det å dø; **2.** *adj:* døende; **be ~** ligge for døden; *(se II. die 11).*
dyke *(,især* **US:** *dike)* [daik] *subst:* dike.
dynamic [dai'næmik] *adj; også fig:* dynamisk.
dynamics [dai'næmiks] *subst:* dynamikk.
dynamite ['dainə,mait] **1.** *subst:* dynamitt; **2.** *vb:* sprenge (ved hjelp av dynamitt).
dynamo ['dainə,mou] *subst (pl: dynamos)* dynamo; *(jvf alternator).*
dysentery ['disəntri] *subst; med.:* dysenteri; **amoebic ~** amøbedysenteri.
dyslectic [dis'lektik] **1.** *subst:* dyslektiker; ordblind person; **2.** *adj(=word-blind)* dyslektisk; ordblind.
dyslexia [dis'leksiə] *subst; med.(=word blindness)* dysleksi; ordblindhet.
dyspepsia [dis'pepsiə] *subst; med.:* dyspepsi; dårlig fordøyelse.
dyspeptic [dis'peptik] *adj* **1.** dyspeptisk; som har fordøyelsesbesvær; **2.** *fig(=irritable)* surmaget.
dyspnoea *(,***US:** *dyspnea)* [disp'niə] *subst; med.(=difficulty in breathing)* åndenød; kortpustethet; dyspnoe.
dysuria [dis'juəriə] *subst; med.(=difficult or painful urination)* dysuri; besvær og smerter ved vannlatingen.

E

E,e [i:] (bokstaven) E, e; *tlf:* **E for Edward** E for Edith; **capital E** stor E; **small e** liten e; **it is spelt with two e's** det skrives med to e'er.

each [i:tʃ] *pron, adv* **1.** *foranstilt; om ting, person, gruppe, betraktet hver for seg:* hver *(fx he had an apple in each hand);* hver enkelt *(fx each(=every) house in this street);* **2.:** ~ **of** hver enkelt av; alle; **each of the boys was eager to go***(=all the boys were eager to go)* alle guttene var ivrige etter å dra; ~ **of them** hver av dem; ~ **of them had a car***(=they had a car each; they each had a car; each had his own car)* de hadde hver sin bil; ~ **of the five parts is packed separately***(=the five parts are packed separately)* de fem delene pakkes hver for seg; **3***(=to each one; for each one; apiece):* **I gave them an apple** ~ jeg ga dem et eple hver; **the apples are 10p** ~*(=the apples are 10p apiece)* eplene koster 10p pr. stk.; **4***(=everyone)* enhver; alle *(fx each gave according to his ability);* **5.:** ~ **other***(=one another)* hverandre.

eager [i:gə] *adj:* ivrig *(fx he was eager to go; I was eager for her to win).*

eager beaver: T: she's an ~ hun er en ivrig sjel.

eagerness ['i:gənis] *subst:* iver.

eagle ['i:gəl] *subst; zo:* ørn.

eagle eye *fig:* falkeblikk; et skarpt blikk *(fx he has an eagle eye for proper dress on ceremonial occasions).*

eagle owl*(,US: (great) horned owl)* hubro.

eaglet ['i:glit] *subst; zo:* ørnunge.

I. ear [iə] *subst* **1.** *anat & fig:* øre; **be all -s** være lutter øre; **have an** ~ **for** ha øre for; **my -s popped** jeg fikk dotter i ørene; **head over -s in love** oppover ørene forelsket; **have sharp -s** ha en skarp hørsel; *stivt:* **have the king's** ~ ha innflytelse hos kongen; **T: be out on one's** ~ få sparken; **have (,put) one's** ~ **to the ground***(=keep oneself well informed)* holde seg godt informert; holde ørene oppe; stikke fingeren i jorda *(fx a politician should have his ear to the ground);* **turn a deaf** ~ vende det døve øret til; **2.** *mus:* **have an** ~ **for music** ha gehør; være musikalsk; **play by** ~ spille etter gehør; *fig:* **play it by** ~ improvisere etter hvert; ta det på sparket; **3.** *bot:* aks.

II. ear *vb; bot(=set ears; put forth ears)* sette aks.

earache ['iər,eik] *subst:* øreverk *(fx have earache).*

eardrop ['iə,drɔp] *subst:* øredobb; *(jvf I. drop 3).*

eardrum ['iə,drʌm] *subst; anat(=tympanic membrane)* trommehinne.

earl [ə:l] *subst; britisk adelsmann med rang under en 'marquess' og over en 'viscount':* greve; jarl; *(jvf I. count; countess).*

earlobe ['iə,loub] *subst; anat:* øreflipp.

early ['ə:li] **1.** *adj:* tidlig *(fx in the early part of the century; the birds sing in the early morning);* eldre *(fx the early Iron Age);* eldst *(fx the early history of England);* ~ **musical instruments** de første musikkinstrumenter; **he grows** ~ **potatoes** han dyrker tidligpoteter; **it's too** ~ **to get up yet** det er for tidlig å stå opp enda; **2.** *adv:* tidlig *(fx early in life);* ~ **in May***(=in early May)* tidlig i mai; **he died** ~ **in life** han døde i ung alder; ~ **in the development of television** i fjernsynets barndom; ~ **on** tidlig *(fx we realised early on that there was no hope; early on in his career).*

early bird *subst* **T 1***(=early riser)* morgenfugl; **2.: be an** ~ være tidlig på pletten; **3.** *ordspråk:* **the** ~ **catches the worm** morgenstund har gull i munn.

early days T*(=(too) early)* (for) tidlig *(fx it's very early days yet).*

early riser morgenmenneske; **T:** morgenfugl.

earmark ['iə,ma:k] *vb; også fig:* øremerke *(fx this money is earmarked for our holiday).*

earn [ə:n] *vb* **1.** tjene *(fx £80 a week);* **she -s***(=has)* **a high salary** hun har en høy gasje; **you can afford a car now that you're -ing** du har råd til bil nå da du har begynt å tjene penger; **2***(=gain)* innbringe *(fx my quick action earned me his praise);* **this -ed him the nickname Fatty** dette skaffet ham oppnavnet Tjukken; **3***(=deserve)* fortjene *(fx a holiday).*

earned income arbeidsinntekt; **un-** arbeidsfri inntekt.

I. earnest ['ə:nist] *subst:* **in** ~ **1***(=serious; not joking):* **I'm in** ~ **when I say this** jeg mener det alvorlig når jeg sier dette; **2***(=seriously):* **he set to work in** ~ han tok fatt for alvor.

II. earnest *adj:* alvorlig; **he's rather** ~ han er nokså alvorlig av seg; *(se serious).*

earnestness ['ə:nistnis] *subst:* alvor; *(se seriousness).*

earnings ['ə:niŋz] *subst; pl:* inntekter; *bokf:* **retained** ~*(=retained income; retained profit)* tilbakeholdt overskudd.

earnings profile *merk:* inntektskurve *(fx a company's earnings profile).*

Earnings Related Supplement*(=Benefit)* **UK:** tilleggstrygd over ca. seks måneder basert på inntekten i foregående ligningsår.

earphone ['iə,foun] *subst:* hodetelefon.

earring ['iə,rin] *subst:* ørering.

earshot ['iə,ʃɔt] *subst:* hørevidde *(fx within (,out of) earshot).*

I. earth [ə:θ] *subst* **1.** jord *(fx heaven and earth);* **the** ~**, (the) Earth** jorden; **2.: (fox)** ~*(=fox burrow)* revehi; **3.** *elekt:* ~ **(lead)** *(,US:* **ground(ing))** jordforbindelse; jord; jordledning; **4.: what on** ~ . . . **?** hva i all verden . . . ? **5.** *fig:* **come back***(=down)* **to** ~ komme ned på jorda igjen *(fx she came down to earth (with a bang) when she discovered he was married);* **6.: go to** ~ 1. *om rev:* forsvinne i hullet sitt; 2. *fig:* gå i dekning; **run to** ~ 1. jage (reven) i hi; 2. *fig(=find after a long search)* spore opp; finne.

II. earth *vb* **1.** *elekt:* jorde; **2.:** ~ **up a plant** dekke til en del av en plante med jord (for å beskytte mot frost); ~ **up potatoes***(=hill potatoes)* hyppe poteter.

earth closet tørrklosett.

earth connection*(=earthing)* jordforbindelse; jordkontakt *(fx a poor earth connection).*

earthenware ['ə:θən,wɛə] *subst:* steintøy.

earth lead*(,US: grounding) elekt:* jordledning.

earthly ['ə:θli] **1.** *subst* **T: he hasn't an** ~ han har ikke den minste sjanse; **2.** *adj:* jordisk; **T: of no** ~ **use** til ingen verdens nytte.

earth plate *elekt:* jordelektrode.

earthquake ['ə:θ,kweik] *subst:* jordskjelv.

earth strap*(,US: ground strap) elekt; i bil:* jordingsstropp.

earthworm ['ə:θ,wə:m] *subst; zo:* meitemark.

earthy ['ə:θi] *adj* **1.** jordaktig; full av jord *(fx these potatoes are very earthy);* **2.** *fig(=coarse)* grov *(fx he has a very earthy sense of humour).*

earwax ['iə,wæks] *subst; anat(=cerumen)* ørevoks.

earwig ['iə,wig] *subst; zo:* saksedyr; øretvist.

I. ease [i:z] *subst* **1.:** letthet *(fx the horse jumped the stream with ease); meget stivt:* **students with conversational ~ in English** *(=students who find it easy to hold a conversation in English)* studenter som ikke har vanskelig for å samtale på engelsk; **2.: the medicine brought him some** ~*(=relief)* medisinen brakte ham litt lindring; **3***(=ease of manner)* utvungenhet; utvungen opptreden; utvungen måte å føre seg på (*el.* være på); **he spoke with studied ~** han snakket tilgjort utvungent; **they admired his ~ of manner** de beundret hans utvungne måte å være på; **4.: at ~** 1. rolig; ubesværet *(fx he's completely at ease among strangers);* 2. *mil:* i hvilestilling; *(jvf easy 9);* **5.** *stivt el. spøkef:* **take one's** ~*(=make oneself comfortable)* gjøre seg det behagelig *(fx there he was – taking his ease in his father's armchair!);* **6.: lead a life of ~** føre en behagelig tilværelse.

II. ease *vb* **1.** lette; minske *(fx the pressure);* **2.** lindre *(fx the pain);* **3.** *mar:* **~ her helm** slakke på roret; **4.** flytte (,skyve, bære, *etc*) forsiktig *(fx we eased it into the corner; we eased the wardrobe down the stairs);* **~ the door shut** lukke døren forsiktig; **5.: ~ off** 1. bli mindre stram; *om tau:* slakke av på; 2. *om smerte:* avta *(fx the pain has eased (off));* 3. slakke på farten *(fx he eased off as he approached the town);* **6.** *mar:* **~ out the sails** slippe ut seilene.

easel ['i:zəl] *subst:* staffeli.

easement ['i:zmənt] *subst; jur:* servitutt.

easily ['i:zili] *adv* **1***(=without difficulty)* lett *(fx he can do that job easily);* **2***(=clearly; beyond doubt; by far)* langt *(fx he is easily the best worker we have);* klart *(fx this is easily the best book I've read this year);* **3***(=very likely)* lett *(fx the train may easily be late);* **it may ~ rain tomorrow** det kan lett komme til å regne i morgen.

I. east [i:st] *subst:* øst *(fx the wind is blowing from the east; we looked towards the east);* **to the ~ of Salisbury** øst for Salisbury; **he lives in the** ~*(=East)* **of England** han bor i Øst-England; **the East** Østen; **the Far East** Det fjerne østen.

II. east 1. *adj:* østlig *(fx the east entrance);* Øst- *(fx East Africa);* **he lives on the ~ coast** han bor på østkysten; **an ~ wind** en østavind; en østlig vind; **2.** *adv:* mot øst *(fx the house faces east);* østover; østpå; **~ of north** øst til nord; **~ of** øst for.

eastbound ['i:st,baund] *adj:* østgående; på vei østover.

Easter ['i:stə] *subst:* påske; påsken; **at ~** i påsken.

Easter Day første påskedag.

Easter Eve påskeaften.

easterly ['i:stəli] **1.** *subst:* østavind; **2.:** *adj:* østlig; mot øst *(fx travel in an easterly direction).*

Easter Monday annen påskedag.

eastward ['i:stwəd] *adj:* østlig.

eastward(s) *adv:* østover *(fx travel eastwards);* mot øst.

easy ['i:zi] *adj* **1.** lett *(fx an easy job);* **it wasn't all that** ~*(=things didn't go so smoothly)* det gikk ikke 'så glatt; **2.** rolig; lett *(fx he had an easy day at the office);* **3.** utvungen; uformell *(fx have an easy manner);* **he's ~ to work with** han er grei å arbeide sammen med; **4.** uanstrengt *(fx he walked with an easy stride);* **5.** *om betingelse:* rimelig; **on ~ terms** på rimelige betingelser; *ofte:* på avbetaling; **6.** lettjent *(fx easy money); økon:* **when money is ~, prices rise** pengerikelighet fører til stigende priser; **7.** *ordspråk:* **~ come, ~ go** snart fått er snart gått; **8. T: I'm ~** jeg foretrekker ingen spesiell *(fx "Which one would you like?" – "I don't mind. I'm easy.");* **9.** *mil; kommando:* **stand ~! ~!** på stedet hvil! hvil! **10.** *int:* pass deg! pass på! **11. T: go ~ on** være forsiktig med *(fx go easy on the wine!);* **12.: take it ~** 1. ta det med ro; 2. ta det med ro; ikke bli hissig.

easy chair lenestol.

easy game*(=easy mark)* **T** *om person:* lettlurt type.

easy-going [,i:zi'goiŋ; *attributivt:* 'i:zi,gouiŋ] *adj:* rolig; som tar tingene lett.

I. eat [i:t] *subst* **T: -s***(=food)* mat *(fx what kind of eats did you have at the party?).*

II. eat *vb (pret: ate; perf. part.: eaten)* spise; **~ into** tære på *(fx acid eats into metal);* **~ humble pie** krype til korset; **~ one's words** ta ordene sine i seg igjen.

eatable ['i:təbl] **1.** *subst:* **-s***(=food)* matvarer *(fx cover all eatables to keep mice away);* **2.** *adj:* spiselig.

eater ['i:tə] *subst:* **be a small ~** spise langsomt; **be a natural ~** være en matmons.

eaves [i:vz] *subst; pl:* takskjegg.

eavesdrop ['i:vz,drɔp] *vb:* tyvlytte; lytte.

ebb [eb] **1.** *subst:* ebbe; fjære; **at a low ~** i dårlig forfatning *(fx she was at a low ebb after the operation);* **be on the ~** være for nedadgående; være avtagende; **his power is on the ~** han har ikke lenger så stor makt; **2.** *vb:* ebbe *(fx the tide began to ebb); fig:* **~ (away)** ebbe ut *(fx his strength was ebbing fast).*

ebb tide ebbe.

ebonite ['ebə,nait] *subst:* ebonitt.

ebony ['ebəni] *subst:* ibenholt.

ebullient [i'bʌljənt] *adj; stivt(=very cheerful)* i strålende humør.

eccentric [ik'sentrik] **1.** *subst:* eksentrisk person; særling; **2.** *adj:* eksentrisk; eksenter-.

eccentricity [,eksen'trisiti] *subst:* eksentrisitet *(fx his eccentricities annoyed the others);* særhet.

ecclesiastic(al) [i,kli:zi'æstik(əl)] *adj:* kirkelig; kirke- *(fx year);* geistlig.

echelon ['eʃə,lɔn] *subst:* sjikt; **the lower (,upper) -s** det nederste (,øverste) sjikt; **the higher -s** ledersjiktet; **the top ~ of the party** ledersjiktet i partiet.

echinus [i'kainəs] *subst; zo(=sea urchin)* sjøpinnsvin.

echo ['ekou] **1.** *subst:* ekko; gjenlyd; gjenklang; *fig:* ekko; **2.** *vb:* gjenlyde; gi gjenlyd; kaste tilbake *(fx the hills echoed his shouts);* **3.** *fig:* gjenta *(sby else's opinions).*

echoic [e'kouik] *adj(=onomatopoeic)* lydmalende *(fx word).*

echo sounder*(=sonar)* ekkolodd; sonar.

éclair [ei'klɛə; i'klɛə] *subst:* avlang vannbakkels med vaniljekremfyll og sjokoladeovertrekk.

eclipse [i'klips] **1.** *subst:* formørkelse *(fx solar eclipse; eclipse of the sun); fig:* tilbakegang *(fx his reputation is suffering an eclipse);* **2.** *vb:* formørke *(fx the sun was partially eclipsed); fig:* stille i skyggen *(fx his great success eclipsed his brother's achievements).*

ecological [,i:kə'lɔdʒikəl] *adj:* økologisk; **~ policy** økopolitikk.

ecology [i'kɔlədʒi] *subst:* økologi.

economic [,i:kə'nɔmik, ,ekə'nɔmik] *adj:* økonomisk *(fx development; theories); om forretningsforetagende:* som bærer seg *(fx the firm is barely economic);* **an ~ benefit***(,fagl: an economic good)* et økonomisk gode; **spreading ~ consequences** økonomiske ringvirkninger; *(jvf spreading effect).*

economical [,i:kə'nɔmikəl; ,ekə'nɔmikəl] *adj:* sparsommelig; økonomisk *(fx she's very economical)*.

economically *adv(=financially)* i økonomisk henseende.

economic order: a new world*(=international)* ~ en ny økonomisk verdensordning.

economics [,i:kə'nɔmiks; ,ekə'nɔmiks] *subst* **1.** *faget:* sosialøkonomi; økonomi; **2.: the ~ of***(=the financial aspects of)* den finansielle siden ved *(fx the economics of the project are very doubtful)*.

economist [i'kɔnəmist] *subst:* sosialøkonom; **business ~** bedriftsøkonom; **political ~** statsøkonom.

economize, economise [i'kɔnə,maiz] *vb:* økonomisere; spare (*on* på).

economy [i'kɔnəmi] *subst* **1***(=thrift)* sparsommelighet; besparelse *(fx make economies in household spending)*; **use the water with ~** spare på vannet; **2.** økonomi *(fx the Chancellor of the Exchequer is in charge of the country's economy)*; **money ~** pengehusholdning; **political ~** statsøkonomi; **3.** næringsliv; **the private sector of the ~** det private næringsliv; **in broad sectors of the ~** i store deler av næringslivet; **in the black ~** på det svarte arbeidsmarkedet.

economy run *billøp:* økonomiløp.

ecosystem ['i:kou,sistəm; 'ekou,sistəm] *subst:* økosystem.

ecstasy ['ekstəsi] *subst:* ekstase *(fx in a state of religious ecstasy)*; *fig:* **go into ecstasies over** bli vilt begeistret for.

ecstatic [ek'stætik] *adj:* ekstatisk; vilt begeistret.

Ecuador ['ekwə,dɔ:; ,ekwə'dɔ:] *subst; geogr:* Ecuador.

ecumenic(al) [,i:kju'menik(əl)] *adj:* økumenisk.

eczema ['eksimə] *subst; med.:* eksem.

eddy [edi] **1.** *subst:* virvel *(fx of dust)*; *i vannet:* evje; **back ~** bakevje; **2.** *vb:* virvle; virvle rundt.

edema [i'di:mə] *subst; med.:* ødem; væskeansamling.

I. edge [edʒ] *subst* **1.** kant *(fx on the edge of the table)*; rand; bredd *(fx by the edge of the lake)*; **2.** *på kniv, etc:* egg; odd; **3.** *fig:* rand *(fx reach the edge of exhaustion)*; **4.** *fig:* skarphet; **his voice had an ~ to it** han var skarp i stemmen; **the cheese has quite an ~ to it***(=the cheese has quite a sharp taste)* osten er ganske skarp i smaken; **the chocolate took the ~ off his hunger** sjokoladen døyvet den verste sulten; **5.: have the ~ on***(=over)* ha et lite overtak på; ha en liten fordel over; **6.: on ~** 1*(=nervous; irritable)* irritabel; 2.: **cold water sets my teeth on ~** det iser i tennene mine når jeg drikker kaldt vann.

II. edge *vb* **1.** kante; kantsette med stein; **be -d with** være kantet med *(fx the lawn is edged with flowers)*; **2.** skjerpe *(fx a knife)*; **3.: he -d his chair nearer to her** han skubbet stolen sin nærmere henne; **they -d forward gradually so as to avoid being seen** de beveget seg forsiktig fremover for å unngå å bli sett; **she -d her way through the crowd** hun ålet seg fram gjennom mengden.

edgeways ['edʒ,weiz] *(,især* **US:** *edgewise) adv:* sidelengs; på kant *(fx he held it edgeways)*; **I can't get a word in ~** jeg kan ikke få flettet inn et ord; *(se sideways)*.

edging ['edʒiŋ] *subst:* kant; bord.

edgy [edʒi] *adj* **T***(=irritable)* irritabel.

edible ['edibl] *adj:* spiselig.

edict ['i:dikt] *subst:* edikt; forordning.

edification [,edifi'keiʃən] *subst; stivt el. spøkef:* oppbyggelse.

edifice ['edifis] *subst(=large building)* byggverk.

edify ['edi,fai] *vb:* virke oppbyggelig på.

edifying *adj:* oppbyggelig; *spøkef:* **that was an ~ lecture** det var en oppbyggelig forelesning.

edit ['edit] *vb:* redigere *(fx book; film)*.

edition [i'diʃən] *subst:* utgave *(fx of a book; school edition)*; **how many copies of the second ~ were printed?** hvor stort var annet opplag?

editor ['editə] *subst:* redaktør; **news ~** nyhetsredaktør; **chief ~** hovedredaktør; *ved avis:* **~-in-chief** sjefredaktør.

editorial [,edi'tɔ:riəl] **1.** *subst:* lederartikkel; **2.** *adj:* redaksjons-; redaktør-; redaksjonell *(fx work)*; **the ~ offices** redaksjonen.

editorial director forlagssjef.

editorial staff redaksjon(spersonale).

editorship ['editə,ʃip] *subst* **1***(=editorial post)* redaktørstilling; **2***(=editing)* redaksjon.

EDP, edp *(fk.f. electronic data processing)* EDB *(fk.f. elektronisk databehandling)*.

educate ['edju,keit] *vb:* utdanne; gi utdanning *(fx educate people)*; oppdra.

educated *adj:* som har fått (høyere) utdannelse.

education [,edju'keiʃən] *subst:* utdannelse; utdanning; oppdragelse; **a university ~** en universitetsutdannelse; **certificate of ~** *se Certificate of Secondary Education; General Certificate of Education;* **college of ~** *(,***US:** *teachers college)* pedagogisk høyskole; **college of ~ lecturer** *(,***US:** *teachers college professor)* lektor ved pedagogisk høyskole; **Diploma in***(=of)* **Education** 1. vitnemål om pedagogisk eksamen; **2***(=Post-Gradate Certificate in(=of) Education) svarer til:* eksamen fra pedagogisk seminar; **University Department of Education** *(fk UDE) svarer til:* pedagogisk seminar; *(se NEO pedagogisk)*.

educational [,edju'keiʃənəl] *adj:* pedagogisk; utdannings-.

educational advertising*(=informative advertising)* informativ reklame.

educationalist [,edju'keiʃənəlist] *subst(=educationist)* pedagog; **-s** pedagoger; skolefolk.

educational journal tidsskrift for skolefolk.

educational psychology pedagogisk psykologi.

educational sociology utdanningssosiologi.

educative ['edjukətiv] *adj:* oppdragende; utviklende; lærerik *(fx an educative experience)*.

educatory ['edjukətəri] *adj(=educational)* pedagogisk; **an ~ procedure** en utdanningsmetode.

educator ['edju,keitə] *subst* **1***(=teacher; person who educates)* lærer; oppdrager; **2***(=educationalist)* pedagog.

EEC *(fk.f. European Economic Community) subst(=the Common Market)* EF; Fellesmarkedet.

eel [i:l] *subst; zo:* ål; **(as) slippery as an ~** glatt som en ål.

eel pot åleteine.

eelpout ['i:l,paut] *subst; zo; fisk* **1***(=viviparous blenny)* ålekone; **2***(=burbot)* lake.

eerie ['iəri] *adj(=weird; uncanny)* nifs; uhyggelig.

efface [i'feis] *vb* **1.** *stivt(=remove; rub out)* slette (*el.* viske) ut *(fx wind and rain had effaced the name on the tombstone)*; *fig:* **~ sth from one's memory** slette noe fra sin hukommelse; **2.: ~ oneself** 1. holde seg i bakgrunnen *(fx at parties)*; *2(=be self-effacing)* være selvutslettende.

effacement [i'feismənt] *subst:* utviskelse; utslettelse.

I. effect [i'fekt] *subst* **1.** virkning *(fx with no effect)*; **2.** effekt *(fx sound effects)*; **3.: -s** effekter *(fx personal effects)*; **4.: for ~** for å gjøre inntrykk *(fx he made that speech just for effect)*; **5.** *jur:* **come into ~** tre i kraft *(fx the law comes into effect at midnight)*; **6.: take ~** 1. begynne å virke *(fx when will the drug take effect?)*; *2(=come into force)* tre i kraft; gjelde *(fx this regulation does not take effect until June 9th)*; **7.: in ~** 1*(=in operation)* i kraft; **that law is no longer in ~** den loven gjelder ikke lenger;

2*(=actually; for all practical purposes)* faktisk; egentlig; i realiteten *(fx it was, in effect, a refusal)*; **in ~ our opinions differed very little** våre meninger var egentlig ikke svært forskjellige; **8.: put into ~** sette i verk; omsette i praksis *(fx he has begun to put his theories into effect)*; **9.** *stivt:* **give ~ to one's promise***(=keep one's promise)* holde sitt løfte; **10.: a letter to the ~ that** ... et brev som gikk ut på at ...; **or words to that ~** eller noe i den retning.
II. effect *vb(=bring about)* få til *(fx effect a reconciliation between them)*; *fors:* ~*(=take out)* **a policy** tegne en polise.
effective [i'fektiv] *adj* **1.** effektiv; **2.** *jur:* **become ~** tre i kraft.
effectiveness [i'fektivnis] *subst:* effektivitet.
effectual [i'fektjuəl] *adj* **1.** *stivt; oftest i nektende setning(=effective)* effektiv; **2.** *jur:* gyldig; i kraft.
effectuate [i'fektju:,eit] *vb; stivt(=accomplish; bring about)* gjennomføre; virkeliggjøre.
effeminacy [i'feminəsi] *subst:* femininitet.
effeminate [i'feminit] *adj:* feminin *(fx he's very effeminate)*.
effervescent [,efə'vesənt] *adj:* sprudlende; *fig:* livlig.
effete [i'fi:t] *adj; stivt* **1.** kraftløs; ineffektiv *(fx organization)*; **2.** *om person:* affektert; **3.** *bot; zo(=no longer fertile)* som ikke lenger kan formere seg; gold.
efficacious [,efi'keiʃəs] *adj; stivt(=effective)* effektiv *(fx cure)*.
efficacy ['efikəsi] *subst(=efficaciousness)* effektivitet.
efficiency [i'fiʃənsi] *subst:* effektivitet; **a high degree of ~** en høy virkningsgrad; **industrial ~** rasjonalisering.
efficiency engineering *fag(=industrial efficiency)* rasjonalisering.
efficiency expert rasjonaliseringsekspert.
efficient [i'fiʃənt] *adj; om person, ting, metode:* effektiv.
effigy ['efidʒi] *subst* **1.** *i sten, tre, etc:* bilde *(fx effigies of Buddha)*; **2.** dukke som forestiller forhatt person; **they hanged him in ~** en dukke av ham ble hengt.
efflorescence [,eflɔ:'resəns] *subst; også fig:* blomstring; oppblomstring.
effluent ['efluənt] *fra industri:* utslipp *(fx factory effluents)*.
effluvium [e'flu:viəm] *subst; stivt(=exhalation)* utdunstning; **poisonous -s** giftige utdunstninger.
effort ['efət] *subst* **1.** (kraft)anstrengelse; **make an all-out ~** gjøre en kraftanstrengelse; ta et skippertak; **2.** prestasjon *(fx a good effort)*; innsats *(fx war effort)*; **the wonderful ~ you've made** den strålende innsatsen dere (,du) har gjort; **rather a hasty ~** litt av et hastverksarbeid; *skolev:* **a messy, careless ~** et rotet og slurvet arbeid; **3***(=attempt)* forsøk; **make a final***(=last)* ~ gjøre et siste forsøk.
effortless ['efətlis] *adj:* uanstrengt; **with ~ ease***(=effortlessly)* med lekende letthet.
effrontery [i'frʌntəri] *subst; stivt(=impudence)* uforskammethet *(fx he had the effrontery to call me a liar)*.
effulgent [i'fʌldʒənt] *adj; stivt(=radiant; brilliant)* strålende; skinnende.
effusion [i'fju:ʒən] *subst; stivt:* utgytelse *(fx literary effusions(=outpourings))*.
effusive [i'fju:siv] *adj; ofte neds(=too emotional)* overstrømmende *(fx he found her rather effusive)*; *(jvf gushing)*.
e.g. [,i:'dʒi:] *(fk.f. exempli gratia)* f. eks. *(fk.f. for eksempel)*.
egalitarian [i,gæli'tɛəriən] **1.** *subst:* tilhenger av likhetsprinsippet; tilhenger av sosial likhet; **2.** som er tilhenger av sosial likhet.
I. egg [eg] *subst* **1.** egg; **2***(=egg cell)* eggcelle *(fx the egg is fertilized by the male sperm)*; **3.: put all one's -s in one basket***(=stake everything in a single venture)* sette alt på ett kort; **4.** *især* **US S: lay an ~** S: drite seg ut fullstendig; **5.: teach one's grandmother to suck -s** egget vil lære høna å verpe.
II. egg *vb:* **~ on** tilskynde.
egg cup eggeglass.
eggnog ['eg,nɔg] *subst(=egg flip)* eggedosis.
eggplant ['eg,pla:nt] *subst; især* **US***(=aubergine)* eggplante.
eggshell ['eg,ʃel] *subst:* eggeskall.
eglantine ['eglən,tain] *subst; bot(=sweetbrier)* vinrose.
egocentric [,i:gou'sentrik] **1.** *subst:* egosentriker; **2.** *adj:* egosentrisk.
egoism ['egouizəm] *subst(=selfishness)* egoisme.
egoist ['egouist] *subst:* egoist.
egoistic(al) [,egou'istik(əl)] *adj(=selfish)* egoistisk.
egotism ['egou,tizəm] *subst:* selvopptatthet.
egregious [i'gri:dʒəs] *adj; stivt(=shocking)* sjokkerende.
egret ['i:gret; 'egret] *subst; zo:* **large ~** egretthegre; **cattle ~** kuhegre; **little ~** silkehegre.
Egypt ['i:dʒipt] *subst; geogr:* Egypt.
Egyptian [i'dʒipʃən] **1.** *subst:* egypter; **2.** *adj:* egyptisk.
Egyptian vulture *zo:* åtselgribb.
eh [ei] *int:* hva? ikke sant? *(fx that's good, eh?)*.
eider ['aidə] *subst; zo(=eiderduck)* ærfugl.
eight [eit] **1.** *tallord:* åtte; **2.** *kortsp, etc:* åtter; **3***(=figure eight)* åttetall; **an ~** et åttetall; **the figure ~** åttetallet; **4. T: he's had one over the ~** han har fått for mye å drikke; **5.** *om mannskap på åtteåret kapproingsbåt:* åttermannskap.
eighteen [,ei'ti:n; 'ei,ti:n] *tallord:* atten.
eighth [eitθ] *subst; tallord:* åttende; åttendedel.
eighty ['eiti] *tallord:* åtti.
Eire ['ɛərə] *subst; geogr(=the Republic of Ireland)* Eire; Irland.
either ['aiðə, *især* **US:** 'i:ðə] **1.** *pron; av to:* **~ of them is capable of doing this** begge (to) er i stand til å gjøre dette; **you may borrow ~ of these books** du kan låne den ene av disse (to) bøkene; **I offered him coffee or tea, but he didn't want ~** jeg tilbød ham kaffe eller te, men han ville ikke ha noen av delene; **~ is acceptable** begge er akseptable; **2.** *adj; den ene eller den andre av to:* **he can write with ~ hand** han kan skrive med begge hender; **you can borrow ~ book** du kan låne hvilken du vil av disse to bøkene; *stivt:* **on ~ bank of the river***(=on both banks of the river)* på begge elvebreddene; *stivt:* **at ~ side of the garden***(=on both sides of the garden)* på begge sider av hagen; **3.** *adv; etter nektelse:* heller *(fx I don't want this one, and I don't want that one either)*; **I used to sing, and I hadn't a bad voice ~** jeg sang engang, og jeg hadde ingen dårlig stemme heller; **4.: ~ ... or** enten ... eller *(fx either he or I am wrong; either the whole lot or nothing at all)*; **taller than ~ you or I***(=me)* høyere enn både du og jeg.
ejaculate [i'dʒækju,leit] *vb* **1.** ejakulere; **2.** utbryte.
ejaculation [i,dʒækju'leiʃən] *subst* **1.** ejakulasjon; **2.** utbrudd.
eject [i'dʒekt] *vb* **1.** kaste ut; støte ut; ejisere; *flyv:* skyte seg ut *(fx the pilot had to eject when his plane caught fire)*; **2.** *jur:* kaste ut *(fx they were ejected from their house for not paying the rent)*.
ejection [i'dʒekʃən] *subst* **1.** utkasting; **2.** utskyting.
ejection seat*(=ejector seat) flyv:* katapultsete.
ejector [i'dʒektə] *subst:* (patron)utkaster; *mask:*

ejektor.
ejector seat*(=ejection seat) flyv:* katapultsete.
eke [i:k] *vb:* ~ **out** drøye; få til å vare lenger; spare på; ~ **out one's income with evening work** tjene litt ekstra på kveldsarbeid.
I. elaborate [i'læbə,reit] *vb* **1.** *stivt(=work out in detail)* utarbeide i detalj *(fx a theory, a plan);* **2.:** ~ **on** gå i detaljer; utdype; diskutere i detalj.
II. elaborate [i'læbərit] *adj:* detaljert; kunstferdig utarbeidet; omhyggelig utarbeidet *(fx plan).*
elaboration [i,læbə'reiʃən] *subst:* omhyggelig utarbeidelse (*el.* utforming); utdyping.
elapse [i'læps] *vb; om tid; stivt(=pass)* gå.
elastic [i'læstik] **1.** *subst:* elastikk; strikk; **2.** *adj:* elastisk; tøyelig; *fig:* elastisk.
elasticity [,ilæ'stisiti] *subst:* elastisitet; tøyelighet.
elated [i'leitid] *adj:* opprømt; glad; ~ **with victory** opprømt over seieren; seirsstolt.
elation [i'leiʃən] *subst:* opprømthet; glede; ~ **ran wild** det var stor jubel.
I. elbow ['elbou] *subst; anat:* albue; **at one's** ~*(=within reach)* for hånden; innen rekkevidde.
II. elbow *vb:* skubbe *(fx sby out of the way);* ~ **one's way** skubbe seg fram *(fx through the crowd).*
elbow grease T: knokefett; hardt arbeid.
I. elder ['eldə] *subst; bot:* **(common)** ~ svarthyll.
II. elder *subst* **1.: my -s** de som er eldre enn jeg; **2.** *i landsby; stammesamfunn:* eldste *(fx the village elders);* **3***(=presbyter)* menighetsforstander.
III. elder *(komp av old) adj; om familieforhold:* eldre; *av to:* eldst *(fx my elder daughter; my eldest daughter);* **he has two** ~ **sisters** han har to eldre søstre; **his** ~ **brother** *(ofte=his older brother)* hans eldre bror.
elderberry ['eldə,beri] *subst; bot:* hyllebær.
elderly ['eldəli] *adj:* eldre *(fx an elderly lady).*
eldest ['eldist] *(superl av old) adj:* eldst; *(jvf III. elder).*
elect [i'lekt] *vb* **1.** *ved valg:* velge *(fx sby Mayor);* **2.** *stivt(=choose)* velge *(fx they elected to go by taxi).*
election [i'lekʃən] *subst* **1.** valg; **general** ~ parlamentsvalg; stortingsvalg; **when do the -s take place?** når skal det være valg? **stand for** ~ stille til valg; **2.** *rel:* utvelgelse.
election broadcast *radio:* **party** ~ valgsending.
electioneering [i,lekʃə'niəriŋ] *subst:* valgagitasjon.
(election) rally valgmøte *(fx he spoke at a packed rally).*
I. elective [i'lektiv] *subst; skolev* **US***(=optional subject)* valgfag; valgfritt fag.
II. elective *adj:* valg-; som besettes ved valg; **US:** ~ **subject***(=optional subject)* valgfag; valgfritt fag.
Elector [i'lektə] *subst; hist:* kurfyrste.
elector [i'lektə] *subst* **1.** velger; **2. US:** valgmann.
electoral [i'lektərəl] *adj:* valg- *(fx reform);* velger-.
electoral college 1. US: valgmannsforsamling (som velger president og visepresident); **2.** *polit:* valgkomité.
electoral register*(=voters' register; register of electors; US: registration list)* manntallsliste.
Electorate [i'lektərit] *subst; hist:* kurfyrstedømme; **the** ~ **of Hesse** Kurhessen.
electorate *subst:* **the** ~ velgerne.
electric [i'lektrik] *adj* **1.** elektrisk *(fx drive; fence; clock; cooker; light; power);* ~ **charge** elektrisk ladning; ~ **discharge** elektrisk utladning; **2.** *fig:* elektrisk; ladet *(fx there was an electric silence).*
electrical [i'lektrikəl] *adj:* elektrisk; ~ **appliance** elektrisk apparat; ~ **machine***(=electrostatic machine)* elektrisermaskin; ~ **supplies** elektriske artikler.
electrical engineer elektroingeniør; *(se NEO ingeniør; sivilingeniør).*
electrical engineering *fag:* elektroteknikk; *(jvf electrotechnology).*
electric bell elektrisk ringeapparat.
electrician [ilek'triʃən] *subst:* elektriker; **certified** ~ autorisert installatør.
electricity [ilek'trisiti] *subst:* elektrisitet.
electricity board elektrisitetsverk; elverk *(fx London Electricity Board); (jvf Central Electricity Generating Board).*
electric light elektrisk lys; **we've had** ~ **put in** vi har fått lagt inn elektrisk lys.
electric motor*(=electromotor)* elektromotor.
electric power station kraftverk; elektrisitetsverk; *(jvf electricity board).*
electric torch*(***,US:** *flashlight)* lommelykt.
electrify [i'lektri,fai] *vb:* elektrifisere; *fig:* elektrisere.
electro- [i'lektrou] *forstavelse:* elektro-.
electroconvulsive therapy *(fk ECT)(=electroshock therapy) subst; med.:* behandling med elektrosjokk.
electrocute [i'lektrə,kju:t] *vb:* henrette ved elektrisitet.
electrode [i'lektroud] *subst:* elektrode; **low-hydrogen** ~ basisk elektrode; **iron-oxide** ~ sur elektrode; **general-purpose** ~ bindeelektrode; **high-alloy** ~ høylegert elektrode.
electrolysis [ilek'trɔlisis] *subst:* elektrolyse.
electrolyte [i'lektrou,lait] *subst:* elektrolytt.
electromagnetic [i,lektroumæg'netik] *adj:* elektromagnetisk.
electromotive [i,lektrou'moutiv] *adj:* elektromotorisk; ~ **force** elektromotorisk kraft.
electron [i'lektrɔn] *subst:* elektron.
electronic [ilek'trɔnik; ,i:lek'trɔnik] *adj:* elektronisk; elektron- *(fx brain);* svakstrøms- *(fx engineer).*
electronic data processing *(fk EDP, edp) subst:* elektronisk databehandling *(fk EDB).*
electronic flash *fot:* elektronblitz.
electronics [,i(:)lek'trɔniks] *subst:* elektronikk.
electron tube (**,T:** *tube)* elektronrør.
electrosurgery [i,lektrou'sə:dʒəri] *subst; med.:* elektrokirurgi.
electrotechnology [i,lektroutek'nɔlədʒi] *subst:* elektroteknikk; *(jvf electrical engineering).*
elegance ['eligəns] *subst:* eleganse; smakfullhet.
elegant ['eligənt] *adj:* elegant; smakfull.
elegiac [,eli'dʒaiək] *adj(=plaintive; mournful)* elegisk; klagende.
elegy ['elidʒi] *subst:* elegi; klagesang.
element ['elimənt] *subst* **1.** *kjem:* grunnstoff; **2.** element *(fx a fish's natural element);* **he's in his** ~ han er i sitt rette element; **3***(=essential part)* bestanddel; element; **4.** *elekt:* element; **5***(=factor)* faktor; moment; **6***(=trace)* snev *(fx an element of doubt; there's an element of truth in it);* **an** ~ **of risk** et risikomoment; et faremoment; **7.** *om personer:* element *(fx he belonged to the stable element in the expedition);* **antisocial (,undesirable) -s** antisosiale (,uheldige) elementer.
elemental [,eli'mentəl] *adj* **1***(=fundamental; basic)* elementær *(fx the elemental needs of man);* **2.** som angår naturkreftene; ~ **force** naturkraft; **the** ~ **forces of nature** elementærkreftene i naturen; ~ **rites of worship** primitive religiøse riter.
elementary [,eli'mentəri] *adj:* elementær.
elephant ['elifənt] *subst; zo:* elefant; **bull** ~ han(n)elefant; **cow** ~ hun(n)elefant; **white** ~ dyr, men unyttig ting.
elephantine [,eli'fæntain] *adj:* elefantaktig; kjempestor; diger *(fx her daughter is absolutely elephantine!)*
elevate ['eli,veit] *vb* **1.** *stivt el. spøkef(=raise)* opp-

høye *(fx sby to the peerage);* **2.** *stivt(=raise)* heve; høyne *(fx the tone of a conversation):* **3.** *om stemmen; meget stivt(=raise)* heve *(fx elevate one's voice);* **4.:** ~ **sby's mind** virke oppbyggelig på en; **5.:** ~ **sby's mood** hensette en i bedre humør (*el.* i en lysere sinnsstemning).
elevating *adj(=uplifting)* oppbyggelig; som man har godt av *(fx I found his sermon elevating);* **an ~ talk** en seriøs samtale.
elevation [,eli'veiʃən] *subst* **1.** opphøyelse; **2.** hevning; høyning; høyt plan; **3.** oppstemthet; **4***(=altitude)* høyde; **5.** *arkit:* fasaderiss; vertikalprojeksjon; **sectional ~** vertikalsnitt; oppriss.
elevator ['eli,veitə] *subst* **1. US***(=lift)* heis; **freight ~***(=goods lift; parcel lift)* vareheis; **2.** *flyv:* høyderor; **3***(=tall storehouse for grain)* kornlager.
elevator operator US*(=lift attendant)* heisefører.
eleven [i'levən] **1.** *subst:* **a football ~** et fotballag; **2.** *tallord:* elleve.
elevenses [i'levənziz] *subst* **T***(=light, mid-morning snack with tea or coffee)* formiddagsmat.
eleventh [i'levənθ] *tallord:* ellevte; ellevtedel; ellevedel; **at the ~ hour** i ellevte time.
elf [elf] *subst (pl: elves)* alv.
elfin ['elfin] *adj:* alveaktig; alve-.
elfish ['elfiʃ] *adj* **1.** alveaktig; **2***(=mischievous; impish)* ertevoren; skøyeraktig.
elicit [i'lisit] *vb:* lokke fram *(fx the truth);* utløse *(fx a sharp reply);* **the police -ed a confession from him** politiet fikk en tilståelse ut av ham.
eligibility [,elidʒi'biliti] *subst:* valgbarhet; det å være berettighet til; berettigelse (*for* til) *(fx for social benefits).*
eligible ['elidʒəbl] *adj* **1.** valgbar; som er berettiget til; **he is ~ for unemployment benefit** han har krav på arbeidsledighetstrygd; **is he ~ to join the Boy Scouts?** kan han begynne i speideren? **2.** *om ekteskapskandidat(=suitable)* eligibel; et passende parti.
Elijah [i'laidʒə] *bibl:* Elias.
eliminate [i'limi,neit] *vb:* eliminere.
elimination [i,limi'neiʃən] *subst:* eliminering; eliminasjon.
elimination race*(=eliminating race) sport:* uttakingsløp; kvalifiseringsløp.
elite, élite [i'li:t; ei'li:t] *subst:* elite *(fx she considers herself to be one of the élite).*
elitism [i'li:tizəm; ei'li:tizəm] *subst:* tro på verdien av en elite.
elixir [i'liksə] *subst:* eliksir; **the ~ of life** livseliksir.
Elizabethan [i,lizə'bi:θən] **1.** *subst:* elisabethaner; person som levde på Elisabeth I.'s tid (1558–1603); **2.** *adj:* elisabethansk.
elk [elk] *subst; zo* **1***(,***US:** *moose)* elg; **2.: American ~***(=wapiti)* kanadisk hjort.
elkhound ['elk,haund] *subst; zo:* **(Norwegian) ~** elghund.
ell [el] *subst* **1.** *arkit:* utbygg i den ene enden av hovedbygningen; **2.** *rørl:* L-formet rørstykke; **3.** *hist:* alen.
ellipse [i'lips] *subst; geom:* ellipse.
ellipsis [i'lipsis] *subst; gram (pl: ellipses* [i'lipsi:z]) ellipse; *typ:* tre prikker (. . .) for å betegne utelatelse i teksten.
elm [elm] *subst; bot:* alm.
elocution [,elə'kju:ʃən] *subst; som fag:* veltalenhet *(fx actors study elocution).*
elongated ['i:lɔŋgeitid] *adj:* forlenget; langstrakt.
elongation [,i:lɔŋ'geiʃən] *subst:* forlengelse.
elope [i'loup] *vb:* rømme (for å gifte seg) *(fx they eloped; she eloped with him).*
elopement [i'loupmənt] *subst:* rømning (for å gifte seg); *om kvinne:* (frivillig) bortførelse.
eloquence ['eləkwəns] *subst:* veltalenhet.
eloquent ['eləkwənt] *adj:* veltalende.
else [els] *adv* **1.** ellers *(fx who else was there?);* **where ~ could he be?** hvor kunne han ellers være? **2.** annen; andre *(fx there is nobody else here; what else is there for me to do? who took someone else's pencil?);* **nothing ~, thank you** ikke noe annet, takk; **3.: or else** 1. ellers *(fx go away or else I won't finish my work today);* 2. *truende:* ellers *(fx sit down, or else!).*
elsewhere [,els'wɛə] *adv:* et annet sted; annetsteds.
Elsinore ['elsi,nɔ:; ,elsi'nɔ:] *subst; geogr:* Helsingør.
elucidate [i'lu:si,deit] *vb; stivt(=explain; make clear)* forklare; *(=shed light on)* kaste lys over *(fx the situation).*
elucidation [i,lu:si'deiʃən] *subst:* forklaring.
elude [i'lu:d] *vb; stivt* **1***(=escape; avoid)* unnvike; slippe fra: klare å unngå *(fx he eluded capture);* **2***(=be too difficult for):* **the meaning of this poem -s me** jeg får ikke tak i meningen med dette diktet.
elusion [i'lu:ʒən] *subst:* unnvikelse.
elusive [i'lu:siv] *adj; stivt* **1.** vanskelig å få tak i *(fx the manager seems to be very elusive);* **2***(=evasive)* unnvikende *(fx answer);* **3.** flyktig *(fx thought).*
elver ['elvə] *subst; zo:* glassål.
emaciated [i'meisi,eitid] *adj:* uttæret; utmagret.
emaciation [i,meisi'eiʃən] *subst:* sterk avmagring.
emanate ['emə,neit] *vb; stivt* **1***(=give off)* gi fra seg *(fx these substances emanate dangerous radiation); fig(=radiate)* utstråle *(fx serenity);* **2.: ~ from** 1*(=come from; flow from)* komme fra; strømme ut av *(fx a bad smell emanated from the sewer);* 2. *fig(=come from)* utgå fra; komme fra *(fx rumours emanating from high places).*
emanation [,emə'neiʃən] *subst:* utstrømning; utstråling.
emancipate [i'mænsi,peit] *vb:* emansipere; frigjøre.
emancipation [i,mænsi'peiʃən] *subst:* emansipasjon; frigjøring.
I. emasculate [i'mæskju,leit] *vb* **1.** kastrere; **2.** *fig:* svekke.
II. emasculate [i'mæskjulit] *adj* **1.** kastrert; **2.** *fig:* svekket; kraftløs.
emasculation [i,mæskju'leiʃən] *subst:* kastrering.
embalm [im'ba:m] *vb* **1.** balsamere; **2.** *poet(=give a sweet fragrance to)* fylle med vellukt.
embankment [im'bæŋkmənt] *subst:* voll; demning; **railway ~** jernbanefylling.
embargo [em'ba:gou] **1.** *subst:* embargo; eksportforbud; importforbud; **an ~ on arms shipments** et forbud mot utskipning av våpen; **oil ~** oljeboikott; **2.** *vb:* legge embargo på; forby eksport (,import) av.
embark [em'ba:k] *vb* **1.** gå ombord *(fx passengers should embark early);* **2.** *mil:* innskipe; ta ombord *(fx they embarked the troops at dawn);* **3.** *fig:* **~ on** begi seg ut på *(fx a new adventure);* gi seg i kast med *(fx a new project);* **~ on a policy of reconciliation** slå inn på en forsoningspolitikk.
embarkation [,emba:'keiʃən] *subst:* innskipning; **port of ~** innskipningshavn.
embarrass [im'bærəs] *vb:* gjøre flau; gjøre forlegen.
embarrassed *adj:* flau; brydd; pinlig berørt.
embarrassing *adj:* pinlig; flau; sjenerende; **an ~ business** en flau historie; **it was most ~** det var veldig flaut (*el.* pinlig); **ask an ~ question** stille et pinlig spørsmål.
embarrassment [im'bærəsmənt] *subst* **1.** forlegenhet; **2.: (financial) ~** pengeforlegenhet.
embassy ['embəsi] *subst:* ambassade; **counsellor of ~** ambassaderåd.

embed [im'bed] *vb:* legge ned i; støpe ned i; begrave i.
embedded *adj:* begravd i; som sitter fast i *(fx the bullet was embedded in the wall); meget stivt:* **it was ~ in***(=engraved on)* **his memory** det stod preget i hans erindring.
embellish [im'beliʃ] *vb* **1***(=adorn)* forskjønne; **2.** *fig:* pynte på *(fx a story);* utbrodere.
embellishment [im'beliʃmənt] *subst* **1.** forskjønnelse; **2.** *fig:* utbrodering.
ember ['embə] *subst:* ulmende glo; glødende kull; **the ~ of the fire** de siste restene av bålet; *fig; litt.:* **the ~ of his love***(=the dying spark of his love)* de siste rester av hans kjærlighet.
Ember days *i den romersk-katolske og den anglikanske kirke:* faste- og bededager.
embezzle [im'bezəl] *vb:* underslå.
embezzlement [im'bezəlmənt] *subst:* underslag.
embitter [im'bitə] *vb:* gjøre bitter; **it -ed his life** det forbitret tilværelsen hans.
emblazon [im'bleizən] *vb* **1.** smykke med våpen (*el.* heraldiske figurer); **2.: the firm's name was -ed on all their vans** firmanavnet stod tydelig å lese på alle varebilene deres.
emblem ['embləm] *subst:* emblem; symbol *(fx of peace).*
embodiment [im'bɔdimənt] *subst:* legemliggjørelse; **the ~ of cruelty** den personifiserte grusomhet.
embody [im'bɔdi] *vb* **1.** legemliggjøre; **2.** innarbeide; innlemme *(fx his notes were embodied in the book);* **a book that embodies** . . . en bok som inneholder; **3.** gi konkret form; nedlegge *(fx the principles embodied in the treaty);* **this embodies an attempt to** . . . dette representerer et forsøk på å . . .; **4.** være et eksempel på; uttrykke *(fx his gentleness embodies a Christian ideal).*
embolden [im'bouldən] *vb; glds el. spøkef; oftest i passiv:* **he was -ed***(=he plucked up courage)* **to ask her to marry him** han fikk mot til å spørre henne om hun ville gifte seg med ham.
embolism ['embə,lizəm] *subst; med.:* emboli.
emboss [im'bɔs] *vb* **1.** utføre som opphøyet arbeid; prege i relieff; *om metall:* drive; **2.** *om skjold:* bukle.
embossed *adj* **1.** opphøyet; **2.** *typ:* **~ printing** opphøyet trykk; **3.** *om metall:* drevet *(fx a silver vase embossed with a design of flowers).*
I. embrace [im'breis] *subst:* omfavnelse; favntak; **the young couple were in a tight***(=close)* **~** det unge paret satt tett omslynget.
II. embrace *vb* **1.** omfavne; omfavne hverandre *(fx they embraced);* **2.** *meget stivt(=adopt)* gå over til *(fx she has embraced Christianity);* **he has -d socialism** han har blitt en begeistret sosialist; **3.** *stivt(=include; comprise)* omfatte *(fx geology embraces the science of mineralogy);* **4.** *stivt(=enclose)* omslutte *(fx an island embraced by the ocean).*
embrasure [im'breiʒə] *subst:* skyteskår.
embroider [im'brɔidə] *vb* **1.** brodere; **2.** *fig:* pynte på; utbrodere *(fx a story).*
embroidery [im'brɔidəri] *subst:* broderi.
embroil [im'brɔil] *vb; stivt* **1***(=involve)* innvikle *(fx I do not wish to become embroiled in their family quarrels);* **2***(=complicate; entangle)* skape forvirring i.
embryo ['embri,ou] *subst* **1.** embryo; foster (i tidlig stadium); **2.** *bot:* embryo; kim; spire; **3.: in ~** in spe; i sin vorden; **artist in ~** kunstner in spe; vordende kunstner.
embryology [,embri'ɔlədʒi] *subst:* embryologi; fosterlære.
emend [i'mend] *vb(=correct errors)* rette feil (i en tekst).
emendation [,i:men'deiʃən] *subst:* rettelse (i teksten); tekstforbedring.
emerald ['emərəld] *subst* **1.** smaragd; **2.** smaragdgrønt.
Emerald Isle: the ~ Den grønne øy (ɔ: Irland).
emerge [i'mə:dʒ] *vb* **1.** komme til syne; dukke opp *(fx the swimmer emerged from the water); om ubåt:* **~ (from the sea)***(=break surface)* komme til overflaten; dukke opp; dukke fram fra *(fx his head emerged from the blankets); fig:* **he was thirty before his artistic talent -d** han var tretti før det kunstneriske talentet kom til syne; **kick the problem around for a while and see what ideas ~** tumle litt med problemet og se hvilke ideer som melder seg; **~ victorious** gå av med seieren; **he -d outright winner** han vant en klar seier; **2***(=become known)* bli kjent *(fx the true facts began to emerge; it emerged that they had had a disagreement).*
emergence [i'mə:dʒəns] *subst:* tilsynekomst; fremkomst; **his ~ as a poet** hans debut som dikter; **the ~ of the facts made a sensation** da fakta ble kjent, skapte det sensasjon.
emergency [i'mə:dʒənsi] **1.** *subst:* **kritisk situasjon;** *med.:* (tilfelle av) øyeblikkelig hjelp; akuttilfelle; **in an ~** i nødstilfelle; **state of ~** unntagelsestilstand; unntakstilstand; krisetilstand; **save some money for emergencies** legge noen penger til side for alle tilfellers skyld; spare slik at man har noen penger i reserve; **2.** *adj:* nød-; nøds-; krise-; reserve-.
emergency case *med.:* akuttilfelle; tilfelle av øyeblikkelig hjelp *(fx this patient is an emergency case).*
emergency council *forsamling:* kriseråd.
emergency cover *ved sykehus:* legevaktdekning.
emergency exit nødutgang.
emergency fund krisefond.
emergency landing*(=forced landing)* nødlanding.
emergency meeting krisemøte.
emergent [i'mə:dʒənt] *adj:* i ferd med å dukke fram; *om nasjon(=recently independent):* **~ nations** nye nasjoner.
emery ['eməri] *subst:* smergel; **~ cloth** smergellerret.
emetic [i'metik] **1.** *subst:* brekkmiddel; **2.** *adj:* som fremkaller brekninger.
emigrant ['emigrənt] **1.** *subst:* emigrant; **2.** *adj:* emigrant-.
emigrate ['emi,greit] *vb:* emigrere.
emigration [,emi'greiʃən] *subst:* emigrasjon; utvandring.
emigré ['emi,grei] *subst:* (politisk) emigrant.
eminence ['eminəns] *subst* **1.** *stivt(=distinction; fame)* berømmelse; **rise to ~***(=become famous)* bli berømt; **2.** *stivt(=rising ground)* forhøyning; bakketopp *(fx from an eminence above the town);* **3.** *til kardinal:* **Your Eminence***(=Your Eminency)* Deres Eminense.
eminent ['eminənt] *adj; stivt(=outstanding; distinguished)* fremragende dyktig *(fx scientist);* fremtredende *(fx lawyer).*
eminently *adv(=very; obviously)* særdeles *(fx eminently suitable for the job).*
emissary ['emisəri] *subst:* emissær; utsending.
emission [i'miʃən] *subst:* utstråling *(fx of heat).*
emit [i'mit] *vb* **1***(=give off)* avgi; utstråle *(fx heat);* gi fra seg *(fx the mixture emitted a curious smell);***2.** *stivt(=give)* utstøte *(fx she emitted a cry of horror).*
emoluments [i'mɔljumənts] *subst; pl; stivt(=salary; fees)* inntekt(er); honorar.
emotion [i'mouʃən] *subst:* (sterk) følelse; sinnsbevegelse *(fx she could hardly speak because of emotion);* **overcome by***(=with)* **~** overveldet av følelser; **with conflicting -s***(=with mixed feelings)* med blandede

følelser; **intellect and -(s)***(=reason and feeling)* fornuft og følelse; **appeal to the -s of voters** appellere til velgernes følelser; **the poem is charged with** *~(=the poem is full of feeling)* diktet er følelsesladet; **a man of strong -s** en mann med et sterkt følelsesliv.

emotional [i'mouʃənəl] *adj:* følelsesmessig *(fx problem);* følelsesbetont; stemningsbetont; **~ security** følelsesmessig trygghet.

emotionalist [i'mouʃənəlist] *subst(=man (,woman) of feeling)* følelsesmenneske.

emotive [i'moutiv] *adj:* følelsesbetont; følelsesladet *(fx word).*

empanel [im'pænəl] *vb:* oppføre på liste over kandidater som er eligible for tjeneste som lagrettemedlemmer.

empathy ['empaθi] *subst:* innfølingsevne; evne til å dele en annens følelser; empati; forståelse *(fx a certain empathy must exist between an author and the readers of his book).*

empennage [em'penidʒ] *subst; flyv(=tail unit)* haleparti.

emperor ['empərə] *subst:* keiser.

emphasis ['emfəsis] *subst:* ettertrykk; vekt; *fon:* trykk (*on* på).

emphasize, emphasise ['emfə,saiz] *vb:* legge vekt på; understreke; betone; *fon:* legge trykk på.

emphatic [im'fætik] *adj:* ettertrykkelig; bestemt; **he was most ~ about the importance of arriving on time** han hevdet meget bestemt at det var viktig å komme presis.

emphatically [im'fætikəli] *adv:* ettertrykkelig.

emphysema [,emfi'si:mə] *subst; med.:* emfysem; luftansamling i vevene.

empire ['empaiə] *subst:* imperium; keiserrike.

empiric [em'pirik] **1.** *subst:* empiriker; **2.** *adj: se empirical.*

empirical [em'pirikəl] *adj:* empirisk; som bygger på erfaring og observasjon.

I. employ [im'plɔi] *subst; stivt(=employment; service)* tjeneste *(fx when did he leave your employ?).*

II. employ [im'plɔi] *vb* **1.** ansette; beskjeftige *(fx three typists);* **she's -ed as a teacher** hun er ansatt som lærer; **2.: be -ed (in)** være opptatt med *(fx writing letters);* **3.** *stivt(=make use of; use)* gjøre bruk av; bruke *(fx your time better; a little tact).*

employed *adj:* **be ~** ha arbeid *(fx he's employed now).*

employee [em'plɔii:; ,emplɔi'i:] *subst:* arbeidstaker; ansatt *(fx they have fifty employees).*

employer [im'plɔiə] *subst:* arbeidsgiver.

employment [im'plɔimənt] *subst* **1.** arbeid *(fx he's in employment now);* **she's in my ~** hun er ansatt hos meg; **2.** *om arbeid:* beskjeftigelse *(fx this will give employment to more men);* **full ~** full sysselsetting; **3.** *stivt(=use)* bruk *(fx the employment of cranes).*

employment agency privat arbeidskontor; *(jvf job centre).*

Employment Service Agency UK: avdeling av arbeidsdepartementet som er ansvarlig for å skaffe arbeidsplasser, utbetale arbeidsledighetstrygd og samle inn statistisk materiale; *(se job centre; Manpower Services Commission).*

empower [im'pauə] *vb; meget stivt el. jur(=authorize)* bemyndige.

empress ['emprəs] *subst:* keiserinne.

I. empty ['emti; 'empti] *vb:* tømme *(fx a glass);* tømme ut *(fx he emptied it into the dustbin);* tømmes *(fx the cinema emptied quickly);* løpe tom *(fx the tank emptied in five hours);* **he emptied out his pockets** han tømte lommene sine helt; *stivt:* **~ the drawer of its contents***(=empty out the drawer)* tømme skuffen.

II. empty 1. *subst:* tom emballasje; tomflaske *(etc);* **empties** tomgods; **returned empties** tomt returgods; **2.** *adj:* tom *(fx house); fig:* tom *(fx threat);* **~ of** blottet for; uten.

empty-handed [,em(p)ti'hændid] *adj:* tomhendt.

emulate ['emju,leit] *vb; stivt* **1***(=be as good as; be better than)* kappes med; måle seg med *(fx he knew he could never emulate his brother at sport);* **2***(=imitate)* etterligne.

emulation [,emju'leiʃən] *subst; stivt* **1***(=rivalry; contest)* kappestrid; **2***(=imitation)* etterligning.

emulator ['emju,leitə] *subst; stivt* **1***(=rival; competitor)* konkurrent; **2***(=imitator)* etterligner.

emulsion [i'mʌlʃən] *subst:* emulsjon.

emulsion paint syntetisk (vannløselig) maling.

enable [i'neibl] *vb:* sette i stand til *(fx the money enabled him to travel a lot).*

enabling act *jur:* fullmaktslov.

enact [i'nækt] *vb* **1.** gi lovs kraft; bestemme ved lov; **2***(=act)* spille *(fx a role);* **3.** *om scene:* **be -ed** bli utspilt.

enactment [i'næktmənt] *subst* **1.** *om lov:* vedtagelse *(fx the enactment of a bill);* **2.** lov; forordning.

enamel [i'næməl] **1.** *subst:* emalje; **2.** *vb:* emaljere.

enamoured *(,US: enamored)* [i'næməd] *adj; stivt el. spøkef:* **~ of***(=with)* forelsket i; begeistret for *(fx I'm not enamoured of the idea of going abroad).*

encampment [in'kæmpmənt] *subst; især mil* **1***(=setting up a camp)* leirslagning; **2***(=camp)* leir.

encapsulate [in'kæpsju,leit] *vb; med.:* innkapsle.

encase [in'keis] *vb; stivt* **1***(=enclose)* innhylle; omslutte; **2.** *spøkef(=clothe)* innhylle *(fx she was encased in a sheepskin jacket).*

encephalitis [,ensefə'laitis] *subst; med.(=inflammation of the brain)* hjernebetennelse.

enchain [in'tʃein] *vb; stivt* **1***(=chain)* lenke; legge i lenker; **2.** *fig(=captivate)* fengsle.

enchant [in'tʃa:nt] *vb* **1.** *stivt(=delight):* **be -ed by** bli fortryllet av; bli henrykt over; **2.** *glds(=cast a spell on)* trollbinde.

enchanter *subst:* trollmann.

enchanter's nightshade *bot:* trollurt.

enchanting *adj:* fortryllende.

enchantment [in'tʃa:ntmənt] *subst* **1.** fortryllelse; henrykkelse; **2.** *glds(=magic spell)* fortryllelse.

encircle [in'sə:kəl] *vb; stivt(=surround)* omringe; omgi *(fx enemies encircled him);* gå i en bue utenom *(fx the railway line encircled the hill).*

enclave ['enkleiv] *subst:* enklave.

enclose [in'klouz] *vb* **1.** inneslutte; gjerde inn; omslutte; omgi *(fx a high fence enclosed the garden);* **2.** *merk:* vedlegge *(fx I enclose a cheque for £50).*

enclosure [in'klouʒə] *subst* **1.** innhegning *(fx he keeps sheep in that enclosure);* **2.** *merk:* vedlegg.

encode [in'koud] *vb:* omsette til kode; kode.

encompass [in'kʌmpəs] *vb* **1.** *stivt(=include)* omfatte *(fx the teachers, pupils, lessons and buildings are encompassed by the term 'school');* **2.** *glds(=surround)* omgi *(fx water encompasses the castle).*

encore ['ɔŋkɔ:; ɔ:ŋ'kɔ:] **1.** *subst:* ekstranummer *(fx give an encore);* **2.** *int:* dakapo!

encounter [in'kauntə] **1.** *subst; stivt(=meeting)* møte *(fx a brief encounter); mil(=fight)* trefning; sammenstøt; **2.** *vb; stivt(=meet (unexpectedly))* støte på; *om vanskeligheter(=come up against)* støte på *(fx difficulties).*

encourage [in'kʌridʒ] *vb* **1.** oppmuntre; sette mot i; **2***(=urge)* anspore *(fx you must encourage him to try again).*

encouragement [in'kʌridʒmənt] *subst* **1.** oppmuntring *(fx it acted as an encouragement to his brother);* **2.** ansporing; hjelp; oppmuntring *(fx he must be given some encouragement).*

encroach [in'kroutʃ] *vb:* ~ **on 1.** forgripe seg på; gjøre inngrep i *(fx in making his garden larger, he encroaches on Mr Brown's wood);* **2.** *m.h.t. rettigheter:* gjøre inngrep i *(fx the liberty of the individual);* ~ **on human rights** begå brudd på menneskerettighetene.

encroachment [in'kroutʃmənt] *subst* **1.** inngrep; inntrenging (*on* på); **2.** inngrep; overgrep; brudd *(fx on human rights).*

encumber [in'kʌmbə] *vb; stivt(=hamper)* hefte; hindre; bebyrde; **she was -ed by two suitcases** hun hadde to kofferter å slepe på.

encumbrance [in'kʌmbrəns] *subst* **1.** hindring; noe som hefter; klamp om foten *(fx she regarded her children as encumbrances);* **2.** *jur:* heftelse; **without -s***(=free from encumbrances)* uten heftelser; fri for heftelser.

encyclop(a)edia [en,saiklou'pi:diə] *subst:* konversasjonsleksikon.

encyst [en'sist] *vb; med.:* ~ **itself***(=become encysted)* innkapsle seg.

I. end [end] *subst* **1.** ende; **at the ~ of the table** for enden av bordet; **in the house at the ~ of the street** i huset for enden av gaten; **there are doors at both -s of the room** det er dører i begge ender av rommet; *fig:* **play both ends against the middle***(=play one off against the other)* spille den ene ut mot den andre; **make (both) -s meet** få endene til å møtes; få pengene til å strekke til; **T: go off the deep ~** 1. *uvørent:* kaste seg ut i det; 2*(=lose one's temper)* gå fra konseptene; **throw sby in at the deep ~** kaste en (hodekulls) ut i det (ɔ: ny arbeidsoppgave, etc uten forberedelse);

2. *møbels, etc:* kortside; ~ **on***(=with the end pointing towards one)* med kortsiden frem; **on ~** 1. på høykant *(fx stand the table on end; he turned the table on end to get it through the door);* 2. *fig:* **it made my hair stand on ~** det fikk hårene til å reise seg på hodet mitt; 3. i trekk; i ett strekk; på rad *(fx it rained for three days on end);* **for days on ~ we had hardly anything to eat** i dagevis hadde vi nesten ingenting å spise; ~ **to ~** med kortsidene mot hverandre; ende mot ende;

3. slutt; **at the ~ of the week** i slutten av uken; **at an ~** slutt; forbi; **my petrol is at an ~** jeg har sluppet opp for bensin; **the old man is at the ~ of his strength** den gamle mannen har ikke flere krefter igjen; **in the ~***(=finally)* til slutt; til syvende og sist; **come to an ~** ta (en) slutt; opphøre; **the talks have come to an ~** konferansen er avsluttet; **they fought bravely to the ~** de kjempet tappert til siste slutt; **put an ~ to***(=stop)* få (en) slutt på; **if she wins the prize we'll never hear the ~ of it** hvis hun vinner den premien, vil vi få høre det i lange tider etterpå;

4. *stivt(=death)* død; **the ~** slutten; enden *(fx the end came suddenly for him);* **to the ~** til siste slutt *(fx he fought bravely to the end);*

5. *stivt:* hensikt; mål *(fx it's not an end(=aim) in itself);* **what ~ have you in view?** hvilket mål har du satt deg? **to what ~ are you working so hard?** hva er det du arbeider så hardt for? **gain one's ~, achieve one's ~***(=reach one's goal)* nå sitt mål; **to this ~** i denne hensikt; med dette for øye; **it's only a means to an ~** det er bare et middel; **the ~ justifies the means** hensikten helliger midlet;

6. *fotb:* banehalvdel; **change -s***(=change goals;* **T:** *change round)* bytte banehalvdel *(fx change ends at half-time);*

7. *om avdeling av firma, etc, om del av markedet* **T: the advertising ~ of a business** reklamesektoren i et forretningsforetagende; **the young ~ of the market** den yngre delen av markedet; de unge (kundene);

8. T: at a loose ~ *(,***US:** *at loose ends)* uten noe spesielt fore; uten å ha noe annet å ta seg til *(fx he went to the cinema because he was at a loose end);*

9. T: the ~ under enhver kritikk; (helt) forferdelig *(fx his behaviour is the end);* **that child really is the ~!** den ungen er virkelig helt umulig (*el.* noe av det verste man kan tenke seg);

10. T: no ~*(=very much):* **I liked it no ~** jeg likte det forferdelig godt;

11. T: no ~ of*(=very much like):* **I feel no ~ of a fool** jeg føler meg som en stor tosk.

II. end *vb(=come to an end; bring to an end)* ende; slutte *(fx the play ends with the hero's death);* **it -ed in disaster** det endte med katastrofe; det endte med forferdelse; **how should I ~ (off) this letter?** hvordan bør jeg avslutte dette brevet? **he -ed up in prison** han endte (*el.* havnet) i fengsel; **we -ed up without water** det endte med at vi ikke hadde vann; til slutt ble vi sittende (,stående) der uten vann.

endanger [in'deindʒə] *vb(=imperil)* utsette for fare; **-ed species** truede arter.

endear [in'diə] *vb:* ~ **oneself to sby** gjøre seg avholdt av.

endearment [in'diəmənt] *subst(=word of love)* kjærlig ord.

endeavour [in'devə] **1.** *subst; stivt(=effort; attempt)* bestrebelse; forsøk; **2.** *vb; stivt(=attempt; try)* bestrebe seg på; beflitte seg på; forsøke.

endemic [en'demik] *adj; med.; om sykdom som er knyttet til bestemte områder:* endemisk.

ending ['endiŋ] *subst* **1.** slutt *(fx the story had a happy ending);* **2.** *gram:* endelse; ending.

endive ['endaiv] *subst; bot* **1.** endive; **2.: curly ~** *(,***US:** *chicory)* julesalat; **3. US***(=chicory)* sikori.

endless ['endlis] *adj:* endeløs; uendelig.

endless screw *mask(=worm)* snekke.

endocrine ['endou,krain] *adj(=ductless)* endokrin; indresekretorisk *(fx gland).*

endoderm ['endou,də:m] *adj; bot(=seminal leaf)* indre kimblad; *(jvf cotyledon).*

endorse [in'dɔ:s] *vb* **1.** endossere; skrive bak på *(fx the bank refused to cash the cheque as it was not endorsed);* **2.** *om førerkort* **UK:** påtegne *(fx the magistrate endorsed his licence because of his dangerous driving); (se NEO påtegning);* **3.** *stivt(=approve)* gi sin tilslutning til; bifalle.

endorsee [,endɔ:'si:] *subst; merk:* endossat.

endorser [in'dɔ:sə] *subst; merk:* endossent.

endow [in'dau] *vb* **1.** dotere; skjenke (legat til); **-ed school** legatskole; **2.** *stivt; i passiv:* **she was -ed with great beauty***(=she was very beautiful)* hun var meget vakker.

endowment [in'daumənt] *subst* **1.** legat(sum); stiftelse av legat; dotasjon; gave; **for the ~ of** til fordel for; til drift av; til støtte for; **establish a trust for the ~ of** stifte et legat til fordel for; **2.** *stivt:* **-s***(=natural talents)* evner.

endowment insurance livsforsikring med utbetaling i levende live.

end product *kjem; også fig:* sluttprodukt.

endurable [in'djuərəbl] *adj; stivt(=bearable)* utholdelig.

endurance [in'djuərəns] *subst(=staying power; stamina)* utholdenhet.

endurance test utholdenhetsprøve.

endure [in'djuə] *vb* **1***(=tolerate; undergo)* tåle *(fx great pain);* **2.** *stivt(=last; remain firm)* holde ut *(fx to the end);* **his name will ~** hans navn vil leve.

enduring *adj(=lasting)* varig *(fx an enduring peace).*

end wall*(=short wall)* kortvegg; endevegg.
endways ['end,weiz] *(,især* **US:** *endwise) adv:* ~ **(on)** med enden (*el.* kortsiden) fram; på langs.
enema ['enimə] *subst; med.:* klyster.
enemy ['enəmi; 'enimi] **1.** *subst:* fiende; **the ~ was***(=were)* **encamped on the hillside** fienden hadde slått leir i fjellskråningen; **he's one of the ~** han tilhører fienden; **make enemies** skaffe seg fiender; **he is his own worst ~** han er verst mot seg selv; **2.** *adj:* fiendtlig *(fx aircraft).*
energetic [,enə'dʒetik] *adj:* energisk.
energy ['enədʒi] *subst:* energi; kraft; virketrang; **ample scope for one's energies** gode muligheter for ens (,sin) virketrang; **save one's ~***(=save one's strength)* spare på kreftene *(fx save one's energy (for later)).*
enervate ['enə,veit] *vb:* enervere; svekke.
enervating *adj:* enerverende; som tar på kreftene; som svekker *(fx an enervating climate).*
enfeeble [in'fi:bəl] *vb; stivt(=weaken)* svekke.
enforce [in'fɔ:s] *vb* **1.** *jur:* håndheve *(fx there's a law against dropping litter but it is rarely enforced);* **2.** fremtvinge *(fx payment);* ~ **payment of the money** inndrive pengene; fremtvinge betaling; **3.:** ~ **it on them** påtvinge dem det.
enforced *adj:* påtvungen *(fx silence); av skatt:* ~ **collection** tvangsinndrivelse.
enforcement [in'fɔ:smənt] *subst* **1.** håndhevelse; **2.** fremtvingelse; inndrivelse *(fx he has refused to pay rates, and the council is considering enforcement (action));* **3.** påtvingelse.
enfranchise [in'fræntʃaiz] *vb* **1.** gi stemmerett; **2.** *hist:* frigi *(fx slaves);* **3.** *hist* **UK:** gi (en by) rett til å bli representert i parlamentet.
engage [in'geidʒ] *vb* **1***(=employ)* ansette; engasjere; **2.** *stivt(=book)* bestille; engasjere *(fx he has engaged an entertainer for the children's party);* **3.** *stivt(=hold)* legge beslag på *(fx the book engaged his attention for hours);* ~*(=arouse)* **sby's sympathy** vekke ens sympati; **4.** *mil:* ta kampen opp med; **5.** *mask:* kople til; sette i inngrep; ~ **the third gear***(=change into third gear)* skifte til tredje gir.
engaged *adj* **1.** forlovet (*to* med); **2.** *stivt(=busy; not free)* opptatt *(fx please come if you're not already engaged);* **3.** *mask:* i inngrep; **4.** *stivt:* ~ **in doing sth***(=busy doing sth)* opptatt med å gjøre noe.
engagement [in'geidʒmənt] *subst* **1.** forlovelse; **2.** *stivt(=engagement; appointment)* avtale; **3.** *stivt(=employment)* ansettelse; **4.** *mil:* trefning.
engagement ring forlovelsesring.
engaging *adj(=winning)* vinnende *(fx an engaging smile).*
engender [in'dʒendə] *vb(=bring about)* skape; avføde.
engine ['endʒin] *subst* **1.** maskin *(fx a steam engine);* motor *(fx a car engine)* **2.** *jernb:* **(railway)** ~*(=locomotive)* lokomotiv; **3.:** **(fire)** ~ brannbil.
engine cleaner *jernb:* lokomotivstallbetjent; *(jvf carriage and wagon examiner).*
engine compartment motorkasse.
engine driver*(,***US:** *(locomotive) engineer)* lokomotivfører.
I. engineer [,endʒi'niə] *subst* **1.** ingeniør; **chemical ~** kjemiingeniør (med hovedvekt på kjemiteknikk); *(jvf chemical scientist);* **civil ~** bygningsingeniør; *(se NEO bygningsingeniør; ingeniør; sivilingeniør);* **2.** tekniker; **refrigeration service ~** kjøletekniker; **heating ~** varmetekniker; *(se technician);* **3.** maskinmester; maskinist; **4.** *mar:* **(ship's) ~** maskinist; **chief ~** maskinsjef; *(jvf chief engineer);* **first ~** førstemaskinist; **second ~** annenmaskinist; **~ officer** maskinoffiser; **5.** *mil(=sapper)* ingeniørsoldat.
II. engineer *vb; ofte neds(=bring about; arrange)* arrangere *(fx he engineered my promotion);* **he -ed the minister's downfall** han bevirket at ministeren måtte gå av.
engineer corps *mil:* **the ~** ingeniørvåpenet; *(NB* **UK:** *the (Corps of) Royal Engineers).*
engine erection maskinoppstilling.
I. engineering [,endʒi'niəriŋ] *subst* **1***(=science of engineering; engineering science)* ingeniørvitenskap; **college of ~** ingeniørhøyskole; **2.** ingeniørvesen; **county ~** kommunalt ingeniørvesen; *(jvf County Engineer's Department);* **3.** ingeniørarbeid *(fx a piece of engineering);* **4.:** **chemical ~** kjemiteknikk; *(jvf chemical science);* **civil ~** byggteknikk; **electrical ~** elektroteknikk; **mechanical ~** maskinlære; maskinteknikk; *ved landbruksskole:* **agricultural ~** maskinlære; **motor (vehicle) ~** bilmekanikk; **municipal ~** kommunalteknikk.
II. engineering *adj:* ingeniør-; ingeniørteknisk; **~ problems** ingeniørtekniske problemer.
engineering consultants: firm of ~*(=firm of consultant engineers)* rådgivende ingeniørfirma; *(se consultant 3).*
engineering drawing maskintegning.
engineering firm ingeniørfirma; *(jvf engineering consultants).*
engineering science*(=(science of) engineering)* ingeniørvitenskap; *(se I. engineering 1).*
engineering subject ingeniørfag; ingeniørdisiplin.
engineering trades: the ~ maskinfagene.
engineering worker metallarbeider.
engineering (work)shop*(=engine (work)shop)* maskinverksted.
engineer officer *mar:* maskinoffiser; *(se engineer 4).*
engine fitter maskinmontør.
engine mounting*(=engine support)* motoroppheng.
engine oil motorolje; maskinolje.
engine output motorytelse.
engine parts maskindeler; motordeler.
engine room maskinrom.
engine shed *jernb:* lokomotivstall.
engine shop*(=engineering (work)shop)* maskinverksted.
England ['iŋglənd] *subst; geogr:* England.
English ['iŋgliʃ] **1.** *subst; språket:* engelsk; **the ~** engelskmennene; **2.** *adj:* engelsk *(fx he's English, not Scottish).*
Englishman ['iŋgliʃmən] *subst:* engelskmann.
Englishwoman ['iŋgliʃwumən] *subst:* engelsk kvinne.
engrave [in'greiv] *vb* **1.** gravere; risse inn *(fx one's initials);* **2.** *fig:* **the scene would always be -d on his memory** scenen ville for alltid stå uutslettelig preget i hans erindring.
engraver [in'greivə] *subst:* gravør.
engrossed [in'groust] *adj:* oppslukt; ~ **in** oppslukt av *(fx be engrossed in one's work; she started reading the book, and quickly became engrossed (in it)).*
engrossing *adj:* meget spennende; som man blir helt oppslukt av *(fx an engrossing book).*
engulf [in'gʌlf] *vb; om bølger, flammer; stivt(=swallow up)* sluke; *stivt:* **grief -ed him** sorgen overmannet ham.
enhance [in'ha:ns] *vb(=increase)* øke *(fx your improvements will enhance the value of the house);* understreke *(fx the soft light enhanced her beauty).*
enigma [i'nigmə] *subst:* gåte *(fx it's a complete enigma).*
enigmatic(al) [,enig'mætik(əl)] *adj:* gåtefull.
enjoin [in'dʒɔin] *vb; stivt(=order; command)* påby; ~ **sth on sby***(=impress sth on sby)* innskjerpe en noe.
enjoy [in'dʒɔi] *vb* **1.** like; nyte *(fx I enjoyed the meal);*

we -ed Paris vi likte Paris; **he -s reading** han liker å lese; ~ **oneself** more seg *(fx did you enjoy yourself at the party?)*; **2**(*=have*): **he -ed good health** han hadde god helse; ~ **certain rights** nyte (*el.* ha) visse rettigheter.

enjoyable [in'dʒɔiəbl] *adj* **1.** *om mat:* god; som man liker *(fx that was quite enjoyable; that was most enjoyable)*; **2.** hyggelig; koselig *(fx we spent an enjoyable afternoon at the zoo)*; interessant *(fx book)*; herlig *(fx we had an enjoyable game of tennis this afternoon; it was most enjoyable)*.

enjoyment [in'dʒɔimənt] *subst:* glede; fornøyelse; nytelse; **he finds ~ in simple things** han finner glede i enkle ting.

enlarge [in'la:dʒ] *vb; også fot:* forstørre *(fx we had the photograph enlarged)*.

enlargement [in'la:dʒmənt] *subst; også fot:* forstørrelse.

enlighten [in'laitən] *vb; stivt(=inform)* opplyse *(fx will someone please enlighten me as to what is happening?)*; **don't ~ him!** bare la ham være i den troen!

enlightenment [in'laitənmənt] *subst:* opplysning.

enlist [in'list] *vb* **1.** *mil(=join the army)* la seg verve; **2.** *om hjelp, støtte:* få; sikre seg *(fx I've enlisted John's help; I've enlisted John to help me)*.

enlistment [in'listmənt] *subst* **1.** det å la seg verve; innrullering; **2.** *om hjelp, støtte:* det å sikre seg *(fx the enlistment of Peter's help was a wise move)*.

enliven [in'laivən] *vb; stivt(=liven up)* muntre opp *(fx the party)*.

enmesh [in'meʃ] *vb; stivt(=entangle)* innvikle (som i et nett): *fig:* **be -ed in a dispute** bli innviklet i ordskifte.

enmity ['enmiti] *subst:* fiendskap.

ennoble [i'noubəl] *vb* **1.** adle; **2.** *fig:* foredle.

enormity [i'nɔ:miti] *subst* **1.** *stivt(=wickedness)* uhyrlighet *(fx the enormity of the crime)*; **2**(*=great size*): **the ~ of the task discouraged him** den enorme oppgaven gjorde ham motløs.

enormous [i'nɔ:məs] *adj:* enorm; uhyre stor.

enough [i'nʌf] *adj, adv* **1.** nok *(fx enough cake; enough to eat; there's food enough; he hasn't worked hard enough)*; **2**(*=rather*) ganske; nok *(fx she was pleased enough to see us)*; **he did well ~** han gjorde det bra nok (*el.* ganske bra); **3.** *forsterkende:* **oddly ~** underlig nok; pussig nok; **4.: ~ and to spare** mer enn nok; **5.** *ordspråk:* **~ is as good as a feast** for lite og for mye forderver alt.

enquire [in'kwaiə] *vb: se inquire.*

enrage [in'reidʒ] *vb:* gjøre rasende.

enrapture [in'ræptʃə] *vb(=enchant)* fortrylle; henrykke.

enrich [in'ritʃ] *vb* **1.** berike; ~ **oneself** berike seg; **2.** *stivt(=improve the quality of)* forbedre *(fx fertilizers enrich the soil)*; **-ed with vitamin B** tilsatt B-vitaminer; *fig:* **reading -es the mind** lesing er berikende.

enrichment [in'ritʃmənt] *subst* **1.** berikelse; **2.** forbedring.

enrol *(,***US:** *enroll)* [in'roul] *vb; til kurs, etc:* melde på; melde seg på; ~ **for a course**(*=enter for a course*) melde seg på til et kurs.

enrolment [in'roulmənt] *subst:* påmelding.

enrolment fee(*=registration fee*) påmeldingsgebyr (til kurs, etc); *(jvf entrance fee)*.

en route [ɔn'ru:t] *adv:* underveis *(fx to Paris)*.

ensconce [in'skɔns] *vb; litt. el spøkef(=settle comfortably)* slå seg ned; forskanse seg *(fx he ensconced himself in the best chair)*.

ensemble [ɔn'sɔmbəl] *subst* **1.** *mus:* ensemble; **2.** *mus:* samspill; **3**(*=whole*) hele *(fx the costumes and scenery were combined in an effective ensemble)*.

enshrine [in'ʃrain] *vb* **1.** legge i helgenskrin; **2.** *stivt(=cherish; treasure)* skatte; verne om *(fx sby's memory)*.

enshroud [in'ʃraud] *vb; litt. el. stivt(=envelop)* innhylle *(fx the affair is enshrouded in mystery)*.

ensign ['ensain] *subst:* flagg; *(se Red Ensign; White Ensign)*.

ensile [en'sail; 'ensail] *vb:* ensilere.

enslave [in'sleiv] *vb:* gjøre til slave; *fig:* slavebinde.

ensnare [in'snɛə] *vb; litt.; fig(=trap)* fange inn *(fx he was ensnared by her beauty)*.

ensue [in'sju:] *vb; stivt(=result)* følge *(fx the panic that ensued)*.

ensuing *adj:* påfølgende.

ensure [en'ʃuə, en'ʃɔ:] *vb; stivt(=make sure)* sørge for *(fx ensure that the law is carried out)*; sikre *(fx ensure him enough to live on)*; **for fours years they are -d a pleasant life** i fire år er de sikret en behagelig tilværelse.

entail [in'teil] *vb* **1.** *stivt(=involve)* medføre *(fx great expense)*; **2.** *hist:* testamentere som stamgods.

entangle [in'tæŋgəl] *vb* **1.** *stivt(=complicate)* komplisere; **his explanation only served to ~ the question further** hans forklaring bidro bare til å gjøre spørsmålet enda mer komplisert; **2.** *stivt:* **become -d in**(*=become involved in*) bli innviklet i *(fx a lawsuit; an unhappy love affair)*; **3.: her scarf -d itself in a thorn bush**(*=her scarf got caught in a thorn bush*) skjerfet hennes ble hengende fast i en tornebusk.

entanglement [in'tæŋgəlmənt] *subst* **1.** innvikling; sammenfiltring; **2.** *fig:* forvikling; noe man roter seg opp i; vanskelighet *(fx with the police)*; kompromitterende forhold *(fx his frequent entanglements with women)*.

enter ['entə] *vb* **1**(*=go in; come in*) gå inn; komme inn *(fx you may enter now)*; gå inn i *(fx I entered the house)*; **2.** *til konkurranse:* melde seg på (*for* til); melde på; ~ **a child for school** melde et barn inn på skolen; **did you ~**(*=write*) **your name in the visitors' book?** skrev du deg inn i gjesteboken? **3.** *bokf:* postere; føre inn *(fx an item)*; **4.** *om stilling; stivt:* ~ **sby's employment**(*=begin to work for sby*) tiltre en stilling hos en; begynne å arbeide hos en; **5**(*=begin*) begynne på *(fx they are entering a new stage in their lives)*; **6.: ~ into** 1. inngå *(fx an agreement with sby)*; 2. være en del av; inngå i *(fx the price did not enter into the discussion)*; 3(*=begin to discuss*) gå inn på *(fx we can't enter into the question of salaries yet)*; 4. *om konkurranse:* ta opp *(fx enter into competition with sby)*; 5. leve seg inn i; gå opp i *(fx the Christmas party spirit)*; **7.** *stivt:* ~ **(up)on**(*=begin*) begynne på *(fx a new career)*; **8.** *jur:* ~ **upon an inheritance** tiltre en arv.

enteritis [,entə'raitis] *subst; med.(=inflammation of the intestine)* enteritt; tarmbetennelse.

enterprise ['entə,praiz] *subst* **1.** foretagende *(fx a business enterprise)*; **a completely new ~** et helt nytt foretagende; **2.** foretaksomhet; initiativ *(fx private enterprise; he showed great enterprise in taking that job)*; **a man of ~** en initiativrik mann.

enterprising *adj:* foretaksom; initiativrik.

entertain [,entə'tein] *vb* **1**(*=amuse*) more; underholde *(fx his stories entertained us for hours)*; **2.** ha som gjest(er) *(fx they entertained us to dinner)*; **we don't ~ very much** vi har ikke ofte gjester; **he was hospitably -ed by** . . . han ble vist stor gjestfrihet av . . .; **3.** *merk:* representere; *(se I. entertaining)*; **4.** *stivt(=consider)* reflektere på; ~ **the offer**(*=consider the offer*) reflektere på tilbudet; **5.** *om idé, tvil, etc:* nære *(fx doubts)*; omgås med *(fx*

entertain an idea).
entertainer [,entə'teinə] *subst:* entertainer.
I. entertaining *subst; merk:* representasjon; ~ **at home** hjemmerepresentasjon; *(jvf entertainment 2).*
II. entertaining *adj:* morsom; underholdende.
entertaining rooms selskapslokaler.
entertainment [,entə'teinmənt] *subst* **1.** underholdning *(fx they complained of a lack of entertainment; the entertainment of the children exhausted him); teat, også:* program *(fx the entertainment at the new theatre changes weekly);* **2.** *merk:* det å representere; representasjon; *(jvf I. entertaining & sms ndf).*
entertainment allowance representasjonsgodtgjørelse.
entertainment committee*(=organizing committee)* festkomité.
entertainment expenses*(=customer contact expenses)* representasjonsutgifter.
enthral *(,US: enthrall)* [in'θrɔ:l] *vb; stivt(=captivate)* fengsle; beta.
enthuse [in'θju:z] *vb* **T: ~ over, ~ about***(=be enthusiastic about)* begeistres over; snakke begeistret om.
enthusiasm [in'θju:zi,æzəm] *subst:* begeistring.
enthusiast [in'θju:ziæst] *subst:* entusiast.
enthusiastic [in,θju:zi'æstik] *adj:* begeistret *(about* for; over).
entice [in'tais] *vb:* lokke *(fx he enticed the child into the house).*
enticement [in'taismənt] *subst:* fristelse; lokkemiddel.
enticing [in'taisiŋ] *adj(=tempting)* fristende *(fx an enticing smell).*
entire [in'taiə] *adj(=whole)* hel *(fx the entire job was completed in a week).*
entirely [in'taiəli] *adv(=completely)* helt *(fx entirely different; his work is not entirely satisfactory).*
entirety [in'taiəti] *subst:* helhet; **in its ~** i sin helhet.
entitle [in'taitəl] *vb* **1.** berettige *(fx you are not entitled to free school lunches);* **he was not -ed to borrow money from the cash box** han hadde ingen rett til å låne penger fra kassen; **the contract -s me to sell***(=according to the contract I have a right to sell)* etter (*el.* i følge) kontrakten står det meg fritt å selge; **you are -d to think what you like** det står deg fritt å mene hva du vil; **2.** sette tittel (*el.* overskrift) på *(fx a story entitled Africa Revisited).*
entitlement [in'taitəlmənt] *subst:* berettigelse; **his weekly ~** det han har krav på pr. uke.
entomb [in'tu:m] *vb; meget stivt(=bury)* begrave.
entomology [,entə'mɔlədʒi] *subst:* entomologi; insektlære.
entourage [ɔntu'ra:ʒ] *subst; stivt el. spøkef:* følge *(fx the President and his entourage);* de mennesker man omgir seg med.
entr'acte [ɔn'trækt; 'ɔntrækt] *subst* **1.** mellomakt; **2.** mellomaktsmusikk; mellomaktsunderholdning.
entrails ['entreilz] *subst; pl:* innvoller *(fx a chicken's entrails).*
I. entrance ['entrəns] *subst* **1.** inngang *(fx the entrance to the cave);* **with a private ~***(=with independent access)* med egen inngang; **2***(=carriage entrance)* innkjørsel; **3***(=seaward approach)* innseiling; **4.** entré; **make one's ~** gjøre sin entré; **5.** *skolev(=entry; admission)* opptak; **he has applied for ~ to university** han har søkt om opptak ved universitetet; **application for ~ to a school** søknad om opptak ved en skole; **course ~ requirements***(=(minimum) entrance requirements)* opptakskrav; **6***(=admission)* adgang *(fx we were refused entrance);* **force an ~ (into)***(=force one's way (into))* tiltvinge seg adgang (til).
II. entrance [in'tra:ns] *vb(=enchant)* henrykke; fylle med begeistring.
entrance exam(ination) opptaksprøve; **university ~** opptaksprøve ved universitet.
entrance fee 1. inngangspenger; **2.** *sport:* påmeldingsgebyr; *(jvf enrolment fee).*
entrance requirements: (minimum) ~*(=course entrance requirements)* opptakskrav; **the more broadly based ~ for university courses** det bredere opptaksgrunnlag til universitetsstudiene.
entrant ['entrənt] *subst* **1.** *sport:* påmeldt deltager *(for* til); **2.** *skolev:* søker *(fx most entrants are graduates, although A level entry is also possible);* **3.** *jur:* **illegal -s into the country***(=illegal immigrants)* ulovlige immigranter.
entreat [in'tri:t] *vb; stivt(=beg)* bønnfalle.
entreaty [in'tri:ti] *subst:* bønnfalling; (innstendig) bønn.
entrée ['ɔntrei] *subst* **1***(=main course)* hovedrett; **2.** *stivt(=right of entry)* adgang *(fx his reputation as an amusing talker gave him (an) entrée to the houses of the wealthy).*
entrench [in'tren(t)ʃ] *vb:* forskanse; *fig:* **-ed** fast forankret.
entrenchment [in'tren(t)ʃmənt] *subst; mil:* forskansning.
entrepreneur [,ɔntrəprə'nə:] *subst; ofte neds:* forretningsmann; litt for driftig forretningsmann (som setter i gang prosjekter som ren spekulasjon).
entrust [in'trʌst] *vb:* betro; **~ sth to sby, ~ sby with sth** betro en noe.
entry ['entri] *subst* **1.** det å gå (,komme, *etc*) inn; inntreden *(fx Britain's entry into the Common Market);* **they were silenced by the ~ of the headmaster** det ble stille da rektor kom inn; **'No Entry'** innkjørsel forbudt; **2***(=admission)* adgang *(fx gain entry to the club);* **~ to that school is difficult***(=it's difficult to get into that school; it's difficult to get a place at that school)* det er vanskelig å komme inn på (*el.* ved) den skolen; **3.: rate of ~** tilgang; **the rate of ~ to the trade** tilgangen til faget; **4***(=(place of) entrance; small entrance hall)* inngang(sparti) *(fx leave your bike in the entry); (=entrance)* innkjørsel *(fx the entry to the bridge);* **5.** *sport* 1*(=entrant)* påmeldt (deltager); **there are forty entries for the competition** det er førti påmeldte til konkurransen; 2. *kollektivt:* deltagere; deltagerantall; **rather a small ~** ganske få deltagere; 3. påmelding; **6.** *bokf:* postering; **a corresponding ~** en likelydende postering; **make an ~***(=enter an item)* foreta en postering; **7.** innføring; noe som føres inn; **make an ~ in one's diary** føre noe inn i dagboken (sin); **8.** *i ordbok:* oppslag; artikkel; **9.** *tollv:* **bill of ~** tolldeklarasjon; *(jvf customs declaration; customs entry).*
entry card *kortsp:* innkomstkort.
entry permit*(=visa)* innreisetillatelse.
enumerate [i'nju:mə,reit] *vb:* regne opp *(fx sby's faults).*
enumeration [i,nju:mə'reiʃən] *subst:* oppregning.
enunciate [i'nʌnsi,eit] *vb; stivt(=articulate; pronounce)* artikulere; uttale *(fx one's words clearly).*
enunciation [i,nʌnsi'eiʃən] *subst:* artikulasjon; uttale.
enuresis [,enju'ri:sis] *subst; med.:* ufrivillig vannlating; enurese.
envelop [in'veləp] *vb(=wrap (up))* innhylle; **-ed in***(=wrapped in)* innhyllet i *(fx a cloak);* omgitt av *(fx a plan enveloped in mystery);* omspent av *(fx a house completely enveloped in flames).*
envelope ['envə,loup, 'ɔnvə,loup] *subst* **1.** konvolutt; **2.** (rør)kolbe.
enviable ['enviəbl] *adj:* misunnelsesverdig.

envious ['enviəs] *adj:* misunnelig (*of* på).
environment [in'vairənmənt] *subst:* miljø *(fx an unhappy home environment may drive a teenager to crime);* **the physical ~** de fysiske betingelser; **protect the ~** beskytte miljøet; **substances harmful to the ~** miljøskadelige stoffer; **UK: Department of the Environment** miljøverndepartementet; **Secretary of State for the Environment** miljøvernminister.
environmental [in,vairən'mentəl] *adj:* miljøbestemt; miljømessig; miljø-; **~ atmosphere** boligmiljø; **~ influences** miljøets påvirkning; **~ work** miljøvernarbeid.
environmentalist [in,vairən'mentə,list] *subst:* person som engasjerer seg i miljøvernarbeid.
environs [in'vaiərəns] *subst; pl; stivt(=outlying districts; suburbs)* omgivelser *(fx Paris and its environs).*
envisage [in'visidʒ] *vb; stivt* **1***(=picture)* forestille seg; se for seg *(fx I tried to envisage her as a young woman);* **2***(=have in mind)* tenke seg; **this was the plan that we -d***(=this was the plan we had in mind)* dette var den planen vi hadde tenkt oss; **3***(=allow for)* regne med *(fx a 3-year period is envisaged for the training of personnel);* **4.** *i løst språkbruk også i at-setning:* **~ that***(=think that; expect that)* regne med at; forvente at *(fx the board envisages that there will be a high profit); (jvf envision 2).*
envision [in'viʒən] *vb* **1.** *stivt(=envisage; foresee; conceive of as a possibility)* forestille seg; forutse; regne med; **2. US** *i løst språkbruk også i at -setning(=envisage):* **~ that***(=think that; expect that)* regne med at; forvente at; *(jvf envisage 4).*
envoy ['envɔi] *subst:* gesandt; *polit:* **special ~** spesiell utsending.
envy ['envi] **1.** *subst:* misunnelse (*at* over) *(fx their envy at my new dress was obvious);* **she could not conceal her ~ of me** hun kunne ikke skjule at hun var misunnelig på meg; **2.** *vb:* misunne *(fx she envied me; they envied him his money).*
enzyme ['enzaim] *subst; kjem:* enzym.
epaulet(te) [,epə'let] *subst; mil:* epålett.
ephemera [i'femərə] *subst; zo(=mayfly)* døgnflue.
ephemeral [i'femərəl] *adj; stivt(=short-lived)* kortvarig *(fx ephemeral pleasures);* **beauty is ~** skjønnhet er forgjengelig.
epic ['epik] **1.** *subst:* epos; episk dikt; **2.** *adj:* episk; *fig:* storslått *(fx an epic film).*
epicure ['epi,kjuə] *subst(=gourmet)* feinschmecker; gourmet.
epicurean [,epikju'ri:ən] **1.** *subst(=epicure; gourmet)* feinschmecker; gourmet; **2.** *adj:* epikureisk; nytelsessyk.
epidemic [,epi'demik] **1.** *subst:* epidemi; **2.** *adj:* epidemisk.
epidermis [,epi'də:mis] *subst* **1.** *anat(=cuticle)* overhud; epidermis; **2.** *bot:* ytterbark; epidermis.
epigram ['epi,græm] *subst* **1.** epigram; **2.** fyndord.
epilepsy ['epi,lepsi] *subst; med.:* epilepsi.
epileptic [,epi'leptik] **1.** *subst:* epileptiker; **2.** *adj:* epileptisk.
epilogue ['epi,lɔg] *subst:* epilog; etterspill.
Epiphany [i'pifəni] *subst:* helligtrekongersdag.
episcopacy [i'piskəpəsi] *subst* **1***(=government (of a Church) by bishops)* bispestyre; **2.:** *se episcopate 1.*
episcopal [i'piskəpəl] *adj:* episkopal; biskoppelig; **the Episcopal Church** den episkopale (*el.* biskoppelige) kirke.
Episcopalian [i,piskə'peiliən] **1.** *subst:* medlem av den episkopale (*el.* biskoppelige) kirke *(fx is she a Roman Catholic or an Episcopalian?);* **2.** *adj(=episcopalian)* episkopal; biskoppelig *(fx the established church in England is episcopalian).*
episcopate [i'piskəpit] *subst* **1***(=episcopacy)* bispeembete; bispeverdighet; episkopat; **2.: the ~** biskopene; bispekollegiet.
episode ['epi,soud] *subst:* episode.
espisodic [,epi'sɔdik] *adj:* episodisk.
epistle [i'pisəl] *subst:* epistel; brev.
epistolary [i'pistələri] *adj:* i brevform.
epitaph ['epi,ta:f] *subst:* gravskrift; epitaf.
epithelial [,epi'θi:liəl] *adj; anat:* epitel-; **~ tissue** epitelvev.
epithelium [,epi'θi:liəm] *subst; anat:* epitel.
epithet ['epi,θet] *subst:* (karakteriserende) tilleggsord; tilnavn *(fx 'Lackland' is an epithet for King John).*
epitome [i'pitəmi] *subst; stivt* **1***(=summary; abstract)* sammendrag; utdrag; **2***(=typical example; embodiment)* typisk eksempel; legemliggjørelse; **he is the ~ of selfishness** han er den personifiserte egoisme.
epitomize, epitomise [i'pitə,maiz] *vb; stivt* **1***(=make a summary of)* lage et sammendrag av; sammenfatte; **2.** *stivt(=illustrate; show up)* illustrere; vise *(fx his treatment of her epitomizes his attitude to women).*
epoch ['i:pɔk] *subst:* epoke; tidsalder; **mark a new ~** innlede en ny epoke (*el.* tidsalder).
epoch-making ['i:pɔk,meikiŋ] *adj:* epokegjørende.
epos ['epɔs] *subst(=epic)* heltedikt; epos.
equability [,ekwə'biliti] *subst* **1.** jevnhet; ensartethet; **2.** ro; likevektighet.
equable ['ekwəbl] *adj* **1.** *om klima:* jevnt *(fx an equable climate);* **2.** *om person:* rolig; likevektig.
I. equal ['i:kwəl] *subst:* like; make *(fx you won't see his equal again);* likemann; **be among one's -s** være blant likemenn; være blant sine jevnbyrdige; *mat.:* **X is the ~ of Y** X er lik Y.
II. equal *adj:* like *(fx cut the cake into four equal slices; are these pieces equal in size?);* **~ status***(=equality of status)* likestilling *(fx the equal status of women in society);* **they are ~** de er likestilte; **~ in ability** like dyktige; jevnbyrdige; **~ to** 1. jevnbyrdig med *(fx women are equal to men);* 2*(=up to):* **be ~ to a job** være en oppgave voksen; greie en oppgave (*el.* jobb); *(se footing).*
III. equal *vb:* kunne måle seg med *(fx I can't hope to equal him; he equals you in strength);* **she -led his score of twenty points** han hadde tjue poeng, og hun oppnådde det samme; **five and five -s ten** fem og fem er lik ti.
equality [i'kwɔliti] *subst:* likhet; likestilthet; jevnbyrdighet; likeverd; **~ of status***(=equal status)* likestilling; **women want ~ of opportunity with men** kvinner vil ha de samme muligheter som menn.
equalization, equalisation [,i:kwəlai'zeiʃən] *subst* **1.** *sport:* utligning; **2.** jevnbyrdighet; likestilthet *(fx the equality of women);* **3.: tax ~** skatteutjevning; *(jvf levelling 2).*
equalize, equalise ['i:kwə,laiz] *vb* **1.** likestille; stille på like fot; **2.** *sport:* utligne.
equally ['i:kwəli] *adv:* likt *(fx he divided his chocolate equally between us);* like *(fx all are equally bad).*
Equal Opportunities Commission *(fk EOC):* **the ~** Likestillingsrådet.
equal(s) sign *mat.(=sign of equation)* likhetstegn.
equanimity [,ekwə'nimiti; ,i:kwə'nimiti] *subst(=mental balance)* sinnslikevekt; sinnsro.
equate [i'kweit] *vb* **1.** sidestille; **2.** *mat.:* sette opp som ligning; **3.: ~ with** sidestille med *(fx it cannot be equated with Peter's achievement);* sette likhetstegn mellom *(fx he equates money with happiness).*
equation [i'kweiʃən] *subst* **1.** *mat.:* ligning; **simple ~** førstegradsligning; **quadratic ~** annensgradsligning; **sign of ~***(=equal(s) sign)* likhetstegn; **2.** det å likestille; det at man likestiller *(fx his equation of*

money with happiness led to his wife divorcing him).
equator [i'kweitə] *subst; geogr:* ekvator; **at the ~** ved ekvator.
equatorial [,ekwə'tɔ:riəl] *adj:* ekvatorial; **an ~ climate** et klima som ved ekvator.
equerry [i'kweri] *subst:* **Crown Equerry** *(,***UK:** *Master of the Horse)* hoffstallmester.
equestrian [i'kwestriən] **1.** *subst; meget stivt(=show rider)* kunstrytter; **2.** *adj:* ride-; rytter- *(fx an equestrian statue).*
equidistant [,i:kwi'distənt] *adj; stivt:* **~ from** *(=equally distant from)* i samme avstand fra *(fx points A and B are equidistant from C).*
equilibrate [,i:kwi'laibreit, i'kwili,breit] *vb(=balance)* være i likevekt; bringe i likevekt.
equilibrist [i'kwilibrist] *subst:* balansekunstner.
equilibrium [,i:kwi'libriəm] *subst:* likevekt.
equine ['ekwain] *adj; meget stivt(=like a horse; relating to horses)* hestelignende; heste-; *neds:* **she has rather ~ features** hun ligner litt på en hest.
equinoctial [,i:kwi'nɔkʃəl] *adj:* jevndøgns-.
equinox ['i:kwi,nɔks] *subst:* jevndøgn.
equip [i'kwip] *vb:* utstyre; utruste *(fx fully equipped for the journey).*
equipment [i'kwipmənt] *subst:* utstyr; utrustning; **welding ~** sveiseutstyr.
equitable ['ekwitəbl] *adj; stivt(=fair and just)* (rimelig og) rettferdig *(fx distribute the money in an equitable manner).*
equity ['ekwiti] *subst* **1.** *stivt(=fairness; justice)* rettferdighet; **2.** *jur:* **court of ~** billighetsrett; **3.** *børsuttrykk:* **~ (share)***(=ordinary share)* stamaksje; **4. UK: Equity***(=the Actors' Equity Association)* Skuespillerforbundet *(fx become a member of Equity).*
equivalence [i'kwivələns] *subst:* ekvivalens; likeverd.
I. equivalent [i'kwivələnt] *subst:* ekvivalent; motstykke; noe som svarer helt til *(fx six yards is the equivalent of slightly less than two metres);* **this word has no ~ in French** det er ikke noe ord i fransk som svarer til dette.
II. equivalent *adj:* tilsvarende *(fx an equivalent sum);* likeverdig *(fx would you say that 'bravery' and 'courage' are exactly equivalent?).*
equivalent value motverdi; **currency exceeding the ~ of 10,000 kroner** valuta utover motverdien av 10 000 kroner.
equivocal [i'kwivəkəl] *adj(=ambiguous)* tvetydig.
equivocate [i'kwivə,keit] *vb; stivt(=use ambiguous language)* ty til tvetydigheter.
equivocation [i,kwivə'keiʃən] *subst:* tvetydig uttrykksmåte; tvetydighet.
era ['iərə] *subst:* æra; epoke; tidsalder.
eradicate [i'rædi,keit] *vb; stivt(=get rid of completely; stamp out)* utrydde.
eradication [i,rædi'keiʃən] *subst:* utrydding.
erase [i'reiz] *vb; stivt* **1***(=rub out)* viske ut; *på lydbånd:* slette; viske ut; **2.** *fig:* utslette; viske ut.
eraser [i'reizə] *subst(=india rubber)* viskelær; **pencil ~** blyantviskelær.
erasure [i'reiʒə] *subst:* radering; sted hvor det er visket ut noe *(fx the erasures in that letter are obvious); fig:* utslettelse; utvisking *(fx the erasure of the incident from his memory).*
I. erect [i'rekt] *vb; stivt* **1***(=put up; build)* reise; oppføre; bygge; **~ a flagpole** reise en flaggstang; **2.** *fysiol:* erigere(s); bli stiv.
II. erect *adj(=upright)* oppreist *(fx stand erect; he held his head erect).*
erectile [i'rektail] *adj; fysiol:* erektil.
erection [i'rekʃən] *subst* **1.** oppførelse *(fx of a building; of a statue);* **2.** *fysiol:* ereksjon.

eremite ['eri,mait] *subst:* eneboer; eremitt.
ergonomics [,ə:gə'nɔmiks] *subst:* ergonomi.
ermine ['ə:min] *subst* **1.** *zo(=stoat in its white winter fur)* røyskatt i vinterdrakt; **2.** *skinnet:* hermelin.
ERNIE ['ə:ni] *subst* **UK** computer som brukes ved trekning av gevinster på premieobligasjoner.
erode [i'roud] *vb* **1.** erodere(s); bryte(s) ned; **2.** *fig:* underminere; hule ut; skade *(fx this incident has eroded much of our goodwill).*
erogenous [i'rɔdʒinəs], **erogenic** [,erə'dʒenik] *adj:* erogen *(fx erogenous zones of the body).*
erosion [i'rouʒən] *subst* **1.** erosjon *(fx soil erosion);* **2.** *fig:* underminering; uthuling *(fx erosion of moral standards).*
erosive [i'rousiv] *adj:* eroderende; tærende.
erotic [i'rɔtik] **1.** *subst:* erotiker; **2.** *adj:* erotisk.
eroticism [i'rɔti,sizəm] *subst(=sex;* **T:** *sexiness)* erotikk; **verbal ~** verbalerotikk.
erotism ['erɔ,tizəm] *subst:* erotisme; kjønnslig oppstemthet.
err [ə:] *vb* **1***(=make a mistake)* feile *(fx to err is human);* **2***(=be wrong)* gjøre galt; **you -ed in not obeying your parents** du gjorde galt i ikke å adlyde dine foreldre; **3.: ~ on the side of caution (,modesty)** være for forsiktig (,beskjeden).
errand ['erənd] *subst:* ærend *(fx send sby on an errand; the child will run errands for you).*
errant ['erənt] *adj; glds el. litt.* **1***(wandering in search of adventure):* **knight ~** omvandrende ridder; **2***(=straying)* som forviller seg *(fx an errant husband).*
errata [i'ra:tə] *subst; pl:* trykkfeil; **(list of) ~** trykkfeilsliste.
erratic [i'rætik] *adj(=unpredictable; irregular)* uberegnelig *(fx behaviour);* ujevn *(fx his work is erratic); skolev:* **he's an ~ performer** han arbeider ujevnt; *om motor:* **~ running** ujevn gange.
erroneous [i'rouniəs] *adj(=incorrect)* feilaktig; ukorrekt; **your conclusions are ~** du trekker gale konklusjoner.
error ['erə] *subst(=mistake)* feil; **~ of judgment** feilbedømmelse; **he saw the ~ of his ways** han innså at han var på gale veier.
ERS *se Earnings Related Supplement.*
eruct(ate) [i'rʌkt(eit)] *vb; stivt(=belch)* ha oppstøt; rape.
erudite ['eru,dait] *adj; stivt(=learned)* lærd.
erudition [,eru'diʃən] *subst:* det å være lærd; lærdom.
erupt [i'rʌpt] *vb* **1.** *om vulkan:* ha utbrudd; **2.** *om utslett(=break out)* slå ut *(fx the rash has erupted again);* **3.** *om tann(=break out)* bryte fram; **4.** *fig; stivt(=explode)* bryte ut; eksplodere *(fx erupt in anger).*
eruption [i'rʌpʃən] *subst* **1.** utbrudd; erupsjon; **2.** *om tann:* frembrudd; **3.: a skin ~***(=a rash)* et utslett.
erysipelas [,eri'sipələs] *subst; med.:* rosen.
erythema [,eri'θi:mə] *subst; med.:* hudrødme; erytem; **~ nodosum** knuterosen.
escalate ['eskə,leit] *vb:* opptrappe; trappe opp *(fx the war);* stige *(fx prices escalated);* trappes opp; tilta; **this could easily ~ into a full strike** dette kunne lett utvikle seg til full streik.
escalation [,eskə'leiʃən] *subst:* opptrapping.
escalator ['eskə,leitə] *subst(=moving staircase)* rulletrapp.
I. escape [i'skeip] *subst:* flukt; rømning; *fig:* utvei; **~ of gas** gasslekkasje; **have a lucky ~** slippe heldig fra det.
II. escape *vb:* unnslippe; rømme *(fx from prison); om gass:* sive ut; **the fact -d me***(=the fact escaped my notice)* jeg la ikke merke til det; **his name -s me** jeg kan ikke komme på navnet hans.

escape clause *jur:* forbeholdsklausul.
escapee [iskei'pi:] *subst:* rømt fange.
escape route fluktvei.
escape velocity frigjøringshastighet.
escapism [i'skeipizəm] *subst:* eskapisme; virkelighetsflukt.
escarpment [i'ska:pmənt] *subst:* lang, bratt skråning opp til platå.
eschew [is'tʃu:] *vb; meget stivt el. litt.(=shun; keep away from)* unngå; sky.
I. escort ['eskɔ:t] *subst* **1.** *mil:* eskorte; **2.** ledsager *(fx he was her escort for the evening).*
II. escort [is'kɔ:t] *vb:* eskortere; ledsage.
escutcheon [i'skʌtʃən] *subst* **1.** våpenskjold; **2.** *mar:* navnebrett; **3.** *fig:* **a blot on one's** ~*(=a stain on one's honour)* en plett på ens ære.
Eskimo ['eski,mou] **1.** *subst:* eskimo; **2.** *adj:* eskimoisk.
ESN *(fk. f. educationally subnormal)* evneveik (som må ha plass i spesialskole).
esophagus [i:'sɔfəgəs] *subst; anat* **US***(=oesophagus)* spiserør.
esoteric [,esou'terik] *adj; stivt(=secret; known by only a few)* esoterisk; kun forståelig for innvidde.
espalier [i'spæljə] *subst:* espalier.
especial [i'speʃəl] *adj; stivt(=special; particular)* særlig; spesiell *(fx treat it with especial care).*
especially [i'speʃəli] *adv(=particularly)* særlig; spesielt; **I came ~ to tell you the good news** jeg kom ekstra for å fortelle deg de(n) gode nyheten(e).
espionage [,espiə'na:ʒ; 'espiə,na:ʒ; 'espiənidʒ] *subst:* spionasje.
esplanade [,esplə'neid] *subst:* esplanade; promenade.
espousal [i'spauzəl] *subst; stivt* **1***(=support)* støtte; tilslutning; **2***(=adoption)* antakelse *(fx of a new belief).*
espouse [i'spauz] *vb; stivt* **1***(=support; give one's support to;)* støtte; gjøre seg til talsmann for;*(=adopt)* anta *(fx a new belief);* **2.** *glds om mann:* ta til ekte.
espy [i'spai] *vb; litt. el. spøkef(=catch sight of)* få øye på.
esquire [i'skwaiə] *subst* **1.** *hist:* væpner; **2** *(fk Esq.) etteranstilt på brev; nå glds:* herr *(fx John Brown, Esq.).*
I. essay ['esei] *subst* **1.** essay; **2.** *skolev:* stil; **expository ~** resonnerende stil; **narrative ~** fortellende stil; *(se NEO stil 4).*
II. essay [e'sei] *vb; glds(=attempt)* prøve seg på *(fx a task).*
essayist ['eseiist] *subst:* essayist; essayforfatter.
essence ['esəns] *subst* **1.** *stivt(=intrinsic feature; inner nature)* innerste vesen; kjerne *(fx the essence of the problem);* **tolerance is the ~ of friendship** toleranse er vennskapets innerste vesen; **in** ~*(=essentially)* i hovedsak; i det vesentlige *(fx the various problems are in essence the same);* **2.** essens *(fx vanilla essence).*
I. essential [i'senʃəl] *subst:* absolutt betingelse *(fx a sharp eye is an essential for a printer);* vesentlig forutsetning; en absolutt nødvendighet *(fx is a TV set an essential?);* **the -s of** de vesentlige momenter ved *(fx a complicated case);* det aller nødvendigste av *(fx learn the essentials of first aid);* **in one** ~*(=in one essential respect)* på et vesentlig punkt; **in all -s***(=in all essential points)* i alt vesentlig.
II. essential *adj* **1***(=absolutely necessary)* absolutt nødvendig; helt vesentlig *(fx strong boots are essential);* **it is ~ to arrive early** det er meget viktig at man ankommer tidlig; **accuracy is ~** nøyaktighet er helt avgjørende (*el.* av avgjørende betydning); **absolutely** ~*(=vitally important)* livsviktig; av den aller største betydning; **in one ~ respect** på ett vesentlig punkt; **~ to** vesentlig for; **2***(=basic; fundamental)* grunn- *(fx essential feature);* vesentlig; vesens-; **an** ~*(=basic)* **difference** en vesensforskjell; *litt.:* **there was an ~ harmony in it***(=it was of a harmonious nature)* det var harmonisk i sitt vesen; **there was an ~ sadness in the music** det var en grunntone av melankoli i musikken; **3***(=absolute; perfect):* **~ beauty** den absolutte skjønnhet; **4.** eterisk *(fx essential oils).*
essentiality [i,senʃi'æliti], **essentialness** [i'senʃəlnis] *subst:* vesentlighet; viktighet.
essentially *adv* **1***(=basically)* i bunn og grunn; i alt vesentlig; praktisk talt *(fx it is essentially unchanged);* **she is an ~ selfish person** hun er tvers igjennom egoistisk; **they are ~ different** de er vesensforskjellige; **2***(=in reality; in fact)* egentlig; i virkeligheten *(fx her job, essentially, is to act as interpreter for Dutch visitors).*
establish [i'stæbliʃ] *vb* **1.** opprette; grunnlegge; etablere *(fx a business; a new state);* **they have been -ed here for over ten years** de har vært etablert her i over ti år; **a firm just getting -ed** et firma i etableringsfasen; **young people getting -ed** unge i etableringsfasen; **2***(=prove)* bevise; godtgjøre *(fx the police established that he was guilty);* **he -ed his claim to** han godtgjorde sitt krav på; **~ his identity** fastslå (*el.* konstatere) hans identitet; **3.** skape; ~*(=set)* **a precedent** skape presedens; **~ contacts***(=make contacts)* knytte kontakter; **~ contact with***(=make contact with)* knytte (*el.* skape) kontakt med; **4.** befeste; ~*(=consolidate)* **one's reputation** befeste sitt ry; **~ firmly***(=consolidate)* grunnfeste; **5.** *kortsp:* **~ a suit** godspille (*el.* etablere) en farge; **6.:** **~ oneself** etablere seg *(fx he established himself (in business) as a jeweller).*
established *adj* **1***(=accepted)* etablert *(fx customs);* **~ rule***(=fixed rule)* fast regel; **the ~ (social) order** samfunnsordenen; **2***(=acknowledged)* anerkjent *(fx author);* **3.:** **well ~** veletablert *(fx a well -established firm);* **4.** *kortsp:* **~ card** godspilt (*el.* etablert) kort; **5.:** **~ church** statskirke.
establishment [i'stæbliʃmənt] *subst* **1.** etablering; opprettelse; grunnleggelse; **2.** bevis; godtgjøring; konstatering; **3.** etablissement; forretningsforetagende; **4.** *mil(=installation)* anlegg; **5.** *stivt el. spøkef(=household)* husholdning *(fx a bachelor's establishment);* **6.:** **the Establishment** det etablerte samfunnssystem; *i løst språkbruk også:* myndighetene: **T: have a go at the Establishment** kritisere myndighetene.
estate [i'steit] *subst* **1.** gods *(fx a large estate in Wiltshire);* **2.:** **housing** ~*(,US: development area)* boligfelt; **industrial** ~*(=trading estate)* industriområde; **3.** *jur:* arvemasse; bo *(fx his estate was divided among his sons); (se NEO I. bo);* **4.** *hist:* **the -s of the realm** rikets stender; **the third ~** tredjestanden; **the fourth ~** den fjerde statsmakt (ɔ: pressen).
estate agent*(,US: realtor)* eiendomsmegler.
estate car*(,især US: station wagon)* stasjonsvogn.
esteem [i'sti:m] *stivt* **1.** *subst(=respect)* aktelse; **rise in sby's** ~*(=go up in sby's opinion)* stige i ens aktelse; **2.** *vb(=respect)* respektere; høyakte *(fx I esteem his work very highly).*
I. estimate ['estimit] *subst* **1.** overslag *(fx he gave us an estimate of the cost of repairing it);* vurdering; beregning; **form a correct ~ of sth***(=judge sth correctly)* bedømme noe riktig; **a rough ~** et løst overslag; **at a rough ~** løst regnet; skjønnsmessig; **at a low***(=conservative)* **~** lavt regnet; **at the highest possible** ~*(=at the outside)* høyt regnet; **2***(,T: quote)* anbud; *(se NEO anbud).*

II. estimate ['esti,meit] *vb* **1.** anslå *(fx the value at £10,000)*; bedømme; vurdere; **2.:** ~ **for** gi anbud på.
estimation [,esti'meiʃən] *subst(=considered opinion)* vurdering; mening; **what is your ~ of the situation?** hvordan vurderer du situasjonen? **in our ~** slik vi ser det; etter vår mening.
estrange [i'streindʒ] *vb:* fremmedgjøre; støte fra seg.
estranged *adj:* **his ~ wife** hans kone, som han ikke lenger lever sammen med; **become ~ from** bli fremmed for; **her daughter became ~ from her** det ble et kjølig forhold mellom henne og datteren.
estrangement [i'streindʒmənt] *subst:* kjølig forhold *(fx between two people)*.
estuary ['estjuəri] *subst:* elvemunning *(fx the Thames estuary; the estuary of the Thames)*.
etch [etʃ] *vb* **1.** etse; radere; **2.** *fig:* **the scene remained -ed on his mind for years** i årevis forble denne scenen etset inn i hans hukommelse.
etching ['etʃiŋ] *subst:* etsing; radering.
eternal [i'tə:nəl] *adj:* evig; *fig:* evinnelig *(fx I'm tired of your eternal complaints)*.
eternalize, eternalise [i'tə:nə,laiz] *vb* **1.** eviggjøre; **2***(=make famous for ever; immortalize)* udødeliggjøre.
eternally *adv:* evig *(fx I shall be eternally grateful to you)*.
eternity [i'tə:niti] *subst:* evighet.
ether ['i:θə] *subst; kjem:* eter.
ethereal [i'θiəriəl] *adj:* eterisk; overjordisk *(fx her face had an ethereal beauty)*.
ethical ['eθikəl] *adj* **1.** etisk *(fx problem)*; **humanistically ~** humanetisk; **2***(=morally right)* moralsk forsvarlig *(fx the doctor's behaviour was perfectly ethical)*.
ethicist ['eθisist] *subst:* etiker.
ethics ['eθiks] *subst* **1.** *fag:* etikk *(fx ethics is one of his subjects)*; **humanistic ~** humanetikk; **2.** *om atferdsprinsippene:* etikk *(fx the ethics of this matter are very complicated)*; **professional code (of ~)** yrkesetikk.
Ethiopia [,i:θi'oupiə] *subst; geogr:* Etiopia.
Ethiopian [,i:θi'oupiən] **1.** *subst:* etiopier; **2.** *adj:* etiopisk.
ethnic ['eθnik] *adj:* etnisk; folke- *(fx group)*.
ethnography [eθ'nɔgrəfi] *subst:* etnografi; kulturgeografi.
ethnology [eθ'nɔlədʒi] *subst:* etnologi.
ethos ['i:θɔs] *subst:* etos.
ethyl ['i:θail; 'eθil] **1.** *subst:* etyll; **2.** *adj:* etyll-.
etiquette ['eti,ket; ,eti'ket] *subst:* etikette; skikk og bruk; takt og tone.
Eton ['i:tən] by ved Themsen med en berømt public school, Eton College (grunnlagt i 1440).
Etonian [i'tounian] *subst:* etonianer; elev fra Eton College.
etymological [,etimə'lɔdʒikəl] *adj:* etymologisk.
etymology [,eti'mɔlədʒi] *subst:* etymologi.
eucalyptus [,ju:kə'liptəs] *subst; bot:* eukalyptus.
Eucharist ['ju:kərist] *subst:* **the** ~*(=the Lord's Supper)* den hellige nattverd.
eugenics [ju:'dʒeniks] *subst:* rasehygiene.
eulogy ['ju:lədʒi] *subst; stivt el. spøkef(=high praise)* lovtale; lovord *(fx his novel earned the eulogies of the critics)*.
eunuch ['ju:nək] *subst:* eunukk.
euphemism ['ju:fi,mizəm] *subst:* eufemisme; forskjønnende omskrivning.
euphemistic [,ju:fi'mistik] *adj:* eufemistisk.
euphony ['ju:fəni] *subst; meget stivt(=pleasing sound)* vellyd *(fx he admired the euphony of her voice)*.
euphoria [ju:'fɔ:riə] *subst; stivt(=strong feeling of well-being and cheerfulness)* eufori; følelse av velbefinnende; (umotivert) oppstemthet.
euphoric [ju:'fɔrik] *adj:* oppstemt.
eureka [ju:'ri:kə] *int:* heureka! jeg har funnet det!
eurhythmics*(,US: eurythmics)* [ju:'riðmiks] *subst:* rytmikk.
Eurocurrency ['juərou,kʌrənsi] *subst:* Eurovaluta.
Europe ['juərəp] *subst; geogr:* Europa.
European [,juərə'pi:ən] **1.** *subst:* europeer; **2.** *adj:* europeisk.
European (Economic) Community *(fk E(E)C)*: **the ~** Fellesmarkedet; EF.
European Free Trade Association *(fk EFTA)*: **the ~** Det europeiske frihandelsområde; EFTA.
European Monetary System: the ~ Det europeiske valutasamarbeidet.
euthanasia [,ju:θə'neiziə] *subst(=mercy killing)* barmhjertighetsdrap; dødshjelp.
evacuate [i'vækju,eit] *vb:* evakuere.
evacuation [i,vækju'eiʃən] *subst:* evakuering.
evacuee [i,vækju'i:] *subst:* evakuert (person).
evade [i'veid] *vb:* unnvike; unngå; ~*(=get round)* **the law** omgå loven; ~ **tax***(,T: cheat the taxman)* snyte på skatten.
evaluate [i'vælju,eit] *vb:* evaluere; vurdere.
evaluation [i,vælju'eiʃən] *subst:* evaluering; vurdering.
evangelical [,i:væn'dʒelikəl] **1.** *subst:* evangelisk kristen; **2.** *adj:* evangelisk; ~ **preacher***(=revivalist)* vekkelsespredikant.
evangelism [i'vændʒi,lizəm] *subst:* utbredelse av evangeliet; det å drive misjon.
evangelist [i'vændʒilist] *subst* **1.** evangelist; **2.** misjonær; (vekkelses)predikant.
evangelize, evangelise [i'vændʒi,laiz] *vb* **1.** evangelisere; utbre evangeliet; **2.** misjonere.
evaporate [i'væpə,reit] *vb; også fig:* fordampe.
evaporation [i,væpə'reiʃən] *subst:* fordampning.
evasion [i'veiʒən] *subst:* unnvikelse; unngåelse; omgåelse *(fx of the law)*; **tax ~** *(,T: tax dodging; cheating the taxman)* skattesnyteri; skattesvik; *(se NEO skattesvik)*.
evasive [i'veisiv] *adj:* unnvikende *(fx answer)*.
Eve [i:v] Eva.
eve [i:v] *subst; poet:* aften; **Christmas Eve** julaften; **on the ~ of (the) battle** like før slaget.
I. even ['i:vən] *subst; poet(=evening)* aften.
II. even *vb* **1***(=equal)* utligne *(fx Smith's goal evened the score)*; **2.** *stivt(=level; make even)* jevne (ut) *(fx the ground needs to be evened)*; **3.:** ~ **out** 1*(=become level; become regular)* jevne seg ut; 2*(=level; make even)* jevne ut; glatte *(fx the soil with a spade)*; 3*(=make equal)*: ~ **the work out** fordele arbeidet jevnt (,jevnere); **4.:** ~ **up** 1*(=level; make even)* jevne ut; planere ut *(fx the ground)*; 2*(=make equal)* jevne ut *(fx Jim did better in the maths exam than John, and that evened up their marks)*; **that -s us up a bit!** det bringer litt balanse i regnskapet! det reduserer forskjellen mellom oss!
III. even *adj* **1***(=flat; level)* jevn *(fx surface)*; **2***(=equal)* jevnbyrdig; jevn *(fx match)*; lik *(fx their exam marks were even)*; **the score is ~** stillingen er lik; de (,vi, *etc*) står likt; **the chances are ~** sjansene er like; **an ~ chance** en fifty-fifty sjanse; **3***(=constant)* jevn *(fx temperature)*; **4***(=not readily excited)*: **an ~ temper** et rolig gemytt; **5***(=regular)* jevn; **an ~ rate of progress** jevn fremgang; **he has a strong, ~ pulse** han har en sterk og jevn puls; **6***(=of the same length)*: **are the table legs ~?** er bordbena like lange? **7***(=smooth)* jevn; **make more ~** jevne ut; glatte ut; **8.** *om tall:* like; ~ **numbers** like tall; **9.:**

~ **with**(*=on the same level as*) i nivå med; på høyde med; i flukt med; **10. T: get ~ with** få hevnet seg på (*fx I'll get even with him*); **11.: that makes it** ~(*=that evens it out*) det går opp i opp.

IV. even *adv* **1.** engang (*fx I haven't even started yet*); til og med (*fx even a fool could understand that*); ~ **the winner got no prize** ikke engang vinneren fikk noen premie; **2.** *brukt sammen med komp(=still)* enda (*fx my boots were dirty but his were even dirtier*); **3**(*=notwithstanding; despite*) til tross for (*fx even with his head start she caught up with him*); **4.** *introduserer et mer presist utsagn:* ja; ja endog; ja til og med (*fx he is base, even depraved; this filled them with respect, even admiration*); **5.** *i nektende setning:* ikke så mye som (*fx he never even looked at her*); ikke engang (*fx he would not even consider the offer*); **6.: ~ as** *stivt(=just as)* akkurat idet; nettopp idet; **7.: ~ if** selv om; **8.: ~ so**(*=in spite of that*) likevel; tross det; ikke desto mindre (*fx it rained, but even so we enjoyed the day*); **9.: (~) though**(*=although*) skjønt; selv om (*fx I like the job even though it's badly paid*).

evening ['i:vniŋ] *subst:* kveld; **this** ~(*=tonight*) i kveld; **in the** ~ om kvelden; **good** ~! god kveld! **on Tuesday** ~ tirsdag kveld.

evening bag selskapsveske.

evening dress 1. selskapskjole; aftenkjole; aftentoalett (*fx the beautiful evening dresses*); **2**(*=evening clothes*) aftenantrekk; selskapsantrekk; **3.: (full)** ~(*=tailcoat*) kjole og hvitt.

evening prayer 1(*=evensong*) aftengudstjeneste; **2.** aftenbønn; **say one's -(s)** be sin aftenbønn; **3.** *i hjem, skole:* **-s** aftenandakt; aftengudstjeneste.

event [i'vent] *subst* **1**(*=incident; occurrence*) begivenhet; hendelse; **that night a terrible ~ occurred** den natten skjedde det noe fryktelig; **I prefer to forget the -s of the past few days** jeg foretrekker å glemme det som har skjedd de siste dagene; **the ~ of the day** dagens store begivenhet; **wise after the** ~ etterpåklok; **the course of -s** begivenhetenes gang; **in the ordinary course of -s** under normale forhold (*el.* omstendigheter); **at all -s**(*=in any event; in any case*) i alle tilfelle; **in that** ~(*=if that happens*) hvis så skjer; i så fall; **T: in the** ~ når det kom (,kommer) til stykket; *stivt:* **in the ~ of** for det tilfelle at; **in the ~ of his death** for det tilfelle at han skulle dø; hvis han dør; **2.** *sport; som programpost:* øvelse (*fx the long jump was to be the third event*); konkurranse (*fx in such events as discus throwing and jumping*); **inter-club** ~ konkurranse klubber imellom; **running and jumping -s are seriously biased in favour of very tall people** øvelsene løp og hopp favoriserer i høy grad svært høye mennesker.

even-tempered [,i:vən'tempəd; *attributivt:* 'i:vən,tempəd] *adj:* likevektig; rolig.

eventful [i'ventful] *adj:* begivenhetsrik.

eventual [i'ventʃuəl] *adj* **1.** endelig (*fx the eventual outcome was his defeat*); **their quarrel and ~ reconciliation** deres krangel og den forsoning som til slutt fant sted; **2.** *glds(=possible; contingent)* eventuell.

eventuality [i,ventʃu'æliti] *subst(=contingency)* eventualitet (*fx we're ready for all eventualities*).

eventually *adv(=finally; at length)* omsider; til slutt; **he'll come** ~ han kommer nok omsider.

ever ['evə] *adv* **1**(*=at any time*) noen gang (*fx have you ever seen it? have you ever ridden on an elephant?*); **if ~ I see him again** hvis jeg ser ham igjen noen gang; **better than** ~ bedre enn noensinne; bedre enn noen gang; **2**(*=always*)**: they lived happily ~ after** de levde lykkelig til sine dagers ende; **I've known her ~ since she was a baby** jeg har kjent henne helt siden hun var liten; *stivt el. glds:* **he is** ~(*=always*) **busy** han er alltid opptatt (med noe); **3**(*=gradually*) gradvis (*fx she was growing ever weaker*); **4.: for** ~(*=forever*) 1. for alltid; **live for** ~ leve evig; 2. **T**(*=for a very long time*) i det uendelige (*fx he went on talking for ever*); **5.** *brukt forsterkende:* **come as quickly as ~ you can** kom så fort du bare kan; **what ~ shall I do?** hva i all verden skal jeg gjøre? **the new doctor is ~ so gentle** den nye legen er 'så vennlig; **he's ~ such a nice person** han er et så helt igjennom hyggelig menneske.

evergreen ['evə,gri:n] **1.** *subst:* eviggrønn plante; eviggrønt tre; **2.** *adj:* eviggrønn (*fx holly is evergreen*).

everlasting [,evə'la:stiŋ; *attributivt:* 'evə,la:stiŋ] *adj(=endless)* evig(varende); **T:** evinnelig (*fx that concert seemed everlasting!*).

everlastingly *adv* **T: she complains ~ about her health** hun beklager seg støtt og stadig over helsen sin.

evermore [,evə'mɔ:] *adv(=for all time)* for alltid (*fx he said that he would love her (for) evermore*).

evert [i'və:t] *vb; stivt(=turn inside out)* vrenge (*fx an eyelid*).

every ['evri] *pron* **1.** hver (*fx every day*); **2.** all mulig (*fx I wish you every success*); **3.** fullstendig (*fx I have every confidence in him*); **4.** *for å betegne gjentagelse; foran tallord el. 'other' og 'few':* **~ few days** med få dagers mellomrom; **~ other day**(*=every two days; on alternate days*) hver annen dag; annenhver dag; **~ two hours** hver annen time; annenhver time; **~ three or four hours** med tre eller fire timers mellomrom.

everybody ['evri,bɔdi] *pron(=everyone)* alle; enhver (*fx everybody in this street has a car*).

everyday ['evri,dei] *adj:* hverdags-; daglig (*fx her everyday duties*); **that's an ~ occurrence** det er noe som skjer hver dag; **~ coat** hverdagsjakke; **for ~ use** til hverdagsbruk.

everyone *se everybody.*

everything ['evri,θiŋ] *pron:* alt; **~ English** alt som er engelsk; **she means ~ to him** hun betyr alt for ham.

everywhere ['evri,wɛə] *adv:* overalt; **from** ~ overaltfra; allestedsfra.

evict [i'vikt] *vb; jur:* kaste ut (*fx he was evicted as he hadn't paid his rent for months*).

eviction [i'vikʃən] *subst; jur:* utkastelse.

evidence ['evidəns] *subst* **1.** *jur:* bevis (*fx a piece of evidence; have you enough evidence?*); bevismateriale (*fx this was used as evidence*); **a large body of** ~ et stort (*el.* omfangsrikt) bevismateriale; **a piece of circumstantial** ~ et indisiebevis;

2. *jur:* vitneutsagn; vitneforklaring; **give** ~ vitne; avgi vitneforklaring;

3. *jur:* **taking** ~(*=hearing evidence*), **the taking of** ~(*=the hearing of evidence*) bevisopptagelse; vitneavhør(ing); **begin with the hearing of the** ~ begynne med bevisopptagelsen;

4. *jur:* **turn Queen's (,King's)** ~ bli kronvitne; vitne mot sine medskyldige (for derved å få mildere straff);

5(*=indication; sign*) tegn (*fx her bag on the table was the only evidence of her presence*); *stivt:* **bear ~ of** vitne om (*fx the room bore evidence of a struggle*); **on the basis of all the** ~ ut fra en samlet vurdering;

6.: in ~ 1. *jur:* som bevis (*fx anything you say may be used in evidence against you*); 2(*=clearly seen*)**: sharks are in ~ along the coast** det fins (*el.* forekommer) hai langs kysten; **he's not much in ~ today** det er ikke stort å se (,høre) til ham i dag; **copies of her new novel are much in** ~(*=are to be seen*) **everywhere** eksemplarer av hennes nye ro-

man er å se overalt;
7.: on the ~ of 1. *jur:* på grunnlag av vitneforklaring fra *(fx he was convicted on the evidence of his fellow-workers);* 2. hvis man skal dømme etter *(fx on the evidence of his work so far, he'll do well).*
evident ['evidənt] *adj:* tydelig; innlysende; åpenbar *(fx he signed his name with evident satisfaction);* **it is ~ (to everyone) that** . . . det er tydelig (for alle) at . . .
evidently *adv* **1.** tydeligvis; øyensynlig *(fx they are evidently related);* **2**(=*obviously)* opplagt; helt tydelig *(fx he was quite evidently furious).*
I. evil ['i:vəl] *subst:* onde; **choose the lesser of two -s** velge det minste av to onder; **all the ~ in the world** alt det onde i verden.
II. evil *adj(=wicked; very bad)* ond *(fx he is an evil man);* **she has an ~ tongue**(=*she says wicked things about people)* hun har en ond tunge; hun snakker ondt om folk.
evildoer ['i:vəl,du:ə] *subst:* ond person; misdeder.
evil-minded [,i:vəl'maindid; *attributivt:* 'i:vəl,maindid] *adj:* ondsinnet.
evince [i'vins] *vb; stivt(=show)* vise; legge for dagen.
eviscerate [i'visə,reit] *vb:* ta innvollene ut av; skjære opp.
evocation [,evə'keiʃən] *subst:* fremmaning; *(se evoke).*
evocative [i'vɔkətiv] *adj:* stemningsfull *(fx an evocative description);* suggestiv *(fx smell);* **her dress was ~ of the 1920's** kjolen hennes minte om 1920-årene.
evoke [i'vouk] *vb; fig; stivt:* fremkalle; påkalle *(fx the child's tears evoked(=aroused) sympathy);* ~*(=recall)* **memories** kalle på minner; ~*(=excite)* **admiration** vekke beundring.
evolution [,i:və'lu:ʃən] *subst* **1.** (gradvis) utvikling *(fx the evolution of modern art);* **2.** *mat.:* rotutdragning.
evolutionary [,i:və'lu:ʃənəri] *adj(=evolutional)* evolusjons-; utviklings-.
evolutionism [,i:və'lu:ʃənizəm] *subst:* utviklingslæren.
evolve [i'vɔlv] *vb; stivt(=develop gradually)* utvikle; utarbeide *(fx a system for making money quickly).*
ewe [ju:] *subst; zo:* søye; hunsau.
ewer ['ju:ə] *subst; hist el. stivt(=large pitcher)* vannmugge.
ex [eks] *prep; merk:* fra *(fx ex factory).*
exacerbate [ig'zæsə,beit; ik'sæsə,beit] *vb; stivt (=make worse)* forverre.
I. exact [ig'zækt] *vb; stivt(=demand)* avpresse *(fx payment);* avkreve; kreve *(fx obedience).*
II. exact *adj:* nøyaktig *(fx description; translation);* **what's the ~ time?** hva er nøyaktig (*el.* helt riktig) tid? **those were his ~ words** det er nøyaktig hva han sa; **at the ~ moment that** akkurat i det øyeblikk da *(fx he entered at the exact moment that I decided to leave);* **I believe the ~ opposite to be true** jeg tror at nettopp det motsatte er tilfelle.
exacting *adj:* krevende *(fx an exacting job).*
exactitude [ig'zækti,tju:d] *subst; meget stivt(= correctness)* nøyaktighet.
exactly [ig'zæktli] *adv:* nøyaktig *(fx that's exactly what he said); som svar:* (ja) nettopp! **not ~** ikke akkurat; ikke nettopp *(fx she's not exactly pretty);* **what ~ is he trying to say?** hva er det egentlig han vil si?
exaggerate [ig'zædʒə,reit] *vb:* overdrive.
exaggeration [ig,zædʒə'reiʃən] *subst:* overdrivelse.
exalt [ig'zɔ:lt] *vb(=raise; elevate)* opphøye.
exaltation [,egzɔ:l'teiʃən] *subst* **1.** opphøyelse; **2.** *fig(=elation)* opprømthet.
exalted *adj; ofte spøkef:* opphøyet *(fx he holds a very exalted position in the government).*
exam [ig'zæm] *subst(=examination)* eksamen; *(se examination 2).*
examination [ig,zæmi'neiʃən] *subst* **1**(=*close inspection)* undersøkelse; **medical ~** medisinsk undersøkelse; *jur:* **~ of witnesses**(=*hearing of witnesses)* vitneavhør(ing); **2**(=*exam)* eksamen; **sit (for) an** ~(=*take an examination)* ta en eksamen; gå opp til eksamen; **he did well in the ~** han gjorde det godt til eksamen.
examination paper 1(=*question paper)* eksamensoppgave; **2**(=*answer paper; fagl: script)* eksamensbesvarelse.
examination requirement eksamenskrav; **-s** *pl:* eksamenskrav; eksamenspensum; *(jvf syllabus).*
examination structure(=*examination system)* eksamensordning.
examine [ig'zæmin] *vb* **1.** undersøke; **2**(=*question)* eksaminere; **be -d in**(=*be questioned on)* bli hørt i *(fx he was examined in grammar).*
examinee [ig,zæmi'ni:] *subst:* eksamenskandidat.
examiner [ig'zæminə] *subst:* eksaminator; **external ~** sensor; **second ~** medsensor; **report as a second ~** være medsensor.
example [ig'za:mpəl] *subst:* eksempel (*of* på); forbilde; (advarende) eksempel; **for** ~(=*e.g.* [,i:'dʒi:]) for eksempel; f. eks.; **make an ~ of him** straffe ham for å statuere et eksempel; straffe ham til skrekk og advarsel; **set sby a good ~** foregå en med et godt eksempel.
exasperate [ig'za:spə,reit] *vb(=irritate (very much); annoy)* irritere (sterkt); ergre.
exasperation [ig,za:spə'reiʃən] *subst:* (sterk) irritasjon; ergrelse.
excavate ['ekskə,veit] *vb:* grave ut.
excavation [,ekskə'veiʃən] *subst:* utgraving.
excavator ['ekskə,veitə] *subst:* gravemaskin.
exceed [ik'si:d; ek'si:d] *vb:* overgå *(fx one's expectations);* overskride *(fx the speed limit);* overstige *(fx his expenditure exceeds his income);* **~ one's instructions** gå utover instruksen.
exceedingly *adv(=extremely)* i høy grad; ytterst *(fx he was exceedingly nervous).*
excel [ik'sel; ek'sel] *vb; stivt* **1**(=*surpass)* overgå *(fx he excelled them all in strength);* **2.: ~ at, ~ in**(=*be very good at)* utmerke seg i.
excellence ['eksələns] *subst; stivt(=outstanding ability)* fremragende dyktighet; fortreffelighet.
Excellency ['eksələnsi] *subst:* **His (,Your) ~** Hans (,Deres) Eksellense.
excellent ['eksələnt] *adj:* utmerket; ypperlig.
I. except [ik'sept] *vb(=leave out; exclude)* unnta; **present company -ed** med unntagelse av de tilstedeværende.
II. except *prep:* unntatt; med unntagelse av; bortsett fra; uten *(fx everybody except you);* **~ for this mistake you did very well** bortsett fra denne feilen, gjorde du det meget bra; **your essay was good** ~(=*apart from the fact)* **that it was too long** stilen din var god, bortsett fra at den var for lang.
excepting *prep(=except);* unntatt; **not ~** ikke unntatt; også *(fx a good memory is important in all school subjects not excepting mathematics).*
exception [ik'sepʃən] *subst:* unntak; unntagelse; **as an ~ (only)** unntagelsesvis; **without ~** uten unntak; **with the ~ of** med unntak av; **we make no -s** vi gjør ingen unntak; **take ~ to**(=*object to)* gjøre innsigelse mot; **take ~ at**(=*be offended by)* bli fornærmet (*el.* støtt) over.
exceptionable [ik'sepʃənəbl] *adj(=objectionable)* anstøtelig; som det kan reises innvendinger mot.
exceptional [ik'sepʃənəl] *adj(=unusual; remarkable)*

uvanlig; usedvanlig; enestående; eksepsjonell; **to an ~ degree** i sjelden grad.
exceptionally *adv* **1**(*=unusually)* usedvanlig *(fx good);* **2**(*=as an exception)* unntagelsesvis *(fx exceptionally, she was late for school).*
I. excerpt ['eksə:pt] *subst:* utdrag; utsnitt; ekserpt.
II. excerpt [ek'sə:pt] *vb:* ta utdrag av; ekserpere.
excess [ik'ses; ek'ses] *subst* **1.** overmål; **an ~ of** for mye *(fx an excess of alcohol);* **he found he had paid an ~ of £2.50 over what was actually on the bill** han fant at han hadde betalt £2.50 mer enn det regningen lød på; **to ~** til overmål; for mye *(fx he ate well but not to excess);* **in ~ of** utover; mer enn *(fx baggage in excess of 40 kilos is charged extra);* **2.** *glds el. stivt:* **-es**(*=outrageous acts)* eksesser; utskeielser *(fx sexual excesses).*
excess baggage *flyv:* overvektig bagasje.
excess baggage charge *flyv:* betaling for overvektig bagasje.
excess contribution *merk:* dekningsoverskudd; *(jvf contribution 4).*
excess demand *økon:* for sterk etterspørsel.
excess fare tillegg i billettprisen.
excessive [ik'sesiv; ek'sesiv] *adj:* overdreven *(fx I find his attention to detail rather excessive);* **he expects them to do an ~ amount of work** han venter mer arbeid av dem enn hva rimelig er.
excessively *adv:* overdrevent;*(=to excess)* til overmål; for mye; **he's been ~**(*=too much)* **criticized** han er blitt altfor sterkt kritisert.
excess postage(*=postal surcharge)* straffeporto.
excess supply *økon:* for stort varetilbud.
excess weight overvekt.
I. exchange [iks'tʃeindʒ] *subst* **1.** bytte; **in ~ for** i bytte for; **take in ~** ta i bytte; **an ~ of opinions is helpful** en meningsutveksling er nyttig; **2.** *stivt:* **~ (of words)** ordskifte *(fx an angry exchange took place between the two brothers; there were angry exchanges between the two MP's);* **3.** (inn)veksling *(fx the exchange of American dollars for German marks);* **4.** *fin; betalingsmiddel:* **(foreign) ~** (fremmed) valuta *(fx abnormal imports have a harmful effect on exchanges);* **rate of ~**(*=exchange rate)* (valuta)kurs; *(jvf currency 1)* **5.** *tlf:* **(telephone) ~** telefonsentral.
II. exchange *vb* **1.** bytte *(fx they exchanged books);* utveksle *(fx they exchanged glances);* **~ the two glasses** bytte om de to glassene; **2.** veksle *(fx can you exchange a £1 note for two 50p pieces?).*
exchangeable [iks'tʃeindʒəbl] *adj:* utskiftbar; som kan byttes ut; som kan veksles inn; **~ into gold** innløselig med gull.
exchange bureau(*=bureau de change; (foreign) exchange office)* vekslekontor.
exchange control valutakontroll.
exchange fund valutafond; *(jvf Monetary Fund).*
exchange holiday utvekslingsferie.
exchange medium *økon(=medium of exchange)* betalingsmiddel.
exchange rate(*=rate of exchange)* valutakurs.
exchange teacher utvekslingslærer.
exchequer [iks'tʃekə] *subst* **1.** *hist:* skattkammer; **2. UK: the Exchequer** *(accounting department of the Treasury)* finanshovedkassen; **Chancellor of the Exchequer** (*,***US:** *Secretary of the Treasury)* finansminister.
I. excise ['eksaiz; ek'saiz] *subst:* **~ (duty)** forbrukeravgift.
II. excise [ik'saiz] *vb; med.:* skjære ut; fjerne.
excise duty forbrukeravgift.
excision [ek'siʒən] *subst; med.:* bortskjæring; fjerning.
excitability [ik,saitə'biliti] *subst:* lettbevegelighet; pirrelighet; nervøsitet; eksitabilitet.
excitable [ik'saitəbl] *adj:* lettbevegelig; pirrelig; nervøs; eksitabel.
excitant ['eksitənt, ik'saitənt] *subst:* stimulerende middel.
excited *adj:* opphisset; oppstemt; opprømt; begeistret.
excitement [ik'saitmənt] *subst:* opphisselse; affekt; sinnsbevegelse; eksaltasjon; spenning.
exciting *adj:* spennende *(fx an exciting story).*
exclaim [iks'kleim] *vb; stivt(=call out)* utbryte.
exclamation [,eksklə'meiʃən] *subst:* utrop; utbrudd *(fx he gave an exclamation of anger).*
exclamation mark (*,***US:** *exclamation point)* utropstegn.
exclamatory [eks'klæmətəri; iks'klæmətəri] *adj:* utrops-; **an ~ phrase** et utrop.
exclude [iks'klu:d; eks'klu:d] *vb:* utelukke; holde ute (*el.* utenfor); *fig:* utelukke.
exclusion [iks'klu:ʒən; eks'klu:ʒən] *subst:* utelukkelse; **to the ~ of** til utelukkelse av; uten tanke for annet enn *(fx he paints all the time, to the exclusion of all other hobbies);* **he loves her to the ~ of all others** han elsker henne så høyt at han ikke har tanke for noen andre.
exclusive [iks'klu:siv; eks'klu:siv] *adj* **1.** eksklusiv *(fx an exclusive club);* **2.: ~ rights** enerett *(fx they have exclusive rights to sell our books);* **an ~ story** an eksklusiv historie; **3.: mutually ~ principles**(*=incompatible principles)* to prinsipper som gjensidig utelukker hverandre; to uforenlige prinsipper; **4.: ~ of** ekslusive; fraregnet *(fx the price, exclusive of expenses, is £50);* **that is the price of the meal ~ of service charge** det er hva måltidet koster, service ikke medregnet (*el.* eksklusive service).
exclusively *adv:* utelukkende.
exclusiveness [iks'klu:sivnis] *subst:* eksklusivitet.
excommunicate [,ekskə'mju:ni,keit] *vb:* bannlyse; ekskommunisere.
excommunication ['ekskə,mju:ni'keiʃən] *subst:* bannlysing; ekskommunikasjon.
excrement ['ekskrimənt] *subst:* ekskrement; avføring; **-s** ekskrementer.
excrescence [iks'kresəns] *subst:* utvekst; **linguistic ~**(*=linguistic aberration)* språklig utvekst.
excrete [eks'kri:t; iks'kri:t] *vb:* utsondre; utskille *(fx the sweat glands excrete sweat).*
excretion [eks'kri:ʃən, iks'kri:ʃən] *subst* **1.** utsondring; ekskresjon; **2**(*=excreted matter)* ekskret; **-s**(*=excreta)* ekskreter.
excruciating [iks'kru:ʃi,eitiŋ; eks'kru:ʃi,eitiŋ] *adj:* ulidelig *(fx I have an excruciating headache); spøkef:* uutholdelig *(fx listening to that child playing the violin is excruciating).*
excruciatingly *adv:* ulidelig.
exculpate ['ekskʌl,peit] *vb:* **~ sby** bevise ens uskyld; erklære en uskyldig.
excursion [iks'kə:ʃən; eks'kə:ʃən] *subst; stivt(=trip; outing)* ekskursjon; utflukt; *fig:* digresjon *(fx an excursion into politics).*
excursion ticket billigbillett.
excursive [eks'kə:siv; iks'kə:siv] *adj(=digressive; rambling)* springende; vidløftig.
excusable [iks'kju:zəbl; eks'kju:zəbl] *adj(=pardonable)* unnskyldelig.
I. excuse [iks'kju:z; eks'kju:z] *subst* **1.** unnskyldning; påskudd *(fx what's your excuse for being late?);* **a poor ~** en dårlig unnskyldning; **2.** avbud; **send an ~** gi avbud; sende avbud.
II. excuse *vb* **1.** unnskylde; **~ me!** unnskyld! **~ me, are you Mr Brown?** unnskyld, er det De som er

Brown? **I hope you will ~ the delay** jeg håper De (,du) unnskylder forsinkelsen; **he -d himself for his mistakes** han unnskyldte seg for de feilene han hadde gjort; **2.** frita (*from* for) *(fx I've excused him from homework this evening);* **he -d himself** han ba seg fritatt.

ex-directory number *(,US: unlisted number)* hemmelig nummer.

execrable ['eksikrəbl] *adj; meget stivt(=disgraceful; very bad)* skammelig; elendig *(fx this essay is an execrable piece of work);* horribel.

execute ['eksi,kju:t] *vb* **1.** *stivt(=perform; carry out)* utføre *(fx see that my orders are fully executed; she executed a difficult turn on her skis);* **2.** *merk:* effektuere *(fx an order);* **3.** *jur(=carry out)* fullbyrde *(fx a will);* **~ a judgment** eksekvere en dom (i sivil sak); **4***(=put to death)* henrette.

execution [,eksi'kju:ʃən] *subst* **1.** *stivt(=performance)* utførelse; **2.** *merk:* effektuering; **3.** fullbyrdelse; **4.** henrettelse.

executioner [,eksi'kju:ʃənə] *subst:* bøddel; skarpretter.

I. executive [ig'zekjutiv] *subst* **1.** *polit:* **the Executive** den utøvende makt; **2.: ~ (committee)** hovedstyre; *polit:* **national ~** sentralstyre; **3.** *merk:* person i ledende stilling; sjef.

II. executive *adj* **1.** utøvende *(fx power);* eksekutiv-; **2.** ledende; overordnet; **~ architect** hovedarkitekt.

executive briefcase stresskoffert.

executive material: he's not ~ han er ikke noe sjefsemne.

executive member *i forening:* styremedlem *(fx of an association).*

executive secretary sjefssekretær.

executor [ig'zekjutə] *subst; jur:* eksekutor (*of a will* av et testament) *(fx his two brothers are his executors).*

executrix [ig'zekju,triks] *subst:* kvinnelig eksekutor.

exegesis [,eksi'dʒi:sis] *subst:* eksegese; skriftfortolkning.

exemplary [ig'zempləri] *adj:* eksemplarisk *(fx behaviour).*

exemplification [ig,zemplifi'keiʃən] *subst:* eksemplifisering.

exemplify [ig'zempli,fai] *vb:* eksemplifisere; belyse ved hjelp av eksempler; gi eksempler på; være eksempel på.

exempt [ig'zem(p)t] **1.** *vb; stivt(=excuse)* frita *(fx from military service);* gi dispensasjon; **2.** *adj:* fritatt (*from* fra).

exemption [ig'zem(p)ʃən] *subst* **1.** fritagelse; **~ from duty** tollfrihet; **2.** fribeløp; **gifts you make over and above the -s will be subject to Capital Transfer Tax whether they are made during your life or on your death** gaver man gir ut over fribeløpene må det svares arveavgift av, hva enten de er gitt mens man lever eller ved ens død.

I. exercise ['eksə,saiz] *subst* **1.** mosjon *(fx swimming is one of the healthiest forms of exercise);* **take more ~** mosjonere mer; **2.** *også sport:* øvelse *(fx an exercise intended to strengthen the ankles);* **floor ~** stående øvelse; **gymnastic ~** gymnastisk øvelse; **3.** *skolev:* øvelse *(fx spelling exercises);* **4.** *mil:* øvelse; manøver; **5.** *fig:* **the object of the ~ is to ...** hensikten (med dette) er å ...; **what's the point***(=object)* **of this ~?** hva er vitsen med å gjøre dette? hva skal dette være godt for? hva er hensikten med dette? **it was a pointless ~***(=it was pointless)* det hadde ingen hensikt; det var hensiktsløst; det tjente til ingen nytte; **6.** utøvelse; bruk *(fx of one's authority);* **7. US: -s***(=ceremonies):* **graduation -s** eksamensfest; eksamenshøytidelighet.

II. exercise *vb* **1.** mosjonere *(fx I exercise every morning);* gi mosjon; mosjonere *(fx a dog);* **2.** *stivt(=make use of; use)* bruke *(fx one's influence; one's skill);* gjøre bruk av *(fx I can exercise my right to refuse; exercise one's skill as a pianist);* **~ strict control***(=keep a tight control)* **on expenditure** øve streng kontroll med utgiftene; **3***(=show)* utvise *(fx great care).*

exercise bicycle ergometersykkel.

exercise book stilebok; **maths ~** innføringsbok i matematikk.

exerciser ['eksə,saizə] *subst:* mosjonsapparat.

exert [ig'zə:t] *vb* **1.** gjøre bruk av; bruke *(fx all our strength; one's authority);* **2.: ~ oneself** anstrenge seg.

exertion [ig'zə:ʃən] *subst* **1.** *stivt(=use)* bruk *(fx the exertion of one's influence);* **2***(=effort)* anstrengelse.

ex gratia [,eks'greiʃə] *adj:* **the company made repairs on an ~ basis** reparasjonen ble utført som kulans av firmaet.

exhalation [,ekshə'leiʃən] *subst* **1.** utdunstning; **2***(=breathing out)* det å ånde ut; utånding.

exhale [eks'heil; eg'zeil] *vb* **1***(=give off; emanate)* gi fra seg *(fx fumes);* sende ut; **2***(=breathe out)* puste ut; utånde *(fx asthma sufferers have difficulty in exhaling);* utstøte *(fx he exhaled a cloud of smoke).*

I. exhaust [ig'zɔ:st] *subst:* eksos; ekshaust.

II. exhaust *vb* **1.** bruke opp *(fx one's supplies);* **2.** *om samtaletema:* si det som er å si om *(fx we have exhausted that topic);* **3***(=tire out)* trette ut *(fx sby by constant questioning);* utmatte; **don't ~ yourself unnecessarily** ikke trett deg ut unødvendig.

exhausted *adj* **1.** oppbrukt *(fx our supplies are exhausted);* uttømt; utdebattert; *om jord:* utpint; **my patience is ~***(=at an end)* det er slutt på min tålmodighet; **2.** utmattet.

exhaust box eksospotte.

exhausting *adj:* trettende; slitsom.

exhaustion [ig'zɔ:stʃən] *subst* **1.** utmattelse; **2.** det å bruke opp *(fx exhaustion of the earth's resources); om jord:* utpining.

exhaustive [ig'zɔ:stiv] *adj:* uttømmende.

exhaust stroke *mask:* utstøtningsslag.

exhaust stub *på bil; bak potten:* eksosrør.

exhaust system eksossystem.

I. exhibit [ig'zibit] *subst* **1.** *jur; i retten:* bevisgjenstand; **2.** utstilt gjenstand; *på utstilling:* nummer.

II. exhibit *vb* **1.** *jur:* fremlegge som bevisgjenstand; **2.** stille ut; utstille; **3.** *stivt(=show)* legge for dagen *(fx he exhibited a complete lack of concern for others).*

exhibition [,eksi'biʃən] *subst* **1.** utstilling; **2.** det å legge for dagen; demonstrasjon *(fx of bad temper);* **make an ~ of oneself** blamere seg; dumme seg ut.

exhibitionist [,eksi'biʃənist] *subst:* ekshibisjonist.

exhibitor [ig'zibitə] *subst:* utstiller.

exhilarate [ig'zilə,reit] *vb; stivt(=make lively and cheerful)* live opp; oppmuntre.

exhort [ig'zɔ:t] *vb; stivt el. glds(=urge strongly; advise strongly)* formane; tilskynde; sterkt tilråde *(fx I exhorted him to give up gambling).*

exhortation [,egzɔ:'teiʃən] *subst:* formaning(stale); tilskyndelse.

exhumation [,ekshju'meiʃən] *subst:* ekshumasjon; åpning av grav; oppgraving.

exhume [eks'hju:m] *vb:* grave opp *(fx a body)*

exigency [ig'zidʒənsi; eg'zidʒənsi] *subst; meget stivt; ofte i pl(=urgent need)* tvingende nødvendighet.

exile ['eksail; 'egzail] **1.** *subst:* eksil; utlendighet; **the Exile***(=the Babylonian captivity) hist:* det babylonske fangenskap; **an ~** en landsforvist (person); **go**

into ~ gå i landflyktighet; **2.** *vb:* landsforvise.
exist [ig'zist; eg'zist] *vb:* eksistere.
existence [ig'zistəns; eg'zistəns] *subst:* eksistens; tilværelse; **be in** ~ eksistere *(fx how long has this rule been in existence?); fig:* **call into** ~ kalle til live; **come into** ~ bli til.
existent [ig'zistənt; eg'zistənt] *adj(=existing)* eksisterende; *(jvf non-existent).*
existentialist [,egzi'stenʃəlist] **1.** *subst:* eksistensialist; **2.** *adj:* eksistensialistisk.
exit ['eksit; 'egzit] *subst* **1.** utgang; **emergency** ~ nødutgang; **2.** *teat:* sorti *(fx Macbeth's exit); sceneanvisning:* ut *(fx Exit Hamlet);* **3.** det å gå ut; **she made a noisy** ~ det var tydelig å høre at hun gikk ut; **4***(=exit road)* avkjøring(svei); **turn off at an** ~ ta av hvor det er en avkjøring.
exit line *teat:* utgangsreplikk.
exit road*(=slip road)* avkjøringsvei; utfallsvei (fra motorvei).
exit visa utreisevisum.
exodus ['eksədəs] *subst* **1.** utvandring; **the Exodus** *hist:* jødenes utvandring (fra Egypt); *bibl:* 2. mosebok; **the rural** ~*(=the flight from the land)* flukten fra landsbygda; **2.** *stivt; også spøkef:* oppbrudd *(fx there was a general exodus from the room).*
ex officio ['eksə'fiʃiou] *adv(=by virtue of one's office)* i embets medfør; i kraft av sitt embete.
exogamy [ek'sɔgəmi] *subst:* eksogami; ekteskap utenfor stammen.
exonerate [ig'zɔnə,reit] *vb; stivt(=free from blame or responsibility; acquit)* frita (for skyld *el.* ansvar) *(fx he was exonerated from responsibility for the accident);* frikjenne.
exoneration [ig,zɔnə'reiʃən] *subst:* fritagelse (for skyld el. ansvar); frikjennelse.
exorbitant [ig'zɔ:bitənt] *adj:* ublu *(fx price).*
exorcise ['eksɔ:,saiz; 'egzɔ:,saiz] *vb:* mane bort; drive ut *(fx an evil spirit).*
exorcism ['eksɔ:,sizəm; 'egzɔ:,sizəm] *subst:* djevleutdrivelse; eksorsisme.
exorcist ['eksɔ:,sist; 'egzɔ:,sist] *subst:* djevleutdriver; eksorsist.
exotic [ig'zɔtik; ek'sɔtik] *adj:* eksotisk; fremmedartet.
expand [ik'spænd] *vb* **1.** utvide (seg); **2.** *fig:* svulme *(fx her heart expanded with joy);* **3.** *især litt.(=unfreeze; thaw)* tø opp *(fx after a glass of wine he began to expand);* **4.** *fig:* ~ **on** gå nærmere inn på.
expanded metal strekkmetall; gitterplate.
expanse [ik'spæns] *subst(=wide area)* (utstrakt) flate; **an** ~ **of water** en vannflate.
expansion [ik'spænʃən] *subst:* utvidelse; ekspansjon.
expansion bolt *fjellsp(=bolt)* ekspansjonsbolt.
expansion bolt climbing *fjellsp:* bolteklatring med ekspansjonsbolter; *(jvf piton climbing).*
expansion joint *bygg:* ekspansjonsfuge; *(jvf contraction joint).*
expansive [ik'spænsiv] *adj* **1.** *om person:* meddelsom *(fx in an expansive mood);* **2.** *om armbevegelse:* vidtfavnende *(fx he included them all in his expansive gesture of farewell);* **3.** *tekn:* utvidelig; som kan utvides.
expatiate [ik'speiʃi,eit] *vb; meget stivt(=talk at length):* ~ **on** utbre seg om.
I. expatriate [eks'pætriit] **1.** *subst:* person som oppholder seg i et annet land enn sitt eget; **2.** *adj:* eksil-; som gjelder andre enn landets egne borgere; utenlandsk *(fx expatriate teachers);* **an** ~ **community of Poles** et polsk samfunn i utlandet.
II. expatriate [eks'pætri,eit] *vb* **1***(=exile; banish)* forvise; landsforvise; **2***(=leave one's native country; go into exile)* forlate hjemlandet; dra i eksil.
expect [ik'spekt; ek'spekt] *vb* **1.** vente *(fx I'm expecting him tomorrow; they expect high wages for skilled work);* **I** ~ **him to do it** jeg venter at han gjør det; **you are -ed to tidy your own room** det (for)ventes av deg at du holder ditt eget rom ryddig; **2***(=think; believe; suppose)* anta; regne med *(fx he expects to be home tomorrow);* **I** ~ **(that) you're tired** jeg antar at du er sliten; **I** ~ **so** jeg antar det; **I don't** ~ **so***(=I expect not)* jeg tror ikke det.
expectancy [ik'spektənsi] *subst:* forventning; **life** ~ forventet levealder.
expectant [ik'spektənt; ek'spektənt] *adj:* forventningsfull; ~ **mother** vordende mor.
expectation [,ekspek'teiʃən] *subst:* forventning; ~ **of life***(=life expectancy)* forventet levealder; **in** ~ **of a wage increase** i påvente av lønnsøkning; **come up to one's -s** svare til forventningene; **contrary to -(s)** mot forventning.
expecting *pres part:* **be** ~ vente seg; være med barn.
expectorant [ik'spektərənt] **1.** *subst(=expectorant drug; expectorant agent)* slimløsende middel; **2.** *adj:* slimløsende.
expectorate [ik'spektə,reit] *vb:* hoste opp; spytte opp.
expediency [ik'spi:diənsi], **expedience** [ik'spi:diəns] *subst* **1***(=suitability; convenience)* hensiktsmessighet *(fx I have doubts about the expediency of your plan);* **consideration(s) of** ~*(=consideration(s) of convenience)* bekvemmelighetshensyn; **2***(=the consideration of one's own advantages)* hensynet til egne interesser; **in running a business we must act from** ~**, not generosity** når vi driver forretning, må vi handle ut fra hva som lønner seg, snarere enn hva som sømmer seg.
I. expedient [ik'spi:diənt] *subst:* utvei; *(I. alternative; I. course 8; option).*
II. expedient *adj(=advisable; convenient)* tilrådelig; hensiktsmessig.
expedite ['ekspi,dait] *vb; stivt(=speed up; hasten)* påskynde *(fx delivery);* fremskynde.
expedition [,ekspi'diʃən] *subst:* ekspedisjon.
expeditionary [,ekspi'diʃənəri] *adj; mil:* ekspedisjons- *(fx force).*
expeditious [,ekspi'diʃəs] *adj; stivt(=quick)* rask; ekspeditt.
expel [ik'spel] *vb* **1.** utvise; *fra klubb:* ekskludere; **2***(=get rid of; drive out)* drive ut; bli kvitt *(fx an electric fan for expelling kitchen smells).*
expellee [,ekspe'li:] *subst; polit:* tvangsfordrevet; tvangsforflyttet.
expend [ik'spend] *vb; stivt(=spend; use)* bruke (opp) *(fx all one's energy; all one's supplies).*
expendable [ik'spendəbl] *adj:* som kan brukes opp; *mil:* som kan ofres *(fx soldiers were regarded as expendable);* ~ **income***(=net income)* nettoinntekt; *(jvf disposable:* ~ *income).*
expenditure [ik'spenditʃə] *subst* **1.** forbruk *(fx the expenditure of money and resources);* **2.** utgift(er) *(fx he's worried about the expenditure);* **his -(s) amounted to £200** han hadde brukt £200; hans utgifter beløp seg til £200; *økon:* **capital** ~*(=capital outlays)* kapitalutgifter *(fx cut down on all forms of capital expenditure); økon:* **private** ~ privat forbruk; **the Government authorized the** ~ **of some £20m on** . . . regjeringen bevilget ca. £20.000 000 til! . . .
expense [ik'spens] *subst:* utgift; omkostning; bekostning *(fx at my expense);* **put him to great** ~ påføre ham store utgifter; **what an** ~ **clothes are!** så dyre klærne er! **travelling -s** reiseutgifter; **at one's own** ~ for egen regning; **pay the -s** betale omkostningene.

expense account 1. utgiftskonto; **2.** representasjonskonto.
expensive [ik'spensiv] *adj:* dyr; kostbar *(fx clothes).*
I. experience [ik'spiəriəns] *subst* **1.** erfaring; øvelse *(fx has she had experience in teaching? have you had much driving experience?);* **by ~** ad erfaringens vei; **learn by ~** lære av erfaring; gjøre sine erfaringer; **I've learnt one or two things by ~** jeg er blitt et par erfaringer rikere; **I've learnt several things by ~** jeg har gjort flere erfaringer; **from one's own ~***(=from personal experience)* av egen erfaring; **gain ~** få erfaring; høste erfaringer; gjøre sine erfaringer; **~ shows that** . . . erfaringen viser at . . . ; **2.** opplevelse *(fx it was a terrible experience);* **this (~) gave us a memory for life** dette ga oss et minne for livet.
II. experience *vb:* erfare *(fx I have experienced that . . .);* oppleve *(fx the horror they had experienced).*
experienced *adj:* erfaren; rutinert; øvet.
I. experiment [ik'sperimənt] *subst:* eksperiment; forsøk.
II. experiment [ik'speri,ment] *vb:* eksperimentere; prøve seg fram (*with* med); **~ on animals** drive forsøk med dyr.
experimental [ik,speri'mentəl] *adj:* forsøks-; eksperiment-; **in the ~ stage** på forsøksstadiet; **~ animal** forsøksdyr; **~ psychology** eksperimentalpsykologi; **an ~ artist** en kunstner som liker å eksperimentere.
I. expert ['ekspə:t] *subst:* ekspert; sakkyndig; fagmann; **be an ~ on** være ekspert på.
II. expert *adj:* sakkyndig; meget dyktig; **~ opinion** ekspertuttalelse; sakkyndig uttalelse; **consult an ~ opinion***(=seek expert advice)* innhente (en) sakkyndig uttalelse.
expertise [,ekspə'ti:z] *subst:* ekspertise; sakkunnskap.
expert knowledge sakkunnskap; ekspertise.
expertly *adv:* dyktig; behendig.
expiate ['ekspi,eit] *vb; stivt(=make amends for)* sone for *(fx how can a murderer expiate his crime?).*
expiation [,ekspi'eiʃən] *subst:* soning; *(se expiate).*
expiration [,ekspi'reiʃən] *subst* **1.** utånding; det å puste ut; *fagl:* ekspirasjon; **2.:** *se expiry.*
expire [ik'spaiə] *vb* **1.** utløpe *(fx my driving licence expired last week; his three weeks' leave expires tomorrow);* **2***(=breathe out; exhale)* utånde; puste ut; **3.** utånde; trekke sitt siste sukk.
expiry [ik'spaiəri] *subst:* utløp *(fx of a term* av en frist); **at the ~***(=end)* **of his term of office** ved utløpet av hans funksjonstid.
explain [ik'splein] *vb:* forklare; **~ sth to sby** forklare en noe; **~ away** bortforklare; **~ oneself** forklare seg; forklare hva man mener.
explanation [,eksplə'neiʃən] *subst:* forklaring; **offer -s** komme med forklaringer; **in ~***(=by way of explanation)* som forklaring.
explanatory [ik'splænətəri] *adj:* forklarende.
expletive [ik'spli:tiv] *subst* **1.** *stivt el. spøkef (=exclamation; swearword)* kraftuttrykk *(fx utter an expletive);* **2.: ~ (word)***(=filler)* fylleord.
explicable ['eksplikəbl, ik'splikəbl] *adj:* forklarlig.
explicate ['ekspli,keit] *vb; stivt* **1***(=explain; make clear)* forklare; tydeliggjøre; **2***(=formulate; develop)* utvikle; gjøre rede for *(fx a theory).*
explicit [ik'splisit] *adj:* tydelig; bestemt; uttrykkelig; **he was quite ~** han uttrykte seg meget tydelig.
explicitly *adv:* tydelig; med rene ord.
explode [ik'sploud] *vb:* eksplodere; få til å eksplodere; **~ on contact** eksplodere ved berøring; **an -ed idea** en tanke man forlengst har oppgitt.
exploded view tegning (av maskin, etc) hvor de enkelte deler for tydelighets skyld er rykket fra hverandre *(fx an exploded view of the fuel pump).*
I. exploit ['eksplɔit] *subst:* dåd; bedrift.
II. exploit [ik'splɔit] *vb* **1.** utnytte *(fx natural resources);* **~ commercially** utnytte kommersielt; **~ our (own) abilities** utnytte våre evner; **2***(=use unfairly)* utnytte *(fx children as cheap labour);* utbytte.
exploitable [ik'splɔitəbl] *adj(=profitable)* lønnsom; utnyttbar; **commercially ~ find** drivverdig funn.
exploration [,eksplə'reiʃən] *subst* **1.** utforskning; **oil ~** oljeleting; **2.** *fig:* undersøkelse *(fx the exploration of all possibilities);* **3.** *med.:* eksplorasjon.
exploratory [ik'splɔrətəri] *adj* **1.** undersøkelses-; prøve-; **~ well** prøveboringsbrønn; **2.** *med.:* eksplorativ.
explore [ik'splɔ:] *vb* **1.** utforske; **go exploring in the caves** dra på oppdagelsesferd i hulene; **2.** *fig:* undersøke *(fx I'll explore the possibilities for getting a job there);* **3.** *med.:* eksplorere.
explorer [ik'splɔ:rə] *subst:* oppdagelsesreisende.
explosion [ik'splouʒən] *subst; også fig:* eksplosjon.
explosive [ik'splousiv] **1.** *subst:* sprengstoff; **2.** *adj:* eksplosiv; **~ charge** sprengladning; sprenglegeme.
expo ['ekspou] *subst(fk.f. exposition)* utstilling.
exponent [ik'spounənt] *subst* **1.** eksponent; talsmann (*of* for); **2.** *mat.:* eksponent.
I. export ['ekspɔ:t] *subst* **1.** eksportvare; eksportprodukt; **2.** eksport; utførsel; **the ~ of wheat** hveteeksporten; **we must increase our ~***(=exports)* vi må øke vår eksport.
II. export [ik'spɔ:t; 'ekspɔ:t] *vb:* eksportere; utføre.
exportation [,ekspɔ:'teiʃən] *subst* **1***(=export)* eksport; utførsel; **2. US***(=export commodity)* eksportvare.
export bounty eksportpremie.
exporter [ik'spɔ:tə] *subst:* eksportør.
export licence eksportlisens; utførselstillatelse.
export manager eksportsjef.
exports 1*(=goods for export)* eksportvarer; **2.** eksport; **~ fell off** eksporten gikk tilbake; **we must increase our ~***(=export)* vi må øke vår eksport; **~ of American wheat***(=the export of American wheat)* eksporten av amerikansk hvete.
expose [ik'spouz] *vb* **1***(=display; exhibit)* vise fram; blotte *(fx she exposed a shapely leg); med., om sår:* legge åpent; **her jewels lay -d on the table** smykkene hennes lå utildekket på bordet; **2***(=disclose; reveal)* avsløre *(fx a deficiency);* røpe; legge fram *(fx the facts);* **3***(=unmask; discover and make known)* avsløre *(fx it was a newspaper that exposed the murderer);* skandalisere *(fx she threatened to expose him);* **4.** *fot:* eksponere; **5.** *hist; om barn(=abandon in the open to die)* sette ut *(fx a child);* **6.: ~ to** utsette for *(fx danger; rain; direct sunlight);* **he was -d to***(=introduced to)* **Greek at an early age** han måtte tidlig begynne å lese gresk; **7.: ~ oneself** 1. blottstille seg; 2*(=expose oneself indecently)* blotte seg; krenke bluferdigheten.
exposé [eks'pouzei] *subst; stivt(=account)* fremstilling *(fx she gave a frank exposé of her past life).*
exposition [,ekspə'ziʃən] *subst* **1.** utstilling; messe; **trade ~***(=industries fair)* varemesse; **2***(=detailed account)* redegjørelse *(fx he gave a very clear exposition of the facts);* **3.** *mus, teat:* eksposisjon; **skill in ~** fremstillingsevne.
expository [ik'spɔzitəri] *adj:* fortolkende; forklarende; *skolev:* **~ essay** resonnerende stil.
exposure [ik'spouʒə] *subst* **1.** avsløring *(fx his reputation was harmed by the constant exposures in the newspapers of details of his private life);* **2.** *fot:* eksponering; bilde *(fx I have two exposures left);* **3.** utsettelse (*to* for); det å bli utsatt (*to* for); **die of ~** dø av kulde og utmattelse; fryse i hjel; **~ to real life**

møte med det virkelige liv.

expound [ik'spaund] *vb; stivt(=explain in detail)* redegjøre for; forklare *(fx a theory).*

I. express [ik'spres] *subst* **1***(=express train)* ekspresstog; ekspress *(fx the London to Cardiff express);* **2.** *post:* ekspress *(fx the parcel was sent by express).*

II. express *vb:* uttrykke *(fx tears express grief);* **~ oneself** uttrykke seg; uttale seg; **it is too early to ~ an opinion on this point** det er for tidlig å uttale seg om det(te).

III. express *adj* **1.** uttrykkelig *(fx his express wish);* **2.** ekspress- *(fx train; letter).*

IV. express *adv(=by express)* ekspress *(fx send it express).*

expression [iks'preʃən] *subst* **1.** uttrykk *(fx this expression is the best Norwegian; 'dough' is a slang expression for 'money');* **he had a bored ~** det så ut som om han kjedet seg; **this poem is an ~ of his grief** dette diktet er et uttrykk for hans sorg; **give ~ to** gi uttrykk for *(fx one's anger);* **2.: (form of) ~** uttrykksform *(fx no form of poetic expression is unfamiliar to him);* **artistic (form of) ~** kunstnerisk uttrykksform; **smiles and laughter are an ~ of joy** smil og latter er uttrykksformer for glede; **3.** følelse *(fx put more expression into your playing).*

expressionism [iks'preʃə,nizəm] *subst:* ekspresjonisme.

expressionless [iks'preʃənlis] *adj:* uttrykksløs.

expressive [iks'presiv] *adj* **1.** uttrykksfull *(fx she has an expressive face);* **2.** *stivt el. litt.:* **~ of***(=expressing)* som uttrykker *(fx a gesture expressive of weariness).*

expressly [iks'presli] *adv* **1.** uttrykkelig *(fx I told him expressly not to be late);* **2***(=especially)* ekstra *(fx I came expressly to tell you the good news).*

expressway [iks'pres,wei] *subst; især* **US***(=urban motorway)* motorvei gjennom by.

expropriate [eks'proupri,eit] *vb(=purchase compulsorily)* ekspropriere; *(se NEO ekspropriere).*

expropriation [eks,proupri'eiʃən] *subst(=compulsory purchase)* ekspropriasjon; ekspropriering.

expulsion [iks'pʌlʃən] *subst* **1.** utvisning *(fx from school); fra klubb:* eksklusjon; **2.** *av utlending(=deportation)* utvisning *(fx of an alien);* **3.** *tekn:* utdriving; utstøting; *(jvf expel).*

expulsive [iks'pʌlsiv] *adj; med.:* utdrivende; drivende; **~ pains***(=bearing-down pains)* pressveer; drivende veer.

expurgate ['ekspə,geit] *vb(remove words or passages supposed to be offensive)* rense for anstøteligheter; ekspurgere.

exquisite ['ekskwizit; eks'kwizit] *adj:* utsøkt; fortreffelig.

ex-soldier ['eks,souldʒə] *subst:* forhenværende soldat.

extant [eks'tænt] *adj:* bevart *(fx extant remains of Roman encampments);* i behold *(fx some of these manuscripts are still extant);* **be ~** fortsatt eksistere; fortsatt finnes *(fx the species was believed extinct, but a small population was found to be (still) extant in Africa).*

extemporaneous [eks,tempə'reiniəs] *adj(=improvised; impromptu)* improvisert; uforberedt.

extemporary [iks'tempərəri] *adj: se extemporaneous.*

extempore [iks'tempəri] *adj, adv(=improvised; impromptu)* uforberedt *(fx his speech was quite extempore; an extempore performance);* **speak ~***(=extemporize)* holde en improvisert tale; ekstemporere; *(jvf I. unseen).*

extemporize, extemporise [iks'tempə,raiz] *vb:* ekstemporere.

extend [iks'tend] *vb* **1.** forlenge *(fx can you extend your holiday by a few days?);* **2.** bygge ut; bygge på *(fx a building);* utvide *(fx one's vegetable garden);* **3.** strekke seg *(fx the school grounds extend as far as this fence);* **4.** ligge utstrakt *(fx a vast plain extended before us);* **5.** *stivt(=stretch out; hold ut)* strekke ut *(fx extend your right arm; he extended his hand to her);* **6.** *stivt(=offer)* fremsette *(fx greetings);* **may I ~ a welcome to you all?** må jeg få ønske dere alle velkommen.

extended *adj:* utstrakt; **his ~ hand** hans fremstrakte hånd; **an ~ tour of the US** en lengre tur i USA.

extended family storfamilie.

extended order*(=open order) mil:* spredt orden.

extensible [ik'stensəbl], **extensile** [ik'stensail] *adj:* som kan strekkes ut (*el.* utvides); strekkbar.

extension [ik'stenʃən] *subst* **1.** forlengelse; **an ~ to** *(=of)* **one's residence permit** en forlengelse av oppholdstillatelsen; **2.** utvidelse *(fx his aim was the extension of his territory);* **3.: an ~ (to the house)** et påbygg; et tilbygg, **4.** *tlf:* biapparat; linje; **5.** *med.:* ekstensjon; *(jvf traction 3);* **6.** *på fx bord:* uttrekk; **7.** *tekn:* **~ (piece)** forlenger.

extension bar *del av pipenøkkel:* forlenger.

extension cord*(=extension flex)* skjøteledning; forlengelsesledning.

extension piece *tekn:* forlenger.

extension table uttrekksbord.

extensive [ik'stensiv] *adj* **1.** vidstrakt; utstrakt *(fx deserts);* **2.** stor; omfattende *(fx suffer extensive injuries);* **his knowledge of the subject is quite ~** han har ganske omfattende kunnskaper i faget; **3.** *landbr:* **~ farming** ekstensivt jordbruk; **4.** *skolev:* **~ reading** ekstensiv lesning.

extensor [ik'stensə; ik'stensɔ:] *subst:* **~ muscle** strekkmuskel.

extent [ik'stent] *subst* **1.** størrelse; utstrekning; **in ~** i utstrekning *(fx the garden is nearly a mile in extent);* **a vast ~ of grassland** et kjempestort område med gress; **2.** *fig:* omfang *(fx the extent of the damage);* **what is the ~ of the damage?** hvor stor er skaden? **that's the ~ of our shopping today***(=that's so far as our shopping today goes)* det får være nok innkjøp for i dag; **to what ~ can we trust him?** i hvilken utstrekning kan vi stole på ham? **to a certain ~, to some ~** i en viss utstrekning; til en viss grad; i noen grad; **to a certain ~ you're right***(=you're right up to a point)* du har til en viss grad rett.

extenuate [iks'tenju,eit] *vb:* unnskylde; være en formildende omstendighet ved.

extenuating circumstances formildende omstendigheter.

extenuation [iks,tenju'eiʃən] *subst:* **plead in ~** anføre som formildende omstendighet.

I. exterior [ik'stiəriə] *subst* **1.** ytre *(fx the exterior of the house); meget stivt:* **his unattractive ~***(=appearance)* hans lite tiltrekkende ytre; **on the ~** i det ytre; **2.** eksteriør; *film:* **~ shot** eksteriøropptak; **~ shooting** (det å ta) eksteriøropptak.

II. exterior *adj:* ytre; utvendig; **they were not affected by ~***(=external)* **influences** de ble ikke affisert av ytre påvirkninger.

exterminate [iks'tə:mi,neit] *vb; stivt(=destroy completely; annihilate)* tilintetgjøre; utrydde.

extermination [iks,tə:mi'neiʃən] *subst:* utryddelse; tilintetgjørelse; **~ camp** tilintetgjørelsesleir.

external [ik'stə:nəl] *adj:* ytre; utvendig; **for ~ use only** kun for utvortes bruk; *skolev:* **~ examiner** sensor.

extinct [ik'stiŋkt] *adj* **1.** *zo:* utdødd *(fx animal); bot:* som ikke lenger finnes; **2.** *om vulkan:* utslokt.

extinction [ik'stiŋkʃən] *subst* **1.** det å dø ut *(fx efforts have been made to avoid the extinction of the* *species);* **2.** *om brann; lys:* slukning.

extinguish [ik'stiŋgwiʃ] *vb:* slukke *(fx the fire; one's cigarettes).*

extinguisher *subst:* **fire ~** brannslukningsapparat.

extirpate ['ekstə,peit] *vb; meget stivt(=destroy completely; annihilate)* tilintetgjøre; utrydde.

extol *(US: extoll)* [ik'stoul] *vb; stivt(=praise highly)* berømme; rose i høye toner.

extort [iks'tɔ:t] *vb:* presse *(fx money by blackmail);* **~ a confession from sby** presse en tilståelse ut av en.

extortion [iks'tɔ:ʃən] *subst:* (penge)utpressing; opptrekkeri.

extortionate [iks'tɔ:ʃənit] *adj:* ublu *(fx prices);* **~ interest** ågerrente.

I. extra ['ekstrə] *subst* **1.** noe som det betales ekstra for *(fx fire and light are extras);* **-s** 1. tilleggsutstyr; ekstrautstyr; 2. ekstrautgifter; **2.** *film, TV:* statist; **3.** *av avis:* ekstrautgave.

II. extra 1. *adj:* ytterligere; ekstra; **that's ~** det betales det ekstra for; **2.** *adv:* ekstra *(fx work extra hard; an extra large box).*

I. extract ['ekstrækt] *subst* **1.** ekstrakt *(fx malt extract);* **2.** utdrag *(fx a short extract from his novel).*

II. extract [ik'strækt] *vb* **1.** *stivt(=pull out)* trekke ut *(fx have a tooth extracted);* **2.** *fig:* **how did you manage to ~ the information from him?** hvordan greide du å hale (*el.* lokke) opplysningen ut av ham? **3***(=select)* velge ut; **4.** utvinne; trekke ut *(fx vanilla essence is extracted from vanilla beans);* **~ oil** utvinne olje.

extraction [ik'strækʃən] *subst* **1.** *tannl:* uttrekking *(fx of a tooth);* **he had to have three -s** han måtte få trukket tre tenner; **2.** herkomst; avstamning *(fx he is of Greek extraction);* **3.** uttrekking; utvinning; **oil ~** oljeutvinning; **4.** *kjem:* ekstraksjon; *(=extract)* ekstrakt; uttrekk.

extraction rate utvinningsprosent; *korns:* utmalingsprosent.

extractor [ik'stræktə] *subst; på skytevåpen:* patronutstøter; patronutdrager; patronutkaster.

extractor fan *i kjøkken:* (ventilator)vifte.

extractor hood *i kjøkken:* hette over ventilatorvifte.

extradite ['ekstrə,dait] *vb; om forbryter:* utlevere.

extradition [,ekstrə'diʃən] *subst:* utlevering.

extramarital [,ekstrə'mæritəl] *adj:* utenomekteskapelig; **~ relations** utenomekteskapelige forbindelser.

extramural [,ekstrə'mjuərəl] *adj:* som befinner seg utenfor murene; som befinner seg utenfor en institusjon; *univ:* **~ courses** *kan gjengis:* friundervisningskurs; **(the) Oslo Extra-Mural Board** Studentersamfunnets friundervisning.

extraneous [ik'streiniəs] *adj; stivt* **1***(=not essential)* uvedkommende; **~ considerations** uvedkommende hensyn; **2***(=irrelevant)* irrelevant.

extraordinary [ik'strɔ:dnəri] *adj(=very unusual; remarkable)* besynderlig; merkverdig *(fx how extraordinary!);* **a most ~ experience** en høyst eiendommelig opplevelse.

extraordinarily *adv:* usedvanlig.

extrasensory [,ekstrə'sensəri] *adj:* oversanselig.

extrasensory perception *(fk ESP)* oversanselig persepsjon.

extra time *sport:* ekstraomgang.

extravagance [ik'strævigəns] *subst* **1.** ødselhet; råflotthet; ekstravaganse; **an ~ one can't afford** en luksus man ikke har råd til; **2.** urimelighet; sterk overdrivelse *(fx the extravagance of his praise).*

extravagant [ik'strævigənt] *adj* **1.** ødsel; råflott; ekstravagant; **2.** urimelig; sterkt overdrevet *(fx praise).*

extravasation [ik,strævə'seiʃən] *subst; med.:* bloduttredelse.

extravehicular [,ekstrəvi:'(h)ikjulə] *adj:* som finner sted utenfor romfartøyet.

I. extreme [ik'stri:m] *subst* **1.** ytterlighet; **go to -s** gå til ytterligheter; **go to the other ~** gå til den motsatte ytterlighet; **push things to -s** sette saken på spissen; **2***(=extreme point; extremity)* ytterpunkt; ytterste grense; ytterste ende; **the -s of sadness and joy** ytterpunktene sorg og glede; **3.** *om graden:* **-s of temperature** ekstreme temperaturer; **in the ~** i aller høyeste grad; **the -s of misery** den ytterste (*el.* dypeste) elendighet; **4.** *mat.:* ytterledd.

II. extreme *adj* **1.** ytterst *(fx the extreme edge of the town; the extreme south-western tip of England; he's a member of the extreme left);* **2.** ekstrem; drastisk *(fx this crisis calls for extreme measures);* ekstrem; ytterliggående *(fx he holds extreme views; he's always very extreme (in his views));* **3.: state sth in its ~ form** sette noe på spissen; **4.: in ~ old age** langt oppe i alderdommen; i meget høy alder.

extremely *adv:* ytterst *(fx dangerous);* i høyeste grad; høyst *(fx irritating).*

extreme unction *rel:* den siste olje.

extremist [ik'stri:mist] *subst:* ekstremist.

extremity [ik'stremiti] *subst* **1.** ytterpunkt *(fx the extremities of the earth);* **2.** *stivt(=desperate situation)* fortvilet situasjon; **in this ~** i denne fortvilede situasjon; **3.** *anat:* **extremities** ekstremiteter.

extricate ['ekstri,keit] *vb; stivt(=free)* frigjøre *(fx she managed to extricate herself from the crowd of excited children);* **he -d her***(=he got her loose)* han fikk henne løs; **he -d her from***(=he got her out of)* **her difficulties** han fikk henne ut av vanskelighetene.

extrication [,ekstri'keiʃən] *subst:* frigjøring; *(se extricate).*

extrovert, extravert ['ekstrə,və:t] **1.** *subst:* ekstrovert; utadvendt person; **2.** *adj:* ekstrovertert.

exuberance [ig'zju:bərəns] *subst* **1.** begeistring *(fx his exuberance won them over);* **2.** yppighet; frodighet.

exuberant [ig'zju:bərənt] *adj* **1.** begeistret; i overstrømmende humør; **the class was noisily ~** i klassen stod stemningen høyt i taket; **2.** yppig; frodig *(fx exuberant colours);* **an ~ growth** en frodig vekst.

exudation [,eksju'deiʃən] *subst; stivt(=giving off in great amounts)* utsvetting; utsondring.

exude [ig'zju:d] *vb; stivt(=secrete; excrete)* utsondre *(fx sweat); fig:* **she -d happiness** hun strømmet over av lykke; **he -d enthusiasm** han utstrålte begeistring.

exult [ig'zʌlt] *vb; stivt* **1***(=be very happy)* juble; være strålende glad (*at, in* over) *(fx they exulted in their victory);* **2***(=gloat; triumph):* **~ over** hovere over; triumfere over.

exultant [ig'zʌltənt] *adj(=jubilant; elated)* jublende (glad) *(fx an exultant crowd);* **be ~ at** juble over.

exultation [,egzʌl'teiʃən] *subst:* jubel.

I. eye [ai] *subst* **1.** *anat:* øye *(fx she has blue eyes; open your eyes);* **a black ~** *(,S: a shiner)* et blått øye; **have good (,weak) -s** ha gode (,dårlige) øyne; ha godt (,dårlig) syn;

2. *i potet:* øye;

3. *i (sy)nål:* øye;

4. malje; **hook and ~** 1. hekte og malje; 2. krok med øyenskrue;

5. *fig:* øye; blikk; **before***(=under)* **one's very -s** like for øynene på en; **for the sake of your bright -s** for dine blå øynes skyld; **an ~ for** sans for *(fx have an eye for detail, beauty, colours);* **have a keen ~ for sth** ha et åpent øye (*el.* blikk) for noe; **an ~ for an ~**

øye for øye; **T** *lett glds:* **my ~!***(=don't you believe it!)* jamen sa jeg smør! **T: one in the ~***(=a big disappointment)* en stor skuffelse; **T:** en (ordentlig) nesestyver *(fx it was one in the eye for him when she refused to go out with him);* **in one's mind's ~** for sitt indre blikk; **in the -s of his friends** i hans (,sine) venners øyne; **a practised***(=trained)* **~** et øvet blikk; et øvet øye; **in the public ~** med offentlighetens øyne på seg; i rampelyset *(fx he's very much in the public eye);* **T: up to one's -s in work***(=snowed under with work)* neddynget i arbeid; **with an ~ to** med sikte på *(fx work with an eye to promotion);* **6.** *forskjellige forb med vb:* **cast one's -s on sth** kaste sine øyne på noe; **catch sby's ~:** *se II. catch 2;* **close***(=shut)* **one's -s to** overse; ikke ville se *(fx she closed her eyes to the children's misbehaviour); (se ndf: turn a blind eye);* **have one's -s on** ha et godt øye til; **T:** ha i kikkerten *(fx he has an eye on your money);* **he has an ~ to the main chance***(,T: to number one)(=he only has his own interest(s) at heart)* han har bare øye for sine egne interesser; **T: it hits you in the ~***(=it sticks out a mile)* det er meget iøynefallende; **keep an ~ on** 1. holde øye med *(fx keep an eye on the price of bread);* **we are keeping an ~ on the matter** vi følger saken; vi har vår oppmerksomhet henvendt på saken; **keep an ~ on the time** passe tiden; 2*(=look after)* se etter; passe på; holde øye med *(fx keep an eye on the baby while I'm out);* **T: keep your -s skinned***(=peeled)(=keep your eyes open; use your eyes)* bruk øynene (godt); hold øynene åpne; **lay***(=set;* **T:** *clap)* **-s on** få øye på; se *(fx I recognised it as soon as I laid eyes on it);* se for sine øyne *(fx I wish I'd never laid eyes on her!); (se også ndf: set eyes on);* **make -s at sby** sende en kokette øyekast; flørte med en; se interessert på en *(fx stop making eyes at that blonde!);* **meet the ~:** *se II. meet 13;* **see ~ to ~ with sby (in a matter)** være enig med en (når det gjelder noe); ha samme syn på noe som en *(fx I see eye to eye with you in the matter);* **set***(=lay;* **T:** *clap)* **-s on:** *se ovf: lay -s on;* **I don't want to set -s on him (ever) again!** jeg vil ikke se ham for mine øyne mer! **take one's -s off** ta øynene bort fra *(fx I didn't dare take my eyes off the sick baby for a minute; he couldn't take his eyes off the blonde girl);* **turn a blind ~***(=pretend not to notice)* late som om man ikke ser (det); overse det *(fx his boss turns a blind eye when she comes late);* **turn a blind ~ to***(=shut one's eyes to)* 1. se gjennom fingrene med; la gå upåaktet hen; 2. overse; ikke ville se; *(jvf ovf: close one's eyes to); (se også apple: the ~ of his eye; wool 4: pull the ~ over sby's eyes).*

II. eye *vb(=look carefully at)* se nøye på; mønstre; kikke på *(fx the boys were eyeing the girls up and down; the thief eyed the policeman warily).*

eyeball ['ai,bɔ:l] *subst; anat:* øyeeple.

eyebath ['ai,ba:θ] *subst:* øyeglass.

eyebrow ['ai,brau] *subst; anat:* øyenbryn.

eye-catcher ['ai,kætʃə] *subst:* blikkfang.

eye-catching ['ai,kætʃiŋ] *adj:* iøynefallende *(fx advertisement; hat).*

eyeglass ['ai,gla:s] *subst(=monocle)* monokkel.

eyehole ['ai,houl] *subst:* (snøre)hull; øye.

eyelet screw øyenskrue; *(jvf I. eye 4).*

eyelid ['ai,lid] *subst; anat:* øyelokk.

eye-opener ['ai,oupnə] *subst* **T:** noe som får en til å sperre øynene opp; overraskende oppdagelse; **that was an ~ for him** det fikk ham til å sperre øynene opp; det ga ham et helt annet syn på saken.

eyepiece ['ai,pi:s] *subst:* okular.

eyeshade ['ai,ʃeid] *subst:* øyenskjerm.

eye shadow øyenskygge *(fx she wears too much eye shadow).*

eyesight ['ai,sait] *subst:* syn *(fx her eyesight is faulty; I have good eyesight).*

eye socket *subst(,fagl: orbit; orbital cavity)* øyehule; øyenhule.

eyesore ['ai,sɔ:] *subst* **T***(sth that is ugly to look at)* noe som stikker en i øynene *(fx that new skyscraper is a real eyesore!);* **it's a public ~** det er en torn i øyet på folk.

Eyetie ['ai,tai] *(=Itie) subst* **S** *især om italiener:* dego.

eyetooth ['ai,tu:θ] *subst; anat(=canine tooth in the upper jaw)* øyentann; hjørnetann i overkjeven.

eyewash ['ai,wɔʃ] *subst* **1.** øyenvann (til å skylle øynene med); **2. T***(=nonsense; rubbish)* tøys; tull.

eyewitness ['ai,witnis] *subst:* øyenvitne (*of* til); **the testimony of -es** øyenvitneutsagn.

eyrie ['aiəri; 'ɛəri] *subst* **1***(=nest of a bird of prey; eagle's nest)* rovfuglreir; ørnereir; **2.** *fig; om leilighet, etc:* ørnereir *(fx he was sitting in his 7th-floor eyrie in Mayfair).*

F

F, f [ef] (bokstaven) F, f; *tlf:* **F for Frederick** F for Fredrik; **capital F** stor F; **small f** liten f; **it is spelt with two f's** det skrives med to f'er.

fable ['feibəl] *subst:* fabel.

fabric ['fæbrik] *subst* **1***(=cloth)* tøy; stoff *(fx silk fabrics; I have enough fabric left over to make a shirt);* **2***(=texture)* vevning *(fx a cloth of exquisite fabric);* **3.** *fig(=structure)* struktur; **the ~ of society** samfunnsstrukturen.

fabricate ['fæbri,keit] *vb; stivt(=make up)* dikte opp; finne på *(fx I shall fabricate some excuse or other).*

fabrication [,fæbri'keiʃən] *subst:* oppspinn *(fx her account of the accident was a complete fabrication).*

fabulous ['fæbjuləs] *adj* **1.** som hører fabelen til; fabel- *(fx phoenix is a fabulous bird);* **2. T***(=wonderful; marvellous)* fantastisk fin; flott; **T:** super *(fx that's a fabulous idea! you look fabulous in that dress!);* **3***(=almost unbelievable)* eventyrlig *(fx fabulous wealth).*

facade, façade [fə'sa:d; fæ'sa:d] *subst* **1.** *stivt el. arkit(=front)* fasade; **2.** *fig; stivt(=appearance)* fasade *(fx his brave facade).*

I. face [feis] *subst* **1.** ansikt; **full ~** en face; **threequarter ~** halv profil; **2***(=surface)* flate; overflate; **rock ~** (bart) fjell; **between almost sheer rock -s** mellom nesten loddrette fjellsider; **3***(=dial)* skive; urskive *(fx in the dark he could hardly see the face of his watch);* **4.** *min:* **(working) ~** bruddsted; *fagl:* stuff *(fx coal face);* **5.** *på ambolt, hammer:* bane; **6.** *geom(=side)* flate; **7.** *av mynt(=obverse)* avers; **8.** *typ(=typeface)* skriftbilde; **9.** *kortsp:* billedside; **10.** *fig(=impudence)* frekkhet *(fx I don't know how he had the face to come);* **11.: lose (,save (one's)) ~** tape ansikt (,redde ansiktet); **12.: show one's ~** (våge) å vise seg; **13.: I told him the truth to his ~** jeg sa ham sannheten like (*el.* rett) opp i ansiktet; **14.: in the ~ of***(=in spite of)* til tross for *(fx in the face of great difficulties);* **fly in the ~ of** trosse *(fx he flew in the face of danger);* **fly in the ~ of Providence** trosse forsynet; **15.: put a good ~ on it***(=things)* gjøre gode miner til slett spill; **16.: on the ~ of it***(=judging by appearances)* tilsynelatende; **17.: pull a ~** gjøre en grimase *(fx he pulled a face when he smelt the fish);* **pull***(=make)* **-s (at)** skjære ansikter (til); gjøre grimaser (til); **he pulled a long ~***(=his face fell)* han ble lang i ansiktet.

II. face *vb* **1.** vende mot *(fx my house faces the park; the house faces north);* **2.** vende ansiktet mot; sitte (,stå) overfor; *fig:* stå overfor *(fx if we do that we shall have to face another difficulty);* **you must ~ the fact that** . . . du må avfinne deg med (det faktum) at . . .; **she -d him across the desk** hun satt (,stod) ansikt til ansikt med ham på den andre siden av skrivebordet; **T: ~ the music** ta støyten; ta følgene (av det man har gjort); **3.: ~ up to***(=accept boldly):* **he -d up to his difficult situation** han tok den vanskelige situasjonen med fatning; **4.: ~ sby with sth** stille en overfor; stille en ansikt til ansikt med *(fx when faced with the evidence he had to admit he was guilty);* **be -d with, be -d by** stå overfor; **5.** *bygg:* kle *(fx the walls are brick faced with marble).*

face card *kortsp* **US***(=court card)* billedkort.

face cloth*(=face flannel)* ansiktsklut.

face-lift ['feis,lift] *subst; også fig:* ansiktsløftning *(fx she had a face-lift last year).*

face plate 1*(=lathe face plate)* planskive; **2***(=surface plate)* retteskive; retteplan; planskive.

facet ['fæsit] *subst* **1.** *også fig:* fasett; **2.** *arkit:* kant mellom søylerifler.

facetious [fə'si:ʃəs] *adj:* spøkefull *(fx remark).*

face value 1. pålydende (verdi); **2.** *fig:* **take sth at ~** ta noe for hva det utgir seg for å være *(fx you must take this offer at face value).*

facia *se fascia.*

facial ['feiʃəl] **1.** *subst:* ansiktsbehandling *(fx she'd look much older if she didn't have regular facials);* **2.** *adj:* ansikts- *(fx expression);* **~ spasm***(=facial tic)* ansiktstrekninger.

facile ['fæsail; 'fæsil] *adj* **1.** (altfor) lett(vint) *(fx victory);* **2.** *om stil, etc:* lettflytende; **3.** *neds(=cheap; easy)* lettkjøpt; overfladisk; lettvint *(fx a facile solution).*

facilitate [fə'sili,teit] *vb; stivt(=make easier)* gjøre lettere.

facilitation [fə,sili'teiʃən] *subst:* lettelse.

facility [fə'siliti] *subst; stivt* **1***(=ease)* letthet; **he showed great ~ in learning languages** han viste seg å ha svært lett for å lære språk; **2***(=skill)* behendighet; dyktighet; **he has a great ~ for always being right** han er meget flink til alltid å ha rett; **3***(=opportunity)* anledning *(fx there is every facility for bathing and tennis);* **4.: facilities** muligheter; hjelpemidler; utstyr; bekvemmeligheter *(fx the house has all modern facilities);* **publicly-provided facilities** offentlige anlegg (*el.* tilbud); **cultural facilities** kulturtilbud; **educational facilities** skoletilbud; **leisure facilities** fritidstilbud.

facing ['feisiŋ] **1.** *subst; arkit:* kledning; forblending *(fx a facing of marble);* **2.** *prep; adj:* like overfor *(fx facing the church);* som vender mot *(fx a window facing south);* **~ angles** motstående vinkler.

facing brick fasadestein.

facsimile [fæk'simili] *subst; stivt(=exact copy)* faksimile.

fact [fækt] *subst* **1.** faktum; kjensgjerning; **-s** fakta; kjensgjerninger; **it's a ~ that** . . . det er en kjensgjerning (*el.* et faktum) at . . .; **a ~ of life** en kjensgjerning (*el.* sannhet) man ikke kommer utenom; en (ubehagelig) sannhet; **tell the children about the -s of life** fortelle barna hvor de kommer fra; **2.** *mots. noe som er oppdiktet:* fakta; kjensgjerninger *(fx it's difficult to work out how much of what she says is fact);* **3.: as a matter of ~, in ~** *(stivt: in point of fact)* faktisk *(fx as a matter of fact, there's nothing we can do about it; she doesn't like him much – in fact I think she hates him);* **4.: the ~ of the matter***(=the basic truth)* den egentlige sannhet; sannheten *(fx the fact of the matter is that he doesn't like work).*

fact-finding committee undersøkelseskommisjon (som skal skaffe til veie realopplysninger); *også:* saklig utvalg.

faction ['fækʃən] *subst:* fraksjon *(fx within a party).*

factious ['fækʃəs] *adj:* fraksjonsdannende; som sår

splid.

factor ['fæktə] *subst* **1.** *mat.:* faktor *(fx 3 is a factor of six);* **2.** faktor; forhold; moment; **uncertain -s** usikkerhetsmomenter; **another ~ which must be taken into account** et annet forhold som må tas i betraktning.

factory ['fæktəri] *subst:* fabrikk.

factory worker fabrikkarbeider.

facts and figures*(=details; precise information)* håndfaste opplysninger.

facts of life: the ~ seksualopplysning (til barn).

factual ['fæktʃuəl] *adj:* saklig *(fx give a factual account of what has happened);* **~ knowledge** realkunnskaper; **-ly untrue** saklig uriktig.

faculty ['fækəlti] *subst* **1.** evne *(fx the faculty(=sense) of hearing);* **she has all her faculties** hun har alle sine åndsevner i behold; **he has a ~ for saying the right thing at the right time** han har evnen til å si det rette til rett tid; **2.** *univ:* fakultet *(fx the Faculty of Arts; the Faculty of Science).*

fad [fæd] *subst:* grille *(fx it's only a fad).*

I. fade [feid] *subst; radio; film:* toning; *(se fade-in; fade-out).*

II. fade *vb* **1.** visne; **2.** falme; få til å falme *(fx the sun will fade the curtains);* **3.: ~ (away)** svinne; dø hen *(fx the noise faded (away); hope of finding the child alive is fading rapidly);* **4.** *radio; film:* **~ in** tone opp; **~ out** tone ut.

faded *adj* **1.** visnet; **2.** falmet.

fade-in ['feid,in] *subst; radio; film:* opptoning.

fade-out ['feid,aut] *subst; radio; film:* uttoning.

faeces*(,***US:** *feces)* ['fi:si:z] *subst; pl; fagl(=excrements)* avføring; ekskrementer.

I. fag [fæg] *subst* **1. T:** slit *(fx it's a fag having to walk all that way; it was a real fag to clean the whole house; what a fag!);* **2. S***(=cigarette)* sigarett; **T:** røyk; **3. UK** *i enkelte skoler:* yngre gutt som må være tjener for en eldre; **4. US S***(=homosexual)* homoseksuell.

II. fag *vb* **1. T: ~ (away)** jobbe hardt; slite *(fx he fagged (away) at it for hours);* **2. UK** *ved enkelte skoler:* være tjener for *(fx he fagged for the head boy).*

fag-end ['fæg,end] *subst* **T***(=cigarette end)* sigarettstump.

fagged out T*(=very tired) adj:* utkjørt *(fx completely fagged out after a long walk).*

faggot*(,især* **US:** *fagot)* ['fægət] *subst* **1.** slags kjøttkake med svinelever, tilsatt brød og urter; **2***(=bundle of sticks (used as firewood))* risknippe.

Fahrenheit ['færən,hait] *subst (fk F)* Fahrenheit *(fx fifty degrees Fahrenheit; 50° F).*

faience [fai'a:ns; fei'a:ns] *subst:* fajanse.

I. fail [feil] *subst:* **without ~***(=definitely)* helt sikkert *(fx I shall do it tomorrow without fail).*

II. fail *vb* **1***(=be unsuccessful)* mislykkes; slå feil *(fx a trick that never fails);* **2.** *skolev:* stryke *(fx he failed in the exam);* la stryke *(fx they failed him);* **3.** svikte *(fx his courage failed (him); she had failed her parents);* **they did not ~ him in their support** deres støtte uteble ikke; de unnlot ikke å støtte ham; **4.** *tekn:* svikte *(fx the brakes failed (to work));* **5.: ~ to** 1. unnlate å; forsømme å; **he -ed to appear** han kom ikke; han uteble; 2*(=not be able to)* ikke klare; ikke kunne; **she -ed to win the prize** hun vant ikke prisen (,premien).

failing 1. *subst(=fault; weakness)* feil *(fx he may have his failings but ...);* **2.** *prep(=in default of)* i mangel av *(fx failing a solution today, the problem will have to wait until Monday);* **~ his help, we shall have to try something else** hvis vi ikke får hans hjelp, må vi prøve noe annet.

fail mark *skolev:* strykkarakter.

fail-safe ['feil,seif] *adj:* feilsikker.

failure ['feiljə] *subst* **1.** uheldig utfall; fiasko *(fx he was a failure as a teacher);* **he felt he was a ~** han følte at han var mislykket; **2.** *skolev:* stryk *(fx in an exam);* **3.** *tekn:* svikt; **brake ~** bremsesvikt; **4.** *det at noe uteblir el. skuffer:* **the ~ of the crops** den mislykte avlingen; **the ~ of the coal supply** det at kullforsyningene sviktet; **5.: ~ to** 1. *om unnlatelse:* **his ~ to reply was very worrying** det at han ikke svarte ga grunn til bekymring; 2. *om det ikke å kunne:* **his ~ to pass the exam** det at han ikke stod til eksamen; **6***(=bankruptcy)* bankerott; fallitt.

I. faint [feint] *subst:* besvimelse.

II. faint *vb:* besvime.

III. faint *adj:* svak *(fx a faint sound; a faint light);* **~ with hunger** svak av sult.

faint-hearted [,feint'ha:tid; *attributivt:* 'feint,ha:tid] *adj; stivt el. litt.(=timid)* fryktsom; motløs; forknytt.

fainting fit besvimelsesanfall.

I. fair [fɛə] *subst* **1.** marked; **2.** *merk:* **(industries) ~** varemesse.

II. fair *adj* **1.** *om hud og hår:* lys *(fx she has fair hair);* **2***(=just)* rettferdig *(fx a fair judgment; you must be fair to both sides);* **~ 's ~** rett skal være rett; **it's only ~** det er ikke mer enn rettferdig; **all is ~ in love and war** i krig og kjærlighet er alt tillatt; **they believe they have had less than ~ treatment from** de mener at de ikke har blitt rettferdig behandlet av ...; **in a ~ fight** i ærlig kamp; *fig:* med blanke våpen; **3.** *om været:* pent; **4***(=quite good)* nokså bra; ganske bra *(fx his work is only fair);* **5.: their house is a ~ size** huset deres er stort; **it's a ~ journey to the nearest town** det er langt til nærmeste by; **a ~ amount of money** ganske mange penger; **a ~ amount of work** ganske mye arbeid; **6.** *litt.(=beautiful)* vakker; *litt.:* skjønn *(fx a fair maiden).*

III. fair *adv* **1***(=in a fair way)* rettferdig *(fx act fair);* **2***(=quite)* helt *(fx it caught him fair off his guard).*

fair copy renskrift; *skolev:* innføring; **make a ~ of an essay** føre inn en stil.

fairground(s) ['fɛə,graund(z)] *subst:* markedsplass.

fairly *adv* **1.** rettferdig *(fx he was fairly judged);* **2***(=quite; rather)* ganske *(fx fairly easy; the work was fairly hard).*

fair-minded [,fɛə'maindid; *attributivt:* 'fɛə,maindid] *adj(=just; impartial)* rettferdig; upartisk.

fairness ['fɛənis] *subst* **1.** *om hud el. hår:* lys farge *(fx the fairness of his skin);* **2.** rettferdighet.

fair play fair play; ærlig spill.

fair sex *spøkef:* **the ~***(=the weaker sex)* det svake kjønn; *spøkef:* det smukke kjønn.

fairway ['fɛə,wei] *subst* **1.** *mar:* lei; renne **2.** *golf:* den delen av banen som er klipt (mellom tee-stedet og green).

fairy ['fɛəri] *subst* **1.** fe; alv; **2. S***(=male homosexual)* homo; soper.

fairyland ['fɛəri,lænd] *subst:* eventyrland; eventyrverden.

fairy story, fairy tale 1. eventyr; **2.** skrøne; løgn; eventyr.

faith [feiθ] *subst* **1.** *rel:* tro *(fx the Catholic faith);* **his wife is of the Jewish ~** hans kone er jøde; **2***(=confidence)* tillit; tiltro (*in* til); tro (*in* på); **3.: act in bad ~** handle mot bedre vitende; **she made her offer in (all) good ~** hun kom med tilbudet (helt) i god tro; **4.: keep (,break) one's ~ with sby** holde (,bryte) sitt ord overfor en; **5.: pin one's ~***(=hopes)* **on sby** sette sin lit (*el.* sitt håp) til en.

faithful ['feiθful] *adj* **1.** trofast *(fx friend; wife);*

2(=*exact; true)* nøyaktig *(fx a faithful account of what had happened);* **3**(=*reliable)* pålitelig *(fx worker).*

faithfully *adv:* trofast; **Yours ~** (med) vennlig hilsen (i formelt brev som innledes med Dear Sir(s), Dear Madam).

faithless ['feiθlis] *adj; litt.* **1**(=*unfaithful)* troløs; utro *(fx wife);* **2**(=*without faith)* vantro.

I. fake [feik] *subst* **1.** forfalskning *(fx the painting was a fake);* **2.** etterligning *(fx the swords were only fakes);* **3.** *om person:* **he isn't a doctor – he's a ~** han er ikke lege, han bare utgir seg for å være det; **4.** *mar(=one round of a coil of rope)* (tau)kveil.

II. fake *vb* **1.** forfalske *(fx antiques);* **2.** etterligne *(fx a signature);* **3.** *stivt(=pretend to have)* simulere *(fx a headache).*

III. fake *adj:* falsk *(fx these diamonds are fake; fake diamonds; a fake clergyman; fake £50 notes).*

faker ['feikə] *subst:* **art ~** kunstforfalsker.

fakir [fə'kiə; 'feikə] *subst:* fakir.

falcon ['fɔ:lkən; 'fɔ:kən; **US** *især:* 'fælkən] *subst; zo:* falk.

falconry ['fɔ:lkənri; 'fɔ:kənri] *subst:* falkejakt.

falderal ['fældə,ræl], **falderol** ['fældə,rɔl] *subst* **1.** verdiløs pyntegjenstand; **2.** *omkved i muntre viser:* falleri-fallera.

Falkland ['fɔ:klənd] *subst; geogr:* **the ~ Islands**(=*the Falklands)* Falklandsøyene.

I. fall [fɔ:l] *subst* **1.** fall; **have a ~** falle *(fx he had a fall and broke his leg);* **a ~ in temperature** et temperaturfall; **a ~ of snow**(=*a snowfall)* snøfall; **the entrance to the cave was blocked by a ~ of rock** inngangen til hulen var sperret av steinras; **a ten-metre ~** et fall på ti meter; **a ~ in prices**(=*a drop in prices)* et prisfall; **2**(=*capture; overthrow)* fall *(fx the fall of the city; the fall of Hitler);* **3. US**(=*autumn)* høst; **4.: -s** vannfall; foss *(fx Niagara Falls).*

II. fall *vb (pret: fell; perf. part.: fallen)* **1.** falle *(fx he fell from the roof; the rain was falling steadily); teat:* **the curtain -s** teppet faller; *fig:* **her eye fell on an old book** blikket hennes falt på en gammel bok; *fig:* **heads fell**(=*heads were rolling)* hodene rullet; **the temperature fell** temperaturen falt; **Easter -s early this year** påsken faller (*el.* kommer) tidlig i år; **Christmas Day -s on a Saturday** 1. juledag faller på en lørdag; **prices have -en recently** prisene har falt i det siste; **2.** *om vind(=abate)* løye (av); legge seg *(fx the wind fell);* **3**(=*hang down):* **her hair fell to her waist** håret rakk henne til livet; **4**(=*be captured; be defeated)* falle *(fx Rome finally fell to(=was captured by) the Goths; the Conservative Government fell in 1974);* **5.: ~ asleep** sovne; **~ ill** bli syk; **~ silent** bli taus *(fx he fell silent);* **~ in love** bli forelsket; **they fell in love** de ble forelsket (i hverandre); **her face fell** hun ble lang i ansiktet; **6.** *om mørke, natt:* falle på; senke seg; **night fell**(=*night came on)* natten falt på; **7**(=*slope)* skråne; falle *(fx the ground fell towards the river);* **8.: ~ away** 1(=*slope downwards)* falle; **the ground fell away steeply** det gikk bratt nedover; 2. *om menneskemengde:* løse seg opp; **the crowd began to ~ away** folk begynte å gå; **9.: ~ apart**(=*fall to pieces)* falle fra hverandre *(fx my bicycle is falling apart);* **10.: ~ back**(=*move back)* falle tilbake; trekke seg tilbake; gi plass; vike unna *(fx the men following him fell back as he turned to face them);* **~ back on** falle tilbake på; ty til *(fx you have your father's money to fall back on);* **11.: ~ behind** *også fig:* sakke akterut *(fx he's falling behind in his schoolwork);* **~ behind with the rent** komme på etterskudd med husleien; **12.: ~ down** 1. falle ned *(fx he fell down from the table);* styrte sammen; falle sammen *(fx the wall fell down);* 2. **T**(=*fail)* gjøre det dårlig *(fx he's falling down on his job);* slå feil; svikte *(fx that's where his plan falls down);* **13.: ~ flat** 1. falle så lang man er; 2. *om spøk, etc* **T:** ikke gjøre lykke; falle til jorden *(fx his jokes fell flat; his attempt at humour fell flat);* bli en fiasko *(fx his booby trap fell flat);* **14.: ~ for T** 1(=*be deceived by)* la seg narre (*el.* lure) av; **T:** gå på *(fx I made up a story to explain why I hadn't been at work, and he fell for it);* 2(=*fall in love with)* falle for; bli forelsket i; **15.: ~ foul of** 1. *mar(=collide with)* kollidere med; 2(=*get into trouble with)* ryke uklar med; komme i konflikt med; legge seg ut med; **16.: ~ in** 1(=*collapse)* styrte sammen *(fx the roof fell in);* 2. *mil:* stille opp; **17.: ~ into** 1. falle i *(fx he fell into the water); fig:* **~ into sby's hands** falle i hendene på en; **~**(=*drop)* **into a deep sleep** falle i dyp søvn; 2. *fig:* la seg dele inn i; falle i *(fx his reign falls into two parts);* **18.: ~ in with** 1(=*agree with)* slutte seg til; være enig i *(fx they fell in with our suggestion);* 2. treffe; komme sammen med *(fx on the way home we fell in with some friends);* **19.: ~ off** 1. falle av; **~ off**(=*from)* **one's bicycle** falle av sykkelen; 2. *mar:* falle av; 3. *fig; om fremmøte; omsetning, etc:* gå tilbake; avta; **20.: ~ on** 1. falle (ned) på *(fx the stones fell on the roof);* 2(=*attack)* kaste seg over *(fx he fell on the old man and beat him); fig:* **they fell hungrily upon the food** de kastet seg sultne over maten; *fig:* **~ on one's feet** falle ned på bena; **21.: ~ out** 1. falle ut; 2. *om hår(=come out)* falle av; 3(=*quarrel)* bli uvenner; 4. *mil:* tre ut; **22.: ~ over oneself** være overivrig *(fx he fell over himself to be as helpful as possible);* **23.: ~ short** ikke nå målet *(fx the arrow fell short);* **the money we have -s short of what we need** de pengene vi har, strekker ikke til; **24.: ~ through** 1. falle gjennom; **~ through the ice** gå gjennom isen; 2(=*fail)* slå feil *(fx the plan fell through);* **25.: ~ to** 1. *især fig:* **~ to the ground** falle til jorden; 2. *om aktivitet:* ta fatt *(fx the food was put on the table and they fell to eagerly);* 3(=*devolve on)* falle på *(fx the task fell to me);* **share that -s to the heirs on the father's side** andel som tilfaller arvingene på farssiden; **26.: ~ under** 1. falle under *(fx the child fell under a car);* 2. *fig:* høre under; falle inn under.

fallacious [fə'leiʃəs] *adj; stivt* **1**(=*misleading)* misvisende; **2**(=*erroneous)* feilaktig *(fx a fallacious argument).*

fallacy ['fæləsi] *subst; stivt(=false idea; wrong belief)* feilaktig antagelse.

fall guy *især* **US T**(=*easy prey (to conmen))* offer for bondefangeri; lett bytte.

fallible ['fælibl] *adj; stivt(=likely to make mistakes)* feilbarlig; *(jvf infallible).*

falling star(=*shooting star)* stjerneskudd.

fallout ['fɔ:l,aut] *subst:* radioaktivt nedfall.

I. fallow ['fælou] *subst(=fallow field)* brakkmark.

II. fallow *adj:* brakk; **~ field** brakkmark.

III. fallow *adj:* gulbrun; **~ deer** dådyr.

false [fɔ:ls] *adj* **1**(=*not true; not correct)* usann; uriktig; falsk *(fx he made a false statement to the police);* **2.** falsk *(fx passport);* **3.** *tekn:* falsk; **~ draught** falsk trekk; **4.** *fig:* **a ~ impression** et galt inntrykk *(fx I got a totally false impression of the sort of man he is);* **he got the job under ~ pretences** han fikk jobben på falske premisser.

false alarm falsk alarm.

false colours *pl; også fig:* **sail under ~** seile under falsk flagg.

falsehood ['fɔ:ls,hud] *subst; stivt(=lie)* løgn; usannhet.

false modesty falsk beskjedenhet; *(jvf over-modest).*
false pregnancy*(=pseudocyesis)* innbilt svangerskap.
false start tjuvstart *(fx the runner was disqualified after three false starts);* **make a ~** *(,***T:** *jump the gun)* tjuvstarte; *fig:* **after several -s he eventually made a success of his business** etter å ha kommet skjevt ut flere ganger fikk han omsider forretningen til å lønne seg.
falsetto [fɔ:l'setou] **1.** *subst(=falsetto voice)* falsett *(fx he's a falsetto);* **2.** *adj:* falsett- *(fx he spoke in high falsetto tones);* **3.** *adv:* i falsett *(fx he sings falsetto).*
falsies ['fɔ:lsiz] *subst* **T:** løsbryster.
falsification [,fɔ:lsifi'keiʃən] *subst:* forfalskning.
falsify ['fɔ:lsi,fai] *vb:* forfalske.
falsity ['fɔ:lsiti] *subst; stivt(=falseness)* falskhet; usannhet *(fx the falsity of his statement).*
I. falter ['fɔ:ltə] *subst; stivt(=hesitancy; uncertainty)* nøling; usikkerhet; vakling.
II. falter *vb* **1***(=stumble)* snuble; vakle *(fx she walked the whole length of the top of the wall without faltering);* **2***(=hesitate)* nøle; snakke nølende; bli usikker; **he -ed***(=stammered)* **out a few words of thanks** han fikk stammet fram en takk.
faltering *adj* **1.** usikker; vaklende; **2.** nølende; famlende.
fame [feim] *subst(=celebrity; renown)* berømmelse *(fx his novels about country life brought him fame).*
famed *adj; stivt(=well known; famous)* (vel) kjent; berømt; **he was ~ for his ruthlessness** han var vel kjent for sin hensynsløshet.
I. familiar [fə'miliə] *subst* **1.** *kat:* medlem av Pavens el. biskops husstand; **2.** *hist:* **~ of the Inquisition** inkvisisjonstjener (som foretok arrestasjoner); **3.** *i magi; ofte i dyreskikkelse(=familiar spirit)* tjenende ånd.
II. familiar *adj* **1.** kjent; velkjent *(fx figure);* **the house was ~ to him** han kjente huset; **he looks very ~ (to me)** det er noe meget kjent ved ham; **2.: ~ with** kjent med; fortrolig med; vel bevandret i *(fx are you familiar with the plays of Shakespeare?);* **I'm not ~ with all these technical terms** jeg kjenner ikke alle disse faguttrykkene; **3.** *stivt el. neds(=too friendly)* familiær *(fx he's much too familiar with John's wife);* **~ behaviour** familiær opptreden; **be on ~ terms with sby** være dus med en; stå på en fortrolig fot med en.
familiarity [fə,mili'æriti] *subst* **1.: ~ with** kjennskap til; fortrolighet med *(fx I was surprised by his familiarity with our way of life); ordspråk:* **~ breeds contempt** *intet tilsv; kan gjengis:* 1. man mister lett respekten for en man kjenner godt; 2. vanen gjør mindre aktsom; man kan lett føle seg for flink (og dermed bli mindre aktpågiven); **2.** familiaritet; *pl også:* intimiteter; familiære bemerkninger *(fx you must not allow such familiarities from junior members of staff).*
familiarize; familiarise [fə'miljə,raiz] *vb* **1***(=make generally known)* gjøre alminnelig kjent *(fx the news media have familiarized this word);* **2.: ~ oneself with***(=acquaint oneself with; get to know)* gjøre seg kjent med; sette seg inn i.
familiarly *adv:* på en familiær måte *(fx she thought he treated her rather familiarly).*
familiar spirit *i magi; ofte i dyreskikkelse:* tjenende ånd.
family ['fæmili; 'fæmli] *subst* **1.** familie *(fx that family is unpopular; his family disapprove of her; the Smith family are all very athletic);* **2.** (ektefelle og) barn *(fx have you got any family? when I get married I should like a large family);* **have a wife and ~ to support** ha kone og barn å forsørge; **large families** barnerike familier; **he was one of a ~ of ten** han var ett av ti barn; **3.** *zo, etc:* slekt *(fx the cat family);* familie *(fx a family of languages);* **4. T: in the ~ way***(=pregnant)* med barn; **T:** på vei.
family allowance *hist(=child benefit)* barnetrygd.
Family Division [avdeling av High Court som behandler skilsmissesaker, etc]; **President of the ~** rettspresident i Family Division; *(jvf Lord Chief Justice).*
family estate stamgods; *(jvf fee tail).*
family feeling slektsfølelse; slektskjensle.
family law *jur:* familierett.
family man 1. familiefar; **2.** hjemmemenneske.
family name familienavn; etternavn.
family planning familieplanlegging; barnebegrensning.
family room *arkit:* allrom.
family silver*(=silver heirlooms)* arvesølv.
family tree stamtre.
famine ['fæmin] *subst* **1.** *glds(=starvation)* hungersnød; **2***(=great shortage)* stor mangel; **mortgage ~** stor mangel på muligheter for å skaffe lån; **wheat ~** stor mangel på hvete; feilslått hvetehøst.
famine prices dyrtidspriser.
famine relief katastrofehjelp for sultrammet område.
famished ['fæmiʃt] *adj* **T***(=very hungry)* skrubbsulten.
famous ['feiməs] *adj:* berømt.
I. fan [fæn] *subst* **1.** vifte; **2.** begeistret tilhenger; beundrer; fan.
II. fan *vb* **1.** vifte *(fx fan oneself with a folded newspaper);* blåse på; puste til *(fx they fanned the fire until it burst into flames); litt., fig:* puste til: gjøre verre; **~ the flames** puste til ilden; **his remark -ned her anger** hans bemerkning gjorde henne enda sintere; **2.: ~ out** spre (i vifteform); *om menneskemengde:* spre seg *(fx the crowd fanned out across the square).*
fanatic [fə'nætik] *subst:* fanatiker.
fanatical [fə'nætikəl] *adj:* fanatisk.
fanaticism [fə'næti,sizəm] *subst:* fanatisme.
fan belt viftereim.
fancied ['fænsid] *adj* **1***(=imaginary)* innbilt *(fx affronts);* **2.** favoritt-; som man tror vil vinne *(fx he was a fancied runner).*
fancier ['fænsiə] *subst: i sms:* -oppdretter *(fx a pigeon fancier);* -dyrker *(fx a rose fancier);* **bird ~***(=bird dealer)* fuglehandler.
fanciful ['fænsiful] *adj:* uvirkelig; fantastisk; fantasirik *(fx writer);* med mange innfall *(fx she's a very fanciful girl);* **that idea is rather ~** den idéen er litt vel fantastisk; **he has a very ~ idea of the way we live** han har en meget fantasifull oppfatning av vårt levesett.
I. fancy ['fænsi] *subst* **1.** *især litt.(=imagination)* innbilning; innbilningskraft; fantasi; **he had a sudden ~ that he could see Spring approaching** han innbilte seg plutselig at han kunne se våren nærme seg; **she had a tendency to indulge in flights of ~** hun hadde det med å fantasere; **the fancies of a poet** en dikters fantasier (*el.* fabuleringer); **did he really see her walk in, or was it just a ~?** så han henne virkelig gå inn, eller var det bare noe han innbilte seg? **a world of mere ~** en fantasiens verden; *(jvf imagination);* **2.** innfall; lune; grille *(fx the pregnant woman had a great many peculiar fancies);* **indulge in fancies** hengi seg til sine griller; **3.: tea fancies***(=French pastries)* konditorkaker; **4.: take a ~ to***(=become fond of)* bli begeistret for; legge sin elsk på; **he bought that house because his wife took a ~ to it** han kjøpte det huset fordi hans kone falt for det; **it took***(=caught)* **his ~** han fikk lyst på det; **she just buys anything that takes her ~** hun kjøper det

som faller henne inn.

II. fancy *vb* **1. T:** ha lyst på *(fx I fancy a cup of tea);* like (tanken på) *(fx I don't fancy living in that cold house);* **2.** *stivt(=think)* tro *(fx I fancied that you were angry; I fancy I know the man you mean);* **3**(*=imagine)* tenke seg; forestille seg *(fx can you fancy him as a teacher?);* **4. S:** føle seg fysisk tiltrukket av; **S:** ha lyst på *(fx he fancies her a lot);* **5.:** ~ **oneself** 1. *neds* **S:** ha en høy mening om seg selv; være innbilsk; 2.: **she always fancied herself as an actress** hun så alltid seg selv som skuespiller; **he fancied himself in the role of organizer** han nøt rollen som organisator.

III. fancy *adj* **1.** mønstret; dekorert; ~ **wallpaper** mønstret tapet; **2.** pyntet; med pynt; dekorert; meget kunstferdig; pynte- *(fx apron); iron:* fin *(fx that's too fancy for him);* ~ **cakes** kaker med pynt; **that pattern is too ~ for me** det mønstret er for broket for meg; **nothing** ~ noe enkelt noe; *om bevertning:* **there'll be nothing** ~ det blir i all enkelhet; **3.** *om pris* **T**(*=exorbitant)* ublu; **pay ~ prices** betale ublue priser; betale i dyre dommer; betale fantasipriser.

fancy apron pynteforkle.

fancy dive kunststup.

fancy-dress ball karneval.

fancy goods(*=knickknacks)* galanterivarer.

fancy man S 1(*=pimp)* hallik; **2.** elsker; **her ~ S:** typen hennes.

fancy price fantasipris; ublu pris; **pay a ~** betale i dyre dommer.

fancy work *om søm:* finere håndarbeid; finsøm.

fanfare ['fænfɛə] *subst:* fanfare.

fang [fæŋ] *subst* **1.** *zo:* gifttann; hoggtann; **2. S: -s** tenner *(fx clean your fangs!).*

fanlight ['fæn,lait] *subst* **1**. halvrundt vindu (over dør el. annet vindu); **2**(*,US: transom)* lite rektangulært vindu over dør; **3**(*=skylight)* overlysvindu; takvindu; skylight.

fanny ['fæni] *subst* **S 1.** *vulg(=cunt)* fitte; kuse; **2.** *især* **US**(*=the buttocks)* rumpe; bak; ende.

fanny adams UK S: sweet ~(*=absolutely nothing at all)* absolutt ingenting.

fantasia [fæn'teiziə, ,fæntə'ziə] *subst; mus* **1.** fantasi; **2.** potpurri av kjente melodier.

fantast ['fæntæst] *subst:* fantast.

fantastic [fæn'tæstik] *adj:* fantastisk.

fantasy(*=phantasy)* ['fæntəsi] *subst:* fantasi; fantasibilde; *mus:* fantasi; **sexual fantasies** seksuelle fantasier; **indulge in ~** fantasere; hengi seg til fantasier; **have fantasies about** fantasere om; *(jvf imagination).*

fantasy world(*=world of make-believe)* fantasiverden.

far [fa:] **1.** *adj:* fjern; langt borte *(fx a far(=distant) country; the house is not far from here);* **is it ~?** er det langt (borte)? **the ~ side** bortsiden; baksiden; den andre siden; **the ~ side of the moon** baksiden av månen; **on the ~ side of the lake** på den andre (*el.* motsatte) siden av sjøen; **2.** *adv:* langt *(fx how far did you walk today? we can't get very far in this project without some help);*

~ **and away the best** langt den beste; ~ **and near** nær og fjern; ~ **and wide** vidt og bredt; **as ~ as the station** så langt som til stasjonen; **as**(*=so)* ~ **as I know** så vidt jeg vet; **he didn't walk as**(*=so)* ~ **as his friends** han gikk ikke så langt som vennene sine; **she's the best teacher we have by ~** hun er langt den beste læreren vi har; **they have by ~ the largest family in the village** de er den familien i landsbyen som har langt de fleste barn; ~ **from** 1. langt (borte) fra; 2. langtfra *(fx he's far from well; his work is far from (being) satisfactory);* **T** *ofte spøkef:* ~ **be it from me to** det være langt fra meg å; det er absolutt ikke min hensikt å; ~ **be it from me to ask embarrassing questions, but I must find out the facts** jeg har absolutt ikke noe ønske om å stille pinlige spørsmål, men jeg må bringe fakta på det rene; **so ~** 1(*=until now)* hittil *(fx so far we have been quite successful);* 2. så langt *(fx now that we have come so far);* **we can get so ~ but no further on this project without more help** så langt kan vi komme med dette prosjektet, men ikke lenger uten mer hjelp; **without more information we can progress only so ~** lenger (enn hit) kommer vi ikke uten flere informasjoner; **thus ~:** *se ovf: so far;* ~ **too** altfor *(fx far too big); (se II. further & furthermost).*

faraway ['fa:rə,wei] *(etteranstilt:* **far away** [,fa:rə'wei]) *adj:* fjern *(fx faraway countries); også fig:* **he's far away** han er langt borte.

farce [fa:s] *subst; teat & fig:* farse *(fx the meeting was an absolute farce).*

farcical [fa:sikəl] *adj:* farseaktig; latterlig; absurd.

I. fare [fɛə] *subst* **1.** billettpris; **pay one's ~** betale; løse billett; **what's the ~ from Salisbury to Allington?** hva koster billetten fra Salisbury til Allington? **any more -s, please?** er det flere som ikke har løst billett? **2.** *om drosje:* tur; passasjer *(fx where did your last fare get out?);* **3.** *stivt el. litt.(=food)* kost; **simple ~** enkel kost; **bill of ~**(*=menu)* meny.

II. fare *vb* **1.** *stivt el. litt.(=manage; get on)* klare seg *(fx how did you fare in the examination?);* **2.** *glds(=eat)* spise *(fx fare sumptuously); ordspråk:* **you may go further and ~ worse** vær tilfreds med det du har.

Far East *geogr:* **the ~** Det fjerne østen.

fare meter(*=taximeter;* **T:** *clock)* taksameter.

fare stage takstsone; takstgrense.

farewell [fɛə'wel] *subst:* farvel; avskjed; **say ~ to** ta avskjed med; si adjø til *(fx they said their farewells at the station);* **a staff party to say ~ to the headmaster** en lærerfest for å si adjø til rektor.

farewell party avskjedsselskap.

far-fetched [,fa:'fetʃt; *attributivt:* 'fa:,fetʃt] *adj (=unlikely; improbable)* søkt; usannsynlig *(fx story).*

far-flung [,fa:'flʌŋ; *attributivt:* 'fa:,flʌŋ] *adj; litt.(=wide-spread)* vidstrakt *(fx empire).*

farinaceous [,færi'neiʃəs] *adj* **1.** melaktig; **2.** stivelsesholdig; rik på stivelse *(fx farinaceous foods).*

I. farm [fa:m] *subst* **1.** (bonde)gård; gårdsbruk; *større:* farm; **2.: chicken** ~(*=poultry farm)* hønseri; **fish** ~ sted hvor det drives fiskeoppdrett; **fox** ~ revefarm.

II. farm *vb* **1.** drive gård; ~(*=cultivate)* **the land** dyrke jorda; **he -s 5,000 acres in Yorkshire** han har en gård på 20.000 mål jord i Yorkshire; **2.:** ~ **out** 1. sette bort *(fx he farms out work to other people);* 2. *om barn:* sette bort (i pleie); ~ **out one's children** la fremmede passe barna sine; sette barna sine bort til fremmede.

farm animal(*=domestic animal)* husdyr.

farmer ['fa:mə] *subst:* bonde; gårdbruker; *som driver en farm:* farmer.

farm hand *lett glds(=farm labourer)* gårdsarbeider.

farmhouse våningshus.

farming ['fa:miŋ] *subst:* gårdsdrift; landbruk; jordbruk; **arable ~** åkerbruk.

farmland ['fa:m,lænd] *subst:* landbruksjord.

farmstead ['fa:m,sted] *subst; stivt(=farm)* gård.

farmyard ['fa:m,ja:d] *subst; på gård:* tun; gårdsplass.

Faroe(*=Faeroe)* ['fɛərou] *subst; geogr:* **the ~ Islands**(*=the Fa(e)roes)* Færøyene.

far-off ['fa:,rɔf] *adj:* fjern.
far-out ['fa:,raut; *ettearanstilt:* ,fa:'raut] *adj* **S:** bisarr; merkelig; ekstrem.
far-reaching [,fa:'ri:tʃiŋ; *attributivt:* 'fa:,ri:tʃiŋ] *adj:* vidtrekkende *(fx make far-reaching decisions; our new plans are more far-reaching than was at first realized).*
farrow ['færou] **1.** *subst(=litter of piglets)* kull (av smågriser); **2.** *vb:* få grisunger; grise.
far-seeing [,fa:'si:iŋ; *attributivt:* 'fa:,siiŋ] *adj(=far -sighted)* vidtskuende; fremsynt.
far-sighted [,fa:'saitid; *attributivt:* 'fa:,saitid] *adj* **1.** vidtskuende; fremsynt; **2.** *med.(=hypermetropic)* langsynt.
fart [fa:t] **1.** *subst:* fjert; fis; **2.** *vb:* fjerte; fise.
farther ['fa:ðə] *adj; adv; komp av far: se further.*
farthest ['fa:ðist] *adj, adv; superl av far: se furthest.*
fascia*(=facia)* ['feiʃiə] *subst* **1.** *på bil(=dashboard)* dashbord; **2.** *arkit; på takrenne(=fascia board)* spillbord; **3.** *zo(=band (of colour))* bånd; **4***(=shop sign)* butikkskilt; **5**['fæʃiə] *anat:* ~ **(of a muscle)** muskelhinne; fascie.
fascia panel *på bil(=dashboard)* dashbord.
fascinate ['fæsi,neit] *vb:* fascinere; fengsle; fortrylle; beta.
fascinating *adj:* fascinerende; fengslende; fortryllende.
fascination [,fæsi'neiʃən] *subst:* fortryllelse.
fascism ['fæʃizəm] *subst:* fascisme.
fascist ['fæʃist] **1.** *subst:* fascist; **2.** *adj(=fascistic)* fascistisk.
I. fashion ['fæʃən] *subst* **1.** *stivt(=way; manner)* måte; manér; **in a striking** ~ på en slående måte; **after***(=in)* **a** ~ på en (slags) måte *(fx I mended it, after a fashion);* **he can speak French after a** ~ han snakker fransk på et slags vis; *stivt:* **after the** ~ **of sailors***(=sailor-fashion; seaman-like)* på sjømannsvis; **2.** mote *(fx fashion changes every season; follow the fashion);* **it's the** ~ **to** det er moderne å; det er på mote å; **be in (,come into)** ~ være på (,komme på) mote; være (,bli) moderne; **be (,go) out of** ~ være umoderne (,gå av mote; bli umoderne); **all the** ~*(=very fashionable)* meget moderne *(fx long skirts were all the fashion that year);* **3***(=shape; form)* fasong.
II. fashion *vb:* forme *(fx fashion sth out of clay).*
III. fashion *adj:* mote-; ~ **designer** motetegner.
fashionable ['fæʃənəbl] *adj* **1***(=in fashion)* moderne; **2***(=patronized by people of fashion)* fasjonabel *(fx a fashionable restaurant).*
fashion show moteoppvisning.
I. fast [fa:st] **1.** *subst:* faste; **break one's** ~ bryte fasten; **2.** *vb:* faste.
II. fast *adj* **1.** hurtig; rask *(fx a fast car);* **the pace is too** ~ **for me** dette er for fort for meg; **he's a** ~ **worker** han arbeider fort (*el.* raskt); **my watch is two minutes** ~ klokken min går to minutter for fort; **a** ~ **film** en hurtig film; **2.** lettlivet; **3.** *om farge:* lysekte; vaskeekte.
III. fast *adv* **1.** raskt; hurtig; fort *(fx speak too fast);* **2.** *litt.(=firmly):* **stand** ~ stå fast; **3.: make** ~ feste; gjøre fast; **he made** ~*(=he tied)* **the end of the rope to a tree** han bandt enden av tauet fast i et tre; **4. T: play** ~ **and loose with** leke med *(fx a girl's feelings);* behandle skjødesløst; **5.: fall** ~ **asleep** falle i dyp søvn; **be** ~ **asleep** sove fast.
fasten ['fa:sən] *vb* **1.** feste; lukke *(fx doors and windows);* **she couldn't** ~ **the zip of her dress** hun fikk ikke igjen glidelåsen på kjolen sin; *fig:* feste *(fx he fastened his eyes intently on her face);* **2.: the dress -s down the back** kjolen kneppes igjen bak (,har glidelås i ryggen); **3.***fig:* ~ **on** 1*(=seize on)* slå ned på; henge seg i *(fx a small error);* 2. feste på *(fx he fastened his gaze on the girl);* 3*(=put the blame on)* legge skylden på *(fx they fastened the crime on him).*
fastener ['fa:sənə] *subst:* lås *(fx the fastener on the necklace; the fasteners on this bag are very stiff);* **zip** ~ glidelås.
fastening ['fa:səniŋ] *subst:* festeanordning.
fast goods*(,US: fast freight)* ilgods.
fastidious [fə'stidiəs] *adj(=very critical; hard to please)* kresen *(fx about one's food);* forvent *(fx a fastidious old lady).*
fastness ['fa:stnis] *subst* **1.** *om farge:* (lys)ekthet; **2.** *stivt(=stronghold; fortress)* befestet sted; festning.
fast talk S: salgsprat.
I. fat [fæt] *subst* **1.** fett *(fx this meat has got a lot of fat on it);* **cooking** ~ stekefett; **2***(=fatty substance)* fettstoff; **animal -s** animalske fettstoffer; **edible -s** spiselige fettstoffer; **3***(=obesity)* fedme; **put on** ~*(=run to fat)* legge seg ut; bli fet; **4. S: chew the** ~*(=chat)* prate; **5.: the** ~ **'s in the fire** fanden er løs; nå er hundreogett ute; **6.: live off the** ~ **of the land***(=live luxuriously)* leve i overflod.
II. fat *adj* **1.** fet; tykk; **be getting** ~ bli tykk; ~ **legs** tykke ben; ~ **pork** fett flesk; **2. T** *spøkef el. iron:* **make a** ~*(=big)* **profit** tjene store penger; **a** ~ **lot** ikke stort; ikke rare greiene; **a** ~ **chance** ikke rare sjansen; **3***(=big; thick):* **a** ~ **log of wood** en stor vedkubbe; **4. S***(=empty):* **get this into your** ~ **head!** få dette inn i ditt tykke hode!
fatal ['feitəl] *adj:* skjebnesvanger; dødelig; drepende *(fx shot);* ~ **accident** dødsulykke; **prove** ~ være dødelig; *også spøkef(=disastrous):* **she made a** ~ **mistake** hun gjorde en skjebnesvanger feil.
fatalism ['feitə,lizəm] *subst:* fatalisme.
fatalist ['feitə,list] *subst:* fatalist.
fatalistic [,feitə'listik] *adj:* fatalistisk.
fatality [fə'tæliti] *subst* **1.** skjebnebestemthet; **2.** dødsulykke; *i statistikk:* **road** ~*(=fatal road accident)* dødsulykke i trafikken; **3***(=deadliness)* dødelighet *(fx of certain diseases);* **4.** dødsoffer.
fat body fettlegeme.
fate [feit] *subst* **1.** skjebnen; **the Fates***(=the fatal sisters)* skjebnegudinnene; **by a strange stroke of** ~ **we met again at Milan airport** ved et underlig skjebnens lune traff vi hverandre igjen i lufthavnen i Milano; **2.** skjebne; **decide his** ~ avgjøre hans skjebne.
fated *adj:* skjebnebestemt; forutbestemt; **he seemed** ~ **to arrive late wherever he went** det så ut som om han var forutbestemt til alltid å komme for sent.
fateful ['feitful] *adj:* skjebnesvanger.
fathead ['fæt,hed] *subst* **T***(=fool; stupid person)* tosk; dumrian; **T:** kjøtthode.
I. father ['fa:ðə] *subst* **1.** far; **2.** *kat:* **Father** pater; fader; **3.** *kat:* **the Our Father***(=the Lord's Prayer)* fadervår; **4.** *fig:* far *(fx the father of modern psychology).*
II. father *vb* **1.** *stivt(=be the father of)* være far til; avle *(fx a great many children);* **2.:** ~ **a child on sby** oppgi en som barnefar; ~ **an article on sby** utpeke en som opphavsmann til en artikkel.
Father Christmas*(,især US: Santa Claus)* julenissen.
father confessor *kat:* skriftefar.
fatherhood ['fa:ðə,hud] *subst:* farskap; det å være far.
father-in-law ['fa:ðərin,lɔ:] *subst:* svigerfar.
father lasher *zo; fisk:* småulke.
fatherless ['fa:ðəlis] *adj:* farløs.
fathom ['fæðəm] **1.** *subst; mar(=six feet)* favn *(fx the water is six fathoms deep);* **2.** *vb:* lodde; favne opp; *fig:* lodde (dybden i); forstå *(fx I can't fathom why*

she should have left home; I just can't fathom it).
fathomless *se unfathomable.*
fatigue [fə'ti:g] *subst* **1.** *stivt(=tiredness)* tretthet; **2.** *tekn:* materialtretthet; **metal ~** materialtretthet i metall(et); **3.: -s** 1. anstrengelser; slit *(fx the fatigues of the election);* 2. *mil; især som straff:* arbeidstjeneste; leirtjeneste *(fx the major put them all on fatigues);* **kitchen -s** kjøkkentjeneste; 3. *mil(=fatigue dress)* arbeidsuniform.
fatigue dress *mil:* arbeidsuniform.
fatigue duty *mil(=fatigue duties)* arbeidstjeneste; leirtjeneste.
fatness ['fætnis] *subst:* fedme; det å være tykk *(fx his fatness made him unhealthy).*
fatted calf: kill the ~ slakte gjøkalven; feire gjensynet (med en man ikke har sett på lenge).
fatten ['fætən] *vb:* **~ (up) 1.** gjø; fete opp *(fx they are fattening up a chicken to eat at Christmas);* **2.** bli fet(ere) *(fx the pig is fattening up well).*
fatty ['fæti] *adj:* fet *(fx fatty bacon);* fettholdig; fettaktig *(fx a fatty substance).*
fatty accumulation fettansamling.
fatty acid fettsyre; **(un)saturated ~** (u)mettet fettsyre.
fatty content fettinnhold.
fatty tissue*(=adipose tissue)* fettvev.
fatuous ['fætjuəs] *adj; stivt(=stupid)* dum; tåpelig.
faucet ['fɔ:sit] *subst* **US***(=tap)* (tappe)kran; vannkran.
I. fault [fɔ:lt] *subst* **1.** feil *(fx that was entirely my fault; there is a fault in this machine); fig:* **a ~ in his character** en brist i hans karakter; **2.** *tennis, etc:* feil *(fx a foot fault);* **3.** *geol:* forkastning; sprang; **4.: be at ~***(=be to blame)* ha skylden; **she was at ~ for letting him into the house** det var hennes skyld, fordi hun slapp ham inn i huset; **5.** *stivt:* **find ~ with** finne noe å utsette på; kritisere *(fx she's always finding fault with the way he eats);* **6.** *stivt:* **to a ~***(=excessively; to too great an extent):* **he was cautious to a ~** han var altfor forsiktig.
II. fault *vb; stivt(=find fault with)* finne noe å utsette på *(fx I couldn't fault his piano-playing); sport:* **he was -ed for it** han ble dømt feil for det.
fault finding dømmesyke; smålig kritikk.
faultless ['fɔ:ltlis] *adj:* feilfri *(fx his French is faultless);* **a ~ copy** et feilfritt eksemplar.
faulty [fɔ:lti] *adj:* med feil *(fx mechanism).*
faun [fɔ:n] *subst; myt:* faun.
fauna ['fɔ:nə] *subst:* fauna; dyreliv *(fx African fauna).*
faux pas [,fou'pa:] *(pl: faux pas* [,fou'pa:z]) *subst; stivt(=social blunder; indiscretion)* bommert; feil; indiskresjon; **make a ~** gjøre seg skyldig i en indiskresjon; begå en bommert.
I. favour*(,US: favor)* ['feivə] *subst* **1***(=service)* tjeneste *(fx do sby a favour);* **2.** gunst; velvilje; **(mark of) ~** gunstbevisning; **solicit a ~** be om en gunstbevisning; **show ~ to the other side** begunstige den annen part; **in ~ of** til fordel for; til gunst for; i favør av; **the wind was in our ~** vinden var i vår favør; **in your ~** i din favør; til din fordel; **I'm in ~ of higher pay** jeg er (stemt) for høyere lønn; **out of ~ with** i unåde hos; **be restored to ~** bli tatt til nåde; *stivt:* **without fear or ~***(=without respect of persons)* uten persons anseelse; **3.** *sport:* **-s** emblem; merke *(fx the favours of the team's supporters were red and white ribbons).*
II. favour*(,US: favor) vb* **1***(=support)* støtte *(fx which side do you favour?);* stille seg velvillig til; begunstige; *fig:* **darkness -ed his escape** mørket hjalp ham å rømme; **fortune -ed him** lykken stod ham bi; **fortune -s the brave** lykken står den djerve bi; **2.** beære *(fx the Duke favoured them with a short speech);* **3.** favorisere *(fx a teacher should not favour any of his pupils);* **4. T***(=look like)* ligne *(fx the baby favours his father); (se favoured).*
favourable ['feivərəbl] *adj:* gunstig *(fx opportunity);* imøtekommende; positiv *(fx answer);* **was his reaction ~ or unfavourable?** var hans reaksjon positiv eller negativ? **are conditions ~?** er forholdene gunstige? **this would be ~ to all concerned** dette ville være gunstig for alle parter; **be ~ for***(=offer favourable conditions for)* ligge godt til rette for.
favourably *adv:* gunstig; **he was ~ impressed by them** han fikk et gunstig inntrykk av dem; **hoping to hear ~ from you** jeg (,vi) håper på et positivt svar.
favoured *adj:* begunstiget; **the ~ few** de få begunstigede; *økon:* **most-favoured-nation rates** bestevilkårssatser.
I. favourite*(,US: favorite)* ['feivərit, 'feivrit] *subst* **1.** *om person:* yndling; **2.** *sport:* favoritt; **3.** *om ting:* det man liker best *(fx of all his paintings that is my favourite);* **that song is one of my -s** det er en av mine yndlingssanger.
II. favourite *adj:* yndlings-; det man liker best; **his ~ city** den by han liker best; **my ~ dish** min livrett.
favouritism*(,US: favoritism)* ['feivəri,tizəm] *subst:* favorisering; protesjering.
I. fawn [fɔ:n] *subst* **1.** *zo:* dåkalv; rålam; **2.** *om farge:* lysebrun.
II. fawn *vb* **1.** *om hund:* vise hengivenhet; logre; knistre (*el.* pipe); **2.** *litt., neds:* **~ (up)on** logre for; krype for.
III. fawn *vb; om dådyr(=bear young)* kalve.
fawn-coloured ['fɔ:n,kʌləd] *adj:* lysebrun.
fealty ['fi:əlti] *subst; hist:* troskap som vasall; vasallplikt; **oath of ~** lensed; vasalled.
I. fear [fiə] *subst* **1.** frykt; **for ~ of** av frykt for; for ikke å *(fx she would not go swimming for fear of catching a cold);* **in ~ of** i frykt for; **he lived in ~ of his father finding out about the dent in the car** han var livredd for at faren skulle finne ut om den bulken han hadde laget i bilen; **~ of** frykt for; **~ of God** gudsfrykt; **put the ~ of God into him** sette (en) skrekk i ham (slik at han tar fornuften fangen); **2. T: no ~!***(=it's not likely)* det er det ingen fare for; det er ikke videre sannsynlig; **there's not much ~ of him leaving the firm** det er ikke stor sjanse for at han forlater firmaet; **3.: -s** frykt; engstelse *(fx her fears about the child's health).*
II. fear *vb* **1.** *stivt el. litt.(=be afraid (of))* frykte *(fx fear God);* være redd for; **I ~ for his safety** jeg gjør meg bekymringer med hensyn til hans sikkerhet; jeg er redd han er i fare; **2.: I ~***(=I'm afraid):* **I ~ you'll not be able to see him today** jeg er redd du ikke vil kunne treffe ham i dag.
fearful ['fiəful] *adj* **1.** *stivt(=frightened)* engstelig; fryktsom; redd; **2. T***(=terrible)* fryktelig; **3. T***(=very bad)* fryktelig *(fx she made a fearful mistake).*
fearless ['fiəlis] *adj; stivt(=not afraid)* fryktløs; ikke redd; **he was ~ of the consequences** han fryktet ikke konsekvensene.
fearsome ['fiəsəm] *adj; litt. el. spøkef(=frightening)* skremmende; **a ~ apparition** en skremmende fremtoning; *(se daunting; frightening; scary).*
feasibility [,fi:zə'biliti] *subst; stivt(=possibility; practicability)* mulighet *(fx study the feasibility of building a new road);* gjennomførlighet.
feasible ['fi:zəbl] *adj; stivt(=possible; practicable)* mulig *(fx is it feasible to do that?);* gjennomførlig; **there is only one ~ solution to the problem** det er bare en mulig løsning på problemet.
I. feast [fi:st] *subst* **1.** festmåltid; **2.** *rel:* høytid; fest

(fx today is the feast of St. Stephen); **a mov(e)able ~** en bevegelig høytid; **3.** *fig:* fryd; **the scene was a ~ for the eye** scenen var en fryd for øyet; **4.** *ordspråk:* **enough is as good as a ~** for lite og for mye forderver alt.

II. feast *vb* **1.** spise riktig godt; ta for seg *(fx we feasted all day on the best food and drink);* **2.** *stivt(=give a feast):* **he -ed his friends** han ga sine venner en god bevertning; han holdt selskap for sine venner; **3.** *fig:* **~ one's eyes on the beautiful scenery** nyte det vakre landskapet.

feast day *rel(=festival)* festdag.

feat [fi:t] *subst:* prestasjon; **-s of gymnastics** gymnastiske prestasjoner; **-s of strength** kraftprestasjoner.

I. feather ['feðə] *subst* **1.** *zo:* fjær; **2.** *tøm(=tongue)* fjær; **3***(=fettle):* **in fine ~** i fin form; i perlehumør; **4.: birds of a ~** like barn; *ordspråk:* **birds of a ~ flock together** krake søker make; like barn leker best; **5.** *fig:* **a ~ in one's cap** en fjær i hatten *(fx that's a feather in your cap);* **6.: show the white ~** være feig; vise (tegn på) feighet; **7.** *ordspråk:* **fine -s make fine birds** klær skaper folk; **8. T: you could have knocked me down with a ~!** jeg ble helt paff!

II. feather *vb* **1.** sette fjær på; **2.** *tøm:* sammenføye med not og fjær; **3.** *om fugl:* fôre *(fx the eagle feathers its nest with down from its own breast); fig:* **~ one's (own) nest** mele sin egen kake.

I. featherbed ['feðə,bed] *subst:* bløt seng (med fjærmadrass).

II. featherbed *vb(=pamper; spoil)* skjemme bort *(fx he had featherbedded her for so long that she became absolutely dependent on him); økon:* støtte *(fx an industry).*

featherbrained ['feðə,breind] *adj:* tomhjernet.

featherweight ['feðə,weit] *subst:* fjærvekt.

feathery ['feðəri] *adj* **1.** fjærkledd; som ligner fjær; **2.** fjærlett.

I. feature ['fi:tʃə] *subst* **1.** ansiktstrekk; **2.** (karakteristisk) trekk; **a remarkable ~ of English society** et eiendommelig trekk ved engelsk samfunnsliv; **a characteristic ~ of** et karakteristisk trekk ved; **3***(=feature film)* spillefilm; hovedfilm; **4.** *i avis(=feature story)* stor artikkel; **5.** *i avis, etc(=column)* spalte; **gardening ~** hagebruksspalte; **6.** *radio; TV:* innslag; program; **7.** attraksjon; **a new ~** noe nytt; en ny attraksjon; **a special ~** en spesiell attraksjon.

II. feature *vb* **1.** gi fremtredende plass til; ha en fremtredende plass; **the Prime Minister -d among the politicians who attended the meeting** blant de politikerne som overvar møtet, var først og fremst statsministeren; **the economic problem -d in our last discussion** det økonomiske problemet var temaet for vår forrige diskusjon; **2.** *film:* **a film featuring this actor** en film hvor denne skuespilleren har en større rolle; **that film -s the best of the British actresses** de beste engelske skuespillerinner opptrer i den filmen; **be -d on TV** bli sendt i fjernsynet.

feature-length ['fi:tʃə,leŋθ] *adj:* helaftens *(fx film).*

featureless ['fi:tʃəlis] *adj(=uninteresting)* uinteressant; uten særpreg *(fx a dull, featureless landscape).*

febrile ['fi:brail] *adj; med.* **1.** feber-; **2***(=feverish)* febril; med feber.

February ['februəri] *subst:* februar.

feckless ['feklis] *adj* **1.** *stivt(=weak; feeble)* kraftløs; svak; **2.** *neds(=inefficient; careless; indolent)* udugelig; hjelpeløs *(fx he was so feckless that he couldn't even boil an egg);* ugiddelig; slapp; **his ~ complacency** hans slappe, selvtilfredse holdning.

fecund ['fi:kənd; 'fekənd] *adj; litt. el. meget stivt; også fig(=fertile)* fruktbar *(fx a fecund imagination).*

fecundity [fi'kʌnditi] *subst; litt. el. meget stivt(=fertility)* fruktbarhet.

fed [fed] *pret & perf. part. av II. feed;* **T: ~ up** lut lei *(fx I'm fed up with all this work).*

federal ['fedərəl] *adj* **1.** forbunds-; føderal; føderativ; **~ union***(=federation)* føderasjon; **2. US:** føderal; stats-; som er underlagt (*el.* som angår) regjeringen i Washington; **3. US** *hist:* nordstats-; som støtter forbundsregjeringen: **4. US: the Federal Bureau of Investigation** *(fk FBI)* statspolitiet.

federalism ['fedərəlizəm] *subst:* føderalisme.

federalist ['fedərəlist] **1.** *subst:* føderalist; **2.** *adj(=federalistic)* føderalistisk.

federal republic forbundsrepublikk; **the German Federal Republic** *(,offisielt: the Federal Republic of Germany)* Forbundsrepublikken Tyskland.

Federal Reserve US: the ~ *(,***UK:** *the Bank of England)* statsbanken; *i Norge:* Norges Bank.

federal state forbundsstat.

federal union*(=federation) polit:* føderasjon.

I. federate ['fedə,reit] *vb:* slutte seg sammen i en føderasjon.

II. federate ['fedərət] *adj:* føderert.

federation [,fedə'reiʃən] *subst:* føderasjon; **the Federation of Norwegian Industries** Norges industriforbund; *(jvf confederation: the Confederation of British Industry).*

federative ['fedərətiv] *adj:* føderativ.

fee [fi:] *subst* **1.** honorar; *advokats:* salær; **consultant's ~** konsulenthonorar; **2.** gebyr; avgift; **enrolment ~***(=registration fee)* påmeldingsgebyr; **school -s** skolepenger; **tuition -s** studieavgift; **university -s** semesteravgift *(jvf I. charge 2);* **3.** *hist:* len; *(jvf fee simple; fee tail).*

feeble ['fi:bəl] *adj(=weak)* **1.** svak *(fx old lady);* **2.** *fig:* svak; ynkelig; dårlig *(fx a feeble excuse);* tannløs; **pursue a ~ policy** føre en tannløs politikk.

fee-charging ['fi:,tʃa:dʒiŋ] *adj:* betalende *(fx school).*

I. feed [fi:d] *subst* **1.** fôr *(fx cattle feed);* porsjon fôr; **2.** *for baby:* mat *(fx have you given Daniel his feed?);* **3.** *om baby, etc:* måltid *(fx four feeds a day);* **4. T***(=meal)* måltid *(fx what a feed she gave us!);* **5.** *tekn(=feeding)* fremføring; mating.

II. feed *vb(pret: fed; perf. part.: fed)* **1.** *om dyr:* fôre; gi fôr til; *spøkef:* **~ the fishes***(=be seasick)* mate krabbene; **2.** *om baby:* mate; **3.** bespise; gi mat til; **there were many mouths to ~** det var mange munner å mette; **4.** beite; gresse *(fx the cows are feeding in the pasture);* **~ on grass** spise gress; **5.** *fig; stivt(=encourage)* gi næring til *(fx the news fed his anger; it fed her vanity);* **6.** *om elv, nedbør:* tilføre vann *(fx abundant rains which feed the rivers);* **the lake is fed by two rivers** sjøen har tilløp fra to elver; **7.** *tekn:* tilføre; mate *(fx feed questions into the computer);* fremføre.

feedback ['fi:d,bæk] *subst* **1.** *radio:* tilbakekopling; **negative ~** negativ tilbakekopling; motkopling; **positive ~** positiv tilbakekopling; medkopling; **2.** *fig(=response)* feedback; respons *(fx there was little feedback from our questionnaire).*

feeder ['fi:də] *subst* **1.** en som fôrer; røkter; **2.** tåteflaske; **3***(=bib)* spisesmekke; **4.** *jernb, etc(=branch line)* sidebane; **5.** *elekt(=feed wire)* mateledning; **single ~** enkel mateledning; **6***(=feed mechanism)* fremføringsmekanisme; matemekanisme.

feeder cable *elekt(=feeding cable)* matekabel.

feeding bottle tåteflaske.

feed mechanism*(=feeder)* fremføringsmekanisme; matemekanisme.

feed roller matevalse; *på skrivemaskin:* fremføringsvalse.

I. feel [fi:l] *subst* **1.: I didn't like the ~ of it***(=it was* *unpleasant to the touch)* det føltes ubehagelig (å ta på); **it seems to be wool by the ~ of it***(=it feels like wool)* det kjennes (*el.* føles) som ull; det kjennes ut som (om det er) ull; **T: let me have a ~!***(=let me feel it; let me touch it)* la meg kjenne (på det)! **2***(=atmosphere)* stemning; atmosfære; følelse; **the house has a homely ~** huset føles hjemlig; **3. T: get the ~ of***(=get used to)* bli vant til *(fx once I got the feel of my new job I enjoyed it).*

II. feel *vb(pret: felt; perf. part.: felt)* **1.** føle; **~ the loss very keenly** føle tapet meget sterkt; **I ~ a nail in my shoe** jeg føler (*el.* kjenner) at jeg har en spiker i skoen; **I like to ~ that** . . . jeg liker å ha følelsen av at . . .; **2.** føle på; kjenne på; ta på; **this material -s nice and soft** dette stoffet er bløtt og deilig å ta på; **your hands ~ cold** hendene dine føles kalde; **~ the weight of this suitcase!** kjenn på denne (tunge) kofferten! **3.** føle seg; føle seg som *(fx he felt a fool);* **he felt cheated** han følte seg snytt; **~ fine** føle seg bra; **~ good** føle seg vel; **he felt a sudden anger** han følte et plutselig sinne; han følte seg plutselig sint; **she -s sick** hun føler seg kvalm; **how are you -ing today?** hvordan føler du deg i dag? **~ cold** fryse; **begin to ~ hungry** begynne å bli (*el.* føle seg) sulten; *også fig:* **~ one's way** føle seg fram; føle seg for; **we must ~ our way***(=we must proceed tentatively)* vi må føle oss fram; **4.** kjenne etter *(fx feel whether there are any bones broken);* **he felt in his pocket** han kjente etter i lommen; **5***(=think; believe)* mene *(fx she feels that the firm treated her badly);* synes *(fx they feel that they must try again);* **I ~ obliged to** jeg synes jeg må; jeg føler meg forpliktet til å; **6.: ~ about** 1. føle for *(fx I can never feel the same about you again);* 2. synes om *(fx how does she feel about leaving London?);* **7.: ~ as if, ~ as though** føle at *(fx I feel as if I'm going to be sick);* **she -s as though she has known him for years** hun synes (*el.* føler) at hun har kjent ham i årevis; **8.: ~ equal to** *(,T: feel up to)* 1. være frisk nok til å; være i form til å; orke å *(fx I don't feel up to going out tonight);* 2. føle at man kan klare; **he did not ~ equal to that job** han følte at han ikke kunne klare den jobben; han følte seg ikke voksen for den jobben; **9.: ~ for** 1. føle med *(fx she felt for him in his sorrow);* 2. famle etter; kjenne etter *(fx she felt for a pencil in her handbag);* **10.: (please) ~ free to call on us whenever you like***(=just (feel free to) drop in whenever convenient)* stikk bare innom (oss) når det måtte passe; **11.: ~ friendly towards sby** nære vennlige følelser for en; **12.: I ~ in my bones that** . . . jeg føler på meg at . . .; **I ~ it in my bones** jeg føler det på meg; **13.: ~ like** 1. føle seg som; kjenne seg som *(fx he felt like a fool);* 2. *ved berøring:* kjennes som *(fx it feels like wool);* 3. **T: I ~ like a drink** jeg har lyst på en drink; **do you ~ like going to the cinema?** har du lyst til å gå på kino? **14.** *fig:* **~ out***(=sound)* sondere; føle på pulsen *(fx I'll feel out the committee members);* **15.** *fig:* **~ out of it** føle seg utenfor.

feeler ['fi:lə] *subst* **1.** *zo:* følehorn; føletråd; **2.** *fig:* føler; **put out a ~** komme med (*el.* sende ut) en føler *(fx I think we should put out some feelers before we make a final decision).*

feeler gauge *tekn:* følelære.

feeling ['fi:liŋ] *subst* **1.** følelse *(fx I have no feeling in my little finger; he spoke with great feeling);* **full of ~***(=full of emotion)* følelsesfull; **with ~***(=feelingly)* følelsesfullt; **a ~ of great pain** en sterk smerte; **a ~ of happiness** en lykkefølelse; **she has no ~ for him***(=she is indifferent to him)* hun føler ingenting for ham; hun har ingen følelser for ham; **any person of ~***(=anyone with awareness of other people's feelings)* ethvert følende menneske; **her angry words hurt his -s** de sinte ordene hennes såret følelsene hans; **her -s were confused** hun følte seg forvirret; **no hard -s, I hope!** jeg håper ingen føler seg forurettet; ingen sure miner, håper jeg! **2***(=impression)* følelse; inntrykk; **I have a ~ that** jeg har en følelse av at; **the ~ is running strongly that** man har en sterk følelse (*el.* fornemmelse) av at; **3.** atmosfære *(fx the feeling of a foreign city);* stemning; **~ is running very high** stemningen er meget opphisset; **a warlike ~***(=a warlike mood)* en krigersk stemning; **there was a lot of bad ~ about the increase in taxes** det var sterk misnøye med skatteøkningen.

feelingly *adv(=with feeling)* følelsesfullt; med følelse *(fx "I know what it's like to be poor", she said feelingly).*

fee simple *jur; i formuerett:* selveie; *(jvf freehold).*

fee tail *jur; i formuerett:* stamgods; *(jvf family estate).*

feign [fein] *vb; litt. el. stivt(=pretend)* foregi; hykle; **~ innocence** spille uskyldig.

feigned *adj; stivt:* forstilt *(fx happiness);* påtatt.

feint [feint] *subst; boksing, fekting, mil & fig:* finte.

felicitate [fi'lisi,teit] *vb; stivt(=congratulate)* lykkønske *(fx sby on sth* en med noe).

felicitations [fi,lisi'teiʃənz] *subst; pl: meget stivt(=congratulations)* lykkønskninger (*on* med).

felicitous [fi'lisitəs] *adj; litt. el. meget stivt* **1***(=happy)* lykkelig *(fx on this felicitous occasion);* **2.** *om ord el. uttrykk(=well-chosen)* velvalgt.

felicity [fi'lisiti] *subst; litt. el. meget stivt(=happiness)* lykke.

feline ['fi:lain] **1.** *subst:* kattedyr; **2.** *adj:* katte-; katteaktig *(fx her movements are rather feline);* **she had a ~ appearance** av utseende minnet hun om en katt.

I. fell [fel] *subst* **1.** *i Nord-England(=moorland hill)* høydedrag; vidde; **~ walking** det å gå på fottur på vidda; **2***(=animal skin)* pels; skinn; *(jvf I. pelt).*

II. fell *vb* **1.** *forst:* felle; hogge; **2.** *litt.(=knock down)* felle; slå ned.

III. fell: *pret av II. fall.*

fellah ['felə] *subst; i araberland:* bonde.

fellow ['felou] *subst* **1***(=chap)* fyr; **poor ~** stakkars fyr; **2. T***(=one; I)* man; en stakkar *(fx what's a fellow to do?);* **3.** *univ:* stipendiat; **4.** *univ:* **~ (of a college)** styremedlem (ved et college); **5.** *blant akademikere:* kollega; **6.** *glds; om den ene av et par:* make; **where's the ~ to this glove?***(=where's the other glove?)* hvor er maken til denne hansken? hvor er den andre hansken? **7.: Fellow** medlem av lærd selskap *(fx Fellow of the British Academy).*

fellow Christian medkristen.

fellow citizen medborger.

fellow feeling 1. samfølelse; fellesskapsfølelse; **2***(=sympathy)* medfølelse *(fx I had a fellow feeling for the other patient with the broken leg).*

fellowship ['felou,ʃip] *subst* **1.** fellesskap; **~ in suffering** fellesskap i lidelser; **2.** *glds el. meget stivt:* **(good) ~** kameratskap; vennskap; **3.** forening; selskap *(fx the Dickens Fellowship);* **4.** *univ:* stilling som stipendiat; **5.** *univ:* stiftelse med det formål å støtte en stipendiat; **6.** *univ:* stipendiats gasje.

fellow teacher*(=teaching colleague)* lærerkollega.

fellow traveller 1. medreisende; **2.** *polit; især om kommunistsympatisør:* medløper; sympatisør.

felon ['felən] *subst; hist; jur:* person skyldig i grov forbrytelse; *(se felony).*

felony ['feləni] *subst; hist; jur:* grov forbrytelse; *(jvf misdemeanor 2; skillet mellom 'felony' og 'misdemeanor' ble opphevet i 1967).*

I. felt [felt] *subst:* filt; **roofing ~** takpapp.

II. felt: *pret & perf. part. av II. feel.*
felt washer filtskive; filtpakning.
I. female ['fi:meil] *subst* **1.** hundyr; hunplante; **2.** *neds:* kvinnemenneske.
II. female *adj* **1.** hun- *(fx animal, plant);* **2.** kvinnelig; kvinne- *(fx female choir);* **3.** *mask:* hun-; ~ **thread** innvendig gjenge.
female population: the ~ den kvinnelige del av befolkningen.
female suffrage *især* **US***(=women's suffrage)* kvinnelig stemmerett.
I. feminine ['feminin] *subst; gram:* hunkjønnsord; femininum.
II. feminine *adj* **1.** kvinnelig; feminin; **2.** *gram:* hunkjønns-; av hunkjønn; ~ **ending** hunkjønnsendelse; ~ **gender** hunkjønn.
femininity [,femi'niniti] *subst:* kvinnelighet.
feminism ['femi,nizəm] *subst:* kvinnesaken.
feminist [,feminist] *subst:* kvinnesakskvinne.
femoral ['femərəl] *adj; anat:* lår- *(fx muscle).*
femur ['fi:mə] *subst; anat(=thighbone)* **lårben.**
fen [fen] *subst:* lavtliggende, myrlendt område; **the Fens** lavtliggende områder i Cambridgeshire og Lincolnshire.
I. fence [fens] *subst* **1.** gjerde; *fig* **T: sit on the** ~ stille seg avventende; **2. S***(=receiver of stolen goods)* heler; **3.** *for maskinsag:* anlegg; **angular** ~ vinkelanlegg.
II. fence *vb* **1.:** ~ **(in),** ~ **off** gjerde inn; **2.** fekte; **3.** vike unna; komme med utflukter; omgå sannheten *(fx he fenced with me for half an hour before I got the truth);* **4. S***(=receive stolen goods)* hele.
fencer ['fensə] *subst:* fekter.
fencing ['fensiŋ] *subst:* fekting.
fencing wire gjerdetråd.
fend [fend] *vb* **1.:** ~ **for oneself***(=look after oneself)* klare seg selv; **2.:** ~ **off***(=ward off)* avverge; parere *(fx a blow, a question).*
fender ['fendə] *subst* **1.** *mar:* fender; **2.** *på bil* **US***(=wing)* skjerm; **3.** *jernb(,***US:** *cowcatcher)* kufanger; **4***(=fire guard; fire screen)* kamingitter; gnistfanger.
fennel ['fenəl] *subst; bot:* **sweet** ~ fennikel.
fenny ['feni] *adj(=marshy; boggy)* myrlendt.
feoff [fi:f] *se fief.*
feral ['fiərəl; 'ferəl] *adj; bot, zo:* vill; som eksisterer i vill el. naturlig tilstand.
I. ferment ['fə:ment] *subst:* gjærstoff; gjæringsmiddel; *fig:* **the whole city was in a** ~ det var en opphisset stemning i hele byen.
II. ferment [fə'ment] *vb* **1.** gjære; få til å gjære; la gjære; **2.** *fig:* gjære; hisse opp;~ **trouble** sette i gang bråk.
fermentation [,fə:men'teiʃən] *subst* **1.** gjæring; **2.** *fig:* gjæring; uro; **the town was in a state of** ~ det gjæret i byen; **a time of** ~ en brytningstid.
fern [fə:n] *subst; bot:* bregne; ormegress.
ferocious [fə'rouʃəs] *adj(=fierce; savage)* vill; blodtørstig; glupsk *(fx animal); fig:* **a** ~ **argument** en rasende trette.
ferocity [fə'rɔsiti] *subst:* villskap; glupskhet; **an act of extreme** ~ en ytterst grusom handling.
ferreous ['feriəs] *adj:* som inneholder jern; jernholdig; som ligner jern *(fx a ferreous substance).*
I. ferret ['ferit] *subst; zo:* fritte.
II. ferret *vb* **1.** drive jakt med fritte; **2.** *fig:* lete iherdig *(fx he ferreted about in the cupboard);* **3. T:** ~ **out***(=nose out)* snuse opp; finne ut.
ferric ['ferik] *adj:* jern-; jernholdig.
ferro- ['ferou] *i sms:* jern-.
ferroconcrete [,ferou'kɔŋkri:t] *subst(=reinforced concrete)* jernbetong; armert betong.
ferrous ['ferəs] *adj:* ferro- *(fx chloride).*
ferruginous [fə'ru:dʒinəs] *adj* **1.** *om fjell, mineraler, etc:* jernholdig; **2.** rustfarget.
ferrule ['feru:l; 'ferəl] *subst(=ferule) på stokk, paraply, etc:* doppsko; *på redskap:* holk; beslag; ring.
ferry ['feri] **1.** *subst:* ferje; ferjested; **2.** *vb:* ferje; bruke ferje; ~ **them across the river** sette (*el.* ferje) dem over elven.
ferry boat*(=ferry)* ferje.
ferryman ['ferimən] *subst:* ferjemann.
fertile ['fə:tail] *adj* **1.** fruktbar *(fx land);* **2.** forplantningsdyktig *(fx woman);* fruktbar; **3.** *fig:* fruktbar *(fx imagination).*
fertility [fə:'tiliti] *subst:* fruktbarhet.
fertility cult fruktbarhetskult.
fertilization, fertilisation [,fə:tilai'zeiʃən] *subst; biol:* befruktning.
fertilize, fertilise ['fə:ti,laiz] *vb* **1.** *biol; bot; om plante, egg:* befrukte; **2.** gjødsle.
fertilizer, fertiliser ['fə:ti,laizə] *subst:* kunstgjødsel; gjødningsstoff.
fervency ['fə:vənsi] *subst: se fervour.*
fervent ['fə:vənt] *adj; stivt(=enthusiastic; ardent)* begeistret; ivrig; **a** ~ **admirer** en glødende beundrer **a** ~ **desire***(=an ardent desire; an ardent wish; a burning desire)* et brennende ønske.
fervour*(,***US:** *fervor)* ['fə:və] *subst; stivt(=enthusiasm; ardour)* glød; begeistring.
fescue ['feskju:] *subst; bot:* ~ **(grass)** svingel; **meadow** ~ engsvingel.
festal ['festəl] *adj: se festive.*
I. fester ['festə] *subst:* (lite) betent sår.
II. fester *vb* **1.** *om sår:* bli betent; **2.** *fig(=rankle)* nage; ergre *(fx the unkind remark festered in his mind for days).*
festival ['festivəl] *subst* **1.** *rel:* høytid; **the high -s** de store høytider; **2.** festival *(fx a drama festival);* **3.** folkefest.
festive ['festiv] *adj:* fest-; festlig; **there was a** ~*(=happy)* **atmosphere** det hersket feststemning.
festivity [fes'tiviti] *subst; stivt* **1***(=happiness)* munterhet; festivitas *(fx there was great festivity);* **2.: festivities***(=celebrations)* festligheter; fest; **wedding festivities** bryllupsfeiring; bryllupsfest.
festoon [fe'stu:n] *subst:* girlande; **-s of flowers** blomstergirlander.
fetal*(=foetal)* ['fi:təl] *adj; med.:* foster-; ~ **movement** bevegelse hos fosteret.
fetch [fetʃ] *vb* **1***(=go and get; bring)* hente; ~ **me some bread from the shop** ta med noe brød til meg fra butikken; **2***(=be sold for)* innbringe *(fx the picture fetched £500);* **3.:** ~ **a deep sigh** sukke dypt; **4.:** ~ **and carry for sby** stå på pinne for en; **5. T:** ~ **sby a blow** dra til en; **6.** *mar:* ~ **up on a rock** bli stående på et skjær; **7. T:** ~ **up in New York** havne i New York.
fetching ['fetʃiŋ] *adj: lett glds* **T***(=charming)* sjarmerende *(fx smile).*
fête, fete [feit] **1.** *subst:* **(charity)** ~ veldedighetsfest (i det fri); **garden** ~ hageselskap (til inntekt for et veldedig formål); **2.** *stivt(=entertain richly; fuss over)* gjøre stas på *(fx he was fêted by the whole town).*
fête grounds festplass.
feticide*(=foeticide)* ['fi:ti,said] *subst: med.(=aborticide)* fosterdrap.
fetid ['fetid] *adj; stivt(=stinking)* stinkende.
fetish ['fetiʃ; 'fi:tiʃ] *subst; også fig:* fetisj.
fetishism ['feti,ʃizəm; 'fi:ti,ʃizəm] *subst:* fetisjdyrkelse; fetisjisme.
fetlock ['fet,lɔk] *subst; zo; på hest:* hovskjegg.
I. fetter ['fetə] *subst* **1.:** **-s** fotlenker; **2.** *fig:* bånd *(fx*

the fetters of etiquette).
II. fetter *vb* **1.** sette fotlenke på; **2.** *fig:* binde *(fx fettered by convention),* holde tilbake *(fx fettered by memories of the past).*
fettle ['fetəl] *subst:* **in fine ~** i fin form.
fetus(*=foetus)* ['fi:təs] *subst; med.:* foster (mer enn to måneder gammelt).
feud [fju:d] *subst(=vendetta)* feide; strid.
feudal ['fju:dəl] *adj; hist:* føydal *(fx rights);* lens-; **~ overlord** lensherre.
feudalism ['fju:də,lizəm] *subst; hist(=feudal system)* føydalisme; lensvesen.
fever ['fi:və] *subst* **1.** (sykdom som forårsaker) feber *(fx she's in bed with a fever);* **~ and constant coughing** feber og vedvarende hoste; **2.** *fig:* feber *(fx in a fever of excitement).*
feverish ['fi:vəriʃ] *adj* **1.** febril; med feber; **be** ~*(=have a temperature)* ha feber; **a ~ child** et febersykt barn; **2.** *fig:* feberaktig; febrilsk; **~ activity** febrilsk aktivitet (*el.* travelhet).
fever pitch*(=state of intense excitement):* **things were at ~** det hersket intens spenning.
few [fju:] *adj, pron:* få *(fx few people visit him nowadays);* **every ~ minutes** med få minutters mellomrom; **such opportunities are ~** slike sjanser er det ikke mange av; **T: interesting jobs are ~ and far between** det er langt mellom de interessante jobbene; **~ are as clever as he is** det er få som er så kloke som han; **very ~ of them** svært få av dem; de færreste av dem; **very ~ of them came to last night's meeting** det var bare noen få av dem som kom til møtet i går kveld; **a** ~*(=some few)* noen få; **only a ~** bare noen få; **only a** ~*(=very few)* **are capable of (-ing)** de færreste er i stand til å; **(only) a very** ~*(=a very small number)* noen ganske få; **a chosen ~** noen få utvalgte; **quite a** ~*(,T: a good few)* ganske mange; ikke så få; **~ if any** få eller ingen; **too ~** for få; **the ~ who were left** de få som var igjen.
fewness ['fju:nis] *subst(=small number)* fåtallighet.
fewer ['fju:ə] *komp av few:* færre *(fx there are fewer men than women);* **A has few books, B has ~, and C has fewest of all** A har få bøker, B har færre, og C har færrest av alle; **no ~ than***(=as many as)* ikke færre (*el.* mindre) enn.
fewest ['fju:ist] *superl av few:* færrest; **they competed as to who had (the) ~ mistakes** de konkurrerte om hvem som fikk færrest feil.
fez [fez] *(pl: fezzes) subst; hodeplagg:* fes.
fiancé, fiancée [fi'ɔnsei] *subst:* forlovede.
fiasco [fi'æskou] *subst:* fiasko.
fib [fib] **1.** *subst:* liten løgn; **tell -s** komme med småløgner; **2.** *vb:* smålyve; komme med en liten løgn *(fx she fibbed about her age).*
fibber ['fibə] *subst:* (liten) løgnhals; skrønemaker.
fibre *(,US: fiber)* ['faibə] *subst* **1.** fiber; **dietary ~** fiber i kosten; **cereal ~** fiber i korn; **2.** *fig(=cast; character)* støpning *(fx he was of a different fibre);* **a man of strong moral ~***(=a man of strong character)* en mann med sterk karakter.
fibreboard ['faibə,bɔ:d] *subst:* fiberplate.
fibre content fiberinnhold.
fibreglass ['faibə,gla:s] *subst:* glassfiber.
fibre-rich *adj(=rich in fibre)* fiberrik.
fibril ['faibril] *subst:* fibrill.
fibrous ['faibrəs] *adj:* fibrøs; fiberholdig.
fibster ['fibstə] *subst(=fibber)* (liten) løgnhals; skrønemaker.
fibula ['fibjulə] *(pl: fibulas, fibulae* ['fibjuli:] *) subst; anat:* leggben.
fibular ['fibjulə] *adj; anat:* leggbens-.
fickle ['fikəl] *adj:* ustadig; vankelmodig *(fx lover).*
fiction ['fikʃən] *subst* **1.** romaner og noveller; prosadiktning; skjønnlitteratur (eksklusive drama og poesi); **2.** oppspinn; løgn.
fictitious [fik'tiʃəs] *adj:* fiktiv; oppdiktet; **give a** ~*(=false)* **address** oppgi falsk adresse.
I. fiddle ['fidəl] *subst* **1. T***(=violin)* fele; fiolin; **2.** *mar:* slingrebrett; **3. T: fix sth by working a ~ T:** ordne (*el.* fikse) noe bak mål; **work a currency ~** drive ulovlig valutahandel; **he's working a ~ over his taxes** han snyter på skatten; **he's always on the ~** han driver alltid med noe lureri; **4. T: fit as a ~** frisk som en fisk; **5. T: pull a face as long as a ~** bli meget lang i ansiktet; **6. T: play second ~** spille annen fiolin.
II. fiddle *vb* **1***(=play on the fiddle)* spille fele (*el.* fiolin); **2. T***(=falsify)* forfalske *(fx the accounts);* **3. T***(=swindle)* svindle; drive med lureri; **he -d his way into a position of trust** han fikk lurt seg til en betrodd stilling; **4.: ~ with** (sitte og) fingre med *(fx stop fiddling with your pencil!).*
fiddler ['fidlə] *subst* **1.** felespiller; spillemann; **2. T***(=cheat)* snytepave; småkjeltring.
fiddlestick ['fidəl,stik] *subst* **1. T***(=violin bow)* fiolinbue; **2.** *int:* **-s** sludder; tøys.
fiddling ['fidliŋ] *adj:* ubetydelig; triviell.
fiddling work puslearbeid; pirkearbeid.
fidelity [fi'deliti] *subst* **1.** *stivt(=faithfulness; loyalty)* trofasthet; lojalitet; **~ to a promise** troskap mot et løfte; **2.** *stivt el. tekn(=accuracy; exactness)* nøyaktighet; *(jvf high-fidelity).*
fidelity guarantee insurance*(=fidelity policy)* (underslags)garantiforsikring *(jvf guarantee insurance).*
I. fidget ['fidʒit] *subst* **1.** *om person* **T: he's a terrible ~** han er fryktelig urolig; han kan ikke sitte stille; han har lopper i blodet; **2. T: the -s***(=nervous restlessness)* nervøs uro; **I've got the -s – I can't sit still** jeg er så nervøs at jeg ikke kan sitte stille.
II. fidget *vb:* være urolig; ikke kunne sitte stille; **stop -ing while I'm talking to you!** sitt stille mens jeg snakker med deg! **~ with** fingre med; plukke nervøst på.
fidgety ['fidʒiti] *adj:* rastløs; urolig; som ikke kan sitte stille.
fiducial [fi'dju:ʃəl] **1.** *fys:* som brukes som utgangspunkt; referanse- *(fx a fiducial point);* **2.** *jur: se II. fiduciary.*
I. fiduciary [fi'dju:ʃəri] *subst; jur:* formuebestyrer.
II. fiduciary *adj; jur:* betrodd *(fx property);* **~ (note) issue** udekket seddelutstedelse; **~ loan** lån uten sikkerhetsstillelse.
fie [fai] *int; glds el. spøkef:* **~ (upon you)!** fy (skam deg)!
fief*(=feoff)* [fi:f] *subst; hist:* len.
I. field [fi:ld] *subst* **1.** jorde; åker *(fx wheat fields);* **2.** felt *(fx coalfield);* leie *(fx diamond field; coalfield);* **3.** *elekt, fys:* felt *(fx magnetic field);* **~ of vision** synsfelt; **4.** *sport:* -bane *(fx football field);* **the ~** 1*(=the main body)* feltet *(fx the field of runners; three of her horses were among the field of nineteen);* 2. *cricket:* utelaget; **play in the ~** spille ute; **5.** *mil:* **the ~** felten *(fx in the field);* **take the ~** dra i felten; **~ of battle** slagmark; **6.** *fig:* felt *(fx in the field of literature);* område *(fx in all fields);* **~ of interest** interessefelt; interesseområde; **what are his main -s of interest?** hvilke interesseområder har han? **that's completely outside my ~** det ligger helt utenfor mitt felt; **his special interests are not in that ~** det er ikke på det felt hans interesser ligger; **7.** *m.h.t. interesser, virksomhet* **T: play the ~** spre seg; satse på litt av hvert; spille på flere hester.
II. field *vb; cricket* **1.** stoppe *(fx the ball);* **2***(=play in the field)* spille ute *(fx our team are fielding);* **3.: ~ a strong team** stille med et sterkt lag.

field bindweed *bot(=lesser bindweed)* åkervindel.
field day 1. *mil:* mønstringsdag; **2. T:** stor dag *(fx the reporters had a field day).*
fielder ['fi:ldə] *subst; baseball & cricket:* utespiller.
field events *subst; pl; sport:* sprang- og kasteøvelser.
fieldfare ['fi:ld,fεə] *subst; zo:* gråtrost.
field glasses*(=binoculars)* (felt)kikkert.
field marshal *mil:* (general)feltmarskalk.
field mouse *zo:* markmus.
field mushroom sjampinjong; *(jvf button mushroom).*
field officer *mil; om offiser med rang av major, oberstløytnant el. oberst, som alle har 'field rank'; kan gjengis:* stabsoffiser.
fieldsman ['fi:ldzmən] *subst; cricket(=fielder)* utespiller.
field sports *om ridning, jakt & fiske:* friluftsidretter.
field woodrush *bot:* markfrytle; *(jvf woodrush).*
field work arbeid (,studier) i marken.
fiend [fi:nd] *subst* **1.** *især litt.:* **the Fiend***(=Satan)* djevelen; satan; **2.** *fig:* djevel *(fx she's an absolute fiend when she's angry);* **3. T: a drug** ~*(=a drug addict)* en stoffmisbruker; **a fresh-air** ~ en frisk-luftsfanatiker; **she's a** ~ **for work***(=she's a work junkie)* hun er arbeidsnarkoman.
fiendish ['fi:ndiʃ] *adj* **1***(=wicked; devilish)* djevelsk; fandens *(fx temper);* **2. T***(=very difficult; unpleasant; very clever)* djevelsk vanskelig; ubehagelig *(fx problem);* **a** ~ **plan** en utspekulert plan.
fiendishly *adv* **1***(=wickedly)* på en ond måte *(fx fiendishly clever);* **2. T***(=very):* **a** ~ **difficult problem** et meget vanskelig problem.
fierce [fiəs] *adj* **1***(=savage; very angry)* sint *(fx dog); om stut:* olm; **2.** *om person:* bister; barsk; **a** ~ **moustache** krigerske barter; **3***(=violent)* voldsom; rasende; **a** ~ **storm** et rasende uvær; **a man of** ~ **temper** en mann med et voldsomt temperament; **4***(=intense)* voldsom *(fx heat);* intens *(fx hatred);* **5***(=furious)* rasende; vill *(fx quarrel);* **6.** *om konkurranse(=severe)* meget skarp *(fx competition).*
fiery ['faiəri] *adj* **1.** *også fig:* brennende; flammende *(fx fiery red hair);* **2.** *om temperament:* heftig *(fx he had a fiery temper);* fyrig; **3.** *om hest(=high-spirited)* fyrig.
fife [faif] *subst; mus; mil:* liten fløyte.
fifteen ['fif'ti:n] *tallord:* femten.
fifteenth ['fif'ti:nθ] *tallord:* femtende(del).
fifth [fifθ] *tallord:* femte; femtedel.
fifth column femtekolonne.
fifth columnist femtekolonnist; forræder.
fiftieth ['fiftiiθ] *tallord:* femtiende(del).
fifty ['fifti] *tallord:* femti; **in the fifties** i femtiårene; **he's in his fifties** han er i femtiårene.
fifty-fifty [,fifti'fifti] *adj; adv(=half and half)* fifty-fifty *(fx we'll divide the money fifty-fifty).*
fig [fig] *subst; bot* **1.** fiken; **2***(=fig tree)* fikentre.
I. fight [fait] *subst* **1.** kamp; slåsskamp *(fx there was a fight going on in the street);* **he has been in a** ~ han har vært i slagsmål; **2***(=struggle)* kamp *(fx against disease; for freedom of speech);* **3***(=boxing-match)* boksekamp; **4.** kamplyst *(fx there was no fight left in him);* **5***(=resistance):* **put up a** ~ sette seg til motverge; **put up a good** ~ 1. bite godt fra seg; 2. *fig:* kjempe tappert; **6.** *også fig:* **in the thick of the** ~*(=in the heat of battle)* i kampens hete.
II. fight *vb (pret: fought; perf. part.: fought)* **1.** slåss *(fx they have been fighting);* slåss med *(fx he fought a big boy); om bokser(=box)* bokse; bokse mot; **the two countries have been -ing each other for years** de to landene har ligget i kamp med hverandre i årevis; ~ **for** 1. slåss for; 2. *fig:* slåss for; kjempe for *(fx one's life);* ~ **over sth** slåss pga. noe; **2***(=resist strongly)* bekjempe; motsette seg *(fx we shall fight the council's decision to build a motorway);* ~ **the fire** bekjempe ilden; **3***(=quarrel)* krangle; **4.:** ~ **against** 1. slåss mot; 2. *fig:* bekjempe; slåss mot; sette seg til motverge mot; **5.:** ~ **back** 1. sette seg til motverge; ta igjen *(fx if he hits you, fight back);* 2. holde tilbake *(fx one's tears);* undertrykke *(fx one's anger);* **6.:** ~ **it out** 1. kjempe inntil det foreligger en avgjørelse; slåss om det *(fx the two boys fought it out);* 2. *fig:* bli enig(e) *(fx fight it out among yourselves which of you is to go);* **7.:** ~ **off** drive tilbake *(fx the enemy);* **she fought him off** hun drev ham på flukt; *fig:* **I'll** ~ **this cold off by going to bed early** jeg skal få bukt med denne forkjølelsen ved å gå tidlig til sengs; **8.** *også fig:* ~ **one's way** kjempe seg fram *(fx through the thick smoke; to the top of one's profession);* **9.:** ~ **shy of***(=avoid)* unngå *(fx he fought shy of introducing her to his wife);* **he fought shy of them** han holdt seg unna dem; **10.:** ~ **to a finish** kjempe til det siste; **11.:** ~ **with** slåss sammen med; slåss på samme side som.
fighter ['faitə] *subst* **1.** *sport(=boxer)* bokser; **2.** *fig; om person som ikke lett gir opp:* fighter. **3.** *mil; flyv:* ~ **(jet)***(=jet-fighter)* jager; jetjager.
fighter-bomber jagerbombefly.
fighter pilot jagerflyver.
fighter squadron jagerskvadron.
I. fighting ['faitiŋ] *subst* **1.** slåssing; **all this** ~ all denne slåssingen; **2.** *mil:* kamp; kamphandlinger; **fierce** ~ innbitte kamper; **heavy** ~ harde kamper; **street** ~ gatekamper.
II. fighting *adj:* kjempende; stridende; kamp-.
fighting chance: there's a ~ det er en liten sjanse (*el.* mulighet) (hvis man virkelig satser hardt).
fighting drunk full og kranglete; **get** ~ drikke seg så full at man vil slåss.
fighting mad lynende sint.
fig leaf fikenblad.
figment ['figmənt] *subst:* **a** ~ **of the***(=one's)* **imagination** hjernespinn; fantasifoster; **that rich uncle is just a** ~ **of his imagination** den rike onkelen eksisterer bare i hans fantasi.
fig tree fikentre.
figurative ['figjurətiv] *adj:* figurlig; figurativ; overført; **in a** ~ **sense***(=in a non-literal sense)* i overført betydning; i figurlig forstand; ~ **language** billedspråk *(fx he uses very figurative language);* **that use of the word is** ~ den bruken av ordet er figurativ.
figuratively *adv:* figurativt; i overført betydning.
I. figure ['figə] *subst* **1.** skikkelse; figur; **he's a fine** ~ **of a man** han er et ordentlig mannfolk å se til; **2.** *geom(=shape)* figur; **3.** *mat.:* tall; talltegn; siffer; **double -s** tosifrede tall; **a six-**~ **telephone number** et sekssifret telefonnummer; **his salary runs into six -s** hans gasje kommer opp i et sekssifret tall; **4.: a** ~ **of speech** et billedlig uttrykk; **5.** *i dans:* figur; tur; **6.** *om illustrasjon, diagram, etc:* figur; **7.: -s** regning; **he's good at -s** han er flink til å regne; **I'm hopeless at -s** jeg er håpløs når det gjelder regning; **8. T***(=price)* pris *(fx ask a high figure for the house).*
II. figure *vb* **1***(=appear)* figurere *(fx on the programme);* **he -s largely in the story** han spiller en fremtredende rolle i historien; **2. T** *især* **US***(=think)* tro; anta; **3. US T:** ~ **on** regne med; **4. T***(=understand)* forstå; begripe *(fx I can't figure out why he said that; I just can't figure it out);* **I can't** ~ **him out** jeg blir ikke klok på ham; **5. T: that -s***(=that's what I would expect)* det rimer; det er som jeg ville vente det; **6.** *mus:* besifre; **-d bass** besifret bass.
figure dance turdans.

figurehead ['figə,hed] *subst* **1.** *mar:* gallionsfigur; **2.** *fig:* gallionsfigur; toppfigur.
figure of eight*(=figure eight)* åttetallsfigur.
figure skating kunstløp (på skøyter).
Fiji ['fi:dʒi:] *subst; geogr:* Fiji.
filament ['filəmənt] *subst* **1.** filament; tynn tråd; **2.** *bot:* støvtråd; **3.** *elekt:* **(lamp)** ~ glødetråd.
filbert ['filbət] *subst; bot(=hazel(nut))* **1.** hasselbusk; **2.** hasselnøtt.
filch [filtʃ] *vb* **T***(=nick; hook; pinch)* kvarte.
I. file [fail] *subst* **1***(=letter file; filing jacket)* (arkiv)-mappe; **2.** mappe *(fx we have a file on every known thief);* saksmappe; dossier; **card** ~*(=card index)* (kort)kartotek; **keep a ~ of** føre kartotek over; ha et arkiv over; **on** ~ arkivert; i arkivet (*el.* kartoteket); **we have no vacancies at the moment but I shall keep your name on** ~ vi har ingen ledige stillinger for øyeblikket, men jeg har notert meg navnet (ditt); **-s** arkiv; kartotek; **on***(=in)* **our -s** i vårt arkiv (*el.* kartotek); **3.** *EDB:* fil; **4.** *redskap:* fil; **5***(=line of people in marching formation)* rekke; geledd; **walk in single***(=Indian)* ~ gå i gåsegang; *mil:* gå i enkeltkolonne; **6.** *mil:* **the rank and** ~*(=the ranks)* de menige.
II. file *vb* **1.** arkivere; **2.** *jur el. stivt(=submit; hand in)* inngi; innlevere; ~ **a suit for divorce***(,***T:** *file for divorce)* begjære skilsmisse; ta ut skilsmissebegjæring; **3.** file; **4***(=walk in a file)* gå etter hverandre; **they -d across the road in an orderly fashion** de gikk pent etter hverandre over veien.
file card arkivkort; kartotekkort.
filial ['filjəl] *adj; meget stivt el. spøkef:* sønnlig; datterlig; som det sømmer seg for en sønn (,datter) *(fx filial behaviour; filial respect; his behaviour is far from filial); spøkef:* **this remark was met with ~ silence** denne bemerkningen ble møtt med taushet fra barnas (,sønnens, datterens) side.
filigree ['fili,gri:] *subst:* filigran(sarbeid).
filing ['failiŋ] *subst (jvf II. file)* **1.** arkivering; **2.** filing; **3.: -s** filspon.
filing cabinet arkivskap.
filing card kartotekkort.
filing clerk *merk:* arkivar.
I. fill [fil] *subst; ofte spøkef:* **eat one's** ~ spise seg mett (*of* på); **I've had my ~ of his rudeness** jeg har fått nok av uforskammetheten hans.
II. fill *vb* **1.** fylle *(fx fill a cup; fill the cupboard with books);* bli full; fylles *(fx the bath fills in five minutes);* **the essay -s***(=takes up)* **six pages** stilen er på seks sider; **2.** *fig:* fylle *(fx the news filled her with joy);* oppta *(fx it filled her thoughts);* ~*(=take)* **sby's place** fylle (*el.* ta) ens plass; **3.** *om stilling:* besette; fylle; ~ **a post,** ~ **a vacancy** besette (*el.* fylle) en ledig stilling; **the post has already been -ed** stillingen er allerede besatt; *stivt:* ~*(=hold)* **an office** inneha (*,stivt:* bekle) et embete; **4.** *om betingelser, krav, etc(=satisfy)* fylle; oppfylle; tilfredsstille *(fx does he fill all our requirements?); merk(=execute)* effektuere; utføre *(fx an order);* **T:** ~ **the bill***(=fit the bill; be suitable)* tilfredsstille kravene; være egnet *(fx a man who fills the bill; we're looking for a holiday cottage and this will fill the bill);* **5.** *om savn(=meet)* avhjelpe; ~ **a long-felt need** avhjelpe et lenge følt savn; **6***(=fill in; plug)* fylle igjen; tette igjen; *tannl:* plombere *(fx a tooth);* **7.:** ~ **in** 1*(=fill up)* fylle igjen *(fx fill in a ditch); fig:* ~ **in***(=stop)* **a gap** fylle igjen et hull; 2*(=pour in)* fylle på; 3. fylle ut *(fx he drew outlines of animals and the children filled them in);* 4. *om detaljer:* føye til; supplere med; fylle ut med *(fx I've got a general idea of what happened – could you fill in the details?);* ~ **sby in on what happened** orientere en om det som skjedde; 5. *om skjema, etc(=complete;* **US:** *fill out)* fylle ut *(fx have you filled in the form correctly?);* 6. *om tid:* ~ **in time***(=while away the time)* fylle ut tiden; **T:** slå ihjel tiden *(fx we had several drinks in the bar to fill in time until the train left);* 7.: ~ **in for sby***(=stand in for sby)* vikariere for en; **8.:** ~ **out** 1. legge på seg; 2. **US** *om skjema; etc(=fill in; complete)* fylle ut; **9.:** ~ **up** fylle (opp) *(fx fill up the tank please);* fylles *(fx the hall had filled up quickly);* ~ **up***(=fill in)* **a ditch** fylle igjen en grøft; ~ **up***(=stop up)* **a crack (with putty)** fylle igjen en sprekk; kitte igjen en sprekk; tette igjen en sprekk (med kitt); ~ **up a post,** ~ **up a vacancy** besette (*el.* fylle) en ledig stilling; *(se 3 ovf).*
filler ['filə] *subst* **1.** utfyllende stoff *(fx in the layout of a newspaper);* **2.** fyllstoff; fyllmasse; **earth** ~ jord som fyllmasse; **3***(=expletive (word))* fylleord.
filler cap *for bensintank:* påfyllingsdeksel.
I. fillet ['filit] *subst* **1***(=fillet steak)* filet *(fx cod fillet; fillet of veal);* **2.** *av tre el. metall:* smal list *(fx a wooden fillet);* **3***(thin strip of ribbon, lace, etc)* (smalt) bånd; pannebånd; hårbånd; **4.** *på søyle; mellom kannelyrer:* stripe; **5.** *bokb:* filet; bånd.
II. fillet *vb:* filetere.
I. filling ['filiŋ] *subst* **1.** fylling; ~ **in***(=up)* påfylling; **2** fyll *(fx what kind of filling did you put in the cake?);* **3.** *tannl:* plombe; **4.** *i vev(=weft)* islett; veft.
II. filling *adj:* som fyller opp; *om mat:* **be more ~** fylle mer opp *(fx high-fibre meals are more filling than other meals).*
filling knife*(=stopping knife)* sparkel.
filling station*(=petrol station;* **US:** *gas station)* bensinstasjon.
fillip ['filip] **1.** *subst:* knips (med fingrene); *fig:* stimulans; **2.** *vb:* knipse (med fingrene).
fillister ['filistə] *subst(=groove; rebate)* fals; **sash** ~ fals i vindussprosse.
filly ['fili] *subst; zo:* ung hoppe; hoppeføll.
I. film [film] *subst* **1***(=thin coating; layer)* hinne; belegg; **a ~ of dust** en hinne av støv; **through a ~ of tears** gjennom et slør av tårer; **2.** *fot:* film; **make a ~** lage en film; **I've retained this scene in a ~ I took** jeg har foreviget denne scenen i en film jeg tok.
II. film *vb:* filme *(fx film a horserace).*
film cartridge filmkassett.
film director filminstruktør.
film editor filmklipper.
film library filmarkiv.
film operator kinomaskinist.
film part*(=part in a film)* filmrolle.
film set filmkulisse.
filmset ['film,set] *vb(=photoset)* lage fotosats (av).
film star filmstjerne.
film strip billedbånd.
filmy ['filmi] *adj:* hinneaktig; halvt gjennomsiktig.
filter ['filtə] **1.** *subst:* filter; **2.** *vb:* filtrere.
filter element filterinnsats.
filth [filθ] *subst* **1***(=dirt)* skitt; griseri; *vulg:* møkk; **2.** *fig:* skitt; griseri; uanstendig (*el.* utuktig) stoff *(fx that firm publishes nothing but filth).*
filthy ['filθi] *adj* **1***(=dirty)* skitten; griset; *vulg:* møkkete; **2.** *fig:* skitten; griset; svinsk *(fx story);* **a ~ trick** et skittent trikk; **3. T***(=unpleasant):* ~ **weather** fillevær; vemmelig vær.
filtrate ['filtreit] **1.** *subst:* filtrat; **2.** *vb(=filter)* filtrere.
filtration [fil'treiʃən] *subst(=filtering)* filtrering.
fin [fin] *subst* **1.** *zo; etc:* finne; *zo:* **tail ~** halefinne; **2.** *flyv(,***US:** *vertical stabilizer)* halefinne.
I. final ['fainəl] *subst(=finals)* finale; **the ~ will be in London** finalen skal være i London; **2.** *univ:* **-s** avsluttende eksamen *(fx take one's finals).*

II. final *adj* **1***(=last)* sist *(fx the final chapter of the book);* **2.** endelig *(fx the judge's decision is final);* **3.** *språkv:* utlydende *(fx final l).*
finale [fi'na:li] *subst; mus; etc:* finale.
finalist ['fainəlist] *subst:* finalist.
finality [fai'næliti] *subst:* endelig karakter; **the ~ of his decision was unquestioned** det var ikke tvil om at hans avgjørelse var endelig; **she shut the door with an air of ~** hun lukket døren med en bestemt mine.
finalization [,fainəlai'zeiʃən] *subst:* endelig beslutning (*el.* avgjørelse); sluttbehandling.
finalize, finalise ['fainə,laiz] *vb(=make final; make a final decision about)* treffe en endelig avgjørelse om *(fx we must finalize the arrangements by Friday);* **the matter has not yet been -d***(=finally dealt with)* saken er enda ikke sluttbehandlet.
finally *adv* **1***(=at last; after a long time)* endelig; omsider; **2***(=lastly)* til sist *(fx finally, he put his tie on);* **3.** definitivt; én gang for alle *(fx settle the matter finally).*
I. finance [fai'næns; fi'næns] *subst* **1.** finans; finansvitenskap; finansvesen; **minister of ~** finansminister; **he is an expert in ~** han er finansekspert; **2.: -s** finanser; økonomi; **T: how are your -s?** hvordan er det med økonomien din (,**T:** finansene dine)?.
II. finance *vb:* finansiere.
finance bill UK: budsjettinnstilling.
finance company finansieringsselskap.
financial [fai'nænʃəl; fi'nænʃəl] *adj:* finansiell; finans-; penge-; økonomisk; **~ difficulties** økonomiske vanskeligheter; **have a ~ commitment to sby** ha en økonomisk forpliktelse overfor en; **his interest in the business is purely ~** han har utelukkende økonomiske interesser i forretningen; **~ year** regnskapsår.
financially *adv:* finansielt; økonomisk; **the business is ~ insecure** forretningen har usikker økonomi; **back sby ~** gi en økonomisk støtte; støtte en økonomisk.
financier [fai,nænsiə; fi'nænsiə] *subst:* finansier; finansmann.
finback ['fin,bæk] *subst; zo(=rorqual)* finnhval.
finch [fintʃ] *subst; zo:* finke.
I. find [faind] *subst:* funn; **the old book is quite a ~!** den gamle boken er litt av et funn!
II. find *vb(pret: found; perf. part.: found)* **1.** finne; **be found** 1. bli funnet *(fx he was found dead);* 2. finnes *(fx this plant is not found in Norway);* **the next day found him in high spirits** neste dag var han i strålende humør; **I found I couldn't do the work** jeg fant at jeg ikke kunne gjøre arbeidet; **I found that I had missed the train** jeg fant (*el.* oppdaget) at jeg var kommet for sent til toget; **~ (the) time to** finne tid til å; **I managed to ~ the courage to ask for more money** jeg fikk mønstret mot til å be om flere penger; **2***(=think; consider)* synes *(fx I found the weather very cold in Norway);* **I ~ it difficult** jeg synes det er vanskelig; **3.: ~ oneself** befinne seg *(fx in a room);* **I found myself without money** jeg stod der uten penger; **4.** *jur; om jury:* avsi kjennelse;**~ for the defendant** gi saksøkte medhold; **~ for the plaintiff** ta saksøkerens påstand til følge; **the jury found him guilty** juryen fant ham skyldig; **5.: ~ one's feet** finne seg til rette *(fx she soon found her feet);* **6.: ~ out** finne ut *(fx I found out what was troubling her);* **they found him out** de avslørte ham; de gjennomskuet ham.
finder ['faində] *subst* **1.** finner; **the ~** finneren; **2.** *fot(=viewfinder)* søker; **3. T: -s keepers***(=whoever finds something has the right to keep it)* den som finner noe, kan bare beholde det.
finding ['faindiŋ] *subst* **1.** funn; **2.** det å finne; **3.** *jur:* kjennelse; **4.: -s** resultat(er); **the -s of the committee** det resultat komitéen har kommet fram til.
I. fine [fain] **1.** *subst:* bot; mulkt; **2.** *vb:* bøtlegge; mulktere.
II. fine *adj* **1.** av utmerket kvalitet; fin *(fx fine paintings);* helt fint *(fx there's nothing wrong with your work – it's fine);* **a ~ performance** en fin forestilling; **2.** *om været:* pent; fint *(fx it was a fine day); fig:* **one ~ day** en vakker dag; **3.** *om helsetilstanden:* fin *(fx I'm feeling fine today);* **4***(=thin; delicate)* fin *(fx thread);* **5.** *om finhetsgraden:* **~ sand** fin sand; **~ rain** fint regn; **6***(=slight; subtle)* fin; subtil *(fx a fine distinction);* **7.** *iron(=wonderful)* fin; nydelig *(fx you've made a fine mess of everything!);* **this is a ~ state of affairs!** dette var fine greier! nå sitter vi *(,etc)* fint i det!
III. fine *adv* **T***(=satisfactorily)* fint *(fx this will do fine);* **this suits me ~** dette passer meg fint (*el.* bra).
IV. fine *int:* fint *(fx you've finished your work already ~ fine!).*
fine arts *se art.*
fine-draw ['fain,drɔ:] *vb* **1.** *om tråd:* trekke ut; **2.** *om søm:* sy så fint sammen at skjøten knapt syns.
fine-drawn ['fain,drɔ:n] *adj* **1.** *om tråd:* fin; tynn; **2.** *om argument, etc:* hårfin; kunstig; søkt; **3.** *om ansiktstrekk:* **~ features** fine trekk.
fine-grained ['fain,greind] *adj:* finkornet.
finery ['fainəri] *subst:* stas; pynt; **in all her ~** i sin fineste stas.
I. finesse [fi'nes] *subst* **1.** behendighet; raffinement; **2.** stor takt; diplomati; **3.** *kortsp:* lusing; **4.** *fig:* knep.
II. finesse *vb; kortsp:* luse; file.
fine-tooth(ed) comb *også fig:* finkam; **go over** *(=through)* **with a ~** finkjemme.
I. finger ['fiŋgə] *subst* **1.** finger; *(NB tommelfingeren regnes ofte ikke som finger);* **2.: have a ~ in the pie** ha en finger med i spillet; **she likes to have a ~ in every pie in the village** hun vil gjerne følge med i alt som skjer i landsbyen; **3. T: his -s were all thumbs***(=he was all fingers)* han var klosset; **4. T** *fig:* **put one's ~ on sth** sette fingeren på noe.
II. finger *vb:* fingre med; ta på.
fingerprint ['fiŋgə,print] **1.** *subst:* fingeravtrykk; **2.** *vb:* ta fingeravtrykk av.
fingertip ['fiŋgə,tip] *subst:* fingertupp; fingerspiss; **T: he has it at his -s** han kan det på fingrene.
finicky ['finiki] *adj* **T 1.** altfor pertentlig; altfor pirkete; **2.** *om stil:* altfor detaljert.
I. finish ['finiʃ] *subst* **1***(=end)* slutt; ende; *sport:* sluttkamp *(fx be in at the finish);* **it was a close ~** de kom nesten samtidig i mål; **2.** (siste) finpuss; finish; **surface ~** overflatefinish.
II. finish *vb* **1.** avslutte *(fx she finished (her speech) by thanking everybody);* slutte *(fx the music finished);* fullføre; bli ferdig med *(fx one's job);* **~ reading the book** lese ut boken; bli ferdig med å lese boken; **2.** *om mat & drikke:* spise (,drikke) opp *(fx you must finish your tea);* **3.** *tekn:* gi (en) finish; overflatebehandle; finpusse; **4. T** *ofte spøkef(=kill; finish off)* ta kverken på; gjøre det av med; **that long walk -ed her completely** den lange turen tok helt knekken på henne; **5.: ~ off** 1*(=complete)* gjøre ferdig *(fx a job);* 2*(=use the last of; eat the last of; drink the last of)* bruke (,spise, drikke) resten av; **we -ed off the pudding** vi spiste opp (hele *el.* resten av) puddingen; 3.**T** *ofte spøkef(=kill)* ta kverken på; ta knekken på *(fx his illness nearly finished him off);* **6.: ~ up** 1.: *se ovf: finish off 2;* 2*(=end):* **~ up in jail** havne i fengsel; **7.: ~ with** 1. gjøre slutt med *(fx they're finished with each other now);* **he's -ed with that hobby** han er ferdig med den hobbyen; 2. *truende:* **I haven't -ed with you yet!**

jeg er ikke ferdig med deg enda!
finished *adj:* ferdig *(fx they were finished by four; they're finished with each other); om ødelagt karriere:* ferdig *(fx he's finished as a lawyer); om beholdning, etc:* **the milk is ~** det er ikke mer melk igjen.
finished product*(=manufactured product)* ferdigprodukt.
finishing line *sport(=finish line)* mållinje.
finishing shot nådeskudd.
finishing touch(es): put the ~ to sth legge siste hånd på noe.
finite ['fainait] *adj* **1.** som har grenser *(fx human knowledge is finite);* **2.** *mat.:* endelig; **3.** *gram:* finitt *(fx a finite verb).*
I. fink [fink] *subst; især* **US S 1***(=strike-breaker; blackleg)* streikebryter; **2***(=informer)* angiver.
II. fink *vb; især* **US S 1.** være streikebryter; **2.: ~ on sby** angi en (til politiet).
Finland ['finlənd] *subst; geogr:* Finland.
Finn [fin] *subst:* finne.
Finnish ['finiʃ] **1.** *subst; om språket:* finsk; **2.** *adj:* finsk.
finny ['fini] *adj:* med finner.
fiord*(=fjord)* [fjɔ:d] *subst:* fjord.
fir [fə:] *subst; bot(=spruce fir; fir tree)* gran.
fir cone*(=spruce cone)* grankongle.
I. fire ['faiə] *subst* **1.** ild; brann; bål; varme; *mil:* ild *(fx be under fire);* **open ~** bål; peisbål; **by the ~** ved peisen; ved bålet; **2.** *fig; litt. el. stivt(=enthusiasm)* ild; glød *(fx patriotic fire);* **3.: catch ~** ta fyr; **4.: set ~ to** sette fyr på; **5.: light***(=start)* **the ~** tenne opp; **light a ~ in the stove** tenne opp i ovnen.
II. fire *vb* **1.** fyre av; skyte *(fx he fired twice; no shots were fired);* **~!** fyr! **2.** brenne *(fx bricks; pottery);* **3.** *om motor:* tenne; **4.** *stivt(=set fire to)* stikke i brann; **5.** *fig; stivt(=inspire)* oppildne; fyre opp under *(fx the story fired his imagination);* **6.: ~ away** 1. *mil:* gi ild; skyte; **they -d away at the target** de skjøt (*el.* fyrte løs) på målet; 2. *fig* **T: ~ away!** klem i vei! sett i gang!
fire alarm brannalarm.
firearm ['faiər,a:m] *subst:* skytevåpen.
firebomb ['faiə,bɔm] *subst:* brannbombe.
firebrand ['faiə,brænd] *subst; fig:* urostifter *(fx a political firebrand).*
firebrick ['faiə,brik] *subst:* ildfast (mur)stein.
fire brigade*(,US: fire department) subst; konkret:* **the ~** brannvesenet; *(jvf fire service).*
firebug ['faiə,bʌg] *subst* **T***(=fire raiser)* ildspåsetter; brannstifter.
fire captain US*(=station fire officer)* brannmester.
fire department US*(=fire brigade)* brannvesen.
fire drill brannøvelse.
fire engine *(,faglig: fire appliance)* brannbil.
fire escape brannstige.
fire extinguisher brannslukningsapparat.
fire-fighting equipment brannslukningsutstyr.
fireguard ['faiə,ga:d] *subst:* kamingitter; gnistfanger.
fire hose brannslange.
fire instructions branninstruks.
fire investigator brannetterforsker.
fire irons: a set of ~ et sett (med) ildrakere; et kaminsett; *(jvf companion set).*
fireman ['faiə,mən] *subst:* brannkonstabel; brannmann.
fire marshal US*(=chief fire officer)* brannsjef.
fire officer: chief ~ *(,US: fire marshal)* brannsjef; **station ~***(,US: fire captain)* brannmester.
fire protection equipment brannvernutstyr.
fire raiser*(=arsonist)* ildspåsetter; brannstifter.
fire safety measures sikringstiltak mot brann; **regulations concerning -s on passenger ships** forskrifter om sikringstiltak mot brann på passasjerskip.
fire service brannvesen (som institusjon); *(jvf fire brigade).*
fireside ['faiə,said] *subst:* **at***(=by)* **the ~** ved peisen; ved kaminen.
fire station brannstasjon.
firewood ['faiə,wud] *subst(=wood fuel)* vedbrenne.
fireworks ['faiə,wə:ks] *subst; også fig:* fyrverkeri.
firing line ildlinje; skuddlinje.
firing squad *mil:* eksekusjonspeletong.
I. firm [fə:m] *subst:* firma.
II. firm *adj:* fast *(fx a firm handshake);* **is the table ~?** står bordet støtt? **give a ~ refusal** avslå bestemt; **he was quite ~ about it** han var helt bestemt (når det gjaldt det); **be ~ with sby** være bestemt overfor en.
firmament ['fə:məmənt] *subst:* firmament.
I. first [fə:st] *subst* **1.: the ~** den første *(fx the first to arrive was John);* **2.** *univ(=first class)* beste karakter; laud *(fx he got a first in English);* **3.** *mask(=first gear)* førstegir.
II. first *adj; adv* **1.** først *(fx the first person to arrive); (=firstly)* for det første; **2.: at ~** til å begynne med; i begynnelsen; **although I was a bit irritated at ~** selv om jeg ble litt irritert med det samme; **3.: at ~ hand** på første hånd; **4.: ~ and foremost** *stivt(=first of all; before anything else)* først og fremst; **5.: ~ of all** først og fremst; for det første; **6.: ~ come, ~ served** den som kommer først til møllen, får først malt; **7.: when we were ~ married** den gangen vi giftet oss; **when we ~ arrived** med det samme vi kom.
first aid førstehjelp.
first class første klasse.
first-class ['fə:st'kla:s, *attributivt:* 'fə:st,kla:s] *adj:* førsteklasses.
first cousin søskenbarn; fetter; kusine.
first-day cover førstedagsstempel.
first floor *(,US: second floor):* **on the ~** i annen etasje.
first-lieutenant US 1*(=lieutenant)* løytnant; **2.** *flyv(=flying officer)* løytnant.
firstly ['fə:stli] *adv(=in the first place)* for det første.
first name*(=Christian name)* fornavn.
first of exchange *merk:* primaveksel.
first offender førstegangsforbryter.
first officer *mar(=chief officer)* overstyrmann.
first-rate ['fə:st'reit; *attributivt:* 'fə:st,reit] *adj:* førsteklasses.
First Sea Lord *(,US: Chief of Naval Operations)* Generalinspektøren for Sjøforsvaret.
first secretary *ved ambassade:* førstesekretær.
firth [fə:θ] *subst; især i Skottland:* (trang) fjord.
fiscal ['fiskəl] *adj:* fiskal; finans-; skatte-; **~ year** finansår; skatteår.
I. fish [fiʃ] *subst:* fisk; **plenty of ~** mye fisk; **drink like a ~** drikke som en svamp; **feed the -es***(=be seasick)* mate krabbene; **have other ~ to fry** ha andre jern i ilden.
II. fish *vb* **1.** fiske; **~ for trout** fiske ørret; *fig:* **~ for an invitation** fiske etter en invitasjon; **2.: ~ out** fiske fram *(fx he fished out the letter he was looking for);* **3.: ~ in troubled water** fiske i rørt vann.
fish-and-chip shop gatekjøkken hvor det selges «fish and chips» (fisk og pommes frites).
fish ball ['fiʃ,bɔ:l] *subst:* fiskebolle.
fish cake fiskekake.
fish eagle afrikansk fiskeørn; *(jvf osprey).*
fisherman ['fiʃəmən] *subst:* fisker.
fishery ['fiʃəri] *subst; oftest i pl:* fiske *(fx deep-sea fisheries);* **ministry of fisheries** fiskeridepartement.

fishing ['fiʃiŋ] *subst:* fiske; **cod ~** torskefiske.
fishing line fiskesnøre.
fishing rod fiskestang.
fishing tackle fiskeutstyr; fiskeredskap.
fishmonger ['fiʃ,mʌŋgə] *subst:* fiskehandler.
fishwife ['fiʃ,waif] *subst* **1.** *glds:* fiskerkone; **2.** *neds:* vulgær, høyrøstet kvinne.
fishy [fiʃi] *adj* **1.** fiskeaktig; fiske- *(fx a fishy smell);* **2. T***(=suspicious)* fordektig; mistenkelig; **there's sth ~ about it** det er noe rart (,**T:** muggent) ved det; **that's a ~ excuse** det var en rar unnskyldning.
fission ['fiʃən] *subst* **1***(=splitting; breaking into parts)* spalting; kløyving; *biol:* deling; **reproduction by ~** formering ved deling; **2.** *fys(=nuclear fission)* atomspalting.
fissionable ['fiʃənəbl] *adj; fys:* spaltbar.
fissiparous [fi'sipərəs] *adj; biol:* som formerer seg ved deling (*el.* spalting).
fissure ['fiʃə] *subst; stivt(=crack)* sprekk; *anat:* fissur.
fist [fist] *subst:* neve; knyttneve; **clench one's -s** knytte nevene; **he shook his ~ at me** han knyttet neven til meg.
fistula ['fistjulə] *subst; med.:* fistel.
I. fit [fit] *subst* **1.** anfall; **a fainting ~** et besvimelses-anfall; **T: have a ~***(=get very angry)* bli rasende; **2.** pasning; passform; **your dress is a very good ~** kjolen din passer helt fint; **it's a tight ~** den er trang; det er trangt; **3.: by -s and starts** rykkevis; i ujevnt tempo.
II. fit *vb* **1***(=be the right size)* passe; **it -s perfectly** den (,det) passer helt fint; **the key doesn't ~ the lock** nøkkelen passer ikke i låsen; **2***(=correspond with the facts)* passe *(fx it simply doesn't fit);* **3***(=be suitable)* passe til; passe på *(fx the description fits him);* svare til *(fx the punishment fits the crime);* **~ the bill***(=fill the bill)* egne seg; være egnet *(fx this cottage would fit the bill);* **a bachelor would ~ the bill** en ungkar ville passe bra; **4***(=adjust)* tilpasse *(fx they had to fit the idea to their philosophy);* **make the punishment ~ the crime** avpasse straffen etter forbrytelsen; **5***(=qualify)* dyktiggjøre *(fx this experience helped to fit him for the task);* **6.** montere *(fx a cooker);* sette inn *(fx a new lock on the door);* **~***(=put)* **the pieces of the machine together** sette maskindelene sammen; montere maskinen; **7.: ~ in** passe inn (*with* i) *(fx my plans fit in with yours);* finne seg til rette *(fx she doesn't seem to fit in (with the rest of the children)); m.h.t. arrangement, avtale, etc:* finne tid til; finne plass til; få med *(fx do you think you could fit me in on Monday?);* **8.: ~ out***(=equip)* utstyre *(fx for an expedition);* **9. S: ~ sby (up)** få en dømt på falske bevis; **10. ~ up with***(=get)* skaffe *(fx the optician will soon fit you up with a new pair of glasses);* **11.: ~ with***(=equip with)* utstyre med.
III. fit *adj* **1.** frisk; i god form *(fx I'm feeling very fit);* **he's not completely ~ yet** han er ikke helt frisk enda; **keep ~** holde seg i form; **2.: ~ for***(=suitable for; suited for; fitted for)* egnet for; skikket for (*el.* til) *(fx do you think he's fit for the job?);* **a dinner ~ for a king** en kongelig middag; **3.: ~ to** 1. egnet til; **food ~ to eat** spiselig mat; **you're not ~ to be seen** du er ikke presentabel slik som du ser ut; du kan ikke vise deg (for folk) slik som du ser ut; **a book ~ to be read***(=a book that deserves to be read)* en bok som fortjener å bli lest; 2. **T***(=ready to):* **I was ~ to scream with anger** jeg kunne ha skreket av sinne; **he worked till he was ~ to drop** han arbeidet til han var nær ved å segne; **4.: do as you see ~** gjør slik som du synes det passer best.
fitch(et) ['fitʃ(it)] *subst; zo(=polecat)* ilder.
fitful ['fitful] *adj; stivt(=irregular)* uregelmessig; som kommer i kast *(fx a fitful breeze);* **~ sleep** urolig søvn.
fitness ['fitnis] *subst* **1.** egnethet; skikkethet; **2.** form; kondisjon.
fitted ['fitid] *adj* **1.** tilpasset; **~ carpet** vegg-til -veggteppe; heldekkende teppe; **2.: ~ for***(=suitable for)* skikket for *(fx a job),* **3.: ~ with** utstyrt med.
fitter ['fitə] *subst:* montør; **engine ~** maskinmontør; **electrical ~** elektromontør; **motor ~** ufaglært bilreparatør.
fitter's shop monteringsverksted.
I. fitting ['fitiŋ] *subst* **1.** prøving; prøve *(fx I have a fitting for my wedding dress tomorrow);* **2.** montering; **3.** beslag; armatur *(fx an electrical fitting);* **the bathroom -s are all pale blue** baderomsutstyret er holdt i lyseblått.
II. fitting *adj* **1***(=suitable)* passende *(fx this is a fitting occasion to wish him good luck);* **2***(=proper; correct):* **it is ~ that you should attend the ceremony** det passer seg at du er til stede ved seremonien.
five [faiv] **1.** *tallord:* fem; **2.** *subst:* femtall; *(se four).*
fivefold ['faiv,fould] **1.** *adj:* femdobbel; **2.** *adv:* femdobbelt.
fiver ['faivə] *subst* **1. UK***(=five-pound note)* fempundseddel; **2. US***(=five-dollar bill)* femdollarseddel.
I. fix [fiks] *subst* **1. T***(=difficulty)* knipe *(fx be in a fix);* **2.** *mar, flyv:* bestemmelse av posisjon; stedsbestemmelse; **3. S:** (narkotika)sprøyte; heroinsprøyte *(fx he's just had a fix);* **4. T: his appointment as manager was a ~** han fikk sjefstillingen ved bestikkelse (*el.* på uærlig vis).
II. fix *vb* **1.** feste *(fx he fixed the shelf to the wall);* få til å stå støtt *(fx he fixed the post firmly in the ground); fig:* feste *(fx he fixed his eyes on the door); om kunstner:* **~ sth on the canvas** fastholde noe på lerretet; **~ the blame on sby** legge skylden på en; **2.** fastsette *(fx a price; a date);* **~ (up) a meeting for next week** avtale (*el.* arrangere) et møte neste uke; **3***(=mend; repair)* reparere; **T:** fikse *(fx he fixed my watch);* **4. T** *på uærlig vis:* ordne; fikse *(fx he fixed it so that I would be blamed); om person:* bestikke; **T:** fikse *(fx I'll fix him);* **5. T** *om det å ta hevn, etc:* fikse; ta seg av *(fx I'll fix him!);* **6.** *især* **US T:** ordne; fikse; lage i stand *(fx I'll fix dinner tonight);* **~ one's hair** fikse seg på håret; ordne håret; **7. T** *el. dial(=spay; castrate)* sterilisere; kastrere *(fx an animal);* **8.** *fot:* fiksere; **9.** *biol:* preparere; **10.** *kjem:* binde; **11.** *mar:* **~ a ship***(=close a charter)* slutte frakt; befrakte et skip; **12. T: ~ on***(=decide; choose)* fastsette; velge *(fx have you fixed on a date for your party yet?);* **13.: ~ up** ordne; arrangere *(fx a meeting);* **I've got nothing -ed up for tonight** jeg har ingen avtale for i kveld; **14.: ~ sby up with sth***(=get sby sth)* skaffe en noe *(fx can you fix me up with a car for tomorrow?).*
fixation [fik'seiʃən] *subst* **1.** *fot:* fiksering; **2.** *kjem:* binding; **3.** *biol:* preparering; **4.** *psykol:* binding *(fx a mother fixation);* fiksering; **T:** fiks idé *(fx he's got a fixation about legs).*
fixative ['fiksətiv] *subst:* fiksativ; fiksermiddel.
fixed [fikst] *adj* **1.** fast *(fx price);* **a ~ expression** et stivt (ansikts)uttrykk; **a ~ stare** et stivt blikk; **2.** *på uærlig vis:* fikset *(fx the result of that race was fixed).*
fixed costs *bokf(=period costs)* faste kostnader.
fixedly ['fiksidli] *adv:* stivt *(fx he stared fixedly at the picture).*
fixer ['fiksə] *subst; fot:* fikservæske.
fixing bath *fot:* fikserbad.
fixture ['fikstʃə] *subst* **1.** fast inventar; veggfast

gjenstand; **2.** *om person; spøkef:* fast inventar; **3.** *sport* 1. arrangement *(fx sporting fixtures);* 2. kamp *(fx the football team has a fixture on Saturday).*
fixture list *fotb:* spilleplan.
I. fizz [fiz] *subst* **1.** brusing; perling; **2.** **T***(=champagne)* sjampis; skum.
II. fizz *vb:* bruse; perle; skumme.
fizzle ['fizəl] *vb* **1.** *om væske:* bruse; **2. T: ~ out** 1*(=die out)* dø ut *(fx the fire fizzled out);* 2*(=fail; come to nothing)* mislykkes; ikke bli noe av *(fx their plans to go abroad fizzled out).*
fizzy ['fizi] *adj:* sprudlende; kullsyreholdig; **~ lemonade** brus; **children like ~ drinks** barn liker å drikke noe som bruser; **it's too ~** det inneholder for mye kullsyre.
flabbergasted ['flæbə,ga:stid] *adj* **T***(=very surprised)* forbløffet.
flabby ['flæbi] *adj:* løs i kjøttet; kvapset; **~ muscles** slappe muskler.
flaccid ['flæksid] *adj; stivt: se flabby.*
I. flag [flæg] *subst* **1.** flagg; **dip the ~** hilse med flagget; **put out -s** flagge; **fly***(=carry)* **the Norwegian ~** føre norsk flagg; **fly the ~ at half mast** flagge på halv stang; **fly the ~ in honour of** flagge for; **hoist the ~** heise flagget; **strike***(=lower)* **the ~** stryke flagget; **2.** *bot:* **(yellow) ~** *(=iris)* sverdlilje; **3.** *fig* **T: with -s flying** for full musikk; **the firm folded up with -s flying** firmaet gikk nedenom for full musikk.
II. flag *vb* **1.** signalisere med flagg; **2.: ~ down a car** gjøre tegn til en bil at den skal stoppe; **we -ged down a taxi** vi stoppet en drosje; **3***(=become limp; hang down)* bli slapp; begynne å henge; **4***(=become weak or tired)* falle av *(fx halfway through the race he began to flag);* **5.** *fig:* tape seg *(fx his interest began to flag).*
flag day 1. merkedag (da man selger små flagg til inntekt for et veldedig formål); **2. Flag Day US:** fridag til minne om innføringen av stjernebanneret den 14. juni, 1777.
flagellate ['flædʒi,leit] *vb; meget stivt(=whip)* piske.
flag-flying day: official ~ offentlig flaggdag.
flagging ['flægiŋ] *subst* **1.** hellelegging; **2.** hellelagt område.
flag of convenience bekvemmelighetsflagg.
flag of navigation det flagg et skip seiler under.
flag of truce*(=white flag)* parlamentærflagg.
flagpole ['flæg,poul] *subst(=flagstaff)* flaggstang.
flagrant ['fleigrənt] *adj; neds; stivt(=obvious)* åpenlys; åpenbar; opplagt; **a ~ breaking of the rules** et åpenlyst (*el.* opplagt) brudd på reglene; **a ~ injustice***(=a crying injustice)* en åpenbar urett (*el.* urettferdighet); en skrikende urettferdighet.
flagship ['flæg,ʃip] *subst:* flaggskip.
flagstaff ['flæg,sta:f] *subst(=flagpole)* flaggstang.
flagstone ['flæg,stoun] *subst:* helle; fortaushelle.
flag-waver ['flæg,weivə] *subst* **T:** kraftpatriot.
I. flail [fleil] *subst:* sliul; slire.
II. flail *vb* **1.** håndtreske; slirtreske; **2.: with arms -ing** mens armene gikk som en vindmølle.
flair ['flɛə] *subst* **1***(=talent; natural ability)* (medfødt) evne *(fx for (learning) languages);* **2.** *fig:* nese; teft; sans *(fx for sth);* **3. T***(=stylishness; elegance; dash):* **dress with ~** kle seg elegant; **4.** *jaktuttrykk; glds(=scent)* spor; sporsans.
I. flake [fleik] *subst:* flak; **-s of soot** sotflak; **-s of snow***(=snowflakes)* snøfnugg; snøfloker; **-s of skin** tynne hudfiller; hudflak.
II. flake *vb:* **~ (off)***(=peel (off))* falle av i flak; flasse av *(fx the paint is flaking off that door);* **flaking paint** maling som flasser av.
flaky ['fleiki] *adj* **1.** som består av flak; **2.** som faller av i flak *(fx paintwork).*

flamboyant [flæm'bɔiənt] *adj* **1.** *neds; stivt(=showy)* prangende; oppsiktsvekkende *(fx behaviour; clothes);* **he was too ~ to be popular** han stakk seg altfor meget frem til å være populær; **2***(=brilliant in colour; resplendent)* fargesprakende; **3.** *arkit:* **~ style** flammestil (i sengotikken).
I. flame [fleim] *subst* **1.** flamme; *fig:* **fan the -s** puste til ilden; **2.** *litt.(=passion)* ild; glød; **the ~ of love** kjærlighetens flamme; **3. T***(=sweetheart):* **an old ~** en gammel flamme.
II. flame *vb* **1.** *også fig:* flamme; **the fire -d brightly** det brant lystig; **2.** flambere *(fx a pancake).*
flaming ['fleimiŋ] *adj* **1.** flammende *(fx fire); fig:* **~ red hair** flammende rødt hår; **2.** *fig* **T***(=violent):* **he was in a ~ temper** han var rasende.
flamingo [flə'miŋgou] *subst; zo:* flamingo.
flammable ['flæməbl] *adj; tekn el.* **US:** *se inflammable.*
flan [flæn] *subst (flat open tart of pastry and fruit)* (stor) åpen fruktkake *(fx would you like some flan?);* **apple ~** eplekake; *Bakewell ~(=Bakewell tart)* massarin; *(jvf frangipane).*
flange [flændʒ] *subst; tekn:* flens.
flank [flæŋk] **1.** *subst:* flanke; *på dyr:* side; **2.** *vb:* flankere *(fx flanked by two policemen); mil:* angripe i flanken.
flannel ['flænəl] *subst* **1.** flanell; **2.: face ~***(=face cloth;* **US:** *washcloth)* ansiktsklut; **3.: (pair of) -s** flanellbukse.
flannelette [,flænə'let] *subst(=cotton flannel)* bomullsflanell.
flannelgraph ['flænəl,græf] *subst:* flanellograf.
I. flap [flæp] *subst* **1.** klaff *(fx of an envelope);* **table ~** bordklaff; **2.** blafring *(fx the flap of the flag);* **with one ~ of its wings the bird was off** med ett vingeslag var fuglen vekk; **3.** *flyv:* flap; **4. T: they're all in a terrible ~ over the robbery** de er alle voldsomt opphisset pga. ranet.
II. flap *vb* **1.** flagre *(fx the leaves were flapping in the breeze);* blafre *(fx the flag was flapping);* **the bird ~-ped its wings and flew away** fuglen flakset sin vei; fuglen slo med vingene og forsvant; **2. T***(=become confused; get into a panic)* bli forfjamset; bli nervøs *(fx there's no need to flap – you'll be ready in time).*
flapjack ['flæp,dʒæk] *subst* **1. US***(=pancake)* pannekake; **2.** slags havrekake.
I. flare [flɛə] *subst* **1.** flakkende lys(skjær); bluss; **2.** nødbluss; signalbluss; *mil:* lysbombe; **3.: a skirt with a ~***(=a flared skirt)* et utsvingt skjørt.
II. flare *vb* **1.** brenne flakkende; kaste et urolig lys *(fx the firelight flared across the room);* **2.: -d trousers** bukse med sleng; **her skirt -s slightly** skjørtet hennes er litt utsvingt; **3.: ~ up** 1. blusse opp; flamme opp *(fx a sudden wind made the fire flare up);* 2. *fig:* blusse opp *(fx a quarrel flared up between them; the spots on his face flared up again);* fare opp *(fx he flared up).*
flare-up ['flɛərʌp] *subst:* oppblussing.
I. flash [flæʃ] *subst* **1.** glimt *(fx a flash of lightning); fra lykt, etc:* blink; **2. T***(=moment):* **in a ~** på et øyeblikk *(fx I was with her in a flash);* **3.** *fig:* glimt; **a ~ of understanding** et glimt av forståelse; **4***(=newsflash)* nyhetssammendrag; nyhet; **5.** *på uniform(=badge)* distinksjon; **6.** *fig:* **a ~ in the pan** et kort blaff.
II. flash *vb* **1.** glimte; lyse *(fx a light flashed out from the window);* lyse med *(fx he flashed a torch); fig:* gnistre *(fx his eyes flashed with anger);* **she -ed a smile at him** hun smilte fort til ham; **2.** *radio:* **~ a message to** sende en melding til; **3. T***(=show)* vise fram *(fx he flashed a card and was allowed to pass);* **4.: ~ by, ~ past***(=pass quickly)* gå meget fort *(fx*

the days flashed by); fare (*el.* suse) forbi *(fx the cars flashed past).*
flashback ['flæʃ,bæk] *subst; i film el. roman:* kort tilbakeblikk *(fx a flashback in which we learn something about the hero's childhood).*
flasher ['flæʃə] *subst* **1***(=flashing indicator)* blinklys; **2.** blotter.
flasher unit blink(lys)relé.
flashing indicator*(=flasher)* blinklys.
flashing light blinkfyr.
flashlight ['flæʃ,lait] *subst; især* **US***(=torch)* lommelykt.
flash photography fotografering med blitz.
flash point 1. flammepunkt; antennelsestemperatur; **2.** *fig:* kritisk punkt *(fx the political mood has reached flash point).*
flashy ['flæʃi] *adj; neds* **S***(=ostentatious; cheap)* prangende *(fx car);* glorete *(fx clothes); om person m.h.t. klesdrakt:* iøynefallende *(fx a flashy young man).*
flask [fla:sk] *subst(=hip flask)* lommelerke.
I. flat [flæt] *subst* **1***(,***US:** *apartment)* leilighet *(fx do you live in a house or a flat?);***2.** flate; slette; **on the ~***(=on the level)* på flatmark; **3.** flatside *(fx the flat of the sword);* **4. T***(=flat tyre)* punktering *(fx we got a flat on the way home);* **5.** *mus:* (fortegnet) b.
II. flat *adj; adv* **1.** flat; **a ~ surface** en flate; en plan overflate; **2.** bestemt; **a ~ refusal** et bestemt avslag; et kategorisk nei; **and that's ~** og dermed basta *(fx I'm not going and that's flat!);* **3.** *om drikk:* doven *(fx beer)* **4.** *om dekk:* uten luft i; punktert *(fx tyre);* **5***(=stretched out)* utstrakt *(fx she was lying flat on her back);* **fall ~ on one's face** falle nesegrus; *(se II. fall 13: ~ flat);* **6.** *om sko:* lavhælt; **7***(=exactly)* nøyaktig *(fx he did the journey in thirty minutes flat); sport:* blank *(fx he finished in ten seconds flat);* **8.** *om batteri(=run down)* flatt; utladet *(fx the battery has gone flat);* **9. T***(=dull)* kjedelig; kjedsommelig; **feel ~***(=feel bored)* kjede seg; **10.: work ~ out** arbeide for fullt; **11.** *mus:* med b for; **A ~** Ass; **B ~** (tonen) B; **G ~** Gess; **sing ~** synge for lavt.
flat-bottomed ['flæt,bɔtəmd] *adj:* flatbunnet.
flatfish ['flæt,fiʃ] *subst; zo:* flatfisk; flyndre.
flatfoot ['flæt,fut] **1.** *subst:* plattfothet; **2.** *adj(=flatfooted)* plattfot.
flatlet ['flætlit] *subst:* liten leilighet.
flatly ['flætli] *adv(=emphatically)* kategorisk *(fx refuse flatly).*
flatmate ['flæt,meit] *subst:* en man deler leilighet med.
flat race *sport:* flatløp.
flat rate enhetstariff; enhetspris; fast pris.
flat-rate taxation flat beskatning.
flatten ['flætən] *vb* **1.: ~ (out)** bli flat(ere); gjøre flat(ere); rette ut *(fx the bent metal);* **the landscape -ed out** landskapet ble flatere; **2.** *flyv:* **~ out** flate ut; **3. T***(=knock down)* slå ned; **4. T***(=subdue; crush)* knuse; ta knekken på; **5.: ~ oneself against the wall** trykke seg inntil veggen; **6.** *mus:* sette b for; gjøre (en halv tone) dypere.
flattened *adj:* flattrykt.
flatter ['flætə] *vb:* smigre *(fx sby);* flattere *(fx the photograph flatters him);* **I ~ myself that I can speak French** jeg smigrer meg med at jeg kan snakke fransk; **I think I can ~ myself that I am both punctual and accurate** jeg mener jeg kan rose meg av å være både punktlig og nøyaktig.
flatterer ['flætərə] *subst:* smigrer.
flattering ['flætəriŋ] *adj:* smigrende.
flattery ['flætəri] *subst:* smiger.
flatulence ['flætjuləns] *subst; stivt el. med.(=gas in the stomach)* oppblåsthet; luft i magen; *med.:* flatulens.
flat wagon *jernb(,US: flat freight car)* vognbjørn.
flatware ['flæt,wɛə] *subst:* kuvertartikler.
flatworm ['flæt,wə:m] *subst; zo:* flatorm.
flaunt [flɔ:nt] *vb* **1.** *stivt; neds(=show off with; display ostentatiously)* prale med; stille frekt til skue; vise seg med *(fx she flaunted her expensive clothes in front of her poor relations);* **2.** *om flagg, etc; stivt(=flutter)* blafre; vaie.
flautist ['flɔ:tist] *subst(,***US:** *flutist)(=flute player)* fløytist; fløytespiller.
I. flavour *(,***US:** *flavor)* ['fleivə] *subst* **1***(=taste)* smak *(fx this tea has a wonderful flavour);* smaksvariant *(fx there are many different flavours of ice-cream);* smakstilsetning; **2.** *fig:* anstrøk *(fx of romance);* krydder; **life in X had an idyllic ~** tilværelsen i X fortonet seg som en idyll; **the celebrations had an Eastern ~** festlighetene minnet litt om Østen.
I. flavour *(,***US:** *flavor) vb; også fig(=give flavour to)* sette smak på *(fx a cake with lemon).*
flavouring *(,***US:** *flavoring) subst:* smakstilsetning.
flaw [flɔ:] *subst* **1***(=fault; defect)* feil *(fx in the material),* **2.** *fig(=sth wrong)* feil; mangel.
flawed *adj; stivt(=with faults; with a defect)* med feil *(fx this china is flawed); fig:* **a ~ beauty** en anløpen skjønnhet; **morally ~** med (*el.* som har) en moralsk brist.
flawless ['flɔ:lis] *adj; stivt(=perfect)* feilfri; *fig:* feilfri; uten lyte *(fx a flawless beauty);* **her reasoning is not ~** hennes resonnement er ikke feilfritt.
flax [flæks] *subst; bot:* lin.
flaxen ['flæksən] *adj* **1.** lin-; **2.** *litt.(=very fair)* lingul *(fx flaxen hair).*
flay [flei] *vb* **1***(=skin)* flå; **2.** *fig(=attack with savage criticism)* hudflette; flå.
flea [fli:] *subst; zo:* loppe.
fleabite ['fli:,bait] *subst:* loppebitt; *fig:* loppestikk.
flea market*(=jumble market)* loppetorg.
fleck [flek] **1.** *subst(=spot)* flekk; plett; **not a ~ of dust** ikke et støvfnugg; **2.** *vb:* sette flekk(er) på; plette; **-ed with blood** med blodflekker.
fled *pret & perf. part. av flee.*
fledge [fledʒ] *vb; om fugleunge:* gjøre flygeferdig; *fig:* **newly -d** nybakt.
fledg(e)ling ['fledʒliŋ] *subst* **1.** flygeferdig fugleunge; **2.** *fig:* nybegynner.
flee [fli:] *vb(pret: fled; perf. part.: fled) stivt(=run away)* flykte; løpe sin vei; **he fled the country** han flyktet fra landet.
I. fleece [fli:s] *subst; på sau, etc:* ull; *glds:* skinn; **the Golden Fleece** det gyldne skinn.
II. fleece *vb* **1***(=shear)* klippe *(fx a sheep);* **2.** *fig(=swindle)* flå *(fx the tourists).*
fleecy ['fli:si] *adj(=soft and woolly)* lodden; bløt.
I. fleet [fli:t] *subst* **1.** *mar:* flåte; flåtestyrke; **2.** lang rekke *(fx a fleet of buses arrived);* **a ~ of cars** en vognpark; **run a ~ of taxis** drive et drosjefirma.
II. fleet *adj; litt.(=quick; swift);* **~ of foot***(=fleet-footed)* rappfotet.
Fleet Chief Petty Officer *(fk FCPO) (,***US:** *Master Chief Petty Officer of the Navy (fk MCPO) intet tilsv: se NEO flaggkvartermester.*
fleeting ['fli:tiŋ] *adj; stivt el. litt.(=brief; transient)* flyktig; kortvarig *(fx the fleeting joys of youth);* **for a ~***(=brief)* **moment** et øyeblikk; et kort øyeblikk.
Flemish ['flemiʃ] **1.** *subst; språket:* flamsk; **2.** *adj:* flamsk.
flense [flens] *vb:* flense *(fx a whale).*
flesh [fleʃ] *subst* **1.** *også av frukt:* kjøtt; **2. T***(=fat)* flesk; fett *(fx he used to be slim but he has a great deal of flesh now);* **rolls of ~** fettvalker; **3.** *litt.:* **the**

~(=*the body*) kjødet (*fx the spirit is willing but the flesh is weak*); **go the way of all ~** gå all kjødets gang; **4.: his own ~ and blood** hans eget kjøtt og blod; **it's more than ~ and blood can stand** 1. det er mer enn et menneske kan tåle; 2. *int:* nei, nå gir jeg meg rent over! **5.: in the ~** i levende live; i virkeligheten (*fx I've never seen him in the flesh*); **6.: it made his ~ creep** det gjorde ham uhyggelig til mote; det fikk ham til å gyse.

fleshly ['fleʃli] *adj; glds(=carnal)* kjødelig.

fleshpots ['fleʃ,pɔts] *subst; pl; ofte spøkef:* **the ~** kjøttgrytene.

fleshy ['fleʃi] *adj* **1.** kjøttfull (*fx fruit*); **2.** *neds(=fat)* fet.

flew *pret av II. fly.*

flex [fleks] **1.** *subst(,***US:** *cord) elekt:* ledning (*fx the lamp has a long flex*); **(extension) ~** skjøteledning; **2.** *vb:* bøye (*fx she slowly flexed her arm to find out if it was less painful*); **~ one's muscles** la musklene spille.

flexibility [,fleksi'biliti] *subst:* fleksibilitet; elastisitet; bøyelighet; smidighet.

flexible ['fleksibl] *adj* **1.** som lett kan bøyes; bøyelig (*fx material*); **2.** *fig:* fleksibel (*fx a very flexible person*); elastisk; smidig.

flexion ['flekʃən] *subst* **1.** bøyning; bøyebevegelse; **2.** *gram(=flection): se inflection.*

flexor ['fleksə] *subst; anat:* bøyemuskel.

I. flick [flik] *subst* **1.** kvikk bevegelse (*fx with a flick of the wrist he hit the ball*); **a ~ of the tail** et slag med halen; **a ~ with the fingers** et knips med fingrene; **2. T: the -s**(=*the cinema*)**: I'm going to the -s tonight** jeg skal på kino i kveld.

II. flick *vb* **1.** *om rask bevegelse:* **~ open a packet of cigarettes** sprette en pakke sigaretter; **~ through the pile of photos** bla raskt gjennom stabelen av fotografier; **2.** *med lys:* blinke med; **~ one's right indicator** slå på blinklyset på høyre side.

I. flicker ['flikə] *subst* **1.** blafring; glimting; **2. TV:** flimring; **3.** *fig:* glimt (*fx of hope*); svak antydning (*fx there was a flicker of interest in his plan at first but ...*).

II. flicker *vb* **1.** blafre; *om lys:* glimte; flimre; **2.** *fig:* glimte; spille; **a smile -ed across her face** det gled et smil over ansiktet hennes; **3.** *fig:* **~ up** blusse opp.

flick knife springkniv.

flick switch *elekt:* vippebryter.

flier ['flaiə] *subst: se flyer.*

flight [flait] *subst* **1.** *om fugl, pil, etc:* flukt; *fig:* **a ~ of fancy** en fantasiflukt; **indulge in -s of fancy** fantasere; **2.** flytur (*fx how long is the flight to New York?*); flyvning (*fx there are no flights to Paris today*); flyavgang; flight (*fx flight BE 407 to Rome*); **book a ~ to Paris** kjøpe flybillett til Paris; **the ~ on to London was uneventful** flyturen videre til London gikk greit; **I came on that ~** jeg kom med det flyet; **scheduled -s** ruteflyvninger; **he came on a scheduled ~ from Rome to London** han kom med rutefly fra Roma til London; **lay on extra -s** sette inn flere fly; **3.** *om antall:* flokk (*fx a flight of geese*); **a ~ of arrows** et pilregn; *flyv; del av skvadron:* 4 fly; **4.** *på pil:* (styre)fjær; **5**(=*retreat*) retrett; flukt; **put to ~** slå på flukt; **take ~** gripe flukten; **the ~ from the land**(=*the rural exodus; the drift from the country*) flukten fra landsbygda; **6.** *sport(=line of hurdles)* hinder; **7.: ~ of stairs** (innvendig) trapp; **a ~ of steps led up to the front door** det gikk en trapp opp til inngangsdøren; **8.: in ~** under flyvning; i luften (*fx the geese in flight*).

flight crew flybesetning.

flight crew member flybesetningsmedlem.

flight deck 1. *flyv; på passasjerfly:* cockpit; **2.** *mar; på hangarskip:* flydekk.

flight departure(=*flight*) flyavgang; (*se flight 2*).

flight engineer flymaskinist.

flight level flygehøyde; flygenivå.

flight lieutenant (*fk Flt Lt*) (,**US:** *captain* (*fk CPT*)) *flyv; mil:* kaptein.

flight number *flyv:* flight number; **they called his ~** flyet hans ble ropt opp.

flight operations officer flyklarerer..

flight path 1. *flyv(=course)* kurs; **2.** *prosjektils, etc:* bane.

flight plan *flyv:* flyplan.

flight recorder *flyv(=black box)* ferdskriver.

flight sergeant (*fk FS*) *flyv; mil:* stabssersjant; (*se master-sergeant*).

flight simulator flysimulator.

flight strip 1. flystripe; **2**(=*runway*) runway; landingsbane; startbane.

flighty ['flaiti] *adj:* flyktig (*fx young girl*).

I. flimsy ['flimzi] *subst:* gjennomslagspapir.

II. flimsy *adj* **1.** *ofte neds:* spinkel (*fx construction*); tynn (*fx dress*); **~ little boat** skrøpelig liten båt; **2.** *fig:* lett gjennomskuelig; spinkel (*fx excuse*).

flinch [flintʃ] *vb; om brå bevegelse i frykt, smerte, etc:* krympe seg; vike tilbake; *fig:* **without -ing** uten å blunke.

I. fling [fliŋ] *subst* **1.** *stivt(=throw)* kast; **2.** *fig* **T: have a ~** slå seg løs; **3.: a Highland ~** skotsk dans.

II. fling *vb (pret: flung; perf. part.: flung)* **1**(=*throw (with great force); hurl*) kyle; hive; slenge; kaste; **~ one's arms round sby's neck** kaste armene rundt halsen på en ; **2**(=*rush*) styrte (*fx out of the house*); **~ off**(=*rush off*) styrte av sted.

flint [flint] *subst:* flint; flintestein.

flintlock [flint,lɔk] *subst; hist* **1.** flintelås; **2.** flintebøsse.

I. flip [flip] *subst* **1.** knips (med fingrene) (som får en gjenstand til å vende seg om); **the ~ of a coin** det å spinne en mynt; **2.** *sport(=somersault)* saltomortale.

II. flip *vb* **1.** knipse til (slik at gjenstanden vender seg om); **~ a coin** spinne en mynt; *ofte(=toss up)* slå mynt og krone; **~ a pancake** vende en pannekake i luften; **2.: ~ (over)**(=*turn over quickly*) snu (*fx he flipped over the record*); **she -ped over the pages of the book** hun bladde flyktig i boken.

flip-flop ['flip,flɔp] *subst* **1.** klapring; **go ~** klapre; **2.: -s** strandsandaler.

flippancy ['flipənsi] *subst:* fleip; rappmunnethet.

flippant ['flipənt] *adj:* fleipete (*fx she made a flippant reply to his question*); rappmunnet; respektløs (*fx they were flippant to their parents*).

flipper ['flipə] *subst* **1.** *zo:* luffe; **2.** svømmefot (*fx swim with flippers*).

flipping ['flipiŋ] *adj:* pokkers (*fx he's a flipping idiot*); **it's ~ cold** det er pokker så kaldt.

flip side(=*B side*) *om den minst populære siden av en plate:* bakside (*fx I actually prefer the flip side of their latest hit*).

I. flirt [flə:t] *subst(=flirtatious person)* flørt (*fx she's a terrible flirt!*).

II. flirt *vb* **1.** flørte (*with* med); **2.** *fig; stivt:* **~ with**(=*toy with*) leke med (*fx death; an idea*).

flirtation [flə:'teiʃən] *subst:* flørt.

flirtatious [flə:'teiʃəs] *adj; stivt(=given to flirtation)* som flørter; (*jvf I. flirt*).

flirter ['flə:tə] *subst(=flirt)* flørt; person som flørter.

flit [flit] *vb* **1**(=*move quickly*) smette; pile; fly (*fx butterflies were flitting around the garden*); **2.** *nordeng & skotsk(=move house)* flytte; **3.** *fig:* **~ from one job to another** stadig skifte jobb; **4. T**(=*leave hurriedly*) stikke av (for å unngå forpliktelser).

flivver ['flivə] *subst; om bil* **S***(=old crock)* skramlekasse; kjerre.

I. float [flout] *subst* **1.** *på fiskesnøre:* dupp; *på garn:* flyter; **2.** *mar(floating platform for swimmers or boats)* flåte; flytende plattform; **3.** *flyv:* flottør; **4.** *mask:* **(carburettor)** ~ flottør (i forgasser); **5.** *i sisterne:* **ball** ~*(=ball cock)* flottør; **6.** *i opptog; dekorert el. med utstilling på:* vogn *(fx a prize is given to the best float in the procession);* **7.** *om liten, batteridrevet varebil:* **milk** ~ melkebil; **8.: (bricklayer's)** ~ pussebrett; **9.** *teat:* **-s***(=footlights)* rampelys; **10***(=petty cash)* (kasserers) vekslepenger *(fx before the shop opened the cashier was given a float of £20).*

II. float *vb* **1.** *på vannet:* flyte; la flyte *(fx they floated their toys in the bath);* ~ **a ship***(=get a ship afloat)* bringe et skip flott; ~*(=raft)* **timber** fløte tømmer; **2.** *i luften:* drive *(fx fog floated(=drifted) across the road);* sveve *(fx lights floated(=were suspended) above us); fig:* sveve *(fx thoughts floated(=wafted) before him);* **the sound of bells -ed away on the wind** lyden av klokker tapte seg i vinden; **3.** *merk(=start)* stifte *(fx a fund to aid developing countries; a new company);* ~ **a scheme** lansere en plan; **4.** *om valutakurs:* la flyte *(fx float the pound);* **5.** *bygg:* brettskure; pusse (med brett); *(jvf I. float 8).*

floating assets*(=current assets)* omløpsaktiva.

floating capital*(=circulation capital)* omløpskapital.

floating crane flytekran.

floating currency flytende valuta.

floating dock flytedokk.

floating kidney*(=wandering kidney)* vandrenyre.

floating vote*(=floating voters)* marginalvelgere; flytende stemmer.

I. flock [flɔk] *subst* **1.** flokk; **2.** *spøkef(=congregation)* menighet *(fx the priest and his flock);* **3.** ulldott; hårdott; **4.** *avfallsstoff i tekstilproduksjon:* stopp(emateriale).

II. flock *vb:* flokkes; stimle sammen.

flock mattress stoppet madrass; ullmadrass.

floe [flou] *subst(=ice floe)* isflak.

flog [flɔg] *vb* **1.** piske; **2. S** *især om tyvegods(=sell)* selge; **3. S:** ~ **(away)***(=work very hard)* slite; jobbe hardt; **4. T: you'll be -ging a dead horse if you try to find a hotel room** det vil være spilt møye å forsøke å få tak i et hotellrom.

flogging ['flɔgiŋ] *subst* **1.** pisking; **2***(=beating)* juling *(fx give him a good flogging).*

I. flood [flʌd] *subst* **1.: -(s)***(=inundation)* oversvømmelse; flom; **the river is in** ~ det er flom i elva; **spring** ~ vårflom; *bibl:* **the Flood***(=the Deluge)* syndfloden; **2.** *fig:* strøm *(fx of words);* flom *(fx of tears);* **a** ~ **of light** et vell av lys; et lyshav; **3.** *teat(=floodlight)* prosjektør(lys); flomlys; *(jvf floodlight projector).*

II. flood *vb* **1***(=inundate)* oversvømme; sette under vann; lage oversvømmelse i *(fx the kitchen);* gå over sine bredder *(fx the river has flooded);* **2.** *fig:* oversvømme *(fx the market);* strømme *(fx relief flooded through him; applications flooded in);* **3.: be -ed out** bli fordrevet av flom(men); bli husløs pga. flom(men); **3.** *fig:* **-ed with** oversvømt av; **-ed with light** badet i lys.

floodgate ['flʌd,geit] *subst* **1***(=sluicegate)* sluseport; **2.** *fig:* **-s** sluser *(fx open the floodgates to immigration).*

floodlight ['flʌd,lait] **1.** *subst:* prosjektør(lys); flomlys; **under** ~ i flomlys; **2.** *vb:* flombelyse.

floodlight projector prosjektør.

floodlit ['flʌd,lit] *adj:* flombelyst; ~ **track** lysløype.

flood tide*(=rising tide)* høyvann; flo.

flood water flomvann.

I. floor [flɔ:] *subst* **1.** gulv; **2.** etasje *(fx the library has seven floors);* **on the first** ~*(,***US:** *on the second floor)* i annen etasje; **the ground** ~*(,***US:** *the first floor)* første etasje; **3.** minimumsgrense; minimums-; **a wage** ~ en minimumslønn; **4.** *stivt:* **take the** ~ 1*(=rise to speak)* ta ordet; 2*(=begin to dance)* danse ut.

II. floor *vb* **1.** legge gulv i *(fx a room);* **2***(=knock down)* slå ned; slå i gulvet; *om bryter:* **he was -ed***(=thrown)* han ble kastet; han måtte i gulvet; **3.** *fig:* **the question completely -ed her** spørsmålet satte henne helt til veggs.

floorage ['flɔ:ridʒ] *subst(=floor space)* gulvareal.

floorboard ['flɔ:,bɔ:d] *subst:* gulvbord; **decaying -s** morkne gulvbord.

floor cloth gulvklut; skurefille.

floor covering*(=flooring)* gulvbelegg.

flooring ['flɔ:riŋ] *subst* **1***(=floor covering)* gulvbelegg; **2***(=floor)* gulv.

floor level gulvhøyde; **at** ~ i gulvhøyde.

floor plan *arkit:* etasjeplan.

floorwalker ['flɔ:,wɔ:kə] *subst* **US***(=shopwalker)* butikkinspektør (i varemagasin).

I. flop [flɔp] *subst* **1.** klask; plump; dunk; **belly** ~ mageplask; **2. T***(=failure)* fiasko.

II. flop *vb* **1.** sprelle *(fx the fish were flopping in the bottom of the boat);* baske; sjaske *(fx she flopped around the house in her old slippers);* **2.** falle med et bums (*el.* klask); gjøre mageplask; **she -ped down beside Peter** hun slang seg ned ved siden av Peter; **his head -ped backwards** hodet hans falt bakover; **3.** henge løst; flagre *(fx her hair flopped over her face as she ran);* **4***(=fail)* gjøre fiasko; mislykkes; slå feil *(fx the scheme flopped).*

III. flop *int:* bums! klask! plump!

floppy [flɔpi] *adj:* slapp; løsthengende; **a dog with** ~ **ears***(=flap-ears)* en hund med hengeører.

flora ['flɔ:rə] *subst:* flora; planteverden; **intestinal** ~ tarmflora.

floral ['flɔ:rəl] *adj:* blomster-; blomstret *(fx dress).*

floral kingdom blomsterrike.

floral receptacle *bot:* blomsterbunn.

Florence ['flɔrəns] *subst; geogr:* Firenze.

Florentine ['flɔrən,tain] **1.** *subst:* florentiner; **2.** *adj:* florentinsk.

floriculture ['flɔ:ri,kʌltʃə] *subst(=cultivation of flowering plants)* blomsterdyrking.

florid ['flɔrid] *adj* **1.** *stivt el. neds(=excessively decorated)* overlesset *(fx architecture);* ~ **handwriting** snirklet håndskrift; **2.** *om hud:* rødmusset; **his** ~ **complexion** hans rødmussethet; **3.** *glds: se flowery.*

florin ['flɔrin] *subst* **1.** *hist:* 2 shilling (som svarer til 10p); **2.** *hist: se guilder.*

florist ['flɔrist] *subst* **1.** blomsterhandler; **2***(=florist's (shop))* blomsterforretning; **at the -('s)** i blomsterforretningen.

floss [flɔs] *subst* **1.** *bot:* dun; **2***(=dental floss)* tanntråd.

floss silk flokksilke.

flossy [flɔsi] *adj* **1***(=downy; silky)* dunaktig; silkebløt; **2. US S** *især om kjole(=showy)* (litt for) iøynefallende.

flotage, floatage ['floutidʒ] *subst* **1***(=buoyancy; ability to float)* flyteevne; **2***(=floating)* flyting; det å flyte; **3.:** *se flotsam.*

flotation, floatation [flou'teiʃən] *subst* **1.** *merk:* stiftelse; dannelse *(fx of a commercial enterprise);* **2.** *merk:* låneopptak; **3.:** *se flotage 1.*

flotilla [flə'tilə] *subst(=small fleet)* flotilje.

flotsam ['flɔtsəm] *subst:* drivende (*el.* flytende) vrakgods; drivgods; *(jvf jetsam).*

I. flounce [flauns] *subst* **1.** (rynke)kappe; *(jvf I. frill);* **2.** *om bevegelse(=fling; jerk)* kast; rykk.

II. flounce *vb; om heftig el. utålmodig bevegelse:* **she -d out of the room** hun strøk på dør; hun fór ut av rommet.

flounced *adj:* med (rynke)kappe(r) *(fx a flounced skirt).*

I. flounder ['flaundə] *subst; zo:* **(common)** ~*(=fluke)* flyndre; skrubbe.

II. flounder *vb* **1.** *i søle, vann, etc:* kjempe (seg fram); bakse; **she -ed helplessly in the mud** hun kjempet hjelpeløst i mudderet; **2.** *besværlig, idet man begår mange feil:* ~ **through a speech** *(=struggle through a speech)* kjempe seg gjennom en tale; **3.** *pga. forvirring, etc(=hesitate)* nøle *(fx she floundered for a moment before answering).*

flour ['flauə] *subst:* mel; **white (wheaten)** ~*(=wheat flour; plain flour)* hvetemel; **wholewheat** ~*(=meal)(=wholemeal flour)* sammalt hvetemel; **self-raising** ~ mel tilsatt bakepulver; **sifted** ~*(=bolted flour)* siktemel.

I. flourish [flʌriʃ] *subst* **1.** snirkel; krusedull; **2***(=sweeping movement)* feiende bevegelse *(fx he made a flourish with his hat);* flott gestus; **3.: with great** ~ med pomp og prakt *(fx the king entered the hall with great flourish);* **4.** *mus:* fanfare; touche.

II. flourish *vb* **1.** trives *(fx my plants are flourishing; the children are flourishing);* **2.** *fig(=be successful)* gå strykende *(fx his business is flourishing);* blomstre *(fx painting flourished in Italy in the fifteenth century)* florere *(fx this system flourished for many years);* **3.** *stivt; som trussel, i begeistring, etc(=wave)* vifte med *(fx one's sword; a telegram).*

flourishing *adj; fig:* blomstrende.

floury ['flauəri] *adj:* melet.

flout [flaut] *vb; stivt(=refuse to obey)* nekte å adlyde *(fx an order);* avvise med hån (*el.* forakt) *(fx he flouted their advice);* **openly** ~ **regulations** åpenlyst bryte reglementet.

I. flow [flou] *subst* **1.** strøm *(fx he couldn't stop the flow of blood);* **a fast** ~ en rask strøm; **2.** *sj:* **ebb and** ~*(=low tide and high tide)* flo og fjære; **3.** *fig:* flyt; strøm; **the** ~ **of traffic was interrupted for several hours** trafikken ble avbrutt i flere timer.

II. flow *vb* **1.** flyte; renne *(fx blood flowed from the wound);* **oil -s along the pipe** det renner olje gjennom røret; **the river -s***(=empties)* **into the sea** elven renner (*el.* munner) ut i havet; **2.** *om tidevannet(=rise)* stige *(fx the tide began to flow);* **3.** *om hår; stivt(=hang free)* henge løst; bølge *(fx her hair flowed down to her waist);* **4.** *fig:* strømme *(fx money flowed into Britain);* flyte *(fx the traffic began to flow normally again);* **ideas -ed from her pen** fra hennes penn kom det en jevn strøm av idéer; **wine -s at their parties** i deres selskaper flyter vinen i strømmer; **5.:** ~ **out***(=leak out; run out)* renne out.

flow chart*(=flow sheet)* produksjonsdiagram; arbeidsdiagram.

I. flower ['flauə] *subst* **1.** *bot:* blomst; **in** ~ i blomst; **come into** ~ begynne å blomstre; slå ut i blomst; **2.** *fig:* **the** ~ **of the young men** blomsten (*el.* de beste) av de unge mennene; **in the** ~ **of his youth** i hans ungdoms vår.

II. flower *vb:* blomstre *(fx this plant flowers early).*

flowerbed ['flauə,bed] *subst:* blomsterbed.

flowered *adj:* blomstret; med blomstermønster.

flowering ['flauəriŋ] **1.** *subst:* blomstring; **2.** *adj:* blomstrende.

flowering raspberry *bot:* rosebær.

flowerpot ['flauə,pɔt] *subst:* blomsterpotte.

flower stand*(=plant stand)* blomstersøyle.

flowery ['flauəri] *adj* **1.** blomsterrik; **2.** med blomsterdekorasjon; **3.** *om stil(=florid)* blomstrende; **4.** blomster-; **a** ~ **smell** en blomsterlukt.

flown [floun] *perf. part. av II. fly.*

flow sheet*(=flow chart)* produksjonsdiagram; arbeidsdiagram.

flu [flu:] *subst* **T: (the)** ~*(=influenza)* influensa; **gastric** ~*(,T: tummy bugs)* omgangssyke.

fluctuate ['flʌktju,eit] *vb:* svinge; fluktuere; variere.

fluctuation [,flʌktju'eiʃən] *subst:* svingning *(fx fluctuations in the price of gold); økon:* **cyclical -s***(=trade fluctuations)* konjunktursvingninger.

flue [flu:] *subst* **1.** røykkanal; røyktut; **2.** *se flu.*

flue gas røykgass.

fluency ['flu:ənsi] *subst:* evne til å uttrykke seg; ~ **(of speech)** veltalenhet; flytende foredrag; *stivt:* **the** ~ **of her French surprised him***(=he was surprised how fluently she spoke French)* han var overrasket over hvor flytende hun snakket fransk.

fluent ['flu:ənt] *adj:* flytende; **speak** ~ **English** *(=speak English fluently)* snakke flytende engelsk.

flue pipe 1. *mus; i orgel(=labial pipe)* labialpipe; **2***(=flue)* røyktut.

flue stop *mus; i orgel:* labialstemme.

I. fluff [flʌf] *subst* **1.** lo; **give off** ~*(=leave a fluff)* loe; **pick up** ~ trekke til seg lo; loe *(fx this coat is awful for picking up fluff);* **2.** lodotter; lo *(fx there's a lot of fluff under the bed);* **3. T: a bit of** ~ et kjei; ei skreppe.

II. fluff *vb* **1.:** ~ **(out),** ~ **(up)** riste *(fx fluff up the pillows and make the patient more comfortable);* purre opp i; **the bird -ed***(=puffed)* **out its feathers** fuglen pustet seg opp; **2. T:** spolere; være uheldig med; **the actress -ed her lines** skuespillerinnen leste galt (*el.* snublet i replikken).

fluffy ['flʌfi] *adj* **1***(=soft and woolly)* dunbløt; bløt som dun; **2.** luftig *(fx omelette);* lett.

I. fluid ['flu:id] *subst:* væske; *fys:* flytende legeme *(fx fluids include liquids and gases; fluids and solids);* **cleaning** ~ rensevæske.

II. fluid *adj:* væskeformig *(fx substance);* flytende *(fx as it became warmer the substance became more fluid); fig:* flytende *(fx the fluid movements of the dancer; the limits are fluid);* ubestemt; ikke fastlagt *(fx my holiday plans are fluid).*

fluid drive *i automatisk girkasse(=fluid clutch; fluid coupling; fluid flywheel)* væskekopling.

fluid film væskehinne.

fluidity [flu:'iditi] *subst:* fluiditet; flytende tilstand.

fluid intake *med.:* væsketilførsel; **restrict sby's** ~ begrense væsketilførselen (for en); *(jvf fluid restriction).*

fluid restriction *med.:* begrensning av væsketilførselen; *(jvf fluid intake).*

fluke [flu:k] *subst* **1.** *zo:* ikte; **liver** ~ leverikte; **2.** *mar:* **the** ~ **of an anchor** an ankerflik; **3.** *på harpun; pil(=barb)* mothake; spiss; **4. T:** flaks *(fx passing the exam was a fluke – I had done no work);* **5.** *zo: se I. flounder.*

I. flume [flu:m] *subst* **1.** trang kløft som det renner en elv gjennom; **2.** tømmerrenne.

II. flume *vb:* transportere tømmer i renne.

flummox ['flʌməks] *vb(=bewilder; disconcert)* forvirre.

flung [flʌŋ] *pret. & perf. part. av II. fling.*

flunk [flʌŋk] *vb* **T** især **US 1***(=fail)* stryke; **2.:** ~ **it** ikke gjøre det fordi motet svikter; *(jvf II. funk).*

flunky, flunkey ['flʌŋki] *subst; også fig neds:* lakei.

fluor ['flu:ɔ:] *subst(=fluorspar;* **US:** *fluorite)* flusspat.

fluorene ['fluəri:n] *subst; kjem:* fluoren.

fluorescence [,fluə'resəns] *subst; fys:* fluorescens.

fluorescent tube lysstoffrør; *(se strip lighting).*

fluoridate ['fluəri,deit] *vb(=fluoridize)* tilsette fluorid; fluorisere *(fx the town's water supply).*

fluoridation [,fluəri'deiʃən] *subst(=fluoridization)* tilsetning av fluorid; fluorisering.

fluoride ['fluə,raid] *subst; kjem:* fluorid; *ikkefagl ofte:* fluor; ~ **in milk** fluorid i melk.

fluorine, fluorin ['fluəri:n] *subst; kjem:* fluor.

fluorite ['fluərait] *subst* **US***(=fluorspar)* flusspat.

fluorspar ['fluə,spa:] *subst; kjem(=fluor;* **US:** *fluorite)* flusspat.

flurried ['flʌrid] *adj:* befippet; forfjamset.

I. flurry ['flʌri] *subst* **1.:** ~ **of wind** lite vindkast; *fig:* **a** ~ **of activity** febrilsk aktivitet; **2***(=confusion):* **in a** ~ befippet; forfjamset.

II. flurry *vb:* gjøre forfjamset (*el.* befippet).

I. flush [flʌʃ] *subst* **1.** rødme *(fx a slow flush covered her face);* **2.** plutselig strøm (av vann, etc); *på WC også om mekanismen:* nedskylling; spyling *(fx the flush is broken);* **3.** *fig; om tidlig stadium av begeistring, opprømthet, etc:* **in the** ~ **of success** opprømt av medgangen (,hellet, suksessen); **in the first** ~ **of their victory** i sin første seiersrus; **in the first** ~ **of youth***(=in the bloom of youth)* i ungdommens vår; **in the first** ~ **of indignation he thought that** . . . i øyeblikkets harme trodde han at . . .; **the first** ~ **of spring** de første vårtegn; **4.** *kortsp; poker:* flush.

II. flush *vb* **1***(=blush)* rødme; *(jvf flushed);* **2.** strømme; *for å rengjøre:* skylle; *på WC:* skylle ned; spyle *(fx the toilet);* **the toilet doesn't** ~ man får ikke spylt ned på toalettet; vannklosettet virker ikke; **3.** *jaktuttrykk:* ~ **(out)** jage opp *(fx the fox); fig:* få til å røpe skjulestedet sitt; skremme opp *(fx the criminal).*

III. flush *adj & adv* **1.** glatt *(fx a flush door);* **2.:** ~ **with***(=level with)* i plan med; i flukt med *(fx the door is flush with the wall);* **3. T:** velbeslått; **he wasn't any too** ~ han hadde ikke for flust med penger; **4.** *typ; uten innrykning:* glatt; med glatt marg.

flushed *adj* **1.** rød i ansiktet *(fx you look very flushed);* **she arrived with untidy hair and a** ~ **face** hun kom med håret i uorden og rød i ansiktet; **2.** *fig:* ~ **with success** beruset av fremgangen; ~ **with victory** seiersberust.

Flushing [flʌʃiŋ] *subst; geogr:* Vlissingen.

flush toilet vannklosett.

I. fluster ['flʌstə] *subst(=excitement (caused by hurry)):* **she was in a terrible** ~ **when unexpected guests arrived** hun var forferdelig oppskjørtet da det kom uventede gjester.

II. fluster *vb(=upset; make nervous)* gjøre nervøs *(fx don't fluster me!);* gjøre forfjamset.

flustered *adj(=upset)* oppskjørtet; oppskaket.

I. flute [flu:t] *subst* **1.** *mus:* fløyte; **2***(=French stick)* pariserloff; **3.** rille; rifle; *arkit:* kannelyre; **the -s of a column** søylerifler.

II. flute 1. *mus(=play the flute)* spille på fløyte; **2.** rifle; lage rifler (*el.* riller) i; *arkit:* kannelere.

fluted ['flu:tid] *adj:* riflet; *arkit:* kannelert.

flute player fløytespiller; fløytist.

flutist ['flu:tist] *subst; især* **US***(=flautist)* fløytist; fløytespiller.

I. flutter ['flʌtə] *subst* **1.** risting; flagring; vibrering; **2. T***(=nervous excitement):* **be in a (great)** ~ være (veldig) oppskaket; **the new arrival caused a** ~ **among the girls** den nyankomne vakte oppstandelse blant pikene; **3. T***(=modest bet):* **have a** ~ **on** spille litt på *(fx a horse).*

II. flutter *vb* **1.** slå (med vingene); flagre *(fx fluttering butterflies);* blafre; *med., om hjerte, puls:* slå raskt; **2.** skremme; gjøre urolig; ~ **the dovecots***(=dovecotes)* skape røre i andedammen.

fluvial ['flu:viəl] *adj:* elve-.

fluvial basin *subst(=catchment area)* nedslagsdistrikt.

I. flux [flʌks] *subst* **1.** stadig forandring; **events are in a state of** ~ det er stadige forandringer; **in our present state of** ~ så usikkert som alt er med oss for øyeblikket; **2.** *med.(=discharge)* utflod; **3***(=flux paste)* flussmiddel.

II. flux *vb:* tilsette flussmiddel.

I. fly [flai] *subst* **1.** *zo & fisk:* flue; **2***(=flies)* gylf; buksesmekk; **his** ~ **was undone** buksesmekken hans var åpen; **he buttoned his flies** han kneppet igjen buksesmekken; **3.** *teat:* **flies***(=rigging loft)* snoreloft; **4.: he wouldn't hurt a** ~ han gjør ikke en katt fortred; **5.:** ~ **in the ointment** ulempe; aber *(fx I enjoy my new job – the fly in the ointment is that I start early in the morning);* **it was a** ~ **in the ointment** det var en ulempe; det var et skår i gleden.

II. fly *vb(pret: flew; perf. part.: flown)* **1.** fly; **he decided to** ~*(=he decided to go by air)* han bestemte seg for å fly; ~ **dual** fly med instruktør; *om reporter, etc:* ~ **about the world** fly jorda rundt; *fig* **T: the bird has flown** fuglen er fløyet; **2.** *litt.(=flee):* **he flew***(=fled)* **the country** han flyktet fra landet; **3.** *om tid(=pass quickly):* **the days flew past** dagene fløy av sted; **time flies** det haster; tiden går (og vi må skynde oss); **4. T***(=hurry):* **I must** ~*(=I must scoot)* jeg må skynde meg (av sted); jeg må stikke; **5.** *om flagg:* føre *(fx the ship was flying the French flag);* **6.: come -ing** komme farende *(fx she came flying towards me); om dør, etc:* ~ **open** fly opp *(fx the door flew open);* **7.:** ~ **at***(=attack):* **she flew at him** hun fór løs på ham; **8.:** ~ **a kite** 1. sende opp en drake; 2. skaffe penger ved hjelp av akkommodasjonsveksel; 3. eksperimentere; **9.:** ~ **high** 1. fly høyt; 2. **T:** stile høyt; ha høytflyvende planer; **10.:** ~ **in the face of** *se I. face 14;* **11.:** ~ **into a rage,** ~ **into a temper** få et raserianfall; **12.:** ~ **into pieces** splintres *(fx the glass flew into pieces);* **13. T:** ~ **off the handle***(=blow one's top)* bli aldeles rasende; fly i flint; **14.: let** ~ 1. *om pil:* skyte *(fx he aimed carefully and let fly (an arrow) at the target);* 2. *fig:* la få fritt løp *(fx she let fly all her anger and frustration);* **T: she let** ~ **at him for being late** hun fyrte løs på ham fordi han var sen(t ute).

III. fly *adj; neds* **T***(=clever; sly)* slu; lur; smart.

flyable ['flaiəbl] *adj:* ~ **weather***(=flying weather)* flyvær.

fly agaric *bot(=fly amanita; fly fungus)* rød fluesopp.

flyblow ['flai,blou] *subst:* **-s** flueskitt.

flyblown ['flai,bloun] *adj:* med flueskitt på.

fly button knapp i buksesmekk.

fly-by-night ['flai bai,nait] *subst* **T***(=night bird)* nattmenneske; person som går meget ut på fornøyelser om kvelden.

flycatcher ['flai,kætʃə] *subst* **1.** *zo:* fluesnapper; **2.** *til å drepe fluer med:* fluefanger.

flyer, flier ['flaiə] *subst* **1***(=pilot)* flyver; flyger; **the** ~ **of a model aeroplane** den som flyr et modellfly; **2. T***(=long flying leap)* langt byks; tigersprang; **3.** *bygg; mots svingtrinn:* rett (trappe)trinn; **4. T: this lad was going to be a** ~ denne gutten ville komme til å stige raskt i gradene.

fly-fish ['flai,fiʃ] *vb:* fiske med flue.

fly fungus *bot(=fly agaric; fly amanita)* rød fluesopp.

flying ['flaiiŋ] **1.** *subst:* flyvning; flyging; **2.** *adj:* flyvende; flygende; flyve-; flyge-; som flagrer i vinden *(fx flying hair).*

Flying Angel Club T: the ~*(=the Missions to*

Seamen) sjømannsmisjonen.
flying boat ['flaiiŋ,bout] *subst; flyv:* flybåt.
flying colours: pass a test with ~ bestå en prøve med glans.
Flying Dutchman *om spøkelsesskip:* flyvende hollender.
flying fish ['flaiiŋ,fiʃ] *subst; zo:* flyvefisk.
flying officer ['flaiiŋ,ɔfisə] *subst; mil; flyv(,***US:** *first-lieutenant)* løytnant.
(flying) rings *gym:* ringer; **on the rings** i ringene.
flying saucer flyvende tallerken.
flying squad: ['flaiiŋ,skwɔd] *subst:* **the Flying Squad** *(,***T:** *the Sweeny)* **UK:** sivilkledd utrykningspatrulje.
flying start flyvende start; *fig også:* lovende begynnelse.
flying visit*(=short visit)* snarvisitt; svipptur; snartur; **she paid her mother a ~** hun tok en snartur hjem til moren sin.
flyleaf ['flai,li:f] *subst; typ:* forsatsblad.
flyover ['flai,ouvə] *subst* **1: (crossing with) ~** *(,***US:** *overpass)* planfritt kryss; **2. US***(=fly-past) mil; under parade:* overflyvning; forbiflyvning (i formasjon); *(jvf overflight).*
fly-past *(,***US:** *flyover)* ['flai,pa:st] *subst; mil; under parade:* overflyvning; forbiflyvning (i formasjon); *(jvf overflight).*
fly rod *fisk:* fluestang.
flyspecks ['flai,speks] *subst(=flyspots)* flueskitt.
flyswatter ['flai,swɔtə] *subst:* fluesmekker.
fly title *typ(=half title)* smusstittel.
flyweight ['flai,weit] *subst; boksing:* fluevekt.
flywheel ['flai,wi:l] *subst:* svinghjul.
foal [foul] **1.** *subst:* føll; **2.** *vb:* følle.
foam [foum] **1.** *subst:* skum; **2.** *vb:* skumme; **~ with rage** skumme av raseri.
foam rubber skumgummi.
foamy ['foumi] *adj:* skummende; som består av skum; skum-.
I. fob [fɔb] *subst; glds* **1.** urlomme; **2.** urkjede.
II. fob *vb:* **~ sth off on sby** prakke noe på en; **~ sby off with sth 1.** avspise en med noe; **2.** prakke noe på en.
f.o.b., FOB [fɔb] *(fk f free on board)* fob *(ɔ: levert fritt om bord); (jvf c.i.f.).*
focal ['foukəl] *adj:* fokal.
focal length *fot(=focal distance)* brennvidde.
focal-plane shutter *fot:* spaltelukker.
focal point *også fig(=focus)* brennpunkt.
fo'c's'le, fo'c'sle ['fouksəl] *subst; mar(=forecastle)* bakk.
I. focus ['foukəs] *subst; også fig:* fokus; brennpunkt; **in (,out of) ~** i (,ute av) fokus; **bring into ~** bringe i fokus; **come into ~** komme i fokus; **she was the ~ of everyone's attention** hun var sentrum for alles interesse.
II. focus *vb(pret & perf. part.: focus(s)ed)* fokusere *(fx the camera; the picture);* **~ on** konsentrere seg om; samle seg om; rette oppmerksomheten mot.
fodder ['fɔdə] *subst; landbr:* fôr.
fodder pulp fôrmasse.
foe [fou] *subst; glds el. litt.(=enemy)* fiende.
foetal ['fi:təl] *adj: se fetal.*
foeticide ['fi:ti,said] *subst: se feticide.*
foetus ['fi:təs] *subst: se fetus.*
I. fog [fɔg] *subst* **1.** tåke; **thick ~** tykk tåke; **2.** *fot:* slør.
II. fog *vb* **1.: ~ (up)** dugge *(fx her glasses were fogged up with steam);* **2.** bli uklar; *fot:* sløre; **3.** *fig:* **~ the issue** tåkelegge saken.
fog bank tåkebanke.
fog-bound ['fɔg,baund] *adj:* innhyllet i tåke; som ikke kan starte pga. tåke *(fx the plane is fog-bound);* som ikke kommer videre pga. tåke *(fx hundreds of fog-bound passengers);* **the airport is ~** det er tåke på flyplassen.
fogey ['fougi] *subst; neds(=fogy):* **old ~** gammel stabeis.
fogged *adj; fot(=foggy)* sløret.
foggy ['fɔgi] *adj* **1.** tåket; **2.** uklar; sløret; **3. T: I haven't the foggiest (idea) why he left so suddenly** jeg har ikke den fjerneste anelse om hvorfor han gikk så plutselig.
foghorn ['fɔg,hɔ:n] *subst:* tåkelur.
fog lamp *på bil, etc:* tåkelys.
foible ['fɔibəl] *subst* **1.** *på sverd, etc:* **the ~** den smale enden; **2.** *fig; stivt(=slight weakness; peculiarity)* liten svakhet; særhet *(fx old people often develop strange foibles).*
I. foil [fɔil] *subst* **1.** folie *(fx gold foil);* **cooking ~** stekefolie; **2.** florett; **3.** *fig:* flatterende bakgrunn; **act as a ~ to** være flatterende bakgrunn for *(fx she acted as a foil to her beautiful sister).*
II. foil *vb* **1.** *stivt(=disappoint; frustrate)* skuffe *(fx he was foiled in his attempt to become President);* forpurre *(fx his plans);* hindre *(fx they were foiled in their attempt to cheat him);* **2.** *jaktuttrykk:* **~ the scent** krysse sporet; *fig:* føre på villspor.
foil bag tinnfoliumpose.
foist [fɔist] *vb* **1.: ~ sth on to sby** prakke noe på en; **2.: ~ sby off with sth** avspise en med noe.
I. fold [fould] *subst* **1.** fold; brett *(fx there was a fold in the page);* flik *(fx the folds of the envelope);* fals; **2.** kve *(fx sheep fold);* **3.** fold; menighet; **return to the ~** vende tilbake til folden; **4.** *geol:* fold.
II. fold *vb* **1.** brette; folde sammen; legge sammen; false; **2.** folde *(fx she folded her hands);* **~ one's arms** legge armene over kors; **the bird -ed its wings** fuglen slo vingene sammen; **3.** *i deig:* **~ in** brette inn; **4.** *om forretning* **T: ~ up** gå dukken; gå nedenom og hjem.
-fold -fold *(fx a hundredfold);* -dobbelt *(fx threefold).*
folder ['fouldə] *subst* **1.** folder; mappe; **2.** falsemaskin.
folding bed*(=camp bed)* feltseng.
folding chair klappstol.
folding door*(=double door)* fløydør; dobbeltdør.
foliaceous [,fouli'eiʃəs] *adj; bot* **1***(=bearing leaves)* med løv; med blader; **2***(=leaf-like)* bladlignende.
foliage ['fouliidʒ] *subst* **1.** løv; løvverk; bladverk; **2.** *stivt(=leaves)* blader *(fx this plant has very beautiful foliage).*
foliation [,fouli'eiʃən] *subst; bot:* bladdannelse.
folio ['fouliou] *subst* **1.** folioformat; folio; **2.** foliant; bok i folioformat; folioutgave; **3.** *i trykt bok(=page number)* sidetall; **4.** *merk; bokf:* folio.
folk *(,***US:** *folks)* [fouk(s)] *subst* **T***(=people)* folk *(fx the folk in this town are very friendly);* **my -s***(=my family)* folkene mine; familien min.
folk dance folkedans.
folk dancing folkedans.
folk festival folkefest.
folklore ['fouk,lɔ:] *subst:* folklore; folkeminneforskning.
folklorist ['fouk,lɔ:rist] *subst:* folkeminneforsker.
folk medicine folkemedisin.
folk tale folkeeventyr.
folkways ['fouk,weiz] *subst; pl; m.h.t. tradisjoner, etc:* folkeliv *(fx American folkways).*
follicle ['fɔlikəl] *subst* **1.** *anat:* follikkel; **hair ~** hårsekk; **2.** *bot:* belgkapsel.
follow ['fɔlou] *vb* **1.** følge etter *(fx he followed her);* følge *(fx a road);* komme etter *(fx nobody knows what will follow);* **~ your nose** gå rett fram etter nesen; **the storm was -ed by beautiful weather** etter

stormen ble det nydelig vær; **2**(=*succeed*) etterfølge (*fx he followed his father as manager*); **3**(=*accept the leadership of*) følge (*fx the men who followed Napoleon*); **4.** *om råd*(=*act on*) rette seg etter; følge (*fx I followed his advice*); **~ one's instructions** rette seg etter instruksen; **5.** følge med i (*el.* på) (*fx he follows football regularly*); **~ with great attention** følge med stor oppmerksomhet; **6**(=*understand*) forstå; kunne følge med (*fx do you follow (my argument)?*); **the lesson was difficult to ~** det var vanskelig å følge med i timen; **7.** følge av; være en følge av (*fx disease often follows malnutrition*); **it therefore -s that** ... det følger av dette at ...; **it -s as a matter of course** det følger av seg selv; **it does not ~ that** ... dermed er ikke sagt at ...; **8.: as -s** som følger; som fremgår (*el.* vil fremgå) av det følgende (*fx the report concludes as follows*); **9.: there's ice-cream to ~** etterpå er det is å få; **'letter to ~'**(=*letter follows*) brev følger; **10.: ~ up** følge opp (*fx a matter; he has never followed up his original interest in the subject*); **~ up a clue** følge (*el.* arbeide ut fra) et spor; **he -ed up with a whisky** han drakk en whisky etterpå; **~ up the victory** forfølge seieren; **11.** *kortsp & fig:* **~ suit** følge farge.

follower ['fɔlouə] *subst:* tilhenger.

I. following ['fɔlouiŋ] *subst:* tilhengerskare; tilhengere (*fx he has a great following among the poor*).

II. following 1. *adj:* påfølgende; neste (*fx the following day*); **2.** *adj; ved oppregning:* følgende (*fx you'll need the following things ...*); *substantivisk:* følgende (ting) (*fx you must bring the following – pen, pencil, paper and rubber*); følgende personer (*fx will the following please raise their hands?*); **3.** *prep*(=*after; as a result of*) etter (*fx following his illness, his hair turned white*).

following wind medvind.

follow-on party [,fɔlou'ɔn,pa:ti] *subst:* nachspiel.

follow-up ['fɔlou,ʌp] *subst:* oppfølging.

follow-up [,fɔlou'ʌp] *adj:* **~ examination** etterundersøkelse.

follow-up letter oppfølgingsbrev.

folly [fɔli] *subst; stivt*(=*foolishness*) dumhet; dårskap (*fx it would be folly to light a fire near that wood*).

foment [fə'ment] *vb* **1.** *med.:* legge varmt omslag på; **2.** *stivt*(=*stir up*) oppmuntre til (*fx rebellion*).

fond [fɔnd] *adj* **1.** (overdrevent) kjærlig; (*jvf affectionate; loving*); **2.: ~ of** glad i (*fx he's very fond of dogs; she seems (to be) fond of him*); **3.** *om håp, ønske, som sannsynligvis ikke vil gå i oppfyllelse:* forfengelig (*fx his fond ambition was to be a film star*); **in the ~ hope that** ... i det forfengelige håp at.

fondle ['fɔndəl] *vb*(=*caress; stroke affectionately*) kjærtegne; klappe (*fx he fondled the dog's ears*).

fondly *adv* **1.** (overdrevent) kjærlig; hengivent (*fx she smiled fondly at the baby*); **2**(=*in a foolishly hopeful way*): **he ~ imagined that** ... han var tåpelig nok til å tro at.

fondness ['fɔndnis] *subst:* det å være glad i; **his ~ for animals** det at han var så glad i dyr; **her ~ for children** hennes barnekjærhet.

font [fɔnt] *subst:* døpefont.

food [fu:d] *subst* **1.** mat; næring; **~ and drink** mat og drikke; **good, traditional ~** god, gammeldags mat; **keep one's ~ down**(=*retain one's food*) beholde maten; **2.** *fig:* **~ for thought**(=*something to think about*) stoff til ettertanke; noe å tenke på; (*se nourishment; nutrient; nutrition*).

food adulteration næringsmiddelforfalskning.

food chain ernæringskjede.

food cycle ernæringssyklus.

food industry næringsmiddelindustri.

food poisoning matforgiftning.

food specialist(=*nutritionist*) ernæringsfysiolog.

foodstuffs ['fu:d,stʌfs] *subst; pl:* matvarer; mat.

food substances(=*nutritive substances; nutrients*) næringsstoffer.

food value(=*nutritional value*) næringsverdi.

food web *biol:* næringsnett.

I. fool [fu:l] *subst* **1.** tosk; **if she's ~ enough to do it, let her!** hvis hun er dum nok til å gjøre det, så bare la henne gjøre det! **make a ~ of sby** dumme en ut; **make a ~ of oneself** dumme seg (ut); **play the ~** tøyse; tulle; **2.** *hist*(=*court jester*) hoffnarr.

II. fool *vb* **1.: ~ about, ~ around** vimse omkring; **~ about with, ~ around with** tulle (*el.* tøyse) med; leke med; **2**(=*deceive*) lure (*fx she completely fooled me with her story*).

foolery ['fu:ləri] *subst; stivt*(=*foolish behaviour*) fjolleri; narrestreker.

foolhardy ['fu:l,ha:di] *adj:* dumdristig.

foolish ['fu:liʃ] *adj* **1.** ufornuftig (*fx a foolish young man*); dum; **it's ~ to** ... det er dumt å ...; **she's being very ~ about it** hun tar det på en svært dum måte; **2.** latterlig (*fx he made a foolish attempt to sing*); tåpelig (*fx look foolish*).

foolproof ['fu:l,pru:f] *adj:* idiotsikker (*fx plan*).

I. foot [fut] *subst* (*pl: feet*) **1.** *anat:* fot; **2.** *om nedre del av noe:* fot; **at the ~ of** ved foten av (*fx the hill*); **at the ~**(=*bottom*) **of the page** nederst på siden; **3.** *mål: 30,48 cm (pl: feet el. foot; fk: ft)* fot (*fx five feet long; he's five foot ten; a four-foot wall*); **4.: on ~** til fots; **5.** *int:* **my ~!** for noe tøys! jammen sa jeg smør! **6.** *fig:* **cut the ground away from under their feet** slå bena vekk under dem; **7.: have a ~ in both camps** stå med ett ben i hver leir; **8.** *fig:* **fall on one's feet** komme ned på bena; **9.** *fig:* **get one's ~ in** få et ben innenfor; **10.: get cold feet** 1. begynne å fryse på bena; 2. *fig:* få kalde føtter; få betenkeligheter; **11.** *fig:* **get off on the wrong ~** komme skjevt ut; gjøre en uheldig begynnelse; **12. T: put one's ~ down** slå i bordet; være bestemt; **13.: put one's best ~ forward** 1. skynde seg; henge i; 2. vise seg fra sin beste side; **14. T: put one's ~ in it** trampe i klaveret; tråkke i spinaten; gjøre en tabbe; **15.: he didn't put a ~ wrong** han gjorde ingen feil; **16.: set ~ on English soil** sette foten på engelsk jord; **I'll never set ~ in his house again** jeg vil aldri sette mine ben i hans hus mer; **17.: it's muddy under ~**(=*it's muddy walking*) det er søleføre.

II. foot *vb* **1.: ~ it**(=*dance*) svinge seg i dansen; **2. T: ~ the bill**(=*pay the bill*) betale regningen.

footage ['futidʒ] *subst:* lengde (målt i fot).

foot-and-mouth disease *vet:* munn-og-klovsyke.

football ['fut,bɔ:l] *subst* **1.** fotball; **2.** *spillet:* fotball; **he plays ~ professionally** han er profesjonell fotballspiller.

football-crowd violence publikumsvold på fotballbanen.

footbridge ['fut,bridʒ] *subst:* gangbru.

footfall ['fut,fɔ:l] *subst:* (lyden av) fottrinn.

foothill ['fut,hil] *subst:* høydedrag ved foten av et fjell; **in the -s of the Alps**(=*at the foot of the Alps*) ved foten av Alpene.

foothold ['fut,hould] *subst; også fig:* fotfeste (*fx it was difficult to find footholds on the rock*).

footing ['futiŋ] *subst* **1.** fotfeste; balanse (*fx it was difficult to keep one's footing*); **he missed his ~ and fell over** han mistet fotfestet og falt utfor; **2.** *bygg:* såle; **lay**(=*put down*) **the -(s)** støpe såle(n); **3.** *fig:* fot (*fx on a friendly footing*); **the business is now on a firm ~** forretningen er nå fast etablert; **on an equal ~ with**(=*on the same footing as*) på like fot med.

footlights ['fut,laits] *subst; pl; teat(=floats)* rampelys.
footling presentation *med.; fosterleie:* **(delivery with a) ~** fotstilling; fotfødsel.
footman ['futmən] *subst* **1.** herskapstjener (i uniform); *glds:* lakei; **2.** *glds(=foot soldier)* fotsoldat.
footmark*(=footprint)* fotavtrykk; fotspor *(fx he made dirty footmarks on her clean floor).*
footnote ['fut,nout] *subst:* fotnote.
footpace ['fut,peis] *subst(=walking pace)* skrittgang.
footpath ['fut,pa:θ] *subst:* gangsti; **'public ~'** offentlig gangsti.
footplate ['fut,pleit] *subst; jernb:* gulv i førerhuset på et lokomotiv.
footplate staff *jernb:* lokomotivpersonale.
footprint ['fut,print] *subst:* fotavtrykk.
footslog ['fut,slɔg] *vb(=march)* marsjere; traske.
footslogger ['fut,slɔgə] *subst* **T***(=foot soldier; infantryman)* fotsoldat; infanterist.
footsore ['fut,sɔ:] *adj:* sårbent; **tired and ~** sliten og sårbent.
footstep ['fut,step] *subst* **1.** fottrinn; (lyden av) skritt; **2.** *også fig:* fotspor *(fx follow in sby's footsteps);* **3***(=stair; step)* (trappe)trinn.
footstool ['fut,stu:l] *subst:* fotskammel.
footwear ['fut,wɛə] *subst:* skotøy.
footwork ['fut,wə:k] *subst; boksers, etc:* fotarbeid; *(jvf leg action & legwork).*
fop [fɔp] *subst:* laps.
I. for [fɔ:; *trykksvakt* fə] *konj(=because)* for *(fx it must be late, for I have been here a long time).*
II. for *prep* **1.** for *(fx I do it for money; what did you do that for? he paid £3 for his ticket; are you for or against the plan? G stands for George; have an ear for music; I can only speak for myself; it's good for you);* (som erstatning) for *(fx plant a new tree for every tree you cut down);*
2. for; på grunn av *(fx the town is famous for its beautiful churches; we can't see for the smoke);* **I admire him ~ being efficient** jeg beundrer ham fordi han er effektiv; **~ my sake** for min skyld;
3. *om årsaksforhold:* av *(fx jump for joy; marry for love);* **~ this reason** av denne grunn; derfor; **~ what reason?** av hvilken grunn? **~ fear of** av redsel for; **~ want of** av mangel på; **~ love of** av kjærlighet til; *(se NEO I. av 9);*
4. til *(fx this letter is for you; a cupboard for toys; I've made some tea for us; what are we going to have for dinner?);* **good enough ~** god (*el.* bra) nok til; **too big ~** for stor til;
5. til; i retning av; med kurs for *(fx they set off for London);* som skal til *(fx is this the train for Harwich?);* **which is the right bus ~ Rowde?** hvilken buss skal man ta til Rowde?
6. *ved sammenligning:* til å være *(fx it's cool for this time of year; she's small for three and a half);* **small (,tall) ~ one's age** liten (,stor) for sin alder; **it's not bad ~ me***(=it's not bad considering it's me)* det er ikke dårlig til å være meg;
7. *om tid:* i *(fx they waited for three hours);* **walk on ~ a (little) bit longer** gå litt til;
8. *om avstand:* **they walked (~) ten miles** de gikk ti miles;
9. (som en forberedelse) til; med henblikk på *(fx buy some more coal for the winter; get ready for the journey);* **be prepared ~ the worst** være forberedt på det verste; **take a house ~ the summer** leie et hus for sommeren;
10. for å; **fight ~ survival***(=fight in order to survive)* kjempe for å overleve;
11*(=in spite of)* til tross for *(fx for all his money, he didn't seem happy);* **~ all that***(=in spite of all)* likevel; tross alt *(fx I like him for all that);*
12. *ved bestilling, faktura, sjekk:* på *(fx an order for coal; an invoice for 20 cases; a cheque for £2,000);*
13.: ~ (-ing) til å ... med; **it's used ~ welding** det brukes til å sveise med; **an instrument ~ cutting** et instrument til å skjære med; **a room ~ working in** et rom til å arbeide i;
14. for; når det gjelder *(fx for all types we can promise delivery in four weeks);*
15.: know ~ certain vite sikkert; vite med sikkerhet *(fx I don't know for certain);*
16.: ~ good for godt *(fx she's left him for good);*
17.: ~ my part I think that ...*(=personally I think that ...)* jeg for min del tror at ...; personlig tror jeg at ...;
18.: ~ the present, ~ the time being for øyeblikket; for tiden;
19.: word ~ word ord for ord *(fx don't translate word for word; that's precisely what he told me, word for word);*
20.: if it hadn't been ~, if it wasn't ~ hvis det ikke hadde vært for; hvis det ikke var for *(fx if it hadn't been for you, we would have finished much sooner; if it wasn't for your stupidity, this would not have happened);*
21.: ~ ... to: they waited ~ us to join them de ventet på at vi skulle slutte oss til dem; **it's ~ you to decide** det er det du som må bestemme; **it's not ~ me to tell him what to do** det er ikke min sak å fortelle ham hva han skal gjøre; **~ me to do that now would be ridiculous** det ville være latterlig om jeg gjorde det nå; **I'd have given anything ~ this not to have happened** jeg skulle gitt hva som helst for at dette ikke skulle ha hendt; **it's not only ~ us to like the pet, the pet must also like us** det er ikke bare vi som skal like kjæledyret, kjæledyret skal også like oss;
22. *ved vb for å betegne hensikten:* etter *(fx advertise for a cook; run for help; telephone for a taxi; he went home for his book);* om *(fx apply to sby for information; ask sby for help; compete with sby for sth);* **watch ~ a favourable moment** avvente (*el.* vente på) et gunstig øyeblikk; *(se for øvrig vedkommende vb, fx II. aim; II. cry; II. fish; II. go; II. hope; II. pass; pray; II. read; II. study; II. take; II. vote; II. wait; II. work).*
I. forage ['fɔridʒ] *subst; glds* **1***(=fodder)* fôr; **2.** *mil:* furasje.
II. forage *vb* **1.** *glds; mil:* furasjere; skaffe fôr; **2. T***(=ravage; raid)* plyndre og røve; *(=steal)* kvarte; rappe *(fx they foraged a chicken for the feast);* **3. T: ~ (about)***(=rummage; search thoroughly)* romstere; lete grundig *(fx he foraged about in the cupboard; he foraged for food in the cupboard).*
foray ['fɔrei] **1.** *subst; stivt el. mil:* plyndringstokt *(fx they made a successful foray into enemy country);* **2.** *vb(=raid)* plyndre.
forbade [fə'bæd; fə'beid] *pret av forbid.*
forbear [fɔ:'bɛə] *vb (pret: forbore; perf. part.: forborne)* **1.** *stivt:* **~ to, ~ from***(=refrain from)* avholde seg fra å; la være å *(fx we must forbear from talking about it; we must forbear to discuss it);* **2.** *glds el. litt.(=be patient)* være tålmodig.
forbearance [fɔ:'bɛərəns] *subst; stivt* **1***(=leniency)* overbærenhet; **show ~ in dealing with people** være overbærende når man har med andre mennesker å gjøre; **2***(=self-control; patience)* tålmodighet; selvbeherskelse *(fx she showed great forbearance in answering his rude questions).*
forbearing [fɔ:'bɛəriŋ] *adj; stivt(=patient)* tålmodig.
forbears, forebears ['fɔ:,bɛəz] *subst; pl; stivt (=ancestors)* forfedre.
forbid [fə'bid] *vb(pret: forbade; perf. part.: forbid-*

den) stivt el. glds(=tell not to) forby; **God ~!** Gud forby (det)!

forbidden [fə'bidən] *perf. part. av forbid & adj:* forbudt *(fx it is forbidden to smoke in the theatre).*

forbidding [fə'bidiŋ] *adj; stivt(=rather frightening)* fryktinngytende; skremmende; **the castle had a ~ appearance** slottet så skremmende ut; **he had a ~ appearance** han hadde et avskrekkende ytre.

forbore [fɔ:'bɔ:] *pret av forbear.*

forborne [fɔ:'bɔ:n] *perf. part. av forbear.*

I. force [fɔ:s] *subst* **1.** kraft *(fx the force of the blow);* **the -s of nature** naturkreftene; **chemical -s** kjemiske krefter; **polygon of -s** kraftpolygon; **2.** *mot person el. ting:* makt; **use ~** bruke makt; **by ~** med makt; **by ~ of arms** med våpenmakt; **brute ~** makt; vold; **evil -s***(=evil powers)* onde makter; **3.** *mil, etc:* styrke *(fx he came with a small force);* **a military ~** en militærstyrke; **the -s** det militære; **the armed -s** de væpnede styrker; **4.** *fig:* kraft *(fx he's a great force in the Labour Party);* **~***(=strength)* **of character** karakterstyrke; **the ~ of example** eksemplets makt; **5.** *om lov; etc:* **the regulations in ~** gjeldende bestemmelser; **the new law is now in ~** den nye loven har nå trådt i kraft; **come into ~** tre i kraft; bli gjort gjeldende.

II. force *vb* **1.** tvinge *(fx he forced me to give him money; he forced the key into the lock);* **~ a smile** tvinge seg til å smile; **~ sth from sby** 1. fravriste en noe; 2. *fig:* avtvinge en noe; **2.** sprenge *(fx they forced the door);* **~ open** bryte opp *(fx a door; a safe);* **3.** forsere *(fx a mountain pass);* **~ the pace** forsere tempoet; **4.** *mil(=capture)* innta *(fx a castle);* **5.** presse; tvinge; fremtvinge; **~ a bill through Parliament** presse en lov igjennom i parlamentet; **~ one's way through the crowd** presse seg gjennom mengden; **~ the issue** fremtvinge en avgjørelse; sette saken på spissen; **6.** *gart:* drive (frem); **7.: ~ an entry** tiltvinge seg adgang; **8.: ~ one's views on sby** påtvinge en sine synspunkter (*el.* meninger); **9.: ~ oneself on sby** trenge seg inn på en.

forced ['fɔ:st] *adj:* tvungen; påtvungen; tvangs-; forsert *(fx his smile was rather forced).*

forced feeding tvangsfôring.

forced labour tvangsarbeid; **use ~** bruke tvangsarbeidere.

forced march *mil:* ilmarsj.

forceful ['fɔ:sful] *adj(=powerful; persuasive)* sterk *(fx a forceful personality);* overbevisende *(fx argument);* **his speech was so ~ that** ... hans tale var så sterk at ...

forceps ['fɔ:seps; 'fɔ:sips] *subst:* pinsett; **obstetrical ~** fødselstang.

force pump*(=pressure pump)* trykkpumpe.

forcible ['fɔ:sibl] *adj; meget stivt el. jur:* voldelig; med tvang; **~ entry** tiltvunget adgang; *(jvf II. force 7).*

forcing bid ['fɔ:siŋ,bid] *subst; kortsp:* kravmelding.

ford [fɔ:d] **1.** *subst:* vadested; **2.** *vb:* vade over.

fore [fɔ:] *subst; stivt:* **to the ~***(=in the forefront)* foran; i fremre rekke *(fx she's always to the fore at important social occasions); fig:* **he has recently come to the ~ in local politics** han har nylig stått fram i lokalpolitikken; **the question has been much to the ~ lately** spørsmålet har vært meget fremme i den senere tid.

fore and aft *adv; mar:* forut og akterut; fra for til akter.

foreboding [fɔ:'boudiŋ] *subst:* forutanelse *(fx he has a strange foreboding that he will die young);* **-s***(=misgivings)* bange anelser; **he thinks of a lonely old age with ~** han tenker med gru på en ensom alderdom.

I. forecast ['fɔ:,ka:st] *subst* **1***(=prediction)* spådom; forutsigelse; prognose *(fx his forecasts about the economy proved correct);* **T: can I ask you for a ~?** hvordan tror du det går (med kampen, etc)? **2.** *meteorol:* **(weather) ~** værvarsel *(fx what's the forecast for tomorrow?).*

II. forecast *vb(pret & perf. part.: forecast(ed))* **1***(=predict)* forutsi; spå; **2.** *meteorol:* spå *(fx good weather).*

forecastle ['fouksəl] *subst; mar(=fo'c's'le; fo'c'sle)* **1.** bakk; **2***(=crew's quarters):* **the ~** ruffen.

foreclose [fɔ:'klouz] *vb; jur:* overta pant til eie.

foreclosure [fɔ:'klouʒə] *subst; jur:* overtagelse av pant til eie.

forecourt ['fɔ:,kɔ:t] *subst* **1.** forgård; *på bensinstasjon:* plassen hvor pumpene står; **2.** *tennis(=front court)* området mellom servelinjen og nettet.

forecourt salesman*(=filling station attendant)* bensinekspeditør.

forefathers ['fɔ:,fa:ðəz] *subst; pl(=ancestors)* forfedre.

forefinger ['fɔ:,fiŋgə] *subst:* pekefinger.

forefront ['fɔ:,frʌnt] *subst:* **in the ~ of the battle** forrest i kampen; *fig:* **be in the ~ of the anti-litter campaign** gå foran i kampanjen mot forsøpling.

foregone ['fɔ:,gɔn] *adj:* **it's a ~ conclusion** det er på forhånd gitt; resultatet er gitt på forhånd.

foreground ['fɔ:,graund] *subst; også fig:* forgrunn *(fx in the foreground).*

forehand ['fɔ:,hænd] *subst* **1.** *på hest:* forpart; **2.** *tennis:* forehand; forehandslag.

forehead ['fɔrid; 'fɔ:,hed] *subst; anat:* panne.

foreign [fɔrin] *adj* **1.** utenlandsk *(fx a foreign passport);* **most of my friends are ~** de fleste av vennene mine er utlendinger; **~ edition** utgave for utlandet; **~ visitors in Britain** utlendinger i Storbritannia; **live with a ~ family abroad***(=live with a foreign family in a foreign land)* leve sammen med et fremmed familie i et fremmed land; **2.** utenriks- *(fx policy; trade);* **3.** *fig; stivt:* **treachery was ~ to his nature***(=treachery was not in his nature)* forræderi var ham fremmed.

foreign affairs*(=external affairs)* utenriksanliggender; **Secretary of State for Foreign and Commonwealth Affairs** *(fk Foreign Secretary;* **US:** *Secretary of State)* utenriksminister.

foreign body*(=foreign object)* fremmedlegeme.

foreigner ['fɔrinə] *subst:* utlending.

foreign exchange fremmed valuta; *(se I. exchange 4).*

foreign exchange dealer valutamegler.

foreign-language tuition fremmedspråkundervisning.

foreign minister utenriksminister; *(se foreign affairs & Foreign Secretary).*

Foreign (and Commonwealth) Office (,**US:** *State Department)* utenriksdepartement.

Foreign Secretary *(fk. f. Secretary of State for Foreign and Commonwealth Affairs)* (,**US:** *Secretary of State)* utenriksminister.

foreign service *især* **US***(=diplomatic service)* utenrikstjenesten; *(NB The Diplomatic Service is the division of the Civil Service which provides diplomats to represent the UK abroad.)*

foreign word fremmedord.

foreign worker fremmedarbeider.

foreknowledge [fɔ:'nɔlidʒ] *subst; stivt(=previous knowledge)* forhåndskjennskap (*of* til).

foreleg ['fɔ:,leg] *subst; zo:* forben.

forelock ['fɔ:,lɔk] *subst* **1.** *på hest:* pannehår; **2.** *spøkef(=fringe)* pannelugg; **3.** *glds:* **take time by the ~***(=seize the opportunity)* benytte anledningen.

foreman ['fɔ:mən] *subst* **1.** (arbeids)formann; *jernb:* **~ of electrical fitters** elektroformann; *jernb:* **station**

~ stasjonsformann i særklasse; *(jvf charge hand; chargeman; NEO stasjonsformann)*; **2.** *jur:* **~ of the jury** lagrettens formann.
foreman compositor *typ:* faktor.
foremast ['fɔ:,ma:st] *subst; mar:* fokkemast.
foremost ['fɔ:,moust] *adj & adv:* forrest; først; fremst *(fx he's considered the foremost British artist of this century)*; **he's certainly among the ~** han er absolutt blant de fremste; **first and ~** *(=first of all)* først og fremst.
forenoon ['fɔ:nu:n] *subst; især i Skottland(=morning)* formiddag.
forensic [fə'rensik] *adj; jur:* retts- *(fx psychiatry; medicine)*; **~ evidence** teknisk bevis; **~ traces** tekniske spor; *(NB Investigations following fires are carried out by the Police Forensic Science Unit)*.
foreordained [,fɔ:rɔ:'deind] *adj; stivt(=predestined)* skjebnebestemt.
forepeak ['fɔ:,pi:k] *subst; mar:* forpigg.
foreplay ['fɔ:,plei] *subst:* (seksuelt) forspill.
forerunner ['fɔ:,rʌnə] *subst:* forløper *(fx penicillin was the forerunner of modern antibiotics)*.
foresail ['fɔ:,seil; 'fɔ:səl] *subst; mar:* fokk.
foresee [fɔ:'si:] *vb(pret: foresaw; perf. part.: foreseen)* forutse; kjenne til i forveien; *(jvf foretell)*.
foreseeable [fɔ:'si:əbl] *adj:* som kan forutses; **there is no ~ chance of (-ing)** så vidt man kan forutse, er det ingen sjanse for at *(fx there is no foreseeable chance of his walking again)*; **in** *(=for)* **the ~ future** i overskuelig fremtid.
foreshadow [fɔ:'ʃædou] *vb; stivt(=suggest; announce)* bebude; varsle.
foreshore ['fɔ:,ʃɔ:] *subst:* strandbelte.
foreshortened [fɔ:'ʃɔ:tənd] *adj:* (perspektivisk) forkortet.
foresight ['fɔ:,sait] *subst* **1.** forutseenhet; fremsyn; **she had the ~ to drive carefully** hun var forutseende nok til å kjøre forsiktig; **2.** *på våpen:* siktekorn.
foresighted *adj:* fremsynt; forutseende.
foreskin ['fɔ:,skin] *subst; anat(=prepuce)* forhud.
forest ['fɔrist] *subst:* skog; storskog; *fig:* **a ~ of masts** en skog av master; **Crown ~** statsskog.
forestall [fɔ:'stɔ:l] *vb:* komme i forkjøpet *(fx she was about to speak but he forestalled her)*.
forestation [,fɔri'steiʃən] *subst:* skogplanting.
forestay ['fɔ:,stei] *subst; mar:* fokkestag.
forest district **1** *(,i Canada: ranger district)* skogforvaltning; **2.** *i Canada(=conservancy)* skoginspektørdistrikt.
forester ['fɔristə] *subst* **1.** forstmann; **2.** *stillingsbetegnelse(,i Canada: forest ranger)* skogvokter; **3.** *i Canada:* **district ~** *(=conservator)* skoginspektør; **4.** *i Canada:* **chief ~, provincial ~:** *se forestry 3.*
forest fire skogbrann; **~ protection** skogbrannbeskyttelse.
forest floor *(=woodland floor)* skogbunn.
forest land skogmark.
forest management skogforvaltning.
forest nursery skogplanteskole.
forest officer **1.** *beskrivende:* skogoppsynsmann; **2.** *stillingsbetegnelse:* **district ~** *(,i Canada: supervisor of rangers)* skogforvalter.
forest ranger *i Canada(=forester)* skogvokter; *(se forester)*.
forestry ['fɔristri] *subst* **1.** skogindustri; **2.** forstvitenskap; **3** *(=forestry matters)* forstvesen; **4.: Director General of Forestry** *(,i Canada alt etter provins: chief forester; director of forests (el. forestry); provincial forester; deputy minister of forests)* statsskogsjef; **the Forestry Commission** *(, i Canada: the Federal Department of Forestry)* Direktoratet for statens skoger; **Deputy Director General of Forestry** *(,i Canada, alt etter provins: assistant chief forester; assistant director of forests (el. forestry); assistant deputy minister of forests)* underdirektør i Direktoratet for statens skoger; **5.: Master of Forestry** *(fk MF) (,***US:** *Bachelor of Forestry (fk BF))* forstkandidat; **6.: school of ~** *(=forestry school)* skogskole.
forestry authorities *om myndighet:* forstvesen.
forest stand skogbestand.
fore tack *subst; mar(=fore jib)* fokkehals.
foretell [fɔ:'tel] *vb(pret & perf. part.: foretold) (=predict)* forutse; spå om *(fx the future)*.
forethought ['fɔ:,θɔ:t] *subst:* omtanke; forutseenhet; **they acted without sufficient ~** de viste ikke nok omtanke.
foretold [fɔ:'tould] *pret & perf. part. av foretell.*
forever [fɔ:'revə] *adv(=for ever)* **1.** for alltid; **live ~** leve evig; **2. T** *(=for a very long time)* i det uendelige *(fx he went on talking forever)*.
forevermore *(=for evermore)* [fɔ:,revə'mɔ:] *adv; emfatisk:* for evig og alltid.
forewarn [fɔ:'wɔ:n] *vb; litt.(=warn beforehand)* advare på forhånd *(fx she was forewarned about his attitude to women)*.
foreword ['fɔ:wə:d] *subst(=preface)* forord.
I. forfeit ['fɔ:fit] *subst* **1.** pant; **(game of) -s** pantelek; **pay a ~** betale pant; **2.** *litt.(=penalty)*: **his life was the ~ of his crime** han måtte bøte med livet for sin forbrytelse.
II. forfeit *vb; stivt(=lose)* miste *(fx he forfeited our respect by telling lies about his wife)*; forspille; tape *(fx one's rights)*.
III. forfeit *adj(=forfeited)* forspilt; forbrutt; **his former rights are ~ now** hans tidligere rettigheter er nå forspilt.
forfeiture ['fɔ:fitʃə] *subst; jur(=loss)* tap (av rettigheter, etc) *(fx of civil rights; of a deposit)*.
forfeiture of interest *bankv:* rentedekort.
forgather, foregather [fɔ:'gæðə] *vb; stivt(=assemble; come together)* samles; komme sammen; møtes.
forgave [fɔ:'geiv] *pret av forgive.*
I. forge [fɔ:dʒ] *subst* **1** *(=furnace)*: **(smith's) ~** esse; **2** *(=smithy)* smie.
II. forge *vb* **1.** *også fig:* smi; **2.** forfalske *(fx he forged my signature on cheques)*; **3.: ~ ahead** arbeide seg fremover; **we're forging ahead** det går jevnt fremover.
forger ['fɔ:dʒə] *subst:* falskner.
forgery ['fɔ:dʒəri] *subst:* falskneri; *jur:* **~ (of documents)** dokumentfalsk.
forget [fə'get] *vb(pret: forgot; perf. part.: forgotten)* glemme; **don't ~ to . . .** glem ikke å . . .; **I ~ his name** jeg husker ikke (*el.* kan ikke komme på) navnet hans; **~ oneself** glemme seg; **she's forgotten her handbag again** hun har glemt igjen vesken sin igjen; **~ about sth** glemme noe; **he had forgotten all about it** han hadde glemt det hele.
forgetful [fə'getful] *adj:* glemsom.
forget-me-not [fə'getmi,nɔt] *subst; bot:* forglemmegei.
forge welding smisveising.
forgivable [fə'givəbl] *adj:* tilgivelig.
forgive [fə'giv] *vb(pret: forgave; perf. part.: forgiven)* tilgi *(fx sby for sth)*; *bibl:* forlate.
forgiveness [fə'givnis] *subst* **1.** tilgivelse *(fx ask for forgiveness)*; **2.** vilje til å tilgi *(fx he showed great forgiveness towards them)*.
forgiving *adj(=ready to forgive)* som lett tilgir; som ikke bærer nag *(fx she's a forgiving person)*.
forgo [fɔ:'gou] *vb(pret: forwent; perf. part.: forgone) stivt(=give up; do without)* gi avkall på.
forgot [fə'gɔt] *pret (,***US** *også: perf. part.) av forget.*
forgotten [fə'gɔtən] *perf. part. av forget.*

I. fork [fɔ:k] *subst* **1.** gaffel; **(garden(ing))** ~ greip; **hay-** høygaffel; **2.** *på sykkel:* forgaffel; **3.** dele; skille; veiskille; *mellom grener:* kløft; **take the left ~(of the road)** ta til venstre ved veiskillet.

II. fork *vb* **1.** *om elv, vei:* forgrene seg; dele seg *(fx the road forks here);* **2.** *om person el. kjøretøy:* **~ right (,left)** ta av til høyre (,venstre); **3.** gafle; *landbr; med greip:* lempe *(fx manure on to the field; fork hay);* **~ over** vende *(fx hay);* **4. T: ~ out** punge ut *(fx he had to fork out the cost of the meal);* **you'll have to ~ out more (money)** du må punge ut med mer penger.

forked *adj* **1.** kløftet *(fx a snake has a forked tongue);* **2.** gaffelformet; *om vei:* som deler seg; **3.: ~ lightning***(=chain lightning)* siksaklyn.

fork(-lift) truck gaffeltruck.

forlorn [fɔ'lɔ:n] *adj* **1.** *litt.(=unhappy (because left alone))* fortapt; ulykkelig *(fx she seems rather forlorn since he left);* **2.** *litt.(=desperate)* fortvilt *(fx the last forlorn attempt);* **3.** *litt.:* **~ of hope***(=without hope)* uten håp.

forlorn hope **1***(=desperate undertaking)* halsløst foretagende; **2***(=faint hope)* svakt håp *(fx we may see you next week but it's rather a forlorn hope).*

I. form [fɔ:m] *subst* **1.** *også gram, mat., språkv:* form; *gram:* **the inflected -s** de bøyde former; **a ~ of** en form for; **various -s***(=kinds)* **of mental disorder** forskjellige former for sinnslidelse; **in the ~ of** i form av; **2***(=figure)* skikkelse; **3***(,US: blank)* skjema; formular; **application ~** søknadsskjema; **fill in** *(,US: out)* **a ~***(=complete a form)* fylle ut et skjema; **4***(=formality)* form; formalitet *(fx the coronation is accompanied by many ancient forms);* **pay too much attention to -s***(=formalities)* henge seg for mye opp i formene; *om oppførsel:* **it's bad ~***(=it's not fitting; it's not good form)* det passer seg ikke; **as a matter of ~** for ordens skyld; **5.** *om opplagthet, etc:* form; **be in good ~** være i fin form *(fx she's in good form after her holiday);* **6.** *sport:* form *(fx he hasn't found his form yet);* **in great ~***(=very fit)* i fin form; **at the top of one's ~***(=in top shape)* i toppform; *på det mentale plan:* **on ~** i (stor)form; kjempeopplagt; i slag *(fx he's on form today); (jvf 5 ovf);* **7.** *skolev:* lang benk uten ryggstø; **8.** *skolev(=school class)* (høyere) klasse *(fx he's in the sixth form);* **9.** form; formulering; **the final ~ of the book** bokens endelige form; **10. T: he's true to ~***(=type)* han fornekter seg ikke.

II. form *vb* **1.** danne *(fx he formed a circle with the matches; form a drama group; form the plural of a noun);* forme *(fx form a child's mind; form a vessel out of clay);* danne seg *(fx icicles have formed on the edge of the roof);* ta form *(fx an idea slowly formed in his mind);* **I somehow -ed the impression that he was mad** på en eller annen måte fikk jeg det inntrykk at han var gal; **~***(=strike up)* **a friendship with sby***(=make friends with sby)* slutte vennskap med en; **2***(=organize; arrange)* ordne *(fx he formed the children into three lines);* **the women -ed (themselves) into three groups** kvinnene delte seg i tre grupper; **3***(=make up)* danne; utgjøre *(fx these ideas will form the basis of our plan; the ministers who form the Cabinet);* **~ part of** utgjøre en del av; **4.** *mil:* **~ up***(=fall in)*! still opp! **~ two deep!** still opp på to rekker! *(jvf II. line: ~ up).*

formal ['fɔ:məl] *adj* **1.** formell; **~ dress** gallaantrekk; **a ~ resemblance** en ytre likhet; **2.** *om vesen:* avmålt; formell; stiv; **a ~ bow** et stivt bukk.

formalism ['fɔ:mə,lizəm] *subst:* formalisme.

formalist ['fɔ:məlist] *subst:* formalist.

formalistic [,fɔ:mə'listik] *adj:* formalistisk.

formality [fɔ:'mæliti] *subst* **1.** formalitet *(fx it was only a formality);* **2.** formelt vesen; formell korrekthet; stivhet.

formally *adv:* formelt; i formell henseende.

format ['fɔ:mæt] *subst:* format.

formation [fɔ:'meiʃən] *subst* **1.** danning *(fx character formation);* dannelse; **~ of new capital** kapitaldannelse; **2.** *mil:* formasjon; **3.** *geol:* formasjon; **4.** *bygg:* planum.

formative ['fɔ:mətiv] *adj:* grunnleggende *(fx a child's first five years are the most formative);* formende; **~ years** utviklingsår; grunnleggende år; **be a ~ influence on sby** være med å prege en; sette sitt preg på en.

I. former ['fɔ:mə] *subst; elekt:* viklingsspole.

II. former *adj* **1.** tidligere *(fx a former colleague);* **in ~ times** i tidligere tider; **2.: the ~** førstnevnte (av to); *(jvf latter).*

formerly *adv(=in the past)* tidligere.

formidable ['fɔ:midəbl; fɔ:'midəbl] *adj* **1***(=rather frightening)* fryktinngytende; (litt) skremmende *(fx he had a formidable appearance);* **2.** *om hindring, oppgave, etc:* meget stor; **the difficulties were more ~ than we had expected** vanskelighetene var større enn vi hadde ventet.

formless ['fɔ:mlis] *adj:* formløs; uformelig.

form master *se form teacher.*

form teacher klassestyrer; klasseforstander.

form teachers' meeting klasselærerråd; *(jvf staff meeting).*

formula ['fɔ:mjulə] *subst(pl: formulas, formulae* ['fɔ:mju,li:]) **1.** *mat., kjem:* formel *(fx the formula for water is H_2O);* **2.** *også fig:* oppskrift; formel *(fx the shampoo was made to a new formula; the formula for success);* **3.** formular *(fx the formula used in baptism; legal formulas).*

formulate ['fɔ:mju,leit] *vb:* formulere *(fx one's ideas into a theory).*

formulation [,fɔ:mju'leiʃən] *subst:* formulering; utforming.

formwork *bygg:* forskaling.

fornicate ['fɔ:ni,keit] *vb; glds(=commit adultery)* begå ekteskapsbrudd; *glds:* drive hor.

forsake [fə'seik] *vb(pret: forsook; perf. part.: forsaken) litt.* **1***(=abandon)* svikte *(fx he was forsaken by his friends);* **2***(=give up)* oppgi; svikte *(fx she forsook all her high principles).*

forswear [fɔ:'swɛə] *vb(pret: forswore; perf. part.: forsworn) glds* **1***(=give up):* **~ one's bad habits** legge av seg sine dårlige vaner; **2***(=deny on oath)* forsverge *(fx he forswore any knowledge of the crime);* **3***(=perjure oneself)* avlegge falsk ed.

fort [fɔ:t] *subst:* fort; *fig:* **hold the ~** holde skansen.

I. forte [fɔ:t; 'fɔ:tei] *subst:* sterk side; styrke; forse *(fx making pastry is not her forte).*

II. forte ['fɔ:ti] *adj, adv; mus:* forte.

forth [fɔ:θ] *adv* **1.** *glds, litt.(=forward; onward):* **they went ~ into the desert** de gikk ut i ørkenen; **from this day ~***(=from this day onward)* fra denne dag av; fra og med i dag; **2.: back and ~** fram og tilbake; **and so ~***(=and so on)* og så videre; *neds:* **hold ~** legge ut; **he's always holding ~** han legger (nå) alltid ut i det vide og det brede.

forthcoming [,fɔ:θ'kʌmiŋ; *attributivt også:* 'fɔ:θ,kʌmiŋ] *adj* **1.** *stivt(=coming)* kommende *(fx forthcoming events);* forestående; **the money was not ~** pengene kunne ikke skaffes; **2.** *om person:* imøtekommende; innlatende; villig til å snakke *(fx she wasn't very forthcoming about her job).*

forthright ['fɔ:θ,rait] *adj(=honest and outspoken)* ærlig og åpenhjertig; likefrem *(fx he's a very forthright young man);* **their answers are not usually ~** de sier ikke vanligvis det de mener.

forthwith ['fɔ:θ'wiθ; 'fɔ:θ'wið, fɔ:θ'wiθ, fɔ:θ'wið] *adv; stivt(=at once; immediately)* straks; omgående *(fx you are to leave the country forthwith!).*
fortieth ['fɔ:tiiθ] **1.** *tallord:* førtiende; **2.** *subst:* førti(ende)del.
fortification [,fɔ:tifi'keiʃən] *subst:* befestning.
fortify ['fɔ:ti,fai] *vb* **1.** befeste *(fx a castle);* **2.** *om tilsetting av vitaminer, etc(=enrich)* berike *(fx the breakfast cereal is fortified with vitamins);* **3.: ~ oneself** styrke seg *(fx with a glass of brandy).*
fortitude ['fɔ:ti,tju:d] *subst; stivt(=strength of mind)* sjelsstyrke.
fortnight ['fɔ:t,nait] *subst:* fjorten dager *(fx it's a fortnight since I last saw her).*
fortnightly 1. *adj:* som skjer hver fjortende dag *(fx visit); om publikasjon:* som kommer ut hver fjortende dag *(fx magazine);* **~ sailings** seilinger hver fjortende dag (*el.* annenhver uke); **2.** *adv:* hver fjortende dag; annenhver uke *(fx he is paid fortnightly).*
fortress ['fɔ:tris] *subst:* festning.
fortuitous [fɔ:'tju:itəs] *adj; meget stivt(=accidental)* tilfeldig *(fx I didn't plan our meeting – it was quite fortuitous);* **a ~ meeting***(=a chance meeting)* et tilfeldig møte.
fortuitously *adv; meget stivt(=by chance)* tilfeldig.
fortuity [fɔ:'tju:iti] *subst; meget stivt(=chance occurrence)* tilfeldig hendelse; tilfeldighet.
fortunate ['fɔ:tʃənit] *adj(=lucky)* heldig *(fx it was fortunate that no one was killed).*
fortunately *adv(=luckily)* heldigvis; til alt hell.
fortune ['fɔ:tʃən; 'fɔ:tʃu:n; 'fɔ:tju:n] *subst* **1***(=large amount of money)* formue; **a small ~** en (hel) liten formue; en hel formue; **2.: good ~** hell; **by good ~***(=by a lucky chance)* ved et hell; **have the good ~ to** være så heldig å *(fx he had the good fortune to marry a beautiful girl);* **3***(=fate; chance)* skjebnen *(fx he accepts whatever fortune may bring);* **4.: tell sby's ~***(=tell sby his fortune)* spå en *(fx the gipsy told my fortune);* **have one's ~ told** bli spådd; *(jvf misfortune).*
Fortune fru Fortuna; lykkens gudinne; *(jvf fortune 3).*
fortune hunter lykkejeger.
fortune teller spåkone; spåmann.
forty ['fɔ:ti] *tallord:* førti; **in the forties** i førtiårene; **a man in his forties** en mann i førtiårene.
forty winks*(=a short sleep)* en blund; en lur *(fx he always has forty winks after dinner).*
forum ['fɔ:rəm] *subst* **1.** forum; **2***(=meeting):* **hold a ~ on local politics** holde et diskusjonsmøte hvor lokalpolitikken er tema; **3.** *hist(=market-place)* torg; forum; **the Forum** Forum Romanum.
I. forward ['fɔ:wəd] *subst; fotb:* forward.
II. forward *vb* **1.** videresende *(fx I've asked the post office to forward my mail);* **2.** *stivt(=send)* sende *(fx we shall forward the goods on receipt of your cheque);* **3.** *stivt(=help; promote)* fremme **~ sby's career** fremme ens karriere.
III. forward *adj* **1***(=advancing)* fremadgående *(fx movement);* fremover; **~ march!** fremad marsj! **2***(=in front; near the front)* forrest *(fx the forward part of a ship is called the bows);* **3.** *landbr:* tidlig (utviklet) *(fx crop);* **4.** *om person; neds:* ubeskjeden; (litt for) freidig *(fx she's too forward; a forward young lady);* **5.** *merk:* på levering *(fx forward tea);* **~ business** leveransehandel; **the ~ market** leveransemarkedet; **(for) ~ delivery** (for) senere levering; **~ quotation** pris for senere levering.
IV. forward *adv(=forwards)* fremad; fremover; fram *(fx a pendulum swings backward(s) and forward(s); she stepped forward to receive her prize);* **put the clock ~ tonight** still klokken fram i kveld; *(se bring: ~ forward; carry 36: ~ forward; put: ~ forward).*
forward business (,delivery, *etc): se III. forward 5.*
forward dive forlengs stup; *(jvf inward dive).*
forwarder ['fɔ:wədə] *subst(=forwarding agent)* speditør.
forwarding *subst (jvf II. forward)* **1.** videresending; **2.** *stivt(=sending)* (frem)sending; **3.** *stivt(=promotion)* fremme; det å fremme (*el.* støtte).
forwarding account spedisjonsregning.
forwarding agent speditør; **firm of -s** spedisjonsfirma.
forwarding charges spedisjonsgebyr; spedisjonsomkostninger.
forward line *fotb:* løperrekke.
forward-looking *adj(=long-term)* langsiktig *(fx project).*
forward pass *fotb:* fremlegg.
forward pressure drivtrykk.
forward roll *gym:* forlengs rulle.
foss(e) [fɔs] *subst(=moat)* vollgrav.
fossil ['fɔsəl] *subst* **1.** fossil; forsteining; **2. T** *om person:* fossil *(fx he's just an old fossil).*
fossilization, fossilisation [,fɔsilai'zeiʃən] *subst:* forsteining.
foster ['fɔstə] *vb* **1.** fostre opp *(fx a child);* **2***(=encourage; further)* fremme *(fx the child's talents);* understøtte *(fx her ambition to be an actress);* **3.** *stivt:* **~***(=have)* **a desire for revenge** nære et ønske om hevn.
foster child fosterbarn.
fought [fɔ:t] *pret & perf. part. av II. fight.*
I. foul [faul] *subst; sport:* forseelse mot spillereglene; ureglementert slag; *i baseball(=foul ball)* feil ball; *fotb:* forsettlig forseelse; **a ~ for hands** forsettlig hands; **a ~ for tripping** forsettlig hekting (*el.* benkrok); **the other team committed a ~** det andre laget begikk en forsettlig forseelse.
II. foul *vb* **1***(=make dirty)* svine til; grise til *(fx dogs often foul the pavement);* forurense *(fx factory chimneys foul the air);* **2.** *mar:* råke uklar *(fx the anchor fouled on the rope);* komme i veien for *(fx the rope fouled the anchor);* komme borti noe; komme i beknip *(fx the rope fouled);* **3.** *mar; om skipsbunn:* bli tilgrodd; **4. T: ~ up** 1*(=foul)* svine til; grise til; 2*(=bungle; ruin; spoil)* ødelegge; lage rot av *(fx you've really fouled up our holiday plans);* **he's always -ing things up** det blir bare rot av alt han kommer borti; **5.** *fotb:* begå en forsettlig forseelse *(fx he fouled three times);* **he -ed his opponent** han begikk en forsettlig forseelse mot en motspiller.
III. foul *adj* **1.** *om luft, lukt:* dårlig *(fx air); om ånde:* meget ubehagelig (*el.* dårlig) *(fx he has foul breath);* **there's a ~ smell in the kitchen** det lukter fælt på kjøkkenet; **2***(=unpleasant):* **~ weather** styggvær; **T: he was absolutely ~ to his sister** han var fæl mot søsteren sin; **his room was in a ~ mess** det så fryktelig (*el.* fælt) ut på rommet hans; **3***(=obscene; vulgar)* svinsk; vulgær *(fx language);* **4.** *mar; om farvann:* urent *(fx waters);* **5.** *mar; om skipsbunn:* tilgrodd; **6.** *om avløpsrør(=clogged (up))* tilstoppet; **7***(=unfair)* ureal; uredelig; **resort to ~ means** ta i bruk uredelige midler; **8***(=wicked; vile)* ond; heslig *(fx crime);* **9.** *typ:* full av feil; **10** *sport:* ureglementert; **11.: fall ~ of** *se II. fall 15;* **12.: by fair means or ~** med det gode eller med det onde.
foul play 1. *sport:* forseelse mot spillereglene; brudd på spillereglene; **2.** *fig:* uærlig spill; lureri; noe kriminelt; **is ~ suspected?** har man mistanke om at det foreligger noe kriminelt? **the police suspect ~**

politiet har mistanke om at det dreier seg om en forbrytelse.

I. found [faund] *pret & perf. part. av II. find.*

II. found *vb* **1***(=establish)* grunnlegge; opprette; **2.: ~ on** *(,stivt:* **upon***)(=base on)* basere på; bygge på *(fx the story is founded on facts; a town founded on rock).*

foundation [faun'deiʃən] *subst* **1.** grunnleggelse; opprettelse; stiftelse; **2.** *om institusjon som finansieres ved legat el. fond:* stiftelse; **3.** *til støtte for kunst el. vitenskap:* fond *(fx the Carnegie Foundation);* legat; **a ~ for the endowment of research** et fond (*el.* legat) til støtte for forskning; et forskningsfond; *(jvf endowment 1);* **4.** fundament; *bygg(=foundations)* fundament; grunnmur *(fx lay the foundations of a house);* **5.** *fig(=basis)* grunnlag; basis; **the rumour is without ~** ryktet er grunnløst; **his story has no ~ in fact** hans historie bygger ikke på kjensgjerninger; **6***(=foundation cream)* underlagskrem (for ansiktet).

foundation pile *bygg:* fundamentpæl.

foundation wall *bygg:* grunnmur; *(jvf foundation 4).*

I. founder ['faundə] *subst* **1.** grunnlegger; **2.** legatstifter; *(jvf foundation 2 & 3);* **3.: ~ of a family** stamfar til en familie; **4***(=caster)* støper *(fx an iron founder).*

II. founder *vb; stivt el. litt.* **1***(=sink)* gå under; **2.** *om hest(=stumble)* snuble (av utmattelse); **3***(=sink into; become stuck)* synke nedi; bli sittende fast; **4***(=fail)* mislykkes *(fx the project foundered).*

founder's share stifteraksje; stamaksje; *(se NESO stamaksje).*

foundling ['faundliŋ] *subst; litt.:* hittebarn.

foundry ['faundri] *subst:* støperi.

foundry technology *fag:* støperiteknikk.

fount [faunt] *subst* **1.** *litt.(=source)* kilde *(fx God is the fount of all wisdom);* **2.** *typ:* skrift(type).

fountain ['fauntin] *subst* **1.** fontene; **(drinking) ~** drikkefontene; springvann; **2.** *litt.(=source)* kilde *(fx the fountain of light);* **~ of youth** ungdomskilde.

fountainhead ['fauntin,hed] *subst* **1***(=issue of water)* oppkomme; utspring; *for elv(=source)* kilde; **2.** *fig; litt.(=origin; source)* opphav; kilde.

fountain pen fyllepenn.

four [fɔ:] **1.** *tallord:* fire; **2.** *subst:* firetall; firer; **3***(=aged four)* fire år *(fx he's four);* **4***(=four o'clock)* klokken fire; **5.: on all -s***(=on hands and knees)* på alle fire; **6.: drive a carriage and ~***(=drive four-in-hand)* kjøre med firspann.

fourfold ['fɔ:,fould] **1.** *adj:* firedobbel; firfoldig; **2.** *adv:* firedobbelt.

four-handed [,fɔ:'hændid; *attributivt:* 'fɔ:,hændid] *adj* **1.** med fire hender; **2.** *mus:* firhendig; **3.** *kortsp:* firemanns- *(fx bridge).*

four-in-hand [,fɔ:rin'hænd] **1.** *subst:* firspann; **2.** *adv:* **drive ~** kjøre med firspann.

four-leaf ['fɔ:,li:f] *adj(=four-leaved)* med fire blader; **~ clover** firkløver.

four-legged ['fɔ:,legd] *adj:* firbent.

four-letter ['fɔ:,letə] *adj:* med fire bokstaver; som består av fire bokstaver; **~ word** tabuord; stygt ord.

four-masted ['fɔ:,mastid] *adj; mar:* firemastet.

four-part ['fɔ:,pa:t] *adj; mus:* firstemmig.

four-poster [,fɔ:'poustə] *subst(=four-poster bed)* himmelseng.

fourscore ['fɔ:'skɔ:; 'fɔ:skɔ:] *tallord; glds:* fire snes; åtti; **~ (years) and ten** nitti år.

foursome ['fɔ:səm] *subst(=group of four people)* selskap på fire personer; *sport; fx golf:* spill mellom to par *(fx they played in a foursome).*

four-speed ['fɔ:,spi:d] *adj:* med fire gir; **~ (gear)box** firetrinns girkasse.

four-stroke ['fɔ:,strouk] *adj:* firetakts- *(fx engine).*

fourteen ['fɔ:'ti:n; fɔ:'ti:n; 'fɔ:ti:n] *tallord:* fjorten.

fourteenth ['fɔ:'ti:nθ; fɔ:'ti:nθ; 'fɔ:ti:nθ] **1.** *tallord:* fjortende; **2.** *subst:* fjorten(de)del.

fourth [fɔ:θ] **1.** *tallord:* fjerde; **2.** *subst; stivt(=quarter)* fjerdedel; firedel; **3.** *subst:* fjerdemann; **make a ~** være fjerdemann *(fx at bridge);* **4.** *subst(=fourth gear)* fjerdegir; **change into ~** sette den i fjerdegir.

four-wheel ['fɔ:,wi:l] *adj:* **~ drive** firehjulstrekk.

fowl [faul] *subst(pl: fowl(s))* **1***(=domestic fowl)* hønsefugl; **he keeps -s***(=poultry)* **and a few pigs** han holder høns og noen griser; **2.** *glds(=bird)* fugl; *(se wildfowl).*

fowl pest hønsepest.

I. fox [fɔks] *subst* **1.** *zo:* rev; **2.** *om person:* **a sly ~, a cunning ~** en lur rev; **3.: set the ~ to keep the geese** sette bukken til å passe havresekken.

II. fox *vb* **1***(=trick; deceive)* narre; **2. T***(=puzzle; confuse)* forvirre *(fx she was completely foxed).*

fox earth*(=foxhole)* revehi.

foxglove ['fɔks,glʌv] *subst; bot:* revebjelle.

foxhole ['fɔks,houl] *subst(=fox earth)* revehi.

foxhound ['fɔks,haund] *subst:* revehund.

fox hunt(ing) revejakt.

foxy ['fɔksi] *adj* **1***(=fox-like)* reveaktig; **2.** lur; snedig.

foyer ['fɔiei; 'fɔiə] *subst; i hotell, teater, etc:* foajé.

fracas ['fræka:; **US:** 'freikəs] *subst(pl: fracas* ['fræka:z]; **US:** *fracases* ['freikəsiz]) *stivt(=noisy quarrel)* høyrøstet trette.

fraction ['frækʃən] *subst* **1.** brøk; **complex ~** brudden brøk; **continued ~** kjedebrøk; **(im)proper ~** (u)ekte brøk; **unit ~** enhetsbrøk (ɔ: teller = 1); **vulgar ~** alminnelig brøk; **do -s** regne brøk; **invert a ~** gjøre om en brøk; **reduce a ~ (by a factor)** forkorte en brøk; **reduce a ~ to higher terms** utvide en brøk; **2.** brøkdel; liten del *(fx a fraction of an inch);* **a substantial ~ of the nation** en vesentlig del av folket.

fractional ['frækʃənəl] *adj* **1.** brøk-; **2***(=very small)* ubetydelig; meget liten *(fx the difference is fractional);* **a ~ amount** et meget lite beløp.

fractious ['frækʃəs] *adj; meget stivt(=cross; bad -tempered)* tverr; irritabel.

I. fracture ['fræktʃə] *subst* **1.** brudd *(fx in the water pipe);* **2.** *med.:* fraktur; bruddskade; brudd; **compound ~** komplisert brudd; **-s 1***(=broken bones)* brudd; **2***(=broken legs)* benbrudd.

II. fracture *vb; stivt el. fagl(=break)* brekke *(fx one's arm);* **the metal pipes -d** det oppstod brudd i metallrørene.

fractured *adj(=broken)* brukket *(fx a fractured rib).*

fragile ['frædʒail] *adj* **1***(=easily broken)* skjør *(fx vase);* **2***(=light)* lett *(fx touch);* **3***(=easily ruined)* skrøpelig *(fx health; happiness);* spinkel *(fx link with the past);* **4. T***(=weak)* svak; medtatt *(fx after last night's party I feel rather fragile).*

fragility [frə'dʒiliti] *subst:* skjørhet; skrøpelighet; spinkelhet.

I. fragment ['frægmənt] *subst:* bruddstykke; **-s of glass** glasskår; **-s of a novel** bruddstykker av en roman.

II. fragment [fræg'ment] *vb; stivt(=break into pieces)* splintres; gå i stykker *(fx this glass will fragment if hit by something sharp).*

fragmentary ['frægməntəri] *adj(=incomplete);* fragmentarisk *(fx the evidence against him is rather fragmentary; a fragmentary account of what happened).*

fragmentation [,frægmən'teiʃən] *subst:* oppspalting; oppstykking; fragmentasjon.

fragrance ['freigrəns] *subst(=sweet smell)* vellukt;

behagelig lukt *(fx all the fragrance(s) of the East).*
fragrant ['freigrənt] *adj(=sweet-scented)* velluktende; (søtt) duftende.
frail [freil] *adj* **1.** *m.h.t. helse:* skrøpelig *(fx a frail old lady);* **2**(*=fragile)* spinkel *(fx her frail form);* skrøpelig *(fx a frail craft); fig:* skjør *(fx frail happiness);* **3.** *fig(=easily tempted; morally weak)* skrøpelig *(fx frail humanity).*
frailness ['freilnis] *subst:* skrøpelighet.
frailty ['freilti] *subst; også fig:* svakhet; skrøpelighet; **she loved him in spite of his frailties** hun elsket ham til tross for hans svakheter.
I. frame [freim] *subst* **1.** ramme *(fx a picture frame);* **2.** stell; rammeverk; **the iron ~ of a bed** jernstellet til en seng; **3.** *arkit(=shell):* **the ~ of a building** et råbygg; skjelettet til et bygg; **4.** *flyv(=fuselage)* kropp; **5.** *tøm:* karm *(fx door frame; window frame);* **6.** *mar; av stål el. jern:* spant; *(jvf I. rib 3);* **7.** *TV:* delbilde; *film:* (enkelt)bilde; **-s per second** *(fk: fps)* bilder pr. sekund *(fx I took this film at 12 fps);* **8**(*=form)* skikkelse *(fx he slid his long frame through the doorway);* **9.** *gart(=hotbed)* mistbenk; **cold ~** kaldbenk; **10.: ~ of mind** sinnsstemning *(fx he's in a strange frame of mind).*
II. frame *vb* **1.** ramme inn *(fx a picture; her hair framed her face);* **~ and glaze a picture** sette et bilde i glass og ramme; **2.** *stivt(=form; put together)* danne; forme *(fx a sentence, a reply);* **3.** utforme *(fx a policy);* **4. S***(=put together a false charge against)* fabrikere en falsk anklage mot *(fx I didn't do it – I've been framed!).*
frame saw grindsag.
frame-up S*(=false charge)* falsk anklage *(fx it's a frame-up!).*
framework ['freim,wə:k] *subst* **1.** skjelett; rammeverk; **2.** *mar:* spantesystem; **3.** *bygg:* **timber ~***(=timber frame)* bindingsverk; **light ~** lett bindingsverk; **4.** *fig:* skjelett *(fx of a novel);* **the ~ of a composition** disposisjonen til en stil; **the ~ for the story** rammen om historien.
framework agreement*(=general agreement (on major points))* rammeavtale.
franc [fræŋk] *subst; mynt:* franc.
France [fra:ns] *subst; geogr:* Frankrike.
franchise ['fræntʃaiz] *subst* **1.: the ~***(=the vote)* stemmerett; **extension of the ~ to women** utvidelse av stemmeretten til også å omfatte kvinner; **2.** *i sjøfors:* selvassuranse; franchise; **3.** *merk(=agency)* agentur; **4. US***(=licence)* konsesjon *(fx for a bus service).*
Francophile ['fræŋkou,fail] **1.** *subst:* franskvennlig person; **2.** *adj:* franskvennlig.
Francophobe ['fræŋkou,foub] **1.** *subst:* franskhater; **2.** *adj:* franskfiendtlig.
frangipane ['frændʒi,pein] *subst:* **~ (tart)***(=Bakewell tart)* massarin.
frank [fræŋk] *adj:* åpen; oppriktig; **~ and honest** åpen og ærlig; **ask sby a ~ question** spørre en rett ut om noe; stille en et spørsmål like ut; **to be quite ~** for å si det rett ut; for å være helt ærlig; **be ~ with sby** være ærlig (*el.* helt åpen) overfor en.
frankfurter ['fræŋk,fə:tə] *subst:* wienerwurst.
frankincense ['frænkin,sens] *subst(=incense)* røkelse; virak.
frankly *adv:* åpent; ærlig; **(quite) ~** ærlig talt; for å si det rett ut; for å si det som det er.
frantic ['fræntik] *adj* **1**(*=very worried; anxious)* meget engstelig; panisk *(fx she became quite frantic when her son did not arrive home);* **2**(*=wildly excited)* vill *(fx she joined in the frantic gaiety);* **the ~ pace of modern life** vår tids ville tempo; **a ~ search for new talents** en hektisk jakt på nye talenter; **3.** *glds(=insane)* gal; **T: drive sby ~** gjøre en gal.
frantically *adv (se frantic):* **he wrote ~** han skrev som en rasende.
fraternal [frə'tə:nəl] *adj; stivt(=brotherly)* broderlig; broder-.
fraternity [frə'tə:niti] *subst* **1.** brorskap; brodersamfunn; **2.** *spøkef:* **the banking ~** bankfolk; **the medical ~** legestanden; **the legal ~** advokatstanden; **the teaching ~** lærerstanden; **3. US: (Greek-letter) ~** hemmelig klubb for mannlige studenter.
fraternize, fraternise ['frætə,naiz] *vb:* fraternisere; omgås (fortrolig) *(fx the soldiers were ordered not to fraternize with the people in the town).*
fratricide ['frætri,said] *subst; stivt el. jur* **1**(*=murder of a brother)* brodermord; mord på en bror; **2.** brodermorder.
fraud [frɔ:d] *subst* **1.** svindel; bedrageri; **a pious ~** et fromt bedrag; **it's a ~** det er svindel; **2.** svindler; bedrager; person som utgir seg for å være noe annet enn han er *(fx he's a fraud);* **T** *spøkef:* **he's just an old ~** han bare later sånn *(fx Father isn't really angry with us – he's just an old fraud!).*
fraudulence ['frɔ:djuləns; **US:** 'frɔ:dʒuləns] *subst; stivt(=falseness; dishonesty; deceitfulness)* falskhet; uredelighet; svikaktighet.
fraudulent ['frɔ:djulənt; **US:** 'frɔ:dʒulənt] *adj; stivt(=dishonest; deceitful)* uredelig; uærlig; bedragersk; svikaktig *(fx the way he obtained the car was definitely fraudulent);* **~ behaviour** uredelig oppførsel; svikaktig oppførsel.
fraught [frɔ:t] *adj; stivt el. litt.:* **~ with***(=full of)*: **a venture ~ with peril** et farefullt foretagende.
I. fray [frei] *subst; glds(=fight)* strid; kamp.
II. fray *vb; om tau, stoff, etc* **1.** bli frynset *(fx this material frays easily; my dress has frayed at the hem);* tynnslite *(fx constant rubbing against the rock has frayed the rope);* **2.** *fig:* tynnslitte *(fx everyone's temper was frayed by having to wait so long);* **-ed nerves** tynnslitte nerver.
frazzle ['fræzəl] *subst* **T: worn to a ~** helt utkjørt.
I. freak [fri:k] *subst* **1**(*=whim; caprice)* lune; **a ~ of nature** et av naturens luner; **2.** rar skapning *(fx dwarfs and other freaks);* original; raring *(fx a long-haired freak); spøkef:* **you do look a ~ in those clothes!** du ser virkelig snål ut i de klærne! **3.** *i sms; om person som er vilt begeistret for noe:* **he's a film ~** han har filmdilla; han er helt vill med film.
II. freak *vb* **S: ~ out 1.** frike ut (især etter å ha tatt stoff); **2.** gjøre noe helt sprøtt.
III. freak *adj(=unusual; abnormal)* uvanlig; unaturlig; **~ storm** uvær som er uvanlig for årstiden; **a ~ result** et helt uvanlig resultat.
freakish ['fri:kiʃ] *adj* **1**(*=odd; unusual)* avvikende *(fx behaviour);* underlig; original *(fx results);* **2**(*=unpredictable)* uberegnelig *(fx weather; she's very freakish and unreliable).*
freak-out ['fri:k,aut] *subst* **S 1.** det å frike ut; **2.** det å gjøre noe helt sprøtt.
freckle ['frekəl] **1.** *subst:* fregne; **2.** *vb:* bli fregnet; **-d***(=freckly)* fregnet.
I. free [fri:] *vb(pret & perf. part.: freed)* **1**(*=set free)* sette fri; slippe ut *(fx he freed all the prisoners);* **she -d herself** hun rev seg løs; **2.: ~ sby from sth, ~ sby of sth***(=rid sby of sth; relieve sby of sth)* befri en fra noe; befri en for noe *(fx free the people from their terrible poverty);* **~ oneself of***(=rid oneself of)* kvitte seg med *(fx one's debts).*
II. free *adj, adv* **1.** fri *(fx a free country; a free man; a free translation; her hair hung free);* **2.** utvungen; fri; **her movements were ~ and assured** hun beveget seg fritt og utvungent; **he's frank and ~ towards**

everyone han er åpen og fri overfor alle; **3.** gratis *(fx I got it free; a free ticket);* **they did it ~ of charge** de gjorde det gratis; **post** *~(=post-paid)* portofritt *(fx send books post free);* **4.** ikke opptatt; ledig *(fx is this table free?);* fri *(fx I shall be free at five o'clock; are you free to come for a drink tonight?);* **Saturday is a ~ day for me** lørdag er en fridag for meg; **5.: ~ from, ~ of** fri for *(fx she is free from pain now; keep the wound free from dirt; the roads are free of heavy traffic now; he is glad to be free(=rid) of his wife);* **6.: be ~ with***(=be generous with)* være raus med *(fx one's money);* **7.: ~ as air** fri som fuglen; **8.** *merk:* fritt levert *(fx free on board);* **9.: ~ and easy** (fri og) utvungen; **10.** *mar:* **run** *~(=sail off the wind)* seile romskjøts; **11.: make ~ with***(=take liberties with)* ta seg friheter overfor; **12.: be ~ to act***(=have a free hand)* ha frie hender; **you are** *~(=at liberty)* **to do it** det står deg fritt å gjøre det; **I am ~ to sell***(=I have a right to sell)* det står meg fritt å selge; **everyone is now ~ to speak***(=the debate is opened)* ordet er fritt; **13.: feel ~!** (ja,) vær så god! ja, det må du da bare gjøre!

free agent: be a ~ være fritt stilt; stå fritt; **I'm not (entirely) a ~** jeg står ikke (helt) fritt; jeg har visse hensyn å ta.

free alongside ship *merk:* fritt levert til skipssiden.

freeboard ['fri:,bɔ:d] *subst; mar:* fribord.

free church ['fri:,tʃə:tʃ] *subst:* frikirke; *(jvf established church).*

freedom ['fri:dəm] *subst:* frihet (*from* fra); **~ from taxation** skattefrihet; **~ of information** informasjonsfrihet; **~ of opinion and expression** meningsog ytringsfrihet; **the prisoner was given his ~** fangen fikk sin frihet; fangen ble satt fri; **have (,receive) the ~ of a city** være (,bli utnevnt til) æresborger i en by.

freedom fighter frihetskjemper.

free enterprise *økon:* fri konkurranse; fritt næringsliv.

free-for-all T: uorganisert diskusjon, hvor alle deltar.

free gift gave (for å overtale eventuell kunde til å handle).

free hand: give sby a ~ gi en frie hender.

free-hand ['fri:,hænd] *adj:* frihånds-.

free-hand drawing frihåndstegning.

freehold ['fri:,hould] *subst:* selveie; *(jvf fee simple).*

freehold farm selveiergård.

free house pub som fritt kan selge hvilke bryggeriprodukter eieren måtte ønske.

free kick *fotb:* frispark.

free labour uorganisert arbeidskraft.

freelance ['fri:,la:ns] **1.** *subst(=freelancer)* frilanser; **2.** *adj:* frilans- *(fx a freelance journalist);* **3.** *vb:* arbeide som frilanser.

freelancer ['fri:,la:nsə] *subst(=freelance)* frilanser.

free list *økon:* friliste.

free-living [,fri:'liviŋ; *attributivt:* 'fri:,liviŋ] *adj; bot & zo:* frittlevende.

freeloader ['fri:,loudə] *subst* **S***(=sponger)* snylter; snyltegjest.

freely ['fri:li] *adv* **1.** fritt *(fx I feel that I can now speak freely);* **2***(=willingly; readily)* villig *(fx I freely admit that the accident was my fault);* **3***(=generously)* rikelig *(fx she always gives freely to charity);* **he poured sauce** *~(=liberally)* **over the pudding** han tømte rikelig med saus over puddingen; **4.** i utstrakt grad; **he avails himself ~ of this permission***(=he makes extensive use of this permission)* denne tillatelsen benytter han seg av i utstrakt grad; **borrow ~** låne penger i øst og vest; **he sweated ~** svetten rant av ham.

freeman ['fri:mən] *subst* **1.** *hist; mots slave:* frimann; **2.** *hist & i City of London (=citizen)* borger.

freemason ['fri:,meisən] *subst:* frimurer.

free port *økon:* frihavn.

free-range [,fri:'reindʒ; *attributivt:* 'fri:,reindʒ] *adj(=kept or produced in natural nonintensive conditions):* **~ hens** høns som får gå ute; *(jvf battery hen);* **~ eggs** *kan gjengis:* bondeegg; *(jvf battery egg; se NEO bondeegg).*

freesheet ['fri:,ʃi:t] *subst(=giveaway)* gratisavis.

free speech talefrihet; **have a right to ~** ha talerett; **I believe in ~** jeg er tilhenger av talefrihet.

free-style ['fri:,stail] *adj:* **~ (swimming)** *sport:* frisvømming.

free-swimming [,fri:'swimiŋ; *attributivt:* 'fri:,swimiŋ] *adj; zo:* frittsvømmende.

freethinker ['fri:'θinkə; fri:'θinkə] *subst:* fritenker.

free thought den frie tanke; fri tenkning.

free trade *økon:* frihandel.

free trader *økon:* tilhenger av frihandel; frihandelsmann.

free vote *polit:* avstemning etter overbevisning og ikke etter partilinjer.

freeway ['fri:,wei] *subst* **US***(=motorway)* motorvei; *(jvf turnpike 2).*

freewheel ['fri:'wi:l; 'fri:,wi:l] **1.** *subst:* frihjul; **2.** *vb(=coast)* kjøre på frihjul; trille (uten bruk av motoren).

freewheeling ['fri:,wi:liŋ] *adj; især* **US T***(=uninhibited and carefree)* sorgløs og uhemmet.

free will fri vilje; den frie vilje; viljens frihet; **he did it of his own ~** han gjorde det av egen fri vilje.

I. freeze [fri:z] *subst* **1***(=cold spell)* kuldeperiode *(fx how long do you think the freeze will last?);* **2.** *i sms:* **wage** *~(=pay freeze)* lønnsstopp; **3. S***(=cold shoulder)* kald skulder *(fx why are you giving me the big freeze?).*

II. freeze *vb(pret: froze; perf. part.: frozen)* **1.** fryse *(fx the water froze; the water pipe has frozen);* **~ over** fryse til; **the river has frozen over** elven har frosset (til); det har lagt seg is på elven; **~ solid***(=freeze right through)* bunnfryse; **2***(=be at or below freezing point)* fryse; **if it -s tonight** hvis det blir nattefrost; **3***(=be very cold)* fryse (fælt) *(fx I'm freezing);* **T: my feet are freezing** jeg er iskald på føttene; **T: this room is freezing** det er hundekaldt her inne; **~ to death** fryse i hjel; **4.** *om matvarer:* fryse (ned) *(fx you can freeze the rest of that food and eat it later);* **5.** *av frykt, etc:* stivne *(fx she froze when she heard the strange thumping sound downstairs);* **he froze in his tracks** han ble stående bom stille; **if you hear anyone coming, ~!** hvis du hører at det kommer noen, så bli stående bom stille! **my blood froze when I saw the ghost** det gikk kaldt gjennom meg da jeg så spøkelset; **6.** *fot; motiv i rask bevegelse:* fryse; **7.** *med.:* **~ a tooth** lokalbedøve en tann; **8.** *økon:* fryse; fastfryse; **~ prices** innføre prisstopp; **wages will be frozen again** det vil bli lønnsstopp igjen; **9. T: ~ sby out** fryse en ut; **10.: ~ up** 1. *om motor, etc:* fryse *(fx the engine froze up and wouldn't start);* fryse til *(fx the cold weather has frozen up the gate – it won't open!);* 2. *fig:* **the actor was so nervous that he froze up** skuespilleren var så nervøs at det gikk helt i stå for ham.

freeze-dry ['fri:z,drai] *vb:* frysetørre.

freezer ['fri:zə] *subst(=deepfreeze)* (dyp)fryser.

freeze-up ['fri:z,ʌp] *subst* **1.** tilfrysing; **2.** kuldeperiode.

freezing *adj(=very cold):* **it's ~** det er iskaldt.

freezing plant*(=refrigerating plant; cold-storage plant)* fryseanlegg; fryseri.

freezing point frysepunkt.

freezing process frysemetode.

free zone *økon; for varer som skal reeksporteres:*

frihandelssone.
I. freight [freit] *subst* **1**(=*cargo*) frakt; **US**(=*goods*) gods; **air ~** flyfrakt; **2.** *det som betales:* frakt (*fx he charged me £100 freight*); **3**(=*transport*) frakt; befordring; **4. US: ~ (train)**(=*goods train*) godstog.
II. freight *vb* **1**(=*charter*) befrakte; **2.: ~ with** laste med.
freightage ['freitidʒ] *subst:* frakt(gods); fraktomkostninger.
freight bill US(=*consignment note; waybill*) fraktbrev.
freight car *jernb* **US**(=*goods wagon*) godsvogn.
freight charges fraktomkostninger.
freight depot US(=*goods station*) godsstasjon.
freighter ['freitə] *subst* **1.** lastebåt; **2.** transportfly.
freightliner ['freit,lainə] *subst; jernb:* containervogn.
freight rate fraktrate; fraktsats.
freight train US(=*goods train*) godstog.
French [fren(t)ʃ] **1.** *subst:* fransk (*fx speak French*); **the ~** franskmennene; **2.** *adj:* fransk.
French bean(=*kidney bean; haricot bean*) hagebønne; *oppskårne:* **-s** snittebønner.
French doors US(=*French window(s)*) fransk vindu.
French fries US(=*chips; french-fried potatoes*) stekte poteter; pommes frites.
French horn *mus:* valthorn.
frenchify ['fren(t)ʃi,fai] *vb:* forfranske.
French leave: take ~ 1. forsvinne i all stillhet; **2.** *mil*(=*go absent without leave*) ta tjuvperm.
French letter T(=*condom*) kondom; **T:** gummi.
Frenchman ['fren(t)ʃmən] *subst:* franskmann.
French polish møbelpolitur.
French-polish ['fren(t)ʃ'pɔliʃ] *vb:* polere.
French window(s) (,**US:** *French doors*) fransk vindu.
French stick pariserloff.
Frenchy ['fren(t)ʃi] **1.** *subst* **T**(=*Frenchman*) franskmann; **2.** *adj:* fransk-; som ligner på franskmennene.
frenetic [fri'netik] *adj; stivt*(=*frantic*) vanvittig (*fx my frenetic efforts*).
frenzied ['frenzid] *adj*(=*very excited*) voldsomt opphisset; **in ~ haste** i avsindig hast.
I. frenzy ['frenzi] *subst* **1.** opphisselse; opphisset (*el.* hektisk) stemning; **in a ~ of anxiety** helt fra seg av engstelse; **the fans worked themselves up into a state of ~** beundrerne ble etter hvert helt fra seg; **in a ~ of enthusiasm** helt vill av begeistring; **2.** *glds:* (anfall av) vanvidd; galskap; raseri(anfall).
II. frenzy *vb:* opphisse; gjøre helt vill (*el.* rasende).
frequency ['fri:kwənsi] *subst* **1.** hyppighet; hyppig forekomst; frekvens; **the ~ of her visits surprised him** det overrasket ham at hun kom så ofte på besøk; **increase in ~** øke i hyppighet; **2.** *elekt, radio, etc:* frekvens.
I. frequent ['fri:kwənt] *adj:* hyppig (*fx make frequent journeys to France; his trips to France are less frequent now*); **at ~ intervals**(=*at short intervals*) med korte mellomrom; **make ~ use of** gjøre flittig bruk av.
II. frequent [fri'kwent] *vb; meget stivt el. spøkef*(=*visit often*) frekventere.
frequently *adv*(=*often*) ofte; hyppig.
fresco ['freskou] *subst*(*pl: fresco(e)s*) freskomaleri.
fresh [freʃ] *adj* **1.** frisk (*fx colours, fruit, flowers, eggs, milk*); fersk (*fx cakes, fish, meat, water*); **~**(=*new*) **bread** ferskt brød; **a ~ loaf** et ferskt brød; **~ paint** fersk maling; **2**(=*new*) fersk; ny (*fx information; he started reading a fresh chapter; a fresh piece of paper*); **make a ~ start** begynne på nytt; **a ~ outlook** et nytt syn på tingene; **3**(=*not tired*) frisk (*fx you're looking very fresh*); frisk og uthvilt; **start off ~** begynne reisen frisk og uthvilt; **4.** *om vind & vær:* frisk (*fx a fresh breeze from the sea; let some fresh air into the room; it was a fresh morning*); **5**(=*just arrived*): **he's ~ from the city** han kommer nettopp fra byen; **6.** *om utdannelse:* **he's ~ from Oxford (,from school)** han kommer rett fra Oxford (,fra skolebenken); **7**(=*inexperienced*) ny; uerfaren; **he's coming ~ to the job**(=*he's new in the job*) han er ny i tjenesten; **8. S**(=*cheeky*) frekk; som tar seg friheter (*with* overfor) (*fx he tried to get fresh with the new secretary*); **he's rather a ~ young man** han er en nokså freidig ung mann; **9.** *nordeng. dial*(=*tipsy*) halvfull; **T:** pussa.
fresh-air freak frisksporter.
fresh-cut ['freʃ,kʌt] *adj:* nyskåren; **~ flowers** nyskårne blomster.
freshen ['freʃən] *vb* **1.** friske på (*fx the wind began to freshen*); **2.: ~ up** stelle seg (*fx I must freshen up before dinner*); **a wash and a rest will ~ me up** når jeg får vasket meg og hvilt, vil jeg føle meg bedre; **~ up the paint** friske opp malingen.
freshly ['freʃli] *adv*(=*newly; recently*) ny-; **~ churned** nykjernet; **~ gathered** nyplukket (*fx apples*); **~ painted** nymalt; **~ shaven** nybarbert; **~ roasted coffee** nybrent kaffe; **~ arrived from the country** nettopp kommet fra landet; (*jvf newly; recently*).
freshman (,**T:** *fresher*) førsteårsstudent ved college el. universitet.
freshwater ['freʃ,wɔ:tə] *subst:* ferskvann.
freshwater fish ferskvannsfisk.
fret [fret] *vb* **1.** gnage (*fx a harness strap fretted the horse*); slite i stykker; *mar:* skamfile (*fx a fretted rope*); *geol:* hule ut; erodere; *om syre:* tære; etse; angripe; korrodere; **2**(=*worry*) engste seg; **3**(=*be irritated*) ergre seg; (*fx she was always fretting about something or other*).
fretful ['fretful] *adj*(=*cross; discontented*) gretten; misfornøyd (*fx get fretful*).
fretsaw ['fret,sɔ:] *subst:* løvsag.
fretwork ['fret,wə:k] *subst:* løvsagarbeid; gjennombrutt arbeid.
friability [,fraiə'biliti] *subst; stivt*(=*brittleness*) sprøhet.
friable ['fraiəbl] *adj; stivt*(=*brittle*) sprø.
friar ['fraiə] *subst:* tiggermunk.
fricassee [,frikə'si:] *subst:* frikassé.
friction ['frikʃən] *subst* **1.** friksjon; gnidning; gnidningsmotstand; **skin ~** overflatefriksjon; **sliding ~** glidefriksjon; **2.** *fig:* gnisninger (*fx between parents and their children*); **they had some family ~ over it** de hadde ekteskapelige gnisninger av den grunn.
frictional ['frikʃənəl] *adj:* friksjons-; **~ force** friksjonskraft; **~ unemployment** tilfeldig arbeidsløshet; **~ wear** friksjonsslitasje.
frictionless ['frikʃənlis] *adj; også fig:* friksjonsfri.
friction loss friksjonstap.
friction tape US(=*insulating tape*) isolasjonsbånd.
Friday ['fraidi; 'fraidei] *subst:* fredag; **on ~** på fredag (*fx she arrived on Friday*); **next ~** neste fredag; **on -s** på fredager.
fridge [fridʒ] *subst:* kjøleskap.
fried [fraid] *adj:* stekt; **~ eggs** speilegg.
friend [frend] *subst:* venn(inne); **a ~ of mine (,his)** en venn av meg (,ham); **~ of one's youth** ungdomsvenn; **have a ~ at court** ha gode forbindelser; **a ~ of the opera** en operavenn; **she's a ~ to animals** hun er snill mot dyr; **she's a ~ to everyone who is in need** hun hjelper alle som er i vanskeligheter; **make -s with** gjøre seg til venns med; **she made plenty of -s** hun fikk mange venner.
friendless ['frendlis] *adj; stivt*(=*without friends*) venneløs.
friendliness ['frendlinis] *subst*(=*kindness*) vennlig-

het; vennskapelighet; **his ~** hans vennlighet; hans vennlige vesen.
friendly ['frendli] *adj(=kind)* vennlig; hyggelig *(fx she's very friendly to everybody);* **be ~***(=kindly)* **disposed towards sby** være vennlig innstilt overfor en; **be on ~ terms with** stå på en vennskapelig fot med.
friendship ['fren(d)ʃip] *subst:* vennskap; **form a ~ with** slutte vennskap med; **under the pretence of ~***(=in the guise of friendship)* under dekke av vennskap; *iron:* **so much for his (,her,** *etc***) ~!** og 'det kaller man vennskap! **proof***(=token)* **of ~** vennskapsbevis; **tie***(=bond)* **of ~** vennskapsbånd.
frieze [fri:z] *subst* **1.** *arkit:* frise; **2.** *tekstil (=homespun)* vadmel.
frigate ['frigit] *subst; mar:* fregatt.
fright [frait] *subst* **1.** skrekk; redsel; **get a ~** bli skremt; bli redd; **give sby a ~** skremme en; **take ~** bli skremt; **2.T: she looks a ~ in that hat** hun ser latterlig (*el.* forferdelig) ut i den hatten; **she looked a perfect ~** hun så ut som et fugleskremsel.
frighten ['fraitən] *vb:* skremme *(fx the crowds of people frightened her);* **be -ed** bli skremt.
frightened *adj:* skremt *(fx a frightened child);* **~ of** redd for; **there's nothing to be ~ about** det er ingenting å være redd for.
frightening *adj:* skremmende; nifs; *(jvf fearsome & scary).*
frightful ['fraitful] *adj* **1***(=terrible; frightening)* fryktelig; skremmende; nifs *(fx I had a frightful experience when my car skidded);* **2. T***(=very bad)* gyselig; fryktelig; redselsfull; fæl *(fx a frightful hat; he's a frightful liar).*
frightfully *adv:* fryktelig *(fx he's frightfully clever).*
frigid ['fridʒid] *adj* **1.** *stivt(=cold and unemotional)* kjølig; kald *(fx tone, welcome);* **a ~ reception** en kjølig mottagelse; **he was rather ~ towards them** han behandlet dem nokså kjølig; **2.** *om kvinne:* frigid; **3.** *geogr:* kald *(fx the frigid zones of the world).*
frigidity [fri'dʒiditi] *subst* **1.** kulde; kjølighet; **2.** *med.:* frigiditet.
I. frill [fril] *subst* **1.** rynkekappe; gardinkappe; **2.** *zo; om halsen av hår el. fjær:* krage; **3.: -s** krusedulLer; dikkedarer *(fx he made a plain speech with no frills);* **all the -s** alt det unødvendige som følger med *(fx he likes being successful in business, but he doesn't enjoy all the frills);* **there are no -s on him***(=there's no nonsense about him)* det er ingen dikkedarer med ham.
II. frill *vb:* sette (rynke)kappe på.
frilled *adj(=frilly)* med rynkekappe.
I. fringe [frindʒ] *subst* **1.** *på teppe, etc:* frynse; frynset kant; **2.** pyntekant; pyntebord; **3.** *om hår:* pannehår; pannelugg; **4.** *også fig(=outer area; edge)* utkant *(fx on the fringe of the city; the fringes of the forest);* periferi *(fx on the fringe of Labour politics).*
II. fringe *vb* **1.** sette pyntebord på; frynse; kante; **2.** *litt.(=encircle)* omkranse *(fx trees fringed the pond).*
fringe *adj:* ytter-; periferisk; som befinner seg i ytterkanten av.
fringe activities aktiviteter utenom *(fx we have various fringe activities).*
fringe area 1. utkantområde; utkantstrøk; **2.** *radio:* område med dårlige mottakerforhold.
fringe benefit *om fordel i tillegg til ordinær lønn:* frynsegode *(fx have a lot of fringe benefits).*
fringe dwellers folk som bor i utkantstrøk.
fringe medicine alternativ medisin.
fringe theatre *teat(=fringe theatre group)* fri gruppe.
frippery ['fripəri] *subst:* unyttig stas; dingeldangel; krimskrams; **deck oneself out in all kinds of ~** iføre seg allslags dingeldangel.
Frisian, Friesian ['friʒən] **1.** *subst:* friser; *om språket:* frisisk; **2.** *adj:* frisisk.
frisk [frisk] *vb* **1.** *stivt; om dyr:* **~ about***(=jump about playfully)* hoppe og sprette; bykse lekent omkring *(fx the lambs are frisking about in the field);* **2. T***(=search)* kroppsvisitere.
frisky ['friski] *adj(=lively; playful)* spretten *(fx you're looking very frisky this morning!);* leken *(fx puppy).*
fritter ['fritə] **1.** *subst:* **apple -s** frityrstekte epleskiver innbakt i pannekakerøre; **2.** *vb; om penger, tid, energi:* **~ (away)** sløse bort *(fx one's money).*
frivolity [fri'vɔliti] *subst(=frivolousness)* fjollethet; mangel på alvor; lettsindighet *(fx I have no time for such frivolities as parties).*
frivolous ['frivələs] *adj:* fjollet *(fx remark);* lettsindig; betydningsløs; **~ details***(=unimportant details)* betydningsløse detaljer.
frizz [friz] *vb; om hår:* kruse seg; bli krusete; **~ (out)** kruse; lage småkrøller; **the hairdresser -ed out her hair** frisøren ga henne småkrøller.
frizziness ['frizinis] *subst; om hår(=fuzziness)* krus; krusethet; småkrøllethet.
frizzy ['frizi] *adj; om hår(=fuzzy)* kruset; småkrøllet.
fro [frou] *adv:* **to and ~ 1.** til og fra *(fx make journeys to and fro between X and Y);* **2***(=back and forth)* fram og tilbake *(fx run to and fro).*
frock [frɔk] *subst* **1.** *stivt el. glds(=dress)* kjole; **2.** munkekappe; munkekutte.
frog [frɔg] *subst* **1.** *zo:* frosk; **2.** *zo; på hest:* (hov)stråle; **3.** *jernb(=crossing)* skinnekryss; **double ~***(=diamond crossing)* dobbelt skinnekryss; *(jvf crossover).*
frog fish *zo* **T***(=angler fish)* havulke; breiflabb.
frogman [frɔgmən] *subst:* froskemann.
frogmarch ['frɔg,ma:tʃ] *vb; fx gjenstridig fange:* bære i armer og ben (med ansiktet ned).
I. frolic ['frɔlik] *subst; stivt(=gaiety; jollity)* lystighet; munterhet.
II. frolic *vb(pret & perf. part.: frolicked) stivt(=play about noisily; romp)* boltre seg; tumle omkring.
from [frɔm] *prep* **1.** fra *(fx come from Paris; to and from);* ned fra *(fx hang from);* **~ . . . away***(=at a distance of)* på (*el.* i) en avstand av *(fx the sound could be heard from almost two miles away);* **~ a great distance** på lang avstand; **~ this distance** på denne avstanden; **~ above** ovenfra; **~ behind** fram bak; bak *(fx he answered from behind a newspaper);* **~ below** nedenfra; **~ here (,there)** herfra (,derfra); **~ in here** her innenfra; **~ home** hjemmefra; **~ outside** utenfra; **open the door ~ the outside** åpne døren utenfra; **he came out ~ under the bed** han kom fram under sengen; **~ within***(=from the inside)* innenfra;
2. *om materiale:* av *(fx the curtain was made from an old blanket; tea made from strawberry leaves); (se NEO I. av 1);*
3. på grunnlag av; av *(fx I see from your letter that . . .);* ut fra *(fx it's understood from the context);*
4. *om motiv(=out of)* av *(fx from curiosity);*
5. mot; **safe ~ attack** sikker mot angrep; *(se defend; protect);*
6. for; **hide sth ~ sby** gjemme (*el.* skjule) noe for en;
7. *om årsak (se også 'for', 'of', 'with');* **faint ~ lack of food** besvime av mangel på mat; **faint ~***(=with)* **exhaustion** besvime av utmattelse; **he got (the) flu ~ staying out in the cold** han fikk influensa av å være ute i kulda; **arise ~, result ~, spring ~** skyldes;

være forårsaket av; **suffer ~** lide av; **he's tired ~ overwork** han er sliten fordi han er overarbeidet; **8.** etter; i følge; i overensstemmelse med; **painted ~ life** malt etter levende modell; **~ the nude** etter naken modell; **~ all I can see it's wrong** etter hva jeg kan forstå, er det galt; *~(=according to)* **what I have heard** etter det (*el.* hva) jeg har hørt; **order ~ sample** bestille etter prøve; **say the whole poem ~ memory** si fram hele diktet etter hukommelsen; **9.: take it ~ me that***(=you can believe me when I say that)* du kan tro meg når jeg sier at . . . *(fx take it from me – this company is heading for bankruptcy).*

frond [frɔnd] *subst; litt.(=fern leaf)* bregneblad.

I. front [frʌnt] *subst* **1.** forside; fasade; **the ~ of the picture** forsiden av bildet; **at the ~ of the house** på forsiden av huset; foran huset; **in the ~ of the bus** foran i bussen; **in ~ of** foran *(fx the house)*; **sea ~** strandpromenade: **go in ~** gå foran; **2.** *mil:* front; **at the ~** ved fronten; **to the ~** til fronten; **3.** *fig:* front; fasade; **a united ~** en samlet front *(fx present a united front against all opposition)*; **on the wages ~** på lønnsfronten; **put on a brave ~** ta det tappert; **4***(=cover)* kamuflasje *(fx his café is a front for smuggling)*; **5.** *meteorol:* front; **cold ~** kaldfront; **6.** **US***(=figurhead)* toppfigur; gallionsfigur.

II. front *vb; stivt:* **~ on (to)***(=face on to)* vende ut mot *(fx their house fronts on to the park).*

III. front *adj:* forrest *(fx in the front row)*; for- *(fx front garden)*; som ven ᐧᐧr mot gaten *(fx room).*

frontage ['frʌntidʒ] *subst;* ᐟ*=front)* fasade; forside *(fx paint the frontag* ᐧ ᐧᐧe *building).*

frontal ['frʌntəl] *adj(=from the front)* frontal *(fx attack).*

frontal bone *anat:* panneben.

frontal lobe *anat:* pannelapp.

front bench *parl (the foremost bench of either the Government or Opposition in the House of Commons)* forreste benk i Underhuset.

frontbencher ['frʌnt,ben(t)ʃə] *subst; parl* **1.** regjeringsmedlem; **2.** ledende opposisjonspolitiker.

front door **1.** entrédør; inngangsdør; hoveddør; **2.** *fig:* **he got in by the ~** han fikk jobben på ærlig vis.

frontier ['frʌntiə; **US:** frʌn'tiə] *subst* **1.** *stivt el. hist(=boundary)* grense; **US** *hist:* **the ~** koloniseringsgrensen (som stadig ble flyttet vestover); grenseområdet *(fx they went to make a new life on the frontier)*; **2.** *fig; stivt:* **-s***(=limits)* grenser.

frontier post grenseovergang; grensepost; grensestasjon.

frontispiece ['frʌntis,pi:s] **1.** *på bok:* tittelbilde; frontispis; **2.** *arkit:* hovedfasade; **3.** *arkit:* frontispis.

frontline ['frʌnt,lain] **1.** *subst; mil:* frontlinje; forreste linje; **2.** *adj:* **~ news** forsidenyheter.

front man **T***(=nominal leader; figurehead)* toppfigur; gallionsfigur; *(jvf I. front 6).*

front matter *typ(=prelims)* preliminærsider; tittelsider (med innholdsfortegnelse, forord, etc).

front page *typ:* forside.

front-page ['frʌnt,peidʒ] *adj:* forside- *(fx news).*

frontrunner ['frʌnt,rʌnə] *subst; sport & fig:* favoritt; den som leder.

front seat forsete.

front stairs hovedtrapp.

front suspension *på bil:* forstilling.

front tooth fortann.

frontward(s) ['frʌntwəd(z)] *adv(=towards the front)* mot fronten; i retning av fronten.

front wheel forhjul; **align the -s***(=reset (the) track adjustment)* justere forstillingen.

front(-wheel) drive forhjulsdrift.

I. frost [frɔst] *subst* **1.** frost; kulde; **there'll be (a) ~ tomorrow** i morgen blir det frost; **black ~** barfrost; **degrees of ~** kuldegrader; **2***(=white frost)* rim *(fx there's frost on the windows)*; **3. T***(=failure; disappointment):* **the play was a ~** stykket var en skuffelse; **4. T***(=coolness (of manner))* iskulde.

II. frost *vb* **1.** *om glass(=grind):* mattslipe; **-ed glass***(=ground glass)* mattglass; **2.: ~ (over), ~ up** fryse til; dekkes av rim (*el.* is); **the fields -ed over during the night** det la seg rim på jordene i løpet av natten; **the windscreen -ed up** frontglasset iset; **3.** **US***(=ice)* glasere; ha melisglasur på *(fx a cake).*

frostbite ['frɔst,bait] *subst:* forfrysning; **he's got ~ in one foot***(=one of his feet is frostbitten)* han har forfrosset en fot.

frostbitten ['frɔst,bitən] *adj:* med forfrysning; **his feet were ~***(=he was suffering from frostbite in his feet)* han hadde forfrysninger i føttene.

frosted *adj* **1.** dekket av rim; **2.** skadd av frost; **3.** *om glass(=ground)* mattslipt; **3. US***(=iced)* med melisglasur.

frost heave*(=frost heaving)* telehivning.

frosting ['frɔstiŋ] *subst* **1.** mattsliping (av glass); **2.** **US***(=icing)* (melis)glasur.

frost mist*(=frost smoke)* frostrøyk; frosttåke.

frost-nipped ['frɔst,nipt] *adj; om plante:* frostsvidd.

frost-proof ['frɔst,pru:f] *adj:* frostfri.

frostwork ['frɔst,wə:k] *subst; på glass, etc(=ice fern)* isblomst; isroser.

frosty ['frɔsti] *adj* **1.** frost-; **a ~ night** en frostnatt; **clear and ~** frostklar; **it's going to be ~ tonight** vi får frost til natten; **2.** *fig; om oppførsel:* kald *(fx smile, look)*; **a ~ manner** et (is)kaldt vesen; en kald måte å være på.

froth [frɔθ] **1.** *subst(=foam)* skum *(fx this beer has more froth than others)*; fråde; **2.** *vb(=foam)* skumme; **~ at the mouth** fråde om munnen.

frothy [frɔθi] *adj* **1***(=foamy)* skummende; med skum på *(fx beer)*; **2.** *litt.(=light)* lett *(fx silk dresses).*

froufrou ['fru:,fru:] *subst* **1.** rasling (av silkekjole); **2.** *om kvinneklær:* overdreven pynt; kapper og rysj.

frown [fraun] **1.** *subst:* strengt (*el.* misbilligende) blikk; **he gave her a ~ of disapproval** han så misbilligende på henne; **2.** *vb(=knit one's brows)* rynke pannen; **he -ed at her bad behaviour** han rynket pannen over hennes dårlige oppførsel; **3.** *fig:* **~ on***(=disapprove of)* ikke se med blide øyne på; **it's -ed on** det er ikke velsett; det blir fordømt.

frowzy ['frauzi] *adj(=slovenly; unkempt)* sjusket; ustelt; *om hår:* ukjemt.

froze [frouz] *pret av II. freeze.*

frozen ['frouzən] *adj & perf. part. av II. freeze:* frossen; frosset; tilfrosset; **~ foods** frosne matvarer; **my hands are ~** jeg er stivfrossen på hendene; **~ account***(=blocked account)* sperret konto.

fructiferous [frʌk'tifərəs] *adj; bot(=fruit-bearing)* fruktbærende.

fructification [,frʌktifi'keiʃən] *subst; bot* **1.** fruktdannelse; **2.** fruktlegeme.

fructify ['frʌkti,fai] *vb(=bear fruit; put forth fruit)* bære frukt; sette frukt.

fructose ['frʌktous; 'frʌktouz] *subst(=fruit sugar)* fruktsukker; fruktose.

frugal ['fru:gəl] *adj; stivt* **1***(=thrifty; careful about spending money)* sparsommelig; nøysom *(fx frugal habits)*; **2.** enkel; beskjeden *(fx a frugal meal).*

frugality [fru:'gæliti] *subst(=frugalness)* **1.** sparsommelighet; nøysomhet; **2.** enkelhet; beskjedenhet; fordringsløshet (i livsvaner).

I. fruit [fru:t] *subst* **1.** frukt *(fx we eat a lot of fruit)*; **soft -s***(=berries)* bær; **soft and hard -s** bær og frukt; **forbidden ~ is sweet** forbuden frukt smaker best; **bear ~, put forth ~** bære frukt; sette frukt; **2.**

fig(=result) frukt *(fx the fruit of his hard work);* **the -s of prosperity** velstandens frukter.
II. fruit *vb; stivt el. fagl(=bear fruit)* bære frukt *(fx this tree fruits early).*
fruit bud *bot:* fruktknopp.
fruiter ['fru:tə] *subst* **1***(=fruit grower)* fruktdyrker; **2***(=fruit-bearing tree)* fruktbærer; tre som bærer godt.
fruiterer ['fru:tərə] *subst:* frukthandler.
fruitful ['fru:tful] *adj; fig:* fruktbar *(fx meeting).*
fruit grower fruktdyrker.
fruit growing*(=fruit farming)* fruktdyrking.
fruition [fru:'iʃən] *subst; stivt:* **come to** ~*(=come true)* gå i oppfyllelse; *om plan, etc:* **bring to** ~*(=carry into effect)* virkeliggjøre.
fruit knife fruktkniv.
fruitless ['fru:tlis] *adj; fig; stivt(=futile)* nytteløs; forgjeves *(fx attempt); stivt:* frukteslos.
fruit machine *især* **US***(=gambling machine; one -armed bandit)* spilleautomat; enarmet banditt.
fruity ['fru:ti] *adj* **1.** frukt-; fruktlignende; **a ~ taste** fruktsmak; **2.** *om stemme(=deep; mellow)* dyp; fyldig; **3.** *om humor* **T:** grov; saftig; **4. T:** sukkersøt; *om homoseksuell manns blikk:* innbydende *(fx he rolled his eyes in a distinctly fruity way).*
frump [frʌmp] *subst* **T***(plain woman unfashionably dressed)* lite pen og ufiks kvinne *(fx she's such a frump).*
frustrate [frʌs'treit] *vb* **1.** frustrere; gjøre frustrert; **2***(=thwart; baffle)* hindre; gjøre til skamme; **our expectations were -d***(=our hopes were baffled)* våre forhåpninger ble gjort til skamme.
frustrated *adj:* skuffet; utilfreds; frustrert.
frustration [frʌs'treiʃən] *subst:* frustrasjon.
frustum ['frʌstəm] *subst; geom:* **~ of a cone** kjeglestump; **~ of a pyramid** pyramidestump.
I. fry [frai] *subst* **1.** *zo:* fiskeyngel; yngel; **2.** *fig:* **small** ~ småfisk *(fx the local politicians are just small fry).*
II. fry *vb:* steke; **~ an egg** steke et egg; *fig:* **have other fish to ~** ha andre jern i ilden.
frying pan (**,US:** *fry-pan)* stekepanne; **jump out of the ~ into the fire** komme fra asken i ilden.
fuchsia ['fju:ʃə] *subst; bot:* fuksia.
I. fuck [fʌk] *subst; vulg* **1.** *om samleie:* nummer; **2.: she was a good ~** hun var flink til å knulle; **3.: I don't give a ~!** det gir jeg faen i!
II. fuck *vb; vulg* **1.** knulle; pule; **2.** *uttrykk for ergrelse:* **~ it!** faen også! **~ you!** faen ta deg! **~ off!** dra til helvete! **3.: ~ up** ødelegge *(fx he's fucked up the machine!);* **4.: ~ about, ~ around** gå og slenge; *vulg:* ikke gjøre noen faens ting.
fucker ['fʌkə] *subst; vulg; neds(=fellow)* fyr.
fucking *adj; vulg; forsterkende; intet tilsv i norsk; lar seg ofte ikke oversette:* **we had a ~ good time** vi hadde det jævla fint; **he's a ~ idiot** han er en (fordømt) idiot; **that ~ thing fell on my foot** jeg fikk den faens tingesten på foten; **what ~ excuse have they got?** hva for slags unnskyldning har de?
fuddled ['fʌdəld] *adj; lett glds(=confused; intoxicated)* omtåket; beruset *(fx he was slightly fuddled).*
fuddy-duddy ['fʌdi,dʌdi] *subst; neds:* (eldre) menneske med håpløst gammeldagse oppfatninger.
fuddy-duddy ideas håpløst gammeldagse oppfatninger.
fudge [fʌdʒ] *subst:* slags bløt nougat.
I. fuel ['fju:əl] *subst* **1.** brensel; brennstoff; drivstoff; **liquid ~** flytende brennstoff; **solid ~** fast brennstoff; **wood ~***(=firewood)* vedbrenne; **2.** *fig:* **add ~ to the fire***(=fan the flames)* puste til ilden.
II. fuel *vb:* ta inn drivstoff (*el.* brennstoff) *(fx the tanker will leave when it has finished fuelling);* forsyne med drivstoff (*el.* brennstoff).
fuel consumption brennstofforbruk; brenselforbruk; *bils(=petrol consumption)* bensinforbruk.
fuel oil fyringsolje.
fuel pump *i bilmotor:* bensinpumpe.
fuel starvation *i forgasser:* utilstrekkelig bensintilførsel.
fuel supply *i motor; til forgasseren:* bensintilførsel.
fugitive ['fju:dʒitiv] **1.** *subst(=runaway)* flyktning; **2.** *adj:* flyktende *(fx soldiers); (jvf refugee).*
fulcrum ['fulkrəm; 'fʌlkrəm] *subst:* opplagringspunkt; dreiepunkt; *for spett:* underlag *(fx use this stone as a fulcrum).*
fulfil (**,US:** *fulfill)* [ful'fil] *vb:* oppfylle; innfri *(fx a promise);* ~*(=comply with)* **a condition** oppfylle en betingelse; ~*(=meet)* **one's obligations** oppfylle sine forpliktelser; ~*(=meet)* **one's (financial) commitments** oppfylle sine (økonomiske) forpliktelser; **~ oneself** realisere seg selv.
fulfilled *adj; om person m.h.t. livssituasjonen:* tilfreds *(fx with her family and her career, she is a very fulfilled person; she didn't feel fulfilled till she had children).*
fulfilment (**,US:** *fulfillment)* [ful'filmənt] *subst:* oppfyllelse; innfrielse; *(se fulfil).*
I. full [ful] *subst:* **in ~** i sin helhet *(fx they printed the story in full);* uforkortet; helt ut *(fx pay in full; write one's name in full);* **name in** ~*(=full name)* fullt navn; **payment in ~** full (inn)betaling; **report the speech in ~** gjengi foredraget i sin helhet; **to the** ~*(=thoroughly)* i fullt monn (*el.* mål); i fulle drag *(fx they enjoyed themselves to the full).*
II. full *adj* **1.** full *(fx a full glass; my cup is too full);* **the moon is ~** det er fullmåne; *teat:* **a ~ house** fullt hus;
2. fulltallig *(fx a full crew);*
3. fullstendig; full; hel *(fx a full dozen; a full size too big);* **the** ~*(=whole)* **amount** beløpet i sin helhet; hele beløpet; **~ board** full kost; **~ compensation** full erstatning; **I have the -est confidence in her** jeg har full tillit til henne; **~ insurance** fullverdiforsikring; **on ~ pay** med full lønn; **make ~ use of** utnytte fullt ut; dra full nytte av; **in the -est sense of the word***(=in every sense of the word)* i ordets fulle betydning; **he slept for a ~ twelve hours***(=he slept for twelve hours on end)* han sov i samfulle tolv timer;
4. detaljert; fyldig; utførlig *(fx account);* grundig *(fx a full(=thorough) discussion of ...);*
5. *om erme, kjole, skjørt:* vid *(fx a very full skirt);*
6. *om ansikt, figur:* rund *(fx she has a rather full face);* **~ lips** fyldige lepper;
7. *om program:* fyldig *(fx a very full programme);*
8*(=busy)* travel *(fx it's been a full day);*
9. kjødelig *(fx his full brother);* **~ brothers and sisters** helsøsken;
10.: ~ (up) 1. god og mett; 2. (helt) full *(fx the bus is full up);* 3. fulltegnet *(fx is the course full up yet?);*
11.: ~ of 1*(=filled with)* full av *(fx a glass full of wine; a room full of people);* 2. *fig* **T: she was ~ of the news about** hun var helt opptatt av nyheten om; *neds:* **be (too) ~ of oneself** være altfor selvopptatt.
III. full *adv* **1***(=completely)* full *(fx fill the petrol tank full);* **2***(=directly; exactly):* **she hit him ~ in the face** hun slo til ham midt i ansiktet; **3.** *litt.:* **~ well***(=very well)* utmerket godt *(fx she knows full well that ...).*
fullback ['ful,bæk] *subst; fotb:* back.
full binding *bokb:* helbind.
full blast *adv:* for fullt *(fx work is proceeding full blast);* **he had the radio going ~** han hadde radioen på for fullt.
full-blooded [,ful'blʌdid; *attributivt:* 'ful,blʌdid] *adj*

1(=*purebred)* fullblods *(fx horse);* (helt) ekte; ren *(fx negro);* **2.** *fig; sj(=out-and-out)* rendyrket *(fx socialist);* **3.** *fig(=forceful)* kraftig *(fx argument);* **a ~**(=*vigorous)* **style** en kraftfull stil; **4.** *sj(=vivid)* levende *(fx narrative);* **5.** *sj(=warm-blooded; hot -blooded)* varmblodig.

full-blown [,ful'bloun; *attributivt:* 'ful,bloun] *adj;* **1.** *litt.(=in full bloom)* fullt utsprunget; **2.** *fig(=fully developed)* fullt utviklet; full(voksen) *(fx the riots escalated into full-blown civil war);* **3**(=*complete)* komplett; fullt ferdig *(fx nuclear power plant).*

full-bodied [,ful'bɔdid; *attributivt:* 'ful,bɔdid] *adj; om vin:* fyldig.

full-cream cheese helfet ost.

full-cream milk helmelk.

full dress galla; **in ~** i full galla.

full-dress uniform gallauniform.

full face en face.

full-fledged [,ful'fledʒd; *attributivt:* 'ful,fledʒd] *adj; om fugl(=fully fledged)* flyveferdig.

full frontal(=*full-frontal photograph)* aktfoto forfra.

full-grown [,ful'groun; *attributivt:* 'ful,groun] *adj:* utvokst; (helt) voksen *(fx animal; man).*

full house *kortsp; poker:* fullt hus.

full-length [,ful'leŋθ; *attributivt:* 'ful,leŋθ] *adj* **1.** uforkortet *(fx novel);* **~ play** helaftenstykke; **2.: ~ mirror** figurspeil; **~ portrait** portrett i helfigur.

full marks *skolev; også fig:* toppkarakter.

full meeting plenumsmøte.

full moon fullmåne.

fullness ['fulnis] *subst; litt. el. stivt:* **in the ~ of time** i tidens fylde *(fx in the fullness of time her son was born).*

full-page [,ful'peidʒ; *attributivt:* 'ful,peidʒ] *adj:* helsides *(fx illustration).*

full professor US(=*professor)* professor; *(jvf assistant professor; associate professor).*

full-scale [,ful'skeil; *attributivt:* 'ful,skeil] *adj:* i naturlig størrelse; i full størrelse *(fx drawing).*

full size full størrelse; naturlig størrelse.

full-size ['ful,saiz] *adj:* av full størrelse.

full-size orchestra orkester med full besetning.

full stop(=*full point;* **US:** *period)* punktum.

full time *fotb:* full tid; *(jvf half time).*

full-time ['ful,taim] *adj:* **~ job** heldagsjobb; heltidsbeskjeftigelse; **~ student** heltidsstudent; student på hel tid.

full-timer ['ful,taimə] *subst:* person som arbeider (,studerer) på heltid.

fully ['fuli] *adv* **1.** fullt ut; helt *(fx I fully(=quite) agree with you);* **~ convinced that** ... fullt og fast overbevist om at ...; **~ developed** fullt utviklet; *om foster:* fullbåret; **~ insured** fullt forsikret; **~ manned** fullt bemannet; **~ paid shares** fullt innbetalte aksjer; **be ~ informed** få full beskjed; **2**(=*at least)* minst; ikke mindre enn *(fx it will take fully three days to get there);* **~ ten metres**(=*a full ten metres)* minst ti meter; hele ti meter; **3**(=*adequately):* **they were ~ fed** de fikk nok mat; **4.** detaljert; fyldig; **I shall report more ~ in a couple of weeks** jeg skal gi en fyldigere (*el.* utførligere) rapport om et par uker.

fulminate ['fʌlmi,neit] *vb* **1.** *glds(=thunder and lighten)* lyne og tordne; **2.** *fig; stivt:* **~ against**(=*protest loudly against)* tordne mot.

fulsome ['fulsəm] *adj; neds; stivt(=excessive; insincere)* overdreven; uoppriktig; **~ praise**(= *extravagant praise)* skamros.

fumble ['fʌmbəl] *vb* **1.** fomle *(fx he fumbled with the key);* **~ about in one's bag for the key** rote i vesken etter nøkkelen; **2.** være klosset; stamme; **he -d the introduction badly** presentasjonen rotet han svært med; **3.** *sport; om ball:* miste; *om sjanse:* forspille; **he -d the catch and dropped the ball** han klarte ikke redningen og mistet ballen.

fumbler ['fʌmblə] *subst:* klossmajor; **T:** kløne.

I. fume ['fju:m] *subst:* **-s** sterkt luktende røyk; damp; dunster *(fx petrol fumes);* **they could see -s rising from the rubbish dump** de kunne se at det steg røyk opp fra søppelfyllingen.

II. fume *vb(=give off fumes)* gi fra seg røyk; **2.** *fig* **T:** skumme (av raseri) *(fx he was fuming (with rage)).*

fumigate ['fju:mi,geit] *vb:* desinfisere (med røyking); røyke ut; **they -d the room** de røyket ut (*el.* desinfiserte) rommet.

fumitory ['fju:mitəri] *subst; bot:* jordrøyk.

fun [fʌn] *subst:* moro; gøy *(fx they had a lot of fun at the party);* **for ~**(=*for the fun of it)* for moro skyld *(fx he did it for fun);* **it's ~** det er morsomt; det er gøy; **sailing a boat is great ~** det er veldig morsomt å seile; **I don't see the ~ of doing that** jeg ser ikke det morsomme i å gjøre det; **it would have been ~ to know if** ... det skulle vært morsomt å vite om ...; **it's not bad ~, you know** det er ganske morsomt, vet du; **he's fond of ~** han liker moro; **he's full of ~** han er full av moro; **make ~ of sby** ha moro med en.

funambulist [fju:'næmbjulist] *subst(=tight-rope walker)* linedanser.

I. function ['fʌŋkʃən] *subst* **1.** funksjon; oppgave *(fx his function is to welcome the guests at the door);* **2.** *gram; mat.:* funksjon *(fx y is a function of x);* **3**(=*ceremony)* høytidelighet; fest; tilstelning; arrangement *(fx a school function);* anledning; **we cater for all types of -s** vi leverer mat for alle anledninger; **attend social -s** være til stede ved offisielle anledninger.

II. function *vb(=work)* virke; fungere; funksjonere.

functional ['fʌŋkʃənəl] *adj* **1.** funksjonell; funksjons-; **2.** *arkit:* funksjonalistisk.

functional disturbance *med.:* funksjonsforstyrrelse.

functionary ['fʌŋkʃənəri] *subst; ofte neds; stivt(=official)* tjenestemann; embetsmann; funksjonær.

functioning *subst:* fungering; funksjon.

I. fund [fʌnd] *subst* **1.** fond *(fx the fund for the repair of the church);* **disaster ~** katastrofefond; **relief ~** hjelpefond; **2.** *fig(=store; supply)* forråd; fond; **he has a ~ of funny stories** han har mange morsomme historier å gi til beste; **3.: -s** midler; fonds; **build up -s** legge opp fonds; **public -s**(=*public money)* offentlige midler; statsmidler; **it goes to State -s**(=*it goes to the Treasury)* det går i statskassen (*el.* i statens kasse); **4. T: be in -s**(=*be flush)* ha penger; være pr. kasse; **be out of -s** ikke ha penger; ikke være pr. kasse; **I'm short of -s** det er ebbe i kassen; *(se NEO fond; fonds).*

II. fund *vb; økon* **1.** *om kortsiktig flytende gjeld(=convert into long-term debt bearing fixed interest and represented by bonds):* **~ a debt** fundere en gjeld; **-ed debt**(=*permanent debt)* fundert gjeld; **2**(=*provide a fund)* opprette et fond; etablere et fond; **~ a pension plan** opprette et fond for å finansiere en pensjonsordning; **3**(=*accumulate a fund for the discharge of a current liability)* legge (*el.* bygge) opp et fond (for oppfyllelse av kortsiktig gjeldsforpliktelse); fundere; **the -ing of the borrowing requirement** fundering av lånebehovet.

I. fundamental [,fʌndə'mentəl] *subst* **1**(=*fundamental principle)* grunnprinsipp *(fx it's a fundamental of her belief that ...);* **agree on -s** være (,bli) enige om grunnprinsippene; **agreement on -s** (=*agreement in principle)* prinsipiell enighet; enighet om grunnprinsippene; **come to an agreement on**

-s(*=come to an agreement in principle)* komme til prinsipiell enighet; **2.** *mus; i partialtonerekke(=first harmonic)* grunntone; **3.** *mus; i grunnstillingsakkord:* grunntone.

II. fundamental *adj:* fundamental; prinsipiell; **a ~ change** en fundamental forandring; **of ~ importance** av grunnleggende betydning; **a ~ principle**(*=a basic principle)* et grunnleggende prinsipp; et grunnprinsipp; **~ objections**(*=objections in principle)* prinsipielle innvendinger.

fundamentally *adv:* fundamentalt; prinsipielt; i grunnen; **~ wrong** grunnfalsk; **I am ~ against it**(*=I am against it on principle)* jeg er prinsipielt imot det.

funeral ['fju:nərəl] *subst* **1.** begravelse; **2. T: that's your ~** det er ditt problem.

funeral director(*=undertaker)* innehaver av begravelsesbyrå.

funeral home US(*=funeral parlour)* begravelsesbyrå.

funeral parlour(*=firm of undertakers)* begravelsesbyrå.

funereal [fju:'niəriəl] *adj; stivt(=gloomy; dismal)* dyster; trist *(fx dressed in funereal black).*

fun fair fornøyelsespark; tivoli.

fungal ['fʌŋgəl] *adj:* sopp-; forårsaket av sopp; **~ infection**(*=fungus infection)* soppinfeksjon.

fungi ['fʌndʒai; 'fʌŋgai] *pl av fungus.*

fungoid ['fʌŋgɔid] *adj:* sopplignende; **a ~ growth** en sopplignende vekst.

fungous ['fʌŋgəs] *adj* **1.** *stivt(=transitory)* paddehattaktig; kortvarig; **2.** *sj: se fungal.*

fungus ['fʌŋgəs] *subst(pl: fungi, funguses)* sopp; *(jvf mushroom; toadstool).*

fungus infection soppinfeksjon.

funicle ['fju:nikəl] *subst; bot(=seed stalk)* frøstreng.

funicular [fju:'nikjulə] *subst:* **~ (railway)** taubane.

funiculus [fju'nikjələs] *subst; anat:* ryggmargsstreng.

I. funk [fʌŋk] *subst* **T 1**(*=state of fear):* **be in a ~** engste seg; være redd *(fx he was in a funk over his exam results);* **out of ~** pga. at man er redd *(fx she refused to go to the party out of funk);* **S: be in a blue ~** være livredd; **2**(*=coward)* feiging.

II. funk *vb* **T:** la være å gjøre noe fordi man er redd; **she -ed the appointment with the bank manager** hun uteble fra møtet med banksjefen av ren nervøsitet.

I. funnel ['fʌnəl] *subst* **1.** trakt; **2.** *mar:* skorstein.

II. funnel *vb* **1.** (la) passere gjennom en innsnevring; (samle og) lede *(fx inquiries are funnelled through this office);* **2**(*=concentrate; focus)* konsentrere *(fx they funnelled their attention on the problem).*

funnies ['fʌniz] *subst; pl* **T**(*=comic strips)* tegneserier *(fx he's reading the funnies).*

funnily ['fʌnili] *adv(=strangely):* **~ enough** pussig nok.

funny ['fʌni] *adj* **1**(*=amusing)* morsom; noe å le av; **that's not ~ at all!** det er slett ikke morsomt (*el.* noe å le av)! **2**(*=strange; peculiar)* underlig; rar; snodig; pussig; merkelig *(fx that's funny – I thought I locked the door but now it's open);* **how ~!**(*=how odd! how strange!)* så merkelig! så pussig! **what a ~ idea!** for en merkelig idé! **I heard a ~ noise** jeg hørte en underlig (*el.* rar) lyd; **what's so ~ about that?** hva rart er det i det? hva er det som er rart med det? **he gave me a ~**(*=odd)* **look** han så rart på meg; **feel ~** føle seg rar; ikke føle seg helt frisk; føle seg underlig til mote; **I've got a ~ feeling in my stomach** jeg føler meg rar i magen; **it's a ~ thing but** . . . det er (så) rart med det, men . . . *(fx it's a funny thing, but you feel you can't very well refuse; it's a funny thing, but it's just as if we'd known each other for a long time now);* **3**(*=suspicious)* mistenkelig; rar; **there's something ~ about the whole thing** det er noe mistenkelig med det hele; **~ business** hokuspokus; **T:** rare (*el.* underlige) greier; tvilsom(me) sak(er).

funny bone *anat(,***US:** *crazy bone)* albuspiss.

funny farm *spøkef(=mental institution)* psykiatrisk sykehus; *spøkef:* galehus.

I. fur [fə:] *subst* **1.** *zo:* pels; *som salgsvare:* skinn *(fx fox fur);* **she was wearing her ~** hun hadde pelstøyet sitt på; **2.** *på tungen:* belegg; **3.** *i kjele, etc:* kjelestein; belegg (av kjelestein) *(fx hard water causes fur on kettles);* **4.** *fig* **T: you should see the ~ fly sometimes!** du skulle se hvordan busta fyker mange ganger.

II. fur *vb* **1.** fôre (*el.* besette) med pelsverk; **2.** *om kjele, rør, etc:* **~ (up)** bli belagt; få et (kjelesteins)-belegg.

fur coat pels(kåpe).

fur farm pelsfarm.

Furies ['fjuəriz] *subst; pl; myt:* **the ~** furiene; *(jvf fury 2).*

furious ['fjuəriəs] *adj:* rasende (*about* for, *at* over, *with* på) *(fx she was furious with him about it; he was furious at the delay);* **a ~ argument** en voldsom trette; **at a ~ pace** i rasende fart.

furiousness ['fjuəriəsnis] *subst:* det å være rasende; raseri.

furl [fə:l] *vb* **1.** *mar; om seil:* beslå; **2.** *glds el. litt.(=roll up)* rulle sammen *(fx an umbrella).*

furlong ['fə:lɔŋ] *subst; gammelt veimål:* ⅛ mile.

furlough ['fə:lou] *subst* **1.** *mar; mil; glds(=shore leave)* landlov; *glds:* orlov; **2. US**(*=leave) for embetsmann i utenrikstjeneste, etc:* ferie.

furnace ['fə:nis] *subst* **1.** (stor) ovn (i industrien); **blast ~** masovn; **melting ~** smelteovn; **2.** *fig:* kvelende varmt sted.

furnish ['fə:niʃ] *vb* **1.** møblere *(fx a house);* **2.** *stivt(=give; supply)* skaffe *(fx the records furnished the information they needed);* **he told me the story, but his wife -ed the details** han fortalte meg historien, men hans kone bidro med detaljene; **3.** *stivt:* **~ with**(*=provide with; supply with)* forsyne med; utstyre med; skaffe *(fx they furnished the library with new books);* **4.** *meget stivt(=send in):* **~ a report** sende inn en rapport.

furnisher ['fə:niʃə] *subst:* **men's -s US**(*=men's shop; men's outfitter)* herreekviperingsforretning.

furnishings ['fə:niʃiŋz] *subst; pl* **1.** møbler og inventar; **the office had very expensive ~** kontoret var meget kostbart utstyrt; **2.: men's ~ US**(*=men's clothing)* herrekonfeksjon; **3.: (metal) ~** metallbeslag; *(jvf I fitting 3).*

furniture ['fə:nitʃə] *subst* **1.** møbler; **piece of ~, item of ~** møbel *(fx an item of bathroom furniture);* **modern ~** moderne møbler; **a lot of ~** mange møbler; **a few sticks of ~** noen få møbler; **suite of ~** møblement; *(se bathroom suite; dining-room suite);* **2.** *tekn:* **door ~**(*=door fittings)* dørbeslag.

furore [fju:'rɔ:ri] *(,***US:** *furor* ['fju:rɔ:]) *subst; stivt(=sensation)* furore; **create a ~**(*=cause a sensation)* gjøre furore.

furrier ['fʌriə] *subst:* buntmaker; pelsbereder.

I. furrow ['fʌrou] *subst* **1.** *landbr:* **(ploug) ~** plogfure; *dial:* plogfår; **2.** fure; strek *(fx I scored a furrow in the path indicating my direction);* **3.** *i ansiktet:* fure; dyp rynke.

II. furrow *vb:* lage furer i *(fx his face was furrowed).*

furry [fə:ri] *adj* **1.** som har pels; pels- *(fx animal);* **2.** pelslignende; pelsaktig *(fx material).*

I. further ['fə:ðə] *vb(=promote)* fremme *(fx our plans);* **~ his interests** fremme hans interesser.

II. further *adj, adv; komp av far* **1.** *adv(,stivt: farther)* lenger *(fx I can't go any further);* **he moved ~ away** han flyttet seg lenger bort (*el.* unna); **this is**

to go no ~ dette må bli mellom oss; **2.** *adj, adv(=more; in addition)* ytterligere; mer *(fx there is no further news);* ~ **information** ytterligere opplysninger; flere opplysninger; ~ **proof** ytterligere bevis; **closed until** ~ **notice** stengt inntil videre; **nothing** ~ ikke mer *(fx I'll have nothing further to do with him);* ~ **outlook** videre (vær)utsikter; **a** ~ **ten days** ytterligere ti dager; *merk:* ~ **to our letter of** . . . i tilknytning til vårt brev av . . .

furtherance ['fə:ðərəns] *subst; stivt(=encouragement; promotion; advancement)* fremme; fremhjelp.

further education *innbefatter ikke universitetsstudier:* videreutdanning; *(jvf higher education).*

furthermore ['fə:ðə,mɔ:] *adv(=in addition (to what has been said); moreover)* videre; enn videre *(fx furthermore, I should like to point out that . . .).*

furthermost ['fə:ðə,moust] *adj:* fjernest; lengst borte; **the** ~ **house***(=the house furthest away)* det huset som ligger lengst borte.

furthest ['fə:ðist] *adj, adv; superl av far* **1.** *adj(=furthermost; stivt: farthest)* fjernest; lengst borte; **she lives in the** ~ **house along the road** hun bor i det huset som ligger lengst borte i veien; **2.** *adv:* ~ **away***(=furthest off)* lengst borte; lengst unna *(fx the house furthest away; who lives furthest away?);* **Jane lives** ~ **from school** Jane bor lengst unna (*el.* (borte) fra) skolen.

furtive ['fə:tiv] *adj; stivt* **1***(=secretive)* hemmelighetsfull *(fx look very furtive);* **2***(=stealthy)* stjålen; underfundig; **a** ~ **glance** et stjålent blikk *(fx he threw a furtive glance in her direction);* **a** ~ **smile** et underfundig smil; **in a** ~ **way** på en fordekt måte; **his** ~ **manner** hans fordekte måte å være på.

furtively *adv:* hemmelighetsfullt; stjålent; underfundig.

furuncle ['fjuərʌŋkəl] *subst; med.(=boil)* byll.

fury ['fjuəri] *subst* **1***(=rage)* raseri; **full of rage and** ~ aldeles rasende; **she was in a terrible** ~ hun var forferdelig sint; **she flew into a** ~ hun ble rasende; **2.** *om kvinne med voldsomt temperament:* furie; *myt:* **the Furies** furiene; **3. T: like** ~ som rasende.

furze [fə:z] *subst; bot(=gorse)* gulltorn.

I. fuse *(,US: fuze)* [fju:z] **1.** *elekt:* sikring; **cartridge** ~ patronsikring; *(jvf fusible plug);* **the** ~ **has blown***(=the light has fused)* sikringen er gått; **2.** lunte; **firing***(=detonating)* ~ detonerende lunte; **light the** ~ tenne lunten.

II. fuse *vb* **1.** *elekt:* ~ **the light** få sikringen til å gå *(fx she fused all the lights by switching on too many electrical appliances at once);* **suddenly all the lights -d** plutselig gikk alt lyset: **2.** *tekn; om metall:* smelte; *fig(=become fused)* smelte sammen; ~ **(together) two wires** smelte sammen to ledninger; **they -d zinc and copper to make brass** de smeltet sammen sink og kopper og lagde messing; **copper and tin** ~ **together to make bronze** kopper og tinn smeltes sammen til bronse.

fuse box sikringsboks.

fusel ['fju:zəl] *subst(=fusel oil)* fuselolje.

fuselage ['fju:zi,la:ʒ] *subst; flyv:* kropp; skrog.

fusibility [,fju:zə'biliti] *subst(=fusibleness)* smeltbarhet; lettsmeltelighet.

fusible ['fju:zəbl] *adj:* smeltbar; lettsmeltelig; ~ **alloy** lettsmeltelig legering; smeltemetall; ~ **plug** smeltesikring.

fusilier [,fju:zi'liə] *subst; mil; hist:* musketer; infanterist.

fusillade [,fju:zi'leid] **1.** *subst; glds(=burst of rifle fire)* geværsalve; **2.** *vb; glds(=subject to (heavy) bursts of rifle fire)* beskyte (kraftig).

fusing point*(=fusion point) for metall:* smeltepunkt.

fusion ['fju:ʒən] *subst* **1.** *tekn; om metall:* smelting; sammensmelting; **2.** *fys:* fusjon *(fx nuclear fusion);* **3.** *fig:* sammensmelting.

fusion point *for metall:* smeltepunkt.

I. fuss [fʌs] *subst* **1.** oppstyr; ståhei *(fx there was so much fuss and bother over her visit that we were glad when it was over);* **2***(=complaint):* **he made a** ~ **about***(=over)* **the bill** han protesterte på regningen; **3.: make a great** ~ **about***(=over)* **sth** gjøre stort vesen av noe; lage mye oppstyr omkring noe; **far too much** ~ **has been made over this episode** det er blitt gjort altfor mye vesen av denne episoden; **they made a real big** ~ **about it!** de gjorde virkelig stort vesen av det; **don't make such a** ~ **about that small cut on your finger** ikke ta slik på vei pga. det vesle såret på fingeren; **make a** ~ **over trifles** henge seg opp i bagateller; **4.: make a** ~ **of sby***(=make much of sby)* gjøre vesen av en; gjøre stas av (*el.* på) en; gjøre krus av en *(fx she makes too much fuss of her son);* **the family made a great** ~ **of him when he came** det ble stor stas i familien da han kom; **5.** omsvøp; dikkedarer; **without any more** ~ uten flere dikkedarer; uten ytterligere omsvøp; uten noe mer vrøvl.

II. fuss *vb:* være oppskaket (*el.* nervøs) (pga. bagateller); ståke; kjase (og mase) *(fx stop fussing!);* **she -es about all day** hun kjaser og maser hele dagen; **he's always -ing about his health** han maser (*el.* gnåler) alltid om helsen sin; ~ **over** gjøre vesen av; være opptatt av; **she always -es over those children** hun holder alltid på med de ungene.

fuss-budget ['fʌs,bʌdʒit] *subst* **US***(=little pest; fusspot)* masekopp; **T:** masekråke.

fusser ['fʌsə] *subst:* person som ståker (*el.* maser) (med bagateller); masekopp.

fussy ['fʌsi] *adj* **1.** maset(e); **2.** nøye *(fx she's very fussy about her food);* **we can go to the cinema or the theatre – I'm not** ~ **which***(=I don't mind which we go to)* vi kan gå på kino eller i teater – det blir det samme for meg; **3.** *om stil:* overlesset *(fx the furniture was too fussy to be elegant).*

fustian ['fʌstiən] *subst* **1.** grovt kipret bomullsstoff; **2.** *fig:* ordgyteri; bombast.

fusty ['fʌsti] *adj* **1.** *om lukt:* muggen; fuktig; **2.** *stivt(=old-fashioned (in attitude))* antikvert; håpløst gammeldags.

futile ['fju:tail] *adj; stivt(=unsuccessful; vain)* forgjeves; fåfengt; **his attempt to stop the war was** ~ hans forsøk på å stoppe krigen var nytteløst.

futility [fju:'tiliti] *subst; stivt(=uselessness)* formålsløshet; nytteløshet; **the** ~ **of (-ing)** det nytteløse i å.

I. future ['fju:tʃə] *subst* **1.** fremtid; **the** ~ fremtiden; **he was afraid of what the** ~ **might bring** han var redd for hva fremtiden ville bringe; **make***(=carve out)* **a** ~ **for oneself** skape seg en fremtid; **our firm looks to the** ~ **with confidence** vårt firma ser fremtiden tillitsfullt i møte; **take an optimistic view of the** ~ se lyst på fremtiden; **2.** *gram:* **the** ~ **(tense)** futurum; **the** ~ **perfect (tense)** futurum exactum; 2. futurum; **3.: -s** 1. terminvarer; 2*(=deals in futures)* terminforretninger; **dealing in -s***(=forward business)* handel med terminvarer; **4.: for the** ~ 1. med henblikk på fremtiden *(fx have you provided for the future?);* for fremtiden *(fx my congratulations and best wishes for the future);* 2*(=in future)* for fremtiden; fra nå av *(fx you will have to be more careful for the future);* **5.: in** ~ 1*(=from now on; for the future)* i fremtiden; for fremtiden *(fx in future I shall be more careful; don't do that in future);* 2. i tiden som kommer; i fremtiden *(fx congratulations, and the best of luck in (the) future);* **All this belongs to the past. In (the)** ~ **everything will be different**

Alt dette hører fortiden til. I fremtiden vil alt være annerledes; **in the foreseeable** ~*(=in the reasonably near future)* i en overskuelig fremtid; **in the not too distant** ~ i en ikke altfor fjern fremtid; **in the immediate** ~*(=in the very near future)* i (aller) nærmeste fremtid; **in the near** ~*(=shortly; before long)* i nær fremtid.

II. future *adj:* fremtidig; vordende *(fx my future wife);* **a ~ life***(=(a) life after death)* et liv etter døden; **~ life***(=life after death)* livet etter døden; **at some ~ date** engang i fremtiden; **at some remote ~ date** i en fjern fremtid; **sale for ~ delivery***(=forward sale)* leveringssalg.

futurity [fju:'tjuəriti] *subst:* fremtidighet *(fx the future tense does not always express futurity).*

fuze [fju:z] **US:** *se I. fuse.*

fuzz [fʌz] *subst* **1.** fine, bløte hår; dun *(fx the peaches were covered with fuzz);* **2. S: the** ~*(=the police)* **S:** purken; pol'ti *(fx watch out for the fuzz!).*

fuzzy ['fʌzi] *adj* **1.** med fine, bløte hår; dunet; **2.** *om hår(=frizzy)* kruset; småkrøllet.

fuzzy-wuzzy ['fʌzi,wʌzi] *subst* **S:** krushode; ullhode.

G

G, g [dʒi:] (bokstaven) G, g; *tlf:* **G for George** G for Gustav; **capital G** stor G; **small g** liten g, **it is spelt with two g's** det skrives med to g'er.

G [dʒi:] *subst* **US** *(fk. f. grand)* tusen dollar (,pund).

gab [gæb] **1.** *subst:* **have the gift of the ~** ha godt snakketøy; være godt skåret for tungebåndet; **2.** *vb(=chatter; gossip)* skravle.

gabardine *se gaberdine.*

gabble ['gæbəl] *vb; neds(=jabber)* snakke fort og utydelig; plapre i vei *(fx she was so upset, she was just gabbling);* **she -d out her story to the policeman** hun lirte av seg historien sin til politimannen.

gaberdine ['gæbə,di:n] *subst(=gabardine)* **1.** *tekstil:* gabardin; **2.** gabardinkappe.

gable ['geibəl] *subst(=gable end)* gavl.

Gabon [gə'bɔn] *subst; geogr:* Gabon.

I. gad [gæd] *subst* **1.** piggkjepp; **2.** *min:* kort brekkstang.

II. gad *vb; neds* **T: ~ about, ~ around** farte omkring; være på farten (for sine fornøyelsers skyld); *spøkef:* **where did you go -ding off to?** hvor ble det av deg?

gadabout ['gædə,baut] *subst; neds:* person som stadig er ute på fornøyelser; *om kvinne:* flyfille.

gadfly ['gæd,flai] *subst; zo:* brems; okseklegg.

gadget ['gædʒit] *subst* **1***(=device)* innretning; (mekanisk) hjelpemiddel *(fx her kitchen is full of gadgets);* **2.** (interessant) tingest; **T:** (liten) greie.

gadwall ['gæd,wɔ:l] *subst; zo:* snadderand.

Gaelic ['geilik; 'gælik] **1.** *adj:* gælisk; **2.** *subst; språket:* gælisk.

I. gaff [gæf] *subst* **1.** *fiskeredskap:* klepp; **2.** *mar; til seil:* gaffel; **3. S: blow the ~** røpe det hele; sladre.

II. gaff *vb:* kleppe (fisk).

gaffe [gæf] *subst* **T***(=social blunder)* fadese; bommert; flause; **make a ~** gjøre en fadese; **T:** dumme seg loddrett ut; trampe i klaveret; begå overtramp; *(jvf I. brick: drop a ~; I. foot 14: put one's ~ in it).*

gaffer ['gæfə] *subst; spøkef* **T***(=boss; foreman)* sjef; boss.

I. gag [gæg] *subst* **1.** knebel; **2.** *fig:* munnkurv; **3. T***(=joke; amusing story)* morsomhet; vits.

II. gag *vb* **1.** kneble; **2.** *fig:* kneble; sette munnkurv på *(fx the newspapers);* **3***(=choke and almost be sick)* få oppkastfornemmelser; begynne å brekke seg.

gaga ['ga:ga:] *adj* **S:** senil; åreforkalket; sprø.

I. gage [geidʒ] *subst* **1.** *bot: se greengage;* **2.** *hist:* **~ (of battle)** *(=gauntlet)* stridshanske; **3. US:** se *I. gauge;* **4.** *især* **US S***(=marijuana (cigarette))* marihuana(sigarett); **5.** *glds(=pledge)* pant.

II. gage *vb* **1. US:** *se II. gauge;* **2.** *glds(=pledge)* gi i pant.

I. gaggle ['gægəl] *subst* **1.: ~ (of geese)** flokk (gjess); **2.** *om mennesker; lett glds el. spøkef:* støyende flokk *(fx of schoolgirls);* **3***(=gabbling; cackling)* snadring; kakling.

II. gaggle *vb:* snadre (som en gås).

gaiety ['geiəti] *subst* **1***(=merrymaking)* munterhet; lystighet *(fx they all joined in the gaiety);* **the ~ of the music** den lystige (*el.* muntre) musikken; **2.** festlig pynt; **the ~ of the streets** de festlige gatene; de festpyntede gatene.

gaily ['geili] *adv* **1***(=merrily)* muntert; lystig; **2***(=with bright colours; showily):* **~-coloured flags** flagg i muntre farger; **3.** *fig:* **she ~ went on believing she had no enemies** hun fortsatte ufortrødent å tro at hun ikke eide fiender.

I. gain [gein] *subst* **1.** vinning; fortjeneste; profitt *(fx he would do anything for gain);* gevinst; **net ~***(=clear gain)* nettogevinst; **-s on sales of shares** gevinst ved salg av aksjer; **that was the first major ~ of the evening** det var kveldens første vesentlige fremskritt; **his loss was my ~** det han tapte, vant jeg; *ordspråk:* **ill-gotten -s seldom prosper** penger ervervet på uærlig vis, følger det sjelden noe godt med (*el.* bringer sjelden lykke); **2***(=increase)* økning *(fx has there been a gain in weight?);* **3.** *elekt(=amplification)* forsterkning; **4.** *tøm(=notch; groove)* hakk; skår.

II. gain *vb* **1.** *stivt(=obtain)* få; oppnå *(fx he gained two A levels);* **~ some benefit from it***(=get(=have) some benefit from it; benefit by it)* få en fordel av det; **~ entry** skaffe seg adgang; **~ experience** få (*el.* vinne *el.* skaffe seg) erfaring; **~ ground** 1. vinne terreng *(fx his view is gaining ground rapidly);* 2. hale (*el.* vinne) inn på *(fx the other runner is now gaining ground);* **~ one's point** oppnå det man er ute etter; oppnå sin hensikt; **~***(=win)* **sby over to one's side** vinne en over til sin side; **~***(=obtain)* **possession of a house** komme i besittelse av et hus; **~ time** vinne tid; **~ a victory** vinne en seier; **what have I to ~ by staying here?** hva har jeg å vinne ved å bli her? **2.** nå (fram til) *(fx port);* **3.** *om klokke:* fortne seg *(fx my watch gains (two minutes a day));* **4***(=increase)* øke *(fx the shares gained in value);* **~ in weight** legge på seg; **~ speed** øke farten.

gainful ['geinful] *adj:* **~ employment** lønnet arbeid; **be -ly employed** ha lønnet arbeid.

gainly ['geinli] *adj; glds el. dial(=graceful; shapely)* pen; velskapt.

gainsay [gein'sei] *vb; glds el. litt.(=contradict; deny):* **there is no -ing***(=denying)* **that the country is in difficulties** det lar seg ikke benekte at landet er i vanskeligheter.

gait [geit] *subst:* måte å gå på; gange; *(jvf I. pace).*

gaiter ['geitə] *subst(=spat)* gamasje.

gal [gæl] *subst* **S***(=girl)* jente.

gala ['ga:lə; 'geilə; **US:** 'geilə] *subst:* galla; **in ~** i galla; i festantrekk.

gala dinner festmiddag.

galaxy ['gæləksi] *subst* **1.** *astr:* galakse; *(jvf Milky Way);* **2.** *fig:* strålende forsamling; strålende bukett *(fx of well-known people);* strålende samling *(fx of new cars at a motor show).*

gale [geil] *subst* **1.** storm; *meteorol:* **strong ~** liten storm (ɔ:vindstyrke 9); **2.** *bot:* **sweet ~***(=bog myrtle)* pors.

galena [gə'li:nə] *subst(=galenite)* blyglans.

gale warning stormvarsel.

Galilean [,gæli'li:ən] **1.** *subst:* galileer; **the ~** *(=Jesus Christ)* Galileeren; **2.** *adj:* galileisk.

Galilee ['gæli,li:] *subst; geogr:* Galilea; **the Sea of ~***(=Lake Tiberias)* Genesaretsjøen.

I. gall [gɔ:l] *subst* **1.** *glds(=bile)* galle; **2***(=gall* *bladder)* galleblære; **3.** *litt.(=hate; bitterness)* galle; bitterhet; **4. T***(=impudence)* frekkhet *(fx he had the gall to say he was my friend)*; **5.** *glds(=galled place; blister)* hudløst sted; gnagsår.

II. gall *vb* **1.** gnage; lage gnagsår; **2.** *fig(=annoy; irritate)* irritere *(fx it really galls me)*.

gallant ['gælənt] *adj* **1.** *stivt(=brave)* tapper; djerv; **2.** *glds el. litt.(=splendid)* prektig; flott *(fx ship)*; **3**['gælənt; gə'lænt] *lett glds(=courteous; chivalrous)* galant.

gallantry ['gæləntri] *subst* **1.** *stivt(=bravery)* tapperhet; **2.** *lett glds(=courtesy; chivalry)* galanteri.

gall bladder *anat:* galleblære.

galled ['gɔ:ld] *adj:* hudløs; ~ **place** hudløst sted; gnagsår.

galleon ['gæliən] *subst; mar; hist:* gallion.

gallery ['gæləri] *subst* **1.** galleri *(fx art gallery)*; **2.** *teat:* galleri *(fx in the gallery)*; **3.** *min:* stoll; **4.: shooting** ~ innendørs skytebane; **5.** *fig:* **play to the** ~ spille for galleriet.

galley ['gæli] *subst* **1.** *mar:* bysse; **2.** *mar; hist:* galei; **3.** *typ:* (sats)skiff; **4.** *typ: se galley proof.*

galley proof *typ:* spaltekorrektur; uombrukket sats.

galley slave *hist:* galeislave; *(jvf galley 2)*.

Gallic ['gælik] *adj:* gallisk.

gallicism ['gæli,sizəm] *subst:* gallisisme; ord (*el.* uttrykk) lånt fra fransk.

Gallicize, Gallicise ['gæli,saiz] *vb:* forfranske.

gallinaceous [,gæli'neiʃəs] *adj:* som tilhører hønsefuglene; hønse-; ~ **bird** hønsefugl.

galling ['gɔ:liŋ] *adj(=very annoying)* meget irriterende; *(jvf II. gall 2)*.

gallipot ['gæli,pɔt] *subst:* apotekerkrukke.

gallivant ['gæli,vænt] *vb* **T: I wish you'd stop -ing around** jeg skulle ønske du ville holde opp med all denne fartingen; *(jvf II. gad: ~ about)*.

gallmite ['gɔ:l,mait] *subst; zo:* gallmidd; **black -currant** ~ solbærmidd.

gallon ['gælən] *subst* **1.: (imperial)** ~ gallon; 4,55 l; **2. US:** gallon; 3,8 l; **3. T: -s of** mengdevis av *(fx gallons of orange juice)*.

galloon [gə'lu:n] *subst; på uniform(=braid)* galon; tresse; *(se I. braid)*.

gallop ['gæləp] **1.** *subst:* galopp; **at a** ~ i galopp; **break into a** ~ slå over i galopp; **2.** *vb:* galoppere; *fig* **T:** ~ **through** skynde seg med *(fx one's homework)*.

galloping inflation *økon:* galopperende inflasjon.

gallows ['gælouz] *subst:* galge; **a** ~ en galge; **he was sent to the** ~ han ble sendt i galgen.

gallstone ['gɔ:l,stoun] *subst; med.:* gallestein.

Gallup ['gæləp] *subst:* ~ **poll***(=public opinion poll)* gallup(undersøkelse).

gall wasp gallveps.

galore [gə'lɔ:] *adv:* i store mengder; i massevis *(fx there are bookshops galore in this town)*.

galosh [gə'lɔʃ] *subst(=golosh)* kalosj.

galvanic [gæl'vænik] *adj:* galvanisk; ~ **bath** elektrolysebad.

galvanize, galvanise ['gælvə,naiz] *vb:* galvanisere; *fig: spøkef:* sette fart i; ~ **sby into action** vekke en til dåd (*el.* handling).

Gambia ['gæmbiə] *subst; geogr:* Gambia.

Gambian ['gæmbiən] **1.** *subst:* gambier; *språket:* gambisk; **2.** *adj:* gambisk.

gambit ['gæmbit] *subst* **1.** *sjakk:* gambit; **2.** *fig:* **opening** ~*(=starting move)* åpningstrekk; innledende manøver.

I. gamble ['gæmbəl] *subst; fig:* spekulasjonsforetagende; hasard(spill); lotteri(spill) *(fx the whole business was a bit of a gamble)*; **the ~ didn't come off** han *(,etc)* var ikke heldig med spekulasjonen; **take a** ~ ta en sjanse *(fx I'm willing to take a gamble)*; **I'll take a ~ on it** jeg tar sjansen (på det); **take a 50–50 ~ on who holds the missing card** vedde om hvem av de to som har det manglende kortet.

II. gamble *vb* **1.** spille hasard; spille høyt; **2.:** ~ **away** spille bort *(fx a lot of money)*; **3.:** ~ **on** 1. sette (*el.* satse) penger på; 2. *fig:* ta en sjanse på; satse på.

gambler ['gæmblə] *subst:* (hasard)spiller; gambler.

gambling ['gæmbliŋ] *subst:* (hasard)spill; høyt spill; gambling.

gambling den spillebule.

gambol ['gæmbəl] **1.** *subst; litt.; især om lam:* hopp; sprett; **2.** *vb:* hoppe; sprette.

I. game [geim] *subst* **1.** lek *(fx play a game)*; **parlour** ~ selskapslek; **2.** spill *(fx chess and football are games)*; **ball** ~ ballspill; *fig:* **play the** ~ følge spillets regler; **T: be on the** ~ være prostituert; *fig:* **the ~ is up** spillet er ute; *fig:* **the ~ is not worth the candle** det er ikke umaken verdt; **40 points is** ~ med 40 poeng er man ute (*el.* har man vunnet); 40 poeng betyr vunnet spill; **3.** parti *(fx a game of tennis)*; kamp *(fx a game of soccer)*; **return** ~ returkamp; *i bridge:* utgang; game; **4.** *neds* **T***(=trick; scheme)* knep; trick; **give the ~ away** røpe det hele; **beat him at his own** ~ slå ham med hans egne våpen; **two can play at that** ~ det der er noe jeg kan også; gjør du det, får du igjen med samme mynt; **I wonder what his (little) ~ is** jeg lurer på hva han pønsker på (*el.* har i sinne); **5.** *jaktuttrykk; også om kjøttet:* vilt; **big** ~ storvilt; ~ **bird** fuglevilt.

II. game *vb:* spille (hasard); ~ **away one's money** spille bort pengene sine.

III. game *adj:* med; game *(fx are you game? he's a game old guy)*; **he's ~ for anything** han er med på hva som helst.

game cock kamphane.

game fish sportsfisk.

gamekeeper ['geim,ki:pə] *subst:* skogvokter; viltvokter.

game laws jaktlover.

game licence jaktlisens.

game point avgjørende poeng

game preservation viltpleie.

game ranger *(,ofte: ranger) i afrikansk nasjonalpark med totalforbud mot jakt:* viltvokter; *(jvf game scout; game reserve; national park)*.

game reserve viltreservat; *i Afrika:* storviltreservat (hvor det drives jakt).

game scout *i afrikansk storviltreservat:* viltvokter; *(jvf game ranger; game reserve; national park)*.

games organizer lekeleder.

game viewing (anledning til) å se storvilt *(fx game viewing readily available)*.

game warden *i afrikansk storviltreservat, hvor det drives jakt:* sjef for viltpleien; øverste sjef i et reservat; *(jvf game reserve; national park; park warden)*.

gamma ['gæmə] *subst:* gamma; ~ **radiation** gammastråling.

gammon ['gæmən] *subst:* saltet og røykt skinke; spekeskinke.

gammon hock saltet og røykt skinkestykke.

gamut ['gæmət] *subst* **1.** *mus:* skala; **2.** *fig:* skala; register *(fx the whole gamut of emotions from intense fear to great anger)*.

gander ['gændə] *subst; zo(=male goose)* gasse; *ordspråk:* **what's sauce for the goose is sauce for the** ~*(=what applies to one must apply to the other)* det som gjelder for den ene, må også gjelde for den andre; det skal være likhet for alle.

I. gang [gæŋ] *subst* **1.** ~ **(of workmen)** arbeidsgjeng; arbeidslag; **2.** gjeng; bande *(fx a gang of thieves)*;

they form -s(=*they group themselves into gangs)* de danner gjenger (*el.* bander).
II. gang *vb:* ~ **up on 1.** rotte seg sammen mot; sammensverge seg mot; gå sammen mot; **2.** overfalle i flokk *(fx they ganged up on him).*
ganger ['gæŋə] *subst(=gang foreman)* bas.
gangling ['gæŋgliŋ] *adj(=ungainly)* ranglet(e); ulenkelig; **he's tall and** ~ han er lang og ulenkelig.
ganglion ['gæŋgliən] *subst(pl: ganglia, ganglions) anat:* ganglie.
gangplank ['gæŋ,plæŋk] *subst(=gangway)* landgang(sbru).
gangrene ['gæŋgri:n] *subst; med.:* koldbrann.
gangrenous ['gæŋgrinəs] *adj; med.:* angrepet av koldbrann; gangrenøs.
gangster ['gæŋstə] *subst:* gangster.
gangway ['gæŋ,wei] *subst* **1.** landgang; landgangsbru; *mar; også:* fallrepstrapp; **2.** *i kino, teat:* midtgang; **on the** ~ ved midtgangen.
gannet ['gænit] *subst* **1.** *zo:* havsule; **2.** *fig:* slukhals *(fx you little gannet!).*
gantry ['gæntri] *subst; jernb:* **signal** ~*(=signal bridge)* signalåk.
gantry crane*(=bridge crane)* portalkran; brukran.
gaol [dʒeil] *se jail.*
gap [gæp] *subst* **1.** åpning; spalte; mellomrom; **2.** *fig:* hull *(fx in one's knowledge);* pause *(fx in the conversation); (se generation gap).*
I. gape [geip] *subst:* måpende blikk.
II. gape *vb* **1.** glo (med åpen munn); måpe; **2.** *stivt(=be wide open)* gape; stå vid åpen.
gaping *adj:* gapende *(fx a gaping hole in the wall);* **a** ~ **wound** et gapende sår.
I. garage ['gæra:ʒ; 'gæridʒ; **US:** gə'ra:ʒ] *subst* **1.** garasje; **2.** bilverksted.
II. garage *vb:* sette i garasje(n).
garb [ga:b] *subst; glds el. litt.(=clothes)* klesdrakt.
garbage ['ga:bidʒ] *subst* **1.** *især* **US***(=rubbish)* kjøkkenavfall; skyller; **2.** *fig(=rubbish; trash)* søppel; sprøyt *(fx his report is just garbage).*
garbage can US*(=dustbin)* søppeldunk; søppelspann.
garbage disposer US*(=waste disposer)* avfallskvern (i privat husholdning).
garbage man US*(=dustman)* søppeltømmer; renovatør.
garbled ['ga:bəld] *adj; neds(=muddled)* rotet; forvirret *(fx a very garbled account of the accident).*
I. garden ['ga:d(ə)n] *subst* **1.** hage; **-s** hager; parkanlegg; park; **botanical -s** botanisk hage; **2. T: he thought everything in the** ~ **was lovely** han ante fred og ingen fare.
II. garden *vb:* gjøre hagearbeid.
garden cress *bot(=garden peppergrass)* matkarse.
gardener ['ga:dənə] *subst:* gartner; **market** ~ *(,US: truck farmer)* handelsgartner.
gardening *subst* **1.** hagearbeid; **2.** hagebruk.
garden spider *zo(=cross spider)* korsedderkopp.
garfish ['ga:fiʃ] *subst; zo: se garpike.*
garganey ['ga:gəni] *subst; zo:* knekkand.
gargle ['ga:gəl] **1.** *subst:* gurglevann; **2.** *vb:* gurgle.
gargoyle ['ga:gɔil] *subst; arkit; på takrenne:* dragehode; utspyer.
garish ['gɛəriʃ] *adj; neds:* gloret(e) *(fx skirt).*
garland ['ga:lənd] **1.** *subst:* krans *(fx they wore garlands of flowers round their heads);* **2.** *vb(=wreathe; crown)* bekranse *(fx with roses); (jvf wreath; wreathe).*
garlic ['ga:lik] *subst; bot:* hvitløk.
garment ['ga:mənt] *subst:* plagg.
garner ['ga:nə] **1.** *subst; glds: se granary;* **2.** *vb:* ~ **(in)***(=store; gather in)* lagre; kjøre i hus *(fx the corn).*
garnet ['ga:nit] *subst; edelstein:* granat.
garnish ['ga:niʃ] **1.** *subst; på matrett:* garnering; pynt; **2.** *vb:* garnere; pynte; **3.** *jur:* ~ **a debt***(=attach a debt)* ta arrest i utestående fordringer.
garnishee [,ga:ni'ʃi:] **1.** *subst; jur(debtor in whose hands a debt has been attached)* tredjemann som det tas utlegg hos; **2.** *vb: se garnish 3.*
garnishee order *jur:* arrest i utestående fordringer; **apply for a** ~ begjære arrest i utestående fordringer.
garnishing kale*(=variegated borecole) bot:* pyntekål; *(jvf kale).*
garniture ['ga:nitʃə] *subst(=decoration; embellishment)* garnityr; garnering; pynt.
garpike ['ga:,paik] *subst; zo(=garfish)* **1.** horngjel; **2.** pansergjedde.
garret ['gærit] *subst(=attic)* kvistværelse.
garrison ['gærisən] *mil* **1.** *subst:* garnison; **2.** *vb:* stasjonere; *om by:* legge en garnison i.
garrulity [gæ'ru:liti] *subst; neds; stivt(=talkativeness)* snakkesalighet.
garrulous ['gærules] *adj; neds; stivt(=talkative)* snakkesalig.
garter ['ga:tə] *subst* **1. US***(=sock suspender)* sokkeholder; *hist(=stocking suspender)* strømpestropp; **2.** *hist:* strømpebånd; hosebånd; **the Order of the Garter** Hosebåndsordenen.
garter belt US*(=suspender belt)* hofteholder.
I. gas [gæs] *subst* **1.** gass *(fx oxygen is a gas);* **foreign -es** fremmede gasser; **liquid***(=liquified)* ~ flytende gass; våtgass; **poison** ~ giftgass; **tear** ~ tåregass; **2. US***(=petrol)* bensin; **3. S:** skryt; tomt snakk; **4. T: step on the** ~*(=step on it; give it the gun)* gi gass.
II. gas *vb:* gasse; gassforgifte.
gasbag ['gæs,bæg] *subst; neds* **S:** skvaldrebøtte.
gas burner gassbrenner.
gas chamber*(=gas oven) hist:* gasskammer.
Gascony ['gæskəni] *subst; geogr:* Gascogne.
gas cooker*(,T: gas stove)* gasskomfyr.
gas cylinder gassflaske; gassbeholder.
gaseous ['gæsiəs; 'gæʃəs; 'gæʃiəs] *adj* **1.** gassaktig; gass- *(fx form; mixture);* **2***(=gasiform)* gassformig.
gaseous state gassform; **in a***(=the)* ~*(=in the form of gas; in a gaseous form)* i gassform.
gas fitter gassinstallatør.
gas guzzler US*(=car that drinks petrol)* bensinsluker.
gash [gæʃ] **1.** *subst:* gapende sår; flenge; **2.** flenge; skjære flenge(r) i *(fx the vandals gashed the seats).*
gasiform ['gæsi,fɔ:m] *adj(=gaseous)* gassformig.
gasify ['gæsi,fai] *vb:* forgasse(s); omdanne(s) til gass.
gas jet 1*(=gas burner)* gassbrenner; **2***(=gas flame)* gassflamme; gassbluss.
gasket ['gæskit] *subst:* pakning(sskive).
gaslight ['gæs,lait] *subst:* gasslys.
gas mantle*(=mantle) i gasslampe:* glødenett.
gas meter gassmåler.
gasolene, gasoline ['gæsə,li:n] *subst* **US***(=petrol)* bensin.
I. gasp [ga:sp] *subst:* gisp *(fx she gave a gasp of fear).*
II. gasp *vb:* gispe (*for* etter) *(fx for air);* **the boy -ed out his story to the policeman** gutten stønnet fram historien sin til politimannen; **S: be -ing for sth***(=want sth very much):* **I'm -ing for a cigarette** jeg er helt sugen på en røyk.
gas pedal US*(=accelerator (pedal))* gasspedal.
gas ring gassapparat; gassbrenner.
gas station US*(=petrol station)* bensinstasjon.
gastric ['gæstrik] *adj:* mage-; ~ **flu** omgangssyke; ~ **juice** magesaft; ~ **ulcer** magesår.
gastritis [gæs'traitis] *subst:* gastritt; magekatarr.
gastro-enteritis ['gæstrou,entə'raitis] *subst:* gastroen-

teritt; mage-tarmkatarr.
gastronomic [,gæstrə'nɔmik] *adj:* gastronomisk.
gastronomy [gæs'trɔnəmi] *subst:* gastronomi.
gasworks ['gæs,wə:ks] *subst:* gassverk.
gate [geit] *subst* **1.** port *(fx a garden gate; the city gates); flyv:* utgang *(fx passengers for Paris should proceed to gate 14);* **2.** *sport:* (publikums)besøk; billettinntekter *(fx less important football teams have small gates);* **3.** *film:* **film** ~ filmport; **4.** *jernb:* **(level-crossing)** ~ bom; **5.:** **sluice** ~ sluseport: damluke.
gateau ['gætou] *subst(pl: gateaux* ['gætouz]*)* forseggjort (bløt)kake; **cream** ~ bløtkake.
gatecrash ['geit,kræʃ] *vb* **T:** gå uinnbudt i selskap; gå ubedt; komme ubedt; trenge seg inn *(fx some people gatecrashed (the party)).*
gatecrasher ['geit,kræʃə] *subst:* ubuden gjest.
gatehouse ['geit,haus] *subst:* portnerstue; portnerbolig.
gatekeeper ['geit,ki:pə] *subst* **1.** portvakt; **2.** *sport; ved stevne(=gateman)* (billett)kontrollør.
gate money*(=gate) sport:* billettinntekter (ved stevne).
gatepost ['geit,poust] *subst:* portstolpe; **T: between you, me, and the** ~*(=confidentially)* i all fortrolighet.
gateway ['geit,wei] *subst* **1.** portrom; portåpning; **2.** *fig:* port; innfallsport *(fx a university degree is not necessarily a gateway to a good job; Bombay, gateway to India).*
gather ['gæðə] *vb* **1.** samle (inn) *(fx information);* samle *(fx gather (together) as many people as possible);* samle seg *(fx a crowd of people gathered);* ~ **together** samle sammen *(fx one's books and papers); fig:* **I had no time to** ~ **my thoughts together** jeg fikk ikke tid til å samle tankene; ~ **up** samle opp; samle sammen: **2***(=swell)* hovne opp *(fx my finger's gathering);* **3.** *fig(=understand)* forstå *(fx I gather you're leaving tomorrow);* **4.** *om tøy:* rynke; **5.:** ~ **speed** øke farten; få (større) fart; **6.:** ~ **in** bringe (*el.* få) i hus *(fx the harvest).*
I. gathering ['gæðəriŋ] *subst:* sammenkomst.
II. gathering *adj(=increasing; growing)* voksende; stigende; økende *(fx depression).*
gauche [gouʃ] *adj; stivt(=awkward; clumsy)* keitet.
gaucheness ['gouʃnis] *subst; stivt(=awkwardness; clumsiness)* keitethet.
I. gaudy ['gɔ:di] *subst* **1.** fest; kalas; **2.** *univ(=gaudy night)* årsfest (til ære for tidligere studenter).
II. gaudy *adj; neds:* gloret(e); skrikende *(fx colours).*
I. gauge *(især* **US:** *gage)* [geidʒ] *subst* **1***(=standard measurement; dimension)* standardmål; dimensjon **2***(=thickness) om standardmål:* **wire** ~ tråddiameter; trådtykkelse; **3.** *jernb:* sporvidde; **standard** ~ normal sporvidde; **loading** ~ lasteprofil; **4.** måleinstrument; **pressure** ~ trykkmåler; **rain** ~ regnmåler; **water** ~*(=water-level gauge)* vannstandsmåler; *tøm:* **marking** ~ strekmåt; strekmål; **5.** *tekn:* -lære; **plug** ~ hullære; læredor; **limit** ~ toleranselære; grenselære; normallære; **thread** ~*(=thread limit gauge; screw(-pitch) gauge)* gjengelære; **6.** *fig; stivt(=measure)* mål (*of* på) *(fx the report provides a gauge of his ability).*
II. gauge *(især* **US:** *gage) vb* **1.** *tekn(=measure)* måle *(fx they gauged the October rainfall);* **2.** *fig; stivt(=estimate; judge)* vurdere; anslå *(fx tried to gauge her height).*
Gaul [gɔ:l] *subst; hist; geogr* **1.** Gallia; **2.** galler.
Gaulish ['gɔ:liʃ] *hist* **1.** *subst:* gallisk; **2.** *adj:* gallisk; *(jvf Gallic).*
gaunt [gɔ:nt] *adj* **1.** *om person:* utmagret; uttæret; radmager; **2.** *glds; om sted(=bleak; desolate)* øde.
gauntlet ['gɔ:ntlit] *subst* **1.** *hist:* stridshanske; *glds:* **throw (down) the** ~ **to sby** kaste hansken til en; utfordre en; **take up the** ~ ta opp hansken; ta imot utfordringen; **2.** *hist & fig:* **run the** ~ løpe spissrot; **run the** ~ **of** være utsatt for (sterk kritikk fra).
gauntness ['gɔ:ntnis] *subst:* radmagerhet; *(se gaunt 1).*
Gaussian ['gausiən]: ~ **curve** Gauss-kurve; normalfordelingskurve; ~ **distribution***(=normal distribution)* normalfordeling.
gauze [gɔ:z] *subst* **1.** gass; gassbind; **wire** ~ trådnett; **2***(=fine mist; haze)* slør *(fx a gauze of blue smoke).*
gauzy [gɔ:zi] *adj:* gassaktig; florlett; tynn.
gave [geiv] *pret av II. give.*
gavel ['gævəl] *subst:* formannsklubbe.
gawky ['gɔ:ki] *adj(=clumsy; awkward)* keitet *(fx teenager).*
gawp [gɔ:p] *vb* **S***(=stare stupidly; gape)* glo dumt; måpe.
I. gay [gei] *subst* **T***(=homosexual)* homoseksuell; **-s and straights** homofile og heterofile.
II. gay *adj* **1***(=merry; happy)* glad; full av livslyst *(fx the children were gay and cheerful);* **2** *om farger; dekorasjon:* munter; lystig; broket; **3.** *adj* **T***(=homosexual)* homoseksuell; **T:** homo; **after ten years on the** ~ **scene** etter ti år som homoseksuell.
gaze [geiz] **1.** *subst(=long, steady look)* langt blikk; **steadfast** ~ ufravendt stirring; **2.** *vb(=look steadily)* se (lenge) *(fx she gazed in wonderment at the car);* **she -d dreamily into the distance** hun så drømmende ut i det fjerne.
gazelle [gə'zel] *subst; zo:* gaselle.
gazette [gə'zet] **1.** *subst(=public advertiser)* lysningsblad; **2.** *som del av avisnavn:* -bladet, -posten *(fx the Evening Gazette);* **2.** *vb:* **be -d** bli kunngjort i lysningsbladet; *mil:* **be -d to a regiment** få seg overlatt kommandoen over et regiment.
GCE *(fk.f. General Certificate of Education)* **UK:** eksamen som tas enten på 'ordinary level' (GCE (O)) (i 'form V', som svarer til første klasse i videregående skole) eller to år senere på 'advanced level' (GCE (A)). GCE (O) kan sammenlignes med norsk ungdomsskoleeksamen, GCE (A) med examen artium; *(se CSE; A-level; O-level).*
I. gear [giə] *subst* **1.** *i sms:* -mekanisme; *flyv:* **(landing)** ~*(=undercarriage)* understell; **2.** **T***(=equipment; things)* utstyr; greier; saker; ting; **fishing** ~*(=fishing tackle)* fiskeutstyr; fiskegreier; **sports** ~*(=sports equipment)* sportssaker; sportsutstyr; **3.** **S***(=clothes)* klær; **4.** *tekn:* gir; utveksling; **automatic** ~ automatisk gir; **(drive)** ~ drev; tannhjul; **conical** ~*(=bevel gear)* konisk tannhjul; **sliding** ~ forskyvbart drev; **spur** ~ sylindrisk tannhjul; **timing** ~ registerdrev; **the second-speed** ~ drevet for 2. gir; **change** ~ skifte gir; gire; **change into a lower** ~ gire ned; **go***(=put the car)* **into third** ~ sette bilen i 3. gir; **in** ~ i gir; **out of** ~ i fri.
II. gear *vb* **1.** gire; sette i gir; **2.:** ~ **to***(=adapt to (the needs of))* tilpasse *(fx geared to adult students; gear production to the demand);* innrette på *(fx a firm geared to the maritime industry);* **one's thoughts were -ed to nothing but the ending of the war** ens tanker dreide seg bare om at krigen måtte ta slutt; **3.:** ~ **down** *også fig:* gire ned; ~ **up** 1. gire opp; 2. *fig* **T:** sette fart i; **is our industry -ed up for the nineties?** er vår industri rustet for nittiårene?
gearbox ['giə,bɔks] *subst:* girkasse.
gearing ['giəriŋ] *subst:* utveksling; **worm** ~ snekkeutveksling.
gear lever girstang.
gear ratio utvekslingsforhold.
gear shaft drevaksel.

gearshift lever US*(=gear lever)* girstang.
gear stick T*(=gear lever)* girstang.
gear (system) tannhjulsutveksling.
gear wheel*(=toothed wheel; cogwheel)* tannhjul.
gecko ['gekou] *subst (pl: gecko(e)s) zo(small lizard)* gekko.
gee [dʒi:] **1.** *vb & int:* ~ **(up)** hypp! **2. US** *int:* jøss! ~, **I like your new dress!** nei, så fin den nye kjolen din er!
geese [gi:s] *pl av goose.*
geezer ['gi:zə] *subst* **T: (old)** ~ gammel, eksentrisk fyr; *neds:* gammel stakkar.
Geiger ['gaigə]: ~ **counter** geigerteller.
gelatin(e) ['dʒelə,ti(:)n; ,dʒelə'ti:n] *subst:* gelatin.
geld [geld] *vb(=castrate)* kastrere; gjelde.
gelding ['geldiŋ] *subst(=cut horse)* vallak.
gem [dʒem] *subst* **1***(=precious stone)* (slepet) edelstein; **2.** *fig* **T:** perle *(fx my landlady's a gem).*
I. geminate ['dʒemi,neit] *vb; språkv:* geminere; fordoble.
II. geminate ['dʒeminit; 'dʒemi,neit] *adj* **1.** ordnet parvis; tvilling- *(fx leaf);* **2.** *språkv:* geminert.
gemination [,dʒemi'neiʃən] *subst* **1.** det å ordne parvis; **2.** *språkv:* konsonantfordobling; geminasjon.
Gemini ['dʒemi,nai; ,dʒemi'ni:] *subst; pl; astr:* Tvillingene.
gemmate ['dʒemeit] *vb; bot:* formere seg ved knoppskyting.
gemmation [dʒe'meiʃən] *subst(=budding)* formering ved knoppskyting; knoppdannelse.
gemstone ['dʒem,stoun] *subst; stivt(=(semi-)precious stone)* edelstein, smykkestein (før sliping).
I. gen [dʒen] *subst* **S***(=information)* opplysninger *(fx he gave me the gen on the office scandal).*
II. gen *vb* **S:** ~ **up on sth** sette seg inn i noe; lære noe; ~ **sby up on***(=fill sby in on)* sette en inn i; gi en opplysninger om *(fx will you gen me up on the situation?);* **be -ned up***(=be briefed)* bli orientert.
gender ['dʒendə] *subst; gram:* kjønn; genus; **is there** ~ **in English?** har man kjønn i engelsk?
gene [dʒi:n] *subst; biol:* gen; arveanlegg.
genealogical [,dʒi:niə'lɔdʒikəl] *adj:* genealogisk; ~ **tree***(=family tree)* stamtre.
genealogist [,dʒi:ni'ælədʒist] *subst:* slektsforsker; genealog.
genealogy [,dʒi:ni'ælədʒi] *subst* **1.** slektshistorie *(fx he's studying the genealogy of the royal house of Tudor);* avstamning; **2.** slektsforskning; genealogi.
genera ['dʒenərə] *pl av genus.*
I. general ['dʒenərəl] *subst* **1.** *mil (fk Gen)* general; ~ **in command** kommanderende general; **2.** *med. (fk.f. general anaesthetic)* middel som gir totalbedøvelse.
II. general *adj:* generell; alminnelig; all-round; almen *(fx education; knowledge)* ~*(=total)* **effect** helhetsvirkning; **the** ~ **feeling is that** ... den alminnelige oppfatning er at ...; *med.:* ~ **health***(=general condition)* almentilstand; ~ **idea***(=overall picture)* helhetsbilde; **I have a** ~ **idea of what it's like** jeg vet omtrent hvordan det er; ~ **impression** helhetsinntrykk; samlet inntrykk; **a matter of** ~ **interest** en sak av almen interesse; **a sound** ~ **knowledge** gode almenkunnskaper; ~ **linguistics** almen språkvitenskap; **the** ~ **public***(=people in general)* den store almenhet; folk flest; **as a** ~ **rule** som en hovedregel; som en vanlig regel; **of** ~*(=universal)* **validity** almengyldig; ~*(=universal)* **validity** almengyldighet; ~ **view***(=overall view)* helhetssyn; **in** ~ 1. i alminnelighet; 2*(=as a whole)* som helhet; **in** ~ **terms** i alminnelige vendinger; **in a** ~ **way** i all alminnelighet.
general agency generalagentur.
general agent generalagent.
general assembly hovedforsamling; *(jvf general meeting).*
general average *fors:* felleshavari; havari grosse.
General Certificate of Education *(fk GCE)* **UK:** avgangseksamen etter henholdsvis 5 eller 7 år i 'comprehensive school'; *(se GCE).*
general chart *mar:* overseilingskart.
general council hovedstyre *(fx the General Council of the TUC).*
general deterrence *jur:* generalprevensjon.
general election*(=parliamentary election)* parlamentsvalg; stortingsvalg.
general hospital somatisk sykehus.
general headquarters *(fk GHQ) stedet:* overkommando.
general insurance *fors(=non-life insurance)* skadeforsikring.
generality [,dʒenə'ræliti] *subst* **1.** *stivt(=general validity)* almengyldighet; alminnelig anvendelighet *(fx of a rule);* **the** ~ **of his remarks** det almengyldige i det han sa; hans lite presise bemerkninger; **2.: generalities** alminnelige vendinger *(fx talk in generalities).*
generalization, generalisation [,dʒenrəlai'zeiʃən] *subst:* generalisering; **sweeping -s** grove generaliseringer *(fx make sweeping generalizations).*
generalize, generalise ['dʒenrə,laiz] *vb:* generalisere.
generally ['dʒenrəli] *adv* **1***(=usually; as a rule)* vanligvis; som regel; som oftest; for det meste; **2***(=commonly; widely)* alminnelig *(fx it is generally believed that ...);* **he is** ~ **disliked** det er få som liker ham; **3.:** ~ **speaking***(=broadly speaking)* i det store og hele.
general manager direktør.
general meeting generalforsamling; **the annual** ~ *(fk AGM)* den årlige generalforsamling; **statutory** ~ konstituerende generalforsamling; **resolution of a** ~ generalforsamlingsvedtak.
general officer UK: offiser med rang av 'brigadier' (oberst I) el. høyere i én av våpengrenene.
general overhaul generaloverhaling; heloverhaling.
general post office *(fk GPO) (=head post office)* hovedpostkontor.
general power of attorney generalfullmakt.
general practice *med.:* almenpraksis.
general practitioner *(fk GP)* almenpraktiserende lege.
general public: the ~ folk flest; folk i sin alminnelighet.
general-purpose [,dʒenrəl'pə:pəs] *adj:* universal- *(fx tool).*
general rule vanlig regel; **as a** ~*(=usually; in most cases)* vanligvis.
general secretary *i fagforbund, etc:* generalsekretær; **TUC** ~ LO-leder; leder i Landsorganisasjonen; *(jvf secretary-general).*
generalship ['dʒenrəl,ʃip] *subst* **1.** generals rang; generals funksjonstid; **during his** ~ mens han var general; **2.** *også fig:* feltherretalent; (dyktig) ledelse.
general staff *mil:* generalstab; **chief of** ~ generalstabssjef.
general store landhandleri.
general strike generalstreik.
generate ['dʒenə,reit] *vb* **1.** *stivt el. tekn:* utvikle *(fx heat);* **2.** *fig: stivt(=cause)* forårsake; skape; **3.** *fig; stivt(=create)* skape; ~ **jobs** skape arbeidsplasser.
generation [,dʒenə'reiʃən] *subst* **1.** *stivt el. tekn:* utvikling *(fx of heat);* **2.** generasjon; slektledd; *biol:*

alternation of -s generasjonsskifte; **the coming** *(=rising)* ~ den oppvoksende slekt.
generation gap generasjonskløft.
generative ['dʒenərətiv] *adj: biol:* generativ *(fx cell); ~(=reproductive)* **organ** forplantningsorgan.
generator ['dʒenə,reitə] *subst; elekt:* generator; dynamo; (lys)aggregat.
generic [dʒi'nerik; dʒə'nerik] *adj:* generisk; artsmessig; felles; ikke spesifikk; *gram:* generisk *(fx article);* ~ **mark** slektsmerke; ~ **name** fellesnavn; ~ **term** fellesbetegnelse; fellesbenevnelse.
generosity [,dʒenə'rɔsiti] *subst* **1.** gavmildhet; generøsitet; rundhåndethet; **2.** edelmodighet; høysinn.
generous ['dʒen(ə)rəs] *adj* **1.** gavmild; rundhåndet; generøs *(fx it's very generous of you to pay for our holiday);* **2.** rikelig *(fx a very generous sum of money);* **a very ~ piece of cake** et ordentlig kakestykke; **planned on a ~ scale** stort anlagt; **3.** edelmodig; **his ~ nature** hans edelmodighet; hans høysinn.
genesis ['dʒenisis] *subst* **1.** *stivt(=beginning; origin)* tilblivelse; begynnelse; **2.: Genesis** 1. mosebok.
genetic [dʒi'netik; dʒe'netik; dʒə'netik] *adj:* genetisk.
genetic engineering kunstig sammenkobling av arveegenskaper.
geneticist [dʒi'netisist; dʒe'netisist; dʒə'netisist] *subst:* arvelighetsforsker.
genetics [dʒi'netiks; dʒe'netiks; dʒə'netiks] *subst:* arvelighetsforskning; genetikk; arvelighetslære.
Geneva [dʒi'ni:və] *subst; geogr:* Genève.
genial ['dʒi:niəl] *adj; stivt* **1.** *om klima(=pleasant)* behagelig; **2***(=friendly; good-natured)* vennlig; godlynt; jovial; gemyttlig.
genial soil *fig; stivt(=fertile soil)* grobunn.
genie ['dʒi:ni] *subst; i østerlandske eventyr:* ånd *(fx the genie of the lamp).*
genii ['dʒi:ni,ai] *pl av genius 5 & 6.*
genital ['dʒenitəl] **1.** *subst:* **-s***(=genitalia)* kjønnsorganer; genitalier; **2.** *adj:* genital; kjønns-.
genital member *zo:* avlelem.
genital organs kjønnsorganer; genitalier.
genitival [,dʒeni'taivəl] *adj; gram:* genitivisk; genitiv-.
genitive ['dʒenitiv] *subst; gram:* **the ~ (case)** genitiv.
genius ['dʒi:niəs] *subst* **1***(,pl: geniuses)* geni; **financial ~** finansgeni; **2.** genialitet; geniale evner *(fx the child showed genius from an early age);* **an artist of ~** en genial kunstner; **stroke of ~** genistrek; **3***(,pl: geniuses) fig; om person:* ånd *(fx an evil genius);* **4***(=natural ability):* **you seem to have a ~ for saying the wrong thing** du ser ut til å ha en særlig begavelse når det gjelder å si noe galt; **5***(pl: genii* ['dzi:ni,ai]) *romersk myt(=guiding spirit)* genius; skytsånd; **6***(pl: genii* ['dʒi:ni,ai]) *arabisk myt(=demon; jinni)* ånd (som kunne anta form som dyr el. menneske).
Genoa ['dʒenouə] *subst; geogr:* Genova.
genocide ['dʒenou,said; 'dʒenə,said] *subst:* folkemord.
Genoese [,dʒenou'i:z; *attributivt også:* 'dʒenou,i:z] **1.** *subst:* genuese; **2.** *adj:* genuesisk.
genotype ['dʒenou,taip] *subst; biol:* anleggspreg.
genre ['ʒa:nrə] *subst:* genre.
gent [dʒent] *subst* **1. S***(fk.f. gentleman)* fyr; kar; **he's a typical city ~** han er en typisk bymann; **2. T: -s** herretoalett *(fx he's in the gents);* **a trip to the -s** en tur på herretoalettet.
genteel [dʒen'ti:l] *adj* **1.** *glds(=well-bred; cultured; refined)* dannet; kultivert; **2.** *neds & spøkef:* engstelig for ikke å virke dannet; altfor nøye med formene *(fx she was too genteel);* **shabby ~** fattigfornem.
gentian ['dʒentiən] *subst; bot:* søte; **~ root** søterot.

I. gentile ['dʒentail] *(,især bibl: Gentile) subst(=non-Jew)* ikkejøde.
II. gentile *adj(=non-Jewish)* ikkejødisk.
gentility [dʒen'tiliti] *subst* **1.** *glds(=noble birth; noble ancestry)* fin herkomst; det å tilhøre overklassen *(fx give an appearance of gentility);* **2.** *glds(=people of noble birth):* **the ~** overklassen; **3.** *stivt; neds(=affected good manners)* påtatt pene manerer; tilgjort fornemhet; **shabby ~** fattigfornemhet.
gentle ['dʒentəl] *adj* **1.** mild; varsom *(fx a gentle kiss);* **a ~ horse** en snill hest; *~(=mild)* **soap** mild (*el.* skånsom) såpe; **be ~ with sby** behandle en skånsomt (*el.* forsiktig); **a ~ breeze** lett bris; **~ heat** mild (*el.* behagelig) varme; **2.: a ~ slope** en liten bakke.
gentleman ['dʒentəlmən] *subst* **1.** *høflig(=man)* mann *(fx two gentlemen came to see you this morning; who was the other gentleman?);* **gentlemen!** mine herrer! **ladies and gentlemen!** mine damer og herrer! **2.: he's a real ~** han er en virkelig gentleman *(,stivt: herre); spøkef om barn:* **he's quite a little ~ already** han er (jo) en riktig liten herremann allerede; **play the ~** legge seg etter fine manerer; spille fin mann; **3.** *hist:* ikkeadelig av fornem byrd med rett til å bære våpen; **4.** *glds(=man of wealth and leisure)* økonomisk uavhengig mann; **5. US** *merk:* **Gentlemen***(=Dear Sirs): innleder forretningsbrev; intet tilsv.*
gentleman farmer *(pl: gentlemen farmers)* storbonde (som ikke driver gården selv); godseier.
gentleman friend herrebekjentskap.
gentlemanly ['dʒentəlmənli] *adj(=gentlemanlike)* beleven; kultivert *(fx behaviour);* **that was very ~ of you** det var veldig pent av deg.
gentleness ['dʒentəlnis] *subst:* mildhet; blidhet; varsomhet; fosiktighet; skånsomhet.
gently *adv:* mildt; blidt; varsomt; forsiktig; **they broke the news ~** de fortalte nyheten på en skånsom måte.
gentry ['dʒentri] *subst:* **the ~** lavadelen.
gents [dʒents] *subst* **T: the ~** herretoalettet; *(se gent 2).*
genuflect ['dʒenju,flekt] *vb; rel:* gjøre knefall; knele.
genuine ['dʒenjuin] *adj* **1***(=real; not fake)* ekte *(fx pearl);* uforfalsket; genuin *(fx English);* **2***(=sincere; honest)* oppriktig; ekte *(fx show a genuine desire to improve; his wish to help seems genuine).*
genus ['dʒi:nəs] *subst(pl: genera* ['dʒenərə], *genuses) biol:* slekt.
geodesic(al) [,dʒi:ou'desik(əl)] *adj(=geodetic)* geodetisk.
geodesy [dʒi'ɔdəsi] *subst:* geodesi.
geographer [dʒi'ɔgrəfə] *subst:* geograf.
geographic(al) [,dʒiə'græfik(əl)] *adj:* geografisk.
geographical botany plantegeografi.
geography [dʒi'ɔgrəfi] *subst:* geografi.
geological [,dʒiə'lɔdʒikəl] *adj:* geologisk.
geologist [,dʒi'ɔlədʒist] *subst:* geolog.
geology [dʒi'ɔlədʒi] *subst:* geologi.
geometric(al) [,dʒiə'metrik(əl)] *adj:* geometrisk.
geometry [dʒi'ɔmitri] *subst:* geometri; **descriptive ~** projeksjonstegning.
geophysicist [,dʒi:ou'fizisist] *subst:* geofysiker.
geophysics [,dʒi:ou'fiziks] *subst:* geofysikk.
Geordie ['dʒɔ:di] **1.** *subst:* person fra Newcastle el. omegn; **2.** *subst:* Newcastle-dialekten; **3.** *adj:* nordengelsk; som hører hjemme i Newcastle-området; Newcastle-.
George [dʒɔ:dʒ] **1.** *navn:* Georg; **2.: Saint ~, St ~** St. Georg (Englands skytshelgen); **3.** *flyv* **T***(=automatic pilot)* automatpilot; **4.** *glds:* **by ~!** det var da som (bare) pokker!

Georgian ['dʒɔ:dʒən] **1.** *subst:* georgier; *språket:* georgisk; **2.** *adj:* georgisk; **3.** *hist:* georgiansk (1714–1830 el. 1910–1936); *arkit:* georgiansk (1714–1830).
geranium [dʒi'reiniəm] *subst; bot:* geranium.
gerfalcon ['dʒə:,fɔ:(l)kən] *subst; zo:* jaktfalk.
geriatric [,dʒeri'ætrik] *adj:* geriatrisk.
geriatrician [,dʒeriə'triʃən] *subst:* geriatriker.
geriatrics [,dʒeri'ætriks] *subst:* geriatri.
germ [dʒə:m] *subst* **1.** bakterie; basill; **2.** *biol & bot:* kim; spire; **the ~ of life** spiren til liv; **3.** *fig:* spire *(fx the germ of an idea).*
German ['dʒə:mən] **1** *subst:* tysker; *språket:* tysk; **2.** *adj:* tysk.
germane [dʒə:'mein] *adj; stivt:* **~ to***(=relevant to)* relevant for; som angår.
Germanic [dʒə:'mænik] *subst & adj:* germansk.
Germanism ['dʒə:mə,nizəm] *subst:* germanisme.
Germanist ['dʒə:mənist] *subst(=German scholar; German philologist)* germanist.
Germanistics [,dʒə:mə'nistiks] *subst(=German studies; (study of) German language and literature)* germanistikk.
Germanize, Germanise ['dʒə:mə,naiz] *vb:* germanisere; fortyske.
German measles *med.(=rubella)* røde hunder.
Germanophil(e) [dʒə:'mænə,f(a)il] *subst:* germanofil; tyskvennlig person.
Germanophobe [dʒə:'mænə,foub] *subst:* tysk(er)-hater.
German shepherd US*(=Alsatian)* schæferhund.
German silver nysølv.
Germany ['dʒə:məni] *subst; geogr:* Tyskland.
germ carrier smittebærer.
germ cell *biol:* kimcelle.
germfree ['dʒə:m,fri:] *adj:* bakteriefri.
germicidal [,dʒə:mi'saidəl] *adj:* bakteriedrepende.
germicide ['dʒə:mi'said] *subst:* bakteriedrepende middel.
germinal ['dʒə:minəl] *adj; biol:* kim-; spire-.
germinate ['dʒə:mi,neit] *vb* **1.** *bot & biol:* spire; få til å spire; **2.** *fig; stivt(=originate)* spire *(fx the idea germinated with me).*
germination [,dʒə:mi'neiʃən] *subst:* spiring.
germinative ['dʒə:minətiv] *adj(=capable of germinating)* spiredyktig.
germ warfare bakteriologisk krigføring.
gerontology [,dʒerɔn'tɔlədʒi] *subst:* gerontologi; alderdomsforskning.
gerund ['dʒerənd] *subst; gram:* gerundium; verbalsubstantiv.
gestation [dʒe'steiʃən] *subst; biol(=pregnancy)* svangerskap; *om dyr:* drektighet; **period of ~** *(=gestation period)* svangerskapsperiode; *om dyr:* drektighetsperiode.
gesticulate [dʒe'stikjuleit] *vb:* gestikulere.
gesticulation [dʒe,stikju'leiʃən] *subst:* gestikulering; armbevegelser; fekting med armene.
I. gesture ['dʒestʃə] *subst* **1.** gestus; tegn; håndbevegelse; **-s** geberder; fakter; håndbevegelser; **2.** *fig:* gestus; handling; **make a friendly ~** vise seg vennlig; **make a feeble ~ of protest** prestere et svakt tilløp til protest.
II. gesture *vb:* gestikulere; bruke fakter; **he -d to her to keep quiet** han gjorde tegn til henne at hun skulle forholde seg rolig (*el.* være stille).
get [get] *vb(pret: got; perf. part.: got (,US: gotten))* **1.** få *(fx did you get my letter? how much did you get for the car? I got it cheap; I got a letter from her this morning);* få kjøpt *(fx where did you get it?); om fangst, lønn, straff, sykdom:* få *(fx get a lot of fish; I get £500 a month; he got six months; get a cold); om uhell:* få *(fx he got his hand into the wheel); i forb med perf. part.:* få *(fx I got him punished);* **he is unable to ~ children** han kan ikke få barn; **have you got everything?** har du (fått med) alt? *(se 5 & 40);*
2. bli *(fx get angry; get married; get old; get rich; get well; get worse);* **~ rid of** bli av med; bli kvitt; **it's -ting late** det begynner å bli sent; **where has my book got to?** hvor er det blitt av boken min? **~ caught** bli tatt *(fx he got caught by the police driving at 60 through Cambridge);* **~ attacked** bli angrepet; bli overfalt *(fx more and more people are getting attacked in the underground these days);* **~ invited** bli invitert *(fx get invited to a party); (se 40: ~ to know);*
3. hente *(fx go and get it);* skaffe *(fx could you get me a glass of water? he tried to get her a taxi);*
4. T*(=understand; hear; notice)* forstå *(fx I didn't get the joke; did you get what he was talking about?);* oppfatte *(fx I didn't quite get your name);* **did you ~ that look on his face?** la du merke til ansiktsuttrykket hans? **I don't ~ you** jeg forstår deg ikke; **do you ~ me?** forstår du hva jeg mener? **(have you) got that?** har du fått med (deg) det? har du oppfattet det? **don't ~ me wrong** ikke misforstå meg; **I didn't ~ the message** jeg fikk ikke tak i hva det dreide seg om; **what -s me beat is that** . . . hva jeg ikke forstår (*el.* kan forstå) er at . . .;
5.: ~ sby to do sth få en til å gjøre noe; **~ him to come tomorrow** få ham til å komme i morgen; **I can't ~ him to understand** jeg kan ikke få ham til å forstå; **~ her to stay for dinner if you can** forsøk om du kan få henne til å bli til middag; **you'll never ~ me to agree** du får aldri meg til å bli enig med deg; du får aldri meg til å gå med på det;
6. *ved bevegelsesvb:* komme *(fx how did you get in? how did they get to London? he got there by bus);*
7. T *om mat(=get ready)* lage (i stand) *(fx get lunch);*
8. T: kjøpe (inn) *(fx could you get (us) a pound of tomatoes on your way home?);*
9. T: irritere *(fx what gets me is his stupid smile);*
10. T: angripe; ta *(fx the dog will get him);*
11. T: a bullet got him han ble truffet av et skudd; **it got him in the leg** han ble truffet i benet;
12. T *i forb med 'have':* **I've got** *(,***US** *ofte I got)* **a new car** jeg har ny bil; **have you got a headache?** har du hodepine? **she's got two sisters** hun har to søstre; **I've got an appointment at ten o'clock** jeg har en avtale klokken ti; **what have** [əv] **you got in the box?** hva har du i esken?
13.: have (got) to måtte *(fx I've got to see the dentist tomorrow; you've got to go and see the boss);*
14.: ~ about, ~ around 1. komme omkring *(fx he needs a car to get around);* 2. *etter sykdom:* **he's -ting about again after his illness** han er på bena igjen (etter sykdommen); 3. *om nyhet, rykte(=spread; become known)* bli kjent;
15.: ~ above oneself bli innbilsk; **T:** tro man er noe *(fx don't get above yourself!);*
16.: ~ across 1. komme (*el.* gå) over (elv, gate, etc); 2. **T: the plan seems quite clear to me, but I just can't ~ it across (to anyone else)** jeg synes planen er helt klar, men jeg kan ikke få andre til å forstå det; **this is something which rarely -s across to the general public** dette er noe folk flest sjelden forstår; 3. *teat:* gjøre lykke; slå an; 4. **T: ~ across sby** legge seg ut med en;
17.: ~ after sby ta opp jakten på en *(fx if you want to catch him, you'd better get after him at once);*
18.: ~ ahead 1*(=be successful; make progress)* komme fram (her i verden) *(fx if you want to get ahead, you must work hard);* 2.: **~ ahead of** overgå;

komme foran; skaffe seg et forsprang på *(fx this company intends to get ahead of all its rivals);*
19.: ~ **along** 1. klare seg *(fx how are you getting along in your new job? I can't get along without some help);* **how are things -ting along?** hvordan går det? **how is he -ting along with his French?** hvordan går det med fransken hans? 2. gå; komme (seg) av sted *(fx I must be getting along now);* **T:** ~ **along with you!** den går jeg ikke på! 3.: ~ **along with** komme ut av det med *(fx he gets along well with her);*
20.: ~ **anywhere: that won't** ~ **you anywhere** det kommer du ingen vei med; **we don't seem to be -ting anywhere in this discussion** det ser ikke ut til at vi kommer noen vei med denne diskusjonen; **he doesn't seem to** ~ **anywhere** det blir liksom ikke riktig til noe med ham; *(jvf 30);*
21.: ~ **around:** *se* ~ *about;* ~ *round;*
22.: ~ **at** 1. *om adkomst; mulighet for å nå (fram til):* komme til *(fx the farm is difficult to get at);* få tak i *(fx the hole is too deep for me to get at the ring I dropped);* **I must** ~ **at the books in his room** jeg må ha tak i bøkene i rommet hans; *fig:* ~ **at he truth** få fram sannheten; 2. **T***(=criticize; make fun of)* være etter *(fx she's always getting at him);* 3. **T** *især i passiv, ved bestikkelse, trus(s)el, etc:* **T:** ordne; fikse *(fx one of the witnesses had been got at); (jvf 38, 3);* 4. **T***(=imply)* sikte til *(fx what are you getting at?);*
23.: ~ **away** 1*(=escape)* unnslippe; komme (seg) unna *(fx the prisoner got away);* 2*(=be able to leave):* **I usually** ~ **away (from the office) at four-thirty** jeg kan som regel gå (fra kontoret) klokken halv fem; **T:** ~ **away from it all** reise bort fra alt sammen; 3.: ~ **sth away from sby** få tatt noe fra en; 4. *fig:* ~ **away***(=wander)* **from the subject** komme bort fra saken (*el.* temaet); **there is no -ting away from the fact that** . . . det er ikke til å komme utenom (*el.* bort fra) at . . .; **he's a clever man – there's no -ting away from it***(=that)* han er flink – det kan man ikke komme bort fra; 5. *fig:* ~ **away with it** gjøre det ustraffet; **if you're stupid***(=daft)* **enough, you can** ~ **away with it***(=just act stupid and you'll be all right) svarer til:* de dumme har det godt! **he does it when he can** ~ **away with it** han gjør det når han kan gjøre det ustraffet;
24.: ~ **back** 1. få igjen; få tilbake; 2. komme tilbake *(fx when did you get back from London?);* 3*(=move away)* flytte seg (unna); trekke seg tilbake *(fx the policeman told the crowd to get back);* ~ **one's own back T:** få hevn; **T:** ~ **back at sby** få hevnet seg på en;
25.: ~ **by** 1. komme (*el.* slippe) forbi; slippe gjennom; 2. *fig:* passere; kunne aksepteres (*el.* godkjennes); **this definition isn't very good but it will probably** ~ **by** denne definisjonen er ikke så god, men den vil sannsynligvis kunne aksepteres; **that book will never** ~ **by the authorities** den boken vil aldri bli godkjent av myndighetene; 3. klare seg *(fx I can't get by on £25 a week);*
26.: ~ **down** 1. få ned; 2. komme (seg) ned; klatre ned; *fra hest, tog, etc:* stige av; gå av; 3. **T:** virke forstemmende (*el.* deprimerende); gjøre deprimert *(fx working in this place really gets me down);* **rain -s you down** regn virker deprimerende; 4. *om mat:* (klare å) få ned *(fx I'll try to get some food down);* 5.: ~ **down to** ta fatt på (for alvor); komme i gang med; **they got down to it** de tok fatt; de satte i gang; **T** *om samleie:* de satte i gang; **when he -s down to it** når han først kommer i gang; når han først begynner; ~ **down to work***(=set to work)* komme i gang med arbeidet;
27.: ~ **far** komme langt *(fx he didn't get far); i bok, foredrag, etc:* **how far had I got?** hvor langt var jeg kommet? *fig:* **that won't** ~ **you far** det kommer du ikke langt med;
28.: ~ **in** 1. komme inn *(fx how did you get in?);* komme hjem (*el.* inn) *(fx I got in at midnight); i bil:* sette seg inn; *om buss, tog:* gå på; stige på; *om skip, tog, etc:* komme inn; ankomme; *polit:* komme inn; bli valgt inn; 2. få inn *(fx get money in);* ta inn *(fx get the milk in);* kjøre inn; få i hus *(fx get the hay in);* 3. få tak i *(fx shall I get the doctor in? get a man in to repair our radio);* 4. få flettet inn *(fx I couldn't get in a word edgeways; get in a couple of hours' study before dinner);* 5. få (lurt) inn *(fx he got his suggestion in before anyone else); om slag:* få inn *(fx a couple of punches);* 6. *kortsp:* ~ **in to dummy** komme inn på bordet; 7. *fig:* ~ **in with sby** gjøre seg til venns med en *(fx he's trying to get in with the boss);* ~ **in wrong with sby***(=get into trouble with sby)* legge seg ut med en; komme på kant med en;
29.: ~ **into** 1. komme inn i *(fx a house); med verktøy, etc:* komme til *(fx it's difficult to get into the corners with this tool); i bil, etc:* sette seg inn i; *om tog, etc:* (an)komme til *(fx the train got into London at noon); om klær:* få på seg *(fx I just can't get into these tight trousers);* ta på seg *(fx get into your pyjamas);* ~ **into nursing** komme inn på sykepleien; bli opptatt som sykepleierstudent; ~ **into Parliament** komme inn på parlamentet; 2. *om vanskelig situasjon, sinnstilstand:* ~ **into debt** komme i gjeld; **I don't know what's got into him** jeg vet ikke hva som går av ham; ~ **into a temper** bli hissig; fare opp; **T: get into trouble** få vanskeligheter; *også om pike:* komme i vanskeligheter; ~ **a girl into trouble** få en pike i vanskeligheter; **T:** sette barn på en pike; 3. komme inn i; få øvelse i *(fx once you get into driving you'll enjoy it);* forstå; få tak på; *sport:* få tak på *(fx he's really getting into this match now);*
30.: ~ **nowhere** *fig* **T:** ikke komme noen vei *(fx you'll get nowhere if you follow his instructions; flattering me will get you nowhere); (jvf 20);*
31.: ~ **off** 1. gå av; stige av *(fx the bus);* ~ **off that chair!** kom deg ned fra den stolen! ~ **off the lawn!** kom deg unna plenen! 2. få av *(fx I can't get my boots off);* 3. få (sendt) av sted *(fx get the children off to school);* 4. komme (seg) av sted; **I must be -ting off now** nå må jeg gå (,T: stikke av); **it's time you got off to school** det er på tide du kommer deg av sted til skolen; 5. **T** *om arbeidsoppgave:* slippe *(fx I got off digging the garden); jur:* bli frikjent; få frikjent *(fx a good lawyer got him off);* **he got off with a small fine** han slapp med en liten bot; ~ **off***(=be let off)* **cheaply** slippe billig; 6. **T: tell sby where he -s off***(=put sby in his place)* sette en på plass; 7.: ~ **off with a girl***(=pick up a girl)* få kjangs med en pike; **S:** få napp med en pike; 8. **T:** ~ **off to a false start** komme skjevt (*el.* uheldig) ut; komme galt ut fra starten av; ~ **off to a flying start** få en flyvende start; være meget heldig med begynnelsen; ~ **off to sleep***(=get to sleep; be able to sleep)* få sove;
32.: ~ **on** 1. gå på; stige på *(fx get on the bus);* ~ **on one's bicycle** sette seg på sykkelen; 2. få på *(fx he couldn't get his coat on; I can't get the lid on);* 3. klare seg *(fx how do you think he'll get on?);* ~ **on in life** gjøre det godt; klare seg godt her i livet; 4. **T***(=grow old)* (begynne å) bli gammel *(fx he's getting on a bit now);* 5. komme overens *(with* med); **we** ~ **on very well together** vi kommer meget godt overens; 6. fortsette *(with* med) *(fx get on with your work);* 7. **T:** komme videre *(fx well, I must be getting on now);* 8. *om arbeid:* gå fremover *(fx the work is getting on);* 9. *om tid:* **it's -ting on and I**

must go det begynner å bli sent, og jeg må gå; 10. **S:** ta stoff for første gang; **~ on at T:** *se go on 6: ~ on at sby;* **~ on for** 1. *om tid:* **it's -ting on for five o'clock** klokken er snart fem; 2 *om alder:* **he's -ting on for seventy** han nærmer seg sytti; **~ on to** 1*(=get on)* gå på *(fx a bus);* komme (seg) opp på *(fx the roof);* 2. **T***(=make contact with)* sette seg i forbindelse med (oftest for å klage el. reklamere) *(fx I'll get on to the manufacturers to replace the damaged goods; you must get on to the airline at once to see if your flight has been delayed);* 3. *om problem, etc* **T***(=deal with; attend to)* ta seg av *(fx I'll get on to the matter of your television at once);* 4. *om uærlig atferd, etc* **T***(=become aware of)* bli oppmerksom på *(fx people are beginning to get on to him at last);* **~ on with** 1*(=continue with)* fortsette med *(fx get on with your work); (=get started on)* komme i gang med; **~ on with it!** sett i gang! 2. **T: ~ on (with you)!** jeg tror deg ikke!

33.: ~ out 1. komme ut; komme (seg) ut; slippe ut *(fx I couldn't get out);* **(just) ~ out!** (bare) kom deg ut! 2*(=take out)* ta fram *(fx he got out a bottle of whisky);* 3. *om hemmelighet, etc(=become known)* komme ut; **I've no idea how word got out that you were leaving** jeg aner ikke hvordan det ble kjent at du skulle reise; 4. få ut *(fx get it out; get them out) om ord:* få fram *(fx he couldn't get the words out);* 5. *om publikasjon:* få ut *(fx we must get this book out before Christmas);* 6. *fra bibliotek(=borrow)* låne *(fx will you get two books out for me when you go to the library?);*

~ out of 1. komme (seg) ut av; slippe ut av; *fig; om oppgave, etc:* vri seg unna; slippe unna *(fx I wonder how I can get out of washing the dishes);* **I'll try to ~ you out of it** jeg skal prøve å ordne det slik at du slipper; 2. få ut av *(fx they couldn't get anything out of him);* **you ~ out of life what you put into it** livet er hverken mer eller mindre enn hva man gjør det til; **~ out of the way** 1. gå til side; komme seg unna; få unna *(fx get that car out of the way):* 2. *fig; om arbeidsmengde; etc:* få (gjort) unna; **let's ~ these letters out of the way first** la oss få gjort unna disse brevene først;

34.: ~ over 1. komme over *(fx the fence);* 2. komme seg etter *(fx an illness); fig; om sorg, etc:* komme over *(fx he soon got over it);* **T: I just can't ~ over her leaving so suddenly** jeg kan ikke holde opp å undre meg over hvor fort hun reiste sin vei; 3.: **~ sth over (with)** få noe overstått *(fx let's get this job over with);* 4. **T: ~ one's message over***(=across)* få folk til å forstå; *(se ovf: get across 2);*

35.: ~ round 1. komme (seg) rundt *(fx he couldn't get round the table);* 2. *fig:* omgå *(fx a problem; a difficulty);* **we'll ~ round this problem somehow** vi skal nok klare dette problemet på en eller annen måte; 3. **T***(=persuade)* overtale (til å gjøre det man vil) *(fx she can always get round her grandfather);* **~ round to** *om arbeidsoppgave:* komme til *(fx I'll get round to that job in an hour);* få tid til *(fx I don't know when I'll get round to (painting) that door);*

36.: ~ there 1. komme dit; **how best to ~ there?** hvordan skal man best komme dit? 2. **T***(=succeed; make progress):* **there have been a lot of problems but we're -ting there now** det har vært mange problemer, men nå går det bedre;

37.: ~ through 1. *også fig:* komme gjennom *(fx he'll never get through his French exam);* 2. *tlf:* få forbindelse med *(fx he couldn't get through (to his brother));* 3. bli ferdig med; *om bok:* lese ut; 4. *om penger, etc* **T***(=spend; consume)* gjøre ende på *(fx a fortune; a lot of whisky);* 5. *parl:* **~ a bill through** få et lovforslag gjennom; få en lov vedtatt; **~ through to sby** få en til å forstå *(fx I just can't get (the message) through to her);* ha (*el.* oppnå) kontakt med; kunne kommunisere med *(fx I just can't seem to get through to her any more);* **we can't ~ it through to him that** ... vi kan ikke få ham til å forstå at ...

38.: ~ to 1. komme (fram) til; komme (seg) til *(fx how did you get to Paris?);* 2. *i fortelling, etc(=come to)* komme til *(fx I'll get to that in a minute);* **where did I ~ to?** hvor var det jeg slapp? hvor langt var jeg kommet? 3. **US S***(=bribe)* bestikke; **T:** ordne; fikse *(fx they've got to him); (jvf 22, 3);*

39.: ~ together 1. komme sammen; treffes *(fx we usually get together once a week);* 2. kalle sammen *(fx I'd like you to get the staff together, please);* få samlet sammen; få stilt på bena *(fx a team; a small army);* 3. samle sammen *(fx get your things together);*

40.: ~ to know 1. få vite *(fx how did they get to know about it?);* 2. bli kjent med *(fx how did she get to know him?);* **when you ~ to know him better** når du blir bedre kjent med ham;

41.: ~ to sleep*(=get off to sleep; be able to sleep)* få sove;

42.: ~ up 1. stå opp; reise seg *(fx he got up at seven; please don't get up on my account);* 2. komme opp *(fx the old van couldn't get up the hill);* komme (seg) opp; klatre opp; *på hest, sykkel:* komme seg opp; hjelpe opp; 3. *sovende person:* få opp *(fx get me up at seven);* 4. *om vind, sjøgang(=rise)* øke på; bli kraftigere; **the wind was -ting up** det blåste opp; 5.: **~ up speed** få fart; øke farten; 6. **T***(=arrange; organize)* arrangere; få i stand *(fx a party);* 7. **T:** kle ut *(fx sby as a clown);* **she was beautifully got up** hun var i sin fineste skrud (*el.* stas); **she was all got up for the party** hun var i fullt selskapsantrekk; **~ oneself up as***(=dress as)* kle seg ut som; 8. *om begeistring, etc* **T:** opparbeide *(fx I just can't get up any enthusiasm for this project);* 9. **T***(=study)* sette seg inn i *(fx the details of a case);* **I must ~ up my history** jeg må nok lese mer historie; 10. *om artikkel, bok(=make up)* utstyre *(fx the book was beautifully got up);*

43.: ~ up to 1. nå opp til; komme opp på høyde med; ta igjen *(fx we soon got up to the others);* komme til *(fx so far I've got up to page 60);* 2. **T***(=become involved in)* stelle i stand; finne på *(fx what will he get up to next?);* **~ up to mischief** gjøre ugagn;

44.: ~ a girl with child*(=get a girl into trouble)* sette barn på en pike.

get-at-able *adj* **T***(=accessible)* tilgjengelig.

getaway *subst* **T***(=escape)* flukt; **make one's ~** flykte.

getaway car fluktbil.

Gethsemane [geθ'semәni] *bibl:* Getsemane.

getup ['get,ʌp] *subst* **1.** *boks(=artwork; layout)* utstyr; *merk; vares(=make-up; package)* utstyr; **2.** *oftest neds* **T***(=clothes)* påkledning; *neds:* antrekk.

get-up-and-go **T***(=energy; drive)* energi; pågangsmot *(fx she's got a lot of get-up-and-go).*

gewgaw ['gju:gɔ:] *subst:* **-s** *glds(=dangling finery)* dingeldangel.

geyser ['gi:zә; **US:** 'gaizә] *subst* **1.** varm kilde; geysir; **2***(=water heater)* varmtvannsbereder.

Ghana ['ga:nә] *subst; geogr:* Ghana.

Ghanaian [ga:'neiәn] **1.** *subst:* ghaneser; *språket:* ghanesisk; **2.** *adj:* ghanesisk.

ghastly ['ga:stli] *adj* **1***(=horrible; terrible)* fæl; grufull; fryktelig *(fx experience; crime);* **2. T***(=very bad)* forferdelig *(fx mistake);* **3. T***(=very bad)* forferdelig *(fx mistake; that picture is ghastly);* **4.**

T(=*extremely unwell*) elendig (*fx feel ghastly*); *fig:* **I feel ~ about causing all that trouble** jeg føler meg helt ille til mote over å ha vært årsak til så mye bry; **5.** *litt. el. stivt*(=*very pale*) likblek (*fx he stood there, his face ghastly with fear*).
gherkin ['gə:kin] *subst:* sylteagurk.
ghost [goust] *subst* **1.** spøkelse; gjenferd; skrømt; **lay (,raise) a ~** mane bort (,fram) et spøkelse; **2.** *fig:* **the ~ of a smile** en svak antydning til et smil; **he doesn't have the ~ of a chance** han har ikke den aller minste sjanse; **3.** *glds el. spøkef:* **give up the ~** oppgi ånden; (*jvf bogey; phantom; spook*).
ghostly [~goustli] *adj* (=*ghostlike; spectral*) spøkelsesaktig; **a ~ figure** en spøkelsesaktig skikkelse.
ghost story spøkelseshistorie.
ghostwrite ['goust,rait] *vb*(*fk: ghost*) skrive på vegne av en annen (som tillegges forfatterskapet).
ghoul [gu:l] *subst* **1.** *myt*(=*evil spirit which eats dead bodies*) ond ånd som spiser lik; **2.** person med en pervers interesse for det makabre.
ghoulish ['gu:liʃ] *adj:* uhyggelig; gruoppvekkende; pervers (*fx she takes a ghoulish interest in descriptions of traffic accidents*); **T: don't be so ~ (about it)!** ikke vær så fæl da!
GI [,dʒi:'ai] *subst* (*pl: GIs, GI's*) **US** infanterist.
giant ['dʒaiənt] *subst* **1.** *i eventyr:* kjempe; rise; **2.** *om person:* kjempe (*fx he was an absolute giant*); **3.** *fig:* kjempe; **(intellectual) ~** åndskjempe.
giantess ['dʒaiəntis] *subst:* kjempekvinne.
gib [dʒib] *subst* **1.** *mask*(=*gib-head key*) hakekile; **2.** *zo; på laks el. ørret:* krok.
gibbed ['dʒibd] *adj; zo:* med krok; krok-; **~ salmon** kroklaks; hakelaks; **~ trout** krokørret; hakeørret.
gibber ['dʒibə] *vb:* plapre; snakke uforståelig (*fx he was gibbering with fear; monkeys gibbering at each other*); *neds:* **he was -ing away** han plapret i vei.
gibberish ['dʒibəriʃ] *subst* **1**(=*nonsense*) vrøvl (*fx his explanations are just gibberish to me*); **2.** kaudervelsk; labbelensk; uforståelig snakk.
gibe(=*jibe*) ['dʒaib] **1.** hånlig (*el.* sårende) bemerkning; spydighet; **2.** håne; være spydig mot; **his friends -d at his love of poetry** vennene hans var spydige mot ham fordi han var glad i poesi.
gib-head key *mask:* hakekile.
giblets ['dʒiblits] *subst; pl; av fugl:* krås (og annen spiselig innmat); (*jvf gizzard*).
giblet soup kråsesuppe.
gid [gid] *subst; vet; hos sau:* dreiesyke; (*jvf wheel sickness*).
giddy ['gidi] *adj* **1**(=*dizzy*) svimmel (*fx feel giddy*); ør; **a ~ feeling** en følelse av svimmelhet; svimmelhet; **2.** *fig*(=*dizzy*) svimlende (*fx from the giddy height of the cliff*); **a ~ round of parties and dances** en eneste lang serie med selskaper og dansefester; **3.** *neds:* vilter; impulsiv (*fx will these giddy young fools ever settle down?*); *glds:* **play the ~ goat**(=*act the goat*) oppføre seg tåpelig (*el.* fjollet).
gift [gift] *subst* **1.** gave; presang; **~ of money** pengegave; **2**(=*talent*) anlegg (*fx my daughter has a gift for music*); **a girl of many -s** en pike med mange talenter; **he had been born with the ~** han hadde fått det i vuggegave; **he had the happy ~ of putting people at their ease** han hadde en lykkelig evne til å få folk til å føle seg trygge (*el.* vel til mote); **3.** *stivt:* **it is in his ~** han disponerer over det; han har rett til å gi det bort om han vil; **4. T: the exam paper was a ~** eksamensoppgaven var meget lett.
gifted ['giftid] *adj:* begavet.
gift horse: never look a ~ in the mouth kritiser aldri en gave.
gift shop gavebutikk.
gift token(=*gift voucher;* **US:** *gift certificate*) gavekort; presangkort.
gig [gig] *subst* **1.** *vogn:* gigg; **2.** *mus:* (popgruppes) spilleoppdrag (*fx we've got a gig on Tuesday*); **they played a ~ at Club 7** de spilte i Club 7.
gigantic [dʒai'gæntik] *adj:* gigantisk; enorm.
gigantism ['dʒaigæn,tizəm; ,dʒai'gæntizəm] *subst* (=*giantism*) kjempevekst.
giggle ['gigəl] **1.** *subst:* fnising; knising; knis; fnis (*'Yes, please,' she answered with a giggle*); **2.** *vb:* fnise; knise; **she's at the giggling stage** hun er i fnisealderen.
giggly ['gigli] *adj:* fnisete (*fx a giggly girl*).
gild [gild] *vb*(*pret: gilded; perf. part: gilded, gilt*) *også fig:* forgylle; **~ the lily** prøve å forskjønne noe som er pent nok fra før (*fx if she wore make-up it would just be gilding the lily*); *fig:* **~ the pill** sukre pillen.
gilder ['gildə] *subst* **1.** forgyller; **2.** *se guilder.*
I. gill [gil] *subst* **1.** *zo; på fisk:* gjelle; **2.: pale about the -s** blek om nebbet.
II. gill *subst; rommål:* ¼ pint.
III. gill *vb*(=*gut*) gane (fisk).
gill slit(=*gill cleft*) *zo:* gjelleåpning.
gillyflower ['dʒili,flauə] *subst; bot*(=*stock*) levkøy.
I. gilt [gilt] *subst:* gylt (førstegangsfødende grisepurke).
II. gilt *subst:* forgylling (*fx a vase covered with gilt*).
III. gilt *perf. part. av gild & adj:* forgylt.
gilt edge *på bok:* gullsnitt.
gilt-edged [,gilt'edʒd; *attributivt:* 'gilt,edʒd] *adj* **1.** *om bok:* med gullsnitt; **2.: ~ securities** gullkantede papirer.
gimbals ['dʒimbəlz; 'gimbəlz] *subst* **1.** *mar; for kompass:* slingrebøyle; **2.** *mask:* **hung on ~** med kardangoppheng.
gimcrack ['dʒim,kræk] *adj; neds*(=*cheap and badly made*) billig og usolid (*fx furniture; house*).
gimlet ['gimlit] *subst:* spikerbor.
gimmick ['gimik] *subst* **T:** knep; gimmick (*fx a gimmick to gain popularity*); **advertising ~** reklameknep.
I. gin [dʒin] *subst* **1.** *drikk:* gin; **2.: cotton ~** bomullsrensemaskin; **3.** *for fangst:* felle; snare; (*se gintrap*).
II. gin *vb:* fange i felle.
I. ginger ['dʒindʒə] **1.** *subst:* ingefær; **2.** *adj:* rødbrun.
II. ginger *vb:* **~ up** sette fart i; få fart på.
ginger ale ingefærøl.
gingerbread ['dʒindʒə,bred] *subst; bakverk:* honningkake.
ginger group *polit:* initiativgruppe.
gingerly ['dʒindʒəli] *adv*(=*very gently and carefully*) med stor varsomhet; meget forsiktig.
gingersnap ['dʒindʒə,snæp] *subst:* pepperkake; **treacle ~** sirupssnipp.
gingivitis [,dʒindʒi'vaitis] *subst; med.:* tannkjøttbetennelse.
gipsy(=*gypsy*) ['dʒipsi] *subst:* sigøyner.
gipsywort ['dʒipsi,wə:t] *subst; bot*(=*water horehound*) klourt.
giraffe [dʒi'ra:f; dʒi'ræf] *subst; zo:* sjiraff.
gird [gə:d] *vb* (*pret & perf. part.: girded, girt*) **1.** *glds el. litt. om belte, etc*(=*buckle on*) spenne på seg; *glds el. spøkef:* **~ (up) one's loins**(=*prepare for energetic action*) forberede seg på et krafttak; gjøre seg rede til dyst; **2.** *litt.*(=*encircle*) omgi.
girder ['gə:də] *subst:* bærebjelke; **box ~** kassebjelke; kassebærer.
I. girdle ['gə:dəl] *subst* **1.** belte; snor (*fx the girl wore a girdle round her gym tunic*); **2.** *anat:* **pectoral ~**(=*pectoral arch*) skulderbelte; **pelvic ~**(=*pelvic arch*) bekkenring; **3.:** *se griddle;* **4.** *hist*(=*suspender*

belt; **US:** *garter belt)* hofteholder; *(jvf garter);* **5.** *fig; litt.:* ring; belte.
II. girdle *vb* **1.** *stivt(=surround; encircle)* omgi; **2.** *om tre for at det skal dø:* ringe.
girl [gə:l] *subst:* jente; pike; **she's John's ~** det er piken til John (ɔ: Johns venninne).
girlfriend ['gə:l,frend] *subst:* venninne.
Girl Guide *(,***US:** *Girl Scout)* pikespeider; speiderpike.
girlhood ['gə:l,hud] *subst:* (pikes) barndom; **she spent her ~ in London** da hun var barn, bodde hun i London.
girlish ['gə:liʃ] *adj* **1.** pike-; jente- *(fx games);* pikeaktig; jenteaktig; **2.** ungpikeaktig.
giro ['dʒairou] *subst:* giro; **bank ~** bankgiro; **postal ~** postgiro; **pay by ~** betale over giro.
Girobank ['dʒairou,bæŋk] *subst* **UK: the (National) ~** *svarer til:* Postgirokontoret.
giro cheque giroutbetalingskort.
giro form giroblankett.
giro inpayment form giroinnbetalingskort.
giro transfer girering; girooverføring.
giro transfer form gireringskort.
girth [gə:θ] *subst* **1.: (saddle) ~** *(,***US:** *cinch)* bukgjord; salgjord; **2***(=circumference)* omfang; vidde *(fx a tree 10 metres in girth); om person(=waist measurement)* livvidde; **a man of great ~** en omfangsrik mann.
gist [dʒist] *subst:* **the ~** det vesentlige; kjernen; **just give me the ~ of what he said** bare la meg få vite det vesentlige av det han sa; **what was the ~ of the proposal?** hva gikk forslaget ut på?
I. give [giv] *subst:* evne til å gi etter el. bøye seg under press; elastisitet *(fx this chair has a lot of give in it);* svikt *(fx there's no give in this floor).*
II. give *vb (pret: gave; perf. part.: given)* **1.** gi *(fx he gave me a book; I give books to all my friends);* **be -n** få *(fx I was given a book);* **2***(=pay)* gi *(fx I'll give you £5 for that book);* **I'd ~ a lot to know that** det skulle jeg gitt mye for å vite; **T: don't ~ me that!** kom ikke med det sludderet! **3.** *tlf:* sette over til; la få; gi *(fx give me the sales department, please);* **4.** smitte *(fx you've given me your cold; one boy can give measles to a whole school);* **5.** *om tidsfrist:* **~ him a week** gi ham en uke; **~ him till Monday** gi ham frist til mandag; **6***(=sacrifice)* ofre; gi *(fx he gave his life for his country);* **7***(=state)* oppgi; gi *(fx give details; give reasons for your attitudes);* **NN's name was -n to him as a contact** han fikk oppgitt NN som kontaktperson; **8***(=produce)* produsere; gi *(fx cows give milk);* **9***(=yield; break)* gi seg; gi etter *(fx this door will give under the slightest pressure);* **10***(=organize)* arrangere *(fx give a show in aid of charity); om konsert:* holde *(fx give a concert); om foredrag, forelesning:* holde *(fx give a talk; give a lecture); teat:* oppføre *(fx a play);* **they gave three performances** de ga tre forestillinger; **11.** *truende:* **I'll ~ it him***(=he'll catch it from me)* han skal få (med meg å bestille); **12.: I gave him to understand that** *...(=I intimated to him that ...)* jeg lot ham forstå at ...; *stivt:* **I'm -n to understand***(=I've been told)* **that you are leaving soon** jeg har latt meg fortelle at du snart skal reise; **13.** *om årsak:* gi; **did it ~ you much trouble?** hadde du mye bry med det? **this delay has -n us a great deal of trouble** denne forsinkelsen har skaffet oss mye bry; **working in the garden -s me a lot of pleasure** jeg har stor glede av å arbeide i hagen; **14.** *når det skal skåles for:* **Ladies and Gentlemen, (I ~ you) the Queen!** mine damer og herrer, dronningens skål! **15.** *ved regning:* **four into twenty -s five***(=goes five times)* fire i tjue går en femgang; **16.** *ved omtrentlighet:* **~ or take** pluss eller minus *(fx three thousand people came, give or take a few hundred);* **I weigh sixty-five kilos, ~ or take a little** jeg veier omtrent 65 kilo; **17.: ~ (to)***(=devote (to))* vie (til) *(fx she gives all her time to her work for charity; she gives herself completely to her work for charity);* **18.** *fig:* **~ as good as one gets** gi igjen med samme mynt; gi svar på tiltale; **~ him tit for tat!***(=give him a taste of his own medicine!)* gi ham igjen med samme mynt! gi ham like for like! **19.** *ved subst:* **~ a sigh***(=sigh)* sukke; **~ a smile***(=smile)* smile; **he gave a bitter laugh** han lo bittert; **~ it a try!** gjør et forsøk! prøv! **20.: ~ way** 1. vike *(fx give way (to another car); give way to traffic coming from the right); (jvf priority);* 2. svikte; falle sammen *(fx the bridge will give way any day now);* 3. *stivt:* **~ way to***(=be replaced by)* bli erstattet av *(fx his fear gave way to anger);(=yield)* gi etter *(fx I have no intention of giving way to demands like that);* **he gave way to despair***(=he gave himself up to despair)* han ga seg fortvilelsen i vold; han ga seg helt over av fortvilelse; **21.: ~ away** 1. gi bort; **~ away the bride** føre bruden til alteret; gi bort bruden; 2. røpe; si bort; **~ the game***(=show)* **away** røpe det hele *(fx don't laugh or you'll give the game away);* **22.: ~ back** gi igjen; gi tilbake *(fx he gave her back the book);* **23.: ~ in** 1. gi etter (*to* for); **~ in to sby's demands***(=yield to sby's demands)* gi etter for ens krav; 2. *skolev, etc(=hand in)* levere inn (fx oppgaver til retting) *(fx low mark due to persistent failure to give in work);* **do we have to ~ in our books at the end of the lesson?** må vi levere inn (*el.* fra oss) bøkene etter timen? **24.: ~ off** sende ut *(fx smoke);* avgi; gi fra seg; **25.: ~ on to***(=onto)* vende ut mot *(fx their house gives on to the sea);* **26.: ~ out** 1*(=hand out)* dele ut *(fx the school prizes);* 2*(=make known)* gjøre kjent; bekjentgjøre *(fx it was given out that ...);* 3. **T***(=be used up)* ta slutt *(fx my money gave out);(=come to an end)* ta slutt *(fx my patience gave out);* 4*(=produce; send out)* gi fra seg *(fx the fire was giving out heat);* 5. **T: engine gave out (on me)** motoren sviktet (meg); **27.: ~ over** 1. overlevere *(fx he gave the prisoner over to the police);* overgi; levere fra seg *(fx I gave the jewels over to the police);* 2. **S***(=stop):* **~ over whistling!** hold opp med å plystre! **do ~ over!** hold nå opp da! 3. *stivt:* **be -n over to***(=be devoted to)* bli viet *(fx this evening will be given over to discussion of our latest project);* **28.** *stivt:* **~ rise to***(=cause)* forårsake; skape; gi støtet til; **29.: ~ up** 1. oppgi *(fx trying to solve the problem);* slutte med *(fx smoking);* innstille *(fx the search until tomorrow);* 2. gi fra seg *(fx children should give up their seats on the bus if other people are standing);* 3*(=devote)* vie; ofre *(fx I have given up so much of my time to this job that I won't stop now);* 4.: **~ oneself up***(=surrender)* overgi seg; melde seg *(fx he gave himself up to the police);* 5.: **~ oneself up to***(=give way to)* gi seg over til *(fx she gave herself up to despair);* 6. **T: you took so long to arrive that we'd almost -n you up (as dead***(=for lost)***)** du ventet så lenge med å komme at vi nesten hadde gitt deg opp.
give-and-take gjensidighetsforhold; vilje til innrømmelser på begge sider; kompromissvilje.
giveaway ['givə,wei] *subst* **T 1.** *når det er utilsiktet:* noe som røper *(fx he pretended to be poor but his clothes were a (dead) giveaway);* **2.** *om noe som er svært lett; skolev:* **the last question was a real ~***(=was dead easy)* det siste spørsmålet var latterlig lett; **3***(=freesheet)* gratisavis; **4.** *især* **US:** reklamepakke; vareprøve; **5. US:** radio- el. TV-program med premieutdeling.

given *perf. part. av II. give & adj* **1.** *også mat.:* gitt *(fx a given volume);* oppgitt; fastsatt *(fx do a job at a given time for a given sum of money);* **2.** under forutsetning av at; forusatt at; ~ **reasonable weather conditions** under forutsetning av at værforholdene blir brukbare; hvis værforholdene blir brukbare; **3.:** ~ **to***(=inclined to; addicted to)* tilbøyelig til; henfallen til.

given name US*(=Christian name; first name)* fornavn.

give way line vikelinje.

give way sign skilt som angir vikeplikt; vikepliktskilt.

gizzard ['gizəd] *subst; zo; på fugl:* krås; tyggemage.

glacé ['glæsei; **US:** glæ'sei] *adj:* glassert *(fx cherries).*

glacial ['gleisiəl; 'glæsiəl] *adj; geol:* glasial-; istids-; ishavs-; bre-; smeltevanns-.

glacial age*(=ice age)* istid.

glaciated ['gleisi,eitid; 'glæsi,eitid] *adj* **1.** dekket av is; **2.** *geol:* isskurt.

glacier ['glæsiə; 'gleisiə] *subst:* (is)bre; *(jvf snowfield).*

glad [glæd] *adj* **1***(=pleased; happy)* glad; **be ~ of** være glad for *(fx I'm very glad of your help);* **I'm ~ you like him** det gleder meg at du liker ham; jeg er glad (for at) du liker ham; **I'm ~ you came** jeg er glad du kom; **I was ~ to get off unhurt** jeg var glad jeg slapp helskinnet fra det; **I was ~ to hear of it** jeg var glad over (*el.* for) å høre om det; **I'll be only too ~ to help you** jeg skal med glede hjelpe deg; **I should be only too ~ if** jeg skulle være glad til om; **2***(=joyous)* gledelig *(fx have you heard the glad news?);* **3. T: give sby the ~ eye** sende en et forførende (*el.* innbydende) blikk; **4. T: ~ rags** penklær; stasklær; stastøy; **I'll get my ~ rags on for the party** jeg skal trekke i penklærne til selskapet; jeg skal være stivpyntet i selskapet.

gladden ['glædən] *vb; stivt el. spøkef:* **the news -ed his heart** nyheten gledet ham.

glade [gleid] *subst; glds el. litt.; i skogen(=clearing)* lysning.

gladiator ['glædi,eitə] *subst:* gladiator.

gladiolus [,glædi'ouləs] *subst; bot(=sword lily)* sabellilje.

gladly *adv:* med glede *(fx I'd gladly help but ...);(=cheerfully)* gladelig.

glamorize, glamorise ['glæmə,raiz] *vb:* forherlige *(fx films that glamorize war);* romantisere.

glamorous ['glæmərəs] *adj* **1.** fortryllende; forførende *(fx film star);* **T: you're looking very ~ today!** du ser helt forførende ut i dag! **2.** *om karriere:* strålende *(fx career).*

glamour (,**US:** *glamor)* ['glæmə] *subst* **1.** fortryllelse; glans *(fx the glamour of a career in films);* nimbus; **the ~ of film stars** den nimbus som omgir filmstjerner.

glamour girl fetert skjønnhet; glamour girl.

I. glance [gla:ns] *subst(=quick look)* blikk; **have***(=take)* **a ~ at** kaste et blikk på *(fx would you take a glance at these figures? I had a glance at them last night);* **at a ~** med et eneste blikk.

II. glance *vb* **1***(=look quickly at)* kaste et blikk på: **I -d through the newspaper** jeg så flyktig i avisen; **2.: ~ off** gli av på; prelle av på *(fx the ball glanced off the edge of the bat).*

gland [glænd] *subst* **1.** *anat:* kjertel; **2.** *mask:* pakningsflens; **packing ~** pakningsgland.

gland nut *mask:* koplingsmutter.

gland seal *mask(=packing box)* pakningsboks.

glandular ['glændjulə] *adj; anat:* kjertel- *(fx disease).*

glans [glænz] *subst; anat:* ~ **(penis)** glans.

I. glare ['glɛə] *subst* **1.** skarpt lys *(fx of the sun);* **2. (angry) ~** olmt blikk *(fx she gave me an angry glare);* **3.** *fig:* **in the full ~ of publicity***(=quite publicly)* i full offentlighet.

II. glare *vb* **1.** *især om sol:* skinne nådeløst; skjære en i øynene; **2.: ~ at** glo olmt på; *(jvf glower).*

glaring ['glɛəriŋ] *adj* **1***(=dazzling)* skjærende; skarp; som blender; **~ light** skarpt lys; **2.** *om farge:* grell; skrikende; **3***(=easily noticed)* meget iøynefallende; *om motsetning:* skrikende *(fx a glaring contrast);* grell *(fx example);* **his faults are too ~ to be overlooked** feilene hans er altfor iøynefallende til at man kan overse dem; **a ~ piece of injustice** en himmelropende urettferdighet.

glaringly *adv:* **a ~ obvious mistake** en helt opplagt feil; en feil som springer en i øynene.

glass [gla:s] *subst* **1.** glass *(fx made of glass);* **2.** *til å drikke av; også om mengden:* glass *(fx a wine glass);* **a ~ of milk** et glass melk; **3***(=mirror)* speil *(fx look at yourself in the glass);* **4.: -es***(=spectacles)* briller; **a pair of -es** et par briller.

glass-fronted ['gla:s,frʌntid] *adj:* med glass foran; **~ bookcase** bokskap (med glassdører).

glassful ['gla:sful] *subst; om mengden:* glass *(fx a glassful of water).*

glasshouse ['gla:s,haus] *subst* **1***(=greenhouse)* drivhus; *fig:* **people who live in -s should not throw stones** en skal ikke kaste stein når en selv sitter i glasshus; **2.** *mil* **T***(***US:** *guardhouse)* kakebu.

glass snake *zo:* glasslange.

glassware ['gla:s,wɛə] *subst:* glass(varer).

glasswork ['gla:s,wə:k] *subst* **1.** glassarbeid; **2.: -s** glassverk.

glasswort ['gla:s,wə:t] *subst; bot* **1***(=marsh samphire)* salturt; **2.:** *se saltwort.*

glassy ['gla:si] *adj* **1.** speilblank; **2.** glassaktig; uttrykksløs; **a ~ stare** et glassaktig blikk.

glaucoma [glɔ:'koumə] *subst; med.:* glaukom; grønn stær.

I. glaze [gleiz] *subst* **1.** glasur; **2.** *på maleri(=glazing)* lasur.

II. glaze *vb* **1.** sette glass i *(fx a window);* **frame and ~ a picture** sette et bilde i glass og ramme; **2.** glassere *(fx the potter glazed the vase);* ha glasur på; **3.** *om øyne el. ansiktsuttrykk:* bli glassaktig *(fx her eyes glazed and she became unconscious);* **3.** *om maleri:* lasere.

glazed *adj* **1.** med glass i *(fx glazed windows);* **2.** *om øyne:* glassaktige; uttrykksløse; *hos død:* **~ eyes** brustent blikk; brustne øyne.

glazier ['gleiziə] *subst:* glassmester.

glazing bar*(=window bar)* vindussprosse.

I. gleam [gli:m] *subst* **1.: ~ (of light)** lysskjær; lysglimt; **the ~ of her eyes** lyset i øynene hennes; **2.** *fig:* glimt; **a ~***(=glimmer)* **of hope** et glimt av håp.

II. gleam *vb* **1.** glimte; **2.** skinne; stråle *(fx her eyes gleamed in the candlelight).*

glean [gli:n] *vb* **1***(=gather):* **~ a field** sanke etter på en åker; **2.** *fig; stivt(=collect)* samle inn *(fx information);* snappe opp *(fx news); spøkef:* **what did you ~***(=gather)* **from them?** hva fikk du vite av dem?

glee [gli:] *subst:* fryd *(fx they laughed with glee).*

gleeful ['gli:ful] *adj:* frydefull; lystig.

glen [glen] *subst; i Skottland el. Irland:* trang og dyp fjelldal.

glengarry [glen'gæri] *subst:* **~ (bonnet)** skottelue.

glib [glib] *adj* **1.** *neds; om person:* munnrapp; tungerapp; glatt *(fx he's a glib talker);* **2.** *om svar, unnskyldning, etc:* glatt *(fx a glib excuse).*

I. glide [glaid] *subst* **1.** gliding; glidende bevegelse; **2.** *på ski:* gli; **3.** *flyv:* glideflukt; **4.** *fon:* glidelyd; glide; **5.** *mus:* glidetone; **6.** *i dans(=gliding step)* glidetrinn.

II. glide *vb* **1.** gli; sveve; **2.** *flyv:* gli; sveve; ~ **down** gli ned; gå ned i glideflukt; **3.** *fig:* gli *(fx the months glided quickly by).*

glide path *flyv:* innflyvningskurs.

glider ['glaidə] *subst:* glidefly; glider

gliding *subst* **1.** gliding; **2.** glideflyvning.

I. glimmer ['glimə] *subst* **1.** *stivt el. litt.:* **a ~ (of light)***(=a faint light)* et svakt lys; **2.** *fig:* antydning; anelse; **a ~ of hope** et svakt håp.

II. glimmer *vb; stivt el. litt.(=shine faintly)* lyse svakt (*el.* matt); glimte.

I. glimpse [glimps] *subst:* glimt; **catch a ~ of** få et glimt av.

II. glimpse *vb:* få et glimt av.

I. glint [glint] *subst* **1.** glimt; blink *(fx of steel);* **2.** *i øyne:* glimt *(fx of anger in his eyes).*

II. glint *vb(=gleam)* glimte.

glisten ['glisən] *vb:* glinse (*with* av): ~ **with sweat** glinse av svette.

glitter ['glitə] **1.** *subst:* glitring *(fx of diamonds);* **2.** *vb(=sparkle)* funkle; glitre; *ordspråk:* **all is not gold that -s***(=all that glitters is not gold)* det er ikke gull alt som glimrer.

glitter ice *i Canada: se silver thaw.*

glittering ['glitəriŋ] *adj:* glitrende; funklende; strålende; ~ **promises** gylne løfter.

gloat [glout] *vb:* ~ **over** triumfere over; gni seg i hendene over; gotte (*el.* godte) seg over; fryde seg over *(fx he gloated over his rival's failure).*

gloatingly *adv:* triumferende; med skadefryd *(fx he gazed gloatingly at the gold coins).*

global [gloubəl] *adj:* global; verdensomspennende *(fx war);* **a ~ rule** en global regel.

globe [gloub] *subst* **1.** globus **2***(=glass lampshade)* lampekuppel; **3.: the** *~(=the earth)* jorda; verden.

globefish ['gloub,fiʃ] *subst; zo(=porcupine fish; puffer)* pinnsvinfisk.

globeflower ['gloub,flauə] *subst; bot:* engballblom.

globetrotter ['gloub,trɔtə] *subst (person who goes sightseeing all over the world)* globetrotter.

globetrotting ['gloub,trɔtiŋ] *subst:* **he spends all his time ~** han bruker all sin tid på å reise rundt i verden for å bese seg.

globular ['glɔbjulə] *adj* **1.** kuleformet; kulerund; **2.** bestående av små dråper (*el.* kuler).

globule ['glɔbju:l] *subst:* (meget) liten dråpe; **-s of sweat** små svettedråper; **-s of fat** fettperler.

gloom [glu:m] *subst* **1.** *stivt(=semi-darkness)* halvmørke; **2.** *fig:* dyster stemning; **cast a ~ over** skape dyster stemning i.

gloomy ['glu:mi] *adj:* mørk; dyster *(fx gloomy news; don't look so gloomy; the house was dark and gloomy).*

glorification [,glɔ:rifi'keiʃən] *subst* **1.** glorifisering; forherligelse; **2.** *rel:* herliggjørelse; forklaring; lovprising.

glorified ['glɔ:ri,faid] *adj; om noe som er staset opp:* **the hotel is only a ~ boarding-house** hotellet er egentlig bare et litt penere pensjonat.

glorify ['glɔ:ri,fai] *vb* **1.** glorifisere; forherlige; kaste glans over; **2.** *rel:* herliggjøre; forklare *(fx Jesus was not yet glorified);* lovprise *(fx God).*

glorious ['glɔ:riəs] *adj* **1***(=splendid)* strålende *(fx career);* **2. T***(=very pleasant)* deilig; strålende *(fx weather);* **isn't the sunshine ~?** er det ikke strålende solskinn?

gloriously *adv:* strålende; **ten ~ uneventful days** ti herlige begivenhetsløse dager.

I. glory ['glɔ:ri] *subst* **1***(=fame; honour)* heder; ære *(fx win glory on the field of battle);* **2***(=source of pride)* stolthet *(fx these churches are the glory of this city);* **the many glories of Venice** de mange ting Venezia har å være stolt av; **3***(=splendour)* prakt; glans *(fx the sun rose in all its glory);* **the ~ of the sunset** den praktfulle solnedgangen; **4.** *rel(=praise):* **~ to God** ære være Gud *(fx Glory to God in the highest, and on Earth, peace);* **5.** *fig:* **the crowning ~** kronen på verket.

II. glory *vb:* ~ **in** være stolt av; være kry av.

I. gloss [glɔs] *subst* **1.** glans *(fx her hair has a lovely gloss);* **2.** kommentar (i margen el. i form av fotnote); **3.: put the best (,worst) possible ~ on what's happened** fremstille det som har hendt på aller gunstigste (,ugunstigste) måte.

II. gloss *vb* **1.:** ~ **over** dekke over; tilsløre; glatte over *(fx the facts);* **2.** *om vanskelig ord, etc:* forsyne med kommentar.

glossary ['glɔsəri] *subst:* glossar.

glossiness ['glɔsinis] *subst:* glans; blankhet; blank finish.

glossolalia [,glɔsə'leiliə] *subst(=gift of tongues)* tungetale.

gloss paint blank maling.

glossy ['glɔsi] *adj:* (glatt og) blank; **the seat of his trousers is ~** han har en blankslitt buksebak.

glossy magazine*(,T: glossy;* **US** *også: slick)* kulørt ukeblad.

glottal ['glɔtəl] *adj:* stemmebånds-; *fon:* ~ **stop,** ~ **catch** støt.

glottis ['glɔtis] *subst; anat:* stemmeriss; glottis.

glove [glʌv] *subst:* hanske *(fx a pair of gloves);* **fit like a ~** passe som hånd i hanske; **this suit fits like a ~** denne dressen sitter som støpt.

glove compartment *i bil(=glove box)* hanskerom.

I. glow [glou] *subst* **1.** gløding *(fx the glow of the coal in the fire); litt.:* **the sun's evening ~** solens aftenglød; **2.** *fig:* glød.

II, glow *vb* **1.** gløde; **2.** *fig:* ~ **with** gløde av; rødme av *(fx her cheeks were glowing with health);* **the little boy -ed with pride** den vesle gutten rødmet av stolthet; **3.** *stivt el. litt.:* gløde; rødme *(fx the autumn leaves glowed in the evening sun).*

glow beetle *zo(=glow-worm)* sankthansorm.

glow discharge *elekt:* glimutladning.

glower ['glauə] *vb:* stirre olmt på; skule olmt til; *(jvf II. glare 2:* ~ *at).*

glowering ['glauəriŋ] *adj; om blikk:* olmt; *(jvf I. glare 2).*

glowing ['glouiŋ] *adj* **1.** glødende *(fx embers);* **2.** *fig:* glødende *(fx enthusiasm);* begeistret *(fx glowing reviews of his book);* blussende *(fx cheecks);* strålende *(fx colours);* ~ **with health***(=bursting with health)* struttende av sunnhet.

glow lamp*(=glow-discharge lamp)* glødelampe.

glow plug glødeplugg.

glow-worm ['glou,wə:m] *subst; zo(=glow beetle)* sankthansorm.

glucose ['glu:kouz] *subst; kjem(=grape sugar)* glykose; druesukker.

glue [glu:] **1.** *subst:* lim; **2.** *vb:* lime *(together* sammen).

gluey ['glu:i] *adj:* limaktig *(fx substance);* klebrig.

glum [glʌm] *adj:* nedtrykt; trist *(fx look glum).*

glume [glu:m] *subst; bot:* agn; **flowering ~** inneragn; dekkblad.

glut [glʌt] **1.** *subst:* overflod *(fx there is a glut in the market);* **2.** *vb; med tilbud av varer(=flood)* oversvømme *(fx glut the market with apples).*

gluteus [glu'ti:əs; 'glu:tiəs] *subst; anat:* ~ **(maximus)***(=gluteal muscle)* setemuskel.

glutinous ['glu:tinəs] *adj:* glutinøs;*(=sticky)* klebrig.

glutton ['glʌtən] *subst* **1.** *neds:* slukhals; **2.** *spøkef:* **a ~ for work** et arbeidsjern; **3.** *zo (,***US:** *wolverine)* jerv.

gluttonous ['glʌtənəs] *adj(=very greedy)* forsluken.
gluttony ['glʌtəni] *subst:* fråtseri; fråtsing.
glycerin(e) ['glisə,rin; 'glisə,ri:n] *subst; kjem:* glyserin.
glycol ['glaikɔl] *subst:* glykol.
G-man ['dʒi:,mæn] *subst* **US S**(*=FBI agent)* kriminalbetjent i statspolitiet.
gnarled [na:ld] *adj; om tre:* knudret; *fig:* ~ **fingers** knudrete (*el.* krokete) fingre.
gnash [næʃ] *vb:* ~ **one's teeth** skjære tenner; *bibl:* **weeping and -ing of teeth** gråt og tenners gnissel.
gnat [næt] *subst; zo:* **(common)** ~ mygg.
gnaw [nɔ:] *vb:* gnage (*at* på); *fig:* ~ **(at)** nage; plage *(fx guilt gnawed at her; she was gnawed by a sense of guilt);* **a -ing anxiety** en nagende engstelse.
gneiss [nais] *subst; min:* gneis.
gnome [noum] *subst; myt:* grotesk dverg; gnom.
gnu [nu:] *subst; zo(=wildebeest)* gnu.
I. go [gou] *subst* **1. T**(*=attempt)* forsøk *(fx have a go);* **have a ~ at sth** forsøke (seg) på noe; **2. T**(*=turn)* tur *(fx it's my go next);* **3. T**(*=go-ahead spirit)* pågangsmot *(fx she has much more go than Jane);* **4. T: it's no** ~*(=it's useless)* det nytter ikke; **5. T: on the** ~ på farten *(fx he's always on the go);* **6. T: make a ~ of sth** få noe til å lykkes *(fx he'll make a go of it);* **7. T: at one** ~*(=without a break)* i ett strekk; uten pause; **I read the book at one** ~*(=at one sitting)* jeg leste boka i ett strekk; **8. T: from the word** ~ helt fra begynnelsen (av).
II. go *vb (pret: went; perf. part.: gone) (se også going & gone)* **1.** gå; kjøre; reise; dra *(fx go to London);* gå (sin vei) *(fx I shall have to go now; I think it's time you were going);* ~ **by bus (,train)** ta bussen (,toget); reise med buss (,tog); ~*(=travel)* **third (class)** reise på tredje klasse; **are you -ing my way?** skal vi samme vei? ~ **in (,out, upstairs)** gå inn (,ut, ovenpå); **he went in (to) town** han dro (inn) til byen; **he went there on foot***(=he walked there)* han gikk dit; ~ **to church** gå i kirken; ~ **to the cinema** gå på kino; ~ **to school** gå på skolen; *(se for øvrig eksemplene under 37);*
2. *om noe skal sendes; dokumenters gang; etc:* gå *(fx complaints have to go through the proper channels; this letter must go (off) by tonight's post);*
3. *om salg, gave, etc:* gå *(fx the house went for £4000; the second prize went to Peter; when he dies the house will go to his daughter);* **don't let it ~ too cheap!** ikke la det gå for billig!
4. *om handlemåte, etc:* passere; gå *(fx they let it go unpunished);*
5. forløpe; gå *(fx how did it go? the lecture went badly; things are going badly at the moment; I don't like the way things are going);*
6(*=be destroyed; be taken down):* **this wall will have to** ~ denne veggen må vekk (*el.* ned *el.* rives);
7(*=be omitted)* sløyfes; utgå *(fx this word must go to save space);*
8(*=lead to)* føre hen; gå *(fx where does this road go? this road goes to London; this stair goes to the attic);*
9. *m.h.t. plassering:* **where does this book ~?** hvor skal denne boka stå? **spoons ~ in that drawer** skjeer skal i den skuffen;
10. *om mekanisme, motor, etc:* gå *(fx I don't think that clock's going);* **get the car -ing** få bilen i gang;
11(*=be lost; be used up)* forsvinne *(fx my purse has gone! all my money's gone!);*
12. *ved overgang fra én tilstand til en annen:* bli *(fx he went bright red; these apples have gone bad);* ~*(=fall)* **into a coma** falle i coma;
13. *om en bestemt tilstand:* gå (og være) *(fx go hungry);*
14. *om midler til bestemt formål:* **the money will ~ to build a new church** pengene skal brukes til å bygge ny kirke for;
15. *om melodi, ordlyd, tekst:* lyde; **how does that song ~?** hvordan er ordene til den sangen? **as the saying -es** som det heter *(fx we'll need to put our noses to the grindstone, as the saying goes);*
16. *om lyd:* si *(fx dogs go woof, not miaow);* **I heard the bells -ing** jeg hørte at klokkene ringte; **the siren went** sirenen gikk;
17. *om mekanisme, etc:* gå (i stykker) *(fx the spring has gone; the clutch has gone);*
18. *om tid(=pass)* gå *(fx time goes quickly when you're enjoying yourself); (jvf 37: ~ by 3);*
19. skulle til; være nødvendig *(fx the qualities that go to make a policeman);*
20.: ~ **to prove,** ~ **to show** bevise; vise *(fx that just goes to show you're a liar);*
21. *m.h.t. bry, utgifter:* **I've -ne to a lot of expense to** . . . jeg har brukt mange penger på å . . .; **you shouldn't have -ne to all this trouble for me** du skulle ikke ha gjort deg så mye bry for min skyld;
22. *ved regneoperasjon:* **five into ten -es twice** fem i ti går en togang;
23. *m.h.t. hvor meget man er villig til å betale:* gå *(fx go as high as fifty pounds for a table);* ~ **to a hundred pounds** gå til hundre pund;
24(*=be abolished)* avskaffes *(fx inadequate laws must go);*
25. *om bokser:* ~ **ten rounds** gå ti runder;
26(*=die)* dø *(fx I'm afraid he's gone – he's stopped breathing);*
27. *kortsp:* melde *(fx I go two hearts);*
28. T(*=be acceptable; be valid)* gå an *(fx anything goes in this office);* **what I say -es!***(=my word is law!)* det er jeg som bestemmer; det er det 'jeg sier som gjelder;
29. T: ~ **and** . . . gå hen å *(fx don't go and ruin everything);*
30. T: make a party ~, get a party -ing få opp stemningen i et selskap; få fart på et selskap *(fx I'll have to do something to get this party going);*
31. *ved sammenligning:* **it's a good house as houses ~ nowadays** det er et bra hus når man tar i betraktning hvordan husene er nå for tiden; **as things** ~*(=are)* slik forholdene nå engang er;
32. *om syn, hørsel, etc(=fail)* svikte *(fx his eyesight's going; my hearing's gone);*
33. S: ~ **it** være energisk; gå energisk til verks; **T:** stå på;
34. T: ~ **it alone** handle på egen hånd;
35. *om gjenstående arbeidskvote, tidsfrist, etc:* igjen *(fx there's only one more page to go after this one; ten minutes to go!);*
36. T: let oneself ~ 1. forsømme sitt ytre *(fx since her husband died she has just let herself go);* 2. slå seg løs *(fx I feel I can let myself go for once);*
37. *forb m prep & adv:* ~ **about** 1. reise (*el.* dra) omkring; **T:** farte omkring; ~ **about with a French girl** være sammen med en fransk pike; 2. *om sykdom, rykte(=go (a)round)* gå *(fx there's a lot of flu going about; there's a rumour going about that . . .);* 3. *mar(=put about)* gå baut; stagvende; 4. bære seg at; gripe an *(fx he didn't know how to go about it);* **we'll have to ~ about it more carefully** vi må gå forsiktigere til verks; ~ **about one's duties** passe sine plikter; ~ **about one's work as normal** arbeide som vanlig; arbeide slik som man ellers (også) gjør;
~ **after** 1. gå etter *(fx go after him and apologize);* oppta jakten på *(fx they went after him);* 2(*=try to get)* satse på; prøve å få *(fx he's going after that*

job);
~ **against** 1*(=oppose)* sette seg opp mot; motsette seg *(fx sby's wishes)*; 2. stride mot *(fx this goes against my conscience)*; 3. *fig:* gå imot *(fx stop gambling when luck is going against you)*; **the case went against him** han tapte saken; saken gikk ham imot; **the voting went against him (,went in his favour)** avstemningen gikk ham imot (,gikk i hans favør); *(se også I. grain)*;
~ **ahead** 1*(=start)* begynne; **T:** sette i gang; vær så god *(fx Can I borrow this book? – Yes, go ahead)*; **he went ahead and did it** han gikk i gang med det; 2. *ofte etter oppnådd tillatelse(=continue)* fortsette; gå videre *(fx the project is going ahead)*;
~ **along** 1*(=go)* gå (*to* av sted til) *(fx go along to a meeting)*; 2.: **as we (,you,** *etc***)** ~ **along** etter hvert *(fx I prefer to do the checking as I go along)*;
~ **along with** 1. bli med; gå med; følge (med) *(fx I'll go along with you to the meeting; I'll go along with you as far as the corner)*; 2*(=agree with)* være (*el.* si seg) enig med *(fx I'm afraid I can't go along with you on that)*; **I'll** ~ **along with that** det kan jeg være (*el.* si meg) enig i; det kan jeg være med på; 3. **T:** ~ **along with you!** av sted med deg!
~ **(a)round** 1. *se go about 1*; 2. *se go about 2*; 3.: **(be enough to)** ~ **round** være nok (til alle) *(fx is there enough food to go round?)*;
~ **at T** 1*(=attack; go for)* gå løs på *(fx they went at each other with their fists)*; 2. *fig:* **they really went at the job of painting the room** de gikk energisk løs på arbeidet med å male rommet; 3. *ved salg(=go for)* gå for; bli solgt for *(fx the shoes went at £10 a pair)*;
~ **away** dra (*el.* gå *el.* reise) sin vei; ~ **away (with you)!** gå med deg! ~ **away for one's holidays** reise bort i ferien; **don't** ~ **away with that book! T:** ikke dra (*el.* gå) av sted med den boka!
~ **back** 1*(=return)* vende tilbake; dra (*el.* reise) tilbake; dra hjem igjen; 2. *i tid:* gå tilbake *(fx let us go back to the time of Queen Victoria)*; vende tilbake til *(fx let's go back for a minute to what we were talking about earlier)*; **my family -es back to the 15th century** min familie kan spores tilbake til det 15. århundre; 3. *om klokke(=be put back)* bli stilt tilbake *(fx when do the clocks go back?)*; 4.: ~ **back on one's word***(=break one's promise)* gå tilbake på sitt ord; bryte sitt løfte; 5. *om (u)vane:* ~ **back to** ta opp igjen; begynne med igjen *(fx he's gone back to smoking)*;
~ **below** *mar:* gå under dekk;
~ **by** 1. reise med *(fx go by bus)*; reise via *(fx go by Nairobi to Dar-es-Salaam)*; 2. kjøre forbi; passere *(fx the cars went by)*; 3. *om tid:* gå *(fx as years go by)*; *om anledning(=miss)* gå glipp av *(fx don't let that opportunity go by!)*; 4. rette seg etter *(fx if what Peter said is anything to go by; he always went by the instructions they had given him)*; 5.: ~*(=pass)* **by the name of Brown** gå under navnet Brown;
~ **down** 1. dra ned; kjøre ned; gå ned *(fx the sun went down; this path goes down to the sea)*; 2. *univ:* ta (semester)ferie; 3. *om kurser, priser, etc:* gå ned; falle *(fx how much further will sterling go down?)*; 4. *om hevelse, luft i bilring, etc:* gå ned *(fx the swelling on his finger has gone down a little; my tyres have gone down)*; 5*(=be included)*: **it will all** ~ **down in my report** alt sammen vil bli tatt med i rapporten min; 6. *om mat* **T:** gå ned *(fx milk goes down easily)*; 7. *om bragd, etc:* ~ **down in history** gå over i historien; bli husket; 8. *om bok; i tid:* **this history book only -es down to World War I** denne historieboken går ikke lenger tilbake enn til første verdenskrig; 9. *om område; i anseelse, etc* **T:** tape seg; bli mindre attraktivt *(fx this part of the town has gone down in the last twenty years)*; 10. *om historie, spøk, etc:* ~ **down well (,badly)** bli godt (,dårlig) mottatt *(fx the story went down well (with them); his jokes went down badly)*; 11. *kortsp:* ~ **two down** få to beter; 12. *om sykdom:* ~ **down with flu** bli (senge)liggende med influensa; få influensa *(fx he's gone down with flu)*;
~ **far** 1. gå (,dra, reise) langt; ~ **as far as the bridge** kjøre (,gå) så langt som til brua; 2. *fig:* nå langt *(fx I'm sure he'll go far)*; gå langt; ~ **too far** gå for langt *(fx isn't that going a bit too far?)*; **that's -ing too far** det går for vidt; **this will** ~ **far***(=a long way)* **towards solving our problem** dette vil langt på vei løse vårt problem; 3. *om forsyninger, penger, etc:* rekke langt; **the money won't** ~ **as far as that** så langt rekker ikke pengene; 4.: **as far as it -es** i og for seg; for så vidt; **as far as size went** hva størrelsen angikk;
~ **for** 1. gå og hente *(fx go home for your book)*; gå for å hente *(fx he went for a drink)* 2.: ~ **for a walk** gå en tur; ~ **to hospital for an operation** bli innlagt på sykehus for å bli operert; 3. **T** *også fig(=attack)* gå løs på *(fx the boys went for each other; the newspapers went for the Home Secretary)*; 4. **T***(=apply to)* gjelde *(fx that goes for you too!)*; 5. **T***(=prefer; like)* foretrekke; like *(fx he goes for blondes)*; 6.: **all his work went for nothing** alt arbeidet hans var forgjeves;
~ **in** 1*(=enter)* gå inn; **in you** ~! inn med deg! **the cork won't** ~ **in** korken går ikke i; 2. *om sola:* forsvinne bak skyene *(fx the sun's gone in)*;
~ **in for** 1. gå inn for *(fx sby, sth)*; 2. være tilhenger av *(fx we don't go in for using people's surnames)*; 3. *om konkurranse:* delta i *(fx the 500 metres race)*;
~ **into** 1*(=enter)* gå inn i; 2. få plass i *(fx all these books will never go into two small boxes!)* 3. *m.h.t. karriere, yrke:* begynne som; ~ **into business** begynne som forretningsmann; ~ **into publishing** begynne som forlegger; ~ **into politics** begynne som politiker; 4*(=examine)* undersøke; se nærmere på *(fx the problem of price increases)*; ~ **into details***(=enter into details)* gå i detaljer; **he hasn't -ne into the material deeply enough** han har ikke trengt dypt nok ned i stoffet;
~ **off** 1. *ofte neds(=leave)* dra sin vei; dra av sted *(fx to Paris)*; **he's -ne off with our money** han har dratt av sted med pengene våre; **she's -ne off with a postman** hun har stukket av med et postbud; *teat:* **the actors went off stage** skuespillerne forlot scenen; 2*(=explode)* eksplodere *(fx the firework went off in his hand)*; 3. *om alarm:* gå *(fx the alarm went off)*; 4. **T:** slutte å like *(fx whisky; Peter's gone off blondes)*; 5. *om arrangement, selskap, etc:* gå *(fx did the party go off all right?)*; 6. *om melk:* surne; bli sur; 7. *m.h.t. utseende* **T:** tape seg *(fx she's gone off very much)*; 8. **S***(=have an orgasm)* få orgasme; *(jvf come 7 & 28)*; 9. **T:** ~ **off the deep end***(=lose one's temper)* miste selvbeherskelsen; **T:** gå fra konseptene; 10. **S:** ~ **off one's rocker***(=head)* bli helt sprø; gå fullstendig fra sans og samling; 11.: **she went (off) into hysterics** hun fikk et hysterianfall; hun ble hysterisk; ~ **off into a reverie** falle i staver;
~ **on** 1. gå videre; dra videre; fortsette *(fx to the next town)*; ~ **on with what you're doing** fortsett med det du driver med; **he went on to say that** ... han sa videre at ...; han fortsatte med å si at ...; 2*(=happen)* foregå *(fx there's something funny going on here)*; 3. *teat:* **she doesn't** ~ **on until Act Two** hun skal ikke inn før i annen akt; 4. *om det som (for)brukes:* gå med til *(fx all her money goes(=is spent) on expensive clothes; all these materials went on the outhouse; far too much time*

went on the actual journey); 5. *neds* **T:** snakke (i ett kjør) *(fx he went on (and on) about all the money he had won);* 6. **T: ~ on at sby** stadig kritisere en; være etter en; mase på en *(fx don't go on at me all the time!);* 7.: **have sth to ~ on** ha noe å gå etter (*el.* ut fra); ha noe å holde seg til *(fx we had nothing to go on);* **the police had nothing at all to ~ on in the murder case** politiet stod helt uten holdepunkter i mordsaken; 8.: **be -ing on for seventy** snart være sytti; 9.: **here's £10 to ~ on with** her er £10 til å begynne med;

~ out 1. gå ut *(fx she went out (of the house));* **he -es out a great deal** han går mye ut; 2.: **~ out of fashion** bli umoderne; 3. *om lys, bål, etc:* gå ut *(fx the fire has gone out);* 4. *om det å falle i dyp søvn el. bevisstløshet:* **she went out like a light** hun sluknet som et lys; 5. *radio, TV(=be transmitted)* bli sendt (ut); 6*(=go out on strike)* gå til streik; streike; 7. *kortsp, etc:* gå ut; 8. **T: ~ all out** kjøre alt hva bilen *(etc)* er god for; *fig:* satse for fullt *(fx she's going all out to pass the exam);* 9. *stivt:* **our sympathy went out to her***(=we sympathized with her)* vi følte med henne *(fx our sympathy went out to her on the death of her sister);*

~ out of use*(=cease to be used)* gå av bruk;

~ out of one's way to gjøre seg ekstra umak for å;

~ out to work være yrkesaktiv; ha arbeid *(fx my mother goes out to work);*

~ over 1. gå over; dra over; **~ over to France** dra over til Frankrike; **he went over the wall** han klatret over muren; 2. *når man skifter side, system, etc:* gå over (*to* til) *(fx he's gone over to the Conservatives; will Britain ever go over to driving on the right?);* 3*(=check and repair)* gå over *(fx can you go over my car please?);* 4*(=go through)* gå gjennom *(fx the accounts);* gå over *(fx she went over the room before her mother came; I'll go over my lines before the play);* **I want to ~ over the work you've done before you do any more** jeg vil se på det arbeidet du har gjort før du gjør noe mer; 5. *teat(=get across):* **the play didn't ~ over at all well the first night** stykket gjorde slett ikke lykke den første kvelden;

~ round *se go (a)round;*

~ through 1. dra (,gå, reise) gjennom; 2. *se go over 4;* 3. rote gjennom; gå gjennom *(fx one's pockets)* 4. *fig(=suffer)* gjennomgå *(fx you've no idea what I went through);* 5*(=use up)* bruke *(fx he's gone through a lot of paper since he started);* 6.: **~ through certain formalities** gå gjennom visse formaliteter; 7. *parl; om lovforslag:* gå gjennom *(fx the Bill went through);* 8. *merk; om transaksjon:* gå i orden; **T:** gå i lås *(fx the deal went through);*

~ through with gjennomføre *(fx I'm going through with this in spite of what you say)* gjøre alvor av *(fx she went through with the wedding despite her parents' disapproval);*

~ to 1. kjøre (,dra, reise, gå) til; **~ to live in another town** flytte til en annen by; 2. *om salg, gave, etc: se go 3; om midler til bestemt formål: se go 14; m.h.t. bry, utgifter: se go 21; m.h.t. hvor meget man er villig til å betale: se go 23;* 3.: **~ to pieces** gå i stykker; 4.: **~ to prove, ~ to show** *se go 20;* 5.: **the song -es to this tune** sangen går på denne melodien; 6. **it (,the success) went to their heads** det (,suksessen) gikk til hodet på dem;

~ together 1*(=look well together)* stå til hverandre *(fx the carpet and curtains go together very well);* 2. **T***(=go steady)* ha fast følge; 3. *fig:* høre sammen; følges at *(fx poverty and illness often go together);*

~ towards 1. gå (hen) imot; gå i retning av; 2. *fig:* **the money will ~ towards a new roof for the church** pengene vil bli brukt på et nytt tak på kirken;

~ under 1*(=sink)* gå under; 2. *fig(=be ruined)* gå under *(fx the firm went under in the economic crisis);*

~ up 1. dra opp; kjøre opp; gå opp *(fx this path goes up to the castle);* 2. *univ:* begynne igjen (etter ferien); 3 *om kurser, priser, etc:* gå opp; stige; 4. *i ens omdømme:* stige *(fx he has gone up in my estimation);* 5*(=be built)* skyte i været; 6. *skolev(=be moved up)* bli flyttet opp (i neste klasse) *(fx he went up);* 7.: **~ up in smoke***(=flames)* gå opp i røyk; brenne ned;

~ west T 1*(=be destroyed; go)* gå i stykker *(fx the clutch went west);* 2*(=die)* dø; **T:** vandre heden;

~ with 1. gå (,dra, reise) med; bli med *(fx I'll go with you);* 2*(=be sold with)* bli solgt sammen med *(fx the carpets will go with the house);* 3. passe til *(fx the carpet goes with the wallpaper; whisky doesn't go very well with tea);* 4. ha sammenheng med; høre med til *(fx illness often goes with poverty);* 5*(=go steady with)* ha følge med;

~ without 1. klare seg uten *(fx if you can't afford a new dress, you'll have to go without (one));* 2.: **it -es without saying that** ... det er selvsagt (*el.* en selvfølge) at ...

I. goad [goud] *subst* **1.** piggstav; piggkjepp; **2.** *glds: fig(=spur)* spore.

II. goad *vb; fig:* drive *(fx his wife goaded him into digging the garden);* tirre *(fx he was goaded into being rude to him);* **~ him into activity***(=rouse him to action)* vekke ham til dåd; få ham til å foreta seg noe; få fart på ham.

I. go-ahead ['gouə,hed] *subst* **T:** klarsignal; grønt lys *(fx get the go-ahead from sby for a plan).*

II. go-ahead *adj:* fremgangsrik; driftig *(fx a go-ahead company with go-ahead directors).*

go-ahead spirit*(=drive; push)* pågangsmot.

goal [goul] *subst* **1.** *fotb, etc:* mål *(fx score a goal);* **2***(=aim)* mål; **set oneself a ~** sette seg et mål; **reach one's ~** nå sitt mål.

goal area *sport:* målfelt.

goalie ['gouli] *subst* **T***(=goalkeeper)* målmann.

goalkeeper ['goul,ki:pə] *subst; sport:* målmann; keeper.

goal kick *fotb:* utspark fra mål.

goal line *fotb:* mållinje; *(jvf finishing line).*

goal post *sport:* målstolpe.

goat [gout] *subst* **1.** *zo:* geit; **2. T: act the ~***(=play the fool)* oppføre seg tåpelig; **3. T: get sby's ~***(=irritate sby)* irritere en; **4.: separate the sheep from the -s** skille fårene fra bukkene.

goatee [gou'ti:] *subst:* fippskjegg.

goat path*(=sheep track) om smal sti:* geitesti.

goat's hair geiteragg.

gobble ['gɔbəl] *vb* **1.** *om kalkun:* buldre; **2.: ~ (up)** sluke; kaste i seg *(fx one's food).*

gobbledegook, gobbledygook ['gɔbəldi,gu:k] *subst; neds* **T:** kaudervelsk; labbelensk.

gobbler ['gɔblə] *subst; zo* **T***(=turkey cock)* kalkunhane.

gobelin ['goubəli:n] *subst; tekstil:* gobelin.

go-between ['goubə,twi:n] *subst:* mellommann.

goblet ['gɔblit] *subst* **1.** glass med tynn stett; **2.** *hist:* (drikke)beger; pokal.

goblin ['gɔblin] *subst:* (slem) nisse; tomtegubbe.

goby ['goubı] *subst; zo:* **black ~** smørbukk; **common***(=sand)* **~** sandkutling; **painted ~** bergkutling; **spotted ~** tangkutling.

go-by ['gou,bai] *subst* **T: give sby the ~** late som om man ikke ser en; overse en.

go-cart ['gou,ka:t] *subst* **1. US***(=baby-walker)* gåstol; **2. US:** liten vogn som barn kjører i el. trekker etter seg; **3***(=go-kart; kart)* liten racerbil; go-kart.

god [gɔd] *subst* **1.** gud *(fx the Greek gods; money was his god);* **it was a sight for the -s***(=it was a hilarious sight; it was too funny for words)* det var et syn for guder; **2. God** Gud; ~ **Almighty***(=Almighty God)* den allmektige Gud; **the hand of** ~ Guds finger; ~ **bless you!** Gud velsigne deg! ~ **forbid!** måtte Gud forby det! ~ **grant that***(=would to God that)* ... Gud gi at ...; **thank** ~*(=thank goodness)* gudskjelov; ~ **willing** om Gud vil; **3.** *teat* **T: the gods** galleriet *(fx sit (up) in the gods).*

godchild ['gɔd,tʃaild] *subst:* gudbarn.

goddamn ['gɔd'dæm] *(=goddam) int; især* **US T:** satans; helvetes; fordømt *(fx he's a goddamn fool).*

goddess ['gɔdis] *subst:* gudinne.

godfather ['gɔd,fa:ðə] *subst:* gudfar; fadder; **be** ~ **to** være gudfar (*el.* fadder) for.

god-fearing ['gɔd,fiəriŋ]*(=God-fearing) adj:* gudfryktig.

godforsaken ['gɔdfə,seikən] *adj:* gudsforlatt *(fx place).*

Godhead ['gɔd,hed] *subst* **1.** guddommelighet; **2.: the** ~*(=God)* Gud.

godless ['gɔdlis] *adj:* gudløs.

godlike ['gɔd,laik] *adj(=divine)* guddommelig.

godly ['gɔdli] *adj(=devout; pious)* gudelig.

godmother ['gɔd,mʌðə] *subst:* gudmor; fadder; *(jvf godfather).*

God's acre *litt.(=churchyard; burial ground)* kirkegård; gravlund.

godsend ['gɔd,send] *subst; om person el. ting:* **it was a** ~ det kom som sendt fra himmelen; **your cheque was an absolute** ~ sjekken din kom som sendt fra himmelen.

godspeed [,gɔd'spi:d] *subst; glds:* **bid***(=wish)* **sby** ~ ønske en lykke på reisen.

godwit ['gɔdwit] *subst; zo:* **bar-tailed** ~ lappspove; **black-tailed** ~ islandsspove; *(jvf curlew; plover; whimbrel).*

go-getter ['gou,getə] *subst* **T:** pågående og foretaksom person; **he's a** ~ han vil fram her i verden.

goggle ['gɔgəl] *vb:* stirre med store øyne (*at* på).

gogglebox ['gɔgəl,bɔks] *subst* **S***(=television set)* TV -apparat.

goggle-eyed ['gɔgəl,aid] *adj:* med store øyne.

goggles ['gɔgəlz] *subst; pl:* beskyttelsesbriller; **snow** ~ snøbriller.

I. going ['gouiŋ] *subst* **1.** det å reise (sin vei); avreise *(fx we'll have a party to celebrate his going);* **we watched the comings and -s of the people in the street** vi betraktet menneskene på gaten, som kom og gikk; **2.** føre(forhold); **it was heavy** ~ det var tungt føre; **T: I found talking to him very heavy** ~ jeg syntes han var meget tung å snakke med; **the** ~ **is slippery** det er glatt føre; *fig:* **stop while the** ~ **is good** holde opp mens leken er god; **3. T***(=speed)* fart *(fx to type ten pages an hour is pretty good going; we made good going on the trip).*

II. going *pres part av go & adj* **1***(=in operation):* **factory for sale as a** ~ **concern** igangværende fabrikk til salgs; **2***(=thriving)* som går godt *(fx the shop is very much a going concern now);* **3.** *m.h.t. pris, tariff:* gjeldende *(fx the going rate for electricians);* **the** ~ **value of the firm** firmaets dagsverdi; **what's the** ~ **rate for typing manuscripts these days?** hva er dagens pris for maskinskriving av et manuskript? **4***(=available):* **is there any coffee** ~? er det noe kaffe å få? **5.** *på auksjon:* ~, ~, **gone!** første, annen, tredje gang! **6.: be** ~ **T:** komme av sted *(fx let's be going; I must be going);* **where are you** ~? hvor skal du? **look where you're** ~ se deg for; **7. T: get** ~ komme i gang; komme av sted *(fx you'd better get going);* **get the car** ~ få i gang bilen; **8. T: he's still** ~ **strong** han er fremdeles i full vigør; **9.** *for å betegne fremtid:* **be** ~ **to: I'm** ~ **to read** jeg skal lese; jeg har tenkt å lese; **what's** ~ **to happen to us?** hva kommer til å skje med oss? **10. T: she's got everything** ~ **for her** alt ligger til rette for henne.

goings-on [,gouiŋz'ɔn] *subst; pl* **1.** *om uønsket aktivitet:* leven; bråk; styr; **2.** *om mystiske el. mistenkelige hendelser:* **there were strange** ~ **up at the farm** det foregikk underlige ting oppe på gården.

goitre *(,US: goiter)* ['gɔitə] *subst; med.(=struma)* struma.

go-kart ['gou,ka:t] *subst: se go-cart 3.*

gold [gould] *subst* **1.** gull; **filled** ~ gulldublé; **2.** gyllen farge *(fx the browns and golds of autumn leaves);* **3***(=wealth; money)* rikdom; **4.** *fig:* **a heart of** ~ et hjerte av gull; **5.: as good as** ~ snill som et lam; **6.: it's worth its weight in** ~ det er gull verdt.

gold backing gulldekning.

gold bar gullbarre.

gold braid gullsnor.

gold-braided ['gould,breidid] *adj:* gullgalonert *(fx officer).*

gold chain gullkjede.

goldcrest ['gould,krest] *subst; zo(=golden-crested wren)* fuglekonge.

gold-digger ['gould,digə] *subst* **1.** gullgraver; **2.** *neds:* kvinne som er ute etter menns penger.

golden ['gouldən] *adj:* gyllen; **the** ~ **mean** den gylne middelvei; ~ **rule** gyllen regel.

golden age gullalder.

golden calf gullkalv.

golden eagle*(=mountain eagle)* kongeørn.

golden egg gullegg; **kill the goose that lays the -s** slakte høna som verper gullegg.

goldeneye ['gouldən,ai] *subst; zo(=golden-eyed duck;* **US:** *European goldeneye)* kvinand.

golden girl *sport:* gulljente *(fx the golden girl of tennis).*

golden-haired ['gouldən,hεəd] *adj:* gullhåret; gulllokket.

golden handshake T: (stor) pengegave (ved oppnådd pensjonsalder el. som erstatning for tap av stilling).

golden mountain thrush *zo:* gulltrost.

golden opportunity T: fin anledning (*el.* sjanse).

golden passport *fig:* automatisk inngangsbillett *(fx a degree is not a golden passport to a career).*

golden plover *zo:* heilo; *(se plover).*

golden rod *(,US: yellowweed)* gullris.

golden section: the ~ det gylne snitt.

golden wedding gullbryllup.

gold field gullfelt.

goldfinch ['gould,fintʃ] *subst; zo:* stillits.

goldfish ['gould,fiʃ] *subst; zo:* gullfisk.

gold leaf bladgull.

gold mine *også fig:* gullgruve.

gold nugget gullklump.

gold plate 1. forgylling; **2.** gullservise.

gold-plate ['gould,pleit] *vb:* forgylle; gullbelegge.

gold reserve *fin:* gullbeholdning; **-s** gullreserver.

gold-rimmed spectacles gullinnfattede briller; briller med gullinnfatning.

gold rush gullfeber.

gold slipper gullsko.

goldsmith ['gould,smiθ] *subst:* gullsmed.

gold standard *økon:* gullstandard.

golf [gɔlf] **1.** *subst:* golf; **2.** *vb(=play golf)* spille golf.

golf club 1. golfkølle; **2.** golfklubb.

golf course*(=golf links)* golfbane.

golfer ['gɔlfə] *subst:* golfspiller.

Golgotha ['gɔlgəθə] *subst; bibl:* Golgata.

Goliath [gə'laiəθ] *subst; bibl:* Goliat.

golly [gɔli] *int:* du store min! jøss!

golosh *se galosh.*
gondola ['gɔndələ] *subst:* gondol.
gondolier [,gɔndə'liə] *subst:* gondolfører.
gone [gɔn] *perf. part. av go & adj* **1.** borte; vekk *(fx the money's gone);* **T: dead and ~** død og borte; **2. T: six months ~** seks måneder på vei; **3. S: ~ on**(*=in love with)* forelsket i; **S:** på knærne etter; borte vekk i *(fx he's gone on her).*
goner ['gɔnə] *subst; om person* **S: he's a ~** han er ferdig; det er ute med ham.
gong [gɔŋ] *subst* **1.** gongong; **dinner ~***(=dinner bell)* matklokke; **sound the ~** slå på gongongen; **2.** *mil* **S***(=medal)* medalje; **3.** *spøkef* **T: he's all ~ and no dinner** han er svær til å prate, men gjør ingenting (for å hjelpe el. følge opp).
gonorrhoea *(, især* **US:** *gonorrhea),* [,gɔnə'riə] *subst; med. (,***T:** *the clap)* gonoré; dryppert.
goo [gu:] *subst* **T:** kliss; noe klebrig noe; *(jvf gooey).*
I. good [gud] *subst* **1. the ~** 1. det gode; 2. de gode; **the ~ are said to die young** det sies at de gode dør unge; **the supreme ~** det høyeste gode; **try to see the ~ in people** prøve å se det gode i menneskene; **the ~ and the evil that are in mankind** det gode og det onde som fins i menneskene; **what ~ is a dictionary that's full of mistakes?** hvilken nytte har man av en ordbok som er full av feil? hva er vitsen med en ordbok som er full av feil? **what's the ~ of buying a car if you can't drive?** hva er vitsen ved å kjøpe bil hvis man ikke kan kjøre? **2.: for the ~***(=benefit)* **of** til beste for; **for the general ~ of the public** til beste for folk flest; **for our (,their,** *etc***) common ~** til felles beste; **it's for your own ~** det er til ditt eget beste; **3.** *økon:* **an economic ~** et økonomisk gode; **4.: do ~** 1. gjøre godt; gjøre gode gjerninger; 2.: **that will do him ~** det vil han ha godt av; det vil gjøre ham godt; **his holiday has done him a world of ~** han har hatt meget (,T: veldig) godt av ferien sin; **5.: we knew he would come to no ~** vi visste at det ville gå ham ille; **T: he's up to no ~** han har ondt i sinne; han har ikke rent mel i posen; **T: it's no ~** 1*(=it's no use)* det nytter ikke; 2. det er ikke noe tess; **T: he's not much ~***(=he's not a lot of good)* han er ikke stort tess; **6.: for ~ (and all)** for godt; for alltid; **7.: that's (all) to the ~** det er bare bra (*el.* fint); så meget desto bedre; **we finished up £50 to the ~** det endte med at vi hadde tjent £50.
II. good *adj (komp: better; superl: best)* **1.** god; bra; **~!** fint! godt! det er bra! **2.** *om person:* god; snill *(fx she's such a good baby; you've been very good to him);* dyktig; flink; bra *(fx he would be a good man for the job);* **a ~ girl** en bra pike; en anstendig pike; **he's too ~ to live***(=he's too good for this world)* han er for god for denne verden; **we're ~ friends** vi er gode venner; **she looks ~ in that hat** hun ser godt ut i den hatten; **3.** *m.h.t. helse(=well):* **I don't feel very ~ this morning** jeg føler meg ikke helt bra i dag; **4.** *om frisk legemsdel:* god *(fx I've got only one good arm);* **5.** *om matvarer:* frisk; god; **the meat is still ~** kjøttet er friskt (,T: godt) enda; **6.** behagelig; bekvem *(fx a good chair; did you have a good night?);* **7.** *om forråd, investering, kvalitet, sikkerhet, etc:* god *(fx a good supply of food; a good investment; good securities);* **8.** gunstig; god; **this is a ~ time to ask him for a (pay) rise** dette er et godt tidspunkt å be ham om (lønns)pålegg på; **9.** *som gir materielt velvære:* god *(fx the good things in life);* **the ~ life** det søte livet *(fx he's acquired a taste for the good life);* **10.** *om begrunnelse(=valid)* god *(fx I wouldn't do this without good reason);* **11***(=serious; intellectual)* seriøs; god *(fx literature; music);* **12.** *iron el. i ergrelse:* **look here, my ~ man!** hør her, min gode mann! **13.** *om avstand:* **a ~ way off** et godt stykke borte; **14. T:** ikke mindre enn; hele; **it took me a ~ ten hours to get there** det tok meg ti timer og vel så det å komme dit; **15.** *forsterkende:* **~ grief! ~ gracious! ~ heavens!** du store all verden! jøss! **16. T***(=thorough)* grundig *(fx I'll give this room a good clean tomorrow);* **17.: as ~ as** *(practically)* så godt som; praktisk talt *(fx it's as good as finished);* **18. T: ~ and** ... god og *(fx he was good and angry);* **19.** *om usannsynlig historie:* **that's a ~ one!** den var god! **20.: make ~ sby's loss** erstatte en ens tap; **21.** *stivt:* **be so ~ as to** ...*(=would you please ...)* vil du være så snill å ...; **22. T: have it ~** ha det godt (*el.* bra) *(fx they've never had it so good);* **23.: have a ~ time** ha det hyggelig; **24.:** ... **and a ~ thing too** og bra var det; og gudskjelov for det; **the ~ thing about him is that** det gode ved ham er at ...; **too much of a ~ thing** for mye av det gode; **25.: ~ at** flink i; god til *(fx he's good at inventing excuses);* **26.: ~ with** flink med *(fx cars; children.*
good afternoon *sagt etter kl. 12:* god dag! **T:** morn!
I. goodbye [,gud'bai] *subst:* **say one's -s** si adjø *(fx they said their goodbyes at the station).*
II. goodbye *int:* adjø! morn så lenge! ha det!
good day *meget stivt; sagt både når man kommer og når man går* **1.** god dag! **2.** adjø!
good evening god kveld! **T:** morn!
good-for-nothing ['gudfə,nʌθiŋ] *subst:* døgenikt; udugelig fyr.
Good Friday langfredag.
good humour vennlighet; elskverdighet; godmodighet; godt humør; **his ~** hans gode humør; **in ~***(=in high spirits; in a good mood)* i godt humør; i godlag.
good-humoured [,gud'hju:məd; *attributivt:* 'gud,hju:məd] *adj:* vennlig *(fx smile);* elskverdig; godmodig *(fx he's very good-humoured).*
goodie(s) *se goody.*
good-looker ['gud 'lukə] *subst:* pen person *(fx she's a good-looker).*
good-looking [,gud'lukiŋ; *attributivt:* 'gud,lukiŋ] *adj:* pen.
good looks pent utseende; **her ~** hennes pene utseende.
good morning *sagt før kl. 12:* god dag! **T:** morn!
good-natured [,gud'neitʃəd; *attributivt:* 'gud,neitʃəd] *adj:* godmodig; godlyndt.
goodness ['gudnis] *subst* **1***(=kindness)* godhet **2***(=piety)* fromhet; **3.** *evf(=God):* **~ me!***(=good heavens! good gracious! good Lord!)* (du) gode Gud! **~ knows***(=God knows; heaven knows)* Gud vet *(fx goodness knows what she'll do);* **~ knows, they have to** ... gudene skal vite at de må ...; **for ~' sake!***(=for God's sake!)* for Guds skyld! **thank ~, you've come!** gudskjelov at du kom! **thank ~ for that!** gudskjelov for det! **thank ~ it isn't raining** gudskjelov, det regner ikke.
goods [gudz] *subst; pl* **1.** varer; -varer *(fx leather goods);* **2.** *jernb (,***US:** *freight)* gods; fraktgods; **3.** *økon (pl av I. good 3)* goder *(fx economic goods);* **4. S: the ~***(=the real thing):* **that's the ~!** ja, se det er tingen! sånn ja! **5. S: deliver the ~** holde sin del av avtalen *(fx he refused to deliver the goods);* **I don't think he can deliver the ~** jeg har ingen tro på at han holder hva han har lovet; **6. S: a piece of ~** et kvinnfolk; **7. US S***(=incriminating evidence):* **they have the ~ on him** de har håndfaste beviser mot ham; **8.** *glds:* **one's worldly ~***(=possessions)* ens jordiske gods.
goods agent bestyrer av godsekspedisjon.
goods clerk *jernb:* gods(hus)betjent.
good sense sunn fornuft.
goods forwarding office*(=goods office;* **US:** *freight*

office) jernb: godsekspedisjon.
good-sized ['gud,saizd] *adj:* nokså stor; ganske stor.
goods manager *jernb:* godskontrollør.
goods service *jernb:* **ordinary** ~ *(,***US:** *ordinary freight service)* fraktgodsbefordring; godsekspedisjon.
goods train *(,***US:** *freight train)* godstog.
goods van *(,***US:** *box car)* lukket godsvogn; *(jvf luggage van; goods wagon).*
goods wagon *(,***US:** *freight car)* godsvogn; *(jvf goods van).*
goods yard *(,***US:** *freight yard)* godstomt.
good-tempered [,gud'tempəd; *attributivt:* 'gud,tempəd] *adj:* godmodig; godlyndt; likevektig.
goodwill, good will [,gud'wil] *subst* **1***(=benevolence; friendliness)* velvilje; vennlighet *(fx he has always shown a great deal of goodwill towards us);* goodwill; **this incident has eroded much of our ~** denne hendelsen har brutt ned meget av vår goodwill; **full use should be made of the ~ you have earned** den goodwill du har opparbeidet, bør utnyttes best mulig; **2.** godvilje; **3.** *merk; om etablert kundekrets som aktivum:* goodwill *(fx we are, of course, selling the goodwill of the business along with the shop).*
good works *pl:* gode gjerninger; veldedighet *(fx he was well known for his good works).*
I. goody [gudi] *subst* **1.** *i bok, film; mots. skurk* **T***(=hero)* helt; **the goodies always beat the baddies in the end** til slutt er det alltid heltene som vinner over skurkene; **2.:** *se goody-goody;* **3.** *spøkef:* **goodies** søtsaker; gotter; knask; **4.** *glds; om gift kvinne av lav byrd:* mor *(fx Goody Two-Shoes).*
II. goody *int; barns begeistrede utrop:* fint! supert!
I. goody-goody ['gudi 'gudi] *subst* **T***(=smugly virtuous person; sanctimonious person)* dydsmønster; skinnhellig person.
II. goody-goody *adj* **T:** dydsiret; skinnhellig.
gooey ['gu:i] *adj:* klisset; klebrig; *(jvf goo).*
I. goof [gu:f] *subst* **T 1.** tåpelig feil; **2.** fjols; dust.
II. goof *vb(=botch)* forkludre; spolere.
gook [gu:k] *subst* **US S:** gul djevel.
goon [gu:n] *subst* **1.** tåpelig fyr; (fyr som spiller) bajas; **2. US T:** leid banditt; **T:** muskelmann; gorilla.
goosander [gu:'sændə] *subst; zo(=common merganser)* laksand.
goose [gu:s] *subst (pl: geese* [gi:s]*) zo* **1.** gås; **barnacle ~** hvitkinngås; **wild ~***(=greylag)* grågås; villgås; **2. T: (silly) ~** fjols; tosk; **3.: cook sby's ~** ødelegge for en; **you've cooked your ~!** nå sitter du fint i det! **4.: all his geese are swans** han har det med å overdrive; **5.: kill the ~ that lays the golden eggs** slakte høna som verper gullegg.
gooseberry ['guzbəri] *subst* **1.** *zo:* stikkelsbær; **2.** *om person* **T:** femte hjul på vogna *(fx I don't want to be a gooseberry);* **play ~***(=be a gooseberry)* være femte hjul på vogna.
gooseberry bush stikkelsbærbusk.
gooseflesh ['gu:s,fleʃ] *subst (,***især US:** *goosebumps, goosepimples)* gåsehud; **I've got ~ all over***(=I'm goosey all over)* jeg har gåsehud over hele kroppen.
gooseneck ['gu:s,nek] *subst; tekn:* svanehals.
goosey ['gu:si] *adj:* **I'm ~ all over** jeg har gåsehud over hele kroppen.
Gordian ['gɔ:diən] *adj:* **cut the ~ knot** hogge over den gordiske knute.
I. gore [gɔ:] *subst* **1.** *i skjørt, etc:* kile; **2.** *glds:* levret blod; **3.** *mar; på seil:* gilling.
II. gore *vb:* spidde; stange *(fx he bull gored him to death).*
I. gorge [gɔ:dʒ] *subst(=deep ravine)* dyp trang dal; slukt; skar.
II. gorge *vb:* **~ oneself on** proppe i seg; meske seg med *(fx he gorged himself on fruit).*
gorgeous ['gɔ:dʒəs] *adj* **1.** strålende; praktfull *(fx dress; colours);* **2. T:** strålende; herlig *(fx weather);* **a ~ meal** et meget godt måltid.
gorilla [gə'rilə] *subst; zo:* gorilla.
gormandize, gormandise ['gɔ:mən,daiz] *vb:* fråtse.
gorse [gɔ:s] *subst; bot(=furze)* gulltorn.
gory [gɔ:ri] *adj* **1.** *fig:* bloddryppende; **a ~ tale** en bloddryppende historie; **2.** *glds(=covered in blood)* blodbestenkt.
gosh [gɔʃ] *int:* jøss!
goshawk ['gɔs,hɔ:k] *subst; zo:* hønsehauk; duehauk; *(se harrier 2; hawk).*
gosling ['gɔzliŋ] *subst; zo(=young goose)* gåsunge.
go-slow [,gou'slou] *subst:* go-slowstreik.
gospel [gɔspəl] *subst:* evangelium; **the ~ according to St. Luke** Lukasevangeliet.
gospel truth gudsens sanning; **take it for ~** tro fullt og fast på det.
gossamer ['gɔsəmə] **1.** *subst:* flyvende sommer; **2.** *adj:* flortynn *(fx a gossamer material).*
I. gossip ['gɔsip] *subst* **1.** *neds:* sladder; **2***(=friendly chat)* (koselig) prat *(fx she dropped in for a cup of coffee and a gossip);* **3.** *neds:* sladrebøtte; *om kvinne:* sladrekjerring.
II. gossip *vb* **1.** sladre; fare med sladder; **2***(=chat)* prate *(fx gossip with one's neighbours).*
gossip column sladderspalte.
gossipy ['gɔsipi] *adj:* sladderaktig; som er glad i å sladre; **T:** sladrete *(fx neighbours).*
got [gɔt] *pret & perf. part. av get.*
Goth [gɔθ] *subst; hist:* goter.
Gotham ['goutəm; 'gɔtəm] *subst* **1.** *geogr; by i Nottinghamshire:* Gotham; **the Wise Men of Gotham** *svarer til:* molboene; **2. T:** New York.
Gothenburg ['gɔθən,bə:g] *subst; geogr:* Gøteborg.
I. Gothic ['gɔθik] *subst* **1.** *arkit:* gotikk; **2.** *språk; hist:* gotisk; **3.** *typ(=Gothic type; black letter)* gotisk skrift; fraktur.
II. Gothic *adj* **1.** *om språk & arkit:* gotisk; **2.** *hist; litt.:* grotesk; dyster; **~ novel** grøsserroman.
Gothic arch*(=lancet arch) arkit:* gotisk bue.
gotten ['gɔtən] **US:** *perf. part. av get.*
gouache [gu'a:ʃ] *subst(=body colour)* gouache.
I. gouge [gaudʒ] *subst; tøm:* huljern; hulmeisel.
II. gouge *vb* **1.** *tøm:* **~ (out)** hule ut; **~ (out) a hole in the wood** hogge hull i treverket; **2.: ~ out sby's eyes** presse øynene ut av hodet på en.
gourd [guəd] *subst; bot:* gresskar.
gourmand ['guəmənd] *subst; stivt(=heavy eater)* storeter.
gourmet ['guəmei] *subst:* gourmet; matskjønner; feinschmecker.
gout [gaut] *subst; med.:* podagra; ekte gikt.
goutweed ['gaut,wi:d] *subst; bot(=ground elder)* skvallerkål.
govern ['gʌvən] *vb* **1.** regjere; styre; **2.** *stivt(=guide)* lede; styre *(fx our policy is governed by three factors);* **3.** *gram; om vb(=take)* styre *(fx this verb governs the accusative).*
governess ['gʌvənis] *subst:* guvernante.
governing *adj:* regjerende; styrende; ledende.
governing body ledelse; styrende organ.
I. government ['gʌvənmənt] *subst* **1***(=Government)* regjering *(fx the British Government);* **the Thatcher Government** regjeringen Thatcher; **2.: form of ~** statsform; **3.** regjeringsmakt; styring; ledelse *(fx we have entrusted the politicians with the government of this country);* **4.** *gram:* reksjon *(fx adverbs have no government).*
II. government *adj:* regjerings- *(fx organ);* stats- *(fx institution); (se også sms med 'national' & 'state').*

governmental [,gʌvən'mentəl] *adj:* regjerings-; stats-.
government agency offentlig organ.
Government bill regjeringsforslag.
Government bond statsobligasjon; *(jvf Government securities).*
government office building regjeringsbygning.
Government securities *pl:* statspapirer (ɔ:aksjer el. obligasjoner); *(jvf Government bond; Government stock).*
Government service statstjeneste.
Government stock statsaksjer *(fx invest one's money in Government Index-Linked Stock).*
governor ['gʌvənə] *subst* **1.** guvernør; **2.** *ved skole, sykehus, etc:* styremedlem; **the board of -s** styret; **he's on the board of -s** han sitter i styret; **3.** *i nasjonalbank:* sjefsdirektør *(fx Governor of the Bank of England);* **4.** *ved fengsel:* **(prison)** ~ *(,***US:** *warden)* fengselsdirektør; **5.** *om far el. sjef* **T: the** ~ sjefen; fatter'n; **6.** *hist:* statthölder.
governorship ['gʌvənə,ʃip] *subst:* guvernørpost; guvernørtid.
gown [gaun] *subst* **1.** *dommers, lærers, etc:* kappe; **2.** *glds(=long dress)* lang kjole; **3.** *om universitetsfolk som gruppe:* **town and** ~ byen og universitetet; **town-gown relationships had shown signs of improving** forholdet mellom universitetets folk og byens befolkning hadde vist tegn til å bedre seg.
GP [,dʒi: 'pi:] *subst (fk.f. general practitioner)* almenpraktiserende lege *(fx he's a GP).*
I. grab [græb] *subst* **1.** *mask; på gravemaskin, etc:* grabb; **2.: make a** ~ **at** forsøke å gripe; forsøke å slå kloen i *(fx he made a grab at the boy).*
II. grab *vb* **1.** snappe; gripe; slå kloen i; ~ **(for oneself)** grafse (*el.* gramse) til seg *(fx he grabbed all sorts of things for himself);* **2.** *om mat; i all hast* **T:** få seg *(fx he grabbed a sandwich);* **3.** *i all hast* **T:** få tak i *(fx grab a taxi and come round to my house);* **4.:** ~ **at** 1. gripe etter; ta etter; snappe (*el.* grafse) etter; 2. *fig:* gripe (begjærlig) *(fx the chance to leave).*
grab handle *i bil; for passasjer:* støttehåndtak.
I. grace [greis] *subst* **1.** ynde; gratie; **his movements had very little** ~ bevegelsene hans var ikke videre grasiøse; **2.** *stivt:* forståelse av hva som passer seg; **at least he had the** ~ **to leave after his dreadful behaviour** han var i hvert fall fornuftig nok til å gå etter den fryktelige oppførselen sin; **it was his saving** ~ **that he was so modest** det var et forsonende trekk ved ham at han var så beskjeden; **lose with** ~ tape med anstand; **3.** bordbønn; **say (the)** ~ be bordbønn; **4.** *stivt:* **with (a) bad** ~*(=unwillingly; grudgingly)* motvillig; med sure miner; **with (a) good** ~*(=willingly; cheerfully)* uten sure miner; uten å mukke; **5.** *stivt:* **be in sby's good -s***(=be on good terms with sby)* være vel anskrevet hos en; stå seg godt med en; **6.** *m.h.t. betaling:* frist; henstand *(fx I'll give you a week's grace);* **days of** ~ respittdager; **7.** *om hertug el. erkebiskop:* **His Grace** hans nåde; **8.: by the** ~ **of God** av Guds nåde.
II. grace *vb* **1.** *stivt; ofte spøkef el. iron(=honour)* hedre *(fx we are grateful to you for gracing our dinner with your presence);* **2.** *stivt(=adorn)* smykke *(fx beautiful flowers graced the tables).*
graceful ['greisful] *adj:* grasiøs; yndefull; elegant.
graceless ['greislis] *adj:* blottet for ynde; plump; grov *(fx behaviour).*
gracile ['græsail] *adj:* slank og grasiøs; grasil.
gracious ['greiʃəs] *adj* **1.** *stivt(=kind; polite)* vennlig; elskverdig; nådig *(fx the Queen gave a gracious smile);* **2.** *stivt(=merciful)* nådig *(fx God is gracious);* **3.** *int; uttrykk for mild overraskelse:* du store all verden; jøss *(fx Gracious! – I didn't hear you come in).*
gradation [grə'deiʃən] *subst* **1.** gradvis overgang; mellomstadium; **2.** *språkv(=ablaut)* avlyd.
I. grade [greid] *subst* **1.** *om kvalitetsbestemmelse:* sort; kvalitet *(fx high-grade timber);* **small-** ~ **eggs** små egg; **eggs are sorted into seven -s** eggene sorteres i sju kvaliteter; **2.** *skolev:* (bokstav)karakter *(fx B is a good grade);* **3. US***(=class; form)* klasse; **4. US***(=gradient) jernb:* hellingsgrad; stigning; **5.: (pay)** ~ lønnsklasse; **6. T: make the** ~ bestå prøven; klare seg (til eksamen, etc).
II. grade *vb* **1***(=sort)* sortere; gradere; forsyne med kvalitetsbetegnelse; **2.** *skolev:* sette karakter på; gradere *(fx the work of each child is graded into three divisions: A, B and C);* **3.** *landbr(=cross)* krysse; ~ **up** forbedre ved kryssing.
grade crossing US*(=level crossing)* jernbaneovergang.
graded post *skolev* **UK:** stilling med ekstra ansvar og høyere gasje enn en normalpost.
grader *subst* **1.** sorterer; sorteringsmaskin; **2.: (road)** ~ veihøvel; veiskrape.
grade school*(=elementary school)* **US***(=primary school)* barneskole; *hist:* folkeskole.
gradient ['greidiənt] *subst* **1.** hellingsgrad; stigningsforhold; **a** ~ **of 1 in 20** et stigningsforhold på 1:20; **2.: (upward)** ~ stigning; **downward** ~ fall.
gradient post *jernb:* stigningsviser.
gradual ['grædjuəl] *adj:* gradvis.
gradually *adv:* gradvis; litt etter litt; skrittvis.
I. graduate ['grædjuit] *subst* **1.** person med eksamen fra universitetet; **2. US:** person med avgangseksamen fra 'high school' eller annen skole *(fx a high-school graduate).*
II. graduate ['grædju,eit] *vb* **1.** ta eksamen ved et universitet; **2. US:** ta avgangseksamen ved 'high school' eller annen skole.
graduate profession yrke som krever universitets- eller høyskoleutdannelse.
graduation [,grædju'eiʃən] *subst* **1.** *på termometer, etc:* gradering; gradering(smerke) *(fx the graduations on a thermometer);* **2.** det å ta universitetseksamen; **3. US:** det å ta avsluttende eksamen fra 'high school' eller annen skole; **4. US:** eksamensfest.
graffiti [græ'fi:ti:] *subst:* skriblerier el. tegninger på vegg el. mur *(fx the graffiti on the walls of a public lavatory).*
I. graft [gra:ft] *subst* **1.** *gart:* pode; **2.** *med.:* transplantasjon; *fagl:* transplantat; **skin** ~ hudtransplantasjon; hudtransplantat; **3***(=grafting)* poding; transplantasjon; **4. T: hard** ~*(=hard work)* hardt arbeid; **5.** *især* **US***(=corruption)* korrupsjon; **6.** *især* **US***(=bribe)* bestikkelse.
II. graft *vb* **1.** *gart:* pode; **2.** *med.:* transplantere; **3. T***(=work)* arbeide (hardt); **4.** *især* **US:** skaffe seg penger, stilling, etc ved korrupsjon.
grafting ['gra:ftiŋ] *subst* **1.** *gart:* poding; **2.** *med.:* transplantasjon; **3. T***(=working hard; hard work)* hardt arbeid; slit.
I. grain [grein] *subst* **1.** *hvete, havre, etc; også om det enkelte frø:* korn *(fx grain is ground into flour);* **a** ~ **of oats** et havrekorn; **2. US***(=wheat)* hvete; **3.** *om partikkel:* korn *(fx a grain of sand);* **4.** *av lær:* ~ **(side)** narv; **5.** *m.h.t. den retning årringene går el. det mønster de danner:* **cut across (,along) the** ~ skjære mot (,med) veden; skjære på tvers (,på langs) (av veden); **the attractive** ~ **of the table** de pene årringene i bordet; *fig:* **it goes against the** ~ **with him to tell lies** det ligger ikke til hans natur å fortelle løgner; **6***(=texture)* struktur; tekstur; *(=granular surface)* kornet overflate; **7.** *vektenhet:* 0,0648 gram; *vektenhet for diamanter & perler:*

metric ~*(=quarter of a carat)* 50 milligram; **8.** *fig; om lite kvantum:* **a ~ of truth** et fnugg av sannhet; **take it with a** ~*(=pinch)* **of salt** ta det med en klype salt; *(jvf I. shred 2).*
II. grain *vb(=granulate; crystallize)* granulere; korne; krystallisere; bli kornet; danne krystaller; krystallisere seg; male åremønster (på tre).
grain cultivation*(=raising of grain)* **US***(=wheat -growing) bare om hvete:* kornavl; korndyrking; *(jvf grain-growing).*
grained *adj* **1***(=granulated; grainy)* kornet; **2.** *om tre:* året; **3.** *om lær:* narvet.
grain-growing ['grein,grouiŋ] *subst(=corn-growing)* kornavl; korndyrking; *(jvf grain cultivation).*
grain weevil *zo:* kornbille; *(se I. beetle 2).*
gram, gramme [græm] *subst (fk g)* gram *(fk* g).
grammar ['græmə] *subst* **1.** grammatikk; **2.** språkbruk; **is it good ~ to . . .?** er det grammatisk korrekt å . . .? **this essay is full of bad ~** denne stilen er full av grammatiske feil; **his ~ is bad** hans grammatikkunnskaper er dårlige.
grammarian [grə'mɛəriən] *subst:* grammatiker.
grammar school 1. UK *hist, men nå i ferd med å bli gjeninnført; svarer til:* almenfaglig studieretning ved videregående skole; *hist:* gymnas; *(jvf comprehensive school; secondary modern school);* **2. US:** barneskole; *hist:* folkeskole.
grammatical [grə'mætikəl] *adj:* grammatisk.
gramme *se gram.*
gram molecule*(=grammolecular weight)* grammolekyl.
gramophone ['græmə,foun] *subst; hist:* grammofon.
grampus ['græmpəs] *subst; zo* **1.** *delfinart:* grampus; **2.** *hvalart(=killer whale; orc)* spekkhogger.
granary ['grænəri] *subst; også fig:* kornkammer.
I. grand [grænd] *subst* **1***(=grand piano)* flygel; **2. S:** $1000; £1000 *(fx I paid five grand for it).*
II. grand *adj* **1***(=splendid; magnificent)* praktfull; storslått *(fx a grand procession);* **the soldiers looked very ~ in their white and red uniforms** soldatene så riktig fine ut i sine hvite og røde uniformer; **2***(=proud; haughty)* stolt; overlegen; stor på det; **give oneself ~ airs** være stor på det; spille fornem; **3.** *om stil(=very dignified)* pompøs *(fx his style is too grand for his subject);* **4. T***(=very pleasant)* fin; herlig *(fx we had a grand day).*
grandaunt ['grænd,a:nt] *subst(=great-aunt)* grandtante.
grandchild ['græn,tʃaild] *subst:* barnebarn; **great ~** barnebarns barn.
granddad ['græn,dæd] *subst* **T***(=grandfather)* bestefar; *(se grandfather).*
granddaughter ['græn,dɔ:tə] *subst:* sønnedatter; datterdatter.
grand duchy storfyrstedømme.
grand duke storfyrste; storhertug.
grandeur ['grændʒə] *subst:* prakt; storslåtthet; storslagenhet; storhet.
grandfather ['græn,fa:ðə] *subst:* bestefar; **maternal** ~*(=mother's father)* morfar; **paternal** ~*(=father's father)* farfar.
grandfather clock gulvur.
grandiloquence [græn'diləkwəns] *subst(=bombast)* svulstighet; bombast.
grandiloquent [græn'diləkwənt] *adj(=bombastic; pompous)* svulstig; bombastisk.
grandiose ['grændi,ous] *adj:* grandios; storslått.
grand jury US: storjury (som skal avgjøre om det skal reises tiltale).
grandma ['græn,ma:] *subst* **T***(=grandmother)* bestemor; *(se grandmother).*
grandmother ['græn,mʌðə] *subst:* bestemor; **maternal** ~*(=mother's mother)* mormor; **paternal** ~*(=father's mother)* farmor.
grandnephew ['græn,nevju:; 'græn,nefju:] *subst(=great-nephew)* grandnevø (ɔ: sønn av ens nevø el. niese); barnebarn av ens bror el. søster.
grandniece ['græn,ni:s] *subst(=great-niece)* grandniese (ɔ: datter av ens nevø el. niese); barnebarn av ens bror el. datter.
grandpa ['græn,pa:] *subst* **T***(=grandfather)* bestefar; *(se grandfather).*
grandparents ['græn,pɛərənts] *subst; pl:* besteforeldre.
grand piano flygel.
grand slam *kortsp:* storeslem.
grandson ['græn,sʌn] *subst:* sønnesønn; dattersønn.
grandstand ['græn,stænd] *subst; sport:* sittetribune; *(jvf I. terrace 3).*
grandstand seat plass på sittetribune; billett til sittetribune.
grandstand ticket billett til sittetribune.
grand total: the ~ totalen; den samlede sum.
granduncle ['grænd,ʌŋkəl] *subst(=great-uncle)* grandonkel.
grange [greindʒ] *subst:* (større) gård; landsted.
granite ['grænit] *subst; min:* granitt.
granivorous [græ'nivərəs] *adj:* kornetende; frøspisende.
granny ['græni] *subst* **T***(=grandmother)* bestemor; *(se grandmother).*
I. grant [gra:nt] *subst:* støtte; tilskudd; **education ~, training ~** (skole)stipend; utdanningsstipend; **travel ~** reisestipend; **Government rate support -s** statsstøtte til kommunene; **they received -s of land from the Government** de fikk jord av staten.
II. grant *vb* **1.** *stivt(=give)* gi *(fx grant an interview);* **2.** *merk(=allow; give)* innrømme; gi *(fx discount);* **3.** innrømme *(fx I grant (you) that it was a very stupid thing to do);* **4.: ~ sby's prayer** bønnhøre en; **5.: take sth for -ed** ta noe for gitt; ta noe som en selvfølge; **I take it for -ed that . . .** jeg tar det som gitt (*el.* jeg går ut fra) at . . .
grant-in-aid [,gra:ntin'eid] *subst (pl: grants-in-aid)* **1.** statstilskudd; **2.** *skolev:* tilskudd fra stat el. kommune til vedlikehold.
grant of probate*(=certificate of probate)* skifteattest.
granular ['grænjulə] *adj:* kornet *(fx substance).*
grape [greip] *subst* **1.** *zo:* drue; **a bunch of -s** en drueklase; **2.: it's sour -s to him** han er bare sur fordi han ikke kan få det selv.
grapefruit ['greip,fru:t] *subst; bot:* grapefrukt.
grape sugar druesukker.
grapevine 1. *bot:* vinstokk; vinranke; **2.** *fig* **T:** jungeltelegraf; **on the ~, over the ~, through the ~** over (*el.* via) jungeltelegrafen *(fx I heard it on the grapevine; it was soon known on the Whitehall grapevine).*
graph ['gra:f, 'græf] **1.** *subst(=diagram; chart)* diagram; kurve; grafisk fremstilling; *mat.:* kurve; **2.** *vb(=chart)* fremstille grafisk *(fx I'm graphing our progress).*
graph book*(=exercise book with graph ruling)* bok med rutepapir.
graphic ['græfik] *adj* **1.** grafisk; **~ representation** grafisk fremstilling; **2***(=vivid)* malende *(fx description);* **3***(=clearly described)* anskuelig; **theory has been dealt with in a ~ way** teorien har blitt behandlet på en anskuelig måte.
graphic arts: the ~ de grafiske kunster.
graphite ['græfait] *subst:* grafitt.
graph paper*(=squared paper)* rutepapir; millimeterpapir.
grapnel ['græpnəl] *subst; mar:* dregg.

grapple ['græpəl] *vb:* ~ **with 1.** kjempe med *(fx the policeman grappled with the thief)*; **2.** *fig:* stri med; slåss med *(fx a problem)*.

I. grasp [gra:sp] *subst* **1**(*=grip)* grep *(fx have you got a good grasp on that rope?)*; *fig:* **the country is in the ~ of a dictator** landet er i klørne på en diktator; **2.** *fig; om det å kunne el. ha makt til:* **it is within his ~ to** . . . det er mulig for ham å; han har mulighet(er) for å; det er innenfor hans rekkevidde å *(fx the changing of that law is within his grasp)*; **3**(*=comprehension)* fatteevne; rekkevidde *(fx his ideas are quite beyond my grasp)*; **4.** *fig(=grip)* grep; **lose one's ~ (of things)**(*=lose one's grip)* miste grepet; **he has a firm ~ of the teaching** han har et godt grep på undervisningen; **he has a poor ~ of English** han har et dårlig tak på engelsk; han behersker ikke engelsk (videre) godt; **his ~ of English is slightly above average** hans engelskkunnskaper ligger litt over middels; **a sound ~ of** et skikkelig grep på *(fx give sby a sound grasp of the written and spoken language)*; **with an unfailing ~** med et sikkert grep.

II. grasp *vb* **1**(*=take hold of; seize)* gripe; gripe fatt i *(fx he grasped the rope; he grasped the thief firmly to stop him running away)*; *fig:* **he -ed the opportunity to ask for a pay rise** han grep (*el.* benyttet) anledningen til å be om lønnspålegg (,gasjepålegg); **2**(*=understand)* få tak i; forstå *(fx I can't grasp what he's getting at)*; **3.:** ~ **at** 1. gripe etter; 2. *om sjanse(=accept eagerly)* gripe begjærlig; ta imot med glede *(fx I'd grasp at any opportunity to see France again)*.

grasping *adj(=greedy (for money))* grisk; pengebegjærlig; **he's mean and ~** han er både gjerrig og grisk.

I. grass [gra:s] *subst* **1.** gress; **he's not a man who lets the ~ grow under his feet** han kaster ikke bort tiden; *ordspråk:* **while the ~ grows the steed starves** mens gresset gror, dør kua; **let the ~ grow over sth**(*=forget about sth)* la noe bli glemt; **2. S**(*=informer)* tyster; **3. S**(*=marijuana)* marihuana; **4.: put out to ~** 1. *om dyr(=put out to graze)* slippe ut på beite; 2. *om person* **T**(*=retire)* pensjonere; førtidspensjonere *(fx he's been put out to grass)*; **5.** *om dyr:* **at ~**(*=grazing)* på beite; på gress.

II. grass *vb* **1.: let sth ~ over** la noe gro til med gress; **2. S**(*=inform)* tyste.

grass court *tennis:* gressbane; *(jvf hard court)*.

grass-grown ['gra:s,groun] *adj:* gressbevokst.

grasshopper ['gra:s,hɔpə] *subst; zo:* gresshoppe.

grassland ['gra:s,lænd] *subst* **1.** gressjord; gressmark; **2.** beitemark; eng.

grassroots ['gra:s,ru:ts] *subst; pl; fig:* **the ~**(*=the grass roots)* **1.** grasrota; **at the ~, among the ~** i grasrota; **at the ~ level** på grasrotplanet; på grunnplanet; **2.** jorda; **they have a special attachment to their ~** de henger ved jorda si.

grass snake *zo:* snok; bueorm.

grass widow gressenke.

grass widower gressenkemann.

grassy ['gra:si] *adj* **1**(*=grass-like)* gressaktig; lik gress; **2**(*=grass-grown)* gressbevokst.

grassy bank gressvoll; gresskråning.

I. grate [greit] *subst:* gitter; **fire ~** ovnsrist; kaminrist.

II. grate *vb* **1.** sette gitter for; utstyre med gitter; **-d door** gitterdør; **2.** *om grønnsaker, ost, etc:* rive; raspe; **3.** *om irriterende lyd:* skurre; skrape *(fx the knife grated on the plate)*; **his voice really -s me** den stemmen hans irriterer meg virkelig.

grater ['greitə] *subst:* rivjern.

gratification [,grætifi'keiʃən] *subst; stivt(=satisfaction)* tilfredsstillelse *(fx at least I have the gratification of knowing he was wrong)*.

gratify ['græti,fai] *vb; stivt(=satisfy; please)* glede; tilfredsstille.

gratifying *adj; stivt(=satisfactory; pleasing)* gledelig; oppmuntrende *(fx the response was most gratifying)*; **a ~ result**(*=a pleasing result)* et gledelig resultat.

I. grating ['greitiŋ] *subst* **1.** gitter; gitterverk; **2.** rist *(fx she caught the heel of her shoe in a grating in the road)*.

II. grating *adj:* skurrende; irriterende; *(jvf II. grate 3)*.

gratis ['greitis; 'grætis; 'gra:tis] *adj; stivt(=for nothing)* gratis *(fx I'll do it gratis)*.

gratitude ['græti,tju:d] *subst:* takknemlighet; **there's no ~ in the world**(*=one must not expect any gratitude in this world)* utakk er verdens lønn.

gratuitous [grə'tju:itəs] *adj; stivt* **1.** gratis; vederlagsfri *(fx gratuitous use of a company car)*; som fritt stilles til rådighet *(fx information)*; **2**(*=unjustified; without cause)* uberettiget; ubegrunnet; umotivert; uprovosert *(fx insult)*; unødvendig *(fx brutality)*.

gratuitously *adv:* uten grunn.

gratuity [grə'tju:iti] *subst* **1.** *stivt(=tip)* driks; drikkepenger; **2.** *mil:* fratredelsesgodtgjørelse.

I. grave [greiv] *subst:* grav; **it would make him turn (over) in his ~** det ville få ham til å snu seg i sin grav.

II. grave *adj* **1**(*=serious)* alvorlig *(fx news; situation)*; **2**(*=important)* viktig; betydningsfull *(fx decision)*; **a ~ responsibility rests on your shoulders** det hviler et stort ansvar på dine skuldre; **3.** *språkv:* **~ accent** accent grave.

gravel ['grævəl] *subst:* grus.

gravelled ['grævəld] *adj:* gruslagt.

gravel walk grusgang.

graven ['greivən] *adj* **1.** *glds((=carved)*; **2.** *bibl:* **~ image** utskåret bilde (ɔ: avgudsbilde).

gravestone ['greiv,stoun] *subst:* gravsten.

graveyard ['greiv,ja:d] *subst:* kirkegård.

gravitate ['grævi,teit] *vb* **1.** gravitere; **2.** *fig:* **~ to(wards)** bevege seg mot *(fx the crowds gravitated to(wards) the scene of the accident)*.

gravitation [,grævi'teiʃən] *subst:* gravitasjon; tyngdekraft; massetiltrekning; **the law of ~** tyngdeloven.

gravitational [,grævi'teiʃənəl] *adj:* gravitasjons-, som skyldes tyngdekraften.

gravitational field gravitasjonsfelt.

gravity ['græviti] *subst* **1.** alvor *(fx the gravity of the situation was clear to us all)*; **2.** *fys:* tyngde; **centre of ~** tyngdepunkt.

gravity-controlled ['grævitikən,trould] *adj:* fallstyrt *(fx instrument)*.

gravity feed falltilførsel.

gravity-fed ['græviti,fed] *adj:* med falltilførsel.

gravy ['greivi] *subst:* (brun) saus.

gravy boat sauseskål.

gray [grei] **US:** *se grey*.

grayling ['greiliŋ] *subst; zo; fisk:* harr.

graze [greiz] *vb* **1.** beite; **2**(*=touch lightly)* streife *(fx the bullet grazed my ear)*; **3.** skrubbe *(fx I've grazed my arm)*.

I. grease [gri:s] *subst:* fett; **axle ~** akselfett; **cup ~** konsistensfett; smørefett; gris.

II. grease [gri:s; 'gri:z] *vb:* smøre; *fig* **T: ~ sby's palm**(*=bribe sby)* **T:** smøre en.

grease cup fettkopp.

grease gun fettpresse.

grease nipple smørenippel; fettnippel.

grease-up *subst:* smøring *(fx oil change and grease*

-*up*).

grease-proof ['gri:s,pru:f] *adj:* fettsikker.

greaser ['gri:sə; 'gri:zə] *subst; mar(=oiler)* smører.

greasy ['gri:si; 'gri:zi] *adj* **1.** fettet *(fx oily hands are greasy);* **2.** *om vei:* såpeglatt *(fx greasy roads);* **3.** *om person:* glatt *(fx he's too greasy for me);* **a ~ character** en glatt type.

great [greit] *adj* **1.** *fig(,***T:** *big)* stor *(fx attraction; decision; improvement; mistake; worry);*
2. *om graden:* stor *(fx charm; ignorance; sorrow);* **take ~ care of that book!** ta godt vare på den boka! **~ concentration** sterk konsentrasjon; **a ~ coward** en stor kujon; **be in ~ pain** ha store smerter;
3. imponerende; betydningsfull; stor *(fx artist; politician; Napoleon was a great man);* **his -est paintings** hans best kjente malerier; **a ~ show of wealth** en imponerende demonstrasjon av rikdom;
4. *i emosjonelle utsagn:* **a ~ big dog** en stor og stygg hund; **move your ~ big smelly feet!** dra til deg de stygge, stinkende bena dine!
5. *bifallende* **T: he's a ~ reader***(=he reads a lot)* han leser mye; han er en ordentlig lesehest; **he's a ~ footballer** han er en stor fotballspiller; **John's** *~(=very good)* **at football** John er virkelig god i fotball;
6. T*(=very good):* **we had a ~ time at the party** vi hadde det veldig fint i selskapet; **that's ~!** det er helt fint! det er alle tiders!
7.: a *~(=good)* **deal***(=(quite) a lot)* en god del; en hel del *(fx he reads a great deal);* **a** *~(=good)* **deal of***(=a lot of)* en god del; en hel del *(fx she spent a great deal of money on it);* **a** *~(=good)* **many***(=a lot of)* en god del; en hel del; ganske mange *(fx a great many people).*

great ape*(=anthropoid (ape))* menneskeape.

great-aunt*(=grandaunt)* grandtante.

Great Bear *astr:* **the ~** Storebjørn.

Great Britain*(=Britain)* Storbritannia; *(se United Kingdom).*

great circle *geogr:* storsirkel.

great cormorant US*(=cormorant) zo:* storskarv.

Great Dane *hunderase:* grand danois.

greater celandine *bot:* svaleurt; *(jvf lesser celandine).*

Greater London Storlondon.

great-grandchild barnebarns barn; oldebarn.

great grey shrike *zo:* varsler; *(jvf lesser grey shrike).*

greatly *adv:* i høy grad *(fx I was greatly impressed by the high standard).*

greatness ['greitnis] *subst:* storhet; betydning *(fx Shakespeare's greatness as a dramatist);* **he has aspirations to ~** han aspirerer til å bli noe stort.

grebe [gri:b] *subst; zo:* lappdykker; **great crested ~** toppdykker; topplom; **little ~** liten topplom; dvergdykker.

Grecian ['gri:ʃən] *adj: om arkit, etc:* gresk; *(jvf Greek).*

Greece [gri:s] *subst; geogr:* Hellas.

greed [gri:d] *subst:* grådighet; griskhet; **~ for money** pengebegjær; pengegriskhet.

greedy ['gri:di] *adj:* grådig; grisk.

Greek [gri:k] **1.** *subst:* greker; *om språket:* gresk; **2.** *adj:* gresk; **it's ~ to me** det er gresk for meg.

I. green [gri:n] *subst* **1.** grønnfarge; grønt; **2.** grøntareale *(fx the village green).*

II. green *adj* **1.** grønn; **2.** *om tømmer:* nyfelt; nyhogd; rått; **3. T***(=inexperienced)* grønn; uerfaren; **4.: -s***(=vegetables)* grønnsaker.

greenery ['gri:nəri] *subst:* grønt *(fx add some greenery to that vase of flowers).*

green fingers: have ~ ha grønne fingre.

greenfly ['gri:n,flai] *subst; zo(=aphis; aphid)* bladlus.

greengage ['gri:n,geidʒ] *subst; bot:* reineclaude (ɔ: plommeart).

greengrocer ['gri:n,grousə] *subst:* grønnsakhandler; grønthandler.

greenhouse ['gri:n,haus] *subst:* drivhus.

greenish ['gri:niʃ] *adj:* grønnaktig.

Greenland ['gri:nlənd] *subst; geogr:* Grønland.

Greenlander ['gri:nləndə] *subst:* grønlender.

Greenland halibut *zo; fisk:* blåkveite.

Greenlandic [gri:n'lændik] **1.** *subst; språket:* grønlandsk; **2.** *adj:* grønlandsk.

Greenland whale *zo(=bowhead)* grønlandshval.

green light T: the ~ grønt lys *(fx get the green light; he gave them the green light).*

green paper *parl:* regjeringsforslag som presenteres som diskusjonsopplegg.

green sandpiper *zo:* skogsnipe.

greenshank ['gri:n,ʃæŋk] *subst; zo:* gluttsnipe.

greenstuff ['gri:n,stʌf] *subst(=vegetables)* grønnsaker.

greensward ['gri:n,swɔ:d] *subst; glds el. litt.:* grønnsvær.

greet [gri:t] *vb* **1.** hilse på *(fx she greeted him);* **2.** *fig; stivt:* **be -ed with***(=be received with)* bli hilst *(el.* mottatt) med *(fx the speech was greeted with jeers);* **3.** *fig:* møte *(fx he could hardly believe the sight that greeted him);* **a smell of fish -ed him** lukten av fisk slo ham i møte.

greeting ['gri:tiŋ] *subst:* hilsen; **she said some polite ~ to him** hun hilste høflig på ham; **a few words of ~** en liten hilsen; **Christmas -s** julehilsener.

greetings card gratulasjonskort.

greetings telegram telegram på festblankett; festtelegram; lykkønskningstelegram.

greetings telegram form festblankett.

gregarious [gri'gɛəriəs] *adj* **1.** *om person:* selskapelig *(fx she's very gregarious and hates to be alone);* **2.** *om dyr:* som lever i flokk *(fx geese are gregarious (birds)).*

gremlin ['gremlin] *subst:* nisse som gjør ugagn; slem nisse.

grenade [gri'neid] *subst; mil:* (gevær)granat; (hånd)granat; *(jvf I. shell 3).*

grenadier [,grenə'diə] *subst* **1.** *mil:* grenader; **2.** *zo; fisk:* skolest; **3.** *zo; fugl:* gullvever.

grew [gru:] *pret av grow.*

grey *(,***US:** *gray)* [grei] **1.** *subst:* grått; **2.** *vb:* bli grå *(fx he's greying a bit now);* **3.** *adj:* grå.

grey-cheeked thrush *zo:* gråkinnet skogtrost.

greyhen ['grei,hen] *subst; zo(=heath hen)* orrhøne; *(jvf blackcock & black grouse).*

greyhound ['grei,haund] *subst; zo:* mynde.

greylag ['grei,læg] *subst; zo(=wild goose)* grågås.

grey market: the ~ det grå *(el.* uregulerte) pengemarked.

grey matter 1. *anat:* grå substans; hjernemasse; **2.** *fig:* hjernevindinger; grå celler.

gribble ['gribəl] *subst; zo:* pælekreps.

grid [grid] *subst* **1.** *på kart:* **~ (system)** rutenett; **2.** *elekt:* lysnett; ledningsnett; **UK: the National Grid** samkjøringsnettet; **3.** *elekt:* gitter; **4.** linjenett *(fx the bus service formed a grid across the country);* **5.: (starting) ~** startfelt (på bilveddeløpsbane); **6.: cattle** *~(=cattle grating)* ferist.

griddle ['gridəl] *subst:* bakstehelle; takke.

gridiron ['grid,aiən] *subst:* grillrist; stekerist.

grief [gri:f] *subst* **1.** *stivt(=sorrow)* sorg; **2. T: come to ~** gå galt *(fx the project came to grief);* **he came to ~** det gikk galt for ham.

grievance ['gri:vəns] *subst* **1.** *jur:* klagepunkt; **2.** klage; noe man har å klage over; **have a ~** ha noe å klage over; **they gave him a list of their -s** de ga ham en liste over det de hadde å klage over.

grievance procedure *jur(=hearing of appeals)* klagebehandling.

grieve [gri:v] *vb* **1.:** ~ **(for)** sørge over; **2.** volde sorg; bedrøve.

grievous ['gri:vəs] *adj* **1.** *stivt(=severe)* alvorlig *(fx pain)*; **2.** *jur:* ~ **bodily harm***(=very serious injuries)*: **inflict** ~ **bodily harm on sby** la en lide fysisk overlast; **3.: a** ~ **injustice** en blodig urett.

I. grill [gril] *subst* **1.** rist; **2**(,**US:** *broiler)* grill(rist); **3.** grillrett *(fx a mixed grill)*; **4***(=grillroom)* grill(restaurant); **5.** *se grille 1.*

II. grill *vb* **1**(,**US:** *broil)* grillsteke; grille; **2. T***(=question closely)* kryssforhøre; spørre nøye ut.

grille [gril] *subst* **1***(=grillwork)* sprinkelverk; gitter; **counter** ~ skrankegitter; **2.: (radiator)** ~ grill; kjølergitter; radiatorgrill.

grilse [grils] *subst; zo; om unglaks:* leksing.

grim [grim] *adj* **1.** *om oppgave, historie(=horrible)* uhyggelig; nifs; **a** ~ **necessity** en bitter nødvendighet; **2***(=stern; resolute)* morsk; streng; resolutt; ~ **determination** fast beslutsomhet; **he held on with** ~ **determination** han holdt seg fast for bare livet; **3. T***(=angry)*: **look (a bit)** ~ se (litt) morsk (*el.* sint) ut; **4. T***(=slightly unwell)*: **I feel a bit** ~ **this morning** jeg føler meg ikke helt i form i dag.

grim death T: hold on to sth like ~ klore seg fast i noe; ikke ville slippe taket i noe *(fx he held on to the rope like grim death)*.

grimace [gri'meis] **1.** *subst:* grimase; **2.** *vb(=make grimaces)* gjøre grimaser.

grime [graim] *subst:* skitt (især i form av sot) *(fx the chimney sweep was covered in grime)*.

grimy ['graimi] *adj:* skitten; dekket av sot.

grin [grin] **1.** *subst(=(broad) smile)* (bredt) smil *(fx his face broadened into a grin)*; flir; glis; **-s of derision** hånlige flir; **a** ~ **of happiness** et lykkelig smil; **2.** *vb:* smile (bredt); flire; glise; **3. T:** ~ **and bear it** finne seg i det; holde ut *(fx he'll have to grin and bear it)*.

I. grind [graind] *subst* **1.** maling; oppmaling; formaling; *om kaffe:* **coarse** ~ grovmaling; grovmalt (kaffe); **2. T:** kjedelig slit; **3. S***(=intercourse)* nummer.

II. grind *vb (pret: ground; perf. part.: ground)* **1.** *om korn, etc:* male; formale; ~ **coarsely** grovmale; **2***(=sharpen)* slipe; **3***(=grate)* skure; skrape; ~ **one's teeth** skjære tenner; **4.** gni; knuse (fx med hælen) *(fx he ground the flowers into the earth with his heel)*; **5.** *om lirekasse, etc:* sveive på; dreie på; ~ **an organ** spille på lirekasse; **6. T:** pugge; slite; **7.** *om erotisk dans; især* **US: (bump and)** ~ støte og vrikke (med underlivet); **8.** *fig:* ~ **down** knuse; underkue; undertrykke; **they were ground down by heavy taxes** de ble tynget ned av skatt(er); **9.:** ~ **in** slipe inn; **10.:** ~ **into***(=instil)* innpode; innprente *(fx the need for vigilance was ground into them)*; **11.** *om krig, etc:* ~ **on** gå ubønnhørlig videre *(fx the invasion ground on)*; **12.:** ~ **out** 1. gni ut; *(jvf 4 ovf)*; 2. *neds:* produsere *(fx he was grinding out statements of his party's political doctrine)*; **he ground out a few verses** han fikk med besvær til et par vers; **13.:** ~ **up** male opp *(fx the machine grinds up rocks into powder)*; **14.:** ~ **to a halt** 1. *om maskin, etc(=stop noisily)* stoppe med brask og bram; 2. *fig:* gå i stå; stoppe opp *(fx production ground to a halt)*.

grinder ['graində] *subst* **1.** *person:* sliper; **2.** slipemaskin; **angle** ~ vinkelsliper; **coffee** ~ kaffekvern; **3***(=molar tooth)* jeksel.

grinding ['graindiŋ] *adj* **1***(=grating)* skurrende; skrapende; **2.** tyngende; knugende *(fx poverty)*.

grinding compound*(=grinding paste)* slipepasta.

grinding medium slipemiddel.

grinding powder*(=abrasive powder; polishing powder)* slipepulver.

grinding wheel slipeskive.

grindstone ['grain(d),stoun] *subst* **1.** slipestein; **2.: keep***(=have)* **one's nose to the** ~ henge i; arbeide iherdig; **keep sby's nose to the** ~ sørge for at en arbeider hardt.

gringo ['griŋgou] *subst; i Latin-Amerika; neds:* engelsktalende utlending; gringo.

I. grip [grip] *subst* **1.** grep *(fx he had a firm grip on his stick)*; tak; **he has a very strong** ~ han er sterk i hendene; **T:** han er sterk i klypa; **2.** *fig:* knugende grep *(fx the grip of poverty)*; grep *(fx he had a good grip on the audience)*; **3***(=bag)* bag; veske; **4.: come***(=get)* **to -s with** 1. komme inn på livet av; komme i nærkamp med; 2. *fig:* mestre; gi seg i kast med *(fx a problem)*; **5.: get a** ~ **on oneself** (klare å) beherske seg *(fx she managed to get a grip on herself)*; **6.: lose** ~ 1. miste grepet *(fx the front wheels started to lose grip)*; 2. *fig:* miste grepet (*el.* taket) *(fx he's beginning to lose his grip)*; **have a good** ~ **of the details** ha et godt tak på detaljene.

II. grip *vb* **1.** ta et godt tak i; *om fx bildekk:* få tak *(fx the tyres didn't grip on the wet road)*; **2.** *fig:* fange; fengsle *(fx grip (the attention of) one's audience)*.

gripping ['gripiŋ] *adj:* fengslende *(fx story)*.

grisly ['grizli] *adj(=horrible)* uhyggelig; nifs; fæl *(fx a grisly sight met their eyes)*; **T: it looks** ~ det ser fælt ut; det ser ikke videre trivelig ut.

grist [grist] *subst* **1.** korn som skal males; **2.** maltgrøpp; **3.: it's all** ~ **to the mill** alle monner drar *(fx selling these matches only brings in a little profit, but it's all grist to the mill)*; **it's** ~ **to his mill** det er vann på hans mølle; der får han vann på møllen sin; **all is** ~ **that comes to his mill** han forstår å utnytte enhver mulighet; han forstår å få noe ut av alt.

gristle ['grisəl] *subst(=cartilage (in meat))* brusk (i kjøtt) *(fx there's too much gristle in this steak)*.

gristly *adj:* bruskaktig; full av brusk *(fx this meat is too gristly; tough, gristly meat)*.

I. grit [grit] *subst* **1.** sandkorn; *i slipeskive:* **abrasive** ~ korn; **2.** skarp grus; grovkornet sandstein; **UK** *også:* strøsand *(fx grit is spread on icy roads to prevent cars skidding)*; **3.: piece of** ~ rusk *(fx she's got a piece of grit in her eye)*; **4***(=courage)* mot; **he's got plenty of** ~ han er en uredd fyr.

II. grit *vb* **1.** *glatt vei:* strø *(fx they are gritting the roads)*; **2.:** ~ **one's teeth** bite tennene sammen *(fx he gritted his teeth to stop himself crying out in pain)*.

grits [grits] *subst; pl:* grovmalt korn; gryn; grøpp.

gritty [griti] *adj* **1.** lik grus; sandet; **2.** modig; resolutt.

grizzled ['grizəld] *adj(=grizzly; streaked with grey)* gråsprengt.

grizzly ['grizli] *adj:* gråaktig; gråsprengt.

grizzly bear *zo:* gråbjørn.

I. groan [groun] *subst(=moan)* stønn *(fx he gave a deep groan of despair)*.

II. groan *vb* **1***(=moan)* stønne *(fx with pain)*; **2.** *om treverk:* knake; gi seg; **the hut -ed in the wind** hytta ga seg i vinden; **3.** *fig:* **the table was -ing with food** det bugnet av mat på bordet.

groats [grouts] *subst; pl:* gryn; **oat** ~*(=rolled oats)* havregryn.

grocer ['grousə] *subst* **1.** kjøpmann; kolonialhandler; **2***(=grocer's (shop))* dagligvareforretning *(fx our local grocer has closed)*; **T:** butikk *(fx could you get me a kilo of sugar at the grocer's?)*.

grocery ['grousəri] *subst* **1***(=grocer's shop)* dagligvareforretning; **2.: groceries** dagligvarer; kolonialvarer.

grocery business: the ~ kolonialbransjen; dagligvarebransjen.

grocery store dagligvareforretning; kolonialforretning.

groggy ['grɔgi] *adj(=dazed)* groggy; omtåket.

groin [grɔin] *subst; anat:* lyske.

gromwell ['grɔmwəl] *subst; bot:* steinfrø.

I. groom [gru:m] *subst* **1.** hestepasser; **2***(=bridegroom):* **the bride and ~** bruden og brudgommen.

II. groom *vb* **1.** strigle; stelle *(fx a horse);* **2.** *om dyr el. menneske:* stelle *(fx the monkeys sat in the trees grooming each other);* **3.** *til betydningsfull stilling:* bli trent (*el.* lært) opp *(fx he's being groomed as a possible successor to our head of department); (jvf ill-groomed & well-groomed).*

I. groove [gru:v] *subst* **1.** spor; fure; *i grammofonplate:* rille; **2.** *tøm:* not; **tongue and ~** not og fjær; **3.** *fig:* spor; **get into***(=get stuck in)* **a ~** kjøre seg fast i ett bestemt spor; **things fell back into their old ~** tingene kom i sin gamle gjenge igjen; **everything is back in***(=has got back into)* **the old ~** alt går sin vante gang igjen; **move in a ~** være ensporet; **settle down in one's ~** komme i de vante folder igjen; **think in -s** være henfallen til vanetenkning; **thinking in -s** vanetenkning; **his mind works in a narrow ~** han er åndelig smalsporet.

II. groove *vb* **1.** lage fure (*el.* spor) i; **2.** *tøm:* nothøvle; **-d and tongued boards***(=tongue-and -groove boards)* pløyde bord.

grope [group] *vb* **1.** famle (*for* etter); **~ one's way** famle seg fram; **2.** *fig:* famle (*for* etter) *(fx he groped for the word he wanted).*

I. gross [grous] *subst(=12 dozen)* gross.

II. gross *vb(=make a gross profit of)* ha en bruttoinntekt på *(fx we gross £50,000 a year).*

III. gross *adj* **1***(=vulgar; rude)* vulgær; simpel; grov *(fx behaviour; language);* **~ indecency** grov usømmelighet; **2***(=obvious)* grov *(fx a gross error);* **~ materialism** krass materialisme; **3***(=too fat)* fet *(fx a large, gross woman; she's so gross!).*

gross amount bruttobeløp.

gross assets *merk:* aktivmasse.

gross estate *jur:* bomasse.

gross income*(=gross earnings)* bruttoinntekt.

gross national product *(fk GNP)* bruttonasjonalprodukt (*fk* BNP).

gross negligence grov uaktsomhet.

gross price *merk:* bruttopris.

gross profit *merk* **1.** bruttogevinst; bruttofortjeneste; **2.** *i finansielt regnskap (fk G.P., g.p.)(=trading profit)* driftsfortjeneste.

gross value *merk:* bruttoverdi.

gross weight bruttovekt.

grotesque [grou'tesk] *adj:* grotesk.

grotty ['grɔti] *adj* **S***(=nasty; unpleasant)* vemmelig; ufyselig; snusket; uappetittlig.

grouch [grautʃ] *vb* **T***(=grumble; complain)* beklage seg (*about* over).

I. ground [graund] *subst* **1.** bakke *(fx he was lying on the ground);* jord *(fx in the ground);* terreng *(fx marshy ground; high ground);* **2.** bunn *(fx a white cross on a red ground); mar:* **touch ~** ta bunnen; **3.: coffee -s** kaffegrut; **4.** *i sms:* -plass *(fx football ground);* **5.** *fig:* felt; område; stoff *(fx the lecture was familiar ground to him; the report covered a lot of ground);* grunn; **be on firm***(=sure)* **~** føle seg på sikker grunn; **common ~** et punkt man kan bli enig om; **6.** *stivt el. jur:* grunn(er) *(fx there are no grounds for complaint);* **there are adequate -s for suspicion** det foreligger skjellig grunn til mistanke; **on such -s** på slike premisser;

[Forb m prep & vb]

fig: **break fresh***(=new)* **~** legge nytt land under plogen; skape noe nytt; **below ~***(=dead and buried)* død og begravet; under torven; **cover a lot of ~** 1. tilbakelegge et godt stykke vei; komme langt; 2. *fig:* komme langt *(fx we covered a lot of ground at this morning's meeting);* **it suits me down to the ~** det passer meg helt fint; **get sth off the ~** få startet noe *(fx a project);* **T: this party doesn't get off the ~** det er ingen stemning her i kveld; **give ~** 1*(=lose ground)* tape terreng *(fx the troops were giving ground);* 2. *fig:* **both sides have given ~** begge sider (*el.* parter) har firt; *fig:* **on one's own ~** på hjemmebane; **lose ~** 1.: *se ovf: give ~ 1;* 2. *fig:* tape terreng *(fx the party is losing ground);* **shift one's ~** skifte taktikk *(fx it's impossible to prove him wrong because he keeps shifting his ground).*

II. ground *vb* **1.** *mar(=run aground)* grunnstøte; gå på grunn; **2.** *stivt:* **be -ed on***(=be based on)* være basert på; **3.** *om person:* **be -ed in** få en innføring i *(fx he has been well grounded in mathematics);* **4.** *flyv:* **be -ed** få startforbud *(fx all planes have been grounded); om flyver:* bli overført til bakketjeneste.

ground-based ['graund,beist] *adj; mil:* landbasert; **~ nuclear missile** landbasert mellomdistanserakett; bakkerakett.

ground beetle *zo:* løpebille.

ground control *flyv:* bakkekontroll; *(jvf aircraft control).*

ground crew *flyv(=handling crew)* bakkemannskap.

ground elder *bot(=goutweed)* skvallerkål.

groundfloor ['graund,flɔ:] *subst(,***US** *first floor)* første etasje; **on the ~** i første etasje.

ground glass mattglass.

ground hostess *flyv:* bakkevertinne.

grounding ['graundiŋ] *subst* **1.** *mar(=running aground)* grunnstøting; **2. US***(=earthing; earth connection)* jordforbindelse; **3.** *fig:* grunnlag; innføring *(fx he hasn't had any grounding in Latin grammar; a good grounding in mathematics).*

groundless ['graundlis] *adj; stivt(=without foundation)* grunnløs *(fx his suspicions were groundless).*

groundsel ['graunsəl] *subst; bot:* åkersvineblom; *(se marsh fleawort & ragwort).*

groundsheet ['graund,ʃi:t] *subst:* teltunderlag.

groundsman ['graundzmən] *subst; ved idrettsplass:* oppsynsmann.

ground stop *flyv:* bakkestopp *(fx there will be a 50-minute ground stop in Athens; our ground stop in Athens will be 50 minutes);* bakkestopp *(fx kindly observe that smoking is not allowed during the ground stop).*

ground swell underdønning.

ground target *mil:* bakkemål.

ground thrush *zo:* jordtrost.

ground timber *bygg:* bunnstokk.

ground water*(=subsoil water)* grunnvann.

groundwork ['graund,wə:k] *subst* **1.** *på maleri:* grunning; **2.** *fig(=preliminary work)* forarbeid *(fx producing a dictionary needs a great deal of groundwork).*

I. group ['gru:p] *subst* **1.** gruppe; **in -s of five** i grupper på fem; **when several people go together in a ~** når flere går sammen; **2.** *skolev:* **(form) ~** gruppe; **3.** klynge *(fx there was a group of boys standing at the corner of the street);* **4.** *mil:* gjeng; **5.** *mil; i sms:* -gruppe *(fx army group; brigade group);* **6.** *mus:* gruppe *(fx pop group; did the British group win the song contest?).*

II. group *vb:* gruppere seg; ~ **together** plassere i samme gruppe *(fx group these books together).*
group captain*(fx Gp Capt) flyv(,***US:** *colonel (fk COL))* oberst.
group excursion gruppereise.
groupie ['gru:pi] *subst* **S:** pike som løper etter popmusikere.
group therapy gruppeterapi.
I. grouse [graus] *subst* **1.** *zo:* rype; **black** ~ orrfugl; **red** ~*(=moor fowl; moor game)* skotsk (li)rype; **rock** ~*(=ptarmigan)* fjellrype; **willow** ~ dalrype; lirype; **brood of** ~ rypekull; *(se wood grouse);* **2. T***(=complaint)* klage.
II. grouse *vb* **T***(=complain)* beklage seg *(fx he's grousing about his job again).*
grouting ['grautiŋ] *subst* **1.** *bygg; oljeind:* injisering av mørtel; **2.:** ~ **(cement)** fugemasse.
grove [grouv] *subst; stivt(=clump of trees; spinney)* lund; skogholt; skogsnar.
grovel ['grɔvəl] *vb; stivt(=crawl)* krype; ligge i støvet; ~ **before sby***(=crawl to sby)* krype for en; **if you want a pay rise you'll have to** ~ **(for it)***(=if you want a pay rise you'll have to crawl)* hvis du vil ha lønnspålegg, må du krype.
grovelling ['grɔvəliŋ] *adj(=crawling)* krypende.
grow [grou] *vb(pret: grew; perf. part.: grown)* **1.** vokse; *fig:* **his influence has -n considerably** hans innflytelse har vokst betydelig; **our friendship grew as time went on** vennskapet vårt ble styrket (*el.* utviklet seg) etter hvert som tiden gikk; **2***(=raise)* dyrke *(fx carrots);* **3.** *om skjegg:* la vokse; ~ **a beard** anlegge skjegg; la skjegget vokse; **4.** *ved langsom overgang til annen tilstand:* bli *(fx grow old);* **he grew fond of her** han ble glad i henne; **you'll** ~ **to like it** du vil komme til å like det (etter hvert); **she grew to hate her husband** hun kom (etter hvert) til å hate mannen sin; **5.** *fig:* ~ **apart** vokse fra hverandre; **6.:** ~ **downwards** 1. vokse nedover; 2. *fig:* minke; avta *(fx profits over the years grew downwards);* **7.:** ~ **into** 1. *om klær, etc(=become big enough to wear)* vokse inn i *(fx the sweater is a little too big for him, but he'll grow into it);* 2*(=develop into)* utvikle seg til; **she has -n into***(=grown to be)* **a beautiful woman** hun har utviklet seg til en vakker kvinne; **8.:** ~ **on** 1. vokse på; *fig:* **they don't** ~ **on every bush***(=they're few and far between)* de vokser ikke på trær; det er langt mellom dem; 2. *om noe man etter hvert vil begynne å like:* **it has -n on me** jeg har kommet til å like det; **9.:** ~ **out of** 1*(=become too big to wear)* vokse fra; 2. *fig:* vokse av seg *(fx she has grown out of her girlish ways; he'll grow out of sucking his thumb);* 3. *fig:* vokse fram av; **10.:** ~ **up** 1. vokse opp; bli voksen; **when I** ~ **up** når jeg blir voksen; 2. *fig(=develop; come into existence)* vokse fram.
grower ['grouə] *subst* **1.** *om plante:* **a fast** ~ en plante som vokser fort; **these tomatoes are good -s** disse tomatene vokser godt; **2.** *landbr:* produsent; **a tomato** ~ en tomatdyrker; en tomatprodusent.
growing ['grouiŋ] **1.** *subst:* dyrking; *(jvf grow 2);* **2.** *adj:* voksende; stigende; økende; tiltagende; **3.** *landbr:* -produserende *(fx grain-growing countries).*
growing crop *landbr:* avling på rot.
growing pains 1. *hos barn:* vokseverk; **2.** *fig(=initial difficulties)* begynnervanskeligheter.
growing season veksttid.
growing weather grovær *(fx it's growing weather).*
growl [graul] **1.** *subst:* knurring; brumming; **the dog gave an angry** ~ hunden knurret sint; **2.** *vb:* knurre *(fx the dog growled angrily at me);* **he -s at everyone** han brummer til alle.
grown [groun] **1.** *perf. part. av grow* **2.** *adj:* voksen *(fx a grown man);* fullvoksen; **fully** ~ fullvoksen *(fx he's fully grown now).*
I. grown-up ['groun,ʌp] *subst(=adult)* voksen (person).
II. grown-up, grown up [,groun'ʌp; *attributivt:* 'groun,ʌp] *adj:* voksen *(fx her children are grown up now; they have a grown-up daughter).*
growth [grouθ] *subst* **1.** vekst; **when will your dog reach full** ~**?** når vil hunden din være fullt utvokst? **retarded in** ~ hemmet i veksten; **rate of** ~*(=growth rate)* vekstrate; **a new** ~ **of hair** nytt hår; ny hårvekst; **a week's** ~ **of beard** ukegammelt skjegg; **2.** avling; **of one's own** ~ som man har dyrket selv; **apples of English** ~ epler dyrket i England; **3.** *med.(=tumour)* svulst *(fx a cancerous growth);* **4.** *fig:* vekst; fremvekst; **the rapid** ~ **of our industry** den raske veksten i vår industri; *om forening, klubb, etc:* **in the early days of its** ~ i den første tiden.
growth area vekstområde.
growth industry vekstindustri.
growth-inhibiting ['grouθin,hibitiŋ] *adj:* veksthemmende.
growth-promoting ['grouθprə,moutiŋ] *adj(=growth -stimulating)* vekststimulerende.
I. grub [grʌb] *subst* **1.** *zo:* larve *(fx a caterpillar is a grub);* **2. S***(=food)* mat.
II. grub *vb* **1.:** ~ **(around),** ~ **(away)** grave (omkring i); rote (i) *(fx the pigs were grubbing around for roots); fig:* **he was -bing around among the old books in the library** han rotet omkring blant de gamle bøkene i biblioteket; **2. T:** ~ **for a living** slite for å tjene til livets opphold.
grub axe *(,***US:** *grub ax)* rotøks.
grubby ['grʌbi] *adj* **T***(=dirty)* skitten *(fx a grubby little boy; your hands are grubby!).*
grub kick *sport; rugby:* markkryper.
I. grudge [grʌdʒ] *subst:* **he has a** ~ **against me***(=he bears me a grudge)* han bærer nag til meg; han har imot meg; **T:** han har et horn i siden til meg.
II. grudge *vb* **1.** ikke unne *(fx she grudges me an occasional drink);* misunne *(fx they grudged him his success);* **2.: I** ~ **wasting time on this** jeg er imot å kaste bort tid på dette.
grudging ['grʌdʒiŋ] *adj(=reluctant)* motstrebende; motvillig.
grudgingly *adv(=reluctantly)* motstrebende; motvillig.
gruel ['gru:əl] *subst:* velling; **oatmeal** ~ havrevelling.
gruelling ['gru:əliŋ] *adj:* svært anstrengende; som tar svært på; ytterst krevende; *om forhør:* skarpt; **I find this heat** ~ denne varmen tar jamen på!
gruesome ['gru:səm] *adj(=horrible)* fæl *(fx sight).*
gruff [grʌf] *adj:* brysk; bøs; *om stemme:* barsk; grov.
I. grumble ['grʌmbəl] *subst* **1.** rumling *(fx of thunder);* **2***(=bad-tempered complaint)* sur klage.
II. grumble *vb* **1.** *fx om torden:* rumle; **2.** beklage seg; klage (på en sur måte) *(fx he's grumbling about his salary again);* **he -d at the way he had been treated** han beklaget seg over den måten han var blitt behandlet på.
grumbler ['grʌmblə] *subst:* grinebiter; brumlebasse.
grumpy ['grʌmpi] *adj* **T***(=cross)* gretten.
grunt [grʌnt] **1.** *subst:* grynt *(fx he gave a grunt to show his disapproval);* **2.** *vb:* grynte; **he -ed his agreement** han gryntet som tegn på at han var enig.
G-string ['dʒi:,striŋ] *subst; striptease-dansers:* minitruse.
G-suit ['dʒi:,su:t] *subst:* trykkdrakt.
guano ['gwa:nou] *subst:* guano; fuglegjødsel.
I. guarantee [,gærən'ti:] *subst* **1.** garanti; garantibevis; **the car's still under** ~ garantien på bilen gjelder

enda; **this ~ is valid for one year** denne garantien gjelder i ett år; **he had a new gearbox fitted under ~** han fikk montert ny girkasse på garantien; **2.** gjeldsgaranti; kausjon; sikkerhet *(fx what guarantee can you offer?)*; **£500 would be sufficient ~** £500 ville være tilstrekkelig sikkerhet; **3***(=guarantor)* garantist; kausjonist *(fx I'll act as guarantee for you buying that car)*; **4.** *fig:* sikkerhet; garanti *(fx ability is no guarantee of success)*; **there's no ~ that I'll be able to come** jeg kan ikke garantere at jeg kan komme.

II. guarantee *vb* **1.** garantere (for); **the watch is -d for six months** denne klokken har seks måneders garanti; **I can't ~ that what he told me is correct** jeg kan ikke garantere for at det han fortalte meg, er korrekt; **~ success** garantere for et heldig utfall; **2.** kausjonere for *(fx guarantee sby's debts)*.

guarentee bond *fors(=bond; guarantee)* kausjon; *(jvf I. guarantee 2)*.

guarantee insurance *fors:* kausjonsforsikring; **fidelity ~** (underslags)garantiforsikring.

guarantor [,gærən'tɔ:] *subst; jur(=guarantee)* garantist; kausjonist.

I. guard [ga:d] *subst* **1.** vakt; vaktpost; vaktmannskap; *mil:* **detention under ~** vaktarrest; **~ of honour** æresvakt; **keep ~** holde vakt; **mount ~** 1. *om vaktpost:* gå på vakt; troppe på; 2. sette ut vakt *(fx the police mounted guard on the embassy)*; **relieve the ~** avløse vakten; **stand ~** stå på vakt; **2.** *jernb:* **(passenger train) ~** *(,US: brakeman)* togfører; **3.** *på skytevåpen:* **(trigger) ~** avtrekkerbøyle; **4.** *foran ovn el. peis:* **(fire) ~***(=fire screen)* skjermbrett; **5. US: (prison) ~***(=prison officer)* fengselsbetjent; **6.: off one's ~** uforsiktig; ikke på vakt; uoppmerksom; **catch sby off his ~** overrumple en; komme overraskende på en; ta ham i et ubevoktet øyeblikk; **put***(=throw)* **sby off his ~** (inn)gi en en falsk trygghetsfølelse; **7.: on ~** på vakt; **on one's ~** vaktsom; på vakt; **on one's ~ against** på vakt overfor.

II. guard *vb* **1.** holde vakt; bevokte; **closely -ed** under skarp bevoktning; **2.** *stivt:* **~ against***(=try to prevent)* gardere seg mot; (prøve å) sikre seg mot *(fx mistakes)*; **3.** *sjakk:* dekke.

guard company *mil:* vaktkompani.

guard duty *mil:* vakttjeneste.

guarded ['ga:did] *adj* **1.** bevoktet; **2***(=cautious)* forsiktig *(fx a guarded reply)*.

guardedly *adv:* forsiktig; **he was ~ optimistic about the future** han ga uttrykk for forsiktig optimisme når det gjaldt fremtiden.

guardian ['ga:diən] *subst* **1.** beskytter; vokter; **the -s of peace** fredens voktere; **2.** *jur:* **(legal) ~** verge; formynder; **natural ~** født verge; **testamentary ~** testamentarisk verge; *(jvf receiver 5 & trustee 1)*.

guardian angel skytsengel.

guardianship ['ga:diən,ʃip] *subst:* formynderskap; **be under sby's ~** stå under ens formynderskap.

guard rail 1. gelender; rekkverk; **2.** *langs vei(=guard fence; safety rail)* autovern; avviserrekkverk; **3.** *jernb(=check rail)* ledeskinne.

guardroom ['ga:d,rum] *subst; mil:* vaktrom; vaktstue.

Guards [ga:dz] *subst; pl:* **the ~** Garden.

guardsman ['ga:dzmən] *subst; mil:* gardist.

gudgeon ['gʌdʒən] *subst* **1.** *zo; fisk:* grundling; **2.** *mar:* rorløkke.

gudgeon pin *(,US: wrist pin) mask:* stempelbolt.

guerilla [gə'rilə] *subst:* gerilja(soldat).

I. guess [ges] *subst:* gjetning; **my ~ is that** jeg gjetter på at; **at a ~** hvis jeg skal gjette; anslagsvis; **I give you three -es** du kan få gjette tre ganger; **that was a good ~** det var godt gjettet; **make a ~** gjette; **T: that's anybody's ~** det er det ingen som vet noe sikkert om.

II. guess *vb* **1.** gjette; gjette på; **I'm trying to ~ the height of this building** jeg prøver å gjette (på) hvor høy denne bygningen er; **2. US***(=think)* tro *(fx I guess I'll go now; I guess he did it)*.

guesswork ['ges,wə:k] *subst:* gjettverk; gjetning; **I got the answer by ~** jeg fikk svaret ved å gjette meg fram.

guest [gest] *subst* **1.** gjest *(fx they're having guests for dinner)*; **house ~** overnattingsgjest; **2. T: be my ~!** vær så god *(fx May I have a look at these books? – Be my guest!)*.

guest artist gjesteartist.

guest bedroom*(=spare bedroom)* gjesteværelse.

guesthouse ['gest,haus] *subst(=small hotel)* pensjonat.

guff [gʌf] *subst* **S***(=(ridiculous) nonsense)* tøys; latterlig vrøvl (*el.* prat).

guffaw [gʌ'fɔ:, gə'fɔ:] **1.** *subst; neds:* skoggerlatter; **2.** *vb:* skoggerle.

guidance ['gaidəns] *subst* **1.** veiledning; rettledning; rettesnor; **under the ~ of** under rettledning av.

I. guide [gaid] *subst* **1.** guide; veiviser; *i museum, etc:* omviser; **2***(=guidebook)* reisehåndbok; guide *(fx a guide to London)*; *i museum, etc:* (omvisnings)katalog; **3.: the Guides***(=the Girl Guides)* jentespeiderne; **4.** *tekn:* **~ (rail)** styrelist.

II. guide *vb* **1.** lede; vise vei; **2.** *fig:* rettlede; veilede *(fx he needs someone to guide him)*; **be -d by** la seg rettlede av; rette seg etter.

guide bushing *mask:* føringshylse.

guided missile *mil:* fjernstyrt rakett.

guide dog førerhund.

guided tour 1. omvisning; **2. US***(=conducted tour)* selskapsreise.

guidelines ['gaid,lainz] *subst; pl(=directions)* retningslinjer *(fx we'll need a few guidelines)*.

guide pin *mask:* styrestift; styrebolt.

guild [gild] *subst; hist(=craft union)* laug; (*NB* ordet forekommer i navn, fx City and Guilds of London, som på landsbasis utarbeider pensa og forestår prøver og eksamener i en rekke tekniske fag inntil teknikernivå).

guilder ['gildə] *subst; pengeenhet(=gulden)* gylden.

guildhall ['gild,hɔ:l] *subst* **1.** laugshall; gildehall; **2***(=town hall)* rådhus.

guile [gail] *subst; stivt(=deceit; trick)* svik; list *(fx she used guile to get him to propose to her)*.

guileless ['gaillis] *adj; stivt(=honest; without trickery)* ærlig; uten svik.

guillemot ['gili,mɔt] *subst; zo:* **(common) ~** lomvi; spissnebbet alke.

guillotine ['gilə,ti:n] *subst:* giljotin; falløks.

guilt [gilt] *subst:* skyld *(fx the guilt of the accused)*; **an honest admission of ~** en ærlig innrømmelse av skyld; **consciousness of ~***(=guilty conscience)* skyldbevissthet; **a sense of ~** en følelse av skyld; en skyldfølelse.

guiltless ['giltlis] *adj:* skyldfri; uten skyld.

guilty ['gilti] *adj:* skyldig (*of* i); skyldbetynget; skyldbevisst; **a ~ conscience** en dårlig samvittighet; **I feel ~ about not having written to you sooner** jeg har dårlig samvittighet fordi jeg ikke har skrevet til deg før.

Guinea ['gini] *subst; geogr:* Guinea.

guinea ['gini] *subst* **1.** *hist(=21 shillings)* guinea; **2.** *i visse forb, fx ved angivelse av honorar:* £1.05.

guinea corn*(=durra) bot:* durra.

guinea hen*(=guinea fowl) zo:* perlehøne.

guinea pig 1. *zo:* marsvin; **2.** *fig:* forsøkskanin;

prøveklut.
guise [gaiz] *subst; stivt el. litt.* **1.: in the ~ of***(=dressed like)* kledd som *(fx in the guise of a monk);* forkledd som; **2***(=appearance)* skikkelse *(fx in the guise of an angel);* **3.: under the ~ of friendship** under vennskapets maske.
guitar [gi'ta:] *subst; mus:* gitar *(fx play the guitar).*
guitarist [gi'ta:rist] *subst:* gitarist.
gulch [gʌltʃ] *subst* **US***(=narrow ravine cut by a fast stream)* regnkløft; (fjell)kløft; trang dal.
gulden ['guldən] *subst; pengeenhet(=guilder)* gylden.
gulf [gʌlf] *subst* **1.** (større) havbukt; golf; **2.** *fig(=abyss)* avgrunn *(fx there's a gulf between them);* kløft; (dypt) skille.
Gulf of Mexico *geogr:* **the ~** Mexicogolfen.
Gulf Stream: the ~ Golfstrømmen.
gull [gʌl] *subst; zo(=seagull)* måke; **common ~** fiskemåke; **herring ~** gråmåke; **greater black -backed ~** havmåke; svartbak; **lesser black-backed ~** sildemåke; **black-headed ~** hettemåke.
gullet ['gʌlit] *subst; anat(=oesophagus)* spiserør; svelg.
gullibility [,gʌli'biliti] *subst(=credulity)* godtroenhet; lettroenhet.
gullible ['gʌlibl] *adj(=credulous)* godtroende; lettroende.
gully ['gʌli] *subst* **1.** *geol:* regnkløft; erosjonskløft; **2.** *fjellsp:* renne.
I. gulp [gʌlp] *subst* **1.** slurk *(fx he took a gulp of his coffee);* jafs *(fx he ate the whole slice of bread at(=in) one gulp);* **2.** svelgebevegelse; **with a ~** idet han *(etc)* svelget (nervøst) *(fx There's a ghost out there, he said with a gulp).*
II. gulp *vb* **1.: ~ down***(=swallow quickly)* sluke *(fx a sandwich);* **he -ed down a cup of coffee** han helte i seg en kopp kaffe; **2.** *pga. frykt, etc:* svelge *(fx she gulped as she saw the policeman coming);* **she -ed***(=choked)* **back her tears bravely** hun svelget tappert; hun forsøkte tappert å la være å gråte.
I. gum [gʌm] *subst; anat:* tannkjøtt; gom.
II. gum *subst* **1.** gummi; **2.** klebemiddel; (gummi)-lim; **3. T***(=chewing gum)* tyggegummi; **S:** tyggis.
III. gum *vb* **1.** gummiere; klebe; lime *(fx I'll gum this bit on to the other one; these two pieces of paper have to be gummed together);* **2.** *om maskin, system, etc* **T: ~ up the works** få det hele til å gå i stå *(fx he produced so many rules and regulations for the office that he gummed up the works completely).*
gumboil ['gʌm,bɔil] *subst; med.(=abscess on the gum; parulis)* tannbyll.
gumboots ['gʌm,bu:ts] *subst; pl(=Wellington boots; wellies; rubber boots;* **T:** *rubbers)* gummistøvler.
gumdrop ['gʌm,drɔp] *subst(=gum)* gelédrops.
gummy ['gʌmi] *adj* **T***(=sticky)* klebrig; gummiaktig.
gumption ['gʌmpʃən] *subst* **T 1***(=initiative; courage)* tiltak; **she hasn't the ~ to try** hun har ikke tiltak nok til å prøve; **he has no ~ in him***(=he's got no initiative)* det er ikke noe tiltak i ham; **2***(=common sense)* omløp i hodet.
gumtree ['gʌm,tri:] *subst* **1.** *bot:* gummitre; **2.** *fig* **S: be up a ~***(=be in a very awkward position)* være i en slem knipe; **T:** sitte fint i det.
I. gun [gʌn] *subst* **1.** kanon; gevær; børse; pistol; skytevåpen *(fx do the police carry guns here?);* **heavy -s** tungt artilleri; grovt skyts; **machine ~** maskingevær; **sub-machine ~** maskinpistol; *(jvf shotgun);* **2.: grease ~** fettpresse; **spray ~** sprøytepistol; **3. US S***(=gunman)* gangster; revolvermann; **4. T: big ~** 1*(=high-ranking officer)* høyere offiser; 2. innflytelsesrik person; **the big -s** de store gutta; **5.** *også fig* **T: jump***(=beat)* **the ~** tjuvstarte; **6. T: give it the ~** 1. gi (full) gass; 2. få fart på sakene; **7. T: it was blowing great -s** det blåste voldsomt; det var et forrykende vær; **8.** *fig* **T: stick to one's -s** stå fast på sitt; ikke gi seg.
II. gun *vb* **1.: ~ down** skyte ned; **2.** *fig* **T: ~ for** være (ute) etter; **T:** skyte på; drive hets mot *(fx the press was gunning for him).*
gun barrel 1. kanonløp; **2.** geværløp; børseløp.
gun belt patronbelte.
gunboat ['gʌn,bout] *subst; mil:* kanonbåt.
gunboat diplomacy kanonbåtdiplomati.
gun cotton skytebomull.
gun dog jakthund.
gunfire ['gʌn,faiə] *subst* **1.** kanonild; skyting; **2.** geværild.
gunmaker ['gʌn,meikə] *subst:* børsemaker.
gunman ['gʌnmən] *subst:* gangster; revolvermann.
gunner ['gʌnə] *subst; mil* **1.** artillerist; *hist:* kanonér; **2.** *flyv:* skytter.
gunnery ['gʌnəri] *subst:* artillerivitenskap.
gunpoint ['gʌn,pɔint] *subst:* **at ~** under tvang; under trusel om bruk av makt.
gunpowder ['gʌn,paudə] *subst:* krutt.
gun-running ['gʌn,rʌniŋ] *subst:* våpensmugling.
gunship ['gʌnʃip] *subst; mil:* **(helicopter) ~** krigshelikopter.
gunshot ['gʌnʃɔt] *subst* **1.** *om lyden:* skudd *(fx I heard a gunshot);* **2.** *om avstand:* skuddvidde; skuddhold; **be within ~** være innen skuddvidde; være på skuddhold.
gunshot wound*(=bullet wound)* skuddsår.
gunsmith ['gʌn,smiθ] *subst(=gunmaker)* børsemaker.
gunstock ['gʌn,stɔk] *subst:* geværkolbe; børsekolbe.
gun turret *flyv:* maskingeværtårn.
gunwale ['gʌnəl] *subst; mar(=gunnel)* reling; esing.
I. gurgle ['gə:gəl] *subst(=gurgling sound)* gurglelyd; klukking.
II. gurgle *vb* **1.** *om vann, etc:* klukke; gurgle; **2.** *om person:* klukke *(fx with laughter* av latter*).*
gurnard ['gə:nəd] *subst; zo; fisk:* **grey ~** knurr; **red ~** tverrstripet knurr.
guru ['guru:] *subst; i India:* religiøs veileder; guru.
I. gush [gʌʃ] *subst* **1.** *av væske:* plutselig strøm; **there was a ~ of water** vannet sprutet; **2.** *fig:* utbrudd; vell *(fx a gush(=flood) of memories);* **a ~ of enthusiasm** et begeistret utbrudd.
II. gush *vb* **1.** *om væske:* **~ forth** velle fram; **blood -ed from his wound** blodet strømmet (*el.* fosset) fra såret hans; **2.** *fig; neds:* strømme over; snakke med stor begeistring *(fx she kept gushing about her husband's success).*
gushing *adj; neds:* overstrømmende *(fx she's a bit too gushing for me); om bemerkning, etc:* sterkt overdrevet; *(jvf effusive).*
gushingly *adv; neds:* i overstrømmende vendinger *(fx she spoke gushingly of her husband's success).*
gusset ['gʌsit] *subst; i tøy:* kile.
gust [gʌst] *subst:* **~ of wind** vindkast; kastevind.
gustation [gʌ'steiʃən] *subst; meget stivt(=tasting)* det å smake.
gustatory ['gʌstətəri] *adj:* smaks-; **~ nerve** smaksnerve.
gusto ['gʌstou] *subst* **T***(=enjoyment; enthusiasm)* nytelse; **with great ~** med stort velbehag.
gusty ['gʌsti] *adj:* **it's a bit ~ today** det er ikke fritt for at det er litt kastevind i dag; **it was a ~ day** det var kastevind.
I. gut [gʌt] *subst* **1.** *anat:* tarm; **2***(=catgut)* tarmstreng; katgut.
II. gut *vb* **1***(=clean)* sløye *(fx fish);* **2.** *om brann, etc:* ødelegge fullstendig *(fx the fire gutted the house);* **a -ted house** et utbrent (,utbombet) hus.

guts [gʌts] *subst; pl* **1.** innvoller; tarmer; **2.** T*(=courage)* mot (og fasthet) *(fx he's got a lot of guts);* **3. S: I hate his ~** jeg kan ikke fordra ham.
gutter ['gʌtə] *subst* **1.** rennestein; **2.** takrenne; **3.** *fig:* **the ~** rennesteinen *(fx he picked her up out of the gutter).*
gutter press *neds:* smusspresse.
guttersnipe ['gʌtə,snaip] *subst:* rennesteinsunge; gategutt.
guttural ['gʌtərəl] **1.** *subst; fon:* guttural; strupelyd; **2.** *adj:* strupe-; guttural *(fx he has a very guttural accent).*
guy [gai] *subst* **1***(=guy rope)* bardun; støttebardun; (telt)bardun; **2.** *især* **US T***(=chap)* fyr; **3.** Guy Fawkes-figur (som blir brent 5. november).
Guy Fawkes Day 5. november (da Guy Fawkes-figuren blir brent).
guyline ['gai,lain] *subst(=guy)* (telt)bardun.
guy rope*(=guy; stay)* bardun; støttebardun; (telt)-bardun.
guzzle ['gʌzəl] *vb; om mat el. drikke:* tylle i seg; proppe i seg *(fx no wonder he's fat – he's always guzzling (chocolate));* **~ beer** pimpe øl.
guzzler ['gʌzlə] *subst:* storeter; slukhals.
gwyniad ['gwini,æd] *subst; zo; fisk som forekommer i Lake Bala i Wales:* sik; *(jvf powan).*
gybe*(=jibe)* [dʒaib] *vb* **1.** *mar; om skværrigger:* halse; kuvende; **2.** *seilsp:* jibbe; **~ on the run** jibbe på lens.
gybe mark jibbemerke.
gym [dʒim] *subst* **T 1***(=gymnasium)* gymnastikksal; **2***(=gymnastics)* gymnastikk; **T:** gym *(fx we have gym on Mondays); (se gymnastics).*
gym classes*(=keep-fit classes)* mosjonsgymnastikk; trim; **she goes to ~ once a week** hun går på trim én gang i uken.
gymkhana [dʒim'ka:nə] *subst; sport:* ridestevne; idrettsstevne.
gym lesson gymnastikktime; **T:** gymtime.
gymnasium [dʒim'neiziəm] *subst (,***T:** *gym)* gymnastikksal.
gymnast ['dʒimnæst] *subst:* turner; gymnast; **remedial ~***(=physiotherapist)* sykegymnast.
gymnastic [dʒim'næstik] *adj:* gymnastisk; **~ exercices** gymnastiske øvelser; turnøvelser.
gymnastics [dʒim'næstiks] *subst* **1.** turning; gymnastikk; **2***(=gymnastic exercises)* gymnastiske øvelser; turnøvelser; **3.: remedial ~***(=remedial exercises)* sykegymnastikk.
gymnocarpous [,dʒimnou'ka:pəs] *adj; bot:* gymnokarp; med naken frukt.
gymnosperm ['dʒimnou,spə:m; 'gimnou,spə:m] *subst; bot:* **the -s** de nakenfrøede.
gymnospermous [,dʒimnou'spə:məs] *adj; bot:* nakenfrøet.
gym shoes*(=plimsolls)* turnsko; joggesko.
gymslip ['dʒim,slip] *subst; for skolejente:* gymnastikkdrakt; **T:** gymdrakt.
gymslip mother*(=teenage mother)* tenåringsmor.
gym teacher gymnastikklærer; **T:** gymlærer.
gym tunic *se gymslip.*
gynaecocracy *(,***US:** *gynecocracy)* [,dʒaini'kɔkrəsi; ,gaini'kɔkrəsi] *subst:* kvinnevelde.
gynaecological *(,***US:** *gynecological)* [,gainikə'lɔdʒikəl] *adj:* gynekologisk.
gynaecologist *(,***US:** *gynecologist)* [,gaini'kɔlədʒist] *subst:* gynekolog.
gynaecology *(,***US:** *gynecology)* [,gaini'kɔlədʒi] *subst:* gynekologi.
gypsum ['dʒipsəm] *subst:* gips; *(jvf I. plaster 1 & 2).*
gypsi*(=gipsy)* ['dʒipsi] *subst:* sigøyner.
gyrate [dʒi'reit; dʒai'reit] *vb; stivt(=spin round)* rotere; snurre rundt.
gyration [dʒai'reiʃən] *subst:* rotering; kretsbevegelse.
gyrfalcon*(=gerfalcon)* ['dʒə:,fɔ:lkən] *subst; zo:* jaktfalk.
gyrocompass ['dʒairou,kɔmpəs] *subst:* gyrokompass.
gyroscope ['dʒairə,skoup] *subst:* gyroskop.
gyroscopic [,dʒairə'skɔpik] *adj:* gyroskopisk.

H

H, h [eitʃ] (bokstaven) H, h; *tlf:* **H for Harry** H for Harald; **capital H** stor H; **small h** liten h; **it is spelt with two h's** det skrives med to h'er; **drop one's h's** ikke uttale h'ene (i begynnelsen av ord) *(fx 'ot for hot).*
ha [ha:] *int:* ha!
haberdashery ['hæbə,dæʃəri] *subst:* kortevarer.
habit ['hæbit] *subst* **1.** vane; **he's a creature of ~** han er et vanemenneske; **be in the ~ of (-ing)** ha den vane å; ha for vane å; **he has an irritating ~ of interrupting you when you talk to him** han har den irriterende (u)vane at han avbryter når man snakker med ham; **drink has become a ~ with him** han har fått for vane å drikke; **do sth out of ~** gjøre noe av (gammel) vane; **get into (,break oneself of) a bad ~** legge seg til (,legge av seg) en uvane; **the force of ~** vanens makt; **from force of ~** av gammel vane; **2.** *glds(=clothes)* habitt; **3.** *i sms:* **monk's ~** munkedrakt; **riding ~***(=riding dress)* ridedrakt.
habitable ['hæbitəbl] *adj(=inhabitable)* beboelig.
habitat ['hæbi,tæt] *subst* **1.** *zo:* habitat; tilholdssted; **2.** *bot:* finnested; voksested; **3.** *fig:* habitat *(fx Russians in their natural habitat);* omgivelser.
habitation [,hæbi'teiʃən] *subst* **1.** *litt.(=dwelling)* bolig; **2.: these houses are not fit for human ~** disse husene er ikke egnet som (menneske)boliger.
habit-forming ['hæbit,fɔ:miŋ] *adj:* vanedannende; *(jvf addictive).*
habitual [hə'bitjuəl] *adj:* sedvanlig *(fx his habitual glass of wine);* vane-; *lett glds:* **~ drunkard***(=compulsive drinker)* vanedranker.
habitually *adv; stivt(=usually)* vanligvis.
habituate [hə'bitjueit] *vb* **1.** *stivt(=get used to)* venne seg (,en) til; **2. US T***(=frequent)* være stamgjest i (,på).
habituation [hə,bitju'eiʃən] *subst:* tilvenning (*to* til).
habitué [hə'bitju,ei] *subst;stivt(=regular customer; frequent visitor)* stamgjest; hyppig gjest.
hachure [hæ'ʃuə] **1***(=hatching)* skravering; **2.** *vb(=hatch)* skravere (på kart).
I. hack [hæk] *subst* **1.** *med kniv el. øks(=cut; chop)* skår; hakk; **he took a ~ at the tree** han gjorde et hakk i treet; **2.** *redskap(=pick; mattock)* hakke; **3.** *fotb, etc:* spark på skinnebenet; **4.** *neds:* (blad)smører; person som utfører litterært rutinearbeid; **5. T***(=dry cough)* tørr hoste; **6.** leiehest; **7. US T***(=cabdriver)* drosjesjåfør.
II. hack *vb* **1.** hakke; lage hakk (*el.* skår) i; **2.** *fotb, etc:* sparke på skinnebenet; **3. T***(=cough)* hoste (tørt).
hack journalist *neds:* bladsmører.
hackle ['hækəl] *subst; zo:* halsfjær; nakkefjær.
hackles ['hækəlz] *subst* **1.** *zo; på hund, katt, etc:* bust; nakkehår; **2.: make sby's ~ rise***(=get sby's hackles up)* få en til å reise bust; **his ~ are up** han er sint.
hackneyed ['hæknid] *adj(=trite)* forslitt; fortersket.
hacksaw ['hæk,sɔ:] *subst:* baufil.
hack work *neds:* litterært rutinearbeid; **T:** niggerarbeid.
haddock ['hædək] *subst; zo; fisk:* hyse; kolje.
haematemesis *(,***US:** *hematemesis)* [,hi:mə'teməsis] *subst; med.(=vomiting of blood)* hematemese; blodig oppkast.
haemoglobin *(,***US:** *hemoglobin)* [,hi:mou'gloubin] *subst:* hemoglobin.
haemophilia *(,***US:** *hemophilia)* [,hi:mou'filiə] *subst; med.:* hemofili; blødersykdom.
haemophiliac *(,***US:** *hemophiliac)* [,hi:mou'filiæk] *subst; med.(=bleeder; haemophile)* bløder.
haemorrhage *(,***US:** *hemorrhage)* ['hemərid3] *subst; med.(=bleeding)* blødning.
haemorrhoids *(,***US:** *hemorrhoids)* ['hemə,roidz] *subst; med.:* hemorroider.
haemostatic *(,***US:** *hemostatic)* [,hi:mou'stætik] **1.** *subst(=styptic)* blodstillende middel; **2.** *adj(=styptic)* blodstillende.
haft [ha:ft] *subst; på øks, kniv, etc:* skaft.
hag [hæg] *subst; neds(=ugly old woman)* heks.
hagfish ['hæg,fiʃ] *subst; zo; fisk:* slimål.
haggard ['hægəd] *adj:* hulkinnet.
haggle ['hægəl] *vb:* prute; kjøpslå (*about, over* om).
Hague [heig] *subst; geogr:* **the ~** Haag.
I. hail [heil] *subst* **1.** *meteorol:* hagl; **2.** *fig(=shower)* skur *(fx of arrows);* regn *(fx of bullets, of blows);* **3.** *mar:* **within ~** på praiehold.
II. hail *vb* **1.** hagle; **2.** praie *(fx a taxi);* anrope; **3.** *fig; stivt(=greet)* hilse; ta imot; **4. T: ~ from***(=come from)* komme fra *(fx he hails from Texas).*
hailstone ['heil,stoun] *subst:* hagl; *(se I. hail 1).*
hailstorm ['heil,stɔ:m] *subst:* haglvær.
hair [hɛə] *subst* **1.** *anat:* hår; **a few grey -s** noen få grå hår; **pull out a ~** nappe ut et hår; **2.** *fig(=hair's -breadth)* hårsbredd *(fx that knife missed me by a hair);* **3.** *fig; spøkef om drink dagen derpå som kur mot tømmermenn:* **I'm going to have the ~ of the dog that bit me!** med vondt skal vondt fordrives! **4. T: get in sby's ~** irritere en; **5. T: keep your ~***(=shirt)* **on!** hiss deg ned! hiss deg ikke opp! **6. let one's ~ down** 1. ta ned (*el.* løse) håret; 2. **T:** slå seg (ordentlig) løs; **7.: it made my ~ stand on end** det fikk håret til å reise seg på hodet mitt; **8.: split -s** drive ordkløveri; slåss om ord; **9.** *også fig:* **tear one's ~** rive seg i håret; **10.: he didn't turn a ~***(=he remained calm)* han fortrakk ikke en mine.
hairbrush ['hɛə,brʌʃ] *subst:* hårbørste.
haircut ['hɛə,kʌt] *subst* **1.** hårklipp; **have a ~** få klippet håret; **2.** frisyre.
hairdo ['hɛə,du:] *subst (pl: hairdos)* frisyre; hårsveis.
hairdresser ['hɛə,dresə] *subst* **1***(=ladies' hairdresser)* damefrisør; **2.** *sjeldnere(=barber)* herrefrisør.
hairdresser's assistant ryddepike (i frisersalong).
hairdressing ['hɛə,dresiŋ] *subst:* frisøring.
hair follicle *anat:* hårsekk.
hairgrip ['hɛə,grip] *subst (,***US:** *bobby pin)* hårspenne.
hair lacquer hårlakk.
hairline ['hɛə,lain] *subst* **1.** *anat:* hårfeste; **he has a receding ~** han holder på å bli tynn i hårvikene; **2.** *typ:* hårstrek; tynn strek.
hairline crack ørtynn sprekk; meget smal sprekk.
hairpiece ['hɛə,pi:s] *subst(=toupee; postiche)* toupet; parykk.
hairpin ['hɛə,pin] *subst:* hårnål.
hairpin bend hårnålsving.

hair-raising ['hɛə,reiziŋ] *adj(=terrifying)* hårreisende; skremmende; nervepirrende *(fx bus journey through the mountains).*
hair's-breadth hårsbredd; *(se hair 2).*
hair seal *zo:* øresel.
hair-splitting ['hɛə,splitiŋ] *subst.:* ordkløveri.
hair style*(=hairdo)* frisyre.
hair trigger *i geværlås;* snellert.
hair-trigger temper T: iltert temperament.
hairy ['hɛəri] *adj* **1.** håret; med hår; **2.** *bot:* lodden.
hake [heik] *subst; zo; fisk:* lysing.
halcyon ['hælsiən] *subst* **1.** *myt:* halkyone; **2.** *poet(=kingfisher)* isfugl.
halcyon days *litt.(=happy days)* lykkelige dager.
hale [heil]: **~ and hearty***(=healthy)* rask og rørig.
I. half [ha:f] *subst* **1.** halv; halvdel; halvpart; **2.** *sport, fx fotb:* omgang; **3.** *fotb(=halfback)* half(back); **4. T: one's better ~** ens bedre halvdel; **5. T***(=half a pint (of beer)) omtr:* kvartliter (øl) *(fx half of bitter, please!);* **6.: we don't do things bỹ halves here!** her gjør vi ingenting halvt!
II. half *adj:* halv; **~ Norway** halve Norge; **a ~ bottle of wine** en halvflaske vin; **oh no, he said, with a ~ smile** å nei, sa han med et lite smil; **I've ~ a mind to** ... jeg kunne nesten ha lyst til å; **one and a ~ hours***(=an hour and a half)* halvannen time; **he only did a ~ job on it** der gjorde han bare (en) halv jobb.
III. half *adv:* halvt *(fx half angel and half bird);* halvveis *(fx I half hoped that . . .);* **I ~ wish that** . . . jeg skulle nesten ønske at . . .; **the bottle is ~ empty** flasken er halvtom; **he was ~ dead from cold** han var halvdød av kulde; **T: he's too clever by ~** han er altfor flink (*el.* lur); **T: it's ~ two***(=it's half past two o'clock)* klokken er halv tre; **T: he's not ~ clever enough** han er ikke på langt nær flink nok; **T: he isn't ~ stupid** han er slett ikke dum.
half-and-half [,ha:fən'ha:f] **1.** *subst:* det halve av hvert; **2.** *adj:* som inneholder det halve av hvert *(fx a half-and-half mixture);* **3.** *adv:* fifty-fifty *(fx we can split the costs between us half-and-half).*
halfback ['ha:f,bæk] *subst; fotb:* half(back).
half-baked [,ha:f'beikt; *attributivt:* 'ha:f,beikt] *adj* **1.** halvstekt; ikke gjennombakt; **2.** *fig* **T***(=foolish; stupid)* tåpelig; dum *(fx idea);* **3. T***(=poorly planned)* dårlig forberedt *(fx plan).*
half board*(=demi-pension)* halvpensjon.
half-bound [,ha:f'baund; *attributivt:* 'ha:f,baund] *adj; om bok:* i halvbind.
half-bred [,ha:f'bred: *attributivt:* 'ha:f,bred] *adj:* halvblods.
half-breed ['ha:f,bri:d] *subst:* person av blandingsrase; halvkaste.
half-brother ['ha:f,brʌðə] *subst:* halvbror.
half-caste ['ha:f,ka:st] *subst:* halvkaste.
half-done [,ha:f'dʌn; *attributivt:* 'ha:f,dʌn] *adj* **1.** halvgjort; **2***(=half-cooked)* halvstekt.
half-drunk [,ha:f'drʌŋk; *attributivt:* 'ha:f,drʌŋk] *adj:* halvfull.
half-educated [,ha:f'edju,keitid; *attributivt:* 'ha:f,edju,keitid] *adj; neds:* halvstudert; **a ~ bluffer** en halvstudert røver.
half-hearted [,ha:f'ha:tid; *attributivt:* 'ha:f,ha:tid] *adj:* halvhjertet.
half hitch *mar:* halvstikk.
half holiday halv fridag.
half-hour [,ha:f'auə; 'ha:f,auə] *subst:* halvtime.
half-hourly [,ha:f'auəli; *attributivt:* 'ha:f,auəli] *adj & adv:* halvtimes-; som skjer hver halvtime.
half-mast [,ha:f'ma:st]: **at ~** på halv stang.
half-measures [,ha:f'meʒəz] *subst; pl:* halve forholdsregler.
halfpenny ['heipni] *subst (pl: halfpennies)* **1.** *fk ½p(=halfpence; half p)* ½ pence; **2.** *fk ½d; hist: ½ pence;* **3. US** *& Canada:* ½ cent; *(se penny).*
half seas over T*(=drunk)* full.
half-term (holiday) ferie midt i skoleterminen.
half-timbered house bindingsverkshus.
half-time [,ha:f'taim; *attributivt* 'ha:f,taim] *subst; sport:* halvtid; **at ~** i pausen; **the ~ score***(=the score at half-time)* stillingen etter første omgang.
half-title ['ha:f,taitəl] *subst:* smusstittel.
halfway ['ha:f,wei] **1.** *adj:* som befinner seg midtveis; **a ~ house** 1. rastested som ligger midtveis; 2. *fig:* mellomting; overgangsstadium *(fx between capitalism and socialism);* **2.** *adv:* halvveis; midtveis; på halvveien *(fx meet sby halfway);* **~ between X and Y** midt mellom X og Y; **meet trouble ~** ta bekymringene på forskudd.
halfwit ['ha:f,wit] *subst:* tomsing.
halibut ['hælibət] *subst; zo; fisk:* kveite; hellefisk; helleflyndre.
halitosis [,hæli'tousis] *subst; med.(=bad breath)* dårlig ånde.
hall [hɔ:l] *subst* **1.** hall; **2.** sal; **dining ~** spisesal; *univ:* **~ of residence** student(er)hjem; *i skole:* **assembly ~** aula; **3.: town** *(,***US:** *city)* **~** rådhus; **village ~** folkets hus; **4.** *ofte med stor bokstav:* herregård *(fx he lives at the Hall).*
hallelujah, halleluiah [,hæli'lu:jə] *int:* halleluja.
hallmark ['hɔ:l,ma:k] *subst* **1.** *på gull el. sølv:* kontrollstempel; gullmerke; sølvmerke; **2.** *fig:* stempel; kjennetegn (*of* på).
hallmarked *adj:* kontrollstemplet; gehaltstemplet; **~ silver** gullsmedsølv; ekte sølv.
hallo [hə'lou] *se hello.*
halloo [hə'lu:] *vb; ordspråk:* **don't ~ till you're out of the wood** gled deg ikke for tidlig.
hallow ['hælou] *vb* **1.** *rel:* hellige *(fx hallowed be thy name);* **2.** innvie (kirke).
Hallowe'en [,hælou'i:n] *subst* **US** *& i Skottland(=Hallow-Eve; All Saints' Eve)* allehelgensaften.
hall porter 1. *i hotell:* portier; **2.** *jernb:* portier.
hallstand ['hɔ:l,stænd] *subst(=hat-and-coat stand)* stumtjener.
hallucination [hə,lu:si'neiʃən] *subst:* hallusinasjon.
halo ['heilou] *subst* **1.** glorie; **2.** *rundt sola el. månen:* ring; solring; månering; lysrand.
I. halt [hɔ:lt] *subst* **1.** stopp; rast; **2.** *jernb:* **manned ~** stoppested; **unmanned ~** holdeplass; **3.: call a ~** 1. *mil:* kommandere holdt; 2. *fig:* si stopp; **call a ~ to***(=put a stop to)* sette en stopper for; **come to a ~** stoppe; **grind to a ~** stoppe med brask og bram.
II. halt *vb* **1***(=stop)* stoppe; **2.** *int:* holdt!
halter ['hɔ:ltə] *subst* **1.** *for hest:* grime; **2.** rep (til å henge en med); **he had the ~ round his neck** han hadde løkken (*el.* repet) rundt halsen.
halting ['hɔ:ltiŋ] *adj(=hesitant)* nølende; usikker *(fx speech; voice).*
halve [ha:v] *vb(=cut in half)* halvere; dele i to.
halyard ['hæljəd] *subst; mar; til å heise seil, etc med:* fall; **jib ~** fokkefall; **pennant ~** vimpelfall.
I. ham [hæm] *subst* **1.** skinke; **2. T: ~ (actor)***(=bad actor)* dårlig skuespiller; **3.: (radio) ~***(=amateur radio operator)* radioamatør.
II. ham *vb; om skuespiller:* spille dårlig; overspille.
hamburger ['hæm,bə:gə] *subst(=Hamburger steak; beefburger)* hamburger; karbonade(kake).
ham-fisted ['hæm,fistid] *adj* **T***(=clumsy)* klosset.
ham-handed ['hæm,hændid] *adj: se ham-fisted.*
hamlet ['hæmlit] *subst; ofte litt.(=small village)* liten landsby; grend.
I. hammer ['hæmə] *subst* **1.** hammer; **claw ~** kloham-

mer; **use**(*=wield*) **the** ~ bruke hammeren; **come under the** ~ komme under hammeren; **2.** *sport:* slegge; sleggekast; **throw the** ~ kaste slegge; **3.** *anat(=malleus)* hammer (i øret); **4.** *i skytevåpen:* hane; **5.** *i piano:* hammer; **6. T: go at it ~ and tongs** gå på med krum hals; **he's at it ~ and tongs** han driver på av alle krefter; han står på for fullt.

II. hammer *vb* **1.** hamre *(fx hammer on(=at) the door);* banke; **he -ed the nail into the wood** han slo spikeren inn i treet; **he -ed it in** han slo den inn; **2.** *fig* T slå grundig; pryle; **3.** *fig; om problem, etc* **T: ~ away at**(*=keep working on)* arbeide (iherdig) videre med *(fx we'll hammer away at this until we get it solved);* **4.: ~ sth home** innprente noe; banke noe inn *(fx we'll have to hammer home to them the problems we face with this project);* **5. T: ~**(*=din)* **sth into sby's head** hamre noe inn i hodet på en; **~ it in** hamre det inn; slå det fast så det sitter; **6.: ~ out** 1. hamre ut; banke flat; 2. *fig:* utarbeide; diskutere seg fram til (avtale, løsning, etc); diskutere utførlig; gjennomdrøfte.

hammerhead ['hæmə,hed] *subst* **1.** hammerhode; **2.** *zo:* hammerhai.

hammer oyster(*=hammer shell) zo:* hammermusling.

hammock ['hæmək] *subst* **1.** hengekøye; **2.** hagegynge.

I. hamper ['hæmpə] *subst:* (stor) kurv (med lokk); **linen** ~(*=linen basket)* skittentøykurv; **picnic** ~ lunsjkurv.

II. hamper *vb:* hemme; hindre; sjenere *(fx his heavy walking boots hampered him).*

hamshackle ['hæm,ʃækəl] *vb; hest el. ku:* binde et tau rundt et forben og rundt halsen for å begrense bevegelsesfriheten; *(jvf II. hobble 2).*

hamster ['hæmstə] *subst; zo:* **(common)** ~ hamster.

hamstring ['hæm,striŋ] **1.** *subst; anat:* hasesene; hase; **2.** *vb:* skjære over hasene på; *fig:* lamme; handlingslamme.

hamstrung ['hæm,strʌŋ] *pret & perf. part. av hamstring & adj* **1.** som har fått hasene skåret over; **2.** *fig:* lammet; handlingslammet.

I. hand [hænd] *subst* **1.** *anat:* hånd; **the flat**(*=palm)* **of the** ~ flate hånden; håndflaten; **the hollow of the** ~ den hule hånd; **he has him in the hollow of his** ~(*=he has him completely in his power)* han har ham i sin hule hånd; **2.** *kortsp:* hånd; *om spiller:* **we need a fourth** (~) vi trenger en fjerdemann; **3**(*=handwriting)* skrift; **write a nice** ~(*=have a nice handwriting)* skrive pent; **4**(*=help)* hjelp; hjelpende hånd *(fx give sby a hand with his work);* **5.** T(*=applause)* applaus; **give the little girl a big ~!** klapp ordentlig for den vesle jenta! **6.** *mål:* 4 tommer (ca. 10 cm) *(fx a horse of 14 hands);* **7.** (ur)viser *(fx minute hand);* **8.** *mar:* medlem av besetningen; **all -s on deck!** alle mann på dekk! **9.** *oftest i sms:* arbeider *(fx take on a few more hands);* **farm** ~(*=farm labourer; agricultural labourer)* gårdsarbeider; *lett glds:* gårdsgutt; **mill** ~(*=textile worker)* tekstilarbeider; **10.: bound**(*=tied (up))* ~ **and foot** *især fig:* bundet på hender og føtter; **wait on sby ~ and foot** varte en opp på (*el.* i) alle ender og kanter; **11.** *oftest neds:* **be ~ in glove with sby** være hånd i hanske med en; stå på en meget god fot med en; **12.** *også fig:* **~ in ~** hånd i hånd; **13. T: make money ~ over fist** tjene store penger; **T:** skuffe inn penger *(fx he's making money hand over fist in that shop);* **14.: ~ to ~** mann mot mann; **15.: be an old ~ at sth** ha lang erfaring i noe; **16.: change -s** skifte eier; **17.: fall into the -s of bandits** falle i hendene på banditter; **18.: force sby's** ~(*=force sby to take action)* tvinge en (til å ta affære); **19. T: give**(*=lend)* **sby a helping** ~ gi en en håndsrekning (*el.* hjelpende hånd); hjelpe en; *(jvf 4 ovf);* **20.: a free** ~ frie hender *(fx have a free hand;* **21.: have one's -s full** ha hendene fulle; **22.: have a ~ in sth**(*=be involved in sth)* ha noe med noe å gjøre; **23.: get (,have) the upper ~** få (,ha) overtaket; **24.: hold -s** holde hverandre i hånden; **hold -s with a girl**(*=hold a girl's hand)* holde en pike i hånden; **25.** *i spill, etc* **T: keep one's ~ in** holde seg i trening; **26. T: keep one's -s off** holde hendene unna; **27. T: lay (one's) -s on** 1(*=find)* finne; 2(*=catch)* få tak i; få kloen i; **28.** *fig:* **play into sby's -s** gjøre det lett for en; spille opp til en; **29.** *om praktisk dyktighet:* **he can do anything he sets**(*=puts)* **his ~ to**(*=he can turn his hand to anything)* han kan klare (å gjøre) hva det skal være (hvis han går inn for det); **30.** *stivt:* **set one's ~ to a document**(*=sign a document)* undertegne et dokument; **31.: shake -s with sby**(*=shake sby's hand)* håndhilse på en; **they shook -s** de håndhilste (på hverandre); **32. T: try one's ~ at sth** forsøke seg på noe;

33. *Forb m prep & adv:* **at ~** 1. *stivt:* **(near) at ~, close at** ~(*=near; not far away)* like i nærheten; for hånden; *i tidsuttrykk:* **the examinations are at ~** eksamen står for døren; 2(*=available; within reach)* for hånden; innen rekkevidde *(fx help is at hand); stivt:* **at sby's -s, at the -s of sby: they received very rough treatment at the -s of the terrorists**(*=they were given very rough treatment by the terrorists)* de ble alt annet enn pent behandlet av terroristene; **three people died at his -s**(*=he killed three people)* tre mennesker døde for hans hånd; *(jvf ndf: in sby's hands);* **by ~** 1. med håndkraft; med hånden; **knitted by** ~(*=hand-knitted)* håndstrikket; **made by** ~(*=hand-made)* håndlaget; 2(*=by messenger)* med bud; 3.: **bring up a baby by ~** flaske opp en baby; 4.: **die by one's own ~** dø for egen hånd;

by the ~ ved hånden; **lead (,take) sby by the ~** føre (,ta) en ved hånden;

-s down T(*=very easily)* med letthet; **he won -s down** han vant overlegent (*el.* med letthet);

from ~ to ~ fra hånd til hånd; **live from ~ to mouth** leve fra hånd til munn;

in ~ 1. *om penger:* til rådighet *(fx we still have £50 in hand); merk:* **cash in ~** kontantbeholdning; kassabeholdning; 2. *sport; om kamp(=not yet played)* uspilt; som det gjenstår å spille; 3. *stivt(=being dealt with)* under behandling *(fx the matter is now in hand); merk:* i arbeid *(fx your order is now in hand);* 4. under kontroll *(fx have the situation well in hand);* 5. *om gjenstridig person, etc:* **take in** ~(*=handle)* ta seg av; ta under behandling *(fx Peter said he would take him in hand);*

in his (,her, *etc***) ~** med hans (,hennes, *etc*) håndskrift; **in sby's -s** 1. *om eiendom el. sak:* i ens hender; **this matter is now in the -s of my solicitor** jeg har nå overlatt denne saken til min advokat; 2. i hendene på en; i ens hender *(fx we're in his hands);* **in good -s** i gode hender; **off ~** *se offhand;*

-s off! fingrene fra fatet; vekk med fingrene; *(jvf 26 ovf);*

T: get off one's -s 1. bli kvitt; få kvittet seg med; 2. bli fri for (å passe på) *(fx you'll be glad to get the children off your hands);* **on ~** i nærheten; for hånden; **you'd better be on ~ in case you're needed** det er best du holder deg i nærheten i tilfelle det skulle bli bruk for deg;

have sth on one's -s sitte med ansvaret for noe *(fx he has two houses on his hands);* **be left with sth on one's -s** bli sittende igjen med noe *(fx we were left with a lot of rubbish on our hands);* **have a lot on one's -s**(*=be very busy)* ha mye å gjøre;

on the one ~ på den ene siden;
on the other ~ på den annen side; derimot;
out of ~ 1. uregjerlig; vanskelig å holde styr på *(fx the angry crowd was getting out of hand);* 2. *stivt(=without ceremony)* uten videre; **they were shot out of** ~ de ble skutt uten videre.

II. hand *vb* **1.:** ~ **sby sth** rekke en noe; **2.:** ~ **sth back to sby** rekke en noe tilbake igjen *(fx he took the book from me, then handed it back to me); fig; radio, TV:* sette tilbake til *(fx 'That's the end of my report from Paris. I'll now hand you back to Fred Smith in the television studio in London);* **3.:** ~ **down** 1. rekke ned; sende ned *(fx boxes from a shelf);* 2. *om tradisjon, etc:* **these customs have been -ed down from father to son since the Middle Ages** disse skikkene har gått i arv fra far til sønn helt siden middelalderen; **4.:** ~ **in** levere inn; innlevere; ~ **in one's resignation** levere inn sin avskjedssøknad; **5.:** ~ **on***(=pass on)* levere videre; la gå videre *(fx hand these notes on to the person after you on the list); fig:* **be -ed on from father to son** gå i arv fra far til sønn; **6.:** ~ **out** 1. dele ut *(fx books to the pupils);* 2. *fig:* ~ **out criticism** dele ut kritikk; kritisere; **7.:** ~ **over** 1. gi fra seg; utlevere *(fx he handed over the jewels);* overlevere *(fx the thief to the police);* 2. *mil:* avlevere; 3. *radio, TV:* sette over *(fx the reporter handed the viewers over to Fred Smith in the television studio);* **8.:** ~ **it to sby** 1. rekke en det; 2. **T:** gi en den ros en har fortjent; **you've got to** ~ **it to him** det må man gi ham ros for; rett skal være rett *(fx You've got to hand it to him. He said he'd be a millionaire one day and he's done it);* **9.:** ~ **sth up to sby** rekke noe opp til en *(fx I'll go up the ladder and you can hand the tools up to me).*

handbag ['hæn,bæg] *subst (,***US:** *purse)* håndveske.

handbarrow ['hæn,bærou] *subst:* bærebør; *(jvf wheelbarrow).*

handbill ['hæn,bil] *subst:* løpeseddel; reklameseddel.

handbook ['hæn,buk] *subst:* håndbok (*of* i).

handbrake ['hæn,breik] *subst:* håndbrems; håndbrekk; **apply***(=put on)* **the** ~ sette på håndbrekket; **release the** ~*(=take the handbrake off)* ta av håndbrekket.

h. and c. *(fk.f. hot and cold water)* varmt og kaldt vann.

handcart ['hæn,ka:t] *subst:* håndkjerre.

handclasp ['hæn,kla:sp] *subst* **US***(=handshake)* håndtrykk.

handcuff ['hæn,kʌf] **1.** *subst:* håndjern *(fx a pair of handcuffs);* **2.** *vb:* sette håndjern på.

hand drill hånddrill; *(jvf drill gun).*

handful ['hæn,ful] *subst* **1.** håndfull; **2. T** *især om barn:* **she's such a** ~ hun er så uregjerlig.

hand grenade håndgranat.

handgrip ['hæn,grip] *subst* **1***(=grip)* grep; håndtrykk; **2.** håndtak; **3.:** *se holdall.*

handhold ['hænd,hould] *subst:* tak (for hendene); feste for hendene.

handicap ['hændi,kæp] **1.** *subst:* handikap; **2.** *vb:* handikappe.

handicapped *adj:* handikappet; ufør; arbeidsufør; yrkesvalghemmet.

handicraft ['hændi,kra:ft] *subst* **1.** håndverksmessig dyktighet; **2.** håndarbeid *(fx local handicraft).*

handiwork ['hændi,wə:k] *subst* **1.** *om håndlagede ting:* arbeid *(fx examples of the pupils' handiwork were on show);* **2.** *fig; iron:* verk *(fx it's his handiwork).*

handkerchief ['hæŋkətʃif] *subst (pl: handkerchieves) stivt(=hankie; hanky)* lommetørkle.

I. handle ['hændəl] *subst* **1.** håndtak; skaft *(fx axe handle); (se door handle);* **2. S***(=title)* tittel *(fx have a handle to one's name);* **3. T: fly off the** ~*(=blow one's top)* fly i taket; fly i flint; **4.: give sby a** ~*(=give sby cause for complaint)* gi en grunn til å klage på en; **T:** gi en noe å henge hatten på; **he has no legal** ~ **against you** *(,***T:** *legally he has nothing on you)* juridisk (sett) kan han ikke gjøre deg noe.

II. handle *vb* **1.** håndtere;*(=touch)* ta i; ta på; **2***(=deal with; control)* behandle *(fx children);* **I'll** ~ **him all right!** jeg skal nok (vite å) ta meg av ham! **3***(=manage; cope with)* klare; greie; gripe an *(fx he was uncertain how best to handle the situation);* behandle; **4.** *merk(=deal in)* føre.

handlebar ['hændəl,ba:] *subst; på sykkel:* **-s** styre.

handler [hændlə] *subst(=dog handler)* (hunde)fører.

handling [hændliŋ] *subst* **1.** berøring; håndtering; **2.** behandling; **3.** *fotb(=hands)* hands.

handling fee *merk:* ekspedisjonsgebyr.

hand luggage håndbagasje.

handmade ['hæn(d),meid] *adj:* håndlaget; håndgjort.

handmade paper bøttepapir.

hand mirror håndspeil.

handout ['hænd,aut] *subst* **1***(=leaflet)* løpeseddel; **2.** noe som deles ut gratis; *neds* **T: you needn't come to me looking for a** ~! du behøver ikke å komme til meg og be om almisser! **3***(=press release)* pressemelding.

hand-picked [,hæn(d)'pikt; *attributivt:* 'hæn(d),pikt] *adj:* håndplukket; omhyggelig utvalgt.

handrail ['hænd,reil] *subst; på gelender:* håndløper; *ikkefagl ofte:* rekkverk; gelender.

hands [hændz] *subst; fotbl(=handling)* hands.

handsaw ['hæn,sɔ:] *subst:* håndsag.

handset ['hænd,set] **1.** *subst; tlf(=receiver)* (telefon) rør; **2.** *adj; typ:* håndsatt; satt for hånden.

handshake ['hænd,ʃeik] *subst:* håndtrykk; *(jvf golden handshake).*

handsome ['hænsəm] *adj* **1***(=good-looking)* pen; kjekk *(fx tall, dark and handsome); om ting:* pen *(fx old building);* **2.** *stivt(=generous)* pen *(fx sum of money; it was handsome of him to forgive her);* **3.** *ordspråk:* ~ **is that** ~ **does** den er pen som handler pent.

handspring ['hæn(d),spriŋ] *subst; gym:* **do a** ~ slå stiften.

handstand ['hæn(d),stænd] *subst; gym:* håndstående; det å stå på hendene; **do a** ~ stå på hendene.

handstand dive håndstående stup.

hand-to-hand combat*(=close combat) mil:* nærkamp.

hand-to-mouth *adj:* **lead a** ~ **existence** leve fra hånd til munn.

handwriting ['hænd,raitiŋ] *subst:* håndskrift; **your** ~ **is terrible** du har en forferdelig håndskrift.

handyman ['hændi,mæn] *subst:* altmuligmann; *(jvf dogsbody).*

I. hang [hæŋ] *subst* **1.** *om måten noe henger på:* fall *(fx the hang of the curtains);* **the** ~ **of the dress** den måten kjolen fører seg på; **2. T: get the** ~ **of sth** få tak på noe; lære noe; forstå meningen med noe.

II. hang *vb (pret: hung; perf. part.: hung; i betydningen henrette ved hengning: pret: hanged; perf. part.: hanged)* **1.** henge *(fx the picture's hanging on the sitting-room wall);* henge opp *(fx we'll hang the curtains tonight);* **a door -s by its hinges** en dør henger i hengslene; **2.** *om henrettelsesmåte:* henge *(fx murderers used to be hanged);* **no-one -s for murder now** det er ingen som blir hengt for mord nå; *lett glds* **T: I'll be hanged if I'll put up with it!** så pokker om jeg vil finne meg i det! **3.:** ~ **one's head** henge med hodet; **4.:** ~ **about** 1. stå og henge *(fx at street corners);* 2. *om utålmodig venting(=hang around; wait about)* stå og henge; **5.:** ~ **back***(=hesitate; be unwilling)* nøle; betenke seg;

kvie seg; holde seg tilbake; **6.: ~ by a thread** henge i en tråd; **7.: ~ fire** 1. *om skytevåpen:* ikke gå av med én gang; 2. *fig:* gå tregt *(fx our plans for the new factory are hanging fire at the moment);* **things are -ing fire as it were** vi kommer liksom ikke av flekken; **8.** *fig:* **~ in the balance** være uviss(t); ikke være avgjort *(fx her fate is (hanging) in the balance);* **his life -s in the balance** han svever mellom liv og død; **9.: ~ on** 1. henge på *(fx the wall);* henge i *(fx the gallows);* 2. holde fast; ikke slippe *(fx he hung on until the rope broke);* 3. *fig:* holde fast; holde ut *(fx you should hang on at your present job until you can get another);* 4. *fig(=depend on)* avhenge av *(fx everything hangs on that deal);* 5. **T***(=wait)* vente *(fx will you hang on a minute – I'm not quite ready);* 6. *stivt(=listen attentively):* **she hung on his every word** hun lyttet oppmerksomt til hvert ord han sa; **10.: ~ on to** 1. holde fast i *(fx the rope);* 2. *fig:* holde fast på *(fx her parents thought she'd better hang on to David);* 3. **T: ~ on to your ticket!** pass godt på billetten din! **11.: ~ out** 1. henge ut *(fx I'll go and hang out the washing);* 2. *om krøllet klesplagg:* henge seg ut; 3. **T***(=live)* holde til *(fx where does he hang out nowadays?);* **12.: ~ over** *også fig:* henge over; **his stomach -s shamelessly over the belt** magen hans henger skamløst ut over beltet; **13. T: you look a bit hung over this morning** du ser litt forranglet ut i dag; **a hung-over look** et forranglet uttrykk; **14.: ~ together** 1. henge sammen; 2. *fig:* henge sammen *(fx his statements just don't hang together – he must be lying);* **15.: ~ up** 1. henge opp; 2. *tlf:* legge på (røret); **she hung up (on me)** hun la på røret (til meg).

hangar ['hæŋə] *subst; flyv:* hangar.

hangdog ['hæŋ,dɔg] *adj:* **a ~ look***(=a guilty look)* et skyldbetynget utseende.

hanger [hæŋə] *subst* **1.** *om forskjellige innretninger:* henger; **2***(=coat hanger)* (kles)henger; **3.** *elekt:* **catenary ~** henger; utligger; *(se paperhanger).*

hanger-on [,hæŋər'ɔn] *subst; neds:* snyltegjest; påheng.

hang glider *flyv:* hang glider.

hanging ['hæŋiŋ] *subst* **1.** opphengning; **2.** *henrettelsesmetode:* hengning.

hanging committee *ved kunstutstilling:* utstillingskomité.

hanging compass sladrekompass.

hanging offence: that's a ~ det blir man hengt for.

hangings *subst; pl; stivt(=curtains)* gardiner.

hangman ['hæŋmən] *subst:* bøddel.

hangnail ['hæŋ,neil] *subst:* løs hudflik ved siden av neglen *(fx she had hangnails).*

hang-out ['hæŋ,aut] *subst* **T:** tilholdssted.

hangover ['hæŋ,ouvə] *subst* **1. T:** bakrus; tømmermenn; **have a ~** ha tømmermenn; *(jfv II. hang 13);* **2.** *fig:* noe som henger igjen *(fx this is just a hangover from the old system).*

hang-up ['hæŋ,ʌp] *subst(=fixation)* fiks idé; noe man har fått på hjernen *(fx she's got a real hang-up about it).*

hank [hæŋk] *subst; av tau, garn, etc:* bunt; *av garn(=skein)* dukke; bunt.

hanker ['hæŋkə] *vb* **T: ~ after, ~ for** ønske sterkt; ha god lyst til *(fx I rather hanker after going to America).*

hankering *subst* **T: I have a ~ for an icecream** jeg skulle gjerne hatt en iskrem.

hankie*(=hanky)* ['hæŋki] *subst:* lommetørkle.

hanky-panky ['hæŋki 'pæŋki] *subst* **T:** lureri; fiksfakserier; revestreker.

Hanover ['hænouvə; 'hænəvə] *subst; geogr:* Hannover.

Hansard ['hænsa:d] *subst* **UK** *(,US: Congressional Record) svarer til:* Stortingstidende.

Hanse [hæns] *subst; hist:* **the ~***(=the Hanseatic League)* Hansaforbundet; **the ~ towns** hansastedene.

haphazard [hæp'hæzəd] *adj:* vilkårlig; tilfeldig *(fx arrangement; plan);* **in a ~ way***(=at random)* på måfå; på en tilfeldig måte; på slump; på lykke og fromme.

haphazardly *adv(=at random)* på måfå; på en tilfeldig måte; på slump; på lykke og fromme.

hapless ['hæplis] *adj; litt. el. glds(=unlucky)* uheldig.

happen ['hæpən] *vb* **1.** skje; hende; **what -ed to you yesterday?** hva var det som hendte med deg i går? **2.** *om det tilfeldige:* **I -ed to find him** jeg fant ham tilfeldigvis; **he -s to be my friend** han er tilfeldigvis min venn; **it just so -s that I have the key in my pocket***(=as it happens, I have the key in my pocket)* jeg har tilfeldigvis nøkkelen i lommen; *stivt:* **~ on***(=find by chance)* komme på *(fx the perfect solution to the problem).*

happening ['hæpəniŋ] *subst; oftest i pl:* hendelse; tildragelse *(fx strange happenings).*

happily ['hæpili] *adv* **1.** lykkelig *(fx the child smiled happily);* **2***(=fortunately)* lykkeligvis; heldigvis; **3.** gladelig; med glede *(fx I'll happily help you all I can).*

happiness ['hæpinis] *subst:* lykke; **wish sby every ~***(=wish sby well)* ønske en alt godt; **money alone does not spell***(=make)* **~** man kan ikke bli lykkelig med penger alene; **a feeling of ~** en lykkefølelse.

happy ['hæpi] *adj* **1.** glad; lykkelig; **make sby ~** gjøre en glad (*el.* lykkelig); **a ~ smile** et lykkelig smil; *om historie:* **have a ~ ending** ende godt; **he's (quite) ~ where he is** han har det (helt) bra der han er; **2.** *om uttrykk, etc(=appropriate; well chosen)* velvalgt; heldig *(fx a happy choice of words);* **3***(=very willing):* **I'd be ~ to help you** jeg skulle mer enn gjerne hjelpe deg; **4.** *stivt; attributivt(=lucky):* **by a ~ chance I have the key with me** til alt hell har jeg nøkkelen med meg; **5. T: they're expecting a ~ event** de venter familieforøkelse; **6.: the ~ medium***(=the golden mean)* den gylne middelvei; **7.** *int:* **~ birthday!** gratulerer med dagen! **~ Christmas!** god jul! **8.: are you all ~ about that?** synes alle sammen at de har forstått det? **I wasn't ~ about the way things turned out** jeg var ikke fornøyd med den måten tingene utviklet seg på; **9.: ~ with***(=satisfied with)* fornøyd med *(fx I'm not happy with it);* **10.** *stivt:* **have a ~ recollection of***(=remember with pleasure)* tenke tilbake på med glede.

happy-go-lucky [,hæpigou'lʌki; 'hæpigou,lʌki] *adj:* likeglad; som ikke tar sorgene på forskudd *(fx she's always cheerful and happy-go-lucky).*

harangue [hə'ræŋ] **1.** *subst:* harang; **2.** *vb:* holde tale til; preke for.

harass ['hærəs, *især* **US:** hə'ræs] **1.** plage; mase på *(fx the children have been harassing me all morning);* **2.** *mil(=pester)* plage; uroe *(fx the enemy); fig:* sjikanere; plage; **a policeman was -ed out of his job** en politimann ble sjikanert bort fra sin stilling; **the police had been -ing him since he came out of prison** politiet hadde plaget ham siden han kom ut av fengslet.

harassment ['hærəsmənt; *især* **US:** hə'ræsmənt] *subst* **1.** plage; **her children are a constant source of ~ to her** barna hennes er en evig plage; **2.: police ~** politiovergrep; **sexual ~** sexpress.

harbinger ['ha:bindʒə] *subst; litt.:* forløper; varsel.

I. harbour *(,US: harbor)* ['ha:bə] *subst* **1.** *mar:* havn;

2. *fig(=refuge)* tilfluktssted.
II. harbour *(,US: harbor) vb* **1***(=give refuge to)* gi ly; skjule *(fx a criminal);* **2.** *stivt:* ~ **thoughts of revenge***(=want revenge)* gå med hevntanker.
harbour master havnefogd.
I. hard [ha:d] *subst* **S 1***(=hard labour)* straffearbeid; **2***(=erection):* **get (,have) a ~ on** få (,ha) ereksjon (,*vulg:* ståpikk).
II. hard *adj* **1.** hard; **2***(=difficult)* vanskelig; **3.** *fig:* hard *(fx fate; master; he's hard and unfeeling);* **he's a ~ worker** han arbeider hardt; **she's had a ~ life** hun har hatt et hardt liv; **these are ~ times** det er harde tider vi lever i; **4.** *om vann:* hardt; **5.** *om været(=severe)* hard *(fx winter);* **6.** *fon:* hard; **7.** *om alkoholholdig drikk:* sterk *(fx he prefers the hard stuff);* **8.** *om narkotikum:* tungt; ~ **drugs** tunge stoffer; **9.:** ~ **of hearing** tunghørt; **10. be ~ on** 1. være hard mot; 2. være urettferdig mot (*el.* overfor).
III. hard *adv* **1.** hardt *(fx think hard; work hard);* **pull -er** dra (*el.* trekk) hardere; *fig:* ~ **hit** hardt rammet; **she took her father's death very ~** hun tok sin fars død meget hardt; **she stared ~ at him** hun stirret hardt på ham; **2.** *om dreining:* hardt; skarpt *(fx turn hard left); mar:* ~ **aport!** hardt til babord! **3. T: be ~ at it***(=work hard)* arbeide hardt; **T:** stå på *(fx I've been hard at it all day)* **4.** *lett glds:* ~ **by***(=near; close by)* like ved; tett ved; **5.** *fig:* **die ~** være seiglivet *(fx prejudice dies hard);* **6. T: ~ done by***(=unfairly treated)* urettferdig (*el.* urealt) behandlet *(fx he says he's been hard done by);* **7.: drink ~** drikke tett; **8.** *stivt:* **go ~ with***(=be unpleasant for)* bli ubehagelig for; **9.:** ~ **on sby's heels***(=close behind sby)* like i hælene på en; like etter en; **10.: be ~ put to it to***(=have great difficulty in (-ing))* ha sin fulle hyre med å; ha de største vanskeligheter med å; **11. T: ~ up***(=short of money)* i pengeknipe; *fig:* **be ~ up for friends** ha vanskelig for å finne venner; **we're ~ up for suggestions** vi mangler forslag; vi trenger sårt (til) forslag.
hard-and-fast *adj; om regel:* fast.
hardback ['ha:d,bæk] *subst:* stivbind; innbundet bok.
hardboard ['ha:d,bɔ:d] *subst; bygg:* hard trefiberplate (4 mm tykk); *(jvf blockboard; building board; chipboard; fibreboard; laminboard; wallboard).*
hard-boiled [,ha:d'bɔild; *attributivt:* 'ha:d,bɔild] *adj; også fig:* hardkokt.
hard case T: vanskelig tilfelle *(fx some of these prisoners are really hard cases).*
hard cash rede penger; *spøkef:* klingende mynt; **I prefer to be paid in ~** jeg foretrekker kontant oppgjør.
hard copy *EDB:* klarskrift.
hard core 1. *også fig:* hard kjerne; **2:** *bygg:* sprengsteinsfylling.
hard-core porn(ography) hard porno(grafi).
hard-core refugee minusflyktning.
hard court *tennis:* grusbane.
hard currency hard valuta.
hard-earned [,ha:d'ə:nd; *attributivt:*'ha:d,ə:nd] *adj:* velfortjent; surt ervervet *(fx wages).*
harden ['ha:dən] *vb* **1.** gjøre hard; bli hard; stivne; **2.** *fig:* forherde; ~ **one's heart** gjøre seg hard.
hardened ['ha:dənd] *adj* **1.** forherdet; **2.** *m.h.t. ubehagelig oppgave:* **be (,become) ~ to** være (,bli) forherdet overfor *(fx he didn't like punishing children, but he soon became hardened to it);* **3.** *med.:* ~ **arteries***(=arteriosclerosis)* åreforkalkning.
hardening ['ha:dəniŋ] *subst* **1.** herding; størkning; **2.** forherdelse.
hardening of the arteries *med.(=arteriosclerosis)* åreforkalkning.
hard feelings T: no ~, I hope! ingen sure miner, håper jeg!
hard hat 1. *bygg:* (verne)hjelm; **2. US T***(=construction worker)* bygningsarbeider; *(jvf crash helmet; steel helmet; tin hat; welding helmet).*
hard-headed [,ha:d'hedid; *attributivt også:* 'ha:d,hedid] *adj(=realistic)* nøktern *(fx businessman).*
hard-hearted [,ha:d'ha:tid; *attributivt også:* 'ha:d,ha:tid] *adj:* hardhjertet.
hardiness ['ha:dinis] *subst(=toughness)* hardførhet.
hard labour straffarbeid; tvangsarbeid.
hard line *fig:* hard linje (*el.* kurs) *(fx adopt a hard line).*
hard-liner [,ha:d'lainə] *subst:* tilhenger av en hard linje (*el.* kurs).
hard lines T*(=bad luck; hard luck)* uflaks *(fx it was hard lines we didn't win; it was hard lines on him).*
hard luck *se hard lines.*
hard-luck [,ha:d'lʌk] *adj:* ~ **story** *neds:* lidelseshistorie; klagesang; jeremiade; jammerhistorie.
hardly ['ha:dli] *adv* **1***(=scarcely)* knapt; nesten ikke *(fx we hardly knew the family; he could hardly hold the cup);* **2***(=probably not):* **he's ~ likely to forgive you** det er lite sannsynlig at han vil tilgi deg; **3.:** ~ **anyone** nesten ingen; knapt noen; ~ **any small businesses are successful** det er nesten ingen små firmaer som går godt; **4.:** ~ **ever***(=almost never)* nesten aldri; **5.:** ~ **possible** nesten umulig; **6.:** ~ **had he opened the door when they rushed in***(=no sooner had he opened the door than they rushed in)* han hadde knapt åpnet døren da de stormet inn.
hardness ['ha:dnis] *subst:* hardhet.
hard palate *anat:* **the ~** den harde gane.
hardpan ['ha:d,pæn] *subst; geol:* aurhelle (ɔ:hardt jordlag).
hard rubber*(=ebonite; vulcanite)* ebonitt.
hardship ['ha:d,ʃip] *subst* **1***(=adversity)* motgang *(fx undergo a great deal of hardship);* **2.:** ~**(s)** strabaser; **avoid unnecessary ~** unngå unødige strabaser; **be prepared for heavy going and -s** være innstilt på slit og strabaser.
hard shoulder *langs motorvei:* bankett.
hard-solder ['ha:d,sɔldə] *vb(=braze)* slaglodde.
hardtack ['ha:d,tæk] *subst; hist(=ship's biscuit)* beskøyt; skipskjeks.
hardware ['ha:d,wɛə] *subst* **1***(=ironmongery)* isenkram(varer); **2.** *EBD; mots. programvare (software):* hardware; maskinware; maskinutstyr.
hardware dealer*(=ironmonger)* isenkramhandler.
hard-wearing [,ha:d'wɛəriŋ; *attributivt også:* 'ha:d,wɛəriŋ] *adj(=strong)* slitesterk.
hardwood ['ha:d,wud] *subst:* hardved; *(jvf softwood).*
hard-working [,ha:d'wə:kiŋ; *attributivt også:* 'ha:d,wə:kiŋ] *adj:* arbeidsom; flittig *(fx student).*
hare [hɛə] *subst* **1.** *zo:* hare; **2.: run with the ~ and hunt with the hounds** bære kappen på begge skuldre.
harebell ['hɛə,bel] *subst; bot (,i Skottland: bluebell)* blåklokke; *(se bluebell).*
hare-brained ['hɛə,breind]*(=hair-brained) adj (=rash)* overilt; dårlig gjennomtenkt; tåpelig *(fx schemes).*
harelip ['hɛə,lip] *subst; med.:* hareskår.
harem ['hɛərəm] *subst:* harem.
haricot ['hærikou] *subst; bot:* ~ **(bean)** hagebønne; *(jvf French bean).*
hark [ha:k] *vb* **1.** *litt. el. spøkef i imperativ:* hør *(fx hark! hark at him!);* **2.** *stivt; om tema el. noe som tidligere er nevnt:* ~ **back to***(=refer to):* **-ing back to**

what you said last night*(=to hark back to what you said last night)* . . . for å komme tilbake til det du sa i går kveld . . . .

I. harm [ha:m] *subst:* skade; fortred; ugagn; **come to ~***(=get hurt)* komme til skade; **that won't do him any ~***(=that won't hurt him)* det tar han ingen skade av; **it'll do you no ~ to go** du vil ikke ha vondt av å gå; **there's no ~ done** det er ingen skade skjedd; **such films do more ~ than good** slike filmer gjør mer skade en gagn; *jur:* **inflict grievous bodily ~ on sby** la en lide fysisk overlast; øve vold mot en; **he meant no ~** han mente ikke noe vondt med det; **out of ~'s way***(=in a safe place)* på et trygt sted.

II. harm *vb:* skade; **he won't ~ you** han vil ikke gjøre deg noe; **it wouldn't ~ you to eat some of this pudding** du ville ikke ha vondt av å spise litt av denne puddingen.

harmful ['ha:mful] *adj:* skadelig *(fx effect).*

harmless ['ha:mlis] *adj:* harmløs; uskadelig; ufarlig.

I. harmonic [ha:'mɔnik] *subst; mus:* partialtone; deltone; **first ~***(=fundamental)* grunntone i partialtonerekke; **second ~** andre partialtone; første overtone; **third ~** tredje partialtone; andre overtone; *(jvf I. fundamental 2 & 3; overtone).*

II. harmonic *adj; mat.:* harmonisk; **~ mean** harmonisk middeltall; **~ progression** harmonisk rekke.

harmonica [ha:'mɔnikə] *subst; mus(=mouth organ)* harmonikk; munnspill.

harmonics [ha:'mɔniks] *subst; mus:* harmonilære.

harmonious [ha:'mouniəs] *adj:* harmonisk.

harmonium [ha:'mouniəm] *subst; mus:* harmonium; husorgel.

harmonize, harmonise ['ha:mə,naiz] *vb* **1.** harmonere *(fx the colours harmonize nicely);* **2.** *mus:* harmonisere; **3.** *fig:* avstemme; bringe i harmoni; harmonisere.

harmony ['ha:məni] *subst* **1.** *mus:* harmoni; **2.** *fig:* harmoni; **be in ~ with** harmonere med.

I. harness ['ha:nis] *subst* **1.** seletøy; **2.: parachute ~** fallskjermsele; **3.** *fig:* **die in ~** dø med støvlene på; dø mens man står midt i sin livsgjerning; **4.** *fig:* **be back in ~** være tilbake i jobben igjen.

II. harness *vb* **1.** sele på *(fx a horse);* **2.** *fig:* temme; **~ the water power***(=develop the water power)* utnytte vannkraften; **~ the sun as a source of heat and power** utnytte sola som varme- og energikilde.

harp [ha:p] **1.** *subst; mus:* harpe; **2.** *vb; fig* **T: ~ on** terpe på; stadig snakke om.

harper ['ha:pə] *subst(=harpist)* harpespiller.

harpoon [ha:'pu:n] **1.** *subst:* harpun; **2.** *vb:* harpunere.

harp seal *zo:* grønlandssel.

harpsichord ['ha:psi,kɔ:d] *subst; mus:* cembalo.

harrier ['hæriə] *subst; zo:* harehund.

harrow ['hærou] **1.** *subst:* harv; **2.** *vb:* harve.

harrowing *adj; stivt(=agonizing)* opprivende.

harry ['hæri] *vb; litt. el. stivt* **1.** *i krig(=ravage; plunder)* herje; plyndre; **2***(=hassle)* plage; mase på.

harsh [ha:ʃ] *adj* **1***(=stern; severe)* barsk; meget streng *(fx punishment; terms);* **2***(=rough; unpleasant)* grov; ublid *(fx words);* ubehagelig; besk; stram *(fx taste); om farge:* skrikende; grell; skjærende; *om stemme:* skjærende.

hart [ha:t] *subst; zo(=male deer)* hanhjort.

hartebeest ['ha:ti,bi:st] *subst; zo:* hartbest.

harum-scarum ['hɛərəm 'skɛərəm] **1.** *subst:* tankeløs og impulsiv person; **2.** *adj:* tankeløs og impulsiv.

I. harvest ['ha:vist] *subst* **1.** innhøstning; **2.** avling; høst *(fx there's been a good harvest this year); stivt:* **the ~ of the sea** havets grøde; **4.** *fig; stivt:* **we're now reaping the ~ of our wrong decisions** vi høster nå fruktene av våre gale beslutninger; **reap the ~ of one's hard work** høste fruktene av strevet.

II. harvest *vb(=gather in)* høste.

harvester ['ha:vistə] *subst* **1.** innhøstningsarbeider; onnearbeider; **2.: combine ~** skurtresker.

harvest festival *rel:* høsttakkefest.

harvesting weather innhøstningsvær; onnevær.

harvestman [ha:vistmən] *subst* **1***(=harvester)* innhøstningsarbeider; onnearbeider; **2.** *zo; slags edderkopp(=harvest spider;* **US:** *daddy-longlegs)* vevkjerring; *dial:* langbein.

harvest mite*(=harvest tick) zo:* jordmidd.

has-been ['hæz,bi:n] *subst; neds* **T:** person som ikke lenger er populær, står i rampelyset, etc; **she's really a ~ now** hun betyr egentlig ikke noe lenger.

I. hash [hæʃ] *subst* **1.** hakkemat; **Norwegian ~** pytt i panne; **2. S***(=hashish)* hasj; **3.: make a ~ of sth** forkludre noe *(fx he made a complete hash of that translation);* **4. T: settle sby's ~** ta knekken på en.

II. hash *vb* **1.** *om mat:* hakke opp; **2.** *fig:* spolere; forkludre.

hashish ['hæʃiʃ] *subst:* hasjisj.

hasp [ha:sp] *subst:* hasp.

I. hassle ['hæsəl] *subst* **T 1.** stri; mas *(fx it's such a hassle to get to work on time; travelling with children is such a hassle);* **2***(=quarrel; fight)* bråk; krangel; slagsmål *(fx I got into a hassle with a couple of thugs).*

II. hassle *vb* **T 1.** plage; mase på *(fx I don't like people hassling me);* **2***(=quarrel, fight)* krangle; **it seemed pointless to ~ over such a small matter** det var liksom ingen vits i å krangle pga. en slik liten ting.

hassock ['hæsək] *subst:* knelepute.

haste [heist] *subst(=hurry)* hast; hastverk; **blind ~** tankeløst hastverk; **more ~, less speed** hastverk er lastverk; **in ~***(=in a hurry)* i all hast; **in great ~***(=with all haste)* i rivende hast; **your work shows signs of ~** arbeidet ditt bærer preg av at du har hatt dårlig tid; **to make ~***(=to hurry)* skynde seg.

hasten ['heisən] *vb* **1.** *stivt(=hurry)* skynde seg; **2.: I ~ to add that we're just good friends** jeg skynder meg å tilføye at vi bare er gode venner; **3***(=speed up)* påskynde *(fx we'll try to hasten it).*

hasty ['heisti] *adj* **1.** *stivt(=quick)* rask; **a ~ snack** en bit mat i all hast; **2***(=too quick)* forhastet; overilt *(fx step);* **too ~** (alt)for rask av seg; **3***(=short -tempered)* hissig; oppfarende; **4.: ~ words** ord sagt i sinne.

hat [hæt] *subst* **1.** hatt; **knitted ~** strikkelue; **2. T: bad ~** dårlig menneske; **T:** ikke noe bra kort; **3.** *fig:* **at the drop of a ~** for et godt ord; **4.** *fig:* **I'll eat my ~ if** . . . jeg skal spise hatten min hvis (*el.* om) . . . ; **5. T: keep sth under one's ~** holde noe for seg selv; ikke snakke om noe; **6.: pass***(=send)* **round the ~** la hatten gå rundt (ɔ: for å samle inn penger); **7.: take one's ~ off to** ta hatten av for *(fx I take my hat off to her!);* **8.: talk through one's ~** snakke tull.

I. hatch [hætʃ] *subst* **1.** luke; **serving ~** serveringsluke; **2.** *mar:* (dekks)luke; **batten down the -es** 1. skalke lukene; 2. *fig:* forberede seg på en krise; **3. S: down the ~!***(=drink up!)* drikk ut! **S:** bånnski!

II. hatch *subst* **1***(=hatching)* utklekking; **2***(=brood)* kull; *(jvf I. litter 6).*

III. hatch *vb* **1.** *fra egg:* **~ (out)** ruge ut; klekke ut; bli ruget (*el.* klekket) ut; **2.** *ordspråk:* **don't count your chickens before they're -ed** ikke selg skinnet før bjørnen er skutt; **3.** *fig; i hemmelighet:* klekke ut.

IV. hatch *vb:* skravere.

hatchback ['hætʃ,bæk] *subst:* bil med hekkdør.

hat check US*(=cloakroom ticket)* garderobemerke.

hatchery ['hætʃəri] *subst:* utklekkingsanstalt; klekkeri; **trout ~** ørretklekkeri.

hatchet ['hætʃit] *subst; især fig:* stridsøks; **bury the ~** begrave stridsøksen.

hatching *subst* **1.** utklekking; utruging; **2.** skravering.

hatchway ['hætʃ,wei] *subst:* luke(åpning); *(se I. hatch).*

I. hate [heit] *subst* **1.** *litt.(=hatred)* hat; **2.: one's pet ~** det verste en vet.

II. hate *vb:* hate; ikke kunne fordra; **I ~ him like poison** jeg hater ham som pesten; **they ~ each other like poison** de kan ikke fordra hverandre; **I ~ working***(=I hate to work)* **in the early morning** jeg kan ikke fordra å arbeide tidlig om morgenen; **I ~ to mention it, but you owe me some money** jeg er lei for å måtte nevne det, men du skylder meg noen penger; **I ~ to break things up, but it's time to go home** jeg beklager at jeg forstyrrer, men det er på tide å dra hjem; **I ~ being late** jeg kan ikke fordra å komme for sent.

hateful ['heitful] *adj; stivt* **1***(=very bad; very unpleasant)* meget stygt; vemmelig *(fx it's hateful of you to treat people in that way);* **that was a ~ thing to do to her** det var stygt gjort mot henne; **2.: be ~ to sby** by en imot *(fx the sight of food was hateful to me);* **such behaviour is ~ to me** jeg kan ikke fordra denslags oppførsel; *(jvf detestable).*

hatred ['heitrid] *subst:* hat (*of* til) *(fx I have a deep-seated hatred of liars);* **implacable ~** uforsonlig hat; **out of ~ for sby** av hat til en.

hatstand ['hæt,stænd] *subst:* stumtjener.

hat trick 1. *fotb:* tre mål av samme spiller i en kamp *(fx he scored a hat trick);* **2.** *i andre situasjoner, når noe skjer tre ganger på rad:* **I've got a ~. That's the third car I've sold today** Alle gode ting er tre! Det var den tredje bilen jeg solgte i dag.

haughtiness ['hɔ:tinis] *subst:* hovmod; overlegenhet; arroganse.

haughty ['hɔ:ti] *adj(=arrogant)* hovmodig; overlegen; arrogant.

I. haul [hɔ:l] *subst* **1***(=strong pull)* (kraftig) rykk *(fx on the rope);* **2***(=dragging with effort)* sleping; haling; **3.** *i transportbransjen:* frakt; tur *(fx a ten-mile haul);* **4.: a long ~** 1. en langtur; 2. *fig* **T***(=a long job; a tiring job)* en kjedsommelig affære; en langdryg affære *(fx writing dictionaries can be a long haul; the journey from Newcastle to London is rather a long haul);* **5.** varp, kast *(fx a hundred fish at one haul); (=catch)* fangst *(fx the fisherman had a good haul);* **6.** *fig:* fangst; varp *(fx get away with a big haul).*

II. haul *vb* **1.** hale; trekke; dra *(fx barges along the canals);* **he was -ing on a rope** han halte i et tau; **2***(=transport)* transportere *(fx coal is hauled by road and rail);* **2.** *mar:* **~ (up)** seile tettere opp i vinden; *om vinden:* **~ (forward)** skrale (av); **~ down** 1. hale ned; berge; 2. hale teit; **3. T: ~ sby over the coals** gi en en overhaling; **4. T: be -ed up** bli hektet av politiet; bli trukket på politistasjonen.

haulage ['hɔ:lidʒ] *subst* **1.** transport; **2.** transportkostnader.

haulage contractors: (firm of) ~*(=firm of hauliers; firm of carriers;* **US:** *(firm of) haulers)* transportfirma.

haulier ['hɔ:liə] *subst:* innehaver av transportfirma.

haulm [hɔ:m] *subst(=halm)* (rug)halm; strå; stengler (brukt til taktekking el. madrassfyll).

haunch [hɔ:ntʃ] *subst* **1.** *på dyr:* bakparti; *på mennes-ke:* ende; bakdel; **~ of venison** dyrelår (som mat); **the children were squatting (on their -es)** barna satt på huk; **2.** *anat; sj(the fleshy part of the hip)* hofte(parti).

I. haunt [hɔ:nt] *subst* **T:** tilholdssted; sted man ofte besøker; **a ~ of criminals** et sted hvor forbrytere vanker.

II. haunt *vb* **1.** *om spøkelse:* gå igjen i *(fx a ghost is said to haunt this room);* **2.** *fig; om noe ubehagelig:* **be -ed by** bli forfulgt av; bli plaget av; ikke kunne la være å tenke på *(fx her look of misery haunts me);* **I'm -ed by that idea** den tanken spøker stadig i hjernen min; **he was -ed by the fear that** ... han gikk i stadig redsel for at ...; **3. T***(=visit very often)* vanke i (*el.* på).

haunted *adj* **1.** *om hus, etc:* som det spøker i; **2.** *fig:* **a ~ look** et forpint (*el.* jaget) blikk.

haunting *adj; litt.(=unforgettable)* uforglemmelig *(fx a place of haunting beauty).*

Havana [hə'vænə] *subst; geogr:* Havanna.

I. have [hæv] *subst:* **the -s and have-nots** de rike og de fattige.

II. have [hæv,(h)əv] *vb (pret: had; perf. part.: had)* **1.** *som hjelpevb:* ha; være; **he has***(=he's)* **disappeared** han har (*el.* er) forsvunnet; **we have***(=we've)* **done it** vi har gjort det; **it has***(=it's)* **been raining for hours** det har regnet i timesvis; **they had***(=they'd)* **gone home** de var (*el.* hadde) gått hjem; **2.** ha; eie; være i besittelse av *(fx I have a book of yours at home; he's got your book);* **do you ~ any brothers or sisters?***(=have you got any brothers or sisters?)* har du noen søsken? **I didn't ~ a car** jeg hadde ikke bil; **did you ~ nice teachers when you were at school?** hadde du hyggelige lærere da du gikk på skolen? **~ you***(=do you have)* **an appointment?** 1. har De en avtale? 2. har De bestilt time? har De en timeavtale? **3.** få *(fx have a baby; I've just had a letter from him);* **4.** *om mat & drikke:* **what did you ~ for dinner?** hva spiste (,fikk) du til middag? **~ a drink** ta seg en drink; **they were having tea** de satt og drakk te; **5.: ~ to***(=have got to)* måtte *(fx I don't want to do this but I have to);* **6.: ~ sth done** få noe gjort; **~ a tooth out** få trukket en tann; **~ Smith come and see me** si til Smith at han skal komme inn til meg; **7.** *foran subst:* **~ a try** forsøke; prøve; **I'll ~ a talk with him***(=I'll talk to him)* jeg skal snakke (alvorlig) med ham; **8.** ha noe av at *(fx I won't have you wearing clothes like that!);* **9.** *i pret el. passiv* **T: you've been had!** du har blitt lurt! **10. T***(=take revenge on)* hevne seg på *(fx I'll have him for what he did to me);* **11. T: you ~ me there!***(=you've got me there!)* der blir jeg deg svar skyldig! **12. T: he's had it** det er ute med ham; **let him ~ it!** gi ham inn! **13.: ~ it in for sby** ha et horn i siden til en; **14. T: ~ it coming (to one)** ha fortjent det; **he had it coming (to him)** det hadde han fortjent; **15. S: ~ it off (with)** ha samleie (med); ha et forhold (til) *(fx he's having it off with his secretary);* **16.: ~ it out with** ta et oppgjør med; **17.: had better***(=ought to):* **he had better go***(=he'd better go)* det er best han går; **you'd better not (do it)** det er ikke verdt (at du gjør det); **18. T: be had up** bli stilt for retten *(fx for drunken driving).*

haven ['heivən] *subst* **1.** *litt.(=harbour)* havn; **2.** *fig:* tilfluktssted; **tax ~** skatteparadis.

haversack ['hævə,sæk] *subst; mil:* liten ryggsekk; haversack.

havoc ['hævək] *subst; stivt(=great destruction)* ødeleggelse *(fx the hurricane created havoc over a wide area).*

haw [hɔ:] *vb:* **hem***(=hum)* **and ~** hakke og stamme.

hawk [hɔ:k] *subst; zo:* hauk.

hawker ['hɔ:kə] *subst:* dørselger.

hawk moth *zo:* aftensvermer.

hawk owl *zo:* haukugle.

hawkweed ['hɔ:k,wi:d] *subst; bot:* sveve; **mouse-ear ~** hårsveve.

hawse [hɔ:z] *subst; mar:* klyss.

hawser ['hɔ:zə] *subst; mar:* trosse; slepetrosse; kabel.
hawser-laid*(=cable-laid) adj:* kabelslått *(fx rope).*
hawthorn ['hɔ:,θɔ:n] *subst; bot:* hagtorn.
hay [hei] *subst* **1.** *bot:* høy; **make ~** høye; *ordspråk:* **make ~ while the sun shines** smi mens jernet er varmt; **2. S: hit the ~***(=go to bed)* krype til køys; gå til sengs; **3.** *fig:* **make ~ of***(=throw into confusion)* forkludre; **4.: a roll in the ~** en omgang i høyet (ɔ: samleie).
haycock ['hei,kɔk] *subst:* høysåte.
hayrick ['hei,rik] *subst(=haystack)* høystakk.
haywire ['hei,waiə] *adj* **T: go ~** floke seg; bli i uorden; streike; **T:** gå helt i spinn.
I. hazard ['hæzəd] *subst(=risk; danger)* fare; **fire ~***(=fire risk)* brannfare; **a health ~***(=a hazard to health)* en helsefare.
II. hazard *vb* **1.** *meget stivt(=risk)* våge; sette på spill; **2.** *stivt; om gjetning, mening(=put forward; venture)* våge å komme med *(fx a remark).*
hazardous ['hæzədəs] *adj:* hasardiøs; risikabel *(fx journey).*
hazard warning device varselblinklys (for bilist).
haze [heiz] *subst:* dis; **heat ~** soldis; hetedis.
hazel ['heizəl] *subst:* hassel.
hazel hen*(=hazel grouse) zo:* jerpe.
hazelnut ['heizəl,nʌt] *subst; bot(=filbert)* hasselnøtt.
hazy ['heizi] *adj* **1***(=misty)* disig; **2. T***(=vague)* uklar *(fx idea);* **I'm a bit ~ about what happened** det er litt uklart for meg hva som skjedde.
H-bomb ['eitʃ,bɔm] *(fk.f. hydrogen bomb) subst:* vannstoffbombe; hydrogenbombe.
he [hi:; *trykksvakt:* i:, hi, i] **1.** *pron:* han; **~ who** den som *(fx he who hesitates is lost);* **2.** *zo:* han(n) *(fx is a cow a he or a she?).*
I. head [hed] *subst* **1.** *anat:* hode; **2.** *fig:* hode *(fx he's got a good head on his shoulders);* **3.** *om fremste el. øverste del av noe:* **at the ~ of the procession** i spissen for opptoget; **at the ~ of the table** øverst ved bordet; ved bordenden; **the ~ of Lake Malawi** øvre ende av Lake Malawi; **4.** *mar:* forende; **5.** overhode *(fx the head of the family);* sjef; leder; *(=headmaster)* rektor; *univ:* **~ of a faculty** dekanus; **~ of the CID** kriminalsjef; **overall ~***(=overall boss)* toppsjef; **6.** *om kveg som telles:* stykk *(fx 50 head of cattle);* **7.** *på øl:* skum; **8.: pressure ~** trykkhøyde *(fx the fire pump has a pressure head of 60 metres);* **9.: £10 a ~** £10 pr. person; **10.** *om evnen til å forstå el. tåle:* **above***(=over)* **sby's ~** over hodet på en; **T: now you're over your ~!** nå er du kommet ut å kjøre! **have a good ~ for figures** være flink med tall; **he has no ~ for heights** han tåler ikke å være i høyden; **11.: ~ over heels** 1. med bena i været; hodestups; på hodet *(fx he fell head over heels into the river);* 2.: **fall ~ over heels in love** bli voldsomt forelsket; **12.: keep one's ~** bevare fatningen; **13.: keep one's ~ above water** holde hodet over vannet; **14.: lose one's ~** bli hissig; bli sint; tape fatningen; **15.: I can't make ~ or tail of these instructions** jeg blir ikke klok på denne bruksanvisningen; jeg forstår ikke et plukk av denne bruksanvisningen; **16.: turn sby's ~** fordreie hodet på en; **17.: -s or tails?** krone eller mynt? *(fx heads you do the dishes, tails I do them!);* **he tossed a penny and it came down -s** han kastet en penny opp i luften og det ble krone; **18. T: off one's ~***(=crazy)* sprø; **19. T: off the top of one's ~** helt omtrentlig *(fx he said he could give them some figures off the top of his head);* **20.: over the ~ of his immediate boss** over hodet på sin nærmeste sjef (*el.* overordnede); **21.: take it into one's ~ that** . . . få det for seg at . . .; **he has taken it into his ~ to** . . . han har satt seg i hodet å . . .; **22.** *om ledende stilling:* **he's at the ~ of his class** han er bestemann i klassen; **23.** *om kritisk situasjon:* **things came to a ~** situasjonen tilspisset seg.
II. head *vb* **1.** gå i spissen for; *på liste, etc:* stå øverst; **2.** lede; ha ansvaret for; stå i spissen for *(fx he heads a team of scientists);* **3.** *m.h.t. kurs:* **~ south** sette kursen sørover; **where are you -ing?** hvor har du tenkt deg hen? **the boys -ed for home** guttene satte kursen hjemover; *fig:* **he's -ing for disaster** ham vil det gå galt med; **4.** *om artikkel, etc:* **be -ed** ha som overskrift *(fx his report was headed 'How to avoid Road Accidents');* **5.** *fotb:* heade; **6.** *mar:* **~ into the wind** legge kursen opp mot vinden; **7.: ~ off** 1. *fig:* avskjære *(fx they tried to head the bandits off);* 2. **T: he -ed off towards the river** han satte kursen mot elven.
headache ['hed,eik] *subst* **1.** hodepine; **a sick ~** hodepine med kvalme; **have a (splitting) ~** ha (en dundrende) hodepine; **I often get -s** jeg har ofte hodepine; *(jvf stomachache & toothache);* **2.** *fig* **T:** hodepine.
head attendant *ved museum(=head warder)* vaktsjef.
headband ['hed,bænd] *subst* **1.** pannebånd; **2.** *på bok:* kapitélbånd; **3.** *typ; over kapittel:* frise.
headboard ['hed,bɔ:d] *subst; på seng:* hodegjerde.
headcheese ['hed,tʃi:z] *subst* **US***(=brawn)* grisesylte; *(se brawn 2).*
head clerk *i etatene(=senior clerical officer)* kontorfullmektig I; *(se clerical officer).*
head collar*(=headstall) del av seletøy:* hodelag.
head dispenser provisor.
headdress ['hed,dres] *subst:* hodeplagg.
header ['hedə] *subst* **1.** *fotb:* skalle *(fx he scored with a header into the corner of the goal);* **2.** *bygg; murstein:* binder; **3. T***(=dive):* **he took a ~** han stupte ut i vannet.
headfirst ['hed'fə:st] *adv:* med hodet først; på hodet *(fx he fell headfirst into the water); fig:* **I ran ~ into him** jeg løp rett på ham.
heading ['hediŋ] *subst* **1.** overskrift; **2.** *flyv; mar:* kurs.
headlamp ['hed,læmp] *subst(=headlight)* frontlys; lyskaster.
headlamp flasher*(=headlight flasher; light hooter)* lyshorn.
headland ['hed,lænd] *subst:* nes; odde.
headlights ['hed,laits] *subst; pl:* lyskastere; frontlys.
headline ['hed,lain] *subst* **1.** (avis)overskrift; **2.** *typ:* kolumnetittel; **3.** *radio:* **news -s** nyhetsresymé; nyhetssammendrag.
headlong ['hed,lɔŋ] *adj & adv; også fig:* hodekulls; på hodet *(fx he fell headlong into the water);* **~ flight** hodekulls flukt.
headman ['hedmən] *subst* **1.** (stamme)høvding; **2.** oppsynsmann.
headmaster [,hed'ma:stə] *subst (,***T:** *head)* rektor; *(jvf I. principal).*
headmastership [,hed'ma:stə,ʃip] *subst:* rektorstilling.
headmistress [,hed'mistris] *subst; om kvinne:* rektor.
head nurse US*(=charge nurse)* avdelingssykepleier.
head-on [,hed'ɔn] *adj & adv* **1: a ~ collision** en frontkollisjon; **2.** *fig:* direkte *(fx in his usual head-on fashion);* **meet criticism ~** ta et frontalt oppgjør med kritikken.
headphones ['hed,founz] *subst; pl; radio:* øretelefoner.
headpiece ['hed,pi:s] *subst* **1.** *typ:* frise; hode; tittelvignett; **2.** *især om hjelm:* hodebedekning.
head port UK: by hvor tolldistriktssjefen (the collector of customs and excise) har sitt kontor; *(jvf collection 7).*

head postmaster *se postmaster 2.*
headquarters [,hed'kwɔ:təz] *(fk HQ) subst; pl:* hovedkvarter.
headrace ['hed,reis] *subst; til vannmølle:* inntaksrenne;*(jvf tailrace).*
head receptionist resepsjonssjef.
headrest ['hed,rest] *subst:* nakkestøtte; hodestøtte.
headroom ['hed,rum] *subst* **1.** innvendig takhøyde; plass under taket; **2.** *under bru, etc:* fri høyde.
headsail ['hed,seil] *subst; mar:* forseil.
headscarf ['hed,ska:f] *subst(=headsquare)* skaut.
head sea nesesjø; stampesjø.
headset ['hed,set] *subst:* hodetelefon (med tilkoplet mikrofon).
headshrinker ['hed,ʃrinkə] *subst* **S***(=psychiatrist)* psykiater.
head shunter *jernb:* skiftekonduktør; *(se shunter 1).*
headspring ['hed,spriŋ] *subst* **1.** *for elv:* kilde; utspring; **2.** *gym:* hodesprang.
headstall ['hed,stɔ:l] *subst(=head collar) del av seletøy:* hodelag.
headsquare ['hed,skwɛə] *subst(=headscarf)* skaut.
headstand ['hed,stænd] *subst; gym:* hodestående; **do a ~** stå på hodet.
headstock ['hed,stɔk] *subst; dreiebenk:* spindeldokk.
headstone ['hed,stoun] *subst* **1.** gravstein; **2.** *se keystone.*
headstrong ['hed,strɔŋ] *adj:* stivsinnet.
head waiter *på restaurant:* hovmester.
headwaters ['hed,wɔ:təz] *subst; pl:* kildeelver; kilder *(fx the headwaters of the Nile).*
headway ['hed,wei] *subst* **1.** *mar:* fart forover; **make** *(=gather)* **~** gjøre fart forover; skyte fart; **2.** *fig(=progress)* fremskritt; **make ~***(=make progress)* gjøre fremskritt.
headwind ['hed,wind] *subst:* motvind.
headword ['hed,wə:d] *subst; i ordbok, etc:* oppslagsord.
heady ['hedi] *adj* **1.** som går til hodet *(fx wine);* **2.** *fig:* berusende; beruset *(fx heady with success).*
heal [hi:l] *vb* **1.** helbrede; kurere; **2.: ~ (up)** heles; leges; gro.
healer ['hi:lə] *subst; glds el. fig:* **time is a great ~** tiden leger alle sår.
healing ['hi:liŋ] **1.** *subst:* heling; *bibl:* **the ~ of the leper** helbredelsen av den spedalske; **2.** *adj:* legende; **~ properties** legende egenskaper; **~ ointment** sårsalve.
health [helθ] *subst* **1.** sunnhet; helse; *stivt:* helbred; **be in good (,poor) ~** ha god (,dårlig) helse; **as long as I keep my ~, I'll be happy** så lenge jeg får beholde helsa, skal jeg være glad; *fig:* **the ~ of the nation's economy***(=the economic health of the nation)* (tilstanden i) landets økonomi; **UK: the Department of Health and Social Security** *(fk DHSS)* Sosialdepartementet; **2.: drink to his ~** skåle for ham; **your ~!** skål!
health care helseomsorg; **primary ~** primærhelseomsorg.
health centre UK: legesenter; helseråd.
health-conscious ['helθ,kɔnʃəs] *adj:* helsebevisst.
health farm helsekoststed.
health food helsekost.
health(-food) store helsekostforretning.
health hazard helsefare; **it's a ~** det er helsefarlig.
health personnel*(=health workers)* helsepersonell.
health resort kursted.
health service helsestell; **public ~** offentlig helsestell; **the ~** helseetaten; **US: the National Health Service** *(fk NHS) (,T: the National Health)* Trygdekassen; **you can get spectacles on the National Health** briller får du på Trygdekassen.
health visitor *(fk HV) (,***US:** *public health nurse)* helsesøster.
health warning label *med.:* advarsel om helsefarlig innhold *(fx put health warning labels on bottles of booze).*
health work arbeid i helsesektoren.
health worker helsearbeider; **-s***(=health personnel)* helsepersonell.
healthy ['helθi] *adj* **1.** sunn; frisk; med god helse; **a ~ climate** et sunt klima; **this heat isn't ~** denne varmen er ikke sunn; **he has a ~ appetite** han har en sunn appetitt; **2.** *fig:* sunn; **my bank account looks very ~ at the moment** det står meget bra til med bankkontoen min for øyeblikket; **3.** *fig(=wise)* sunn; klok *(fx he shows a healthy respect for the law).*
I. heap [hi:p] *subst* **1.** haug; bunke; **a ~ of apples** en haug (*el.* stabel) med epler; *(jvf I. pile);* **2.** *fig* **T: -s (of)** *(=a lot of; plenty of)* masser (av) *(fx we've got heaps of bread);* **T: I'm feeling -s***(=a lot)* **better now** jeg føler meg mye bedre nå; **3. T: he was knocked all of a ~** han ble helt paff.
II. heap *vb* **1.: ~ (up)** legge i haug; samle i en haug (*el.* bunke) *(fx heap these stones up); fig:* **~ up riches** samle seg rikdommer; **~ up trouble for oneself** få vanskelighetene til å hope seg opp for seg; **2.** fylle til overmål; **he -ed his plate with vegetables** han la store mengder grønnsaker på tallerkenen sin; *fig:* **he -ed abuse on them***(=he hurled abuse at them)* han skjelte dem ut etter noter.
heaped *adj:* toppet; **a ~ measure** et toppet mål; **a ~ spoonful of sugar** en toppet skje med sukker.
hear [hiə] *vb (pret: heard; perf. part.: heard)* **1.** høre; **2.** *også jur:* behandle *(fx complaints);* **~ a witness** avhøre et vitne; **parts of the case will be -d in private** deler av saken vil bli behandlet for lukkede dører; **who will ~ the case?** hvem skal være dommer i saken? **3.: ~ about** høre om; **~ from** høre fra; **~ of** høre (snakk) om; **he wouldn't ~ of it** han ville ikke høre tale om det; **~ sby out** la en få snakke ut *(fx please hear me out!).* **4.** *int; bifallende:* **~! ~!** bravo!
hearing ['hiəriŋ] *subst* **1.** hørsel *(fx his hearing isn't very good);* **2.** *jur:* behandling *(fx three days have been set aside for the hearing of the case);* **the ~ is tomorrow** saken kommer opp i morgen; **the ~ was partly in camera** saken gikk til dels for lukkede dører; **3.** *stivt:* **give sby a fair ~***(=listen to what one has to say)* høre på en; høre hva en har å si *(fx the new boss is strict but he'll give you a fair hearing);* **4.: within ~***(=within earshot)* innen hørevidde; **out of ~***(=out of earshot)* utenfor hørevidde.
hearing aid høreapparat.
hearsay ['hiə,sei] *subst:* forlydende; snakk; rykter; **it's only ~** det er bare noe jeg *(etc)* har hørt; **I'm only speaking from ~** jeg sier bare hva jeg har hørt.
hearsay evidence *jur:* vitneutsagn om forhold man kjenner til på annen hånd.
hearse [hə:s] *subst:* begravelsesbil; begravelsesvogn.
heart [ha:t] *subst* **1.** *anat:* hjerte; **2***(=centre; central part)* hjerte *(fx in the heart of the city);* **3.** kjerne *(fx the heart of the matter);* **4***(=courage (and enthusiasm))* mot (og begeistring); **he had no ~ for all the killing** han var ikke hjertet på all denne drepingen; **the soldiers were beginning to lose ~** soldatene begynte å miste lysten til å kjempe; **5.** *kortsp:* **-s** hjerter; **the two of -s** hjerterto; **6.** *fig:* hjerte *(fx you've no heart);* **she has a kind ~***(=she's kind)* hun er snill; hun er godhjertet; **after one's own ~** etter ens hjerte *(fx he's a man after my heart);* **at ~***(=really; basically)* innerst inne; egentlig *(fx he's at heart a very kind man);* **he has it very much at**

~(=it concerns him deeply) det ligger ham på hjertet; **what I have most at** ~ det som ligger meg mest på hjertet; **break sby's** ~ knuse ens hjerte; **by** ~ utenat *(fx learn sth by heart)*; **T: cross my** ~! kors på halsen! **cry one's** ~*(=eyes)* **out***(=cry bitterly)* gråte sine modige tårer; **find it in one's** ~ **to** ha hjerte til å *(fx I can't find it in my heart to do it)*; **from the bottom of one's** ~*(=very much)* av hele sitt hjerte *(fx she thanked him from the bottom of her heart for all his help)*; **our -s go out to them** vi føler med dem; **T: have a** ~!*(=show some pity)* vis nå litt barmhjertighet! vær nå litt snill! **have a change of** ~*(=change one's mind)* forandre mening; ombestemme seg; ~ **and soul***(=completely)* med liv og sjel *(fx she devoted herself heart and soul to working for the church)*; **lose** ~*(=become discouraged)* bli motløs; miste motet; **not have the** ~ **to** ikke kunne få seg til å; **set one's** ~ **on***(=have one's heart set on)* være oppsatt på *(fx he had his heart set on winning)*; *stivt:* **take** ~*(=become encouraged)* fatte mot; **take sth to** ~1. ta seg nær av noe; 2. ta seg ad notam; merke seg; *stivt:* **take sby to one's** ~ trykke en til sitt bryst; **T: to one's -'s content** av hjertens lyst; **with all my** ~ av hele mitt hjerte; hjertens gjerne; **with one's** ~ **in one's mouth** med hjertet i halsen.

heart attack hjerteanfall.

heartbeat ['ha:t,bi:t] *subst:* hjerteslag.

heartbreak ['ha:t,breik] *subst:* hjertesorg.

heart-broken ['ha:t,broukən] *adj:* dypt ulykkelig; sønderknust.

heartburn ['ha:t,bə:n] *subst; med.:* halsbrann; kardialgi.

heart condition: he has a ~ han har noe med hjertet; han har en hjertelidelse.

hearten ['ha:tən] *vb; stivt(=encourage)* sette mot i; oppmuntre.

heart failure 1*(=organic heart disease)* hjertefeil; **2.** hjertesvikt *(fx he died of heart failure)*.

heartfelt ['ha:t,felt] *adj; meget stivt(=sincere)* dyptfølt *(fx he offered them his heartfelt thanks)*.

hearth [ha:θ] *subst* **1.** ildsted; peis; grue; **2.** *fig; litt.(=home; one's house)* hjem; **they were driven from** ~*(=house)* **and home** de ble drevet fra hus og hjem.

hearth rug kaminteppe.

heartily ['ha:tili] *adv* **1.** hjertelig *(fx he congratulated me heartily)*; **2.: eat** ~ spise med god appetitt; **3.: they were singing** ~ de sang av hjertens lyst.

heartless ['ha:tlis] *adj:* hjerteløs.

heart-rending ['ha:t,rendiŋ] *adj(=heart-breaking)* hjerteskjærende.

heart-searching ['ha:t,sə:tʃiŋ] *subst:* selvransakelse; grundig overveielse.

heartsease, heart's-ease ['hat:ts,i:z] *subst; bot(=wild pansy; love-in-idleness)* stemorsblomst.

heartsick ['ha:t,sik] *adj(=sick at heart)* tung om hjertet.

heartstrings ['ha:t,striŋz] *subst; pl; spøkef:* hjertestrenger; **tug at his** ~ gripe ham om hjerterøttene.

heart-to-heart *adj:* fortrolig *(fx I'm going to have a heart-to-heart talk with him)*.

heart-warming ['ha:t,wɔ:miŋ] *adj:* som gjør en varm om hjerterøttene; som gjør en godt *(fx it was heart-warming to see)*.

heartwood ['ha:t,wud] *subst* **1***(=duramen)* kjerneved; al; **2.** kjernevirke.

hearty ['ha:ti] *adj* **1.** hjertelig; **2.** *stivt(=strong)* sterk *(fx support)*; **a** ~ **dislike** en sterk antipati; **3.** *om måltid:* **a** ~ **meal** et kraftig måltid; *om appetitt:* god *(fx he has a hearty appetite)*.

I. heat [hi:t] *subst* **1.** varme; **2.** hete *(fx an unbearable heat)*; **3.** *fig(=anger; excitement)* heftighet; **in the** ~ **of the moment** i øyeblikkets opphisselse; **in the** ~ **of battle** i kampens (*el.* stridens) hete; **4.** *hundyrs:* løpetid; **on** ~ i løpetiden; **5.** *sport:* heat; pulje *(fx they were in the same heat)*; **final** ~*(=finals)* finaleheat; **preliminary** ~ forsøksheat; innledende heat; *(jvf warmth)*.

II. heat *vb:* ~ **(up)** varme opp *(fx that small fire won't heat a large room; heat (up) the soup)*; **sth -ed up out of a tin** noe oppvarmet hermetikk.

heated *adj* **1.** oppvarmet; **2.** *fig:* hissig *(fx a heated argument; he gets very heated in an argument)*.

heater ['hi:tə] *subst:* varmeapparat; varmeovn; **electric** ~ elektrisk varmeovn.

heat exchanger varmeveksler.

heath [hi:θ] *subst* **1.** *bot:* **common** ~*(=heather)* (røss)lyng; **bell** ~*(=cross-leaved heather)* klokkelyng; **sea** ~ frankenia; **spring** ~ vårlyng; **2***(=heathery moor)* lyngmo; hede.

heathberry ['hi:θ,beri] *subst:* skogsbær (som fx blåbær, tyttebær).

heath cock*(=blackcock) zo:* orrhane.

heathen ['hi:ðən]*(=pagan)* **1.** *subst:* hedning; **2.** *adj:* hedensk.

heathendom ['hi:ðəndəm] *subst:* hedendom.

heathenism ['hi:ðənizəm] *subst:* hedenskap.

heather ['heðə] *subst; bot:* (røss)lyng; *(se heath 1)*.

heathery ['heðəri] *adj:* lyngbevokst; lyngaktig.

heath hen*(=greyhen) zo:* orrhøne.

heating ['hi:tiŋ] *subst:* oppvarming; varme; **central** ~ sentralvarme; **electric** ~ elektrisk oppvarming; **put the** ~ **on***(=turn on the heat(ing))* sette (*el.* skru) på varmen; **turn up the** ~*(=turn the heating higher)* sette (*el.* skru) på mer varme; **get the** ~ **going again** få varmen (*el.* varmeanlegget) i gang igjen.

heating engineer varmetekniker.

heating engineering varmeteknikk; fyringsteknikk.

heating oil*(=fuel oil)* fyringsolje.

heating plant varmeanlegg; **central** ~ sentralvarmeanlegg.

heat lightning *meteorol:* kornmo.

heat power varmekraft.

heat rash*(=prickly heat; millaria) med.:* heteutslett.

heat-resistant [,hi:tri'zistənt]*(=heat-resisting) adj:* varmefast.

heat shield *på romskip:* varmeskjold.

heat stroke *med.:* heteslag.

heat-treat ['hi:t,tri:t] *vb:* varmebehandle.

heat wave hetebølge; varmebølge.

I. heave [hi:v] *subst* **1.** *geol:* horisontal forskyvning ved forkastning i jordlag; **2.** kraftig rykk *(fx he gave a great heave on the rope)*; **3.** *mar:* **the** ~ **of the waves***(=the rising and falling of the waves)* bølgegangen; bølgebevegelsen; den duvingen som bølgene forårsaker.

II. heave *vb* **1***(=lift; pull (with a great effort))* løfte; dra; rykke; hale og dra *(fx they heaved with all their strength, but couldn't move the rock; the sailors heaved on the rope)*; **the gate was jammed, but he -d at it until it opened** porten stod i klem, men han halte i den inntil den gikk opp; **2.** *om noe tungt(=throw)* kaste; lempe; **3***(=rise and fall)* stige og synke *(fx the earthquake made the ground heave)*; **his chest was heaving because he was out of breath** brystet hans gikk opp og ned fordi han var andpusten; **4.** *geol:* forskyve; **6.** *mar (pret & perf. part.: hove):* ~ **to***(=lay to)* legge bi; dreie bi *(fx the ship hove to; the crew hove the ship to)*; **7.** *mar; int:* ~ **-ho!** hiv ohoi!

heaven ['hevən] *subst* **1.** *litt.(=the sky)* himmelen *(fx he raised his eyes to heaven (,poet også: the heavens))*; **2.** *rel(=Heaven)* himmelen *(fx the angels* *in Heaven);* **3.** *fig* **T:** himmelrike *(fx 'This is heaven', she said, lying on the beach in the sunshine);* **4.:** ~ **knows** 1. gud vet *(fx heaven knows what he's trying to do);* 2*(=certainly)* gudene skal vite at *(fx heaven knows, I ought to have guessed it right away);* **5.: move ~ and earth** sette himmel og jord i bevegelse; **6.** *int:* **(good) -s!** (du) gode gud! **7.: for ~'s sake** for Guds skyld; **8.: thank ~!** gudskjelov!

heavenly ['hevənli] *adj* **1.** himmelsk; **~ body***(=celestial body)* himmellegeme; **2. T:** himmelsk *(fx what heavenly weather!).*

heaven-sent ['hevən,sent] *adj:* som sendt fra himmelen.

heavenward ['hevən,wəd] *adj & adv:* mot himmelen; **~ flight** himmelflukt.

heavily ['hevili] *adv:* tungt *(fx loaded);* strengt *(fx punished);* **~ insured** høyt forsikret.

heavy ['hevi] *adj* **1.** *om vekt:* tung; **my head feels ~** jeg føler meg tung i hodet; **2.** *fig; om byrde, plikt; etc:* tung *(fx duty);* **~ expense(s)** store utgifter; **~ taxes** høye skatter; **3.** *om uvanlig kraft, omfang, størrelse, etc:* **~ artillery** tungt artilleri; **a ~ blow** et kraftig (*el.* tungt) slag; **~ traffic** sterk trafikk; **4.** *ved overdrivelse:* **a ~ drinker** en som drikker tett; **T: the car's ~ on petrol** bilen er hard på bensinen; **~ on repairs** kostbar å holde i stand; **5.** *om bevegelse(=slow)* tung; langsom; tungfør; **6.** *om mat(=hard to digest)* tungt fordøyelig; tung; **7.** *om himmelen(=dark and cloudy)* tung; mørk; **8.** *om lesestoff:* tung; vanskelig (å forstå); tungt fordøyelig *(fx this report makes(=is) heavy reading; that book is too heavy for me);* **9.** *om jordsmonn:* **~ soil** tung jord; **10.** *om ansiktstrekk:* **~ features** tunge trekk; **11.** *om føreforhold & fig:* **~ going** 1. tungt føre; 2*(=hard work):* **it's ~ going** det er tungt; det er tungvint; det er slitsomt; **I found his book very ~ going** jeg syntes boka hans var tung å komme gjennom; **12.** *om atmosfære:* tung; **13.** *om stil:* tung; **14.: ~ with** tung av; tynget ned av; **~ with sleep** søvndrukken; **his eyes were ~ with sleep** øynene hans var tunge av søvn.

heavy-duty ['hevi,dju:ti] *adj* **1.** belagt med høy toll; **2.** som tåler hard slitasje; ekstra kraftig (*el.* solid).

heavy-handed [,hevi'hændid; 'hevi,hændid] *adj* **1.** med hard hånd; **2.** klosset *(fx compliments);* 3*(=exaggerated; in bad taste)* overdreven; som røper dårlig smak; **the dramatic effects were rather ~** de dramatiske effektene var nokså overdrevne.

heavy industry tungindustri.

heavy (motor) traffic tungtrafikk.

heavy water tungt vann.

heavy weather: T: make ~ of sth*(=find great difficulty in doing sth)* få vanskeligheter med noe (som burde være lett).

heavyweight ['hevi,weit] *sport* **1.** *subst:* tungvekter; **2.** *adj:* tungvekts- *(fx champion).*

Hebrew ['hi:bru:] **1.** *subst:* hebreer; *om språket:* hebraisk; **2.** *adj:* hebraisk.

Hebrides ['hebri,di:z] *subst; geogr:* **the ~** Hebridene.

heck [hek] *int:* pokker!

I. heckle ['hekəl] *subst; til å karde hamp el. lin med:* kam.

II. heckle *vb* 1*(=hackle; comb)* hekle (hamp el. lin); **2.** *polit:* være møteplager; avbryte stadig vekk; komme med tilrop *(fx he was heckled at the meeting).*

heckler ['heklə] *subst; polit:* møteplager.

hectare ['hekta:] *subst:* hektar.

hectic ['hektik] *adj:* hektisk; **there was a ~ rush** det var (,ble) temmelig hektisk.

hectogram(me) ['hektou,græm] *subst:* hektogram.

hector ['hektə] *vb; stivt(=bully; frighten)* tyrannisere; plage; hundse.

I. hedge [hedʒ] *subst* **1.** hekk; **2.** *fig:* gardering *(fx he bought some jewels as a hedge against inflation);* **3.** *spøkef:* **go behind a ~** huke seg ned bak en busk; **4.: in summer you can keep house under the -s** om sommeren er det hus under hver busk.

II. hedge *vb* 1*(=hedge in)* plante hekk rundt *(fx hedge the garden (in));* **~ off** skille fra med en hekk; **2.** *stivt(=avoid giving a clear answer)* komme med utenomsnakk; ikke ville ta standpunkt *(fx he always hedges);* **he -d over the decision***(=he dodged the decision)* han unnslo seg når det gjaldt å ta en avgjørelse; **he tried to ~***(=he tried to put us (etc) off)* **T:** han prøvde å ro.

hedge bedstraw *bot:* stormaure; *(se bedstraw 2).*

hedge bindweed *bot(=hedge bells)* strandvindel; *(se bindweed).*

hedgehog ['hedʒ,hɔg] *subst; zo:* pinnsvin.

hedgehop ['hedʒ,hɔp] *vb:* fly i svært lav høyde.

hedge parsley *bot:* rødkjeks.

hedgerow ['hedʒ,rou] *subst(=hedge)* hekk.

hedge sparrow *zo(=hedge accentor)* jernspurv.

I. heed [hi:d] *subst; stivt:* **pay ~ to, take ~ of***(=pay attention to)* ense; ta hensyn til.

II. heed *vb; stivt(=pay attention to)* ta hensyn til.

heedful ['hi:dful] *adj; stivt:* **be ~ of***(=pay attention to)* ta hensyn til.

heedless ['hi:dlis] *adj; stivt:* **~ of***(=paying no attention to)* uten å ense; uten hensyn til.

I. heel [hi:l] *subst* **1.** hæl *(fx of a shoe);* 2*(=first cut; outside slice):* **a ~ of loaf** en brødskalk; **3.** *mar:* mastefot; **4.** *mar(=heeling (over))* krengning; *(jvf I. bank 6 & body roll);* **5.** *på bildekk:* **(bead)~** hæl; **6.: at***(=on)* **sby's -s**; i hælene på en; **close***(=hard)* **on sby's -s** like i hælene på en; **on the -s of a previous report** like etter en tidligere rapport; **7.: cool***(=kick)* **one's -s** vente utålmodig; **I was left kicking my -s for half an hour** jeg måtte vente i en halv time; **8. T: dig in one's -s** være fast; ikke gi seg; ikke gi etter *(fx I'm going to dig in my heels over this – it must be done the way I say);* **9. S: show sby a clean pair of -s** stikke av fra en; **10. T: take to one's -s** stikke av; **11.: to ~** 1. *om hund:* **make one's dog walk to ~** la hunden gå bak en; 2. *fig* **T***(=under control):* **bring to ~** få bukt med *(fx the boy thinks he's tough but the teachers will soon bring him to heel);* **come to ~** føye seg; **T:** bli snill; **12.: turn on one's ~** dreie seg om på hælen.

II. heel *vb* **1.** sette hæl(er) på; **2.** *mar:* **~ (over)** krenge; legge seg over på siden; **3.** *fotb:* **~ the ball** ta ballen på hælen.

heeling ['hi:liŋ] *subst; mar(=heeling over)* krengning; *(jvf I. heel 4).*

heeling force *mar:* sidekraft i seilet.

heeltap ['hi:l,tæp] *subst* 1*(=heelpiece)* hælflikk; **2.** *i glass, etc:* slant; skvett; liten rest.

hefty ['hefti] *adj* 1*(=big and strong)* stor og kraftig; velvoksen; bastant *(fx rather a hefty young woman);* **2.** *om slag, etc:* kraftig *(fx a hefty kick);* **3.** *om regning:* stor; **T:** velvoksen.

hegemony [hi'geməni; **US:** 'hedʒə,mouni] *subst:* hegemoni; lederstilling; **world ~** verdenshegemoni; lederstilling i verden.

he-goat ['hi:,gout] *subst; zo:* geitebukk.

heifer ['hefə] *subst; zo:* kvige.

heigh-ho ['hei'hou] *int; uttrykk for resignasjon; lett glds(=alas)* akk! *(fx Heigh-ho, can't be helped then).*

height [hait] *subst* **1.** høyde *(fx what's the height of this building?); stivt:* **he is 1.75 metres in ~***(=he's 1.75 metres tall)* han er 1,75 m høy; **he fell from a**

great ~ han falt fra stor høyde; **2.** *fig:* høyde; topp *(fx he's at the height of his career);* **3.** *fig:* toppunkt; topp *(fx the height of rudeness);* **4.** *stivt:* **-s**(*=high places)* høyder *(fx we looked down from the heights at the valley beneath us).*
heighten ['haitən] *vb* **1.** gjøre høyere *(fx the garden wall);* **2.** *fig:* øke *(fx the effect);* forhøye; høyne; forsterke.
heinous ['heinəs] *adj; meget stivt(=atrocious; very wicked)* avskyelig; fryktelig; gruoppvekkende.
heir [ɛə] *subst:* arving; **legal** ~*(=intestate successor)* arving etter loven; **lawful** ~ rettmessig arving; **sole** ~ enearving; ~ **to a fortune** arving til en formue; **make***(=appoint)* **sby one's** ~ innsette en som sin arving; gjøre en til sin arving; *stivt; også fig:* **fall** ~ **to***(=inherit)* arve *(fx a large fortune).*
heir apparent *jur:* rettmessig (*el.* nærmeste) arving; ~ **to a throne** tronarving.
heiress ['ɛəris] *subst:* kvinnelig arving; **marry an** ~ gifte seg med en rik arving.
heirloom ['ɛə,lu:m] *subst:* arvestykke; arvesmykke; **these rings are family -s** disse ringene er arvegods.
heir presumptive *jur:* presumptiv arving (ɔ:arving under forutsetning av at arvelater ikke får barn).
held [held] *pret & perf. part av II. hold.*
helical ['helikəl] *adj(=spiral)* spiralformet.
helicopter ['heli,kɔptə] *subst (,***T:** *chopper)* helikopter.
helideck ['heli,dek] *subst; oljeind:* helikopterdekk.
Heligoland ['heligou,lænd] *subst; geogr:* Helgoland.
heliolatry [,hi:li'ɔlətri] *subst; stivt(=worship of the sun)* soldyrking.
helipad ['heli,pæd] *subst:* helikopterplattform.
heliport ['heli,pɔ:t] *subst:* helikopterflyplass.
helium ['hi:liəm] *subst; kjem:* helium.
helix ['hi:liks] *subst (pl: helixes el. helices* ['heli,si:z]) **1.** spiral; **2.** *arkit(=volute)* spiralmotiv; **3.** *geom:* skruelinje; **4.** *anat:* ørerand.
hell [hel] *subst* **1.** *rel & fig:* helvete; **go through** ~ lide helvetes kvaler; **and then all** ~ **broke loose** og da brøt helvetet løs; **give sby** ~ gjøre helvete hett for en; gi en grov kjeft; **2.** *forsterkende:* **as** ~ som bare pokker *(fx tired as hell);* **3. T: for the** ~ **of it***(=for the fun of it)* for moro skyld; **4.** *forsterkende:* **a** ~ **of a good performance** en pokker så fin forestilling; **that's a** ~ **of a big parcel** det er litt av en pakke! **he's a** ~ **of a (nice) fellow** han er en pokker så kjekk kar; **5.** *forsterkende:* **like** ~ som bare pokker *(fx he works like hell);* **it hurts like** ~ det gjør pokker så vondt; det gjør helvetes vondt; **6. T: there'll be** ~ **to pay** da vil (selve) fanden være løs; **7.** *forsterkende:* **who (,what) the** ~ . . . ? hvem (,hva) fanden . . . ? **8. T: the** ~ **of it** det leie med det; det kinkige ved det *(fx that's rather the hell of it);* **9.:** ~ **for leather***(=at great speed)* alt hva remmer og tøy kan holde; **T:** styggfort; **10. T: (come)** ~ **or high water** uansett hvilke vanskeligheter som måtte oppstå; for enhver pris; **11. T: not have***(=stand)* **a cat in** ~**'s chance***(=not have a snowball's chance in hell)* ikke ha den ringeste sjanse; ikke ha et fnugg av sjanse; **12.** *vulg:* **go to** ~! dra pokker i vold!
hellbent [,hel'bent] *adj* **T:** ~ **on** meget oppsatt på *(fx he's hellbent on going).*
hellcat ['hel,kæt] *subst; neds om arrig kvinne:* hurpe.
hellebore ['heli,bɔ:] *subst; bot(=Christmas rose)* julerose.
Hellene ['heli:n] *subst:* hellener.
Hellenic [he'lenik; he'li:nik] *adj:* hellensk.
hellfire ['hel,faiə] *subst; rel:* helvetesild; *(jvf shingles).*
hellish ['heliʃ] *adj:* helvetes; infernalsk; **2.** *adj & adv; vulg:* helvetes; fandens; **there's a** ~ **atmosphere in this office** det er en fanden så ubehagelig atmosfære på dette kontoret.
hello [he'lou; hə'lou] *subst & int(=hallo; hullo)* hallo; **say** ~ **to** hilse på.
helm [helm] *subst* **1.** *mar(=wheel; tiller)* ror; **answer the** ~ lystre roret; **2.** *fig:* ror; **at the** ~ ved roret *(fx there's a new man at the helm of the company);* **take (over) the** ~ komme til roret; overta kontrollen.
helmet ['helmit] *subst:* hjelm; *(se crash helmet; hard hat; welding helmet).*
helmsman ['helmzmən] *subst; mar:* rormann; rorgjenger.
I. help [help] *subst* **1.** hjelp *(fx can you give me some help? that was a big help);* **he's beyond** ~*(=he can't be helped)* han kan ikke hjelpes (lenger); **2.** *om person:* **you're a great** ~ **to me** du er til stor hjelp for meg; *om redskap:* **I find this tool a great** ~ jeg synes dette redskapet er svært nyttig; **3.** *især* **US***(=servant)* hushjelp; **4.: daily** ~*(,***T:** *daily)* daghjelp.
II. help *vb* **1.** hjelpe; ~ **sby down (,up)** hjelpe en ned (,opp); **it -ed to** . . . det bidro til å; **2.** *ved bordet:* ~ **sby to sth** forsyne en med noe; ~ **oneself to sth** forsyne seg med noe; **3.: I can't (,couldn't)** ~ **(-ing)** jeg kan (,kunne) ikke la være å; **he couldn't** ~ **himself** han kunne ikke dy seg; **not if I can** ~ **it** ikke med min gode vilje; ikke hvis jeg kan forhindre det; **4.:** ~ **sby on** hjelpe en fram; **5. T:** ~ **out** hjelpe til *(fx in the shop);* **can you** ~ **me out by looking after the baby for an hour?** kan du gi meg en håndsrekning ved å se etter babyen i en time?
helper ['helpə] *subst:* hjelper; medhjelper; assistent.
helpful ['helpful] *adj:* hjelpsom; nyttig *(fx you may find this book helpful);* **these instructions aren't** ~ disse instruksjonene er til liten hjelp.
helping ['helpiŋ] *subst:* porsjon; *(jvf II. help 2).*
helpless ['helplis] *adj:* hjelpeløs; **I was** ~ **to assist** jeg var ute av stand til å hjelpe.
helter-skelter ['heltə'skeltə] *adv:* hulter til bulter; i vill forvirring.
helve [helv] *subst:* økseskaft; hakkeskaft.
I. hem [hem] *subst; på kjole, etc:* fald; kant; kjolekant; skjørtekant *(fx the hem of her skirt); (jvf hemline).*
II. hem *vb* **1.** falde *(fx I hemmed the skirt last night);* **2.:** ~ **in** 1*(=surround)* omringe *(fx hemmed in on all sides by the enemy);* **2.** *fig:* **feel -med in** føle seg innestengt; **we are -med in by rules and regulations** vi kan ikke røre oss for regler og forskrifter.
III. hem 1. *vb:* kremte; ~ **and haw** hakke og stamme; **2.** *int:* hm!.
hemisphere ['hemi,sfiə] *subst* **1.** *geogr:* halvkule; **2.: cerebral** ~ hjernehalvdel; hemisfære.
hemispheric(al) [,hemi'sferik(ə)l] *adj:* halvkuleformet; hemisfærisk.
hemline ['hem,lain] *subst:* skjørtefald; skjørtelengde.
hemlock ['hem,lɔk] *subst (,***US:** *poison hemlock)* skarntyde.
hemo- *se haemo-.*
hemp [hemp] *subst; bot* **1.** hamp; **2.: Indian** ~ indisk hamp; hasj; marihuana.
hemp agrimony *bot:* hjortetrøst.
hemp nettle *bot:* då.
hemstitch ['hem,stitʃ] **1.** *subst:* hullfald; **2.** *vb:* sy hullfald (på).
hen [hen] *subst* **1.** høne; **2.** *om andre fugler:* hun(n).
henbane ['hen,bein] *subst; bot:* bulmeurt.
hence [hens] *adv* **1.** *stivt(=for this reason)* derfor *(fx hence, I shall have to stay);* **2.** *meget stivt(=from now)* fra nå av *(fx a year hence);* **3.** *glds:* herfra *(fx get you hence!).*
henceforth ['hens'fɔ:θ], **henceforward** ['hens'fɔ:wəd]

adv; stivt(=from now on) fra nå av.
henchman ['hentʃmən] *subst; ofte neds:* følgesvenn; **his henchmen** hans håndgangne menn; hans drabanter.
hencoop ['hen,ku:p] *subst:* hønsehus.
hen harrier *bot (,US: marsh hawk, marsh harrier)* myrhauk; *(jvf marsh harrier).*
henhouse ['hen,haus] *subst:* hønsehus.
henna ['henə] *subst; fargestoff:* henna.
hennery ['henəri] *subst(=chicken farm)* hønseri.
hen party **T:** dameselskap; kaffeslabberas; teslabberas.
henpecked ['hen,pekt] *adj:* ~ **husband** tøffelhelt; **he's** ~ han er under tøffelen.
hepatic [hi'pætik] *adj* **1.** *anat:* lever-; **2.** *bot:* som hører til (*el.* ligner) levermosene.
hepatitis [,hepə'taitis] *subst; med.:* hepatitt.
heptagon ['heptəgən] *subst:* sjukant.
her [hə:; *trykksvakt:* hə; ə] *pron* **1.** henne *(fx I saw her);* seg *(fx she took it with her);* **2.** hennes *(fx it's her hat);* sin *(fx she loves her husband);* sitt *(fx she sold her house);* sine *(fx she counted her chickens); om dyr:* dets; dens *(fx a cat and her kittens); om land:* dets; *(se også hers).*
I. herald ['herəld] *subst* **1.** *hist:* herold; **2.** *litt.(=forerunner; harbinger)* forløper.
II. herald *vb; stivt el. litt.(=announce; be a sign of)* forkynne; (inn)varsle.
heraldic [he'rældik; hə'rældik] *adj:* heraldisk.
heraldry ['herəldri] *subst:* heraldikk *(fx she's interested in heraldry);* skjoldmerker; skjoldfigurer.
herb [hə:b; **US:** ə:b] *subst; bot:* plante; urt(eplante); legeurt; krydderurt; krydderplante *(fx parsley and thyme are herbs).*
herbaceous [hə:'beiʃəs] *adj:* urteaktig; plante-; ~ **border** staudebed; ~ **plant** urt; plante; urteplante.
herbage ['hə:bidʒ] *subst:* plantevekster; urter.
herbarium [hə:'bɛəriəm] *subst:* herbarium.
herb beer urtebrygg.
(herb) bennet *bot(=wood avens)* kratthumleblom.
herb garden urtehage.
herbicide ['hə:bi,said] *subst:* herbicid; ugressdreper.
herbivore ['hə:bi,vɔ:] *subst; zo(=plant-eater)* planteeter.
herbivorous [hə:'bivərəs] *adj(=plant-eating)* planteetende.
herb tea urtete.
Herculean [,hə:kju'liən] *adj* **1.** kjempesterk; **2.: a** ~ **task** en herkulesoppgave; et kjempearbeid.
Hercules ['hə:kju,li:z] *myt:* Herkules.
I. herd [hə:d] *subst* **1.** *om dyr:* flokk *(fx of elephant(s));* bøling; **2.** *glds:* gjeter(gutt); **3.** *i sms:* **cowherd** gjeter; **goatherd** geitehyrde; person som gjeter geiter; **4.** *glds; neds:* **the common** ~ den gemene hop.
II. herd *vb* **1.** gjete; **the dogs -ed the sheep together** hundene samlet sammen sauene; **2.** *fig:* ~ **the tourists into a tiny room** samle turistene inne i et bittelite rom.
herdbook ['hə:d,buk] *subst; landbr:* stambok; *(jvf studbook).*
herd instinct hordeinstinkt.
herdsman ['hə:dzmən] *subst:* gjeter.
here [hiə] *adv* **1.** her *(fx he lives here);* **2.: come** ~ kom hit; **3. from** ~ herfra; **4.: in** ~ hit inn; **5. T: it's neither** ~ **nor there** det er uten betydning; det angår ikke saken; det er helt uviktig *(fx his opinion of us is neither here nor there);* **6.** *for å tilkjennegi at man har tenkt å begynne:* ~ **goes** nå skal du (,dere) høre; **I've never tried diving before, but** ~ **goes** jeg har aldri prøvd å stupe før, men nå skal det skje! **7.:** ~ **you are** 1. *når man har funnet det man leter etter:* se her er det; her har du det; 2. *når man rekker en noe:* vær så god! **8.:** ~**'s to you!** skål! ~**'s to John!** skål for John! **9.: look** ~ 1. se her: 2. hør nå her!
hereabout(s) ['hiərə,baut(s)] *adv:* her omkring; på disse kanter; her i nærheten *(fx he lives somewhere hereabouts).*
hereafter [,hiər'a:ftə] **1.** *subst; rel:* **the** ~*(=life after death)* livet etter døden; **2.** *adv; stivt el. jur(=from now on) i dokument, etc:* i det følgende *(fx this concerns the will of John Smith, hereafter referred to as 'the deceased').*
hereby [,hiə'bai] *adv; stivt el. jur:* hermed.
hereditary [hi'reditəri] *adj:* nedarvet; arvelig; ~ **characteristic in** arvelig egenskap hos; **with a** ~ **weakness** arvelig belastet.
heredity [hi'rediti] *subst:* arvelighet; **false** ~ falsk arvelighet.
herein [,hiə'rin] *adv; stivt el. jur:* heri; **please complete the form enclosed** ~ **and return it to us** vær vennlig å fylle ut medfølgende skjema og returner det til oss.
heresy ['herəsi] *subst:* kjetteri; falsk lære.
heresy hunt kjetterjakt.
heretic ['herətik] *subst:* kjetter.
heretical [hə'retikəl] *adj:* kjettersk.
herewith [,hiə'wið] *adv* **1.** *sj: se hereby;* **2.** *stivt(=together with this)* med dette *(fx we send you herewith your statement of account).*
heritable ['heritəbl] *adj* **1.** arvelig; **2.** *især jur(=capable of inheriting; entitled to succeed)* arveberettiget.
heritage ['heritidʒ] *subst; fig; stivt(=inheritance)* arv; **cultural** ~ kulturarv; **our national** ~ vår nasjonalarv.
hermaphrodite [hə:'mæfrə,dait] *subst* **1.** hermafroditt; tvekjønnet person; **2.** tvekjønnet plante.
hermaphroditic [hə:,mæfrə'ditik] *adj:* tvekjønnet.
hermetic [hə:'metik] *adj(=sealed so as to be airtight)* hermetisk; ~ **sealing** hermetisk forsegling.
hermetically sealed *adj:* hermetisk forseglet.
hermit ['hə:mit] *subst:* eremitt; eneboer.
hermitage ['hə:mitidʒ] *subst:* eremittbolig.
hermit crab *zo:* eremittkreps.
hernia ['hə:niə] *subst; med.:* brokk; **umbilical** ~ navlebrokk.
hero ['hiərou] *subst (pl: heroes)* helt.
heroic [hi'rouik] *adj:* heroisk; heltemodig.
heroic deed*(=heroic feat)* heltedåd; heltegjerning.
heroic poetry heltediktning.
heroic treatment*(=drastic remedy)* hestekur.
heroin ['herouin] *subst:* heroin.
heroine ['herouin] *subst:* heltinne.
heroism ['herou,izəm] *subst* **1***(=heroic courage)* heltemot; **2***(=heroic spirit)* heroisme; helteånd.
heron ['herən] *subst; zo:* hegre; **great white** ~*(=great (white) egret)* egretthegre; **grey** ~ fiskehegre; **cattle** ~ kuhegre; **little** ~ silkehegre.
hero worship heltedyrking; heltedyrkelse.
herpes ['hə:pi:z] *subst; med.:* herpes.
herpes labialis ['hə:pi:z ,leibi'ælis] *subst; med.(=cold sore)* forkjølelsessår.
herpes zoster *med.(=shingles)* helvetesild.
herring ['heriŋ] *subst* **1.** *zo:* sild; **a shoal of** ~ en sildestim; **2.: red** ~ 1*(=false clue)* falsk spor; villedende spor; 2. avledningsmanøver; noe som avsporer (fx en diskusjon) *(fx mentioning racialism in a discussion on education is a complete red herring);* **draw a red** ~ **across the trail** foreta en avledningsmanøver; **it's neither fish, flesh nor good red** ~ det er hverken fugl eller fisk.
herringbone ['heriŋ,boun] *subst* **1.** sildeben; **2.** sildebensmønster; **3.** *ski:* fiskeben.

herring gull *zo:* gråmåke.
herring pond: *spøkef:* **the ~** Dammen (ɔ: Atlanterhavet).
hers [hə:z] *pron; når subst står foran el. når subst er underforstått:* hennes; sin; sitt; sine; **it's not your car – it's ~** det er ikke din bil; det er hennes; **~ is on that shelf** hennes ligger på den hyllen; *(se også her).*
herself [hə'self] *pron* **1.** seg *(fx she defended herself; she kicked herself; the cat licked herself (el. itself));* **2.** seg selv *(fx she's not herself today; she looked at herself in the mirror);* **3.** selv *(fx she said so herself; Mary answered the letter herself);* henne selv *(fx her brother and herself);* **she ~** hun selv *(fx she herself played no part in this);* **the Queen ~** selve(ste) dronningen; **4***(=without help)* alene; uten hjelp; **she did it all ~** hun gjorde alt sammen alene; **(all) by ~** 1. alene *(fx she was all by herself); 2(=without help)* alene; uten hjelp; **she likes to find out for ~** hun liker å finne det ut på egen hånd; *(se også her & hers).*
he's [hi:z] *fk.f. he is & he has.*
hesitancy ['hezitənsi] *subst; stivt(=hesitation)* nøling; usikkerhet.
hesitant ['hezitənt] *adj* **1.** nølende; usikker; **2.** *børsuttrykk:* avventende.
hesitate ['hezi,teit] *vb* **1***(=pause briefly)* nøle; **2.: ~ to** nøle med å.
hesitation [,hezi'teiʃən] *subst* **1.** nøling; **2.** usikkerhet; nøling; **I have little ~ in agreeing to this proposal** jeg finner det ikke vanskelig å være enig i dette forslaget.
Hesse ['hesi] *subst; geogr:* Hessen.
I. Hessian ['hesiən] *subst* **1.** hesser; **2.** *hist:* hessisk leiesoldat.
II. Hessian *adj:* hessisk.
hessian wall-covering strietapet.
hetaera [hi'tiərə], **hetaira** [hi'tairə] *subst; hist:* hetære (ɔ: prostituert).
heterogeneous [,hetərou'dʒi:niəs] *adj:* heterogen; uensartet *(fx mixture);* **a ~ crowd** en uensartet (*el.* broket) forsamling.
heterosexual [,het(ə)rə'seksjuəl; ,het(ə)rə'sekʃuəl] *subst & adj (,***T:** *straight)* heteroseksuell; heterofil.
heterosexuality [,het(ə)rə,seksju'æliti; ,het(ə)rə-,sekʃu'æliti] heteroseksualitet; *(jvf homosexuality).*
het up [,het'ʌp] *adj* **T***(=excited; angry)* opphisset *(fx she's getting all het up about the money she lost);* **don't get ~** ikke bli sint; ikke hiss deg opp.
hew [hju:] *vb (pret: hewed; perf. part.: hewed, hewn) litt.* **1.** *med øks el. sverd(=cut)* hogge (*down* ned); rydde *(fx a path)* **2.: ~ out***(=dig out; carve out; shape)* grave ut; hogge til; forme.
hexagon ['heksəgən] *subst:* sekskant.
hexameter [hek'sæmitə] *subst:* heksameter.
hey [hei] *int:* hei! *(fx Hey! What are you doing there?).*
heyday ['hei,dei] *subst:* glanstid; glansperiode; **in his ~***(=at the height of his career)* i sin (,hans) glanstid; da han stod på toppen av sin karriere; **the ~***(=golden age)* **of steam navigation is over** dampskipenes glansperiode er over.
H-hour ['eitʃ,auə] *subst; mil(=zero hour)* tidspunktet da en operasjon skal begynne.
hi [hai] *int; især* **US***(=hey; hello)* hei! morn!
hiatus [hai'eitəs] *subst* **1.** *fon:* hiatus; vokalsammenstøt; **2.** *hvor noe mangler i manuskript(=gap)* hull; **3.** avbrekk *(fx a minor hiatus in British exports).*
hibernal [hai'bə:nəl] *adj:* vinterlig; vinter-.
hibernate ['haibə,neit] *vb; zo:* ligge i vinterdvale; ligge (*el.* gå) i hi.
hibernation [,haibə'neiʃən] *subst; zo:* vinterdvale.
hibiscus [hai'biskəs] *subst; bot:* hibiskus.
hiccup, hiccough ['hikʌp] **1.** *subst:* hikke; hikking *(fx he's got the hiccups);* **2.** *vb:* hikke.
hick [hik] *subst; især* **US S** *neds(=country bumpkin)* bondeknoll.
hickory ['hikəri] *subst; bot:* hikkori.
I. hide [haid] *subst* **1.** (dyre)hud; skinn *(fx animal hides);* **2.** *fx for jegere (,***US:** *blind)* skjulested; **3.** *fig:* **save one's ~** *(,***T:** *save one's bacon)* redde skinnet.
II. hide *vb (pret: hid; perf. part.: hidden)* **1.** gjemme; skjule *(fx one's feelings);* **2.** gjemme seg; skjule seg (*from* for).
hide-and-seek *(,***US:** *hide-and-go-seek) lek:* gjemsel *(fx play hide-and-seek).*
hidebound ['haid,baund] *adj* **1.** *neds(=narrow -minded)* sneversynt; trangsynt; **2.** *om tre:* som har barktrang.
hideous ['hidiəs] *adj(=extremely ugly)* heslig; fæl *(fx she looks hideous in that dress; a hideous vase);* **a ~ crime** en grufull forbrytelse.
hide-out ['haid,aut] *subst; især for forbrytere, etc(=hiding-place)* skjulested; tilholdssted; skjul.
hiding [haidiŋ] *subst* **1.: give him a good ~** gi ham en ordentlig omgang juling; **2.: in ~** i dekning; i skjul; **go into ~** gå i dekning.
hiding-place ['haidiŋ,pleis] *subst:* skjulested; gjemmested.
hierarchy ['haiə,ra:ki] *subst:* hierarki; rangordning; rangsystem.
hieroglyph ['haiərə,glif] *subst:* hieroglyf.
hieroglyphics [,haiərə'glifiks] *subst; pl* **1.** hieroglyfer; **2.** hieroglyfskrift.
higgledy-piggledy [,higəldi'pigəldi] **T 1.** *subst (=muddle)* virvar; rot; forvirring; **2.** *adj & adv(=in a muddle; in great confusion)* hulter til bulter; i vill forvirring *(fx his clothes were lying higgledy -piggledy in piles all over the room).*
I. high [hai] *subst* **1.** *meteorol(=anticyclone)* høytrykk(srygg); **2. T:** høydepunkt *(fx prices have reached a new high this month).*
II. high *adj* **1.** høy *(fx building; shelf; mountain);* **2.** *om personer som avviker sterkt fra normal høyde:* høy *(fx he's only 1.40 metres high);* **3.** *fig:* høy *(fx speed; prices; ideals);* **a ~ degree of intelligence** høy intelligens; **a ~ point in his life** et høydepunkt i livet hans; **he has ~ hopes of becoming a director** han har et godt håp om å bli direktør; **4.** *om vind(=strong)* sterk *(fx a high wind);* **5.** *om tonehøyde:* **a ~ voice** en høy stemme; en stemme som ligger i et høyt leie; **6.** *fon:* høy *(fx vowel);* **7.** *om innsats; tall; stilling; embete:* høy *(fx high numbers; high stakes; high cards; a high post; a high office);* **8.** *om viltkjøtt:* som har hengt tilstrekklig lenge *(fx some game birds are not cooked until they are high);* **9. T:** påvirket (av narkotika) *(fx he was high on marijuana);* **10.** *adv:* høyt *(fx fly high);* **aim ~** stile høyt; ha høye mål; **he'll rise ~ in his profession** han vil nå langt i sitt yrke; **11.: ~ and dry** 1. *mar(=aground)* på grunn; 2. *fig:* på bar bakke *(fx her husband has left her high and dry);* **12.: ~ and low** 1. høy og lav; alle samfunnslag; 2. **T: search ~ and low for sth** lete høyt og lavt etter noe; **13. T: ~ and mighty***(=arrogant)* arrogant; stor på det; **T:** høy på pæra; **14.: it's ~ time** det er på høy tid.
high altar høyalter.
highball ['hai,bɔ:l] *subst:* pjolter.
highbrow ['hai,brau] **1.** *subst; neds:* intellektuell; *neds:* åndssnobb; **2.** *adj:* intellektuell *(fx literature).*
highchair ['hai,tʃɛə] *subst; for barn:* høy stol.
High Church ['hai,tʃə:tʃ] *subst* **1.** høykirke; **2.** *adj:* høykirkelig.
high-class [,hai'kla:s; *attributivt:* 'hai,kla:s] *adj:* av

høy kvalitet; førsteklasses; fin *(fx a high-class shop).*
high command *mil:* overkommando.
High Court (of Justice) [lavere avdeling av «Supreme Court»; den består av Queen's Bench Division, Chancery Division og Family Division]; *i sivile saker:* lagmannsrett; *(se NEO lagmannsrett).*
higher ['haiə] *adj; komp av II. high:* høyere.
higher education høyere utdannelse (*el.* utdanning).
higher-ups [,haiər'ʌps] *subst; pl* **T: the ~** folk høyere oppe på rangstigen.
high explosive høyeksplosivt stoff.
high-explosive [,haiik'splousiv] *adj:* høyeksplosiv.
highfalutin [,haifə'lu:tin] *adj(=highfaluting)* høyt-travende; bombastisk; svulstig.
high finance storfinansen.
high-flown ['hai,floun] *adj(=bombastic)* svulstig *(fx language);* høytflyvende.
high-flying [,hai'flaiiŋ; *attributivt:* 'hai,flaiiŋ] *adj; også fig:* høytflyvende.
high frequency høyfrekvens.
High German høytysk.
high-grade [,hai'greid; *attributivt:* 'hai,greid] *adj:* av høy kvalitet; høyverdig; førsteklasses *(fx high -grade experts with impressive qualifications).*
high-handed [,hai'hændid; *attributivt:* 'hai,hændid] *adj:* egenmektig; egenrådig; **be ~ with sby** behandle en overlegent.
high hat*(=top hat)* høy hatt; flosshatt.
high jump *sport:* høydesprang.
highland ['hailənd] *subst:* høyland; **the -s** høylandet.
high-level [,hai'levəl; *attributivt:* 'hai,levəl] *adj:* på et høyt plan *(fx a high-level meeting).*
high life overklassetilværelse; high life *(fx he was enjoying the high life).*
I. highlight ['hai,lait] *subst* **1.** høylys (på et bilde); **2.** *fig:* høydepunkt *(fx the highlight of our holiday).*
II. highlight *vb* **1.** kaste lys over; **2.** henlede oppmerksomheten på.
highly ['haili] *adv* **1***(=very much)* høylig; meget *(fx he was highly delighted at the news);* **2.: speak (,think) ~ of sby** snakke (,tenke) pent om en.
highly-strung [,haili'strʌŋ; *attributivt:* 'haili,strʌŋ] *(,***US:** *high-strung) adj:* overspent; nervøs.
High Mass *rel:* høymesse.
high-minded [,hai'maindid; *attributivt:* 'hai,maindid] *adj:* høysinnet; edelt tenkende.
highness ['hainis] *subst; om person:* høyhet; **His Royal Highness** Hans kongelige høyhet.
high-octane [,hai'ɔktein; *attributivt:* 'hai,ɔktein] *adj:* høyoktan- *(fx petrol).*
high-pitched [,hai'pitʃt; *attributivt:* 'hai,pitʃt] *adj* **1.** *om tak:* bratt; **2.** *om lyd, stemme:* høy; skarp; skingrende.
high places: a scandal in ~ en skandale på høyt hold.
high point *fig:* høydepunkt *(fx a high point in his life).*
high politics*(=high-level politics)* storpolitikk.
high-powered [,hai'pauəd; *attributivt:* 'hai,pauəd] *adj* **1.** meget kraftig *(fx engine);* **a ~ pair of binoculars** en kraftig kikkert; **2.** *fig:* dynamisk *(fx salesman).*
high pressure høytrykk; **work at ~** arbeide under høytrykk.
I. high-pressure [,hai'preʃə; *attributivt:* 'hai,preʃə] *adj* **1.** høytrykks-; **2.** *fig:* pågående *(fx a high -pressure salesman).*
II. high-pressure ['hai,preʃə] *vb; om selger* **T:** presse.
high priest yppersteprest.
high-principled ['hai,prinsipəld] *adj:* med høye prinsipper.
high-proof ['hai,pru:f] *adj:* med høyt alkoholinnhold.
high-ranking [,hai'ræŋkiŋ; *attributivt:* 'hai,ræŋkiŋ] *adj:* høytstående; høyere *(fx officer).*
high-rise ['hai,raiz] *adj:* **~ building** høyblokk.
highroad ['hai,roud] *subst* **1.** *glds(=main road)* landevei; **2.** *fig:* **the ~ to fame** snarveien til berømmelse.
high-salary ['hai,sæləri] *adj:* med høy gasje (*el.* lønn).
high school ['hai,sku:l] **1.** videregående skole (især om pikeskole); **2. US***(=comprehensive school)* videregående skole.
high season [,hai'si:zn] *subst:* høysesong.
high-sounding [,hai'saundiŋ; *attributivt:* 'hai,saundiŋ] *adj; om stil, språk:* som høres fint ut; høyttravende *(fx titles).*
high-spirited [,hai'spiritid, *attributivt:* 'hai,spiritid] *adj* **1***(=lively)* livlig; **2.** *om hest:* fyrig.
high spirits strålende humør *(fx he's in high spirits).*
high tea [,hai'ti:] varmt ettermiddagsmåltid med te.
highspot ['hai,spɔt] *subst; fig(=height)* høydepunkt *(fx of sby's career).*
high tech T*(=high technology)* høyteknologi.
high-tech [,hai'tek; *attributivt:* 'hai,tek] *adj* **T:** høyteknologisk.
high technology høyteknologi.
high-technology [,haitek'nɔlədʒi] *adj:* høyteknologisk *(fx equipment).*
high tide høyvann; **at ~** ved høyvann; når det er høyvann.
high treason høyforræderi.
I. high-up [,hai'ʌp] *subst* **T:** høytstående person.
II. high-up [,hai'ʌp; *attributivt:* 'hai,ʌp] *adj* **T:** høytstående.
high voltage *elekt:* høyspenning.
high water*(=high tide)* høyvann; *(se high tide).*
highway ['hai,wei] *subst; især jur:* (hoved)vei.
highway engineer veiingeniør.
highwayman ['haiweimən] *subst; glds:* landeveisrøver.
highways authority veivesen.
high wire *i sirkus:* høy line; *(jvf slack rope & tightrope).*
hijack ['hai,dʒæk] **1.** *subst(=hijacking)* (fly)kapring; **2.** *vb:* kapre *(fx a plane; a bus).*
hijack attempt forsøk på (fly)kapring; kaprings-forsøk.
hijacker ['hai,dʒækə] *subst:* (fly)kaprer.
I. hike [haik] *subst(=walking tour)* fottur; **go on a ~** dra på fottur.
II. hike *vb:* dra på fottur *(fx he's hiked all over Britain); (jvf hitchhike).*
hilarious [hi'lɛəriəs] *adj; stivt(=very funny; very amusing; noisily merry)* meget morsomt (*el.* lystig); overstadig (muntert); løssloppen *(fx comedy);* **it was a ~***(=great)* **sight** det var et ubeskrivelig morsomt syn.
hilarity [hi'læriti] *subst; stivt(=fun; merriment)* munterhet; **uproarious ~** løssloppen munterhet; løssloppenhet.
I. hill [hil] *subst* **1.** bakke; ås; høyde; **-s** høydedrag; åser; bakker; bakkelandskap; **2.** stigning (i veien); bakke *(fx go up a steep hill); (jvf uphill);* **3. T: over the ~***(=past one's best; too old)* med den beste tiden bak seg; for gammel *(fx Smith is certainly not over the hill).*
II. hill *vb; landbr:* hyppe *(fx potatoes).*
hill country*(=hilly country)* bakkelandskap.
hill crest*(=brow of a hill)* bakkekam.
hillock ['hilək] *subst:* liten bakke; haug.
hillside ['hil,said] *subst:* bakkeskråning; li.
hilltop ['hil,tɔp] *subst:* bakketopp.
hilly ['hili] *adj:* bakket; bakkelendt; kupert.
hilt [hilt] *subst; stivt el. litt.(=handle (of a sword))*

hjalt; kårdefeste; *fig:* **(up) to the** ~*(=completely)* helt ut *(fx I'll back you to the hilt)*.
him [him; *trykksvakt:* im] *pron:* ham; den; det; seg; *(se for øvrig under her)*.
himself [him'self] *pron* **1.** seg; **2.** seg selv; **3.** selv; **4.** alene; uten hjelp *(se for øvrig under herself)*.
I. hind [haind] *subst; zo:* hind.
II. hind *adj; zo; i sms:* bak- *(fx hind leg)*.
hindbrain ['haind,brein] *subst; anat:* bakhjerne.
hinder ['hində] *vb:* hindre; være til hinder for.
hind leg bakben; **T: talk the ~ off a donkey** snakke oppover vegger og nedover stolper.
hindmost ['haind,moust] *adj; glds el. litt.(=last; farthest behind)* bakerst; sist.
hindquarter ['haind,kwɔ:tə] *subst* **1.** *på slakt:* bakpart; bakparti; bakfjerding; **2.** *zo:* **-s** bakpart(i).
hindrance ['hindrəns] *subst; om person el. ting:* hinder; hindring; **you're really just being a ~** du går (,er) egentlig bare i veien.
hindsight ['haind,sait] *subst* **1.** *på skytevåpen:* bakerste sikte; skur; **2.** etterpåklokskap; **have ~** være etterpåklok; **with ~, do you think that** . . .? hvis du skal være etterpåklok, tror du (da) at . . .?
Hindu ['hindu:; hin'du:] **1.** *subst:* hindu; **2.** *adj:* hindu(-).
Hinduism ['hindu:,izəm] *subst:* hinduisme.
Hindustan [,hindu'sta:n] *subst; geogr:* Hindustan.
Hindustani [,hindu'sta:ni] **1.** *subst:* hindustani; **2.** *adj:* hindustansk.
I. hinge [hindʒ] *subst:* hengsel.
II. hinge *vb* **1.** hengsle; sette hengsel på; **2.** *stivt:* **~ on***(=depend on)* avhenge av.
hinny ['hini] *subst; zo:* mulesel.
I. hint [hint] *subst:* vink; hentydning; antydning; ymt; **a broad ~** et tydelig vink; **a gentle ~** et diskret vink; **there was a ~ of fear in his voice** det var et anstrøk av redsel i stemmen hans; **drop sby a ~** gi en et vink; **take the ~** oppfatte vinket; **at a ~ from** på et vink fra.
II. hint *vb:* antyde; **~ at sth** komme med antydninger om noe; **he -ed to me that he would like more money** han antydet overfor meg at han gjerne ville ha flere penger; **he -ed that** . . . han antydet at . . .; han ymtet (frempå) om at . . .; **it is -ed that** . . . *(=it is intimated that)* man lar det skinne igjennom at . . . .
hinterland ['hintə,lænd] *subst* **1.** land innenfor kysten; **2.** *merk:* oppland.
I. hip [hip] *subst* **1.** *anat:* hofte; **2.** *bot:* nype; steinnype; **3.** *bygg; på valmtak:* grat.
II. hip *adj* **S:** moderne (i smak m.h.t. musikk, klær, etc).
III. hip *int:* **~, ~, hurrah!** hipp, hipp, hurra!
hip bath sittebadekar.
hip flask lommelerke.
hip joint hofteledd.
hippo ['hipou] *subst; zo (fk.f. hippopotamus)* flodhest.
hip pocket *i bukse:* baklomme.
hippopotamus [,hipə'pɔtəməs] *subst; zo:* flodhest.
hip rafter *bygg(=angle rafter; angle ridge)* gratsperre; *(jvf jack rafter)*.
hip roof *bygg(=hipped roof)* valmtak.
I. hire ['haiə] *subst* **1.** leie; **2.** leie(avgift); utleiepris; **3.: for ~** til leie; **4.: on ~** leid ut; utleid *(fx this machine is on hire from another firm)*.
II. hire *vb* **1.** leie *(fx a car)*; **2.: ~ (out)** leie ut *(fx a car)*; **3.** *især* **US***(=employ)* ansette.
hire charge leieavgift.
hire-purchase [,haiə'pə:tʃəs] *subst (fk HP; h.p.)* avbetaling; **on ~** på avbetaling.
hire-purchase agreement avbetalingskontrakt.
his [hiz; *trykksvakt:* iz] *pron* **1.** ham; seg; **2.** hans; sin; sitt; sine; *om dyr:* dens; dets; *(se for øvrig her & hers)*.
I. hiss [his] *subst* **1.** visling; hvesing; **2.** *fon:* vislelyd; **3.** *fra sinte tilhørere:* piping *(fx the hisses of the angry crowd)*.
II. hiss *vb* **1.** visle; hvese; **2.** pipe; *(jvf I. hiss 3)*.
histology [hi'stɔlədʒi] *subst:* histologi; vevlære.
historian [hi'stɔ:riən] *subst:* historiker.
historic [hi'stɔrik] *adj(=important)* historisk; **a ~ event** en historisk begivenhet.
historical [hi'stɔrikəl] *adj:* historisk *(fx a historical novel; historical studies)*.
history ['hist(ə)ri] *subst:* historie *(fx a history of the world)*; **it will go down in ~** det vil gå over i historien; **make ~** skape historie.
histrionic [,histri'ɔnik] *adj; neds(=theatrical)* teatralsk *(fx gesture)*.
histrionics [,histri'ɔniks] *subst:* teatralskhet.
I. hit [hit] *subst* **1.** slag *(fx that was a good hit)*; **2.** *mots bom:* treff *(fx he scored two hits and one miss)*; *mil:* **direct ~** fulltreffer; **3***(=success)* suksess; fulltreffer *(fx the play was a hit)*; **make a ~ with sby** gjøre lykke hos en; **she's a ~ with everyone** hun er populær hos alle; **4***(=hit song)* popsang.
II. hit *vb (pret: hit; perf. part.: hit)* **1.** treffe; **2.** slå; støte mot *(fx he hit me on the head; he hit his head on(=against) a low branch)*; **he can certainly ~ hard!** jamen slår han hardt! **3.** *fig:* ramme *(fx her husband's death hit her hard)*; **be hard***(=badly)* **~ by the lack of rain** bli hardt rammet av mangelen på regn; **4. T***(=find)* finne *(fx we hit the right road by chance)*; **5. T***(=arrive in)* komme til *(fx he'll hit town tomorrow night)*; **6.** *om nyhetsstoff* **T: ~ the front page (,the headlines)** bli førstesidestoff (,få store overskrifter); *om bok:* **~ the bestseller list** komme på bestsellerlisten; **7. US T***(=touch)*: **he ~ me for £5** han bommet meg for £5; **8.** *især* **US S: ~ the bottle** slå seg på flasken; begynne å drikke; **9. T: ~ the road** dra avsted; komme av sted *(fx let's hit the road)*; **10. S: ~ the sack***(=hay) (=go to bed)* krype til køys; gå til sengs; **11.: ~ back** 1. slå igjen *(fx I hit him back)*; 2. *fig:* **~ back at** gå til motangrep mot; ta til kraftig gjenmæle mot; **12.** *især fig:* **~ sby below the belt** slå en under beltestedet; **13. T: it -s you in the eye***(=it sticks out a mile)* det er meget iøynefallende; **14.** *om det å etterligne treffende:* **~ off sby (exactly)** ta en på kornet; **15. T: ~ it off***(=become friendly)* komme overens; bli venner *(fx they hit it off as soon as they met)*; **they don't ~ it off** de kommer ikke overens; **I ~ it off with him** jeg kommer (godt) overens med ham; **16.: ~ on***(=find by chance)* finne; komme på *(fx we hit on the solution at last)*; **17.: ~ out at** 1. slå etter; 2. *fig:* ta til gjenmæle mot; gå til motangrep på.
hit-and-run 1. *subst:* biluhell hvor bilføreren flykter; **2.** *adj:* **a ~ accident** en ulykke hvor bilisten flykter.
hit-and-run driver fluktbilist.
hit-and-run raid *mil:* lynangrep; overraskelsesangrep.
hit-and-run tactics *mil:* overraskelsestaktikk.
I. hitch [hitʃ] *subst* **1.** (liten) vanskelighet; uhell; **the job was completed without a ~** jobben gikk glatt; **technical ~** teknisk vanskelighet (*el.* feil); **2.** *mar; slags knute:* stikk; **3***(=sudden, short pull)*: **she gave her skirt a ~** hun heiste opp skjørtet litt.
II. hitch *vb* **1.** tjore; binde fast *(fx a horse to a fence post)*; kople *(fx a trailer to a car)*; *(jvf unhitch)*; **2***(=hitchhike)* haike; **~ a lift***(=ride)* få haik; **3.: ~ up** 1. kople til *(fx a caravan)*; 2. heise opp *(fx one's trousers)*; *3.* **T: be -ed up** bli gift; **T:** bli spleiset.
hitchhike ['hitʃ,haik] *vb:* haike; *(se II. hitch 2)*.

hitchhiker ['hitʃ,haikə] *subst:* haiker.
hitherto ['hiðə'tu:] *adv; stivt(=so far)* hittil.
hither and thither *adv; glds el. litt.(=this way and that; in all directions)* hit og dit; i alle retninger.
hit-or-miss *adj:* tilfeldig *(fx procedure);* **a ~ system** et system basert på tilfeldigheter.
I. hive [haiv] *subst* **1.** bikube; **2***(=swarm of bees)* bisverm; alle biene i en kube; **3.** *fig; om sted:* maurtue; **the workshop was a ~ of activity** det hersket stor travelhet i verkstedet.
II. hive *vb* **1.** sette i kube *(fx hive a swarm of bees);* **2.** *om bier:* **~ honey** lagre honning; samle inn honning; **3.: ~ off** 1. sette bort *(fx some of the work);* 2. *om del av organisasjon:* skille ut *(fx part of the company);* 3. *om bier:* sverme; 4. *i fx selskap* **T: ~ off into groups** danne grupper *(el.* klikker).
hives [haivz] *subst; med.(=urticaria; nettle rash)* neslefeber.
HNC *(fk.f. Higher National Certificate)* eksamen i tekniske fag, som tas etter et toårig kurs på deltid; *(jvf ONC; OND; HND).*
HND *(fk.f. Higher National Diploma)* høyere eksamen i tekniske fag, som tas etter et toårig heltidskurs; *(jvf ONC; OND; HNC).*
hoar [hɔ:] *subst(=hoarfrost)* rimfrost.
I. hoard [hɔ:d] *subst:* (skjult) forråd; lager; hamstringslager *(fx she kept a hoard of potato crisps).*
II. hoard *vb:* legge opp forråd; hamstre.
hoarder ['hɔ:də] *subst:* hamstrer.
hoarding ['hɔ:diŋ] *subst* **1.** hamstring; **2***(,***US:** *billboard)* plankeverk; plankegjerde (til å klistre plakater på).
hoarse [hɔ:s] *adj:* hes; **I yelled myself ~** jeg skrek meg hes.
hoary ['hɔ:ri] *adj; litt.* **1***(=grey)* grå; med grått hår *(fx his hoary head);* **2.** *stivt(=ancient)* eldgammel *(fx ruins, traditions);* **~ old chestnuts***(=stale jokes)* gamle (og dårlige) vitser.
hoax [houks] **1.** *subst:* spøk (for å spille folk et puss); *i avis:* (avis)and; **play a ~ on sby** spille en et puss; **2.** *vb:* lure; spille et puss.
hob [hɔb] *subst* **1.** kokeplate; **2.** kaminplate; **3.** *mask(=hobbing cutter)* skruehjulsfres; snekkefres.
I. hobble ['hɔbəl] *subst* **1.** fotrep (til å binde sammen hests forben med); **2.** *om sårbent person:* hinking; halting.
II. hobble *vb* **1.** *om sårbent person:* hinke; halte; **~ along** halte av sted; **2.** binde sammen forbena på (en hest).
hobby ['hɔbi] *subst:* hobby.
hobbyhorse ['hɔbi,hɔ:s] *subst(=favourite topic)* yndlingstema; kjepphest.
hobgoblin [hɔb'gɔblin] *subst:* (ondskapsfull) nisse.
hobnob ['hɔb,nɔb] *vb:* **~ with** være på god fot med; menge seg med (folk som er rikere el. har en høyere sosial status) *(fx he hobnobs with the nobility).*
hobo ['houbou] *subst* **US***(=tramp; down-and-out)* landstryker; uteligger.
Hobson ['hɔbsən]**: it's a case of ~'s choice** vi har ikke noe valg.
hock [hɔk] *subst* **1.** *på hest:* hase; **2.** rhinskvin; **3. S: in ~** pantsatt; **T:** hos onkel *(fx my watch is in hock).*
hockey ['hɔki] *subst; sport:* hockey.
hockey stick hockeykølle.
hod [hɔd] *subst* **1***(=coal scuttle)* kullbøtte; **2.** *murers:* bærebrett; **a ~ of bricks** en bør med teglstein.
hodman ['hɔdmən] *subst:* murerhåndlanger.
I. hoe [hou] *subst:* hakke; **wheel ~** hjulhakke.
II. hoe *vb:* hakke; **~ weeds** hakke ugress.
I. hog [hɔg] *subst* **1.** galt; svin; **2. US***(=pig)* gris; **3.** *om person; neds* **T:** (grådig) svin; **4. T: go the whole ~** ta skrittet fullt ut; løpe linen ut.
II. hog *vb* **T:** krafse til seg; legge beslag på *(fx she's hogging the mirror).*
hogtie [hɔg,tai] *vb(=bind hand and foot)* svinebinde; binde på hender og føtter.
hogwash ['hɔg,wɔʃ] *subst; især* **US T***(=nonsense)* vås; tull.
I. hoist [hɔist] *subst* **1.** heiseapparat; **2. T***(=push)* puff; dytt *(fx give me a hoist over this wall, will you!).*
II. hoist *vb* **1.** heise *(fx a flag; the cargo on to the ship);* **2.** *om noe tungt(=lift)* løfte *(fx he hoisted the sack on to his back);* **3.: be ~ with one's own petard** bli fanget i sitt eget garn; gå i sin egen felle.
hoity-toity [,hɔiti'tɔiti] *adj* **T***(=arrogant; superior)* hoven; overlegen *(fx a very hoity-toity young woman).*
I. hold [hould] *subst* **1.** grep; tak; **catch***(=take)* **~ of the rope***(=grasp the rope)* ta tak i tauet; **keep ~ of that rope** hold tak i det tauet; **keep a ~ on the dog!** ikke slipp hunden! **2***(=power; influence)* tak *(fx he has a strange hold over that girl);* **3.** *fjellsp:* feste; **4.** *i bryting:* grep; tak; **5.** *mar:* lasterom; **6.: get ~ of** 1*(=catch hold of)* ta tak i; 2. *for å snakke med:* få tak i; 3. finne; få tak i; **7.: with no ~(s) barred** hvor alt er tillatt; **no -s barred for dialects!** fritt fram for dialekter!
II. hold *vb (pret: held; perf. part.: held)* **1.** holde *(fx he was holding a knife (in his hand));* **what -s that shelf up?** hva er det som holder den hyllen oppe? **I'm not sure the knot will ~** jeg er ikke sikker på om knuten vil holde; **2.: the police are -ing him for questioning** han sitter i avhør hos politiet; **3.** inneha; ha *(fx an important post; he holds a law degree from London); kortsp:* sitte med; **4.** romme *(fx this bottle holds two pints);* ha plass til; inneholde *(fx this drawer holds all my shirts);* **5.** arrangere; holde *(fx hold a meeting);* **6.** anse for å være; holde *(fx he holds me responsible for the mistake);* **he is held in great respect** han er meget vel ansett; **7.** *meget stivt (=think)* mene *(fx I hold that this was the right decision);* **8.** *om meninger, anskuelser; meget stivt(=have):* **he -s certain very odd beliefs** han har enkelte meget underlige meninger; **9***(=be valid)* gjelde *(fx our offer will hold until next week; these rules hold under all circumstances);* **10.: ~ good for***(=be valid for)* gjelde for; **the rule only -s good for** ... regelen gjelder bare for ...; **11.: ~ sby to his promise** minne en om ens løfte; **you promised to take me out to dinner and I shall ~ you to that** du lovte å be meg ut på middag, og det løftet venter jeg at du holder; **12.: ~***(=keep)* **sby's attention** holde ens oppmerksomhet fangen; **13.** oppbevare *(fx they'll hold your luggage at the station until you collect it);* **14.** *om været(=remain fine)* holde seg *(fx if the weather holds);* **15.: ~ one's own** 1. *mil:* holde stillingen; 2. *fig:* hevde seg *(against* overfor, mot); **16.: ~ sth against sby** legge en noe til last; **I won't ~ it against you if you don't support me** jeg skal ikke ta deg det ille opp om du ikke støtter meg; **17.: ~ back** 1. tie med *(fx hold sth back);* 2. holde tilbake *(fx one's tears);* 3. hindre *(fx I meant to finish the job but the children have held me back all morning);* **18.: ~ down a job** holde på en jobb *(fx he's incapable of holding down a job);* **19.: ~ forth (on)** legge ut (om); snakke i det vide og brede (om); **20. T: ~ it!***(=wait!)* vent! **21.: ~ off** 1*(=fight off):* **~ off the enemy** holde seg fienden fra livet; 2. *om værtype(=stay away)* holde seg unna *(fx I hope the rain holds off);* 3*(=wait)* vente *(fx what if we hold off for a couple of weeks?);* **22.: ~ on** 1. **T***(=wait)* vent! 2. *tlf:* ikke legge på; holde

forbindelsen *(fx the telephonist asked him to hold on);* **23.: ~ on to** 1. holde fast på *(el. i) (fx a rope);* ikke slippe taket i *(fx she held on to me);* 2. beholde *(fx can I hold on to this book for another week?);* **24.: ~ out** 1. holde stand; holde ut; 2. *om forråd:* vare *(fx will our supplies hold out till the end of the month?);* 3*(=offer):* **he could ~ out little hope for the patient** han kunne ikke gi pasienten stort håp; 4.: **~ out for** fortsette å kjempe for; **25.: ~ out on sby***(=keep sth secret from sby)* holde noe hemmelig for en; **26.** *tlf:* **~ the line***(=hold on)* ikke legge på; holde forbindelsen. **27.: ~ one's tongue** holde munn; **28.: ~ up** 1. hefte *(fx I got held up at the office);* 2. rane *(fx a bank);* 3. fremholde; holde opp *(fx he was held up as an example to everyone);* 4.: **~ sby up to ridicule** latterliggjøre en; **29.:** *ofte spøkef* **T: ~ with***(=approve of)* være en tilhenger av; være enig i; **he doesn't ~ with smoking** han er imot røyking; **I don't ~ with Sunday dancing** jeg syns ikke det er riktig å danse om søndagen.

holdall ['hould,ɔ:l] *subst (,***US:** *carryall)* bag; reiseveske.

holder ['houldə] *subst* **1.** innehaver; **passport ~** passinnehaver; **record ~** rekordinnehaver; **2.** holder *(fx a tool holder); (=socket)* fatning.

holdfast ['hould,fa:st] *subst; på høvelbenk(=bench hook)* benkehake.

holding ['houldiŋ] *subst* **1.** forpaktet jord; **2.: ~ (of shares)** aksjepost *(fx he has a large holding in this firm).*

holding company *merk:* holdingselskap.

hold-up ['hould,ʌp] *subst* **1***(=delay)* forsinkelse; **traffic ~** trafikkstans; **2.** ran; overfall.

hole [houl] *subst* **1.** hull; **make a ~ in** slå hull i; **tear a ~ in** rive hull i; **2.** *golf:* hull *(fx we played nine holes);* **3.** *fig; neds:* hull *(fx the room we work in is a bit of a hole);* **4.** *fig:* **pick -s in sby's argument** påvise hull i ens argumentasjon; **5. T***(=trouble)* klemme; knipe *(fx I'm in a hole and need your help);* **6.: make a ~ in sby's savings** gjøre et innhugg i ens sparepenger; **7.** *i elv(=deep pool)* kulp.

hole-and-corner *adj* **1.** lyssky *(fx transaction);* **2.: a ~ place** en avkrok; et hull.

holiday ['hɔli,dei] *subst* **1.** fridag *(fx next Monday is a holiday);* **a half-~** en halv fridag; **a whole-~** en hel fridag; **2.: ~(s)** ferie; **get four weeks' ~** få fire ukers ferie; **have a ~, be having a ~, be on ~** ha ferie; **take***(=have)* **a ~** ta ferie; **last -s** i ferien i fjor; **in***(=during)* **the -s** i ferien; **these -s** (i) denne ferien; **the summer -s will soon be here** det er snart sommerferie; **we'll be going to Italy for our ~(s)** vi skal til Italia i ferien.

holiday allowance*(=holiday bonus)* feriepenger.

holiday camp ferieleir; **children's ~** feriekoloni; ferieleir for barn.

holiday closing*(=holiday closure)* ferielukning.

holiday course feriekurs.

holiday-maker ['hɔlidei,meikə] *subst:* feriegjest.

holiday relief *(,***T:** *temp)* ferieavløser.

holiday resort feriested.

holiday spot*(=holiday place)* feriested; **a holiday hot spot** et populært feriested.

holiday stand-in*(=holiday relief; holiday substitute)* ferievikar; ferieavløser.

holiness ['houlinis] *subst:* hellighet; *pavens tittel:* **His Holiness** Hans Hellighet.

Holland ['hɔlənd] *subst; geogr(=the Netherlands)* Holland; Nederland.

Hollands*(=Dutch gin)* sjenever.

holler ['hɔlə] *vb* **T 1***(=shout; yell)* skrike; brøle *(fx he hollered at the boy to go away);* **2.** *fig:* **~ about** skrike opp om *(fx the cost of petrol).*

I. hollow ['hɔlou] *subst:* hulning; hulhet; fordypning; dalsøkk; **she has -s in her cheeks***(=she's hollow -cheeked)* hun er hulkinnet; **she has him in the ~ of her hand** hun har ham i sin hule hånd.

II. hollow *adj & adv* **1.** hul; innfallen; innsunken; **~ cheeks** hulkinnethet; innfalne kinn; **grind ~** hulslipe; **2.** *fig:* hul *(fx a hollow sound; hollow promises);* **3.** *i konkurranse* **T: beat sby ~** slå en sønder og sammen.

III. hollow *vb:* **~ out** hule ut.

hollow-eyed ['hɔlou,aid] *adj:* huløyd.

hollow-ground ['hɔlou,graund] *adj:* hulslipt.

holly ['hɔli] *subst; bot:* kristtorn.

hollyhock ['hɔli,hɔk] *subst; bot (,***US:** *rose mallow)* (vinter)stokkrose; *(jvf marshmallow 1).*

holm [houm] *subst* **1.** lavslette langs elv; **2.** *nordeng. dial(=island (in river or lake))* holme.

holocaust ['hɔlə,kɔ:st] *subst* **1.** masseødeleggelse; katastrofebrann; **2.** *sj(=burnt offering)* brennoffer.

holograph ['hɔlə,græf; 'hɔlə,gra:f] **1.** *subst:* egenhendig skrevet bok, etc.; originalmanuskript; originalhåndskrift; **2.** *adj:* egenhendig skrevet *(fx document).*

hols [hɔlz] *subst; pl (fk.f. holidays)* ferie.

holster ['houlstə] *subst:* pistolhylster.

holt [hoult] *subst; glds el. poet(=wood; wooded hill)* skog; skogkledd høydedrag.

holy ['houli] *adj:* hellig *(fx a holy man).*

Holy Ghost: the ~ Den hellige ånd.

Holy Land: the ~ Det hellige land.

Holy Office: the ~ inkvisisjonen.

holy orders: be in ~ være prest; være ordinert; **take ~** bli prest; la seg ordinere.

Holy Spirit: the ~ Den hellige ånd.

holy terror T 1. fryktinngytende person; **he's a ~ when he's angry** han er fryktelig når han er sint; **2.** *om barn:* umulig unge; forferdelig unge; trollunge.

Holy Week: the ~*(=the week before Easter)* den stille uke.

homage ['hɔmidʒ] *subst:* hyllest; **great ~** stor hyllest; *litt.:* virak; **pay ~ to sby** hylle en; **pour ~ over sby** gjøre en til gjenstand for stor hyllest; *litt.:* overøse en med virak.

I. home [houm] *subst* **1.** hjem; **2.** *stivt el. spøkef(=house)* hus; **3.** *om institusjon:* hjem; **nursing ~** pleiehjem; **nurses' ~** søsterhjem; **sailors' ~** sjømannshjem; **4.** *i spill, etc:* mål; **5.: at ~** 1. hjemme; 2. *fotb, etc:* på hjemmebane *(fx play at home);* 3. *stivt:* villig til å ta imot *(fx she's not at home to reporters);*4. *fig:* **at ~ in** inne i; vel bevandret i; 5. *fig:* **at ~ with** fortrolig med; vant til; **6.: feel at ~ in France** føle seg hjemme i Frankrike; **7.: make oneself at ~** late som om man er hjemme; **8. T: a ~ from ~** et sted hvor man føler seg helt som hjemme.

II. home *adv* **1.** hjem *(fx come home; go home);* hjemme *(fx I'm glad to be home again);* **stay ~ from school** bli hjemme fra skolen; **2.** *fig:* **be ~ and dry** ha sitt på det tørre; være helt trygg; **3.** *fig:* **bring it ~ to him** gjøre ham det begripelig; få ham til å forstå det; **4.: drive ~** 1. kjøre hjem; 2. *om spiker:* slå helt inn *(fx he drove the nail home);* 3. *fig:* få til å forstå *(fx drive it home to him);* **it was driven ~ to him** det ble gjort helt klart for ham; **drive ~ the argument** slå det ettertrykkelig fast; **5.** *fig:* **hit ~** ramme; bli forstått *(fx your remarks hit home);* **6.: write ~** 1. skrive hjem; 2. *fig* **T: it's nothing to write ~ about** det er ikke noe å skryte av.

III. home *vb* **1.** *om brevdue:* finne hjem; fly hjem; **2.** *flyv; ved navigasjon:* **~ on** styre mot: sette kurs for; **3.: ~ in on** 1. *flyv; mil:* rette inn mot; søke *(fx the missile is designed to home in on things which* *produce heat);* 2. *fig:* konsentrere seg om; konsentrere diskusjonen om *(fx we should have homed in on individual problems);* **4.** *flyv:* ~ **on to***(=onto)* **a radar beam** legge seg på en radarstråle.

home affairs innenrikssaker; indre anliggender.

homebird ['houm,bə:d] *subst(=homelover)* hjemmemenneske.

home-brew ['houm,bru:] *subst; om øl el. vin:* hjemmebrygg.

homecoming ['houm,kʌmiŋ] *subst:* hjemkomst.

home economics*(=domestic science)* heimkunnskap; husstell.

home fires T: keep the ~ burning holde seg hjemme ved teltene; være hjemme.

home game *sport:* hjemmekamp.

home ground ['houm'graund; 'houm,graund] *subst; sport:* hjemmebane; **back on ~** tilbake på hjemmebane.

home-grown [,houm'groun; *attributivt:* 'houm,groun] *adj:* hjemmeavlet; ~ **potatoes** hjemmeavlede poteter.

home help hjemmehjelp.

home industry hjemmeindustri; *(se NEO hjemmeindustri).*

homeland ['houm,lænd] *subst* **1.** *i Sør-Afrika (=bantustan)* område reservert for den sorte befolkning; **2.** *litt.(=native country)* hjemland; **3.** *hist; i relasjon til koloniene:* moderland.

homeless ['houmlis] *adj:* hjemløs; husvill.

homelover ['houm,lʌvə] *subst(=homebird)* hjemmemenneske.

homely ['houmli] *adj* **1.** enkel *(fx a homely person);* ~ **food** enkel mat; hverdagsmat; **2.** hjemlig *(fx a homely atmosphere);* **3.** *især* **US***(=ugly; plain)* stygg; lite pen.

home-made [,hou(m)'meid; *attributivt også:* 'hou(m),meid] *adj* **1.** *neds:* hjemmegjort; hjemmelagd; **2.** hjemmebakt.

Home Office: the ~ *(,***US:** *Department of the Interior)* innenriksdepartementet.

homeopath ['houmiə,pæθ] *subst(=homoeopath)* homøopat.

homeopathy [,houmi'ɔpəθi] *subst(=homoeopathy)* homøopati.

homeopathist [,houmi'ɔpəθist] *subst(=homoeopathist)* homøopat.

home owner person som eier sitt hus el. sin leilighet; selveier.

home ownership det å være selveier; *(jvf home owner).*

homer ['houmə] *subst(=homing pigeon)* brevdue.

home range *zo:* aktivitetsområde; område som et dyr normalt ferdes på til daglig; *(jvf vital range).*

home rule selvstyre *(fx home rule for Scotland).*

Home Secretary [,houm'sekrətəri] *(fk.f. Secretary of State for the Home Department) (,***US:** *Secretary of the Interior)* innenriksminister.

homesick ['houm,sik] *adj:* **be** ~*(=long to be back home)* ha hjemlengsel; *ved understrekelse av hjemmet:* **she's ~ for home** hun lengter hjem; hun vil hjem til seg selv igjen.

homesickness ['houm,siknis] *subst(=longing for home)* hjemlengsel.

home side *sport:* hjemmelag.

home signal *jernb:* innkjørsignal.

home sister *ved elev- el. søsterhjem:* husmor; *(jvf matron 2).*

homespun ['houm,spʌn] *adj* **1.** hjemmespunnet; hjemmevevd; **2.** *fig:* hjemmegjort; hjemmestrikket.

homestead [,houm,sted] *subst; især* **US***(=farm)* gård(sbruk).

Homestead Act *hist* **US:** lov av 1862 som ga nybyggere 640 dekar jord.

home straight *sport:* oppløpsside; siste langside.

home stretch 1. *hesteveddeløp:* oppløpsside; **2.** *av prosjekt el. reise:* siste etappe.

home thrust 1. velrettet (kårde)støt; **2.** *fig:* vel anbrakt spydighet.

home truth (ubehagelig) sannhet; **tell sby a ~** si en en (ubehagelig) sannhet; **it's time someone told him a few -s about how to behave in public** det er på tide at en eller annen sa ham et Pauli ord om hvordan man oppfører seg blant folk.

homeward ['houmwəd] **1.** *adj:* hjem-; **his ~ journey** hjemreisen hans; ~ **bound** på hjemtur; på hjemvei *(fx the ship was homeward bound);* **2.** *adv(=homewards)* hjemover; **his journey ~** hans hjemreise.

homework ['houm,wə:k] *subst* **1.** *skolev:* lekse; hjemmearbeid *(fx do one's homework);* **2.** *fig:* **he hasn't done his ~** han har ikke gjort leksen sin; han har ikke forberedt seg skikkelig.

homework essay hjemmestil.

homicidal [,hɔmi'saidəl] *adj:* draps-; mord-; morderisk; ~ **maniac** sinnssyk morder.

homicide ['hɔmi,said] *subst* **1.** drap; mord; **2.** drapsmann; morder; *(jvf manslaughter & 1. murder).*

homily ['hɔmili] *subst* **1.** *stivt(=sermon)* preken; **2.** *neds; fig:* moralpreken.

homing ['houmiŋ] *adj* **1.** *zo:* ~ **instinct** evne til å finne veien hjem; **2.** *mil:* målsøkende *(fx missile).*

homing pigeon brevdue.

hominy ['hɔmini] *subst* **US***(=coarsely ground maize)* grovmalt mais.

homo ['houmou] *subst* **T***(=homosexual)* homo.

homogeneity [,houmoudʒi'ni:iti] *subst:* homogenitet; ensartethet.

homogeneous [,houmə'dʒi:niəs] *adj:* homogen; ensartet.

homogenize, homogenise [hə'mɔdʒi,naiz] *vb:* homogenisere *(fx milk);* gjøre ensartet.

homonym ['hɔmənim] *subst:* homonym; **-s** homonymer; enslydende ord *(fx 'there' and 'their' are homonyms).*

homonymous [hɔ'mɔniməs] *adj:* homonym; enslydende.

homosexual [,hɔmə'seksjuəl; ,houmou'sekʃuəl] *subst & adj (,***T:** *gay)* homoseksuell; *(jvf heterosexual).*

homosexuality [,hɔməseksju'æliti; ,hɔməsekʃu'æliti] *subst:* homoseksualitet; *(jvf heterosexuality).*

homy *(,***US:** *homey) adj:* hjemlig; koselig.

hone [houn] **1.** *subst(=fine whetstone)* oljebryne; **2.** *vb:* bryne; slipe.

honest ['ɔnist] *adj:* ærlig; hederlig; rettskaffen.

honestly ['ɔnistli] *adv* **1***(=in an honest way)* på en ærlig måte; **2.** ærlig talt; oppriktig talt; på æresord *(fx honestly, that's exactly what he said);* **3.** *int:* ærlig talt! *(fx Honestly! That was a stupid thing to do).*

honesty ['ɔnisti] *subst* **1.** ærlighet; *ordspråk:* ~ **is the best policy** ærlighet varer lengst; **2.: I could not in all ~ say that I knew nothing about it** jeg kunne ikke med hånden på hjertet si at jeg ikke kjente noe til det.

honey ['hʌni] *subst* **1.** honning; **2.** *især* **US***(=darling)* kjæreste; kjære deg.

honey badger *zo(=ratel)* honninggrevling.

honeybee ['hʌni,bi:] *subst; zo:* honningbie.

honeycomb ['hʌni,koum] *subst:* bikake; vokskake.

honeyed ['hʌnid] *adj; fig:* sukkersøt *(fx words).*

honey guide *zo:* honninggjøk.

honeymoon ['hʌni,mu:n] **1.** *subst:* bryllupsreise *(fx we went to London for our honeymoon; these two are obviously on their honeymoon);* **a ~ couple** et par som er på bryllupsreise; **2.** *vb:* være på bryllupsreise; ~ **in** tilbringe hvetebrødsdagene i *(fx Italy).*

honeysuckle ['hʌni,sʌkəl] *subst; bot:* kaprifolium.

honk [hɔŋk] **1.** *subst:* tut; tuting; **2.** *vb:* tute; ~ **a horn** tute i et horn.

honky-tonk ['hɔŋki,tɔŋk] *subst* **US S:** bule; simpel nattklubb.

honorarium [,ɔnə'rɛəriəm] *subst; stivt(=small fee)* lite honorar; liten påskjønnelse *(fx he's given a small honorarium for acting as secretary to our club).*

honorary ['ɔnərəri] *adj* **1.** æres- *(fx title);* **2.** ulønnet; honorær *(fx consul);* ~ **office** tillitsverv.

honor camp US: åpent fengsel; fengsel med frigangssystem.

I. honour *(,US: honor)* ['ɔnə] *subst* **1.** ære *(fx a man of honour);* **win ~ in battle** vinne heder i kamp; **2.** hedersbevisning; æresbevisning; **3.** *kortsp:* honnør-(kort); **4.** *tittel: især til dommer:* **Your Honour** herr dommer; **5.: he's an ~ to the school** han er en pryd for skolen; **6. T: ~ bright!** æresord! **7.: in ~ bound***(=under a moral obligation)* moralsk forpliktet; **8.: in ~ of** til ære for; **9.: on my ~!** på æresord: **10.: do sby the ~ of (-ing)** gjøre en den ære å; **11.: do the -s** være vert; fungere som vert; *(se også honours).*

II. honour *vb* **1***(=show great respect to)* ære; hedre; **2.** *merk:* honorere; innfri; overholde *(fx an agreement);* **he -ed his debts** han betalte sin gjeld; han innfridde sine gjeldsforpliktelser; **3.: feel -ed** føle seg beæret; **I feel very -ed to have been asked to address this meeting** det er en stor ære for meg å få lov til å tale til denne forsamlingen.

honourable ['ɔnərəbl] *adj* **1.** hederlig; ærlig; **with a few ~ exceptions** med noen få hederlige unntak; **2.** ærefull *(fx peace);* ~ **mention** hederlig *(el.* rosende) omtale; **3.** *parl:* **the Honourable Member for** ... den ærede representant for ...

honours, Honours *(fk Hons) univ* **1***(=honours degree) svarer til:* mellomfagseksamen (med laud); *(jvf pass degree);* **2.** *om karakteren:* **get First (,Second) Class Honours in French** få en (god) laud i fransk.

honours degree *mots. 'pass degree':* mellomfagseksamen (med laud); *(jvf BA degree).*

honours (list) liste over titler og ordener som deles ut av den eng. monark to ganger i året ('the birthday honours' *el.* 'the New Year's honours').

hooch*(=hootch)* [hu:tʃ] *subst* **US S:** hjemmebrent; **S:** HB.

I. hood [hud] *subst* **1.** hette; kappe; **2. US***(=bonnet)* (motor)panser; **3.** kalesje *(fx the hood of a pram; he drives his sports car with the hood down).*

II. hood *vb* **1.** sette hette på; **2.** *fig:* dekke; tilsløre.

hooded ['hudid] *adj* **1.** med hette på *(fx she was attacked by a hooded man);* **2.** med kalesje på.

hooded seal *zo:* blåsel.

hooded snake *zo(=cobra)* brilleslange.

hoodlum ['hudləm] *subst(=thug)* smågangster; aggressiv bølle; råtamp.

hoodoo ['hu:du:] **T 1.** *subst:* ulykkesfugl; noe som bringer ulykke; **2.** *vb:* ~ **sby***(=bring bad luck to sby)* bringe en ulykke.

hoodwink ['hud,wiŋk] *vb(=trick)* lure.

I. hoof [hu:f] *subst (pl: hooves, hoofs)* **1.** *zo:* hov; **2.** *spøkef(=foot)* fot; **3.** *om kveg:* **on the ~***(=alive)* levende.

II. hoof *vb* **1.** sparke; trampe; **2. S: ~ him out** sparke ham ut; **3. S: ~ it** 1. bruke bena; gå; 2. danse.

hoofbeat ['hu:f,bi:t] *subst:* hovslag.

I. hook [huk] *subst* **1.** krok *(fx fish-hook);* **2.** knagg *(fx hang your coat on that hook behind the door);* **3.** *boksing:* hook *(fx a left hook);* **4.: a ~ and eye** hekte og malje; **5. T: by ~ or (by) crook***(=by any means)* på den ene eller den annen måte; på et eller annet vis; **6. T: swallow a story ~, line and sinker** sluke en historie rått; **7. S: get sby off the ~** hjelpe en ut av en vanskelig situasjon; **8. S: let sby off the ~** la en (få) slippe *(fx I won't let him off the hook).*

II. hook *vb* **1.** få på kroken *(fx he hooked a big trout);* **2.** hekte; **is there some way in which these two parts ~ together?** kan disse to delene hektes sammen på noe vis? **the dress -s***(=is hooked (up))* **at the back** kjolen har hekting i ryggen.

hooked *adj* **1.** krum; kroket *(fx nose);* **2.** forsynt med kroker; **3. S***(=married)* gift; **4. S: ~ on** 1. meget interessert i *(fx he's hooked on modern art);* **T:** helt vill *(el.* sprø) med *(fx he's hooked on old cars);* 2. avhengig av *(fx drugs);* **be (,become) ~ on pills** være (,bli) avhengig av piller.

hooker ['hukə] *subst* **US S***(=prostitute)* prostituert; gatepike; **T:** ludder.

hook(e)y ['huki] *subst* **US S***(=play truant)* skulke (skolen).

hookworm ['huk,wə:m] *subst; zo:* hakeorm.

hooligan ['hu:ligən] *subst* **S:** bølle; ramp; pøbel; **football -s** fotballpøbel.

hooliganism ['hu:ligənizəm] *subst:* pøbelopptøyer *(fx football hooliganism).*

I. hoop [hu:p] *subst* **1.** ring; bøyle; **(barrel) ~** tønnebånd; **2.** *i skjørt:* fiskeben.

II. hoop *vb* **1.** sette ring(er) rundt; sette (tønne)bånd på; **2.:** *se whoop.*

hoopla ['hu:pla:] *subst; på tivoli:* ringspill (hvor man kaster en ring om den gjenstand man forsøker å vinne).

hoopoe ['hu:pu:] *subst; zo:* hærfugl.

I. hoot [hu:t] *subst* **1.** *om ugle:* skrik; **2.** *om bilhorn, etc:* tuting; *om sirene, etc:* tuting; uling; **3.** (hånlig) rop; **-s of anger** rasende hyl *(el.* tilrop); **4. T: he doesn't give a ~***(=he doesn't care at all)* det gir han blaffen i; det er ham komplett likegyldig.

II. hoot *vb* **1.** skrike; tute; ule; **~ (one's horn) at sby** tute på en; **2.** *som uttrykk for hån, etc:* huie; pipe; hyle *(fx they hooted with laughter at the old tramp);* **the crowd -ed their disapproval** folk ga høylytt uttrykk for sin misnøye; **he was -ed off** han ble pepet ut.

hootch *se hooch.*

hooter ['hu:tə] *subst* **1.** bilhorn; **factory ~** fabrikksirene; **2. S***(=nose)* nese; **S:** snyteskaft.

hoover ['hu:və] **1.** *subst:* støvsuger; **2.** *vb:* støvsuge.

I. hop [hɔp] *subst; bot:* humle.

II. hop *subst* **1.** hopp; **2. T***(=dance)* dans(etilstelning); **3. T:** (kort) flytur (uten mellomlanding); **they completed the journey to Australia in three -s** de fløy til Australia i tre etapper *(el.* med to mellomlandinger); **4. T: catch sby on the ~** overraske en; ta en på sengen; **they were so caught on the ~ that** ... de ble til de grader tatt på sengen at ...; **5. T: keep sby on the ~***(=keep sby busy)* gi en nok å bestille; holde en i ånde.

III. hop *vb* **1.** *om små fugler, etc:* hoppe *(fx the sparrow hopped across the lawn);* **2.** *om spenstig person:* sprette (over) *(fx he hopped (over) the fence);* **3.** hinke; halte *(fx he had hurt his foot and had to hop along);* **4. T: ~ in** hoppe inn *(fx the driver told the hikers to hop in);* **5.: ~ over** 1. hoppe (lettvint) over *(fx a fence);* 2. **T:** ta fly over *(to* til); **T:** sprette over til *(fx he hopped over to France for a couple of days);* **6. US***(=get on to)*: **~ a plane (,a train)** ta et fly (,et tog).

I. hope [houp] *subst:* håp; **live in ~** leve i håpet; **live**

in ~ of (-ing) leve i håpet om å; håpe på å; **in the ~ that** i håp om at; **my ~ is that***(=I hope that)* jeg håper at; **some ~!** jamen sa jeg smør! **he's beyond***(=past)* *~(=there's no hope of curing him)* han kan ikke hjelpes lenger; han er hinsides all hjelp; **they held out little ~ of finding survivors** de hadde ikke store forhåpninger om å finne overlevende; **raise sby's -s (too much)** gi en (for store) forhåpninger; **he has -s of becoming chief buyer** han har håp om å bli innkjøpssjef; **their -s were dashed** deres forhåpninger ble gjort til skamme.

II. hope *vb:* håpe; **~ for** håpe på *(fx we're hoping for some help from other people)*; **~ for the best** håpe det beste; **~ against hope** klamre seg til håpet.

hopeful ['houpful] *adj:* forhåpningsfull; full av håp; optimistisk; **that's a ~ sign** det er et lovende tegn; *stivt:* **he's ~ of success***(=he hopes he'll succeed)* han håper å klare det.

hopefully *adv* **1.** håpefullt; **2.** forhåpentligvis *(fx hopefully, that'll never happen).*

hopeless ['houplis] *adj* **1.** håpløs; **a ~ case** et håpløst tilfelle; **he's a ~ liar** han er en håpløs løgner; **2.: it's ~** det er nytteløst; det nytter ikke *(fx it's hopeless to try to persuade him)*; **a ~ attempt** et nytteløst forsøk; **3. T***(=no good)* elendig *(fx I'm a hopeless housewife).*

hopper ['hɔpə] *subst* **1.** en (,noe) som hopper; **2.** traktbeholder; fylletrakt.

hop picker humleplukker.

hopping mad *adj:* rasende.

hopscotch ['hɔp,skɔtʃ] *subst:* **play ~** hoppe paradis.

hop, step, and jump *sport; glds(=triple jump)* tresteg.

Horace ['hɔrəs] *romersk dikter:* Horats.

horde ['hɔ:d] *subst; ofte neds:* horde; flokk.

horehound ['hɔ:,haund] *subst; bot* **1.: (white) ~** borremynte; **2.: black ~** hunderot; **3.: water ~** klourt.

horizon [hə'raizən] *subst* **1.** horisont; **on the ~** i horisonten; **2.** *fig:* horisont *(fx he's a man of very limited horizons).*

horizontal [,hɔri'zɔntəl] *adj:* horisontal; vannrett.

horizontal bar *gym(=high bar)* svingstang.

hormonal [hɔ:'mounəl] *adj:* hormon-; **a ~ disturbance** en hormonforstyrrelse.

hormone ['hɔ:moun] *subst:* hormon.

I. horn [hɔ:n] *subst* **1.** *zo:* horn; **2.** *stoffet:* horn *(fx the handle is made of horn)*; **3.** *i bil:* horn; **4.** *mus:* horn; **5. US: blow one's own ~***(=blow one's own trumpet)* skryte av seg selv; **6.** *fig:* **draw***(=pull)* **in one's -s** trekke til seg (føle)hornene; **7.: on the -s of a dilemma** i et dilemma.

II. horn *vb* **1.** sette horn på; **2***(=butt)* stange; **3.: ~ in on***(=interrupt)* avbryte; blande seg inn i *(fx horn in on a conversation).*

hornbeam ['hɔ:n,bi:m] *subst; bot:* agnbøk.

horned ['hɔ:nd] *adj:* med horn; horn-; **~ cattle** hornkveg.

horned owl *zo:* hornugle.

horned poppy *bot:* hornvalmue.

horned pout*(=brown bullhead) zo; fisk:* nordamerikansk dvergmalle; *(jvf catfish).*

hornet ['hɔ:nit] *subst; zo:* geitehams; stor veps.

hornet's nest vepsebol; *fig:* **stir up a ~** stikke hånden i et vepsebol.

horn-rimmed spectacles hornbriller.

horny ['hɔ:ni] *adj* **1.** hornaktig; hornet; *om hender:* barket; **2. S***(=randy)* kåt.

horology [hɔ'rɔlədʒi] *subst:* urmakerkunst.

horoscope ['hɔrə,skoup] *subst:* horoskop; **cast sby's ~** stille ens horoskop.

horrendous [hɔ'rendəs] *adj: se horrific.*

horrible ['hɔrəbl] *adj* **1***(=dreadful)* fryktelig; **2. T***(=unpleasant)* fæl *(fx how horrible of him to do that; what a horrible day!).*

horrid ['hɔrid] *adj* **1. T***(=unpleasant)* fæl *(fx child)*; vemmelig; ekkel *(to* mot); **2.** *stivt(=horrifying)* forferdende; gruoppvekkende.

horrific [hɔ'rifik] *adj* **1. T***(=horrifying)* gruoppvekkende; forferdelig *(fx a horrific accident)*; **2***(=terrifying)* forferdelig.

horrify ['hɔri,fai] *vb* **1***(=terrify)* forferde *(fx we were horrified to hear that . . .)*; **2***(=shock)* sjokkere *(fx she was horrified to find that her son had grown a beard).*

horrifying *adj:* gruoppvekkende; forferdende; forferdelig.

horror ['hɔrə] *subst* **1.** avsky; redsel; **I have a ~ of snakes** jeg avskyr slanger; **she looked at him in ~** hun så forferdet på ham; **the ~ of it all!** så avskyelig det er alt sammen! **2.** *om person* **T: that child's an absolute ~** den ungen er en sann redsel; **3.: chamber of -s** redselskabinett; **4. T: the -s***(=delirium tremens)* **T:** dilla.

horror film grøsser; redselsfilm.

horror-struck ['hɔrə,strʌk] *adj(=horror-stricken)* forferdet; redselsslagen.

hors d'oeuvre [ɔ:'də:vr] *subst:* forrett.

I. horse [hɔ:s] *subst* **1.** *zo:* hest; **stud ~** avlshingst; **2.: a regiment of ~** et kavaleriregiment; **3.** *gym(=buck)* hest; **4***(=sawhorse)* sagkrakk; **5***(=clothes-horse)* tørkestativ; **6.** *mar:* løygang; **7.** *i sjakk* **T***(=knight)* springer; hest; **8. S***(=heroin)* heroin; **9. T***(=horsepower)* hestekraft; hestekrefter; **10. T: be (,get) on one's high ~** sitte (,sette seg) på sin høye hest; **11.: flog***(=beat)* **a dead ~** 1. terpe på noe som forlengst er utdebattert; 2.: **that's flogging a dead ~** det er spilt møye; det kan man bare spare seg; **12.: straight from the ~'s mouth** fra pålitelig kilde; **13. T: I could eat a ~** jeg er skrubbsulten; **14.: put the cart before the ~** begynne i den gale enden; gripe saken forkjært an; **15. T: work like a ~** slite som en gamp.

II. horse *vb* **1.** forsyne med hest(er); **2. T: ~ around, ~ about** holde leven; bråke.

horseback ['hɔ:s,bæk] *subst:* **on ~** til hest.

horse bean *bot(=broad bean)* hestebønne.

horsebox ['hɔ:s,bɔks] *subst:* bil el. tilhenger for hestetransport.

horse chestnut *bot* **1.** hestekastanje; **2.** *om nøtten(=conker)* hestekastanje.

horse collar bogtre.

horseflesh ['hɔ:s,fleʃ] *subst* **1***(=horse meat)* hestekjøtt; **2.** *kollektivt(=horses)* hester.

horsefly ['hɔ:s,flai] *subst; zo(=gadfly; cleg)* klegg.

Horse Guards UK: the ~ hestegarden.

horse laugh*(=guffaw)* skoggerlatter; gapskratt.

horse mackerel *zo; fisk(=scad)* taggmakrell.

horseman ['hɔ:smən] *subst:* rytter; en som er flink til å ri.

horsemanship ['hɔ:smən,ʃip] *subst:* rideferdighet; ridekunst.

horseplay ['hɔ:s,plei] *subst:* løyer; leven *(fx indulge in horseplay)*; *(jvf II. horse 2).*

horsepower ['hɔ:s,pauə] *subst (fk h.p.)* hestekraft; hestekrefter; **a thirty-horsepower engine** en motor med 30 hestekrefter; en 30 HK motor; **T:** en motor på tredve hester.

horse race hesteveddeløp.

horse racing *om sporten:* hesteveddeløp.

horse radish *bot:* pepperrot.

horse sense*(=common sense)* sunt vett; sunn fornuft.

horseshoe ['hɔ:s,ʃu:] *subst:* hestesko.

horsetail ['hɔ:s,teil] *subst* **1.** *også om frisyre:* hesteha-

le; **2.** *bot:* kjerringrokk; snelle.
horse trade *også fig:* hestehandel.
horsewhip ['hɔ:s,wip] *subst:* ridepisk.
horsy ['hɔ:si] *adj* **1.** hesteaktig; som ligner på en hest; **2.** heste-; **a ~ smell** lukt av hest; **3.** hesteinteressert *(fx she's very horsy).*
horticultural [,hɔ:ti'kʌltʃərəl] *adj:* hagebruks-; **~ show** hagebruksutstilling.
horticulture ['hɔ:ti,kʌltʃə] *subst:* hagebruk.
horticulturist [,hɔ:ti'kʌltʃərist] *subst:* hagebruksekspert.
I. hose [houz] *subst:* slange; **garden ~** hageslange; **water ~** vannslange.
II. hose *vb* **1.** vanne *(fx hose the garden);* **2.: ~ down** spyle *(fx hose down the car).*
hosiery ['houziəri] *subst(=knitwear; knitted goods)* trikotasje; strikkevarer.
hospice ['hɔspis] *subst; glds(=hostel)* herberge.
hospitable ['hɔspitəbl] *adj:* gjestfri.
hospital ['hɔspitəl] *subst:* sykehus.
hospitality [,hɔspi'tæliti] *subst:* gjestfrihet; **promiscuous ~** kritikkløs gjestfrihet.
hospitalize, hospitalise ['hɔspitə,laiz] *vb:* hospitalisere; legge inn på sykehus.
hospitaller ['hɔspitələ] *subst; rel:* hospitalsbror.
hospital orderly portør.
I. host [houst] *subst* **1.** vert; **television ~** TV-vert; *fig:* **reckon without one's ~** gjøre regning uten vert; **2.** *biol:* vert(sdyr); vertsorganisme; **3.** *bibl:* hærskare; **the Lord of Hosts** hærskarenes Gud; **4.** *rel(=Host)* hostie; nattverdbrød; **5. T: -s of people***(=lots of people)* en hel masse mennesker; **I have a whole ~ of things to do***(=I've lots of things to do)* jeg har en hel masse ting å gjøre.
II. host *vb:* være vert; **~ a conference** være vert ved en konferanse; **~ one's own show** ha sitt eget show.
hostage ['hɔstidʒ] *subst:* gissel; **take sby ~** ta en som gissel; **they took three people ~** de tok tre gisler; **they took him with them as a ~** de tok ham med seg som gissel; **they're holding three people ~** de har tre gisler.
hostel ['hɔstəl] *subst:* herberge; **youth ~** ungdomsherberge; **university ~** studenterhjem.
hostess ['houstis] *subst:* vertinne; **air ~** flyvertinne; **night-club ~** nattklubbvertinne; selskapsdame i nattklubb; *(jvf I. host).*
hostile ['hɔstail] *adj* **1.** fiendtlig *(fx army);* **2.** fiendtlig(sinnet); **he looked distinctly ~** han så avgjort fiendtlig ut; **~ to** 1. fiendtlig innstilt til; 2. negativt innstilt til *(fx they were hostile to his suggestions).*
hostility [hɔ'stiliti] *subst:* fiendtlighet; fiendtlig innstilling; negativ innstilling; **his suggestions met with some ~** forslagene hans ble ikke godt mottatt.
hostilities *mil:* fiendtligheter; **suspend (,resume) ~** innstille (,gjenoppta) fiendtlighetene.
host organism *biol:* vertsorganisme.
I. hot [hɔt] *adj* **1***(=very warm)* (meget) varm *(fx hot water; a hot day);* **running makes me feel ~** jeg blir varm av å løpe; **2.** *om mat:* sterkt krydret *(fx a hot curry);* **~ mustard** sterk sennep; **3.** hissig; **a ~ argument** et hissig ordskifte; **he has a ~ temper** han er hissig av seg; han har et hissig temperament; **4. T***(=radioactive)* radioaktiv; **a ~ laboratory** et laboratorium hvor man arbeider med radioaktive stoffer; **5. S: make it ~ for sby** gjøre det hett for en: **6.** *om nyhet(=fresh)* rykende fersk *(fx this story is hot from the press);* **7. S***(=stolen)***: ~ goods** tjuvegods; tyvegods; **8. S:** 1. kåt; 2. som gjør kåt *(jvf hot pants);* **9.** *elekt(=live)* strømførende *(fx wire);* **10.: you're getting ~ !** tampen brenner! **11. T: in ~ water***(=in trouble)* i vanskeligheter *(fx get into hot water);* **12. S: not so ~** ikke noe å rope hurra for; **13. T: ~ on** 1. ivrig på; begeistret for *(fx an ideal);* 2. hard med *(fx drunken drivers).*
II. hot *vb:* **~ up 1.** varme opp *(fx food);* **2. T:** tilspisse seg; bli mer spennende *(fx the chase was hotting up);* **3. T***(=soup up)* trimme *(fx a car engine).*
hot air 1. varm luft; varmluft; **2. T:** tomt snakk; skryt; store ord.
hotbed ['hɔt,bed] *subst* **1.** drivbenk; mistbenk; **2.** *fig; neds:* arnested; utklekkingssted.
hot-blooded [,hɔt'blʌdid; *attributivt:* 'hɔt,blʌdid] *adj* **1***(=passionate)* lidenskapelig; varmblodig; **2***(=excitable)* hissig; som fort blir sint; **3.** *om hest:* varmblodig; fyrig.
hotchpotch ['hɔtʃ,pɔtʃ] *subst* **1.** lapskaus; **2.** *fig:* sammensurium; miskmask.
hot cakes T: sell*(=go)* **like ~** gå som varmt hvetebrød.
hot dog varm pølse (med brød).
hot-dog stand pølsebod; pølsebu; pølsevogn.
hotel [hou'tel] *subst:* hotell; **put up at a ~** ta inn på et hotell.
hotelier [hou'teljei] *subst:* hotellier; hotelldirektør.
hotel manager hotelldirektør.
hotel register gjestebok.
hotfoot ['hɔt,fut] *adv* **T***(=in a great hurry)* i største hast.
hot gospeller T*(=revivalist)* vekkelsespredikant.
hothead ['hɔt,hed] *subst:* hissigpropp; brushode.
hotheaded [,hɔt'hedid; *attributivt:* 'hɔt,hedid] *adj:* oppfarende; hissig.
hothouse ['hɔt,haus] *subst:* drivhus; veksthus.
hothouse plant drivhusplante.
hot line *tlf:* direkte linje *(fx the American president has a hot line to Moscow).*
hot pants 1. ekstra korte, tettsittende shorts; **2. S: he has ~ for her** han har lyst på henne; **she's got ~** hun er kåt; *(jvf I. hot 8).*
hotplate ['hɔt,pleit] *subst* **1.** *på komfyr:* kokeplate; **2.** *for mat:* varmeplate.
hotpot ['hɔt,pɔt] *subst:* ragu med poteter.
hot pursuit *om forfølgelse:* **in ~** hakk i hæl; **the thief ran off, with the shopkeeper in ~** tyven løp av sted, skarpt forfulgt av butikkeieren.
hot rod radikalt trimmet bil.
hot seat 1. US: the ~*(=the electric chair)* den elektriske stol; **2. T***(=difficult position)***: be in the ~** sitte leit i det (*over* når det gjelder) *(fx the Minister is really in the hot seat over this problem).*
hot spot 1. *polit:* urolig område; **2.** livlig nattklubb.
hot spring varm kilde.
hot stuff T 1. *om person el. ting:* førsteklasses; *om person også:* flink (*with* med) *(fx he's hot stuff with a trumpet);* **2.** *om person:* varmblodig; lidenskapelig *(fx she's really hot stuff).*
hot water *se I. hot 11.*
hot-water bottle [,hɔt'wɔ:tə,bɔtəl] *subst:* varmeflaske.
I. hound [haund] *subst* **1.** jakthund; **2.** *især* **US S***(=enthusiast)***: an autograph ~** en autografjeger; **3.: ride to -s** delta i revejakt.
II. hound *vb:* jage *(fx they hounded the gypsies).*
hour ['auə] *subst* **1.** time; **in half an ~** om en halv time; **every ~ and half-hour** hver hele og halve time; **the bus leaves (every ~) on the ~** bussen går hver hele time; **for -s** i timevis: **2.** tidspunkt; tid *(fx at all hours); stivt el. spøkef:* **in my (his etc) ~ of need** i nødens stund; **3.** *om arbeidstid, kontortid, etc:* **after -s** etter arbeidstid (,stengetid, skoletid, *etc);* **office -s** kontortid; **4.: the man of the ~** dagens mann; **5.: the small -s** de små timer (ɔ: timene etter midnatt); **6.** *om klokke:* **strike the ~** slå timeslag.
hourglass ['auə,gla:s] *subst:* timeglass.

hour hand *på klokke:* lilleviser; timeviser.
houri ['huəri] *subst* **1.** huri; **2.** *fig(=alluring woman)* forførende kvinne.
hourly ['auəli] *adj & adv(=every hour)* hver time; ~ **reports** rapporter hver time.
I. house [haus] *subst (pl: houses* ['hauziz]) **1.** hus; **2.** *teat:* **play to a full (,empty)** ~ spille for fullt (,tomt) hus; **bring the ~ down** høste stormende bifall; **3.** *parl:* hus; **the House of Commons (,Lords)** underhuset (,overhuset); **4.** *om del av kostskole:* hus; **5.:** ~ **and home** hus og hjem.
II. house [hauz] *vb:* skaffe husly (*el.* losji); huse.
house agent *se estate agent.*
house arrest husarrest.
houseboat ['haus,bout] *subst:* husbåt.
housebound ['haus,baund] *adj; pga. sykdom, etc:* ute av stand til å forlate huset.
houseboy ['haus,bɔi] *subst; i tidligere koloniland(=male servant)* tjener.
housebreaker ['haus,breikə] *subst:* innbruddstyv; *(jvf burglar).*
housebreaking ['haus,breikiŋ] *subst:* innbruddstyveri; *(jvf burglary).*
house-cleaning*(=thorough clean-down)* storrengjøring.
housecoat ['haus,kout] *subst:* morgenkjole; *(jvf dressing-gown).*
house contents insurance innboforsikring.
housecraft ['haus,kra:ft] *subst:* dyktighet i huset.
housefather ['haus,fa:ðə] *subst; i institusjon:* husfar.
housefly ['haus,flai] *subst; zo:* husflue.
housefriend ['haus,frend] *subst:* husvenn; **her current** ~ hennes husvenn (*el.* den mannen som bor hos henne) for tiden.
house guest overnattingsgjest.
household ['haus,hould] *subst* **1.** husstand; **2***(=housekeeping)* husholdning.
household chocolate*(=cooking chocolate)* kokesjokolade.
householder ['haus,houldə] *subst:* person som eier el. leier et hus.
household god husgud.
household goods husholdningsartikler.
household remedy husråd.
household shopping husholdningsinnkjøp; innkjøp av dagligvarer *(fx she did some household shopping).*
household troops livgarde.
household word: his name is a ~ throughout the country navnet hans er vel kjent over hele landet.
house hunter boligsøkende.
housekeeper ['haus,ki:pə] *subst* **1.** husbestyrerinne; husholderske; **2.** *ved hotell, sykehus:* **(chief)** ~ oldfrue; *(jvf chief stewardess).*
housekeeping ['haus,ki:piŋ] *subst* **1.** husholdning; husførsel; **2.** **T***(=housekeeping money)* husholdningspenger.
housekeeping allowance*(=housekeeping money)* husholdningspenger.
houseleek ['haus,li:k] *subst; bot:* vanlig takløk.
housemaid ['haus,meid] *subst:* stuepike.
housemaid's knee *subst(=water on the knee)* vann i kneet.
houseman ['hausmən] *subst; om sykehuslege (,***US:** *intern(e))* turnuskandidat.
housemaster ['haus,ma:stə] *subst; ved kostskole:* lærer som samtidig har ansvaret for et hus.
house officer *se houseman.*
house organ *om bedriftsavis, etc:* husorgan.
house owner huseier.
house party **1.** *ved fx kostskole:* sammenkomst; fest; selskap (i en lærerbolig); **2.** selskap hvor gjestene overnatter.
house painter *om håndverker:* maler.
house physician *se houseman.*
house plant stueplante.
houseproud ['haus,praud] *adj:* som setter sin ære i å holde huset pent og rent.
house property huseiendom; fast eiendom *(fx invest in house property).*
house sparrow gråspurv.
house surgeon *se houseman.*
housetop ['haus,tɔp] *subst* **1.** tak; **2.: proclaim***(=shout)* **sth from the -s** utbasunere noe; forkynne noe vidt og bredt.
house-trained ['haus,treind] *adj; spøkef om barn & hund:* stueren.
housewarming ['haus,wɔ:miŋ] *subst(=housewarming party)* innflytningsgilde.
housewife ['haus,waif] *subst (pl: housewives)* husmor.
housework ['haus,wə:k] *subst:* husarbeid.
housing ['hauziŋ] *subst* **1.** bolig; **suitable ~ goes with the job** passende bolig følger stillingen; **provision of** ~ boligformidling; *(jvf housing service);* **2.** innkvartering *(fx housing in huts);* **3.** *mask(=casing)* hus; **clutch ~** clutchhus.
housing act boliglov.
housing agency*(=accommodation agency)* boligformidling(skontor).
housing cooperative boligkooperativ; boligsamvirke; *svarer til:* borettslag; *(se NEO borettslag).*
housing environment boligmiljø.
housing drive boligoffensiv.
housing estate (,US:, *development area)* boligfelt.
housing famine bolignød.
housing officer: chief ~ boligrådmann; *(jvf chief officer).*
housing scheme *kommunal, etc:* boligplan.
housing sector: in the ~ på boligsektoren.
housing standard*(=standard of housing)* boligstandard.
houting ['hautiŋ] *subst; zo:* nebbsik.
hove [houv] *pret & perf. part. av II. heave 6.*
hovel ['hɔvəl; 'hʌvəl] *subst:* rønne.
hover ['hɔvə] *vb* **1.** *om fugl, etc:* sveve; holde seg svevende; **2.: ~ about** drive (*el.* kretse) omkring; ~ **(a)round sby** henge rundt en *(fx she's always hovering around him);* ~ **near** oppholde seg i nærheten av; **3.** *fig:* sveve *(fx between life and death);* **4.** *stivt(=be undecided)* nøle *(fx she hovered between leaving and staying).*
hovercraft ['hɔvə,kra:ft] *subst:* luftputefartøy; hovercraft.
how [hau] *adv* **1.** hvordan; **2.** hvor *(fx how tall is he? how old is John?);* **3.** så; *stivt:* hvor *(fx how stupid of him!);* **4.: ~ is it that . . .?** hvordan har det seg at . . .? hvordan kan det ha seg at . . .; **5.: and ~!***(=very much so!)* ja, det skal være sikkert! **6.: ~'s that?** 1. hvordan henger det sammen? hvordan kan det ha seg? 2. hva synes du om det? **7.: ~'s that for . . .?** 1. hvordan er det (,den) når det gjelder . . .? *(fx how's that for size?);* 2. *begeistret utrop:* **~'s that for quality?** var ikke det en fin kvalitet, kanskje? **8.** *når man vil foreslå noe;* **~ about . . .?** hva med . . .? *(fx how about some lunch?);* **~ about asking her?** kanskje det var en idé å spørre henne? **9. T: ~ come?***(=why)* hvorfor *(fx how come you told him?);* **10.: ~ are you?** hvordan står det til? **11.** *ved presentasjon, sagt av begge parter:* **~ do you do?** god dag! **12.: well, that's ~ it is** vel, slik er det nå engang; **13.: he knows ~ to do it** han vet hvordan det skal gjøres; **14.: ~ true:** helt riktig!
however [hau'evə] **1.** *konj:* imidlertid; men; **2.**

adv(=how ever) hvordan i all verden *(fx however did you do that?)*; **3.** hvordan ... enn *(fx this painting still looks wrong however you look at it)*; hvor ... enn; uansett hvor *(fx however hard I try, I still can't do it)*; ~ **you do it***(=no matter how you do it)* hvordan du enn gjør det.

I. howl [haul] *subst:* hyl *(fx the howls of the wolves)*; **give a ~ of pain** hyle av smerte.

II. howl *vb:* hyle *(fx the wind was howling)*; vræle *(fx the baby was howling)*; brøle.

howler ['haulə] *subst* **T***(=bad mistake)* brøler.

hoy [hɔi] *int:* hei! *(fx Hoy! You leave these apples alone!)*.

H.P. 1*(fk.f. hire purchase)*: **buy sth on ~** kjøpe noe på avbetaling; **2***(=hp) (fk.f. horsepower)* hestekraft; hestekrefter.

H.Q. *(fk.f. headquarters)* hovedkvarter.

hub [hʌb] *subst* **1.** *på hjul:* nav; **2.** *fig:* sentrum; midtpunkt.

hubbub ['hʌbʌb] *subst* **1.** *av stemmer, etc:* surr; støy; **2.** ståhei; hurlumhei.

hubby ['hʌbi] *subst* **T***(=husband)* (ekte)mann.

hubcap ['hʌb,kæp] *subst:* hjulkapsel.

huckleberry ['hʌkəl,beri] *subst; bot* **1.** *busk med spiselige, svarte bær med store steiner:* Gaylussacia; **2. US***(=bilberry)* blåbær.

huckster ['hʌkstə] *subst* **1.** *neds:* høker; **2. US** *radio; TV:* reklametekstforfatter.

I. huddle ['hʌdəl] *subst:* klynge *(fx of people)*.

II. huddle *vb* **1.** proppe; stappe *(fx the police huddled them all into a police van)*; **2.** krype sammen *(fx near the fire to keep warm)*; **the cows -d together** kuene stod tett sammen.

I. hue [hju:] *subst* **1.** *litt.(=colour)* farge; lød; **2.** *fig: se complexion 2.*

II. hue *subst:* **~ and cry 1.** *glds:* forfølgelse av forbryter med rop og huiing: **2.** *fig(=loud protest)* ramaskrik *(fx there will be a great hue and cry about this decision)*.

huff [hʌf] *subst* **T: in a ~** fornærmet; sur *(fx he left in a huff)*.

huffed ['hʌft] *adj:* fornærmet; sur.

huffy ['hʌfi] *adj* **T 1***(=in a huff)* fornærmet; sur; **2***(=easily offended)* nærtagende *(fx don't be so huffy)*.

I. hug [hʌg] *subst:* klem *(fx she gave him a hug)*.

II. hug *vb* **1.** klemme *(fx she hugged her son)*; **2.** *stivt el. litt.(=keep close to)* holde seg nær (*el.* tett inn til) *(fx the ship hugged the shore)*; **3.** *om tro, etc(=cling to)* holde fast ved *(fx a belief)*.

huge [hju:dʒ] *adj(=enormous)* uhyre stor; kjempestor.

hugely *adv(=very much; enormously)* veldig *(fx they enjoyed themselves hugely)*.

huh [hʌ] *int; foraktelig:* hø! pytt!

hulk [hʌlk] *subst* **1.** *mar; om avtaklet skip:* holk *(fx there were four hulks lying in the harbour)*; *neds om skip:* **old ~** gammel holk; **3.** *om person; neds:* stor, klosset fyr.

hulking ['hʌlkiŋ] *adj(=big and ungainly)* stor og klosset; **a big ~ fellow** en diger branne av en kar.

I. hull [hʌl] *subst* **1.** *mar:* skrog; **2.** *mil:* skall *(fx of a missile)*; **3.** *bot; på bønne el. ert(=pod)* belg.

II. hull *vb:* belgflå *(fx peas)*.

hullabaloo [,hʌləbə'lu:] *subst* **T 1.** bråk *(fx make a hullabaloo)*; **2***(=loud protest)* rabalder; ståhei; bråk; spetakkel.

I. hum [hʌm] *subst; av bier; stemmer, etc:* summing.

II. hum *vb* **1.** nynne *(fx hum a tune to oneself)*; **2.** *om bier, maskin, etc:* summe; **3. T: now things are beginning to ~** nå begynner det å flaske seg; nå begynner det å bli fart i sakene.

human ['hju:mən] **1.** *subst(=human being)* menneske; **2.** *adj:* menneskelig; **~ error** menneskelig feil (*el.* svikt); **~ nature** den menneskelige natur; *spøkef(=kind; considerate)* menneskelig.

human being menneske; menneskelig vesen.

humane [hju:'mein] *adj:* human.

humanism ['hju:mə,nizəm] *subst:* humanisme.

humanist ['hju:mənist] *subst:* humanist.

humanistic [,hju:mə'nistik] *adj:* humanistisk; **-ally ethical** humanetisk.

humanistic ethics humanetikk.

I. humanitarian [hju:,mæni'tɛəriən] *subst* **1.** menneskevenn; filantrop; **2.** tilhenger av 'humanitarianism'; **3.** tilhenger av humanitære reformer; humanist.

II. humanitarian *adj:* humanitær *(fx action)*; menneskevennlig.

humanitarianism [hju:,mæni'tɛəriənizəm] *subst* **1.** humanitære prinsipper; **2.** *etikk:* lære som hevder at mennesket er det sentrale og at mennesket kan oppnå fullkommenhet uten guddommelig hjelp; **3.** *rel:* trosretning som hevder at Jesus Kristus var et vanlig, dødelig menneske.

humanity [hju:'mæniti] *subst* **1***(=the human race)* menneskeheten; menneskene; menneskeslekten *(fx he felt a great love for all of humanity)*; **2***(=kindness)* menneskekjærlighet; menneskelighet; humanitet; **he is a man of great ~** han er en meget human person; **an act of ~** en menneskevennlig handling; **treat them with ~** behandle dem humant; **3.: the humanities** 1*(=the (arts and) humanistic sciences)* de humanistiske vitenskaper; de humanistiske fag; humaniora; 2*(=the arts)* åndsvitenskapene.

humanize, humanise ['hju:mə,naiz] *vb:* humanisere.

humankind [,hju:mən'kaind] *subst:* menneskeslekten; menneskeheten; menneskene; menneskenes barn.

I. humble ['hʌmbəl] *vb:* ydmyke.

II. humble *adj* **1.** ydmyk; **2***(=unpretentious; modest)* beskjeden; **a man of ~ origins** en mann av ringe herkomst; **I did my ~ best** jeg gjorde hva jeg kunne etter fattig evne; **my ~ opinion** min beskjedne mening; **under my ~ roof** under mitt beskjedne tak.

humblebee ['hʌmbəl,bi:] *subst; zo:* humle.

humble pie [,hʌmbəl'pai] *subst; fig:* **eat ~** krype til korset; ydmyke seg.

humbly ['hʌmbli] *adv:* ydmykt; (meget) beskjedent.

I. humbug ['hʌm,bʌg] *subst* **1.** *om person; neds:* humbugmaker; bløffmaker; **2***(=nonsense)* tøv; sludder; **3***(=trick)* knep; lureri *(fx the whole thing was just a humbug)*.

II. humbug *vb:* narre; lure; bløffe.

humdrum ['hʌm,drʌm] *adj(=dull; monotonous)* kjedelig; monoton; ensformig *(fx life; holiday)*.

humid ['hju:mid] *adj(=damp)* fuktig *(fx climate)*.

humidifier [hju:'midi,faiə] *subst:* luftfukter.

humidify [hju:'midi,fai] *vb:* fukte; gjøre fuktig.

humidity [hju:'miditi] *subst:* fuktighet; **(atmospheric) ~** luftfuktighet; **relative ~** relativ luftfuktighet.

humiliate [hju:'mili,eit] *vb:* ydmyke; **feel -d by** føle seg ydmyket av.

humiliating [hju:'mili,eitiŋ] *adj:* ydmykende.

humiliation [hju:,mili'eiʃən] *subst:* ydmykelse.

humility [hju:'militi] *subst:* ydmykhet.

hummingbird ['hʌmiŋ,bə:d] *subst; zo:* kolibri.

humming top ['hʌmiŋ,tɔp] *subst:* snurrebass.

hummock ['hʌmək] *subst:* haug; knoll.

humorist ['hju:mərist] *subst:* humorist.

humoristic [,hju:mə'ristik] *adj(=humorous)* humoristisk.

humorous ['hju:mərəs] *adj* **1***(=funny; comical)* morsom; komisk *(fx situation)*; spøkefull *(fx remark)*; **2.** som har humoristisk sans; humoristisk *(fx writer)*.

I. humour *(,US: humor)* ['hju:mə] *subst* **1.** humor *(fx I do see the humour of this situation; his humour is very clever)*; **2.: (sense of) ~** humoristisk sans; **3.** humør; **in bad ~** *(=in low spirits; in a bad mood)* i dårlig humør; **in good ~** *(=in high spirits; in a good mood)*; **out of ~** *(=in a bad mood)* ute av humør.

II. humour *(,US: humor) vb:* **~ sby** føye en; snakke en etter munnen; **~ sby's whims** føye en i ens luner.

humourless *(,US: humorless)* ['hju:məlis] *adj:* humørløs.

I. hump [hʌmp] *subst* **1.** pukkel *(fx of a camel)*; **2.** *på vei:* kul; **3.** *fig* **T: over the ~** over det verste; **4. T: it gives me the ~** *(=it puts me in a bad mood)* det setter meg i dårlig humør.

II. hump *vb* **1.** *om ryggsekk, etc* **S***(=shoulder)* ta på seg; **2.: ~ up one's back** krumme (*el.* krøke) ryggen.

humpback ['hʌmp,bæk] *subst* **1***(=hunchback)* pukkelrygget person; **2.** *zo(=humpback whale)* pukkelhval.

humph [hʌmf] *int:* hm!

humpty-dumpty ['hʌmpti'dʌmpti] *subst* **1.** liten tykksak; **2.** *i eng. barnerim:* **Humpty Dumpty sat on a wall** . . . lille Trille lå på hylle . . .

hump yard *jernb (,US: double incline)* eselrygg.

humus ['hju:məs] *subst:* humus; matjord.

Hun [hʌn] *subst* **1.** *hist:* huner; **2.** *lett glds* **S***(=German)* tysker.

I. hunch [hʌntʃ] *subst* **1***(=hump)* pukkel; **2. T:** innskytelse; innfall; intuisjon; **back a ~** satse på en innskytelse; spille på intuisjon; **I have a ~ he won't arrive in time** jeg har på følelsen at han ikke kommer tidsnok; **3.** *av brød, etc(=hunk)* stort stykke; **a ~ of bread** en brødblings.

II. hunch *vb:* krype sammen; **he sat -ed up near the fire** han satt sammenkrøpet (borte) ved peisen.

hunchbacked ['hʌntʃ,bækt] *adj(=humpbacked)* pukkelrygget.

hundred ['hʌndrəd] **1.** *subst; tallord:* hundre; **ten times ten is a ~** ti ganger ti er hundre; **a ~ and twenty-six***(=one hundred and twenty-six)* hundreogtjueseks; **in a ~ years** om hundre år; **my grandfather was a ~ yesterday** min bestefar fylte 100 (år) i går; **2.: in the sixteen -s** på sekstenhundretallet; **3.** *om klokkeslett; mil & på rutetabeller:* **at fourteen ~ hours***(at 1400 hours)* klokken 14.00; **4.: by the ~** i hundrevis.

hundredfold ['hʌndrəd,fould] *adv:* hundrefold.

hundreds and thousands kakepynt (i form av bittesmå fargede sukkerkuler).

hundredth ['hʌndrədθ] **1.** *subst(=hundredth part)* hundre(de)del.; **2.** *adj:* hundrede; nummer hundre *(fx the hundredth in line)*.

hundredweight ['hʌndrəd,weit] *subst* **1***(=112 pounds)* 50,80235 kg; **2. US: (short) ~***(=100 pounds)* 45,35924 kg.

hung [hʌŋ] **1.** *pret & perf. part. av II. hang;* **2.** *adj; polit:* **a ~ parliament** et parlament hvor det ikke er noe parti med regjeringsdyktig flertall; **3.: be ~ over** være i bakrus; ha tømmermenn; **4.: be ~ up** være forsinket; ha kjørt seg (helt) fast; være helt forvirret; **5.** *især* **US S***(=obsessively interested in)* besatt av; helt opptatt av *(fx he's hung up on modern art)*.

Hungarian [hʌŋ'gɛəriən] **1.** *subst:* ungarer; *om språket:* ungarsk; **2.** *adj:* ungarsk.

Hungary ['hʌŋgəri] *subst; geogr:* Ungarn.

I. hunger ['hʌŋgə] *subst:* sult; **satisfy sby's ~** stille ens sult; **die of ~** dø av sult; sulte i hjel; *fig:* **a ~ for love** trang til kjærlighet; **a ~ for adventure** trang til eventyr.

II. hunger *vb* **1.** sulte; **2.** *fig:* hungre (*for* etter).

hungrily *adv:* sultent; begjærlig.

hungry ['hʌŋgri] *adj:* sulten; **be ~ for** 1. være sulten på; 2. *fig:* tørste etter *(fx adventure)*.

hunk [hʌŋk] *subst* **T***(=big piece)* stort stykke *(fx of cheese)*; **a ~ of bread** en brødblings.

I. hunt [hʌnt] *subst* **1.** jakt *(fx a tiger hunt)*; **2.** jaktforening; jaktselskap; **3.** jaktområde; **4. T***(=search)*: **I'll have a ~ for that book tomorrow** jeg skal se etter den boka i morgen.

II. hunt *vb* **1.** jakte; drive jakt; drive jakt på *(fx hunt big game)*; **2. UK***(=hunt foxes)* drive revejakt; jakte på rev *(fx do you hunt?)*; **3.** *om hund, hest:* bruke på jakt *(fx to hunt a pack of hounds)*; **4.** *om område:* drive jakt i *(fx hunt the forest)*; **5.** *om menneske:* jage *(fx he was hunted from town to town)*; **6.: ~ down** oppspore *(fx the escaped prisoner)*; **7. T: ~ for***(=search for)* lete etter; **8.: ~ high and low** lete høyt og lavt; lete overalt (*for* etter); **9. T: ~ out** lete fram *(fx I'll hunt out the information you need)*; **10. T: ~ up** 1. *om opplysninger el. informasjoner:* finne; få tak i *(fx I'll hunt up the details for you in our library)*; 2. finne *(fx he hunted up a friend)*; oppdrive *(fx I couldn't hunt up a copy of that book anywhere)*.

hunter ['hʌntə] *subst* **1.** jeger; **2.** jakthest; **3.** jakthund; **4***(=hunting watch)* dobbeltkapslet ur; **gold ~** dobbeltkapslet gullur.

hunting ['hʌntiŋ] *subst* **1.** jakt; **big game ~** storviltjakt; **2. UK***(=fox-hunting)* revejakt.

hunting ground 1. jaktterreng; **2.** *fig:* **the happy -s** de evige jaktmarker *(fx send sby to the happy hunting grounds)*; **3.** *fig:* tumleplass *(fx the magazine is a happy hunting ground for eccentric writers)*; **the village is a happy ~ for souvenirs** landsbyen er den rene gullgruve når det gjelder å finne suvenirer.

hunting lodge jakthytte.

hunting watch *se hunter 4.*

huntsman ['hʌntsmən] *subst* **1.** *se hunter 1.*; **2.** pikør.

I. hurdle ['hə:dəl] *subst* **1.** *sport:* hekk; *i hesteveddeløp:* hinder; **2.** *fig:* hinder *(fx there are several hurdles to be got over)*; **now we're over the worst -s** nå er vi over det verste; **3.: wattle ~** flettverksgjerde; **4.: -s***(=hurdle race)* hekkeløp.

II. hurdle *vb* **1.** hoppe over (et hinder); **2.** *sport:* løpe hekkeløp *(fx he has hurdled since he was twelve)*.

hurdler ['hə:dlə] *subst; sport:* hekkeløper.

hurdle race *sport(=hurdles)* hekkeløp.

hurl [hə:l] *vb* **1.** slynge; kaste; **2.** *fig:* slynge; **they -ed***(=shouted)* **abuse at each other** de overfuste hverandre med skjellsord.

hurly-burly ['hə:li'bə:li] *subst(=noisy activity)* larm; støyende travelhet.

hurrah [hu'ra:], **hurray** [hu'rei]*(=hoorah, hooray)* **1.** *int:* hurra! **2.** *vb:* rope hurra.

hurricane ['hʌrikən] *subst:* orkan.

hurried ['hʌrid] *adj* **1.** rask *(fx a hurried visit)*; **2.** oppjaget *(fx I hate feeling hurried)*.

I. hurry ['hʌri] *subst:* hast; hastverk; **is there any ~ for this job?** haster det med dette arbeidet? **there's no ~** det har ingen hast; det haster ikke; **he's in no ~ to** . . . han forhaster seg ikke med å . . .; **in a ~** i all hast; **be in a ~** ha hastverk; ha det travelt; **in his ~ to leave he fell and broke his arm** i hastverket med å komme av sted falt han og brakk armen; **T: we won't go there again in a ~** det skal bli en stund til vi drar dit igjen.

II. hurry *vb* **1.** skynde seg; **you'd better ~** det er best du skynder deg; **2.** transportere (*el.* flytte) i all hast *(fx the injured man was hurried to the hospital)*; **3.:**

~ **up** 1. skynde på *(fx hurry him up, will you)*; 2. skynde seg; **do ~ up!** skynd deg, da! 3.: **~ up to** skynde seg bort til.

I. hurt [hə:t] *subst; stivt* **1***(=injury)* skade; kvestelse; **no-one suffered any ~ in the accident** ingen ble skadd i ulykken; det var ingen som pådro seg noen kvestelser i ulykken; **2***(=harm)*: **it will do you no ~ to eat this one little cake** du vil ikke ta skade av å spise denne ene lille kaken.

II. hurt *vb (pret & perf. part.: hurt)* **1***(=injure)* skade *(fx he hurt his hand)*; **2.** gjøre vondt *(fx it hurts; my tooth hurts)*; **3.** *fig:* såre *(fx he hurt her feelings)*; **4.**: **it wouldn't ~***(=harm)* **you to work late just once** du ville ikke ta skade av å arbeide sent for én gangs skyld; **it won't ~***(=do any harm)* **if we don't go after all** det er ingen skade skjedd om vi ikke drar likevel; **5.**: **~ oneself** slå seg; skade seg *(fx have you hurt yourself?)*; **6.**: **get ~** komme til skade; **be ~** være kommet til skade; ha slått seg *(fx are you badly hurt?)*.

III. hurt 1. *pret & perf. part. av II. hurt;* **2.** *adj:* såret; **her ~ feelings** hennes sårede følelser; **she gave him a ~ look** hun ga ham et såret blikk; **she felt ~ at not being asked to the party** hun var såret over ikke å ha blitt bedt i selskapet.

hurtful ['hə:tful] *adj:* sårende *(fx she can be very hurtful at times)*; **a ~ remark** en sårende bemerkning.

hurtle ['hə:təl] *vb; om voldsom & rask bevegelse* **1.** slynge *(fx the waves hurtled the little boat on to the beach)*; **2.** fare, suse *(fx the car hurtled down the hill)*; **a tile came hurtling down from the roof** en takstein kom farende ned fra taket.

I. husband ['hʌzbənd] *subst:* ektemann; **a ~-and-wife team of doctors***(=a husband and wife, both doctors)* et legeektepar.

II. husband *vb; om forråd, krefter, etc:* spare på; bruke med forsiktighet; økonomisere med.

husbandry ['hʌzbəndri] *subst* **1***(=farming)* jordbruk; landbruk; **animal ~***(=cattle breeding)* feavl; **crop ~** plantekultur; **2.** *om det å forvalte sine midler; stivt el. glds:* **bad ~** *(=bad economy)* dårlig økonomi; **good ~** 1*(=good economy)* god økonomi; 2*(=thrift)* sparsommelighet.

I. hush [hʌʃ] *subst(=silence)* stillhet; taushet; **a breathless ~** åndeløs taushet; **a ~ came over the room** det ble stille i rommet; **a ~ of expectation***(=an expectant silence)* en forventningsfylt stillhet; **a ~ fell on the audience** det ble med ett stille i salen.

II. hush *vb* **1.** være stille *(fx please hush)*; **2.** *int:* hysj! **3.**: **~ up** dysse ned *(fx a scandal)*.

hushed [hʌʃt] *adj:* lavmælt *(fx conversation)*.

hush-hush [,hʌʃ'hʌʃ; *attributivt:* 'hʌʃ,hʌʃ] **T***(=secret)* hemmelig; **T:** hysj-hysj.

hush money T: penger som betales for at noe skal bli dysset ned; bestikkelse.

I. husk [hʌsk] *subst; bot:* skall; **rice in the ~** ris med skallet på.

II. husk *vb:* fjerne skallet på.

husking bee US: dugnad hvor man hjelper til med å rense mais.

I. husky ['hʌski] *subst:* grønlandshund; trekkhund.

II. husky *adj* **1.** *om stemme(=slightly hoarse)* rusten; grøtet (i målet); **2. T***(=big and strong)* stor og sterk; **a ~ chap** en kraftkar; en svær bamse.

hussar [hu'za:] *subst:* husar.

hussy ['hʌsi] *subst; neds* **1.** tøs; tøyte; **2.**: **you little ~!** din frekke jentunge!

hustings ['hʌstiŋz] *subst* **1.** *polit:* valgkampanje; **2.** *hist; polit:* valgtribune; sted hvor det holdes valgtaler.

I. hustle ['hʌsəl] *subst:* trengsel; travelhet; **~ and bustle** liv og røre.

II. hustle *vb* **1.** skubbe; dytte *(fx the man was hustled out of the office)*; **2.**: **~ sby out of sight** få en ubemerket ut av veien; **3.**: *om prostituert(=solicit)* trekke; kapre kunder; **4. T:** skynde (*el.* mase) på.

hustler ['hʌslə] *subst(=prostitute)* prostituert.

hut [hʌt] *subst:* (liten) hytte; **tourist ~** turisthytte; *(jvf cabin & cottage)*.

hutch [hʌtʃ] *subst:* (kanin)bur.

hyacinth ['haiəsinθ] *subst; bot:* hyasint.

I. hybrid ['haibrid] *subst* **1.** hybrid; krysning; **2.** *språkv(=hybrid word)* hybrid *(fx 'television' is a hybrid made from Greek 'tele' and Latin 'visio')*.

II. hybrid *adj:* hybrid; av blandet rase; *språkv:* hybrid *(fx word)*; **~ race** blandingsrase.

hybridization, hybridisation [,haibridai'zeiʃən] *subst(=crossbreeding)* kryssing; krysning(savl).

hybridize, hybridise ['haibri,daiz] *vb:* krysse.

hydrangea [hai'dreindʒə] *subst; bot:* hortensia.

hydrant ['haidrənt] *subst:* **(fire) ~** *(,***US:** *fireplug)* (brann)hydrant.

hydrate ['haidreit] *kjem* **1.** *subst:* hydrat; **~ of lime** kalkhydrat; **2.** *vb:* hydratisere *(fx lime)*.

hydration [hai'dreiʃən] *subst; kjem:* hydratisering; lesking *(fx of lime)*; **water of ~** hydratvann.

hydraulic [hai'drɔlik] *adj:* hydraulisk.

hydraulics [hai'drɔliks] *subst(=fluid mechanics)* hydraulikk; vannkraftlære.

I. hydro ['haidrou] *subst:* vannkuranstalt; badesanatorium.

II. hydro- hydro(gen)-; vannstoff-; vann-.

hydrocarbon [,haidrou'ka:bən] *subst:* hydrokarbon; kullvannstoff.

hydrocele ['haidrou,si:l] *subst; med.:* vannbrokk.

hydrochloric [,haidrə'klɔrik] *adj:* **~ acid** saltsyre.

hydrocyanic [,haidrousai'ænik] *adj:* **~ acid***(=hydrogen cyanide)* blåsyre; *(jvf prussic acid)*.

hydroelectric [,haidroui'lektrik] *adj:* **~ power***(=water power)* vannkraft; elektrisitet frembrakt ved vannkraft.

hydroelectricity [,haidrouilek'trisiti] *subst:* vannkraftelektrisitet.

hydrofoil ['haidrə,fɔil] *subst* **1.** hydrofoil; **2.** hydrofoilbåt.

hydrogen ['haidrədʒən] *subst; kjem:* hydrogen; vannstoff.

hydrogenate ['haidrədʒi,neit; hai'drɔdʒi,neit] *vb(=hydrogenize, hydrogenise)* hydrere.

hydrogenation [,haidrədʒin'eiʃən] *subst; kjem (=hydrogenization; hydrogenisation)* hydrering.

hydrogen bomb vannstoffbombe; hydrogenbombe.

hydrogen peroxide *kjem:* vannstoffhyperoksyd.

hydrographer [hai'drɔgrəfə] *subst* **1.** hydrograf; **2.** *mar:* oppmålingsoffiser.

hydrographic [,haidrə'græfik] *adj:* hydrografisk; **~ office** sjøkartarkiv; **the Hydrographic Department** sjøkartverket; **~ survey** sjøoppmåling.

hydrography [hai'drɔgrəfi] *subst:* hydrografi.

hydrolyse *(,***US:** *hydrolyze)* ['haidrə,laiz] *vb; kjem:* hydrolysere.

hydrolysis [hai'drɔlisis] *subst; kjem:* hydrolyse.

hydrometer [hai'drɔmitə] *subst; redskap for bestemmelse av væskes egenvekt:* flytevekt; aerometer; hydrometer; *for bilbatteri(=acidometer)* syrevektmåler.

hydropathy [hai'drɔpəθi] *subst(=water cure)* vannkur; hydropati.

hydrophobia [,haidrə'foubiə] *subst; med.* **1.** redsel for (å drikke) vann *(fx hydrophobia is a symptom of rabies)*; **2***(=rabies)* rabies; hundegalskap.

hydrophone ['haidrə,foun] *subst:* hydrofon.

hydrophyte ['haidrou,fait] *subst; bot:* vannplante; hydrofytt.
hydroplane ['haidrou,plein] *subst* **1.** hydroplan; **2.** US*(=seaplane)* sjøfly.
hydropower ['haidrou,pauə] *subst(=hydroelectric power)* vannkraft; elektrisitet frembrakt ved vannkraft.
hydroscope ['haidrə,skoup] *subst:* undervannskikkert; hydroskop.
hydrostat ['haidrou,stæt] *subst:* hydrostat.
hydrostatic [,haidrou'stætik] *adj:* hydrostatisk; ~ **balance** hydrostatisk vekt.
hydrostatics [,haidrou'stætiks] *subst:* hydrostatikk; læren om væskers likevekt.
hydrotherapy [,haidrou'θerəpi] *subst; med.(=water cure)* vannkur; hydroterapi.
hydrous ['haidrəs] *adj* **1***(=containing water; watery)* vandig; vannholdig; **2.** *kjem(=aqueous; hydrated)* vandig; vannaktig; *min:* hydratisert.
hydroxy [hai'drɔksi]: ~ **acids** oksysyrer.
hyena, hyaena [hai'i:nə] *subst; zo:* hyene; **the laughing cries of a ~ (,of -s)** hyenelatter.
hygiene ['haidʒi:n] *subst* **1.** hygiene; **personal ~** personlig hygiene; **2.** *se hygienics.*
hygienic [hai'dʒi:nik] *adj:* hygienisk.
hygienically *adv:* hygienisk; under hygieniske forhold.
hygienics [hai'dʒi:niks] *subst(=hygiene)* helselære.
hygienist ['haidʒi:nist] *subst:* hygieniker.
hygrometer [hai'grɔmitə] *subst:* fuktighetsmåler; hygrometer.
hygroscope ['haigrə,skoup] *subst:* hygroskop; fuktighetsviser.
hygroscopic [,haigrə'skɔpik] *adj:* vannsugende; som absorberer vann fra luften; ~ **cotton** vannsugende vatt.
hymen ['haimən] *subst; anat:* jomfruhinne; dyd.
Hymen *myt:* ekteskapsgud (gresk el. romersk).
hymeneal [,haime'ni:əl] **1.** *subst; glds(=wedding song; wedding poem)* bryllupssang; bryllupsdikt; **2.** *adj; poet:* bryllups-.
hymn [him] *subst:* salme.
hymnal ['himnəl] **1.** *subst(=hymn book)* salmebok; **2.** *adj:* salme-; salmeaktig.
hymnist ['himnist] *subst* US*(=hymn writer)* salmedikter.
I. hype [haip] *subst* **S 1***(=hypodermic needle; hypodermic injection)* sprøyte; *om injeksjonen* **S:** skudd; **2***(=needle addict)* sprøytenarkoman.
II. hype *vb; om narkoman* **S:** ~ **up** sette en sprøyte på seg selv; **S:** gi seg selv et skudd.
hyper- ['haipə] hyper-; over-.
hyperacidity [,haipərə'siditi] *subst; med.:* hyperaciditet; økt syreinnhold; **gastric** ~*(=hyperchlorhydria)* for meget magesyre; *(jvf hypochlorhydria).*
hyperbola [hai'pə:bələ] *subst; geom:* hyperbel.
hyperbole [hai'pə:bəli] *subst:* overdrivelse for effektens skyld; hyperbol *(fx 'he embraced her a thousand times' is (a) hyperbole).*
I. hyperborean [,haipə'bɔ:riən] *subst* **1.** *myt:* hyperboréer; **2.** *fig:* nordbo(er); en som bor i det høye nord.
II. hyperborean *adj* **1.** *myt:* hyperboréisk; **2.** *fig:* i (,fra) det høye nord; iskald.
hypercritical [,haipə'kritikəl] *adj; stivt(=too critical)* hyperkritisk; overdrevent kritisk.
hypermarket ['haipə,ma:kit] *subst:* stort supermarked.
hypermetropia [,haipəmi'troupiə] *subst; med.: se hyperopia.*
hyperopia [,haipə'roupiə] *subst; med.(=long-sightedness)* overlangsynthet.
hypersensitive [haipə'sensitiv] *adj; stivt(=very sensitive)* overfølsom *(fx he's hypersensitive about his ears);* ~ **to criticism** overfølsom overfor kritikk.
hypertension [,haipə'tenʃən] *subst; med.(=high blood pressure)* for høyt blodtrykk.
hypertrophy [hai'pə:trəfi] *subst; med.:* hypertrofi; sykelig vekst (av et organ).
hyphen ['haifən] *subst:* bindestrek.
hyphenate ['haifə,neit] *vb:* sette bindestrek mellom; forsyne med bindestrek *(fx 'is co-operate' hyphenated or not?).*
hyphenated *adj* **1.** *om ord:* som skrives med bindestrek *(fx name);* **2. T:** ~ **American** utlending som har fått amerikansk statsborgerskap; bindestreksamerikaner *(fx a Norwegian-American is a hyphenated American).*
hypnosis [hip'nousis] *subst:* hypnose.
hypnotic [hip'nɔtik] **1.** *subst:* hypnotikum; søvndyssende middel; **2.** *adj:* hypnotisk.
hypnotism [,hipnə,tizəm] *subst:* hypnotisme.
hypnotist ['hipnətist] *subst:* hypnotisør.
hypnotization, hypnotisation [,hipnətai'zeiʃən] *subst:* hypnotisering.
hypnotize, hypnotise ['hipnə,taiz] *vb:* hypnotisere.
hypo ['haipou] *subst* **1.** *med.(=hypodermic syringe)* (injeksjons)sprøyte; **2.** *fot(=hyposulphite)* fikservæske; fiksersalt.
hypo- ['haipou] hypo-; under-.
hypoacidity [,haipouə'siditi] *subst; med.:* for lavt syreinnhold; for lite magesyre.
hypochlorhydria [,haipəklɔ'haidriə] *subst; med.:* for lite magesyre; *(jvf hyperacidity).*
hypochlorous acid *kjem:* underklorsyrling.
hypochondria [,haipə'kɔndriə] *subst; med.:* hypokondri.
hypochondriac [,haipə'kɔndri,æk] **1.** *subst:* hypokonder; **2.** *adj(=hypochondriacal)* hypokondersk *(fx a hypochondriac old man).*
hypocrisy [hi'pɔkrəsi] *subst:* hykleri; skinnhellighet.
hypocrite ['hipəkrit] *subst:* hykler; skinnhellig person.
hypocritical [,hipə'kritikəl] *adj:* hyklersk; skinnhellig; **it smacks of the ~** det smaker av hykleri.
I. hypodermic [,haipə'də:mik] *subst* **1***(=hypodermic syringe)* injeksjonssprøyte; sprøyte; **2***(=hypodermic needle)* sprøytespiss for subkutaninjeksjon; **3***(=hypodermic injection)* subkutan injeksjon.
II. hypodermic *adj(=subcutaneous)* **1.** subkutan; underhuds-; **2.** *om injeksjon:* subkutan; som gis under huden; ~ **injection** subkutan injeksjon.
hypodermis [,haipə'də:mis] *subst(=hypoderm)* **1.** *anat:* underhud; **2.** *bot:* hypoderm.
hypogastric [,haipə'gæstrik] *adj; anat:* hypogastrisk; underlivs-; som har med nedre del av underlivet å gjøre; *(jvf abdominal).*
hypophysis [hai'pɔfisis] *subst (pl: hypophyses* [hai'pɔfi,si:z]) *anat(=pituitary gland)* hypofyse.
hypotension [,haipə'tenʃən] *subst; med.:* for lavt blodtrykk.
hypotenuse [hai'pɔti,nju:z] *subst; geom:* hypotenus.
hypothermia [,haipou'θə:miə] *subst; med.* **1.** hypotermi; nedsatt kroppstemperatur; **2.** *ved visse typer operasjon:* kunstig nedkjøling.
hypothesis [hai'pɔθisis] *subst (pl: hypotheses* [hai'pɔθi,si:z]) hypotese; **working ~** arbeidshypotese; **on this ~** ut fra denne hypotese.
hypothesize, hypothesise [hai'pɔθi,saiz] *vb; meget stivt(=form a hypothesis)* stille opp en hypotese.
hypothetical [,haipə'θetikəl] *adj; stivt(=imaginary; assumed)* hypotetisk; **a ~ case** et tenkt tilfelle.
hypothetically *adv:* hypotetisk.
hypoxia [hai'pɔksiə] *subst; med.(=oxygen starvation)*

surstoffmangel.

hyrax ['hairæks] *subst; zo:* klippegrevling.

hysterectomy [,histə'rektəmi] *subst; med.:* hysterektomi; operativ fjerning av livmoren.

hysteria [hi'stiəriə] *subst:* hysteri.

hysteric [hi'sterik] **1.** *subst:* hysterisk person; **2.** *adj: se hysterical.*

hysterical [hi'sterikəl] *adj* **1.** hysterisk; **2. T***(=very amusing; wildly funny)* ubeskrivelig morsom *(fx the situation was absolutely hysterical).*

hysterically *adv* **1.** på en hysterisk måte; hysterisk; **2. T: the situation was ~ funny** situasjonen var ubeskrivelig morsom.

hysterics [hi'steriks] *subst:* hysterisk anfall; **go into ~** få et hysterisk anfall; **she's always having ~ about something** hun bærer seg alltid for et eller annet.

hysterocele ['histərə,si:l] *subst; med.:* livmorbrokk.

I

I. I, i [ai] (bokstaven) I, i; *tlf:* **I for Isaac** I for Ivar; **capital I** stor I; **small i** liten i; **it is spelt with two i's** det skrives med to i'er; **dot one's i's and cross one's t's** være nøye med detaljene.

II. I [ai] *pron:* jeg; **I saw it myself** jeg så det selv.

iamb ['aiæm(b)] *subst; metrikk:* jambe.

iambic [ai'æmbik] *adj:* jambisk *(fx verse).*

iambus [ai'æmbəs] *subst; metrikk(=iamb)* jambe.

Iberian [ai'biəriən] **1.** *subst:* iberer; *om språket:* iberisk; **2.** *adj:* iberisk; **the Iberian Peninsula** Den iberiske halvøy (ɔ: Spania & Portugal).

ibex ['aibeks] *subst; zo:* steinbukk.

ibis ['aibis] *subst(pl:ibises, ibis) zo:* ibis.

I. ice [ais] *subst* **1.** is; **2***(=ice cream)* iskrem; is *(fx three ices, please!)*; **3.** *fig:* **break the ~** bryte isen; **4.** *fig* **T: cut no ~***(=make no impression)* ikke gjøre noe inntrykk (*with* på); **5.: get sby out on thin ~** få en ut på glattisen; **skate on thin ~** være på glattisen; **venture out on thin ~** våge seg ut på tynn is; **6.** *fig:* **put on ~***(=put in(to) cold storage)* legge på is.

II. ice *vb* **1.: ~ over***(=ice up)* fryse til; **2.** legge på is *(fx a bottle of beer)*; **3.** *om kake(=cover with icing)* trekke med melisglasur.

ice age istid.

iceberg ['ais,bə:g] *subst* **1.** isfjell; **2.** *fig; om person:* istapp; **3.** *fig:* **the tip of the ~** toppen av isfjellet.

icebound ['ais,baund] *adj:* utilgjengelig pga. is; *om skip:* 1. nediset; 2. innefrosset.

icebox ['ais,bɔks] *subst* **1.** *del av kjøleskap:* fryseboks; **2. US***(=fridge)* kjøleskap.

icebreaker ['ais,breikə] *subst; mar:* isbryter.

icecap ['ais,kæp] *subst:* iskalott; innlandsis.

ice cream iskrem; *(jvf I. ice 2).*

ice-cream cone*(=ice-cream cornet)* **1.** kjeksis; **2.** iskremkjeks; iskremmerhus.

ice-cream soda iskremsoda.

iced *adj* **1.** isavkjølt; **2.** med melisglasur på.

ice field 1. stort drivisflak; **2.** vidstrakt område dekket av evig is.

ice floe isflak.

ice hockey ishockey.

Iceland ['aislənd] *subst; geogr:* Island.

Icelander ['ais,lændə] *subst:* islending.

Iceland gull grønlandsmåke.

Icelandic [ais'lændik] **1.** *subst; om språket:* islandsk; **2.** *adj:* islandsk.

ice lolly*(=lolly)* ispinne.

ice pack 1. *med.:* isomslag; **2.:** *se pack ice.*

ice pick ishakke.

ice sheet isdekke (over stort landområde).

ice show isshow.

ice tub bøtteis; is i beger.

ice water isvann.

ichthyology [,ikθi'ɔlədʒi] *subst:* iktyologi; læren om fiskene.

icicle ['aisikəl] *subst:* istapp.

icing ['aisiŋ] *subst* **1.** isdannelse; **2***(,***US:** *frosting)* melisglasur.

icing sugar *(,***US:** *confectioners' sugar)* melis.

icon ['aikɔn] *subst; rel:* ikon.

iconoclasm [ai'kɔnə,klæzəm] *subst(=breaking of images)* billedstorm.

iconoclast [ai'kɔnə,klæst] *subst(=image breaker)* billedstormer.

iconolatry [aikɔ'nɔlətri] *subst(=image worship)* billeddyrking.

icterine ['iktərain] *adj:* **~ warbler** *zo:* gulsanger.

icy ['aisi] *adj* **1.** iskald; **2.** islagt; iset *(fx roads).*

I'd [aid] *fk.f. I had el. I would.*

ide [aid] *subst; zo; fisk(=golden orfe)* vederbuk.

idea [ai'diə] *subst* **1.** idé; forestilling; begrep *(fx this will give you an idea of what I mean)*; **2.** tanke; **an obvious ~***(=an idea which immediately suggests itself)* en nærliggende tanke; **I had an ~ it was him** jeg fikk den tanken at det var ham; **3***(=intention)* hensikt; mening; tanke; **the ~ of this arrangement is that** ... meningen med denne ordningen er at ...; **that's the ~** (ja,) det var meningen; **4.: I have an ~ it won't work** jeg har på følelsen at det ikke vil gå; **5.: put -s into sby's head** sette griller i hodet på en.

I. ideal [ai'diəl] *subst:* ideal *(fx his ideal of what a wife should be)*; **a man of high -s** en mann med høye idealer.

II. ideal *adj:* ideell; **under very ~ conditions** hvis forholdene er helt ideelle; **from an ~ point of view***(=ideally)* ideelt sett; **from the completely ~ point of view** helt ideelt sett.

idealism [ai'diə,lizəm] *subst:* idealisme.

idealist [ai'diəlist] *subst:* idealist.

idealistic [ai,diə'listik] *adj:* idealistisk.

idealize, idealise [ai'diə,laiz] *vb:* idealisere *(fx sby).*

idealization, idealisation [ai,diəlai'zeiʃən] *subst:* idealisering.

ideally [ai'diəli] *adv:* ideelt (sett); **even if she is not ~ suited to the part** selv om hun ikke er ideell i rollen; *(jvf II. ideal).*

ideas bank idébank.

idee fixe ['i:dei 'fiks] fiks idé.

identic [ai'dentik] *adj* **1.** *polit; om noter, etc:* likelydende; **~ notes***(=notes in identical terms)* likelydende noter; **2.** *glds; se identical.*

identical [ai'dentikəl] *adj* **1.** identisk; nøyaktig lik; **2***(=the very same)* selvsamme; nøyaktig den samme *(fx that's the identical car I saw outside the bank).*

identical twins eneggede tvillinger.

identification [ai,dentifi'keiʃən] *subst:* identifikasjon; identifisering.

identification parade *for å identifisere mistenkt:* konfrontasjon.

identify [ai'denti,fai] *vb:* identifisere (*with* med); **he is prominently identified with** ... han identifiseres i høy grad med ...; **~ oneself with***(=become identified with)* identifisere seg med *(fx a cause; a party).*

identity [ai'dentiti] *subst:* identitet; **establish** *(=prove)* **one's ~** legitimere seg; **can you produce papers to prove your ~?** kan De legitimere Dem? **have you anything to prove your ~?** har De legitimasjon? har De noe som viser hvem De er?

identity card *(,***US:** *identification card)* legitimasjonskort.

identity disk*(=identity disc) mil:* identitetsmerke.

ideological [,aidiə'lɔdʒikəl] *adj:* ideologisk.

ideology [,aidi'ɔlədʒi] *subst:* ideologi.

idiocy ['idiəsi] *subst* **1.** idioti; **2.** *fig(=foolish action)* idioti.
idiom ['idiəm] *subst* **1.** idiom; språkeiendommelighet; **2**(*=language)* språk *(fx the English idiom);* **the popular ~** folkemålet; **3**(*=artistic style)* formspråk; uttrykksform (i kunst).
idiomatic [,idiə'mætik] *adj:* idiomatisk *(fx English);* **an ~ expression** et idiomatisk uttrykk.
idiosyncrasy [,idiou'sinkrəsi] *subst:* idiosynkrasi; særhet.
idiot ['idiət] *subst* **1.** *med.:* idiot; **2.** *neds(=foolish person)* tosk; fjols; **you ~!** din idiot! din tosk!
idiotic [,idi'ɔtik] *adj:* idiotisk; tosket; fjollet.
idiotically *adv:* idiotisk nok.
I. idle ['aidəl] *subst(=tickover)* tomgang; **let the engine run at a fast ~** la motoren gå fort på tomgang.
II. idle *vb* **1.** dovne seg; **2.** *om motor(=run idle; tick over)* gå på tomgang; **keep the engine idling** la motoren gå på tomgang; **3.: ~ away one's time** la tiden gå uten å gjøre noe; sløse bort tiden.
III. idle *adj* **1.** ubeskjeftiget; *om maskin:* ute av drift; *om skip:* ledig; **2**(*=lazy)* doven *(fx he's idle and just sits around);* **3.** *om snakk; trus(s)el, etc:* tom; **4**(*=unnecessary; vain)* unødvendig; ørkesløs; forgjeves; **~ speculations** håpløse (*el.* ørkesløse) spekulasjoner; **it was no ~ question** det var ikke et spørsmål ut i luften.
idle capital ledig kapital.
idle jet *mask(=idling jet; low-speed jet)* tomgangsdyse.
idleness ['aidəlnis] *subst* **1.** lediggang; **~ is the root of all evil** lediggang er roten til alt ondt; **2.** uvirksomhet; **3.** *sj(=laziness)* dovenskap.
idler ['aidlə] *subst* **1.** lediggjenger; **2**(*=lazybones; slacker)* dagdriver; dovenpels; **3.** *mask(=idle pulley)* lederull (til transportbånd); **4.** *mask(=idle wheel)* mellomhjul.
idling ['aidliŋ] *subst* **1.** lediggang; **2.** dagdriveri; **3.** *mask(=idle running; tickover)* tomgang.
idling jet *mask(=idle jet)* tomgangsdyse.
idling jet adjustment *mask* **1**(*=idler adjustment)* tomgangsjustering; **2**(*=idler screw; idle mixture screw)* tomgangsskrue.
idly *adv:* **stand ~ by** forholde seg passivt; (bare) stå og se på; ikke foreta seg noe.
idol ['aidəl] *subst* **1.** avgudsbilde; **2**(*=false god)* avgud; **3.** *fig:* idol; avgud; **a teenage ~** et tenåringsidol; **be the ~ of** bli forgudet av.
idolater [ai'dɔlətə] *subst(=idol-worshipper)* avgudsdyrker.
idolatrous [ai'dɔlətrəs] *adj* **1.** avguds-; som har karakter av avgudsdyrking; avguderisk; **2.** *fig:* blindt beundrende; tilbedende.
idolatry [ai'dɔlətri] *subst* **1**(*=idol-worship)* avgudsdyrking; **2.** *fig:* forgudelse.
idolization [,aidəlai'zeiʃən] *subst:* forgudelse.
idolize, idolise ['aidə,laiz] *vb:* forgude.
idyll *(,US også: idyl)* ['idil] *subst* **1.** *litt.:* hyrdedikt; idyll; **2.** *fig:* idyll; **a perfect ~** den rene idyll; **south-coast ~** sørlandsidyll.
idyllic [i'dilik; ai'dilik] *adj:* idyllisk; **life at X had an ~ flavour** tilværelsen i X fortonet seg som en idyll.
i. e. ['ai'i:; 'ðæt 'iz] dvs *(fk.f. det vil si).*
I. if [if] *subst:* men; **I won't have any -s or buts!** jeg vil ikke ha noen om og men; **without -s or ands** uten om og men **the big ~ is whether** ... det store spørsmål er om ...
II. if *konj* **1.** hvis; om; **~ I were**(*=was)* **you** hvis jeg var i ditt sted; **it would be ridiculous ~ I did that**(*=it would be ridiculous for me to do that)* det ville være latterlig om jeg gjorde det; **2**(*=whether)* om *(fx I asked him if he could come);* **3**(*=although)* om enn *(fx he is a very kindly man, if a bit frightening in appearance);* **4**(*=whenever)* når *(fx if I sneeze, my nose bleeds);* **5.: few ~ any** få eller ingen; **6.: as ~** 1. som om; 2.: **it isn't as ~ he didn't know** det er ikke det at han ikke vet det; **7.: ~ not** hvis ikke; i motsatt fall; **8.: ~ only** 1. hvis ... bare; om ... bare *(fx if only he wouldn't talk so much);* 2. om ikke for annet så for å *(fx I'll do it, if only to annoy him);* 3. om ikke (akkurat) *(fx good, if not (exactly) elegant);* **9.: ~ so**(*=in that case)* i så tilfelle; **10.: even ~** selv om; **11.: the surplus ~ any** det eventuelle overskuddet; **12.: ~ anything** snarere; nærmest; **it's the opposite ~ anything** det er snarere det motsatte; **13.: ~ it wasn't that I know you** hvis det ikke var fordi jeg kjenner deg; **14.: he's fifty ~ he's a day** han er minst femti (år); **15.: ~ it isn't John!** der har vi jo John! **16.: ~ for no other reason (,purpose)** om ikke for annet.
IFR-flight(*=instrument flight)* instrumentflyvning.
igloo ['iglu:] *subst:* igloo; snøhytte.
ignitable [ig'naitəbl] *adj:* antennelig; *(jvf inflammable & non-inflammable).*
ignite [ig'nait] *vb:* antenne; **petrol is easily -d** bensin antennes lett.
ignition [ig'niʃən] *subst; mask:* tenning; **advanced ~** høy (*el.* tidlig) tenning; **retarded ~** lav (*el.* sen) tenning; **switch**(*=cut)* **off the ~** skru av tenningen; **switch**(*=turn)* **on the ~** skru på tenningen; **have the ~ timed**(*=adjusted)* få tenningen regulert (*el.* justert).
ignition control *mask(=spark control)* tenningskontroll.
ignition distributor *mask(=distributor)* (tennings)-fordeler.
ignition failure *mask(=ignition trouble; spark trouble)* tenningsfeil.
ignition key tenningsnøkkel.
ignition lever *mask:* tenningsregulator.
ignition order *mask(=firing order)* tenningsrekkefølge.
ignition switch *mask:* tenningslås.
ignition timing *mask(=ignition setting; ignition tuning)* tenningsinnstilling.
ignoble [ig'noubəl] *adj* **1.** *stivt el. litt.(=shameful)* skjendig *(fx an ignoble action);* **2.** *glds(=of low birth)* av lav byrd.
ignominious [,ignə'miniəs] *adj:* vanærende; skjendig; forsmedelig *(fx an ignominious defeat).*
ignominy ['ignəmini] *subst:* vanære; skjensel.
ignoramus [,ignə'reiməs] *subst:* ignorant; uvitende person.
ignorance ['ignərəns] *subst:* uvitenhet.
ignorant ['ignərənt] *adj* **1.** uvitende; **2.: ~ of** 1(*=unaware of)* uvitende om; 2. uten kjennskap til *(fx the law).*
ignore [ig'nɔ:] *vb(=take no notice of)* ignorere; ikke ta hensyn til; overse; overhøre *(fx he ignored her).*
iguana [i'gwa:nə] *subst; zo:* leguan.
iliac ['ili,æk] *adj; anat:* hofte-; hoftebens-.
ilium ['iliəm] *subst; anat:* tarmben.
ilk [ilk] *subst:* **of his ~** av hans slag; **extremists of her own ~** ekstremister av hennes egen type.
I'll [ail] *fk.f. I shall & I will.*
I. ill [il] *subst; stivt(=evil; harm; trouble)* onde; **all the -s of this world** all verdens ondskap *(fx he seems to carry all the ills of this world);* **I'm not the kind of person to wish anyone ~** jeg er ikke den som ønsker noen noe ondt.
II. ill *adj (komp: worse; superl: worst)* **1.** syk *(fx a very ill old man; she was ill with anxiety);* **mentally ~** syk på sinnet; **be ~** være syk; *(jvf III. sick);* **be ~**

in bed ligge syk; **become ~***(=fall ill; be taken ill; get ill)* bli syk; **it made her seriously ~** hun ble alvorlig syk av det; **pretend to be ~***(=simulate illness)* late som om man er syk; anstille seg syk; **2.** *attributivt(=bad):* **~ effects** dårlige virkninger *(fx these pills have no ill effects);* **~ health***(=poor health)* dårlig helse; **3.** *stivt(=evil):* **an ~ omen** et ondt varsel; **4.** *ordspråk:* **~ weeds grow apace** ukrutt forgår ikke så lett; **5.** *ordspråk:* **it's an ~ wind that blows nobody any good** aldri så galt at det ikke er godt for noe.

III. ill *adv; stivt(=not easily; badly):* **we could ~ afford to lose that money** vi har ikke råd til å tape de pengene; **the title ~ befits him** tittelen passer ham dårlig; **feel ~ at ease***(=feel uncomfortable)* føle seg ille til mote.

ill-advised [,iləd'vaizd] *adj:* ubetenksom; uklok *(fx an ill-advised action);* **you'd be ~ to do that** det ville være uklokt av deg å gjøre det.

ill-assorted [,ilə'sɔ:tid; *også attributivt:* 'ilə,sɔ:tid] *adj:* som passer dårlig sammen.

ill-bred [,il'bred; *attributivt også:* 'il,bred] *adj(=badly brought up; ill-mannered)* med dårlige manerer; udannet.

ill-considered [,ilkən'sidəd; *attributivt:* 'ilkən,sidəd] *adj(=rash)* uoverveid *(fx decision).*

ill-disposed [,ildis'pouzd] *adj; stivt:* **~ towards***(=unfriendly towards)* uvennlig stemt overfor.

illegal [i'li:gəl] *adj:* ulovlig; illegal; urettmessig; *jur:* **~ entrants into the country** ulovlige immigranter.

illegality [,ili'gæliti] *subst:* ulovlighet; illegalitet; urettmessighet; **the ~ of his actions** det ulovlige ved hans handlinger.

illegalize, illegalise [i'li:gə,laiz] *vb(=make illegal)* gjøre ulovlig.

illegally *adv:* på ulovlig vis; på en ulovlig måte; ulovlig.

illegibility [i,ledʒi'biliti] *subst:* uleselighet.

illegible [i'ledʒibl] *adj(=impossible to read)* uleselig.

illegitimacy [,ili'dʒitiməsi] *subst* **1.** uekte fødsel; illegitimitet; **2***(=illegality)* urettmessighet.

illegitimate [,ili'dʒitimət] *adj* **1.** født utenfor ekteskap; illegitim; **2.** *stivt; attributivt:* uberettiget *(fx the illegitimate use of someone else's property; the illegitimate use of a word).*

ill-fated [,il'feitid; *attributivt:* 'il,feitid] *adj:* ulykksalig; skjebnesvanger *(fx expedition).*

ill feeling uvennlig følelse; **they parted without any -(s)** de skiltes uten bitterhet; de skiltes i all fordragelighet; *stivt:* **arouse ~ between them** *(=make bad blood between them)* sette ondt blod mellom dem.

ill-founded [,il'faundid; *attributivt:* 'il,faundid] *adj:* dårlig underbygd (*el.* fundert); **an ~ assertion** en dårlig fundert påstand.

ill-gotten [,il'gɔtən; *attributivt:* 'il,gɔtən] *adj:* **~ gains** penger ervervet på uærlig vis; *ordspråk:* **~ gains seldom prosper** det man har ervervet på uærlig vis, følger det sjelden lykke med.

ill-groomed [,il'gru:md; *attributivt:* 'il,gru:md] *adj:* ustelt; **her hair was uncombed and ~** håret hennes var ukjemt og ustelt.

ill health dårlig helse (*el.* helbred); **on grounds of ~** av helbredshensyn; pga. dårlig helse.

ill humour tverrhet; dårlig humør.

illiberal [i'libərəl] *adj; stivt(=narrow-minded; intolerant)* sneversynt; intolerant.

illicit [i'lisit] *adj(=unlawful)* ulovlig *(fx the illicit sale of alcohol).*

illiteracy [i'litərəsi] *subst:* analfabetisme; **adult ~** analfabetisme blant voksne.

I. illiterate [i'litərət] *subst:* analfabet.

II. illiterate *adj* **1.** som ikke kan lese eller skrive; analfabetisk: **2.** udannet; som røper lite skolegang; **an ~ scrawl** noe hjelpeløst smøreri; **he must be ~!** han kan ikke ha gått på skole!

ill-judged [,il'dʒʌdʒd; *attributivt:* 'il,dʒʌdʒd] *adj* **1***(=rash)* ubetenksom; uoverveid; **2***(=unwise)* uklok.

ill-mannered [,il'mænəd; *attributivt:* 'il,mænəd] *adj:* udannet; med dårlige manerer.

ill-natured [,il'neitʃəd; *attributivt:* 'il,neitʃəd] *adj(=bad-tempered; malevolent)* sur; arrig; ondskapsfull.

illness ['ilnis] *subst:* sykdom.

illogical [i'lɔdʒikəl] *adj:* ulogisk; **~ reasoning** ulogisk resonnement.

illogicality [i,lɔdʒi'kæliti] *subst:* mangel på logikk.

ill-omened [,il'oumənd; *attributivt:* 'il,oumənd] *adj(=ill-fated)* ulykksalig; skjebnesvanger; forfulgt av ulykke.

ill-tempered [,il'tempəd; *attributivt:* 'il,tempəd] *adj: se ill-natured.*

ill-timed [,il'taimd; *attributivt:* 'il,taimd] *adj:* ubeleilig; på et upassende tidspunkt; **your action was ~** du valgte galt tidspunkt; **an ~ remark** en malplassert bemerkning.

ill-treat [,il'tri:t] *vb(=maltreat)* mishandle.

ill-treatment [,il'tri:tmənt] *subst(=maltreatment)* mishandling.

illuminant [i'lu:minənt] *subst:* belysningsmiddel.

illuminate [i'lu:mi,neit] *vb* **1***(=light up)* illuminere; **2.** *meget stivt(=clarify)* kaste lys over.

illuminated *adj* **1.: poorly ~***(=poorly lit)* dårlig opplyst *(fx room);* **2.** *om manuskript:* illuminert.

illuminating *adj:* opplysende; instruktiv.

illuminating engineering belysningsteknikk.

ill-use [,il'ju:z] *vb; stivt(=use badly)* behandle dårlig.

illusion [i'lu:ʒən] *subst:* illusjon; falsk forestilling; selvbedrag; **optical ~** optisk bedrag; **have -s about** gjøre seg illusjoner om; gjøre seg falske forestillinger om; **I have no -s about him (,it)** jeg har ingen illusjoner når det gjelder ham (,det); **be under an ~** være offer for en illusjon; **she's under the ~ that he's honest** hun svever i den tro at han er ærlig; **be stripped of all -s** bli ribbet for illusjoner.

illusionist [i'lu:ʒənist] *subst; stivt(=conjuror)* illusjonist; tryllekunstner.

illusive [i'lu:siv], **illusory** [i'lu:səri] *adj:* illusorisk.

illustrate ['ilə,streit] *vb* **1.** illustrere; **2.** *fig:* illustrere; belyse.

illustration [,ilə'streiʃən] *subst:* illustrasjon.

illustration chart plansje; *(jvf wall chart).*

illustrative ['iləstrətiv; **US:** i'lʌstrətiv] *adj:* illustrerende *(fx phrase).*

illustrator ['ilə,streitə] *subst:* illustratør; tegner.

illustrious [i'lʌstriəs] *adj; stivt* **1***(=famous and distinguished)* hederskront; **2.** *fig(=glorious; great):* **~ deeds** strålende bragder; **an ~ career***(=a brilliant career)* en strålende karriere.

ill will uvennskap; fiendskap.

I'm [aim] *fk.f. I am.*

image ['imidʒ] *subst* **1.** *også fig:* bilde; **she looked at her ~ in the mirror** hun så på bildet av seg i speilet; **2.** *fig:* ansikt utad; image *(fx this might harm our image);* **3.** *især utskåret el. uthogd:* bilde; figur; *bibl:* **thou shalt not make unto thee any graven ~** du skal ikke gjøre deg noe utskåret bilde; **4.** *om slående likhet* **T: she's the very ~ of her sister** hun ligner søsteren sin på en prikk; *(se printed image).*

image building *(=PR)* PR.

image-building trip *(=PR trip)* PR-reise.

imagery ['imidʒri] *subst; hos forfatter, etc:* billed-bruk; billedspråk; **abundant** ~ billedrikdom.

image worship billeddyrking.

imaginable [i'mædʒinəbl] *adj:* tenkelig; **the greatest difficulties** ~ de størst tenkelige vanskeligheter; **for no** ~ **reason** uten noen tenkelig grunn.

imaginary [i'mædʒinəri] *adj:* imaginær; innbilt; **it's entirely** ~ det hele er fri fantasi; ~ **world***(=world of make-believe)* fantasiverden.

imagination [i,mædʒi'neiʃən] *subst:* fantasi *(fx I can see it all in my imagination);* innbilning; **it was just your** ~ det var bare noe du innbilte deg; **creative** ~ skapende fantasi; **this book shows a lot of** ~ denne boken viser god fantasi; **show a bit of** ~! vær ikke så fantasiløs! **a fertile (,lively)** ~ en frodig (,livlig) fantasi; **it's sheer** ~*(=it's pure invention)* det hele er fri fantasi.

imaginative [i'mædʒinətiv] *adj:* fantasirik; som røper en livlig fantasi; fantasifull *(fx story);* ~ **writing** skjønnlitteratur.

imagine [i'mædʒin] *vb* **1.** tenke seg; forestille seg; tenke; tro; **I can** ~ **how you felt** jeg kan tenke (*el.* forestille) meg hvordan du følte det; **I** ~ **he'll be late** jeg antar (*el.* tenker) han vil bli sen; **I can't** ~ **why I did it** jeg begriper ikke hvorfor jeg gjorde det; **just** ~! tenke deg til! **we fondly -d that** . . . vi levde i den glade tro at . . .; **2.** innbille seg; **he -d himself back in his childhood** han drømte seg tilbake til barndommen.

imam [i'ma:m] *subst:* imam; muhammedansk prest.

imbalance [im'bæləns] *subst:* ubalanse; manglende balanse; **social** ~ **in education** sosial skjevhet når det gjelder utdanning.

imbecile ['imbi,si:l] *subst* **1.** tosk; *psykol:* imbesil; **2.** *adj:* dum; tåpelig; *psykol:* imbesil.

imbecility [,imbi'siliti] *subst* **1.** *psykol:* imbesilitet; **2.** dumhet; tåpelighet.

imbibe [im'baib] *vb* **1.** *stivt el. spøkef(=drink)* drikke; **2.** *litt.(=take in; absorb)* absorbere; suge inn *(fx ideas).*

imbroglio [im'brouli,ou] *subst:* innviklet situasjon; floke.

imbue [im'bju:] *vb; stivt:* ~ **with***(=fill with; inspire with)* fylle med; inngi; **-d with** gjennomsyret av *(fx hate);* **be -d with feelings of patriotism** bli fylt med patriotiske følelser; **be -d with sth from infancy** få noe inn med morsmelken.

imitable ['imitəbl] *adj:* som kan etterlignes.

imitate ['imi,teit] *vb:* etterligne; etterape; imitere; **her achievements in politics -d her earlier successes in business** hennes politiske bragder stod ikke tilbake for hennes tidligere suksesser i forretningslivet.

imitation [,imi'teiʃən] *subst:* etterligning; imitasjon.

imitation jewellery uekte smykker.

imitation leather kunstlær.

imitation wood imitert tre.

imitative ['imitətiv] *adj* **1.** som etterligner; **children are very** ~ barn har lett for å ta etter; ~ **animals** dyr som tar etter; dyr som hermer; ~ **poet***(=epigone)* epigon; **2.** *språkv:* lydmalende; lydhermende; ~ **word***(=onomatopoeia)* lydord; lydmalende ord *(fx 'moo' and 'bow-wow' are imitative words).*

imitator ['imi,teitə] *subst:* imitator; etterligner.

immaculate [i'mækju,lit] *adj:* uklanderlig; *om påkledning:* ulastelig; uklanderlig; plettfri; *rel:* **the Immaculate Conception** den ubesmittede unnfangelse.

immanent ['imənənt] *adj:* iboende; immanent.

immaterial [,imə'tiəriəl] *adj; stivt* **1***(=unimportant)* uvesentlig *(fx objections);* **2***(=incorporeal)* immateriell; ulegemlig.

immature [,imə'tjuə] *adj:* umoden; ikke fullt utvokst (*el.* utviklet) *(fx he's very immature for his age); stivt; om frukt(=unripe)* umoden.

immaturity [,imə'tjuəriti] *subst:* umodenhet.

immeasurable [i'meʒərəbl] *adj* **1.** som ikke kan måles; umålelig *(fx the universe is immeasurable);* **2.** *stivt(=very great)* meget stor *(fx there has been an immeasurable improvement in his work lately).*

immediate [i'mi:diət] *adj* **1.** omgående; øyeblikkelig; umiddelbar; **the response was** ~ reaksjonen kom omgående; det ble reagert med én gang; **with** ~ **effect** med øyeblikkelig virkning; **in the** ~ **future** i nærmeste fremtid; **2.** *om rangforhold; nærhet, etc:* **his** ~ **superior** hans nærmeste overordnede; **in the** ~ **neighbourhood** i umiddelbar nærhet; like i nærheten; **her** ~ **surroundings** hennes nærmeste omgivelser; **3.** direkte *(fx the immediate cause of his downfall; an immediate influence).*

immediately 1. *adv(=at once)* straks; med én gang; øyeblikkelig; umiddelbart; ~ **after the war** like etter krigen; ~ **afterwards** like etter; umiddelbart deretter; ~ **before** like før; umiddelbart før; **2.** *konj(=as soon as)* så snart; straks *(fx immediately she heard his voice, she trembled with fear).*

immediateness [i'mi:diətnis] *subst:* umiddelbarhet; *(jvf spontaneity).*

immemorial [,imi'mɔ:riəl] *adj:* **from time** ~ i uminnelige tider *(fx the family has lived in the village from time immemorial).*

immense [i'mens] *adj(=huge; vast)* enorm; umåtelig stor; uendelig *(fx expanse of desert);* ~ **amounts of money** kjempestore (penge)beløp; **he gets** ~ **satisfaction from his job** han trives usedvanlig godt med arbeidet sitt.

immensely *adv:* umåtelig; i høy grad; **they enjoyed themselves** ~ de hadde det forferdelig morsomt; **an** ~ **valuable jewel** et uhyre verdifullt smykke.

immensity [i'mensiti] *subst* **1***(=vastness)* uendelighet; **the** ~ **of space** rommets uendelighet; **2.** uhyre omfang *(fx the immensity of the task).*

immerse [i'mə:s] *vb* **1.** *i væske:* senke ned *(in* i); **2.** *fig:* ~ **oneself in a problem***(=become absorbed in a problem; study a problem in depth)* fordype seg i et problem; ~ **oneself in one's work***(=engross oneself in one's work)* fordype seg i arbeidet sitt; **-d***(=engrossed)* **in a book** fordypet i en bok.

immersion [i'mə:ʃən] *subst* **1.** *i en væske:* nedsenking; **2.** *fig:* fordypelse (*in* i); opptatthet (*in* av).

immersion heater *elekt:* varmekolbe.

immigrant ['imigrənt] *subst:* immigrant; **illegal** ~ *(,jur: illegal entrant into the country)* ulovlig immigrant; *(jvf entrant 3).*

immigrate ['imi,greit] *vb:* immigrere; innvandre.

immigration [,imi'greiʃən] *subst:* immigrasjon; innvandring.

immigration act immigrasjonslov.

immigration authorities immigrasjonsmyndigheter.

immigration department: ~ **(of the police)** fremmedkontor; fremmedpoliti; *(NB* **UK:** *the Aliens Division of the Home Office =Statens utlendingskontor).*

immigration officer UK: tjenestemann i fremmedpolitiet.

imminence ['iminəns] *subst:* (truende) nærhet; det å være umiddelbart forestående; **the** ~ **of the crisis** den nær forestående krise; **the** ~ **of the visit** det nær forestående besøket.

imminent ['iminənt] *adj:* umiddelbart forestående; ~ **danger** overhengende fare; **it's** ~ det er umiddelbart forestående.

immiscible [i'misəbl] *adj; om væske:* ikke blandbar.

immobile [i'moubail] *adj; stivt* **1***(=motionless)* ubevegelig; **2.** som ikke kan beveges; **his leg was** ~ **for**

several weeks han kunne ikke bevege benet på flere uker.
immobility [,imou'biliti; ,imə'biliti] *subst:* ubevegelighet.
immobilize, immobilise [i'moubi,laiz] *vb; stivt* **1.** gjøre ubevegelig; immobilisere; hindre i å kjøre (*el.* komme videre); **2.** *med.:* immobilisere; **3.** *om mynt:* ta ut av omløp (og bruke som sikkerhet for sedler).
immoderate [i'mɔd(ə)rit] *adj:* umåteholden; overdreven *(fx drinking);* ubeskjeden *(fx an immoderate demand).*
immodest [i'mɔdist] *adj; stivt* **1***(=indecent)* usømmelig; uanstendig *(fx dress);* **2.** ubeskjeden; dristig; frekk.
immodesty [i'mɔdisti] *subst* **1.** uanstendighet; usømmelighet; **2.** ubeskjedenhet; *(se immodest).*
immolate ['imou,leit] *vb; litt.(=sacrifice)* ofre.
immoral [i'mɔrəl] *adj* **1.** umoralsk; **2.** usedelig *(fx conduct).*
immorality [,imə'ræliti] *subst* **1.** umoral; umoralskhet; **2.** usedelighet.
I. immortal [i'mɔ:təl] *subst:* **the -s** de udødelige *(fx he was one of the immortals of the theatre).*
II. immortal *adj; også fig:* udødelig.
immortality [,imɔ:'tæliti] *subst:* udødelighet.
immortalize, immortalise [i'mɔ:tə,laiz] *vb:* udødeliggjøre; bevare for evig.
immovability [i,mu:və'biliti] *subst(=immovableness)* ubevegelighet; manglende flyttbarhet.
immovable [i'mu:vəbl] *adj* **1***(=motionless)* ubevegelig; urørlig; **2***(=impossible to move)* ikke flyttbar; fast *(fx an immovable object);* **3.** *fig:* urokkelig; som ikke lar seg rokke; **4.** *fig:* som ikke viser følelser; upåvirkelig; ubevegelig.
immovables [i'mu:vəbəlz] *subst; pl:* fast eiendom; urørlig gods; immobilier.
immune [i'mju:n] *adj* **1.** *med.:* immun (*to, from* overfor); **2.** *fig:* uimottagelig (*to* for); immun (*to, from* overfor); **3***(=exempt):* **be ~ from taxes, be ~ from taxation***(=be exempt from taxation)* nyte skattefrihet; være fritatt for beskatning.
immunity [i'mju:niti] *subst* **1.** *med.:* immunitet; **2.** *fig:* immunitet; uimottagelighet; **3.: ~ from** frihet for; **enjoy ~ from taxation***(=be exempt from taxation)* nyte skattefrihet; **4.** *polit; om diplomat:* **enjoy ~** nyte diplomatisk immunitet.
immunization, immunisation [,imjunai'zeiʃən] *subst:* immunisering; vaksinering (*against* mot).
immunize, immunise ['imju,naiz] *vb:* immunisere; vaksinere (*against* mot).
immunology [,imju'nɔlədʒi] *subst:* immunitetslære.
immutable [i'mju:təbl] *adj; stivt(=unalterable; ageless):* **~ laws** tidløse lover; uforanderlige lover.
imp [imp] *subst* **1.** liten djevel; smådjevel; **2.** *om barn:* **(little) ~** trollunge.
I. impact ['impækt] *subst* **1.** støt; slag; **2.** sammenstøt; **3.** *mil:* nedslag; anslag *(fx angle of impact);* **4.** *fig(=impression)* innvirkning; virkning; inntrykk; **the book made a strong ~** boken gjorde et sterkt inntrykk.
II. impact [im'pækt] *vb; stivt(=press firmly together)* presse sammen.
impair [im'pɛə] *vb; stivt(=damage; weaken)* skade; svekke.
impala [im'pa:lə] *subst; zo:* impala.
impale [im'peil] *vb; stivt(=pierce)* spidde *(fx he fell out of the window and was impaled on the railings below).*
impalpability [im,pælpə'biliti] *subst:* uhåndgripelighet.
impalpable [im'pælpəbl] *adj; stivt(=intangible)* **1.** uhåndgripelig; ulegemlig; **it's ~** det er hverken til å ta eller føle på; det er uhåndgripelig; **~ shadows** flyktige skygger; **2.** udefinerbar; *(jvf intangible).*
impart [im'pa:t] *vb; stivt* **1.** meddele *(fx she had something important to impart);* **2.** bibringe; formidle; **~ knowledge***(=disseminate knowledge)* formidle kunnskaper; **~ wisdom** bibringe visdom.
impartial [im'pa:ʃəl] *adj:* upartisk; uhildet; objektiv.
impartiality [im,pa:ʃi'æliti] *subst:* upartiskhet; uhildethet; objektivitet.
impassable [im'pa:səbl] *adj:* ufremkommelig; ufarbar *(fx road);* uoverstigelig *(fx mountain);* **the river is ~** det er umulig å komme over elven.
impasse [æm'pa:s; *især* **US:** im'pa:s] *subst; stivt(=deadlock)* uføre; dødpunkt *(fx we have reached an impasse in our discussions);* **we must get out of this ~** vi må komme oss ut av dette uføret.
impassioned [im'pæʃənd] *adj:* lidenskapelig *(fx speech).*
impassive [im'pæsiv] *adj:* uttrykksløs *(fx face);* uforstyrrelig; uanfektet *(fx remain impassive).*
impassivity [,impæ'siviti] *subst:* uttrykksløshet; uanfektethet.
impatience [im'peiʃəns] *subst:* utålmodighet.
impatient [im'peiʃənt] *adj:* utålmodig (*at* over; *with sby* overfor en); **be ~ to get started** være utålmodig etter å komme i gang; **he's ~ of delay (,opposition)** han tåler ikke forsinkelser (,å møte motstand).
impeach [im'pi:tʃ] *vb* **1.** *jur:* anklage for embetsforbrytelse; *om statsråd:* stille for riksrett; **2.** *fig; stivt:* **~ sby** 1*(=throw suspicion on sby)* mistenkeliggjøre en; 2*(=question sby's integrity)* betvile ens integritet.
impeachment [im'pi:tʃmənt] *subst; jur:* tiltale for embetsforbrytelse; riksrett; riksrettssak; *(jvf impeach 1).*
impeccable [im'pekəbl] *adj; stivt(=faultless)* feilfri; uklanderlig *(fx behaviour);* plettfri; **a man of ~ character** en mann med plettfri vandel.
impecunious [,impi'kju:niəs] *adj; stivt(=penniless; poor)* ubemidlet; fattig.
impedance [im'pi:dəns] *subst; elekt:* impedans.
impede [im'pi:d] *vb; stivt(=prevent; delay)* hindre; forsinke *(fx progress was impeded by a heavy fall of snow).*
impediment [im'pedimənt] *subst* **1.** *stivt(=hindrance)* hinder *(fx his illness was an impediment to his holiday plans);* **2.** *med.:* **speech ~** talefeil.
impel [im'pel] *vb; stivt(=urge; force)* tilskynde; tvinge; drive *(fx hunger impelled the boy to steal).*
impend [im'pend] *vb; stivt(=be imminent)* være umiddelbart (*el.* nær) forestående; forestå.
impending *adj; stivt(=forthcoming)* (nær) forestående; **I assume that an election is ~** jeg antar at et valg står for døren (*el.* snart vil bli holdt).
impenetrable [im'penitrəbl] *adj* **1.** ugjennomtrengelig *(fx jungle; darkness);* **2.** *fig:* ugjennomtrengelig *(fx ignorance);* **3.** *fig(=incomprehensible)* uutgrunnelig *(fx mystery); (jvf impervious).*
impenitence [im'penitəns] *subst:* mangel på anger; ubotferdighet.
impenitent [im'penitənt] *adj; stivt(=not penitent)* som ikke viser anger; ubotferdig; **he remained ~** han viste ingen tegn til anger.
I. imperative [im'perətiv] *subst; gram(=imperative mood)* imperativ; **in the ~** i imperativ.
II. imperative *adj* **1.** *stivt(=absolutely necessary; urgent)* absolutt (*el.* tvingende) nødvendig; påkrevd; **2.** *stivt(=commanding; authoritative)* bydende; myndig; **in an ~ tone of voice***(=in an authoritative tone of voice)* med myndig røst; **3.** *gram:* **in the ~ mood***(=in the imperative)* i impe-

rativ.
imperceptible [,impə'septibl] *adj; stivt(=very slight; unnoticeable)* umerkelig.
imperceptibly *adv:* umerkelig.
imperfect [im'pə:fikt] *adj* **1***(=defective)* ufullkommen; med feil; **2***(=incomplete)* ufullstendig; **3***(=insufficient)* mangelfull; utilstrekkelig *(fx knowledge of the subject).*
imperfection [,impə'fekʃən] *subst* **1.** ufullkommenhet; **2***(=fault; defect)* feil; **we don't tolerate ~ in this firm!** her i firmaet vil vi ikke ha (arbeid med) feil!
imperfectly *adv:* ufullstendig.
I. imperial [im'piəriəl] *subst* **1***(=goatee)* fippskjegg; **2.** *papirformat:* imperial.
II. imperial *adj.* **1.** keiserlig; keiser-; **~ crown** keiserkrone; **2.** *om vekt & mål som er standard i* **UK: an ~ pound** et britisk pund (ɔ: 0,453 kg).
imperialism [im'piəriə,lizəm] *subst:* imperialisme.
imperialist [im'piəriəlist] *subst:* imperialist.
imperil [im'peril] *vb; stivt* **1***(=endanger)* utsette for fare; **be -led***(=be in danger)* være i fare; **2.** *fig:* sette i fare; **the strike -led the success of the conference** streiken truet med å forhindre et heldig utfall av konferansen.
imperious [im'piəriəs] *adj; stivt(=commanding)* bydende *(fx she was proud and imperious).*
imperishable [im'periʃəbl] *adj* **1.** ubedervelig *(fx goods);* **2.** *fig:* uforgjengelig; **~ fame** udødelig berømmelse.
impermeable [im'pə:miəbl] *adj(=not permeable)* ugjennomtrengelig; **~ to** (,*tekn også:* **by**) ugjennomtrengelig for; **clay is ~ by***(=to)* **water** vann trenger ikke gjennom leire; **~ to air***(=airtight)* lufttett.
impersonal [im'pə:sənəl] *adj* **1.** upersonlig; **an ~ assessment** en upersonlig vurdering; *gram:* **~ verb** upersonlig verb; **2.** *merk:* **~ account** sakskonto; død konto.
impersonate [im'pə:sə,neit] *vb* **1.** etterligne; parodiere; **2***(=pass oneself off as)* utgi seg for.
impersonation [im,pə:sə'neiʃən] *subst* **1.** etterligning; parodi; **2.** det å utgi seg for.
impersonator [im'pə:sə,neitə] *subst* **1.** *om skuespiller:* imitator; **2.** person som utgir seg for en annen.
impertinence [im'pə:tinəns] *subst:* nesevishet; uforskammethet.
impertinent [im'pə:tinənt] *adj* **1.** nesevis; uforskammet *(fx child; remarks; she was impertinent to her teacher);* **2.** *stivt(=irrelevant)* irrelevant.
imperturbability [,impə,tə:bə'biliti] *subst:* uforstyrrelig ro; uanfektethet.
imperturbable [,impə'tə:bəbl] *adj:* uforstyrrelig; uanfektet.
impervious [im'pə:viəs] *adj* **1.** ugjennomtrengelig (*to* for) *(fx impervious to acids);* **2.** *fig:* **~ to reason** uimottagelig for fornuft.
impetigo [,impi'taigou] *subst; med.:* **~ (contagiosa)** brennkopper.
impetuosity [im,petju'ɔsiti] *subst:* heftighet; overilthet; fremfusenhet; *(se impetuous).*
impetuous [im'petjuəs] *adj(=rash; hasty)* heftig; overilt; fremfusende *(fx don't be so impetuous!);* **an ~ action** en overilt handling.
impetus ['impitəs; 'impətəs] *subst* **1.** *fys:* impuls; støt (som gir fart fremover); **with great ~** med voldsom kraft; **lose its ~** miste farten; **2.** *fig:* incitament; oppmuntring; **give an ~ to** sette fart i *(fx trade);* **give a fresh ~ to** sette ny fart i; bringe nytt liv i *(fx the development of the industry).*
impiety [im'paiəti] *subst; stivt(=ungodliness)* ugudelighet.
impinge [im'pindʒ] *vb; stivt:* **~ (up)on 1***(=strike; make an impact on)* ramme; treffe *(fx the sound impinged on her ears); fys:* støte mot *(fx if a ball impinges on a solid object);* **2.** *fig(=affect; encroach on; interfere with)* berøre; krenke; gjøre inngrep i; innvirke på; **the forces that ~ on***(=affect)* **your daily life** de krefter som virker inn på ditt (,ens) dagligliv; **the laws which -d upon***(=affected)* **them** de lovene som berørte dem; **~ on***(=encroach on)* **sby's rights** krenke (*el.* gjøre inngrep i) ens rettigheter; **the shade from that tree -d on the adjoining garden***(=the shade from that tree detracted from the neighbour's garden)* skyggen fra det treet sjenerte nabohagen.
impious ['impiəs] *adj; stivt(=ungodly)* ugudelig.
impish ['impiʃ] *adj(=mischievous)* ondskapsfull; ertevoren.
implacability [im,plækə'biliti] *subst(=implacableness) stivt(=relentlessness)* uforsonlighet.
implacable [im'plækəbl] *adj; stivt(=relentless)* uforsonlig *(fx enemy).*
I. implant ['im,pla:nt] *subst; med.(=tissue graft)* implantert vev.
II. implant [im'pla:nt] *vb* **1.** *med.(=graft)* implantere; **2.** *fig; stivt(=instil)* innpode; nedlegge *(fx the instincts implanted in us by nature).*
implantation [,impla:n'teiʃən] *subst* **1.** *med. (=grafting)* implantasjon; **2.** innpoding; *(se II. implant).*
implausible [im'plɔ:zəbl] *adj(=not plausible)* usannsynlig; ikke sannsynlig (*el.* plausibel).
I. implement ['implimənt] *subst; stivt(=tool; instrument)* redskap *(fx garden(ing) implements);* **surgical -s** kirurgiske instrumenter.
II. implement ['impliment; ,impli'ment] *vb; stivt(=carry out)* sette ut i livet; realisere *(fx a plan);* iverksette; gjennomføre; **~ an agreement** sette en avtale ut i livet.
implementation [,implimən'teiʃən] *subst:* realisering; gjennomføring; iverksettelse; *(se II. impliment).*
implicate ['impli,keit] *vb; stivt* **1***(=involve)* implisere; blande inn; **be -d in a crime** være innblandet (el. implisert) i en forbrytelse; **2.** ha som følge; medføre; føre til.
implication [,impli'keiʃən] *subst* **1.** innblanding; **2.** underforståelse; implikasjon; stilltiende slutning; **the ~ is that** . . . i dette ligger at . . .; **the ~ of his remark** det som ligger i hans bemerkning; **he didn't actually say that she was a liar but that was the ~** han sa ikke direkte at hun var en løgner, men det var det som lå i det (*el.* men det var (det som var) underforstått).
implicit [im'plisit] *adj; stivt* **1***(=implied)* underforstått *(fx her disappointment was implicit in what she was saying);* **the ~ meaning** den underforståtte betydningen; **2***(=complete; absolute)* absolutt; ubetinget *(fx I have implicit trust in him).*
implicitly *adv* **1.** implisitt; stilltiende; **2.** ubetinget; **she obeyed him ~** hun adlød ham blindt.
implied [im'plaid] *adj:* underforstått; indirekte; implisitt.
implore [im'plɔ:] *vb; stivt(=ask earnestly)* bønnfalle; be innstendig; trygle.
imploringly *adv:* bønnlig; bønnfallende.
imply [im'plai] *vb* **1***(=involve)* innebære; medføre *(fx this right implies certain obligations);* **2***(=suggest; hint)* antyde *(fx are you implying that I'm a liar? what are you implying by that remark?);* **3.** *om ord:* ha bibetydning av; **this implies that** . . .*(=the implication is that)* i dette ligger at . . .; **he doesn't know what that word implies** han vet ikke hva som ligger i det ordet; **no specific reference was implied in my remark** jeg siktet ikke til noe (,noen) bestemt

med den bemerkningen.
impolite [,impə'lait] *adj; stivt(=rude)* uhøflig.
imponderable [im'pɔndərəbl] **1.** *subst:* uberegnelig faktor *(fx the future rate of inflation is one of the great imponderables of economic planning);* **2.** *adj:* som ikke (*el.* vanskelig) kan beregnes (*el.* måles); uberegnelig.
I. import ['impɔ:t] *subst* **1.** *merk(=importation)* import *(fx the import of grain);* **-s** import; importvarer; **food -s** importerte matvarer; **2.** *stivt(=meaning)* betydning; mening *(fx I didn't realize the full import of his words);* **3.** *stivt(=importance)* viktighet; betydning *(fx a man of import).*
II. import [im'pɔ:t] *vb* **1.** *merk:* importere; **2.** *fig:* importere *(fx import foreign words into the language).*
importance [im'pɔ:təns] *subst:* betydning; viktighet; **a matter of great ~** en sak av stor viktighet; **of no ~** uten betydning; **attach (great) ~ to sth** legge (stor) vekt på noe; tillegge noe (stor) betydning.
important [im'pɔ:tənt] *adj:* viktig *(fx it's important to her that she gets the job);* betydningsfull *(fx writer);* **it is ~ for the sailors to hear the weather forecast** det er viktig for sjøfolkene at de får høre værvarslet; **a good diet is ~ to the maintenance of good health** et godt kosthold er viktig når det gjelder å bevare helsen.
importation [,impɔ:'teiʃən] *subst:* import; innførsel.
import ban importforbud.
import control importregulering.
import duty importtoll.
importer [im'pɔ:tə] *subst:* importør.
importunate [im'pɔ:tjunit] *adj; stivt(=annoyingly persistent)* påtrengende *(fx an importunate beggar).*
importune [im'pɔ:tju:n] *vb; stivt(=harass)* plage; mase på *(fx he importuned his parents for money).*
impose [im'pouz] *vb* **1.** *avgift, skatt, etc:* pålegge *(fx a tax on people);* **~ a duty on sth** legge en avgift på noe; **2.** *stivt:* **~ oneself on sby***(=force oneself on sby)* trenge seg inn på en; påtvinge andre sitt selskap; **~***(=force)* **one's authority on sby** vise sin myndighet overfor en; **3.** *om utnyttelse:* være ubeskjeden; være slik at man utnytter folk (ved å be om tjenester man ikke kan forvente); **I don't want to ~** det er ikke min mening å være ubeskjeden; **~ on sby** utnytte en; **~ on sby's kindness** utnytte ens vennlighet; **don't let yourself be -d on** la deg ikke utnytte.
imposing [im'pouziŋ] *adj; stivt(=impressive)* imponerende *(fx building); om person ved sitt vesen:* imponerende;*(=awe-inspiring)* fryktinngytende.
imposition [,impə'ziʃən] *subst; stivt* **1***(=imposing)* pålcggelse; idømmelse; **~ of taxes***(=taxation)* beskatning; skattlegging; **2***(=burden)* byrde; urimelig forlangende; **I don't regard helping him as an ~** jeg syns ikke det er urimelig at jeg hjelper ham; **3.** *skolev:* skriftlig straffelekse *(fx a three-page imposition).*
impossibility [im,pɔsə'biliti] *subst:* umulighet.
impossible [im'pɔsəbl] *adj* **1.** umulig; **attempt the ~***(=attempt impossibilities)* forsøke det umulige; **set sby an ~ task** gi en en umulig oppgave; **this is ~ for ordinary people** dette er umulig for vanlige mennesker; **nothing seemed (to be) ~ to him***(=nothing seemed to be impossible for him)* ingenting syntes å være umulig for ham; **render ~** umuliggjøre; **2. T***(=hopelessly unsuitable; unacceptable)* umulig *(fx he's an impossible person; that child's behaviour is impossible);* **an ~ hat** en umulig (*el.* helt håpløs) hatt.
impossibly *adv:* på en umulig måte *(fx behave impossibly);* umulig; *(jvf possibly).*
impost ['impoust] *subst; glds(=customs duty)* tollavgift.
impostor [im'pɔstə] *subst; om person som utgir seg for noe:* svindler; bedrager.
imposture [im'pɔstʃə] *subst (se impostor):* svindel.
impotence ['impətəns] *subst; stivt* **1***(=powerlessness)* avmakt; maktesløshet; **reduce the enemy to ~** gjøre fienden maktesløs; **2.** *med.:* impotens.
impotent ['impətənt] *adj* **1.** *stivt(=powerless)* maktesløs; avmektig; **~ against** maktesløs overfor; **2.** *med.:* impotent.
impound [im'paund] *vb; stivt* **1.** *om bortkommet dyr:* ta vare på; **~ the dog in a kennel** plassere hunden i en kennel; **2.** *jur:* beslaglegge; *tollv:* ta beslag i; beslaglegge *(fx the goods were impounded).*
impoverish [im'pɔvəriʃ] *vb; stivt* **1***(=make poor)* forarme; gjøre fattig; **2.** *om jord(=exhaust)* pine ut; utpine.
impracticability [im,præktikə'biliti] *subst* **1.** ugjennomførlighet; **2.** ufarbarhet; *(se impracticable).*
impracticable [im'præktikəbl] *adj* **1.** ugjennomførlig *(fx idea);* **2.** *om vei(=impassable)* ufarbar.
impractical [im'præktikəl] *adj* **1***(=unpractical)* upraktisk; **2***(=impracticable)* ugjennomførlig.
imprecate ['impri,keit] *vb; meget stivt* **1***(=invoke; call down)* nedkalle; **~ a curse on sby***(=call down a curse on sby)* nedkalle en forbannelse over en; **2***(=swear; curse)* banne; sverge.
imprecation [,impri'keiʃən] *subst; meget stivt el. spøkef(=curse)* forbannelse.
imprecise [,impri'sais] *adj; stivt(=inaccurate; inexact)* upresis; unøyaktig *(fx description; definition).*
impregnable [im'pregnəbl] *adj* **1.** *om festning:* uinntagelig; **2.** *fig:* uslåelig *(fx the football team is in an impregnable position at the top of the league); om rekord:* urokkelig; uslåelig; *om argument (=irrefutable)* uangripelig; ugjendrivelig.
impregnate ['impreg,neit] *vb* **1.** impregnere (*with* med); **2.** *biol; om eggcelle & dyr(=fertilize)* befrukte.
impregnation [,impreg'neiʃən] *subst* **1.** impregnering; **2.** *biol(=fertilization)* befruktning *(fx of an ovum).*
impresario [,imprə'sa:riou] *subst:* impresario.
I. impress ['impres] *subst; av fx stempel:* avtrykk.
II. impress [im'pres] *vb* **1.** imponere; **I was deeply -ed by it***(=I found it most impressive)* det imponerte meg meget (*el.* i høy grad); **2.** gjøre inntrykk på; **he rather -ed me as being unwilling** jeg fikk nærmest det inntrykk at han ikke ville; **he -ed me favourably** jeg fikk et godt inntrykk av ham; **how did she ~ you?** hvilket inntrykk fikk du av henne? **3.** *stempel, etc:* trykke *(fx impress a seal in wax); fig; stivt:* **~ a kiss on sby's forehead***(=kiss sby on the forehead)* kysse en på pannen; **4.** *fig(=inculcate)* innprente; **~ sth on sby** innprente en noe; *meget stivt:* **~ the details on one's memory** *(=make a careful note of the details)* innprente seg detaljene; **5.** *fig(=stress; emphasize)* understreke *(fx I must impress on you the need for silence);* **6***(=pressgang)* tvangsutskrive; presse.
impression [im'preʃən] *subst* **1.** inntrykk *(fx it made a strong impression on me);* **general ~** helhetsinntrykk; **dispel the ~ that** fjerne det inntrykk at; **get an ~ of***(=get an idea of)* få et inntrykk av; **I got***(=had)* **the definite ~ that** jeg fikk det bestemte inntrykk at . . .; **what was your ~ of her?** hvilket inntrykk fikk du av henne? **you have been given a wrong ~** du har fått et feilaktig inntrykk; **2.** avtrykk; **3.** *typ(=reprint)* opplag.
impressionability [im,preʃənə'biliti] *subst:* lettpåvir-

kelighet.

impressionable [im'preʃənəbl] *adj:* lettpåvirkelig *(fx he was impressionable almost to the point of being comic).*

impressionism [im'preʃə,nizəm] *subst:* impresjonisme.

impressionist [im'preʃənist] *subst:* impresjonist.

impressionistic [im,preʃə'nistik] *adj:* impresjonistisk.

impressive [im'presiv] *adj:* imponerende.

I. imprint ['imprint] *subst* **1***(=mark)* merke; avtrykk *(fx of a foot);* **2.** *fig:* preg; spor *(fx his face showed the imprint of years of pain);* **3.: (publisher's) ~** forlagsangivelse; forlagsmerke.

II. imprint [im'print] *vb* **1.** prege; merke; trykke; **2.** *fig:* innprente; *~(=impress)* **the details on one's mind** innprente seg detaljene.

imprison [im'prizən] *vb(=put in prison)* fengsle; sette i fengsel; *fig:* holde inne; stenge inne.

imprisonment [im'prizənmənt] *subst* **1.** fengsling; **2.** *om straff:* fengsel *(fx three months' imprisonment).*

improbability [im,prɔbə'biliti] *subst:* usannsynlighet.

improbable [im'prɔbabl] *adj:* usannsynlig.

improbity [im'proubiti] *subst; stivt(=dishonesty)* uredelighet; uærlighet.

impromptu [im'prɔmptju:] **1.** *subst; mus:* impromptu; **2.** *adj, adv:* improvisert; uforberedt *(fx speech);* **speak ~** holde en improvisert tale; *(jvf ad-lib).*

improper [im'prɔpə] *adj* **1.** upassende *(fx behaviour);* utilbørlig; **2***(=wrong)* uriktig *(fx that was an improper use of the word);* **3.** *mat.:* **~ fraction** uekte brøk.

impropriety [,imprə'praiəti] *subst:* usømmelighet; utilbørlighet; **he seemed to be unaware of the improprieties in his behaviour** han syntes ikke å være klar over at han oppførte seg usømmelig.

improve [im'pru:v] *vb* **1.** forbedre; bedre; forbedre seg; **~ one's mind** utvikle (*el.* berike) sin ånd; **he doesn't ~ on knowing** han vinner seg ikke ved nærmere bekjentskap; **2.** *ved sammenligning;* **~ on sth** prestere noe som er bedre enn noe *(fx improve on last year's crop);* **this can hardly be -d on** dette kan knapt gjøres bedre.

improvement [im'pru:vmənt] *subst:* forbedring; **this is an ~ on your first attempt** dette er en forbedring i forhold til ditt første forsøk.

improvidence [im'prɔvidəns] *subst; litt., glds(=lack of foresight)* mangel på forutseenhet.

improvident [im'prɔvidənt] *adj; litt., glds(=not provident)* lite forutseende.

improvisation [,imprəvai'zeiʃən] *subst:* improvisasjon.

improvise ['imprəvaiz] *vb:* improvisere.

improviser ['imprə,vaizə] *subst:* improvisator.

imprudence [im'pru:dəns] *subst:* uklokhet; ubetenksomhet; ubesindighet.

imprudent [im'pru:dənt] *adj:* uklok; ubetenksom; ubesindig; uforsiktig; **it was** *~(=unwise)* **of you to tell her your secret** det var uklokt (*el.* uforsiktig) av deg å fortelle henne hemmeligheten din.

impudence ['impjudəns] *subst:* uforskammethet; frekkhet.

impudent ['impjudənt] *adj:* uforskammet; **she's bold and ~** hun er frekk og uforskammet; **an ~ suggestion** en uforskammet hentydning.

impugn [im'pju:n] *vb; meget stivt(=challenge)* bestride; dra i tvil *(fx a statement).*

impuissance [im'pju:isəns] *subst; meget stivt (=powerlessness)* maktesløshet.

impulse ['impʌls] *subst* **1.** innskytelse *(fx a sudden impulse; my first impulse was to run away);* tilskyndelse; **give an** *~(=impetus)* **to** sette fart i *(fx give an impulse to trade);* **I had an ~ to steal the car** jeg fikk det innfall å stjele bilen; **I stole it on ~** jeg stjal den ved en innskytelse; **act on ~** handle spontant; følge en (tilfeldig) innskytelse; **she had a strong ~ to tear up the book** hun var sterkt fristet til å rive boken i stykker; **be guided by ~** la seg lede av tilfeldige innskytelser; **a man of ~** en impulsiv mann; **2.** *fysiol:* impuls; **3.** *tekn:* impuls *(fx an electrical impulse).*

impulse buy*(=impulse purchase)* impulskjøp.

impulsion [im'pʌlʃən] *subst; stivt(=compulsion)* tilskyndelse; trang.

impulsive [im'pʌlsiv] *adj:* impulsiv.

impunity [im'pju:niti] *subst; stivt* **1***(=freedom from punishment)* straffefrihet; **2.: with** *~(=unpunished)* ustraffet *(fx break the law with impunity).*

impure [im'pjuə] *adj* **1.** *om luft, etc(=not pure)* uren; ikke ren; **2.** *fig:* uren *(fx impure thoughts).*

impurity [im'pjuəriti] *subst:* urenhet; **impurities in the water** urenheter i vannet; **complaints about the ~ of the milk from that farm** klager angående den urene melken fra den gården.

imputable [im'pju:təbl] *adj; stivt:* **~ to***(=attributable to)* som kan tilskrives; **it's ~ to him** det kan tilskrives ham; det kan legges ham til last.

imputation [,impju'teiʃən] *subst; meget stivt* **1***(=accusation)* beskyldning; **2.** *fig(=stain)* plett; **an ~ on his character** en plett på hans gode navn og rykte.

impute [im'pju:t] *vb; stivt; om noe klanderverdig(=attribute):* **~ sth to sby** tilskrive en noe.

I. in [in] *subst:* **know all the -s and outs of a question** kjenne saken (*el.* spørsmålet) ut og inn (*el.* til bunns).

II. in *adj & adv* **1.** inne *(fx is he in? the train is in);* inn *(fx come in! go in);* **2***(=in season);* **strawberries are ~ now** det er jordbærsesongen nå; **3***(=fashionable)* moderne; på mote; **4.** *polit(=in office):* **be ~** ha regjeringsmakten; **5.** *sport:* som spiller inne (*el.* på innelaget); **6.** ankommende *(fx the in train);* **the ~ tray** kurven for inngående post; **7.** *om tidevann:* inne *(fx the tide is in).*

III. in *prep* **1.** i *(fx in (the year) 1969; in the room; in the rain; he had a book in his hand);* **~ town** i byen; **early ~ June***(=at the beginning of June)* i begynnelsen av juni; først i juni;

2. på *(fx in the market place; in the street; in the sky; in a picture; in bottles);* **~ the country** på landet; *~(=at)* **a café** på en kafé; *~(=at)* **the office** på kontoret; **~ a place** på et sted; **~ Norwegian** på norsk;

3. *om tid:* om *(fx in the morning; in (the) summer; in three weeks);* på *(fx he did it in five minutes);* **~ less than a year***(=in under a year)* på mindre enn et år; på under et år;

4*(=dressed in)* (kledd) i *(fx in jeans);*

5*(=inside)* inne i *(fx in the house);*

6.: ~ between 1. inn mellom; 2. innimellom; i blant;

7. T: be ~ for ha i vente; kunne vente seg *(fx we're in for some bad weather);* **you're letting yourself ~ for trouble** du lager i stand bråk for deg selv; **be ~ for it***(=be in for trouble)* vente seg (straff);

8.: there's something (,nothing) ~ it det er noe (,ikke noe) i det (ɔ: historien, ryktene, etc);

9. T: he (simply) isn't ~ it with John han kan (rett og slett) ikke måle seg med John;

10. T: be ~ on ha del i; kjenne til; være innviet i *(fx a secret);* være med på *(fx are you in on this?);*

11.: ~ that*(=inasmuch as; in so far as; because)* fordi; i og med at; for så vidt som *(fx I regret my remark in that it upset you; this plant is not good for your garden in that its seeds are poisonous);*

12. T: be (well) ~ with sby*(=be on good terms with*

sby) stå på god fot med en; **keep ~ with sby** holde seg på god fot med en;
13.: ~ . . . **(-ing): ~ welding mild steel** ved sveising av bløtt stål; når man sveiser bløtt stål; ~ **calculating** . . . når man regner ut . . . ; ved utregningen av . . . ; **the pupils are given help ~ finding the answers***(=the pupils are helped to find the answers)* elevene får hjelp med å finne svarene;
14. *forskjellige forb:* ~ **my experience** etter min erfaring; ~ **my opinion** etter min mening; **a rise ~ prices***(=a price rise)* en prisstigning; **written ~ pencil** skrevet med blyant; **the bowl with the soup ~ (it)***(=the bowl containing the soup)* bollen med suppe; ~ **a loud voice** med høy stemme; ~ **Shakespeare** hos Shakespeare; ~ **his defence** til hans forsvar; ~ **honour of** til ære for; *(se for øvrig hovedordet).*

inability [,inə'biliti] *subst:* manglende evne; **their ~ to help** det at de ikke er (,var) i stand til å hjelpe; det at de ikke kan (,kunne) hjelpe.

inaccessibility [,inæk,sesə'biliti] *subst:* utilgjengelighet.

inaccessible [,inæk'sesəbl] *adj; stivt* **1***(=unapproachable)* utilgjengelig *(fx the farm is inaccessible by road in winter);* **2.** *om person(=unapproachable)* utilnærmelig.

inaccuracy [in'ækjurəsi] *subst* **1.** unøyaktighet; **2.** *i regnskap, etc(=error)* feil.

inaccurate [in'ækjurit] *adj:* unøyaktig; upresis; **my information is that this claim is wildly ~** etter hva jeg har fått opplyst er dette kravet fullstendig galt.

inaction [in'ækʃən] *subst:* uvirksomhet; treghet.

inactive [in'æktiv] *adj* **1.** lite aktiv; **2.** passiv *(fx member);* **3.** *om bedrift:* ikke i drift; ute av drift; *om vulkan:* ikke aktiv.

inactivity [,inæk'tiviti] *subst:* uvirksomhet; inaktivitet; treghet.

inadequacy [in'ædikwəsi] *subst* **1.** utilstrekkelighet; mangelfullhet; **his ~ in the job depressed him** det at han ikke strakk til i jobben, gjorde ham deprimert; **2.: inadequacies** mangler; feil.

inadequate [in'ædikwit] *adj(=not adequate; insufficient)* utilstrekkelig; mangelfull; ikke god nok; ikke fullgod; **feel (quite) ~** føle at man (slett) ikke strekker til; **an ~ salary** en for dårlig gasje.

inadmissible [,inəd'misəbl] *adj; stivt el. jur(=not admissible)* utilstedelig; som ikke kan godtas *(fx evidence);* **be ~ in evidence** ikke kunne godtas som bevis.

inadvertence [,inəd'və:təns], **inadvertency** [,inəd'və:tənsi] *subst(=lack of attention; oversight)* uaktsomhet; forglemmelse; inkurie.

inadvertent [,inəd'və:tənt] *adj* **1.** *om person:* uaktsom; uoppmerksom; **2.** utilsiktet; som skjer av vanvare; som skjer ved en forglemmelse *(fx error);* **an ~ insult** en utilsiktet fornærmelse.

inadvertently *adv; stivt(=through an oversight)* ved en forglemmelse; av vanvare; ved en inkurie.

inadvisable [,inəd'vaizəbl] *adj; stivt(=unwise)* utilrådelig; ikke tilrådelig; uklok.

inalienable [in'eiljənəbl] *adj; jur:* umistelig *(fx right); om eiendom:* uavhendelig *(fx property).*

in-and-in breeding*(=inbreeding)* innavl.

inane [i'nein] *adj(=empty)* tom; åndløs *(fx remark).*

inanity [i'næniti] *subst:* åndløshet; **a collection of inanities** en samling åndløsheter.

inapplicable [in'æplikəbl; ,inə'plikəbl] *adj(=not applicable)* uanvendelig; ubrukelig; **the rule is ~ to this case** regelen gjelder ikke i dette tilfellet.

inappreciable [,inə'pri:ʃəbl] *adj:* ubetydelig; neglisjebel *(fx difference).*

inappropriate [,inə'proupriit] *adj(=not appropriate; not suitable)* upassende *(fx remarks);* ~ **to the occasion** upassende for anledningen.

inapt [in'æpt] *adj* **1***(=inappropriate; unsuitable)* upassende *(fx remark);* **2.** *se inept.*

inarticulate [,ina:'tikjulit] *adj* **1.** *om person:* uartikulert; som har vanskelig for å uttrykke seg klart; **2.** uartikulert; dårlig uttrykt; utydelig uttalt.

inarticulateness [,ina:'tikjulitnis] *subst:* uartikulerthet.

inartistic [,ina:'tistik] *adj(=lacking in artistic skill)* ukunstnerisk.

inasmuch as [,inəz'mʌtʃəz] *konj(=because; since)* fordi; for så vidt som.

inattention [,inə'tenʃən] *subst:* uoppmerksomhet.

inattentive [,inə'tentiv] *adj:* uoppmerksom.

inaudible [in'ɔ:dəbl] *adj:* uhørlig.

inaugural [in'ɔ:gjurəl] **1.** *subst* **US:** åpningstale (især ved innsettelsen av presidenten); **2.** *adj:* tiltredelses-; innvielses- *(fx ceremony).*

inaugural sermon tiltredelsespreken.

inaugurate [in'ɔ:gju,reit] *vb* **1.** innsette *(fx a president);* **2.** innvie; høytidelig åpne *(fx a university);* **3***(=be the beginning of)* innvarsle; innlede.

inauguration [in,ɔ:gju'reiʃən] *subst* **1.** innsettelse; **2.** innvielse; **3.** innvarsling; innledning; *(se inaugurate).*

Inauguration Day US den nyvalgte presidentens tiltredelsesdag.

inauspicious [,inɔ:'spiʃəs] *adj; stivt* **1***(=unlucky)* uheldig *(fx start);* **2***(=unpromising)* lite lovende.

inboard ['in,bɔ:d] *adj & adv:* innenbords *(fx motor).*

inborn ['in,bɔ:n; 'in'bɔ:n] *adj:* medfødt.

inbound ['in,baund] *adj:* for inngående *(fx ship).*

inbred [,in'bred; *attributivt også* 'in,bred] *adj* **1***(=inborn)* medfødt *(fx inbred good manners);* **2.** innavlet; **many of the villagers are ~** det er mye innavl i landsbyen.

inbreed [,in'bri:d; 'in'bri:d] *vb(pret & perf. part.: inbred)* innavle.

inbreeding ['in,bri:diŋ; 'in'bri:diŋ] *subst:* innavl.

incalculable [in'kælkjuləbl] *adj; stivt* **1.** uoverskuelig; **it may have ~ consequences***(=it is impossible to foresee the consequences)* det kan få uoverskuelige følger; **a jewel of ~ value***(=an immensely valuable jewel)* et uhyre verdifullt smykke; **2***(=unpredictable)* uberegnelig.

in camera *jur:* for lukkede dører.

incandescent [,inkæn'desənt] *adj:* hvitglødende; ~ **lamp** glødelampe; ~ **mantle***(=gas mantle)* glødenett.

incantation [,inkæn'teiʃən] *subst:* besvergelse; trylleformular; tryllesang.

incapability [in,keipə'biliti] *subst:* evneløshet; manglende evne; uskikkethet.

incapable [in'keipəbl] *adj* **1.** uskikket; hjelpeløs; **he was drunk and ~** han var full og i en hjelpeløs forfatning; **2.: ~ of** ute av stand til *(fx he's incapable of telling a lie);* **a problem ~ of solution** et problem som ikke lar seg løse.

incapacitate [,inkə'pæsi,teit] *vb* **1.** gjøre arbeidsudyktig *(fx he was incapacitated by an accident);* **2.** *jur:* gjøre inhabil; ~*(=debar)* **sby from voting** utelukke en fra å stemme; **3.** *økon:* umuliggjøre; lamme *(fx the country's growth).*

incapacity [,inkə'pæsiti] *subst* **1.** arbeidsuførhet; **2.** *jur:* inhabilitet.

incarcerate [in'ka:sə,reit] *vb; stivt; ofte fig (=imprison)* fengsle; innesperre.

I. incarnate [in'ka:neit] *vb:* legemliggjøre; inkarnere.

II. incarnate [in'ka:nit] *adj(=in human form):* **a devil ~***(=a devil in human form)* en djevel i menneskeskikkelse; **he is evil ~***(=he is evil personified)* han er den personifiserte ondskap.

incarnation [,inka:'neiʃən] *subst:* legemliggjørelse; inkarnasjon; **he's the very ~ of stupidity** han er den personifiserte stupiditet.

incautious [in'kɔ:ʃəs] *adj(=not cautious)* ikke varsom; uforsiktig *(fx action; person; remark).*

incautiousness [in'kɔ:ʃəsnis] *subst:* mangel på varsomhet; uforsiktighet.

incendiarism [in'sendiə,rizəm] *subst(=arson)* brannstiftelse.

I. incendiary [in'sendiəri] *subst* **1**(=*arsonist)* brannstifter; **2.** *glds(=agitator)* agitator; oppvigler.

II. incendiary *adj* **1.** brann-; som har med brannstiftelse å gjøre; **~ bomb** brannbombe; **2.** *fig(=inflammatory)* flammende; som maner til strid; **~ speech** branntale.

I. incense ['insens] *subst* **1.** røkelse; **2.** *fig; glds(=great homage)* virak.

II. incense [in'sens] *vb; stivt(=make very angry)* gjøre rasende; **he was -d by her attitude** hennes holdning gjorde ham rasende.

I. incentive [in'sentiv] *subst(=stimulus)* incitament; spore *(fx high pay is an incentive to work);* **he had no ~ to work after his wife died** det var ingenting som ansporet ham til å arbeide etter at hans kone var død.

II. incentive *adj:* ansporende; som skal virke ansporende *(fx an incentive scheme).*

inception [in'sepʃən] *subst; stivt; om prosjekt el. foretagende(=beginning):* **he was a member of the club from its ~** han var medlem av klubben (helt) siden den ble startet.

incertitude [in'sə:ti,tju:d] *subst; stivt(=uncertainty; doubt)* usikkerhet; uvisshet; tvil.

incessant [in'sesənt] *adj; stivt(=unceasing; continual)* uopphørlig; vedvarende *(fx noise).*

incest ['insest] *subst:* blodskam; incest.

incestuous [in'sestjuəs] *adj* **1**(=*guilty of incest)* skyldig i blodskam; **2.** blodskam(s)-; som betyr blodskam *(fx an incestuous relationship);* **their relationship was not ~** de gjorde seg ikke skyldig i blodskam.

I. inch [intʃ] *subst:* tomme (ɔ: 2,54 cm); *fig:* **he came within an ~ of failing the exam** det var på et hengende hår at han ikke strøk til eksamen.

II. inch *vb:* bevege seg langsomt og forsiktig; ake seg; skubbe seg *(fx he inched (his way) along the narrow ledge);* **the car -ed forward** bilen krøp fremover.

inchworm ['intʃ,wə:m] *subst; zo:* målerlarve.

incidence ['insidəns] *subst* **1.** hyppighet; utbredelse; forekomst *(fx this reduces the incidence of cancer);* **2.** *fys:* **angle of ~** innfallsvinkel; **axis of ~** innfallslodd; **3.: the ~ of taxation** den måten skattebyrdene er fordelt på.

I. incident ['insidənt] *subst(=event)* hendelse; episode.

II. incident *adj* **1.** *fys:* innfallende *(fx electrons);* **~ on** som faller inn på; **2.** *glds:* **~ to** *se incidental 2:* **~ to.**

incidental [,insi'dentəl] *adj* **1.** *om noe som inntreffer i forb med noe som er viktigere:* tilfeldig; bi-; **~ circumstance** biomstendighet; **~ benefits** tilfeldige fordeler; **~ expenses** tilfeldige utgifter; **2.: ~ to** som hører med til; **advantages ~ to**(=*that go with)* **the new job** fordeler som hører med til den nye stillingen.

incidentally *adv* **1**(=*by the way)* forresten *(fx incidentally, where were you last night?);* for øvrig *(fx his brother who incidentally is a friend of mine);* **2**(=*by chance)* tilfeldig; **expenses that you may incur ~** utgifter som du tilfeldig måtte pådra deg.

incidental music(=*background music)* bakgrunnsmusikk.

incidentals [,insi'dentəlz] *subst; pl* **1**(=*incidental expenses)* tilfeldige utgifter; **2**(=*incidental circumstances)* biomstendigheter.

incinerate [in'sinə,reit] *vb; stivt(=burn)* brenne; forbrenne; *om søppel:* destruere.

incineration [in,sinə'reiʃən] *subst:* forbrenning; *av søppel:* destruksjon.

incinerator [in'sinə,reitə] *subst:* forbrenningsovn.

incipient [in'sipiənt] *adj:* begynnende; gryende; frembrytende; **~ madness** begynnende galskap.

incision [in'siʒən] *subst:* innsnitt *(fx the surgeon made a deep incision to remove the appendix).*

incisive [in'saisiv] *adj; også fig:* skarp *(fx his style is concise and incisive).*

incisor [in'saizə] *subst:* fortann.

incite [in'sait] *vb; stivt(=urge; stir up)* anspore; tilskynde; **~ violence** oppfordre til vold; tilskynde til voldsbruk.

incitement [in'saitmənt] *subst:* ansporelse; tilskyndelse.

incivility [insi'viliti] *subst; stivt(=impoliteness)* uhøflighet.

inclemency [in'klemənsi] *subst; om vær & klima; stivt(=severity)* ublidhet; barskhet.

inclement [in'klemənt] *adj; om vær & klima; stivt el. spøkef(=severe; very unpleasant)* barsk.

inclination [,inkli'neiʃən] *subst* **1.** tilbøyelighet; **I have no ~ to go to the party** jeg har ikke den minste lyst til å gå i selskapet; **I felt an ~ to hit him** jeg fikk lyst til å slå ham; **2.** *fys:* inklinasjon; helling *(fx a steep inclination);* **angle of ~** inklinasjonsvinkel; **3.** *stivt:* **~ of one's head**(=*nod)* hodebøyning *(fx he acknowledged her presence with an inclination of his head).*

I. incline ['inklain] *subst(=slope)* helling *(fx a gentle incline).*

II. incline [in'klain] *vb* **1.** helle; skråne; stille skrått; **2.** *stivt(=bow)* bøye *(fx incline one's head);* **3.** *fig:* **~ to** være tilbøyelig til å; helle til; *(se også inclined 2 & 3).*

inclined [in'klaind] *adj* **1**(=*sloping)* skrånende; hellende; skråttstilt; **2.** *fig:* **be dishonestly ~** ha uærlige tilbøyeligheter; **hospitably ~** gjestfritt anlagt; **3.** *fig:* **be ~ to** 1(=*have a tendency to)* være tilbøyelig til å; ha en tendens til å *(fx he's inclined to be a bit lazy);* 2. ha litt lyst til å; være tilbøyelig til å *(fx I'm inclined to accept their invitation).*

inclined plane skråplan.

include [in'klu:d] *vb* **1.** inkludere; omfatte; **2.** inkludere; medregne; **am I -d in the team?** regnes jeg med til laget?

including [in'klu:diŋ] *prep:* inklusive; medregnet; iberegnet; deriblant; blant annet.

inclusion [in'klu:ʒən] *subst:* inkludering; medregning; innbefatning.

inclusive [in'klu:siv] *adj* **1**(=*including everything)* samlet; **~ terms** pris som innbefatter alle utgifter; **the ~ price is £200** prisen er £200, alt iberegnet; **this price is ~** denne prisen innbefatter alt; dette er en samlet pris; **2.: ~ of**(=*including)* inklusive *(fx the meal cost £10, inclusive of wines);* **the price is ~ of freight**(=*the price includes freight)* prisen er inklusive frakt.

incognito [in'kɔgnitou; ,inkɔg'ni:tou] *adv:* inkognito *(fx travel incognito).*

incoherence [,inkou'hiərəns] *subst:* mangel på sammenheng.

incoherent [,inkou'hiərənt] *adj:* usammenhengende.

incombustible [,inkəm'bʌstəbl] *adj:* uforbrennelig; ikke brennbar; ildfast *(fx material).*

income ['iŋkəm; 'inkʌm] *subst:* inntekt *(fx he can't*

support his family on his income); **distribution of ~** inntektsfordeling; **earned ~** lønnsinntekt; **estimated (taxable) ~** antatt (skattbar) inntekt; **gross ~** *(=gross earnings)* bruttoinntekt; **a large***(=high)* **~** en stor (*el.* høy) inntekt; **net ~** *(=net earnings)* nettoinntekt; **unearned ~** arbeidsfri inntekt.
incomes policy *polit:* inntektspolitikk.
income tax inntektsskatt.
(income) tax form *skjema:* selvangivelse.
(income) tax return selvangivelse; **file one's ~** sende inn selvangivelsen.
incoming ['in,kʌmiŋ] *adj* **1.** innkommende; som er på vei inn; *tlf:* **~ call** oppringning til abonnenten; inngående samtale; **~ tide** stigende tidevann; **2.** tiltredende *(fx chairman); (jvf outgoing).*
incommensurable [,inkə'menʃərəbl] **1.** *subst:* **-s** inkommensurable størrelser; **2.** *adj:* som ikke kan sammenlignes; inkommensurabel.
incommensurate [,inkə'menʃərit] *adj* **1***(=inadequate; disproportionate)* utilstrekkelig; som ikke står i forhold *(to, with* til); **2.** *se incommensurable 2.*
incommode [,inkə'moud] *vb; stivt el. spøkef (=bother; inconvenience)* uleilige; volde besvær.
incommodious [,inkə'moudiəs] *adj; stivt* **1***(=inconvenient; troublesome)* ubeleilig; besværlig; **2.** *om plassforhold(=cramped)* uten nok plass; trangt; *(jvf cramped 1).*
incommunicable [,inkə'mju:nikəbl] *adj; stivt(=that cannot be told to others)* som ikke må meddeles andre.
incommunicado [,inkə,mju:ni'ka:dou] *adj & adv(=in solitary confinement; not allowed to communicate with other people)* i enecelle; avskåret fra forbindelse med omverdenen *(fx the prisoner was held incommunicado).*
incommunicative [,inkə'mju:nikətiv] *adj; stivt (=disinclined to give information; reticent)* umeddelsom.
incomparable [in'kɔmpərəbl] *adj* **1***(=unequalled)* uforlignelig; makeløs *(fx beauty);* **2.** ikke sammenlignbar *(to, with* med); **they are ~***(=they cannot be compared)* de er ikke sammenlignbare.
incompatibility [,inkəm,pæti'biliti] *subst:* uforenlighet *(with* med); **~ of temper** forskjell i temperament.
incompatible [,inkəm'pætəbl] *adj* **1.** *om mennesker:* som ikke passer sammen; **they are sexually ~** de passer ikke sammen seksuelt; **2.** *om uttalelser, etc(=inconsistent)* uforenlig *(with* med); **a grotesque patchwork of ~ elements** et grotesk lappverk av uforenlige elementer; **~ statements** uforenlige uttalelser.
incompetence [in'kɔmpətəns], **incompetency** [in'kɔmpətənsi] *subst* **1.** inkompetanse; udugelighet; **2.** *jur:* inhabilitet *(fx the incompetence of the witness).*
incompetent [in'kɔmpətənt] *adj* **1.** inkompetent; udugelig; **2.** *jur:* inhabil *(fx an incompetent witness).*
incomplete [,inkəm'pli:t] *adj(=not complete; not finished)* ufullstendig; uferdig; ukomplett.
incomprehensible [,inkɔmpri'hensəbl] *adj:* uforståelig.
inconceivable [,inkən'si:vəbl] *adj:* ufattelig; **I find it ~ that he would do a thing like that** jeg fatter ikke at han kunne finne på å gjøre noe slikt.
inconceivably *adv:* **that was ~ worse** det var uendelig mye verre.
inconclusive [,inkən'klu:siv] *adj; stivt(=not conclusive)* ufyllestgjørende *(fx evidence);* **an ~ discussion** en resultatløs diskusjon.
incongruity [,inkɔŋ'gru:iti] *subst* **1.** noe som ikke passer inn i omgivelsene; noe som stikker seg ut; **2.** inkongruens; uoverensstemmelse; **3.** absurditet; urimelighet.
incongruous [in'kɔŋgruəs] *adj* **1***(=unsuitable; out of place)* upassende; som stikker seg ut *(fx boots look incongruous on the beach);* **2.** inkongruent; uoverensstemmende; som ikke er i samsvar *(with* med); **3.** absurd; urimelig; **an ~ mixture** en absurd blanding.
inconsequence [in'kɔnsikwəns] *subst:* mangel på logisk forbindelse; mangel på logikk.
inconsequent [in'kɔnsi,kwənt] *adj:* som ikke følger logisk *(fx an inconsequent remark).*
inconsequential [,inkɔnsi'kwenʃəl] *adj* **1.** *se inconsequent;* **2.** *stivt(=trivial; unimportant)* likegyldig; betydningsløs *(fx remarks).*
inconsiderable [,inkən'sidərəbl] *adj; stivt(=small)* ubetydelig; **not ~** ikke ubetydelig.
inconsiderate [,inkən'sidərit] *adj(=not considerate; thoughtless)* hensynsløs; ubetenksom; lite hensynsfull; **he's a most ~ person** han tar svært lite hensyn til andre; han er meget hensynsløs.
inconsistency [,inkən'sistənsi] *subst* **1.** inkonsekvens; **2.** selvmotsigelse; uoverensstemmelse; **3***(=incompatibility)* uforenlighet.
inconsistent [,inkən'sistənt] *adj* **1.** inkonsekvent; **2.** ulogisk; selvmotsigende *(fx story);* **3***(=incompatible)* uforenlig; **~ with** uforenlig med.
inconsolable [,inkən'souləbl] *adj; stivt(=disconsolate)* utrøstelig.
inconspicuous [,inkən'spikjuəs] *adj; stivt(=not noticeable)* lite iøynefallende; uanselig; som man ikke så lett får øye på (*el.* legger merke til) *(fx people);* **make oneself as ~ as possible** forsøke ikke å bli lagt merke til; gjøre seg så liten som mulig.
inconstancy [in'kɔnstənsi] *subst; stivt el. litt.(=fickleness)* vankelmodighet; ustadighet; flyktighet.
inconstant [in'kɔnstənt] *adj; stivt el. litt.(=fickle)* vankelmodig; ustadig; flyktig *(fx an inconstant lover).*
incontestable [,inkən'testəbl] *adj; stivt(=indisputable)* ubestridelig; uomstøtelig *(fx proof).*
incontinence [in'kɔntinəns] *subst; med.:* inkontinens.
incontinent [in'kɔntinənt] *adj; med.:* inkontinent.
incontrovertible [,inkɔntrə'və:təbl] *adj; stivt(=unquestionable; indisputable)* ubestridelig; uomtvistelig.
I. inconvenience [,inkən'vi:niəns] *subst* **1.** ulempe *(fx the inconvenience of not having a car);* **2.** bry; uleilighet; **cause sby ~***(=give sby trouble)* skaffe en bry; *stivt:* skaffe en uleilighet.
II. inconvenience *vb; stivt(=trouble)* uleilige; bry *(fx I hope I haven't inconvenienced you).*
inconvenient [,inkən'vi:niənt] *adj(=awkward; not convenient)* ubeleilig; ubekvem; **~ for, ~ to** ubeleilig for.
inconvertible [,inkən'və:tibl] *adj:* inkonvertibel; uinnløselig.
incorporate [in'kɔ:pə,reit] *vb; stivt* **1***(=contain)* omfatte *(fx the shopping centre also incorporates a library and a bank);* **2***(=include)* inkorporere; innlemme *(fx we have incorporated all your suggestions into the plan).*
incorporation [in,kɔ:pə'reiʃən] *subst:* innlemmelse; inkorporering; *(se incorporate).*
incorporeal [,inkɔ:'pɔ:riəl] *adj(=immaterial)* ulegemlig *(fx an incorporeal being);* uhåndgripelig.
incorrect [,inkə'rekt; ,iŋkə'rekt] *adj:* ukorrekt; unøyaktig; uriktig.
incorrigible [in'kɔridʒəbl] *adj:* uforbederlig.
incorruptibility [,inkə,rʌpti'biliti] *subst:* ubestikkelighet.

incorruptible [,inkə'rʌptəbl] *adj(=honest; that cannot be corrupted)* ubestikkelig.
in-counter ['in,kauntə] *subst:* innlånsskranke.
I. increase ['inkri:s, 'iŋkri:s] *subst:* stigning *(fx increase in prices);* økning; vekst; **an ~ in population** en befolkningsøkning; **~ in productivity***(=increased productivity)* økt produktivitet; **be on the ~** være stigende; **acts of violence are on the ~** antall voldshandlinger øker stadig.
II. increase [in'kri:s; iŋ'kri:s] *vb:* tilta; øke; stige, vokse; **the number of tourists has -d greatly** antall turister har økt sterkt; **~ prices***(=put up prices; raise prices)* legge på prisene; forhøye prisene.
increasingly *adv(=more and more)* mer og mer; stadig mer; i stigende grad; i stadig større utstrekning; **it became ~ difficult to find helpers** det ble stadig vanskeligere å finne hjelpere; **it is becoming ~ clear that** . . . det blir stadig klarere (*el.* tydeligere) at . . .
incredibility [in,kredi'biliti] *subst:* utrolighet.
incredible [in'kredəbl] *adj* **1***(=unbelievable)* utrolig *(fx I found his story incredible);* **2. T***(=difficult (to believe)):* **it's ~** *(=difficult)* **to think that** . . . det er vanskelig å tro at . . .; **3. T***(=amazing):* **he does an ~ amount of work** han gjør utrolig meget arbeid.
incredulity [,inkri'dju:liti] *subst(=disbelief; scepticism)* vantro; skepsis.
incredulous [in'kredjuləs] *adj(=unbelieving)* vantro; skeptisk; **be ~ about sth** være skeptisk innstilt til noe.
increment ['inkrimənt] *subst; stivt; især om lønn(=increase)* (alders)tillegg *(fx yearly increments of £200).*
incriminate [in'krimi,neit] *vb:* belaste; inkriminere *(fx he was incriminated by a letter he had written to her).*
incrust [in'krʌst] *vb:* danne skorpe på; skorpe seg; danne et hardt lag.
incubation [,inkju'beiʃən] *subst:* inkubasjon.
incubation period *med.:* inkubasjonstid.
incubator ['inkju,beitə] *subst:* inkubator; rugemaskin; *med.:* kuvøse.
inculcate ['inkʌl,keit; **US:** in'kʌlkeit] *vb(=instil; impress)* innprente *(fx good manners in one's children).*
inculcation [,inkʌl'keiʃən] *subst:* innprenting.
inculpate ['inkʌl,peit] *vb; stivt(=incriminate; involve)* involvere; inkriminere; gjøre medskyldig.
incumbency [in'kʌmbənsi] *subst; rel(=living)* sognekall.
I. incumbent [in'kʌmbənt] *subst; rel:* **~ (of a living)** kallsinnehaver.
II. incumbent *adj; stivt:* **it is ~ on me to attend***(=it is my duty to attend)* det er min plikt å være til stede; *stivt:* det påhviler meg å være til stede.
incur [in'kə:] *vb; stivt* **1***(=bring upon oneself)* utsette seg for; pådra seg *(fx sby's displeasure);* **2.: ~ debts***(=run into debts)* pådra seg gjeld; stifte gjeld *(fx he incurred debts of over £200).*
incurable [in'kjuərəbl; in'kjɔ:rəbl] *adj:* uhelbredelig.
incurious [in'kjuəriəs] *adj; stivt* **1***(=not curious; not inquisitive)* ikke nysgjerrig av seg; lite nysgjerrig; **2***(=uninterested; indifferent)* uinteressert; likegyldig.
incursion [in'kə:ʃən; **US:** in'kə:ʒən] *subst; stivt* **1***(=raid)* innfall; streiftog; raid (*into* i); **2.** *fig:* inngrep (*on* i) *(fx all this extra work makes incursions on my free time).*
I. incurvate ['inkə:,veit] *vb(=curve inwards)* bue (*el.* bøye) innover; krumme innover.
II. incurvate [in'kə:vit] *adj(=incurved; curved inwards)* buet (*el.* bøyd) innover; krummet innover.
incurvation [,inkə:'veiʃən], **incurvature** [in'kə:vətʃə] *subst:* bue innover; krumning innover.
incurve [in'kə:v] *vb: se incurvate.*
incus ['iŋkəs] *subst (pl: incudes* [in'kju:di:z]) *anat; i øret:* ambolt.
indebted [in'detid] *adj:* **be ~ to sby 1.** være en takk skyldig *(fx I'm greatly indebted to you for your help);* **2.** stå i gjeld til en; skylde en penger.
indebtedness [in'detidnis] *subst:* det å stå i gjeld (,takknemlighetsgjeld) til en; **his ~ to her uncle** den takknemlighetsgjeld han stod i til hennes onkel.
indecency [in'di:sənsi] *subst* **1.** usømmelighet; **2.** *jur:* **gross ~** utukt.
indecent [in'di:sənt] *adj:* usømmelig *(fx behaviour; clothes);* **~ assault***(=sexual assault; sexual attack)* seksuelt overgrep; *jur:* **~ exposure (,T:** *flashing)* blotting; *neds:* **the widow remarried in ~ haste** enken hadde et usømmelig hastverk med å gifte seg igjen.
indecipherable [,indi'saifərəbl] *adj; stivt(=not decipherable; impossible to read)* umulig å tyde; uleselig.
indecision [,indi'siʒən] *subst:* ubeslutsomhet; nøling.
indecisive [,indi'saisiv] *adj* **1.** *om person(=irresolute)* ubeslutsom; **2***(=not conclusive)* ikke avgjørende; som ikke gir noe klart resultat *(fx argument);* **the battle proved ~** slaget ble uavgjort.
indeclinable [,indi'klainəbl] *adj; om subst & pron:* ubøyelig.
indecorous [in'dekərəs] *adj(=not decorous)* upassende; usømmelig *(fx her behaviour was rather indecorous).*
indeed [in'di:d] *adv* **1***(=really; in fact)* virkelig *(fx the picture was indeed where you said it would be);* **2.** *forsterkende:* virkelig *(fx he's very clever indeed);* sannelig *(fx that is indeed amazing);* **Do you remember her? – ~ I do!** Husker du henne? – Ja, det skal være visst! **3***(=or rather; what is more)* eller snarere; hva mer er; ja *(fx a comfortable, indeed wealthy family);* **he asserted it and ~ he proved it** han hevdet det, ja han beviste det til og med; **~ I'm almost certain that** . . . ja, jeg er nesten sikker på at . . .; **4.** *ved innrømmelse:* **he may ~ be wrong** det er godt mulig at han tar feil; . . . **and he was ~ the first to leave** og han var da også den første som gikk (,reiste, dro); **5.** *int; også iron:* (nei) jasså! (nei) tenk det! du sier ikke det?
indefatigable [,indi'fætigəbl] *adj; stivt(=untiring)* utrettelig.
indefensible [,indi'fensəbl] *adj:* som ikke kan forsvares *(fx behaviour); om påstand(=untenable)* uholdbar.
indefinable [,indi'fainəbl] *adj:* udefinerbar; ubestemmelig *(fx she had an indefinable air of mystery).*
indefinite [in'definit] *adj* **1***(=vague; uncertain)* ubestemt; svevende *(fx idea; reply);* **2.** uavgrenset; ikke nærmere bestemt; ubestemt *(fx area; number);* **~ leave** permisjon på ubestemt tid; *gram:* **~ article (,pronoun)** ubestemt artikkel (,pronomen).
indefinitely *adv:* på ubestemt tid *(fx the match was postponed indefinitely).*
indelible [in'deləbl] *adj:* uutslettelig; som ikke kan slettes ut; **~ ink** merkeblekk; **~ pencil** kopiblyant; merkepenn; **it made an ~ impression on me** det gjorde et uutslettelig inntrykk på meg.
indelibly *adv:* uutslettelig; **it remains ~ stamped on my memory***(=it's made an indelible impression on me)* det har gjort et uutslettelig inntrykk på meg.
indelicacy [in'delikəsi] *subst:* ufinhet; taktløshet.
indelicate [in'delikət] *adj; stivt* **1***(=rude)* ufin *(fx*

language; her remarks were rather indelicate for a lady); 2(=tactless) taktløs *(fx question; it would be indelicate to ask if she's pregnant).*

indemnification [in,demnifi'keiʃən] *subst:* skadesløsholdelse.

indemnify [in'demni,fai] *vb* **1.** *jur & merk (=compensate);* ~ **sby for** yte en erstatning for; holde en skadesløs for *(fx I will indemnify you for any expenses you incur on my behalf);* **2.** *fors & jur:* ~ **against***(=cover)* sikre mot; dekke skader oppstått ved *(fx this policy indemnifies against losses by fire).*

indemnity [in'demniti] *subst* **1.** *fors(=cover)* dekning *(fx his policy gave him no indemnity against flood damage);* **2.** *jur:* **war** ~ krigsskadeserstatning.

I. indent ['indent] *subst* **1.** rekvisisjon *(fx the headmaster put in an indent for 50 new desks);* **2.** *merk:* eksportordre (*for* på); **3***(=dent)* bulk; fordypning.

II. indent [in'dent] *vb* **1***(=notch)* lage hakk (*el.* skår) i; **2.** *merk; om eksportordre:* ~ **for** bestille; **3.** skrive ut en rekvisisjon (*for* på); rekvirere; **4.** *typ:* lage innrykk; rykke inn; skrive med innrykk *(fx indent the first line of each paragraph);* **5***(=dent)* lage en bulk (*el.* fordypning) i.

indentation [,inden'teiʃən] *subst* **1.** hakk; skår; innsnitt; *i kyst:* innskjæring; **2.** *typ:* innrykk; *(jvf II. indent 4).*

indenture [in'dentʃə] *subst(=contract of apprenticeship)* lærlingekontrakt.

independence [,indi'pendəns] *subst:* uavhengighet; selvstendighet; **live a life of** ~ leve et uavhengig liv; ~ **from** *(,sj: of)* uavhengighet av; **obtain***(=be given)* ~ **from the mother country** få selvstendighet; oppnå uavhengighet av moderlandet.

independent [,indi'pendənt] *adj* **1.** uavhengig (*of* av); selvstendig; ~ **of one's parents** uavhengig av foreldrene (sine); **2***(=self-governing)* selvstendig; uavhengig (*of* av); **3.** selverververende.

independent income*(=independent means):* **she's a lady of** ~ *(=she's financially independent)* hun er økonomisk uavhengig.

independently *adv:* uavhengig; på egen hånd.

independent school uavhengig privatskole; *(jvf maintained school; voluntary school).*

indescribable [,indi'skraibəbl] *adj:* ubeskrivelig.

indescribably *adv:* ubeskrivelig *(fx beautiful).*

indestructible [,indi'strʌktəbl] *adj; stivt(=that cannot be destroyed)* som ikke kan ødelegges; uforgjengelig.

indeterminable [,indi'tə:minəbl] *adj:* ubestemmelig; som ikke kan avgjøres.

indeterminate [,indi'tə:minit] *adj* **1.** *stivt(=vague; inconclusive)* vag; ubestemmelig; svevende *(fx reply);* **2.** *mat.:* ~ **quantity** ubestemt størrelse.

indetermination [,indi,tə:mi'neiʃən] *subst:* ubestemmelighet; ubestemthet; *(se indeterminate).*

I. index ['indeks] *subst (pl: indexes, indices* ['indi,si:z]) **1.** indeks; register *(fx of authors); i bibliotek(=catalogue)* kartotek; indeks; **subject** ~ emnekartotek; **2.** *på instrument(=pointer; needle; indicator)* viser; **3.** *fig(=pointer)* pekepinn; **be an** ~ **of** vise; være et uttrykk for; **4.** *mat.:* **(power)** ~*(=exponent)* eksponent; ~ **of the root** roteksponent; **5.** *kat.:* indeks; *(se price index).*

II. index *vb* **1.** utarbeide en indeks (*el.* et register); **2.** føre inn i et register; **3.** *kat.:* sette på indeks.

index card kartotekkort.

index figure*(=index number) økon:* indekstall.

index finger*(=forefinger) anat:* pekefinger.

index-linked*(=index-tied) økon:* indeksbundet.

index number *økon:* indekstall.

India ['indiə] *subst; geogr:* India.

Indiaman ['indiəmən] *subst; mar; hist:* ostindiafarer.

I. Indian ['indiən] *subst* **1.** inder; **2***(=Red Indian)* indianer; **3. T:** indianerspråk.

II. Indian *adj* **1.** indisk; **2.** indiansk.

Indian corn*(=maize)* mais.

Indian file*(=single file):* **walk in** ~ gå i gåsegang.

Indian hemp indisk hamp; cannabis; hasj(isj).

Indian ink *(,især* **US:** *India ink)* tusj.

Indian Ocean *subst; geogr:* **the** ~ Det indiske hav.

Indian summer 1. periode med varmt vær på ettersommeren; **2.** *fig:* gjenoppblussende ungdommelighet; Indian summer.

India rubber, india rubber, indiarubber *(,***T:** *rubber)* viskelær.

indicate ['indi,keit] *vb; stivt* **1***(=show)* vise; indikere; *på kart:* markere *(fx motorways are indicated by a blue line);* **2***(=be a sign of)* tyde på *(fx cold hands indicate a warm heart);* **she is more mature than her age would** ~ hun er mer moden enn alderen skulle tilsi; **3.** *fig(=show)* vise; antyde *(fx the main points of the plan);* **4.** *med., stivt el. spøkef:* **be -d***(=be desirable; be necessary)* være tilrådelig *(fx drastic action is indicated);* **I think surgery is -d** jeg tror det må operasjon til; **a small celebration is now -d** en liten fest er nå på sin plass.

indication [,indi'keiʃən] *subst* **1***(=sign)* tegn (*of* på); **he had previously given no** ~ **that he was intending to leave** han hadde tidligere ikke tilkjennegitt at han gikk med planer om å reise sin vei; **there are clear -s that** . . . det er klare tegn på at . . .; **there is every** ~ **that** . . . alt tyder på at . . .; **there is no** ~ **that** . . . det er ingenting som tyder på at . . .; **2.** angivelse; ~ **of value***(=statement of value)* verdiangivelse.

indicative [in'dikətiv] **1.** *subst; gram:* **the** ~*(=the indicative mood)* indikativ; **in the** ~ i indikativ; **2.** *adj; stivt:* **be** ~ **of***(=suggest)* tyde på; være et tegn på.

indicator ['indi,keitə] *subst* **1***(=pointer; needle)* viser; nål; indikator; *på bil:* **(flashing)** ~ blinklys; **flash one's right (,left)** ~*(=indicate to the right (,left))* vise til høyre (,venstre); slå på blinklyset på høyre (,venstre) side; **2.** *jernb:* **(train)** ~*(=indicator board)* ruteoppslag; **arrival** ~ ankomsttavle; **departure** ~ avgangstavle.

indict [in'dait] *vb; jur:* ~ **sby***(=bring a charge against sby)* reise tiltale mot en; **he was -ed on a charge of murder** han ble tiltalt for overlagt drap.

indictable [in'daitəbl] *adj; jur; i strafferettspleien* **1.** *om person:* som det kan reises tiltale mot; som kan settes under tiltale; **2.** *om handling:* som man kan bli tiltalt for; ~ **offence** straffbar handling.

indictment [in'daitmənt] *subst* **1.** *jur; i strafferettspleien:* **(bill of)** ~ tiltalebeslutning; **2.** *fig(=criticism)* kritikk *(fx a severe indictment of his policy).*

indifference [in'difərəns] *subst:* likegyldighet; mangel på interesse; **she showed complete** ~ **to the cries of the baby** hun var helt likegyldig overfor babyens skrik; **his leaving is a matter of complete** ~ **to her** det at han reiser, er henne fullstendig likegyldig.

indifferent [in'difərənt] *adj* **1.** likegyldig (*to* overfor); uinteressert (*to* i); **2***(=not very good; mediocre)* ikke særlig god; middelmådig; **3.** *kjem:* indifferent.

indigence ['indidʒəns] *subst; meget stivt(=poverty)* armod; fattigdom.

indigent ['indidʒənt] *adj; meget stivt(=poor)* trengende; fattig.

indigestible [,indi'dʒestəbl] *adj:* ufordøyelig.

indigestion [,indi'dʒestʃən] *subst:* dårlig fordøyelse; fordøyelsesbesvær; **suffer from** ~ lide av dårlig fordøyelse; ha dårlig mage.

indignant [in'dignənt] *adj(=angry)* indignert; sint;

forarget; oppbrakt; **be ~ with sby** være sint på en; **she was ~ at being spoken to so rudely** hun var indignert (*el.* oppbrakt) over å bli tilsnakket på en så uhøflig måte.

indignation [,indig'neiʃən] *subst(=anger)* indignasjon; sinne; oppbrakthet; harme; forargelse.

indignity [in'digniti] *subst; stivt* **1.** ydmykende behandling; **suffer indignities***(= be given humiliating treatment)* bli utsatt for ydmykende behandling; **suffer many indignities***(=humiliations)* bli utsatt for mange ydmykelser *(fx they suffered many indignities at the hands of the enemy);* **2.** (følelse av) skam; **she blushed at the ~ of falling off the horse in front of so many people** hun rødmet av skam over å falle av hesten i nærvær av så mange mennesker.

indigo ['indi,gou] *subst:* indigo(farge).

indigo blue indigoblått.

indirect [,indi'rekt] *adj:* indirekte; **we took rather an ~ route** vi valgte en litt lenger vei.

indirect dealings *se indirect means.*

indirect lighting*(=concealed lighting)* indirekte belysning.

indirectly *adv:* indirekte; ad omveier; **~ she gave him to understand that** . . . indirekte lot hun ham forstå at . . .

indirect means*(=underhand means; indirect dealings)* omveier; krokveier; **use ~** gå krokveier.

indirectness [,indi'rektnis] *subst:* indirekte (fremgangs)måte; det å gå omveier; **the ~ of his speech puzzled me** hans indirekte måte å snakke på forvirret meg.

indirect object *gram:* omsynsledd.

indirect question 1. indirekte spørsmål; **2.** *gram:* spørsmål gjengitt i indirekte tale.

indirect question clause *gram:* indirekte spørresetning.

indirect speech *gram(=reported speech;* **US:** *indirect discourse)* indirekte tale.

indirect tax indirekte skatt.

indirect taxation indirekte beskatning.

indiscernible [,indi'sə:nəbl] *adj:* umerkelig; som ikke kan skjelnes.

indiscreet [,indi'skri:t] *adj* **1.** indiskret; løsmunnet; taktløs; **2***(=imprudent)* uklok *(fx action).*

indiscretion [,indi'skreʃən] *subst:* indiskresjon; taktløshet; **commit an ~** begå (*el.* gjøre seg skyldig i) en indiskresjon.

indiscriminate [,indi'skriminit] *adj:* som ikke gjør forskjell; vilkårlig *(fx his punishment of the children was totally indiscriminate);* **~ praise** kritikkløs ros; ros både i øst og vest; **he's an ~ reader** han leser alt han kommer over; **~ reading habits** ukritiske lesevaner.

indiscriminately *adv:* uten forskjell; vilkårlig *(fx they were punished indiscriminately);* i fleng.

indispensable [,indi'spensəbl] *adj:* uunnværlig; **he's made himself ~** han har gjort seg uunnværlig.

indisposed [,indi'spouzd] *adj; stivt* **1***(=unwell)* indisponert; utilpass; **2***(=unwilling):* **be ~ to** være utilbøyelig til å; **he seemed ~ to help them** det lot ikke til at han var villig til å hjelpe dem.

indisposition [,indispə'ziʃən] *subst; stivt* **1.** utilpasshet; **she has a slight ~** hun føler seg litt uvel; **2.** utilbøyelighet (*to* til å).

indisputable [,indi'spju:təbl] *adj; stivt(=unquestionable; beyond dispute)* ubestridelig; udiskutabel; uomtvistelig; **~ facts** ubestridelige fakta.

indissoluble [,indi'səljubl] *adj:* uløselig *(fx bond);* som ikke kan oppløses *(fx marriage);* uoppløselig *(fx substance).*

indissolubly *adv:* uoppløselig; uløselig; **~ linked with** uløselig knyttet til.

indistinct [,indi'stiŋkt] *adj:* utydelig; uklar; **his speech is rather ~** han snakker nokså utydelig.

indistinctive [,indi'stiŋktiv] *adj:* ukarakteristisk.

indistinctly *adv:* utydelig; uklart.

indistinguishable [,indi'stiŋgwiʃəbl] *adj; stivt* **1***(=indiscernible)* umerkelig; som ikke kan skjelnes; **2.: ~ from** som ikke kan skjelnes fra; som ikke skiller seg ut fra.

I. individual [,indi'vidjuəl] *subst* **1.** individ; **the ~** det enkelte menneske; den enkelte; **the interests of the ~***(=individual interests)* den enkeltes interesser; **the will of the ~***(=the individual will)* den enkeltes vilje; **2.** *neds* T*(=person)* person *(fx he's an untidy individual).*

II. individual *adj* **1.** enkelt; **~ pupils** enkeltelever; **each ~ guest** hver enkelt gjest; den enkelte gjest; **it must be left to ~ judgment** det må det overlates til den enkelte å bedømme; **2.** individuell *(fx style of painting);* **customers should be given ~ attention** kundene bør få individuell behandling.

individual bonus personlig tillegg.

individualism [,indi'vidjuə,lizəm] *subst:* individualisme.

individualist [,indi'vidjuəlist] *subst:* individualist.

individualistic [,indi,vidjuə'listik] *adj:* individualistisk.

individuality [,indi,vidju'æliti] *subst:* individualitet; særpreg.

individually *adv:* enkeltvis; hver i sær; hver for seg *(fx I'll deal with each question individually(=separately)).*

indivisible [,indi'vizəbl] *adj:* udelelig.

indocile [in'dousail] *adj; stivt(=stubborn; intractable)* sta; stri; umedgjørlig.

indoctrinate [in'dəktri,neit] *vb:* indoktrinere; ensrette *(fx through the use of the mass media).*

indoctrination [in,dəktri'neiʃən] *subst:* indoktrinering; ensretting *(fx the indoctrination of the masses).*

Indo-European ['indou,juərə'pi:ən] **1.** *adj:* indoeuropeisk.

indolence ['indələns] *subst; stivt(=laziness)* dovenskap.

indolent ['indələnt] *adj; stivt(=lazy)* doven.

indomitable [in'dəmitəbl] *adj; om mot, stolthet, etc; stivt(=unyielding; unconquerable)* ukuelig; ubetvingelig; urokkelig *(fx he was a man of indomitable courage);* **he's truly ~** han er virkelig (helt) urokkelig.

Indonesia [,indou'ni:ziə] *subst; geogr:* Indonesia.

Indonesian [,indou'ni:ziən] **1.** *subst:* indoneser; **2.** *adj:* indonesisk.

indoor ['in,dɔ:] *adj:* innvendig; innendørs.

indoors [,in'dɔ:z] *adv:* innendørs *(fx stay indoors).*

indubitable [in'dju:bitəbl] *adj; stivt(=undoubted)* utvilsom.

indubitably *adv; stivt(=undoubtedly)* utvilsomt.

induce [in'dju:s] *vb* **1.** *stivt(=persuade):* **~ sby to** få en til å; **2.** *stivt(=bring about)* bevirke; forårsake *(fx a feeling of contentment induced by good food and wine);* **3.** *fys:* indusere; tilføre; **~ heat into a body** tilføre et legeme varme; **4.** *med.; om veer:* innlede *(fx labour);* **~ abortion***(=procure abortion)* fremkalle abort.

induced electricity induksjonselektrisitet.

induced current*(=induction current)* induksjonsstrøm.

inducement [in'dju:smənt] *subst* **1.** *stivt(=incentive)* tilskyndelse; spore; **financial -s** økonomiske fordeler; **the -s of a business career** det forlokkende ved en forretningskarriere; **2.** *jur; i prosedyre:* **matters of ~***(=introductory statements)* innledende påstander.

induct [in'dʌkt] *vb* **1.** *i embete; stivt(=install)* innsette *(fx sby into an office)*; **2. US** *mil(=call up)* innkalle (til militærtjeneste); **3.** *fys: se induce 3.*
inductance [in'dʌktəns] *subst; elekt:* induktanse.
induction [in'dʌkʃən] *subst* **1.** *meget stivt(=installing)* innsettelse; *(se induct 1)*; **2. US** *mil(=call-up)* innkalling (til militærtjeneste); **3.** *fys:* induksjon; tilførsel *(fx of heat into a body)*; **4.** *i stilling; stivt (=introduction)* innføring; innføringsperiode *(fx his three-week induction into the firm)*.
induction coil *elekt:* induksjonsspole.
induction course innføringskurs; *(jvf induction 4)*.
induction current *elekt(=induced current)* induksjonsstrøm.
induction scheme innføring; ordning med innføringskurs; **different -s** forskjellige ordninger med innføringskurs.
induction stroke *mask(=suction stroke)* innsugningsslag; innsugningstakt.
inductive [in'dʌktiv] *adj* **1.** induktiv; indusert *(fx current)*; **2.** *mat., etc:* induktiv *(fx reasoning)*.
inductor [in'dʌktə] *subst; elekt:* induktor.
indulge [in'dʌldʒ] *vb; stivt* **1***(=humour)* føye *(fx a child)*; være ettergivende overfor; **2.** *om egne tilbøyeligheter:* gi etter for *(fx one's inclinations)*; **~ a desire for new clothes***(=indulge in new clothes)* unne seg nye klær; **a luxury I sometimes ~ in** en luksus jeg av og til unner meg; **~ in philanthropy** hengi seg til filantropi; **~ in pessimism** hengi seg til pessimisme.
indulgence [in'dʌldʒəns] *subst* **1.** *stivt(=leniency)* overbærenhet; ettergivenhet; mildhet *(fx the judge was known for his indulgence to young offenders)*; **2.** *ofte spøkef:* noe man unner seg; **cigarettes are my only -s** sigaretter er den eneste luksus jeg unner meg; **3.** *rel:* **(letter of) ~** avlatsbrev.
indulgent [in'dʌldʒənt] *adj:* ettergivende; overbærende (*towards* overfor).
industrial [in'dʌstriəl] *adj:* industriell; industri-.
industrial accident*(=working accident)* arbeidsulykke; bedriftsulykke.
industrial action*(=strike)* streik.
industrial area*(=manufacturing district)* industriområde; *(jvf industrial estate)*.
industrial art fabrikkmessig kunstindustri; *(jvf applied art)*.
industrial centre industrisentrum.
industrial chemicals kjemikalier som brukes i industrien.
industrial chemist kjemiker som arbeider i industrien.
industrial council bedriftsråd.
industrial democracy demokrati på arbeidsplassen.
industrial design industriell formgivning.
industrial designer industriell formgiver.
industrial effluent(s) industriutslipp.
industrial estate *i byplanlegging(=trading estate;* **US:** *industrial park)* industrivekstområde; industriområde.
industrial exhibition*(=industries fair)* industriutstilling; industrimesse.
industrial hygiene*(=occupational hygiene)* yrkeshygiene.
industrialism [in'dʌstriə,lizəm] *subst:* industrialisme.
industrialist [in'dʌstriəlist] *subst:* industridrivende; industriherre *(fx a wealthy industrialist)*; **big ~, large-scale ~***(=industrial magnate)* industrimagnat.
industrialize, industrialise [in'dʌstriə,laiz] *vb:* industrialisere.
industrial magnate industrimagnat.
industrial management: science of ~*(=business administration)* bedriftsøkonomi; **T:** bedøk.
industrial medical officer*(=works doctor)* bedriftslege.
industrial peace arbeidsfred.
industrial psychology arbeidspsykologi.
industrial register bedriftsfortegnelse.
industrial relations 1. industrielle samarbeidsforhold; **2.** *i bedrift:* samarbeidsforhold (mellom ledelsen og de ansatte).
industrials [in'dʌstriəlz] *subst; pl(=industrial shares)* industriaksjer.
(industrial) tycoon T*(=industrial magnate; big industrialist)* industrimagnat.
industrial union industriforbund.
industries fair industrimesse.
industrious [in'dʌstriəs] *adj; stivt(=hard-working)* flittig; arbeidsom.
industry ['indəstri] *subst* **1.** industri; næringsdrift; næringsvei; **agriculture and other industries** *(=agriculture and other occupations)* jordbruk og andre næringsveier; jordbruk og andre yrker; **job -creating ~ (,industries)** industri som skaper arbeidsplasser; **they work in ~** de arbeider i industrien; **the crafts and industries** håndverk og industri; **trade and ~***(=the trades and industries)* handel og industri; **2.** *stivt(=willingness to work)* arbeidsomhet.
inebriate [in'i:bri,eit] *vb; stivt(=intoxicate)* beruse.
inebriated *adj; stivt el. spøkef(=drunk)* beruset; full *(fx the witness told the court that he had been slightly inebriated at the time)*.
inebriation [in,i:bri'eiʃən] *subst; stivt(=intoxication)* beruselse.
inebriety [,ini'braiəti] *subst; stivt(=drunkenness)* drikkfeldighet; drukkenskap.
inedible [in'edəbl] *adj; stivt(=not edible)* uspiselig.
ineffable [in'efəbl] *adj; meget stivt(=unutterable; unspeakable)* usigelig; uutsigelig.
ineffaceable [,ini'feisəbl] *adj; stivt(=indelible)* uutslettelig.
ineffective [,ini'fektiv] *adj:* ineffektiv; virkningsløs *(fx method)*; **rather ~** ikke særlig effektiv.
ineffectual [,ini'fektʃuəl] *adj; stivt* **1***(=unsuccessful; ineffective)* nytteløs; forgjeves; virkningsløs; **2.** *om person(=ineffective)* ineffektiv *(fx officer; teacher)*.
inefficaceous [,inefi'keiʃəs] *adj:* som ikke har den forønskede virkning; virkningsløs *(fx medicine)*.
inefficiency [,ini'fiʃənsi] *subst:* ineffektivitet.
inefficient [,ini'fiʃənt] *adj:* ineffektiv *(fx worker)*; uegnet *(fx very inefficient machinery)*.
inelastic [,ini'læstik] *adj(=inflexible)* uelastisk.
inelegance [in'eligəns] *subst:* mangel på eleganse; kluntethet; klossethet.
inelegant [in'eligənt] *adj:* uelegant; kluntet; klosset; *m.h.t. påkledning:* unett; uelegant; ufiks.
ineligible [in'elidʒəbl] *adj; stivt(=not eligible)* som ikke kan komme i betraktning *(fx he's ineligible for that grant)*; **~ to vote** uten stemmerett *(fx children under 18 are ineligible to vote in elections)*.
ineluctable [,ini'lʌktəbl] *adj; litt.(=inescapable)* uunngåelig; *litt.:* uavvendelig.
inept [in'ept] *adj; stivt* **1***(=foolish; unsuitable; out of place)* dum; tåpelig; upassende *(fx behaviour)*; malplassert *(fx remark)*; **2***(=clumsy; awkward)* keitet.
ineptitude [in'epti,tju:d] *subst; stivt* **1***(=foolishness; unsuitability)* dumhet; tåpelighet; malplassert bemerkning; **2***(=clumsiness; awkwardness)* keitethet.
inequality [,ini'kwɔliti] *subst:* ulikhet; **~ of opportunity** ulike muligheter; ulikhet når det gjelder muligheter; **great inequalities** store ulikheter.
inequitable [in'ekwitəbl] *adj; stivt(=unfair)* urettferdig.

inequity [in'ekwiti] *subst; stivt(=injustice)* urettferdighet.

ineradicable [,ini'rædikəbl] *adj; stivt(=that cannot be rooted out)* uutryddelig *(fx an ineradicable disease).*

inert [in'ə:t] *adj* **1.** uten evne til å bevege seg ved egen hjelp; død *(fx inert objects; a stone is inert);* **2.** *om person; stivt(=sluggish; lazy)* treg; doven; dvask; **3.** *kjem:* inert; inaktiv; ~ **gas** nøytralgass.

inertia [in'ə:ʃə] *subst* **1.** inerti; treghet; **2.** *fig; om person:* treghet; dvaskhet; naturlig treghet.

inertia reel (seat-)belt *i bil:* rullesele.

inertness [in'ə:tnis] *subst:* treghet; det å være treg.

inescapable [,ini'skeipəbl] *adj:* uunngåelig; som man ikke kan slippe fra.

inessential [,ini'senʃəl] *adj; stivt(=not essential; unimportant)* uvesentlig *(fx inessential luxuries).*

inestimable [in'estiməbl] *adj; stivt* **1**(=*immeasurable)* som ikke kan måles; **2**(=*invaluable)* uvurderlig.

inevitability [in,evitə'biliti] *subst:* uunngåelighet.

inevitable [in'evitəbl] *adj:* uunngåelig; **it was** ~ det var ikke til å unngå.

inevitably *adv:* uunngåelig; uvegerlig; ~, **you arrive almost exhausted** det er ikke til å unngå at man ankommer nesten utmattet.

inexact [,inig'zækt] *adj; stivt(=inaccurate)* unøyaktig; upresis *(fx a rather inexact description).*

inexactitude [,inig'zækti,tju:d] *subst(=inexactness) stivt(=inaccuracy)* unøyaktighet; manglende presisjon.

inexcusable [,inik'skju:zəbl] *adj:* utilgivelig.

inexhaustible [,inig'zɔ:stəbl] *adj:* uuttømmelig *(fx energy);* ~ **patience**(=*endless patience)* endeløs tålmodighet.

inexorable [in'eksərəbl] *adj:* ubønnhørlig.

inexorably *adv:* ubønnhørlig *(fx the day of the examination drew inexorably nearer).*

inexpediency [,inik'spi:diənsi] *subst:* uhensiktsmessighet.

inexpedient [,inik'spi:diənt] *adj:* uhensiktsmessig.

inexpensive [,inik'spensiv] *adj(=cheap)* billig.

inexperience [,inik'spiəriəns] *subst:* uerfarenhet; manglende erfaring; **plead the ~ of youth** påberope seg sin ungdom og manglende erfaring.

inexperienced [,inik'spiəriənst] *adj:* uerfaren; uøvd.

inexpert [in'ekspə:t] *adj; stivt(=unskilled; clumsy)* ukyndig; klosset; **in ~ hands** i ukyndige hender.

inexpertly *adv:* på en klosset måte; klosset.

inexpiable [in'ekspiəbl] *adj; stivt(=unpardonable)* utilgivelig *(fx sin).*

inexplicable [,inik'splikəbl, in'eksplikəbl] *adj:* uforklarlig.

inexplicably *adv:* på en uforklarlig måte.

inexpressible [,inik'spresəbl] *adj(=unspeakable)* uutsigelig; usigelig; ubeskrivelig *(fx delight; grief).*

inexpressive [,inik'spresiv] *adj; stivt(=expressionless)* uttrykksløs *(fx an inexpressive face).*

inextinguishable [,inik'stiŋgwiʃəbl] *adj:* uslukkelig.

inextricable [,ineks'trikəbl; in'ekstrikəbl] *adj:* uløselig *(fx difficulty; dilemma; knot).*

inextricably *adv:* på en slik måte at man ikke kan komme fri (*el.* løs) *(fx her skirt was inextricably caught up on the barbed-wire fence); fig:* ~ **involved** håpløst involvert (*in* i).

infallibility [in,fæli'biliti] *subst:* ufeilbarlighet.

infallible [in'fæləbl] *adj:* ufeilbarlig; *om legeråd:* **it's** ~ det slår ikke feil; det virker alltid.

infamous ['infəməs] *adj; stivt* **1**(=*notorious)* beryktet; famøs *(fx the infamous Dr. Goebbels);* **2**(=*shocking)* skjendig; sjokkerende *(fx conduct);* infam *(fx lie).*

infamy ['infəmi] *subst; stivt* **1**(=*bad reputation)* vanry; **2**(=*shame; disgrace)* skjensel; skam; vanære; **the ~ of defeat** den skjensel å lide nederlag.

infancy ['infənsi] *subst* **1.** spedbarnsalder; **he died in** ~ han døde som spedbarn; **2.** *fig:* barndom *(fx this research is still in its infancy).*

infant ['infənt] *subst* **1**(=*baby)* baby; spedbarn; **2.** *skolev* · **UK:** skolebarn under 7 år; *(jvf infant school).*

infanticide [in'fænti,said] *subst* **1.** barnemord; **2.** barnemorder.

infantile ['infən,tail] *adj* **1.** barne-; spedbarns-; **2.** *neds(=very childish)* infantil; barnaktig.

infantile paralysis *med.(=poliomyelitis)* polio(myelitt).

infant mortality spedbarnsdødelighet; barnedødelighet.

infant prodigy vidunderbarn.

infantry ['infəntri] *subst; mil:* infanteri.

infantryman ['infəntrimən] *subst; mil:* infanterist.

infant school UK: skole for barn mellom 5 og 7 år (som regel en avdeling av en 'primary school'); *(jvf junior school).*

infarct [in'fa:kt] *subst; med.:* infarkt.

infatuated [in'fætju,eitid] *adj; neds:* ~ **with** forgapet i *(fx he's infatuated with her).*

infatuation [in,fætju'eiʃən] *subst:* blind forelskelse; **develop an ~ for** bli helt forgapet i.

infeasible [in'fi:zəbl] *adj; sj(=impracticable)* ugjennomførlig.

infect [in'fekt] *vb; også fig:* smitte; **become -ed** bli infisert *(fx the knee became infected).*

infection [in'fekʃən] *subst:* infeksjon; smitte.

infectious [in'fekʃəs] *adj:* smittefarlig; smittsom; smittende *(fx laughter).*

infectious mononucleosis *med.(=kissing disease)* mononukleose; kyssesyke.

infective [in'fektiv] *adj; med.:* smittefarlig; **the mosquito remains ~ for life** myggen forblir smittefarlig (*el.* smittebærer) resten av sitt liv.

infelicitous [,infi'lisitəs] *adj; stivt(=unfortunate)* uheldig *(fx remark).*

infer [in'fə:] *vb; stivt* **1**(=*conclude)* slutte (seg til); **2**(=*imply; hint)* antyde *(fx are you inferring that I tell lies?).*

inference ['infərəns] *subst* **1**(=*conclusion)* slutning; **draw an ~** trekke en slutning; **2.: by ~ I thought you had read the book** jeg trakk den slutning at du hadde lest boken.

I. inferior [in'fiəriə] *subst:* **his -s 1.** hans underordnede; de som står under ham; **2.** de som er dårligere enn ham.

II. inferior *adj* **1.** lavere *(fx an inferior court);* **2**(=*lower in rank):* ~ **to** av lavere rang (*el.* grad) enn; **3.: feel ~** føle seg underlegen (*to* overfor); **4.** *om kvalitet:* dårlig; **be ~ to** være dårligere enn; være av dårligere kvalitet enn.

inferior court *jur:* lavere domstol.

inferiority [in,fiəri'ɔriti] *subst* **1.** lavere rang; **2.** mindreverd(ighet); **3.** dårligere kvalitet *(fx the inferiority of the cheap furniture was obvious).*

inferiority complex *psykol:* mindreverdskompleks.

infernal [in'fə:nəl] *adj* **1. T**(=*damned)* pokkers; fordømt; infernalsk; **she's an ~ nuisance** hun er en fordømt plage; **2.** *litt.:* som tilhører helvete; **the ~ regions**(=*hell)* helvete; **3.** som hører hjemme i helvete; djevelsk; diabolsk; ~ **machine** helvetesmaskin.

infernally *adv* **T**(=*extremely)* infernalsk *(fx difficult).*

inferno [in'fə:nou] *subst (pl: infernos)* inferno; **the house was a blazing ~** huset var et flammende inferno.

infertile [in'fə:tail] *adj* **1**(=*sterile)* ufruktbar; steril; *med.:* infertil; **2.** *om jord(=barren; sterile)* ufruktbar.

infertility [,infə'tiliti] *subst:* ufruktbarhet; sterilitet; *med.:* infertilitet *(fx cure her infertility).*

infest [in'fest] *vb:* hjemsøke; plage; **a crocodile -infested river** en elv med mange krokodiller i; **be -ed with** være befengt med *(fx fleas);* myldre (*el.* yre) av.

infidel ['infidəl] **1.** *subst; især om ikke-muhammedaner:* vantro; **2.** *adj:* vantro.

infidelity [,infi'deliti] *subst* **1.** *rel:* vantro; **2.** *stivt(=unfaithfulness)* utroskap; **his occasional infidelities** det at han fra tid til annen var utro.

infighting ['in,faitiŋ] *subst* **1.** *boksing:* nærkamp; infight; **2.** innbyrdes strid.

infiltrate ['infil,treit; **US:** in'filtreit] *vb:* infiltrere; trenge inn i *(fx enemy territory).*

infiltration [,infil'treiʃən] *subst:* infiltrasjon.

infinite ['infinit] **1.** *subst* 1. *mat.:* uendelig størrelse; 2.: **the** ~*(=infinite space)* det uendelige rom; uendeligheten; **2.** *adj:* uendelig; *fig:* uendelig *(fx the scope for improvement is infinite);* uendelig stor *(fx infinite damage could be caused by such a mistake);* **an ~ amount of work***(=an endless amount of work)* uendelig meget arbeid.

infinitely *adv* **1***(=extremely)* uendelig *(fx an infinitely boring book);* **~ far away** uendelig langt borte; **2.** *foran komp(=very much)* uendelig meget *(fx he is infinitely kinder than she is); fig:* **on an ~ greater scale** i en uendelig meget større målestokk.

I. infinitesimal [,infini'tesiməl] *subst; mat. (=infinitesimal quantity)* uendelig liten størrelse.

II. infinitesimal *adj* **1.** *mat.(=infinitely small)* uendelig liten *(fx quantity);* **2.** *stivt el. spøkef(=extremely small)* uendelig liten; minimal *(fx an infinitesimal difference).*

infinitive [in'finitive] *gram* **1.** *subst:* **the ~** infinitiv; **2.** *adj:* infinitivisk; infinitiv-.

infinitive marker *gram(=infinitive particle)* infinitivsmerke.

infinity [in'finiti] *subst* **1.** uendelighet; **2.** *fot:* uendelig; **focus on***(=for)* **~, set at***(=to)* **~** stille inn på uendelig; **3.** *mat.:* uendelig størrelse; uendelig tall; **4.: an ~ of***(=an endless number of)* et utall av.

infirm [in'fə:m] *adj; stivt(=weak; frail)* svakelig; **help elderly and ~ people** hjelpe eldre og svakelige mennesker.

infirmary [in'fə:məri] *subst* **1***(=hospital)* sykehus *(fx the Royal Infirmary is one of the city's biggest hospitals);* **2.** *ved institusjon:* sykestue.

infirmity [in'fə:miti] *subst; stivt(=weakness; frailty)* svakelighet; skrøpelighet *(fx old age usually brings infirmity);* svakhet *(fx he suffers from an infirmity which prevents him from travelling).*

inflame [in'fleim] *vb; stivt(=rouse to anger)* oppflamme; piske opp *(fx popular feeling);* hisse opp *(fx the manager's words inflamed (the anger of) the men even more).*

inflamed *adj:* betent *(fx her throat was very inflamed).*

inflammable [in'flæməbl] *adj* **1.** lettantennelig; **highly ~** meget lettantennelig; *(jvf ignitable & non -inflammable);* **2.** *fig(=easily excited)* lettfengelig; **an ~ situation** en eksplosiv situasjon.

inflammation [,inflə'meiʃən] *subst; med.:* betennelse.

inflammatory [in'flæmətəri] *adj* **1.** *med.:* betennelses-; **~ condition** betennelsestilstand; **2.** opphissende; provoserende *(fx speech).*

inflatable [in'fleitəbl] *adj:* til å blåse (*el.* pumpe) opp; oppblåsbar *(fx an inflatable doll).*

inflate [in'fleit] *vb* **1.** *om ballong, etc:* blåse opp; pumpe opp; pumpe luft i; **2.** *fig:* høyne; øke; **~ one's opinion of oneself** øke selvtilliten; **3.** *økon:* inflatere; drive prisene i været; *(se inflated 4).*

inflated [in'fleitid] *adj* **1.** oppblåst; oppumpet; **2.** *fig:* oppblåst; svulstig *(fx language);* **3.** *fig:* **~ with pride** fylt av stolthet; **4** *økon:* inflatert; oppskrudd; **~ prices** inflasjonspriser; oppskrudde priser.

inflation [in'fleiʃən] *subst* **1.** oppblåsing; oppumping; **2.** *økon:* inflasjon; **~ of land prices** inflasjon i tomteprisene; **a high level of ~** en høy inflasjon(srate); **rate of ~** inflasjonsrate.

inflationary [in'fleiʃənəri] *adj; økon:* inflasjonsdrivende; inflasjonsskapende; inflatorisk *(fx effect);* **anti- ~** inflasjonsdempende; inflasjonshemmende.

inflationary spiral inflasjonsskrue; inflasjonsspiral.

inflect [in'flekt] *vb* **1***(=modulate)* modulere *(fx try to inflect your voice more – it sounds very dull);* **2.** *gram:* bøye *(fx a verb).*

inflection, inflexion [in'flekʃən] *subst* **1.** *om stemmen:* modulasjon; modulering; tonefall; **~ of the voice** betoning *(fx correct inflection of the voice is essential in speaking Chinese);* **2.** *gram:* bøyning.

inflexible [in'fleksəbl] *adj; også fig:* ubøyelig.

inflectional, inflexional [in'flekʃənəl] *adj; gram:* bøynings- *(fx ending);* **~ language** flekterende språk; bøyningsspråk.

inflict [in'flikt] *vb; stivt el. spøkef:* **~ on 1.** *om slag:* tilføye; tildele *(fx he inflicted a heavy blow on the back of her head);* **2.** *om straff(=impose on)* gi; tildele *(fx a heavy punishment on sby);* **3.: ~***(=force)* **one's company on sby** påtvinge en sitt selskap.

infliction [in'flikʃən] *subst:* tilføyelse; tildeling; påtvingelse; *(se inflict).*

in-flight [,in'flait] *adj; flyv:* **~ meals** måltider som serveres ombord; **~ service** servicen ombord.

inflorescence [,inflɔ:'resəns] *subst* **1.** *bot:* blomsterstand; **2.** *fig(=flourishing)* oppblomstring.

inflow ['in,flou] *subst* **1***(=inflowing; flowing in; influx)* innstrømning; tilstrømning *(fx of gas);* **2.** *økon:* **~ of capital funds***(=influx of capital)* kapitaltilførsel; **~ of funds***(=funds inflow; capital inflow)* kapitalanskaffelse; **total funds ~***(=total inflow of funds)* sum kapitalanskaffelse.

I. influence ['influəns] *subst:* innflytelse; påvirkning; innvirkning; **have ~ with** ha innflytelse hos; **have an ~ on** ha innflytelse på; **I have no ~ over her** jeg har ingen innflytelse over henne; **use one's ~** bruke sin innflytelse; **she's a bad ~ on him** hun øver en dårlig innflytelse på ham; **under the ~ of** under innflytelse av; under påvirkning av; **T: he's under the ~** han er påvirket (av alkohol).

II. influence *vb:* ha (*el.* øve) innflytelse på; ha innvirkning på; influere på; **try not to be -d by what he says** prøv å ikke la deg påvirke av det han sier.

influential [,influ'enʃəl] *adj* **1.** innflytelsesrik *(fx person);* **2.: be ~ in** være medvirkende til *(fx he was influential in getting the plan accepted).*

influenza [,influ'enzə] *subst (,***T:** *flu)* influensa.

influx ['inflʌks] *subst* **1.** *se inflow 1;* **2.** *fig:* tilstrømning; innrykk *(fx of customers);* **3.** *økon:* **~ of capital***(=inflow of capital funds)* kapitaltilførsel; *(jvf inflow 2).*

info ['infou] *subst* **T***(=information)* opplysning(er); informasjon.

inform [in'fɔ:m] *vb* **1.** informere; opplyse; **I was -ed that** jeg fikk opplyst at; **please ~ me of your intentions in this matter** vær så snill å la meg få vite hva De har tenkt å foreta Dem i denne saken; **2.: ~ against, ~ on** angi; melde; tyste på *(fx he informed against his fellow thieves).*

informal [in'fɔ:məl] *adj:* uformell; *på innbydelse:* **~ dress** daglig antrekk.

informality [,infɔ:'mæliti] *subst:* uformell karakter; **the ~ of the meeting** møtets uformelle karakter.
informally *adv:* uformelt; uten formaliteter.
informant [in'fɔ:mənt] *subst:* hjemmelsmann; kilde; informant.
information [,infə'meiʃən] *subst:* opplysninger; informasjon; **some ~** noen opplysninger; en opplysning *(fx I need some information);* **a piece***(=item)* **of ~** en opplysning; **a useful piece of ~** en nyttig opplysning; **a lot of ~** mange opplysninger; **not much ~** ikke mange opplysninger; **other ~** andre opplysninger; **my ~ is that** ... jeg har fått opplyst at ...; **according to the ~ I have been given** etter de opplysninger jeg sitter inne med; **for your ~***(=for your guidance)* til Deres orientering; **for further ~ please write to** ... ytterligere opplysninger fås ved henvendelse til ...; **I shall be glad to provide further ~ at any time** jeg står når som helst til tjeneste med ytterligere opplysninger; **seek ~** søke opplysninger; informere seg (*about* om).
information office*(=inquiry office)* opplysningskontor; opplysningsbyrå.
information retrieval *EDB:* informasjonssøking.
information sign opplysningsskilt.
informative [in'fɔ:mətiv] *adj:* informativ; opplysende; instruktiv.
informative label *merk:* varedeklarasjon.
informed [in'fɔ:md] *adj; stivt(=well-informed)* velinformert; velunderrettet; informert; **badly ~** dårlig underrettet (*el.* orientert); **~ on one side***(=aspect)* **of the question only** ensidig informert; **~ opinion here is that** ... på velinformert hold her mener man at ...
informer [in'fɔ:mə] *subst:* angiver.
infra ['infrə] *adv; stivt(=below)* nedenfor; **see ~, p. 53** se s. 53 nedenfor.
infraction [in'frækʃən] *subst; stivt(=violation; breach)* krenkelse (*of* av); brudd (*of* på).
infra dig T*(=beneath one's dignity)* under ens verdighet.
infrared ['infrə'red; 'infrə,red] *adj:* infrarød.
infrastructure ['infrə,strʌktʃə] *subst:* infrastruktur; grunnlag *(fx for new industries).*
infrequency [in'fri:kwənsi] *subst:* liten frekvens; sjeldenhet; liten utbredelse; **the ~ of his visits** hans sjeldne besøk; den store avstanden mellom besøkene hans.
infrequent [in'fri:kwənt] *adj:* sjelden *(fx his letters became more and more infrequent);* **an ~ occurrence** en sjelden foreteelse.
infrequently *adv:* sjelden;; **not ~** *(,T: more often than not)* ikke så sjelden; **very ~ indeed** ytterst sjelden; *(jvf seldom & rarely).*
infringe [in'frindʒ] *vb; stivt* **1.** *om lov(=break)* bryte; *om regler og forordninger(=contravene)* overtre *(fx the traffic regulations);* **2.** *om persons rettigheter(=interfere with; violate)* krenke.
infringement [in'frindʒmənt] *subst:* brudd (*of* på); overtredelse (*of* av); krenkelse (*of* av) *(fx an infringement of personal liberty); ~(=violation)* **of human rights** krenkelse av (*el.* brudd på) menneskerettighetene.
infuriate [in'fju:ri,eit] *vb; stivt(=make very angry)* gjøre rasende; **I was -d by his words** ordene hans gjorde meg rasende.
infuriating *adj:* til å bli rasende over; meget irriterende.
infuse [in'fju:z] *vb* **1.** *om te(=brew)* (stå og) trekke; **let the tea ~ for five minutes** la teen stå og trekke i fem minutter; *meget stivt:* **~ tea***(=make tea; brew tea)* lage te; **2.** *stivt(=instil):* **~ courage into sby***(=give sby courage)* sette mot i en; gi en mot; **we must ~ some enthusiasm into the team** vi må få litt begeistring inn i laget; **~ life into***(=put life into; give life to)* bringe liv i; **he was -d with***(=inspired with)* **the spirit of adventure** han var fylt av eventyrlyst; eventyrlysten satt dypt i ham.
infusible [in'fju:zəbl] *adj:* usmeltbar; usmeltelig; tungtsmeltelig.
infusion [in'fju:ʒən] *subst* **1.** uttrekk; **~ of camomile** kamillete; **2.** *med.:* infusjon.
ingathering ['in,gæðəriŋ] *subst(=gathering in; harvesting)* innhøsting; det å bringe avlingen i hus.
ingenious [in'dʒi:njəs] *adj* **1.** *om plan, ting, etc:* sinnrik *(fx machine; plan);* genial; **this plan is the most ~ they have ever thought of** dette er den beste planen de noen gang har tenkt ut; **there's nothing ~ about this plan** denne planen har ikke noe genialt ved seg; **what's ~ about his plan is that** ... det geniale ved hans plan er at ...; **2.** *om person(=very clever)* skarpsindig; kløktig; meget flink; **an ~ liar** en utspekulert løgner.
ingeniousness [in'dʒi:njəsnis] *subst:* sinnrikhet; utspekulerthet; genialitet.
ingenuous [in'dʒenjuəs] *adj:* naiv; troskyldig *(fx smile).*
ingenuity [,indʒi'nju:iti] *subst:* sinnrikhet; oppfinnsomhet; genialitet; lurt påfunn.
ingest [in'dʒest] *vb; stivt* **1***(=swallow)* svelge (ned); **2.** *om jetmotor(=suck in)* suge inn *(fx a bird).*
inglenook ['iŋgl,nuk] *subst(=fireplace corner)* peiskrok.
inglorious [in'glɔ:riəs] *adj; stivt el. litt.* **1***(=shameful; dishonourable)* lite ærefull; vanærende; **2***(=humble)* beskjeden.
ingoing ['in,gouiŋ] *adj(=entering)* inngående;**~ tenant***(=new tenant)* ny leieboer; leieboer som er i ferd med å flytte inn; *(jvf incoming).*
ingot ['iŋgət] *subst:* støpeblokk; råblokk.
I. ingrain ['in,grein] *subst* **1***(=ingrain carpet)* teppe av gjennomfarget garn; **2.** gjennomfarget garn.
II. ingrain [in'grein] *vb; tekstil:* gjennomfarge; farge i ullen; **-ed carpet** teppe av gjennomfarget garn.
ingrained [in'greind] *adj* **1.** *om garn:* gjennomfarget; **2.** *fig:* inngrodd; **~ selfishness** ingrodd egoisme; **the dirt is ~ in him!** skitten er grodd fast på ham!
ingratiate [in'greiʃi,eit] *vb:* **~ oneself with sby** innsmigre seg hos en; innynde seg hos en.
ingratiating [in'greiʃi,eitiŋ] *adj:* innsmigrende.
ingratitude [in'græti,tju:d] *subst:* utakknemlighet.
ingredient [in'gri:diənt] *subst:* bestanddel; ingrediens.
ingress ['ingres] *subst* **1.** *astr(=immersion)* immersjon; **2.** *jur(=right of access; right of entrance)* adgangsrett; **3.** *stivt(=entrance):* **means of ~** middel til å komme inn.
ingrowing ['in,grouiŋ] *adj:* som vokser innover (i kjøttet) *(fx an ingrowing toenail).*
ingrown ['in,groun] *adj; om negl:* inngrodd *(fx nail).*
ingrowth ['in,grouθ] *subst(=growing inwards)* vekst innover; **the ~ of a toenail** det at en tånegl vokser innover.
inguinal ['iŋgwinəl] *adj:* lyske-; som angår lysken; *(jvf groin).*
ingurgitate [in'gə:dʒi,teit] *vb; stivt(=swallow greedily)* gulpe (grådig) i seg.
inhabit [in'hæbit] *vb(=live in)* bebo; bo i.
inhabitable [in'hæbitəbl] *adj:* beboelig.
inhabitant [in'hæbitənt] *subst* **1.** innbygger; **2.** *om dyr:* **-s of the jungle** dyr som holder til i jungelen.
inhabited [in'hæbitid] *adj:* bebodd *(fx area; house; room).*
inhalation [,inhə'leiʃən] *subst:* innånding; inhalasjon.
inhale [in'heil] *vb(=breathe in)* puste inn; innånde;

inhalere *(fx smoke)*.
inhaler [in'heilə] *subst; med.(=inhalator)* inhalator.
inharmonious [,inha:'mouniəs] *adj:* uharmonisk.
inherent [in'hiərənt] *adj:* iboende; medfødt; ~ **in** nøye forbundet med; som hører naturlig sammen med; nedlagt i *(fx the instinct for survival is inherent in everyone)*; **obedience was ~ in his gentle nature** lydighet var en del av hans milde vesen.
inherently *adv(=basically)* i grunnen; dypest sett *(fx he is not inherently wicked)*.
inherit [in'herit] *vb:* arve; *fig:* **she -s her quick temper from her mother** hun har arvet sin mors hissige gemytt; **entitled to ~** arveberettiget.
inheritable [in'heritəbl] *adj:* arvelig; som kan arves.
inheritance [in'heritəns] *subst* **1.** det å arve; arv; **enter upon an ~** tiltre en arv; **fall to him by ~** tilfalle ham ved arv; **refuse***(=turn down)* **an ~** avstå fra en arv; **2.** *fig(=heritage)* arv.
inheritance tax US*(=death duty)* arveavgift.
inhibit [in'hibit] *vb; stivt* **1. ~ sby from (-ing)***(=make sby hesitate to; make sby relucant to)* få en til å nøle med å; hindre en i å *(fx his strict upbringing inhibited him from asking questions)*; **2***(=hinder; stop)* hindre; hemme; gi hemninger *(fx the size of the audience inhibited her and she did not sing very well)*.
inhibited *adj:* hemmet; som har hemninger; ufri *(fx she was a bit inhibited about speaking in public)*.
inhibition [,ini'biʃən; ,inhi'biʃən] *subst:* hemning; det å hemme; **~ of a child's natural impulses can lead to problems** hvis man hemmer et barns naturlige impulser, kan det oppstå problemer; **she had no -s about doing it** hun hadde ingen hemninger ved å gjøre det.
inhibitive [in'hibitiv], **inhibitory** [in'hibitəri] *adj; stivt(=restraining)* hemmende; **have an ~ effect on** virke hemmende på.
inhospitable [in'hɔspitəbl] *adj:* ugjestfri; ugjestmild; **a bleak and ~ country** et trist og ugjestmildt land.
inhospitality [,inhɔspi'tæliti] *subst(=inhospitableness)* ugjestfrihet.
inhuman [in'hju:mən] *adj:* umenneskelig.
inhumane [,inhju:'mein] *adj:* inhuman.
inhumanity [,inhju:'mæniti] *subst:* inhumanitet; grusomhet; umenneskelighet.
inimical [i'nimikəl] *adj; meget stivt* **1***(=hostile; unfriendly)* fiendtlig; uvennlig; **2***(=harmful; not favourable)* skadelig; ugunstig *(fx the soil conditions here are inimical to the growth of raspberries)*.
inimitable [i'nimitəbl] *adj; stivt(=impossible to imitate; unique)* uforlignelig.
iniquitous [i'nikwitəs] *adj; stivt(=extremely wicked and unjust)* skammelig; skjendig; grovt urettferdig.
iniquity [i'nikwiti] *subst; glds el. spøkef (=wickedness; sin)* synd; syndighet; lastefullhet; **a cesspool of ~** en lastens hule.
I. initial [i'niʃəl] *subst:* initial; forbokstav; begynnelsesbokstav.
II. initial *vb:* sette forbokstavene sine under; skrive forbokstaver på; undertegne med forbokstaver.
III. initial *adj:* begynnelses-; start-; utgangs-; innledende *(fx steps)*; **~ difficulties** vanskeligheter til å begynne med; **during the ~ stages** i første fase; i begynnelsen.
initial adjustment *tekn:* nullstilling; nullinnstilling.
initial capital stor begynnelsesbokstav.
initial cost *merk(=original price)* anskaffelsespris.
initial current *elekt:* begynnelsesstrøm.
initial expenses *merk(=initial expenditure)* anskaffelsesomkostninger.
initial letter begynnelsesbokstav; **small ~** liten begynnelsesbokstav.
initially *adv; stivt(=at first)* til å begynne med.
initial position utgangsstilling.
initial salary*(=starting pay)* begynnerlønn.
initial word kortord; bokstavord *(fx NATO)*.
I. initiate [i'niʃiit] *subst:* innviet (person).
II. initiate [i'niʃi,eit] *vb* **1.** *stivt(=start)* sette i gang *(fx a project)*; innlede *(fx a reform movement)*; **2.** innvie; **known only to the -d** kjent bare for de innviede; **be -d into their methods of working** få en innføring i deres arbeidsmetoder; **be -d into a secret society** bli opptatt i en hemmelig forening.
III. initiate [i'niʃiit] *adj(=initiated)* innviet; **an ~ member** en som er blitt opptatt som medlem.
initiation [i,niʃi'eiʃən] *subst* **1.** innledning; begynnelse; igangsettelse; **2.** innvielse; opptagelse; *(se II. initiate)*.
initiative [i'niʃ(i)ətiv] *subst:* initiativ; **take the ~** ta initiativet; **a peace ~** et fredsinitiativ; **on the ~ of** på initiativ av; **on one's own ~** på eget initiativ; **acting on his ~, they reported the matter to the police** etter at han hadde tatt initiativet, rapporterte de saken til politiet; **he lacks ~** han mangler initiativ.
initiator [i'niʃi,eitə] *subst:* initiativtager.
inject [in'dʒekt] *vb* **1.** *med.:* injisere; sprøyte inn; **he has to be -ed twice daily with an antibiotic** han må ha to antibiotikasprøyter pr. dag; **2.** *romfart(=place in orbit)* plassere i bane; **3.** *mask:* sprøyte *(fx fuel into an engine)*; **4.** *fig:* **I wish I could ~ some life into this class!** jeg skulle ønske jeg kunne få sprøytet litt liv inn i denne klassen!
injection [in'dʒekʃən] *subst:* innsprøyting; *med.:* injeksjon; *romfart:* **~ into orbit** plassering i bane; *(se inject)*.
injudicious [,indʒu'diʃəs] *adj; stivt(=unwise; not judicious)* uklok; uoverveid *(fx remark)*.
injunction [in'dʒʌŋkʃən] *subst* **1.** *stivt(=order)* pålegg; befaling; **2.** *jur:* **(court) ~** forbud; midlertidig forføyning (som går ut på at saksøkte må unnlate visse handlinger) *(fx a court injunction has been issued preventing him from taking the child from its mother)*.
injure ['indʒə] *vb* **1***(=hurt)* skade *(fx he injured his arm)*; **be -d in the car crash** komme til skade i bilulykken; **2.** *fig(=damage)* skade *(fx his reputation)*; **3.** *fig(=wound)* såre *(fx his pride)*.
injured *adj* **1.** skadet; tilskadekommet; **the ~** de tilskadekomne; de som har kommet til skade; **2.** *fig:* såret; **in an ~ voice** i en forurettet (*el.* krenket) tone; **3.** *jur:* **the ~ party** den forurettede part.
injurious [in'dʒuəriəs] *adj; stivt(=harmful)* skadelig (*to* for) *(fx smoking is injurious to one's health)*.
injury ['indʒəri] *subst* **1.** skade *(fx the injury to his head proved fatal)*; **internal injuries** indre skader; **a leg ~** en benskade; **personal ~** personskade; **receive** *(,stivt: suffer; sustain)* **injuries** få skader; komme til skade; **the woman received multiple injuries** kvinnen kom hardt til skade; **cause ~ to** skade *(fx badly designed chairs can cause injury to the spine)*; **add insult to ~** bare gjøre galt verre; **2.** *fig(=damage)* skade *(fx to one's reputation)*; **3. T** *el. spøkef:* **you could do yourself an ~ trying to lift that box!** du kan skade deg hvis du forsøker å løfte den kassen!
injustice [in'dʒʌstis] *subst:* urettferdighet; urett; **a glaring piece of ~** en himmelropende urettferdighet; **a crying***(=flagrant)* **~** en skrikende urettferdighet; **do sby an ~** gjøre en (en) urett.
I. ink [iŋk] *subst:* blekk; **printer's ~** trykksverte.
II. ink *vb:* **~ in** trekke opp med blekk *(fx a drawing)*.
inkling ['iŋkliŋ] *subst(=idea; suspicion):* **I had no ~ of what was going on** jeg hadde ingen anelse om hva som foregikk.
ink pad stempelpute; svertepute.

inky ['iŋki] *adj* **1.** blekksvart; ~ **darkness** bekmørke; **2.** tilsmurt med blekk *(fx inky fingers).*
inlaid ['in,leid] *adj:* ~ **work***(=intarsia)* innlagt arbeid; **an** ~ **table top** en bordplate i innlagt arbeid.
I. inland ['in,lænd] *subst:* innland.
II. inland [,in'lænd] *adv:* innover i landet *(fx proceed inland);* inne i landet *(fx live inland).*
III. inland ['inlənd] *adj* **1.** som ligger inne i landet *(fx an inland town);* **2***(=domestic)* innenlandsk; innenlands; innenriks; ~ **navigation** innenlandsfart.
Inland Revenue *(fk I.R.)* **UK: the** ~ *(,***US:** *the Internal Revenue)* skattedepartementet.
in-laws ['in,lɔ:z] *subst; pl:* svigerfamilie.
I. inlay ['in,lei] *subst(=inlaid work; intarsia)* intarsiaarbeid; innlagt arbeid *(fx an inlay of ivory).*
II. inlay [in'lei] *vb:* utføre intarsia; legge inn; *(jvf inlaid).*
inlet ['in,let] *subst* **1.** vik; liten bukt; **2.** *tekn:* innløp; *mask(=suction)* innsugning.
inlet cock innløpskran; pådragskran.
inlet nozzle innløpsstuss.
in-line [,in'lain] *adj:* ~ **engine** rekkemotor.
inmate ['in,meit] *subst* **1.** *glds(=occupier)* beboer; **2.** *i fengsel(=prisoner)* innsatt *(fx the inmates of a prison); ved psykiatrisk sykehus:* pasient.
inmost ['in,moust] *adv: se innermost.*
inn [in] *subst* **1.** kro; vertshus; gjestgiveri; **2.: Inn of Court** en av de fire private, selvstyrende institusjoner i London, hvor 'barristers' utdannes.
innate [i'neit] *adj; stivt(=inborn)* medfødt.
inner ['inə] *adj:* indre; inner-; **his** ~ **being** hans indre vesen; *rel:* **the** ~ **light** det indre lys.
inner man (,woman) 1. det indre menneske; sjelen; **2.** *spøkef(=the stomach):* **satisfy the** ~ tilfredsstille det innvortes menneske (ɔ: magen).
innermost ['inə,moust] *adj* **1.** innerst; **at the** ~*(=furthest; farthest)* **end of the room** innerst i værelset; **2.** *fig(=inmost)* innerst *(fx his innermost feelings);* **in the** ~ **corners of his heart** i hans hjertes indre.
inner part innerdel.
inner thoughts: I could not guess what his ~ **might be** jeg kunne ikke gjette hva han tenkte innerst inne.
inner track *skøyter* **US***(=inside lane)* indre bane.
inner tube *i dekk:* slange.
inning ['iniŋ] *subst; baseball:* inneperiode.
innings ['iniŋz] *subst* **1.** *cricket:* inneperiode; det å spille inne; **2.** *fig; polit:* sjanse (til å utrette noe): **T: it's your** ~ **now** nå er det din tur (til å vise hva du duger til).
innkeeper ['in,ki:pə] *subst:* krovert; vertshusholder.
innocence ['inəsəns] *subst:* uskyldighet; uskyld; **protest one's** ~ bedyre sin uskyld; **prove one's** ~*(=prove oneself innocent)* bevise sin uskyld; **assume a pose of injured** ~ spille krenket uskyldighet; **I told her in all** ~ **that I admired Joe** jeg fortalte henne i all troskyldighet at jeg beundret Joe; **in my** ~ **I believed that** . . . i min enfold trodde jeg at . . .
I. innocent ['inəsənt] *subst:* uskyldig barn; enfoldig sjel; *bibl:* **the Massacre of the Innocents** barnemordet i Betlehem.
II. innocent *adj* **1.** uskyldig (*of* i); **2***(=harmless)* harmløs; uskyldig *(fx games; remarks);* **3.** troskyldig; enfoldig; naiv.
innocuous [i'nɔkjuəs] *adj; stivt(=harmless)* harmløs; uskadelig.
innovate ['inə,veit] *vb:* gjøre forandringer; innføre noe nytt.
innovation [,inə'veiʃən] *subst:* noe nytt; forandring; **the new system was a welcome** ~ det nye systemet ble hilst velkommen; **he hates** ~ han kan ikke fordra forandringer.
innovator ['inə,veitə] *subst:* fornyer; reformator.
innuendo [,inju'endou] *subst:* insinuasjon; **make -es abouth sth** komme med insinuasjoner om noe.
innumerable [i'nju:mərəbl] *adj:* utallig; ~ **difficulties** utallige vanskeligheter.
inoculate [i'nɔkju,leit] *vb* **1.** vaksinere *(sby against sth* en mot noe); **2.** *fig:* ~ **sby with sth** innpode en noe.
inoculation [in,ɔkju'leiʃən] *subst* **1.** vaksinasjon *(fx how many inoculations will the baby need?);* **2.** *fig:* innpoding.
inodorous [in'oudərəs] *adj; stivt(=odourless)* luktfri.
inoffensive [,inə'fensiv] *adj(=harmless; not likely to offend)* harmløs; uskadelig; som man ikke kan ta anstøt av *(fx remark);* uskyldig; fredelig *(fx young man).*
inofficious [,inə'fiʃəs] *adj; jur:* ~ **will** testament hvor naturlig(e) arvtager(e) tilsidesettes (og som derfor kan bestrides).
inoperable [in'ɔpərəbl] *adj* **1.** *med.:* inoperabel; **2.** *stivt(=impracticable)* ugjennomførlig *(fx plan).*
inoperative [in'ɔpərətiv; in'ɔprətiv] *adj* **1.** *jur; om lov el. regel(=not operative; not in force)* virkningsløs; uten virkning; **2***(=not functioning)* uvirksom; som ikke virker; **3.** *stivt; om bedrift(=idle)* ute av drift.
inopportune [in'ɔpə,tju:n] *adj; stivt(=unsuitable; inconvenient)* ubeleilig; **at a rather** ~ **moment** i et nokså uheldig (*el.* ubeleilig) øyeblikk.
inordinate [in'ɔ:dinit] *adj; stivt(=excessive; unreasonably great)* overdreven; urimelig stor.
inorganic [,inɔ:'gænik] *adj:* uorganisk *(fx chemistry).*
inpatient ['in,peiʃənt] *subst; mots poliklinisk pasient:* innlagt pasient.
input ['in,put] *subst* **1.** inntak; inngang; tilført mengde; *elekt:* inngangssignal: *radio:* inngangseffekt; **mains** ~ tilkopling for lysnettet; **2.** *EDB:* input; inndata; **3.** *økon:* **materials** ~ materialforbruk.
input circuit *elekt:* inngangskrets.
input voltage inngangsspenning.
inquest ['in,kwest] *subst(=coroner's inquest)* likskue; **hold an** ~ holde likskue.
inquietude [in'kwaiə,tju:d] *subst; meget stivt (=restlessness; uneasiness)* uro.
inquire*(=enquire)* [in'kwaiə] *vb* **1.** *stivt(=ask)* spørre (om) *(fx she inquired what time the bus left);* **he -d whether she was warm enough** han spurte om hun hadde det varmt nok; **2.:** ~ **about***(=ask for information about)* forhøre seg om; spørre om; **3.** *m.h.t. velbefinnende:* ~ **after***(=ask after)* spørre etter; spørre hvordan det står til med *(fx he inquired after her mother);* **4.:** ~ **for***(=ask for)* spørre etter *(fx a book at the bookseller's);* **5.:** ~ **into***(=investigate)* undersøke; etterforske; granske; ~ **into why no medical help could be found for a desperately ill man** undersøke hvorfor det ikke var mulig å skaffe legehjelp til en meget syk mann.
inquirer [in'kwaiərə] *subst; stivt el. litt.:* person som spør (*el.* forhører seg) *(fx all inquirers were told that he was taking a week's holiday).*
inquiring *adj:* spørrende *(fx an inquiring look);* **he has an** ~ **mind** han er vitebegjærlig.
inquiry*(=enquiry)* [in'kwaiəri] *subst* **1.** *stivt (=question)* spørsmål; **2.** forespørsel; henvendelse; **an** ~ **about***(=respecting)* **a firm** en forespørsel om et firma; **an** ~ **about delivery of** . . . en forespørsel om levering av . . .; **an** ~ **for cod-liver oil** en forespørsel om tran; **on** ~ **he was told that** . . . på sin forespørsel fikk han vite at . . .; **make inquiries** spørre seg for; innhente opplysninger; forhøre seg (*about* om); *(jvf 3 ndf);* **write with your inquiries to** send Deres forespørsler til; **3***(=investigation)* undersøkelse (*into* av); granskning (*into* av); **sample** ~ stikkprøveundersøkelse; **an** ~ **is being held**

into man undersøker nå; en undersøkelse er nå satt i gang i forbindelse med *(fx an inquiry is being held into her disappearance)*; **hold an official ~ into** foreta en offentlig granskning av; **make inquiries** foreta (*el.* anstille) undersøkelser; **make inquiries into** *se inquire 5: ~ into; (jvf 2 ovf: make inquiries)*; **4.: commission of** *~(=investigating committee)* undersøkelseskommisjon; *(jvf court of inquiry)*; **5.** *polit:* **(public) ~** høring *(fx hold a public inquiry into conditions in South Africa): (jvf hearing 3)*.
inquiry agent*(=private investigator; private detective)* privatdetektiv.
inquisition [,inkwi'ziʃən] *subst* **1.** *stivt(=careful questioning)* grundig utspørring *(fx he was subjected to an inquisition about his apparent expenses in London)*; **2.** *rel:* **the Inquisition** inkvisisjonen.
inquisitive [in'kwizitiv] *adj:* spørrelysten; vitebegjærlig; nysgjerrig; **he was rather ~ about the cost of our house** han ville gjerne vite hva huset vårt har kostet.
inquisitiveness [in'kwizitivnis] *subst:* spørrelyst; vitebegjærlighet; nysgjerrighet.
inquisitor [in'kwizitə] *subst:* inkvisitor.
inquisitorial [in,kwizi'tɔ:riəl] *adj:* inkvisitorisk.
inroad ['in,roud] *subst* **1***(=raid)* innfall; streiftog; raid; **2.** *fig:* **-s** innhogg *(fx he made inroads into the money he had saved)*; **I didn't manage to finish the job, but I did make some -s into it last night** jeg klarte ikke å bli ferdig med arbeidet, men jeg fikk gjort en god del i går kveld.
inrush ['in,rʌʃ] *subst(=rushing in)* sterk tilstrømning *(fx of tourists)*; **an ~ of water** vann som (plutselig) trenger inn.
insalubrious [,insə'lu:briəs] *adj; meget stivt(=unhealthy)* usunn; **an ~ climate** et usunt klima.
insane [in'sein] *adj* **1***(=mentally ill; not sane)* sinnssyk; **2. T***(=crazy)* sprø; vanvittig *(fx what an insane thing to do!)*.
insanitary [in'sænitəri] *adj(=unhygienic)* uhygienisk *(fx live in crowded, insanitary conditions)*; *meget stivt:* **~ habits***(=poor hygiene)* dårlig hygiene.
insanity [in'sæniti] *subst:* sinnssykdom.
insatiable [in'seiʃəbl] *adj:* umettelig.
inscribe [in'skraib] *vb* **1.** gravere inn; *på stein:* hogge inn; **2***(=sign one's name on)* dedisere *(fx a book to sby)*; **-d copy***(=courtesy copy)* dedikasjonseksemplar; **3.** *geom:* innskrive; **4.** *fig:* **his name was -d in her heart** navnet hans var risset inn i hjertet hennes.
inscription [in'skripʃən] *subst* **1.** inngravering; innhogging; inskripsjon; **2.** dedikasjon.
inscrutability [in,skru:tə'biliti] *subst:* uutgrunnelighet.
inscrutable [in'skru:təbl] *adj; stivt(=unfathomable)* uutgrunnelig *(fx her face remained inscrutable)*.
insect ['insekt] *subst; zo:* insekt.
insecticide [in'sekti,said] *subst:* insektmiddel.
insect pest skadeinsekt.
insecure [,insi~kjuə; ,insi'kjɔ:] *adj* **1***(=unsafe)* usikker; **2.** *om person(=unsure of oneself)* usikker; utrygg.
insecurely *adv(=not safely; not firmly)* ikke tilstrekkelig sikkert; **~ wrapped** ikke godt nok pakket.
insecurity [,insi'kjuəriti; ,insi'kjɔ:riti] *subst:* usikkerhet.
inseminate [in'semi,neit] *vb:* inseminere.
insemination [in,semi'neiʃən] *subst:* inseminasjon; inseminering; **artificial ~** kunstig inseminasjon.
insensibility [in,sensi'biliti] *subst:* følelsesløshet; ufølsomhet (*to* overfor) *(fx pain; beauty)*.
insensible [in'sensəbl] *adj* **1.** følelsesløs (*to* overfor) *(fx to pain)*; ufølsom (*to* overfor); **2.** *stivt:* **~ of***(=unaware of; indifferent to)* som ikke er klar over (*el.* enser); som er likegyldig overfor *(fx he seemed to be insensible of his danger)*.
insensitive [in'sensitiv] *adj:* ufølsom (*to* overfor) *(fx light; pain; poetry)*; uimottagelig (*to* overfor); upåvirkelig (*to* av) *(fx beauty)*.
inseparable [in'sepərəbl] *adj:* uatskillelig.
I. insert ['insə:t] *subst* **1.** *tekn:* innsats; noe som er føyd til (*el.* satt inn); **2.** *i avis:* bilag.
II. insert [in'sə:t] *vb* **1.** *i avis:* rykke inn *(fx an advertisement in a newspaper)*; **2.** føye inn; skyte inn; **3***(=put)*: **~ a coin in the parking meter** legge en mynt på parkometeret; **~ a key in the lock** stikke en nøkkel i låsen.
insertion [in'sə:ʃən] *subst* **1.** innskudd; innføyelse; *i håndarbeid:* mellomverk; **2.** *av annonse i avis, etc:* innrykning *(fx of an advertisement)*.
in-service [,in'sə:vis] *adj:* **~ training** opplæring som skjer i tjenesten.
inset ['inset] *subst* **1.** *i søm:* innlegg; **2.** *typ:* innskuddsark; **3.** *på kart:* innfelt detaljkart.
inshore ['inʃɔ:; in'ʃɔ:] *adj & adv* **1.** kyst- *(fx fishing)*; inne ved kysten; inne ved land *(fx he kept inshore)*; **2.** inn mot kysten; inn mot land *(fx we swam inshore)*; **~ wind***(=onshore wind)* pålandsvind.
I. inside [in'said] *subst:* innside; innerside; **from the ~***(=from within)* innenfra; **on the ~** på innsiden; på innersiden; inni; **pass on the ~ of the island** passere på innersiden av øya; **~ out** med innersiden ut; med vrangen ut *(fx put one's socks on inside out)*; **T: he knows it ~ out** han kan det ut og inn.
II. inside ['insaid] *adj:* innvendig *(fx an inside door)*; **the ~ pages of a newspaper** sidene inne i en avis.
III. inside [in'said] *adv* **1***(=indoors)* inne; innenfor; **S:** i fengsel; innenfor *(fx he's been inside)*; **~ the parcel** inne i pakken; **~ me** inne i meg; **2.** inn; **go ~***(=go in)* gå inn; **3***(=by nature)*: **~, he's a good chap** innerst inne er han en bra kar.
IV. inside [in'said] *prep:* inne i *(fx the house)*; inn i *(fx he went inside the house)*; **~ two days** (**T:** *inside of two days)* på mindre enn to dager; på under to dager.
inside callipers *(,US:* **calipers***)* innvendig passer.
inside information underhåndsopplysninger.
inside job forbrytelse utført av en person i miljøet.
insider [in'saidə] *subst:* person med tilgang til førstehånds opplysninger; person som tilhører den indre krets; *børsuttrykk, også:* innsider.
insider trading *børsuttrykk:* innsidehandel.
insidious [in'sidiəs] *adj:* lumsk *(fx enemy)*; *om sykdom:* snikende *(fx an insidious disease)*.
insight ['in,sait] *subst:* innsikt (*into* i); **showing ~** innsiktsfull; **a person with ~** en innsiktsfull person.
insignia [in'signiə] *subst; pl:* insignier.
insignificance [,insig'nifikəns] *subst:* ubetydelighet; betydningsløshet; **it dwindles into ~ beside***(=it pales altogether beside)* det blekner helt ved siden av ...
insignificant [,insig'nifikənt] *adj:* ubetydelig; betydningsløs.
insincere [,insin'siə] *adj:* uoppriktig; hyklerisk; falsk.
insincerity [,insin'seriti] *subst:* uoppriktighet; falskhet.
insinuate [in'sinju,eit] *vb* **1.** insinuere; antyde; **2.** *meget stivt:* **~ oneself into sby's favour***(=ingratiate oneself with sby)* innsmigre seg hos en.
insinuation [in,sinju'eiʃən] *subst* **1.** insinuasjon; **2.** *meget stivt:* det å innsmigre seg; **his gradual ~ of himself into her affections** det at han gradvis klarte å gjøre seg avholdt av henne.
insipid [in'sipid] *adj* **1.** *om mat(=tasteless)* smakløs;

flau; **2.** *om person, bok, etc(=boring)* kjedelig *(fx such an insipid person!)*; ~ **conversation** åndløs konversasjon.

insist [in'sist] *vb:* insistere; hevde bestemt; forlange; **if you** ~ hvis du insisterer (på det); ~ **that sth be done (about it),** ~ **on sth being done** insistere på (*el.* forlange) at noe blir gjort (med det); forlange at man foretar seg noe (med det); **I** ~ **that you do it** jeg forlanger at du gjør det; jeg insisterer på at du gjør det; **he -s on going** han vil absolutt dra; **I** ~ **on my claim***(=I refuse to waive my claim)* jeg fastholder mitt krav.

insistence [in'sistəns] *subst:* insistering (*on* på); bestemt hevdelse (*on* av); fastholdelse (*on* av); *(se insist)*.

insistent [in'sistənt] *adj:* pågående *(fx demands for money; the insistent rhythm of the drums)*; **the** ~ **cry of a bird** det stadige (*el.* vedholdende) skriket til en fugl; **an** ~ **ring at the doorbell** en vedholdende ringing på dørklokken; **be** ~ **that***(=insist that)* forlange at; insistere på at; **he was** ~ **that he was right** han ville ikke gi seg på at han hadde rett; **he was quite** ~ **about it** han insisterte svært; han ville ikke gi seg på det.

insobriety [,insou'braiəti] *subst; stivt(=drunkenness)* drikkfeldighet.

(in) so far as, insofar as*(=to the extent that; as far as)* for så vidt som; **I gave him the details** ~*(=as far as)* **I knew them** jeg ga ham detaljene for så vidt som jeg kjente dem.

insole ['in,soul] *subst* **1***(=inner sole)* binnsåle; **2.** *løs, til å legge inn i sko:* innleggssåle; *(jvf arch support)*.

insolence ['insələns] *subst(=impudence)* uforskammethet.

insolent ['insələnt] *adj(=impudent)* uforskammet.

insoluble [in'sɔljubl] *adj* **1.** *kjem:* uoppløselig; **2.** *om problem el. vanskelighet:* uløselig.

insolvency [in'sɔlvənsi] *subst:* insolvens.

insolvent [in'sɔlvənt] *adj:* insolvent; betalingsudyktig.

insomnia [in'sɔmniə] *subst(=sleeplessness)* søvnløshet.

insomniac [in'sɔmni,æk] **1.** *subst:* søvnløs person: **2.** *adj:* søvnløs; ~ **tendencies** tendenser til søvnløshet.

insomuch [,insou'mʌtʃ] *adv:* ~ **that***(=to such an extent that)* i en slik grad at.

inspect [in'spekt] *vb* **1.** inspisere; kontrollere; **2***(=examine closely)* inspisere; se nøye på *(fx he inspected the bloodstains)*; besiktige; etterse; **3.** *mil:* inspisere *(fx the Queen will inspect the Household Cavalry)*.

inspection [in'spekʃən] *subst:* inspeksjon; kontroll; ettersyn; **on** ~ ved nærmere ettersyn; **the stranger was submitted to a close** ~ den fremmede ble gransket nøye.

inspection copy *av bok:* gjennomsynseksemplar.

inspector [in'spektə] *subst* **1.** inspektør; **2.** *i politiet:* **(police)** ~ politibetjent; **detective** ~ politibetjent ved kriminalpolitiet; **3.** *jernb:* **district** ~ banemester; *(se tax inspector)*.

inspectorate [in'spektərit] *subst:* inspektorat; **UK: the Tax Inspectorate (of the Inland Revenue)** skattedirektoratet; *(se Inspector of Taxes)*.

Inspector General of the Royal Norwegian Air Force *(,***UK:** *Marshal of the RAF;* **US:** *Chief of Staff US Air Force)* Generalinspektøren for Luftforsvaret.

Inspector General of the Royal Norwegian Navy *(,***UK:** *First Sea Lord;* **US:** *Chief of Naval Operations)* Generalinspektøren for Sjøforsvaret.

Inspector of Taxes UK: the ~ skattedirektøren.

inspiration [,inspi'reiʃən] *subst* **1.** inspirasjon; **2.** *med.:* innånding; inspirasjon; **3. T***(=very good idea)*: **whose** ~ **was it to paint the door blue?** hvem var det som fikk den gode idéen å male døra blå? **4***(=impulse)* innskytelse; **a sudden** ~ en plutselig innskytelse.

inspire [in'spaiə] *vb* **1***(=encourage)* inspirere; **2.** *med.:* innånde; inspirere; **3.:** ~ **sby with** inngi en; fylle en med *(fx fear; hope)*.

instability [,instə'biliti] *subst:* ustabilitet.

install *(,US også: instal)* [in'stɔ:l] *vb* **1.** installere; montere; ~ **a washing machine***(=plumb in a washing machine)* montere (*el.* installere) en vaskemaskin; **2.** innsette *(fx he was installed as president yesterday)*; **3.:** ~ **oneself** installere seg *(fx in the house)*; *spøkef:* **the cat always -s itself in a comfortable armchair** katten slår seg alltid ned i en bekvem lenestol; **T: we're now reasonably well -ed** vi har nå fått installert oss så noenlunde.

installation [,instə'leiʃən] *subst* **1.** installering; montering; **electrical -s** elektriske installasjoner; **military -s** militære anlegg (*el.* installasjoner); **2.** innsettelse.

installation grant *ved tiltredelse:* etableringstilskudd.

instalment *(,***US:** *installment)* [in'stɔ:lmənt] *subst* **1.** avdrag; rate; **by***(=in)* **-s** avdragsvis; i rater; **repayable by -s** kan tilbakebetales avdragsvis; **interest and -s***(=interest and repayments)* renter og avdrag; **2.** *av bok:* hefte *(fx the book will be published in 15 instalments of 50 pages each)*; *av føljetong:* avsnitt; *om del av andre ting:* porsjon; **in small -s** i små porsjoner.

I. instance ['instəns] *subst* **1***(=example)* eksempel *(fx an instance of extreme poverty)*; **for** ~*(=for example)* for eksempel; **2.** *språkv:* belegg; eksempel; **I can quote -s in support of it** jeg har belegg for det; **3***(=case)*: **in this (,that)** ~ i dette (,det) tilfellet; **4.** *stivt(=initiative)*: **at the** ~ **of** på foranledning av; **5.: in the first** ~ i første instans; til å begynne med; først; **6.** *jur:* **court of first** ~ første instans; **lower** ~ lavere instans; underinstans.

II. instance *vb; stivt(=give as an example)* anføre (*el.* bruke) som eksempel.

I. instant ['instənt] *subst(=moment)* øyeblikk; **the** ~ **he heard the news***(=as soon as he heard the news)* straks han hørte nyheten; **in an** ~ 1. på et øyeblikk *(fx it all happened in an instant)*; 2. om et øyeblikk.

II. instant *adj(=immediate)* øyeblikkelig; omgående; **he felt** ~ **relief** han følte seg straks lettet.

instantaneous [,instən'teiniəs] *adj:* øyeblikkelig; momentan; **death was** ~ døden inntraff momentant; **the effect of this poison is** ~ denne giften virker øyeblikkelig.

instantly ['instəntli] *adv(=immediately)* øyeblikkelig; straks.

instead [in'sted] *adv:* isteden; i stedet *(fx Could I please have tea instead?)*; ~ **of** istedenfor; i stedet for *(fx go by car instead of by train)*.

instep ['in,step] *subst; anat:* vrist *(fx a high instep)*.

instigate ['insti,geit] *vb; neds; stivt(=incite)* tilskynde; oppmuntre *(fx sby to commit a crime)*; ~ **rebellion** egge til opprør (*el.* oppstand).

instigation [,insti'geiʃən] *subst; neds(=incitement)* tilskyndelse; **at the** ~ **of** tilskyndet av; etter tilskyndelse av.

instigator ['insti,geitə] *subst; neds(=originator)* opphavsmann; anstifter *(fx of a plot)*.

instil *(,***US:** *instill)* [in'stil] *vb(=implant)* innpode *(sth into sby* en noe*)*; **the habit of punctuality was -led into me early in my life** punktlighet var en vane som jeg fikk innpodet tidlig i livet; ~ **courage into sby***(=give sby courage)* sette mot i en; gi en mot.

instinct ['instiŋkt] *subst:* instinkt *(fx her instincts warned her of the danger)*; **do sth by** ~ gjøre noe av instinkt; **an unerring** ~ **for** et sikkert instinkt for.

instinctive [in'stiŋktiv] *adj:* instinktiv; uvilkårlig.
instinctively *adv:* instinktivt; uvilkårlig.
I. institute ['insti,tju:t] *subst:* institutt; **US: technical** ~*(=technical college)* yrkesskole; **US:** ~ **of technology, polytechnic** ~*(=college of advanced technology)* teknisk høyskole.
II. institute *vb; stivt* **1***(=establish; organize; initiate)* opprette; etablere; innstifte; innføre *(fx a new practice);* instituere; **2***(=start)* iverksette; sette i gang; innlede *(fx institute legal proceedings against sby);* ~ **inquiries** anstille undersøkelser; sette i gang undersøkelser; **3.** *i embete; meget stivt(=install)* innsette.
institution [,insti'tju:ʃən] *subst; stivt* **1.** opprettelse; etablering; innstiftelse; innføring; instituering; **2.** institusjon; **educational** ~ lærested; læreanstalt; ~ **of higher education** høyere læreanstalt; **3.** *meget stivt:* iverksettelse; igangsettelse *(fx they demanded the institution of a public inquiry(=that a public inquiry be held));* **4.** *stivt el. spøkef(=tradition; custom)* tradisjon; *spøkef:* institusjon *(fx his monthly lectures at the museum have become an institution).*
institutional [,insti'tju:ʃənəl] *adj:* institusjons-; institusjonspreget; ~ **life** livet i en institusjon; **the food in this hospital is typically** ~ maten her på dette sykehuset er typisk institusjonspreget.
institutionalize, institutionalise [,insti'tju:ʃənə,laiz] *vb* **1.** anbringe på institusjon *(fx a mental patient);* **2***(allow to acquire personality traits typical of people in an institution)* institusjonalisere.
instruct [in'strʌkt] *vb; stivt* **1***(=teach)* undervise; instruere; instruere i *(fx I had instructed him how to cook the meat);* **2***(=order; tell)* gi pålegg *(el.* beskjed) (*to* om å); **he was -ed***(=told)* **to come here at nine o'clock** han fikk beskjed om (*el.* ble instruert om) å komme hit klokken ni; **3.** *meget stivt(=inform)* underrette; **be -ed that** bli underrettet om at; **4.** *jur:* ~ **counsel** overlate saken til advokat; *(jvf II. brief 1; instruction 5).*
instruction [in'strʌkʃən] *subst* **1.** *stivt(=tuition)* undervisning *(fx formal instruction in English; give instruction in skating);* **2.** *EDB(=command)* ordre; **3.: -s** instrukser; instruksjoner; veiledning *(fx follow the instructions printed on the box);* bruksanvisning *(fx could I look at the instructions, please?);* **obey -s** adlyde ordre; følge instruksen; **4.** *merk(=directions)* forholdsordre *(fx we guarantee delivery within 4 weeks of receiving your instructions);* **5.** *jur:* **take -s** få i oppdrag å føre saken.
instructional [in'strʌkʃənəl] *adj:* undervisnings-; *i fengsel:* **civilian** ~ **officer** yrkeslærer.
instructive [in'strʌktiv] *adj:* instruktiv; lærerik.
instructor [in'strʌktə] *subst* **1.** instruktør; **2. US** *univ; som rangerer under en 'assistant professor' (førstelektor):* hjelpelærer; **3.** *i fengsel:* **officer** ~ **(vocational training)***(=civilian instructional officer)* yrkeslærer.
instructor nurse US*(=nurse tutor; sister tutor)* praksisveileder; *hist:* instruksjonssykepleier.
I. instrument ['instrəmənt] *subst* **1.** instrument; redskap; *tlf:* apparat; **surgical -s***(=implements)* kirurgiske instrumenter; **2.** *mus:* **(musical)** ~ (musikk)instrument; **3. T** *fig; om person(=tool)* redskap; **4***(=contributory factor)* medvirkende faktor *(fx her evidence was an instrument in his arrest);* **5.** *jur(=document)* dokument.
II. instrument [,instrə'ment] *vb; mus(=orchestrate)* instrumentere.
instrumental [,instrə'mentəl] *adj.* **1.** *mus:* instrumental *(fx music);* **2.: be** ~ **in** medvirke til; hjelpe til med; **3.** *gram:* **the** ~ **(case)** instrumentalis.
instrumentalist [,instrə'mentəlist] *subst; mus:* instrumentalist.
instrumentation [,instrəmen'teiʃən] *subst; mus* **1.** instrumentbruk; **2***(=orchestration)* instrumentering.
instrument approach *flyv:* instrumentinnflyvning.
instrument board*(=instrument panel; dashboard)* dashbord.
instrument flight*(=IFR flight)* instrumentflyvning.
instrument flight rules *(fk IFR) flyv:* regler for instrumentflyvning.
instrument flying *flyv:* instrumentflyvning.
instrument landing *flyv:* instrumentlanding.
instrument maker instrumentmaker.
insubordinate [,insə'bɔ:dinit] *adj:* ulydig; oppsetsig; ulydig.
insubordination [,insəb,ɔ:di'neiʃən] *subst:* insubordinasjon; oppsetsighet; ulydighet.
insubstantial [,insəb'stænʃəl] *adj* **1***(=intangible)* uhåndgripelig; ulegemlig; immateriell; **2.** *fig; om argument, etc(=flimsy)* spinkel; tynn; svak; **an** ~ **argument** et spinkelt (*el.* tynt) argument.
insufferable [in'sʌfərəbl] *adj; stivt(=unbearable)* ulidelig; utålelig *(fx insufferable rudeness).*
insufficiency [,insə'fiʃənsi] *subst* **1.** utilstrekkelighet; **2.** *med.:* insuffisiens; **cardiac** ~ hjertesvikt; hjerteinsuffisiens; **renal** ~ nyresvikt; nyreinsuffisiens.
insufficient [,insə'fiʃənt] *adj; stivt(=not sufficient; not enough)* utilstrekkelig; *med.:* insuffisient.
insular ['insjulə] *adj* **1.** øy-; insulær; ~ **climate** øyklima; **2.** *fig(=narrow-minded)* sneversynt; trangsynt.
insularity [,insju'læriti] *subst* **1.** øymessig beliggenhet; avsondrethet; **2.** sneversyn; trangsyn; insularitet.
insulate ['insju,leit] *vb* **1.** isolere *(fx wires and cables; the house from the cold weather);* **2.** *fig; stivt(=protect)* beskytte (*from* mot).
insulating strips*(=insulating tape;* **US:** *friction tape)* isolasjonsbånd; tjærebånd.
insulation [,insju'leiʃən] *subst* **1.** isolasjon; **2***(=insulating material)* isolasjon(smateriale).
insulator ['insju,leitə] *subst; elekt:* isolator.
insulin ['insjulin] *subst:* insulin.
insulin reaction, insulin shock *med.:* insulinsjokk.
I. insult ['insʌlt] *subst:* fornærmelse; **swallow an** ~ bite i seg en fornærmelse.
II. insult [in'sʌlt] *vb:* fornærme; **she was -ed** hun ble fornærmet; hun følte seg fornærmet; *(jvf offend).*
insuperable [in'su:pərəbl] *adj; stivt; om hinder; problem, vanskelighet(=insurmountable)* uoverkommelig; uoverstigelig.
insupportable [,insə'pɔ:təbl] *adj; stivt* **1***(=unbearable)* uutholdelig; **2***(=indefensible)* som ikke kan forsvares *(fx his actions were insupportable);* **3.** *om anklage(=that cannot be sustained)* som ikke kan opprettholdes *(fx accusation); jur:* ~ **charges** tiltale(punkter) som ikke kan opprettholdes.
insurable [in'ʃuərəbl; in'ʃɔərəbl] *adj:* som kan forsikres; ~ **interest** forsikringsmessig interesse; ~ **value** forsikringsverdi.
insurance [in'ʃuərəns; in'ʃɔərəns] *subst* **1.** forsikring; **all-risk** ~ forsikring mot enhver risiko; **effect** ~*(=take out an insurance policy)* tegne (en) forsikring; **life** ~ livsforsikring *(fx take out a large life insurance);* **third party** ~ ansvarsforsikring; **personal liability** ~ personlig ansvarsforsikring; *(se også comprehensive insurance);* **2***(=insurance policy)* (forsikrings)polise; **3.: (national)** ~ trygd; **you'll get some of it back from the** ~ du får en del av det (ɔ: beløpet) tilbake i trygdekassen; *(se også social benefits; social security; social security office).*

insurance agent forsikringsagent.
insurance company forsikringsselskap.
insurance cover*(=insurance coverage)* forsikringsmessig dekning.
insurance policy forsikringspolise.
insurance premium forsikringspremie.
insurance sum*(=sum insured)* forsikringssum.
insure [in'ʃuə; in'ʃɔə] *vb* **1.** forsikre (*against* mot); ~ **one's life** tegne livsforsikring; **are you fully -d?** er du fullt forsikret? **I'd like to have this letter -d** dette vil jeg skal gå som verdibrev; *(se insured letter);* **2.** trygde; **3.** *fig:* sikre seg (*against* mot) *(fx we insured against disappointment by making an early reservation).*
insured *perf. part. av insure; subst & adj* **1.** *subst:* **the** ~*(=the policy-holder)* forsikringstakeren; den forsikrede; **2.** *adj:* forsikret; **this is an ~ risk** dette er man forsikret mot.
insured article*(=insured item; insured packet) post:* verdisending.
insured letter verdibrev; *(se insure 1).*
insurer [in'ʃuərə; in'ʃɔərə] *subst; om forsikringsselskapet:* forsikringsgiver.
insurgence [in'sə:dʒəns] *subst; stivt(=rebellion; uprising)* opprør; oppstand.
insurgent [in'sə:dʒənt] **1.** *subst; stivt(=rebel)* opprører; **2.** *adj:* opprørsk; opprørs-; **an ~ nation** en nasjon i opprør.
insurmountable [,insə'mauntəbl] *adj; stivt (=insuperable)* uoverstigelig *(fx difficulty; obstacle);* uoverkommelig.
insurrection [,insə'rekʃən] *subst; stivt(=rebellion; revolt)* oppstand; opprør; **peasant** ~ bondeoppstand.
insusceptible [,insə'septəbl] *adj:* uimottagelig (*to* for); upåvirkelig (*to* av) *(fx he was insusceptible to her beauty).*
intact [in'tækt] *adj:* intakt; ubeskadiget; urørt *(fx live on the interest and keep the capital intact).*
intake ['in,teik] *subst* **1.** *skolev:* inntak; **2.** *tekn:* inntak; *mask(=inlet; suction)* innsugning; **air** ~ luftinntak; **3.** *med.:* opptak; **~ of solids and liquids** opptak av fast og flytende føde.
intake manifold*(=inlet manifold) mask:* innsugningskanal; innsugningsmanifold; innsugningsgrenrør.
intangible [in'tæn(d)ʒəbl] *adj* **1.** uhåndgripelig; ulegemlig; som man ikke kan ta på *(fx air is intangible);* **2.** vag; upresis *(fx ideas);* abstrakt; **there was an ~ difference in their relationship after the quarrel** etter tretten var det en umerkelig forskjell i forholdet dem imellom; **3.** *merk:* **~ assets** *(=invisible assets)* immaterielle aktiva.
I. integral ['intigrəl] *subst; mat.:* integral.
II. integral *adj* **1.** *mat.:* integral; **~ calculus** integralregning; **2.** integrerende; **be***(=form)* **an ~ part of** være en integrerende del av.
integrate ['inti,greit] *vb* **1.** integrere, innordne i et hele; **2.** *om innvandrere, etc:* **~ into** bli integrert (*el.* opptatt) i *(fx the immigrants are not finding it easy to integrate into the life of our cities);* **an -d school** en skole hvor raseskillet er opphevet.
integration [,inti'greiʃən] *subst* **1.** sammensmelting (til et større hele); integrering; integrasjon *(fx European integration);* **2.** *rasemessig:* opphevelse av raseskillet; integrering *(fx the integration of black children into the school system);* **3.** *mat.:* integrasjon; integrering.
integrity [in'tegriti] *subst* **1***(=honesty)* hederlighet; rettskaffenhet; **2.** integritet; helhet; **the ~ of the group** gruppens integritet.
integument [in'tegjumənt] *subst:* integument; dekke; membran; hinne.
intellect ['intə,lekt] *subst:* intellekt; tenkeevne; forstand; intelligens; **of great** ~*(=very intelligent)* meget intelligent; **a great ~** et stort intellekt; *om kunstverk, etc:* **a work which makes claims***(=demands)* **on the ~** et arbeid som stiller krav til intellektet (*el.* ens intelligens).
I. intellectual [,intə'lektʃuəl] *subst:* intellektuell; **the -s amongst her acquaintances** de intellektuelle i hennes bekjentskapskrets.
II. intellectual *adj:* intellektuell; **~ pursuits** intellektuelle sysler; **~ powers***(=intellectual capacity)* intellektuelle evner; **~ qualities and promises** intellektuelle egenskaper og muligheter; **a purely ~ approach** en rent intellektuell betraktningsmåte.
intellectualism [,intə'lektʃuə,lizəm] *subst:* intellektualisme; forstandsdyrking.
intellectuality [,intə,lektʃu'æliti] *subst:* intellektualitet; forstandsmessig innstilling.
intelligence [in'telidʒəns] *subst* **1.** intelligens *(fx it requires a high degree of intelligence to do this job well);* **a person of ~** en intelligent person; **2.** *glds(=information; news)* informasjon; underretning; **3.** *mil:* etterretning(srapport) *(fx we have rceived intelligence to the effect that the enemy is retreating);* **4.** *mil(=intelligence service)* etterretningstjeneste; **he works in Intelligence** han er i etterretningstjenesten.
intelligence officer *mil:* etterretningsoffiser.
intelligence service *mil:* etterretningsvesen; etterretningstjeneste; *(se intelligence 4).*
intelligence test intelligensprøve.
intelligent [in'telidʒənt] *adj:* intelligent.
intelligentsia [in,teli'dʒentsiə] *subst:* **the ~** de intellektuelle; intelligentsiaen.
intelligible [in'telidʒəbl] *adj:* forståelig.
intemperance [in'tempərəns] *subst; meget stivt* **1***(=lack of moderation)* mangel på måtehold; **2***(=drunkenness)* drikkfeldighet.
intemperate [in'tempərit] *adj* **1.** *meget stivt (=immoderate)* umåteholden; **2.** *meget stivt(=given to drink)* drikkfeldig; **3.** *meget stivt(=uncontrolled)* ubehersket *(fx anger);* **4.** *geogr:* **~ zone** ikketemperert sone.
intend [in'tend] *vb; om hensikt:* tenke; mene; **do you still ~ going? do you still ~ to go?** har du fremdeles tenkt å dra? **do you ~ them to go?** har du ment at de skal dra? **we -ed no harm** vi hadde ikke noe ondt i sinne; vi hadde ikke tenkt å gjøre noe galt; **was this -ed?** var dette tilsiktet? **his remarks were -ed to be a compliment** hans bemerkninger var ment å skulle være et kompliment; **was that remark -ed as an insult?** var den bemerkningen ment som en fornærmelse? **be -ed for** være beregnet på; være bestemt for; *om bok:* henvende seg til; være beregnet på; **that letter was -ed for me** det var jeg som skulle ha det brevet; **that bullet was -ed for me** den kulen var beregnet på (*el.* bestemt for) meg; **he is -ed for a career in the diplomatic service** det er meningen at han skal gå inn i diplomatiet; **that gift was -ed for you** den gaven var tiltenkt deg.
intended 1. *subst; glds el. spøkef(=fiancé(e)):* **his (,her) ~** hans (,hennes) tilkommende; **2.: this apparatus should only be used for its ~ purpose** dette apparatet bør bare brukes til det det er beregnet på.
intense [in'tens] *adj:* intens; voldsom *(fx hatred; heat; pain);* heftig *(fx pain); om person:* intens; sterkt følelsespreget.
intensely *adv:* intenst; **I dislike that sort of behaviour** ~*(=very much)* jeg misliker i høy grad denslags oppførsel.
intensification [in,tensifi'keiʃən] *subst:* intensivering;

forsterkning.
intensifier [in'tensi,faiə] *subst; fot; kjem; gram:* forsterker.
intensify [in'tensi,fai] *vb:* intensivere; forsterke; **~ one's efforts***(=increase one's efforts)* forsterke sine anstrengelser; **his effort intensified** hans anstrengelser ble forsterket; han anstrengte seg ytterligere.
intensity [in'tensiti] *subst:* intensitet; styrke; **the ~ of the young poet** intensiteten hos den unge dikteren; **the ~ of their love** deres intense kjærlighet; **it is written with gripping ~** den (,det) er skrevet med gripende intensitet.
intensive [in'tensiv] *adj:* intensiv *(fx language course);* **~ work** intenst (*el.* intensivt) arbeid.
intensive care *ved sykehus:* overvåking; øyeblikkelig hjelp.
intensive care unit *ved sykehus:* intensivavdeling.
I. intent [in'tent] *subst* **1.** *jur(=purpose)* hensikt; **with criminal ~** i kriminell (*el.* forbrytersk) hensikt; **with ~ to** i den hensikt å; med det formål å *(fx he broke into the house with intent to steal);* **assault with ~ to kill** drapsforsøk; **2.** *stivt:* **to all -s (and purposes)***(=in all important aspects)* i alt vesentlig.
II. intent *adj:* (an)spent *(fx an intent look);* **~ on (-ing)** fast besluttet på å; **he was ~ on the job he was doing** han var ivrig opptatt av det arbeidet han holdt på med.
intention [in'tenʃən] *subst:* hensikt; formål; intensjon; **his -s are good** han har gode hensikter; **have the best (of) -s** ha de beste hensikter; **with the (firm) ~ of (-ing)** i den (bestemte) hensikt å; **with hostile -s** i fiendtlig hensikt; **there is no ~ of (-ing)** man har ikke til hensikt å; **I have not the slightest ~ of (-ing)** det er slett ikke min hensikt å; **if I have offended you it was quite without ~** hvis jeg har fornærmet deg, så var det helt utilsiktet.
intentional [in'tenʃənəl] *adj(=deliberate)* forsettlig; med hensikt; tilsiktet *(fx I'm sorry I offended you – it wasn't intentional).*
intentionally *adv(=on purpose)* med vilje; med hensikt.
intently [in'tentli] *adv:* anspent *(fx he listened intently);* ufravendt *(fx he watched her intently).*
inter [in'tə:] *vb; stivt el. litt.(=bury)* begrave.
interact [,intər'ækt] *vb:* påvirke hverandre gjensidig; gripe inn i hverandre.
interaction [,intər'ækʃən] *subst:* vekselvirkning; gjensidig påvirkning.
inter-authority [,intərɔ:'θɔriti] *adj:* interkommunal; **~ cooperation** interkommunalt samarbeid.
interbreed [,intə'bri:d] *vb; biol(=crossbreed)* krysse(s).
intercede [,intə'si:d] *vb* **1.** megle *(fx intercede in the strike; intercede between them);* **2.: ~ with sby on sby's behalf** gå i forbønn for en hos en.
intercept [,intə'sept] *vb:* snappe (*el.* fange) opp *(fx a message);* avskjære *(fx their supplies);* **~ road shocks** fange opp støt fra veibanen.
interception [,intə'sepʃən] *subst:* oppsnapping; oppfanging; avskjæring; *(se intercept).*
interceptor [,intə'septə] *subst; mil; flyv:* nærjager.
intercession [,intə'seʃən] *subst* **1.** mellomkomst; megling; **2.** forbønn; *(se intercede).*
I. interchange ['intə,tʃeindʒ] *subst* **1.** *stivt (=exchange)* utveksling *(fx of ideas);* **2.: ~ (junction)** trafikkmaskin.
II. interchange [,intə'tʃeindʒ] *vb; stivt(=exchange)* utveksle.
interchangeable [,intə'tʃeindʒəbl] *adj:* utskiftbar; *språkv:* **the two words are not ~** de to ordene dekker ikke hverandre (*el.* kan ikke brukes om hverandre).
interchange layout*(=intersection layout)* trafikkmaskin.
intercollegiate [,intəkə'li:dʒiit] *adj:* mellom fakultetene; fakultetene imellom.
intercom ['intəkɔm] *subst:* interkom; samtaleanlegg.
intercommunicate [,intəkə'mju:ni,keit] *vb:* stå i forbindelse med hverandre; meddele seg til hverandre.
intercommunication ['intəkə,mju:ni'keiʃən] *subst:* innbyrdes forbindelse; innbyrdes meddelelse.
intercommunication system*(=intercom)* interkom; samtaleanlegg.
intercontinental ['intə,kɔnti'nentəl] *adj:* interkontinental.
intercontinental ballistic missile *(fk ICBM)* interkontinental rakett.
intercourse ['intə,kɔ:s] *subst* **1.: trade ~, commercial ~** handelssamkvem; **social ~** sosialt samkvem; **2.: (sexual) ~** samleie; seksuelt samkvem; **have ~ (with)** ha samleie (med).
intercrop ['intə,krɔp] *subst; landbr:* mellomkultur.
interdependence [,intədi'pendəns] *subst:* gjensidig avhengighet.
interdependent [,intədi'pendənt] *adj:* innbyrdes avhengige; gjensidig avhengige av hverandre.
interdict ['intədikt] *subst* **1.** *kat.:* interdikt; **2.** *jur:* **court ~** forbud fra retten.
interdisciplinary [,intə'disiplinəri] *adj:* tverrfaglig; tverrvitenskapelig *(fx research).*
I. interest ['intrist; 'int(ə)rəst] *subst* **1.** interesse *(fx has he any special interests? politics was his great interest; it's difficult to know where his interests lie);* **take an ~ in***(=be interested in)* interessere seg for; **this has great ~** dette har stor interesse; **it is in your ~ as well as ours** det er i Deres interesse såvel som i vår; **it would not be in my ~** det ville ikke være i min interesse; **in our common ~** i vår felles interesse; **in the ~ of truth** i sannhetens interesse;
2. rente; **rate of ~** 1. rentefot; 2. rente *(fx a small rate of interest);* **fixed ~** fast rente; **bear five per cent ~** gi fem prosent (i) rente; **invest money at 5 per cent (~)** investere penger til 5% rente; **~ on capital** kapitalrente; **live on the ~ and keep the capital intact** leve av rentene og beholde kapitalen intakt.
II. interest *vb:* interessere; **be -ed in** være interessert i; interessere seg for; **they were -ed in the film***(=the film interested them)* filmen interesserte dem.
interested ['intristid] *adj:* interessert.
interesting ['intristiŋ] *adj:* interessant.
interface ['intə,feis] *subst* **1.** *fys:* grenseflate; **2.** *EDB:* grensesnitt.
interfere [,intə'fiə] *vb* **1.** blande seg bort i (noe som ikke vedkommer en); **~ between husband and wife** blande seg bort i en strid mellom mann og kone; **an interfering person** en person som blander seg bort i andre menneskers affærer; **don't ~ in other people's business!** legg deg ikke bort i andres saker! **I wish you'd stop interfering (with my plans)** jeg skulle ønske du ville holde opp med å blande deg inn (i mine planer); **2.: ~ with** forstyrre *(fx noise interferes with my work);* sjenere; hemme; hindre; sinke; komme i veien for *(fx he doesn't let anything interfere with his game of golf on Saturday mornings; you mustn't let pleasure interfere with business);* **that would ~ with my plans** det ville gripe forstyrrende inn i mine planer; **3.** *seksuelt:* **~ with** forgripe seg på *(fx he had interfered with a little girl);* **the little girl had been -d with** den lille piken var blitt utsatt for et seksuelt overgrep; **he had -d with her clothing** han hadde fingret (*el.* tuklet) med klærne hennes.
interference [,intə'fiərəns] *subst* **1.** innblanding *(with;*

in i); **2.** *radio:* forstyrrelse; støy; *radio; fys:* interferens.
interflow [ˌintəˈflou] *vb; stivt(=flow together)* flyte sammen.
interim [ˈintərim] *adj:* foreløpig; midlertidig; **an ~ receipt** en foreløpig kvittering; **an ~ report** en foreløpig rapport.
I. interior [inˈtiəriə] *subst:* **the ~** det indre *(fx of a building; of a country);* **US: the Department of the Interior***(=the Home Office)* innenriksdepartementet; **US: Secretary of the Interior***(=Home Secretary)* innenriksminister; *(se NEO innenriksdepartement & innenriksminister).*
II. interior *adj:* innvendig *(fx wall);* indre.
interior decorator maler og tapetserer.
interior designer interiørarkitekt.
interjacent [ˌintəˈdʒeisənt] *adj(=located in between)* mellomliggende.
interject [ˌintəˈdʒekt] *vb:* skyte inn *(fx a comment).*
interjection [ˌintəˈdʒekʃən] *subst* **1.** *stivt(=exclamation)* utrop; **2.** *gram:* utropsord; interjeksjon.
interlace [ˌintəˈleis] *vb:* flette sammen; sno sammen.
interlaced *adj:* sammenflettet; sammenslynget; sammensnodd; **~ pattern** flettverk(smønster); **~ with red ribbons** med røde bånd flettet inn.
interlard [ˌintəˈlaːd] *vb; meget stivt(=intersperse)* spekke *(fx a speech with jokes).*
interleaf [ˈintəˌliːf] *subst; i bok:* innskutt blank side.
interleave [ˌintəˈliːv] *vb; bok:* interfoliere.
interline [ˌintəˈlain] *vb:* skrive (ˌtrykke) mellom linjene.
interlinear [ˌintəˈliniə] *adj:* interlineær; mellom linjene.
interlining [ˈintəˌlainiŋ] *subst; i tøy:* mellomfôr.
interlock [ˌintəˈlɔk] *vb; stivt el. tekn:* gripe inn i hverandre *(fx the pieces of a jigsaw puzzle interlock).*
interlocking frame *jernb:* stillverksapparat.
interlocking plant *jernb:* **(relay) ~** stillverk(sanlegg).
interlocutor [ˌintəˈlɔkjutə] *subst; stivt(=one who takes part in a conversation)* samtalepartner; **my ~***(=the person I was talking to)* den jeg snakket med; min samtalepartner.
interloper [ˈintəˌloupə] *subst* **1.** *hist:* en som krenker et handelsmonopol; smughandler; **2.** *stivt(=intruder)* inntrenger *(fx he was treated as an interloper by the rest of the staff; the police removed an interloper from the official enclosure).*
interlude [ˈintəˌluːd] *subst; teat & fig:* mellomspill; **-s of sunshine between showers** korte perioder med sol mellom skurene.
intermarriage [ˌintəˈmæridʒ] *subst* **1.** innbyrdes giftermål; **2.** inngifte (*with* med).
intermarry [ˌintəˈmæri] *vb* **1***(=marry each other)* gifte seg innbyrdes *(fx in isolated areas, members of the same family tend to intermarry);* **2.: ~ with***(=marry)* gifte seg med *(fx the invaders intermarried with the native population).*
intermediary [ˌintəˈmiːdiəri] *subst:* mellommann; **act as an ~** fungere som mellommann.
intermediate [ˌintəˈmiːdiət] *adj:* mellomliggende; mellom-; **~ course** kurs av middels vanskelighetsgrad; kurs for litt viderekomne; **at an ~ stage (of development)** på et mellomtrinn (*el.* mellomstadium).
intermediate host *biol:* mellomvert.
intermediate range mellomdistanse.
intermediate-range ballistic missile *(fk IRBM) (=intermediate-range nuclear missile) mil:* mellomdistanserakett.
interment [inˈtəːmənt] *subst; stivt(=burial)* begravelse.
intermezzo [ˌintəˈmetsou] *subst* **1.** *mus:* mellomsats; **2.** *fig(=interlude)* mellomspill.
interminable [inˈtəːminəbl] *adj; neds(=endless)* endeløs *(fx I'm tired of this interminable discussion);* uendelig (lang).
interminably *adv:* i det uendelige *(fx he spoke interminably about the brilliance of his scheme).*
intermission [ˌintəˈmiʃən] *subst; radio, teat, etc:* pause *(fx we had a drink at the bar in the intermission).*
intermittent [ˌintəˈmitənt] *adj:* som skjer med mellomrom; periodisk tilbakevendende; **an ~ pain** en smerte som kommer og går; **~ rain** regn av og til; vekselvis regn og oppholdsvær.
intermittently *adv:* innimellom; periodisk; **the pain occurs ~** smerten opptrer periodisk.
I. intern [ˈintəːn] *subst(=interne); ved sykehus* **US***(=houseman)* kandidat.
II. intern [inˈtəːn] *vb:* internere.
I. internal [inˈtəːnəl] *subst; evf; av kvinne (=gynaecological examination)* underlivsundersøkelse.
II. internal *adj* **1.** indre; innvendig; **~ ear** indre øre; **~ injuries** indre skader; **2.** *polit:* indre *(fx interfere in another country's internal affairs);* innenriks; indrepolitisk; **3.** *om medisin:* **for ~ use** til innvortes bruk.
internal combustion engine forbrenningsmotor.
internally [inˈtəːnəli] *adv:* innvendig.
internally suppressed *adj; radio:* med radiostøyfilter *(fx an internally suppressed tool).*
internal medicine indremedisin.
international [ˌintəˈnæʃənəl] *adj:* internasjonal; mellomfolkelig.
International Court of Justice*(=World Court):* **the ~** Den internasjonale domstol.
International Labour Organization *(fk ILO):* **the ~** Den internasjonale arbeidsorganisasjon; ILO.
international law *jur:* folkerett.
internationally [ˌintəˈnæʃənəli] *adv:* internasjonalt.
International Monetary Fund *(fk IMF):* **the ~** Det internasjonale valutafond.
internecine [ˌintəˈniːsain] *adj; stivt(=mutually destructive)* gjensidig ødeleggende *(fx war).*
internee [ˌintəːˈniː] *subst:* internert.
internist [ˈintəːnist; inˈtəːnist] *subst:* indremedisiner.
internment [inˈtəːnmənt] *subst:* internering.
interpellate [inˈtəːpeˌleit] *vb; parl(=question (a minister))* interpellere.
interpellation [inˌtəːpeˈleiʃən] *subst; parl:* interpellasjon.
interplanetary [ˌintəˈplænətəri] *adj:* interplanetarisk.
interplay [ˈintəˌplei] *subst:* vekselspill *(fx the interplay of light and shade in a painting);* samspill *(fx a happy interplay between road and rail traffic).*
interpolate [inˈtəːpəˌleit] *vb* **1.** *mat.:* interpolere; **2.** *meget stivt(=introduce)* skyte inn; føye til *(fx sth in a text).*
interpose [ˌintəˈpouz] *vb; meget stivt el. litt.* **1***(=put between)* sette imellom *(fx a barrier between them);* **2***(=interject)* skyte inn *(fx a few well-chosen words);* **3***(=intervene)* legge seg imellom *(fx he tried to interpose in their dispute);* intervenere; gripe inn; **4.** *jur:* **~ one's authority** benytte seg av sin myndighet *(fx a judge can interpose his authority to prevent certain questions being asked of witnesses).*
interpret [inˈtəːprit] *vb* **1.** tolke; være tolk; **2.** *fig:* tolke; tyde; fortolke.
interpretation [inˌtəːpriˈteiʃən] *subst* **1.** tolking *(fx she was good at interpretation into French);* **2.** *fig:* tolking; fortolking; **put another ~ on it** fortolke det på en annen måte.

interpreter [in'tə:pritə] *subst* **1.** tolk; **2.** person som fortolker; tolker; ~ **of dreams** drømmetyder.
interregnum [,intə'regnəm] *subst:* interregnum (ɔ: tidsrom da det ikke er noen ledelse).
interrelated [,intəri'leitid] *adj:* innbyrdes beslektet (*el.* forbundet).
interrelation(ship) [,intəri'leiʃən(ʃip)] *subst(=mutual relation(ship))* innbyrdes slektskap (*el.* forhold).
interrogate [in'terə,geit] *vb(=take statements from; take a statement from)* avhøre; forhøre *(fx the police spent five hours interrogating the prisoner).*
interrogation [in,terə'geiʃən] *subst:* avhør; forhør.
interrogative [,intə'rɔgətiv] **1.** *subst; gram (=interrogative word)* spørreord; **2.** *adj:* spørrende; *gram:* ~ **pronoun** spørrepronomen.
interrogator [in'terə,geitə] *subst(=questioner)* spørger; en som spør; forhørsleder.
interrupt [,intə'rʌpt] *vb* **1.** avbryte; **2.** *stivt: om utsikt(=cut off)* sperre for *(fx a block of flats interrupted their view of the sea).*
interrupter [,intə'rʌptə] *subst; elekt(=circuit breaker)* avbryter.
interruption [,intə'rʌpʃən] *subst:* avbrytelse.
intersect [,intə'sekt] *vb:* skjære (*el.* krysse) hverandre; gjennomskjære; *geom:* skjære *(fx the line AB intersects the line CD at X);* skjære hverandre *(fx the two lines intersect);* **-ing roads** veier som krysser hverandre.
intersection [,intə'sekʃən] *subst* **1.** *geom:* **(line of)** ~ skjæringslinje; **(point of)** ~ skjæringspunkt; **2.: (road)** ~ veikryss.
intersection layout*(=(traffic) interchange layout)* trafikkmaskin.
intersperse [,intə'spə:s] *vb:* anbringe spredt; anbringe innimellom; **his talk was -d with jokes** foredraget hans var spekket med vitser; **text -d with illustrations** tekst med illustrasjoner innimellom.
interstate ['intə,steit] *adj; i forbundsstat:* mellomstatlig *(fx commerce; railways).*
interstice [in'tə:stis] *subst; mellom ting:* lite mellomrom.
intertribal [,intə'traibəl] *adj:* mellom stammene *(fx war).*
intertwine [,intə'twain] *vb:* flette (*el.* sno) sammen; flette seg sammen; slynge seg om hverandre.
interurban [,intər'ə:bən] *adj:* mellom (to) byer; ~ **railway** jernbane som forbinder to byer; mellombys jernbane.
interval ['intəvəl] *subst* **1.** mellomrom; **at short -s** med korte mellomrom; **there will be longer and longer -s between his requests for help** det vil bli lenger og lenger mellom hver gang han ber om hjelp; **2.** *også teat, etc:* pause *(fx in the interval between the second and third acts);* **I got some work done in the ~ before he returned** jeg fikk gjort litt arbeid mens han var borte.
interval signal *radio:* pausesignal.
interval training *sport:* intervalltrening.
intervene [,intə'vi:n] *vb* **1.** *stivt(=interfere)* gripe inn; intervenere; blande seg inn *(fx in a dispute; between two angry men);* **2.** *om sentralbank:* intervenere; ~ **heavily to support***(=prop up)* **sterling** *(=the pound)* foreta store intervensjoner for å støtte pundkursen. **3.** *litt.; om tid el. sted(=be between)* befinne seg imellom *(fx we could meet more often if the sea did not intervene).*
intervening *adj:* mellomliggende; **during the ~ weeks** i de mellomliggende uker; i ukene som lå imellom.
intervention [,intə'venʃən] *subst* **1.** intervensjon; innblanding; **2.** *sentralbanks:* intervensjon; støtteoppkjøp; ~ **to support***(=prop up)* **sterling***(=the pound)* støtteoppkjøp av pund; **heavy ~ to support** *(=prop up)* **the pound** store støtteoppkjøp av pund.
I. interview ['intə,vju:] *subst:* intervju; samtale; ~ **with an applicant** intervju med en søker.
II. interview *vb:* intervjue; ha en samtale med.
interviewee [,intəvju:'i:] *subst:* **the** ~*(=the person interviewed; the object of the interview)* intervjuobjektet.
interviewer ['intə,vju:ə] *subst:* intervjuer.
interwar [,intə'wɔ:] *adj:* mellomkrigs- *(fx period).*
interweave [,intə'wi:v] *vb(=weave together)* veve sammen; flette sammen.
intestate [in'testeit; in'testit] **1.** *subst:* person som er død uten å ha satt opp testament; **2.** *adj:* uten å ha satt opp testament *(fx die intestate);* ~ **succession** intestatarv; arv i følge loven.
intestinal [in'testinəl] *adj:* som hører til tarmene (*el.* innvollene); innvolls- *(fx worm);* ~ **infection** tarminfeksjon.
intestinal flora tarmflora.
intestine [in'testin] *subst; anat:* tarm; **-s** tarmer; innvoller; **large** ~*(=colon)* tykktarm; **small** ~ tynntarm.
intimacy ['intiməsi] *subst* **1.** intimitet; fortrolig forhold; **the ~ of their talk** deres fortrolige samtale; det fortrolige ved deres samtale; **2.** *evf el. stivt(=sexual intercourse)* samleie.
I. intimate ['intimit] *subst; litt. el. spøkef(=close friend)* nær venn; **his circle of -s** hans krets av nære venner.
II. intimate *adj* **1.** nær; fortrolig *(fx friend);* **2.** intim *(fx the intimate details of one's marriage); om atmosfære:* uformell; intim *(fx an intimate nightclub)* **3.** *om kunnskaper:* **he has an ~ knowledge of French grammar** han er meget fortrolig med (*el.* kjenner godt til) fransk grammatikk; **4.** *stivt el. evf:* **be ~ with sby***(=have (sexual) intercourse with sby)* ha samleie med en.
III. intimate ['inti,meit] *vb; stivt(=hint)* antyde; tilkjennegi; la forstå *(fx he intimated that he would soon be resigning as club secretary).*
intimately *adv:* intimt; fortrolig; **be ~ connected with** ha nøye sammenheng med; **they were not ~ acquainted** de kjente hverandre ikke særlig godt.
intimation [,inti'meiʃən] *subst:* antydning; tilkjennegivelse; vink; **he gave us no ~ of his intentions** han ga oss ikke noe vink om hva han hadde tenkt å gjøre.
intimidate [in'timi,deit] *vb; stivt(=frighten)* skremme; true; ~ **sby into doing sth** skremme en til å gjøre noe *(fx they were intimidated into giving him the money).*
intimidation [in,timi'deiʃən] *subst:* skremming; trusler.
into ['intu:; *trykksvakt:* 'intə] *prep* **1.** inn i *(fx go into the house);* ned i *(fx put it into the box);* ut i *(fx jump into the water);* i *(fx divide into three parts; 5 into 15 is 3);* **far ~ the night** til langt ut på natten; **2.** *ved forandring:* **change sth ~ sth** forandre noe til noe; **convert** ~ omregne til; **turn** ~ bli til *(fx a tadpole turns into a frog);* **he frightened her ~ doing it** han skremte henne til å gjøre det.
in-toed ['in,toud] *adj:* med innadvendte tær.
intolerable [in'tɔlərəbl] *adj; stivt(=unbearable)* uutholdelig *(fx pain);* ulidelig; utålelig; ufordragelig *(fx insolence).*
intolerableness [in'tɔlərəblnis] *subst:* ufordragelighet.
intolerance [in'tɔlərəns] *subst:* intoleranse (*to* overfor).
intolerant [in'tɔlərənt] *adj:* intolerant (*of* med hensyn til; overfor); ~ **towards sby** intolerant overfor en.
intonation [,intə'neiʃən] *subst; fon, mus:* intonasjon.
intone [in'toun] *vb:* intonere; stemme i; *rel(=chant)*

messe *(fx intone a prayer).*

intoxicate [in'tɔksi,keit] *vb; stivt el. litt.(=make drunk)* beruse; *fig:* **-d with, -d by** beruset av *(fx intoxicated by her beauty; intoxicated with words).*

intoxication [in,tɔksi'keiʃən] *subst:* beruselse.

intractability [in,træktə'biliti] *subst; stivt (=stubbornness)* umedgjørlighet; stahet; **his ~ made them despair** de var fortvilet over hans umedgjørlighet.

intractable [in'træktəbl] *adj:* umedgjørlig; vanskelig å ha med å gjøre *(fx child);* vanskelig å bearbeide.

intramuscular [,intrə'mʌskjulə] *adj:* intramuskulær; **~ injection***(=I.M. injection)* intramuskulær injeksjon.

intransigence [in'trænsidʒəns] *subst; stivt (=obstinacy)* steilhet; stahet.

intransigent [in'trænsidʒənt] *adj; stivt(=obstinate)* steil; sta; som nekter å gå på akkord.

intransitive [in'trænsitiv] *adj; gram:* intransitiv.

intraspecific [,intrəspə'sifik] *adj:* som forekommer innen samme art; **~ trials of strength** styrkeprøver mellom dyr av samme art.

intrauterine [,intrə'ju:tərain] *adj(=within the womb)* intrauterin; inne i livmoren.

intrauterine device *(fk I.U.D.) med.:* spiral.

intravenous [,intrə'vi:nəs] *adj:* intravenøs.

intravenously *adv:* intravenøst; **be fed ~***(=be on intravenous feeding;* **T:** *be on the drip)* få intravenøs ernæring; **inject ~** sette sprøyte(r) intravenøst.

intrepid [in'trepid] *adj; stivt(=fearless; bold)* uforferdet; djerv; fryktløs.

intricacy ['intrikəsi] *subst* **1.** innviklethet *(fx the intricacy of the embroidery);* **2.: intricacies** vanskeligheter *(fx the intricacies of German grammar);* innviklede detaljer.

intricate ['intrikit] *adj(=complicated)* innviklet; komplisert *(fx pattern; all the intricate details).*

I. intrigue [in'tri:g] *subst* **1***(=plotting; scheming)* intrigering; intriger *(fx his love of intrigue);* **a certain amount of ~** en del intrigering; **2.** *neds(=plot; scheme)* intrige; **3.** *lett glds(=secret love affair)* hemmelig kjærlighetsforhold.

II. intrigue *vb* **1***(=make curious; fascinate)* fengsle; oppta; pirre ens nysgjerrighet *(fx the puzzle intrigued her);* vekke ens interesse *(fx the book intrigued me);* **I'm -d by this case** denne saken opptar meg (*el.* har vakt min nysgjerrighet); **2***(=plot; scheme)* intrigere (*against* mot).

intriguer [in'tri:gə] *subst:* intrigant person.

I. intriguing [in'tri:giŋ] *subst:* intrigering.

II. intriguing *adj* **1***(=scheming; plotting)* intrigant; **2***(=curious; amusing)* spennende *(fx what an intriguing idea);* interessant; pussig; **it's ~ to think that** ... 1. det er interessant å tenke på at ...; 2. det er rart å tenke på at ...

intrinsic [in'trinsik] *adj; om verdi, etc:* indre; egentlig; reell.

intrinsic value *mots affeksjonsverdi:* egenverdi; verdi i seg selv; reell verdi; **the ~ of a coin** finhetsgraden i en mynt.

introduce [,intrə'dju:s] *vb* **1***(=begin to use)* ta i bruk *(fx when tractors were introduced); (=bring in)* innføre *(fx a new fashion; a new method; grey squirrels were introduced into Britain from Canada);* introdusere; *om emne:* bringe på bane; **2.** *taler:* introdusere; *foredrag, etc:* innlede; **3.** *stivt; om lovforslag, etc(=put forward; propose)* fremsette *(fx a bill in Parliament);* **4.** presentere *(fx sby to sby); fig:* **be -d to** få en innføring i *(fx algebra);* stifte bekjentskap med *(fx a new way of life).*

introduction [,intrə'dʌkʃən] *subst* **1.** innledning *(fx the author says in his introduction that ...);* **2.** presentasjon *(fx the hostess made the introductions);* **3.** innføring *(fx of new medical treatments);* **the ~ of new words** det å ta i bruk nye ord; **he had a very depressing ~ to the school** hans første møte med skolen var meget nedslående; **letter of ~** introduksjonsskriv.

introductory [,intrə'dʌktəri] *adj:* innledende *(fx remarks).*

introspection [,intrə'spekʃən] *subst:* introspeksjon; selviakttagelse; selvanalyse.

introspective [,intrə'spektiv] *adj:* introspektiv; innadvendt *(fx she's introspective).*

I. introvert ['intrə,və:t] *subst:* introvertert person.

II. introvert *adj; psykol:* introvertert.

III. introvert [,intrə'və:t] *vb:* introvertere; bøye innover; vende innover; **-ed toes** innadvendte tær.

intrude [in'tru:d] *vb:* trenge seg på; komme til bry; forstyrre *(fx he opened the door and said 'I'm sorry to intrude');* **~ on sby** forstyrre en; **~ on sby's time** komme ubeleilig for en; oppta ens tid *(fx I'm sorry to intrude on your time);* **2.** *stivt:* **~ one's company on sby***(=force one's company on sby)* påtvinge en sitt selskap; *meget stivt:* **the memory kept intruding itself into her mind***(=the memory kept entering her mind)* minnet om dette opptok henne stadig; hun kunne ikke la være å tenke på det.

intruder [in'tru:də] *subst:* ubuden gjest; inntrenger.

intrusion [in'tru:ʒən] *subst:* forstyrrelse; det å trenge seg på; *(se intrude).*

intrusive [in'tru:siv] *adj:* påtrengende.

intubate ['intju,beit] *vb; med.:* intubere; sette en kanyle i.

intuition [,intju'iʃən] *subst:* intuisjon; **woman's ~** kvinnelig intuisjon; **she knew by ~ that** ... hun visste intuitivt at ...; hennes intuisjon sa henne at ... **have ~** ha intuisjon.

intuitive [in'tju:itiv] *adj:* intuitiv; **be ~** ha intuisjon *(fx women are more intuitive than men).*

intumescence [,intju'mesəns] *subst; med.; om organ(=swelling)* oppsvulming.

inundate ['inʌn,deit] *vb; stivt(=flood)* oversvømme; *fig:* **-d with work** (helt) oversvømmet med arbeid.

inundation [,inʌn'deiʃən] *subst; stivt(=flooding)* oversvømmelse.

inure [i'njuə] *vb; stivt; om noe uønsket:* **~ oneself to sth***(=harden oneself to sth; get used to sth)* herde seg mot noe; venne seg til noe; **be -d to hardship** være vant til strabaser.

invade [in'veid] *vb* **1.** invadere; trenge inn i; gjøre invasjon i; **2.** oversvømme *(fx a town invaded by tourists); stivt:* fylle *(fx a sense of loneliness invaded her);* **3.** *jur(=encroach on)* krenke; **~ sby's privacy** forstyrre ens privatliv.

invader [in'veidə] *subst:* inntrenger; angriper.

I. invalid ['invəli:d] *subst:* syk (*el.* ufør) person *(fx during his last few years he was a permanent invalid).*

II. invalid ['invəli:d] *vb; mil:* **be -ed out of the army** bli erklært tjensteudyktig (pga. sykdom); **he was -ed in the last war** han ble alvorlig såret i den siste krig.

III. invalid ['invəli:d] *adj:* syk(elig); ufør.

IV. invalid [in'vælid] *adj* **1.** *om dokument, etc:* ugyldig *(fx your passport is out of date and therefore invalid);* **2.** *om argument, etc:* ugyldig; som ikke gjelder *(fx his whole argument is invalid).*

invalidate [in'væli,deit] *vb; stivt(=make invalid)* gjøre ugyldig *(fx the lack of a signature invalidates this document); bevis(=weaken (the force of))* avkrefte; svekke *(fx a piece of evidence).*

invalidation [in,væli'deiʃən] *subst:* ugyldiggjørelse; *om bevis:* avkreftelse; svekkelse *(fx of a piece of*

evidence); ~ **of an election** underkjennelse av et valg.
invalid chair*(=wheelchair)* rullestol.
invalid diet sykekost.
invalidity [,invə'liditi] *subst:* ugyldighet.
invalidity benefit *(fk IVB)* **UK** *til person som har vært sykmeldt i mer enn 6 måneder:* uføretrygd; *(jvf disablement benefit).*
invaluable [in'væljuəbl] *adj:* uvurderlig *(fx help).*
invariability [in,vɛəriə'biliti] *subst(=invariableness)* uforanderlighet.
invariable [in'vɛəriəbl] *adj:* uforanderlig; ufravikelig *(fx an invariable rule).*
invariably *adv(=always)* uten unntak; bestandig; alltid.
invasion [in'veiʒən] *subst* **1.** invasjon; inntrengen; **2.** *jur:* krenkelse; ~ **of privacy** krenkelse av privatlivets fred.
invective [in'vektiv] *subst; litt. el. stivt(=word of abuse)* skjellsord; invektiv.
inveigh [in'vei] *vb; litt. el. stivt:* ~ **against***(=speak bitterly against)* tordne mot; rase mot.
inveigle [in'vi:gl] *vb; stivt(=coax; trap):* ~ **sby into doing sth** forlede en til å gjøre noe.
invent [in'vent] *vb* **1.** oppfinne; finne opp; **2.** *om unnskyldning, etc(=think of; make up)* finne på *(fx I'll have to invent some excuse).*
invention [in'venʃən] *subst* **1.** oppfinnelse; **2.** oppdiktet historie; noe man har funnet på.
inventive [in'ventiv] *adj:* oppfinnsom *(fx she's very inventive);* **have an** ~ **mind** være oppfinnsom.
inventor [in'ventə] *subst:* oppfinner.
inventory ['invəntəri] *subst:* inventarliste; fortegnelse (*of* over); **make an** ~ **of***(=make a list of)* sette opp en fortegnelse over.
I. inverse [in'və:s; 'invə:s] *subst:* **the** ~*(=the opposite)* det omvendte *(fx the inverse of the statement is also true).*
II. inverse *adj; især mat.(=opposite; reverse)* omvendt; ~ **ratio** omvendt forhold.
inversely *adv:* omvendt; ~ **proportional to***(=in inverse ratio to)* omvendt proporsjonal med.
inversion [in'və:ʃən] *subst* **1.** det å vende om på; det å snu opp ned på; speilvending; **2.** *gram:* inversjon; omvendt ordstilling; **3.** *kjem:* inversjon; **4***(=homosexuality)* homoseksualitet.
I. invert ['invə:t] *subst(=homosexual)* homoseksuell.
II. invert [in'və:t] *vb* **1.** *meget stivt(=turn upside down; reverse the order of)* vende opp ned på *(fx he trapped the wasp by inverting a glass over it);* snu om på *(fx the word order);* speilvende; **2.** *kjem:* invertere; **3.** *mat.:* ~ **a fraction** gjøre om en brøk.
invertebrate [in'və:tibrit] **1.** *subst:* virvelløst dyr; **2.** *adj:* virvelløs.
inverted [in'və:tid] *adj:* omvendt; speilvendt.
inverted commas *subst; pl:* anførselstegn; gåseøyer.
inverter [in'və:tə] *subst; elekt(=inverted rectifier)* vekselretter.
invest [in'vest] *vb* **1.** investere *(fx money in a firm);* ~ **one's money profitably** investere pengene sine på en fordelaktig måte; **they've -ed a lot of time and money in modernizing their house** de har investert meget både av tid og penger i moderniseringen av huset sitt; **2.** *meget stivt(=install)* innsette *(fx a bishop in his see);* **3.:** ~ **with** utstyre med *(fx the president of Nigeria is invested with enormous powers);* **4.** *glds(=clothe)* ikle *(fx invest a king in the insignia of an emperor).*
investigate [in'vesti,geit] *vb:* etterforske *(fx a crime);* undersøke; ~ **a noise** undersøke hvor en støy kommer fra.
investigation [in,vesti'geiʃən] *subst:* etterforskning; undersøkelse; **methods of** ~ etterforskningsmetoder; **the police have finished their -s into the crime** politiet har avsluttet sin etterforskning av forbrytelsen.
investigative [in'vestigətiv] *adj:* undersøkelses-; undersøkende; ~ **journalism** undersøkende journalistikk; ~ **journalist** undersøkende journalist.
investigator [in'vesti,geitə] *subst:* etterforsker; **private** ~*(=private detective)* privatdetektiv.
investiture [in'vestitʃə] *subst* **1.** investitur (ɔ: høytidelig innsettelse i et embete); **2.: right of** ~ innsettelsesrett.
investment [in'vestmənt] *subst* **1.** investering; pengeanbringelse; ~ **of capital** kapitalanbringelse; **a good** ~ en god investering (*el.* kapitalanbringelse); **capital** ~ kapitalinvestering; **attract private** ~ trekke til seg private investeringer; **2.** *se investiture 1.*
investment company investeringsselskap.
investor [in'vestə] *subst:* investor.
inveterate [in'vetərət] *adj:* inngrodd *(fx liar).*
invidious [in'vidiəs] *adj:* odiøs *(fx comparison);* **the word has an** ~ **connotation** ordet har en odiøs bibetydning; **make** ~ **distinctions** gjøre forskjell (ɔ: være urettferdig); *(jvf unpleasant).*
invigilate [in'vidʒi,leit] (,**US:** *proctor) vb:* inspisere (ved eksamen); ha eksamenstilsyn.
invigilation [in,vidʒi'leiʃən] (,**US:** *proctoring) subst:* inspeksjon; eksamenstilsyn.
invigilator [in'vidʒi,leitə] (,**US:** *proctor) subst:* eksamenstilsyn; inspektør.
invigorate [in'vigə,reit] *vb; stivt(=strengthen; refresh)* styrke; gi kraft *(fx the bath invigorated her);* **he was -d by his walk in the cold air** spaserturen i den kalde luften virket forfriskende på ham.
invigorating *adj:* styrkende; forfriskende *(fx walk).*
invigoration [in,vigə'reiʃən] *subst:* styrking.
invincibility [in,vinsi'biliti] *subst:* uovervinnelighet.
invincible [in'vinsəbl] *adj:* uovervinnelig.
inviolable [in'vaiələbl] *adj:* ukrenkelig.
invisibility [in,vizi'biliti] *subst:* usynlighet.
invisible [in'vizəbl] *adj:* usynlig.
invisible assets*(=intangible assets) merk:* immaterielle aktiva.
invisible balance *økon:* overskudd/underskudd i overføringer til/fra utlandet.
invisible earnings *økon:* overføringer fra utlandet.
invitation [,invi'teiʃən] *subst* **1.** invitasjon; innbydelse; **2.** oppfordring; anmodning; **on the** ~ **of the chairman** etter oppfordring fra formannen.
invite [in'vait] *vb* **1.** invitere *(fx they have invited us to dinner tomorrow);* innby; **2.** oppfordre *(fx invite him to join the club);* **he was -d to speak at the meeting** han ble bedt om å tale på møtet; ~ **proposals from the members** be om forslag fra medlemmene; ~ **trouble** 1. be om bråk; 2. utfordre skjebnen.
inviting *adj:* innbydende; fristende.
invocation [,invə'keiʃən] *subst* **1.** påkalling; påkallelse; **2***(=incantation)* besvergelse; besvergelsesformular.
invoice ['invɔis] **1.** *subst; merk:* faktura; **duplicate** ~ faktura i to eksemplarer; ~ **for***(=of)* **20 cases** faktura på 20 kasser; ~ **for***(=amounting to)* **£10** faktura på £10; **make out an** ~ skrive ut en faktura; **2.** *vb:* fakturere; **they were -d at £50** de ble fakturert med £50; **the prices (,goods) -d** de fakturerte priser (,varer).
invoice amount: the ~*(=the amount of the invoice)* fakturabeløpet.
invoice(d) price fakturapris; **at** ~*(=at the price invoiced)* til fakturapris.
invoke [in'vouk] *vb; stivt* **1***(=appeal to; call on (for*

help)) påkalle (med bønn om hjelp) *(fx invoke God; invoke a saint; invoke the law for one's protection);* **2***(=make an earnest request for; solicit)* be (innstendig) om; påkalle *(fx he invoked the support of his trade union);* **3***(=put into effect)* iverksette *(fx economic sanctions);* **4.** *ånd, demon, etc(=summon; conjure up)* påkalle; mane fram; besverge.

involuntary [in'vɔləntəri] *adj:* ufrivillig; *jur:* ~ **manslaughter** uaktsomt drap; *(se NEO drap).*

I. involute ['invə,lu:t] *subst; mat.:* evolvent.

II. involute *adj* **1.** *meget stivt(=complex; intricate)* innviklet; komplisert; **2***(=curled spirally)* spiraldreid; spiralformet; *bot:* innrullet; *mask:* ~ **gear teeth** evolvent fortanning.

involution [,invə'lu:ʃən] *subst* **1.** *meget stivt (=complexity; intricacy)* innviklethet; innviklet beskaffenhet; **2.** *med.: om organ som vender tilbake til sin opprinnelige form:* involusjon *(fx the involution of the womb after childbirth);* **3.** *biol:* innskrumpning (av et organ); involusjon; **4.** *gram:* setningsknute; **5.** *mat.:* potensering.

involve [in'vɔlv] *vb* **1.** medføre; innebære; være forbundet med *(fx hard work);* **the danger -d** den fare som er forbundet med det; faren ved det; **the difficulties -d** de vanskeligheter det (,dette) medfører; vanskelighetene (ved saken);
2. involvere; trekke inn; blande inn (*in* i) *(fx they tried to involve me in their quarrel); fig:* ~ **sby in one's fall** trekke en med seg i fallet; ~ **oneself (in sth)** engasjere seg (i noe); **be -d** 1*(=get involved)* bli blandet inn; bli trukket inn; bli involvert; bli implisert; 2. være innblandet; være involvert; være implisert; være engasjert; være med (på det) *(fx a lot of people are involved);* **I'm glad I'm not -d** jeg er glad jeg ikke har noe med det å gjøre; **a large sum of money is -d** det dreier seg om en stor pengesum; **be -d in sth** 1*(=get involved in sth)* bli blandet (*el.* trukket) inn i noe; bli innblandet i noe; bli implisert i noe; 2. være innblandet (*el.* involvert) i noe; være implisert i noe; være engasjert i noe *(fx he's always been involved in politics);* være med på noe *(fx she's not involved in anything);* **become -d in sth** bli engasjert i noe; (begynne å) engasjere seg i noe; bli involvert i noe; **he has become strongly***(=greatly)* **-d in refugee work** han har (nå) engasjert seg sterkt i flyktningearbeid(et); **become -d with sby** få å gjøre med en; **become -d with a man** få (*el.* vikle seg inn i) et forhold til en mann *(fx she's become involved with a married man);* **get -d***(=be involved)* bli blandet (*el.* trukket) inn; bli involvert; **he didn't want to get -d in anything** han ville ikke bli blandet inn i noe; **3***(=complicate)* komplisere; **the situation was further -d by her disappearance** situasjonen ble ytterligere komplisert ved at hun forsvant.

involved *adj(=complicated)* komplisert *(fx her business affairs seem to have become very involved).*

involvement [in'vɔlvmənt] *subst; fig:* engasjement *(fx the firm's involvement in that country);* innblanding *(fx their involvement in the Middle East);* **personal** ~ personlig engasjement.

invulnerable [in'vʌlnərəbl] *adj:* usårlig.

I. inward ['inwəd] *adj* **1.** *især fig:* indre; **his** ~ **thoughts** hans innerste tanker; **2.** bøyd innover; innovergående *(fx curve); post; fagl:* ~ **mails** *(=incoming mail)* inngående post.

II. inward*(=inwards)* *adv:* innover; *mar:* ~ **bound** inngående.

inward dive innoverstup; *(jvf forward dive).*

inwardly ['inwədli] *adv(=secretly)* inne i seg; i sitt stille sinn *(fx he was inwardly pleased when she failed).*

inwards ['inwədz] *adv:* innover; **grow** ~ vokse innover; **turn** ~ vende innover.

inwrought ['inrɔ:t] *adj* **1.** *om stoff:* med innvevd mønster; **2.** *om mønster:* innvevd; innvirket *(fx with figures).*

iodic [ai'ɔdik] *adj:* jodholdig; jod-; ~ **acid** jodsyre.

iodine ['aiə,di:n] *subst; kjem:* jod.

ion [aiən] *subst; fys:* ione.

Ionian [ai'ouniən] *hist* **1.** *subst:* joner; **2.** *adj:* jonisk.

Ionian Islands: the ~ De joniske øyer.

ionic [ai'ɔnik] *adj; fys:* ion-: ione-.

Ionic *adj; arkit:* jonisk; ~ **column** jonisk søyle.

IOU [,aiou'ju:] *subst:* gjeldsbevis.

Iran [i'ra:n] *subst; geogr:* Iran.

Iranian [i'reiniən] **1.** *subst:* iraner; *om språket:* iransk; **2.** *adj:* iransk.

Iraq [i'ra:k] *subst; geogr:* Irak.

Iraqi [i'ra:ki] **1.** *subst:* iraker; *om språket:* irakisk; **2.** *adj:* irakisk.

irascible [i'ræsəbl] *adj; stivt(=hot-tempered)* hissig; oppfarende.

irate [ai'reit] *adj; stivt el. spøkef(=angry)* sint.

Ireland ['aiələnd] *subst; geogr:* Irland; **the Republic of** ~*(=the Irish Republic)* Den irske republikk.

iridescent [,iri'desənt] *adj:* iriserende; med regnbueglans; **be** ~ spille i alle regnbuens farger.

iris ['airis] *subst* **1.** *anat:* iris; regnbuehinne; **2.** *bot(=yellow flag)* sverdlilje.

Irish ['airiʃ; 'aiəriʃ] **1.** *subst:* **the** ~ ire(r)ne; *språket:* irsk; **2.** *adj:* irsk.

Irish Free State *hist (1922–37):* **the** ~ Den irske fristat.

Irishman ['airiʃmən] *subst:* irlender; irer.

Irish Sea *subst; geogr:* **the** ~ Irskesjøen.

irk [ə:k] *vb; stivt(=annoy; bore)* ergre; kjede.

irksome ['ə:ksəm] *adj; stivt(=annoying; tedious)* irriterende; kjedsommelig.

I. iron ['aiən] *subst* **1.** jern; **cast** ~ støpejern; **wrought** ~ smijern; *fig:* **a will of** ~ en jernvilje; en vilje av jern; **have (too) many -s in the fire** ha (for) mange jern i ilden; *ordspråk:* **strike while the** ~ **is hot** smi mens jernet er varmt; **2***(=flatiron)* strykejern; **soldering** ~*(=soldering bit)* loddebolt; **3.** *golf:* kølle *(fx a number three iron);* **4.:** **-s** lenker; jern *(fx they put him in irons).*

II. iron *vb* **1.** stryke *(fx a dress);* **2.:** ~ **out** 1. glatte ut *(fx the creases in a dress);* 2. *fig:* bringe ut av verden; rydde av veien *(fx they ironed out all the obvious problems at the first committee meeting).*

Iron Curtain *polit:* **the** ~ jernteppet.

iron foundry jernstøperi.

ironic(al) [ai'rɔnik(əl)] *adj:* ironisk.

ironically *adv:* ironisk; ~ **enough** ironisk nok.

ironing ['aiəniŋ] *subst* **1.** stryking; **2.** stryketøy.

ironing board strykebrett.

ironing cloth strykeklede.

iron lung [,aiən'lʌŋ] *subst; med.:* jernlunge.

ironmonger ['aiən,mʌŋgə] *subst (,US: hardware dealer)* isenkramhandler; jernvarehandler.

ironmongery ['aiən,mʌŋgəri] *subst (,US: hardware)* isenkram; isenkramvarer.

iron rations [,aiən 'ræʃənz] *subst; pl; mil:* nødrasjoner.

iron worker jernverksarbeider.

ironworks ['aiən,wə:ks] *subst:* jernverk *(fx an ironworks).*

irony ['airəni] *subst:* ironi; **deadly** ~ blodig ironi; **the** ~ **of fate** skjebnens ironi; **T: it would be the final** ~ **if** ... det ville virkelig være en ironi om ...

irradiate [i'reidi,eit] *vb; fys:* bestråle; *(jvf radiate).*

irrational [i'ræʃənəl] *adj:* irrasjonell; fornuftsstridig.

irrationality [i,ræʃə'næliti] *subst:* irrasjonell beskaffenhet; fornuftsstridighet.
irreclaimable [,iri'kleiməbl] *adj; om jord:* som ikke kan bringes under kultur; som ikke kan innvinnes.
irreconcilable [i'rekən,sailəbl] *adj* **1.** *stivt(=not willing to be reconciled)* uforsonlig; **2.:** ~ **with** uforenlig med *(fx this policy is irreconcilable with a belief in human rights).*
irrecoverable [,iri'kʌvərəbl] *adj; om gjeld:* uerholdelig; *om tap(=irretrievable)* uerstattelig.
irredeemable [,iri'di:məbl] *adj* **1.** *om obligasjon:* uoppsigelig; uamortisabel; **2.** *om pengesedler(=inconvertible)* uinnløselig; **3.** *rel; om synder:* som ikke kan frelses; uforbederlig; **4.** *om tap(=irretrievable)* uerstattelig.
irredeemables *subst; pl:* uamortisable obligasjoner.
irrefutable [i'refjutəbl; ,iri'fju:təbl] *adj:* ugjendrivelig *(fx argument; evidence).*
irregular [i'regjulə] *adj* **1.** uregelmessig; ujevn *(fx an irregular pulse);* unormal; **2.** ureglementert; ukorrekt *(fx procedure);* **it's extremely ~ for police officers to** ... det er i høyeste grad reglementsstridig at polititjenestemenn ...; **3.** *gram:* uregelmessig *(fx verb);* **4.** *mil:* irregulær *(fx troops).*
irregularity [i,regju'læriti] *subst:* uregelmessighet; ujevnhet; *i regnskap:* uregelmessighet *(fx in the accounts); (se irregular).*
irregulars *subst; pl(=irregular troops)* irregulære tropper.
irrelevance [i'reləvəns] *subst* **1.** irrelevans; **2.** uvedkommende bemerkning; irrelevant bemerkning.
irrelevant [i'reləvənt]· *adj:* irrelevant; saken uvedkommende.
irreligious [,iri'lidʒəs] *adj:* irreligiøs; religionsløs.
irremediable [,iri'mi:diəbl] *adj; stivt* **1***(=incurable)* uhelbredelig; **2***(=irreparable)* ubotelig; uopprettelig.
irremissible [,iri'misəbl] *adj; meget stivt* **1***(=unpardonable; inexcusable)* utilgivelig *(fx sin);* **2.** *om plikt, etc:* som man ikke kan få unndratt seg.
irremovable [,iri'mu:vəbl] *adj; stivt* **1.** *om flekk:* som ikke kan fjernes; **2.** *fra embete:* uavsettelig.
irreparable [i'repərəbl] *adj:* uopprettelig; ubotelig *(fx damage);* som ikke kan repareres; *om tap(=irretrievable)* uerstattelig *(fx loss).*
irreparably *adv:* uopprettelig; **the building was ~ damaged***(=the building was damaged beyond repair)* bygningen fikk så store skader at den ikke kan repareres; **the evening was** ~*(=hopelessly)* **spoilt** kvelden var håpløst ødelagt.
irreplaceable [,iri'pleisəbl] *adj:* som ikke kan erstattes med noe annet; (helt) uerstattelig.
irrepressible [,iri'presəbl] *adj:* som ikke lar seg kue (*el.* holde nede); ukuelig.
irreproachable [,iri'proutʃəbl] *adj; stivt (=blameless; above reproach)* uklanderlig *(fx conduct).*
irresistible [,iri'zistəbl] *adj:* uimotståelig *(fx impulse; woman).*
irresolute [i'rezəlu:t] *adj; stivt(=full of hesitation; indecisive)* ubeslutsom; tvilrådig.
irresolution [i,rezə'lu:ʃən] *subst; stivt(=indecision)* ubeslutsomhet.
irrespective [,iri'spektiv] **1.** *adj; stivt:* ~ **of** *(=regardless of)* uten hensyn til; uansett; ~ **of age and ability** uansett alder og evner; **2.** *adv* **T***(=regardless)* uten å tenke på følgene; uansett (hva det måtte føre til) *(fx he carried on with his plan irrespective).*
irresponsibility ['iri,spɔnsə'biliti] *subst:* uansvarlighet; ansvarsløshet; lettsindighet.
irresponsible [,iri'spɔnsəbl] *adj:* uansvarlig; ansvarsløs; lettsindig.
irretrievable [,iri'tri:vəbl] *adj; stivt; om tap el. skade(=irreparable)* uopprettelig.
irretrievably *adv:* uopprettelig; ~ **lost** ugjenkallelig tapt.
irreverence [i'revərəns] *subst:* uærbødighet; respektløshet; pietetsløshet.
irreverent [i'revərənt] *adj:* uærbødig; respektløs; pietetsløs.
irreversible [,iri'və:səbl] *adj* **1.** som ikke kan snus (*el.* vendes) *(fx the irreversible flow of time); tekn:* irreversibel; **2***(=irrevocable)* ugjenkallelig; som ikke kan gjøres om *(fx an irreversible decision).*
irrevocable [i'revəkəbl] *adj:* ugjenkallelig *(fx decision);* ~ **credit** ugjenkallelig remburs.
irrigate ['iri,geit] *vb* **1.** irrigere; overrisle; vanne (kunstig); **2.** *med.:* skylle ut.
irrigation [,iri'geiʃən] *subst* **1.** irrigasjon; overrisling; kunstig vanning; **2.** *med.:* utskylling.
irritability [,iritə'biliti] *subst:* irritabilitet.
irritable ['iritəbl] *adj:* irritabel.
irritant ['iritənt] *subst:* irritament; pirringsmiddel.
irritate ['iri,teit] *vb:* irritere.
irritation [,iri'teiʃən] *subst:* irritasjon.
is [iz] *3. pers ent pres av be.*
ischium ['iskiəm] *subst; anat(=seat bone)* sitteben.
isinglass ['aiziŋgla:s] *subst* **1***(very pure) gelatin(e))* (meget ren) gelatin; **2***(=mica)* glimmer.
Islam ['izla:m; iz'la:m] *subst; rel:* islam.
island ['ailənd] *subst* **1.** øy; **in** *(,om mindre: on)* **an ~** på ei øy; **2.: traffic ~** trafikkøy.
islander ['ailəndə] *subst:* øyboer.
isle [ail] *subst; især poet el. i faste forbindelser:* øy *(fx the Isle of Man; the British Isles).*
islet [ailit] *subst(=small island)* liten øy; holme.
isobar ['aisəba:] *subst; meteorol:* isobar.
isocheim, isochime ['aisou,kaim] *subst; meteorol:* vinterisoterm; *(jvf isotherm).*
isolate ['aisə,leit] *vb* **1.** isolere; avskjære fra omverdenen; **2.** *elekt, kjem, med.:* isolere; *om bakterier:* rendyrke; **3.** *fig:* isolere; skille ut.
isolated *adj* **1.** *om sted:* isolert; ensomt beliggende; ensom; **politically ~** politisk isolert *(fx country);* **2.** *om person:* ensom; isolert; **3.** enkeltstående *(fx an isolated instance of violence).*
isolation [,aisə'leiʃən] *subst:* isolering; isolasjon; *av bakterier:* rendyrking; *(se isolate).*
isosceles [ai'sɔsi,li:z] *adj; geom; om trekant;* likebent.
isotherm ['aisou,θə:m] *subst:* isoterm; *(jvf isocheim).*
isotope ['aisə,toup] *subst; fys:* isotop.
isotropic [,aisou'trɔpik] *adj:* isotrop.
Israel ['iszrei(ə)l] *subst; geogr:* Israel.
Israeli [iz'reili] **1.** *subst:* israeler; **2.** *adj:* israelsk.
Israelite ['izriə,lait] *subst; bibl:* israelitt.
I. issue ['iʃu:; 'iʃju:; 'isju:] *subst* **1.** utsendelse *(fx of new stamps);* utstedelse *(fx buy new stamps on the day of issue; the issue of passports); om bok, etc(=publication)* utgivelse; ~ **of shares***(=share issue)* aksjeemisjon; **2***(=outlet)* utløp; **3***(=discharge; efflux)* utstrømning; **4***(=outflow; discharge)* avløp; **5.** *jur(=heir (of the body))* livsarving *(fx he died without issue);* **6.** *av avis:* nummer *(fx in today's issue of the Daily Mail);* **7.** *stivt(=outcome; result)* utfall; utgang *(fx the issue of the war);* **8.** sak; spørsmål *(fx an important issue);* stridsspørsmål; *stivt:* **point at** ~*(=matter at issue)* stridsspørsmål; det saken gjelder *(fx that's not the point at issue);* **force the ~** fremtvinge en avgjørelse (i saken); sette saken på spissen; **shirk the** ~*(=evade the issue)* gå utenom saken.
II. issue *vb* **1***(=send out)* sende ut *(fx a description of the criminal);* utstede *(fx the general issued fresh instructions); om aksjer, pengesedler:* utstede;

emittere; dele ut; **be -d with** få utlevert; få seg tildelt *(fx they were issued with rifles);* **2***(=publish)* utgi; **-d by** 1. *om boktittel(=published by)* utgitt av; 2. *om forordninger, etc:* utstedt av; *om trykksaken:* utgitt av; **3.** *stivt:* ~ **from** 1*(=flow from)* strømme ut av; komme fra *(fx water issuing from the rock);* 2*(=come from)* komme fra *(fx a strange noise issued from the room).*
issue desk *i bibliotek(=out-counter)* utlånsskranke.
issuing department *i bibliotek:* utlånsavdeling.
Istanbul [,istæn'bu:l] *subst; geogr:* Istanbul.
isthmus ['isməs] *subst(=neck of land)* eid; landtange.
it [it] **1.** *pron:* den; det *(fx the dog is in the garden, isn't it? if you find my pencil, please give it to me; what is it? it's an egg);* **it's cold today** det er kaldt i dag; **it's 25 kilometres to Oslo** det er 25 km til Oslo; **it's two weeks to Easter** det er to uker til påske; **it's five o'clock** klokken er fem; **it looks as if we can't have our holiday** det ser ikke ut til at vi kan ta ferien vår; **it was difficult finding your house***(=finding your house was difficult; it was difficult to find your house)* det var vanskelig å finne huset ditt; **my mother is ill and the worst of it is that our doctor is on holiday** min mor er syk, og det verste er at legen vår er på ferie; **who is it that keeps borrowing my umbrella?** hvem er det som hele tiden låner paraplyen min? **it was you (that) I wanted to see** det var deg jeg ville treffe;
2. *pron; forskjellige forb:* **T: bus** ~*(=go by bus)* ta bussen; **walk** ~*(=walk)* gå; bruke bena *(fx the car broke down and we had to walk it);* **is there anything in it for me?** har jeg noe å hente der? **no, there's nothing in it for you** nei, du har ingenting å hente (der); *truende:* **he'll catch it from me!***(=I'll give it him!)* han skal få med meg å bestille! jeg skal gi ham! **lord it over sby** spille herre (og mester) over en;
3. *subst* **T** it; sex appeal *(fx she's got plenty of it).*
Italian [i'tæljən] **1.** *subst:* italiener; *språket:* italiensk; **2.** *adj:* italiensk.
italicize, italicise [i'tæli,saiz] *vb; typ:* kursivere.
italics [i'tæliks] *subst; pl; typ:* kursiv *(fx printed in italics).*
Italy ['itəli] *subst; geogr:* Italia.
I. itch [itʃ] *subst* **1.** kløe *(fx he had an itch in the middle of his back and couldn't scratch it easily);* **2.** *fig* **T***(=strong desire)* sterk lyst; god lyst *(fx I have an itch to go to East Africa);* **3.** *med.; i løst språkbruk:* **the** ~*(=scabies)* fnatt; skabb.
II. itch *vb* **1.** klø *(fx scratch yourself if you itch);* **2. T: be -ing to** ha god lyst til å *(fx he was itching to slap the child);* brenne etter å; **T** klø i fingrene etter å; **they were -ing for the post to arrive** de ventet utålmodig på at posten skulle komme.
itchiness ['itʃinis] *subst:* kløe; *(jvf I. itch & itching).*
itching ['itʃiŋ] *subst:* kløe; kløing; **intense** ~ intens kløe; **an ointment for** ~ en salve mot kløe; *(jvf I. itch & itchiness).*
itching feet T reiselyst; *(se wanderlust).*
itching powder kløpulver.
itch mite *zo:* fnattmidd.
itchy ['itʃi] *adj:* som fremkaller kløe; som klør *(fx his rash was itchy);* **I feel** ~ **all over** jeg klør over det hele.
it'd ['itəd] **1.***=it would;* **2.***=it had.*
item ['aitəm] *subst* **1.** *på dagsorden:* punkt *(fx on the agenda); i regnskap, på liste el. i oppstilling:* post *(fx he ticked the items as he read through the list); på program:* nummer; post; **2.** artikkel *(fx did you see the item about dogs in the paper?);* **3.:** ~ **of news***(=news item)* nyhet; ~ **of information***(=piece of information)* opplysning.
itemize, itemise ['aitə,maiz] *vb:* oppføre punktvis; *på regning(=list separately)* spesifisere; *om måneds- el. kvartalsregning:* **-d account** spesifisert regning; **-d bill** spesifisert regning.
iterative ['itərətiv] *adj* **1.** preget av gjentagelser; som stadig gjentar; **2.** *gram:* iterativ.
Itie, Eytie ['ai,tai] *subst(=wop)* **S***(=Italian)* dego.
itinerant [i'tinərənt] *adj:* omreisende *(fx musician).*
itinerary [i'tinərəri] *subst(=travel route)* reiserute; **plan an** ~*(=map out an itinerary)* legge opp en reiserute *(fx have you planned your itinerary yet?);* **have you received your** ~ **yet?** har du fått reiseruten enda?
its [its] *pron:* dens; dets; sin; sitt; sine.
it's [its] **1.***=it is;* **2.***=it has.*
itself [it'self] *pron* **1.** seg *(fx the cat stretched itself by the fire);* seg selv *(fx the cat looked at itself in the mirror);* **the cat is not** ~ **today** katten er ikke seg selv i dag; **2.** selv *(fx the cat did it itself);* **she's kindness** ~ hun er godheten selv; **3.** selve; **the house** ~ **is quite small but the garden attached to it is big** selve huset er ganske lite, men hagen som hører til, er stor; **4.: by** ~ alene; for seg selv; **5.: in** ~ i seg selv; **a world in** ~*(=a world of its own)* en verden for seg selv.
I've [aiv] = *I have.*
ivied ['aivid] *adj:* eføykledd.
ivory ['aivəri] *subst:* elfenbein; *glds:* **black** ~ svart elfenbein (ɔ: negerslaver).
Ivory Coast *subst; geogr:* **the** ~ Elfenbeinskysten.
ivory gull *zo:* ismåke.
ivy ['aivi] *subst; bot:* eføy; vill bergflette; **ground** ~ korsknapp; **poison** ~ giftsumak.
Ivy League US: the ~ de åtte universiteter (Brown, Columbia, Cornell, Dartmouth College, Harvard, Princeton, Pennsylvania and Yale) som har en status tilsvarende Oxford og Cambridge i UK.

J

J, j [dzei] (bokstaven) J, j; *tlf:* **J for Jack** J for Johan; **capital J** stor J; **small j** liten j; **it is spelt with two j's** det skrives med to j'er.

I. jab [dʒæb] *subst* **1.** *i boksing(=short straight punch)* kort, rett støt (*el.* slag); **2***(=prod)* stikk; støt; **he gave me a ~ with his finger** han stakk fingeren sin borti meg; **3. T***(=injection)* stikk; injeksjon; sprøyte; **4.** *fig:* stikk; **I felt a ~ of pain** plutselig gjorde det vondt; plutselig stakk det i.

II. jab *vb* **1.** stikke *(fx he jabbed me in the ribs with his elbow; she jabbed the needle into her finger by mistake)*; **2.: ~ at** stikke etter; dytte til.

jabber ['dʒæbə] *vb; neds* **1.** skravle; kjefte; plapre; **~ at one another** (stå og) kjefte til hverandre; **2.** lire av seg *(fx he jabbered a hasty apology)*.

I. jack [dʒæk] *subst* **1.** jekk; **2.** *om hannen av enkelte dyr, især esel(=jackass; male ass)* han(n)esel; **3.** *kortsp(=knave)* knekt; **4. T: every man ~ of us must help** hver eneste en av oss må hjelpe til.

II. jack *vb* **1***(=jack up)* jekke opp; **2.: ~ up 1***(=jack)* jekke opp *(fx jack (up) the car to change a wheel)*; 2. *fig(=increase)* legge på *(fx prices; salaries)*; **3. S: ~ in***(=throw up; give up)* gi på båten *(fx I was fed up with my job so I jacked it in)*.

jackal ['dʒækəl] *subst; zo:* sjakal.

jackass ['dʒæk,æs] *subst; zo(=male ass)* han(n)esel.

jackboot ['dʒæk,bu:t] *subst; især mil:* skaftestøvel.

jack box *elekt:* koplingsboks.

jackdaw ['dʒæk,dɔ:] *subst; zo:* kaie.

jacket ['dʒækit] *subst* **1.** jakke; **2.** *på bok:* **(dust) ~** (løst) omslag; **illustrated ~** illustrert omslag. **3.** *mask:* kappe; **water ~** kjølekappe; **4.** *tekn; på kule:* mantel *(fx of a bullet)*; **5.: potatoes boiled in their -s** poteter kokt med skrellet på.

jack-in-the-box *leketøy(=Jack in the box)* troll i eske.

I. jackknife ['dʒæk,naif] *subst(=large folding knife)* stor foldekniv (med ett blad).

II. jackknife *vb:* folde sammen; klappe sammen; *om tilhenger:* stille seg på tvers (i veien).

jack-of-all-trades altmuligmann; *også neds:* tusenkunstner.

jack plane *tøm(=rough plane)* skrubbhøvel.

jackpot ['dʒæk,pɔt] *subst* **1.** *kortsp:* jekkpott: **2.** *fig:* jekkpott; stor gevinst; **3.** *også fig:* **hit the ~** ta jekkpotten.

jack rafter *arkit:* valmsperre; skiftesperre.

Jack Robinson T: before you could say ~*(=before you could say knife)* før man visste ordet av det.

jack tar [,dʒæk'ta:] *subst* **T***(=old salt)* sjøulk.

jade [dʒeid] *subst* **1.** *min:* jade; **2.** *glds; neds om hest(=worn-out old horse)* (gammelt) øk.

jaded ['dʒeidid] *adj:* utkjørt; nedkjørt *(fx she looked a bit jaded after the party)*; *fig:* sløvet.

jagged ['dʒægid] *adj:* takket; forrevet.

jagger ['dʒægə] *subst:* **pastry ~** kaketrinse.

jaguar ['dʒægjuə] *subst; zo:* jaguar.

jail*(=gaol)* [dʒeil] **1.** *subst(=prison)* fengsel; **2.** *vb(=put in prison)* fengsle; sette i fengsel.

jailbird*(=gaolbird)* ['dʒeil,bə:d] *subst; neds:* fengselsfugl.

I. jam [dʒæm] *subst* **1.** syltetøy; **2.** blokkering; **traffic ~** trakikkork; **3. T: be in a ~** være i knipe.

II. jam *vb* **1.** presse *(fx he jammed his foot in the doorway)*; **~***(=slam)* **on the brakes** bråbremse; trå hardt på bremsen; **he -med his hat on his head** han trykket hatten (bestemt) ned på hodet; **2.** proppe; stappe *(fx one's things into a suitcase)*; **3.** sette seg fast; blokkere *(fx the brakes jammed)*; **the lock has -med** døra har gått i baklås (*el.* vranglås); **-med with** blokkert av *(fx the river was jammed with logs)*; **4.** *radio; om støysender:* forstyrre.

Jamaica [dʒə'meikə] *subst; geogr:* Jamaica.

jamb [dʒæm] *subst* **1.** *arkit:* **door ~** sidekarm (i dør); dørstolpe; **2.** *i bil:* **door ~***(=door pillar)* dørstolpe.

jam dish syltetøyskål.

jamming station *radio:* støysender; *(jvf II. jam 4)*.

jammy ['dʒæmi] *adj:* tilsmurt med syltetøy.

jam pot syltetøyglass.

I. jangle ['dʒæŋgəl] *subst(=jangling)* rasling; klirring; skramling.

II. jangle *vb* **1.** rasle; skramle *(fx the bell jangled noisily)*; **2. T: it -d her nerves***(=it made her nervous)* det gjorde henne nervøs.

janitor ['dʒænitə] *subst* **1.** *skolev; Skottland (=caretaker)* vaktmester; **2. US***(=caretaker; houseporter)* vaktmester (i leiegård).

January ['dʒænjuəri] *subst:* januar.

Jap [dʒæp] *subst; neds(=Japanese)* japaner; *neds:* japse.

Japan [dʒə'pæn] *subst; geogr:* Japan.

japan 1. *subst:* japanlakk; **2.** *vb:* lakkere med japanlakk.

Japanese [,dʒæpə'ni:z] **1.** *subst:* japaner; *språket:* japansk; **2.** *adj:* japansk.

I. jar [dʒa:] *subst* **1.** (syltetøy)glass; krukke; **screwtop ~** (syltetøy)glass med skrukork; **2.** rystelse; støt; **3.** lett sjokk; støkk.

II. jar *vb* **1.** *fig:* ryste *(fx the quarrel had jarred her badly)*; **2.: ~ on** skurre mot; *fig:* **her sharp tone -red on my ears** den skarpe tonen hennes skurret i ørene mine.

jargon ['dʒa:gən] *subst:* sjargong; språkbruk; **technical ~** fagspråk; **legal ~** juridisk fagspråk; juridisk språkbruk; **in medical ~** i medisinsk språkbruk *(fx a broken thigh is a 'fractured femur' in medical jargon)*; *(jvf parlance)*.

jarring ['dʒa:riŋ] *adj:* skurrende *(fx voice)*; **have a ~ effect** skurre; virke grelt.

jasmine ['dʒæzmin] *subst; bot:* sjasmin.

jaundice ['dʒɔ:ndis] *subst; glds* **1***(=hepatitis)* gulsott; **2***(=jealousy)* skinnsyke; sjalusi.

jaunt [dʒɔ:nt] *subst* **T***(=brief trip)* liten (fornøyelses)tur *(fx did you enjoy your jaunt to Paris?)*.

jaunty ['dʒɔ:nti] *adj(=cheerful)* munter; ubekymret; **at a ~ angle** flott på snei.

javelin ['dʒævlin] *subst; sport:* spyd; **throwing the ~** spydkast(ing).

I. jaw [dʒɔ:] *subst* **1.** *anat:* kjeve; **upper ~** overkjeve; **lower ~** underkjeve; **his ~ dropped***(=he pulled a long face)* han ble lang i ansiktet; **2.: -s** kjever; gap *(fx the crocodile's jaws)*; **he was saved from the -s of death** han ble reddet fra dødens gap.

II. jaw *vb* **T:** kjefte; skravle; **stop -ing at me!** holde opp med å kjefte til meg!

jawbone ['dʒɔ:,boun] *subst; anat:* kjeveben.
jay [dʒei] *subst; zo:* nøtteskrike.
jaywalker ['dʒei,wɔ:kə] *subst; neds:* rågjenger; vims i trafikken.
jazz [dʒæz] *subst; mus:* jazz.
jazzy ['dʒæzi] *adj* **1.** *mus:* som ligner jazz; jazzlignende; **2. T**(*=loud; gaudy*) glorete (*fx a jazzy shirt*).
jealous ['dʒeləs] *adj:* sjalu (*of* på); **be ~ of one's rights** vokte omhyggelig på sine rettigheter.
jealousy ['dʒeləsi] *subst:* sjalusi.
jeans [dʒi:nz] *subst; pl:* jeans; **(blue) ~** olabukser.
jeer [dʒiə] *vb:* håne; spotte; **~ at sby's stupidity** håne ens dumhet.
jeering *adj:* hånlig; spottende.
jeers [dʒiəz] *subst; pl:* hånlige tilrop; **the ~ and boos of the audience** publikums piping og hånlige tilrop.
jell(*=gel*) [dʒel] *vb; fig*(*=take shape; become definite*) ta form; anta fastere form (*fx his ideas have jelled*).
jellied ['dʒelid] *adj* **1.** i gelé; **2.** stivnet til gelé.
jellied veal(*=veal brawn*) kalvesylte.
I. jelly ['dʒeli] *subst* **1.** gelé; **2. T: beat them into a ~** gjøre plukkfisk av dem.
II. jelly *vb* **1.** legge i gelé; **2.** stivne (*el.* la stivne) til gelé.
jelly baby *slikkeri:* seigmann.
jellyfish ['dʒeli,fiʃ] *subst: zo:* manet; **stinging ~**(*=sea nettle*) brennmanet.
jemmy ['dʒemi] *subst* **T**(*=short crowbar*) brekkjern; kubein.
jenny ['dʒeni] *subst; hist:* **(spinning) ~**(*=spinning machine*) spinnemaskin.
jeopardize, jeopardise ['dʒepə,daiz] *vb; stivt*(*=endanger*) utsette for fare; sette på spill; **this could ~ your chances of promotion** dette kunne ødelegge dine sjanser til forfremmelse.
jeopardy ['dʒepədi] *subst; stivt*(*=danger*) fare; **be in ~**(*=be endangered; be threatened*) være truet (*fx thousands of jobs are in jeopardy*).
jeremiad [,dʒeri'maiəd] *subst; stivt*(*=prolonged complaint*) jeremiade.
Jericho ['dʒerikou] *subst; geogr:* Jeriko; *glds:* **go to ~!** dra pokker i vold!
I. jerk [dʒə:k] *subst* **1.** (plutselig) rykk (*fx we felt a jerk as the train started*); **2.** *især* **US T**(*=fool*) tosk.
II. jerk *vb:* rykke (i); **~ to a halt** stanse med et rykk.
jerky ['dʒə:ki] *adj:* som beveger seg i rykk; rykkende; **have a ~ way of speaking** snakke stakkato.
jerrican, jerrycan ['dʒeri,kæn] *subst:* (flat) bensinkanne.
Jerry ['dʒeri] *subst; hist* **S**(*=German (soldier)*) tysk soldat; tysker.
jerry-builder ['dʒeri,bildə] *subst; neds:* byggespekulant; entreprenør som bygger dårlige hus.
jerry-built ['dʒeri,bilt] *adj:* dårlig bygd; bygd på spekulasjon.
Jersey ['dʒə:zi] *subst; geogr:* Jersey.
jersey *subst*(*=sweater; pullover*) jerseygenser; pullover.
Jerusalem [dʒə'ru:sələm] *subst; geogr:* Jerusalem.
I. jest [dʒest] *subst; glds el. spøkef*(*=joke*) spøk; **in ~**(*=as a joke*) for spøk; i spøk.
II. jest *vb; glds el. spøkef*(*=joke*) spøke.
jester ['dʒestə] *subst* **1.** *glds el. spøkef*(*=joker*) spøkefugl; **2.** *hist:* **Court ~** hoffnarr.
Jesuit ['dʒezjuit] *subst:* jesuitt.
Jesus ['dʒi:zəs] Jesus.
I. jet [dʒet] *subst* **1.** *min:* jet; **2.** stråle (*fx a jet of water*); **gas ~** gassflamme; **3.** *mask:* dyse; **idling ~, idle ~** tomgangsdyse; **main ~** hoveddyse; **blow through the -s** blåse igjennom dysene; **4.** *flyv:* jet; jetfly (*fx they flew by jet to America*).
II. jet *vb* **T 1**(*=go by jet*) fly jet (*fx jet over to the USA once a year*); **2**(*=send by jet*) sende med jetfly (*fx these goods have been jetted from Israel*).
jet-black ['dʒet,blæk] *adj:* kullsort (*fx jet-black hair*).
jet engine jetmotor.
jet lag: suffer from ~ være døgnvill (etter flyreise).
jet-propelled ['dʒetprə,peld] *adj:* jetdrevet; reaksjonsdrevet.
jetsam ['dʒetsəm] *subst; mar:* gods kastet over bord (for å lette skipet); (*jvf flotsam*).
jet set *ofte neds:* **the ~** de meget rike som tilbringer livet med å reise (med jetfly) fra det ene fasjonable feriested til det andre (*fx I don't like that part of France since the jet set started going there*).
jettison ['dʒetisn] *vb* **1**(*=throw overboard*) kaste over bord (for å lette skipet el. flyet); kaste ut; *om bombefly*(*=drop*) slippe (*fx the bombs*); **2.** *stivt; om plan*(*=abandon*) oppgi.
jetty ['dʒeti] *subst* **1**(*=small pier*) brygge; **2.** *ved elveutløp, etc:* jeté.
Jew [dʒu:] *subst:* jøde.
jewel ['dʒu:əl] *subst* **1.** juvel (*fx emeralds and other jewels*); smykke; **2.** *fig:* perle (*fx the jewel of his art collection*).
jewel box(*=jewel case*) smykkeskrin.
jeweller (*,US: jeweler*) ['dʒu:ələ] *subst* **1.** juveler; gullsmed; **2**(*=jeweller's (shop)*) gullsmedforretning.
jewellery (*,***US:** *jewelry*) ['dʒu:əlri] *subst* **1**(*=piece of jewellery*) smykke (*fx which jewellery will you wear?*); **2.** smykker; **all her ~** alle smykkene hennes.
Jewess ['dʒu:is] *subst:* jødinne.
Jewish ['dʒu:iʃ] *adj:* jødisk.
Jewishness ['dʒu:iʃnis] *subst:* det å være jøde; jødedom.
Jewry ['dʒu:ri] *subst* **1.** *kollektivt*(*=the Jews*) jødene; **international ~** den internasjonale jødedom; **American ~** de amerikanske jøder; **2**(*=Jewish quarter*) jødekvarter.
I. jib [dʒib] *subst* **1.** *mar:* klyver; **2.** *på kran:* utligger; arm.
II. jib *vb* **1.** *om bil, hest, skuff, etc:* slå seg vrang; **2.** *fig:* **~ at**(*=object to*) protestere på (*el.* mot) (*fx he jibbed at having to wash all the dishes himself*).
jib boom *mar:* klyverbom.
I. jibe [dʒaib] *subst; lett glds*(*=gibe; taunt*) spottende bemerkning; **-s** (*=taunts*) hån; spott; spottende bemerkninger; **cruel -s**(*=taunts*) grusom hån.
II. jibe *vb; lett glds:* **~ at**(*=mock*) håne (*fx sby's love of poetry*).
jib guy *mar:* klyverbardun.
jiffy ['dʒifi] *subst; lett glds* **T**(*=instant*): **in a ~**(*=in two ticks; in no time*) på et øyeblikk.
I. jig [dʒig] *subst* **1.** *fiskeredskap:* pilk; **2.** *mus:* gigg (*fx an Irish jig*).
II. jig *vb* **1.** pilke; **2.** *mus:* danse gigg; gigge; **3. T: ~ about**(*=fidget*) være urolig; stå og trippe (*fx stop jigging about and stand still!*).
jiggle ['dʒigəl] *vb* **T:** riste; ryste; **~ about** slenge (*el.* dingle) med (*fx he jiggled his keys about on his key ring*); **~**(*=bounce*) **up and down** sprette opp og ned.
jigsaw ['dʒig,sɔ:] *subst* **1.: (power) ~** (elektrisk) stikksag; **2**(*=jigsaw puzzle*) puslespill.
jilt [dʒilt] *vb:* **~ sby** slå opp med en (*fx after being her boyfriend for two years, he suddenly jilted her*).
jimmy ['dʒimi] *subst: se jemmy.*
I. jingle ['dʒiŋgəl] *subst* **1.** klirring; rasling; skrangling (*fx of coins or little bells*); **2**(*simple rhyming verse or tune*) regle (*fx nursery rhymes and other little jingles*); **advertising -s** reklameregler.

II. jingle *vb* **1**(*=tinkle*) ringle; **2**(*=rattle*) skrangle; rasle; rangle; klirre; **he was jingling his keys about on his key ring** han raslet med nøklene på knippet.
jingoism ['dʒiŋgou,izəm] *subst; glds(=chauvinism)* sjåvinisme; kraftpatriotisme.
jinks [dʒiŋks] *subst; pl:* **high** ~ heidundrende fest.
jinx [dʒiŋks] *subst* **T 1**(*=evil spell*) forbannelse (*fx something always goes wrong with our holiday plans – there seems to be a jinx on them*); **2.** *især* **US S**(*=accident-prone person*) ulykkesfugl.
I. jitter ['dʒitə] *subst* **1.** risting; skaking; **2. T: be all in a** ~(*=have the jitters*) være oppskaket; **give sby the -s**(*= make sby very nervous*) gjøre en meget nervøs (*fx being alone in the house at night gives me the jitters*).
II. jitter *vb:* riste; ryste; skake; skjelve.
jittery ['dʒitəri] *adj* **T**(*=nervous; easily upset*) nervøs; **T:** skvetten.
Joan [dʒoun]; ~ **of Arc** Jeanne d'Arc.
Job [dʒoub] *bibl:* Job; **the patience of** ~ stor tålmodighet; **T:** en engels tålmodighet.
I. job [dʒɔb] *subst* **1.** jobb; arbeid; stilling (*fx he lost his job; a job as a bank clerk*); **he has no** ~ han har ikke noe arbeid; **do a bad (,good)** ~ gjøre dårlig (,godt) arbeid; **make a bad (,good)** ~ **of sth** gjøre noe dårlig (,godt) (*fx he made a bad job of it*); **know one's** ~ kunne sine ting; kunne jobben sin; **out of a** ~(*=unemployed*) arbeidsløs; uten arbeid; uten jobb; **2.** arbeidsoppgave; jobb (*fx they sent him off on a job in the Middle East*); **3.** *m.h.t. avlønning:* arbeid (*fx I don't know what the job will cost*); **4. T: have (quite) a** ~ **(-ing)** ha sin fulle hyre med å . . .; **I've had quite a** ~ **with this essay** jeg har hatt et svare strev med denne stilen; **5. T: give sth up as a bad** ~ oppgi noe (fordi det ikke nytter, etc); **S: he packed her up as a bad** ~ han ga henne på båten; **6. T: it's a good** ~ **she can't hear us** det er bra hun ikke kan høre oss; **it was a good** ~ **you came** det var bra (*el.* et hell) at du kom; . . . **and a good** ~ **too!** og gudskjelov for det! . . . og bra var det! **7. T: just the** ~(*=just the right thing*) nettopp tingen (*fx these gloves are just the job for gardening*); **8.** *typ(=job work)* aksidensarbeid.
II. job *vb* **1.** jobbe; spekulere; **2.** *sj(=do odd jobs; take on odd jobs)* utføre leilighetsarbeid; (*jfv jobbing gardener*).
job analysis arbeidsanalyse.
jobber ['dʒɔbə] *subst* **1.** jobber; spekulant;(*=stockjobber*) aksjespekulant; **2**(*=odd-job man*) leilighetsarbeider.
I. jobbing ['dʒɔbiŋ] *subst* **1.** jobbing; spekulasjon;(*=stockjobbing*) aksjespekulasjon; **2.** det å påta seg leilighetsarbeid; **3.** *typ:* aksidensarbeid.
II. jobbing *adj:* som tar tilfeldig arbeid.
jobbing composition *typ:* aksidenstrykk.
jobbing gardener leilighetsgartner.
job centre arbeidskontor.
job-creating ['dʒɔbkri,eitiŋ] *adj:* arbeidsskapende.
job description arbeidsbeskrivelse; **this is not in the nurses'** ~ det står ingenting skrevet om at sykepleierne skal gjøre dette arbeidet.
job discrimination diskriminering på arbeidsplassen.
jobless ['dʒɔblis] *adj(=unemployed; out of a job)* arbeidsløs.
job offer stillingstilbud; tilbud om stilling (*el.* arbeid).
job retraining omskolering (i yrkeslivet).
I. jockey ['dʒɔki] *subst:* jockey.
II. jockey *vb; neds:* manøvrere (*fx they're all jockeying for positions*); **be -ed into a vital decision** bli manøvrert inn i en situasjon hvor man må fatte en avgjørende beslutning.
jocose [dʒə'kous] *adj; meget stivt(=humorous)* spøkefull.
jocular ['dʒɔkjulə] *adj; stivt(=humorous)* spøkefull.
jocularity [,dʒɔkju'læriti] *subst:* spøkefullhet.
jocularly *adv:* spøkefullt; i en spøkefull tone.
jocund ['dʒɔkənd] *adj; meget stivt(=merry)* lystig; munter.
Joe [dʒou] *subst* **1.** *fk.f. Joseph;* **2. US S**(*=chap; bloke*) fyr; **3. US S**(*=soldier*) soldat.
I. jog [dʒɔg] *subst* **1.** puff; støt; **2.** luntetrav.
II. jog *vb* **1.** jogge (*fx jog round the park for half an hour*); **2.** skumpe av sted (*fx the cart was jogging along the rough track*); **3**(*=push*) dytte til; skumpe bort i; **4.** *fig:* ~ **sby's memory** friske litt opp i ens hukommelse; få en til å huske.
joggle ['dʒɔgəl] *vb* **T**(*=wobble*) skake på (*fx the table*).
jog trot luntetrav; **at a** ~ i luntetrav.
John [dʒɔn] *subst:* Johan; ~ **the Baptist** døperen Johannes.
john *subst* **US: the** ~(*=the loo*) wc; do.
John Bull den typiske engelskmann; (*jvf Ola Nordmann*).
I. join [dʒɔin] *subst(=joint)* skjøt.
II. join *vb* **1.** forbinde; skjøte; føye sammen; knytte sammen (*fx two stories*); **2.** slutte seg sammen; forenes; komme inn på (*fx this road joins the main road*); *om elver:* møtes; **3.** *om person:* slutte seg til; sette seg bort til; ~ **sby for lunch** spise lunsj sammen med en; ~ **sby in a drink** ta en drink sammen med en; **I'll** ~ **you later in the restaurant** jeg kommer ned i restauranten til deg (,dere) senere; **4.** *om person:* bli medlem av (*fx join our club!*); **5.** *litt.; mil:* ~ **battle**(*=begin fighting*) støte sammen; begynne å kjempe; **6.:** ~ **forces (with)** slå seg sammen (med); **7.:** ~ **hands** holde hender (*fx they joined hands in a ring*); ~ **hands with your partner** ta partneren din i hånden; **8.:** ~ **in**(*=take part*) ta del (i); bli med (på); **do** ~ **in!** bli med da, vel! **he wouldn't** ~ **in the conversation** han ville ikke ta del i samtalen; **9.:** ~ **up** 1. *mil:* melde seg frivillig; 2. føye sammen; skjøte; **he -ed the wires (up) wrongly** han skjøtet ledningene galt.
joiner ['dʒɔinə] *subst:* (bygnings)snekker.
joinery ['dʒɔinəri] *subst(=joinery work)* snekkerarbeid.
I joint [dʒɔint] *subst* **1.** skjøt; **2.** *anat:* ledd; **3**(*,US: roast*) stek; **4. S:** marihuanasigarett; **5. S:** bule; **6.: be out of** ~ være ute av ledd; **put out of** ~ vri ut av ledd.
II. joint *vb:* skjøte; føye sammen.
III. joint *adj* **1.** forent (*fx by joint efforts*); med- (*fx author; editor*); **2.** felles (*fx they have a joint bank account*); **they have a** ~ **responsibility to** . . . de har et felles ansvar for å . . .
jointed ['dʒɔintid] *adj* **1.** ledd- (*fx a jointed doll*); **2.** *om slakt:* delt opp (*fx a jointed chicken*).
jointer ['dʒɔintə] *subst:* ~ **(plane)**(*=trying plane*) rubank; sletthøvel; **2.** *landbr:* **plough** ~ skumristel.
jointly *adv:* i fellesskap (*fx act jointly*); sammen (*fx they worked jointly(=together) on this book*).
joist [dʒɔist] *subst:* (gulv)bjelke.
I. joke [dʒouk] *subst:* spøk; vits; **for a** ~ (*=for fun*) for moro skyld; **carry the** ~ **too far** drive spøken for vidt; **crack -s** slå vitser; komme med vittigheter; **play a** ~(*=trick*) **on sby** spille en et puss; **I don't see the** ~ jeg forstår ikke vitsen; **I don't see where the** ~ **comes in** jeg forstår ikke hva som er så morsomt ved det; **they thought it a huge** ~ **when the cat stole the fish** de syntes det var fryktelig morsomt at katten stjal fisken; **T: it's no** ~(*=it's a serious matter*) det er ingen spøk; det er (slett) ikke

morsomt; **be able to take a ~** kunne ta en spøk *(fx he can take a joke).*
II. joke *vb:* spøke; slå vitser; **I was only joking** jeg bare spøkte; **they -d about my mistake** de slo vitser om feilen min.
joker ['dʒoukə] *subst* **1.** spøkefugl; **2.** *kortsp:* joker.
joking ['dʒoukiŋ] *subst:* spøk; vitser; **~ apart, ~ aside** spøk til side.
jokingly *adv:* spøkefullt; i en spøkefull tone.
jollification [,dʒɔlifi'keiʃən] *subst; meget stivt el. spøkef* **1***(=merriment)* lystighet; **2.: -s***(=cheerful celebration)* fest; festlighet.
jollity ['dʒɔliti] *subst; stivt(=merriment)* lystighet; **an evening of great ~** en meget lystig kveld.
I. jolly ['dʒɔli] **1.** *adj(=merry)* lystig; munter; **they had a ~ time at the party** de hadde det riktig morsomt i selskapet; **2. T***(=very):* **it's ~ good***(=it's very good)* det er virkelig bra (saker)! **3.: he ~ well had to do it (all over) again** han måtte pent (*el.* vær så god) gjøre det om igjen.
II. jolly *vb* **T: ~ sby along** holde en i godt humør; snakke pent med en; **~ sby into doing it** godsnakke med en til han (,hun) gjør det.
jolly-boat ['dʒɔli,bout] *subst; mar:* jolle.
I. jolt [dʒoult] *subst* **1.** rykk; støt; **the car gave a ~ and started** det ga et rykk i bilen, og så startet den; **2.** *fig(=shock)* sjokk; støkk *(fx I got a bit of a jolt).*
II. jolt *vb:* skumpe; skrangle (av sted) *(fx the bus jolted along);* skake; riste.
Jonah ['dʒounə] *subst* **1.** Jonas; **2.** *fig:* ulykkesfugl.
Jones ['dʒounz] *subst:* **keep up with the -es** holde tritt med naboene (når det gjelder å anskaffe statussymboler).
Jordan ['dʒɔ:dən] *subst; geogr:* Jordan.
Jordanian [,dʒɔ:'deinjən] **1.** *subst:* jordaner; **2.** *adj:* jordansk.
joss [dʒɔs] *subst:* **~ stick** kinesisk røkelsespinne.
jostle ['dʒɔsəl] *vb(=push roughly)* dytte; puffe; skumpe (*against* borti); **~ each other** skumpe borti (*el.* til) hverandre; **~ for places** kjempe om plassene.
I. jot [dʒɔt] *subst:* døyt; grann; **I haven't a ~ of sympathy for him** jeg har ikke det grann sympati for ham; **he didn't understand a ~***(=thing)* **of what was said** han forstod ikke det grann (*el.* et kvidder) av det som ble sagt.
II. jot *vb:* **~ down** notere; rable ned.
jotter ['dʒɔtə] *subst(=notebook; notepad)* notisbok; notisblokk.
jottings ['dʒɔtiŋz] *subst; pl:* (hastige) notater; rablerier.
joule [dʒu:l] *subst; fys:* joule.
journal ['dʒə:nəl] *subst* **1.** tidsskrift; magasin; **educational ~** fagtidsskrift for skolefolk; **2.** *bokf:* dagbok; **3.** *mask:* tapp; **camshaft ~** kamakseltapp; **crank ~** veivakseltapp; **shaft ~** akseltapp.
journal bearing *mask:* aksellager; tapplager.
journalese [,dʒə:nə'li:z] *subst; neds:* avisspråk; journalistspråk.
journalism ['dʒə:nə,lizəm] *subst:* journalistikk.
journalist ['dʒə:nəlist] *subst:* journalist.
journalistic [,dʒə:nə'listik] *adj:* journalistisk.
I. journey ['dʒə:ni] *subst* **1.** reise; **make***(=undertake)* **a ~** foreta en reise; **a pleasent ~!** god reise! **2.** vending; **I had to make two -s** jeg måtte gå to vendinger; jeg måtte ta to turer (*el.* vendinger); **he made a second ~ to the station to fetch her luggage** han dro til stasjonen igjen for å hente bagasjen hennes.
II. journey *vb; lett glds el. litt.:* reise; **they -ed to the city on foot** de dro til fots inn til byen.
journeyman ['dʒə:nimən] *subst:* (håndverker)svenn; **~ baker** bakersvenn.
joust [dʒaust] *hist* **1.** *subst:* ridderturnering; dyst; **2.** *vb:* turnere; delta i en ridderturnering; ta en dyst.
Jove [dʒouv] *subst; myt:* Jupiter; *lett glds:* **by ~!** død og pine!
jovial ['dʒouviəl] *adj:* jovial; selskapelig anlagt.
joviality [,dʒouvi'æliti] *subst:* jovialitet.
jowl [dʒaul] *subst:* **-(s)** (under)kjeve *(fx he has a large face, with heavy jowl(s)); (se også I. cheek 1).*
joy [dʒɔi] *subst:* glede; **~ of life** livsglede; **our son is a great ~ to us** vi har meget glede av sønnen vår; *iron:* **I wish you ~ of it!** god fornøyelse!
joyful ['dʒɔiful] *adj:* glad; gledelig *(fx news);* **~ faces** glade ansikter; **in a ~ mood** glad til sinns.
joyless ['dʒɔilis] *adj; stivt(=gloomy; dismal)* gledeløs; trist *(fx life).*
joyous ['dʒɔiəs] *adj; litt.(=joyful)* glad; *(se joyful).*
joy ride T: heisatur (i stjålet bil).
joy rider bilbrukstyv.
joystick ['dʒɔi,stik] *subst; flyv; lett glds* **T: the ~** stikka.
jubilant ['dʒu:bilənt] *adj:* jublende *(fx crowds);* **they were ~ at the news** de var jublende glade over nyheten.
jubilation [,dʒu:bi'leiʃən] *subst(=rejoicing)* jubel *(fx there was great jubilation over(=at) the victory);* **-s***(=celebrations)* festjubel *(fx the jubilations went on till midnight).*
jubilee [,dʒju:bi'li:] *subst* **1.** jubileum; **(golden) ~** femtiårsjubileum; **diamond ~** sekstiårsjubileum; **silver ~** tjuefemårsjubileum; **celebrate a ~** feire et jubileum; *(jvf anniversary);* **2.** *bibl:* jubelår.
jubilee year jubileumsår.
Judaism ['dʒu:dei,izəm] *subst:* judaisme; jødedom.
Judas ['dʒu:dəs] *subst* **1.** *bibl:* Judas **2.** *fig:* judas; forræder.
judder ['dʒʌdə] **T 1.** *subst:* rykking; rykk; **the car gave a ~ and stopped** bilen rykket og stoppet; **2.** *vb(=jerk)* rykke; riste; **the old bus -ed to a halt** den gamle bussen stanset med et rykk.
I. judge [dʒʌdʒ] *subst; også sport:* dommer; *sport:* **the ~'s decision is final** dommerens avgjørelse er endelig; **be a ~ of sth** forstå seg på noe *(fx he's a good judge of wines);* ... **but I'm no ~ (of that)** ... men jeg forstår meg (jo) ikke på det.
II. judge *vb* **1.** dømme; være dommer *(fx who will be judging this murder case?);* **2.** bedømme; *sport:* dømme; være dommer *(fx who will be judging at the horse show?);* **she couldn't ~ whether***(=if)* **he was telling the truth** hun kunne ikke bedømme om han snakket sant; **I wouldn't ~ this as utterly impossible** jeg ville ikke bedømme (*el.* anse) dette som helt og holdent umulig; *om avstand, etc:* **I can't ~ accurately from here** jeg kan ikke bedømme det så nøyaktig herfra; **to ~ from***(=judging from)* å dømme etter; etter ... å dømme *(fx to judge from the sky, there'll be a storm soon).*
judge advocate krigsadvokat.
judge advocate general generaladvokat.
judg(e)ment ['dʒʌdʒmənt] *subst* **1.** *jur:* dom (i sivilprosess); **the ~ went against him** han fikk ikke medhold i retten; dommen gikk ham imot; **grounds of the ~***(=grounds for judgment)* domspremisser; **2.** bedømmelse; vurdering; skjønn; **faulty ~** feilbedømmelse; **in my ~***(=opinion)* etter mitt skjønn; slik jeg ser det *(fx in my judgment he's a very good actor; the best hope, in my judgment, is to ...);* **a difficult matter of ~** et vanskelig avveiningsspørsmål; *(jvf weigh 2);* **I leave it to your ~***(=discretion)* jeg overlater det til ditt skjønn; **use your own ~***(=discretion)* bruk ditt eget skjønn; **3.** dømmekraft; **lack ~** mangle dømmekraft; **4.**

rel(=punishment) straff *(fx his illness was a judgment on him for his wickedness);* **5.: pass ~ on***(=criticize)* kritisere; felle dom over *(fx don't pass judgment (on others) unless you're perfect yourself);* **sit in ~ on sby** sitte til doms over en; **6.: the Day of Judgment is at hand** dommens dag er nær; *spøkef:* **when is the day of ~?***(=when do you get the results?)* når faller dommen?

judicature ['dʒu:dikətʃə] *subst(=judiciary):* **the ~ 1.** dommerstanden; **2.** domstolene.

judicial [,dʒu:'diʃəl] *adj:* rettslig; juridisk; judisiell; retts-; **~ act** rettshandling; **~ murder** justismord (ved henrettelse); **~ powers** dømmende myndighet; **bring ~ proceedings against sby** reise sak mot en.

judicial separation *(,US: legal separation)* separasjon.

judiciary [,dʒu:'diʃiəri] **1.** *subst: se judicature;* **2.** *adj: se judicial.*

judicious [,dʒu:'diʃəs] *adj:* skjønnsom; klok *(fx a judicious choice of words).*

judiciously *adv:* skjønnsomt; klokt.

jug [dʒʌg] *subst* **1.** mugge *(fx a milk jug);* **2. S***(=jail)* fengsel *(fx he's been in jug twice).*

juggernaut ['dʒʌgə,nɔ:t] *subst* **1. T***(=big lorry)* koloss (av en lastebil); kjempetrailer; **2.** *fig:* altødeleggende kraft *(fx the juggernaut of industrialization).*

juggle ['dʒʌgəl] *vb:* sjonglere; *fig:* manipulere; sjonglere; **~ (with) the figures** sjonglere med tallene.

juggler ['dʒʌglə] *subst:* sjonglør.

jugular ['dʒʌgjulə] *adj; anat:* hals-; **~ vein** halsvene.

juice [dʒu:s] *subst* **1.** saft; **gastric ~** magesaft; **2.** *i kjøtt:* kraft; **3. S***(=electricity)* strøm; **4. S***(=petrol)* bensin.

juice extractor saftpresse.

juicy ['dʒu:si] *adj* **1.** saftig; **2.** *fig* **T:** saftig; pikant; **a ~ oath** en drøy (*el.* saftig) ed.

juju ['dʒu:,dʒu:] *subst:* (afrikansk) amulett.

jukebox ['dʒu:k,bɔks] *subst:* jukeboks; musikkboks; plateautomat.

July [,dʒu:'lai] *subst:* juli.

I. jumble ['dʒʌmbəl] *subst* **1***(=confused mixture)* virvar; broket blanding; **in a ~** i broket forvirring; **2.** *for loppemarked* **T:** loppe.

II. jumble *vb:* **~ together, ~ up** rote sammen; blande sammen *(fx his shoes and clothes were all jumbled (together) in the cupboard).*

jumble sale loppemarked; **hold a ~** holde loppemarked.

I. jump [dʒʌmp] *subst* **1.** sprang; hopp; byks; **2.** *sport:* hopp; *i hesteveddeløp:* hinder; **the long ~** *(,US: the broad jump)* lengdesprang; lengdehopp; **the high ~** høydesprang; høydehopp; **3.** *fig:* hopp; **a ~ in the price of potatoes** et prishopp på poteter.

II. jump *vb:* hoppe; *om rytter:* la hoppe *(fx don't jump the horse over that fence!);* **the noise made me ~** lyden fikk meg til å skvette; **~ the gun** tjuvstarte; **~ the queue** snike i køen; **~ ship** la skipet gå fra seg; **~ the stream** hoppe over bekken; **T: ~ at***(=eagerly accept)* hoppe på; gripe *(fx he jumped at the chance to go to France);* **~ for joy** hoppe av glede; **~ to conclusions** trekke forhastede konklusjoner (*el.* slutninger); **~ to one's feet** springe opp.

jump bid *kortsp:* hoppmelding.

jumper ['dʒʌmpə] *subst* **1.** hopper *(fx a ski jumper);* **2***(=sweater)* jumper; genser.

jumper battery startbatteri.

jumping jack *leketøy:* sprellemann.

jumping sheet brannseil.

jump leads *(,US: jumper cables)* startkabler.

jumpy ['dʒʌmpi] *adj* **T***(=nervous; easily upset)* nervøs; skvetten.

junction ['dʒʌŋkʃən] *subst* **1.** *sted hvor gate el. vei munner ut i en annen gate el. vei(=T-junction)* kryss; **road ~** veikryss; **at the ~ of Baker Street** der hvor gaten munner ut i Baker Street; **2.** trafikknutepunkt; **interchange (~)** trafikkmaskin; **3.** *jernb:* **(railway) ~** jernbaneknutepunkt; **4.** *tekn:* forbindelsesstykke; forbindelsespunkt.

junction box *elekt:* koplingsboks.

juncture ['dʒʌŋktʃə] *subst; om tidspunkt(=point):* **at this ~, at that ~** der; da; på det(te) tidspunkt; **at this ~ the chairman declared the meeting closed** her erklærte formannen møtet for hevet.

June [dʒu:n] *subst:* juni; **last ~** i juni i fjor.

jungle ['dʒʌŋgəl] *subst:* jungel.

jungle gym *på lekeplass:* klatrestativ.

I. junior ['dʒu:niə] *subst:* junior; *skolev:* elev i småklasse; **the office ~***(=the junior clerk)* yngstemann på kontoret.

II. junior *adj(ofte fk Jnr, Jr, Jun)* junior *(fx John Jones Junior);* yngre; **in the ~ school** i småskolen; i de lavere klasser; **he's my ~ by two years** han er to år yngre enn meg; *mil:* **~ officers** yngre offiserer.

junior college US: college med toårig kurs, som forbereder til 'senior college'; *(se college).*

junior high school US *svarer omtr til:* ungdomsskole.

junior school UK *mots 'infant school':* grunnskole for elever i alderen 7–11 år; *(jvf infant school & primary school).*

juniper ['dʒu:nipə] *subst; bot:* einer.

juniper berry einebær.

juniper bush einebærbusk.

junk [dʒʌŋk] *subst* **T:** rot; skrot.

junketing(s) ['dʒʌŋkitiŋ(z)] *subst* **T:** festing *(fx I can't stand all this junketing every evening).*

junk food T ferdigmat; gatekjøkkenmat; *(jvf wholefood).*

junkie ['dʒʌŋki] *subst* **S:** narkoman; stoffmisbruker; **he's a ~** han går på stoff; **work ~***(=workaholic)* arbeidsnarkoman.

junk mail reklametrykksaker (som kommer i posten).

junk shop skraphandel.

jurisdiction [,dʒuəris'dikʃən] *subst* **1.** jurisdiksjon; domsmyndighet; **2.** jurisdiksjon; rettskrets; **3.: come under the ~ of** bli pådømt av *(fx driving offences come under the jurisdiction of the magistrates' courts);* **fall within the ~ of** henhøre under *(fx that school does not fall within the jurisdiction of this education authority).*

jurisprudence [,dʒuəris'pru:dəns] *subst:* jurisprudens; rettsvitenskap.

jurist ['dʒuərist] *subst:* rettslærd.

juror ['dʒuərə] *subst(=juryman)* jurymedlem; domsmann *(fx she was called to be a juror).*

jury ['dʒuəri] *subst; jur & sport:* jury; *sport også:* dommerkomité; bedømmelseskomité; **sit***(=be)* **on the ~** sitte i juryen.

juryman ['dʒuərimən] *subst(=juror)* jurymedlem; domsmann.

jury mast *mar:* nødmast.

I. just [dʒʌst] *subst; pl:* **the ~** de rettferdige; **sleep the sleep of the ~** sove de rettferdiges søvn.

II. just *adj:* rettferdig; rimelig; berettiget; **have a ~ claim to the money** ha et berettiget krav på pengene.

III. just *adv* **1.** nettopp; akkurat; **I was ~ going to***(=I was just about to)* jeg skulle akkurat (*el.* nettopp) til å; **~ now** akkurat nå; for et øyeblikk siden; **~ then** akkurat da; **~ when** 1. akkurat da; 2. akkurat når *(fx why do you bother me just when I'm busy?);* **2.** nøyaktig; nettopp; akkurat *(fx that's just what I*

said); **that's ~ it!***(=that's just the point)* det er nettopp det (som er saken (,problemet))!
3. så vidt *(fx I just managed to escape);* **it will ~ pass muster***(=it'll just do)* det går til nød an; det kan til nød passere; **only ~ enough** bare (akkurat) så vidt nok; **~ under 10%** like under 10%; i underkant av 10%; tett oppunder 10%;
4*(=only)* bare *(fx she's just a child);* **~ you wait!** bare vent! **that just shows how stupid he is!** det viser bare hvor dum han er!
5. *forsterkende:* **now, ~ listen to me!** hør nå på meg! hør nå bare på hva jeg har å si! **I ~ don't know what to do** jeg vet (sannelig) ikke hva jeg skal gjøre; **that ~ isn't true!** det er rett og slett ikke sant!
6. T*(=absolutely)* helt; absolutt *(fx it's just perfect!);* **the weather's ~ marvellous** været er helt (fantastisk) fint;
7.: ~ about (sånn) omtrent *(fx we shall have just about enough time if we go now; just about a hundred);* **is your watch ~ about right?** går klokken din (sånn) noenlunde riktig? **it was ~ about here** det var omtrent her;
8.: be ~ about to akkurat skulle til å; **he was ~ about to go out***(=he was just going out)* han skulle akkurat til å gå ut;
9.: ~ after*(=shortly after)* like etter *(fx just after the war);*
10.: ~ as 1. akkurat idet *(fx just as I came in);* nettopp idet; nettopp som; 2. akkurat slik som *(fx the tree lay just as it fell);* 3. akkurat like *(fx it's just as good as any of the others);* 4.: **I think that's ~ as well** jeg tror det er (,blir) det beste; jeg tror det er best at det blir slik.

justice ['dʒʌstis] *subst* **1.** rettferdighet; berettigelse; **the ~ of** berettigelsen av *(fx I admit the justice of his claim);* **do sby ~, do ~ to sby** yte en rettferdighet; **I wouldn't be doing him ~ to call him lazy when he's so ill** det ville ikke være rettferdig av meg om jeg kalte ham doven når har er så syk; **I didn't do myself ~ in the exam** jeg fikk ikke vist hva jeg kunne til eksamen; **do ~ to the food** ta godt for seg av maten; **the picture doesn't do ~ to her beauty** bildet viser ikke (riktig) hvor vakker hun er; **~ was done in the end** rettferdigheten skjedde til slutt; **in ~** i rettferdighetens navn; hvis man (,jeg, etc) skal være rettferdig *(fx in justice I must add that ...);* **in ~ to him***(=to do him justice)* for å yte ham rettferdighet; **2.** *i sær som tittel(=judge):* **Justice of the Peace** *(fk JP)* fredsdommer; **3.** *jur:* **administer ~** holde rett; **administration of ~** rettspleie; **bring sby to ~** bringe en for retten.

justifiable ['dʒʌsti,faiəbl; ,dʒʌsti'faiəbl] *adj:* forsvarlig; berettiget; **a ~ claim** et berettiget krav; **~ homicide** (drap i) nødverge; **in my book your behaviour was perfectly ~** etter min mening var det du gjorde, fullt forsvarlig.

justification [,dʒʌstifi'keiʃən] *subst:* rettferdiggjørelse; **you have no ~ for criticizing him in that way** det er ingenting som gir deg grunn til å kritisere ham på den måten; **in ~ of** som forsvar for *(fx there's a great deal to be said in justification of old-fashioned teaching methods).*

justify ['dʒʌsti,fai] *vb:* rettferdiggjøre; forsvare; **nothing can ~ such conduct** ingenting berettiger en (*el.* gir en rett) til å oppføre seg slik; **your behaviour was perfectly justified** det du gjorde var fullt forsvarlig; **I don't think spending a lot of money on new equipment would ~ itself** jeg tror ikke det ville være forsvarlig (*el.* berettiget) å bruke mange penger på nytt utstyr; **~ our existence** bevise vår eksistensberettigelse.

justly *adv* **1.** rettferdig; **2.** med rette; med god grunn.

jut [dʒʌt] *vb:* **~ out***(=stick out; project)* rage fram; stikke ut *(fx in many old houses the top storey jutted out over the bottom one).*

jute [dʒu:t] *subst; tekstil:* jute.

Jutland ['dʒʌtlənd] **1.** *subst; geogr:* Jylland; **2.** *adj:* jysk.

Jutlander ['dʒʌtləndə] *subst:* jyde.

juvenile ['dʒu:və,nail] **1.** *subst; jur:* ungdom *(fx she will not be sent to prison – she's still a juvenile);* **2.** *adj; jur:* **~ delinquent** ungdomsforbryter.

juvenile delinquency*(=juvenile crime)* ungdomskriminalitet.

juvenile delinquent ungdomsforbryter.

juvenile lead *teat:* førsteelsker; elskerrolle.

juxtapose [,dʒʌkstə'pouz] *vb; stivt el. litt.(=place side by side)* sidestille; sammenstille; **-d** sidestilt (*to* med).

K

K, k [kei] (bokstaven) K, k; *tlf:* **K for King** K for Karin; **capital K** stor K; **small k** liten k; **it is spelt with a ~** det skrives med k.

Kaffir ['kæfə] *subst* **1.** kaffer; **2.: -s** sørafrikanske gruveaksjer.

Kaiser ['kaizə] *subst; hist:* tysk keiser; *(jvf emperor).*

kale [keil] *subst; bot* **1.** *som dyrefôr(=borecole)* grønnkål; **2.** *som mat:* **curly ~** grønnkål; *(se garnishing kale).*

kaleidoscope [kə'laidə,skoup] *subst:* kaleidoskop.

kangaroo [,kæŋgə'ru:] *subst; zo:* kenguru.

kaput [kə'put] *adj* **S***(=broken)* ødelagt; i stykker.

kayak ['kaiæk] *subst:* kajakk.

kebab [ki'bæb] *subst:* lite kjøttstykke stekt på spidd *(fx they had kebabs and rice for lunch).*

kedge [kedʒ] *subst; mar:* varpanker.

I. keel [ki:l] *subst; mar:* kjøl; *også fig:* **on an even ~** på rett kjøl *(fx get the sinking ship on an even keel);* **keep the business on an even ~** holde forretningen på rett kjøl.

II. keel *vb:* **~ over 1.** vende kjølen i været på *(fx he keeled the boat over);* **2. T***(=fall over)* falle om.

keelhaul ['ki:l,hɔ:l] *vb; mar:* kjølhale; *fig:* **~ sby** gi en en overhaling (*el.* kraftig skjennepreken).

keelson, kelson ['kelsən] *subst; mar:* kjølsvin.

keen [ki:n] *adj* **1.** *stivt; også fig(=sharp)* skarp *(fx that knife has a keen edge; keen competition);* **a ~ sense of humour** en utpreget humoristisk sans; **have a ~ eye for** ha et skarpt blikk for; **2.** *stivt el. litt.(=very cold)* iskald; skarp *(fx the north wind is keen and biting);* **3***(=eager)* ivrig; begeistret *(fx he's a keen golfer);* **he's a ~ worker** han arbeider godt; **T:** han står på; **not only was she ~, but she also knew her subject** ikke bare var hun ivrig; hun kunne sine ting (,faget sitt) også; *lett glds* **T: ~ as mustard** ivrig som bare det; **he was obviously ~ for me to do it** han var tydeligvis ivrig etter (*el.* interessert i) at jeg skulle gjøre det; **~ on** ivrig etter; oppsatt på; **he's not very ~ on golf** han bryr seg ikke noe større om golf; **she's been ~ on him for years** hun har hatt et godt øye til ham i årevis.

keenness ['ki:nnis] *subst:* iver.

keen-sighted [,ki:n'saitid; *attributivt:* 'ki:n,saitid] *adj(=sharp-sighted)* skarpsynt.

I. keep [ki:p] *subst* **1. T***(=board and lodging)* kost og losji *(fx she gives her mother money every week for her keep);* **earn one's ~** gjøre gagn for maten; være verdt maten; **he's not worth his ~** han gjør seg ikke fortjent til maten; **2.** (midterste) borgtårn; **3. T: for -s** for bestandig; **it's yours for -s** du kan beholde det.

II. keep *vb (pret & perf. part.: kept)* **1.** holde *(fx keep one's eyes shut; keep one's bed; keep hens; keep one's word);* holde seg *(fx keep quiet); også fig:* **~ afloat** holde seg oppe; holde seg flytende; **~ away** holde seg unna *(fx keep away – it's dangerous!);* **~***(=fight)* **back one's tears** holde tårene tilbake; **~ sby company** holde en med selskap; **~ sby in clothes** holde en med klær; **~ indoors***(=stay in(doors))* holde seg inne; **~ on one's feet** holde seg på bena; **~ a tight rein on sby** holde en strengt;

2. *om matvarer:* holde seg; *fig:* **perhaps it'll ~?** kanskje det kan vente?

3. holde på *(fx old customers);* beholde; **~ one's coat on** beholde frakken på; **she kept her sense of humour** hun beholdt sin humoristiske sans; **~ the light burning** beholde lyset på; la lyset brenne; **can you ~ a secret?** kan du holde på en hemmelighet? **~ it to yourself** behold det for deg selv; si det ikke videre;

4. hefte *(fx am I keeping you? I'm sorry to keep you);*

5*(=support)* forsørge; **her money -s all of us** pengene hennes forsørger oss alle;

6*(=celebrate)* feire *(fx Christmas);*

7.: ~ (-ing)*(=go on (-ing))* fortsette med å *(fx he kept writing letters to her);* **he kept walking** han fortsatte å gå; **~ going** 1. fortsette *(fx we'll get it done if we can just keep going);* 2.: **she has enough work to ~ her going** hun slipper ikke opp for arbeid; **can you lend me ten pounds to ~ me going until tomorrow?** kan du låne meg ti pund, slik at jeg klarer meg til i morgen? **will five pounds ~ you going?** klarer du deg med fem pund?

8.: ~ at it henge i; ikke gi seg; **T:** stå på;

9.: ~ from (-ing)*(=stop oneself from (-ing))* la være å *(fx I could hardly keep from hitting him);*

10.: ~ house for stelle huset for; ta seg av husholdningen for *(fx she keeps house for her brother);*

11.: ~ early hours legge seg tidlig; gå tidlig til sengs; **~ late hours** være lenge oppe; legge seg sent;

12.: ~ in mind ikke glemme; huske på *(fx I'll keep your offer in mind);*

13. ~ in with sby holde seg inne med en;

14.: ~ off holde unna; holde seg unna *(fx keep off the grass; there are notices everywhere warning people to keep off; the rain kept off and we had sunshine for the wedding);* **the umbrella -s off the rain** paraplyen holder regnet unna; **we kept off the subject of money** vi holdt oss unna temaet penger;

15.: ~ on 1*(=continue)* fortsette *(fx she kept on until it was finished);* 2. *om ansatt:* beholde; **~ on (-ing)** fortsette med å *(fx he kept on writing);*

16.: ~ on at sby stadig mase på en;

17.: ~ out of holde seg unna *(fx keep out of trouble);* **~ out of politics** holde seg unna politikk;

18.: ~ time 1. *om klokke:* gå riktig *(fx does this watch keep (good) time?);* 2. holde takten; **she doesn't ~ time with her partner** hun er i utakt med partneren sin;

19. T: ~ oneself to oneself være reservert; holde seg for seg selv *(fx he keeps himself very much to himself; our new neighbours keep themselves to themselves);*

20.: ~ up holde oppe; opprettholde; **~ up the garden** holde hagen ved like; **T: ~ it up** holde det gående; ikke slappe av (i sine anstrengelser); **your work is good – ~ it up!** du gjør godt arbeid – fortsett slik!

keeper ['ki:pə] *subst* **1.** vokter; **2.** dyrepasser *(fx at a zoo);* **2.** *fotb(=goalkeeper; goalie)* målmann; målvokter; keeper; **3.** *ved museum:* direktør; førstekonservator; **assistant ~** 1. konservator; 2. mu-

seumsarkivar; *i lønnsregulativet:* administrasjonssekretær; *(jvf conservation officer; curator);* **4.: ~ of public records** *(,***US:** *archivist of the United States)* riksarkivar; **deputy ~ of public records** *(,***US:** *deputy archivist of the United States)* førstearkivar.
keeping ['ki:piŋ] *subst:* **in ~ with** i overensstemmelse med.
keepsake ['ki:p,seik] *subst:* erindring; souvenir; **as a ~** som et minne; til erindring.
keg [keg] *subst:* liten tønne; fat; **powder ~** kruttønne.
kelp [kelp] *subst; bot:* tang; **bladder ~***(=bladder wrack)* blæretang.
ken [ken] *subst:* **it's beyond his ~***(=it's beyond the range of his mind)* det ligger utenfor hans horisont.
kennel ['kenəl] *subst* **1.** hundehus; **2.: -(s)** kennel.
Kenya ['kenjə; 'ki:njə] *subst; geogr:* Kenya.
kept [kept] *pret & perf. part. av II. keep.*
kept woman forsørget kvinne; kvinne som blir underholdt av en mann.
kerb *(,***US:** *curb)* [kə:b] *subst:* fortauskant.
kerb crawling S: kjøring i skrittempo for å plukke opp prostituert.
kerb drill: lessons in ~ trafikkundervisning.
kerb(side) weight *bils:* vekt i kjøreklar stand.
kerbstone *(,***US:** *curbstone)* kantstein.
kerchief ['kə:tʃif] *subst; glds(=headscarf)* skaut.
kermess, kermis ['kə:mis] *subst:* marked.
kernel ['kə:nəl] **1.** *bot:* kjerne; *i frukt(=stone)* stein; **2.** *fig:* kjerne *(fx the kernel of his argument).*
kerosene ['kerə,si:n] *subst; især* **US***(=paraffin)* parafin.
kestrel ['kestrəl] *subst; zo:* tårnfalk; **American ~** *(,***US:** *sparrow hawk)* amerikansk tårnfalk.
ketch [ketʃ] *subst; mar; seilbåt med to master:* ketsj.
ketchup ['ketʃəp] *subst:* ketchup.
kettle ['ketəl] *subst:* **(water) ~** vannkjele; *iron* **T: a pretty ~ of fish!** litt av et rot! fine greier! **the pot calling the ~ black!** du (,han, etc) er ikke et hår bedre; du (etc) er ikke bedre selv!
kettledrum ['ketəl,drʌm] *subst; mus:* pauke.
kettle holder*(=potholder)* gryteklut.
key [ki:] *subst* **1.** nøkkel *(fx the key to the door; have you the key for this door?);* **2.** *fig:* nøkkel *(fx provide the key to the whole problem);* **3.: ~ (to the symbols used)** tegnforklaring; **4.** tast *(fx the keys of a typewriter);* tangent *(fx piano keys);* **5.** *mus:* toneart *(fx what key are you singing in?);* **6***(=pitch)* stemmehøyde; tonehøyde; **speak in a low ~** snakke lavt; *fig:* **let's treat this whole affair in a very low ~** ikke la oss overdramatisere hele denne saken.
keyed up: (all) ~*(=excited; tense)* oppspilt; anspent.
keyboard ['ki:,bɔ:d] *subst:* tastatur; klaviatur.
keyhole ['ki:,houl] *subst:* nøkkelhull.
keyhole saw *tøm(=padsaw)* patentsag.
key industry nøkkelindustri.
keynote ['ki:,nout] *subst; også fig:* grunntone; **sound***(=strike)* **the ~** slå an grunntonen.
key position *fig* **1.** nøkkelstilling; **2.** *polit:* vippeposisjon *(fx be in a key position).*
key signature *mus:* fortegn.
keystone ['ki:,stoun] *subst; arkit:* sluttstein.
key word nøkkelord.
khaki ['ka:ki] *subst; tekstil:* kaki *(fx uniform).*
Khartoum [ka:'tu:m] *subst; geogr:* Khartoum.
kibitzer ['kibitsə] *subst; kortsp* **US***(=back-seat driver)* bakspiller.
I. kick [kik] *subst* **1.** spark *(fx give sby a kick);* **2***(=recoil)* rekyl; **3. S***(=pleasant thrill):* **she gets a ~ out of making people miserable** hun nyter å plage folk; **I get a lot of ~ out of it** jeg nyter det; jeg synes det er veldig morsomt; **for -s***(=for fun)* for moro skyld *(fx they beat up people for kicks).*
II. kick *vb* **1.** sparke *(fx kick sby; kick the ball into the next garden); om hest:* sparke; slå bakut; **~ at** sparke etter; **he -ed the door open** han sparket opp døra; *fig* **T: ~ oneself** være sint på seg selv; **T:** ergre seg (både) gul og grønn; **2.** *om skytevåpen:* slå; **3. S: ~ the bucket***(=die)* krepere; dø; **4.: ~ one's heels** vente utålmodig; kaste bort tiden med å vente; *(jvf 11 ndf: ~ up one's heels);* **5. S***(=resist)* stritte imot; **T: ~ against***(=oppose)* motsette seg; være imot *(fx he kicked against the idea from the start); bibl:* **~ against the pricks** stampe mot brodden; **6. T: ~ about, ~ around** 1*(=wander about)* rusle omkring *(fx we kicked around a bit and then went home);* 2*(=knock about)* streife om(kring) *(fx he spent the last few years kicking around in Africa);* 3. *om brev, etc:* bli liggende *(fx the letter has been kicking around for weeks and no one's answered it yet);* 4*(=struggle with)* stri med; tumle med; **~ the problem around for a while and see what ideas emerge** tumle litt med problemet og se hvilke idéer som melder seg; 5*(=treat badly)* behandle dårlig; **T:** mobbe *(fx the bigger boys are always kicking him around);* **7. S: get -ed in the teeth** få (seg) en på trynet; **8.: ~ off** 1. *fotb:* begynne (kampen) *(fx we kick off at 2.30);* 2. *fig* **T:** være den første som tar ordet; gå ut først *(fx I'll speak last at today's meeting if you kick off);* **9. T: ~ over the traces***(=let one's hair down)* slå seg ordentlig løs; **10.: ~ up a fuss** lage vanskeligheter; beklage seg (*about* over); **11.: ~ up one's heels** 1. **T***(=let one's hair down)* slå seg løs; 2. **S***(=die)* krepere; dø; *(jvf 4 ovf: ~ one's heels);* **12. T: ~ up a row** lage bråk; **13. T: ~ sby upstairs** sparke en oppover (ɔ: bli kvitt en ved forfremmelse).
kick-off ['kik,ɔf] *subst; fotb:* avspark; **the ~ is at 2.30** kampen begynner kl. 2.30.
I. kid [kid] *subst* **1***(=young goat)* (geite)kje; **2. T***(=child)* barn; unge; ungdom *(fx a hundred kids went to the disco)*
II. kid *vb* **T 1***(=tease)* erte; **2.: don't ~ yourself about that** ta ikke feil av det; ta ikke feil på det punktet.
kid brother T: lillebror; *(se kid sister).*
kid glove 1. glacéhanske; **2.** *fig:* **handle sby with -s** ta på en med silkehansker.
kidnap ['kid,næp] *vb:* kidnappe.
kidnapper ['kid,næpə] *subst:* kidnapper.
kidney ['kidni] *subst; anat:* nyre.
kidney bean *bot(=French bean; haricot bean)* hagebønne; *(jvf French bean).*
kidney failure *med.(=renal insufficiency)* nyresvikt.
kidney machine kunstig nyre.
kidney vetch *bot(=ladies' fingers)* rundskolm.
I. kill [kil] *subst* **1.** *jakt:* nedleggelse (av byttet); jaktutbytte; **make a ~** skyte noe; **2.** bytte *(fx the lioness took her kill back to the cubs);* **3.: be in at the ~** 1. være til stede når byttet nedlegges; 2. **T:** være til stede i det avgjørende øyeblikk; være med når det skjer.
II. kill *vb* **1.** drepe; slakte; ta liv; **2.** *fig:* ødelegge; tilintetgjøre *(fx sby's hopes of winning);* **3.: ~ off** 1. avlive; utrydde *(fx they've killed them all off);* 2. *fig:* ødelegge; spolere *(fx that plan's been killed off);* **4.: it's ~ or cure***(=it's neck or nothing)* det får briste eller bære; **5. T: ~ time** slå i hjel tiden; fordrive tiden.
killer ['kilə] *subst:* drapsmann.
killer (whale) *zo:* spekkhogger.
I. killing ['kiliŋ] *subst:* drap.
II. killing *adj* **T 1***(=exhausting)* drepende *(fx he set off at a killing pace);* **that hill up to your house is ~!** den bakken opp til huset ditt tar knekken på en!

2(=very funny) fantastisk morsom *(fx situation).*
killingly *adv* **T: ~ funny** drepende (*el.* fantastisk) morsom(t).
killjoy ['kildʒɔi] *subst(=wet blanket)* gledesdreper.
kill-time ['kil,taim] *adj:* **~ pursuits** sysler man fordriver tiden med.
kiln [kiln] *subst:* **(drying) ~** tørkeovn.
kilo ['ki:lou] *subst(=kilogram(me))* kilo.
kilometre *(,US:* **kilometer***) (fk km)* ['kilə,mi:tə; ki'lɔmitə] *subst:* kilometer.
kilowatt ['ki:lə,wɔt] *subst:* kilowatt.
kilt [kilt] *subst:* (skotte)skjørt.
kin [kin] *subst:* **one's next of ~** ens nærmeste pårørende; **I hate her and all her ~** jeg hater både henne og slektningene hennes.
I. kind [kaind] *subst* **1***(=sort)* slag; slags; *iron:* **coffee of a ~** en slags kaffe; **they're two of a ~** de er begge av samme slaget; **(of) all -s** (av) alle slag(s); **some ~ of, a ~ of** en slags; **I'm not the marrying ~** jeg er ikke den typen som gifter seg; **what ~ of a man is he?** hvordan er han? **2. T: ~ of** liksom *(fx the room was kind of dark);* **I ~ of expected it** jeg ventet det liksom; **I ~ of thought this would happen** jeg ventet liksom (*el.* hadde liksom på følelsen) at dette ville hende; **3.: in ~** 1. *om betaling:* in natura *(fx pay in kind);* 2*(=in the same way)* med samme mynt *(fx she replied in kind).*
II. kind *adj:* snill; vennlig; **it's really very ~ of you** det er virkelig veldig snilt av deg; *stivt:* **be so ~ as to***(=please)* vær så vennlig å . . .; vær så snill å . . .; **she's been very ~ about letting us use her house** hun har vært veldig snill, som har latt oss benytte huset hennes.
kindergarten ['kində,ga:tən] *subst:* barnehage.
kind-hearted [,kaind'ha:tid; *attributivt også:* 'kaind,ha:tid] *adj:* godhjertet.
kind-heartedness [,kaind'ha:tidnis] *subst:* godhjertethet.
kindle ['kindəl] *vb* **1.** tenne *(fx a fire);* **the fire -d easily** det var lett å få det til å brenne; **2.** *fig:* stråle *(fx his eyes kindled with excitement).*
kindliness ['kaindlinis] *subst(=kindness)* vennlighet.
kindling ['kindliŋ] *subst(=dry wood for starting a fire)* opptenningsved.
kindly ['kaindli] **1.** *adj:* vennlig *(fx a kindly smile; a kindly old lady);* **it was a ~ gesture to offer to . . .** det var snilt gjort å tilby seg å . . .; **2.** *adv:* vennlig; på en vennlig måte; *iron el. spøkef:* **will you ~ help me to . . .***(=will you please help me to . . .)* vil du være så snill å hjelpe meg med å . . .; **take ~ to sth** se med blide øyne på; se med velvilje på.
kindness ['kaindnis] *subst* **1.** vennlighet; godhet; elskverdighet; **2***(=kind act)* vennlig handling; **it would be a ~ to tell him** det ville være en vennetjeneste å si det til ham.
kindred ['kindrid] **1.** *subst; glds:* **one's ~***(=one's relatives)* ens slektninger; **2.** *adj:* beslektet *(fx climbing and other kindred sports);* **a ~ spirit** en åndsfrende.
kinetic [ki'netik] *adj:* **~ energy** bevegelsesenergi.
kinetics [ki'netiks] *subst:* kinetikk.
king [kiŋ] *subst* **1.** konge *(fx King of Norway);* **2.** *kortsp:* konge; **~ of diamonds** ruterkonge.
kingdom ['kiŋdəm] *subst* **1.** kongerike *(fx the kingdom of Norway);* **2.: the animal ~** dyreriket; **the plant***(=vegetable)* **~** planteriket; **the mineral ~** mineralriket; **3. T: until ~ come** i all evighet.
kingcup ['kiŋ,kʌp] *subst; bot* **1***(=(upright) meadow buttercup)* soleie; **2.: ~ (of mayblob)***(=marsh marigold)* soleihov.
king eider *zo:* praktærfugl.
kingfisher ['kiŋ,fiʃə] *subst; zo:* isfugl.
kingly ['kiŋli] *adj(=royal)* kongelig *(fx dignity).*
kingpin ['kiŋ,pin] *subst* **1.** *tekn:* kingbolt; **2.** *fig; i organisasjon, etc(=pivot)* krumtapp; hovedperson.
King's Bench Division (of the High Court) *se Queen's Bench Division (of the High Court).*
King's Counsel *se Queen's Counsel.*
King's English *se Queen's English.*
king's evidence *se queen's evidence.*
kingship ['kiŋʃip] *subst:* kongeverdighet.
king-sized ['kiŋ,saizd] *adj:* ekstra stor.
kink [kiŋk] *subst* **1.** *på tau:* bukt; *i hår:* krus; **2. T:** egenhet *(fx that's only one of his kinks).*
kinky ['kiŋki] *adj* **1.** *om tau:* med bukt på; fullt av bukter; *om hår:* kruset; **2.** *neds* **T:** underlig; spesiell *(fx he has some very kinky ideas);* litt pervers.
kinsfolk ['kinz,fouk] *subst; pl; stivt(=relatives)* slektninger.
kinsman ['kinzmən], **kinswoman** ['kinzwumən] *subst; stivt(=relative)* slektning.
kiosk ['ki:ɔsk] *subst:* kiosk; **(telephone) ~** telefonkiosk.
kip [kip] **S 1.** *subst(=sleep)* søvn; **2.** *vb(=sleep)* sove; **~ down** legge seg (litt) nedpå.
kipper ['kipə] *subst:* røykesild.
kirk [kə:k] *subst; skotsk:* kirke.
I. kiss [kis] *subst:* kyss; **the ~ of life** munn-mot-munnmetoden *(fx give sby the kiss of life).*
II. kiss *vb:* kysse; **they -ed** de kysset hverandre.
kisser ['kisə] *subst* **S***(=mouth):* **the ~** kjeften.
kissproof ['kis,pru:f] *adj:* kyssekte.
I. kit [kit] *subst:* utstyr; sett; **a building ~** et byggesett; **a model aircraft ~** et modellflysett; **a repair ~** et reparasjonssett; **a ~ of tools** et verktøysett.
II. kit *vb:* **~ out** utstyre; **~ oneself out** utstyre seg.
kitbag ['kit,bæg] *subst; mil:* kitbag.
kitchen ['kitʃin] *subst:* kjøkken; **dining ~** boligkjøkken.
kitchen bin*(=refuse bin)* søppelbøtte.
kitchenette [,kitʃi'net] *subst:* tekjøkken.
kitchen garden*(=vegetable garden)* kjøkkenhage.
kitchen sink kjøkkenvask; utslagsvask i kjøkkenet.
kitchen unit*(=kitchen sink unit)* kjøkkenbenk; oppvaskbenk.
kite [kait] *subst* **1.** *zo:* glente; **black ~** svartglente; **red ~** rød glente; **2.** *leketøy:* drage; **3.** *merk* **T***(=accommodation bill)* akkommodasjonsveksel; **4.: fly a ~** 1. *som lek:* sende opp en drage; 2. **T:** utstede en akkommodasjonsveksel; 3. *fig(=put out a feeler)* sende opp en prøveballong.
kite flier *merk:* vekselrytter.
kite flying *merk:* vekselrytteri.
kith [kiθ] *subst; stivt:* **~ and kin***(=relatives)* slektninger.
kit inspection *mil:* pussvisitasjon.
kitten ['kitən] *subst; zo:* kattunge; **have -s** få kattunger.
kittenish ['kitəniʃ] *adj:* kjælen; leken (som en kattunge).
kitty ['kiti] *subst* **T:** (felles) kasse *(fx we kept a kitty for buying food when we were camping).*
kleptomania [,kleptə'meiniə] *subst:* kleptomani.
kleptomaniac [,kleptə'meini,æk] **1.** *subst:* kleptoman; **2.** *adj:* kleptoman *(fx she has kleptomaniac tendencies).*
knack [næk] *subst:* håndlag; **acquire the ~ of (-ing)** lære seg knepet med å . . .; **he has a ~ of (-ing)** han har en viss evne til å . . .; han har det med å . . .; **there's a ~ in it** det er et knep med det.
knacker ['nækə] *subst* **1.** hesteslakter; **-'s yard** hesteslakteri; **2.** nedrivningsentreprenør; **3. S: -s***(=testicles)* testikler.

knackered ['nækəd] *adj* **S**(*=dead-beat*) utkjørt.
knapsack ['næp,sæk] *subst; hist:* tornister.
knave [neiv] *subst* **1.** *kortsp; stivt(=jack)* knekt; **2.** *glds(=rascal)* kjeltring; slyngel.
knavish ['neiviʃ] *adj; glds(=rascally)* kjeltringaktig.
knavery ['neivəri] *subst; glds(=dirty trick)* kjeltringstrek.
knee [ni:] *subst:* kne; **cut one's ~** skrubbe kneet sitt; få et skrubbsår på kneet *(fx he fell and cut his knee);* **she was on her -s weeding** hun lå på knærne og lukte; **he went down on his -s**(*=he knelt*) han knelte; han falt på kne; **bring him to his -s** tvinge ham i kne.
knee breeches knebukser.
kneecap ['ni:,kæp] *subst; anat(=patella)* kneskål.
knee-deep ['ni:,di:p] *adj; om vann, etc:* som når til knærne *(fx he was knee-deep in water).*
knee jerk(*=patellar reflex*) knerefleks.
knee joint *anat & tekn:* kneledd.
kneel [ni:l] *vb (pret & perf. part.: knelt)* knele; stå på knærne; **he knelt in front of her** han knelte (*el.* falt på kne) foran henne; **~ down** knele.
knee-length ['ni:,leŋθ] *adj:* **~ skirt** skjørt som rekker til knærne.
kneeler ['ni:lə] *subst(=kneeling stool)* bedeskammel; alterskammel.
knee pad knebeskytter.
knell [nel] **1.** *subst; stivt; især fig:* **the funeral ~** ringing til begravelse; **his words were the ~ to all our hopes** ordene hans betød slutten på alle våre forhåpninger; **2.** *vb; ved død el. begravelse; også fig:* ringe.
knelt [nelt] *pret & perf. part. av kneel.*
knew [nju:] *pret av II. know.*
knicker elastic buksestrikk.
knickers ['nikəz] *subst; pl; for damer:* underbenklær; underbukse; **three pairs of ~** tre (par) underbukser.
knick-knack ['nik,næk] *subst:* nipsgjenstand.
I. knife [naif] *subst (pl: knives)* kniv; **T: have one's ~ into sby** ha et horn i siden til en; være ute etter en; **T: before you could say ~** før man visste ordet av det; **war to the ~** krig på kniven.
II. knife *vb* **T**(*=stab with a knife*) dolke; stikke med kniv.
knife edge knivsegg.
knife point: at ~ med kniven på strupen *(fx she was raped at knife point).*
I. knight [nait] *subst* **1.** *hist:* ridder; **2. UK:** person med rang under 'baronet' og som tituleres 'Sir' *(fx the Queen has made him a knight in recognition of his political work).*
II. knight *vb* **1.** *hist:* slå til ridder; **2. UK: ~ sby**(*=make sby a knight*) utnevne en til 'knight'; *(se I. knight 2).*
knight errant ['nait'erənt] *subst; hist:* vandrende ridder.
knighthood ['nait,hud] *subst* **1.** *hist:* ridderskap; **2. UK: he received a ~ from the Queen**(*=the Queen made him a knight*) han ble av dronningen utnevnt til 'knight'; *(se I. knight 2);* **3.: order of ~** ridderorden.
knightly ['naitli] *adj; hist:* som sømmer seg for en ridder; ridder-.
Knight Templar tempelherre.
knit [nit] *vb (pret & perf. part.: knitted; i betydning 2, 3 & 4 også: knit)* **1.** strikke; **2.** *med.; om brudd(=grow together)* vokse sammen *(fx the bone in his arm took a long time to knit);* **3.** *fig:* knytte sammen *(fx their dependence on one another knit them into a close group);* **4.: ~ one's brows** rynke pannen *(fx he knit his brows).*
knitting ['nitiŋ] *subst* **1.** strikking; **2.: (piece of) ~** strikketøy.
knitting needle strikkepinne.
knitwear ['nit,wɛə] *subst:* strikkevarer.
knob [nɔb] *subst* **1.** knott; kule; **2.: (door) ~** rundt dørhåndtak.
knobkerrie ['nɔb,keri] *subst; våpen(=knobstick)* kølle; kastekølle.
I. knock [nɔk] *subst* **1.** slag *(fx she gave two knocks on the door);* **the engine has a ~** bilen har motorbank; **there's a ~ at the door** det banker på døra; **2.** *fig* **T**(*=unfortunate experience*) ubehagelig opplevelse; **T:** smekk.
II. knock *vb* **1.** slå; banke *(fx at the door); fig:* **~ Latin into sby('s head)** banke latin inn (i hodet på) en; **2. T**(*=criticize*) kritisere *(fx stop knocking his work – it's really very good);* **3. T: ~ about, ~ around** 1. slå løs på; denge; **be -ed about by sby** få juling av en; få en omgang (juling) av en; 2. gå og slenge (*el.* drive); flakke omkring *(fx he's been knocking about (in) Europe);* **this coat is all right for -ing about in** denne jakken er bra nok til hverdagsbruk (*el.* som slengejakke); **4. T: ~ about with, ~ around with** vanke sammen med; **5.: ~ against** støte borti; komme borti; **6. T: ~ back** tylle i seg; helle i seg; helle ned *(fx three pints of beer);* **7. T: ~ sby cold**(*=knock sby senseless*) slå en bevisstløs; **8.: ~ down** 1. slå ned *(fx he knocked her down);* 2. *om pris:* prute ned *(fx he knocked down the price);* 3. *på auksjon:* **it was -ed down to him** han fikk tilslaget; **9.: ~ off** 1. slå av *(fx he knocked her hat off);* 2. **T**(*=stop working*) ta kvelden; 3. **S**(*=steal*) rappe; 4. **T**(*=write quickly*) rable ned; *på skrivemaskin:* slå ned *(fx she knocked off all the letters before lunch);* 5. **S**(*=kill*) drepe; **S:** kverke; ekspedere (hinsides); **10.: ~ out** slå ut *(fx he knocked him out; he knocked out the peg);* **11.: ~ over** velte *(fx knock over a chair);* **12. T: ~ spots off** være meget flinkere enn *(fx she can knock spots off you at tennis);* **13.: ~ up** 1. *om hastverksarbeid:* **~ up a couple of shelves** slå opp et par hyller; 2. vekke *(fx knock me up at 6 o'clock);* 3. **S: ~ oneself up** slite seg ut *(fx don't work so hard – you'll knock yourself up);* 4. *vulg* **US S**(*=make pregnant*) gjøre med barn; **S:** sette barn på.
knockabout ['nɔkə,baut] *adj* **1.** hverdags-; til slengebruk *(fx a knockabout coat);* **2.** *teat:* **~ comedy** støyende komedie.
knockdown ['nɔk,daun] *adj* **1**(*=crushing*) knusende *(fx a knockdown blow);* **2. T: ~ price** lav pris; **I got it at a ~ price** jeg fikk det meget billig.
knocker ['nɔkə] *subst* **1.: (door) ~** dørhammer; **2. S: -s**(*=breasts*) bryster; **S:** pupper.
knocking shop S(*=brothel*) bordell.
knock-kneed ['nɔk,ni:d] *adj:* kalvbent.
knockout ['nɔk,aut] *subst* **1.** *boksing:* knockout; **2.** *fig* **T: it's (,she's) a ~** det (,hun) er helt fantastisk.
knockout competition konkurranse hvor de tapende går ut etter hvert.
knock-up ['nɔk,ʌp] *subst; tennis, etc:* tørrtrening (før kamp).
knoll [noul] *subst:* kolle; knaus.
I. knot [nɔt] *subst* **1.** knute; **2.** *på tre:* kvist; **3.** klynge *(fx a small knot of people);* **4.** *mar:* knop; **5.** *zo:* polarsnipe.
II. knot *vb(=tie)* knyte *(fx the rope around the gatepost).*
knotgrass ['nɔt,gra:s] *subst; bot; ugressplante(=allseed)* tungress; slirekne.
knotty ['nɔti] *adj* **1.** med knute(r); **2.** knortet; knudret; *om trevirke:* med kvist (i) *(fx knotty wood);* **3.** *fig; om problem(=difficult)* vanskelig *(fx problem).*

knotty stick knortekjepp.
knout [naut] *subst:* knutt; knutepisk.
I. know [nou] *subst* **T: be in the ~** vite beskjed; være informert; være innviet.
II. know *vb (pret: knew; perf. part.: known)* **1.** vite; kjenne til *(fx I know a lot of stories about him);* kjenne *(fx he knows my father);* **be -n as** være kjent som; gå under navnet ... *(fx he's known as Peter Brown);* **he -s all the answers** han kan det hele; han er inne i sakene; **for all I ~** for alt hva jeg vet; **~ sby by sight** kjenne en av utseende; **I ~ him by his voice** jeg kjenner ham på stemmen; **T: I wouldn't ~** det skal jeg ikke kunne si; det vet jeg ikke; **2.** *om noe man har lært:* kunne *(fx he knows French);* **3.** *litt.(=experience)* erfare *(fx he has known many sorrows);* **4.: ~ about** kjenne til; vite om; **T** *også:* **I don't ~ about that** det vet jeg ikke noe om; det er jeg slett ikke så sikker på; **I don't ~ my way about here** jeg er ikke kjent her; **5.: ~ backwards***(=know extremely well)* kunne både fremlengs og baklengs; **6.: ~ better** vite bedre *(fx you should know better);* **7.: get to ~** lære å kjenne; bli kjent med; **8.: ~ how to do it** vite hvordan det skal gjøres; **9. T: ~ the ropes** kunne knepet; vite hvordan man skal bære seg at med det; **10.: ~ (on) which side one's bread is buttered** vite å innrette seg; ha næringsvett.
know-all ['nou,ɔ:l] *subst; neds* **T:** bedreviter.
know-how ['nou,hau] *subst* **T:** know-how; ekspertise; sakkunnskap *(fx she acquired a lot of know-how about cars);* **I didn't have the ~ to be able to benefit from the situation** jeg hadde ikke kunnskaper nok til å kunne dra nytte av situasjonen.
knowing ['nouiŋ] *adj:* megetsigende; **a ~ look** et megetsigende blikk.
knowingly *adv* **1.** megetsigende *(fx she looked knowingly at him);* **2.** *stivt(=deliberately)* med vitende og vilje *(fx he wouldn't knowingly insult her).*
knowledge ['nɔlidʒ] *subst* **1.** kunnskap *(fx knowledge is power);* kunnskaper; **a ~ of French** kunnskaper i fransk; **2.** viten(de); **that's common ~** det er noe alle vet; **general ~** almenkunnskaper; **his general ~ is excellent** han har meget gode almenkunnskaper; **he had no ~ of it** han kjente ikke til det; han hadde ikke noe kjennskap til det; **to my ~** så vidt jeg vet; **not to my ~** ikke så vidt jeg vet; **he did it without my ~** han gjorde det uten mitt vitende; **3.: branch of ~** vitenskap(sgren).
knowledgeable ['nɔlidʒəbl] *adj:* kunnskapsrik; **be (very) ~ about sth** være godt inne i noe; vite (svært) meget om noe.
known [noun] **1.** *perf. part. av II. know;* **2.** *adj:* kjent; **make ~** gjøre kjent; bekjentgjøre; **make oneself ~ to sby** presentere seg for en; **he's ~ to the police** han er en kjenning av politiet.
I. knuckle ['nʌkəl] *subst:* knoke; **T: near the ~***(=near the bone)* litt vovet; nesten usømmelig.
II. knuckle *vb* **T: ~ down (to it)** ta fatt (på arbeidet); **~ under***(=yield)* føye seg; gi etter.
knuckleduster ['nʌkəl,dʌstə] *subst:* slåsshanske.
I. knurl [nə:l] *subst* **1.** riflet rand (på mutter *el.* mynt); **2***(=knurling tool)* rulettrinse.
II. knurl *vb:* rulettere; rifle.
knurled *adj:* rulettert; riflet.
knurled nut fingermutter.
kohlrabi [,koul'ra:bi] *subst; bot:* knutekål.
kooky ['kuki] *adj* **US T***(=crazy)* sprø.
Koran [kɔ:'ra:n] *subst:* **the ~** koranen.
Korea [kə'ri:ə] *subst; geogr:* Korea.
Korean [kə'ri:ən] **1.** *subst:* koreaner; *språket:* koreansk; **2.** *adj:* koreansk.
kowtow ['kautau] *vb; neds:* **~ to***(=crawl to)* krype for; ligge på magen for.
kraal [kra:l] *subst; i Sør-Afrika:* kraal; landsby.
Kraut [kraut] *subst; neds* **S***(=German)* tysker.
Kremlin ['kremlin] *subst:* **the ~** Kreml.
kudos ['kju:dɔs] *subst; spøkef(=prestige; credit)* ære; heder; prestisje *(fx there was a lot of kudos attached to the position).*
Kurd ['kə:d] *subst:* kurder.
Kurdish ['kə:diʃ] *adj:* kurdisk.
Kurdistan, Kurdestan [,kə:di'sta:n] *subst; geogr:* Kurdistan.
Kuwait [ku'weit] *subst; geogr:* Kuwait.
Kuwaiti [ku'weiti] *subst:* kuwaiter.

L

L, l [el] (bokstaven) L, l; *tlf:* **L for Lucy** L for Ludvig; **capital L** stor L; **small l** liten l; **it is spelt with two l's** det skrives med to l'er.

lab [læb] *subst (fk.f. laboratory)* laboratorium.

I. label ['leibəl] *subst:* etikett; merkelapp; **price ~** prislapp; **pin a ~ on him** sette en merkelapp på ham; sette ham i en bås.

II. label *vb* **1.** sette merkelapp (*el.* etikett) på; merke; **2.** *fig:* stemple *(fx sby (as) a liar).*

labial ['leibiəl] **1.** *subst; fon:* leppelyd; **2.** *adj:* leppe-; labial.

labiate ['leibi,eit; 'leibiit] *adj; bot:* leppeblomstret.

labium ['leibiəm] *subst (pl: labia)* **1.** *anat(=sex lip)* kjønnsleppe; skamleppe; **labia majora (,minora)** de store (*el.* ytre) (,små (*el.* indre)) skamlepper; **2.** *bot:* leppe; **3.** *zo; på insekt(=lower lip)* underleppe.

laboratory [lə'bɔrətəri; **US:** 'læbrə,tɔ:ri] *subst:* laboratorium.

laborious [lə'bɔ:riəs] *adj; stivt* **1***(=tiring; hard; strenuous)* slitsom; anstrengende; møysommelig; **2.** *om stil(=heavy; laboured)* tung; omstendelig; anstrengt.

I. labour ['leibə] *subst* **1***(=hard work)* (hardt) arbeid; **lost ~** spilt møye; **manual ~** grovarbeid; manuelt arbeid; kroppsarbeid; *stivt:* **-s***(=hard work)* slit *(fx after the labours of the past few years . . .);* **~ of love** noe man gjør for fornøyelsens skyld; **2.** arbeidskraft; arbeidere; **3.** *med.:* veer; **be in ~** ha veer; **during ~** under fødselen; **an uncomplicated ~** en ukomplisert fødsel; **induce ~** fremskynde fødselen; **4. Labour***(=the Labour Party)* Arbeiderpartiet.

II. labour *vb* **1.** *om tungt arbeid:* arbeide; jobbe *(fx he's labouring on a building site);* **2.** *om motor:* gå tungt; **3.** slite; streve; **4.** *stivt:* **~ a point** *(=emphasize a point)* understreke noe; **5: ~ under a delusion** sveve i villfarelse.

labour conflict arbeidskonflikt.

labour-demanding ['leibədi,mandiŋ] *adj:* arbeidskraftkrevende.

laboured *adj:* anstrengt *(fx a laboured style);* **~ breathing** tungpustethet.

labourer ['leibərə] *subst:* kroppsarbeider; **agricultural ~** landbruksarbeider.

labour exchange *hist: se job centre.*

labour-intensive ['leibərin,tensiv] *adj(=manpower -intensive)* arbeidsintensiv.

labourite ['leibərait] *subst(=member of the Labour Party)* arbeiderpartimedlem.

labour leader fagforeningsleder.

labour management arbeidsledelse.

labour market arbeidsmarked.

labour organization arbeidstagerorganisasjon.

Labour Party: the ~ Arbeiderpartiet.

labour relations forholdet mellom arbeidstagere og arbeidsgiver; arbeidsklima.

labour-saving ['leibə,seiviŋ] *adj:* arbeidsbesparende.

laburnum [lə'bə:nəm] *subst; bot:* gullregn.

I. lace [leis] *subst* **1.** knipling; **2.** lisse; **a pair of (shoe) -s** et par skolisser; **my ~ is broken** skolissen min har røket.

II. lace *vb* **1.** snøre *(fx one's shoes);* **-d boots** snørestøvler; **~ (up) your shoes firmly or the lace will come undone** knyt igjen skolissene dine godt, ellers vil de løsne; **2.** tilsette (især alkohol) *(fx she laced his coffee with brandy);* **-d coffee** kaffe med alkohol i; **T:** kaffedokter.

lacerate ['læsə,reit] *vb* **1.** sønderrive; rive en flenge (,flenger) i; **2.** *fig; meget stivt(=wound)* såre *(fx her feelings).*

laceration [,læsə'reiʃən] *subst:* flenge.

lacework ['leis,wə:k] *subst* **1.** kniplinger; **2.** kniplingsmønster.

lachrymal ['lækriməl] *adj:* tåre-.

lachrymal duct*(=lachrymal canal)* tårekanal.

lachrymose ['lækrimous] *adj; meget stivt* **1***(=sad; tearful)* begredelig; tårefylt; **2***(=given to weeping)* som lett tar til tårene.

I. lack [læk] *subst:* mangel; **(a) ~ of** mangel på *(fx there was a general lack of interest);* **(a) ~ of evidence** mangel på bevis; **for ~ of***(=for want of)* av mangel på; **there is no ~ of** det er ingen mangel på . . .

II. lack *vb:* mangle; **they don't ~ for money** de mangler ikke penger.

lackadaisical [lækə'deizikəl] *adj; stivt(=casual; negligent)* slapp; likegyldig *(fx he has a lackadaisical approach to his school work).*

lackey ['læki] *subst* **1.** *glds(=manservant)* tjener; **2.** *neds:* lakei.

lacking ['lækiŋ] *adj:* **be ~ (in)** mangle; savne *(fx they felt that there was something lacking in their lives);* **he's not ~ in courage** han mangler ikke mot.

Lackland ['læklənd] *hist:* **John ~** Johan uten land.

lack-lustre [,læk'lʌstə; *attributivt:* 'læk,lʌstə] *adj:* glansløs; matt.

laconic [lə'kɔnik] *adj; stivt:* lakonisk; kort og fyndig.

I. lacquer ['lækə] *subst* **1.** lakkferniss; lakkfarge; **2.: (hair) ~** hårlakk.

II. lacquer *vb:* **1.** lakkere; fernissere; **2.** *om hår:* ha lakk i *(fx she lacquers her hair to keep it in place).*

lactation [,læk'teiʃən] *subst* **1***(=secretion of milk)* melkedannelse; **2.** melke(givnings)periode.

lactic ['læktik] *adj:* **~ acid** melkesyre.

lactometer [,læk'tɔmitə] *subst:* melkeprøver.

lactose ['læktous] *subst; kjem:* laktose; melkesukker.

lacuna [lə'kju:nə] *subst* **1.** *i fremstilling:* lakune; hull; **2.** *anat(=cavity)* hulrom; lakune.

lad [læd] *subst; dial el.* **T***(=boy; chap)* gutt; fyr *(fx he's quite a pleasant lad);* **quite a ~** litt av en kar; noe til kar *(fx he's quite a lad, your brother!); (jvf lass).*

I. ladder ['lædə] *subst* **1.** stige; *mar:* leider; **2.** *på strømpe, etc(=run)* raknet maske; **3.** *fig:* rangsstige *(fx the social ladder);* **the ~ of success** veien til suksess *(fx he's well up the ladder of success).*

II. ladder *vb; om strømpebukse, etc:* rakne; **I -ed my best pair of tights today** jeg fikk ødelagt de beste strømpebuksene mine i dag.

laddie ['lædi] *subst; især skotsk* **T:** *se lad.*

laden ['leidən] *adj:* fullastet *(fx lorry); om person:* belesset; **~ with purchases** belesset med pakkenelliker.

ladies ['leidiz] *subst* **1.** *pl av lady;* **2. T***(=ladies' room)* dametoalett.

ladies' man damevenn; sjarmør.
ladies' underwear(*=lingerie*) dameundertøy.
I. ladle ['leidəl] *subst:* øse; sleiv (*fx soup ladle*).
II. ladle *vb* **1.** øse (*fx soup into the plates*); **2. T: ~ out** dele ut (til høyre og venstre) (*fx the teacher ladles out the homework*).
lady [leidi] *subst* **1.** *høfligere enn 'woman':* dame (*fx tell the boy to stand up and let that lady sit down*); **the ~ in the flower shop said that** ... damen i blomsterforretningen sa at ...; **she's a sweet old ~** hun er en søt gammel dame; **2.** *rosende:* dame; **she's a real ~** hun er en virkelig dame (*el.* lady); **ladies do not shout in public** damer hever ikke stemmen (*el.* snakker ikke høyt) på offentlig sted; **she's too much of a ~ to swear** hun er altfor meget dame til å (ville) banne; **3. Lady** Lady (*fx Sir James and Lady Brown; the Duke's eldest daughter is Lady Anne*); **4. UK** *del av forskjellige offisielle titler, fx om kvinnelig borgermester:* **the Lady Mayoress; 5. UK: my ~** brukt, især av tjenere, til kvinner med tittel av 'Lady'; **yes, my ~ !** javel, frue! **6.** *om kvinnelig overhode i husholdning:* **the ~ of the house** fruen i huset; **7.: Our Lady** Vår Frue; Jomfru Maria; **8.** *i sms:* kvinne-; dame-; kvinnelig.
ladybird ['leidi,bə:d] *subst; zo* (*,***US:** *ladybug*) marihøne.
Lady Day(*=Annunciation Day*) Marias budskapsdag (25. mars).
lady friend damebekjentskap; venninne.
lady help ung pike som hjelper til i huset (og har status som familiemedlem).
lady-in-waiting [,leidiin'weitiŋ] *subst:* hoffrøken; hoffdame.
lady-killer ['leidi,kilə] *subst; glds* **T**(*=ladies' man*) kvinnebedårer.
ladylike ['leidi,laik] *adj* **1.** *mest spøkef om kvinne:* fin; kultivert; dannet (*fx she's too ladylike to swear*); som oppfører seg som en fin dame (*el.* som en lady); **2.** *om mann; neds:* dameaktig.
ladyship ['leidi,ʃip] *subst; til el. om en 'lady':* **her ~** hennes Nåde; **your ~** Deres Nåde.
lady's-smock *bot*(*=cuckoo flower*) engkarse.
I. lag [læg] *subst* **1.: (time) ~**(*=time interval*) tidsintervall; **2.: old ~** gammel kjenning av politiet.
II. lag *vb* **1.: ~ behind** sakke akterut; ligge etter: somle (*fx two of the children were lagging behind; we lag far behind France*); **2.** *fyrkjele, rør, etc:* varmeisolere.
lager ['la:gə] *subst:* **~ (beer)** lager(øl).
lagging ['lægiŋ] *subst:* varmeisolasjon(smateriale).
lagoon [lə'gu:n] *subst:* lagune.
laid [leid] *pret & perf. part. av II. lay.*
laid-up ['leid,ʌp], **laid up** [,leid'ʌp] *adj; mar:* i opplag (*the ship is laid up; laid-up ships*).
lain [lein] *perf. part. av IV. lie.*
lair [lɛə] *subst* **1.** *dyrs:* hi; **winter ~** vinterhi; **2.** *fig:* hule; **bachelor's ~** ungkarshule.
laity ['leiiti] *subst; meget stivt:* **the ~**(*=lay people; ordinary people*) lekfolk.
lake [leik] *subst:* (inn)sjø; vann; **the Lake of Geneva** Genfersjøen; **Lake Constance** Bodensjøen.
lake dwelling *arkeol:* pælebygning.
I. lam [læm] *subst* **US S: on the ~**(*=on the run*) på flukt.
II. lam *vb* **S: ~ into**(*=beat up*) slå løs på.
lama [la:mə] *subst; rel:* lama.
I. lamb [læm] *subst* **1.** *zo:* lam; **2.** lammekjøtt; **roast ~** (*,***US:** *lamb roast*) lammestek; **3.** *om veloppdragent barn:* lam (*fx isn't she a lamb?*); **4.: subsmissive as a ~** myk som voks.
II. lamb *vb:* lamme.
lambskin ['læm,skin] *subst:* lammeskinn.
lamb's lettuce *subst; bot*(*=corn salad*) vårsalat.
lambswool ['læmz,wul] *subst:* lammeull.
I. lame [leim] *vb:* gjøre halt.
II. lame *adj* **1.** halt; **2.** *fig:* spak; tam; **a ~**(*=poor*) **excuse** en dårlig unnskyldning.
lame duck 1. trengende; person som trenger hjelp (*fx her house is always full of lame ducks who need help*); **2.** dødkjørt bil.
lamella [lə'melə] *subst:* lamell.
lamely ['leimli] *adv:* spakt.
I. lament [lə'ment] *subst* **1**(*=dirge*) klagesang; sørgedikt; **2. T:** klagesang (*fx she started a long lament about the weather*).
II. lament *vb; stivt* **1**(*=mourn*) sørge over (*fx sby's death*); **2**(*=wail*) klage (*fx lamenting loudly they stood round the dying man*); **3**(*=deplore*) beklage (*fx one's lack of musical talent*); **4. T**(*=complain*) klage; jamre seg (*fx they sat lamenting (over) their lack of money*).
lamentable ['læməntəbl] *adj; stivt*(*=disappointing; regrettable*) beklagelig; elendig (*fx performance*); sørgelig; *stivt:* begredelig; **a ~ state of affairs** en sørgelig (*el.* begredelig) tingenes tilstand.
lamentation [,læmen'teiʃən] *subst* **1.** *stivt el. litt.*(*=wailing*) klaging; klage; **loud ~** høye klagerop; *litt.:* høye veklager; **2.** *bibl:* **the Lamentations** Klagesangene.
lamented [lə'mentid] *adj; glds el. meget stivt:* **late ~** salig avdød; **the late ~ Queen** vår høysalige dronning.
lamina ['læminə] *subst* **1.** tynt flak; **2.** *bot:* bladplate.
I. laminate ['læmi,neit] *subst:* laminat.
II. laminate *vb:* laminere.
III. laminate *adj*(*=laminated*) laminert.
lamination [,læmi'neiʃən] *subst* **1.** laminering; **2**(*=layered structure*) noe som er laminert.
laminboard ['læmin,bɔ:d] *subst:* stavlimt møbelplate; (*jvf blockboard*).
lammergeier, lammergeyer ['læmə,gaiə] *subst; zo*(*=bearded vulture*) lammegribb.
lamp [læmp] *subst:* lampe (*fx table lamp*); lykt; **festoons of coloured -s** girlander av kulørte lykter.
lampblack ['læmp,blæk] *subst:* lampesot.
lamper eel(*=lamprey*) *fisk:* niøye; lamprett.
lamp globe lampekuppel.
lamp lens *for bil, etc:* lykteglass (*fx headlamp lenses*)
lamp light lampelys; **by ~** i lampelys.
lampoon [læm'pu:n] **1.** *subst; stivt:* smededikt; (*=libel*) smedeskrift (*fx a political lampoon*); **2.** *vb:* forfatte smededikt (*el.* smedeskrift) om.
lamppost ['læmp,poust] *subst:* lyktestople.
lamprey ['læmpri] *subst; zo:* niøye; lamprett.
lampshade ['læmp,ʃeid] *subst:* lampeskjerm.
I. lance [la:ns] *subst; hist:* lanse (*fx the knight carried a lance and shield*); *fig:* **break a ~ with sby**(*=argue with sby*) bryte en lanse med en.
II. lance *vb; med.*(*=cut open*) stikke hull på (byll, etc) (*fx the doctor lanced the boil on my neck*).
lance corporal *mil:* visekorporal.
lancet ['la:nsit] *subst; med.:* lansett.
lancet (arch) *arkit*(*=pointed arch; ogive; acute arch; Gothic arch*) spissbue.
lancet (window) *arkit:* spissbuevindu.
I. land [lænd] *subst* **1.** *mots sjø:* land; **they sighted ~** de fikk land i sikte; **get a job on ~** få en jobb i land; **2.** *stivt el. litt.*(*=country*) land; **foreign -s** fremmede land; **the ~ of the midnight sun** midnattssolens land; **3**(*=soil*) jord (*fx his land was poor and stony*); **work on the ~** arbeide med jorda; **4**(*=landed property*) jordeiendom (*fx he owns land in Wiltshire*); **5.: see how the ~ lies**(*=make careful inquiries*) finne ut hvor landet ligger; se hvordan

det hele ligger an; sondere terrenget.

II. land *vb* **1.** lande; **2.** nå land *(fx they finally landed at Plymouth);* **3.** få i land *(fx a big fish);* **4.** *mar(=disembark)* gå fra borde; landsette *(fx troops);* **5.** *mar(=unload)* losse; **~ the cargo** losse lasten; **6.** *fig:* **~ in** havne i *(fx he had a serious accident which landed him in hospital; we landed (ourselves) in still more trouble);* **7. T***(=succeed in obtaining)* få tak i *(fx he landed a good job);* **he -ed the prize** han dro av sted med premien; **8.** *om utilsiktet slag, etc:* få til å havne; **he -ed the ball in the neighbour's garden** han sendte ballen over i naboens hage; **9. T: ~ sby one, ~ sby a blow***(=hit sby)* slå til en; **10. T: ~ up in***(=end up in)* havne i *(fx we landed up in Bristol; if you go on like that, you'll land up in jail);* **11. T: ~ sby with sth** belemre en med noe; **T:** dytte på en noe; **she was -ed with the job of telling him** hun fikk den ubehagelige oppgaven å si det til ham.

land agent 1. godsforvalter; **2***(=land and estate agent)* eiendomsmegler.

land breeze*(=off-shore breeze)* fralandsbris.

landed ['lændid] *adj:* som eier jord; **the ~ classes** jordeierne.

(landed) estate gods.

landed gentry landadel.

landed property *hist(=estate)* gods.

landfall ['lænd,fɔ:l] *subst; mar:* landkjenning *(fx our first landfall);* **make a ~** få land i sikte.

landing ['lændiŋ] *subst* **1.** *flyv:* landing; *fallskjermhoppers:* nedsprang; landing; **crash ~, forced ~***(=emergency landing)* nødlanding; **2.** trappeavsats; *fagl:* repos; **3.** landsetting; *mil:* landgang; landsetting; **4.** landingsplass; **ferry (~)** ferjested.

landing area *flyv:* landingsområde.

landing beam *flyv:* landingsstråle.

landing certificate *mar:* losseattest.

landing charge *flyv:* **(airport) ~** landingsavgift; lufthavnavgift.

landing craft *mil:* landgangsfartøy.

landing field *flyv:* landingsplass; liten flyplass.

landing gear *flyv(=undercarriage)* understell; **retractable ~** opptrekkbart understell.

landing net håv.

landing party *mil:* landgangsparti.

landing run *flyv:* utrulling.

landing stage *mar:* brygge; landingsbru; *(=floating stage)* flytebrygge.

landing strip*(=airstrip)* *flyv:* landingsbane; liten rullebane; liten flyplass.

landlady ['læn(d),leidi] *subst* **1.** vertinne; *(jvf hostess);* **2.** vertshusholderske.

landlord ['læn(d),lɔ:d] *subst* **1.** (hus)vert; *(jvf host);* **2.** vertshusholder; **3.** *glds(=lord of an estate)* godseier.

landlubber ['lænd,lʌbə] *subst; mar:* landkrabbe.

landmark ['læn(d),ma:k] *subst:* landemerke; velkjent trekk i landskapet; orienteringspunkt.

landmass ['lænd,mæs] *subst:* landmasse.

land mine *mil:* landmine.

landowner ['lænd,ounə] *subst:* grunneier; jordeier.

land rail *subst; zo(=corncrake)* åkerrikse; *(jvf water rail).*

Land Registry UK: *kontor hvor grunnboken oppbevares; svarer til:* sorenskriverkontor; (se *NESO sorenskriverkontor*).

I. landscape ['læn(d),skeip] *subst* **1***(=scenery)* landskap; **2.** landskapsbilde; landskapsmaleri.

II. landscape *vb; om hage:* anlegge (profesjonelt);**we're having our garden -d** vi har ansatt en anleggsgartner til å anlegge hagen vår.

landscape architect *se landscape gardener.*

landscape gardener anleggsgartner; hagearkitekt.

landslide ['læn(d),slaid] *subst* **1***(=landslip)* jordskred; **2.** *polit:* valgskred; **a Labour ~** et valgskred til fordel for Arbeiderpartiet.

(land) surveyor landmåler.

land tax UK *hist; avskaffet i 1963:* grunnskatt.

land value grunnverdi.

landward ['lændwəd] **1.** *adj:* mot land; **2.** *adv(=landwards)* mot land.

lane [lein] *subst* **1.** smal vei; smal gate; smug; **2. (traffic) ~** kjørefelt *(fx three lanes in each direction);* **3.** *mar:* **(shipping) ~** seilingsrute; (skips)led; *flyv:* **(air) ~** luftkorridor; **4.** *sport; løperfelt (,US: track)* bane; **inside (,outside) ~** indre (,ytre) bane.

language ['læŋgwidʒ] *subst* **1.** språk; **the English ~** det engelske språk; **body ~** kroppsspråk; **in a foreign ~** på et fremmed språk; **in what ~?** på hvilket språk? **very good at -s** meget flink i språk; **2.: use bad ~** banne; **use strong ~** bruke sterke uttrykk.

language course språkkurs.

language dispute språkstrid.

language laboratory språklaboratorium.

language qualifications språklige kvalifikasjoner; språkkunnskaper.

language skill språkferdighet.

language teacher språklærer.

language teaching*(=language instruction)* språkundervisning.

languid ['læŋgwid] *adj; stivt(=apathetic; spiritless)* apatisk; treg; sløv; **in a ~ voice** med trett stemme.

languish ['læŋgwiʃ] *vb; stivt el. litt.* **1***(=pine (away))* vansmekte; **2***(=suffer)* lide *(fx the business is languishing for want of new ideas);* **3***(=become languid)* sløves; bli apatisk; **his interest -ed***(=waned)* hans interesse avtok.

languishing *adj; om blikk & øyne:* smektende *(fx she gave him a languishing look); (jvf languorous).*

languor ['læŋgə] **1.** apati; treghet; sløvhet(stilstand) *(fx she roused herself from her languor);* **2***(=wistfulness; dreaminess)* vemod; tilstand der man hengir seg til drømmerier; **3***(=soporific stillness)* søvndyssende stillhet *(fx the languor of a summer day).*

languorous ['læŋgərəs] *adj; stivt(=melting; lush)* smektende; **~ notes** smektende toner; *(jvf languishing).*

lank [læŋk] *adj* **1***(=thin; gaunt)* mager; **2.** *om hår:* glatt og fett *(fx the hair may become lank and lifeless).*

lanky ['læŋki] *adj:* høy og ulenkelig; høy og hengslete.

lanner ['lænə] *subst; zo(=lanner falcon) om hunnen:* slagfalk.

lanneret ['lænə,ret] *subst; zo; om hannen:* slagfalk.

lantern ['læntən] *subst:* lykt; lanterne.

lanyard ['lænjəd] *subst* **1.: (whistle) ~** fløytesnor; **2.** *hist; for kanon:* avtrekkersnor; **3.** *mar:* taljerep.

I. lap [læp] *subst* **1.** fang *(fx the baby was lying in its mother's lap);* **2.** *fig:* **in the ~ of the gods***(=beyond human control):* **that's in the ~ of the gods** det rår vi ikke over; **live in the ~ of luxury** være omgitt av luksus; leve et luksusliv; **3.** *sport:* runde; **4.** etappe *(fx I drove the last lap home to camp);* **5.** *tekn:* polerskive.

II. lap *vb* **1.: ~ (up)** slikke i seg; **2.** *fig:* **she -ped it all up** hun slukte det hele rått; **3.** *om bølger:* skvulpe; skvalpe *(fx the waves were lapping (against) the side of the boat);* **4.** polere (med polerskive); *(fvf I. lap 5).*

lap dog skjødehund.

lapel [lə'pel] *subst:* jakkeslag; frakkeslag.

lapel badge knapphullsemblem; knapphullsmerke.
I. lapidary ['læpidəri] *subst:* fagmann når det gjelder behandling av edle steiner.
II. lapidary *adj; om stil:* kort og fyndig; lapidarisk.
lap joint overlappskjøt.
Lapland ['læp,lænd] *subst; geogr:* Lappland.
Lapp [læp] **1.** *subst:* same; lapp(lending); *språket:* samisk; **2.** samisk; lappisk.
Lappish ['læpiʃ] **1.** *subst; språket(=Lapp)* samisk; **2.** *adj:* samisk; lappisk.
lap scorer *sport:* rundeanviser.
I. lapse [læps] *subst* **1.** *om tid:* forløp; **after a ~ of five years** etterat det var gått fem år; **a ~ of five weeks between letters** fem uker mellom brevene; **2.** lapsus; feil; **a ~ of memory** en erindringsfeil; **a ~ in security** en svikt i sikkerhetsopplegget; **a ~ of taste** smaksforvirring; **3**(*=fall; drop*)**: a ~ from grace** det å falle i unåde; **a ~ from true belief** et avvik fra den sanne tro; **4.** *jur; om rettigheter (termination of a right or privilege through failure to exercise it)* bortfall (av rettighet pga. at den ikke har vært benyttet); **the ~**(*=expiration*) **of a contract** en kontrakts utløp; **at the ~ of the contract** ved kontraktens utløp; **5.** *fors(the termination of coverage following a failure to pay the premiums)* forfall (fordi premiene ikke er betalt).
II. lapse *vb* **1.** feile; begå en (liten) feil; *om nivå:* bli dårligere; synke *(fx our standards have lapsed)*; **2.: ~ into** 1.: **~ into silence** bli stille etter hvert *(fx the audience lapsed into silence when the speech began)*; 2. henfalle til *(fx laziness)*; 3. falle tilbake i *(fx one's former bad habits)*; 4(*=switch into*) slå over i *(fx he lapsed into German)*; **3.** *jur; om tid(=pass; slip away)* flyte av sted; **4.** *jur; om rettighet (jvf I. lapse 4)* bortfalle; **5.** *fors (jvf I. lapse 5)* utløpe *(fx his insurance policy had lapsed and was not renewed)*; forfalle.
lap weld overlappsveis.
lapwing ['læp,wiŋ] *subst; zo:* vipe.
larceny ['la:sini] *subst; jur(=theft)* tyveri *(fx he was found guilty of larceny)*.
larch [la:tʃ] *subst; bot:* **~ (tree)** lerketre.
I. lard [la:d] *subst* **1.** smult; svinefett; **2.** *på menneske* **T**(*=excess fat*) spekk.
II. lard *vb* **1.** spekke *(fx she larded the lean meat)*; **2.** *fig(=intersperse)* spekke *(fx he larded his speech with quotations)*.
larder ['la:də] *subst (,***US:** *pantry)* spiskammer.
large [la:dʒ] *adj* **1.** *stivt(=big)* stor *(fx house)*; **2.** *fig:* stor; utstrakt; **~ discretionary powers** store (*el.* utstrakte) fullmakter; **a ~ majority of people** et stort flertall mennesker; **a ~**(*=great*) **number of people** et stort antall mennesker; **a ~ quantity** et stort kvantum; **~ quantities of food** store mengder mat; **on a ~ scale**(*=on a generous scale*) i stor målestokk; stort anlagt; **3.: at ~** 1. *om fange, etc:* på frifot; 2(*=in general; as a whole*) som helhet *(fx society at large(=as a whole))*; i sin alminnelighet *(fx people at large(=in general))*; **the country at ~**(*=the people of the country as a whole*) landet som helhet; landet (,hele landets befolkning) sett under ett; 3. i det vide og det brede *(fx talk at large)*; i detalj *(fx discuss it at large(=in detail))*; **4.: by and ~**(*= generally speaking*) i det store og det hele *(fx by and large, the man is the breadwinner)*; **5.: as ~ as life** lys levende *(fx there he was, as large as life)*.
large intestine *anat:* tykktarm.
largely ['la:dʒli] *adv; stivt* **1**(*=mainly; chiefly*) hovedsakelig; i høy grad *(fx this success was largely due to her efforts)*; **2**(*=to a great extent*) i stor utstrekning.
largeness ['la:dʒnis] *subst:* (betydelig) størrelse.
large-scale ['la:dʒ,skeil] *adj* **1.** i stor målestokk; **2.** *fig:* storstilt; stort anlagt *(fx project)*; **~ industry**(*=big industry*) storindustri.
largess(e) [la:'dʒes] *subst; meget stivt el. spøkef(=generosity)* rundhåndethet; (*=generous gifts*) almisser; milde gaver *(fx they went around distributing largesse to the poor)*.
I. lark [la:k] *subst; zo:* lerke; **rise**(*=get up*) **with the ~** stå opp med solen; stå tidlig opp.
II. lark *subst(=fun)* moro: **for a ~**(*=for fun*) for moro skyld; **what a ~!** så morsomt! **have a ~**(*=have fun*) ha det morsomt.
III. lark *vb:* **~ about, ~ around** holde leven; ha det morsomt; **T:** ha det gøy; **they were -ing about in the classroom** de holdt leven i klasserommet.
larkspur ['la:k,spə:] *subst; bot:* ridderspore.
larva ['la:və] *subst (pl: larvae* ['la:vi:]) *zo:* larve.
larval ['la:vəl] *adj:* larve-; **in the ~ stage** på larvestadiet.
laryngeal [,lærin'dʒiəl] *adj:* strupehode-; strupe-.
laryngitis [,lærin'dʒaitis] *subst; med.(=inflammation of the larynx)* laryngitt; strupehodebetennelse.
larynx ['læriŋks] *subst; anat:* strupehode.
lascivious [lə'siviəs] *adj; glds(=lustful; lecherous)* lidderlig; **~ glances** lystne blikk.
laser ['leizə] *subst:* laser *(fx a laser beam)*; **cut sheet metal with a ~** skjære i metallplater med laser.
I. lash [læʃ] *subst* **1**(*=eyelash*) øyenvippe; **2**(*=stroke*) (piske)slag *(fx he received twenty lashes)*; **3.** *del av pisk:* (piske)snert *(fx a whip with a long, thin lash)*.
II. lash *vb* **1.** piske *(fx he lashed the horse with his whip)*; *fig:* **~ sby with one's tongue** bruke munn på; **2**(*=rouse*) hisse opp *(fx he lashed the crowd into a frenzy)*; **3.** *om vind, bølger, etc(=beat against)* slå mot; *om dyr:* **~ its tail** slå med halen; **4.** *mar(=fasten with a rope)* surre (fast); **5.: ~ out** 1. slå (*at* etter); *om hest:* sparke (*at* etter); *fig:* **~ out at sby** gå til voldsomt angrep på en; fyre løs på; 2. **T**(*=spend a lot of money*) flotte seg *(fx lash out and have a really big party)*.
lashing ['læʃiŋ] *subst* **1.** pisking *(fx the lashing of soldiers was a common punishment)*; **2.** *mar:* surring; *(jvf II. lash 4)*; **3. T: -s of**(*=lots of*) masser av.
lass [læs] *subst; dial el.* **T:** jente; ungjente; **my ~** jenta mi.
lassitude ['læsi,tju:d] *subst; meget stivt(=listlessness; tiredness)* slapphet; tretthet.
lasso ['læsou] *subst (pl: lasso(e)s)* lasso.
I. last [la:st] *subst; skomakers:* lest; *fig:* **stick to one's ~** bli ved sin lest; holde seg til det man kan.
II. last *vb* **1.** vare; vedvare; **the war -ed (for) five years** krigen varte i fem år; **we had a good time while it -ed** vi hadde det bra så lenge det varte; **the carpet has -ed well** teppet har holdt seg godt; **2**(*=live*)**: he won't ~ much longer** han gjør det ikke lenge; **3.** *om beholdning, etc(=be enough)* strekke til; vare; **this will ~ me a week** dette har jeg nok av i en uke; **the bread won't ~ another two days** det brødet varer ikke i to dager til; **4.: ~ out** 1(*=be enough; last*) vare; 2(*=manage*) klare seg *(fx the sick man was not expected to last out the night)*.
III. last *substantivisk bruk:* **the ~** 1. den siste *(fx the last to see him alive was his father)*; 2. det siste *(fx the last I heard about it)*; 3. de siste; de bakerste; **these are the ~ of our apples** dette er de siste eplene vi har; *evf:* **breathe one's ~** trekke sitt siste sukk; **to the (very) ~**(*=to the (bitter) end*) til siste slutt; **we've seen the ~ of him** vi får ikke se ham mer; nå er vi kvitt ham; **you haven't heard the ~ of this!** dette skal du få høre mer om! dette er vi ikke ferdig med! **I shall never hear the ~ of that!** det kommer

jeg til å få høre om så lenge jeg lever! ~ **of all***(=lastly)* til slutt.

IV. last *adj* **1.** sist *(fx the last bus);* **~ but one** nestsist; **the ~ syllable but one** nestsiste stavelse; **his ~ words** de siste ordene han sa; **the ~ carriage of the train** den siste (*el.* bakerste) vognen i toget; **2.** forrige *(fx last week);* **~ time** forrige gang; **all ~ week***(=the whole of last week)* hele forrige uke; **the 4th of ~ month** den 4. i forrige måned; **~ Monday** sist mandag; **as we mentioned in our ~ letter** som vi nevnte i vårt forrige (*el.* siste) brev; **~ year** i fjor; **the year before ~** i forfjor; **3.: the ~ thing I want is to hurt anyone** det siste jeg vil, er å såre noen; **it's the ~ thing you'd think of looking for** det er det siste du ville falle på å se etter; **4.: the ~ word** 1. det siste ordet *(fx she always must have the last word!);* 2*(=the final decision)* siste ord; det avgjørende ord *(fx the last word on the project rests with the manager);* 3. **T***(=the latest thing)* siste skrik *(fx in hats);* **5.: be on one's (,its) ~ legs** 1. synge på siste verset *(fx this machine is on its last legs);* 2. *om person:* være segneferdig *(fx by the time I arrived I was on my last legs).*

V. last *adv:* sist *(fx who came last?);* **when were you ~ ill?** når var du sist syk? **when I saw him ~, when I ~ saw him***(=the last time I saw him)* sist jeg så ham; **it's been a long time since ~ we met***(=it's a long time since I've seen you)* det er lenge siden sist; **at ~** til slutt; til sist; endelig; **at long ~** endelig; til syvende og sist; langt om lenge.

last-ditch [,la:st'ditʃ; *attributivt:* 'la:st,ditʃ] *adj:* siste fortvilet *(fx a last-ditch attempt).*

lasting ['la:stiŋ] *adj:* varig *(fx a lasting impression).*

lastly ['la:stli] *adv:* til slutt *(fx lastly, I would like to thank you all for listening so patiently).*

last-minute [,la:st'minit; *attributivt:* 'la:st,minit] *adj:* som foretas i siste øyeblikk *(fx last-minute preparations).*

last-named [,la:st'neimd; *attributivt:* 'la:st,neimd] *adj; av mer enn to:* sistnevnte; *(jvf latter 3).*

last offices 1. likstell; *fagl:* mors; **2***(=burial rites; funeral rites)* begravelsesritual *(fx perform the last offices for sby).*

last straw: the ~ dråpen som får (,fikk) begeret til å flyte over *(fx that was the last straw).*

Last Supper: the ~ den siste nattverd.

I. latch [lætʃ] *subst* **1.** klinke *(fx she lifted the latch and walked in);* **2.** smekklås; **3.** *om dør:* **on the ~** lukket (men ikke låst) *(fx she had left the door on the latch so that she could get back in).*

II. latch *vb* **1.** lukke med klinke; **2.** *om dør med smekklås:* smekke igjen; **3.** *fig:* **~ on to sth** gripe fatt i noe *(fx they latched on to the fact that ...);* **4.** *neds:* **~ on to sby** henge seg på en *(fx he latched on to me).*

latchkey ['lætʃ,ki:] *subst(=front-door key)* entrénøkkel.

latchkey child nøkkelbarn.

late [leit] *adj & adv (se også later & latest)* **1.** sen; sent; sent ute *(fx you're always late);* forsinket *(fx the train was late);* **she was ~ getting to work** hun kom for sent på arbeidet; **he was ~ for dinner** han kom for sent til middagen; **sit up (~)** sitte oppe (og vente); sitte lenge oppe; **~** *(=delayed)* **payment** sen betaling; **better ~ than never** bedre sent enn aldri; **the traffic often makes him ~ getting home** han kommer ofte sent hjem på grunn av trafikken; **it's getting ~** det begynner å bli sent; **too ~** for sent; **two hours ~** to timer for sent; **as ~ as the 19th century** så sent som (i) det 19. århundre; **~ at night** sent på natten; **~ in the day** 1. langt utpå dagen; 2. *fig:* **it's a bit ~ in the day (for that)** det er litt for sent (for det); det er i seneste laget (til det); **in ~ summer***(=late in the summer)* sist på sommeren; **~ in July***(=in late July)* sist i juli; **in the ~ twenties** sist i tjueårene; **2.** *stivt(=dead)* avdød *(fx the late king; her late husband);* **3.** *stivt(=former)* forrige *(fx the late prime minister; Mr Allan, the late chairman, made a speech);* **4.** *stivt(=until recently)* tidligere *(fx Dr Evans, late of Birmingham, now lectures at Durham);* **5.** *stivt:* **of ~***(=lately)* i det siste.

late-comer ['leit,kʌmə] *subst:* etternøler; en som kommer sent.

lateen [lə'ti:n] *adj; mar:* latiner-; **~ sail** latinerseil.

lately ['leitli] *adv:* i det siste *(fx have you seen her lately?);* nylig; nå nylig; *(jvf recently).*

latency ['leitənsi] *subst:* latens.

latent ['leitənt] *adj* **1.** *fys & med.:* latent; *fys:* **~ energy** bundet energi; **2.** *fig:* latent; **~ talent** skjult talent.

late pass *mil:* nattpermisjon.

later ['leitə] *adj & adv* **1.** senere; **at a ~ date** på et senere tidspunkt; **stay up ~ than usual** være oppe lenger enn vanlig; **~ (on)** senere (hen); **sooner or ~** før eller siden; før eller senere; **2.** *avskjedshilsen* **T: see you ~** morn så lenge; **T:** ha det! **3***(=more recent)* nyere; senere *(fx a later edition of the book);* **4.: the ~ Stone Age** den yngre steinalder.

lateral ['lætərəl] *adj:* side-; *med., etc:* **~ position** sideleie; **~ movement***(=sideways movement)* bevegelse til siden; sidelengs bevegelse; bevegelse i sideretningen.

laterally *adv:* sidelengs; til siden.

latest ['leitist] *adj & adv:* senest; nyest *(fx his latest book);* **at the ~** senest *(fx be home by five at the latest);* **the ~ news** siste nytt; de siste nyheter; **T: have you heard the ~?** har du hørt siste nytt? *om motenytt:* **the ~ fashion(s)** siste nytt; **the very ~ improvements** de aller siste forbedringer; **the ~ in welding techniques** det aller siste på sveiseteknikkens område; **the ~ thing (in hats)** siste skrik (i hatter).

latex ['leiteks] *subst:* lateks.

lath [la:θ] *subst:* lekte; *fig:* **(as) thin as a ~** tynn som en strek.

lathe [leið] *subst:* **(turning) ~** dreiebenk.

I. lather ['la:ðə] *subst* **1.** såpeskum; **2.** *på hest:* skumsvette; **the horse was all in a ~** hesten var skumsvett.

II. lather *vb* **1.** skumme *(fx the soap lathers);* **2.: the horse was -ed** hesten var skumsvett.

Latin ['lætin] **1.** *subst:* latin; *person:* latiner; **2.** *adj:* latinsk; romansk *(fx the Latin languages).*

Latin America *subst; geogr:* Latin-Amerika.

Latin American *adj:* latinamerikansk.

latitude ['læti,tju:d] *subst* **1.** *geogr:* bredde; breddegrad *(fx in our latitudes);* **in 15° northern ~***(=in latitude 15° north)* på 15° nordlig bredde; **degree of ~** breddegrad; **what is the ~ of London?** hvilken breddegrad ligger London på? **2***(=freedom of action)* handlefrihet*(=scope)* spillerom; råderom.

latrine [lə'tri:n] *subst; især mil(=toilet)* latrine.

latter ['lætə] *adj* **1.** *stivt(=towards the end; near the end):* **in the ~ part of his speech** i siste halvdel av talen hans; **2.** *stivt(=final):* **the ~ stages of a process** de siste stadier i en prosess; **3.** *mots 'former'; av to; i løst språkbruk også av flere:* sistnevnte *(fx he gave the money to Christopher and not to John, the latter being less in need of it).*

latter-day ['lætə,dei] *adj; stivt(=present-day; modern)* moderne *(fx writers).*

Latter-day Saint *stivt(=Mormon):* **the -s** de siste dagers hellige; mormonene.

lattice ['lætis] *subst* **1***(=latticework; open framework)* gitterverk; tremmeverk; sprinkelverk; **2.** *fys:* gitter; **3.:** ~ **(window)** 1*(=leaded light window)* blyvindu; vindu med blyinnfatning; 2. gittervindu.

latticework ['lætis,wə:k] *subst:* gitterverk; *(se lattice).*

Latvia ['lætviə] *subst; geogr:* Latvia; *hist:* Lettland.

Latvian ['lætviən] **1.** *subst:* latvier; *språket:* latvisk; **2.** *adj:* latvisk.

laudable ['lɔ:dəbl] *adj; stivt(=praiseworthy)* laudabel; prisverdig; rosverdig.

I. laugh [la:f] *subst:* latter *(fx we had a good laugh; he gave a scornful laugh);* **he burst into a loud** ~ han satte i en skrallende latter; **stifle a** ~ undertrykke en latter; *(jvf laughter).*

II. laugh *vb:* le *(fx he laughs best who laughs last);* ~ **at** le av; ~ **in sby's face** le en rett opp i ansiktet; **he -ed the matter off** han lo det bort; ~ **out loud** le høyt; **we -ed him out of it** vi lo ham fra det; ~ **sby to scorn** *(,US: laugh sby down)* le en ut; ~ **up one's sleeve** le i skjegget; **you'll** ~ **on the other side of your face when you see how bad your work is** jeg tenker pipen får en annen lyd når du får se hvor dårlig arbeidet ditt er.

laughable ['la:fəbl] *adj* **1***(=ridiculous)* latterlig; **2***(=amusing)* latterlig; morsom.

laughing ['la:fiŋ] **1***(=laughter)* latter; **2.** *adj:* leende.

laughing gas*(=nitrous oxide)* lattergass; lystgass.

laughing matter: it's no ~ det er ikke noe å le av.

laughing stock: en man ler av; **his mistakes made him a** ~ han ble ledd av på grunn av feilene han gjorde; **be the** ~ **of** være til latter for.

laughter ['la:ftə] *subst:* latter; **die with** ~ le seg fordervet (*el.* i hjel); *(jvf I. laugh).*

I. launch [lɔ:ntʃ] *subst* **1.** *mar:* stabelavløpning; sjøsetting; **2.** *flyv:* utskytning; **3.** *fig:* lansering *(fx of a new product);* **4.** *mar:* barkasse; storbåt; **5.** større, åpen motorbåt.

II. launch *vb* **1.** *mar(=set afloat)* sjøsette; sette på vannet; **2.** *flyv:* skyte ut (*el.* opp); *mar:* skyte ut *(fx a torpedo);* **3.** *stivt(=throw)* kaste *(fx the natives launched spears in our direction);* **4.** *fig:* lansere; ta initiativet til; *om forretningsforetagende(=get started)* sette i gang; gå i gang med; **this -ed him on a brilliant career** etter dette var han på vei mot en strålende karriere; **5.** *stivt el. litt.:* ~ **(forth) into***(=begin)* begynne med *(fx a long tale);* **6.** *om ny kurs, virksomhet, etc:* ~ **out into** sette i gang med *(fx a new project);* slå inn på *(fx the field of fashion).*

launcher ['lɔ:ntʃə] *subst; mil:* utskytningsapparat; **grenade** ~ granatkaster.

launching ['lɔ:ntʃiŋ] *subst* **1.** *mar:* stabelavløpning; sjøsetting; **2.** *flyv:* utskytning; oppskyting *(fx of a rocket); mar:* utskytning *(fx of a torpedo).*

launching pad*(=launch pad) flyv:* utskytningsrampe.

launching vehicle*(=booster)* bærerakett.

launder ['lɔ:ndə] *vb; stivt(=wash and iron)* vaske og stryke; **it -s well** det tåler godt vask.

launderette [lɔ:n'dret; ,lɔ:ndə'ret] *subst:* selvbetjeningsvaskeri.

laundress ['lɔ:ndris] *subst; stivt(=laundrywoman)* (kvinnelig) vaskeriarbeider.

laundry ['lɔ:ndri] *subst* **1.** vaskeri *(fx a hospital laundry);* **2.** *om klær som er vasket el. skal vaskes(=washing)* vasketøy; **a bundle of** ~ en bylt med vasketøy.

laundryman ['lɔ:ndrimən], **laundrywoman** ['lɔ:ndri,wumən] *subst:* person som henter el. bringer vask; vaskeriarbeider.

laureate ['lɔ:riit] *adj; litt.:* laurbærsmykket; **poet** ~ hoffdikter.

laurel ['lɔrəl] *subst* **1.** *bot(=laurel tree; bay (laurel))* laurbærtre; **2.** *fig:* **-s** laurbær; **look to one's -s** vokte sine laurbær; være på vakt overfor konkurrentene; **rest on one's -s** hvile på sine laurbær; **win -s** høste laurbær.

lav [læv] *subst* **T***(=lavatory)* wc; W.C.

lava [la:və] *subst:* lava.

lavage ['lævidʒ; læ'va:ʒ] *subst; med.(=irrigation)* utskylling; **colonic** ~ tarmskylling.

lavatory ['lævətəri; 'lævətri] *subst(=toilet)* wc; W.C.; *(jvf loo; toilet).*

lavatory pan*(=toilet bowl; bowl)* klosettskål.

lavender ['lævində] *subst; bot:* lavendel.

I. lavish ['læviʃ] *vb; stivt* **1***(=squander)* ødsle bort *(fx a fortune on sby);* **2.:** **she -es***(=spends)* **both care and money on her appearance** hun bruker meget både av penger og omhu på sitt utseende; **she -es so much attention on that child***(=she gives that child so much attention)* hun går i den grad opp i det barnet.

II. lavish *adj* **1***(=generous)* overdådig *(fx lavish gifts);* **everything was on a** ~ **scale** alt var overdådig; det var ikke blitt spart på noen ting; **2.** *om person(=very generous)* altfor rundhåndet; ødsel; **with a** ~ **hand** med rund hånd.

lavishly *adv:* ødselt; **he tips** ~ han er raus med drikkepenger.

law [lɔ:] subst **1.** lov *(fx the law of the land; keep law and order; a new law has been passed by Parliament);* **the** ~ **of gravity** tyngdeloven; **statute** ~ positiv lov (*el.* rett); nedskrevet lov; **against the** ~*(=contrary to the law)* mot loven; **on the edge of the** ~ på kanten av loven; **required by** ~ forpliktet (*el* påbudt) ved lov; **under Norwegian** ~ i følge (*el.* i henhold til) norsk lov; **become** ~ bli lov; **bend the** ~ bøye loven; **make***(=enact)* **-s** gi lover; **twist the** ~ forvrenge loven; **2. T: the** ~*(=the police)* loven; politiet; **the arm of the** ~ lovens lange arm; **3.** jus; **read** ~*(=study law)* studere jus; ~ **examination** juridikum; **take a** ~ **degree***(=graduate in law)* ta juridikum; **he has taken a** ~ **degree***(=he has graduated in law)* han har juridisk embetseksamen; **the Faculty of Law** det juridiske fakultet; ~ **student** juridisk student; **4.: administrative** ~ forvaltningsrett; **civil** ~ sivilrett; **commercial** ~ handelsrett; **common** ~ sedvanerett; **constitutional** ~ statsrett; **the** ~ **of contracts and torts** obligasjonsrett; **criminal** ~ strafferett; **family** ~ familierett; ~ **of inheritance and succession** arverett; **international** ~ folkerett; **property** ~*(=law of property)* formuerett; **5.** *skolev:* rettslære; **6.: be a** ~ **unto oneself** gjøre som det passer en *(fx she's a law unto herself);* **7. T: have the** ~ **on sby** melde en (til politiet) *(fx I'll have the law on you, you thief!);* **8.: lay down the** ~ uttale seg altfor kategorisk; **T: he's very categorical in laying down the** ~*(=he's very categorical in what he says)* han er svært firkantet i sine uttalelser; **9.: take the** ~ **into one's own hands** ta loven i sine egne hender; ta seg selv til rette.

law-abiding ['lɔ:ə,baidiŋ] *adj:* lovlydig.

lawbreaker ['lɔ:,breikə] *subst(=offender (against the law))* lovbryter.

lawcourt ['lɔ:,kɔ:t] *subst* **1***(=law court; court of law)* domstol; **2.: the Law Courts***(=the courthouse)* tinghuset.

law degree juridikum; juridisk embetseksamen; *(se law 3).*

law enforcement authorities de myndigheter som er ansvarlige for opprettholdelse av lov og orden.

lawful ['lɔ:ful] *adj:* lovlig *(fx by every lawful means);* rettmessig *(fx owner);* lovlig *(fx heir);* **such behaviour is not** ~ slik oppførsel er ikke lovlig; **he was attacked while going about his** ~ **business** han ble angrepet mens han var ute i lovlig ærend.

lawfully *adv:* lovlig; på lovlig måte; ad lovens vei.

lawfulness ['lɔ:fulnis] *subst(=legality)* lovlighet.
lawless ['lɔ:lis] *adj:* lovløs; uten lover; hvor ingen lover gjelder; ~ **men** lovløse (menn).
lawlessness ['lɔ:lisnis] *subst:* lovløshet.
Law Lord UK: juridisk medlem av overhuset.
lawmaker ['lɔ:,meikə] *subst(=legislator)* lovgiver.
lawn [lɔ:n] *subst:* (gress)plen; **lay a** ~ (an)legge plen.
lawn mower gressklipper; *(jvf motor mower).*
lawn sprinkler plenvanner; spreder.
law officer UK *om regjeringsadvokaten (the Attorney General) og dennes stedfortreder (the Solicitor General):* kronjurist.
law student juridisk student; *(se law 3).*
lawsuit ['lɔ:,su:t; 'lɔ:,sju:t] *subst:* prosess; sak; **be involved in a** ~ **with** ligge i sak med.
lawyer ['lɔ:jə; 'lɔiə] *subst(=legal practitioner)* (praktiserende) jurist; *i løst språkbruk:* advokat; **divorce** ~ skilsmisseadvokat; *(jvf barrister & solicitor).*
lax [læks] *adj; fig:* slapp *(fx his running of the office had become rather lax);* ~ **morals** løs moral; **the** ~ **state of the morals of society as a whole** den løse moralen i samfunnet som helhet.
laxative ['læksətiv] **1.** *subst:* avførende middel; **2.** *adj:* avførende *(fx it has a laxative effect).*
laxity ['læksiti], **laxness** ['læksnis] *subst:* slapphet; løshet; **moral laxity** slapp moral; løs moral.
I. lay [lei] *subst* **1.** kvad; **2. S***(=sexual intercourse)* nummer; **she's an easy** ~ hun er lett å komme i seng med; **3.** *fig* **US: know the** ~ **of the land** vite hvor landet ligger; vite hvordan det er fatt.
II. lay *vb (pret & perf. part.: laid)* **1.** legge (ned); legge fra seg *(fx she laid it on a chair);* ~ **a trap for sby** legge en felle for en; ~*(=make)* **a plan** legge en plan; ~ **the table** dekke bordet; **2.** (an)legge *(fx lay a lawn);* **3.:** ~ **(eggs)** verpe; legge egg; **4.** *tau:* slå *(fx lay a rope);* **5. T***(=bet)* vedde *(fx I'll lay five pounds that you don't succeed);* **6.** *om handling i stykke:* henlegge (*in* til) *(fx the scene is laid in wartime Paris);* **7.** *om mann* **S***(=have sexual intercourse with)* ligge med; **8.:** ~ **about one***(=lash out on all sides)* slå omkring seg; **9.:** ~ **bare** 1. blottlegge; grave fram *(fx the water main);* 2. *fig; om følelser:* blotte; 3. *om plan, etc(=reveal)* røpe; **10.:** ~ **by***(=hoard; lay up)* hamstre; **11.:** ~ **down** 1. legge ned *(fx the soldiers laid down their arms); fig:* ~ **down one's command** nedlegge kommandoen; *fig:* **they laid down their lives** de ofret livet; 2. bestemme; fastsette *(fx the rule book lays down what should be done in such a case);* ~ **down the law** *se law 8;* **12.:** ~ **in** kjøpe inn *(fx an extra stock of drinks for Christmas);* **13. T:** ~ **into sby** slå løs på en; **14.:** ~ **low** 1*(=knock down)* slå ned; strekke til jorden *(fx the blow laid him low);* 2. *fig:* **he was laid low by pneumonia** han ble sengeliggende med lungebetennelse; **15.:** ~ **off** 1*(=dismiss (temporarily))* permittere; si opp *(fx workers);* 2. **T:** ~ **off** 1*(=stop)* holde opp *(fx I wish you'd lay off!);* 2*(=leave alone)* holde seg unna *(fx lay off him!);* ~ **off the subject of money while he's here** snakk ikke om penger mens han er her; 3.: ~ **off (-ing)***(=stop (-ing))* holde opp med å; **16.:** ~ **on** 1. *om strøm, vann, etc:* legge inn *(fx electricity);* 2. spandere *(fx the dinner was laid on by the firm);* 3.: ~ **on entertainment** skaffe underholdning; ~ **on more flights** sette inn flere fly; 4. **T:** ~ **(one's) hands on** 1*(=find)* finne *(fx I wish I could lay (my) hands on that book);* 2*(=catch)* få tak i *(fx the thief);* **17.:** ~ **out** 1. legge ut *(fx the contents of the box on the table);* 2. *om større arbeid:* anlegge *(fx the architect who laid out the public gardens);* 3. **T***(=knock out)* slå ut; 4. **T***(=spend)* bruke; legge ut *(fx a lot of money on sth);* 5. stelle (lik før begravelse) *(fx the undertaker had laid out the old lady);* 6. **T: he laid himself out to please us***(=he went out of his way to please us)* han gjorde seg umak med å være oss til lags; **18.** *evf:* ~ **to rest***(=bury)* legge til hvile; **19.:** ~ **siege to***(=besiege)* beleire; **20.:** ~ **up** 1. *mar:* legge opp *(fx a ship);* 2*(=lay in)* kjøpe opp; hamstre *(fx they laid up a good supply of apples);* 3. *fig:* ~*(=store)* **up problems for oneself** skaffe seg selv problemer (på halsen); 4. **T: be laid up** (måtte) holde sengen; **21.:** ~ **waste** legge øde *(fx a country).*
III. lay *pret av lie.*
IV. lay *adj:* lek; lekmanns; *(jvf laity; layman).*
layabout ['leiə,baut] *subst* **T:** dovenpels; lathans.
lay brother *rel:* lekbror.
lay-by ['lei,bai] *subst* **1.** *langs motorvei:* parkeringsfil; **2.** *jernb(=small siding)* lite sidespor; vikespor.
lay day *mar:* liggedag.
layer ['leiə] *subst* **1.** lag *(fx a layer of clay);* **2.** verpehøne *(fx a good layer).*
layer cake lagkake; bløtkake.
layette [lei'et] *subst:* (komplett) babyutstyr.
lay figure *for kunstnere:* leddukke.
laying on of hands håndspålegging.
Lay Lord UK: overhusmedlem som ikke er jurist; *(jvf Law Lord).*
layman ['leimən] *subst:* lekmann; *(jvf laity).*
lay-off ['lei,ɔf] *subst* **1.** permittering; **2.** permitteringstid; periode da man er permittert (fra arbeidet).
layout ['lei,aut] *subst* **1.** anlegg; plan *(fx the layout of the building);* **2.** *arkit:* **general** ~ situasjonsplan; **3.** *for bok:* layout; *(jvf artwork).*
layshaft ['lei,ʃa:ft] *subst; mask:* mellomaksel; kubbeaksel; girkubbe.
laze [leiz] *vb(=idle)* dovne seg.
lazy ['leizi] *adj:* doven; lat; **they're just plain** ~! de er rett og slett dovne!.
lazybones ['leizi,bounz] *subst* **T:** lathans; dovenpels.
leach [li:tʃ] *vb* **1***(=percolate)* perkolere; filtrere; **2.** (ut)lute *(fx alkali from ashes);* **3.** *geol(=wash out)* vaske ut.
I. lead [led] *subst* **1.** bly; **my feet are like** ~*(=my feet are as heavy as lead)* bena mine er tunge som bly; **2.:** blylister (til blyinnfattede vinduer); **3.** *til blyant:* bly; stift; **4.** *typ:* skytelinje; **5.** *mar:* lodd; **use the** ~*(=sound; take soundings)* bruke loddet; lodde; **6. S: swing the** ~*(=shirk one's duty)* skulke unna.
II. lead [led] *vb* **1.** tekke med bly; **2.** *i vindu:* sette blyinnfatning i; *(se leaded).*
III. lead [li:d] *subst* **1.** førerskap; anførsel; **follow his** ~ følge hans eksempel; gjøre som han; **2.** ledelse *(fx we have a lead over the rest of the world);* **3.** *sport:* ledelse *(fx take over the lead; have a lead of twenty metres over sby);* **4.** *for hund(=leash)* bånd *(fx all dogs must be kept on a lead);* **5. T***(=clue)* spor *(fx the police have several leads);* **6***(=leading part)* hovedrolle *(fx play the lead);* **7.** *kortsp:* forhånd; utspill; **have the** ~ ha utspillet; **return sby's** ~ svare på ens invitasjon.
IV. lead [li:d] *vb (pret & perf. part.: led)* **1.** lede *(fx a polar expedition);* være leder for; stå i spissen for; **2.** føre *(fx a small path leads through the woods; the road leads traffic away from the centre of the town);* **3.** *sport:* lede; **4.** *om en spesiell type liv:* føre *(fx she leads a pleasant existence on a Greek island);* **5.** *i dans:* føre *(fx lead one's partner);* **he's good at -ing** han er flink til å føre; **6.** *fig:* ~ **sby to believe sth** få en til å tro noe; **7.** *kortsp:* spille ut; **8.** *fig:* ~ **astray** *se astray;* **9.:** ~ **off***(=begin)* begynne; *om band:* spille opp *(fx the band led off (the dance) with a waltz);* **10.:** ~ **on** 1*(=go forward first)* gå først; gå foran *(fx lead on, then!);* 2.: ~ **sby on** lokke en (til å

gjøre noe uklokt); **John had led him on** det var John som hadde fått ham til det; **11.** *fig:* ~ **to**(*=result in*) føre til; føre med seg; **one thing -s to another** det ene fører det annet med seg; **it led to our having to** ... det førte til at vi måtte ...; **12. T:** ~ **sby up the garden path**(*=pull a fast one on sby*) lure en; **13.:** ~ **up to** 1. føre fram til (*fx the events leading up to the First World War*); 2. *fig:* legge opp til; **he seemed to be -ing up to sth** det så ut som om det var noe han la opp til; **14.:** ~ **the way** 1. føre an (*fx she led the way upstairs*); 2. *fig:* føre an.

leaded ['ledid] *adj:* blyinnfattet (*fx window*); ~ **light** blyinnfatning; ~ **(light) window** blyvindu; blyinnfattet vindu.

leaden ['ledən] *adj:* bly-; blyaktig; blytung; blygrå.

leader ['li:də] *subst* **1.** leder; anfører; førstemann; **party** ~ partileder; **2**(,**US:** *leading article*) leder(artikkel); **3.** *film:* sladd; **4.** *mus:* **choir** ~(*=leader of the (community) singing*) forsanger; **5.** *mus:* ~ **(of an orchestra)** (,**US:** *concertmaster*) konsertmester; **6.:** ~ **(of a dance)** fordanser; **7.** *fisk*(*=trace*) fortom; sene; **8.** *fisk:* ragarn; **9.** *i hundespann:* førerhund; *om hest i spann:* forløper; **10.** *typ:* utpunktering.

leadership ['li:də,ʃip] *subst* **1.** lederskap; førerskap; ledelse; **the party** ~ partiledelsen; **2.** lederevner.

leader type lederskikkelse.

leading ['li:diŋ] *adj:* ledende.

leading aircraftman (*fk LAC*) *flyv* (,**US:** *airman 3rd class*) *intet tilsv; se senior aircraftman.*

leading article US(*=leader*) lederartikkel.

leading dancer førstedanser.

leading edge *flyv; av bæreflate:* forkant; (*jvf trailing edge*).

leading lady kvinnelig innehaver av hovedrolle.

leading light 1. *mar:* overettfyr; **2.** *ofte spøkef:* bærende kraft; størrelse (*fx he's one of the leading lights in the golf club*).

leading man mannlig innehaver av hovedrolle.

leading note *mus:* ledetone.

leading question ledende spørsmål; suggestivt spørsmål; **ask -s** legge svarene i munnen på en.

leading rate (,**US:** *petty officer third class*) *mar; mil:* ledende menig.

leading reins (,**US:** *leading strings*) gåseler; barneseler.

leadline ['led,lain] *subst; mar:* loddline.

lead-off ['li:d,ɔf] *subst:* innledning; begynnelse; start.

lead poisoning(*=plumbism*) blyforgiftning.

I. leaf [li:f] *subst* (*pl: leaves*) **1.** *bot:* blad (*fx many trees lose their leaves in winter*); **come into** ~(*=put out leaves*) få løv; springe ut; **the trees are in** ~ trærne er utsprunget; **2.** *i bok:* blad; **3.** (løs) bordplate; ileggsplate; **4.** (løv)tynn plate; flak; **gold** ~ bladgull; **5.** *fig:* **take a** ~ **out of sby's book**(*=follow sby's example*) ta eksempel av en; **6.** *fig:* **turn over a new** ~ begynne på et nytt blad; bli et bedre menneske.

II. leaf *vb* **1.** *bot*(*=come into leaf*) få løv; springe ut; **2.:** ~ **through a book** bla gjennom en bok.

leaf fat ister; (*jvf leaf lard*).

leafing ['li:fiŋ] *subst*(*=coming into leaf*) løvsprett.

leaf insect *zo:* vandreblad.

leaf lard ister (av gris); (*jvf leaf fat*).

leaflet ['li:flit] subst **1.** *bot:* småblad; **2.** flyveblad; folder; brosjyre.

leaf mould *gart:* bladjord.

leafy ['li:fi] *adj* **1.** løv-; som ligner på løv; bladlignende; **2.** bladrik (*fx plant*); løvrik (*fx woodlands*).

I. league [li:g] *subst; glds mål*(*=3 miles*) 4,8 km.

II. league *subst:* **1.** forbund (*fx the Hanseatic League*); **2.** *sport:* liga; ~ **match** seriekamp; **3.** *fig:* **in** ~ **with** 1. i forbund med; 2. *neds:* i ledtog med.

I. leak [li:k] *subst* **1.** lekkasje; utetthet (*fx in the pipe*); **gas** ~ gasslekkasje; **2.** *mar:* lekkasje; lekk; **spring a** ~ springe lekk; **3.** *elekt*(*=leakage current*) overledning; **4.** *fig:* lekkasje; **an inspired** ~ en tilsiktet lekkasje; **5. S: have a** ~ slå lens.

II. leak *vb* **1.** lekke; være utett; *om skip:* lekke; være lekk; **gas was -ing out of the cracked gas main** det sivet gass ut av den sprukne gassledningen; **2.** *fig:* røpe; lekke; ~ **it to the press** lekke det til pressen.

leakage ['li:kidʒ] *subst; stivt*(*=leak; leaking*) lekkasje; (*se I. leak*).

leaky ['li:ki] *adj:* utett; lekk (*fx his boat is leaky*).

I. lean [li:n] *subst; om kjøtt:* **the** ~ det magre (*fx she cuts all the fat off her meat and only eats the lean*); *fig:* **you must take the fat with the** ~ man må ta det onde med det gode.

II. lean *vb* (*pret & perf. part.: leaned, leant [lent]*) **1.** være skjev; helle (*fx the lamppost was leaning across the road*); **2.** lene; stille (*fx a ladder against a wall*); **he leant on the table** han lente seg på bordet; **don't** ~ **your elbows on that table** len deg ikke med albuene på det bordet; ~ **on a stick** støtte seg til en stokk; **3.** *fig:* **she -s on her husband for advice** hun støtter seg til mannen sin når det gjelder råd; **4.** *om ublid overtalelse, etc* **S:** ~ **on** presse; bruke press (*fx I'll have to lean on him a bit*); **5. T:** ~ **over backwards**(*=do more than is expected*) være altfor ivrig; være overivrig; gjøre mer enn det forventes av en.

III. lean *adj:* mager; *fig:* **a** ~ **year** et magert år.

I. leaning ['li:niŋ] *subst; stivt*(*=preference; partiality*) forkjærlighet; **-s**(*=sympathies*) sympatier; tendenser (*fx pacifist leanings*).

II. leaning *adj:* hellende; skjev (*fx the Leaning Tower of Pisa*).

leant [lent] *pret & perf. part. av II. lean.*

lean-to ['li:n,tu:] *subst:* tilbygd skur; halvtaksskur.

I. leap [li:p] *subst* **1.** hopp; sprang; **2.** *fig:* sprang (*fx a great leap forward*); **a** ~ **in the dark** et sprang ut i det uvisse; **by -s and bounds** i store sprang; med kjempeskritt (*fx proceed by leaps and bounds*); **the project is going ahead by -s and bounds** det går meget raskt fremover med prosjektet.

II. leap *vb* (*pret & perf. part.: leapt; især* **US:** *leaped*) **1**(*=jump*) hoppe; **2**(*=jump over*) hoppe over (*fx the fence*); **3.** *fig*(*=rush eagerly*) fare (*fx she leapt over to see them*); **4.** *fig:* **the idea leapt into his mind** idéen slo ned i ham; **5.** *fig:* ~ **at**(*=seize eagerly at*) gripe begjærlig (*fx he leapt at the offer*).

leap day skuddårsdag.

leapfrog ['li:p,frɔg] **1.** *subst:* det å hoppe bukk; **play** ~ hoppe bukk; **2.** *vb:* hoppe bukk; *fig:* passere hverandre skiftevis.

leapt [lept] *pret & perf. part. av II. leap.*

leap year skuddår.

learn [lə:n] *vb* (*pret & perf. part.: learnt; learned*) **1.** lære (*fx learn French; a child is always learning*); **2.** *stivt*(*=be told; get to know*) få vite; høre (*fx it was then that I learned that she was dead*); **3.: we live and** ~ vi lærer så lenge vi lever.

learned ['lə:nid] *adj:* lærd (*fx professor*).

learner ['lə:nə] *subst:* **he's a quick (,slow)** ~ han lærer fort (,langsomt); han har lett (,tungt) for å lære; **I'm only a** ~ jeg er bare elev.

learner car (*fk L-car*) lærevogn.

learning ['lə:niŋ] *subst* **1.** læring; **2.** lærdom; **a man of great** ~ en meget lærd mann.

learning difficulties vanskeligheter med å lære.

learning situation læresituasjon.

learnt [lə:nt] *pret & perf. part. av learn.*

I. lease [li:s] *subst; for fast eiendom:* bygselbrev; leiekontrakt; bygsel (*fx a twenty-year lease*); **on** ~

på bygsel; **take over the ~ of a site**(*=lease a site*) bygsle en tomt; **a long** ~ bygsel på langt åremål; *fig:* **get a new ~ of life** få nytt liv; livne til igjen (m.h.t. helse el. lykke).

II. lease *vb:* bygsle *(fx he leases the land from the local council);* bygsle bort.

leasehold ['li:s,hould] **1.** *subst:* bygsel; bygslet eiendom; bygslet grunn; **2.** *adj:* bygslet; leid; ~ **site** bygslet tomt.

leaseholder ['li:s,houldə] *subst:* bygsler; leier; forpakter.

leash [li:ʃ] *subst; for hund:* bånd *(fx dogs must be kept on a leash).*

least [li:st] *adj & adv* **1.** minst *(fx the least you can do is to apologize! you have the least talent of anyone; they travel the least of all);* ~ **isn't necessarily worst** minst vil ikke nødvendigvis si verst; **when we ~ expected it** da vi minst ventet det; **2.: at ~** 1. minst *(fx she's at least fifty);* 2. i hvert fall; i det minste *(fx you should at least try);* **3.: ~ of all** aller minst; minst av alt *(fx least of all did he want to hurt her);* **that's what pleased me ~ (of all)** *(=that's what I liked least (of all))* det var det jeg likte minst (av alt); **4.: not ~** ikke minst; **not ~ is this true of shipments via** ... ikke minst gjelder dette partier som går over (*el.* forsendelser via) ...; **last, (but) not ~** sist, men ikke minst; **5.: not in the ~** ikke det minste; ikke på noen måte; **6.: to say the ~ of it**(*=to put it mildly)* mildest talt; **7.: the ~ said the better** jo mindre man snakker om det desto bedre.

least common multiple(*=lowest common multiple):* **the ~** minste felles multiplum.

leastways ['li:st,weiz] *adv; dial; se least 2: at ~.*

leather ['leðə] *subst:* lær; (preparert) skinn.

leather binding skinnbind.

leather jacket skinnjakke.

leatherneck ['leðə,nek] *subst* **US S**(*=marine)* marinesoldat.

leathery ['leðəri] *adj:* læraktig; *om kjøtt(=tough)* seig *(fx a leathery piece of meat).*

I. leave [li:v] *subst* **1.** *også mil:* ~ **(of absence)** permisjon; **T:** perm; **casual** ~(*=emergency leave)* velferdspermisjon; *pga. dødsfall:* **compassionate** ~ velferdspermisjon; *embetsmanns i utenrikstjeneste:* **(long)** ~ ferie *(fx he's on long leave in Europe); mil:* **absence without** ~ tjuvperm; **go absent (without ~)**(*=take French leave)* ta tjuvperm; **2.** *meget stivt(=permission)* tillatelse *(fx have I your leave to go?);* **3.** *stivt:* **take one's ~ (of)**(*=say goodbye (to))* si adjø (til); **4.: take ~ of one's senses**(*=go mad)* gå fra forstanden; **have you taken ~ of your senses?** er du ikke riktig klok?

II. leave *vb (pret & perf. part.: left)* **1.** reise fra; forlate *(fx leave the country);* gå (sin vei); forlate; gå ut av *(fx he left the room);* dra (sin vei) *(fx they left at five o'clock);* **he has left his wife** han har gått fra sin kone; **2.: ~ (behind)** etterlate; legge igjen *(fx she left her gloves in the car);* **he left his children behind** han lot barna sine være igjen; **he -s a wife and two children** han etterlater seg kone og to barn; **3.** gå fra *(fx she left the job half-finished);* etterlate; la sitte igjen *(fx he left his wife penniless);* **4.** *om arbeidsoppgave, etc:* ~ **sby to do sth** la en gjøre noe; overlate til en å gjøre noe; ~ **the meat to cook for a while** la kjøttet koke (,steke) en stund; ~ **that job to the experts** overlat den jobben til ekspertene; ~ **the decision to him** overlat avgjørelsen til ham; **5.** testamentere *(fx she left all her property to her son);* **she was left £140,000** hun arvet £140.000; **6.** vente med *(fx leave this homework until tomorrow);* **if you hadn't left booking so late** hvis du ikke hadde ventet så lenge med å bestille; **the things we had left undone** alt det vi ikke hadde fått gjort; **7.: be left** 1. være tilbake; være igjen *(fx there were four apples left);* 2.: **be left a widow** bli sittende igjen som enke; 3.: **'to be left until called for'** poste restante; 4. **T: be left holding the baby** (,**US:** *bag)* bli sittende med skjegget i postkassa; **8.: ~ alone** 1. ikke forstyrre; la være i fred *(fx leave him alone!);* 2. la være *(fx leave that book alone!);* ~ **well alone** la det være med det (ɔ: det er bra nok som det er); **9.: let's ~ it at that** la det bero med det; **10. T: ~ off** holde opp *(fx I wish you'd leave off!);* **11.: ~ out** utelate *(fx he's left out a word);* ikke regne med; ikke tenke på (*el.* ta hensyn til); **12.: left over** 1. igjen *(fx we had a lot of food left over from the party);* 2. til overs *(fx when everyone took a partner there was one person left over);* **13.: some things are better left unsaid** enkelte ting bør forbli usagt (*el.* bør man ikke snakke om).

leave-taking ['li:v,teikiŋ] *subst:* (det å ta) avskjed.

leaving certificate: (school-) ~(*=leaver's report;* **US:** *diploma)* avgangsvitnemål.

leaving examination: (school-) ~ avgangseksamen; avsluttende eksamen.

leavings ['li:viŋz] *subst; pl; især etter måltid(=leftovers)* (mat)rester *(fx give the leavings to the dog).*

Lebanese [,lebə'ni:z] **1.** *subst:* libaneser; **2.** *adj:* libanesisk.

Lebanon *subst; geogr:* **(the)** ~ Libanon.

lecher ['letʃə] *subst* **1**(*=lewd man)* lidderlig fyr; **2.** *glds(=fornicator)* horebukk; vellysting.

lechery ['letʃəri] *subst(=lust)* lidderlighet.

lecherous ['letʃərəs] *adj(=lustful)* lidderlig *(fx a lecherous glance; a lecherous old man).*

lectern ['lektən] *subst* **1.** *i kirke:* lesepult; korpult; **2.** *univ:* kateter.

lector ['lektə] *subst; kat(reader of lessons at certain services)* person som leser lektien ved visse typer gudstjeneste.

lecture ['lektʃə] **1.** *subst:* forelesning; **attend -s** gå på forelesninger; **give a ~ (to)** holde en forelesning (for); **give -s on** forelese om; **2.** *vb:* forelese (*on* om).

lecture course forelesningskurs.

lecture list forelesningskatalog.

lecturer ['lektʃərə] *subst* **1.** foreleser; **2.: (university)** ~ universitetslektor; **senior** ~ førstelektor.

lecture room auditorium.

lectureship ['lektʃəʃip] *subst:* universitetslektorat.

led [led] *pret & perf. part. av II. lead.*

ledge [ledʒ] *subst* **1.** i fjellside, etc: (smal) avsats; hylle; **2.** *i mur el. vegg:* hylle; **window** ~ vinduspost *(fx on the window ledge outside the kitchen window);* **3.** *mar:* ~ **(of rock)** rev *(fx the ship was caught on a ledge of rock).*

ledger ['ledʒə] *subst* **1.** *merk:* **(general)** ~ hovedbok; **balance the** ~ avslutte (*el.* avstemme) hovedboken; **2.** *merk:* **debtors'** ~(*=sales ledger; debtors' accounts)* debitorreskontro; **debtors according to debtors'** ~ debitorer i følge reskontro; **debtors' (,creditors') accounts** *(=personal ledger(s))* reskontro; **3.** *bygg; på stillas:* langsville; *(jvf putlog).*

lee [li:] *subst; mar, etc:* le; leside; **in the ~ of a hedge** i le (*el.* ly) av en hekk.

leech [li:tʃ] *subst* **1.** *zo:* (blod)igle; **2.** *mar(=leach)* lik.

leek [li:k] *subst; bot:* purre; purreløk.

leer [liə] **1.** *subst:* lystent blikk *(fx she tried to ignore the sailor's leers);* **2.** *vb:* ~ **at** kaste lystne blikk på.

lees [li:z] *subst; pl; stivt el. litt.(=dregs)* bunnfall.

leeward ['li:wəd; *mar:* 'lu:əd] *subst; mar(=lee side)* lesiden; **to** ~ mot le; *(jvf windward).*

leeway ['li:,wei] *subst* **1.** *mar(=drift)* avdrift; **2.** *fig; om det man ligger etter med:* **he has considerable** ~

to catch(=*make)* **up at school** han har meget å ta igjen på skolen; **3.** *fig; m.h.t. spillerom:* **a bit of** ~ noe å gå på *(fx if you buy more material than strictly necessary, it will allow us a bit of leeway to make the curtains longer)..*

I. left [left] *pret & perf. part. av II. leave.*

II. left 1. *adj:* venstre *(fx they drive on the left side of the road);* **2.** *adv:* til venstre *(fx he turned left at the end of the road);* **3.** *subst:* **on the** ~ på venstre hånd *(fx take the first road on the left);* **she turned to her** ~ hun vendte seg mot venstre; **he was sitting on her** ~ han satt til venstre for henne; han satt på hennes venstre side.

left-hand ['left,hænd] *adj:* venstre-.

left-hand drive *(fk LHD)* venstreratt; **the car has a** ~ bilen har venstreratt.

left-hand driving venstrekjøring.

left-handed ['left,hændid] *adj* **1.** keivhendt; **2.** for venstre hånd *(fx a left-handed golf club);* med venstre hånd *(fx blow);* **3.** *fig:* klosset; keitet; **4.: a** ~ **compliment** en tvilsom kompliment.

left-handedness ['left,hændidnis] *subst:* keivhendthet.

left-hander ['left,hændə] *subst* **1.** keivhendt person; **2.** venstrehåndsslag.

leftism ['leftizəm] *subst:* venstreorientering.

leftist ['leftist] *subst & adj:* venstreorientert.

Left Luggage T*(=left-luggage office):* **in (the)** ~ **T:** på oppbevaringen.

left-luggage office jernb *(,***US:** *checkroom)* bagasjeoppbevaring.

left-over, leftover ['left,ouvə] *adj;* som er igjen; som er til overs *(fx leftover food).*

left-overs, leftovers ['left,ouvəz] *subst; pl:* (mat)rester.

left wing 1. venstre fløy; **2.** *sport:* venstre ving. **3.** *polit:* **the** ~ venstrefløyen *(fx of the party).*

left-wing [,left'wiŋ; *attributivt:* 'left,wiŋ] *adj* **1.** som befinner seg på venstre fløy; **2.** *polit(=leftist)* venstreorientert.

I. leg [leg] *subst* **1.** *anat, etc:* ben; bein; **trouser** ~ bukseben; *på strømpe el. støvel:* skaft; **2.** *på slakt:* lår; ~ **of mutton** fårelår; **3.** etappe *(fx the last leg of the journey); sport:* **he ran the home** ~ han løp siste etappe; **4.** *geom:* katet; **5.** *mar; strekning mellom to steder hvor det bautes:* slag; **6.** *fig:* **help him on his -s again** hjelpe ham på bena (*el.* på fote) igjen; **7.: he hasn't got a** ~ **to stand on** 1. han har ingen brukbar unnskylding; 2. *m.h.t. bevis:* han har ingenting å fare med; **8.: be on one's last -s** *se IV. last 5;* **9. T: pull sby's** ~ holde leven med en; lage spillopper med en; lure en; **10. T: shake a** ~*(=dance)* ta en svingom; **11.: stretch one's -s** strekke på bena; gå litt omkring (etter å ha sittet); **12.: walk him off his -s** gå ham i senk.

II. leg *vb* **T:** ~ **it***(=walk)* bruke bena; gå på sine ben.

legacy ['legəsi] *subst* **1.** testamentarisk gave; arv; **2.** *fig:* arv *(fx the filing system is a legacy from the previous secretary).*

legal ['li:gəl] *adj* **1***(=lawful)* lovlig; legal; **2.:** ~ **tender** lovlig betalingsmiddel; **3.** juridisk *(fx a legal term);* retts-; rettslig; **in a** ~ **sense** i juridisk forstand.

legal action: take ~ **against** ta rettslige skritt mot; *(se for øvrig action 3).*

legal advice juridisk hjelp; **seek** ~ søke juridisk hjelp.

legal adviser juridisk konsulent.

legal aid rettshjelp; **free** ~ fri rettshjelp.

legal authority lovhjemmel.

legal conception*(=concept of justice)* rettsbegrep.

(legal) costs *(,***US:** *court costs)* saksomkostninger; **be awarded costs** bli tilkjent saksomkostninger; **ordered to pay costs** idømt saksomkostninger; **no order was made as to costs** saksomkostninger ble ikke idømt.

legal executive *(,hist: managing clerk)* kontorfullmektig hos en 'solicitor'.

legal handle: he has no ~ **against you** *(,***T:** *legally he has nothing on you)* juridisk sett kan han ikke gjøre deg noe.

legal holiday US*(=bank holiday)* offentlig fridag.

legalism ['li:gə,lizəm] *subst; jur:* paragrafrytteri.

legality [li'gæliti] *subst:* legalitet; lovlighet.

legalize, legalise ['li:gə,laiz] *vb:* legalisere; gjøre lovlig; lovfeste.

legally *adv:* juridisk sett.

legal person juridisk person.

legal proceedings prosess; saksanlegg.

legal protection rettssikkerhet.

(legal) remedy rettsmiddel.

legal reserve *fin:* seddeldekning.

legal ruling rettsavgjørelse.

legal separation US*(=judicial separation)* separasjon.

legal tender lovlig betalingsmiddel.

legatee [,legə'ti:] *subst; jur:* legatar; testamentarisk arving; *(jvf devisee).*

legation [li'geiʃən] *subst* **1.** legasjon; **2***(=diplomatic mission)* sendelag.

legend ['ledʒənd] *subst* **1.** legende; sagn; **according to (the)** ~ i følge sagnet; **the** ~ **has it that** ... sagnet forteller at ...; **curious -s were told about his doings** det gikk underlige frasagn om hva han gjorde; **2.** *fig:* legende *(fx he became a legend);* **3.** *på mynt:* **(edge)** ~ randskrift; **4.** *på kart(=key)* tegnforklaring; **5.** *stivt el. fagl(=caption)* (billed)tekst.

legendary ['ledʒəndəri] *adj:* legendarisk; legendeaktig; ~ **character***(=figure)* sagnfigur.

legerdemain [,ledʒədə'mein] *subst; meget stivt* **1***(=trickery)* lureri; **2.** *om tryllekunstner(=dexterity)* fingerferdighet; **3.** *neds:* taskenspillerkunst; **a piece of** ~*(=a conjuring trick)* en tryllekunst; *neds:* taskenspillerkunst.

leggings ['legiŋz] *subst; pl:* lange gamasjer.

leggy ['legi] *adj* **1.** langbent; **2.** *om kvinne(=with long and shapely legs)* med lange, velskapte ben.

legible ['ledʒəbl] *adj:* leselig; som kan leses; **a scarcely** ~ **note** en brevlapp som knapt var (,er) leselig.

legion ['li:dʒən] *subst* **1.** *mil, etc; hist:* legion; **the Foreign Legion** fremmedlegionen; **the Legion of Honour** æreslegionen; **2.** *fig:* hærskare *(fx the legions of people who ...);* **3***(=numerous; many):* **the problems are** ~ problemene er utallige; *stivt:* problemene er legio.

I. legionary ['li:dʒəneri] *subst* **1.** *hist:* legionær; **2***(=legionnaire)* (fremmed)legionær.

II. legionary *adj:* legions-; ~ **soldier** legionær.

legionnaire [,li:dʒə'nɛə] *subst:* (fremmed)legionær.

legislate ['ledʒis,leit] *vb:* gi lover.

legislation [,ledʒis'leiʃən] *subst:* lovgivning.

legislative ['ledʒislətiv] *adj:* lovgivnings- *(fx work);* lovgivende; ~ **assembly** lovgivende forsamling.

legislative union *polit:* realunion.

legislator ['ledʒis,leitə] *subst(=lawmaker)* lovgiver.

legislature ['ledʒis,leitʃə] *subst:* lovgivende forsamling.

legitimacy [li'dʒitiməsi] *subst* **1.** rettmessighet; berettigelse; legitimitet; lovlighet; **2.** *om barn:* ektefødsel.

I. legitimate [li'dʒiti,meit] *vb* **1.** gjøre lovlig; berettige; **2.** *barn:* legitimere.

II. legimate [li'dʒitimit] *adj* **1***(=lawful)* lovlig; **2***(=reasonable)* berettiget *(fx question);* **3.** *om barn(=born in wedlock)* født i ekteskap; ektefødt; legitim.

legman ['legmən] *subst* **US**(*=reporter*) reporter.
leg-pull ['leg,pul] **T:** erting.
legroom ['leg,ru(:)m] *subst:* benplass; plass til bena.
legume ['legju:m; li'gju:m] *subst; bot* **1**(*=(edible) pod)* belg; belgfrukt; **2**(*=leguminous plant)* belgplante.
leguminous [li'gju:minəs] *adj:* belg-; ~ **plant** belgplante.
leg-up ['leg,ʌp] *subst* **T: give sby a** ~ hjelpe en opp; gi en en håndsrekning.
legwork ['leg,wə:k] *subst* **T:** tråkking *(fx when I had my first bicycle, the whole island was mine for a little legwork);* farting; arbeid i marken; *(jvf footwork).*
leisure ['leʒə; **US** *ofte:* 'li:ʒə] *subst:* fritid; tid man kan nyte i ro og mak; **I seldom have** ~ **to consider the problem** jeg har sjelden tid til å tenke over problemet; **lead a life of** ~(*=lead an easy life)* føre et bedagelig liv; **at** ~ når man har tid (til det); når man ikke er opptatt med noe annet; **you can do it at your** ~ du kan gjøre det når du har tid (til det); du kan gjøre det i ro og mak; *spøkef:* **lady of** ~ luksuskvinne.
leisured *adj; stivt el. spøkef:* **the** ~ **classes**(*=those who are financially independent (and have plenty of free time))* de økonomisk uavhengige (som ikke behøver å arbeide); **T:** overklassen; de rike.
leisurely ['leʒəli; **US** *ofte:* 'li:ʒəli] **1.** *adj:* makelig; rolig; bedagelig *(fx we had a leisurely trip home);* **she had a** ~ **bath and got dressed slowly** hun badet i ro og mak og kledde langsomt på seg; **at a** ~ **pace** i et bedagelig tempo; **2.** *adv:* i ro og mak *(fx he strolled leisurely into town);* **work** ~ arbeide i sitt eget tempo.
leisure shirt fritidsskjorte.
leisure(-time) activities fritidssysler; fritidsaktiviteter.
leitmotiv, leitmotif ['laitmou,ti:f] *subst* **1.** *mus:* ledemotiv; **2.** *fig:* stadig tilbakevendende motiv (el. tema).
lemming ['lemiŋ] *subst; zo:* lemen.
lemon ['lemən] *subst; bot:* sitron; **the juice of a** ~ saften av en sitron; *(jvf lime 2).*
lemonade [,lemə'neid] *subst:* limonade.
lemon curd *som kakefyll, etc:* sitronkrem.
lemon mousse sitronfromasj.
lemon rind(*=lemon peel)* sitronskall; **grated** ~ revet skall av sitron.
lemon slice(*=slice of lemon)* sitronskive.
lemon sole *zo:* bergflyndre; lomre; *(jvf I sole 2).*
lemon squeezer sitronpresse.
lemon tea te med sitron.
lemur ['li:mə] *subst; zo:* lemur; halvape.
lend [lend] *vb (pret & perf. part.: lent)* **1.** låne *(fx sby money);* låne ut; **2.** *stivt el. litt.*(*=give)* gi *(fx desperation lent him strength);* **3.** *stivt:* ~ **itself to**(*=be suitable for)* være egnet for; passe for; ~ **oneself to a dishonest scheme** være med på *(el.* la seg bruke til) en uhederlig plan; **4.:** ~(*=give)* **sby a (helping) hand** gi en en håndsrekning.
lender ['lendə] *subst:* långiver.
lending library *(,***US:** *circulating library)* utlånsbibliotek.
length [leŋkθ; leŋθ] *subst* **1.** lengde; **the** ~ **of time it takes** den tid det tar *(fx please note down the length of time it takes you to do this);* **not for any** ~ **of time** ikke i noen lengre tid; **what's the** ~ **of . . .?**(*=how long is . . .?)* hvor lang er . . .? **the book was 600 pages in** ~ boka var på 600 sider; **2.** *sport:* båtlengde; hestelengde *(fx he won by a length);* **3.** stykke; stump *(fx several lengths of string);* **a** ~ **of pipe** en rørstump; et rørstykke; **4.** *om tapet, etc:* lengde; **5.: at** ~ 1(*=in detail)* utførlig; i detalj *(fx she explained it at length);* i det vide og det brede *(fx he talked at length about it);* 2(*=at last; eventually)* omsider; langt om lenge; **6.: at full** ~ i hele sin lengde; **lie (at) full** ~ **on the grass** ligge utstrakt på gressbakken; **7.: measure one's** ~ **(on the ground)**(*=fall flat on the ground; fall full length)* falle så lang man er; **8.** *fig:* **to what -s would he be prepared to go?** hvor langt ville han (være innstilt på å) gå? **he would go to any -s to get his promotion** han ville gå hvor langt det skulle være for å få sin forfremmelse; **I am willing to go to considerable -s** jeg er villig til å strekke meg svært langt; **go to the greatest possible** ~ **to**(*=do the best one can to)* strekke seg så langt man kan for å *(fx go to the greatest possible length to meet his wishes).*
lengthen ['leŋkθən; 'leŋθən] *vb* **1**(*=make longer)* forlenge; gjøre lengre; *om skjørt, etc:* legge ned; **2**(*=become longer)* bli lengre *(fx the days are lengthening now).*
lengthman ['leŋθmən] *subst; jernb:* banevokter.
lengthways ['leŋθ,weiz] *(,især* **US:** *lengthwise) adv:* på langs.
lengthy ['leŋkθi; 'leŋθi] *adj* **1.** lengre *(fx journey);* **2.** *neds:* langtrukken; vel lang *(fx essay).*
leniency ['li:niənsi] *subst:* mildhet; overbærenhet; lemfeldighet; skånsomhet.
lenient ['li:niənt] *adj:* mild *(fx sentence);* overbærende; lemfeldig; skånsom; *skolev:* **a** ~(*=generous)* **marking** en mild bedømmelse.
leniently *adv:* mildt; skånsomt; overbærende; lemfeldig; **he treated them** ~ han var lemfeldig med dem.
lens [lens] *subst* **1.** *anat:* linse; **2.** *fot:* linse; objektiv; **camera** ~ kameralinse; **3.** *til briller, etc:* glass; *til bil:* **headlamp -es** lykteglass.
lens cap *fot:* objektivlokk.
lens ring *fot:* mellomring; objektivring.
Lent [lent] *subst:* faste; fastetid.
lent [lent] *pret & perf. part. av lend.*
Lenten ['lentən] *adj:* faste-; ~ **fare** fastekost.
lentil ['lentil] *subst; bot:* linse.
leopard ['lepəd] *subst; zo:* leopard.
leotard ['liə,ta:d] *subst:* trikot *(fx the dancer wore a black leotard).*
leper ['lepə] *subst:* spedalsk.
leprechaun ['leprə,kɔ:n] *subst; i irsk folklore (=mischievous elf)* (ondsinnet) dverg.
leprosy ['leprəsi] *subst:* spedalskhet; lepra.
leprous ['leprəs] *adj:* spedalsk.
lesbian ['lezbiən] **1.** *subst*(*=female homosexual)* lesbisk kvinne; **2.** *adj:* lesbisk.
lesbianism ['lezbiə,nizəm] *subst:* lesbiskhet.
lese-majesty ['li:z'mædʒəsti] *subst:* majestetsfornærmelse; majestetsforbrytelse.
lesion [li:ʒən] *subst; med.*(*=injury; wound)* lesjon *(fx a brain lesion).*
I. less [les] *adj & adv* **1.** mindre *(fx we had less than I had hoped); om tall:* lavere *(fx think of a number less than ten);* **the firm has** ~ **money and fewer staff than last year** firmaet har mindre penger og færre ansatte enn i fjor; **the salary will be not** ~ **than £20,000** gasjen vil ikke bli mindre enn £20.000; **in** ~ **than no time** på et øyeblikk; **2.: he'll be (all) the** ~ **inclined to help if you're rude to him** han vil være enda mindre tilbøyelig til å hjelpe hvis du er uhøflig mot ham; **3.: the** ~ **I see of it, the** ~ **easy it is for me to form an opinion of it** jo mindre jeg ser til det, desto vanskeligere blir det for meg å danne meg en mening om det; **4. T** *ofte iron:* **no** ~ intet mindre; ikke mindre; **she says she's been to Italy, no** ~ hun sier hun har vært i Italia, mindre kunne ikke gjøre det; **no** ~ **a person than** . . . ingen ringere enn; **5.: we see** ~ **of John these days** vi sør mindre til John nå om dagen; ~ **of a success than I had hoped** mindre

av en suksess enn jeg hadde håpet; **6.: think ~ of** sette mindre høyt *(fx I think less of him than before)*; **7.: much ~, still ~** enda mindre *(fx I don't think he's very efficient – still less do I think that his assistant is efficient)*.

II. less *prep:* minus *(fx two months less three days)*.

lessee [le'si:] *subst:* leier; bygsler.

lessen ['lesən] *vb* **1.** minske; redusere; **~ the need for** redusere behovet for; **~***(=quieten; soothe)* **sby's fears** dempe ens frykt; **~ the grief** stille sorgen; **~ the pain** lindre (*el.* redusere) smerten; **2.** minke; avta *(fx the noise lessened considerably)*.

lesser ['lesə] *adj:* mindre; mindre betydningsfull; **he was a ~ figure in the town than his brother** han var en mindre betydningsfull skikkelse i byen enn sin bror; **the ~ of two evils** det minste av to onder.

(lesser) bindweed *bot:* åkervindel.

lesser blackback*(=lesser black-backed gull) zo:* sildemåke.

lesser celandine*(=pilewort) bot:* vårkål; *(jvf greater celandine)*.

lesser grey shrike *zo:* rosenvarsler; *(jvf great grey shrike)*.

lesser spearwort *bot:* grøftesoleie.

lesson ['lesən] *subst* **1.** *skolev:* lekse *(fx the German lesson)*; time *(fx during the French lesson)*; leksjon; **driving -s** kjøretimer; **music -s** musikktimer; musikkundervisning; **2.** *fig:* leksjon; lærepenge; **a costly ~** en dyr lærepenge; **teach sby a sharp ~** gi en en ordentlig lærepenge; **3.** *skolev & fig:* **know one's ~** kunne leksen sin.

lessor ['lesɔ:] *subst; jur:* utleier; bortforpakter.

lest [lest] *konj; lett glds(=in case; so that ... not; for fear that)* for at ... ikke; av frykt for at *(fx he obeyed her lest she should be angry)*; **he wouldn't put the letter in his pocket ~***(=in case)* **he forgot about it** han ville ikke legge brevet i lommen for ikke å glemme det.

I. let [let] *vb (pret & perf. part.: let)* leie ut *(fx one's house)*; *oppslag:* **to ~** til leie.

II. let *vb (pret & perf. part.: let)* **1.** la *(fx let me take a look at it)*; **~ the dog out** slippe ut hunden; **let's***(=let us)* **leave right away!** la oss dra med én gang! **2.: ~ sby alone, ~ sby be***(=leave sby alone)* la en være i fred; **~ sth alone***(=stop touching sth)* ikke røre noe *(fx let those curtains alone!)*; **3.: ~ down** 1*(=lower)* senke; heise ned; slippe ned *(fx the blind)*; fire ned *(fx let it down slowly)*; *om sofa, etc:* slå ned; 2. *om skjørt, etc:* legge ned; 3. slippe luften ut av *(fx they had let his tyres down)*; 4. *fig(=disappoint)* skuffe *(fx you can't let the children down)*; svikte *(fx he let me down)*; 5. **S: ~ one's hair down** slå seg løs; **4.: ~ fall***(=drop)* la falle; slippe *(fx she let fall everything she was carrying)*; **5.: ~ fly** *se II. fly 14;* **6.: ~ go (of)** slippe (taket i) *(fx let go of my coat!)*; **he suddenly ~ go and fell** plutselig slapp han taket og falt; **7.: ~ in** slippe inn *(fx let in water)*; **8. T: ~ oneself in for** gi seg ut på *(fx I didn't know what I was letting myself in for)*; **he ~ himself in for a lot of extra work** han skaffet seg en mengde ekstraarbeid på halsen; **9.: ~ sby in on sth** innvie en i noe *(fx let him in on our plans)*; **10.: ~ into** 1. slippe inn i *(fx let him into the room)*; 2.: **~ a window into the wall** lage et vindu i veggen; 3. innvie *(fx let sby into a secret)*; **11.: ~ loose** slippe løs; **T: ~ sby loose on one's car** slippe en løs på bilen sin; **12.: ~ off** 1. *våpen, etc:* fyre av; 2. *m.h.t. arbeidsoppgave el. straff:* la slippe *(fx the policeman let him off; I'll let you off washing up today)*; **he ~ us off with half (of) what we expected to pay** han lot oss slippe med halvparten av hva vi hadde ventet å måtte betale; 3. *fig* **~ off steam** slippe ut damp; avreagere; **13.: ~ on** la seg merke med *(fx don't let on that you're annoyed)*; **14.: ~ out** 1. slippe ut *(fx let the water out of the bath tub)*; **~ sby out** slippe en ut; **~ me out of here!** slipp meg ut herfra! *fig:* **that -s him out** dermed kommer ikke han på tale (som kandidat, mistenkt, etc); det utelukker ham; 2*(=reveal)* røpe *(fx don't let it out to the press)*; **~ the cat out of the bag** røpe det hele; røpe hemmeligheten; 3. *om skrik, etc:* gi fra seg *(fx she let out a yelp of pain)*; 4. *klesplagg:* legge ut *(fx a skirt)*; **15.: ~ through** slippe (i)gjennom *(fx they were let through customs without an examination)*; **a number of mistakes were ~ through** en hel del feil slapp igjennom; **16.: ~ up** 1. gi seg; slappe av *(fx he never lets up, does he? he could afford to let up a bit now)*; 2. holde opp *(fx I wish the rain would let up)*; 3.: **when the work -s up a bit** når det blir litt mindre å gjøre; *(se også let-up)*; **17. T: ~ up on** lette på *(fx the diplomatic pressure)*; være mindre streng mot; ta lempeligere på.

let alone *konj(=not to mention)* for ikke å snakke om; langt mindre *(fx there's no room for her, let alone the children)*.

letdown ['let,daun] *subst* **1.** *flyv:* nedstigning; **2. T:** skuffelse *(fx it was a terrible letdown for the children)*.

letdown procedure *flyv:* landingsprosedyre.

lethal ['li:θəl] *adj:* dødelig *(fx blow)*.

lethargic [li'θa:dʒik] *adj(=sluggish)* sløv; dorsk; apatisk.

lethargy ['leθədʒi] *subst:* sløvhet *(fx she roused herself from her lethargy)*; apati; dorskhet.

I. letter ['letə] *subst:* utleier.

II. letter *subst* **1.** bokstav; **2.** brev; **3.: the ~ of the law** lovens bokstav; **4.: to the ~** til punkt og prikke; bokstavelig *(fx he followed his father's instructions to the letter)*; **5.: man of -s** litterat; **the world of -s** den litterære verden.

III. letter *vb:* skrive (,tegne) bokstaver; merke med bokstaver.

letter box (privat) postkasse.

letter card brevkort; *(jvf postcard)*.

lettered ['letəd] *adj; stivt* **1***(=well-educated)* velutdannet; **2***(=literate)* som kan lese og skrive; **3.** *om bok:* med ryggtittel.

letter file brevordner.

letterhead ['letə,hed] *subst* **1.** brevhode; **2.** brevpapir med påtrykt brevhode.

lettering ['letəriŋ] *subst* **1***(=letters)* bokstaver *(fx repaint the lettering over the shop window)*; **2.** bokstavtegning; **the art of ~** kunsten å tegne bokstaver.

letter of advice *merk(=advice note)* advisbrev; *(jvf advice 2)*.

letter of credit *merk* **1.** kredittbrev; **2.** rembursbrev; **3***(=commercial (letter of) credit; documentary credit; banker's credit)* remburs.

letter of introduction introduksjonsbrev.

letter paper*(=notepaper; writing paper)* brevpapir.

letter-perfect ['letə'pa:fikt] *adj* **US***(=word-perfect)* feilfri; ordrett *(se word-perfect)*.

letterpress ['letə,pres] *subst; typ* **1***(=letterpress printing)* boktrykk; **2.** *mots illustrasjoner:* tekst.

letters patent patentbrev.

letter telegram UK *ikke lenger i Norge:* brevtelegram.

letter weight*(=paperweight)* brevpresse.

Lettish ['letiʃ] se Latvian.

lettuce ['letis] *subst; bot:* salat; **head of ~** salathode; **cabbage ~** hodesalat; **dressed ~** grønn salat.

let-up, letup ['letʌp] *subst* **T:** minsking; reduksjon; opphold; pause *(fx there was no sign of a let-up in* *the storm; he's been working for twelve hours without a let-up); (se også II. let 16: ~ up).*

leucocyte ['lu:kə,sait] *subst(=white (blood) corpuscle; white blood cell) anat:* leukocytt; hvitt blodlegeme.

leukaemia *(,især* **US:** *leukemia)* [lu:'ki:miə] *subst; med.:* leukemi.

Levant [li'vænt] *subst; geogr:* **the ~** Levanten; de østlige middelhavsland.

Levantine [li'væntain] **1.** *subst:* levantiner; **2.** *adj:* levantisk.

I. levee ['levi] *subst(=river embankment)* elvedike.

II. levee ['levi; 'levei] *subst; ved hoff; hist:* morgenaudiens.

I. level ['levəl] *subst* **1.** plan flate; plan *(fx their house is built on two levels);* **the upper ~ of the multi -storey car park** øverste etasje i parkeringshuset; **on***(=along)* **the ~** på flatmark; på sletta; **2.: (surveyor's) ~** nivellerkikkert; **(spirit) ~** vaterpass; **3.** nivå; høyde; **noise ~** støynivå; **water ~** vannstand; **above sea ~** over havet *(fx 500 metres above sea level);* **4.** *fig:* plan; nivå; **find one's own ~** finne sin plass i livet; *merk:* **~ of costs** kostnadsgrad; kostnadsnivå; **at a higher ~** på et høyere plan (*el.* nivå); **at ministerial ~** på ministerplan; **at***(=on)* **a***(=the)* **practical ~** på det praktiske plan; **at both staff and pupil ~** både blant lærere og elever; **on***(=at)* **a different ~** på et annet plan; **on a ~ of economic equality** likestilt i økonomisk henseende; økonomisk likestilt; **on the personal ~** på det personlige plan; **we do, in fact, work on***(=at)* **two -s** vi arbeider faktisk på to plan; **teach maths to A ~** undervise i matematikk på høyeste plan (i videregående skole); føre opp til artium i matematikk; **5. S: is his offer on the ~?** er tilbudet hans ærlig ment? **he's not quite on the ~** han er ikke helt fin i kanten (*el.* helt til å stole på); **6.** *fig:* **on a ~ with***(=on a pair with)* på høyde med; jevnbyrdig med.

II. level *vb* **1.** planere *(fx a road);* jevne; planere ut *(fx the ground);* **2***(=pull down)* rive ned *(fx the bulldozer levelled the house);* **~ with the ground** jevne med jorden; **3.** nivellere; vatre; **4***(=make equal)* stille likt *(fx his goal levelled the scores of the two teams);* **5***(=aim)***: ~ at** sikte på *(fx he levelled his pistol at the target); fig:* **~ an accusation against***(=at)* **sby** rette en beskyldning mot en; **6.: ~ off** 1. jevne ut; 2. *flyv:* flate ut *(fx at 30,000 feet);* 3. *fig:* jevne seg ut *(fx prices have now levelled off);* **7.: ~ out** 1. jevne ut; flate ut *(fx the road levels out as it comes down to the plain);* 2. *flyv; før landing:* flate ut; *(jvf level off 2);* 3. *fig:* jevne ut *(fx differences).*

III. level *adj & adv* **1.** jevn; plan; flat; vannrett; i vater; *om mål:* strøket *(fx a level spoonful);* **2.** *om stemme(=steady; unwavering)* jevn; fast; **she spoke in ~ tones** hun var fast i stemmen; **3.** *fon:* **~ stress** liketrykk; **4***(=equal)* lik; jevn(byrdig) *(fx race);* **5.: have a ~ head***(=be level-headed)* være besindig; være rolig og fornuftig; **6.: ~ with** i nivå (*el.* plan) med; på høyde med; **7.: draw ~ with** komme opp på siden av *(fx he drew level with the other runners); om kjøretøy:* kjøre opp på siden av (et kjøretøy i fart); **8.: do one's ~ best** gjøre sitt aller beste.

level crossing *(,***US:** *grade crossing)* jernbaneovergang.

level-crossing ['levəl,krɔsiŋ] *adj; jernb:* **~ gate** jernbanebom.

level-crossing keeper*(=crossing keeper)* banevokter (ved jernbaneovergang);*(jvf lengthman).*

level-headed ['levəl'hedid; *attributivt også:* 'levəl,hedid] *adj:* besindig; rolig og fornuftig.

levelling ['levəliŋ] *subst* **1.** planering; utjevning; nivellering; **2.** *fig:* utjevning; **incomes ~***(=levelling of incomes)* inntektsutjevning; **the welfare state's attempts at (social) ~** velferdssamfunnets utjevningsbestrebelser; *(jvf equalization 3).*

levelling staff nivellerstang.

I. lever ['li:və] *subst* **1.** spett; hevarm; vektstang; **gear ~** girstang; **tyre ~***(,***US:** *tire iron)* dekkspak; **use a coin as a ~ to get the lid off** bruke en mynt til å vippe lokket av med; **2.** *fig:* brekkstang *(fx he used his wealth as a lever to get what he wanted).*

II. lever *vb:* jekke *(fx he levered it into position).*

leverage ['li:vəridʒ; **US:** 'levəridʒ] *subst* **1.** hevarmvirkning; vektstangvirkning *(fx the longer the lever you use, the more leverage you get);* **2.** *fig(=influence (and power))* innflytelse (og makt) *(fx this gave him an enormous amount of leverage; his leverage within the party);* **I think we'll get you the job, with a bit of ~** jeg tror vi kan skaffe deg den jobben hvis vi skyver på litt.

leveret ['levərit] *subst; zo(=young hare)* unghare.

leviathan [li'vaiəθən] *subst* **1.** *bibl(=sea monster)* leviatan; havuhyre; **2.** kjempeskip.

Levis ['li:vaiz] *varemerke:* type olabukse.

levitation [,levi'teiʃən] *subst; spiritistisk fenomen:* levitasjon; sveving i luften.

levity ['leviti] *subst; stivt el. spøkef:* (upassende) munterhet *(fx a funeral is not an occasion for levity).*

I. levy ['levi] *subst* **1.** skatteutskrivning; **2***(=duty)* avgift *(fx export levy);* **3.** *polit; fra fagorganiserte til inntekt for et parti:* **(political) ~** bidrag *(fx the political levy paid to the Labour Party);* **4.** *mil(=compulsory enlistment)* tvangsutskrivning.

II. levy *vb* **1.** *om skatt(=impose)* pålegge; *(=collect)* kreve inn; **2.** *mil:* **~ an army***(=raise an army)* reise en hær.

lewd [lu:d] *adj; stivt(=lustful; indecent)* lidderlig; uanstendig; **~ books** utuktige bøker.

lewdness ['lu:dnis] *subst(=lust; indecency)* lidderlighet; uanstendighet.

lexical ['leksikəl] *adj:* leksikalsk.

lexicographer [,leksi'kɔgrəfə] *subst:* leksikograf; ordboksforfatter.

lexicography [,leksi'kɔgrəfi] *subst:* leksikografi.

liability [,laiə'biliti] *subst* **1.** ansvar; garantiansvar; **limited ~** begrenset ansvar; **public ~***(=third party liability)* ansvar etter loven; **~ for damages** erstatningsansvar; **2.** gjeldsforpliktelse; **current ~** kortsiktig gjeldsforpliktelse; **3.** *merk:* **liabilities** passiva; **4***(=burden)* byrde; belastning; **he became a ~ to his surroundings** han ble en belastning for sine omgivelser; **T: that old car of yours is a ~!** den gamle bilen din er verre enn ingen bil! **T: she's so clumsy, she's a real ~!** hun er så klossete at hun er en virkelig prøvelse! **T: china cups are a bit of a ~ when you're camping** porselenskopper er litt upraktiske på telttur; **5.: tax ~***(=liability to pay taxes)* skatteplikt; **6.** *jur:* **criminal ~***(=liability to prosecution)* straffansvar; **involve criminal ~** medføre straffansvar.

liability insurance: personal ~ personlig ansvarsforsikring; *(se third party insurance).*

liable ['laiəbl] *adj* **1.** *jur:* ansvarlig *(fx he is liable for his debt);* **I do not hold myself ~** jeg anser meg ikke som ansvarlig; **2.: ~ to duty***(=dutiable)* tollpliktig; **~ to (pay) tax** skattepliktig; **3.: ~ to** tilbøyelig til *(fx he's liable to catch cold(s)).*

liaise [li'eiz] *vb* **1.** *mil:* fungere som forbindelsesoffiser; **2.: ~ with***(=maintain contact with)* holde kontakt med.

liaison [li'eizɔn; li'eizən] *subst* **1.** forbindelse; kontakt; **keep up a ~ with** holde kontakt med *(fx teachers in other schools)* **2.** *stivt(=affair)* forhold

(*fx he had a liaison with a married woman*); **3.** *fon; av konsonant til følgende vokal:* overtrekking; **4.** *mil(=communication (with other units))* forbindelse; samband.
liaison officer *mil:* forbindelsesoffiser.
liana [li'a:nə] *subst; bot:* lian.
liar ['laiə] *subst:* løgner; løgnhals.
lib [lib] *subst (fk.f. liberation)* frigjøring; **women's ~** kvinnefrigjøring; **gay ~** frigjøring for de homoseksuelle.
libation [li'beiʃən] *subst; rel:* drikkoffer.
I. libel ['laibəl] *subst; jur:* injurie.
II. libel *vb:* injuriere.
libel action(*=action for libel*) injuriesak (*fx in the libel action between Brown and Jones*).
libel damages injurieerstatning (*fx claim libel damages*).
libeller (,**US:** *libeler*) *subst; jur:* injuriant.
libellous ['laibələs] *adj:* injurierende.
liberal ['libərəl] *adj* **1.** liberal; tolerant; frisinnet; **he has a very ~ approach to other people's opinions** han er svært liberal overfor andres meninger; **2.** *skolev, univ:* almendannende; **a ~ education** almendannelse; **3.** *stivt(=generous)* gavmild; rundhåndet.
liberalism ['libərə,lizəm] *subst:* liberalisme; frisinn.
liberality [,libə'ræliti] *subst* **1.** frisinn; liberalitet; toleranse; **2.** *stivt(=generosity)* gavmildhet; rundhåndethet.
liberalize, liberalise ['libərə,laiz; 'librə,laiz] *vb:* liberalisere.
liberate ['libə,reit] *vb* **1.** *stivt(=release)* frigi; sette fri; **2.** *mil:* befri; frigjøre; **3.** *fig:* frigjøre.
liberation [,libə'reiʃən] *subst* **1.** *stivt(=release)* frigivelse; **2.** *mil:* befrielse; frigjøring; **3.** *fig:* frigjøring; **women's ~**(*=women's lib*) kvinnefrigjøring.
liberator ['libə,reitə] *subst:* befrier.
Liberia [lai'biəriə] *subst; geogr:* Liberia.
Liberian [lai'biəriən] **1.** *subst:* liberier; **2.** *adj:* liberisk.
libertine ['libə,ti:n; 'libə,tain] *subst; litt.(=dissolute person)* libertiner; utsvevende person.
liberty ['libəti] *subst; stivt(=freedom)* **1.** frihet (fra fangenskap); **2.** *i handling:* frihet; **3.** *stivt:* **you are at ~ to do it**(*=you're free to do it*) det står deg fritt å gjøre det; **I am not at ~ to reveal the author's name** jeg har ikke anledning til å røpe forfatterens navn; **4.: take the ~ of (-ing)** ... ta seg den frihet å ...; **5.: take liberties with** 1. ta seg friheter med (*fx he's taken terrible liberties with Shakespeare's writing*); **it was (taking) a ~ to ask such a question!** det var å ta seg en frihet å stille et slikt spørsmål! 2.: **she took foolish liberties with her health** hun tok tåpelige sjanser med helsen sin; **6.: ~ of the press**(*=freedom of the press*) pressefrihet; **religious ~** religionsfrihet; (*NB de aller fleste sms av denne type konstrueres med 'freedom'*).
libidinous [li'bidinəs] *adj; stivt:* med sterk seksualdrift; vellystig; *psykol:* libidinøs.
libido [li'bi:dou] *subst(=sexual urge)* libido; seksualdrift.
Libra ['li:brə] *subst; astr(=the Scales)* Vekten.
librarian [lai'brɛəriən] *subst* **1.** bibliotekar; **chief ~** biblioteksjef; (*se også library assistant*); **2.** *ved universitetsbibliotek:* **Librarian** (,**US:** *Chief Librarian*) overbibliotekar; **Deputy Librarian** (,**US:** *Assistant Chief Librarian*) førstebibliotekar; **assistant (university) ~** (,**US:** *(university) librarian*) universitetsbibliotekar.
librarianship [lai'brɛəriənʃip] *subst* (,*især* **US:** *library science*) biblioteklære; **school of ~**(*=library school*) bibliotekskole.
librarianship training bibliotekarutdannelse.
library ['laibrəri] *subst:* bibliotek; **branch ~** bibliotekfilial; **sub-branch ~** utlånsstasjon; **central ~** hovedbibliotek; **lending ~** (,**US:** *circulating library*) utlånsbibliotek; **mobile ~**(*=travelling library;* **US:** *bookmobile*) bokbuss; **reference ~** håndbibliotek; **subscription ~** (,**US:** *rental library; commercial library*) leiebibliotek; **university ~** universitetsbibliotek; **youth ~**(*=young people's library*) ungdomsbibliotek.
library assistant biblioteksassistent.
library school(*=school of librarianship*) bibliotekskole.
library science *især* **US**(*=librarianship*) biblioteklære.
library ticket bibliotekkort; lånekort; **adult ticket** voksenkort; **child's ticket** barnekort.
lice [lais] *pl av louse.*
licence (,**US:** *license*) ['laisəns] **1.** lisens; bevilling; **~ for the sale of alcoholic drinks** skjenkerett; **driving ~** (,**US:** *driver's license*) førerkort; **fishing ~** fiskekort; **export ~**(*=export permit*) eksportlisens; **2.** *fig; til å sette seg ut over regler og normer:* frihet (*fx he allows his daughter too much licence*); **poetic ~** dikterisk frihet.
licensed *adj* **1.** med lisens (*el.* bevilling); **2.** *om hotell, etc:* med skjenkerett; **~ premises** lokale med skjenkerett; sted med skjenkerett; **fully ~ restaurant** restaurant med alle rettigheter.
licensee [,laisən'si:] *subst:* lisenshaver; bevillingshaver; *oljeind(=concessionary)* rettighetshaver; *i hotellnæringen:* person med skjenkerett.
license plate US(*=numberplate*) *på bil, etc:* nummerskilt.
licentious [lai'senʃəs] *adj; stivt el. litt.(=dissolute)* tøylesløs; utsvevende.
lichen ['laikən] *subst; bot:* lav; **beard ~**(*=beard moss*) skjegglav; **map ~** geografilav; **script ~** skriftlav.
I. lick [lik] *subst* **1.** slikk (*fx the boy gave the ice-cream a lick*); **the dog covered her face with wet -s** hunden slikket henne våt i ansiktet; **2. T**(*=very small amount*): **a ~ of paint** bittelitegrann maling; **3. T: a ~ and a promise** en kattevask.
II. lick *vb* **1.** slikke; **~ sth** slikke på noe; *spøkef* **T: ~ one's chops** slikke seg forventningsfullt om munnen; **~ one's lips** slikke seg om munnen; **flames -ed the walls** flammene slikket oppover veggene; **2. T**(*=beat*) slå (*fx that licks everything!*); **3.** *fig:* **~ one's wounds** slikke sine sår; **4. T: ~ into shape** få skikk på (*fx lick the essay into shape*).
licking ['likiŋ] *subst* **1.** slikking; **2. T**(*=beating*) juling; **3. T**(*=setback; defeat*) nederlag.
lickspittle ['lik,spitəl] *subst; glds(=toady)* spyttslikker; slesk fyr.
licorice ['likəris] *subst* **US**(*=liquorice*) lakris.
lid [lid] *subst* **1.** *på kjele, etc:* lokk; **2.** *anat(=eyelid)* øyelokk; **3. T: that puts the (tin) ~ on it!** det er virkelig for galt! det er jamen toppen!
I. lie [lai] *subst* **1.** *dyrs:* leie; **2.** *fig:* **know the ~ of the land** vite hvor landet ligger; **study the ~ of the land** sette seg inn i situasjonen.
II. lie *subst* **1.** løgn; **white ~** hvit løgn; **tell a ~** lyve; **2.: give the ~ to**(*=disprove*) motbevise; vise at noe ikke er sant; **her pale face gave the ~ to her statement that she felt quite well** det bleke ansiktet hennes viste tydelig at det ikke var sant når hun sa hun følte seg helt vel.
III. lie *vb:* lyve; **~ about sth** lyve om noe; **~ to sby** lyve for en (*fx he lied to me*).
IV. lie *vb (pret: lay; perf. part.: lain)* **1.** ligge; **2.** *stivt(=be situated)* ligge; **3.** *fig:* ligge; **it is difficult to**

know where his interests ~ det er vanskelig å vite i hvilken retning hans interesser går; **4.: ~ back** 1. legge (*el.* lene) seg bakover; 2. *fig:* slappe av; ta det med ro (etter hard arbeid); **5.: ~ down** legge seg (ned); **be lying down (for a rest)** ligge og hvile; **I've just washed my hair, and I can't get it to ~ down** jeg har nettopp vasket håret og kan ikke få det til å ligge; *fig:* **take sth lying down** finne seg i noe uten å kny; **6.: ~ in** ligge lenge (om morgenen) *(fx you'll be able to lie in tomorrow and have a rest);* **7.: ~ in wait for sby** ligge på lur etter en; **8.: ~ low** 1*(=stay in hiding)* ligge i dekning; 2*(=keep a low profile)* holde en lav profil; gå stille i dørene; **9.** *fig; stivt:* **the decision -s with you***(=the decision is yours)* avgjørelsen ligger hos deg; **the fault -s with him***(=the fault is his)* det er hans feil; skylden ligger hos ham; **10.** *fig:* **see how the land -s** (vente og) finne ut hvor landet ligger; se hvordan det hele ligger an; sondere terrenget.

lie detector løgndetektor.

lie-down ['lai,daun] *subst(=rest):* **have a ~** legge seg nedpå litt (for å hvile).

liege [li:dʒ] *adj; hist:* lens-; **~ lord** lensherre.

lie-in ['lai,in] *subst:* **have a ~** ligge lenge (om morgenen).

lieu [lju:] *subst* **1.: time in ~** avspaseringstid; **take time off in ~** avspasere; **2.** *meget stivt el. jur:* **in ~ of***(=instead of)* i stedet for; istedenfor.

lieutenancy [lef'tenənsi; *mar:* lə'tenənsi; **US:** lu:'tenənsi] *subst:* løytnantsstilling; løytnantsrang.

lieutenant [lef'tenənt; *mar:* lə'tenənt; **US:** lu:'tenənt] *subst (,***US:** *first lieutenant)* løytnant; *(jvf first -lieutenant & second-lieutenant).*

lieutenant-colonel *(fk Lt-Col)* **1.** oberstløytnant; **2. US** *(fk LTC) flyv(=wing commander)* oberstløytnant.

lieutenant-commander *(fk Lt-Cdr;* **US** *fk: LCDR) mil; mar:* kapteinløytnant.

lieutenant-general *(fk Lt-Gen)* generalløytnant; **2. US** *(fk LTG) flyv(=air marshal)* generalløytnant.

life [laif] *subst (pl: lives)* **1.** liv; menneskeliv; **human ~** menneskeliv; **the ~ of one person***(=one person's life)* et menneskeliv; **a full ~** et rikt liv *(fx he's had a full life);* **acquire a taste for the good ~** få smaken på det søte livet; **~ is sweet** livet er deilig; **2.** liv; levemåte; livsførsel; levnet; tilværelse; **a ~ of ease** en behagelig tilværelse; **an unsettled ~** en omtumlet tilværelse; **lead an obscure ~***(=live in obscurity)* føre en ubemerket tilværelse; **~ in X had an idyllic flavour** livet (*el.* tilværelsen) i X fortonet seg som en idyll; **give***(=lend)* **zest to ~** sette farge på tilværelsen; **be at odds with ~** være på kant med tilværelsen; **3.** *fig:* liv; levetid; *mask:* **(wear) ~** levetid; **he was the ~ and soul of the party** han var midtpunktet i selskapet; han underholdt hele selskapet; **be full of ~** være full av liv; være meget livlig; **(social) ~** samfunnsliv *(fx there is hardly a sphere of British life to which they have not made some essential contribution);* **the political ~ of a country** et lands politiske liv; **4***(=biography)* biografi *(fx he wrote a life of Byron);* **5. T***(=life imprisonment)* livsvarig (fengsel) *(fx he got life);* **6.: paint from ~** male etter levende modell; **7.: as large as ~***(=in person)* lys levende *(fx ... and there was John as large as life);* **8.: at my time of ~** i min alder; **9.: bring to ~** 1. bringe tilbake til livet; få liv i; 2. *om stoff:* gjøre levende *(fx his lectures on the subject really brought it to life);* **10.: not for the ~ of me** ikke om det gjaldt livet *(fx I couldn't for the life of me remember his name);* **11. T: not on your ~!***(=certainly not!)* aldri i verden! ikke tale om! **12. T: not to save one's ~** ikke om det gjaldt livet *(fx he couldn't play football to save his life);* **13.: have the time of one's ~** ha det forferdelig morsomt; **T:** ha det alle tiders; **14.: take ~** ta liv; **he took his own ~** han tok sitt eget liv; **15.: take one's ~ in one's hands** 1. ta livet i hendene; sette livet på spill; 2. *fig* **T:** skyte hjertet opp i livet; ta mot til seg; **16.: come to ~** 1. bli levende; våkne til liv; **come to ~ again** våkne til liv igjen; 2.: **the play didn't come to ~ until the last act** det ble ikke noe fart over stykket før i siste akt; **17.: true to ~** livsnær; realistisk; virkelighetstro; *(=taken straight from life)* grepet rett ut av livet; **18.: to the ~** på en prikk *(fx she can imitate her mother to the life);* **19.: ~ together** samliv; **their ~ together** deres samliv.

life annuity livrente.

life assurance*(=life insurance)* livsforsikring.

lifebelt, life belt ['laif,belt] *subst:* livbelte.

lifeblood ['laif,blʌd] *subst; stivt el. litt.(=vital necessity)* livsbetingelse *(fx oil is the lifeblood of modern society);* livsnerve.

lifeboat ['laif,bout] *subst; mar* **1.** *liten:* livbåt; **2.: (inshore) ~** (liv)redningsbåt; **offshore ~** redningskrysser.

lifebuoy, life buoy ['laif,bɔi] *subst; mar:* livbøye; redningsbøye.

life cycle *biol:* livssyklus.

life expectancy *fors:* forventet levealder.

life germ livsspire.

lifeguard ['laif,ga:d] *subst; på badestrand; især* **US***(=lifesaver)* livredder.

life guards *mil:* livgarde.

life imprisonment*(=imprisonment for life)* livsvarig fengsel.

life insurance livsforsikring.

life jacket *mar:* redningsvest; *(jvf mae west).*

lifeless ['laiflis] *adj* **1***(=dead)* livløs; uten liv *(fx a lifeless planet);* **2.** *fig:* livløs *(fx a lifeless voice).*

lifelike ['laif,laik] *adj:* livaktig *(fx portrait).*

lifeline ['laif,lain] *subst:* livline.

lifelong ['laif,lɔŋ] *adj:* livslang; livsvarig; som varer livet ut *(fx a lifelong friendship).*

lifelong study livslang læring.

life peer (,peeress) UK *om person som for fortjenstfull innsats er belønnet med en ikkearvelig baron- el. baronessetittel; kan gjengis:* livsvarig overhusmedlem *(fx he has been made a life peer for his service to politics).*

life preserver 1. US*(=life jacket)* redningsvest; **2. US***(=life buoy)* livbøye; redningsbøye; **3.** *til selvforsvar:* kølle.

lifer ['laifə] *subst* **T***(=life prisoner)* livsfange; livstidsfange.

life raft *mar:* redningsflåte.

lifesaver ['laif,seivə] *subst:* livredder.

life sentence dom på livsvarig fengsel.

life-size(d) ['laif,saiz(d)] *adj:* legemsstor; i full størrelse *(fx statue)*

life style livsstil.

life-support ['laifsə,pɔ:t] *adj:* **~ machine***(=heart-lung machine)* hjerte-lungemaskin.

lifetime ['laif,taim] *subst:* levetid; **in his ~** i hans (,sin) levetid *(fx he saw many changes in his lifetime);* **T: the chance of a ~***(=a unique opportunity)* en enestående sjanse.

lifework ['laif,wə:k] *subst:* livsverk; livsgjerning.

I. lift [lift] *subst* **1***(,***US:** *elevator)* heis; **2.** løft *(fx the weight lifter made a lift of several hundred kilos);* **3.** *flyv:* oppdrift; **4.** skyss; **T:** haik *(fx give sby a lift; we got a lift part of the way);* **5. T: it gave her a ~ to speak to him** hun ble i bedre humør av å snakke med ham.

II. lift *vb* **1.** løfte; **2.** *om tåke(=clear away)* lette; **3.**

forbud: heve *(fx lift a ban);* **4***(=plagiarize)* plagiere; **5. T***(=steal)* kvarte; **she had her purse -ed** det var noen som kvartet pungen hennes.
lift attendant *stivt(=liftboy; liftman; liftgirl)* heisefører.
lift cage*(=lift car)* heisekupé; heisestol.
lifting vessel kranskip.
lift-off ['lift,ɔf] *flyv:* loddrett start; *om rakett:* utskytning.
lift shaft heisesjakt.
ligament ['ligəmənt] *subst; anat:* ligament; bånd; sene *(fx she pulled a ligament in her knee when she fell).*
ligate ['laigeit] *vb; med.:* underbinde *(fx an artery).*
ligature ['ligətʃə] *subst* **1.** *med.:* ligatur; underbinding; **2.** *med.:* ligaturtråd; **3.** *typ:* ligatur.
I. light [lait] *subst* **1.** lys; **electric ~** elektrisk lys; **2***(=lighthouse)* fyr; **list of -s and buoys** fyr- og merkeliste; **navigation -s** havnefyr; **leading ~** overettfyr; **leading -s** innseilingsfyrlinje; **3***(=match)* fyrstikk; fyr *(fx have you got a light for my cigarette?);* **4.** *på bil:* **dipped -s***(=low beam)* nærlys; **I drove with my -s dipped** jeg kjørte på nærlys; **main -s, full -s, driving -s***(=main beam; high beam)* fjernlys; fullt lys; **5.** *i trafikken:* **traffic -s** trafikklys; lyskryss; **at the next traffic -s** ved neste lyskryss; **the -s are red (for us)** vi har rødt lys; **we had a whole string of red -s***(=we had red lights all the way)* vi hadde rødt lys hele veien; **shoot the (traffic) -s, shoot the red -s***(=drive into the red; drive against the lights)* kjøre mot rødt lys; **6.** *fig:* lys *(fx there was a strange light in his eyes);* **bring to ~** 1*(=reveal)* trekke fram i lyset; 2. *om forbrytelse(=expose)* avsløre; trekke fram i lyset; **throw (a) new ~ on sth** stille noe i et nytt lys; **it places him in a favourable ~***(=it speaks well for him)* det stiller ham i et gunstig (*el.* pent) lys; **see the matter in a different ~***(=take a different view of the matter)* se saken i et annet lys; **this last remark (of yours) throws essential ~ on things** dette siste du sier, gjør det hele klarere; **(viewed) in the ~ of** (sett) i lys av; **come to ~** komme for en dag; *(se lights).*
II. light *vb (pret & perf. part.: lighted; lit)* **1.** tenne på *(fx she lit the gas);* **2.** lyse opp *(fx lamps light the streets);* **3.** *om fx fyrstikk:* ta fyr *(fx I think this match is wet, because it won't light);* **4.: ~ up** 1. lyse opp *(fx the searchlight lit up the building); fig:* **a smile lit up her face** et smil lyste opp i ansiktet hennes; 2. tenne lysene *(fx it's time to light up);* 3. tenne på en røyk; få fyr på pipa.
III. light *adj:* lys *(fx it wasn't light yet; it's beginning to get light);* **~ blue** lyseblå.
IV. light *adj* **1.** *mots tung:* lett; **2.** *om arbeidsbyrde:* lett *(fx you must look for light work after you leave hospital);* **a ~ punishment** en mild straff; **3.** *om mat:* lett(fordøyelig); **a ~ meal** et lett måltid; **4.** *om musikk, underholdning, etc:* lett *(fx a light opera; light entertainment; light music);* **5.** *om jordsmonn:* lett *(fx light, sandy soil);* **6.: she was very ~ on her feet** hun var meget lett til bens; **7.: travel ~** reise med lite bagasje.
light air flau vind.
light bulb lyspære.
light buoy *mar:* lysbøye.
light effect*(=lighting effect)* lysvirkning.
I. lighten ['laitən] *vb (jvf III. light)* **1.** lyse opp (i) *(fx a solitary candle lightened the darkness);* **2.** bli lys *(fx the eastern sky lightened);* **3.** lyne *(fx it started thundering and lightening).*
II. lighten *vb* **1.** gjøre lettere; bli lettere; letne; **~ the load** lette byrden; **2.** *fig; stivt:* **her heart -ed***(=her heart grew light)* hun ble lett om hjertet.
I. lighter ['laitə] *subst:* sigarettenner; fyrtøy; lighter.
II. lighter *subst(=flat-bottomed barge)* lekter.
light-fingered ['lait,fiŋgəd] *adj(=likely to steal)* langfingret.
light fittings *pl:* belysningsarmatur; *(jvf lighting appliance).*
light-footed ['lait,futid] *adj(=light on one's feet)* lett til bens.
light-headed [,lait'hedid; *attributivt:* 'lait,hedid] *adj(=dizzy; giddy)* ør i hodet.
light-hearted [,lait'ha:tid; *attributivt:* 'lait,ha:tid] *adj(=cheerful; happy)* munter; glad; **in a ~ mood** i en sorgløs sinnsstemning; **this film takes a ~ look at tourism** denne filmen gir et muntert bilde av turismen.
lighthouse ['lait,haus] *subst; mar:* fyrtårn; *(jvf I. light 2).*
lighthouse keeper *(,T: lighthouseman)* fyrvokter.
lighthouse service fyrvesen.
lighting ['laitiŋ] *subst:* belysning; lys *(fx electric lighting); film, etc:* lyssetting.
lighting appliance *om lampe:* belysningsarmatur; *(jvf light fittings).*
lighting circuit *elekt:* lyskurs; lysnett.
lighting conditions *pl:* belysningsforhold.
lighting effect*(=light effect)* belysningseffekt; lysvirkning.
lighting-up [,laitiŋ'ʌp]: **~ time** tidspunkt da kjøretøy må ha lys på.
lightly ['laitli] *adv* **1.** lett; **2.** forsiktig; lett; **3.** *m.h.t. straff:* **get off ~** slippe lett; **3.: this award is not given ~** denne premien gis bare etter grundig overveielse.
light meter *fot(=exposure meter)* lysmåler.
lightning ['laitniŋ] *subst:* lyn; **a flash of ~***(=a lightning flash)* et lyn; **the house was struck by ~** lynet slo ned i huset; **with ~ speed** med lynets hastighet.
lightning arrester *elekt; på instrument:* overspenningsavleder; lynavleder.
lightning conductor *(,US: lightning rod) på hus, etc:* lynavleder.
light point *elekt:* lampepunkt.
lights [laits] *subst; pl* **1.** lunger av svin, sau, etc brukt som kattemat, etc.; **2.** *fig:* **according to one's ~** ut fra sine forutsetninger; *(se traffic lights).*
lightship ['lait,ʃip] *subst; mar:* fyrskip.
lights-out ['laits'aut] *subst; mil (,US: taps)* rosignal.
lightweight ['lait,weit] **1.** *subst:* lettvekter; **2.** *adj:* lettvekts-; lett *(fx lightweight materials).*
light year *astr:* lysår.
ligneous ['ligniəs] *adj:* treaktig; tre-.
lignify ['ligni,fai] *vb; bot:* lignifisere.
lignite ['lignait] *subst:* lignitt; brunkull.
likable, likeable ['laikəbl] *adj:* behagelig; sympatisk.
I. like [laik] *subst* **1.: his ~** hans like *(fx you won't see his like again);* . . . **and the ~** og denslags *(fx football, tennis, and the like);* **did you ever see the ~ of it?** har du sett noe lignende noen gang? **the -s of you (,us)** slike som du (,oss); **2.: -s and dislikes** sympatier og antipatier; **3.** *ordspråk:* **~ cures ~** med vondt skal vondt fordrives.
II. like *vb* **1.** like *(fx I like him very much);* **2.: as you ~** som du vil; **if you ~** hvis du vil; **as long as you ~** så lenge du vil; **3.: I should ~ to know if** . . . jeg skulle gjerne vite om . . .; jeg skulle gjerne visst om . . .; **4.** *ved tilbud:* **what would you ~?** hva vil du ha? **would you ~ a cup of tea?** vil du ha en kopp te?
III. like *adj, adv, prep, konj* **1.** lik; som ligner; **they're as ~ as two peas** de ligner hverandre på en prikk; **2.** *i visse ordspråk:* **~ mother, ~ daughter** slik som moren er, slik er også datteren; **3***(=such as)*

som for eksempel; **4.** slik som; som *(fx he climbs like a cat; no-one does it like he does; act like a fool);* **5***(=in the same way as)* på samme måte som; slik som *(fx if she can sing like she can dance ...);* **6.: (just)** ~*(=typical of)* typisk for; akkurat lik *(fx it was like her to do that);* **7.: ~ that***(=in that way)* på den måten *(fx don't eat like that!);* **you can't change jobs just ~ that** man kan ikke skifte jobb sånn uten videre; **8. US** *el.* **T***(=as if)* som om *(fx you look like you've seen a ghost);* **9. T***(=as it were)* liksom; **and there was this policeman just staring at us, ~** og der stod denne politimannen og bare stirret på oss liksom; **10.** *dial(=likely):* **he'll come as ~ as not** han kommer sannsynligvis.

likelihood ['laikli,hud] *subst:* sannsynlighet; **in all ~** etter all sannsynlighet; høyst sannsynlig; **I'll go home if there's any ~ of her coming** jeg reiser hjem hvis det er noen mulighet for at hun kommer.

likely ['laikli] *adj* **1.** sannsynlig *(fx a likely result);* **2.** *med etterfølgende infinitiv:* **he's not ~ to come** det er ikke sannsynlig at han kommer: **it's ~ to rain** det blir sannsynligvis regn; **would you be ~ to be in on Sunday?** er det sannsynlig at du er inne på søndag? **3***(=suitable)* passende *(fx a likely spot to fish; the most likely candidate);* **4.: as ~ as not***(=probably)* sannsynligvis; **5.: not ~!***(=certainly not!)* aldeles ikke! slett ikke! *vulg:* **not bloody ~!** nei, så pokker heller!

like-minded ['laik'maindid; *attributivt:* 'laik,maindid] *adj:* likesinnet.

liken ['laikən] *vb; stivt(=compare)* sammenligne (*to* med).

likeness ['laiknis] *subst* **1***(=resemblance)* likhet *(fx the likeness between them is amazing);* **the photo of Ann is a good ~** fotografiet av Ann er meget likt; **2.** *stivt(=portrait)* portrett *(fx paint a likeness of sby).*

likewise ['laik,waiz] *adv* **1***(=in like manner)* på lignende måte; likeså *(fx he ignored her, and she ignored him likewise);* **2***(=also)* også; likeledes *(fx Mrs Brown came, likewise Mrs Smith).*

liking ['laikiŋ] *subst* **1***(=preference)* forkjærlighet *(fx he has a liking for chocolate);* **2.: take a ~ to***(=begin to like)* fatte sympati for *(fx sby);* få en forkjærlighet for *(fx chocolate);* **3.: to one's ~***(=as one likes it)* etter ens smak; slik som en liker *(fx I've had the office decorated to my liking);* **things were not to his ~** det var ikke slik som han likte det (*el.* ville ha det).

lilac ['lailək] *subst* **1.** *bot:* syrin; **2.** *om farge:* lilla.

Lilliput ['lili,pʌt] *subst:* Lilleputtland.

Lilliputian [,lili'pju:ʃiən] **1.** *subst:* lilleputt; **2.** *adj:* lilleputt-.

I. lilt [lilt] *subst* **1.** syngende tonefall *(fx he had a lilt in his way of speaking);* **2.: she had a ~ in her step** hun hadde en fjærende måte å gå på.

II. lilt *vb:* snakke med syngende tonefall.

lily [lili] *subst* **1.** *bot:* lilje; **water ~** vannlilje; nøkkerose; **2.: gild the ~** *se gild.*

lily-livered ['lili'livəd] *adj; litt.(=cowardly)* feig.

lily of the valley *bot:* liljekonvall.

lily-white [,lili'wait; *attributivt:* 'lili,wait] *adj* **1.** liljehvit; *fig:* uskyldsren; **2. US T: a ~ club** en klubb hvor negre ikke har adgang.

limb [lim] *subst* **1.** *anat:* lem; **2.** *stivt(=branch)* gren; **3.** *astr(=outer edge)* rand *(fx of the moon);* **4.** *på fx sekstant:* graddelt bue; **5.: out on a ~** 1. i en prekær situasjon *(fx he had put himself out on a limb);* 2. *pga. upopulære meninger(=isolated)* isolert.

-limbed *adj:* **short-limbed** med korte lemmer.

limber ['limbə] *vb:* **~ up***(=loosen up)* myke opp; **they -ed up before the match** de myket opp før kampen.

limbo ['limbou] *subst; stivt:* **in ~***(=forgotten)* glemt *(fx the whole project has been in limbo since then).*

I. lime [laim] *subst; bot:* lind(etre).

II. lime *subst; bot:* limettsitron; *(jvf lemon).*

III. lime *subst:* kalk; **slaked ~** lesket kalk.

limelight ['laim,lait] *subst:* **in the ~** i rampelyset.

limestone ['laim,stoun] *subst; geol:* kalkstein.

lime tree *bot:* lindetre.

limey [laimi] *subst* **US S:** engelsk sjømann; engelskmann.

I. limit ['limit] *subst* **1.** *også fig:* grense; **T: drink -drive ~** promillegrense; **T: be over the ~** ha promille; **the extreme ~** den ytterste grense; **there's a ~ to everything** det er en grense for alt; alt med måte; **there's a ~!** det får være måte på alt! det får være grenser! **that's the ~** nå er grensen nådd; **the ~ must be drawn somewhere** et sted må grensen trekkes; **set***(=fix)* **a ~ to***(=set bounds to)* sette grense for; **there's no ~ to his impudence!** det er ingen grense for hans frekkhet (*el.* uforskammethet); **press a claim to the ~** presse kravet så langt det går; **there are -s to our freedom in this respect***(=in this respect our freedom is limited)* her (*el.* i denne henseende) er det satt grenser for vår frihet; i så henseende er vår frihet begrenset; **within (reasonable) -s** innen(for) rimelige grenser; **within narrow -s** innen(for) snevre grenser; **keep within certain -s** holde seg innenfor visse grenser; **2.** *mat.:* grenseverdi; **3.** *mil:* **off -s***(=out of bounds)* forbudt område *(fx the area is off limits).*

II. limit *vb:* begrense.

limitation [,limi'teiʃən] *subst* **1.** begrensning; **he has his -s** han har sin begrensning; **know one's -s** kjenne sin begrensning; **2.** *jur:* foreldelse; **statutes of ~** preskripsjonsbestemmelser.

limited ['limitid] *adj:* begrenset; **she's rather ~ in the amount of work she can do** det er nokså begrenset hvor meget arbeid hun kan klare; **of ~ extent** i begrenset omfang; **on a ~ scale** i begrenset målestokk; **my experience of this subject is rather ~** min erfaring når det gjelder dette er nokså begrenset.

limited partnership *se partnership.*

limited partnership contribution kommandittinnskudd.

limitless ['limitlis] *adj:* grenseløs.

limousine ['limə,zi:n] *subst; biltype:* limousin.

I. limp [limp] *subst:* halting; **walk with a ~** halte.

II. limp *vb* **1.** halte; **2.** *fig; om noe som er skadd:* **the plane -ed home** flyet kom seg hjem på et vis.

III. limp *adj* **1***(=not stiff)* slapp; *om bokbind:* **~ cover** mykt bind; **2.** *om plante(=drooping):* **the flowers looked ~ in the heat** blomstene så slappe ut i varmen; **3.** energiløs; slapp; **a ~ handshake** et slapt håndtrykk.

limpet ['limpit] *subst* **1.** *zo(=common limpet)* albuskjell; **2.** *fig:* **he sticks like a ~** han henger på som en borre; **he's such a ~** han er så påhengelig; **3.** *mil:(=limpet mine)* sugemine.

limpid ['limpid] *adj; litt. om luft, vann, øyne(=clear; transparent)* klar; krystallklar.

limy ['laimi] *adj:* kalkholdig *(fx soil); (jvf III. lime).*

linage ['lainidʒ] *subst* **1.** antall linjer; **2.** betaling pr. linje; *(jvf lineage).*

linchpin ['lintʃ,pin] *subst* **1***(=axle pin)* akselpinne; **2.** *fig(=pivot)* krumtapp.

linden ['lindən] *subst; især poet; bot(=lime)* lind(etre).

I. line [lain] *subst* **1.** snor; *(=clothesline)* klessnor; *(=fishing line)* fiskesnøre; **2.** linje; **draw a ~** tegne en strek; trekke en linje; *(jvf 19);* **read between the -s** lese mellom linjene; **3.** *geom:* linje; **on a ~ between London and Bristol** langs linjen London

–Bristol *(fx it lies on a line between London and Bristol);* **4.** *teat:* **-s** replikk(er); **5.: drop sby a ~** skrive et lite brev til en; **6.** *skolev:* **-s** straffeavskrift; **7.** *om ekvator:* **cross the ~** krysse linjen; **8.** *tlf:* linje *(fx a direct line to New York);* **9.** *sport:* linje; **goal ~** mållinje; **10.** *jernb:* linje; **branch ~** sidelinje; **11.** *for vei:* trasé *(fx he pointed out the line of the new road);* **12.** *om formen:* **-s** linjer; **the clean -s of the ship** skipets rene linjer; **13.** *i hud(=wrinkle)* rynke *(fx lines on sby's face);* **14.** rekke *(fx a line(=row) of fine houses; the children stood in a line(=row));* **a ~ of kings** en kongerekke; **he comes from a long ~ of criminals** det har vært forbrytere langt tilbake i hans familie; **15***(=queue):* **get in** *(,***US:** *on)* *~(=queue up)* stille seg i kø; **16.** *mil:* **front ~** frontlinje; forreste linje; **17.** *merk:* vare *(fx a cheap line);* vareslag; kvalitet *(fx a new line in hats);* **a good selling ~** en god salgsvare; **18.** fag(område); område; felt; spesiale; gebet; **~ of business** bransje *(fx we're in the same line of business);* **what ~ is he in?** hvilken bransje er han i? **what's your ~?** hvilken bransje er du i? hva driver du med? **that's not my ~** det er ikke mitt felt (*el.* område); **T:** det er ikke min gate; **that's not his ~***(,***T:** *that's not up his street)* det er ikke hans område; **T:** det er ikke hans gate; **this book is in your ~** denne boka er noe for deg; **19.** *fig:* linje; kurs; grense *(fx the line between right and wrong);* **a new ~ of questioning** en ny linje i forhøret; **you have to draw the ~ somewhere** et sted må grensen settes *(el.* trekkes); **take a hard ~** gå hardt til verks; **take a new ~** slå inn på en ny kurs; **I'll take a new ~ with him** jeg skal legge meg på en annen linje når det gjelder ham; jeg skal slå inn på en ny kurs overfor ham; **take the ~ that** ... legge seg på den linje at ...; innta den holdning at ...; hevde at ...; **be on the right -s** ha lagt seg på riktig linje *(fx we think you're on the right lines, politically);* **fall into ~** innordne seg; **20. T: (marriage) -s***(=marriage certificate)* vielsesattest; **21. T***(=piece of (useful) information):* **get a ~ on sby** få vite noe om en; **give me a ~ on his work** la meg få vite noe om arbeidet hans; **22.: all along the ~** 1. hele rekken nedover; 2. *fig:* over hele linjen; **23. T: hard -s!***(=bad luck!)* det var synd! *(fx You didn't get the job? Hard lines!);* **24.** *tlf:* **hold the ~** ikke legge på (røret) *(fx hold the line, please!);* **25.: he's in ~ for promotion** han ligger an til forfremmelse; han står på tur til forfremmelse; **26.: in (,out of) ~ with** i, (,ikke i) samsvar med; **27.: put one's political career on the ~** sette sin politiske karriere på spill; **28. T: toe the ~** holde seg i skinnet; parere ordre.

II. line *vb* **1.** linjere; **2.** kante *(fx trees lined the street);* stå oppstilt langs *(fx thousands of people lined the route);* **3.** lage rynker i *(fx age had lined her face);* **4.** fôre; kle innvendig; **5.: ~ up** 1. stille opp; stille (seg) opp *(fx the children lined up);* 2. *fig* **T: I've -d up a few interesting people for you to meet** jeg har ordnet det slik at du vil få treffe noen interessante mennesker; **there are a lot of interesting programmes -d up to be shown on television this autumn** det er mange interessante programmer som venter på å bli vist denne høsten; *(se I. pocket 8: line one's ~).*

I. lineage ['liniidʒ] *subst; glds el. meget stivt(=ancestry)* ætt; herkomst; avstamning; slekt.

II. lineage ['lainidʒ] *se linage.*

lineal ['liniəl] *adj; stivt(=in a direct line)* i rett linje *(fx lineal descent);* som nedstammer i rett linje fra *(fx a lineal descendant of the poet).*

lineament ['liniəmənt] *subst; om ansiktstrekk; stivt(=(distinctive) feature)* karakteristisk trekk *(fx the lineaments of a Bantu face).*

linear ['liniə] *adj; stivt el. tekn:* lineær; linje-.

linear measure*(=measure of length)* lengdemål.

lineman ['lainmən] *subst* **1.** *jernb:* linjearbeider; **2. US:** *se linesman.*

linen ['linin] *subst:* lintøy; lin; **bed ~** sengetøy; **table ~** dekketøy.

linen cupboard dekketøyskap; *lett glds:* linnetskap.

linen drapery*(=linen goods; white goods; whites)* hvitevarer.

liner ['lainə] *subst* **1.** *mar:* linjebåt; rutebåt; **2.** fôr; innlegg; **dustbin ~** søppelpose; **3.** *tekn:* fôring.

line-shooter ['lain,ʃu:tə] **T***(=boaster)* skrytepave; skrythals.

linesman ['lainzmən] *subst* **1.** *sport (,***US:** *lineman)* linjedommer; **2.** *tlf (,***US:** *lineman)* linjemontør.

line-up ['lain,ʌp] **1.** oppstilling; *fig:* gruppering *(fx of forces);* **2.** *av mistenkte:* konfrontasjon; **3.** *sport, etc:* de som er tatt ut til å være med; lag *(fx the line-up for the football match);* **the ~ for tonight's show** de som skal være med i kveldens show; **4.** *radio & TV:* programoversikt *(fx that's the line-up for this afternoon).*

ling [liŋ] *subst* **1.** *zo; fisk:* lange; **2.** *bot(=erica)* poselyng.

linger ['liŋgə] *vb; stivt* **1***(=delay going)* nøle (med å gå); somle; **2***(=remain):* **the smell of burning -ed for days** brannlukten satt igjen (*el.* holdt seg) i flere dager; **3***(=stay on)* bli (igjen); bli lenger; **4.** *om døende:* **~ (on)** holde seg i live; **5.: ~ on** 1. bli igjen; bli værende *(fx he lingered on after everyone else had left);* 2*(=dwell on)* dvele ved; oppholde seg ved; **6.: ~ over***(=linger on; dwell on)* dvele ved; oppholde seg ved.

lingerie ['lænʒəri] *subst; butikkspråk(=underwear)* dameundertøy.

lingerie department avdeling for dameundertøy.

lingering *adj* **1.** dvelende *(fx a lingering look);* **2.** langvarig *(fx illness);* **if there is any ~ doubt** ... hvis det forsatt skulle være noen tvil.

lingo ['liŋgou] *subst (pl: lingoes) spøkef el neds(=jargon; language)* kråkemål; labbelensk; sjargong.

lingua franca lingua franca; fellesspråk.

lingual ['liŋgwəl] *adj:* tunge- *(fx muscle).*

linquist ['liŋgwist] *subst* **1.** lingvist; **2.** person som er flink i språk.

linguistic [liŋ'gwistik] *adj:* lingvistisk; språklig; **pupils of varying ~ ability** elever med forskjellige anlegg for språk.

linguistically *adv:* lingvistisk; i språklig henseende.

linguistics [liŋ'gwistiks] *subst:* lingvistikk; språkvitenskap; **general ~** almen språkvitenskap.

liniment ['linimənt] *subst; for å lindre muskelsmerter:* flytende salve.

lining ['lainiŋ] *subst* **1.** fôring; **brake ~** bremsebelegg; **2.** *ordspråk:* **every cloud has a silver ~** bakom skyene er himmelen alltid blå.

I. link [liŋk] *subst* **1.** *i kjetting:* ledd; **2.** *fig:* ledd *(fx an important link in the evidence);* **3.** *fig:* **(connecting) ~** bindeledd *(fx act as a link between them);* **4.** *fig:* forbindelse *(fx he sought a link betwen smoking and cancer);* **5.** *merk & polit:* **economic and trade -s with South Africa** forbindelse med Sør-Afrika når det gjelder handel og økonomi; **open diplomatic and economic -s with** etablere diplomatisk og økonomisk forbindelse med.

II. link *vb* **1***(=connect)* forbinde *(fx a train service links the suburbs with the city);* **2.: ~ up** kople til *(fx a house to the mains electricity supply);* **3.: ~ up with** henge sammen med; knytte seg til.

linkage ['linkidʒ] *subst* **1.** lenkeforbindelse; sammen-

kjeding; **2.** *biol; av gener:* kopling; **3.** *tekn:* forbindelsesledd.
link course *skolev:* **do a ~** bli utplassert i yrkeslivet; **offering -s to secondary school boys and girls** utplassering av elever i yrkeslivet.
linked *adj* **1.** sammenkoplet; **2.** *biol:* koplet.
linkman ['liŋkmən] *subst* **1.** *radio; TV(=anchorman)* ankermann; person som koordinerer de forskjellige innslag i et program; **2.** *fotb, etc:* midtbanespiller.
links [liŋks] *subst(=golf links; golf course)* golfbane.
link-up ['liŋk,ʌp] **1.** forbindelse; **2.** sammenkopling *(fx the link-up of two spacecraft).*
linnet ['linit] *subst; zo:* tornirisk.
lino ['lainou] *subst; fk.f. linoleum.*
linoleum [li'nouliəm] *subst:* linoleum.
linseed ['lin,si:d] *subst; bot:* linfrø.
linsey-woolsey ['linzi 'wulzi] *subst; tekstil:* verken; halvull.
lint [lint] *subst; tekstil:* charpi.
lintel ['lintəl] *subst; arkit; over dør el. vindu:* overligger.
lion ['laiən] *subst* **1.** *zo:* løve; **a pride of -s** en flokk løver; **2.** *fig:* **ballrom ~** balløve; **3.: put one's head in the ~'s mouth***(=walk into the lion's den)* gå like i løvens gap; **4.: the ~'s share** brorparten.
lion cub*(=young lion)* løveunge.
lioness ['laiənis] *subst; zo:* løvinne.
lionize, lionise ['laiə,naiz] *vb; stivt(=treat as a celebrity; make much of)* fetere; gjøre stas på.
lip [lip] *subst* **1.** *anat:* leppe; **bite one's ~** bite seg i leppen; **not a word passed his -s** ikke et ord kom over hans lepper; **my -s are sealed** det skal ikke komme over mine lepper; **2.** *stivt(=edge)* rand *(fx the lip of the cup);* **3. S***(=backchat; impudent talk):* **none of your ~!***(=don't be impudent!)* ikke vær frekk (*el.* nesevis)!
lip-reading ['lip,ri:diŋ] *subst(=speech reading)* munnavlesning.
lip salve leppepomade.
lip service *stivt:* **pay ~ to** hykle respekt for; snakke etter munnen; **she's stopped even paying ~ to the rules** hun prøver ikke engang å late som om hun respekterer reglene lenger; **they paid ~ to racial equality but still employed only whites** de snakket for likestilling mellom rasene, men ansatte likevel bare hvite.
lipstick ['lip,stik] *subst:* leppestift.
liquefaction [,likwi'fækʃən] *subst; av gass til væske:* fortetning; kondensering; fordråping.
liquefy ['likwi,fai] *vb* **1.** *om gass:* fortettes til væske; kondenseres; **2.** *stivt(=melt)* smelte *(fx the butter had liquefied in the heat).*
liqueur [li'kjuə] *subst* **1.** likør; **2.** *slags konfekt:* **chocolate ~** konjakk.
I. liquid ['likwid] *subst* **1.** væske; **2.** *fon:* likvid.
II. liquid *adj* **1.** flytende; **in ~ form** i flytende form; **2.** *fig; litt.(=clear)* klar *(fx large liquid eyes).*
liquidate ['likwi,deit] *vb* **1.** *merk:* likvidere; avvikle; tre i likvidasjon; **2.** *om gjeld(=pay)* betale; **3.** *fig:* likvidere.
liquid assets*(=available assets) merk:* likvide midler.
liquidation [,likwi'deiʃən] *subst* **1.** *merk:* likvidasjon; avvikling; **controlled ~** styrt konkurs (*el.* avvikling); **go into ~** tre i likvidasjon; **in course of ~** under likvidasjon; **2.** *om gjeld(=payment)* betaling; **3.** *fig:* likvidering.
liquid fuel flytende brensel.
liquidity [li'kwiditi] *subst(=cash position)* likviditet.
liquidize, liquidise ['likwi,daiz] *vb:* mose *(fx fruit).*
liquid reserve *merk:* likviditetsfond; likviditetsreserve.
liquor ['likə] *subst* **1.** brennevin; **in ~***(=drunk)* full; **2.** *stivt(=stock)* (kjøtt)kraft *(fx the liquor in which the ham had been boiled).*
liquorice ['likəris] *subst (,***US:** *licorice)* lakris.
liquorice allsorts lakriskonfekt.
lira ['liərə] *subst; mynt:* lire.
Lisbon ['lizbən] *subst; geogr:* Lisboa.
I. lisp [lisp] *subst:* lesping; **she has a ~** hun lesper.
II. lisp *vb* **1.** lespe; **2.** *litt.; om lite barn(=prattle)* pludre.
I. list [list] *subst* **1.** liste; fortegnelse; **head the ~***(=be at the top of the list)* stå øverst på listen; **2.** *mar:* slagside; **the ship had a heavy ~ to port** skipet hadde stygg slagside til babord.
II. list *vb* **1.** føre opp på en liste; sette opp en liste over; lage en fortegnelse over; **2.** *mar:* ha slagside.
listed building UK: fredet bygning.
listen ['lisən] *vb* **1.** lytte; høre etter; **~ to** høre på; **~ to the music** høre på musikken; **2.: ~ in** høre på radio; **~ in to a programme** høre på et program; **3.: ~ in on** lytte på *(fx sby's conversation).*
listener ['lisənə] *subst* **1.** tilhører; **a good ~** en god tilhører; **2.** *radio:* lytter.
listening post *mil:* lyttepost.
listless ['listlis] *adj:* slapp; giddeløs; **~ pupils** ugiddelige (*el.* giddeløse) elever.
list price*(=catalogue price)* listepris; katalogpris.
lists [lists] *subst; pl; hist:* kampplass; turneringsplass; *fig:* **enter the ~ against sby***(=break a lance with sby)* våge en dyst med en.
lit [lit] *pret & perf. part. av II. light.*
litany ['litəni] *subst* **1.** *rel:* litani; **2.** *fig:* oppramsing.
literacy ['litərəsi] *subst:* det å kunne lese og skrive.
literal ['litərəl] *adj* **1.** ordrett *(fx translation);* **2.** bokstavelig; **in a ~ sense** i bokstavelig forstand; bokstavelig talt; **in the ~ sense of the word** i ordets bokstavelige forstand; i ordets egentlige betydning; **3***(=prosaic; unimaginative)* fantasiløs; prosaisk.
literally *adv* **1.** bokstavelig; ordrett *(fx translate literally);* **too ~** altfor bokstavelig *(fx he carried out the order too literally);* **this must not be taken ~***(=in a literal sense)* dette må ikke tas bokstavelig; **2.** bokstavelig talt; uten overdrivelse; formelig *(fx he was literally torn to pieces);* **it's ~ true that** ... det er bokstavelig talt sant at ...
literary ['litərəri] *adj:* litterær; **enter upon a ~ career** slå inn på forfatterbanen; **~ man** forfatter; litterat; **the ~ profession** forfatterne; litteratene.
I. literate ['litərit] *subst; stivt(=literate person)* **1.** person som kan lese og skrive; **2.** kultivert person; belest person; *(jvf I. illiterate).*
II. literate *adj* **1.** som kan lese og skrive; **he's only just ~** det er så vidt han kan lese og skrive; **2.** kultivert; belest *(fx he's one of the most literate people I know); (jvf II. illiterate).*
literature ['litəritʃə] *subst* **1.** litteratur *(fx French literature);* **comparative ~** litteraturvitenskap; **2.** litteratur; trykt informasjon; lesestoff.
lithe [laið] *adj; stivt(=supple)* myk; smidig.
lithograph ['liθə,gra:f] **1.** *subst:* litografi; **2.** *vb:* litografere.
lithographer [li'θɔgrəfə] *subst:* litograf.
lithography [li'θɔgrəfi] *subst; prosessen:* litografi.
Lithuania [,liθju'einiə] *subst; geogr:* Litauen.
Lithuanian [,liθju'einiən] **1.** *subst:* litauer; *språket:* litauisk; **2.** *adj:* litauisk.
litigant ['litigənt] *subst; stivt el. jur:* prosederende part; **the -s** de prosederende (*el.* stridende) parter.
litigate ['liti,geit] *vb; stivt el. jur* **1***(=carry on a lawsuit)* føre prosess; **2***(=contest at law)* prosedere om.
litigation [,liti'geiʃən] *subst; stivt el. jur(=lawsuit)* rettstvist.

litmus ['litməs] *subst:* lakmus.
litre *(,US: liter)* ['li:tə] *subst:* liter.
I. litter ['litə] *subst* **1.** *hist:* båre; bæreseng; bærestol; **2.** *forst:* råhumus; **3.** *landbr:* strø; **peat** ~*(=peat dust)* torvstrø; **4.** *av dyr:* kull *(fx a litter of kittens);* **5.** søppel; rusk og rask; etterlatenskaper; avfall *(fx it's against the law to leave litter lying about).*
II. litter *vb* **1.** *landbr:* strø for *(fx feed and litter the horses);* ~ **(down) the horse** strø under (*el.* for) hesten; **2.** *om dyr:* få unger *(fx how many times a year do rabbits litter?);* **3.** rote til; strø utover; **his desk was -ed with books** det lå bøker og fløt over hele skrivebordet hans.
litter bin *i park, etc:* papirkurv; *(jvf kitchen bin).*
litter lout *(,også* **US:** *litterbug)* person som legger igjen avfall etter seg; skogsvin; strandsvin.
little ['litəl] *adj & adv* **1.** *mer følelsesbetont enn 'small':* liten; lite; små; lille; vesle; **the ~ boy** den vesle gutten; **our ~ ones** småbarna våre; **such a ~ thing** en slik liten ting; slik en bagatell; **she was beautiful when she was** ~*(=she was beautiful as a child)* hun var vakker som liten.
2*(=not much)* lite; (bare) litt; ikke mye; ikke stort *(fx he slept little last night);* **I understood ~ of his speech** jeg forstod lite av talen hans; **the ~ wine that was left** det vesle som var igjen av vinen; **I'll do what ~ I can** jeg skal gjøre det vesle jeg kan; **we had ~ or no time** vi hadde nesten ikke noe tid; **she's ~ liked** hun er dårlig likt; **he knows ~ French and less German** han kan lite fransk og enda mindre tysk; ~ **better** ikke stort bedre; ~ **known** lite kjent;
3. *ved vb(=not at all):* ~ **did he know what was going to happen** lite ante han hva som skulle skje; **he ~ knows how ill he is** han aner ikke hvor syk han er;
4.: a ~ litt *(fx have a little of this cake; he was teased a little about his mistake; she was a little frightened; why don't you lie down for a little?);* **a ~ less noise, please!** litt mindre støy, takk! **he was not a ~ annoyed** han var ikke så lite ergerlig; **a ~ better** litt bedre; **a ~ more** litt mer; litt til;
5.: ~ **by** ~*(=gradually; by degrees)* litt etter litt; gradvis;
6.: make ~ of 1. gjøre lite vesen av *(fx he made little of his injuries);* 2.: **I could make ~ of what he told us** jeg forstod ikke stort av det han fortalte oss;
7.: the ~ people de underjordiske.
little auk *zo:* alkekonge.
Little Belt *geogr:* Lillebelt.
little end *mask:* ~ **(of con-rod)** veivstanghode.
little bittern *zo:* dvergrørdrum; dvergheire.
little bunting *zo:* dvergspurv.
little gull *zo:* dvergmåke.
little slam *bridge:* lilleslem.
littoral ['litərəl] **1.** *subst:* kystbrem; kystrand; **2.** *adj:* kyst-; strand-.
lit up S*(=drunk)* full.
liturgical [li'tə:dʒikəl] *adj:* liturgisk; ~ **language** kirkespråk.
liturgy ['litədʒi] *subst:* liturgi.
livable ['livəbl] *adj:* levelig *(fx a livable life).*
I. live [liv] *vb* **1.** leve; **2***(=survive)* overleve; **they think he will ~** de tror han kommer til å overleve; **3.** bo *(fx he lives in a big house);* **go to ~ in X** flytte til X; **4.** *om typen av tilværelse:* ~ **a life of luxury** leve et liv i luksus; ~ **in fear of being attacked** leve i frykt for å bli overfalt (*el.* angrepet); **5.:** ~ **by** leve av *(fx fishing),;* **6.: we ~ and learn** man lærer så lenge man lever; **7.:** ~ **and let ~** leve og la leve; tolerere hverandres meninger *(fx they worked together on a principle of live and let live);* **8.** *om noe ubehagelig:* ~ **down***(=forget)* glemme *(fx she never really lived it down);* **9.:** ~ **in (,out)** bo på stedet (,bo for seg selv) *(fx all the hotel staff live in; she chose to live out and to be paid extra);* **10.:** ~ **on** leve på *(fx live on fish; live on £20 a week); neds:* **they ~ on the State** de lever på staten; **11.:** ~ **through** gjennomleve *(fx a crisis);* gjenoppleve; gjennomleve på nytt *(fx they lived through the horrors of war again at the sight of . . .);* **12.:** ~ **up to** leve opp til *(fx the reputation of being a hero);* **13. S:** ~ **it up** leve livet; *(jvf I. living: fast ~).*
II. live [laiv] *adj* **1.** levende *(fx a live mouse);* **2.** *elekt:* strømførende *(fx wire); jernb:* ~ **rail** strømførende skinne; **3.** *om ammunisjon:* skarp; *om bombe, etc:* ueksplodert; **4***(=of current interest)* dagsaktuell *(fx live issues);* **5.** *om musikk, publikum:* levende *(fx audience; music); radio; TV:* ~ **coverage of the match** direkte overføring av kampen; ~ **sport on BBC** direkte overføring fra idrettsstevner i BBC; **6.:** ~ **coal***(=ember)* glo.
live-in ['liv,in] *adj* **1.** som bor på arbeidsstedet *(fx maid);* **2.:** ~ **boyfriend (,girlfriend)** samboer.
livelihood ['laivli,hud] *subst(=means of support; living)* utkomme; levebrød; *stivt:* **earn one's** ~*(=earn one's living; earn a living)* tjene til livets opphold; *stivt:* **earn an honest** ~*(=make an honest living)* tjene til livets opphold ved hederlig arbeid.
livelong ['liv,lɔŋ] *adj; poet:* **all the ~ day** hele dagen lang; hele dagen igjennom.
lively ['laivli] *adj* **1.** livlig *(fx discussion; child; imagination);* **2.** *fig:* levende; **she took a ~ interest in us** hun var levende interessert i oss; **3.: they gave the police a ~ time***(=they made things lively for the police)* de sørget for at politiet fikk hendene fulle.
liven ['laivən] *vb:* ~ **up 1***(=become lively)* bli livlig *(fx the party was beginning to liven up);* **2. T:** ~ **the place up a bit***(=stir things up a bit)* bringe litt liv i leiren; få litt fart på tingene.
I. liver ['livə] *subst; anat:* lever; **cirrhosis of the** ~*(=hepatocirrhosis)* skrumplever.
II. liver *subst; i sms om person med et bestemt levesett:* **a clean ~** en som fører et ordentlig liv; **a fast ~** en levemann; **a loose ~** en lettlivet person.
liver paste leverpostei; *(jvf patty & pâté).*
Liverpudlian [,livə'pʌdliən] **1.** *subst:* en som bor i Liverpool; **2.** *adj:* liverpoolsk.
liverwort ['livə,wə:t] *subst; bot:* levermose.
livery ['livəri] *subst:* livré.
livery stable *(,US: livery barn)* leiestall.
live stage *film:* scene hvor det foregår lydopptak.
livestock ['laiv,stɔk] *subst:* buskap; besetning; **small ~** småfe.
livestock farming kvegavl.
live transmission *radio, TV(=live broadcast)* direktesending; *(jvf II. live 5.).*
live wire 1. *elekt:* strømførende ledning; **2.** *fig; om barn:* vilter krabat; energibunt; urokråke.
livid ['livid] *adj* **1.** *stivt(=white; very pale)* likblek; gusten; **2.** *om farge:* blygrå; **there were ~ bruises on her body** hun hadde blå flekker på kroppen; **3. T***(=very angry)* rasende.
I. living ['liviŋ] *subst* **1.** det å leve; det å bo *(fx living here is quite expensive);* **the art of ~** livskunst; **costs of ~** levekostnader; **2. (mode of)** ~*(=way of life)* levemåte; levesett; levevis; **clean ~** et ordentlig levesett; det å leve et anstendig liv; **fast ~** *(,T: living it up)* det å leve livet; **good ~** god mat og drikke; **loose** ~*(=a dissolute way of life)* et utsvevende liv (*el.* levesett); **plain ~** enkelt levesett; **3***(=livelihood)* levebrød; utkomme; **earn one's ~, earn a ~, make a ~** tjene til livets opphold; **make an honest ~** tjene til livets opphold ved hederlig arbeid; **4.** *rel(=benefice)* (preste)kall; **5.: the ~** de

levende; **the ~ and the dead** de levende og de døde.

II. living *adj* **1.** levende *(fx a living creature);* **2**(*=now living)* nålevende *(fx our greatest living artist).*

living conditions leveforhold *(fx terrible living conditions).*

living memory: (with)in ~ i manns minne *(fx it was the coldest winter in living memory).*

living room dagligstue.

living space *polit:* lebensraum; livsrom.

living wage ['liviŋ,weidʒ] *subst:* lønn man kan leve av; **make a ~** tjene nok til at man kan leve av det; **a good ~** en lønn man lever godt på.

lizard [lizəd] *subst; zo:* firfisle.

llama ['la:mə] *subst; zo:* lama.

Lloyd's [lɔidz] *subst:* **~ (of London)** internasjonalt forsikringsmarked med sete i London.

Lloyd's List: *skipsfartstidende som utgis i London.*

Lloyd's Register (of Shipping); *alfabetisk klasseliste over skip; utgis årlig.*

lo [lou] *int; glds el. litt.(=look)* se *(fx Lo! an angel appeared); spøkef:* **~ and behold!** hva ser jeg! til min (,*etc)* store overraskelse; **we were just about to start when, ~ and behold, Anne appeared** til alles store overraskelse kom Anne anstigende akkurat idet vi skulle dra av sted.

I. load [loud] *subst* **1.** lass *(fx a lorry load);* bør *(fx carry a heavy load of groceries);* **2.** *mask:* belastning; *elekt:* (strøm)belastning; **at**(*=on)* **all -s** på alle belastninger; **3.: (work) ~***(=load of work)* arbeidsbyrde; **teaching ~** undervisningsbyrde; undervisningsplikt *(fx a weekly teaching load of 22 periods);* **4. T: a ~ of**(*=a lot of)* en masse; **a ~ of junk** en masse skrap; noe skrap; **he talked a ~ of rubbish** han snakket en hel del tull; **-s of**(*=lots of)* masser av; store mengder av; **5.** *fig:* **it was**(*=it took)* **a ~ off my mind**(*=I was greatly relieved)* det falt en sten fra mitt hjerte.

II. load *vb* **1.** lesse *(fx the luggage into the car);* **~ it on to a lorry** lesse det på en lastebil; **have you -ed up (the van) yet?** er du ferdig med å lesse på (varebilen)? **2.** *mar:* laste *(fx the ship's loading);* **~ cargo** ta inn last; **ready to ~** lasteklar; **3.** belesse *(fx sby with parcels);* **4.** *skytevåpen:* lade; *kamera:* sette film i; **5.: ~ a question** stille opp en spørsmålsfelle; **6.** støpe bly inn i; **~ the dice** gjøre terningene tyngre i den ene enden; **~ the dice against sby** frata en enhver sjanse (for å lykkes) *(fx the dice were loaded against him).*

load-bearing ['loud,bεəriŋ] *adj; bygg:* bærende; bære-; **~ wall**(*=load-carrying wall)* bærevegg.

loaded ['loudid] *adj* **1.** lastet; med lass *(fx van);* **fully ~** fullastet; **2.** *om skytevåpen:* ladd; *om kamera:* med film i; **3. S:** søkkrik; **4.: a ~ question** en spørsmålsfelle; **5.:** med innstøpt bly; **~ dice** falske terninger; *(jvf II. load 6).*

loading ['loudiŋ] *subst* **1.** lessing; lasting; innlasting; opplasting; **2.** *mar:* lasting; innlasting; **port of ~** lastehavn; **3.** *om våpen:* det å la; lading; *fot:* innsetting av film.

load line *mar:* lastemerke; lastelinje.

load space bagasjeplass *(fx more load space).*

I. loaf [louf] *subst (pl: loaves)* **1.: ~ (of bread)** brød; **2. S: ~ (of bread)**(*=head):* **use your ~!** bruk hue! **3.** *ordspråk:* **half a ~ is better than no bread** noe er bedre enn ingenting; smuler er også brød.

II. loaf *vb:* **~ (about)**(*=loaf around)* loffe (omkring); drive dank; gå og slenge.

loafer ['loufə] *subst:* **1.** en som går og slenger; dagdriver; **2. US: -s**(*=lightweight shoes)* lette sko; innesko.

loam [loum] *subst:* fet jord (med litt sand el. leire i); leirjord.

I. loan [loun] *subst:* lån; **give sby the ~ of sth** la en få låne noe; **interest-free ~** rentefritt lån; **interest on the ~** renter på lånet; **on ~** til låns; som lån; **-s are for one calendar month** lånetiden er én måned.

II. loan *vb:* **~ (out)**(*=lend)* låne (ut); **we only have one typewriter to ~ out** vi har bare en skrivemaskin for utlån.

loan capital lånekapital; **subordinate ~**(*=loan stock)* ansvarlig lånekapital.

loan period(*=lending period)* lånetid.

loan translation *språkv:* oversettelseslån.

loanword ['loun,wə:d] *subst; språkv:* låneord.

loath [louθ] *adj: stivt:* **I am ~ to**(*=I'm reluctant to)* jeg vil nødig; **they were ~ to part** de ville nødig skilles; *spøkef:* **nothing ~**(*=willingly)* mer enn gjerne.

loathe [louð] *vb: stivt(=hate very much; dislike greatly)* avsky; ikke kunne fordra.

loathing ['louðiŋ] *subst; stivt(=great dislike and disgust)* avsky; vemmelse.

loathsome ['louðsəm] *adj; litt. el. spøkef (=disgusting; horrible)* avskyelig; motbydelig.

loaves [louvz] *pl av I. loaf.*

I. lob [lɔb] *subst; i ballspill:* langsomt, høyt kast el. slag; *tennis:* lobb; *cricket:* bløt ball.

II. lob *vb:* kaste (i en høy bue); *tennis:* lobbe.

I. lobby ['lɔbi] *subst* **1.** *teat:* foajé; **2.: (hotel) ~** vestibyle; **3.** *parl:* korridor; **4.** *parl:* lobby.

II. lobby *vb; parl:* drive korridorpolitikk; drive lobbyvirksomhet.

lobbyist ['lɔbiist] *subst; parl:* korridorpolitiker.

lobe [loub] *subst* **1.** *anat:* lapp *(fx of the brain);* **the pneumonia has affected both -s of the lung** lungebetennelsen er dobbeltsidig; **2**(*=earlobe)* øreflipp; *(fx she wore goldrings in the lobes of her ears).*

lobster ['lɔbstə] *subst; zo:* hummer.

lobster crab *zo:* porselenskrabbe.

lobster pot hummerteine.

I. local [,loukəl] *subst* **1. T**(*=nearest pub)* nærmeste pub; **2.: the -s** de innfødte; befolkningen på stedet; **3.** *med.* **T**(*=local anaesthetic)* lokalbedøvelse *(fx give him a local).*

II. local *adj* **1.** stedlig; stedegen; **(the) ~ children** lokalbefolkningens barn; barn(a) på stedet; **(the) ~ people** *(,T: the locals; spøkef: the natives)* lokalbefolkningen; folk på stedet; de innfødte; **~ conditions** forholdene på stedet; **~ train** lokaltog; **2.** kommune-; kommunal.

local administration(*=local government)* kommunalforvaltning.

local authority(*=(local) council)* kommune; kommunestyre.

local authority worker(*=council worker;* **US:** *civic worker)* kommunearbeider.

local colour lokalkoloritt.

(local) councillor kommunestyremedlem.

locale [lə,ka:l] *subst; film, etc:* sted hvor noe utspiller seg; bakgrunn; lokalitet.

local education authority *(fk LEA)* skolestyre.

local government kommunalforvaltning; *(=local politics)* kommunalpolitikk.

localism ['loukəlizəm] *subst(=local patriotism)* lokalpatriotisme.

locality [lə'kæliti] *subst:* lokalitet; sted; **have a sense**(*=the bump)* **of ~** ha stedsans; **indication of ~** stedsangivlelse; **acquainted with the ~** lokalkjent; stedkjent.

localize, localise ['loukə,laiz] *vb:* lokalisere; stedfeste.

localizer *subst; radionavigering:* ledestråle; *flyv:* **runway ~** merkefyr for rullebane.

locally *adv:* stedvis; lokalt; på stedet *(fx we can't buy*

it locally); fra sted til sted *(fx the custom varies locally).*
local studies*(=environmental studies) skolev:* heimstadlære.
locate [lə'keit; US: lou'keit] *vb* **1.** plassere *(fx where is the new factory to be located?);* **the kitchen is -d in the basement** kjøkkenet befinner seg i kjelleretasjen; **2.** lokalisere; stedfeste; finne.
location [,lou'keiʃən] *subst* **1***(=place)* sted *(fx a suitable location for a factory);* **2.** *film:* **shoot on ~** gjøre opptak på stedet.
loch [lɔk] *subst; skotsk(=lake)* innsjø.
I. lock [lɔk] *subst* **1.** lås; **under ~ and key** under lås og slå; **2.** *på skytevåpen:* lås; *fig:* **~, stock and barrel** rubb og stubb; hver smitt og smule; **3.: (flight of) -s** sluse; sluseanlegg; **4.: ~ (of hair)** hårlokk.
II. lock *vb* **1.** låse; **~ in (,out)** låse inne (,ute); **~ up** låse (av); **2.** låse seg *(fx the wheels locked and the car skidded);* blokkere; **3.: -ed in an embrace** tett omslynget.
lockable ['lɔkəbl] *adj:* låsbar.
locker ['lɔkə] *subst:* låsbart skap.
locker room omkledningsrom; garderobe.
locket ['lɔkit] *subst:* medaljong.
lock gate*(=sluice gate)* sluseport.
lock keeper slusemester.
lock nut låsemutter.
lockout ['lɔk,aut] *subst:* lockout.
locksmith ['lɔk,smiθ] *subst:* låsesmed.
lockup ['lɔk,ʌp] *subst* **1.** *glds:* arrest; **2***(=lock-up garage)* leid garasje *(fx we don't have a garage but we rent a lockup).*
lockup garage leid garasje.
lockup shop forretning hvor eieren ikke bor; ubebodd forretningslokale.
lock washer låseskive.
locomotion [,loukə'mouʃən] *subst; stivt(=motion)* bevegelse; **power of ~** bevegelsesevne.
locomotive [,loukə'moutiv] **1.** *subst; stivt(=(railway) engine)* lokomotiv; **2.** *adj:* bevegelses- *(fx organ);* som kan bevege seg; bevegelig.
locum ['loukəm] *subst; for lege, tannlege, etc:* vikar.
locust ['loukəst] *subst; zo:* gresshoppe.
lode [loud] *subst:* **~ (of ore)** malmåre.
lodestar ['loud,sta:] *subst; fig:* ledestjerne.
I. lodge [lɔdʒ] *subst* **1.: (hunting) ~** jakthytte; **2.** (frimurer)losje; **3.: porter's ~** portnerbolig; **4.: (beaver's) ~** beverhytte.
II. lodge *vb* **1***(=live)* bo (til leie); losjere; **2.** sette seg fast; bli sittende *(fx a bullet lodged in his spine);* **be -d** sitte fast; **3.** *om anke, klage; stivt:* innlevere; levere inn; sende inn; **~ a complaint***(=make a complaint)* sende inn klage; **~ an appeal***(=bring an appeal; enter an appeal)* anke (over en dom).
lodger ['lɔdʒə] *subst:* losjerende; leieboer.
lodging ['lɔdʒiŋ] *subst:* losji; **board and ~** kost og losji; **-s** leide værelser; losji *(fx she lives in lodgings in the town).*
loft [lɔft] *subst* **1.** loft; loftsrom; **hay ~** høyloft; **2.: organ ~** orgelpulpitur.
loft room: (small) ~ hems.
lofty ['lɔfti] *adj* **1.** *litt. el. stivt(=very high)* høy *(fx lofty peaks); fig:* **he has a ~ position** han har en høy stilling; **2.** *om tanker, følelser, etc(=noble)* edel *(fx lofty sentiments);* **3.** *neds(=haughty)* overlegen *(fx in a lofty manner);* **~ contempt** opphøyd forakt.
I. log [lɔg] *subst* **1.** (tømmer)stokk; (ved)kubbe; **sleep like a ~** sove som en stein; **it's as easy as falling off a ~** det er så lett som fot i hose; **2.** *mar:* logg; **chief engineer's ~** maskindagbok.
II. log *vb* **1. US***(=fell timber)* hogge tømmer; **2.** *mar:* føre inn i loggboken; tilbakelegge *(fx he logged 800 miles in the first ten days at sea).*
loganberry ['lougən,beri] *subst; bot; krysning mellom bjørnebær og bringebær:* loganbær.
logarithm ['lɔgə,riθm] *subst:* logaritme.
logbook ['lɔg,buk] *subst* **1.** *mar(=ship's log)* loggbok; **2. T***(=registration book)* vognkort.
log boom tømmerlense.
log cabin tømmerhytte; tømmerkoie.
log-ends ['lɔg,endz] *subst; pl; forst(=shorts)* kubb.
loggerheads ['lɔgə,hedz] *subst; pl; stivt:* **be at ~***(=quarrel)* krangle; være i tottene på hverandre.
logging ['lɔgiŋ] *subst* **US***(=timber felling)* tømmerhogst.
logic ['lɔdʒik] *subst:* logikk *(fx follow the logic of an argument).*
logical ['lɔdʒikəl] *adj:* logisk *(fx result);* **be ~ in one's thinking** tenke logisk.
logician [lə'dʒiʃən] *subst:* logiker.
logjam ['lɔg,dʒæm] **1.** *forst(=jam of floating logs)* tømmervase; **2.** *fig:* **loosen the ~** *(=break the deadlock)* få hull på byllen.
log line *mar:* loggline.
logo ['lɔgou] *subst (pl: logos)* varesymbol; merke.
log raft *forst:* tømmerskjelme; tømmerflåte.
log running US*(=timber floating)* tømmerfløt(n)ing.
loin [lɔin] *subst* **1.** *på slakt:* **(kidney end of) ~** nyrestykke; kam; *også kul:* **~ of pork** svinekam; **~ of veal** nyrestykke av kalv; **2.** *lett glds el. litt.:* **the -s** lendene.
loincloth ['lɔin,klɔθ] *subst:* lendeklede.
loiter ['lɔitə] *vb* **1.** drive; slentre; stå og henge; **2.** *jur:* oppholde seg ulovlig.
loiterer ['lɔitərə] *subst:* person som driver omkring (*el.* står og henger).
loll [lɔl] *vb* **1***(=lie lazily (about))* ligge henslengt; **2.** *om tunge(=hang out)* henge *(fx the dog lay down, his tongue lolling to one side).*
lollipop ['lɔli,pɔp] *subst:* kjærlighet på pinne.
lollipop (wo)man person med stoppskilt som hjelper skolebarn over gaten.
lolly ['lɔli] *subst* **1. T***(=lollipop)* kjærlighet på pinne; **2.** *spøkef* **S***(=money):* **it's an awful job, but it gives me lots of lovely ~!** det er en fæl jobb, men det blir deilig med gryn av det!
Lombardy ['lɔmbədi] *subst; geogr:* Lombardiet.
London ['lʌndən] *subst; geogr:* London.
Londoner ['lʌndənə] *subst:* londoner.
London pride *bot:* skyggesildre.
lone [loun] *adj; stivt el. litt.; bare attributivt(=solitary)* enslig; **a ~ figure** en enslig skikkelse; *fig:* **a ~ wolf** en ensom ulv; *fig:* **play a ~ hand** arbeide på egen hånd.
loneliness ['lounlinis] *subst:* ensomhet.
lonely ['lounli] *adj:* ensom; ensom(t beliggende); **feel ~** føle seg ensom; **she was so ~ on holiday that she came back early** hun følte seg så ensom da hun var på ferie, at hun kom hjem før tiden.
loner ['lounə] *subst* **T:** person som foretrekker å være alene; einstøing.
lonesome ['lounsəm] *adj; især* **US***(=lonely)* ensom *(fx the child feels rather lonesome).*
I. long [lɔŋ] *vb:* lengte (*for* etter; *to* etter å) *(fx they longed for a chance to speak; he longed to go home);* **she -ed for it to be time for lunch** hun lengtet etter at det skulle bli lunsjpause; **she -ed for him to say something** hun lengtet etter at han skulle si noe; **I'm -ing to see you** jeg lengter etter å treffe deg.
II. long 1. *adj:* lang *(fx a long road);* lang; langvarig *(fx debate);* **the book took a ~ time to read** det tok lang tid å lese boka; **it was a very ~ three kilometres in to town** det var lange tre kilometer inn til byen; **there was a ~ delay before the plane took off** det ble

en lang ventetid før flyet tok av; **2.** *adv:* lenge; **will you be ~?** 1. blir du lenge borte? 2. tar det lang tid med deg? er det lenge til du er ferdig? **you haven't got ~** du har ikke lang tid på deg; du har ikke lang tid å bestemme deg på; **he didn't stay ~** han ble ikke lenge; **have you been waiting ~?** har du ventet lenge? **this happened ~ before you were born** dette hendte lenge før du ble født;
3. *forskjellige forb:* **don't be too ~ about it!** 1. ikke vent (*el.* nøl) for lenge! 2. ikke bruke for lang tid på det! **~ ago** for lenge siden; **all day ~** hele dagen (lang); **be ~ in doing sth** bruke lang tid på noe; **he's ~ in coming** han er sen; det drøyer lenge før han kommer; **he won't be ~ (in) making up his mind** han kommer ikke til å bruke lang tid på å bestemme seg; **he didn't speak (,work) for ~** han snakket (,arbeidet) ikke lenge; **he didn't speak for a ~ time** han sa ikke noe på lenge; det varte lenge før han sa noe; **he didn't work for a ~ time** han var arbeidsløs i lang tid; han var lenge arbeidsløs; han arbeidet ikke på lenge; **I've been waiting here for a ~ time** jeg har stått (,sittet) her og ventet i lang tid; **not ~** ikke lenge *(fx Have you been working here long? – No, not long, but my brother's been working here for a very long time);* **so ~ as***(=as long as; provided that)* når bare; forutsatt at *(fx you'll get there in time, so long as you don't miss the bus);* **as ~ as** 1.: = *so long as;* 2. så lenge (som) *(fx stay as long as you like);* 3*(=while)* mens *(fx as long as he's here I'll have more work to do);* **the ~ and the short of it was** . . . saken var i korthet følgende . . . **T: I made a mistake, and that's the ~ and short of it!** jeg gjorde en feil, det er det hele!

longboat ['lɔŋ,bout] *subst; mar; hist:* storbåt.

longbow ['lɔŋ,bou] *subst:* langbue; *fig:* **draw the ~** overdrive; fortelle skrøner.

long-dated [,lɔŋ'deitid; *attributivt:* 'lɔŋ,deitid] *adj; om veksel(=long)* langsiktig *(fx bill).*

long-distance [,lɔŋ'distəns; *attributivt:* 'lɔŋ,distəns] *adj* **1.** *sport:* langdistanse- *(fx runner);* **2.** fjern-; **~ bus** fjernbuss; **~ lorry driver** trailersjåfør i fjerntrafikk; **3.** *tlf:* **~ call** rikstelefonsamtale.

long-drawn-out [,lɔŋdrɔ:n'aut] *adj:* meget langvarig; som trekker meget lenge ut *(fx discussion).*

long-eared ['lɔŋ,iəd] *adj:* langøret; **~ owl** hornugle.

longed-for ['lɔŋd,fɔ:] *adj:* etterlengtet.

longer ['lɔŋgə] *adj(komp av long)* lenger; lengre; **no ~***(=not any more; not any longer)* ikke lenger *(fx the cinema is no longer used to show films);* **become ~***(=lengthen)* bli lengre; **stay ~** bli lenger; *(se for øvrig II. long).*

longest ['lɔŋgist] *adj(superl av long)* lengst; *(se II. long).*

longevity [lɔn'dʒeviti] *subst; stivt el. fagl(=long life)* lang levetid; langlivethet *(fx the family are noted for their longevity).*

long finger langfinger.

long-haired ['lɔŋ,hεəd] *adj* **1.** langhåret; **2. US S: ~ music** klassisk musikk.

longhand ['lɔŋ,hænd] *subst; mots stenografi:* vanlig skrift *(fx he drafted the letter in longhand).*

long haul 1. langtransport; **2.** *fig* **T:** slitsom og langsiktig affære.

longhorned ['lɔŋ,hɔ:nd] *adj; zo:* **~ beetle***(=longicorn beetle)* trebukk.

longing ['lɔŋiŋ] **1.** *subst:* lengsel; **2.** *adj:* lengselsfull.

longingly *adv:* lengselsfullt.

longish ['lɔŋgiʃ] *adj:* nokså lang; temmelig lang.

longitude ['lɔndʒi,tju:d] *subst; geogr:* lengde.

longitudinal [,lɔndʒi'tju:dinəl] *adj:* langsgående; på langs *(fx crack);* lengde- *(fx axis).*

longitudinal section lengdesnitt.

longitudinally *adv:* på langs; langsetter; **~ divided** delt på langs; lengdedelt.

long johns T*(=long underpants)* lange underbukser.

long jump *sport:* **the ~** lengdesprang.

long-lived ['lɔŋ'livd; *attributivt:* 'lɔŋ,livd] *adj:* langlivet; som lever lenge; *(jvf longevity).*

long-range ['lɔŋ'reindʒ; *attributivt:* 'lɔŋ,reindʒ] **1.** *mil:* langtrekkende *(fx artillery);* langdistanse- *(fx rocket);* **2.** *meteorol:* **~ weather forecast** langtidsvarsel.

longshoreman ['lɔŋʃɔ:mən] *subst* **US***(=dock worker)* bryggearbeider; bryggesjauer.

long shot 1. skudd på langt hold; *film:* fjernopptak; **2.** *fig:* usikker sjanse (som det likevel kan lønne seg å ta) *(fx it was a long shot, but it paid off);* **3.: not by a ~** ikke på langt nær; aldeles ikke.

long-sighted ['lɔŋ'saitid; *attributivt:* lɔŋ,saitid] *adj* **1.** langsynt; **2.** *fig:* vidtskuende; fremsynt *(fx a long-sighted decision; that was long-sighted of you).*

longstanding ['lɔŋ,stændiŋ] *adj:* som har vart lenge; **we had a ~ invitation to visit them** vi hadde lenge vært invitert til å besøke dem; **~ friendship** mangeårig vennskap.

long-suffering ['lɔŋ'sʌfəriŋ; *attributivt:* 'lɔŋ,sʌfəriŋ] *adj:* som lider i stillhet *(fx his long-suffering wife);* langmodig *(fx she was so long-suffering that she never scolded those naughty children).*

long suit 1. *kortsp:* langfarge; **2.** *fig:* (ens) sterke side.

long-tailed ['lɔŋ,teild] *adj:* langhalet; **~ duck** havelle.

long term: in the ~ på sikt; på lang sikt.

long-term ['lɔŋ,tə:m] *adj:* langsiktig *(fx plan).*

long wave langbølge.

long-winded ['lɔŋ'windid; *attributivt:* 'lɔŋ,windid] *adj; neds:* langtekkelig *(fx speech).*

long-wood ['lɔŋ,wud] *subst; forst:* langtømmer.

loo [lu:] *subst; evf* **T***(=lavatory)* wc *(fx she's gone to the loo).*

I. look [luk] *subst* **1.** blikk *(fx a look of surprise; she sent him a look);* **let me have a ~ (at it)** la meg få se (på det); **take a ~ at that!** se på det! **2.** mine; (ansikts)uttrykk; **a stern ~***(=a frown)* en barsk mine; **there was a ~ of kindness about his face** han hadde et vennlig uttrykk i ansiktet; **3.** *om utseende:* **the house had a ~ of neglect** huset så forsømt ut; **I don't like the ~ of it** jeg liker det ikke; det ser ikke bra ut; **by the -s of that house it's no longer occupied** huset ser ikke ut som om det er bebodd lenger; **by the -s of him, he won't live much longer** han ser ikke ut som om han kommer til å leve stort lenger; **we won't get there on time by the ~ of it** det ser ikke ut til at vi kommer fram tidsnok; **it's going to rain by the ~ of it** det ser ut til at det blir regn; **she was noted for her good -s** hun var kjent for sitt pene utseende; **she's lost her good -s** hun er ikke så pen lenger; hun har tapt seg; **I don't like the ~ of him** han virker usympatisk på meg; **T: have a ~ of***(=look like)* ligne *(fx she has a look of her mother).*

II. look *vb* **1.** se (*at* på); **~ over there!** se der borte! **he -ed the other way** han så bort; **I've -ed everywhere** jeg har sett (etter) overalt; **2.** se . . . ut *(fx he looked tired);* se ut som om man er; se ut til å være *(fx he looks 60);* **the car -s all right** bilen ser bra ut; **things don't ~ too good** det ser ikke så lyst ut; **3.** *om beliggenhet(=face)* vende mot *(fx the house looks west);* **4.: ~ about for sth** se seg om etter noe *(fx are you still looking about for a job?);* **~ about one***(=look round)* se seg om; se seg rundt; **5.: ~ after** 1. se etter; følge med øynene; 2*(=take care of)* se etter; ta seg av; **~ after oneself** ta vare på seg selv; passe seg selv; **the devil -s after his own** fanden hjelper sine; **the secretary -s after all the complaints**

we receive sekretæren tar seg av alle klagene vi får; **~ after one's own interests** ivareta sine egne interesser; **6.: ~ ahead** 1. se fremover; 2. *fig:* være forutseende; se fremover; **7.: ~ as if** se ut som om; **its -s as if it may rain***(=it looks like rain)* det ser ut som om det vil bli regn; det ser ut til regn; **8.** *også fig:* **~ at** se på *(fx he looked at me);* **no matter how you ~ at it***(=look at it whichever way you like)* hvordan man enn snur og vender på det; **to ~ at him you would think he was an Italian** hva utseendet angår, kunne han godt være italiener; **it's not much to ~ at** det er ikke mye å se på; **9.: ~ back** 1*(=look round)* se seg tilbake; 2. *fig:* **after that they never -ed back** etter det gikk det stadig fremover med dem; **10.: ~ before you leap!** tenk før du handler! **11.: ~ down** se ned; *også fig:* **~ down on** se ned på *(fx she looked down on them for not having a car);* **~ down one's nose at** 1. rynke på nesen av *(fx she looks down her nose at my cooking);* 2*(=look down on)* se ned på; **12.: ~ for** 1. lete etter *(fx go and look for him);* se seg om etter *(fx a job);* 2*(=expect)* vente *(fx he's always looking for praise);* **I'm not -ing for profit** jeg venter ikke (*el.* regner ikke med) fortjeneste; **13.: ~ forward to** glede seg til *(fx the holidays);* **~ forward to (-ing)** glede seg til å; se fram til å *(fx I'm looking forward to seeing them again);* **14.: ~ here!** hør nå her *(fx look here, Mary, I won't have you saying things like that);* se her! *(fx look here! isn't this what you wanted?);* **15.: ~ in** se innom; stikke innom *(fx I'll look in on my way home);* **~ in on sby** avlegge en et lite besøk; stikke innom en *(fx I'll look in on her tomorrow);* **16.: ~ into** 1. se ned i *(fx he looked into the box);* se inn i *(fx she looked into the mirror);* **~ into a book***(=dip into a book)* kikke litt på (*el.* i) en bok; 2. *fig(=investigate)* se på; undersøke *(fx I shall look into the possibility of buying a house);* **the manager is going to ~ into your complaint** sjefen vil se nærmere på klagen din; **17.: ~ like** 1. ligne *(fx she looks like her mother);* 2. *om utseende:* **what does he ~ like?** hvordan ser han ut? 3. se ut som *(fx it looks like salt);* **it -s like being a fine day***(=it looks as if it's going to be a fine day)* det ser ut til at vi skal få fint vær i dag; **it -s like rain***(=it looks as if it may rain)* det ser ut til regn; **18.:** *fig:* **~ nearer home** gripe i sin egen barm; **19.: ~ on** 1. være tilskuer; se på; 2.: **~ on sby (,sth) as** betrakte en (,noe) som; anse en (,noe) for; **I ~ on her as my mother** jeg betrakter henne som min mor; 3.: **my room -s on to the garden** rommet mitt har utsikt mot (*el.* vender ut mot) hagen; 4.: **~ back on** se tilbake på *(fx when I look back on the whole episode . . .);* **20.: ~ out** 1. se ut *(fx of the window);* 2*(=take care)* passe seg; passe på; se seg for; 3. lete fram *(fx a couple of books that might be useful);* **21.: ~ out for** 1*(=watch out for)* se opp for; passe seg for; 2. se etter *(fx I'll look out for you at the party);* 3. se seg om etter; 4. *fig(=expect)* vente; håpe på *(fx if you're looking out for any sensational happenings, you'll be disappointed);* **22.: ~ over** 1. se over *(fx I looked over his shoulder);* 2. *fig(=inspect)* inspisere; se på; se over *(fx we have been looking over the new house; you have looked it over already);* 3*(=look through)* se gjennom (papirer, etc); **23.: ~ round** 1. se seg rundt; se seg tilbake *(fx don't look round!);* 2. bese seg i; se seg om i *(fx did you look round the museum?);* se seg om *(fx I'm just looking round);* 3. *fig:* tenke seg (godt) om; **24. T: ~ sharp***(=be quick)* fort deg *(fx look sharp (about it)!);* **25.: ~ through** 1. se gjennom; *fig:* **he -ed through me** han lot som om han ikke så meg; han så tvers igjennom meg; 2. se gjennom; se over *(fx I've looked through your report and made some notes on it);* **26.: ~ to sby for help***(=expect help from sby)* vente hjelp av en; håpe å få hjelp av en; **27.: ~ up** 1. se opp *(fx he looked up);* 2. **T***(=improve):* **things have been -ing up lately** situasjonen har bedret seg i det siste; 3. **T***(=pay a visit to)* besøke; 4. *i oppslagsverk:* slå opp *(fx you should look the word up (in a dictionary));* **28.: ~ up to sby** se opp til en *(fx he's always looked up to his father);* **29.: ~ sby up and down** mønstre en fra topp til tå; **30. ~ upon** *se 19: ~ on;* **31.: ~ where you're going!** se deg for!

lookalike ['lukə,laik] *subst* **T:** dobbeltgjenger til en kjendis.

looker ['lukə] *subst* **T: she's a good ~** hun ser bra ut; hun er pen.

looker-on [,lukər'ɔn] *subst(=onlooker)* tilskuer; person som står og ser på *(fx after the accident the lookers-on were sent away by the police).*

look-in ['luk,in] *subst* **T:** sjanse; *sport:* (vinner)sjanse; **get a ~** få en sjanse; **have a ~** ha en sjanse; **not get (,have) a ~** 1. ikke få (,ha) en sjanse; 2. *m.h.t. oppmerksomhet:* ikke få (,ha) en sjanse til å bli lagt merke til *(fx she's so beautiful that no-one else has a look-in when she's here).*

looking glass *lett glds(=mirror)* speil.

lookout ['luk,aut] *subst* **1.** utkikk *(fx she kept a sharp lookout from the window);* **2***(=lookout post)* utkikkspost; **3.** *person:* utkikkspost; **4.** *fig* **T: that's his ~** det får bli hans sak.

look-round ['luk,raund] *subst* **T: have a ~** se seg godt om.

look-see ['luk,si:] *subst* **T: let's have a ~** la oss ta en titt.

I. loom [lu:m] *subst:* vev(stol); **carpet ~** teppevev.

II. loom *vb* **1.** *om gradvis, ofte truende tilsynekomst:* **~ (up)** dukke opp; komme til syne; **a ship -ed up through the fog** et skip dukket opp av tåken; **2.** *fig:* **~ (large)** reise seg truende; nærme seg faretruende *(fx the date for my exam is looming).*

loon [lu:n] *subst; zo* **US: common ~***(=great northern diver)* islom.

I. loony ['lu:ni] *subst* **S***(=lunatic)* galning.

II. loony *adj* **S***(=insane)* gal.

I. loop [lu:p] **1.** løkke *(fx he made a loop in the string);* **2.** buktet linje; sløyfe; **3***(=button-hole loop)* hempe; **4.** *jernb:* **reversing***(=terminal)* **~** vendesløyfe; **5.** *på tråd(=winding)* slyng; **6.** *i mur:* skyteskår.

II. loop *vb* **1.** lage løkke på *(fx a rope);* binde (ved å lage en løkke) *(fx he looped the rope round a post);* **2.** *flyv:* **~ the loop** loope.

loophole ['lu:p,houl] *subst* **1.** *i mur:* skyteskår; **2.** *fig:* smutthull *(fx find a loophole in the law);* **plug a ~** tette igjen et smutthull.

loop knot*(=running knot; slippery hitch) mar:* slippestikk; renneløkke.

I. loose [lu:s] *vb; meget stivt: se loosen.*

II. loose *adj* **1.** løs *(fx knot; button);* **2.: sell ~ nails** selge spiker i løs vekt; **3.** *om avtale, formulering:* løs; uklar *(fx the contract was rather loose);* **4.** *lett glds:* løsaktig *(fx woman);* **~ living** løsaktig levesett; **5.: break ~** rive seg løs; **6.: be left ~** gå løs *(fx that dog is too dangerous to be left loose);* **7.: let ~** slippe løs *(fx the dog);* **T: let sby ~ on one's car** slippe en løs på bilen sin; **8.** *om bolt, etc:* **work ~** løsne; **9. T: a screw ~** en skrue løs *(fx he has a screw loose!).*

loose bowels *med.:* løs mage.

loosen ['lu:sən] *vb* **1.** løse på; løsne; **~***(=slacken)* **the nuts** løsne på mutterne; **2***(=work loose)* løsne *(fx his grip on the rope loosened);* **3.: ~ up***(=limber up)* **our stiffened limbs** myke opp våre støle lemmer; **4.: it -ed his tongue** det fikk tungen hans på gli.

loose end 1. *av tau, etc:* løs ende; **2.** *fig:* **-s** løse ender; detaljer (som må bringes til å harmonere med det øvrige); **3.** *fig:* **be at a ~** være ledig; ikke ha noe spesielt fore.

loose-fitting [,lu:s'fitiŋ; *attributivt:* 'lu:s,fitiŋ] *adj; om klær:* løstsittende.

loose-jointed [,lu:s'dʒɔintid; *attributivt:* 'lu:s,dʒɔintid] *adj:* løs i leddene; **T:** lealøs.

loose-leaf ['lu:s,li:f] *adj:* **~ book** løsbladbok.

loose-leaf file*(=ring file;* **US:** *loose-leaf binder)* ringperm.

loose living*(=a dissolute way of life)* et utsvevende liv.

loosely *adv:* løst; løselig; omtrentlig *(fx words loosely translated); om fx klær:* **fit ~** sitte løst.

loosestrife ['lu:s,straif] *subst; bot:* fredløs.

loot [lu:t] **1.** *subst:* bytte; tyvegods; **2.** *vb:* plyndre *(fx the soldiers looted the shops).*

lop [lɔp] *vb* **1.** beskjære *(fx a tree);* **2.: ~ off***(=cut off)* hogge (*el.* skjære) av *(fx a branch);* **3.** *fig* **T: could you ~ a few pounds off the price?** kunne du slå av noen få pund på prisen?

lope [loup] *vb; stivt(run with long, slow strides)* løpe med lange byks.

lopsided ['lɔp,saidid] *adj:* skjev; med slagside.

loquacious [lə'kweiʃəs] *adj; stivt(=talkative)* snakkesalig.

lor [lɔ:] *int; vulg(=Lord)* jøss!

I. lord [lɔ:d] *subst* **1***(=master)* herre *(fx the lion is lord of the jungle);* **the -s of creation** skapningens herrer; **2.** *rel:* **the***(=Our)* **Lord** Vårherre; **the Lord's Prayer** fadervår; **3. UK:** lord *(fx he's just been made a lord);* **the House of Lords** Overhuset; **4.** *int:* **Lord!** Gud! **good Lord!** (du) gode gud! **5.: My Lord** 1. *til adelig el. biskop:* Deres Eksellense; Deres Nåde; 2. *til dommer:* herr dommer; **6. T: (as) drunk as a ~** full som ei alke.

II. lord *vb* **T: ~ it** spille herre; **~ it over sby** spille herre og mester over en; tyrannisere en.

Lord Chamberlain 1. *i Norge:* hoffsjef *(NB* **UK:** *Master of the (Queen's) Household);* **2. UK: Lord Chamberlain (of the Household)** hoffmarskalk; *(NB i Norge: Marshal of the Court).*

Lord Chancellor*(=Lord High Chancellor of Great Britain)* lordkansler.

Lord Chief Justice: *rettspresident i Queen's Bench Division of the High Court.*

Lord Keeper of the Great Seal storseglbevarer.

Lord Lieutenant: *høytstående embetsmann i et county; han har i dag i det alt vesentlige representative oppgaver.*

lordly ['lɔ:dli] *adj* **1***(=haughty)* hovmodig; **2***(=magnificent)* storslått; overdådig *(fx banquet).*

Lord Mayor UK *i London og enkelte andre byer: borgermesterens tittel.*

Lord Privy Seal lordseglbevarer.

Lords: the ~*(=the House of Lords)* Overhuset.

lordship ['lɔ:dʃip] *subst* **1***(=rule; authority):* **~ over** herredømme over; **2. His (,Your) Lordship** Hans (,Deres) Eksellense; Hans (,Deres) Nåde; *iron:* **that didn't suit his ~** det passet ikke hans nåde.

Lord's Prayer: the ~ fadervår.

lords spiritual: the ~ Overhusets geistlige medlemmer.

Lord's Supper: the ~ den hellige nattverd.

lords temporal Overhusets ikke-geistlige medlemmer.

lore [lɔ:] *subst; stivt el. glds:* kunnskap (i et emne basert på muntlig overlevering); **the ~ of the sea** kunnskapen om havet.

lorry ['lɔri] *subst (,især* **US:** *truck)* lastebil; **articulated ~** *(,***US:** *trailer truck)* trailer.

Lorraine [lɔ'rein] *subst; geogr:* Lorraine; Lothringen.

lorry driver 1. lastebilsjåfør; **2.** trailersjåfør; **long -distance ~** trailersjåfør i fjerntrafikk.

lose [lu:z] *vb (pret & perf. part.: lost)* **1.** miste; **he lost hold of the rope** han mistet taket i tauet; **there's not a moment to ~** det er ikke et øyeblikk å miste; **2.** tape *(fx a war, a game);* **~ one's composure** *(,***T:** *lose one's head)* tape fatningen; **~ heart***(=lose courage)* tape (*el.* miste) motet; **she's lost her good looks** hun har tapt seg svært; **~ a right** miste en rett(ighet); **~ sight of** tape av syne; **he lost no time in informing the police** han underrettet politiet omgående; **I think we'll ~ by it** jeg tror vi kommer til å tape på det; **the ship was lost in the storm** skipet gikk tapt i stormen; **3.: he lost us the contract** det var hans skyld at vi ikke fikk kontrakten; **it will ~ him his job** det kommer til å koste ham jobben; **his stupidity lost him his job** det var dumheten hans som kostet ham jobben; **4.** *om klokke:* **~ (time)** saktne seg; **5.: ~ oneself in** fortape seg i *(fx a book);* **6.: ~ out** bli skadelidende; tape *(fx she lost out by being ill).*

loser ['lu:zə] *subst:* taper *(fx a good loser).*

losing ['lu:ziŋ] *adj:* tapende; **play a ~ game** være sikker på å tape; **fight a ~ battle** kjempe en håpløs kamp.

loss [lɔs] *subst* **1.** tap *(fx of blood; of money; of time);* **she was upset at the ~ of her job** hun var fortvilet over å miste jobben sin; **their -es were heavy** de hadde store tap; **2.: ~ (of ship)** forlis; **total ~** totalforlis; **3***(=death)* bortgang; død *(fx the loss of our friends was a great blow to us);* **4.** savn *(fx he's no great loss);* **it was only after he was dead that we realized what a ~ he was** det var først etterat han var død, at vi forstod hvor meget vi savnet ham; **5.: at a ~** 1. med tap *(fx sell sth at a loss);* 2. opprådd *(fx he was at a loss for words);* **be at a ~ what to do** ikke riktig vite hva man skal gjøre; **he's never at a ~!** han vet alltid råd! han er aldri opprådd! **6. T: he's a dead ~** han er fullstendig ubrukbar; **7. T: it's his ~** det er verst for ham (selv); **it's our ~ and your gain** det er 'vi som taper på det; **8.** *ordspråk:* **one man's ~ is a another man's gain** den enes død er den annens brød; **9.: they're cutting their -es** de er i ferd med å avskrive (*el.* gi opp) det hele.

loss leader *merk:* lokkevare (som selges med tap for å tiltrekke kunder).

lost [lɔst] *adj* **1.** tapt *(fx I think the book is lost; the game is lost);* bortkommet; forsvunnet *(fx lost in the crowd);* som har gått seg bort *(fx they were lost); fig:* **feel ~** føle seg fortapt; **2.** *mar:* forlist; **3.** forspilt *(fx a lost opportunity);* **~ happiness** forspilt lykke; **4.: a ~ cause** et håpløst foretagende; en sak som er tapt på forhånd; **5.: get ~** 1. gå (,kjøre) seg bort; 2. *int* **T:** forsvinn! **6.: ~ in** fordypet i *(fx she was lost in thought);* **7.: his jokes were ~ on her** vitsene hans gjorde ikke noe inntrykk på henne; **the hint was not ~ on him** han forstod godt hentydningen; **8.: ~ to** 1. tapt for *(fx he saw that the children were lost to him);* 2.: **he's ~ to all (sense of) shame** han eier ikke skam i livet.

lost property office hittegodskontor.

lot [lɔt] *subst* **1***(=fate)* skjebne; lodd; **2.: drawing (of) -s** loddtrekning; **draw -s (for)** trekke lodd (om); **3.** *merk:* parti *(fx a new lot of shirts);* **4.** *på auksjon:* nummer *(fx are you going to bid for lot 35?);* **5.: ~ (of ground)** parsell; **6.** (atskilt) del *(fx she gave one lot of clothes to a jumble sale and sold another lot to a rag merchant);* **in one ~***(=together)* samlet; under ett *(fx they are sold in one lot);* **7.: a ~** 1. mange *(fx* *what a lot of letters!);* 2. mye *(fx a lot of dust);* **he knows a ~** han kan (*el.* vet) mye; **I like it a ~** jeg liker det godt; **a ~ too small***(=much too small)* altfor liten; **T: a ~ 'you care!** det gir vel du blaffen i! det bryr vel ikke du deg om! **S: a fat ~ 'you know about it!** og det vet du mye om! det har du ikke noe greie på! **quite a ~** en hel (*el.* god) del; **8.: -s** 1. mange *(fx there were lots of people there);* 2. mye *(fx lots of butter);* **she had -s and -s of food** hun hadde masser av mat; **9.: the ~** det hele *(fx that's the lot);* alt sammen *(fx take the (whole) lot);* **T: bag the whole ~** ta det hele; **T:** ta hele kaka; **10.** *stivt:* **cast***(=throw)* **in one's ~ with sby***(=join forces with sby)* gjøre felles sak med en; **11. T: he's a bad ~** han er et dårlig papir; *(se også II. throw 17.7).*

lotion ['louʃən] *subst; med. el. kosmetisk:* vann *(fx hand lotion);* **setting ~** leggevann (for hår).

lottery ['lɔtəri] *subst:* lotteri; lotterispill *(fx marriage is a lottery(=gamble)).*

lottery ticket lodd; loddseddel.

lotto ['lɔtou] *subst:* lotto(spill); tallotteri.

lotus ['loutəs] *subst; bot:* lotus.

loud [laud] *adj & adv* **1.** *adj:* høy *(fx that music is too loud; she has a loud voice);* **2.** *adj; om farge el. klær(=gaudy)* grell; skrikende *(fx a loud tie);* **3.** *adv:* høyt; **read ~** lese høyt.

loud-hailer [,laud'heilə] *subst(=megaphone;* **US:** *bullhorn)* ropert *(fx the police used a loud-hailer to tell the crowd to get back).*

loud-mouthed ['laud,mauðd; 'laud,mauθt] *adj; neds:* høyrøstet (og skrytende) *(fx he's a loud-mouthed bully).*

loudspeaker [,laud'spi:kə] *subst:* høyttaler.

I. lounge [laundʒ] *subst; i hotell el. klubb:* salong; *flyv:* ventehall.

II. lounge *vb* **1.** ligge henslengt *(fx on a sofa);* **2.: ~ about***(=wander about; move about)* rusle omkring i (,på) *(fx lounge about the airport).*

lounge bar *i engelsk pub:* peneste bar; penbar.

lounge suit *mots smoking el. mørk dress:* alminnelig dress.

louse [laus] *subst (pl: lice)* lus.

lousewort ['laus,wə:t] *subst; bot:* **common ~***(=red rattle)* kystmyrklegg; **marsh ~** myrklegg.

lousy ['lauzi] *adj* **1.** luset(e); **2. T:** elendig *(fx food; weather);* **a ~ job** en fillejobb; **S: he's ~ with money** han er stinn av penger.

lout [laut] *subst; neds:* slamp; slask; lømmel.

loutish ['lautiʃ] *adj; neds:* slampete; lømmelaktig.

louvre, louver ['lu:və] *subst; i dør el. vindu:* sjalusi; **~ door** sjalusidør.

lovable ['lʌvəbl] *adj:* elskelig; yndig *(fx child).*

lovage ['lʌvidʒ] *subst; bot:* løpstikke; **Scotch ~** strandkjeks.

I. love [lʌv] *subst* **1.** kjærlighet; **Love** kjærligheten; **~ for** kjærlighet til; *til dyr, ting el. mer generelt:* **~ of** kjærlighet til *(fx his great love of the French);* **~ of adventure** eventyrlyst; **~ of reading** leselyst; **~ at first sight** kjærlighet ved første blikk; **old ~ lies deep** gammel kjærlighet ruster ikke; **unrequited ~** ulykkelig kjærlighet;

2. det å elske; elskov; **make ~***(=have intercourse)* elske; ha samleie *(with* med); **make ~ to** 1*(=make love with)* ligge med; elske med; ha samleie med; 2. *litt. el. glds:* kjæle med;

3. *om noe man er sterkt opptatt av; litt.:* **one of the -s of his life** *(=one of his main interests in life)* en av hans store interesser i livet;

4. *til kvinne* **T: (my) ~** kjære deg; vennen min; jenta mi *(fx Mary, my love, are you ready to leave? are you ready, love?);*

5. kjærlig hilsen *(fx love from John);* **give my ~ to him***(=remember me to him)* hils ham fra meg;

6. *tennis:* null; **the score is fifteen ~***(=the score is 15–0)* stillingen er 15–0; **~ all** A 0;

7.: do it for ~ gjøre det gratis;

8.: marry for ~ gifte seg av kjærlighet;

9.: play for ~ spille for moro skyld (ɔ: uten pengeinnsats);

10.: we couldn't get a taxi for ~ or money det var ingen drosje å oppdrive;

11.: in ~ (with) forelsket (i); **fall in ~ (with)** forelske seg (i); bli forelsket (i);

12.: there's no ~ lost between them de kan ikke fordra hverandre.

II. love *vb:* elske *(fx she loves him; she no longer loves her husband);* være glad i *(fx she loves her children dearly);* **they both ~ dancing** de er begge svært glad i å danse; **I'd ~ to come with you** jeg skulle forferdelig gjerne bli med deg.

love affair kjærlighetsaffære.

loved [lʌvd] *adj:* elsket; **one's ~ ones** ens kjære.

loveless ['lʌvlis] *adj:* uten kjærlighet *(fx a loveless marriage).*

lovelorn ['lʌv,lɔ:n] *adj; glds(=deserted by one's beloved)* forlatt av sin elskede.

love letter kjærlighetsbrev.

lovely ['lʌvli] *adj* **1***(=beautiful; attractive; pleasant)* vakker; deilig *(fx she's a lovely girl);* **she looked ~ in that dress** hun tok seg nydelig ut i den kjolen; **they live in ~ houses** de bor i pene hus; **her singing was ~***(=she sang beautifully)* hun sang nydelig; **2. T***(=delightful)* herlig; deilig *(fx that was a lovely meal; someone told me a lovely joke last night; it was a lovely warm day; she was wearing a lovely white skirt);* **3. T: he thought everything in the garden was ~** han ante fred og ingen fare.

love-making ['lʌv,meikiŋ] *subst(=making love)* elskov; det å ha samleie; **T:** elsking.

love match inklinasjonsparti; kjærlighetsparti.

love philtre*(=love potion)* elskovsdrikk.

lover ['lʌvə] *subst* **1.** elsker *(fx her lover);* **a pair of -s***(=a loving couple)* to elskende; et elskende par; **the -s** de elskende; **they became -s while on holiday in France** de innledet et forhold mens de var på ferie i Frankrike; **2.** -elsker; **art ~** kunstelsker; **~ of music** musikkelsker.

lovesick ['lʌv,sik] *adj:* elskovssyk.

love story kjærlighetsroman; kjærlighetshistorie.

love token*(=pledge of love)* kjærlighetspant.

loving ['lʌviŋ] *adj:* kjærlig *(fx husband);* **a ~ couple***(=a pair of lovers)* to elskende; et elskende par.

I. low [lou] *subst* **1.** *meteorol:* lavtrykk(område); **2. T***(=low point)* lavpunkt; **(all-time) ~** bunnrekord; **hit a new ~** nå en ny bunnrekord.

II. low *subst:* raut.

III. low *vb:* raute.

IV. low *adj* **1.** lav; **~ hills** lave åser; **the window was very ~** vinduet satt svært lavt; **a ~ bow** et dypt bukk; *om kjole(=low-necked)* utringet; nedringet; **2.** *om lyd:* lav; dempet; svak; **in a ~ voice** lavt; med lav stemme; **her voice was ~ and rather indistinct** hun snakket lavt og nokså utydelig; **3.** *mus; om tonehøyde:* dyp *(fx that note is too low for a female voice);* **4.** *mots kraftig:* svak *(fx a low pulse);* **cook the soup over a ~ heat** lag suppen over svak varme; **5.** *om herkomst(=humble):* **a man of ~ birth** en mann av ringe herkomst; **6.** *også bot & zo:* lavtstående *(fx organisms; tribes);* **~ life** lavtstående liv; **7.** *om manerer & vaner:* simpel; *om smak:* simpel; tarvelig; **8.: be ~ in health***(=be run down)* være langt nede; **feel ~** være i dårlig humør; **in ~ spirits** i dårlig humør; **he was in rather a ~ mood**

han var i nokså dårlig humør; **9.** *om beholdning:* **the water supply is getting** ~*(=the water supply is coming to an end)* vi slipper snart opp for vann; **10. T: be ~ on** ha for lite av; ha dårlig med *(fx we're a bit low on coffee);* **we have enough salesmen but we're ~ on secretaries** vi har selgere nok, men vi har dårlig med sekretærer.

V. low *adv:* lavt; **aim ~** sikte lavt; **lie ~** *se IV. lie 8;* **sink ~** synke dypt *(fx he would never sink so low);* **he turned the music down ~** han skrudde musikken lavt.

lowbrow ['lou,brau] *subst & adj:* (person) uten intellektuelle interesser; lavpannet (person).

low-ceilinged ['lou'si:liŋd, *attributivt:* 'lou,si:liŋd] *adj:* lavloftet.

Low Church: the ~ lavkirken (del av den anglikanske kirke som legger vekt på bønn og preken, men ikke på seremoniell).

Low-Church *adj:* lavkirkelig.

low comedy *teat:* lavkomisk farse.

low-cut ['lou'kʌt; *attributivt:* 'lou,kʌt] *adj; om kjole:* nedringet.

low-density ['lou,densiti] *adj:* **~ housing** *fagl(=scattered houses)* spredt bebyggelse.

I. low-down ['lou,daun] *subst* **T***(=inside information; true facts):* **get the ~ on** få (tak i) opplysninger om.

II. low-down *adj* **T***(=mean; shabby)* simpel; sjofel; gemen; tarvelig *(fx trick).*

I. lower ['louə] *vb* **1***(=let down)* senke *(fx the flag);* heise ned; fire ned; **~ the blinds** slippe ned rullegardinene; **~ the piece of metal gently into the vessel** senk metallbiten forsiktig ned i karet; **2.** gjøre lavere; senke *(fx the ceiling);* **3.** *mar:* låre; sette på vannet *(fx a boat);* **4.** redusere; sette ned *(fx the price);* nedsette *(fx a poor diet lowers resistance to illness);* **5.** *om stemme:* senke; **6.** *fig; om nivå:* senke *(fx the standard);* **7.: this -ed him in their eyes** dette fikk ham til å synke i deres aktelse; **8.: he would never ~ himself by taking bribes***(=he would never stoop to taking(=accepting) bribes)* han ville aldri nedverdige seg til å ta imot bestikkelser.

II. lower, lour ['lauə] *vb; litt.(=become dark and threatening):* **-ing clouds** mørke og truende skyer.

III. lower ['louə] *adj & adv; komp av III. & IV. low:* lavere; **~ animals** laverestående dyr.

lower-case ['louə,keis] *adj; typ:* **~ letters** *typ(=lower case)* små bokstaver.

lower class 1. *skolev:* lavere klasse; **2.** *i samfunnet:* **the -es** underklassen; de lavere klasser.

lower house *parl:* underhus *(fx the House of Commons is the lower house of the British parliament).*

lower lip *anat:* underleppe.

lower middle class: the ~ den lavere middelstand.

Low German *språkv:* nedertysk.

low-grade ['lou'greid; *attributivt:* 'lou,greid] *adj:* av dårlig kvalitet; mindreverdig; **~ ore** fattig malm.

lowland ['loulənd] **1.** *subst:* lavland; **in the -s** i lavlandet; **2.** *adj:* lavlands-; **~ plain** lavslette.

Low Latin vulgærlatin.

lowly ['louli] *adj* **1.** *litt.(=modest; not proud)* beskjeden; ydmyk; **2.** *stivt el. spøkef(=inferior)* underordnet; beskjeden *(fx a lowly position in the firm).*

Low Mass *rel:* stille messe.

low-necked ['lou'nekt; *attributivt:* 'lou,nekt] *adj; om kjole:* nedringet; utringet.

low-pitched ['lou'pitʃt; *attributivt:* 'lou,pitʃt] **1.** *om stemme:* i et lavt leie; *om tone:* dyp; **2.** *arkit:* **a ~ roof** et tak med lite fall.

low pressure lavt trykk.

low-pressure ['lou'preʃə; *attributivt:* 'lou,preʃə] *adj:* lavtrykks-.

low profile lav profil *(fx keep a low profile).*

low-rise housing ['lou,raiz 'hauziŋ] lav bebyggelse.

low season lavsesong.

low-spirited ['lou'spiritid; *attributivt:* 'lou,spiritid] *adj(=sad)* nedtrykt.

low-suds ['lou,sʌdz] *adj:* lavtskummende *(fx washing powder).*

low tide*(=low water)* lavvann.

low water lavvann; *fig:* **be in ~***(=be short of money)* ha pengemangel; ha ebbe i kassen.

low-water mark [,lou'wɔ:tə,ma:k] lavvannsmerke.

loyal ['lɔiəl] *adj(=faithful)* trofast; lojal; tro.

loyalty ['lɔiəlti] *subst:* lojalitet; troskap.

lozenge ['lɔzindʒ] *subst* **1***(=pastille)* pastill *(fx peppermint lozenges);* **2.** *geom:* rombe.

L-car *(fk.f. learner-car)* lærevogn (for øvelseskjøring).

L-plate *på bil:* skilt som markerer at den brukes til øvelseskjøring.

lubricant ['lu:brikənt] *subst:* smøremiddel.

lubricate ['lu:bri,keit] *vb:* smøre.

lubricating oil smøreolje.

lubrication [,lu:bri'keiʃən] *subst:* smøring; **point of ~** smørepunkt.

lucern(e) [lu:'sə:n] *subst; bot:* blålusern.

lucid ['lu:sid] *adj* **1***(=clear)* klar; lettfattelig *(fx a lucid style of writing);* **2.** *om person:* klar; våken *(fx a remarkably lucid old lady);* **his mind was ~ and he was able to talk** han var helt klar og i stand til å snakke; **a ~ interval** et lyst øyeblikk; et øyeblikk da man kan tenke klart.

lucidity [lu:'siditi] *subst:* klarhet.

lucidly ['lu:sidli] *adv(=clearly)* klart; **present one's views ~** uttrykke seg klart; legge fram sine synspunkter på en lettfattelig måte.

luck [lʌk] *subst* **1.** *om det tilfeldige:* lykke; **try one's ~** prøve lykken; **whether you win or not is just ~** om man vinner eller ikke, beror på tilfeldigheter; **as ~ would have it***(=as it happened)* tilfeldigvis *(fx as luck would have it they met);*

2. *om det uheldige:* **bad ~** 1*(=bad break)* uhell; uflaks; 2. *int(=hard luck)* så ergerlig (,synd) for deg! **I had the bad ~ to ...** jeg var så uheldig å ...; **it's bad ~ to break a mirror** det betyr uhell å knuse et speil; **better ~ next time!** bedre lykke neste gang! jeg håper du er heldigere neste gang! **that's just my ~!** jeg er alltid uheldig! **what rotten ~!** for en uflaks! **worse ~!***(=most unfortunately)* dessverre! beklageligvis! *(fx he's coming too, worse luck!);* **he had no ~***(=he was unsuccessful)* han hadde ikke hellet med seg; **have no ~ with sth** være uheldig med noe; ha uflaks med noe; **I never have any ~** jeg er alltid uheldig; **be down on one's ~** ha motgang; **he's down on his ~** verden går ham imot; **be out of ~** være uheldig; ha uflaks;

3. *om det heldige:* **bring ~***(=be lucky)* bringe lykke; **by sheer ~** ved et rent hell; **good ~** 1*(=good fortune)* hell; lykke; 2. *int:* lykke til! **he came to say good ~** han kom for å ønske lykke til; **a piece***(=stroke)* **of good ~** et lykketreff; **it was more by good ~ than by good management***(=he (etc) was more lucky than wise)* lykken var bedre enn forstanden; **as good ~ would have it***(=luckily)* til alt hell; heldigvis; ved et heldig tilfelle; **some people have all the ~!** enkelte er alltid heldige! **be in ~** ha hellet med seg; være heldig; ha flaks; **T: don't push your ~!** ikke stol for meget på hellet ditt! **talk about ~!** du snakker om flaks!

luckily ['lʌkili] *adv(=fortunately; as good luck would have it)* heldigvis.

lucky ['lʌki] *adj:* heldig; som bringer hell; **this was not my ~ day!** i dag var jeg altså ikke heldig; **be ~**

at cards ha hell i spill; **a ~ dog***(=a lucky beggar)* en heldiggris; **third time ~!** alle gode ting er tre!
lucrative ['lu:krətiv] *adj:* innbringende; lønnsom; lukrativ.
ludicrous ['lu:dikrəs] *adj; stivt(=ridiculous)* latterlig.
luff [lʌf] *vb; mar:* loffe (til vinden).
I. lug [lʌg] *subst; på krukke:* øre; hank.
II. lug *vb; om noe tungt:* hale *(fx a heavy suitcase out of a wardrobe); ~(=drag)* **sth about with one** slepe på noe.
luggage ['lʌgidʒ] *subst (,mil, flyv & US: baggage)* bagasje; **(accompanied) ~** reisegods.
luggage rack *jernb:* bagasjenett; bagasjehylle.
luggage ticket *jernb:* reisegodskvittering.
luggage van *jernb:* bagasjevogn; reisegodsvogn.
lugsail ['lʌg,seil] *subst; mar:* luggerseil.
lugubrious [lə'gu:briəs] *adj; meget stivt el. spøkef(=mournful)* bedrøvet; dyster *(fx expression);* **a ~ face** et bedemannsansikt.
Luke [lu:k] *subst:* Lukas.
lukewarm ['lu:k,wɔ:m] *adj* **1.** lunken *(fx tea; water);* **2.** *fig:* halvhjertet; lunken *(fx support).*
I. lull [lʌl] *subst:* opphold; pause; roligere periode *(fx there's a bit of a lull now);* **a ~ in the traffic** et opphold i trafikken.
II. lull *vb:* **~ sby to sleep** dysse (*el.* lulle) en i søvn; **~ us into a false sense of security** lulle oss inn i en falsk følelse av sikkerhet.
lullaby ['lʌlə,bai] *subst:* vuggevise.
lumbago [lʌm'beigou] *subst; med.:* lumbago.
lumbar ['lʌmbə] *adj; anat:* lumbal-; **~ puncture***(=spinal puncture)* lumbalpunktur; ryggmargsprøve.
I. lumber ['lʌmbə] *subst* **1.** *især om større, tyngre ting:* skrap; skrammel *(fx we must get rid of some of this lumber);* **2.** *forst* **US***(=timber)* tømmer; trelast.
II. lumber *vb* **1. US***(=work in the forest)* arbeide i skogen; **2.** *stivt(=move heavily (and clumsily)):* **the rhino came -ing towards him** neshornet kom mot ham i klosset trav; **3.** *om kjøretøy:* ramle *(fx tanks were lumbering past);* **4.: ~ up** fylle (med skrammel); **5.** *om uønsket ansvar el. plikt:* **~ sby with sth** bebyrde en med noe; plage en med noe.
lumber camp US: skogstue; tømmerkoie.
lumberjack ['lʌmbə,dʒæk] *subst* **US***(=feller)* tømmerhogger; *(=forest worker)* skogsarbeider.
lumberman ['lʌmbəmən] *subst* **US:** *se lumberjack.*
lumber room *stivt(=storeroom; box room)* kott; *lett glds:* pulterkammer.
lumber yard US*(=timber yard)* trelasttomt.
luminary ['lu:minəri] *subst* **1.** lysende himmellegeme; **2.** *fig; om person:* stort navn; ledende skikkelse; **he's a legal ~** han er en ledende jurist.
luminosity [,lu:mi'nɔsiti] *subst* **1.** klarhet; det å gi fra seg lys; **2.** *astr:* lysstyrke; *(jvf luminous intensity).*
luminous ['lu:minəs] *adj* **1.** lysende; som gir fra seg lys; selvlysende *(fx is your watch luminous?);* **2.** *fig; meget stivt: se lucid 1.*
luminous intensity lysstyrke; *(jvf luminosity 2).*
I. lump [lʌmp] *subst* **1.** klump; **~ of sugar** sukkerbit; *fig:* **a big ~ of a man** en svær brande (av en mann); **a big ~ of a woman***(=a big clumsy creature)* en (kraftig) bumse; 2*(=swelling; bump)* kul; hevelse; **~ in the breast** kul i brystet; **he had a ~***(=bump)* **on his forehead** han hadde en kul i pannen; **3. T: in the ~** under ett; **you'll have to take it in the ~** man kan ikke dele det opp; man må ta det under ett.
II. lump *vb* **1.** klumpe seg; **2.: ~ together** slå sammen *(fx several items);* betrakte under ett; **~ them all together** skjære dem alle over én kam; **3.: ~ with** plassere sammen med *(fx he was lumped with the children);* **4. T: if you don't like it, you can ~ it** du må pent finne deg i det; du har ikke noe valg.
lumpfish ['lʌmp,fiʃ] *subst; fisk(=lumpsucker)* rognkall; rognkjeks.
lumpish ['lʌmpiʃ] *adj; om person:* tung; kluntet; treg.
lump sugar*(=cube sugar)* raffinade.
lump sum rund sum; sum utbetalt en gang for alle; **insurance for a ~** kapitalforsikring.
lump sum compensation 1. erstatning i form av en rund sum; **2.** *fors:* engangserstatning.
lumpy ['lʌmpi] *adj:* klumpet; med klumper *(fx sauce).*
lunacy ['lu:nəsi] *subst; fig; stivt(=madness)* galskap; **it was sheer ~ to lend him money** det var den rene galskap å låne ham penger.
lunar ['lu:nə] *adj:* måne- *(fx crater).*
lunar module *(fk LM)* månelandingsfartøy.
lunar orbit kretsløp rundt månen.
lunatic ['lu:nətik] *subst:* galning; *(jvf loony).*
lunch [lʌntʃ] **1.** *subst:* lunsj; **2.** *vb:* spise lunsj.
luncheon ['lʌntʃən] *subst; stivt(=lunch)* lunsj.
luncheon meat kjøtt på boks (som gjerne serveres kaldt) *(fx we had luncheon meat for supper).*
luncheon voucher lunsjkupong; middagskupong.
lunch hour middagspause.
lung [lʌŋ] *subst; anat:* lunge.
lung cancer lungekreft.
I. lunge [lʌndʒ] *subst* **1.** fektning: utfall; støt; **2.: he made a ~ at her** han kastet seg mot henne.
II. lunge *vb* **1.** *fektning:* gjøre et utfall; **2.** kaste seg (fremover *el.* mot); **he -d towards his victim** han kastet seg mot sitt offer.
I. lurch ['lə:tʃ] *subst:* **leave sby in the ~** la en i stikken; svikte en.
II. lurch *subst:* krengning; overhaling; slingring; **give a ~ to starboard** krenge over mot styrbord; **the train gave a ~ and started** toget rykket og startet.
III. lurch *vb* **1.** krenge (over); slingre; **2.** rave; sjangle *(fx he lurched towards the bar).*
I. lure [ljuə] *subst* **1.** lokkemiddel; (kunstig) agn; **2.** dragning; tiltrekning; **the ~ of her money** det forlokkende ved pengene hennes; **3.: -s** kunster; knep *(fx the lures of a pretty woman).*
II. lure *vb:* lokke *(fx they lured him away from the firm by offering him a much larger salary).*
lurid ['ljuərid] *adj* **1.** *om lysskjær:* uhyggelig; glødende; **2***(=loud; glaring)* grell; glorete; altfor sterk; **some ~ coloured views of Venice** noen grelle (*el.* glorete) prospektkort fra Venezia; **3***(=macabre; gruesome)* makaber; nifs *(fx the lurid details of the accident);* **4.** *fig(=sensational; highly coloured)* sensasjonspreget; sterkt farget *(fx newspaper report).*
lurk [lə:k] *vb:* lure; stå på lur *(fx there was a man lurking in the shadows).*
lurking *adj* **1.** som står på lur; som står og lurer; **2.** *fig(=sneaking)* snikende *(fx a lurking fear).*
luscious ['lʌʃəs] *adj* **1***(=succulent)* saftig *(fx pear);* **2.** *fig:* frodig; yppig *(fx a luscious blonde);* **~ lips***(=tempting lips)* fristende lepper.
lush [lʌʃ] *adj; litt. el. stivt(=luxuriant)* frodig; **~ meadows** frodige enger.
lush green *adj:* frodiggrønn.
lush tenor smørtenor.
I. lust [lʌst] *subst* **1.** lyst *(fx his eyes were filled with lust as he gazed at her);* lystenhet; lidderlighet; **carnal ~** kjødelig lyst; vellyst; **the -s of the flesh** kjødets lyster; **2.: ~ for power***(=greed for power)* maktbegjær.
II. lust *vb; litt. el. spøkef:* **~ after, ~ for** begjære *(fx he's always lusting after some woman);* **they -ed for***(=thirsted for)* **revenge** de tørstet etter hevn.
lustful ['lʌstful] *adj(=lascivious)* lysten; vellystig;

lidderlig.

lustre *(,US: luster)* ['lʌstə] *subst* **1.** glans *(fx the lustre of the pearls);* **2.** *i lysekrone:* prisme; **3.** *fig:* glans; **add ~ to the occasion** kaste glans over anledningen.

lustrous ['lʌstrəs] *adj; stivt(=shining)* strålende; skinnende *(fx eyes).*

lusty ['lʌsti] *adj* **1.** *litt.(=strong and healthy)* sunn og sterk *(fx a lusty country girl);* **2.** *stivt(=loud):* **a ~ yell** et kraftig skrik.

lute [lu:t] *subst; mus:* lutt.

Lutheran ['lu:θərən] **1.** *subst:* lutheraner; **2.** *adj:* luthersk.

Luxemb(o)urg ['lʌksəm,bə:g] *geogr* **1.** *subst:* Luxemburg; **2.** *adj:* luxemburgsk.

Luxemb(o)urger ['lʌksəm,bə:gə] *subst:* person fra Luxemburg.

luxuriance [lʌg'zjuəriəns] *subst; stivt(=luxuriant growth)* frodighet; yppighet.

luxuriant [lʌg'zjuəriənt] *adj:* yppig; frodig *(fx plants; a luxuriant moustache);* overdådig *(fx vegetation);* **~ growth** frodighet.

luxuriate [lʌg'zjuərieit] *vb; stivt el. spøkef:* **~ in***(=really enjoy)* nyte i fulle drag *(fx she luxuriated in a well-earned rest).*

luxurious [lʌg'zjuəriəs] *adj:* luksuriøs; **a ~ feeling***(=a feeling of wellbeing)* en følelse av velvære.

luxuriously *adv:* luksuriøst; **she stretched herself ~** hun strakte seg velbehagelig.

luxury ['lʌkʃəri] *subst:* luksus *(fx live in luxury);* **indulge in the ~ of a cigar** unne seg den luksus å ta en sigar.

lye [lai] *subst; kjem:* lut.

I. lying ['laiiŋ] *subst* **1.** ligging; **2.** løgnaktighet.

II. lying *adj* **1.** liggende; **2.** løgnaktig; som lyver.

lyme grass *bot:* **(sea) ~***(=wild rye)* strandrug.

lymph [limf] *subst:* lymfe; lymfevæske.

lymphatic [lim'fætik] *adj:* lymfe-; **~ node** lymfeknute; **~ system** lymfekarsystem; **~ vessel** lymfekar.

lynch [lintʃ] *vb:* lynsje.

lynch law lynsjjustis.

lynx [liŋks] *subst; zo:* gaupe.

lynx-eyed ['liŋks,aid] *adj:* med falkeblikk.

lyre ['laiə] *subst; mus:* lyre.

I. lyric ['lirik] *subst* **1***(=lyric poem)* lyrisk dikt; **2.: -s** (sang)tekst *(fx I like the lyrics but the tune is awful).*

II. lyric *adj; om diktning:* lyrisk; **~ poet** lyriker.

lyrical ['lirikəl] *adj* **1.** *se II. lyric;* **2***(=enthusiastic; full of enthusiastic praise)* lyrisk *(fx he became quite lyrical about the delights of country life).*

lyrical poetry lyrikk.

M

M, m [em] (bokstaven) M, m; *tlf:* **M for Mary** M for Martin; **capital M** stor M; **small m** liten m; **it is spelt with two m's** det skrives med to m'er.

ma [ma:] *subst* **T***(=mother)* mor; mamma; **T:** mutter.

ma'am [mæm, ma:m; *trykksvakt:* məm] *subst; brukt i tiltale av hushjelp, etc:* frue; frøken; *til kongelig:* Deres Majestet; Deres Kongelige Høyhet.

mac [mæk] *subst (fk.f. mackintosh) subst:* regnkappe.

Mac 1. *forstavelse i skotske & irske familienavn;* **2.** *i tiltale* **T:** skotte.

macabre [mə'ka:bə] *adj; stivt(=gruesome)* makaber.

macadamize, macadamise [məkædə,maiz] *vb:* makadamisere; legge asfaltdekke på *(fx a road).*

macaroni [,mækə'rouni] *subst:* makaroni.

macaroon [,mækə'ru:n] *subst; kake:* makron.

macaw [mə'kɔ:] *subst; zo; papegøyeart:* ara.

I. mace [meis] *subst* **1.** *hist:* stridskølle; **2.** septer.

II. mace *subst; krydder:* muskatblomme; *(jvf nutmeg).*

Macedonia [,mæsi'douniə] *subst; geogr:* Makedonia.

Macedonian [,mæsi'douniən] **1.** *subst:* makedonier; **2.** *adj:* makedonisk.

Mach [mæk] *subst(=Mach number) flyv:* machtall; mach *(fx Mach 5 means a speed five times the speed of sound).*

machinable [mə'ʃi:nəbl] *adj:* maskinerbar; som kan bearbeides på maskin.

machinations [,mæki'neiʃənz] *subst; pl; stivt(=scheming)* renkespill; komplott.

I. machine [mə'ʃi:n] *subst* **1.** maskin; **2.** *fig:* maskin; maskineri; apparat *(fx the party machine);* **3.** *især om motorsykkel* **T:** rokk* *(fx that's a fine machine you have!).*

II. machine *vb:* bearbeide på maskin.

machine accounting*(=machine bookkeeping)* maskinbokføring.

machine-cut *adj* **1.** maskinskåret; **2.** *om hår(=close -cropped)* maskinklipt.

machine gun maskingevær; **sub-** ~ maskinpistol.

machinelike [mə'ʃi:n,laik] *adj:* maskinmessig; som en maskin.

machine-readable [mə'ʃi:n,ri:dəbl] *adj:* maskinlesbar.

machinery [mə'ʃi:nəri] *subst* **1.** maskineri; maskiner; **2.** *fig:* maskineri; apparat; system *(fx a machinery to control prices);* **war** ~ krigsmaskin.

machine shop*(=engineering (work)shop)* maskinverksted.

machine tool verktøymaskin; **-s** maskinverktøy.

machinist [mə'ʃi:nist] *subst* **1***(=machine operative)* maskinarbeider; **2***(=machine operator)* maskinfører.

mackerel ['mækərəl] *subst; zo:* makrell; **young** ~ pir.

mackerel shark *zo(=porbeagle)* håbrann.

mackintosh, macintosh ['mækin,tɔʃ] *subst (fk mac)* regnkappe.

macrobiotic [,mækroubai'ɔtik] *adj:* makrobiotisk *(fx food).*

macrocosm ['mækrə,kɔzəm] *subst:* makrokosmos.

mad [mæd] *adj* **1.** *fig el. i løst språkbruk:* gal *(fx you're mad!);* **he was** ~ **with rage** han var gal av raseri; **2. T***(=angry)* sint; ~ **at,** ~ **with** sint på; **3. T:** ~ **about***(=crazy about)* gal etter; **4.** *om hund:* som har hundegalskap; **5.: like** ~ som en gal *(fx work like mad);* **6.:** ~ **as a hatter,** ~ **as a March hare** splitter gal; **7.: the pain was driving him** ~ han ble helt gal av smerte.

madam ['mædəm] *subst* **1.** *høflig tiltaleform:* frue; frøken *(fx can I help you, madam? after you, madam! Madam Chairman; Madam President);* **2***(=brothel keeper)* bordellvertinne; horemamma; **3.: she's a real little** ~**!** hun er svært så dominerende! **4.** *i brev (mots Dear Sir); intet tilsv på norsk:* **Dear Madam,** [kjære frue].

madcap ['mæd,kæp] *subst:* villstyring.

madden ['mædən] *vb(=make mad; make very angry)* gjøre gal; gjøre rasende *(fx the bull was maddened by pain).*

maddening *adj:* (fryktelig) irriterende.

made [meid] **1.** *pret & perf. part. av II. make;* **2.** *adj:* oppredd *(fx the bed is made);* **3.: he's** ~ **for that job** han er som skapt til den stillingen; **4. T: he's a** ~ **man** hans lykke er gjort.

Madeira [mə'diərə] *subst* **1.** *geogr:* Madeira; **2.** madeiravin.

Madeira cake type formkake.

made to measure sydd etter mål.

made to order lagd på bestilling.

made up 1*(=invented)* oppdiktet *(fx a made-up story; her story was made up);* **2.** sminket *(fx a well made-up woman);* **3.** *om vei:* med fast dekke *(fx a made-up road).*

madhouse ['mæd,haus] *subst; i løst språkbruk:* galehus.

madman ['mædmən] *subst; i løst språkbruk:* galning.

madness ['mædnis] *subst; i løst språkbruk:* galskap; **it would be sheer** ~ **to try** det ville være den rene galskap å prøve.

Madrid [mə'drid] *subst; geogr:* Madrid.

madwort ['mæd,wə:t] *subst; bot* **1.** grådodre; **2.: (German)** ~ gåsefot.

maelstrom ['meilstroum] *subst:* malstrøm.

mae west *flyv* **S***(=inflatable life jacket)* oppblåsbar redningsvest.

mag [mæg] *subst* **T***(=magazine)* ukeblad; magasin.

magazine [,mægə'zi:n] *subst* **1.** ukeblad; magasin; **weekly** ~ ukeblad; **women's** ~ dameblad; **2.** magasin; depot; **3.** *i våpen:* magasin; **4.** *fot(=cartridge)* kassett.

Magellan [mə'gelən] *subst; geogr:* **the Strait of** ~ Magellanstredet.

Maggie ['mægi] *subst* **1. T:** Margaret; **2.** *tegneseriefigur:* Fia; *(jvf Jiggs).*

maggie ['mægi] *subst; zo* **S***(=magpie)* skjære.

maggot ['mægət] *subst; zo; av husflue & spyflue:* larve; mark.

Magi ['meidʒai] *subst (pl av magus):* **the three** ~ de hellige tre konger; vismennene fra Østerland.

I. magic ['mædʒik] *subst* **1.** magi; trolldom; **he was turned by** ~ **into a frog** ved trolldom ble han til en frosk; **black** ~ sort magi; svartekunst; **2.** trylling; tryllekunst(er); **by** ~ ved trylleri; **as if by** ~ som ved et trylleslag; **3.** magisk virkning *(fx England still has its magic);* mystikk *(fx the magic of the summer night).*

II. magic *adj* **1.** magisk; ~ **mirror** tryllespeil; **2. T***(=very good)* meget god; fantastisk.

magical ['mædʒikəl] *adj; stivt(=magic)* magisk.

magician [mə'dʒiʃən] *subst* **1***(=conjurer)* tryllekunstner; **2.** trollmann.

magic wand tryllestav.

magisterial [,mædʒi'stiəriəl] *adj; stivt(=masterful)* myndig; skolemesteraktig; **a ~ forefinger** en høyt hevet pekefinger.

magistrate ['mædʒi,streit] *subst* **1***(=examining magistrate)* forhørsdommer; **2.: stipendiary ~** byrettsdommer.

magistrates' court forhørsrett.

Magna Carta, Magna Charta *hist* **UK:** det store frihetsbrev (av 1215).

magnanimity [,mægnə'nimiti] *subst:* edelmodighet; høysinn; storsinn(ethet); **he showed great ~ in ignoring my stupid mistake** han var meget storsinnet som overså den dumme feilen min.

magnanimous [mæg'næniməs] *adj:* edelmodig; høysinnet; storsinnet.

magnate ['mægneit] *subst:* magnat.

magnesia [mæg'ni:ʃə] *subst; kjem:* magnesia.

magnesium [mæg'ni:ziəm] *subst; kjem:* magnesium.

magnet ['mægnit] *subst:* magnet.

magnetic [mæg'netik] *adj* **1.** magnetisk; **2.** *fig:* som øver en uimotståelig tiltrekning.

magnetic catch*(=magnet snap)* sneppert.

magnetism ['mægni,tizəm] *subst:* magnetisme; tiltrekningskraft.

magnetize, magnetise ['mægni,taiz] *vb:* magnetisere.

magneto [mæg'ni:tou] *subst (pl: magnetos)* (tenn)-magnet.

magnification [,mægnifi'keiʃən] *subst:* forstørrelse *(fx a 13 times magnification).*

magnificence [mæg'nifisəns] *subst:* prakt.

magnificent [mæg'nifisənt] *adj:* praktfull *(fx costume);* storslått *(fx the view over the valley is magnificent).*

magnificent specimen prakteksemplar.

magnifier ['mægni,faiə] *subst(=magnifying glass)* forstørrelsesglass; lupe.

magnify ['mægni,fai] *vb* **1.** forstørre; **2.** *fig:* forstørre *(fx she's inclined to magnify all her troubles).*

magnitude ['mægni,tju:d] *subst; stivt* **1.** størrelse; **a star of great ~** en stor stjerne; **2***(=importance)* betydning; **a decision of great ~** en meget viktig avgjørelse.

magnolia [mæg'nouliə] *subst; bot:* magnolia.

magpie ['mæg,pai] *subst; zo:* skjære.

mahogany [mə'hɔgəni] *subst:* mahogni.

maid [meid] *subst* **1.: ~ (servant)** pike; *(jvf housemaid);* **2.** *på hotell* **T***(=chambermaid)* værelsespike; pike; **3.** *litt.(=unmarried woman)* pike; jomfru *(fx a pretty young maid).*

maiden ['meidən] **1.** *subst; litt.(=maid)* jomfru *(fx a maiden of seventeen);* **2.** *adj:* **a ~ aunt** en ugift (gammel) tante.

maidenhead ['meidən,hed] *subst* **1.** *i løst språkbruk(=hymen)* møydom; jomfruhinne; **2***(=maidenhood)* jomfruelighet; jomfrustand; jomfrudom.

maidenhood ['meidən,hud] *subst: se maidenhead 2.*

maiden name pikenavn.

maiden speech jomfrutale.

maiden voyage *mar:* jomfrutur.

maid of honour US*(=chief bridesmaid) brudens:* forlover; *(jvf best man).*

maid servant hushjelp; pike; *(jvf housemaid).*

I. mail [meil] *hist* **1.** *subst:* **coat of ~** brynje; **2.** *vb:* pansre *(fx mailed knights);* **the -ed fist** den pansrede neve.

II. mail *subst(=post)* post; **send by ~***(=send by post)* sende med posten; **by air ~** med luftpost; **by surface ~** med overflatepost.

III. mail *vb; især* **US***(=post)* poste.

mailbag ['meil,bæg] *subst:* postsekk.

mailbox ['meil,bɔks] *subst* **US***(=letter box)* (privat) postkasse.

mailcoach ['meil,koutʃ] *subst; jernb(,***US:** *mailcar)* postvogn.

mailing list forsendelsesliste; kundekartotek.

mailman [meilmən] *subst* **US***(=postman)* postbud.

mail order postordre.

mail-order firm postordrefirma.

mail sack*(=mailbag)* postsekk.

mail van postbil.

maim [meim] *vb; som regel i passiv(=mutilate; disable)* lemleste *(fx he was maimed for life by a lion).*

I. main [mein] *subst* **1***(=main pipe)* hovedledning; **water ~** hovedledning for vann; *(jvf mains);* **2.** *stivt:* **in the ~***(=for the most part; on the whole)* for størstedelens vedkommende; i det store og hele.

II. main *adj(=chief; principal)* hoved-; **the ~ purpose of** hovedhensikten med; **~ street** hovedgate.

main body *mil:* hovedavdeling; hovedstyrke.

main chance T: have an eye for the ~*(=have an eye to one's own interests)* være om seg.

main chancer T: he's a ~ han er om seg.

main clause *gram:* hovedsetning.

main course hovedrett.

main current 1. hovedstrøm; **2.** *fig:* hovedstrømning.

main defect*(=main fault)* hovedfeil *(fx the main defect of the book).*

mainland ['mein,lænd] *subst:* fastland.

main line *jernb:* hovedlinje.

mainline ['mein,lain] *vb* **S***(=be on the needle; be a needle addict)* være sprøytenarkoman *(fx he's mainlining).*

mainliner ['mein,lainə] *subst* **S***(=needle addict)* sprøytenarkoman.

mainly ['meinli] *adv(=chiefly; mostly)* hovedsakelig; **it's ~ used in England** det brukes for det meste i England; **you're ~ responsible** det er du som har hovedansvaret.

mainmast ['mein,ma:st] *subst; mar:* stormast.

mains [meinz] *subst* **1***(=main)* hovedledning (for gass, vann, etc); *(jvf I. main 1);* **2.: the (electricity) ~** lysnettet; **turn the electricity off at the ~** skru av strømmen ved inntaket; **3.: we're without ~ services***(=our house is not connected to the mains)* vi har ikke innlagt strøm og vann.

mainsail ['mein,seil] *subst; mar:* storseil.

mains input *elekt: for fx reiseradio som alternativ til batteridrift:* tilkopling for lysnettet; nettilkopling.

mainspring ['mein,spriŋ] *subst* **1.** *i klokke, etc(=chief spring)* hovedfjær; drivfjær; **2.** *fig:* drivfjær.

mains razor barbermaskin som koples til lysnettet.

mains tap hoved(vann)kran.

mainstay ['mein,stei] *subst* **1.** *mar:* storstag; **2.** *fig(=chief support)* bærende kraft; hovedstøtte.

mainstream ['mein,stri:m] *subst* **1***(=main current)* hovedstrøm; **2.** *fig:* hovedstrøm *(fx in the mainstream of socialist politics);* hovedretning *(fx the mainstream of traditional art).*

main subject *(,***US:** *major (subject)) univ:* hovedfag *(fx he's taking(=reading) history as his main subject).*

mains voltage *elekt:* nettspenning.

maintain [mein'tein] *vb* **1.** *stivt(=continue)* opprettholde *(fx friendly relations with); mil:* ~ **one's presence** opprettholde sitt nærvær; **2***(=keep)* holde *(fx maintain discipline);* **3.** vedlikeholde *(fx he maintains his car very well);* **4.** *stivt(=support)* underholde *(fx how can you maintain a wife and three children on your small salary?);* **5.** hevde; påstå; fastholde *(fx the prisoner maintained his innocence);* **he -ed most emphatically that** ... han hevdet meget sterkt at ....

maintained school UK: skole drevet el. kontrollert av kommunen *(jvf independent school; voluntary school).*

maintenance ['meintənəns] *subst* **1.** opprettholdelse *(fx of law and order);* **2.** underholdningsbidrag; underholdsbidrag *(fx pay maintenance for one's child);* **3.** vedlikehold.

maintenance-free ['meintənəns,fri:] *adj:* vedlikeholdsfri.

maintenance work vedlikeholdsarbeid.

main theme *mus:* hovedtema; gjennomgangsmelodi.

maisonette [,meizə'net] *subst:* leilighet (med egen inngang og ofte i to etasjer, som del av et større hus).

maize [meiz] *subst; bot (,***US:** *(Indian) corn)* mais.

majestic [mə'dʒestik] *adj:* majestetisk.

majesty ['mædʒisti] *subst* **1.** majestet; storhet *(fx the majesty of God);* **2.: His (,Her) Majesty** Hans (,Hennes) Majestet.

I. major ['meidʒə] *subst* **1.** *mil:* major; **2.** *mus:* dur *(fx in C major);* **3. US:** ~ **(subject)***(=main subject)* hovedfag; *(jvf major subject; I. minor 3);* **4. US***(=student doing his (,her) main subject)* hovedfagsstudent *(fx he's a sociology major).*

II. major *vb* **US:** ~ **in history***(=take history as one's main subject)* ha historie som hovedfag.

III. major *adj:* større *(fx major and minor roads; a major war);* vesentlig *(fx improvement);* **a ~ part of***(=a large part of)* en større del av.

major general *mil (fk Maj Gen)* generalmajor.

majority [mə'dʒɔriti] *subst* **1.: (age of)** ~*(=coming (-)of(-)age)* myndighetsalder; **reach** *(,meget stivt: attain)* **the age of** ~*(=come of age)* bli myndig; **2.** flertall *(fx a two-thirds majority);* **an absolute** ~*(=a clear majority)* et absolutt (*el.* rent) flertall; **an ordinary** ~ simpelt flertall; **an overall** ~ *polit:* absolutt flertall (over alle de andre partiene tilsammen); **the prescribed** ~ kvalifisert flertall; **a working** ~ et beslutningsdyktig flertall; **the great** ~ de aller fleste; det store flertall; **a large ~ of people** et stort flertall mennesker; **3.** *merk; økon:* **a ~ of shares** *(også* **US:** *a controlling interest)* aksjemajoriteten.

majority rule flertallsstyre.

major subject *univ* **1.** storfag; **2. US:** *se I. major 3.*

majority vote 1*(=majority decision)* flertallsbeslutning; flertallsvedtak; **2.: election by** ~ flertallsvalg.

major suit *kortsp:* høy farge; hovedfarge.

I. make [meik] *subst* **1.** fabrikat; merke; **a German ~ of car** et tysk bilmerke; **2. T: is this your own ~?** har du lagd dette selv? **3. S: be on the** ~ 1. være på vei oppover (i samfunnet); 2. være ute etter å sko seg (på uærlig vis); 3. være på jentejakt.

II. make *vb (pret & perf. part.: made)*

1. lage (*of, from* av) *(fx butter is made from milk; the shoes were made of plastic; she made herself a cup of coffee);* tilvirke; produsere; skape *(fx God made the Earth);* ~ **changes** foreta forandringer; ~ **new rules** lage nye regler; ~ **trouble***(=cause difficulties)* lage vanskeligheter *(fx for sby);*

2. gjøre; ~ **sby happy (,ill, well)** gjøre en lykkelig (,syk, frisk); ~ **it clear that** ... gjøre det klart at ...; ~ **sth clear to sby** gjøre noe klart for en; ~*(=do)* **a beautiful dive** gjøre et nydelig stup; ~ **an effort** anstrenge seg; ~ **every effort to** ... anstrenge seg til det ytterste for å ...; **he's making an effort, at any rate** han gjør i hvert fall så godt han kan; *mar:* ~ **fast***(=moor)* fortøye; gjøre fast; ~ **a fool of oneself** dumme seg ut; ~ **a mistake** gjøre en feil; ~ **public** offentliggjøre; bekjentgjøre; gjøre offentlig kjent *(fx the news);* ~ **oneself out (to be) better than one is** gjøre seg bedre enn man er; **he -s us out to be better than we are** han gjør oss bedre enn vi er; ~ **it a rule to** ... gjøre seg til regel å ... ~ **a good show** gjøre seg; *om person:* gjøre en god figur: ~ **oneself understood** gjøre seg forstått (*to sby* for en); *etter trette:* ~ **it up again** gjøre det godt igjen;

3. gjøre til *(fx they made him a bishop; he was made manager at the age of thirty);* ~ **an enemy of sby** gjøre en til sin fiende; **the qualities that have made him what he is** de egenskaper som har gjort ham til det han er; ~ **into** gjøre om til *(fx the kitchen is being made into a dining room);* ~ **the book into a film** lage en film av boken;

4. tjene *(fx make £100 a week);* ~ **a good living** tjene godt; ~ **a profit** få (*el.* ha) fortjeneste;

5.: ~ **sby do sth***(=get sby to do sth)* få en til å gjøre noe; **if you don't want to do it, nobody's going to ~ you** hvis du ikke vil, er det ingen som tvinger deg; **she didn't want to do it, but they made her (do it)** hun ville ikke gjøre det, men de tvang henne; **what -s the world go round?** hva er det som får jorda til å gå rundt? **it made me laugh** det fikk meg til å le; *i passiv ofte med bibetydningen 'tvinge':* **he was made to do it** man fikk ham til å gjøre det; han måtte (pent) gjøre det; **he was made to sit down** man fikk ham til å sette seg; han måtte (pent) sette seg;

6*(=add up to)* bli *(fx two and two make(s) 4);* **that -s £75 in all** det blir £75 alt i alt (*el.* i det hele);

7*(=turn out to be)* bli *(fx he'll make an excellent teacher);* **it -s***(=it'll make)* **a good story** det blir en god historie av det;

8*(=be)* være *(fx will you make a fourth at bridge?);* **the book -s exciting reading** boken er spennende lesning;

9. fremsette; komme med *(fx make a statement);* avgi *(fx a declaration);* ~ **a speech** holde en tale;

10. T: klare; **we'll ~ it** vi greier det nok; **will he ~ the team?** klarer han å komme inn på laget? **the story made the newspapers** historien kom i avisene; **you'll never ~ it that far** du klarer aldri å komme (deg) så langt; **T: you can easily ~ it***(=you've plenty of time)* du rekker det fint;

11*(=reach)* nå (fram til) *(fx we'll make Bristol by tonight);*

12. *om anslag:* **what time do you ~ it?** hvor sent tror du det er? **I ~ the total 500** jeg får det til å bli 500 i alt;

13*(=travel; cover)* tilbakelegge *(fx a hundred kilometres);*

14. *stivt:* ~ **to** gjøre mine til å *(fx he made to stand up, but sat down again); (jvf 18);*

15.: ~ **for** sette kursen mot *(fx we made for the nearest port);* ~ **for home***(=head for home)* begi seg på hjemveien; sette kursen hjemover; **he made towards the door** han satte kursen mot døren;

16*(=score)* score *(fx 10 runs in the cricket match);*

17. *om måltid; glds(=eat)* innta *(fx he made a hasty lunch);*

18.: ~ **as if to** gjøre mine til å; late som om man har tenkt å *(fx he made as if to hit me); (jvf 14);*

19.: ~ **believe***(=pretend that)* late som om *(fx the children made believe they were cowboys and Indians);*

20.: ~ **do***(=manage)* klare seg *(fx we made do*

somehow); ~ **do with***(=manage with)* klare seg med; ~ **do without***(=manage without; do without)* klare seg uten;

21. *vulg:* ~ **a girl,** ~ **it with a girl** ligge med en pike;

22. *om person:* ~ **good***(=get on)* bli til noe (i livet);

23.: ~ **of** 1. lage av *(fx houses made of brick);* 2. *fig:* **what do you** ~ **of it?** hva får du ut av det? **T: we'll soon** ~ **a footballer of him!** vi skal snart få en fotballspiller av ham! **T: we'll show them what we're made of!** vi skal vise dem hva vi er lagd av! ~ **a mess** rote til; lage rot; ~ **a mess of the job** forkludre jobben; gjøre jobben dårlig; ~ **a mess of things** rote til; forkludre det hele; lage rot av det hele; ~ **a nuisance of oneself** være til bry; være plagsom; ~ **much of***(=make a fuss of)* gjøre stas av (*el.* på); 4. *fig:* **he tends to** ~ **too much of his problems** han har en tendens til å gjøre for meget vesen av problemene sine;

24.: ~ **off** stikke av; forsvinne *(fx they made off in the middle of the night);* ~ **off with** stikke av sted med;

25.: this new scheme of his is likely to ~ **or break him** denne nye planen hans vil sannsynligvis bety knall eller fall for ham;

26.: ~ **out** 1*(=issue; write out)* utstede; skrive ut; ~ **out***(=issue)* **a bill (of exchange)** utstede en veksel; ~ **out***(=write out)* **a cheque to sby** skrive ut en sjekk til en; 2*(=complete)* fylle ut *(a form* et skjema); 3*(=just see)* skjelne *(fx he could make out a ship in the distance);* 4*(=understand)* forstå; bli klok på *(fx I tried to make out what had happened);* 5*(=manage):* **how's he making out in his new job?** hvordan klarer han seg i den nye jobben? 6*(=pretend)* late som *(fx he made out that he could cook);* 7.: **he's not such a fool as he's sometimes made out to be** han er ikke en slik tosk som han av og til fremstilles som; 8. *jur:* ~ **out a case against** ha beviser nok til å innlede straffesak mot.

27.: ~ **over***(=transfer)* overdra (*to* til); skrive over (*to* på) *(fx the house was made over to his son);*

28.: ~ **up** 1*(=invent)* dikte opp; finne på *(fx a story);* 2. lage i stand *(fx a parcel);* 2*(=constitute)* utgjøre *(fx ten poems make up the entire book);* 3.: **be made up of***(=consist of)* bestå av *(fx the group was made up of doctors and lawyers);* 4*(=complete)* komplettere *(fx she bought two cups to make up the set);* ~ **up the number(s)** gjøre (laget, etc) fulltallig *(fx we need one more player – will you make up the number(s)?);* 5.: ~ **up the difference to sby** holde en skadesløs for differansen; 6.: ~ **up a bed***(=make a bed)* re opp en seng; lage i stand en seng(eplass); 7.: ~ **up (one's face)** sminke seg; 8.: **they've made it up***(=they've made up their differences)* de har blitt venner igjen; de har gjort det godt igjen; 9.: ~ **up one's mind** bestemme seg (*to* for å); 10. *på apotek:* ~ **up a prescription** ekspedere (*el.* lage i stand) en resept;

29.: ~ **up for** 1. oppveie *(fx this will make up for all the occasions when you've lost);* 2. ta igjen *(fx next week we'll try to make up for lost time);* ~ **up for a delay***(=catch up on a delay)* innhente (*el.* kjøre inn) en forsinkelse;

30.: ~ **up to T***(=toady to)* smiske for *(fx the boss).*

make-believe ['meikbi,li:v] **1.** *subst:* **a world of** ~*(=an imaginary world)* en fantasiverden; **2.** *adj:* fantasi- *(fx a make-believe world).*

maker ['meikə] *subst* **1.** *i sms:* -maker; **tool** ~ verktøymaker; **2.: he's gone to meet his Maker***(=he has died)* han er død.

makeshift ['meik,ʃift] 1. *subst:* noe som gjør nytten midlertidig *(fx it's only a makeshift);* **2.** *adj(=provisional)* provisorisk *(fx a makeshift garden shed).*

make-up ['meik,ʌp] *subst* **1.** make-up; sminke *(fx she never wears any make-up);* **2.** *fig:* vesen *(fx violence is just not part of his make-up);* **3.** sammensetning *(fx the make-up of the team).*

make-up man*(=make-up artist)* sminkør.

making ['meikiŋ] *subst* **1.** fremstilling; produksjon; tilvirkning; **2.: in the** ~ som holder på å ta form (*el.* bli til) *(fx a politician in the making);* **a revolution is already in the** ~ det brygger allerede opp til revolusjon; **3.: that was the** ~ **of him** det ble avgjørende for hans utvikling (*el.* karriere); dermed var hans lykke gjort; **4.: have the -s of** ha alt det som skal til for å bli *(fx a great artist).*

malachite ['mælə,kait] *subst; min:* malakitt.

maladjusted [,mælə'dʒʌstid] *adj; psykol:* **(socially)** ~ miljøskadd; miljøskadet; feiltilpasset.

maladjustment [,mælə'dʒʌstmənt] *subst; psykol:* miljøskade; feiltilpasning.

maladministration [,mæləd,mini'streiʃən] *subst* **1.** dårlig ledelse (*el.* administrasjon); **2.** mislighet i embetsførselen; uordentlig embetsførsel.

maladroit [,mælə'drɔit] *adj; stivt* **1***(=clumsy; inept)* klosset; ubehjelpelig; **2***(=tactless)* taktløs *(fx remark).*

malady ['mælədi] *subst; glds el. stivt(=illness)* sykdom.

malaise [mæ'leiz] *subst* **1***(=indisposition)* illebefinnende; **2.** *fig; økon:* **an economic** ~ et økonomisk uføre.

malapropism ['mæləprɔp,izəm] *subst:* galt bruk el. forveksling av ord.

malapropos [,mælæprə'pou] *adj & adv:* malapropos; malplassert.

malar ['meilə] *adj; anat:* kinn-; ~ **bone***(=cheekbone)* kinnben.

malaria [mə'lɛəriə] *subst; med.:* malaria.

Malawi [mə'la:wi] *subst; geogr (,hist: Nyasaland)* Malawi.

Malay [mə'lei] **1.** *subst:* malay; *språket:* malayisk; **2.** *adj:* malayisk.

malcontent ['mælkən,tent] **1.** *subst:* misfornøyd person; **a few -s** noen få misfornøyde; **2.** *adj:* misfornøyd.

Maldives ['mɔ:ldaivz] *subst; geogr:* **the** ~*(=the Maldive Islands)* Maldivene.

I. male [meil] *subst* **1.** mann; mannsperson; vesen av hankjønn; **2.** *zo:* han(n).

II. male *adj* **1.** mannlig; av hankjønn; **the** ~ **population** den mannlige del av befolkningen; **2.** *bot & zo:* han(n)- *(fx flower; animal).*

male chauvinism mannssjåvinisme.

male chauvinist*(=sexist man; sexist male)* mannssjåvinist.

malediction [,mæli'dikʃən] *subst; meget stivt(=curse)* forbannelse.

malefactor ['mæli,fæktə] *subst; glds el. stivt(=criminal; wrongdoer)* forbryter; misdeder.

malevolence [mə'levələns] *subst; stivt(=ill-will; desire to hurt others)* ondsinnethet.

malevolent [mə'levələnt] *adj:* ondsinnet.

malformation [,mælfɔ:'meiʃən] *subst:* misdannelse.

malformed [mæl'fɔ:md] *adj:* misdannet.

malfunction [mæl'fʌŋkʃən] *tekn* **1.** *subst:* funksjonsfeil; *EDB:* maskinfeil; **2.** *vb; om maskin(=work badly)* arbeide dårlig.

malice ['mælis] *subst* **1.** ondskap; **2.** *jur:* **with** ~ **aforethought***(=deliberately)* med overlegg; overlagt.

malicious [mə'liʃəs] *adj:* ondskapsfull.

malign [mə'lain] *vb; meget stivt(=slander)* baktale.

malignancy [mə'lignənsi] *subst; med.:* ondartethet.

malignant [mə'lignənt] *adj* **1.** ond; **a ~ remark** en ond bemerkning; **2.** *med.:* ondartet *(fx tumour).*
malignity [mə'ligniti] *subst* **1***(=malice)* ondskap; **2.** *med.(=malignancy)* ondartethet.
malinger [mə'liŋgə] *vb(=pretend to be ill (to avoid work))* spille syk; være skulkesyk.
malingerer [mə'liŋgərə] *subst:* simulant; en som spiller syk; en som er skulkesyk.
mall [mɔ:l] *subst* **US:** fotgjengerområde med butikker.
mallard ['mæləd] *subst; zo:* stokkand.
malleable ['mæliəbl] *adj; om metall:* smibar; valsbar; **~ cast iron** tempergods; **~ castings** adusert støpegods; adusergods; *(jvf ductile).*
mallet ['mælit] *subst:* trekølle; klubbe.
mallow ['mælou] *subst; bot:* kattost.
malnutrition [,mælnju:'triʃən] *subst:* feilernæring; underernæring (pga. uriktig sammensatt kost).
malodorous [mæl'oudərəs] *adj; litt. el. stivt(=foul -smelling)* illeluktende.
malpractice [mæl'præktis] *subst:* uredelighet *(fx he was accused of malpractice);* **-s** misligheter *(fx he was dismissed from the firm for certain malpractices).*
malt [mɔ:lt] *subst:* malt.
Malta ['mɔ:ltə] *subst; geogr:* Malta.
Maltese [mɔ:l'ti:z] **1.** *subst:* malteser; *språket:* maltesisk; **2.** *adj:* maltesisk.
maltreat [mæl'tri:t] *vb; stivt(=ill-treat)* mishandle; maltraktere.
maltreatment [mæl'tri:tmənt] *subst(=ill-treatment)* mishandling; maltraktering.
mama [mə'ma:; **US:** 'ma:mə] *subst* **1.** *glds(=mum(my))* mamma; **2. US T***(=mum(my))* mamma; **3.** *tegneseriefigur:* fru Vom.
mamba ['mæmbə] *subst; zo; giftslange:* mamba.
mamilla [mə'milə] *subst (pl: mamillae* [mə'mili:]) *anat(=nipple)* brystvorte.
I. mamma ['mæmə] *subst (pl: mammae* ['mæmi:]) *anat(=mammary gland)* brystkjertel; melkekjertel.
II. mamma*(=mama)* [mə'ma:; **US:** 'ma:mə] *subst; især* **US***(=mummy)* mamma.
mammal ['mæməl] *subst:* pattedyr.
mammaplasty ['mæmə,plæsti] *subst; med.:* mammaplastikk (ɔ: operasjon hvor brystenes størrelse reduseres).
mammary ['mæməri] *adj; anat:* bryst-; **~ gland** brystkjertel.
mammon ['mæmən] *subst; stivt(=riches; money)* mammon; penger.
mammoth ['mæməθ] **1.** *subst; zo; hist:* mammut; **2.** *adj* **T***(=gigantic)* mammut- *(fx a mammoth project).*
mammy ['mæmi] *subst* **1***(=mummy)* mamma; **2. US** *glds & neds(=Negro nanny)* svart barnepike.
I. man [mæn] *subst (pl: men)* **1.** mann; **three men** 1. tre menn; 2. *til arbeidsoppgave, etc: se 6 ndf;* **2.** mann(folk); **a real ~** et ordentlig mannfolk; **be a ~!** forsøk å oppføre deg som en mann! **how can we make a ~ of him** hvordan skal vi få gjort et mannfolk av ham? **the ~ in him was outraged** mannen i ham var krenket; **he's a fine figure of a ~** han er et ordentlig mannfolk å se til; **3***(=husband)* (ekte)mann; **~ and wife** mann og kone; *om venn el. ektemann* **T: her ~** mannen (,vennen) hennes; **her ~ is away at sea** mannen (,vennen) hennes er på sjøen; **4***(=person)* mann; menneske; **he's a very decent ~** han er et fint og godt menneske; **5***(=individual person)* enkeltindivid; mann *(fx what can a man do in this situation?));* **6.** *medlem av gruppe, lag, arbeidsgjeng:* mann; **two of your men** to av dine folk (*el.* menn); **we need two men for that job** vi trenger to mann til den jobben; **7.** *mil; pl:* **officers and men** offiserer og menige; **two of his men** to av hans menn; *(jvf 6 ovf);* **8.** *i brettspill(=piece)* brikke; **9.** *glds(=servant):* **my ~** tjeneren min; **10.** *int; brukt i visse kretser for å demonstrere utvungent forhold mellom den som snakker og den som hører på:* **~, what a party!** det var jamen litt av et selskap! **~, was I tired!** jeg skal si jeg var sliten! **hurry up, ~!** skynd deg da, mann! **11. T: your** *(etc)* **~** den du *(etc)* trenger *(fx if you want a good electrician, John's your man);* den du *(etc)* ser etter *(fx if you want to sell your car, I'm your man);* **12.: be one's own ~** være sin egen herre *(fx he's not his own man since his mother-in-law came to stay!);* **13.: I've lived here, ~ and boy, for thirty years** jeg har bodd her i tredve år, helt siden jeg var gutt; **14.: ~ about town** levemann; **15.: the ~ in the street***(=the common man)* menigmann; den jevne mann; **16.: the ~ of the moment** (,**T:** *the man in the news)* dagens mann; **17.: he's a ~ of his word***(=he's as good as his word)* han er en ordholden mann; **18.: a ~ of the world** en verdensmann; **19.: to a ~** 1*(=to the last man)* til siste mann *(fx they were slaughtered to a man);* 2*(=one and all)* alle som en *(fx they rose to a man);* **they answered Yes to a ~** alle som en svarte ja; **20.: fight ~ to ~** kjempe mann mot mann.
II. man, Man *uten artikkel:* menneske; mennesket; **early ~** de første menneskene; **the development of ~** menneskets utvikling; **modern ~** det moderne menneske; **~ is mortal** mennesket er dødelig; **-'s curiosity has led to some fascinating discoveries** menneskets nysgjerrighet har ført til noen fascinerende oppdagelser; *(jvf mankind).*
III. man *vb:* bemanne *(fx a machine; a ship).*
IV. man *adj; glds:* **a ~ child***(=a boy child)* et guttebarn.
-man -manns; **a four-man team** et firemannslag.
Man *subst; geogr:* **the Isle of ~** øya Man.
manacle ['mænəkəl] *subst; hist:* **-s***(=handcuffs)* håndjern.
manage ['mænidʒ] *vb* **1***(=be in charge of)* bestyre; ha ansvaret for *(fx he manages all my legal affairs); pengemidler:* forvalte; *(jvf mismanage);* **she -s the house** hun står for husholdningen; **2***(=be the manager of)* være leder (*el.* manager) for *(fx he manages the local football team);* **3***(=deal with; control)* styre; hanskes med *(fx that horse is difficult to manage);* **she's good at managing people** hun er flink til å behandle mennesker; **4.** greie; klare *(fx can you manage all this work? how will they manage without her? we'll manage quite well by ourselves);* **can you ~ with £10 till I get some more money?** kan du klare (*el.* greie) deg med £10 til jeg får noen flere penger? **we'll ~ with***(=on)* **what we've got***(=we'll make do with what we have)* vi får (*el.* skal) greie oss med det vi har; **can you ~ (to eat) some more meat?** klarer du (å spise) litt kjøtt til? **I don't think the old lady will ~ (to climb) the stairs** jeg tror ikke den gamle damen kommer til å klare trappen; **can you ~ on your own?** klarer du deg alene? **can you ~ with both the parcels?** greier du begge pakkene?
manageable ['mænidʒəbl] *adj* **1.** lett å styre; medgjørlig *(fx a manageable child);* **how ~ are your children?** hvor lett er det å holde styr på barna dine? **2.** *om oppgave:* overkommelig; **of ~ size** av en overkommelig størrelse.
management ['mænidʒmənt] *subst* **1.** ledelse; administrasjon; *av pengemidler:* forvaltning; **bad ~** dårlig ledelse (*el.* administrasjon); **(works) ~** bedriftsledelse; *(jvf mismanagement);* **2.: the ~** administrasjonen; ledelsen; **the firm is now under new ~** firmaet har nå fått ny ledelse; det er nå andre som

driver firmaet; **2.** dyktighet; klokskap; manøvrering *(fx it needed a good deal of management to persuade them); ordspråk:* **it was more by good luck than by good** ~ *(=he (etc) was more lucky than wise)* lykken var bedre enn forstanden.
management accounting *merk(=cost accounting)* driftsbokførsel.
management course administrasjonskurs.
management expenses *pl; merk(=expenses of management)* administrasjonsutgifter.
manager ['mænidʒə] *subst* **1.** leder; (avdelings)sjef; bestyrer; **sales** ~ salgssjef; **2.** *sport:* manager.
managerial [,mæni'dʒiəriəl] *adj:* leder-; ~ **skills** lederevner; evne til å lede en bedrift.
managing clerk *glds* **UK***(=legal executive)* kontorfullmektig hos en 'solicitor'.
managing company *merk:* driverselskap.
managing director *(fk Man Dir)* administrerende direktør *(fk adm. dir.)*.
Manchuria [mæn'tʃuəriə] *subst; geogr:* Mandsjuria.
mandarin ['mændərin] *subst* **1.** *kinesisk embetsmann; hist:* mandarin; **2.** *bot(=mandarin orange)* mandarin.
mandate ['mændeit] *subst* **1.** *polit:* mandat *(fx the mandate of the people);* **2.** *hist(=mandated territory)* mandat.
mandatory ['mændətəri] **1.** *subst:* mandatar; **2.** *adj(=obligatory)* obligatorisk; **this decision is** ~ **on both parties** denne avgjørelsen er bindende for begge parter; **this offence carries a** ~ **sentence of at least two years** for denne forseelsen er det ikke adgang til å idømme mindre enn to års fengsel.
man-day dagsverk; **ten -s** ti dagsverk.
mandible ['mændibl] *subst* **1.** *anat(=lower jawbone)* underkjeve(ben); **2.** *zo; på insekt:* forkjeve; kinnbakke.
mandolin(e) ['mændəlin, ,mændə'li:n] *subst; mus:* mandolin.
mane [mein] *subst:* man; manke.
man-eater ['mæn,i:tə] *subst* **1.** *om kannibal el. rovdyr:* menneskeeter; **2.** *om kvinne* **T:** mannfolketer.
manège; manege [mæ'neiʒ] *subst* **1***(=riding school)* rideskole; **2.** dressur.
manful ['mænful] *adj(=brave)* tapper.
manganese [,mæŋgə'ni:z] *subst:* mangan.
mange [meindʒ] *subst; vet(=scab)* skabb.
mangelwurzel ['mæŋgəl,wə:zəl] *subst; bot(=mangel; mangold(-wurzel))* fôrbete.
manger ['meindʒə] *subst; glds(=crib)* krybbe.
I. mangle ['mæŋgəl] *subst; hist:* rulle; mangletre.
II. mangle *vb* **1.** *hist:* rulle *(fx mangle the washing);* **2.** *fig:* **the car was badly -d in the accident** bilen fikk en slem medfart i kollisjonen; **3. T:** ødelegge (med stygge feil); radbrekke *(fx he mangled the music by his terrible playing)*.
mango ['mæŋgou] *subst (pl: mangoes, mangos) bot:* mango.
mangy ['meindʒi; 'mændʒi] *adj* **1.** skabbet *(fx dog);* **2.** *fig(=shabby)* lurvet; shabby; *om teppe:* (stygt) slitt.
manhandle ['mæn,hændəl] *vb* **1***(=treat roughly)* behandle uvørent; ta hardt på *(fx he was manhandled by the police);* **2.** bevege med håndkraft; bruke håndkraft på; ~ **the crates on to the ship** få kassene ombord på skipet med håndkraft.
manhandled *adj:* medtatt *(fx book)*.
manhole ['mæn,houl] *subst; mask & mar:* mannhull.
manhole cover 1. mannhullslokk; **2.** *over kloakk:* kumlokk.
manhood ['mænhud] *subst* **1.** manndom; manndomsalder; **2***(=manly qualities; manliness)* mandighet; **(the vigour of)** ~ manndomskraft.
man-hour ['mæn,auə] *subst:* timeverk *(fx 40 man-hours)*.
manhunt ['mæn,hʌnt] *subst:* menneskejakt.
mania ['meiniə] *subst* **1.** *med.:* mani; **persecution** ~ forfølgelsesvanvidd; **2***(excessive enthusiasm)* mani *(fx he has a mania for collecting teapots);* **T: he has a** ~ **for fast cars** han har helt dilla med raske biler.
maniac ['meini,æk] *subst* **1.** *med.(=manic person)* manisk person; **2. T***(=madman)* galning.
maniacal [mə'naiəkəl] *adj:* vanvittig; gal; sinnssyk.
manic ['mænik] *adj; med.:* manisk.
manic-depressive *adj:* manisk-depressiv.
manicure ['mæni,kjuə] **1.** *subst:* manikyre; **2.** *vb:* manikyrere.
manicurist ['mæni,kjuərist] *subst:* manikyrist.
I. manifest ['mæni,fest] *subst* **1.** *mar:* lastemanifest; lasteliste; **2.** *især* **US** *flyv(=manifesto)* manifest.
II. manifest *vb; stivt(=show (clearly))* tilkjennegi *(fx he manifested in his behaviour a strong dislike of his sister);* ~ **great emotion** legge sterke følelser for dagen; ~ **itself** manifestere seg; vise seg; gi seg utslag (*in* i).
III. manifest *adj; stivt(=obvious)* tydelig; **his** ~ **stupidity** hans åpenbare stupiditet.
manifestation [,mænife'steiʃən] *subst* **1.** manifestation; tilkjennegivelse; utslag *(fx the first manifestation of the disease);* **2.** *polit:* manifestasjon; demonstrasjon; **3.: -s of life** livsytringer; **a** ~ **of the mind** en åndsytring.
manifestly *adv:* tydelig; innlysende; åpenbart.
manifesto [,mæni'festou] *subst* **1.** *polit:* manifest; **2.** *flyv (,***US:** *manifest)* manifest; **passenger** ~ passasjerliste.
I. manifold ['mæni,fould] *subst; mask:* manifold; grenrør; **intake** ~ innsugningsmanifold; innsugningskanal.
II. manifold *adj; stivt(=many and varied)* mangfoldige; mange.
manikin ['mænikin] *subst(=very small man)* mannsling.
manipulate [mə'nipju,leit] *vb* **1.** *stivt(=handle skilfully)* manipulere; håndtere; **2.** *fig:* manipulere (med) *(fx the election results; a jury)*.
manipulation [mə,nipju'leiʃən] *subst:* manipulering; håndtering.
man jack T: every ~ **of you** hver eneste en av dere.
mankind [,mæn'kaind] *subst:* menneskeheten; menneskeslekten; **all** ~ hele menneskeheten.
manliness ['mænlinis] *subst:* mandighet.
manly ['mænli] *adj:* mandig *(fx strong and manly)*.
man-made ['mæn,meid] *adj:* lagd av menneskehender *(fx a man-made lake);* ~ **fibre** kunstfiber.
manna ['mænə] *subst:* manna.
manned [mænd] *adj:* bemannet *(fx spacecraft);* **was the boat** ~ **when it sank?** var det folk i båten da den sank?
mannequin ['mænikin] *subst* **1.** mannekeng; **2***(=display dummy)* utstillingsfigur; **3***(=lay figure)* (kunstners) leddukke.
manner ['mænə] *subst* **1***(=way)* måte *(fx she greeted him in a friendly manner);* **2.** *om person:* vesen; måte å være på *(fx I don't like her manner);* **he has an easy, frank** ~ han har en utvungen, likefrem måte å være på; **a confident** ~ en sikker fremtreden; **a pleasant** ~ et behagelig vesen; en behagelig fremtreden; **3.: -s** oppførsel; manérer; **good -s** pen oppførsel; pene manérer; **he has no -s** han har ingen manérer; han har ikke folkeskikk; **it's bad -s to**... det er uhøflig (*el.* ikke pent) å ...; **table -s** bordmanérer; **4.** *kunstners(=style)* manér *(fx in the manner of Rembrandt);* **5.** *gram:* **adverb of** ~

måtesadverb; **6.** *stivt:* **by no ~ of means, not by any ~ of means***(=by no means; not at all)* aldeles ikke; slett ikke *(fx you haven't finished the work by any manner of means);* **7.** *stivt:* **in a ~ of speaking***(=in a way)* på en måte *(fx I suppose, in a manner of speaking, you could call me an engineer);* **8.** *spøkef:* **(as if) to the ~ born** som om man er født til det; som om man aldri har gjort annet; *(fx he speaks in public (as if) to the manner born).*
mannerism ['mænə,rizəm] *subst:* manér *(fx he scratches his ear when he talks and has other noticeable mannerisms).*
mannish ['mæniʃ] *adj; neds om kvinne:* mannhaftig.
manoeuvre *(,US: maneuver)* [mə'nu:və] **1.** *subst; også fig:* manøver; **2.** *vb; også fig:* manøvrere *(fx she manoeuvred her car into the narrow space); fig:* **she -d me into a position where I had to agree** hun manøvrerte meg inn i en situasjon hvor jeg måtte erklære meg enig.
man of God*(=clergyman):* **he's a ~** han er en Guds mann.
man-of-war [,mænəv'wɔ:] *subst (pl: men-of-war) hist(=warship)* krigsskip.
manometer [mə'nɔmitə] *subst:* manometer.
manor ['mænə] *subst* **1.** *hist(=estate)* gods; **2***(=manor house)* herregård; **3. T***(=police district)* politidistrikt.
manpower ['mæn,pauə] *subst:* arbeidskraft.
Manpower Services Commission UK: arbeidsformidlingens hovedkontor; *(jvf Employment Service Agency & job centre).*
mansard ['mænsa:d] *subst:* mansard(tak); mansardetasje.
mansard roof mansardtak.
manservant ['mæn,sə:vənt] *subst (pl: menservants)* tjener.
mansion ['mænʃən] *subst* **1***(=mansion house)* herskapshus; **2.** *sj(=manor house)* herregård; **3.** *glds:* bolig; **4.** *i navn på stor leiegård, ofte i luksusklassen, fx 'Curzon Mansions'.*
Mansion House: the ~ *i London:* embetsbolig for 'the Lord Mayor of London' (Londons borgermester).
mansized ['mæn,saizd] *adj* **T***(=big)* stor; **T:** drabelig *(fx breakfast).*
manslaughter ['mæn,slɔ:tə] *subst; jur:* drap; **involuntary ~** uaktsomt drap; **voluntary ~** forsettlig drap; *(se NEO drap).*
mantelpiece ['mæntəl,pi:s] *subst* **1***(=mantel)* kaminomramning; **2***(=chimneypiece; mantel)* kaminhylle.
mantis ['mæntis] *subst; zo:* **praying ~** kneler.
mantle ['mæntəl] *subst* **1.** *glds(=cloak)* kappe; **2.** *i lampe:* **gas ~** glødenett; **3.** *fig:* teppe *(fx a mantle of snow).*
I. manual ['mænjuəl] *subst* **1.** *mus:* manual; **2.** håndbok; **shop ~** verkstedhåndbok.
II. manual *adj:* manuell; **~ labour** kroppsarbeid; **~ power** håndkraft.
manually *adv:* manuelt; med hånden; **~ operated** hånddrevet; manuelt betjent.
I. manufacture [,mænju'fæktʃə] *subst* **1.** fabrikasjon; fremstilling; produksjon; **small-scale ~** fremstilling i små serier; **~ under licence** lisensproduksjon; **2.** *især i pl:* **-s***(=products)* produkter; fabrikater.
II. manufacture *vb* **1***(=make)* produsere; fremstille; fabrikere; **2***(=invent):* **~ an excuse for being late** dikte opp en unnskyldning for å komme for sent; **3.** *fig(=produce; write)* produsere *(fx stories for television).*
manufacturer [,mænju'fæktʃərə] *subst:* fabrikant; **carpet ~** teppefabrikant.
manufacturing [,mænju'fæktʃəriŋ] **1.** *subst:* fabrikasjon; fremstilling; **2.** *adj:* fabrikkmessig; fabrikk-; **operations on a ~ scale** fabrikkmessig drift.
manufacturing costs*(=costs of production)* fabrikasjonskostnader; fremstillingskostnader.
manufacturing industry fabrikkindustri; fabrikkdrift.
manufacturing operations fabrikkvirksomhet; fabrikkdrift; **carry on ~** drive fabrikkvirksomhet.
manure [mə'njuə] **1.** *subst:* gjødsel; **2.** *vb:* gjødsle.
manuscript ['mænju,skript] **1.** *subst:* manuskript (*of* til); **2.** *adj(=handwritten)* håndskrevet *(fx a manuscript document).*
many ['meni] *adj:* mange *(fx how many times? children eat too many sweets; very many adults cannot read; "Were there a lot of people there?" – "Not very many.");* **you've made a great ~ mistakes** du har gjort en god del feil; **we have one too ~ chairs here***(=we have one chair too many here)* vi har én stol for mye her; *litt.:* **~ a***(=many)* mang en; **~ a fine man***(=many fine men)* **died in that battle** mang en bra mann døde i det slaget; **as ~ as you like** så mange du vil; **not in so ~ words** ikke med rene ord; ikke direkte.
many-sided ['meni,saidid] *adj:* mangesidet.
I. map [mæp] *subst:* kart *(fx a map of England); om sted:* **put it on the ~** gjøre det kjent.
II. map *vb* **1.** kartlegge; **2.: ~ out** planlegge *(fx map it out in detail);* **~ out an itinerary** legge opp en reiserute.
maple ['meipəl] *subst; bot:* lønn.
maquis ['mæki:; 'ma:ki:] *subst* **1***(thick scrubby underbrush)* kratt; underskog; **2.: the Maquis** den franske motstandsbevegelsen i 2. verdenskrig.
mar [ma:] *vb; stivt(=spoil)* spolere; skjemme *(fx her beauty was marred by a scar on her cheek; a few mistakes marred the performance);* **the death of the old man -red their happiness** den gamle mannens død la en demper på lykken deres.
marabou ['mærə,bu:] *subst; zo:* marabustork.
marathon ['mærəθən] *subst:* maraton(konkurranse); **~ race** maratonløp.
maraud [mə'rɔ:d] *vb; litt.(=roam in search of plunder)* streife om på plyndringstokt; *litt.:* marodere; **-ing tribesmen***(=tribesmen in search of plunder)* stammemedlemmer som er ute på plyndringstokt.
I. marble ['ma:bəl] *subst* **1.** marmor; **2.** klinkekule; **play -s** spille kuler.
II. marble *vb:* marmorere.
marble statue marmorstatue.
March [ma:tʃ] *subst:* mars.
I. march [ma:tʃ] *subst* **1.** marsj; **double ~***(=double time)* springmarsj; **forced ~** ilmarsj; **~ at ease** marsj i mak; **2.: on the ~** 1. på marsj; 2. *fig:* i fremmarsj *(fx the forces of change are on the march);* **3.** *fig:* **steal a ~ on sby** ubemerket komme en i forkjøpet; skaffe seg et forsprang på en.
II. march *vb* **1.** marsjere; **~ at ease** marsjere i mak; **2.** *fig:* **time -es on** tiden går videre.
March hare T: (as) mad as a ~ splitter gal.
marching order *mil:* marsjorden.
marching orders 1. *mil:* marsjordre *(fx the troops were waiting for their marching orders);* **2. T** *(=notice of dismissal)* sparken; **he got his ~** han fikk sparken.
marchioness ['ma:ʃənis] *subst; tittel:* markise.
march-past ['ma:tʃ,pa:st] *subst:* forbimarsj; defilering.
mare [mɛə] *subst:* hoppe; merr.
mare's nest skrøne; (avis)and; **find a ~** få lang nese.
margarine [,ma:dʒə'ri:n] *subst (,T: marge* [ma:dʒ]) margarin.
margin ['ma:dʒin] *subst* **1.** marg *(fx don't write in the margin);* **2.** *stivt el. litt.(=edge)* kant *(fx reeds were*

growing round the margin of the pond); **3.** *fig:* margin *(fx we allow a certain margin for contingencies);* **have a ~** ha en viss margin; ha noe å gå på; **win by a wide ~** vinne med god margin; **safety ~** sikkerhetsmargin; **4.** *merk(=profit margin; margin of profit)* fortjenstmargin; **the squeeze on -s** presset på fortjenstmarginene.

marginal ['ma:dʒinəl] *adj; stivt* **1***(=slight)* marginal *(fx a marginal improvement);* **2.: ~ comments***(=comments in the margin)* kommentarer i margen.

marginal development*(=ribbon development)* randbebyggelse.

marginal profit *økon:* marginalinntekt.

marginal voter marginalvelger.

marguerite [,ma:gə'ri:t] *subst; bot(=oxeye daisy; moon daisy)* prestekrage.

marigold ['mæri,gould] *subst; bot:* ringblom; **corn ~** marigull.

marihuana [,mæri'hwa:nə], **marijuana** [,mæriju'a:nə] *subst (,T: maryjane; grass; weed)* marihuana.

marina [mə'ri:nə] *subst:* lystbåthavn; marina.

I. marinade [,mæri'neid] *subst:* marinade.

II. marinade ['mæri,neid] *vb(=marinate)* marinere.

marinate ['mæri,neit] *vb:* marinere.

I. marine [mə'ri:n] *subst* **1.: the mercantile ~, the merchant ~***(=the merchant navy)* handelsflåten; **2.** *mil:* marinesoldat; **junior ~** *(fk J/Mne) (,***US:** *(private) marine)* menig marinesoldat; **the -s** marineinfanteriet; **T: tell it to the -s** den kan du gå lenger på landet med; det der tror jeg ikke på; **3***(=seascape)* marinemaleri.

II. marine *adj* **1.** hav-; **~ biology** saltvannsbiologi; marin biologi; **~ insurance** sjøassuranse; sjøforsikring.

mariner ['mærinə] *subst; stivt el. litt.(=sailor)* sjømann.

marine store dealer*(=ship('s) chandler)* skipshandel.

marionette [,mæriə'net] *subst:* marionett.

marital ['mæritəl] *adj:* ekteskapelig *(fx problems);* **~ status** ekteskapelig stilling; sivilstand.

maritime ['mæri,taim] *adj:* sjø-; maritim; skipsfarts-.

maritime case *jur (,***UK:** *Admiralty case)* sjørettssak.

maritime court *domstol (,***UK** *oftest: Admiralty Court)* sjørett.

Maritime Directorate: the ~ *(,***UK:** *the Department of Trade and Industry, Marine Division)* Sjøfartsdirektoratet.

maritime law *jur:* sjørett.

maritime (statutory) declaration: make the ~ avgi sjøforklaring.

maritime trade sjøhandel.

marjoram ['ma:dʒərəm] *subst; bot:* merian.

Mark [ma:k] *subst:* Markus; **the Gospel according to St. ~** Markusevangeliet.

I. mark [ma:k] *subst; myntenhet:* mark.

II. mark *subst* **1.** merke; flekk; tegn *(fx there's a mark on the map showing where the church is; a mark of intelligence);* spor *(fx there were marks of suffering on his face);* **distinguishing ~** kjennetegn; **no special distinguishing ~** ingen særlige kjennetegn; **exclamation ~** *(,***US:** *exclamation point)* utropstegn; **punctuation ~** skilletegn; interpunksjonstegn; **question ~** spørsmålstegn; **he has the ~ of an athlete** han bærer preg av å være idrettsmann; han ser ut som en idrettsmann; **leave its (,one's) ~ on** prege; sette sitt preg på *(fx this left its mark on him);* **the years have not failed to leave their ~ on any of them** årene har ikke gått sporløst hen over noen av dem;
2. *skolev:* **-(s)** karakter(er); poeng *(fx she got 95 marks out of 100 for French);* **numerical ~** tallkarakter; **French -s***(=marks in French)* franskkarakterer; **all questions carry equal -s***(=all questions carry equal weighting; all questions count as equal)* alle spørsmålene veier like meget (ved fastsettelse av den endelige karakter); *(jvf NEO vekttall);* **raise a ~***(=give a better mark)* heve en karakter; sette en bedre karakter; *(jvf I. grade 2)*
3. *sport:* **on your -(s)!** innta plassene! **he got off the ~ well***(=he made a good start)* han fikk en fin start; *fig:* **he's slow (,quick) (off the ~)** han er sen (,rask) i vendingen; *fig:* **you ought to have been quicker off the ~** du skulle (*el.* burde) ha vært raskere i vendingen;
4.: beside the ~*(=off the mark)* på siden; irrelevant; **wide of the ~** (helt) på siden *(fx his guess was rather wide of the mark);* **hit the ~***(=take effect)* ramme *(fx what I said hit the mark);* **miss the ~** bomme *(fx he missed the mark entirely);*
5.: he's beginning to make his ~ as an actor han begynner å slå igjennom som skuespiller; **6.: up to the ~***(=up to the required standard)* tilfredsstillende; som holder mål; **not up to the ~** ikke tilfredsstillende; som ikke holder mål; ikke helt på høyden.

III. mark *vb* **1.** sette merke på (*el.* ved); merke *(fx the coat must be marked with your name);* lage flekk på; **this white material -s easily** dette stoffet får lett flekker; **2.** *skolev:* rette (og sette karakter på); **3***(=be a sign of)* være tegn på; markere *(fx the beginning of a new era);* **4***(=show)* vise; markere *(fx X marks the spot where the treasure is buried);* **5.** *skolev:* **~ absent** føre opp som fraværende *(fx two pupils were marked absent);* **6.** *sport:* markere *(fx your job is to mark the outside wing);* **7.: ~ the occasion** markere dagen (,anledningen); **8***(=characterize; be typical of)* kjennetegne *(fx the qualities which mark a leader);* **9.** *forst(=blaze)* blinke *(fx trees);* **10.** *stivt:* **(you) ~ my words!** bare merk deg det (*el.* hva jeg sier)! **11.: ~ down** 1. notere seg *(fx mark it down in your notebook);* 2. *sport:* **be -ed down***(=have points deducted)* få trekk; bli trukket *(fx for poor style);* 3. *om pris:* **~ down (,up)** sette lavere (,høyere) pris på; **12.: ~ off** merke av; merke opp *(fx mark off a lawn for tennis);* **13.: ~ out** 1. merke opp *(fx the football pitch with white lines);* 2*(=select; choose)* velge ut *(fx for an army career).*

mark book *skolev (,***UK** *oftest: (school) report;* **US:** *report card)* karakterbok.

mark-down ['ma:k,daun] *subst(=price reduction)* prisnedsettelse; nedsettelse.

marked [ma:kt] *adj* **1.** merket; prismerket; **2.** *fig:* markert; uttalt; tydelig *(fx improvement);* **3.** *fig:* **a ~ man** en merket mann; **~***(=scarred)* **for life** merket for livet.

markedly ['ma:kidli] *adv; stivt(=noticeably)* merkbart; tydelig *(fx it's markedly easier to do it by this method).*

marker ['ma:kə] *subst* **1.** merke *(fx the area is indicated by large green markers);* **2.** merkepenn; **3.: (book) ~** bokmerke; **4.** *mil; ved skyteøvelse:* anviser; markør.

marker beacon *flyv:* **fan ~** merkefyr; merkelys.

marker buoy *mar:* merkebøye.

I. market ['ma:kit] *subst* **1.** marked; **a ~ for** et marked for; **the forward ~** markedet for senere levering; **on the ~** 1. på markedet; 2*(=for sale)* til salgs *(fx her house is on the market);* **find a ready***(=good)* **~***(=sell well)* få god avsetning; **be in the ~ for sth** være interessert i (å kjøpe) noe; **2***(=market-place)* torg.

II. market *vb:* markedsføre; selge.
marketable ['ma:kitəbl] *adj:* salgbar; lettselgelig.
market analysis markedsanalyse.
market garden handelsgartneri.
market hall torghall.
marketing ['ma:kitiŋ] *subst:* markedsføring.
marketing apparatus markedsføringsapparat.
marketing difficulties markedsvanskeligheter; vanskeligheter med markedsføringen; avsetningsvanskeligheter.
marketplace ['ma:kit,pleis] *subst:* torg.
market price markedspris.
market town markedsby; kjøpstad.
market value markedsverdi.
marking ['ma:kiŋ] *subst* **1.** merking; avmerking; oppmerking; prismerking; **2.** *skolev:* retting; rettearbeid; **3.: -s** 1. *flyv:* kjenningsmerker; 2. *zo:* tegninger.
marking gauge *tekn:* strekmål.
marking ink merkeblekk.
marksman ['ma:ksmən] *subst:* skytter; *mil:* ~ **first class** skarpskytter.
marksmanship ['ma:ksmən,ʃip] *subst:* skyteferdighet.
mark-up ['ma:k,ʌp] *merk:* prisforhøyelse *(fx on goods).*
marl [ma:l] *subst; min:* mergel.
marlin ['ma:lin] *subst; zo(=spearfish)* spydfisk.
marmalade ['ma:mə,leid] *subst:* appelsinmarmelade.
marmot ['ma:mət] *subst; zo:* murmeldyr.
I. maroon [mə'ru:n] *subst* **1.** rødbrun(t); **2.** *slags fyrverkeri (brukt som signal):* kanonslag.
II. maroon *vb* **1.** *stivt el. glds:* etterlate på en øde øy; **2.** *fig:* la i stikken *(fx he found himself marooned in enemy territory);* **be -ed** være strandet; befinne seg uten transportmiddel; **I was -ed on a lonely country road** jeg ble stående på en øde landsens veistrekning.
marquee [ma:'ki:] *subst* **1.** stort festtelt; **2. US** *(=canopy)* baldakin (over hotell- el. teaterinngang).
marquess, marquis ['ma:kwis] *subst; tittel:* marki (med rang over 'earl' og under 'duke').
marquise [ma:'ki:z] *subst; tittel (,***UK:** *marchioness)* markise.
marram ['mærəm] *subst; bot:* ~ **grass** marehalm.
marriage ['mæridʒ] *subst* **1***(=married life)* ekteskap; **2***(=wedding ceremony)* vielse; **civil** ~ borgerlig vielse; **perform a** ~ foreta en vielse; **3***(=married state)* ektestand; **4.: by his first ~ he had a daughter** i sitt første ekteskap hadde han en datter; *stivt:* **enter into** ~*(=marry)* tre inn i ekteskapet; gifte seg; **his ~ to the French girl** hans ekteskap med den franske piken; **5.** *fig; stivt:* forening *(fx the marriage of his skill and her judgment).*
marriageable ['mæridʒəbl] *adj:* gifteferdig *(fx girl).*
marriage brokerage ekteskapsformidling.
marriage ceremony*(=wedding ceremony)* vielsesseremoni.
marriage certificate *(,***T:** *(marriage) lines)* vielsesattest.
marriage formula vielsesformular.
marriage settlement ektepakt; *(jvf settlement 5).*
married ['mærid] *adj:* gift; **a ~ couple** et ektepar; **her ~ name** hennes navn som gift; *spøkef:* ~ **bliss***(=happiness in marriage)* ekteskapelig lykke.
married quarters *mil:* boliger for gift personell.
marrieds *subst; pl* **T: young** ~ unge gifte mennesker; unge ektepar.
marrow ['mærou] *subst* **1.** *anat:* marg; *fig:* **I was frozen to the** ~*(=to the bone)* kulda gikk meg til marg og ben; **2.: (vegetable)** ~ *(,***US:** *squash)* marggresskar; mandelgresskar.
marry ['mæri] *vb* **1.** gifte seg; **2.** gifte seg med; **3.** gifte bort *(fx one's daughter to a rich man);* **4.: ~ off** gifte bort *(fx he has finally married her off);* **5.: he's not a -ing man** han er ikke den typen som gifter seg.
Mars [ma:z] *subst:* Mars.
Marseillaise [,ma:sə'leiz] *subst:* **the** ~ Marseillaisen.
Marseilles [ma:'sei; ma:'seilz] *subst; geogr:* Marseille.
marsh [ma:ʃ] *subst:* myr; myrlendt terreng.
I. marshal ['ma:ʃəl] *subst* **1.** *mil:* marskalk; **field** ~ (general)feltmarskalk; **2.** *ved seremonier:* marskalk; **3.: Marshal of the Court** *i Norge:* hoffmarskalk; *(NB* **UK:** *Lord Chamberlain (of the Household));* **4. US: fire** ~*(=chief fire officer)* brannsjef.
II. marshal *vb* **1***(=lead)* føre *(fx the whole group into a room);* **2.** *stivt(=arrange)* ordne *(fx the facts); (=sort out)* få orden på *(fx give me a minute to marshal my thoughts).*
marshalling yard *jernb(=shunting yard;* **US:** *classification yard)* skiftetomt.
marsh fleawort *bot:* myrsvineblom; *(se groundsel & ragwort).*
marsh harrier *zo:* sivhauk.
marshmallow [,ma:ʃ'mælou] *subst* **1.** *bot:* legestokkrose; *(jvf hollyhock);* **2.** slags slikkeri lagd av roten av legestokkrosen.
marsh marigold *bot(=kingcup;* **US:** *cowslip)* soleihov; bekkeblom; *(jvf cowslip).*
marsh sandpiper *zo:* damsnipe; *(jvf sandpiper).*
marsh speedwell *bot:* veikveronika; *(jvf speedwell).*
marsh tit *zo:* løvmeis.
marsh warbler *zo:* myrsanger; *(jvf warbler).*
marshy ['ma:ʃi] *adj:* myrlendt; sumpet.
marsupial [ma:'sju:piəl] *subst; zo:* pungdyr.
mart [ma:t] *subst; især i sms:* -marked; **used-car** ~ sted hvor det selges bruktbiler; **cattle** ~ kvegmarked.
marten ['ma:tin] *subst; zo:* mår; **beech** ~ husmår.
martial ['ma:ʃəl] *adj* **1.** *meget stivt(=warlike)* krigersk *(fx nation);* **2.** krigs- *(fx music).*
Martian ['ma:ʃən] **1.** *subst(=inhabitant of Mars)* marsboer; **2.** *adj:* mars-; fra Mars.
martin ['ma:tin] *subst; zo:* **(house)** ~ taksvale; hussvale; **crag** ~ klippesvale; *(se I. swallow; I. swift).*
martinet [,ma:ti'net] *subst; stivt(=strict disciplinarian)* person som holder streng disiplin.
Martinmas ['ma:tinməs] *subst:* mortensdag (11. november).
I. martyr ['ma:tə] *subst; også fig:* martyr; **she's a ~ to rheumatism** hun lider svært av gikt.
II. martyr *vb:* gjøre til martyr; la lide martyrdøden.
martyrdom ['ma:tədəm] *subst:* martyrium; **suffer** ~ lide martyrdøden.
I. marvel ['ma:vəl] *subst* **1***(=wonder)* under(verk); **work -s***(=do wonders)* gjøre underverker; **the -s of the circus** alle de fine tingene på sirkus; **2.** *om person:* **a ~ of beauty***(=a stunning beauty)* en skjønnhetsåpenbaring; **she's a ~ at producing delicious meals** hun er fantastisk når det gjelder å lage i stand deilige måltider.
II. marvel *vb:* undre seg (sterkt) (*at* over).
marvellous *(,***US:** *marvelous)* ['ma:vələs] *adj* **1***(=wonderful)* vidunderlig; praktfull; **2. T***(=super; fantastic)* fantastisk.
marzipan ['ma:zi,pæn; ,ma:zi'pæn] *subst:* marsipan.
mascara [mæ'ska:rə] *subst:* øyensverte; mascara.
mascot ['mæskət] *subst:* maskot.
masculine ['mæskjulin] **1.** *subst; gram:* hankjønn(sord); maskulinum; **2.** *adj:* maskulin; *gram:* han-

kjønns-.
masculinity [,mæskju'liniti] *subst:* mandighet; maskulinitet.
I. mash [mæʃ] *subst* **1.** *av malt:* mesk; **2.** *landbr:* bløtfôr; blandingsfôr; **3.** mos; **T***(=mashed potatoes)* potetmos; potetstappe *(fx sausage and mash).*
II. mash *vb* **1.** meske; **2.** knuse; mose *(fx potatoes).*
mashed potatoes*(=creamed potatoes;* **T:** *mash)* potetmos; potetstappe.
I. mask [ma:sk] *subst; også fig:* maske; **under the ~***(=pretence)* **of friendship** under vennskapsmaske.
II. mask *vb; også fig:* maskere; maskere seg; skjule *(fx he managed to mask his feelings rather well).*
masochism ['mæsə,kizəm] *subst:* masochisme.
mason ['meisən] *subst* **1***(=stonemason)* gråsteinsmurer; *(jvf bricklayer);* **2***(=freemason)* frimurer.
masonic [mə'sɔnik] *adj:* frimurer-; **~ lodge** frimurerlosje.
masonry ['meisənri] *subst(=stone(work))* murverk; stein *(fx he was killed by falling masonry);* **rubble ~** bruddsteinsmur.
masque [ma:sk] *subst* **1.** *hist(=short allegorical dramatic entertainment)* maskespill; **2.:** *se masquerade.*
I. masquerade [,mæskə'reid] *subst* **1.** *glds(=fancy -dress ball)* maskeball; maskerade; **2.** *fig(= pretence)* maskerade; komediespill; **her show of friendship was (a) mere ~** hennes vennlighet var bare påtatt.
II. masquerade *vb; stivt:* **~ as***(=pretend to be)* gi seg ut for å være *(fx a police officer).*
Mass [mæs, ma:s] *subst; rel:* messe; **attend ~** gå til messe; **say ~** lese messe; *(se High Mass & Low Mass).*
I. mass [mæs] *subst* **1.** masse; **a ~ of concrete** en betongmasse; en betongklump; **2***(=bulk):* **the ~ of people are in favour of peace** de aller fleste mennesker er for fred; **3. T: -es** masser; mengder *(fx I've masses of work to do; "Is there any bread?" – "Yes, masses.");* **4.: be a ~ of** være dekket av *(fx the battlefield was a mass of bodies);* være full av *(fx his face was a mass of pimples);* **5.** *neds:* **the -es***(=ordinary people)* de brede lag (av befolkningen); massene.
II. mass *vb* **1.** samle (i store mengder) *(fx troops);* trekke sammen; konsentrere; **2.** samle seg (i store mengder) *(fx the troops massed for an attack).*
massacre ['mæsəkə] **1.** *subst:* massakre; blodbad; **2.** *vb:* massakrere.
I. massage ['mæsa:ʒ] *subst:* massasje; **have a ~** bli massert; få massasje; ta massasje.
II. massage *vb:* massere *(fx she massaged his sore back).*
massage parlour massasjeinstitutt.
masseur [mæ'sə:] *subst:* massør.
masseuse [mæ'sə:z] *subst:* massøse.
mass grave massegrav.
massif ['mæsi:f] *subst; geol:* (fjell)massiv.
massive ['mæsiv] *adj* **1.** massiv; svær; tung; **2.** *fig:* massiv; tyngende *(fx burden);* **3.** *fig:* meget stor *(fx a massive dose of sedative);* omfattende; **~ evidence** omfattende bevismateriale.
massiveness ['mæsivnis] *subst:* massivitet.
massive retaliation massiv gjengjeldelse.
mass media massemedia.
mass murder massemord.
mass number *fys(=nucleon number)* massetall.
mass production masseproduksjon.
mass travel masseturisme; **ours is the age of ~** vi lever i masseturismens tidsalder.
mast [ma:st] *subst:* mast.
I. master ['ma:stə] *subst* **1.** herre *(fx I'm master in this house!);* **the dog ran to its ~** hunden løp bort til eieren sin; **2***(=teacher)* lærer *(fx a Maths master);* **3.** *på handelsskip:* kaptein; **4.** *univ:* **Master of Arts** person med språklig-historisk embetseksamen (på høyeste nivå); **Master of Science** person med matematisk-naturvitenskapelig embetseksamen (på høyeste nivå); *(se NEO: embetseksamen; lektor; lektoreksamen);* **5.** (håndverks)mester; **~ carpenter** tømmermester; **6.: ~ (copy)** original; **7.** *rel:* **the Master** Mesteren.
II. master *vb* **1***(=overcome)* overvinne; bli herre over *(fx one's fear of heights);* **2.** mestre *(fx I don't think I'll ever master arithmetic);* beherske *(fx a language).*
Master Chief Petty Officer of the Navy *(fk MCPO)* **US***(=Fleet Chief Petty Officer (fk FCPO)): intet tilsv; se NEO flaggkvartermester.*
master copy *mots kopi:* original.
master cylinder *i brems:* hovedsylinder.
masterful ['ma:stəful] *adj:* myndig *(fx man).*
master key universalnøkkel; hovednøkkel.
masterly ['ma:stəli] *adj:* mesterlig.
mastermind ['ma:stə,maind] **1.** *subst:* overlegen intelligens; **the ~ behind the scheme** hjernen bak planen; **2.** *vb(=plan)* planlegge; være hjernen bak.
Master of Arts *se I. master 4.*
master of ceremonies *(fk MC)* seremonimester; toastmaster.
Master of the Horse UK*(, i Norge: Crown Equerry)* hoffstallmester.
Master of Science *se I. master 4.*
masterpiece ['ma:stə,pi:s] *subst:* mesterverk; mesterstykke.
master race *hist:* herrefolk.
master's certificate *(,T: master's ticket)* skipsførerbevis.
master-sergeant ['ma:stə,sa:dʒənt] *subst; mil (fk MSGT),* **senior ~** *(fk SMSGT),* **chief ~** *(CMSGT)* **US** *flyv: disse tre gradene svarer til 'flight sergeant' (stabssersjant).*
masterstroke ['ma:stə,strouk] *subst:* genistrek *(fx your idea is a masterstroke);* mesterlig trekk.
master switch hovedkontakt; hovedbryter.
mastery ['ma:stəri] *subst* **1***(=control)* herredømme; kontroll (*of, over* over); **2.** beherskelse *(fx of a technique).*
masthead ['ma:st,hed] *subst; mar:* mastetopp.
masthead light *mar:* topplanterne.
mastic ['mæstik] *subst:* mastiks.
masticate ['mæsti,keit] *vb; stivt(=chew)* tygge.
mastication [,mæsti'keiʃən] *subst; stivt(=chewing)* tygging.
mastiff ['mæstif] *subst; zo:* dogg.
masturbate ['mæstə,beit] *vb:* masturbere; onanere.
masturbation [,mæstə'beiʃən] *subst:* masturbasjon; onani.
I. mat [mæt] *subst* **1.** matte; **2.: beer ~** *(,US: coaster)* ølbrikke; **table ~** kuvertbrikke; **3.: he had a thick ~ of hair on his chest** han hadde kraftig hårvekst på brystet.
II. mat *vb* **1.** dekke med matte; **2***(=become tangled)* filtre seg; komme i ugreie; **-ted hair** sammenfiltret hår.
I. match [mætʃ] *subst:* fyrstikk; **a lighted ~** en brennende fyrstikk; **a spent ~** en utbrent fyrstikk; **strike a ~** tenne en fyrstikk; **put a ~ to it** sette en fyrstikk borttil.
II. match *subst* **1.** *sport:* match; kamp; **2.** like; make; noe som står (*el.* passer) til *(fx these trousers are not an exact match for my jacket);* **3.** likemann; jevnbyrdig; person som kan måle seg med en *(fx Jack is no match for you);* **he has met his ~** han har funnet sin likemann; **4.** ekteskap *(fx arrange a match*

between John and Jane); parti *(fx she'll make a fine match for my son).*
III. match *vb* **1.** passe til; stå til *(fx that dress matches her red hair);* stå til hverandre; passe sammen *(fx these two pieces of wallpaper don't match exactly);* **be well -ed** passe godt sammen; stå godt til hverandre; **2**(*=be equal to):* **no one can ~ him** ingen kan måle seg med ham; ~*(=measure)* **up to one's expectations** svare til ens forventninger; **3.** skaffe maken til *(fx can you match this material for me?);* **4.** *sport:* **John and Bill will be -ed in the final** John og Bill skal løpe (,spille, *etc)* mot hverandre i finalen; **5.: to ~** tilhørende *(fx a dress with a hat and gloves to match).*
matchboard ['mætʃ,bɔ:d] *subst(=tongue-and-groove board)* pløyd bord.
matchbox ['mætʃ,bɔks] *subst:* fyrstikkeske.
matching [mætʃiŋ] *adj:* som står til; som passer til; tilsvarende.
matchless ['mætʃlis] *adj; litt.(=unequalled)* uforlignelig; **a woman of ~ beauty** en makeløst vakker kvinne; *(jvf I. marvel 2).*
matchmaker ['mætʃ,meikə] *subst:* Kirsten Giftekniv.
matchstick ['mætʃ,stik] *subst* **1**(*=match)* fyrstikk; **2.** *fagl:* trestikke.
I. mate [meit] *subst* **1.** make *(fx birds sing to attract a mate);* **2.** *spøkef om partner:* **she's looking for a ~** hun er på utkikk etter en ektemake; **3. T** *også i tiltale:* kamerat *(fx we've been mates for years);* **4.** *mar:* **(first)** ~*(=first officer; chief officer)* overstyrmann; **5.** hjelpemann *(fx a carpenter's mate);* **driver's ~** hjelpemann på lastebil; *mar:* **boatswain's ~** båtsmannsmat.
II. mate *vb; zo:* par(r)e; par(r)e seg; **our puppy isn't old enough to be -d** hvalpen vår er ikke gammel nok til at vi kan la den par(r)e seg.
III. mate *adj; sjakk* **1.** matt *(fx mate in three moves);* **2.** *vb(=checkmate)* sette matt; gjøre matt.
I. material [mə'tiəriəl] *subst* **1.** materiale; stoff *(fx for a book);* **raw ~** råmateriale; råstoff; **thickness of ~** godstykkelse; **2**(*=cloth; fabric)* stoff; tøy; **3.** *fig:* **she's excellent teacher ~** hun kunne (,kan) bli en ypperlig lærer; **executive ~** sjefsemne.
II. material *adj* **1.** materiell *(fx the material world);* **~ pleasures** materielle gleder; **2.** *stivt:* **~ to**(*=important to)* av betydning for.
materialism [mə'tiəriə,lizəm] *subst:* materialisme.
materialist [mə'tiəriə,list] *subst:* materialist.
materialistic [mə,tiəriə'listik] *adj:* materialistisk.
materialize, materialise [mə'tiəriə,laiz] *vb* **1.** bli til virkelighet *(fx our hopes never materialized);* **the project didn't ~** det ble ikke noe av prosjektet; **2.** materialisere seg; anta legemlig form *(fx the figure materialized as we watched with astonishment);* **3. T**(*=arrive; turn up)* komme; dukke opp.
materially *adv* **1.** materielt; **2**(*=to a great extent)* vesentlig; i vesentlig grad.
maternal [mə'tə:nəl] *adj* **1.** moderlig; **2.** *om slektskapsforhold:* på morssiden *(fx my maternal grandfather).*
maternity [mə'tə:niti] *subst(=motherhood)* morskap; maternitet.
maternity benefit morstrygd.
maternity dress(*=maternity frock)* omstendighetskjole.
maternity leave svangerskapspermisjon; morspermisjon.
maternity nurse barselpleier.
maternity patient barselpasient.
maternity unit føde- og barselavdeling.
maternity ward 1. sengestue på fødeavdeling; **2.** fødeavdeling.
matey ['meiti] *adj* **T**(*=friendly)* kameratslig.
math [mæθ] *subst* **US T**(*=maths; mathematics)* matematikk; **T:** matte.
mathematical [,mæθə'mætikəl] *adj:* matematisk.
mathematician [,mæθəmə'tiʃən] *subst:* matematiker.
mathematics [,mæθə'mætiks] *subst:* matematikk.
maths [mæθs] *subst* **T** (*,US: math)* matematikk; **T:** matte.
matie ['meiti] *subst; zo:* matjessild.
matinée ['mæti,nei] *subst:* matiné; ettermiddagsforestilling.
mating ['meitiŋ] *subst:* par(r)ing.
mating colours *zo:* par(r)ingsdrakt.
mating season par(r)ingstid; brunsttid.
matins, mattins ['mætinz] *subst:* morgengudstjeneste; *kat.:* ottesang.
matriarch ['meitri,a:k] *subst:* matriark.
matriarchal [,meitri'a:kəl] *adj:* matriarkalsk.
matriarchy ['meitri,a:ki] *subst:* matriarkat.
matric [mə'trik] *subst: se matriculation.*
matricide ['mætri,said] *subst* **1.** modermord; **2.** modermorder.
matriculate [mə'triku,leit] *vb(=enrol; be enrolled)* immatrikulere; bli immatrikulert (ved universitet, etc).
matriculation ['mə,trikju'leiʃən] *subst(=enrolment at a university)* immatrikulering.
matrimonial [,mætri'mouniəl] *adj:* ekteskaps-; ekteskapelig *(fx difficulties).*
matrimonial agency(*=marriage bureau)* ekteskapsbyrå.
matrimony ['mætriməni] *subst* **1.** ektestand; **be joined in holy ~** tre inn i den hellige ektestand; **2.** *stivt (=marriage)* ekteskap; **he's not interested in ~** han er ikke interessert i å gifte seg.
matrix ['meitriks] *subst (pl: matrixes, matrices* ['meitri,si:z]) **1.** matrise; **2**(*=mould)* form.
matron ['meitrən] *subst* **1.** *hist(=senior nursing officer)* sjefsykepleier; **2.** *ved kostskole:* husmor; **3.** *neds:* matrone.
matronly ['meitrənli] *adj* **1**(*=dignified)* verdig; **2.** matroneaktig; **a ~ figure** en matronefigur.
matt(e) [mæt] *adj:* matt; **~ paint** matt maling.
I. matter ['mætə] *subst* **1.** *fys:* materie; **ordinary ~** vanlig masse; **spirit and ~** ånd og materie; **2.** *også fig(=substance)* substans; stoff; *anat:* **the grey ~** den grå substans; **3.** *fig(=content; substance)* innhold *(fx the matter of his essay is excellent but the style is deplorable);* **4.** *med.(=pus)* puss; materie; **5.: printed ~** trykksak; **6.** sak; **a business ~** en forretningssak; et forretningsanliggende; **it's an awkward ~**(*=business)* det er en kjedelig sak; det er så sin sak; **money -s** pengesaker; **7.** *typ:* sats; **standing ~** stående sats; **8.: -s** forholdene; situasjonen; **make -s worse** forverre situasjonen; gjøre vondt verre; **9.: a ~ of** 1. *foran tallord:* noe sånt som; omtrent *(fx a matter of 10 km);* 2.: **it's a ~ of** . . . det er et spørsmål om; det dreier seg om *(fx it's a matter of life and death);* **it's a ~ of course** det er en selvfølge; **it's a ~ of opinion** det er delte meninger om det; **it's a ~ of taste** det er en smakssak; **it was a ~ of minutes** det dreide seg om (noen få) minutter; **it's a ~ of asking her to do it** det er bare spørsmål om å be henne gjøre det; **10.: as a ~ of fact** *se fact 3;* **11.: for that ~** for den saks skyld; **12.: in the ~ of** med hensyn til; hva angår; **13.: no ~**(*=it doesn't matter; never mind)* det spiller ingen rolle *(fx "He isn't here." – "No matter, I'll see him later.");* **14.: no ~ how (,what, where, who)** uansett hvordan (,hva, hvor, hvem) *(fx don't open the door, no matter who calls! no matter what happens, I'll still go);* **15.: what's the ~?** hva er i veien?

what's the ~ with you? hva er (det som er) i veien med deg? **he wouldn't tell me what the ~ was** han ville ikke si meg hva som var i veien.

II. matter *vb:* bety noe; være av betydning; spille en rolle; gjøre noe *(fx it doesn't matter);* **it's the price that -s** det er prisen som betyr noe; det er prisen det kommer an på; **it doesn't ~ so much if we're late** det er ikke så farlig om vi kommer for sent; **it doesn't ~ what you say** det spiller ingen rolle hva du sier; **it -s a great deal** det betyr mye; det er svært viktig; **that car -s a great deal to him** den bilen betyr mye for ham; **it doesn't greatly ~** det spiller ingen større rolle; **not that it -s to me***(=not that it makes any difference to me)* ikke slik å forstå at det spiller noen rolle for meg; **what does it ~?***(=what difference does it make?)* hvilken rolle spiller (vel) det?

matter of course selvfølge; **she'll do it as a ~** hun vil gjøre det som en selvfølge.

matter-of-fact [,mætərou'fækt] *adj:* saklig; **a ~ account** en saklig beretning; **she was very ~ about the whole affair** hun tok det hele på en meget saklig måte.

matter-of-factness [,mætərou'fæktnis] *subst:* saklighet.

Matthew ['mæθju:] *subst:* Matteus.

mattock ['mætək] *subst:* flåhakke.

mattress ['mætris] *subst:* madrass; **spring ~** springmadrass.

maturation [,mætju'reiʃən] *subst; også biol:* modning.

I. mature [mə'tjuə] *vb* **1.** modne; modnes; **she -d early** hun ble tidlig moden; **2.** *merk; om veksel:* forfalle.

II. mature *adj:* moden; kjønnsmoden; voksen *(fx mature beetles);* **on***(=after)* ~*(=careful)* **consideration** etter moden overveielse.

maturity [mə'tjuəriti] *subst* **1.** modenhet; full utvikling; **they are rapidly growing into ~** de blir raskt voksne (*el.* fullt utviklet); **2.** *merk; veksels:* forfall; **on ~** ved forfall.

maudlin ['mɔ:dlin] *adj; stivt(=drunk and sentimental; drunk and silly)* drukkensentimental; full og tåpelig.

maul [mɔ:l] *vb:* maltraktere *(fx be mauled by a lion).*

maulstick ['mɔ:l,stik] *subst(=mahlstick)* malerstokk.

Maundy Thursday skjærtorsdag.

mausoleum [,mɔ:sə'liəm] *subst:* mausoleum.

mauve [mouv] *subst:* blålilla.

maverick ['mævərik] *subst* **1.** person med uortodokse synspunkter; uavhengig politiker; **2. US:** umerket kalv.

mavis ['meivis] *subst; zo; poet(=song thrush)* måltrost.

mawkish ['mɔ:kiʃ] *adj; litt.* **1.** *om smak el. lukt(=sickly-sweet)* søtladen; vammel; **2***(=falsely sentimental)* påtatt sentimental.

maxi ['mæksi] *adj; om plagg:* som når til anklene; maxi.

maxilla [mæk'silə] *subst; anat(=upper jawbone)* overkjeve(ben).

maxim ['mæksim] *subst:* maksime; grunnsetning; leveregel.

maximize, maximise ['mæksi,maiz] *vb:* gjøre maksimal; maksimere *(fx maximize profits and minimize costs).*

maximum ['mæksiməm] *subst:* maksimum; **be at a ~** være maksimal; være på sitt høyeste; **two hundred an hour is the ~ we can produce** to hundre pr. time er det meste vi kan produsere; maksimalt kan vi produsere to hundre pr. time.

maximum effort*(=the maximum amount of effort)* maksimal innsats *(fx this requires maximum effort).*

maximum price *(,*US: *ceiling price)* maksimalpris.

May [mei] *subst:* mai.

I. may [mei] *subst; bot:* ~ **(tree)***(=hawthorn)* hagtorn.

II. may *vb (pret: might)* **1.** *om mulighet:* **he ~ come any minute** han kan komme når som helst; **Peter ~ know** kanskje Peter vet det; **I might be able to help you** kanskje jeg kunne hjelpe deg; **2.** *om tillatelse; stivt(=can):* **you** ~*(=can)* **go home now** du kan gå hjem nå; du får lov til å gå hjem nå; ~*(=can)* **I go now?** kan jeg (få lov til å) gå nå?; **3.** *uttrykker ønske:* måtte *(fx may you live a long and happy life!);* **4.:** ~ **be** kanskje; muligens; **it ~ be more expensive than you think** det kan være dyrere enn du tror; kanskje det er dyrere enn du tror; **as the case ~ be** alt etter omstendighetene; alt ettersom; **that's as ~ be, but***(=that may be so, but)* det kan være, men . . .; **5.: come what ~** hva som enn skjer *(fx he'll do his duty come what may);* **6.** *bebreidende:* **they might have offered to help us** de kunne godt ha tilbudt seg å hjelpe oss.

maybe ['mei,bi:] *adv(=perhaps)* kanskje *(fx maybe I'll come tomorrow; maybe he'll come, and maybe he won't).*

May beetle*(=May bug; cockchafer) zo:* oldenborre.

Mayday ['mei,dei] *subst; radio; nødsignal:* Mayday.

May blobs *se marsh marigold.*

May fly *zo:* døgnflue.

mayhem ['mei,hem] *subst* **1.** *jur; hist:* legemsbeskadigelse; **2.** *stivt el. spøkef:* **create ~** lage bråk.

mayonnaise [,meiə'neiz] *subst:* majones; **vegetable ~** italiensk salat.

mayor [mɛə] *subst:* borgermester; *(jvf Lord Mayor).*

mayweed ['mei,wi:d] *subst; bot:* toppgåseblom; *(jvf camomile).*

maze [meiz] *subst; også fig:* labyrint.

mazurka [mə'zə:kə] *subst:* masurka.

me [mi:] *pron:* meg *(fx he saw me; he gave me a book);* **it's ~** det er meg.

mead [mi:d] *subst* **1.** *hist:* mjød; **2.** *poet el. glds(=meadow)* eng; vang.

meadow ['medou] *subst:* eng.

meadow bittercress *bot(=lady's-smock; cuckooflower)* engkarse.

meadow bunting *zo:* engspurv.

meadow clary *bot:* engsalvie; *(jvf sage).*

meadow cranesbill *bot:* engstorkenebb.

meadow saffron*(=autumn crocus; colchicum)* tidløs.

meadowsweet ['medou,swi:t] *subst; bot:* mjødurt.

meagre *(,*US: *meager)* ['mi:gə] *adj* **1***(=lean; thin)* mager; **2.** *fig:* mager *(fx salary);* dårlig; **his ~ strength** de dårlige kreftene hans.

I. meal [mi:l] *subst(=coarse flour)* grovt mel; *(jvf bone meal; oatmeal).*

II. meal *subst* **1.** måltid *(fx three meals a day);* **he had***(=ate)* **a good ~ before he left** han spiste godt før han dro; **2. T: make a ~ of** gjøre altfor mye ut av (en oppgave); bruke altfor mye tid på *(fx a job).*

mealie ['mi:li] *subst; i Sør-Afrika:* ~ **meal***(=finely ground maize)* finmalt mais.

mealies ['mi:li:z] *subst; i Sør-Afrika(=maize)* mais.

meal ticket US*(=luncheon voucher)* lunsjkupong; matkupong.

mealtime ['mi:l,taim] *subst:* spisetid; **at -s** ved måltidene; når det er mat å få.

mealy ['mi:li] *adj:* melet; melaktig; *om potet:* melen.

mealy bug *zo(=scale insect)* skjoldlus.

I. mean [mi:n] *subst* **1.** *mat.:* middeltall; mellomledd; **2.: the golden** ~*(=the happy medium)* den gylne middelvei; **strike the golden** ~*(=steer a middle course)* gå den gylne middelvei; *(se means).*

II. mean *vb (pret & perf. part.: meant* [ment]*)*

1. bety *(fx a dictionary tells you what words mean);* være ensbetydende med; bety *(fx this action will mean war);* **health -s everything** helse er alt; helse betyr alt; **it -s very little to me** det betyr lite for meg; **money -s nothing to him** penger betyr ingenting for ham;

2. mene *(fx what do you mean? he meant what he said; It wasn't too bad. I mean, it didn't even hurt);* **you don't ~ to say** ...? du mener da vel ikke ...? du vil da vel ikke si ...?

3*(=intend):* **I -t to do it, but** ... jeg hadde tenkt å gjøre det, men ...; jeg hadde til hensikt å gjøre det, men ...; **I didn't ~ her to find out** jeg hadde ikke ment at hun skulle få vite det; **he -t that box for keeping nails in** han hadde tenkt å ha spiker i den esken; **for whom was that letter -t?** hvem var det brevet tiltenkt? hvem skulle ha det brevet? **John and Mary were -t for each other** John og Mary var bestemt for hverandre;

4.: **he -t no harm** han mente ikke noe vondt med det;

5.: **~ mischief***(=mean no good)* ha ondt i sinne *(fx he means mischief);*

6.: **she -t no offence** hun hadde ikke til hensikt (*el.* hadde ikke ment) å fornærme;

7.: **~ well** mene det godt *(fx he meant well by what he said).*

III. mean *adj:* middel-; gjennomsnitts-; gjennomsnittlig.

IV. mean *adj* 1*(=miserly)* gjerrig; 2. lumpen *(fx that was mean of him; a mean trick);* **T: feel ~** 1. føle seg lumpen *(fx I'd feel mean if I did that);* 2*(=feel ashamed)* føle seg skamfull; 3. **US***(=unpleasant):* **in a ~ mood** i et ubehagelig humør; 4. *litt.(=humble)* ussel *(fx dwelling);* **of ~ birth***(=of humble origin(s))* av ringe herkomst; 5. *stivt:* **no ~** ingen dårlig *(fx he was no mean artist);* **he has no ~ opinion of himself***(=he thinks a lot of himself)* han har høye tanker om seg selv.

I. meander [mi'ændə] *subst; i elv(=bend)* meander; buktning; slyng.

II. meander *vb* 1. *om elv:* bukte seg; slynge seg; 2. *fig:* **~ (about)***(=wander about)* vandre omkring; **his writing -s all over the page** skriften hans vandrer hit og dit over hele siden.

meandering *adj:* med slyngninger (*el.* buktninger); *om elv:* buktet.

mean draught (,**US:** *mean draft) mar:* middeldypgående.

I. meaning ['mi:niŋ] *subst* 1. betydning *(fx the meaning of a word);* 2. mening; **what's the ~ of his behaviour?** hva er meningen med den oppførselen hans? **full of ~** megetsigende *(fx look);* **there was no mistaking the ~** meningen var ikke til å ta feil av.

II. meaning *adj:* megetsigende *(fx a meaning look).*

meaningful ['mi:niŋful] *adj:* meningsfull; meningsfylt *(fx meaningful English-language work);* **I didn't find his remarks at all ~** jeg syntes ikke det var noen mening i det han sa.

meaningless ['mi:niŋlis] *adj:* meningsløs; uten mening; intetsigende.

I. means [mi:nz] *subst(=money; resources)* midler; **she's a person of considerable ~***(=she has plenty of money)* hun har betydelige midler; hun har mange penger; **she hasn't the ~ to give up work** hun har ikke råd til å slutte å arbeide; **the ~ available are inadequate** de midlene man har til rådighet er utilstrekkelige; **our ~ are small** vi har ikke så mange penger å rutte med; **live beyond one's ~** leve over evne.

II. means *subst (pl: means)* 1. middel *(fx every means has been tried);* måte *(fx is there any means(=way) of finding out?);* 2. *stivt:* **by all ~***(=yes, of course; certainly)* for all del; naturligvis *(fx Can I borrow your book? – By all means!);* **if you want to use the telephone, by all ~ do** hvis du vil bruke telefonen, så må du gjerne gjøre det; **come with us by all ~** bli nå endelig med oss; **by fair ~ or foul** med det gode eller det onde; på et eller annet vis; **by unfair ~** på uredelig vis; **by ~ of***(=with the help of)* ved hjelp av; 3.: **by no ~***(=not by any means)* slett ikke *(fx I'm by no means certain to win);* 4.: **a ~ to an end** en måte å oppnå noe på; et middel (og ikke noe mål i seg selv)*(fx it's only a means to an end).*

means test behovsprøve.

meant [ment] *pret & perf. part. av II. mean.*

meantime ['mi:n,taim] 1. *subst:* **in the ~***(= meanwhile)* i mellomtiden; imens; 2. *adv: se meanwhile.*

meanwhile ['mi:n,wail] *adv(=meantime)* imens; i mellomtiden.

measled ['mi:zəld] *adj; om kjøtt(=measly)* tintet; fullt av tinter.

measles ['mi:zəlz] *subst* 1. *med.:* meslinger; **German ~** røde hunder; 2. *i svinekjøtt:* tinter.

measly ['mi:zli] *adj* 1.: *se measled;* 2. **T***(=small; miserable)* stakkars *(fx a measly little piece of bread).*

measurable ['meʒərəbl] *adj:* målbar; som kan måles; **we came within ~ distance of success** vi var ikke så langt fra å lykkes.

I. measure ['meʒə] *subst* 1. mål *(fx a glass measure for holding liquids; the metre is a measure of length);* **cubic ~** rommål; **dry ~** hulmål for tørre varer; **liquid ~** hulmål for væsker; **~ of capacity** hulmål; **made to ~** lagd etter mål; 2. forholdsregel; tiltak; **take the necessary -s***(=steps)* ta de nødvendige forholdsregler; **half -s** halve forholdsregler; **~ of precaution***(=precautionary measure)* forsiktighetsregel; **as a precautionary ~***(=as a precaution)* som en forsiktighetsregel; som en forsiktighetsforanstaltning; 3. *parl:* tiltak (i lovs form) *(fx measures to combat unemployment);* lovforslag *(fx bring in a measure);* 4. *mus(=bar)* takt; taktart; 5. versemål: 6. *om sammenligningsgrunnlag:* mål *(fx his work was the measure of all subsequent attempts);* 7. *om det som er en tilmålt:* **they have had their ~ of happiness** de har hatt sin lykke; de har hatt den lykke som var tiltenkt dem; 8. *stivt:* **a ~ of, some ~ of***(=some)* en viss *(fx a measure of freedom);* 9. *glds(=dance)* dans; 10. *litt.:* **beyond ~***(=immense)* umåtelig *(fx riches beyond measure);* 11.: **~ for ~***(=tit for tat)* like for like; 12.: **full ~** fullt mål; det korrekte kvantum; **short ~** for lite; dårlig mål; 13.: **for good ~** 1. for at det skal bli godt mål; **I gave him £10 for good ~** jeg ga ham £10 attpå; 2. *fig:* som en ekstra forholdsregel.

II. measure *vb* 1. måle; ta mål av *(fx sby for a suit);* 2.: **~ off***(=mark out; measure out)* måle av; merke av *(fx an area);* 3.: **~ out** 1. måle ut; dele ut; veie opp *(fx he measured out a kilo of sugar);* 2. *fig(=mete out)* dele ut *(fx harsh punishments);* 3*(=mark out; measure off)* måle av; merke av *(fx an area);* 4.: **~ up** 1. måle (opp); 2.: holde mål *(fx his performance didn't measure up);* **~ up to the others** måle seg med de andre; **what if he didn't ~ up to***(=rise to)* **their great expectations of his skill?** hva om han nå ikke svarte til de store forventningene de hadde til hans dyktighet?

measured *adj* 1. avmålt *(fx walk with measured steps);* taktfast; **the pace was slow and ~** de *(etc)* gikk langsomt og taktfast; 2. veloverveid *(fx remark).*

measurement ['meʒəmənt] *subst:* mål; **by means of ~**

ved måling; ved å måle; **what are your waist -s?** hvor meget måler du rundt livet?
measuring worm*(=inchworm) zo:* målerlarve.
meat [mi:t] *subst* **1.** kjøtt; **2.** *fig(=gist):* **the ~ of the argument** det vesentlige (*el.* kjernen) i argumentet; **3***(=substance; information):* **full of ~** med vektig innhold; som inneholder meget informasjon *(fx a book full of meat).*
meat ball kjøttbolle.
meat farce fin kjøttdeig; bolledeig; *(jvf II. mince 1).*
meat loaf forloren hare.
meaty ['mi:ti] *adj* **1.** kjøttfull; kjøtt-; med (mye) kjøtt i *(fx a meaty soup);* **a ~ bone** et kjøttben; **a ~ smell** kjøttlukt; **this smells ~** dette lukter av kjøtt; **2.** *fig(=full of information; full of details)* innholdsrik; vektig *(fx a meaty lecture).*
Mecca ['mekə] *subst* **1.** *geogr:* Mekka; **2.** *fig(= mecca)* Mekka; valfartssted *(fx Athens is a Mecca for tourists).*
mechanic [mi'kænik] *subst* **1.** mekaniker; **precision ~***(=precision engineer)* finmekaniker; **2.: motor (vehicle) ~** (faglært) bilmekaniker; **light (,heavy) (motor) vehicle ~** motor- og understellsreparatør; **3.** *flyv:* **air ~***(=aero-engine fitter)* flymekaniker.
mechanical [mi'kænikəl] *adj* **1.** mekanisk; maskinmessig; **~ force** mekanisk kraft: **~ skill** mekanisk ferdighet; **2.** *fig:* mekanisk.
mechanical engineer maskiningeniør; **firm of -s** maskinfirma.
mechanical engineering maskinteknikk; maskinlære; **textbook of ~** maskinlærebok.
mechanically *adv:* mekanisk; **no credit is given for reeling off dates ~** det legges ingen vekt på oppramsing av årstall.
mechanics [mi'kæniks] *subst* **1.** mekanikk *(fx study mechanics);* **flight ~** flymekanikk; **precision***(=fine)* **~** finmekanikk; **structural ~** statikk; **2.** *fig:* mekanikk; teknikk; teknisk side *(fx the mechanics of playwriting);* **the ~ of the legal system are very complicated** det juridiske system er bygd opp på en meget komplisert måte.
mechanism ['mekə,nizəm] *subst* **1.** mekanisme; **2.** *fig:* mekanisme; maskineri.
mechanization, mechanisation [,mekənai'zeiʃən] *subst:* mekanisering.
mechanize, mechanise ['mekə,naiz] *vb:* mekanisere.
medal ['medəl] *subst:* medalje; **gold ~** gullmedalje; *fig:* **the reverse of the ~** medaljens bakside.
medallion [mi'dæljən] *subst:* medaljong.
medallist *(,***US:** *medalist)* ['medəlist] *sport:* medaljevinner; **gold ~** gullmedaljevinner.
meddle ['medəl] *vb* **1.** *neds:* blande seg borti *(fx she's always meddling!);* **2.: ~ in***(=busy oneself with)* beskjeftige seg med *(fx don't meddle in politics!);* blande seg inn (*el.* opp) i *(fx people's private affairs);* **3.: ~ with***(=interfere with)* legge seg borti; blande seg inn (*el.* opp) i; stikke nesen sin i.
meddler ['medlə] *subst:* person som blander seg borti andres saker; geskjeftig person; **they are -s and muddlers!** de er noen mislykte rotebukker!
meddlesome ['medəlsəm] *adj:* geskjeftig; som blander seg borti andres saker.
media ['mi:diə] *subst* **1.** *pl av medium; (se medium);* **2.: the (mass) ~** massemedia; **the news ~** nyhetsmedia; **visual ~** visuelle meddelelsesmidler.
mediaeval *se medieval.*
media research mediaforskning.
medial ['mi:diəl] *adj* **1.** i midten; midt-; **2.** *fon:* innlyds- *(fx vowel);* som står i innlyd.
I. median ['mi:diən] *subst; mat.:* median.
II. median *adj:* midt-; midtre; i midtplanet.
median plane midtplan.
median strip US*(=central reserve)* midtrabatt (på motorvei).
mediate ['mi:di,eit] *vb:* megle; mekle *(fx in a dispute).*
mediation [,mi:di'eiʃən] *subst:* megling; mekling; mellomkomst.
mediator ['mi:di,eitə] *subst:* megler; mekler; mellommann.
mediatory ['mi:diətəri] *adj:* **a ~ effort** et meglingsforsøk; et meklingsforsøk.
I. medical ['medikəl] *subst* **T***(=medical examination)* legeundersøkelse; **go for a ~** la seg legeundersøke.
II. medical *adj:* medisinsk; lege-.
medical attendance legetilsyn.
medical board *mil:* legekommisjon; *svarer til:* sesjon *(fx he has had notice to report to the Medical Board).*
medical certificate legeerklæring.
medical company *mil:* sanitetskompani.
medical council UK: the General Medical Council *(fk the GMC)* Legeforeningen.
medical corps UK: the Royal Army Medical Corps *(fk the RAMC) (,***US:** *the Medical Corps; i Norge: the Army Medical Service)* Hærens sanitet.
medical help legehjelp.
medical officer 1.: industrial ~*(=works doctor)* bedriftslege; **2.: ~ of health** *(fk MOH)* distriktslege; **3.** *i fengsel:* **principal ~** overlege.
medical orderly *(,***US:** *corps man; medic)* sanitetssoldat; sykepasser.
medical platoon *mil:* sanitetstropp.
medical register: be struck off the ~ bli fratatt retten til å praktisere som lege.
medical secretary legesekretær.
medical service *mil:* sanitetstjeneste; *(se medical corps).*
medical student medisinsk student; medisiner.
medical superintendent *ved sykehus:* administrerende overlege.
Medicare ['medi,kɛə] *subst* **US:** offentlig finansiert sykeforsikring for personer over 65 år.
medicate ['medi,keit] *vb* **1.** behandle med medisin; **2.** preparere (til medisinsk bruk).
medicated cotton*(=purified cotton;* **US:** *absorbent cotton)* renset bomull.
medication [,medi'keiʃən] *subst* **1.** *stivt el. fagl(=medicine; treatment by medicine)* medisin; medisinsk behandling; **2.** preparering (til medisinsk bruk); tilsetting av medisinske stoffer.
medicinal [me'disinəl] *adj:* medisinsk; med medisinsk virkning; **~ bath** medisinsk bad; **~ plant** legeplante; medisinsk plante; **~ property** helbredende (*el.* legende) egenskap; **alcohol for ~ purposes** alkohol til medisinsk bruk.
medicinally *adv:* som medisin *(fx alcohol taken medicinally).*
medicine ['medisin; 'medsin] *subst* **1***(=drug)* medisin *(fx take your medicine);* **2.** *fag:* medisin *(fx study medicine);* **advances in the field of ~** fremskritt innen medisinen; **3.** *fig:* **take one's ~** ta sin straff; bite i det sure eple; **4.: give sby a taste***(=dose)* **of his own ~** betale en med samme mynt.
medicine chest: (family) ~*(=household medicine cabinet)* husapotek.
medicine cupboard*(=medicine cabinet)* medisinskap.
medick *(,***US:** *medic) subst; bot:* snegleskolm.
medico ['medi,kou] *subst (pl: medicos)* **T***(=doctor)* lege; *spøkef:* medikus.
medico-legal *adj:* rettsmedisinsk; *(jvf forensic medicine).*
medieval, mediaeval [,medi'i:vəl] *adj* **1.** middelalder- *(fx history);* **in ~ times** i middelalderen; **2.** *fig; neds:*

middelaldersk; primitiv; håpløst gammeldags *(fx methods)*.
medievalism, mediaevalism [,medi'i:və,lizəm] *subst* **1.** middelalderkulturen; **2.** begeistring for middelalderen.
mediocre [,mi:di'oukə] *adj; neds(=indifferent)* middelmådig; **a ~ effort** en middelmådig prestasjon.
mediocrity [,mi:di'ɔkriti] *subst:* middelmådighet.
meditate ['medi,teit] *vb* **1.** meditere *(fx he meditates twice a day);* **2.** *stivt(=think deeply)* meditere (*on* over).
meditation [,medi'teiʃən] *subst:* meditasjon; **he's deep in ~** han befinner seg i dyp meditasjon.
meditative ['medi,teitiv] *adj; stivt(=thoughtful)* tenksom; ettertenksom *(fx in a meditative mood)*.
I. Mediterranean [,meditə'reiniən] *subst* **1.** *geogr:* **the ~ (Sea)** Middelhavet; **2.** person som bor i et av middelhavslandene.
II. Mediterranean *adj:* middelhavs-.
I. medium ['mi:diəm] *subst (pl: media)* **1.** medium; middel; **~ of communication** meddelelsesmiddel; **news media** nyhetsmedia; **visual media** visuelle meddelelsesmidler; **air is the ~ that conveys sound** luft er det medium som formidler lyden; **2.** (spiritistisk) medium; **3.** *kunstners(=material)* materiale *(fx his favourite medium is stone);* **4.** *forfatters, etc:* **~ (of expression)** uttrykksmiddel; **5.: ~ of payment** *(,økon: exchange medium)* betalingsmiddel; **6.: (teaching)** *~(=medium of instruction)* undervisningsspråk; **7.** *biol:* **(culture) ~** dyrkningsvæske; substrat; **nutrient***(=nutritive)* **~** næringssubstrat; **8.: the happy** *~(=the golden mean)* den gylne middelvei; **9.: through the ~ of the press** gjennom pressen.
II. medium *adj* **1.** mellom- *(fx her hair is medium brown);* middelstor; middels høy; **a man of ~ height** en middels høy mann; **a small, ~ or large packet** en liten, mellomstor eller stor pakning.
medium fair: he's ~ han er mørkeblond.
medium-sized ['mi:diəm,saizd] *adj:* middels stor; mellomstor.
medium wave *radio:* mellombølge.
medlar ['medlə] *subst; bot:* ekte mispel.
medley ['medli] *subst* **1.** *stivt el. litt.(=mixture)* blanding *(fx a medley of different nationalities);* **2.** *mus:* potpurri; **3.** *sport:* medley.
medulla [mi'dʌlə] *subst (pl: medullas, medullae* [mi'dʌli:]*) subst; anat & bot(=marrow)* marg.
medullary [mi'dʌləri] *adj:* marg-; **~ sheath** *bot:* margskjede.
medusa [mi'dju:zə] *subst; zo(=jellyfish)* manet.
meek [mi:k] *adj:* ydmyk; spak.
I. meet [mi:t] *subst* **1***(=sports meeting)* idrettsstevne; **2.** *før revejakten:* samling; møte *(fx the local huntsmen are holding a meet this week)*.
II. meet *vb (pret & perf. part.: met)* **1.** møte; møtes *(fx I met him; they meet daily);* treffe hverandre; treffes; ses; **~ a train** møte opp til et tog *(fx he met the London train);* **I'll ~ your train***(=I'll meet you at the station)* jeg skal møte deg på stasjonen; **~ sby off the plane** hente en på flyplassen; **are we -ing at your place tonight?** treffes vi hjemme hos deg i kveld? **happen to** *~(=run across; run into)* treffe på; møte tilfeldig; **~ sby by appointment** treffe en etter avtale; **~ sby face to face** møte en ansikt til ansikt; **a terrible sight met him** et fryktelig syn møtte ham; **he met his death** *(,litt.: end)* **in a car accident***(=he died in a car accident)* han døde (*el.* omkom) i en bilulykke; *fig:* **~ sby halfway** møte en på halvveien *(fx I'll invest £5000 in this idea if you meet me halfway and do the same);*
2. *om elver, veier:* møtes; løpe sammen *(fx where do the two roads meet?);*
3. *ved presentasjon:* hilse på *(fx have you two met? come and meet my wife; pleased to meet you!);* **I don't think we've met** jeg tror ikke vi har hilst på hverandre;
4. *om behov, etterspørsel, gjeld:* dekke; *~(=supply)* **the demand** dekke behovet (*el.* etterspørselen); *~(=cover)* **sby's requirements** dekke ens behov (*in, of* for); **the dictionary -s the requirements of those who** ... ordboken dekker behovene til dem som ...; **even £2000 won't ~ my debts** ikke engang £2000 vil dekke gjelden min;
5. *om forpliktelse(=fulfil)* innfri; oppfylle *(fx meet one's obligations honestly);* **~ one's financial commitments** oppfylle sine økonomiske forpliktelser;
6. *om krav(=comply with; satisfy)* etterkomme *(fx a demand);* tilfredsstille; **we can** *~(=satisfy)* **any demand made upon us** vi kan tilfredsstille ethvert krav som måtte bli stilt (til) oss; *om kvalitetskrav:* (opp)fylle; **the materials have to ~ certain requirements as regards** ... materialene må fylle bestemte krav når det gjelder ...; **several precise conditions must be met by the equipment** utstyret må oppfylle flere meget bestemte krav; **stringent requirements must be met by the materials***(=great demands are made on the materials)* det stilles strenge krav til materialenes kvalitet; materialene må oppfylle meget strenge kvalitetskrav;
7. *merk:* **~ a bill***(=honour a bill; take up a bill)* innfri en veksel;
8. *om kostnader, utgifter(=pay; cover)* dekke *(fx the cost; the expenses); om underskudd(=cover; make up)* dekke;
9. *kritikk, innvendinger:* møte; imøtegå; svare på *(fx can you meet his criticism?);*
10. angrep*(=counter)* møte; besvare *(fx meet a blow with another blow);* **~ force with force** sette hardt mot hardt;
11. *om frist:* **~ the deadline***(=keep to the time limit)* overholde fristen;
12. *fig:* **~ the case** være tilstrekkelig; strekke til; være nok *(fx will £50 meet the case?);*
13.: ~ the eye møte blikket *(fx hazy sunshine met the eye);* **she was afraid to ~ my eye** hun var redd for å se meg i øynene; **there's more to this than -s the eye** her stikker det noe under; her ligger det noe mer bak; her er ikke alt så liketil som det ser ut;
14. *fig:* **make both ends ~** få endene til å møtes; få pengene til å strekke til;
15*(=meet with)* støte på; komme ut for; møte; **problems met on the job** problemer man møter i arbeidet; *(se 16: meet with);*
16.: ~ with 1*(=happen to meet; meet)* treffe; møte (tilfeldig) *(fx I met with an old friend at a dinner party);* 2*(=meet; come up against)* støte på; møte *(fx stubborn resistance);* møte *(fx they met with kindness);* 3. *stivt:* bli utsatt for; **she met with an accident***(=she had an accident)* hun var utsatt for en ulykke; 4. *om reaksjon:* **the scheme met with his approval** han bifalt planen; planen ble godkjent (*el.* bifalt) av ham.
meeting ['mi:tiŋ] *subst* **1.** møte; **2.** sammenkomst; møte; **attend a ~** gå på et møte; være til stede på et møte; **call a ~** innkalle til et møte; **the ~ is called to order** møtet er satt; **close a ~** heve et møte; **the ~ is closed** møtet er hevet; **hold a ~** holde et møte; **the ~ is still in progress***(=the meeting is still going on)* møtet holder på enda.
meeting place møtested.
mega- **1.** 10^6: mega- *(fx megawatt);* **2.** *EDB:* 2^{20}: mega- *(fx megabyte)*.
megadeath ['megə,deθ] *subst:* en million døde.

megalith ['megəliθ] *subst; hist; stor, utilhogd steinblokk i oldtidsminnesmerke:* megalitt.
megalithic [,megə'liθik] *adj:* megalittisk *(fx monument);* ~ **tomb** kjempehaug.
megalomania [,megəlou'meiniə] *subst:* stormannsgalskap.
megalomaniac [,megəlou'meiniæk] *subst:* person som lider av stormannsgalskap.
megaphone ['megə,foun] *subst:* megafon; ropert.
melancholia [,melən'kouliə] *subst; med.:* melankoli.
melancholic [,melən'kɔlik] **1.** *subst:* melankoliker; **2.** *adj:* melankolsk; som lider av melankoli.
melancholy ['melənkəli] *subst; litt. el. stivt(=sadness)* tungsindighet; tungsinn; sørgmodighet.
mêlée ['melei] *subst; stivt el. spøkef:* håndgemeng; forvirring *(fx he was hurt in the mêlée).*
melilot ['meli,lɔt] *subst; bot(=sweet clover)* steinkløver.
mellifluous [mi'lifluəs] *adj; stivt(=sweet)* søt *(fx music);* honningsøt *(fx voice).*
I. mellow ['melou] *vb; stivt(=mature; become softer)* modne; modnes; bli mildere *(fx with old age).*
II. mellow *adj; stivt* **1***(=soft; gentle)* mildnet; mild *(fx he became more mellow);* **2.** *om farge, lys:* mettet *(fx lighting); om lyd:* dempet; bløt; **3.** *om vin(=mature)* moden; ~ **and full-bodied** moden og fyldig.
melodious [mi'loudiəs] *adj:* melodisk.
melodrama ['melə,dra:mə] *subst:* melodrama.
melodramatic [,melədrə'mætik] *adj:* melodramatisk.
melody ['melədi] *subst:* melodi.
melon ['melən] *subst; bot:* melon.
melt [melt] *vb; også fig:* smelte; ~ **away 1.** smelte bort; **2.** forsvinne *(fx the crowd melted away);* ~ **down** smelte om; smelte ned; ~ **off***(=out)* avsmelte.
melting point smeltepunkt.
melting pot smeltedigel; *fig:* **be in the** ~ være i støpeskjeen.
member ['membə] *subst* **1.** medlem *(fx of a club);* **Member of Parliament** *(fk MP)* parlamentsmedlem; **become a** ~ **of** bli medlem av; **when there's a group of you going together, let the weakest** ~ **decide the pace** når flere går i følge, la den svakeste bestemme farten; **2.** *evf(=penis)* penis; lem; **3.** *tekn; i chassisramme:* vange; **cross** ~ rammetravers; **side** ~ sidevange.
membership ['membə,ʃip] *subst* **1.** medlemskap; **2.** medlemmer; medlemstall; **a large** ~ mange medlemmer; et høyt medlemstall; **3***(=membership fee)* medlemskontingent.
membrane ['membrein] *subst* **1.** membran: **2.** *anat:* hinne.
memento [mi'mentou] *subst (pl: memento(e)s) stivt(=souvenir)* minne; erindring; souvenir.
memo ['memou] *subst (pl: memos): se memorandum.*
memoir ['memwa:] *subst* **1***(=monograph)* monograf; **2.: -s** memoarer *(fx he's writing his memoirs).*
memorabilia [,memərə'biliə] *subst; pl (=memorable events (,things))* minneverdige begivenheter (,ting).
memorable ['memərəbl] *adj:* minneverdig.
memorandum [,memə'rændəm] *subst (pl: memoranda)* **1***(,oftest: memo)* huskenotat; **2.** *polit:* memorandum.
memorandum of association *merk:* stiftelsesdokument; *(jvf articles of association & certificate of incorporation); (NB The Memorandum of Association is one of the documents sent to the Registrar of Companies in Britain with the application for a Certificate of Incorporation.)*
I. memorial [mi'mɔ:riəl] *subst:* minnesmerke; **war** ~ krigsminnesmerke.
II. memorial *adj:* minne-; ~ **service** minnegudstjeneste.
memorize, memorise ['memə,raiz] *vb(=learn by heart)* lære utenat.
memory ['meməri] *subst* **1.** hukommelse *(fx have a good memory);* **from** ~ etter hukommelsen; **my** ~ **was at fault** jeg husket feil; **I have a bad** ~ **for dates** jeg har vanskelig for å huske årstall (,datoer); **2.** *EDB:* minne;
3. minne *(fx pleasant memories);* **childhood memories** barndomsminner; **in** ~ i manns minne *(fx the coldest winter in memory);* **renew old memories** gjenoppfriske gamle minner; **my earliest memories** mine tidligste erindringer; **lapse of** ~ erindringsfeil; **in** ~ **of** til minne om.
men [men] *subst; pl av I. man.*
I. menace ['menis] *subst:* trus(s)el (*to* for); **2. T***(=bad thing)* uting *(fx lorries are a menace on narrow roads);* **3.** *om barn(=nuisance):* **that child's a** ~**!** den ungen er en sann plage!
II. menace *vb; stivt(=threaten)* true.
menacing *adj(=threatening)* truende.
menagerie [mi'nædʒəri] *subst:* menasjeri.
I. mend [mend] *subst* **1.** reparert sted *(fx this shirt has a mend in the sleeve); i strømpe:* stopp; **2. T: be on the** ~*(=be getting better)* være i bedring.
II. mend *vb* **1***(=repair)* reparere; lappe; stoppe *(fx a sock);* utbedre; sette i stand *(fx a bridge);* **2.** *især om helsen* **T:** bli bedre; **3.** *stivt:* ~ **one's ways,** ~ **one's manners** forbedre seg *(fx a good beating will soon make him mend his manners);* **4.: least said soonest -ed** jo mindre det sies om det, desto bedre.
mendacious [men'deiʃəs] *adj; stivt(=untruthful)* løgnaktig.
mendacity [men'dæsiti] *subst:* løgnaktighet.
mendicant ['mendikənt] **1.** *subst(=mendicant friar)* tiggermunk; **2.** *adj:* tigger- *(fx mendicant order).*
menfolk ['men,fouk] *subst; pl* **T:** menn; mannfolk.
menhir ['menhiə] *subst; arkeol (tall standing stone)* steinstøtte; bauta(stein).
I. menial ['mi:niəl] *subst; neds(=servant)* tjener; *neds:* lakei; *(jvf minion 1).*
II. menial *adj; stivt:* mindreverdig *(fx menial tasks).*
meningitis [,menin'dʒaitis] *subst; med.:* meningitt; hjernehinnebetennelse.
meniscus [mi'niskəs] *subst* **1.** *optikk:* konkavkonveks linse; **2.** *fys; krum væskeoverflate i hårrør:* månesigd; menisk; **3.** *anat; om halvmåneformet bruskskive:* menisk; *(jvf cartilage operation).*
menopausal [,menou'pɔ:zəl] *adj:* som har med menopausen (*el.* overgangsalderen) å gjøre; ~ **symptoms** tegn som tyder på at overgangsalderen har begynt.
menopause ['menou,pɔ:z] *subst(=change of life)* menopause; overgangsalder; **during the** ~ i overgangsalderen; **she's in the** ~ hun er i overgangsalderen.
menses ['mensi:z] *subst(=menstruation)* menses; menstruasjon; **T:** mens.
menstrual ['menstruəl] *adj:* menstruasjons- *(fx cycle);* menstruell.
menstrual discomfort menstruasjonsbesvær; *(jvf period pains).*
menstruate ['menstru,eit] *vb:* menstruere; **begin to** ~ **at the age of 12** få første menstruasjon når man er 12.
menstruation [,menstru'eiʃən] *subst(=menses; period)* menstruasjon.
menswear ['menzwεə] *subst; merk:* herreklær *(fx do you sell menswear?);* herrekonfeksjon.
menswear department avdeling for herrekonfeksjon; avdeling for menn.
mental ['mentəl] *adj* **1.** mental; sjelelig; åndelig; sinns-; ~ **gymnastics** hjernegymnastikk; **2. T:** åre-

forkalket *(fx she's going a bit mental with old age).*
mental ability*(=mental faculties)* åndsevner; sjelsevner.
mental age intelligensalder.
mental agony*(=mental anguish)* sjelekval; sjelenød.
mental arithmetic hoderegning.
mental balance*(=equanimity)* sinnslikevekt; åndelig likevekt.
mental calculation hoderegning.
mental communion*(=spiritual communion; community of spirit)* åndsfellesskap.
mental cruelty åndelig grusomhet.
mental deficiency psykisk utviklingshemming.
mental derangement sinnsforvirring.
mental disorder sinnslidelse.
mental effort åndelig anstrengelse.
mental faculties 1*(=mental ability)* åndsevner; sjelsevner; 2. *med.:* sjelsevner; **he has permanently impaired ~** han har varig svekkede sjelsevner; *(jvf mentally deficient);* **unimpaired** *~(=sound mind)* åndsfriskhet.
mental handicap: he has a *~(=he's mentally deficient; he's mentally retarded)* han er psykisk utviklingshemmet.
mental health åndsfriskhet; psykisk helse.
mental health care psykisk helsevern.
mental hospital*(=mental institution; mental home)* psykiatrisk sykehus.
mentality [,men'tæliti] *subst:* mentalitet.
mental life*(=spiritual life)* sjeleliv; sjelsliv.
mentally *adv:* mentalt; intellektuelt; åndelig.
mentally deficient psykisk utviklingshemmet; med mangelfullt utviklede sjelsevner.
mentally deranged sinnsforvirret.
mentally disordered sinnslidende.
mentally retarded evneveik.
mental note: make a ~ of sth merke seg noe; skrive seg noe bak øret.
mental patient psykiatrisk pasient.
mental reservation stilltiende forbehold.
mental specialist*(=psychiatrist)* psykiater.
mental sufferings mentale (*el.* sjelelige) lidelser.
menthol ['menθɔl] *subst:* mentol.
I. mention ['menʃən] *subst:* omtale; **be given (an) honourable ~ in the report** få hederlig omtale i rapporten; **the author makes no ~ of that** forfatteren nevner ikke det; **no ~ was made of this matter at our last meeting** denne saken ble ikke nevnt på vårt forrige møte; **did he make any ~ of having seen me?** nevnte han at han hadde sett (,truffet) meg? **he only got a ~ in the article** han ble bare (så vidt) nevnt i artikkelen.
II. mention *vb:* nevne; omtale; **~ sth to sby** nevne noe for en; **~ my name, and they'll let you in** si (*el.* nevn) navnet mitt, så slipper du inn; **don't ~ it!** ingen årsak! ikke noe å takke for! **not to ~** . . . for ikke å snakke om; **not to ~ the fact that it's raining** for ikke å snakke om at det også regner; **not to ~ the fact that we can't afford it** for ikke å snakke om at vi heller ikke har råd til det.
mentor ['mentɔ:] *subst; stivt(=adviser)* mentor; rådgiver.
menu ['menju:] *subst:* meny; spisekart.
mercantile ['mə:kən,tail] *adj; stivt(=commercial)* merkantil; **~ law***(=commercial law)* handelsrett; **~ marine***(=merchant navy)* handelsflåte; handelsmarine.
mercenary ['mə:sinəri] **1.** *subst:* leiesoldat; **2.** *adj* 1. opptatt av penger; beregnende *(fx she's so mercenary that she wouldn't marry a poor man);* **a ~ attitude** en kremmeraktig holdning; 2. leid *(fx soldier).*
merchandise ['mə:tʃən,dais; 'mə:tʃən,daiz] *subst (=trade goods)* handelsvarer.
merchant ['mə:tʃənt] *subst* **1***(=wholesaler)* grossist; **2.** *i sms ved visse vareslag:* -handler; **timber ~** trelasthandler; **3. US***(=shopkeeper)* kjøpmann; **4.** *neds* **S: speed ~** fartsfantom.
merchantable ['mə:tʃəntəbl] *adj:* som kan omsettes; salgbar; kurant.
merchantable timber*(=constructional timber)* gagnvirke.
merchantman ['mə:tʃəntmən] *subst; mar:* handelsskip.
merchant marine*(=merchant navy)* handelsflåte; handelsmarine.
merchant ship*(=merchant vessel)* handelsskip.
merciful ['mə:siful] *adj:* mild *(fx a merciful judge);* barmhjertig; nådig *(fx God is kind and merciful).*
mercifully *adv:* heldigvis; gudskjelov; **he was ~ unaware that** . . . heldigvis ante han ikke at . . .; **she is unlike, ~ unlike, most other politicians** hun er ulik, velsignet ulik, de fleste andre politikere.
merciless ['mə:silis] *adj:* ubarmhjertig.
mercurial [mə:'kjuəriəl] *adj* **1.** kvikksølv-; som inneholder kvikksølv; **2.** *fig; stivt:* livlig; som fort forandrer seg *(fx a mercurial temper).*
mercury ['mə:kjuri] *subst:* kvikksølv.
mercy ['mə:si] *subst* **1.** barmhjertighet; **show ~** vise barmhjertighet; **2. T: it was a ~ that it didn't rain** det var et hell at det ikke regnet; **her death was a ~ because her disease was incurable** det var bra at hun fikk dø, for sykdommen hennes var uhelbredelig; **3.** *jur(=pardon)* benådning; **petition for ~** benådningssøknad; **4.: be at sby's ~** være prisgitt en; være helt i ens makt; **he had them at his ~** de var prisgitt ham; **5.: have ~ on** ha medlidenhet med; **6.: we are thankful for small mercies** gaver mottas med takk.
mercy killing*(=euthanasia)* barmhjertighetsdrap.
mere [miə] *adj* **1***(=only; no more than)* bare *(fx he's a mere child);* **2***(=simply)* bare; **the ~ sight of grass makes me sneeze***(=simply the sight of grass makes me sneeze)* bare synet av gress får meg til å nyse; **3.: she became annoyed at the -st suggestion of criticism** hun ble ergerlig ved den minste antydning til kritikk.
merely *adv(=only; simply)* bare *(fx merely a child).*
meretricious [,meri'triʃəs] *adj; meget stivt* 1*(=garishly attractive)* gloret; prangende; 2*(=insincere)* uoppriktig; falsk; hul *(fx praise);* 3. *glds:* skjøgeaktig.
merganser [mə:'gænsə] *subst; zo:* **American ~** stor fiskeand; **common** *~(=sawbill; goosander)* laksand; **red-breasted ~** siland.
merge [mə:dʒ] *vb* **1.** *stivt(=meet)* møtes; smelte sammen *(fx the sea and sky appear to merge at the horizon);* gå jevnt over i hverandre *(fx the outlines merge);* **~ into the background** gå i ett med bakgrunnen; **summer slowly -d into autumn** sommeren ble langsomt til høst; **he -d***(=disappeared)* **into the crowd** han forsvant i mengden; **the green gradually -s with the blue** det grønne glir over i det blå; **2.** *merk:* fusjonere; slå sammen *(fx two firms);* **the two firms have been -d** de to firmaene har blitt slått sammen; **~ the two branch offices into one** slå de to filialene sammen til en.
merger ['mə:dʒə] *subst; merk:* fusjon; sammenslåing; sammenslutning *(fx effect a merger of the two firms).*
meridian [mə'ridiən] *subst; geogr:* meridian.
meridian altitude meridianhøyde; middagshøyde.
meridional [mə'ridiənəl] **1.** *subst; især fra det sørlige Frankrike:* sydlending; søreuropeer; **2.** *adj* meridional; sydlig; sydlandsk; søreuropeisk.

meringue [mə'ræŋ] *subst:* marengs.
I. merit ['merit] *subst* **1.** fortjenstfullhet; fortjeneste; **promotion by ~** forfremmelse på grunnlag av dyktighet (*el.* fortjeneste); **he reached his present senior position through sheer ~** den høye stillingen han nå har, har han fått utelukkende på grunn av sin dyktighet; **through no ~ of mine** uten min fortjeneste; **2**(*=good point*) fortrinn; fordel (*fx the merits of the new system*); **her plan has its -s** hennes plan har sine gode sider; **his speech had at least the ~ of being short** talen hans hadde i hvert fall det fortrinn at den var kort; **the -s and demerits of the system** systemets fortrinn og mangler; **3.: go into the -s of**(*=examine the good and bad points of*) vurdere; ta opp til saklig vurdering (*fx he refused to go into the merits of her proposal*); **4.: on its -s** etter fortjeneste; på et saklig grunnlag; individuelt; **each case is decided**(*=judged*) **on its -s** hvert (enkelt) tilfelle bedømmes individuelt; **he argues Israel's case on its strictly political -s** han taler Israels sak ut fra en strengt politisk vurdering.
II. merit *vb; stivt*(*=deserve*) fortjene (*fx your case merits careful consideration*).
merit badge(*=proficiency badge*) *speiders:* ferdighetsmerke.
meritocracy [,meri'tɔkrəsi] *subst:* meritokrati; elitestyre.
meritorious [,meri'tɔ:riəs] *adj; stivt* **1**(*=praiseworthy*) prisverdig; rosverdig; **2**(*=deserving*) fortjenstfull.
merlin ['mə:lin] *subst; zo* (,**US:** *pigeon hawk*) dvergfalk.
merlon ['mə:lən] *subst; arkit:* murtind(e).
mermaid ['mə:,meid] *subst:* havfrue.
merman ['mə:mən] *subst:* havmann.
merrily ['merili] *adv:* lystig; muntert.
merriment ['merimənt] *subst*(*=fun*) lystighet; munterhet (*fx there was a great deal of merriment at the party*).
merry ['meri] *adj* **1.** lystig; munter; glad; **make ~**(*=have a good time*) more seg; **the more the merrier**(*=the more there are the happier everything is*) jo fler jo bedre; **a ~ Christmas!** god jul! en gledelig jul (*fx wish sby a merry Christmas*); **2.** *evf* **T**(*=slightly drunk*) lystig; litt på en snurr; **T: play ~ hell with**(*=disturb greatly*) ødelegge fullstendig; snu fullstendig opp ned på.
merry-go-round ['merigou,raund] *subst* **1**(*=roundabout;* **US:** *carousel* [,kærə'sel]) karusell; **2.** *fig*(*=whirl*) virvel; **a ~**(*=whirl*) **of entertainment** en virvel av fornøyelser.
merrymaker ['meri,meikə] *subst:* deltager i lystig lag; festdeltager.
merrymaking ['meri,meikiŋ] *subst*(*=cheerful celebration*) festing; feiring (*fx all the merrymaking at Christmas*).
mésalliance [me'zæliəns] *subst (marriage with sby of lower social status)* mesallianse.
I. mesh [meʃ] *subst* **1.** *i garn, etc:* maske; **a net of (a) very fine ~** et meget finmasket garn; **2**(*=size of mesh*) maskevidde; maskeåpning; **net with too small a ~**(*=undersized net*) garn med for liten maskeåpning; **3.: -es**(*=threads*) tråder (*fx the meshes of a spider's web*); **4.** *fig:* garn; **entangle sby in one's -es** fange en i sitt garn; **he's been caught up in a ~ of political spying** han har blitt fanget inn i et nettverk av politisk spionasje; **5.** *mask; om tannhjul:* **in ~**(*=in gear*) i inngrep; **in constant ~** i konstant inngrep; **6.: (wire) ~** trådduk.
II. mesh *vb; mask; om tannhjul:* gripe inn i hverandre; bringe i inngrep (*fx mesh two gear wheels*).
mesmerize, mesmerise ['mezmə,raiz] *vb; glds*(*=hypnotize*) hypnotisere.
I. mess [mes] **1.** rot; uorden (*fx the house was in a mess*); **~ and disorder** rot og uorden; **our house is always such a ~** det er alltid så rotet(e) hos oss; **what a ~!** for et rot! **make a ~ (of things)** rote til; lage i stand rot; (*se 5 ndf*); **2**(*=dirt*) skitt; søl (*fx the job involves a lot of mess*); **clear up the ~** fjerne sølet; **the dog has made a ~ on the carpet** hunden har gjort fra seg på teppet; **3.** *fig:* rot; forvirring; **he's made a ~ of it all** han har rotet til det hele; **you've put us in a nice ~!** takket være deg sitter vi fint i det! **3.** *neds:* **she looked a ~ in that dress!** hun så forferdelig ut i den kjolen! **4.** *mar & mil:* 1. messe; **officers' ~** offisersmesse; 2. spiselag; **5.: make a ~ of** 1. rote til; få til å se uordentlig ut (*fx the heavy rain has made a real mess of our garden*); 2(*=ruin*) ødelegge; forkludre (*fx he's made a mess of his life*); 3.: **make a ~ of a job**(*=do a job badly*) gjøre en jobb dårlig; **he made a ~ of his essay** han fikk ikke til stilen sin; **make a ~ of an exam question**(*=mess up an exam question*) bomme på et eksamensspørsmål; ikke få til et eksamensspørsmål.
II. mess *vb* **1.: ~ about** 1(*=waste one's time*) kaste bort tiden (*fx they didn't mess about*); 2. *om fritidssysler:* **~ about in one's boat** tilbringe tiden i båten sin; 3. *om planløs beskjeftigelse*(*=potter about*): **I love -ing about in the kitchen** jeg elsker å sysle (*el.* stelle) med forskjellige ting på kjøkkenet; 4.: **the wind had -ed her hairstyle about a bit** vinden hadde gitt frisyren hennes litt medfart;
2.: ~ sby about 1(*=treat sby roughly*) gi en en ublid behandling; 2(*=treat sby without due consideration*) ikke ta tilstrekkelig hensyn til en; **T:** være hard med en (*fx you shouldn't mess the men about too much, they know their job*);
3.: ~ about with 1(*=interfere with*) rote med; skape uorden i (*fx who's been messing about with my papers?*); 2. **T:** stå i med (*fx she's been messing about with someone else's husband*);
4.: ~ up 1(*=make a mess of*) rote til (*fx don't mess the room up!*); 2(*=spoil*) ødelegge (*fx this has really messed up our holiday plans*); forkludre (*fx a job*); **he -ed up an exam question** han bommet på et eksamensspørsmål; det var et eksamensspørsmål han ikke fikk til; 3(*=dirty*) skitne til; søle til;
5.: ~ with 1. *mil, mar:* spise sammen med; 2. **US**(*=fiddle with*) klusse (*el.* tukle) med.
message ['mesidʒ] *subst* **1.** beskjed (*fx I have a message for you from John*); **could you telephone them for me and give them a ~?** kan du ringe dit for meg og gi beskjed? **leave a ~** legge igjen beskjed; **take a ~** ta imot beskjed; **2.** *fig:* budskap; **perhaps the ~ runs deeper?** kanskje budskapet går dypere? **what ~ is this story trying to convey?** hvilket budskap er det denne historien prøver å formidle? **3. T: did you get the ~?** forstod du hva det gikk ut på (*el.* hva det dreide seg om)? **he got the ~** han oppfattet hva det dreide seg om; **I don't get the ~!** jeg forstår ikke hva det dreier seg om (*el.* hva det går ut på)!
messenger ['mesindʒə] *subst:* bybud; bud.
mess gear(*=mess kit*) *mil:* kokekar og spisebestikk; *mar:* skaffetøy.
Messiah [mi'saiə] *subst:* Messias.
messroom ['mes,rum] *subst; mil:* messe.
messroom boy(*=messboy*) messegutt.
Messrs ['mesəz] *subst (pl: av Mr)* **1.** *ved oppregning:* herrene (*fx Messrs Brown, Jones and Smith*); **2.** *merk:* **Messrs T. Brown & Co.** T. Brown & Co.; *i omtale; også:* firma T. Brown & Co.
mess tin *mil:* kokekar.
messy ['mesi] *adj (=untidy; dirty)* uordentlig; rotete;

skitten; som man blir skitten av *(fx a messy job)*; sølete; grisete *(fx don't let the children play with paint – it's so messy!)*.
mestizo [me'sti:zou] *subst (pl: mestizo(e)s)* mestis.
met *pret & perf. part. av II. meet.*
metabolic [,metə'bɔlik] *adj; biol:* stoffskifte-; ~ **disorder** stoffskiftesykdom.
metabolism [mi'tæbə,lizəm] *subst; biol:* metabolisme; stoffskifte; forbrenning; **fat** ~ fettforbrenning.
metal ['metəl] *subst* **1.** metall; **precious** ~ edelt metall; **2.** *jernb:* **-s***(=rails)* skinner.
metallic [mi'tælik] *adj:* metallisk; metallaktig.
metallurgical [,metə'lə:dʒikəl] *adj:* metallurgisk.
metallurgist [mi'tælədʒist] *subst:* metallurg.
metallurgy [mi'tælədʒi] *subst:* metallurgi.
metalwork ['metəl,wə:k] *subst* **1.** metallarbeid; arbeid i metall; **2.** *skolev:* metallsløyd.
metalworker ['metəl,wə:kə] *subst(=engineering worker)* metallarbeider.
metamorphose [,metə'mɔ:fouz] *vb* **1.** gjennomgå en metamorfose; **2.** *spøkef(=transform; change)* forvandle.
metamorphosis [,metə'mɔ:fəsis] *subst (pl: metamorphoses* [,metə'mɔ:fə,si:z]) metamorfose; forvandling.
metaphor ['metəfə] *subst:* metafor; bilde.
metaphoric(al) [,metə'fɔrikəl] *adj:* metaforisk; billedlig.
metaphysical [,metə'fizikəl] *adj:* metafysisk.
metaphysics [,metə'fiziks] *subst:* metafysikk.
mete [mi:t] *vb; stivt; især om straff:* ~ **out** dele ut *(fx the judge meted out severe sentences to all the criminals)*.
meteor ['mi:tiə] *subst:* meteor.
meteoric [,mi:ti'ɔrik] *adj:* meteorlignende; *fig:* kometaktig *(fx career)*.
meteorite ['mi:tiə,rait] *subst:* meteoritt; meteorstein.
meteorological [,mi:tiərə'lɔdʒikəl] *adj:* meteorologisk; ~ **chart** værvarslingskart; *stillingsbetegnelse:* ~ **officer** *(,T: met officer)* meteorolog.
meteorologist [,mi:tiə'rɔlədʒist] *subst:* meteorolog.
meteorology [,mi:tiə'rɔlədʒi] *subst:* meteorologi.
meter ['mi:tə] *subst* **1.** måler; **electric (light)** ~ lysmåler; **2. US***(=metre)* meter.
method ['meθəd] *subst* **1.** metode; fremgangsmåte; **is that your invariable ~?** er det det du alltid pleier å gjøre? **2***(=system)*: **her work seems to lack** ~ det ser ikke ut til at det er noe system i arbeidet hennes; arbeidet hennes virker planløst; *spøkef:* **there's ~ in his (,her, etc) madness** det er system i galskapen; det han (,hun, etc) gjør, er ikke så galt som det ser ut til.
methodical [mi'θɔdikəl] *adj:* metodisk; systematisk; planmessig.
Methodism ['meθə,dizəm] *subst:* metodisme.
Methodist ['meθə,dist] **1.** *subst:* metodist; **2.** *adj:* metodistisk; **the ~ Church** metodistkirken.
meths [meθs] *subst(=methylated spirits)* denaturert sprit; **solid** ~ tørrsprit.
Methuselah [mi'θju:zələ] *subst; bibl:* Metusalem.
methyl ['meθil] *subst; kjem:* metyll.
methylate ['meθi,leit] *vb:* denaturere; sette til metyllalkohol.
methylated spirits denaturert sprit.
meticulous [mi'tikjuləs] *adj:* (pedantisk) omhyggelig; pinlig nøyaktig; **he paid ~ attention to detail** han var pinlig nøyaktig med detaljene; ~ **order** pinlig orden.
metre ['mi:tə] *subst (,US: meter)* **1.** meter; **2.** verseform; versemål; metrum.
metric ['metrik] *adj:* metrisk *(fx system)*; **go** ~ gå over til metersystemet; gå over til desimalsystemet.
metrical ['metrikəl] *adj:* metrisk; på vers; i bunden form.
metricate ['metri,keit] *vb:* gå over til metersystemet (*el.* desimalsystemet).
metrics ['metriks] *subst(=prosody)* metrikk; verselære.
metric ton metertonn; 1000 kg.
metro ['metrou] *subst:* undergrunnsbane.
metropolis [mi'trɔpəlis] *subst:* metropol; verdensby; hovedstad; *spøkef:* storby.
metropolitan [,metrə'pɔlitən] *adj:* storby-; hovedstads-.
Metropolitan Police: the ~ Londonpolitiet.
mettle ['metəl] *subst; stivt* **1***(=courage)*: **a man of ~** en modig mann; **2***(=spirit)* temperament; livfullhet; liv; **full of** ~ fyrig *(fx a horse that is full of mettle)*; **3.: put sby on his ~** anspore en til å gjøre sitt beste; **he's on his ~** han passer på å gjøre sitt beste.
mettlesome ['metəlsəm] *adj; stivt:* modig; temperamentsfull; livfull; fyrig *(fx horse)*.
I. mew [mju:] *subst* **1. US: ~ gull***(=common gull)* fiskemåke; **2.** *hist(=cage)* bur (for falk el. hauk under fjærfellingen); **3***(=miaow; high-pitched cry)* mjau(ing); *om sjøfugl:* skrik.
II. mew *vb:* mjaue; *om fugl:* skrike.
mews ['mju:z] *subst* **1.** *hist:* rekke med stallbygninger, ofte i nyere tid benyttet som garasjer; **2.** gatestump med staller el. garasjer ombygd til boliger el. verksteder.
mews flat leilighet i ombygd stall el. garasje;*(=studio flat)* atelierleilighet.
Mexican ['meksikən] **1.** *subst:* meksikaner; *språket:* meksikansk; **2.** *adj:* meksikansk.
Mexico ['meksikou] *subst; geogr:* Mexico.
MI5 [,em,ai'faiv] *(fk.f. Military Intelligence, section five)* **UK***(=security service)* avdeling av det militære etterretningsvesen som har med kontraspionasje å gjøre.
miaow *(,US: meow)* [mjau] **1.** *subst:* mjau; mjauing; **2.** *vb:* mjaue.
miasma [mi'æsmə; mai'æsmə] *subst; meget stivt(=malodorous vapour; unpleasant air)* illeluktende utdunstning; forpestet luft.
mica ['maikə] *subst:* glimmer; kråkesølv; **yellow** ~ gullglimmer.
mice [mais] *subst; pl av I. mouse.*
Michael ['maikəl] *subst:* Michael.
Michaelmas ['mikəlməs] *subst:* mikkelsmesse(dag) (29. september).
Michigan ['miʃigən] *subst; geogr:* Michigan.
mickey ['miki] *subst* **T: take the ~ out of***(=make fun of; tease)* drive gjøn med; erte.
Mickey Finn *subst(=Mickey)* **S***(=drink containing a drug)* drink som slår en totalt ut; bedøvende drink *(fx they slipped him a Mickey Finn)*.
mickle ['mikəl] *subst; ordspråk:* **many a little makes a ~** mange bekker små gjør stor å.
microbe ['maikroub] *subst:* mikrobe.
microbiology [,maikroubai'ɔlədʒi] *subst:* mikrobiologi.
microcosm ['maikrou,kɔzəm] *subst:* mikrokosmos.
microfilm ['maikrou,film] *subst:* mikrofilm.
micrometer [mai'krɔmitə] *subst:* mikrometer.
micron ['maikrɔn] *subst:* mikron; mikromillimeter.
microphone ['maikrə,foun] *subst (,T: mike)* mikrofon.
microphone charm mikrofontekke.
microprocessor [,maikrou'prousəsə] *subst:* mikroprosessor.
microscope ['maikrə,skoup] *subst:* mikroskop.
microscopic [,maikrə'skɔpik] *adj* **1.** mikroskopisk; **2.** *spøkef(=very tiny)* mikroskopisk.

microscopically [ˌmaikrəˈskɔpikəli] *adv:* mikroskopisk.
microwave [ˈmaikrouˌweiv] *subst:* mikrobølge.
microwave oven mikrobølgeovn.
mid [mid] *adj* **1.** *fon:* midtre *(fx a mid vowel);* **2.** midt-; **in mid-August** midt i august; **in ~ ocean** midt ute på havet; **he's in his mid-thirties** han er i midten av trettiårene.
midair [ˌmidˈɛə] *adj:* i luften *(fx a midair collision of two planes);* **be suspended in ~** sveve (fritt) i luften.
Midas [ˈmaidəs] *subst* **1.** *myt:* Midas; **2.: the ~ touch***(=the ability to make money)* evne til å tjene (store) penger.
midday [ˈmidˌdei; ˌmidˈdei] *subst:* **we'll meet you at ~** vi møter deg klokken tolv.
midday meal måltid midt på dagen.
I. middle [ˈmidəl] *subst* **1.: the ~** midten; **in the ~** i midten; **2. T***(=waist)* liv *(fx you're getting rather fat round your middle);* **3.: be in the ~ of reading** være opptatt med å lese.
II. middle *adj:* midt-; midterst; som ligger i midten *(fx the middle house);* mellom-.
middle age 1. middelalder; **he was well into ~** han var godt og vel middelaldrende; **2.: the Middle Ages** middelalderen.
middle-aged [ˌmid(ə)lˈeidʒd; *attributivt:* ˈmid(ə)lˌeidʒd] *adj:* middelaldrende.
middle-aged spread T: alderstillegg *(fx he's got middle-aged spread).*
middle C *mus:* liten c.
middle class middelklasse.
middle-class [ˌmid(ə)lˈklaːs; *attributivt:* ˈmid(ə)lˌklaːs] *adj:* middelklasse-; som er typisk for middelklassen.
middle course *fig:* mellomvei *(fx there's no middle course).*
middle distance 1. *i maleri, etc:* mellomgrunn; **2.** *sport:* mellomdistanse.
middle distance runner *sport:* mellomdistanseløper.
middle ear *anat:* mellomøre.
Middle East *geogr:* **the ~** Midt-Østen.
middle finger langfinger.
middleman [ˈmidəlmən] *subst* **1.** *merk:* mellommann; mellomledd *(fx you can save money by buying direct from the factory and cutting out the middleman);* **2***(=intermediary)* mellommann (mellom to parter); stråmann.
middle name mellomnavn.
middle-of-the-road *adj:* som inntar et mellomstandpunkt; moderat *(fx his political beliefs are very middle-of-the-road).*
middle-of-the-road driver *neds:* lusekjører; søndagskjører.
middle watch *mar:* hundevakt.
middle weight *subst* **1.** mellomvekter; mellomvektsbryter; mellomvektsbokser; **2.** mellomvekt.
middling [ˈmidliŋ] *adj; om kvalitet el. størrelse(=average)* middels; gjennomsnitts-; mellomstor.
middy [ˈmidi] *subst; mar* **T***(=midshipman)* kadett.
midge [midʒ] *subst; zo:* knott.
midget [ˈmidʒit] *subst(=dwarf)* dverg.
midget submarine *mar:* miniubåt.
midnight [ˈmidˌnait] *subst:* midnatt; **at ~** klokken 24; klokken tolv om natten *(fx he went to bed at midnight).*
midnight oil: burn the ~ sitte oppe og arbeide til langt på natt; holde på med nattarbeid.
midriff [ˈmidˌrif] *subst; anat(=diaphragm)* mellomgulv.
midship [ˈmidˌʃip] **1.** *subst:* den midterste delen av skipet; **2.** *adj:* midtskips-.
midshipman [ˈmidʃipmən] *subst; mar (,T: middy)* kadett.
midships [ˈmidˌʃips] *adv(=amidships)* midskips.
midst [midst] *subst; stivt el. litt.* **1.: in the ~ of***(=in the middle of)* 1. midt i *(fx in the midst of a crowd of people);* 2. midt under *(fx in the midst of the celebrations);* **2.: in our (,your) ~***(=among us (,you))* midt i blant oss (,dere) *(fx there's a traitor in our midst).*
midstream [ˈmidˌstriːm] **1.: in ~** midtstrøms; midt i strømmen; **2.** *fig; når en aktivitet avbrytes:* **he stopped speaking in ~ at the sound of the telephone** han avbrøt seg selv da han hørte at telefonen ringte.
midsummer [ˌmidˈsʌmə] *subst:* midtsommer.
Midsummer Day [ˈmidˌsʌməˈdei] jonsok; sankthansdag.
Midsummer Eve sankthansaften.
midwife [ˈmidˌwaif] *subst (pl: midwives)* jordmor; **UK: state certified ~***(fk SCM)* fullt utdannet og autorisert jordmor; **superintendent ~** overjordmor.
midwifery [ˈmidˌwif(ə)ri] *subst(=obstetrics)* fødselshjelp; obstetrikk.
mien [miːn] *subst; litt. (air; bearing)* mine; holdning.
I. might [mait] *subst* **1.** *litt.(=strength; force)* styrke; makt; **2.: with all one's ~, with ~ and main** av all makt; av alle krefter.
II. might *vb; pret av may.*
mighty [ˈmaiti] *adj; litt.* **1***(=powerful; strong)* mektig *(fx nation; dictator);* **2***(=very big)* kjempestor; mektig *(fx a mighty oak door);* **3. T: you're in a ~ hurry***(=you're very impatient)* du har det veldig travelt; **4.** *adv; især* **US***(=very)* meget *(fx she's a mighty clever woman);* **5. T: high and ~***(=too big for one's boots)* høy i hatten; storsnutet; **S:** høy på pæra.
migraine [ˈmiːgrein; ˈmaigrein] *subst; med.:* migrene.
I. migrant [ˈmaigrənt] *subst* **1.** *zo(=bird of passage)* trekkfugl; **the swallow is a summer ~ to Britain** svalen trekker til Storbritannia om sommeren; **2.** person som streifer omkring på jakt etter arbeid; sesongarbeider; **3.** *i Australia(=immigrant)* immigrant.
II. migrant *adj* **1.** *zo; om fugl:* som trekker; **2.** omstreifende.
migrant worker*(=foreign worker)* fremmedarbeider.
migrate [maiˈgreit] *vb* **1.** *zo; om fugl:* trekke (bort); *om fisk:* vandre; **2.** flakke omkring; streife omkring; **3.** *ved overgang til annet arbeid:* **~ from agriculture to industry** forlate jordbruket og ta arbeid i industrien.
migration [maiˈgreiʃən] *subst* **1.** *zo; fugls:* trekk; *om fisk:* vandring; **2.** vandring; **the Great Migration** den store folkevandring.
migratory [ˈmaigrətəri] *adj* **1.** *zo; om fugl:* som trekker *(fx are those birds migratory?);* **2.** omstreifende; omflakkende; **a ~ people** et nomadefolk.
migratory bird*(=bird of passage)* trekkfugl.
mike [maik] *subst* **T***(=microphone)* mikrofon.
Milan [miˈlæn] *subst; geogr:* Milano.
milch cow [ˈmiltʃˌkau] *subst* **1.** *zo:* melkeku; **2.** *fig:* melkeku.
mild [maild] *adj; om krydder, person, straff, vær:* mild; **a ~ form of slavery** en mild form for slaveri.
mildew [ˈmilˌdjuː] *subst* **1.** *bot:* meldugg; **2***(=mould)* mugg.
mildly [ˈmaildli] *adv:* mildt; **to put it ~** mildest talt; for å si det pent; med et mildt uttrykk.
mild steel bløtt stål.
mile [mail] *subst:* mile (ɔ: 1,61 km); **T: -s of string** masser av hyssing; **T: it's -s too big***(=it's much too big)* den er altfor stor; det er altfor stort.

mileage ['mailidʒ] *subst:* antall miles; avstand (i miles); **what's the ~ on your car?***(=how much has your car done?)* hvor langt har bilen din gått? hva er kilometerstanden på bilen din nå? **what ~ does your car do per gallon?** hvor meget bensin bruker bilen din? hvor mange miles gjør bilen din pr. gallon (ɔ: 4,56 l)? **car with a low** *~(=low-mileage car)* bil som har gått lite.
milepost ['mail,poust] *subst* **1.** *på veddeløpsbane:* stolpe en mile før mål; **2.** *især* **US***(=milestone)* milesten; *svarer til:* kilometerstolpe.
milestone ['mail,stoun] *subst* **1.** milesten; *svarer til:* kilometerstolpe; **2.** *fig:* milepæl.
milfoil ['mil,fɔil] *subst; bot(=yarrow)* ryllik.
milieu ['mi:ljə:] *subst (pl: milieus, milieux)(=environment)* miljø.
militancy ['militənsi] *subst; polit:* det å være militant; krigerskhet; kamplyst.
militant ['militənt] **1.** *subst(=militant person)* militant person; **2.** *adj:* militant.
militarism ['militə,rizəm] *subst:* militarisme.
militarist ['militərist] **1.** *subst:* militarist; **2.** *adj:* militaristisk.
militaristic [,militə'ristik] *adj:* militaristisk.
military ['militəri] **1.** *subst:* **the ~** det militære; **2.** *adj:* militær.
military academy US*(=war college)* krigsskole; militærakademi.
military assistant *(fk MA) ved regiment, etc:* adjutant; *(se adjutant; aide-de-camp).*
military band militærorkester.
military police militærpoliti.
military service militærtjeneste; **compulsory ~** verneplikt; **liable for ~** *(,***US:** *liable to be drafted)* vernepliktig; *(jvf national service).*
militate ['mili,teit] *vb; stivt:* **~ against** **1***(=work actively against)* motarbeide aktivt; **2***(=weigh against)* tale (i)mot *(fx this evidence of his bad behaviour militates against his being chosen for the team).*
militia [mi'liʃə] *subst:* milits.
militiaman [mi'liʃəmən] *subst:* militssoldat.
milk [milk] **1.** *subst:* melk; **it's no use crying over spilt ~** det nytter ikke å gråte over spilt melk; **2.** *vb:* melke; *fig:* melke; presse for penger.
milk blotch *se milk scab.*
milk carton melkekartong.
milk churn stort melkespann.
milker ['milkə] *subst* **1.** melker; **2.** melkemaskin.
milk float melkevogn; melkemannens lille bil.
milkmaid ['milk,meid] *subst(=dairymaid)* budeie.
milkman ['milkmən] *subst:* melkemann.
milk pains *med.:* brystspreng.
milk powder*(=powdered milk; dried milk)* melkepulver; tørrmelk.
milk run *flyv; mil:* ufarlig oppdrag; rutinemessig flyvning.
milk scab T*(=milk blotch; milk crust; fagl: impetigo)* brennkopper.
milk tooth melketann.
milk vetch*(=liquorice vetch) bot:* lakrismjelt.
milky ['milki] *adj:* melkeaktig; melke-; melkehvit.
Milky Way *astr:* **the** *~(=the Galaxy)* melkeveien.
I. mill [mil] *subst* **1.** kvern; mølle; **2.** *i sms:* -kvern *(fx pepper mill);* **3.** tekstilfabrikk; **paper ~** papirfabrikk; **spinning ~** spinneri; **4.** *fig:* **he's been through the ~** 1*(=he's been fully trained)* han har gått gradene; 2*(=he's suffered a great deal)* han har gjennomgått mye; han har måttet prøve litt av hvert; **put sby through the ~** la en få kjørt seg *(fx they really put her through the mill, asking lots of difficult questions);* **the manuscript has been through the ~** manuskriptet har vært gjenstand for en omhyggelig behandling (*el.* har vært gjennom kverna).
II. mill *vb* **1.** *om korn:* male; **2.** *mask:* frese; **3.** *mynt:* rifle; **4.** *om menneskemengde:* mase rundt; kverne rundt; **the -ing crowd** den sydende menneskemengden; **~ about, ~ around** mase rundt *(fx there's a huge crowd of people milling around in front of the theatre).*
millboard ['mil,bɔ:d] *subst:* tykk papp.
milldam ['mil,dæm] *subst:* mølledam; mølledemning.
millennium [mi'leniəm] *subst:* tusenårsrike.
milleped ['mili,ped] *subst; zo:* tusenbein.
millepede ['mili,pi:d] *subst(=milleped) zo:* tusenbein.
miller ['milə] *subst* **1.** møller; mølleeier; **2***(=milling machine)* fresemaskin; *(jvf II. mill 2).*
millesimal [mi'lesiməl] **1.** *subst(=thousandth)* tusen(de)del; **2.** *adj:* tusen(de)dels; tusende.
millet ['milit] *subst; bot:* hirse.
mill hand *glds(=textile worker)* tekstilarbeider.
milliard ['milja:d; 'mili,a:d] *subst; hist(=a thousand millions; billion)* milliard; *(jvf billion).*
millibar ['mili,ba:] *subst:* millibar.
milligram(me) ['mili,græm] *subst:* milligram.
millimetre *(,***US:** *millimeter)* ['mili,mi:tə] *subst:* millimeter.
milliner ['milinə] *subst:* motehandler; modist.
milling machine*(=miller)* fresemaskin; *(jvf II. mill 2).*
million ['miljən] *subst:* million.
million(n)aire [,miljə'nɛə] *subst:* millionær.
million(n)airess [,miljə'nɛəris] *subst:* millionøse.
millipede ['mili,pi:d] *subst(=millepede) zo:* tusenbein.
millpond ['mil,pɔnd] *subst:* mølledam.
millrace ['mil,reis] *subst:* møllebekk; møllerenne.
millrun ['mil,rʌn] *subst; se millrace.*
millstone ['mil,stoun] *subst* **1.** møllestein; kvernstein; **2.** *fig:* **a ~ round one's neck** en klamp om foten.
millstream ['mil,stri:m] *subst:* møllebekk.
millwheel ['mil,wi:l] *subst:* møllehjul; kvernkall.
milt [milt] *subst; zo(sperm from a male fish)* melke.
milter ['miltə] *subst; zo(=male fish)* han(n)fisk.
I. mime [maim] *subst; teat* **1.** *slags skuespill:* mime *(fx perform a mime);* **2.** mimikk *(fx study mime at a college of drama);* **3***(=mime artist)* mimiker.
II. mime *vb* **1.** mime; **2.** parodiere.
I. mimic ['mimik] *subst:* etteraper; **he's a good ~** han er flink til å etterape.
II. mimic *vb(=imitate)* etterape; herme etter *(fx sby's way of speaking);* parodiere.
III. mimic *adj:* mimisk; etterapende; *zo:* **~ colouring** *(=protective colouring)* beskyttelsesfarge.
mimicry ['mimikri] *subst* **1.** etteraping; parodiering; **2.** *zo:* **(protective) ~** beskyttelseslikhet.
mimosa [mi'mousə; mi'mouzə] *subst; bot:* mimosa.
minaret [,minə'ret] *subst; på moské:* minaret.
I. mince [mins] *subst(=minced meat)* hakkekjøtt; hakket kjøtt *(fx we had mince and potatoes for lunch);* kjøttdeig; **beef ~** *om deigen:* oksekarbonade; *(jvf mincemeat).*
II. mince *vb* **1***(=grind up)* male (opp) *(fx meat);(=chop finely)* finhakke; **-d meat** 1. kjøttdeig; 2. hakket kjøtt; hakkekjøtt; **2.** *på en affektert måte:* **~ (along)** trippe (av sted); gå på en jålete måte; **she -d over to him** hun trippet bort til ham; **3***(=speak in an affected manner)* snakke jålete; **4. T: he didn't ~ his words***(=he spoke his mind)* han tok bladet fra munnen; han snakket fritt fra leveren; han sa hva han mente.
minced meat *se I. mince & mincemeat.*

minced steak 1. (okse)karbonadedeig; **2**(*=minced steak rissole)* karbonade; ~ **and onions** karbonade med løk.

mincemeat ['mins,mi:t] *subst:* blanding av oppskårne epler, rosiner, etc. brukt som fyll i pai; *(jvf I. mince).*

mince pie liten rund pai fylt med 'mincemeat'.

mincer ['minsə] *subst (,***US:** *meat grinder)* kjøttkvern.

mincing ['minsiŋ] *adj:* affektert; jålete; *om gange:* jålete; trippende *(fx walk with little mincing steps).*

I. mind [maind] *subst* **1.** sinn; **pictures to interest the young** ~ bilder som kan interessere den som er ung; **a receptive** ~ et mottagelig sinn; **have an open** ~ ha et åpent sinn; være fordomsfri; **I have an open** ~ **on the matter** jeg har ingen forutfattet mening om saken; **keep an open** ~ vente med å bestemme seg; ikke legge seg fast på en bestemt oppfatning; **read sby's** ~ lese ens tanker; **out of sight, out of** ~ ute av øye ute av sinn; **frame***(=state)* **of** ~ sinnsstemning; sinnstilstand; **in a strange frame of** ~ i en underlig sinnsstemning; **I felt easier in my** ~ jeg følte meg roligere til sinns;

2. *mots kropp:* sjel; *psykol(=psyche)* psyke; **broken in body and** ~ nedbrutt på legeme og sjel; **sound in** ~ **and body** frisk på kropp og sjel; *(se også 10);*

3. mentalitet; tankegang *(fx he has a dirty mind);* **a lucid** ~ en klar tankegang;

4. forstand *(fx the child has the mind of an adult);***you're not using your** ~**, staying at home looking after the children** du bruker ikke hodet ditt når du bare er hjemme og passer barna;

5. *også om person:* hjerne *(fx some of the best minds are emigrating to better-paid jobs abroad);* ånd; personlighet *(fx the great minds of the century);* **the scientific** ~ den vitenskapelige hjerne; **food for the** ~ åndelig føde;

6. *om hukommelse:* **bear***(=keep)* **in** ~*(=remember)* huske; tenke på; **cast one's** ~ **back to** tenke tilbake på; **call to** ~ få en til å huske; minne om; **dismiss it from your** ~ slå det fra deg; slå det ut av hodet; la være å tenke på det; **put sby in** ~ **of sth***(=remind sby of sth)* minne en på noe;

7. *om noe som bekymrer el. plager:* **he's got sth on his** ~*(=he's worried about sth)* det er noe som trykker (*el.* plager) ham; han er bekymret for noe; **try to take her** ~ **off the subject***(=try to stop her thinking about it)* prøve å få henne til å tenke på noe annet;

8. *om hensikt, mening, tilbøyelighet:* **change one's** ~ forandre mening; ombestemme seg; **make up one's** ~ bestemme seg; **I have a** ~ **to tell him** jeg har lyst til å si det til ham (,fortelle ham det); **I've a good** ~ **to do it myself** jeg har god lyst til å gjøre det selv; **I have half a** ~ **to** ... jeg kunne nesten tenke meg å ...; jeg har halvveis lyst til å ...; **he's in two -s about it** han både vil og ikke vil; **I'm in two -s about going***(=I can't decide whether to go or not)* jeg kan ikke få bestemt meg for om jeg skal dra eller ei; **what do you have in** ~?*(=what are you thinking of?)* hva har du i tankene? hva tenker du på? **the person I have in** ~ den jeg tenker på (*el.* har i tankene); **T: give sby a piece of one's** ~ si en sin hjertens mening; **she knows her own** ~ hun vet hva hun vil; **she has a** ~ **of her own** hun har sin egen vilje; **speak one's** ~ si hva man mener; ta bladet fra munnen; snakke rett fra leveren;

9. *om konsentrasjon:* **keep one's** ~ **on one's work** konsentrere seg om arbeidet; **keep your** ~ **on what you're doing!** konsentrer deg om det du holder på med! **his** ~ **was not on his job***(=his thoughts were wandering)* han konsentrerte seg ikke om arbeidet;

10. *om manglende tilregnelighet* **T: he's not in his right** ~ han er ikke riktig klok; **T: be out of one's** ~ være fra forstanden; **T:** være fra vettet; **T: go out of one's** ~ gå fra forstanden; bli gal; **T:** bli gærn; *(se også 2):*

11.: at the back of his ~ **he knew that sth was wrong** han hadde en uklar fornemmelse av at noe var galt;

12.: it crossed my ~ det (*el.* tanken) streifet meg;

13.: in one's -'s eye for sitt indre blikk *(fx if you try hard, you can see the room in your mind's eye);*

14.: absence of ~ åndsfraværenhet; **presence of** ~ åndsnærværelse;

15.: to one's ~*(=in one's opinion)* etter ens mening.

II. mind *vb* **1***(=look after)* passe (på); se etter *(fx mind the children; mind the shop);* ~ **your own business!***(=don't interfere in my affairs!)* pass dine egne saker! **2.** være forsiktig; passe på; ~ **how you behave!** vær forsiktig med hvordan du oppfører deg; ~ **the step!** se opp for trappetrinnet! ~ **the oven – it's hot!** pass deg for (steke)ovnen – den er varm! *advarende:* ~ **your mouth!** pass munnen din; vær forsiktig med hva du sier! ~ **you ride carefully on your bike** pass nå på at du kjører forsiktig på sykkelen; ~ **you get back in time for tea** pass på at du er tilbake til tetid; **3.:** ~ **(about)***(=worry about)* bekymre seg om; bry seg om *(fx you must try not to mind when he criticizes your work);* **don't** ~ **about their gossip** bry deg ikke om sladderen deres; **never** ~**!***(=don't worry; not to worry)* det gjør ingenting! ikke bry deg om det! **never** ~ **about putting your gloves on** du behøver ikke ta på deg hanskene; **4.** ha noe imot; **do you** ~ **if I close the window?** har du noe imot at jeg lukker (igjen) vinduet? **would you** ~ **shutting the door?***(=please shut the door)* vær så snill å lukke igjen døren; **I don't** ~ **if I do***(=well, why not?)* ja, hvorfor ikke? **I don't** ~ **your going there** jeg har ikke noe imot at du drar dit; **I don't** ~ **telling you** jeg kan godt fortelle deg det; **if you don't** ~**, I should like to** ... hvis du ikke har noe imot det, ville jeg gjerne ...; **I wouldn't** ~ **a cup of tea** jeg skulle ikke ha noe imot en kopp te; *ergerlig utbrudd:* **do you** ~**!** nei, vet du hva! *(fx Do you mind! That's my best shirt you're using as a floor cloth!);* **5.** høre etter; legge seg på sinne *(fx you should mind your parents' advice);* ~ **(you)** vel og merke *(fx mind you, I don't blame him; I don't blame him, mind);* **6.: would you prefer tea or coffee? – I don't** ~ foretrekker du te eller kaffe? – det blir det samme (for meg).

mindbending ['maind,bendiŋ] *adj:* nesten ufattelig.

mind-blowing ['maind,blouiŋ] *adj* **T:** overveldende; helt fantastisk.

mind-boggling ['maind,bɔgliŋ] *adj* **T:** så overraskende at det nesten ikke er til å fatte; nesten ufattelig.

minded ['maindid] *adj; i sms:* **German-**~ tysksinnet; **be modern-**~ være moderne innstilt; **open-**~ med et åpent sinn; som har et åpent sinn; **patriotically** ~ med patriotisk sinnelag; **politically** ~ politisk interessert; med politiske interesser; **a politically-**~ **person** en person som er politisk interessert; en politisk interessert person; **price-**~*(=price -conscious)* prisbevisst; **be socially** ~ være sosialt innstilt.

minder ['maində] *subst(=bodyguard)* livvakt.

-minder ['maində] *subst; i sms:* person som passer på; **child-** dagmamma.

mind-expanding ['maindiks,pændiŋ] *adj; om narkotikum(=psychedelic)* bevissthetsutvidende *(fx drug).*

mindful ['maindful] *adj; stivt:* **be** ~ **of***(=remember)* huske på; **be** ~ **of one's duties***(=be dutiful)* være pliktoppfyllende.

mindless ['maindlis] *adj* **1.** tankeløs; uintelligent; **~ violence***(=senseless violence)* tankeløs vold; **rid the game of these ~ louts** befri idretten for denne tankeløse pøbelen; **2.** som krever lite tankearbeid *(fx a mindless task)*; **3.** *stivt:* **~ of***(=heedless of)* uten å ense; uten å ta hensyn til.
mindlessly *adv:* tankeløst.
mind reader tankeleser.
mind-reading ['maind,ri:diŋ] *subst:* tankelesing.
I. mine [main] *subst* **1.** gruve; **2.** *mil; mar:* mine; **limpet ~** sugemine; **3.** *fig:* **a ~ of information** en sann gullgruve (når det gjelder opplysninger).
II. mine *vb* **1.:** **~ coal** bryte kull; **2.** *mil:* minelegge.
III. mine *pron (jvf my):* min; mitt; mine; **a friend of ~***(=one of my friends)* en venn av meg; **this book is ~***(=this is my book)* denne boken er min; dette er min bok.
minefield ['main,fi:ld] *subst; mil:* minefelt.
minelayer ['main,leiə] *subst; mar:* minelegger.
miner ['mainə] *subst(=mineworker)* gruvearbeider.
mineral ['minərəl] **1.** *subst:* mineral; **2.** *adj:* mineralsk; mineral-.
mineral kingdom: the ~ mineralriket.
mineralogy [,minə'rælədʒi] *subst:* mineralogi.
mineral water mineralvann.
mine shaft gruvesjakt.
minesweeper ['main,swi:pə] *subst; mar:* minesveiper.
mineworker ['main,wə:kə] *subst(=miner)* gruvearbeider.
mingle ['miŋgəl] *vb; stivt(=mix)* blande seg *(fx with the crowd; he simply won't mingle at parties)*.
mingy ['mindʒi] *adj* **T***(=mean)* gjerrig.
mini ['mini] *subst* **T 1***(=minicar)* minibil; småbil; **2***(=miniskirt)* miniskjørt.
miniature ['minitʃə] **1.** *subst:* miniatyr; *om bilde:* miniatyrportrett; miniatyrbilde; **in ~** i miniatyr; i miniatyrformat; **2.** *adj:* miniatyr-.
minibus ['mini,bʌs] *subst:* småbuss.
minicab ['mini,kæb] *subst:* minidrosje.
minicar ['mini,ka:] *subst:* minibil; småbil.
minim ['minim] *subst; mus (,***US:** *half-note)* halvnote.
minimal ['miniməl] *adj:* minimal; **~ amount** minstebeløp; minimumsbeløp.
minimize, minimise ['mini,maiz] *vb* **1.** redusere til et minimum; begrense til det minst mulige *(fx the cost)*; **2***(=play down)* bagatellisere *(fx sby's achievements)*.
I. minimum ['miniməm] *subst (pl: minimums, minima)* minimum; minstemål; **our prices have been cut to the ~ possible** våre priser er skåret ned til et absolutt minimum; **a ~ of** et minimum av.
II. minimum *adj:* minimums-; **~ amount** minimumsbeløp; minstebeløp; **~ age** lavalder; minimumsalder; *(jvf age of consent)*.
minimum wage minimumslønn; minstelønn.
mining ['mainiŋ] **1.** *subst:* gruvedrift; gruvearbeid; **2.** *adj:* gruve- *(fx a mining district)*.
mining engineer gruveingeniør.
mining industry gruveindustri.
minion ['minjən] *subst* **1.** *neds el. spøkef:* lakei; underordnet *(fx he'll probably get one of his minions to do the job for him)*; **2.** *glds el. litt.(=favourite)* yndling; **-s of fortune** lykkens yndlinger.
miniskirt ['mini,skə:t] *subst:* miniskjørt.
I. minister ['ministə] *subst* **1.** *polit(=Minister)* minister; **2.** *rel; især i dissenterkirke:* prest; *(jvf priest)*.
II. minister *vb; stivt:* **~ to sby's needs***(=look after sby)* ta seg av en; **~ to the sick***(=care for the sick)* ta seg av de syke; dra omsorg for de syke.
ministerial [,mini'stiəriəl] *adj* **1.** minister-; ministeriell; **2.** preste-; prestelig *(fx his ministerial duties)*.
Minister for Foreign Affairs*(=Foreign Minister;* **UK:** *Foreign Secretary) (,den fulle tittel: Secretary of State for Foreign and Commonwealth Affairs;* **US:** *Secretary of State)* utenriksminister.
Minister of Defence *(,***UK:** *Secretary of State for Defence;* **T:** *Defence Secretary;* **US:** *Secretary of Defense)* forsvarsminister.
Minister of Social Affairs *(,***UK:** *Secretary of State for Social Services;* **T:** *Social Services Secretary)* sosialminister.
minister of state minister med rang under statsråd.
Minister of Transport *svarer til:* veidirektør.
minister plenipotentiary befullmektiget minister.
ministrations [,mini'streiʃənz] *subst; pl; stivt(=care)* omsorg; pleie.
ministry ['ministri] *subst* **1***(=department)* departement; **2***(=government)* regjering *(fx the Labour Ministry of 1945)*; **3.** *rel:* presteembete; embetstid.
minium ['miniəm] *subst(=red lead)* mønje.
mink [miŋk] *subst; zo:* mink.
mink coat minkpels; nertspels.
minke whale *zo:* vågehval; minkehval.
Minneapolis [,mini'æpəlis] *subst; geogr:* Minneapolis.
Minnesota [,mini'soutə] *(fk Minn.) subst; geogr:* Minnesota.
minnow ['minou] *subst; zo; fisk:* ørekyte.
I. minor ['mainə] *subst* **1.** mindreårig; **be a ~***(=be under age)* være mindreårig; **2.** *mus(=minor key)* moll; **3.** *univ* **US***(=intermediate subject)*; mellomfag; *(jvf I. major 3)*.
II. minor *adj* **1.** *jur:* mindreårig; umyndig; **2.** *mus:* moll-; **~ chord** mollakkord; **3***(=less important)* mindre viktig; mindre *(fx operation)*; **the part he played was relatively ~** den rollen han spilte var relativt beskjeden.
minority [mai'nɔriti] *subst* **1.** *jur:* mindreårighet; umyndighet; **during his ~** så lenge han er (,var) umyndig; **2.** minoritet; mindretall; **a ~ of the committee** et mindretall i komitéen; **he's in a ~ of one** han har ingen meningsfeller; han står helt alene med sitt syn.
minority report mindretallsbetenkning; **write a ~** komme med en protokolltilførsel.
minor key *mus:* moll; molltoneart; **in a ~** i moll.
minor suit *kortsp:* minoritetsfarge.
minster ['minstə] *subst; i navn(=cathedral)* domkirke *(fx York Minster)*.
minstrel ['minstrəl] *subst; hist:* trubadur.
I. mint [mint] *subst* **1.** mynt(verk); **2.** *fig* **T: a ~ of money** en masse penger; store penger *(fx he's making a mint of money)*; **3.** *bot:* mynte; **curled ~** krusmynte.
II. mint *vb* **1.** mynte; lage mynter; prege *(fx coins)*; **2.** *stivt(=invent)* prege *(fx a new word)*.
III. mint *adj:* **in ~ condition 1***(=unused)* ubrukt *(fx a stamp in mint condition)*; **2.** *om brukt gjenstand(=as good as new)* så god som ny.
mintage ['mintidʒ] *subst:* mynting; preging.
minuet [,minju'et] *subst; mus:* menuett.
I. minus ['mainəs] *subst* **1.** minus; minustegn; **2***(=negative quantity)* negativ størrelse.
II. minus *prep* **1.** *især mat.(=less)* minus *(fx ten minus two equals eight)*; **2. T***(=without)* uten *(fx he came minus his wife)*; **I'm ~ my umbrella today** jeg er uten paraply i dag.
III. minus *adj:* negativ; **a ~ quantity***(=a negative quantity)* en negativ størrelse; **a ~ charge** negativ ladning.
minuscule ['minə,skju:l] **1.** *subst; typ(=lower-case letter)* liten bokstav; minuskel; **2.** *adj(=very small)* meget lite(n).

minus sign minustegn.

I. minute ['minit] *subst* **1.** minutt *(fx there are sixty minutes in an hour);* **a ten-~ delay** en timinutters forsinkelse; **he was ten -s early (,late)** han var ti minutter for tidlig (,sent) ute; **it's five -s past (,to) three** klokken er fem over (,på) tre; **for ten -s** i ti minutter *(fx they talked on the telephone for ten minutes);* **in five -s** 1. på fem minutter *(fx he said he could do it in five minutes);* 2. om fem minutter; **~ by ~** minutt for minutt;

2*(=moment)* øyeblikk *(fx why don't you sit down for a minute? can you wait a minute?);* **he'll be here any ~ now** han kan være her når som helst nå; **I won't be a ~***(=I'll be very quick)* jeg skal være meget snar; **in a ~** om et øyeblikk; **I knew him the ~ I saw him** jeg kjente ham i samme øyeblikk jeg så ham; jeg kjente ham straks jeg så ham; **tell me the ~ he gets here** si fra til meg med én gang han kommer; **at that ~ the telephone rang** i det øyeblikket ringte telefonen; **at any ~ he may come through the door** hvert øyeblikk som helst kan han komme inn gjennom døren; **at the last ~** i siste øyeblikk; **I never thought so for a ~!** ikke et øyeblikk trodde jeg 'det!

3. *om avstand:* **it's only ten -s away** det er bare ti minutter borte; **it's only two -s by car** det tar bare to minutter med bilen;

4. *om nøyaktighetsgraden:* **to the ~** på minuttet *(fx the bus arrived at 10 o'clock to the minute);* **this watch is to the ~** denne klokken går minuttsikkert (*el.* er minuttsikker);

5.: up to the ~ 1*(=very fashionable; very latest)* meget moderne; helt moderne; helt moteriktig *(fx her clothes are always right up to the minute; an up-to-the-minute dress);* 2*(=very latest)* aller siste; helt fersk *(fx an up-to-the-minute report);*

6.: ~ (of arc) bueminutt *(fx an angle of 47°50'(=forty-seven degrees, fifty minutes)); geogr:* **~ of latitude** breddeminutt; **~ of longitude** lengdeminutt;

7*(=short note)* kort notat *(fx would you get your secretary to do a short minute on this afternoon's meeting?); (jvf 8);*

8.: -s (of the meeting) møtereferat; **-s (of proceedings)***(=proceedings)* forhandlingsprotokoll; **approve the -s** godkjenne protokollen (*el.* referatet fra forrige møte); **keep the -s of the meeting** føre protokoll over møtet; **draw***(=write)* **up the -s** skrive (møte)referatet; **make notes from which the -s can subsequently be written up** gjøre notater som møtereferatet senere kan skrives etter; **who's taking the -s?** *(,***T:** *who's taking the notes?)* hvem tar seg av (*el.* skriver) referatet? hvem skal være sekretær? **be recorded in the -s** bli tatt med i møtereferatet; **entry into the -s** protokolltilførsel; *(jvf minority report).*

II. minute *vb:* skrive referat fra *(fx a meeting).*

III. minute [mai'nju:t] *adj; stivt* **1***(=very small)* meget liten; **~ details** smådetaljer; **a ~ difference** en hårfin forskjell; **in ~ detail***(=down to the last detail)* i minste detalj; **2.** minutiøs; meget omhyggelig *(fx a minute examination revealed small flecks of blood on the coat).*

minute book*(=book of minutes)* møteprotokoll; forhandlingsprotokoll.

minute hand *på klokke:* minuttviser.

minutely [mai'nju:tli] *adv; stivt(=in great detail)* meget omhyggelig; minutiøst; *(jvf III. minute 2).*

minuteness [mai'nju:tnis] *subst; stivt* **1***(=very small size)* meget liten størrelse; **2***(=painstaking attention to detail)* stor omhu (*el.* nøyaktighet).

minutes secretary*(=minuting secretary)* møtesekretær.

minutiae [mai'nju:ʃii; **US:** mi'nju:ʃii] *subst; pl; stivt(=very small details)* smådetaljer.

minuting secretary møtesekretær.

minx [miŋks] *subst; glds:* frekk tøs; nesevis jentunge.

miracle ['mirək(ə)l] *subst* **1.** mirakel; under; **work -s** gjøre mirakler; gjøre undere; **the ~ came about of itself** miraklet skjedde av seg selv; **2. T:** mirakel *(fx it's a miracle he wasn't killed in the plane crash);* **3.** *om person el. ting:* vidunder *(fx this watch is a miracle of precision).*

miraculous [mi'rækjuləs] *adj:* mirakuløs; vidunderlig; mirakel- *(fx a miraculous cure).*

miraculously *adv:* mirakuløst; som ved et mirakel.

miracle play *hist; teat:* mirakelspill.

mirage ['mira:ʒ; *især* **US:** mi'ra:ʒ] *subst:* luftspeiling; fata morgana.

mire ['maiə] *subst; stivt el. litt.(=(deep) mud)* (dyp) søle *(fx pigs like rolling about in the mire).*

mirror ['mirə] **1.** *subst; også fig:* speil; **2.** *vb:* speile.

mirror finish høyglanspolering; finish med høyglans.

mirth [mə:θ] *subst; stivt(=gaiety; amusement)* munterhet; latter; **his remarks caused great ~** hans bemerkninger vakte stor munterhet.

mirthless ['mə:θlis] *adj; stivt(=cheerless)* gledeløs.

misadventure [,misəd'ventʃə] *subst; stivt el. jur(=accident)* ulykkestilfelle *(fx a verdict of death by misadventure was brought in by the jury).*

misalliance [,misə'laiəns] *subst(=unsuitable marriage)* mesallianse.

misanthrope ['mizən,θroup], **misanthropist** [mi'zænθrə,pist] *subst:* misantrop; menneskehater.

misanthropy [mi'zænθrəpi] *subst:* misantropi; menneskehat.

misapplication [,misæpli'keiʃən] *subst; stivt(=wrong use)* gal bruk; gal anvendelse *(fx of the rules).*

misapply [,misə'plai] *vb; meget stivt(=use for a wrong purpose; use wrongly)* anvende (*el.* bruke) galt; anvende (*el.* bruke) til noe galt *(fx his skill as an engineer was misapplied to burgling safes);* **misapplied patriotism***(=misplaced patriotism)* galt anvendt patriotisme.

misapprehend [,misæpri'hend] *vb; meget stivt(=misunderstand; misconceive)* misforstå; misoppfatte; oppfatte galt.

misapprehension [,misæpri'henʃən] *subst(=misunderstanding; misconception)* misforståelse; misoppfatning; feiloppfatning; gal oppfatning; **he's under a ~ about his brother's intentions** han har misforstått når det gjelder brorens hensikter; **under the ~ that** ...*(=in the erroneous belief that ...)* i den feilaktige tro at ...

misappropriate [,misə'proupri,eit] *vb; stivt el. jur(=embezzle; put to a wrong use)* underslå; anvende på gal måte; **~ funds** begå underslag; *jur:* **~***(=take)* **another's property** tilvende seg en annens eiendom.

misappropriation ['misə,proupri'eiʃən] *subst; stivt el. jur(=embezzlement; wrong use)* underslag; urettmessig tilvending; **~ of trust funds***(=breach of trust)* urettmessig bruk av betrodde midler.

misbegotten ['misbi,gɔtən] *adj* **1.** *glds:* avlet utenfor ekteskap; født utenfor ekteskap; **2. T***(=badly planned; badly designed);* **a ~ scheme** en helt feilslått plan; **a ~ little house** et lite misfoster av et hus.

misbehave [,misbi'heiv] *vb(=behave badly)* oppføre seg dårlig.

misbehaviour [,misbi'heivjə] *subst(=bad behaviour)* dårlig oppførsel.

miscalculate [,mis'kælkju,leit] *vb; stivt(=calculate wrongly; estimate wrongly)* regne feil; forregne seg;

~(=misjudge) **the distance** feilberegne avstanden.
miscalculation ['mis,kælkju'leiʃən] *subst* **1.** feilregning; det å regne feil; **2**(=misjudgment) feilbedømmelse; feilberegning; feilvurdering; **make a very bad ~** 1. gjøre en stor (*el.* grov) regnefeil; 2. *fig:* forregne seg stygt; regne svært feil.
miscarriage [mis'kæridʒ] *subst* **1.** *med.(=spontaneous abortion)* (spontan) abort; **have a ~**(=abort) abortere; **2.** *stivt(=failure)* uheldig utfall; det at noe mislykkes *(fx this led to the miscarriage of all his schemes)*; **3.** *jur:* **~ of justice** justismord; **4.** *jernb; post(=going astray)* bortkomst; det at varer kommer på avveier *(fx the miscarriage of goods)*.
miscarry [mis'kæri] *vb* **1.** *med.(=abort)* abortere; **2.** *stivt(=fail)* mislykkes; slå feil; strande *(fx his plan miscarried)*; **3.** *jernb, post(=go astray)* komme bort; komme på avveier; ikke nå bestemmelsesstedet.
miscast [mis'ka:st] *vb; teat:* **be ~** få en rolle man ikke passer til; **an actor badly ~** en skuespiller som har fått helt feil rolle.
miscellanea [,misə'leiniə] *subst:* blandede skrifter.
miscellaneous [,misə'leiniəs] *adj; stivt(=mixed; various)* blandet; uensartet *(fx collection of pictures)*; **~ writings** blandede skrifter.
miscellany [mi'seləni; **US:** 'misə,leini] *subst* **1.** broket blanding *(fx a miscellany of objects)*; **2.** samling av blandede skrifter; antologi.
mischance [mis'tʃa:ns] *subst; stivt(=bad luck)* uhell; **by ~ I didn't get your letter** ved et uhell fikk jeg ikke brevet ditt.
mischief ['mistʃif] *subst* **1.** ugagn *(fx the boy's always up to some mischief or other)*; **2.** *lett glds(=damage; harm)* skade; **do a lot of ~** gjøre stor skade; **floods are a great ~ to the farmer** oversvømmelser er til stor skade for bonden; **he did himself a ~ on the barbed wire**(=he hurt himself on the barbed wire) han skadet seg på piggtråden; **do sby a ~**(=harm sby) skade en; **3.** *fig:* **get into ~** komme på gale veier; **4.: make ~** 1. gjøre ugagn; 2. gjøre skade; sette ondt blod *(fx he tries to make mischief by telling the manager)*; **5.: mean ~**(=mean no good) ha ondt i sinne; **6.: there's ~ brewing**(=there's something brewing) det er ugler i mosen; **7.: suspect ~** (,T: *smell a rat*) ane uråd; bli mistenksom.
mischief maker(=troublemaker) urostifter.
mischievous ['mistʃivəs] *adj* **1.** skøyeraktig *(fx a mischievous smile)*; ertevoren; som gjør ugagn; **2.** (litt) ondskapsfull; skadelig; **a ~ plot** en ond sammensvergelse.
mischievousness ['mistʃivəsnis] *subst:* skøyeraktighet.
miscible ['misibl] *adj; om væske:* blandbar; **be ~ with**(=be capable of being mixed with) kunne blandes med.
misconceive [,miskən'si:v] *vb; stivt(=interpret wrongly; misunderstand)* misoppfatte; misforstå.
misconception [,miskən'sepʃən] *subst; stivt(=misunderstanding)* misoppfatning; misforståelse; feiloppfatning; gal oppfatning; **the ~ that ...** den feiloppfatning at ...
I. misconduct [mis'kɔndʌkt] *subst; stivt* **1**(=improper behaviour) klanderverdig oppførsel; **(matrimonial) ~** ekteskapsbrudd; **2.** *om embetsmann; etc:* **professional ~** tjenesteforseelse; misbruk av sin stilling.
II. misconduct [,miskən'dʌkt] *vb; stivt* **1**(=manage badly) forvalte dårlig; vanskjøtte *(fx one's business affairs)*; **2.: ~ oneself** oppføre seg upassende; **~ oneself with** begå ekteskapsbrudd sammen med.
misconstruction [,miskən'strʌkʃən] *subst; stivt(=misinterpretation; wrong interpretation)* feiltolkning; mistydning.
misconstrue [,miskən'stru:] *vb; stivt(=misinterpret)* feiltolke; mistyde; legge ut på gal måte.
miscount [,mis'kaunt] *vb; stivt(=count wrongly)* telle feil *(fx I'm sorry, I miscounted the number of seats)*.
miscreant ['miskriənt] *subst; stivt el. litt.(=criminal)* skurk; ugjerningsmann; kjeltring.
misdate [mis'deit] *vb:* feildatere *(fx a letter)*.
misdeal [,mis'di:l] *kortsp* **1.** *subst:* feilgiv; feilgiing; **2.** *vb:* gi feil.
misdeed ['mis'di:d; ,mis'di:d] *subst; stivt(=wicked action)* ond gjerning; ugjerning; udåd.
misdemeanour (,**US:** *misdemeanor*) [,misdi'mi:nə] *subst* **1.** *stivt(=(minor) offence)* mindre forseelse; **2.** *jur; hist(=minor crime)* mindre alvorlig forbrytelse; *(se felony)*.
misdirect [,misdi'rekt] *vb; stivt(=direct wrongly)* **1.** feildirigere; vise gal vei; **2.** *post:* feiladressere.
misentry ['mis'entri] *subst; bokf:* feilpostering.
miser ['maizə] *subst:* gjerrigknark; gnier.
miserable ['mizərəbl; 'mizrəbl] *adj:* ulykkelig *(fx she's miserable)*; elendig *(fx weather)*; **feel ~** føle seg elendig; ... **she said in a ~ tone of voice**(= ... she said miserably) ... sa hun ynkelig; sa hun med en ynkelig stemme.
miserly ['maizəli] *adj:* gnieraktig.
misery ['mizəri] *subst:* elendighet; lidelse; sorg; **extreme ~** den dypeste elendighet; **her life was sheer ~** hun hadde en meget ulykkelig tilværelse; **put a dog out of its ~** avlive en hund for å gjøre slutt på dens lidelser; *fig:* **put sby out of his ~** ikke holde en på pinebenken lenger; fortelle en resultatet.
I. misfire [,mis'faiə] *subst* **1.** *mask:* feiltenning; **2.** *om våpen:* klikking.
II. misfire *vb* **1.** *mask:* feiltenne; fuske; **the engine -d and stopped** motoren begynte å fuske og stoppet; **2.** *om våpen:* klikke; **3.** *fig; om plan, etc(=go wrong)* mislykkes.
misfit ['mis,fit] *subst* **1**(=sth that fits badly) noe som passer dårlig; **his suit was a ~** dressen hans satt dårlig; **2.** *om person:* mislykket individ; **he's a social ~** han kan ikke tilpasse seg i samfunnet.
misfortune [mis'fɔ:tʃən] *subst; stivt(=bad luck)* uhell; **I had the ~ to ...** jeg var så uheldig å ...; **-s** ulykker; viderverdigheter; **-s rarely come singly**(=troubles never come singly) en ulykke kommer sjelden alene.
misgiving(s) [mis'giviŋ(z)] *subst(=doubt; fear)* tvil; frykt; bange anelser; ... **but with the greatest ~** men under stor tvil; **all my -s came true** jeg fikk rett i alle mine bange anelser; **they had serious -s about the wisdom of going on** de var i sterk tvil med hensyn til om det var klokt å fortsette.
misgovern [,mis'gʌvən] *vb(=govern badly)* regjere (*el.* styre) dårlig.
misgovernment [,mis'gʌvənmənt] *subst(=bad government)* dårlig styre; vanstyre.
misguided [,mis'gaidid] *adj:* misforstått *(fx patriotism)*; villedet *(fx a poor misguided sinner)*; skakkjørt.
mishandle [,mis'hændəl *vb* **1**(=mismanage; make a mess of) forkludre *(fx she mishandled the whole affair)*; **2**(=maltreat; treat roughly) mishandle; gi en ublid behandling.
mishap ['mishæp] *subst:* lite uhell; **she had a small ~ with her cup of tea** hun var litt uheldig med tekoppen sin.
mishear [,mis'hiə] *vb:* høre feil; **you must have -d**(=you must've got it wrong) du må ha hørt feil.
mishit ['mis,hit] *subst; sport:* feilslag; bom.
mishmash ['miʃ,mæʃ] *subst:* rot; sammensurium.
misinform [,misin'fɔ:m] *vb* **1.** feilinformere; gi gale opplysninger; **we were -ed**(=wrongly informed)

about the date of the meeting vi ble galt informert om datoen for møtet; **2.** desinformere; bevisst gi gale opplysninger.

misinformation [,misinfə'meiʃən] *subst* **1.** feilinformasjon; gale opplysninger; **2.** desinformasjon; **official ~** desinformasjon fra myndighetenes side.

misinterpret [,misin'tə:prit] *vb:* mistyde; feiltolke; *teat:* **~ one's part** feiltolke rollen sin.

misinterpretation ['misin,tə:pri'teiʃən] *subst:* mistydning; feiltolkning.

misjudge [,mis'dʒʌdʒ] *vb:* feilbedømme; feilvurdere; ta feil av *(fx you misjudge me if you think I'd do something awful like that);* **he -d***(=miscalculated)* **the distance and fell into the river** han feilbedømte avstanden og falt i elven.

misjudg(e)ment [,mis'dʒʌdʒmənt] *subst:* feilbedømmelse; feilvurdering; feilskjønn.

mislay [mis'lei] *vb:* **~ sth** forlegge noe *(fx I must've mislaid the book);* **I seem to have mislaid it somewhere** jeg har visst forlagt det et eller annet sted.

mislead [mis'li:d] *vb:* villede; føre på villspor; **advertisements of that kind are apt to ~** annonser av det slaget er gjerne villedende; **his friendly attitude misled me into thinking I could trust him** vennligheten hans fikk meg til å tro at jeg kunne stole på ham.

misleading *adj:* villedende; **~ advertising** villedende reklame.

mismanage [,mis'mænidʒ] *vb* **1***(=manage badly)* styre (*el.* lede) dårlig; administrere dårlig; *pengemidler:* forvalte dårlig *(fx he badly mismanaged the firm's financial affairs);* **2***(=mess up)* forkludre *(fx he mismanaged the whole affair).*

mismanagement [,mis'mænidʒmənt] *subst* **1.** dårlig ledelse; dårlig forvaltning; **2.** forkludring.

misname [,mis'neim] *vb(=call by the wrong name)* feilbenevne; sette galt navn på; bruke gal benevnelse på.

misnomer [,mis'noumə] *subst:* gal (*el.* misvisende) benevnelse.

misogynist [mi'sɔdʒinist; mai'sɔdʒinist] *subst:* kvinnehater.

misogyny [mi'sədʒini; mai'sɔdʒini] *subst(=hatred of women)* kvinnehat.

misplace [,mis'pleis] *vb* **1.** *stivt(=mislay)* forlegge; **2***(=put in the wrong place)* feilplassere.

misplaced *adj* **1***(=mislaid)* forlagt; som har blitt forlagt; **2.** feilplassert; **3.** *fig:* malplassert *(fx humour);* uheldig; gitt til en uverdig (,til et uverdig formål); **your trust in him was ~** han var ikke din tillit verdig.

misprint ['mis,print] *subst:* trykkfeil.

mispronounce [,misprə'nauns] *vb:* uttale feil *(fx I always mispronounce her name).*

mispronunciation ['misprə,nʌnsi'eiʃən] *subst:* gal (*el.* feil) uttale.

misquotation ['miskwou'teiʃən] *subst:* feilsitat; uriktig sitat.

misquote [,mis'kwout] *vb:* feilsitere; sitere galt; **~ sby out of context** sitere en galt og i gal sammenheng.

misread [,mis'ri:d] *vb* **1***(=read wrongly)* lese galt *(fx he misread the sentence);* **2***(=misinterpret)* feiltolke *(fx he misread her remark as an insult).*

misreport [,misri'pɔ:t] **1.** *subst(=inaccurate report)* feilaktig rapport; unøyaktig gjengivelse; **2.** *vb:* rapportere galt; gjengi galt.

misreporting [,misri'pɔ:tiŋ] *subst:* det å rapportere (*el.* gjengi) galt; **clarify a ~** klare opp i noe som er gjengitt galt.

misrepresent ['mis,repri'zent] *vb; stivt(=distort; give a wrong idea of)* fordreie; gi et falskt bilde av; gi en gal fremstilling av; **~***(=distort)* **the facts** fordreie fakta; **he was -ed by his critics as** ... han ble av sine kritikere feilaktig fremstilt som ...

misrepresentation ['mis,reprizen'teiʃən] *subst:* uriktig fremstilling; fordreining *(fx of the facts).*

misrule [,mis'ru:l] *subst(=bad rule; bad government)* dårlig styre; vanstyre; dårlig regjering.

I. Miss [mis] *subst* **1.** frøken *(fx Miss Jones);* **the ~ Jones** *(,stivt: the Misses Jones)* frøknene Jones; **2***(=miss) i tiltale til lærer, serveringsdame el. fremmed kvinne:* frøken *(fx please, Miss, can I have the bill? Excuse me, miss, could you tell me how to get to Princess Road?);* **3.: miss** *spøkef:* **she's a cheeky little ~** hun er en frekk liten dame.

II. miss *subst* **1.** bom; bomskudd *(fx he scored two hits and five misses);* **2. T: give sth a ~** ikke gå på *(fx I think I'll give the party a miss; we gave the film a miss);* **3.** *ordspråk:* **a ~ is as good as a mile** nesten skyter ingen mann av hesten; en bom er en bom (selv om man var svært nær ved å treffe).

III. miss *vb* **1.** bomme; ikke treffe; skyte ved siden av; **he -ed the bird** han bommet på fuglen; **2.** komme for sent til *(fx the train);* **3.** gå glipp av *(fx the first ten minutes of the film);* ikke se (,høre) *(fx she missed (seeing) him because she wasn't looking; he missed what you said because he wasn't listening);* **you didn't ~ much** du gikk ikke glipp av noe større; **4.: ~ the way** ta feil av veien; gå (,kjøre) feil; **you can't ~ it** du kan ikke ta feil (*el.* unngå å finne det); **5.** så vidt unngå; **he just -ed being killed***(=he was very nearly killed)* han unngikk så vidt å bli drept: **6.** *om motor(=misfire)* fuske; feiltenne; **7.** savne *(fx we all miss him);* **8.: ~ out** 1*(=leave out; omit)* sløyfe; utelate; glemme ut *(fx don't miss out your brother when you send round the invitations);* 2. **T***(=miss out on)* gå glipp av *(fx he missed out (on) all the fun because of his broken leg);* **9. T: ~ the boat** gå glipp av en anledning (*el.* sjanse); *spøkef om kvinne:* **she's -ed the boat** hun har forsømt anledningen til å bli gift; **10.: ~ the point** ikke oppfatte hva det dreier seg om.

missal ['misəl] *subst:* messebok.

missel thrush*(=mistle thrush) zo:* duetrost.

misshapen [,mis'ʃeipən] *adj(=deformed; oddly shaped)* misdannet; deformert.

missile ['misail; **US:** 'misəl] *subst* **1.** kastevåpen; prosjektil; **2***(=rocket)* rakett(våpen); missil; **guided ~** fjernstyrt rakett; **intermediate-range ballistic ~** *(fk IRBM)(=medium-range (nuclear) missile)* mellomdistanserakett.

missile base *mil:* rakettbase.

missing ['misiŋ] *adj:* manglende; forsvunnet; som er savnet; **one of my books is ~** jeg savner en av bøkene mine; **the child has been ~ since Sunday** barnet har vært savnet siden søndag; **the ~ papers** de savnede papirene; **go ~***(=be lost)* gå seg bort; komme bort.

missing link: the ~ det manglende mellomledd mellom ape og menneske.

mission ['miʃən] *subst* **1.** misjon; misjonsstasjon; **she was part of a Catholic ~** hun tilhørte en katolsk misjon; **2.** *polit, etc:* delegasjon; misjon *(fx a military mission);* **trade ~** handelsdelegasjon; **3.** *mil:* misjon; oppdrag *(fx on a secret mission);* **4.** *stivt(=purpose; aim)* mål; oppgave; **his ~ in life** hans livsoppgave; **he regards it as his ~ to help the cause of world peace** han betrakter det som sin oppgave (*el.* sitt kall) i livet å fremme verdensfredens sak; **their ~ was to irrigate the desert** deres oppgave var å overrisle (*el.* vanne) ørkenen.

Missions to Seamen: the ~ (**,T:** *the Flying Angel*

Club) sjømannsmisjonen.
missionary ['miʃənəri] *subst:* misjonær; **medical** ~*(= mission doctor)* misjonslege.
missionary work misjonsarbeid; **do** ~, **carry on** ~ drive misjonsarbeid; drive misjonsvirksomhet; misjonere.
missis, missus ['misiz; 'misis] *subst* **T: the** ~ kona *(fx how's the missis?).*
missive ['misiv] *subst; lett glds el. spøkef(=letter)* brev; *spøkef:* epistel.
misspell [,mis'spel] *vb:* stave galt.
misspent ['mis,spent] *adj:* **a** ~ **youth** en forspilt ungdom.
misstate [,mis'steit] *vb(=state incorrectly)* oppgi uriktig; fremstille galt.
misstatement [,mis'steitmənt] *subst:* uriktig oppgave; gal (saks)fremstilling.
missy ['misi] *subst* **T***(=miss)* frøken; lille frøken.
I. mist [mist] *subst* **1.** (lett) tåke; **2.** *fig:* **she smiled in a** ~ **of tears** hun smilte gjennom tårer; **3.: the origin of this custom has been lost in the -s of time** opprinnelsen til denne skikken er gått tapt.
II. mist *vb:* bli tåket; dugge; *fig:* sløre *(fx her eyes (were) misted with tears);* ~ **over** 1. bli tåket; bli dekket av tåke *(fx the hills misted over);* 2. *om brilleglass, speil, vindusrute(=become steamy)* dugge; bli dugget; ~ **up** 1*(=mist over; become steamy)* dugge; bli dugget; **the windscreeen -ed up** det la seg dugg på frontglasset; 2. lage dugg på *(fx their breath misted up the windows).*
I. mistake [mis'teik] *subst:* feil; feiltagelse; **by** ~ ved en feiltagelse; **a spelling** ~ en stavefeil; **make a** ~ gjøre en feil; **make a bad** ~ gjøre en stygg (*el.* graverende) feil; **make a big** ~ ta grundig feil; **T: and no** ~ det kan det ikke være tvil om; det kan det ikke være to meninger om; **it's hot today and no** ~! jamen er det varmt i dag! **there's some** ~ **here** her er det en eller annen feil; her er det noe som ikke stemmer; **she ate a poisonous toadstool in** ~ **for a mushroom** hun spiste en giftig fluesopp, som hun tok for å være vanlig sopp.
II. mistake *vb (pret: mistook; perf. part.: mistaken)* ta feil av *(fx they mistook the date);* forveksle; **she mistook me for Mr Smith** hun trodde jeg var Smith; hun forvekslet meg med Smith; **there's no mistaking it***(=it's unmistakable)* det er ikke til å ta feil av.
mistaken *adj; stivt(=wrong)* feilaktig; uriktig; **a** ~ **impression** et feilaktig inntrykk; **be** ~ **(about sth)** ta feil (med hensyn til noe); **you're** ~ **in thinking he's dishonest** du tar feil når du tror at han er uærlig; **it's a case of** ~ **identity** det foreligger en identitetsforveksling.
mistakenly *adv:* feilaktig; med urette.
Mister ['mistə] *(fk Mr) subst:* herr *(fx Mr Brown); (jvf Messrs).*
mister *i tiltale uten etterfølgende navn* **T***(=sir)* mister *(fx Excuse me, mister, what time is it?).*
mistime [,mis'taim] *vb; stivt(=time badly)* **1.** velge et uheldig tidspunkt for *(fx he badly mistimed his remarks on immigration);* **2.** feilberegne *(fx he mistimed his stroke).*
mistle thrush *zo:* duetrost.
mistletoe ['misəl,tou] *subst; bot:* misteltein.
mistook [,mis'tuk] *pret av II. mistake.*
mistranslate [,mistræns'leit] *vb(=translate wrongly)* oversette galt.
mistreat [,mis'tri:t] *vb(=treat badly)* behandle dårlig; *(jvf ill-treat; maltreat).*
mistreatment [,mis'tri:tmənt] *subst(=bad treatment)* dårlig behandling; *(jvf ill-treatment; maltreatment).*
mistress ['mistris] *subst* **1.** elskerinne; **2.** *skolev (=schoolmistress)* lærerinne; kvinnelig lærer; **3.** husfrue; frue *(fx the servant stole her mistress's jewellery);* ~ **of the household** husfrue; **a dog and its** ~ en hund og dens eierinne; **she's her own** ~ hun er sin egen herre.
Mistress of the Robes overhoffmesterinne.
mistrust [,mis'trʌst] **1.** *subst(=distrust)* mistillit; **2.** *vb(=distrust)* nære mistillit til; mistro.
mistrustful [,mis'trʌstful] *adj:* mistroisk.
misty ['misti] *adj* **1.** tåket; **2.** *fig:* tåket; uklar; **a** ~ **idea***(=a vague idea)* et uklart begrep; en vag forestilling; **in the** ~ **past** i en fjern fortid.
misunderstand [,misʌndə'stænd] *vb:* misforstå.
misunderstanding [,misʌndə'stændiŋ] *subst:* misforståelse.
I. misuse [,mis'ju:s] *subst:* gal bruk; misbruk; **the machine was damaged by** ~ maskinen ble skadd ved gal bruk; **the** ~ **of company money** misbruk av firmaets penger.
II. misuse [,mis'ju:z] *vb:* bruke galt; misbruke.
mite [mait] *subst* **1.** *zo:* midd; **harvest** ~ jordmidd; **itch** ~ fnattmidd; *(se gallmite);* **2.** *hist:* skjerv; **the widow's** ~ enkens skjerv; **3.** (liten) stakkar *(fx that poor little mite);* **4. T: a** ~*(=somewhat)* litt *(fx foolish).*
mitigate ['miti,geit] *vb* **1.** unnskylde til en viss grad *(fx the circumstances mitigated his offence);* **2.** *meget stivt(=lessen; ease)* mildne; lindre *(fx the pain).*
mitigating circumstances *jur(=extenuating circumstances)* formildende omstendigheter.
mitigation [,miti'geiʃən] *subst* **1.** *jur:* formildende omstendighet; **2.** *meget stivt(=relief)* lindring.
I. mitre *(,US:* **miter***)* ['maitə] *subst* **1.** bispelue; **2.** *tøm(=mitre joint)* gjæring; gjæret skjøt.
II. mitre *(,US:* **miter***) vb; tøm:* gjære (sammen); **-d corner joint** gjæret hjørne(skjøt).
mitten ['mitən] *subst (fk mitt)* **1.** vott *(fx a pair of mittens);* **2.** halvhanske; **golf -s** golfhansker.
I. mix [miks] *subst:* blanding; **the right** ~ **of jobs, people, and amenities** den rette blanding av jobber, folk og bekvemmeligheter; *om bensinblanding:* **lean (,rich)** ~ mager (,fet) blanding.
II. mix *vb* **1.** blande; **be -ed together** bli blandet sammen; ~ **the cement** blande sementen; ~ **a cake** lage en kakedeig; **oil and water don't** ~ olje og vann lar seg ikke blande; ~*(=combine)* **business with pleasure***(=combine the pleasant with the useful)* forene det nyttige med det behagelige; **2.** *film:* mikse; **3***(=crossbreed)* krysse; **4.** omgås; vanke sammen *(fx they mix very little);* ha evne til å omgås andre; være omgjengelig *(fx he doesn't mix well);* **she has never -ed well** hun har aldri vært flink til å omgås andre; **at the party, everybody -ed (in) together happily** alle hadde det hyggelig sammen i selskapet; *(jvf 7:* ~ *with);* **5.:** ~ **in***(=get mixed up in; become involved in)* bli innblandet i *(fx he decided not to mix in politics);* **6.:** ~ **up** 1. blande; 2*(=confuse)* forveksle *(fx I always mix him up with his brother; I mixed the dates up and arrived on the wrong day);* 3.: ~ **sby up***(=confuse sby; upset sby)* gjøre en forvirret *(fx you've mixed me up completely with all this information);* **the speaker got all -ed up** taleren ble helt forvirret; det gikk helt i surr for taleren; **7.:** ~ **with** omgås; vanke sammen med; *(jvf 4).*
mixed *adj* **1.** blandet; sammensatt; ~ **feelings** blandede følelser; **it's a** ~ **blessing** det er en blandet fornøyelse; det er et tvilsomt gode; **2.** for begge kjønn *(fx a mixed swimming pool);* felles-; ~ **sex teaching** fellesundervisning; ~ **school***(=co-educational school)* skole med fellesundervisning.
mixed-ability class sammenholdt klasse.

mixed bag T: litt av hvert; en broket blanding; **a ~ of people** en broket forsamling.
mixed cargo *mar:* blandet last.
mixed comprehensive (school) 'comprehensive school' for begge kjønn; *(se comprehensive school).*
mixed economy *økon:* blandingsøkonomi.
mixed-up [,mikst'ʌp] *adj(=perplexed)* forvirret; perpleks.
mixer ['miksə] *subst* **1.** blander; blandemaskin; **(electric food) ~** mixmaster; mixer; **2.** *person:* **a good ~** en som har lett for å omgås folk; en omgjengelig person; **he's a very good ~ at a party** han er flink til å underholde seg med folk i selskap.
mixer tap*(=combination tap; mixing battery)* blandebatteri.
mixing ['miksiŋ] *subst:* blanding; det å blande.
mixing bowl *til mixmaster:* blandebolle; **integral ~ and lots of attachments** fastmontert blandebolle med mye tilbehør.
mixture ['mikstʃə] *subst* **1.** blanding; **a ~ of good and evil** en blanding av godt og ondt; *mask:* **adjust the ~** justere (bensin)blandingen; **2.** *med.:* mikstur.
mix-up ['miks,ʌp] *subst* **T***(=confusion)* forvirring; rot.
mizzen, mizen ['mizən] *subst; mar(=spanker)* mesan.
I. mnemonic [ni'mɔnik] *subst* **1** *(,***T:** *donkey bridge)* huskeregle; **2.: -s** mnemoteknikk; hukommelseskunst.
II. mnemonic *adj:* mnemoteknisk; som støtter hukommelsen.
mo [mou] *subst* **T***(=moment)* øyeblikk; **half a ~** bare et øyeblikk.
I. moan [moun] *subst* **1.** stønn; **2.** *fig; om vind:* uling; tuting; klagende lyd.
II. moan *vb* **1.** stønne: **2. T***(=complain)* klage; beklage seg; jamre seg *(fx what are you moaning about?).*
moat [mout] *subst:* vollgrav.
I. mob [mɔb] *subst* **1.** mobb; **2***(=criminal gang)* bande; gjeng.
II. mob *vb* **1***(=crowd round)* stimle sammen om *(fx he was mobbed by a crowd of his fans);* **2***(=crowd; persecute)* mobbe.
I. mobile ['moubail; **US:** 'moubil] *subst; om opphengt figur av papp el. løvtynt metall, som beveges av den oppstigende luften:* uro *(fx the baby was fascinated by the mobile of plastic butterflies).*
II mobile *adj:* bevegelig; mobil; som lett kan flyttes; **I'm more ~***(=I can get about more easily)* **with a car of my own** jeg er mer mobil med egen bil; **he's not very ~***(=he can't walk easily)* han har vanskelig for å bevege seg; han er ikke videre mobil.
mobile library*(=travelling library;* **US:** *bookmobile)* bokbil.
mobility [mou'biliti] *subst:* (lett)bevegelighet; mobilitet.
mobilization, mobilisation [,moubilai'zeiʃən] *subst:* mobilisering.
mobilize, mobilise ['moubi,laiz] *vb:* mobilisere.
mob rule pøbelherredømme.
mobster ['mɔbstə] *subst* **US S***(=gangster)* gangster.
moccasin ['mɔkəsin] *subst:* mokasin.
mocha ['mɔkə] *subst:* mokka(kaffe); *(jvf demitasse).*
I. mock [mɔk] *subst; skolev:* **~ (exam)** tentamen; **English ~***(=mock exam in English)* tentamen i engelsk.
II. mock *vb* **1***(=laugh at)* le av; gjøre narr av; håne; **2.** *stivt; fig(=resist)* motstå; trosse *(fx the mountains mocked our attempts to climb them).*
III. mock *adj:* påtatt *(fx he looked at me in mock horror);* imitert; uekte.
mock attack skinnangrep.
mockery ['mɔkəri] *subst* **1.** hån; spott *(fx she couldn't tolerate their mockery);* **2.** dårlig etterligning; **be a ~ of** 1*(=be a parody of)* være en parodi på *(fx trial);* 2*(=be an insult to)* være en hån mot.
mock exam(ination) tentamen; *(jvf I. mock).*
mocking ['mɔkiŋ] *adj:* spotsk; spottende.
mocking-bird ['mɔkiŋ,bə:d] *subst; zo:* spottefugl.
mock-up ['mɔk,ʌp] *subst(=(working) full-scale model)* skalamodell i full størrelse; naturlig modell i full størrelse.
modal ['moudəl] **1.** *subst; gram(=modal auxiliary)* modalt hjelpeverb; **2.** *adj:* modal.
modality [mou'dæliti] *subst:* modalitet.
mod cons T*(=modern conveniences)* moderne bekvemmeligheter.
mode [moud] 1. måte; *maskins:* **~ of operation** arbeidsmåte; **~ of payment** betalingsmåte; **2.** *filos:* modus; **3***(=fashion)* mote *(fx large hats are the latest mode);* **4.** *radio:* svingningstype; **5.** *statistikk:* typetall; **6.** *mus:* toneart *(fx the Dorian mode).*
I. model ['mɔdəl] *subst* **1.** modell *(fx our car is a 1986 model);* **the latest ~** siste (*el.* nyeste) modell; **2.** *person:* modell *(fx he's a male fashion model);* **3.** *fig; om noe etterlignelsesverdig:* forbilde; mønster *(fx his essay is a model of clarity);* **4.** *evf(=prostitute)* prostituert; **5.: on the ~ of** etter mønster av.
II. model *vb* **1.** modellere *(fx in clay);* forme *(fx the clay);* **2.** være modell; vise frem *(fx they model underwear);* stå modell *(fx she models at the local art school);* **3.** *fig:* **~ oneself on***(=try to behave like)* forsøke å etterligne; ta etter.
model (aero)plane modellfly.
modeller ['mɔdələ] *subst:* modellør.
modelling clay modellerleire.
I. moderate ['mɔd(ə)rit] *subst:* moderat; **the -s** de moderate.
II. moderate *adj:* moderat *(fx a man of moderate views);* rimelig *(fx price);* middelmådig *(fx a man of (only) moderate ability).*
III. moderate ['mɔdə,reit] *vb* **1.** moderere *(fx he was forced to moderate his demands);* **2.** dempes; bli mindre intens *(fx gradually the pain moderated);* **3.** være ordstyrer; **4.** *skolev:* sensurere (rettede oppgaver).
moderately *adv:* med måte; moderat.
moderation [,mɔdə'reiʃən] *subst:* moderasjon; måtehold; **in ~***(=moderately)* med måte; **show ~** vise måtehold; **~ in all things** alt med måte; måtehold i alt.
moderator ['mɔdə,reitə] *subst* **1.** *rel:* presbyteriansk prest med forsete i visse forsamlinger; **2.** *på møte(=chairman)* ordstyrer; **3.** *i reaktor:* moderator; **4.** *univ; ved Oxford & Cambridge:* eksaminator (til B.A.-graden).
I. modern ['mɔdən] *subst* **S: we -s** vi moderne mennesker.
II. modern *adj:* moderne; **~ history** den nyere tids historie; **Modern English** nyengelsk.
modernism ['mɔdənizəm] *subst* **1.** modernisme; **2.** *språkv:* moderne ord (*el.* uttrykk).
modernity [mɔ'də:niti] *subst:* moderne preg; modernitet.
modernization, modernisation [,mɔdənai'zeiʃən] *subst:* modernisering.
modernize, modernise ['mɔdə,naiz] *vb:* modernisere.
modest ['mɔdist] *adj:* beskjeden; fordringsløs; **be ~ in one's requirements***(=needs)* være beskjeden i sine krav; **on a ~ scale***(=in a small way)* i beskjeden målestokk; **manage on a ~ salary** greie seg med en beskjeden gasje.
modesty ['mɔdisti] *subst:* beskjedenhet; fordrings-

løshet.
modicum ['mɔdikəm] *subst:* lite grann; minstemål *(fx he hasn't even a modicum of tact).*
modification [,mɔdifi'keiʃən] *subst:* modifisering; modifikasjon; endring; variasjon *(fx the same pattern with some modifications);* **make a few minor -s to a machine** foreta noen få mindre endringer på en maskin.
modify ['mɔdi,fai] *vb* **1.** modifisere; endre på; forandre på; **2.** *gram:* bestemme nærmere; stå til *(fx adjectives modify nouns);* **3.** *gram; om vokal:* forandre ved omlyd; omlyde; **be modified** få omlyd; **modified o** o med omlyd (ɔ: ø).
modish ['moudiʃ] *adj; stivt(=fashionable (and smart))* moderne; moteriktig; som er moteriktig kledd.
modiste [mou'di:st] *subst(=fashionable dressmaker; milliner)* modist.
modular ['mɔdjulə] *adj:* modul-; som består av moduler.
modulate ['mɔdju,leit] *vb:* modulere.
module ['mɔdju:l] *subst* **1.** *arkit:* modul; **2.** *romfart:* **lunar ~** *(fk LM)* månelandingsfartøy.
mogul ['mougəl] *subst* **T 1.** magnat; kakse; **film ~** filmmagnat; **2.** *i skibakke(=bump)* kul.
mohair ['mou,hɛə] *subst:* mohair.
Mohammedan [mou'hæmidən] *subst & adj: se Muslim.*
moil [mɔil] *vb:* **toil and ~***(=work hard)* slite og slepe.
moist [mɔist] *adj(=damp)* fuktig.
moisten ['mɔisən] *vb(=wet)* fukte.
moisture ['mɔistʃə] *subst:* fuktighet.
moisture trap kondensutskiller.
moisturize, moisturise ['mɔistʃə,raiz] *vb; om luft el. hud:* fukte.
moisturizer, moisturiser ['mɔistʃə,raizə] *subst; for huden:* fuktighetskrem.
molar ['moulə] *subst:* **~ (tooth)***(=grinder)* jeksel.
molasses [mə'læsiz] *subst* **1.** melasse; **2. US***(=(black) treacle)* mørk sirup; *(jvf syrup & treacle).*
mold US: *se mould.*
mole [moul] *subst* **1.** *zo:* moldvarp; **2.** føflekk; **3.** *om agent:* moldvarp; **4***(=breakwater)* molo; **5.** *kjem:* mol; grammolekyl.
molecular [mou'lekjulə, mə'lekjulə] *adj:* molekylær; molekyl-; **~ weight** molekylvekt.
molecule ['mɔli,kju:l] *subst:* molekyl.
molehill ['moul,hil] *subst:* moldvarphaug; *fig:* **make a mountain out of a ~** gjøre en mygg til en elefant.
mole rat *zo:* blindmus.
molest [mə'lest] *vb; stivt el. jur:* antaste; forulempe *(fx the woman had been molested in the park).*
molestation [,moulə'steiʃən] *subst:* forulempelse; antastelse.
mollify ['mɔli,fai] *vb; stivt:* **~ sby***(=soften sby up)* blidgjøre en; bløtgjøre en.
mollusc *(,US: mollusk)* ['mɔləsk] *subst; zo:* bløtdyr.
mollycoddle ['mɔli,kɔdəl] *subst; glds(=mummy's boy)* mammadalt.
molt US: *se moult.*
molten ['moultən] *adj:* smeltet *(fx molten rock).*
Moluccas [mou'lʌkəz; mə'lʌkəz] *subst; geogr:* **the ~***(=the Molucca Islands; hist: the Spice Islands)* Molukkene.
molybdenum [mɔ'libdinəm] *subst; kjem:* molybden.
moment ['moumənt] *subst* **1.** øyeblikk; **(at) any ~** når som helst; hvert øyeblikk (som helst) *(fx he may be here (at) any moment);* **at the ~** for (*el.* i) øyeblikket *(fx she's rather busy at the moment);* **I was busy at the***(=that)* **~** jeg var opptatt (,hadde det travelt) akkurat da; **at the ~ he came, I was out** akkurat da han kom, var jeg ute; **at the critical ~** i det avgjørende øyeblikk; **for the ~***(=for the time being)* for øyeblikket; for tiden; **in a ~***(=in a minute)* om et øyeblikk; **just a ~!***(=one moment!)* et (lite) øyeblikk! **it was the work of a ~** det var gjort på et øyeblikk! **the ~ I know anything I'll let you know** så snart jeg vet noe, skal du få beskjed; **the man of the ~** dagens mann.
2. *fys:* moment; **~ of inertia** treghetsmoment;
3. *i enkelte vendinger; stivt(=importance):* **of ~***(=important)* viktig; betydningsfull *(fx nothing of moment occurred; a matter of great moment).*
momentarily ['mouməntərili] *adv* **1***(=for a moment)* (for) et øyeblikk *(fx he paused momentarily);* **2.** *især* **US***(=instantly)* med én gang; øyeblikkelig.
momentary ['mouməntəri] *adj:* som bare varer et øyeblikk; forbigående *(fx a momentary feeling of fear);* **their hesitation was ~** de nølte bare et øyeblikk.
momentous [mou'mentəs] *adj; stivt(=of great importance)* meget betydningsfull; meget viktig.
momentum [mou'mentəm] *subst* **1.** *fys:* moment; bevegelsesmoment; bevegelsesmengde; bevegelsesimpuls; **~ of force** kraftmoment; **~ of inertia** treghetsmoment; *(jvf torque);* **2.** fart (fremover); **the car gathered ~ down the hill** bilen fikk større fart nedover bakken; **lose ~** miste farten; **he tried to stop but his ~ carried him over the cliff edge** han forsøkte å stoppe, men farten var for stor, og det bar utfor fjellskrenten.
Monaco ['mɔnə,kou; mə'na:kou] *subst; geogr:* Monaco.
monad ['mɔnæd] *subst; fil:* monade.
monandrous [mɔ'nændrəs] *adj; bot(=with one stamen)* med én støvbærer (*el.* støvdrager).
monarch ['mɔnək] *subst* **1.** monark; **2***(=ruler)* hersker.
monarchic(al) [mɔ'na:kik(əl)] *adj:* monarkisk.
monarchist ['mɔnəkist] *subst:* monarkist.
monarchy ['mɔnəki] *subst:* monarki.
monastery ['mɔnəstəri] *subst:* munkekloster.
monastic [mə'næstik] *adj:* munke- *(fx monastic order);* kloster- *(fx life);* **~ vow** munkeløfte.
monasticism [mə'næsti,sizəm] *subst; stivt* **1***(=the monastic system)* munkevesen(et); **2***(=the monastic way of life)* klosterliv(et).
monatomic [,mɔnə'tɔmik] *adj(=monoatomic)* enatomisk.
Monday ['mʌndi] *subst:* mandag.
monetary ['mʌnitəri] *adj:* penge- *(fx the country is having monetary problems);* mynt- *(fx system).*
monetary agency valutabyrå.
Monetary Fund: the International ~ *(fk IMF)* Det internasjonale valutafond; *(jvf exchange fund).*
money ['mʌni] *subst:* penger; **bad ~***(=false money)* falske penger; **all this ~** alle disse pengene; **a lot of ~** mange penger; **not much ~** ikke mange penger; **greed for ~** pengebegjær; **T: be in the ~***(=be wealthy)* sitte godt i det; **come into ~***(=inherit money)* arve penger; **get one's -'s worth***(=get full value for one's money)* få valuta for pengene (sine); **lose ~** tape penger (*on, over, by* på); **make ~** tjene penger (*on, by* på); innbringe penger *(fx the film is making a lot of money in America); ordspråk:* **~ saved is ~ made** penger spart er penger tjent; **he thinks I'm made of ~** han tror jeg er gjort av penger; **we ran out of ~** vi slapp opp for penger; **T: for my ~** hvis jeg kunne velge *(fx for my money, I'd rather have an amusing friend than an honest one).*
moneybag ['mʌni,bæg] *subst:* pengesekk.
moneybags ['mʌni,bægz] *subst; om person; neds* **S:** riking.
money bill *parl:* lovforslag som angår statsinntekter

el. -utgifter.
moneybox ['mʌni,bɔks] *subst:* pengeskrin.
money changer pengeveksler.
money economy*(=economy based on money)* penge-økonomi.
moneyed ['mʌnid] *adj; stivt(=wealthy)* rik; bemidlet *(fx the moneyed classes).*
moneyed interest: the ~ storkapitalen(s interesser); kapitalen; kapitalistene.
money grubber T: pengepuger.
money-grubbing ['mʌni,grʌbiŋ] *adj* **T:** pengegrisk.
moneylender ['mʌni,lendə] *subst:* pengeutlåner.
moneymaker ['mʌni,meikə] *subst:* produkt (,foretagende) som kaster penger av seg.
money market pengemarked.
money order: (postal) ~ postanvisning.
money-spinner ['mʌni,spinə] *om bok, plate, etc:* noe som gir penger i kassen; noe som selger godt; bestseller.
Mongol ['mɔŋgɔl; 'mɔŋgəl] *subst(=Mongolian)* **1.** mongol; **2.** *språket:* mongolsk.
mongol ['mɔŋgəl] *subst(=mongoloid)* mongoloid.
Mongolia [mɔŋ'gouliə] *subst; geogr:* Mongolia.
Mongolian [mɔŋ'goulian] **1.** *subst(=Mongol)* mongol; *språket:* mongolsk; **2.** *adj:* mongolsk.
mongoloid ['mɔŋgə,lɔid] **1.** *subst:* mongoloid; **2.** *adj:* mongoloid.
mongolism ['mɔŋgə,lizəm] *subst:* mongolisme.
mongoose ['mɔŋ,gu:s] *subst (pl: mongooses) zo:* mungo.
mongrel ['mʌŋgrəl] **1.** *subst:* bastard *(fx my dog is a mongrel);* kjøter; **2.** *adj:* av blandingsrase; bastard-.
I. monitor ['mɔnitə] *subst* **1.** *skolev:* ordensmann; **2.** *tekn:* kontrollanordning; monitor; **3.** *radio, TV:* monitor.
II. monitor *vb* **1.** *radio:* avlytte; **2.** overvåke; **~ the ceasefire** overvåke våpenhvilen; **~ the war from Beirut** følge (med i) krigen fra Beirut.
monitor screen *TV:* monitor(skjerm).
monitoring station *radio:* lyttestasjon.
monk [mʌŋk] *subst:* munk.
I. monkey ['mʌnki] *subst* **1.** *zo:* ape(katt); **2.** *spøkef:* **little ~** (liten) spilloppmaker; ugagnskråke.
II. monkey *vb* **T: ~ about***(=play about; mess around)* rote omkring; tulle omkring; **~ with***(=meddle with; tamper with)* klå på; tøyse (*el.* tulle) med.
monkey business T*(=trickery; hanky-panky)* fiksfakserier; lureri; revestreker.
monkey tricks apekattstreker.
monkey wrench skiftenøkkel med 90° vinkel; universalnøkkel.
monkfish ['mʌŋk,fiʃ] *subst; zo* **1***(=angler(fish);* **US:** *goosefish)* breiflabb; havulke; **2***(=angel shark)* havengel.
monkish ['mʌŋkiʃ] *adj:* munkeaktig.
mono ['mɔnou] *adj:* mono *(fx a mono record).*
monochrome ['mɔnə,kroum] *adj(=black-and-white)* svart-hvitt; monokrom; **~ television** svart-hvitt fjernsyn.
monocle ['mɔnəkel] *subst(=(single) eyeglass)* monokkel.
monoecious *(,***US:** *monecious)* [mɔ'ni:ʃəs] *adj; bot:* sambo; **~ plant** samboplante.
monogamous [mɔ'nɔgəməs] *adj:* monogam.
monogamy [mɔ'nɔgəmi] *subst:* monogami; éngifte.
monogram ['mɔnə,græm] *subst:* monogram.
monograph ['mɔnə,græf; 'mɔnə,gra:f] *subst:* monografi.
monolingual [,mɔnou'liŋgwəl] *adj:* ettspråklig.
monolith ['mɔnə,liθ] *subst:* monolitt; steinstøtte.
monologue ['mɔnə,lɔg] *subst:* monolog; enetale.
monomania [,mɔnou'meiniə] *subst:* monomani.
monomaniac [,mɔnou'meiniæk] *subst & adj:* monoman.
monoplane ['mɔnou,plein] *subst; flyv:* monoplan; éndekker.
monopolize, monopolise [mə'nɔpə,laiz] *vb* **1.** monopolisere; **2.** *fig:* monopolisere; legge beslag på; **~ the conversation** snakke så mye at ingen andre kommer til orde.
monopoly [mə'nɔpəli] *subst; også fig:* monopol; enerett (*of* på).
monorail ['mɔnou,reil] *subst:* enskinnet jernbane.
monosyllabic [,mɔnəsi'læbik] *adj:* enstavelses *(fx word).*
monosyllable ['mɔnə,siləbl] *subst:* enstavelsesord.
monotheism ['mɔnouθi,izəm] *subst:* monoteisme.
monotone ['mɔnə,toun] **1.** *subst:* ensformig tone *(fx he read in a monotone);* **2.** *adj: se monotonous.*
monotonous [mə'nɔtənəs] *adj:* monoton; enstonig; ensformig.
monotony [mə'nɔtəni] *subst:* monotoni; enstonighet; ensformighet.
monovalent [,mɔnou'veilənt] *adj; kjem:* enverdig; monovalent.
monoxide [mɔ'nɔk,said] *subst; kjem:* **carbon ~** kullos; kulloksyd.
monsoon [mɔn'su:n] *subst:* monsun.
I. monster ['mɔnstə] *subst* **1.** monstrum; uhyre; **2***(=very evil person)* umenneske; uhyre.
II. monster *adj:* kjempe- *(fx that's a monster carrot).*
monstrance ['mɔnstrəns] *subst; kat.(=ostensory)* monstrans.
monstrosity [mɔn'strɔsiti] *subst; ofte spøkef om noe som er usedvanlig stort el. fryktelig å se på:* monstrum; misfoster.
monstrous ['mɔnstrəs] *adj:* uhyrlig *(fx that's a monstrous lie!);* forferdende *(fx cruelty);* avskyelig; **~***(=atrocious)* **crimes** avskyelige forbrytelser.
montage [mɔn'ta:ʒ] *subst; fot, etc.:* montasje.
month [mʌnθ] *subst:* måned; **the ~ of July** juli måned; **T: you'll never finish that job in a ~ of Sundays** den jobben vil det ta deg evigheter å gjøre ferdig.
monthly ['mʌnθli] **1.** *subst:* månedstidsskrift; **2.** *adj:* månedlig; måneds- *(fx magazine);* **3.** *adv(=once a month)* en gang i måneden; en gang pr. måned.
Montreal ['mɔntri,ɔ:l] *subst; geogr:* Montreal.
monument ['mɔnjumənt] *subst* **1.** monument; minnesmerke *(fx erect a monument);* **~ to** monument over; minnesmerke over; **2.** *fig:* **~ to***(=tribute to; reminder of)* tributt til; evig minne om; **3. US***(=boundary marker)* grenseskjell.
monumental [,mɔnju'mentəl] *adj* **1.** monumental; **2.** *stivt el spøkef(=very large)* kolossal *(fx achievement);* **a ~ task** en kolossal oppgave.
I. moo [mu:] *subst; om ku:* raut.
II. moo *vb:* raute; *int:* mø.
mooch [mu:tʃ] *vb* **S 1***(=behave in an apathetic way)* være dorsk; se dorsk ut; **2.: ~ about** drive omkring; luske omkring.
moo-cow ['mu:,kau] *subst; barnespråk(=cow)* ku; mø.
mood [mu:d] *subst* **1.** *gram:* modus; **2.** humør *(fx what kind of mood is she in?);* stemning; sinnsstemning; **solemn ~** *(=atmosphere)* høytidelig stemning; **in a cheerful ~** i godt humør; **be in the ~ for** være i humør til; **the ~ of the moment** øyeblikkets sinnsstemning; **3***(=bad temper):* **she's in a (bad) ~** hun er i dårlig humør.
moody ['mu:di] *adj:* lunefull; irritabel.
I. moon [mu:n] *subst:* måne; **the ~ is full***(=it's full moon)* det er fullmåne; **at full ~***(=when it's full*

moon) ved fullmåne; når det er fullmåne; **T: once in a blue** ~ én gang hvert jubelår; uhyre sjelden; **cry for the** ~ forlange det urimelige (*el.* umulige); **reach for the** ~ forsøke seg på det umulige.
II. moon *vb:* ~ **about,** ~ **around** (gå omkring og) være giddeløs; være i sin egen verden *(fx pga. forelskelse);* være verdensfjern.
moonbeam ['mu:n,bi:m] *subst:* månestråle.
moonless ['mu:nlis] *adj:* uten måneskinn *(fx a dark and moonless night).*
I. moonlight ['mu:n,lait] *subst:* måneskinn; **by** ~ i måneskinn.
II. moonlight *vb:* arbeide svart.
moonlighter ['mu:n,laitə] *subst:* en som arbeider svart.
moonlight flit(ting): do a ~ reise sin vei i all hast for å unngå sine kreditorer.
moonlit ['mu:nlit] *adj:* månelys; måneklar; månebelyst.
moonshine ['mu:n,ʃain] *subst* **1***(=moonlight)* måneskinn; **2. T***(=nonsense)* tøys; tull; **3. US:** hjemmebrent (*el.* smuglet) brennevin.
moonshiner ['mu:n,ʃainə] *subst* **US:** hjemmebrenner; spritsmugler.
moonstruck ['mu:n,strʌk] *adj(=moonstricken)* gal; vanvittig.
moonwort ['mu:n,wə:t] *subst; bot (,***US:** *grape fern)* marinøkkel.
moony ['mu:ni] *adj* **T***(=crazy)* sprø; tåpelig.
Moor [muə] *subst; hist:* maurer.
I. moor [muə] *subst:* hei; **heathery** ~ lyngmo.
II. moor *vb:* legge til; fortøye; ankre opp.
moorage ['muəridʒ; 'mɔ:ridʒ] *subst* **1.** fortøyning; **2.** fortøyningsplass.
moorhen ['muə,hen] *subst; zo:* sivhøne.
mooring ['muəriŋ] *subst* **1.** det å fortøye; fortøyning; **2***(=moorings)* fortøyning.
moorings ['muəriŋz] *subst; pl:* **1.** fortøyningsplass; **2.** fortøyning(er); *(jvf mooring 2).*
Moorish ['muəriʃ] *adj; hist:* maurisk.
moorland ['muələnd; 'mɔ:lənd] *subst:* (område med) hei (*el.* lyngmo)
moorwort ['muə,wə:t] *subst; bot(=wild rosemary)* hvitlyng.
moose [mu:s] *subst; zo* **US***(=elk)* elg.
I. moot [mu:t] *subst; hist(=assembly)* møte; ting.
II. moot *adj; stivt:* **a** ~ **point***(=a matter of opinion)* et åpent spørsmål; et spørsmål det er delte meninger om; et omstridt spørsmål.
I. mop [mɔp] *subst* **1.** (gulv)mopp; **2.:** ~ **of hair** hårmanke.
II. mop *vb* **1.** moppe; vaske med mopp; **2***(=wipe)* tørke; **3.:** ~ **up** 1. moppe; tørke opp; 2. **T***(=complete)* avslutte; gjøre ferdig; 3. *mil:* renske opp; renske for fiendtlige styrker.
mope [moup] *vb(=be gloomy)* henge med hodet; (sitte og) sture.
moped ['mouped] *subst:* moped.
mopping-up [,mɔpiŋ'ʌp] *adj:* ~ **operations** *mil:* opprenskningsoperasjoner.
moraine [mɔ'rein] *subst; geol:* morene.
I. moral ['mɔrəl] *subst* **1.** *i fabel, etc:* moral; **2.: -s** moral *(fx he has no morals and will do anything for money);* **3.: business -s***(=business ethics)* forretningsmoral.
II. moral *adj:* moralsk; **lend sby** ~ **support** gi en moralsk støtte; **come with me for** ~ **support** bli med meg og gi meg moralsk støtte; **be under a** ~ **obligation to do it** være moralsk forpliktet til (å gjøre) det.
morale [mɔ'ra:l] *subst:* kampånd; (kamp)moral; **boost (one's)** ~ stive opp moralen; **they need something to raise their** ~ de trenger noe som kan heve moralen; ~ **was still high** moralen var fortsatt høy.
moralist ['mɔrəlist] *subst:* moralist; moralpredikant.
morality [mə,ræliti] *subst* **1.** moralsk forsvarlig atferd *(fx different people's ideas of morality vary greatly);* moralskhet; sedelighet; **they questioned the** ~ **of his actions** de betvilte at hans handlinger var moralsk forsvarlige; **it's a question of common** ~ det er et spørsmål om vanlig moral; **2***(=morality play) hist:* moralitet (ɔ: allegorisk skuespill).
moralize, moralise ['mɔrə,laiz] *vb:* moralisere *(fx about the behaviour of young people).*
moralizer, moraliser ['mɔrə,laizə] *subst(=moralist)* moralpredikant.
morally ['mɔrəli] *adv* **1.** på en moralsk måte; moralsk *(fx they always behave terribly morally);* **2.** moralsk (sett); fra en moralsk synsvinkel; ~ **flawed** med frynset moral.
moral rearmament moralsk opprustning.
morass [mə'ræs] *subst* **1.** morass; myr; sump; **swampy** ~ myrsump; **2.** *fig:* hengemyr *(fx stuck in a morass of rules and regulations).*
moratorium [,mɔrə'tɔ:riəm] *subst (pl: moratoria, moratoriums)* **1.** moratorium; **grant a** ~ gi moratorium; **2.** *fig(=temporary ban)* midlertidig forbud (*on* mot).
Moravia [mə'reiviə; mɔ'reiviə] *subst; geogr:* Mähren.
moray [mɔ'rei] *subst; zo:* murene.
morbid ['mɔ:bid] *adj* **1.** *fig(=sickly)* sykelig *(fx curiosity);* **2.** *med.:* sykelig; **a** ~ **condition** en sykelig tilstand.
mordant ['mɔ:dənt] *adj; stivt(=caustic)* bitende *(fx sarcasm).*
more [mɔ:] *adj, adv* **1.** *komp av 'much' & 'many':* mer *(fx more wine; what more does he want?);* flere *(fx more money; more people);* **2.** *danner komp av adj & adv:* ~ **easily** lettere; ~ **intelligent** intelligentere; *når to sammenlignes:* mest *(fx the more probable of two possibilities);* **3.** *betegner ytterligere antall el. mengde:* til *(fx we need some more milk; one more; how many hours more?);* **4. not any** ~ 1*(=no longer)* ikke (nå) lenger *(fx he doesn't work here any more);* 2*(=no more):* **they were not heard of any** ~ man hørte ikke (noe) mer til dem; 3.: **I don't like it any** ~ **than you do** jeg liker det ikke bedre enn (det) du gjør; **5.: no** ~ 1. ikke mer *(fx there's no more tea);* 2. *ved sammenligning:* ikke mer *(fx she's no more attractive than you are);* 3. ikke flere *(fx no more people were employed);* 4. *etteranstilt; stivt(=not any more)* ikke lenger *(fx he's a schoolmaster no more);* 5. *meget stivt(=never again)* aldri mer *(fx I shall see him no more);* **6.:** ~ **and** ~*(=increasingly)* mer og mer *(fx it's becoming more and more difficult to see);* **7.: the** ~ ... **the** jo mer ... desto *(fx the more the better; the more he asserted his innocence, the more they disbelieved him);* **he'll be the** ~ **inclined to hjelp you if** ... han vil være tilbøyeligere til å hjelpe deg hvis ...; **the** ~ **so as** så meget mer som; **8.** *om graden:* **even** ~ **so** i enda høyere grad *(fx he's very skilled, but she's even more so);* **9.: -'s the pity** 1*(=unfortunately)* dessverre; 2*(=it's a great shame)* det er stor skam; det er både synd og skam *(fx they've torn down many of the old buildings, more's the pity);* **10. T:** ~ **fool you for believing him***(=you were a fool to believe him)* du var en tosk som trodde (på) ham; **11.:** ~ **or less** 1. mer eller mindre *(fx they've more or less finished the job);* 2. omtrent *(fx the distance is ten kilometres, more or less);* **12.: neither** ~ **nor less** hverken mer eller mindre *(than* enn); **13.: (and) what's** ~ dessuten *(fx he came home after midnight,*

and what's more, he was drunk).

mor(e)ish ['mɔ:riʃ] *adj* **T: these cakes are ~** disse kakene gir mersmak; **it's got a ~ taste** det gir mersmak.

morel [mɔ'rel] *subst: bot:* morkel.

morello [mə'relou] *subst; bot:* **~ (cherry)** morell.

moreover [mɔ:'rouvə] *adv(=besides; also; what is more important)* dessuten; og hva mer er *(fx I don't like your idea, and moreover, I think it's illegal).*

mores ['mɔ:reiz] *subst; pl; sosiologi:* skikker.

morganatic [,mɔ:gə'nætik] *adj; om konge el. dronning:* morganatisk; **~ marriage** ekteskap til venstre hånd.

morgue [mɔ:g] *subst* **1***(=mortuary)* likhus; **2. T:** arkiv(rom) (i avis).

moribund ['mɔri,bʌnd] *adj; fig: stivt(=dying)* døende *(fx industry; in a moribund state).*

Mormon ['mɔ:mən] **1.** *subst:* mormon; **2.** *adj:* mormonsk; mormon-.

Mormonism ['mɔ:mənizəm] *subst:* mormonisme.

morning ['mɔ:niŋ] *subst:* morgen; **the ~ after** 1*(=next morning)* neste morgen; *2. etter rangel:* dagen derpå; **this ~** 1. *fremtid:* nå i formiddag *(fx I'm going to do it this morning);* **I'm going to do it this very ~** jeg skal gjøre det allerede nå i formiddag; 2. *fortid:* i formiddag; i dag morges *(fx I saw him this morning);* **this ~ was going to be fine** i dag morges (*el.* i formiddag) så det ut til å bli fint vær; **he felt that this ~ was going to be an exception** han følte at denne morgenen (*el.* formiddagen) ville danne et unntak; 3. *nåtid:* denne formiddagen; denne morgenen; *ofte:* i dag; **this is a nice ~, isn't it?** i dag har vi fint vær, ikke sant? **she's not very much in evidence this ~** det er ikke stort å se (,høre) til henne i dag; **tomorrow ~** i morgen tidlig; i morgen formiddag; **in the ~** om morgenen; om formiddagen; **in the early ~** tidlig om (*el.* på) morgenen; **on the ~ of May 1st** om morgenen den 1. mai; **he was here on Monday ~** han var her mandag morgen (*el.* formiddag).

morning coat *subst(=tail coat; swallow-tailed coat)* sjakett.

morning prayer morgenbønn.

morning service morgengudstjeneste.

morning sickness *med.; svangerskapssymptom:* morgenkvalme.

Moroccan [mə'rɔkən] **1.** *subst:* marokkaner; **2.** *adj:* marokkansk.

Morocco [mə'rɔkou] *subst; geogr:* Marokko.

morocco *subst:* marokin; saffian(lær).

moron ['mɔ:rɔn] *subst* **1.** *psykol:* debil; **2. T***(=very stupid person):* **the girl was a real ~** jenta var den rene sinke.

morose [mə'rous] *adj:* gretten.

morpheme ['mɔ:fi:m] *subst; språkv:* morfem.

Morpheus ['mɔ:fiəs; 'mɔ:fju:s] *subst; myt:* Morfeus.

morphia ['mɔ:fiə], **morphine** ['mɔ:fi:n] *subst:* morfin.

morphia addict, morphine addict morfinist.

morphology [mɔ:'fɔlədʒi] *subst; biol, bot, gram:* morfologi; formlære.

morrow ['mɔrou] *subst; glds el. litt.:* **the ~***(=tomorrow)* morgendagen *(fx we shall see what the morrow brings);* **on the ~***(=tomorrow)* i morgen; **take no thought for the ~***(=let tomorrow take care of itself)* ikke tenke på morgendagen.

Morse [mɔ:s]: **the ~ code** morsealfabetet.

morse *vb:* morse.

morsel ['mɔ:səl] *subst; litt.(=small piece)* liten bit; **not a ~ of bread***(=not a crumb)* ikke en brødbit.

I. mortal ['mɔ:təl] *subst:* dødelig; **we -s** vi dødelige; vi mennesker.

II. mortal *adj* **1.** dødelig *(fx creatures);* **2.** *stivt el. litt.(=fatal; deadly)* dødelig; dødbringende; **~ enemy***(=deadly enemy)* dødelig fiende; **a ~***(=fatal)* **blow** et dødbringende slag; **a ~ disease***(=a fatal illness)* en dødelig sykdom; **3.: ~ remains** jordiske levninger *(fx his mortal remains).*

mortality [mɔ:'tæliti] *subst:* dødelighet; **infant ~** spedbarndødelighet.

mortality rate*(=death rate)* dødelighetsprosent; dødsrate.

I. mortar ['mɔ:tə] *subst* **1.** mørtel; **2.** morter; **3.** *mil; kanon:* morter.

II. mortar *vb:* mure (med mørtel).

mortarboard ['mɔ:tə,bɔ:d] *subst* **1.** *bygg:* mørtelbrett; **2.** *univ:* firkantet, flatt hodeplagg med svart dusk.

I. mortgage ['mɔ:gidʒ] *subst* **1.** *i fast eiendom:* pant; prioritet; **first ~ on** første prioritet i; **2.: ~ (loan)** pantelån; prioritetslån; **what about the ~ on the house?** hvordan er det med belåningen på huset?

II. mortgage *vb:* belåne *(fx a house);* **the house is heavily -d** huset er sterkt belånt.

mortgage deed pantebrev.

mortgagee [,mɔ:gi'dʒi:] *subst:* panthaver; **~ in possession** brukspanthaver.

mortgagor ['mɔ:gidʒə; mɔ:gi'dʒɔ:] *subst:* pantedebitor; pantsetter.

mortician [mɔ:'tiʃən] *subst* **US***(=undertaker)* innehaver av begravelsesbyrå.

mortification [,mɔ:tifi'keiʃən] *subst; stivt* **1***(=humiliation)* ydmykelse; **2.** *rel:* **~ of the flesh** spekelse.

mortify ['mɔ:ti,fai] *vb; stivt(=humiliate)* ydmyke; *i passiv:* **be mortified** føle seg dypt krenket (*el.* såret i sin stolthet).

mortise ['mɔ:tis] *subst; tøm:* tapphull.

mortise chisel tappejern; lokkebeitel; *(jvf wood chisel).*

mortise joint*(=mortise-and-tenon joint)* tappforbindelse.

mortuary ['mɔ:tjuəri] *subst:* likhus.

Mosaic [mou'zeiik] *adj; rel:* mosaisk; **the ~ Law***(=the law of Moses)* moseloven.

mosaic [mə'zeiik] **1.** *subst:* mosaikk; **2.** *adj:* mosaikk- *(fx mosaic work).*

Moscow ['mɔskou] *subst; geogr:* Moskva.

Moselle [mou'zel] *subst* **1.** *geogr:* **the ~** Mosel(elven); **2.** *tysk hvitvin fra Rhindalen(=moselle)* moselvin.

Moses ['mouziz] *subst; bibl:* Moses.

Moslem ['mɔzləm] *se Muslim.*

mosque [mɔsk] *subst:* moské.

mosquito [mə'ski:tou] *subst; zo:* moskito; mygg.

mosquito net moskitonett.

mosquito repellent myggolje.

moss [mɔs] *subst; bot:* mose; *(se rolling stone).*

moss bog mosemyr.

moss-covered ['mɔs,kʌvəd] *adj* **1***(=mossy)* mosegrodd; **2.** *fig:* mosegrodd.

mossgrown ['mɔs,groun] *adj; litt.(=mossy)* mosegrodd; mosebevokst.

moss rush *bot:* heisiv.

mossy ['mɔsi] *adj:* mosegrodd; *(jvf moss-covered).*

most [moust] *adj, adv* **1.** *superl av 'many' & 'much':* flest *(fx I ate a lot of cakes, but John ate (the) most; which of the students has read the most books?);* mest *(fx they all got something, but he got most);* **people welcome a drink ~ after work** folk setter størst pris på en drink etter arbeidet; *(se for øvrig ndf);*

2. *foran adj & adv* 1*(=very)* høyst; svært; meget *(fx that's most regrettable; a most absurd story);* **she was ~ affected by the news** nyheten gikk sterkt innpå henne; 2. *danner superl:* mest *(fx the most interesting book he'd ever read);* **~ hated** mest forhatt; **~ of**

all mest av alt; **but ~ of all**... men aller mest...; **this tool is the ~ useful of all** dette verktøyet er det nyttigste av alle; **they like sweets, but they like icecream** *~(=best)* **of all** de liker slikkerier, men aller best liker de is(krem); **~ frequently** oftest *(fx we see John sometimes, but we see his father most frequently);* **~ modern music is difficult to understand** det meste av den moderne musikken er vanskelig å forstå; 3. *forsterkende:* **~ certainly** helt sikkert; ja, absolutt! javisst!**~ willingly** særdeles gjerne; mer enn gjerne *(fx he did it most willingly);*
3. *foran subst el. med underforstått subst:* **(the) ~** mest *(fx he has (the) most talent);* det meste *(fx this is the most I can do for you);* flest *(fx which of you has made (the) most mistakes? he has the most money);* de fleste *(fx most boys like playing football);* **~ meat is expensive** de fleste kjøttvarer er dyre; **she knows more about this than ~ (people)** hun vet mer om dette enn de fleste; **he's better than ~** han er bedre enn de fleste; **everyone is going to vote, but ~ haven't yet decided whom to vote for** alle skal stemme, men de fleste har enda ikke bestemt seg for hvem de skal stemme på;
4.: ~ of 1. det meste av; størstedelen av *(fx most of what he said was true);* **~ of all** mest av alt; **but ~ of all** ... men aller mest ...; *(jvf* **2.** *2. ovf);* 2. de fleste *(fx most of my books);* de fleste av *(fx most of them don't know);* **~ of us** de fleste av oss;
5.: make the ~ of få mest mulig ut av; utnytte så godt som mulig *(fx you'll only get one chance, so you'd better make the most of it!);* **make the ~ of the situation** utnytte situasjonen fullt ut (*el.* så godt som mulig);
6.: at (the) *~(=at the very most)* høyst; i høyden; **T:** toppen *(fx that girl is four at the most; there are at most three weeks of summer remaining; there can be no more than fifty people in the audience at (the) most);*
7.: for the ~ part*(=mostly; mainly)* hovedsakelig *(fx for the most part, the passengers were Danes);* for det meste; for størstedelen; for størstedelens vedkommende; **the members are for the ~ part farmers** medlemmene er mest (*el.* for det meste) bønder;
8. US*(=almost)* nesten *(fx most everyone I know has read this book);*
9. US S: the *~(=smashing)* super; fantastisk *(fx that chick is the most!).*

most-favoured-nation *adj; polit:* mestbegunstigelses-; bestevilkårs-; **enjoy ~ treatment** ha mestbegunstigelse; være mestbegunstiget.

mostly ['moustli] *adv* **1***(=chiefly; mainly)* hovedsakelig; mest; **2***(=on most occasions; usually)* for det meste *(fx he mostly smoked Turkish cigarettes; mostly, I go to the library rather than buy books).*

Most Reverend *til anglikansk erkebiskop & romersk -katolsk biskop:* høyærverdig.

MoT [,emou'ti:] *(fk. f. Ministry of Transport):* **the ~ (test)** *(=the DoE test; the vehicle (fitness) test)* **UK:** årlig kontroll av biler eldre enn tre år; *svarer til:* sertifisering; periodisk kontroll.

mote [mout] *subst; glds(=speck of dust)* støvfnugg.

motel [mou'tel] *subst:* motell.

moth [mɔθ] *subst; zo* **1***(=clothes moth)* møll; **2.** nattsvermer; nattsommerfugl; *(jvf butterfly).*

moth-eaten ['mɔθ,i:tən] *adj* **1.** møllspist; **2.** *fig:* **~ ideas** gammeldagse ideer.

mother ['mʌðə] **1.** *subst:* mor; *zo:* **the ~ bird** moren; **2.** *vb:* være mor for; overbeskytte.

mother country moderland; *(=native country)* fedreland.

motherhood ['mʌðə,hud] *subst:* det å være mor; morskap.

mother-in-law ['mʌð(ə)rinlɔ:] *subst:* svigermor.

motherliness ['mʌðəlinis] *subst:* moderlighet.

motherly ['mʌðəli] *adj:* moderlig.

mother-of-pearl ['mʌðərəv'pə:l] *subst:* perlemor.

mother-of-thousands ['mʌðərəv'θauzən(d)z] *subst; bot(=mind-your-own-business)* ynglesildre.

mother's boy*(=mummy's boy)* mammadalt.

mother superior *rel:* abbedisse.

mother tongue*(=native tongue; native language)* morsmål.

motif [mou'ti:f] *subst; litt., mus, etc:* motiv *(fx this motif is repeated throughout the opera).*

I. motion ['mouʃən] *subst* **1.** bevegelse; **sideways ~** sidelengs bevegelse; **in** *~(=moving)* i fart; under fart *(fx do not open the doors while the train is in motion);* **2.: ~ (of the hand)** håndbevegelse *(fx he summoned the waiter with a motion of the hand; he made a motion to her to go); (jvf II. motion):* **3.** *i forsamling:* forslag; **put***(=move)* **a ~** stille et forslag; **the ~ was carried (,rejected) by six votes to four** forslaget ble vedtatt (,forkastet) med seks mot fire stemmer; **second the ~** støtte forslaget; **4.** *med.(=bowel movement)* avføring; **5.** *tekn:* **lost** *~(=(free) play)* dødgang; **6.: go through the -s (of doing it)***(=pretend to do it; make a show of doing it)* late som om man gjør det; **7.: put***(=set)* **in ~** sette i gang; mobilisere *(fx the whole organization has been put in motion);* **set the wheels in** *~(=get things started)* sette hjulene i gang; **8.** *gram:* **verb of ~** bevegelsesverb.

II. motion *vb:* gjøre tegn til *(fx he motioned (to) her to come nearer);* **~ sby away***(=wave sby away)* vinke en av; *(jvf I. motion 2).*

motionless ['mouʃənlis] *adj:* ubevegelig.

motion picture US *el. fagl(=cinema film)* kinofilm.

motion studies: (time and) ~ bevegelsesstudier.

motivate ['mouti,veit] *vb:* motivere; **highly -d** meget motivert; **politically -d** politisk motivert; **he was -d by jealousy** han ble drevet av sjalusi.

motivation [,mouti'veiʃən] *subst:* motivering; motivasjon.

motive ['moutiv] **1.** *subst:* motiv *(fx what was his motive for asking her?);* **2.** *adj:* bevegelses-; driv-.

motive force*(=motive power)* drivkraft.

motley ['mɔtli] *adj; glds el. spøkef:* broket *(fx a motley crowd of people).*

motocross ['moutə,krɔs] *subst (motorcycle race over rough ground)* motocross.

I. motor ['moutə] *subst* **1.** (mindre) motor; **electric ~** elektrisk motor; **2. US***(=engine)* bilmotor; **3.** *stivt(=car)* bil.

II. motor *vb(=travel by car)* bile; kjøre (med bil).

III. motor *adj* **1.** motor- *(fx motor boat);* **2.** *anat:* motorisk; bevegelses-; **~ nerve** bevegelsesnerve; motorisk nerve.

motorbike ['moutə,baik] *subst* **T***(=motorcycle)* motorsykkel.

motorboat ['moutə,bout] *subst:* motorbåt.

motorcade ['moutə,keid] *subst:* bilkortesje.

motorcar ['moutə,ka:] *subst; stivt(=car)* bil.

motorcycle ['moutə,saikəl] *subst (,***T:** *motorbike)* motorsykkel.

motorcyclist ['moutə,saiklist] *subst:* motorsyklist.

motor engineering bilmekanikk; motorlære.

motor engineering teacher bilfaglærer.

motor fishing vessel *(fk MVF)* fiskekutter.

motoring ['moutəriŋ] *subst:* bilisme; **private ~ will have to go** privatbilismen må bort.

motoring offence *jur:* overtredelse av motorvognloven; *(se offence 1).*

motorist ['moutərist] *subst:* bilist; **stranded ~** hava-

rert bilist.
motorize, motorise ['moutə,raiz] *vb:* motorisere.
motor-mad ['moutə,mæd] *adj(=car-mad)* bilgal.
motorman *jernb; på elektrisk tog:* lokomotivfører.
motor mechanic bilmekaniker.
motor race*(=car race)* baneløp; billøp på bane.
motor-racing track bilveddeløpsbane.
motor rally*(=car rally)* billøp; rally.
motor road bilvei.
motor spirit*(=petrol;* **US:** *gas(oline))* bilbensin.
motor upholsterer bilsalmaker.
motor vehicle motorvogn; **driver of a ~** fører av motorvogn.
motor vehicle apprentice lærling på billinjen.
motor (vehicle) engineering bilmekanikk; motorlære.
(motor) vehicle mechanic bilmekaniker; **light (,heavy) ~** motor- og understellsreparatør; bilmekaniker.
motor vessel*(=motor ship)* motorskip.
motorway ['moutə,wei] *(,***US:** *superhighway)* motorvei.
mottled [,mɔtəld] *adj(=speckled)* spettet *(fx leaves);* spraglet *(fx his face was red and mottled).*
motto ['mɔtou] *subst:* motto; valgspråk.
I. mould [mould] *(,***US:** *mold) subst* **1.** form; *tekn:* støpeform; **jelly ~** geléform; *(jvf baking tin);* **2.** *fig(=cast; fibre)* støpning *(fx we need to recruit more men of his mould);* **cast***((=fashioned)* **in the same ~***(=tailored to the same pattern)* skåret over samme lest (*as* som); **3***(=vegetable soil)* mold(jord); **4***(=mildew)* mugg.
II. mould *vb* **1***(=shape)* forme *(fx the clay into a ball);* modellere *(fx she moulded the figure in(=out of) clay);* **2.** støpe (i form); **3.** *fig(=form)* forme; **a -ing influence** en formende innflytelse.
moulder ['mouldə] *vb; stivt(=rot away; crumble; decay)* smuldre; morkne.
moulding ['mouldiŋ] *subst* **1.** profillist; tetningslist; profil; **2.** *på bil:* **belt ~, decorative ~** pyntelist; **3.: picture-frame ~** rammelist.
moulding plane profilhøvel; staffhøvel.
mouldy ['mouldi] *(,***US:** *moldy) adj* **1.** muggen *(fx cheese);* **go ~** mugne; **2. T:** gammel (og medtatt).
moulin ['mu:lin] *subst; i isbre:* vannhull.
moult *(,***US:** *molt)* [moult] *vb(=shed)* felle fjær; felle hår; røyte.
mound [maund] *subst* **1.** haug *(fx a mound(=heap) of rubbish);* **burial ~, grave ~** gravhaug; **2.** *i befestning:* voll; **3.** *anat:* **pubic ~***(=mons veneris)* venusberg; skamben.
I. mount [maunt] *subst; litt. og som del av navn:* berg *(fx Mount Everest);* **the Sermon on the Mount** bergprekenen.
II. mount *subst* **1.** *litt. el. stivt:* ganger; hest; **2.** *som bilde monteres på:* kartong; **3.** *fot:* diaramme; **4.** *for mikroskop:* objektivglass; **5.** *filateli; især* **US***(=hinge)* (frimerke)hengsel.
III. mount *vb* **1.** bestige; klatre opp på; gå opp på *(fx the platform and begin to speak);* stige opp på *(fx the horse); (jvf* **9,** *2 ndf);* **2.** *om handyr:* bestige; **3.** montere *(fx a photo);* klebe opp; sette i album; **4.** *diamant, etc:* innfatte; **5***(=organize; stage)* iverksette; sette i verk *(fx an attack);* **6.** *om utstilling(=organize; open)* arrangere; åpne *(fx an exhibition);* **7.** *fig(=rise)* stige *(fx excitement mounted);* **8.: ~ guard** 1. gå (*el.* troppe) på vakt; 2. sette ut vakt *(fx the police mounted guard on the embassy);* **~ guard over** holde vakt over; **9.: ~ up** 1. hope seg opp; 2. sette seg på hesten; **~ up everyone!** sitt opp, alle sammen!
mountain ['mauntin] *subst* **1.** fjell; **in the -s** på fjellet; **up into the -s** til fjells; **2.** *fig:* **a ~ of flesh** et kjøttberg.
mountain ash*(=rowan) bot:* rogn.
mountain cranberry*(=red whortleberry; cowberry) bot:* tyttebær.
mountain eagle*(=golden eagle) zo:* kongeørn.
mountaineer [,maunti'niə] *subst:* fjellklatrer.
mountaineering [,maunti'niəriŋ] *subst:* fjellklatring.
mountain lion*(=puma) zo:* fjelløve; puma.
mountainous ['mauntinəs] *adj:* fjellendt *(fx country);* rikt på fjell.
mountain pine *bot:* fjellfuru.
mountain range*(=range of mountains)* fjellkjede.
mountain rescue dog lavinehund.
mountain trefoil *bot:* bakkekløver.
mounted ['mauntid] *adj:* til hest; **~ police** ridende politi; *(se for øvrig III. mount 1).*
mounting ['mauntiŋ] **1.** *subst: se III. mount;* **2.** *adj:* tiltagende; stigende; **to the accompaniment of ~ amusement** under stigende munterhet.
mourn [mɔ:n] *vb; ved dødsfall:* sørge; **she still -s her husband('s death)** hun sørger fremdeles over mannen sin.
mourner ['mɔ:nə] *subst:* sørgende.
mournful ['mɔ:nful] *adj(=very sad)* bedrøvet; sørgmodig.
I. mourning ['mɔ:niŋ] *subst* **1.** sorg *(fx the mourning of the woman for her dead husband);* **2.** sørgeklær *(fx she was wearing mourning);* **3.: be in ~***(=wear mourning)* bære sorg; være sørgekledd; **go into ~** anlegge sorg.
II. mourning *adj:* sørgende; sørge-.
mourning band *rundt armen:* sørgebind.
I. mouse [maus] *subst (pl: mice)* mus; **harvest ~** havremus; dvergmus; **house ~** husmus; **when the cat's away, the mice will play** når katten er borte, danser musene på bordet.
II. mouse [mauz] *vb:* ta (*el.* fange) mus.
mouse dirt*(=mouse droppings)* muselort.
mousehole ['maus,houl] *subst:* musehull.
mouser ['mauzə; 'mausə] *subst; om fx katt:* **our cat's a good ~** katten vår er flink til å ta mus.
mousetrap ['maus,træp] *subst:* musefelle.
mousse [mu:s] *subst:* fromasj; **lemon ~** sitronfromasj.
moustache *(,***US:** *mustache)* [mə'sta:ʃ] *subst:* bart; mustasje; **grow a ~** anlegge bart.
mousy ['mausi] *adj* **1.** lik en mus; museaktig; **2.** *neds(=(small and) insignificant)* (liten og) uanselig *(fx a mousy little woman);* **3.** musegrå *(fx hair);* **4.** full av mus.
I. mouth [mauθ] *subst (pl: mouths* [mauðz]) **1.** *anat:* munn; **put words into sby's ~** legge ord i munnen på en; **shut one's ~ about sth** holde munn med noe; **four -s to feed** fire munner å mette; *neds* **T: he's all ~** det er bare kjeften med ham; han er bare en skrythals; **by word of ~***(=orally)* muntlig; **T: be down in the ~***(=hang one's head)* henge med nebbet; **T: straight from the horse's ~***(=from a reliable source)* fra pålitelig kilde *(fx I have it straight from the horse's mouth);* **T: have a big ~***(=be loose-tongued)* være løsmunnet; **make a wry ~ at sby** geipe til en; **T: shoot one's ~ off S:** slenge med leppa (ɔ: være løsmunnet);
2. åpning *(fx of a jam jar; of a bottle);* munning *(fx the mouth of a river); av rør:* utløpsåpning; **the ~ of the cave** inngangen til hulen; **the ~ of the harbour***(=the entrance to the harbour)* innløpet til havnen; havneinnløpet;
3. *på høvel:* sponhull; sponåpning.
II. mouth [mauð] *vb* **1.: ~ a horse** venne en hest til bisselet; **2.** *om ord:* forme (med leppene); hviske *(fx he mouthed the words to me).*

mouthful ['mauθful] *subst* **1.** munnfull; **2. T:** noe som det er vanskelig å uttale.
mouth organ*(=harmonica)* munnspill; harmonikk.
mouthpiece ['mauθ,pi:s] *subst* **1.** *mus:* munnstykke; **2.** *tlf:* rør; **3.** *om person(=spokesman)* talerør.
mouthwash ['mauθ,wɔʃ] *subst:* munnvann.
movability [,mu:və'biliti] *subst:* bevegelighet.
I. mov(e)able ['mu:vəbl] *subst; jur(=item of personal property)* løsøregjenstand; formuesgjenstand; **-s***(=personal property)* løsøre.
II. mov(e)able *adj:* bevegelig; flyttbar; **a ~ feast** en bevegelig høytid; *jur:* **~ property***(=mov(e)ables)* løsøre.
I. move [mu:v] *subst* **1***(=removal)* flytning *(fx how did your move go?)*; **2.** *sjakk:* trekk *(fx you can win this game in three moves)*; **first ~** åpning; **3.** *fig:* trekk; **wrong ~** feiltrekk; **wise ~** klokt trekk; **don't make a ~ without phoning me** foreta deg ikke noe uten å ringe til meg først; **4.: on the ~** 1. på farten *(fx with this kind of job he's always on the move)*; 2. i bevegelse *(fx the frontiers of scientific knowledge are always on the move)*; **5. T: get a ~ on** forte seg; skynde seg; **6. T: we must make a ~***(=we must leave)* vi må gå (*el.* komme oss av sted); **7.: he has made his ~***(=he has committed himself)* han har bundet seg.
II. move *vb* **1.** flytte *(fx move to Bristol)*; *på hotell:* **~ sby into another room***(=transfer sby to another room)* flytte en til et annet rom; **2.** bevege; få til å bevege seg *(fx the mechanism that moves it)*; bevege seg *(fx he didn't move)*; bevege; flytte på *(fx he moved his arm)*; flytte seg *(fx he moved a little to the left)*; **don't ~!***(=stand still!)* stå stille! bli stående! **3.** *kortsp; bridge:* bytte bord; **4.** vanke; ferdes *(fx he moves in the best circles)*; **5.** *fig:* bevege; røre *(fx he was deeply moved by the news)*; **6.** *stivt:* få til; bevege; **nothing could ~ him***(=nothing could make him change his mind)* han lot seg ikke bevege; han var ikke til å rikke; **7.** *stivt(=propose)* foreslå *(fx he moved that the meeting be adjourned)*; **~ an amendment** sette fram et endringsforslag; **8.** *med.:* **have your bowels -d?** har du hatt avføring? **9.: ~ house** flytte *(fx they've moved house)*; *(jvf 1 ovf)*; **10.: ~ about** 1*(=walk about)* gå (*el.* rusle) omkring; 2. *om ting:* flytte omkring *(fx he moved the chairs about)*; **11.** *til skuelystne:* **~ along, please!** fortsett videre, er dere snille! **12: ~ away** 1. plassere på et annet sted; flytte unna; 2.: **we're moving away from London** vi skal flytte fra London; **13.: ~ back** flytte tilbake; **14.: ~ in** flytte inn (*with* hos); **~ into a new house** flytte inn i et nytt hus; **15.** *ved overgang til annen virksomhet:* **~ into some other business** begynne med noe annet; **he's -d into the farm machinery business** han har begynt med landbruksmaskiner; **16.: ~ off** fjerne seg; **the train -d off** toget satte seg i bevegelse; **17.: ~ on** gå videre; fortsette; **let's ~ on to something else** la oss komme videre (i vårt program, arbeid, etc).
movement ['mu:vmənt] *subst* **1.** bevegelse; **~ forward** bevegelse fremover; **2.** *fig:* bevegelse *(fx peace movement)*; **3.** *mil:* (troppe)bevegelse; **road ~** forflytning langs landevei; **4.** *mus:* sats; **5.: -s** 1. bevegelser; 2. bevegelige deler.
movement and music*(=musical movement)* rytmikk; *(jvf rhythmics)*.
movement order *mil(=marching orders)* marsjordre; *(jvf movement 3)*.
mover ['mu:və] *subst* **1.** *i debatt:* forslagsstiller; **2.** US*(=furniture remover)* flyttemann; **3.: prime ~** primus motor; initiativtager.
movie ['mu:vi] *subst; især* **US T***(=film)* film.
movie camera US*(=cine camera)* smalfilmkamera.
movie film US*(=cine film)* smalfilm.
moving staircase*(=escalator)* rulletrapp.
mow [mou] *vb (pret: mowed; perf. part.: mowed, mown)* **1.** slå; klippe *(fx the lawn; the grass)*; **2.** *fig:* **~ down** meie ned.
mower ['mouə] *subst* **1***(=haymaker)* slåttekar; **2.: (lawn) ~** gressklipper; **motor ~** motorklipper.
mown [moun] *perf. part. av mow.*
MP [,em'pi:] *(fk.f. Member of Parliament)* parlamentsmedlem; **become an ~** bli valgt inn i parlamentet; *svarer til:* komme inn på Stortinget.
Mr ['mistə] *(fk.f. Mister)* herr *(fx Mr Brown; Mr President)*.
Mrs ['misiz] *subst:* fru *(fx Mrs Brown)*.
Ms [miz] *subst; foran gift el. ugift kvinnes navn:* fr *(fx Ms Brown)*.
much [mʌtʃ] *adj, adv* **1.** *adjektivisk bruk i nektende & spørrende setninger:* meget; mye *(fx there isn't much food left)*;
2. *adjektivisk bruk i forb med 'as', 'how', 'so', 'too', 'without':* meget; mye *(fx as much as possible; only so much butter; too much meat; without much difficulty)*;
3. *adjektivisk bruk i bekreftende setninger; stivt(=a lot; a great deal of; plenty of)* meget; mye;
4. *substantivisk bruk i nektende & spørrende setninger(=a lot)* meget; mye *(fx did he eat much? he didn't say much about it)*;
5. *substantivisk bruk i bekreftende setninger; stivt(=a lot; a great deal)* meget; mye *(fx he has much to learn)*; *(jvf 6)*;
6. *substantivisk bruk i forb med 'as', 'how', 'of', 'so', 'too'; 'without':* meget; mye *(fx as much as you like; how much? much of what he says is true; there's so much that needs to be done)*; *(jvf 5)*;
7. *foran adj & adv i komp(=a great deal)* meget; mye *(fx much better; much more)*;
8. *foran superl:* **~ the most expensive***(=by far the most expensive)* langt det dyreste;
9. *ved vb:* **(very) ~** meget *(fx was it much damaged? he was enjoying himself very much)*; **I like it very ~** jeg liker det svært (*el.* meget) godt;
10. T: a bit ~ i meste laget;
11.: as ~*(=exactly that)*: **I thought as ~** jeg tenkte meg det; det var akkurat det jeg tenkte; **as ~ as you like** så mye (*el.* meget) du vil;
12.: make ~ of 1. gjøre stort vesen av *(fx she makes much of the fact that you lied to her)*; 2*(=make a fuss of)* gjøre stas av; 3.: **he couldn't make ~ of her babble** han ble ikke klok på hva hun bablet om;
13. not ~ of a ikke noe større tess som *(fx I'm not much of a photographer)*;
14. T: not up to ~ ikke noe større tess; ikke noe å skryte av *(fx the dinner wasn't up to much)*;
15.: the patient's condition is ~ the same pasientens tilstand er omtrent uforandret;
16.: nothing ~*(=nothing important)* ikke noe større *(fx "What's he doing?" – "Nothing much.")*;
17.: ~ as*(=although)* selvom *(fx much as I'd like to, I can't come)*;
18.: that ~ så meget; **that ~ I had guessed** så meget hadde jeg gjettet meg til;
19.: but this ~ I (do) know . . . men så meget vet jeg (i hvert fall) *(fx . . . but this much I do know, that she's very ill)*;
20. *om noe helt utrolig noe:* **be too ~** være altfor galt *(fx I can't believe that – it's too much!)*;
21. *neds* **T: ~ of a muchness***(=very similar)* svært like; nesten like *(fx the candidates were all much of a muchness – none of them would be suitable for the job)*;
22.: so ~ for that det var det; mer er det ikke å si om

det; **so ~ for the plot of the play** så langt handlingen i stykket; det var litt om handlingen i stykket; . . . **and so ~ so that** . . . og det i den grad at . . .; **so ~ (the) worse** så meget desto verre; **without so ~ as asking** uten så mye som å spørre;
23.: ~ to my amazement(*=to my great surprise*) til min store overraskelse;
24.: think too ~ of(*=have too high an opinion of*) ha for høye tanker om (*fx he thinks too much of himself*).
I. muck [mʌk] *subst* **1**(*=dung*) gjødsel; **T:** møkk; **2**(*=dirt*) skitt; **3. S**(*=trash*) skitt; skrap; *vulg:* møkk; **make a ~ of sth**(*=spoil sth*) spolere noe.
II. muck *vb* **1.** kjøre møkk; **2.** måke for (*fx muck the pigs); ~* **(out) the cowshed** måke i fjøset; **3. T: ~ about** 1. rote omkring; svime omkring (*fx in the garden*); 2(*=fool about*) tulle; tøyse (*fx stop mucking about!*); **4.: ~ about with**(*=play about with*) rote med; tulle med; **5. T: ~ in** samarbeide (om en oppgave); ta et tak (*fx we all mucked in and finished the job in two days*); **6. T: ~ in with sby** dele hybel med en; **7. T: ~ up**(*=mess up; ruin*) spolere; ødelegge.
mucker ['mʌkə] *subst* **S 1**(*=mate*) kamerat; venn; **2**(*=twerp*) drittsekk.
muckrake ['mʌk,reik] *subst; landbr:* gjødselspreder.
muckraking paper(*=mud-raking paper*) smussblad; skandaleavis.
mucky ['mʌki] *adj* **T 1**(*=dirty*) skitten; *vulg:* møkkete (*fx your hands are mucky!*); **2.** tungvint; brysomt (*fx it's awfully mucky having to drag all those books about*); ekkelt (*fx it's so mucky having to walk around in the rain*).
mucous ['mju:kəs] *adj*(*=slimy*) slimet.
mucus ['mju:kəs] *subst; anat:* slim.
mud [mʌd] *subst* **1.** søle; mudder; dynn; slam; gytje; **2. T: clear as ~**(*=not at all clear*) slett ikke klart; **3.: drag sby's name in**(*=through*) **the ~**(*=drag sby's name into the dirt*) trekke ens navn ned i søla; **4. T: throw**(*=sling*) **~ at sby**(*=smear sby*) kaste skitt på en; bakvaske en; **5. T: his** (*etc*) **name is ~** han (etc) har skjemt seg ut; han (etc) er i unåde.
mud bath *med.:* gytjebad.
mud-built ['mʌd,bilt] *adj:* leirklint; **~ hut**(*=mud hut*) jordhytte.
I. muddle ['mʌdəl] *subst*(*=mess*) rot; **good at sorting out -s** flink til å ordne opp i rot; **all these papers keep getting in a ~** det blir hele tiden rot i disse papirene.
II. muddle *vb* **1**(*=mix up; jumble*) rote (*el.* blande) sammen; **2**(*=confuse*) forvirre (*fx don't talk while I'm counting, or you'll muddle me*); **3.: ~ through** klare seg (på et vis); komme seg gjennom (*fx he always seems to muddle through*); **4.: ~ up**(*=mix up*) forveksle.
muddled *adj:* rotete; forvirret (*fx she gave me a muddled answer*); **her thinking is so ~** hun tenker så forvirret.
muddle-headed [,mʌdəl'hedid; 'mʌdəl,hedid; *attributivt:* 'mʌdəl,hedid] *adj; neds:* forvirret i hodet.
muddler ['mʌdlə] *subst:* rotebukk.
I. muddy ['mʌdi] *adj* **1.** sølet; mudret; **2.** *om væske*(*=cloudy*) uklar; **3.** *om farge:* grumset; uren; **4.** *fig; om idé, tanke:* uklar; grumset.
II. muddy *vb* **1.** skitne til; **2.** grumse til (*fx the water*); **3.** *fig:* **~ the waters** skape forvirring.
mudflap ['mʌd,flæp] *subst; på bil, etc:* skvettlapp.
mudflat ['mʌd,flæt] *subst:* mudderbanke; muddergrunne.
mud hut jordhytte.
mudlark ['mʌd,la:k] *vb:* plaske (omkring) i søla.
mudslinging ['mʌd,sliŋiŋ] *subst; polit:* nedrakking; det å kaste skitt; **they accused the opposition of ~** de beskyldte opposisjonen for å kaste skitt.
I. muff [mʌf] *subst; til hendene:* muffe.
II muff *vb* **T 1.: ~ sth**(*=do sth badly*) forkludre noe; *fotb:* **he -ed the catch**(*=he dropped the catch*) han klarte ikke å redde; han mistet ballen; **2.** *om sjanse*(*=miss*) forspille.
muffle ['mʌfəl] *vb* **1.** *om lyd*(*=deaden*) dempe; **2**(*=wrap up (in clothes)*) pakke inn (*fx muffle oneself (up) well*).
muffler ['mʌflə] *subst* **1**(*=scarf*) skjerf; **2. US**(*=silencer*) lyddemper; eksospotte.
I. mug [mʌg] *subst* **1.** krus; **2. T**(*=face*) fjes; **3. S**(*=stupid person (who is easily taken in)*) dust; fjols; lettlurt tosk; (*jvf sucker*).
II. mug *vb* **1.** slå ned og rane; **2. ~ (up), ~ up on** pugge.
mug book T: forbrytergalleri; forbryteralbum.
mugger ['mʌgə] *subst*(*=robber*) ransmann.
mugging ['mʌgiŋ] *subst:* overfall og ran.
mugging victim person som er slått ned og ranet.
muggins ['mʌginz] *subst* **T**(*=silly fool*) tosk.
muggy ['mʌgi] *adj; om været*(*=sultry; heavy*) fuktigvarm; klam (*fx it's rather muggy today*).
mugwort ['mʌg,wə:t] *subst; bot:* burot.
mulatto [mju:'lætou] *subst:* mulatt.
mulberry ['mʌlbəri] *subst:* morbær; morbærtre.
mulch [mʌltʃ] *subst; gart:* tekkingsmateriale (rundt planter).
mule [mju:l] *subst* **1.** *zo:* muldyr; **2**(*=obstinate person*) stabeis.
muleteer [,mju:li'tiə] *subst*(*=mule driver*) muldyrdriver.
mulish ['mju:liʃ] *adj*(*=obstinate*) sta; halsstarrig.
I. mull [mʌl] *subst; tekstil:* moll.
II. mull *vb* **1.** *om vin el. øl:* varme opp og krydre; **-ed claret** gløgg; **2.: ~ over**(*=ponder*) gruble over (*fx mull the problem over*).
mullein ['mʌlin] *subst; bot:* kongslys.
mullet ['mʌlit] *subst; zo; fisk* **1. US**(*=grey mullet*) multe; **2.: red ~**(*, US: goatfish*) mulle.
multi- ['mʌlti] mange-; fler-; multi-.
multicoloured ['mʌlti,kʌləd] *adj:* mangefarget.
multi-core cable flerlederkabel.
multifarious [,mʌlti'fɛəriəs] *adj; stivt el. spøkef*(*=of many kinds*) mange slags (*fx activities*).
multilateral [,mʌlti'lætərəl] *adj:* flersidig (*fx agreement*); multilateral.
multilingual [,mʌlti'liŋgwəl] *adj:* flerspråklig (*fx dictionary*); som kan snakke flere språk.
multimillionaire ['mʌlti,miljə'nɛə] *subst:* mangemillionær.
multinational [,mʌlti'næʃənəl] **1.** *subst*(*=multinational company*) flernasjonalt selskap; **2.** *adj:* flernasjonal.
I. multiple ['mʌltipəl] *subst; mat.:* multiplum; **the least**(*=lowest*) **common ~** minste felles multiplum; **integer -s** hele multipla.
II. multiple *adj:* atskillige (*fx she suffered multiple injuries when she fell out of the window*); mangfoldig; som består av flere deler.
multiple-choice test *skolev:* flervalgsoppgave.
multiple sclerosis *med.*(*=disseminated sclerosis*) multippel sklerose.
multiple store(*=multiple shop*) kjedeforretning.
multiplicand [,mʌltipli'kænd] *subst; mat.:* multiplikand.
multiplication [,mʌltipli'keiʃən] *subst; mat.:* multiplikasjon.
multiplication sign multiplikasjonstegn; gangetegn.
multiplicity [,mʌlti'plisiti] *subst:* mangfoldighet; mangfold.

multiplier ['mʌlti,plaiə] *subst; mat.:* multiplikator.
multiply ['mʌlti,plai] *vb* **1.** *mat.:* multiplisere; gange; **4 multiplied by 3** 4 ganger tre; 4 multiplisert med 3; **2.** mangedoble; **3.** formere seg; **the rapidly multiplying Arabs** araberne, som formerer seg så raskt; **they** ~*(=breed)* **like rabbits** de formerer seg som kaniner.
multiracial [,mʌlti'reiʃəl] *adj:* som omfatter flere raser *(fx society).*
multistage ['mʌlti,steidʒ] *adj:* flertrinns; **a ~ rocket** en flertrinnsrakett.
multistorey ['mʌlti,stɔ:ri] *adj:* fleretasjes.
multitude ['mʌlti,tju:d] *subst* **1.** *stivt(=great number; crowd)* mengde; **-s of birds (,people)** mengder av fugler (,mennesker); **2.** *glds:* menneskemengde *(fx a great multitude gathered in the city).*
multitudinous [,mʌlti'tju:dinəs] *adj; stivt(=very numerous)* tallrik.
multivalent [,mʌlti'veilənt] *adj; kjem:* flerverdig.
I. mum [mʌm] *subst* **T***(=mother)* mamma.
II. mum *subst:* **~'s the word!** ikke snakk om det! si ingenting om det! hold det for deg selv!
III. mum *adj:* **keep ~!** vær stille; ikke snakk! **he kept ~** han sa ikke et ord.
I. mumble ['mʌmbəl] *subst:* mumling.
II. mumble *vb:* mumle.
mumbo-jumbo ['mʌmbou 'dʒʌmbou] *subst:* hokuspokus; vrøvl.
I. mummy ['mʌmi] *subst:* mumie.
II. mummy *subst* **T***(=mother)* mamma.
mumps [mʌmps] *subst; med.:* kusma.
munch [mʌntʃ] *vb:* gumle (på); knaske.
mundane ['mʌndein; mʌn'dein] *adj; stivt(=ordinary; dull)* ordinær; kjedelig; **~ pleasures** denne verdens gleder; verdslige gleder.
Munich ['mju:nik] *subst; geogr:* München.
municipal [mju:'nisipəl] *adj:* kommunal; by-.
municipal engineering kommunalteknikk.
municipality [mju:,nisi'pæliti] *subst:* kommune; *(se NEO kommune).*
munificence [mju'nifisəns] *subst; stivt(=great generosity)* rundhåndethet; stor gavmildhet.
munificent [mju:'nifisənt] *adj; stivt(=extremely generous)* rundhåndet; meget gavmild.
munitions [mju:'niʃənz] *subst; pl(=weapons and ammunition)* våpen og ammunisjon; krigsmateriell.
mural ['mjuərəl] *subst:* **~ (painting)** veggmaleri.
I. murder ['mə:də] *subst* **1.** mord; *jur:* overlagt drap; **political ~** politisk mord; **the ~ of . .** mordet på; **commit (a) ~** begå (et) mord; **2. T: scream***(=shout; yell)* **blue ~** gjøre anskrik; skrike opp; **3.: he can get away with ~** han kan tillate seg hva som helst (og slippe heldig fra det); **4.** *om noe ubehagelig el. vanskelig* **T: this arithmetic is ~!** denne aritmetikken er (virkelig) drepen! **his piano playing is ~ (to listen to)** pianospillingen hans er den rene redsel å høre på; **5.: ~ will out** alt kommer for en dag.
II. murder *vb* **1.** myrde; begå mord; **2.** *fig* **T***(=defeat completely)* slå sønder og sammen; **3.** *fig:* spolere; ødelegge *(fx she's murdering a perfectly good song!);* radbrekke *(fx a language).*
murderer ['mə:dərə] *subst:* morder.
murderess ['mə:dəris] *subst:* morderske.
murderous ['mə:dərəs] *adj* **1** *også fig:* morderisk; **2. T***(=very dangerous; very difficult)* meget farlig (,vanskelig) *(fx a murderous road).*
murderous-looking ['mə:dərəs,lukiŋ] *adj:* som ser farlig ut *(fx knife).*
murder-squad ['mə:də,skwɔd] *(,US: homicide division)* mordkommisjon; kriminalpolitisentral; kripo.
murk [mə:k] *subst; litt.(=darkness)* mørke.
murky ['mə:ki] *adj* **1***(=dark and gloomy)* mørk og dyster *(fx night);* **2***(=suspicious)* skummel *(fx he has a murky past);* **your ~ affairs** de skumle sakene dine.
I. murmur ['mə:mə] *subst* **1.** mumling; **a ~ of satisfaction** en tilfreds mumling; **2.** sus; brus *(fx the murmur of the sea); om bekk:* sildring; pludring; **3***(=complaint):* **without a ~** uten å kny; uten protest; uten å beklage seg; **4.** *med.:* **heart ~** hjertemislyd.
II. murmur *vb* **1.** mumle; være lavmælt; **2***(=grumble)* knurre; protestere; **3.** *om havet:* suse; bruse; *om bekk:* sildre; pludre.
I. muscle ['mʌsəl] *subst* **1.** *anat:* muskel; **he strained a ~** han forstrakk en muskel; **2. T***(=strength)* krefter; **that takes a lot of ~** det (der) skal det krefter til; **3.** *fig(=power):* **the trade unions carry a great deal of political ~** fagforeningene har stor politisk makt.
II. muscle *vb:* **~ in (on)** trenge seg inn (på *el.* i) *(fx the big firms have muscled in on our market).*
muscle-bound ['mʌsəl,baund] *adj; sport:* overtrent.
muscle bundle*(=bundle of muscles)* muskelbunt.
muscular ['mʌskjulə] *adj:* muskuløs; muskel-.
muscular atrophy *med.:* **(progressive) ~** muskelsvinn.
muscular attachment *anat:* muskelfeste.
muscular force *fys:* muskelkraft; *(jvf muscular strength).*
muscular strength*(=physical strength)* muskelstyrke; muskelkraft; fysisk styrke; *(jvf muscular force).*
muscularity [,mʌskju'læriti] *subst(=muscular strength)* muskelstyrke.
musculature ['mʌskjulətʃə] *subst; anat:* muskulatur.
I. muse, Muse [mju:z] *subst; myt:* muse.
II. muse *vb; stivt(=think deeply; daydream)* sitte i tanker; dagdrømme *(fx she gazed out of the window, musing quietly to herself);* **~ on***(=think deeply about)* fundere på; sitte og tenke på.
museum [mju:'ziəm] *subst:* museum.
museum piece*(=museum specimen)* museumsgjenstand.
mush [mʌʃ] *subst* **1***(=soft pulpy mass)* grøtet masse; **T:** grøt; **2. US:** maisgrøt.
I. mushroom ['mʌʃ,ru:m] *subst* **1.** sopp; **field ~, edible ~** marksjampinjong; **button ~** liten sjampinjong; **2.** *fig:* **spring up like -s** skyte i været som paddehatter.
II. mushroom *vb* **1***(=spring up rapidly)* skyte i været *(fx buildings);* **2***(=grow rapidly)* vokse raskt.
mushy ['mʌʃi] *adj(=soft and pulpy)* grøtaktig.
music ['mju:zik] *subst* **1.** musikk; **live ~** levende musikk; **~ on tape** musikk på bånd; **set a song to ~** sette musikk til en sang; **to ~ by Brahms** med musikk av Brahms; **2.** noter *(fx read music);* **sheet of ~** noteark; **3. T: face the ~** ta støyten; ta følgene (av det man har gjort).
I. musical ['mju:zikəl] *subst:* operettefilm; musical.
II. musical *adj:* musikalsk *(fx he's very musical);* **a ~ voice** en velklingende stemme.
musical box spilledåse.
musical comedy*(=musical)* operettefilm; musical.
musical evening musikalsk aftenunderholdning.
musicality [,mju:zi'kæliti] *subst:* musikalskhet.
musical movement*(=movement and music)* rytmikk; *(jvf rhythmics).*
music critic musikkanmelder.
music hall *(,US: vaudeville)* varieté.
music-hall ['mju:zik,hɔ:l] *adj:* **~ artist***(=music-hall entertainer)* varietékunstner.
musician [mju:'ziʃən] *subst:* musiker *(fx he's a fine musician).*
music stand notestativ.
music stool pianokrakk.

musk [mʌsk] *subst; slags parfyme:* moskus.
musk ox *zo:* moskusokse.
musk rat*(=musquash) zo:* muskusrotte; bisamrotte.
Muslim ['muzlim; 'mʌzlim]*(=Moslem)* **1.** *subst:* muham(m)edaner; **2.** *adj:* muham(m)edansk.
muslin ['mʌzlin] *subst; tekstil:* musselin.
mussel ['mʌsəl] *subst:* musling; blåskjell.
I. must [mʌst] *subst* **1.** most; **2. T:** noe man må ha (,gjøre, etc); **this new tent is a ~** dette nye teltet må man ha; **some knowledge of French is a ~** litt fransk må man kunne; **3***(=musth)* hanelefants brunsttid.
II. must [mʌst; *ubetont:* m(ə)st, məs] *vb (pret: had to, must; perf. part.: had to)* **1.** *uttrykker nødvendighet:* **we ~ go to the shop to get milk** vi må gå i butikken for å kjøpe melk; **2.** *uttrykker sannsynlighet:* **they ~ be finding it very difficult to live in such a small house** de må finne det vanskelig å bo i et så lite hus; **3.** *uttrykker plikt el. nødvendighet:* **you ~ come home before midnight** du må komme hjem før midnatt; **~ I?** må jeg?
mustache [mə'sta:ʃ] *subst* **US***(=moustache)* bart; mustasje; *(se moustache).*
mustang ['mʌstæŋ] *subst; zo:* mustang.
mustard ['mʌstəd] *subst:* sennep.
mustard seed sennepsfrø; *bibl:* **a grain of ~** et sennepskorn.
I. muster ['mʌstə] *subst* **1.** mønstring; **pass ~** passere; gå an *(fx will this pass muster?);* **2.: large ~** masseoppbud *(fx of police).*
II. muster *vb* **1.** *mil:* mønstre *(fx the troops were mustered for an attack);* **2.** *fig(=summon)* mønstre *(fx every argument he could muster);* **she -ed***(=summoned)* **all her courage** hun mønstret (*el.* samlet) alt sitt mot.
musty ['mʌsti] *adj* **1.** *om lukt el. smak:* muggen; **2.** *fig(=old-fashioned)* gammeldags *(fx idea).*
mutate [mju:'teit] *vb* **1.** mutere; **2.** *gram:* få omlyd.
mutation [mju:'teiʃən] *subst* **1.** *biol:* mutasjon; **2.** *gram(=umlaut)* omlyd.
I. mute [mju:t] *subst* **1.** stum person; **she was born a deaf ~** hun ble født døvstum; **2.** *mus(=sordino)* sordin.
II. mute *vb:* sette sordin på; dempe.
III. mute *adj* **1.** *stivt(=dumb)* stum *(fx the child has been mute since birth);* **2.: she looked at him in ~ horror** hun så på ham i stum redsel; **3.** *gram:* stum *(fx the word 'dumb' has a mute 'b' at the end).*
muted *adj* **1.** *om lyd(=hushed)* dempet *(fx in muted tones);* **2.** *om farge:* dempet *(fx muted colours);* **3.** *mus:* med sordin *(fx muted strings).*
mute swan *zo:* knoppsvane.
mutilate ['mju:ti,leit] *vb* **1.** lemleste (især ved å skjære av et lem); **2.** *fig; om ting:* skamfere; behandle stygt; beskadige; maltraktere.
mutilation [,mju:ti'leiʃən] *subst:* lemlestelse; beskadigelse; skamfering; maltraktering; *(se mutilate).*
mutineer [,mju:ti'niə] *subst:* mytterist.
mutinous ['mju:tinəs] *adj:* opprørsk; som deltar i mytteri.
mutiny ['mju:tini] **1.** *subst:* mytteri; **2.** *vb:* gjøre mytteri.
mutt [mʌt] *subst* **S***(=idiot)* idiot.
I. mutter ['mʌtə] *subst(=mumble)* mumling; **he spoke in a ~***(=he mumbled)* han mumlet.
II. mutter *vb(=mumble)* mumle; **~ to oneself** mumle for seg selv; mumle i skjegget.
mutton ['mʌtən] *subst* **1.** fårekjøtt; **2.: ~ dressed (up) as lamb** 1. gammel ide som man forsøker å få til å høres ut som om den er ny; 2. eldre kvinne som forsøker å virke ung.
mutton-and-cabbage stew *(,på meny: Norwegian lamb stew) norsk rett:* får-i-kål.
mutton chop fårekotelett.
mutton chops kinnskjegg.
mutual ['mju:tʃuəl] *adj* **1.** gjensidig *(fx admiration);* **their ~ enthusiasm** deres begeistring for hverandre; **2.** felles *(fx our mutual friend);* **discuss problems of ~ interest** diskutere problemer av felles interesse; **3.: ~ dependence***(=interdependence)* innbyrdes avhengighet; *(jvf common).*
mutuality [,mju:tju'æliti] *subst(=mutualness)* gjensidighet.
mutually ['mju:tʃuəli] *adv:* gjensidig; **~ binding** gjensidig forpliktende; **~ independent** innbyrdes uavhengige.
I. muzzle ['mʌzəl] *subst* **1.** *på dyr:* mule; **2.** munnkurv; **3.** *på skytevåpen:* munning.
II. muzzle *vb* **1.** sette munnkurv på *(fx a dog);* **2.** *fig:* sette munnkurv på; stoppe munnen på.
muzzle loader munnladningsgevær.
muzzle velocity munningshastighet.
muzzy ['mʌzi] *adj* **T***(=dizzy)* ør; **my head feels ~ in this heat** jeg føler meg ør i hodet av denne varmen.
my [mai] **1.** *pron:* min; mitt; mine *(fx my car; my house; my children);* **~ own** min egen; **~ dear** kjære deg; **do you mind ~ smoking?***(=do you mind if I smoke?)* har du noe imot at jeg røyker? **2.** *int:* du store min *(fx my, how you've grown!);* **~ goodness (me)!** du store all verden! jøss!
myocarditis [,maiouka:'daitis] *subst; med.:* myokarditt; hjertemuskelbetennelse.
myoma [mai'oumə] *subst; med.:* myom; godartet svulst.
myope ['maioup] *subst:* nærsynt person.
myopia [mai'oupiə] *subst(=short-sightedness)* nærsynthet; myopi.
myopic [mai'ɔpik] *adj(=short-sighted)* nærsynt; **she's slightly ~** hun er litt nærsynt.
myriad ['miriəd] **1.** *subst; stivt el. litt.(=very large number)* myriade; utall *(fx myriads of small islands);* **2.** *adj; stivt el. litt.(=countless)* utallige.
myrrh [mə:] *subst:* myrra.
myrtle ['mə:təl] *subst; bot:* myrt.
myself [mai'self] *pron:* selv *(fx I did it myself);* **I ~ can't tell you, but my friend will** selv kan jeg ikke si deg det, men det vil vennen min; **I don't intend to go ~** jeg har ikke tenkt å gå (,dra) selv; **I looked at ~ in the mirror** jeg så på meg selv i speilet; *stivt:* **my wife and ~***(=my wife and I)* min kone og jeg; **I cut ~ while shaving** jeg skar meg under barberingen; **I'm not quite ~ today** jeg er ikke helt meg selv i dag;... **though I say it ~** ... om jeg selv skal si det; **I did it all by ~** jeg gjorde det helt på egen hånd (*el.* helt alene); **I'd like to see for ~** jeg vil gjerne se (det) selv; **I can give the following information regarding ~ and my background** om meg selv og min bakgrunn kan jeg opplyse følgende.
mysterious [mi'stiəriəs] *adj:* mystisk *(fx his mysterious disappearance);* gåtefull; hemmelighetsfull; **the ~ part of this affair** det mystiske ved denne saken.
mysteriously [mi'stiəriəsli] *adv:* mystisk.
mystery ['mistəri] *subst* **1.** mysterium *(fx how she got here is a mystery to me);* **the ~ of his disappearance was never solved** mysteriet med hans forsvinning ble aldri løst; **2.** mystikk; **her death was surrounded by ~** hennes død var omgitt av mystikk; **the whole affair is wrapped in ~** hele saken er omgitt av mystikk; **3.: they're a ~ unto themselves** de er ikke selv riktig klar over hva de egentlig driver med (eller burde drive med).
mystery play *hist:* mysteriespill.
mystery tour tur med ukjent mål *(fx they were delighted to find that their mystery tour had taken them to Brighton).*

mystic ['mistik] **1.** *subst:* mystiker; **2**(*=mystical*) mystisk; ~ **rites** mystiske riter.
mystical ['mistikəl] *adj* **1**(*=mystic*) mystisk; **2.** *rel:* mystisk.
mysticism ['mistisizm] *subst; rel:* mystisisme; mystikk.
mystification [,mistifi'keiʃən] *subst:* mystifikasjon.
mystify ['misti,fai] *vb:* mystifisere.
mystique [mi'sti:k] *subst; stivt*(*=mystery*) mystikk.
myth [miθ] *subst:* myte; **explode the ~ that**. . . ta livet av den myten at. . .
mythical ['miθikəl] *adj* **1.** mytisk; **2**(*=invented; imaginary*) oppdiktet; som bare eksisterer i fantasien.
mythology [mi'θɔlədʒi] *subst:* mytologi.

N

N, n [en] (bokstaven) N, n; *tlf:* **N for Nellie** N for Nils; **capital N** stor N; **small n** liten n; **it is spelt with two n's** det skrives med to n'er.

NAAFI ['næfi] *subst (fk.f. Navy, Army, and Air Force Institutes)* **1. UK:** organisasjon som driver kantiner og butikker for soldater; **2.** kantine (,butikk) (drevet av NAAFI).

nab [næb] *vb* **T***(=catch; get hold of)* få tak i *(fx the thief)*.

nabob ['neibɔb] *subst* **T:** rikmann; riking.

nacre ['neikə] *subst(=mother-of-pearl)* perlemor.

nadir ['neidiə; 'nædiə] *subst* **1.** *astr:* nadir; **2.** *fig; litt.(=lowest point)* lavpunkt.

I. nag [næg] *subst* **1.** *neds; om hest:* gamp *(fx an old nag)*; **2.** kjeftesmelle.

II. nag *vb* **1.: ~ (at)** kjefte på; hakke på; kritisere; **2***(=worry)* plage *(fx that thought had been nagging him for weeks; this headache's been nagging me all day)*.

nagger ['nægə] *subst:* masete person.

nagging ['nægiŋ] *adj* **1.** grinete; som stadig maser; **2.** *om frykt:* nagende *(fx a nagging fear)*; *om smerte(=gnawing)* murrende.

naiad ['naiæd] *subst; myt:* najade.

I. nail [neil] *subst* **1.** *anat:* negl; **2.** spiker; *fagl:* stift; **3. T: on the ~***(=immediately)*: **he paid (cash) on the ~** han betalte (kontant) med én gang; **4.: hit the ~ on the head** treffe spikeren på hodet; **5.** *fig:* **(as) hard as -s** hard som flint; **6.** *fig:* **a ~ in his coffin** en spiker i hans kiste.

II. nail *vb* **1.** spikre *(fx he nailed the picture to the wall)*; **~ up** spikre igjen;
2.: ~ down 1. spikre fast; 2. *fig* **T***(=finalize)* sluttbehandle *(fx an agreement)*; 3. **T: ~ sby down** få en til å ta et klart standpunkt; **we -ed him down on the deadline** vi fikk ham til å binde seg til fristen; **3. S***(=catch)* slå kloen i *(fx I tried to avoid him, but he finally nailed me in the corridor)*.

nail bar brekkjern; kubein.

nailbrush ['neil,brʌʃ] *subst:* neglebørste.

nail file neglefil.

nailhead ['neil,hed] *subst:* spikerhode.

(nail) nippers negletang.

nail polish*(=nail varnish)* neglelakk.

nail punch*(=nail set)* spikerdor.

nail scissors neglesaks.

nail varnish*(=nail polish)* neglelakk.

nailing strip *tøm:* spikerslag.

naive, naïve [nai'i:v; na:'i:v] *adj:* naiv; troskyldig.

naïveté, naiveté [na:'i:vtei], **naivety** [nai'i:vti] *subst:* naivitet.

naked ['neikid] *adj* **1.** naken *(fx a naked woman; he was completely naked)*; *(jvf I. bare 1)*; **2.** *fig:* **the ~ facts***(=the hard facts)* de nakne kjensgjerninger (*el.* fakta); **~ light** bart lys; **by***(=with)* **the ~ eye** med det blotte øye.

nakedness ['neikidnis] *subst:* nakenhet.

namby-pamby ['næmbi'pæmbi] *subst:* bløtaktig fyr.

I. name [neim] *subst* **1.** navn *(fx what's the name of the village? his name is Smith)*; **answer to the ~ of Jeff** lyde navnet Jeff; **know sby by ~** kjenne en av navn; **2***(=reputation)* navn *(fx give the town a bad name)*; **his good ~***(=his reputation)* hans gode navn og rykte; **he has a ~ for honesty** han er kjent for å være ærlig; **3.: call sby -s** skjelle en ut; kalle en *(fx they called him names)*; **4.: in ~ only** bare i navnet; **5.: in sby's ~** i ens navn; **6.: make a ~ for oneself** skape seg et navn; bli kjent; **7.: he put his ~ down to join the club***(=he applied to join the club)* han søkte om medlemskap i klubben.

II. name *vb* **1.** nevne (ved navn) *(fx name all the kings of England)*; **2.** *stivt(=call)* kalle; gi navn; **they -d the boy Thomas** de kalte gutten Thomas; de ga gutten navnet Thomas; **3.** *stivt(=appoint)* utnevne *(fx they named him president of the club)*; **4.** *spøkef:* **~ the day** bestemme bryllupsdagen; **5.: ~ after** *(,US: name for)* oppkalle etter.

name-calling ['neim,kɔ:liŋ] *subst(=verbal abuse)* utskjelling.

name day *kat.:* navnedag.

name-dropping ['neim,drɔpiŋ] *subst:* det å slå om seg med fine bekjentskaper; **her ~ annoys me** det irriterer meg at hun alltid skal slå om seg med sine fine bekjentskaper.

nameless ['neimlis] *adj* **1.** navnløs; som ikke har navn *(fx a nameless species of moth)*; **a ~ fear** en navnløs frykt; **2.: a certain person who shall remain ~** en viss person, som jeg ikke skal nevne ved navn; **the author of the book shall be ~** forfatteren av boka skal forbli anonym.

namely ['neimli] *adv(=that is; i.e.)* nemlig; det vil si *(fx only one student passed the exam, namely John)*.

name part *teat(=title part)* tittelrolle.

nameplate ['neim,pleit] *subst:* navneplate; navneskilt.

namesake ['neim,seik] *subst:* navnebror.

name tape *til merking av tøy:* navnebånd.

nan [næn], **nanna** ['nænə] *subst; barnespråk(=grandmother)* bestemor.

nancy ['nænsi] **1.** *subst(=nancy boy)* feminin gutt (,mann); homoseksuell; **2.** *adj:* feminin *(fx his nancy ways)*.

nanny ['næni] *subst; lett glds(=children's nurse; nursemaid)* barnepike.

nanny goat *zo:* geit; *(jvf billy goat)*.

I. nap [næp] *subst* **1.** lur; blund; **she always takes***(=has)* **a ~ after lunch** hun tar alltid en (liten) lur etter lunsj; **2.** *på tekstil; på fløyel el. lignende:* lo; *(se NEO I. lo)*.

II. nap *vb* **1.** blunde; **2.** *fig:* **catch sby -ping** ta en på sengen; overrumple en; **3.** *om tekstil, som fx fløyel:* krasse opp; loe opp.

napalm ['neipa:m; 'næpa:m] *subst:* napalm.

nape [neip] *subst:* **the ~ (of one's neck)***(=the back of one's neck)* nakken *(fx his hair curled over the nape of his neck)*.

naphtha ['næfθə] *subst; kjem:* nafta.

naphthalene ['næfθə,li:n] *subst; kjem:* naftalin.

napkin ['næpkin] *subst* **1***(=serviette)* serviett; **2. US: sanitary ~***(=sanitary towel)* damebind; **3.** *stivt:* **(baby's) ~***(=nappy;* **US:** *diaper)* bleie.

napkin ring serviettring.

Naples ['neipəlz] *subst; geogr:* Napoli.

I. nappy ['næpi] *subst (,US: diaper)* bleie; **disposable**

~(=*paper nappy*) papirbleie.
II. nappy *adj; om tøy(=with a nap)* loet; med lo.
narcissism ['na:si,sizəm] *subst; psykol:* narsissisme; sykelig selvopptatthet.
narcissus [na:'sisəs] *subst; bot* **1.** narsiss; **2.: white ~** pinselilje.
narcosis [na:'kousis] *subst; med.(=general anaesthesia)* narkose.
narcotic [na:'kɔtik] **1.** *subst(=drug addict;* **US:** *dope addict)* narkoman; narkotiker; **2.** *subst:* narkotikum; narkotisk stoff; **-s**(*=drugs*) narkotika; **3.** *adj:* narkotisk; **a ~ drug** et narkotikum.
narcotics squad US(*=drugs squad*) narkotikapoliti; narkotikaavsnitt (ved politiet).
narcotize, narcotise ['na:kə,taiz] *vb:* narkotisere; gjøre avhengig av narkotika.
narghile ['na:gili] *subst(=hookah)* (orientalsk) vannpipe.
I. nark [na:k] **S 1.** *subst:* **(copper's) ~** politispion; **2.** *vb:* spionere for politiet.
II. nark *vb* **S**(*=annoy*) ergre; irritere.
narrate [nə'reit] *vb; stivt(=tell; relate)* fortelle; berette.
narration [nə'reiʃən] *subst* **1.** det å berette; beretning *(fx she interrupted his narration to say that tea was ready); skolev:* **confused and clumsy ~!** rotet og klosset fortalt; **2.** *meget stivt(=story; narrative)* historie; fortelling; beretning.
I. narrative ['nærətiv] *subst; stivt(=story)* beretning; fortelling *(fx an exciting narrative).*
II. narrative *adj:* fortellende; **~ art**(*=art of narrative*) fortellerkunst; *skolev:* **~ essay** fortellende stil; **~ poem** fortellende dikt; **~ style** fortellende stil; fortellerstil.
narrator [nə'reitə] *subst:* forteller.
I. narrow ['nærou] *subst; mar:* **-s** trangt innløp *(fx the ship entered the narrows at the mouth of the river).*
II. narrow *vb* **1.** gjøre smal(ere) (*el.* trang(ere)); **2.** bli smal(ere) *(fx the road suddenly narrowed);* bli trang(ere); **3.** *fig:* **~ sby's views** gjøre en sneversynt *(fx living in a convent narrowed her views);* **4.: ~ down** 1. gjøre (,bli) trang(ere) (*el.* smal(ere)); 2. *fig:* redusere; begrense.
III. narrow *adj* **1.** smal *(fx bridge; road; a narrow strip of carpet);* **2.** knepen; **a ~ majority** et knepent flertall; **a ~ victory** en knepen seier; **he had a ~ escape** det var så vidt han slapp heldig fra det; det var så vidt det gikk bra; **T: it was a ~ squeak** det var på et hengende hår (at det gikk bra); **3.** snever; begrenset *(fx his experience in business has so far been very narrow);* **a ~ circle of friends** en meget begrenset vennekrets; **4.** *m.h.t. ressurser(=limited)* begrenset *(fx resources);* **5**(*=narrow-minded*) sneversynt; trangsynt; **6**(*=painstakingly thorough*) nøye; inngående; **a ~ scrutiny** en inngående granskning.
narrow-chested ['nærou,tʃestid] *adj:* trangbrystet; astmatisk.
narrow-gauge ['nærou,geidʒ] *adj:* smalsporet *(fx railway).*
narrowing ['nærouiŋ] *subst:* innsnevring.
narrowly ['nærouli] *adv:* trangt; *fig:* snevert; så vidt *(fx we narrowly missed hitting the lamppost).*
narrow-minded ['nærou'maindid; *attributivt:* 'nærou,maindid] *adj:* sneversynt; trangsynt; (*=petty*) småskåren.
narwhal, narwal ['na:wəl] *subst; zo:* narhval.
nasal ['neizəl] **1.** *subst; fon:* nasal; neselyd; **2.** *adj:* nasal-; nese-; **you sound very ~ today** det høres ut som om du er meget tett i nesen i dag; **he has a ~ accent** han snakker i nesen.
nasalize, nasalise ['neizə,laiz] *vb:* nasalere.
nascent ['næsənt] *adj; fig; stivt(=in its infancy; in embryo)* i sin vorden; **a ~ poet**(*=a poet in embryo*) en dikter in spe; en dikter i sin vorden.
naso- ['neizou] *med.; i sms:* nese-.
naso-gastric [,neizou'gæstrik] *adj; med.:* **~ feeding**(*=tube feeding*) sondeernæring.
nasopharynx [,neizou'færiŋks] *subst; anat:* nesesvelg.
nasturtium [nə'stə:ʃəm] *subst; bot:* sumpkarse.
nasty ['na:sti] *adj* **1.** vemmelig; ekkel *(fx smell);* **a ~ suspicion** en vemmelig mistanke; **2.** *om person:* ubehagelig *(fx he was nasty to me);* **T: a ~ piece of work** en ubehagelig type; **turn ~** (begynne å) bli ubehagelig; **3**(*=awkward; very difficult*) kjedelig; meget vanskelig *(fx we found ourselves in a very nasty situation);* **4.** *om vær:* ufyselig *(fx nasty weather);* **5.** *om sår, etc:* **the dog gave her a ~ bite** hunden bet henne stygt; **a ~ wound** et stygt sår; **a ~ accident** en stygg ulykke; **6.** *fig(=dirty)* skitten; **you have a ~ mind** du har skitne tanker.
natal ['neitəl] *adj:* fødsels-; føde- *(fx a natal star).*
Natal [nə'tæl] *subst; geogr:* Natal.
natality [nə'tæliti] *subst; især* **US**(*=birth rate*) fødselsprosent; fødselsrate.
nation ['neiʃən] *subst:* nasjon; folkeslag; **the Jewish ~** den jødiske nasjon.
I. national ['næʃənəl] *subst:* **he's a British ~** han er britisk statsborger.
II. national *adj:* nasjonal; landsomfattende *(fx strike);* **~ assembly** riksforsamling; **~ bank** statsbank; nasjonalbank; **~ debt** statsgjeld; **a matter of ~ importance** en nasjonalsak.
national anthem nasjonalsang.
national economy nasjonaløkonomi; **of importance to the ~** av nasjonaløkonomisk betydning.
national executive *i politisk parti:* sentralstyre.
National Health Service (,**T:** *National Health*) trygdekasse; sykekasse.
national hero folkehelt.
national insurance UK: trygd (ɔ: obligatorisk pensjons-, syke- og arbeidsledighetsforsikring).
nationalism ['næʃənə,lizəm] *subst:* nasjonalisme.
nationalist ['næʃənəlist] **1.** *subst:* nasjonalist; **2.** *adj(=nationalistic)* nasjonalistisk.
nationality [,næʃə'næliti] *subst* **1.** nasjonalitet; **(people of) many nationalities** mange nasjonaliteter; **2.** statsborgerskap *(fx he has British nationality; he is of British nationality).*
nationality plate *på bil:* nasjonalitetsmerke; *(jvf marking 3).*
nationalization, nationalisation [,næʃənəlai'zeiʃən] *subst:* nasjonalisering.
nationalize, nationalise ['næʃənə,laiz] *vb* **1.** nasjonalisere; sosialisere *(fx industry);* **2.** *sj; se naturalize.*
national mourning landesorg.
national park nasjonalpark; fredet område.
national pride nasjonalstolthet.
national product *økon(=domestic product)* nasjonalprodukt; **gross ~**(*fk GNP*) brutto nasjonalprodukt.
national scale: on a ~ på landsbasis; i landssammenheng; i landsmålestokk.
National Security Agency *(fk NSA)* **US: the ~** Det nasjonale sikkerhetsbyrå; *(jvf communications headquarters).*
national service *mil:* verneplikt; militærtjeneste; **do one's ~** gjøre militærtjeneste; **he's gone for ~** han har dratt av sted på militærtjeneste.
national serviceman vernepliktig (soldat).
National Trust UK: naturvernorganisasjon; **it's a ~ property where we live**(*=it's a protected area where we live*) det er fredet område der hvor vi bor.
nationwide ['neiʃən,waid] *adj:* landsomfattende; **this**

scheme is ~ dette er noe som organiseres på landsbasis; denne planen omfatter hele landet.

I. native ['neitiv] *subst* **1.** innfødt; **a ~ of London** en innfødt londoner; **2***(uncivilized original inhabitant)* innfødt *(fx Columbus thought the natives of America were Indians); neds:* **go ~** begynne å leve som en innfødt; **3.** *om dyr el. plante:* **a ~ of** naturlig hjemmehørende i.

II. native *adj* **1***(=inborn; innate)* medfødt *(fx his native intelligence);* **2.** føde- *(fx his native town);* **his ~ language** hans morsmål; **his ~ Yorkshire** Yorkshire, hvor han var født; **3.** innfødt *(fx a native Norwegian);* **a ~ Norwegian speaker** en som har norsk som morsmål; **4.** *min:* ren; **mine ~ silver** utvinne rent sølv; **5.: ~ to** naturlig hjemmehørende i *(fx kangaroos are native to Australia);* **people ~ to Yorkshire** folk som hører hjemme i Yorkshire.

native language*(=mother tongue; first language)* morsmål.

Nativity [nə'tiviti] *subst; rel:* **the ~***(=the birth of Christ)* Jesu fødsel.

NATO ['neitou] *subst (fk.f. North Atlantic Treaty Organization)* NATO; Atlanterhavspakten.

natron ['neitrən] *subst; geol:* naturlig natriumkarbonat.

I. natter ['nætə] *subst* **T***(=chat)* prat *(fx they were having a good natter).*

II. natter *vb* **T***(=chat; chatter)* prate; skravle; **they were -ing in the kitchen** de satt i kjøkkenet og skravlet.

natty ['næti] *adj* **T***(=tidy; smart)* fiks; smart *(fx a natty suit; he's looking very natty today).*

I. natural ['nætʃərəl] *subst* **1.** *mus(,***US:** *cancel)* oppløsningstegn; note uten fortegn; **2.** *om person:* naturbegavelse *(fx as an actor, he was a natural);* en som er selvskreven (fx til rolle) *(fx a natural for Lady Macbeth).*

II. natural *adj* **1.** naturlig *(fx die a natural death);* natur- *(fx resources);* **2.** medfødt *(fx he had a natural ability for playing the piano);* **a girl with ~ beauty** en pike som er født vakker; en pike som er vakker fra naturens hånd; **3.** *om oppførsel, væremåte:* naturlig; **it's ~ for a boy of his age to be interested in girls** det er naturlig for en gutt i hans alder å interessere seg for jenter; **4.** *mus:* uten fortegn *(fx G natural is lower in pitch than G sharp);* **5.: ~ man** naturmennesket; **6.: the ~ world** naturens verden.

natural disaster naturkatastrofe.

natural frequency*(=fundamental frequency) elekt:* egenfrekvens.

natural gas*(=rock gas)* naturgass.

natural genius naturbegavelse; **he's a ~***(=he's naturally gifted)* han er en naturbegavelse; *(jvf naturally occurring genius).*

natural history naturhistorie.

natural immunity naturlig immunitet; *biol:* artsimmunitet.

naturalism ['nætʃrə,lizəm] *subst:* naturalisme.

naturalist ['nætʃrəlist] *subst* **1.** naturalist; **2.** naturforsker; naturhistoriker.

naturalistic [,nætʃrə'listik] *adj:* naturalistisk.

naturalization, naturalisation [,nætʃrəlai'zeiʃən] *subst:* naturalisering; **be granted British ~** få britisk statsborgerskap.

naturalization papers statsborgerbrev.

naturalize, naturalise ['nætʃrə,laiz] *vb* **1***(=grant citizenship to)* naturalisere; gi statsborgerskap; **2.** *om dyr el. planter:* naturalisere; **3.** *språkv:* **the word has been -d** ordet har fått borgerrett.

naturally ['nætʃrəli] *adv* **1.** av natur *(fx she's naturally timid);* **2.** på en naturlig måte; naturlig *(fx she spoke very naturally; he behaved quite naturally);* **it doesn't come ~ to me** det faller meg ikke naturlig; **3***(=of course)* naturligvis *(fx naturally, we shall be there);* **he was ~ irritated** som naturlig var, ble han irritert.

naturally occurring genius naturgeni; *(jvf natural genius).*

natural process naturprosess.

natural science naturvitenskap.

natural selection *biol:* kvalitetsvalg.

nature ['neitʃə] *subst* **1.** natur; naturen *(fx back to nature);* **2.** natur; beskaffenhet; type; **the ~ of his work** den type arbeid han utfører; **3.: it's against ~** det er imot naturen; **4.: by ~** av natur; ifølge sin natur; **5.: draw from ~** tegne etter naturen; **6.: it was not in his ~** det lå ikke for ham; det passet ikke til hans natur; **7.: the course of ~** naturens gang; **in the course of ~** ifølge naturens orden; **8.: this control cannot in the ~ of things be very effective** det ligger i sakens natur at denne kontrollen ikke kan bli svært effektiv; **9.: live close to ~** leve i nær kontakt med naturen; **10.: ~ will have her way** naturen krever sin rett; **11.: it has become part of their ~** det har gått dem i blodet.

nature conservation naturvern; **the Norwegian Nature Conservation Society** Norges naturvernforbund.

nature reserve naturreservat; naturfredet område.

nature study *i barneskolen:* naturfag.

nature trail natursti.

naturism ['neitʃərizəm] *subst(=nudism)* nudisme; naturisme.

naturist ['neitʃərist] *subst(=nudist)* nudist; naturist.

naturopath ['neitʃərə,pæθ] *subst:* naturlege.

naturopathy [,neitʃə'rɔpəθi] *subst:* naturlegekunst.

naughty ['nɔ:ti] *adj:* uskikkelig; slem; **a really ~ boy** en rampegutt.

nausea ['nɔ:ziə; 'nɔ:siə] *subst:* kvalme.

nauseate ['nɔ:zi,eit; 'nɔ:si,eit] *vb:* gjøre kvalm; gi kvalmefornemmelser; fylle med vemmelse.

nauseous ['nɔ:ziəs; 'nɔ:siəs] *adj:* kvalmende; vemmelig; ekkel.

nautical ['nɔ:tikəl] *adj:* nautisk; sjømanns-; **~ expression** sjømannsuttrykk; **~ mile** nautisk mil (ɔ:1,85 km).

naval ['neivəl] *adj:* orlogs- *(fx naval flag);* sjø- *(fx naval battle);* flåte-; marine-.

naval academy US*(=naval college)* sjøkrigsskole.

naval attaché marineattaché.

naval base flåtebase; orlogsstasjon.

naval cadet sjøkadett.

naval college *(,***US:** *naval academy)* sjøkrigsskole.

naval dockyard*(=naval shipyard;* **US:** *navy yard)* orlogsverft.

naval officer sjøoffiser; marineoffiser.

naval review flåtemønstring.

naval staff admiralstab.

nave [neiv] *subst; i kirke:* skip.

navel ['neivəl] *subst; anat:* navle.

navel string *anat(=umbilical cord)* navlestreng.

navigability [,nævigə'biliti] *subst* **1.** farbarhet; **2.** styrbarhet; manøvreringsdyktighet; *(se navigable).*

navigable ['nævigəbl] *adj* **1.** farbar *(fx river); om vei(=passable)* farbar; **2.** *mar(=steerable)* styrbar; manøvrerbar; manøvreringsdyktig.

navigate ['nævi,geit] *vb* **1.** navigere *(fx if I work the engine, will you navigate?);* seile; føre *(fx a ship through the dangerous rocks outside the harbour);* **2.** *sj(=sail)* seile; **3.** *fig* **T: he -d his way to the bar** han navigerte seg fram til baren.

navigation [,nævi'geiʃən] *subst* **1.** navigasjon; navigering; **2.** *mar(=shipping)* skipsfart; **domestic**

~(=*domestic traffic; home trade*) innenriks fart; **inland** ~(=*inland traffic*) innsjøfart; elvefart; kanalfart; **major (,minor) coastal** ~(=*major (,minor) coastal traffic*) stor (,liten) kystfart.

navigation lights 1. havnefyr; **2.** navigasjonslys; **3.: air** ~ luftfyr.

navigator ['nævi,geitə] *subst* **1.** navigatør; **2.** *ved billøp:* kartleser.

navvy ['nævi] *subst* **1**(=*construction worker*) anleggsarbeider; *hist:* **(railway)** ~ anleggsslusk; rallar; **2.: mechanical** ~(=*(mechanical) digger*) gravemaskin.

navy ['neivi] *subst:* marine; flåte; **merchant** ~ handelsflåte.

navy yard US(=*naval shipyard*) orlogsverft.

nay [nei] *int; glds el. litt.* **1**(=*no*) nei (*fx nay, I will not*); **2**(=*indeed*): **I think, ~, I am certain that** ... jeg tror, ja jeg er sikker, på at ...

Naze [neiz] *subst; geogr:* **the** ~ **1.** *i Essex:* the Naze; **2.** *i Norge:* Lindesnes.

Nazi [na:tsi] **1.** *subst:* nazist; **2.** *adj:* nazistisk; nazi-.

neap [ni:p] *subst:* ~ **tide** nippflo; nipptid.

I. near [niə] *vb; stivt*(=*approach*) nærme seg.

II. near *adj & adv* **1.** nær (*fx near the station; he's a near relation*); **quite** ~ ganske nær; **too** ~ for nær; **it was a** ~ **miss**(=*thing*) det var nære på; det var på et hengende hår; **in the** ~ **future** i nær fremtid; **Christmas is getting** ~ julen nærmer seg; **T: (as)** ~ **as damn it** pokker så nær (*el.* nære på); ~ **at hand** 1(=*imminent*) nær forestående; 2(=*close to*) nær ved; like ved;

2(=*nearside*) venstre (om kjøretøy *el.* dyr) (*fx the near front wheel is loose; the near foreleg*);

3(=*nearby*) like ved; (like) i nærheten (*fx he lives quite near*);

4. T: damn ~(=*very nearly*): **I was damn** ~ **killed** jeg ble nesten drept;

5. T: nowhere ~(=*not nearly*) ikke på langt nær (*fx we've nowhere near enough money to buy a car*).

III. near *prep* **1**(*fk nr.*) pr. (*fx Allington nr. Salisbury*); **2.:** ~ **(to)**(=*close to*) nær (*fx she lives near the church; it was near midnight when they arrived*); ~ **to where I live** i nærheten av der jeg bor; **he came** ~ **to being run over** han holdt på å bli overkjørt.

near- *som forstavelse:* nesten; **a near-perfect landing** en nesten perfekt landing; **a near-accident** noe som nesten ble en ulykke.

near-beer ['niə,biə] *subst:* alkoholfritt øl.

nearby 1. *adj* ['niə,bai] nærliggende; som ligger i nærheten (*fx a nearby hotel*); **2.** *adv* [,niə'bai] i nærheten (*fx he lives nearby*).

Near East *subst; geogr:* **the** ~ Det nære østen.

nearly ['niəli] *adv* **1**(=*almost*) nesten; **2.: he was very** ~ **killed** det var på et hengende hår at han ikke ble drept; **3.: not** ~(=*nowhere near*) ikke på langt nær (*fx not nearly enough money*).

near miss *se II. near 1.*

nearness ['niənis] *subst:* nærhet.

nearside ['niə,said] *subst; av vei el. kjøretøy*(=*lefthand side; left*) venstre side; på venstre side.

near-sighted ['niə'saitid; *attributivt:* 'niə,saitid] *adj*(=*short-sighted*) nærsynt.

near-sightedly [,niə'saitidli] *adv:* nærsynt.

near-sightedness ['niə'saitidnis] *subst*(=*short-sightedness*) nærsynthet.

neat [ni:t] *adj* **1**(=*tidy and orderly*) ordentlig; ryddig (*fx house*); nett (*fx dress*); *om person:* velpleid (*fx she had a neat appearance*); ordentlig; pertentlig (*fx he's extremely neat for his age*); som insisterer på orden og renslighet; **she's very** ~ **and tidy** hun er meget renslig og ordentlig; **2.** *om utført oppgave:* **that's** ~ det er fint (*el.* bra); **a** ~ **job** et pent stykke arbeid; **he's made a** ~ **job of the repair** han har vært flink med den reparasjonen; **3.** *om håndskrift:* sirlig (*fx his neat handwriting*); **4.** *om drikk:* ublandet; bar (*fx neat whisky; drink whisky neat*); **5**(*elegantly simple*) fiks (*fx a neat solution to the problem*); **6.** *om unnskyldning; sj*(=*pat; slick*) fiks og ferdig; glatt (*fx his excuse was suspiciously neat*); **7.** *om ord el. uttrykk*(=*apt; well-defined; precise*) treffende; presis (*fx a neat phrase*); **a** ~ **reply** et velturnert svar.

neatly *adv:* ordentlig; pent (*fx please write neatly*).

neatness ['ni:tnis] *subst:* netthet; *også m.h.t. skolearbeid:* orden.

nebula ['nebjulə] *subst*(*pl: nebulae, nebulas*) **1.** *astr:* **(stellar)** ~ stjernetåke; **2** *med.*(=*cloudy patch on the cornea*) nebula; tåkeformet uklarhet på hornhinnen.

nebular ['nebjulə] *adj:* tåke-; tåkeaktig.

nebulosity [,nebju'lɔsiti] *subst* **1.** tåkethet; uklarhet; **2**(=*nebula*) stjernetåke.

nebulous ['nebjuləs] *adj; stivt*(=*vague; indistinct*) tåket; uklar.

necessarily ['nesis(ə)rili; ,nesi'serili] *adv* **1.** nødvendigvis (*fx girls do not necessarily like dolls*); ... ~ **so** og slik må det nødvendigvis være (*fx there is a great preponderance of examples – necessarily so as the vast majority of purchasers are students*); **2.: he won't** ~ **come** det er ikke (dermed) sikkert at han kommer.

I. necessary ['nesisəri] *subst*(=*indispensable item; essential*) nødvendighetsartikkel; **T: the** ~(=*the required amount of money*) de pengene man trenger; **lack the necessaries of life** mangle det nødvendige.

II. necessary *adj:* nødvendig; ~ **for,** ~ **to** nødvendig for; **if** ~(=*if required*) om nødvendig; **as and when it becomes** ~ etter hvert som det blir nødvendig; **do what's** ~(=*take the necessary steps*) gjøre det som er nødvendig; **I shall do all that's** ~ jeg skal gjøre alt som er nødvendig.

necessitate [ni'sesi,teit] *vb; stivt*(=*make necessary*) nødvendiggjøre.

necessitous [ni'sesitəs] *adj; stivt*(=*poor*) nødstedt; nødlidende; trengende; fattig.

necessity [ni'sesiti] *subst* **1.** *stivt*(=*great need*) nød (*fx it was necessity that made him steal*); ~ **knows no law** nød bryter alle lover; **2.** nødvendighet (*fx a knowledge of German is a necessity*); **the necessities of life** livsfornødenheter; *stivt:* **of** ~(=*necessarily*) nødvendigvis (*fx his story must, of necessity, be true*); **the** ~ **of (-ing)** nødvendigheten av å ...; **this is an unfortunate** ~ dette er dessverre nødvendig; ... **should the** ~ **arise** hvis det skulle bli nødvendig.

I. neck [nek] *subst* **1.** *anat:* hals (*fx she wore a scarf around her neck*); ~ **of the femur** lårhals; ~ **of the womb**(=*cervix (of the womb)*) livmorhals; **2.** *på klesplagg:* hals; halsutringning; **3.** *på flaske, søyle, fiolin:* hals; **4.** *på slakt:* halsstykke; **5.:** ~ **of land**(=*isthmus*) landtange; landtunge; **6.** *i veddeløp:* ~ **and** ~ side om side; **they finished** ~ **and** ~ de gikk side om side i mål; **win by a** ~ vinne med et hestehode; **7.** *fig:* **he's always a** ~ **ahead in new techniques** han ligger alltid litt foran når det gjelder nye teknikker; **8. T: breathe down sby's** ~ legge litt press på en (slik at han gjør det); holde skarpt øye med en (slik at han holder seg i skinnet el. gjør som avtalt); **9.** *om person el. ting* **T: a pain in the** ~ en sann plage; **10.: save one's** ~ redde skinnet; **I saved his** ~ jeg reddet skinnet hans; jeg reddet ham; **11. T: get it in the** ~ få gjennomgå; få på pukkelen; **12. T: stick one's** ~ **out** utsette seg for ubehageligheter; stikke nesen for langt fram; utfordre skjebnen *(fx he didn't want to stick his neck out)*; **13. T: be up to one's ~ in work** sitte i arbeid til opp over ørene; **14.** *spøkef* **T: in this ~ of the woods** i denne delen av verden; **in a quiet ~ of the woods** i et rolig (lite) hjørne.

II. neck *vb* **S**(*=kiss and embrace*) kysse og klemme; **S:** kline *(fx they were necking on the sofa)*.

neckband ['nek,bænd] *subst:* halslinning.

necking ['nekiŋ] *subst* **S**(*=petting*) (erotisk) kjæling; **S:** klining.

necking party S: klinefest.

neck-journal bearing *mask*(*=trunnion bearing*) tapplager.

necklace ['neklis] *subst; smykke:* halsbånd; **diamond ~** diamanthalsbånd *(fx she wore a diamond necklace)*.

necklet ['neklit] *subst:* halssmykke.

neckline ['nek,lain] *subst; på klesplagg:* halsutringning; halsutskjæring; utringning; **back ~** utringning bak (på kjole).

neck opening halsutskjæring; halsåpning.

necktie ['nek,tai] *subst* **US**(*=tie*) slips.

necromancy ['nekrou,mænsi] *subst:* åndemaning; spåing ved å få kontakt med de dødes ånder.

necrosis [ne'krousis] *subst; med.:* nekrose; vevsvinn.

nectar ['nektə] *subst:* nektar *(fx a cup of tea is nectar when one is very tired)*.

nectary ['nektəri] *subst; bot:* nektarium; honninggjemme.

née [nei] *adj; foran gift kvinnes pikenavn:* født *(fx Mrs Smith, née Taylor)*.

I. need [ni:d] *subst* **1.** behov *(fx food is one of our basic needs; bodily needs)*; **enough for his simple -s** tilstrekkelig for hans enkle behov; **the -s of the blind** de blindes behov; **supply the -s of the Norwegian user** dekke den norske brukers behov; **the ~ for** behovet for; **there's a great ~ for ...** det er et stort behov for ...; **be in ~ of** ha behov for; trenge; **2.** nød *(fx be in great need)*; **desperate ~** fortvilet nød; **a friend in ~** en venn i nøden; **he failed me in my (hour of) ~** han sviktet meg i nødens stund; **in case of ~**(*=in an emergency*) i nødsfall;
3.: there is no need for anxiety(*=there is no cause for alarm*) det er ingen grunn til engstelse; **there's no ~ to be so unpleasant** det er ingen grunn til å være så ubehagelig;
4.: there's no ~ for you to do that det er ikke nødvendig at du gjør det; du behøver ikke gjøre det; **what's the ~ for all this hurry?** er det nødvendig med alt dette hastverket? **is there any ~ to hurry?** er det nødvendig å skynde seg? må vi skynde oss? **if ~ be**(*=if necessary; if required*) om nødvendig.

II. need *vb* **1.** trenge; behøve *(fx do you need any help? you needn't worry)*; **this page -s to be checked**(*=this page needs checking*) denne siden må sjekkes (*el.* kontrolleres); **I think a decision will ~ to be made soon** jeg tror at en avgjørelse snart må tas; **it -s to be done carefully** det må gjøres forsiktig; **they ~ to be told** de må få beskjed; **2.** *modalt hjelpeverb:* behøve; måtte; **~ anybody know?** er det noen som behøver å få vite det? **it ~ hardly be said** det behøver neppe å sies; **~ I go?** behøver jeg å gå? **he ~ not answer** han behøver ikke å svare; **you needn't come if you have a cold** du behøver ikke komme hvis du er forkjølet; **he needn't have phoned** han hadde ikke behøvd å ringe.

needful ['ni:dful] *adj; stivt el. spøkef*(*=necessary*)*:* **do whatever is ~** gjøre det som måtte være nødvendig; **the ~** 1. *spøkef*(*=money*) penger *(fx I'm a bit short of the needful at the moment)*; 2(*=what's necessary*) det som er nødvendig; det nødvendige *(fx can I leave it to you to do the needful?)*.

I. needle ['ni:dəl] *subst* **1.** nål *(fx I can't get the thread to go through the eye of my needle)*; **darning ~** stoppenål; **knitting ~** strikkepinne; **sewing ~** synål; **2.** *med.:* nål; sprøytespiss; **hypodermic ~** sprøytespiss for subkutan injeksjon; **3.** *mask; i forgasser:* **(valve) ~** ventilnål; **4**(*=stylus*) (grammofon)stift; **5.: compass ~** kompassnål; **6.** *bot:* **pine ~** furunål; **7.** *på instrument:* nål; viser; **8.: it's like looking for a ~ in a haystack** det er som å lete etter en nål i en høystakk; **9. T: I've got pins and -s in my arm** det prikker i armen min; **10. T: (as) sharp as a ~** 1. sylskarp; 2. *fig:* meget skarp; meget rask i oppfatningen.

II. needle *vb* **T**(*=irritate*) irritere; tirre.

needle addict sprøytenarkoman.

needle bearing *mask:* nålelager.

needless ['ni:dlis] *adj; stivt*(*=unnecessary*) unødig; unødvendig; **~ to say** det sier seg selv at ... *(fx needless to say, he couldn't do it)*.

needlessly *adv:* unødig *(fx don't disturb him needlessly)*.

needlework ['ni:dəl,wə:k] *subst* **1.** søm *(fx she's very good at needlework)*; **2.** *skolev:* håndarbeid; **3.: a piece of ~** et håndarbeid; et sytøy.

needs [ni:dz] *adv; stivt*(*=necessarily*)*:* **must ~** må nødvendigvis *(fx we must needs go)*; **if ~ must**(*=if it has to be done*) hvis det endelig må gjøres; hvis det er absolutt nødvendig; *ordspråk:* **~ must when the devil drives** må man, så må man.

needy ['ni:di] *adj; stivt*(*=poor*) trengende; fattig; **the ~** de trengende; de som lider nød.

ne'er [nεə] *adv; litt.*(*=never*) aldri.

ne'er-do-well ['nεəᵈu(:).wel] *subst*(*=good-for-nothing*) døgenikt.

nefarious [ni'fεəriəs] *adj; meget stivt*(*=very wicked*) meget ond; avskyelig *(fx nefarious crimes)*.

negate [ni'geit] *vb; meget stivt* **1**(*=cancel out; invalidate*) gjøre ugyldig; oppheve *(fx this negated the promise made earlier)*; **2**(*=deny*) benekte *(fx a fact)*.

negation [ni'geiʃən] *subst* **1.** (be)nektelse; **2.** *gram:* nektelse; **3.** *filos:* negasjon.

I. negative ['negətiv] *subst* **1.** nektelse *(fx 'no' and 'never' are negatives)*; **2.** *fot:* negativ; **3.** *mat.:* negativ størrelse; **4.: answer in the ~** svare benektende; gi et negativt svar.

II. negative *adj:* negativ; nektende *(fx sentence)*; benektende *(fx reply)*; **a ~ outlook on life** et negativt syn på livet.

III. negative *vb; meget stivt* **1**(*=neutralize*) nøytralisere; gjøre virkningsløs *(fx sby's efforts)*; **2**(*=disprove*) motbevise *(fx experience negatives the theory)*; **3**(*=reject*) forkaste *(fx a proposal)*.

I. neglect [ni'glekt] *subst:* vanrøkt; dårlig stell *(fx the garden is suffering from neglect; the children starved from neglect)*; **~ of duty** pliktforsømmelse; **the garden was in a state of ~** hagen var forsømt.

II. neglect *vb* **1.** forsømme *(fx one's children)*; **~ one's duty** forsømme sin plikt; **he -ed his work** han var likeglad med arbeidet sitt; han forsømte arbeidet sitt; **2.** *stivt:* **~ to**(*=omit to; fail to*) unnlate å; forsømme å *(fx he neglected to answer the letter)*.

negligé, negligée ['negli,ʒei] *subst (woman's light dressing gown)* neglisjé.

negligence ['neglidʒəns] *subst:* skjødesløshet; uaktsomhet; **gross ~** grov uaktsomhet; **act with gross ~** handle grovt uaktsomt; **guilty of ~** skyldig i uaktsomhet.

negligent ['neglidʒənt] *adj:* skjødesløs; forsømmelig; uaktsom; **be ~ of one's duties**(*=neglect one's duties*) forsømme sine plikter.

negligible ['neglidʒəbl] *adj; stivt:* negligibel; ubetydelig; **the amount of money involved was** ~*(=trifling)* det pengebeløpet det dreide seg om, var ubetydelig; **we had** ~*(=scant)* **results from all our hard work***(=we didn't have much to show for all the hard work we put in)* vi oppnådde ikke stort med alt slitet vårt.
negotiable [ni'gouʃəbl] *adj* **1.** *merk(=transferable)* som kan overdras *(fx is this cheque negotiable?);* omsettelig; ~ **securities** omsettelige verdipapirer; **2.** *om spørsmål:* som det kan forhandles om *(fx this question is not negotiable);* **3.** *om vei(=passable)* farbar.
negotiate [ni'gouʃi,eit] *vb* **1.** forhandle (*with* med); **on the terms they have -d** på de betingelser de har forhandlet seg fram til; ~ **a peace treaty** forhandle seg fram til en fredstraktat; ~ **a loan** få ordnet et lån; **2.** *merk(=transfer)* omsette *(fx a bill (of exchange); a cheque);* **3.** *om hinder el. vanskelighet:* greie; klare *(fx it's a difficult corner for a big car to negotiate);* **they managed to** ~ **the rough path** de klarte å ta seg fram på den dårlige stien.
negotiated peace forhandlingsfred.
negotiating body forhandlingsorgan.
negotiating counter *polit:* forhandlingskort.
negotiating rights forhandlingsrett.
negotiation [ni,gouʃi'eiʃən] *subst* **1.** forhandling; **2.: the** ~ **of a loan** det å få ordnet med et lån.
negotiator [ni'gouʃi,eitə] *subst:* forhandler; **chief** ~ forhandlingsleder.
Negress ['ni:gris] *subst:* negerkvinne.
Negro ['ni:grou] *subst (pl: Negroes)* **1.** *subst:* neger; **2.** *adj:* neger-.
negroid ['ni:grɔid] *adj:* negroid; ~ **features** negroide trekk.
neigh [nei] *(=whinny)* **1.** *subst:* knegg(ing); vrinsk(ing); **the horse gave a** ~ hesten knegget (*el.* vrinsket); **2.** *vb:* knegge; vrinske; **he -ed with laughter** han lo kneggende.
neighbour *(,US: neighbor)* ['neibə] *subst* **1.** nabo; **my next-door** ~ min nærmeste nabo; **the near -s** de nærmeste naboene; **we're -s** vi er naboer; **2***(=person sitting next to one)* sidemann; **3.** *bibl:* **your** ~ din neste.
neighbourhood *(,US: neighborhood)* ['neibə,hud] *subst* **1.** nabolag; **live in the** ~ bo i nabolaget; **2.** *især i by:* distrikt; bydel *(fx a poor neighbourhood);* strøk; **3.: the immediate** ~ nærmeste omegn; **in the** ~ **of London** i nærheten av London; i Londons nærmeste omegn; *stivt:* **in the** ~ **of 500 people***(=approximately 500 people)* noe i nærheten av 500 mennesker.
neighbourhood community*(=local community)* lokalsamfunn *(fx he was received back into his neighbourhood community).*
neighbourhood squabble nabokrangel.
neighbouring *(,US: neighboring) adj:* nabo- *(fx town);* omkringliggende *(fx in neighbouring areas).*
neighbourly *(,US: neighborly) adj:* nabovennlig; **be** ~ være en god nabo; vise godt naboskap *(fx she's kind and neighbourly).*
I. neither ['naiðə; **US:** 'ni:ðə] *pron, adj:* ingen (av to) *(fx neither can swim; neither foot is swollen);* ingen av delene *(fx will you have tea or coffee? – neither, thank you).*
II. neither *konj* **1***(=nor)* ikke ... heller *(fx he didn't go and neither did I);* ~ **was he one to complain** han var heller ikke den som klaget; **2.:** ~ ... **nor** hverken ... eller *(fx neither I nor Peter knows anything about it; neither Jack nor Mary has done any work today; neither Jack nor John nor Mary went);* **he can** ~ **read nor write** han kan hverken lese eller skrive; *fig:* **that's** ~ **here nor there** det hører ingen steder hjemme; det har ikke noe med saken å gjøre.
nelly ['neli] *subst* **S: not on your** ~! ikke tale om! aldri i livet!
nematode ['nemə,toud] *subst; zo:* ~ **(worm)** *(=roundworm)* rundorm.
Nemesis ['neməsis] *subst; myt:* Nemesis.
neo- ['ni:ou] *forstavelse:* neo-; ny-.
Neolithic [,ni:ə'liθik] *adj:* neolittisk; fra den yngre steinalder; **the** ~ **Age** den yngre steinalder.
neologism [ni'ɔlədʒizəm] *subst(=newly-invented word)* nydannelse; nydannet ord; neologisme.
neon ['ni:ɔn] *subst:* neon; ~ **light** neonlys.
neon sign*(=electric sign)* lysreklame; neonreklame.
neophyte ['ni:ou,fait] *subst* **1***(=new convert)* nyomvendt; **2.** *kat(=novice)* novise; neofytt.
Nepal [ni'pɔ:l] *subst; geogr:* Nepal.
nephew ['nevju:; 'nefju:] *subst:* nevø.
nephritis [ni'fraitis] *subst:* nyrebetennelse; nefritt.
nepotism ['nepə,tizəm] *subst(=favouritism)* nepotisme.
I. nerve [nə:v] *subst* **1.** *anat:* nerve; **he's a bundle of -s** han er en nervebunt; **she suffers from -s** hun har dårlige nerver; **a test of -s** en nerveprøve; **2***(=courage)* mot; kaldblodighet; **she didn't have the** ~ **to do it** hun manglet mot til å gjøre det; **3. T***(=cheek)* frekkhet; **you've got a** ~ **to come here uninvited** du er jamen frekk, som kommer hit uinvitert; **what a** ~! for en frekkhet! **3.: get on sby's** ~ gå en på nervene; **4.: strain every** ~*(=make tremendous efforts)* anstrenge seg til det ytterste.
II. nerve *vb:* ~ **oneself to** samle mot til å *(fx he nerved himself to climb the tower);* **her words had -d him for the fight** ordene hennes hadde gitt ham mot til å ta kampen opp; **she -d herself up for the confrontation** hun forberedte seg på konfrontasjonen.
nerve cavity*(=medullary cavity) anat:* marghule.
nerve-racking ['nə:v,rækiŋ] *adj:* nerveslitende; som tar på nervene.
nervous ['nə:vəs] *adj* **1.** nervøs *(fx she was nervous about travelling by air);* **2.** nerve-; nervøs.
nervous breakdown nervesammenbrudd; nervøst sammenbrudd.
nervous disease nervesykdom.
nervousness ['nə:vəsnis] *subst:* nervøsitet.
nervous wreck nervevrak.
nervy ['nə:vi] *adj* **T***(=nervous; irritable)* nervøs; irritabel; som har nerver *(fx she's a very nervy person).*
nescience ['nesiəns] *subst; litt.(=ignorance)* uvitenhet.
I. nest [nest] *subst* **1.** reir; rede; **wasp's** ~ vepsebol; **2.** *om sted man trekker seg tilbake til:* hule; **3.: a** ~ **of tables** et settbord; **4.** *fig; neds:* **feather one's** ~ mele sin egen kake.
II. nest *vb:* bygge reir (*el.* rede); *om sjøfugl:* hekke.
nest egg T*(=savings)* sparepenger; **T:** en slant på kistebunnen.
nester ['nestə] *subst; zo:* reirbygger.
nesting cliff*(=bird rock)* fuglefjell.
nesting place*(=nesting site)* hekkeplass.
nesting time*(=nesting season)* tid da fuglene bygger reir; *om sjøfugl:* hekketid.
nestle ['nesəl] *vb* **1.: the children -d together** barna lå tett inntil hverandre; **she -d up to him** hun trykket seg inntil ham; **2.:** ~ **down***(=settle comfortably)* sette seg godt til rette.
nestling ['nes(t)liŋ] *subst:* nyutklekket fugleunge.
Nestor ['nestɔ:] *subst* **1.** *myt:* Nestor; **2***(=nestor)* nestor; eldstemann.
I. net [net] *subst* **1.** nett *(fx mosquito net; hair net);* **2.**

(fiske)garn; **3.: landing** ~ håv; **4.** *fig:* nett.

II. net *vb* **1.** fange i nett; fange i garn *(fx net several tons of fish);* sette ut garn i *(fx a river);* **2.** filere; **3.** *sport:* slå (ball) i nettet; **4.** tjene; **he -ted £500 from the sale** han tjente £500 på salget; ~ **a big profit** få en stor fortjeneste; **from that book he -ted £20,000** den boken innbrakte ham £20.000.

III. net *adj:* netto; netto-; ~ **profit** ren fortjeneste *(fx the net profit from the sale was £500);* **the sugar weighs one kilo** ~ sukkerets nettovekt er én kilo.

net annual income årlig nettoinntekt.

net ball *sport* **1.** *slags kurvball:* nettball; **2.** *i tennis:* nettball.

net earnings*(=net income)* nettoinntekt.

net fishing garnfiske.

nether ['neðə] *adj; glds el. litt.(=lower)* nedre; nederst; neder-; undre; underst; under-.

Netherlands ['neðələndz] *subst; geogr:* **the** ~*(=Holland)* Nederland; Holland.

nethermost ['neðə,moust] *adj; litt.(=lowest)* underst; nederst.

nether world: the ~*(=the nether regions)* **1***(=the world after death)* dødsriket; **2***(=hell)* helvetet; underverdenen.

net income*(=net earnings)* nettoinntekt.

net price nettopris.

netting ['netiŋ] *subst* **1.** garnbinding; **2.** filering; filert arbeid; **2.** nett; nettverk; **wire** ~(ståltråd)netting.

I. nettle ['netəl] *subst; bot:* nesle; **stinging** ~ brennesle.

II. nettle *vb(=irritate; annoy)* ergre; irritere.

nettle rash *med.(=urteçaria)* neslefeber.

net weight nettovekt.

network ['net,wə:k] *subst; også fig:* nettverk.

neuralgia [nju'rældʒə] *subst; med.:* neuralgi; nervesmerter.

neurological [,njuərə'lɔdʒikəl] *adj:* neurologisk.

neurologist [,njuə'rɔlədʒist] *subst:* neurolog; nervespesialist.

neurology [,njuə'rɔlədʒi] *subst:* neurologi.

neurosis [nju'rousis] *subst; med.:* neurose.

neurosurgeon [,njuərou'sə:dʒən] *subst:* neurokirurg.

neurosurgery [,njuərou'sə:dʒəri] *subst:* neurokirurgi.

neurotic [nju'rɔtik] **1.** *subst:* neurotiker; **2.** *adj:* neurotisk.

I. neuter ['nju:tə] *subst* **1.** *gram:* intetkjønnsord; nøytrum; **2.** *zo:* kjønnsløst (*el.* ukjønnet) insekt; *bot:* kjønnsløs (*el.* ukjønnet) plante; **3.** kastrert dyr.

II. neuter *adj* **1.** *gram:* intetkjønns-; ~ **noun** substantiv av intetkjønn; **2.** *zo & bot:* kjønnsløs; ukjønnet; *bot også:* gold.

III. neuter *vb(=castrate)* kastrere.

I. neutral ['nju:trəl] *subst* **1.** *mask:* fri; **put the car in** ~ sette bilen i fri; **2***(=neutral country; person from a neutral country)* nøytralt land; person fra et nøytralt land.

II. neutral *adj:* nøytral.

neutral-gender term [,nju:trəl'dʒendə,tə:m] *subst:* kjønnsnøytral betegnelse.

neutralism ['nju:trə,lizəm] *subst:* nøytralisme; nøytralitetspolitikk.

neutrality [nju:'træliti] *subst:* nøytralitet.

neutralization, neutralisation [,nju:trəlai'zeiʃən] *subst:* nøytralisering.

neutralize, neutralise ['nju:trə,laiz] *vb:* nøytralisere.

neutron ['nju:trɔn] *subst; fys:* nøytron.

Nevada [ni'va:də] *subst; geogr (fk Nev.)* Nevada.

never ['nevə] *adv* **1.** aldri; *stivt:* ~ **have I seen***(=I've never seen)* **a house as beautiful as this** aldri har jeg (*el.* jeg har aldri) sett et så vakkert hus som dette; **2***(=not at all)* slett ikke *(fx this will never do);* **3.** *overrasket utbrudd(=surely not):* **you're** ~ **18!** du er aldri i verden 18! **well, I** ~! nei, nå har jeg aldri sett (,hørt) maken! **you were** ~*(=surely you weren't)* **such a fool as to do that!** du var da vel aldri så dum at du gjorde det! **I said it to his face. – Never!** Jeg sa ham det rett opp i ansiktet. – Aldri i verden om du 'det gjorde! **4.** *trykksterkt; litt. el.* **T:** ~ **ever***(=never)* aldri; **I shall** ~ **ever speak to you again** jeg skal aldri snakke med deg mer; **5.: he's** ~ **done that yet** det har han hittil aldri gjort; **6.:** ~ **so much as** ikke så meget (*el.* mye) som *(fx he never so much as thanked them);* **7.:** ~ **is a strong word** man skal aldri si aldri.

never-ending [,nevə'rendiŋ; *attributivt:* 'nevə,rendiŋ] *adj:* endeløs *(fx the discussions were never-ending).*

never-failing ['nevə,feiliŋ] *adj:* aldri sviktende; **a** ~ **trick** et knep som aldri slår feil.

nevermore [,nevə'mɔ:] *adv; litt.(=never again)* aldri mer.

never-never ['nevə'nevə] *subst* **T: on the** ~*(=on hire-purchase)* på avbetaling.

nevertheless [,nevəðə'les] *adv; stivt(=despite all that; all the same)* ikke desto mindre; likevel.

never-to-be-forgotten *adj(=unforgettable)* uforglemmelig.

new [nju:] *adj:* ny; ~*(=fresh)* **bread** ferskt brød; **he's** ~ **to this kind of work** denne typen arbeid er noe nytt for ham; **that's** ~ **to me** det er nytt for meg.

newborn ['nju:,bɔ:n] *adj:* nyfødt.

new broom *om person i ny jobb* **T:** ny kost.

newcomer ['nju:,kʌmə] *subst:* nykomling; **he's a** ~ **to this district** han er ny her i distriktet.

newfangled ['nju:,fæŋgəld] *adj; neds:* nymotens; moderne *(fx ideas).*

new-for-old insurance *fors:* nyverdiforsikring.

Newfoundland ['nju:fəndlənd; nju:'faundlənd] *subst; geogr:* Newfoundland.

newish ['nju:iʃ] *adj* **T:** nokså ny.

new-laid ['nju:'leid; *attributivt:* 'nju:,leid] *adj:* nylagt *(fx egg).*

newly ['nju:li] *adv(=recently):* **a** ~ **married couple** et nygift par.

newly operated on *adj; med.:* nyoperert.

newlyweds ['nju:li,wedz] *subst; pl:* nygifte.

new production *teat:* nyoppførelse.

new race *sport(=rerun)* omløp.

news [nju:z] *subst* **1.** nyhet; **a piece of** ~*(=a news item)* en nyhet; **a piece of good** ~ en god nyhet; **the** ~ nyheten; nyhetene; **that's quite cheerful** ~ det var hyggelige nyheter; **they broke the** ~ **gently** de fortalte nyheten på en skånsom måte; **is there any** ~ **about your friend?** er det noe nytt om vennen din? **there is no** ~ **of him** man har ikke hørt noe mer nytt om ham; **no** ~ **is good** ~ intet nytt er godt nytt; **ask for** ~ **of mutual acquaintances** spørre nytt om felles kjente; **that's** ~ **to me** det visste jeg ikke; det var helt nytt for meg; **2***(,glds: tidings)* budskap; ~ **of (sby's) death** dødsbudskap; **3.** *radio, TV:* **the** ~ nyhetene.

newsagent ['nju:z,eidʒənt] *subst:* **a** ~ **'s** en forretning hvor det selges aviser og blader.

newsboy*(=paperboy)* avisgutt.

news broadcast *radio; TV:* nyhetssending.

newscast ['nju:z,ka:st] *subst; radio, TV; stivt(=news broadcast)* nyhetssending.

newscaster ['nju:z,ka:stə] *subst; radio, TV(=newsreader)* nyhetsoppleser.

news dealer US: *se newsagent.*

news desk *radio:* nyhetsredaksjon; **at the** ~ i nyhetsredaksjonen; *(jvf newsroom 1).*

news editor nyhetsredaktør.

news flash *radio(=headline news)* nyhetsoversikt; nyhetsoverskrifter.

newshound ['nju:z,haund] *subst* **US T***(=press reporter)* journalist.
news item nyhet.
newsletter ['nju:z,letə] *subst:* informasjonsblad.
newsman ['nju:zmən] *subst(=journalist)* journalist.
news media nyhetsmedia.
newspaper ['nju:z,peipə] *subst:* avis; blad.
(newspaper) cutting*(=press cutting;* **US:** *clipping)* avisutklipp.
newspaper delivery bag avisveske; budveske.
newspaperman ['nju:z,peipəmən] *subst:* pressemann.
newspaper room avislesesal.
newspaper round: do a ~*(,***US:** *have a newspaper route)* gå med aviser; ha en avisrute.
newspaper tycoon aviskonge.
newsprint ['nju:z,print] *subst:* avispapir.
newsreader ['nju:z,ri:də] *subst; radio, TV:* nyhetsoppleser.
newsreel ['nju:z,ri:l] *subst:* reportasjefilm; filmavis.
newsroom ['nju:z,rum] *subst* **1.** *i avis:* nyhetsredaksjon; **2***(=newspaper room)* avislesesal; *(jvf news desk).*
newsstand ['nju:z,stænd] *subst; på gaten:* aviskiosk; sted hvor det selges aviser.
news studio *radio:* nyhetsredaksjon.
news theatre filmavis.
news vendor avisselger.
newsy ['nju:zi] *adj* **T***(=full of news)* full av nyheter; **a ~ letter** et brev fullt av nyheter.
newt [nju:t] *subst; zo:* vannsalamander.
New Year nyttår; nyår; **happy ~!** godt nytt år!
New Year's Day første nyttårsdag.
New Year's Eve nyttårsaften.
New York ['nju: 'jɔ:k] *subst; geogr:* New York.
New Zealand [,nju:'zi:lənd] *subst; geogr:* New Zealand.
I. next [nekst] *adj* **1.** neste; (på)følgende; **(the) ~ day***(=the following day)* neste dag; den påfølgende dag; **~ time** neste gang; **~ week** (i) neste uke; **the ~ week (,summer)** uken (,sommeren) deretter; neste uke (,sommer); **at the end of ~ month** i slutten av neste måned; **all ~ month***(=the whole of next month)* hele neste måned; **the ~ thing to be done** det neste som må gjøres; **the ~ person to arrive** den neste som kom (,som kommer); **on the ~ page***(=on the following page; overleaf)* på neste side; **who is ~ on the list?** hvem er nestemann på listen? **finish one question before you begin to answer the ~** gjør deg ferdig med ett spørsmål før du begynner på neste; **one minute he was sitting beside me – the ~ he was lying on the ground** i det ene øyeblikket satt han ved siden av meg, i neste lå han på bakken; **the first five people arrived on time, but the ~ were all late** de første fem kom presis, men deretter var alle sene; **2.** ved siden av; tilstøtende *(fx in the next room);* **3.** nærmest *(fx you'll get it in the next(=nearest) shop);* **(with)in the ~ few days** i løpet av de nærmeste dagene.
II. next *adv* **1***(=after that)* deretter; dernest; så *(fx John arrived first and Jane came next);* **~, he started to** ... og så begynte han å ...; *om ubehagelighet(er), etc:* **what ~?** hva mer kan vi (så) vente oss? hva blir (så) det neste? **2***(=next time)* neste gang *(fx read this book next);* **when ~ we meet***(=next time we meet)* neste gang vi møtes (*el.* treffes); **when you ~ visit them***(=next time you visit them)* neste gang du besøker dem; **3.: ~ to** 1*(=beside)* ved siden av *(fx he sat next to me; he lives in the house next to mine);* 2*(=almost)* nesten *(fx it was next to impossible to see in the fog; it costs next to nothing)* 3. nest etter *(fx next to gin I like sherry best; next to your mother who do you love most?);* 4. nærmest *(fx wear wool next to the skin).*
next best nest best.
I. next-door ['nekst,dɔ:] *adj:* nærmest *(fx our next -door neighbours);* **the ~ house** huset ved siden av.
II. next door *adv:* (like) ved siden av; i huset ved siden av *(fx they live next door to the dentist);* **he lives ~ but one** han bor to hus bortenfor.
next of kin nærmeste pårørende *(fx who is your next of kin?);* **he has no ~** han har ingen pårørende.
nexus ['neksəs] *subst* **1.** *gram:* nexus; **2.** *fig(=link)* forbindelse; sammenheng *(fx the nexus of cause and effect);* bindeledd; **the cash ~** penger som bindeledd mellom menneskene.
Niagara [nai'ægərə] *subst; geogr:* Niagara.
nib [nib] *subst:* spiss; *på penn:* pennesplitt; pennespiss.
I. nibble ['nibəl] *subst* **1***(=small bite)* liten bit *(fx have a nibble of this cake);* **2.** *av fisk(=bite)* napp *(fx he felt a nibble at the bait);* **3.: -s T:** knask; smågott.
II. nibble *vb* **1.: ~ (at)** bite forsiktig av (,i, på); **2.** *fig:* **~ at an idea***(=toy with an idea)* leke med en idé; **~ at an offer***(=show cautious interest in an offer)* vise forsiktig interesse i et tilbud; **T:** lukte på et tilbud.
nibs [nibz] *subst; iron* **S: his ~** hans høyhet.
Nicaragua [,nikə'rægjuə] *subst; geogr:* Nicaragua.
nice [nais] *adj* **1.** hyggelig *(fx she's a very nice person; a very nice place);* **2.** *om været:* pent *(fx it's really nice weather);* **3.** *fig; iron:* **we're in a ~ mess now** nå sitter vi fint i det; **that wasn't a very ~ thing to say** det var ikke (videre) pent sagt; **he's a ~ one to talk to!** han er det ikke mye hyggelig å snakke med! **4.** *rosende:* bra; fint; *sport:* **that was a ~ shot!** det var et fint skudd! **5.** *fig(=subtle)* subtil; hårfin; spissfindig *(fx that's a nice distinction);* **he has a ~ sense of timing** han er flink til å velge tidspunkt (*el.* beregne tiden); **6.** *forsterkende:* **~ and warm** god og varm; **~ and cool** deilig og kjølig.
nicely *adv(=very well)* fint *(fx this pair will suit me nicely, thank you);* **the weather has turned out ~** været har blitt pent; **T: he's doing very ~** han greier seg meget bra.
nicety ['naisiti; 'naisəti] *subst* **1***(=subtle point)* fin detalj; hårfin detalj *(fx a nicety of etiquette);* finesse *(fx niceties of language);* spissfindighet *(fx legal niceties);* liten (uviktig) detalj; **such niceties** slike små detaljer; **2.** presisjon; nøyaktighet; **to a ~** helt nøyaktig; på en prikk; **roasted to a ~** helt passe stekt; **3.** *stivt el. spøkef:* **niceties***(=comforts; advantages):* **the niceties of first-class travel** det behagelige ved å reise på første klasse.
niche [ni:ʃ] *subst* **1.** *arkit(=recess)* nisje; **2.** *økologi:* kår; **3.** *fig:* plass (i livet); **find a ~ for oneself** finne seg en plass i livet; **he found his ~ in teaching** han valgte å bli lærer; **he's found his ~** han har kommet på sin rette hylle.
I. nick [nik] *subst* **1. T***(=notch)* skår; hakk; **2. S***(=prison)* fengsel; **S:** bur *(fx in the nick);* **3. S***(=police station)* politistasjon *(fx they took him down to the nick);* **4. T: in the ~ of time***(=just in time)* akkurat tidsnok; *spøkef:* i grevens tid; **5. S: in good ~***(=in good form)* i fin form; *om fx bil(=in good condition)* i fin (*el.* god) stand.
II. nick *vb* **1. T:** hakke; kutte; **he -ed his chin while shaving** han skar seg på haken under barberingen; **2. S***(=arrest)* arrestere; **S:** sette i buret *(fx they nicked him for robbery);* **3. S***(=steal)* stjele; **T:** kvarte; rappe.
I. nickel ['nikəl] *subst* **1.** nikkel; **2. US:** femcentstykke.
II. nickel *vb(=nickel-plate)* fornikle.
I. nicker ['nikə] *subst* **S***(=pound,* **T:** *quid)* pund.
II. nicker *vb(=neigh softly)* vrinske (*el.* knegge) lavt.

I. nickname ['nik,neim] *subst:* oppnavn; tilnavn; økenavn.
II. nickname *vb:* gi tilnavn (*el.* økenavn); **they -d him Fatty** de ga ham økenavnet Tjukken.
nicotine ['nikə,ti:n] *subst:* nikotin.
niece [ni:s] *subst:* niese.
nifty ['nifti] *adj* **T**(*=smart; clever; very good*): **he's done some very ~ work on the car** han har gjort en virkelig fin jobb på bilen.
Niger ['naidʒə] *subst; geogr:* Niger.
Nigeria [nai'dʒiəriə] *subst; geogr:* Nigeria.
Nigerian [nai'dʒiəriən] **1.** *subst:* nigerianer; **2.** *adj:* nigeriansk.
niggardly ['nigədli] *adj* **1.** *om beløp(=very small)* knuslet(e); **2**(*=miserly*) gjerrig; gnieraktig.
nigger ['nigə] *subst* **1.** *neds(=Negro)* nigger; **2. T: a ~ in the woodpile** en skjult ulempe; en uventet hindring; **3. T: work like a ~** slite som en gamp.
niggle ['nigəl] *vb* **1**(*=be fussy about details*) pirke; **2**(*=complain about unimportant details*) pirke; komme med smålig kritikk; **3**(*=annoy; irritate*) irritere.
niggling *adj* **1**(*=unimportant*) ubetydelig; uviktig; **don't bother with these ~ details** ta det ikke så nøye med disse uviktige detaljene; **2**(*=worrying; irritating*): **she has ~ doubts about marrying him** hun har sine tvil om hun bør gifte seg med ham; **a ~ fear**(*=a lurking fear*) en snikende frykt; **~ worries** småbekymringer.
niggling work(*=fiddling work*) pirkearbeid.
nigh [nai] *adj; glds(=near)* nær; *litt. el. dial:* **well ~**(*=almost*) nesten (*fx he's well nigh 80 years old*).
night [nait] *subst:* natt; *m.h.t. fornøyelser, etc:* kveld; aften; *teat:* **first ~** première; **have a ~ out** gå ut en kveld; **they made a ~ of it** de tok seg en helaften; **all ~**(*=the whole night*) hele natten; **all ~ long**(*=throughout the night*) hele natten igjennom; **last ~** i natt (som var); i går kveld; **the ~ before last** i går natt; **tomorrow ~** i morgen kveld (*el.* natt); **~ and day** (både) natt og dag; **at ~** om natten (*fx sleep (well) at night; travel at night*); *i fx værvarsel:* til natten (*fx local coastal fog at night*); **late at ~** sent på kvelden; **at dead of ~**(*=in the dead of night*) i nattens stillhet; **by ~** om natten (*fx travel by night*); ved nattetid; **~ by ~** natt etter natt; **during the ~** i løpet av natten; om natten (*fx it rained a lot during the night*); **in the ~** om natten; i natten (*fx voices in the night*); **far into the ~, well into the ~**(*until late at night*) til langt på natt; til langt ut på natten (*fx he went on reading far into the night; our discussion continued well into the night*); **Saturday ~** lørdag kveld; **late (on) Saturday ~** sent lørdag kveld; natt til søndag; **on the ~ of the 6th to the 7th** natten mellom den 6. og den 7.; **he won't live through the ~** han kommer ikke til å leve natten over; **~ came (on)**(*=night fell*) natten falt på; det ble natt; **sit up -s** sitte oppe om nettene; **stay the ~** bli natten over; **he stayed the ~ out** han ble resten av natten; **turn ~ into day** gjøre natt til dag; **work -s** ha nattarbeid; **two -s ago** i forgårs natt; **wish sby a good ~** ønske en god natt.
night bell nattklokke.
night bird nattmenneske; natterangler.
nightcap ['nait,kæp] *subst* **1.** *hist:* nattlue; **2.** kveldsdrink.
nightclub ['nait,klʌb] *subst:* nattklubb.
nightdress ['nait,dres] *subst(=nightgown;* **US:** *night robe)* nattkjole.
nightfall ['nait,fɔ:l] *subst; litt.(=dusk):* **at ~** ved mørkets frembrudd; i skumringen.
night glass nattkikkert.
nightgown *se nightdress.*
nightie ['naiti] *subst* **T**(*=nightdress*) nattkjole; (*se nightdress*).
nightingale ['naitiŋ,geil] *subst; zo:* nattergal.
nightjar ['nait,dʒa:] *subst; zo:* nattravn.
night life *subst:* natteliv; **~ is a strain** natteliv(et) tar på; **go in for ~** gi seg nattelivet i vold.
nightlight ['nait,lait] *subst* **1.** nattlys; **2.** telys.
nightlong ['nait,lɔŋ] *adj:* som varer hele natten.
nightly ['naitli] *adj, adv(=at night; every night)* nattlig; natt-; hver natt; hver kveld.
nightmare ['nait,mɛə] *subst:* mareritt.
night-night **T**(*=goodnight*) god natt, da! natt natt!
night out kveld ute; kveld da man er ute for å hygge seg (*fx this is the best night out I've had for months*).
night owl(*=night bird*) natteravn; nattmenneske.
night robe **US**(*=nightdress*) nattkjole.
nightshade ['nait,ʃeid] *subst; bot:* søtvier; nattskygge; **deadly ~** belladonna.
nightspot ['nait,spɔt] *subst* **T**(*=nightclub*) nattklubb.
night stick **US**(*=truncheon*) politikølle.
night-time ['nait,taim] **1.** *subst:* nattetid; **at ~** ved nattetid; om natten; **2.** *adj:* natt-; **a ~ prowler** en som lusker rundt om natten.
night-time flight nattflyvning.
night watch **1.** nattevakt; **2**(*=night watchman*) nattevakt.
night watchman(*=nightwatchman*) nattevakt.
nighty ['naiti] *subst* **T**(*=nightdress*) nattkjole; (*se nightdress*).
nihilism ['naii,lizəm] *subst:* nihilisme.
nil [nil] *subst* **1.** *sport:* null; **2.: there was a ~ response to our questionnaire** vi fikk overhodet ingen respons på spørreskjemaet vårt; **his influence is ~** hans innflytelse er lik null.
Nile [nail] *subst; geogr:* **the ~** Nilen.
nimble ['nimbəl] *adj* **1.** rask (og spenstig); behendig (*fx a nimble jump*); **~ fingers** raske fingre; **2.** *fig(=alert)* kvikk; våken (*fx a nimble mind*).
nimbus ['nimbəs] *subst* **1.** regnsky; **2**(*=shining halo*) nimbus; glorie.
niminy-piminy ['nimini 'pimini] *adj; stivt(=prim)* tertefin.
nincompoop ['niŋkəm,pu:p] *subst(=fool)* fjols; tosk.
nine [nain] **1.** *tallord:* ni; **2.** *subst:* nitall; **3. T: got up to the -s**(*=dressed up to the nines*) stivpyntet; i sin stiveste puss; **T:** stripønta.
ninefold ['nain,fould] *adj, adv:* nidobbelt; nifold.
ninepins ['nain,pinz] *subst(=skittles;* **US:** *bowling)* kjeglespill; **they went down like ~** 1. de falt for fote; 2. de fikk sykdommen i tur og orden.
nineteen [,nain'ti:n] *tallord:* nitten; **talk ~ to the dozen** snakke i ett vekk; (*se four*).
nineteenth [,nain'ti:nθ] **1.** *tallord:* nittende; **2.** *subst:* nitten(de)del; **3. S: the ~ hole**(*=the bar*) baren (i golfklubben).
ninetieth ['naintiiθ] **1.** *tallord:* nittiende; **2.** *subst:* nittiendedel; nittidel.
ninety ['nainti] **1.** *tallord:* nitti; **2.** *subst:* **in the nineties** i nittiårene; **she's in her nineties** hun er i nittiårene.
ninny ['nini] *subst; neds* **T**(*=fool*) tosk (*fx don't be such a ninny!*).
ninth [nainθ] **1.** *tallord:* niende; **2.** *subst:* niendedel; nidel.
I. nip [nip] *subst* **1**(*=pinch*) klyp (*fx he gave me a nip on the arm*); **2.** lite bitt (*fx his dog gave her a nip on the ankle*); **3. T:** kaldt drag (*fx there's a nip in the air*); **the first ~ of winter** den første følingen med vinteren; **4. T:** knert; (liten) dram.
II. nip *vb* **1**(*=pinch*) klype (*fx he nipped my ear; he nipped me on the arm*); **2.** *om hund(=bite lightly)* klype; bite (*fx the dog nipped her ankle*); **3.** *om*

væske, etc(=sting) svi *(fx iodine nips when it's put on a cut)*; **4.** *fig:* ~ **in the bud** kvele i fødselen *(fx her plans were nipped in the bud)*; **5. S**(*=steal)* kvarte; rappe; **6. T:** ~ **along (,in, into, over,** *etc)* stikke (av sted) bort til (,inn (i), etc) *(fx I'll just nip into this shop for cigarettes; he nipped over to Paris for the weekend)*; **7.:** ~ **(off)** klype av *(fx the heads of the flowers; the wire with a pair of pliers)*; **8.** *bot:* stoppe veksten; svi *(fx the frost has nipped the roses)*.

nipper ['nipə] *subst* **T:** (gutte)pjokk.

nippers ['nipəz] *subst:* **(a pair of)** ~ en knipetang; **cutting** ~*(=wire cutters)* avbitertang; **nail** ~ negletang; **sugar** ~*(=sugar tongs)* sukkerklype.

nipple ['nipəl] *subst* **1.** *anat:* brystvorte; **2. US: (rubber)** ~*(=teat; dummy)* tåtesmokk; **3.** *mask:* **grease** ~ smørenippel.

Nippon ['nipɔn] *subst; geogr(=Japan)* Japan.

nippy ['nipi] *adj* **T 1**(*=chilly)* kjølig *(fx it's a bit nippy this morning)*; **2.** kvikk; snerten *(fx a nippy little car)*; **she's ~ on her feet although she's eighty** hun er rask til bens selv om hun er åtti.

nit [nit] *subst* **1.** luseegg *(fx there are nits in that child's hair)*; **2. T**(*=nitwit)* idiot; **that silly ~!** den idioten!

nitrate ['naitreit] *subst; kjem:* nitrat.

nitre *(,***US:** *niter)* ['naitə] *subst; kjem(=potassium nitrate; sodium nitrate; saltpetre)* salpeter.

nitric ['naitrik] *adj:* nitrogenholdig; ~ **acid** salpetersyre.

nitrogen ['naitrədʒən] *subst; kjem:* nitrogen; kvelstoff.

nitroglycerine [,naitrou'glisərin] *subst; kjem:* nitroglyserin.

nitrous ['naitrəs] *adj; kjem:* salpeterholdig.

nitrous oxide*(=laughing gas)* lystgass.

nitty-gritty ['niti'griti] *subst* **S: the** ~*(=the basic realities)* realitetene (i det som er sagt el. gjort); det det egentlig dreier seg om; selve saken.

nitwit ['nit,wit] *subst* **T**(*=idiot)* idiot; tåpelig person.

nix, nixie [niks(i)] *subst; myt(=river sprite)* nøkk.

I. no [nou] **1.** *int:* nei; **2.** *subst (pl: noes)* nei; avslag; neistemme; *parl:* **the -es have it** forslaget er forkastet.

II. no 1. *adj, pron(=not any)* ikke noe(n) *(fx we have no food)*; ~ **two people ever agree about this** det er ikke to mennesker som kan enes om dette; **she's ~ beauty** hun er ingen skjønnhet; **he's ~ friend of mine** han er ikke min venn; ~ **other person could have done it** ingen annen kunne ha gjort det; ~ **smoking** ingen røyking; røyking forbudt; **2.** *adv(=not; not any)* ikke *(fx he's no better at golf than swimming; he went no further than the door)*; **you can go as far as the shop and ~ further** du kan gå så langt som til butikken, men ikke lenger; **he's ~ longer here** han er ikke her lenger; **he's ~ more** han er ikke mer (ɔ: han er død); **3.: there's no (-ing)** ... man kan ikke ... *(fx there's no knowing what he'll do next; there's no denying it)*; **4.:** ~ **sooner** ... **than** ikke før ... før; knapt ... før *(fx no sooner had he opened the door than they rushed in)*; ~ **sooner said than done** som sagt så gjort.

nob [nɔb] *subst* **1. S**(*=head)* hode; **S:** knoll; **2. T: the -s** de fine.

nobble ['nɔbəl] *vb* **1.** *i hesteveddeløp for å redusere vinnersjansene* **T:** dope *(fx the horse had been nobbled)*; **2. T:** prøve å lokke over på sitt parti; prøver å kjøpe en.

Nobel [nou'bel] *subst:* **the ~ Prize** Nobelprisen.

nobility [nou'biliti] *subst:* adel; høyadel; **patent of ~** adelsbrev.

I. noble ['noubəl] *subst; især hist(=nobleman)* adelsmann.

II. noble *adj* **1.** adelig; av adelig byrd; adelig av fødsel; **2.** edel; **a ~ deed** en edel handling; **a ~ mind** et edelt sinn.

noble fir*(=silver fir)* edelgran.

nobleman ['noubəlmən] *subst:* adelsmann.

noble-minded ['noubəl'maindid; *attributivt:* 'noubəl,maindid] *adj(=high-minded)* høysinnet; edelmodig.

nobleness ['noubəlnis] *subst:* edelhet.

noblesse oblige [nou'bles ə'bli:ʒ]*(=the nobly born must nobly do)* adel forplikter.

nobody ['nou,bɔdi] **1.** *subst; om person:* null; **2.** *pron(=no-one)* ingen; **he's afraid of ~** han er ikke redd for noen.

nock [nɔk] *subst; i bue el. pil, til buestrengen:* hakk.

nocturnal [nɔk'tə:nəl] *adj:* nattlig; natte-; ~ **animal** nattdyr.

nocturne ['nɔktə:n] *subst; mus:* nokturne.

I. nod [nɔd] *subst* **1.** nikk *(fx he gave me a nod)*; **2. T: it went through on the** ~*(=it was agreed without any discussion)* det gikk igjennom uten diskusjon.

II. nod *vb* **1.** nikke; ~ **one's head** nikke med hodet; **2.** småsove; duppe; **T:** ~ **off** duppe av; sovne; **3.: he -ded his agreement** han nikket som tegn på at han var enig; **they -ded their approval** de nikket samtykkende.

nodal ['noudəl] *adj:* ~ **point** knutepunkt.

nodding acquaintance: have a ~ with sby kjenne en flyktig; **T:** være på nikk med en.

node [noud] *subst* **1.** *bot:* bladfeste; **2.** *anat, astr, med.(=nodosity)* knute; **3.** *geom:* dobbeltpunkt; **4.** *astr:* ~ **of the moon** måneknute.

nodose ['noudəs; nə'dous] *adj; bot(=nodous)* knudret; ~ **stem** knudret stilk.

nodosity [nou'dɔsiti] *subst* **1.** knuteformet dannelse; **2.** *astr, fys, med.(=node)* knute.

nodular ['nɔdjulə] *adj:* småknudret.

nodule ['nɔdju:l] *subst* **1**(*=small node)* liten knute; **2.** *bot; på belgplante:* **(root)** ~ rotknoll; *(jvf tuber)*.

nog [nɔg] *subst* **1**(*=eggnog)* eggedosis; **2.** *tøm; i murvegg:* spikerslag; *(jvf nailing strip)*.

no-go [,nou'gou] *adj:* forbudt; hvor man ikke har adgang; **a ~ area** et område hvor man ikke har adgang.

I. noise [nɔiz] *subst* **1**(*=sound)* lyd; **the ~ of gunfire** lyden av skyting; **2.** støy; larm; bråk; **make a ~** bråke; lage støy; støye; **3. T: make a big ~ about sth***(=make a fuss about sth)* lage bråk pga. noe; **4. T: he's a big ~** han er en stor kanon (ɔ: betydningsfull person); **5.: make sympathetic -s** komme med medfølende bemerkninger.

II. noise *vb; om rykte, etc; meget stivt el. glds:* **it was -d abroad that** ... det gikk det rykte at ...

noise abatement*(=fighting noise nuisance)* bekjempelse av støyplagen.

noiseless ['nɔizlis] *adj:* lydløs.

noise nuisance støyplage; **fight ~** bekjempe støyplagen.

noisily ['nɔizili] *adv:* støyende.

noisiness ['nɔizinis] *subst:* larm; støy; bråk.

noisome ['nɔisəm] *adj; meget stivt* **1.** *om lukt(=offensive)* motbydelig; **2**(*=harmful)* skadelig *(fx effect)*.

noisy ['nɔizi] *adj:* støyende; larmende.

no-jump [,nou'dʒʌmp] *sport:* dødt sprang (*el.* hopp).

nomad ['noumæd] *subst:* nomade.

nomadic [nou'mædik] *adj:* nomadisk; nomade; *(fx tribe)*.

no-man's-land *mil & fig:* ingenmannsland.

nom de plume [,nɔm də 'plu:m] *subst(=pen name)* forfatternavn.

nomenclature [nou'menklətʃə; **US:** 'noumən-

,kleitʃər] *subst:* nomenklatur; terminologi.
nominal ['nɔminəl] *adj* **1.** nominell; i navnet; **2**(*=very small)* nominell; symbolsk *(fx a nominal rent).*
nominal share capital(*=registered share capital)* registrert aksjekapital.
nominal value 1(*=face value)* nominell verdi; pålydende verdi; **2**(*=par value)* pariverdi.
nominal wages(*=money wages)* nominell lønn; lønn i penger.
nominate ['nɔmi,neit] *vb* **1**(*=propose)* nominere; innstille *(fx sby for promotion);* oppnevne; **2.** *til embete; stivt(=appoint)* utnevne.
nomination [,nɔmi'neiʃən] *subst* **1.** nominasjon; innstilling; **2.** *om person:* **they had four -s for the job** fire personer ble nominert (*el.* innstilt) til stillingen; **3.** *stivt(=appointment)* utnevnelse.
nomination list nominasjonsliste.
nominative ['nɔminətiv] **1.** *subst; gram(=nominative case)* nominativ *(fx this word is in the nominative);* **2.** *adj; gram:* nominativ- *(fx ending);* **a word in the ~ case** et ord i nominativ.
nominee [,nɔmi'ni:] *subst* **1.** person som er innstilt (*el.* nominert); kandidat; **2.** *jur:* person i hvis navn verdipapirer tilhørende en annen, er registrert; *(jvf beneficial owner).*
non- [nɔn] *forstavelse:* ikke-; u-; -fri *(fx non -alcoholic).*
non-acceptance [,nɔnək'septəns] *subst; merk:* manglende aksept (av veksel).
nonage ['nounidʒ] *subst* **1.** *jur(=minority)* mindreårighet; **2.** *meget stivt(=(period of) immaturity)* (tilstand av) umodenhet.
nonagenarian [,nounədʒi'nɛəriən] *subst:* person som er i nittiårene.
nonagon ['nɔnə,gɔn] *subst; geom(=enneagon)* nikant.
non-agression [,nɔnə'greʃən] *adj:* **~ pact** *polit:* ikkeangrepspakt.
non-aligned [,nɔnə'laind] *adj; polit:* alliansefri *(fx country).*
non-alignment [,nɔnə'lainmənt] *subst:* alliansefrihet.
non-appearance [,nɔnə'piərəns] *subst:* uteblivelse.
non-approval [,nɔnə'pru:vəl] *subst:* manglende godkjennelse; (*el.* godkjenning); manglende innvilgelse.
non-attendance [,nɔnə'tendəns] *subst(=absence)* fravær; forsømmelse.
nonce [nɔns] *subst; stivt:* **for the ~**(*=for the time being)* for øyeblikket.
nonce word(*=word coined for the occasion)* engangsord; ord lagd for anledningen.
nonchalance ['nɔntʃələns] *subst:* likegyldighet; overlegenhet; nonchalanse.
nonchalant ['nɔntʃələnt] *adj:* nonchalant; overlegen.
non-classified [,nɔn'klæsi,faid] *adj; om dokumenter:* ikke hemmelighetsstemplet.
noncollegiate [,nɔnkə'li:dʒiət] *adj* **1.** *univ:* som ikke består av 'colleges'; **2.** *om student:* som ikke hører til et 'college'.
non-com ['nɔn,kɔm] *subst (fk.f. non-commissioned officer): se noncommissioned officer.*
non-combatant [nɔn'kɔmbətənt] *subst; mil:* ikkestridende; nonkombattant.
noncommissioned [,nɔnkə'miʃənd] *adj:* **~ officer** *(fk NCO)* underoffiser *(fx corporals and sergeants are noncommissioned officers).*
noncommittal [,nɔnkə'mitəl] *adj:* uforpliktende *(fx reply);* forbeholden; forsiktig *(fx attitude); om person:* forsiktig; diplomatisk; uvillig til å ta standpunkt; **you're being very ~ about it** du er svært så diplomatisk (*el.* forsiktig) (når det gjelder dette spørsmålet).
nonconductor [,nɔnkən'dʌktə] *subst; elekt:* ikkeleder.
nonconformist [,nɔnkən'fɔ:mist] **1.** *subst(=Nonconformist)* person som ikke er medlem av (den engelske) statskirken; dissenter; medlem av en frikirke; **2.** *adj:* dissenter-; frikirke- *(fx church).*
nonconformity [,nɔnkən'fɔ:miti] *subst* **1.** *stivt (=absence of agreement)* manglende samsvar (*el.* overensstemmelse); **2.** *rel:* det å stå utenfor statskirken; det å tilhøre en frikirke.
noncooperation ['nɔnkou,ɔpə'reiʃən] *subst(=civil disobedience)* sivil ulydighet.
nondenominational ['nɔndi,nɔmi'neiʃənəl] *adj:* livssynsnøytral; **~ school** livssynsnøytral skole.
I. nondescript ['nɔndi,skript] *subst* **1.** person uten særlige kjennetegn; ubestemmelig type; **2**(*=unmarked police car)* sivil politibil.
II. nondescript *adj:* ubestemmelig; av den typen man ikke merker seg *(fx he was quite nondescript).*
I. none [nʌn] *pron* **1**(*=not one; not any)* ikke noe; ingen *(fx How many tickets have you got? – None. He asked me for some food, but there was none in the house);* **~ of the telephones are working** ingen av telefonene virker; **~ of us have**(*=has)* **seen him** ingen av oss har sett ham; **(I'll have) ~ of your impertinence!**(*=none of your cheek!)* jeg vil ikke ha noen nesevisheter fra deg! **~ of that!**(*=stop that!)* la være med det (der)! **it's ~ of your business** det raker deg ikke; **2**(*=nobody; no one)* ingen *(fx there were none to tell the tale);* **3.: ~**(*=no)* **other than** ingen annen enn *(fx it's none other than Tom; the man who had sent the flowers was none other than the man she had spoken to the night before);* **~ other than the Queen herself** selveste dronningen; **4.** *stivt:* **~ but**(*=only) (fx none but a fool would do a thing like that).*
II. none *adv* **1.: he's ~ the better for it** det har ikke hjulpet ham; **he's ~ the worse for the accident** han slapp heldig fra ulykken; **~ the worse for wear** slett ikke slitt; **~ the wiser** like klok; ikke klokere *(fx she's still none the wiser);* **2.: ~ too**(*=not very)* ikke videre *(fx he was none too pleased with his new car);* **~ too good** ikke mye å skryte av; **the conversation flowed ~ too easily** samtalen gikk nokså tregt; **~ too soon** ikke det grann for tidlig.
nonelectric [,nɔni'lektrik] *adj:* uelektrisk.
nonentity [nɔn'entiti] *subst; om person:* null; ubetydelighet *(fx he's an absolute nonentity).*
nonessential [,nɔni'senʃəl] **1.** *subst(=nonessential thing)* uvesentlig ting; **2.** *adj; om ting:* uvesentlig.
nonetheless [,nʌnðə'les] *adv(=none the less): se nevertheless.*
nonevent [,nɔni'vent] *subst:* uventet skuffende el. kjedelig begivenhet; **be quite a ~** (vise seg å) bli en stor skuffelse *(fx the celebrations were quite a nonevent – only eight people came).*
nonexistence [,nɔnig'zistəns] *subst:* ikkeeksistens.
nonexistent [,nɔnig'zistənt] *adj:* ikkeeksisterende; som ikke fins *(fx afraid of some nonexistent monster);* **he thinks he has problems, but they are ~ compared to mine** han synes han har problemer, men de er for ingenting å regne sammenlignet med mine; **it's ~** det eksisterer ikke.
nonfiction [nɔn'fikʃən] *subst(=factual prose)* sakprosa.
nonflammable [nɔn'flæməbl] *adj:* tungtantennelig; flammesikker; ikke brennbar.
nonfulfilment [,nɔnful'filmənt] *subst:* misligholdelse *(fx of a contract).*
nonintervention [,nɔnintə'venʃən] *subst; polit:* ikkeinnblanding.
noninvolvement [,nɔnin'vɔlvmənt] *subst:* det ikke å

være innblandet.
noniron ['nɔn,aiən] *adj:* strykefri *(fx shirt).*
non-life [,nɔn'laif] *adj; fors:* ~ **insurance***(=general insurance)* skadeforsikring.
nonlinear [,nɔn'liniə] *adj:* ikkelineær.
nonnuclear [,nɔn'nju:kliə] *adj; om land:* som ikke har atomvåpen el. kjernekraft.
nonofficial [,nɔnə'fiʃəl] *adj:* ikkeoffisiell; uoffisiell; **start as a** ~ **competitor** starte utenfor konkurranse.
nonoperating ['nɔn,ɔpə,reitiŋ] *adj; økon:* driftsfremmed; ~ **income** driftsfremmed inntekt.
nonpartisan [,nɔnpa:ti'zæn] *adj:* ikke partibundet; upartisk.
nonpayment [,nɔn'peimənt] *subst:* manglende betaling.
nonplus [nɔn'plʌs] *vb:* gjøre helt rådvill (*el.* forbløffet) *(fx her behaviour completely nonplussed me).*
nonpolitical [,nɔnpə'litikəl] *adj(=unpolitical)* upolitisk.
nonproductive [,nɔnprə'dʌktiv] *adj:* uproduktiv.
non-profit-making*(=nonprofit) adj:* ~ **organization** organisasjon med almennyttig formål.
nonproliferation [,nɔnprə,lifə'reiʃən] *subst:* ikkespredning (av atomvåpen); ~ **treaty** ikkespredningsavtale.
nonresident [nɔn'rezidənt] **1.** *subst:* person som ikke bor på stedet (,hotellet, etc) *(fx the hotel restaurant is open to nonresidents);* **2.** *adj:* som ikke bor på stedet; *ved hotell, etc:* ~ **staff** personale som bor privat.
nonreturnable [,nɔnri'tə:nəbl] *adj:* som ikke tas i retur; ~ **bottle** engangsflaske; ~ **deposit** depositum som ikke vil bli tilbakebetalt.
nonsense ['nɔnsəns; **US:** 'nɔnsens] *subst & int:* tøys; tøv; tull; vrøvl; sludder; nonsens; fanteri; **talk** ~ snakke tull; vrøvle; **it's all** ~ det er bare (noe) tøv (*el.* tull); **what (a)** ~ **!** for noe tøv (*el.* tull)! **I think the whole thing is a lot of** ~ jeg tror det hele bare er noe tull.
nonsensical [nɔn'sensikəl] *adj(=absurd)* absurd; meningsløs; tøvet; fjollet *(fx behaviour).*
non-skid [,nɔn'skid; *attributivt:* 'nɔn,skid] *adj:* sklisikker; skrensefast *(fx road surface; tyres);* ~ **chains** *for bil:* kjettinger.
non-slip [,nɔn'slip; *attributivt:* 'nɔn,slip] *adj: se non -skid.*
non-smoker [,nɔn'smoukə; *attributivt:* 'nɔn,smoukə] *subst* **1.** ikkerøyker; **2.:** ~ **(compartment)** kupé for ikkerøykere.
nonstarter [,nɔn'sta:tə] *subst* **1.** hest som blir trukket fra et løp; **2.** *fig; om person el. ting* **T: this whole project is a** ~ dette prosjektet har ingen sjanser; **he's a** ~ han har ingen sjanser (til å lykkes).
nonstick [,nɔn'stik; *attributivt:* 'nɔn,stik] *adj:* ~ **saucepan** kjele hvor maten ikke legger seg ved.
nonsticky [,nɔn'stiki; *attributivt:* 'nɔn,stiki] *adj:* klebefri.
nonstop [,nɔn'stɔp; *attributivt:* 'nɔn,stɔp] *adj, adv:* non stop; ~ **flight** flyvning uten mellomlanding; ~ **train** direkte tog.
nonsuit ['nɔn'sju:t] *subst; jur:* avvisning av et søksmål.
non-U [,nɔn'ju:] *adj; om språkbruk:* udannet.
nonunion [,nɔn'ju:njən; *attributivt:* 'nɔn,ju:niən] *adj* **1.** uorganisert; ikke organisert (i noen fagforening) *(fx nonunion workers);* ~ **labour** uorganisert arbeidskraft; **2.** *om firma:* som ikke tar inn organisert arbeidskraft; **a** ~ **shop** et verksted hvor ingen av arbeiderne er organisert; **3.** *om arbeid el. produkt:* utført av uorganisert arbeidskraft *(fx a nonunion job; nonunion shirts).*
non-vibrating [,nɔnvai'breitiŋ; *attributivt:* 'nɔn-vai,breitiŋ] *adj:* vibrasjonsfri.
non-violence [,nɔn'vaiələns] *subst:* ikkevold.
non-violent [,nɔn'vaiələnt; *attributivt:* 'nɔn,vaiələnt] *adj:* ikkevolds-; uten bruk av vold; **they are** ~ de er tilhengere av ikkevold.
non-voter [,nɔn'voutə] *subst* **1.** person som ikke stemmer; **2.** person som ikke er stemmeberettiget.
non-voting [,nɔn'voutiŋ; *attributivt:* 'nɔn,voutiŋ] *adj:* ~ **shares** aksjer uten stemmerett.
I. noodle ['nu:dəl] *subst* **1***(=silly fool)* dust; fjols; **2. US S***(=head)* knoll; skolt.
II. noodle *subst:* **-s** nudler.
nook [nuk] *subst* **1***(=small hiding place)* lite gjemme; **2.** *litt.; fx i skog(=retreat)* tilfluktssted; **2. T: in every** ~ **and cranny***(=in every little hole and corner)* i alle krinkelkroker; overalt.
noon [nu:n] *subst:* **at** ~ klokken 12; **(at) about** ~ ved middagstid.
noonday ['nu:n,dei] *subst(=noon; middle of the day)* middagstid.
no-one, no one *pron(=nobody)* ingen.
noose [nu:s] *subst* **1***(=loop)* løkke; **2***(=running knot)* renneløkke; rennesnare; **3.** *fig:* **put one's head in a** ~ legge repet om sin egen hals.
nor [nɔ:] *konj* **1***(=(and) not ... either)* (og) heller ikke *(fx he didn't know then what had happened, nor did he ever find out);* **I'm not going,** ~ **is John***(=I'm not going, and John isn't going either)* jeg går (,drar) ikke, og det gjør ikke John heller; **I've never done that,** ~ **do I intend to start now** det har jeg aldri gjort, og heller ikke har jeg tenkt å begynne nå; **2.: neither** ... ~: *se II. neither 2.*
Nordic ['nɔ:dik] *adj:* nordisk; skandinavisk.
Nordic Combination *ski:* **the** ~ kombinert renn.
Norfolk ['nɔ:fək] *subst; geogr:* Norfolk.
Norfolk plover*(=stone curlew) zo:* triell.
norm [nɔ:m] *subst:* norm; **below the** ~ under normen; **conform to the -s of behaviour** rette seg etter vanlige normer for oppførsel.
I. normal ['nɔ:məl] *subst* **1.** det normale; **back to** ~ tilbake til det normale; **2.** *geom: se I. perpendicular.*
II. normal *adj:* normal; alminnelig; vanlig *(fx how much work do you do on a normal day?);* ~ **people** normale mennesker; **that's quite** ~ det er helt normalt.
normalcy ['nɔ:məlsi] *subst; især* **US***(=normality)* normalitet; normale forhold; normal tilstand.
normal day*(=normal working day; standard hours)* normalarbeidsdag.
normal distribution *statistikk(=Gaussian distribution)* normalfordeling.
normality [nɔ:'mæliti] *subst (,især* **US:** *normalcy)* normalitet; normale forhold; normal tilstand.
normalization, normalisation [,nɔ:məlai'zeiʃən] *subst:* normalisering.
normalize, normalise ['nɔ:mə,laiz] *vb:* normalisere.
normally ['nɔ:məli] *adv:* normalt; under normale forhold.
normal pattern *fig:* normalmodell; **the** ~ **of vocational training** normalmodellen for yrkesutdanningen.
Norman ['nɔ:mən] **1.** *subst:* normanner; **2.** *adj:* normannisk; **3.** *arkit;* i **UK:** romansk *(fx style);* ~ **architecture** rundbuestil; romansk stil; ~ **arch** rundbue; *(jvf Romanesque).*
Norman Conquest *hist:* **the** ~ normannernes erobring av England (i 1066).
Normandy ['nɔ:məndi] *subst; geogr:* Normandie.
Norn [nɔ:n] *myt:* **the -s***(=the weird sisters; the fatal sisters)* nornene.
Norse [nɔ:s] **1.** *subst:* **the** ~ nordboerne; **2.** *subst:* **Old** ~ gammelnorsk; oldnorsk; **3.** *adj:* norrøn; nordisk.

Norseman ['nɔ:smən] *subst* **1.** nordbo; **2**(=*Viking*) viking.
north [nɔ:θ] **1.** *subst:* nord (*fx the wind is blowing from the north*); **he faced towards the ~** han stod vendt mot nord; **to the ~ of** nord for; **in the ~ of England**(=*in the North*) i Nord-England; **2.** *adj:* nord-; norda-; nordlig; mot nord (*fx a north window*); **a ~ wind** nordavind; **3.** *adv:* nordover (*fx the stream flows north*); **he went ~** han dro nordpå (*el.* nordover *el.* mot nord); **~ by east** nord til øst.
northbound ['nɔ:θ,baund] *adj:* nordgående.
North Cape *subst; geogr:* **the ~** Nordkapp.
North Country *subst:* **the ~**(=*the North*) Nord-England.
northeast [,nɔ:θ'i:st] **1.** *subst:* nordøst; nordost; **2.** *adj:* nordøst-; nordøstlig; **3.** *adv:* mot nordøst.
northeasterly [,nɔ:θ'i:stəli] *adj:* nordøstlig.
northeastward [,nɔ:θ'i:stwəd] **1.** *adj:* nordøstlig; **2.** *adv*(=*northeastwards*) nordøstover; mot nordøst.
northerly ['nɔ:ðəli] *adj:* nordlig (*fx a northerly wind*); **in a ~ direction** i nordlig retning.
northern ['nɔ:ðən] *adj:* nordlig; **~ English** nordengelsk (*fx his way of speaking is northern English*); **her accent is ~** uttalen hennes røper at hun kommer nordfra.
Northerner ['nɔ:ðənə] *subst*(=*northerner*) **1.** person nordfra i landet; nordlending; **2. US:** nordstatsbeboer; nordstatsmann.
Northern Ireland Nord-Irland.
northern lights(=*aurora borealis*) nordlys.
northernmost ['nɔ:ðən,moust] *adj*(=*furthest north*) nordligst.
northing ['nɔ:θiŋ] *subst; mar:* forandret nordlig bredde.
north latitude nordlig bredde.
Northman ['nɔ:θmən] *subst: se Norseman.*
north-northeast (*fk NNE*) nordnordøst.
north-northwest (*fk NNW*) nordnordvest.
North Pole: the ~ Nordpolen.
North Sea: the ~ Nordsjøen.
North Star: the ~(=*the Pole Star; the Polaris*) Polarstjernen.
northward ['nɔ:θwəd] **1.** *adj:* nordlig; **2.** *adv*(=*northwards*) mot nord; nordover.
northwest [,nɔ:θ'west] **1.** *subst:* nordvest; **2.** *adj:* nordvestlig; nordvest-.
northwesterly [,nɔ:θ'westəli] *adj:* nordvestlig.
Norway ['nɔ:,wei] *subst; geogr:* Norge.
Norway haddock *zo; fisk:* uer.
Norway lobster *zo:* bokstavhummer.
Norway rat *zo*(=*brown rat*) brun rotte.
Norway spruce *bot*(=*spruce;* **T:** *fir*) gran.
Norwegian [nɔ:'wi:dʒən] **1.** *subst:* nordmann; *språket:* norsk; **New ~** nynorsk; **standard ~** bokmål; (*se NEO bokmål & nynorsk*); **2.** *adj:* norsk.
I. nose [nouz] *subst* **1.** *anat:* nese; *hos dyr*(=*snout*) snute; **my ~ is blocked** jeg er tett i nesen; **a runny ~** en nese som det renner av; **blow one's ~** snyte seg; pusse nesen; **count -s** foreta opptelling; **cut off one's ~ to spite one's face** gjøre noe som blir verst for en selv; **T: follow your ~**(=*go straight on*) fortsett rett fram; *fig:* teft; sporsans; **have a ~ for** ha nese (*el.* teft) for; **T: keep one's ~ clean**(=*keep out of trouble*) holde seg i skinnet; holde seg unna bråk; oppføre seg ordentlig; **keep one's ~ to the grindstone** henge i; **T:** stå på; **lead sby by the ~** trekke en etter nesen; få en til å gjøre hva en vil; *fig:* **look down one's ~ at sby** se ned på en; betrakte en som mindreverdig; *fig* **T: I paid through the ~ for it** jeg betalte i dyre dommer for det; *fig:* **poke one's ~ into** stikke nesen sin i (*fx sby's affairs*); *fig* **T: put sby's ~ out of joint** gjøre en imot; fornærme en; *fig; om noe ubehagelig, om feil man har gjort, etc:* **you don't have to rub my ~ in it** du behøver ikke å minne meg om det hele tiden; *fig:* **turn up one's ~ at** rynke på nesen av; **under sby's (very) ~** like for nesen på en; **2**(=*sense of smell*) luktesans (*fx dogs have good noses*); **3.** *på ting; fx bil el. fly:* nese; front.
II. nose *vb* **1.** *om hund el. hest*(=*nuzzle*) gni snuten (,mulen) mot; **2.** snuse; **3.: ~ about, ~ around** snuse omkring (*fx in the cupboard*); **4.** *om forsiktig manøvrering:* **~ along the clifftop** kjøre forsiktig langs kanten av stupet; **we -d the car into the garage** vi lirket bilen inn i garasjen; **the ship -d into dock** skipet gled langsomt i havn; **5.** *også fig:* **~ out** snuse opp (*fx a few facts*).
nosebag ['nouz,bæg] *subst:* mulepose.
nosebleed ['nouz,bli:d] *subst:* neseblødning.
nose cone *på fx rakett:* neseseksjon.
I. nose dive ['nouz,daiv] *subst* **1.** *flyv:* stup; **2.** *fig:* **prices took a ~** prisene falt brått.
II. nose-dive ['nouz,daiv] *vb* **1.** *flyv:* stupe; **2.** *fig*(=*drop suddenly*): **prices -d** prisene falt brått.
nosegay ['nouz,gei] *subst; glds*(=*posy*) liten blomsterbukett.
nose-heavy ['nouz,hevi] *adj; flyv, etc:* fortung.
nose-to-tail: avoid ~ bumps unngå å kjøre inn i hverandre bakfra.
nose wheel *flyv:* nesehjul.
nosey ['nouzi] *adj: se nosy.*
nosh [nɔʃ] *subst* **S**(=*food*) mat.
nostalgia [nɔ'stældʒə] *subst* **1**(=*homesickness*) hjemlengsel; **2.** nostalgi (*fx she felt a great nostalgia for her childhood*).
nostalgic [nɔ'stældʒik] *adj:* nostalgisk.
nostril ['nɔstril] *subst; anat:* nesebor.
nosy ['nouzi] *adj; neds* **T 1**(=*prying; curious*) nysgjerrig; **2.: a ~ question** et nærgående spørsmål.
nosy parker T(=*prying person*) nysgjerrigper.
not [nɔt] *adv:* ikke; **~ at all** 1. slett ikke; på ingen måte; 2. *svar på takk:* ikke noe å takke for; **I didn't see him** jeg så ham ikke; jeg traff ham ikke; **they told me ~ to go** de sa jeg ikke måtte gå (,dra); jeg fikk beskjed om ikke å gå (,dra); **I'm afraid ~** nei, dessverre (*fx 'Have you got much money?' – 'I'm afraid not.'*); **I hope ~** jeg håper (da) ikke det; **~ that** . . . ikke slik å forstå at . . .
notability [,noutə'biliti] *subst* **1.** det å være bemerkelsesverdig; **2.** *om person:* notabilitet; fremstående person.
I. notable ['noutəbl] *subst; om person; stivt el. spøkef*(=*notability*) notabilitet; *spøkef:* størrelse (*fx the Prime Minister and other notables were there*).
II. notable *adj* **1**(=*worthy of note; remarkable*) bemerkelsesverdig (*fx achievement*); **2.** *stivt* (=*prominent; distinguished*) fremstående; prominent (*fx there were several notable people at the meeting*); **3.** *stivt:* **be ~ for**(=*be well known for; be important because of*) være betydningsfull pga. (*fx he is notable for his work on hormones*).
notably *adv:* især; i påfallende grad.
notarial [nou'tɛəriəl] *adj:* notarial-.
notary ['noutəri] *subst:* **~ (public)** notarius publicus.
notation [nou'teiʃən] *subst* **1.** tegnsystem; **2.** *mus:* noteskrift; notesystem.
I. notch [nɔtʃ] *subst* **1.** hakk; innsnitt; skår; **2.** *fig:* **a ~ above sby** et hakk bedre enn en.
II. notch *vb* **1.** lage hakk (*el.* innsnitt *el.* skår) i; **~ logs** lafte sammen tømmerstokker; **2.** *sport:* **~ (up)** score (*fx a goal*); *fig:* **he -ed up yet another victory** han noterte seg for enda en seier; **~ up a hefty bill for excess luggage** pådra seg en velvoksen regning

for overvektig bagasje.

I. note [nout] *subst* **1.** *mus:* note; **2.** *mus(=key)* tangent; *fig:* **strike the right** ~ slå an den riktige tonen; **3.** *polit:* note; **4***(=banknote;* **US:** *bill)* (penge)seddel; **5.** lite brev; **6.** *skolev:* melding *(fx only children with a note excusing them for medical reasons will be allowed to sit out of games or PE lessons);* **7.** *stivt:* **of** ~*(=important)* betydningsfull *(fx a person of note);* **8.** notat; **make -s** gjøre notater *(fx he made a few notes);* **we made***(=took)* **-s on his lecture** vi tok notater fra forelesningen hans; **make a** ~ **of** merke seg; notere seg; **make a mental** ~ **of sth** skrive seg noe bak øret; forsøke å huske noe; *stivt:* **it's worthy of** ~*(=it's noteworthy)* det er verdt å merke seg; *stivt:* **take** ~ **of***(=make a note of)* merke seg; *fig:* **compare -s** utveksle erfaringer (*el.* inntrykk); **speak without -s** holde tale uten manuskript; **9.** *om fugl:* sang *(fx the note of the nightingale);* **10.** *fig:* antydning; anstrøk; **there was a** ~ **of hysteria in her voice** det var en antydning til hysteri i stemmen hennes; **the meeting ended on a** ~ **of optimism** møtet endte i en optimistisk tone.

II. note *vb* **1.** legge merke til; merke seg *(fx please note that ...);* notere seg; **2.:** ~ **down***(=write down)* skrive ned; notere.

notebook ['nout,buk] *subst:* notisbok; *skolev:* glosebok.

notecase ['nout,keis] *subst; sj(=wallet)* lommebok.

note circulation *bankv:* seddelomløp; seddelmasse.

noted ['noutid] *adj(=well-known; famous)* kjent; fremtredende; berømt; **he's** ~ **for** han er kjent for.

note form: in ~ i notatform.

note issue *bankv(=issue (of notes))* seddelutstedelse; **fiduciary** ~*(=fiduciary issue)* udekket seddelutstedelse.

notepad ['nout,pæd] *subst:* notatblokk; notisblokk.

notepaper ['nout,peipə] *subst:* brevpapir.

noteworthy ['nout,wə:ði] *adj:* verdt å merke seg; bemerkelsesverdig.

nothing ['nʌθiŋ] **1.** *adv; litt.(=not at all):* ~ **daunted** uforferdet; **2.** *pron & subst:* ingenting; **he said** ~ **about it** han sa ingenting om det; ~ **much happened** det skjedde ikke noe større; **he has** ~ **left in the bank** han har ikke mer (*el.* flere penger) igjen i banken; **for** ~ gratis *(fx he did it for nothing);* **he'll stop at** ~ han skyr ingenting; **there's** ~ **else for it** det er ingen annen råd; **his life has been** ~ **if not exciting***(=his life has been really exciting)* han har hatt et i høyeste grad spennende liv; *stivt:* **I can make** ~ **of this letter***(=I don't understand this letter)* jeg forstår ikke dette brevet; ... **to say** ~ **of** for ikke å snakke om; **he thinks** ~ **of cycling 15 kilometres to work** han gjør ikke noe av å sykle 15 km til jobben; **there was** ~ **interesting on the news** det var ingenting av interesse på nyhetene; **come to** ~ ikke bli noe av; **she means** ~ **to me now** hun betyr ingenting for meg nå (lenger); **next to** ~*(=almost nothing)* nesten ingenting; **that's** ~ **to what I saw** det er ingenting mot det jeg så; ~ **short of** intet mindre enn *(fx nothing short of a miracle could save them);* **T:** ~ **doing!** ikke tale om! det blir det ikke noe av! det går jeg ikke med på! *ordspråk:* ~ **venture,** ~ **win** den som intet våger, intet vinner; *(se II. think 11:* ~ *nothing of).*

nothingness ['nʌθiŋnis] *subst(=void)* intethet; **become** ~ bli til intet *(fx when a person dies, does he just become nothingness?);* **all her dreams melted into** ~ alle hennes drømmer ble til intet.

I. notice ['noutis] *subst* **1.** notis; **they put a** ~ **in the paper announcing the birth of their son** de satte en notis i avisen for å bekjentgjøre sønnens fødsel; **2.** oppslag; **3.** varsel *(fx they had to leave with ten minutes' notice);* **at short** ~ på kort varsel; **4.:** ~ **(to quit)** oppsigelse; **give a month's** ~ si opp en måned i forveien; **the cook gave in her** ~ kokka sa opp; **he was given** ~ **to quit** han ble sagt opp (*el.* oppsagt); **without serving his month's** ~ uten å stå sin måneds oppsigelsestid ut; **5.: I'll bring that to his** ~ **as soon as possible** jeg skal gjøre ham kjent med det så snart som mulig; **it has come to our** ~ **that** ... vi har fått kjennskap til at ...; vi har fått vite at ...; **it had escaped my** ~ det hadde unngått min oppmerksomhet; *meget stivt:* **give***(=serve)* ~ **of***(=give warning of)* varsle om *(fx she gave notice of her intention to leave the country);* **take** ~ **of** legge merke til; **take no** ~ **of what he says***(=pay no attention to what he says; don't worry about what he says)* bry deg ikke om hva han sier; *fig:* **sit up and take** ~ bli oppmerksom; spisse ører.

II. notice *vb:* legge merke til.

noticeable ['noutisəbl] *adj* **1.** som synes; merkbar *(fx difference);* **2.** påfallende *(fx that would be too noticeable).*

noticeably *adv:* merkbart.

noticeboard ['noutis,bɔ:d] *subst:* oppslagstavle.

notifiable ['nouti,faiəbl] *adj; om sykdomstilfelle:* meldepliktig; som må meldes til helsemyndighetene.

notification [,noutifi'keiʃən] *subst:* melding; ~ **in writing** skriftlig melding.

notify ['nouti,fai] *vb* **1.** *stivt(=inform)* meddele; underrette; melde fra til *(fx notify the police);* melde fra om *(fx a death);* ~ **sby of sth***(=inform sby of sth)* meddele en noe *(fx he notified them of his intentions);* ~ **sth to***(=report sth to)* melde fra om noe til; rapportere noe til *(fx the theft was notified to he police);* **2.** *stivt(=indicate)* tilkjennegi *(fx one's intentions).*

notion ['nouʃən] *subst* **1***(=(vague) idea)* (uklar) forestilling; begrep *(fx she had a vague notion of how it should be done);* **he had a** ~ **that she wouldn't like it** han hadde en anelse om at hun ikke ville like det; **I've no** ~ **what he's talking about** jeg aner ikke hva han snakker om; **2.** *stivt(=whim; idea)* grille; innfall; idé *(fx he had some very odd notions);* **3.** *stivt(=craving):* **have a** ~ **for** ha fryktelig lyst på *(fx oranges);* **4. US: -s***(=haberdashery)* kortevarer.

notional ['nouʃənəl] *adj* **1.** teoretisk; imaginær; abstrakt; **2.** *gram:* betydningsmessig; begreps-; **a** ~ **term** et begrepsord.

notoriety [,noutə'raiəti] *subst:* beryktethet.

notorious [nou'tɔ:riəs] *adj:* beryktet *(fx criminal);* ~ **as** beryktet som; ~ **for** beryktet for.

notoriously *adv:* som kjent *(fx it's notoriously difficult; he's notoriously lazy).*

no-trumps *(,US: no-trump)* [,nou'trʌmp(s)] *subst; kortsp:* grand.

notwithstanding [,nɔtwiθ'stændiŋ; ,nɔtwið'stændiŋ] **1.** *prep; stivt(=in spite of)* til tross for; trass i; **2.** *adv; stivt(=nevertheless; in spite of that (,this))* ikke desto mindre; likevel.

nougat ['nu:ga:; 'nʌgət] *subst:* nugat.

nought [nɔ:t] *subst* **1***(=naught; nothing)* ingenting; **come to** ~*(=fail)* mislykkes; slå feil; **2***(=zero)* null *(fx the number contained five noughts).*

noughts and crosses *(,US: tick-tack-toe; crisscross) spill:* tripp-trapp-tresko.

noun [naun] *subst:* substantiv.

nourish [nʌriʃ] *vb* **1.** *stivt(=feed)* fø; ernære; **2.** *fig; om følelser, idéer(=foster)* fostre; nære *(fx feelings of anger and envy);* **3.** *landbr:* ~ **the soil** tilføre jorda næring.

nourishing *adj:* nærende; næringsrik.

nourishment ['nʌriʃmənt] *subst:* næring.

nova ['nouvə] *subst; astr:* nova.
novel ['nɔvəl] **1.** *subst:* roman; **2.** *adj(=new (and original)):* **a ~ suggestion** et helt nytt forslag; *(jvf novelty 1).*
novelist ['nɔvəlist] *subst:* romanforfatter.
novelty ['nɔvəlti] *subst* **1***(=newness (and strangeness)):* **the ~ of her surroundings** det helt nye og uvante ved hennes omgivelser; **2.** *merk:* nyhetsartikkel.
November [nə'vembə] *subst:* november.
novice ['nɔvis] *subst* **1***(=beginner)* nybegynner; **2.** *rel:* novise.
novice user *EDB:* ny bruker.
now [nau] **1.** *subst:* nå; **~ 's the time to ask him** nå er det (den rette) tiden til å spørre ham; **2.** *adv:* nå; **before ~** før nå; tidligere; **for ~** foreløpig *(fx that's enough for now);* **just ~** akkurat nå; nettopp nå; for et øyeblikk siden; **from ~ on** fra nå av; **~ and again** nå og da; en gang i blant; **by ~** nå; på denne tiden *(fx he should be there by now);* **I didn't know till***(=before)* **~** jeg har ikke visst det før nå; **up to ~** inntil nå; hittil; **3.** *adv; i fortellende stil(=then)* nå *(fx we were now very close to the city);* **4.** *adv; innledende ord:* nå *(fx now this is what happened);* **~ listen!** hør nå her! **~, I told you to stay** jeg sa jo du skulle bli; **~, that's something I don't know** ja, det er noe jeg ikke vet; **~ then!** nå da! **5.** *adv; tvilende:* **did he ~!** nei, gjorde han det! jasså, gjorde han det! **6.** *adv; stivt:* **~ . . . ~, ~ . . . then** snart . . . snart *(fx now on one side, now on the other);* **7.** *konj:* **~ (that)** nå da *(fx now that you're here, I can leave).*
nowadays ['nauə,deiz] *adv(=these days)* nå til dags; nå for tiden *(fx food is very expensive nowadays).*
nowhere ['nouwɛə] *adv* **1.** ikke noe sted; ingen steder; **2.: ~ near***(=not nearly)* ikke på langt nær *(fx we've nowhere near enough money to buy a car);* **T: I got ~ near** jeg var langt fra å lykkes.
noxious ['nɔkʃəs] *adj(=harmful; poisonous)* skadelig; giftig; **~ gases (,fumes)** skadelige gasser (,damper); **~ or toxic dust** skadelig eller giftig støv.
nozzle ['nɔzəl] *subst:* munnstykke; **cutting ~** skjæremunnstykke; **jet ~***(=branch (pipe))* strålerør (på brannslange); **mixing ~** blandingsspreder.
nth [enθ] *adj; mat:* n'te; **to the ~ power** i n'te potens.
nuance ['nju:a:ns] *subst:* nyanse.
nub [nʌb] *subst* **1.** liten klump; **2** *fig(=gist; point);* **the ~ of the story** poenget ved historien; **the ~ of the problem** problemets kjerne.
nubile ['nju:,bail] *adj; om pike* **1***(=ready for marriage)* gifteferdig; *glds:* mannbar; **2***(=sexually attractive)* seksuelt tiltrekkende.
nuclear ['nju:kliə] *adj:* kjerne-; atom-; nukleær.
nuclear disarmament kjernefysisk nedrustning.
nuclear energy*(=atomic energy)* kjernekraft; atomkraft.
nuclear family kjernefamilie.
nuclear fission atomspalting.
nuclear fuel atombrensel.
nuclear physicist kjernefysiker.
nuclear physics kjernefysikk.
nuclear power kjernekraft; atomkraft.
nuclear-powered ['nju:kliə,pauəd] *adj:* atomdrevet.
nuclear power station kjernekraftverk; atomkraftverk.
nuclear reactor atomreaktor.
nuclear submarine*(=nuclear-powered submarine)* atomdrevet ubåt.
nuclear test kjernefysisk prøve.
nuclear waste kjernefysisk avfall; atomavfall.
nuclear waste disposal det å bli kvitt kjernefysisk avfall.
nuclear waste dump atomkirkegård.
nuclear weapons *pl:* atomvåpen; kjernefysiske våpen; **battlefield ~** taktiske atomvåpen.
nucleus ['nju:kliəs] *subst* (*pl: nuclei* ['nju:kli,ai]) **1.** *astr, biol, fys:* kjerne; **2.** *fig:* kjerne; grunnstamme.
I. nude [nju:d] *subst* **1.** naken figur; **2.** akt(studie); **from the ~** etter naken modell; **3.: dance in the ~** danse naken; **pose in the ~** stå nakenmodell.
II. nude *adj(=naked)* naken *(fx a picture of a nude woman);* **pose ~** stå modell naken; stå nakenmodell.
I. nudge [nʌdʒ] *subst:* lite dytt (*el.* puff); dult (med albuen) *(fx I gave her a nudge).*
II. nudge *vb:* **~ sby** gi en en liten dytt (*el.* dult); dytte til en; *på måleinstrument, om nål el. viser:* så vidt berøre *(fx the needle nudged 100 mph).*
nudism ['nju:dizəm] *subst:* nudisme.
nudist ['nju:dist] *subst:* nudist.
nudity ['nju:diti] *subst(=nakedness)* nakenhet.
nugget ['nʌgit] *subst:* **a ~ (of gold)** en gullklump.
nuisance ['nju:səns] *subst:* plage *(fx the boy's a real nuisance);* **it's a ~** det er en plage; det er ergerlig; **make a ~ of oneself** være til bry; **a public ~** noe som er til offentlig sjenanse (*el.* ulempe).
nuke [nju:k] *subst* **US S***(=nuclear bomb)* atombombe.
null [nʌl] *adj; jur:* **declare ~ and void** erklære ugyldig.
nullify ['nʌli,fai] *vb:* gjøre ugyldig; annullere.
I. numb [nʌm] *vb* **1.** gjøre følelsesløs (*el.* nummen); **2.** *fig; stivt(=paralyse):* **she was -ed by his death** hun ble som lammet da han døde.
II. numb *adj:* følelsesløs (*with cold* av kulde); nummen; **~ fingers** numne fingrer; **a ~ sensation** en nummen følelse.
I. number ['nʌmbə] *subst* **1***(fk no., No.)* nummer; **2.** *av publikasjon; del av program:* nummer; **be published in -s** utkomme i hefter; **3.** *mus:* stykke; *om pop el. jazz:* låt; **4.** *rosende, især om kvinneplagg* **T: that little ~ is by Dior** den lekre saken er fra Dior; **5. S: who's that nice little ~?** hvem er den søte lille snella? **6.** antall; tall; **cardinal (,ordinal) ~** grunntall (,ordenstall); **they were ten in ~** de var ti i tallet; det var ti av dem; **there were a large ~ of people in the room** det var mange mennesker i rommet; **a ~ of** en del *(fx books);* en rekke; et antall; **T: any ~ of times** gud vet hvor mange ganger *(fx I've been to London any number of times);* **you could take your driving test any ~ of times but you still wouldn't pass it** selv om du gikk opp til førerprøven aldri så mange ganger, ville du aldri stå; **by far the greatest ~ of** . . . langt de fleste . . .; det store flertall av . . .; **one of their ~***(=one of them)* en av dem; **in great -s** i stort antall; **times without ~** utallige ganger; **7.: a back ~** 1. *av publikasjon:* gammelt nummer; 2. **T:** noe helt avlegs noe; **8. T: take care of ~ one***(=look after number one)* være 'om seg; **9. T: his ~'s up** 1. han ligger for døden; 2. *fig:* det er ute med ham; han er ferdig; **10. US S: I've got your ~!** jeg vet hva 'du er for en! **11.: there's safety in -s** det er trygt å være mange.
II. number *vb* **1.** nummerere; paginere *(fx the pages);* **2.: ~ among***(=include)* regne med blant (*el.* til) *(fx he numbered her among his closest friends);* **3.** *glds(=count)* telle; **4. T: his days are -ed** hans dager er talte; det er ute med ham; **5.** *mil, gym:* **~ off** dele inn *(fx the sergeant numbered his men off from the right).*
numberless ['nʌmbəlis] *adj:* talløs; utallig.
numberplate ['nʌmbə,pleit] (,**US:** *license plate) subst; på kjøretøy:* nummerskilt.

number work *skolev(,især hist: sums)* praktisk regning (på lavere trinn); arbeid med tall.
numeracy ['nju:mərəsi] *subst:* regneferdighet; evne til å forstå tall; tallkyndighet.
numeral ['nju:mərəl] **1.** *subst:* tall; talltegn *(fx Arabic numerals);* **2.** *subst; gram:* tallord; **cardinal (,ordinal) ~** grunntall (,ordenstall); **3.** *adj:* tall-.
numeral character talltegn.
numerate ['nju:mərət] *adj:* tallkyndig; *(jvf innumerate).*
numeration [,nju:mə'reiʃən] *subst* **1.** tellesystem; **2***(=calculation)* beregning; telling.
numerator ['nju:mə,reitə] *subst; mat.; i brøk:* teller; *(jvf denominator).*
numerical [nju:'merikəl] *adj:* numerisk; tall-; **in ~ order** i nummerorden.
numerically *adv:* numerisk; tallmessig; i tall *(fx express the results numerically);* **they were ~ superior** de var tallmessig overlegne.
numerous ['nju:mərəs] *adj* **1.** tallrik *(fx a numerous assembly);* **2***(=many)* tallrike; mange *(fx numerous books).*
numismatics [,nju:miz'mætiks] *subst:* numismatikk; myntvitenskap.
numskull*(=numbskull)* ['nʌm,skʌl] *subst* **T***(=fool)* tosk.
Numskull Jack *i eventyret:* Askeladden.
nun [nʌn] *subst:* nonne.
nun-buoy *mar:* spissbøye.
nuncio ['nʌnsiou] *subst:* nuntius; pavelig sendemann.
nunnery ['nʌnəri] *subst(=convent)* nonnekloster.
nun's habit nonnedrakt.
nuptial ['nʌpʃəl] *adj; stivt* **1.** bryllups-; brude-; **2***(=conjugal)* ekteskapelig *(fx bliss);* **3.** *zo:* parings-; yngle-.
nuptials ['nʌpʃəlz] *subst; pl; stivt(=wedding)* bryllup.
Nuremburg ['njuərəm,bə:g] *subst; geogr:* Nürnberg.
I. nurse [nə:s] *subst* **1.** sykepleier; **UK: State Enrolled Nurse** *(fk SEN)* hjelpepleier (med toårig utdannelse); **UK: State Registered Nurse** *(fk SRN)* fullt utdannet sykepleier; **2.: children's ~** barnepleier; **UK: sick children's ~** barnesykepleier *(fx she's a fully qualified sick children's nurse);* **3.: nursery ~** barnehagelærer (som etter to år har avlagt eksamen for National Nursery Examination Board); **4.** *glds:* **wet ~** amme.
II. nurse *vb* **1.** stelle; pleie *(fx one's tomato plants); med.:* pleie *(fx he was nursed back to health);* **2***(=breastfeed)* gi bryst; amme; **3.** holde om; holde i armene *(fx she was nursing a kitten);* **4.** *polit:* **~ a constituency** pleie en valgkrets; **5.** *om følelser; stivt(=have):* **he -d a hope that he would succeed** han nærte et håp om å lykkes.
nursemaid ['nə:s,meid] *subst:* barnepike.
nursery ['nə:səri] *subst* **1.** barneværelse; **2.** *i fx varemagasin:* barneparkering; **3.: day** *~(=crèche)* daghjem; **4***(=nursery garden)* planteskole.
nursery education utdanning som barnehagelærer; *(se I. nurse 3).*
nursery garden planteskole.
nursery nurse *se I. nurse 3.*
nursery rhyme barnerim.
nursey school barnehage.
nursery slope *ski:* begynnerbakke.
nurse tutor*(=tutor; sister tutor)* lærer ved sykepleieskole; praksisveileder.
I. nursing ['nə:siŋ] *subst* **1.** stell; pleie; sykepleie *(fx nursing is a hard but satisfying job);* **3.** *glds:* **wet ~** *(=breastfeeding)* amming; diegiving.
II. nursing *adj* **1.** pleie-; **2.** ammende; som gir bryst; diegivende; **~ mothers** mødre som ammer (*el.* gir bryst).
nursing assistant *(=nursing auxiliary)* pleieassistent; pleiemedhjelper; *(jvf I. nurse: State Enrolled Nurse).*
nursing bottle US*(=feeding bottle)* tåteflaske.
nursing care *med.:* pleie; **~ of children** barnepleie.
nursing home pleiehjem.
nursing officer 1. UK: area ~ sykehusrådmann; **2. UK: senior ~** *(,til 1974: matron;* **US:** *superintendent of nurses; director of nursing service)* sjefsykepleier; administrerende oversykepleier; **3. UK: unit ~** *(,til 1974: assistant matron)* oversykepleier.
nursing staff pleiepersonale.
nursling [nə:sliŋ] *subst* **1.** *lett glds:* pleiebarn; lite barn (som barnepike har ansvaret for); **2.** lite dyr (som ennå er avhengig av moren); **3.** *fig:* protesjé.
I. nurture [nə:tʃə] *subst; glds(=upbringing)* oppdragelse; oppfostring; *glds(=discipline)* opptuktelse; *ordspråk:* **nature passes** *~(=nature will run its course; what's bred in the bone comes out in the flesh)* naturen går over opptuktelsen.
II. nurture *vb* **1.** *glds(=bring up)* oppdra; **2.** *plante(=nurse)* pleie; stelle med; **3.** *fig; stivt(=cherish)* nære *(fx she nurtured a desire for revenge).*
nut [nʌt] *subst* **1.** *bot:* nøtt; **crack -s** knekke nøtter; **2.** mutter; **stripped ~** mutter som er gått over gjenge; **wing ~** vingemutter; **loosen***(=slacken)* **a ~** løsne en mutter; **tighten (up) a ~** trekke til en mutter; **tighten the ~ up***(=down)* **hard** trekke en mutter godt til; **3. S***(=head)* knoll; nøtt; **T: he's off his ~** han er helt sprø (*el.* fra vettet); **4.** *mus; på fiolin, etc (,***US:** *frog)* sal; *på bue:* frosch; **5. S***(=eccentric person)* skrue; **he's a swimming ~** han har dilla med å svømme; *(jvf nuts);* **6.** *fig:* **a hard***(=tough)* **~ to crack** en hard nøtt å knekke.
nutcase ['nʌt,keis] *subst* **S***(=madman; lunatic)* galning.
nutcracker ['nʌt,krækə] *subst* **1.** *zo:* nøttekråke; **2.: (pair of) -s** nøtteknekker.
nuthatch ['nʌt,hætʃ] *subst; zo:* spettmeis; **rock ~** balkanspettmeis.
nutmeg ['nʌt,meg] *subst; krydder:* muskat.
nutrient ['nju:triənt] **1.** *subst:* næringsstoff; næringsmiddel; **2.** *adj:* nærings-; **~ solution** næringsmiddeloppløsning.
nutrient medium*(=nutritive medium)* næringssubstrat.
nutriment ['nju:trimənt] *subst; stivt* **1***(=nourishment)* næring; **2***(=nutrient)* næringsstoff.
nutrition [nju:'triʃən] *subst* **1.** ernæring *(fx study nutrition);* ernæringsforhold.
nutritional [nju:'triʃənəl] *adj:* ernæringsmessig; ernærings-; nærings-.
nutritional disease ernæringssykdom.
nutritional value*(=food value)* næringsverdi.
nutritionist [nju:'triʃənist] *subst(=food specialist)* ernæringsfysiolog; ernæringsekspert.
nutritious [nju:'triʃəs] *adj; stivt(=nourishing)* nærende; næringsrik; **~ matter, ~ substance***(=nutrient)* næringsstoff.
nutritive ['nju:tritiv] *adj:* nærings-; **~ medium***(=nutrient medium)* næringssubstrat; **~ substance***(=nutrient)* næringsstoff.
nuts [nʌts] **1. S***(=testicles)* testikler; **2.** *adj* **S***(=crazy)* sprø (på nøtta); **3. S.: be ~ about** 1. være helt vill med; ha dilla med *(fx he's nuts about cars);* 2. være helt borte vekk i *(fx a girl);* **4. T: -s and bolts** praktiske detaljer (*el.* ting).
nutshell ['nʌt,ʃel] *subst* **1.** nøtteskall; **2.** *fig:* **in a ~** i et nøtteskall; i korthet.
nutty ['nʌti] *adj* **1.** nøtte-; **a ~ flavour** nøttesmak; **2. S***(=mad)* gal; **S:** helt sprø; **3. T: be ~ about** *se nuts*

3: be ~ about.
nut weevil *zo:* nøttesnutebille.
nuzzle ['nʌzəl] *vb:* ~ **(against)** stikke (*el.* gni) mulen (,nesen, snuten) inn mot *(fx the horse nuzzled (against) her cheek)*.
nyctalopia [,niktə'loupiə] *subst; med.(=night blindness)* nattblindhet.
nylon ['nailən; 'nailən] *subst:* nylon.
nymph [nimf] *subst* **1.** *myt; zo & om kvinne:* nymfe; **2. T***(=nymphomaniac)* nymfoman.
nymphet ['nimfit] *subst:* ungnymfe.
nympho ['nimfou] *subst; fk.f. nymphomaniac 1.*
nymphomania [,nimfə'meiniə] *subst:* nymfomani.
nymphomaniac [,nimfə'meiniæk] **1.** *subst:* nymfoman; **2.** *adj:* nymfoman *(fx she has nymphomaniac tendencies)*.

O

I. O, o [ou] (bokstaven) O, o; *tlf:* **O for Oliver** O for Olivia; **capital O** stor O; **small o** liten o; **it is spelt with two o's** det skrives med to o'er.
II. O *subst(=nought; zero) når tall, fx telefonnummer, leses:* null; **OO** ['dʌbəl 'ou] 00 *(fx 730089).*
III. o *litt.: se oh.*
O' *forstavelse ved irske navn; svarer til endelsen -sen (fx O'Connor).*
oaf [ouf] *subst(=clumsy slow-witted person)* dum klossmajor.
oafish ['oufiʃ] *adj:* dum og klosset *(fx he's so oafish!).*
oak [ouk] *subst; bot:* eik.
oakum ['oukəm] *subst; mar:* drev.
oar [ɔ:] *subst* **1.** *mar:* åre; **pull on the -s** legge seg på årene; ro hardt; **2.** *mar(=oarsman)* roer; **3.** *fig:* **rest on one's -s** hvile på årene; ta det litt med ro; **4.** *fig:* **stick***(=put)* **one's ~ in***(=interfere)* blande seg borti.
oarfish ['ɔ:,fiʃ] *subst; zo(=ribbon fish; king of the herrings)* sildekonge.
oarlock ['ɔ:,lɔk] *subst; mar* **US***(=rowlock)* åregaffel.
oarsman ['ɔ:zmən] *subst; mar:* roer.
oasis [ou'eisis] *subst (pl: oases* [ou'eisi:z]*)* oase.
oasthouse ['oust,haus] *subst; for humle:* tørkehus.
oatcake ['out,keik] *subst:* havrekjeks.
oath [ouθ] *subst (pl: oaths* [ouðz] *)* ed; **on ~, under ~** under ed; **put sby on ~** ta en i ed; **take an ~, swear an ~** avlegge ed.
oatmeal ['out,mi:l] *subst:* havremel.
oats [outs] *subst; pl* **1.** *bot:* havre *(fx the oats are ready for harvesting);* **~ is a crop grown mainly in cool climates** havre dyrkes vesentlig i kjølige himmelstrøk; **2.** *fig; om ungdom:* **sow one's wild ~** rase fra seg; løpe hornene av seg.
obduracy ['ɔbdjurəsi] *subst:* forstokkethet.
obdurate ['ɔbdjurət] *adj:* forstokket.
obedience [ə'bi:diəns] *subst:* lydighet (*to* mot); **act in ~ to an order** handle i samsvar med en ordre.
obedient [ə'bi:diənt] *adj:* lydig (*to* mot).
obelisk ['ɔbəlisk] *subst:* obelisk.
obese [ou'bi:s; ə'bi:s] *adj; stivt(=excessively fat)* fet.
obesity [ou'bi:siti; ə'bi:siti] *subst; stivt(=being excessively fat)* fedme.
obey [ə'bei] *vb:* adlyde.
obfuscate ['ɔbfʌs,keit] *vb; stivt* **1***(=make obscure)* vanskeliggjøre; tåkelegge; **2***(=confuse)* forvirre.
obituary [ə'bitjuəri] *subst* **1***(=obituary notice)* nekrolog; minneord; **2.** *spalteoverskrift:* dødsfall.
I. object ['ɔbdʒikt] *subst* **1.** gjenstand; **be an ~ of admiration** være gjenstand for beundring; **she was the ~ of his attention** hun var gjenstand for hans beundring; **2***(=aim; purpose; intention)* mål; hensikt; formål; **the ~ of the exercise was to** . . . formålet (*el.* hensikten) med det hele var å . . .; **his main ~ in life was to become rich** hans viktigste mål i livet var å bli rik; **3.** *gram:* objekt; **indirect ~** omsynsledd; **4.: money is no ~** det skal ikke stå på penger; penger er ingen hindring.
II. object [əb'dʒekt] *vb:* innvende; komme med innvendinger; gjøre innsigelser; **if you don't ~** hvis du ikke har noe imot det; **~ to sth** protestere mot noe; gjøre innvendinger mot noe; **I ~ to people smoking in here** jeg er imot at folk røyker her inne.
object glass *i teleskop:* objektiv.
objection [əb'dʒekʃən] *subst* **1.** innvending; innsigelse; protest (*to, against* mot); **I've no ~ to doing it** jeg har ikke noe imot å gjøre det; **he made***(=raised)* **no ~ to the idea** han gjorde ingen innvendinger; han kom ikke med noen innvendinger; **he took ~ to it** han gjorde innsigelse mot det; **2.** motvilje *(fx he has a strong objection to getting up early).*
objectionable [əb'dʒekʃənəbl] *adj* **1***(=unpleasant; disagreeable)* ubehagelig *(fx person);***2.** upassende; forkastelig *(fx method);* støtende *(fx remark).*
I. objective [əb'dʒektiv] *subst* **1.** *stivt(=aim)* mål *(jvf I. object 2);* **2.** *fot(=lens)* objektiv; linse.
II. objective *adj:* objektiv.
objectivity [,ɔbdʒek'tiviti] *subst:* objektivitet.
object lesson 1. time i anskuelsesundervisning; **2.** *fig:* anskuelsesundervisning; konkret illustrasjon (*el.* eksempel); skoleeksempel *(fx she was an object lesson in how to grow old).*
objector [əb'dʒektə] *subst* **1.** person som protesterer (*el.* nedlegger protest) mot noe; **2.** *mil:* **conscientious ~** militærnekter.
oblate ['ɔbleit] **1.** *subst; rel:* oblat; barn gitt til klosteroppdragelse; **2.** *adj:* flattrykt ved polene.
oblation [ə'bleiʃən] *subst; rel* **1.** (kirkelig) offer; **2.** offergave (til religiøst el. veldedig formål).
obligation [,ɔbli'geiʃən] *subst:* **be under an ~ to***(=have a duty to)* være forpliktet til å; plikte å; **you're under no ~ to buy this***(=you don't have to buy this)* du er ikke forpliktet til å kjøpe dette; **no ~ to buy** ingen kjøpetvang; **legal ~** juridisk forpliktelse; **moral ~** moralsk forpliktelse.
obligatory [ɔ'bligətəri] *adj; stivt(=compulsory)* obligatorisk.
oblige [ə'blaidʒ] *vb* **1.** *stivt:* **the police -d him to leave***(=the police forced him to leave)* politiet tvang ham til å reise; **she was -d to go out to work when her husband died***(=she had to go out to work when her husband died)* hun var nødt til å ta arbeid da mannen døde; **2.** *om tjeneste; stivt:* **he -d me with a loan***(=he was kind enough to let me have a loan)* han var så snill å gi meg et lån; **could you ~ me by (-ing)?***(=could you please help me by (-ing)?)* kunne du gjøre meg den tjeneste å . . .?
obliging [ə'blaidʒiŋ] *adj(=helpful)* tjenstvillig; forekommende; imøtekommende.
I. oblique [ə'bli:k] *subst(=solidus; diagonal)* skråstrek; strek; **one ~ two five three** 1/253.
II. oblique *adj* **1***(=slanting)* skrå *(fx an oblique line);* **2***(=not straight)* skjev *(fx he steered an oblique course towards the shore);* **3.** *geom:* **an ~ angle** en skjev vinkel; **4.** *gram:* oblikv *(fx case);* **5.** *fig(=indirect)* indirekte *(fx he made an oblique reference to his work).*
obliqueness [ə'bli:knis], **obliquity** [ə'blikwiti] *subst:* skjevhet.
obliterate [ə'blitə,reit] *vb; stivt* **1***(=wipe out)* utslette; **2.** *om fotspor, etc(=wipe out)* viske ut.
obliteration [ə,blitə'reiʃən] *subst:* utslettelse.
oblivion [ə'bliviən] *subst; stivt:* glemsel; **his name quickly fell***(=sank)* **into ~***(=his name was soon forgotten)* navnet hans ble snart glemt; **he lived in**

complete ~ of his surroundings*(=he was completely unaware of his surroundings)* han glemte rent sine omgivelser.

oblivious [ə'bliviəs] *adj; stivt:* **be ~ of, be ~ to 1***(=be unaware of)* ikke være oppmerksom på; ikke være klar over *(fx he was completely oblivious to what was happening);* **2***(=take no notice of)* ikke ta hensyn til; ikke bry seg om; **he was ~ to his duties** han glemte rent pliktene sine; han enset ikke pliktene sine.

oblong ['ɔb,lɔŋ] **1.** *subst:* avlang figur; **2.** *adj:* avlang.

obnoxious [əb'nɔkʃəs] *adj; stivt(=very unpleasant; offensive)* ytterst ubehagelig *(fx smell); (jvf noxious).*

oboe ['oubou] *subst; mus:* obo.

obscene [əb'si:n] *adj* **1***(=indecent)* obskøn; uanstendig *(fx gesture);* slibrig *(fx book);* **2.** *jur:* utuktig *(fx the obscene material was destroyed by the police).*

obscenity [əb'seniti] *subst* **1.** obskønitet; uanstendighet; **2.: an ~** en slibrighet; et slibrig (,**T:** stygt) ord; en sjofelhet *(fx he shouted obscenities to the police).*

I. obscure [əb'skjuə] *adj* **1***(=hard to understand)* dunkel; vanskelig å forstå *(fx poem);* **2***(=little known)* lite kjent *(fx author);* obskur *(fx little village);* **of ~ origin***(=of unknown origin)* av ukjent opprinnelse; **3.** *om sted(=dark)* mørk.

II. obscure *vb; stivt* **1***(=hide)* skjule; **2.** *fig(=make difficult; make indistinct)* fordunkle; tilsløre; **3.** *fon; om vokal:* redusere (slik at den blir nøytral [ə]).

obscurity [əb'skjuəriti] *subst* **1.** ubemerkethet; **live in ~***(=lead an obscure life)* føre en ubemerket tilværelse; **2.** *stivt(=obscure place):* **the poem is full of obscurities** diktet er fullt av uklarheter.

obsequies ['ɔbsikwiz] *subst; pl; meget stivt el. litt.(=funeral ceremonies)* begravelseshøytidelighet; sørgehøytidelighet.

obsequious [əb'si:kwiəs] *adj; stivt(=subservient; creeping)* underdanig; krypende.

observable [əb'zə:vəbl] *adj:* iakttagbar; **we can only deduce this from their ~ behaviour** vi kan bare slutte oss til dette av den måten de oppfører seg på.

observance [əb'zə:vəns] *subst* **1.** overholdelse *(fx of the law; of religious holidays);* **2.: religious -s** religiøse skikker; **external -s** ytre seremonier; **3.** *kat.:* observans.

observant [əb'zə:vənt] *adj* **1***(=quick to notice)* observant; oppmerksom; **2.** *stivt:* **~ of***(=careful to observe)* som nøye overholder *(fx the rules).*

observation [,ɔbzə'veiʃən] *subst* **1.** observasjon; **under ~** under observasjon; **2.** *mar:* observasjon; **3.** *stivt(=remark)* bemerkning *(fx make a polite observation);* **4.** *stivt:* **he escaped ~***(=he escaped notice)* han unngikk å bli sett; **5.: (acute) powers of ~** (skarp) iakttagelsesevne.

observatory officer: (senior) ~ observator.

observe [əb'zə:v] *vb; stivt* **1***(=notice)* legge merke til; **2***(=watch)* iaktta; betrakte; **3.** *høytidelighet(=celebrate)* feire *(fx Easter); regel(=obey)* overholde; følge; *frist(=keep to; meet)* overholde *(fx the time of delivery); taushet:* iaktta *(fx a minute's silence in memory of the dead);* **4***(=remark)* bemerke; **5.** *mar:* observere.

observer [əb'zə:və] *subst* **1.** observatør; **2.** iakttager.

obsess [əb'ses] *vb:* besette; **be -ed by the fear of death** være besatt av frykt for døden; **she's -ed by what she looks like** hun er besatt av tanken på hvordan hun ser ut.

obsession [əb'seʃən] *subst* **1.** *med.:* tvangsforestilling; tvangstanke; **2.** besettelse; fiks idé; **he's got an ~ about motorbikes** han tenker ikke på annet enn motorsykler; **it's an ~ with him** han er helt besatt av det.

obsessional [əb'seʃənəl] *adj:* som skyldes tvangsforestillinger; **T: he's ~***(=he suffers from an obsessive neurosis)* han har en tvangsneurose.

obsessive [əb'sesiv] *adj; med.:* tvangs- *(fx neurosis; thought);* **be ~ about sth** være altfor opptatt av noe.

obsessively *adv:* som besatt *(fx he read obsessively).*

obsolescence [,ɔbsə'lesəns] *subst:* foreldethet.

obsolescent [,ɔbsə'lesənt] *adj; stivt(=going out of use; going out of fashion)* foreldet; i ferd med å gå av bruk *(fx obsolescent slang).*

obsolete ['ɔbsə,li:t] *adj:* foreldet; gått av bruk.

obstacle ['ɔbstəkəl] *subst* **1.** hindring; **be an ~ to** være til hinder for; **this often imposes unnecessary -s to understanding** dette skaper ofte unødvendige vanskeligheter for forståelsen; **put -s in sby's way** legge hindringer i veien for en; **2.** *sport:* hinder.

obstacle race *sport:* hinderløp; *(jvf steeplechase).*

obstetric(al) [əb'stetrik(əl)] *adj; med.:* fødsels-; obstetrisk *(fx instruments);* **good ~ care** god pleie under fødselen.

obstetrician [,ɔbstə'triʃən] *subst:* fødselslege; obstetriker.

obstetrics [əb'stetriks] *subst; med.:* obstetrikk.

obstinacy ['ɔbstinəsi] *subst(=stubbornness)* stahet; gjenstridighet.

obstinate ['ɔbstinət] *adj(=stubborn)* sta; gjenstridig; **use penetrating oil for ~ nuts** bruk rustolje til gjenstridige muttere.

obstreperous [əb'strepərəs] *adj; stivt(=boisterous and unruly)* støyende og uregjerlig; bråkete.

obstruct [əb'strʌkt] *vb; stivt* **1***(=block)* sperre *(fx the road was obstructed by a fallen tree);* **2***(=hinder)* hindre *(fx the crashed lorry obstructed the traffic);* **3.** *fig; polit, etc:* drive obstruksjon; lage vanskeligheter for; **4.** *fotb:* blokkere.

obstruction [əb'strʌkʃən] *subst* **1.** hindring; **2.** obstruksjon; **3.** *fotb:* blokkering; *(se obstruct).*

obstructionist [əb'strʌkʃənist] **1.** *subst:* obstruksjonsmaker; **2.** *adj:* obstruksjons- *(fx policy).*

obstructive [əb'strʌktiv] *adj:* som hindrer (*el.* sperrer).

obtain [əb'tein] *vb* **1***(=get; acquire)* få; erverve; **~***(=get)* **a good price for it** få en god pris for det; **~***(=achieve)* **a result** oppnå et resultat; **~ a loan** få et lån; **2.: a new law -s in this case** en ny lov kommer til anvendelse i dette tilfellet.

obtainable [əb'teinəbl] *adj:* som kan fås (*el.* skaffes); **is ~***(=is to be had)* **from all booksellers** fås hos alle bokhandlere.

obtrusive [əb'tru:siv] *adj* **1***(=very noticeable)* meget iøynefallende *(fx clothes);* **2.** *om person(=intrusive; pushing)* påtrengende.

obtuse [əb'tju:s] *adj* **1.** *mat.; om vinkel:* stump; **2.** *stivt(=dull; stupid)* tungnem; sløv.

I. obverse ['ɔbvə:s] *subst:* **~ (side)***(=face)* forside; avers (på mynt).

II. obverse *adj* **1.** med forsiden vendt mot tilskueren; **2.** *bot; om blad:* smalere nederst enn ved toppen.

obviate ['ɔbvi,eit] *vb; stivt* **1***(=avoid; get round)* unngå; **2***(=anticipate; dispose of (in advance))* komme i forkjøpet; rydde av veien *(fx a difficulty).*

obvious ['ɔbviəs] *adj:* tydelig; klar; opplagt; åpenbar; innlysende; nærliggende; **the ~ question is whether . . .** et nærliggende spørsmål er om . . .; **it's pretty ~** det er temmelig innlysende; **it was ~ (to everyone) that we would have to help them** det var innlysende (for enhver) at vi måtte hjelpe dem; **with ~ relief** med tydelig lettelse; **the most ~ difference was that** . . . den mest påfallende forskjellen var at . . .; **the intention is all too ~** hensikten er bare så altfor tydelig.

obviously *adv:* tydelig; selvsagt *(fx obviously, I'll* *need some help with this).*

I. occasion [ə'keiʒən] *subst* **1.** *stivt(=opportunity)* anledning; sjanse *(fx if the occasion arises);* **2.** *stivt(=reason)* grunn *(fx you have no occasion to do that);* foranledning; **give ~ to***(=give rise to)* være foranledning(en) til; **3***(=special event)* anledning; begivenhet *(fx the wedding was a great occasion);* **4.: on this ~** ved denne anledningen; **on that ~** ved den anledningen; **on ~***(=occasionally)* leilighetsvis; nå og da; av og til; **5.: rise to the ~***(=be equal to the occasion)* være situasjonen voksen *(fx he rose to the occasion magnificently).*

II. occasion *vb; meget stivt(=cause)* foranledige; forårsake; gi anledning til.

occasional [ə'keiʒənəl] *adj* **1.** som forekommer (,hender) av og til; leilighetsvis; **I take an ~ trip to Paris** jeg drar til Paris av og til; **I do read an ~ book** jeg leser da en bok av og til; **2.** laget for anledningen; leilighets- *(fx an occasional poem).*

occasional licence UK: skjenkerett (begrenset til spesielle tider).

occasionally *adv:* nå og da; av og til; leilighetsvis.

occasional table*(=coffee table)* salongbord.

Occident ['ɔksidənt] *subst; stivt:* **the ~***(=the West)* Oksidenten; Vesten; *(jvf Orient).*

occidental [,ɔksi'dentəl] **1.** *subst(=Occidental)* vesterlending; person fra et vestlig land; **2.** *adj:* oksidental; vesterlandsk; vestlig *(fx civilization).*

occipital [ɔk'sipitəl] *adj:* bakhode- *(fx muscle).*

occipital presentation *med.:* **(delivery with an) ~** bakhodefødsel.

occiput ['ɔksi,pʌt] *subst; anat(=back of the head)* bakhode.

occlude [ɔ'klu:d] *vb; stivt* **1***(=stop up; block)* stoppe til; tette igjen; lukke *(fx a pore);* **2***(=obstruct; hinder)* utelukke *(fx the light);* **3.** *kjem(=sorb)* okkludere.

occlusion [ə'klu:ʒən] *subst* **1.** tilstopping; tetting; **2.** *med.; kjem; meteorol:* okklusjon.

I. occult [ɔ'kʌlt; 'ɔkʌlt] *subst:* **the ~** det okkulte.

II. occult *adj:* okkult *(fx science);* mystisk; hemmelig.

occultism ['ɔkʌl,tizəm] *subst:* okkultisme.

occupancy ['ɔkjupənsi] *subst* **1***(=possession; taking possession of)* besittelse; det å ta i besittelse *(fx the occupancy of a large house);* **2***(=tenancy)* leietid.

occupant ['ɔkjupənt] *subst* **1***(=tenant)* leier; leietager; **2***(=occupier)* beboer *(fx of a house);* **-s of flats** de som bor i leiligheter; **3.** *mil(=occupier)* okkupant; **4.** besitter *(fx of a piece of land); av embete:* innehaver; **~ of a chair** innehaver av et professorat; **the ~ of that seat** den som sitter (,satt) på den plassen; **the -s of the car** de som sitter (,satt) i bilen.

occupation [,ɔkju'peiʃən] *subst* **1.** yrke; **2.** beskjeftigelse *(fx he has various occupations to keep him busy);* **3.** innflytning; **ready for ~***(=ready to move into)* innflytningsklar; **4.** *mil:* okkupasjon; besettelse.

occupational [,ɔkju'peiʃənəl] *adj:* yrkes-; yrkesmessig.

occupational disease yrkessykdom.

occupational hazard*(=occupational risk)* yrkesrisiko; arbeidsrisiko.

occupational therapist arbeidsterapeut; yrkesterapeut.

occupational therapy arbeidsterapi; yrkesterapi.

occupational therapy department *ved psykiatrisk sykehus:* arbeidsstue.

occupier ['ɔkju,paiə] *subst* **1.** *av hus(=occupant)* beboer; **2.** *mil(=occupant)* okkupant.

occupy ['ɔkju,pai] *vb* **1***(=live in)* bo i *(fx the family occupied a two-roomed flat);* **2.** *om tid; stivt(=take up)* oppta *(fx this job will occupy very little of your time); om gjenstand:* **a table occupied the centre of the room** et bord var plassert midt i rommet; **3.** *om stilling(=fill)* inneha; **4.** *stivt:* **~ oneself***(=busy oneself)* **(with)** beskjeftige seg (med) *(fx she occupied herself with various small jobs; he occupied himself playing with his toys);* **5.** ta i besittelse; besette; okkupere; innta *(fx a strategic position); mil:* besette; okkupere; holde besatt.

occur [ə'kə:] *vb* **1.** *stivt(=be found)* finnes, forekomme *(fx oil occurs under the North Sea);* **2.** *stivt(=happen; take place)* hende; inntreffe *(fx an explosion occurred);* **3.: it -red to me that** ... det falt meg inn at ...; **it has just -red to me that** ... det faller meg (nettopp) inn at ... **it never -red to him to** ... det falt ham aldri inn å ...

occurrence [ə'kʌrəns] *subst* **1***(=happening)* hendelse; begivenhet *(fx strange occurrences);* **2.** forekomst *(fx the occurrence of gold in a rock);* **the ~ of sudden snowstorms** det at plutselige snøstormer forekommer.

ocean ['ouʃən] *subst* **1.** osean; verdenshav; **2. T: we've got -s of time** vi har oseaner av tid.

ocean-going ['ouʃən,gouiŋ] *adj:* havgående *(fx ship).*

oceanography [ouʃə'nɔgrəfi] *subst:* oseanografi.

ocean pipefish *zo; fisk:* stor havnål; *(se pipefish).*

ocean racer havseiler.

ocean racing havseilas.

ochre *(,***US:** *ocher)* ['oukə] *subst:* oker(farge).

o'clock [ə'klɔk]: **at two ~** klokken to.

octagon ['ɔktəgən] *subst:* åttekant; oktagon.

octagonal [ɔk'tægənəl] *adj:* åttekantet; oktagonal.

octane ['ɔktein] *subst:* oktan; **high-~ petrol** høyoktanbensin.

octane number*(=octane rating)* oktantall.

octave ['ɔkteiv; 'ɔktiv] *subst:* oktav.

October [ɔk'toubə] *subst:* oktober.

octogenarian [,ɔktoudʒi'nɛəriən] **1.** *subst:* person i åttiårene; **2.** *adj:* åttiårig.

octopus ['ɔktəpəs] *subst; zo(=octopod)* åttearmet blekksprut; akkar; akker.

octuple ['ɔktjupəl] *adj:* åttefold; åttedobbelt.

I. ocular ['ɔkjulə] *subst(=eyepiece)* okular.

II. ocular *adj:* øyen-; **an ~ defect** en feil ved øyet; **give sby ~ proof of sth** gi en syn for sagn; la en få se det med egne øyne; *(jvf optic).*

oculist ['ɔkjulist] *subst; glds: se ophthalmologist.*

odd [ɔd] *adj* **1.** *om tall:* odde; ulike *(fx numbers);* **2.** umake *(fx an odd glove);* som ikke hører sammen *(fx odd socks);* som ikke hører til *(fx I found an odd knife among our cutlery);* **an ~ volume** et enkelt bind (av et verk); **3.** til overs (etter at de andre er gruppert el. inndelt parvis); ekstra; **4***(=strange)* underlig; rar; pussig; besynderlig; **he found it very ~** han syntes det var meget rart; **5.: at ~ moments** i ledige stunder; **have you got an ~ minute to help me?** har du et ledig minutt til å hjelpe meg? **6.** *ved tall:* **fifty ~ pounds** noen og femti pund; **he must have a hundred ~ at least** han må ha godt og vel hundre; **300-odd pages** godt og vel 300 sider; **six pounds and a few ~ pence** seks pund og noen få pence; *(se odd-job; odd man out; odd one out; odds).*

oddball ['ɔd,bɔ:l] *subst* **T***(=eccentric person)* raring; original.

oddity ['ɔditi] *subst* **1.** særhet; egenhet *(fx everybody has some oddity or other);* **2.** *om person:* raring *(fx he's a bit of an oddity);* **3.** *om ting:* raritet; kuriositet.

odd-job man [,ɔd'dʒɔb,mən] *subst:* mann som gjør forefallende arbeid (*el.* småjobber); altmuligmann.

odd jobs småjobber; forefallende arbeid; **do ~***(=work at odd jobs)* gjøre forefallende arbeid; ta

småjobber.
odd man out 1. en som skiller seg ut fra resten av gruppen; **2.: I was ~** jeg ble (,var) til overs.
oddly ['ɔdli] *adv(=strangely)* underlig; rart *(fx he behaved very oddly);* **~ enough** underlig nok.
oddments ['ɔdmənts] *subst; pl(=bits and pieces)* småtterier; smårester *(fx several oddments of material).*
odd one out til overs; som ikke hører med til settet (etc).
odds [ɔdz] **1.** odds; **the ~ are 15 to 1** odds er 15; **2***(=chances)* sjanser; **the ~ are that he'll win** han har gode sjanser til å vinne; **T: it's ~ on that he'll win***(=it's very likely that he'll win)* det er meget sannsynlig at han vinner; **3.: fight against heavy ~** kjempe mot overmakten; **4.** *stivt:* **be at ~ with***(=be on bad terms with)* stå på en dårlig fot med (*over* pga.); **5. T: . . . but what's the ~?***(=but what difference does it make?)*. . . men hva gjør det? **it makes no ~***(=it doesn't matter)* det spiller ingen rolle.
odds and ends*(=bits and pieces)* småtterier; småting; pakkenelliker.
odds-on [,ɔdz'ɔn] *adj; hesteveddeløp:* **an ~ favourite** en sikker vinner; en klar favoritt; **an ~ chance** en meget god sjanse; *(se også odds 2).*
ode [oud] *subst:* ode.
odious ['oudiəs] *adj; stivt(=disgusting; hateful)* motbydelig; ufyselig *(fx smell);* vemmelig.
odometer [ɔ'dɔmitə] *subst* **US***(=mileometer)* kilometerteller.
odontology [,ɔdɔn'tɔlədʒi] *subst:* odontologi; tannlegevitenskap.
odour *(,US: odor)* ['oudə] *subst(=smell)* lukt.
odourless *(,US: odorless)* ['oudəlis] *adj:* luktfri.
Odysseus [ə'di:siəs] *subst; myt:* Odysseus.
Odyssey ['ɔdisi] *subst* **1***(epic poem by Homer)* Odysséen; **2.** *fig:* **odyssey** odyssé; lang, omflakkende reise.
oecumenic(al) *se ecumenic(al).*
oedema, edema [i'di:mə] *subst; med.:* ødem (ɔ: væskeansamling).
Oedipus ['i:dipəs] *subst; myt:* Ødipus; **~ complex** Ødipuskompleks.
o'er [ɔ:; 'ouə] *prep; litt.: se over.*
oesophagus *(,US: esophagus)* [i:'sɔfəgəs] *subst; anat(=gullet)* spiserør.
oestrogen ['i:strədʒən; 'estrədʒən] *subst:* østrogen.
of [ɔv; *trykksvakt:* əv] *prep* **1.** *uttrykker genitiv:* **the house ~ my uncle***(=my uncle's house)* huset til onkelen min; min onkels hus; **the roof ~ the house** taket på huset; **the relatives ~ those who were killed** slektningene til dem som ble drept;
2. à *(fx 5 cases of 25 bottles);*
3. av *(fx there were five of them and three of us; a crown of gold; a photo of my mother; a family of idiots);* **a friend ~ John's** *(=one of John's friends)* en venn av John; en av Johns venner; **that brute ~ a dog!** det beistet av en hund! **consist ~** bestå av; **die ~** dø av; **they expect it ~ me** de venter det av meg;
4. for *(fx north of the lake); (se accuse; afraid; II. cure; glad; typical);*
5*(=from)* fra *(fx Mr Brown of Salisbury);*
6. i *(fx the king of the country; a professor of mathematics); ved adresseangivelse:* **Mrs Jones ~ 52 Foxbourne Road** fru Jones som bor i Foxbourne Road nummer 52; *(jvf 5 ovf); (se fond; guilty; I. hold 6);*
7. med *(fx an area of hills; a week of festivities; a man of courage);*
8. om *(fx dream of; speak of; think of; the battle of the Atlantic);* **T: I go to the pub ~ an evening** jeg går på pub'en om kvelden;
9. over *(fx ashamed of; a map of Norway);* **make a list ~** lage en liste over;
10. på *(fx a family of 5);* **a boy of five** en gutt på fem år; *(se envious; I. murder; repent); om klokkeslett* **US***(=to):* **a quarter ~ ten** kvart på ti;
11. til *(fx the cause of the accident; the mother of two); (se for øvrig 1);*
12. ved *(fx the Battle of Waterloo); (se advantage);*
13. *oversettes ikke:* **the third ~ February** den tredje februar; **40 years ~ age***(=40 years old)* 40 år gammel; **the size ~** på størrelse med *(fx a ball the size of an orange);* **a pair ~ shoes** et par sko; **a cup ~ tea** en kopp te; **the city ~ Rome** byen Rom; **the name ~ John** navnet John; **the winter ~ 1986** vinteren 1986; **he doesn't speak a word ~ English** han snakker ikke ett ord engelsk; **it smells ~ petrol** det lukter bensin; **the breathing ~ clean air** det å puste inn ren luft; **the shooting ~ seals** det å skyte sel.
off [ɔf] **1.** *adv:* bort; av sted *(fx march off);* borte *(fx two kilometres off);* av *(fx it fell off);* avblåst *(fx the strike is off);* avlyst *(fx the meeting is off);* avskrudd; ikke på *(fx the gas is off);* **a day ~** en fridag;
2. *adj; på kjøretøy(=offside)* høyre *(fx the off front wheel);* **the ~ button** av-knappen *(fx the off button on the TV);* **an ~ year for good tennis** et dårlig år når det gjelder god tennis;
3. *prep:* opp fra *(fx lift a cup off the table);* ned fra *(fx fall off a chair; take a book off the shelf);* av *(fx cut a few centimetres off his hair);* **get ~ the bus** gå av bussen; **there is £10 ~ the usual price** det selges til £10 under vanlig pris; *mar:* utenfor *(fx anchor off the coast);* på høyde med *(fx off Cape Town);*
4. *forskjellige forb:* **~ and on** av og til; **he lived in London ~ and on for two years** han bodde mer eller mindre fast i London i to år; *i veddeløp:* **they're ~!** der gikk starten! **be badly ~** 1*(=be poor)* være dårlig stilt; 2. **T: they're badly ~ for clothes at the moment** de har dårlig med klær for øyeblikket; **be well ~** 1*(=be well-to-do)* være velstående; 2. **T: be well ~ for sth** ha nok av noe *(fx we're well off for tea);* **he's ~ drugs now** han er stoffri nå; **T: I'm a bit ~ colour today** jeg er ikke riktig i form i dag; **the ~ season** den stille årstid; lavsesongen; **a street ~ the Strand** en sidegate til the Strand.
offal ['ɔfəl] *subst; av slakt:* innmat.
offbeat [,ɔf'bi:t; *attributivt:* 'ɔf,bi:t] *adj* **T***(=unconventional)* ukonvensjonell; utradisjonell *(fx his clothes are a bit offbeat).*
offchance ['ɔf,tʃa:ns] *subst:* **there's an ~** *(=a slight chance)* **that he might come** det er en svak mulighet for at han kommer; **I came on the ~ of seeing you***(=I came in the hope of seeing you)* jeg kom i håp om å treffe deg; **we waited, on the ~ that he might come** vi ventet for det tilfellets skyld at han skulle komme.
off colour *adj* **T***(=slightly unwell)* utilpass; ikke helt i form.
offcut ['ɔf,kʌt] *subst; av materiale:* rest.
off-day ['ɔf,dei]: **have an ~** *(=have a black day)* ha en svart dag.
offence *(,US: offense)* [ə'fens] *subst* **1.** *jur:* lovovertredelse; forseelse; **it's a criminal ~** det er straffbart; det medfører straffansvar; **indictable***(= punishable)* **~** straffbar forseelse; **it's an ~ to . . .** det er straffbart å . . . **fined for a parking ~** bøtlagt for ulovlig parkering; **2.** *om det som forarger, fornærmer, krenker el. støter:* **it's an ~**

against public decency det er en krenkelse av bluferdigheten; **it's an ~ to***(=it offends)* **our sense of justice** det krenker (*el.* støter) vår rettferdighetssans; **that rubbish heap is an ~ to the eye***(=that rubbish heap's an eyesore)* den søppelhaugen er en torn i øyet; **give ~ to one's friends** fornærme (*el.* støte) sine venner; vekke forargelse hos sine venner; **take ~** bli fornærmet; **take ~ at***(=be offended by)* bli fornærmet over; ta anstøt av; **she took ~ at what he said** hun ble fornærmet over det han sa.

offend [ə'fend] *vb* **1.** fornærme; **be -ed by***(=take offence at)* bli fornærmet over; ta anstøt av; **~ against** støte an mot *(fx his behaviour offends against good manners)*; **~ against the law** begå lovbrudd.

offended *adj:* fornærmet (*at* over; *with* på); **I'm not ~ in the least** jeg er ikke det aller minste fornærmet.

offender [ə'fendə] *subst; jur:* lovbryter; **young -s** unge lovovertredere.

offense [ə'fens] **US:** *se offence.*

I. offensive [ə'fensiv] *subst:* offensiv; **on the ~** på offensiven; *mil:* **they launched an ~ against . . .** de satte i gang en offensiv mot . . .

II. offensive *adj* **1.** *mil:* offensiv *(fx weapon)*; **2.** fornærmelig *(fx remark)*; **3***(=unpleasant; disgusting)* frastøtende; motbydelig *(fx an offensive smell).*

I. offer ['ɔfə] *subst:* tilbud (*of* om; *to* om å); **on ~** på tilbud *(fx chairs on offer)*; til salgs til høystbydende *(fx the house is on offer)*; **under ~** *(=sold subject to the signing of contracts)* solgt (med forbehold om undertegnelse av kjøpekontrakt); **they made an ~ of £70,000 for the house** de bød £70.000 for huset.

II. offer *vb* **1.** tilby; by på *(fx what do you have to offer?)*; **~ to** tilby seg å *(fx he offered to help)*; **I didn't want to help but I thought I ought to ~** jeg hadde ikke noe ønske om å hjelpe, men syntes jeg måtte tilby meg; **2.** *om belønning:* utlove *(fx offer a reward)*; **3.** *skolev; om pensum:* legge opp; **4.** innebære; bety; by på; **this -s certain advantages** dette byr på visse fordeler; **5.** *om sjanse, etc:* by seg; **when the opportunity -s** når anledningen byr seg; **6.** *om motstand(=put up):* **they -ed no resistance to the police** de gjorde ingen motstand mot politiet; **7.** *stivt:* **~ (up) prayers***(= say prayers)* fremsi bønner; **~ up***(=sacrifice)* **a lamb** ofre et lam.

offering ['ɔfəriŋ] *subst* **1.** *rel:* offergave; **2.** *glds el. spøkef(=present)* gave *(fx a birthday offering)*; **3.** det å tilby *(fx the offering of bribes).*

offertory ['ɔfətəri] *subst; rel* **1.** offerbønn; **2.** offertorium (ɔ: frembæring av brødet og vinen); **3***(collection taken while the bread and wine are being offered)* kollekt (som tas under frembæringen av brødet og vinen).

offhand [,ɔf'hænd; *attributivt:* 'ɔf,hænd] **1.** *adj:* nonchalant *(fx behaviour)*: **2** [,ɔf' hænd] *adv:* på stående fot *(fx I can't tell you offhand).*

offhanded [,ɔf'hændid] *adj: se offhand.*

office ['ɔfis] *subst* **1.** kontor; **head ~** hovedkontor; **ticket ~** billettkontor; **UK: the Foreign Office** utenriksdepartement; **US: doctor's ~***(=surgery)* legekontor; **2.** embete; **abuse of ~** embetsmisbruk; **discharge of ~** embetsførsel; **a lucrative ~** et fett embete; **hold***(=fill)* **an ~** (inne)ha et embete; **the ~ of mayor** borgermesterembete, **what ~ does he hold?** hvilket embete er det han har? **taking ~** embetstiltredelse; **3.** *polit:* **be in ~** ha regjeringsansvar; **the government in ~** den sittende regjering; **4.** *om tjeneste(r):* **through her good -s** takket være henne; **5.:** *se last offices.*

office boy (,girl) kontorbud.

office hours kontortid.

I. officer ['ɔfisə] *subst; mil* **1.: (commissioned) ~** offiser; **army ~** offiser i hæren; **~ cadet** befalselev; **commanding ~** kommanderende offiser; **~ in command** befalshavende (offiser); **desk ~** kontoroffiser; **duty ~***(=officer on duty)* vakthavende offiser; **UK: general ~** offiser med rang av 'brigadier' (oberst I) el. høyere i en av de tre våpengrenene; **intelligence ~** etterretningsoffiser; **non -commissioned ~** *(fk NCO)* underoffiser *(fx corporals and sergeants are non-commissioned officers)*; **quartermaster ~** intendanturoffiser; **reserve -s** reserveoffiserer; vernepliktig befal; **security ~** sikkerhetsoffiser; *(jvf 12: security ~)*; **senior ~** høyere offiser; **signals ~** *(,***US:** *communication officer)* sambandsoffiser; **staff ~** stabsoffiser; **welfare ~** velferdsoffiser; **-s and men** offiserer og menige; **~ of the day***(=orderly officer)* daghavende offiser;
2. *flyv:* **air force ~** flyoffiser; **pilot ~** *(,***US:** *second -lieutenant (fk 2Lt))* fenrik; **flying ~** *(,***US:** *first -lieutenant (fk 1Lt))* løytnant;
3. *mar:* **naval ~** sjøoffiser; **petty ~** *(fk PO) (,***US:** *petty officer second class)* kvartermester II (,III); **chief petty ~***(fk CPO)* kvartermester I; **petty ~ apprentice** *(,***US:** *petty officer third class)* konstabel; **acting petty ~** kvartermesteraspirant; **-s and crew** befal og mannskap.

II. officer *subst; beskrivende (jvf norsk '-funksjonær' & '-tjenestemann') eller som yrkestittel (jvf norsk '-assistent' & '-betjent');*
1. *i fengsel:* **prison ~** *(,***US:** *prison guard)* fengselsbetjent; **chief prison ~, class II** overbetjent; **principal prison ~** førstebetjent; **~ instructor** yrkeslærer;
2. *jernb:* **chief establishment and staff ~** personaldirektør;
3. *jur:* **law ~ (of the Crown)** kronjurist; **children's ~** *intet tilsv:* tilsynsverge for barn; **probation ~** tilsynsverge (for ungdommer under 17 år); *(se NEO barnevernsnemnd)*;
4. *leger:* **medical ~** lege; **duty medical ~** vakthavende lege; **house ~** *(,***US:** *intern(e))* kandidat; **school dental ~** skoletannlege; **school medical ~** skolelege; *i fengsel:* **principal medical ~** overlege;
5. *mar:* **ship's ~** skipsoffiser; **chief ~, first ~** overstyrman; **second ~** førstestyrmann; **third ~** annenstyrmann; **radio ~** telegrafist; **chief radio ~** sjefstelegrafist; **first radio ~** førstetelegrafist;
6. *i politiet:* **police ~** politijenestemann; politimann; **the chief police ~** høyeste politijenestemann; **arresting ~** politimann som foretar en arrestasjon *(fx who was the arresting officer?)*; **crime prevention ~** *intet tilsv:* politijenestemann som ved besøk i hjemmet gir publikum råd om hvordan de best skal beskytte seg mot innbrudd; **school relations ~** politijenestemann som besøker skoler og orienterer om trafikkreglene; **station ~** vakthavende ved politistasjon; *(NB en politikonstabel tiltales som 'officer')*;
7. *post:* **postal ~** postekspeditør;
8. *skolev:* **careers ~** *intet tilsv:* sjef for et 'careers office' (yrkesveiledningskontor for ungdom); *(jvf training officer)*; **(chief) education ~***(=director of education)* skoledirektør; **deputy education ~***(=deputy director of education)* skoleinspektør; **training ~** *intet tilsv:* yrkesveileder som besøker skolene, intervjuer elever og sørger for utplassering i yrkeslivet ('link courses'); *(se NEO utplassering)*;

9. *sykepleie:* **area nursing ~** sykehusrådmann; **senior nursing ~** *(,***US:** *director of nursing service; superintendent of nurses)* sjefsykepleier; administrerende oversykepleier; **unit nursing ~** oversykepleier;
10. *tollv:* **customs ~** toller; tolltjenestemann; tollbetjent; **customs ~ in attendance** tjenstgjørende tolltjenestemann; **clerical customs ~** tollassistent; **export ~** tolloverbetjent (som har oppsyn med lasting); **landing ~** førstetolloverbetjent; lossesjef; **preventive ~** tolloverbetjent (som visiterer ombord); **~ of customs and excise** tollstasjonsbestyrer;
11. *i forening:* styremedlem;
12. *i vaktselskap:* **security ~***(=night watchman)* nattevakt; sikkerhetsvakt; *(jvf 1: security ~);*
13. *kontorstillinger i etatene:* **assistant clerical ~** kontorassistent; **clerical ~** kontorfullmektig II; **senior clerical ~** kontorfullmektig I; **(chief) press ~** pressesjef;
14. *tekniske stillinger ved offentlige institusjoner:* **conservation ~** teknisk konservator; **chief (,senior) conservation ~** atelierleder; teknisk førstekonservator; *rangerer fra 1975 som:* førsteamanuensis; **(senior) observatory ~** observator; **scientific ~, senior technical ~** *(,***US:** *research associate)* amanuensis; **senior scientific ~, chief technical ~** *(,***US:** *assistant professor)* førsteamanuensis;
15. *i kommune:* **chief ~:** *indikerer stilling som rådmann; se etterfølgende titler;* **chief housing ~** boligrådmann; **chief financial ~** finansrådmann; **deputy chief financial ~** fullmektig hos finansrådmann; **welfare ~***(=social worker)* sosialkurator; **youth employment ~** *hist; se careers officer;* **rodent ~** *(,hist: ratcatcher)* rottefanger;
16.: -s of state*(=ministers)* ministre.
III. officer *vb; mil:* **be well -ed** ha dyktige offiserer *(fx the army was well officered).*
officers' mess *mil:* offisersmesse; *(jvf wardroom).*
I. official [ə'fiʃəl] *subst* **1.** *i det offentlige:* (underordnet) funksjonær; **senior ~** funksjonær i overordnet stilling; **government ~***(=government employee)* statsansatt; statstjenestemann, *(jvf civil servant);* **2.** *sport:* **track ~** banefunksjonær.
II. official *adj* **1.** offisiell *(fx dinner; statement);* **2.** tjenstlig; tjeneste- *(fx journey);* embetsmessig; embets- *(fx dress);* **through (the) ~ channels** ad tjenestevei; **there is nothing against him in his ~ capacity** tjenstlig er det ingenting å utsette på ham; **3***(=formal)* stiv; formell *(fx style).*
official business tjenestesaker.
officialdom [ə'fiʃəldəm] *subst:* byråkrati; embetsmannsvelde; byråkratisme.
officialese [ə,fiʃə'li:z] *subst:* departemental stil.
officialism [ə'fiʃə,lizəm] *subst:* byråkratisme.
official letter tjenesteskriv.
officially *adv:* offisielt; i embets medfør.
official matter tjenestesak.
Official Receiver *ved konkursforhandlinger:* (midlertidig) bobestyrer; *(jvf trustee in bankruptcy).*
officiate [ə'fiʃi,eit] *vb* **1.** forrette *(fx at the funeral);* **2.** *stivt(=act)* fungere *(fx he officiated as chairman);* **3.** *spøkef & stivt:* opptre *(fx I duly officiated at the wedding in the capacity of best man).*
officious [ə'fiʃəs] *adj; neds(=fussy; interfering)* geskjeftig,
offing ['ɔfiŋ] *subst:* **in the ~ 1.** *mar:* i åpen sjø (men ikke langt fra land); **2.** *fig* **T:** på trappene; i farvannet *(fx he's in the offing);* i sikte *(fx he has a new job in the offing).*
offish ['ɔfiʃ] *adj; om person* **T***(=aloof)* fjern; reservert (av seg).
off key *mus & fig:* falsk.
off-licence ['ɔf,laisəns] *subst(=wine mart; wine merchant('s shop);* **US:** *package store; liquor store)* vinhandel; *svarer til:* vinmonopolutsalg.
off line [,ɔf'lain], *attributivt:* **off-line** ['ɔf,lain] *adj; EDB:* frakoplet *(fx equipment); (jvf on-line).*
off-load [,ɔf'loud] *vb* **1.:** *se unload;* **2.** *fig; om ubehagelig oppgave:* **~ it on to sby else** velte det over på en annen.
off-peak [,ɔf'pi:k; *attributivt:* 'ɔf,pi:k] *(,***US:** *off -hour) adj:* **~ electricity** elektrisitet utenom den tid da det er toppbelastning; **electricity at ~ prices** elektrisitet til redusert pris; **at ~ times** 1. til tider da det ikke er toppbelastning; 2. utenom rushtiden; **~ train services** togforbindelser utenom rushtiden; **~ travel** det å reise i lavsesongen. (,utenom rushtiden).
offprint ['ɔf,print] *subst:* særtrykk.
off-putting [,ɔf'putiŋ; *attributivt:* 'ɔf,putiŋ] *adj* **T 1***(=disconcerting)* forvirrende; **2***(=disagreeable)* lite sympatisk *(fx he had an off-putting manner);* **it's ~***(=it puts one off)* det fratar en lysten.
off sales ['ɔf,seilz] *subst (drinks and food sold for consumption off the premises)* mat og drikke kjøpt for å nytes annetsteds.
off season ['ɔf,si:zən] *subst:* **in the ~** utenom sesongen; i lavsesongen.
off-season 1. *adj* ['ɔf,si:zən] utenom sesongen; **2.** *adv* [,ɔf'si:zən] utenom sesongen *(fx they do it off-season).*
I. offset ['ɔf,set] *subst* **1.** *bot:* sideskudd; **2.** *fig:* avlegger; **3***(=setoff)* motvekt; **be an ~ to** oppveie; danne motvekt mot; **4.** *typ:* offset; **5.** *arkit:* (mur)fremspring; avsats.
II. offset [,ɔf'set] *vb(=make up for)* oppveie; **his good qualities ~ his shortcomings** hans gode egenskaper oppveier hans mangler.
offset printing offsettrykk; offsettrykking.
offset screwdriver*(=right-angled screwdriver)* vinkelskrutrekker.
offshoot ['ɔf,ʃu:t] *subst* **1.** *bot:* sidegren; **2.** *fig:* sidegren; avlegger *(fx of an international firm).*
offshore [,ɔf'ʃɔ:; 'ɔf,ʃɔ:] *adj, adv* **1.** fralands- *(fx wind);* **the wind is ~** det blåser fra land; **2.** i nærheten av kysten; kystnær; **3.** *oljeind:* offshore; til havs; **work ~** arbeide på feltet.
offshore industry offshoreindustri.
offshore manager *oljeind:* feltsjef.
I. offside ['ɔf,said] *subst* **1.** *på kjøretøy(=off side)* høyre side; **2.** *sport:* offside.
II. offside *adj* **1.** *på kjøretøy(=off)* høyre *(fx the front offside wheel);* **2.** *sport:* offside.
offspring ['ɔf,spriŋ] *subst; stivt el. litt.* **1.** *om dyr(= young)* avkom; **2.** *om menneske(=child)* avkom.
offstage [,ɔf'steidʒ; *attributivt:* 'ɔf,steidʒ] *adj, adv* **1.** i kulissene *(fx an offstage whisper);* **2***(=behind the scenes; off the stage)* bak scenen; bak kulissene.
off-the-peg [,ɔfðə'peg] **1.** *adj:* konfeksjons- *(fx suit);* **2.** *adv:* **I bought it ~** det er konfeksjonssøm; jeg kjøpte den ferdig; *(jvf I. measure 1: made to ~).*
off-the-record [,ɔfðə'rekɔ:d] *adj:* uoffisiell *(fx statement);* konfidensiell *(fx an off-the-record remark).*
off-white [,ɔf'wait] *adj:* gråhvit; nesten hvit; tonet; off-white.
oft [ɔft] *adv; poet: se often.*
often ['ɔf(t)ən] *adv:* ofte; **as ~ as not** ganske ofte; **every so ~***(=sometimes)* av og til; rett som det er; **more ~ than not***(=very often; usually)* som oftest.
ogive ['oudʒaiv] *subst: se lancet (arch).*
ogle ['ougəl] *vb(=leer at)* kaste lystne blikk på *(fx*

he ogles all the pretty women).
ogre ['ougə] *subst:* troll.
ogress ['ougris] *subst:* trollkjerring.
oh [ou] *int:* å.
Ohio [ou'haiou] *subst; geogr:* Ohio.
I. oil [ɔil] *subst* **1.** olje; **lubricating ~** smøreolje; **crude ~, rock ~***(=petroleum)* råolje; jordolje; **essential -s** eteriske oljer; **fixed ~***(=fatty oil)* ikke-flyktig *(el.* fet) olje; **fuel ~***(=heating oil; domestic oil)* fyringsolje; **purified linseed ~** malerolje; **2***(=oil painting)* oljemaleri; **3***(=oil paint)* oljefarge *(fx done in oils);* **4.: burn the midnight ~** sitte oppe og arbeide til langt på natt.
II. oil *vb* **1.** olje; smøre; **2.: ~ sby's palm***(=bribe sby)* bestikke en; **T:** smøre en; **3.: ~ the wheels** få det til å gli; smøre hjulene; **4. T: well -ed***(=drunk)* full.
oil age oljealder; **"en route for the ~"***(="entering the oil age")* "inn i oljealderen".
(oil and) colourman fargehandler.
oil boom oljelense.
oil burner oljebrenner; *(jvf oil heater).*
oil can smørekanne.
oilcloth ['ɔil,klɔθ] *subst:* voksduk.
oil cup smørekopp.
oil deposit oljeforekomst *(fx underwater oil deposits).*
oil derrick oljetårn; boretårn.
oil dipper (rod) *mask(=dipstick)* olje(måle)pinne.
oil drain plug *mask; i bil, etc:* bunnpropp.
oil drilling oljeboring *(fx offshore (oil) drilling).*
oil drum oljefat.
oil earnings: *se oil revenues.*
oil embargo *subst:* oljeboikott; oljeembargo.
oil-embargoed *adj:* utsatt for oljeboikott.
oiler ['ɔilə] *subst* **1.** *mar(=greaser)* smører; **2***(=oil tanker)* oljetankskip; oljetanker.
oil exploration*(=search for oil; exploring for oil)* oljeleting.
oil extraction oljeutvinning.
oilfield ['ɔil,fi:ld] *subst:* oljefelt.
oilfired ['ɔil,faiəd] *adj:* **~ central heating** oljefyringsanlegg.
oil firing oljefyring; **domestic ~** oljefyring i hjemmet.
oil gas oljegass.
oil gravel oljegrus.
oil heater *til oppvarming:* oljebrenner; *(jvf oil burner).*
oil industry oljeindustri.
oil level *mask:* oljestand; **check the ~** kontrollere oljestanden.
oilman ['ɔilmən] *subst(=oil worker)* oljearbeider.
oil paint oljemaling.
oil painting oljemaleri.
oil pan *mask(=oil sump; sump (pan))* bunnpanne.
oil pollution oljeforurensning.
oil pressure oljetrykk.
oil pressure gauge oljekontrollampe.
oil protection oljevern.
oil revenues oljeinntekter: **big ~ are expected** man regner med store oljeinntekter.
oilrig ['ɔil,rig] *subst:* oljerigg; borerigg.
oil scraper ring *mask:* oljering.
oil seal *mask:* oljefangring; oljefjær; simmerring.
oil shale oljeskifer.
oilskin ['ɔil,skin] *subst* **1.** oljelerret; **2***(=oilskin raincoat)* regnjakke; **3.: -s** oljehyre.
oilskin hat*(=sou'wester)* sydvest.
oil slick oljeflak.
oil sludge oljeslam.
oil spill*(=oil spillage)* oljesøl.
oil strainer *mask(=oil filter)* oljefilter.
oil sump *mask(=sump (pan))* bunnpanne.
oil tanker oljetanker; oljetankskip.
oil tanker terminal oljehavn.
oil wealth oljerikdom.
oil well oljekilde; oljebrønn.
oil worker*(=oilman; S: roughneck)* oljearbeider.
oily ['ɔili] *adj* **1.** oljeaktig; fet; **2***(=covered with oil)* oljet; med olje på; **your hands are ~** du har olje på hendene; **3.** *neds:* oljeglatt; slesk.
ointment ['ɔintmənt] *subst:* salve; **~ for burns** brannsalve; **healing ~** sårsalve; *fig;* **a fly in the ~** en dråpe malurt i begeret; et skår i gleden.
I. OK, okay [,ou'kei] *subst (pl: OK's)* **T***(=approval)* godkjenning *(fx he gave the plan his OK).*
II. OK, okay *vb* **T***(=approve; endorse)* godkjenne; gi sin tilslutning til *(fx he okayed(=OK'd) the idea).*
III. OK, okay *int, adj, adv* **T***(=all right)* helt i orden; alt i orden; all right; OK; **be ~***(=be all right)* ha det bra.
old [ould] *adj (komp: older, elder: superl: oldest, eldest)* gammel; **he's thirty years ~** han er tretti år gammel; **the ~** de gamle; **as ~ as the hills** så gammel som alle hauger; **T: any ~ book***(=any book)* en hvilken som helst bok; **T: the ~ man***(=the boss; the headmaster; father)* gammer'n; sjefen; *stivt:* **in days of ~***(=in the old days)* i gamle dager.
old age alderdom.
old-age ['ould,eidʒ] *adj:* alders-.
old-age pension*(=retirement pension)* alderstrygd.
old-age pensioner*(=retirement pensioner)* alderstrygdet.
old boy (,girl) tidligere elev; gammel elev (av en skole).
old-established ['ouldi''stæbliʃt] *adj:* hevdvunnen *(fx custom);* veletablert; gammel *(fx firm).*
old-fashioned [,ould'fæʃənd; *attributivt:* 'ould ,fæʃənd] *adj:* gammeldags.
old guard *fig:* **the ~** den gamle garde.
old hand T: be an ~ at sth være dreven i noe; ha lang erfaring i noe.
old maid gammel jomfru; peppermø.
old man T 1. *om ens far el. ektemann:* gammer'n; **2.** *spøkef i tiltale:* gammer'n.
old rose *subst & adj:* gammelrosa.
old school tie 1. skoleslips; **2.** holdninger, etc som assosieres med 'public schools'.
old squaw (duck) *zo* **US***(=long-tailed duck)* havelle.
old-time ['ould,taim] *adj:* karakteristisk for gamle dager; gammeldags.
old-time dancing gammeldans.
old-timer ['ould,taimə] *subst* **1***(=veteran)* veteran; **2. US***(=old man)* gammel mann.
old woman 1. T*(=wife):* **my ~** kona mi; **2. T***(=mother)* mutter; **3.** *neds:* **he's an ~** han er en kjerring.
old-world ['ould,wə:ld] *adj; rosende:* som minner om gamle dager; sjarmerende gammeldags.
oleic [ou'liik] *adj:* **~ acid** oljesyre.
O-level ['ou,levəl] *(fk.f. Ordinary Level):* **-s** *svarer til:* ungdomsskoleeksamen; *hist:* realskoleeksamen; *(jvf A-level; CSE; GCE).*
oligarchy ['ɔli,ga:ki] *subst:* fåmannsvelde; oligarki.
I. olive ['ɔliv] *subst; bot* **1.** oliven; **2***(=olive tree)* oliventre; **3.** *rett:* **veal -s** benløse fugler.
II. olive *adj(=olive green)* olivengrønn.
olive branch *fig; som symbol på forsoning:* oljegren; **hold out the ~** tilby fred.
olive green *adj:* olivengrønn.
Olympiad [ə'limpi,æd] *subst; hist(=Olympic*

Games) olympiade.
Olympian [əˈlimpiən] **1.** *subst; hist:* olympier; **2.** *subst(=Olympian god)* olympisk gud; **3.** *subst* **US***(=competitor in the Olympic Games)* olympiadeltager; **4.** *adj:* olympisk.
Olympic [ɔˈlimpik] *adj:* olympisk.
Olympic Games: the ~*(=the Olympics)* de olympiske leker; olympiaden.
omasum [ouˈmeisəm] *subst; hos drøvtygger(=psalterium, third stomach)* bladmage.
ombudsman [ˈɔmbudzmən] *subst:* (sivil)ombudsmann; **consumers'** ~ forbrukerombudsmann.
omega [ˈoumigə; **US:** ouˈmegə] *subst:* omega.
omelette *(,US: omelet)* [ˈɔmlit] *subst:* omelett; **you can't make an** ~ **without breaking eggs** den som vil være med på leken, får smake steken.
omen [ˈoumən] *subst:* varsel; tegn *(fx a bad omen).*
ominous [ˈɔminəs] *adj:* illevarslende; *stivt:* uhellsvanger.
omission [əˈmiʃən] *subst* **1.** unnlatelse; **sins of** ~ unnlatelsessynder; **2.** utelatelse; det å utelate; **he noticed the** ~ **of popular music from the programme** han la merke til at populærmusikk var utelatt fra programmet; **we have made several -s in the list of names** vi har utelatt noen navn fra listen.
omit [əˈmit] *vb* **1.** unnlate *(fx I omitted to tell him about it);* **2***(=leave out)* utelate *(fx a word);* sløyfe.
omnibus [ˈɔmnibəs] **1.** *subst; glds(=bus)* buss; **2.** *adj:* ~ **item***(=item composed of odds and ends)* sekkepost; ~*(=umbrella)* **section***(=section that gathers up all the loose ends) jur:* sekkeparagraf.
omnipotence [ɔmˈnipətəns] *subst:* allmakt.
omnipotent [ɔmˈnipətənt] *adj(=all-powerful)* allmektig.
omnipresence [ˌɔmniˈprezəns] *subst:* allestedsnærværelse.
omnipresent [ˌɔmniˈprezənt] *adj:* allestedsnærværende.
omniscience [ɔmˈniʃəns; ɔmˈnisiəns] *subst:* allvitenhet.
omniscient [ɔmˈniʃənt; ɔmˈnisiənt] *adj(=all-knowing)* allvitende.
omnivore [ˈɔmniˌvɔː] *subst:* alteter,
omnivorous [ɔmˈnivərəs] *adj:* altetende.
I. on [ɔn] *prep* **1.** på *(fx on the table; on a farm; on the bus; have you got any money on you?; on a Sunday; on Sunday; get on the bus);* opp på *(fx he got on the horse);* oppe på *(fx he was on the roof); elekt:* ~*(=at)* **all loads** på alle belastninger; **cross** ~ **the amber** kjøre (over) på gult lys; ~*(=at)* **the corner** på hjørnet; **be** ~ **holiday** være på ferie; **get drunk** ~ **beer** drikke seg full på øl; **he's** ~ **drugs** han går på stoff (*el.* narkotika); **interest and instalments** ~ **the loan** renter og avdrag på lånet; **he's losing his grip** ~ **teaching** han er i ferd med å miste grepet på undervisningen; **he's an expert** ~ **this** han er ekspert på dette; *skolev:* **she's** ~ **the third problem** hun holder på med oppgave nummer tre; **have they got anything** ~ **him?** har de noe på ham? **this is** ~ **the house** denne (drinken) går på huset; **live** ~ **fish** leve på fisk; **live** ~ **£20 a week** leve på (*el.* av) £20 i uken; **live** ~ **the State** leve på staten; *(jvf I. level 1 & 4);*
2. av *(fx you can't get drunk on that);* ~ **security grounds** av sikkerhetsgrunner; **live** ~ **one's interest** leve av rentene; **interest** ~ **the capital** renter av kapitalen; **live** ~ **£20 a week** leve av (*el.* på) £20 i uken; **T: be low** ~*(=be short of)* ha lite av *(fx we're low on sugar);* **. . . but we're low** ~ **secretaries** men sekretærer har vi for få av; **T: be short** ~*(=be short of)* ha lite av; **this book is rather short** ~ **illustrations** illustrasjoner har denne boken nokså få av;
3. etter; **keen** ~ ivrig etter; **a run** ~ **the pound** sterk etterspørsel etter pund; run på pundet;
4. for; **mandatory** ~ **both parties** bindende for begge parter; **T: give the thumbs-down on sth** vende tommelen ned for noe;
5. fra; **I have it** ~ **his authority** jeg har det fra ham; **we took notes** ~ **his lecture** vi tok notater fra forelesningen hans;
6. i; ~ **the ceiling** i taket; ~ **the books** oppført i medlemskartoteket; registrert; **your name is not** ~ **my books** jeg har ikke navnet ditt i bøkene mine; ~ **business** i forretninger *(fx he went there on business); merk:* ~ **order** i ordre *(fx we have it on order);* **he's** ~ **form today** han er i form (,T: slag) i dag; **be** ~ **the Board** sitte i styret (*el.* direksjonen); **be** ~ **the committee** sitte i komitéen (,styret); ~ **the first floor** i første etasje; **he's got scars** ~ **his face** han har arr i ansiktet; **he had that funny look** ~ **his face** han hadde dette rare uttrykket i ansiktet; **the door hangs** ~ **its hinges** døren henger i gangjernene; **he pinched me** ~ **the arm** han kløp meg i armen; **a settlement** ~ **Berlin** en avgjørelse i Berlin-spørsmålet; **save money** ~ **heating bills** spare penger i fyringsutgifter; **the Government has done a number of good things** ~ **this** regjeringen har gjort mye godt i dette spørsmålet; **journalist** ~ **the local paper** journalist i lokalavisen;
7. i forhold til; sammenlignet med *(fx a great improvement on all previous attempts; prices are up by 10% on last year);*
8. ifølge; ~ **his own confession** ifølge det han selv har tilstått; ~ **this theory** ifølge denne teorien;
9. med *(fx congratulate sby on sth; which detective is working on this case?);* **he took pity** ~ **her** han fattet medlidenhet med henne; **exercise (a) strict control** ~*(=of)* **expenditure** føre streng kontroll med utgiftene; **political leniency** ~ **crime** politisk overbærenhet med kriminalitet; **help sby** ~ **sth** hjelpe en med noe; **if there's something you want to write about, go ahead** ~ **that** hvis det er noe du vil skrive om, så gå i gang med det; **go easy** ~ **the butter** være forsiktig med smøret;
10. mot *(fx he pulled a gun on me);* **it's not fair** ~ **him** det er ikke riktig (*el.* realt) mot ham; **they marched** ~ **the town** de marsjerte mot byen; **he cheated** ~ **his wife** han var utro mot sin kone; **there is no ban** ~ **leaving the car***(=leaving the car is not forbidden)* det er ikke noe forbud mot å forlate bilen;
11. når det gjelder *(fx they've done a number of good things on this);* **be squeezed on one's prices** være hardt presset når det gjelder prisene; **take soundings** ~ lodde stemningen når det gjelder;
12. om *(fx a book on Churchill);* **agree** ~ **the price** bli enige om prisen; **a run** ~ **tickets for the play** en kamp om billetter til stykket; et run på billettene til stykket; **a settlement** ~ **Berlin** enighet i spørsmålet om Berlin; ~ **the morning of the first of April** om morgenen den første april;
13. over; **death sentence** ~ **three Africans** dødsdom (avsagt) over tre afrikanere;
14. over *(fx the storm is on us);* **take revenge** ~ **sby** ta hevn over en; **death sentence** ~ **three Kenyans** dødsdom over tre kenyanere;
15. overfor *(fx make one's influence felt on sby);* **it's not fair** ~ **the girl** det er ikke riktig overfor

piken;
16. til; **book ~ a course** melde seg på til et kurs; **I'm booked ~ that plane** jeg har billetter til det flyet; **go ~ the stage** gå til scenen; **~ the right**(*=to the right*) til høyre (*fx the first turning on the right*); **she sat ~ his right** hun satt til høyre for ham (*el.* på hans høyre side);
17. under (*fx he's been on treatment for three weeks*); **~ oath**(*=under oath*) under ed (*fx he was on oath*);
18. ut fra; **~ this theory** ut fra denne teorien; **act ~ a principle** handle ut fra et prinsipp; **a car can no longer be judged ~ this sort of performance alone** en bil kan ikke lenger bedømmes bare ut fra denne type ytelse;
19. ved (*fx a shop on the main street; a house on the river*); **a job ~ the railway** en jobb ved jernbanen;
20(*=by means of*): **navigation ~ instruments** navigasjon ved hjelp av instrumenter;
21. S(*=at*): **they know him ~ the door** de kjenner ham ved døren; dørvakten kjenner ham;
22. *om tidspunkt:* da; **~ his father's death** da hans far var død; **~ inquiring, I found that the plane had already left** da jeg spurte meg for, fikk jeg vite at flyet var gått allerede.

II. on *adv, adj* **1.** på (*fx the television is on; the light is on; put the kettle on; he kept his coat on; the bus stopped and we got on*); **2.** av (*fx from that day on*); **3.** fore (*fx have you anything on tonight?*); **4.** videre (*fx he flew on to Paris*); **pass it ~** sende det videre; **send the letter ~** ettersende brevet; **read ~** lese videre; **he sat ~** han ble sittende; **5.: what's ~ at the cinema?** hva er det som går på kinoen? **is the party ~ tonight?** skal selskapet være i kveld? **is it still ~?** 1. blir det noe av? 2. står avtalen (*etc*) fortsatt ved makt? 3.: **telling lies just isn't ~** det nytter bare ikke med løgner; **if you want to borrow money, you're not ~** hvis det er penger du vil låne, så kan jeg si deg at det ikke nytter; **6.: be ~ about sth** hele tiden snakke om noe; mase med noe; **7.: just ~**(*=almost exactly*) nesten nøyaktig (*fx their baby weighs just on four kilos*); **8.: later ~** senere (hen); **9.: she kept ~ and ~ asking questions** hun stilte ustanselig spørsmål; hun ble ikke ferdig med å spørre; **we walked ~ and ~** vi gikk og vi gikk; **10.: ~ and off**(*=occasionally*) av og til; **11.: ~ to**(*=onto*) opp på (*fx he lifted it on to the table*).

ONC (*fk.f. Ordinary National Certificate*) eksamen i tekniske fag, som tas etter deltidskurs på to år etter O-levels; (*jvf OND; HNC; HND*).

I. once [wʌns] *konj*(*=as soon as*) så snart (*fx once he arrives we can start*); **~ over the wall we're safe** når vi først er over muren, er vi i sikkerhet.

II. once *adv* **1.** en gang (*fx he did it once; once a year; I once wanted to be a dancer*); **~ more** én gang til; **2.: at ~**(*=immediately*) med én gang; **3.: all at ~** 1(*=suddenly*) plutselig; 2(*=all at the same time*) alle på én gang; **4.: (just) for ~** for én gangs skyld; **5.: ~ and for all** én gang for alle; **6.: ~ in a while**(*=occasionally*) av og til; **7.: ~ or twice** et par ganger (*fx I've met him once or twice*); **8.** *i eventyrstil:* **~ upon a time, there was . . .** det var engang . . .; **9.** *ordspråk:* **~ bitten twice shy** brent barn skyr ilden.

once-over [,wʌns'ouvə] *subst* **T: give sby the ~** kaste et vurderende blikk på en; **I'll give your report the ~** jeg skal kaste et raskt blikk på rapporten din.

oncoming ['ɔn,kʌmiŋ] *adj:* som kommer mot en; **~ traffic**(*=traffic coming towards one*) møtende trafikk.

OND (*fk.f. Ordinary National Diploma*) eksamen i tekniske fag, som tas etter et toårig kurs på heltid etter O-levels; ofte bedre grunnlag for HNC- eller HND-kurs enn A-levels; (*jvf ONC; HNC; HND*).

one [wʌn] *subst; tallord; adj; pron* **1.** ettall; **2.** ener; **3**(*=the age of one*): **babies start to talk at ~** barn begynner å snakke når de er ett år gamle; **4.** en; et; **5**(*=you*) man; en (*fx one can see the city from here; one never knows; it hurts one to be told*); *spøkef el. meget stivt*(*=I*) man (*fx one doesn't like that sort of foolish behaviour*); **6.** *stivt*(*=the same*): **we are of ~ mind on this matter**(*=we take the same view of this matter*) vi har samme syn på denne saken; **it's all ~ to me where we go**(*=it's all the same to me where we go*) det er det samme for meg hvor vi drar; **7**(*=a certain*) en viss (*fx one Miss Jones*); **8.** *forsterkende*(*=a*): **it was ~ hell of a fight** det gikk pokker så hardt for seg; **9.** *støtteord:* **this ~** denne (her); **that ~** den (der); **this book is not the ~ I saw yesterday** dette er ikke den boken jeg så i går; **he is the ~ most often accused of . . .** han er den som oftest blir beskyldt for . . . **he's the ~ I mean** det er han jeg mener; **the ~ in the box** den som ligger i esken; **the question is ~ of great importance** spørsmålet er av den største betydning; **this day is ~ of sadness** dette er en sorgens dag; **give me some ripe -s** gi meg noen som er modne; **the little -s** de små; **if you want a book about bees, try this ~** hvis du vil ha en bok om bier, så prøv denne; **five grey shirts and two red -s** fem grå skjorter og to røde; **10.: ~ and all** alle som én (*fx this was agreed by one and all*); **11.** *stivt:* **many a ~**(*=many people*) mange (mennesker); **12.: ~ or the other** en av delene; ett av to; **13.: ~ or two** 1. en eller to; 2. **T**(*=a few*) noen få (*fx I don't want a lot of nuts – I'll just take one or two*);
14. *forb med prep: stivt:* **be at ~ with**(*=agree with*) være enig med (*fx we are at one with the government in this matter*); **~ by ~** en etter en (*fx he examined all the vases one by one*); en for en; enkeltvis (*fx the boss wants to see each member of staff one by one*); **I for ~** jeg for min del; blant andre jeg; **in ~** i én og samme person (*fx secretary and treasurer in one*); **~ of them (,us, you)** en av dem (,oss, dere); **~ of these days** en av dagene; en vakker dag; **ten to ~** 1. ti mot én; 2. kvart på ett; **T: be ~ up on sby** være et hakk bedre enn en; **T:** ha tatt innersvingen på en (*fx we brought out a book on this before our rivals, so we're one up on them*); (*jvf one -upmanship*); **~ thing with another** det ene med det andre.

one-act ['wʌn,ækt] *adj; teat:* **~ play** enakter.

one another(*=each other*) *pron:* hverandre.

one-armed ['wʌn,a:md] *adj:* enarmet.

one-armed bandit(*=gambling machine*) enarmet banditt; spilleautomat.

one-family ['wʌn,fæmili] *adj:* **~ house**(*=detached house*) enebolig.

one-horse ['wʌn,hɔ:s] *adj:* **~ town** avkrok; hull.

one-man ['wʌn,mæn] *adj:* **~ business**(*=sole trader*) enmannsforetagende.

oneness ['wʌnnis] *subst:* det å være ett; enhet; **a ~** et udelt hele.

one-night ['wʌn,nait] *adj:* **~ stand 1.** *teat:* enkeltforestilling; **2. T:** seksuelt forhold som bare varer én natt; tilfeldig seksuell forbindelse; **3. T:** seksualpartner for en natt.

I. one-off [wʌn'ɔf] *subst* **T:** ~ **(design)***(=prototype)* prototyp.

II. one-off *adj* **1.** som bare fremstilles i ett eksemplar; **2.** som er en engangsforeteelse; **a ~ job** en jobb som det ikke finnes maken til.

one-price ['wʌn,prais] *adj:* **~ store** enhetsprisforretning.

onerous ['ɔnərəs] *adj; fig; stivt(=heavy)* byrdefull *(fx an onerous task);* tung *(fx the burden is too onerous for you to bear alone).*

oneself [wʌn'self] *pron* **1.** seg *(fx get oneself a new car; defend oneself);* **hurt ~** slå seg; **2.** selv *(fx one should do it oneself);* **be ~** være seg selv; **3.: by ~** 1*(=on one's own)* på egen hånd; uten hjelp *(fx he did it (all) by himself);* 2*(=alone)* alene *(fx he was standing by himself at the bus stop);* **4.: to ~** for seg selv *(fx he wanted it to himself);* **talk to ~** snakke med seg selv; **think to ~** tenke ved seg selv.

one-sided ['wʌn'saidid; wʌn'saided; *attributivt:* 'wʌn,saidid] *adj* **1***(=unilateral)* ensidig; **2***(=bias(s)ed; partial)* ensidig; partisk.

one-time ['wʌn,taim] *adj(=former)* tidligere; forhenværende.

one-track ['wʌn,træk] *adj* **1.** *jernb(=single-tracked)* ensporet; **2.** *fig:* **have a ~ mind** ha en ensporet tankegang; være ensidig; *(jvf single-track).*

one up *se one 13.*

one-upmanship [,wʌn'ʌpmənʃip] *subst* **T:** kunsten å oppnå en psykologisk fordel over andre ved å foregi sosial el. yrkesmessig overlegenhet; **things were done explicitly for purposes of ~** det som ble gjort, ble gjort utelukkende for å markere overlegenhet.

one-way ['wʌn,wei] *adj:* enveis- *(fx street);* **~ communication** enveiskommunikasjon.

one-way ticket US*(=single ticket)* enkeltbillett.

one-way traffic enveiskjøring.

ongoing ['ɔn,gouiŋ] *adj:* igangværende *(fx project);* pågående *(fx the ongoing struggle).*

onion ['ʌnjən] *subst* **1.** *bot:* løk; **2. T: know one's -s** kunne sine ting; vite god beskjed.

on line [,ɔn'lain], *attributivt:* **on-line** ['ɔn,lain] *adj; EDB:* direktekoplet *(fx storage);* **~ system** direktestyrt system.

onlooker ['ɔn,lukə] *subst(=spectator)* tilskuer.

only [ounli] *adj, adv, konj* **1.** *adj:* eneste; **an ~ child** et enebarn; **T***(=best)* eneste; beste *(fx the only way to make bread);* **2.** *adv* 1. bare; 2. så sent som; **~ last week** så sent som i forrige uke; **he has ~ just left** han har nettopp dratt (,gått, reist); **he ~ just managed to lift it** det var så vidt han klarte å løfte det (,den); **I ~ found out yesterday***(=I didn't find out until yesterday)* jeg fant det først ut i går; **we met ~ an hour ago** det er ikke mer enn en time siden vi møttes (*el.* traff hverandre); *uttrykker sterkt ønske:* **if it would ~ rain!** bare det ville regne! *forsterkende:* **he was ~ too pleased to help** han var bare så altfor glad over å få lov til å hjelpe; **it was ~ too true** det var bare så altfor sant; **3.** *konj:* men; det er bare det at *(fx they are very nice, only we can't use them);* **I'd like to go, ~ I have to work** jeg skulle gjerne dra, men jeg må arbeide.

onomatopoeia [,ɔnə,mætə'pi:ə] *subst:* onomatopoietikon; lydmalende (*el.* lydhermende) ord.

onomatopoetic [,ɔnə,mætəpou'etik] *adj:* onomatopoietisk; lydmalende; lydhermende.

onrush ['ɔn,rʌʃ] *subst* **1.** bevegelse fremover; **there was a sudden ~ of spectators towards the football pitch** plutselig stormet tilskuerne fremover mot fotballbanen; **2.** *om vann, etc(=rushing in; rushing on):* **the ~ of the water** vannmassene; vannet som strømmet inn.

onset ['ɔn,set] *subst; stivt* **1***(=attack)* angrep; **2***(=beginning):* **the ~ of a cold** begynnelsen til en forkjølelse.

onslaught ['ɔn,slɔ:t] *subst; stivt(=fierce attack)* voldsomt angrep.

onto *se II. on 11.*

onus ['ounəs] *subst:* **~ (of proof)***(=burden of proof)* bevisbyrde; **the ~ of proof rests with you***(=it's for you to supply proof)* bevisbyrden påhviler deg.

onward ['ɔnwəd] **1.** *adj(=forward)* fremover; **~ course** kurs fremover; **~ march** marsj fremad; **2.** *adv: se onwards.*

onwards ['ɔnwədz] *adv(=forwards)* fremover *(fx move onwards);* **time moved ~** tiden gikk; **from his childhood ~** fra barndommen av; **from today ~** fra i dag av.

onyx ['ɔniks] *subst; min:* onyks.

oodles ['u:dəlz] *subst* **T***(=lots of)* mye; **T:** en (hel) bråte *(fx oodles of money).*

oomph ['u:mf] *subst; spøkef(=vitality; enthusiasm)* vitalitet; begeistring,

oops [ups; u:ps] *int(=whoops)* heisan! au da!

I. ooze [u:z] *subst* **1***(=slimy mud)* bunnslam; slam *(fx the river was thick with ooze);* **2***(=slow flow)* siving.

II. ooze *vb* **1.** sive; **~ in** sive inn; **2.** drive (*with* av) *(fx the walls were oozing with water);* **3.** *fig(=overflow with):* **~ charm** utstråle sjarm; **he positively -d vitality** han formelig struttet av vitalitet.

opacity [ou'pæsiti] *subst(=opaqueness)* ugjennomsiktighet.

opal ['oupəl] *subst; min:* opal.

opaque [ou'peik] *adj:* ugjennomsiktig.

I. open ['oupən] *subst:* **in the ~** i det fri; i friluft; *fig:* **come (out) into the ~** tone flagg.

II. open *adj:* åpen *(fx door);* åpenlys; **~ question** åpent spørsmål; **it's ~ to doubt** det er gjenstand for tvil; **~ to suggestions** mottagelig for forslag; **he's fond of the ~ air***(=he's fond of outdoor life; he's keen on outdoor activities)* han er et friluftsmenneske; **lay oneself ~ to criticism***(=expose oneself to criticism)* blottstille (*el.* utsette) seg for kritikk.

III. open *vb* **1.** åpne; lukke opp *(fx the door);* **the door -ed** døra gikk opp; **2.: ~ on to** vende ut mot *(fx our front door opens straight on to the street);* **3.: ~ out** 1*(=unfold)* brette ut *(fx a map);* åpne seg *(fx the view opened out in front of us);* 2. *fig(=open up)* tø opp *(fx he opened out after a glass of brandy);* **4.: ~ up** 1. *om forretning:* åpne *(fx a new shop; I open up the shop at nine every morning);* 2. *pakke, etc:* åpne *(fx he opened up the parcel);* 3. *dør; på befaling:* åpne *(fx "Open up!" shouted the policeman);* 4. *fig:* skape *(fx open up new opportunities for industrial development);* 5. *fig: se ~ out 2.*

open-access [,oupən'ækses] *adj:* **~ library** bibliotek med åpne hyller.

open-air [,oupən'ɛə; *attributivt:* 'oupən,ɛə] *adj:* frilufts-; i friluft; **~ swimming pool** utendørs svømmebasseng; friluftsbad.

open-and-shut [,oupənən'ʃʌt] *adj; om kriminalsak(=easily solved)* opplagt *(fx case).*

opencast ['oupən,ka:st] *adj; min:* **~***(=strip)* **mining** dagbrudd.

open cheque ukrysset sjekk.

open circuit *elekt:* åpen krets.

open-circuit [,oupən'sə:kit] *adj; elekt:* **~ voltage** tomgangsspenning.

open court *jur:* **in ~** for åpne dører *(fx a trial in open court).*
open ditch overvannsgrøft.
open-ended [,oupən'endid; *attributivt:* 'oupən,endid] *adj:* **~ contract** åpen kontrakt; **~ question** spørsmål hvor antall mulige svar er ubegrenset.
open-ended spanner *(,***US:** *open-end(ed) wrench)* fastnøkkel.
open-end exhaust åpen eksos.
open-handed [,oupən'hændid; *attributivt:* 'oupən ,hændid] *adj(=generous)* rundhåndet; raus.
I. opening ['oupəniŋ] *subst* **1.** åpning; hull; **2***(= beginning)* begynnelse *(fx the opening of the film);* **3.** åpning(sseremoni); **4.** *stivt(=job opportunity)* mulighet for arbeid *(fx good openings in the shipping industry); (=vacancy)* ledig stilling.
II. opening *adj:* åpnings-; innledende *(fx remarks).*
opening ceremony åpningshøytidelighet.
opening hymn inngangssalme.
open mind: keep an ~ about sth se fordomsfritt på noe; lytte til andres meninger om noe (før man bestemmer seg); **I think we should keep an ~ about it for the time being** jeg synes ikke vi skal bestemme oss enda.
open-minded [,oupən'maindid; *attributivt:* 'oupən ,maindid] *adj:* mottagelig for idéer (*el.* forslag); mottagelig for synspunkter *(fx I'm completely open-minded on the subject).*
open-mouthed [,oupən'mauðd; *attributivt:* 'oupən ,mauðd] *adj*, **1.** med åpen munn; **2.** måpende.
open order *mil:* spredt orden.
open-plan ['oupən,plæn] *adj:* **~ office** kontorlandskap.
open sandwich smørbrød.
open season ['oupən,si:zən] *subst:* jakttid.
open shop bedrift som beskjeftiger både organisert og uorganisert arbeidskraft; *(jvf closed shop; union shop).*
Open University: the ~ UK: universitet opprettet i 1969 for dem som vil studere på deltid ved hjelp av radio, TV og sommerkurser.
open verdict *ved rettslig likskue:* **record an ~** avgi kjennelsen "dødsårsak ukjent".
openwork ['oupən,wə:k] **1.** *subst; i tekstil, etc:* gjennombrutt arbeid; mønster med hull i; gjennombrutt mønster; **2.** *adj:* gjennombrutt *(fx fabric); om vev:* åpent (i veven).
opera ['ɔpərə] *subst:* opera.
operable ['ɔpərəbl] *adj:* operabel; som kan opereres.
opera glass(es) teaterkikkert.
opera house opera(bygning).
operate ['ɔpə,reit] *vb* **1.** *med.:* operere; **they had to ~ on him for appendicitis** han måtte opereres for blindtarmsbetennelse; **newly -d on** nyoperert; **2.** *om maskin; stivt(=work)* virke; fungere *(fx the machine isn't operating properly);* **3.** *om person; stivt:* **~ a machine***(=work a machine)* betjene en maskin; **4.** *om bedrift(=run)* drive *(fx an engineering workshop);* **5.** *om person:* **~ as** drive som; **~ as a ship chandler** drive som skipshandler; **6.** *merk:* operere; drive; **~ at a loss** drive med tap; **7.** *merk; om konto; stivt(=use)* disponere over *(fx he alone is vested with the power to operate this account);* **8.** *mil:* operere; **9.** *om plan, etc; stivt(=carry out)* sette i verk; gjennomføre; **10.** *fig:* være medvirkende *(fx several causes operated to bring about the war);* **factors operating against our success** faktorer som kan være årsak til at vi ikke lykkes; **11.** *fig:* **~ with** operere med; **~ with a concept** operere med et begrep.
operating conditions driftsforhold.
operating costs *merk:* driftskostnader.
operating instructions driftsinstruks.
operating loss *merk(=working deficit)* driftsunderskudd; negativt driftsresultat.
operating procedures driftsfunksjoner.
operating profit *merk* **1.** driftsfortjeneste; *(jvf trading profit);* **2.** driftsoverskudd *(fx they made an operating profit of £100,000);* **3.** *i regnskap:* driftsresultat *(fx operating profit after ordinary depreciation).*
operating table *med.:* operasjonsbord.
operating theatre *(,***US:** *operating room)* operasjonssal.
operating time driftstid.
operation [,ɔpə'reiʃən] *subst* **1.** *med.:* operasjon; **2.** *mil:* operasjon; **3.** drift *(fx the operation of a machine);* **-s are at a standstill** driften er innstilt; **discontinue -s***(=suspend operations; stop working)* stanse (*el.* innstille) driften; **extended -s** utvidet drift; **out of ~** ute av drift; **4.** arbeidsoperasjon; **in a single ~***(=in one continuous process)* i en eneste arbeidsoperasjon; **5.: come into ~** 1. *om fabrikk:* komme i drift; 2. *jur(=come into force)* tre i kraft; **6.: put into ~** sette i drift.
operational [,ɔpə'reiʃənəl] *adj:* drifts-; operasjons-; *mil:* operativ; kampklar; operasjonsklar; **become ~** bli tatt i bruk; bli satt i drift; **we are not yet fully ~** vi har ikke fått etablert oss ordentlig ennå.
operational expenditure*(=running expenses)* driftsutgifter.
operational research *(,***US:** *operations research) merk:* operasjonsanalyse; målforskning.
operative ['ɔpərətiv] **1.** *subst; om delvis faglært arbeider(=semi-skilled worker)* spesialarbeider; **2.** *adj:* operativ *(fx treatment);* i drift *(fx the airport is operative again);* virksom; relevant *(fx the operative word);* **become ~***(=come into force)* tre i kraft.
operator ['ɔpə,reitə] *subst* **1.** operatør *(fx equipment is never safe unless the operator is trained to use it);* **crane ~***(=crane driver)* kranfører; **film ~** kinomaskinist; **telegraph ~***(=telegraphist)* telegrafist; **2.** *tlf(=telephone operator)* telefonist; *svarer ofte til:* sentralen *(fx ask the operator to connect you to that number);* **3.: tour ~** turoperatør; **4.: (computer) ~** operatør; **5.** *mat, EDB:* operator; **6.** *oljeind:* **-s***(=operator company)* operatørselskap.
operator company *oljeind(=oil operators)* operatørselskap.
operator's error*(=human error)* brukerfeil; menneskelig feil.
operetta [,ɔpə'retə] *subst; mus:* operette.
ophthalmologist [,ɔfθæl'mɔlədʒist] *subst(=eye specialist)* øyenlege.
opiate ['oupiit] *subst* **1.** opiat; opiumholdig legemiddel (brukt som sovemedisin); **2.** *fig:* noe som virker beroligende *(fx the music was an opiate to his tired brain).*
opine [ou'pain] *vb; meget stivt el. spøkef:* **~ that***(= say that; be of the opinion that)* være av den mening at; si (som sin mening) at.
opinion [ə'pinjən] *subst* **1.** mening *(about, of, on* om) *(fx my opinions about education have changed; what's your opinion of him? form an opinion of sth; we should like to have your opinion of(=on) this; we should be pleased to have your opinion(=views) on this (question));* **ask sby his (,her) ~***(=ask sby their opinion)* spørre en om ens mening; **ask the others their ~***(=opinions)* spørre de andre om deres mening; **there is a wide difference of ~ on this question** det er ytterst forskjellige meninger om dette spørsmålet (,denne saken); **there can be no two -s about***(=*

as to) **that** det kan ikke være to meninger om det; **it is my considered ~ that . . .** det er min veloverveide mening at . . .; **-s differ** meningene er delte; **~ among the experts is divided** blant ekspertene er meningene delte; **give one's ~** komme med sin mening (*on sth* om noe); **I have a very high (,no great) ~ of his work** jeg har en meget høy (,ingen høy) mening om arbeidet hans; **it's a matter of ~** det er en skjønnssak; **in my ~** etter min mening; **in the ~ of Mr Brown** etter (herr) Browns mening; **public ~** den offentlige mening;
2.: (expert) ~ (sakkyndig) uttalelse; **according to expert ~** i følge sakkyndig uttalelse; i følge ekspertene (,en ekspert); **consult an expert ~ on the matter***(=seek expert advice on the matter)* innhente sakkyndig uttalelse i saken (*el.* spørsmålet).

opinionated [ə'pinjə,neitid] *adj; stivt(=stubborn)* påståelig; sta.

opinion poll: (public) ~ (offentlig) meningsmåling.

opium ['oupiəm] *subst:* opium.

opponent [ə'pounənt] *subst* **1.** motstander *(fx an opponent of the government);* **2.** *kortsp & fig:* motspiller.

opportune ['ɔpə,tju:n] *adj; stivt* **1***(=suitable; convenient)* beleilig *(fx it was most opportune that . . .).*

opportunist [,ɔpə'tju:nist] *subst:* opportunist.

opportunity [,ɔpə'tju:niti] *subst:* (gunstig) anledning; leilighet; sjanse; **at the first ~** ved første anledning; **an ~ of (-ing)***(=an opportunity to)* en anledning til å; **at last the ~ came for him to leave** til slutt fikk han sjansen til å dra (sin vei); **if and when an ~ offers** ved given anledning; **take the ~** benytte anledningen *(fx we take this opportunity to thank you);* **miss***(=lose)* **an ~** la anledningen gå fra seg.

oppose [ə'pouz] *vb* **1***(=resist; fight against)* motsette seg; gjøre motstand mot; opponere mot; **2.** stille opp mot *(fx he opposed his views to mine);* **3***(=compete against):* **who's opposing him in the election?** hvem er hans motkandidat(er) ved valget?

opposed *adj:* motsatt *(fx a diametrically opposed view);* **be ~ to** være imot *(fx I'm strongly opposed to you(r) going abroad);* **as ~ to***(=in contrast with)* i motsetning til.

I. opposite ['ɔpəzit] *subst:* motsetning.

II. opposite *adj, adv, prep* **1.** *adj:* motsatt; **the ~ lane** motsatt kjørebane; **the ~ sex** motsatt kjønn; **2.** *adv, prep:* (rett) overfor; midt imot; **they sat ~ each other** de satt rett overfor hverandre; **he played ~ the leading lady** han spilte sammen med innehaveren av den kvinnelige hovedrollen; **he lives in the house ~ (mine)** han bor i huset vis-à-vis (mitt).

opposite number*(=counterpart)* person i tilsvarende stilling annetsteds; **our -s in England** våre kolleger i England.

opposition [,ɔpə'ziʃən] *subst* **1.** motstand (*to* mot); opposisjon; **2.** *polit:* opposisjon; **in ~** i opposisjon; **the Opposition** opposisjonen.

oppress [ə'pres] *vb* **1***(=keep down)* undertrykke; holde nede *(fx a people);* **2.** *fig(=depress)* knuge; tynge.

oppression [ə'preʃən] *subst* **1.** undertrykkelse *(fx of a people);* **2***(=depression):* **a feeling of ~** nedtrykthet.

oppressive [ə'presiv] *adj* **1.** *om lover, skatter, etc(=hard to bear)* tyngende; **2.** *om vær:* trykkende.

oppressor [ə'presə] *subst:* undertrykker.

opprobrium [ə'proubriəm] *subst; meget stivt(=public disgrace; scorn)* vanære; forsmedelse; forakt.

opt [ɔpt] *vb* **1.: ~ (for)***(=choose)* velge *(fx he opted to go home; she opted for a trip to Paris);* **2.: ~ out (of)** trekke seg (fra) *(fx you can't opt out now; he opted out of every position of trust he was placed in).*

optic ['ɔptik] *adj:* **~ nerve***(=visual nerve)* synsnerve.

optical ['ɔptikəl] *adj:* optisk; syns-; **~ illusion** synsbedrag; **~ instruments** optiske instrumenter.

optician [ɔp'tiʃən] *subst:* optiker.

optics ['ɔptiks] *subst:* optikk.

optimism ['ɔpti,mizəm] *subst:* optimisme.

optimist ['ɔptimist] *subst:* optimist.

optimistic [,ɔpti'mistik] *adj:* optimistisk (*about* når det gjelder; med hensyn til).

optimum ['ɔptiməm] **1.** *subst:* optimum; **2.** *adj(=optimal)* optimal; best *(fx the optimum conditions for growth).*

option ['ɔpʃən] *subst* **1.** *stivt(=choice)* valg; valgmulighet; **a soft ~***(=an easy alternative)* en lettvint utvei; **don't give them the ~** ikke gi dem valget; **you have no ~ but to obey him***(=you have to obey him)* du har ingen annen mulighet enn å adlyde ham; **there are several -s open to you** du har flere valgmuligheter; **2.** opsjon; forkjøpsrett.

optional ['ɔpʃənəl] *adj:* valgfri; **~ subject** (**,US:** *elective)* valgfritt fag.

opulent ['ɔpjulənt] *adj; stivt* **1***(=rich)* rik; **2***(=splendid; luxurious)* overdådig *(fx their surroundings are indeed opulent);* **3***(=luxuriant)* frodig; yppig *(fx vegetation);* **4.** *fig:* **her ~ charms***(=her ample curves)* hennes frodige sjarm; hennes yppige former.

opus ['oupəs] *subst (pl: opuses, opera* ['ɔpərə]) opus; verk.

or [ɔ:] *konj:* eller; **either . . . ~** enten . . . eller; **~ (else)** ellers *(fx you'd better hurry or you'll be late).*

orache (,**US:** *orach)* ['ɔritʃ] *subst; bot:* **(common) ~** svinemelde; **garden ~** hagemelde.

oracle ['ɔrəkəl] *subst:* orakel.

oral ['ɔ:rəl] **1.** *subst:* muntlig eksamen; **he failed his ~** han strøk i muntlig; **2.** *adj:* muntlig; **~ and silent reading** høytlesning og innenatlesning.

orally *adv* **1.** muntlig; **2.** *om medisin:* **to be taken ~** skal tas gjennom munnen.

oral surgeon kjevekirurg; *(se dental surgeon; surgeon; surgeon dentist),*

orange ['ɔrindʒ] **1.** *subst; bot:* appelsin; **2.** *adj:* oransje(farget).

orange peel appelsinskall.

orang(o)utan [,ɔ:ræŋ'u:tæn] *subst; zo:* orangutang.

oration [ɔ:'reiʃən] *subst; stivt(=speech)* tale *(fx deliver an oration to the people).*

orator ['ɔrətə] *subst; stivt(=speaker)* (stor) taler.

oratorical [,ɔrə'tɔrikəl] *adj:* oratorisk; retorisk.

oratory ['ɔrətəri] *subst* **1.** veltalenhet; **2.** talekunst; **3.** *rel:* oratorium.

orb [ɔ:b] *subst* **1***(=sphere)* kule; **2.: ~ (of the royal regalia)** rikseple.

I. orbit ['ɔ:bit] *subst* **1.** *astr:* bane; omløpsbane; **in ~** i bane; **2.** *anat; fagl(=orbital cavity; eye socket)* øyenhule; **3***(=sphere of influence)* innflytelsessfære; **he's out of my ~** jeg har ingen innflytelse over ham.

II. orbit *vb:* gå (*el.* bevege seg) i bane rundt *(fx orbit the earth);* bringe i bane.

orbital velocity *astr:* omløpshastighet.

orc [ɔ:k] *subst; zo(=killer whale)* spekkhogger.

orchard ['ɔ:tʃəd] *subst:* frukthage.

orchestra ['ɔ:kistrə] *subst:* orkester.

orchestral [ɔ:'kestrəl] *adj:* orkester- *(fx music).*
orchestra pit orkestergrav.
orchestra stalls orkesterplass.
orchestrate ['ɔ:ki,streit] *vb* **1.** *mus:* instrumentere; arrangere (for orkester); **2.** *demonstrasjon, etc(= organize)* organisere.
orchestration [,ɔ:kes'treiʃən] *subst* **1.** *mus:* instrumentering; arrangement (for orkester); **2.** *av demonstrasjon, etc:* organisering.
orchid [ɔ:kid] *subst; bot:* orkidé; **early purple** ~ vårmarihånd.
orchis ['ɔ:kis] *subst; bot:* marihånd; **marsh** ~ kongsmarihånd.
ordain [ɔ:'dein] *vb* **1.** *rel:* ordinere *(fx he was ordained a priest);* **2.** *stivt(=order; command)* befale; **he had been -ed by fate to lead his people** skjebnen hadde bestemt at han skulle føre folket sitt; **3.** *stivt(=decree)* dekretere.
ordeal [ɔ:'di:l] *subst* **1.** *fig:* ildprøve; **2.** *hist:* ~ **by fire** jernbyrd.
I. order ['ɔ:də] *subst* **1.** ordre; befaling; **definite -s** klar beskjed; *jur:* **no ~ was made as to costs** saksomkostninger ble ikke idømt; **2.** *merk:* ordre; bestilling (*for* på); **3.** orden; rekkefølge *(fx in alphabetical order);* **4.** *rel:* rituale; **the ~ of confirmation** konfirmasjonsritualet; **5.** *rel:* **(religious)** ~ (religiøs) orden; **6.** *bot, zo:* orden; **7.** *mil:* formasjon; orden *(fx in full marching order);* **8.** forretningsorden; dagsorden; **raise a point of** ~ si noe til forretningsorden; **rise on a point of** ~ ta ordet til dagsorden; **~! ~!** 1. møtet er satt! ro i salen! 2. *sagt fra salen:* til dagsorden! **9.: ~ (of magnitude)** størrelsesorden; **10.** orden; ordenstegn; **11.: (holy) -s** *se holy orders;* **12. T: a tall ~** et drøyt forlangende; for meget forlangt; **13.** *fig:* **of a high ~** av høy klasse; av høy kvalitet *(fx intellectual ability of a high order);* **14.: by ~***(=by orders; according to order(s))* etter ordre; **by ~ from above** etter høyere ordre; **by ~ of the owners** etter ordre fra rederiet; *(jvf 19.: on ~);* **15.: in ~** 1. i riktig rekkefølge; **arranged in ~ of size** ordnet etter størrelse; 2. *på møte:* i orden i henhold til dagsorden; 3. i orden; på sin plass; **is it in ~ for us to . . .?** har vi anledning til å . . .? er det i orden om vi . . .? **in good ~** i orden; **quite in ~** helt i sin orden; **put in ~** bringe i orden; få orden på; ordne; **16.** *stivt:* **in ~ that***(= so that)* forat; **17.: in ~ to***(=to)* for å *(fx I left early in order not to be late);* **18.** *merk:* i bestilling; i ordre; *mar:* kontrahert *(fx tanker tonnage on order);* **19.: on -s from** etter ordre fra *(fx he did it on orders from me); (jvf 14 ovf);* **20.: out of ~** 1*(=not working)* i uorden; 2. *på møte(=not in order)* utenfor dagsorden; ikke i orden i henhold til dagsorden; **21.: to ~** 1. på bestilling *(fx made to order);* 2. *fig:* på kommando; **laugh (,smile) to ~** le (,smile) på kommando; **22.: be under -s to***(=have orders to)* ha ordre om å; **be under strict -s to** ha streng ordre om å; **under his -s***(=under his command)* under hans kommando; **under the -s of***(=commanded by)* kommandert av.
II. order *vb* **1.** gi ordre om; beordre *(fx he was ordered out of the room);* **the chairman -ed silence** formannen forlangte ro; **2.** bestille; **3.** ordne *(fx should we order these alphabetically?; you must try to order your thoughts);* **4.** *med.(=prescribe)* foreskrive *(fx the doctor ordered a strict diet);* **5.** *jur:* ~ **sby to pay costs** idømme en saksomkostninger; **6.** *mil:* ~ **arms!** ved foten gevær! **7.: ~ sby about** sende (*el.* beordre) en hit og dit; herse med en.
order clerk kontorist som fører inn ordrer.
order form*(=order sheet)* ordreblankett; bestillingsseddel.
order in council, Order in Council UK*(=royal decree)* kongelig forordning (*el.* resolusjon).
orderliness ['ɔ:dəlinis] *subst* **1.** god orden; **2.: inherent ~** lovmessighet *(fx of a system).*
I. orderly ['ɔ:dəli] **1.** *mil:* ordonnans; **medical ~, hospital ~** sykepasser; **2.** *ved sykehus:* **hospital ~** portør.
II. orderly *adj* **1.** *stivt(=in good order; tidy; well -arranged)* ordnet; velordnet; **an ~ room***(=a tidy room)* et rom hvor det hersker orden; **2.** som forholder seg rolig; ordentlig *(fx an orderly behaviour);* fredelig *(fx an orderly queue of people);* **in an ~ manner** på en fredelig og ordentlig måte; **the prisoners were quiet and ~** fangene var rolige og oppførte seg pent.
orderly book *mil:* vaktjournal.
orderly duty *mil:* **be on ~** ha vakttjeneste (på kompanikontor).
orderly officer *mil(=officer of the day)* daghavende offiser.
orderly room *mil:* bataljonskontor; kompanikontor.
order paper *parl:* dagsorden; *(jvf agenda).*
I. ordinal ['ɔ:dinəl] *subst(=ordinal number)* ordenstall.
II. ordinal *adj:* ordens- *(fx ordinal number).*
ordinance ['ɔ:dinəns] *subst* **1.** *stivt(=decree)* forordning *(fx government ordinances);* **2.: -s***(=bye -laws)* vedtekter *(fx the ordinances of the City Council);* **3.** *jur:* **legal ~***(=rule of law)* rettsregel.
ordinarily ['ɔ:dənrili; 'ɔ:də,nerili] *adv(=as a general rule; usually)* vanligvis.
ordinary ['ɔ:dənri] *adj* **1.** alminnelig; vanlig *(fx an ordinary working day; typing letters isn't my ordinary job);* **he's a very ~ young man** han er en meget alminnelig ung mann; **2.** ordinær; **~ general meeting** ordinær generalforsamling; **3.: out of the ~***(=extraordinary)* usedvanlig *(fx I don't consider her behaviour at all out of the ordinary).*
Ordinary level *se O-level.*
ordinary seaman 1. lettmatros; **2.** *i marinen; hist(= ordinary rate)* menig i særklasse.
ordinary share stamaksje; *(jvf equity 3: ~ share).*
ordinate ['ɔ:dinət] *subst; mat.:* ordinat.
ordination [,ɔ:di'neiʃən] *subst:* ordinasjon; prestevielse.
ordnance ['ɔ:dnəns] *subst* **1***(=heavy guns)* tungt skyts; artilleri; **2***(=military supplies)* våpenteknisk materiell.
Ordnance Survey (Department) *svarer til:* Norges geografiske oppmåling.
ore [ɔ:] *subst; min:* malm; **iron ~** jernmalm.
organ ['ɔ:gən] *subst* **1.** *biol:* organ; **~ of speech** taleorgan; **2.** *om avis, etc:* organ; **3.** *mus:* orgel; **4.** *fig:* organ *(fx Parliament is the main organ of government in Britain);* **5.** *evf:* **(the male) ~** (det mannlige) lem.
organ grinder lirekassemann.
organic [ɔ:'gænik] *adj:* organisk; **~ farming** biodynamisk landbruk.
organically *adv:* organisk; **~ grown** biodynamisk dyrket.
organism ['ɔ:gə,nizəm] *subst:* organisme.
organist ['ɔ:gənist] *subst:* **(church) ~** organist.
organization, organisation [,ɔ:gənai'zeiʃən] *subst* **1.** organisasjon; **2.** organisering *(fx the organization of one's work);* orden *(fx this report lacks organization).*
organize, organise ['ɔ:gə,naiz] *vb:* organisere; ordne; arrangere; få i stand *(fx a party; a conference;*

a holiday abroad); ~ **your time** bruk tiden din på en fornuftig måte; organiser tiden din; **get yourselves -d***(=get yourselves sorted out)* nå får dere se til å bli enige om hva dere vil.
organized *adj* **1.** organisert; ~ **resistance** organisert motstand; ~ **labour***(=union labour)* organiserte arbeidere; **2.** (vel)ordnet *(fx an organized community);* **an** ~ **report** en velskrevet rapport; **3.** effektiv *(fx she's a very organized person);* **she's very** ~ **in her work** hun arbeider meget planmessig.
organizer, organiser ['ɔ:gə,naizə] *subst:* organisator; arrangør.
organ loft orgelverk; orgelpulpitur.
organ stop *mus:* orgelstemme; orgelregister.
orgasm ['ɔ:gæzəm] *subst:* orgasme; **have an** ~ få orgasme; **unable to produce** ~ ute av stand til å få orgasme; *(jvf come 7).*
orgastic [ɔ:'gæstik] *adj:* orgastisk.
orgy ['ɔ:dʒi] *subst* **1.** orgie *(fx a drunken orgy; a sexual orgy);* **2.** *fig; neds:* **indulge in an** ~ **of shopping** fråtse i innkjøp.
oriel ['ɔ:riəl] *subst:* ~ **(window)***(=bay window)* karnappvindu.
I. Orient ['ɔ:riənt] *subst:* **the** ~ Orienten; Østen.
II. orient ['ɔ:riənt] *vb(=orientate)* orientere; *(se orientate).*
I. Oriental [,ɔ:ri'entəl] *subst:* orientaler.
II. oriental *adj:* orientalsk; østerlandsk.
orientate ['ɔ:rien,teit] *vb(=orient)* orientere; ~ **a map***(=set a map)* orientere et kart; ~ **oneself** 1*(=get used to)* orientere seg *(fx she soon managed to orientate herself in her new environment);* 2. *i terrenget(=get one's bearings)* orientere seg; *fig:* **become -d towards***(=become geared to)* bli rettet inn mot.
orientation [,ɔ:rien'teiʃən] *subst:* orientering.
orientation course US*(=briefing (conference))* orienteringskurs.
orienteering [,ɔ:rien'tiəriŋ] *subst; sport:* orientering.
orifice ['ɔrifis] *subst* **1.** *stivt(=hole; opening)* hull; åpning; **2.** *anat:* **the -s of the body** kroppens hulrom.
origin ['ɔridʒin] *subst* **1.** opprinnelse; opphav; **the** ~ **of** opprinnelsen til; **the** ~ **of species** artenes opprinnelse; **of doubtful (,foreign, unknown)** ~ av tvilsom (,fremmed, ukjent) opprinnelse; **certificate of** ~ opprinnelsesbevis; opprinnelsessertifikat; **country of** ~ opprinnelsesland; **2.** *anat:* utspring *(fx of a muscle);* **3.: -s** herkomst; opprinnelse *(fx he tried to hide his origins);* **of humble -s***(=of mean birth)* av ringe herkomst; *litt.:* av lav byrd.
I. original [ə'ridʒinəl] *subst* **1.** original; **2.** originalspråk; **3.** *om person(=eccentric)* original.
II. original *adj:* original; opprinnelig; **the** ~ **plan** den opprinnelige planen; ~ **ideas** originale idéer.
originality [ə,ridʒi'næliti] *subst:* originalitet; opprinnelighet.
original sin arvesynd.
originate [ə'ridʒi,neit] *vb* **1.** oppstå; være skaper av *(fx the theory of evolution originated with Darwin; Darwin originated the theory of evolution);* **the scheme -d with the Governor** planen utgikk fra guvernøren; **2.** *stivt:* **the fire -d***(=broke out)* **in the basement** brannen oppstod i kjelleretasjen.
originator [ə'ridʒi,neitə] *subst:* opphavsmann *(of* til).
Orion [ə'raiən] *subst; astr:* Orion.
Orkney ['ɔ:kni] *subst; geogr:* **the -s***(=the Orkney Islands)* Orknøyene.
orlop ['ɔ:lɔp] *subst; mar:* ~ **(deck)** banjerdekk.
ormer ['ɔ:mə] *subst; zo(=sea ear)* sjøøre.
I. ornament ['ɔ:nəmənt] *subst:* ornament; pynt.
II. ornament [,ɔ:nə'ment] *vb:* ornamentere; dekorere; pryde.
ornamental [,ɔ:nə'mentəl] *adj:* ornamental; dekorativ.
ornamentation [,ɔ:nəmən'teiʃən] *subst:* ornamentering; utsmykking.
ornate [ɔ:'neit] *adj* **1.** *om utsmykning(=excessively decorated)* overdrevent dekorert; **T:** med en masse krimskrams; **2.** *om stil(=florid)* overlesset *(fx an ornate style).*
ornithologist [,ɔ:ni'θɔlədʒist] *subst:* ornitolog.
ornithology [,ɔ:ni'θɔlədʒi] *subst:* ornitologi.
orphan ['ɔ:fən] **1.** *subst(=orphan child)* foreldreløst barn; **2.** *adj:* foreldreløs; **3.** *vb:* gjøre foreldreløs.
orphanage ['ɔ:fənidʒ] *subst:* hjem for foreldreløse barn.
Orpheus ['ɔ:fiəs; 'ɔ:fju:s] *subst; myt:* Orfeus.
orpine ['ɔ:pain] *subst; bot(=livelong;* **US:** *live -forever)* smørbukk.
orthodontics [,ɔ:θou'dɔntiks] *subst(=dental orthopaedics)* ortodonti; tannregulering.
orthodox ['ɔ:θə,dɔks] *adj* **1.** *rel:* ortodoks; rettroende; **2***(=conventional)* ortodoks; konvensjonell; alminnelig anerkjent.
orthodoxy ['ɔ:θə,dɔksi] *subst:* ortodoksi; rettroenhet.
orthographic [,ɔ:θə'græfik] *adj:* ortografisk; rettskriv(n)ings-.
orthography [ɔ:'θɔgrəfi] *subst:* ortografi; rettskriv(n)ing.
orthopaedics (,**US:** *orthopedics)* [,ɔ:θə'pi:diks] *subst* **1.** ortopedi; **2.: dental** ~ *se orthodontics.*
oscillate ['ɔsi,leit] *vb; fys:* oscillere; svinge (som en pendel).
oscillation [,ɔsi'leiʃən] *subst; fys:* oscillering; svingning (frem og tilbake).
osculate ['ɔskju,leit] *vb; spøkef(=kiss)* kysse.
osier ['ouziə] *subst; bot:* **(common)** ~ *(=osier willow)* kurvpil; vier.
osmosis [ɔz'mousis] *subst:* osmose.
osprey ['ɔspri] *subst; zo(,***US:** *fish hawk)* fiskeørn; *(jvf fish eagle).*
osseous ['ɔsiəs] *adj; stivt(=bony)* benet; benaktig.
ossify ['ɔsi,fai] *vb(=become bone)* forbenes.
ostensible [ɔ'stensibl] *adj; stivt(=alleged; apparent)* angivelig; tilsynelatende; **the** ~*(=alleged)* **reason** den angivelige grunn; **without any** ~ **reason***(=for no apparent reason)* tilsynelatende uten grunn.
ostensibly *adv(=seemingly)* tilsynelatende.
ostensory [ɔs'tensəri] *subst; kat.(=monstrance)* monstrans.
ostentation [,ɔsten'teiʃən] *subst; stivt(=showing off)* praleri; det å stille sin rikdom el. kunnskaper til skue for å imponere; **displayed with much** ~ fremvist med brask og bram.
ostentatious [,ɔsten'teiʃəs] *adj; stivt(=showy)* pralende; prangende; demonstrativ.
osteoarthritis [,ɔstioua:'θraitis] *subst; med.(=degenerative joint disease)* slitasjegikt.
osteopath ['ɔstiə,pæθ] *subst:* osteopat.
ostler (,**US** *hostler)* ['ɔslə] *subst; hist(=stableman)* stallkar (i vertshus).
ostracism ['ɔstrə,sizəm] *subst* **1.** *hist:* ostrakisme; midlertidig landsforvisning; **2.** *fig:* boikott.
ostracize, ostracise ['ɔstrə,saiz] *vb* **1.** *hist:* ostrakere; landsforvise; **2.** *fig:* boikotte *(fx sby).*
ostrich ['ɔstritʃ] *subst; zo:* struts.
other ['ʌðə] *adj, pron, adv* **1.** *adj:* annen; annet; andre; **every** ~ **week***(=every second week)* annenhver uke; **the** ~ **day** forleden dag; for et par

dager siden; **schools ~ than her own** andre skoler enn hennes egen; **2.** *pron:* annen; andre; **from one side to the ~** fra den ene siden til den andre; **some film or ~** en eller annen film; **some left, but many -s stayed** enkelte gikk sin vei, men mange andre ble igjen; **3.** *adv:* **~ than***(=otherwise than)* på annen måte enn *(fx I can't get there other than by swimming).*

otherwise ['ʌðə,waiz] *adv* **1***(=in other respects)* ellers *(fx an otherwise excellent dinner);* for øvrig; i andre henseender; **2***(=differently):* **he seems to think ~** han ser ut til å ha en annen mening; han ser ut til å tenke annerledes; **3***(=or else)* ellers *(fx do what I say, otherwise you'll be sorry);* **4***(=not):* **mothers, whether married or ~** mødre, enten de er gifte eller ei; **guilty unless proved ~** skyldig med mindre noe annet blir bevist.

otherworldly [,ʌðə'wə:ldli] *adj:* livsfjern; verdensfjern.

otitis [ou'taitis] *subst; med.(=inflammation of the ear)* ørebetennelse; **~ media***(=inflammation of the middle ear)* mellomørebetennelse.

Ottawa ['ɔtəwə] *subst; geogr:* Ottawa.

otter ['ɔtə] *subst* **1.** *zo:* oter; **2.** *fiskeredskap:* oter.

ouch [autʃ] *int:* au!

ought [ɔ:t] *modalt hjelpevb (pret: ought to have)* bør; burde *(fx you ought to pay your debts; it ought to be boiled for ten minutes; you ought to hear her sing; you ought not to treat him like that);* **I ~ not***(=oughtn't)* **to have done it** jeg burde ikke ha gjort det; **Oughtn't I to have done it? – No, you oughtn't** Burde jeg ikke ha gjort det? – Nei, det burde du ikke; **it ~ never to have been allowed** det burde (*el.* skulle) aldri ha vært tillatt.

I. ounce [auns] *subst* **1.** *vekt:* unse (ɔ:28,349 g); **2.** *fig:* grann *(fx he hasn't an ounce of common sense).*

our [auə] *pron:* vår; våre; **~ car** bilen vår; **~ children** barna våre; *(se ours).*

Our Father *rel; kat.:* **the ~***(=the Lord's Prayer)* fadervår.

Our Lady *rel; om jomfru Maria:* vår frue.

ours ['auəz] *pron; predikativt:* vår; vårt; våre *(fx the house is ours; ours have blue tags);* **a friend of ~** en venn av oss; *(se our).*

ourselves [auə'selvz] *pron* **1.** selv *(fx we'll finish the job ourselves; we ourselves played no part in this);* **2.** oss selv *(fx we saw ourselves in the mirror);* **we aren't feeling quite ~** vi er ikke helt oss selv; **we are doing this solely for ~** dette gjør vi utelukkende for oss selv (*el.* for vår egen skyld); *(jvf oneself).*

oust [aust] *vb; stivt(=crowd out)* fortrenge *(fx oust our competitors from the market).*

I. out [aut] *prep(=out of)* ut av *(fx he ran out the door).*

II. out *adv, adj* **1.** ut *(fx get out at once! they went out for a walk);* **~ with it!** ut med det! ut med språket! **2.** ute *(fx they're out (in the garden); he'd been locked out; the batsman is out; we had en evening out; the secret is out; the tide is out; before the week is out);* **~ at sea** ute på havet (*el.* sjøen); **~ in the country** ute på landet; **3.** fram; frem *(fx he took out a pen; he wanted to say he loved her but he couldn't get the words out);* **4.** framme; fremme *(fx we had all the photos out; the sun is out; the stars are out);* sprunget ut *(fx the roses are out);* **5.** opp *(fx take your hands out of your pockets; out of the water); (se 18 & 19);* **6.** *om bål, lys etc:* gått ut *(fx the candle is out; the fire is out);* **the radio's ~** radioen er død (*el.* virker ikke); **7.** *polit:* ikke lenger ved makten *(fx the Tories are out);* **8. T***(=unconscious)* bevisstløs; **T:** borte *(fx he was out for two minutes);* **9. T***(=out of fashion)* umoderne; ikke lenger på moten *(fx long hair is definitely out; pointed shoes have gone right out);* **10. T***(=out on strike)* i streik *(fx the dockworkers are out again);* **the workshop is ~** det er streik i verkstedet; **come ~ (on strike)** streike; **11. T***(=out of the question):* **that suggestion's right ~** det forslaget kommer ikke på tale; **12.** *om bok, etc:* **her book is just ~***(=her book has just been published)* boken hennes er nettopp utkommet; **13***(=worn into holes):* **the sweater is ~ at the elbows** genseren er i stykker på albuene; **14.** *om unøyaktighet:* **the bill was £10 ~** det var en feil på £10 i regningen; **you're ~ in your calculations** du har forregnet deg; **15.** *etter sykdom:* **be ~ and about***(=be up and about)* være på bena igjen; **16. T: be ~ for** være ute etter *(fx she's out for a good time);* **I'm ~ for as much money as I can get** jeg vil ha så mange penger som mulig; **17. T: be ~ to** være fast bestemt på å; **T:** være oppsatt på å *(fx he's out to win the race);* **18.: ~ of** 1. ut av *(fx run out of the room);* ute av *(fx the contest); fra lomme, veske, etc:* opp av *(fx she took it out of the bag);* **he's ~ of the office***(=he's not in the office)* han er ute (ɔ: ikke på kontoret); **~ of danger** utenfor fare; 2*(=from)* av; ut av *(fx drink straight out of the bottle);* 3*(=from among)* av *(fx 4 out of ten people);* 4. *om materialet(=of; from)* av *(fx made out of plastic);* 5. *om motiv:* av *(fx he did it out of jealousy);* 6. *om beholdning(=run out of)* sloppet opp for *(fx we're out of food);* 7. fra *(fx talk him out of it; they cheated him out of his money);* 8*(=after)* etter (avgang fra) *(fx 35 minutes out of Nairobi the pilot made a routine check);* **19.: ~ of it** 1*(=no longer involved in it)* ferdig med det *(fx I'm glad to be out of it);* 2. **T: feel (a bit) ~ of it** føle seg litt utenfor *(fx at a party).*

out and away *adv(=by far):* **~ the best***(=by far the best)* langt den beste.

out-and-out ['autən,aut] *adj:* i alle henseender; tvers igjennom; rendyrket; **he's an ~ liar** han er en løgner tvers igjennom.

outback ['aut,bæk] *subst; i Australia:* **live in the ~** bo langt fra folk; bo langt ute i bushen.

outbalance [,aut'bæləns] *vb: se outweigh.*

outbid [,aut'bid] *vb(=bid higher than)* overby; by høyere enn.

outboard ['aut,bɔ:d] **1.** *subst(=outboard motor)* utenbordsmotor; påhengsmotor; **2.** *adj, adv:* utenbords.

outbound ['aut,baund] *adj(=outward bound; going out) mar:* utgående *(fx ships, traffic); (jvf outgoing).*

outbreak ['aut,breik] *subst:* utbrudd; **the ~ of war** krigsutbrudd(et); **an ~ of cholera** et kolerautbrudd; **there was a fire ~***(=a fire broke out)* det brøt ut brann; **an ~ of vandalism** en bølge av hærverk (*el.* vandalisme).

outbuilding ['aut,bildiŋ] *subst(=outhouse)* uthus; *(jvf outhouse).*

outburst ['aut,bə:st] *subst* **1.** (følelses)utbrudd; **violent -s** voldsomme utbrudd; **a sudden ~ of rage** et plutselig raseriutbrudd; **2***(=surge):* **an ~ of activity** en plutselig (bølge av) aktivitet.

outcast ['aut,ka:st] *subst:* utstøtt; **a social ~** en paria i samfunnet.

outcaste ['aut,ka:st] *subst:* kasteløs; paria.

outclass [,aut'kla:s] *vb:* utklasse(re).

outcome ['aut,kʌm] *subst(=result)* resultat; utfall.
outcrop ['aut,krɔp] *subst* **1.** *geol:* overlag; utløper; **2**(*=outbreak)* utbrudd *(fx an outcrop of unofficial strikes).*
outcry ['aut,krai] *subst(=loud protest)* høylytt protest; ramaskrik *(fx there was an outcry against it).*
outdated [,aut'deitid; *attributivt især:* 'aut,deitid] *adj(=old-fashioned; outmoded)* gammeldags; foreldet; umoderne; nedstøvet; ~*(=antiquated)* **regulations** nedstøvede bestemmelser.
outdistance [,aut'distəns] *vb(=outrun)* løpe fra.
outdo [,aut'du:] *vb; stivt(=do better than)* overgå; **he outdid himself** han overgikk seg selv.
outdoor ['aut,dɔ:] *adj:* utendørs; til utendørs bruk *(fx shoes);* **he's keen on ~ activities***(=he's fond of outdoor life)* han er et ivrig friluftsmenneske; *(jvf outdoors).*
outdoor grill utegrill.
outdoor light utelys.
outdoor machinery assistant *jernb:* lysmester; elektromester; *(se NEO elektromester).*
outdoor pursuits centre *skolev* **UK:** leirskole.
I. outdoors [,aut'dɔ:z] *subst; pl; litt.:* **the** ~*(=outdoor life)* friluftslivet; livet ute i det fri: **love of the** ~*(=love of outdoor life)* begeistring for friluftslivet.
II. outdoors *adv(=out of doors; outside)* utendørs; **don't go** ~*(=outside)* **if it's raining** gå ikke ut(endørs) hvis det regner.
outer ['autə] *adj:* ytre *(fx the outer planets).*
outer door ytterdør.
outer ear *anat:* **the** ~*(=the external ear)* det ytre øre.
outermost ['autə,moust] *adj:* ytterst; *(jvf utmost).*
outer space det ytre (verdens)rom.
outface [,aut'feis] *vb* **1**(*=stare down)* få til å slå blikket ned; **2**(*=confront unflinchingly)* trosse; ikke vike unna for *(fx sby).*
outfield ['aut,fi:ld] *subst* **1.** *landbr(=outlying field)* utmark; **2.** *cricket:* ytterste del av banen.
outfit ['aut,fit] *subst* **1**(*=equipment)* utstyr; **2.** *om klær:* **a wedding** ~ bryllupsklær; **3. T**(*=organization; firm)* organisasjon; foretagende; firma; **4.** *mil* **US**(*=unit)* avdeling.
outfitter ['aut,fitə] *subst:* **(men's)** ~ *(=men's shop; man's shop;* **US;** *men's furnishers)* herreekviperingsforretning.
outflank [,aut'flænk] *vb; mil:* omgå.
outflow ['aut,flou] *subst(=escape)* utstrømning *(fx of gas).*
outgoing ['aut,gouiŋ] *adj* **1.** utgående *(fx train; mail; tide); tlf:* ~ **call** utgående samtale; **2**(*=retiring)* fratredende *(fx chairman); parl:* **the ~ Ministry** den avgående regjering; **3**(*=extrovert; open)* utadvendt *(fx we need someone outgoing as leader).*
outgoings ['aut,gouiŋz] *subst; pl:* (faste) utgifter.
outgrow [,aut'grou] *vb(=grow out of)* vokse fra *(fx one's clothes); fig:* vokse av seg *(fx a bad habit).*
outgrowth ['aut,grouθ] *subst* **1.** utvekst *(fx on a tree);* **2.** *fig:* utvekst; (bi)produkt.
outhaul ['aut,hɔ:l] *subst; mar:* uthaler(line).
outhouse ['aut,haus] *subst* **1**(*=outbuilding)* uthus; **2. US**(*=outside privy)* utedo.
outing ['autiŋ] *subst:* utflukt.
outlandish [aut'lændiʃ] *adj; neds(=very strange)* merkelig; fremmedartet.
outlast [,aut'la:st] *vb; stivt(=live longer than; last longer than)* leve (,vare) lenger enn; *(jvf outlive).*
outlaw ['aut,lɔ:] **1.** *subst:* fredløs; **2.** *vb:* gjøre (*el.* erklære) fredløs.
outlawry ['aut,lɔ:ri] *subst:* fredløshet.
outlay ['aut,lei] *subst* **1.** utgift; utlegg *(fx for an outlay of £50 you can get a good camera);* **2.** *merk:* **capital -s**(*=capital expenditure)* kapitalutgifter.
outlet ['aut,let] *subst* **1.** utløp; avløp: **the lake has an ~ to***(=pours into)* **the sea** (inn)sjøen har avløp til havet; **provide an ~ for the water** skaffe avløp for vannet; **2.** *merk(=market)* marked; avsetningsmulighet; **3.** *elekt, etc:* uttak; **4.** *fig:* utløp *(fx provide an outlet for his energy).*
outlet grating avløpsrist.
I. outline ['aut,lain] *subst* **1.** omriss; kontur; skyggeriss; **2.: (rough)** ~ grunnriss; utkast; **he gave us a broad ~ of his plan** han skisserte opp planen sin for oss i grove trekk; **in broad ~** i grove trekk *(fx he stated his views in broad outline);* **3**(*=summary)* sammendrag; resymé.
II. outline *vb* **1.** tegne omrisset av; **2.** *fig:* skissere; gjengi hovedtrekkene i *(fx a plan);* **3.** skildre i grove trekk; gi et sammendrag av.
outline map konturkart.
outlive [,aut'liv] *vb* **1**(*=live longer than)* leve lenger enn *(fx she outlived her husband by five years);* **2.** *om skjensel(=get over)* komme over; overvinne.
outlook ['aut,luk] *subst* **1**(*=view)* utsikt; **2.** syn *(fx he has a strange outlook on life);* ~ **(on life)** livssyn; **he has a narrow** ~ han har et snevert syn på tilværelsen; **3**(*=prospect)* utsikt; **the weather** ~ værutsiktene; **the ~ for tomorrow***(=tomorrow's outlook)* værutsiktene for morgendagen.
outlying ['aut,laiiŋ] *adj:* avsidesliggende.
outmanoeuvre *(,***US:** *outmaneuver)* [,autmə'nu:və] *vb:* utmanøvrere.
outmoded [,aut'moudid; *attributivt:* 'aut,moudid] *adj(=old-fashioned; out of date)* gammeldags; foreldet; umoderne; som har gått av moten.
outnumber [,aut'nʌmbə] *vb:* være tallmessig overlegen; være flere enn; **the boys in the class ~ the girls** det er flere gutter i klassen enn jenter; **we were -ed** vi var tallmessig underlegne.
out of bounds [,autəv'baundz] *(attributivt: out-of -bounds* ['autəv,baundz]*) om område:* forbudt *(fx out of bounds to civilians).*
out of date [,autəv'deit] *(attributivt: out-of-date* ['autəv,deit]*) adj* **1**(*=old-fashioned)* gammeldags; umoderne; **2.** *om billett:* ikke gyldig lenger; ugyldig *(fx your ticket is out of date); om pass:* som er utløpt.
out-of-door [,autəv'dɔ:] *adj: se outdoor.*
out of doors *adv(=outdoors)* utendørs.
out of pocket *(attributivt: out-of-pocket)* [,autəv-'pɔkit] *adj* **1.: out-of-pocket expenses** kontantutlegg (av egne penger); **2.: his last deal has left him** ~ den siste transaksjonen hans skjedde med tap.
out of order i ustand.
out of print *om bok:* utsolgt fra forlaget.
out of the way *adj* **1.** avsides *(fx their farm is very out of the way);* **out-of-the-way place** avsides sted; utbygd; **2**(*=unusual)* usedvanlig *(fx there was nothing out of the way about what she said).*
out of work [,autəv'wə:k] *(attributivt: out-of-work* ['autəv,wə:k] *adj(=unemployed; out of a job)* arbeidsløs.
outpatient ['aut,peiʃənt] *subst:* poliklinisk pasient; *(jvf inpatient).*
outpatients' department poliklinikk.
outplay [,aut'plei] *vb; sport:* spille bedre enn.
outport ['aut,pɔ:t] *subst:* uthavn.
outpost ['aut,poust] *subst; også mil:* utpost.
outpourings ['aut,pɔ:riŋz] *subst; pl:* utgytelser; hjertesukk.
output ['aut,put] *subst* **1.** *om det produserte(=pro-*

duction) produksjon *(fx our output has increased);* **2.** ytelse; produksjon *(fx we must improve our output);* **3.** *elekt:* avgitt effekt; **4.** *EDB:* utdata.
output signal *EDB:* utgangssignal.
I. outrage ['aut,reidʒ] *subst; stivt* **1**(*=act of violence)* voldshandling; **2.** *noe som krenker el. opprører:* **it's a public ~** det er en offentlig skandale.
II. outrage *vb:* krenke grovt; fornærme *(fx she was outraged by his behaviour).*
outrageous [aut'reidʒəs] *adj* **1.** opprørende; skandaløs *(fx behaviour);* **2.** *ofte spøkef* **T**(*=terrible)* fryktelig; **she was wearing an ~ hat** hun hadde på seg en gyselig hatt.
outré ['u:trei] *adj; stivt(=exaggerated)* outrert; overdrevet.
outreach [,aut'ri:tʃ] *vb* **1**(*=reach further than)* ha større rekkevidde enn; nå lenger enn; **2**(*=exceed; surpass)* overgå.
outride [,aut'raid] *vb:* ri fra; ri fortere enn.
outrider ['aut,raidə] *subst* **1. US**(*=mounted herdsman)* gjeter til hest; **2.: motorcycle -s** motorsykkeleskorte.
outrigger ['aut,rigə] *subst* **1.** utligger; utliggerbåt; **2.** *på robåt(=rigger)* utrigger.
I. outright ['aut,rait] *adj:* **an ~ lie** en direkte løgn; **an ~ refusal** et direkte avslag; **he was the ~ winner** han var den ubestridte vinner.
II. outright [,aut'rait] *adv* **1**(*=immediately; on the spot)* på stedet *(fx he was killed outright; I bought it outright);* **2**(*=straight out)* like ut; rett ut *(fx I told him outright what I thought).*
outrun [,aut'rʌn] *vb(=run faster than)* løpe fortere enn; løpe fra.
outset ['aut,set] *subst(=beginning):* **at the ~ (of)** i begynnelsen (av); **from the ~** fra begynnelsen av; helt fra begynnelsen.
outshine [,aut'ʃain] *vb; stivt el. litt.* **1**(*=be brighter than)* lyse sterkere enn *(fx the sun outshines the moon);* **2**(*=surpass)* overgå; overstråle *(fx she outshone all the other students).*
I. outside ['aut,said; ,aut'said] *subst* **1.** ytterside; utvendig side *(fx the outside of the garage);* **2** [,aut'said] **T: at the ~**(*=at the most)* høyst; i høyden *(fx I shall be there for an hour at the outside);* **3**['aut,said]: **~ in**(*=inside out)* med vrangen ut *(fx you're wearing your sweater outside in).*
II. outside ['aut,said] *adj* **1.** utvendig; **2.** ytter-; ytre; **drive on the ~ lane** kjøre i ytre fil; **3.** utenfra *(fx outside agitators; outside help);* **4.** *om mulighet(=remote)* fjern *(fx he has an outside chance of winning);* **5.: an ~ interest** en interesse (man har) på si.
III. outside [,aut'said] *adv* **1.** utenfor *(fx wait outside);* **2**(*=outdoors)* utendørs; **3. S**(*=not in prison)* ute.
IV. outside [,aut'said] *prep* **1.** utenfor *(fx outside the house);* **2.** utenom *(fx this will have to be done outside working hours);* **~ human comprehension** utenfor menneskelig fatteevne; **3**(*=apart from; besides)* bortsett fra; utenom *(fx she has few interests outside her children).*
outside broadcast *radio, TV:* utendørsopptak; *(jvf I. exterior 2: ~ shot).*
outside callipers *(,***US:** *outside calipers)* krumpasser.
outsider [,aut'saidə] *subst* **1.** outsider; **2.** fremmed; **-s look after the children** (helt) fremmede mennesker ser etter barna.
outside left (,right) *fotb:* ytre venstre (,høyre).
outsize ['aut,saiz] **1.** *subst:* stor størrelse; **2.** *adj; om klær:* større enn standardstørrelsen; ekstra stor.
outskirts ['aut,skə:ts] *subst; pl:* utkant; **on the ~ of** i utkanten av *(fx a town).*
outsmart [,aut'sma:t] *vb* **T**(*=outwit)* være for lur for.
outspoken [,aut'spoukən] *adj:* åpenhjertig; som sier hva man mener; **~ remarks** åpenhjertige bemerkninger.
outspread ['aut,spred; ,aut'spred] *adj; litt.(=stretched out)* utstrakt; utbredt *(fx with arms outspread); om vinger(=spread)* utspilt.
outstanding [,aut'stændiŋ] *adj* **1**(*=excellent)* fremragende *(fx she's outstanding as a painter; an outstanding student);* **2.** *om arbeid(=not yet done)* ugjort *(fx I've a lot of work outstanding);* **3.** *merk:* ubetalt *(fx you must pay all outstanding bills);* utestående; **~ claims** utestående fordringer; **we have an ~ account against him**(*=we have sth owing from him)* vi har et tilgodehavende hos ham; **we are still without a settlement of our (~) account** vi har ennå ikke fått dekning for vårt tilgodehavende; **this amount is still ~ in our books** dette beløpet står fremdeles ubetalt hos oss.
outstay [,aut'stei] *vb; om gjest(=overstay):* **~ one's welcome** bli for lenge; trekke for store veksler på vertskapets gjestfrihet.
outstretched [,aut'stretʃt; *attributivt:* 'aut,stretʃt] *adj; stivt el. litt.(=stretched out)* utstrakt *(fx with arms outstretched).*
outstrip [,aut'strip] *vb* **1**(*=go faster than; run faster than)* løpe fra; distansere; **2.** *fig:* løpe fra *(fx increases in fuel prices outstrip the general rate of inflation);* overgå *(fx all the other students).*
outvote [,aut'vout] *vb; ved avstemning(=defeat)* nedstemme *(fx they were outvoted on their proposal).*
outward ['autwəd] *adj* **1.** ytre; **his ~ appearance** hans ytre; **~ sign(s) of**(*=external sign(s) of)* ytre tegn på; **2.: the ~ journey** bortreisen; utreisen *(fx the outward journey will be by sea).*
outward bound [,autwəd 'baund] *(attributivt: outward-bound* ['autwəd,baund]) *adj:* utgående *(fx outward-bound ships; the ships were outward bound).*
outwardly ['autwədli] *adv:* i det ytre; utadtil.
outwards ['autwədz] *adv:* utover *(fx the window opens outwards).*
outweigh [,aut'wei] *vb:* mer enn oppveie; veie mer enn.
outwit [,aut'wit] *vb:* være for lur for; overliste.
outwork ['aut,wə:k] *subst:* hjemmearbeid (for bedrift).
ouzel, ousel ['u:zəl] *subst; zo:* **(ring) ~** ringtrost; **water ~**(*=dipper)* fossekall.
ova ['ouvə] *subst; pl: se ovum.*
oval ['ouvəl] **1.** *subst:* oval; **2.** *adj:* oval; eggformet.
ovaritis [,ouvə'raitis] *subst; med.:* eggstokkbetennelse.
ovary ['ouvəri] *subst* **1.** *anat:* eggstokk; ovarium; **2.** *bot:* fruktknute.
ovation [ou'veiʃən] *subst; stivt(=applause)* ovasjon; applaus.
oven ['ʌvən] *subst:* stekeovn; **bakery ~** bakerovn.
oven-proof ['ʌvən,pru:f] *adj; om fat, etc:* ildfast.
ovenware ['ʌvən,wɛə] *subst(=oven-proof dishes)* ildfaste fat.
I. over ['ouvə] *subst; cricket:* over *(fx they won by five overs).*
II. over *prep* **1.** over *(fx over my head; hang that picture over the fireplace; pull a blanket over him); fig:* over *(fx there was an evil atmosphere over the farm);* **2**(*=across)* tvers over; over *(fx a bridge over the river);* **3.** *i rang el. myndighet:* over *(fx those over him);* **rule ~** herske over; **4.** *om ledelse el. overlegenhet:* over; på *(fx a big lead over*

the others; the world champion over 1,500 metres); **5***(=more than)* mer enn; over *(fx over 5 metres long; it'll cost over £50);* **6***(=through)* (i)gjennom *(fx he went over his notes);* **7.** *radio; tlf(=on)* i *(fx over the radio; over the telephone);* **8***(=because of)* på grunn av *(fx risk a war over Berlin);* **9***(=about)* om *(fx an argument over nothing);* angående; **10***(=in the course of; during)* i løpet av *(fx over the past 25 years);* ~ **the years** opp gjennom årene; etter hvert som årene gikk; ~ **the years she grew to hate him** etter som årene gikk begynte hun å hate ham; **11.** *om beskjeftigelse:* over *(fx he fell asleep over (his) dinner);* **spend hours ~ cards** tilbringe timer ved kortbordet; **12***(=past):* **we're ~ the worst** vi er over det verste; **13.** *ved sammenligning:* fremfor *(fx he has many advantages over us);* **14.: stay ~ Sunday** bli søndagen over *(jvf III. over 6);* **15.: watch** ~*(=keep watch over)* våke over *(fx a sick child);* **16.** *mat.(=divided by):* **6 ~ 2 is 3** $\frac{6}{2}$ = 3.

III. over *adv* **1.** over *(fx he climbed over; the plane flew over; he went over to the States; he went over to the enemy);* **2.** over ende *(fx he fell over; she knocked him over; he was knocked over by a bus);* **3.: ~ (to)** bort (til) *(fx I went over and spoke to them);* **ask them ~ for drinks** be dem bort på en drink; **4.** gjennom *(fx read it over);* **talk it ~ between you** drøft det dere imellom; **5.** på *(fx think it over);* **6.** *om varighet:* over *(fx the programme is over; their love affair is over now);* **stay ~ till Monday** bli over til mandag; *(jvf II. over 14);* **7.: (left) ~** til overs *(fx there are two cakes for each of us, and two (left) over);* **8.** *ved gjentagelse:* **start ~ again** begynne på nytt; **10 times ~** hele ti ganger; **I told him ~ and ~ again** jeg sa det til ham gang på gang; **9.** *radio:* **~!** over! **10.** *cricket:* **~!** bytt! **11.: all ~** 1*(=finished)* over *(fx the excitement is all over now);* 2*(=everywhere)* overalt; 3. over det hele *(fx my car is dirty all over).*

over-absorption of costs *økon:* (kostnads)overdekning.

overact [,ouvə(r)'ækt] *vb; teat:* overspille *(fx one's part).*

I. overall ['ouvər,ɔ:l] *subst* **1.** ermeforkle; kittel; **2***(=overalls)* overalls.

II. overall *adj:* samlet *(fx what is the overall cost of the scheme?);* generell *(fx an overall wage increase).*

III. overall [,ouvər'ɔ:l] *adv(=all in all; altogether)* i alt; alt i alt *(fx what will the scheme cost overall?).*

overall boss*(=overall head)* toppsjef.

over and above *prep; stivt(=in addition to)* i tillegg til; utover *(fx over and above my normal duties, I have on occasion to assist the Sales Manager).*

overawe [,ouvər'ɔ:] *vb; stivt(=frighten)* skremme *(fx he was overawed by the crowds of people).*

overbalance [,ouvə'bæləns] *vb(=lose one's balance and fall)* ta overbalanse; miste balansen og falle.

overbearing [,ouvə'bɛəriŋ] *adj:* anmassende *(fx I disliked her overbearing manner).*

I. overbid ['ouvə,bid] *subst* **1.** overbud; **2.** *kortsp:* overmelding.

II. overbid [,ouvə'bid] *vb* **1.** overby; **2.** *kortsp:* melde over.

overblown [,ouvə'bloun; *attributivt:* 'ouvə,bloun] *adj* **1.** *bot:* overutsprunget; **2.** *fig(=inflated; bombastic)* oppblåst; bombastisk *(fx overblown prose).*

overboard [,ouvə'bɔ:d] *adv* **1.** overbord *(fx fall overboard);* **2. T: go ~ about (,for)** bli vilt begeistret for.

overbook [,ouvə'buk] *vb:* overbooke *(fx a hotel);* overtegne *(fx the tour is overbooked).*

overbuild [,ouvə'bild] *vb:* (be)bygge for tett; **~ oneself** forbygge seg.

overburden [,ouvə'bə:dən] *vb:* overbebyrde.

I. overcall ['ouvə,kɔ:l] *subst; kortsp; bridge:* overmelding; **defensive ~** defensiv melding.

II. overcall [,ouvə'kɔ:l] *vb; kortsp; bridge:* melde over.

I. overcast [,ouvə'ka:st] *vb; i søm:* kaste over.

II. overcast [,ouvə'ka:st; *attributivt:* 'ouvə,ka:st] *adj(=cloudy)* overskyet.

overcautious [,ouvə'kɔ:ʃəs] *adj:* overforsiktig.

overcharge [,ouvə'tʃa:dʒ] *vb:* ta for høy pris; **~ sby** ta for høy pris av en.

overcoat ['ouvə,kout] *subst:* frakk.

I. overcome [,ouvə'kʌm] *vb; stivt(=defeat)* seire over.

II. overcome *adj(=overwhelmed)* overveldet *(fx with grief);* **she was ~ by the heat** varmen ble for meget for henne; **he was ~ by hunger** han var utmattet av sult.

overcrowded [,ouvə'kraudid] *adj* **1.** overfylt *(fx bus);* **2.** overbefolket *(fx city).*

overdo [,ouvə'du:] *vb* **1***(=exaggerate)* overdrive *(fx they overdid the sympathy);* **don't ~ it** ikke overanstreng deg; **2.** koke (,steke) for lenge.

overdose ['ouvə,dous] *subst:* overdose.

overdraft ['ouvə,dra:ft] *subst; av konto:* overtrekk; overtrukket beløp; overtrekking *(fx overdrafts are allowed to customers only by previous arrangement);* **make arrangements for a bank ~***(=make arrangements for overdraft facilities)* ordne (med) kassakreditt.

overdraw [,ouvə'drɔ:] *vb; konto:* overtrekke *(fx I've overdrawn my account by £100).*

overdressed [,ouvə'drest] *adj; neds:* overpyntet; for fint kledd.

overdrive ['ouvə,draiv] *subst; mask:* overgir.

overdue [,ouvə'dju:] *adj* **1***(=late)* forsinket *(fx the train is overdue);* **2.** *merk:* forfallen; som for lengst skulle vært betalt *(fx bill);* **3.** *om arbeid, etc:* som for lengst skulle vært gjort; **4.: ~ books** bøker som er beholdt utover lånefristen.

overeat [,ouvər'i:t] *vb:* forspise seg.

overestimate [,ouvər'esti,meit] *vb:* overvurdere.

overestimation [,ouvər,esti'meiʃən] *subst:* overvurdering.

overexcited [,ouvərik'saitid] *adj:* eksaltert; overopphisset.

overexpose [,ouvəriks'pouz] *vb; fot:* overeksponere.

overfed [,ouvə'fed] *adj:* altfor velnært.

overflight ['ouvə,flait] *subst:* overflyvning.

I. overflow ['ouvə,flou] *subst* **1.** *tekn:* overløp; **2***(=overflow pipe)* overløpsrør; **3.** *om væske som flommer over:* oversvømmelse *(fx put a bucket under the sink to catch the overflow);* **4.** overskytende antall; det antall som ikke får (,fikk) plass *(fx we'll use this room to accommodate the overflow from the meeting).*

II. overflow [,ouvə'flou] *vb:* flomme over *(fx the river overflowed (its banks); the crowd overflowed into the next room).*

overflow meeting ekstramøte (for dem som det ikke var plass til på hovedmøtet).

overflow pipe overløpsrør.

overfly [,ouvə'flai] *vb:* overfly.

overgrown [,ouvə'groun; *attributivt:* 'ouvə,groun] *adj:* overgrodd; tilvokst.

I. overhang ['ouvə,hæŋ] *subst:* overheng.

II. overhang [,ouvə'hæŋ] *vb; stivt(=stick out over)*

henge utover *(fx rocks overhung the stream).*

I. overhaul ['ouvə,hɔ:l] *subst:* overhaling; **general** ~ generaloverhaling.

II. overhaul [,ouvə'hɔ:l] *vb* **1.** overhale *(fx an engine);* **2.** *mar(=overtake)* innhente og seile forbi.

I. overhead ['ouvə,hed] *adj* **1.** som går over jorden; som går i luften; luft-; **an ~ railway** en høybane; **2.** *merk:* **~ expenses** *se overheads.*

II. overhead [,ouvə'hed] *adv:* over *(fx a plane flew overhead);* oppe i luften.

overhead cable *elekt:* luftstrekk.

overhead contact line*(=catenary)* kjøreledning.

overhead conductor*(=aerial conductor)* luftledning.

overhead garage door*(=up-and-over garage door)* vippeport.

overheads ['ouvə,hedz] *subst, pl; merk* **1***(=overhead expenses)* faste utgifter; **2***(=overhead charges)* administrasjonsutgifter.

overhead traction lineman *jernb:* ledningsreparatør.

overhead valve *mask:* toppventil.

overhear [,ouvə'hiə] *vb:* (uforvarende) overhøre; komme til å høre.

overheat [,ouvə'hi:t] *vb* **1.** overopphete; **2.** *økon:* **~ the economy** overopphete økonomien; **3.** *mask:* **the engine is -ing** motoren har gått varm.

overheating [,ouvə'hi:tiŋ] *subst; mask:* varmgang.

overindulge [,ouvərin'dʌldʒ] *vb:* spise (,drikke, røyke) for mye; fråtse.

overindulgence [,ouvərin'dʌldʒəns] *subst:* vellevnet; fråtsing.

overinsure [,ouvərin'ʃuə] *vb:* overforsikre.

overissue ['ouvər,isju:; 'ouvər,iʃu:] *subst:* overemisjon.

overjoyed [,ouvə'dʒɔid] *adj(=very happy)* henrykt.

I. overkill ['ouvə,kil] *subst; mil:* ødeleggelseskraft (i form av atomvåpen) som er større enn den som er nødvendig for å sikre militær overlegenhet.

II. overkill [,ouvə'kil] *vb; mil:* utslette et mål ved innsats av kraftigere (atom)våpen enn nødvendig.

overladen [,ouvə'leidən] *adj* **1***(=overloaded)* for tungt lastet; overbelastet; **2.** *fig; om stil(=ornate; florid)* overlesset.

I. overland ['ouvə,lænd] *adj:* over land *(fx route).*

II. overland [,ouvə'lænd] *adv:* over land; landeveien *(they travelled overland to Italy).*

I. overlap ['ouvə,læp] *subst* **1.** overlapp(skjøt); omskjøt *(fx an overlap of two centimetres);* **2.** *fig:* overlapping *(fx there is bound to be a certain amount of overlap between the two projects).*

II. overlap [,ouvə'læp] *vb* **1.** overlappe; **2.** *fig:* overlappe; delvis falle sammen i tid *(fx their visits overlapped).*

I. overlay ['ouvə,lei] *subst* **1.** belegg; **2.** overlegg (ɔ: gjennomsiktig ark); **2.** *sveising:* påleggsveis.

II. overlay [,ouvə'lei] *vb* **1.** belegge; legge over; **2.** *om påleggsveis:* legge på.

overleaf [,ouvə'li:f] *adv:* på neste side *(fx see diagram overleaf).*

I. overload ['ouvə,loud] *subst* **1***(=excessive load)* for tungt lass; **2.** *elekt; mask:* overbelastning.

II. overload [,ouvə'loud] *vb* **1***(=load to excess)* lesse (*el.* laste) for tungt; **2.** overbelaste *(fx the lights fused because we had overloaded the electricity supply).*

overlook [,ouvə'luk] *vb* **1.** *om hus, etc:* ha utsikt over: **2***(=not see; miss)* overse *(fx he overlooked the mistake);* **3***(=excuse)* unnskylde; la passere.

overlord ['ouvə,lɔ:d] *subst; hist:* **feudal ~** lensherre.

overly ['ouvəli] *adj; skotsk el.* **US***(=too)* altfor; over- *(fx overly anxious).*

I. overman ['ouvə,mæn] *subst* **1.** *min:* overstiger; **2.** *hos Nietzsche(=superman)* overmenneske.

II. overman [,ouvə'mæn] *vb:* overbemanne *(fx a ship).*

overmodest [,ouvə'mɔdist] *adj(=too modest)* altfor beskjeden; **he's not ~** han lider ikke av falsk beskjedenhet.

overmuch [,ouvə'mʌtʃ] *adv; stivt(=too much):* **I don't like it ~** jeg er ikke altfor begeistret for det.

I. overnight ['ouvə,nait] *adj* **1.** for natten; overnattings- *(fx an overnight bag);* **2.** meget raskt; over natten *(fx he was an overnight success).*

II. overnight [,ouvə'nait] *adv:* natten over *(fx stay overnight);* i løpet av natten; *fig:* fra den ene dag til den annen; over natten; **she was catapulted to stardom ~** hun ble stjerne over natten.

overnight accommodation: (some) ~ en overnattingsmulighet.

overnight stop*(=night stop)* overnatting.

overpass ['ouvə,pa:s] *subst* **1***(=bridge)* veiovergang; **2.** *især* **US***(=flyover)* planfritt kryss.

overpay [,ouvə'pei] *vb:* **~ sby** betale en for mye.

overplay [,ouvə'plei] *vb:* **~ one's hand 1.** *kortsp:* spille for høyt (i forhold til hva kortene tilsier); **2.** *fig:* overvurdere sin styrke; spille et for høyt spill; *i forhandlinger:* forsøke å oppnå for mye.

overpleased [,ouvə'pli:zd] *adj:* **not ~** nokså mellomfornøyd; langt fra fornøyd.

overpopulation [,ouvəpɔpju'leiʃən] *subst:* overbefolkning.

overpower [,ouvə'pauə] *vb(=overwhelm)* **1.** overmanne; **-ed by grief***(=overwhelmed with grief)* overmannet av sorg; **2.** overvelde.

overpowering [,ouvə'pauəriŋ] *adj:* overveldende; meget sterk *(fx an overpowering smell).*

overpressure ['ouvə,preʃə] *subst; fys:* overtrykk.

I. overprint ['ouvə,print] *subst:* påtrykk; overtrykk (på frimerke).

II. overprint [,ouvə'print] *vb; frimerke:* overstemple.

overrate [,ouvə'reit] *vb(=overestimate)* overvurdere.

overreach [,ouvə'ri:tʃ] *vb:* **~ oneself***(=try to do too much;* **T:** *bite off more than one can chew)* gape over for mye; forstrekke seg; spenne buen for høyt.

overreact [,ouvəri'ækt] *vb:* overreagere (*to* på).

overreaction [,ouvəri'ækʃən] *subst:* overreaksjon.

override [,ouvə'raid] *vb* **1.** *hest(=ride too hard)* skamri; **2***(=ignore; set aside)* neglisjere; underkjenne *(fx he overrode their objections).*

overrider ['ouvə,raidə] *subst; på bil:* støtfangerhorn.

overriding [,ouvə'raidiŋ] *adj(=all-important)* altoverskyggende *(fx question).*

overripe [,ouvə'raip; *attributivt:* 'ouvə,raip] *adj:* overmoden.

overrule [,ouvə'ru:l] *vb; jur(=set aside)* underkjenne.

overrun [,ouvə'rʌn] *vb* **1.** bre seg utover; oversvømme *(fx the house was overrun with mice; the country was overrun by the enemy soldiers);* nedrenne; **be ~ with guests** bli nedrent av gjester; **2.** overskride (tilmålt tid) *(fx the programme overran by five minutes);* **3.** *typ:* ombrekke (linjene).

I. overseas ['ouvə,si:z; *predikativt:* ,ouvə'si:z] *adj(=oversea)* oversjøisk *(fx an overseas market; overseas trade).*

II. overseas [,ouvə'si:z] *adv(=across the sea; abroad)* over havet; utenlands *(fx he went overseas).*

Overseas Trade Board: the British ~ Det britiske eksportråd.

oversee [,ouvə'si:] *vb; stivt(=supervise)* ha oppsyn med; føre tilsyn med; føre kontroll med.

overseer ['ouvə,siə] *subst* **1***(=supervisor)* oppsynsmann; **2.: safety** ~ hovedverneombud; *(jvf safety deputy).*

oversell [,ouvə'sel] *vb* **1.** *merk:* selge mer enn man kan levere; **2.** *fig:* reklamere for sterkt for.

oversexed [,ouvə'sekst] *adj:* med abnormt sterk kjønnsdrift.

overshadow [,ouvə'ʃædou] *vb:* overskygge.

overshoe ['ouvə,ʃu:] *subst:* **a pair of -s** et par botforer.

overshoot [,ouvə'ʃu:t] *vb* **1.** skyte over (*el.* for langt); **2.** *flyv:* ~ **the runway** holde for stor høyde når man kommer inn for landing (slik at man, hvis man skulle lande, ville måtte gjøre det utenfor landingsbanen).

overshot ['ouvə,ʃɔt] *adj; tannl:* ~ **jaw***(=overbite)* overbitt.

oversight ['ouvə,sait] *subst:* forglemmelse; uaktsomhet.

oversleep [,ouvə'sli:p] *vb:* forsove seg.

overspill ['ouvə,spil] *subst:* befolkningsoverskudd (fra byområde som saneres) *(fx this town was built to house Glasgow's overspill).*

overstate [,ouvə'steit] *vb; stivt(=exaggarate)* overdrive; ~ **one's case** overdrive; ta for hardt i; **he -d the case** han overdimensjonerte saken; han overdrev.

overstay [,ouvə'stei] *vb; om gjest:* ~ **one's welcome** trekke for store veksler på vertskapets gjestfrihet.

overstep [,ouvə'step] *vb:* overskride; gå utover *(fx he overstepped his authority); fig:* ~ **the mark***(= go too far)* gå over streken; gå for langt.

oversubscribe [,ouvəsəb'skraib] *vb; om lån:* overtegne.

overt ['ouvə:t] *adj; stivt(=undisguised; open)* utilslørt; åpen *(fx overt opposition to the plan).*

overtake [,ouvə'teik] *vb:* (innhente og) kjøre forbi; **he overtook a police car** han kjørte forbi en politibil; **don't try to** ~ prøv ikke (på) å kjøre forbi.

overtaking [,ouvə'teikiŋ] *subst:* forbikjøring; det å innhente og kjøre forbi; **no** ~! forbikjøring forbudt!

overtaking lane forbikjøringsfelt.

overtax [,ouvə'tæks] *vb* **1.** beskatte for høyt; ta for meget skatt av; **he thinks he has been -ed** han tror han har betalt for meget skatt; **2.:** ~ **one's strength** drive seg selv for hardt; overvurdere sin styrke.

I. overthrow ['ouvə,θrou] *subst:* fall *(fx the overthrow of the government).*

II. overthrow [,ouvə'θrou] *vb:* styrte; felle *(fx a government).*

I. overtime ['ouvə,taim] *subst* **1.** overtid; **be on** ~ arbeide overtid; **keep him on** ~ la ham arbeide overtid; **2***(=overtime pay)* overtidsbetaling *(fx he got £40 overtime this week);* **3.** *sport* **US***(=extra time)* ekstraomgang.

II. overtime *adv:* over tiden; over(tid); **work** *(,***T:** *do)* ~ arbeide overtid; **T:** jobbe over.

overtone ['ouvə,toun] *subst* **1.** *mus; om deltonene over grunntonen i en partialtonerekke:* overtone; *(jvf I. harmonic);* **2.** *fig:* **-s** overtoner *(fx there were overtones of discontent in his speech).*

overtrade [,ouvə'treid] *vb; om næringsdrivende:* drive over evne *(fx he's overtrading).*

overtrain [,ouvə'trein] *vb; sport:* overtrene.

overtrick ['ouvə,trik] *subst; kortsp:* overstikk.

overtrump [,ouvə'trʌmp] *vb; kortsp:* stikke med en høyere trumf.

overture ['ouvə,tjuə; 'ouvətʃə] *subst* **1.** *mus:* ouverture; **2.** *fig:* **-s** tilnærmelser; forhandlingstilbud; **peace -s** fredsfølere.

I. overturn ['ouvə,tə:n] *subst* **1.** *sj(=overthrow)* fall *(fx the overturn of the government);* **2.** *mar(= capsizing)* kantring *(fx of a boat);* **3.** *stivt(= upsetting)* velting; det å velte *(fx the overturn of the table).*

II. overturn [,ouvə'tə:n] *vb* **1.** velte *(fx a table; this lamp cannot overturn);* **2***(=overthrow)* styrte; felle *(fx a government);* **3.** *mar:* kantre.

overvalue [,ouvə'vælju:] *vb(=overestimate)* overvurdere.

overweening [,ouvə'wi:niŋ] *adj; glds el. litt.(= exaggerated)* overdreven *(fx his overweening pride).*

overweight ['ouvə,weit] **1.** *subst(=excess weight)* overvekt; **2.** *adj:* overvektig; **an** ~ **letter** et overvektig brev; **get** ~ bli overvektig.

overwhelm [,ouvə'welm] *vb(=overpower)* **1.** overmanne; **2.** *fig:* overvelde; overmanne; **-ed with***(= overpowered by)* **grief** overmannet av sorg; **-ed with work** helt overlesset med arbeid.

overwinter [,ouvə'wintə] *vb:* overvintre.

I. overwork ['ouvə,wə:k] *subst:* for hardt arbeid *(fx it's overwork that made him ill).*

II. overwork [,ouvə'wə:k] *vb* **1.** arbeide for hardt *(fx he always overworks);* **2.** *fig:* bruke for ofte *(fx overwork an excuse).*

overworked [,ouvə'wə:kt; *attributivt:* 'ouvə,wə:kt] *adj* **1.** overarbeidet; **2.** *fig; om ord el. uttrykk:* altfor mye brukt *(fx an overworked and misused term).*

overwrought [,ouvə'rɔ:t] *adj* **1.** *stivt(=highly strung)* overspent; **2.** *om stil; sj(=over-ornate; too elaborate; fussy)* altfor overlesset (*el.* utbrodert).

oviduct ['ouvi,dʌkt] *subst; anat:* eggleder.

oviform ['ouvi,fɔ:m] *adj(=egg-shaped)* eggformet.

ovulation [,ɔvju'leiʃən] *subst:* eggløsning.

ovule ['ɔvju:l] *subst; bot:* frøanlegg.

ovum ['ouvəm] *subst (pl: ova) biol:* egg; ovum.

owe [ou] *vb* **1.** skylde *(fx I owe him £10);* **be -d £50** ha £50 til gode; **I** ~ **you for my dinner** jeg skylder deg for middagen min; **2.** *fig:* **I** ~ **my success to you** jeg har deg å takke for at det gikk bra; **I** ~ **a great deal to John over that** jeg skylder John stor takk i den forbindelse; **3.** *stivt:* ~ **allegiance to the king** være kongen troskap skyldig.

owing ['ouiŋ] *adj* **1.** utestående; til gode; **have money** ~ **to one** ha penger utestående (*el.* til gode); **the amount** ~ **to me***(=the amount due to me; the amount to my credit)* det beløp(et) jeg har til gode; **2.:** ~ **to***(=because of)* på grunn av; pga.

owl [aul] *subst* **1.** *zo:* ugle; **barn** ~ tårnugle; **brown** ~*(=tawny owl)* kattugle; **little** ~ kirkeugle; **2.** *om person:* **night** ~*(=night bird)* nattmenneske; **3. T: drunk as an** ~ full som ei alke.

owlish ['auliʃ] *adj; spøkef:* ugleaktig *(fx her glasses gave her an owlish appearance).*

I. own *adj:* egen; eget; egne *(fx his own house; this house is our own; they have a house of their own; their own children);* **we make our** ~ **bread** vi baker brød selv; **he carried his** ~ **luggage** han bar bagasjen selv; han bar sin egen bagasje; **a world of its** ~*(=a world in itself)* en verden for seg selv; **at one's** ~ **expense** på egen bekostning; **by one's** ~ **efforts** ved egne anstrengelser; **for one's** ~ **(personal) use** til eget bruk; **on one's** ~ 1*(=unaided)* på egen hånd; uten hjelp *(fx he did it (all) on his own);* 2*(=alone)* alene *(fx he lives on his own);* **I don't like drinking milk on its** ~*(=I don't like drinking milk without anything with it)* jeg liker ikke å drikke melk uten noe til;

T: get one's ~ back (on sby)*(=have one's revenge (on sby))* få hevn *(fx I'll get my own back on him);* **come into one's ~** *se come 26;* **hold one's ~** *se II. hold 13.*

II. own *vb* **1.** eie *(fx a car);* **we don't ~ a television set** vi har ikke TV; **2.** *stivt(=admit)* vedgå; innrømme; **3. T: ~ up***(=confess)* tilstå; si det som det er *(fx Who did this? – Own up!);* **he -ed up to having broken the window** han innrømte (*el.* vedgikk) at han hadde slått i stykker vinduet.

owner ['ounə] *subst:* eier; eiermann; eierinne; **are you the ~ of this car?** er det du som eier denne bilen?

owner-driver ['ounə'draivə] *subst:* bileier som kjører selv.

owner-manager ['ounə'mænidʒə] *(=managing owner) subst:* disponent (i eget firma).

owner-occupier ['ounə'ɔkju,paiə] *subst:* selveier; en som eier sin egen leilighet.

ownership ['ounə,ʃip] *subst* **1.** eieforhold; **the police are not certain of the ~ of the car** politiet er ikke sikker på hvem som eier bilen; **settle the question of ~** bringe klarhet i eieforholdet; **2.** *jur:* **joint ~** sameie; **sole ~***(=separate property)* særeie.

owner's mark eiermerke.

owner's risk egenandel; *(jvf comprehensive insurance).*

owner-tenant flat selveierleilighet.

own goal *subst:* selvmål; **score an ~***(=score through one's own goal)* lage selvmål.

ox [ɔks] *subst (pl: oxen)* (kastrert) okse; **draught ~** trekkokse; *(jvf bull).*

oxalic acid oksalsyre.

oxalis ['ɔksəlis] *subst; bot(=wood sorrel)* gjøkesyre; gaukesyre.

oxbow (lake) *geol:* kroksjø.

oxeye ['ɔks,ai] *subst; bot:* **~ daisy***(=moon daisy; marguerite)* prestekrage.

Oxford ['ɔksfəd] *subst; geogr:* Oxford.

oxhide ['ɔks,haid] *subst:* oksehud; okselær.

oxidant ['ɔksidənt] *subst:* oksyderingsmiddel; oksydant.

oxidation [,ɔksi'deiʃən] *subst:* oksydering; oksydasjon.

oxide ['ɔksaid] *subst:* oksyd.

oxidize, oxidise ['ɔksi,daiz] *vb:* oksydere; *om metall:* anløpe.

Oxonian [ɔk'souniən] *subst:* person som studerer el. har studert ved Oxford University.

oxtail soup oksehalesuppe.

oxyacetylene [,ɔksiə'seti,li:n] *adj:* autogen-.

oxyacetylene welding autogensveising.

oxygen ['ɔksidʒən] *subst:* oksygen; surstoff.

oxygenate ['ɔksidʒi,neit] *vb(=oxygenize; oxygenise)* oksydere; tilføre surstoff til *(fx oxygenate the blood).*

oxygen cylinder surstofflaske; surstoffbeholder.

oxygen mask surstoffmaske.

oxygenous [ɔk'sidʒinəs] *adj(=oxygenic)* surstoffholdig.

oxygen starvation*(=lack of oxygen; med. også: hypoxia)* surstoffmangel.

oxygen tent surstofftelt.

oyster ['ɔistə] *subst; zo:* østers.

oyster bed østersbanke.

oyster catcher *zo; fugl:* tjeld.

ozone ['ouzoun; ou'zoun] *subst:* ozon.

ozonize, ozonise ['ouzou,naiz] *vb:* ozonere.

P

P, p [pi:] (bokstaven) P, p, *tlf:* **P for Peter** P for Petter; **capital P** stor P; **small p** liten p; **it is spelt with two p's** det skrives to p'er; **mind one's p's and q's** være forsiktig med hva man sier; holde tungen rett i munnen.

pa [pa:] *subst* **T**(*=father*) pappa.

I. pace [peis] *subst* **1.** *stivt(=step)* skritt; **2.** gangart; **at a walking ~** i skritt; **3.** hastighet; tempo *(fx he couldn't keep up with (the pace of) the others);* **4.: keep ~ with** 1(*=keep up with*) følge med; holde tritt med; 2. *fig:* holde tritt med; **5.: set the ~** 1. bestemme farten (*el.* tempoet); 2. *fig:* bestemme farten; være toneangivende; angi tonen *(fx set the pace for future research);* **6.: put a horse through its -s** la en hest vise hva den kan (*el.* duger til); *fig:* **put him through his -s** la ham (få) vise hva han duger til; **T:** la ham få vise kunstene sine; **show one's -s**(*=show what one can do*) vise hva en duger til; **7.: live at a fast ~** (,**T:** *go the pace; go it*) leve sterkt; **T:** la humla suse.

II. pace *vb* **1.** *stivt(=walk)* gå *(fx the hikers paced steadily on);* gå med avmålte skritt; gå rastløst (*el.* urolig) frem og tilbake; **he -d the room**(*= he walked (el. paced) up and down in the room)* han gikk frem og tilbake i rommet; **2.** *sport(=set the pace for)* dra for *(fx a runner);* **3.: ~ out** skritte opp *(fx a room).*

pacemaker ['peis,meikə] *subst* **1.** *i veddeløp(= pacer)* pacer; **2.** *med.:* **(artificial) ~** pacemaker; **3.:** *se pacesetter.*

pacer ['peisə] *subst* **1.** *i veddeløp:* pacer; **2.** *om hest(=ambler)* passgjenger.

pacesetter ['peis,setə] *subst:* foregangsmann; *om firma, etc:* **be the ~** være ledende.

pachyderm ['pæki,də:m] *subst; zo:* tykkhudet dyr.

I. Pacific [pə'sifik] *subst; geogr:* **the ~ (Ocean)** Stillehavet.

II. pacific *adj* **1.** *stivt(=peaceable)* fredsommelig; **2.** *stivt:* **~ intentions**(*=peaceful intentions*) fredelige hensikter; **3.** *meget stivt(=conciliatory)* forsonende *(fx a pacific gesture).*

pacifier ['pæsi,faiə] *subst* **1.** fredsstifter; **2. US**(*= comforter; dummy*) narresmokk.

pacifism ['pæsi,fizəm] *subst:* pasifisme; fredsvennlighet.

pacifist ['pæsifist] *subst:* pasifist; fredsvenn.

pacifistic [,pæsi'fistik] *adj:* pasifistisk.

pacify ['pæsi,fai] *vb* **1.** *stivt(=calm)* berolige; **2.** *polit:* gjenopprette fred og orden i; pasifisere *(fx a country).*

I. pack [pæk] *subst* **1.** bylt *(fx he carried his luggage in a pack on his back);* **2.** *på pakkdyr:* kløv; *(jvf II. pack 7);* **3.: ~ (of cards)** kortstokk; **4.** flokk; **a ~ of wolves**(*=a wolf pack*) en ulveflokk; **a ~ of thieves** en tyvegjeng; **5.** *især* **US**(*=packet*) (mindre) originalpakning; pakke *(fx a pack of cigarettes);* **vacuum ~** vakumpakning; **6.** *med.:* omslag; **7.** *i skjønnhetspleie:* **(face) ~** (ansikts)maske.

II. pack *vb* **1.** pakke *(fx have you packed? he packed them into the bus);* **2.** *merk:* pakke; emballere; legge ned *(fx fish);* **indifferently -ed** temmelig dårlig pakket;**~ in boxes** pakke i kasser; **3.** *tekn:* pakke; tette *(fx a leak);* **4**(*=crowd together*) stue (seg) sammen; **5.** *om is el. snø:* pakke seg (sammen); **6.** *polit:* sette sammen (en forsamling) på en partisk måte, slik at resultatet av en avstemning på forhånd er gitt; **he -ed the meeting with his own supporters** han fylte opp på møtet med sine egne tilhengere; **7.** *om pakkdyr:* legge kløv på *(fx pack a horse);* **8. T: send sby -ing** sette en på porten; slå opp med en; **T:** gi en på båten; **9. T: ~ it in** 1. gi opp *(fx they're ready to pack it in);* **I'll ~ the whole thing in** jeg kutter ut alt sammmen; 2.: **~ it in!**(*=stop it!)* hold opp! **10. T: ~ sby off**(*=send sby off*) sende (*el.* skysse) en av sted *(fx they packed the children off to school);* **11.: ~ up** 1. pakke; **the tent -s up easily** teltet er lett å pakke; 2. **T**(*=finish work*) pakke sammen (for dagen); 3. *fig* **T:** gi opp; **~ up (and go)** pakke sammen *(fx he may as well pack up and go after this last affair);* 4. *om motor, etc(=break down)* svikte *(fx the engine packed up (on me)); med.(=fail)* svikte *(fx her kidneys were packing up).*

I. package ['pækidʒ] *subst* **1.** pakke; kolli; **2.** pakketilbud; pakke; **3.: -s** pakkenelliker; **she was laden**(*=loaded*) **with -s** hun var helt nedlesset med pakkenelliker.

II. package *vb(=pack (up))* emballere.

package deal *også om forhandlingsresultat:* pakkeløsning.

package holiday pakkeferie.

package tour pakketur.

pack drill *mil(=kit drill)* straffeeksersis.

packed *adj* **1.** proppfull *(fx they played to a packed house);* **2.** sammenpakket; **hard-~ snow** hardpakket snø; **3.** pakket; emballert; **a ~ lunch** nistepakke; matpakke.

packer ['pækə] **1.** pakker; **2.** pakkemaskin.

packet ['pækit] *subst* **1.** (liten) originalpakke; pakke; **a ~** (,**US:** *pack*) **of cigarettes** en pakke sigaretter; **2.** *post:* **letter ~** brevsending; **small ~** brevpakke; **3. T**(*=large sum of money*)**: he earns a ~** han tjener store penger; **that must've cost a ~!** det må ha kostet mange penger! **T:** det må ha kostet flesk!

pack horse kløvhest; pakkhest.

pack ice pakkis.

packing ['pækiŋ] *subst* **1.** (inn)pakking; emballering; emballasje; **outside ~** utvendig emballasje; **2.** *tekn:* pakning; **3.** det å fylle opp med egne tilhengere; *(jvf II. pack 6).*

packing box *mask(=stuffing box)* pakningsboks.

packing case pakkasse.

packing cone *tekn:* tetningskonus.

packing ring *mask(=joint ring)* tetningsring.

pack march *mil(=route march)* utmarsj.

pack saddle kløvsal; pakksal.

pact [pækt] *subst:* pakt; overenskomst *(fx they made a pact to help each other);* **non-aggression ~** ikkeangrepspakt.

I. pad [pæd] *subst* **1.** *om underlag:* pute; **blotting**

~ skriveunderlag; **saddle** ~ salpute; **knee** ~ knebeskytter; **stamp** ~*(=ink pad)* stempelpute; **2.** *zo:* tredepute; pute; **3.: (cottonwool)** ~ tampong; **4.: launching** ~ utskytningsrampe; **5. S***(=bedsit(ter))* hybel; **S:** kåk.

II. pad *vb* **1.** polstre; vattere *(fx the shoulders);* fôre; **he -ded the sharp corners with pieces of rubber** han satte gummistykker på de skarpe hjørnene; **a -ded cell** en polstret celle; **2.:** ~ **out** 1*(=fill out):* **the costume was -ded out to make him look fat** drakten var stoppet ut, slik at han skulle se tykk ut; 2. *fig:* fylle ut (med overflødig stoff) *(fx a letter with remarks about the weather).*

III. pad *vb:* rusle; tusle; tasse; tasle; traske; ~ **about** rusle (*el.* tusle) omkring; **he -ded out of the room** han tuslet ut av rommet; **the dog -ded along the street** hunden travet (*el.* tasset) av sted bortover gaten.

padded *adj:* polstret; vattert.

padding ['pædiŋ] *subst* **1.** fyll; stopp; vatt(ering); **2.** *fig:* fyllekalk.

I. paddle ['pædəl] *subst* **1.** padleåre; **2.** (hjul)skovl.

II. paddle *vb* **1.** padle; **2.** *i grunt vann:* plaske; vasse; **3. T:** ~ **one's own canoe** være helt uavhengig; kjøre sitt eget løp; **let him** ~ **his own canoe***(=let him shift for himself)* la ham seile sin egen sjø.

paddle steamer hjuldamper.

paddle wheel skovlhjul.

paddling pool *for barn:* plaskedam; plaskebasseng.

paddock ['pædək] *subst* **1.** havnehage; havnegang; **(horse)** ~ hestehage; **2.** *ved veddeløpsbane:* paddock; salplass; **3** *ved bilveddeløpsbane:* paddock.

Paddy ['pædi] *subst* **1.:** *økenavn for Patrick;* **2.** *neds(=Irishman)* irer; irlender.

I. paddy ['pædi] *subst; bot:* ris (på rot); uavskallet ris.

II. paddy T*(=bad mood)* dårlig humør; **be in a** ~ være i dårlig humør.

paddy wagon US S*(=patrol car; panda car)* politibil.

padlock ['pæd,lɔk] **1.** *subst:* hengelås; **2.** *vb:* sette hengelås på (*el.* for).

padre ['pa:dri] *subst* **1. T***(=clergyman)* prest; **2.** *mil* **T***(=(army) chaplain)* feltprest.

padsaw ['pæd,sɔ:] *subst; tøm(=keyhole saw)* patentsag.

paediatrician *(,US: pediatrician)* [,pi:diə'triʃən] *subst(=children's specialist)* barnelege; barnespesialist.

paediatrics *(,US: pediatrics)* [,pi:di'ætriks] *subst:* pediatri; læren om barnesykdommer.

pagan ['peigən] **1.** *subst(=heathen)* hedning; **2.** *adj(=heathen)* hedensk.

paganism ['peigə,nizəm] *subst(=heathenism)* hedenskap.

paganize, paganise ['peigə,naiz] *vb:* bli (,gjøre til) hedning; bli hedensk.

I. page [peidʒ] *subst* **1***(=hotel messenger;* **US:** *bellboy)* pikkolo; **2.** *hist:* pasje; ~ **of the chamber** kammerpasje.

II. page *subst:* side *(fx on page 5);* **on both sides of the** ~ på begge sider av bladet.

III. page *vb* **1***(=paginate)* paginere; forsyne med sidetall; **2.** *over høyttalersystem:* kalle på; etterlyse.

pageant ['pædʒənt] *subst* **1.: (historical)** ~ historisk opptog *(fx the village children performed a historical pageant which moved through the streets on several large lorries);* **2.** *fig; litt.(=fine show):* **a** ~ **of colour** et fargesprakende syn.

pageantry ['pædʒəntri] *subst; stivt(=colourful display)* pomp og prakt; strålende praktutfoldelse.

page boy *hist; se I. page 1.*

paginate ['pædʒi,neit] *vb(=page)* paginere.

pagoda [pə'goudə] *subst:* pagode.

pah [pa:] *int; uttrykk for forakt el. avsky(=pooh)* pytt; *(=bah)* æsj.

paid [peid] *adj (pret & perf. part. av II. pay)* betalt; ~ **holiday** ferie med lønn; **S: put** ~ **to 1.** gjøre ende på; sette en stopper for *(fx that put paid to his plans);* **2.** ta kverken på *(fx the poachers).*

paid-up [,peid'ʌp; *attributivt:* 'peid,ʌp] *adj* **1.** innbetalt; **(fully)** ~ **shares** (fullt) innbetalte aksjer; **2.: a** ~ **member** et medlem som har betalt sin kontingent.

pail [peil] *subst:* spann; **milk** ~ melkespann; *(jvf I. churn 2).*

I. pain [pein] *subst* **1.** smerte *(fx I have a pain in my chest);* **she can't bear** ~ hun tåler ikke smerte; *ordspråk:* **pride must bear** ~ man må lide for skjønnheten; **he's in great** ~ han har store smerter; **cry out in** ~ skrike av smerte; **referred** ~ overført smerte; **2.** *fig; litt.:* pine; **3.: (labour) -s** veer; **4.: -s** umake; bry; *stivt el. spøkef:* **here's a pound for your -s***(=trouble)* her har du et pund for bryet; **be at -s to do it** gjøre seg umake med det; **he was at some -s yesterday to explain that . . .** han gjorde seg i går umake med å forklare at . . .; **take -s over sth** gjøre seg umake med noe; **5.** *om person* **T: a** ~ **(in the neck)** en sann plage (for omgivelsene); en prøvelse; **6.** *jur:* **on** ~ **of death** med trussel om dødsstraff; under dødsstraff; **7.: put him out of his -s** gjøre slutt på lidelsene hans (ɔ: la ham få dø).

II. pain *vb; litt. el. meget stivt* **1***(=hurt)* gjøre vondt *(fx his foot still pained him);* **2.** *fig(=hurt; distress)* bedrøve *(fx his laziness pained his parents).*

pained *adj; om uttrykk:* lidende *(fx a pained expression; don't look so pained!);* **. . . he said, in** ~*(=offended)* **surprise** . . . sa han, både krenket og overrasket.

painful ['peinful] *adj* **1.** smertefull; som gjør vondt *(fx a painful injury);* **is your finger still** ~?*(=does your finger still hurt?)* gjør det fremdeles vondt i fingeren din? **2.** pinlig *(fx a painful duty);* **3.** *stivt(=difficult)* besværlig; møysommelig *(fx a long painful trip);* **4. T***(=extremely bad)* elendig *(fx a painful performance).*

painkiller ['pein,kilə] *subst:* smertestillende middel.

painless ['peinlis] *adj:* smertefri *(fx childbirth).*

painstaking ['peinz,teikiŋ] *adj:* omhyggelig *(fx research); om elev, etc(=hard-working)* flittig.

painstakingly *adv:* omhyggelig.

I. paint [peint] *subst* **1.** maling; lakk; **high-lustre finish** ~ 1. høyglansmaling; 2. høyglanslakk; **oil** ~*(=oil colour)* oljemaling; **flaking** ~ maling som flasser av; **wet** ~ "nymalt"; **2***(=make-up)* sminke.

II. paint *vb* **1.** male *(fx a house; a picture);* lakkere; **brush** ~ lakkere (,male) med pensel; **2.** *fig:* tegne; male; skildre; **he's not as black as he's -ed** han er bedre enn sitt rykte; **3.** *med.:* pensle; **4. T:** ~ **the town (red)** sette byen på ende.

paintbox ['peint,bɔks] *subst:* fargeskrin; malerskrin.

paintbrush ['peint,brʌʃ] *subst:* malerpensel; malerkost.

painter ['peintə] *subst* **1.** kunstmaler; **2.: (house)** ~ maler; **car** ~ billakkerer; **3.** *mar:* fangline.

painting ['peintiŋ] *subst* **1.** maleri; **2.** det å male; maling; **3.: (art of)** ~ malerkunst.

paint job 1. malerarbeid; malerjobb; **2.** lakkeringsarbeid; lakkeringsjobb.

paint roller malerrull.

paint sprayer lakkerer; **bodyshop** ~*(=car painter)* billakkerer.

paint stripper malingfjerner.

paint tin*(=paint pot)* malingsboks.
paintwork ['peint,wə:k] *subst:* maling; malt flate; *på bil, etc:* lakk; **good** ~ god lakk.
I. pair [pɛə] *subst* **1.** par *(fx a pair of shoes; a pair of trousers);* **a beautiful** ~ **of legs** et par nydelige ben; **2. T***(=couple)* par *(fx our neighbours are a nice enough pair but I don't like them);* **she and her husband are a** ~ **of criminals** hun og mannen hennes er noen kjeltringer; **that** ~ **are on very good terms with each other** de to er meget gode venner; **3. T: that's another** ~ **of shoes***(=that's quite another thing)* det er en helt annen sak; **4.: in -s** parvis; to og to.
II. pair *vb* **1***(=mate)* pare; pare seg; **2.** ordne parvis *(fx the socks);* **3.:** ~ **off** ordne parvis *(fx the guests);* slå seg sammen to og to; gjøre et par av *(fx their parents paired John and Mary off when they were children);* **4.** *sport:* **be -ed with** få som parkamerat.
pajamas [pə'dʒa:məz] *subst* **US***(=pyjamas)* pyjamas.
Paki ['pæki] *subst; neds(=Pakistani)* pakistaner.
Pakistan [,pa:ki'sta:n] *subst; geogr:* Pakistan.
Pakistani [,pæki'sta:ni; ,pa:ki'sta:ni] **1.** *subst:* pakistaner; **2.** *adj:* pakistansk.
pal [pæl] *subst* **T:** kamerat; god venn.
palace ['pæləs] *subst:* slott.
palaeo- *(,***US:** *paleo-)* paleo- *(fx palaeobotany).*
palaeography [,pæli'ɔgrəfi] *subst:* oldskriftstyding; paleografi.
palanquin ['pælənkwin] *subst; i Østen:* bærestol.
palatable ['pælətəbl] *adj* **1.** velsmakende; **2.** *fig(= pleasant)* behagelig.
palatal ['pælətəl] **1.** *subst; fon:* ganelyd; **2.** *adj:* palatal; gane- *(fx tissue).*
palate ['pælit] *subst* **1.** *anat(=roof of the mouth)* gane; *med.:* **cleft** ~ åpen gane; **the soft** ~*(=the velum)* den bløte gane; **2.** *om smaksevnen:* **he has a good** ~ **for wine** han har en fin gane når det gjelder vin.
palatial [pə'leiʃəl] *adj:* palassaktig; slottslignende.
I. Palatinate [pə'lætinit] *subst; geogr:* **the** ~ Pfalz.
II. palatinate *subst; hist:* pfalzgrevskap.
palatine ['pælə,tain] *hist* **1.** *subst:* **Count Palatine** pfalzgreve; **2.** *adj:* pfalzgrevelig.
I. palaver [pə'la:və] *subst* **1. T***(=fuss; bother)* kjedelige greier *(fx do we have to go through all that palaver?);* **2.** *ofte spøkef(=long parley)* langvarig parlamentering; **3.** *stivt(=idle talk)* tomt snakk.
II. palaver *vb; ofte spøkef:* føre langvarige drøftelser; parlamentere.
I. pale [peil] *subst* **1.** spiss pæl; stake; **2.** *fig:* **be beyond the** ~ ha gjort seg sosialt umulig; ha satt seg selv utenfor det gode selskap; **her behaviour is really beyond the** ~*(=quite unacceptable)***!** hun oppfører seg helt umulig! slik går det rett og slett ikke an å oppføre seg!
II. pale *adj:* blek; ~ **yellow** blekgul; **turn***(=go)* ~ bli blek (*with fear* av redsel).
III. pale *vb* **1.** *stivt(=go pale)* blekne *(fx at the bad news);* **2.** *fig:* blekne; **it -s altogether beside . . .***(=it becomes insignificant beside . . .)* det blekner helt ved siden av . . .
Palestine ['pæli,stain] *subst; hist; geogr:* Palestina.
palette ['pælit] *subst:* palett.
palisade [,pæli'seid] *subst:* palisade.
I. pall [pɔ:l] *subst* **1.** likklede; **2.** *fig; stivt(=thick layer)* teppe *(fx of smoke).*
II. pall *vb; stivt(=become boring)* bli kjedelig.
pallbearer ['pɔ:l,bɛərə] *subst; ved begravelse:* marskalk; kistebærer.
pallet ['pælit] *subst* **1.** (laste)pall; **2.** *hist(=straw mattress)* halmmadrass.
palliate ['pæli,eit] *vb; meget stivt* **1***(=alleviate)* lindre *(fx a disease);* **2.** *feil, etc(=excuse; cover up)* unnskylde; dekke over *(fx a mistake).*
palliative ['pæliətiv] **1.** *subst; med.:* lindrende middel; palliativ(middel); **2.** *adj; med.:* lindrende; palliativ.
pallid ['pælid] *adj; stivt; neds(=pale)* blek; gusten.
pallor ['pælə] *subst; stivt; neds(=paleness)* blekhet.
pally ['pæli] *adj* **T***(=friendly)* kameratslig.
I. palm [pa:m] *subst; bot(=palm tree)* palme(tre).
II. palm *subst:* håndflate; *fig:* **grease sby's** ~ bestikke en; **have an itching** ~*(=be ready to receive a bribe)* være mottagelig for bestikkelse.
III. palm *vb:* ~ **sth off on sby** prakke noe på en.
palm court palmehage.
palm leaf 1. *bot:* palmeblad; **2.** *kake:* parisienne.
Palm Sunday palmesøndag.
palmy ['pa:mi] *adj* **1.** palmebevokst; **2.** *fig:* ~ **days***(=days of prosperity)* velmaktsdager.
palpability [,pælpə'biliti] *subst:* håndgripelighet.
palpable ['pælpəbl] *adj:* håndgripelig; til å ta og føle på; **a** ~ **lie***(=a manifest lie)* en åpenbar løgn.
palpate ['pælpeit] *vb; med.:* palpere; undersøke ved beføling.
palpitate ['pælpi,teit] *vb; om hjerte; stivt(=throb)* banke (kraftig) *(fx her heart was palpitating with fear).*
palpitation [,pælpi'teiʃən] *subst; om hjertet:* banking; **-s** hjertebank *(fx get palpitations).*
palsy ['pɔ:lzi] *subst; med.:* **cerebral** ~ cerebral parese.
paltry ['pɔ:ltri] *adj; stivt el. glds(=trivial):* **a** ~ **sum (of money)** en ussel (penge)sum.
pamper ['pæmpə] *vb; stivt(=spoil)* forkjæle; skjemme bort.
pamphlet ['pæmflit] *subst:* pamflett; lite skrift; brosjyre *(fx on child care);* **polemic -s** stridsskrifter; **political -s** politiske skrifter.
pamphleteer [,pæmfli'tiə] *subst:* forfatter av politiske skrifter (*el.* stridsskrifter).
I. pan [pæn] *subst* **1***(=stewpan)* gryte; kasserolle *(fx stainless steel pans); (se frying pan; saucepan);* **2.: lavatory** ~*(toilet bowl)* klosettskål; **3.** *geol(=hardpan)* al; aurhelle.
II. pan *vb* **1.** *om gullgraver:* vaske *(fx gold);* **2. T:** ~ **out***(=turn out)***: how did the meeting** ~ **out?** hvordan gikk det på møtet? hvordan var møtet?
panacea [,pænə'siə] *subst; om medisin:* universalmiddel.
panache [pə'næʃ] *subst* **1.** *hist(=crest)* hjelmbusk; fjærbusk; **2.** *fig(=verve)* futt og fart; schwung; **with great** ~*(=enthusiastically)* med brask og bram.
Panama [,pænə'ma:; 'pænə,ma:] *subst; geogr:* Panama.
Pan-American ['pænə'merikən] *adj:* panamerikansk (ɔ: som omfatter aller stater i Nord- og Sør-Amerika).
pancake ['pæn,keik] *subst:* pannekake.
pancake batter pannekakerøre.
pancake roll *kul:* **(Chinese)** ~ vårrull.
pancreas ['pæŋkriəs] *subst; anat:* bukspyttkjertel.
pancreatic [,pæŋkri'ætik] *adj:* ~ **juice** bukspytt.
pan cupboard gryteskap.
panda ['pændə] *subst* **1.** *zo:* kattebjørn; **2. T:** ~ **car***(=police patrol car)* politibil; patruljevogn.
pandemonium [,pændi'mouniəm] *subst; stivt el. spøkef(=great uproar and confusion; tumult)* pandemonium; vill forvirring; øredøvende spetakkel.
pander *vb* **1.** lefle for; ~ **to their lowest instincts** lefle for deres laveste instinkter; **2***(=speculate in)* spekulere i *(fx the paper panders to people's*

interest in crime and violence).
pane [pein] *subst:* **(window)** ~ (vindus)rute.
panegyric [ˌpæniˈdʒirik] *subst; stivt(=eulogy)* panegyrikk; lovtale.
I. panel [ˈpænəl] *subst* **1.** panel(plate); felt; *i dør:* fylling; speil; *i bilkarosseri:* panel *(fx door panel);* **2.** *kunstners:* malerplate; **3.** *radio, TV, etc:* panel *(fx a panel of experts).*
II. panel *vb:* kle med panelplater.
panel beater biloppretter.
panel heater*(=electric wall heater)* panelovn.
panel light *i bil:* dashbordbelysning.
panelling [ˈpænəliŋ] *subst:* fyllingspanel; panel(ing).
panel truck **US***(=van)* varebil; varevogn.
pang [pæŋ] *subst* **1***(sudden sharp pain)* stikkende smerte; stikk; **2.** *fig:* stikk *(fx he felt a pang of regret);* **-s of conscience** samvittighetskval; samvittighetsnag.
panic [ˈpænik] **1.** *subst:* panikk *(fx he was filled with panic);* **2.** *adj:* panisk *(fx fear);* **3.** *vb(=get panicky)* bli grepet av panikk.
panicky [ˈpæniki] *adj:* panikkartet; **get** ~ få panikk; **in a** ~ **mood** i panikkstemning.
panic-stricken [ˈpænikˌstrikən] *adj:* panikkslagen; vettskremt.
pan leaf *bot:* betelblad.
pannier [ˈpæniə] *subst* **1.** *på lastedyr:* sidekurv; *på sykkel:* sideveske; sykkelveske.
panoply [ˈpænəpli] *subst; stivt* **1***(=grand display)* praktutfoldelse *(fx the panoply of a coronation);* **2***(=impressive array)* imponerende oppbud *(fx the full panoply of a military funeral);* **3** *hist(=full suit of armour)* full rustning.
panorama [ˌpænəˈraːmə] *subst:* panorama.
panoramic [ˌpænəˈræmik] *adj:* panorama-; ~ **view** panoramautsikt.
panpipe [ˈpænˌpaip] *subst:* panfløyte.
pan scrub*(=pan scourer)* gryteskrubb.
pansy [ˈpænzi] *subst* **1.** *bot:* stemorsblomst; **2. S***(=homosexual)* homoseksuell; **3. S***(=effeminate male)* feminin mann.
pant [pænt] *vb* **1.** pese; puste tungt; ~*(=gasp)* **for breath** hive etter pusten (*el.* været); **2***(=run panting):* ~ **along** pese av sted *(fx the dog was panting along beside the bicycle);* **3.** *mens man er andpusten:* ~ **(out)** stønne (fram); gispe (fram) *(fx "Wait for me!" she panted).*
pantheism [ˈpænθiˌizəm] *subst:* panteisme.
panther [ˈpænθə] *subst; zo:* panter.
panties [ˈpæntiz] *subst; pl* **T***(=pants)* truse.
pantile [ˈpænˌtail] *subst:* takpanne; pannestein.
pantomime [ˈpæntəˌmaim] *subst* **1.** pantomime; **2. UK:** form for eventyrkomedie (som oppføres ved juletider).
pantry [ˈpæntri] *subst* **1***(=larder)* spiskammer; **2.** *i fx hotell:* anretning; **3.** *mar:* pantry; penteri.
pants [pænts] *subst; pl* **1.** (dame- el. herre)truse; underbenklær; **2. US***(=trousers)* bukse(r); **3. T: scare the** ~ **off sby** skremme vettet av en.
pants suit **US***(=trouser suit)* buksedress.
panty hose *især* **US***(=tights)* strømpebukse(r).
panty shield*(=panty liner)* truseinnlegg.
papa [pəˈpaː] *subst; barnespråk(=daddy)* pappa.
papacy [ˈpeipəsi] *subst* **1.** pavedømme; **2***(=papal authority)* pavemakt; **3***(=term of office of a pope)* paves embetstid.
papal [ˈpeipəl] *adj:* pavelig; pave-.
papaya [pəˈpaiə] *subst; bot(=pawpaw)* pawpaw (ɔ: tropisk frukt).
I. paper [ˈpeipə] *subst* **1.** papir *(fx I need paper and a pen; there were papers all over his desk); fig:* **on** ~ på papiret; i teorien; **2***(=newspaper)* avis; **3.** *skolev:* **(answer)** ~ (eksamens)besvarelse; **(question)** ~ (eksamens)oppgave; oppgaveark; **4***(=scientific article; learned article)* vitenskapelig artikkel (*el.* skrift); **5.:** ~ **of pins (,needles)** nålebrev; **6.:** **-s** papirer *(fx the policeman asked to see my papers; he had no papers).*
II. paper *vb* **1.** tapetsere *(fx a room);* **2***(=give out free tickets for)* dele ut fribilletter til *(fx they papered the theatre for the opening night);* **3.** *fig:* ~ **over the cracks** 1. dekke over det verste; skjule de verste skavankene; 2. dekke over de verste uoverensstemmelsene.
paperback [ˈpeipəˌbæk] *subst:* billigbok; paperback.
paperboard [ˈpeipəˌbɔːd] *subst(=cardboard)* kartong.
paper boy **1.** avisbud; **2.** avisselger.
paper clip binders.
paper (drinking) cup pappbeger.
paperhanger [ˈpeipəˌhæŋə] *subst:* tapetserer.
paperhanging [ˈpeipəˌhæŋiŋ] *subst:* tapetsering.
paper money*(=bank notes)* papirpenger.
paper pulp papirmasse.
paper regulation papirbestemmelse.
paper warfare **T***(=battle with red tape)* papirkrig.
paperweight [ˈpeipəˌweit] *subst:* brevpresse.
paperwork [ˈpeipəˌwəːk] *subst:* papirarbeid.
paper wrapper papiromslag.
papier-mâché [ˈpæpjeiˈmæʃei] *subst:* pappmasjé.
papilionaceous [pəˌpiliəˈneiʃəs] *adj; bot:* erteblomstret.
papilla [pəˈpilə] *subst (pl: papillae* [pəˈpiliː]*)* papill.
papist [ˈpeipist] *subst; neds(=Roman Catholic)* papist.
papistry [ˈpeipistri] *subst:* papisteri.
pappus [ˈpæpəs] *subst (pl: pappi* [ˈpæpai]*) bot:* fnokk; dunhår.
paprika [ˈpæprikə] *subst; bot:* paprika; spanskepepper.
papyrus [pəˈpairəs] *subst (pl: papyri* [pəˈpairai] *el. papyruses)* **1.** *bot:* papyrus; **2.** papyrusrulle.
par [paː] *subst* **1.** *merk:* pari; **above** ~*(=at a premium)* over pari; **at** ~ til pari: i pari; **below** ~*(=at a discount)* under pari; **2.** *golf:* par; gjennomsnitt *(fx par for the course was 72);* **3. T: below** ~, **not up to** ~ 1. ikke helt på høyden *(fx your work isn't up to par this week);* 2.: **she had a cold and was feeling below** ~ hun var forkjølet og følte seg ikke helt bra; **4.: on a** ~ **with***(=equal to)* på høyde med; jevnbyrdig med.
para [ˈpærə] *subst* **1. T***(=paratrooper)* fallskjermsoldat; **2.** *fk.f. paragraph.*
parable [ˈpærəbəl] *subst; rel:* lignelse.
parabola [pəˈræbələ] *subst; geom:* parabel.
parabolic [ˌpærəˈbɔlik] *adj* **1.** *geom:* parabolsk; **2***(=parabolical)* uttrykt i en lignelse; som har form av en lignelse.
parabrake [ˈpærəˌbreik] *subst; flyv(=brake parachute)* bremseskjerm.
parachute [ˈpærəˌʃuːt] **1.** *subst (,***T:** *chute)* fallskjerm; **2.** *vb:* kaste ut i fallskjerm *(fx supplies);* hoppe ut med fallskjerm.
parachute brake *flyv(=parabrake)* bremseskjerm.
parachute descent*(=parachute jump)* fallskjermutsprang.
parachute harness fallskjermsele.
parachutist [ˈpærəˌʃuːtist] *subst:* fallskjermhopper.
I. parade [pəˈreid] *subst* **1.** parade *(fx a military parade); mil:* **turn out for** ~ stille (opp) til parade; **the troops are on** ~ troppene står oppstilt; **2.** *fig; stivt:* **make a** ~ **of***(=make a show of)* skilte med *(fx one's superior knowledge);* stille til skue *(fx one's grief).*

II. parade *vb* **1.** paradere; stille opp til parade *(fx the colonel paraded his soldiers);* **2***(=show off)* vise fram; skilte med *(fx one's learning);* **3***(= masquerade):* ~ **as** gi seg ut for.

parade ground *mil:* oppstillingsplass; *hist:* appellplass.

paradigm ['pærə,daim] *subst; gram:* bøyningsmønster.

paradise ['pærə,dais] *subst:* paradis; **a holiday** ~ et ferieparadis; **go to** ~ komme til paradis.

paradisiac [,pærə'disi,æk], **paradisiacal** [,pærədi'saiəkəl] *adj:* paradisisk.

paradox ['pærədɔks] *subst:* paradoks.

paradoxical [,pærə'dɔksikəl] *adj:* paradoksal.

paraffin ['pærəfin] *subst:* parafin.

paragon ['pærəgən] *subst:* mønster (på noe ettertraktelsesverdig); **a** ~ **of virtue** et dydsmønster.

paragraph ['pærə,gra:f; 'pærə,græf] *subst* **1.** (tekst)-avsnitt; **2.** *i avis (,T:* **par***)* petitartikkel; **3.** *typ; for å markere begynnelsen av et nytt avsnitt:* alinea(merke); paragraftegn; *i diktat:* **new** ~ ny linje; nytt avsnitt.

Paraguay ['pærə,gwai] *subst; geogr:* Paraguay.

Paraguayan [,pærə'gwaiən] *adj:* paraguayansk.

parakeet ['pærə,ki:t] *subst; zo; papegøyeart:* parakitt.

parallax ['pærə,læks] *subst; astr:* parallakse.

I. parallel ['pærə,lel] *subst* **1.** parallell; sidestykke; **draw a** ~ **between A and B** trekke en parallell mellom A og B; **without** ~*(=unparalleled)* uten sidestykke; uten make; **2.** *geogr(=degree of latitude)* breddegrad.

II. parallel *vb(=equal; match):* **no one has -ed his success in business** ingen har kunnet måle seg med hans suksess i forretningsverdenen; **his stupidity can't be -ed** hans stupiditet fins det ikke maken til.

III. parallel *adj* **1.** parallell, ~ **to,** ~ **with** parallell med; **2.** *fig:* parallell; tilsvarende; lignende *(fx parallel situations).*

IV. parallel *adv:* parallelt; ~ **to** parallelt med; langs med *(fx we sailed parallel to the coast for several days).*

parallel bars *gym:* skranke.

parallelogram [,pærə'lelə,græm] *subst:* parallellogram; **the** ~ **of forces** kreftenes parallellogram.

paralyse *(,US:* *paralyze)* ['pærə,laiz] *vb:* lamme; paralysere; **-d from the waist down** lammet fra livet og ned; *fig:* ~ **production** lamme produksjonen; *fig:* **-d with fear** paralysert (*el.* lammet) av frykt.

paralysis [pə'rælisis] *subst (pl: paralyses* [pə'ræli,si:z]*)* lammelse; paralyse.

paralytic [,pærə'litik] **1.** *subst(=paralysed person)* paralytiker; lam person; **2.** *adj:* paralytisk; lam(met); **3.** **S***(=dead drunk)* døddrukken *(fx get paralytic).*

paramilitary [,pærə'militəri] *adj:* paramilitær.

paramount ['pærə,maunt] *adj; stivt:* **of** ~ **importance***(=of the greatest importance)* av største betydning.

paranoia [,pærə'nɔiə] *subst; med.:* paranoia.

paranoid ['pærə,nɔid] **1.** *subst:* paranoiker; **2.** *adj:* paranoid.

parapet ['pærəpit] *subst* **1.** *mil(=breastwork)* brystvern; **2.** *arkit:* brystning; (lavt) rekkverk.

paraphernalia [,pærəfə'neiliə] *subst; stivt el. spøkef:* remedier; utstyr.

paraphrase ['pærə,freiz] **1.** *subst:* omskrivning; parafrase; **2.** *vb:* omskrive; skrive om; parafrasere.

paraphrastic [,pærə'fræstik] *adj:* omskrivende; parafrastisk.

paraplegic [,pærə'pli:dʒik] **1.** *subst:* person lammet fra livet og ned; **2.** *adj:* som er lammet fra livet og ned.

paraselene [,pærəsi'li:ni] *subst(=mock moon)* bimåne.

parasite ['pærə,sait] *subst:* parasitt; snyltegjest.

parasol ['pærə,sɔl] *subst(=sunshade)* parasoll.

parasuit ['pærə,su:t] *subst:* fallskjermdrakt.

paratrooper ['pærə,tru:pə] *subst:* fallskjermsoldat.

paratroops ['pærə,tru:ps] *subst; pl:* fallskjermtropper.

paratyphoid [,pærə'taifɔid] *subst:* paratyfus.

parboil ['pa:,bɔil] *vb(=half-cook)* halvkoke.

I. parcel [pa:səl] *subst* **1.** pakke; **postal** ~ postpakke; **2.:** ~ **(of land)** parsell; **3.** *fig:* **be part and** ~ **of** høre med til; være en fast bestanddel i; **this forms part and** ~ **of . . .** dette inngår som en fast bestanddel i . . .

II. parcel *vb* **1.:** ~ **out***(=divide up)* dele ut; stykke ut; parsellere ut *(fx land);* **he -led the food out between them** han delte maten mellom dem; **2.:** ~ **up** lage pakke av; pakke inn *(fx he parcelled up the books).*

parcel post pakkepost.

parch [pa:tʃ] *vb(=scorch; dry out)* svi; tørke ut.

parched *adj* **1.** uttørket *(fx land);* **2.** **T***(=very thirsty)* tørr i halsen (av tørst).

parchment ['pa:tʃmənt] *subst:* pergament.

I. pardon ['pa:dən] *subst; stivt* **1***(=forgiveness)* tilgivelse; **ask sby's** ~ be en om unnskyldning (*el.* tilgivelse); **2.: I beg your** ~**1***(=I'm sorry)* unnskyld meg *(fx I beg your pardon – what did you say? I wasn't listening);* 2. *uttrykker uenighet(=excuse me)* unnskyld *(fx I beg your pardon, but I don't think that's quite true).*

II. pardon *vb; stivt* **1***(=forgive)* tilgi; ~ **my asking, but can you help me?** unnskyld at jeg spør, men kan De hjelpe meg? *når man ikke har hørt(= sorry)* hva? unnskyld, hva var det De sa? *(fx Pardon? Could you repeat that last sentence?); ofte spøkef:* ~ **me, but . . .***(=excuse me, but . . .)* unnskyld, men . . .; du må ha meg unnskyldt, men . . . *(fx pardon me, but I think you're wrong);* ~ **me***(=excuse me)* **for interrupting you** unnskyld at jeg avbryter deg; 2. *jur:* benåde.

pardonable ['pa:dənəbl] *adj:* unnskyldelig.

pardoner ['pa:dənə] *subst; hist:* avlatskremmer; *(jvf indulgence 3: letter of* ~*).*

pare [pɛə] *vb* **1.** *stivt(=peel)* skrelle *(fx an apple);* **2***(=cut):* ~ **one's nails** klippe neglene; **3.** *om utgifter(=cut back)* skjære ned på; redusere.

I. parent ['pɛərənt] *subst:* en av foreldrene; **a single-**~ **family** enslig mor (,far); **single -s** aleneforeldre; enslige foreldre; **his -s** foreldrene hans.

II. parent *adj:* moder-; hoved-; ~ **company** hovedselskap; moderselskap.

parentage ['pɛərəntidʒ] *subst; stivt(=origin)* herkomst.

parental [pə'rentəl] *adj:* foreldre-; ~ **care** foreldreomsorg; ~ **responsibility** foreldreansvar.

parenthesis [pə'renθəsis] *subst (pl: parantheses* [pə'renθə,si:z]*)* parentes; **in** ~ i parentes bemerket.

parenthetic(al) [,pærən'θetik(əl)] *adj:* parentetisk; **-al remark** sidebemerkning.

parenthetically *adv:* parentetisk; ~ **speaking** i parentes bemerket.

parent-teacher association *skolev:* foreldreråd.

paresis [pə'ri:sis; 'pærisis] *subst; med.:* lettere lammelse; parese.

pariah [pə'raiə 'pæriə] *subst:* paria.

parings ['pɛəriŋz] *subst; pl:* skrell; **nail** ~ avklippe-

de negler.
Paris ['pæris] *subst; geogr:* Paris.
parish ['pæriʃ] *subst:* sogn; prestegjeld.
parish clerk klokker.
parish council sogneråd.
parishioner [pə'riʃənə] *subst:* sognebarn.
parish register*(=church register)* kirkebok.
parish work menighetsarbeid.
Parisian [pə'rizjən; pə'riʒjən; pə'riʒən] **1.** *subst:* pariser; **2.** *adj:* parisisk; pariser-.
parity ['pæriti] *subst* **1.** *fin:* paritet; ~ **of exchange** myntparitet; **2***(=equality)* likeverd; likhet; **Scottish teachers want ~ with those in England** skotske lærere vil stilles likt med lærerne i England.
I. park [pa:k] *subst:* park; **car** ~*(,***US:** *parking lot)* parkeringsplass.
II. park *vb:* parkere *(fx a car;* **T:** *she parked the baby at her mother's house).*
parka ['pa:kə] *subst:* anorakk; parkas.
park-and-ride *utenfor by:* innfartsparkering.
parking ['pa:kiŋ] *subst:* parkering; *skilt:* **no** ~ parkering forbudt.
parking brake*(=handbrake)* håndbrekk; håndbrems.
parking charge parkeringsavgift.
parking disc parkeringsskive.
parking fine parkeringsbot.
parking lights 1. parkeringslys *(fx I had my parking lights on);* **2. US***(=side (clearance) lights)* markeringslys.
parking lot US*(=car park)* parkeringsplass.
parking-lot attendant parkeringsvakt.
parking meter parkometer.
parking-meter attendant parkometervakt.
parking offence parkeringsforseelse.
parking offender person som feilparkerer (,har feilparkert); **T:** parkeringssynder.
parking space plass til å parkere; parkeringsplass; parkeringslomme.
parking ticket T*(=parking fine)* parkeringsbot; **T:** rød lapp.
park warden*(=senior park warden)* øverste sjef i afrikansk nasjonalpark; sjef for viltpleien i afrikansk nasjonalpark; *(jvf game warden); i østafrikansk land:* **chief** ~ øverste sjef for nasjonalparkene og reservatene.
parkway ['pa:k,wei] *subst* **US:** motorvei (forbeholdt privatbiler).
parlance ['pa:ləns] *subst; stivt(=jargon)* språkbruk; **in legal** ~ i juridisk språkbruk.
parley ['pa:li] *glds* **1.** *subst(=negotiation (with the enemy))* parlamentering; underhandling (med fienden); **2.** *vb(=negotiate (with the enemy))* parlamentere; underhandle (med fienden).
parliament ['pa:ləmənt] *subst:* parlament.
parliamentarian [,pa:ləmen'tɛəriən] **1.** *subst:* parlamentariker; **2.** *adj:* parlaments-.
parliamentary [,pa:lə'mentəri] *adj:* parlamentarisk; **an old ~ hand** en dreven parlamentariker.
parliamentary bill UK *svarer til:* stortingsproposisjon.
Parliamentary Commissioner (for Administration) UK*(=ombudsman)* (sivil)ombudsmann.
parlour *(,***US:** *parlor)* ['pa:lə] *subst* **1.** *lett glds(=sitting room)* dagligstue; **2.: beauty** ~ skjønnhetssalong.
parlour game selskapslek.
parlour maid *glds(=housemaid)* stuepike.
Parmesan ['pa:mi,zæn]: ~ **cheese** parmesanost.
parochial [pə'roukiəl] *adj* **1.** sogne-; **he's interested in ~ affairs** han er interessert i det som skjer i sognet (,i bygda); **2.** *neds(=narrow-minded)* sneversynt; provinsiell.
parochial church council menighetsråd.
parodist ['pærədist] *subst:* parodiker; forfatter av parodier.
parody ['pærədi] **1.** *subst:* parodi; **2.** *vb:* parodiere.
I. parole [pə'roul] *subst* **1.** *mil:* **US***(=password)* stikkord; feltrop; løsen; parole; **2.** *mil:* (krigsfanges) æresord; **3.** *jur:* prøveløslatelse; **4.: be on** ~ 1. *om fange:* være løslatt på prøve; være ute på prøve; 2. *om krigsfange:* være løslatt mot æresord; 3. **T***(=be under scrutiny)* være på prøve.
II. parole *vb:* prøveløslate; løslate på prøve; *om krigsfange:* løslate mot æresord.
paroxysm ['pærək,sizəm] *subst; stivt(=wild fit)* heftig anfall *(fx of coughing);* **she burst into a ~ of tears** hun brast i heftig gråt.
I. parquet ['pa:kei] *subst:* parkett; **lay** ~ legge parkett.
II. parquet *vb:* legge parkett på *(fx a parqueted floor).*
parquet block parkettstav.
parquet circle *(,***US:** *parterre) teat:* parterre.
parquet floor parkettgulv.
parquet panel parkettplate.
parquetry ['pa:kitri] *subst* **1.** parkettmønster; **2.** parkettgulv.
parr [pa:] *subst; zo:* umoden unglaks; *(jvf grilse & smolt).*
parricide ['pæri,said] *subst* **1.** fadermord; modermord; **2.** fadermorder; modermorder.
parrot ['pærət] *subst; zo:* papegøye; **2.** *vb:* etterplapre (uten å forstå).
parrot-fashion *adv* **T:** på papegøyevis *(fx she learned it parrot-fashion).*
I. parry ['pæri] *subst* **1.** *i fektning:* parade; **2.** *fig(=skilful evasion (of a question))* parering.
II. parry *vb* **1***(=ward off)* parere *(fx a blow);* **2.** *fig(=evade)* parere *(fx an embarrassing question).*
parse [pa:z] *vb; gram:* analysere.
parsimonious [,pa:si'mouniəs] *adj; meget stivt(=miserly)* gnieraktig; gjerrig.
parsimony ['pa:siməni] *subst; meget stivt(=miserliness)* gnieraktighet; gjerrighet.
parsley ['pa:sli] *subst; bot:* persille; **bur** ~ krokkjørvel; *(se chervil);* **curled** ~ kruspersille; **fool's** ~ hunderpersille.
parsley root persillerot.
parsnip ['pa:snip] *subst; bot:* pastinakk.
parson ['pa:sən] sogneprest.
parsonage ['pa:sənidʒ] *subst:* prestegård; prestebolig.
I. part [pa:t] *subst* **1.** del; ~ **of it** en del av det; **in** ~*(=partly)* til dels; delvis; **the greater ~ of** størstedelen av; **spare** ~*(=replacement part)* reservedel; **2***(=role)* rolle; **a rewarding** ~ en takknemlig rolle; **act***(=play)* **a** ~ spille en rolle; **forget one's** ~ falle ut av rollen; **keep up one's** ~ bli i rollen; **3.: in these -s** på disse kanter (av landet); **4.** *gram:* ~ **of speech***(=category (of speech))* ordklasse; **5.** *mus:* stemme; parti; **6.: do one's** ~ gjøre sitt; gjøre sin del *(fx you do your part and I shall do the rest);* **he played a great ~ in the government's decision** han var sterkt involvert i regjeringens avgjørelse; **play***(=take)* **an active ~ in** spille en aktiv rolle i; ta aktivt del i; **take ~ in** ta del i; delta i; **7.: for my ~ I think that . . .***(=personally I think that . . .)* jeg for min del tror at . . . **the African leaders, on their ~, feel that . . .** de afrikanske lederne for sin del føler at . . .; **for the most** ~ 1*(=in most cases; in most respects; mainly)* for størstedelens vedkommende; i de fleste henseender; hoved-

sakelig; 2. **T**(*=usually; generally*) vanligvis; stort sett (*fx he's quite a good worker for the most part*), **8.: take it in good** ~ ta det pent; ta det (opp) i beste mening; **9.: take sby's** ~(*=side with sby; take sby's side*) ta parti for.

II. part 1. *stivt(=separate)* skilles; skille lag; atskille; skille at; **2.** gå fra hverandre; dele seg (*fx the clouds parted and the sun appeared*); **3.:** ~ **company** skille lag (*fx we parted company at the bus stop; Mary and John have parted company*); **4.:** ~ **with** skille seg av med; gi ut (penger) (*fx he hated to part with money*).

III. part *adv(=partly)* dels (*fx a centaur is part man part horse*).

partake [pa:'teik] *vb* **1.** *stivt:* ~ **in**(*=take part in*) ta del i (*fx they all partook in the excitement*); **2.** *litt.:* ~ **of**(*=eat*) spise.

part and parcel *se I. parcel 3.*

parterre [pa:'tɛə] *subst* **1**(*formally patterned flower garden*) blomsterparterre; **2.** *teat* **US**(*=parquet circle*) parterre.

parthenogenesis [,pa:θinou'dʒenəsis] *subst* **1.** *bot:* partenogenese; **2.** *rel(=virgin birth)* jomfrufødsel.

I. partial [pa:ʃəl] *subst; mus:* ~ **(tone)** deltone; (*jvf I. harmonic*).

II. partial *adj* **1.** delvis (*fx payment*); **2.** partiell; ~ **eclipse** partiell formørkelse; **3.** *lett glds(=biased)* partisk; **4.: be** ~ **to**(*=have a weakness for*) ha en svakhet for; ha en forkjærlighet for (*fx strawberries*).

partial acceptance *merk:* partialaksept; delaksept.

partiality [,pa:ʃi'æliti] *subst* **1.** *lett glds(=bias)* partiskhet (*for, towards* til fordel for); **2.** *stivt:* **a** ~ **for**(*=a liking for*) en forkjærlighet for.

partially ['pa:ʃəli] *adv:* delvis (*fx partially blind*).

participant [pa:'tisipənt] *subst:* deltager.

participate [pa:'tisi,peit] *vb:* delta (*in* i).

participation [pa:,tisi'peiʃən] *subst; stivt:* deltagelse; medvirkning; **student** ~ elevdemokrati.

participle ['pa:tisipəl] *subst; gram:* partisipp; **the past (,present)** ~ perfektum (,presens) partisipp.

particle ['pa:tikəl] *subst* **1.** partikkel; **2.** *fig:* grann; **3.** *gram:* småord.

particleboard ['pa:tikəl,bɔ:d] *subst; bygg(=chipboard)* sponplate.

I. particular [pə'tikjulə] *subst* **1**(*=detail*) detalj (*fx complete in every particular*); **2.: -s** enkeltheter; detaljer; **go into -s**(*=details*) gå i detaljer (*el.* enkeltheter); **further -s** nærmere (*el.* ytterligere) opplysninger; **for -s apply to . . .** nærmere opplysninger fåes ved henvendelse til . . .; **give them all the -s about the accident** gi dem alle enkeltheter ved ulykken; **3.** *mar:* **-s of cargo** skipningsoppgave; **4.: in** ~ især; særlig; i særdeleshet; spesielt (*fx I liked this book in particular*); **nothing in** ~ ikke noe spesielt; **he mentioned one case in** ~ han nevnte spesielt ett tilfelle; **in this** ~ på dette punkt.

II. particular *adj:* spesiell (*fx this particular problem; this particular man*); **in this** ~ **case** i dette spesielle tilfellet; **the** ~ **person I had in mind** den person jeg tenkte på; **there was nothing in the letter of** ~ **importance** det var ingenting av spesiell (*el.* særlig) betydning i brevet; **please take** ~ **care of this letter** vær så snill å ta ekstra godt vare på dette brevet; **2.** *om person:* nøye (*about* med); kresen (*fx he's very particular about his food*).

particular average *mar:* partikulært havari.

particularity [pə,tikju'læriti] *subst* **1**(*=specific circumstance*) spesiell omstendighet (*fx the particularities of the case*); **2**(*=particular quality*) særegenhet; særegen karakter; det særegne; det spesielle (*of* ved); *stivt:* **the** ~(*=special nature*) **of human situations** det spesielle ved menneskelige situasjoner; **3.** *meget stivt:* **a description of great** ~(*=a very precise description*) en meget omstendelig (*el.* detaljert) beskrivelse; **4.** *stivt(=fastidiousness)* kresenhet.

particularize, particularise [pə'tikjulə,raiz] *vb* **1.** *stivt(=specify; name one by one)* spesifisere (*fx would you particularize the items on the bill?*); nevne enkeltvis; regne opp; **2.** *sj(=go into details)* gå i enkeltheter.

particularly [pə'tikjuləli] *adv* **1**(*=specially*) spesielt; særlig (*fx he's a nice child, but not particularly clever*); **2**(*=especially*) især; spesielt; særlig (*fx these insects are quite common, particularly in hot countries; please telephone soon, particularly as we're leaving next week*); **3**(*=especially*) ekstra; spesielt (*fx particularly thin materials for summer wear*).

I. parting ['pa:tiŋ] *subst* **1**(*=leave-taking*) avskjed (*fx their final parting was at the station*); **at** ~ ved avskjeden; **2.** *om sted:* dele; skille; **3**(*,US: part*) skill (i håret); **4.: at the** ~ **of the ways** 1. der hvor veiene skilles; 2. *fig:* **be at the** ~ **of the ways**(*=be at a crossroads*) stå ved skilleveien; stå ved en skillevei.

II. parting *adj:* avskjeds- (*fx gift*); *fig:* **a** ~ **shot** en avskjedssalutt.

I. partisan [,pa:ti'zæn] *subst* **1.** partisan; **2.** *polit; sj(=devoted party supporter)* partigjenger; **3.** ivrig forkjemper; **every movement has its -s** enhver bevegelse har sine forkjempere.

II. partisan *adj* **1.** partisan- (*fx partisan warfare*); **2.** ensidig (*fx you must try to listen to both points of view and not be partisan*); **he has strong** ~ **feelings** han er sterkt følesesmessig engasjert.

partisanship [,pa:ti'zænʃip] *subst:* ivrig stillingtagen; **she soon declared her** ~ **in the matter of the abortion laws** hun var rask til å ta parti (*el.* vise hvor hun stod) i abortlovsaken.

partite ['pa:tait] *adj; bot; om blad:* delt.

I. partition [pa:'tiʃən] *subst* **1.** *stivt(=division)* deling (*fx the partition of Poland*); **2.** delevegg; skillevegg.

II. partition *vb:* ~ **off** dele av (ved hjelp av en skillevegg).

partitive ['pa:titiv] *adj; gram:* partitiv; delings-.

partly ['pa:tli] *adv:* delvis (*fx the statue was partly wood*); dels (*fx she was tired, partly because of the journey and partly because of the heat*).

partner ['pa:tnə] *subst* **1.** partner; makker; medspiller; dansepartner; bordkavaler; borddame; ~ **in life**(*=life partner*) livsledsager; **2.** *merk:* kompanjong; *i kommandittselskap:* **general** ~ komplementær; **limited** ~ kommandittist.

partner country samarbeidsland.

partnership ['pa:tnə,ʃip] *subst* **1.** det å være partnere; det å spille på parti; **the champions were defeated by the** ~ **of Jones and Smith** mesterne ble slått av paret Jones og Smith; **2.** kompaniskap; *jur; mots kommandittselskap:* ansvarlig handelsselskap; **limited** ~ kommandittselskap; (*se limited partnership contribution*); **professional** ~(*=non-trading partnership*) ansvarlig selskap; kompaniskap; sivilt selskap; **trading** ~ ansvarlig handelsselskap; kompaniskap som driver handel; sivilt selskap som driver handel; **3.: enter into** ~ gå i kompaniskap; **take sby into** ~ oppta en som kompanjong.

part of speech *gram(=category (of speech))* ordklasse.

part owner 1. medeier; medinnehaver; deleier; parthaver; 2. *mar:* partsreder; medreder.
part payment delbetaling; delvis betaling; **in ~ of** til delvis dekning av.
partridge ['pa:tridʒ] *subst; zo:* rapphøne.
parts manager lagersjef (på delelager); *(jvf warehouse manager).*
part-time 1. *adj* [,pa:t'taim; *attributivt:* 'pa:t,taim] deltids *(fx a part-time secretary);* **~ work** deltidsarbeid; 2. *adv* [,pa:t'taim] på deltid; **work ~** arbeide på deltid; **be employed ~** være deltidsansatt.
part-timer [,pa:t'taimə] *subst(=part-time worker)* deltidsarbeider.
party ['pa:ti] *subst* 1. *polit:* parti; **across the parties** på tvers av partiene; tverrpolitisk; 2. selskap *(fx a birthday party);* **give***(=have)* **a ~** ha selskap; 3*(=group)* gruppe *(fx a party of tourists);* **the fishing ~** de som var med på fisketuren; **he's one of our ~***(=he's a member of our group)* han hører med til vår gruppe; 4. lag; mannskap; **send out a search ~** sende ut et letemannskap; 5. *mil:* kommando; parti; **landing ~** landgangsparti; 6. *jur:* part; **a third ~ was involved** en tredje part var innblandet; 7. *stivt:* **be (a) ~ to***(=be accessory to)* være delaktig (*el.* medskyldig) i.
party convention *polit:* landsmøte; partikongress.
party fence fellesgjerde.
party issue *polit:* partispørsmål.
party line 1. *tlf:* partslinje; 2. *polit:* partilinje; partiparole; **across -s***(=across the parties)* på tvers av partiene; **toe the ~** følge partiparolen; **vote along -s** stemme etter partier.
party piece *fig:* glansnummer; paradenummer.
party-political *adj:* partipolitisk.
party politics *adj:* partipolitikk.
party programme *polit(=platform;* **US:** *ticket)* partiprogram.
party rally *polit:* partipolitisk møte.
party ticket *jernb(=collective ticket)* gruppebillett.
par value *fin:* pariverdi.
pasha ['pa:ʃə; 'pæʃə] *subst:* pasja.
pasqueflower ['pa:sk,flauə; 'pæsk,flauə] *subst; bot(=paschal flower)* kubjelle.
I. pass [pa:s] *subst* 1.: **(mountain) ~** (fjell)pass; fjellovergang; 2*(=permit)* passerseddel; 3. *fotb:* sentring; 4. *kortsp(=no bid)* pass; 5. *skolev:* (vitnesbyrd om) bestått (eksamen); **he has 4 A-level -es** han har tatt eksamen i fire artiumsfag; han har artium i fire fag; **there were ten -es and no fails** ti stod og ingen strøk; 6. **T: he makes a ~ at every girl he meets** han gjør tilnærmelser til alle jentene han treffer.
II. pass *vb* 1*(=go past)* passere; gå (,kjøre) forbi; 2. *om tid(=go by)* gå; 3. *om tid; stivt(=spend)* tilbringe *(fx we passed a pleasant hour);* 4. *om bemerkning; stivt(=make)* komme med *(fx she passed a very rude remark);* 5. *skolev; til eksamen:* stå; **I -ed my driving test** jeg stod til førerprøven; **they -ed about half the candidates** de lot omtrent halvparten av kandidatene stå; 6. *fotb:* sentre; 7. godta; la passere; **it -ed without comment** det gikk igjennom uten kommentarer; **it -ed unnoticed** det gikk upåaktet hen; 8. *kortsp:* passe; melde pass; 9. la gå rundt; sende *(fx pass me the butter please!);* rekke *(fx he passed the money across the desk; he passed her the bread);* **~ it on to your friends** la det gå videre til vennene dine; 10. **T: I think I'll let it ~ this time***(=I think I'll pass it by this time)* jeg tror jeg står over denne gangen; 11. la gli *(fx he passed his hand over the picture);* 12. legge *(fx the rope round a tree);* 13. *om lov:* vedta; 14 *om forslag:* bli godkjent *(fx the proposal passed); om søknad:* godkjenne; 15. *om falske penger, etc:* sette i omløp; (forsøke å) bruke *(fx bad cheques);* 16. *om smerte, etc:* gå over *(fx his sickness soon passed); (jvf 32: ~ off 1);* 17. *fig* 1*(=be beyond):* **this -es my understanding** dette går over min forstand; 2*(=surpass)* overgå *(fx he passed all expectations and actually won the prize);* 18.: **his mood soon -ed from despair to hope** sinnsstemningen hans skiftet snart fra fortvilelse til håp; 19.: **~***(=make)* **comments** komme med kommentarer; **she -ed a very rude remark** hun kom med en meget uhøflig bemerkning; 20. *jur:* **~ sentence on sby** avsi dom over en; 21. **T: ~ the buck to sby else***(=shift the responsibility (on) to sby else; place the responsibility on sby else)* velte ansvaret over på en annen; 22.: **~ muster** holde mål; være bra nok; stå for kritikk; bli godkjent *(fx do you think this will pass muster?);* 23.: **~ water***(=urinate)* urinere; 24.: **~ the time of day with sby** hilse på en (og slå av en prat); 25. *på buss, etc:* **~ along** fortsette videre; **~ right along inside, please***(=move right down inside, please)* fortsett videre innover, er De snill; 26.: **~ away** 1. *stivt(=spend)* tilbringe *(fx he passed the evening away reading a book);* 2. *evf(=die)* sovne inn; 27. *stivt:* **angry words -ed between them***(=they exchanged angry words)* de vekslet sinte ord; **no one must ever know what has -ed between us** ingen må få vite hva som har skjedd mellom oss; 28.: **~by** 1. passere forbi *(fx the procession passed right by my door);* **someone -ing by***(=a passer-by)* en som gikk forbi; en forbipasserende; 2. *fig:* forbigå *(fx they passed him by when the new jobs were given out);* **life might ~ you by** livet kunne gå fra deg; **life had -ed him by** livet var gått fra ham; livet hadde latt ham i stikken; 29. *fig:* **~ by on the other side** stille seg likegyldig *(fx the richer countries pass by on the other side);* 30.: **~ by the name of** gå under navn av; 31.: **~ down** overlevere *(fx the knowledge that has been passed down);* 32.: **~ for** gå for; bli regnet for; bli tatt for *(fx this material could pass for silk; he could pass for a German);* 33.: **~ into** gå over i; gli inn i *(fx the word has passed into our language);* 34.: **~ off** 1. gå over *(fx by the evening, his sickness had passed off); (jvf 16 ovf);* 2. *om begivenhets forløp:* **the wedding -ed off very well in the end** bryllupet forløp riktig bra til slutt; 3.: **~ oneself off as** utgi seg for; 4. *hendelse, etc:* **he -ed the incident off as a joke** han lot som om hendelsen var en spøk; 35.: **~ on** 1. gi videre; sende videre *(fx I passed on the message to Mr Brown);* 2. *evf(=die)* sovne inn; *(jvf 26.: ~ away 2);* 3.: **~ on to sth else** gå over til noe annet; 36.: **~ out** 1*(=faint)* besvime; miste bevisstheten; 2. *mil:* **~ out from***(=graduate from)* ta eksamen ved; gå ut av *(fx he passed out from Sandhurst);* 3*(=hand out; share out)* dele ut; 37.: **~ over** forbigå *(fx this is the third time he's been passed over for that job; they passed him over for promotion);* ignorere; se bort fra *(fx we'll pass over that remark);* gjøre seg ferdig med *(fx the chairman passed quickly over the first few items on the agenda; I'll pass briefly over the events of last night to refresh your memories);* 38.: **~ one's hand over sth** la hånden gli over noe; **~ one's eye over sth** kaste et blikk på noe *(fx I just had time to pass my eye over it);* 39.: **~ to** gå i arv til *(fx the estate passed to his younger brother);* gå over til *(fx the throne passed to the king's daughter); (se 21 ovf: ~ the buck to);* 40.: **~**

through 1. passere gjennom; **we're just -ing through** vi er bare på gjennomreise; 2. *om utdannelse:* gå gjennom; ta eksamen ved *(fx he's passed through police college to qualify for promotion to Inspector);* 3. *fig:* gå gjennom *(fx he passed through a difficult period);* 4.: **be -ed through the various formalities** bli sluset gjennom de forskjellige formaliteter; **41.: ~ up** 1. rekke opp; sende opp *(fx pass up the paint pot and the brush, and I'll put another coat on the ceiling);* 2. **T***(=reject)* si nei takk til *(fx a good job);* 3*(=miss out on)* gå glipp av.

passable ['pa:səbl] *adj* **1.** *om elv, vei:* farbar; **2***(=fairly good)* tålelig (bra); brukbar.

passably *adv:* **~ good** brukbar *(fx at tennis).*

passage ['pæsidʒ] *subst* **1.** gang; korridor; **2.** passasje *(fx there was a dark passage leading down to the river between tall buildings);* gjennomgang; **3.** gjennomreise *(fx be denied passage through a country); (=free passage)* fri ferdsel; **4.** *mar:* passasje; led; **5.** *zo; fugls:* trekk; **bird of ~** trekkfugl; **6.: (sea) ~** 1. overfart; 2. skipsleilighet; **the outward ~ took a week** overreisen tok en uke; **7.** *tekn:* gjennomstrømning *(fx the passage of gas through a liquid);* **8.** *parl(=enactment)* vedtagelse; vedtak; det at noe blir vedtatt; **the new divorce bill had an easy ~** den nye skilsmisseloven gikk lett igjennom; **9.** *ridekunst:* passasje; versering; **10.** *i bok, etc:* avsnitt; passasje; stykke; sted *(fx an obscure passage);* **11.** *om tid:* **the ~***(=passing)* **of time** tidens gang; **12.** *hist:* **~ of arms***(=single combat)* holmgang.

passage grave *arkeol:* jettestue.

passageway ['pæsidʒ,wei] *subst(=corridor; passage)* korridor; gang; passasje.

passbook ['pa:s,buk] *subst(=bankbook)* bankbok.

pass degree *univ:* lettere universitetseksamen; *(jvf honours degree).*

passé ['pa:sei; 'pæsei] *adj; stivt* **1***(=out of date)* gammeldags *(fx dress);* passé: **2***(=past one's (,its) best)* ikke lenger på høyden.

passenger ['pæsindʒə] *subst* **1.** passasjer; **2. T:** en som ikke gjør nytte for seg (i gruppen).

passenger train persontog.

passe-partout [,pæspa:'tu:] *subst(=master key)* hovednøkkel.

passer-by [,pa:sə'bai] *subst (pl: passers-by)* forbipasserende.

passerine ['pæsə,rain] *adj:* **~ bird** spurvefugl.

I. passing ['pa:siŋ] *subst* **1.** forbikjøring; passering; **2.** *evf(=death)* bortgang; **3.: in ~** i forbifarten; en passant.

II. passing *adj* **1.** forbipasserende; **2.** flyktig; kortvarig; **a ~ whim** et flyktig lune.

passing away *evf(=death)* bortgang.

passing bell*(=death bell; death knell)* dødsklokke.

passing note *mus (,***US:** *passing tone)* gjennomgangstone.

passing place *langs vei:* møtested; møteplass.

passion ['pæʃən] *subst* **1.** lidenskap; **his ~ for her soon cooled** hans lidenskap for henne kjølnet snart av; **T: she has a ~ for chocolate** hun er meget glad i sjokolade; **2.** voldsom sinnsbevegelse; patos; **he argued with ~** han argumenterte lidenskapelig; **he spoke with such ~ that he carried the audience with him** han talte med en patos som rev tilhørerne med seg; **3.: fly into a ~***(=fly into a temper, flare up)* fare opp (i sinne).

passionate ['pæʃənit] *adj:* lidenskapelig *(fx lover);* **a ~ plea** en lidenskapelig bønn; **a ~ speech** en flammende tale; **a ~ interest** en brennende (*el.* lidenskapelig) interesse.

passionflower ['pæʃən,flauə] *subst; bot:* pasjonsblomst.

passionless ['pæʃənlis] *adj:* lidenskapsløs *(fx a passionless marriage); (jvf dispassionate).*

Passion Week den stille uke.

I. passive ['pæsiv] *subst; gram:* **the ~ (voice)** passiv.

II. passive *adj:* passiv; uvirksom; **~ resistance** passiv motstand.

passively *adv:* passivt.

passivity [pæ'siviti] *subst:* passivitet.

passkey ['pa:s,ki:] *subst(=master key)* hovednøkkel.

pass laws *hist; i Sør-Afrika:* **the ~** passlovene.

Passover ['pa:s,ouvə] *subst:* jødenes påskefest.

passport ['pa:s,pɔ:t] *subst* **1.** pass; **2.** *fig:* pass *(fx a passport to happiness);* **education as a ~ to success** utdanning som en vei til suksess.

passport check*(=passport examination)* kontroll av passene; passkontroll.

passport control *om stedet:* passkontroll; **at ~** i passkontrollen.

passport officer politijenestemann som foretar passkontroll.

pass rate: the exam ~ antall elever som står (til eksamen) *(fx London's exam pass rate is among the poorest in the country).*

password ['pa:s,wə:d] *subst:* feltrop; løsen; stikkord.

I. past [pa:st] *subst* **1.** fortid; **it's a thing of the ~** det hører fortiden til; **in the ~** tidligere *(fx in the past, all houses in this area were built of wood);* **forget the ~** glemme fortiden; **she has a ~, you know** hun har en fortid, vet du; **relics of a***(=the)* **distant ~** levninger fra en fjern fortid; **2.** *gram:* **the ~ (tense)** preteritum.

II. past *adj* **1.** forbi; over *(fx winter is past; the crisis is past);* **2.** *meget stivt el. litt.(=earlier)* tidligere *(fx generations);* **in years ~** i tidligere år; **3***(=former)* tidligere *(fx presidents);* **4.: the ~ month** forrige måned; måneden som gikk; **during the ~***(=last)* **few months** i løpet av de siste månedene; **it's been raining for***(=during)* **the ~***(=last)* **few days** det har regnet de siste dagene.

III. past *adv & prep* **1.** forbi *(fx run past; drive past the house);* **2.** *om tid:* over *(fx it's past midnight; it's half past two (o'clock));* **he's ~ eighty** han er over åtti; **she's ~ playing with dolls** hun er for gammel til å leke med dukker; **T: he's ~ it** han er for gammel; **3.** *fig:* **~ belief** utrolig; ikke til å tro *(fx it's past belief);* **I wouldn't put it ~ her to cheat** jeg holder henne ikke for god til å jukse; **4.** *fig:* utenfor *(fx past danger);* **5.: ~ repair** for dårlig til å repareres.

I. paste [peist] *subst* **1***(=pastry)* (kake)deig; **2.** pasta; masse; **almond ~** mandelmasse; **3.** *av mel og vann:* klister.

II. paste *vb:* klebe; klistre; **~ it on to an A4 sheet** klebe det opp på et A4 ark.

pasteboard ['peist,bɔ:d] *subst(=cardboard)* kartong; papp; *(jvf millboard).*

pastel ['pæstəl; pæ'stel] *subst* **1.** pastell; **2.** pastellmaleri.

pastel crayon pastellkritt.

pastel(l)ist ['pæstəlist] *subst:* pastellmaler.

pastern ['pæstən] *subst; vet; på hest:* kode.

paste-up ['peist,ʌp] *subst; typ:* paste-up; oppklebet materiale.

pasteurize, pasteurise ['pæstə,raiz] *vb:* pasteurisere.

past-future *gram(=past-future tense)* 1. kondisjonalis.

past future perfect *gram(=past-future perfect tense)* 2. kondisjonalis.

pastille, pastil ['pæstəl; 'pæstil; **US:** pæ'sti:l] *subst:* pastill.

pastime ['pa:s,taim] *subst:* tidsfordriv.
past master [,pa:st'ma:stə] *subst; fig:* **be a ~ at (-ing)** være en mester når det gjelder å; **a ~ of tact** en mester når det gjelder å være taktfull.
pastor ['pa:stə] *subst* **1***(=clergyman)* prest; pastor; **2.** *glds(=shepherd)* hyrde.
I. pastoral ['pa:stərəl] *subst; rel(=pastoral letter)* hyrdebrev.
II. pastoral *adj* **1.** hyrde- *(fx poem);* **2.** pastoral; prestelig; **his ~ duties** hans plikter som prest.
pastoral farming fedrift; *(jvf arable farming).*
pastoral letter *rel:* hyrdebrev.
pastorate ['pa:stərit] *subst; rel* **1.** pastorat; presteembete; embetstid (som prest); **2.: the ~** prestestanden.
past participle *gram:* perfektum partisipp.
pastry ['peistri] **1***(=paste)* kakedeig; **2.** kake; **French pastries***(=tea fancies)* konditorkaker; **3.: puff ~** 1. butterdeig; tertedeig; 2. kake lagd av tertedeig.
pastry cream*(=pastry custard)* vaniljekrem (som kakefyll); *(jvf custard & vanilla custard).*
pastry fork dessertgaffel.
pastry jagger kaketrinse.
past tense *gram:* **the ~** preteritum.
pasturage ['pa:stʃəridʒ] *subst* **1***(=pasture rights)* beiterett; **2***(=grazing land)* beitemark.
I. pasture ['pa:stʃə] *subst* **1.** gressgang; beite; **2***(=grazing land)* beitemark; beite(land); **3.** *fig:* **change to fresh -s***(=try a new tack; try sth else)* skifte beite.
II. pasture *vb* **1.** beite; gresse; **2.** slippe ut på beite; sette på beite.
I. pasty ['pæsti] *subst:* pai (med kjøtt i) *(fx Cornish pasty),* paté; *(jvf pâté).*
II. pasty ['peisti] *adj* **1.** deigaktig; **2.** *om hud:* blek; gusten.
Pat [pæt] **T 1***(fk.f. Patrick)* Patrick; irer; irlender; **2.:** *fk.f. Patricia.*
I. pat [pæt] *subst* **1.** klapp *(fx a pat on the back);* **2***(=lump);* **a ~ of butter** en smørklatt.
II. pat *vb* **1.** klappe *(fx the dog);* **2***(=smooth)* glatte på; **she -ted her hair into place** hun glattet på håret sitt; **3. T: ~ sby (,oneself) on the back** gratulere en (,seg selv).
III. pat *adj, adv:* parat; fiks ferdig *(fx answer);* **he had the answer (off) ~** 1. han hadde svaret på rede hånd; 2. han hadde lært svaret utenat.
pat-a-cake *subst; barnelek:* bake kake (søte).
I. patch [pætʃ] *subst* **1.** lapp; bot; **2.** åkerlapp; jordlapp; parsell; **a vegetable ~** en liten grønnsakhage; **3.** flekk *(fx a patch of white);* **a ~ of cloud in the blue sky** en skydott på den blå himmelen; **a bald ~** en skallet flekk; **4.: strike***(=hit)* **a bad ~** støte på vanskeligheter; **be going through a bad ~** ha det vanskelig; **5***(=field of responsibility):* **that's your ~** det er ditt område; **6. T: he's not a ~ on John** han kommer ikke opp mot John.
II. patch *vb* **1.** lappe; bøte; **2.: ~ up** 1. lappe sammen; reparere provisorisk; **the doctor -ed me up** legen (fikk) lappet meg sammen igjen; 2. *fig:* bilegge *(fx a quarrel);* **they -ed it up yesterday** de ble venner igjen i går.
patch pocket påsydd lomme.
patchwork ['pætʃ,wə:k] *subst* **1.** lappeteppe; noe som er lappet sammen; **2.** *fig:* lappverk; **a grotesque ~ of incompatible elements** et grotesk lappverk av uforenlige elementer.
patchwork quilt lappeteppe; lureteppe.
patchy ['pætʃi] *adj* **1.** lappet; bøtt; **2.** flekkvis; som forekommer spredt; **3.** av ujevn kvalitet *(fx a patchy essay).*
pate [peit] *subst; glds el. spøkef(=head)* hode; skalle; knoll; **mind your ~ T:** pass knollen din!
pâté ['pætei] *subst:* postei; **~ de foie gras** gåseleverpostei.
patella [pə'telə] *subst* **1.** *anat(=kneecap)* kneskål; kneskjell; **2.** *arkeol(=small pan)* liten skål.
patellar [pə'telə] *adj:* kneskjells-.
patellar reflex*(=knee reflex)* knerefleks.
I. patent ['peitənt] *subst* **1.** patent; **2***(=letters patent)* patentbrev; patentrettighet; **3.: ~ of nobility** adelsbrev; **4.: take out a ~ on** ta ut patent på.
II. patent *adj; stivt(=obvious)* tydelig; åpenlys.
III. patent *vb:* patentere; **have sth -ed***(=obtain a patent on(=for) sth)* få patentert noe.
patent agency patentbyrå; patentkontor; *(jvf Patent Office).*
patentee [,peitən'ti:; ,pætən'ti:] *subst:* patenthaver.
patent flour*(=patents flour)* sammalt hvetemel; *(se wholemeal).*
patent leather lakklær; glanslær.
Patent Office UK: the ~ Patentstyret; *(jvf patent agency).*
patents flour *se patent flour.*
paternal [pə'tə:nəl] *adj* **1.** *stivt(=fatherly)* faderlig; **~ pride** farsstolthet; **2.: her ~ grandmother** hennes farmor.
paternity [pə'tə:niti] *subst; stivt(=fatherhood)* farskap; det å være far; **be certain of the ~ of the child** være sikker på hvem som er far til barnet.
paternity case *se paternity suit.*
paternity order*(=affiliation order)* fastsettelse av underholdningsbidragets størrelse i farskapssak.
paternity suit *også* **US***(=affiliation case; affiliation proceedings)* farskapssak; **a ~ was filed against him** han ble stevnet for retten som barnefar.
paternity test blodprøve i farskapssak.
paternoster [,pætə'nɔstə] *subst; kat* **1***(=rosary)* rosenkrans; **2***(=the Our Father)* fadervår; *(se I. father 3).*
path [pa:θ] *subst (pl: paths* [pa:ðz]*)* **1.** sti; **mountain ~** fjellsti; **2.** *fig:* sti; vei; **predict the ~ of the hurricane** forutsi hvilken vei orkanen tar; **3.: she stood right in the ~ of the bus** hun stod akkurat der hvor bussen ville komme; **4.: be on the downward ~***(=be going downhill)* være på skråplanet; **go off the straight ~***(=get into bad ways)* komme på skråplanet.
pathetic [pə'θetik] *adj* **1.** rørende; ynkelig *(fx the dog was a pathetic sight);* **2. T***(=pitiful)* ynkelig *(fx he made a pathetic attempt to answer the question);* **as a singer he's ~!** som sanger er han elendig!
pathfinder ['pa:θ,faində] *subst:* stifinner; foregangsmann.
pathless ['pa:θlis] *adj:* uveisom.
pathogenic [,pæθə'dʒenik] *adj; med.(=disease -producing)* patogen; sykdomsfremkallende.
pathological [,pæθə'lɔdʒikəl] *adj:* patologisk; **~ picture***(=clinical picture)* sykdomsbilde; **telling lies is a ~ condition in his case** løgn er noe sykelig hos ham.
pathologist [pə'θɔlədʒist] *subst:* patolog.
pathology [pə'θɔlədʒi] *subst:* patologi; sykdomslære.
pathos ['peiθɔs] *subst:* følelse; varme; patos; **sham ~***(=sham emotion)* falsk patos; **he spoke of his sufferings with a wonderful ~** han snakket om sine lidelser på en slik måte at tilhørerne ble dypt grepet; **the ~ of it** det gripende (*el.* rørende) ved det.
pathway ['pa:θ,wei] *subst:* sti; gangsti; *(jvf path).*
patience ['peiʃəns] *subst* **1.** tålmodighet; **~ is a virtue** tålmodighet er en dyd; **their ~ snapped***(=their patience broke)* deres tålmodighet brast; **lose**

~ **(with)** miste tålmodigheten (med); **my ~ is giving out** jeg begynner å miste tålmodigheten; **2**(,**US:** *solitaire)* kabal; **play ~** legge kabal; **play several games of ~** legge flere kabaler; **the ~ comes out** kabalen går opp.

I. patient ['peiʃənt] *subst:* pasient.

II. patient *adj:* tålmodig; **you must just be ~** du må bare være tålmodig.

patina ['pætinə] *subst:* patina.

patio ['pæti,ou] *subst (pl: patios) arkit:* atrium.

patio door dør ut til atriet; terrassedør.

patois ['pætwa:] *subst (pl: patois* ['pætwa:z]*) (=dialect)* dialekt *(fx they spoke in patois).*

patriarch ['peitri,a:k] *subst:* patriark.

patriarchal [,peitri'a:kəl] *adj:* patriarkalsk.

patrician [pə'triʃən] **1.** *subst:* patrisier; **2.** *adj:* patrisisk.

patricide ['pætri,said] *subst* **1.** fadermord; **2.** fadermorder.

patrimony ['pætriməni] *subst* **1.** farsarv; **2.** *rel:* kirkegods; patrimonium.

patriot ['peitriət; 'pætriət] *subst:* patriot.

patriotism ['pætriə,tizəm] *subst:* patriotisme.

patrol [pə'troul] **1.** *subst:* patrulje; **be on ~** ha patruljetjeneste; **2.** *vb:* patruljere; **soldiers -led the streets** soldater patruljerte i gatene.

patrol car *(*,**T:** *panda car)* patruljebil; patruljevogn.

patrol wagon US: *se patrol car.*

patron ['peitrən] *subst* **1.** velynder; **a ~ of the arts** en mesén; **2.** *stivt(=(regular) customer)* (fast) kunde.

patronage ['pætrənidʒ] *subst* **1.** beskyttelse *(fx the artist had to rely on the patronage of certain rich businessmen);* proteksjon; støtte; **2.** *merk:* søkning; kundekrets; det å være god kunde *(fx the manager thanked his former customers for their patronage).*

patronize, patronise ['pætrə,naiz] *vb* **1.** beskytte; støtte; protesjere; **2.** *stivt; om kunde(=visit regularly)* være (fast) kunde hos (,i).

patronizing, patronising *adj(=condescending)* nedlatende.

patron saint skytshelgen.

patronymic [,pætrə'nimik] **1.** *subst:* patronymikon; slektsnavn avledet av farens navn; **2.** *adj:* patronymisk.

I. patter ['pætə] *subst* **1.** *av regn, etc:* tromming; **2.** av små føtter, etc: tripping *(fx of little feet);* **3. T***(=quick talk)* skravling *(fx a conjuror's patter).*

II. patter *vb* **1.** *om regn, etc:* tromme *(fx the rain was pattering against the window panes);* **2.** *om små føtter, etc:* **she heard the mice -ing behind the wall** hun hørte at musene romsterte bak veggen.

I. pattern ['pætən] *subst* **1.** mønster *(fx dress pattern);* **2.** (støpe)modell; **3.** *fig:* mønster; eksempel; **the ~ of good behaviour** mønsteret på god oppførsel; **the** *~(=course)* **of events** begivenhetenes gang; **the general ~ of work** det vanlige arbeidsmønsteret; **conform to a ~** passe inn i et mønster; **tailored to the same ~** skåret over samme lest; **the ~ of economic development in African countries** mønsteret for økonomisk utvikling i afrikanske land; **~ of thinking***(=way of thinking)* tenkemåte; måte å tenke på *(fx it changed their whole pattern of thinking).*

II. pattern *vb* **1.** dekorere med mønster; sette mønster på; **2.: be -ed on** være lagd etter mønster av.

patterned *adj:* mønstret; med mønster *(fx wallpaper).*

patty ['pæti] *subst(=small pie)* liten pai (*el.* postei); **gooseliver** *~(=pâté de foie gras)* gåseleverpostei.

patty shell tartelett.

paucity ['pɔ:siti] *subst; meget stivt* **1***(=fewness; small number)* fåtallighet; **2***(=shortage)* knapphet *(fx a paucity of ideas).*

paunch [pɔ:ntʃ] *subst:* vom; stor mage *(fx as he got older he developed quite a paunch).*

paunchy ['pɔ:ntʃi] *adj:* tykkmaget; med vom.

pauper ['pɔ:pə] *subst; stivt el. litt.(=very poor person)* fattiglem.

I. pause [pɔ:z] *subst* **1.** pause; **there was a ~** det ble en pause; **take a ~** ta en pause, **2.** *mus:* fermate.

II. pause *vb:* ta en pause *(fx they paused for a cup of tea);* gjøre en pause *(fx he paused for a moment).*

pave [peiv] *vb* **1.** brulegge; steinsette; **2.** *fig: ~(=prepare)* **the way for** bane veien for.

paved surface*(=pavement surface)* fast (vei)dekke.

paved zone fotgjengersone; gågate.

pavement ['peivmənt] *subst* **1**(,**US:** *sidewalk)* fortau; **2.** brulegging; **cobblestone ~** brulegging av kuppelstein; **3. US***(=roadway)* kjørebane; veibane.

pavement artist fortausmaler.

paving ['peiviŋ] *subst* **1.** brulegging; **2.** hellelegging; **crazy ~** hellelegging med bruddheller.

paving stone*(=set(t))* brustein.

I. paw [pɔ:] *subst* **1.** *zo:* pote; labb; **2. S***(=hand)* labb *(fx get your paws off that cake!).*

II. paw *vb* **1.** *om hest, etc:* skrape *(fx the horse pawed (at) the ground);* **2.** fingre med; klå på; beføle; plukke på; **don't ~ my books (about)!** du skal ikke behandle bøkene mine så stygt!

pawl [pɔ:l] *subst; tekn:* pal; sperrehake.

I. pawn [pɔ:n] *subst* **1.** *i sjakk:* bonde: **2.** *fig:* brikke *(fx she was a pawn in his ambitious plans).*

II. pawn *subst* **1.** noe som er pantsatt; **his watch is in ~** han har pantsatt klokken sin; **2.** *stivt(=hostage)* pant; gissel.

III. pawn *vb:* pantsette; **T:** stampe.

pawnbroker ['pɔ:n,broukə] *subst:* pantelåner.

pawnbroking ['pɔ:n,broukiŋ] *subst:* pantelånervirksomhet.

pawnshop ['pɔ:n,ʃɔp] *subst:* pantelånerforretning.

pawn ticket låneseddel.

I. pay [pei] *subst* **1***(=wages; salary)* lønn; **how much ~ do you get for the job?** hvilken lønn får du for jobben? **(a) high ~** høy lønn; **equal ~ for equal work** lik lønn for likt arbeid; **sick ~** lønn under sykdom; **on full ~** med full lønn; **2.: be in the ~ of** være betalt (*el.* lønnet) av.

II. pay *vb (pret & perf. part.: paid)* **1.** betale; utbetale; *stivt:* utrede *(fx this sum must be paid in advance);* lønne *(fx he pays his men well);* **~ a bill** betale en regning; **he paid me the £10 he had borrowed** han betalte meg de £10 han hadde lånt; **when he owes money he always -s** når han skylder penger, betaler han alltid (tilbake); **~ for** betale for; **2.** lønne seg; **it doesn't ~** det lønner seg ikke; **make sth ~** få noe til å lønne seg; **it'll ~ you to be careful** det vil lønne seg for deg å være forsiktig; **3.** *om investering(=bring in)* innbringe; gi *(fx an investment paying 5 per cent);* **4.** *fig:* **~ for sth** (få) unngjelde for noe; (få) betale for noe; **T:** (få) svi for noe; **you'll ~ for that remark!** den bemerkningen skal du få svi for; **5.: ~ attention to** *se attention 1;* **6.: ~ one's respects to sby** vise en sin aktelse; gjøre en sin oppvartning; **7.: ~ one's way** betale for seg; betale regningene sine; **8.: ~ back** 1. betale tilbake; 2*(=get even with):* **I'll ~ you back for this!** dette skal du få igjen for! **9.** *ved kjøp:* ~ **down** betale kontant *(fx pay £50 down and the rest by instalments);* **10.:** ~ **in** 1. betale inn *(fx I'd like to pay in £50);* **are you -ing in or withdrawing?** skal du betale inn eller ta ut? 2.: ~ **in gold** betale med gull; 3.: ~ **in full** betale fullt ut; **11.:** ~ **into** betale inn på *(fx I'll pay this into my account);* **12.:** ~ **off** 1. betale av; betale *(fx pay (off) instalments on the car);* ~ **off a mortgage** betale ut et pantelån; 2*(=pay)* betale seg; lønne seg; svare seg *(fx his hard work paid off);* 3.: **the workers were paid off** arbeiderne fikk sin lønn og måtte gå; *mar:* **the crew was paid off** mannskapet ble avmønstret; **13.:** ~ **out** 1. utbetale; betale ut *(fx pay sby out);* ~ **out large sums of money** betale ut (*el.* utbetale) store pengesummer; **her father is always -ing out to settle her bills** hennes far punger alltid ut og betaler regningene hennes; 2. *mar:* fire ut; slakke (på); stikke ut *(fx a rope);* **14. T:** ~ **through the nose** betale i dyre dommer; **15.:** ~ **up** betale; betale for seg; **you have three days to** ~ **up***(=you must pay (up) within three days)* du har tre dager på deg til å betale.

payable [peiəbl] *adj:* betalbar *(fx to the bearer);* som skal (,må) betales *(fx on the third of each month);* ~ **in advance** må betales forskuddsvis; **the cheque is** ~ **to me***(=the cheque is made out to me)* sjekken er utstedt til meg; **the person to whom the cheque is made** ~ den personen sjekken er utstedt til.

pay-as-you-earn *(fk PAYE* [,pi:ei,wai'i:]*):* **the** ~ **system** kildebeskatning; forskuddsvis trekk av skatt på lønnsinntekt; *(se NEO skattetrekk).*

pay bed *ved sykehus:* seng som pasienten betaler for selv; **patients in -s** betalende pasienter; privatpasienter.

paycheck ['pei,tʃek] *subst* **US***(=pay slip)* lønnsslipp.

pay day lønningsdag.

payee [pei'i:] *subst; merk:* remittent.

payer ['peiə] *subst:* betaler.

I. paying ['peiiŋ] *subst:* det å betale; ~ **in** innbetaling; ~ **in and drawing out** *på bankkonto:* inn- og utbetalinger.

II. paying *adj:* betalende *(fx guest).*

pay-in slip*(=paying-in slip)* innbetalingsseddel; *(jvf deposit slip).*

payload ['pei,loud] *subst; flyv:* nyttelast.

paymaster ['pei,ma:stə] *subst; mil:* regnskapsfører.

payment ['peimənt] *subst* **1.** innbetaling; betaling; **for** ~*(=for money)* mot betaling; ~ **of** betaling av; *merk:* **in** ~ **of***(=in settlement of)* som betaling for; *merk:* til dekning av; **in part** ~ **of** til delvis dekning av; **£100 for** ~ **of expenses** £100 til dekning av utgiftene; **2***(=instalment)* avdrag *(fx in ten weekly payments of £20).*

payoff ['pei,ɔf] *subst* **1.** *merk(=final settlement)* sluttoppgjør; **2.** *fig:* oppgjørets time *(fx the payoff came when the gang besieged the squealer's house);* **3.** *i historie, etc* **T***(=climax)* høydepunkt; **4. T***(=bribe)* bestikkelse.

pay packet lønningspose.

payphone ['pei,foun] *subst; tlf(=coin box)* mynttelefon.

payroll ['pei,roul] *subst* **1.** lønningsliste; **2.** lønningspenger *(fx the thieves stole the payroll).*

pay slip *(,US: paycheck)* lønnsslipp.

pay station **US***(=phone box)* telefonkiosk.

PC [,pi:'si:] *subst* **1** *(fk.f. police constable)* politikonstabel; **2***(fk.f. personal computer)* persondatamaskin.

PE [,pi:'i:] *subst (fk.f. physical education)* gymnastikk.

pea [pi:] *subst; bot:* ert; **split -s** gule erter; **sweet** ~ blomsterert; **they're as like as two -s** de ligner hverandre som to dråper vann.

peace [pi:s] *subst:* fred; fredfylthet; fredsommelighet; ~ **of mind** sjelefred; fred i sinnet *(fx it gives you peace of mind);* ~ **and quiet** fred og ro; **disturb the public** ~ forstyrre offentlig ro og orden; **the two countries are at** ~de to landene har fred med hverandre; **keep the** ~ 1. holde fred; 2. *jur; for mindre forseelse:* **be bound over (to keep the** ~) få betinget dom; **make** ~ slutte fred.

peaceable ['pi:səbl] *adj:* fredsommelig *(fx he's a peaceable person);* fredeligsinnet; **he's** ~ **by nature** han er fredsommelig av seg.

peaceable disposition fredsommelighet; fredelig sinnelag; fredeligsinnethet; **of** ~*(=peaceable)* fredeligsinnet; fredsommelig; **there could be no doubt as to their** ~*(=peaceful intentions)* det kunne ikke være noen tvil om deres fredelige sinnelag (*el.* deres fredeligsinnethet).

peace campaigner fredsaktivist; fredsforkjemper.

peace corps fredskorps.

peace corps volunteer*(=peace corps worker)* fredskorpsdeltager.

peace force *mil:* fredsstyrke.

peaceful ['pi:sful] *adj:* fredfylt; fredelig *(fx scene);* fredeligsinnet *(fx involve peaceful countries in war);* ~ **use of** fredelig utnyttelse av *(fx nuclear power);* **he would like to keep a** ~ **little spot all to himself** han ville gjerne beholde en liten fredet plett for seg selv.

peaceful coexistence fredelig sameksistens.

peacefully *adv:* fredelig; ad fredelig vei; **he died** ~ han døde stille og rolig; **he suddenly felt so** ~ **inclined towards everyone and everything** han følte seg med ett så fredelig stemt overfor alt og alle.

peacefulness ['pi:sfulnis] *subst:* fredfylthet; fred *(fx peacefulness is one of the great delights of country life).*

peace initiative fredsinitiativ.

peace-keeping ['pi:s,ki:piŋ] *adj:* fredsbevarende *(fx forces).*

peace-loving ['pi:s,lʌviŋ] *adj:* fredselskende.

peacemaker ['pi:s,meikə] *subst:* fredsstifter *(fx act as peacemaker); bibl:* **blessed are the -s** salige er de fredsommelige.

peace offering **1.** forsoningsgave; **2.** *bibl:* takkoffer.

peace overtures fredsfølere.

peacetime ['pi:s,taim] *subst* **1***(=times of peace)* fredstid; **2.: a** ~ **agreement** en avtale inngått i fredstid.

I. peach [pi:tʃ] *subst* **1.** *subst; bot:* fersken; **2.** ferskenfarge; **3. T:** søt pike.

II. peach *vb* **T:** ~ **on sby***(=inform against sby)* tyste på en; *(jvf II. grass 2).*

III. peach *adj:* ferskenfarget.

peacock ['pi:,kɔk] *subst; zo:* påfugl(hann); *(jvf peahen).*

peafowl ['pi:,faul] *subst; zo:* påfugl.

peahen ['pi:,hen] *subst; zo:* påfuglhøne.

pea-jacket ['pi:,dʒækit] *subst; mar(=peacoat)* pjekkert.

I. peak [pi:k] *subst* **1.: (mountain)** ~ nut; fjellpigg; **2.** *på skyggelue(=visor)* skygge; **3.** *mar(=forepeak)* forpigg; **4.** *fig:* topp *(fx he was at the peak of his career).*

II. peak *vb(=reach a maximum)* nå et maksimum; nå en topp *(fx prices peaked in July and then began to fall).*

III. peak *adj:* topp- *(fx reach peak productivity).*

peaked cap skyggelue.

peak condition toppform; **in** ~ 1*(=in top form; at*

the top of one's form) i toppform; 2. *om motor, etc:* i tipptopp stand; i førsteklasses stand.
peak hours rushtid; **at***(=during)* ~ i rushtiden.
peak load 1. *elekt & mask:* toppbelastning; spissbelastning; **2.** *på vei:* toppbelastning.
peak time tid da det er størst belastning (etterspørsel, etc).
peaky ['pi:ki] *adj* **T:** blek om nebbet *(fx You look peaky today. Don't you feel well?)*; blek *(fx rather a peaky child)*.
I. peal [pi:l] *subst* **1.** kiming; klokkeringing; spill av samstemte klokker; **2.** *for klokketårn:* **a ~ of bells***(=a set of bells)* et klokkespill; **3.: -s of laughter** hyl av latter; **-(s) of thunder** tordenskrall; tordenbrak; **ring the doorbell with a resounding ~** kime på døra.
II. peal *vb* **1.** ringe; kime; *om orgel:* bruse; **2.** *om torden:* rulle *(fx thunder pealed through the valley)*.
peanut ['pi:,nʌt] *subst* **1.** *bot:* peanut; **2.** *om lite pengebeløp* **T: -s***(=a trifling amount)* bare småpenger.
peapod *bot:* ertebelg.
pear [pɛə] *subst; bot:* pære.
pearl [pə:l] *subst* **1.** perle *(fx her teeth were like pearls)*; **imitation***(=artificial)* **-s** uekte perler; imiterte perler; **2.** *fig:* perle *(fx she's a pearl among women)*; **3.: -s** 1. perler; 2*(=pearl necklace)* perlekjede.
pearl barley perlegryn; byggryn.
pearl diver*(=pearler)* perledykker; perlefisker.
pearl oyster perlemusling.
pearl-side ['pə:l,said] *subst; zo; fisk:* laksesild.
pearlwort ['pə:l,wə:t] *subst; bot:* småarve.
pearly ['pə:li] *adj; litt.(=like pearls)* perleaktig.
peasant ['pezənt] *subst* **1.: ~ (farmer)** (små)bonde; **2. T***(=rustic)* person som bor på landet; landsens menneske.
peasantry ['pezəntri] *subst:* **the ~***(=the farmers)* bondestanden.
peashooter ['pi:,ʃu:tə] *subst; leketøy:* pusterør.
pea soup ertesuppe.
peat [pi:t] *subst; bot:* torv.
peat moss *bot(=bog moss)* torvmose; hvitmose.
peavey ['pi:vi] *subst; forst* **US***(=cant hook)* tømmerhake; kanthake; fløterhake.
pea weevil *zo(=bean weevil)* ertebille.
pebble ['pebəl] *subst:* liten rullestein; fjærestein; **-s** småstein; *(jvf boulder)*.
pebble dash *bygg:* skvettpuss (med ertesingel).
pebbly ['pebli] *adj:* dekket med småstein, **~ beach** rullesteinsstrand.
peccable ['pekəbl] *adj; stivt(=sinful)* syndefull; syndig.
peccadillo [,pekə'dilou] *subst (pl: peccadillo(e)s) stivt el. spøkef(=small sin)* liten synd (*el.* forseelse) *(fx he admitted kissing his secretary, but said that he didn't feel such a peccadillo was sufficient reason for his being dismissed)*; **-(e)s** småsynder.
I. peck [pek] *subst* **1.** *med nebb:* hakk; **the bird gave him a painful ~ on the hand** fuglen hakket ham i hånden, slik at det gjorde vondt; **2. T***(=quick kiss)* lite kyss.
II. peck *vb* **1.** *om fugl:* hakke; **~ (at)** hakke i; **2. T***(=kiss quickly)* kysse lett *(fx she pecked her mother on the cheek)*; **3.** *fig:* **~ at one's food***(=pick at one's food)* pirke i maten.
pecker ['pekə] *subst* **1. T: keep your ~ up!***(=cheer up! keep your chin up!)* opp med humøret! **T:** opp med nebbet! **2. US S***(=penis)* pikk; **3. T:** *se woodpecker.*
pecking order *psykol:* hakkeorden.
peckish ['pekiʃ] *adj* **T:** litt sulten; småsulten; **I feel a bit ~** jeg føler meg litt sulten.
pectin [pektin] *subst; kjem:* pektin.
pectoral ['pektərəl] *adj; anat & zo:* bryst- *(fx muscle)*.
pectoral fin *zo:* brystfinne.
peculate ['pekju,leit] *vb; meget stivt: se embezzle.*
peculiar [pi'kju:liə] *adj* **1***(=strange; odd)* merkelig; rar; **2.** *stivt(=particular):* **a matter of ~ interest** en sak av særlig interesse; **3.** særegen; egenartet; eiendommelig; **~ to** særegen for; spesiell for *(fx this custom is peculiar to France)*.
peculiarity [pi,kju:li'æriti] *subst:* særegenhet; eiendommelighet; egenartethet; egenart; **these clothes are a ~ of the region** disse klærne er spesielle for distriktet; **there are a few peculiarities in his plans for the house** det er et par eiendommelige ting (*el.* detaljer) ved hustegningene hans.
pecuniary [pi'kju:niəri] *adj; meget stivt(=financial):* **a ~ problem** et pengeproblem; et pekuniært problem.
pedagogic(al) [,pedə'gɔdʒikəl] *adj; stivt(=educational)* pedagogisk.
pedagogics [,pedə'gɔdʒiks] *subst; stivt(=educational science)* pedagogikk.
pedagogue ['pedə,gɔg] *subst; neds:* stivbent pedagog; pedant (av en lærer).
pedagogy ['pedə,gɔdʒi; 'pedə,gɔgi] *subst; stivt(=educational science)* pedagogikk.
I. pedal ['pedəl] *subst:* pedal; **brake ~** bremsepedal.
II. pedal *vb:* bruke pedalen(e); *om syklist:* sykle *(fx he pedalled away as fast as he could)*.
pedal bin søppelbøtte med pedal; *(jvf kitchen bin)*.
pedal cycle tråsykkel.
pedant ['pedənt] *subst(=pedantic person)* pedant.
pedantic [pi'dæntik] *adj:* pedantisk.
pedantry ['pedəntri] *subst:* pedanteri.
peddle ['pedəl] *vb* **1.** selge ved dørene; være dørselger; **2.: ~ drugs** selge (*el.* handle med) narkotika (,**T:** stoff); **3.** *idéer, rykter, etc(=spread)* spre.
peddler ['pedlə] *subst:* **1. US***(=pedlar)* dørselger; **2.: drug ~***(=drug pusher)* narkotikaselger.
pedestal ['pedistəl] *subst* **1***(=base)* fotstykke; sokkel: **2.** *fig:* pidestall *(fx put sby on a pedestal)*.
pedestrian [pi'destriən] **1.** *subst:* fotgjenger; **2.** *adj; stivt(=prosaic)* prosaisk; jordbunden.
pedestrian crossing *(,***US:** *crosswalk)* fotgjengerovergang; *(jvf pelican crossing & zebra crossing)*.
pedestrian lane fotgjengerfelt.
pedestrian precinct*(=paved zone)* gågate.
(pedestrian) subway *(,***US:** *underpass)* fotgjengerundergang; fotgjengertunnel.
pedestrian walkway*(=path for pedestrians)* fotgjengersti.
pediatrician [,pi:diə'triʃən] *subst* **US***(=paediatrician)* barnelege; barnespesialist.
pediatrics [,pi:di'ætriks] *subst* **US***(=paediatrics)* pediatri; læren om barnesykdommer.
pedicel ['pedi,sel], **pedicle** ['pedikəl] *subst; bot; zo(=stem)* stilk.
pedicure ['pedi,kjuə] *subst* **1***(=chiropody; care of the feet)* fotpleie; **2***(=chiropodist)* fotpleier.
pedigree ['pedi,gri:] *subst* **1***(=genealogical table; family tree)* stamtavle; stamtre; **2.** *dyrs:* stamtavle.
pedigree cattle stambokført kveg; rasekveg.
pedlar *(,***US:** *peddler)* ['pedlə] *subst:* dørselger; *(se også peddler 2)*.
peduncle [pi'dʌŋkəl] *subst; bot; zo(=stem)* stilk.
pee [pi:] **T 1.** *subst:* tiss; **2.: I must have a ~** jeg må tisse; **3.** *vb:* tisse.
I. peek [pi:k] *subst* **T***(=quick look)* titt *(fx I just had a quick peek at the baby)*.
II. peek *vb* **T: ~ at sth***(=glance quickly at sth)*

kikke på; ta en titt på.

I. peel [pi:l] *subst* **1.: (baker's)** ~*(=baker's shovel)* bakerskuffe; brødspade; **2.** skall *(fx orange peel);* skrell *(fx potato peel);* **3.: candied** ~ sukat.

II. peel *vb* **1.** skrelle; **2.** *om hud:* flasse; **my back began to** ~ jeg begynte å flasse på ryggen; **3.:** ~ **off** 1. skrelle (*el.* flå) av; 2. *om tapet, etc:* løsne (fra underlaget); 3. *om maling:* ~ **(off)** flasse av; 4. *mil; flyv:* forlate formasjonen; 5. **T***(=undress)* kle av seg *(fx they peeled off (their clothes));* **4. T: keep your eyes -ed***(=skinned)(=keep a sharp lookout)* hold skarp utkikk; ha øynene med deg.

peelings ['pi:liŋz] *subst; pl:* skrell *(fx potato peelings).*

peen [pi:n] *subst:* ~ **(of a hammer)** hammerpenn.

I. peep [pi:p] *subst* **1***(=quick look)* kikk; titt *(fx she took a peep at the visitor);* **2.** *litt.:* **at the** ~*(=crack)* **of dawn** ved daggry; **3.** *fugleunges(=chirp)* pip; kvidder; **4. T: I don't want to hear a** ~ **out of you!** jeg vil ikke høre et pip fra deg (,dere)! **there wasn't a** ~ **from the sleeping children** det kom ikke en lyd fra de sovende barna.

II. peep *vb* **1.** titte; kikke, **he -ed inside** han kikket innenfor; *sagt til barn:* ~**!***(=peep-bo!)* titt-titt! ~ **through the window** kikke (*el.* titte) inn gjennom vinduet; **he -ed at the answers at the back of the book** han kikket på svarene bak i boken; *fig:* **the sun -ed out from behind the clouds** sola tittet fram bak skyene; **2.** *om fugleunge(=chirp)* pipe; kvidre; **3.** *om person; med tynn, pipende stemme:* pipe.

peeper ['pi:pə] *subst* **1.** en som kikker; **2***(=voyeur;* **T:** *Peeping Tom)* kikker; **3. S***(=eye)* glugge.

peephole ['pi:p,houl] *subst:* kikkhull; glugge.

Peeping Tom*(=voyeur)* kikker.

peep sight *på skytevåpen:* hullsikte; dioptersikte.

I. peer [piə] *subst* **1.** *stivt(=equal)* likemann; **2***(=nobleman)* adelsmann (med rett til sete i Overhuset); lord; overhusmedlem; ~ **of the realm***(=hereditary peer)* adelsmann hvis rang og sete i Overhuset er arvelig; **he was made a** ~ han ble opphøyet i adelsstanden.

II. peer *vb* **1.** *når det er vanskelig å se:* stirre *(fx peer (out) into the darkness; peer at the small writing);* myse; **2.** *stivt(=peep)* titte *(fx the sun peered through the fog).*

peerage ['piəridʒ] *subst* **1.** adelstittel *(fx he was granted a peerage);* **2.** adelsstand; **raise to the** ~ opphøye i adelsstanden.

peeress [piəris] *subst* **1***(=peer's wife)* overhusmedlems kone; **2***(=peeress in her own right)* adelsdame; adelig dame.

peer group aldersgruppe *(fx he's more advanced than the rest of his peer group).*

peerless ['piəlis] *adj; litt.(=without equal)* uforlignelig; makeløs *(fx Sir Galahad was a peerless knight).*

peeved ['pi:vd] *adj* **T***(=annoyed)* ergerlig (*with* på); **she was a bit** ~ **about it** hun var litt ergerlig av den grunn.

peevish ['pi:viʃ] *adj(=irritable)* gretten.

peewit, pewit ['pi:,wit] *subst; zo(=lapwing)* vipe.

I. peg [peg] *subst* **1.** plugg *(fx there were four pegs stuck in the ground);* **tent** ~ teltplugg; **2.** knagg; klesknagg; **3.** *på fiolin:* (stemme)skrue, **4***(=clothes-peg;* **US:** *clothespin)* klesklype; **5.** *fig:* **a** ~ **on which to hang a theory** noe å henge en teori på; **6. T: come down a** ~ jekke seg ned (et hakk); **take sby down a** ~ **(or two)** jekke en ned et (par) hakk; **7.: off the** ~*(=ready made):* **I bought a suit off the** ~ jeg kjøpte en konfeksjonsdress; **8.: he's a square** ~ **in a round hole** han har kommet på feil hylle her i livet.

II. peg *vb* **1.** plugge (fast); feste med plugger *(fx peg a tent);* **2.** feste med (kles)klyper *(fx she pegged the clothes on the line);* **3.** *priser, etc(=hold stable)* holde stabile; fiksere; *om valuta:* ~*(=link)* **a currency to another** knytte en valuta til en annen *(fx our currency is pegged to the dollar);* **4.** *område som man vil grave gull på el. dyrke:* ~ **one's claim** 1*(=stake out one's claim)* stikke ut området sitt; 2. *fig:* markere sin interessesfære; **5.:** ~ **sby down on a decision** få en til å binde seg til en beslutning; **6. T:** ~ **away** arbeide trutt og jevnt *(fx he pegged away at his job for years);* **7.:** ~ **out** 1*(=stake out)* stikke ut; *(se 4 ovf);* 2. **T***(=die)* dø; **T:** pigge av; krepere.

pegboard ['peg,bɔ:d] *subst; om brett med huller i:* pinnebrett.

peg leg T: treben; kunstig ben.

pejorative [pi'dʒɔrətiv] **1.** *subst:* pejorativ; ord med nedsettende betydning; **2.** *adj(=derogatory)* nedsettende.

Peke [pi:k] *subst* **T***(=Pekingese dog)* pekingeser.

Peking [pi:'kin] *subst; geogr:* Peking.

Pekingese [,pi:kiŋ'i:z], **Pekinese** [,pi:ki'ni:z;, peki'ni:z] **1.** *subst:* pekingeser (ɔ: person fra Peking); *zo:* pekingeser; **2.** *adj:* pekingesisk.

pelagic [pe'lædʒik] *adj:* pelagisk *(fx organism);* hav-.

pelargonium [,pelə'gouniəm] *subst; bot:* pelargonium.

pelf [pelf] *subst(=mammon)* mammon.

pelican ['pelikən] *subst; zo:* pelikan.

pelican crossing fotgjengerovergang med lydsignal.

pellet ['pelit] *subst* **1.** *av brød, papir, etc:* (liten) kule; **2***(=(piece of) small shot)* hagl (til haglbørse); **3.** *på drivgarn(=bowl)* vaker.

pell-mell ['pel'mel] *adj, adv:* hulter til bulter *(fx a pell-mell rush for the exit).*

pellucid [pe'lu:sid] *adj; stivt* **1***(=transparent; translucent)* gjennomsiktig; gjennomskinnelig; **2.** *litt.; om stil(=very clear)* meget klar.

pelmet ['pelmit] *subst:* gardinbrett; *av stoff:* gardinkappe; kappe (over portière).

Peloponnese ['peləpə'ni:s] *subst; geogr:* Peloponnes.

I. pelt [pelt] *subst(=undressed skin)* uberedt skinn.

II. pelt *subst:* **at full** ~ i full fart.

III. pelt *vb* **1.** *om regn el. hagl:* **the rain was -ing down***(=the rain was pouring down)* regnet pøste ned; **the rain was -ing the windows** regnet pisket mot vinduene; **2. T***(=run very fast)* pile av sted *(fx he pelted down the road);* **3.** bombardere *(fx pelt sby with rotten eggs).*

pelvic ['pelvik] *adj; anat:* bekken-.

pelvic fin *zo(=ventral fin)* bukfinne.

pelvic girdle *anat(=pelvic arch)* bekkenring.

pelvis ['pelvis] *subst; anat:* bekken; **fracture of the** ~*(=pelvic fracture)* bekkenbrudd.

I. pen [pen] *subst* **1.** *om innhegning for dyr:* **sheep** ~*(=sheepfold; sheepcote)* sauekve; *(jvf playpen);* **3.** *mil:* **(submarine)** ~ ubåtbunker.

II. pen *subst* **1.** penn; **ball** ~ kulepenn; **2.** *fig:* penn; **his sharp** ~ hans skarpe penn; **live by one's** ~*(=make a living with one's pen)* leve av sin penn; *neds* **T: he pushes a** ~ **all day** han sliter kontorkrakken.

III. pen *zo(≐female swan)* hun(n)svane.

IV. pen *vb; litt. el. stivt(=write)* skrive *(fx she penned a quick note to her mother).*

penal ['pi:nəl] *adj; jur el. stivt:* straffe-; strafferettslig; ~ **code** straffelov(bok); ~ **law(s)** straffelov; ~ **legislation** straffelovgivning; ~ **system***(=penal practice)* straffesystem *(fx the British penal system).*

penal interest *bankv:* strafferente.

penalize, penalise ['pi:nə,laiz] *vb* **1.** belegge med straff; sette straff for; **2.** *stivt(=punish)* straffe; **3.** *sport:* straffe; idømme straffepoeng; *fotb:* ~ **sby** dømme frispark mot en.

penal servitude straffarbeid.

penalty ['penəlti] *subst* **1.** *jur(=punishment)* straff *(fx the severest penalty of the law);* **the minimum** ~ lovens mildeste straff; **on***(=under)* ~ **of death** under dødsstraff; med trus(s)el om dødsstraff; **2.** *ved kontraktbrudd:* bot; mulkt; **time** ~ dagmulkt *(fx the contract included a time penalty clause);* **3.** *sport:* straff; straffespark; **they lost the match on penalties** de tapte kampen ved straffesparkkonkurranse; **he kicked three penalties** han tok tre straffespark; **4.** *fig:* straff; uheldig følge *(fx the penalties of not joining the EEC);* **pay the** ~ ta sin straff; **he paid the** ~ **for his heavy drinking** han fikk straffen for all drikkingen sin.

penalty area *fotb(=penalty box)* straffefelt; **bring sby down in the** ~ felle en i straffefeltet.

penalty clause *i kontrakt, etc:* straffebestemmelse; **time** ~ bestemmelse om dagmulkt.

penalty goal *fotb:* mål scoret på straffespark.

penalty kick*(=penalty) fotb:* straffespark; **award***(=give)* **a** ~ dømme straffespark; *(se også penalty 4).*

penalty spot *fotb:* straffemerke.

penance ['penəns] *subst; rel el. spøkef:* botsøvelse *(fx he did penance for his sins; I'll finish the work at home tonight as (a) penance for being late this morning).*

pen-and-ink drawing pennetegning.

pen-case ['pen,keis] *subst(=pencil case)* pennal.

pence [pens] *pl av penny.*

penchant ['pentʃənt; 'pa:nʃa:ŋ] *subst; stivt:* **have a** ~ **for***(=have a liking for)* ha en forkjærlighet for; ha en svakhet for.

I. pencil ['pensəl] *subst* **1.** blyant; **2.: styptic** ~ blodstillerstift; **3.: a** ~ **of rays** en strålebunt.

II. pencil *vb* **1.** skrive med blyant; tegne med blyant; ~ **one's eyebrows** trekke opp øyenbrynene; **2.:** ~ **in** føye til med blyant; skrive med blyant; **he -led in the answers in the spaces provided** han skrev svarene med blyant der hvor det var satt av plass til dem.

pencil sharpener blyantspisser.

pendant ['pendənt] *subst; smykke:* anheng *(fx a gold pendant);* ~ **on a short chain** halsgropsmykke.

pendent ['pendənt] *adj(=hanging)* hengende; som henger; ~ **cliff***(=overhanging cliff)* klippe som henger utover; overhengende klippe.

I. pending ['pendiŋ] *adj* **1***(=not yet decided)* enda ikke avgjort; som venter på å bli avgjort *(fx the matter is still pending);* **2***(=imminent; impending):* **these developments have been** ~ **for some time** denne utviklingen har vært ventet en tid; **3.** *merk; om korrespondanse:* som venter på å bli ekspedert; som man venter på; **there's a reply** ~ det er ikke kommet svar enda.

II. pending *prep* **1.** i påvente av *(fx in prison pending trial);* **2.** *stivt(=during)* under *(fx no information can be given to the press pending the meeting).*

pendulous ['pendjuləs] *adj; stivt(=hanging down)* som henger ned; ~ **breasts***(=sagging breasts)* hengebryster.

pendulum ['pendjuləm] *subst:* pendel; **and the** ~ **will no doubt swing the other way again** og pendelen vil sikkert svinge den andre veien igjen.

penetrable ['penətrəbl] *adj:* gjennomtrengelig; *(jvf impenetrable).*

penetrate ['peni,treit] *vb* **1.** trenge gjennom; **2.** trenge inn i *(fx he penetrated her); om væske(=seep in)* trenge inn; ~ **(into) the forest** trenge inn i skogen; ~ **(down) into** trenge ned i *(fx the deeper layers of the soil);* **3.** *mil(=break through)* bryte gjennom; **4.** *stivt:* ~ **a mystery***(=solve a mystery)* trenge gjennom et mysterium; løse et mysterium; **5.** bli forstått; synke inn *(fx it took a long time to penetrate);* **I heard what he said but it didn't** ~ jeg hørte hva han sa, men det trengte ikke inn.

penetrating *adj* **1.** gjennomtrengende; **a** ~ **shriek** et gjennomtrengende skrik; **2.** skarp(sindig) *(fx analysis);* **3.** *om blikk(=searching)* undersøkende *(fx she gave him a penetrating look).*

penetrating oil rustolje.

penetration [,peni'treiʃən] *subst* **1.** gjennomtrengning; **2.** inntrengning; **deep** ~ dyp inntrengning; **3.** *mil:* gjennombrudd; det å trenge gjennom *(fx the enemy's defences);* infiltrasjon; **4.** *mil; prosjektils:* gjennomslagskraft; **5.** skarpsinn; skarpsindighet; dyp(ere) forståelse; **a critic gifted with great powers of** ~ en kritiker utstyrt med en utpreget evne til å trenge ned i stoffet.

penguin ['peŋgwin] *subst; zo:* pingvin.

penicillin [,peni'silin] *subst:* penicillin.

peninsula [pə'ninsjulə] *subst:* halvøy; **the Iberian Peninsula** Pyrenéerhalvøya.

peninsular [pə'ninsjulə] *adj:* halvøy-; halvøyformet.

penis ['pi:nis] *subst; anat:* penis.

penitence ['penitəns] *subst; stivt el. rel(=repentance)* botferdighet; anger.

penitent ['penitənt] *adj; stivt el. rel(=repentant)* botferdig; angerfull.

penitential [,peni'tenʃəl] *adj:* bots-: ~ **robe** botsdrakt.

penitentiary [,peni'tenʃəri] *subst* **US***(=prison)* fengsel.

penknife ['pen,naif] *subst(=pocketknife)* liten lommekniv; pennekniv.

pen name forfatternavn; pseudonym.

pennant ['penənt] *subst:* vimpel; stander.

penniless ['penilis] *adj(=poor)* fattig; pengeløs.

Pennines ['penainz] *subst; geogr:* **the** ~*(=the Pennine Chain) i Nord-England:* Den penninske kjede.

pennon ['penən] *subst:* vimpel; stander.

penny ['peni] *subst (pl: pence [pens]; pennies* ['peniz]*)* **1.** penny; **a half** ~*(=half a penny; half a p)* en halv penny; **15 pence***(=15p)* 15 pence; **I've got only pennies** jeg har bare pennystykker; **2.: the -'s dropped***(=he's understood at last)* endelig har det gått et lys opp for ham; **3. T: spend a** ~*(=urinate)* slå lens; **4. T: a pretty** ~*(=a large amount of money)* en pen sum; en pen slump penger; **5. T: it won't cost you a** ~ det blir helt gratis; **6.** *neds:* **two a** ~*(=very common):* **books like that are two a** ~ slike bøker går det 13 på dusinet av; **7.** *ordspråk:* **in for a** ~**, in for a pound** har en sagt a, får en også si b; **8.** *ordspråk:* **take care of the pence and the pounds will take care of themselves** ta vare på småørene, så tar kronene vare på seg selv.

penny-wise [,peni'waiz] *adj:* **be** ~ **and pound-foolish** spare på skillingen og la daleren gå.

pen pal pennevenn.

pen pusher T: kontorslave.

I. pension ['penʃən] *subst:* pensjon; **earnings-related** ~ lønnsregulert pensjon.

II. pension *vb:* ~ **sby off** pensjonere en; *(jvf retire 1.).*

pensionable ['penʃənəbl] *adj:* pensjonsberettiget; som gir rett til pensjon *(fx a pensionable post).*

pensionable age pensjonsalder.

pensioner ['penʃənə] *subst:* **old age** ~ pensjonist.

pensive ['pensiv] *adj; litt. el. stivt(=thoughtful)* etter-

tenksom; tankefull; **in a ~ mood** i en ettertenksom sinnsstemning; tankefull *(fx he was in a pensive mood).*
penstock ['pen,stɔk] *subst; i kraftverk:* rørgate.
pentagon ['pentə,gɔn] *subst; geom:* femkant.
Pentagon US: the *~(headquarters of the US Department of Defense)* Pentagon.
pentameter [pen'tæmitə] *subst:* pentameter; femfotet verselinje; **iambic ~** femfotet jambe.
Pentateuch ['pentə,tju:k] *subst:* **the ~** de fem mosebøker.
pentathlon [pen'tæθlɔn] *subst; sport:* femkamp.
Pentecost ['penti,kɔst] *subst:* (jødisk) pinse.
Pentecostalist [,penti'kɔstəlist] *subst:* pinsevenn.
penthouse ['pent,haus] *subst* **1.: ~ (flat)** (luksuriøs) takleilighet; **2.** takhus (for maskineri); **3.** *inntil annen bygning, med skråtak(=lean-to)* leskur.
pent roof*(=lean-to roof)* halvtak.
pent-up ['pent,ʌp] *adj; om følelser:* innestengt *(fx feelings);* oppdemmet *(fx anger);* undertrykt *(fx fury).*
penult ['penʌlt; pi'nʌlt] *subst; stivt(=last syllable but one)* nest siste stavelse.
penultimate [pi'nʌltimət] *adj; stivt(=last but one)* nest siste *(fx the penultimate syllable)).*
penurious [pi'njuəriəs] *adj; stivt(=very poor)* forarmet; meget fattig.
penury ['penjuri] *subst; stivt(=extreme poverty)* armod; ytterste fattigdom.
peony ['pi:əni] *subst; bot:* peon.
I. people ['pi:pəl] *subst* **1.** *pl:* folk; mennesker *(fx a lot of people; there were three people in the room);* **country ~** landsens mennesker; **~ often say such things** folk sier ofte denslags; **~ will do anything to save their own lives** folk gjør hva som helst for å redde sitt eget liv; **young ~** ungdom; unge mennesker; **two young ~** to ungdommer; **give the young ~ a chance** la ungdommen slippe til; **meet ~** komme ut blant mennesker; **2.** folk; man *(fx people don't like to be kept waiting);* **3.** *motsatt adel, etc:* **the ~** folket *(fx the people and the nobles);* **4.** *litt.(=nation)* folk(eslag); nasjon; **all the -s of this world** alle verdens folk(eslag); **5.** *om familie:* **his ~** folkene hans; familien hans.
II. people *vb; litt.* **1***(=fill with people)* befolke *(fx God peopled the world);* **2***(=populate; inhabit)* befolke; bebo; bo i *(fx tribes of Israel peopled the deserts).*
people's republic folkerepublikk.
pep [pep] **T 1.** *subst(=energy; vigour)* pepp; **full of ~** full av pepp; med futt i; **he's lost his old ~** han har mistet peppen; **2.** *vb:* **~ sby up** peppe (*el.* pigge) en opp.
I. pepper ['pepə] *subst:* pepper; **green (,red) ~** grønn (,rød) paprika *(fx the main course consisted of red peppers stuffed with rice);* **cayenne** *~(=red pepper) i pulverform:* kajennepepper.
II. pepper *vb* **1.** pepre; strø pepper på; **2.** *fig:* pepre; krydre *(fx one's report with statistics);* **3.** *fig(=bombard)* bombardere (*with* med) *(fx sby with questions).*
pepper-and-salt *adj; om stoff:* gråmelert; salt og pepper.
peppercorn ['pepə,kɔ:n] *subst:* pepperkorn.
peppergrass ['pepə,gra:s] *subst; bot:* **garden** *~(=garden cress)* matkarse.
peppermint ['pepə,mint] *subst:* peppermynte.
pepper pot *(,US: pepper shaker)* pepperbøsse.
peppery ['pepəri] *adj* **1.** pepret; krydret med pepper; **2.** *fig(=hot-tempered)* hissig; oppfarende *(fx the old colonel is a bit peppery);* **3.** *om tale; etc:* skarp *(fx speech).*
pepsin ['pepsin] *subst:* pepsin.
pep talk oppflammende tale.
peptic ['peptik] *adj:* peptisk; pepsinholdig.
peptic ulcer magesår.
per [pə:; *trykksvakt* pə] *prep* **1.** pr. *(fx ten per ten thousand; cost £5 per person; beef costs 80p per pound; six times per week; an average of two children per family);* **2.** *stivt(=by)* pr. *(fx send it per rail);* **3.: as** *~(=according to)* ifølge *(fx as per specifications);* **T: as ~ usual***(=as usual)* som vanlig; **4.: ~ annum***(=a year)* pr. år; **at a salary of £15,000 ~ annum** med £15.000 i årslønn; **5.** *stivt:* **~ capita***(=for each person)* pro persona; pr. innbygger; **~ capita income** inntekt pr. innbygger.
perambulate [pə'ræmbju,leit] *vb; litt.(=walk about)* gå omkring.
perambulator [pə'ræmbju,leitə] *subst* **1.** *glds(=pram)* barnevogn; **2.** *landmålers:* målehjul.
perceive [pə'si:v] *vb; stivt(=notice; realize)* merke; oppfatte; sanse.
per cent [pə'sent] *adv* **1.** prosent *(fx 25 per cent; 25 p.c.; 25%);* **23% on £1,500** 23% av £1.500; **a 10 ~ increase** en økning på 10%; **how many** *~?(=what percentage?)* hvor mange prosent? **2***(=percentage)* prosentdel *(fx a large per cent of the total);* **3.: rate** *~(=percentage)* prosentsats; prosentdel; **a certain rate ~ on** en bestemt prosentdel av.
I. percentage [pə'sentidʒ] *subst:* prosent(del); prosentsats; **a small***(=low)* **~** en liten prosentdel; **a large***(=high)* **~** en stor prosentdel; **the expenses are (to be) shared according to ~** det blir foretatt prosentvis fordeling av utgiftene; **calculate as a ~** regne ut i prosent; **expressed as a ~** uttrykt i prosent; **expressed in ~ of total** uttrykt i prosent av det hele; **the ~ is a very high one** prosenten er meget høy; **pay a certain ~ of** betale visse prosenter (*el.* en viss prosentdel) av; **what -s of iron and copper does this alloy consist of?** hvor mange prosent jern og hvor mange prosent kopper består denne legeringen av? **what** *~?(=how many per cent?)* hvor mange prosent?
II. percentage *adj(=in terms of percentage; per cent)* prosentvis; **a similar ~ increase in sales***(=a similar sales increase in terms of percentage)* omtrent den samme prosentvise salgsøkning.
perceptible [pə'septibl] *adj; stivt* **1***(=noticeable)* merkbar *(fx a perceptible change in her tone);* **2.: ~ to the eye***(=visible)* synlig; som kan oppfattes av øyet.
perception [pə'sepʃən] *subst* **1.** sans(n)ing; persepsjon; **sense ~** sanseoppfatning; **2***(=understanding)* forståelse; **his gradual ~ of the immenseness of the problem** hans gradvise forståelse av hvor umåtelig stort problemet var; **quickness of ~** rask oppfatningsevne; **a man of great ~** en meget klarsynt mann.
perceptive [pə'septiv] *adj:* rask til å oppfatte; sansevar; skarp.
I. perch [pə:tʃ] *subst; zo:* åbor.
II. perch *subst* **1.** *for fugl:* (sitte)pinne; *for høne:* vagle; **2. T: knock him off his ~** vippe ham av pinnen.
III. perch *vb* **1.** *om fugl:* sette seg; sitte; **2.** *om person:* sitte *(fx they perched on the fence);* **3.** plassere (på et høyt sted) *(fx he perched the child on his shoulder); om bygning:* **be -ed on a rock** ligge på en fjellknaus.
percolate ['pə:kə,leit] *vb* **1.** *om væske:* **~ through***(=filter through)* sive gjennom *(fx rain water perco-*

lates through the soil); **2***(=filter)* filtrere; **3.: ~ coffee** lage traktekaffe; **4.** *stivt(=spread)* spre seg.

percolation [,pə:kə'leiʃən] *subst:* perkolasjon; gjennomsiving.

percolator ['pə:kə,leitə] *subst* **1.** perkolator; **2.** *stivt:* **coffee** ~*(=coffee maker; coffee machine)* kaffemaskin.

percussion [pə'kʌʃən] *subst* **1.** *tekn:* perkusjon; **2.** *mus(=percussion instruments)* slagverk.

percussion cap 1. fenghette; knallhette; knallperle; **2.** *til leketøyspistol(=cap)* kruttlapp.

percussion group: children's ~ skramleorkester.

percussion instrument *mus:* slaginstrument.

percussionist [pə'kʌʃənist] *subst; mus:* slagverker.

perdition [pə'diʃən] *subst; litt.(=everlasting damnation)* (evig) fortapelse.

peregrinations [,perigri'neiʃənz] *subst; pl; stivt(= wanderings)* vandringer.

peregrine ['perigrin] *adj:* vandre-; **~ falcon** vandrefalk.

peremptory [pə'remptəri] *adj; stivt; neds:* bydende; som ikke tåler motsigelse *(fx he is in the habit of issuing peremptory commands);* **his ~ manner***(=his imperious manner)* hans bydende vesen; **a ~ tone***(=a tone of command)* en bydende tone.

I. perennial [pə'reniəl] *subst; bot:* flerårig plante; staude.

II. perennial *adj* **1.** *bot:* flerårig *(fx plant);* **2.** *litt. el. spøkef(=continual)* evig *(fx her perennial complaints).*

I. perfect ['pə:fikt] *subst; gram:* **the** ~*(=the perfect tense)* perfektum.

II. perfect [pə'fekt] *vb; stivt(=make perfect)* perfeksjonere *(fx he went to France to perfect his French).*

III. perfect ['pə:fikt] *adj* **1.** perfekt; feilfri; fullkommen; fullendt *(fx beauty);* helt fin *(fx a perfect day for a picnic);* **practice makes ~** øvelse gjør mester; **a ~ gentleman** en gentleman til fingerspissene; **2***(=exact)* nøyaktig *(fx circle; copy);* **3***(=very great; complete):* **I felt a ~ fool** jeg følte meg som den rene tosk; **a ~ stranger***(=a complete stranger)* en vilt fremmed person; et vilt fremmed menneske; **4.** *mus:* ren; **a ~ fourth** en ren kvart.

perfectibility [pə,fekti'biliti] *subst; stivt(=ability to develop; capacity for development)* perfektibilitet; evne til å utvikle (*el.* dyktiggjøre) seg; utviklingsevne.

perfectible [pə'fektibl] *adj; stivt(=capable of development; capable of improvement)* perfektibel; utviklingsdyktig; som kan bli perfekt.

perfection [pə'fekʃən] *subst:* perfeksjon; fullkommenhet; **the (very) ~ of beauty** den (mest) fullkomne skjønnhet; **the cake was** ~*(=the cake was perfect)* kaken var perfekt; **to ~** perfekt; med fullendt dyktighet; **bring sth to ~** perfeksjonere noe; **Greek civilization slowly flowered to ~** den greske sivilisasjon utviklet seg langsomt henimot det perfekte.

perfectionist [pə'fekʃənist] *subst:* perfeksjonist.

perfectly ['pə:fiktli] *adv* **1.** perfekt; uten feil *(fx she performed the dance perfectly);* **2***(=completely; very)* helt *(fx I'll be perfectly open with you).*

perfect pitch *mus: se absolute pitch.*

perfect tense *gram:* **the** ~*(=the perfect)* perfektum.

perfidious [pə'fidiəs] *adj; litt.(=treacherous; faithless)* forrædersk; falsk; troløs *(fx lover).*

perfidy ['pə:fidi] *subst; litt.(=treachery)* troløshet; svikefullhet; falskhet.

perforate ['pə:fə,reit] *vb* **1***(=make a hole in; make holes in)* gjennomhulle; perforere; **2.** *med.:* **her appendix -d before she reached the hospital** det gikk hull på blindtarmen hennes før hun kom frem til sykehuset.

perforation [,pə:fə'reiʃən] *subst* **1.** perforasjon; gjennomhulling; **2.** *med.:* perforasjon; det at det går hull på; **3.** *på frimerke:* tagging; perforering; **-s** perforeringer; tagger.

perforce [pə'fɔ:s] *adv; glds el. litt.(=necessarily)* nødvendigvis.

perform [pə'fɔ:m] *vb* **1.** *stivt(=do; carry out)* utføre *(fx an operation);* **~ a marriage (ceremony)** foreta en vielse; **we all have our tasks to ~** vi har alle våre oppgaver å ivareta; **2.** oppføre; fremføre *(fx Hamlet);* **3.** opptre; medvirke *(fx in Shakespeare);* **she -ed on the violin** hun opptrådte med fiolin; **4.** *om dyr:* **~ tricks** gjøre kunster; **5.** *om gjennomføring av samleie* **T: he -ed well** han greide (*el.* gjorde) det bra.

performance [pə'fɔ:məns] *subst* **1.** utførelse; **2.** prestasjon; innsats *(fx his performance in the exams was not very good);* **3.** *tekn:* ytelse *(fx good engine performance requires good tuning);* **4.** *teat;* forestilling *(fx three performances a night);* fremførelse; *skuespillers:* opptreden *(fx his last three performances);* **he gave a brilliant ~ in the title rôle** han gjorde en strålende innsats i tittelrollen; **5.: the ~ of the stock market** den måten børsen reagerer (*el.* oppfører seg) på; **6. T: what did you mean by that ~ at the restaurant?** hva mente du med den forestillingen (*el.* den oppførselen din) på restauranten?

performer [pə'fɔ:mə] *subst* **1.** opptredende; medvirkende; (utøvende) kunstner (ɔ: musiker el. skuespiller); **2.** *skolev:* **average** ~*(=average achiever; average student)* gjennomsnittselev; gjennomsnittsstudent.

performing artist opptredende; utøvende kunstner; **the ~** den opptredende.

performing arts *om dans, drama, musikk:* **the ~** den utøvende kunst.

performing rights *teat:* spillerettigheter.

I. perfume ['pə:fju:m] *subst* **1.** parfyme; **2.** *stivt el. litt.(=scent; fragrance)* duft; vellukt.

II. perfume [pə'fju:m] *vb; stivt el. litt.(=scent)* **1.** parfymere; **2.** fylle med vellukt.

perfumery [pə'fju:məri] *subst(=perfumer's shop)* parfymeri.

perfunctory [pə'fʌŋktəri] *adj; stivt(=superficial)* overfladisk; **a** ~*(=fleeting)* **smile** et flyktig smil.

pergola ['pə:gələ] pergola.

perhaps [pə'hæps; præps] *adv:* kanskje.

perianth ['peri,ænθ] *subst; bot:* blomsterdekke.

pericarp ['peri,ka:p] *subst; bot(=seed pod)* frøgjemme; frøhus.

peril ['peril] *subst; stivt(=great danger)* (stor) fare.

perilous ['periləs] *adj; stivt(=very dangerous)* farefull; farlig.

perimeter [pə'rimitə] *subst:* perimeter; omkrets; ytterkant *(fx the perimeter of the city).*

perimeter defence *mil:* kringvern.

I. period ['piəriəd] *subst* **1.** periode; **the house was empty for long -s** huset var (*el.* stod) tomt i lange tider (om gangen); **in the ~ 1980–82** i perioden (*el.* tidsrommet) 1980–82; **2***(=menstruation)* menstruasjon; **3.** *skolev:* time *(fx two periods of French);* **4.** *især* **US***(=full stop)* punktum; **5.** *gram(=sentence)* periode; setning; **6.: ~ of study** studietid; **this subject entails a long ~ of study** studietiden er lang for dette fagets vedkommende; *(jvf study period).*

II. period *adj:* i den tids stil; stil- *(fx period furniture).*

period bill *merk(=term bill; time bill)* tidveksel.

period character tidspreg.

period (colour) tidskoloritt.
period feeling(*=period flavour)* tidskoloritt.
periodic [,piəri'ɔdik] *adj:* periodisk; ~ **decimal** periodisk desimalbrøk.
periodical [,piəri'ɔdikəl] **1.** *subst:* tidsskrift *(fx a technical periodical);* **2.** *adj:* periodisk; periodevis; **regular ~ reports** rapporter med jevne mellomrom.
periodicity [,piəriə'disiti] *subst:* periodisitet; periodisk karakter.
period pains menstruasjonssmerter.
peripatetic [,peripə'tetik] *adj:* omvandrende; som reiser fra sted til sted; ~ **teacher** *kan gjengis:* reiselektor.
I. peripheral [pə'rifərəl] *subst; EDB: se peripheral unit.*
II. peripheral *adj* **1.** periferisk; periferi-; ~ **speed** periferihastighet; **2.** *stivt(=of little importance)* periferisk.
periphery [pə'rifəri] *subst:* periferi; omkrets; **on the ~ of** i periferien av; i ytterkanten av.
periphrasis [pə'rifrəsis] *subst (pl. periphases* [pə'rifrə,si:z]*)* perifrase; omskrivning; *(jvf paraphrase).*
periscope ['peri,skoup] *subst:* periskop.
perish ['periʃ] *vb* **1.** *stivt(=die)* omkomme; **2.** *om gummi el. lær(=rot)* råtne; gå i oppløsning.
I. perishable ['periʃəbl] *subst:* **-s***(=perishable goods)* lett bedervelige varer.
II. perishable *adj:* lett bedervelig.
peristalsis [,peri'stælsis] *subst:* peristaltikk.
peristaltic [,peri'stæltik] *adj:* peristaltisk.
peritoneum [,peritə'ni:əm] *subst; anat:* bukhinne.
peritonitis [,peritə'naitis] *subst; med.:* peritonitt; bukhinnebetennelse.
periwig ['peri,wig] *subst; hist:* parykk (for menn).
periwinkle ['peri,wiŋkəl] *subst* **1***(=winkle)* strandsnegl; **2.** *bot (,***US:** *creeping myrtle; trailing myrtle)* gravmyrt.
perjure ['pə:dʒə] *vb:* ~ **oneself** avlegge falsk ed; begå mened; avgi falsk forklaring.
perjurer ['pə:dʒərə] *subst:* meneder.
perjury ['pə:dʒəri] *subst:* mened; falsk ed; falsk forklaring.
I. perk [pə:k] *subst* **T***(=perquisite) i stilling:* ekstra fordel (*el.* gode).
II. perk *vb* **T:** ~ **up** kvikne til *(fx she soon perked up);* kvikke opp *(fx a cup of tea will soon perk you up).*
perky ['pə:ki] *adj* **T***(=cheerful)* munter (og opplagt).
perm [pə:m] **1.** *subst:* permanent; **she's had a ~** hun har tatt permanent; **2.** *vb:* gi permanent; **she's had her hair -ed** hun har tatt permanent.
permanence ['pə:mənəns] *subst:* permanens; varighet.
permanent ['pə:mənənt] *adj:* varig; permanent; **a ~ appointment** en fast ansettelse; **they made a ~ home in England** de slo seg ned fast i England.
permanent secretary *se secretary 4.*
permanent wave *se perm 1.*
permanent way *jernb:* banelegeme.
permeability [,pə:miə'biliti] *subst:* gjennomtrengelighet.
permeable ['pə:miəbl] *adj:* permeabel; gjennomtrengelig (*to* for).
permeate ['pə:mi,eit] *vb* **1.** *stivt(=penetrate):* ~ **(through),** ~ **(into)** trenge gjennom; trenge ned i *(fx the water had permeated through(=into) the soil);* **2.** *fig; stivt(=pervade)* gjennomsyre.
permeation [,pə:mi'eiʃən] *subst; især om væske el. fig; stivt(=penetration)* gjennomtrengning.
permissible [pə'misəbl] *adj; stivt(=allowed; allowable)* tillatelig; som kan tillates; tillatt.

permission [pə'miʃən] *subst:* tillatelse; **he asked her ~ to do it** han ba om hennes tillatelse til å gjøre det; **I have ~ to go** jeg har fått tillatelse til å dra.
permissive [pə'misiv] *adj; neds(=(too) tolerant)* for tolerant; ettergivende; **be ~ about drunken drivers** være ettergivende overfor fyllekjørere; ~ **society** samfunn med et meget liberalt syn på seksualmoralen.
I. permit ['pə:mit] *subst:* (skriftlig) tillatelse; **residence ~***(=(Home Office) permit)* oppholdstillatelse; **apply for an extension of***(=to)* **one's (residence) ~** søke om forlengelse av oppholdstillatelsen; **work ~** arbeidstillatelse.
II. permit [pə'mit] *vb; stivt(=allow)* tillate; ~ **me to answer your question** tillat meg å besvare spørsmålet Deres; **my aunt's legacy -ted me to go abroad** arven etter min tante tillot meg å reise utenlands; **if time -s** hvis tiden tillater det; **weather -ting** hvis været tillater det; ~ **of***(=allow)* tillate; gi anledning til *(fx the passage permits of two interpretations).*
permutation [,pə:mju'teiʃən] *subst:* ombytting; omstilling; permutasjon; rekkefølge *(fx we can write down these numbers in various permutations).*
permute [pə'mju:t] *vb; stivt(=change the sequence of)* permutere; forandre rekkefølgen av; bytte om.
pernicious [pə'niʃəs] *adj; stivt(=harmful)* skadelig (*to* for); *med.:* pernisiøs *(fx pernicious anaemia).*
pernickety [pə'nikiti] *adj* **T***(=very fussy)* pirket(e); pertentlig *(fx a pernickety old lady).*
peroration [,perə'reiʃən] *subst* **1.** *stivt(=very long speech)* vidløftig tale; **2.** perorasjon; slutningsavsnitt (av en tale, med oppsummering av hovedpunktene).
peroxide [pə'rɔksaid] *subst:* **(hydrogen) ~** vannstoffhyperoksyd.
peroxide blonde vannstoffblondine.
I. perpendicular [,pə:pən'dikjulə] *subst* **1.** *mat.:* perpendikulær; normal; **draw a ~ to a line from a given point outside the line** nedfelle normalen på en linje fra et oppgitt punkt utenfor linjen; **2.** *fjellsp(=nearly vertical face)* brattheng.
II. perpendicular *adj* **1.** perpendikulær; loddrett (*to* på); **2.** *mat.:* perpendikulær; vinkelrett (*to* på); **draw a line ~ to the base of the triangle** tegne en normal på grunnlinjen i trekanten.
perpetrate ['pə:pi,treit] *vb; meget stivt(=commit)* begå; *stivt:* forøve *(fx a crime).*
perpetration [,pə:pi'treiʃən] *subst; stivt:* forøvelse.
perpetrator ['pə:pi,treitə] *subst; stivt(=guilty person; culprit)* gjerningsmann.
perpetual [pə'petjuəl] *adj; stivt* **1***(=continuous)* stadig; vedvarende *(fx noise);* **2***(=eternal)* evinnelig *(fx complaints);* evig; stadig *(fx live in perpetual fear of being murdered);* **3.** *bot:* evigblomstrende.
perpetual curate residerende kapellan.
perpetuate [pə'petju,eit] *vb:* forevige *(fx this monument will perpetuate his name);* bevare (for all fremtid).
perpetuity [,pə:pi'tju:iti] *subst; stivt el. jur:* **in ~***(=for ever)* for all fremtid.
perplex [pə'pleks] *vb(=confuse; puzzle)* forvirre; **she was -ed by his question** spørsmålet hans gjorde henne forvirret.
perplexity [pə'pleksiti] *subst; stivt(=bewilderment)* forvirring; forfjamselse; betuttelse.
perquisite ['pə:kwizit] *subst; stivt: se I. perk.*
persecute ['pə:si,kju:t] *vb* **1.** forfølge *(fx they were persecuted for their religion);* **2***(=torment; harass)* plage.
persecution [,pə:si'kju:ʃən] *subst:* forfølgelse.
persecution mania *med.:* forfølgelsesvanvidd.

persecutor ['pə:si,kju:tə] *subst* **1.** forfølger; **2**(*=tormentor)* plageånd.
perseverance [,pə:si'viərəns] *subst:* utholdenhet; iherdighet; standhaftighet.
persevere [,pə:si'viə] *vb:* holde ut; være standhaftig; fortsette (til tross for vanskelighetene) *(fx the job was almost impossible, but he persevered (with it));* **he -d in his task** han holdt ut med oppgaven sin; han fortsatte ufortrødent med oppgaven sin.
persevering *adj:* utholdende; standhaftig; iherdig.
Persia ['pə:ʃə] *subst; geogr; hist:* Persia.
I. Persian ['pə:ʃən] *subst* **1.** perser; **2.** *språket:* persisk.
II. Persian *adj:* persisk; ~ **lamb coat** persianerpels.
persiennes [,pə:si'enz] *subst; pl(=Persian blinds)* vindusskodder.
persiflage ['pə:si,fla:ʒ] *subst; meget stivt* **1**(*=frivolous talk)* persiflasje; lettsindig tale; **2**(*=friendly teasing)* godmodig erting.
persist [pə'sist] *vb* **1**(*=continue)* vedvare; vare ved; holde seg *(fx the rain persisted throughout the night);* fortsette; bli ved *(fx you'll succeed if you persist);* ~ **in a belief** holde fast på en tro; **2.:** ~ **in (-ing)**(*=continue (-ing))* bli ved med å; fortsette med å *(fx he persisted in believing that the world is flat).*
persistence [pə'sistens] *subst* **1.** hardnakkethet; iherdighet; **2.** vedvaring.
persistent [pə'sistənt] *adj:* iherdig; som ikke gir seg *(fx a persistent young woman);* hardnakket *(fx rumour);* **she was ~ in her demands** hun stod på sine krav; hun fastholdt sine krav; ~ **attacks** vedvarende angrep.
person ['pə:sən] *subst (pl: people; stivt el. jur: persons)* **1.** *ofte stivt el. neds:* person *(fx there's a person outside who wants to speak to you; please remove this person from my office; any person found damaging this train will be liable to a fine of up to £50);* **legal** ~(*=body corporate)* juridisk person; **2.** menneske *(fx what kind of person is he? he's the best person I know);* **as a** ~ som menneske *(fx he's greatly respected both as a person and as a politician);* **he's a very decent** ~ han er et fint og godt menneske; *jur:* **children and young -s** barn og unge mennesker; **3.** *gram:* person; **this verb is in the third** ~ dette verbet står i 3. person; **4.: in** ~ i egen person; personlig *(fx he appeared in person);* **he found a good friend in the** ~ **of John** han fant en god venn i John; **5.: on one's** ~ på seg *(fx he never carried money on his person);* **6.: without respect of -s** uten persons anseelse.
personable ['pə:sənəbl] *adj; stivt(=attractive; pleasant)* tiltalende; behagelig *(fx a personable young man).*
personage ['pə:sənidʒ] *subst; glds el. spøkef(=person)* person(asje) *(fx a strange personage).*
personal ['pə:sənəl] *adj:* personlig *(fx responsibility);* privat *(fx correspondence);* **make ~ remarks** komme med personlige bemerkninger; **get into ~ touch with** komme i personlig kontakt med; **done purely for ~ financial gain** gjort utelukkende for egen vinnings skyld; **for ~ and health reasons** av personlige og helsemessige grunner; **can I talk to you about a ~ matter?** kan jeg få snakke med deg (,Dem) privat?
personal assistant 1(*=private secretary)* privatsekretær; sjefsekretær; **2.** *mil (fk PA)* kvinnelig sekretær; kvinnelig adjutant; *(jvf adjutant; military assistant).*
personal chattel *jur* **1**(*=item of personal property)* løsøregjenstand; formuesgjenstand; **2.: -s**(*=personal property)* løsøre.
personal computer *(fk. PC)* persondatamaskin.
personal injury personskade.
personal injury suit *jur:* sak om personskade.
personality [,pə:sə'næliti] *subst:* personlighet; **an important** ~(*=an important person)* en betydningsfull personlighet; **she has** ~ hun er en personlighet; **personalities 1.** personligheter; **2**(*=personal remarks)* personlige bemerkninger.
personality cult persondyrkelse.
personality trait personlighetstrekk.
personalize, personalise ['pə:sənə,laiz] *vb:* gjøre personlig *(fx notepaper can be personalized by having one's name put on it);* **-d notepaper** brevpapir med ens eget navn på.
personal maid *(,hist: lady's maid)* kammerpike.
personal possessions *pl; jur:* særeiegjenstander.
personal pronoun *gram:* personlig pronomen.
personal property 1. personlige eiendeler *(fx he lost all his personal property in the fire);* **2.** *jur(=personal chattels; mov(e)ables)* løsøre; **item of** ~*(,jur: personal chattel)* formuesgjenstand; løsøregjenstand.
personal trunk call *tlf(=person-to-person call)* rikstelefonsamtale med tilsigelse *(fx book a personal trunk call).*
personalty ['pə:sənəlti] *subst; jur: se personal property 2.*
persona non grata [pə:'sounə nɔn 'gra:tə] *subst (pl: personae non gratae* [pə:'souni nɔn 'gra:ti]) **1.** uønsket person *(fx be declared persona non grata by the British government);* persona non grata; **2.** *spøkef:* **be ~ with sby**(*=be out of favour with sby;* **T:** *be in sby's black books)* være persona non grata hos en; være dårlig anskrevet hos en.
personification [pə:,sɔnifi'keiʃən] *subst:* personifisering; personliggjøring; **he's the ~ of optimism** han er den personifiserte optimisme.
personify [pə:'sɔni,fai] *vb:* personifisere; **he's honesty personified** han er den personifiserte hederlighet.
personnel [,pə:sə'nel] *subst; stivt(=staff)* personale; personell; **director of** ~ personaldirektør.
personnel manager personalsjef.
person-to-person call *tlf(=personal trunk call)* rikstelefonsamtale med tilsigelse *(fx book a person-to-person call).*
I. perspective [pə'spektiv] *subst:* perspektiv; **let's put the thing into** ~ la oss se det hele i perspektiv; **ask that this be seen in** ~ be om at dette må ses i sin rette sammenheng; **try to get a different ~ on your problem** prøv å se problemet ditt fra en annen synsvinkel; **get things in** ~ få satt tingene i perspektiv; **out of** ~ ute av perspektiv; i galt perspektiv: *fig:* **let things get out of** ~ miste perspektivet.
II. perspective *adj:* perspektivisk *(fx lines);* perspektiv- *(fx a perspective drawing).*
perspicacious [,pə:spi'keiʃəs] *adj; stivt el. iron:* skarp; **how** ~(*=clever)* **of you to notice these mistakes!** så skarp du er som la merke til disse feilene!
perspicacity [,pə:spi'kæsiti] *subst; stivt(=shrewdness)* skarpsinn; skarpsindighet.
perspicuity [,pə:spi'kju:iti] *subst; om stil(=lucidity)* klarhet; anskuelighet.
perspicuous [pə:'spikjuəs] *adj; om stil(=lucid)* klar; anskuelig.
perspiration [,pə:spə'reiʃən] *subst(=sweat)* transpirasjon; svette.
perspire [pə'spaiə] *vb(=sweat)* svette *(fx he was*

perspiring in the heat).

persuade [pə'sweid] *vb* **1.** overtale; **2***(=convince)* overbevise; **we -d him of our serious intentions** vi overbeviste ham om våre reelle hensikter.

persuasion [pə'sweiʒən] *subst* **1.** overtalelse; **after much***(=a lot of)* ~ etter mange overtalelser; **2.** *rel; stivt & sj(=belief)* tro *(fx he was of the Methodist persuasion).*

persuasive [pə'sweisiv] *adj(=convincing)* overtalende; overbevisende; ~ **powers***(=persuasiveness)* overtalelsesevne.

persuasiveness [pə'sweisivnis] *subst:* overbevisende kraft; overtalelsesevne.

pert [pə:t] *adj(=cheeky)* frekk; nesevis.

pertain [pə'tein] *vb* **1.** *stivt el. jur(=be appropriate)* passe *(fx the criteria that pertain elsewhere do not pertain here);* **2.** *meget stivt:* ~ **to** 1*(=be about)* referere seg til; dreie seg om *(fx books pertaining to birds);* 2*(=be relevant to)* angå *(fx evidence pertaining to the case);* 3*(=be a part of)* være en del av; høre til *(fx responsibilities pertaining to high office).*

pertinaceous [,pə:ti'neiʃəs] *adj; stivt(=stubborn)* hardnakket; sta.

pertinacity [,pə:ti'næsiti] *subst; stivt(=stubbornness)* hardnakkethet; stahet.

pertinence ['pə:tinəns] *subst; stivt(=relevance)* relevans.

pertinent ['pə:tinənt] *adj; stivt(=relevant)* relevant; **be ~ to** vedrøre; angå; vedkomme.

perturb [pə'tə:b] *vb; stivt(=worry)* forurolige; bekymre; *(jvf imperturbable).*

Peru [pə'ru:] *subst; geogr:* Peru.

peruke [pə'ru:k] *subst; hist:* parykk (for menn).

perusal [pə'ru:zəl] *subst; stivt el. spøkef(=reading)* lesing; (grundig) gjennomlesning.

peruse [pə'ru:z] *vb; stivt el. spøkef(=read)* lese; lese (grundig) gjennom.

Peruvian [pə'ru:viən] **1.** *subst:* peruaner; **2.** *adj:* peruansk.

pervade [pə:'veid] *vb; stivt(=spread through)* spre seg i (*el.* gjennom) *(fx a strange smell pervaded the room).*

pervasive [pə:'veisiv] *adj(=penetrating)* gjennomtrengende; som har en tendens til å spre seg; vidt utbredt; **due to the ~ influence of television** fordi TV har en så stor innflytelse *(fx society is becoming more violent due to the pervasive influence of television).*

perverse [pə'və:s] *adj:* pervers *(fx it was perverse of her to do that).*

perverseness [pə'və:snis] *subst(=perversity)* pervershet; perversitet.

perversion [pə'və:ʃən] *subst* **1***(=perverse act)* perversjon; pervers handling; perversitet *(fx he's capable of any perversion);* **2.** *jur(=corruption):* **a ~ of the course of justice** en villedelse av retten.

perversity [pə'və:siti] *subst(=perverseness)* pervershet; perversitet.

I. pervert ['pə:və:t] *subst:* **(sexual) ~** en pervers person.

II. pervert [pə'və:t] *vb* **1.** pervertere; forderve; **2.** *jur:* ~ **the course of justice** villede retten.

perverted *adj(=perverse)* pervers; ~ **act** pervers handling.

pervertedness [pə'və:tidnis] *subst(=perverseness)* pervershet; perversitet.

peseta [pə'seitə] *subst:* peseta.

peso ['peisou] *subst:* peso.

pessary ['pesəri] *subst; med.(=diaphragm (pessary))* pessar.

pessimism ['pesi,mizəm] *subst:* pessimisme.

pessimist ['pesimist] *subst:* pessimist.

pessimistic [,pesi'mistik] *adj:* pessimistisk *(fx I'm pessismistic about my chances of getting a job).*

pest [pest] *subst* **1.** *sj(=pestilence)* pest; **2.: fowl ~** hønsepest; **3.** skadedyr; **insect ~** skadeinsekt; **4***(=nuisance)* plageånd *(fx he's an absolute pest!).*

pester ['pestə] *vb(=bother; annoy)* plage *(fx he pestered me with questions);* **she -ed him for money** hun maste på ham for å få penger; **she -ed him to help her** hun maste på at han skulle hjelpe henne.

pesticide ['pesti,said] *subst:* middel mot skadedyr; insektmiddel.

pestilence ['pestiləns] *subst; glds el. spøkef(=især: bubonic plague)* pest; byllepest.

pestilential [,pesti'lenʃəl] *adj* **1.** *glds el. spøkef:* pestaktig; pestbringende; ~ **disease** pestsykdom; **2***(=very unpleasant)* meget ubehagelig; **that child's ~!** den ungen er den rene pest! den ungen er utålelig!

pestle ['pesəl] *subst; til morter:* støter.

I. pet [pet] *subst* **1.** kjæledyr; **2.** kjæledegge; yndling *(fx a teacher's pet);* **3***(=darling)* skatt; deilig unge *(fx isn't that baby a pet?);* **would you like some icecream, ~?** vil du ha iskrem, skatten min?

II. pet *vb* **1***(=stroke)* klappe; kjærtegne; **2.** *seksuelt:* kjærtegne hverandre; **T:** kline.

III. pet *adj(=favourite)* yndlings- *(fx that's his pet theory);* **it's my ~ aversion***(=I can't bear it)* det er det verste jeg vet.

petal ['petəl] *subst; bot:* kronblad; blomsterblad.

petard [pi'ta:d] *subst* **1.** *mil:* petarde; kruttbeholder; **2.** *meget stivt:* **be hoist with one's own ~***(=be caught in one's own trap)* bli fanget i sitt eget garn.

Peter ['pi:tə] *subst:* Peter; **rob ~ to pay Paul** ta fra den ene og gi til den andre.

I. peter ['pi:tə] *subst* **S***(=safe)* pengeskap.

II. peter *vb:* ~ **out 1.** *om forråd, begeistring, etc:* gå langsomt mot slutten; dø hen *(fx their enthusiasm gradually petered out);* **2. T***(=fizzle out)* løpe ut i sanden; **T:** koke bort i kålen *(fx the scheme petered out).*

petiole ['peti,oul] *subst; bot(=leaf stalk)* bladstilk.

petite [pə'ti:t] *adj; om kvinne:* liten og nett.

I. petition [pə'tiʃən] *subst* **1.** ansøkning; ~ **for mercy***(=appeal for mercy)* benådningsansøkning; **2.** *jur:* ~ **for divorce** skilsmissebegjæring; **bankruptcy ~***(=petition in bankruptcy)* konkursbegjæring; **3.** bønnskrift *(fx petitions to the Queen and Home Secretary);* **we're getting up a ~** vi er i ferd med å få i stand et bønnskrift; **4.** (kollektivt) protestskriv; **sign a ~ against the building of the new motorway** undertegne et protestskriv mot byggingen av den nye motorveien.

II. petition *vb:* ansøke; sende bønnskrift (*el.* protestskriv) til.

petitioner [pə'tiʃənə] *subst* **1.** *stivt:* den som overrekker et bønnskrift; **2.** *jur:* **the ~ (for divorce)** den ektefelle som begjærer skilsmisse.

pet name kjælenavn.

petrel ['petrəl] *subst; zo:* **Leach's ~** stormsvale; **storm(y) ~** havsvale.

petrifaction [,petri'fækʃən] *subst:* forsteining.

petrify ['petri,fai] *vb* **1.** forsteine; forsteines; **2.** *stivt(=terrify)* gjøre stiv av redsel.

petrochemical [,petrou'kemikəl] *adj:* petrokjemisk.

petrodollar ['petrou,dɔlə] *subst:* oljepenger.

petrol ['petrəl] *subst (,US: gas(oline))* bensin.

petrol bomb bensinbombe.

petroleum [pə'trouliəm] *subst(=crude oil)* råolje.

petrol pump *(,US: gasoline pump) på bensinstasjon:* bensinpumpe.

petrol station*(=filling station;* **US:** *gas station)* bensinstasjon.
petrol tank *(,***US:** *gas tank)* bensintank.
pet shop dyrehandel.
petticoat ['peti,kout] *subst; glds(=underskirt)* underskjørt.
petticoat government *spøkef:* skjørteregimente.
pettifogger ['peti,fɔgə] *subst; neds (,***US:** *shyster)* vinkelskriver.
pettifoggery*(=pettifogging; legal quibbling)* lovtrekkeri.
pettiness ['petinis] *subst:* smålighet.
petting ['petiŋ] *subst (jvf II. pet 2)* (erotisk) kjæling; **T:** klining.
petty ['peti] *adj* **1***(=unimportant)* uviktig; ubetydelig; ~ **details** ubetydelige detaljer; **2.** smålig *(fx she's so petty that she wouldn't lend me the book although she didn't want to read it herself);* ~ **behaviour** smålig oppførsel; **his ~ mind** småligheten hans.
petty cash portokasse.
petty larceny US*(=pinching)* naskeri.
petty officer *(fk PO) mil; mar (,***US:** *petty officer second class)* kvartermester II (*el.* III); **acting ~** kvartermesteraspirant; *også* **US: chief ~** *(fx CPO)* kvartermester I; **US: ~ first class** grad mellom kvartermester I og II; **US** *(,***UK:** *intet tilsv):* **senior chief ~** *(fk SCPO)* flaggkvartermester; *(se NEO flaggkvartermester);* **US: ~ third class***(= leading rate)* ledende menig.
petulant ['petjulənt] *adj; stivt(=irritable)* irritabel; gretten; sur.
petunia [pə'tju:niə] *subst; bot:* petunia.
pew [pju:] *subst:* kirkestol; *spøkef* **T: take a ~!** sett deg ned!
pewter ['pju:tə] *subst; om legeringen:* tinn.
phalanx ['fælæŋks] *subst; hist:* falanks; fylking.
phalarope ['fælə,roup] *subst; zo:* **grey ~** polarsvømmesnipe; **red-necked ~** *(,***US:** *northern phalarope)* svømmesnipe.
phallic ['fælik] *adj:* fallisk; som ligner en penis.
phallic symbol fallossymbol.
phallus ['fæləs] *subst; stivt(=penis in erection)* fallos.
phantasm ['fæntæzəm] *subst* **1***(=illusion; figment of the imagination)* illusjon; blendverk; fantasibilde; fantasifoster; **2***(=spectre; ghost)* spøkelse.
phantasy ['fæntəsi] *subst: se fantasy.*
phantom ['fæntəm] *subst(=ghost)* fantom; spøkelse *(fx his dreams were troubled by phantoms of the past);* **hunger is not a ~ to them; it's bitter reality** for dem er ikke sult noe spøkelse, men en bitter realitet.
phantom ship spøkelsesskip.
Pharaoh ['fɛərou] *subst:* farao.
pharisaic(al) [,færi'seiik(əl)] *adj:* fariseisk.
Pharisee ['færi,si:] *subst:* fariseer.
pharmaceutical [,fa:mə'sju:tikəl] *adj:* farmasøytisk; ~ **chemist***(=pharmacist)* farmasøyt; ~ **firm** medisinalfirma; ~ **product, ~ preparation** apotekervare.
pharmaceutics [,fa:mə'sju:tiks] *subst(=pharmacy)* farmasi.
pharmacist ['fa:məsist] *subst(=pharmaceutical chemist)* farmasøyt; **a dispensing chemist must be a registered ~** en apoteker må ha godkjent utdannelse som farmasøyt.
pharmacologist [,fa:mə'kɔlədʒist] *subst:* farmakolog.
pharmacology [,fa:mə'kɔlədʒi] *subst:* farmakologi.
pharmacopoeia [,fa:məkə'pi:ə] *subst:* legemiddelkatalog.
pharmacy ['fa:məsi] *subst:* farmasi; *(se NEO farmasi*).*
pharmacy technician*(=dispensing technician)* reseptar.
pharynx ['færiŋks] *subst; anat:* svelg.
I. phase [feiz] *subst* **1.** fase *(fx the phases of the moon);* **2***(=stage)* fase; stadium; **enter a new ~ in the war** gå inn i en ny fase av krigen.
II. phase *vb* **1.** inndele i etapper *(fx phase a development programme);* **2.: ~ in** ta i bruk gradvis; innføre etappevis; **~ out** avskaffe gradvis (*el.* etappevis).
phased *adj:* gradvis; (som skjer) etappevis; trinnvis; ~ **withdrawal** trinnvis tilbaketrekning.
phaseout ['feiz,aut] *subst; især* **US:** (gradvis) avskaffelse *(fx a phaseout of conventional forces).*
Ph.D. ['pi:,eitʃ'di:] *subst (fk.f. Doctor of Philosophy)* **1.** doktorgrad *(fx a Ph.D. in physics);* **2.** dr. philos.
pheasant ['fezənt] *subst; zo:* fasan.
pheasant's eye *bot:* (høst)adonis.
pheasantry ['fezəntri] *subst:* fasangård; fasaneri.
phenix ['fi:niks] *subst* **US***(=phoenix)* (fugl) Føniks.
phenol ['fi:nɔl] *subst; kjem(=carbolic acid)* fenol; karbolsyre.
phenomenal [fi'nɔminəl] *adj(=remarkable)* fenomenal.
phenomenon [fi'nɔminən] *subst (pl: phenomena)* fenomen.
phew [fju:] *int:* uff; **~! It's hot today!** uff, i dag er det varmt! **~! I thought he was going to ask me something but he didn't** uff, jeg trodde han skulle spørre meg om noe, men det gjorde han ikke.
phial ['faiəl] *subst; litt el. stivt(=small bottle)* medisinflaske; liten flaske *(fx a phial of perfume).*
Philadelphia [,filə'delfiə] *subst; geogr:* Filadelfia.
philander [fi'lændə] *vb; litt. el. stivt; om mann(= flirt)* flørte (*with* med); gjøre kur (*with* til).
philanthropic [,filən'θrɔpik] *adj:* filantropisk; menneskevennlig.
philanthropist [fi'lænθrəpist] *subst:* filantrop; menneskevenn.
philanthropy [fi'lænθrəpi] *subst:* filantropi; menneskevennlighet.
philatelist [fi'lætəlist] *subst:* filatelist; frimerkesamler.
philately [fi'lætəli] *subst:* filateli.
philharmonic [,filha:'mɔnik] **1.** *subst:* filharmonisk selskap; **2.** *adj:* filharmonisk.
philistine ['fili,stain] *subst:* filister; spissborger.
philosopher [fi'lɔsəfə] *subst:* filosof.
philosophical [,filə'sɔfikəl] *adj:* filosofisk.
philosophy [fi'lɔsəfi] *subst:* filosofi.
philtre *(,***US:** *philter)* ['filtə] *subst; glds:* elskovsdrikk.
phlebitis [fli'baitis] *subst; med.:* årebetennelse; flebitt.
phlegm [flem] *subst* **1.** *med.(=mucus)* slim; **2.** *litt. el. glds(=calmness)* flegma.
phlegmatic [fleg'mætik] *adj; stivt(=calm)* flegmatisk.
phloem ['flouəm] *subst; bot:* silvev; bløtbast.
phlox [flɔks] *subst; bot:* floks.
Phoenician [fi'ni:ʃən] *hist* **1.** *subst:* føniker; *språket:* fønikisk; **2.** *adj:* fønikisk.
phoenix *(,***US:** *phenix)* ['fi:niks] *subst:* (fugl) Føniks.
phon [fɔn] *subst; lydstyrkeenhet:* fon.
I. phone [foun] *subst; fon:* fon; lyd(element).
II. phone *subst(=telephone)* telefon; **he's not on the ~** han har ikke telefon; **we were talking on the ~** vi (satt og) snakket i telefonen.
III. phone *vb(=telephone)* ringe (til); telefonere; **I'll ~ you this evening** jeg ringer deg i kveld; **someone -d when you were out** det var noen som ringte mens du var ute; **~ for a taxi** ringe etter

drosje; ~ **up** ringe *(fx I'll phone up and ask about it);* **just ~ me up** bare ring til meg.
phone book telefonkatalog.
phone box*(=public call box)* telefonkiosk; telefonboks.
phone-in ['foun,in] *subst; radio:* telefonprogram.
phoneme ['founi:m] *subst:* fonem.
phonemic [fə'ni:mik] *adj:* fonemisk; fonematisk.
phonemics [fə'ni:miks] *subst:* fonematikk.
phonetic [fə'netik] *adj:* fonetisk; lyd-; **~ notation, ~ spelling** lydskrift.
phonetician [,founi'tiʃən] *subst:* fonetiker.
phonetics [fə'netiks] *subst:* fonetikk.
phoney *(,US: phony)* **T 1.** *subst:* person som utgir seg for noe annet enn det han er *(fx he's not a real doctor – he's a phoney);* **2.** *adj(=false; fake)* falsk; uekte *(fx a phoney French accent);* **~ pearls** falske perler.
phonogram ['founə,græm] *subst* **1.** fonogram: **2.** *i stenografi:* sigel.
phonograph ['founə,græf] *subst* **US***(=gramophone)* grammofon.
phonology [fə'nɔlədʒi] *subst:* fonologi.
phooey ['fu:i] *int* **T:** fy (da)!
phosphate ['fɔsfeit] *subst; kjem:* fosfat; *min:* **rock ~** fosforitt.
phosphorescent [,fɔsfə'resənt] *adj:* fosforescerende; selvlysende.
phosphoric [fɔs'fɔrik] *adj:* fosfor-; **~ acid** fosforsyre.
phosphorous ['fɔsfərəs] *adj:* fosforholdig; fosfor-; **~ acid** fosforsyrling.
phosphorus ['fɔsfərəs] *subst:* fosfor.
photo ['foutou] *subst (pl: photos)* foto(grafi).
photocell*(=photoelectric cell)* fotocelle.
photocopier ['foutou,kɔpiə] *subst:* fotokopieringsmaskin.
photocopy ['foutə,kɔpi; 'foutou,kɔpi] **1.** *subst:* fotokopi; **2.** *vb:* fotokopiere.
photoelectric [,foutoui'lektrik] *adj:* fotoelektrisk; **~ cell***(=photocell)* fotocelle.
photo finish fotofinish; målfoto.
photofit ['foutou,fit] *subst:* **~ (impression)** robotbilde.
photoflood ['foutou,flʌd] *subst:* fotolampe.
photogenic [,foutə'dʒenik] *adj:* fotogen; **be ~** være fotogen; ha kameratekke.
photogrammetrist [,foutou'græmətrist] *subst:* fotogrammetrist; kartkonstruktør.
photogrammetry [,foutou'græmətri] *subst:* fotogrammetri.
I. photograph ['foutə,gra:f] *subst:* fotografi *(fx he took a lot of photographs during his holiday).*
II. photograph *vb(=take pictures)* fotografere; ta bilder.
photographer [fə'tɔgrəfə] *subst:* fotograf.
photographic [,foutə'græfik] *adj:* fotografisk.
photography [fə'tɔgrəfi] *subst:* fotografering.
photogravure [,foutəgrə'vjuə] *subst:* fotogravyre; dyptrykk.
photometer [fou'tɔmitə] *subst; fys:* fotometer.
photomural [,foutou'mjuərəl] *subst:* forstørret fotografi brukt som veggdekorasjon.
photosensitive [,foutou'sensitiv] *adj; fot(=light-sensitive)* lysfølsom *(fx emulsion).*
photoset ['foutou,set] *vb(=filmset)* lage fotosats; sette som fotosats.
photosetting *subst(=filmsetting)* fotosats; fotosetting.
photosynthesis [,foutou'sinθəsis] *subst:* fotosyntese.
I. phrase [freiz] *subst* **1.** frase; uttrykk; **2.** *mus:* frase.
II. phrase *vb* **1.** uttrykke; formulere *(fx I phrased the invitation very carefully; I tried to phrase my explanations in simple language);* **2.** *mus:* frasere.
phrase book parlør.
phraseological [,freiziə'lɔdʒikəl] *adj:* fraseologisk.
phraseology [,freizi'ɔlədʒi] *subst:* fraseologi.
phrasing ['freiziŋ] *subst* **1.** formulering; **2.** *mus:* frasering.
phrenetic [fri'netik] *adj: se frenetic.*
phut [fʌt] *subst* **T: go ~** gå i stykker *(fx my radio has gone phut); om plan, etc:* gå i vasken.
physical ['fizikəl] *adj* **1.** fysisk *(fx the physical universe);* **2.** legemlig; fysisk; **3.: it's a ~ impossibility for us to . . .** det er fysisk umulig for oss å . . .
physical activity fysisk aktivitet.
physical chemist fysiokjemiker.
physical chemistry fysisk kjemi.
physical development 1. fysisk utvikling; **2.** fysisk fostring.
physical education *(fk PE) skolev:* kroppsøving; gymnastikk.
physically demanding fysisk krevende.
physical training *(fk PT) skolev; hist: se physical education.*
physician [fi'ziʃən] *subst(=doctor)* lege; *(se practitioner 2.: general ~).*
physicist ['fizisist] *subst:* fysiker.
physics ['fiziks] *subst:* fysikk.
physiognomy [fizi'ɔnəmi] *subst:* fysiognomi.
physiological [,fiziə'lɔdʒikəl] *adj:* fysiologisk.
physiologist [,fizi'ɔlədʒist] *subst:* fysiolog.
physiology [,fizi'ɔlədʒi] *subst:* fysiologi.
physiotherapist [,fiziou'θerəpist] *subst:* fysioterapeut.
physiotherapy [,fiziou'θerəpi] *subst (,US: physical therapy; physiatrics)* fysioterapi.
physique [fi'zi:k] *subst:* kroppsbygning; fysikk.
I. pi [pai] *subst; mat.:* pi.
II. pi *adj; neds* **S***(=pious)* from; gudelig.
pianist ['piənist] *subst:* pianist; **bar ~** hyggepianist.
I. piano [pi'ænou] *subst (pl. pianos)* piano; klaver; **grand ~** flygel.
II. piano ['pja:nou] *adv; mus:* piano.
piano concerto *mus; om stykke(=keyboard concerto)* pianokonsert; *(jvf piano(forte) recital).*
piano entertainer hyggepianist.
pianoforte [pi'ænou'fɔ:ti] *subst:* pianoforte.
piano(forte) recital *mus(=recital of piano music)* klaverkonsert; *(jvf concert).*
pic [pik] *subst* **T***(=picture)* bilde.
picaresque [,pikə'resk] *adj; om fortelling(=fancifully romantic)* pikaresk *(fx novel).*
piccolo ['pikə,lou] *subst (pl: piccolos)* pikkolofløyte.
I. pick [pik] *subst* **1***(=pickaxe)* spisshakke; *(jvf mattock);* **2.** *i veving:* skudd *(fx 500 picks per minute);* **3.** *om valgmulighet:* **take your ~***(=choose which one you want)* velg den (,det) du vil ha; **4.** *ved innhøsting:* det som blir plukket på én gang; plukking *(fx the first pick of grapes);* **5. T: the ~***(=the best)* den (,det) beste; den (,de) beste; **the ~ of the applicants** den beste av dem som søkte (,søker).
II. pick *vb* **1.** hakke *(fx a hole);* hakke i; **2.** plukke *(fx strawberries);* pirke; **~ one's nose** pirke seg i nesen; **"~-your-own"** selvplukk; **3***(=choose; select)* velge ut *(fx the shortest route);* ta ut *(fx the winner); (jvf 14. ndf: ~ out);* **4.** dirke opp *(fx a lock);* **5.** *om lommetyv(=steal from):* **~ sby's pocket** stjele fra en; **6.: ~ sby's brains** utnytte ens viten; **T:** pumpe en; **7.: ~ a quarrel with sby** yppe strid med en; legge seg ut med en; **~ a fight with sby** begynne å slåss med en; **8.: ~ and choose** velge og vrake *(fx we can't pick and*

choose); **9.: ~ one's way** være forsiktig med hvor man setter foten; gå forsiktig; **10.: ~ at** 1. pirke på (*el.* ved); 2.: **he just -ed at the food on his plate** han bare pirket i den maten han hadde på tallerkenen; **11.** *fig:* **~ holes in** plukke hull på (*el.* huller i) *(fx sby's argument);* **12.: ~ off** 1.: **~ hairs off***(=from)* **one's jacket** plukke hår av jakken sin; 2. *om skytter:* plaffe ned; **13. T: ~ on** 1. *til (ubehagelig) oppgave, etc(=select)* velge (ut) *(fx why do they always pick on me?);* 2. være etter; kritisere *(fx don't pick on me all the time);* **14.: ~ out** 1*(=choose)* velge ut; ta ut; 2*(=see)* se; plukke ut *(fx he must be among those people but I can't pick him out);* 3.: **~ out a tune** spille en melodi etter gehør *(fx I don't really play the piano, but I can pick out a tune on one with one finger); (jvf 3 ovf);* **15.: ~ over** rense *(fx pick the berries over);* **16.: ~ up** 1. ta opp *(fx dropped his book and bent down to pick it up again);* 2. **T***(=collect)* hente *(fx I'll pick it up on my way home);* 3. *om transportmiddel:* ta opp; plukke opp; 4. *om spor, etc:* plukke opp *(fx we lost his trail but picked it up again later);* 5. *om politiet:* plukke opp; få fatt i; 6. *om mann:* plukke opp *(fx he picked her up at a party);* 7. *radio, radar, etc(=receive signals from)* motta signaler fra; fange opp; få inn; 8. **T***(=recover)* komme seg *(fx he's been very ill, but he's picking up again now);* 9. *merk(=improve; look up)* bli bedre; ta seg opp *(fx business picked up);* 10. *om kunnskaper:* plukke opp *(fx a lot of German);* lære *(fx she's picked it up from me);* 11.: **~ up a bargain** gjøre en god forretning; 12. *fig* **T: ~ up the pieces***(=save something out of the wreck)* redde stumpene; 13.: **~ up speed***(=go faster; accelerate)* få (større) fart; akselerere.

pickaback ['pikə,bæk] **1.** *subst* **T***(=piggyback)* **give a child a ~** la et barn sitte på ryggen; **2.** *adv:* **he carried the child ~** han bar barnet på ryggen.

pickaxe *(,US: pickax)* ['pik,æks] *subst:* hakke.

picked *adj:* omhyggelig utvalgt; elite- *(fx troops).*

picker ['pikə] *subst:* plukker; **berry ~** bærplukker.

pickerel ['pikərəl] *subst; zo:* ung gjedde.

I. picket ['pikit] *subst* **1.** pæl; stake; *(se I. post 4; I. stake 1);* **2.** streikevakt; **3.** *mil:* vakt(post).

II. picket *vb* **1.** gå streikevakt; sette ut streikevakt ved; **2.** *mil:* sette ut vakt(poster); sette vakt ved.

picket line *kollektivt:* streikevakt.

pickings ['pikiŋz] *subst; pl* **1***(=scraps)* rester; levninger; **2.** *neds:* fortjeneste; **go some place where the ~ are richer** dra et sted hvor det er mer å tjene (,T: hale).

I. pickle ['pikəl] *subst* **1.** (salt)lake; **2.: -s** pickles; **onion -s** syltede løk; **3. T***(=difficult situation)* knipe; vanskelig situasjon; **4.** *met:* syrebad; dekaperingsbad.

II. pickle *vb* **1.: ~ (in vinegar)** sylte; legge ned i eddik; **2***(=marinate)* marinere; **3.** *met:* syrebeise; dekapere.

pickled *adj* **1.** saltet; sprengt; **~ brisket of beef** sprengt oksebryst; **~ herring** kryddersild; **2. T***(=drunk)* (god og) full; **S:** sausa.

picklock ['pik,lɔk] *subst:* dirk.

pick-me-up T: hjertestyrker; noe som virker oppkvikkende *(fx a cup of tea is a real pick-me-up).*

pickpocket ['pik,pɔkit] *subst:* lommetyv; **beware of -s** se opp for lommetyver.

pick-up ['pik,ʌp] *subst* **1.** *til grammofon:* pickup; **2.** *bil:* pickup; **3.** tilfeldig bekjentskap; gatebekjentskap; **T: go out on the ~** dra ut for å finne seg en gatepike; **4.** *bils* **T***(=acceleration)* akselerasjonsevne.

pick-up boat *mar:* redningsbåt.

I. picnic ['piknik] *subst:* landtur (med niste); picnic *(fx go on a picnic).*

II. picnic *vb (pret & perf. part.: picknicked)* spise ute (i det fri); **go -king** dra på picnic (*el.* landtur); **T: it's no ~!** det er ingen fornøyelsestur!

pictorial [pik'tɔ:riəl] *adj:* billed-; bilde-; **a ~ record of our holiday** vår ferie i bilder.

I. picture ['piktʃə] *subst* **1.** bilde; maleri; *(=photo)* foto; bilde; **take a ~ of sby** ta et bilde av en; **2***(=cinema film)* (kino)film; **go to the -s***(=go to the cinema)* gå på kino; **3.** *fig:* bilde; **a ~ of** et bilde på; **T: be in the ~** være i bildet; **he's no longer in the ~** han er ute av bildet; **it's part of the ~ that . . .** det hører med til bildet at . . .; **form a true ~ of the situation** danne seg et riktig bilde av situasjonen; **look a ~ of health** se kjernesunn ut.

II. picture *vb* **1***(=imagine)* forestille seg *(fx I can picture the scene);* **~ to oneself** forestille seg *(fx just try to picture the scene to yourself);* **2***(=describe; depict)* beskrive; skildre; **3.: be -d** bli avbildet.

picture book billedbok.

picture card *kortsp(=court card)* billedkort.

picture-framing ['piktʃə,freimiŋ] *subst:* innramning av bilder; **professional ~** fagmessig utført innramning av bilder.

picture gallery billedgalleri; malerisamling.

picture postcard prospektkort.

picturesque [,piktʃə'resk] *adj* **1***(=charming)* malerisk *(fx village);* **2.** *om stil(=vivid)* malende *(fx language).*

picture window panoramavindu; utsiktsvindu.

picture writing billedskrift.

piddle ['pidəl] *vb* **T***(=urinate)* tisse.

piddling *adj(=unimportant; trivial)* ubetydelig; trivielI *(fx piddling little details).*

pidgin ['pidʒin]: **~ English** pidginengelsk.

pie [pai] *subst* **1.** pai; **fruit ~** slags kake; **2.** *typ(=pi)* fisk; **3.: have a finger in the ~** ha en finger med i spillet; **he has a finger in every ~** han blander seg bort i alt mulig.

piebald ['pai,bɔ:ld] *adj; om hest:* skimlet.

I. piece [pi:s] *subst* **1.** stykke *(fx of paper);* **a ~ of string** en hyssing; **a ~ of land** et stykke jord; **2.** *i brettspill:* brikke; *sjakk:* offiser; *(jvf pawn);* **3.** del *(fx the bed is delivered in pieces);* **an eighteen-~ tea set** et teservise som består av 18 deler; **4.** *om mynt:* stykke *(fx a 5-pence piece);* **5.** artikkel; stykke; **6.** *mus:* stykke; **7.** *teat* **T***(=play)* stykke; **8.** *om våpen:* **artillery ~** kanon; **fowling ~** jaktgevær (for hagl); **9.: a six-~ band** et seksmanns orkester; **10. S***(=chick; bint)* kjei; **S** støkke; **a nice ~** et fint støkke; **11.: ~ by ~** stykke for stykke; **12.: by the ~** stykkevis; **be paid by the ~** få betalt pr. stykk; **13.: in one ~** 1. i ett stykke; 2. uskadd; **14.** *ved partering:* **in the ~ or cut into steaks?** hel eller i skiver? **15.: in -s** i stykker; **the vase was lying in -s on the floor** vasen lå istykkerslått på gulvet; **16.: of a ~***(=of the same kind):* **they're of a ~** de er av samme ulla; det er ikke noe å gi imellom på dem; **17.: a ~ of advice** et råd; **a ~ of furniture** et møbel; **a ~ of information** en opplysning; **~ of news** en nyhet; **18. T: that's a ~ of cake** det er en lett sak; det er ingen kunst; **19. T: give sby a ~ of one's mind** si en noen sannhetsord; **20.: come to -s** gå i stykker; *om kritiker:* **cut to -s***(=slate)* sable ned; sønderflenge; **fall to -s** falle fra hverandre (i sine enkelte bestanddeler); *fig; om person:* **go to -s** 1. miste selvbeherskelsen; gå fra konseptene; 2. få nervesammenbrudd *(fx she went to pieces from shock);* **pull sth to -s** dra noe fra hverandre *(fx he pulled the book to pieces);* **take sth to -s** ta noe fra hverandre; **21.** *fig:* **pick up the -s***(=save something out of the wreck)* redde stumpene; **22.** *neds:* **say one's ~** komme med leksen sin; si det man er opplært til (*el.* har fått beskjed om) å si; **23.: speak one's ~** gi sitt besyv med i laget.

II. piece *vb:* **~ together** sette sammen: sy sammen; *fig:* sette sammen; få mening i *(fx we managed to piece together his story).*

piece goods *merk(=yard goods)* metervarer.

piecemeal ['pi:s,mi:l] *adv* **1***(=piece by piece)* stykke for stykke; stykkevis; **2***(=a little at a time)* litt om gangen.

piece rate*(=piecework rate)* akkordsats.

piecework ['pi:s,wə:k] *subst:* akkordarbeid; **do***(=be on)* **~** arbeide på akkord.

pied [paid] *adj; stivt el. litt; om fugl el. dyr:* med to farger; svart og hvit.

pier [piə] *subst* **1.** (anløps)brygge; **2***(=pillar)* pilar; søyle; **3.** *arkit(=buttress)* strebepilar; støttepilar; **4.** *bygg:* **bridge ~** brukar; brupilar.

pierce [piəs] *vb* **1***(=go through)* gjennombore; **2***(=make a hole in)* bore (*el.* lage) hull i; **3.** *fig:* trenge gjennom *(fx a sudden light pierced the darkness); om lyd:* skjære gjennom; **the sound of a woman's screams -d the air** lyden av en kvinnes skrik skar gjennom luften.

piercing *adj* **1.** gjennomtrengende *(fx scream; wind)* **2.** *fig:* gjennomborende *(fx glance).*

pier glass konsollspeil; søylespeil.

pietism ['paii,tizəm] *subst:* pietisme.

pietist ['paiitist] *subst:* pietist.

pietistic [,paii'tistik] *adj:* pietistisk.

piety ['paiiti] *subst:* fromhet.

piffle ['pifəl] *subst* **T***(=nonsense)* tøv; tull *(fx talk piffle; that's just a lot of piffle).*

I. pig [pig] *subst* **1.** *zo:* gris; svin; **be in ~** være drektig; **2.** *fig:* gris; **make a ~ of oneself** forspise seg; være grådig; **3.** *neds* **S***(=policeman)* purk; **4.** *lett glds:* **buy a ~ in a poke***(=make a bad bargain)* kjøpe katten i sekken; **5.** *iron:* **-s might fly!** alt er (jo) mulig! **6.** *iron:* **what can you expect from a ~ but a grunt?** man kan ikke vente annet enn brøl av en stut; **7.: squeal like a stuck ~** skrike som en stukket gris; **8.: stare like a stuck ~** glo som kua på en rødmalt vegg; **9.: sweat like a ~** svette som en gris; **10.** *ordspråk:* **little -s have long ears** små gryter har også ører.

II. pig *vb:* få grisunger; grise.

pigeon ['pidʒin] *subst* **1.** *zo:* due; **carrier ~***(=homing pigeon)* brevdue; **2. S:** (lettlurt) offer; **3. T: it's his (,my,** *etc***) ~** det er hans (,min, *etc*) sak.

pigeon hawk *zo* **US***(=merlin)* dvergfalk.

pigeonhole ['pidʒin,houl] *subst; i hylle:* fag; rom.

pigeon-toed ['pidʒin,toud] *adj:* med tærne innover; inntilbens.

piggery ['pigəri] *subst:* griseri; grisehus; *(jvf pigsty).*

piggish ['pigiʃ] *adj* **1.** grådig; glupsk; **2***(=obstinate)* sta (som et esel).

piggy ['pigi] *subst; barnespråk(=pig)* gris; nøffnøff.

piggyback ['pigi,bæk] *(=pickaback)* **1.** *subst:* **give me a ~, Daddy!** får jeg sitte på ryggen din da, pappa! **2.** *adv:* **ride ~** sitte på ryggen (til en).

piggy bank sparegris.

pigheaded ['pig,hedid] *adj* **T***(=very obstinate)* sta som et esel.

pigment ['pigmənt] *subst:* pigment.

pigmentation [,pigmən'teiʃən] *subst:* pigmentering.

pigmy ['pigmi] *subst: se pygmy.*

pigskin ['pig,skin] *subst:* svinelær.

pigsty ['pig,stai] *subst* **1***(,***US:** *pigpen)* grisehus; grisebinge; **2.** *fig:* svinesti.

pig's wash*(=swill)* grisefôr; grisemat.

pigswill ['pig,swil] *subst(=swill)* grisefôr; grisemat.

pigtail ['pig,teil] *subst* **1.** hårpisk; **2.: -s** musefletter *(fx she wears her hair in pigtails);(se NEO I. flette).*

pike [paik] *subst* **1.** *zo; fisk:* gjedde; **2.** *hist:* fotsoldats lanse (*el.* spyd); **3.:** *se turnpike.*

pike pole *forst(=cant hook)* kanthake; tømmerhake; fløterhake.

pikestaff ['paik,sta:f] *subst* **1.** *hist:* lanseskaft; spydskaft; *(jvf pike 2);* **2.** *fig:* **it's plain as a ~***(=it's obvious)* det er klart som dagen; det er helt klart.

pilchard ['piltʃəd] *subst; zo; fisk:* sardin; *(jvf sardine).*

I. pile [pail] *subst* **1.** stabel; bunke; haug; **a ~***(=heap)* **of rubbish** en haug med søppel; **2. T: a ~ (of money), -s of money** en haug med penger *(fx he must have made piles of money);* **he's made his ~** han har tjent seg rik; **3.** pæl; fundamentpæl; **4.** *på gulvteppe:* lo; *på skinn:* hår; **5.: -s***(=haemorrhoids)* hemorroider.

II. pile *vb* **1.** stable; **2.** *mil:* **~ arms** stable geværene; **-d arms** geværpyramide; **3.: ~ into (,on, off)***(=scramble into (,on to, off)* kravle (*el.* presse seg) inn i (,opp på, ut av) *(fx they piled on the train);* **4.: ~ up** 1*(=pile; heap up)* stable; legge i haug; dynge opp; 2*(=accumulate)* samle seg (opp) *(fx the rubbish piled up);* 3. *fig:* **his debts -d up** gjelden hans vokste; 4. *om biler:* kollidere; kjøre inn i hverandre.

piledriver ['pail,draivə] *subst:* rambukk.

pile-up ['pail,ʌp] *subst* **T***(=concertina crash)* kjedekollisjon.

pilewort ['pail,wə:t] *subst; bot(=lesser celandine)* vårkål.

pilfer ['pilfə] *vb:* naske; småstjele.

pilferage ['pilfəridʒ] *subst(=pilfering)* naskeri; nasking; småtyveri.

pilgrim ['pilgrim] *subst:* pilegrim.

pilgrimage ['pilgrimidʒ] *subst:* pilegrimsreise; **go on a ~** foreta en pilegrimsreise; valfarte.

pill [pil] *subst* **1.** pille; **2.: she's on the ~***(=she's taking the pill)* hun tar pillen.

pill addict pillemisbruker.

pillage ['pilidʒ] *glds* **1.** *subst(=plundering)* plyndring; **2.** *vb(=plunder)* plyndre.

pillar ['pilə] *subst* **1.** pilar; søyle; **2.** *stivt el. spøkef:* støtte *(fx he's a pillar of the church);* **-s of middle-class respectability** trauste middelklassemennesker; **3.** *vanligvis om person i vanskeligheter* **T: from ~ to post***(=from one place to another)* fra sted til sted *(fx he was driven from pillar to post in search of a job).*

pillar box UK: frittstående, søyleformet rød postkasse.

pillion ['piljən] **1.** *subst; på motorsykkel:* baksete; **2.** *adv:* **ride ~***(=sit on the pillion)* sitte bakpå; sitte på baksetet.

pillion passenger passasjer som sitter bakpå.

pilliwinks ['pili,wiŋks] *subst; hist:* tommeskrue.

pillory ['piləri] **1.** *subst; hist:* gapestokk; **2.** *vb; også fig:* sette i gapestokken.

pillow ['pilou] *subst:* (hode)pute.

pillow bearing *mask(=journal bearing)* bærelager.

pillowcase ['pilou,keis] *subst(=pillowslip)* putevar.

pill-popper ['pil,pɔpə] *subst:* pillesluker.

I. pilot ['pailət] *subst* **1.** los; **drop the ~** sette losen fra borde; **2.** *flyv:* pilot; flyger; **automatic ~** automatisk pilot; **~-in-command** fartøysjef; **student ~**

flyelev.

II. pilot *vb* **1.** lose; **2.** *flyv:* føre *(fx a plane);* **3.** *fig(=guide; lead)* føre *(fx pilot sby about);* lose *(fx pilot(=steer) a Bill through Parliament).*

pilotage ['pailətidʒ] *subst* **1.** losavgift; **2***(=pilotage service; pilot service)* lostjeneste.

pilot bearing *mask:* styrelager; styreleie.

pilot cutter losskøyte.

pilot lamp*(=pilot light)* kontrollampe; kontrollys.

pilot master *mar:* losoldermann.

pilot officer *(fk PO)* (,**US:** *second lieutenant)* fenrik.

pilot's licence flysertifikat; **Private Pilot's Licence** A-sertifikat.

pilot project*(=trial project)* prøveprosjekt.

pilot scheme*(=experimental scheme)* forsøksopplegg; prøveopplegg.

pilot whale *zo(=black whale; blackfish)* grindhval.

pimento [pi'mentou] *subst(=allspice)* allehånde.

pimp [pimp] **1.** *subst:* hallik; **2.** *vb:* være hallik; **~ for** være hallik for.

pimpernel ['pimpə,nel] *subst; bot:* **scarlet ~** legenonsblom.

pimple ['pimpəl] *subst:* kvise; filipens.

pimply ['pimpli] *adj:* kviset; med filipenser.

I. pin [pin] *subst* **1.** knappenål; **drawing ~** tegnestift; **safety ~** sikkerhetsnål; **2.** *tekn:* tapp; *del av hengsel(=pintle)* stabel; **axle ~***(=linch pin)* akselpinne; **crankshaft ~***(=crank pin)* veivstangtapp; **dowel ~** dømling; dybbel; styrepinne; **eccentric ~** eksentertapp; **3.** *med.:* nagle *(fx when she broke her hip, she had to have a pin put in it);* **4.** *elekt; i støpsel:* pinne; **5. T: -s***(=legs)* ben *(fx he's wobbly on his pins);* **6. T: I've got -s and needles in my arm** armen min sover; **7. T: be on -s and needles** sitte (,stå) som på nåler; **8. T: she doesn't care a ~ for anyone** hun bryr seg ikke en døyt om noen; **9.: you could have heard a ~ drop** en kunne nesten høre en knappenål falle.

II. pin *vb* **1.** feste med (knappe)nåler; sette fast (med nål); **2.** spidde *(fx an insect);* **3.** holde fast *(fx he pinned him against the wall);* **4.: ~ down***(=define clearly):* **he had a vague suspicion that he couldn't quite ~ down** han hadde en ubestemmelig mistanke som han ikke riktig kunne forklare seg; **5.: ~ sby down** få en til å binde seg *(fx pin him down to a definite date);* få en til å si noe bestemt *(fx he refused to be pinned down about his opinions on abortion);* **6. T: ~ sth on sby** få noe på en *(fx you can't pin it on me!);* **they -ned the robbery on a night watchman** de ga en nattevakt skylden for tyveriet; **7.: ~ one's hopes***(=faith)* **on** sette sin lit til.

pinafore ['pinə,fɔ:] *subst:* barneforkle.

pin-ball machine spilleautomat.

pince-nez ['pæns,nei; 'pins,nei] *subst:* lorgnett.

pincers ['pinsəz] *subst:* **(pair of) ~** knipetang; *(jvf nippers).*

I. pinch [pintʃ] *subst* **1.** klyp; **he gave her a ~ on the cheek** han kløp henne i kinnet; **2.** *om liten mengde:* klype; *fig:* **take it with a ~ of salt** ta det med en klype salt; **3***(=emergency)* knipetak; **at a ~***(=at a scrape)* i et knipetak; **4.** *fig(=pressure)* press *(fx after a year of sanctions, they began to feel the pinch); ved pengemangel:* **we feel the ~** vi merker det.

II. pinch *vb* **1.** klype; knipe; **2.** klemme *(fx these shoes pinch);* **3. T***(=steal)* kvarte; rappe: **4.** *seilsp:* pine; **5. S***(=arrest)* hekte; arrestere; **6.: ~ pennies***(=pinch and scrape)* spinke og spare.

pinchbeck ['pintʃ,bek] **1.** *subst; om gullignende legering:* tambak; **2.** *adj:* **~ watch** tambak (lommeur).

pinched ['pintʃt] *adj* **1.** presset; klemt; **2.** *om ansikt:* **she has a ~ look nowadays** hun ser blek ut nå om dagen; **3.: they were ~ for room** det knep med plass.

pincushion ['pin,kuʃən] *subst:* nålepute.

I. pine [pain] *subst; bot(=pine tree)* furu(tre).

II. pine *vb* **1.: ~ (away)** vansmekte *(fx since his death she's been pining (away));* sykne hen *(fx pine away and die);* **2.: ~ (for)** lengte sterkt etter *(fx his wife was pining for home; she was pining to return to England).*

pineapple ['pain,æpəl] *subst; bot:* ananas.

pineapple strawberry *bot:* bakkejordbær.

pine barren furumo.

pine bunting *zo:* hvithodespurv.

pine cone *bot:* furukongle.

pine marten *zo:* skogmår.

pine moth *zo:* furufly.

pine needle *bot:* furunål.

ping-pong ['piŋ,pɔŋ] *subst* **T***(=table tennis)* pingpong.

pinhead ['pin,hed] *subst* **1.** knappenålshode; **2. T***(=fool; stupid person)* tosk; dumrian.

pinhole ['pin,houl] *subst:* knappenålshull.

I. pinion ['pinjən] *subst* **1.** *zo:* svingfjær; *poet:* vinge; **2.** *mask:* drev; lillehjul; **bevel ~** konisk pinjong; **planet ~** planetdrev; **toothed ~** tannhjul; tannhjulsdrev; *(jvf I. gear 4).*

II. pinion *vb* **1.** stekke (vingene på); **2.** holde (*el.* binde) fast *(fx he was pinioned against the wall).*

I. pink [piŋk] *subst* **1.** lyserød farge; **2***(=carnation)* nellik; **3. T: in the ~ (of health)** helt frisk.

II. pink *vb; om motor med tenningsbank:* banke; *(jvf II. knock 2).*

III. pink *adj:* lyserød; **~ cheeks** lyserøde kinn.

pink-footed goose *zo:* kortnebbgås.

pinking *subst:* tenningsbank.

pin money *subst* **1.** kvinnes lommepenger; **2.** *kvinnes, ved deltidsarbeid:* ekstrainntekt.

pinnacle ['pinəkəl] *subst* **1.** lite tårn; tind; **2.** (fjell)-tind; **3.** *stivt el. litt.(=summit)* høydepunkt.

pinnate ['pinit] *adj; bot(=pinnated)* finnet *(fx leaf).*

I. pinpoint ['pin,pɔint] *subst* **1.** nålespiss; **2.** lite punkt; **a ~ of light** et ørlite lys.

II. pinpoint *vb* **1.** vise nøyaktig *(fx the position);* **2.** *fig:* sette fingeren på *(fx the cause of the trouble).*

III. pinpoint *adj:* meget lite; ørlite.

pinprick ['pin,prik] *subst:* **1.** *også fig:* nålestikk; **2.: policy of -s** nålestikkpolitikk.

pint [paint] *subst(=0.5681 litre;* **US:** *0.4731 litre)* pint; *svarer til:* halvliter *(fx a pint of beer).*

pintail ['pin,teil] *subst; zo:* stjertand.

pintle ['pintəl] *subst* **1.** *tekn(=upright pivot)* opprettstående svingtapp (*el.* dreietapp); *del av hengsel(=pin)* stabel; **2.** *mar:* **rudder ~** rortapp.

I. pinup, pin-up ['pin,ʌp] *subst* **T: ~***(=pinup girl)* pinup(jente).

II. pinup, pin-up *adj* **1.** pinup *(fx a pinup girl);* **2. US:** til å henge på veggen *(fx a pinup lamp).*

pinwheel ['pin,wi:l] *subst* **1.** *fyrverkerisak(=Catherine wheel)* sol; **2.** *leketøy* **US***(=windmill)* vindmølle.

pinworm ['pin,wə:m] *subst; zo:* barneorm; *(jvf threadworm).*

I. pioneer [,paiə'niə] *subst* **1.** pioner; banebryter; foregangsmann; **2.** *mil:* pioner.

II. pioneer *vb:* være pioner; være banebrytende; **who -ed the use of vaccine as a cure for polio?** hvem var den første som benyttet vaksine til å helbrede polio med? **he -ed a medical programme** han tok initiativet til å få satt i gang et medisinsk program.

pioneering work pionerarbeid.
pious ['paiəs] *adj:* from *(fx she's a most pious woman).*
I. pip [pip] *subst* **1.** fruktkjerne; stein *(fx an apple pip);* **2.** *i tidssignal:* pipp; **he put his watch right by the -s** han stilte klokken sin etter tidssignalet; **3.** *på terning el. dominobrikke:* øye; *kortsp:* korttegn; **4.** *mil* **T***(=star)* stjerne (på skulderen); **5.** *fuglesykdom:* pipp; **6. S: he gives me the ~** jeg blir i dårlig humør av ham.
II. pip *vb* **T: ~ sby at the post***(=beat sby at the last minute)* slå en i siste øyeblikk.
pipage ['paipidʒ] *subst* **1.** *kollektivt:* rørledninger; **2.** transport av olje (*el.* gass) gjennom rørledning; **3.** betaling for transport av olje (*el.* gass) gjennom rørledning.
I. pipe [paip] *subst* **1.** rør; **a length of ~** et rørstykke; et rør; **a long piece of drain-** et langt stykke drensrør; **lay***(=put)* **-s under a street** legge (*el.* føre) rør under en gate; **2.** pipe *(fx he smokes a pipe); fig:* **put that in your ~ and smoke it!** merk deg det! legg deg det på sinne! **3.** *mus(=whistle)* pipe; **boatswain's ~** båtsmannspipe; **reed ~** rørfløyte; **the -s***(=the bagpipes)* sekkepipe *(fx play the pipes);* **4.** *fig:* **dance to sby's ~** danse etter ens pipe; **5.** *met:* lunker; pipe; **6.** *geol:* **(volcanic) ~** kraterrør.
II. pipe *vb* **1.** føre (*el.* lede) i rør; **2.** (spille på) fløyte; **3.** *mar:* pipe *(fx pipe the captain on board);* **~ the side** pipe fallrep; **4.** *litt.(=speak in a high voice)* pipe *(fx 'Hallo,' the little girl piped);* **5.** pynte (en kake med linjemønster); **she -d 'Happy Birthday' on the cake** hun skrev «gratulerer med dagen» på kaken; **5. T: ~ down** holde munn; **6.: ~ up** 1. *om band, etc:* begynne å spille *(fx the band piped up);* 2. **T***(=speak up)* oppløfte sin røst; ta til orde; **he -d up with a question** han oppløftet sin røst og stilte et spørsmål.
piped *adj* **1.** som går i rør; **2.** snorbesatt.
pipe dream ønskedrøm.
piped key hullnøkkel.
piped music (kontinuerlig) bakgrunnsmusikk (på bånd).
pipefish ['paip,fiʃ] *subst; zo(=needlefish)* nålefisk.
pipeline ['paip,lain] *subst* **1.** rørledning *(fx an oil pipeline across the desert);* **2. T: in the ~** under forberedelse; på trappene; **3. T: children in the educational ~** barn i skolen; **4. US***(=direct channel for information)* direkte linje; **let it be known through the ~** meddele det ad halvoffisiell vei.
piper ['paipə] *subst* **1.** *mus:* sekkepiper; **2. T: pay the ~***(=foot the bill)* betale gildet (*el.* moroa); **he who pays the ~ calls the tune** den som betaler gildet, har rett til å bestemme hvordan det skal være.
pipe socket*(=pipe union)* rørmuffe.
pipe spanner*(=pipe wrench; pipe tongs)* rørtang.
pipe tap gjengetapp med rørgjenge.
pipe tongs: a pair of ~*(=a pipe wrench)* en rørtang.
I. piping ['paipiŋ] *subst* **1.** *kollektivt:* rør; **2.** røropplegg; **concealed ~** skjult røropplegg; **3.** snorbesetning; **4.** *på kake:* linjemønster (av glasur el. krem).
II. piping *adj* **1.** pipende *(fx voice);* **2.: ~ hot***(=scalding hot)* rykende varm; skåldhet *(fx soup).*
pipit ['pipit] *subst; zo(=titlark)* piplerke; **meadow ~** heipiplerke; **rock ~** kystvarietet av skjærpiplerke; **Scandinavian rock ~** østlig (skjær)piplerke; **tawny ~** markpiplerke; **water ~** skjærpiplerke.
pipsqueak ['pip,skwi:k] *subst* **T 1.** fjompenisse; **2***(=pop-pop)* knallert.
piquancy ['pi:kənsi] *subst* **1.** pikant smak; **2.** pikanteri.
piquant ['pi:kənt] *adj* **1.** *om smak:* pikant; **2***(=pleasantly interesting; exciting)* pirrende; spennende.
I. pique [pi:k] *subst; stivt(=anger)* ergrelse *(fx she walked out of the room in a fit of pique).*
II. pique *vb; stivt* **1.: be -d***(=be hurt)* bli såret; **2.** *meget stivt:* **~ oneself on***(=pride oneself on)* rose seg av.
piqued *adj; stivt(=offended)* fornærmet; støtt.
piracy ['paiərəsi] *subst* **1.** sjørøveri; piratvirksomhet; **2.** ulovlig ettertrykk; krenkelse av copyright.
I. pirate ['pai(ə)rit] *subst* **1.** sjørøver; sjørøverskip; **2.** piratforlegger; plagiator.
II. pirate *vb:* trykke (,utgi) uten tillatelse; **-d edition** piratutgave.
pirouette [,piru'et] **1.** *subst:* piruett; **2.** *vb:* piruettere.
Pisces ['paisi:z] *subst; astr:* Fiskene.
pisciculture ['pisi,kʌltʃə] *subst; stivt(=fish farming)* fiskeoppdrett.
piscivorous [pi'sivərəs] *adj; stivt(=feeding on fish)* fiskeetende.
pismire ['pis,maiə] *subst; glds el. dial(=wood ant)* rød skogmaur; *dial:* pissemaur; migemaur.
I. piss [pis] *subst; vulg* **1***(=urine)* piss; **2.: take the ~***(=mickey)* **out of sby** drive gjøn med en; mobbe en; **S:** drite en ut.
II. piss *vb; vulg* **1.** pisse; **2.: it's -ing down** det pøsregner; **3.: ~ off** 1. *int(=go away):* **why don't you just ~ off and leave me alone!** hvorfor kan du ikke dra deg vekk og la meg være i fred? 2.: **~ sby off** ergre en.
pissed *adj; vulg* **1.: get ~***(=get drunk)* drikke seg full; **2.: I'm ~ off with waiting** jeg er lut lei av å vente.
piss-up ['pis,ʌp] *subst; vulg:* fyllekalas.
piste [pi:st] *subst:* (ski)løype.
pistil ['pistil] *subst; bot:* støvvei.
pistillate ['pistilit] *adj:* **~ flower** hu(n)blomst.
pistol ['pistəl] *subst* **1.** pistol; **2.** *fig:* **hold a ~ to sby's head** true en (til å gjøre det en ønsker).
pistol grip *på kamera, etc:* pistolgrep.
piston ['pistən] *subst; mask:* stempel.
piston displacement *mask:* slagvolum.
piston packing *mask(=piston seal)* stempelpakning.
piston pin *mask:* stempelbolt.
piston rod *mask:* stempelstang.
piston seal *mask:* stempelpakning.
I. pit [pit] *subst* **1.** (stort) hull (i bakken); grop; **2.** (gruve)sjakt; gruve *(fx coalpit);* **3.** *for hanekamp:* kampplass; **4.** *med.:* (rundt) arr; **5.** *i metall:* rustgruve; **6.** *anat:* **the ~ of the stomach** hjertekulen; **7.** *biol:* ikkelignifisert cellevev; **8.** *for biler:* **(service) ~***(=greasing bay)* smøregrop; **inspection ~** ettersynsgrav; *ved veddeløpsbane:* depot *(fx the leading car has gone into the pit(s));* **9.** *teat:* **the ~***(=the rear stalls)* parterre *(fx we watched the play from the pit);* **orchestra ~** orkestergrav; **10. US***(=stone)* stein (i frukt); kjerne.
II. pit 1. lage huller (*el.* fordypninger) i; **2.: ~ against** stille opp mot; **~ A against B** sette A opp mot B; **~ oneself against** prøve krefter med; **he was -ted against a much stronger man** han stod overfor en mye sterkere mann.
pit-a-pat ['pitə,pæt] *adv:* **his heart went ~** hjertet dunket i brystet på ham.
I. pitch [pitʃ] *subst* **1.** bek; **2.** *mar(=pitching)* stamping; hogging; **3.** *gateselgers:* standplass; **4.** *især om utførelsen el. lengden:* kast *(fx a long pitch);* **5.** *sport:* bane *(fx cricket pitch; football pitch);* **the ~ is too wet to play on** banen er for våt til å spille på; **6.** *i cricket:* område mellom gjerde-

ne; **7**(*=slope; degree of slope)* helling; hellingsvinkel; *om tak:* skråning; reisning; skråningsvinkel; **8.** *på tannhjul(distance between gear teeth)* tannavstand; **9.** *fjellsp(distance between two belay points)* avstand mellom to festepunkter; **10.: rivet ~** nagleavstand; **11.** *mus:* tonehøyde; **give the ~** angi tonen; **raise the ~ of an instrument** stemme et instrument høyere; **12.: (vocal) ~** stemmeleie; **13.** *fon:* stemmehøyde; **falling (,rising) ~** fallende (,stigende) tone; **14.: sales ~** salgsprat; **15.** *fig(= point):* **she needn't have let things get to such a ~** hun hadde ikke behøvd å la det komme så langt; **16.** *fig* **T: queer sby's ~***(=upset sby's apple cart)* ødelegge tegningen for en; ødelegge for en.

II. pitch *vb* **1.** sette opp; slå opp *(fx a tent);* **2***(=throw)* kaste; lempe *(fx hay on to a wagon);* **3.** *mar:* stampe; hogge; **the boat -ed up and down on the rough sea** båten ble kastet opp og ned på det opprørte havet; **4.** *stivt(=fall heavily):* **~ forward** falle tungt forover; stupe forover; **5.** *mus:* bestemme tonehøyden; **the tune is -ed too high for my voice** melodien ligger for høyt for stemmen min; **6.: ~ in***(=muck in)* ta fatt; ta et tak *(fx if everyone pitches in, we'll soon get the job done);* **7. T: ~ into** 1*(=attack)* gå løs på; ta fatt *(fx he pitched into her about her careless work);* 2. *om oppgave:* ta fatt på; gå løs på; **~ into the food** gå løs på maten.

pitch-black ['pitʃ,blæk] *adj:* beksvart.

pitchblende ['pitʃ,blend] *subst; min:* bekblende.

pitch-dark ['pitʃ,da:k] *adj:* bekmørk.

pitched battle *også fig:* regulært slag.

pitched roof skråtak.

pitcher ['pitʃə] *subst* **1.** *i baseball:* kaster; **2.** krukke; **3.** *ordspråk:* **little -s have long ears** små gryter har også ører.

pitchfork ['pitʃ,fɔ:k] *subst(=hayfork)* høygaffel.

pit coal steinkull.

piteous ['pitiəs] *adj; litt.(=pitiful)* ynkelig.

pitfall ['pit,fɔ:l] *subst* **1.** fallgruve; dyregrav; **2.** *fig:* fallgruve *(fx he managed to avoid most of the pitfalls).*

pith [piθ] *subst* **1.** *bot(=medulla)* marg; **2.: the ~ of an orange** det hvite i en appelsin; **3.** *fig; stivt(=essential part; core)* kjerne; det vesentlige *(fx the pith of the argument).*

pithead ['pit,hed] *subst:* gruveåpning; gruvenedgang.

pithy ['piθi] *adj* **1.** marg-; full av marg; **2.** *fig:* fyndig; full av saft og kraft *(fx speech).*

pitiable ['pitiəbl] *adj: se pitiful.*

pitiful ['pitiful] *adj(=pitiable)* ynkelig *(fx attempt; sight);* ynkverdig; som man må synes synd på.

pitifully *adv:* ynkelig; **~ few** sørgelig få.

pitiless ['pitilis] *adj; litt.(=merciless)* ubarmhjertig.

pitman ['pitmən] *subst; især i Nord-England(=coal miner)* kullgruvearbeider.

piton ['pi:tɔn] *subst; fjellsp(,***T:** *peg)* (ring)bolt; **drive in a ~** slå inn en ringbolt; *(jvf expansion bolt).*

piton climbing *fjellsp:* bolteklatring; *(jvf expansion bolt climbing).*

pittance ['pitəns] *subst(=meagre wage)* ussel lønn *(fx he works for a (mere) pittance).*

pitted ['pitid] *adj:* med fordypninger; med gravrust.

pitter-patter ['pitə,pætə] *subst:* lett klapring; **the ~ of rain on a window** den lette lyden av regn på et vindu.

pitting ['pitiŋ] *subst:* gravrust.

pituitary [pi'tjuətəri] *adj; anat:* **~ gland** hypofyse.

I. pity ['piti] *subst* **1.** medlidenhet; medynk; **feel ~ for sby***(=feel sorry for sby)* ha medlidenhet med en; synes synd på en; **he felt a great ~ for her***(= he felt very sorry for her)* han syntes svært synd på henne; **have ~ on sby***(=be sorry for sby)* synes synd på en; ha medlidenhet med en; **take ~ on sby** forbarme seg over en *(fx he took pity on her and lent her the £50 she needed);* **2.: it's a ~ you can't come** det er synd du ikke kan komme; **the ~ of it is that she won't be there** det er bare så synd at hun ikke kommer til å være til stede; **what a ~ (that) she can't come** så synd at hun ikke kan komme.

II. pity *vb; stivt el. litt.(=feel pity for)* føle medlidenhet med; **he's to be pitied***(=one must feel pity for him)* man må synes synd på ham.

I. pivot ['pivət] *subst* **1.** *tekn:* svingtapp; dreietapp; **2.** *fig:* krumtapp *(fx the headmaster is the pivot of the school);* **3.** *tannl:* stift; **4.** *mil(=marker)* fløymann.

II. pivot *vb:* **~ on***(=turn on)* dreie seg om.

pivot bridge*(=swing bridge)* svingbru.

pivoted *adj; tekn:* dreibart opphengt.

pivot shaft *mask:* omdreiningsaksel.

pivot tooth *tannl:* stifttann.

pixie, pixy ['piksi] *subst:* (ondsinnet) nisse.

placard ['plæka:d] *subst:* plakat; transparent *(fx they were carrying placards).*

placate [plə'keit] *vb; stivt(=soothe)* formilde; blidgjøre *(fx he placated her with an apology).*

I. place [pleis] *subst* **1.** sted *(fx a nice quiet place in the country);* **in a ~** på et sted; *(jvf 15: in ~);*

2. *m.h.t. bosted:* sted; hus; hjem; hybel *(fx she's got a place in town);* **at my ~** hjemme hos meg; der hvor jeg bor; **come over to my ~** kom hjem til meg; stikk bort til meg;

3. *i bok, etc:* sted *(fx I lost my place);*

4. *hvor noe kan plasseres:* plass *(fx there's a place for your books on this shelf);*

5. *i hesteveddeløp:* plass;

6. *i stedsnavn:* plass *(fx Grosvenor Place);*

7. *ved bord, i teater, etc:* plass *(fx he went to his place and sat down);*

8. *i konkurranse, i kø, ved skole:* plass *(fx we couldn't get him a place at any school; a place at college; he got a university place);* elevplass *(fx the school has 800 places; there is a great shortage of places at certain types of school);* **will you keep my ~?** vil du holde av plassen min (i køen)?

9. *på lag, i organisasjon, etc:* plass *(fx he's got a place in his local football team; he's hoping for a place on the staff);*

10*(=place setting)* kuvert; **lay another ~** dekke til én til;

11. *mat.:* **decimal ~***(=decimal)* desimal; **give the correct answer to four decimal -s** svaret beregnes med fire desimalers nøyaktighet;

12. *fig:* plass *(fx his place in history; I thought that a woman's place was in the home; there was never much of a place in his life for women);* **she knows her ~** hun vet hvor hun hører hjemme; hun kjenner sin plass; **put him in his ~!** sett ham på plass! *(se også 15: in ~);*

13. *om plikt el. rett:* **it's not my ~***(=it's not for me)* **to tell him he's wrong** det tilkommer ikke meg å si til ham at han tar feil; **it's your ~ to welcome the guests** det er din oppgave å ønske gjestene velkommen;

14.: pride of ~*(=place of honour)* hedersplass; **take the pride of ~** innta hedersplassen; **the pride of ~ goes to the old writing desk** hedersplassen tilkommer det gamle skrivebordet;

15.: in ~ 1. på plass *(fx everything was in place);* 2. *fig:* på sin plass *(fx an apology would be in place);*

16. *stivt:* **in ~ of***(=instead of)* istedenfor; i stedet for;
17.: in sby's ~ i ens sted *(fx John was ill so I went in his place);* **put oneself in sby else's ~** sette seg i ens sted; sette seg inn i en annens situasjon; **(if I were) in your ~***(=if I were you)* i ditt sted; hvis jeg var deg;
18.: in the first ~*(=first(ly))* for det første;
19.: fall into ~ 1. falle på plass *(fx it fell into place);* 2. *fig:* falle på plass *(fx all the pieces of this difficult (jigsaw) puzzle gradually fell into place);* **. . . and with that the last piece fell into ~ . . .** og dermed falt den siste brikken på plass;
20.: out of ~ 1. i ulage *(fx he arrived with not a hair out of place);* 2. *fig:* ikke på sin plass; malplassert; *(jvf 15.: in ~ 2);*
21. T: all over the ~*(=everywhere)* overalt; over det hele *(fx there were books all over the place);*
22. *stivt:* **give ~ to***(=give way to)* vike (plassen) for *(fx the horse gave place to the motor car);*
23.: go -s 1*(=travel)* reise *(fx I want to go places);* 2. *fig* **T***(=be successful)* bli til noe *(fx that young man's sure to go places);*
24. *stivt:* **take ~***(=happen)* finne sted; hende; skje; **what took ~ after that?** hva hendte så? **I regret what has taken ~** jeg beklager det inntrufne;
25.: take sby's ~ 1. ta ens plass *(fx he took my place in the queue so that I could go and get something to eat);* 2. tre i stedet for en; tre inn i ens sted *(fx John's too ill to come, so I'm taking his place);*
26.: take the ~ of*(=replace)* erstatte; komme i stedet for *(fx I don't think television will ever take the place of books);*
27.: take your -s innta plassene deres; *(jvf I. mark 3: on your -s).*

II. place *vb* **1.** *stivt(=put)* plassere; anbringe; legge; sette; stille; **he -d it on the table** han la (*el.* plasserte) det på bordet; han anbrakte det på bordet; **he was -d in command of the army** han fikk kommandoen over hæren; **2.** *fig:* plassere; **I know I've met her, but I can't quite ~ her** jeg vet jeg har truffet henne, men jeg kan ikke riktig plassere henne; **3.** *i hesteveddeløp:* **be -d** bli plassert; **his horse was not -d** hesten hans løp uplassert; **4.** *m.h.t. hjem el. arbeid:* plassere; anbringe; **5.** *merk:* **~ an order with sby***(=give sby an order)* gi en en ordre (*el.* bestilling) *(fx I placed an order with the firm for 50 machines);* **6.** *merk:* **~ an amount to sby's credit***(=credit sby's account with an amount)* kreditere en(s konto) for et beløp; **7.: ~ all the facts before him** forelegge ham alle fakta; **8.** *stivt:* **~ a great deal of stress on***(=attach great importance to)* legge stor vekt på *(fx he places a great deal of stress on correct spelling);* **9.** *om vurdering; stivt:* **he -d the value of the estate too high***(=he overestimated the value of the estate)* han satte for høy verdi på boet.

placebo [plə'si:bou] *subst; med.:* placebo; narremedisin.

place card bordkort.

place mat kuvertbrikke; dekkeserviett; spisebrikke.

placement ['pleismənt] *subst(=placing)* plassering; anbringelse (i arbeid).

place name stedsnavn.

placenta [plə'sentə] *subst; anat:* placenta; morkake.

place setting kuvert; oppdekning til én person.

placid ['plæsid] *adj(=calm)* rolig; sinnslikevektig; **have a ~ disposition** være rolig av seg; **a ~ child** et barn som er stille av seg.

plagiarism ['pleidʒə,rizəm] *subst* **1.** plagiat; **2** plagiering.

plagiarize, plagiarise ['pleidʒə,raiz] *vb:* plagiere.

I. plague [pleig] *subst* **1.** pest; **bubonic ~** byllepest; **2.** (lande)plage *(fx a plague of locusts);* **there was a ~ of burglaries** det var plagsomt mange innbruddstyverier.

II. plague *vb* **T***(=bother; annoy)* plage *(fx the child was plaguing her with questions).*

plaice [pleis] *subst; zo; fisk:* rødspette.

plaid [plæd] *subst:* skotskrutet skjerf (som bæres over venstre skulder).

I. plain [plein] *subst* **1.** slette; **wander across the endless -s** vandre over de endeløse slettene; **2***(=(plain) knitting)* rettstrikking.

II. plain *adj* **1***(=simple; ordinary)* enkel *(fx plain food);* **~ living** enkelt levesett; **~ sewing** enkel søm; **2***(=clear)* klar; tydelig *(fx his words were quite plain);* **he made his intentions ~** han gjorde det klart hva han hadde tenkt å gjøre; **3***(=obvious)* opplagt; klart *(fx it's perfectly plain that they will resist);* **it's ~ (to see) you haven't done this before** det er tydelig å se at du ikke har gjort dette før; **4.** *om tapet, etc:* uten mønster; umønstret; ensfarget *(fx a plain skirt);* **5***(=flat; level)* flat; **6.** *om drikk(=neat)* ren *(fx plain vodka);* **7.** *strikking:* rett *(fx knit one row plain);* **8***(= straightforward; honest)* åpen *(fx I'll be quite plain with you; he was quite plain about his feelings on the matter);* **a ~ answer** et ærlig svar; et oppriktig svar; **the ~ truth** den rene og skjære sannhet; **9***(=not pretty)* lite pen; mindre pen *(fx a plain girl).*

III. plain *adv:* **just ~ tired** bare sliten rett og slett; **she was ~ embarrassed** hun var rett og slett flau.

plain chocolate *motsatt melkesjokolade:* mørk (*el.* ren) sjokolade.

plain clothes sivile klær; sivilt antrekk.

plain-clothes ['plein,klou(ð)z] *adj:* **~ (police)man** sivilkledd politimann.

plain cooking vanlig matlag(n)ing.

plain dealing*(=straightforward honesty)* rettskaffenhet; ærlighet *(fx a businessman noted for his plain dealing).*

plain-edged ['plein,edʒd] *adj; tøm:* med glatthøvlet kant; glattkant; *(jvf round-edged).*

plain English: in ~*(=in plain language)* i klarspråk; (sagt med) rene ord.

plain matter *typ:* glatt sats.

plain paper ulinjert papir.

plain sailing: it's ~ det er grei skuring; det er helt ukomplisert.

plain speaking åpenhet; tydelig tale *(fx he's a man who believes in plain speaking);* **that's ~** det er tydelig tale (*el.* rene ord for pengene).

plain-spoken [,plein'spoukən; *attributivt:* 'plein,spoukən] *adj(=frank; candid)* åpen; oppriktig; som sier hva man mener.

plain stitch *strikking(=knit stitch)* rett maske.

plaint [pleint] *subst; jur(=written complaint)* klageskrift.

plain text *motsatt kodet tekst(=clear text)* klartekst.

plaintiff ['pleintif] *subst; jur:* saksøker; **find for the ~** ta saksøkerens påstand til følge.

plaintive ['pleintiv] *adj; stivt(=sad)* sørgmodig; trist; **a ~ tune** en vemodsfylt melodi; **a ~ cry** et klagende rop.

I. plait [plæt] *subst* **1.** (hår)flette; **2.** *om noe som er flettet:* **a ~ of straw** flettet halm.

II. plait *vb:* flette *(fx she plaited her daughter's hair).*

I. plan [plæn] *subst* **1.** plan *(fx his plan was to get a degree in engineering);* **2.** kart; tegning; plan; **his -s for the house** hustegningene hans;

3(*=project; scheme*) plan; prosjekt; **4**(*=design*) plan; utkast; **5**(*=procedure*): **our usual ~ is to work for a few hours, then stop for lunch** vanligvis pleier vi å arbeide noen timer og så ta lunsjpause; **6.: go according to ~** gå som planlagt.

II. plan *vb* **1.** planlegge *(fx plan very carefully)*; **~ sth** 1. planlegge noe; 2. finne på noe *(fx we'll plan something for then)*; **2.: ~ ahead** planlegge på sikt; legge langsiktige planer; **3.: ~ for** regne med *(fx more people came than we had planned for)*; **4.: ~ on**(*=intend to*): **we're -ning on going to Italy this year** vi har tenkt å dra til Italia i år; **we were -ning to go last year, but . . .** vi hadde tenkt å dra i fjor, men . . .; **5.** *om arkitekt:* tegne *(fx the architect who planned the house)*.

I. plane [plein] *subst* **1.** *bot(=plane tree)* platan; **2**(*=aeroplane*) fly; **3.** *redskap:* høvel; **4.** flate; plan; *geom(=level surface)* plan; **5.** *fig:* plan *(fx on the intellectual plane)*; **~ (of development)** utviklingstrinn *(fx man is on a higher plane (of development) than the apes)*; **on a higher ~** på et høyere (kulturelt) plan; **on a personal ~**(*=level*) på det personlige plan; *(jvf I. level)*.

II. plane *vb* **1**(*skim across the surface of the water*) plane; **2.** høvle; **~ down** høvle ned.

III. plane *adj(=flat; level)* plan; **a ~ surface** en plan flate.

planer ['pleinə] *subst(=planing machine)* høvelmaskin.

planet ['plænit] *subst; astr:* planet.

planetarium [,plæni'tɛəriəm] *subst:* planetarium.

planetary ['plænitəri] *adj:* planetarisk; planet-.

plane tree *bot:* platan.

planet wheel *mask(=planet gear; differential pinion gear)* planethjul; stjernehjul.

planish ['plæniʃ] *vb:* sletthamre; hamre ut.

I. plank [plæŋk] *subst* **1.** planke; *på stillas:* **floor ~** gåplanke; **2.** *mar:* **walk the ~** gå planken; **3.** *polit:* **the -s of the platform** partiprogrammets enkelte punkter.

II. plank *vb:* kle med planker; legge gulv med planker.

planking ['plæŋkiŋ] *subst* **1.** planker; **2.** *mar:* plankekledning; **outside ~** utenbordskledning.

plank-sheer ['plæŋk,ʃiə] *subst; mar:* dollbord.

plankton ['plæŋktən] *subst; biol:* plankton.

planned *adj:* planlagt; påtenkt; prosjektert; planmessig *(fx retreat)*.

planned economy planøkonomi.

I. plant [pla:nt] *subst* **1.** *bot:* plante; **2.** fabrikk(anlegg); **assembly ~** monteringshall; **engineering ~** maskinanlegg; **industrial ~** industrianlegg; **manufacturing ~** fabrikkanlegg; **site ~** anleggsutstyr; **3.: he left muddy footprints as a ~ to confuse the police** han etterlot sølete fotavtrykk for å villede politiet.

II. plant *vb* **1.** plante *(fx a tree)*; **2.: ~ seeds** så frø; **~ vegetables** så grønnsaker; **~ potatoes** sette poteter; **3.** anlegge *(fx an orchard)*; **4.: be -ed with** være beplantet med; **5.** *om fisk, østers, etc:* sette ut *(fx trout)*; **6.** *om slag:* plante *(fx he planted a hard blow on my chin)*; **7.** ta oppstilling; plante seg; **she -ed the child (down) in front of him** hun satte barnet ned foran ham; **8**(*=place*) plassere; plante *(fx a bomb)*; **9**(*=implant*) plante *(fx he planted doubts in her mind about her son's honesty)*; **10.** *om falsk bevis* **S:** plante; **the police -ed stolen goods on him** politiet plantet tyvegods hos ham.

plantain ['plæntin] *subst; bot:* kjempe; **common ~** groblad.

plantation [plæn'teiʃən] *subst* **1.** plantasje; **2.** beplantning.

planter ['pla:ntə] *subst* **1.** plantasjeeier; farmer; **tea ~** tefarmer; **2.** plantemaskin; *for poteter:* **potato ~** settemaskin; **3**(*=decorative flowerpot*) pyntepotte (for potteblomst).

plantigrade ['plænti,greid] *subst; zo:* sålegjenger.

plant louse *zo(=aphid)* bladlus.

plant stand blomstersøyle.

plaque [plæk; pla:k] *subst* **1.** plakett; tavle; **memorial ~** minnetavle; **2.** *tannl:* **(dental) ~**(*=bacterial plaque*) bakteriebelegg (på tennene); plaque.

plasma ['plæzmə] *subst; biol:* plasma; **blood ~** blodplasma.

I. plaster ['pla:stə] *subst* **1**(*=sticking plaster*) plaster; **2.** murpuss; **3**(*=plaster of Paris; plaster of paris*) gips *(fx she's got her arm in plaster)*; stukkgips.

II. plaster *vb* **1.** sette plaster på; plastre: **2.** pusse *(fx a wall)* gipse *(fx a ceiling)*; **3.** *med.:* gipse; **4.** smøre tykt på *(fx one's face with make-up)*; **5.** klistre *(fx posters all over the walls)*; **the rain -ed his shirt to his body** regnet klistret skjorten hans fast på kroppen; **walls -ed with posters** vegger som er (,var) overdynget med plakater.

plaster board *bygg(=gypsum board)* gipsplate.

plaster cast 1. gipsavstøpning; **2.** gipsbandasje.

plastered *adj* **S**(*=drunk*) full *(fx he got plastered)*.

I. plastic ['plæstik] *subst:* plast; plastikk.

II. plastic *adj:* plastisk; som kan formes; **~ clay** plastisk leire; **the ~ minds of children** de mottagelige barnesinn.

plasticine ['plæsti,si:n] *subst(=modelling clay)* modellerleire.

plasticity [plæ'stisiti] *subst:* plastisitet; det å kunne la seg forme.

plastic surgeon plastisk kirug.

plastic surgery plastisk kirurgi.

platan ['plætən] *subst; bot(=plane tree)* platan.

I. plate [pleit] *subst* **1.** plate *(fx a steel plate)*; *(jvf I. sheet 3)*; **2.** *i bok:* plansje; **book containing -s** plansjeverk; **~ in colours** fargelagt plansje; **3.: (dental) ~**(*=dentures*) tannprotese; gebiss; **4.: name ~** navneskilt; **5.** (flat) tallerken; **soup ~** dyp tallerken; suppetallerken; **a ~**(*=plateful*) **of soup** en tallerken (med) suppe; **6. US:** tallerkenrett; **7.** *i kirken:* kollektskål; **pass the ~** sende skålen rundt; **8.** sølvtøy; **9. T: he was handed the job on a ~** han fikk jobben like opp i fanget; **10. T: have a lot on one's ~** ha mye å gjøre.

II. plate *vb* **1.** kle med metallplater; pansre; **2.** plettere.

plateau ['plætou] *subst (pl: plateaus, plateaux)* **1.** platå; **mountain ~** fjellplatå; fjellvidde; **2.** *fig:* platå *(fx prices have now reached a plateau)*.

plateful ['pleitful] *adj:* tallerken *(fx of soup)*.

plate glass speilglass.

platelet ['pleitlit] *subst; anat:* **(blood) ~** blodplate.

platen ['plætən] *subst* **1.** presseplate; *typ:* pressedigel; **2.** *på skrivemaskin:* valse.

platform ['plæt,fɔ:m] *subst* **1.** plattform; **covered ~** overbygd plattform; **open ~** åpen plattform; **2.** *jernb:* perrong; plattform; **the train from X is now coming into ~ 2** toget fra X kjører nå inn på spor 2; **3.** *polit (,US: ticket)* (parti)program; **4.: (speaker's) ~** talerstol; podium *(fx he was on the platform at the political meeting; the orchestra arranged themselves on the platform)*; **deny sby a ~, deny a ~ to sby** nekte en å slippe til på talerstolen.

platform canopy *jernb(=platform roofing)* toghall; **under the ~** i toghallen.

platform shoe platåsko.

plating ['pleitiŋ] *subst* **1.** platekledning; **2.** plettering.
platinize, platinise ['plæti,naiz] *vb:* platinere.
platinum ['plætinəm] *subst:* platina.
platitude ['plæti,tju:d] *subst:* platthet; banal bemerkning; banalitet.
platitudinize, platitudinise [,plæti'tju:di,naiz] *vb:* komme med (*el.* servere) plattheter (*el.* banaliteter).
platitudinous [,plæti'tju:dinəs] *adj; meget stivt(=trite):* ~ **remarks** plattheter; banaliteter.
Plato [pleitou] *subst:* Platon.
Platonic [plə'tɔnik] *adj* **1.** platonisk; **2**(*=platonic*) platonisk (*fx friendship; relationship*).
platoon [plə'tu:n] *subst; mil:* (infanteri)tropp; (*se NEO tropp*).
platoon leader *mil:* troppssjef.
platter ['plætə] *subst* **1.** *glds el.* **US:** stort, ovalt fat (*fx a wooden platter*); **2. US S**(*=gramophone record*) plate.
plaudits ['plɔ:dits] *subst; pl; stivt(=applause)* bifallsytringer; applaus.
plausibility [,plɔ:zə'biliti] *subst:* sannsynlighet (*fx the plausibility of a story*); tilsynelatende riktighet.
plausible ['plɔ:zəbl] *adj:* plausibel; sannsynlig; som virker riktig.
I. play [plei] *subst* **1.** lek (*fx work and play*); **2.** spill (*fx at the start of today's play; their play was not as good as usual*); **3.** *om bevegelser:* spill (*fx the play of light and shade*); **4.** *teat:* skuespill; stykke; **5.** *tekn:* slark; dødgang; **steering** ~ dødgang på rattet; **end** ~ endeslark; **6**(*=turn to play*) tur (*fx it's my play*); **7.** *sport; om ball:* **in (,out of)** ~ i (,ute av) spill; **8.** *fig:* **she gave full** ~ **to her emotions** hun ga sine følelser fritt løp; **9.** *fig:* **bring into** ~ ta i bruk; gjøre bruk av (*fx bring other forces into play*); **10. US: he made a big** ~ **for the blonde** han la an på blondinen i stor stil; **11. T: make great** ~ **with**(*=make a great fuss about*) gjøre et stort nummer av.
II. play *vb* **1.** leke; **2.** spille (*fx football*); **he's -ing in goal** han står i mål; **Norway -ed England** Norge spilte mot England; ~ **an ace** spille ut et ess; **3.** *mus:* spille; spille på (*fx the violin*); **4.** *om radio:* stå på (*fx his radio's playing*); **5.** *teat:* spille (*fx she plays Lady Macbeth*); **"Macbeth" is -ing at the local theatre** "Macbeth" går (*el.* oppføres nå) på stedets teater; **6**(*=deal with; handle; manage*) behandle; takle (*fx they decided to play the dispute another way*); **7**(*=make bets on*) spille på (*fx the horses*); **8.:** ~ **the stock market** spille på fondsbørsen; **9.:** ~ **a fish** la en fisk gå seg trett; **10.** *om lykt:* **he -ed his torch along the fence** han lyste med lykten langs gjerdet; *om vannslange(=aim)* rette (inn) mot (*fx play the fire hoses on the burning building*); **11.:** ~ **along with sby** føye en; **they -ed along with his scheme** de gikk med på planen hans; **12.:** ~ **at** 1. leke (*fx the children were playing at cops and robbers*); 2. *ergerlig spørsmål* **T: what are you -ing at?** hva er det du holder på med? **T:** hva er det du leker? **13.** *om opptak:* ~ **back** spille av (*fx they recorded the song and played it back to the singer*); **14. T:** ~ **ball**(*=cooperate*) samarbeide (*fx if you play ball with us you'll make a lot of money*); **15.:** ~ **both ends against the middle**(*=play off one against the other*) spille den ene ut mot den andre; **16.:** ~ **down**(*=minimize*) bagatellisere (*fx a piece of news*); **17.:** ~ **by ear** 1. spille etter gehør; 2. *fig* **T:** ~ **it by ear** ta det på sparket; ta stilling til hva man skal gjøre etter hvert; **18.:** ~ **fair** spille ærlig spill; **19.:** ~ **fast and loose with** 1. behandle skjødesløst (*fx one's father's money*); 2. leke med (*fx a girl's feelings*); **20.** *m.h.t. valg av livsledsager:* ~ **the field** ikke binde seg; se seg om; ha mange venner (,venninner); **21.** *fig:* ~ **the game** følge spillets regler; **22.:** ~ **a waiting game** vente og se; stille seg avventende; **23.** *fig:*~ **into the hands of** spille rett i hendene på; **24.:** ~ **a hunch** handle ut fra en innskytelse; **25.** *sport:* ~ **oneself in** spille seg inn; **26.:** ~ **off** 1. *fotb:* spille omkamp (*fx the score was 2–2, so they'll play off next Saturday*); 2.: ~ **sby off against sby** spille en ut mot en (*fx he played them off one against the other; he played his father off against his mother*); **27.:** ~ **on** 1. *sport:* spille på (*fx the pitch is too wet to play on*); 2. spille videre; fortsette å spille; 3. *fig (,stivt: play upon)* spille på (*fx sby's feelings; on words*); **28.:** ~ **out** 1. spille ferdig (*fx a game*); 2. *tau, etc(=pay out)* slakke på; fire ut; stikke ut (*fx he played the rope out*), 3. *om kunstner, etc(=finish; use up):* **he's -ed out** han er ferdig (*el.* oppbrukt); 4. *om scene, drama, etc:* utspille seg; **29.:** ~ **no part in** ikke ha noe å gjøre med (*fx he played no part in the robbery itself*); **30.:** ~ **safe**(*=take no risks*) ikke ta noen sjanser; holde seg på den sikre siden; **31.:** ~ **second fiddle** spille annen fiolin; **his wife plays second fiddle to his work** arbeidet hans er viktigere for ham enn hans kone; **32.:** ~ **to the gallery** spille for galleriet; **33.:** ~ **up T** 1(*=be a nuisance*) være plagsom (*fx the children are playing up today*), 2(*=hurt*) gjøre vondt (*fx my shoulder's playing up*); 3. slå stort opp (*fx the press played up the divorce story*) **34.:** ~ **with** 1. leke med; spille med; 2. *fig:* leke med (*fx an idea; a girl's feelings*); **35.:** ~ **with fire**(*=court danger*) leke med ilden; **36. T:** ~ **the devil with,** ~ **hell with** 1(*=seriously disturb; upset*) bringe alvorlig forstyrrelse i; bringe helt ut av lage (*fx I've had enough dope to play hell with my nervous system*); 2. gjøre helvete hett for (*fx he'll play (merry) hell with you when he finds out*); **37.** *evf:* ~ **with oneself**(*=masturbate*) onanere; masturbere.
playable ['pleiəbl] *adj* **1.** *om ball i fx golf:* som kan spilles; som man kan komme til (å få slått); **2.** *sport; om bane:* som er egnet til å spille på.
playact ['plei,ækt] *vb; fig(=pretend)* spille komedie; spille; agere (*fx he's always playacting*).
playback ['plei,bæk] *subst:* avspilling (av lydopptak).
playbill ['plei,bil] *subst:* teaterplakat.
player ['pleiə] *subst* **1.** *også mus:* spiller; **2.** *hist(=actor)* skuespiller.
player piano pianola.
playfellow ['plei,felou] *subst(=playmate)* lekekamerat.
playful ['pleiful] *adj* **1.** leken; **a** ~ **leap** et lekent hopp; **2.** spøkefull (*fx remark*).
playgoer ['plei,gouə] *subst:* teatergjenger.
playground ['plei,graund] *subst:* lekeplass.
playgroup ['plei,gru:p] *subst:* lekegruppe; **UK: go to a (private)** ~ gå hos parktante; **run a** ~ drive parktantevirksomhet.
playgroup leader(*=playleader*) **UK** *svarer til:* parktante.
playhouse ['plei,haus] *subst(=theatre)* teater.
playing card spillkort.
playing field(s) idrettsplass; sportsplass.
playmate ['plei,meit] *subst:* lekekamerat; **they were childhood -s** de var lekekamerater da de var barn.
play-off ['plei,ɔf] *subst; sport:* omkamp; (*jvf II. play 26, 1*).
playpen ['plei,pen] *subst:* lekegrind.
playroom ['plei,rum; 'plei,ru:m] *subst:* lekestue.

play space plass til å leke på; lekeplass *(fx the lawn will provide a play space for the children).*
playschool ['plei,sku:l] *subst: se playgroup.*
play stage: children at the ~ barn i lekealderen.
plaything ['plei,θiŋ] *subst* **1.** *stivt(=toy)* leke(tøy); **2.** *litt.; om person(=toy)* stykke leketøy *(fx to him she was just a plaything).*
playtime ['plei,taim] *subst; i barnehage:* frikvarter.
playwright ['plei,rait] *subst:* skuespillforfatter.
plea [pli:] *subst* **1.** *jur:* påstand; **2.** *om tiltaltes svar:* **he made a ~ of not guilty***(=he pleaded not guilty)* han nektet seg (straff)skyldig; **2.** *stivt(=urgent request)* inntrengende henstilling; appell *(fx the hospital sent out a plea for blood donors);* **3.** *stivt:* **he stayed away from work on the ~ of illness***(=he stayed away from work giving illness as an excuse)* han uteble fra arbeidet under påskudd av å være syk.
plea bargain, plea-bargain agreement *jur* **US:** avtale mellom påtalemyndighetene og den siktede om en mildere siktelse mot at den siktede erklærer seg skyldig i en mindre alvorlig forseelse.
plead ['pli:d] *vb* **1.** *jur:* svare på skyldsspørsmålet *(fx how does the prisoner plead?);* **~ guilty** erkjenne seg straffskyldig; **2.** *jur(=present a case in court)* pledere; føre en sak (i retten) *(fx my solicitor will plead for me);* **3.** *stivt(=give as an excuse)* påberope seg *(fx ignorance);* **4.** anføre; gjøre gjeldende (som argument); påberope seg; **both parties will be able to ~***(=urge)* **that . . .** begge parter vil kunne påberope seg (*el.* gjøre gjeldende) at . . . **5.** *jur el. stivt:* be inntrengende *(fx he pleaded to be allowed to go);* **~ for leniency for him** be om barmhjertighet (*el.* mildhet) for ham; **he -ed with me not to go** han ba meg inntrengende om ikke å dra.
I. pleading ['pli:diŋ] *subst* **1.** *jur:* pledering; **2.** *jur:* skriftlig partsforklaring; **3.** bønn.
II. pleading *adj:* bønnlig; bedende; **the dog gave me a ~ look** hunden så bedende på meg.
pleasant ['plezənt] *adj:* behagelig *(fx day; person);* hyggelig *(fx person; working conditions);* **have a ~***(=good)* **time** ha det hyggelig.
pleasantry ['plezəntri] *subst; stivt(=good-natured joke(s))* hyggelige (*el.* spøkefulle) bemerkninger *(fx they exchanged pleasantries).*
I. please [pli:z] *vb* **1.** behage; gjøre til lags *(fx you can't please everyone all the time; he's hard to please);* glede *(fx she did it to please her mother);* **this will ~ you** dette kommer du til å like; **she's anxious to ~** hun gjør hva hun kan for å bli likt; **2.: he does as he -s** han gjør som han vil (*el.* finner for godt); **T: ~ yourself!** som du vil! *(fx I don't think you should go, but please yourself); glds el. stivt:* **if you ~:** *se II. please.*
II. please *adv; høflighetsformular* **1.** vær så snill; . . . er du snill *(fx close the door, please; will you please come with me? can you shut the door, please?);* **2.** *ved forespørsel om man vil ha noe:* **yes, ~!** ja takk! **who wants some more coffee? – me, ~!** hvem vil ha mer kaffe? – jeg, takk! **3.** *når man ber om noe:* **can I have another cup of tea, ~?** kan jeg få en kopp te til? **4.** *når man vil påkalle oppmerksomheten:* unnskyld *(fx Please, Sir, I don't understand).*
pleased ['pli:zd] *adj(=happy; satisfied)* fornøyd; tilfreds; glad *(fx he wasn't pleased when we broke the window);* **I shall be very***(=only too)* **~ to do it** det skal jeg med glede gjøre; **I should have been (only too) ~***(=glad)* **to help you***(=I should have liked to help you)* jeg skulle (mer enn) gjerne ha hjulpet deg; **was she ~ to get your letter?** var hun glad for (å få) brevet ditt? **are you ~ about your new job?** liker du (*el.* er du fornøyd med) den nye jobben din? **she was ~ with the dress** hun var fornøyd med kjolen; **~ with oneself***(=(self-)complacent)* selvtilfreds; **he gave a ~ smile** han smilte fornøyd.
pleasing *adj; glds el. stivt(=pleasant)* behagelig *(fx a pleasing tune);* **he has a ~ exterior***(=he has a pleasant appearance)* han har et behagelige ytre.
pleasurable ['pleʒərəbl] *adj; stivt el. psykol(=pleasant; enjoyable)* behagelig; *psykol:* lystbetont; **the task has to be made ~***(=attractive)* det gjelder å gjøre oppgaven lystbetont; **work doesn't get done if it's not ~***(=attractive)* et arbeid går ikke unna hvis det er ulystbetont; *(jvf NEO lystbetont & ulystbetont).*
pleasure ['pleʒə] *subst* **1.** nytelse *(fx it's a pleasure);* fornøyelse; **for ~***(=for fun)* for fornøyelsens skyld *(fx read for pleasure);* **are you here on business or for ~?***(=are you here on pleasure or on business?)* er du her for fornøyelsens skyld eller i forretninger? *stivt:* **the ~ is (all) mine***(=it's been a pleasure)* det har bare vært en fornøyelse; det er ikke noe å takke for; *stivt:* fornøyelsen er (helt) på min side; **perhaps I can defer the ~?** *(,US: can I have a rain check?)* kanskje jeg kan få ha den fornøyelsen til gode (til en annen gang?); *merk; stivt:* **it gives me ~ to . . .***(=I am happy to . . .; I am pleased to . . .)* det er meg en fornøyelse å . . .; **2.** glede *(fx the pleasures of the table; she has few pleasures; it's a great pleasure for me to be able to bid you all welcome to . . .);* **television has brought a lot of ~ to lonely old people** fjernsynet har skapt meget glede for gamle, ensomme mennesker; *stivt:* **his visit gave her great ~***(=she was very pleased that he came to see her)* besøket hans var til stor glede for henne; *merk:* **we have ~ in informing you that . . .***(=we are pleased to inform you that . . .)* det gleder oss å meddele (Dem) at . . .; **have the ~ of (-ing)***(=be pleased to . . .)* ha den glede (*el.* fornøyelse) å . . .; **his enjoyment of little -s***(=the pleasure he got from trifles)* hans glede over små ting; **take ~ in***(=delight in)* finne glede i; føle glede ved; finne fornøyelse i; **3.: at ~***(=at will; T: at one's own sweet will)* etter behag; etter (eget) forgodtbefinnende; **4.: with ~** med fornøyelse *(fx with the greatest pleasure);* med glede; **we look back on it with ~** vi ser tilbake på det med glede; **I note with ~ from your letter that . . .***(=I am pleased to note from your letter that . . .)* det gleder meg å se av Deres brev at . . .; **think about sth with ~***(=think happily about sth)* tenke med glede på noe.
pleasure boat*(=pleasure craft)* lystbåt.
pleasure park*(=amusement park)* fornøyelsespark; *(jvf fairground(s)).*
pleasure-seeking ['pleʒə,si:kiŋ] *adj:* fornøyelsessyk.
pleasure sensation lystfølelse.
pleasure trip fornøyelsestur.
pleat [pli:t] **1.** *subst; i skjørt; etc:* fold; legg; plissé; **2.** *vb:* plissere *(fx she pleated the material).*
plebeian [plə'bi:ən] **1.** *subst:* plebeier; **2.** *adj:* plebeisk.
plebiscite ['plebi,sait; 'plebisit] *subst; stivt(=popular vote; referendum)* folkeavstemning.
plectrum ['plektrəm] *subst; mus:* plekter.
I. pledge [pledʒ] *subst* **1***(=security)* pant; sikkerhet; **his watch is in ~** klokken hans er pantsatt; **2.** *stivt(=token)* tegn; pant *(fx they exchanged rings as a pledge of their love);* **a ~ of goodwill** et tegn på goodwill; **3.** *stivt el. litt.(=binding*

promise) (bindende) løfte *(fx he gave me his pledge);* **(total abstinence) ~** avholdsløfte; **take***(=sign)* **the ~** avlegge avholdsløfte; **~ of secrecy***(=promise of secrecy)* taushetsløfte.

II. pledge *vb* **1***(=pawn; mortgage)* pantsette; gi i pant; **2.** *stivt(=promise)* love *(fx he pledged his support);* **~ oneself to help** love å hjelpe; **3.: they were -d***(=bound)* **to secrecy** de hadde taushetsplikt.

plenary ['pli:nəri] *adj; stivt* **1.: ~ powers** alle fullmakter *(fx the court has plenary powers);* **2.** talltallig; **~ decision** plenumsbeslutning; **~ meeting** plenarmøte.

plenipotentiary [,plenipə'tenʃəri] *adj; om diplomat, etc:* med uinnskrenket fullmakt; befullmektiget.

plenteous ['plentiəs] *adj; litt.(=plentiful)* rikelig.

plentiful ['plentiful] *adj:* rikelig; **a ~ supply of** rikelige forsyninger av.

plenty ['plenti] **1.** *subst:* overflod *(fx the age of plenty);* **food in ~***(=large quantities of food)* store mengder mat; **years of ~** gode år; år med velstand; **2.** *adj(=enough)* nok *(fx I don't need any more books; I've got plenty);* **that's ~ thanks** takk, det er nok; **there's ~ more** det er mye mer; *især* **US: there's ~***(=plenty of)* **work to be done** det er (mer enn) nok arbeid som skal gjøres; **3.: ~ of** 1*(=a large amount of)* mer enn nok *(fx there's plenty of butter);* rikelig med *(fx he's got plenty of money);* 2*(=lots of; very many)* svært mange *(fx plenty of people believe in ghosts);* **4.** *adv; især* **US T: he was ~ mad** han var god og sint.

plenum ['pli:nəm] *subst; især parl(=plenary session)* plenarmøte; plenumsmøte.

pleonasm ['pli:ə,næzəm] *subst:* pleonasme.

pleonastic [,pli:ə'næstik] *adj:* pleonastisk.

plethora ['pleθərə] *subst; stivt el. spøkef:* overflod *(fx a plethora of policemen);* **a ~***(=an excess)* **of rules and regulations** en overflod av regler og forordninger.

pleurisy ['pluərəsi] *subst; med.:* pleuritt; brysthinnebetennelse; **serous ~** serøs pleuritt; **T:** våt pleuritt.

plexus ['pleksəs] *subst; anat:* **solar ~** solar plexus.

pliability [,plaiə'biliti] *subst* **1***(=flexibility; pliancy)* bøyelighet; **2.** *fig(=flexibility; pliancy)* smidighet; føyelighet.

pliable ['plaiəbl] *adj* **1***(=flexible)* bøyelig; **2.** *fig(=flexible; pliant)* smidig; føyelig.

pliancy ['plaiənsi] *subst: se pliability.*

pliant ['plaiənt] *adj: se pliable.*

pliers ['plaiəz] *subst:* **(pair of) ~** nebbtang; **circlip ~** seegerringstang; **combination ~** kombinasjonstang; universaltang; **flat-nosed ~***(=flat bit)* flattang; **interlocking joint ~** vannpumpetang; **round -nosed ~** rundtang; **slip-joint ~** tang med stillbart ledd; **snipe-nosed ~** spisstang.

plight [plait] *subst:* **in a sorry ~** 1. i en sørgelig forfatning; 2. i en meget vanskelig situasjon; **T:** ille ute *(fx she was in a sorry plight).*

plimsoll ['plimsəl] *subst* **T: (pair of) -s** gymsko; joggesko; turnsko.

Plimsoll line*(=load line) mar:* lastelinje; plimsollmerke.

plinth [plinθ] *subst; arkit; på søyle(=socle)* sokkel; plint.

plinth course *bygg:* murfot.

plod [plɔd] *vb* **1.** traske; gå tungt; **~ along** 1. traske av sted; 2. *fig:* **the film just -s along** filmen sleper seg hen; **he -ded the streets all day, looking for work** han trasket omkring i gatene hele dagen på jakt etter arbeid; **2.** *om slitsomt arbeid:* **~ on** slite videre; **he was -ding through stacks of unanswered letters** han satt og slet seg gjennom bunker med ubesvarte brev.

plodder ['plɔdə] *subst; ofte neds:* sliter; en som arbeider tungt.

I. plonk [plɔŋk] *subst* **1.** *om lyden:* plump; plask *(fx fall into the water with a plonk);* **2. T***(=cheap wine)* billig vin.

II. plonk *vb:* **~ down** 1. klaske; **he -ed his money down on the counter** han klasket pengene (ned) på disken; 2. plumpe; **T: he -ed himself down on a bench***(=he flopped down on a bench)* han plumpet ned på en benk.

plop [plɔp] **1.** *subst:* (lite) plump; lite plask; **2.** *vb:* plumpe *(fx the stone plopped into the water);* **he -ped into a chair** han plumpet (*el.* falt tungt) ned i en stol; **3.** *int:* plump; svupp; **it went ~** det sa svupp.

plosive ['plousiv] *subst; fon:* lukkelyd.

I. plot [plɔt] *subst* **1.** sammensvergelse; komplott; **2.** *i roman, etc:* handling *(fx the plot of the play);* **carry the ~** bære handlingen (i stykke, etc); **3.** jordstykke; **~ (of land)** tomt *(fx we've bought a plot of land to build a house on);* **an attractive corner ~** en pen hjørnetomt; **potato ~** potetåker; **vegetable ~** grønnsakhage.

II. plot *vb* **1.** legge (onde) planer om *(fx they were plotting the death of the king);* **~***(=plan)* **one's revenge** pønske på hevn; **2.** avmerke på et kart; plotte; *flyv; mar:* **~ a course** stikke ut en kurs; plotte en kurs; **3.: ~ a curve (, a graph)** tegne en kurve (,et diagram).

plotter ['plɔtə] *subst* **1.** deltager i et komplott; **2***(=schemer)* renkesmed; **3.** *flyv:* plotter.

plotting board *mil:* plottebord.

I. plough *(,US: plow)* [plau] *subst* **1.** *landbr:* plog; **2.** *astr:* **the Plough***(=Charles's Wain)* Karlsvognen.

II. plough *(,US: plow) vb* **1.** pløye; **~ under** pløye ned; **2.: ~ through** 1. pløye seg frem *(fx through the rough sea);* 2. pløye seg gjennom *(fx a very dull book);* **3.: ~ into***(=crash into)* kjøre inn i *(fx he ploughed into the side of a stationary taxi);* **4.** *skolev(=fail)* stryke *(fx they ploughed him; he got ploughed in the exam);* **5.** *økon:* **~ back***(=reinvest)* reinvestere; **~ money back into industry** reinvestere penger i industrien.

plough beam *landbr:* plogås.

plough plane *tøm:* nothøvel.

plough share *landbr:* plogskjær.

plover ['plʌvə] *subst; zo:* **golden ~** heilo; **little ringed ~** dverglo; **Norfolk ~** triell; **sociable ~** steppevipe; **spur-winged ~** sporevipe.

plow [plau] *subst & vb* **US:** *se plough.*

ploy [plɔi] *subst* **1***(=clever trick)* knep; **use a persuasive ~** bruke overtalelsestaktikk; **2.** beskjeftigelse; hobby.

I. pluck [plʌk] *subst* **1***(=offal)* innmat; **2. T***(=courage)* mot.

II. pluck *vb* **1.** *stivt el. litt.(=pull)* plukke; nappe *(fx pluck out a few grey hairs);* **2.: she was -ing her eyebrows** hun satt og plukket øyenbrynene (sine); **3.** plukke; ribbe *(fx a chicken);* **4.** *litt.(=pick)* plukke *(fx a rose);* **he was -ed from the jaws of death** han ble revet ut av dødens gap; **5.** *mus:* klimpre på *(fx pluck (the strings of) a guitar);* **6. S***(=fleece; swindle)* snyte; flå; ribbe; plukke; **7.: ~ at***(=pull at; tug at)* dra (*el.* trekke) i; nappe i *(fx he plucked at my sleeve);* **8.: ~ up courage***(=take courage; summon one's courage)* fatte mot; ta mot til seg; **they -ed up fresh ~***(=their courage revived)* de fattet nytt mot; **she -ed up (the) courage to ask a question** hun dristet seg til å stille et spørsmål; **~ up energy to**

do sth*(=muster the necessary energy to do sth)* samle energi til å gjøre noe.

I. plug [plʌg] *subst* **1.** plugg; propp; tapp; *i badekar, etc:* propp; **(oil) drain ~** bunnpropp; oljeplugg; **2.** *elekt:* støpsel *(fx a three-pin plug);* **3.** *mask:* **(spark)** *~(=sparking plug)* tennplugg; **4.** *av tobakk:* skrå; **5.** *i radio, etc* **T:** fin omtale; god publisitet *(fx he gave her new record a free plug on his programme).*

II. plug *vb* **1.** plugge; tette igjen *(fx a hole)* **2.** *fig:* tette igjen *(fx a gaping loophole in the law);* **3.** *i radio, TV* **T:** drive reklame for; reklamere for; **4.** S*(=shoot)* skyte *(fx a rabbit);* **5. T: ~ away (at)** jobbe hardt (med); **6.: ~ in** sette i støpslet; sette på *(fx the electric kettle).*

plug gauge *tekn:* hullære; læredor.

plug-hole [ˈplʌg,houl] *subst; i kum, badekar, etc:* avløp; **T: pour money down the ~** tømme penger ned i et sluk.

I. plum [plʌm] *subst* **1.** *bot:* plomme; **French ~** katrineplomme; **2.** *i kake el. pudding(=raisin):* **~ cake** kake med rosiner i; **3.** plommefarge; **4.: he's waiting for -s to fall into his mouth** han venter på at stekte duer skal fly inn i munnen på ham.

II. plum *adj* **T: a ~ job***(=a very good job)* en fin jobb; en ønskejobb.

plumage [ˈplu:midʒ] *subst; zo:* fjærdrakt; fjærkledning.

I. plumb [plʌm] *subst:* (bly)lodd; **off ~, out of ~** ute av lodd; *(jvf III. plumb).*

II. plumb *vb* **1.** *med loddsnor:* lodde; prøve om noe er i lodd; **2.** *fig; stivt(=fathom)* lodde *(fx the depths of sby's soul);* **3.: ~ in** kople til *(fx a washing machine).*

III. plumb *adj:* i lodd *(fx the wall is plumb); (jvf I. plumb: off ~, out of ~).*

IV. plumb *adv* **1.** loddrett (ned); rett ned *(fx he fell plumb down);* **2.** T*(=exactly):* **~ in the middle** nøyaktig i midten; nøyaktig midt på; **~ on** rett på; **3. US** T*(=completely):* **it's ~ impossible** det er helt umulig.

plumb bob*(=plumb; plummet)* lodd i snor.

plumber [ˈplʌmə] *subst* **1.** rørlegger; **2.** *hist:* blytekker.

plumbing [ˈplʌmiŋ] *subst* **1.** *i hus(=sanitary installation)* sanitæranlegg; **2.** *evf(=toilet)* w.c. *(fx the plumbing is out of order);* **3.** rørleggerarbeid.

plumbline [ˈplʌm,lain] *subst:* loddsnor.

plume [plu:m] *subst* **1***(=tall feather)* fjær *(fx she wore a plume in her hat);* **2.** *på hjelm(=crest; panache)* fjærbusk; hjelmbusk; **3.** *litt.:* **~ of smoke***(=column of smoke)* røyksøyle; **4.: strut in borrowed -s** pynte (*el.* smykke) seg med lånte fjær.

plummer block *mask (,***US:** *pillow block)* fotlager.

I. plummet [ˈplʌmit] *subst(=plum bob)* lodd (i snor).

II. plummet *vb* **1.** *om noe tungt:* falle raskt; **2.** *fig(=fall sharply)* falle raskt (*el.* brått) *(fx prices plummeted).*

plummy [ˈplʌmi] *adj* **1.** *om kake, etc:* full av rosiner; **2.** *om stemme:* forfinet; affektert *(fx the children laugh at their teacher's plummy voice);* **3.** T*(=very good):* **she got a ~ role in the film** hun fikk en fin (*el.* ettertraktet) rolle i filmen.

I. plump [plʌmp] *subst; om brått fall el. lyden av det:* bums *(fx he sat down on the cushion with a plump);* plump.

II. plump *vb* **1.** dumpe *(fx he plumped down in the chair; he plumped his books (down) on the table);* **2. T: ~ for***(=choose; decide on)* velge; bestemme seg for *(fx I plumped for beer rather than wine); ved veddemål:* **T:** holde en knapp på *(fx I think I'll plump for Mr X);* **3.: ~ up the flattened cushions** riste ut de flate putene.

III. plump *adj:* god og rund; (rund og) trivelig *(fx she's small and plump);* **T: ~ and pleasant** god og rund; i godt hold; **she's a trifle on the ~ side** hun er litt tykkfallen (*el.* lubben); **~ cheeks** runde kinn.

IV. plump *adv:* plump; pladask *(fx the bag fell plump into the river).*

plum pudding plumpudding.

plumy [ˈplu:mi] *adj:* fjærprydet; fjærkledd.

plunder [ˈplʌndə] *stivt el. litt.* **1.** *subst:* plyndring; rov; bytte; **2.** *vb:* røve; plyndre.

I. plunge [plʌndʒ] *subst* **1***(=dive)* stup; dukkert; **2.** *fig:* **take the ~** våge spranget.

II. plunge *vb* **1.** kaste seg; stupe *(fx he plunged into the river);* styrte seg *(fx he plunged into the crowd);* **he -d***(=was thrown)* **through the windscreen** han ble kastet (*el.* slynget) gjennom frontglasset; **2.** *fig:* styrte; kaste *(fx plunge the nation into war);* **the firm -d into debt** firmaet kastet seg ut i gjeld; **he -d the room into darkness by switching off the lights** han la rommet i mørke ved å skru av lysene; **3.** *med kniv, etc:* støte; stikke *(fx he plunged a knife into the meat);* **4.** *om utringning:* bli dypere *(fx necklines have plunged this year);* **5***(=dip; immerse)* dyppe; senke ned i.

plunger [ˈplʌndʒə] *subst; tekn* **1.** (lite, massivt) stempel; **press ~** trykkstempel; **2***(=suction cup on a handle)* klosettsuger.

I. plunk [ˈplʌŋk] *subst* **1.** *mus(=plucking)* klimpring; **2.** T*(=hard blow)* hardt slag.

II. plunk *vb* **1.** *mus(=pluck)* klimpre; **2.: ~ down** 1*(=drop abruptly; put down):* **he -ed his money down on the counter** han klasket pengene sine ned på disken; 2. T*(=settle):* **he -ed down on the bench** han slo (*el.* slang) seg ned på benken.

pluperfect [plu:ˈpə:fikt] *subst; gram:* **the ~** pluskvamperfektum.

plural [ˈpluərəl] **1.** *subst; gram:* flertall *(fx the verb is in the plural);* flertallsform *(fx the noun 'mice' is plural); fagl, også:* pluralis; **2.** *adj; gram:* flertalls- *(fx ending; form).*

pluralism [ˈpluərə,lizəm] **1.** pluralisme; **2.** det at én person innehar mer enn ett embete.

plurality [pluəˈræliti] *subst:* flerhet; pluralitet.

plural society samfunn bestående av flere raser.

I. plus [plʌs] *subst* **1.** *mat.(=plus sign)* plusstegn; addisjonstegn; **2.** T*(=advantage; asset)* pluss; fordel; **a definite ~** et avgjort pluss.

II. plus *adj & prep;* pluss; **a ~ number***(=a positive number)* et positivt tall.

III. plus *adv:* pluss *(fx the temperature was plus fifteen degrees);* mer enn *(fx he earns £3000 plus);* **survive a temperature of ninety-~** overleve i en temperatur på over 90° F; **at the age of 16+** fra sekstenårsalderen og oppover.

plush [plʌʃ] **1.** *subst:* plysj; **2.** *adj(=luxurious):* **a ~ way of life** en luksustilværelse.

plushy [ˈplʌʃi] *adj* **1.** plysjaktig; **2.** *adj: se plush 2.*

plutocracy [plu:ˈtɔkrəsi] *subst:* plutokrati; rikmannsvelde.

plutocrat [ˈplu:tə,kræt] *subst:* plutokrat; pengefyrste.

plutonium [plu:ˈtouniəm] *subst; min:* plutonium.

I. ply [plai] *subst* **1.** *i garn:* tråd; **2.** *i kryssfinér, bildekk, etc:* lag *(fx a six-ply tyre).*

II. ply *vb* **1.** *stivt(=travel regularly; go regularly):* **the ship plies between X and Y** skipet går i rute mellom X og Y; **2.** *stivt:* **~ sby with questions***(=shower questions on sby)* bestorme en med spørsmål; **he plied us with drink***(=he kept supplying us with drink)* han ga oss rikelig med drikkeva-

rer; **3.** *glds el. spøkef(=use):* **he was busily -ing his axe** han brukte øksa flittig; **4.** *glds el. spøkef(=carry on):* **he plies his trade in the village** han driver sitt håndverk i landsbyen.
plywood ['plai,wud] *subst:* kryssfinér.
p.m., pm [,pi:'em] *(fk.f. post meridiem):* **at 3** ~*(=at three o'clock in the afternoon)* klokken tre om ettermiddagen; kl. 15.
pneumatic [nju'mætik] *adj:* pneumatisk; pressluft-.
pneumatic drill*(=building drill)* pressluftbor; maskinspett.
pneumatic hammer presslufthammer.
pneumatic tool*(=air tool)* trykkverktøy; pressluftverktøy.
pneumonia [nju:'mouniə] *subst; med.:* lungebetennelse; pneumoni.
po [pou] *subst* **T***(=chamber pot)* potte.
poach [poutʃ] *vb* **1.** drive ulovlig jakt (*el.* fiske); drive krypskytteri; ~ **hares** drive ulovlig harejakt; **2.** *fig* **T: that new firm is trying to ~ our best members of staff** det nye firmaet prøver å stjele våre beste folk; **3.** *fig:* **~ on sby's preserves***(=trespass on sby's territory)* gå inn på en annen manns enemerker; **4.** pochere; koke uten skallet på; **a -ed egg** et forlorent egg.
poacher ['poutʃə] *subst:* krypskytter; en som driver ulovlig jakt (*el.* fiske).
pochard ['poutʃəd] *subst; zo:* taffeland.
I. pocket ['pɔkit] *subst* **1.** lomme *(fx he put it in his pocket);* **2.** *i biljardbord:* hull; **3.** *om lite område, også mil & økon:* lomme *(fx pockets of resistance; pockets of unemployment; a pocket of warm air);* enklave; øy; **4.** *flyv:* **air ~** (,**T:** *air hole; bump)* luftlomme; **5.** *i veddeløp:* klemme; trengt posisjon *(fx be in a pocket);* **6.** *geol:* liten malmavleiring; **7.: have sby in one's ~** ha en i sin lomme; **8.: line one's ~** berike seg (især på uærlig vis, fx av betrodde midler); **9.: prices to suit all -s** priser som passer for enhver lommebok (*el.* pung); **10.: be in (,out of) ~** ha tjent (,tapt) (på noe); **his last deal has left him out of ~** den siste handelen hans tapte han på; **11.: live in each other's -s** bo altfor tett innpå hverandre.
II. pocket *vb* **1***(=put in one's pocket)* legge (*el.* stikke) i lommen; **2. T***(=steal)* rappe; stikke til seg *(fx be careful he doesn't pocket the silver!);* **3.** *i biljard:* ~ **a ball** støte en ball i hull; **4.** *fig:* ~ **an insult***(=put up with an insult)* bite i seg en fornærmelse; **5.** *fig:* **~ one's pride** glemme stoltheten sin; **6. US** *om presidenten:* **~ a bill***(=retain a bill)* stanse et lovforslag (ved ikke å undertegne det).
pocketbook ['pɔkit,buk] *subst* **1.** *bok:* pocketbok; billigbok; **2***(=wallet)* lommebok.
pocket dictionary lommeordbok.
pocketful ['pɔkitful] *subst:* **a ~** en lommefull; **T: a ~ of money** en god slump penger.
pocketknife ['pɔkit,naif] *subst:* lommekniv.
pocket money lommepenger.
pocket-size(d) ['pɔkit,saizd] *adj:* i lommeformat.
pockmark ['pɔk,ma:k] *subst:* kopparr.
I. pod [pɔd] *subst; bot:* belg; skjelm; **pea ~** ertebelg.
II. pod *vb:* belge *(fx peas).*
podgy ['pɔdʒi] *adj* **T***(fat; short and plump)* kort og tykk; buttet *(fx a podgy little man; she has podgy fingers).*
podium ['poudiəm] *subst; stivt(=platform)* podium.
poem ['pouim] *subst:* dikt.
poet ['pouit] *subst:* dikter.
poetic [pou'etik] *adj:* dikterisk; poetisk.
poetic licence dikterisk frihet.
poetry ['pouitri] *subst:* poesi.
pogrom ['pɔgrəm] *subst:* pogrom; jødeforfølgelse.
poignancy ['pɔinjənsi] *subst; stivt(=bitterness; intenseness)* bitterhet; intensitet; **the ~ of her grief** hennes store og gripende sorg.
poignant ['pɔinjənt] *adj* **1***(=sad; deeply moving)* trist; dyptgripende *(fx story);* intens; **a ~***(=sad)* **thought** en trist tanke; **this very ~ experience made her write the book** denne intense opplevelsen fikk henne til å skrive boken; **2.** *glds; om sarkasme, etc(=cutting)* skarp; bitende; **3.** *glds; om følelser(=bitter; distressing)* bitter; *lett glds:* smertelig *(fx grief);* **4.** *glds; om lukt(=pungent)* skarp; gjennomtrengende; **5.** *glds:* **his ~ wit***(=his pungent wit)* hans skarpe vidd.
poinsettia [pɔin'setiə] *subst; bot:* julestjerne.
I. point [pɔint] *subst* **1***(=dot)* prikk; punkt; **2***(=sharp end)* spiss *(fx the point of a pin);*
3.: (electric) ~ T*(=socket)* stikkontakt; **light ~** lampepunkt;
4. *typ:* punkt;
5*(=full stop)* punktum;
6. *mat.; ved desimalbrøk:* komma; **0.5** 0,5; **set of -s** punktmengde;
7.: (compass) ~ kompasstrek; strek; **cardinal ~** hovedstrek;
8. *geogr:* pynt; odde;
9. *jakthunds:* stand;
10. *zo; på gevir:* takk;
11. *på stjerne:* takk;
12. *om dyrs bein når fargen avviker:* **a bay with black -s** en fuks med svarte bein.
13. *elekt; mask:* **contact ~** kontaktpunkt;
14. *mask; i fordeler:* **contact (breaker) ~***(=distributor point)* fordelerstift.
15. *i spill, etc:* poeng *(fx win on points);* punkt; *i cricket:* løp;
16. *jernb: se points;*
17. *ved historie, vits:* poeng *(fx the joke was so long that I thought he'd never get to the point);* **he missed the whole ~ of the joke** han forstod slett ikke hva vitsen gikk ut på;
18. hensikt; mening; poeng; vits *(fx he didn't see what point there was in continuing the discussion);* **that's the whole ~** det er hele vitsen; det er hovedsaken; **the ~ of the meeting is to discuss . . .** hensikten med møtet er å diskutere . . .; **what's the ~ of that?** hva er vitsen (*el.* hensikten *el.* meningen) med det? **there's no ~ in trying***(= it's no use trying)* det nytter ikke å prøve; **there's not much ~ (in) asking me** det har ingen større hensikt å spørre meg; **gain one's ~** oppnå sin hensikt; oppnå det man er ute etter; **I see your ~***(=I see what you mean)* jeg forstår hva du mener;
19. *ved person:* egenskap; side *(fx we all have our good points and our bad points; he has his good (,weak) points; that's not his strong point);* *om sak, etc:* **it has its -s** det har sine fordeler (*el.* gode sider);
20.: (special) ~ finesse *(fx there's a special point about this apparatus);* **the finer -s of the game** spillets finesser.
21. *om sted & tid:* punkt *(fx we came back to the point where we'd started from; we walked to a point 100 metres north of the building);* **at a ~***(=in a place; at a place)* på et punkt; *fig:* **on a ~** på et punkt; **on all -s** på alle punkter; **be at***(= on)* **the ~ of despair** være på randen av fortvilelse; *litt.:* **be at the ~ of death** befinne seg på dødens terskel; **at some ~** på et eller annet tidspunkt; **at that ~** på det tidspunkt *(fx at that point a lot of people had already been infected);* **at that**

~ he left the room da forlot han rommet; her forlot han rommet; **the lights went off at that ~** lysene gikk ut akkurat da (*el.* i det øyeblikket); **at this ~ (of time)***(=at this stage; at that moment)* på dette tidspunkt; da; **at this ~ he was interrupted** her (*el.* i det øyeblikket) ble han avbrutt;
22. sak *(fx the first point we must decide is where to meet)*; punkt *(fx they arranged everything point by point)*; **come to the ~** 1*(=get to the point)* komme til saken *(fx he talked and talked but never came to the point)*; 2.: **come***(=go)* **straight to the ~** gå rett på sak; komme til saken med én gang; 3.: **when it comes to the ~** når det kommer til stykket; **that's beside the ~***(=that's not the point)* det vedkommer ikke saken; det kommer ikke saken ved; det er irrelevant; **that's not the ~ at all** det er slett ikke det saken dreier seg om; **that's the ~***(=that's what it's about)* det er 'det det dreier seg om; det er 'det saken gjelder; det er 'det som er saken; **that's just the ~** det er (nettopp) saken; **the ~ really is that . . .** det som det (*el.* saken) egentlig dreier seg om, er at . . .; **keep to the ~ under discussion** holde seg til det man diskuterer; holde seg til saken; **miss the (whole) ~** (slett) ikke forstå hva det dreier seg om; **you've missed the ~ of my argument** du har ikke forstått hva det er jeg sier; **raise a ~***(=bring up a matter)* ta opp en sak; *på møte:* **I would like to raise a ~ of order** jeg vil få lov å si noe til dagsorden; **we're wandering from the ~** vi er i ferd med å komme bort fra saken; *(se også 23 ndf)*;
23. *i diskusjon, stil, etc:* argument; punkt *(fx your points are well supported)*; synspunkt; **the -s made by***(=raised in)* **the passage** de synspunktene som tas opp i avsnittet; **it's not clear what ~ is being made** det er ikke klart hva man vil ha frem (*el.* hva man forsøker å uttrykke); **you've got a ~ there!** du er inne på noe der! der sier du noe! **you've made your ~** 1. du har uttrykt deg helt klart; du har fått frem det du ønsket å få fram; 2*(=you're quite right)* du har helt rett; **he made his ~** 1. han vant frem med sitt syn; 2. han uttrykte seg helt klart; **I take your ~** jeg forstår hvor du vil hen (*el.* hva du mener); **all right, ~ taken!** all right, jeg har oppfattet hvor du vil hen! *(se også 22 ovf)*;
24. *stivt:* **a case in ~***(=a good example)* et godt eksempel;
25.: possession is nine -s of the law den som har den faktiske besittelse, står meget sterkt;
26.: make a ~ of legge vekt på *(fx accuracy)*; **make a ~ of going to bed early** gjøre det til en fast regel å legge seg tidlig;
27.: in ~ of fact*(=actually)* faktisk;
28.: on the ~ of (-ing) på nippet til å *(fx I was on the point of going out when the phone rang)*;
29.: not to put too fine a ~ on it*(=to tell the truth)* for å si det rett ut; for å si det som det er;
30.: to the ~*(=relevant; pertinent)* relevant; treffende; saklig *(fx her speech was very much to the point)*; **it was not to the ~** det hadde ikke noe med saken å gjøre; det var irrelevant;
31.: be sensitive to the ~ of morbidity være følsom intil det sykelige; **he was impressionable to the ~ of being comic** han var så lettpåvirkelig at det nesten grenset til det komiske;
32.: up to a ~ til en viss grad; til et visst punkt.

II. point *vb* **1***(=sharpen)* spisse *(fx point a pencil)*; **2.** peke (*at, to* på); **the signpost -ed north** veiviseren pekte mot nord; **3.** fuge; spekke *(fx point a brick wall)*; **4.** *om jakthund:* markere; **5.: ~ out** påpeke; gjøre oppmerksom på; **it was -ed out to him** han ble gjort oppmerksom på det; **~ out to sby that . . .** påpeke overfor en at . . .; **6.** *fig:* **~ to** 1. *konkret(=point at)* peke på; 2. *fig:* peke på; 3*(=suggest)* tyde på *(fx all the signs at the moment point to an early resumption of the fighting)*; **7.: ~ up***(=emphasize)* fremheve; understreke *(fx the difficulties; the differences)*.

point-blank [ˌpɔint'blæŋk; *attributivt også:* 'pɔintˌblæŋk] **1.** *adj:* på kloss hold; **at ~ range** på kloss hold; **a ~ shot** et skudd avfyrt på kloss hold; **2.** *adj(=direct)* direkte *(fx a point-blank question)*; **a ~***(=flat)* **refusal** et blankt avslag; **3.** *adv* 1. på kloss hold *(fx he fired point-blank at her)*; 2*(=directly)* like ut; direkte *(fx he asked her point-blank how old she was)*.

point duty *om politikonstabel:* **be on ~** ha trafikktjeneste (i gate- el. veikryss); dirigere trafikken.

pointed ['pɔintid] *adj* **1.** spiss; **2.** *om bemerkning(=cutting; sharp)* skarp; spiss; **3.** *om kritikk:* med tydelig adresse; **4***(=studied)* demonstrativ *(fx indifference)*.

pointer ['pɔintə] *subst* **1.** pekestokk; **2.** viser; **the ~ is at***(=on)* **zero** viseren peker på null; **3.** *hund:* pointer; **4.** *fig(=hint)* pekepinn; vink; fingerpek.

pointless ['pɔintlis] *adj:* meningsløs; formålsløs *(fx discussion)*; uten poeng *(fx anecdotes)*; **it was a ~ exercise***(=it was pointless)* det hadde ingen fornuftig hensikt; **it seemed ~ to go on** det lot til å være hensiktsløst å fortsette.

point of departure *fig(=starting point)* utgangspunkt; **this would appear to form a ~** dette skulle (vel) danne et utgangspunkt.

point of honour*(=matter of honour)* æressak; **it was a ~ with him** det var en æressak for ham.

point of no return *i prosess, etc:* **this is the ~** vi har nå kommet til det punkt da det ikke lenger er noen vei tilbake.

point of order *i forsamling:* **I would like to raise a ~** jeg vil få lov å si noe til dagsorden.

point of view*(=view; viewpoint)* synspunkt; synsvinkel; **from all points of view** fra alle synsvinkler.

points [pɔints] *subst; pl; jernb* (,**US:** *switches)* sporveksel; pens; **slip ~** kryssveksel.

pointsman ['pɔintsmən] *subst* (,**US:** *switchman) jernb; i løst språkbruk:* pensemann; *(jvf shunter & NEO sporskifter; skiftekonduktør)*.

point work *jernb(=the working of points;* **US:** *switch work)* sporvekselbetjening.

I. poise [pɔiz] *subst* **1.** likevekt *(fx a poise between widely different impulses)*; **2***(=mental balance)* sinnslikevekt; **nothing can upset his ~***(=he never gets upset)* ingenting bringer ham ut av likevekt; **she showed great ~ at the interview** hun virket rolig og sikker under intervjuet; **he lost his ~ for a moment** han ble brakt ut av fatning et øyeblikk; **3***(=carriage)* kroppsholdning *(fx good poise is important for a dancer)*.

II. poise *vb* **1***(=balance)* balansere *(fx poise oneself on one's toes)*; **2***(=hover)* sveve.

poised *adj; litt.* **1.: be ~***(=be suspended)* sveve; balansere *(fx the car was poised on the edge of the cliff)*; **the bird was ~ in mid-air over its nest** fuglen holdt seg svevende over redet sitt; **2***(=ready)* klar *(fx a skier was poised at the top of the hill)*; **~ for action** klar til å handle; **~ for flight** klar til å flykte; **3.** *fig(=calm; self-possessed)* rolig; behersket *(fx she was poised and diplomatic on the phone)*.

I. poison ['pɔizən] *subst* **1.** gift *(fx she killed herself by taking poison)*; **2.** *fig:* gift.

II. poison *vb* **1.** forgifte; **2.** *fig:* forgifte; **he -ed their minds** han forgiftet sinnene deres.
poisoning *subst* **1.** forgiftning; **2**(=*poisoning case; murder by poisoning)* giftmord.
poisonous ['pɔizənəs] *adj; også fig:* giftig *(fx words).*
poison pen ondsinnet anonym brevskriver.
poison-pen ['pɔizən,pen] *adj:* ~ **letter** anonymt, sjikanøst brev.
I. poke [pouk] *subst* **1.** *glds el. dial(=sack)* sekk; **2.** *lett glds* **T: buy a pig in a** ~*(=make a bad bargain)* kjøpe katta i sekken; **3.** *med albue, finger el. spiss gjenstand(=jab; prod)* støt; puff; dytt; **4.** *vulg(=screw)* nummer.
II. poke *vb* **1** *med albue, finger el. spiss gjenstand(= jab; prod)* støte; dytte; puffe *(fx he poked me in the ribs with his elbow);* **2.:** ~ **a hole** lage et hull *(fx she poked a hole in the sand with her finger);* **3. T**(=*hit):* **she -d him in the nose** hun ga ham en på nesen; **4.** stikke *(fx she poked(=put) her head out of the window);* **T: he's always poking his nose into my affairs** han stikker alltid nesen sin i mine saker; **5.:** ~ **the fire**(=*stir up the fire)* rake i varmen; **6.** *om mann; vulg:* ligge med; **7. T:** ~ **about**(=*around)* **in the attic** snuse (*el.* lete) på loftet; **8.:** ~ **fun at**(=*make fun of)* drive ap med; ha moro med.
poker ['poukə] *subst* **1.** *kortsp:* poker; **2.** ildraker; **3.: as stiff as a** ~ stiv som en pinne.
pokey, poky ['pouki] *adj; om rom* **T**(=*tiny and cramped)* lite og trangt *(fx bedroom);* **he lives in a** ~ **little flat** han bor i en knøttliten leilighet.
Poland ['poulənd] *subst; geogr:* Polen.
polar ['poulə] *adj:* polar-; pol-.
polar bear *zo:* isbjørn.
polar cap *geogr:* polkalott.
Polaris [pə'la:ris] *astr:* Polarstjernen; *(se Pole Star).*
polarity [pou'læriti] *subst:* polaritet.
polarization, polarisation [,poulərai'zeiʃən] *subst:* polarisering.
polarize, polarise ['poulə,raiz] *vb:* polarisere.
Pole [poul] *subst:* polakk.
pole [poul] *subst* **1.** pol; **they're -s apart** de er himmelvidt forskjellige; **2.** pæl; pål; staur; *sport; for stavsprang:* stav; *på vogn; mellom to hester:* vognstang; **telegraph** ~ telegrafstolpe; **tent** ~ teltstang; **3.** *mar:* **under bare -s**(=*with no sails set)* for takkel og tau; **4. US: ski** ~*(=ski stick)* skistav.
poleaxe *(,US poleax)(=battle axe) subst:* stridsøks.
pole bean(=*climbing bean) zo:* stangbønne.
polecat ['poul,kæt] *subst; zo:* ilder.
polemic [pə'lemik] *subst:* polemikk *(against* mot).
polemical [pə'lemikəl] *adj:* polemisk.
polemicist [pə'lemisist] *subst:* polemiker.
polemist ['pɔlimist] *subst:* polemiker.
Pole Star: the ~*(=the North Star; Polaris)* Polarstjernen.
pole vault *sport:* stavsprang *(fx he's good at the pole vault).*
I. police [pə'li:s] *subst:* politi *(fx he's in the police, go to the police);* **call the** ~ 1*(=ring the police)* ringe til politiet; 2*(=call in the police)* tilkalle politiet; **inform**(=*notify)* **the** ~ underrette politiet.
II. police *vb* **1.** skaffe politi til; forsyne med politi *(fx the city is well policed);* **2**(=*keep law and order in)* holde ro og orden i *(fx a city).*
police badge(=*policeman's badge)* politiskilt.
police captain US 1.: (precinct) ~*(=district captain;* **UK** *chief inspector)* politistasjonssjef; *(jvf NEO politiførstebetjent & politistasjonssjef);* **2.: senior** ~*(=police superintendent)* politioverbetjent.
police car(=*(police) patrol car;* **T:** *panda car)* politibil.
police commissioner 1. US(=*chief constable)* politimester; **2.** *i London:* **Commissioner of Police of the Metropolis** *(,mindre korrekt: Metropolitan Police Commissioner;* **T:** *Commissioner)* politimester; **3. US: deputy** ~*(=deputy chief constable)* visepolitimester; **4.** *i London:* **deputy commissioner** visepolitimester; *(se NEO politimester).*
police constable *(fk PC)* politikonstabel; **probationary** ~ *(,T: probationer constable)* politiaspirant; **woman** ~ *(fk WPC)* kvinnelig politikonstabel.
police corporal: (precinct) ~ **US**(=*police sergeant)* politioverkonstabel.
police court *hist: se magistrates' court.*
police force politistyrke; **the** ~ politietaten.
police harassment politiovergrep.
police headquarters hovedpolitistasjon; politikammer.
police inspector 1. politibetjent; *(jvf chief inspector; NEO politibetjent);* **2. US**(=*chief superintendent)* politifullmektig; *(se NEO politifullmektig).*
police lieutenant US: (precinct) ~*(=chief inspector)* politiførstebetjent.
policeman [pə'li:smən] *subst:* politimann.
police officer polititjenestemann.
police regulations politivedtekter.
police sergeant 1*(,***US**=*(precinct) police corporal)* politioverkonstabel; **2. US: (precinct)** ~*(=police inspector)* politibetjent.
police station politistasjon.
police superintendent*(,***US:** *senior police captain)* politioverbetjent; *(se NEO politiadjutant; politiinspektør; politioverbetjent).*
police training centre politiskole; *(se NEO politiskole).*
police violence politivold.
policewoman(=*woman police constable (fk WPC))* kvinnelig politikonstabel.
policy ['pɔlisi] *subst* **1.** politikk; **follow**(=*pursue)* **a** ~ føre en politikk; **it's bad** ~ det er dårlig politikk; **the shaping of our school** ~ utformingen av vår skolepolitikk; **a** ~ **aimed at the future** en fremtidsrettet politikk; **2.** *fors:* polise; **the** ~ **covers damage caused by fire** forsikringen dekker skade oppstått ved brann; **he took out an insurance** ~ **on his house** han forsikret huset sitt; **3.** *ordspråk:* **honesty is the best** ~ ærlighet varer lengst.
policy-holder ['pɔlisi,houldə] *subst; fors:* **the** ~ forsikringstakeren; den forsikrede.
policy-making ['pɔlisi,meikiŋ] *subst:* taktisk planlegging; utforming av politikken.
polio ['pouliou], **poliomyelitis** [,pouliou,maiə'laitis] *subst; med.:* polio; poliomyelitt; barnelammelse.
polio victim poliorammet.
Polish ['pouliʃ] **1.** *subst; språket:* polsk; **2.** *adj:* polsk.
I. polish ['pɔliʃ] *subst* **1**(=*finish)* glans; politur; **2.** det å polere *(fx give this table a polish);* **3.: floor** ~ bonevoks; **furniture** ~ møbelpolitur; **nail** ~*(=nail varnish)* neglelakk; **shoe** ~ skokrem; **silver** ~ sølvpuss; **4.** *fig(=refinement)* politur; dannelse *(fx he lacks polish);* **a man of charm and** ~ en dannet og sjarmerende mann.
II. polish *vb* **1.** polere *(fx the furniture; a car);* blanke; glattslipe; **2.** pusse; ~*(=shine)* **shoes** pusse sko; **3.** *fig:* finpusse *(fx his manners need polishing; if you polish the article we'll print it);* **4. T:** ~ **off**(=*finish)* sette til livs; spise opp *(fx she polished off the last of the food);* **5.:** ~ **up** 1. polere opp; 2. *fig:* pusse på.
polished *adj* **1.** polert; blankpusset; **2**(=*poised)* med pene manerer; selskapsvant *(fx a polished young man);* ~ **manners** avslepne manerer; pene mane-

ier.

polishing chamois pusseskinn.

polishing wheel slipeskive.

polite [pə'lait] *adj:* høflig (*to* mot) *(fx he was very polite to us);* **a ~ remark** en høflig bemerkning; **in ~ society** i dannet selskap.

politeness [pə'laitnis] *subst:* høflighet.

politic ['pɔlitik] *adj; stivt; ofte spøkef(=wise)* klok *(fx he considered it politic to escape before further trouble developed).*

political [pə'litikəl] *adj:* politisk; **~ criminals** politiske forbrytere; **it has become a ~ issue** det er gått politikk i saken; det blitt en politisk sak; **~ pressure** politisk påtrykk (*el.* press).

political economy *hist: se economics 1.*

political ends: use sth to *~(=make political capital out of sth)* slå politisk mynt på noe.

politically *adv:* politisk; **~ aware** politisk bevisst; **~ influential** med politisk innflytelse; **~ minded** politisk interessert; **~ motivated** politisk motivert.

political party politisk parti.

political science statsvitenskap.

political scientist statsviter.

political terms: think in *~(=think in terms of politics)* tenke politisk.

political vision politisk gangsyn *(fx his political vision is nil).*

politician [,pɔli'tiʃən] *subst:* politiker.

politicize, politicise [pə'liti,saiz] *vb* **1***(=talk politics)* snakke politikk; **2.: ~ sth***(=make sth political; give sth a political character)* politisere noe.

politico- [pə'liti,kou] *i sms; meget stivt(=political and):* **~-diplomatic** politisk og diplomatisk *(fx relations).*

politics ['pɔlitiks] *subst:* politikk; politisk virksomhet *(fx he's interested in politics; study politics; American politics);* **what are his ~?** hvor står han politisk? **think in terms of** *~(=think in political terms)* tenke politisk.

polity ['pɔliti] *subst; faglig* **1***(=form of government; state)* statssamfunn; stat; **2***(=formation of a nation)* statsdannelse.

I. poll [poul] *subst* **1.** skriftlig avstemning; **take a ~** foreta skriftlig avstemning; **2***(=election)* valg *(fx they organised a poll to elect a president);* stemmeavgivning; valgdeltagelse; **there's been a heavy ~** det har vært stor valgdeltagelse; **a light ~** liten valgdeltagelse; **3.** *pl:* **at the -s** ved valget; **go to the -s***(=hold an election)* (av)holde valg; gå til valg; **4.: (opinion) ~** meningsmåling; gallup(undersøkelse); **5***(=polled animal)* hornløst dyr.

II. poll *vb* **1.** *om kandidat m.h.t. stemmer:* få *(fx the Labour candidate polled 50 per cent of the votes);* **2.** *kveg:* skjære hornene av; avhorne.

pollack ['pɔlək] *subst; zo; fisk* **1.** lyr; **2. US***(=coalfish)* sei.

I. pollard ['pɔləd] *subst* **1.** hornløst dyr; **2.** *gart:* topphogd tre.

II. pollard *vb; gart:* topphogge *(fx a tree).*

pollbook ['poul,buk] *subst:* valgprotokoll.

pollen ['pɔlən] *subst; bot:* blomsterstøv; pollen.

pollinate ['pɔli,neit] *vb; bot:* bestøve.

pollination [,pɔli'neiʃən] *subst; bot:* bestøvning.

polling booth *ved valg:* stemmeavlukke; stemmebås.

polling station valglokale.

pollock ['pɔlək] *subst: se pollack.*

pollster ['poulstə] *subst:* **(opinion) ~** intervjuer (ved meningsmåling).

pollutant [pə'lu:tənt] *subst:* forurensende stoff.

pollute [pə'lu:t] *vb:* forurense *(fx the air).*

pullution [pə'lu:ʃən] *subst:* forurensning.

polo ['poulou] *subst:* polo.

polonaise [,pɔlə'neiz] *subst:* polonese.

polony [pə'louni] *subst:* **~ (sausage)** slags servelatpølse.

poltergeist ['pɔltə,gaist] *subst:* poltergeist; bankeånd.

polygamist [pə'ligəmist] *subst:* polygamist.

polygamous [pə'ligəməs] *adj:* polygam.

polygamy [pə'ligəmi] *subst:* polygami.

polyglot ['pɔli,glɔt] **1.** *subst:* polyglott; person som snakker flere språk; **2.** *adj:* flerspråklig; mangespråklig *(fx dictionary).*

polynomial [,pɔli'noumiəl] *adj; mat.:* **~ (expression)** flerleddet størrelse.

polyp ['pɔlip] *subst* **1.** *zo:* polypp(dyr); **2.** *med.:* polypp.

polyphonic [,pɔli'fɔnik] *adj; mus:* mangestemmig; polyfon.

polypody ['pɔli,poudi] *subst; bot:* **(common)** *~(=sweet fern; liquorice fern)* sisselrot.

polypus ['pɔlipəs] *subst; med.(=polyp)* polypp.

polystyrene [,pɔli'stairi:n] *subst:* **(expanded) ~** ekspandert polystyren; *varemerke:* Isopor.

polysyllabic [,pɔlisi'læbik] *adj:* flerstavelses- *(fx word).*

polytechnic [,pɔli'teknik] *subst:* (teknisk) høyskole.

polytheism ['pɔliθi:,izəm] *subst:* polyteisme.

polyunsaturate [,pɔliʌn'sætʃərit] *subst; kjem:* flerumettet fettsyre.

polyunsaturated [,pɔliʌn'sætʃə,reitid] *adj; kjem:* flerumettet *(fx fatty acid).*

polyvalent [,pɔli'veilənt] *adj; kjem:* flerverdig.

pom [pɔm]*(=pommy) subst; i Australia* **T:** engelskmann.

pomade [pə'ma:d] *subst:* (hår)pomade.

Pomerania [,pɔmə'reiniə] *subst; geogr:* Pommern.

pommel ['pɔməl] *subst* **1.** salknapp; forsvissel; **2.** kårdeknapp.

pommel horse *gym:* bøylehest.

pomp [pɔmp] *subst; stivt(=splendour; magnificent display)* pomp; **the Queen arrived with great ~ and ceremony** dronningen ankom med stor pomp og prakt.

pompon ['pɔmpɔn] *subst:* pyntekvast; pompong.

pomposity [pɔm'pɔsiti] *subst; neds:* oppblåsthet.

pompous ['pɔmpəs] *adj; neds:* oppblåst; pompøs.

I. ponce [pɔns] *subst* **S 1***(=pimp)* hallik; **2.** feminin mann.

II. ponce *vb* **S***(=pimp)* være hallik.

pond [pɔnd] *subst:* dam; **fish ~** fiskedam.

ponder ['pɔndə] *vb; stivt* **1***(=think over)* tenke (*el.* grunne) på *(fx he was pondering the events of the day);* **2***(=consider)* tenke over; overveie *(fx he pondered the suggestion);* **3***(=think deeply):* **he -ed for a few minutes and then left** han stod og tenkte i noen minutter før han gikk.

ponderous ['pɔndərəs] *adj; stivt(=heavy; awkward)* tung; klosset.

pondweed ['pɔnd,wi:d] *subst; bot:* tjønnaks.

poniard ['pɔnjəd] *subst(=dagger)* dolk.

pontificate [pɔn'tifi,keit] *vb; stivt; neds(=speak in a pompous way)* dosere *(fx he pontificates about everything).*

pontoon [pɔn'tu:n] *subst:* pontong.

pony ['pouni] *subst; zo:* ponni.

pony tail *frisyre:* hestehale.

poodle ['pu:dəl] *subst; zo:* puddel(hund).

poof [pu:f] *subst; neds* **S***(=male homosexual)* mannlig homoseksuell.

pooh-pooh ['pu:'pu:] *vb* **T: ~ sth** blåse av noe.

I. pool [pu:l] *subst* **1***(=puddle)* vannpytt; **2.** *i elv:* kulp *(fx he was fishing (in) a pool);* **3.** pøl *(fx a blood pool);* **4.** basseng; **swimming ~** svømmebasseng; **5***(=pocket billiards)* slags biljard; **6.** *på* *kontor:* **typing ~** skrivemaskinstue; **7.** *merk:* pool; **8.: we put our money into a general ~** vi legger pengene våre i en felles kasse; **9.: the (football) -s** tipping *(fx he's won money on the pools);* **do the -s** tippe.

II. pool *vb:* slå sammen *(fx we pooled our money and bought a holiday cottage);* **if we were to ~ (our) resources** hvis vi slo oss sammen; hvis vi gjorde felles sak.

pools coupon *(,***US:** *betting slip)* tippekupong.

poop [pu:p] *subst; mar:* hytte.

poop deck *mar:* hyttetak; hyttedekk.

I. poor [puə; pɔə; pɔ:] *subst:* **the ~** de fattige.

II. poor *adj* **1.** fattig *(fx they're poor; the poor nations of the world);* **2***(=not very good)* dårlig *(fx a poor harvest; his work is very poor; rather a poor effort);* **3.** stakkars; **~ you!** stakkars deg! **~ little dear! ~ little soul! ~ thing!** stakkars liten! **~ us!** stakkars oss! **4.: ~ in** fattig på *(fx poor in minerals).*

poor box fattigbøsse; kirkebøsse.

poor cod *zo; fisk:* sypike.

poorly 1. *adj; glds el. dial(=ill)* skral; **2.** *adv:* dårlig *(fx a poorly written piece of work).*

poor relief *hist:* fattigkasse; *(jvf I. dole & social security).*

I. pop [pɔp] *subst* **1.** smell; knall *(fx the paper bag burst with a loud pop);* **2. T***(=fizzy lemonade)* brus; **3***(=pop music)* popmusikk; **4. T***(=daddy)* pappa; fatter.

II. pop *vb* **1.** smelle; knalle *(fx champagne corks were popping);* få til å smelle *(fx he popped the balloon);* **2. T***(=put (quickly))* stikke (raskt) *(fx he popped the letter into his pocket);* **~ round to the baker** stikke bort til bakeren; **he -ped his head out of the window** han stakk hodet ut av vinduet; **3. T***(=pawn)* pantsette; **4. T: ~ the question***(=propose)* fri; **5. T: ~ up***(=crop up)* dukke opp.

pop charts: the ~ hitlisten.

popcorn ['pɔp,kɔ:n] *subst:* popcorn; ristet mais.

pope [poup] *subst:* pave.

popery ['poupəri] *subst; neds:* papisme; *(jvf papacy).*

Popeye ['pɔp,ai]: **~ (the Sailor)** *i tegneserie:* Skipper'n.

pop-eyed ['pɔp,aid] *adj* **1.** med utstående øyne; **2***(=goggle-eyed)* storøyd; høylig forbauset.

popgun ['pɔp,gʌn] *subst; leketøy:* luftgevær; *(jvf air gun).*

poplar ['pɔplə] *subst; bot:* poppel.

popper ['pɔpə] *subst(=press stud; snap fastener)* trykknapp (i tøy).

poppet ['pɔpit] *subst* **1***(=nice girl)* lita snelle; **2.** *om barn:* klump; nurk *(fx the little poppet lying there);* (liten) skatt.

poppet valve *mask(=mushroom valve)* tallerkenventil.

pop-pop ['pɔp,pɔp] *subst* **T***(=pipsqueak; power bike)* knallert.

poppy ['pɔpi] *subst; bot:* valmue.

poppycock ['pɔpi,kɔk] *subst; glds(=nonsense)* sludder.

populace ['pɔpjuləs] *subst; stivt:* **the ~***(=the people)* folket; (de brede lag av) befolkningen.

popular ['pɔpjulə] *adj* **1.** folke- *(fx meeting);* **~ discontent** misnøye i befolkningen; **2.** populær (*with* hos).

popular etymology*(=folk etymology)* folkeetymologi.

popularity [,pɔpju'læriti] *subst:* popularitet.

popularize, popularise ['pɔpjulə,raiz] *vb; stivt* **1***(=make popular)* gjøre populær; **2***(=make easily understandable)* popularisere *(fx a difficult subject).*

populate ['pɔpju,leit] *vb:* befolke *(fx the country is thinly populated);* **the area is -d by wandering tribes** området befolkes av omvandrende stammer.

population [,pɔpju'leiʃən] *subst* **1.** befolkning; **a large ~** en tallrik befolkning; **all sections of the ~** alle deler av befolkningen; **2.** *biol:* populasjon; **3.** *i statistikk:* **the bird ~** fuglebestanden.

population density befolkningstetthet.

population explosion befolkningseksplosjon.

populous ['pɔpjuləs] *adj; stivt(=thickly populated)* folkerik; tett befolket.

pop-up ['pɔp,ʌp] *adj:* til å slå opp *(fx bed);* **~ toaster** brødrister hvor skivene spretter opp av seg selv når de er ristet.

porbeagle ['pɔ:,bi:gəl] *subst; zo(=mackerel shark)* håbrand.

porcelain ['pɔ:slin] *subst(=fine china)* (finere) porselen.

porch [pɔ:tʃ] *subst* **1.** bislag; vindfang; **2. US***(=veranda)* veranda.

porcupine ['pɔ:kju,pain] *subst; zo:* hulepinnsvin; *(jvf hedgehog).*

porcupine fish*(=globefish; puffer) zo:* pinnsvinfisk.

I. pore [pɔ:] *subst:* pore.

II. pore *vb:* **~ over***(=study closely)* studere nøye; **~ over one's books** sitte (og henge) over bøkene.

poreless ['pɔ:lis] *adj:* porefri; uten porer.

pork [pɔ:k] *subst:* svinekjøtt; flesk; **roast ~** svinestek.

porker ['pɔ:kə] *subst(=fattening pig)* gjøgris.

pork fat fleskefett.

pork pig (mager) slaktegris.

porn [pɔ:n] *subst* **T***(=pornography)* porno.

pornographic [,pɔ:nə'græfik] *adj (,***T:** *blue)* pornografisk.

pornography [pɔ:'nɔgrəfi] *subst (,***T:** *porn)* pornografi.

porosity [pɔ:'rɔsiti] *subst:* porøsitet.

porous ['pɔ:rəs] *adj:* porøs.

porpoise ['pɔ:pəs] *subst; zo (,***T:** *sea hog)* nise.

porridge ['pɔridʒ] *subst:* **(oatmeal) ~** havregrøt.

porringer ['pɔrindʒə] *subst; til å spise av:* (grøt)skål.

I. port [pɔ:t] *subst* **1.** havn; **~ of call** anløpshavn; **a wife in every ~ of call** ei jente i hver havn; **commercial ~** handelshavn; **2***(=seaport town)* havneby; **3.** *mar:* babord; **4.** *mar:* **cargo ~** lasteport; **5.** *mask:* port; **exhaust ~** eksosport; **6.** portvin.

II. port *vb; mar:* **~ the helm** legge roret babord.

III. port *adj; mar:* babord; **the ~ bow** babord baug.

portable ['pɔ:təbl] *adj:* bærbar; som man kan bære med seg.

portage ['pɔ:tidʒ] *subst:* transport over land mellom to vannveier; sted hvor slik transport er nødvendig.

portal ['pɔ:təl] *subst:* portal.

portcullis [pɔ:t'kʌlis] *subst:* fallgitter.

portend [pɔ:'tend] *vb; litt. el. spøkef(=give warning of)* bebude; varsle om.

portent ['pɔ:tent] *subst; litt. el. spøkef(=warning)* (for)varsel; **an event of grim ~** en illevarslende begivenhet; **strange signs and -s** underlige tegn og varsler.

portentous [pɔ:'tentəs] *adj; litt. el. spøkef* **1***(=important)* betydningsfull *(fx event);* **2***(=ominous)* illevarslende *(fx sign);* **3***(=pompous)* pompøs; overdrevent høytidelig.

porter ['pɔ:tə] *subst* **1.** bærer; **2***(=hotel porter)* hotelltjener; **hall ~** portier; **3.** *jernb:* stasjonsbetjent; **leading ~** stasjonsformann; **4***(=house*

porter) vaktmester (i leiegård); **5.** *hist:* porter (ɔ: slags mørkt øl).
porterage ['pɔ:təridʒ] *subst* **1.** *av bagasje, etc:* transport; **2.** bærerlønn.
porterhouse steak tykk biff; rundbiff.
portfolio [pɔ:t'fouliou] *subst* **1.** mappe (til å bære dokumenter, tegninger, etc i); **2.** *bankv & fors:* portefølje; **3.** ministerpost *(fx the portfolio for foreign affairs);* **4.:** **minister without ~** minister uten portefølje; minister uten eget departement.
porthole ['pɔ:t,houl] *subst* **1.** *flyv:* vindu; **2.** *mar:* ventil; kuøye; **3.** *mar:* port; kanonport.
portico ['pɔ:tikou] *subst(=colonnade; covered veranda)* søylegang; inngangsparti med søyler; portikus.
I. portion ['pɔ:ʃən] *subst* **1.** *stivt(=part)* del *(fx this portion of the book);* **2.** *stivt(=share)* andel; del; **3.** *jur:* **~ (of an inheritance)***(=share of an inheritance)* arvelodd; arvedel; **4.** *av mat(=helping)* porsjon; **5.:** **marriage ~** medgift.
II. portion *vb; stivt:* **~ out** **1***(=share out)* dele ut; **2***(=distribute)* fordele.
portly ['pɔ:tli] *adj; stivt el. litt.(=stout)* korpulent; *spøkef:* **~ short** kortvokst og kraftig; liten og rund.
I. portmanteau [pɔ:t'mæntou] *subst; glds:* stor koffert.
II. portmanteau *adj:* som kan brukes til mer enn én ting; tøyelig *(fx a portmanteau term).*
portmanteau word *se I. blend 2.*
port of destination *mar:* bestemmelseshavn.
port of registry *mar:* registreringshavn.
portrait ['pɔ:trit] *subst:* portrett.
portraitist ['pɔ:tritist] *subst:* portrettmaler; portretttegner.
portraiture ['pɔ:tritʃə] *subst:* portrettkunst.
portray [pɔ:'trei] *vb; stivt* **1***(=make a portrait of)* portrettere; avbilde; **2.** *fig(=depict; describe)* skildre *(fx Dickens portrays the society of his time);* **3.** *teat:* fremstille *(fx Hamlet is portrayed by a Russian actor).*
portrayal [pɔ:'treiəl] *subst(=description; representation)* skildring *(fx I never enjoy the portrayal of wickedness on the stage).*
Portugal ['pɔ:tjugəl] *subst; geogr:* Portugal.
Portuguese [,pɔ:tju'gi:z] **1.** *subst:* portugiser; *språket:* portugisisk; **2.** *adj:* portugisisk.
I. pose [pouz] *subst* **1.** positur; stilling *(fx the model was asked to adopt various poses for the photographer);* **he sat in a relaxed ~** han satt avslappet; **strike a ~***(=strike an attitude)* stille seg i positur; **2***(=pretence)* noe som er påtatt; komediespill *(fx you've got to stop this silly pose with me!);* **his indignation was only a ~** hans sinne var ikke ekte.
II. pose *vb* **1.** stå (,sitte) modell *(fx pose in the nude);* **she -d in the doorway** hun hadde stilt seg opp i døren; **2.:** **~ as***(=pretend to be)* utgi seg for å være; opptre som; **3.** *fig:* **~ a threat** utgjøre en trus(s)el; **4***(=put):* **~ a question** stille et spørsmål.
poser ['pouzə] *subst(=difficult question)* vanskelig spørsmål.
poseur [pu'zə:] *subst:* posør; jålebukk.
posh [pɔʃ] *adj* **T***(=very smart)* fin *(fx a posh family; she thinks she's too posh to speak to us);* flott *(fx a posh car);* **a ~ accent** overklasseaksent.
I. position [pə'ziʃən] *subst* **1.** stilling *(fx he lay in an uncomfortable position);* **2.** *stivt(=job)* stilling *(fx he has a good position with a local bank);* **3***(=standpoint)* standpunkt; **let me explain my ~ on employment** la meg forklare hva jeg mener når det gjelder sysselsetting; **she made her ~ on the issue clear** hun gjorde det klart hvor hun stod i spørsmålet; **4.** *mil:* stilling; **5.** *sport:* plass; **he's in third ~** han ligger på tredje plass; *om fotballklubb:* plassering; **6.** *på postkontor; som oppslag:* **~ closed** ingen ekspedering; **7.** *i samfunnet:* posisjon; stilling; **a high ~ in society** en høy sosial stilling; **jockey for ~** (prøve å) manøvre seg inn i en fordelaktig stilling; **8***(=situation)* beliggenhet *(fx the house is in a beautiful position);* **9.** situasjon; stilling; **the ~ is not helped by the fact that . . .** situasjonen blir ikke bedre ved at . . .; **be in a ~ to***(=be able to)* være i stand til å; kunne; være slik stilt at man kan *(fx I'm not in a position to reveal these figures; he's now in a position to make important decisions on his own);* **10.:** **take up one's ~, take up a ~** ta oppstilling; stille seg opp *(fx he took up a position near the door);* **11.** *stivt:* **in ~***(=in place)* i posisjon; på plass.
II. position *vb; stivt(=put; place)* anbringe; plassere; stille.
I. positive ['pɔzitiv] *subst* **1.** *fot:* positiv; **2.** *gram(= the positive degree)* positiv; **3.** *mus:* **~ (organ)** positiv.
II. positive *adj* **1.** positiv *(fx a positive test; a positive answer; take a more positive attitude to life);* konstruktiv *(fx a positive comment);* **~ work** verdiskapende arbeid; **2***(=certain)* sikker *(fx I'm positive he's right);* **3***(=definite)* sikker; **~ proof** et sikkert bevis; **this is proof ~ of his wickedness** dette er et sikkert bevis på ondskapen hans; **4***(=real)* virkelig; faktisk *(fx knowledge);* **5.** *gram, fys, elekt, mat.:* positiv; **~ pole** positiv pol; *på batteri:* **~ terminal** positiv pol; **6.** **T***(=absolute; complete)* ren *(fx his work is a positive disgrace).*
positively *adv* **1.** positivt; bestemt *(fx he stated quite positively that he was innocent);* **2.** **T***(= absolutely)* absolutt *(fx he's positively the nastiest person I know);* **what he said was ~ wrong** det han sa var positivt (*el.* absolutt) galt; **he ~ devoured her with his eyes** han formelig slukte henne med øynene.
positive vetting*(=security clearance)* sikkerhetsklarering.
positivism ['pɔziti,vizəm] *subst:* positivisme.
posse ['pɔsi] *subst* **US:** politistyrke *(fx the sheriff sent a posse to arrest the cattle thief).*
possess [pə'zes] *vb* **1.** *stivt(=have; own)* besitte; eie; ha *(fx a car);* **2.** *jur; fordi økonomisk forpliktelse ikke er overholdt(=take possession of)* overta *(fx there was no question of the house being possessed);* **3.** *stivt el. litt.:* besette; **T: whatever -ed her to act like that?** hva i all verden var det som fikk henne til å gjøre det? *(jvf possessed & possession).*
possessed *adj* **1.** besatt *(fx by an evil spirit);* **he fought like a man ~** han kjempet som besatt; **2.** *stivt:* **be ~ of***(=have)* være i besittelse av; ha; **3.** *fig:* **be ~ with ambition** være besatt av ærgjerrighet.
possession [pə'zeʃən] *subst* **1.** besittelse; eie; **his dearest ~** hans kjæreste eie; **be in ~ of** være i besittelse av; **obtain ~ of** komme i besittelse av *(fx a house);* **take ~ of** ta i besittelse; **2.** *jur; når økonomiske forpliktelser ikke er overholdt:* overtagelse; eiendomsrett *(fx a court order giving the building society possession of the house within 28 days);* **take ~ of the house** overta huset; **3.** *fig:* besettelse; det å være besatt *(fx the possession of one's soul by the devil).*
I. possessive [pə'zesiv] *subst:* eiendomspronomen.
II. possessive *adj* **1.** *gram:* **the ~ case***(=the genitive)* eieform; genitiv; **2.** *adj:* dominerende *(fx*

mother).

possessive pronoun *gram:* eiendomspronomen.

possibility [,pɔsi'biliti] *subst:* mulighet (*of* for); *(fx the plan has possibilities; there's a possibility of war);* **if there were a ~ of a summer job, I should also be interested in that** hvis det skulle være noen mulighet for sommerjobb, vil jeg også være interessert i det; **there is the ~ that I may go to Denmark** det er en mulighet for at jeg drar til Danmark; **in the realm of ~** innenfor mulighetenes rekkevidde.

possible ['pɔsibl] *adj:* mulig (*for* for); **I'll do everything ~** jeg skal gjøre alt hva jeg kan; **I've thought of a ~ solution to the problem** jeg har tenkt ut en mulig løsning på problemet; **we need all ~ help** vi trenger all den hjelp vi kan få.

possibly *adj* **1***(=perhaps)* muligens; kanskje; **2.: he came as fast as he ~ could** han kom så fort som han bare kunne; **I'll do all I ~ can to have it ready on time** jeg skal gjøre absolutt alt jeg kan for å ha det ferdig i tide; **could you ~ lend me your pen?***(=please would you lend me your pen?)* kan du være så snill å la meg få låne pennen din? **I couldn't ~ eat any more** jeg kunne umulig spise mer.

I. post [poust] *subst* **1.** stolpe; **gate-** portstolpe; *fotb:* **goal ~** målstolpe; *i hesteveddeløp:* **winning ~** mål; **be first past the ~** vinne; komme først i mål; **2.** *mil:* post; **advanced ~** fremskutt post; **remain at one's ~** bli på sin post; **3.** *mil:* **last ~***(=tattoo)* tappenstrek; rosignal; **4.** post; stasjon; **trading ~** handelsstasjon; **5***(=job)* stilling; post.

II. post *subst:* post *(fx send it by post);* **take a letter to the ~***(=post a letter)* poste et brev; **I got it by ~***(=it was sent to me by post)* jeg fikk det med posten; **is there any ~ for me?** er det (noe) post til meg? **by return of ~** omgående *(fx reply by return of post).*

III. post *vb* **1***(=mail;* **US:** *mail)* poste; **this letter must be -ed** *(,***T:** *must go)* **tonight** dette brevet må postes i kveld; **2.** postere; stasjonere; plassere; **get -ed to X** bli plassert i X; bli stasjonert i X; **he's -ed at X** han er stasjonert i X: **3.** *stivt; om oppslag, etc(=put up)* sette opp; **4. T: keep sby -ed** holde en orientert; **5.** *bokf(=enter)* postere.

postage ['poustidʒ] *subst:* porto; **what's the ~ on foreign letters?***(=what's the overseas postage on a letter?)* hva er portoen på brev til utlandet?

postage stamp*(=stamp)* frimerke.

postal ['poustəl] *adj:* postal-; post-.

postal address postadresse *(fx give exact postal address).*

postal card US*(=postcard)* postkort.

postal code*(=postcode;* **US:** *zip code)* postnummer.

postal executive avdelingssjef (i Postdirektoratet) *(se NEO Postdirektoratet).*

postal giro postgiro; **pay by ~** betale over postgiro.

postal giro account postgirokonto.

Postal Giro Centre: the ~ Postgirokontoret.

postal item postsending.

postal officer postekspeditør.

postal order*(=postal money order)* postanvisning.

postal service posttjeneste; **the ~***(=the postal services)* postgangen; posttjenesten; **'on ~'** *svarer til:* postsak.

postbag ['poust,bæg] *subst(=mailbag)* postsekk.

postbox ['pous(t),bɔks] *subst:* (offentlig) postkasse.

postcard ['pous(t),ka:d] *subst:* postkort; **picture ~** prospektkort.

postcode ['pous(t),koud] *subst(=postal code;* **US:** *zip code)* postnummer.

postdate [,poust'deit] *vb:* etterdatere; postdatere.

poster ['poustə] *subst* **1.** plakat; **wanted ~** etterlysningsplakat; **2.** avsender; **3.** postkunde.

poste restante ['poust ri'stænt] *subst (,***US:** *general delivery)* poste restante *(fx send the letter to me poste restante).*

I. posterior [pɔ'stiəriə] *subst* **1***(=buttocks)* bakdel; rumpe.

II. posterior *adj* **1.** *om rekkefølge; stivt(=subsequent; following)* etterfølgende; **2.** bakre; bak-; **in a ~ position***(=situated behind)* plassert bak.

posterity [pɔ'steriti] *subst:* kommende slekter; **the treasures must be kept for ~** skattene må bevares for ettertiden.

post-free ['poust'fri:] *adj; adv(=post-paid)* portofri; *adv:* portofritt *(fx do you send books post-free?)*

postgraduate [,pous(t)'grædjuit] *subst:* person som etter en første embetseksamen studerer videre.

postgraduate college *svarer til:* almenvitenskapelig høyskole; *hist:* lærerhøyskole.

postgraduate course *etter universitetseksamen:* videreutdanningskurs.

postgraduate studies *etter universitetseksamen:* videreutdanning; **he's involved in ~** han holder på å videreutdanne seg.

postgraduate training college almenvitenskapelig høyskole; *hist:* lærerhøyskole.

post-haste ['poust 'heist] *adv; litt.(=in great haste)* i største hast.

post horse *hist:* skysshest.

posthumous ['pɔstjuməs] *adj:* posthum; født etter farens død *(fx child);* utgitt etter forfatterens død *(fx his posthumous works);* **the ~ publication of his book** utgivelsen av boken hans etter hans død.

postiche [pɔ'sti:ʃ] *subst(=hairpiece)* toupet.

posting ['poustiŋ] *subst* **1***(=entry)* postering; **2.** postering *(fx of a guard);* **3.** *av fx embetsmann:* stasjonering.

posting box UK: postkasse (utenfor postkontor); *(jvf letter box & postbox).*

posting inn*(=coaching inn)* *hist:* skysstasjon.

posting system*(=system of posting)* forflytningsrutine; beordringsrutine; **the Foreign Office ~** forflytningsrutinene i Utenriksdepartementet.

postman ['pous(t)mən] *subst (,***US:** *mailman; mail carrier; letter carrier)* postbud; postmann; *stillingsbetegnelse:* postbetjent; **rural ~** *(,***US:** *rural carrier)* landpostbud; **T: has the ~ been?** har posten (*el.* postbudet) vært her?

postman driver postsjåfør.

postman's bag brevveske.

postmark ['pous(t),ma:k] **1.** *subst:* poststempel; **2.** *vb:* poststemple *(fx replies must be postmarked not later than January 31st).*

postmaster ['pous(t),ma:stə] *subst* **1.** postmester; **2.: head ~** *(,i London: district postmaster)* postsjef; **3.: sub-** poststyrer; *hist:* poståpner.

postmistress ['pous(t),mistris] *subst:* kvinnelig postmester.

post mortem [,pous(t)'mɔ:təm] *subst* **1.** *med.:* **~ (examination)***(=autopsy)* obduksjon *(fx the post mortem revealed that she had died of poisoning);* **2.** *spøkef:* kritisk gjennomgang etterpå *(fx after each game they lost, they always had a post mortem);* kritisk kommentar (etterpå).

post-natal [,poust'neitəl; *attributivt:* 'poust,neitəl] *adj; stivt el. fagl:* postnatal; etter fødselen; **~ depression** depresjon (*el.* nedtrykthet) etter fødselen.

post office postkontor; **branch ~***(=suboffice)* underpostkontor; **get** *(,stivere: claim)* **the parcel at the ~** hente pakken på postkontoret.

post-office box [ˈpoust,ɔfis,bɔks] *subst:* postboks.
post-operative [,poustˈɔp(ə)rətiv; *attributivt:* ˈpoust-,ɔpərətiv] *adj; med.:* postoperativ *(fx pains).*
post-operative check-up *med.:* etterundersøkelse.
post-paid [,poustˈpeid]: *se post-free.*
postpone [pəˈspoun; pous(t)ˈpoun] *vb(=put off)* utsette; oppsette.
postponement [pəˈspounmənt; pous(t)ˈpounmənt] *subst:* utsettelse; oppsettelse.
postpositive [poustˈpɔzitiv] *adj; gram(=placed after)* etteranstilt; etterhengt.
postscript [ˈpous,skript] *subst; i brev:* etterskrift.
I. postulate [ˈpɔstjulit] *subst; stivt:* postulat; forutsetning; noe som tas for gitt.
II. postulate [ˈpɔstju,leit] *vb; stivt(=take for granted; assume)* postulere; **certain facts must be -d** visse fakta må tas for gitt.
I. posture [ˈpɔstʃə] *subst* **1.** holdning *(fx good posture is important for a dancer);* **2**(=position) stilling *(fx he knelt in an uncomfortable posture);* **in a sitting ~** sittende; **3.** *stivt(=state; condition)* tilstand *(fx in the present posture of public affairs);* **4.** *stivt(=attitude)* holdning *(fx the Government posture over foreign aid).*
II. posture *vb; stivt(=strike a pose)* posere *(fx he enjoys posturing in front of an audience).*
postwar [,poustˈwɔ:; *attributivt:* ˈpoust,wɔ:] *adj:* etterkrigs-; **~ austerity** etterkrigsknapphet (på luksus- og forbrukervarer); *(jvf austerity 5).*
posy [ˈpouzi] *subst:* liten bukett *(fx of primroses).*
I. pot [pɔt] *subst* **1.** potte *(fx flower pot);* **2.: (cooking) ~** gryte; **3.: coffee-~** kaffekanne; **tea-** tekanne; **a ~ of coffee** en kanne kaffe; **a ~ of jam** et glass syltetøy; **4***(=large mug; tankard)* ølkrus (med lokk); **5. T***(=fat stomach)* trommemage *(fx he's getting a pot);* **6.** *glds* **S***(=marijuana)* marihuana; **7. T: -s of money** masser av penger; penger i haugevis; **8. T: go to ~** bli ødelagt; **T:** gå i vasken; **9. T: keep the ~ boiling** holde det gående.
II. pot *vb* **1.** sette i potte *(fx plant);* **2.** *om baby:* sette på potte; **3.** *biljard:* **~ a ball** gjøre en ball; **4.** skyte (for matens skyld); **5.** legge ned (på glass).
potable [ˈpoutəbl] *adj; sj(=drinkable)* drikkelig.
potash [ˈpɔt,æʃ] *subst; kjem(=potassium carbonate)* pottaske; kali; kaliumkarbonat.
potassium [pəˈtæsiəm] *subst; kjem:* kalium.
potassium cyanide *kjem:* kaliumcyanid; cyankalium.
potato [pəˈteitou] *subst (pl: potatoes)* potet; **creamed -es** potetpuré; **fried -es** stekte poteter; **french-fried -es***(=chips;* **US:** *French fries)* pommes frites; **mashed -es** *(,***T:** *mash)* potetstappe *(fx sausage and mash); fig:* **a hot ~** en varm potet.
potato chips*(=chips;* **US:** *French fries)* pommes frites.
potato crisps*(=crisps;* **US:** *(potato) chips)* potetgull.
potato flour potetmel; *(NB i bakverk brukes i UK 'cornflour' (maismel) og i US 'cornstarch').*
potato peel*(=potato peelings)* potetskrell; *(jvf potato skin).*
potato skin *av kokt potet:* potetskrell; *(jvf potato peel).*
potbelly [ˈpɔt,beli] *subst:* tykk mage; trommemage.
potboiler [ˈpɔt,bɔilə] *subst:* venstrehåndsarbeid; noe som er lagd bare for å tjene penger.
potency [ˈpoutənsi] *subst; stivt* **1***(=strength)* styrke *(fx of a drug);* **2. (sexual) ~** potens.
potent [ˈpoutənt] *adj* **1.** potent; **2.** *stivt el. spøkf(=powerful; strong)* kraftig; sterk.
potentate [ˈpoutən,teit] *subst; litt.(=Eastern ruler)* potentat; hersker.
I. potential [pəˈtenʃəl] *subst* **1.** *stivt(=possibilities)* muligheter *(fx he shows potential as a teacher);* **2***(=resources)* potensiell; ressurser; **untapped ~***(=untapped resources)* ubenyttede (*el.* uutnyttede) ressurser; **3. (electrical) ~** potensial.
II. potential *adj; stivt(=possible)* potensiell; mulig *(fx a potential danger);* **that child is a ~ actor** det kan bli en skuespiller av det barnet.
potentiality [pə,tenʃiˈæliti] *subst:* potensiell; utviklingsmuligheter *(fx women are genuinely equal to men in aptitude and potentiality).*
potherb [ˈpɔt,hə:b] *subst:* **-s** suppegrønt.
pothole [ˈpɔt,houl] *subst* **1.** *geol:* jettegryte; **2.** *i vei:* slaghull.
potholed *adj:* **a ~ road** en vei med vaskebrett.
potholing [ˈpɔt,houliŋ] *subst; sport:* det å klatre ned i jettegryter; huleforskning.
pothook [ˈpɔt,huk] *subst:* grytekrok.
pothunter [ˈpɔt,hʌntə] *subst* **1.** person som driver jakt som matauke el. for fortjenestens skyld; **2. T:** person som deltar i konkurranser bare for premienes skyld.
potion [ˈpouʃən] *subst* **1.** *litt.; når den er tilsatt et eller annet:* drikk; **love ~** elskovsdrikk; **2.***spøkef:* **what a foul-tasting ~ they served at that party!** for noe forferdelig skvip de serverte i det selskapet!
potluck [ˈpɔt,lʌk] *subst* **T: take ~** ta til takke med det vi (*el.* huset) har å by på *(fx Do come and eat with us, if you don't mind taking potluck).*
potpourri [,pouˈpuəri] *subst; stivt; fig(=mixture)* potpurri *(fx of old tunes).*
pot roast grytestek.
pot-roast [ˈpɔt,roust] *vb:* steke i gryte.
potsherd [ˈpɔt,ʃə:d] *subst; arkeol:* potteskår.
potshot [ˈpɔt,ʃɔt] *subst* **1. T: take a ~ at** sende et slengskudd (*el.* slumpeskudd) etter *(fx he took a potshot at a bird on the fence);* **2. T:** kritisk slengbemerkning.
potted [ˈpɔtid] *adj* **1.** *om plante:* som står i potte; **2.** nedlagt; på glass *(fx potted shrimps);* **3. T***(=abridged)* forkortet *(fx a potted version of the novel).*
I. potter [ˈpɔtə] *subst:* pottemaker.
II. potter *vb* **1.: ~ (about), ~ (around)** rusle omkring *(fx I spent the afternoon pottering (about); he likes to potter (about) in the garden).*
potter's wheel pottemakerhjul; pottemakerskive.
pottery [ˈpɔtəri] *subst* **1***(=ceramics; earthenware)* keramikk; steintøy; **2.** pottemakerverksted; pottemakeri; **3.** pottemakerkunst.
I. potty [ˈpɔti] *subst* **T***(=chamberpot)* potte.
II. potty *adj* **T***(=crazy)* sprø *(fx he must be potty to do that);* gal *(fx you're driving me potty!);* skrullete *(fx a slightly potty old man);* **he's ~***(=crazy)* **about her** han er helt gal etter henne.
potty-chair [ˈpɔti,tʃɛə] *subst; for baby:* pottestol.
pouch [pautʃ] *subst* **1.** *glds el. i sms(=small bag)* pose; pung *(fx a tobacco pouch);* **2.** *zo; hos pungdyr:* pung; **3.** *zo:* **this animal stores its food in two -es under its chin** dette dyret lagrer maten i to kjeveposer; **4.** *hos menneske:* pose (under huden) *(fx he's got pouches under his eyes).*
pouchy-eyed [ˈpautʃi,aid] *adj:* med poser under øynene.
pouffe [pu:f] *subst; møbel:* puff.
poulterer [ˈpoultərə] *subst(=poultryman)* vilthandler.
poultice [ˈpoultis] *subst; med.:* grøtomslag.
poultry [ˈpoultri] *subst:* fjærfe; høns.
poultry breeding fjærfeavl.
poultry farm*(=chicken farm)* hønseri.
poultryman [ˈpoultrimən] *subst* **1***(=poulterer)* vilthandler; **2***(=chicken farmer)* person som driver

hønseri.

I. pounce [pauns] *subst* **1.** *rovfugls(=swoop)* nedslag; **2***(=sudden attack (from above))* plutselig angrep (ovenfra); **the cat made a ~ at the bird** katten gjorde et sprang etter fuglen.

II. pounce *vb* **1.** *om dyr som vil angripe:* springe; *om rovfugl:* slå ned; **2.: ~ on** 1. *om rovfugl(=swoop on)* slå ned på; 2. *om dyr:* slå ned på; kaste seg over *(fx the lion pounced on its prey);* springe; **the cat was ready to ~** katten satt på spranget; 3. *om plutselig angrep:* kaste seg over *(fx guerillas pounced on the convoy);* 4. *fig:* slå ned på *(fx a mistake).*

I. pound [paund] *subst* **1.** *vektenhet (fk lb):* 0,454 kg; **2.** *pengeenhet:* **~ (sterling)** pund; **3.** *for dyr(=enclosure)* kve; innhegning; *for eierløse dyr:* kennel *(fx dog pound).*

II. pound *vb* **1.: ~ (at), ~ (on)** dundre på *(fx the door);* hamre på *(fx the piano); ~(=hammer on)* **the typewriter** hamre på skrivemaskinen; **he was -ing angrily on the table** han dunket sint i bordet; **2.** *om hjertet(=beat fast)* hamre; dunke *(fx his heart was pounding with fear);* **3.** pulverisere; knuse; støte (i morter); **-ed almonds** knuste mandler.

poundage ['paundidʒ] *subst* **1.** pris pr. pund; **2.** vekt (angitt i pund).

pound net*(=ground net) fiskeredskap:* bunngarn.

pour [pɔ:] *vb* **1.** tømme *(fx milk into a glass);* skjenke i *(fx who would like to pour the tea?);* **he -ed me a cup of tea** han skjenket i en kopp te til meg; *også fig:* **~ cold water on** tømme kaldt vann på; *fig:* **~ oil on troubled waters** gyte olje på opprørt sjø; *fig:* **she -ed money into the firm** hun øste penger inn i firmaet; **2.** strømme *(fx water poured down the wall from the broken pipe);* **people were -ing out of the factory** folk strømmet ut av fabrikken; **3***(=pour down; pour with rain)* øsregne *(fx it's pouring outside);* **4.** *ordspråk:* **it never rains but it -s** en ulykke kommer sjelden alene; **5***(=pour concrete)* støpe; **concrete for the pillars will be -ed on the site** pilarene vil bli støpt på stedet; **6.: ~ one's heart out (to)***(=unbosom oneself (to))* utøse sitt hjerte (for); betro seg (til).

I. pout [paut] *subst* **1.** *zo; fisk(=whiting pout; bib)* skjeggtorsk; **silvery** *~(=silvery cod)* sølvtorsk; **2***(=sulky expression)* surmuling; trutmunn.

II. pout *vb* **1.: ~ (sulkily)** surmule; **2.: ~ one's lips** lage trutmunn.

poverty ['pɔvəti] *subst; også fig:* fattigdom *(fx live in poverty);* **grinding ~** knugende fattigdom.

poverty gap: the ~ kløften mellom fattige og rike.

poverty line: above (,below) the ~ over (,under) sultegrensen; *(jvf subsistence level).*

I. powder ['paudə] *subst* **1.** pulver *(fx soap powder);* **2.: (face) ~** pudder; **3***(=fresh loose snow)* puddersnø.

II. powder *vb* **1.** pudre; **2.** lage pudder av; pulverisere; *(i morter)* støte; **-ed cinnamon** støtt kanel.

powder box pudderdåse.

powder compact liten pudderdåse.

powder puff pudderkvast.

powder room *evf(=ladies' toilet; ladies' cloakroom)* dametoalett; damegarderobe.

I. power ['pauə] *subst* **1***(=ability)* evne *(fx have the power of seeing in the dark);* **creative ~** skapende evne; **~ of reasoning***(=power to reason)* resonnerende evne; **2.** makt *(fx the power of words; knowledge is power);* **the celestial -s** de himmelske makter; **display of ~** maktdemonstrasjon; **the -s above** de høyere makter; **it's beyond my ~ to help you** det står ikke i min makt å hjelpe deg; **come into ~** komme til makten; **seize** *~(=seize control)* gripe makten; **3.** kraft *(fx a rabbit has great power in its hind legs);* **water ~** vannkraft; **4***(=factor of power)* maktfaktor *(fx he's a power in politics);* **5.** *optikk:* styrke *(fx of a lens);* **6***(=authority)* myndighet *(fx the police had no power to intervene);* **exceed one's -s** gå ut over sine fullmakter; **7.** *mat.:* potens; **a to the fourth (~)** a i fjerde potens; **raise to the third ~** opphøye i tredje potens; **8. T: that walk did him a ~ of good** han hadde veldig godt av den (spaser)turen; **9** *spøkef:* **the -s that be** myndighetene; *spøkef:* de høye herrer.

II. power *vb* **1.** forsyne med drivkraft; installere motor i; **2.: nuclear-powered** atomdrevet; **3.** *sport, om fx skøyteløper:* **he's -ing down the back straight** han går hardt på bortre langside.

powerboat ['pauə,bout] *subst:* hurtiggående motorbåt.

power conversion equipment *mask; for bil, etc:* trimmingssett.

power current *elekt:* sterkstrøm.

power cut *elekt(=cut)* strømutkopling.

power demand*(=energy demand)* kraftbehov.

power drill*(=electric drill; drill gun)* elektrisk drill.

power failure *elekt:* strømbrudd.

powerful ['pauəful] *adj* **1.** kraftig; sterk; **2.** mektig; innflytelsesrik *(fx he's powerful in local politics);* **he's become too ~** han har blitt for mektig; **3.** *spøkef:* **a ~ smell** en kraftig lukt.

power holder makthaver.

powerhouse ['pauə,haus] *subst* **1***(=power station)* kraftstasjon; **2. T:** dynamisk person; kraftsentrum.

power-hungry ['pauə,hʌŋgri] *adj:* maktsyk; **~ person** maktmenneske.

power improvement *mask:* forbedring av motorytelsen.

powerless ['pauəlis] *adj* **1.** *stivt(=weak; helpless)* svak; hjelpeløs; kraftløs; **2.: be ~ to***(=be unable to)* være ute av stand til å *(fx we're powerless to help).*

power line *(,***US:** *power transmission line) elekt:* kraftledning.

power of attorney *jur:* skriftlig fullmakt; *(se NEO fullmakt).*

power plant **1.** *elekt(=power station)* kraftverk; **2.** *mask(=power unit; engine)* drivverk; **3.** *i fabrikk:* kraftanlegg.

power plug *elekt:* teknisk (stik)kontakt; teknisk støpsel.

power point *elekt(=socket (outlet))* stikkontakt.

power politics maktpolitikk.

power station *elekt:* kraftstasjon.

power supply engineer *jernb:* elektromester; ledningsmester; *(se NEO elektromester).*

power steering *mask; i bil:* servostyring.

powwow ['pau,wau] *subst; spøkef* **T***(=discussion)* diskusjons(møte).

pox [pɔks] *subst* **S: the** *~(=syphilis)* syff.

practicability [,præktikə'biliti] *subst* **1.** gjennomførlighet; **2.** *om vei:* farbarhet.

practicable ['præktikəbl] *adj* **1.** gjennomførlig *(fx plan);* **2.** *om vei(=passable)* farbar.

practical ['præktikəl] *adj:* praktisk.

practicality [,prækti'kæliti] *subst:* praktisk detalj (*el.* spørsmål); **various practicalities** forskjellige praktiske detaljer (*el.* spørsmål).

practical joke grov spøk.

practically *adv:* praktisk talt; **~ everyone went to the party** nesten alle gikk i selskapet.

practice *(,***US:** *practise)* ['præktis] *subst* **1.** praksis;

in theory and ~ i teori og praksis; **put one's ideas into ~** sette sine ideer ut i livet; omsette sine ideer i praksis; **2.** *om vane:* **make a ~ of (-ing)** gjøre det til en vane å . . .; **don't make a ~ of it** ikke la det bli en vane; **it was his usual ~ to rise early** han hadde for vane å stå tidlig opp; **it's normal ~ for them to . . .** det er skikk og bruk at de . . .; det er praksis at de . . .; **3.** øvelse; trening *(fx she needs a lot of practice);* **get back into ~** komme i trening igjen; **be out of ~** mangle øvelse; **4.** *advokats el. leges:* praksis; **5.: he was accused of dishonest -s** han ble beskyldt for å benytte uhederlige knep; **6.:** *om håndhevelse:* **outdated regulations which are no longer in ~** nedstøvede bestemmelser som ikke lenger praktiseres; **7.: working -s** arbeidsrutiner *(fx accept radical changes in one's working practices).*

practise *(,US: practice)* ['præktis] *vb* **1.** øve; øve seg; øve seg i *(fx he practises jumping);* øve seg på *(fx she practises the piano every day);* trene; **2.** praktisere; **he -s law in London** han har advokatpraksis i London; **3.: ~ Christianity***(=be a practising Christian)* være en personlig kristen; **4.: ~ what one preaches** praktisere det man preker for andre.

practised *adj:* øvet; **have a ~ eye** ha et øvet blikk; *neds:* **a ~ smile** et innøvd smil.

practitioner [præk'tiʃənə] *subst* **1.: legal ~** praktiserende advokat; **2.: general ~** *(fk GP)* almenpraktiker; praktiserende lege.

pragmatic [præg'mætik] *adj; stivt:* pragmatisk.

pragmatist ['prægmətist] *subst; stivt:* pragmatiker.

Prague [pra:g] *subst; geogr:* Praha.

prairie ['prɛəri] *subst:* prærie.

I. praise [preiz] *subst:* ros; **he received a lot of ~** han fikk mye ros; **~ and blame** ros og ris.

II. praise *vb:* rose.

praiseworthy ['preiz,wə:ði] *adj(=commendable)* prisverdig; rosverdig.

pram [præm] *subst (,US: baby carriage; baby buggy)* barnevogn; **folding ~***(=pushchair;* **US:** *stroller)* sportsvogn.

prance [pra:ns] *vb; stivt el. litt.* **1.** *om hest:* danse; **2.** *om person(=strut)* spankulere.

prang [præŋ] *vb* **S***(=crash)* bulke med *(fx the car).*

prank [præŋk] *subst: lett glds(=trick)* skøyerstrek; puss *(fx play a prank on sby).*

prate [preit] *vb; stivt; neds(=talk foolishly)* snakke dumt (*about* om).

I. prattle ['prætəl] *subst; neds(=chatter)* prat; skravl.

II. prattle *vb; neds(=chatter)* prate; skravle; **she -d on about nothing** hun skravlet i vei om ingenting.

prattler ['prætlə] *subst; neds(=chatterbox)* skravlebøtte; pratemaskin.

prawn [prɔ:n] *subst; zo:* stor reke; nordsjøreke; **deep-water ~** dypvannsreke; *(jvf shrimp).*

pray [prei] *vb* **1.** *til Gud:* be *(fx let us pray);* **she -ed to God to help her** hun ba til Gud om at han måtte hjelpe henne; **2.** *fig:* be *(fx I hope and pray that he gets here in time);* **everybody was -ing for rain** alle ba om regn; **3.** *glds el. litt.(=ask earnestly)* be innstendig; bønnfalle *(fx let me go, I pray you!);* **4.** *int; meget stivt* 1*(=please):* **~ be seated** vær så god og sitt ned; 2. *iron:* . . . om jeg tør spørre? *(fx what right have you to say that, pray?).*

prayer [prɛə] *subst* **1.** bønn; **say a ~** be en bønn; **2.: -s** andakt *(fx morning prayers).*

pre- [pri:] *forstavelse:* pre-; før-; **prehistoric** forhistorisk; **prewar** førkrigs-.

preach [pri:tʃ] *vb* **1.** *rel(=deliver a sermon)* preke; holde preken; **2.** *fig:* preke (*to* for) *(fx he's always preaching to us to stop smoking); spøkef:* **your're -ing to the converted!** du behøver ikke forsøke å omvende meg, for jeg er helt enig med deg! **3.** *stivt(=advise)* tilråde *(fx he preaches caution).*

preacher ['pri:tʃə] *subst:* predikant; en som holder preken; **lay ~** legpredikant.

preamble [pri:'æmbəl] *subst* **1.** *stivt(=introduction)* introduksjon *(fx he introduced the main speaker in a long, extremely boring preamble);* **2.** *jur; til lov el. traktat(=introductory statement)* forord; *svarer ofte til:* formålsparagraf.

prearranged [,priə'reindʒd] *adj(=arranged beforehand)* avtalt i forveien; avtalt på forhånd; **at a ~ signal** på et avtalt tegn.

precarious [pri'kɛəriəs] *adj; stivt* **1***(=difficult; uncertain)* vanskelig; prekær; **make a ~ living as an author** ha et usikkert levebrød som forfatter; **2.** *om helbred(=delicate)* svak.

precast ['pri:,ka:st] *adj:* ferdigstøpt.

precaution [pri'kɔ:ʃən] *subst:* forsiktighetsregel *(fx the best precaution is to . . .);* forholdsregel *(fx one must take precautions);* **I took the ~ of buying a return ticket** jeg tok den forsiktighetsregel å kjøpe returbillett.

precautionary measure sikkerhetsforanstaltning; *(jvf security measure).*

precede [pri'si:d] *vb* **1.** *stivt(=go before)* gå foran *(fx she preceded him into the room);* kjøre foran *(fx five policemen on motor cycles preceded the president's car);* **2.** *m.h.t. plikt, rang, rekkefølge:* gå foran *(fx such duties precede all others);* **he is mentioned in this chapter and also in the one that -s** han nevnes i dette kapitlet og også i det foregående; **when -d by a vowel** når det står en vokal foran; etter en vokal; **he -d his address with a welcome to the visitors** før talen ønsket han de besøkende velkommen.

precedence ['presidəns] *subst* **1.** forrang; **take ~ over** ha forrangen fremfor; **a duke takes ~ over an earl** en hertug rangerer over en greve; **2.** *stivt(=priority)* prioritet; **this matter should be given ~ over the others** denne saken bør gis høyeste prioritet; **3.: (order of) ~** rangfølge *(fx precedence in Britain is difficult);* **does an earl come before a duke in order of ~?** står en greve over en hertug når det gjelder rangfølge?

precedent ['presidənt] *subst; stivt:* presedens; **set***(=establish)* **a ~** skape presedens; **there is no ~ for this** det er ingen presedens for dette.

preceding [pri'si:diŋ] *adj:* foregående.

precentor [pri'sentə] *subst; mus:* kantor.

precept ['pri:sept] *subst; stivt(=command; guiding rule)* forskrift; rettesnor; **moral -s** moralske forskrifter.

precinct ['pri:siŋkt] *subst* **1.** område; **pedestrian ~***(=paved zone)* fotgjengersone; **shopping ~** shoppingområde; **2. US** *i by:* distrikt *(fx police precinct; election precinct);* **3.: -s***(=environs)* omgivelser; **within the -s of the station** i stasjonens nærmeste omgivelser; **4.: -s***(=boundary):* **within the ~ of the town** innenfor byens grenser.

(precinct) police corporal US*(=police sergeant)* politioverkonstabel.

(precinct) police lieutenant US*(=chief inspector)* politiførstebetjent.

(precinct) police sergeant US*(=police inspector)* politibetjent.

precious ['preʃəs] *adj* **1***(=dear)* kjær; dyrebar *(fx my children are very precious to me);* **2. T: ~**

few(=very few) veldig få; ~ **little**(=very little) ikke stort (fx I've precious little money left); 3. iron: **you and your ~ friends** du og disse vennene dine.
precious metal edelt metall.
precious stone edelstein.
precipice ['presipis] subst; stivt 1. stup; steil skrent; **he fell over a ~** han falt utfor et stup; 2. fig: stup.
I. precipitate [pri'sipitit] subst; kjem: bunnfall; utfellingsprodukt; presipitat.
II. precipitate [pri'sipi,teit] vb 1. stivt(=hasten) fremskynde; 2. stivt(=hurl; throw) styrte (fx he precipitated his country into ruin); 3. kjem: bunnfelle(s); utfelle(s); utskille(s).
III. precipitate [pri'sipitit] adj; stivt(=rash) overilt.
precipitation [pri,sipi'teiʃən] subst 1. meteorol(=rainfall) nedbør; **acidic ~**(=acid rain) sur nedbør; surt regn; 2. kjem: utfelling; **acidic ~** sur utfelling; 3. meget stivt(=undue haste) hastverk; overilthet.
precipitous [pri'sipitəs] adj; stivt(=very steep) stupbratt; steil.
précis ['preisi:] subst (pl: précis ['preisi:z]) subst(=summary) sammendrag; skolev: (det å skrive) referatstil.
precise [pri'sais] adj 1. nøyaktig; presis (fx precise instructions); **a ~(=accurate) translation** en nøyaktig oversettelse; **give me his ~(=actual) words** la meg høre nøyaktig hva han sa; **at that ~ moment**(=at that very moment) nøyaktig (el. nettopp) i det øyeblikket; 2. om person; stivt(=accurate) nøyaktig; omhyggelig.
precisely adv 1(=exactly) nøyaktig (fx at midday precisely); **~ what do you mean?** hva er det egentlig du mener? 2(=carefully and clearly) presist (fx he spoke very precisely); 3. for å uttrykke enighet: nettopp (fx "So you think we should wait?" — "Precisely.").
precision [pri'siʒən] subst(=accuracy) nøyaktighet; presisjon.
precision mechanic finmekaniker.
precision mechanics finmekanikk.
precision tools presisjonsverktøy.
preclude [pri'klu:d] vb; stivt(=prevent) utelukke; forebygge; **. . . so as to ~ all misunderstandings** for å utelukke enhver misforståelse.
preclusion [pri'klu:ʒən] subst; stivt(=prevention) utelukkelse; forebyggelse.
precocious [pri'kouʃəs] adj: **(intellectually) ~** tidlig moden; **a ~ child** et veslevoksent barn.
precocity [pri'kɔsiti] subst: det å være tidlig moden; tidlig utvikling (el. modenhet).
precognition [,pri:kɔg'niʃən] subst; psykol: det å kunne forutsi fremtidige begivenheter; forutviten.
preconceived [,pri:kən'si:vd] adj: forutfattet; **~ ideas; ~ opinions** forutfattede meninger.
preconception [,pri:kən'sepʃən] subst: forutfattet mening; **with no -s** uten forutfattede meninger; **I had formed no -s about the nature of my new job** jeg hadde ikke i forveien dannet meg noen mening om det nye arbeidet mitt.
preconcerted [,pri:kən'sə:tid] adj; stivt(=prearranged) avtalt på forhånd.
precondition [,pri:kən'diʃən] subst; stivt(=prime condition; prerequisite) nødvendig betingelse; forutsetning.
precursor [pri'kə:sə] subst; litt.(=forerunner) forløper.
predate [pri:'deit] vb 1(=precede) gå forut for; **his stay there -d mine** han var der på et tidligere tidspunkt enn meg; 2. merk(=antedate; backdate) antedatere; forutdatere.
predator ['predətə] subst: rovdyr.
predatory ['predət(ə)ri] adj: rov- (fx animal).
predecease [,pri:di'si:s] vb; jur(=die before) dø før (fx sby).
predecessor ['pri:di,sesə] subst 1. i stilling: forgjenger; 2(=ancestor): **my -s**(=my ancestors) mine forfedre.
predestination [,pri:desti'neiʃən] subst: predestinasjon; forutbestemmelse.
predestine [pri:'destin] vb: om skjebnen: forutbestemme; **-d to be a leader** forutbestemt til å være leder.
predetermine [,pri:di'tə:min] vb 1. forutbestemme; bestemme på forhånd; 2. avtale på forhånd; **at a -d signal** på et i forveien avtalt signal.
predicament [pri'dikəmənt] subst(=difficult situation) vanskelig stilling (el. situasjon); forlegenhet.
predicate ['predikit] subst 1. logikk: predikat; 2. gram: verbal; hist: predikat.
predicative [pri'dikətiv] adj; gram: predikativ; **~ use** predikativ bruk; **used -ly** brukt predikativt.
predicative complement gram: predikativ; hist: predikatsord.
predict [pri'dikt] vb; stivt(=foretell) forutsi.
predictable [pri'diktəbl] adj: forutsigelig; som kan forutsies; **his anger was ~** det var lett å forutsi at han ville bli sint; (jvf unpredictable).
prediction [pri'dikʃən] subst: forutsigelse; spådom.
predilection [,pri:di'lekʃən] subst; stivt el. spøkef(=liking; preference) forkjærlighet.
predispose [,pri:di'spouz] vb; stivt: predisponere (fx clear writing and correct spelling will predispose the examiners in your favour); **a good teacher -s children to learn** en god lærer gjør barna innstilt på å lære; **they were -d to find him guilty** de var i forveien innstilt på å erklære ham skyldig; **this -s him to colds**(=this makes him liable to get colds) dette gjør ham disponert for forkjølelse.
predisposition [,pri:dispə'ziʃən] subst: disponerthet; **she has a ~ to infections** hun er disponert for infeksjoner; hun har lett for å få infeksjoner.
predominance [pri'dɔminəns] subst; stivt: det å være fremherskende; overvekt.
predominant [pri'dɔminənt] adj(=prevailing) fremherskende; dominerende.
predominantly adv; stivt(=mainly; chiefly) overveiende; hovedsakelig.
predominate [pri'dɔmi,neit] vb; stivt(=prevail) være fremherskende; dominere; **in this part of the country industry -s over agriculture** i denne delen av landet er industrien sterkere representert enn jordbruket.
preeminence [pri'eminəns] subst; stivt: det å være fremtredende (el. rage over); overlegenhet.
preeminent [pri'eminənt] adj; stivt 1(=outstanding) fremragende (fx artist); **he was ~ above his rivals**(=he was head and shoulders above his rivals) han raget langt over sine konkurrenter; 2(=especially noticeable) som peker seg særlig ut; fremtredende; **of all her good qualities, her kindness is ~** av alle hennes gode egenskaper er det særlig hennes vennlighet som er fremtredende.
preeminently adv; stivt: i særlig grad; **a type of work for which he is ~ suited**(=extremely well suited) et arbeid han i særlig grad er skikket for.
pre-empt [pri'empt] vb 1. jur(=acquire by pre-emption) erverve ved forkjøpsrett; 2. stivt(=forestall) komme i forkjøpet (fx the government decision to build an airport pre-empted the council's plans); 3. om bevegelse, etc(=appropriate; take over) overta (fx the movement was pre-empted by a lunatic fringe).

pre-emption [pri'empʃən] *subst* **1.** *jur:* utøvelse av forkjøpsrett; **2.: (right of) ~** forkjøpsrett.
pre-emptive [pri:'emptiv] *adj:* **~ attack** *mil:* angrep som kommer fienden i forkjøpet.
pre-emptive bid *kortsp; bridge:* forhindringsmelding.
preen [pri:n] *vb* **1.** *om fugl:* **~ itself** pusse fjærene; **2.** *om kvinne; neds:* **she was -ing herself in front of the mirror** hun stod foran speilet og rettet på fasaden; **3.** *fig:* **~ oneself***(=gloat)* godte seg *(fx he couldn't help preening himself after the victory);* **4.** *fig:* **~ oneself on***(=congratulate oneself on)* gratulere seg selv med.
preexist [,pri:ig'zist] *vb:* eksistere tidligere.
preexistence [,pri:ig'zistəns] *subst:* tidligere eksistens (*el.* tilværelse).
prefab ['pri:,fæb] *subst* **1.** prefabrikert konstruksjon; **2. T:** ferdighus.
prefabricate [pri:'fæbri,keit] *vb:* prefabrikere.
preface ['prefəs] **1.** *subst:* forord (*to* til); **2.** *vb; stivt(=introduce)* innlede *(fx he prefaced his speech with a few words of welcome).*
prefatory ['prefətəri] *adj; meget stivt(=introductory)* innledende *(fx a few prefatory words before the speech).*
prefect ['pri:fekt] *subst* **1.** *hist, etc:* prefekt; **2.** *skolev* **UK:** prefekt.
prefer [pri'fə:] *vb* **1.** foretrekke (*to* fremfor); **which do you ~ — tea or coffee?** hva vil du helst ha — te eller kaffe? **she would ~ to come with you rather than stay here** hun vil heller bli med deg enn å bli her; **2.** *stivt:* **~ a charge against sby***(= bring a charge against sby)* reise tiltale mot en.
preferable ['prefərəbl] *adj:* som er å foretrekke (*to* fremfor); **that would be ~** det ville være å foretrekke.
preferably *adv:* helst; fortrinnsvis.
preference ['prefərəns] *subst* **1.** det man foretrekker; **what are your -s?***(=what do you prefer?)* hva foretrekker du? hva vil du helst ha? **have a ~ for** ha en forkjærlighet for; **2.** preferanse; **give ~ to those with the best qualifications** la dem som har de beste kvalifikasjonene gå foran; **3.: first ~** mulighet til å velge først; **I gave him first ~** jeg lot ham få velge først; **4.: in ~ to***(=rather than)* heller enn; fremfor.
preference shares *(,***US:** *preferred stock)* preferanseaksjer.
preferential [,prefə'renʃəl] *adj:* preferanse-; **~ treatment** særbehandling.
I. prefix ['pri:fiks] *subst* **1.** *gram:* prefiks; forstavelse; **2.** foranstilt tittel.
II. prefix *vb:* sette foran *(fx he prefixed a brief introduction to the article).*
preggy ['pregi] *adj* **T***(=pregnant)* gravid.
pregnancy ['pregnənsi] *subst:* graviditet; svangerskap.
pregnancy test svangerskapstest; svangerskapsprøve.
pregnant ['pregnənt] *adj* **1.** gravid; *om dyr(=with young)* drektig; **2.** *fig; stivt(=meaningful)* pregnant; betydningsfull *(fx a pregnant pause).*
preheater ['pri:,hi:tə] *subst; mask:* forvarmer.
prehensile [pri'hensail] *adj; zo, etc:* gripe-.
prehensile foot *zo:* klamrefot.
prehensile tail *zo:* gripehale.
prehistoric [,pri:hi'stɔrik] *adj:* forhistorisk.
pre-ignition [,pri:ig'niʃən] *subst; mask:* fortenning.
I. prejudice ['predʒudis] *subst* **1.** fordom; forutfattet mening; **racial ~** fordommer overfor mennesker av andre raser; **2.** *stivt:* **to the ~ of***(=to the detriment of)* til skade for (ens stilling, rettigheter, etc); **without ~ to** uten skade for; **I made it clear that I was paying the amount demanded under protest and without ~ to my rights** jeg gjorde det klart at jeg betalte det forlangte beløp under protest og uten dermed å gi avkall på mine rettigheter.
II. prejudice *vb* **I.** inngi fordommer; forutinnta (*in favour of* for); gjøre forutinntatt (*against* mot); inngi fordommer; **2.** *persons stilling, etc(=harm)* skade; forringe *(fx your chances of passing the exam);* **~ one's chances further** forverre sine sjanser ytterligere.
prejudiced *adj:* forutinntatt; med fordommer; full av fordommer; **a ~ attitude to** en holdning preget av fordommer overfor *(fx have a prejudiced attitude to people of other races); (jvf II. prejudice).*
prejudicial [,predʒu'diʃəl] *adj:* **~ to***(=detrimental to)* skadelig for *(fx our interests).*
prelate ['prelit] *subst; glds(=Church dignitary)* prelat.
I. preliminary [pri'liminəri] *subst:* første (*el.* innledende) skritt *(fx a necessary preliminary);* **preliminaries** innledende skritt; forberedelser; innledning *(fx after the usual preliminaries the meeting was opened).*
II. preliminary *adj:* forberedende; innledende *(fx negotiations);* foreløpig *(fx investigation);* **~ remarks***(=opening remarks)* innledende bemerkninger; **~ steps** innledende skritt.
preliminary inquiry*(=preliminary investigation)* forundersøkelse.
preliminary order *mil:* forberedende ordre; foreløpig ordre.
prelims ['pri:limz] *subst; pl* **1.** *typ(=front matter)* preliminærsider; **2.** *univ(=preliminary exams)* førsteeksamen til bachelor-graden (ved enkelte universiteter).
prelude ['prelju:d] *subst* **1.** *mus:* preludium; **2** *fig; stivt el. spøkef(=introduction)* innledning; opptakt (*to* til).
premarital [pri:'mæritəl] *adj; stivt(=before marriage)* førekteskapelig *(fx sexual relations).*
premature [,premə'tjuə; ,premə'tʃuə; 'premətʃə; 'premə,tjə; **US:** 'pri:mətʃuər] *adj* **1.** for tidlig; for tidlig født *(fx the baby was three weeks premature);* **2.** forhastet; uoverveid; **a ~ decision** en forhastet (*el.* for rask) avgjørelse.
prematurely *adv:* for tidlig *(fx prematurely old).*
premeditated [pri'medi,teitid] *adj; i ikke-jur språkbruk:* overlagt *(fx murder); (se NEO drap).*
premeditation [pri,medi'teiʃən] *subst:* overlegg; forsettlighet.
premier ['premjə] **1.** *subst; utenfor Storbritannia(= prime minister)* statsminister *(fx the French premier);* **2.** *adj; stivt(=leading)* ledende *(fx Italy's premier industrialists).*
première ['premi,εə; 'premiə] *subst; stivt(=first night)* première *(fx the British première of a German opera).*
I. premise ['premis] *subst* **1.** *stivt(=condition)* betingelse; **-s** premisser; **in accordance with the -s stated***(=laid down)* **by the donor (country)** på giverlandets premisser; **2.** *stivt(=assumption)* formodning; forutsetning; **on the ~ that** ut fra den forutsetning at; **3.: -s** lokale; eiendom *(fx business premises);* **these -s are used by** disse lokalitetene benyttes av; **on the -s** på stedet.
II. premise *vb* **1.** *stivt(=presuppose)* forutsette; **2.** *i logikk(=state as a premise)* benytte som premiss; **~ a remark***(=make a preliminary remark)* forutskikke en bemerkning.
premiss ['premis] *se I. premise 2.*
premium ['pri:miəm] *subst* **1.** *fors:* premie; **2.** *stivt*

(=bonus) bonus *(fx to pay a premium for immediate delivery)*; **3.** *fig:* **put a ~ on***(=reward)* premiere; belønne *(fx put a premium on laziness)*; **4.** *merk:* overkurs; agio; **5.: at a ~** 1. *merk(=above par)* til overkurs; over pari; med agio; 2.: meget (*el.* sterkt) etterspurt *(fx flats in London are at a premium)*; **tickets for the match are at a ~** billetter til kampen står høyt i kurs; *(jvf I. discount 5)*.

premium bond premieobligasjon.

premium rate premiesats.

premonition [,premə'niʃən] *subst; stivt(=forewarning)* forvarsel; forutanelse *(fx he had a premonition about the accident)*; **a ~ of disaster** et varsel om katastrofe.

preoccupation [pri:,ɔkju'peiʃən] *subst:* opptatthet; **her ~ with death** det at hun er (,var) så opptatt av døden.

preoccupied [pri:'ɔkju,paid] *adj* **1***(=lost in thought)* i dype tanker; åndsfraværende; **2.: ~ with** opptatt av.

preoccupy [pri:'ɔkju,pai] *vb:* oppta *(fx thoughts of death were continually preoccupying her)*.

prep [prep] *subst* **1.** *skolev(=homework)* lekse; **2. US:** *se preparatory school.*

prepackaged ['pri:,pækidʒd] *adj:* ferdigpakket; **~ goods** ferdigpakkede varer.

prepaid ['pri:'peid; *attributivt:* 'pri:,peid] *adj:* **carriage ~** frakt betalt; **reply ~** svar betalt; **~ telegram** telegram med svar betalt; *(se prepay)*.

preparation [,prepə'reiʃən] *subst* **1.** forberedelse; **in ~** under forberedelse; **make -s** gjøre forberedelser; **(work of) ~** forberedelsesarbeid *(fx not much preparation will be needed)*; **2.** *skolev:* grunnlag *(fx a sound preparation in mathematics)*; **3.** *se prep 1.*; **4.** *med.:* preparat.

preparatory [pri'pærət(ə)ri] *adj:* forberedende; *stivt:* **~ to***(=before; in preparation for)* før; som en forberedelse til.

preparatory school 1*(=prep school)* **UK:** privat forberedelsesskole (for barn i alderen 6–13) for en 'public school'; **2. US***(=prep (school))* privatskole som forbereder for 'college'.

prepare [pri'pɛə] *vb* **1.** forberede (*for* på) *(fx they prepared her gradually for the shocking news)*; **~ (oneself) for** forberede seg på (*el.* til); innstille seg på; **2.** *om mat(=cook)* tilberede; lage: **~ tasty dishes** tilberede smakfulle retter; **3.** *skolev:* preparere; forberede; **~ forms for the final exam in German** føre (klasser) opp til avsluttende eksamen i tysk; **4.** *stivt(=make up):* **~ a prescription** lage i stand en resept; **5.** *stivt(=work out)* utarbeide *(fx he's preparing his strategy)*; **6.** *stivt(=make; draw up):* **~ a report** skrive en rapport.

prepared *adj* **1.** preparert; **2***(=ready)* ferdig *(fx everything is prepared)*; **a ~ speech***(=a speech written beforehand)* en ferdigskrevet tale; **3.** forberedt (*for* på) *(fx we must be prepared for a disappointment)*; *om speider:* **be ~!** vær beredt! **4.: ~ to***(=willing to)* villig til å.

preparedness [pri'pɛədnis] *subst:* **(military) ~** (militært) beredskap.

preparedness measure *mil* (,**US:** *alert measure)* beredskapstiltak.

preparer [pri'pɛərə] *subst; ved botanisk museum:* preparant; *(jvf technician 3)*.

prepay [pri:'pei] *vb(=pay in advance)* betale på forskudd (*el.* i forveien); *(se prepaid)*.

preponderance [pri'pɔndərəns] *subst; stivt el. spøkef(=predominance)* overvekt.

preposition [,prepə'ziʃən] *subst; gram:* preposisjon.

prepositive [pri:'pɔzitiv] *adj; gram:* foranstilt.

prepossessing [,pri:pə'zesiŋ] *adj(=engaging; attractive)* tiltalende; vinnende.

preposterous [pri'pɔstərəs] *adj; stivt(=very foolish; ridiculous)* latterlig *(fx it's preposterous!)*; absurd.

prep school *se preparatory school.*

prepuce ['pri:pju:s] *subst; anat(=foreskin)* forhud (på penis).

prerecord [,pri:ri'kɔ:d] *vb; radio(=record in advance):* **~ a programme** ta opp et program på bånd før det skal brukes.

prerequisite [pri:'rekwizit] *subst:* (nødvendig) forutsetning *(fx an interest in other people is a prerequisite for a writer)*.

prerogative [pri'rɔgətiv] *subst; stivt el. spøkef(=privilege)* prerogativ; forrett; privilegium.

I. presage ['presidʒ] *subst; stivt el. litt.(=presentiment)* (for)varsel.

II. presage ['presidʒ; pri'seidʒ] *vb; stivt el. litt.(=give warning of)* varsle; gi varsel om.

presbyter ['prezbitə] *subst:* presbyter; menighetsforstander.

Presbyterian [,prezbi'tiəriən] **1.** *subst:* presbyterianer; **2.** *adj:* presbyteriansk.

presbytery ['prezbit(ə)ri] *subst* **1.** presbyterium; **2.** *kat.:* prestebolig.

prescience ['presiəns] *subst; litt.(=foreknowledge; previous knowledge)* forutviten; forhåndskjennskap.

prescribe [pri'skraib] *vb* **1.** foreskrive *(fx the doctor prescribed a complete rest)*; ordinere; **2.** *jur:* foreskrive *(fx the law prescribes certain penalties for this offence)*; **3.** *skolev:* **-d texts***(=set texts)* pensumtekster; **4.: the -d***(=qualified)* **majority** kvalifisert flertall.

prescription [pri'skripʃən] *subst* **1.** *med.:* resept; **free ~** blå resept; **write out a ~** skrive ut en resept; **2.** *jur:* **(positive) ~:** *se prescriptive right.*

prescription addict reseptmisbruker.

prescriptive right*(=prescriptive title) jur:* hevdsrett; hevd (*to* på).

presence ['prezəns] *subst* **1.** tilstedeværelse; nærvær; **in his ~** i hans nærvær; *stivt:* **the committee requests your ~ at Thursday's meeting** du innkalles med dette til møte på torsdag; **2.** *stivt(=impressive manner)* imponerende fremtreden *(fx the old lady certainly has presence!)*; **3.** (usynlig) vesen; ånd *(fx he felt a presence with him in the room)*; **4.: ~ of mind** åndsnærværelse.

I. present ['prezənt] *subst* **1***(=gift)* gave; presang *(fx birthday present; wedding present)*; **make sby a ~ of sth***(=give sby sth)* forære en noe; gi en noe; **2.** *mil(=present arms)* presenterstilling *(fx his gun held at the present)*; **3***(=present time)* nåtid *(fx forget the past – think more of the present and the future)*; **at ~***(=at the present time)* for øyeblikket *(fx he's away from home at present)*; **for the ~***(=for the time being)* foreløpig *(fx you've done enough work for the present)*; inntil videre *(fx that'll do for the present)*; **there's no time like the ~** det beste er å gjøre det med én gang; **4.** *gram:* **the ~***(=the present tense)* presens.

II. present [pri'zent] *vb* **1.** *stivt el. som ledd i en seremoni:* overrekke *(fx the child presented a bunch of flowers to the Queen)*; **~ sby with sth** gi en noe; overrekke en noe; **2.** presentere *(fx we present here a complete list of our electrodes)*; **3.** *merk:* presentere; **~ a bill for payment** presentere en veksel til betaling; **~ the accounts** legge frem regnskapet; **~ a report** legge frem en rapport; **4.** *teat:* fremføre *(fx a play)*; **5.: be -ed at Court** bli presentert ved hoffet; **6.** *fig:* by på *(fx* *it presents no difficulties);* **it -s no points of particular interest***(=it's not particularly interesting)* det byr ikke på noe særlig av interesse; **when an opportunity -s itself***(=when an opportunity offers)* når det byr seg en anledning; **the case -s***(=has)* **some interesting features** det er visse interessante trekk ved saken; **7.** *om idé, tanke:* **~ itself** dukke opp; melde seg *(fx an idea presented itself in his mind);* **8***(=express)* uttrykke; legge frem *(fx she presents her ideas very clearly);* **9.** *mil:* **~ arms!** presenter gevær! **10.** *stivt; ofte spøkef:* **~ oneself***(=arrive; appear)* innfinne seg; *spøkef:* komme anstigende; **11.: be -ed with***(=be faced with)* bli stilt overfor *(fx a difficult choice).*

III. present ['prezənt] *adj* **1.** til stede; **be ~ at** være til stede ved; overvære; **those ~** de tilstedeværende; **methane and air had to be ~ in the right quantities for combustion to take place** metan og luft måtte være til stede i riktig forhold for at forbrenning skulle kunne finne sted; **2.** nåværende *(fx government);* **our ~ difficulties** de vanskelighetene vi nå har; **3.** *stivt(=this)* nærværende; denne (,dette); **the ~ dictionary***(=this dictionary)* denne ordboken; *stivt:* nærværende ordbok; **4.** *stivt(= under discussion):* **the ~ topic** det temaet som nå diskuteres.

presentable [pri'zentəbl] *adj:* presentabel *(fx a very presentable young man);* **look ~** se presentabel ut.

presentation [,prezən'teiʃən] **1.** overrekkelse; **the ~** *(=awarding)* **of the prizes** prisutdelingen; **2.** *teat:* fremførelse; oppførelse *(fx of a new play);* **3.** *merk:* presentasjon *(fx of a bill);* **on ~***(=when presented)* ved presentasjon; **4.** *fig:* presentasjon; fremstilling *(fx his presentation of the argument was masterly);* **the ~ of a speech** opplegget av en tale; den måten en tale fremføres på; **5.** *med.:* fosterstilling; **face ~** ansiktsfødsel.

presentation copy frieksemplar (som sendes ut av forlag el. forfatter).

present-day ['prezənt,dei] *adj; stivt(=modern)* nåtids-; moderne; **I don't like ~ fashions** jeg liker ikke de motene vi nå har.

presenter [pri'zentə] *subst:* **(television) ~** programleder.

presentiment [pri'zentimənt] *subst(=premonition; forewarning)* forvarsel; forutanelse; forutfølelse *(fx he felt(=had) a strong presentiment of disaster).*

presently ['prezəntli] *adv* **1***(=soon, before long)* snart; om en liten stund *(fx he'll be here presently);* **2. US** *& Skottland(=now; at the moment)* nå; for øyeblikket.

presentment [pri'zentmənt] *subst; merk(=presentation)* presentasjon; forevisning.

present participle *gram:* presens partisipp.

present perfect *gram:* perfektum.

present tense *gram:* presens; **the verb is in the ~** verbet står i presens.

preservation [,prezə'veiʃən] *subst* **1.** bevaring; **the ~ of peace** bevaring av freden; **2.** *om museumsgjenstand, etc:* konservering; **the book is in a poor state of ~** boken er meget dårlig bevart; **3.: the ~ of natural resources***(=nature conservation)* naturfredning; **~***(=protection)* **of old buildings** fredning av gamle bygninger; **game ~** viltpleie; **4.: (hermetic) ~** hermetisering; konservering.

I. preserve [pri'zə:v] *subst* **1.: game ~** jaktdistrikt; **2.** *fig; stivt(=field)* felt *(fx this is the preserve of specialists);* **this used to be a ~ of the nobility** dette var tidligere et område (*el.* felt) som var forbeholdt adelen; **poach on sby's -s***(=trespass on sby's territory)* gå inn på annen manns enemerker; jakte på annen manns enemerker; gå en i næringen; **3.: -s** konserver.

II. preserve *vb* **1***(=keep)* bevare *(fx the peace);* **2.** *om museumsgjenstand, etc:* bevare; konservere; **3.** *frukt, etc:* konservere; hermetisere; sylte; legge ned; bevare; **4.** *for jaktformål:* frede.

preservative [pri'zə:vətiv] *subst(=preserving agent)* konserveringsmiddel.

preset [pri'set] *vb:* innstille på forhånd.

preshrunk [,pri:'ʃrʌŋk; *attributivt:* 'pri:,ʃrʌŋk] *adj:* krympefri.

preside [pri'zaid] *vb; stivt el. spøkef:* **~ at, ~ over***(=be chairman of)* presidere; ha forsete; lede *(fx a meeting).*

presiding judge rettsformann.

presidency ['prezidənsi] *subst* **1.** presidentembete; presidentverdighet; **2***(=time as president)* presidenttid; **during Lincoln's ~** i Lincolns presidenttid.

president ['prezidənt] *subst* **1.** president *(fx he was elected President);* **2. US** *(fk Pres)(=managing director)* administrerende direktør; adm. dir.; **3. US: vice ~** *(fk V-P)(=managing director)* administrerende direktør; adm. dir.

presidential [,prezi'denʃəl] *adj:* president- *(fx candidate).*

presidium [pri'sidiəm] *subst; i kommuniststyrt land:* presidium.

I. press [pres] *subst* **1.** *redskap:* presse; *typ(= printing press)* presse; **go to ~** gå i trykken; bli trykt *(fx when is this book going to press?);* **2.: the ~** pressen *(fx the press is(=are) always interested in the private lives of famous people);* **3.** presseomtale; presse; **the book had a good ~** boken fikk god presse; **the play received a poor ~** stykket fikk dårlig presse; **4.** *stivt(=crowd)* trengsel *(fx there was a terrible press (of people) in the corridor);* **5.** *vektløfting:* press; **6***(=cupboard)* skap (for bøker eller klær).

II. press *vb* **1.** presse; trykke; trykke på *(fx he pressed(=pushed) the button);* presse seg; trykke seg *(fx he pressed against her in the crowd; the children pressed close to their mother);* **2.** presse *(fx the grapes are pressed to extract the juice; she pressed the flower between the pages of a book);* **3.** *med strykejern:* presse *(fx a pair of trousers; a skirt);* **4.** *i vektløfting;* løfte; presse *(fx 150 kg);* **5.** *fig; person:* presse; nøde; **~ sby hard** presse en hardt; gå en hardt på klingen; **I didn't ~ him any further** jeg gikk ham ikke nærmere inn på klingen; **I didn't ~ the point** jeg gikk ikke nærmere inn på det; jeg forfulgte det ikke videre; **~ the question** presse på for å få et svar; **~ for payment** purre på betaling; **~ sby for payment** purre en for betaling; **~***(=push)* **for higher wages** presse på for å oppnå høyere lønninger; **they -ed him for an explanation** de presset på for å få en forklaring av ham; **6.: ~ forward** presse (*el.* trenge) seg frem *(fx they pressed forward through the crowd);* **7.** *stivt el. spøkef:* **~ sby into service** sjanghaie en; presse en til å gjøre tjeneste; **8.: ~ on** 1*(=continue on one's way)* fortsette videre *(fx they pressed on along the Blackpool road);* 2.: **~ on with***(=push ahead with)* fortsette med; gå videre med *(fx the firm is pressing on with its plans for expansion);* **9.** *stivt:* **~ sth on sby***(=urge sby to accept sth)* presse noe på en.

press agency*(=news agency)* pressebyrå.

press agent *(fk PA)* pressesekretær.

press card*(=press pass)* pressekort.

press conference pressekonferanse.

press cutting *(,US: clipping)* avisutklipp.

pressed *adj* **1.** presset *(fx pressed flowers; pressed* *beef)*; **2.** T*(=busy)* presset (for tid) *(fx I'm rather pressed at the moment)*; **3.** *om klær:* presset; strøket *(fx badly pressed clothes; his shirts never look pressed)*; **4.: be hard ~** være hardt presset *(fx he's hard pressed financially)*; **I'd be hard ~ to do it** det ville holde hardt for meg å klare det; **5.** *om penger el. tid* **T: be ~ for***(=be short of)*: **I'm a bit ~ for time** jeg har litt dårlig tid.

press gallery presselosje.

I. press gang *hist:* pressgjeng.

II. press-gang *vb* **1.** *hist:* sjanghaie (til militærtjeneste el. tjeneste i marinen); **2.** *fig:* sjanghaie *(fx his friends press-ganged him into joining the club)*.

pressing ['presiŋ] *adj* **1***(=urgent)* presserende *(fx problem)*; **2***(=insistent)* inntrengende *(fx invitation)*.

pressman ['presmən] *subst* **1.** *typ:* trykker; **2***(= newspaper reporter)* journalist; pressemann; **pressmen** pressefolk.

press officer pressetalsmann; **chief ~** pressesjef.

press operator stansearbeider.

press release pressemelding; melding til pressen.

press stud *i tøy, etc(=snap fastener; popper)* trykknapp.

press toolmaker stansemaker.

pressure ['preʃə] *subst* **1.** *fys:* trykk *(fx atmospheric pressure)*; **blood ~** blodtrykk; **high ~** høytrykk; **low ~** lavtrykk; **2.** *økon:* press; presstendens; **the heavy ~ on our currency reserves** det sterke presset på våre valutareserver; **3.** *fig:* press; høytrykk; **means of ~** pressmiddel; **work at high ~** arbeide under høytrykk; **social -s** sosialt press; **put ~ on sby** legge press på en; sette en under press; **use undue ~ on him** legge utilbørlig press på ham; **suffer from ~ of work** lide under sterkt arbeidspress; **T: the ~ is getting to her (,him)** presset begynner å gjøre seg gjeldende; **be under ~** stå (*el.* være) under press; **under great psychological ~** under sterkt psykisk press; **they came under mounting ~** de ble utsatt for stadig sterkere press; **we are under no ~ to move out** vi har ikke noe press på oss om å flytte ut.

pressure cabin *flyv:* trykkabin.

pressure chamber trykkammer.

pressure cooker trykkoker.

pressure group pressgruppe.

pressure suit*(=G-suit)* trykkdrakt.

pressure zone pressområde.

pressurize, pressurise ['preʃə,raiz] *vb* **1.** *flyv:* opprettholde normalt lufttrykk i *(fx the cabins have all been pressurized)*; **2.** *fig(=force)* tvinge; presse.

prestige [pre'sti:ʒ] *subst:* prestisje; **this brought him great ~** dette ga ham stor prestisje; **it enhanced his ~** det økte hans prestisje; **loss of ~** prestisjetap; **considerations of personal ~ also play a part** personlige prestisjehensyn spiller også inn; **our ~ received a sorry blow** vår prestisje fikk en stygg knekk.

prestigious [pre'stidʒəs] *adj:* høyt ansett; som gir (,har) prestisje; prestisjepreget *(fx job)*.

presto ['prestou] *adj & adv; mus:* presto.

prestressed ['pri:,strest] *adj; om betong:* forspent.

presumable [pri'zju:məbl] *adj; stivt(=supposed)* formentlig.

presumably *adv; stivt(=probably)* formodentlig; antagelig.

presume [pri'zju:m] *vb* **1.** *stivt(=suppose; assume)* formode; anta; **2.** *stivt:* **~ to***(=be bold enough to; take the liberty of (-ing))* driste seg til å; ta seg den frihet å *(fx I wouldn't presume to tell you how to do your job)*; **3.** *fig:* **~ on** trekke veksler på; benytte seg av *(fx he's presuming on your good nature)*.

presumption [pri'zʌmpʃən] *subst* **1.** *stivt(=supposition; assumption)* formodning; antagelse; **2.** *stivt(=arrogance; rudeness)* anmasselse; arroganse; **she disliked his ~** hun mislikte hans anmassende vesen.

presumptive [pri'zʌmptiv] *adj; jur:* presumptiv; **~ evidence** sannsynlighetsbevis; **heir ~** presumptiv arving (ɔ: arving under forutsetning av at arvelater ikke får barn).

presumptuous [pri'zʌmptjuəs] *adj:* anmassende; arrogant *(fx behaviour)*; (for) dristig *(fx it was presumptuous of you to ask for an invitation to the party)*.

presuppose [,pri:sə'pouz] *vb; stivt* **1***(=assume in advance; take for granted)* anta; gå ut fra; ta for gitt *(fx I presuppose that you know about it)*; **2***(=imply; require)* forutsette *(fx to be a concert pianist presupposes years of hard work; sound sleep presupposes a mind at ease)*; **the plan -s***(= envisages)* **the employment of 100,000 people** planen forutsetter at 100.000 mennesker får beskjeftigelse.

presupposition [,pri:sʌpə'ziʃən] *subst; stivt(=supposition)* forutsetning.

pretence *(,US: pretense)* [pri'tens] *subst; stivt* **1***(=pretext; excuse)* foregivende; påskudd; **under the ~ of friendship he persuaded her to . . .** idet han forega å være en venn, overtalte han henne til å . . .; **under false -s** under falske forutsetninger; **on the ~ that . . .** under foregivende av at . . .; **his anger was only a ~** han bare lot som om han var sint; **2.** *fig; om krav:* **a book without any ~ to style** en bok som ikke pretenderer noe i retning av stil; **3***(=semblance)* skinn *(fx maintain some pretence of order)*.

pretend [pri'tend] *vb* **1.** foregi *(fx deafness)*; late som (om) *(fx to be asleep)*; **2.** leke *(fx let's pretend we're cowboys)*; spille; forstille seg *(fx she loves pretending)*; **he's only -ing** han bare forstiller seg; **3.: ~ to** pretendere å; foregi å *(fx I don't pretend to know)*.

pretender [pri'tendə] *subst* **1.** (tron)pretendent; **2.** person som liker å spille *(fx he's a great pretender)*.

pretension [pri'tenʃən] *subst* **1***(=vanity; pretentiousness)* pretensjon; selvfølelse; **he lacks all ~ in spite of his great popularity** han er slett ikke innbilsk til tross for at han er så populær; **2.: I have no -(s) to be a great writer***(=I don't claim to be a great writer)* jeg gjør ikke krav på å være noen stor forfatter.

pretentious [pri'tenʃəs] *adj:* pretensiøs; som har pretensjoner; **use ~ language** bruke et pretensiøst språk.

preterite ['pretərit] *subst; gram:* preteritum; *hist:* imperfektum *(fx this verb is in the preterite)*.

preternatural [,pri:tə'nætʃərəl] *adj; meget stivt* **1***(= supernatural)* overnaturlig; **2***(=extraordinary)* usedvanlig; helt uvanlig.

pretext ['pri:tekst] *subst:* påskudd; **on the ~ of** under påskudd av.

pre-trial proceedings *jur; i straffesak* **UK:** saksforberedelse.

prettiness ['pritinis] *subst:* penhet.

pretty ['priti] **1.** *adj; ikke om gutt el. mann:* pen *(fx a pretty girl; pretty words that make no sense)*; **2.** *adj; iron:* fin *(fx a pretty mess you've got us into!)*; **T: it'll cost you a ~ penny** det blir dyrt for deg! **3.** *adv(=fairly)* nokså; temmelig *(fx that's pretty difficult)*; **that's ~***(=quite)* **good** det er ikke dårlig!

pretty much T: ~ the same, ~ alike*(=more or*

less the same) omtrent like *(fx the houses are all pretty much alike).*

pretty well *adv(=very nearly; almost)* nesten; praktisk talt.

prevail [pri'veil] *vb* **1***(=predominate)* være fremherskende *(fx the west winds that prevail in the mountains);* **2.** *stivt(=be common)* være alminnelig *(fx this mistaken belief still prevails in some parts of the country);* **a custom that still -s** en skikk som fremdeles er vanlig; **3***(=win)* seire *(fx truth prevailed);* **common sense -ed** den sunne fornuft seiret; *litt.:* **~ against, ~ over***(=gain victory over)* seire over *(fx prevail over sin and wickedness);* **4.** *stivt:* **~ on***(=persuade)* overtale *(fx can I prevail on you to stay for supper?);* **they -ed on him to sing** de fikk ham til å synge.

prevailing *adj* **1***(=predominant)* fremherskende; **2***(=widespread)* utbredt; meget vanlig; gjengs.

prevalence ['prevələns] *subst:* (alminnelig) utbredelse; det å være fremherskende *(fx the prevalence of certain ideas).*

prevalent ['prevələnt] *adj; stivt(=common; widespread)* vanlig; utbredt; gjengs.

prevaricate [pri'væri,keit] *vb; meget stivt(=give evasive answers; hedge)* svare unnvikende; komme med utflukter.

prevent [pri'vent] *vb* **1.** forhindre; forebygge; **~ it** hindre at det skjer; **rain -ed the match** kampen kunne ikke finne sted pga. regn; **there's nothing to ~ it** det er det ingenting i veien for; **2.: ~ sby (from) doing sth***(=stop sby (from) doing sth)* hindre en i å gjøre noe.

preventable [pri'ventəbl] *adj:* som kan forhindres.

prevention [pri'venʃən] *subst:* forebyggelse; **for the ~ of** til forebyggelse av; **society for the ~ of cruelty to animals** dyrebeskyttelsesforening; **~ is better than cure** det er bedre å forebygge enn å helbrede.

I. preventive [pri'ventiv] *subst; med.:* forebyggende middel.

II. preventive *adj:* forebyggende *(fx medicine);* **~ dentistry** forebyggende tannpleie.

preventive detention *jur;* **UK** *for vaneforbrytere over 30 år:* sikring.

preventive officer tollbetjent (som visiterer ombord); **assistant ~** tolloppsynsmann (som visiterer ombord).

I. preview ['pri:vju:] *subst* **1.** forpremière; prøvefremvisning; **2. US***(=trailer)* korte scener fra kommende film, kjørt som forfilm.

II. preview *vb(=view in advance)* se i forveien; se (film, etc) før den vises for publikum.

I. previous ['pri:viəs] *subst* **S***(=previous convictions)* fortid; rulleblad *(fx his previous).*

II. previous *adj* **1.** forutgående *(fx two years' previous experience);* foregående; **the ~ day***(=the day before)* den foregående dag; **the ~ owner** forrige eier; **2***(=earlier)* tidligere; **on a ~ occasion** ved en tidligere anledning; **3.** forhenværende; tidligere; **~ presidents***(=former presidents; past presidents; earlier presidents)* tidligere presidenter; **4.** *meget stivt el. spøkef(=premature)* for tidlig ute; for rask *(fx she was a bit previous).*

previously *adv(=before)* tidligere; før; i forveien.

prewar [,pri:'wɔ:; *attributivt:* 'pri:,wɔ:] *adj:* førkrigs- *(fx the prewar period).*

I. prey [prei] *subst* **1.** bytte *(fx the lion ate some of its prey);* **beast of ~** rovdyr; **2.** *stivt:* **be a ~ to***(=suffer from)* lide av *(fx he's a prey to anxiety);* **3.** *fig:* **an easy ~** et lett bytte; **he fell an easy ~ to swindlers** han ble et lett bytte for svindlere.

II. prey *vb:* **~ on 1.** jakte på *(fx hawks prey on smaller birds);* **2.** *om engstelse, frykt, tvil:* **that's what was -ing on his mind** det var det som tynget *(el.* plaget) ham; **fears -ed on her mind** angsten naget henne.

I. price [prais] *subst* **1.** pris; **asking ~** prisforlangende; **the ~ of** prisen på; prisen for; **at the***(=a)* **~ of** til en pris av; **he sold it at***(=for)* **a high ~** han solgte det for en høy pris; **at any ~** for enhver pris; **he hadn't even got the ~ of a cup of tea** han hadde ikke engang penger til en kopp te; **2.** *fig:* pris *(fx every man has his price);* **the ~ of his carelessness was a broken window** prisen for hans skjødesløshet var et knust vindu; **3***(=reward):* **put a ~ on his head** sette en pris på hans hode; **4.: at a ~***(=at a high price)* hvis man bare vil betale den (høye) prisen *(fx we can get dinner at this hotel – at a price!);* **5.** *stivt:* **at the ~ of***(= at the cost of)* på bekostning av; **6.: beyond ~, without ~** uvurderlig; **good health is beyond ~** god helse kan ikke måles i penger.

II. price *vb:* prise; fastsette prisen på; sette prislapp på; **~ oneself (right) out of the market** prise seg (helt) ut av markedet.

price bracket prisklasse.

price ceiling*(=ceiling price; maximum price) økon:* øvre prisgrense.

price control 1. *om systemet:* **(government) ~** priskontroll *(fx certain goods are subject to government price control);* **2.** *om tiltakene:* **-s** priskontroll *(fx lift price controls).*

priced [praist] *adj:* prismerket *(fx everything is priced).*

price freeze *økon:* prisstopp.

price label *til å klebe på:* prislapp; *(jvf price tag).*

price increase*(=price rise)* prisstigning; prisøkning; **absorb (the) ~** fange opp prisøkningen.

priceless ['praislis] *adj* **1***(=invaluable)* uvurderlig; meget verdifull *(fx diamond);* **2. T***(=very funny)* kostelig; ubetalelig *(fx joke).*

price list prisliste.

price range prisklasse.

price regulations prisregulering.

price tag*(=price ticket; price tab)* prislapp; *(jvf price label).*

pricey ['praisi] *adj* **T***(=expensive)* dyr.

I. prick [prik] *subst* **1.** prikk; stikk *(fx you'll just feel a slight prick in your arm);* **2. S***(=penis)* pikk; **3.** *bibl:* **kick against the -s** stampe mot brodden.

II. prick *vb* **1.** prikke; stikke *(fx a hole in a paper);* **she -ed her finger on***(=with)* **a pin** hun stakk seg på *(el.* med) en nål; **2.: ~ out***(=plant out)* plante ut; sette ut *(fx some young plants);* **3.** *fig:* **my conscience is -ing***(=troubling)* **me** samvittigheten plager meg litt; **4.: ~ up one's ears***(=listen attentively)* spisse ører.

I. prickle ['prikəl] *subst* **1.** pigg *(fx a hedgehog is covered with prickles);* liten torn; bladtorn; barktorn; **2***(=prickly sensation)* prikkende fornemmelse *(fx of fear).*

II. prickle *vb:* prikke; stikke.

prickly ['prikli] *adj* **1.** tornet; pigget; **2***(=pricking)* prikkende; stikkende *(fx a prickly sensation);* **3.** *fig(=touchy)* hårsår; nærtagende.

prickly heat*(=heat rash; fagl: miliaria) med.:* heteutslett.

I. pride [praid] *subst* **1.** stolthet; **parental ~** foreldrestolthet; **the ~ of our collection** det fineste stykket i samlingen vår; **~ must bear pain** man må lide for skjønnheten; **he was the ~ and joy of his parents** han var sine foreldres store stolthet; **2.: a ~ of lions** en løveflokk; **3.** *ordspråk:* **~**

goes before a fall hovmod står for fall; **4.: take ~ in** 1*(=be proud of)* være stolt av; føle stolthet ved; 2.: **take more ~ in***(=care more for)* **your appearance** bry deg mer om ditt utseende.
II. pride *vb; stivt:* **~ oneself on***(=be extremely proud of)* rose seg av; være meget stolt av.
pride of place hedersplass.
priest [pri:st] *subst* **1.** *ikke-kristen:* prest; **high ~** yppersteprest; **2.** *anglikansk & kat. (clergyman ranking below a bishop and above a deacon)* prest; **parish ~***(=parson)* sogneprest; *(NB i den anglikanske kirke er bruksordet 'clergyman' bortsett fra i offisielt språkbruk; (jvf minister 2)).*
priestess ['pri:stis] *subst:* prestinne.
priesthood ['pri:st,hud] *subst* **1.** presteskap *(fx the Anglican priesthood);* prestestand; **2.** presteembete; **he was called to the ~** han fikk presteembete.
priestly ['pri:stli] *adj:* prestelig.
prig [prig] *subst:* selvgod pedant; selvgod fyr.
priggish ['prigiʃ] *adj:* selvgod.
prim [prim] *adj; neds(=prudish)* snerpet; **T: ~ and proper** tertefin (på det).
prima donna ['pri:mə'dɔnə] *subst; ved opera & fig:* primadonna.
prima facie ['praimə'feiʃi] *meget stivt el. jur* **1.** *adj:* basert på førsteinntrykk; tilsynelatende; **the theory offers a ~***(=apparent)* **solution** teorien tilbyr en tilsynelatende løsning; **2.** *adv(=at first sight)* ved første blikk; **his story appears ~ true** *(=his story appears to be true at first glance)* historien hans virker rent umiddelbart sann.
prima facie evidence *jur:* påtagelige bevis.
primal ['praiməl] *adj; stivt* **1***(=original; primitive)* opprinnelig *(fx village life in its primal innocence);* **2.** *meget stivt(=main)* viktigst; **our ~ concern***(= our main concern)* vår viktigste oppgave.
primarily ['praimərəli; **US:** prai'merili] *adv; stivt* **1***(=in the first place; originally)* opprinnelig; primært; **2***(=chiefly; for the most part)* hovedsakelig.
I. primary ['praiməri] *subst* **1.: ~ (school)** grunnskole; **2. US: ~ (election)** primærvalg.
II. primary *adj; stivt* **1.** primær-; grunn-; **2***(=chief)* viktigst; **a matter of ~ importance***(=a matter of the utmost importance)* en sak av største viktighet.
primary colour grunnfarge.
primary education grunnskoleundervisning.
primary election US: primærvalg.
primary health care primærhelseomsorg.
primary industry råvareindustri.
primary school grunnskole; *(se infant school; junior school).*
primary source primærkilde.
primary syphilis syfilis i første stadium.
I. primate ['praimeit] *subst:* primas; erkebiskop: **Primate of all England** erkebiskopen av Canterbury; **Primate of England** erkebiskopen av York.
II. primate ['praimət] *subst:* primat (ɔ: den pattedyrorden som omfatter mennesker, aper og halvaper).
I. prime [praim] *subst; stivt el. spøkef:* **he's in his ~** han er i sin beste alder; **she's past her ~** hun er ikke lenger i sin beste alder.
II. prime *vb* **1.** *pumpe:* spe; fylle på: **2.** *flate som skal males:* grunne; **3.** *hist:* forsyne med fengsats; **4.** *fig:* preparere; instruere i forveien *(fx prime the witness);* **he'd been well -d with the facts before the meeting** han var blitt godt forsynt med fakta før møtet.
III. prime *adj* **1.** viktigst; hoved-; **the matter is of ~ importance***(=the matter is of the greatest importance)* saken er av største betydning; **2.** prima *(fx meat);* **in ~ condition** i førsteklasses tilstand.
prime condition nødvendig betingelse.
prime cost *økon* **1***(=cost (price); acquisition price)* anskaffelsespris; **2.** *sj(=variable cost)* driftsavhengig kostnad; variabel kostnad.
prime minister *(fk PM)* statsminister.
prime mover*(=initiator)* initiativtager; primus motor.
prime number primtall.
primer ['praimə] *subst* **1.** grunning; grunnmaling; **2***(=percussion cap)* fenghette; knallhette; knallperle; **3.** *glds(=beginners' book)* begynnerbok.
prime time *TV(=prime viewing time)* beste seertid; beste sendetid.
primeval, primaeval [prai'mi:vəl] *adj; litt.:* ur-; **~ forest***(=virgin forest)* urskog; **we feel a ~ stirring** det rører seg et urinstinkt hos oss.
priming ['praimiŋ] *subst* **1.** grunning; **2.** *mil:* tennladning; **3.** *glds:* fengkrutt.
primiparous [prai'mipərəs] *adj:* førstegangsfødende.
I. primitive ['primitiv] *subst* **1.** utøver av primitiv kunst; **2.** primitivt kunstverk.
II. primitive *adj:* primitiv.
Primitive Church: the ~ oldkirken.
primitive man urmennesket.
primogeniture [,praimou'dʒenitʃə] *subst* **1.** førstefødsel; **2.: (the right of) ~** førstefødselsrett.
primordial [prai'mɔ:diəl] *adj; stivt(=original; primeval)* opprinnelig; opphavelig; ur-.
primrose ['prim,rouz] *subst; bot* **1.** kusymre; **2.: evening ~** nattlys.
primrose path *fig:* **the ~**den brede vei (ɔ: som fører i fortapelsen).
primula ['primjulə] *subst; bot(=primrose)* nøkleblom; marinøklebånd; primula.
primus ['praiməs] *subst:* **~ stove** primus.
prince [prins] *subst* **1.** fyrste; **2.** prins.
Prince Consort prinsgemal.
princely ['prinsli] *adj* **1.: his ~ duties** hans plikter som prins; **2.** *stivt el. spøkef(=magnificent)* fyrstelig.
Prince of Wales UK: kronprins.
Prince Regent prinsregent.
princess [prin'ses; *foran navn:* 'prinses] *subst:* prinsesse.
I. principal ['prinsipəl] *subst* **1.** *ved høyere læreanstalt:* rektor; *(jvf headmaster);* **2. US***(=headmaster)* rektor; **3.** *i etatene:* konsulent I; **assistant ~** konsulent II; **~ of an institute** instituttbestyrer; **4** *jur:* mandant; kommittent; oppdragsgiver; fullmaktsgiver; **5.** *bankv; mots renter:* kapital; **~ and interest** kapital og renter; **6.** *jur; om lån; mots renter:* hovedstol (ɔ: selve lånesummen); **7.** *teat; i musical el. pantomime, etc, men ikke i skuespill(=leading actor)* hovedperson; **8.** *jur; hist:* hovedmann.
II. principal *adj(=chief)* hoved-; viktigst *(fx one of our principal industries).*
principal aide-de-camp *ved hoffet:* overadjutant.
principal clause *gram(=main clause)* hovedsetning.
principality [,prinsi'pæliti] *subst:* fyrstedømme.
principally *adv(=mostly; chiefly)* hovedsakelig; især.
principal medical officer *i fengsel:* overlege.
principal prison officer *se prison officer.*
principal rule*(=main rule)* hovedregel.
principal scientific officer*(=research officer)* forsker II; **senior ~***(=senior research officer)* forsker I.
principle ['prinsipəl] *subst* **1.** prinsipp; lov; grunnsetning; **leading ~** hovedprinsipp; **Archimedes' ~***(=the Archimedean principle)* Arkimedes' lov; **follow***(=act on)* **the ~ that . . .** følge det prinsipp at . . .; **it has always been a ~ of mine to . . .** jeg har alltid hatt som prinsipp å . . .; **lay it**

down as a ~ slå det fast som et prinsipp; **2.: in** ~ i prinsippet *(fx we agree in principle);* **3.: a man of** ~ en mann av prinsipper; **4.: on** ~*(=as a matter of principle)* av prinsipp; **5.: a man with -s** en mann med prinsipper; **6.: a man without -s***(=a man of no principle; an unprincipled man)* en mann uten prinsipper.

I. print [print] *subst* **1.** avtrykk *(fx of a heel);* **2.** *typ:* trykk; **small** ~ fin trykk; **in** ~ på trykk; **out of** ~ utsolgt fra forlaget; **how did that article find its way into** ~?*(=how did that article ever get printed?)* hvordan har den artikkelen kunnet komme på trykk? **3.** *fot:* kopi; bilde; **4.** (kopper)-stikk; reproduksjon; **sporting** ~ stikk med jaktmotiv; **5.** bomullsstoff med påtrykt mønster.

II. print *vb* **1.** trykke *(fx a book);* skrive med trykte bokstaver *(fx print your name);* **2.** *om avis:* la komme på trykk; trykke; **3.** *fot:* kopiere; **4.** *om tekstil:* trykke mønster på.

printable ['printəbl] *adj:* som kan trykkes.

printed ['printid] *adj:* trykt; ~ **in bold***(=printed in heavy type)* (trykt) med fete typer.

printed circuit *elekt:* trykt krets.

printed image *typ:* satsbilde.

printed matter trykksak(er).

printed paper trykksak; **-s and small packets** trykksaker og småpakker.

printer ['printə] *subst:* boktrykker; **we've sent the book to the -'s** vi har sendt boken til trykkeriet.

printing ['printiŋ] *subst* **1.** trykning; **2.: (the art of)** ~ boktrykkerkunsten; **3.** *fot:* kopiering.

printing paper *fot:* kopieringspapir.

printing press *typ:* boktrykkerpresse.

printing works*(=printing office)* trykkeri.

printout, print-out ['print,aut] *subst; EDB:* utskrift; **computer** ~ dataliste.

print shop trykkeri.

I. prior ['praiə] *subst; rel:* prior.

II. prior *adj* **1.** tidligere; **I couldn't go as I had a** ~ **engagement** jeg kunne ikke gå da jeg allerede hadde truffet en annen avtale; **2***(=more important):* **she felt her family had a** ~ **claim on***(=to)* **her attention** hun følte at familien var viktigere for henne; **3.** *stivt:* ~ **to***(=before)* før.

prioress ['praiəris] *subst; rel:* priorinne.

priority [prai'ɔriti] *subst* **1.** fortrinn; fortrinnsrett; prioritet; **be a first** ~ ha første prioritet; **give sth (a) high** ~ prioritere noe høyt; **give** ~ **to defence** prioritere forsvaret; **we are not in agreement with the** ~ **given to certain tasks** vi er ikke enige i prioriteringen av arbeidsoppgavene; **have***(=take)* ~ være prioritert; ha fortrinnsrett; **it's a question of getting one's priorities right** det gjelder å prioritere riktig; **2***(=right of way)* forkjørsrett.

prise*(,US: prize)* [praiz] *vb; ved maktanvendelse:* ~ **open** presse opp *(fx a lid with a knife);* **he -d it off** han vred det av; ~ **information out of** presse opplysninger ut av.

prism ['prizəm] *subst:* prisme.

prison ['prizən] *subst:* fengsel; **go to** ~ komme i fengsel.

prisonable ['prizənəbl] *adj:* **a** ~ **offence** noe man kommer i fengsel for.

prison administration fengselsadministrasjon.

Prison Department: the ~ fengselsstyret.

prison doctor fengselslege.

prisoner ['prizənə] *subst:* fange; innsatt; **be taken** ~ bli tatt til fange; ~ **of war** *(fk POW)* krigsfange.

prison governor*(,US: warden (of a prison))* fengselsdirektør.

prison guard US*(=prison officer)* fengselsbetjent.

prison officer*(,US: prison guard)* fengselsbetjent; **chief** ~ **(class I)** inspektør; **chief** ~ **(class II)** overbetjent; **principal** ~ førstebetjent.

prison service fengselsvesen; **Director-General of the Prison Service** sjefen for fengselsstyret.

prissy ['prisi] *adj* **T:** overpertentlig (og snerpet).

pristine ['pristi:n; 'pristain] *adj; stivt* **1***(=original)* opprinnelig *(fx restore the old palace to its pristine magnificence);* **2***(=fresh; unspoilt)* frisk; uberørt.

privacy ['privəsi; *især* **US:** 'praivəsi] *subst* **1.** uforstyrrethet; **I have complete** ~ **in my garden** i hagen min kan jeg være helt uforstyrret; **in the** ~ **of your own home** (i ro og mak) hjemme hos deg selv; **2.** privatliv; *jur:* **invasion of** ~ krenkelse av privatlivets fred; **3.: protection of** ~ personvern.

I. private *(fk Pte)* ['praivit] *subst* **1.** *mil:* menig; *(jvf NEO menig);* **2.: in** ~ 1. *jur(=in camera)* for lukkede dører *(fx parts of the case will be heard in private);* 2. under fire øyne; på tomannshånd *(fx can I speak to you in private?);* privat; **3.** *evf:* **-s** *se private parts.*

II. private *adj* **1.** privat *(fx conversation; home);* **a** ~ **citizen** en vanlig borger; **it's my** ~*(=personal)* **opinion that . . .** det er min private (*el.* personlige) mening at . . .; **this information is to be kept strictly** ~ denne opplysningen må ikke slippe ut; **2.:** som holder seg for seg selv *(fx he was a very private person).*

private account personlig konto.

private address*(=home address)* privatadresse.

private arrangement *jur; merk:* underhåndsakkord.

private bill *parl* **UK:** privat lovforslag (ɔ: lovforslag fremsatt av et menig parlamentsmedlem).

private box *teat:* fremmedlosje.

private company UK: lukket, simultanstiftet aksjeselskap; *(jvf public company).*

private education utdannelse ved privatskole(r); **in** ~ i private skoler.

private enterprise (det) privat(e) initiativ.

private entrance*(=independent access)* egen inngang.

private eye T*(=private investigator; private detective; inquiry agent)* privatdetektiv.

private firm *merk:* personfirma.

private first class *mil* **US***(=lance corporal)* visekorporal; *(se NEO visekorporal).*

private hotel pensjonat for langtidsgjester.

private income inntekt som ikke er lønnsinntekt; *(jvf private means).*

private individual*(=private person)* privatperson.

private law *jur* **1***(=civil law)* privatrett; **2.: international** ~ internasjonal privatrett.

private life privatliv; **in** ~ i privatlivet; i det private; **he has retired into** ~ han har trukket seg tilbake til privatlivet.

privately ['praivitli] *adv* **1.** privat; i privatlivet; **2.** i all stillhet; ~ **he thought that . . .***(=he thought to himself that . . .)* han tenkte med (*el.* ved) seg selv at . . .

private marine *mil* **US***(=junior marine)* menig marinesoldat.

private matter*(=personal matter)* privatsak.

private means private (*el.* egne) midler; **she's a woman of** ~ hun har egne midler.

private medicine private helsetjenester; **thanks to** ~ takket være private helsetjenester.

private motoring privatbilisme.

private parts *evf(=sex organs; genitals)* kjønnsdeler; kjønnsorganer.

private patient privatpasient.

private practice *med.:* privatpraksis.

private pupil privatelev.
private school privatskole.
private secretary privatsekretær.
private sector privat sektor; **in the ~ of the economy** i det private næringsliv.
private study*(=self-tuition)* selvstudium; lesing på egenhånd.
private tuition*(=private coaching)* privatundervisning.
private visit privat besøk; besøksreise; **fly cheaply on what they call -s** fly billig på såkalte besøksreiser.
private ward *på sykehus:* enerom.
privation [prai'veiʃən] *subst; stivt(=want)* savn; **suffer ~** lide savn.
privet ['privit] *subst; bot:* liguster.
I. privilege ['privilidʒ] *subst:* privilegium; **special ~** særrettighet; *stivt:* **it's a ~***(=honour)* **to meet you** det er en ære å få lov å treffe Dem; **they are allowed certain -s** de innrømmes visse privilegier.
II. privilege *vb:* privilegere; **be -d** være privilegert.
I. privy ['privi] *subst* **1.: (outside) ~***(=outside toilet)* utedo; **2. US***(=toilet)* w.c.
II. privy *adj; stivt el. glds:* **be ~ to***(=know about)* være medvitende om; kjenne til *(fx he was privy to the conspiracy).*
Privy Council UK: geheimråd.
privy purse UK: kongens (,dronningens) apanasje (som er en del av den årlige bevilgning til kongehusets løpende utgifter, som kalles 'civil list').
I. prize [praiz] *subst* **1.** premie *(fx I've won first prize!);* pris *(fx the Nobel Prize; he was awarded a number of prizes); fig:* **win the big ~** vinne det store lodd; **2.** *hist:* prise.
II. prize *vb* **1.** *stivt(=value highly)* sette stor pris på *(fx he prized her friendship above everything else);* **2. US***(=prise) ved maktanvendelse:* **she -d the shell off the rock** hun fikk vridd skjellet løs fra steinen; **they tried to ~ information out of him** de prøvde å presse opplysninger ut av ham.
prize fight profesjonell boksekamp.
prize fighter profesjonell bokser.
prizegiving ['praiz,giviŋ] *subst:* premieutdeling.
prize herd premiebuskap; premiekveg.
prize idiot kraftidiot: premietosk.
prize money 1. premiebeløp; **2.** *hist:* prisepenger.
prize ring boksering.
prizewinner ['praiz,winə] *subst:* prisvinner.
prizewinning ['praiz,winiŋ] *adj:* prisbelønnet *(fx a prizewinning design).*
I. pro [prou] *subst (fk.f. professional)* **1. T:** profesjonell; **2. T***(=prostitute)* prostituert.
II. pro *subst:* **-s and cons***(=arguments for and against)* argumenter for og imot *(fx let's hear all the pros and cons before we make a decision).*
pro- *forstavelse:* pro- *(fx pro-British);* -vennlig; -orientert *(fx pro-Western).*
pro-abortionist [,prouə'bɔ:ʃənist] *subst:* tilhenger av fri abort.
probability [,prɔbə'biliti] *subst:* sannsynlighet; **in all ~** etter all sannsynlighet.
probable ['prɔbəbl] *adj:* sannsynlig.
probably ['prɔbəbli] *adv:* sannsynligvis.
probate ['proubit] *subst; jur:* **certificate of ~***(=grant of probate)* skifteattest; **grant ~ of the will** gi (*el.* utstede) skifteattest.
probate court *(,***US:** *surrogate's court)* skifterett; *(NB i London er det "Family Division of the High Court" som er skifterett, mens slike saker utenfor London hører inn under "county court").*
probation [prə'beiʃən] *subst; jur:* betinget dom (for lovbryter over 17 år); **period of ~** prøvetid; **be released on ~** bli løslatt på prøve (umiddelbart etter domfellelsen); *(jvf. I. parole 3 & 4; suspended sentence).*
probationary [prə'beiʃənəri] *adj:* prøve-; **~ period** prøvetid; prøveperiode.
probationary police constable politiaspirant.
probationer [prə'beiʃənə] *subst:* person som er på prøve; **T: ~ constable** politiaspirant.
probation officer *jur:* tilsynsverge; *(jvf children's officer).*
I. probe [proub] *subst* **1.** *med.:* sonde; **2.** *fig; stivt(=investigation)* undersøkelse; gransking *(fx a police probe into illegal activities).*
II. probe *vb* **1.** *med.(=sound)* sondere *(fx a wound);* **2.: ~ about in the hole** grave (*el.* rote) omkring i hullet; **3.** *fig:* **he -d into her private life** han gravde i hennes privatliv.
probity ['proubiti] *subst; stivt(=integrity)* rettskaffenhet; redelighet.
problem ['prɔbləm] *subst* **1.** problem; **2.: (mathematical) ~** (matematikk)oppgave.
problematic(al) [prɔblə'mætik(əl)] *adj:* problematisk.
proboscis [prə'bɔsis] *subst; zo* **1.** *stivt(=trunk)* (elefant)snabel; **2.** *på enkelte insekter:* snabel.
procedural [prə'si:dʒərəl] *adj:* prosedyremessig; prosessuell; som angår forretningsorden.
procedure [prə'si:dʒə] *subst* **1.** fremgangsmåte; prosedyre; saksgang *(fx the procedure is very slow);* **they followed the usual ~** de gikk frem på vanlig måte; **he's a stickler for ~** han er nøye på at alt går riktig for seg; **2.** *jur:* **legal ~** prosessordning; rettergangsorden; prosess; **criminal ~** straffeprosessordning; rettergangsorden i straffesaker; **3.: rules of ~** 1. *jur(=rules of legal procedure)* prosessordning; 2. forretningsorden.
proceed [prə'si:d] **1.** *stivt(=go on; continue)* gå (dra, kjøre, *etc*) videre; fortsette *(fx they proceeded along the road);* **we'll ~ along the same lines** vi fortsetter på samme måte; **2.** *stivt:* gå frem; **how shall I ~?** *(=how shall I go about it?)* hvordan skal jeg gå frem (*el.* bære meg ad)? **3.** *jur:* **~ against***(=take legal action against)* anlegge sak mot; **4.** *stivt:* **~ from***(=be the result of)* være resultatet av; oppstå pga. *(fx the whole trouble proceeded from a misunderstanding);* **5.** *stivt:* **~ to***(=begin to)* gå over til å; gi seg til å.
proceedings [prə'si:diŋz] *subst* **1.** *på møte, i forsamling, etc:* det som blir sagt; det som foregår *(fx the secretary made a note of the proceedings);* **2.** *lærd selskaps, etc; stivt(=minutes)* møtereferat; forhandlingsprotokoll; **3.** *jur:* **legal ~***(=legal action)* saksanlegg; prosess; rettsforfølgning; **start***(=take; stivt: institute)* **proceedings against** anlegge sak mot.
proceeds ['prousi:dz] *subst; pl; av salg, etc:* utbytte; overskudd *(fx the proceeds of the sale).*
I. process ['prouses; **US:** 'prɔses] *subst* **1.** prosess *(fx a new process to make glass);* **the digestive ~** fordøyelsesprosessen; **the ~ of growth** vekstprosessen; **the ~ of growing up** det å vokse opp; oppveksten; **a lengthy ~***(=a long and slow process)* en langvarig prosess; **it was a slow ~** det gikk langsomt; **a historical ~** en historisk prosess (*el.* utvikling); **2.** *jur(=summons; writ)* stevning; **3.** *jur:* **immunity from legal***(=judicial)* **~** immunitet mot rettsforfølgning; **through the ~ of the Court***(=through the courts)* ad rettens vei; **4.: in the ~** i prosessen; underveis *(fx the nuances are lost in the process);* **I was looking for your house and got lost in the ~** jeg var opptatt med å prøve å finne huset ditt, og så gikk jeg meg bort; **they're**

keen to see crocodiles, even if their flesh crawls in the ~ de er ivrige etter å se krokodiller, selv om de får gåsehud mens det står på; **5.: in the** ~ **of** under *(fx the goods were damaged in the process of manufacture);* i ferd med å *(fx he's in the process of changing jobs).*
II. process ['prouses; **US:** 'prɔses] *vb* **1.** forarbeide; bearbeide; behandle; analysere *(fx the information is being processed);* ~ **an application** behandle en søknad; ~ **raw materials** bearbeide råstoffer; ~ **research data** bearbeide forskningsdata; **2.** *typ:* reprodusere; **3.** *fot:* fremkalle og kopiere; **4.** *EDB(=computerize)* databehandle.
III. process [prə'ses] *vb; stivt(=walk in procession)* gå i prosesjon.
processed *adj:* bearbeidet; behandlet.
processed cheese smelteost.
processing ['prousesiŋ] *subst:* bearbeiding; behandling; *EDB:* **word** ~ *(fk WP)* tekstbehandling.
processing unit *EDB:* prosessorenhet.
procession [prə'seʃən] *subst:* prosesjon; opptog; **funeral** ~ begravelsesfølge; likfølge.
processor ['prousesə] *subst; EDB:* prosessor; **word** ~ tekstbehandlingsmaskin.
proclaim [prə'kleim; **US:** prou'kleim] *vb* **1.** *stivt(=announce)* proklamere; erklære; forkynne; ~ **him king** utrope ham til konge; **2.** *litt.(=show):* **his clothes -ed his poverty***(=his clothes showed that he was poor)* klærne hans viste at han var fattig.
proclamation [,prɔklə'meiʃən] *subst:* proklamasjon; kunngjøring; bekjentgjøring.
proclivity [prə'kliviti] *subst; stivt(=inclination)* hang; tilbøyelighet.
procrastinate [prou'kræsti,neit] *vb; stivt(=delay)* trekke ut tiden; trekke saken i langdrag.
procreate ['proukri,eit] *vb; meget stivt(=beget)* avle *(fx children);* frembringe *(fx young).*
proctor ['prɔktə] *subst* **1.** *univ:* proktor (som har oppsyn med studentenes atferd); **2. US***(=invigilator)* inspektør (ved eksamen).
procurable [prə'kjuərəbl] *adj; stivt(=obtainable)* som kan skaffes; som man kan få tak i; som kan fås.
procuration [,prɔkju'reiʃən] *subst* **1.** *stivt(=obtaining)* tilveiebringelse; **2.** *glds:* kobleri; rufferi; *(jvf pimping);* **3.** *merk:* **per** ~ *(fk p.p.; per pro; p. pro)* etter fullmakt; pr. pr. *(fk.f. pr. prokura).*
procurator ['prɔkju,reitə] *subst; hist:* prokurator; stattholder.
procurator fiscal *i Skottland(=public prosecutor)* statsadvokat.
procure [prə'kjuə] *vb* **1.** *meget stivt el. spøkef(=get; obtain)* skaffe (til veie) *(fx he managed to procure a car);* **2.** *glds:* drive kobleri; *(jvf pimp 2).*
I. prod [prɔd] *subst; med noe spisst;* støt; stikk; **she gave him a** ~ 1*(=she nudged him)* hun dyttet til ham (med albuen); 2*(=she tried to get him to act)* hun forsøkte å sette fart i ham.
II. prod *vb* **1.** *med noe spisst(=poke)* stikke *(fx he prodded her arm with his finger; stop prodding me!);* **2.** *fig(=urge)* tilskynde; anspore *(fx he prodded her into action).*
prodigal ['prɔdigəl] *adj* **1.** *litt.(=wasteful)* ødsel *(fx with one's money),* **2.** *bibl:* **the** ~ **son** den fortapte sønn.
prodigious [prə'didʒəs] *adj; glds el. litt.* **1***(=amazing)* forbløffende *(fx a prodigious sight);* fantastisk *(fx memory);* **2***(=enormous)* enorm *(fx sum of money).*
prodigy ['prɔdidʒi] *subst(=marvel)* vidunder; **child** ~ vidunderbarn; **volcanoes and other prodigies of nature** vulkaner og andre av naturens undere *(el.* underverker); **he's a** ~ **of patience** han er helt utrolig tålmodig.
I. produce ['prɔdju:s] *subst* **1.: agricultural** ~*(=farm produce)* landbruksprodukter; **dairy** ~ meieriprodukter; **2.** *av hundyr:* avkom.
II. produce [prə'dju:s] *vb* **1.** produsere; fremstille; **2.** *landbr:* gi avkastning; produsere; gi *(fx a field that produces(=yields) heavy crops); om tre:* bære *(fx a tree that doesn't produce);* **3.** *om dyr:* ~ **young** få unger; **a cow -s one or two calves a year** ei ku får én eller to kalver i året; **4.** *geom:* forlenge *(fx a side of the triangle);* **5.** *film:* produsere; *teat(=stage)* iscenesette; **6.** forevise *(fx one's passport);* fremlegge; ~ **a certificate of** fremlegge attest for; ~ **evidence***(=put forward evidence)* fremlegge bevis; **7***(=take out)* ta frem *(el.* opp) *(fx she produced a letter from her pocket);* **8.** komme med; varte opp med; diske opp med *(fx a delicious dinner);* **the rather daring***(=cheeky)* **stories she -d** de temmelig frekke historiene hun vartet opp med; **9***(=bring about; cause)* bevirke; fremkalle *(fx his joke produced a shriek of laughter from the children);* ~ **a reaction** fremkalle en reaksjon; ~ **smoke** utvikle røyk.
producer [prə'dju:sə] *subst* **1.** produsent; **2.** *film:* regissør; *teat; glds(=stage director)* sceneinstruktør; **3.** *radio:* **(programme)** ~ programleder; *(jvf presenter).*
producer goods 1*(=industrial goods)* produsentvarer; **2.** *mots. forbrukerartikler:* produksjonsmidler.
product ['prɔdəkt] *subst* **1.** produkt; **2.** *fig(=result)* produkt *(fx the plan was the product of hours of thought);* **an intellectual** ~ et åndsprodukt; **3.** *mat.:* produkt *(fx the product of 9 and 2 is 18);* **4.** *kjem:* produkt; **-s of combustion** forbrenningsprodukter.
production [prə'dʌkʃən] *subst* **1.** produksjon; fremstilling; **form of** ~ produksjonsform; **2.** fremleggelse *(fx the production of new evidence);* **3.** *av film:* produksjon; **4.** *teat:* stykke; oppsett; iscenesettelse; forestilling; fremførelse *(fx I prefer this production of 'Hamlet' to the one I saw two years ago);* **her efforts carry the whole** ~ det er hennes innsats som bærer hele forestillingen *(el.* stykket).
production cost 1. *økon:* produksjonskostnad; *(jvf cost-plus);* **2***(=production costs; costs of production)* produksjonsomkostninger; produksjonskostnader.
production line*(=assembly line)* samlebånd.
production platform *oljeind:* produksjonsplattform.
production run produksjonsserie.
production system produksjonssystem; produksjonsform; **capital-intensive -s** kapitalintensive produksjonsformer.
productive [prə'dʌktiv] *adj* **1.** produktiv; ~ **land** fruktbar jord; **2.** *fig:* fruktbar; produktiv; som gir resultater; **3.** *økon:* produktiv; verdiskapende *(fx labour);* **4.** *meget stivt:* **be** ~ **of***(=result in)* resultere i.
productivity [,prɔdʌk'tiviti] *subst:* produktivitet.
productivity wages lønninger basert på produktivitet.
product manager produktsjef.
product mix produktmiks.
prof [prɔf] *subst* **T***(=professor)* proff.
profanation [,prɔfə'neiʃən] *subst; stivt(=desecration)* vanhelligelse.
I. profane [prə'fein] *vb; stivt(=desecrate)* vanhellige.
II. profane *adj; stivt* **1***(=blasphemous)* profan; blasfemisk *(fx profane talk);* ~ **language** blasfemisk språk(bruk); **2***(=secular)* verdslig *(fx literature).*
profanity [prə'fæniti] *subst; stivt* **1***(=blasphemy)*

blasfemi; bespottelse; **2.: profanities**(=*swear words)* eder *(fx he uttered a string of profanities).*
profess [prə'fes] *vb; stivt* **1**(=*declare)* erklære *(fx he professed his belief in her innocence);* **2.: ~ to be**(=*claim to be)* gi seg ut for å være *(fx an expert);* **3.** *rel; om munk el. nonne:* avlegge ordensløftet.
professed *adj* **1.** *stivt(=declared)* erklært *(fx a professed atheist);* **2.** *rel:* **a ~ nun** en nonne som har avlagt ordensløftet.
profession [prə'feʃən] *subst* **1.** profesjon; yrke (som krever høyere utdanning); **by ~** av yrke; av profesjon; **the dental ~** tannlegene; tannlegestanden; **the legal ~** juristene; advokatstanden; **exercise a ~** utøve et yrke; **2.** *rel:* **~ (of faith)** (tros)bekjennelse; **a ~ of faith in God** en bekjennelse av at man tror på Gud.
I. professional [prə'feʃənəl] *subst* **1.** *om person som studerer el. har studert(=professional (wo)man)* akademiker; **2.** *sport:* profesjonell.
II. professional *adj* **1.** faglig; fagmessig; fag-; **~ skill** faglig dyktighet; **he's a ~ musician** han er yrkesmusiker; **a ~ golfer** en profesjonell golfspiller; **2**(=*of a high standard)* profesjonell *(fx performance).*
professional journal fagtidsskrift.
professional partnership *merk(=non-trading partnership)* ansvarlig selskap; kompaniskap; sivilt selskap; *(jvf partnership & trading partnership).*
professor [prə'fesə] *subst (i titler fk Prof.)* **1.** professor *(of* i) *(fx he's a professor of English at Leeds);* **2. US** 1. lektor (ved college, videregående skole el. universitet); 2.: **assistant ~**(=*senior lecturer)* førstelektor; 3.: **associate ~** professor; *hist:* dosent; *(NB UK har intet tilsv);* 4.: **full ~**(=*professor)* professor.
professorship [prə'fesəʃip] *subst(=chair)* professorat *(in* i).
proffer ['prɔfə] *vb; stivt(=offer)* by frem; tilby.
proficiency [prə'fiʃənsi] *subst; stivt(=skill)* dyktighet *(fx he showed great proficiency in (speaking) French);* **~ in reading**(=*reading proficiency)* leseferdighet.
proficiency badge *speiders:* ferdighetsmerke.
proficient [prə'fiʃənt] *adj; stivt(=skilled)* dyktig *(fx in typing; a most proficient typist).*
I. profile ['proufail] *subst* **1.** profil; **in ~** i profil; **2**(=*short description)* kort biografi; portrett *(fx the newspaper published a profile of him);* **3**(=*outline)* omriss; profil; **4.** *fig:* **keep**(=*maintain)* **a low ~** holde en lav profil; **he hasn't shown much of a ~ in politics** han har ikke markert seg noe særlig i politikken; **5.** *bygg:* **posts and (timber) -s** salinger; **set out posts and -s**(=*set out a building)* sette opp salinger (til et hus); **6.** *geol:* jordbunnsprofil; **7**(=*graph):* **earnings ~** inntektskurve.
II. profile *vb* **1.** tegne i profil; tegne et omriss av; **2**(=*write a profile of)* gi et portrett av; **3.** *tekn:* profilere.
I. profit ['prɔfit] *subst* **1.** profitt; fortjeneste *(fx a profit of £1,000);* **-s from trade or business** næringsinntekt; **how much ~ did you make?** hvor stor fortjeneste fikk du? **T: he makes big -s** han tjener store penger; **at a (great) ~** med (stor) fortjeneste; **the firm has made large -s from exports** firmaet har hatt stor fortjeneste på eksport; **2**(=*advantage; benefit)* fordel; utbytte *(fx a great deal of profit can be gained from living abroad);* **3.** *merk:* **operating ~** driftsfortjeneste; *i finansielt regnskap:* **trading ~**(=*gross profit; G.P.; g.p.)* driftsfortjeneste; **4.** *merk:* **retained ~**(=*retained earnings)* tilbakeholdt overskudd.
II. profit *vb:* tjene; **it will not ~ you to start an argument** du vil ikke tjene på å begynne en trette; **~ by, ~ from** 1. tjene på; 2. *fig(=benefit from)* ha utbytte av *(fx I profited greatly from these lessons);* nyte godt av *(fx sby's advice).*
profitability [,prɔfitə'biliti] *subst:* lønnsomhet.
profitability analysis *økon:* lønnsomhetsanalyse.
profitable ['prɔfitəbl] *adj* **1.** lønnsom; **it's not a ~ way of earning one's living** det er ikke innbringende som levebrød; **a ~ experience** en lønnsom erfaring; **2.** *om gruve:* drivverdig.
profitably *adv(=at a profit)* med fortjeneste; **invest one's money ~** investere pengene sine på en fordelaktig måte; **she worked ~ on Saturdays** det var en fordel for henne å arbeide på lørdager.
profit and loss account *merk:* taps- og vinningskonto.
I. profiteer [,prɔfi'tiə] *subst:* profitør; person som driver vareåger.
II. profiteer *vb; neds:* profitere; tjene penger som profitør; drive vareåger.
profiteering [,prɔfi'tiəriŋ] *subst:* profitørvirksomhet; vareåger.
profitless ['prɔfitlis] *adj* **1.** ulønnsom; **2.** *fig:* unyttig; nytteløs; som ikke har noen hensikt.
profit margin(=*margin (of profit))* fortjenstmargin *(fx a very small margin; a narrow margin);* **the squeeze on -s**(=*the squeeze on margins)* presset på fortjenstmarginene.
profit sharing utbyttedeling (ɔ: det at arbeidstagerne får andel i utbyttet).
profit-sharing scheme ordning som sikrer utbyttedeling.
profligacy ['prɔfligəsi] *subst; glds el. litt.* **1**(=*wild extravagance)* ødselhet; **2**(=*immorality)* umoral.
I. profligate ['prɔfligit] *subst; glds el. litt.(=dissolute person)* utsvevende person.
II. profligate *adj; glds el. litt.* **1**(=*dissolute)* utsvevende; **2**(=*wildly extravagant)* ødsel.
pro forma ['prou'fɔ:mə] *adj:* proforma-; **~ invoice** proformafaktura.
profound [prə'faund] *adj; stivt* **1**(=*deep)* dyp *(fx sleep);* **a ~ sigh** et dypt sukk; **~ happiness** intens lykke; **she sat in ~ thought**(=*she was lost in thought)* hun satt i dype tanker; **2.** dypsindig; **a ~ remark** en dypsindig bemerkning; en dypsindighet; **3.** grundig; inngående *(fx studies; a profound knowlegde of history);* dyptpløyende *(fx ask profound questions).*
profundity [prə'fʌnditi] *subst; fig; stivt* **1**(=*depth)* dybde; **2**(=*profound remark)* dypsindighet.
profuse [prə'fju:s] *adj; stivt* **1**(=*extravagant)* overstrømmende *(fx they were profuse in their thanks);* **he offered ~ apologies** han ba tusen ganger om unnskyldning; **2**(=*greatly abundant)* meget rikelig; overdådig *(fx a profuse harvest).*
profusion [prə'fju:ʒən] *subst; stivt(=abundance)* overflod; **a ~ of flowers** et vell av blomster.
progenitor [prou'dʒenitə] *subst; glds(=ancestor)* forfa(de)r; stamfar.
progeny ['prɔdʒini] *subst; stivt el. spøkef(=children)* avkom *(fx get his numerous progeny into the car).*
progesterone [prou'dʒestə,roun] *subst:* progesteron.
prognosis [prɔg'nousis] *subst(=forecast)* prognose; **make a ~** stille en prognose.
prognostic [prɔg'nɔstik] *subst* **1.** *med.(=sign; symptom)* tegn; symptom (som holdepunkt for en prognose); **2.** *stivt(=omen)* tegn; varsel.
prognosticate [prɔg'nɔsti,keit] *vb; meget stivt(=foretell; forecast)* forutsi; spå; *med.:* prognostisere.
prognostication [prɔg,nɔsti'keiʃən] *subst; meget*

stivt(=forecast) forutsigelse; spådom.
I. program ['prougræm] *subst* **1.** *EDB:* program; **2. US***(=programme)* program.
II. program *vb* **1.** *EDB:* programmere; **2. US***(= programme)* lage et program; planlegge.
program interrupt *EDB:* programavbrytelse.
programme ['prougræm] *(,***US:** *program)* **1.** *subst:* program; **2.** *vb:* lage et program; planlegge; *fig:* programmere.
programmed instruction programmert undervisning.
programmer *(,***US:** *programer)* ['prougræmə] *subst:* programmerer.
I. progress ['prougres; **US:** 'prɔgres] *subst* **1.** fremgang; fremmarsj *(fx the progress of civilization);* fremskritt; **~ towards ending racial discrimination** fremskritt i retning av å få slutt på rasediskrimineringen; **make ~** ha fremgang; gjøre fremskritt; **we're making no ~** vi gjør ingen fremgang; vi kommer ingen vei; **~ is slow** det går (bare) langsomt fremover; **~ is slow here because of all the road works** her går det langsomt pga. alle veiarbeidene; **provide for unimpeded ~ towards majority rule** sørge for uhindret utvikling i retning av flertallsstyre; **2.: in ~** i gang; **'examination in ~'** eksamen pågår; **the discussions now in ~** de drøftinger som nå pågår; de pågående drøftinger; **work is in ~ on this scheme** man arbeider nå med denne planen; **'work in ~'** arbeid pågår; **there's a meeting in ~** det er møte (akkurat) nå; **3.** *hist:* **royal ~***(=royal journey)* kongeferd; kongereise; **4.** *sport:* **triumphal ~ (round the track)** æresrunde *(fx make a triumphal progress with the laurel wreath about the shoulders).*
II. progress [prə'gres] *vb* **1.** *stivt el. spøkef(=go)* kjøre (,gå, *etc*) *(fx we had progressed only a few kilometres when the car broke down);* **2.** *stivt; om fremskritt:* **your French is -ing***(=improving)* det går fremover med fransken din; **people have -ed in today's society, and they have (the) surplus energy to . . .** i dagens samfunn har folk kommet lenger enn som så, og de har overskudd til å . . .; **3.** *merk:* **~ an order** følge opp en ordre (ɔ: påse at den blir ekspedert); **4.** overvåke; følge opp *(fx a project);* **the editor must ~ articles from conception to publication** redaktøren må følge artiklene fra de skrives til de går i trykken.
progression [prə'greʃən] *subst* **1.** *mat.:* progresjon; rekke *(fx arithmetic progression);* **2.** *stivt(= movement forward; advance)* bevegelse *(fx the slow progression of the mourners);* **3.** *fig:* **the ~ of one's thoughts** ens tankegang.
I. progressive [prɔ'gresiv] *subst* **1.** progressiv person; fremskrittsmann; **he's a Progressive** han er medlem av Fremskrittspartiet; **2.** *gram(=progressive form; progressive tense; continuous tense)* samtidsform.
II. progressive *adj:* progressiv *(fx policy);* fremskrittsvennlig; **the Progressive Party** Fremskrittspartiet.
progressive tax progressiv skatt.
progressively *adv(=by stages)* gradvis; **~ better** stadig bedre; gradvis bedre.
progress report fremdriftsrapport.
prohibit [prə'hibit] *vb; stivt* **1***(=forbid)* forby *(fx smoking is prohibited);* **2.: ~ from***(=prevent from)* **(-ing)** (for)hindre i å . . .
prohibition [,proui'biʃən] *subst* **1.** forbud *(fx issue a prohibition against bringing knives into school);* **there's no ~ on leaving the car in this park***(= leaving the car is not forbidden in this park)* det er ikke forbudt å gå ut av bilen i denne (nasjonal)-parken; **2.** *hist* **US: the Prohibition** forbudstiden.
prohibitionist [,proui'biʃənist] **1.** *subst(=Prohibitionist)* forbudstilhenger; **2.** *adj:* forbudsvennlig.
prohibitive [prə'hibitiv] *adj* **1.** prohibitiv *(fx laws);* **2.** *om pris:* uoverkommelig.
prohibitory [prə'hibitəri] *adj: se prohibitive.*
prohibitory sign *trafikkskilt:* forbudsskilt.
I. project ['prɔdʒekt] *subst:* prosjekt; **get the ~ under way** få prosjektet i gang.
II. project [prə'dʒekt] *vb* **1.** prosjektere; planlegge; **2***(=estimate in (advance))* (forhånds)beregne *(fx project expenditures for the coming year);* **3.** *geom, film, etc:* projisere *(fx a picture on to a screen);* kaste *(fx the light projected his shadow on to the wall);* **-ed against the sky** avtegnet mot himmelen; *psykol:* **~ a feeling on sby else** projisere en følelse på en annen; tillegge en annen en følelse man selv har; **4.** skyte ut *(fx a missile into space);* slynge ut (*el.* opp); sende opp; **5***(=stick out; protrude)* stikke frem; rage frem; stikke opp *(fx a sharp rock projected from the sea);* **6.** *om skuespiller(=communicate)* kommunisere; få kontakt (med publikum) *(fx he made great efforts to project);* **7.** *psykol:* **~ oneself** eksponere seg; **8.** *psykol:* **~ oneself into sby's situation** sette seg inn i ens situasjon.
projectile [prə'dʒektail] *subst:* prosjektil.
projection [prə'dʒəkʃən] *subst (jvf II. project)* **1.** prosjektering; **2***(=estimation (in advance))* (forhånds)beregning *(fx they have made projections of sales of 3000 aircraft);* **3.** projisering; projeksjon; projeksjonstegning; **4.** utskyting; **5.** utspring; fremspring; **6.** eksponering; projeksjon.
projectionist [prə'dʒekʃənist] *subst(=film operator)* kinomaskinist.
projector [prə'dʒektə] *subst* **1.** prosjektør; **2.: cine ~, film ~** (film)fremviser; **slide ~** diasfremviser.
project team*(=steering group)* styringsgruppe.
I. prolapse ['proulæps] *subst; med.:* prolaps; fremfall; **~ of the uterus** livmorprolaps; livmorfremfall.
II. prolapse [prou'læps] *vb; med.:* falle frem.
prole [proul] *subst; neds(=proletarian)* proletar.
proletarian [,prouli'tɛəriən] *subst:* proletar.
proletariat [,prouli'tɛəriət] *subst:* proletariat.
proliferate [prə'lifə,reit] *vb:* formere seg ved knoppskyting; formere seg raskt; bre seg raskt.
proliferation [prə,lifə'reiʃən] *subst* **1.** formering ved knoppskyting; rask formering (*el.* utbredelse); **2.: nuclear ~** spredning av atomvåpen; *(jvf nonproliferation).*
prolific [prə'lifik] *adj; stivt* **1.: be ~***(=multiply)* formere seg sterkt; yngle raskt; **2.** *om forfatter(= very productive)* meget produktiv.
prolix ['prouliks; **US:** prou'liks] *adj; meget stivt(= long-winded)* vidløftig; omstendelig; *om tale:* langtrukken.
prologue *(,***US** *ofte: prolog)* ['proulɔg] *subst* **1.** prolog; fortale, **2.** *fig:* **a ~ to***(=an introduction to)* en innledning til.
prolong [prə'lɔŋ] *vb* **1***(=make longer)* forlenge *(fx one's holiday);* **2.** *geom(=extend)* forlenge; **3.** *kontrakt:* prolongere; forlenge; *(se prolonged).*
prolongation [,proulɔŋ'geiʃən] *subst* **1***(=lengthening)* forlengelse; **2.** *geom(=extension)* forlengelse; **3.** *av kontrakt:* prolongering; prolongasjon; forlengelse.
prolonged [prɔ'lɔŋd] *adj* **1.** forlenget; prolongert; **2.** langvarig *(fx discussion);* vedvarende *(fx cheering); i sirene:* **~ blast** langt støt; lang tone.
prom [prɔm] *subst* **1. T***(=promenade)* promenade; strandpromenade; **2***(=promenade concert)* promenadekonsert; **3. US***(=school ball)* skoleball.
I. promenade [,prɔmi'na:d] *subst* **1***(=esplanade)*

promenade; strandpromenade; **2.** *glds(=stroll)* promenade; spasertur.

II. promenade *vb; glds el. spøkef* **1***(=walk about)* promenere; **2***(=parade)* paradere med; skilte med *(fx he promenaded his new bicycle in front of his friends).*

Prometheus [prə'mi:θju:s] *subst; myt:* Promet(h)evs.

prominence ['prɔminəns] *subst* **1***(=projection)* fremspring; **2.** *astr:* protuberans; **3.: give sth ~** bringe noe i forgrunnen.

prominent ['prɔminənt] *adj* **1***(=projecting)* utstående *(fx nose);* **2***(=conspicuous)* iøynefallende *(fx landmark);* **3.** *om person(=distinguished)* prominent; fremstående *(fx politician);* **a ~ figure** en forgrunnsfigur.

promiscuity [,prɔmi'skju:iti] *subst:* frie seksuelle forbindelser mellom kjønnene; promiskuitet.

promiscuous [prə'miskjuəs] *adj:* promiskuøs; som stadig veksler seksualpartnere.

I. promise ['prɔmis] *subst* **1.** løfte; **make a ~** gi et løfte; **that's a ~** det er et løfte; **2.** *fig:* løfte *(fx there's a promise of spring in the air);* **3.: show ~** være lovende; se lovende ut; tegne godt; **she shows great ~ in her work** arbeidet hennes er meget lovende; *(se I. lick 3: a ~ and a promise).*

II. promise *vb* **1.** love; **there'll be trouble, I ~ you** det kommer til å bli bråk, det lover jeg deg; **2.** *stivt(=show signs of)* love; tyde på *(fx those clouds promise rain);* **she -s to be a brilliant musician** det ser ut til at hun vil bli en glimrende musiker; **~ well for the future** love godt for fremtiden.

promising *adj:* lovende.

promissory ['prɔmisəri] *adj:* **~ note** *(fk P/N; P.N.) (=note of hand)* egenveksel; omsetningsgjeldsbrev.

promontory ['prɔməntəri] *subst* **1***(=headland)* forberg; nes; odde; **2.** *anat:* **sacral ~** promontorium.

promote [prə'mout] *vb* **1.** forfremme; **be -d over sby's head** bli forfremmet på en annens bekostning; **2.** *skolev* **US***(=move up)* flytte opp: **3.** *fotb:* **be -d** rykke opp *(fx Fulham were promoted and came close to reaching the First Division);* **4.** *sjakk:* forvandle til offiser *(fx promote a pawn);* **5***(=work for; further)* arbeide for; fremme *(fx peace, a cause);* **~ international understanding** arbeide for internasjonal forståelse; **~ sales** fremme salget; **6***(=advertise)* drive reklame for *(fx a new brand of soap);* **7.** *merk:* **~ a company** stifte et selskap.

promoter [prə'moutə] *subst* **1.** *sport:* promotor; person som arrangerer boksekamper; **2***(=company promoter)* stifter (av et selskap).

promotion [prə'mouʃən] *subst* **1.** forfremmelse; **2.** *skolev* **US***(=remove)* oppflytting; **3.** *fotb:* opprykk; **4.** fremhjelp; fremme; **5***(=advertising)* det å drive reklame (for nytt produkt); **sales ~** salgsfremmende tiltak; salgsarbeid.

promotion ladder opprykkstige *(fx move up on the promotion ladder).*

promotion prospects utsikter til forfremmelse.

I. prompt [prɔmpt] *subst; EDB(=cue; question)* spørsmål.

II. prompt *vb* **1.** tilskynde; få til; **she -ed***(=persuaded)* **him to ask for a rise** hun fikk ham til å be om lønnspålegg; **what -ed you to say that?***(=what made you say that?)* hva fikk deg til å si det? **2***(=give rise to)* gi støtet til; foranledige; **3.** *teat:* sufflere; **4.** *EDB:* spørre; be; **the system -s you for information** systemet ber deg om opplysninger.

III. prompt *adj* **1***(=quick; ready)* rask *(fx assistance);* **they were ~ in their response** de reagerte raskt; **he was ~ to offer assistance** han var rask til å tilby hjelp; **2.** *merk:* omgående; prompte *(fx payment);* **3***(=punctual)* punktlig; **she's usually so ~** hun pleier å være så punktlig; **4.** *adv* **T:** *se promptly 2.*

promptbook ['prɔmpt,buk] *subst; teat:* sufflørbok.

prompter ['prɔmptə] *subst; teat:* sufflør.

promptitude ['prɔmpti,tju:d] *subst; stivt: se promptness 1.*

promptly *adv* **1***(=quickly; immediately)* raskt; omgående; **2***(=punctually)* punktlig *(fx promptly at two o'clock).*

promptness ['prɔmptnis] *subst* **1***(=quickness)* raskhet; beredvillighet; **~ to obey** det å adlyde raskt; **2***(=punctuality)* punktlighet.

promulgate ['prɔməl,geit] *vb; om lov; stivt(=proclaim)* kunngjøre; bekjentgjøre *(fx a new law was promulgated).*

promulgation [,prɔməl'geiʃən] *subst; om lov; stivt(=proclamation)* kunngjøring; bekjentgjørelse.

prone [proun] *adj* **1***(=lying flat; prostrate)* liggende (med ansiktet ned); nesegrus *(fx he lay prone on the floor);* **in a ~ position** liggende (utstrakt) (med ansiktet ned); **2.: he's ~ to***(=apt to)* **overlook such things** han er tilbøyelig til (*el.* har lett for) å overse slike ting; **he's ~ to illness (,accidents)** han har lett for å bli syk (,bli utsatt for ulykker).

-prone *adj:* som har lett for å bli rammet av *(fx a strike-prone industry);* **an accident-~ person** en ulykkesfugl; en person som er forfulgt av ulykker.

proneness ['prounnis] *subst:* tilbøyelighet *(fx to illness).*

prong [prɔŋ] *subst* **1.** *på gaffel:* spiss; gren; tann; *på rive:* tann; tind; **2.** *fig:* **the ~ of the attack** angrepsspissen.

pronged *adj:* med tenner (*el.* spisser *el.* tinder); **a three-~ fork** en gaffel med tre tenner; *elekt:* **a three-~ plug** et trepolet støpsel.

pronominal [prou'nɔminəl] *adj; gram:* pronominal.

pronoun ['prou,naun] *subst; gram:* pronomen; **personal ~** personlig pronomen.

pronounce [prə'nauns] *vb* **1.** uttale *(fx he pronounced the word wrongly);* **she -s abominably** hun har en forferdelig uttale; **the 'b' in lamb is not -d** b'en i 'lamb' uttales ikke (*el.* er stum); **2.** *stivt(=declare)* erklære; **I now ~ you man and wife** jeg erklærer dere nå for rette ektefolk å være; **3.** *stivt:* **~ the death sentence on** avsi dødsdom over; **4.** *stivt:* **~ on***(=pass an opinion on; comment on)* uttale seg om.

pronounced *adj(=noticeable)* tydelig; uttalt *(fx walk with a pronounced limp);* utpreget.

pronouncement [prə'naunsmənt] *subst; stivt(=statement)* erklæring *(fx the judge made a pronouncement about the case).*

pronunciation [prə,nʌnsi'eiʃən] *subst:* uttale *(fx the pronunciation of a word).*

I. proof [pru:f] *subst* **1.** bevis *(fx we still have no proof that he's innocent);* **~ of** 1. bevis på; 2. vitnesbyrd om; **give ~ of** bevise *(fx he gave proof of his innocence);* **as (a) ~ of his love** som et bevis på sin kjærlighet; **2.** *fot:* prøvebilde; **3.** *typ:* korrektur; **4.** *om alkohol:* standard styrke (i UK 57,1 volumprosent ved 15,6 °C); **this whisky is below ~** denne whiskyen er for svak; **5.** *ordspråk:* **the ~ of the pudding's in the eating** en tings verdi viser seg først i praksis.

II. proof *vb:* impregnere (*against* mot).

III. proof *adj* **1.** *om alkohol:* av standard styrke (ɔ: 57,1 volumprosent i UK); **2.: ~ against** i stand til å motstå *(fx her arguments); (jvf bulletproof; soundproof; waterproof)*.

proof impression prøveavtrykk.

proofreader ['pru:f,ri:də] *subst:* korrekturleser.

proofreading ['pru:f,ri:diŋ] *subst:* korrekturlesing.

proof sheet korrekturark.

proof spirit alkohol av standard styrke (ɔ: 57,1 volumprosent i UK).

I. prop [prɔp] *subst* **1.** støtte(bjelke); stiver; **2.** *fig:* støtte *(fx he acted as a prop to his mother after his father died);* **3.** *flyv(=propeller)* propell; **4.** *teat:* **(stage) ~** rekvisitt.

II. prop *vb:* støtte; stille (*against* mot) *(fx one's bike against the wall);* **~ up** støtte opp *(fx the roof);* stive opp.

propaedeutic [,proupi'dju:tik] *adj; stivt(=preparatory)* forberedende *(fx course)*.

propaganda [,prɔpə'gændə] *subst:* propaganda; **make ~ for** drive propaganda for; propagandere for.

propagandist [,prɔpə'gændist] *subst; neds:* propagandist.

propagandize, propagandise [,prɔpə'gændaiz] *vb:* propagandere (*for* for).

propagate ['prɔpə,geit] *vb* **1.** *biol:* formere (seg); **2.** *stivt(=spread)* spre; **~ the Gospel** spre evangeliet.

propagation [,prɔpə'geiʃən] *subst* **1.** formering; **2.** *fig; stivt(=spreading)* spredning.

propane ['prou,pein] *subst; kjem:* propan.

propel [prə'pel] *vb* **1.** *tekn:* drive *(fx the boat is propelled by a diesel engine);* **2.** *spøkef; om dytt el. skubb:* **the teacher -led him out of the classroom** læreren ekspederte ham ublidt ut av klasserommet.

propellant [prə'pelənt] *subst; flyv(=fuel)* drivstoff.

propeller [prə'pelə] *subst:* propell; *mar:* propell; skrue.

propeller shaft *mask:* mellomaksel.

propelling pencil *(,US: automatic pencil)* skrublyant.

propensity [prə'pensiti] *subst; meget stivt(=tendency)* tilbøyelighet; hang; tendens; **a ~ to, a ~ for (-ing)** en tendens til å . . .

proper ['prɔpə] *adj* **1**(*=right; correct; suitable)* riktig; passende *(fx he couldn't think of the proper word to say);* **that isn't the ~ way to clean windows** det er ikke slik man pusser vinduer; **at the ~ time** til riktig tid; **at the ~ time and place** på rette tid og sted; **everything in its ~ place** alt på sin plass; *fig:* **in the ~ quarter** på rette sted; hos rette vedkommende;
2(*=complete; thorough)* ordentlig *(fx have you made a proper search?);* **T: that child's a ~ nuisance!** den ungen er en sann plage!
3. anstendig; respektabel; **see that everything's ~**(*=see that the proprieties are observed)* sørge for at alt går pent for seg; **it wasn't thought ~ for a girl to smoke** det ble ikke ansett for passende at en pike røkte; **she's rather a ~ young lady** hun er nesten for skikkelig (av seg); **I don't consider it the ~ thing to . . .** jeg anser det ikke for passende å . . .; **such behaviour isn't quite ~** slik oppførsel passer seg ikke riktig;
4.: in the city ~(*=in the city itself)* i selve byen;
5. T: good and ~ ordentlig *(fx he got drunk good and proper)*.

proper fraction *mat.:* ekte brøk.

properly ['prɔpəli] *adv* **1**(*=correctly)* riktig *(fx you behaved quite properly);* ordentlig *(fx she couldn't pronounce it properly);* **spiders can't ~ be called insects** det er ikke riktig å si at edderkopper er insekter; **2**(*=thoroughly)* ordentlig *(fx he didn't do it properly);* **you've confused me ~** du har gjort meg ordentlig forvirret; **3.: ~ speaking**(*= strictly speaking)* strengt tatt *(fx he's not properly speaking a doctor)*.

proper name(*=proper noun)* egennavn.

propertied ['prɔpətid] *adj:* som besitter fast eiendom; **the ~ classes** jordeierstanden.

property ['prɔpəti] *subst* **1.** eiendom; **common ~** felleseie *(fx that dictionary is my personal property, not the common property of all the office staff);* **found ~** hittegods; **withholding found ~** underslag av hittegods; **2.** *om bygninger el. jord:* **(real) ~** (fast) eiendom; **a man of ~**(*=a wealthy man)* en velhavende mann; **3**(*=quality)* egenskap *(fx hardness is a property of diamonds);* **4.** *teat(= prop)* rekvisitt; *(se landed property)*.

property developer *bygg:* totalentreprenør.

property law(*=law of property) jur:* formuerett.

property man *teat(=propman)* rekvisitør.

Property Services Agency *(fk PSA) (,hist: Ministry of Works)* **UK:** etat med ansvar for ettersyn og vedlikehold av offentlige bygninger.

prophecy ['prɔfəsi] *subst:* profeti; spådom; **have the gift of ~** være sannspådd; **he made many prophecies about the future** han kom med mange spådommer om fremtiden.

prophesy ['prɔfi,sai] *vb(=foretell)* spå *(fx he prophesied (that there would be) a very cold winter)*.

prophet ['prɔfit] *subst:* profet.

prophetic [prə'fetik] *adj:* profetisk.

prophylactic [,prɔfi'læktik] **1.** *subst:* forebyggende (*el.* profylaktisk) middel; **2.** *adj:* forebyggende; profylaktisk.

prophylaxis [,prɔfi'læksis] *subst; med.:* profylakse; forebyggende behandling.

propinquity [prɔ'piŋkwiti] *subst; stivt(=nearness)* nærhet.

propitiate [prə'piʃi,eit] *vb; meget stivt(=appease)* formilde; blidgjøre *(fx the gods)*.

propitious [prə'piʃəs] *adj; stivt(=favourable; advantageous)* gunstig *(fx circumstances)*.

prop-jet engine turbopropmotor.

proponent [prə'pounənt] *subst; stivt(=advocate)* talsmann (*of* for).

proportion [prə'pɔ:ʃən] *subst* **1**(*=percentage (share))* prosentandel; prosentvis andel *(fx a high proportion of the voters);* **2**(*=quota; share)* (forholdsmessig) andel *(fx each did his proportion of the work);* **3**(*=part)* (forholdsmessig) del *(fx only a small proportion of the class passed the exam);* **4.** *geom & fig:* proporsjon; **-s** proporsjoner; størrelsesforhold *(fx the drawing does not indicate the actual proportions);* **a sense of -(s)** sans for proporsjoner; **of huge -s** av enorme dimensjoner (*el.* proporsjoner); **your essay lacks ~** stilen din er skjevt disponert; **5.** forhold; **in the ~**(*=ratio)* **of 3 to 4** i forholdet 3:4; **there is a ~**(*=ratio)* **of two girls to one boy in this class** forholdet mellom jenter og gutter i denne klassen er 2:1; **the ~**(*=ratio)* **of women to men at the meeting was small** det var langt færre kvinner enn menn på møtet; **be in ~ to** stå i forhold til; være proporsjonal med; **be in inverse ~ to**(*=be in inverse ratio to)* stå i omvendt forhold til; **her ambition is in ~ to her skill** hennes ærgjerrighet står i forhold til hennes dyktighet; **out of ~** ikke i (riktig) forhold til hverandre; ut over alle grenser *(fx his interest in stamp collection has grown out of (all) proportions);* **it's out of all ~** det står ikke i noe forhold til resten; det er helt overdrevet; **you've got this affair out of ~** du tillegger denne saken uforholdsmessig stor betydning.

II. proportion *vb:* proporsjonere; avpasse (proporsjonalt); ~ **the length to the height** avpasse lengden etter høyden.

I. proportional [prə'pɔ:ʃn(ə)l] *subst; mat.:* forholdstall.

II. proportional *adj:* proporsjonal; forholdsmessig; *parl:* ~ **representation** representasjon ved forholdstall; **election by the method of** ~ **representation** forholdstallsvalg; ~ **to** proporsjonal med; i forhold til.

proportionate [prə'pɔ:ʃnit] *adj; stivt:* i riktig forhold; **are her wages really** ~ **to the amount of work she does?** står lønnen hennes virkelig i rimelig forhold til det arbeidet hun gjør?

proportionately *adv:* **wages rose** ~ lønningene steg i samme forhold; ~ **to***(=in proportion to)* i forhold til.

proposal [prə'pouzəl] *subst* **1.** forslag *(fx proposals for peace);* **2***(=offer of marriage)* frieri; **letter of** ~ frierbrev.

propose [prə'pouz] *vb* **1***(=suggest)* foreslå; **2***(=make an offer of marriage)* fri; **he -d to her***(=he made her an offer of marriage)* han fridde til henne; **3.** *stivt(=intend)* ha til hensikt; **4.:** ~ **the health of** foreslå at det skåles for; **5.** *ordspråk:* **man -s, God disposes** mennesket spår, Gud rår.

I. proposition [,prɔpə'ziʃən] *subst* **1***(=proposal; suggestion)* forslag; **make a** ~ komme med (*el.* fremsette) et forslag; **2.** sak *(fx that's rather a difficult proposition);* **that's a tempting** ~ det kunne være fristende; **the firm is not a paying** ~ firmaet er ikke noe som lønner seg; **T: he's a tough** ~ han er ikke god å stå i bås med; **3.** *evf:* tilbud (om sex); uanstendig tilbud.

II. proposition *vb; evf:* **be -ed** få uanstendige tilbud *(fx if you wear that skirt, you'll be propositioned by every man you meet!).*

propound [prə'paund] *vb* **1.** *stivt(=suggest; put forward)* foreslå; legge frem *(fx a theory);* **2.** *jur; om testament, etc:* fremlegge for godkjenning (ved domstol el. annen myndighet).

proprietary [prə'praiit(ə)ri] *adj:* eiendoms- *(fx right); merk:* navnebeskyttet; merkebeskyttet; **this can be repaired with a** ~ **filler** dette kan repareres med fyllstoff av et eller annet merke.

proprietary goods merkevarer.

proprietary name*(=tradename)* varemerke.

proprietary remedy *jur:* rettsmiddel til beskyttelse av varemerke.

proprietor [prə'praiətə] *subst; især om forretning, hotell, etc(=owner)* eier; innehaver.

propriety [prə'praiəti] *subst* **1.** *stivt:* **she behaved with** ~*(=she behaved correctly)* hun oppførte seg korrekt; **a sense of** ~*(=decency)* en følelse av hva som passer (*el.* sømmer) seg; **2.** *stivt el. spøkef:* **the proprieties** konvensjonene; de konvensjonelle former; **see that the proprieties are observed** *(=see that everything is proper)* sørge for at alt går anstendig for seg.

props *teat: se I. prop 4.*

propulsion [prə'pʌlʃən] *subst; stivt el. tekn:* fremdrift *(fx steam propulsion of ships);* **jet** ~ jetdrift; reaksjonsdrift.

propulsive [prə'pʌlsiv] *adj:* driv- *(fx force).*

pro rata [,prou'ra:tə] *adj & adv:* pro rata; forholdsmessig *(fx a pro rata reduction).*

pro-rhythm drum synth *mus:* rytmeboks.

prosaic [prou'zeiik; prə'zeiik] *adj:* prosaisk.

proscribe [prou'skraib; prə'skraib] *vb* **1.** *meget stivt(=prohibit)* forby; **2.** *hist(=outlaw)* erklære fredløs.

prose [prouz] *subst:* prosa; **factual** ~ sakprosa; **in** ~ på prosa.

prosecute ['prɔsi,kju:t] *vb* **1.** *jur:* reise tiltale (mot); straffe *(fx the State takes the initiative in prosecuting criminals);* **2.** *jur:* ~ **a claim** gå rettens vei med et krav; ~ **sby***(=take legal action against sby)* saksøke en; stevne en for retten; *oppslag:* **trespassers will be -d** *svarer til:* adgang forbudt for uvedkommende; **3.** *stivt(=pursue; continue)* forfølge; fortsette med *(fx he prosecuted his enquiries).*

prosecuting attorney*(=state attorney)* **US***(=counsel for the prosecution) jur:* aktor.

prosecution [,prɔsi'kju:ʃən] *subst* **1.** *jur:* rettsforfølgning; rettsforfølgelse; **2.** *jur:* påtalemyndighet; aktorat; **the conduct of the** ~ aktoratets måte å prosedere på; **counsel for the** ~*(=counsel for the Crown;* **US:** *prosecuting attorney; state attorney)* aktor; **appear for the** ~*(=Crown)* opptre som aktor; representere påtalemyndighetene; **Director of Public Prosecutions** *(fk DPP)* riksadvokat; **3.** det å bringe for retten; tiltale *(fx he faces prosecution for drunken driving);* **there are numerous -s for this offence every year** det er mange som straffes for denne forseelsen hvert år.

prosecution witness*(=witness for the prosecution)* aktoratets vitne.

prosecutor: public ~*(,***US:** *district attorney)* statsadvokat.

proselyte ['prɔsi,lait] *subst; stivt(=new convert)* proselytt; nyomvendt.

prosody ['prɔsədi] *subst:* prosodi; metrikk.

I. prospect ['prɔspekt] *subst* **1.** utsikt; (fremtids)mulighet *(fx he has a job with good prospects);* **the 1987 -s** utsiktene for 1987; **he has the** ~ **of a good job** han har utsikt til å få en fin jobb; *stivt:* **in** ~ i utsikt; **some relief to the taxpayers is in** ~*(=there is a certain prospect of some tax relief)* det er utsikt til en viss skattelettelse; **2.** *stivt(=view)* utsikt *(fx a prospect of trees and fields);* **3. S***(=selected victim)* offer (som forbryter har sett seg ut).

II. prospect [prə'spekt; **US:** 'prɔspekt] *vb:* skjerpe; ~ **for gold** skjerpe etter gull.

prospector [prə'spektə; **US:** 'prɔspektə] *subst:* skjerper; gullgraver.

prospectus [prə'spektəs] *subst:* prospekt.

prosper ['prɔspə] *vb(=do well; succeed)* gjøre det godt; gå godt *(fx his business is prospering).*

prosperity [prɔ'speriti] *subst(=success; wealth)* velstand; fremgang *(fx we wish you happiness and prosperity).*

prosperous ['prɔspərəs] *adj* **1***(=wealthy)* velstående *(fx a prosperous businessman);* **2.** *om forretning(=flourishing)* blomstrende *(fx a prosperous business);* **3.:** ~ **times** tider med velstand; gode tider.

prostate ['prɔsteit] *subst; anat(=prostate gland)* prostata(kjertel); blærehalskjertel.

prostatectomy [,prɔstə'tektəmi] *subst; med.(=removal of the prostate gland)* fjernelse av prostata.

prostate gland *anat:* prostatakjertel; blærehalskjertel; **cancer of the** ~ prostatakreft.

prosthesis ['prɔsθisis] *subst; stivt(=artificial limb)* protese; kunstig lem.

I. prostitute ['prɔsti,tju:t] *subst:* prostituert.

II. prostitute *vb* **1.** *meget stivt(=misuse)* misbruke *(fx one's abilities);* **2.** *glds:* ~ **oneself***(=make a prostitute of oneself)* prostituere seg.

prostitution [,prɔsti'tju:ʃən] *subst:* prostitusjon.

I. prostrate [prɔs'treit; prəs'treit] *vb* **1.:** ~ **oneself before sby** kaste seg ned foran en (som tegn på respekt); **2.: be -d by malaria** bli tvunget til å holde sengen med malaria.

II. prostrate ['prɔstreit] *adj* **1***(=flat on one's face)* nesegrus; utstrakt *(fx she was prostrate on the floor)*; **2***(=overcome)* overveldet *(fx with grief)*; **a whole continent ~ and impoverished** et helt kontinent viljeløst og utarmet; **3.** *bot(=procumbent)* krypende.

prostration [prɔs'treiʃən] *subst* **1.** det å kaste seg nesegrus (*el.* i støvet); **2***(=exhaustion)*: **in a state of ~** fullstendig utmattet; **3.** *økon:* **economic ~** økonomisk sammenbrudd *(fx the country suffered economic prostration after the war)*.

prosy ['prouzi] *adj; om bok, forfatter, stil, etc(= dull; unimaginative)* kjedelig; fantasiløs.

protagonist [prou'tægənist; prɔ'tægənist] *subst* **1.** *i skuespill, etc; stivt(=main character)* hovedperson; **2.** *stivt el. litt.(=champion; advocate)* forkjemper; talsmann.

protect [prə'tekt] *vb:* beskytte (*against, from* mot); **~ the environment** verne miljøet.

protected area naturvernområde.

protection [prə'tekʃən] *subst* **1.** beskyttelse; **under the ~ of** beskyttet av; **2.** vern; **~ of privacy** personvern; **~ under the law** lovvern; **3.** *form for pengeutpressing(=protection money)* betaling for "beskyttelse".

protectionism [prə'tekʃənizəm] *subst:* proteksjonisme.

protectionist [prə'tekʃənist] *subst:* proteksjonist; tilhenger av tollbeskyttelse.

protective [prə'tektiv] *adj:* beskyttende; beskyttelses-; **she felt ~ towards her children** hun følte trang til å beskytte barna sine.

protective coloration*(=protective colouring)* beskyttelsesfarge.

protective custody beskyttelsesforvaring.

protectively *adv:* beskyttende.

protective measure vernetiltak; sikringstiltak.

protectiveness [prə'tektivnis] *subst:* beskyttertrang.

protective tariff beskyttelsestoll.

protector [prə'tektə] *subst* **1.** beskytter; **2.** *hist:* protektor; riksforstander.

protectorate [prə'tektərət] *subst:* protektorat.

protégé(e) ['prouti,ʒei] *subst:* protesjé.

protein ['prouti:n] *subst:* protein.

I. protest ['proutest] *subst* **1.** protest; innsigelse (*against* mot); **an energetic ~** en skarp protest; **a strongly-worded ~** en protest i sterke ordelag; **make** *(,stivt: lodge)* **a ~** nedlegge protest; **take account of the ~** ta protesten til følge; **there were no -s** det var ingen som protesterte; **2.** *merk:* (veksel)protest; **~ for non-acceptance (,non-payment)** protest pga. manglende aksept (,betaling); **3.** *mar:* **(ship's) ~***(=sea protest)* sjøprotest; *etter meldt protest:* **extend the ~** oppta sjøforklaring; *(se NEO sjøforklaring)*.

II. protest [prə'test] *vb* **1.** protestere (*against* mot; *about* på); **~ against** protestere mot; gjøre innsigelse mot; **~ mildly** komme med en svak protest; **2.** *merk:* **~ a bill** protestere en veksel; **3.** *stivt el. litt.(=declare solemnly)* bedyre *(fx he protested his innocence)*.

Protestant ['prɔtistənt] **1.** *subst:* protestant; **2.** *adj:* protestantisk.

Protestantism ['prɔtistən,tizəm] *subst:* protestantisme.

protestation [,proutes'teiʃən; ,prɔtes'teiʃən] *subst; stivt el. litt.(=solemn declaration)* bedyrelse; **he made -s of his innocence** han bedyret sin uskyld.

protocol ['proutə,kɔl] *subst* **1.** *stivt(=correct procedure)* etikette; protokoll *(fx arrange a meeting according to protocol)*; **2.** *polit; om dokumentet:* protokoll.

Proto-Germanic urgermansk.

proton ['proutɔn] *subst; fys:* proton.

Proto-Norse urnordisk.

protoplasm ['proutə,plæzəm] *subst:* protoplasma.

prototype ['proutə,taip] *subst* **1.** prototype *(fx of a new car)*; **2***(=archetype)* urtype; urform; prototype.

protozoan [,proutə'zouən] *subst (pl: protozoa)* urdyr; protozo.

protracted [prə'træktid] *adj; stivt(=very long)* langvarig; langtrukken *(fx protracted talks)*; **a ~ visit** et langvarig besøk.

protractor [prə'træktə] *subst; geom:* transportør; vinkelmåler; **bevel ~** gradmåler for vinkel.

protrude [prə'tru:d; **US:** prou'tru:d] *vb; stivt(=stick out)* stikke frem *(fx his teeth protrude)*.

protruding *adj:* som stikker frem; fremstående.

protrusion [prə'tru:ʒən] *subst; stivt(=projection)* fremspring.

protuberance [prə'tju:bərəns] *subst; meget stivt* **1***(= outgrowth)* utvekst; **2***(=bump)* utbuling; kul.

protuberant [prə'tju:bərənt] *adj; meget stivt(= bulging)* fremstående *(fx stomach)*.

proud [praud] *adj* **1.** stolt (*of* av); **she's too ~ to . . .** hun er for stolt til å . . .; **this was a ~ moment for him** dette var et stolt øyeblikk for ham; **he's ~ of being chosen for the team** han er stolt av at han har blitt valgt inn på laget; **~ as a peacock** stolt som en hane; **2.** *litt.(=splendid)* stolt *(fx a proud sight)*; **3. T: do sby ~** diske opp for en; varte en opp på beste måte; **he did himself ~** han spanderte på seg et bedre måltid.

proud flesh*(=granulation tissue) på sår:* grohud.

provable ['pru:vəbl] *adj:* bevislig.

prove [pru:v] *vb* **1.** bevise; **he was -d guilty** det ble bevist at han var skyldig; **they need to ~ themselves as competent adults** de har behov for å vise at de er fullgode voksne mennesker; **2.: ~ (to be)***(=turn out to be)* vise seg å være; **this has -d useless** dette har vist seg å være nytteløst; **3.** *om gjærdeig(=rise)* heve seg.

proven ['pru:vən] **1.** *stivt el. jur(=proved): perf. part. av prove;* **2.** *jur; i Skottland:* **not ~** tiltale frafalt pga. bevisets stilling; **3.** *adj; brukt attributivt:* **a ~ method** en metode som har vist seg å være god; **he has a ~ record of successful management** han har bevist (*el.* godtgjort) at han er en dyktig bedriftsleder.

provenance [prɔvinəns] *subst; især m.h.t. kunstverk & litteratur; stivt(=origin)* opprinnelse; *stivt:* proveniens.

proverb ['prɔvə:b] *subst:* ordspråk; ordtak.

proverbial [prə'və:biəl] *adj* **1.** ordspråksaktig; som er nevnt i ordspråk; **like the ~ fox** som reven i ordspråket; **2***(=well-known)* velkjent *(fx their warm-heartedness is proverbial)*.

provide [prə'vaid] *vb* **1***(=supply)* tilveiebringe; skaffe *(fx the necessary funds)*; stille til rådighet; **a teacher often has a house -d** en lærer får ofte hus stilt til rådighet; **2.** *stivt(=give)*: **the tree -d shade** treet ga skygge; **this would ~ an opportunity to . . .***(=this would give them (,us, etc) an opportunity to . . .)* dette ville bety en anledning til å . . .; **a musician -d***(=supplied)* **the entertainment** en musiker sørget for underholdningen; **3.** *jur; om lov:* foreskrive; bestemme *(fx this Act provides that . . .)*; **as -d by the law***(=as laid down by the law)* som loven bestemmer; **4***(= stipulate; state)*: **he -d in his will that . . .** han bestemte i sitt testament at . . .; **5.: ~ against** treffe tiltak mot; sikre seg mot; **~ against***(=put* *money by for)* **a rainy day** legge penger til side med tanke på vanskeligere tider; **he has -d against a rainy day***(=he has a little nest egg)* han har noen penger spart; han har noe på kistebunnen; **6.: ~ for** 1. forsørge *(fx he's unable to provide for his family);* sørge for; dra omsorg for; 2*(=provide against)* treffe tiltak mot; ruste seg mot; 3 *jur:* bestemme; forutsette *(fx the constitution provides for an elected president);* **the agreement -s for completion by May 1st** ifølge avtalen skal arbeidet være ferdig innen den 1. mai; 4. *jur(=allow)* tillate *(fx plans to provide for the return of the Royal Navy to X);* **7.: ~ with** utstyre med *(fx provide the children with pencils);* skaffe *(fx he provided them with a bed for the night).*

provided 1. *konj:* ~ **(that)***(=providing (that))* forutsatt at *(fx we can buy it provided (that) we have enough money);* **2.** *perf. part. av provide:* sørget for; satt av; **he pencilled in the answers in the spaces ~** han føyde til svarene med blyant der hvor det var satt av plass til det.

providence ['prɔvidəns] *subst:* **(divine)** ~*(=Providence)* forsynet; **by an act of Providence***(=thanks to Providence; by a special providence)* ved forsynets styrelse; **tempt** ~*(=ask for trouble)* friste forsynet; utfordre skjebnen; **we must trust to divine ~** vi må sette vår lit til forsynet.

provident ['prɔvidənt] *adj; glds(=prudent; thrifty)* forsynlig; sparsommelig.

providential [,prɔvi'denʃəl] *adj; stivt(=fortunate)* heldig; som om forsynet skulle ha en finger med i det; **he had a ~ escape** han unnslapp som ved et Guds under.

providing *adj; konj:* ~ **(that)***(=provided (that))* forutsatt at.

province ['prɔvins] *subst* **1.** provins; **in the -s** ute i provinsen; ute på landet; ute i distriktene; **2.** *fig; stivt:* **that's not within his** ~*(=sphere; scope)* det er ikke hans område.

I. provincial [prə'vinʃəl] *subst:* provinsboer; person fra landet.

II. provincial *adj* **1.** provinsiell; landsens *(fx accent);* provins-; **2.** *neds:* provinsiell; trangsynt.

I. provision [prə'viʒən] *subst* **1.** tilveiebringelse; det å skaffe *(fx the provision of education for all children);* **2.: make ~ for** sørge for; tenke på *(fx your old age);* **3.** *jur(=stipulation)* bestemmelse; **statutory -s** lovfestede bestemmelser; **pursuant to the -s of this Act***(=as provided in this Act)* ifølge denne lovs bestemmelser; **4.: -s** (mat)forsyninger; **5.** *merk:* **-s for bad debts** avskrivninger på utestående fordringer; delkredereavsetning.

II. provision *vb; stivt(=supply with food; stock up with food)* forsyne med proviant; proviantere.

provisional [prə'viʒənəl] *adj(=temporary)* foreløpig *(fx arrangement);* provisorisk *(fx government).*

proviso [prə'vaizou] *subst (pl: provisos) stivt* 1*(=clause)* klausul; **subject to the ~ that . . .** med den klausul at . . .; beheftet med en klausul om at . . .; 2*(=condition)* betingelse; **with the ~ that***(=on condition that)* på betingelse av at.

provisory [prə'vaizəri] *adj; stivt* 1*(=conditional)* betinget; 2*(=provisional; temporary)* foreløpig; provisorisk.

provocation [,prɔvə'keiʃən] *subst* **1.** provokasjon; utesking; **he did it under ~** han gjorde det fordi han ble provosert; **2.: at***(=on)* **the slightest ~** ved den minste foranledning; for et godt ord.

provocative [prə'vɔkətiv] *adj* **1.** utfordrende; provoserende; **2.** eggende; utfordrende *(fx smile; dress).*

provoke [prə'vouk] *vb* **1.** provosere *(fx are you trying to provoke me?);* **2.** fremkalle; **~ a situation** skape en situasjon; **his words -d laughter in the audience** ordene hans vakte latter i forsamlingen; **~ mirth** vekke munterhet; **3.: ~ sby to***(=cause sby to)* få en til å . . .; provosere en til å; **he was -d into hitting her** han ble provosert til å slå henne.

provoking *adj(=annoying)* irriterende; provoserende.

provost ['prɔvəst] *subst* **1.** *univ; ved enkelte colleges:* rektor; **2.** *i Skottland(=mayor)* borgermester; **lord ~** overborgermester.

provost court *på okkupert territorium (military court for the trial of minor offences)* militærdomstol (for mindre forseelser).

provost marshal sjef for militærpoliti.

provost sergeant militærpolitisersjant.

prow [prau] *subst; mar(=bow)* forstavn; baug.

prowess ['prauis] *subst* **1.** *stivt(=outstanding ability)* overlegen dyktighet *(fx her prowess at the piano);* **2.** *litt.(=bravery)* tapperhet (i kamp).

I. prowl [praul] *subst:* **be on the ~ 1.** være ute på jakt; streife omkring; **2.** luske omkring.

II. prowl *vb:* luske *(fx a few hyenas came prowling; I can hear someone prowling about in the garden).*

prowl car US*(=police (patrol) car)* politibil.

prowler ['praulə] *subst:* en som lusker omkring; **a night-time ~** en som lusker omkring om natten.

proximity [prɔk'simiti] *subst; stivt* 1*(=nearness)* nærhet; **2.: in close ~ to***(=in the immediate neighbourhood of)* i umiddelbar nærhet av; **live in close ~ to***(=with)* **sby** leve meget tett innpå en.

proxy ['prɔksi] *subst* 1*(=power of attorney)* fullmakt; *merk; fx på generalforsamling:* **vote by ~** stemme med fullmakt; 2*(=deputy)* stedfortreder med fullmakt; fullmektig; **marriage by** ~*(=proxy marriage)* ekteskapsinngåelse ved hjelp av stedfortreder.

prude [pru:d] *subst:* snerpe.

prudence ['pru:dəns] *subst; stivt* 1*(=great care; caution)* forsiktighet; **he acted with great ~** han var meget forsiktig; han handlet med den største forsiktighet; 2*(=shrewdness; wisdom)* klokskap.

prudent ['pru:dənt] *adj* 1*(=very cautious)* meget forsiktig; 2*(=shrewd; wise)* klok *(fx it was prudent of you to save money).*

prudery ['pru:dəri] *subst:* snerperi; snerpethet.

prudish ['pru:diʃ] *adj:* snerpet.

I. prune [pru:n] *subst:* sviske.

II. prune *vb* **1.** *gart:* beskjære *(fx a tree);* **2.** *fig:* beskjære *(fx an article);* **~ the budget** beskjære budsjettet; **~ away all ornamentation** skjære bort all pynt.

pruning knife gartnerkniv.

pruning saw grensag.

prurient ['pru:riənt] *adj; meget stivt(=lewd; lustful)* liderlig; lysten; **~ curiosity** lysten nysgjerrighet.

pruritus [pruə'raitəs] *subst; med.(=itch(ing))* kløe.

Prussia ['prʌʃə] *subst; geogr:* Preussen.

Prussian ['prʌʃən] **1.** *subst:* prøysser; **2.** *adj:* prøyssisk.

prussic ['prʌsik] *adj:* **~ acid** blåsyre.

pry [prai] *vb(=snoop)* snuse; spionere; være altfor nysgjerrig; **I didn't mean to ~** jeg mente ikke å være nysgjerrig; **he's always -ing into my business** han snuser alltid i mine saker; **-ing neighbours** altfor nysgjerrige naboer; naboer som spionerer på en; **2. US** *se prise.*

psalm [sa:m] *subst:* salme (især om en av Davids salmer); **the Book of Psalms** Salmenes bok; Davids salmer; *(jvf hymn).*

psalter ['sɔ:ltə] *subst(=book of psalms with music)*

salmebok med noter.

pseudo ['sju:dou] *adj* **T**(*=false; fake)* falsk; uekte *(fx his foreign accent is pseudo).*

pseudo- *i sms:* pseudo *(fx pseudo-scientific);* falsk; uekte.

pseudonym ['sju:də,nim] *subst:* pseudonym.

psoriasis [sə'raiəsis] *subst; med.:* psoriasis.

psych(e) [saik] *vb; især* **US T 1***(=psychoanalyse)* psykoanalysere; **2***(=intimidate)* skremme; **3.: ~ out***(=work out)* gjette; finne ut av *(fx I psyched it all out by myself);* **4.: ~ oneself up for***(= prepare oneself mentally for)* innstille seg mentalt på.

psyche ['saiki] *subst:* psyke; sjel.

psychedelic [,saiki'delik] *adj* **1.** *om narkotikum(= mind-expanding)* psykedelisk; bevissthetsutvidende; **2.** *om farger, mønstre, etc:* psykedelisk; uvirkelig; hallusinatorisk *(fx a psychedelic experience).*

psychiatric [,saiki'ætrik] *adj:* psykiatrisk.

psychiatrist [sai'kaiətrist] *subst:* psykiater.

psychiatry [sai'kaiətri] *subst:* psykiatri.

I. psychic ['saikik] *subst(=medium)* (spiritistisk) medium.

II. psychic *adj* **1.** psykisk; **2.** mediumistisk; synsk.

psychical ['saikikəl] *adj* **1.** psykisk; **2.** mediumistisk; synsk.

psychical research psykisk forskning.

psycho ['saikou] *subst* **S**(*=psychopath)* psykopat.

psychoactive [,saikou'æktiv] *adj:* som påvirker psyken; **~ drugs** psykofarmaka.

psychoanalyse *(,***US** *især: psychoanalyze)* [,saikou'ænə,laiz] *vb:* psykoanalysere.

psychoanalysis [,saikouə'nælisis] *subst:* psykoanalyse.

psychoanalyst [,saikou'ænəlist] *subst:* psykoanalytiker.

psychological [,saikə'lɔdʒikəl] *adj:* psykologisk; psykisk *(fx under great psychological pressure);* **the ~ moment** det psykologiske (ɔ: riktige) øyeblikk.

psychological block *psykol(=block)* blokkering.

psychologist [,sai'kɔlədʒist] *subst:* psykolog; **chief ~, principal ~** sjefpsykolog.

psychology [,sai'kɔlədʒi] *subst:* psykologi; **educational ~** pedagogisk psykologi.

psychopath ['saikou,pæθ] *subst:* psykopat.

psychopathic [,saikou'pæθik] *adj:* psykopatisk.

psychosis [,sai'kousis] *subst (pl: psychoses* [,sai'kousi:z]*)* psykose.

psychosomatic [,saikousə'mætik] *adj:* psykosomatisk.

psychotherapy [,saikou'θerəpi] *subst:* psykoterapi.

psychotic [sai'kɔtik] *adj:* psykotisk.

PT [,pi:'ti:] *(fk.f. physical training) skolev; hist(= PE; physical education)* gymnastikk.

ptarmigan ['ta:migən] *subst; zo (,***US:** *rock ptarmigan)* fjellrype.

Pte ['praivit] *(fk.f. private) subst:* menig (soldat).

ptomaine ['toumein] *subst:* likgift.

pub [pʌb] *subst (fk.f. public house)* pub; vertshus.

pub crawl pubrunde *(fx go on a pub crawl).*

puberty ['pju:bəti] *subst:* pubertet; **during ~** i puberteten; **die before reaching ~** dø før man når puberteten; dø under oppveksten.

pubes ['pju:bi:z] *subst (pl: pubes) anat* **1.** pubesregion; **2***(=pubic hair)* kjønnshår; skamhår.

pubescence [pju:'besəns] *subst; stivt(=age of puberty)* pubertetsalder.

pubic ['pju:bik] *adj; anat:* skam- *(fx bone; hair).*

pubic mound*(=mons veneris)* venusberg.

pubis ['pju:bis] *subst (pl: pubes* ['pju:bi:z]*) anat:* skambein.

I. public ['pʌblik] *subst:* **the ~** offentligheten; publikum; **the general ~** det store publikum; den brede offentlighet; folk flest; **the racing ~** veddeløpsfolk; folk som er interessert i veddeløp; **the ~ are not admitted** det er ikke offentlig adgang; **open to the ~** offentlig adgang; **an article of found property handed to him by a member of the ~** en hittegodsgjenstand som en eller annen ga ham; **an author must consider his ~** en forfatter må ta hensyn til sitt publikum; **in ~** (ute) blant folk *(fx quarrel in public; how not to behave in public);* offentlig; **appear in ~** opptre offentlig.

II. public *adj:* offentlig *(fx building; institution);* **make ~** offentliggjøre; **in ~ life** i det offentlige liv.

public address system *(fk PA system)* høyttaleranlegg.

publican ['pʌblikən] *subst:* krovert; vertshusholder.

public accountant *se certified public accountant.*

public asset*(=social asset)* samfunnsgode.

public assistance US*(=supplementary benefit)* tilleggstrygd.

publication [,pʌbli'keiʃən] *subst* **1.** forlagsartikkel; publikasjon; **2.** utgivelse *(fx the publication of a new book);* **3.** publisering; offentliggjøring *(fx of all the facts).*

public attention: bring sth to the ~ bringe noe frem i offentlighetens lys.

public bar *mots. saloon bar:* den mindre komfortabelt møblerte (og derfor billigere) del av en pub; *(NB de fleste puber har nå bare én bar).*

public company*(=public limited company)* **UK:** åpent aksjeselskap.

public conveyance offentlig transportmiddel.

public convenience *(,***US** *(public) comfort station)* offentlig toalett.

public corporation statsselskap; statseid selskap.

public debt US*(=national debt)* statsgjeld.

public enemy samfunnsfiende.

public eye: be in the ~ ha offentlighetens øyne på seg; være i rampelyset *(fx he's very much in the public eye);* **get***(=come)* **into the ~** komme i offentlighetens lys.

public feeling opinionen; stemningen blant folk; **a wave of ~** en stemningsbølge; *(se public opinion).*

public figure offentlig skikkelse; **a well-loved ~ died today** en avholdt offentlig skikkelse døde i dag.

public funds*(=public money)* offentlige midler.

public good: the ~ det almene vel; **he was deported because his presence was not conducive to the ~** han ble utvist av generalpreventive hensyn.

public health folkehelse.

public health legislation medisinallovgivning.

public health service offentlig helsestell; helsevesen; *(se health service).*

public holiday*(=official holiday; legal holiday)* offentlig helligdag.

public issue *merk:* offentlig aksjeemisjon.

publicist ['pʌblisist] *subst(=press agent)* pressesekretær (for sanger, etc).

publicity [pʌb'lisiti] *subst:* publisitet *(fx there's a lot of publicity about it).*

publicity agent*(=press agent)* pressesekretær (for sanger, etc).

publicity artist*(=commercial artist)* reklametegner; *(jvf art director).*

public law stats- og statsforvaltningsrett.

public liability offentlig ansvar.

public library folkebibliotek; offentlig bibliotek.

public life: in ~ i det offentlige liv.

publicly *adv:* offentlig.

publicly owned offentlig eid *(fx industry).*

publicly provided som finansieres over det offent-

lige budsjett; ~ **medical care***(=public health service)* offentlig helsestell.
public nuisance: it's a ~ det er til offentlig sjenanse.
public office offentlig verv.
public officer *jur:* offentlig tjenestemann.
public opinion folkeopinionen; stemningen blant folk; **expression of** ~ opinionsytring; **capable of forming***(=shaping)* ~ opinionsskapende; *(jvf public feeling).*
public purse: the ~ statskassen: **live off the** ~ leve på det offentlige.
Public Record Office riksarkiv.
Public Records: the ~ riksarkivet; **Keeper of the** ~ *(,***US:** *archivist of the United States)* riksarkivar.
public relations PR; public relations.
public relations officer: chief ~*(=chief press officer)* pressesjef.
public revenue offentlige inntekter.
public school 1. privat kostskole (for elever fra 13-årsalderen) som fører frem til A-levels (examen artium)); *(jvf preparatory school);* **2. US***(= publicly maintained school)* offentlig skole.
public sector offentlig sektor; **the** ~ **(of the economy)** den offentlige sektor av næringslivet.
public sector school*(=publicly maintained school;* **US:** *public school)* offentlig skole; *(jvf public school).*
public servant offentlig ansatt; offentlig funksjonær.
public service 1. offentlig tjeneste; **the** ~ den offentlige tjeneste; **2.** *om ytelsen:* offentlig tjeneste *(fx buses provide a public service).*
public-service corporation US: *se public utility.*
public-service vehicle *(fk P.S.V)* offentlig kjøretøy.
public speaking*(=the art of speaking in public)* talekunst; **take a course in** ~ ta et kurs i veltalenhet.
public spending *(,***US:** *government spending)* offentlig forbruk.
public spirit samfunnsånd.
public-spirited [,pʌblik'spiritid] *adj:* som viser samfunnsånd.
public transport kollektive (*el.* offentlige) transportmidler; kollektivtransport; **we can go there by** ~ vi kan bruke et offentlig transportmiddel; **the place is well served by** ~ det er gode forbindelser dit.
public trust*(=charitable trust)* velgjørende stiftelse.
public utility 1. almennytte; **of** ~ almennyttig; **2.** almennyttig foretagende; **3***(,***US:** *public-service corporation)* offentlig foretagende (som leverer fellesgoder som gass og elektrisitet el. driver kollektivtransport); *(se utility).*
public works offentlige arbeider.
publish ['pʌbliʃ] *vb* **1***(=bring out)* utgi; forlegge; **-ed by the author** (utgitt) på eget forlag; **have you had anything -ed?** har du fått utgitt noe? **his new novel is being -ed this month** den nye romanen hans kommer ut denne måneden; **2.** *avis; om enkeltnummer:* komme ut *(fx the local paper didn't publish yesterday);* **3***(=make known)* publisere; gjøre kjent; **4.** *stivt(=announce (publicly))* bekjentgjøre.
published price bokladepris.
publisher ['pʌbliʃə] *subst:* forlegger; forlagsbokhandler; forlagsdirektør; **the -s** forlaget.
publishing *subst* **1.** forlagsvirksomhet; **2.** utgivelse; **newspaper** ~ avisutgivelse.
publishing business: the ~*(=the publishing trade)* forlagsbransjen.
publishing company*(=publishing firm; (firm of) publishers)* forlag.
puck [pʌk] *subst* **1.** nisse; **2.** *i ishockey:* puck.
pucker ['pʌkə] **1.** *subst(=wrinkle; fold)* rynke (på en flate som normalt er glatt); **2.** *vb(=wrinkle)* rynke *(fx her dress puckered (up) at the waist).*
pud [pud] *subst* **T:** *se pudding.*
puddening ['pudəniŋ] *subst; mar:* skamfilingsmatte; baugfender.
pudding ['pudiŋ] *subst* **1.** pudding; **2***(=dessert)* dessert; **what's for** ~**?***(=what are we having as dessert?)* hva skal vi ha til dessert? **3.: black** ~ blodpølse; *(se I. proof 5).*
pudding face*(=moon face) neds:* månefjes.
puddle ['pʌdəl] *subst:* vannpytt; sølepytt.
pudenda [pju:'dendə] *subst; anat:* kvinnes ytre kjønnsdeler.
puerile ['pjuərail; 'pjɔərail; 'pjɔ:rail] *adj; neds; stivt(=childish)* barnslig; barnaktig.
puerility [pjuə'riliti; pjɔə'riliti; pjɔ:'riliti] *subst; neds; stivt(=childishness)* barnaktighet.
puerperal [pju:'ə:pərəl] *adj; med.:* barsel-.
I. puff [pʌf] *subst* **1.** *litt.:* **a** ~ **of wind***(=a breath of wind)* et vindpust; **2***(=draw)* drag *(fx take a puff at his pipe);* **3.** *fra pipe, etc:* ~ **of smoke** røykdott; **4.** *på klesplagg(=pouffe)* puff; **5***(=puffball)* røyksopp; **6.** blaff; svakt knall; **7***(=commendatory review)* rosende anmeldelse; **8.: apple** ~ epleterte; **cream** ~ *(=choux)* vannbakkels; ~ **pastry** 1. butterdeig; tertedeig; 2. kake lagd av butter- el. tertedeig.
II. puff *vb* **1***(=blow)* blåse *(fx cigarette smoke into my face);* **2.** *på pipe el. sigarett(=take puffs at)* patte på; **3.** *om tog:* tøffe; dampe; ~ **out of the station** dampe ut av stasjonen; **4. T***(=pant)* puste og pese; **5. T***(=make breathless):* **the walk -ed him (out)** turen gjorde ham andpusten; **6***(=boost)* oppreklamere; **7.:** ~ **out** 1*(=blow out)* blåse ut *(fx a candle);* 2. blåse opp *(fx he puffed out his cheeks);* **8.:** ~ **up** 1. **T***(=swell)* hovne opp *(fx her eye puffed up);* 2. *fig(=boost; give a boost to):* **the praise -ed up his ego** rosen styrket hans ego.
puff adder *zo:* stor afrikansk hoggorm; puff adder.
puffball ['pʌf,bɔ:l] *subst; bot:* røyksopp.
puffed *adj* **T:** ~ **(out)** forpustet.
puffed-up [,pʌft'ʌp; *attributivt:* 'pʌft,ʌp] *adj* **T 1***(=swollen)* oppsvulmet *(fx her face is all puffed up);* hoven *(fx the boxer has a puffed-up eye);* **2***(=conceited)* oppblåst; innbilsk.
puffin ['pʌfin] *subst; zo:* **(common)** ~**, Atlantic** ~ lundefugl.
puff pastry 1. butterdeig; tertedeig; **2.** kake lagd av terte- el. butterdeig.
puff-puff ['pʌf,pʌf] *int(=chuff-chuff)* tøff-tøff.
puffy ['pʌfi] *adj* **1***(=swollen)* opphovnet; hoven *(fx ankle; face);* **2: T***(=short of breath)* andpusten.
pug [pʌg] *subst* **1.** *zo; hund:* mops; **2 T***(=pugilist; boxer)* bokser.
pugging ['pʌgiŋ] *subst; bygg:* stubbeloftsfyll.
pugmark ['pʌg,ma:k] *subst; etter dyr av katteslekten:* spor *(fx the fresh pugmarks of a lion).*
pugnacious [pʌg'neiʃəs] *adj; stivt el. spøkef(=fond of fighting; quarrelsome)* stridbar; trettekjær.
pugnacity [pʌg'næsiti] *subst; stivt el. spøkef(= quarrelsomeness)* stridbarhet; trettekjærhet; trettelyst.
pug nose brakknese.
puisne ['pju:ni] *adj; jur; i High Court:* ~ **judge** dommer (mots. rettspresident).
puke [pju:k] *vb* **T:** ~ **(up)***(=vomit)* kaste opp.
pukka ['pʌkə] *adj* **1.** *spøkef* **T***(=posh)* fin *(fx part of town);* **2.** *i India(=first-class)* førsteklasses *(fx road).*
pule [pju:l] *vb; om barn(=whimper)* klynke.

I. pull [pul] *subst* **1.** rykk *(fx give a pull at the rope);* napp; **2.** slurk *(fx he took a pull at his beer); av sigarett:* drag; **3***(=attraction)* tiltrekning *(fx the pull of the moon);* **4***(=handle)* håndtak *(fx a drawer pull);* **bell-** klokkestreng; **5.** *typ:* (korrektur)avtrekk; **6.** **T***(=influence)* gode forbindelser *(fx he has pull);* innflytelse; **7.** *når det slitsomme skal understrekes:* **it was a long ~ uphill** det var slitsomt opp den lange bakken.

II. pull *vb* **1.** trekke; dra; rykke; rive *(fx the door open);* **~ sby's hair** dra en i håret; **~ at sth** dra i noe; **2***(=row)* ro *(fx towards the shore);* **3***(=strain)* forstrekke *(fx a muscle);* **4***(=extract)* trekke (ut) *(fx a tooth);* **5.** trekke opp (med roten) *(fx flowers);* ta opp *(fx turnips);* trekke opp *(fx a cork);* **~ a knife on sby** trekke kniv mot en; **6.** *øl, fra fat(=draw)* tappe; **~ a pint** tappe (*el.* fylle i) en halvliter; **7.** **T***(=commit)* begå *(fx a robbery);* **8.** **T:** prestere; hale i land *(fx he's pulled another financial coup);* **9.** **T***(=seduce)* forføre; **T:** nedlegge *(fx he spends his weekends pulling birds);* **10.** *om trick, etc(=do)* gjøre *(fx he's been pulling these tricks for years);* **11.: ~ sth apart***(=pull sth to pieces)* rive noe i stykker; **12.** *pipe:* **~ at** patte på; **13.: ~ away** 1*(=draw back)* trekke seg unna; 2. *sport:* **he -ed away from the others on the last lap** han dro fra de andre på den siste runden; **14.: ~ down** rive ned *(fx the old shop);* **15.: ~ in** 1. kjøre inn *(fx the train pulled in at the station);* 2*(=stop)* stoppe *(fx at a garage);* 3.: **~ in to the side of the road** kjøre ut til siden; 4. **T:** håve inn *(fx £20,000 a year);* 5. **S***(=arrest)* arrestere; **T:** hekte *(fx the police pulled him in);* 6*(=check; restrain)* beherske *(fx one's emotions);* **16.: ~ off** 1. trekke av; 2. (klare å) få gjennomført *(fx a plan);* **he -ed it off** han klarte det; **he -ed off a good business deal** han fikk gjort en god forretning; 3. *om bilist:* **he -ed off the road** han kjørte av veien; **17.: ~ on** 1. *om plagg(=put on)* ta (*el.* trekke) på seg *(fx a sweater);* 2.: **he -ed a knife on me** han trakk kniv mot meg; 3*(=heave on)* hale i; dra i *(fx a rope);* **18.: ~ out** 1. trekke ut *(fx a drawer; a tooth);* 2. *mil:* trekke seg ut; trekke ut *(fx the troops);* 3. *fra et foretagende:* trekke seg; 4. *flyv(=level off)* flate ut *(fx he pulled out at 4,000 feet);* 5. *om tog:* kjøre ut *(fx the train pulled out of the station);* 6. *om bilist(=pull over)* forlate eget felt; kjøre (*el.* svinge) ut (for å kjøre forbi) *(fx the motorbike pulled out to overtake);* **19.: ~ over** 1. trekke over *(fx he pulled it over his head);* 2. *se ~ out 6;* 3. kjøre ut til siden (for å stoppe); kjøre inn mot siden; **20.: ~ together** 1. trekke sammen; 2. *fig:* gå godt sammen; arbeide godt sammen; 3.: **~ oneself together** ta seg sammen; **21.: ~ through** 1. trekke gjennom; 2. *pasient:* redde *(fx the doctors pulled him through);* 3. stå det over; gjenvinne helsen; komme seg igjen; **22.: ~ up** 1. trekke opp; *fig* **T: ~ up one's socks** ta seg sammen; *fig* **T: ~ oneself up by one's own bootstraps** greie seg helt uten hjelp; 2*(=stop)* stanse; stoppe *(fx pull me up if I'm wrong);* **~ up (the car)** stanse; stoppe (bilen); **~ up at the kerb** kjøre inn til fortauskanten og stoppe; **~ up alongside** kjøre opp på siden (av); 3. *sport; i løp:* rykke; gå frem; komme opp på siden av; 4. **T***(=check oneself)* kutte ut (litt); ta en pust i bakken *(fx the doctor told him to pull up and take a rest);* 5. **T***(=rebuke)* irettesette; bruke kjeft på; **23. T: ~ a fast one on sby***(=play a trick on sby)* lure en ordentlig; gjøre en spillopp med en; holde leven med en; *(se for øvrig I. face 17; I. leg 8; I. punch 6; I. string 8; I. weight 5; wool 3).*

pulled ligament *med.:* senestrekk.

pullet ['pulit] *subst; zo(=young hen)* unghøne.

pulley ['puli] *subst* **1.** reimskive; trinse; **2***(=pulley block)* talje.

pull-in ['pul,in] *subst* **T***(=transport café)* billig kafé langs landeveien; kafé for trailersjåfører.

pull-on ['pul,ɔn] *subst:* **-s***(=pull-on trousers)* overtrekksbukser.

pullover ['pul,ouvə] *subst:* pullover.

pull-through ['pul,θru:] *subst; mil:* pussesnor.

pull-up ['pul,ʌp] *subst* **1.** *gym:* armhevning (i bom); **2.:** *se pull-in.*

pulmonary ['pʌlmənəri] *adj; med.:* lunge- *(fx disease).*

I. pulp [pʌlp] *subst* **1.** bløt masse; mos; fruktmasse; **2.** *i treforedling:* **wood ~** tremasse; **chemical (wood) ~** kjemisk masse; cellulose; **mechanical (wood) ~** mekanisk masse; hvitslip; **brown mechanical ~** brunslip; **mechanical refiner ~** fibrørmasse; **3.** *fig* **T: they smashed his face to a ~** de gjorde ansiktet hans om til en blodig masse; **I'll beat him to (a) ~ if I catch him!** jeg skal lage plukkfisk av ham hvis jeg får tak i ham!

II. pulp *vb(=crush to a pulp)* mose; knuse.

pulp cavity *tannl:* tannhule.

pulpit ['pulpit] *subst:* prekestol.

pulpitis [pʌl'paitis] *subst; tannl:* betennelse i tannerven.

pulpwood ['pʌlp,wud] *subst:* **chemical ~** cellulosetømmer; **mechanical ~** sliperilast.

pulpy ['pʌlpi] *adj:* bløt; grøtaktig; *om frukt:* kjøttfull.

pulsate [pʌl'seit] *vb* **1.** *fys:* pulsere; **2.** *stivt el. litt.(=throb)* banke; dunke *(fx he felt the blood pulsating in his head as he grew angrier).*

pulsation [pʌl'seiʃən] *subst* **1.** pulsering; **2.** banking; dunking; **3.** *med.(=beat of the pulse)* pulsslag.

I. pulse [pʌls] *subst* **1.** puls; **a weak***(=low)* **~** en svak puls; **take***(=feel)* **sby's ~** ta pulsen; **the ~ should reach a rate of at least 200** pulsen bør komme opp i minst 200; *fig:* **feel the ~ of***(=feel out)* føle på pulsen; **2.** *radio:* puls; **3.** belgfrukt.

II. pulse *vb; især litt.(=throb)* pulsere.

pulse rate *med.:* pulsfrekvens.

pulverization, pulverisation [,pʌlvərai'zeiʃən] *subst:* pulverisering.

pulverize, pulverise ['pʌlvə,raiz] *vb* **1.** pulverisere; **2.** *fig:* pulverisere; knuse fullstendig *(fx all opposition).*

puma ['pju:mə] *subst; zo:* puma.

pumice ['pʌmis] *subst:* **~ (stone)** pimpstein.

pummel ['pʌməl] *vb; stivt(=hit repeatedly)* slå løs på; hamre løs på.

I. pump [pʌmp] *subst* **1.** pumpe; *mask:* **fuel ~** bensinpumpe; **petrol ~** bensinpumpe (på bensinstasjon); **feed ~** fødepumpe; **force ~** trykkpumpe; **water ~** vannpumpe; **2.: -s** 1*(=gym shoes; plimsolls)* turnsko; 2.: **dancing -s** type lavhælte dansesko uten snøring el. spenne; *(jvf court shoes).*

II. pump *vb* **1.** pumpe *(fx oil is being pumped out of the ground); med.:* **her stomach was -ed out** hun ble pumpet; **~ up***(=inflate)* pumpe opp *(fx a bicycle tyre);* **2.** *fig:* **~ sby** pumpe en *(fx he tried to pump me about the exam);* **3. T: ~ ship** slå lens.

pump gun pumpehagle.

pumpkin ['pʌmpkin] *subst; bot:* gresskar; *(jvf courgette; gourd; marrow 2; zucchini).*

pump room *ved kurbad:* kursal.
pun [pʌn] **1.** *subst:* ordspill (*on* på); **2.** *vb(=make puns)* lage ordspill.
I. punch [pʌntʃ] *subst* **1.** *drikk:* punsj; **2.** *tekn:* **(centre) ~** kjørner; *i stempel:* **hollow ~** lokkmeisel; hullpipe; **(nail) ~***(=nail set)* spikerdor; dor; **3***(=press tool)* stanseverktøy; **4***(=punch pliers)* hulltang; **5.: ticket ~***(=clipper)* billettang; **6.** slag *(fx John gave him a punch); fig:* **he didn't pull his -es** han la ikke fingrene imellom; han sparte ikke på konfekten; **7. T: his arguments lacked ~***(=his arguments didn't make much impact)* argumentene hans gjorde ikke noe inntrykk.
II. punch *vb* **1***(=hit (with the fist))* slå; dra til; **~ hard** slå hardt; **2.: ~ a hole** stemple ut et hull; **~ a ticket** klippe en billett; **~ out***(=stamp out)* stanse ut.
punchball ['pʌntʃ,bɔ:l] *subst (,US: punching ball)* punchingball; bokseball.
punch bowl punsjebolle.
punch card*(=punched card;* **US:** *punch card)* hullkort.
punch-card processing hullkortbehandling.
punch-drunk ['pʌntʃ,drʌŋk] *adj* **1.** *om bokser:* punch -drunk; groggy (etter slag mot hodet); **2.** *fig(=dazed)* halvt bedøvet *(fx with talk).*
punched card operator*(=punching-machine operator)* hullkortoperatør.
punched (paper) tape hullstrimmel.
punching machine 1*(=punched card machine)* hullkortmaskin; **2***(=punch press)* stansemaskin.
punch line *ved historie el. vits:* poeng *(fx he always laughs before he gets to the punch line).*
punch press stansemaskin.
punch-up ['pʌntʃ,ʌp] *subst* **T***(=fight)* slagsmål.
punctilious [pʌŋk'tiliəs] *adj; stivt(=extremely fussy; meticulous)* pertentlig; **too ~***(=too meticulous)* overpertentlig.
punctual ['pʌŋktjuəl] *adj:* punktlig; presis.
punctuality [,pʌŋktju'æliti] *subst:* punktlighet; presisjon.
punctually *adv:* punktlig *(fx he arrived punctually).*
punctuate ['pʌŋktju,eit] *vb* **1.** *i setning:* sette skilletegn; **2***(=interrupt):* **his speech was -d by bursts of applause** talen hans ble stadig avbrutt av spontan applaus.
punctuation [,pʌŋktju'eiʃən] *subst:* tegnsetting.
punctuation mark skilletegn.
I. puncture ['pʌŋktʃə] *subst* **1.** punktering; **I have a ~** jeg har punktert; **mend a ~** reparere en punktering; **2.** stikk; punktur; lite hull.
II. puncture *vb* **1.** stikke hull i (*el.* på); punktere; **the glass -d my tyre** glasset ga meg en punktering; **2.** *fig(=deflate)* stikke hull på *(fx sby's dignity).*
pundit ['pʌndit] *subst; ofte neds(=expert)* ekspert; lærd.
pungency ['pʌndʒənsi] *subst; stivt(=sharpness; acridity)* skarphet; bitterhet.
pungent ['pʌndʒənt] *adj; stivt* **1.** *om smak el. lukt(=acrid)* skarp; bitter; *om smak også:* besk; **2.** *fig(=acrid; caustic)* skarp *(fx comment; remark);* **3.: a ~ phrase** et saftig uttrykk.
punish ['pʌniʃ] *vb* **1.** straffe; **2.** *ofte fig* **T:** la få gjennomgå *(fx he really punished his opponent);* **~ the engine***(=treat the engine roughly)* la motoren få gjennomgå.
punishable ['pʌniʃəbl] *adj:* straffbar; **driving without a licence is a ~ offence** det er straffbart å kjøre bil uten førerkort; **this crime is ~ by death in some parts of the world** denne forbrytelsen straffes med døden i enkelte deler av verden.
punishment ['pʌniʃmənt] *subst* **1.** straff; avstraffelse; **corporal ~** korporlig avstraffelse; **2. T***(=rough treatment)* hard medfart *(fx he took plenty of punishment in the last round).*
punitive ['pju:nitiv] *adj:* straffe-; **~ measure** straffetiltak; **take ~ action** sette i gang straffetiltak; **that level of taxation is ~** det skattenivået er den rene straff.
I. punk [pʌŋk] *subst* **1.** knusk(sopp); **2.** *person:* pønker.
II. punk *adj* **US S***(=very inferior)* elendig.
punnet ['pʌnit] *subst; for bær:* kurv; **a ~ of strawberries** en kurv jordbær.
I. punt [pʌnt] *subst:* lang, flatbunnet båt (som stakes frem).
II. punt *vb* **1.** *i en 'punt':* stake (seg frem) *(fx they punted up the river);* **2***(=gamble; bet)* spille; tippe; **3.** *fotb; om målvokter:* **~ the ball** ta ballen på sparket.
punter ['pʌntə] *subst* **1.** *på veddeløpsbane:* spiller; **pools ~** tipper; **2. S***(=conman's (potential) victim)* (bondefangers) offer; **3***(=prostitute's client)* prostituerts kunde; **S:** horekunde.
puny ['pju:ni] *adj* **1.** liten (og svak); tuslete; **2.** *fig(=feeble)* svak; **a ~ effort** en ynkelig innsats.
I. pup [pʌp] *subst* **1***(=puppy)* (hunde)hvalp; **2.** *av enkelte andre dyr:* **a seal ~***(=a young seal)* en selunge; **3.** *om tispe:* **in ~** med hvalper; **4. T: be sold a ~** bli lurt opp i stry (i en handel).
II. pup *vb(=have pups)* få hvalper; hvalpe.
pupa ['pju:pə] *subst; zo:* puppe; *(jvf chrysalis).*
pupate [pju:'peit] *vb(=turn into a pupa)* forpuppe seg.
I. pupil ['pju:pəl] *subst; anat:* pupill.
II. pupil *subst:* elev; **disruptive -s** elever som forstyrrer undervisningen; **a pleasant ~ who is easy to get on with** en grei og liketil elev.
pupil nurse hjelpepleieelev; *(jfv student nurse).*
puppet ['pʌpit] *subst* **1.** marionett(dukke); **2.** *fig:* marionett.
puppet show dukkekomedie.
puppet state marionettstat.
puppy ['pʌpi] *subst(=pup)* hundehvalp; *(jvf I. pup 1 & 2).*
purblind ['pə:,blaind] *adj(=partly blind)* svaksynt.
I. purchase ['pə:tʃis] *subst* **1.** kjøp; det å kjøpe; **2.** kjøp; det man har kjøpt (inn); **this is my latest ~** dette er min nyervervelse; **3.** *fagl(=hold; grip)* grep; tak *(fx try to get more purchase on the rope); (=leverage):* **get more ~ on the stone with a lever** få bedre tak på steinen med et spett.
II. purchase *vb; stivt(=buy)* kjøpe.
purchase cost *merk:* inntakskost(pris).
purchase price 1. kjøpesum; **2.** *merk(=basic price)* innkjøpspris.
purchaser ['pə:tʃisə] *subst(=buyer)* kjøper.
purchasing power kjøpekraft.
purchasing price*(=buying price)* innkjøpspris; kjøpesum.
purdah ['pə:də] *subst; i India* **1.** forheng som skiller kvinnenes oppholdsrom fra den øvrige del av huset; **2.** *som sosialt system:* kvinnenes avsondrethet.
pure [pjuə; pjɔə; pjɔ:] *adj* **1.** ren; ublandet *(fx gold; milk);* rendyrket *(fx socialism);* **2.** *stivt(=innocent)* ren; **she's chaste and ~** hun er kysk og ren; **3***(=without faults)* ren *(fx his French is very pure);* **4.** *mus:* ren; **a ~ note** en ren tone; **5.** *forsterkende:* **a ~ accident** et rent ulykkestilfelle; **~ nonsense***(=sheer nonsense)* det rene tøv; **it's laziness ~ and simple** det er den rene og skjære dovenskapen.

purebred ['pjuə,bred; 'pjɔə,bred; 'pjɔ:,bred] **1.** *subst(=purebred animal)* raserent dyr; **2.** *adj:* raseren; av ren rase.

pure breed *om dyr:* ren rase.

purée ['pjuərei; 'pjɔərei; 'pjɔ:rei] *subst:* puré; **potato** ~ potetpuré.

purely *adv:* **1.** *stivt(=in a pure manner)* rent; **2***(=wholly; entirely):* ~ **by chance** ved det rene tilfelle; **3***(=only; solely)* bare; utelukkende.

purgative ['pə:gətiv] **1.** *subst(=strong laxative)* sterkt avføringsmiddel; **2.** *adj:* (sterkt) avførende.

purgatory ['pə:gətəri] *subst* **1.** skjærsild(en); **in** ~ i skjærsilden; **2. T: the return trip was absolute** ~ hjemreisen var helt forferdelig.

I. purge [pə:dʒ] *subst; polit:* utrenskning.

II. purge *vb* **1.** *polit(=clean out)* renske ut; ~ **the party** foreta utrenskninger i partiet; **2.** *meget stivt:* ~ **oneself of***(=free oneself of)* befri seg for *(fx sin).*

purification [,pjuərifi'keiʃən; ,pjɔərifi'keiʃən; ,pjɔ:rifi'keiʃən] *subst* **1.** renselse; rensing; **2.** *rel:* lutring; renselse.

purify ['pjuəri,fai; 'pjɔəri,fai; 'pjɔ:ri,fai] *vb* **1***(=clean)* rense *(fx the air);* **2.** *rel(=free from sin)* rense; lutre.

purism ['pjuərizəm; 'pjɔərizəm; 'pjɔ:rizəm] *subst:* purisme.

purist ['pjuərist; 'pjɔərist; 'pjɔ:rist] *subst:* purist.

Puritan ['pjuəritən; 'pjɔəritən; 'pjɔ:ritən] *hist* **1.** *subst:* puritaner; **2.** *adj:* puritansk.

puritan *subst; neds:* puritaner.

puritanical [,pjuəri'tænikəl; ,pjɔəri'tænikəl; ,pjɔ:ri'tænikəl] *adj:* puritansk.

purity ['pjuəriti; 'pjɔəriti; 'pjɔ:riti] *subst:* renhet.

I. purl [pə:l] *subst* **1***(=purl stitch; purling)* vrangmaske; vrangstrikking; **2.** tvunnet gull- eller sølvtråd; **3.** *om rennende vann(=murmur)* risling.

II. purl *vb* **1.** strikke vrangt; ~ **three (stitches)** strikke tre masker vrangt; **2.** *om rennende vann(=murmur)* risle.

purlin ['pə:lin] *subst; arkit(=roof beam)* takås.

purloin [pə:'lɔin] *vb; stivt el. spøkef(=steal)* tilvende seg; stjele.

purple ['pə:pəl] *subst & adj:* purpur; blårød; fiolett.

purple avens*(=water avens) bot:* enghumleblom; *(se avens).*

purple loosestrife *bot:* strandkattehale; *(se loosestrife).*

purple sandpiper*(=American pectoral sandpiper) zo:* fjæreplytt; *(se sandpiper).*

I. purport ['pə:pɔ:t] *subst; meget stivt(=meaning)* mening *(fx understand the purport of his remarks).*

II. purport [pə:'pɔ:t] *vb; meget stivt(=claim to be)* gi seg ut for.

purpose ['pə:pəs] *subst* **1.** hensikt; **for what** ~? i hvilken hensikt? **for this** ~ i denne hensikt; **for the (sole)** ~ **of (-ing)** (ene og alene) i den hensikt å . . .; **there was a** ~ **behind that remark***(=that remark was not made at random)* det var en hensikt med den bemerkningen; **what was the** ~ **of his visit?** hva var hensikten med besøket hans? **on** ~*(=deliberately)* med hensikt; med vilje; **singleness of** ~ målbevissthet; **a man of** ~ en målbevisst mann; *stivt:* **serve***(=answer)* **a** ~ tjene en hensikt; **serve its** ~ tjene sin hensikt; **it serves no useful** ~ det tjener ikke til noe; det kan ikke brukes til noe nyttig;

2. formål; **made for the** ~ lagd til formålet; **the** ~ **of the committee is to . . .** utvalgets oppgave er å . . .; **for home -s***(=for household use)* til husbruk;

3*(=effect; result)* virkning; resultat; **to good** ~*(=with good effect)* med god virkning; **he must have spoken to some** ~ det han sa, må ha hatt en viss virkning; **to no** ~*(=without result)* uten resultat; til ingen nytte;

4. *stivt:* **to the** ~*(=relevant)* relevant;

5.: to all intents and -s*(=for all practical purposes)* i det alt vesentlige; praktisk talt.

purpose-built ['pə:pəs,bilt] *adj:* spesialbygd; lagd for formålet.

purposeful ['pə:pəsful] *adj:* målbevisst; besluttsom *(fx he had a purposeful look on his face).*

purposeless ['pə:pəslis] *adj; stivt(=pointless)* hensiktsløs; formålsløs; **a** ~ **life** et formålsløst liv.

purposely *adv; stivt(=on purpose)* med hensikt.

I. purr [pə:] *subst* **1.** *om katt:* maling; **2.** *om lav lyd:* surring; summing *(fx of a powerful engine);* **the** ~ **of the milk into the pails** duren av melken i melkespannene.

II. purr *vb* **1.** *om katt:* male; *fig:* male som en katt; **she was -ing with delight when she heard of . . .;** hun ga fra seg små, begeistrede lyder da hun hørte om . . .; **2.** *om fx motor:* summe.

I. purse [pə:s] *subst* **1.** pung; **2. US***(=handbag)* håndveske; **3.: the public** ~ statskassen; **live off the public** ~ leve på det offentlige; **4.: common** ~ felles kasse *(fx household expenses are paid out of their common purse); (jvf kitty).*

II. purse *vb:* ~ **one's lips** spisse munnen *(fx she pursed her lips as though she thought about it); ved uttrykk for misnøye:* snurpe munnen sammen; bli stram i munnen.

purser ['pə:sə] *subst; mar:* purser; regnskapsfører.

purse-proud ['pə:s,praud] *adj:* pengestolt.

purse seine*(=seine net)* snurpenot.

purse strings: hold the ~ stå for pengesakene.

pursuance [pə'sjuəns] *subst; meget stivt el. jur:* **in** ~ **of***(=while carrying out):* **in** ~ **of her duties** under utførelsen av sine plikter.

pursuant [pə'sjuənt] *prep; jur(=according to)* ifølge *(fx pursuant to policy no. 934).*

pursue [pə'sju:] *vb; stivt* **1***(=chase)* forfølge; **2.** *fig:* forfølge *(fx pursued by horrible memories; pursued by ill-luck);* ~ **a goal** forfølge et mål; ~*(=follow)* **a northern course** følge en nordlig kurs; ~ **(one's) studies** drive studier; **if one were to** ~ **the line of thought that . . .** hvis man skulle forfølge den tankegang at . . .; **it's not a subject I want to** ~ **very much!** det er ikke et tema jeg gjerne forfølger!

pursuer [pə'sju:ə] *subst:* forfølger.

pursuit [pə'sju:t] *subst* **1.** forfølgelse; **with a policeman in hot** ~ med en politimann hakk i hæl; skarpt forfulgt av en politimann; **2.** beskjeftigelse; syssel *(fx feminine pursuits; literary pursuits);* **holiday -s** feriesysler; tidsfordriv i ferien; **3.** *fig:* **in** ~ **of***(=looking for)* på jakt etter *(fx happiness).*

pursuit race *sykkelritt:* forfølgelsesritt.

purulent ['pjuərulənt] *adj; stivt(=full of pus)* full av puss; *med.:* purulent.

purvey [pə(:)'vei] *vb; om varer i store mengder(=supply)* levere; være leverandør av.

purveyor [pə'veiə] *subst:* **Purveyor to the Royal Household** hoffleverandør.

pus [pʌs] *subst; med.:* puss; materie.

pus basin pussbekken.

I. push [puʃ] *subst* **1.** skubb; dytt; puff; **2. T***(=effort; attempt)* krafttak; forsøk *(fx they made a final push and reached the top);* **3. T***(=go-ahead spirit; gumption)* pågangsmot; tiltak; **4***(=boost)* oppsving; **5. S: get the** ~ få sparken; **give sby the** ~ gi en sparken.

II. push *vb* **1.** skyve; puffe; skubbe; dytte *(fx don't push!);* ~ **the door open** skyve opp døren;

he -ed against the door with his shoulder han la skulderen mot døren; ~ **one's way through the crowd** trenge (*el.* skubbe) seg frem gjennom mengden; **someone -ed in front of me** en eller annen stilte seg (*el.* skubbet seg) foran meg; **he -ed me over** han puffet meg slik at jeg falt; ~ **a pram** skyve en barnevogn; ~ **a button** trykke på en knapp;
2. presse; drive *(fx see how far you can push yourself)*; ~ **sby** presse en *(fx push one's children)*; ~ **sby into (-ing)** presse en til å;
3. drive reklame for; fremme *(fx the Arab cause)*;
T: kjøre på; **I -ed it like mad** jeg kjørte på det alt jeg bare orket;
4. *om alder* **T**(*=approach*) nærme seg *(fx he's pushing 75)*;
5. *om ulovlig omsetning* **S**(*=sell*): ~ **drugs** omsette narkotika (*el.* stoff);
6.: ~ **ahead**(*=push forward; push on*) 1. rykke frem; fortsette; 2. *fig; med plan, etc:* fortsette; gå videre (*with* med); *(se også 17: ~ on)*;
7. **T:** ~ **along**(*=leave; push off*) gå *(fx I'm afraid I really ought to be pushing along now)*;
8. **T:** ~ **sby around,** ~ **sby about**(*=bully sby*) tyrannisere en; herse med en; **I don't let anyone ~ me around** jeg lar meg ikke kommandere (*el.* herse med);
9. *også fig:* ~ **aside** skyve (*el.* skubbe) til side;
10.: ~ **back** 1. skyve tilbake; presse tilbake; 2. skyve på plass *(fx she kept pushing back wisps of hair that fell over her eyes)*;
11.: ~ **by**(*=push past*) trenge (*el.* presse *el.* skubbe) seg forbi; **he tried to ~ by** han prøvde å trenge seg forbi;
12.: ~ **for**(*=press for*) presse på for å oppnå *(fx higher wages)*; **they're -ing hard for new talks** de presser hardt på for å få i gang nye forhandlinger (*el.* drøftinger);
13.: ~ **forward** 1. *se 6: ~ ahead;* 2. rykke videre frem(over); 3. skyve frem; skyve fremover; 4. *fig:* ~ **oneself forward** stikke seg frem;
14.: ~ **home**(*=press home*) 1(*=carry out*) gjennomføre *(fx the attack was pushed home)*; 2(*=exploit*) utnytte *(fx he pushed home his advantage and took the key)*; 3. *om argument:* ~ **home**(*=drive home*) slå fast; **he -ed home his points with vigour** (*=he drove his points home vigorously*) han slo argumentene sine ettertrykkelig fast;
15.: ~ **in** trenge seg inn (fx i kø foran andre) *(fx he pushed in in front of the others)*;
16.: ~ **off** 1. legge fra land; 2(*=go away*) gå sin vei *(fx I told him to push off)*; 3(*=start; get going*) gå; dra av sted *(fx push off as soon as you're ready)*;
17.: ~ **on** 1.: *se 6: ~ ahead;* 2(*=go on*) fortsette *(fx with one's work)*; **I'm late, so I'll have to ~ on** jeg er sent ute, så jeg må komme meg videre;
18.: ~ **out** 1. skyve ut *(fx a boat)*; 2. **T:** ~ **the boat out** holde stor fest;
19.: ~ **through** 1. skyve (seg) (i)gjennom; 2. *fig:* **the bill was -ed through Parliament** lovforslaget ble drevet (*el.* presset) (i)gjennom i parlamentet;
20.: ~ **up** 1. skyve opp; 2 *fig:* presse (*el.* drive) i været *(fx prices)*; 3. *fig; spøkef:* **be -ing up the daisies** ligge i sin grav; ligge under torven.

push-bike ['puʃ,baik] *subst* **T**(*=bicycle*) tråsykkel.
push button *elekt, etc:* trykknapp.
push-button switch *elekt:* trykkbryter; trykkontakt.
pushcart ['puʃ,ka:t] *subst; især* **US**(*=handcart*) håndkjerre.
pushchair ['puʃ,tʃɛə] *subst* (,**US:** *stroller*) sportsvogn.
pushdown list *EDB:* stakkliste.
pushdown storage *EDB:* stakklager.
pushed *adj* **T: be ~ 1**(*=find it difficult*): **you'll be ~ to finish that by tonight** du vil ha vanskeligheter med å bli ferdig med det der til i kveld; **2**(*=be too busy*): ha dårlig med tid *(fx I'm rather pushed this afternoon)*; **be ~**(*=pressed*) **for time** ha dårlig tid.
pusher ['puʃə] *subst* **1.** *neds:* person med spisse albuer; **2.: (drug) ~**(*=drug peddler*) narkotikalanger; narkotikaselger.
pushful ['puʃful] *adj*(*=pushing*) pågående.
pushing ['puʃiŋ] *adj:* pågående.
push-off ['puʃ,ɔf] *subst:* skubb; dytt; **give a car a ~**(*=give a car a push*) skyve i gang en bil.
pushover ['puʃ,ouvə] *subst* **T 1.** lett sak; smal sak; **2.** lettlurt person; **3.: he's a ~ for blondes** han faller lett for blondiner.
pushpin ['puʃ,pin] *subst; til bruk på kart, etc:* markørstift; stift.
pushrod ['puʃ,rɔd] *subst; mask:* ventilstøtstang.
push-start ['puʃ,sta:t] **1.** *subst:* det å skyve i gang; **give sby a ~** skyve en i gang; **2.** *vb:* skyve i gang *(fx the car)*.
push-up ['puʃ,ʌp] *gym; især* **US**(*=press-up*) armpress; push-up.
pushup storage *EDB:* kølager.
pushy ['puʃi] *adj* **T:** altfor pågående.
pusillanimous [,pju:si'lænimәs] *adj; meget stivt*(*=cowardly*) feig; fryktsom.
puss [pus] *subst* **1**(*=pussy*) pus(ekatt); **1. T**(*=girl*) ungjente *(fx a saucy little puss)*.
pussy ['pusi] *subst* **1**(*=puss*) pus(ekatt); **2.** *bot:* gåsunge; **pussies**(*=pussy willows*) gåsunger; **3.** *vulg; om de kvinnelige kjønnsorganer*(*=female genitals*) mus; **4.** *vulg; om kvinne som seksualobjekt:* mus.
pussycat ['pusi,kæt] *subst:* pusekatt.
pussyfoot ['pusi,fut] *vb* **T 1**(*=walk softly*) liste seg; gå varsomt; gå på kattefjed; **2.** *om snø, etc:* falle stille *(fx huge snowflakes pussyfooted down)*; **3**(*=be undecided; dither*) være ubesluttsom; ikke kunne få bestemt seg.
pussy willow *bot* **1.** gåsungevier; **2.: -s**(*=pussies*) gåsunger.
pustule ['pʌstju:l] *subst; med.:* pustel; verkfylt blemme; **vesicles and -s** blærer og pustler.
I. put [put] *vb (pret & perf. part.: put)* **1.** plassere; stille; legge; sette; ~ **a question mark at the end** sette et spørsmålstegn til slutt; ~ **a thief in prison** sette en tyv i fengsel; ~ **sugar in the tea** ha sukker i teen; ~ **yourself in my place** sett deg i mitt sted; ~ **a man into space** skyte en mann ut i verdensrommet; ~ **one's name to** sette navnet sitt under; ~ **it to the test** sette det på prøve;
2. stikke *(fx one's hand in one's pocket; one's head out of the window; a knife into sby)*; ~ **a bullet through him** sende en kule gjennom ham;
3. uttrykke; si *(fx children have such a funny way of putting things; I didn't know how to put it)*; **she ~ it to him that he was a gullible fool** hun fortalte ham (*el.* sa til ham) at han var en godtroende tosk; ~ **it to him frankly** si det åpent til ham; **how do you ~**(*=say*) **that in German?** hvordan sier man det på tysk? ~ **it in plain language** si det med rene ord; ~ **one's feelings into words** uttrykke sine følelser i ord; **that's -ting it mildly** det er mildt sagt; **that's -ting it too strongly**(*=that's saying too much*) det er for meget (*el.* sterkt) sagt; **the way he -s it** den måten han sier (*el.* fremstiller) det på; **one must also ~ the other side** man må også se det fra den andre

siden; **he ~ his refusal very politely** han avslo i meget høflige vendinger;
4(*=estimate)* anslå; sette (*at* til) *(fx I put its value at £500; I put his age at 40);*
5. T*(=write)* skrive *(fx I'm trying to write a letter to her, but I don't know what to put);*
6. *om spørsmål:* stille; **~ several questions to him** stille ham en del spørsmål;
7. *om forslag, tanker:* legge frem; fremlegge; **she ~ her ideas before the committee** hun la ideene sine frem for komitéen;
8*(=invest)* investere; **he's ~ his money into steel** han har investert (*el.* satt pengene sine) i stål;
9. *sport:* **~ the shot***(=put the weight)* støte kule;
10*(=translate)* oversette (*into* til);
11.: ~ about *mar:* gå over stag; (stag)vende; gjøre vendereis *(fx they put about and sailed for home);*
12. *fig:* **~ above** sette over; sette høyere enn;
13. *fig:* **~ across** 1. formidle *(fx he's very good at putting his ideas across);* **he's very poor at -ting his stuff across to a class** han er svært dårlig når det gjelder å få meddelt sine kunnskaper til en klasse; 2. **T: ~ one across sby***(=pull a fast one on sby)* spille en et puss; lure en;
14.: ~ among plassere blant; *fig:* **~ the cat among the canaries***(=pigeons)* vekke bestyrtelse; sjokkere; skape røre (i andedammen).
15.: ~ aside 1. legge til side; legge fra seg *(fx one's book); for senere avhenting:* legge til side; 2. *fig:* legge til side; spare *(fx put aside a little money each month);*
16.: ~ at: *se 4;*
17.: ~ away 1. legge bort; rydde bort; **~ the knives away in the drawer** legge knivene på plass i skuffen; 2*(=commit to a mental hospital)* plassere på psykiatrisk sykehus *(fx they had to put him away);* 3*(=kill; put down)* avlive; 4. *om mat & drikke* **T:** sette til livs;
18.: ~ back 1. sette tilbake; legge tilbake *(fx did you put back my keys?);* 2. *mar(=put back to port)* gjøre vendereis; 3. *klokke:* stille tilbake; 4. *økon:* sette tilbake *(fx this loss has put him back a long way);* 5. *utvikling, produksjon:* sinke; sette tilbake *(fx the strike put back production severely);*
19.: ~ by*(=save)* spare *(fx I've put some money by for emergencies);*
20.: ~ down 1. sette ned; legge ned; ta ned *(fx he asked the pupil to put his hand down);* legge fra seg *(fx put that knife down!);* **~ down rat poison** legge ut rottegift; *om passasjer(=drop; set down)* sette av; **~ it down in your notebook** skriv det ned i notisboken din; **~ it down on paper** sette det ned på papiret; 2*(=kill; put away)* avlive *(fx a sick animal);* 3. *ved avbetalingskjøp; om kontantbeløpet(=pay as a deposit)* betale; 4. *opprør, etc(=quell)* slå ned; 5. *om pris(=reduce)* slå ned; 6. *om paraply:* slå ned; 7. **T***(=put away)* sette til livs *(fx helping after helping);* 8. **T***(=snub)* bite av; sette på plass; 9. *om vin, etc for lagring:* legge i kjelleren; 10. *flyv(=land)* lande; gå ned; 11. **T: ~ one's foot down** slå i bordet; være bestemt;
21.: ~ down as 1*(=consider to be)* anse for å være *(fx I put him down as an eccentric);* 2*(=put down to)* bokføre som; 3. *fx på hotell:* skrive inn som *(fx she was put down in the hotel register as Mrs Smith);*
22.: ~ down for 1. *om beløp:* tegne (*el.* notere) for *(fx you may put me down for £10);* 2. *sport:* skrive (*el.* melde) på *(fx sby for a race);*
23.: ~ down to 1*(=put down as)* bokføre som *(fx business expenses);* 2.: **~ the dinner down to my account** sett (*el.* skriv *el.* før) middagen på min konto; 3*(=attribute to)* tilskrive *(fx I put it down to inexperience);*
24. *bot; glds:* **~ forth** *(=out)* **buds** skyte knopper;
25.: ~ forward 1. legge frem *(fx a theory);* 2. foreslå; anbefale (*as* som) *(fx he was put forward as the man most likely to succeed);* **he ~ me forward for the job** han anbefalte meg til stillingen; 3. *om klokken:* stille frem *(fx clocks should be put forward one hour tonight);* 4. *om person:* **~ oneself forward** stikke seg frem *(fx I have no wish to put myself forward);* 5.: **~ one's best foot forward***(=hurry)* skynde seg; forte seg;
26.: ~ in 1. legge (ned) i; legge inn; sette inn *(fx a new window pane);* **~ the cork back in the bottle** sette korken tilbake i flasken; **~***(=deposit)* **£50 in one's savings account** sette £50 inn på sin sparekonto; 2*(=install)* installere; montere *(fx we're having a new bath put in);* sette inn *(fx we've pulled out the old pipes and put in copper ones);* 3*(=insert)* sette til; føye til *(fx the correct punctuation marks);* 4*(=include)* ta med *(fx don't forget to put in the bit about Jim falling into the river!);* 5. *i samtale(=interpose)* innskyte; skyte inn; 6. *om ens tid:* bruke; ofre; satse *(fx put in a few hours of work);* 7. *i kontorbygg, etc:* ansette *(fx a security man to check on doors and windows);* 8. *polit:* **be ~ in***(=be elected (to office))* bli valgt *(fx Labour was put in with an increased majority);* 9. *mar:* **~ in at the next port** anløpe (*el.* gå inn til) neste havn; **the 'Seawolf' ~ into Harwich yesterday** «Seawolf» kom inn til Harwich i går; 10.: **~ sby in the wrong** stille en i et uheldig lys *(fx he's always trying to put me in the wrong);* **~ oneself in the wrong** selv gjøre feil; feile selv; *(se for øvrig appearance 1; basket; I. foot 14; I. mind 6; I. order 15; I. word 12);*
27.: ~ in for 1*(=apply for)* søke på *(fx a job);* 2. *sport:* melde på til *(fx put him in for the 100 metres);*
28. S: ~ sby inside*(=put sby in prison)* sette en i fengsel; få en satt fast;
29.: ~ off 1*(=switch off)* skru av *(fx the light);* 2. utsette *(fx put it off till Friday);* 3. *om avtale:* **~ sby off** sende avbud til en *(fx I had to put the Browns off because I had 'flu);* 4. *merk; om kreditor:* få til å gi utsettelse; få til å vente *(fx one's creditors for a few days);* 5. avvise; være avvisende mot; 6. forstyrre; distrahere *(fx the noise outside put him off);* 7. *om det som fratar lyst el. appetitt el. virker frastøtende:* **the accident ~ him off driving** ulykken fratok ham lysten til å kjøre bil; **the smell ~ me off** lukten fratok meg appetitten (,lysten); **be ~ off by his surly manner** bli frastøtt av det sure vesenet hans; **don't be ~ off by her sharp tongue** ikke la deg avskrekke av den skarpe tungen hennes;
30.: ~ on 1. sette på; legge på *(fx put it on the table);* 2. *om klær:* ta på *(fx he put on his jacket);* 3. *om ansiktsuttrykk:* sette opp *(fx a grave face);* 4.: **~ it on***(=pretend)* simulere; gjøre seg til *(fx she said she felt ill, but she was just putting it on);* 5. *om aksent:* legge seg til *(fx a French accent);* 6*(=switch on)* skru på *(fx put the light on);* 7. *om transportmidler(=lay on)* sette inn *(fx ten extra trains);* 8. *om hastighet:* **~ on more speed** sette opp farten; øke hastigheten; 9. *teat(=stage; produce)* sette opp *(fx a play);* 10. *om vekt:* **~ on weight** legge på seg *(fx how much (weight) did you put on?)* 11. *om veddemål(=bet)* vedde;

spille for *(fx I put a few pounds on in the course of a year);* ~ **money on***(=bet on)* **a horse** sette penger på en hest; 12. *tlf:* ~ **him on, then** la meg få snakke med ham, da; 13. *om avgift el. skatt:* ~ **a tax on** legge avgift på; ~ **on a new range of taxes** innføre en ny type avgift; 14. *om press el. pressmiddel:* ~ **the pressure on***(=apply pressure;* **T:** *put on the screw)* øve press; **that -s a lot of pressure on him** det legger stort press på ham; 15.: ~ **on one side** 1. legge til side (for senere bruk); 2*(=save)* spare; *(se for øvrig I. act 5; I. blame; I. face 15; lid; premium 3; shirt 5; thinking cap);*

31.: ~ **on to** 1. *tlf:* sette over til *(fx he put me on to the sales manager);* 2. sette i forbindelse med; la snakke med; **he insisted on being** ~ **on to the man in charge** han forlangte å få snakke med den mannen som hadde ansvaret; 3. *om noe fordelaktig el. interessant:* gi tips om; gi et vink om; 4.: ~ **the police on to sby** sette politiet på en;

32.: ~ **out** 1. sette ut; sette utenfor; kaste ut *(fx the doorman put him out);* ~ **the cat out** sette ut katten; ~ **one's tongue out** rekke ut tungen; ~ **one's hand out** rekke frem (*el.* strekke frem) hånden; 2. *bot:* ~ **out buds** skyte knopper; ~ **out leaves***(=come into leaf)* få løv; 3*(=extinguish)* slukke *(fx put the fire out);* 4. *om bokser, etc(= knock out)* slå ut; 5. bedøve *(fx a whiff of ether will put you out in seconds);* 6*(=issue)* sende ut *(fx an official statement; a detailed description of the wanted man; a distress signal);* **T***(=spread)* sette ut *(fx a story);* **they** ~ **it out that . . .***(=they spread the rumour that . . .)* de satte ut det ryktet at . . .; 7. *radio, TV:* sende *(fx a programme);* 8*(=dislocate):* **he** ~ **his shoulder out** han fikk skulderen av ledd; 9. *om energi el. krefter:* mobilisere *(fx they put out all their energy and enthusiasm);* 10*(=inconvenience)* uleilige; være til bry for *(fx are we putting you out?);* **don't** ~ **yourself out for us** ikke gjør deg noe bry for vår skyld; 11*(=annoy; anger)* ergre; gjøre sint *(fx he was put out by this decision);* 12*(=upset; disconcert)* bringe ut av fatning; forvirre *(fx the least thing puts him out);* 13*(=produce)* fremstille; produsere *(fx goods);* 14. *mask:* yte; utvikle *(fx put out one thousand horsepower);* 15. *mar:* ~ **out (to sea)** stikke til sjøs; gå ut;

33.: ~ **over** 1. sette over *(fx they put a young man over him);* 2. *om tanker(=put across)* formidle *(fx he puts his thoughts over badly);* 3. **T:** ~ **(a fast) one over on sby** spille en et puss; 4. **US***(=put off)* utsette;

34. T: I wouldn't ~ **it past him** jeg holder ham ikke (noe) for god til det;

35.: ~ **right** 1. reparere; rette på *(fx can you put this right?);* 2. *fig:* bringe i orden; rette på *(fx I can soon put that right);* 3.: ~ **sby right** rette på en;

36.: ~ **through** 1. stikke gjennom *(fx put it through a hole in the wall);* 2*(=carry out)* gjennomføre *(fx one's plan);* 3. *tlf:* sette over (*to* til) *(fx she put me through to the sales manager);* ~ **me through to the police** la meg få politiet; 4. *tlf:* ~ **through a call** ringe (*to* til); ta en telefon *(fx there are a couple of calls I've got to put through);* 5. *om skolegang:* la gå på *(fx he put his children through boarding school);* 6. **T:** ~ **sby through the mill** kjøre en hardt;

37.: ~ **oneself to expense** skaffe seg utgifter; ~ **sby to trouble***(=give sby trouble)* skaffe en bry; *stivt:* ~ **one's mind to a problem***(=give some thought to a problem)* beskjeftige seg med et problem; *(se for øvrig I. bed 1; death 6; I. end 3; III. hard 10; I. match; paid; I. touch);*

38.: ~ **together** 1. sette sammen; **2.:** ~ **two and two together** legge sammen to og to;

39.: ~ **up** 1. sette opp; henge opp *(fx curtains);* ~ **up a notice** sette opp et oppslag; 2*(=raise):* ~ **up a hand** rekke opp en hånd; rekke en hånd i været; 3. *om hus(=build)* sette opp; oppføre; bygge; *om minnesmerke(=raise; erect)* reise *(fx they're having a memorial to him put up by public subscription);* 4. *om pris, etc:* forhøye; øke; legge på *(fx the rent);* drive i været *(fx increased transport costs will put up(=send up) the prices);* 5. *om pengemidler:* skaffe (til veie) *(fx he promised to put up the money for the scheme);* stille; skyte inn (*el.* til) *(fx each of them put up £40);* 6. *om mat(=get)* skaffe *(fx get the hotel to put up some cold chicken for the journey; it's late but I think we can put you up a cold meal);* 7. gi husly; ta imot; ~ **sby up for the night** gi en nattelosji; la en få overnatte hos seg; **I can** ~ **you up** du kan få bo (,overnatte) hos meg; 8 *om fugl(=flush)* skremme (*el.* jage) opp; 9. *til stilling el. verv(=suggest)* foreslå *(fx he put up his wife as secretary);* 10.: ~ **up for sale***(=offer for sale)* fremby til salgs *(fx put a house up for sale);* **she** ~ **her possessions up for auction** hun auksjonerte bort eiendelene sine; 11. *om bønn(= offer up)* fremsi *(fx a prayer);* 12. *om motstand; etc:* yte; gjøre; **he** ~ **up a good fight** han gjorde god motstand; 13. *om prestasjon:* **T:** ~ **up a good show** gjøre det bra; klare seg fint; 14. *om katt:* ~ **up***(=arch)* **its back** skyte rygg; *fig:* ~ **sby's back up** få en til å reise bust;

40.: ~ **up at** ta inn på *(fx a hotel);*

41.: ~ **up to** 1. *til ugagn(=encourage)* sette opp *(fx who put him up to it?);* 2*(=teach)* lære opp *(fx get an expert to put him up to the job);*

42.: ~ **up with** finne seg i *(fx I can't put up with all this noise);*

43.: be ~ **upon***(=be taken advantage of)* bli utnyttet *(fx he's always being put upon).*

II. put *adj:* **stay** ~ bli hvor man er.

putative ['pju:tətiv] *adj; meget stivt(=supposed)* antatt; formentlig *(fx her putative father).*

putlog ['pʌt,lɔg] **putlock** ['pʌt,lɔk] *subst; i stillas:* stikkbjelke; *(jvf ledger 3).*

put-off ['put,ɔf] *subst* **US 1***(=pretext)* påskudd; **2***(=delay)* utsettelse.

put on [,put'ɔn]; *attributivt:* **put-on** ['put,ɔn] *adj:* påtatt *(fx that accent is put on; a put-on accent).*

putrefaction [,pju:tri'fækʃən] *subst; stivt(=rotting)* forråtnelse.

putrefy ['pju:tri,fai] *vb; stivt(=rot)* råtne; gå i forråtnelse.

putrescent [pju:'tresənt] *adj; meget stivt(=rotting)* råtnende; som er i ferd med å gå i forråtnelse.

putrid ['pju:trid] *adj; stivt(=rotten; smelling rotten)* råtten; som lukter råttent; stinkende.

putt [pʌt] *golf* **1.** *subst:* lett slag på ball på green; **2.** *vb:* gi ball på green et slikt slag.

I. putter ['pʌtə] *subst* **1.** golfkølle (brukt til korte slag på green); **2.** *om person:* **he's a good** ~ han er flink til å "putte"; *(se putt).*

II. putter *vb* **US:** *se potter.*

putting green *golf:* green; jevn flate omkring et hull.

putty ['pʌti] *subst:* kitt.

putty knife*(=stopping knife; filling knife)* sparkel.

put-up ['put,ʌp] *adj; om noe uhederlig:* **it was a** ~ **job** det var avtalt spill; det var arrangert på forhånd.

put upon ['putə,pɔn] *adj(=imposed upon; taken*

advantage of) utnyttet; misbrukt.

I. puzzle ['pʌzəl] *subst* **1.: (jigsaw) ~** puslespill; **a crossword ~** en kryssord; **2.** *fig:* puslespill; **a piece of a ~ that I can't fit in** en bite i et puslespill som jeg ikke kan finne plass til; **3.** problem; gåte *(fx it was a puzzle to him);* **unravel a ~***(=solve a riddle)* løse en gåte; *(jvf enigma & riddle).*

II. puzzle *vb* **1***(=perplex; bewilder)* forvirre; gjøre rådvill; gjøre perpleks; **the question -d them** spørsmålet forvirret dem; **I was -d by his attitude** jeg kunne ikke forstå holdningen hans; **that's what -s me** det er det jeg ikke kan forstå; **it -s me***(=it's a mystery to me);* det er meg en gåte; jeg kan ikke forstå det; **2.: ~ out** løse *(fx a code);* tenke ut *(fx a new method);* finne ut *(fx he tried to puzzle out what had gone wrong with his car);* **she never tried to ~ things out** hun prøvde aldri å finne ut av tingene; **~ out an answer** tenke ut (*el.* finne) et svar; **3.: ~ over** (sitte og) fundere over (*el.* på).

puzzled *adj:* forvirret; rådvill; uforstående *(fx look).*

puzzlement ['pʌzəlmənt] *subst(=perplexity)* forvirring; rådvillhet.

puzzler ['pʌzlə] *subst* **T***(=difficult question; poser)* vanskelig spørsmål *(fx that's a puzzler!).*

pyelitis [,paiə'laitis] *subst; med.:* nyrebekkenbetennelse.

pygmy, pigmy ['pigmi] *subst:* pygmé.

pygmy owl *zo:* spurveugle.

pyjamas *(,***US:** *pajamas)* [pə'dʒa:məz] *subst:* pyjamas; **three pairs of ~** tre pyjamaser.

pylon ['pailən] *subst:* høyspentmast; lysmast.

pyorrhoea *(,***US:** *pyorrhea)* [,paiə'ri:ə] *subst; tannl:* pyoré.

pyramid ['pirəmid] *subst:* pyramide.

pyramidal [pi'ræmidəl] *adj:* pyramidal; pyramide-; pyramideformet.

Pyrenean [,pirə'ni:ən] *adj:* pyrenéisk.

Pyrenees [,pirə'ni:z] *subst; pl; geogr:* **the ~** Pyrenéene.

pyrite ['pairait] *subst; min* **1***(=(iron) pyrites)* svovelkis; jernkis; **2.: copper ~** kopperkis.

pyrites [pai'raiti:z] *subst; min* **1. (iron)~***(=pyrite)* svovelkis; jernkis; **2.: capillary ~** hårkis.

pyro- ['pairou] *i sms:* pyro-; brann-.

pyroligneous [,pairou'ligniəs] *adj:* **~ acid** tresyre.

pyrotechnic(al) [,pairou'teknik(əl)] *adj:* pyroteknisk; fyrverkeri-; **~ display***(=grand display of fireworks)* stort fyrverkeri.

pyrotechnics [,pairou'tekniks] *subst:* fyrverkerikunst; pyroteknikk; *fig:* **verbal ~** verbalt fyrverkeri.

Pyrrhic ['pirik] *adj:* **~ victory** Pyrrhos-seir; dyrekjøpt seier.

Pythagoras [pai'θægərəs] *subst:* Pythagoras.

Pythagoras' theorem *geom:* den pytagoréiske læresetning.

python ['paiθən] *subst; zo:* pyton(slange); afrikansk kvelerslange.

pyx [piks] *subst* **1.** *rel:* monstrans; *(jvf monstrance & ostensory);* **2***(=pyx chest) i den kongelige britiske mynt:* skrin med prøvemynter.

Q

Q,q [kju:] (bokstaven) Q, q; *tlf:* **Q for Queen** Q for Quintus; **capital Q** stor Q; **small q** liten q; **mind one's p's and q's** være forsiktig med hva man sier; holde tungen rett i munnen.

Qatar [kæ'ta:] *subst; geogr:* Qatar.

qt, QT [,kju:'ti:] **S: on the** *~(=on the quiet; secretly)* i all stillhet; i smug; i all hemmelighet.

qua [kwei] *prep; stivt(=as; in the capacity of)* qua; som; i egenskap av *(fx he disliked the chairman not qua chairman but qua person).*

I. quack [kwæk] *subst* **1.** kvakksalver; **2. T**(= *doctor)* lege; **3.** *om and:* snadring.

II. quack *vb; om and:* snadre.

quack doctor kvakksalver.

quackery ['kvækəri] *subst:* kvakksalveri.

quack grass US*(=couch grass; quitch grass) bot:* kveke.

quad [kwɔd] *subst* **T:** *se quadrangle.*

quadrangle ['kwɔd,ræŋgəl] *subst* **1***(=quadrilateral)* firkant; **2.** *univ(=quad)* firkantet gårdsplass omgitt av bygninger.

quadrangular [kwɔ'drængjulə] *adj:* firkantet.

quadrant ['kwɔdrənt] *subst* **1.** kvadrant; **2.** *geom:* buestykke på 90°.

quadratic [kwɔ'drætik] *adj; mat.:* kvadratisk; **~ equation***(=equation of the second degree)* annengradsligning.

quadrature ['kwɔdrətʃə] *subst; astr; mat.:* kvadratur.

quadrennial [kwɔ'dreniəl] *adj; stivt* **1***(=occurring every four years)* som inntreffer hvert fjerde år; **2***(=lasting four years)* som varer i fire år; **3***(= four-year)* fireårs-; fir(e)årig.

quadrilateral [kwɔdri'lætərəl] **1.** *subst:* firkant; **2.** *adj:* firkantet.

quadruped ['kwɔdru,ped] *zo* **1.** *subst:* firbe(i)nt dyr; **2.** *adj:* firbe(i)nt *(fx a quadruped animal).*

quadruple ['kwɔdru(:)pəl] *stivt* **1.** *subst(=four times the (usual) amount):* firedobbelt beløp (*el.* mengde); **he is paid ~ for working in these terrible conditions** han får firedobbelt betaling for å arbeide under disse fryktelige forholdene;
2. *vb:* firedoble(s) *(fx our profits have quadrupled);*
3. *adj(=four times as many (,much))* firedobbelt *(fx they have an annual profit quadruple that of ours);*
4. *adj:* som består av fire (deler); firesidig *(fx alliance).*

quadruplet ['kwɔdruplit; kwɔ'dru:plit] *subst:* firling.

I. quadruplicate [kwɔ'dru:plikit] *subst:* **in** *~(=in four copies)* i fire eksemplarer.

II. quadruplicate [kwɔ'dru:pli,keit] *vb:* firedoble.

III. quadruplicate [kwɔ'dru:plikit] *adj(=in four copies)* i fire eksemplarer; **a ~ invoice** en faktura i fire eksemplarer.

quaff [kwɔf; kwa:f] *vb; litt. el. spøkef(=drink deeply in long draughts)* drikke (i dype slurker).

quaggy ['kwægi] *adj:* som ligner på hengemyr; myrlendt.

quagmire ['kwæg,maiə] *subst* **1.** hengemyr; **2.** *fig:* hengemyr; farlig (*el.* vanskelig) situasjon.

I. quail [kweil] *subst; zo:* vaktel.

II. quail *vb; stivt(=shrink back in fear)* vike skremt tilbake.

quaint [kweint] *adj* **1.** *om noe gammelt:* malerisk; morsom og gammeldags *(fx a quaint old house);* **2.** underlig; besynderlig *(fx a quaint sense of duty).*

quake [kweik] **1.** *subst* **T***(=earthquake)* jordskjelv; **2.** *vb; ofte spøkef(=tremble (with fear))* skjelve (av redsel).

Quaker ['kweikə] *subst:* kveker.

quaking grass *bot:* bevregress; hjertegress.

qualification [,kwɔlifi'keiʃən] *subst* **1.** kvalifikasjon *(fx what qualifications do you need for this job?);* forutsetning *(fx linguistic qualifications; he has every qualification necessary for such a post);* **a field in which I have no -s***(=a field of which I have no knowledge)* et område hvor jeg mangler faglige forutsetninger; **what are his -s?** hvilke kvalifikasjoner har han? **2***(=condition)* betingelse *(fx a qualification for membership);* **3***(=modification)* modifikasjon *(fx their pleasure was complete, with only one qualification);* forbehold *(fx accept a statement with certain qualifications).*

qualified ['kwɔli,faid] *adj* **1.** kvalifisert; ferdig utdannet *(fx a qualified nurse);* **you're not ~ to judge him** du har ikke forutsetninger for å (be)dømme ham; **highly ~ in one's subject(s)** med sterke faglige kvalifikasjoner; **~ to vote** stemmeberettiget; **2.** betinget *(fx praise);* **a ~ approval** en betinget godkjenning; **give a ~ signature** kvittere med forbehold; **a carefully ~ promise** et løfte med mange forbehold.

qualify ['kwɔli,fai] *vb* **1.** kvalifisere *(fx a degree in English does not qualify you to teach English);* **2***(=modify)* modifisere; begrense *(fx he qualified his statement to cover only teenagers);* **3.** *gram:* bestemme (nærmere) *(fx adjectives qualify nouns);* **-ing word** (nærmere) bestemmelse; **4.: ~ as** utdanne seg som; **he hopes to ~ as a doctor** han håper å kunne utdanne seg til lege; **5.: ~ for** 1. kvalifisere til *(fx a degree in English does not qualify you for this job);* **~ oneself for** kvalifisere seg til; gjøre seg skikket til; 2. *sport:* **~ (for)** kvalifisere seg (til) *(fx their team did not qualify; our team will qualify for the World Cup);* 3*(=entitle to)* berettige til; gi rett til *(fx residence qualifies you for membership); (se qualified 1).*

qualitative ['kwɔlitətiv] *adj:* kvalitativ.

quality ['kwɔliti] *subst* **1.** kvalitet *(fx different qualities of paper);* **we look for** *~(=good quality)* **rather than quantity** vi vil heller ha kvalitet enn kvantitet; **poor***(=inferior)* **~** dårlig kvalitet; **good ~** god kvalitet; **of high ~** av høy kvalitet; **2.** egenskap *(fx the boy has many fine qualities); (jvf property 3);* **3.** *glds:* **people of** *~(=people of rank)* standspersoner.

quality printer *EDB:* skjønnskriver.

qualm [kwa:m] *subst; stivt:* **-s***(=scruples)* skrupler; betenkeligheter.

quandary ['kwɔnd(ə)ri] *subst; stivt(=dilemma)* dilemma.

quantify ['kwɔnti,fai] *vb; om omfanget av noe; stivt(=determine; measure)* kvantifisere; bestemme (omfanget av); måle *(fx it's difficult to quantify* *the results).*

quantitative ['kwɔntitətiv] *adj:* kvantitativ.

quantity ['kwɔntiti] *subst* **1.** kvantitet; mengde; **large quantities of** store mengder . . . **a small ~ of cement** litt sement; en liten mengde sement; **2.** *mat.:* størrelse; **the unknown ~** den ukjente; *fig:* **he's an unknown ~** han er en ukjent størrelse; **3.** *fon:* kvantitet; lengde; **change in ~** kvantitativ forandring.

quantum ['kwɔntəm] *subst; fys:* kvante.

quantum mechanics *fys:* kvantemekanikk.

quarantine ['kwɔrən,ti:n] **1.** *subst:* karantene; **2.** *vb:* sette i karantene; holde i karantene.

I. quarrel ['kwɔrəl] *subst(=argument)* trette; krangel; **pick a ~ with sby** yppe strid med en; ville krangle med en; egle seg innpå en; **I had a ~ with him** jeg hadde en krangel med ham.

II. quarrel *vb* **1.** krangle; trette *(fx they've quarrelled);* **~ about***(=over)* **sth** krangle om noe; **2.** *stivt:* **~ with***(=disagree with)* være uenig i *(fx I wouldn't quarrel that).*

quarrelsome ['kwɔrəlsəm] *adj:* kranglevoren; trettekjær.

I. quarry ['kwɔri] *subst* **1.** steinbrudd; **2.** jaget vilt; bytte.

II. quarry *vb:* **~ stone** bryte stein.

quarry sand*(=rock sand)* bakkesand.

quart [kwɔ:t] *subst:* 1/4 gallon; 2 pints (ɔ: 1,136 l).

I. quarter ['kwɔ:tə] *subst* **1.** kvart; fjerdedel; **2.** *om tid:* **~ (of a year)** kvartal; **~ (of an hour)** kvarter; **an hour and a ~** én time og ett kvarter; **two and a ~ hours** to timer og ett kvarter; **it's a ~ past** *(,***US:** *after)* **three** klokken er kvart over tre; **3. US***(=25 cents)* 25 cent; kvart dollar; **4.** *om bydel:* **the Chinese ~ of the town** byens kineserkvarter; **5.** *om kompassretning:* kant *(fx from what quarter does the wind blow?);* **6.** retning; kant *(fx they were coming at me from all quarters);* **7.** *fig:* kant; hold; **from all -s** fra alle hold; **from another ~** fra annet hold; **from a well-informed ~** fra velunderrettet hold; **at close -s***(=near at hand)* på nært hold; **8.** *vektenhet:* **~ (of a hundredweight)** *(=28 pounds;* **US:** *25 pounds)* 12,7 kg (,11,34 kg); **~ (of a pound)***(=4 ounces)* 113,4 g; *svarer i praksis til:* hekto *(fx a quarter of sweets);* **9.** *stivt(=mercy)* nåde; pardong; **10.** *mar:* låring; **the wind was from the port ~** de hadde vinden på babord låring; **11.** *mil:* **-s** kvarter; forlegning *(fx winter quarters);* **married -s** de giftes kvarter; **the soldiers were given -s in the village** soldatene ble innkvartert i landsbyen.

II. quarter *vb* **1***(=cut into four (equal) parts)* dele i fire deler; **2***(=divide by four):* **we could ~ the time it would take to finish the job** vi kunne gjøre jobben ferdig på en fjerdedel av tiden; **3.** *mil:* innkvartere (*on* hos): **4.** *forbryter; som straff; hist:* partere.

quarterdeck ['kwɔ:tə,dek] *subst; mar(=afterdeck)* akterdekk.

quarterfinal ['kwɔ:tə,fainəl] *subst; sport:* kvartfinale.

quartering ['kwɔ:təriŋ] *subst* **1.** *mil:* innkvartering; **2.** *av forbryter; som straff; hist:* partering.

Quartering Office and Barrack Stores *hist; i Tysklandsbrigaden:* **the ~** kvartermestertjenesten.

quarterly ['kwɔ:təli] **1.** *subst:* kvartals(tids)skrift; **2.** *adj:* kvartalsvis; kvartals- *(fx journal);* **3.** *adv:* kvartalsvis *(fx we pay our electricity bill quarterly).*

quartermaster ['kwɔ:tə,ma:stə] *subst; mil:* **~ officer** intendanturoffiser.

Quartermaster Corps US *(,***UK:** *dekkes til dels av: Royal Army Service Corps)* Hærens intendantur.

quartet(te) [kwɔ:'tet] *subst; mus:* kvartett; **string ~** strengekvartett.

quarto ['kwɔ:tou] **1.** *subst:* (bok i) kvartformat; **2.** *adj:* i kvartformat; kvart- *(fx a quarto sheet).*

quartz [kwɔ:ts] *subst; min:* kvarts.

quash [kwɔʃ] *vb; jur:* omstøte *(fx a conviction);* **he had his conviction for manslaughter -ed** hans dom for drap ble omstøtt.

quasi- ['kweisai] kvasi- *(fx a quasi-scientific study).*

I. quaver ['kweivə] *subst* **1.** *i stemmen; stivt(=tremble)* skjelving; **2.** *mus:* åttendedelsnote.

II. quaver *vb; om stemme; stivt(=tremble)* skjelve.

quay [ki:] *subst:* kai; brygge; **at the ~** ved bryggen.

quayage ['ki:idʒ] *subst* **1***(=quay dues)* bryggeavgift; **2.** bryggeplass; kaiplass.

queasy ['kwi:zi] *adj* **1.** *om mage(=easily upset)* ømfintlig; **2.** kvalm *(fx I feel rather queasy on this boat).*

Quebec [kwi'bek] *subst; geogr:* Quebec.

I. queen [kwi:n] *subst* **1.** dronning *(fx the Queen of Scotland);* **2.** *kortsp:* dame *(fx the queen of spades);* **3.** *sjakk:* dronning; **-'s bishop** dronningløper; **4.** *fig:* **beauty ~** skjønnhetsdronning; **Paris, ~ of cities** Paris, byenes dronning; **5. S:** eldre, utspjåket mannlig homoseksuell; *(NB uttrykket brukes især av homoseksuelle).*

II. queen *vb* **1.** *i sjakk:* bli (*el.* gjøre) til dronning; **2.:** **~ it** spille dronning; **~ it over sby** herse med en.

Queen Anne *arkit:* senbarokk (i UK: 1700–1720).

queen bee bidronning.

queen dowager enkedronning; *(jvf queen mother).*

queenly ['kwi:nli] *adj; stivt(=like a queen)* dronningaktig; dronning- *(fx dignity).*

queen mother *om kongens el. dronningens mor:* enkedronning; *(jvf queen dowager).*

Queen's Bench Division (of the High Court) *avdeling av High Court som behandler både sivile saker og straffesaker; svarer som appelldomstol til:* lagmannsrett; *(se NEO lagmannsrett).*

Queen's Counsel *ærestittel som gis til en ansett «barrister».*

Queen's English*(=standard Southern British English)* dannet sørengelsk; standardengelsk.

queen's evidence *(,***US:** *state's evidence; State's Evidence) jur:* **turn ~** bli kronvitne (ɔ: vitne mot en medskyldig for selv å oppnå mildere straff).

I. queer [kwiə] *subst* **T***(=male homosexual)* homoseksuell.

II. queer *vb* **T: ~ sby's pitch** ødelegge for en; ødelegge hele opplegget for en; ødelegge tegningen for en.

III. queer *adj* **1.** underlig; rar *(fx a very queer hat);* **2. T***(=homosexual)* homoseksuell; **3. T***(=queasy; not quite well)* kvalm; rar *(fx I do feel a bit queer – perhaps I ate too many oysters);* **he's taken rather a ~ turn***(=he's feeling unwell)* han føler seg ikke bra.

quell [kwel] *vb; litt.* **1***(=put down)* slå ned; knuse *(fx a rebellion);* **2.** *om frykt(=lessen; soothe)* dempe.

quench [kwentʃ] *vb* **1.** *om tørst; stivt(=satisfy)* slukke; stille *(fx one's thirst);* **2.** *bål, etc; stivt(=put out)* slukke; **3.** *tekn; ved neddypping i vann el. olje:* avkjøle og herde; **4.** *stivt(=put down)* slå ned; knuse *(fx a rebellion);* **5.** *fig; stivt(=damp; stifle)* dempe; kvele.

querulous ['kwerulǝs] *adj* **1***(=peevish; disgruntled)* gretten; sur; utilfreds; **2***(=fretful; whining)* klynkende; klagende; sytete *(fx person);* **3.:** **in ~ tones** *(=in a querulous voice)* 1. med klagende (*el.* klynkende) stemme; 2. med gretten stemme; grettent.

I. query ['kwiəri] *subst* **1.** *stivt(=question)* spørsmål *(fx answer sby's queries);* **2***(=question mark)* spørsmålstegn.

II. query *vb* **1***(=ask)* spørre *(fx "What's wrong?" she queried);* **2***(=question)* betvile *(fx I query his ability to do the job);* sette spørsmålstegn ved; **I think the waiter has added up the bill wrongly – you should ~ it** jeg tror kelneren har summert regningen feil – det skulle du spørre om.

quest [kwest] *subst; stivt el. litt.(=search)* leting *(fx the quest for gold);* **go in ~ of gold** dra ut for å lete etter gull.

I. question ['kwestʃən] *subst* **1.** spørsmål; sak; **answer a ~** besvare et spørsmål; **ask***(=put; stivt: pose)* **a ~** stille et spørsmål; **ask sby a ~***(=put a question to sby)* stille en et spørsmål; **a leading ~** et suggestivt spørsmål; **the ~ of buying a new car** spørsmålet om å kjøpe ny bil; **it's only a ~ of time** det er bare et spørsmål om tid; **2***(=doubt)* tvil *(fx he is, without question, the best man for the job);* **there was little ~ of his skill** det var liten tvil om hans dyktighet; **3***(=chance; possibility):* **there was no ~ of escape** det var ingen mulighet for å unnslippe; **4.: beside the ~***(=beside the point)* saken uvedkommende; som ikke angår saken; **5.: in ~** angjeldende; pågjeldende; **the person in ~***(=the person concerned)* vedkommende; den (personen) det dreier seg om; den det gjelder; **call in ~***(=question)* dra i tvil; betvile; **6.: that's out of the ~** det kommer ikke på tale.

II. question *vb* **1.: ~ sby** eksaminere en; spørre en ut *(fx I'll question him about what he was doing last night);* **2***(=doubt)* betvile; tvile på *(fx I question if you can do it);* dra i tvil; **he -ed her right to do that** han betvilte hennes rett til å gjøre det; **I ~ whether he'll come** jeg tviler på om han kommer.

questionable ['kwestʃənəbl] *adj* **1***(=doubtful)* tvilsom; **it's ~ whether we'll finish this in time** det er tvilsomt om vi vil få dette ferdig i tide; **2***(=doubtful; shady)* tvilsom; **of ~ reputation** med et tvilsomt rykte.

questioner ['kwestʃənə] *subst:* spørsmålsstiller.

I. questioning *subst:* avhør; **be detained***(=taken in)* **for ~** bli brakt inn for avhør; **the police are holding him for ~** han sitter i avhør hos politiet.

II. questioning *adj(=inquiring; enquiring)* spørrende; **a ~ tone of voice** et spørrende tonefall.

question mark spørsmålstegn.

questionnaire [,kwestʃə'nɛə] *subst:* spørreskjema.

question paper *skolev:* oppgaveark.

question time *parl:* spørretime.

question word *gram:* spørreord.

queue [kju:] **1.** *subst:* kø; **jump the ~** snike i køen; **2.** *vb:* stå i kø; **~ up** stille seg i kø.

I. quibble ['kwibəl] *subst(=niggle; minor objection)* mindre innvending; **-s** mindre (*el.* små) innvendinger; småpirk *(fx these are merely quibbles; there were quibbles over some of the details).*

II. quibble *vb* **1.: ~ over details** henge seg opp i detaljer; **2.: ~ at, ~ about***(=argue about; object to)* krangle om; protestere på *(fx he quibbled at the price).*

quibbler ['kwiblə] *subst:* en som henger seg opp i detaljer; flisespikker; ordkløver.

quibbling *subst:* strid om bagateller; flisespikkeri; ordkløveri.

I. quick [kwik] *subst* **1.** *glds:* **the ~** de levende *(fx the quick and the dead);* **2.** kjøtt under fingerel. tånegl; *fig:* **cut to the ~***(=hurt deeply)* såre dypt.

II. quick *adj* **1.** rask; kvikk; kjapp; **~ to learn** lærenem; **he's a ~ walker** han går fort; **the journey was not as ~ as usual** turen gikk ikke så fort som ellers; **he's ~ to respond to a call for help** han reagerer raskt når han blir bedt om å hjelpe; **he has a ~ temper** han er bråsint; **she has a ~ wit***(=she's witty)* hun er vittig; **~ wits** snartenkthet *(fx her quick wits saved the situation);* **too ~ to criticize** for snar (*el.* rask) til å kritisere; **he gave them a ~ look** han så fort på dem; **2.** skarp *(fx these animals have very quick hearing; have a quick ear);* **he has a ~ eye for mistakes** han er skarp når det gjelder å se feil; **3. T: a ~ one** en liten tår over tørsten; en liten drink i all hast.

III. quick *adv* **T***(=quickly)* fort *(fx come quick!);* **-er***(=more quickly)* fortere *(fx this will cook quicker).*

quicken ['kwikən] *vb(=make quicker; become quicker)* påskynde *(fx one's pace);* bli raskere *(fx his pace quickened);* **her pulse -ed at the sight** da hun så dette, slo pulsen raskere.

quick-freeze ['kwik,fri:z] *vb:* hurtigfryse.

quick-frozen [,kwik'frouzən; *attributivt:* 'kwik,frouzən] *adj:* hurtigfrossen.

quickie ['kwiki] *subst* **T***(=quick drink)* en rask liten drink.

quicklime ['kwik,laim] *subst(=burnt lime)* brent (*el.* ulesket) kalk.

quicksand ['kwik,sænd] *subst:* kvikksand.

quicksilver ['kwik,silvə] *subst; glds(=mercury)* kvikksølv.

quick-tempered [,kwik'tempəd; *attributivt:* 'kwik,tempəd] *adj:* hissig; oppfarende; bråsint.

quick-witted [,kwik'witid; *attributivt:* 'kwik,witid] *adj:* snartenkt.

quid [kwid] *subst* **1.** *av skråtobakk:* skrå; **2. T***(=pound (sterling))* pund *(fx he paid five quid for it);* **if we sell them at £5 each, we'll be -s in** hvis vi selger dem for fem pund pr. stykk, vil vi tjene store penger.

quiescent [kwi'esənt] *adj; stivt; om vulkan(=dormant)* sovende.

I. quiet ['kwaiət] *subst(=calm)* ro; stillhet *(fx in the quiet of the night);* **all I want is peace and ~** det eneste jeg forlanger er fred og ro; **a period of ~** en stille periode; **T: on the ~***(=on the qt; on the QT)* i all stillhet; i smug; i all hemmelighet.

II. quiet *adj* **1.** stille; rolig *(fx it's very quiet here);* **be ~** være stille *(fx tell the children to be quiet);* **he's a very ~ man** han er meget stille av seg; **he has a ~ and steady manner** han er rolig og stø; **the engine is very ~** motoren går meget rolig (*el.* stille); **the shop was very ~ this morning** det var meget rolig (*el.* ikke mange mennesker) i butikken i formiddag; **we'll have a ~ evening watching television** i kveld skal vi ta det med ro og se på TV; **keep ~** 1. holde seg rolig; være stille; 2. holde i ro; få til å være rolig (*el.* stille) *(fx he can't keep a class quiet);* **2.** *om farge:* rolig; diskret *(fx I think we should have a nice quiet colour in the bedroom);* **a ~ colour scheme** rolige farger; **3.** som ikke sies; stille *(fx quiet resentment);* **keep sth ~***(=keep sth to oneself)* holde stilt (*el.* tett) med noe; holde noe for seg selv; **keep ~ about sth** ikke snakke om noe; holde stilt med noe; **keep ~ about the fact that . . .** holde stilt med at . . .; ikke snakke om at.

III. quiet *vb:* **~ (down):** *især* **US:** *se quieten.*

quieten ['kwaiətən] *vb* **1***(=calm)* berolige; dempe *(fx sby's fears);* **2.: ~ (down)** bli rolig; falle til ro.

quietness ['kwaiətnis] *subst(=calm; tranquility)* stillhet; ro.

quietude ['kwaiə,tju:d] *subst; stivt: se quietness.*

quiff [kwif] *subst* **1.** hår kjemt bakover og oppover fra pannen; **2.** pannelokk; flat hårlokk i pannen.
quill [kwil] *subst* **1.** *hist:* (gåse)fjærpenn; **2.** *zo; på pinnsvin:* pigg; **3.** *zo:* stiv fjær på vinge el. hale; **4.** *i vevning:* veftspole; **5.** *mask(=hollow shaft)* hul aksel.
quilt [kwilt] *subst:* **(continental)** ~ vatteppe; dyne.
quilted ['kwiltid] *adj:* vattert.
quin [kwin] *subst* **T***(=quintuplet)* femling.
quince [kwins] *subst; bot; frukt:* kvede.
quinine ['kwini:n; kwi'ni:n] *subst; med.:* kinin.
quinsy ['kwinzi] *subst; med.(=boil in the throat)* halsbyll.
quint [kwint] *subst; mus:* kvint.
quintessence [kwin'tesəns] *subst; stivt* **1***(=essential part)* kvintessens; **the** ~ **of** det vesentlige ved *(fx the quintessence of the book is missed in the film);* **2***(=perfect example; embodiment)* innbegrep; **the** ~ **of pride** selve innbegrepet av stolthet; den legemliggjorte stolthet.
quintet, quintette [kwin'tet] *subst; mus:* kvintett.
quintuplet ['kwintjuplit; kwin'tju:plit] *subst (,***T:** *quin)* femling.
quip [kwip] **1.** *subst(=joke; quick, witty remark)* vits; kjapp vittighet *(fx he's very good at making quips);* **2.** *vb:* komme med kjappe vittigheter; slå kjappe vitser.
quire ['kwaiə] *subst; om kvantum på 24 ark:* bok; *(jvf I. ream).*
quirk [kwə:k] *subst* **1.** *ved håndskrift el. på tegning(=flourish)* krusedull; krøll; snirkel; **2.** *om noe uventet:* lune; **by some** ~ **of fate***(=through a freak of chance)* ved et skjebnens lune; **3.** *hos person(=peculiar trait; idiosyncrasy)* særhet; underlig vane.
quisling ['kwizliŋ] *subst:* landsforræder.
I. quit [kwit] *vb(pret & perf. part.: quit, quitted)* **1.** *om arbeid el. hus* **T***(=leave)* slutte *(fx I'm going to quit next week; quit teaching);* forlate *(fx ready to quit the building at a moment's notice); om leieboer:* flytte *(fx we've been given notice to quit);* **2***(=stop)* holde opp med *(fx quit whining, will you; quit that!).*
II. quit *adj* **T: be** ~ **of***(=be rid of)* være kvitt.
quitch [kwitʃ] *subst; bot:* ~ **(grass)***(=couch grass)* kveke.
quitclaim ['kwit,kleim] *subst; jur; dokument:* avkall på rettighet; oppgivelse av et krav.
quite [kwait] *adv* **1***(=completely; entirely)* helt *(fx different; impossible);* **2.: not** ~ **all** ikke riktig alt; ikke det hele *(fx that's not quite all);* ~ **the best pub in town***(=definitely the best pub in town)* absolutt den beste pub'en i byen; **3***(=rather)* ganske *(fx it's quite warm today; he's quite a good artist; I quite like the idea; it took quite a time; I really quite enjoy it);* ~ **a few people** ganske (*el.* temmelig) mange mennesker; **4.** *int:* ~ **(so)***(=just so)* nettopp; ganske riktig; javisst; **5.** *om noe(n) som imponerer el. er bemerkelsesverdig:* **she's** ~ **a girl** det er litt av en jente! **that was** ~ **a long walk!** det var litt av en tur! **that's** ~ **something!** det er virkelig noe (til saker)! **that was** ~ **some party!** det var jamen litt av et selskap!
quits [kwits] *adj* **T:** kvitt; skuls *(fx we're quits now);* **I'm** ~ **with him** jeg er skuls med ham; **call it** ~ 1. bli enige om å være skuls *(fx why don't you two call it quits and be friends?);* 2*(=call it a day)* ta kvelden.
quitter ['kwitə] *subst(=person who gives up easily)* en som lett gir opp; en som gir opp på halvveien; **T:** slappfisk; en som det ikke er noe tæl i.
I. quiver ['kwivə] *subst* **1.** pilekogger; **2.** *stivt(=tremor)* skjelving *(fx there was a slight quiver in his voice as he spoke); om lyden:* vibrering; **the** ~ **of a bird's wings** lyden av fuglevinger.
II. quiver *vb; stivt* **1***(=tremble)* skjelve; sitre *(fx her voice quivered as she spoke);* **2.** *om lyden:* vibrere; dirre.
qui vive [,ki:'vi:v]: **on the** ~*(=on the alert)* våken; på vakt.
quixotic [kwik'sɔtik] *adj; stivt* **1***(=strange)* underlig; besynderlig; **2***(=out of touch with real life)* virkelighetsfjern; don-quijotisk.
I. quiz [kwiz] *subst:* spørrekonkurranse; gjettekonkurranse *(fx answer a quiz in the newspaper).*
II. quiz *vb (pret & perf. part.: quizzed):* ~ **sby about sth** spørre en ut om noe.
quiz master leder av spørrekonkurranse.
quizzical ['kwizikəl] *adj(=teasing)* ertende *(fx smile); (=comical)* komisk; rar *(fx a quizzical look).*
quod [kwɔd] *subst* **S***(=jail)* hull; kasjott.
quoit [kɔit; **US:** kwɔit] *subst:* kastering; **-s** ringspill.
quorum ['kwɔ:rəm] *subst; om forsamling(=working majority)* beslutningsdyktig flertall; **have a** ~ være beslutningsdyktig.
quota ['kwoutə] *subst:* forholdsmessig andel; kvote.
quotable ['kwoutəbl] *adj* **1***(=fit for quoting; worth quoting)* egnet til å bli gjengitt (i dannet selskap); verdt å sitere; **2.** *om bemerkning, etc:* som man har tillatelse til å sitere *(fx were the Minister's remarks quotable or off the record?)*
quotation [kwou'teiʃən] *subst* **1.** sitat; **-s out of context** sitatfusk; **throw -s about** slå om seg med sitater; **2.** *merk:* **(stock exchange)** ~ (børs)notering; **securities admitted for** ~ papirer opptatt til notering; **paper listed for** ~ notert papir; **3***(=estimate;* **T:** *quote)* pristilbud; anbud.
quotation mark *(,***T:** *quote)* anførselstegn; **-s***(=inverted commas;* **T:** *quotes)* anførselstegn; gåseøyer.
I. quote [kwout] *subst* **T:** *se quotation 3 & quotation mark.*
II. quote *vb* **1.** sitere *(fx sby; a passage from a book);* **2.** *om anbud* **T:** ~ **sby for** gi en pris på *(fx what price could you quote me for painting the house?);* **3.** *merk; på børsen:* notere *(fx shares were quoted at 110);* **4.** *i diktat(=open inverted commas)* anførselstegn begynner; **5.** *i muntlig språk; når man vil angi at man siterer:* **(and I)** ~ og jeg siterer *(fx the Minister said, and I quote, "We have beaten inflation"; the Minister said quote we have beaten inflation unquote).*
quotient ['kwouʃənt] *subst; mat.:* kvotient.

R

R,r [a:] (bokstaven) R, r; *tlf:* **R for Robert** R for Rikard; **capital R** stor R; **small r** liten r; **the three Rs***(=reading, writing, and arithmetic)* lesning, skrivning og regning.
rabbet ['ræbit]*(=rebate) tøm* **1.** *subst:* fals; spor; **2.** *vb:* false (sammen).
rabbet plane *se rebate plane.*
rabbi ['ræbai] *subst:* rabbi; rabbiner.
rabbit ['ræbit] *subst; zo:* kanin.
rabbit hutch kaninbur.
rabbit warren område underminert av kaninganger.
rabble ['ræbəl] *subst:* mobb; pøbel *(fx what a rabble there was at this party – they broke up all the furniture); neds el. spøkef:* **the** ~*(=the common people)* den gemene hop.
rabble-rouser ['ræbəl,rauzə] *subst:* oppvigler; rabulist.
rabid ['ræbid] *adj* **1.** *med.:* som lider av hundegalskap (*el.* rabies) *(fx a rabid dog);* **2.** *fig; neds(=fanatical)* rabiat; helt vill; fanatisk.
rabies ['reibi:z] *subst; med.(=hydrophobia)* rabies; hundegalskap.
raccoon, racoon [rə'ku:n] *subst; zo:* vaskebjørn.
I. race [reis] *subst:* rase *(fx the Negro race);* **the human** ~ menneskerasen; **of mixed** ~ av blandet rase; **community of** ~ rasefellesskap; **member of the same** ~ rasefelle; **of pure** ~ raseren; *(jvf racial purity).*
II. race *subst* **1.** race *(fx a motor race);* veddeløp *(fx a horse race);* renn *(fx a cross-country skiing race);* løp; **he's running in the next** ~ han er med i neste løp; **Peter ran a fine** ~*(=Peter ran well)* Peter løp et godt løp; **swim a** ~ **with***(=against)* kappsvømme med; **walk a** ~ **with***(=against)* kappgå med; *(se motor race; motor rally; sailing race; walking race);*
2*(=rush)* knapp tid; rush *(fx it'll be a bit of a race to catch that train);*
3. *fig:* kappløp; **the arms** ~ våpenkappløpet; kapprustingen; **a** ~ **against time** et kappløp med tiden;
4.: the -s*(=a horse race)* hesteveddeløp *(fx I'm going to the races).*
III. race *vb* **1.** løpe om kapp med; kappløpe; kappseile; *om hest:* la delta; ~ **one's own horse** ri sin egen hest (i veddeløp); **the horse is racing against five others** hesten løper mot fem andre; **2.** gå (,kjøre) fort *(fx along the road);* ~ **the engine** ruse motoren.
race card *ved hesteveddeløp:* program.
race-conscious ['reis,kɔnʃəs] *adj:* rasebevisst.
racecourse ['reis,kɔ:s] *(,***US:** *racetrack) subst; for hester:* veddeløpsbane; *(jvf racetrack).*
race discrimination*(=racial discrimination)* rasediskriminering.
racehorse ['reis,hɔ:s] *subst:* veddeløpshest.
race meeting hesteveddeløp.
racer ['reisə] *subst* **1.** racerbil; racersykkel; **2.** *sport (=runner)* løper.
race relations raseforhold; forholdet mellom rasene; **improve** ~ bedre forholdet mellom rasene.
race riots raseopptøyer.
racetrack ['reis,træk] *subst* **1.** veddeløpsbane; **2. US***(=racecourse)* hesteveddeløpsbane.
rachitis [rə'kaitis] *subst; med.(=rickets)* engelsk syke.
racial ['reiʃəl] *adj:* rase-; rasemessig.
racial abuse: use ~ bruke rasistiske skjellsord.
racial characteristic*(=racial peculiarity)* rasemessig eiendommelighet; raseeiendommelighet.
racial discrimination*(=race discrimination)* rasediskriminering.
racialism ['reiʃə,lizəm] *subst; lett glds(=racism)* rasisme; rasehat.
racialist ['reiʃəlist] *lett glds(=racist)* **1.** *subst:* rasist; rasehater; rasefanatiker; **2.** *adj:* rasistisk *(fx he has a racialist outlook);* ~ **attitudes** rasistiske holdninger.
racial pollution*(=race defilement)* raseskjensel.
racial purity *om mennesker:* raserenhet.
racial prejudice rasefordom.
racing ['reisiŋ] *subst* **1.** hestesport; **2.** veddeløpssport.
racing car racerbil.
racing dinghy *seilsp:* regattajolle.
racing shell kapproingsbåt.
racism ['reisizəm] *subst:* rasisme.
racist ['reisist] **1.** *subst:* rasist; **2.** *adj:* rasistisk.
I. rack [ræk] *subst* **1.** stativ; hylle; **roof** ~ takgrind; **luggage** ~ bagasjenett; bagasjehylle; **hay** ~ høyhekk; **2.** *hist:* **the** ~ pinebenken; *fig:* **be put on the** ~ bli spent på pinebenken; **3.** *tekn:* tannstang; **4.: go to** ~*(=wrack)* **and ruin** forfalle.
II. rack *vb* **1.** *hist(=torture on the rack)* martre; pine; **2.** *om sykdom:* **be -ed by** bli plaget av; **3.:** ~ **one's brains** anstrenge hjernen sin; bry hjernen sin; legge hodet i bløt; **4.** legge i hylle (*el.* reol) *(fx bottles of wine);* **5.** *om vin(=draw off (from the lees))* tappe om.
I. racket ['rækit] *subst; sport:* **(tennis)** ~ (tennis)-racket.
II. racket *subst* **1. T:** bråk; lurveleven; **make an infernal** ~ holde et syndig leven; **2.** *fig* **T: the** ~*(=the strain):* **he's getting too old to stand the** ~ han begynner å bli for gammel til å tåle det harde kjøret; **3. T:** svindelforetagende; **he's in the drug** ~ han driver med narkotika; **4.** *om levebrød* **T: writing's a real** ~ man tjener virkelig gode penger ved å skrive; **5.** *om yrke el. beskjeftigelse* **S: what's your** ~? hva driver du med? **he's in the publicity** ~ han er i reklamebransjen.
racketeer [,ræki'tiə] **1.** *subst:* gangster; svindler; pengeutpresser (ved hjelp av skremsler el. vold); **2.** *vb:* drive pengeutpressing; drive med svindel.
racketeering *subst:* gangsteruvesen; organisert pengeutpressing.
rackety ['rækiti] *adj* **T***(=noisy; boisterous)* bråkete.
rack rent ublu (hus)leie.
rack renter*(=unscrupulous landlord)* bolighai; *(jvf rack rent).*
racon ['reikɔn] *subst; flyv(=radar beacon)* radarfyr.
raconteur [,rækɔn'tə:] *subst:* god forteller; person som er flink til å fortelle historier.
racoon *se raccoon.*
racquet ['rækit] *subst: se I. racket.*

racy ['reisi] *adj* **1.** *om stil(=vigorous; lively)* kraftig; frisk; ekte; **2.** *om smak(=piquant)* pikant; **3**(*=risqué; suggestive)* vovet; drøy *(fx joke).*

radar ['reida:] *subst:* radar.

radar beacon *subst; flyv(=racon)* radarfyr.

radar beam *flyv:* radarstråle; **home onto a ~** legge seg på en radarstråle.

radar scope ['reida:,skoup] *subst:* radarskjerm.

radar speed check radarkontroll.

radar trap*(=speed trap)* sted hvor politiet foretar radarkontroll.

I. radial ['reidiəl] *subst:* **~ (tyre)** radialdekk.

II. radial *adj:* radial; **~ tyre***(=radial-ply tyre)* radialdekk; **steel-braced ~ tyre** stålradialdekk; radialdekk med stålinnlegg.

radial bearing *mask:* radial(kule)lager.

radiance ['reidiəns] *subst(=brightness)* stråleglans.

radiant ['reidiənt] *adj* **1.** strålings-; stråle- *(fx heat);* **2.** *fig(=bright)* strålende *(fx smile);* **the bride looks ~** bruden ser strålende lykkelig ut.

I. radiate ['reidi,eit] *vb* **1***(=give off)* utstråle; gi fra seg *(fx heat);* **2.** *fig, stivt(=beam with)* utstråle *(fx a person who radiates peace and contentment);* **3.: ~ from** 1. stråle ut fra *(fx heat radiates from a fire);* 2. gå ut fra; ha som utgangspunkt *(fx all the roads radiate from the centre of the town).*

II. radiate ['reidiit; 'reidieit] *adj:* stråleformet.

radiation [,reidi'eiʃən] *subst* **1.** utstråling *(fx of heat);* **2.: (radioactive) ~** (radioaktiv) stråling *(fx he died from a massive dose of radiation);* **3.** *med.:* **~ (therapy)** bestråling(sterapi); strålebehandling.

radiation biology strålingsbiologi.

radiation field strålingsfelt.

radiation hazard strålingsfare.

radiation resistance strålingsbestandighet; strålingsmotstand.

radiation resistant strålingsbestandig; strålingsresistent.

radiation sensitivity strålingsfølsomhet.

radiation sickness strålingssyke.

radiator ['reidi,eitə] *subst* **1.** *for oppvarming:* radiator; **2.** *i bil:* radiator; kjøler.

radiator blind*(=radiator shell) på bil:* kjølergardin.

radiator cap radiatorlokk.

I. radical ['rædikəl] *subst* **1.** *polit:* radikaler; **2.** *språkv(=root; stem (of a word))* ordstamme; rot; **3.** *mat.:* størrelse man skal trekke roten ut av; **4.** *mat.(=radical sign)* rottegn.

II. radical *adj* **1.** radikal; fundamental; *polit:* radikal; **2.** *språkv:* rot-; **3.** *mat.:* rot-; **~ sign** rottegn.

radical chic *subst; neds(=superficial left-wing radicalism)* overfladisk venstreradikalisme.

radicalism ['rædikə,lizəm] *subst:* radikalisme.

radicalize, radicalise ['rædikə,laiz] *vb:* radikalisere.

I. radio ['reidiou] *subst(pl: radios)* radio; **by ~** over radio; via radioen; **on (the) ~** i radio; i radioen; **the concert is being broadcast on (the) ~** konserten sendes i radio; **I heard it on***(=over)* **the ~** jeg hørte det i radioen; **listen to the ~***(=listen (in))* høre på radio; **turn***(=switch)* **on the ~** sette (*el.* skru) på radioen; **turn the ~ on full blast***(=turn the volume right up)* sette radioen på fullt drønn.

II. radio *vb:* **~ (to)** radiotelegrafere (til).

radioactive [,reidiou'æktiv] *adj:* radioaktiv; **~ fallout** radioaktivt nedfall.

radioactivity [,reidiouæk'tiviti] *subst:* radioaktivitet.

radio appeal*(=microphone charm)* mikrofontekke.

radio beacon radiofyr.

radio bearing radiopeiling.

radio communication radiosamband.

radio direction finder radiopeiler.

radio engineering radioteknikk.

radiograph ['reidiou,gra:f, 'reidiou,græf] *subst(=X-ray picture)* røntgenbilde.

radiographer [,reidi'ɔgrəfə] *subst:* radiograf.

radiological [,reidiə'lɔdʒikəl] *adj:* radiologisk; **UK: the National Radiological Protection Board** *svarer til:* Statens institutt for strålehygiene.

radiologist [,reidi'ɔlədʒist] *subst:* radiolog.

radiology [,reidi'ɔlədʒi] *subst:* radiologi.

radio officer *mar:* radiotelegrafist; **chief ~** sjefstelegrafist; **first ~** førstetelegrafist.

radio play hørespill.

radiosonde ['reidiou,sɔnd] *subst:* radiosonde.

radio telegram*(=radiogram)* radiotelegram.

radio telephony radiotelefoni.

radiotherapy [,reidiou'θerəpi] *subst:* røntgenbehandling.

radio transmitter radiosender.

radish ['rædiʃ] *subst; bot:* reddik; **turnip ~** hagereddik; *(se horse radish).*

radium ['reidiəm] *subst:* radium.

radius ['reidiəs] *subst(pl: radii* ['reidi,ai]*)* **1.** *geom:* radius; **2.** radius; omkrets; **within a ~ of 500 metres from the school** i en radius av 500 meter fra skolen; **within a ~ of 500 metres** i 500 meters omkrets; **3.** *anat:* spolebein.

RAF [,a:rei'ef; ræf] *(fk.f. Royal Air Force):* **the ~** Luftforsvaret.

I. raffle ['ræfəl] *subst:* utlodning *(fx he won the vase in a raffle).*

II. raffle *vb:* lodde ut *(fx a bottle of whisky).*

raffle ticket lodd (ved utlodning).

I. raft [ra:ft] *subst:* flåte; **log ~** tømmerflåte.

II. raft *vb* **1.** *forst(=float;* **US:** *drive)* fløte; **~ timber** 1(,**US:** *drive logs)* fløte tømmer; 2. binde sammen tømmer for fløting; **2.** transportere på flåte.

rafter ['ra:ftə] *subst:* taksperre; takbjelke.

raftered ceiling*(=beamed ceiling)* bjelkeloft.

I. rag [ræg] *subst* **1.** klut; fille; **2.** *neds* **T***(=newspaper)* filleavis; **the local ~** lokalavisen; **3. T: -s** filler (ɔ: klær); **one's glad -s***(=one's best clothes)* ens penklær; ens stasklær; **4. T: lose one's ~***(=lose one's temper)* fly i flint; bli rasende.

II. rag *vb* **T***(=play tricks on; tease)* erte; holde leven med.

ragamuffin ['rægə,mʌfin] *subst; især om barn:* fillefrans.

rag-and-bone man*(=ragman; rag merchant; rag picker;* **US:** *junkman)* fillekremmer; klutesamler.

rag doll filledukke.

I. rage [reidʒ] *subst* **1.** raseri; **he flew into a ~** han ble rasende; **shout with ~** skrike rasende; **2.** *om naturkraft:* raseri *(fx the rage of the sea);* **3.: T: (all) the ~***(=very much in fashion)* siste skrik; siste mote.

II. rage *vb* **1.** rase *(fx the storm was raging);* **~ at, ~ against** rase mot *(fx he raged at his secretary);* **the elephant -d through the jungle** elefanten raste gjennom jungelen; **controversy still -s** striden raser fortsatt; **2.** *om sykdom:* herje *(fx smallpox was raging).*

ragged ['rægid] *adj* **1***(=tattered)* fillet(e) *(fx clothes);* **2.** *om kant, etc(=uneven)* ujevn *(fx ragged edges);* **3. T***(=not very good)* temmelig dårlig.

ragged robin *bot:* haneblom; hanekam.

raging ['reidʒiŋ] *adj* **1***(=violent)* rasende *(fx storm);* **the ~ sea** det opprørte havet; **2***(=extremely painful)* rasende; forferdelig *(fx toothache).*

ragman ['rægmən] *subst: se rag-and-bone man.*

ragout ['rægu:; ræ'gu:] *subst; mat:* ragu.

rag paper klutepapir.
rag picker *se rag-and-bone man.*
ragwort ['ræg,wɔ:t] *subst; bot:* svineblom; *(se groundsel; marsh fleawort).*
I. raid [reid] *subst:* raid; razzia *(fx the police carried out a raid on the porn club);* plyndringstokt; overfall; **bank ~** bankoverfall.
II. raid *vb:* overfalle; foreta razzia i *(fx the police raided the club);* **~ a bank** plyndre en bank; *spøkef:* **I'm hungry – let's ~ the larder** jeg er sulten, så la oss plyndre spiskammeret; **who's been -ing the larder?** hvem er det som har vært (og forsynt seg) i spiskammeret?
raider ['reidə] *subst* **1.** en som deltar i et raid (,en razzia, etc); **2.** *flyv:* angripende bombefly; **3.** *hist(=privateer)* kaperskip.
I. rail [reil] *subst; zo:* **land** ~*(=corncrake)* åkerrikse; **water ~** vannrikse.
II. rail *subst* **1.** tverrstang (i gjerde); gelender; rekkverk; *om vannrett stang til forskjellige formål:* **curtain** ~*(=curtain rod)* gardinstang; **towel ~** håndklestativ; **guard ~** 1*(=rail)* rekkverk; gelender; 2*(=safety rail)* autovern; **2.** (jernbane)skinne; **3***(=railway)* jernbane; **by ~** med jernbane *(fx send goods by rail);* **4. T: go off the -s** gå fra konseptene; oppføre seg rart.
III. rail *vb* **1.: ~ in, ~ off** sette rekkverk (*el.* gjerde) rundt *(fx the playground has been railed in; we'll rail that bit of ground off);* **2.** *stivt(=complain bitterly; abuse)* rase *(fx he railed against his fate);* **~ at** skjelle ut.
railcar ['reil,ka:] *subst; jernb(=railbus; railcoach)* skinnebuss.
rail creep *jernb:* skinnevandring.
railhead ['reil,hed] *subst* **1.** endepunkt (for jernbane under bygging); endestasjon; **2.** *mil:* omlastningsplass for jernbane; **3.** *jernb; tekn:* skinnehode.
railing ['reiliŋ] subst: **-(s)** (jern)stakitt; rekkverk.
raillery ['reiləri] *subst(=good-humoured teasing)* godmodig erting.
I. railroad ['reil,roud] *subst* **US***(=railway)* jernbane.
II. railroad *vb* **T***(=force; hustle)* presse; tvinge (en uvillig person) *(fx into doing sth);* **~ through** tvinge (*el.* presse) gjennom (i all hast) *(fx the bill was railroaded through Congress).*
railway ['reil,wei] *subst(,***US:** *railroad)* jernbane; **he has a job on the ~** han arbeider ved jernbanen.
railway carriage*(,fagl: coach;* **US:** *railroad car)* jernbanevogn.
railway constructional engineer jernbaneingeniør.
railway guide*(=railway timetable)* rutebok.
railway sleeper*(,***US:** *tie)* jernbanesville.
railway station*(,***US:** *railroad depot(=station))* jernbanestasjon.
I. rain [rein] *subst* **1.** regn; **pouring ~** øsende regn; **the south wind had brought ~** sønnavinden var kommet med regn; **it looks like ~** det ser ut til å bli regn; **go out into the ~** gå ut i regnet (*el.* regnværet); **2.** *fig:* regn; **a ~ of arrows** et pileregn; **3.: the -s***(=the rainy season)* regntiden; **4.: (come) ~ or shine** 1*(=regardless of the weather)* uansett hvordan været er (,blir); 2*(=regardless of circumstances)* uansett hvordan forholdene er (,måtte være); **5. T: right as** ~*(=perfectly all right)* helt i orden.
II. rain *vb* **1.** regne *(fx it's raining);* **T: it's -ing cats and dogs!***(=it's pouring down)* det pøsregner; **2.** *fig:* regne; la det regne med *(fx he rained abuse on them);* **the blows -ed down on him** slagene haglet ned over ham; **congratulations -ed on his head;** han ble overøst med gratulasjoner; **3.** *ordspråk:* **it never -s but it pours** 1*(=troubles never come singly)* en ulykke kommer sjelden alene; 2. en lykke kommer sjelden alene; **4.** *sport; om kamp:* **~ off***(=wash out;* **US:** *rain out)* avbryte (,avlyse) pga. regn *(fx the match was rained off).*
rainbow ['rein,bou] *subst:* regnbue.
rainbow trout *zo:* regnbueørret.
rain check US: can I have a ~?*(=but perhaps I can defer the pleasure?)* men kanskje jeg kan få ha det til gode? **I'll take a ~ on that** det vil jeg gjerne få lov å ha til gode til en annen gang.
raincoat ['rein,kout] *subst:* regnfrakk; regnkappe.
raindrop ['rein,drɔp] *subst:* regndråpe.
rainfall ['rein,fɔ:l] *subst* **1***(=rain)* regn; nedbør; **2.** *meteorol(=amount of precipitation)* nedbørmengde; **with low ~** nedbørfattig.
rain gauge*(=udometer)* regnmåler.
rainproof ['rein,pru:f] *adj(=raintight) om klær:* regntett; vanntett.
rainwater ['rein,wɔ:tə] *subst:* regnvann.
rainwater pipe*(=downpipe)* nedløpsrør.
rainwear ['rein,wεə] *subst:* regntøy.
rainy ['reini] *adj:* regnfull; regn- *(fx the rainy season);* regnvåt *(fx rainy streets);* **a ~ region** område med meget nedbør; **a ~ day***(=a wet day)* en regnværsdag; **save sth for a ~ day** spare litt med tanke på trangere tider.
I. raise [reiz] *subst; især* **US***(=rise)* lønnspålegg.
II. raise *vb* **1.** *stivt(=lift)* heve *(fx one's glass; a sunken vessel);* **2***(=erect; put up)* sette opp; reise *(fx a monument);* **3***(=increase)* øke *(fx this will raise the value of the house considerably);* legge på *(fx prices; the rent);* heve *(fx the temperature);* **the extra effort -d his blood pressure** den ekstra anstrengelsen ga ham høyere blodtrykk (*el.* høynet blodtrykket hans); **4.** *kortsp; poker:* høyne *(fx I raise you); bridge:* gå opp (i makkers farge); **5***(=make higher)* gjøre høyere *(fx we're going to raise that wall (by) a couple of centimetres);* **6.** *mat.:* opphøye *(fx 8 is 2 raised to the power (of) 3);* **7.** *fon:* heve *(fx raise e to i);* **8.** *skolev:* **~ a mark***(=give a better mark)* heve en karakter; **fail marks cannot be -d** strykkarakterer kan ikke heves; **9.** *mil:* **~ a siege** heve en beleiring; **10.** *mil:* **~ an army** reise en hær; **11.** *om stemmen:* heve; **12.** *mar:* **~ land***(=sight land)* få land i sikte; **13. T: ~ hell, ~ the roof, ~ Cain** 1. lage et forferdelig leven; 2. bli forferdelig sur; **14.** *landbr; om avling(=grow)* dyrke *(fx wheat); om dyr(=rear; breed)* ale opp *(fx pigs);* **~ a calf** sette på en kalv; **15***(=bring up; rear):* **~ a family** (få og) oppdra barn; **she has -d five children** hun har født og oppdratt fem barn; **where were you -d?** hvor vokste du opp? **16.** *om pengemidler:* skaffe (til veie); (klare å) samle sammen; **~ funds, ~ money** skaffe midler (*el.* penger); **~ a loan on the house** oppta (*el.* skaffe seg) et lån på huset; **17.** *ved innsamling, etc:* innbringe *(fx a collection was made and it raised £500);* **18.** *om spørsmål, tema(=bring up)* bringe på bane; reise *(fx a question);* **has anyone in the audience any points they would like to ~?** er det noen i forsamlingen som har noe de vil ha tatt opp? **19.** *om innvending(=make)* gjøre; komme med *(fx raise objections);* **20***(=stir up)* virvle opp *(fx a lot of dust); fig:* **~ a dust***(=kick up a dust; cause a great stir)* virvle opp mye støv; skape røre; **21.** *om forventninger:* spenne *(fx raise sby's expectations);* **~ false hopes** gi (*el.* skape) falske forhåpninger; **22.** *radio:* få kontakt med; **I can't ~ the mainland** jeg får ikke kontakt med fastlandet.

raised *adj:* hevet; løftet; oppstrakt *(fx with raised hands);* ~ **letters** opphøyde bokstaver.
raisin ['reizən] *subst:* rosin.
raison d'être [,reizɔn'detrə] *subst:* eksistensberettigelse.
Raj [ra:dʒ] *subst:* **the** ~ det britiske styre i India inntil 1947.
raja(h) ['ra:dʒə] *subst; i India:* fyrste; rajah.
I. rake [reik] *subst* **1.** rive; **hay** ~ høyrive; **2***(=angle of slope)* helling; skråning; *mask:* sponvinkel; *flyv:* vingespissvinkel; *mar:* skråning *(fx the rake of the stern; the rake of the mast).*
II. rake *vb* **1.** rake; rake i *(fx the garden);* ~ **up,** ~ **together** rake sammen; **2.** *med ildraker:* ~ **out the ashes** rake ut asken; **3.** *mil; ved ildgivning:* bestryke; **4.** *med kikkert:* avsøke; **5. S:** ~ **it in,** ~ **in the money** håve inn penger; **6.** gi en helningsvinkel.
rake-off ['reik,ɔf] *subst* **S:** andel (av bytte); **get a** ~ **(from the profits)** få sin del av fortjenesten (*el.* byttet).
rakish ['reikiʃ] *adj* **1.** *om hatt, etc:* **she wore her hat at a** ~ **angle** hun hadde hatten kjekt på snei; **2.** *mar; om skip:* med smekre linjer.
I. rally ['ræli] *subst* **1.** stevne *(fx a Scouts' rally);* **(election)** ~ valgmøte; **(party)** ~ (parti)møte; partipolitisk møte; **2.** *tennis:* serie (returballer); **3.: (car)** ~ billøp; **map-reading** ~ orienteringsløp.
II. rally *vb* **1.** samle *(fx the general tried to rally his troops);* samle seg *(fx the soldiers rallied); fig:* samle seg *(fx the supporters rallied to save the club from collapse); fig:* ~*(=summon)* **one's courage** samle mot; ta mot til seg; ~ **one's wits to face a problem** konsentrere seg om å takle et problem; **2***(=recover)* komme seg *(fx after a long illness);* **3.** *økon:* ta seg opp *(fx the pound rallied);* styrke *(fx the Bank of England tried to rally the pound);* **4.** *for å hjelpe:* ~ **round sby (to help)** samle seg om en for å hjelpe *(fx his friends rallied round him);* **5.** *fig:* ~ **to** samle seg om *(fx the new party);* ~ **to the cause** slå et slag for saken.
rallying point samlingsmerke; samlingspunkt.
I. ram [ræm] *subst* **1.** *zo:* vær; *astr:* **the Ram** Væren; **2.** *hist:* **(battering)** ~ stormbukk; murbrekker; rambukk; **3.** *hist; på skip(=beak; rostrum)* vedderstevn; vedder.
II. ram *vb* **1***(=run into):* ~ **(into)***(=ram against)* kjøre inn i; ramme; **2.:** ~ **a fence post into the ground***(=drive in a fence post)* slå ned en gjerdestolpe; **3.** *fig* **T:** ~ **sth down sby's throat** gi en noe inn med skjeer; tvangsfôre en med noe; **. . . but we won't have it -med down our throats!** men vi skal ha oss frabedt å få det inn med skjeer; **4.** *om argument el. poeng:* ~ **sth home** slå noe ettertrykkelig fast *(fx the speaker rammed home his point).*
I. ramble ['ræmbəl] *subst (leisurely walk without a planned route)* tur (til fots) *(fx go on(=for) a ramble).*
II. ramble *vb* **1.** vandre om (på måfå); streife om; gå tur (på landet); **2.** snakke forvirret (*about* om); **3.:** ~ **on** snakke og snakke i hytt og vær.
rambler ['ræmblə] *subst* **1.** fotturist; vandrer; **2.** *bot:* ~ **(rose)***(=climbing rose)* klatrerose; slyngrose.
rambling ['ræmbliŋ] *adj* **1.** *om tale:* vidløftig; springende; **2.** *om hus:* med mange krinkelkroker *(fx a rambling old house); om by:* uregelmessig anlagt.
rambunctious [ræm'bʌŋkʃəs] *adj* **US T***(=boisterous)* støyende; larmende.
ramification [,ræmifi'keiʃən] *subst:* forgrening.
ramify ['ræmi,fai] *vb:* forgrene seg.
ramp [ræmp] *subst* **1.** rampe; **launching** ~*(=launch pad)* utskytningsrampe; **2.** bukk; **greasing** ~ smørebukk; **hydraulic** ~ hydraulisk bukk; **3.** *flyv:* leider **4.** *ski:* i hoppbakke *(=inrun)* overrenn.
I. rampage ['ræmpeidʒ; ræm'peidʒ] *subst:* **be on the** ~*(=run amuck)* løpe grassat; løpe rundt og forårsake ødeleggelser *(fx the elephant was on the rampage for two days); fig:* **the boss is on the** ~*(=the boss is on the warpath)* sjefen er på krigsstien.
II. rampage [ræm'peidʒ] *vb:* ~ **about** løpe grassat; storme omkring; **the elephants -d through the jungle** elefantene stormet rasende gjennom jungelen.
rampant ['ræmpənt] *adj* **1.** *om kriminalitet, etc; stivt(=rife):* **be** ~ florere; grassere *(fx vandalism is rampant);* **a** ~ **crime wave** *(=a violent(=raging) wave of crime)* en voldsom bølge av kriminalitet; **2.** *her.; om dyr:* oppreist *(fx a horse rampant).*
rampart ['ræmpa:t] *subst(=defensive wall)* festningsvoll; ~ **of shields***(=testudo)* skjoldborg.
rampion ['ræmpiən] *subst; bot:* rapunkelklokke; vadderot.
ramrod ['ræm,rɔd] *subst* **1.** *for gevær:* pussestokk; **2.** *hist:* la(de)stokk; **3.: stand (as) stiff as a** ~*(=stand very straight)* stå stiv som en pinne.
ramshackle ['ræm,ʃækəl] *adj(=dilapidated; falling to pieces)* falleferdig *(fx hut);* **a** ~ **car** et vrak av en bil; en skranglekasse.
ramsons ['ræmzənz; 'ræmsənz] *subst; bot:* ramsløk.
ran [ræn] *vb; pret av II. run.*
ranch [ra:ntʃ] *subst:* ranch; kvegfarm.
rancher ['ra:ntʃə] *subst:* rancheier; kvegoppdretter; rancharbeider.
rancid ['rænsid] *adj:* harsk; ~ **butter** harskt smør.
rancour*(,***US:** *rancor)* ['ræŋkə] *subst; stivt(=grudge; bitterness; hate)* nag; bitterhet; hat.
random ['rændəm] **1.** *subst:* **at** ~*(=in a haphazard way)* på måfå; på slump; på lykke og fromme; på en tilfeldig måte; **2.** *adj:* tilfeldig; vilkårlig; **a** ~ **sample** en stikkprøve; **a** ~ **shot** et slumpskudd; **a table of** ~ **numbers** en tabell med vilkårlig valgte tall.
random access *EDB:* direkte tilgang; fordelt tilgang.
random number sequence *EDB:* slumptallfølge.
random sample stikkprøve.
randy ['rændi] *adj; vulg:* kåt; liderlig.
rang [ræŋ] *vb; pret av II. ring.*
I. range [reindʒ] *subst* **1.** utvalg; rekke; **a wide** ~*(=choice)* **of books** et stort utvalg i bøker; **this computer has a whole** ~ **of***(=a wide variety of)* **applications** denne datamaskinen har en hel rekke bruksmuligheter; **he has a very wide** ~ **of interests***(=his interests are many and varied)* han er meget allsidig interessert; **2.** rekkevidde *(fx what's the range of this missile?);* skuddvidde *(fx of a gun);* **at close** ~ på kloss hold; *også fig:* **find one's** ~ skyte seg inn; **once he has found his** ~ **. . .** når han først har skutt seg inn; **within** ~ **(of)** innenfor skuddvidde (av); **out of** ~ **of***(=beyond the range of)* utenfor rekkevidde av; ~ **of vision** synsvidde; **3.** *flyv, etc:* aksjonsradius; **long-**~ **aircraft** fly med stor aksjonsradius; **4.** *zo:* **home** ~ aktivitetsområde; **vital** ~ aksjonsområde; **5. US***(=grazing land)* beiteland; **6.: mountain** ~ fjellkjede; **7.** *glds:* **(kitchen)** ~ vedkomfyr; **8.: rifle** ~**, target** ~ skytebane; skytefelt; **9.** *mus:* register; **10.** *EDB:* verdiområde; **11.** *statistikk:* ~ **(of distribution)** variasjonsbredde; **12.** *fig:* område; **a** ~ **of values** et verdiområde; **price** ~ prisområde;

prisklasse.

II. range *vb* **1**(*=post)* stille opp *(fx troops were ranged on either side of the palace gates); fig; stivt:* **he -d himself***(=he sided with)* **with the radicals in his party** han stilte seg på linje med radikalerne i partiet; **2.** *om område; stivt(=extend; stretch)* strekke seg *(fx his kingdom ranged from the River Humber to the River Trent);* **3.** *zo(= roam about)* streife omkring *(fx the leopard ranges widely in Africa); (=be found)* finnes *(fx the leopard ranges throughout Africa);* **4.** *om person; litt.(=walk):* ~ **(over) the hills and mountains** streife om i li og fjell; **5***(=vary)* variere *(fx their ages ranged from 5 to 65);* **6. US***(=graze)* slippe ut på beite; la beite; *(jvf I. range 5);* **7.** *stivt(= classify)* klassifisere; ordne *(fx facts that cannot be ranged under any known theory).*

rangefinder ['reindʒ,faində] *subst; fot; mil:* avstandsmåler.

ranger ['reindʒə] *subst* **1. US: forest** ~*(=forester)* skogvokter; **supervisor of -s***(=district forest officer)* skogforvalter; **2.** *i østafrikansk nasjonalpark:* **(game)** ~*(=gamekeeper)* viltvokter; **3. US***(= commando)* commandosoldat; **4.: Ranger (Guide)** pikespeider over 16 år.

ranger district US*(=forest district)* skogforvaltning.

rangy ['reindʒi] *adj(=tall and slender)* høy og slank.

I. rank [ræŋk] *subst* **1.** *mil:* geledd; rekke; **they broke -s** de brøt ut av geleddene; **2.** rang; grad; **all -s** befal og menige; **other -s** korporaler og menige; **the -s***(=the rank and file)* de menige; **be above sby in** ~*(=rank above sby; outrank sby)* ha høyere rang enn en; **be reduced to the -s** bli degradert til menig; **he was promoted to the** ~ **of colonel** han ble forfremmet til oberst; **hold the** ~ **of captain** ha kapteins grad; **3.** *også fig:* rekke; **cab** ~ drosjeholdeplass; **he joined the -s of the unemployed** han sluttet seg til rekken av arbeidsløse; **4.** (sosial) rang; **the upper -s of society** de øvre lag av samfunnet; **the world of** ~ **and fashion** den fornemme verden; **5.: the** ~ **and file** 1*(=ordinary people)* vanlige mennesker; 2*(=rank and file members)* vanlige medlemmer; 3. *mil(= the ranks)* de menige.

II. rank *vb* **1. US***(=outrank; be above in rank)* ha høyere rang enn; **2.** rangere; **apes** ~ **above dogs in intelligence** aper står over hunder i intelligens; **he -s among our greatest writers** han regnes med blant våre største forfattere; **I** ~ **horses higher than donkeys** jeg setter hester høyere enn esler; **he -s***(=is)* **third on the list** han står som nummer tre på listen; ~ **with** være i klasse med; regnes blant.

III. rank *adj; stivt* **1.** altfor frodig *(fx vegetation);* ~ **with***(=overgrown with)* overgrodd med; **2.** *om smak(=rancid)* harsk; *om lukt(=pungent)* ram; **3.** *om språk(=foul)* vulgært *(fx rank language);* **4***(=flagrant)* åpenbar; tydelig *(fx his rank disloyalty);* **5.** *forsterkende(=complete):* **a** ~ **outsider** en som står helt utenfor.

rankle ['rænkəl] *vb(=cause bitterness)* gjøre bitter; svi *(fx his failure to win still rankles).*

ransack ['rænsæk] *vb:* ransake; gjennomsøke.

I. ransom ['rænsəm] *subst:* løsepenger; **they paid a** ~ **of £20,000** de betalte £20.000 i løsepenger; **they paid £20,000 for his** ~ de betalte £20.000 i løsepenger for ham; **hold sby to** ~ forlange løsepenger for en; *fig:* **a king's** ~*(=a vast amount of money)* en kjempesum.

II. ransom *vb:* betale løsepenger for; kjøpe fri.

rant [rænt] *vb(=talk angrily):* ~ **(on),** ~ **and rave** bruke seg.

I. rap [ræp] *subst* **1***(=sharp blow)* rapp; slag; **he heard a** ~ **on the door** han hørte at det banket på døren; **2. T: take the (whole)** ~ ta (hele) støyten.

II. rap *vb* **1***(=give a sharp blow)* slå til; smekke til *(fx he rapped my fingers with a ruler);* **he -ped on the table***(=he hit the table)* han slo i bordet; **2.:** ~ **out***(=say quickly)* si fort; **he -ped out his orders** han slynget ut sine befalinger.

rapacious [rə'peiʃəs] *adj; stivt(=greedy)* grisk; grådig.

rapacity [rə'pæsiti] *subst; stivt(=greed)* griskhet; grådighet.

I. rape [reip] *subst; bot:* raps.

II. rape *subst* **1.** voldtekt; **attempted** ~ voldtektsforsøk; **consummated** ~ fullbyrdet voldtekt; **2.** *litt.(=abduction)* bortførelse; rov; **3.** *litt.(= destruction; violation)* rasering *(fx the rape of the countryside);* **4.** *litt.(=violation)* krenkelse *(fx a rape of Justice).*

III. rape *vb* **1.** voldta; **2.** *stivt el. litt.(=destroy; violate)* rasere.

rape oil*(=rapeseed oil)* rapsolje.

rape victim voldtektsoffer.

rapid ['ræpid] *adj(=fast)* rask; hurtig; *om strøm:* stri.

rapidity [rə'piditi] *subst(=speed)* hurtighet.

rapids ['ræpidz] *subst; pl:* stryk; **shoot the** ~ sette utfor stryket.

rapier ['reipiə] *subst:* (støt)kårde.

rapist ['reipist] *subst:* voldtektsforbryter.

rappel [ræ'pel] *vb: se abseil.*

rapping spirit bankeånd.

rapport [ræ'pɔ:] *subst; stivt(=understanding; close link)* forståelse; nært forhold; *stivt:* **obtain** ~*(= make contact)* **with people who have just passed over** komme i kontakt med nylig avdøde mennesker; **establish a personal** ~*(=relationship)* **with one's students** etablere et personlig forhold til sine studenter.

rapprochement [raprɔʃ'mã] *subst; stivt(=resumption of friendly relations)* tilnærming (mellom stater).

rapt [ræpt] *adj(=fascinated)* henført *(fx she wore(= had) a rapt expression);* **he listened with** ~ **attention***(=he listened very attentively)* han lyttet meget oppmerksomt.

rapture ['ræptʃə] *subst; stivt(=great delight)* henrykkelse; **go into -s over***(=be delighted by)* bli henrykt over.

rapturous ['ræptʃərəs] *adj; stivt(=enthusiastic)* begeistret *(fx they gave him a rapturous welcome).*

rare [rɛə] *adj* **1.** sjelden *(fx flower);* **on** ~ **occasions***(=at rare intervals)* en sjelden gang; *fig:* **that's a** ~ **thing** det er sjelden vare; **2.** *om kjøtt(=underdone)* rødstekt; lite stekt; lettstekt; **3. T***(=great):* **we had** ~ **fun** vi hadde det veldig morsomt.

rarebit ['rɛəbit] *subst: se Welsh rabbit.*

rarely ['rɛəli] *adv(=seldom)* sjelden.

rarefied ['rɛəri,faid] *adj* **1.** *om luft; stivt(=thin)* tynn; **2.** *fig; meget stivt(=exalted)* opphøyd *(fx spiritual existence);* meget høy *(fx political circles);* **3.** *meget stivt(=exclusive)* eksklusiv; forbeholdt de få.

raring ['rɛəriŋ] *adj* **T***(=keen):* ~ **to go** ivrig etter å begynne (,dra, ta fatt).

rarity ['rɛəriti] *subst* **1***(=rareness)* sjeldenhet; **2.** *om ting:* sjeldenhet *(fx this stamp is a rarity).*

rascal ['ra:skəl] *subst* **1.** *glds(=scoundrel)* kjeltring; **2.** *spøkef:* **(little)** ~ (liten) rønner; liten slyngel.

rascally ['ra:skəli] *adj(=mean; wicked)* lumpen; slem; **a** ~ **trick** en lumpen strek.

I. rash [ræʃ] *subst* **1.** *med.:* utslett; **heat** ~*(=prick-*

ly heat; fagl: milaria) heteutslett; **2.** *fig:* **a ~ of** en hel epidemi av; en hel serie *(fx burglaries).*

II. rash *adj:* ubesindig; overilt; ubetenksom; **a ~ action** en overilt (*el.* forhastet) handling; **a ~ person** en ubesindig person.

rasher ['ræʃə] *subst; av bacon el. skinke(=slice)* skive.

I. rasp [ra:sp] *subst* **1.** rasp; grov fil; **2.** *om lyden:* raspende lyd *(fx the rasp of sandpaper on wood).*

II. rasp *vb* **1.** raspe; file; **2.** skurre *(fx his voice rasped on her ears);* **3.: ~ out an order** gi en hes (*el.* skurrende) ordre.

raspberry ['ra:zb(ə)ri] *subst; bot:* bringebær.

raster ['ra:stə] *subst:* raster.

I. rat [ræt] *subst* **1.** *zo:* rotte; *fig:* **smell a ~** lukte lunten; ane uråd; **2.** *neds* **T:** rotte *(fx he's a real rat);* **3. T***(=blackleg)* streikebryter; **4. US S***(= informer; stool pigeon)* angiver; lokkedue.

II. rat *vb* **1.** *om avtale, etc:* **~ on***(=abandon)* svikte; oppgi *(fx he ratted on the project at the last minute);* **2***(=betray)* forråde; sladre (*on* på).

ratability [,reitə'biliti] *subst; m.h.t. kommuneskatt:* skattbarhet.

ratable, rateable ['reitəbl] *adj; m.h.t. kommuneskatt:* skattbar.

ratable value *om verdien:* skattetakst *(fx the ratable value of a house); (se NEO skattetakst).*

rat-a-tat-tat ['rætə,tæt'tæt], **rat-a-tat** ['rætə'tæt], **rat -tat** ['ræt,tæt] *subst* **1.** skarp bankelyd; tromming *(fx there was a rat-a-tat on(=at) the door);* **2.** knatring *(fx the rat-tat(=the crackle) of machine-gun fire).*

ratchet ['rætʃit] *subst; tekn:* **~ (mechanism)** sperrehjul og pal; sperreverk; *(jvf pawl).*

ratchet brace borskralle.

ratchet wheel *tekn:* palhjul; sperrehjul.

I. rate [reit] *subst* **1.** sats *(fx rate of interest);* rate; **~ per cent***(=percentage)* prosentsats; **freight ~** fraktsats; fraktrate; **growth ~** vekstrate; *skolev:* **failure ~** strykprosent; **at the appropriate ~** til fastsatt sats (*el.* rate); **they're paid at a higher ~ than we are** de betales etter en høyere sats enn oss; **what's the ~ of pay for this job?** hvilken sats lønnes denne jobben etter? **hold the present ~** (opprett)holde de nåværende satsene (*el.* ratene); **there is a high accident ~ in the factory** ulykkesfrekvensen i fabrikken er høy; **2.** hastighet *(fx the rate of production has doubled);* **he works at an incredible ~** han arbeider utrolig fort; *mar:* **~ of loading** lastehastighet; **3.** *merk:* kurs; **~ of exchange** vekslingskurs; valutakurs; **the ~ of the pound** pundkursen; **at today's ~ (of exchange)***(=at the current rate of exchange)* til dagens kurs; **at the ~ of** til en kurs av; **4.: (domestic) -s** kommunale avgifter; kommuneskatt (på fast eiendom); **the -s have gone up** kommuneskatten er gått opp; **5.** *i sms; om kommunal avgift:* **the water ~** vannavgiften; **6.** *mar:* **able ~** grad mellom 'ordinary rate' (menig i særklasse) og 'leading rate' (ledende menig); **junior ~** *(,***US:** *seaman recruit)* menig soldat; **leading ~** *(,***US:** *petty officer third class)* ledende menig; **ordinary ~***(,***US:** *seaman apprentice)* menig i særklasse; **7.: at any ~** i hvert fall; **8.: at this (,that) ~** hvis det fortsetter slik (,på den måten); hvis det er slik.

II. rate *vb* **1.** vurdere; verdsette; **~ highly***(=value highly)* verdsette høyt; sette høyt *(fx we rate your services highly; I don't rate this book very highly);* **I ~ it higher than . . .** jeg setter det (,den) høyere enn . . .; **2***(=rank)* rangere; **he -s fifth in the world** han rangerer som nummer fem i verden; **3.** *m.h.t. kommunal beskatning:* taksere; beskatte; **our house is -d at £240** vi betaler £240 i skatt på huset vårt; **4.: ~ as***(=be rated as; be considered as)* bli regnet som *(fx he rates as a good and kind man);* **~ among** regne(s) blant *(fx we rate him amoung our benefactors).*

rateable *se ratable.*

ratel ['reitəl] *subst; zo(=honey badger)* honninggrevling.

rate of exchange*(=exchange rate)* vekslingkurs; valutakurs.

rate of interest rentesats.

ratepayer ['reit,peiə] *subst; m.h.t. kommuneskatt:* skattebetaler.

rate support grant UK: government ~ statstilskudd til kommune; *(jvf grant-in-aid & state support).*

rather ['ra:ðə] *adv* **1.** temmelig; nokså *(fx it's rather cold today);* **that's ~ a silly question***(=that's a rather silly question)* det er et nokså dumt spørsmål; **I ~ thought that was the case***(=I rather thought so)* jeg tenkte meg nesten det; **I've eaten ~ more than I intended** jeg har spist litt mer enn jeg hadde tenkt; **I've eaten ~ too much** jeg har spist litt for mye; **2.** heller; **there was nothing he would ~ do** det var ingenting han heller ville; **he chose the shorter route ~ than the more beautiful one** han valgte den korteste veien fremfor den vakreste; **can we do it now ~ than tomorrow?** kan vi gjøre det nå istedenfor i morgen? **I'd***(=I would; I had)* **~ you didn't do that***(=I'd(= I would) prefer you not to do that)* jeg så helst at du ikke gjorde det; jeg foretrekker at du ikke gjør det; **I'd ~ not***(=I would rather not)* jeg vil helst ikke; jeg vil helst (få) slippe; **wouldn't you ~ . . .?** vil du ikke heller . . .? **3.** snarere *(fx he ran rather than walked);* **or ~** eller rettere sagt; eller snarere; **my father, or ~ stepfather** min far, eller rettere sagt stefar; **4.** *int(=yes, indeed; very much)* ja, i høy(este) grad! *(fx "Are you enjoying yourself?" – "Rather!").*

ratification [,rætifi'keiʃən] *subst; av traktat, etc(= official approval)* ratifikasjon.

ratify ['ræti,fai] *vb; om traktat, etc(=approve officially)* ratifisere.

rating ['reitiŋ] *subst* **1.** (beregning av) formueskatt; **2.** *radio; TV:* prosentvis andel av lyttere (,seere) (til et program); seeroppslutning; lytteroppslutning *(fx this programme has had some very bad ratings recently);* **3.** *stivt(=standing)* anseelse *(fx the school has a very good rating);* **4.: credit ~** kredittverdighet *(fx his credit rating is excellent);* **get a credit ~ on sby***(=obtain a credit report on sby)* få kredittopplysning på en; **5.** *i handelsmarinen; mots. offiser:* vanlig sjømann; **6.** *seilsp:* klasse.

ratio ['reiʃi,ou] *subst (pl: ratios)* forhold; **in the ~ of three to one** i forholdet tre til en; **there is a ~ of two girls to one boy in this class** forholdet mellom jenter og gutter i denne klassen er to til en; **the ~ of imports and exports** forholdet mellom import og eksport; **the price/earnings ~***(=the p/e ratio)* forholdet mellom priser og lønninger; **be in inverse ~ to** stå i omvendt forhold til.

I. ration ['ræʃən] *subst* **1.** rasjon *(fx a tea ration); mil:* **draw -s** hente rasjonene; *mil:* **iron ~** nødrasjon; **sugar has come off ~** sukkerrasjoneringen er opphevet; **2.** *fig:* rasjon; kvote *(fx you've had your ration of television for today).*

II. ration *vb* **1.** rasjonere *(fx butter was rationed);* **~ sby** sette en på rasjon; **I must ~ you to two cups per day** jeg kan ikke la dere få mer enn to kopper pr. dag; **2.: ~ out** rasjonere ut.

rational ['ræʃənəl] *adj* **1.** *mat.:* rasjonal; **~ quantity** rasjonal størrelse; **~ number** rasjonalt tall;

2. rasjonell *(fx method);* fornuftig *(fx the patient seemed quite rational);* **man is a ~ being** mennesket er et fornuftig vesen; **are men more ~ than women?** er menn fornuftigere enn kvinner? **a ~ explanation for** en fornuftig forklaring på.
rationale [,ræʃə'na:l] *subst:* logisk begrunnelse *(fx I don't see the rationale behind these decisions).*
rationalism ['ræʃənə,lizəm] *subst:* rasjonalisme.
rationalist ['ræʃənəlist] *subst:* rasjonalist.
rationalistic [,ræʃənə'listik] *adj:* rasjonalistisk.
rationality [,ræʃə'næliti] *subst(=being rational)* det å være fornuftig; fornuft.
rationalize, rationalise ['ræʃənə,laiz] *vb* **1.** rasjonalisere; **2.** gi en fornuftsmessig forklaring på *(fx he rationalized her behaviour by telling himself that she was nervous).*
ratline ['rætlin] *subst; mar:* vevling.
rat race T: hektisk jag; karrierestress *(fx he grew tired of the rat race and retired to live in the country).*
ratsbane ['ræts,bein] *subst(=rat poison)* rottegift.
ratter ['rætə] *subst* **1.** *om hund el. katt:* rottefanger; **2.** T*(=blackleg)* streikebryter; **3. US***(= informer; stool pigeon)* angiver; lokkedue.
I. rattle ['rætəl] *subst* **1.** skrangling; rasling; klirring *(fx of cups);* **2.** *leketøy:* skrangle; rangle; **3***(=chatter)* skravl; skravling; **4.** *med.:* **death ~** dødsralling.
II. rattle *vb* **1.** skrangle *(fx the old car came rattling along);* skramle; skramle med *(fx rattle the saucepans);* rasle; klirre *(fx the cups rattled as he carried the tray in);* **the strong wind -d the windows** den sterke vinden fikk det til å klirre i vinduene; **2. T***(=worry; upset)* binge ut av fatning; gjøre urolig; **3. T***(=chatter)* skravle *(fx he rattled on about his work);* **4. T: ~ off***(= reel off)* lire av seg; ramse opp *(fx a poem; a long list of names);* **5.** *i hast* **T: ~ through** lire av seg.
rattler ['rætlə] *subst; zo(=rattlesnake)* klapperslange.
rattling *adj* **1.** raslende; skranglende; **a ~ noise** en skranglelyd; **2.** *om hastighet(=brisk)* frisk *(fx they travelled at a rattling pace);* **3.** *adv* **T: ~ good** veldig god *(fx a rattling good story).*
rattrap, rat-trap ['ræt,træp] *subst* **1.** rottefelle; **2.** *om bygning el. sted; neds:* rottehull.
ratty ['ræti] *adj* **1***(=infested with rats)* befengt med rotter; **2***(=like a rat)* rotteaktig; **3. T***(=irritable)* irritabel *(fx I felt as ratty as hell);* **4. US T***(= shabby; unkempt)* uflidd; ustelt.
raucous ['rɔ:kəs] *adj; stivt* **1.** *om stemme(=hoarse; rough)* hes; grov; rusten; **2***(=boisterously disorderly)* rå *(fx a raucous mining town).*
raunchy ['rɔ:ntʃi] *adj* **US S 1***(=lecherous; smutty)* liderlig; grov *(fx joke; book);* **2***(=dirty)* skitten; **a ~ panhandler***(=a dirty beggar)* en skitten tigger.
ravage ['rævidʒ] *vb; stivt(=cause great damage)* herje; herje i *(fx the enemy ravaged the village).*
ravages ['rævidʒiz] *subst; pl(=great damage)* herjinger; **the ~ of time***(=the damaging effects of time)* tidens tann.
rave [reiv] *vb* **1.** ligge i ørske; snakke over seg; fantasere; **T: you're raving!** du (bare) fantaserer! **2.: ~ about sth***(=talk very enthusiastically about sth)* snakke meget begeistret om noe.
ravel ['rævəl] *vb:* **~ out:** *se unravel.*
raven ['reivən] **1.** *subst; zo:* ravn; **2.** *adj:* ravnsort.
ravenous ['rævənəs] *adj* **1***(=voracious; greedy)* forsluken *(fx wolves);* grådig *(fx a ravenous appetite);* **2***(=famished)* forsulten *(fx the ravenous men ate berries to keep alive);* **3.** *spøkef(=ravenously hungry)* skrubbsulten *(fx the children were ravenous).*
ravelin ['rævlin] *subst; foran festning:* utenverk.
raver ['reivə] *subst* **S:** lettlivet jente.
rave-up ['reiv,ʌp] *subst* **S***(=wild party)* (en ordentlig) kåk.
ravine [rə'vi:n] *subst:* fjellkløft; sluk.
raving ['reiviŋ] **1.** *adj:* som snakker i villelse; **a ~ lunatic** en galning; **2.** *adv; forsterkende:* **~ mad** splitter gal.
ravings ['reiviŋz] *subst; pl(=wild talk)* forvirret snakk; tullprat.
ravish ['ræviʃ] *vb* **1***(=enchant):* **I was -ed by her beauty** jeg ble henrykt over hennes skjønnhet; **2.** *glds: se III. rape 1;* **3.** *fig:* skjende *(fx the beautiful city was ravished, and all its treasures stolen).*
ravishing *adj; om kvinne:* henrivende.
I. raw [rɔ:] *subst:* **in the ~ 1.** uforskjønnet; uten at det er pyntet på; **life in the ~** livet slik det virkelig er (rått og utilslørt); **2. T***(=naked)* naken *(fx sleep in the raw).*
II. raw *adj* **1.** *om kjøtt(=uncooked)* rå; **~ meat** rått kjøtt; **eat it ~** spise det rått; **2.** ubearbeidet *(fx cotton; data);* **3.** *om hud(=sore)* rå; **4***(=new; untrained)* fersk *(fx raw recruits);* **5***(=cold and wet)* råkald *(fx a raw day; it's raw today);* **6.: touch a ~ nerve***(=touch a sensitive spot)* berøre et ømt punkt.
raw deal T*(=unfair treatment):* **get a ~** bli urettferdig behandlet; få urettferdig behandling.
raw edge trevlekant; **hem a ~** kaste over en trevlekant.
rawhide ['rɔ:,haid] *subst:* ugarvet lær.
raw material råstoff *(for* for).
I. ray [rei] *subst; zo; fisk:* rokke; **sting ~** piggrokke.
II. ray *subst* **1.** stråle *(fx the sun's rays; a ray of light);* **2.** *fig:* **a ~ of hope** et glimt av håp.
III. ray *vb; stivt:* **~ out***(=radiate)* utstråle *(fx eyes that ray out intelligence).*
rayon ['reiɔn] *subst:* rayon.
raze [reiz] *vb; stivt:* **~ to the ground***(=level with the ground)* jevne med jorden *(fx houses).*
razor ['reizə] *subst:* barberkniv; **safety ~** barberhøvel.
razorback ['reizə,bæk] *subst; zo(=finback)* finnhval.
razorbill ['reizə,bil] *subst; zo(=razor-billed auk)* alke; *(se auk).*
razor blade barberblad.
razor-sharp ['reizə,ʃa:p] *adj* **1.** skarp som en barberkniv; **2.** *fig:* lynskarp *(fx his wit was razor -sharp).*
razor shell (,**US:** *razor clam) zo:* knivskjell.
razzle ['ræzəl] *subst* **T: go on the ~***(=have a good time)* gå ut og more seg.
razzmatazz ['ræzmə,tæz; ,ræzmə'tæz] *subst* **T:** ståhei; ståk; hurlumhei *(fx he enjoyed the razzmatazz).*
re [ri:] *prep (fk.f. regarding) stivt; merk:* angående; ad *(fx re point one).*
re- *prefiks:* om-; gjen-; igjen; tilbake- *(fx repay).*
I. reach [ri:tʃ] *subst* **1.** rekkevidde; **keep it out of ~ of the children***(=keep it out of the children's reach)* holde det utenfor barnas rekkevidde; **have a pen within easy ~** ha en penn for hånden; **within easy ~ of water** med lett adkomst til vann; **live within easy ~ of the station** bo slik til at det er lett å komme til stasjonen; **2.** strekning; **-es of meadow** engstrekninger; **3.** *av elv:* (rett) strekning; **the lower -es of the Thames** den nedre delen av Themsen; **4.** *stivt(=comprehension)* fatteevne *(fx this was beyond his reach);*

5.: -es *stivt(=echelons):* **the higher -es of academic life** de høyere sjikt av akademikere; **6.** *seilsp(=reaching (course))* slør; **broad ~** rom slør; **close ~** skarp slør; **the second ~** den andre sløren; **starting on a ~***(=reaching start)* slørestart.

II. reach *vb* **1.** nå; få tak i *(fx my keys have fallen down this hole and I can't reach them);* ankomme til *(fx they reached Paris yesterday);* nå (frem til) *(fx we'll never reach London before dark);* **his letter -ed me today** jeg fikk brevet hans i dag; **2.** gripe (*into one's pocket* i lommen); **~ for** gripe etter; strekke seg etter *(fx he reached across the table for another cake);* **~ towards the book on the top shelf** strekke seg etter boken på den øverste hyllen; **~ out** rekke frem; strekke ut *(fx he reached out his hand and took the last cake);* **3.: ~ sby sth** rekke en noe; **~ me down that book, will you?** ta ned den boken til meg, er du snill; **I -ed***(=took)* **down my hat** jeg tok ned hatten min; **4.** *om utstrekning:* strekke seg *(fx my property reaches from here to the river);* **5.** *fig:* nå frem til; komme frem til *(fx have they reached an agreement yet?);* **~ a decision** treffe (*el.* komme frem til) en avgjørelse; **6.** *fig:* komme opp i; nå opp i *(fx has the total reached a thousand pounds yet?);* **~ the five million mark** nå opp i (en sum på) fem millioner; *fotb:* komme opp i *(fx reach the First Division);* **7.** *seilsp:* sløre; **~ towards the buoy under the jib only** sløre mot bøya bare med fokka.

reaching *seilsp:* sløring.

reaching leg *seilsp:* **the ~** sløreleggen.

reaching start *seilsp(=starting on a reach)* slørestart.

react [ri'ækt] *vb:* reagere (*to, against* på); **~ on** reagere på; virke inn på.

reactance [ri'æktəns] *subst; elekt:* reaktans.

reactant [ri'æktənt] *subst; kjem:* reaksjonsdeltager.

reaction [ri'ækʃən] *subst* **1.** reaksjon (*to* på); **I should be grateful for a postive ~ to this application** det ville glede meg om jeg fikk en positiv reaksjon på denne henvendelsen; **2.** *fys:* motkraft; **the ~ is equal and opposite to the action** motkraften er lik kraften i størrelse, men motsatt rettet.

reactionary [ri'ækʃən(ə)ri] *subst & adj:* reaksjonær.

reactive [ri'æktiv] *adj; kjem:* reaktiv.

I. read [ri:d] *subst* **1.** liten lesestund; **I had a ~ and went to bed early** jeg leste litt og la meg tidlig; **I like a good ~ before I go to bed** jeg liker å kose meg med noe godt å lese i før jeg legger meg; **2.** lesestoff; lesning; **the book is an engrossing ~** boken er spennende lesning; *(jvf reading 3).*

II. read *vb(pret & perf. part.: read [red])* **1.** lese *(fx a book; can she read yet?)* lese i *(fx a book);* **~ about** lese om; **~ sth to sby, ~ sby sth** lese noe for en *(fx I read it to her; I read my daughter a story before she goes to bed);* **~ aloud** lese høyt *(mots. innenat);* **~ loud(ly)** lese med høy stemme; lese høyt; *om noe man har diktert:* **~ the whole letter back to me please** vær så snill å lese hele brevet for meg; *fig:* **~ between the lines** lese mellom linjene; **~ from a book** lese opp av en bok; **~ out the questions** lese opp spørsmålene; **~ over, ~ through** lese gjennom (*el.* over) *(fx I'll read over your essay);* **~ up on sth** sette seg inn i noe; lese noe *(fx I must read up on this(=read this up) before my exam);* **2.** *ved opplesning:* **the poems were ~***(=spoken)* **by . . .** diktene ble lest av . . .; **3.** *fig:* lese; **I can ~ her thoughts***(=I can read her mind)* jeg kan lese tankene hennes; **4.** *univ(=study)* lese; studere *(fx he's reading law);* **5.** avlese *(fx a thermometer);* **I can't ~ the clock without my glasses** jeg kan ikke se hvor mange klokken er uten briller; **6.: ~ sby's palm** spå en i hånden; lese i hånden ens; **7.** *om ordlyd; stivt(=run)* lyde *(fx his letter reads as follows);* **8.** *om skriftstykke; stivt:* **~ well***(=be well written)* være velskrevet *(fx this report reads well, but it doesn't have much information in it);* **9.** *om måleinstrument; stivt(=show)* vise *(fx the thermometer reads −5 °C);* **10.** *om handling, utsagn, etc; stivt(=interpret):* **you can ~ the situation in two ways** man kan oppfatte (*el.* tolke) situasjonen på to måter; **how do you ~ this passage?** hvordan oppfatter du dette avsnittet? **I ~ this to mean that***(=I take this to mean that)* jeg forstår (*el.* oppfatter) dette slik at *(fx I read this to mean that he won't help us);* **11.** *ved angivelse av feil i manuskriptet, etc:* **'two yards' should ~ 'two metres'** 'two yards' skal være 'two metres'; **12.** *fig:* **~ sth into sth** legge noe i noe *(fx you're reading more into his speech than he intended);* **13.: take it as ~** [red] **that***(=assume that)* ta for gitt at *(fx can we take it as read that this has all been checked?)*

III. read [red] **1.** *perf. part. av read:* lest *(fx the Bible is the most read of all books);* **2.** *adj:* **well -read***(=widely read)* belest *(fx he's very well-read).*

readable ['ri:dəbl] *adj* **1.** leseverdig; **2.** leselig *(fx make sure your handwriting is readable).*

readdress [,ri:ə'dres] *vb:* omadressere *(fx a letter).*

reader ['ri:də] *subst* **1.** leser; **he's an avid ~***(=he reads a lot)* han er ivrig når det gjelder å lese; **she's a slow ~** hun leser langsomt; **2.** *univ (=senior lecturer)* førstelektor; **US:** professors assistent; **3.** *typ(=proofreader)* korrekturleser; **4.: (publisher's) ~** forlagskonsulent; **~'s report (on a book)** konsulentuttalelse (om en bok); **5.** lesebok *(fx English reader);* **6.** leseapparat (fx for mikrofilm).

readership ['ri:dəʃip] *subst* **1.** *kollektivt(=readers)* lesere; **increase the paper's ~** skaffe avisen flere lesere; **2.** *univ:* stilling som førstelektor (,**US:** professors assistent).

readily ['redili] *adv; stivt* **1***(=willingly)* gjerne *(fx I'd readily help you);* **he ~ accepted advice** han tok gjerne imot råd; **2***(=easily)* lett *(fx I can readily answer all your questions);* **for reasons that anyone could ~ understand** av grunner som var lett forståelige for enhver.

readiness ['redinis] *subst* **1.** beredskap; **hold in ~** holde i beredskap; *mil:* **be on 12 hours' ~** være i beredskap i 12 timer; **2***(=willingness)* beredvillighet.

reading ['ri:diŋ] *subst* **1.** lesing *(fx you'll hurt your eyes with all that reading);* **the boy's ~ is good***(= the boy's good at reading)* gutten er flink til å lese; **2.** opplesning *(fx a poetry reading);* **3.** lesning; lesestoff *(fx his latest book makes fine reading);* lektyre; **light ~** morskapslesning; **4.** belesthet; **a man of wide ~***(=a well-read man)* en belest mann; **5.** *stivt(=interpretation; understanding)* oppfatning; fortolkning; utlegning; forståelse *(fx it all depends on one's reading of this section of the agreement);* **6.** *av manuskript(=version)* lesemåte; versjon *(fx we have three readings for this passage of Homer);* **7.** *parl; av lovforslag:* behandling *(fx the three readings of the Bill);* **8.** *av måler:* avlesning; **take -s of the meter** lese av måleren; **9.** *på instrument:* utslag; stand *(fx thermometer reading).*

reading exercise leseøvelse.

reading glasses lesebriller.

reading room lesesal; leseværelse; **superintendent**

of -s lesesalsinspektør.

readjust [,riə'dʒʌst] *vb* **1.** innstille på nytt; stille inn på nytt *(fx readjust the driver's seat);* **2.** *fig:* ~ **to***(=adapt (oneself) to)* omstille seg til.

readmit [,ri:əd'mit] *vb* **1.** la komme inn igjen; **2.:** ~ **sby as a member***(=allow sby to rejoin)* gjenoppta en som medlem; **3.** *om pasient:* **he was -ted to hospital** han ble lagt inn på sykehus igjen.

read-through ['ri:d,θru:] *subst; teat:* leseprøve.

I. ready ['redi] *subst* **1. T***(=ready money; cash)* kontanter *(fx where did he get the ready?);* **2.** *om våpen:* **at the** ~ skuddklar.

II. ready *vb; stivt(=make ready)* gjøre klar; gjøre ferdig.

III. ready *adj* **1.** ferdig *(fx are you ready? is the tea ready?);* **we're** ~ **to leave** vi er ferdige (*el.* klare) til å dra; **2***(=willing)* villig *(fx I'm always ready to help you);* **3.** *fig(=quick)* snar *(fx you're too ready to find faults in other people);* **he always has a** ~ **answer** han har alltid et svar på rede hånd; **4.: be** ~ **to***(=be about to)* være på nippet til å . . .

ready cash T*(=ready money)* rede penger; kontanter.

ready-cooked [,redi'kukt; *attributivt:* 'redi,kukt] *adj:* ferdiglagd *(fx food).*

ready-made [,redi'meid; *attributivt:* 'redi,meid] *adj(=off-the-peg)* konfeksjonssydd *(fx suit).*

ready reckoner regnetabell; omregningstabell.

ready-to-wear [,reditu'wɛə] *adj: se ready-made.*

ready wit slagferdighet.

reafforest [,riə'fɔrist] *vb:* plante til med ny skog.

reagent [ri:'eidʒənt] *subst; kjem:* reagens; reagensmiddel.

real ['riəl] *adj* **1.** virkelig *(fx it's not a real monster – it's a man dressed up as one);* reell *(fx his fears were very real);* egentlig *(fx what's his real name?);* **in** ~ **life** i det virkelige liv; ~ **value** 1*(=actual value)* virkelig verdi; 2. *økon:* realverdi; **the drop in** ~ **terms of the housekeeping money** den reelle reduksjon av husholdningspengene; **the** ~ **point** sakens realitet; **2***(=genuine)* ekte *(fx diamond);* **3***(=sincere)* ekte; oppriktig *(fx he has a real love of art);* **4***(=great):* **that's a** ~ **problem** det er et virkelig problem; **it came as a** ~ **surprise** det kom som en stor overraskelse; **T: he's a** ~ **idiot to leave his job** han er en stor tosk som går fra jobben sin; **5.** *adv; især* **US T***(=really)* virkelig *(fx this is a real nice house);* **6. T: this is the** ~ **thing!** dette er ekte vare! dette er ordentlige saker! **7.: for** ~ 1. *især* **US S***(= true)* sant *(fx he says he's got a new bike, but I don't know if that's for real);* 2. **S***(=in earnest;* **T:** *for keeps)* på ordentlig *(fx this time it's for real).*

real capital realkapital; *(jvf assets: fixed* ~*).*

real disposable income disponibel realinntekt (*el.* reallønn); *(jvf real income).*

real estate US*(=(real) property)* fast eiendom.

realign [,ri:ə'lain] *vb* **1.** *om vei, etc:* rette opp; **2.:** ~ **the front wheels***(=align the front wheels)* justere forstillingen; **3.** omgruppere; omgruppere seg *(fx the political parties have realigned (themselves)).*

real income *økon:* realinntekt *(fx if the price index rises by the same amount as money incomes, real incomes remain unchanged); (jvf real disposable income).*

real interest (rate) *økon:* realrente.

realism ['riə,lizəm] *subst:* realisme.

realist ['riəlist] *subst:* realist.

realistic [,riə'listik] *adj:* realistisk; virkelighetstro.

reality [ri'æliti] *subst* **1.** realitet; virkelighet; **escape from** ~ virkelighetsflukt; **a sense of** ~ virkelighetssans; **T:** bakkekontakt; **he has a keen sense of** ~*(=he's very much in touch with real life)* han har en utpreget virkelighetssans; **T:** han har meget god bakkekontakt; **these theories have left the realm of** ~ disse teoriene har ingenting med virkeligheten å gjøre; **induce them to accommodate themselves to African realities** få dem til å tilpasse seg den afrikanske virkelighet; **bring sby back to** ~ få en tilbake til virkeligheten; **T:** få en ned på jorda igjen *(fx my wife has forgotten that electricity is not cheap, but these bills will bring her back to reality);* **in** ~*(=actually)* i virkeligheten; **2.** virkelighetstroskap; realisme *(fx the film showed life in the poor areas with great reality);* **reproduced with startling** ~ gjengitt med forbløffende virkelighetstroskap.

realizable, realisable ['riəlaizəbl] *adj* **1***(=practicable)* realiserbar; realisabel; **2.** *økon:* realisabel; realiserbar; ~ **assets** realiserbare aktiva.

realization, realisation [,riəlai'zeiʃən] *subst* **1***(= carrying out)* realisering; iverksetting; gjennomføring *(fx of a plan);* **2.** *om noe man gradvis forstår:* forståelse; (klar) oppfatning; erkjennelse; **an appalling** ~ en skremmende erkjennelse; **3.** *merk; jur:* avhendelse; realisasjon; realisering; salg.

realize, realise ['riə,laiz] *vb* **1.** realisere; iverksette; gjennomføre *(fx a project);* **he finally -d***(= reached)* **his goal** omsider nådde han sitt mål; **2.** innse; forstå (fullt ut); **he did not quite** ~ **the risk he was taking***(=he was not fully aware of the risk he was taking)* han forstod ikke fullt ut hvilken risiko han tok; **I hadn't -d you were here already** jeg var ikke klar over at du var kommet alt; ~*(=recognise)* **the need for an operation** innse nødvendigheten av en operasjon; innse at en operasjon er (,var) nødvendig; **I didn't** ~ **that this was a joke** jeg var ikke klar over (*el.* forstod ikke) at dette var en spøk; **3.** *i passiv:* **my worst fears were -d** mine verste anelser gikk i oppfyllelse; **4.** *merk, økon(=sell)* avhende; realisere; selge; **5.** *merk, økon:* innbringe; **the car did not** ~ **the book value** bilen innbrakte ikke så mye som den stod bokført med; **we -d a big profit on that deal** vi tjente godt på den handelen; **it -d a good price** den (,det) oppnådde en god pris.

really ['riəli] *adv* **1.** virkelig *(fx is this really true?);* **they aren't** ~ **married** de er ikke ordentlig (*el.* skikkelig) gift; **do you** ~ **mean that?** mener du virkelig det? **she** ~ **hates him** hun hater ham virkelig; ~**, that's the limit!** det får være måte på (alt)! **2***(=actually)* egentlig *(fx he looks a fool, but he's really very clever);* **it wasn't very difficult,** ~ det var egentlig ikke så vanskelig; **it was** ~ **my fault** det var egentlig min feil; **I'm glad I didn't go,** ~ jeg er egentlig glad jeg ikke gikk (,dro); **you should** ~ **have asked me first** du skulle egentlig ha spurt meg først; **3***(=very)* meget; virkelig; **that's a** ~ **nice hat** det er virkelig en pen hatt; **4.** *int:* ~?*(=indeed?)* jas(s)å? nei, sier du det? er det virkelig sant? *bebreidende:* ~! **I find your attitude deplorable** jeg synes virkelig at holdningen din er ytterst uheldig.

realm [relm] *subst* **1.** *litt.(=kingdom)* (konge)rike; **2.** *fig; stivt(=sphere)* område *(fx she's well known in the realm of sport);* **(with)in the** ~ **of possibility** innenfor mulighetenes rekkevidde.

real property *(,US: real estate)* fast eiendom.

realtor ['riəltə:] *subst* **US***(=estate agent)* eiendomsmegler.

realty ['riəlti] *subst* **US***(=real property)* fast eiendom.

I. ream [ri:m] *subst* **1**(,**US:** *long ream)* ris (ɔ: 500 ark); *(jvf quire);* **2. T: he wrote -s in his English exam** han skrev en masse til engelskeksamen; **he composed -s of poetry** han skrev mengder av dikt.

II. ream *vb; mask:* drive opp; rømme opp *(fx a hole).*

reamer ['ri:mə] *subst; mask:* opprømmer; rival; **end-cut ~** rival med endeskjær.

reanimate [,ri'ænimeit] *vb; stivt(=bring back to life)* bringe nytt liv i; gi ny styrke.

reap [ri:p] *vb* **1**(*=harvest)* høste (inn); **2.** *fig:* høste *(fx he's reaping the rewards of his hard work).*

reaper ['ri:pə] *subst* **1.** *person(=harvester)* onnearbeider; **-s** onnearbeidere; skurfolk; **2.** *maskin:* slåmaskin; **~ and binder** selvbinder; **3.: the grim ~** mannen med ljåen.

reaphook ['ri:p,huk] *subst(=sickle)* sigd.

reappear [,riə'piə] *vb(=appear again)* dukke opp igjen; komme til syne igjen.

reappearance [,riə'piərəns] *subst:* ny tilsynekomst; det å dukke opp igjen.

reappoint [,riə'pɔint] *vb(=reinstate)* gjeninnsette; **be -ed to a post**(*=be reinstated in a post)* bli gjeninnsatt i en stilling.

reappraisal [,riə'preizəl] *subst; stivt(=reassessment)* omvurdering.

reappraise [,ri:ə'preiz] *vb; stivt(=reassess)* vurdere på nytt; omvurdere.

I. rear [riə] *subst* **1.** bakside *(fx the rear of the house);* **at the ~ of**(*=at the back of)* bakerst i; på baksiden av *(fx there's a second bathroom at the rear of the house);* **in the ~**(*=from behind)* bakfra *(fx the enemy attacked us in the rear);* **to the ~ of**(*=behind)* bak *(fx there's a garden to the rear of the house);* **bring up the ~** danne baktroppen; gå bakerst; **2.** *evf:* **the ~**(*=the buttocks)* baken *(fx the horse kicked him in the rear).*

II. rear *vb* **1.** *om dyr(=breed)* ale opp; oppdrette; **2.** *om barn:* oppfostre *(fx she has reared six children);* **3.** *om hest:* steile; **4.** *stivt(=raise):* **the snake -ed its head** slangen løftet hodet; **5.** *fig:* **this problem has -ed its (ugly) head once again**(*=this problem has appeared again)* dette problemet har dukket opp igjen; **Nazism began to ~**(*=raise)* **its ugly head again** nazismen begynte å stikke hodet frem igjen.

rear-admiral [,riə(r)'ædmərəl] *subst; mar:* kontreadmiral.

rear axle *mask:* bakaksel.

rear drive *mask:* bakakseldrift.

rear-end collision påkjørsel bakfra; det at man kjører inn i hverandre bakfra.

rear engine *mask:* hekkmotor.

rearguard ['riə,ga:d] *subst; mil:* baktropp.

rear light(*=rear lamp;* **US:** *taillight, tail lamp)* baklys; baklykt.

rearm [ri'a:m] *vb:* ruste opp (igjen).

rearmament [ri'a:məmənt] *subst:* opprustning; gjenopprustning.

rearmost ['riə,moust] *adj:* bakerst.

rear stalls *teat* **1.** parkett B; **2** (,**US:** *parterre; parquet circle)* parterre.

rear suspension *mask; på bil:* bakhjulsoppheng(ning).

rearview mirror *i bil:* sladrespeil.

rearwards ['riəwədz] *adv(=backwards)* bakover.

I. reason ['ri:zən] *subst* **1.** fornuft; **~ and feeling**(*= intellect and emotion(s))* fornuft og følelse; **the power of ~**(*=the ability to reason; the power to reason)* resonnerende evne; tenkeevne; **amenable to ~** mottagelig for fornuft; **listen to ~** høre på fornuft; ta imot fornuft; *stivt:* **lose one's ~**(*=go mad)* gå fra forstanden; **make sby see ~**(*=bring sby to his senses)* få en til å ta fornuften fangen; bringe en til fornuft; **it stands to ~ that . . .**(*=it's obvious that . . .)* det sier seg selv at . . .; det er opplagt at . . .; **I'll do anything (with)in ~** jeg skal gjøre alt innen(for) rimelighetens grenser; **2.** grunn *(fx the reason was that . . .; he gave reasons that were quite satisfactory);* begrunnelse *(fx he had a very good reason ready);* **any other ~ is hardly conceivable** det kan knapt tenkes noen annen grunn; **are there other conceivable -s (for this)?** kan det tenkes andre grunner (til dette)? **give ~ to believe that . . .**(*=give reason for the belief that)* gi grunn til å tro at . . .; **he had every ~ to believe that . . .** han hadde all mulig grunn til å tro at . . .; **the ~ (why) he did it** grunnen til at han gjorde det; **ask the ~ why**(*= ask why)* spørre om grunnen; **for that ~** av den grunn; **for the ~ that . . .**(*=because)* av den grunn at . . .; fordi; **for some ~ (or other)** av en eller annen grunn; **for some unaccountable ~** av en eller annen uforklarlig grunn; **for the very good ~ that . . .** av den meget gode grunn at . . .; **for practical -s** av praktiske grunner; **there is ~ for mild**(*=cautious)* **optimism** det er grunn til behersket (*el.* forsiktig) optimisme; **for -s of discipline** av disiplinære grunner; **for -s of (personal) health**(*=for health reasons; for medical reasons)* av helsemessige grunner; **what's your ~ for going to London?** hvilken grunn har du til å dra til London? hva er grunnen til at du drar til London? **with (good) ~** med god grunn; med rette.

II. reason *vb* **1.** bruke fornuften; resonnere; **the ability**(*=power)* **to ~** resonnerende evne; tenkeevne; **2**(*=argue)* argumentere; resonnere; **he -ed that . . .** han resonnerte som så at . . .; **3.: ~ sby out of sth** få en fra noe (ved å snakke fornuftig med en); **I -ed myself out of such fears** jeg kvittet meg med den frykten; **4.: ~ with** snakke fornuft med *(fx you can't reason with him).*

reasonable ['ri:zənəbl] *adj* **1**(*=sensible)* fornuftig; rimelig *(fx he's a reasonable person);* **a ~ demand** et rimelig krav; **it is often ~ to consider the mentally retarded as . . .** ofte kan det være rimelig å betrakte de evneveike som . . .; **2**(*=moderate)* rimelig *(fx reasonable prices; £5 seems reasonable enough);* **3**(*=satisfactory):* **there was a ~ number of people at the meeting** det var bra oppslutning om møtet.

reasonably ['ri:zənəbli] *adv* **1**(*=in a reasonable way)* på en fornuftig måte *(fx he behaved very reasonably);* **2.: ~ priced** rimelig (i pris) *(fx the car is reasonably priced; a reasonably-priced camera);* **3.: ~ well** ganske bra; ganske godt; **the meeting was ~ well attended** det var ganske bra oppslutning om møtet; det var ganske mange mennesker på møtet.

reasoned *adj(=well thought-out)* vel gjennomtenkt *(fx explanation).*

reasoning ['ri:zəniŋ] *subst:* resonnement; tankegang; **I don't follow your ~**(*=I can't see how you reached this conclusion)* jeg kan ikke følge deg (i resonnementet ditt); jeg forstår ikke hvordan du har kommet frem til dette; **there's no ~ with her** det går ikke an å snakke fornuft med henne.

reassemble [,riə'sembəl] *vb* **1.** sette (*el.* montere) sammen igjen; **2**(*=come together again)* samles igjen; **3.** *parl(=resume)* tre sammen igjen *(fx when Parliament reassembles in the autumn).*

reassess [,ri:ə'ses] *vb:* omvurdere; vurdere på nytt.

reassessment [,ri:ə'sesmənt] *subst:* omvurdering.

reassurance [,riə'ʃuərəns] *subst* **1.** det å bli beroliget; **she wants ~** hun vil bli beroliget; **spiritual ~***(=spiritual comfort)* åndelig trøst; **2.** forsikring *(fx despite his reassurances, I'm still not happy)*; **3.**: *se reinsurance.*

reassure [,riə'ʃuə] *vb* **1***(=calm)*: **~ sby** forsikre en om at man ikke behøver å engste seg; berolige en; **2.**: *se reinsure.*

rebate ['ri:beit] *subst* **1***(=discount)* rabatt; **2.** tilbakebetaling; fradrag; reduksjon *(fx a tax rebate)*; **rent ~** husleiestøtte (i form av lavere skatt) *(fx people with low incomes sometimes qualify for a rent rebate).*

rebate and fillister plane fals(e)høvel; simshøvel.

rebate plane*(=rabbet plane)* fals(e)høvel; **side ~** sidefalshøvel.

I. rebel ['reb(ə)l] **1.** opprører; **2.** *adj:* opprørs- *(fx troops).*

II. rebel [ri'bel] *vb:* gjøre opprør (*against* mot).

rebellion [ri'beliən] *subst* **1.** *polit:* opprør; oppstand; **2.** *fig:* opprør.

rebellious [ri'beliəs] *adj:* opprørsk.

rebirth [,ri:'bə:θ] *subst:* gjenfødelse.

I. rebore ['ri:,bɔ:] *subst; mask:* boring; **ready for a ~***(=in need of a rebore)* boreferdig *(fx the car is ready for a rebore).*

II. rebore [ri:'bɔ:] *vb; mask; slitte sylindre:* bore *(fx the engine has been rebored).*

I. rebound ['ri:,baund] *subst* **1.** *om ball:* (tilbake)sprett *(fx he caught the ball on the rebound)*; **2.** *fig* **T: on the ~** like etter (og som et resultat av skuffelse) *(fx he married the girl next door on the rebound)*; **take him on the ~** utnytte hans skuffelse.

II. rebound [ri'baund] *vb* **1***(=bounce back)* sprette tilbake *(fx the ball rebounded off the wall)*; **2.** *fig:* **~ on** ramme; falle tilbake på; **it might ~ on him** det kunne ramme (*el.* falle tilbake på) ham selv.

I. rebuff [ri'bʌf] *subst(=blunt refusal)* (bryskt) avslag; **-s** skuffelser; motgang; **he suffered***(=met with)* **many -s** han hadde mange skuffelser (*el.* mye motgang).

II. rebuff *vb(=refuse; reject)* avslå; tilbakevise *(fx he rebuffed all attempts at friendship).*

rebuild [,ri:'bild] *vb* **1.** bygge opp igjen; gjenoppbygge; **2.** *fig:* **~ (in a new form)***(=reconstruct)* bygge om.

rebuke [ri'bju:k] *vb; stivt(=scold; reprimand)* skjenne på; irettesette.

rebus ['ri:bəs] *subst:* rebus.

rebut [ri'bʌt] *vb; stivt el. jur(=disprove)* motbevise.

rebuttal [ri'bʌtəl] *subst; stivt el. jur(=proof to the contrary)* motbevis.

recalcitrant [ri'kælsitrənt] *adj; meget stivt(=difficult; disobedient)* vrangvillig; gjenstridig; oppsetsig.

I. recall ['ri:,kɔ:l; ri'kɔ:l] *subst* **1.** *av fx ambassadør:* tilbakekalling; **2.** oppfordring til å vende tilbake (til arbeidet) *(fx a recall of workers after a layoff)*; **3.**: **total ~** evne til å huske alt.

II. recall [ri'kɔ:l] *vb* **1.** tilbakekalle *(fx he had been recalled to his former post)*; **2.** *stivt(=remember)* erindre *(fx I don't recall when I last saw him)*; **3.**: **~ memories***(=bring memories to mind)* kalle på minner.

recant [ri'kænt] *vb; stivt* **1.** avsverge sin tro *(fx he was burned as a heretic because he refused to recant)*; **2.** innrømme at man har gjort feil; **3.** *bemerkning, etc(=take back)* ta tilbake; tilbakekalle *(fx a statement).*

recantation [,ri:kæn'teiʃən] *subst* **1.** avsvergelse (av sin tro); **2.** tilbakekallelse; tilbakekalling.

I. recap ['ri:,kæp] *subst* **T 1. US***(=remould; retread)* banelagt dekk; **2.**: *se recapitulation.*

II. recap [ri:'kæp; 'ri:,kæp] *vb* **T 1. US***(=remould; retread)* banelegge *(fx a tyre)*; **2***(=recapitulate; go over (the main points) again)* rekapitulere; oppsummere; sammenfatte; gå gjennom (hovedpunktene) én gang til *(fx can I just recap the details of the plan?).*

recapitulate [,ri:kə'pitju,leit] *vb* (,**T:** *recap)* rekapitulere; oppsummere; sammenfatte; *(se II. recap 2).*

recapitulation [,ri:kə,pitju'leiʃən] *subst:* rekapitulering; oppsummering; sammenfatning (av hovedpunktene).

I. recapture [ri:'kæptʃə] *subst:* gjenerobring.

II. recapture *vb* **1.** *mil:* gjenerobre *(fx a fort)*; **2.** *fig(=recreate)* gjenskape *(fx in this film, we try to recapture the atmosphere of Victorian London).*

recast [ri:'ka:st] *vb* **1.** *i støperi:* støpe om; **2.** *fig(=remodel; refashion)* forandre på *(fx he recasts his political image to fit the times)*; **3***(=rewrite)* skrive om; omarbeide *(fx a statement)*; **4.** *teat:* **~ a play** gi et stykke ny rollebesetning; omfordele rollene i et stykke.

recce ['reki] **T 1.** *subst(=reconnaisance)* rekognosering; **2.** *vb(=reconnoitre)* rekognosere.

recede [ri'si:d] *vb; stivt* **1***(=retreat; move back)* trekke seg tilbake *(fx the floods receded)*; **2.** *om hårfeste:* trekke seg bakover; **his hair has -d since I last saw him** han har blitt tynnere i hårrøttene siden sist jeg så ham; **3.** *mar; om kystlinjen:* forsvinne *(fx the coast receded behind us)*; **4***(=slant backwards)* skråne bakover *(fx he has a receding chin)*; **5.** *fig; om forhåpninger, priser, etc:* dale *(fx hope receded)*; falle; bli mindre *(fx our profits have receded)*; **6.** *fig:* **~ into the background** tre (*el.* komme) i bakgrunnen.

receding *adj* **1.** som skråner bakover *(fx forehead)*; **he has a ~ hairline** han begynner å få viker; **2.** *om priser:* vikende; dalende.

I. receipt [ri'si:t] *subst* **1.** mottagelse; **acknowledge ~ of the money** erkjenne mottagelsen av pengene; **on ~ of** ved mottagelse av; etter mottagelsen av; **on ~ of your letter** etter mottagelsen av Deres brev; **promise to deliver within six weeks from***(=of)* **~ of order** løfte om levering innen seks uker fra mottagelsen av ordren; *lett glds; merk:* **we are in ~ of your letter***(=we have received your letter)* vi har mottatt Deres brev; **2.** kvittering; **3.** *merk:* **-s** det man har tatt inn i løpet av en dag *(fx she took the day's receipts to the bank)*; inntekter *(fx our receipts this year are higher than last year's).*

II. receipt *vb:* kvittere *(fx a bill)*; **a -ed bill** en kvittert regning.

receipt form kvitteringsblankett.

receipt portion kvitteringstalong *(fx the receipt portion of the form).*

receive [ri'si:v] *vb* **1***(=get)* motta; få *(fx a letter)*; **~ social benefits** motta sosiale ytelser; **it has been -d with great enthusiasm in this country** det er blitt begeistret mottatt her i landet; *på kvittering:* **'-d with thanks'** mottatt; **2.** motta (gjest); ta imot; **~ a hearty welcome** få en hjertelig mottagelse; **he was well -d on his tour** han ble godt mottatt på (rund)reisen sin; **3.** *om skade; stivt(=get)* få *(fx he received a broken nose)*; **4.** *om utdannelse; stivt(=get):* **he -d a good education** han fikk en god utdannelse; **5.** begå heleri; **he was jailed for receiving (stolen diamonds)** han ble fengslet for heleri (av diamanter); **6.** *bygg(=bear)* bære (vekten av) *(fx these pillars receive* *the weight of the roof);* **7.: be -d into a community** bli opptatt i et samfunn; **8. T: be at***(=on)* **the receiving end** være den det går utover; **be on the receiving end of a lot of criticism***(=suffer a lot of criticism)* få en masse kritikk.

receiver [ri'si:və] *subst* **1.** *i shipping:* mottager; *(jvf consignee & recipient);* **2.** *tlf:* rør; **put down the ~** legge på røret; **3.** *radio:* mottager; **4.** heler *(fx he was the receiver of stolen diamonds);* **5.** *jur; oppnevnt av Court of Protection (overformynderiet):* verge; **6.** *jur; ved konkurs; oppnevnt av retten:* **official ~** midlertidig bobestyrer; *(jvf trustee in bankruptcy:* fast bobestyrer).

receivership [ri'si:vəʃip] *subst; jur:* **go into ~** bli overtatt av midlertidig bobestyrer; *(se receiver 6).*

receiving country*(=recipient) i bistandssammenheng:* mottagerland; *(NB nå helst: samarbeidsland).*

receiving end *se receive 8.*

receiving order *jur:* **make a ~ against sby** ta ens bo under konkursbehandling; *(NB dette vil si at det av retten oppnevnes en midlertidig bobestyrer (official receiver)).*

recent ['ri:sənt] *adj:* nylig; **a ~ photograph of yourself** et relativt nytt bilde av deg selv; **the change in management is quite ~** det er ikke lenge siden det ble skifte i bedriftsledelsen; **because of ~ events** på grunn av ting som er skjedd i det siste (*el.* som nylig er skjedd); **things have changed in ~ weeks** det hele har forandret seg (i) de siste ukene; **of ~ date***(=recent)* av ny dato.

recently *adv:* nylig; i det siste; **until quite ~** inntil ganske nylig.

receptacle [ri'septəkəl] *subst* **1** *stivt(=container)* beholder; **2.** *bot:* **(floral) ~** blomsterbunn; **3. US***(=electrical socket; (wall) outlet)* stikkontakt.

reception [ri'sepʃən] *subst* **1.** mottagelse *(fx the reception of patients; his speech got a good reception);* **2.** *om selskap:* mottagelse *(fx a wedding reception);* **3.** *radio, TV:* mottagerforhold *(fx good reception on VHF);* **4.** *i hotell(=reception desk; reception office)* resepsjon; **at ~***(=at the reception desk)* i resepsjonen *(fx ask at reception);* **please go to ~** vær vennlig å henvende Dem i resepsjonen.

receptionist [ri'sepʃənist] *subst* **1***(=reception clerk;* **US:** *room clerk)* resepsjonist; **head ~** resepsjonssjef; **2.: doctor's (,dentist's) ~** leges (,tannleges) kontorsøster.

reception room *i hotell:* **-(s)** selskapslokale(r).

receptive [ri'septiv] *adj:* mottagelig; **~ to** mottagelig for; lydhør overfor.

receptivity [,ri:sep'tiviti] *subst:* mottagelighet (*to* overfor).

I. recess [ri'ses] *subst* **1.** innskjæring; bukt; søkk (i terrenget) *(fx a deep recess in the hill);* **2***(=alcove)* alkove; **bed ~** sovealkove; **3.** *parl:* **(parliamentary) ~** (parlaments)ferie; **Parliament is in ~** parlamentet har sommerferie; **4. US***(=break)* frikvarter; **5.** *litt.:* **the -es of the cave***(=the innermost part of the cave)* hulens indre; **the (innermost) -es of the***(=one's)* **heart***(=the depths of the(=one's) heart; the inner places of the(=one's) heart)* hjertets krinkelkroker; hjertets lønnkammer.

II. recess *vb* **1.** bygge inn i en alkove; plassere i en nisje; **2. US:** ta pause; *skolev:* ta frikvarter.

recession [ri'seʃən] *subst* **1.** *rel (departing procession)* utgangsprosesjon; **2.** *økon:* **(trade) ~** konjunkturnedgang; **a serious trade ~** en sterk konjunkturnedgang.

recessional (hymn) *rel:* utgangssalme.

recessive [ri'sesiv] *adj; biol:* recessiv.

recharterer ['ri:,tʃa:tərə] *subst; merk:* rebefrakter; underbefrakter.

recherché [rə'ʃɛəʃei] *adj; stivt* **1***(=refined)* raffinert; **2***(=rare)* sjelden *(fx all manner of words – common, recherché and slang);* **3***(=known only to connoisseurs)* kjent bare for de innviede.

recidivist [ri'sidivist] *subst:* tilbakefallsforbryter; recidivist.

recipe ['resipi] *subst* **1.** matoppskrift; oppskrift; **2.** *fig:* oppskrift *(fx a recipe for success).*

recipient [ri'sipiənt] *subst* **1.** mottager; **2.:** *se receiving country.*

I. reciprocal [ri'siprəkəl] *subst; mat.:* **the ~ of** den resiproke verdi av; det resiproke tall til *(fx $^1/_5$ is the reciprocal of $5^1/_5$).*

II. reciprocal *adj* **1.** *gram; adj:* resiprok; **~ pronoun** resiprokt pronomen; **2.** *stivt(=mutual)* gjensidig *(fx aid; love; trade agreement);* **3.: ~ action***(=reciprocity; interaction)* vekselvirkning; **4.** *stivt:* **he admires her and she has a ~ respect for him***(=he admires her and she respects him in return)* han beundrer henne, og hun har til gjengjeld respekt for ham.

reciprocate [ri'siprə,keit] *vb; stivt(=return)* gjengjelde *(fx I reciprocate his dislike; reciprocate a compliment gracefully);* gjøre gjengjeld; **I hope I shall be able to ~***(=I hope I shall be able to do something in return)* jeg håper jeg vil bli i stand til å gjøre gjengjeld.

reciprocating *adj; mask:* frem- og tilbakegående; **~ engine***(=piston engine)* stempelmotor.

reciprocity [,resi'prɔsiti] *subst* **1.** gjensidighet; **2.** *polit (mutual exchange of commercial or other principles)* resiprositet; gjensidighet; **3***(=reciprocal action)* vekselvirkning.

recital [ri'saitəl] *subst* **1.** (solo)konsert; **piano(forte) ~, ~ of piano music** klaverkonsert; **2.** deklamasjon; resitasjon; opplesning; **3***(=enumeration)* oppregning *(fx a recital of his troubles);* **4***(=account)* beretning; skildring *(fx a colourful recital of a night on the town).*

recitation [,resi'teiʃən] *subst:* opplesning *(fx a recitation from Shakespeare).*

recitative [,resitə'ti:v] *subst; mus:* resitativ.

recite [ri'sait] *vb* **1.** lese opp; si frem; deklamere; resitere *(fx a poem);* **2***(=enumerate)* regne opp; **he -d a catalogue of my faults** han regnet opp alle feilene mine.

reckless ['reklis] *adj(=very careless)* uvøren; *stivt:* **~ of***(=heedless of)* uten å ense; uten å ta hensyn til *(fx he dashed out, reckless of the danger).*

reckon ['rekən] *vb* **1***(=calculate)* beregne; regne ut *(fx the height of a building);* få det til *(fx I reckon that there were 300 people);* **2.: I ~ him among my friends** jeg regner ham med blant mine venner; **he's -ed (to be)***(=he's reckoned as; he's reckoned as being)* han regnes for å være *(fx he's reckoned the best pianist in Britain);* **3. US** *el. dial(=think)* anta; regne med; tro *(fx I reckon they're not coming);* **4.: ~ on** 1*(=expect; count on)* regne med *(fx I was reckoning on meeting him tonight);* 2. **US** *el. dial:* **is he -ing on coming?***(=has he decided to come? does he think he'll come?)* regner han med å komme? tror han (at) han kommer? **5.: ~ up** regne sammen; summere *(fx a bill);* regne på *(fx when you reckon up the cost of eating in a restaurant it makes you decide to eat at home);* **6.: ~ with** 1*(=expect)* vente; regne med *(fx I didn't reckon with all these problems);* 2. *når det kan by på vanskeligheter:* **he's a man to be -ed with** han er en mann man må regne med; **7.: ~ without** 1*(=fail to take into account)* ikke ta med i beregningen *(fx the bully reckoned without John's big brother);* 2.: **~ without one's host** gjøre regning uten vert.

reckoning ['rekəniŋ] *subst* **1.** *mar:* **(dead) ~** bestikk; **by dead ~** etter bestikk; **work out the ~** gjøre opp bestikket; **be out in one's ~** 1. ha gjort opp feil bestikk; 2*(=be out in one's calculations)* ha forregnet seg; ha regnet feil; **2.** *fig:* **the day of ~** oppgjørets time; regnskapets dag.

I. reclaim [ri'kleim] *subst; litt.:* **he is past***(=beyond)* **~***(=he's incorrigible)* han er uforbederlig.

II. reclaim *vb* **1.** *for dyrkning:* innvinne; gjenvinne *(fx waste land); fra avfallsprodukt(=recover)* gjenvinne; **2.** *om hittegods:* avhente *(fx a wallet has been found and can be reclaimed at the manager's office);* **3.** *om person; litt.(=reform)* reformere *(fx a reclaimed drunkard).*

reclaimed rubber regenerert gummi.

reclamation [,reklə'meiʃən] *subst* **1.** gjenvinning; innvinning; *av landområde også:* tørrlegging; **2.** *fra avfallsprodukt:* gjenvinning.

recline [ri'klain] *vb* **1.** *stivt(=lie back)* ligge tilbakelent *(fx on a sofa);* **2.** *stivt(=rest):* **~ one's head on a pillow** hvile hodet på en pute; **3***(=incline backwards)* lene bakover *(fx he reclined the seat a little).*

reclining *adj* **1.** *om sete, stol, etc:* som kan stilles bakover; *i bil:* **fully ~ seats** liggeseter; **~ chair** liggestol; **2.** *om person; stivt(=leaning back)* tilbakelent; i halvt liggende stilling.

recluse [ri'klu:s] *subst; stivt(=hermit)* eremitt; eneboer.

recognition [,rekəg'niʃən] *subst* **1.** gjenkjennelse; gjenkjenning *(fx the recognition of a former friend);* **he's changed beyond all ~** han har forandret seg til det ugjenkjennelige; **2***(=appreciation)* påskjønnelse; **in ~ of** som en påskjønnelse for *(fx they gave the boy a medal in recognition of his courage);* **3***(=acknowledgment)* erkjennelse; **the ~ of this fact provides the key to . . .** i denne erkjennelse ligger nøkkelen til . . .; **in ~ of** i erkjennelse av; **4***(=acknowledgment)* anerkjennelse *(fx of a new state; of sby's work).*

recognizable, recognisable ['rekəg,naizəbl] *adj:* gjenkjennelig.

recognize, recognise ['rekəg,naiz] *vb* **1.** gjenkjenne; **2***(=admit)* innrømme; erkjenne *(fx a mistake);* **3***(=realize)* innse; erkjenne; **~ one's own inadequacy** erkjenne sin egen utilstrekkelighet; **4***(=appreciate)* påskjønne *(fx they recognized the boy's courage by giving him a medal);* **5***(=acknowledge)* anerkjenne *(fx a new state).*

I. recoil ['ri:,kɔil; ri'kɔil] *subst* **1.** rekyl; **2.** *fig(=reaction):* **the ~ from** reaksjonen på *(fx the recoil from the rigours of Calvinism).*

II. recoil [ri'kɔil] *vb* **1.** *om våpen(=kick)* rekylere; **T:** slå; spenne; **2.** *mil(=fall back; retreat)* trekke seg tilbake; **3.** *fig(=shrink back)* vike tilbake; **~ at***(=from)* **the sight of** vike tilbake ved synet av; **4.** *litt.:* **~ on***(=rebound on)* slå tilbake på *(fx his evil deeds recoiled on himself).*

recoilless ['ri:kɔillis] *adj; om våpen:* rekylfri.

re-collect ['ri:kə'lekt] *vb:* samle sammen igjen.

recollect [,rekɔ'lekt] *vb; stivt(=remember)* erindre; huske.

recollection [,rekə'lekʃən] *subst:* erindring; minne; **to the best of my ~***(=as far as I can remember)* så vidt jeg husker; **I have no ~ of doing that***(=I can't remember doing that)* jeg kan ikke huske at jeg har gjort det; **I have a wonderful ~***(=memory)* **of these days** jeg har disse dagene i kjær erindring; **within my ~***(=as far back as I can remember)* så langt tilbake som jeg kan huske; i den tid jeg kan huske.

recommend [,rekə'mend] *vb:* anbefale; tilrå; **we ~ that you do it***(=we advise you to do it)* vi anbefaler Dem å gjøre det; **~ sby sth***(=recommend sth to sby)* anbefale en noe *(fx can you recommend me a good doctor?);* **~ warmly***(=highly)* anbefale på det varmeste (*el.* beste); **it has little (or nothing) to ~ it** det har (svært) lite for seg; det er ikke videre anbefalelsesverdig.

recommendable [,rekə'mendəbl] *adj(=to be recommended)* anbefalelsesverdig.

recommendation [,rekəmən'deiʃən] *subst:* anbefaling; **on his ~***(=on the strength of his recommendation)* på hans anbefaling; **I am pleased to give NN my most sincere -s** det er meg en glede å gi NN mine varmeste anbefalinger; **letter of ~** anbefalingsbrev; *(jvf reference 3).*

recommendatory [,rekə'mendətəri] *adj:* anbefalende.

recommended (retail) price *merk:* veiledende (utsalgs)pris.

recompense ['rekəm,pens] **1.** *subst; stivt(=payment; compensation)* betaling; vederlag; erstatning; **as ~ for***(=in recompense for)* som erstatning for *(fx money offered as recompense for his injuries);* **2.** *vb; stivt(=pay; compensate)* betale; erstatte *(fx they recompensed him for his losses).*

reconcilable ['rekənsailəbl] *adj* **1.** som lar seg forsone; som kan forsones; **2***(=compatible)* forenlig *(with* med); *(jvf irreconcilable).*

reconcile ['rekən,sail] *vb* **1.** forsone; forlike; **~ the parties** forlike partene; **be***(=become)* **-d with sby** forsone seg med en; **~ oneself to sth** forsone (*el.* avfinne) seg med noe; **2.** *om strid(=settle; resolve)* bilegge *(fx a difference);* **3.** forene *(fx it's almost impossible to reconcile these two aims);* **~ an ideal with reality** bringe et ideal i samklang med virkeligheten; **~ conflicting statements** få motstridende utsagn til å stemme overens.

reconciliation [,rekən,sili'eiʃən] *subst:* forsoning; forlik; *(jvf amicable settlement).*

recondite ['rekən,dait; ri'kɔndait] *adj; stivt* **1.** *om tema, etc(=abstruse)* vanskelig tilgjengelig; dunkel *(fx subject);* **2***(=little known; obscure)* lite kjent; obskur *(fx literature).*

recondition [,ri:kən'diʃən] *vb:* overhale *(fx a television set);* fabrikkoverhale *(fx an engine).*

(reconditioned) exchange engine (fabrikkoverhalt) byttemotor.

reconnaissance [ri'kɔnisəns] *subst; mil (,T: recci)* rekognosering; oppklaring.

reconnoitre *(,US: reconnoiter)* [,rekə'nɔitə] *vb; mil (,T: recci)* rekognosere.

reconsider [,ri:kən'sidə] *vb:* overveie på nytt; omvurdere; revurdere *(fx a decision).*

reconsideration [,ri:kən,sidə'reiʃən] *subst:* fornyet overveielse; omvurdering; revurdering.

reconstitute [ri:'kɔnsti,tju:t] *vb* **1.** oppløse i vann *(fx the dried milk must be reconstituted before use); (om tørrede frukter, etc)* bløte opp; *kjem:* rekondisjonere; fortynne igjen; **2***(=reorganize)* rekonstituere; gi en annen sammensetning *(fx the board of directors).*

reconstruct [,ri:kən'strʌkt] *vb* **1***(=rebuild)* bygge opp igjen *(fx a ruined bridge);* bygge opp igjen; gjenoppbygge; **2.** rekonstruere *(fx a crime).*

reconstruction [,ri:kən'strʌkʃən] *subst* **1.** gjenoppbygging; **2.** rekonstruksjon *(fx of a crime);* **3. (the work of) national ~** den nasjonale gjenreising.

reconversion [,ri:kən'və:ʃən] *subst* **1.** *økon(=switch-over)* omstilling *(fx to peace production);* **2.** *rel:* ny omvendelse.
reconvert [,ri:kən'və:t] *vb* **1.** gjøre om igjen; bringe tilbake til den opprinnelige form; **2.** *økon(=switch over)* omstille; **3.** *rel:* omvende på nytt.
I. record ['rekɔ:d] *subst* **1.** opptegnelse; fortegnelse *(fx keep a record of); case* ~ sykejournal; **2.** rulleblad; **a clean** ~ rent rulleblad; **have a criminal** ~ ha et rulleblad hos politiet; **3***(=disc)* plate; **4.** rekord *(fx this year's production marks a record);* **beat***(=break)* **a** ~ slå en rekord; **cut 36 seconds off the previous** ~ forbedre den gamle rekorden med 36 sekunder; **equal***(=touch)* **a** ~ tangere en rekord; **set up a** ~ sette en rekord; **at** ~ **speed***(=very fast)* med rekordfart; **5.: for the** ~*(=to keep the record straight)* for ordens skyld; for at det ikke skal være noen tvil om hva man har sagt (*el.* mener) *(fx just for the record, I think he's a fool);* **6.: off the** ~ uoffisielt; **this is strictly off the** ~ dette er sagt i all fortrolighet; dette er helt uoffisielt; **he was speaking off the** ~ han uttalte seg uoffisielt (*el.* privat); **he admitted off the** ~ **that . . .** uoffisielt innrømte han at . . .; **7.: on** ~ vitterlig; dokumentert *(fx this is on record);* **this is the coldest winter on** ~ dette er den kaldeste vinteren i manns minne (*el.* den kaldeste vinteren man noensinne har registrert); **I wish to go***(=be put)* **on** ~ **as disagreeing with all these decisions** jeg vil gjerne ha det ført til protokolls at jeg er uenig i alle disse avgjørelsene; **he is on** ~ **as saying this** dette har han faktisk sagt; **put it on** ~*(=record it)* protokollere det; føre det til protokolls; *(se også records).*
II. record [ri'kɔ:d] *vb* **1.** skrive ned; protokollere; **2.** registrere *(fx the thermometer recorded 30 °C);* **3.:** ~ **one's vote** avgi stemme; stemme *(fx in an election);* **4.** spille inn; synge inn; snakke inn; lage opptak av; ta opp *(fx don't make any noise when I'm recording);* **my tape recorder isn't -ing for some reason** av en eller annen grunn virker ikke lydbåndopptageren min.
recorded delivery *post* **UK:** sending man kvitterer for mottagelsen av.
recorded programme program som er tatt opp på bånd; opptak (mots. direkte sending).
recorder [ri'kɔ:də] *subst* **1.** *i større by* **UK:** byrettsdommer; **2.** registreringsapparat; **3.** *mus:* blokkfløyte; **3.** (bånd)opptager.
recording *subst* **1.** nedskriving; nedtegnelse; **2.** (lydbånd)opptak.
recording car*(=recording unit)* opptaksbil.
recording engineer*(=(sound) recordist)* lydtekniker.
record music platemusikk.
record player *mus:* platespiller.
records: public ~ offentlig arkiv; riksarkiv; *(se Public Record Office & Public Records).*
I. re-count ['ri:,kaunt] *subst:* ny opptelling (ved valg).
II. re-count [,ri:'kaunt] *vb:* telle om igjen.
recount [ri'kaunt] *vb; stivt(=tell)* berette.
recoup [ri'ku:p] *vb; stivt:* ~ **one's losses***(=get back the money one has lost)* tjene inn igjen det man har tapt; **I'm losing a little on this, but I'm counting on -ing** jeg taper litt på dette, men regner med å tjene det inn igjen; ~ **oneself for . . .** holde seg (selv) skadesløs for.
recourse [ri'kɔ:s] *subst* **1.** *jur:* regress; **have** ~ **against** søke regress hos; **2.** *jur:* **have** ~ **to the law** ta loven til hjelp; *fig:* **have** ~ **to***(=resort to; turn to)* ty til; ta sin tilflukt til.
re-cover [,ri:'kʌvə] *vb* **1.** dekke til igjen; **2.** *møbel:* trekke om *(fx this chair needs to be re-covered).*
recover [ri'kʌvə] *vb* **1.** *etter sykdom:* komme seg; **he never fully -ed** han ble aldri ordentlig frisk igjen; **2***(=get back)* få igjen; få tak i igjen *(fx the stolen jewels);* ~ **those who perished** berge de omkomne; **3.** *jur, merk:* ~ **a claim** inndrive en fordring; ~ **damages** bli tilkjent skadeserstatning; **he failed to** ~ **damages** han ble ikke tilkjent skadeserstatning; ~ **expenses** få dekket utgiftene; **4.** *fra avfallsprodukt(=reclaim)* gjenvinne; **5.** *om balanse & fatning:* gjenvinne *(fx one's balance* balansen; *one's composure* fatningen); **he -ed (himself) in time to give a speech** han gjenvant fatningen tidsnok til å holde en tale.
recoverable [ri'kʌvərəbl] *adj:* som kan inndrives; som man kan få igjen (*el.* få dekket) *(fx is the cost of repairs recoverable?);* ~ **expenses** utgifter man har krav på å få dekket.
recovery [ri'kʌvəri] *subst* **1.** det å bli frisk; bedring; ~ **is a slow business** det tar tid å bli frisk; **he made a remarkable** ~ **after his illness** han kom seg bemerkelsesverdig fort etter sykdommen; **2.** det å få tilbake *(fx the recovery of lost property);* **3.** *jur:* inkasso (ved rettens hjelp); **4.** *tekn; fra avfallsprodukt:* gjenvinning; **5.** *om balanse & fatning:* gjenvinning; **6.** *økon:* **(economic)** ~ (økonomisk) gjenreising; (økonomisk) oppgang; **Britain's** ~ **is firmly under way** det går avgjort oppover igjen med Storbritannia.
recovery plant gjenvinningsanlegg.
recovery room *på sykehus:* **the** ~ oppvåkningen; recovery.
re-create, recreate [,ri:kri'eit] *vb; fig(=recapture)* gjenskape *(fx the atmosphere of Victorian England).*
I. re-creation, recreation [,ri:kri'eiʃən] *subst:* gjenskaping.
II. recreation [,rekri'eiʃən] *subst:* rekreasjon; atspredelse *(fx I have little time for recreation).*
recreational [,rekri'eiʃənəl] *adj:* rekreasjons-.
recreational area friareal.
recreational club*(=leisure-time club)* fritidsklubb.
recreation centre fritidssenter.
recriminate [ri'krimi,neit] *vb; stivt(=accuse)* komme med (mot)beskyldninger.
recrimination [ri,krimi'neiʃən] *subst:* **-s** (mot)beskyldninger; gjensidige beskyldninger.
recrudescence [,ri:kru:'desəns] *subst; om sykdom; stivt(=fresh outbreak)* nytt utbrudd; gjenoppblussing.
I. recruit [ri'kru:t] *subst* **1.** *mil:* rekrutt; **2.** nytt medlem; ny tilhenger.
II. recruit *vb* **1.** *mil(=enlist)* rekruttere; **2.** verve *(fx more members to the music society);* **3.** *om arbeidsgiver:* rekruttere *(fx employers recruiting at 16).*
recruitment [ri'kru:tmənt] *subst:* rekruttering; verving; **posts for** ~ rekrutteringsstillinger.
rectal ['rektəl] *adj; anat:* endetarms-; rektal.
rectal catheter *med.:* klystérslange.
rectal syringe*(=enema syringe) med.:* klystérsprøyte.
rectal tenesmus *med.(=desire to relieve oneself)* avføringstrang.
rectangle ['rek,tæŋgəl] *subst:* rektangel.
rectangular [rek'tæŋgjulə] *adj:* rektangulær.
rectification [,rektifi'keiʃən] *subst* **1.** *stivt(=correction)* beriktigelse; **2.** *kjem:* rektifikasjon; **3.** *elekt:* likeretting; **4.:** ~ **of the frontier** grenserevisjon.
rectifier ['rekti,faiə] *subst; elekt:* likeretter.
rectify ['rekti,fai] *vb* **1.** *stivt(=correct)* beriktige; korrigere; **2.** *kjem:* rektifisere; **3.** *elekt:* likerette.

rectilinear [,rekti'liniə] *adj; stivt* **1**(*=with straight lines)* rettlinjet; **2.:** ~ **motion** rettlinjet bevegelse.
rectitude ['rekti,tju:d] *subst; meget stivt(=integrity)* rettskaffenhet *(fx a person of high moral rectitude).*
rectocele ['rektou,si:l] *subst; med.:* rectocele; nedfall av endetarmen.
rector ['rektə] *subst* **1.** sogneprest; **2.** *i Skottland; ved enkelte skoler el. universiteter:* rektor; **3.** *i Skottland; univ(official representative of the students)* studentrepresentant.
rectorate ['rektərit], **rectorship** ['rektə,ʃip] *subst:* stilling som 'rector'.
rectory ['rektəri] *subst:* prestegård.
rectum ['rektəm] *subst; anat:* endetarm; rektum.
recumbent [ri'kʌmbənt] *adj; litt.(=lying (down))* liggende *(fx they found a statue of a recumbent woman).*
recuperate [ri'k(j)u:pə,reit] *vb; stivt(=recover)* komme til krefter; komme seg (etter sykdom).
recuperation [ri,k(j)u:pə'reiʃən] *subst; stivt(=recovery)* rekonvalesens; gjenvinning av helsen.
recuperative [ri'k(j)u:pərətiv] *adj; meget stivt(=curative; therapeutic)* helbredende.
recur [ri'kə:] *vb; stivt* **1**(*=happen again)* inntreffe igjen; hende igjen; gjenta seg; **2.** *om feil:* gjenta seg; **3.** *om problem el. tanke(=reappear)* dukke opp igjen; melde seg igjen.
recurrence [ri'kʌrəns] *subst; stivt* **1**(*=repetition)* gjentagelse *(fx take steps to prevent a recurrence);* **2.** *med.:* nytt anfall *(fx of fever);* **3.** *om problem el. tanke(=reappearance)* tilbakevending.
recurrent [ri'kʌrənt] *adj* **1**(*=recurring)* tilbakevendende *(fx problem);* **2.** *merk:* ~ **expenses**(*=overheads)* faste utgifter; **3.** *om sykdom(=periodic)* tilbakevendende; **4.** *mat.:* ~ **series** rekurrente rekker.
recurring decimal *mat.(=circulating decimal)* periodisk desimalbrøk.
recycle [ri:'saikəl] *vb:* resyklere; gjenvinne.
recycling *subst:* resyklering; gjenvinning; gjenbruk.
I. red [red] *subst* **1.** rød farge; rødt **2**(*=Red)* kommunist; **the -s** kommunistene; de røde; **3. T: be in the** ~ ha overtrukket kontoen sin; kjøre med underskudd; **be out of the** ~ være solvent igjen; være økonomisk ovenpå igjen; **4.: drive into the** ~(*=cross on the red)* kjøre mot rødt lys.
II. red *adj:* rød; **T: paint the town** ~ sette byen på ende; **T: see** ~ se rødt; **T: criticizing the Labour Party in front of him is like a** ~ **rag to a bull** å kritisere Arbeiderpartiet i hans nærvær er som å vifte med en rød klut.
red-backed sandpiper *zo(=dunlin;* **US:** *dunlin)* myrsnipe.
red-backed shrike *zo(=butcher bird)* tornskate; brunryggvarsler.
red box *parl:* dokumentskrin (med statspapirer).
red-breasted flycatcher *zo:* dvergfluesnapper; *hist:* liten fluesnapper; *(jvf flycatcher).*
red-breasted snipe *(,***US:** *short-billed dowitcher)* bekkasinsnipe.
redbrick university UK: nyere universitet (mots. Oxford & Cambridge).
red cabbage *bot:* rødkål.
red campion *bot: se campion.*
redcap ['red,kæp] *subst* **1. T**(*=military policeman)* militærpolitisoldat; **2. US**(*=railway porter)* bærer.
red carpet *om storslagen mottagelse:* rød løper; **roll out the** ~ legge ut den røde løperen.
red-carpet [,red'ka:pit] *adj:* ~ **treatment** storslagen mottagelse; rød løper *(fx he was given the red -carpet treatment).*
red corpuscle(*=red blood cell)* rødt blodlegeme.
red currant *bot: se currant.*
red deer *zo(=(royal) stag)* kronhjort.
redden ['redən] *vb* **1**(*=blush; turn red)* rødme; **2**(*=make red; become red)* gjøre rød; bli rød.
redecorate [,ri:'dekəreit] *vb (,***T:** *do up)* pusse opp *(fx a room).*
redeem [ri'di:m] *vb* **1.** *noe pantsatt:* løse inn; *obligasjon, pantelån:* innløse *(fx a bond; a mortgage); løfte:* innfri; **2.** *rel(=free from sin)* forløse; **3.: his willingness to work -ed him in her eyes** hans arbeidsvillighet gjorde henne forsonlig stemt.
redeemable [ri'di:məbl] *adj:* innløselig *(on demand* ved presentasjon).
Redeemer [ri'di:mə] *subst; rel:* **the** ~ forløseren.
redeeming *adj:* forsonende; **a** ~ **feature** et forsonende trekk.
redemption [ri'dempʃən] *subst* **1.** innløsning; **2.** *rel:* forløsning; **3.** *fig; stivt el. spøkef:* **beyond**(*= past)* ~ håpløst fortapt; som ikke kan hjelpes; **his schoolwork is so bad that it's beyond** ~ skolearbeidet hans er så dårlig at det ikke lar seg rette opp.
Red Ensign: the ~ det britiske handelsflagg.
redeploy [,ri:di'plɔi] *vb; mil:* omplassere; omgruppere; overflytte.
redeployment [,ri:di'plɔimənt] *subst* **1.** *mil:* omplassering; omgruppering; overflytning; **2.** *fig:* omplassering; ommøblering.
redevelopment [,ri:di'veləpmənt] *subst:* byfornyelse.
red-faced ['red,feist] *adj:* rød i ansiktet.
red fox(*=common fox) zo:* rødrev.
red grouse *zo:* skotsk lirype; *(se willow grouse).*
red-handed [,red'hændid] *adj:* **he was caught** ~ han ble grepet på fersk gjerning.
redhead ['red,hed] *subst:* rødhåret person.
red herring *se herring.*
red-hot [,red'hɔt; *attributivt:* 'red,hɔt] *adj; også fig:* rødglødende.
redirect [,ri:di'rekt] *vb; stivt(=readdress; forward)* omadressere; videresende *(fx a letter).*
redistribute [,ri:di'stribju:t] *vb:* omfordele.
red lead mønje.
red-letter day ['red,letə 'dei] merkedag.
red light rødt lys.
red-light district bordellstrøk; prostitusjonsstrøk.
re-do [,ri:'du:] *vb(=do (sth) again)* gjøre om igjen *(fx this page will have to be re-done).*
redolence ['redələns] *subst; stivt(=fragrance)* vellukt; duft.
redolent ['redələnt] *adj; stivt* **1**(*=fragrant)* velluktende; duftende: **2.: be** ~ **of** 1(*=smell strongly of)* dufte sterkt av; 2(*=be suggestive of)* minne om *(fx a scene redolent of the Middle Ages).*
redouble [ri'dʌbəl] *vb* **1.** *fig:* fordoble; øke *(fx we redoubled our efforts);* **2.** *kortsp; bridge:* redoble.
redoubtable [ri'dautəbl] *adj; stivt(=formidable)* fryktinngytende.
redound [ri'daund] *vb; stivt:* **it can only** ~ **to our advantage**(*=it can only be to our advantage)* det kan bare være til vår fordel; **it -s**(*=adds)* **to his credit** det tjener ham til ære.
red pepper *bot:* rød pepper.
redpoll ['red,pɔl] *subst; zo:* **(mealy)** ~ *(,***US:** *common redpoll)* gråsisik.
I. redraft ['ri:,dra:ft] *subst* **1.** nytt utkast; **2.** *merk:* returveksel.
II. redraft [ri:'dra:ft] *vb:* lage nytt utkast til.
red rattle *bot: (=common lousewort)* kystmyrklegg.
I. redress [ri'dres] *subst* **1.** *meget stivt(=compensation)* erstatning *(fx seek redress);* **2.** *jur(=(legal) remedy)* avhjelp; rettshjelp *(fx the purchaser had no redress against a swindler);* **3.** *meget stivt:*

beyond ~ *(=irreparable)* ubotelig *(fx damage beyond redress).*

II. redress *vb; meget stivt* **1***(=make good)* erstatte; bøte på *(fx the company offered him a large sum of money to redress the harm which they had done him);* **2***(=remedy)* råde bot på; avhjelpe *(fx social injustice);* **3.:** ~ **the balance***(=make things equal again)* gjenopprette balansen.

redshank ['red,ʃæŋk] *subst; zo:* rødstilk; **spotted** ~ sotsnipe.

redskin ['red,skin] *subst* **T***(=American Indian)* rødhud.

redstart ['red,sta:t] *subst; zo:* rødstjert; **black** ~ svart rødstjert.

red tape papirmølle; byråkrati; **it's tied up in** ~ det befinner seg i papirmølla.

reduce [ri'dju:s] *vb* **1.** redusere; nedsette; sette ned; ~ **drastically** redusere sterkt (*el.* drastisk); ~ **by 10 per cent** redusere (*el.* sette ned) med ti prosent; **at -d prices***(=at cut prices)* til reduserte (*el.* nedsatte) priser; ~ **speed** sette ned (*el.* redusere) farten; **2.:** ~ **weight** *(,***T:** *reduce)(=slim)* slanke seg; **3.** *med.:* sette sammen; ~ **a fracture** sette sammen et brudd; **4.** *mil:* ~ **an officer to the ranks** degradere en offiser til menig; **5.** *mat.:* ~ **a fraction** forkorte en brøk; ~ **a fraction to higher terms** utvide en brøk; **6.** *stivt:* ~ **sby to silence***(=silence sby)* bringe en til taushet; **she was -d to tears***(=she burst into tears)* hun brast i gråt; ~ **a town to rubble***(=lay a town in ruins)* legge en by i grus; **they were -d to eating grass and leaves** det ble så ille at de måtte spise gress og løv; **they were -d to poverty** de sank ned i fattigdom; **7.:** ~ **it to a system***(= attack(=do) it systematically)* sette det i system.

reduced *adj:* redusert; **be** ~ **to** være henvist til (å); *(se også reduce 6);* **be in** ~ **circumstances** sitte i trange kår.

reducible [ri'dju:sibl] *adj:* reduserbar.

reduction [ri'dʌkʃən] *subst:* reduksjon; **a** ~ **in prices** *(=a price reduction)* en prisreduksjon.

redundancy [ri'dʌndənsi] *subst* **1.** avskjedigelse (fordi ens arbeidsoppgave er blitt overflødig); **there have been a lot of redundancies at that factory lately** mange har blitt sagt opp ved den fabrikken i det siste; **2.** *økon:* strukturarbeidsløshet; arbeidsløshet pga. strukturendringer (i bedriften); **3.** *EDB:* redundans.

redundancy payment avfinnelsessum (ved avskjedigelse) *(fx if you've worked there for two years, you should get a redundancy payment).*

redundant [ri'dʌndənt] *adj* **1.** overflødig; overtallig; **2.** *om stil(=verbose)* ordrik; overlesset *(fx a redundant literary style);* **3.** *om arbeider:* arbeidsløs pga. rasjonalisering el. innskrenkninger i bedriften); **be made** ~ bli arbeidsløs; miste jobben.

reduplicate [ri'dju:pli,keit] *vb* **1.** *gram:* reduplisere; **2.** *stivt(=double; repeat (unnecessarily))* fordoble; gjenta (uten at det er nødvendig); **let's decide who does what, so that we don't** ~*(=repeat)* **each other's work** la oss bli enige om hvem som skal gjøre hva, slik at vi ikke risikerer å gjøre dobbelt arbeid.

reduplication [ri,dju:pli'keiʃən] *subst* **1.** *gram:* reduplikasjon; **2.** *stivt(=doubling; (unnecessary) repetition)* fordobling; (unødvendig) gjentagelse.

redwing ['red,wiŋ] *subst; zo:* rødvingetrost.

redwood ['red,wud] *subst; bot:* rødtre.

re-echo, reecho [ri:'ekou] *vb(=resound)* gjenlyde.

reed [ri:d] *subst* **1.** *bot:* siv; rør; **2.** *mus* 1*(=reed pipe)* rørfløyte; 2. *i blåseinstrument:* rørblad; tunge; munnstykke; **3.** vevkam; vevskje.

reedbuck ['ri:d,bʌk] *subst; zo:* sivbukk.

reed bunting *zo:* sivspurv.

reed instrument *mus:* rørbladinstrument.

re-edit [,ri:'edit] *vb:* utgi på nytt.

reed mace *bot(=cat's-tail)* bred dunkjevle.

reed organ*(=harmonium) mus:* harmonium.

reeducate [,ri:'edju,keit] *vb(=retrain)* omskolere.

reed warbler *zo:* rørsanger.

reedy ['ri:di] *adj* **1.** rørbevokst; sivbevokst; **2.** *mus:* pipende; tynn *(fx voice).*

I. reef [ri:f] *subst* **1.** (klippe)rev; korallrev; sandrev; **2.** *mar, i seil:* rev; **shake out a** ~ stikke ut et rev; **take in a** ~ ta inn et rev.

II. reef *vb; mar:* reve *(fx the sails).*

reefer ['ri:fə] *subst* **1***(=reefer jacket)* sjømannsjakke; pjekkert; **2. S***(=marijuana cigarette)* marihuanasigarett.

reef knot*(=square knot)* båtsmannsknop.

I. reek [ri:k] *subst* **T***(=(strong) smell)* dunst; os.

II. reek *vb* **T:** ~ **of** 1*(=smell strongly of)* stinke av; 2. *fig(=suggest)* lukte av *(fx this scheme reeks of racism);* ose av *(fx the country positively reeks of prosperity).*

I. reel [ri:l] *subst* **1. (fishing)** ~ fiskesnelle; **fly** ~ fluesnelle; **(cotton)** ~*(=bobbin;* **US:** *spool)* trådsnelle; **yarn** ~*(=wool winder)* garnvinde; **film** ~ filmspole (for fremviser).

II. reel *vb* **1.** rave; sjangle; **he was -ing drunk** han var så full at han sjanglet; **2.** *fig:* **my brain was -ing** det gikk helt rundt for meg; **the room began to** ~ **and then I fainted** rommet begynte å gå rundt, og så besvimte jeg; **3.** spole (opp); ~ **in a fish** sveive inn en fisk; **4.:** ~ **off***(=rattle off)* lire av seg *(fx a list of names).*

re-elect, reelect [,ri:i'lekt] *vb:* gjenvelge.

re-election, reelection [,ri:i'lekʃən] *subst:* gjenvalg.

re-enact, reenact [,ri:i'nækt] *vb; om hendelsesforløp:* rekonstruere; **they agreed to** ~ **the crime** de ble enige om å rekonstruere forbrytelsen.

re-engage, reengage [,ri:in'geidʒ] *vb:* ansette igjen.

re-enter, reenter [ri:'entə] *vb(=enter again)* **1.** gå inn i igjen *(fx he reentered the room);* **2.:** ~ **the Earth's atmosphere** komme inn i jordatmosfæren igjen.

re-entry, reentry [ri:'entri] *subst* **1.** *om romskip, etc:* det å komme inn i jordatmosfæren igjen *(fx re-entry is expected to take place some time tomorrow);* **2.** *til et land:* ny innreise; ~ **visa** nytt innreisevisum.

re-establish, reestablish [,ri:i'stæbliʃ] *vb:* gjenopprette *(fx an institution; contact with an old friend).*

re-establishment, reestablishment [,ri:i'stæbliʃmənt] *subst:* gjenopprettelse.

I. reeve [ri:v] *subst* **1.** *zo(=female ruff)* brushøne; **2.** *hist:* slags fogd; **3.** *i Canada; i enkelte landkommuner:* ordfører.

II. reeve *vb (pret & perf. part: rove; reeved) mar; om tau* **1***(pass through a block)* føre et tau gjennom en (talje)blokk; **2***(fasten by passing through sth or around sth)* feste ved å føre (tau) gjennom el. rundt.

ref [ref] *subst* **T***(=referee) sport:* dommer; oppmann.

refashion [,ri:'fæʃən] *vb; stivt(=remodel; change)* omforme; forandre.

refectory [ri'fektəri] *subst(=dining hall)* spisesal; *i kloster:* refektorium; spisesal.

refer [ri'fə:] *vb* **1.:** ~ **to** henvise til; sende til *(fx a patient to a specialist);* ~ **the case to arbitration** sende saken til voldgift; **I -red him to an excellent book on the subject** jeg henviste ham til en ypperlig bok om emnet; **you must** ~ **to your**

employer du må henvende deg til arbeidsgiveren din;
2. *om referanse:* ~ **to** henvise til; vise til *(fx the numbers refer to notes at the foot of the page);*
3. *gram:* ~ **(back) to** vise tilbake på;
4.: ~ **to** angå; vedrøre; referere (seg) til *(fx does this refer to me? this song refers to an incident in the Civil War);*
5.: ~ **to***(=consult)* se på; konsultere *(fx he referred frequently to his notes);* **if I'm not sure how to spell a word, I ~ to a dictionary** hvis jeg ikke er sikker på hvordan et ord staves, slår jeg etter i en ordbok;
6.: ~ **to***(=attribute to)* tilskrive *(fx they referred their depression to the weather);*
7.: ~ **to***(=mention)* nevne; referere til; **the book -red to** nevnte bok; den bok det refereres til;
8.: ~ **to***(=allude to)* sikte til; hentyde til *(fx I wasn't referring to you);* henspille på; referere seg til *(fx my remarks refer to your last letter);*
9. *om smerte:* **be -red to** bli overført til *(fx the pain in appendicitis may be referred to any area of the abdomen));* **-red pain** overført smerte;
10. *på dokument:* ~ **to NN** tilstilles NN;
11. *påtegning på dekningsløs sjekk:* ~ **to drawer** *(fk R/D)* ingen dekning;
12. *skolev; stivt:* **be -red (for re-examination)***(= resit an exam)* få gå opp til utsatt prøve; *(jvf reference 7);*
13. *meget stivt:* **they ~ Stonehenge to the Bronze Age***(=they place Stonehenge in the Bronze Age)* de plasserer Stonehenge i bronsealderen; **he -s the fall of Rome to 410 AD***(=he places the fall of Rome in the year 410)* han henlegger Roms fall til året 410.

I. referee [,refə'ri:] *subst* **1.** *om person:* referanse *(fx she's applying for a new job and wants me to be a referee; one of his referees has given him rather a lukewarm reference, which makes me hesitate to give him the job); (se også reference 3);* **2.** *sport:* dommer; oppmann; **assistant ~** vise-·oppmann; *(se også umpire).*

II. referee *vb; sport:* være dommer (ved) *(fx I've been asked to referee (a football match) on Saturday).*

reference ['refərəns] *subst* **1.** henvisning; **in***(=with)* ~ **to***(=referring to)* under henvisning til; idet vi (etc) viser til *(fx with reference to your recent letter);* **2.** henvisning *(fx references are given at the end of the book);* **3.** attest; referanse; **character -s** personlige referanser; **if you would like a ~ I can name NN** hvis De ønsker en referanse, kan jeg oppgi NN; **I will provide -s should you require them** jeg skaffer referanser om nødvendig; **I have obtained permission to use the name of NN, sales manager, as a ~** jeg har fått lov til å benytte salgssjef NNs navn som referanse; *(se også I. referee 1);* **4. T: just for future ~** (bare) slik at jeg vet det til en annen gang; **5.** *stivt:* **make ~ to***(=refer to)* referere til; vise til *(fx he made references to your remarks at the last meeting);* **6.** det å slå opp (*to* i); det å se etter (*to* i, på); ~ **to a map will make the position clear***(=if you look at a map, the position will be clear)* hvis man ser på et kart, vil stillingen være klar; **a manual designed for ready ~** en håndbok som det er meget lett å bruke; **7.** *skolev; stivt(=resit; US: supplementary exam)* utsatt prøve *(fx reference is usually allowed in one subject only).*

reference book oppslagsbok; håndbok.

reference library håndbibliotek.

reference point *flyv:* siktepunkt *(fx a reference point on which to keep straight should be found on the far boundary of the airfield).*

referendum [,refə'rendəm] *subst:* folkeavstemning; **hold a ~** holde folkeavstemning.

I. refill ['ri:fil] *subst* **1.** refill *(fx for a ball pen);* **2. T: a ~** en drink til *(fx can I get you a refill?).*

II. refill [ri:'fil] *vb(=fill up again)* fylle opp igjen; fylle på igjen; etterfylle.

refine [ri'fain] *vb* **1.** raffinere; foredle *(fx oil);* **most of the nutritive value of the food was -d away** det meste av næringsverdien i maten ble raffinert bort; **2.** *stivt(=improve)* forbedre *(fx we have refined our techniques considerably since the work began; refine one's style).*

refined *adj* **1.** raffinert; **2.** *fig:* forfinet; raffinert; ~ **cruelty** raffinert grusomhet.

refinement [ri'fainmənt] *subst* **1** raffinering; foredling; **2.** *stivt(=improvement)* forbedring; **3.** forfinelse; raffinement; **a person of great ~** et meget forfinet menneske.

refinery [ri'fainəri] *subst:* raffineri.

I. refit ['ri:,fit] *subst; mar:* reparasjon; istandsetting *(fx the ship went into the dock for a refit).*

II. refit [ri:'fit] *vb; mar:* reparere; sette i stand; bli reparert *(fx the ship is refitting just now).*

reflation [ri:'fleiʃən] *subst; økon:* reflasjon; økt økonomisk aktivitet.

reflect [ri'flekt] *vb* **1.** reflektere; kaste tilbake *(fx a mirror reflects light);* **be -ed** 1. bli gjenspeilet; speile seg *(fx it was reflected in the water);* 2. *fig(=show)* avspeile seg *(fx his personality is reflected in his work);* vise *(fx the pulse reflects the condition of the heart);* **the style of this poem -s my mood when I wrote it** stilen i dette diktet gjenspeiler den sinnsstemningen jeg var i da jeg skrev det; **2.** *stivt(=realize)* tenke på *(fx I liked her before I reflected that she was a member of the opposing team);(=think)* tenke *(fx give him a minute to reflect (on what he should do));* tenke etter *(fx I want time to reflect);* **3.:** ~ **on** 1. *stivt(=think about)* reflektere over; tenke på; 2. *fig(=bring blame on; discredit)* stille i et uheldig lys *(fx her behaviour reflects (badly) on her mother);* ~ **favourably on***(=reflect credit on; bring praise on)* stille i et heldig lys *(fx her behaviour reflects favourably on her mother);* **it -s credit on him***(=it does him credit)* det tjener ham til ære.

reflecting *adj:* reflekterende.

reflecting triangle varseltrekant.

reflection [ri'flekʃən] *subst* **1.** speilbilde *(fx she looked at her reflection in the water);* **2.** gjenspeiling; gjenskjær; **a faint ~ of** et svakt gjenskjær av; **be a ~ of** gjenspeile; reflektere *(fx a high crime rate is a reflection of an unstable society);* **3.** *stivt:* **-s***(=thoughts)* tanker; refleksjoner; betraktninger *(fx reflections on the French Revolution);* **I made my own -s***(=I had my suspicions)* jeg hadde mine anelser; jeg tenkte mitt; **4.: on ~***(=after thinking about it)* ved nærmere ettertanke *(fx on reflection it didn't seem such a good plan);* **5.: your bad behaviour is a ~ on me** den dårlige oppførselen din går ut over meg.

reflection marker *se reflector 3.*

reflective [ri'flektiv] *adj* **1***(=reflecting)* reflekterende; selvlysende *(fx number plates);* **2.** *stivt(= thoughtful)* ettertenksom; tankefull *(fx in a reflective mood).*

reflector [ri'flektə] *subst* **1.** reflektor; **2.** *fot:* refleksskjerm; **3.** *i veibanen(=reflection marker; cat's eye)* refleksmerke; **4.** *på sykkel:* **rear** ~*(=cat's eye)* refleks; kattøye.

reflector disc*(=reflector tag)* refleksbrikke (på klær).

reflex ['ri:fleks] *subst:* refleks *(fx test a patient's reflexes);* **sharpen one's -es** øve opp refleksene.
reflex action reflekshandling.
reflex movement refleksbevegelse.
reflexion [ri'flekʃən] *subst: se reflection.*
reflexive [ri'fleksiv] *adj; gram:* refleksiv *(fx pronoun).*
refloat [ri:'flout] *vb:* ~ **a ship** bringe et skip flott; få et skip av grunnen.
I. reform [ri'fɔ:m] *subst:* reform; forbedring.
II. reform *vb:* reformere; forbedre.
re-form ['ri:'fɔ:m] *vb* **1.** danne på nytt; **2.** *mil:* formere seg igjen; danne formasjon igjen.
reformation [,refə'meiʃən] *subst* **1.** reformering; **2.** *rel:* **the Reformation** reformasjon.
reformative [ri'fɔ:mətiv] *adj:* reformerende.
reformer [ri'fɔ:mə] *subst:* reformator.
reformist [ri'fɔ:mist] *adj:* reformvennlig.
refract [ri'frækt] *vb; fys:* bryte (lys); måle refraksjonen i *(fx a lens).*
refraction [ri'frækʃən] *subst:* (lys)brytning; **error of** ~ brytningsfeil.
refractory [ri'fræktəri] *adj* **1.** *stivt(=stubborn)* gjenstridig; **2.** vanskelig å bearbeide (*el.* behandle).
I. refrain [ri'frein] *subst:* refreng; omkved.
II. refrain *vb; stivt:* ~ **from** avholde seg fra; **you are asked to** ~ **from smoking***(=you are asked not to smoke)* De bes la være å røyke.
refresh [ri'freʃ] *vb* **1.** forfriske; kvikke opp *(fx a cup of tea will refresh you);* **2.** friske på *(fx let me refresh your memory).*
refresher [ri'freʃə] *subst* **1.** *om drikk:* oppkvikker; **2***(=refresher course)* repetisjonskurs.
refreshing [ri'freʃiŋ] *adj:* forfriskende; *fig også:* velsignet *(fx what refreshing unconventionality!).*
refreshingly *adv:* forfriskende; *fig også:* velsignet.
refreshment [ri'freʃmənt] *subst:* forfriskning; **have a** ~ innta en forfriskning; **-s were handed round** det ble sendt rundt forfriskninger; **light -s are available in the other room** lette forfriskninger fås i rommet ved siden av.
refreshment room: (station) ~ jernbanerestaurant.
refrigerate [ri'fridʒə,reit] *vb* **1.** *om mat:* **be -d***(=be kept cold)* holdes avkjølt *(fx in hot weather, milk must be refrigerated);* **2.** fryse ned *(fx meat).*
refrigerated cargo kjølelast.
refrigeration [ri,fridʒe'reiʃən] *subst:* avkjøling; nedkjøling, frysing.
refrigeration service engineer kjøletekniker.
refrigerator [ri'fridʒə,reitə] *subst; stivt(=fridge)* kjøleskap.
refrigerator van kjølevogn.
refuel [ri:'fju:əl] *vb; flyv:* fylle brennstoff; tanke (opp).
refuge ['refju:dʒ] *subst* **1.** *stivt(=shelter)* tilfluktssted *(fx monasteries were refuges for outlaws);* tilflukt; **seek** ~ **in, take** ~ **in***(=shelter in)* søke tilflukt i; søke ly i *(fx the church); fig:* **take** ~ **in***(=resort to)* ty til; ta sin tilflukt til *(fx silence);* **2.** *i gate(=traffic island)* refuge; trafikkøy.
refugee [,refju'dʒi:] *subst:* flyktning; **political** ~ politisk flyktning; *(jvf fugitive).*
refugee camp flyktningeleir.
I. refund ['ri:,fʌnd] *subst(=repayment)* refusjon, tilbakebetaling; **they demanded a** ~ de forlangte å få igjen pengene sine; **get a** ~ få igjen pengene sine.
II. refund [ri'fʌnd] *vb:* refundere; betale tilbake; **they had their money -ed** de fikk pengene sine igjen; **I will** ~ **all your expenses** jeg skal refundere deg alle dine utgifter.
refundable [ri:'fʌndəbl] *adj(=repayable)* som vil bli betalt tilbake *(fx a refundable deposit).*
refurbish [ri:'fə:biʃ] *vb; stivt(=polish up again)* polere opp.
refusal [ri'fju:zəl] *subst* **1.** avslag; **we were met by***(=with)* **a blunt** ~ vi ble møtt med blankt avslag; **2.** vegring; det å nekte; **I was surprised at his** ~ **to help me** jeg ble overrasket over at han nektet å hjelpe meg; **3.: first** ~ forkjøpsrett *(fx if you ever decide to sell your car, will you give me (the) first refusal?);* **have first** ~ **of***(=on)* **sth** ha forkjøpsrett til noe.
I. refuse ['refju:s] *subst; stivt(=rubbish;* **US:** *garbage)* søppel.
II. refuse [ri'fju:z] *vb* **1.** nekte *(fx he refused to help us);* **2.** avslå; si nei takk til *(fx she refused the money; he refused my offer of help);* ~ **an invitation** si nei takk til en innbydelse; **he -d politely but firmly** han avslo høflig, men bestemt; ~ **(to accept) an honour** avslå en æresbevisning.
refuse bin*(=kitchen bin)* søppelbøtte; *(jvf dustbin).*
refuse collection: ~ **(and disposal)***(=removal of refuse)* søppeltømming; renovasjon.
refuse collection truck *stivt(=dustcart;* **US:** *garbage truck)* søppelbil.
refuse collector *stivt(=dustman;* **US:** *garbage man)* søppeltømmer; renovasjonsarbeider.
refuse disposal plant*(=refuse disposal unit)* søppelforbrenningsanlegg; destruksjonsanlegg.
refuse dump *stivt(=rubbish dump)* avfallsplass; søppelfylling; fylling.
refuse heap *stivt(=rubbish heap;* **US:** *trash heap; garbage heap)* avfallsdynge; søppeldynge.
refutation [,refju'teiʃən] *subst; stivt(=proof to the contrary)* gjendrivelse; motbevis.
refute [ri'fju:t] *vb; stivt(=disprove; counter)* motbevise; imøtegå; gjendrive *(fx an argument).*
regain [ri'gein] *vb* **1***(=get back to)* nå tilbake til *(fx he regained the shore);* **2.** *stivt(=recover)* gjenvinne; ~ **one's composure** gjenvinne fatningen.
regal ['ri:gəl] *adj; stivt(=royal)* kongelig.
regale [ri'geil] *vb; meget stivt* **1***(=entertain)* beverte; traktere *(fx with good food);* **2.** *fig(=entertain; amuse)* traktere *(fx they were regaled with a long account of his travels);* **3.:** ~ **oneself with a cigar***(=indulge in a cigar)* gjøre seg til gode med en sigar; bevilge seg en sigar.
regalia [ri'geiliə] *subst; pl:* regalia; regaler.
regality [ri'gæliti] *subst; stivt(=royalty)* kongeverdighet.
I. regard [ri'ga:d] *subst* **1***(=esteem)* aktelse *(fx her hard work won her the regard of her colleagues);* **2***(=consideration)* hensyn; **show** ~ **for***(=show consideration for(=towards))* ta hensyn til *(fx he has no regard for other people);* **without** ~ **for his safety***(=heedless of the danger)* uten å ense faren; uten å tenke på sin egen sikkerhet; **3***(=respect)* henseende; **in this** ~ i dette henseende; **4.: -s***(=greetings; good wishes)* hilsener *(fx give my regards to your mother; he sent her his regards);* **5.: with** ~ **to, in** ~ **to** med hensyn til.
II. regard *vb* **1.** *stivt(=consider)* anse; betrakte; **I would** ~ **it (as) an honour***(=I would consider it an honour)* jeg ville betrakte (*el.* anse *el.* se på) det som en ære; **she -ed her brother as her responsibility** hun anså broren for å være hennes ansvar; **2.** *i passiv; meget stivt:* **he is very highly -ed by his friends***(=he's very well thought of by his friends)* han er høyt ansett (*el.* meget godt likt) blant vennene; **3.: she -ed him with horror** hun så på ham med forferdelse; **he -s their new plans with some misgiving** han stiller seg noe tvilende

til den nye planen deres; **4.: as -s**(=*as for; as to*) hva angår.

regarding *prep(=about; concerning)* angående.

regardless [ri'ga:dlis] **1.** *adj; stivt:* ~ **of**(=*in spite of; irrespective of*) uansett *(fx I'll carry out my plan, regardless of the consequences);* **2.** *adv* **T**(=*in spite of everything*) tross alt; uansett *(fx carry on regardless);* **S: got up** ~(=*all dressed up; dolled up*) påpyntet; pyntet til trengsel.

regatta [ri'gætə] *subst:* regatta.

regency ['ri:dʒənsi] *subst:* regentskap *(fx during his regency there was a war with Spain).*

Regency style *arkit:* régencestil.

I. regenerate [ri'dʒenə,reit] *vb* **1.** *biol:* regenerere; vokse ut igjen; **2.** fornye; gjenskape.

II. regenerate [ri'dʒenərət] *adj:* fornyet; gjenreist; gjenfødt.

regeneration [ri,dʒenə'reiʃən] *subst* **1.** *biol:* regenerasjon; **2.** (fullstendig) fornyelse; gjenskapelse; gjenreisning.

regenerative [ri'dʒenərətiv] *adj* **1.** *biol:* regenerativ; **2.** fornyende; gjenskapende.

regenerator [ri'dʒenə,reitə] *subst:* regenerator.

regent ['ri:dʒənt] *subst:* regent.

regicide ['redʒi,said] *subst* **1.** kongemorder; **2.** kongemord.

regime, régime [rei'ʒi:m] *subst; stivt(=(system of) government)* regime; styre *(fx a Communist regime).*

regimen ['redʒimən] *subst; stivt:* diett; kur (forordnet av lege).

I. regiment ['redʒimənt] *subst; mil:* regiment *(fx two regiments of infantry).*

II. regiment ['redʒi,ment] *vb; stivt; ofte neds(=keep under strict discipline; organize (too) strictly)* holde strengt *(fx children);* **he -ed the whole office** han ensrettet hele kontoret.

regimental [,redʒi'mentəl] *adj:* regiments-.

regimentals [,redʒi'mentəlz] *subst; pl:* regimentsuniform.

regimentation [,redʒimən'teiʃən] *subst; stivt(=very strict discipline)* meget streng disiplin.

region ['ri:dʒən] *subst* **1.** region; distrikt; område; **2.** *i Skottland:* fylke *(fx Scotland is divided into several regions);* **3.** *stivt:* **in the ~ of**(=*about*); **(somewhere) in the ~ of** noe omkring; ca.; **4.** *anat:* -region *(fx the abdominal region).*

I. register ['redʒistə] *subst* **1.** register *(fx a register of births);* **2.** *skolev:* **attendance ~** fraværsprotokoll; **mark the** ~(=*take attendance*) føre fravær; **3.: hotel ~** gjestebok; fremmedbok; **4.: church ~** kirkebok; **5.: electoral** ~*(,US: registration list)* manntallsliste; valgliste; **6.: cash ~** kasseapparat; **7.** *språkv:* register; stilistisk nivå *(fx a formal register);* **8.** *mus:* register.

II. register *vb* **1.** registrere *(fx register a car; register(=record) a temperature); på hotell(=check in)* skrive seg inn; sjekke inn (*at* på) *(fx at a hotel);* **~ with the police** melde seg hos politiet; **2.: ~ a birth** anmelde en fødsel; **3.: ~ a letter** rekommandere et brev; **4.: ~ a deed of conveyance** tinglyse et skjøte; **5.** *meget stivt(=state):* **~ your complaint with the manager**(=*state your complaint to the manager*) gå til sjefen med klagen (din); **6.** *om ansiktsuttrykk; stivt(=show)* vise *(fx his face registered surprise);* **7.** *av person:* bli forstått; **I saw the smoke, but somehow it didn't ~ (with me) that the house was on fire** jeg så røyken, men likevel forstod (*el.* registrerte) jeg ikke at det var brann i huset; **this explanation won't ~ with the pupils**(=*this explanation won't get across to the pupils*) denne forklaringen forstår ikke elevene; **8.** *tekn:* passe nøyaktig til hverandre *(fx these holes do not register).*

registered *adj* **1.** registrert; **2.** *om postsending:* rekommandert *(fx letter);* **3.** stambokført.

registered nurse autorisert sykepleier; **registered general nurse** *(fk RGN) (,hist: state registered nurse (fk SRN))* autorisert sykepleier; **~ for the mentally subnormal** *(fk RNMS)* vernepleier.

registered office *merk:* forretningskontor.

register of companies *merk:* **the ~** *(,***UK:** *the Companies Registry; the Registrar of Companies)* selskapsregisteret; handelsregisteret; foretaksregisteret.

register office(=*registry office*) **UK:** registreringskontor (for dødsfall, fødsler og ekteskap); **they were married in the local** ~(=*they were married before the registrar*) de ble borgerlig viet.

registrar [,redʒi'stra:] *subst* **1.: the ~ of companies** registerføreren; **2.** *jur:* dommerfullmektig; **3.** *ved sykehus:* **(junior) ~** *(,***US:** *assistant resident)* kvalifikasjonskandidat; assistentlege; **senior ~** *(,***US:** *senior resident; chief resident)* reservelege; **4.: ~ (of births, marriages, and deaths)** bestyrer av et 'registry office'; **be married before the ~** bli borgerlig viet.

registration [,redʒi'streiʃən] *subst (se II. register)* registrering; *til kurs(=enrolment)* påmelding.

registration book *(,***T:** *log book) i bil:* vognkort.

registration document(=*registration book;* **T:** *log book) i bil:* vognkort.

registration fee registreringsgebyr; påmeldingsgebyr.

registration plate(=*number plate*) nummerskilt.

registry ['redʒistri] *subst* **1.:** *se register office;* **2.** *mar:* **port of** ~(=*home port*) hjemsted.

regress [ri'gres] *vb: stivt(=relapse; get worse again)* få tilbakefall; bli verre.

regression [ri'greʃən] *subst* **1.** *stivt(=going back; retrograde movement)* tilbakegang; tilbakegående bevegelse; **2.** *mat., med., etc:* regresjon.

regressive [ri'gressiv] *adj:* regressiv, som går tilbake.

I. regret [ri'gret] *subst:* anger; *stivt el. merk:* beklagelse; **I have no -s**(=*I feel no regret about what I did*) jeg angrer ikke (på det jeg gjorde); **we note with ~ that**(=*we regret to note that*) vi beklager at; *meget stivt:* vi ser med beklagelse at; **much to my ~** til min store sorg; **it was with deep ~ that I heard the news of his death** det var med stor sorg jeg fikk høre at han var død.

II. regret *vb:* angre; *stivt el. merk:* beklage; **I ~ my foolish behaviour** jeg angrer på den tåpelige oppførselen min; **I ~ to have to do this, but I have no choice** jeg synes det er synd at jeg må gjøre dette, men jeg har ikke noe valg; **I ~ missing the concert**(=*I regret that I missed the concert*) jeg angrer på at jeg ikke fikk gått på konserten; **I ~ to inform you that your application for the job was unsuccessful** jeg må dessverre meddele deg at din søknad ikke nådde opp.

regretful [ri'gretful] *adj:* **I feel rather ~ that the affair ended like that** jeg synes det er nokså synd at saken endte slik; **she gave a ~ smile** hun smilte bedrøvet.

regretfully *adv* **1**(=*sadly*) bedrøvet; beklagende *(fx he nodded regretfully);* **2.:** *se regrettably.*

regrettable [ri'gretəbl] *adj:* beklagelig *(fx this is a most regrettable mistake).*

regrettably *adv* **1.** sørgelig *(fx regrettably few of them);* **2.** *stivt(=unfortunately)* dessverre; beklageligvis.

regroup [,ri:'gru:p] *vb; også mil:* omgruppere.

I. regular ['regjulə] *subst* **1**(=*regular customer*) stamgjest *(fx there were free drinks for all the regulars);* **2.** *mil:* **-s** regulære tropper.

II. regular *adj* **1.** regelmessig; **keep ~ hours** føre et regelmessig liv; **are his bowel movements ~?** har han regelmessig avføring? **2.** jevn; **at ~ intervals** med jevne mellomrom; **3***(=usual; normal)* vanlig *(fx my regular route to town);* fast *(fx our regular postman; our regular day for shopping);* **4***(=permanent)* fast *(fx regular work; a regular job);* **5.** *gram:* regelmessig *(fx verb);* **6.** *mil:* regulær *(fx troops);* **a ~ army** en stående hær; **7.** *rel:* **~ clergy** ordensprester; regulares; **8.** vedtektsmessig *(fx meeting);* **9.** *om handlemåte:* korrekt *(fx I don't think your methods are quite regular);* **10***(=complete; absolute):* **the office was a ~ madhouse** kontoret var det rene galehus; **he's a ~ snob** han er en ordentlig snobb; **a ~ beating** en ordentlig omgang juling; **11.** *mat.:* regulær *(fx polygon);* **12. US T: a ~ guy** en ordentlig kar.

regularity [,regju'læriti] *subst:* regelmessighet.

regularize, regularise ['regjulə,raiz] *vb; stivt(=legalize)* legalisere.

regularly *adv:* regelmessig.

regulate ['regju,leit] *vb* **1***(=adjust)* regulere; **2***(=control)* kontrollere; holde kontroll med.

regulation [,regju'leiʃən] *subst* **1.** regulering; **2***(=rule)* (ordens)regel; **-s** regler; vedtekter; ordensregler *(fx observe the regulations).*

regulation uniform forskriftsmessig uniform.

regulator ['regju,leitə] *subst:* regulator.

regurgitate [ri'gə:dʒi,teit] *vb; stivt(=vomit)* gulpe opp; kaste opp *(fx the baby has regurgitated all of its food).*

rehabilitate [,ri:(h)ə'bili,teit] *vb* **1.** rehabilitere; skaffe oppreisning; **2.** *økon:* bringe på fote igjen.

rehabilitation [,ri:(h)ə,bili'teiʃən] *subst:* rehabilitering.

I. rehash ['ri:,hæʃ] *subst; neds:* oppkok *(fx a rehash of what he wrote ten years ago).*

II. rehash [ri:'hæʃ] *vb; fig; neds:* koke suppe på; lage et oppkok av.

rehearsal [ri'hə:səl] *subst; teat:* prøve; **dress ~** generalprøve.

rehearse [ri'hə:s] *vb* **1.** *teat:* prøve; ha prøve på *(fx a play);* **2.** *stivt(=tell)* fortelle *(fx a familiar story);* **3.** *meget stivt(=enumerate)* regne opp.

rehouse [,ri:'hauz] *vb:* skaffe annen bolig.

I. reign [rein] *subst:* styre; regjering(stid); **in the ~ of Queen Victoria** i dronning Victorias regjeringstid; **a ~ of terror** et redselsregime.

II. reign *vb* **1.** regjere; styre (*over* over); **2.** *fig(= prevail)* herske *(fx silence reigned in the room).*

reimburse [,ri:im'bə:s] *vb(=refund)* refundere; **your train fare will be -d** du vil få refundert det som togbilletten koster; **you will be -d (for) the cost of your journey** du vil få refundert det som reisen koster; **~ oneself** holde seg selv skadesløs; ta seg betalt.

reimbursement [,ri:im'bə:smənt] *subst:* refusjon.

I. rein [rein] *subst* **1.** *for hest:* tømme; **2.: (baby) -s** (barne)seler; **3.** *fig:* **keep a tight ~ on sby** holde en i stramme tøyler; **give free ~ to one's imagination** gi sin fantasi frie tøyler; **hold the -s of power** holde maktens tøyler; ha makten; **I've been asked to take the -s while he's on holiday** jeg har blitt bedt om å overta mens han er på ferie.

II. rein *vb* **1.** *fig; stivt(=control)* tøyle *(fx one's impatience);* **2.: ~ in a horse** tøyle (*el.* holde an) en hest.

reincarnate [,ri:in'ka:neit] *vb:* reinkarnere.

reincarnation [,ri:inka:'neiʃən] *subst:* reinkarnasjon.

reindeer ['rein,diə] *subst; zo:* rein; reinsdyr.

reindeer lichen*(=reindeer moss)* reinlav; reinmose.

reinforce [,ri:in'fɔ:s] *vb* **1.** *også mil:* forsterke; **2.** armere; **-d concrete** armert betong.

reinforcement [,ri:in'fɔ:smənt] *subst* **1.** *også mil:* forsterkning; **2.** armering.

reinstate [,ri:in'steit] *vb* **1.** gjeninnsette *(fx he was reinstated (in his job));* **2.** *sport:* få suspensjonen omgjort; få lov til å delta igjen.

reinsurance [,ri:in'ʃuərəns] *subst; fors:* reassuranse.

reinsure [,ri:in'ʃuə] *vb; fors:* reassurere; avdekke en risiko.

reinsurer [,ri:in'ʃuərə] *subst; fors:* reassurandør.

reintegrate [ri:'intə,greit] *vb:* reintegrere.

reintegration [,ri:,intə'greiʃən] *subst:* reintegrering.

I. reissue ['ri:,isju:] *subst* **1***(=reprint)* nytt opptrykk; **2.** *om film(=re-release)* reprise; **on ~** som reprise.

II. reissue [,ri:'isju:] *vb* **1***(=reprint)* trykke opp igjen; **2.** *om film:* vise som reprise.

reiterate [ri:'itə,reit] *vb; stivt(=repeat)* gjenta.

reiteration [ri:,itə'reiʃən] *subst; stivt(=repetition)* gjentagelse.

I. reject ['ri:,dʒekt] *subst:* noe som er vraket; **this pipe is cheap because it's a ~** denne pipen er så billig fordi den er regnet som vrak; *merk:* **-s** utskuddsvarer.

II. reject [ri'dʒekt] *vb* **1.** vrake *(fx this machine accepts 10 pence pieces but rejects foreign coins);* **2.** forkaste *(fx I thought about her suggestion and then rejected it); om manuskript:* refusere; **his application was -ed** han fikk avslag på søknaden sin; **he asked her to marry her, but she -ed him** han fridde til henne, men fikk avslag; **3.** avvise *(fx parents who reject their children; the underprivileged feel rejected by society);* **4.** *med.: ved transplantasjon:* avvise; **5.: ~ one's food** ikke kunne holde på maten.

rejection [ri'dʒekʃən] *subst* **1.** vraking; **2.** forkastelse; avslag; **3.** avvisning.

rejig [ri:'dʒig] *vb* **T***(=rearrange; reorganize)* lage om på *(fx they rejigged the timetable).*

rejoice [ri'dʒɔis] *vb; stivt(=be very happy)* glede seg; fryde seg (*at* over); *iron el. spøkef:* **he -s in the name of Ebenezer** han er velsignet med navnet Ebenezer.

rejoicing *subst* **1***(=great happiness)* stor glede *(fx there was great rejoicing at the news of the victory);* **2.: -s** jubel *(fx the rejoicings over the birth of the baby lasted well into the night).*

I. rejoin [ri'dʒɔin] *vb; stivt* **1***(=reply)* svare; **2.** *jur:* duplisere; *(jvf II. reply 2).*

II. rejoin *vb(=join again)* vende tilbake til; slutte seg til igjen.

rejoinder [ri'dʒɔində] *subst; stivt* **1***(=reply)* svar *(fx he's very good at making witty rejoinders);* **2.** *jur:* duplikk; *(jvf I. reply 2).*

rejuvenate [,ri:'dʒu:və,neit] *vb* **1.** forynge(s); gjøre ung igjen; **2.** få til å se ut som ny.

rejuvenation [ri:,dʒu:və'neiʃən] *subst:* foryngelse.

rekindle [,ri:'kindəl] *vb; stivt(=light again)* tenne på nytt.

relapse [ri'læps] **1.** *subst; også med.:* tilbakefall *(fx the patient suddenly had(=suffered) a relapse);* **2.** *vb:* få tilbakefall.

relate [ri'leit] *vb* **1.** *stivt(=tell)* fortelle; berette; **sad to ~** sørgelig nok *(fx sad to relate, the earliest quarrel is often the honeymoon quarrel);* **2.** *fig:* **~ A and B** sette A i forbindelse med B; se A i relasjon til B *(fx relate poverty and crime);* **I can't see how the two things ~***(=I can't see the connection between the two things)* jeg kan ikke se hvilken forbindelse det er mellom de to tingene; **does crime ~ to poverty?** er det noen sammenheng mellom kriminalitet og fattigdom? **I think**

this -s to her unhappy childhood jeg tror dette har sammenheng med hennes ulykkelige barndom; **3**(*=respond)* reagere på *(fx the way a child relates to a psychiatrist);* **I can't ~ to that kind of music** jeg kan ikke få noe forhold til denslags musikk; *(se også related & relating).*

related *adj* **1.** beslektet; **~ subjects** beslektede fag; **2.** i slekt *(fx we're related);* **~ to** i slekt med.

relating: ~ to*(=concerning; about)* angående.

relation [ri'leiʃən] *subst* **1.** slektning; **2***(=relationship; connection)* forbindelse; sammenheng *(fx I can find no relation between crime and poverty);* **size bears little ~ to ability** størrelse har lite med evner å gjøre; **there's no ~ between the two events** det er ingen forbindelse mellom de to hendelsene; **3.: -s** 1. *mellom land el. mennesker:* forhold *(fx diplomatic relations; the relations between France and Germany);* **he broke off all -s with his family** han avbrøt all forbindelse med familien sin; 2. *evf:* **have -s with***(=have an affair with)* stå i (et seksuelt) forhold til; ha et forhold til; **4.** *stivt:* **in ~ to, with ~ to***(=concerning)* med hensyn til; angående.

relationship [ri'leiʃənʃip] *subst* **1.** slektskap; **2***(=relation; connection)* forbindelse *(fx is there any relationship between poverty and crime?);* **3.** forhold *(fx the relationship between banker and customer; he had a good relationship with his father; theirs is purely a platonic relationship);* **a close ~** et nært forhold; **steady -s** faste (samlivs)-forhold; **form a ~ with** knytte forbindelse med *(fx he finds it difficult to form lasting relationships with girls).*

I. relative ['relətiv] *subst* **1***(=relation)* slektning; **2.** *gram(=relative pronoun)* relativt pronomen.

II. relative *adj* **1.** *også gram:* relativ *(fx their relative poverty; a relative pronoun);* **2.** *meget stivt:* **~ to***(=concerning)* angående.

relatively *adv:* relativt; forholdsvis.

relativity [,relə'tiviti] *subst:* relativitet.

relax [ri'læks] *vb* **1.** slappe av; **that drug will ~ your muscles** den medisinen vil få musklene dine til å slappe av; **his features -ed** han ble mildere i trekkene; **2** *fig:* **~ the rules** slappe av på reglene; lempe på reglene; **3.: ~ one's grip***(=hold)* løsne på grepet (*el.* taket).

relaxation [,ri:læk'seiʃən] *subst* **1.** avslapping; **2.** lempelse *(fx a relaxation of the rules).*

I. relay ['ri:,lei] *subst* **1.** *elekt:* relé; **2.** nytt mannskap; nytt skift *(fx a relay of firemen were trying to put out the blazing fire);* **they worked in -s round the clock** de arbeidet på skift døgnet rundt; **3.** *av hester:* nytt forspann; **4.** *sport(=relay race)* stafettløp.

II. relay [ri'lei] *vb* **1.** *stivt(=pass on)* bringe videre *(fx the news to Mr Brown);* **2.** *radio, TV:* relésende; **this programme is being -ed by satellite** dette programmet sendes via satellitt.

relay race *sport:* stafettløp.

I. release [ri'li:s] *subst* **1.** *av fange:* løslatelse; **the Prime Minister signed her ~** statsministeren undertegnet på løslatelsen hennes; **2.** befrielse; **death was a happy ~** døden kom som en befrielse; **3.: press ~** pressemelding; **4.** *om film:* **new ~** nyutsendelse; **5***(=new record)* ny plate; **6.** *fot:* **(shutter) ~** utløser.

II. release *vb* **1.** løslate; sette fri *(fx he was released from prison yesterday);* **2.** *fig; stivt(=free)* befri *(fx sby from his pain (,promise));* **3.** *stivt(=let go)* slippe *(fx he released (his hold on) the rope);* **4.** *om nyhet:* frigi; tillate offentliggjort; **5.** *om mekanisme:* utløse; *på skytevåpen:* **~ the safety catch** ta av sikringen; **~ the handbrake** ta av håndbrekket; **6.** *om film el. plate:* sende ut *(fx a new film);* **7.** *om følelser:* utløse; slippe løs; **8.** *om pil; meget stivt(=shoot)* skyte.

relegate ['reli,geit] *vb* **1.** *univ:* relegere; **2.** *sport(=move down):* **the team has been -d to** laget har rykket ned til *(fx they have been relegated to the Second Division);* **3.** *meget stivt(=consign):* **he -d it to the scrap heap** han lot det havne på skraphaugen; **4.** *meget stivt:* **he has -d the task of dismissing her to me***(=he has given me the (unpleasant) task of dismissing her)* han har gitt meg den (ubehagelige) oppgaven å si henne opp.

relegation [,reli'geiʃən] *subst* **1.** *univ:* relegering; **2.** *sport:* nedrykking; **3.** *meget stivt(=consigning):* **the ~ of sth to the scrap heap** det å kaste noe på skraphaugen.

relent [ri'lent] *vb:* gi etter; la seg overtale.

relentless [ri'lentlis] *adj; stivt(=pitiless; uncompromising)* uforsonlig *(fx the police fight a relentless battle against crime).*

relevance ['reləvəns] *subst:* relevans.

relevant ['reləvənt] *adj:* relevant; som angår saken *(fx information; I don't think his remarks are relevant (to our discussion)).*

reliability [ri,laiə'biliti] *subst* **1***(=dependability; trustworthiness)* pålitelighet; **2.** driftssikkerhet; **~ requirements are stringent** kravene til driftssikkerhet er meget høye.

reliability trial *for biler:* pålitelighetsløp.

reliable [ri'laiəbl] *adj* **1***(=dependable; trustworthy)* pålitelig; **2.** driftssikker.

reliance [ri'laiəns] *subst; stivt(=dependence)* avhengighet (*on* av); **place ~ on***(=place confidence in)* feste lit til.

reliant [ri'laiənt] *adj; stivt:* **~ on** *(=dependent on)* avhengig av.

relic ['relik] *subst* **1.** *rel:* relikvie; **2.** levning *(fx relics of ancient cities); spøkef:* **that old lady is a ~ of Victorian times** den gamle damen er en levning fra viktoriatiden.

I. relief [ri'li:f] *subst* **1.** lettelse *(fx he gave a sigh of relief);* lindring *(fx an aspirin often brings relief);* **2.** unnsetning *(fx come to sby's relief);* befrielse *(fx the relief of Mafeking);* **3***(=aid; help)* hjelp; **famine ~** nødhjelp; **4.** avløsning *(fx the bus driver was waiting for his relief);* avlastning; **for the ~ of** som avlastning for; *mil:* **~ of the guard** vaktavløsning; **5.: tax ~** skattefradrag; **6.** relieff; **throw sth into ~** stille noe i relieff.

II. relief *adj* **1.** hjelpe- *(fx programme);* **2.** avløsnings-; **~ crew** avløsningsmannskap; **3.** ekstra- *(fx train).*

relief driver avløsersjåfør.

relief fund hjelpefond.

relief map relieffkart.

relief work hjelpearbeid; nødhjelpsarbeid.

relief worker hjelpearbeider; *(se I. relief 3; relief work).*

relieve [ri'li:v] *vb* **1.** lindre *(fx sby's toothache);* **2.** avhjelpe; råde bot på *(fx poverty in the Third World);* **~ the hardship of the refugees** hjelpe flyktningene i deres vanskelige situasjon; **3.** avløse *(fx the sentry);* **4.** *evf:* **~ oneself** gjøre sitt fornødne; **5.: ~ one's feelings** gi sine følelser luft *(fx by banging the door);* **6.** *m.h.t. trykk:* avlaste; **7.** *mil:* **~ a besieged town** unnsette en beleiret by; **8.** gjøre mindre monoton (*el.* ensformig) *(fx his red robes relieved the drabness of the scene);* **9.: ~ sby of** 1. *stivt:* frata en (stilling, etc); **he was -d of his post***(=he was dismissed)* han ble fratatt stillingen; 2. *stivt:* befri en for;

may I ~ you of that heavy suitcase?*(=may I take that heavy suitcase for you?)* kanskje jeg får lov å befri Dem for den tunge kofferten? 3. *spøkef:* lette for *(fx the pickpockets swiftly relieved them of their wallets).*

relieved 1. *perf. part. av relieve;* **2.** *adj:* lettet *(fx I was relieved to hear that).*

religion [ri'lidʒən] *subst:* religion.

religious [ri'lidʒəs] *adj:* religiøs.

religious instruction (*fk* R.I.) *skolev:* religion.

religiousness [ri'lidʒəsnis] *subst:* religiøsitet.

relinquish [ri'liŋkwiʃ] *vb; stivt* **1***(=give up)* oppgi; gi fra seg; **2***(=renounce)* gi avkall på *(fx their claims to the estate);* **3***(=release):* **~ one's grip on** løsne grepet på.

relinquishment [ri'liŋkwiʃmənt] *subst; stivt* **1***(=abandonment; giving up)* oppgivelse; **2***(=renunciation)* avkall.

reliquary ['relikwəri] *subst:* relikvieskrin.

I. relish ['reliʃ] *subst* **1.** smakstilsetning; noe som forbedrer smaken *(fx this sauce will add relish to the sandwiches);* **2***(=delight)* velbehag *(fx he was eating with great relish);* **3.** *stivt:* **he had little ~ for the project***(=he didn't much like the project)* han hadde lite til overs for prosjektet.

II. relish *vb; stivt(=like; enjoy)* sette pris på; like *(fx I didn't relish the prospect of having to tell him about it).*

reload [,ri:'loud] *vb* **1.** lesse om; lesse på på nytt; omlaste; **2.** lade på nytt *(fx a gun);* **3.** *fot:* sette ny film (,kassett) i *(fx a camera);* **4.: ~ the brush** ta mer maling på kosten.

relocate [,ri:lou'keit] *vb:* omplassere; flytte *(fx they have relocated their offices).*

relocation [,ri:lou'keiʃən] *subst:* omplassering; flytting.

reluctance [ri'lʌktəns] *subst* **1***(=disinclination)* ulyst; motvilje; **I don't understand his ~ to go** jeg forstår ikke hvorfor han har så liten lyst til å dra; **2.** *elekt:* reluktans.

reluctant [ri'lʌktənt] *adj(=disinclined)* motvillig; uvillig; ikke villig (*to* til å); **the ~ receiver of a medal for bravery** en som ikke er glad for å få en tapperhetsmedalje; **I'm ~ to leave this job, but . . .** jeg er ikke glad for å slutte i denne jobben, men . . .

reluctantly *adv:* motvillig; motstrebende.

rely [ri'lai] *vb:* **~ on 1***(=trust)* stole på; **you can ~ on us to do our best***(=you can rely on our doing our best)* du kan stole på at vi skal gjøre vårt beste; **2***(=depend on)* være avhengig av *(fx they relied on the supplies that were brought from the mainland).*

remain [ri'mein] *vb* **1.** *stivt(=be left)* være igjen *(fx only two bottles remained);* gjenstå; **it -s to be seen** det gjenstår å se; **the fact -s that** det er og blir et faktum at; **2***(=continue to be)* fortsatt være *(fx the problem remains unsolved);* **3.** *stivt:* **it -s with him to***(=it's up to him to)* det står til ham å; det er opp til ham å.

remainder [ri'meində] *subst* **1.** *mat.:* rest; **2.** *stivt(=rest)* rest *(fx I've marked most of the essays – the remainder will get done tomorrow);* **3.: -s** nedsatte bøker.

remaining [ri'meiniŋ] *adj:* resterende; det som er igjen.

remains [ri'meinz] *subst; pl* **1.** levninger; rester *(fx I chased some hyenas off the remains of a zebra; he threw away the remains of the meal); evf:* **(mortal)** *~(=body)* jordiske levninger *(fx they will bury his remains tomorrow);* **2.: literary ~** litterære etterlatenskaper.

I. remand [ri'ma:nd] *subst:* varetektskjennelse; **prisoner on ~***(=remanded prisoner)* varetektsfange.

II. remand *vb:* sette i varetekt; **-ed prisoner***(=prisoner on remand)* varetektsfange.

remand home*(=remand centre) for ungdomsforbrytere:* varetektsfengsel.

I. remark [ri'ma:k] *subst:* bemerkning *(fx he made a few remarks);* **pass -s about***(=make rude comments about)* komme med uforskammede bemerkninger om.

II. remark *vb* **1.** bemerke *(fx he remarked(=said) that . . .);* **he -ed on the similarity of their replies** han kom med en bemerkning om hvor like svarene deres var; **2.** *stivt(=notice)* legge merke til.

remarkable [ri'ma:kəbl] *adj(=unusual; extraordinary)* bemerkelsesverdig; merkverdig *(fx it's quite remarkable how alike the two children are);* uvanlig *(fx he really is a remarkable man).*

remarkably *adv:* bemerkelsesverdig; usedvanlig *(fx clever).*

remarriage [,ri:'mæridʒ] *subst:* nytt ekteskap.

remarry [,ri:'mæri] *vb:* gifte seg igjen; **he remarried her** han giftet seg med henne for annen gang.

remedial [ri'mi:diəl] *adj:* hjelpe-.

remedial action*(=relief measure(s))* avhjelpende tiltak.

remedial class *skolev:* hjelpeklasse.

remedial education støtteundervisning.

remedial gymnast*(=physiotherapist)* sykegymnast.

remedial gymnastics*(=remedial exercises; remedials)* sykegymnastikk.

I. remedy ['remədi] *subst* **1.** legemiddel; legeråd; middel *(fx my mother has a home-made remedy for toothache); fig:* **the only ~ for your laziness is a good beating** det eneste som hjelper mot den dovenskapen din, er en god omgang juling; **there's a ~ for everything** det er råd for alt; **2.** *jur:* rettsmiddel; **remedies for breach of contract** misligholdsbeføyelser.

II. remedy *vb(=put right)* avhjelpe; råde bot på; rette på *(fx these mistakes can be remedied).*

remelt [,ri:'melt] *vb:* smelte om.

remember [ri'membə] *vb* **1.** huske; **he -ed her in his will** han betenkte (*el.* husket) henne i testamentet sitt; **2.: ~ me to your parents** hils foreldrene dine fra meg.

remembrance [ri'membrəns] *subst; stivt* **1** *(=memory):* **in ~ of** til minne om; **2***(=memento)* minne.

remind [ri'maind] *vb* **1.** minne; **~ me to ring my mother** minn meg på at jeg ringer til min mor; **she -ed me of my promise** hun minte meg på hva jeg hadde lovt; **~ me of it tomorrow** minn meg på (*el.* om) det i morgen; **2.: ~ sby of sth** minne en om noe; få en til å tenke på noe *(fx her eyes remind me of stars).*

reminder [ri'maində] *subst* **1.** påminnelse (*of* om); **a gentle ~** en forsiktig påminnelse; 2. *merk:* purrebrev.

reminisce [,remi'nis] *vb; stivt(=talk about the old days)* minnes gamle dager; **~ about one's childhood** snakke om barndommen sin.

reminiscence [,remi'nisəns] *subst* **1.** erindring *(fx he published the reminiscences of an old settler);* **2.** *om det som fortelles:* **she bored us all with her -s of childhood** hun kjedet oss alle sammen med sine barndomshistorier.

reminiscent [,remi'nisənt] *adj* **1.** *stivt:* **his style is ~ of van Gogh***(=his style reminds one of van Gogh)* stilen hans minner om van Gogh; **2.: become ~** fortape seg i minner; **be in a ~ mood** dvele ved minnene.

remiss [ri'mis] *adj, stivt(=negligent; careless)* forsømmelig; **he's ~ in his work** han forsømmer arbeidet sitt.
remission [ri'miʃən] *subst* **1.** *av del av fengselsstraff:* ettergivelse; **he got three years' ~** han fikk ettergitt tre år av straffen; **2.: ~ of sins** syndsforlatelse; **3.** *med.; om sykdom:* tilbakegang; bedring; **there has been some ~ of the cancer** kreften har gått noe tilbake.
remit [ri'mit] *vb* **1.** *merk:* **~ (payment)***(=pay)* remittere; betale; **we shall ~ for these items as they fall due** vi skal remittere for disse postene etter hvert som de forfaller; **2.** *om problem, sak, etc; meget stivt(=refer)* henvise; overlate *(fx this problem to a higher authority);* **3.** *jur(=return):* **~ a case to a lower court** sende en sak tilbake til en lavere rettsinstans.
remittal [ri'mitəl] *subst: se remission.*
remittance [ri'mitəns] *subst; merk(=payment)* remisse; betaling.
remittee [ri,mit'i:] *subst; merk:* mottager av remisse; *(jvf payee).*
remittent [ri'mitənt] *adj; med.; om sykdom:* remitterende; som med mellomrom avtar i styrke *(fx a remittent fever).*
remitter [ri'mitə] *subst; merk:* avsender (av remisse).
remnant ['remnənt] *subst* **1.** (liten) rest; **-s of cloth** tøyrester; **2.** levning *(fx a remnant of imperialism);* **the ~***(=remnants)* **of the army** levningene av hæren.
remodel [,ri:'mɔdəl] *vb(=alter; reconstruct)* forandre; bygge om *(fx an old house).*
remonstrance [ri'mɔnstrəns] *subst; stivt(=protest)* protest; **-s** protester; motforestillinger.
remonstrate ['remən,streit; **US:** ri'mɔnstreit] *vb; stivt:* **~ against***(=protest against)* protestere mot; **I -d with him about his treatment of his brother** jeg gjorde ham bebreidelser når det gjaldt den måten han behandlet sin bror på.
remorse [ri'mɔ:s] *subst; stivt(=contrition; compunction)* anger; samvittighetsnag; **he was filled with ~** han var fylt av anger.
remorseful [ri'mɔ:sful] *adj; stivt:* angerfull *(fx remark);* **feel ~***(=feel deeply sorry)* føle anger.
remorseless [ri'mɔ:slis] *adj; stivt(=pitiless; cruel)* ubarmhjertig; grusom.
remote [ri'mout] *adj* **1.** fjern; fjerntliggende; avsides; bortgjemt *(fx village);* **a farmhouse ~ from civilization** en bondegård langt fra sivilisasjonen; **the ~ past***(=the distant past)* fjerne tider; **at some ~ future date** i en fjern fremtid; **2.** *om vesen:* fjern *(fx he always seems so remote when I talk to him);* **a ~ chance of success** en svak mulighet for at det skal lykkes (*el.* gå bra); **he hasn't the -st idea what's going on** han har ikke den fjerneste anelse om hva som foregår.
remote control fjernstyring; **operate by ~** fjernstyre.
remote-controlled *adj:* fjernstyrt.
remotely *adv:* fjernt; **he's ~ related to me** han er en fjern slektning av meg; **what he said wasn't ~ relevant** det han sa hadde ikke det minste med saken å gjøre.
remote position control *radar:* følgesystem.
remoteness [ri'moutnis] *subst:* avsides beliggenhet; **because of its ~ a minimum of two cars must make the journey from Archer's Post** fordi stedet ligger så avsides er det nødvendig at minst to biler kjører sammen fra Archer's Post.
rémoulade [,remə'leid] *subst:* remulade.
I. remould ['ri:,mould] *subst(=retread;* **US:** *recap)* banelagt dekk.
II. remould [,ri:'mould] *vb(=retread;* **US:** *recap)* banelegge *(fx a tyre).*
I. remount ['ri:,maunt] *subst; for rytter:* frisk hest.
II. remount [,ri:'maunt] *vb* **1.** sette seg på (hest, etc) igjen; **2***(=reset)* sette i ny innfatning *(fx a diamond).*
removable [ri'mu:vəbl] *adj* **1.** som kan (*el.* lar seg) fjerne; **is this stain ~?** lar det seg gjøre å fjerne denne flekken? **2.** *om embetsmann:* oppsigelig; som kan avskjediges.
removal [ri'mu:vəl] *subst* **1.** flytting; **2.** fjerning; bortrydding *(fx of rubbish);* **after the dictator's ~ from power** etterat diktatoren var fratatt makten; **3.** *av embetsmann(=dismissal (from office))* avskjedigelse.
removal company*(=firm of (furniture) removers)* flyttebyrå.
removal expenses*(=moving expenses)* flytteutgifter.
removal load*(=vanful of furniture)* flyttelass.
removal van*(=furniture van)* flyttebil.
I. remove [ri'mu:v] *subst* **1.** *skolev(=promotion)* oppflytting; **he got his ~***(=he moved up; he went up)* han ble flyttet opp; **2.** *fig(=step; grade)* trinn; grad *(fx several removes from being perfect; only one remove from madness);* **3.** *om slektskap(=generation)* ledd.
II. remove *vb* **1.** *også fig:* fjerne; **I can't ~ this stain from my shirt** jeg kan ikke få av denne flekken på skjorten min; **2.** *stivt(=take off)* ta av *(fx the women were asked to remove their hats);* **3.** *stivt(=move)* flytte *(fx to London);* **4.** *mat.:* **~ the brackets** løse opp parentesene.
removed *adj* **1.** *om slektskap:* **first cousin once ~** fetters (,kusines) barn; **first cousin twice ~** fetters (,kusines) barnebarn; **second cousin once ~** tremennings barn; **2.: far ~ from** *også fig:* langt fra.
remover [ri'mu:və] *subst* **1.: (furniture) ~** flyttemann; **2.: stain ~** flekkfjerner; **superfluous-hair ~***(=depilatory)* hårfjerningsmiddel; hårfjerner.
remunerate [ri'mju:nə,reit] *vb; meget stivt(=pay)* betale; lønne *(fx his efforts were generously remunerated).*
remuneration [ri,mju:nə'reiʃən] *subst; stivt(=payment)* betaling; vederlag.
remunerative [ri'mju:nərətiv] *adj; stivt(=well paid; profitable)* godt betalt; innbringende; **more ~***(=better paid)* bedre betalt; bedre lønnet; **it's not very ~***(=there isn't much profit in it; it isn't very well paid)* det er ikke videre innbringende; det er ikke videre godt betalt; **the scheme did not prove ~** det viste seg at planen ikke var rentabel.
renaissance [ri'neisəns; **US** *også:* 'renə,səns] *subst; fig(=rebirth)* renessanse; gjenoppblomstring; fornyelse; **experience a ~** få en renessanse.
Renaissance: the ~ renessansen.
renal ['ri:nəl] *adj; anat:* nyre-.
renal calculus *med.(=kidney stone)* nyregrus; nyrestein.
renal insufficiency*(=kidney failure)* nyreinsuffisiens; nyresvikt.
rename [ri:'neim] *vb:* gi et annet navn; døpe om.
render ['rendə] *vb* **1.** *stivt(=give)* yte; gi; **~ assistance***(=give assistance; help)* yte (*el.* gi) hjelp; **2.** *stivt; rel:* **let us ~ thanks to God***(=let us thank God)* la oss takke Gud; **3.** *stivt(=make):* **his remarks -ed her speechless** hans bemerkninger gjorde henne målløs; **4.** *stivt(=translate)* oversette *(fx he rendered the passage into English);* **5.** *mus; teat(=perform)* utføre *(fx the piano solo was well rendered);* **6***(=melt down)* koke ut; smelte (fett);

7. *bygg:* pusse (en mur).
rendering *(se render) subst* **1.** *stivt(=translation)* oversettelse; **2.** *mus, teat:* utførelse *(fx the pianist gave a beautiful rendering of the sonata);* **3***(=melting down)* smelting; utkoking (av fett); **4.** *bygg:* pussing (av mur).
I. rendezvous ['rɔndi,vu:] *subst (pl: rendezvous* ['rɔndi,vu:z]*) stivt(=meeting; meeting place; appointment)* møte; møtested; avtale (om å møtes) *(fx they made a rendezvous to meet).*
II. rendezvous *vb; stivt(=meet)* møtes.
rendition [ren'diʃən] *subst; meget stivt el. spøkef(= rendering)* utførelse *(fx of a piece of music).*
renegade ['reni,geid] *subst:* overløper; renegat.
renegade priest frafallen prest.
renege [ri'ni:g] *vb; stivt:* ~ **on***(=go back on)* gå tilbake på; løpe fra *(fx he reneged on his contract);* **he -d on us***(=he let us down)* han sviktet oss.
renegotiate ['ri:ni'gouʃi,eit] *vb:* reforhandle *(fx a contract).*
renew [ri'nju:] *vb* **1.** fornye *(fx I must renew my golf club membership);* **2.** skifte ut *(fx the water in the fish tank);* fornye *(fx the wood panels on the doors have all been renewed);* **3.** *fig:* ~ **one's efforts** fornye sine anstrengelser.
renewable [ri'nju:əbl] *adj:* som kan fornyes; utskiftbar.
renewal [ri'nju:əl] *subst* **1.** fornyelse *(fx of a licence); merk:* ~ **of acceptance** akseptfornyelse; **2.** utskifting.
renewed [ri'nju:d] *adj:* fornyet *(fx with renewed energy).*
rennet ['renit] *subst:* osteløype; **milk -s** melkeringer.
rennet cheese løypeost.
renounce [ri'nauns] *vb; stivt* **1***(=give up)* gi avkall på; frafalle *(fx a claim);* renonsere på; **2.** avsverge; offentlig erklære at man gir avkall på *(fx I have renounced alcohol);* **3***(=disown)* fornekte; ikke vedkjenne seg.
renovate ['renə,veit] *vb:* modernisere; restaurere.
renovation [,renə'veiʃən] *subst:* modernisering; restaurering *(fx of an old building).*
renown [ri'naun] *subst; stivt(=fame)* berømmelse; **a person of great** ~ en meget berømt person.
renowned [ri'naund] *adj; stivt(=famous)* berømt.
I. rent [rent] *subst:* husleie *(fx the rent for this flat is £70 a week);* **US: for** ~*(=to let)* til leie; **at a** ~ **of** mot en leie av.
II. rent *vb* **1.** leie *(fx we rent this flat from Mr Brown);* **2.:** ~ **(out)** leie ut *(fx a flat).*
rental ['rentəl] *subst* **1.** leie(sum) *(fx the rental of that television is £5 a week);* **-s have increased lately** leiene har gått opp i det siste; **2. US***(= rented house (,flat))* leid hus (,leilighet).
rental fee*(=rental)* leiesum; leie; *(se rental 1).*
rental library US*(=subscription library)* leiebibliotek.
rent book husleiebok.
rent boy S*(=male prostitute)* mannlig prostituert.
rent-free [,rent'fri:; *attributivt:* 'rent,fri:] *adj & adv:* **a** ~ **flat** en leilighet hvor man ikke betaler husleie; **live** ~ bo fritt; bo gratis.
rentier ['rɔnti,ei; 'rãtje] *subst:* rentier.
rent money*(=(amount of) rent)* leiesum.
rent tribunal husleierett.
renunciation [ri,nʌnsi'eiʃən] *subst (jvf renounce)* **1.** avkall; oppgivelse; frafall; **2.** avsvergelse; ~ **on oath** avsvergelse under ed; **3***(=disavowal)* fornektelse.
reopen [ri:'oupən] *vb* **1.** åpne igjen; **2***(=resume)* gjenoppta *(fx a discussion);* **3.** *jur(=retry; take up again)* gjenoppta *(fx a case).*
reorganization, reorganisation ['ri:,ɔ:gənai'zeiʃən] *subst:* reorganisering; omorganisering.
reorganize, reorganise [ri:'ɔ:gə,naiz] *vb:* reorganisere; omorganisere; legge om *(fx a filing system).*
reorientation ['ri:,ɔ:riən'teiʃən] *subst:* nyorientering *(fx of a political party).*
rep [rep] *subst* **1.** *tekstil:* rips; **2. T***(=sales representative)* salgsrepresentant; selger; **a tyre** ~ en som selger bildekk; **3. T***(=repertory): se repertory;* **4. US S***(=reputation)* omdømme; rykte.
I. repair [ri'pɛə] *subst* **1.** reparasjon; **be under** ~*(=be undergoing repairs)* være til reparasjon; **the bridge is under** ~*(=the bridge is being repaired)* brua er i ferd med å bli reparert (*el.* utbedret); **-s** reparasjon(sarbeid); **cost of** ~*(=cost of repairs)* reparasjonsomkostninger; **he does -s** han foretar reparasjoner; **major -s** større reparasjoner; **minor -s** småreparasjoner; **be in need of** ~ trenge reparasjon; **2.: keep in** ~ vedlikeholde; **be in good (,bad)** ~ være godt (,dårlig) vedlikeholdt; **the house is in (a state of) bad** ~*(=the house is poorly(=badly) maintained)* huset er dårlig vedlikeholdt.
II. repair *vb* **1***(=mend; fix)* reparere; **incorrectly -ed** galt reparert; **2.** *fig; stivt(=put right; make up for)* rette opp; gjøre godt igjen *(fx nothing can repair the harm done by your foolish remarks).*
repairable [ri'pɛərəbl] *adj:* som kan repareres; *(jvf reparable).*
repair job reparasjonsarbeid; reparasjonsjobb; **minor -s** småreparasjoner; mindre reparasjoner.
repairman [ri'pɛəmən] *subst:* reparatør.
repairs bill reparasjonsregning.
repaper [ri:'peipə] *vb:* tapetsere om *(fx a room).*
reparable ['repərəbl] *adj; brukes mest i negerte setninger(=that can be put right)* som kan gjøres godt igjen; som kan rettes opp; *(jvf irreparable & repairable).*
reparation [,repə'reiʃən] *subst* **1.** *meget stivt(= compensation)* erstatning; **2.** *stivt(=redress)* oppreisning; **3.** *meget stivt(=making amends; putting right)* det å rette opp *(fx the reparation of(= making amends for) wrongdoing);* **4.: -s***(=war indemnity)* krigsskadeserstatning *(fx pay reparations).*
repartee [,repa:'ti:] *subst:* kjapt (*el.* vittig) svar; **he's good at** ~ han er rask i replikken.
repast [ri'pa:st] *subst; glds el. spøkef(=meal)* måltid.
repatriate [ri:'pætri,eit] *vb; stivt(=send home; return)* repatriere; sende hjem *(fx he has no work permit, and so the British Government are repatriating him; repatriate prisoners of war).*
repatriation [ri:,pætri'eiʃən] *subst; stivt(=sending home; return)* repatriering; hjemsendelse.
repay [ri'pei] *vb* **1***(=pay back)* betale tilbake; tilbakebetale *(fx a loan);* **2.** gjøre gjengjeld (overfor) *(fx this is a modest attempt at repaying them);* ~*(=return)* **evil for evil** gjengjelde ondt med ondt; **3***(=be worth):* **it -s close examination***(=it's worth examining carefully)* det er bryet verdt å undersøke det grundig.
repayable [ri'peiəbl] *adj:* som må betales tilbake *(fx money repayable within ten years);* **loan** ~ **on demand***(=call loan)* oppsigelig lån.
repayment [ri'peimənt] *subst* **1.** tilbakebetaling *(fx of a loan);* **period of** ~ tilbakebetalingsfrist; **2.** gjengjeld; *(jvf repay 2).*
repeal [ri'pi:l] **1.** *subst; jur(=abrogation)* opphevelse (av en lov); **2.** *vb(=abrogate)* oppheve (en lov).
I. repeat [ri'pi:t] *subst* **1.** gjentagelse *(fx a repeat of last year's match);* **2.** *radio, TV:* reprise; **all these -s on television** alle disse gamle TV-filmene;

3. *mus, typ:* gjentagelsestegn.
II. repeat *vb* **1.** gjenta; ~ **oneself** gjenta seg selv; **2.** si videre; gjenta til andre *(fx please don't repeat what I've just told you)*; **3.** si frem *(fx a poem)*.
repeatable [ri'pi:təbl] *adj* **1**(*=fit to be told to other people)* som er egnet til å bli gjentatt *(fx what he then said is simply not repeatable)*; **2.: these bargains are not** ~*(=are unrepeatable)* disse billige tilbudene kommer ikke igjen.
repeated *adj:* gjentatt; ~ **complaints** gjentatte (*el.* stadige) klager.
repeatedly *adv:* gjentatte ganger.
repeater [ri'pi:tə] *subst* **1.** repeterur; **2**(*=repeating firearm)* repetergevær; **3.** *mar(=substitute)* likhetsflagg; likhetsstander; **4. US** *skolev(=pupil who has not been moved up)* gjensitter; **5. US:** en som ulovlig stemmer mer enn én gang.
repeating decimal *mat.(=recurring decimal)* periodisk desimalbrøk.
repeat order *merk(=follow-up order)* etterbestilling.
repel [ri'pel] *vb* **1.** *om angrep(=drive back; repulse)* drive tilbake; avvise; **2.** *om tekstil, etc:* ~ **moisture** avvise fuktighet; **3.** frastøte; virke frastøtende på; **4.** *fys:* frastøte *(fx like poles of magnets repel (each other))*.
I. repellent [ri'pelənt] *subst:* **(insect)** ~ insektmiddel; **mosquito***(=gnat)* ~ myggolje.
II. repellent *adj:* frastøtende; **this grass seed is** ~ **to birds** fuglene liker ikke dette gressfrøet.
I. repent [ri'pent] *vb* **1.** *rel:* vise anger; angre; **2.** *meget stivt(=regret)* angre på *(fx he repented (of) his generosity)*.
II. repent ['ri:pənt] *adj; bot(=creeping)* krypende *(fx stem)*.
repentance [ri'pentəns] *subst; stivt(=great regret)* anger.
repentant [ri'pentənt] *adj:* angrende; **a** ~ **sinner** en angrende synder; **he was not at all** ~ **for having attacked the old lady***(=he was not at all sorry for having attacked the old lady)* han viste slett ingen anger etter å ha angrepet den gamle damen; *(jvf unrepentant)*.
repercussion [,ri:pə'kʌʃən] *subst* **1**(*=after-effect)* ettervirkning; etterdønning *(fx the economic repercussions of the war)*; **2.** *stivt:* **-s***(=effects; consequences)* tilbakevirkninger; følger; **have serious -s on***(=have serious consequences for)* ha alvorlige tilbakevirkninger på (*el.* følger for).
repertoire ['repə,twa:] *subst* **1.** *teat(=repertory)* repertoar; spilleplan; **this year there are a lot of modern plays in the** ~*(=on the programme)* i år står det mange moderne stykker på programmet (*el.* på spilleplanen); **2.** *fig(=fund; stock)* repertoar; forråd *(fx of jokes)*.
repertory ['repət(ə)ri] *subst* **1.** *teat(=repertoire)* repertoar; **2.:** ~ **company,** ~ **theatre** *(,T: rep)* teater som stadig skifter spilleplan; **3.** det å være ansatt ved et 'repertory theatre' *(fx she spent the last two years in repertory)*.
repetition [,repi'tiʃən] *subst:* gjentagelse; repetisjon *(fx the only way to get him to understand anything is by repetition)*; *(jvf revision)*.
repetitious [,repi'tiʃəs], **repetitive** [ri'petitiv] *adj:* full av gjentagelser.
replace [ri'pleis] *vb* **1**(*=put back in place)* sette (,legge) tilbake; **2.** skifte ut *(fx a lock)*; bytte ut; fornye; ~ **parts** levere nye deler (som erstatning for defekte); **3.** erstatte *(fx nobody can replace a mother)*.
replacement [ri'pleismənt] *subst* **1.** det å legge (,sette) tilbake; **2.** utskifting *(fx of worn-out parts)*; fornyelse; gjenanskaffelse; **3.** erstatning *(fx I must find a replacement for my secretary)*; **the** ~ **of this rare vase will take some time** det vil ta en tid å skaffe maken til denne sjeldne vasen.
replacement part*(=spare part)* reservedel.
replan [ri:'plæn] *vb:* ordne om på *(fx a room)*.
I. replay ['ri:,plei] *subst* **1.** *fotb(=play-off)* omkamp; **2.** *TV:* **(action)** ~ *(,***US:** *(instant) replay)* repetisjon; **here we see Brown's own goal in action** ~ her ser vi Browns selvmål i repetisjon.
II. replay [ri:'plei] *vb; sport:* spille om igjen *(fx the match ended in a draw and will have to be replayed)*.
replenish [ri'pleniʃ] *vb; stivt* **1**(*=fill up (again))* etterfylle; **2**(*=supplement)* komplettere *(fx we must replenish our stock of coal)*.
replenishment [ri'pleniʃmənt] *subst; stivt* **1.** etterfylling; **2.** komplettering.
replete [ri'pli:t] *adj; stivt(=full)* **1.** mett *(fx I feel rather replete after that large meal)*; **2.** full; ~ **with***(=full of)* full av; fylt opp med.
repletion [ri'pli:ʃən] *subst; stivt:* **filled to** ~ helt full; overfylt.
replica ['replikə] *subst; især av kunstverk; stivt(=exact copy)* kopi.
replicate ['repli,keit] *vb* **1.** *stivt(=duplicate; repeat exactly)* duplisere *(fx a statistical experiment)*; **2.** *biol(=reproduce)* reprodusere *(fx DNA replicates itself; viruses replicate only under certain conditions)*.
I. reply [ri'plai] *subst* **1**(*=answer)* svar (*to* på); **what did he say in** ~ **(to your question)?** hva svarte han (på ditt spørsmål)? hva sa han som svar på ditt spørsmål? **letter of** ~ svarbrev; **2.** *jur:* replikk; *(jvf rejoinder 2)*.
II. reply *vb* **1**(*=answer)* svare (*to* på); *stivt:* **the enemy replied to our fire***(=the enemy fired back at us)* fienden besvarte ilden vår; **2.** *jur:* replisere; *(jvf I. rejoin 2)*.
reply coupon svarkupong.
reply postcard*(=prepaid postcard; reply-paid postcard)* svarbrevkort.
reply-paid [ri,plai 'peid] *adj:* med svar betalt; *(se reply postcard)*.
I. report [ri'pɔ:t] *subst* **1.** rapport; referat; melding; beretning; **news** ~ nyhetsmelding; **road** ~ veimelding; **annual** ~ årsberetning; **annual** ~ **of the board of directors***(=report from the board of directors)* styreberetning; **draw up a** ~*(=make a report)* skrive en rapport; **present this** ~ **again next week in greater detail** legge frem denne rapporten igjen neste uke, og da med flere detaljer; **a** ~ **on** en rapport om; en betenkning (*el.* innberetning) om; **2.** *skolev:* **school** ~*(=report (book);* **US:** *report card)* karakterbok; **3**(*=crack)* smell; knall *(fx of a pistol)*; **4.** *stivt(=rumour)* rykte *(fx according to report, the manager's going to resign)*.
II. report *vb* **1.** rapportere; melde (fra om) *(fx he reported the theft to the police)*; ~ **on** rapportere om; avlegge rapport om; **2.** *om utvalg, etc(=make a report)* avgi en betenkning (*on* om); **3.** melde seg (*to* hos); ~ **for duty** melde seg til tjeneste; **4.: be -ed fit***(=be reported off the sick list)* bli friskmeldt; **5.:** ~ **back** rapportere tilbake (*to* til); gi tilbakemelding; komme tilbake og avlegge rapport *(fx don't forget to report back here after you've finished the job)*; **study the matter in detail and** ~ **back to the committee** studere saken i detalj og rapportere tilbake til utvalget (*el.* komitéen).
reportage [ri'pɔ:tidʒ; ,repɔ:'ta:ʒ] *subst(=on-the-spot reporting)* reportasje *(fx he's doing reportage)*.

reportedly [ri'pɔ:tidli] *adv; stivt(=according to what has been reported)* etter forlydende; etter hva det fortelles *(fx he is reportedly going to resign tomorrow).*

reported speech *gram(=indirect speech)* indirekte tale.

reporter [ri'pɔ:tə] *subst:* journalist; reporter.

reporting [ri'pɔ:tiŋ] *subst:* **on-the-spot** ~*(=reportage)* reportasje.

reporting restrictions *jur:* referatforbud; **lift ~ on the hearing** oppheve referatforbudet fra rettsmøtet.

I. repose [ri'pouz] *subst; stivt(=rest; peace)* hvile; ro; fred.

II. repose *vb* **1.** *stivt(=rest)* hvile; **2.** *meget stivt:* ~ **confidence in***(=place confidence in)* sette sin lit til.

repository [ri'pɔzitəri] *subst; stivt(=place where things are kept (,stored))* oppbevaringssted.

repossess [,ri:pə'zes] *vb; om avbetalingsvarer(=take back)* ta tilbake (når kjøper ikke kan betale avdragene).

repot [ri:'pɔt] *vb:* plante om (en potteplante).

repoussé [rə'pu:sei] *adj(=embossed)* drevet; med relieffmønster.

repp [rep] *subst; tekstil(=rep)* rips.

reprehend [,repri'hend] *vb; stiv(=criticize; reprove)* kritisere; klandre; irettesette.

reprehensible [,repri'hensəbl] *adj; stivt(=blameworthy)* klanderverdig; kritikkverdig.

represent [,repri'zent] *vb* **1.** representere; **2.** forestille *(fx the man in black represents Death);* **3***(=indicate; signify)* betegne; stå for *(fx phonetic signs represent sounds);* **4***(=correspond to)* svare til; representere *(fx this represents an increase of five per cent; what he said represents the feelings of many people);* **5***(=be the result of; correspond to)* være et resultat av; svare til; representere *(fx these few pages represent several hours' work);* **6.** *stivt:* **he -s himself as an expert***(=he claims to be an expert)* han hevder å være (*el.* fremstiller seg selv som) ekspert; *meget stivt:* **he is not the fool he is sometimes -ed to be***(=he's not such a fool as he's sometimes made out to be)* han er ikke en slik tosk som han av og til fremstilles som; **7.** fremstille; skildre *(fx he represented Luther as a hero);* **8.** *stivt(=explain)* forklare *(fx he represented the difficulties to the rest of the committee).*

representation [,reprizen'teiʃən] *subst* **1.** representasjon; **2.** noe som forestiller noe; bilde; **these primitive statues are intended as -s of gods and goddesses** disse primitive statuene er ment å skulle forestille guder og gudinner; **3.** fremstilling *(fx phonetic representation);* **4.** *stivt:* **-s***(=protests)* innsigelser; protester *(fx representations are being made about this; they made strong representations to the Minister).*

I. representative [,repri'zentətiv] *subst* **1.** representant *(of for);* **2.** *merk:* **sales** ~ *(,T: rep)* salgsrepresentant; selger; *hist:* handelsreisende.

II. representative *adj:* representativ; **a ~ sample of people** et representativt utvalg av mennesker; ~ **of** representativ for.

repress [ri'pres] *vb* **1.** *stivt(=suppress)* undertrykke; ~ **one's anger***(=fight back one's anger; suppress one's anger)* undertrykke sinnet sitt; ~ **one's feelings***(=hold back one's feelings; suppress one's feelings)* holde følelsene sine tilbake; undertrykke følelsene sine; **2.** *psykol(=suppress)* fortrenge.

repression [ri'preʃən] *subst; stivt(=suppression)* **1.** undertrykkelse; **2.** *psykol:* fortrengning.

repressive [ri'presiv] *adj; stivt(=severe; harsh)* meget streng *(fx measures);* som undertrykker *(fx régime).*

I. reprieve [ri'pri:v] *subst* **1***(=pardon)* benådning *(fx the murderer was given a reprieve);* **2.** *fig:* hjelp *(fx we've had a reprieve – the firm isn't going to close down after all).*

II. reprieve *vb* **1***(=pardon)* benåde *(fx he was sentenced to death but later reprieved);* **2.** *fig:* hjelpe (i en akutt situasjon) *(fx a Government loan of £100,000 reprieved the shipyard).*

I. reprimand ['repri,ma:nd] *subst; stivt (,***T:** *dressing-down)* reprimande *(fx he was given a severe reprimand).*

II. reprimand ['repri,ma:nd; ,repri'ma:nd] *vb:* gi en reprimande; **the soldier was severely -ed for being drunk** soldaten fikk en alvorlig reprimande fordi han var full.

I. reprint ['ri:,print] *subst; typ:* opptrykk.

II. reprint [ri:'print] *vb:* trykke opp igjen.

reprisal [ri'praizəl] *subst:* gjengjeldelse; **a** ~*(=punishment)* **for** en gjengjeldelse for; **in ~ for***(=in return for)* som gjengjeldelse for; **-s** gjengjeldelsesaksjon; represalier; **make***(=carry out; resort to)* **-s** ta (*el.* gripe til) represalier; **start -s** iverksette represalier.

reprisal attack gjengjeldelsesangrep.

repro ['ri:prou] *subst; typ:* repro.

I. reproach [ri'proutʃ] *subst* **1.** bebreidelse; **words of** ~ bebreidende ord; **-es** bebreidelser; **above***(=beyond)* ~ hevet over all kritikk; **2.** *glds(=shame; disgrace)* skam.

II. reproach *vb:* bebreide; ~ **sby with sth***(=blame sby for sth)* bebreide en noe; **I didn't mean to ~ you** det var ikke ment som noen bebreidelse; ~ **oneself bitterly** gjøre seg bitre bebreidelser.

reproachful [ri'proutʃful] *adj:* bebreidende; **a ~ look***(=a look of reproach)* et bebreidende blikk.

I. reprobate ['reprə,beit] *subst; stivt el. spøkef:* forherdet synder *(fx he's a real reprobate); spøkef:* **the old** ~! den gamle synderen!

II. reprobate *adj; meget stivt(=depraved)* fordervet.

reproduce [,ri:prə'dju:s] *vb* **1.** reprodusere; gjengi *(fx sound; a face on canvas);* **2.** *biol:* regenerere *(fx a torn claw);* **3.** *biol, bot:* forplante seg; formere seg.

reproduction [,ri:prə'dʌkʃən] *subst* **1.** reproduksjon *(fx these paintings are all reproductions);* gjengivelse *(fx the reproduction is bad on this record);* **2.** *biol; om organ:* regenerering; **3.** *biol; bot:* forplantning; formering; **he's studying ~ in rabbits** han studerer forplantningen hos kaniner; **power of** ~ forplantningsevne.

reproductive [,ri:prə'dʌktiv] *adj* **1.** reproduktiv; **2.** forplantnings- *(fx organ);* formerings- *(fx species).*

reproof [ri'pru:f] *subst; stivt(=reproach)* bebreidelse; *(se I. reproach).*

reprove [ri'pru:v] *vb; stivt(=reproach)* bebreide; *(se II. reproach).*

reptile ['reptail] *subst; zo:* krypdyr; reptil.

republic [ri'pʌblik] *subst:* republikk.

republican [ri'pʌblikən] **1.** *subst:* republikaner; **2.** *adj:* republikansk.

republish [ri:'pʌbliʃ] *vb(=publish again)* utgi på nytt.

repudiate [ri'pju:di,eit] *vb; stivt* **1***(=deny; reject)* benekte; tilbakevise *(fx he repudiated the suggestion that he was a racist);* **2.** *om krav, gjeld, plikt:* nekte å anerkjenne *(fx he repudiated his debts); jur:* ~ **a contract of sale***(=cancel a purchase)* heve et kjøp; **3***(=disown)* fornekte; forstøte *(fx one's son).*

repugnance [ri'pʌgnəns] *subst; stivt(=strong dislike; reluctance)* motvilje.
repugnant [ri'pʌgnənt] *adj; stivt(=disgusting)* motbydelig; **the food was ~ to me***(=the food disgusted me)* maten bød meg imot.
repulse [ri'pʌls] *vb; stivt(=repel): se repel.*
repulsion [ri'pʌlʃən] *subst* **1.** *stivt(=disgust)* vemmelse *(fx feel repulsion for sby);* **2.** *fys:* frastøting; repulsjon.
repulsive [ri'pʌlsiv] *adj; stivt(=disgusting)* frastøtende *(fx he's repulsive!);* motbydelig *(fx sight).*
reputable ['repjutəbl] *adj; stivt(=respectable)* hederlig; anerkjent *(fx a reputable firm).*
reputation [,repju'teiʃən] *subst* **1.** omdømme; rykte *(fx the firm has a good (,bad) reputation);* **he has the ~ of being a difficult man to please** han har ordet på seg for å være vanskelig å gjøre til lags; **he has made quite a ~ for himself** han har skaffet seg et meget godt navn; **live up to one's ~** leve opp til sitt rykte; **2.** *stivt:* **he's a person of some ~ in the town** han nyter en viss anseelse i byen.
repute [ri'pju:t] *subst; meget stivt(=reputation): se reputation.*
reputedly [ri'pju:tidli] *adv; meget stivt(=reportedly)* etter forlydende; etter hva det fortelles.
I. request [ri'kwest] *subst:* anmodning; oppfordring; **I did that at his ~** jeg gjorde det på hans anmodning (*el.* oppfordring); **the next record I will play is a ~** den neste platen har jeg blitt oppfordret til å spille; **by ~** på oppfordring *(fx I'm singing this next song by request (of Mrs Anne Smith));* **by popular ~** fordi folk vil det slik *(fx I'm club leader by popular request);* **on ~** på oppfordring; på signal *(fx buses only stop here on request);* **make a ~** fremsette en anmodning; komme med en anmodning.
II. request *vb:* anmode om; be om *(fx visitors are requested not to touch the exhibits; people using this library are requested not to talk; many people have requested this next song).*
request programme *mus:* ønskekonsert.
request record *radio:* ønskeplate.
request stop UK: stoppested hvor bussen bare stopper på signal.
requiem ['rekwi,em] *subst; kat.:* rekviem; **~ (mass)** sjelemesse.
require [ri'kwaiə] *vb* **1***(=need)* trenge; behøve *(fx is there anything else you require?);* **2.: I will do everything that is -d of me** jeg skal gjøre alt som forlanges av meg; **you are -d by law to send your children to school** loven krever av deg at du sender barna på skolen; **they are -d to have a knowlegde of Norwegian** det kreves at de kan norsk; **you are -d to be able to support yourself or (else) have some other means of support** det kreves at man skal kunne forsørge seg selv eller ha annen økonomisk støtte.
requirement [ri'kwaiəmənt] *subst* **1.** krav; **the -s in Latin** kravene i latin; **Latin is no longer a ~ for entry to university** det kreves ikke lenger latin for å komme inn på universitetet; **it is a legal ~ that all cars have brakes which work** det er påbudt ved lov at alle biler skal ha bremser som virker; **2.** *stivt(=need)* behov; **the specialised -s of translators of technical material** de spesielle behov hos dem som skal oversette teknisk stoff; **meet***(=cover)* **one's own -s** dekke sitt eget behov.
requisite ['rekwizit] **1.** *subst; meget stivt(=necessity)* nødvendighetsartikkel; **2.** *adj; meget stivt(=necessary)* nødvendig; **make the ~ preparations** treffe de fornødne foranstaltninger.
I. requisition [,rekwi'ziʃən] *subst* **1.** rekvisisjon; rekvirering *(fx the requisition of our house as a military hospital);* **2.** *i bibliotek:* (bok)bestilling.
II. requisition *vb* **1.** rekvirere *(fx a soldier to drive a staff officer's car; a new system for requisitioning exercise books);* **2.** *i bibliotek:* bestille; rekvirere.
requisition form 1. bestillingsblankett; bestillingsskjema; **2.** *i bibliotek:* bestillingsseddel.
requital [ri'kwaitəl] *subst; meget stivt(=repayment)* gjengjeld; **in ~ for***(=in return for)* til gjengjeld for.
reread [,ri:'ri:d] *vb(=read again)* lese om igjen.
rerecord [,ri:ri'kɔ:d] *vb(=record again; make a new recording of)* gjøre nytt opptak av; spille inn igjen.
reredos ['riədɔs] *subst:* alterskjerm.
re-release ['ri:ri,li:s] *subst; om film(=re-issue)* reprise; **on ~** som reprise.
I. rerun ['ri:,rʌn] *subst* **1.** *av film(=repeat)* nyutsending; *teat(=new production)* nyoppførelse; **2.** *sport(=new race)* omløp; **3.** *EDB:* omkjøring.
II. rerun [ri:'rʌn] *vb* **1.** *om film(=show again)* vise på nytt; *teat(=put on again)* sette opp igjen; **2.** *sport:* **the race had to be ~** det måtte arrangeres omløp.
resale ['ri:,seil] *subst:* videresalg.
rescind [ri'sind] *vb; jur(=repeal; annul)* oppheve *(fx a law).*
I. rescue ['reskju:] *subst:* redning *(fx the lifeboat was involved in four rescues last week);* **after his ~** etterat han var blitt reddet; **come to his ~** komme ham til unnsetning.
II. rescue *vb:* redde.
rescue coordination centre *flyv:* redningssentral.
rescue dog: mountain ~ lavinehund.
rescue expedition redningsekspedisjon; unnsetningsekspedisjon.
rescue operation redningsaksjon *(fx a big rescue operation was immediately started).*
rescue party*(=rescue team)* redningsmannskap.
rescuer ['reskjuə] *subst: redningsmann;* **the -s** redningsmannskapet.
rescue squad redningspatrulje.
rescue work redningsarbeid.
I. research [ri'sə:tʃ; **US:** 'ri:,sə:tʃ] *subst:* forskning; vitenskapelig undersøkelse; **cancer ~** kreftforskning; **carry on ~, do ~** forske; **do ~ in linguistics** forske i lingvistikk; **we had been doing ~ into elephants in Ruaha National Park** vi hadde studert elefantene i Ruaha Nasjonalpark; **my -es have shown that . . .** min forskning (*el.* mine undersøkelser) har vist at . . .
II. research *vb:* forske *(fx he's researching (into) Old English poetry);* forske på *(fx we must research this).*
research assistant vitenskapelig assistent.
research associate US: *se scientific officer.*
researcher [ri'sə:tʃə] *subst* **1***(=research worker)* forsker; **1.: (media)** *~(=research worker)* medarbeider ved meningsmålingsinstitutt; intervjuer (ved meningsmåling).
research work forskning; vitenskapelig arbeid.
research worker *se researcher.*
resect [ri'sekt] *vb; med.(=remove (surgically))* operere bort.
resection [ri'sekʃən] *subst; med.:* reseksjon.
reseda ['residə] *subst; bot:* reseda.
resell ['ri:'sel] *vb:* videreselge.
resemblance [ri'zembləns] *subst:* likhet *(fx there's some resemblance between him and his father);* **they do show some -s** de oppviser faktisk enkelte likhetspunkter; **they offer many points of ~** de har mange likhetspunkter; **bear no ~ to** ikke ha

noen likhet med.
resemble [ri'zembəl] *vb(=be like)* ligne *(fx he doesn't resemble either of his parents).*
resent [ri'zent] *vb:* ikke like *(fx I resent your remarks);* ~ **sth** synes at noe er ergerlig; **I ~ having to take work home every evening** jeg synes det er ergerlig å måtte ta med arbeid hjem hver kveld.
resentful [ri'zentful] *adj(=annoyed)* ergerlig; harm (*at, about* over).
resentment [ri'zentmənt] *subst* **1***(=annoyance)* ergrelse; harme; **2***(=grudge)* nag; **he feels ~ against the police***(=he has a grudge against the police)* han bærer nag til politiet.
reservation [,rezə'veiʃən] *subst* **1.** reservasjon; forbehold; **mental ~** stilltiende forbehold; **make a ~** ta et forbehold; **with (certain) -s** med (visse) forbehold; **I say this with great -s** jeg sier dette med alt forbehold; **without ~** uten forbehold; **2***(=booking)* hotellbestilling; (værelses)bestilling *(fx the reservation is to be made in Mr Brown's name);* **3.** *på 'dual carriageway':* midtrabatt; *(jvf central reserve; centre strip);* **4. US:** reservat *(fx an Indian reservation).*
reservations desk*(=reservations office) i hotell:* bookingkontor; **at the ~***(=in the reservations office)* på bookingkontoret.
reservationist [,rezə'veiʃənist] *subst:* bookingassistent.
I. reserve [ri'zə:v] *subst* **1.** reserve, **in ~** i reserve; **hidden -s** skjulte reserver; *(jvf 8 ndf);* **our last -s***(=our last supplies)* våre siste reserver *(fx we have used up our last reserves);* **sufficient -s should be stocked up for an emergency** det bør legges opp tilstrekkelige reserver for påkommende tilfeller; **break into one's -s** ta hull på reserven; **he has -s***(=a reserve)* **of energy (,food)** han har energireserver (,matreserver); **2.** *mil:* reserve; **-s** reserver; reservetropper; **call up the -s** kalle inn reserven; **3.** *sport(=reserve player; substitute)* reserve; reservespiller; **play a ~** sette inn en reserve; **4.** *bot:* **-s** opplagsnæring; **5.** reservat; **nature ~** naturreservat; *(jvf ancient monument; national park; protected area; special landscape area);* **6.** reserverthet; **7.:** *se reserve price;* **8.** *merk; økon:* **-s** fond; **accumulated -s** oppsparte reserver; **capital ~***(=undistributable reserve)* bunden reserve; **dividend (equalisation) ~** utbyttereguleringsfond; **emergency ~***(=emergency reserves)* krisefond; **general ~** reguleringsfond; **gold ~***(=gold reserves)* gullbeholdning; gullreserver; **hidden ~***(=inner reserve; secret reserve)* skjult reserve; *(jvf 1: hidden -s);* **liquid ~** likviditetsfond; **revaluation ~** oppskrivningsfond; **revenue ~** fritt fond; fri egenkapital; **revenue -s** frie fond; **statutory ~***(=legal reserve)* reservefond; *fors:* **~ for outstanding liability** skadereserve.
II. reserve *vb* **1.** reservere; sette til side *(fx some of the profits will be reserved to buy new machinery);* holde av *(fx I've reserved a seat for you);* **2***(=book)* reservere; bestille *(fx I'll phone up and reserve a table; I've reserved two tickets for tonight's show);* **3.** forbeholde *(fx reserve it for him);* **~ (for oneself)** forbeholde seg; **'the management ~ the right to make alteration in the programme'** 'vi forbeholder oss rett til endringer i programmet'.
reserved *adj:* reservert; forsiktig; forbeholden.
reserve (price) *(,***US:** *upset price) på auksjon:* minstepris.
reservist [ri'zə:vist] *subst; mil:* reservist; soldat (,offiser) i reserven.
reservoir ['rezə,vwa:] *subst* **1.** vannreservoar; vannmagasin; **2.** *fig(=reserve; large supply of)* forråd; lager *(fx of information; of talent).*
reset [,ri:'set] *vb* **1.** *typ:* sette om; **2***(=remount)* sette i ny innfatning *(fx a diamond);* **3.** *måleinstrument, etc:* stille inn på nytt; stille tilbake på null igjen; **4.** *med.:* sette sammen *(fx a broken leg).*
resettle [ri:'setəl] *vb* **1.** slå seg ned igjen; **2.** flytte (en befolkningsgruppe).
resettlement [ri:'setəlmənt] *subst* **1.** ny bosetting; **2.** flytting (av befolkningsgruppe).
resettlement country *for flyktninger:* mottagerland.
I. reshuffle [ri:'ʃʌfəl] *subst* **1.** *polit(=reconstruction)* ommøblering; **a Cabinet ~***(=a reconstruction of the Cabinet)* en ommøblering i regjeringen; **2.** *kortsp:* ny giv; omgiv.
II. reshuffle *vb* **1.** *polit:* ommøblere; foreta ommøblering i; **2.** *kortsp:* stokke på nytt; blande kortene på nytt.
reside [ri'zaid] *vb* **1.** *stivt(=live)* være bosatt; bo *(fx he now resides abroad);* **2.** *om makt, myndighet; meget stivt:* **~ in** 1*(=be vested in):* **all authority in that country -s in the President** all myndighet i det landet hviler hos presidenten; 2*(=be present in):* **political power -s in military strength** i militær styrke ligger det politisk makt.
residence ['rezidəns] *subst* **1.: (place of) ~***(=address)* bopel; bosted; **official ~** embetsbolig; *stivt:* **take up ~ in***(=go to live in)* bosette seg i *(fx take up residence in France);* **2.** *univ:* **hall of ~***(=students' hostel)* student(er)hjem; **3.** residens; **4.** *stivt(=stay)* opphold *(fx during his residence in Spain);* **5.** KGB-agent (med diplomatisk status tilknyttet ambassade).
residency ['rezidənsi] *subst* **1.** *hist:* **the governor's ~** guvernørens residens; **2. US** *med.:* tid som 'resident' (,**UK:** registrar) ved et sykehus; *(se registrar 3).*
I. resident ['rezidənt] *subst* **1.** fastboende; **he's a ~ of Hull** han bor (fast) i Hull; han er bosatt i Hull; **all -s of***(=in)* **Norway** alle med fast bopel i Norge; **2.** *ved hotell:* (fast) gjest; **-s and non -residents** gjester og andre; **3***(,jur: adjacent owner)* oppsitter (som sogner til vei, etc); **4.** *ved sykehus* **US:** *se registrar 3.*
II. resident *adj* **1.** bofast, **he's now ~ abroad** han bor nå i utlandet; **2.** *m.h.t. arbeid:* **~ caretaker** vaktmester som bor på stedet; *ved anlegg:* **~ engineer** byggeleder (som er fast stasjonert); **3.** *zo:* stedegen.
residential [,rezi'denʃəl] *adj:* bolig-; beboelses-; **this district is mainly ~** dette er i det vesentlige et boligområde; **is the job ~?** krever jobben at man må bo der (*el.* bo på stedet)?
residential area*(=residential district)* boligområde; boligstrøk; villakvarter.
I. residual [ri'zidjuəl] *subst(=residue; rest)* rest.
II. residual *adj; stivt el. tekn(=remaining)* resterende; gjenværende *(fx there are still a few residual problems).*
residuary [ri'zidjuəri] *adj; jur:* **~ legatee***(=heir general)* universalarving.
residue ['rezi,dju:] *subst* **1.** *stivt el. tekn:* rest; **2.** *kjem:* destillasjonsrest; restkonsentrasjon; **acid ~** syrerest.
residuum [ri'zidjuəm] *subst (pl. residua* [ri'zidjuə]*) stivt: se residue.*
resign [ri'zain] *vb* **1.** si opp (en stilling); **2.** *om embete:* **~ office** fratre embetet; **the Minister has -ed** ministeren har fratrådt (*el.* gått av); **3.** *fra komité, etc:* trekke seg *(fx he has resigned as secretary; he resigned from the committee);* **4.**

stivt: ~ **oneself to sth***(=reconcile oneself to sth)* avfinne seg med noe; **he -ed himself to his fate** han avfant seg med sin skjebne.

resignation [,rezig'neiʃən] *subst* **1.** oppsigelse *(fx you will receive my resignation tomorrow);* **2.** *fra embete:* fratredelse; **3.** resignasjon; **he accepted his fate with** ~ han avfant seg med sin skjebne.

resigned [ri'zaind] *adj:* resignert; **he gave a** ~ **smile** han smilte resignert; **he seems** ~ **to his fate** det ser ut til at han har avfunnet seg med sin skjebne.

resilience [ri'ziliəns] *subst* **1***(=elasticity; flexibility)* elastisitet; fleksibilitet; **2.** *om person(=toughness)* seighet.

resilient [ri'ziliənt] *adj* **1***(=elastic; flexible)* elastisk; fleksibel; spenstig; som fjærer; **2.** *om person(= tough)* seig; som vanskelig lar seg knekke.

resin ['rezin] *subst; bot:* kvae; harpiks.

resinous ['rezinəs] *adj:* harpiksaktig; harpiksholdig; harpiks-.

resist [ri'zist] *vb* **1.** motstå; stå imot *(fx an attack; temptation);* **I couldn't** ~ **kicking him when he bent down** jeg kunne ikke la være å gi ham et spark da han bøyde seg; **a metal that -s acid** et syrebestandig metall; **2.** gjøre motstand; motsette seg *(fx arrest).*

resistance [ri'zistəns] *subst* **1.** motstand; **obstinate***(= stubborn)* ~ seig motstand; **he offered stout** ~*(=he put up (a) stout resistance)* han gjorde tapper motstand; **take the line of least** ~*(=take the easy way out (of the difficulty))* gå (*el.* velge) den minste motstands vei; **2.** *fys:* **air** ~ *(,flyv: air drag)* luftmotstand; **3.: (power of)** ~ motstandskraft; motstandsevne; resistens; **4.** *elekt:* motstand; **5.** *hist:* **the Resistance** motstandsbevegelsen.

resistance alloys motstandsmetaller.

resistance coupling *elekt:* motstandskopling.

resistance drop *elekt:* motstandsfall; motstandstap.

resistant [ri'zistənt] *adj* **1.** *med.:* resistent (*to* overfor); **2.: corrosion-**~ rustbestandig; **heat-**~*(=heat -resisting)* varmebestandig.

resistivity [,ri:zis'tiviti] *subst; elekt (,glds: specific resistance)* spesifikk motstand.

I. resit ['ri:,sit] *subst; skolev (,***US:** *supplementary exam)* utsatt prøve; **a** ~ **in English** utsatt prøve i engelsk.

II. resit [ri:'sit] *vb; skolev:* ~ **an exam** *(,***US:** *sit for a supplementary exam;* **T:** *sit for a sup)* (få) gå opp til utsatt prøve; ~ **English in the autumn***(= take English again in the autumn)* gå opp til utsatt prøve i engelsk til høsten.

resole [ri:'soul] *vb:* halvsåle *(fx a pair of shoes).*

resoluble [ri'zɔljubl] *adj* **1.** *kjem(=soluble)* oppløselig; **2.** *mat.:* oppløselig.

resolute ['rezə,lu:t] *adj; stivt(=determined)* resolutt; bestemt.

resolution [,rezə'lu:ʃən] *subst* **1.** resolusjon; **2.** beslutning; forsett *(fx New Year resolutions);* **3.** beslutsomhet; bestemthet; fasthet, **you must behave with** ~ du må være fast (*el.* resolutt); **4.** *meget stivt(=solution)* løsning *(fx the resolution of our problems);* **5.** *av konflikt(=solution)* løsning *(fx a peaceful resolution of the conflict);* **6.** *kjem, mat., mus:* oppløsning; *fys(=resolving power)* oppløsningsevne.

I. resolve [ri'zɔlv] *subst; stivt* **1***(=determination)* beslutsomhet; fasthet *(fx he showed great resolve);* **2***(=firm decision)* fast beslutning *(fx it is his resolve to become a doctor).*

II. resolve *vb* **1.** *stivt(=decide)* beslutte *(fx I've resolved to stop smoking);* **2.** *stivt(=solve)* løse *(fx a problem);* **this -s the difficulty** dette løser vanskeligheten; **3***(=dispel):* ~ **a doubt** fjerne en tvil; **4.** løse opp *(fx the prism resolved the light into a play of colour; resolve the problem into simple elements);* **5:** *mus:* oppløse(s); **6.** *optikk:* oppløse *(fx the lines in a spectrum);* **7.** *mat.:* løse opp *(fx a number into its prime factors).*

resolved *adj; stivt(=determined)* fast bestemt (*to* på å).

resolvent [ri'zɔlvənt] **1.** *subst(=solvent)* oppløsningsmiddel; **2.** *adj:* oppløsende.

resonance ['rezənəns] *subst:* resonans; gjenlyd.

resonant ['rezənənt] *adj:* som gir gjenlyd; med sterk resonans.

resorb [ri'sɔ:b] *vb; med.:* resorbere.

resorption [ri'sɔ:pʃən] *subst; med.:* resorpsjon.

I. resort [ri'zɔ:t] *subst* **1.: (holiday)** ~ populært feriested; **health** ~ kursted; **seaside** ~ badested; **winter** ~ vintersportssted; **2.** *fig:* utvei; **as a last** ~**, in the last** ~*(=if everything else fails)* som en siste utvei; i siste instans; hvis alt annet slår feil.

II. resort *vb:* ~ **to***(=have recourse to)* ty til *(fx he resorted to violence);* gripe til; ta sin tilflukt til.

resort manager*(=area manager) i reiselivsbransjen:* plassjef.

resound [ri'zaund] *vb* **1.** gjenlyde *(fx their cheers resounded through the hall);* **2.** *litt.:* gi gjenklang.

resounding *adj* **1***(=loud; echoing)* gjallende; rungende; **2.** *fig(=very great)* eklatant *(fx victory).*

resource [ri'sɔ:s; ri'zɔ:s] *subst* **1.** ressurs; **natural -s** naturressurser; **we have used up all our -s** vi har brukt opp alle våre ressurser; **living -s of the sea** levende ressurser i sjøen; **untapped -s** ubenyttede (*el.* uutnyttede) ressurser; **2.** *fig:* **he was left to his own -s***(=devices)(=he was left to look after himself)* han ble overlatt til seg selv; **3.: we pooled our -s** vi slo oss sammen med det vi rådde over hver især; **4.** *stivt(=quick wits; resourcefulness)* snartenkthet; snarrådighet.

resource choice ressursvalg.

resource decision*(=decision on resource matters)* avgjørelse i ressursspørsmål.

resourceful [ri'sɔ:sful] *adj:* snarrådig.

resourcefulness [ri'sɔ:sfulnis] *subst:* snarrådighet.

resource policy ressurspolitikk; **a question of** ~ et ressurspolitisk spørsmål.

resource question*(=question of resources)* ressursspørsmål.

resource waste*(=wasteful use of resources)* ressurssløsing.

resource-wealthy [ri'sɔ:s,welθi] *adj(=rich in resources)* rik på ressurser.

resource-yielding [ri'sɔ:s,ji:ldiŋ] *adj:* ressursskapende; ~ **factors** ressursskapende faktorer.

I. respect [ri'spekt] *subst* **1.** respekt (*for* for); pietet; **show** ~ **for sby** vise respekt for en; **he was, with all due** ~**, somewhat intoxicated** han var, med respekt å melde, nokså beruset; **out of** ~ **for your father's memory** av respekt for (*el.* pietet overfor) din fars minne; **it was out of** ~ **he acted as he did** he handlet ut fra pietetshensyn; **without** ~ **of persons** uten persons anseelse;
2. henseende; **in some -s** i enkelte henseender; på visse punkter;
3. *stivt:* **in** ~ **of***(=with regard to)* med hensyn til;
4. *stivt:* **-s***(=greetings)* hilsener *(fx he sends his respects to you);*
5. *stivt:* **pay one's -s to sby** vise en sin aktelse; **pays one's deep -s to sby** gjøre en sin ærbødige oppvartning; **pay one's last -s to sby** vise en den siste ære.

II. respect *vb:* respektere; **make oneself -ed** sette seg i respekt.

respectability [ri,spektə'biliti] *subst:* respektabilitet;

aktverdighet.
respectable [ri'spektəbl] *adj* **1.** respektabel; aktverdig *(fx a respectable married woman);* korrekt; akseptabel *(fx wearing a bikini to go to church is not considered respectable); polit:* stueren; **we shall be back at a ~ hour** vi kommer hjem i pen tid; **a ~ firm** et ansett firma; **a ~ hotel** et pent (*el.* respektabelt) hotell; **2. T***(=good)* respektabel; **four goals is a ~ score** fire mål er et respektabelt resultat.
respecter [ri'spektə] *subst:* **he's no ~ of persons** han er ikke den som tar hensyn til folks rang og anseelse.
respectful [ri'spektful] *adj:* ærbødig; **at a ~ distance** på ærbødig avstand.
respecting [ri'spektiŋ] *prep; stivt(=about; concerning)* angående; vedrørende.
respective [ri'spektiv] *adj:* respektive; hver sin (,sitt); **put dem in their ~ places** plassere dem på hvert sitt sted; **Peter and John went to their ~ homes** Peter og John dro til sine respektive hjem; Peter og John dro hjem hver til sitt.
respectively *adv:* respektive; henholdsvis; **they get 8 and 10 pounds ~** de får henholdsvis 8 og 10 pund; **Peter, James and John were first, second and third ~** Peter, James og John fikk henholdsvis første, annen og tredje plass.
respiration [,respə'reiʃən] *subst; stivt(=breathing)* åndedrett; **artificial ~** kunstig åndedrett; **fishes use gills in ~** fiskene bruker gjeller til å puste med.
respirator ['respə,reitə] *subst* **1.** *med.:* respirator; **2***(=gas mask; smoke mask; breathing apparatus; breathing mask)* gassmaske; røykmaske; *(se NEO røykdykkerarbeid; røykdykkerhjelm; røykdykking).*
respiratory ['respərətəri] *adj:* åndedretts- *(fx system).*
respire [ri'spaiə] *vb; meget stivt(=breathe)* puste.
respite ['respit; 'respait] *subst* **1.** *merk(=grace)* galgenfrist; henstand; **2.** *stivt(=pause; rest)* hvile; pause; **we had a brief ~ from poverty** en stakket stund var vi ikke fattige; **the patient never had any ~ from the pain** pasienten fikk slett ikke fred for smerten; **without** *~(=without stopping)* uten stans; uten opphør.
resplendence [ri'splendəns] *subst; stivt(=splendour)* glans.
resplendent [ri'splendənt] *adj; stivt(=splendid)* strålende; prangende *(fx uniforms).*
respond [ri'spɔnd] *vb* **1.** *stivt(=answer)* svare *(fx he didn't respond to my question);* **2.** reagere *(fx I smiled at her but she didn't respond);* **the pupils -ed well** elevene reagerte postivt (på dette); **3.: ~ to** 1. reagere (positivt) på *(fx his illness did not respond to treatment by drugs);* **~ to emergencies** handle riktig i kritiske situasjoner; 2.: **the pilot said the plane did not ~ to the controls** piloten sa at flyet ikke lot seg manøvrere.
respondent [ri'spɔndənt] *subst* **1.** *ved meningsmåling, etc:* spurt person; svarperson; **2.** *ved disputas:* doktorand; **3.** *i skilsmissesak:* innstevnet; *(jvf corespondent).*
response [ri'spɔns] *subst* **1.** *stivt(=answer; reply):* **our letters have never met with any** *~(=we have never had any reply to our letters)* vi har aldri fått noe svar på brevene våre; **in ~ to***(=in reply to; in answer to)* som svar på; **2.** *rel; under gudstjeneste:* korsvar; **3.** *kortsp; bridge:* svarmelding; **4***(=reaction)* reaksjon *(fx my suggestions brought some very odd responses);* gjenklang; respons; **. . . but there was no ~** men det var ingen reaksjon (å få); **my suggestions met with little ~** det var liten respons på forslagene mine; **his appeal evoked***(=called forth)* **no ~ in his audience** appellen hans fant ingen gjenklang i forsamlingen (*el.* hos publikum); **tentative approaches to Norway drew a chilly ~** tilnærmelser til Norge ble kjølig mottatt.
responsibility [ri,spɔnsə'biliti] *subst* **1.** ansvar; ansvarlighet; **a great ~** et stort ansvar; **the girls were her ~** barna var hennes ansvar; **he has taken on a lot of ~** han har påtatt seg meget ansvar; **on one's own** *~(=at one's own risk)* på eget ansvar; **the PLO has claimed ~ for the bomb** PLO har påtatt seg ansvaret for bomben, **2.** *jur:* **diminished ~** nedsatt bevissthet i gjerningsøyeblikket; **his ~ was 'substantially impaired' at the time of the killing** han hadde 'vesentlig nedsatt bevissthet' i gjerningsøyeblikket.
responsible [ri'spɔnsəbl] *adj* **1.** ansvarlig (*to* overfor) *(fx he's responsible to the manager);* **we'll make one person ~ for buying the food for the trip** vi lar én person få ansvaret for å kjøpe inn mat til turen; **2.** ansvarsfull *(fx job);* **3.** ansvarsbevisst; **4.: hold sby ~ for sth** holde en ansvarlig for noe.
responsive [ri'spɔnsiv] *adj* **1.** lydhør; forståelsesfull *(fx I always find her very responsive);* **2.: a ~ smile** et smil som svar; **3.** *med.:* **this disease is ~ to treatment with drugs** denne sykdommen lar seg behandle med medikamenter.
I. rest [rest] *subst* **1.** hvile; **have***(=take)* **a ~** ta en hvil; **let's stop for a ~** la oss stoppe og ta en hvil; **I need a ~ from all these problems** jeg trenger en pause fra alle disse problemene; **she needs a lot of ~** hun trenger mye hvile; **2***(=sleep):* **he needs a good night's ~** han trenger en god nattesøvn; **3.** *mus:* pause; **4.** *mil; for skytevåpen:* **aiming** *~(=support)* anlegg; støtte; **5.** *tekn:* anlegg; støtte; *på verktøymaskin:* **tool ~** anlegg; *på dreiebenk:* **slide ~** bevegelig anlegg (for verktøy); *på dreiebenk:* **back ~** brille; **6.** *om maskin:* **at ~** i ro *(fx the machine was at rest);* **7.** *fig:* **put***(=set)* **sby's mind at ~** berolige en; **8.: come to** *~(=stop)* stoppe *(fx the ball came to rest under a tree);* **9.** *evf:* **lay sby to ~** legge en til hvile *(fx she was laid to rest in the village where she was born);* **10. T: give it a ~!** hold nå opp med det der!
II. rest *subst:* **the ~** resten *(fx the rest of the meal);* **Jack went home, but the ~ of us went to the cinema** Jack gikk hjem, men vi andre (*el.* resten av oss) gikk på kino; **for the ~** hva det øvrige angår; forresten.
III. rest *vb* **1.** hvile; hvile seg; **~ one's eyes** hvile øynene; **mother's -ing at the moment** mor ligger og hviler akkurat nå; **2.: ~ on** 1. hvile på *(fx her head rested on his shoulder); 2. fig:* hvile på *(fx rest on one's laurels);* 3. *fig:* støtte på *(fx he rested his argument on that one assumption);* støtte seg på *(fx the whole argument rests on his assumption that there is no God);* **3.** *stivt:* **~ with** 1*(=be up to)* være opp til; ligge hos *(fx the decision rests with you);* 2. *om avdød(=be buried)* hvile hos *(fx he now rests with his ancestors).*
restate [,ri:'steit] *vb(=state again)* gjenta.
restaurant ['restə,rɔŋ; **US:** 'restərənt] *subst:* restaurant.
restaurant car *jernb(=dining car)* spisevogn.
restaurateur [,rest(ə)rə'tə:] *subst:* restauratør; restauranteier.
rest cure *med.:* hvilekur.
rested ['restid] *adj:* uthvilt.
restful ['restful] *adj:* rolig *(fx a restful holiday);* **this room is very ~** i dette rommet kan man slap-

pe godt av.
rest home hvilehjem.
resting ['restiŋ] *subst:* hvil; det å hvile.
resting place hvilested; **his final** ~ hans siste hvilested.
restitution [,resti'tju:ʃən] *subst* **1.** *stivt(=compensation; reimbursement)* erstatning; tilbakebetaling; **make some** ~ betale noe av det tilbake; **make** ~ **to the victors for the destruction they had caused** betale erstatning til seierherrene for den ødeleggelse de hadde forvoldt; **2.** *jur(=return; restoration)* tilbakelevering; tilbakeføring *(fx of a property to its rightful owner);* **3***(=restoration)* tilbakeføring (til opprinnelig form).
restive ['restiv] *adj* **1***(=restless)* urolig; rastløs *(fx he's become rather restive);* **be in a** ~ **mood** være urolig til sinns; **2.** *om hest:* urolig; **3.** *om publikum, etc:* urolig; utålmodig; **grow** ~ bli utålmodig.
restless ['restlis] *adj* **1.** urolig; rastløs *(fx child);* **2.** hvileløs; urolig *(fx a restless night).*
restock [,ri:'stɔk] *vb* **1***(=replenish one's stocks)* fornye varebeholdningen (*el.* lagerbeholdningen); **2.** *landbr:* fornye kvegbestanden (*el.* besetningen); **3.:** ~ **a lake** fornye fiskebestanden i en sjø.
restoration [,restə'reiʃən] *subst* **1.** restaurering *(fx of a building);* **the museum was closed for -s** museet var stengt pga. restaureringsarbeider; **2.** gjeninnsettelse; **the** ~ **of Mr Brown to his former job** gjeninnsettelse av Brown i hans gamle stilling; **3.** *av system, etc(=reintroduction)* gjeninnføring; **4** *stivt(=return)* tilbakelevering *(fx the restoration of stolen property).*
Restoration *hist:* **the** ~ restaurasjonstiden; (ɔ: gjeninnsettelsen av stuartene i 1660).
restorative [ri'stɔrətiv] **1.** *subst; med.:* styrkende middel; **2.** *adj:* styrkende.
restorative therapy: have ~ få en foryngelseskur.
restore [ri'stɔ:] *vb* **1.** restaurere *(fx building; painting);* **2.** gjeninnsette *(fx he was restored to his former job);* **3.** levere tilbake *(fx the stolen cars to their owners);* **4.** gjenopprette *(fx law and order);* **5***(=reintroduce)* gjeninnføre *(fx a system);* **6.: feel completely -d** føle seg helt restituert (*el.* frisk igjen); **be -d to health** bli frisk igjen; **7.** *litt. el. spøkef:* ~ **sby to favour***(=take sby back into favour)* ta en til nåde.
restorer [ri'stɔ:rə] *subst* **1.: art** ~ kunstkonservator; **2.: furniture** ~ en som restaurerer møbler; **3.: hair** ~ middel som skal gi en håret igjen.
restrain [ri'strein] *vb* **1.** *stivt(=prevent)* hindre (*from -ing* i å); **2.** *stivt(=control)* beherske; styre (*oneself* seg); **3.** *forbryter, farlig pasient:* sikre *(fx he's mentally ill and violent – he has to be restrained).*
restrained *adj:* behersket *(fx he was very restrained);* ~ **language***(=moderate language)* behersket språk(bruk).
restraint [ri'streint] *subst* **1.** (selv)beherskelse; **show great** ~ vise stor selvbeherskelse; **2.** *av farlig pasient, etc:* sikring; **be placed under** ~ bli sikret *(fx in a mental hospital);* **3.** tvang; **some form of** ~ en eller annen form for tvang; **lack of** ~ tvangløshet; **without** ~ tvangfritt; **4.** *merk:* ~ **of trade** inngrep i næringsfriheten; **5.** noe som hemmer (*el.* begrenser); begrensende faktor.
restrict [ri'strikt] *vb:* begrense; innskrenke *(fx I try to restrict myself to five cigarettes a day);* ~ **sby's freedom** begrense ens frihet; **my view of the road was -ed by a hedge** jeg kunne ikke se veien ordentlig pga. en hekk.
restricted *adj:* begrenset; **in the more** ~ **sense (of the word)** i snevrere forstand; ~ **area** område med hastighetsbegrensning.
restriction [ri'strikʃən] *subst:* begrensning; restriksjon; **currency -s** valutarestriksjoner; **import -s***(=import controls)* importrestriksjoner; **place -s on** legge restriksjoner på.
restrictive [ri'striktiv] *adj:* restriktiv *(fx laws).*
rest room US*(=public convenience)* offentlig toalett.
I. result [ri'zʌlt] *subst* **1.** resultat; **a pleasing** ~ et gledelig resultat; **a satisfactory** ~ **of** et tilfredsstillende resultat av; **2.** konsekvens; følge; **the** ~ **of***(=the consequence of)* følgen av; **the** ~ **of his arrival was that . . .** følgen av at han kom, var at . . .; **as a** ~ **of***(=as a consequence of)* som en følge av; **3.** *mat.:* resultat; løsning; svar.
II. result *vb; stivt* **1.:** ~ **from***(=be caused by)* skyldes; bli forårsaket av; **2.:** ~ **in***(=lead to)* føre til; resultere i; **the match -ed in a draw** kampen endte uavgjort.
resultant [ri'zʌltənt] **1.** *subst; fys:* resultant; **2.** *adj:* som blir (,ble) resultatet *(fx he worked hard and deserved his resultant successes).*
resulting [ri'zʌltiŋ] *adj:* som blir (,ble) resultatet; **the** ~ **war** den krigen som ble resultatet.
resume [ri'zju:m] *vb* **1.** *stivt:* ~ **work***(=start work again)* gjenoppta arbeidet; begynne å arbeide igjen; **when school -s***(=when school starts again)* når skolen begynner igjen; ~ **one's former connections** gjenoppta sine tidligere forbindelser; **we'll** ~ **the meeting after tea** vi gjenopptar møtet etter tepausen; **2.** *meget stivt:* ~ **possession of***(=take possession of again)* ta i besittelse igjen; overta igjen; ~ **power***(=assume power again; seize power again)* overta makten igjen; ~ **one's seat***(=sit down again)* gjeninnta sin plass.
résumé ['rezju,mei] *subst; stivt(=summary; summing up)* resymé *(fx a résumé of the discussion so far).*
resumption [ri'zʌmpʃən] *subst; stivt:* gjenopptagelse; **a** ~ **of hostilities** en gjenopptagelse av fiendtlighetene; **the** ~ **of war** det at krigen begynner (,begynte) igjen.
resurface [ri:'sə:fis] *vb* **1.** *på vei(=put a new surface on)* legge nytt dekke på; asfaltere; **2.** *om ubåt, etc:* komme til overflaten igjen; gå opp; *fig* **T:** dukke opp igjen.
resurgence [ri'sə:dʒəns] *subst; fig; stivt(=revival; reappearance)* gjenoppblussing *(fx the resurgence of nationalistic feeling among the Scots).*
resurgent [ri'sə:dʒənt] *adj:* som blusser opp igjen; som dukker opp igjen *(fx resurgent nationalism).*
resurrect [,rezə'rekt] *vb* **1.** *rel:* la gjenoppstå; kalle til live igjen; **2.** *glds el. spøkef(=revive)* gjenopplive *(fx an old custom);* blåse nytt liv i *(fx they have resurrected (,T: dug up) the old story).*
resurrection [,rezə'rekʃən] *subst* **1.** oppstandelse (fra de døde); **2.** *rel:* **the Resurrection** Jesu oppstandelse.
resuscitate [ri'sʌsi,teit] *vb; stivt(=bring back to life; revive)* gjenopplive *(fx they resuscitated the swimmer who had almost drowned).*
resuscitation [ri,sʌsi'teiʃən] *subst; stivt(=bringing back to life; revival)* gjenopplivelse.
I. retail ['ri:teil] *subst:* **sale by** ~*(=retail sale)* detaljsalg; **sell (by)** ~*(=retail)* selge i detalj.
II. retail *vb(=sell (by) retail)* selge i detalj.
III. retail [ri'teil] *vb; stivt(=tell; pass on):* ~ **gossip** fare med sladder.
retailer ['ri:teilə] *subst(=retail dealer)* detaljist.
retail price *merk:* pris til detaljist; detaljpris; pris i detaljsalg; *(jvf trade price).*
retail sale*(=sale by retail)* detaljsalg.
retail shop *(,økon: retail outlet)* detaljhandel.
retail trade detaljhandel.

retain [ri'tein] *vb* **1.** *stivt(=keep)* beholde; bevare *(fx I've retained this scene in a film I took);* **he -ed the full use of his legs till the day he died** han beholdt full førlighet i bena til sin dødsdag; **she -ed a clear impression of the building** hun husket tydelig hvordan bygningen så ut; **these dishes don't ~ heat very well** disse fatene holder ikke noe særlig godt på varmen; **2.** *jur(=engage; employ)* engasjere *(fx a divorce lawyer).*

retained earnings*(=retained profit) merk, økon:* disposisjonsfond; fondsopplegg; tilbakeholdt overskudd.

retainer [ri'teinə] *subst; jur:* forskuddshonorar; *(jvf retain 2).*

retaining fee *se retainer.*

retaining wall *arkit:* støttemur.

I. retake ['ri:,teik] *subst; film:* nytt opptak; **this is the third ~ of this scene** dette er tredje gangen vi tar denne scenen om igjen.

II. retake [ri:'teik] *vb* **1.** *mil(=recapture)* gjenerobre; ta igjen; **2.** *film; om scene:* ta om igjen.

retaliate [ri'tæli,eit] *vb; stivt(=hit back)* svare med samme mynt; slå tilbake; øve gjengjeld; *polit(=take counter-measures)* ta motforholdsregler.

retaliation [ri,tæli'eiʃən] *subst; stivt(=revenge)* hevn; gjengjeld; *polit(=counter-measures)* motforholdsregler; **the attack was carried out in ~ for the enemy attack the previous week** angrepet ble satt i verk som en gjengjeldelse for fiendens angrep uken i forveien.

retaliatory [ri'tæliətəri] *adj:* gjengjeldelses- *(fx attack);* **their action was simply ~** det de gjorde var rett og slett en hevnaksjon.

retard [ri'ta:d] *vb; stivt(=slow; delay)* sinke.

retardation [,ri:ta:'deiʃən] *subst* **1.** *stivt(=delay)* forsinkelse; forhaling; retardasjon; **2.: mental ~** evneveikhet; evneretardasjon.

retarded [ri'ta:did] *adj:* **mentally ~** psykisk utviklingshemmet.

retch [retʃ] *vb:* brekke seg; få oppkastfornemmelser.

retell [ri:'tel] *vb(=tell again)* gjenfortelle.

retention [ri'tenʃən] *subst* **1.** *stivt(=keeping back)* tilbakeholdelse *(fx of information);* **2***(=keeping)* bibehold *(fx the retention of Mr Brown as adviser);* det å holde på *(fx the retention of heat);* **3.** *med.:* retensjon.

retentive [ri'tentiv] *adj:* som holder godt på; **~ soil** jord som holder godt på fuktigheten; **a ~ memory** en meget god hukommelse; **T:** en klisterhjerne.

I. rethink ['ri:,θiŋk] *subst* **T: we'll have a ~ about this project** dette prosjektet skal vi vurdere på nytt.

II. rethink [ri:'θiŋk] *vb(=consider again)* vurdere på nytt *(fx the Government was asked to rethink its policy on taxation).*

rethinking [ri:'θiŋkiŋ] *subst:* nytenkning.

reticence ['retisəns] *subst:* ordknapphet; tilbakeholdenhet.

reticent ['retisənt] *adj:* ordknapp; lite meddelsom; tilbakeholden *(fx he's very reticent about what the manager said to him).*

I. reticulate [ri'tikju,leit] *vb:* retikulere; forsyne med (et) nett (av ruter); rute opp; dele inn i ruter.

II. reticulate [ri'tikjulit] *adj* **1.** nettlignende; nettformet; rutet; oppdelt i ruter; retikulert; **2.** *bot:* nettåret *(fx leaf).*

reticulated glass*(=net glass)* filigransglass; trådglass.

reticulation [ri,tikju'leiʃən] *subst(=network; reticulated formation)* nettverk; noe som er inndelt i ruter.

retina ['retinə] *subst; anat:* retina; netthinne.

retinue ['reti,nju:] *subst; stivt el. spøkef:* følge *(fx the king and his retinue; the film star and her retinue).*

retire [ri'taiə] *vb* **1.** gå av med pensjon; **he -d early** han gikk av tidlig; *(jvf 5);* **2.** *stivt(=pension off)* pensjonere *(fx teachers at 60);* **3.** *stivt el. spøkef(=withdraw)* trekke seg tilbake *(fx the ladies retired to the lounge);* **4.** *mil(=move back)* trekke seg tilbake *(fx to safer positions);* **5.** *stivt:* **~ (to bed)***(=go to bed)* gå og legge seg; trekke seg tilbake for natten; **he -d early** han trakk seg tidlig tilbake (for natten); *(jvf 1);* **6.: ~ from a firm** tre ut av et firma; **~ from a committee***(=withdraw from a committee)* tre ut av en komité.

retired *adj:* pensjonert *(fx my uncle's retired now).*

retirement [ri'taiəmənt] *subst* **1.** det å gå av; **early ~** førtidspensjonering; **take early ~** la seg førtidspensjonere; **it's not long till his ~** det er ikke lenge til han skal gå av; **there have been several -s this year** det er flere som har gått av med pensjon i år; **he's gone into ~***(=he's retired)* han har gått av med pensjon; **2.** pensjonisttilværelse; **he's enjoying his ~** han nyter sin pensjonisttilværelse; **his father planned a trip there in his ~** hans far planla å reise dit når han var blitt pensjonist.

retirement age *stivt(=retiring age; pensionable age)* pensjonsalder; *(se retiring age).*

retirement pensioner *stivt(=pensioner)* pensjonist.

retiring [ri'taiəriŋ] *adj* **1.** avgående; som trer ut *(fx the retiring members);* **2.** *stivt(=reserved)* reservert; tilbakeholden.

retiring age pensjonsalder; **reach ~** nå pensjonsalderen.

I. retort [ri'tɔ:t] *subst* **1***(=sharp reply)* skarpt svar; svar på tiltale; **2.** *kjem:* kolbe; retorte.

II. retort *vb(=reply sharply)* svare skarpt; gi svar på tiltale.

I. retouch [,ri:'tʌtʃ; 'ri:,tʌtʃ] *subst* **1.** retusj; retusjering; **2.** retusjert bilde.

II. retouch [,ri:'tʌtʃ] *vb* **1.** *fot:* retusjere; **2.** *fig(=touch up)* pusse på; pynte på.

retrace [ri'treis] *vb; stivt* **1.: ~ one's steps***(=go back the way one came)* gå tilbake den veien man kom; **we -d the route we took last summer** vi gikk den samme ruten som vi gikk i fjor sommer; **2***(=describe; go over)* beskrive; gjennomgå (i tankene) *(fx they asked her to retrace her actions before the accident occurred).*

retract [ri'trækt] *vb; stivt* **1.** *om uttalelse(=withdraw; take back)* ta tilbake; **2.** *om klør, horn, etc(=pull back)* trekke tilbake (*el.* inn); **3***(=be retractable):* **a cat's claws can ~** klørne til en katt kan trekkes inn; **4.** *flyv:* **~ the undercarriage** trekke opp understellet.

retractable [ri'træktəbl] *adj:* som kan trekkes tilbake (*el.* inn); *flyv:* **~ undercarriage** opptrekkbart understell.

retractile [ri'træktail] *adj(=retractable)* som kan trekkes tilbake (*el.* inn) *(fx the retractile claws of a cat).*

retraction [ri'trækʃən] *subst; stivt* **1.** *om uttalelse(=withdrawal)* tilbakekalling; **2.** tilbaketrekking; det å trekke inn (*el.* til seg); *(jvf retract 2).*

retrain [ri:'trein] *vb* **1.** *etter skade:* **~ the muscles** trene opp musklene igjen; **2***(=reeducate)* omskolere.

retraining [ri:'treiniŋ] *subst(=reeducation)* omskolering; **job ~** omskolering i yrkeslivet.

I. retread ['ri:,tred] *subst(=remould;* **US:** *recap)* banelagt dekk.

II. retread [ri:'tred] *vb(=remould;* **US:** *recap)* banelegge; legge ny bane på *(fx a tyre).*

I. retreat [ri'tri:t] *subst* **1.** retrett; tilbaketog; tilbaketrekning; **beat a ~** slå retrett *(fx they beat a hasty retreat); mil:* **sound the ~** blåse retrett; **be in full ~** være på full retrett; **2.** *stivt:* tilfluktssted; sted hvor man finner ro; **3** *rel(period of calm meditation)* refugium.

II. retreat *vb* **1.** gjøre retrett; trekke seg tilbake; **2.** *sjakk(=move back)* flytte tilbake (en truet brikke).

retrench [ri'trentʃ] *vb* **1***(=economize)* spare; økonomisere *(fx we shall have to retrench);* **2***(=reduce; cut back on)* redusere; skjære ned på *(fx company expenditure).*

retrenchment [ri'trentʃmənt] *subst:* nedskjæring av utgiftene; innstramning.

retrenchment measure *økon:* innstramningstiltak; sparetiltak.

retribution [,retri'bju:ʃən] *subst; stivt el. rel(=well -deserved punishment; retaliation)* velfortjent straff; gjengjeldelse; **he can't escape ~ for his sins** han kan ikke unngå straff for sine synder; **~ is bound to overtake him** straffen vil ramme ham.

retributive [ri'tribjutiv] *adj:* gjengjeldelses-.

retrieval [ri'tri:vəl] *subst* **1.** *stivt(=recovery)* gjenervervelse; det å få igjen *(fx the retrieval of stolen goods);* **2.** framhenting; **automated storage ~ system** system for automatisk fremhenting av varer; **3.: the situation is now beyond ~** situasjonen kan ikke lenger reddes (*el.* rettes opp).

retrieve [ri'tri:v] *vb* **1.** *stivt(=recover; get back)* gjenerverve; få igjen; få tak i igjen *(fx my hat blew away, but I managed to retrieve it);* **2.** *fra fx automatisert lager:* hente frem; **3.** *om hund:* apportere; **4.** *stivt(=put right; save)* rette opp; redde; **~***(=save)* **the situation** redde situasjonen.

retriever [ri'tri:və] *subst; jakthund:* retriever.

retroaction [,retrou'ækʃən] *subst; jur(=retroactive force)* tilbakevirkning; tilbakevirkende kraft.

retroactive [,retrou'æktiv] *adj; stivt el. jur:* tilbakevirkende; som har tilbakevirkende kraft *(fx law);* **~***(=backdated)* **pay increase** lønnsøkning med tilbakevirkende kraft; **~ from last April** med tilbakevirkende kraft fra april måned.

retrograde ['retrou,greid; 'retrə,greid] *adj(=backward)* tilbakegående *(fx motion);* **a ~ step***(=a step backward)* et tilbakeskritt.

retrogress [,retrə'gres] *vb; fig; stivt(=move backwards; deteriorate)* gå tilbake; forringes.

retrospect ['retrə,spekt] *subst(=retrospective glance)* tilbakeblikk; **in ~***(=retrospectively)* i tilbakeblikk; når man ser tilbake (på det).

retrospective ['retrə,spektiv; 'retrou,spektiv] *adj* **1.** tilbakevirkende *(fx the new tax laws were made retrospective);* **2.** retrospektiv; tilbakeskuende; **a ~ report***(=a report based on memory)* en rapport basert på hukommelsen.

I. return [ri'tə:n] *subst* **1.** tilbakekomst; hjemkomst *(fx on our return, we found the house had been burgled);* **2.** *tennis:* returnering *(fx the return of a ball);* **3.** tilbakelevering *(fx the return of a borrowed book);* **4.: -(s)***(=profit)* utbytte *(fx we' re hoping for a good return on our investment; our returns are not as good as we'd hoped); (se 8);* **5.: tax ~** selvangivelse *(fx fill in a tax return);* **make a false ~** innlevere en uriktig selvangivelse; **6.** *jernb, etc(=return ticket;* **US:** *roundtrip ticket)* returbillett; tur-returbillett; **a day ~** billett som gjelder som returbillett hvis den benyttes samme dag; **a weekend ~** en returbillett som gjelder for weekenden; **do you want a single or a ~?** skal du ha enkeltbillett eller tur-retur? **individual ~** retur (*el.* hjemreise) for egen regning; **7.** motytelse; gjenytelse; **in ~** til gjengjeld (*for* for); **for nothing in ~** uten motytelse; uten å få noe til gjengjeld; **8.** *økon:* **the law of diminishing -s** det avtagende utbyttes lov; *(se 4);* **9.** *parl:* **election -s** valgresultat; **10.: -s** *pl* 1. svarpost (på reklamekampanje); 2. returvarer; retureksemplarer (fx av avis); **11.** *fig:* **we're at the point of no ~** det er ingen vei tilbake; **12.** *stivt:* **by ~ (of post)***(=immediately)* omgående *(fx please send me your reply by return of post);* **13.** *merk:* **on sale or ~** på kommisjonsbasis; med returrett; **14.** *ved gratulasjon:* **many happy -s (of the day)!** gratulerer med dagen! **he visited his mother on her birthday to wish her many happy -s** han besøkte sin mor på fødselsdagen hennes for å gratulere henne.

II. return *vb* **1***(=come back; go back)* returnere; komme tilbake; reise tilbake; **~ home***(=come home)* komme hjem; **the pain has -ed** smerten har kommet tilbake; **2***(=give back; send back)* gi (*el.* levere) tilbake; sende tilbake; komme tilbake med *(fx the books you borrowed);* **he -ed the book to its shelf** han satte boken på plass i hyllen igjen; **3.** *merk; om varer:* returnere; sende tilbake; **4.** *fig:* returnere *(fx the blow; the compliment);* **I hope I shall be able to ~ your help***(=I hope I shall be able to do sth in return)* jeg håper jeg vil bli i stand til å gjøre gjengjeld; **5.** *parl(=elect)* velge *(fx he has been returned to Parliament as member for London Central);* **6.** *jur; om kjennelse:* avgi; avsi *(fx a verdict of not guilty);* **7.** *tennis:* returnere *(fx his serve);* **8.: speech to ~ thanks***(=speech of thanks)* takketale; **-ing thanks, the shop steward said . . .** i sin svartale takket tillitsmannen og uttalte . . .

returnable [ri'tə:nəbl] *adj:* som kan returneres (,leveres tilbake).

return address avsenderadresse.

return cargo returfrakt; returlast; *(jvf return freight).*

return flight hjemreise (med fly).

return freight*(=home freight)* returfrakt (om beløpet); *; (jvf return cargo).*

return journey*(=home journey)* hjemreise; *(jvf return flight).*

returning officer *parl:* valgstyrer.

return match *sport:* returkamp.

return postage returporto.

return ticket*(=return)* returbillett; tur-returbillett; *(jvf I. return 6).*

reunification [,ri:ju:nifi'keiʃən] *subst; polit:* gjenforening *(fx of Germany).*

reunify [ri:'ju:ni,fai] *vb; polit:* gjenforene.

reunion [ri:'ju:njən] *subst* **1.** gjenforening *(fx the reunion of old friends);* **2.** *av mennesker som ikke har sett hverandre på en tid:* sammenkomst; **a family ~** en familiesammenkomst; **we have annual -s** vi kommer sammen én gang i året.

reunite [,ri:ju(:)'nait] *vb:* gjenforene *(fx the family).*

Rev *(fk.f. Reverend)* ['rev(ə)rənd] *subst* **1.** *som tittel:* pastor *(fx the Rev. John Brown);* **2. T:** prest; *(se også reverend 2).*

I. rev [rev] *subst (fk.f. revolution)* omdreining; **-s per minute***(=r.p.m; rpm)* omdreininger pr. minutt.

II. rev *vb:* **~ (up) the engine***(=rev up the car)* gi gass; **don't let the engine ~ (up)** ikke la motoren gå for fort; ikke la motoren få for mye gass.

revaluate [ri:'vælju,eit] *vb* **US:** *se revalue 2.*

revaluation [ri:,vælju'eiʃən] *subst* **1***(=reassessment)* ny vurdering; revurdering; omvurdering; **2.** *fin:* revaluering; oppskriving *(fx of the dollar);* **3.** ny taksering; omtakst.

revaluation reserve *merk:* oppskrivningsfond; *(se I. reserve 8).*

revalue [ri:'vælju:] *vb* **1**(*=reassess)* vurdere på nytt; revurdere; omvurdere; **2.** *fin (,***US:** *revaluate)* revaluere; skrive opp *(fx the pound);* **3.** taksere på nytt.

revamp [ri:'væmp] *vb; fig* **1. T***(=patch up; improve)* lappe på *(fx revamp one's image);* **2***(=reconstruct)* omarbeide.

reveal [ri'vi:l] *vb* **1***(=disclose)* røpe *(fx a secret);* avsløre; **2***(=show)* vise *(fx that dress would reveal more of me than I'm willing to show);* **3.** *rel; om guddommelige sannheter:* åpenbare.

reveille [ri'væli; **US:** 'revəli] *subst; mil:* revelje; **sound (the) ~** blåse reveljen.

I. revel ['revəl] *subst; glds el. spøkef:* **-(s)***(=noisy party)* lystig kalas.

II. revel *vb* **1.** *stivt el. spøkef:* holde kalas; **T:** feire; **2.: ~ in***(=delight in)* nyte; **he -s in danger** han nyter å sveve i fare; **he -s in doing dangerous tasks** han nyter farlige oppdrag; **some people ~ in gossip** enkelte mennesker nyter sladder.

revelation [,revə'leiʃən] *subst* **1.** *stivt el. spøkef(=disclosure)* avsløring; **2***(=big surprise)* stor overraskelse *(fx it was quite a revelation to me to see him drunk).*

Revelation(s)*(=the Apocalypse; the Revelation of Saint John the Divine)* Johannes' åpenbaring.

reveller ['revələ] *subst; glds el. spøkef:* støyende festdeltager.

revelry ['revəlri] *subst: se I. revel.*

I. revenge [ri'vendʒ] *subst:* hevn; revansj(e); *sport, etc:* revansj(e); **an act of ~** en hevnakt; **in ~ for** som en hevn for; **take ~ on***(=revenge oneself on)* hevne seg på; **he had his ~** han fikk sin hevn.

II. revenge *vb:* hevne; **~ oneself on** hevne seg på.

revengeful [ri'vendʒful] *adj:* hevngjerrig.

revenue ['revi,nju:] *subst* **1.** *stats el. kommunes:* inntekter; **(government) ~** statsinntekter; **2. UK: the Inland Revenue** skattemyndighetene; ligningsmyndighetene.

revenue cutter *hist(=customs patrol-boat)* tollkrysser.

revenue label: (stamped) ~ banderole (på sigarettpakke, etc. som bevis på at stempelavgift er betalt).

revenue reserve *merk:* fri egenkapital; fritt fond; **-s** frie fond.

revenue stamp *på varer:* stempelmerke.

reverberate [ri'və:bə,reit] *vb; stivt(=ring out; resound)* gi gjenlyd; gjalle; runge.

reverberation [ri,və:bə'reiʃən] *subst; stivt(=echoing)* gjenlyd; gjenklang.

revere [ri'viə] *vb; meget stivt(=show great respect for)* vise stor respekt for; *stivt:* nære ærbødighet for; akte og ære.

reverence ['revərəns] **1.** *subst; meget stivt(=awe; great respect)* ærefrykt; stor respekt; ærbødighet; **2.** *vb: se revere.*

reverend ['revərənd] **1.** *adj; stivt el. spøkef(=venerable)* ærverdig; **2.** *som tittel (,fk: Rev):* **the Reverend John Brown** *(,stivt: the Reverend Mr Brown)* pastor Brown; *(NB om domprost brukes 'the Very Reverend', om biskop 'the Right Reverend' og om erkebiskop 'the Most Reverend').*

reverent ['revərənt] *adj; stivt(=respectful)* ærbødig.

reverie, revery ['revəri] *subst; stivt(=daydream)* dagdrøm; drømmeri; **fall into a ~***(=go off into a reverie)* falle i staver; hengi seg til drømmerier; **he was lost in (a) ~** han var fortapt i drømmerier; **indulge in -s about the future** hengi seg til drømmerier om fremtiden.

revers [ri'viə] *subst (pl: revers* [ri'viəz]*) på klesplagg:* revers.

reversal [ri'və:səl] *subst* **1.** det å snu opp ned på (*el.* bytte om på); omgjøring *(fx a reversal of his previous decision);* **a ~ of fortune***(=bad luck)* uhell; motgang; **2.** *jur; av dom(=overruling; quashing)* omstøting; underkjennelse *(fx of a sentence).*

I. reverse [ri'və:s] *subst* **1***(=opposite):* **the ~ is the case** det omvendte (*el.* motsatte) er tilfelle; **quite the ~** tvert imot *(fx "Are you hungry?" – "Quite the reverse! I've eaten far too much.");* **2.** *av mynt(=reverse side)* bakside *(fx the reverse of the coin); fig:* **the ~ of the medal** baksiden av medaljen; **3.** *av tekstil:* **the ~***(=the wrong side; the back)* vrangen; **4.** *stivt(=misfortune)* uhell *(fx they suffered several reverses);* **-(s) of fortune** motgang; **5.** *mask(=reverse gear)* revers; **put the car in(to) ~** sette bilen i revers; **6.: in ~** bakvendt *(fx the name was printed in reverse);* **D-Day was Dunkirk in ~** D-dagen var Dunkerque med motsatt fortegn.

II. reverse *vb* **1.** *mask:* reversere *(fx the engine);* **2.** *om bilist(=back)* rygge; **3.** *om film:* **~ the film***(=rewind the film; wind the film back)* spole filmen tilbake; **4.** *om klesplagg:* **the jacket can be -d***(=the jacket is reversible; the jacket can be worn inside out)* jakken er vendbar; **5.** *mask:* bertle; forsyne med omvendt fals; **6.: ~ a dictionary** speilvende en ordbok; **7.** *jur; om domsavgjørelse(=overrule; quash)* omstøte; underkjenne *(fx a decision);* **8.** *tlf:* **~ the charges** la mottageren betale samtalen; **have the call -d** be om noteringsoverføring; **9.** *også fig:* snu (helt) om på; **~ the trends which threaten our very existence** snu om på den utviklingen som truer hele vår eksistens; **~ the order of priorities** snu opp ned på prioriteringen; **~ the order of things***(=turn things upside down)* snu opp ned på forholdene; **~ the order of words** la ordene komme i omvendt rekkefølge; *(se også reversed).*

III. reverse *adj:* omvendt; motsatt; **in ~ order***(=in inverse order)* i omvendt orden (*el.* rekkefølge); **be in ~ ratio to***(=be inversely proportional to)* være omvendt proporsjonal med.

reverse action *av fx projektor:* baklengs kjøring.

reverse call*(=reverse-charge call;* **US:** *collect call) tlf:* noteringsoverføring; *(se også II. collect: ~ call).*

reverse current *elekt:* motstrøm; tilbakestrøm.

reverse-current relay*(=cut-out relay) elekt:* tilbakestrømsrelé.

reversed *adj:* omvendt; motsatt; snudd om på; **the roles are ~** rollene er byttet om; **now our positions are ~** nå er rollene byttet om; nå er situasjonen omvendt *(fx Once he worked for me. Now our positions are reversed and I work for him).*

reverse dive isander; reversert stup *(jvf back dive).*

reverse gear *mask* **1.** reversdrev; **2.** *om gir:* revers.

reverse lamp *om lykten:* ryggelys; *(jvf reversing light).*

reversible [ri'və:sibl] *adj* **1.** *mask:* omstillbar; **2.** *kjem:* reversibel; **3.** *om klesplagg:* vendbar.

reverse side bakside; *av mynt:* revers; bakside.

reversing key *elekt:* strømvendernøkkel.

reversing light *på bil:* ryggelys.

reversing switch *elekt(=reversing commutator)* strømvender.

reversion [ri'və:ʃən] *subst* **1.** *biol:* reversjon; **~ to type***(=atavism)* atavisme; **2.** *stivt(=return)* tilbakevending (*to* til); **3.** *jur:* fremtidsrett; hjemfall(srett).

revert [ri'və:t] *vb; stivt* **1.** *fig(=come back to)* vende tilbake til *(fx shall we revert to our previous* *topic?)*; **2.** falle tilbake til; vende tilbake til *(fx soon after the missionaries left, the tribesmen reverted to their old beliefs)*; **3.** *jur; om rettighet, etc(=be returned to)* gå tilbake til; hjemfalle til; **4.** *biol:* ~ **to type** oppvise atavistiske trekk.

revetment [ri'vetmənt] *subst; arkit: se retaining wall.*

I. review [ri'vju:] *subst* **1.** *av bok, etc:* anmeldelse; **2.** *mil:* mønstring; tropperevy; **naval** ~ flåtemønstring; **3.** oversikt; overblikk *(fx we'll have a review of the situation at the end of the month)*; **a** ~ **of the political situation** en oversikt over den politiske situasjonen; **4.**: **in the period under** ~*(=in the period concerned)* i det aktuelle tidsrom; i det tidsrom det er snakk om; **5.** *stivt:* **pass in** ~ passere revy; **the events of the previous week passed in** ~*(=unfolded before him(,me, etc))* hendelsene den siste uken passerte revy.

II. review *vb* **1.** *bok, etc:* anmelde; **2.** *mil(=inspect)* inspisere; mønstre; **3.** ta et overblikk over; vurdere *(fx the situation)*; **4.** gjennomgå; gi en oversikt (*el.* et overblikk) over *(fx the situation)*; **5.** *jur:* overprøve *(fx a decision; a sentence)*.

review copy *av bok:* anmeldereksemplar.

reviewer [ri'vju:ə] *subst:* anmelder.

revise [ri'vaiz] *vb* **1.** revidere; **2.** *skolev:* repetere *(fx you'd better start revising (your French) for your exam)*.

revision [ri'viʒən] *subst* **1.** revisjon; revidering; **this book is a** ~ **of his earlier work** dette er en revidert utgave av en av hans tidligere bøker; **2.** *skolev:* repetisjon; **do** ~ repetere.

revisionist [ri'viʒənist] *subst; polit:* revisjonist.

revisit [,ri:'vizit] *vb(=visit again)* besøke igjen; *boktittel, etc:* **Africa -ed** gjensyn med Afrika.

revitalize, revitalise [ri:'vaitə,laiz] *vb; fig(=give new life to; give new vigour to)* gjenopplive; gi nytt liv.

revival [ri'vaivəl] *subst* **1.** gjenopplivelse; **2**(*=renewal)* fornyelse *(fx the revival of our hopes)*; **3.** *fig:* gjenopplivelse; gjenoppblussing; **a** ~ **of trade** ny fart i handelen; **the** ~ **of learning** renessansen; **4.** *rel:* vekkelse; **a religious** ~ en religiøs vekkelse; **5.** *teat(=new production)* nyoppførelse (av et gammelt stykke); *neds:* **I'm tired of these -s on television** jeg er lei disse gamle stykkene på TV.

revivalist [ri'vaivəlist] *subst:* vekkelsespredikant.

revivalist gathering*(=revivalist meeting)* vekkelsesmøte.

revive [ri'vaiv] *vb* **1.** gjenopplive; kvikne til igjen *(fx she soon revived)*; **2.** *økon:* ta seg opp igjen *(fx if the world economy revives)*; **3.** *fig:* gjenoppfriske; friske opp; gi nytt liv; **we need sth to** ~ **our hopes** vi trenger noe som kan gi oss nytt håp; ~ **sby's spirits***(=put new life into sby)* få en til å kvikne til igjen; **a couple of hours' sleep and a cup of tea -d his spirits** etter et par timers søvn og en kopp te var det som om livsåndene (i ham) våknet igjen; **4.** *om skikk:* ta i bruk igjen; la komme til heder og verdighet igjen; **5.** *teat:* ~ **a play** ta opp igjen et stykke.

revivify [ri'vivi,fai] *vb; meget stivt(=revive)* gi nytt liv; gjenopplive.

revocable ['revəkəbl] *adj:* som kan tilbakekalles; gjenkallelig *(fx clause in a standard contract)*.

revocation [,revə'keiʃən] *subst; jur(=cancellation; annulment)* tilbakekalling; opphevelse *(fx of a will)*.

revoke [ri'vouk] *vb* **1.** tilbakekalle; oppheve *(fx a will)*; inndra *(fx revoke(=withdraw) a permission)*; gjøre om *(fx the chairman revoked his previous decision)*; **2.** *kortsp(=fail to follow suit)* ikke følge farge.

I. revolt [ri'voult] *subst(=uprising)* oppstand; **the French are in** ~ franskmennene gjør opprør.

II. revolt *vb* **1.** gjøre opprør (*against* mot); **2.** *stivt(=disgust)* opprøre *(fx his habits revolt me)*; **it -s me***(=it repels me; it disgusts me)* det byr meg imot; **the food -ed me***(=the food disgusted me)* maten bød meg imot.

revolted *adj; stivt(=disgusted):* **I feel quite** ~ **at the idea of walking about naked** bare tanken på å gå omkring naken byr meg imot.

revolting *adj; stivt(=disgusting)* motbydelig *(fx habit)*.

revolution [,revə'lu:ʃən] *subst* **1.** *polit:* revolusjon; **2***(,T: rev)* omdreining; *(se I. rev)*.

revolutionary [,revə'lu:ʃənəri] **1.** *subst:* revolusjonær; **2.** *adj:* revolusjonær; revolusjonerende *(fx discovery)*.

revolution counter*(=rev counter)* omdreiningsteller; turteller.

revolutionize, revolutionise [,revə'lu:ʃə,naiz] *vb:* revolusjonere.

revolve [ri'vɔlv] *vb* **1.** dreie; sette i rotasjon *(fx this disc can be revolved)*; **2***(=rotate)* rotere; dreie seg; **a wheel -s on its axle** hjulet dreier seg om sin aksel; ~ **about***(=move in a circle about)* bevege seg i en sirkel om; dreie seg om *(fx the earth revolves about the sun)*; **3.** *stivt:* ~ **a problem in one's mind***(=turn a problem over in one's mind)* grunne på et problem.

revolver [ri'vɔlvə] *subst:* revolver.

revolving [ri'vɔlviŋ] *adj:* dreibar; som kan dreies.

revolving door svingdør.

revolving stage *teat:* dreiescene.

revue [ri'vju:] *subst; teat:* revy.

revulsion [ri'vʌlʃən] *subst; stivt* **1***(=strong disgust)* motvilje (*against* mot); avsky (*against* overfor); **2.** *m.h.t. følelser:* sterk forandring; plutselig omsving *(fx the puzzling revulsions of his moods)*.

I. reward [ri'wɔ:d] *subst* **1.** belønning; **as a** ~*(=by way of reward)* som belønning; **(finder's)** ~ finnerlønn; **offer a** ~ utlove en finnerlønn (*el.* dusør); **2.** *fig:* lønn; **he put great effort into it, but got scant** ~ **for his pains** han la mye arbeid i det, men fikk dårlig lønn for strevet.

II. reward *vb* **1.** belønne; **2.** *fig:* lønne.

rewarding *adj(=well worth doing)* givende; tilfredsstillende, **a** ~ **task***(=a worthwhile task)* en takknemlig oppgave.

rewind [ri:'waind] *vb(=wind back)* spole tilbake.

I. rewrite ['ri:,rait] *subst* **T:** omredigert artikkel; noe som er skrevet helt om.

II. rewrite [ri:'rait] *vb:* skrive om *(fx an article)*.

Reynard ['renəd; 'rena:d] *subst; i eventyr:* ~ **(the Fox)** Mikkel rev.

rhapsody ['ræpsədi] *subst:* rapsodi; **go into rhapsodies over sth** falle i henrykkelse over noe.

Rhenish ['reniʃ; 'ri:niʃ] *adj:* Rhin-; rhinsk.

rhesus ['ri:səs]: ~ **factor***(=Rh factor)* rhesusfaktor.

rhetoric ['retərik] *subst:* retorikk.

rhetorical [ri'tɔrikəl] *adj:* retorisk; **a** ~ **question** et retorisk spørsmål.

I. rheumatic [ru:'mætik] *subst:* reumatiker.

II. rheumatic *adj:* reumatisk; giktisk.

rheumatic fever *med.(=acute articular rheumatism)* giktfeber.

rheumatism ['ru:mə,tizəm] *subst:* reumatisme; **acute articular** ~*(=rheumatic fever)* giktfeber.

rheumatoid ['ru:mə,tɔid] *adj; med.:* ~ **arthritis** reumatisk leddgikt; *(se arthritis)*.

Rhine [rain] *subst; geogr:* **the** ~ Rhinen.

rhino ['rainou] *subst; zo (fk.f. rhinoceros)* neshorn.

rhinoceros [rai'nɔsərəs] *subst (pl. rhinoceros(es))*

neshorn.

Rhodes [roudz] *subst; geogr:* Rhodos.

Rhodesia [rou'di:ʃə; rou'di:ziə] *subst; geogr; hist:* Rhodesia; *(se Zimbabwe).*

rhododendron [ˌroudə'dendrən] *subst; bot:* rhododendron; alperose.

rhomb [rɔm] *subst; geom(=rhombus)* rombe.

Rhône [roun] *subst; geogr:* **the ~** Rhônen.

rhubarb ['ru:ba:b] *subst* **1.** *bot:* rabarbra; **2. T***(=nonsense; rubbish)* tull; tøys.

I. rhyme [raim] *subst* **1.** rim *(fx he wrote his report in rhyme);* **genuine ~** ekte rim; **2.** vers *(fx a book of rhymes for children);* **3.: without ~ or reason** fullstendig meningsløs; som slett ikke rimer.

II. rhyme *vb:* rime (*with* på) *(fx 'beef' rhymes with 'leaf').*

rhymester ['raimstə] *subst; neds(=versifier)* rimsmed.

rhythm ['riðəm] *subst:* rytme.

rhythmic(al) ['riðmik(ə)l] *adj:* rytmisk; takfast.

rhythmics ['riðmiks] *subst:* rytmikk (ɔ: studiet av rytmiske bevegelser); *(jvf movement and music).*

I. rib [rib] *subst* **1.** *anat:* ribben; **2.** *mat:* **pork -s** ribbe; **fat around pork -s** ribbefett; **roasted pork -s** ribbestek; **3.** *flyv:* spant; **4.** *mar; av tre:* spant; *(jvf I. frame 6);* **5.** *på paraply:* spile; **6.** *i strikking:* ribbe; *(jvf ribbed knitting).*

II. rib *vb:* forsyne med ribber.

ribald ['ribəld] *adj; om historie, sang, etc; stivt(=rude)* grov; rå; saftig *(fx ribald jokes).*

ribaldry ['ribəldri] *subst; stivt(=rude jokes)* grovheter.

ribbed knitting*(=ribbing) i strikking:* rett og vrangt; *(jvf I. rib 5).*

ribbon ['ribən] *subst* **1.** bånd; **medal ~** ordensbånd; **2.** *på skrivemaskin:* **(typewriter) ~** fargebånd.

ribbon development randbebyggelse; bebyggelse langs hovedveiene.

ribbonfish ['ribənˌfiʃ] *subst; zo(=king of the herrings; oarfish)* sildekonge.

rib cage *anat:* brystkasse.

ribgrass ['ribˌgra:s] *subst; bot(=ribwort)* kjempe.

rice [rais] *subst; bot:* ris; **grain of ~** risgryn; **ground ~***(=rice flour)* rismel; **cream(ed) ~ with red fruit sauce** riskrem med rød saus.

rice flour*(=ground rice)* rismel.

rice pudding risengrynsgrøt.

I. rich [ritʃ] *subst:* **the ~** de rike.

II. rich *adj* **1***(=wealthy)* rik; **~ in** rik på; **2.** *om jordsmonn:* fruktbar; fet; rik; **3.** *om mat:* fet; kaloririk; **4.** *om bensinblanding:* fet *(fx mixture);* **5.** *om stemme(=sonorous)* klangfull; **6.** *om farge:* dyp; varm; **a ~ red***(=a deep red)* en dyp (*el.* varm) rødfarge; **7.** *om vin(=full-bodied)* fyldig; **8***(=costly)* kostelig; verdifull *(fx furniture);* **9.** rikholdig *(fx collection, flora, fauna);* rik *(fx ornamentation);* **10.** *om vegetasjon(=luxuriant)* frodig; *(se NEO frodig & yppig).*

riches ['ritʃiz] *subst; pl(=wealth)* rikdom.

richly ['ritʃli] *adv; stivt:* rikt *(fx he was richly(=well) rewarded);* **~ deserved praise***(=well-deserved praise)* velfortjent ros.

richness ['ritʃnis] *subst* **1.** rikhet (*in* på); **the ~ of the ornamentation***(=the rich ornamentation)* den rike ornamenteringen; *litt.:* **the ~ of his inner life***(=his rich inner life)* hans rike indre liv; **2.** *om jordsmonn(=fertility)* fruktbarhet; **3.** *om mat:* **the ~ of the food** den fete maten; det at maten er fet; **4.** *om bensinblanding:* **the ~ of the fuel mixture** den fete bensinblandingen; det at bensinblandingen er fet; **5.** *om stemme(=sonority)* klangfylde; **6.** *om farge:* varme; dybde; **7.** *om vin(=body)* fyldighet; fylde; **8.** rikholdighet.

rick [rik] *subst(=stack)* stakk; høystakk; halmstakk.

rickets ['rikits] *subst; med.:* engelsk syke.

rickety ['rikiti] *adj (,***T:** *wobbly)* vaklevoren *(fx chair).*

ricochet ['rikəˌʃei; 'rikəˌʃet] **1.** *subst:* rikosjett; **2.** *vb:* rikosjettere; prelle av.

rid [rid] *vb (pret & perf. part.: rid)* befri (*of* for); **~ oneself of** kvitte seg med; bli kvitt *(fx I can't see how to rid myself of these irritating people);* **be (,get) ~ of sth (,sby)** være (,bli) kvitt noe (,noen).

riddance ['ridəns] *subst:* **good ~***(=I'm glad to get rid of it (,him, etc))* det var bra å bli kvitt det (,ham, *etc).*

ridden ['ridən] **1.** *perf. part. av II. ride;* **2.** *adj; i sms; stivt:* **bed-~***(=confined to one's bed)* sengeliggende; **rat-~ cellars***(=cellars full of rats)* kjellere som er hjemsøkt (*el.* fulle) av rotter; **the slum-~ parts of the city** slumområdene i byen.

I. riddle ['ridəl] *subst* **1.** gåte; **2***(=coarse sieve)* skakebrett; grovt såld.

II. riddle *vb* **1.** sortere (ved hjelp av et grovt såld *el.* skakebrett); **2.** gjennomhulle *(fx they riddled the car with bullets); fig:* **~ an argument** gjennomhulle et argument; **3.** *fig:* **-d with***(=full of)* full av; befengt med; **the state was -d with poverty** staten var befengt med fattigdom.

I. ride [raid] *subst* **1.** ritt; ridetur; **2.** biltur; kjøretur; **(bicycle) ~** sykkeltur; **can I have a ~ on your bike?** kan jeg få sykle litt på sykkelen din? **3.** *fig:* **take sby for a ~** 1. **T***(=cheat sby; deceive sby)* snyte en; lure en; 2. **US S:** ta en med på en kjøretur (ɔ: likvidere en); **3.** kjørekomfort *(fx the ride in the back is harsh);* **good ~** god kjørekomfort.

II. ride *vb (pret: rode; perf. part.: ridden)* **1.** ri *(fx he's riding (in) the first race);* **~ a horse** ri en hest; **break a horse to ~** ri inn en hest; **2.** *fig:* ri *(fx he rode on a wave of popularity);* **3.** kjøre *(fx ride a bicycle; ride(=drive) a motorcycle);* **can you ~ a bicycle?** kan du sykle? **he -s to work on an old bicycle** han kjører til arbeidet på en gammel·sykkel; *om passasjer:* **~ in a bus** kjøre buss; **4. T: let it ~** la det være; ikke foreta seg noe med det; **5.** *mar:* **~ (at anchor)** ri (på ankeret); **~ the waves** ri på bølgene; **~ easy** ligge makelig for anker; **~ high** ligge høyt på vannet; **6.** *om månen; litt.:* **the moon rode***(=was)* **high (in the sky)** månen stod høyt (på himmelen); **7.** *fig:* **~ for a fall** utfordre skjebnen; **he's riding for a fall** det ender med forferdelse for ham; **8.: ~ out** 1. *mar:* ri av *(fx a storm);* 2. *fig:* ri av *(fx I think we'll ride out the crisis);* **9.** *fig:* **~ a subject to death** stadig komme tilbake til et tema; **10.: ~ to hounds** drive revejakt; drive parforsejakt; **11.** *om trangt skjørt, etc:* gli opp; krype opp *(fx my skirt rides up when I walk).*

rider ['raidə] *subst* **1.** rytter; **2.** *jur(=statement appended to a jury's verdict)* tilføyelse (til juryens kjennelse) *(fx the jury added a rider to their verdict recommending mercy).*

I. ridge [ridʒ] *subst* **1.** høydedrag; åskam; **2.** *arkit:* **~ (of a roof)** *(=roof ridge)* møne(kam); **3.** *meteorol:* rygg *(fx of high pressure);* **4.** *landbr; mellom plogfurer:* kam.

II. ridge *vb; landbr(=earth up)* hyppe *(fx potatoes).*

ridgepole ['ridʒˌpoul] *subst* **1.** *arkit(=ridgetree; ridgepiece; US især: ridgebeam)* mønsås; mønebjelke; **2.** *i hustelt:* overligger.

ridge roof mønetak.
ridge tent hustelt.
ridge tile mønepanne.
ridgy ['ridʒi] *adj:* åslendt.
I. ridicule ['ridi,kju:l] *subst:* latterliggjøring; **at the risk of inviting ~** med fare for å bli latterliggjort: **hold sby up to ~** *(,T: take the mickey out of sby)* latterliggjøre en.
II. ridicule *vb; stivt(=laugh at;* **T:** *take the mickey out of)* latterliggjøre; le av.
ridiculous [ri'dikjuləs] *adj:* latterlig.
riding ['raidiŋ] *subst:* ridning; **animal for ~** ridedyr; **display of ~** rideoppvisning.
riding boom *mar:* slepebom.
riding habit *for damer:* ridedrakt.
Riding Hood *i eventyret:* **Little Red ~** Rødhette.
riding light*(=riding lamp) mar:* ankerlanterne.
riding track*(=bridle path)* ridesti.
rife [raif] *adj; stivt:* **be ~***(=be rampant; be very common)* være svært utbredt; grassere; florere; **the air has been ~***(=buzzing)* **with rumour** luften har svirret av rykter.
riffle ['rifəl] *vb:* **~ through***(=flick through)* bla raskt igjennom *(fx a book).*
riffraff ['rif,ræf] *subst; neds:* pakk *(fx his father didn't like the riffraff he was associating with).*
I. rifle ['raifəl] *subst* **1.** rifle; gevær; **2.** *i geværløp:* rille.
II. rifle *vb* **1. T***(=ransack; steal)* ransake; plyndre *(fx the safe);* **the thief -d***(=stole)* **the documents** tyven stjal dokumentene; **2.** rifle; lage riller i.
rifle company geværkompani.
rifleman ['raifəlmən] *subst; mil:* geværmann.
rifle range*(=target range)* skytebane.
rifle shot geværskudd.
rift [rift] *subst* **1.** revne *(fx in the clouds);* **2.** *stivt(=disagreement)* uenighet; splid *(fx a rift between the two families).*
rift valley *geol:* sprekkedal.
I. rig [rig] *subst* **1***(=oilrig)* oljerigg; **2.** *mar; ved omtale av riggtypen & i sms:* rigg; **schooner ~** skonnertrigg; *(jvf rigging);* **3***(=equipment; gear)* utstyr; **4.** *om klær(=outfit)* utstyr; antrekk *(fx in ceremonial rig).*
II. rig *vb* **1.** *mar:* rigge *(fx a ship);* **2.** *om svindel:* fikse; arrangere *(fx he rigged the theft so that it seemed that a burglar had done it);* **3. T: ~ out** maie ut; spjåke ut; **4.** *provisorisk; i all hast:* **~ up** rigge i stand *(fx a rough shelter with branches).*
rigging ['rigiŋ] *subst; mar:* rigg; **running (,standing) ~** løpende (,stående) rigg; **man the ~** manne riggen; *(jvf I. rig 2).*
I. right [rait] *subst* **1.** rett; rettighet; **civil -s***(=civil liberties)* borgerrettigheter; **film -s** filmrettigheter; **be in the ~** ha retten på sin side; ha rett *(fx who's in the right in this argument?);* **he always wants to be in the ~ with his brother***(=he always wants to be on top of his brother)* han vil alltid ha rett overfor sin bror; **be (quite) within one's -s** være i sin fulle rett; **distinguish between ~ and wrong** skjelne mellom rett og urett; **fight for one's -s** kjempe for sin rett (*el.* sine rettigheter); **what gives you the ~ to say that?** hva gir deg rett til å si det? **have a***(=the)* **~ to sth***(=be entitled to sth)* ha rett til noe; **have a***(=the)* **~ to . . .** ha rett til å *(fx everyone has a(=the) right to say what they like about the government);* **he has a perfect ~ to do it***(=it's perfectly legitimate for him to do it)* han har all mulig rett til å gjøre det; **she has no ~ to be here** hun har ingen rett til å være her; **you've got no ~ to read my letters** du har ikke noe med å lese brevene mine; **I'll have my -s** jeg shal ha min (gode) rett;
2. *i boksing:* høyre; høyrestøt *(fx a right to the jaw);*
3. *ved angivelse av retning:* **on the ~** på høyre hånd *(fx take the second road on the right);* **to the ~** til høyre *(fx turn to the right);*
4. *polit:* **the parties of the Right** partiene på høyresiden; **he's on the ~ of the Labour Party** han står til høyre for Arbeiderpartiet;
5.: by -s hvis alt gikk (rett og) riktig for seg *(fx by rights I ought to be in charge of this department);*
6.: in one's own ~ ved egen fortjeneste; i kraft av egen dyktighet; selv *(fx she's married to a writer, but is a novelist in her own right); (se right of way).*
II. right *vb* **1.** rette opp *(fx the boat); om båt:* **~ itself** rette seg opp igjen; **2.** *litt.(=put right; remedy) om urett:* rette på.
III. right *adj* **1.** rett; riktig; **both are ~ 1.** begge to har rett; 2*(=either is correct)* begge deler er riktig; **that's absolutely ~***(=that's very true)* det er helt riktig; **quite ~!** helt riktig; **you were quite ~ to refuse** det var helt riktig av deg å si nei; **what's the ~ time?** hva er riktig klokke? **the time isn't ~ (for it)** det er ikke det rette tidspunktet (for det); **2.** *int:* **~?***(=do you understand?)* forstår du det? **~!***(=OK! yes!)* OK! ja! **3.** *geom:* rett; **a ~ angle** en rett vinkel; **4.** høyre; **5.: put ~:** *se I. put 35;* **6. T: get on the ~ side of sby** gjøre seg til venns med en; holde seg inne med en; **7. T: on the ~ side of 40** på den riktige siden av 40; **8.: is he in his ~ mind?** er han riktig klok? **he's not in his ~ mind***(=he's not right in his(=the) head)* han er ikke riktig klok.
IV. right *adv* **1.** riktig; **do ~** gjøre riktig; **guess ~** *(,sjeldnere: guess rightly)* gjette riktig; **remember ~** *(,sjeldnere: remember rightly)* huske riktig *(fx if I remember right);* **it isn't fastened ~** det er ikke festet riktig; **2.** *forsterkende:* nøyaktig; akkurat *(fx he was standing right here);* like *(fx I'll go right(=immediately) after lunch);* **I'll come ~ down** *(=I'll come down at once)* jeg kommer ned med én gang; **he was standing ~***(=close)* **beside me** han stod like ved siden av meg; **3***(=completely; all the way):* **the bullet went ~ through his arm** kulen gikk tvers gjennom armen hans; **he walked ~ along the pier and back again** han gikk helt til enden av bryggen og tilbake igjen; **4***(=to the right):* **turn ~** svinge til høyre; snu seg mot høyre; **5.** *fig:* **go ~** gå som det skal; gå bra *(fx nothing ever goes right for him);* **6.: turn out ~***(=turn out for the best)* vende seg til det beste; gå bra; **7.: ~ away***(=at once)* med én gang; **8.: ~ on***(=straight on)* rett frem; **9.: he owes money ~ and left***(=he owes money everywhere)* han skylder penger overalt.
right angle *geom:* rett vinkel.
right-angled [,rait'æŋgəld; 'rait,æŋgəld; *attributivt:* 'rait,æŋgəld] *adj:* rettvinklet.
righteous ['raitʃəs] *adj* **1***(=morally justifiable):* **full of ~ anger** full av rettferdig vrede; **2.** *om person; stivt(=upright)* rettskaffen.
rightful ['raitful] *adj; jur:* rettmessig *(fx the rightful heir; the rightful owner).*
rightfully *adv:* **it ~ belongs to me** det er min rettmessige eiendom.
right-hand ['rait,hænd] *adj:* høyrehånds-; høyre-.
right-hand drive høyreratt.
right-hand driving*(=right-hand traffic)* høyrekjøring.
right-handed [,rait'hændid; *attributivt:* 'rait,hændid] *adj* **1.** høyrehendt *(fx I'm right-handed);* **2.** høy-

re-; ~ **screw** høyreskrue; ~ **thread** høyregjenge.
right-hander ['rait,hændə] *subst* **1.** høyrehendt person; **2.** slag med høyre hånd; høyrestøt.
right-hand man *fig:* høyre hånd *(fx he's my right -hand man).*
rightist ['raitıst] *subst & adj:* høyreorientert.
rightly ['raitli] *adv* **1***(=right)* rett; *(se IV. right 1);* **2.** med rette; ~ **or wrongly** med rette eller urette; **and** ~ **so** og 'det med rette *(fx he was severely punished and rightly so).*
right-minded [,rait'maindid; *attributivt:* 'rait,maindid] *adj(=right-thinking)* rettenkende *(fx citizens).*
righto*(=right-oh)* ['rait'ou] *int* **T***(=right)* OK; all right *(fx righto, I'll come).*
right of challenge *jur:* utskytningsrett.
right of way 1. hevd (til ferdsel over annen manns grunn); **this path is** ~ det er hevd på denne stien; **2.** forkjørselsrett; **A has the** ~ **over B** B har vikeplikt for A.
rights issue *merk:* emisjon med tegningsrett.
rights letter *merk:* tegningsrettsbevis.
right turn 1. høyresving; *ski:* **do a** ~ foreta en høyresving; **2.** *mil:* høyre om!
right whale *zo:* slettbak; retthval.
right wing 1. *polit:* høyrefløy; **2.** *sport:* høyre ving.
rigid ['ridʒid] *adj* **1.** *stivt(=stiff)* stiv *(fx bar of metal);* **2.** *tekn:* ~ **axle***(=fixed axle)* fast aksel; ~ **structure** fast konstruksjon; konstruksjon som ikke kan flyttes; **this shelf is quite** ~ denne hyllen sitter helt fast; **3** *fig(=very strict; inflexible)* rigid; stivbent; uelastisk *(fx system);* meget streng; ~ **rules** meget strenge regler; stivbente regler.
rigidity [ri'dʒiditi] *subst* **1***(=stiffness)* stivhet; **2.** rigiditet; stivbenthet; strenghet.
rigmarole ['rigmə,roul] *subst* **1***(=meaningless jumble of words)* lang, meningsløs harang; **2.** *spøkef* **T:** lekse *(fx I've got to go through the whole rigmarole again).*
rigor ['rigə] *subst* **US:** *se rigour.*
rigorous ['rigərəs] *adj; stivt(=very strict)* meget streng; rigorøs; ~ **standards of hygiene** meget strenge krav til hygienen.
rigorously *adv:* strengt; **you will be** ~ **trained to respond to emergencies like this** du vil få streng og grundig opplæring i å gjøre det riktige i kritiske situasjoner som denne.
rigour *(,US: rigor)* ['rigə] *subst; stivt* **1***(=strictness)* strenghet; **2.: the -s***(=strain)* **of prison life** påkjenningen ved fengselslivet; **the -s of famine** hungersnødens påkjenninger; **the -s***(=hardships)* **of life in the Arctic Circle** det barske livet ved den nordlige polarsirkel.
rigout ['rig,aut] *subst* **T***(=(bizarre) outfit)* (pussig) antrekk.
rile [rail] *vb* **T***(=annoy)* ergre.
Riley ['raili] *især* **US: live the life of** ~*(=live in a whirl of pleasures)* leve i sus og dus.
rim [rim] *subst* **1***(=edge)* kant; rand *(fx the rim of a cup);* **2.** (hjul)felg; *også fig:* **run on the -s** kjøre på felgen; **3***(=spectacle frame)* brilleinnfatning; **4.** *på bil:* **front** ~*(=bezel)* innfatning for lykteglass; lyktering.
I. rime [raim] *subst* **1.** *litt.(=(white) frost)* rim(frost); **2.:** *see I. rhyme.*
II. rime *vb:* **the windows are -d over***(=there's frost on the windows)* det er rim på vinduene.
rimless ['rimlis] *adj; om briller, etc:* uten innfatning.
rimy ['raimi] *adj:* rimet; dekket med rim.
rind [raind] *subst* **1***(=peel)* skrell *(fx apple rind);* **2.: cheese** ~ osteskorpe; **3.: (bacon)**~ fleskesvor; **4.** *bot; på tre el. plante:* bark.
rinderpest ['rində,pest] *subst; vet(=cattle plague)* kvegpest.
I. ring [riŋ] *subst* **1.** ring; **2.** *av mennesker(=circle)* ring *(fx they formed a ring round their teacher);* **in this game the** ~ **moves round singing** i denne leken går deltagerne rundt i en ring og synger; **3.: (prize)** ~ boksering; 4. *tekn:* ring; bøyle; **adjusting** ~ reguleringsring; **cone** ~ konusring; **retaining** ~ ringformet holder; **5.: (circus)** ~ manesje; **6.** *om flekk:* ring *(fx the hot teapot left a ring on the table);* **7. T: run -s (a)round sby***(=be very much better than sby; beat sby easily)* være meget flinkere enn en; slå en med den største letthet.
II. ring *subst* **1.** klang; klokkeklang; **2***(=set of bells)* sett klokker (i klokkespill); **3.** *fig:* **the speech had a familiar** ~ talen hørtes kjent ut; **it had a pleasant** ~ det klang bra; **4. T: give sby a** ~ slå på tråden til en; **5.: we heard a** ~ **at the door** vi hørte at det ringte på døra.
III. ring *vb (pret & perf. part.: ringed)* **1.** sette ring rundt *(fx errors);* **2.** ringe; ringmerke *(fx a bird);* ~ **a bull** sette ring i nesen på en okse; **3***(=surround)* omgi *(fx tents ringed the lake);* omringe *(fx the police ringed the building).*
IV. ring *vb (pret: rang; perf. part.: rung)* **1.** ringe *(fx the doorbell rang);* ringe på *(fx the doorbell);* ~ **in the new year** ringe inn det nye året; ~ **out the old year** ringe ut det gamle året; **2.** *tlf:* ringe; ~ **home***(=dial one's home number)* ringe hjem; ~ **sby** ringe til en; ~ **the school;** ringe til skolen; *(se ndf:* ~ *back;* ~ *off;* ~ *up);* **3.** *om ørene:* **my ears are -ing***(=buzzing)* det ringer (*el.* suser) i ørene mine; **4.** klinge *(fx the glass rang as she hit it with a spoon);* lyde *(fx it's still ringing in my ears);* gjenlyde (*with* av); **5.** *fig:* lyde; høres ut *(fx it rings true);* **it -s a bell** det høres kjent ut; det forekommer meg at jeg har hørt (,sett) det før *(fx his name rings a bell);* **6.** *tlf:* ~ **back***(=call back)* ringe tilbake; ringe opp igjen; **7.:** ~ **the changes** 1. *om klokkespill:* variere; 2. *fig:* variere; bytte på *(fx I only have three shirts and two ties, but I ring the changes with them);* **8.** *teat:* ~ **down the curtain** gi signal til teppefall; ~ **up the curtain** gi signal til at teppet skal gå opp; **9.** *på hotell, etc:* ~ **for** ringe etter *(fx ring for a cup of tea; ring for the maid); (jvf II. call 10:* ~ *sby a taxi);* **10.** *tlf:* ~ **off** legge på røret; avslutte samtalen; **11.:** ~ **out** 1. ringe ut *(fx the old year);* 2. gjalle; runge *(fx his voice rang out);* **a shot rang out** det lød et skudd; **12.:** ~ **up** 1. *tlf(=ring)* ringe til: 2. *på kasseapparat:* slå (inn) *(fx she rang up £5);* ~ **up the sale** slå beløpet.
ring binder*(=loose-leaf file;* **US:** *loose-leaf binder)* ringperm.
ring bolt ringbolt; *(jvf piton).*
ringdove ['riŋ,dʌv] *subst; zo(=wood pigeon)* ringdue.
ringed plover *zo:* sandlo.
ringer ['riŋə] *subst* **1.** *i kirken:* ringer; **2. T: be a dead** ~ **for sby** ligne en på en prikk *(fx she's a dead ringer for the Prime Minister);* **3. US T:** hest som starter i løp under falsk navn el. falske forutsetninger.
ring finger ringfinger.
ring gear *mask:* kronhjul; *(jvf crown wheel).*
I. ringing ['riŋiŋ] *subst:* ringing.
II. ringing *adj* **1.** klingende; gjallende; rungende; malmfull *(fx baritone);* **a** ~ **laughter***(=a ringing laugh)* en klingende latter.
ringing tone *tlf:* ledigsignal.
ringleader ['riŋ,li:də] *subst; neds:* anfører; hovedmann.

ringlet ['riŋlit] *subst; om hår:* lang krøll; **T:** korketrekker.
ring ouzel *zo:* ringtrost.
ring road ringvei.
ringside ['riŋ,said] *subst; boksing:* ringside.
ringside seat*(=ringside view) fig:* **have a ~** ha utmerket overblikk (over det som skjer).
ring spanner stjernenøkkel.
ringworm ['riŋ,wə:m] *subst; med.:* ringorm.
rink [riŋk] *subst:* **skating ~** skøytebane.
I. rinse [rins] *subst* **1.** skylling; **give the cup a ~** skylle koppen; **2.** hårtoningsmiddel *(fx a blue rinse).*
II. rinse *vb:* **~ (out)** skylle; skylle ut; **~ out a glass***(=wash out a glass)* skylle et glass; **~ one's mouth** skylle munnen; **~ the soap out of one's hair** skylle såpen ut av håret.
I. riot ['raiət] *subst* **1.** tumulter; oppløp; opptøyer; **2.** *fig:* **a ~ of colour** en overdådig fargeprakt; en fargeorgie; **3.** *om morsom person* **T: he's a ~ at a party** man kan le seg ihjel av ham i selskap; **4.: run ~** 1. bli ustyrlig; løpe løpsk; **2.** *om planter:* vokse altfor frodig; bre seg altfor meget.
II. riot *vb:* lage opptøyer; lage bråk.
riot act *fig:* **read sby the ~***(=tick sby off)* **T:** lese en teksten.
rioter ['raiətə] *subst:* bråkmaker; person som tar del i opptøyer.
riotous ['raiətəs] *adj* **1.** opprørsk; **2***(=wild; very noisy)* støyende *(fx laughter);* **the party was a ~ success** selskapet ble en støyende suksess.
riotously *adv:* **~ drunk** full og støyende; **~ funny** til å le seg ihjel av.
riot police opprørspoliti.
I. rip [rip] *subst; i tøy(=tear)* flenge; rift.
II. rip *vb* **1.** *om tøy, etc:* rive en flenge i; få revet opp *(fx he ripped his shirt on a branch);* bli revet i stykker; **2.: ~ off** 1. rive av; 2. **S: ~ sby off***(=cheat sby; make sby pay too much)* snyte en (på prisen); **3.: ~ open** rive opp; sprette opp *(fx the envelope);* **the sack was -ped open** det ble revet hull på sekken; **4.: ~ up** rive opp *(fx the floorboards);* **5.** *om bil, etc:* **T: let it ~!***(=give it the gun!)* gi gass!
rip cord *flyv; til fallskjerm:* manuell utløsersnor.
ripe [raip] *adj* **1.** *om frukt, etc:* moden; **3.** *fig:* moden *(fx the country was ripe for revolution);* **he lived to the ~ (old) age of ninety-five** han ble hele 95 år gammel.
ripen ['raipən] *vb* **1.** modnes; bli moden *(fx the corn ripened in the sun);* **2.** modne *(fx the sun ripened the corn).*
rip-off ['rip,ɔf] *subst* **S:** noe som er altfor dyrt; svindel.
I. riposte [ri'pɔst; ri'poust] *subst* **1.** *i fektning(=counter-thrust)* ripost; motstøt; **2.** *meget stivt(=retort; quick reply)* slagferdig svar; kvikt svar; **3.** *stivt(=counter-thrust)* motstøt.
II. riposte *vb* **1.** *i fektning:* ripostere; **2.** *meget stivt; om kvikt el. skarpt svar(=rejoin)* svare; *stivt:* ripostere.
I. ripple ['ripəl] *subst* **1.** *på vannet:* krusning; ring *(fx he threw a stone into the water and watched the ripples spread across the pond);* **2.** skvulp; risling; **a ~ of laughter** en perlende latter; **3.** *elekt:* pulsasjon; **4.** *fig:* **-s** ringvirkninger; **the -s spread far and wide** det ble store ringvirkninger; **the -s spread as far as Japan** ringvirkningene spredte seg helt til Japan.
II. ripple *vb* **1.** lage krusninger på *(fx the wind rippled the water);* **2.** *om lyd:* skvulpe; risle; bølge *(fx laughter rippled across the auditorium).*

ripsaw ['rip,sɔ:] *subst:* langvedsag.
I. rise [raiz] *subst* **1.** stigning *(fx in prices);* **he had a rapid ~ to fame** han ble fort berømt; **a ~ in the road** en stigning i veien; **2***(=increase in wages (,salary);* **US:** *raise)* lønnspålegg; **3.** begynnelse; opprinnelse *(fx the rise of the Roman Empire);* **the ~ of industrialism** det industrielle gjennombrudd; **4.** *fig:* **give ~ to***(=cause)* forårsake; skape *(fx problems);* gi støtet til; **5. T: get a ~ out of sby** småerte en; provosere en.
II. rise *vb (pret: rose; perf. part.: risen)* **1.** stige; **food prices are still rising***(=going up)* prisene på matvarer fortsetter å stige; **he could feel his anger rising** han kjente at sinnet steg opp i ham; **his spirits rose at the news** humøret steg da han fikk den nyheten; **her voice rose to a scream** stemmen hennes steg til et skrik; **smoke was rising from the chimney** det steg røyk opp fra pipen; **2.** *om brød:* heve seg; **3.** *i landskapet;* heve seg; reise seg *(fx the hills which rose (up) in the distance);* **4.** skyte i været *(fx those blocks of flats are rising fast);* **5.** *om fx hunds nakkehår:* stritte *(fx the two dogs faced each other, their hackles rising);* **6.** *om fisk:* komme opp *(fx to the surface to catch flies); (se 17 ndf);* **7.** *teat; om teppet:* gå opp; **8.** *om sola:* stå opp; **9.** *stivt(=get up)* stå opp; reise seg; **the horse rose on its hind legs** hesten reiste seg på bakbena; **10.** *parl, etc:* bli hevet *(fx the House rose shortly before 4 this morning);* **the court rose** retten ble hevet; **11.** *om elv:* springe ut *(fx the Rhône rises in the Alps);* **12.** *rel:* **~ (from the dead)** stå opp (fra de døde); **13.** *om vinden:* blåse opp; friskne til *(fx the wind has risen);* **14.** stige i gradene; bli forfremmet *(fx to the rank of colonel);* **~ in the world** komme seg frem her i verden; **15.: ~ above** 1. heve seg over; rage (opp) over *(fx trees rising 30 metres above the plain);* 2. *fig:* heve seg over; **16.: ~ against***(=rise up against)* reise seg mot *(fx the dictator);* **17.: ~ to the bait** 1. *om fisk:* bite (på); 2. *fig(=swallow the bait)* bite på kroken; gå på agnet; **18.: ~ to the occasion***(=be equal to the occasion)* være situasjonen voksen.
risen ['rizən] *perf. part. av II. rise.*
riser ['raizə] *subst* **1.: be an early (,late) ~** stå tidlig (,sent) opp; **2.** *tøm; i trapp:* opptrinn.
risible ['rizibl] *adj; stivt* **1***(=easily provoked to laughter; given to laughter)* lattermild; latter-; **2***(=ludicrous)* latterlig.
I. rising ['raiziŋ] *subst* **1.** *især hist(=uprising; revolt)* reisning; oppstand; **2.** *stivt el. litt.:* **~ of the sun***(=sunrise)* soloppgang.
II. rising *adj* **1.** stigende *(fx prices);* **2.** oppgående *(fx sun);* **3.** lovende; i ferd med å skape seg et navn *(fx young politician);* **4.** oppvoksende; **the ~***(=coming)* **generation** den oppvoksende slekt; kommende generasjon.
III. rising *adv; om alder(=approaching; nearly):* **he's ~ fifty** han nærmer seg de femti.
I. risk [risk] *subst:* risiko; fare *(fx there's no risk of drowning here);* **calculated ~** kalkulert risiko; veloverveid risiko; **at one's own ~** på egen risiko; **for account and ~ of customer** for kundens regning og risiko; **at the ~ of** med fare for *(fx one's health);* **cars may be parked here at their owner's ~** biler kan parkeres her for eierens risiko; **he's a bad ~** han lønner det seg ikke å satse på; han kan man ikke stole på; **run a ~** løpe en risiko; **run***(=take)* **a big ~** løpe (*el.* ta) en stor risiko; **take -s***(=take chances)* ta sjanser; **I'm not taking any -s** jeg vil ikke risikere noe; **there's no ~ involved** man risikerer ingenting ved det.

II. risk *vb:* risikere; våge *(fx one's life for sby);* ~ **all one's money** satse (*el.* risikere) alle pengene sine; **I'm willing to ~ it** jeg er villig til å risikere det (*el.* ta sjansen); **I don't want to ~ being late** jeg vil ikke risikere å komme for sent.
risk capital *(,også* **US:** *venture capital)* risikovillig kapital.
risky ['riski] *adj:* risikabel; **it's too ~** det er for risikabelt.
risqué ['ri:skei; ri'skei; **US:** ri'skei] *adj(=slightly indecent;* **T:** *spicy)* vovet; våget.
rissole ['risoul] *subst; kan gjengis:* frikadelle; **minced steak** *~(=minced steak)* karbonade.
rite [rait] *subst:* ritus *(pl:* riter); **elemental -s of worship** primitive religiøse riter; **marriage -s** vielsesritual; **witchcraft -s** hekseseremonier.
ritual ['ritjuəl; 'ritʃuəl] **1.** *subst:* ritual; **2.** *adj:* rituell; **~ murder** ritualmord.
I. rival ['raivəl] *subst* **1.** konkurrent *(fx give a better service than any of one's rivals; this dictionary is without a rival);* **2.** rival *(fx the two brothers are rivals for the girl next door);* rivalinne.
II. rival *adj:* konkurrerende; rivaliserende.
III. rival *vb:* rivalisere; konkurrere med; måle seg med *(fx nothing rivals football for excitement).*
rivalry ['raivəlri] *subst:* rivalisering; kappestrid *(fx the rivalry(=rivalries) between business companies).*
river ['rivə] *subst* **1.** *geogr:* elv; **the ~ Nile** Nilen; **at the head of the ~** øverst oppe i elven; **2.** *fig:* **she wept a ~ of tears** hun gråt en strøm av tårer; **-s of blood** strømmer av blod; **3. T: sell down the** *~(=betray)* forråde.
riverbank ['rivə,bæŋk] *subst(=bank of a river; riverside)* elvebredd; **on the** *~(=on the bank of the river; beside the river; by the river(side))* på elvebredden; ved elven.
riverbed ['rivə,bed] *subst:* elveleie.
riverhead ['rivə,hed] *subst:* elvs utspring.
riverside ['rivə,said] *subst: se riverbank.*
I. rivet ['rivit] *subst:* nagle; **split ~** klinknagle.
II. rivet *vb* **1.** nagle; klinke; *fig:* **he stood -ed to the spot with fear** han stod som naglet fast av frykt; **2.** *om oppmerksomhet:* **his eyes were -ed on the television** øynene hans slapp ikke fjernsynsapparatet.
riveter ['rivitə] *subst* **1.** klinker; **2.** klinkehammer.
rivière [,rivi'εə] *subst(=necklace)* halsbånd; collier; **diamond ~** diamantcollier.
rivulet ['rivjulit] *subst; stivt* **1***(=brook)* bekk; **2.** *fig:* **-s of** bekker av; strømmer av *(fx sweat).*
roach [routʃ] *subst* **1.** *zo; fisk:* mort; **2.** *mar; på seil:* gilling; kappe; **3.:** *se cockroach,* **4. S:** stump av en marihuanasigarett.
road [roud] *subst* **1.** vei; **tarred***(=tarmac)* **~** vei med fast dekke: **loose-surfaced ~** vei med løst dekke; **2.: be on the ~** reise (for et firma); **3.** *fig:* vei *(fx the road to success);* **4. S: hit the ~** ta landeveien fatt; **5. T: one for the ~** en siste drink på fallrepet.
roadability [,roudə'biliti] *subst(=roadholding (qualities)) om bil:* veiegenskaper.
road accident*(=traffic accident)* trafikkulykke.
roadbed ['roud,bed] *subst:* veilegeme.
roadblock ['roud,blɔk] *subst:* veisperring.
road fork veiskille; veidele.
road grader veihøvel; veiskrape.
road haulage*(=road transport)* veitransport.
road hog T: bilbølle.
roadholding ['roud,houldiŋ] *subst; bils:* veiegenskaper; **good ~** gode veiegenskaper.
roadhouse ['roud,haus] *subst:* landeveiskro; utfartssted.
road junction veikryss; trafikknutepunkt.
road layout veitrasé.
road manners trafikkultur; oppførsel i trafikken; *(jvf road sense & road-minded).*
road map veikart.
road markings*(=markings on the road)* oppmerking av veien; veimerking.
road metal*(=crushed rock)* kult; pukk(stein).
road-minded ['roud,maindid] *adj:* **be ~** ha trafikkvett.
road roller veivalse.
road safety trafikksikkerhet.
road sense trafikkultur; trafikkvett; **have** *~(=be road-minded)* ha trafikkvett.
roadside ['roud,said] *subst:* veikant; **by the ~** ved veikanten.
roadside spot check *av biler:* veikontroll.
road sign veiskilt.
road surface veidekke; **temporary ~** midlertidig dekke.
road test *av bil:* prøvekjøring; prøvetur.
road-test ['roud,test] *vb:* prøvekjøre *(fx a car).*
road transport veitransport.
road underpass veiundergang.
road user trafikant.
roadway ['roud,wei] *subst:* veibane; kjørebane.
roadworks ['roud,wə:ks] veiarbeid; **during ~** under veiarbeidet; mens veiarbeid pågår.
roadworthiness ['roud,wə:ðinis] *subst; om bil:* kjørbar stand.
roadworthiness check bilkontroll; **spot ~** veikontroll; bilkontroll langs veien.
roadworthy ['roud,wə:ði] *adj; om bil:* kjørbar; i kjørbar stand.
roam [roum] *vb; stivt(=wander)* streife omkring; vandre (omkring) *(fx he roamed about from town to town; he roamed (over) the hills).*
roan [roun] **1.** *subst; hest:* skimmel; **2.** *adj:* skimlet; **red ~** rødskimlet.
roan antelope *zo:* hesteantilope.
I. roar [rɔ:] *subst* **1.** brøl *(fx the roar of a lion; a roar of laughter);* vræl; **he gave a ~ of pain** han satte i et vræl av smerte; **2.** (sterk) dur; brus; *om torden(=peal)* brak; skrall; **the ~ of a waterfall** fossedur; **a ~ of applause** brakende applaus.
II. roar *vb* **1.** brøle *(fx the sergeant roared at the soldiers; he roared (out) his commands);* vræle; **they -ed (with laughter) at the man's jokes** de brølte av latter over mannens vitser: **2.** dundre; dure (sterkt); *om havet:* bruse; *om torden el. kanoner:* brake; **he -ed himself hoarse** han skrek seg hes.
I. roaring *subst* **1.** brøling; **2.** *vet; hos hest:* strupepiping.
II. roaring *adj* **1.** brølende; **2.: a ~ applause** brakende applaus; stormende bifall; **3.** *fig:* **a ~ success** en knallsuksess; **T: ~ drunk** full som ei alke; **they're doing a ~ trade** salget (,forretningen) går strykende.
I. roast [roust] *subst; også hos slakteren:* stek *(fx she bought a roast; that's a lovely roast).*
II. roast *vb* **1.** steke; stekes; **the beef was -ing in the oven** oksesteken lå i ovnen; **2.** *om kastanjer, etc:* riste; *om kaffebønner:* brenne.
roast beef oksestek.
roast duck andestek.
roast pork svinestek.
roasting *adj* **T***(=extremely hot)* stekende varm *(fx it's roasting outside; a roasting summer day).*
roasting jack stekevender; dreiespidd.
rob [rɔb] *vb* **1.** plyndre; røve *(fx rob and steal);*

rane *(fx a bank; an old lady)*; **2.** *fig; stivt:* ~ **sby of sth***(=deprive sby of sth)* berøve en noe; **a slip that -bed him of first place** en feil som kostet ham førsteplassen; **3. T:** ~ **Peter to pay Paul** ta fra den ene og gi til den andre.

robber ['rɔbə] *subst:* ransmann; *hist:* røver; **bank** ~ bankraner.

robbery ['rɔbəri] *subst* **1.** ran; *(glds)* røveri; **bank** ~ bankran; **2.** *om ublu pris* **T: asking £20 for a book like that is daylight** ~! å forlange £20 for en slik bok er det rene opptrekkeri!

robe [roub] *subst* **1***(=robes)* kappe *(fx many Arabs still wear robes)*; **flowing -s** flagrende gevanter; **2.** *verdighetstegn:* **-s** kappe *(fx a judge's robes)*; **coronation -s** kroningsdrakt; **3.: christening** ~ dåpskjole; **4. US***(=dressing gown)* morgenkåpe; morgenkjole.

robed *adj; stivt:* ~ **in***(=dressed in)* ikledd; iført.

robin ['rɔbin] *subst; zo* **1.:** ~ **(redbreast)** rødkjelke; rødstrupe; **2. US***(=American robin)* vandretrost.

robin redbreast *zo(=robin)* rødkjelke; rødstrupe.

robot ['roubɔt] *subst:* robot.

robust [rou'bʌst; 'roubʌst] *adj* **1***(=healthy; strong)* robust *(fx child)*; hardfør; **2***(=physically demanding)*: **a** ~ **sport** en fysisk krevende sport; **3.** *stivt(=rough; rather rude)* robust *(fx a robust style; a robust sense of humour)*.

rocambole ['rɔkəm,boul] *subst; bot:* bendelløk.

I. rock [rɔk] *subst* **1.** fjellknaus; klippe(blokk); **2.** skjær; ~ **awash** skjær i overflaten; **sunken** ~ blindskjær; **3. US***(=stone)* stein; **4.** *slikkeri (,***US:** *rock candy)* kandis; *i form av en stang:* sukkerstang: **5. S***(=diamond)* diamant; **6. T: on the -s** 1. i økonomiske vanskeligheter *(fx the firm is on the rocks)*; *om person:* på bar bakke; blakk; 2. *om ekteskap:* **their marriage is (going) on the -s** deres ekteskap har lidd skibbrud; 3. *om drink:* med is *(fx a Scotch on the rocks)*.

II. rock *vb* **1.** vugge *(fx a child in one's arms)*; **2.** ryste; skake *(fx the earthquake rocked the building)*; **3.:** ~ **the boat** 1. få båten til å vippe (*el.* gynge); 2. *fig* **T:** ødelegge det hele *(fx don't rock the boat!)*.

rock bed*(=rocky ground)* fjellgrunn; klippegrunn.

rock bit*(=rock drill)* steindrill.

rock-bottom [,rɔk'bɔtəm; *attributivt:* 'rɔk,bɔtəm, ,rɔk'bɔtəm] *adj:* lav-; bunn- *(fx prices)*.

rockbound ['rɔk,baund] *adj:* omgitt av klipper; klippefull; **a** ~ **coast***(=a rocky coast)* en klippekyst.

rock bun bolle med mange rosiner i.

rock bunting *zo:* klippespurv; bergspurv.

rock cake liten, rund kake med rosiner og knudret overflate.

rock candytuft *bot(=rock madwort)* steindodre; *(se rock madwort)*.

rock crystal bergkrystall.

rock dash *bygg(=pebble dash)* skvettpuss.

rock drill*(=rock bit)* steinbor.

rocker ['rɔkə] *subst* **1.** *på vugge:* mei; **2***(=rocking chair)* gyngestol; **3. S: off one's** ~*(=crazy; mad)* sprø; **he's going off his** ~ det begynner å rable for ham.

rocker arm *mask:* ventilvippearm.

rocker bearing *mask:* pendellager.

rocker shaft *mask:* pendelaksel.

rockery ['rɔkəri] *subst(=rock garden)* steinbed; fjellhage.

rockery plant*(=rock plant)* steinbedplante.

I. rocket ['rɔkit] *subst* **1.** rakett; *(jvf missile)*; **2.** *bot:* **dame's** ~*(=dame's violet)* fruefiol; **3. T: give sby a** ~ gi en en skrape (*el.* reprimande).

II. rocket *vb* **1.** *mil:* angripe med raketter *(fx the enemy troops)*; **2.** *om priser(=rise rapidly)* skyte i været; **-ing prices** priser som skyter i været.

rocket candytuft *bot:* prydsløyfe; *(jvf madwort; rock candytuft; rock madwort)*.

rocket cress *bot:* vanlig vinterkarse; *(jvf curled cress)*.

rocket salad *bot:* salatsennep.

rock face fjellside; **between almost sheer -s** mellom nesten loddrette fjellsider.

rock-face climbing skarpklatring; klatring i fjellsiden.

rock fall*(=falling rock)* steinsprang.

rock flour*(=stone dust)* steinmel.

rockfoil ['rɔk,fɔil] *subst; bot(=saxifrage)* sildre.

rock garden*(=rockery)* steinbed; fjellhage.

rock hopper *zo:* klippehopperpingvin.

rocking chair gyngestol.

rocking commutator *elekt:* vippekontakt.

rocking horse gyngehest.

rockling ['rɔkliŋ] *subst; zo; fisk:* **three-bearded** ~ tretrådet tangbrosme.

rock lobster *zo(=spiny lobster; langouste)* langust.

rock madwort *bot(=rock candytuft)* steindodre; *(jvf madwort; rocket candytuft; rock mat)*.

rock mat *bot(=sweet alyssum)* silkedodre; *(jvf madwort; rock madwort; rocket candytuft)*.

rock oil*(=crude oil; (crude) petroleum)* jordolje; råolje.

rock partridge *zo:* steinhøne; *(jvf partridge)*.

rock pigeon*(=rock dove) zo:* klippedue.

rock pipit *zo:* kystvarietet av skjærpiplerke; **Scandinavian** ~ østlig skjærpiplerke; *(jvf water pipit)*.

rock plant *bot(=rockery plant)* steinbedplante.

rock ptarmigan *zo* **US***(=ptarmigan)* fjellrype.

rock salt*(=halite)* steinsalt.

rockslide ['rɔk,slaid] *subst:* fjellskred.

rock thrush *zo:* steintrost; **blue** ~ blåtrost.

rock wool*(=mineral wool)* steinull; mineralull.

rocky ['rɔki] *adj* **1.** klippefylt; steinet; ~ **shore** klippekyst; **2. T***(=wobbly)* ustø; vaklevoren *(fx table)*.

rocky wall*(=rock wall)* klippevegg.

rococo [rə'koukou] *subst:* rokokko.

rod [rɔd] *subst* **1.** kjepp; stang *(fx fishing rod)*; *på bil:* **check** ~ panserholder; *for sveising:* **welding** ~ tilsettråd; **2.** *mask:* **connecting** ~ *(=con -rod)* veivstang; råde; **piston** ~ stempelstang; **push** ~ ventilstøtstang; **radius** ~ svingbar støttearm; **slide-valve** ~ sleidstang; **steering** ~ svingarm; **tie** ~, **track** ~ parallellstag; **3.** *bibl el. glds:* ris; **birch** ~ bjerkeris; **the** ~ **of correction** tuktens ris; **kiss the** ~*(=eat humble pie)* krype til korset; kysse riset; *ordspråk:* **spare the** ~ **and spoil the child** den som elsker sin sønn, tukter ham; **make a** ~ **for one's own back***(=lay up trouble for oneself)* lage ris til egen bak; **4. US S***(=pistol)* skyter; **5. S***(=penis)* pikk.

rode [roud] *pret av II. ride.*

rodent ['roudənt] *subst; zo:* gnager.

roe [rou] *subst; zo* **1.: (hard)** ~ rogn; **soft** ~ melke; **cod** ~ torskerogn; ~ **of capelin** løyrom; **2***(=roe deer)* rådyr.

roebuck ['rou,bʌk] *subst; zo:* råbukk.

roe deer *zo:* rådyr.

roger ['rɔdʒə] *int; radio; om melding som er mottatt og forstått:* roger.

rogue [roug] *subst* **1.** *stivt(=rascal)* kjeltring; **2.** skøyer *(fx she can be a little rogue sometimes)*.

rogue elephant gammel hannelefant (som er utstøtt fra flokken).

roguery ['rougəri] *subst; stivt(=dirty tricks; scoundrelly tricks)* kjeltringstreker.

roguish ['rougiʃ] *adj; lett glds(=mischievous)* skøyeraktig.

rôle, role [roul] *subst:* rolle *(fx he's playing a very difficult role); psykol:* **conflict of -s***(=conflicting roles)* rollekonflikt.

role confusion *psykol:* rolleforvirring.

role-playing ['roul,pleiiŋ] *subst; psykol:* rollespill; **do ~** lage rollespill.

I. roll [roul] *subst* **1.** rull; **~ of toilet paper***(=toilet roll)* rull toalettpapir; **2.: ~ of fat***(=roll of flesh)* fettvalke *(fx she had rolls of fat under her skin);* **3.** *kjøttpålegg:* **beef ~** okserull; **Chinese pancake ~** vårrull; **veal ~** kalverull; **4.: (bread) ~** *(,US: bun)* rundstykke; **cheese ~** rundstykke med ost på; **5.** rulling; **our dog loves a ~ on the grass** hunden vår liker å rulle seg i gresset; **6.** *mar:* rulling; slingring *(fx the roll of the ship made her feel ill);* **7.** *flyv:* roll; rulle; **flick ~** hurtig roll; **half ~** halv roll; **angle of ~***(=angle of bank)* krengningsvinkel; **8.** *om bil:* **body ~** krengning; **anti-~ bar***(=anti-sway bar)* krengningsstabilisator; **9.** *om kanoner:* **the ~ of cannon** kanontorden; *om torden(=rumble):* **the distant ~ of thunder** torden som ruller (,rullet) i det fjerne; **10.** *gym:* rulle; **backward (,forward) ~** baklengs (,forlengs) rulle; **11.** *om måte å gå på:* **he had a ~ in his walk***(=he had a rolling walk)* han vagget når han gikk; **12.** *mus:* (tromme)virvel; **13.** *om samleie* **S: a ~ in the hay** en omgang i høyet; **14.: electoral ~***(=voter's register)* manntall(sliste); **he's not on the electoral ~** han står ikke (oppført) i manntallet (*el.* på manntallslisten); **15.** *jur:* **be struck off the -s** miste sin bevilling *(fx the solicitor was struck off the rolls); (jvf medical register: be struck off the ~); (se sausage roll; Swiss roll).*

II. roll *vb* **1.** rulle; rulle seg *(fx he rolled (over) on to his side);* trille; **2.** *mar:* rulle; slingre; **3.** *om torden(=rumble)* rulle; **4.** *mus:* **the drums -ed** det ble slått trommevirvler; **5.** *med valsetrommel:* tromle *(fx the lawn);* **6.** *mask:* valse *(fx metal into sheets);* **7.** *flyv:* rulle; *(jvf I. roll 7);* **8.** *om måte å gå på:* **~ along** ha en vaggende gange; **~ along like a sailor***(=have the rolling walk of a sailor)* ha sjømannssleng; **9.** *fon:* **~ one's r's** rulle på r'ene; **10.: ~ back** rulle til side *(fx a carpet);* **11.** *fig:* **heads were -ing** hodene rullet; **12. T: ~ in money** ha penger som gress; **13.** *om penger* **T: ~ in***(=pour in)* strømme inn *(fx money came rolling in);* **14.: ~ on** 1. *om tid(=pass; go by)* gå *(fx time's rolling on; and we haven't finished this job);* 2. *om ønske:* **~ on the day when I can afford to buy a car** jeg skulle ønske den dagen kom da jeg kunne ha råd til å kjøpe meg en bil; **15.: ~ out a dough** kjevle ut en deig; **16.: ~ up** 1. rulle sammen *(fx an umbrella);* brette opp *(fx one's sleeves);* 2. *fig; fx illegal organisasjon:* rulle opp; 3. **T***(=arrive)* komme (anstigende); 4. *tilrop på fx marked(=come nearer)* kom nærmere! **17.** *fig* **T: keep the ball -ing** holde samtalen i gang; **18.** *fig* **T: start***(=set)* **the ball -ing** få satt i gang noe; begynne.

roll call navneopprop; **make***(=take)* **a ~** foreta navneopprop.

rolled gold *(,US: filled gold)* gulldublé.

rolled oats havregryn.

roller ['roulə] *subst* **1.** valse; **2.** trommel; **garden ~** valsetrommel; hagetrommel; **3.: paint ~** malerull; **4.** lang bølge; dønning; **5.** *zo:* **European ~** blåråke.

roller bearing *mask:* rullelager.

roller catch rullelås.

roller coaster*(=switchback;* **T:** *big dipper)* rutsjebane; berg- og dalbane.

roller skate rulleskøyte.

roller towel rullehåndkle.

rollicking ['rɔlikiŋ] *adj(=merry; jolly)* lystig *(fx a rollicking party; we had a rollicking time at the party).*

rolling ['rouliŋ] *adj* **1.** bølgende; *om landskap:* kupert; **2.** *om torden(=rumbling)* rullende *(fx thunder).*

rolling mill valseverk; **cold-~** kaldvalseverk.

rolling pin kjevle.

rolling stock *jernb:* rullende materiell.

rolling stone person som aldri slår seg til ro; farende svenn; *ordspråk:* **a ~ gathers no moss** rullende stein samler ikke mose; på allfarvei gror aldri gress; den som ikke kan slå seg til ro, blir aldri til noe.

rollmop ['roul,mɔp] *subst; kul:* rollmops.

rollneck pullover pullover med rullekrage; høyhalset pullover.

roly-poly ['rouli 'pouli] *subst; glds(=fatty)* tjukkas; *glds:* smørbukk.

I. Roman ['roumən] *subst* **1.** romer; **2. T***(=Roman Catholic)* katolikk.

II. Roman *adj* **1.** romersk; **2. T***(=Roman Catholic)* katolsk; romersk-katolsk.

roman [rɔ'mã] *subst:* **~ à clef** nøkkelroman.

Roman candle slags fyrverkeri.

Roman Catholic 1. *subst:* katolikk; **2.** *adj:* katolsk; romersk-katolsk.

Roman Catholicism katolisisme.

Romance [rə'mæns; 'roumæns] *adj; språkv:* romansk; **the ~ languages** de romanske språk.

romance [rə'mæns; 'roumæns] **1.** romanse; **2.** romantikk; **her life was lacking in ~** det var lite romantikk i livet hennes; **he has no ~ in his soul** han eier ikke sans for romantikk; **the air of ~ which surrounds it** den duft av romantikk som omgir det.

Romanesque [,roumə'nesk] *adj; arkit:* romansk; rundbue- *(fx style).*

Roman holiday fornøyelse på andres bekostning.

Romanize, Romanise ['roumə,naiz] *vb:* romanisere; latinisere; gjøre romersk-katolsk.

roman letters*(=roman type) typ:* antikva.

Roman numeral romertall.

romantic [rou'mæntik] **1.** *subst:* romantiker; **2.** *adj:* romantisk.

romanticism [rou'mænti,sizəm] *subst; litteraturretning:* romantikk.

romanticize, romanticise [rou'mænti,saiz] *vb:* romantisere.

roman type*(=roman letters) typ:* antikva.

I. Romany ['rɔməni] *subst* **1***(=gipsy)* sigøyner; **2.** *om språket:* romani; sigøynerspråk.

II. Romany *adj:* sigøyner- *(fx customs).*

Rome [roum] *subst; geogr:* Roma.

I. romp [rɔmp] *subst:* **the children had a ~ in the grass** barna tumlet seg i gresset.

II. romp *vb* **1.** leke vilt; tumle seg; boltre seg *(fx the children were romping about on the grass);* **2.** *sport:* **~ home***(=win easily)* vinne overlegent; vinne stort.

rompers ['rɔmpəz] *subst; pl:* sparkebukse.

romper suit*(=sleeping suit)* sparkebukse med ben.

rondavel ['rɔndə,vel; rɔn'da:vəl] *subst; i Sør-Afrika & Øst-Afrika (circular one-roomed hut)* rondavel.

röntgen ['rɔntgən; 'rɔntjən] *subst(=roentgen)* røntgen.

röntgen ray*(=Röntgen ray)* røntgenstråle; *(jvf X-ray).*

rood [ru:d] *subst* **1.** *i kirke:* (Kristi) kors, **2.** *glds; flatemål:* ¼ acre.

rood screen *i kirke:* korgitter.

I. roof [ru:f] *subst* **1.** tak; *på bil:* **sun(shine) ~** solskinnstak; **2.** *fig* **T: hit***(=go through)* **the ~** fly i taket; bli meget sint *(fx he really hit the roof);* **3.** *anat:* **the ~ of the mouth** den harde gane.

II. roof *vb:* legge tak på *(fx a house);* **the garage was -ed with asbestos** det var asbesttak på garasjen.

roofing ['ru:fiŋ] *subst* **1.** takmaterialer; **2.** det å legge tak.

roofing felt takpapp.

roof rack *(,***US:** *carrier) på bil:* takgrind.

roof ridge *arkit:* møne.

rooftree ['ru:f,tri:] *subst; arkit(=ridgepole)* mønebjelke; mønsås.

rook [ruk] *subst* **1.** *i sjakk(=castle)* tårn; **2.** *zo:* kornkråke; *(jvf I. crow 1 & nutcracker 1).*

rookery ['rukəri] *subst* **1.** kråkekoloni; kråkelund; **2.** yngleplass (for pingviner el. sel).

rookie ['ruki] *subst; især* **US 1.** *mil & i politiet* **T:** rekrutt; **2.** *sport:* nybegynner.

I. room [ru:m; rum] *subst* **1.** rom; værelse; -stue; **sitting ~***(=living room)* dagligstue; **2.** plass; **have plenty of ~***(=have room enough; have plenty of space)* ha god plass; ha plass nok; **make ~ for** gjøre plass til; **standing ~ only** bare ståplasser; **there isn't ~ to breathe***(,***T:** *swing a cat)* **in here***(=there's hardly room to turn round here)* her er det ikke mye plass (å snu seg på); her er det jammen trangt (*,spøkef* **T:** trangt om saligheten); **3.** *fig:* **~ for** mulighet for; **there's ~ for improvement** det kunne gjøres bedre; det lar seg forbedre; **4.: -s** hybel(leilighet).

II. room *vb; især* **US: ~ with***(=share a bedsit with)* dele hybel med.

room and board US*(=board and lodging)* kost og losji.

room attendants *på hotell; personene:* værelsesbetjening.

room clerk US*(=reception clerk)* resepsjonist.

-roomed *i sms:* **a four-~ flat** *(,***US:** *a five-roomed apartment)* en fireroms leilighet.

rooming house US*(=lodging house)* losjihus.

roommate ['rum,meit] værelseskamerat; romkamerat.

room service værelsesbetjening; romservice *(fx ask for room service if you want breakfast in your room).*

roomy ['ru:mi; 'rumi] *adj(=spacious)* romslig; rommelig.

I. roost [ru:st] *subst* **1***(=perch)* soveplass; vagle (for høns); **2.: rule the ~***(=be the boss)* være sjefen; være den som bestemmer hvor skapet skal stå.

II. roost *vb, om fugl:* sette seg til hvile; sitte *(fx starlings roost on trees and buildings).*

rooster ['ru:stə] *subst; zo* **US***(=cock)* hane.

I. root [ru:t] **1.** *bot:* rot *(fx deep roots);* **strike ~***(=take root; push out roots)* slå rot; få røtter; **2***(=edible root; root vegetable)* rotfrukt; **3.** *fig:* rot *(fx our roots are in the north; the root of all evil);* **put down -s** slå rot, begynne å føle seg hjemme; **take ~** 1. rotfeste seg; slå rot *(fx the new business took root);* 2.: *se 1: strike ~;* **strike at the ~ of the evil** ta ondet ved roten; **strike at the ~ of the problem** angripe problemet ved roten; **4.** *mat.; språkv; sveising:* rot; **cubic ~** kubikkrot; **index of the ~** roteksponent; **square ~** kvadratrot; **5.** *mus; i en akkord:* grunntone.

II. root *vb* **1.** *om plante:* slå rot *(fx these plants aren't rooting very well);* **2.** *gart:* stikke; sette *(fx he rooted the plants in compost);* **3.: ~ out** 1. *fig:* utrydde; rykke opp med roten; 2*(=root up)* ta opp med roten; **4.** *litt.:* **fear -ed***(=riveted)* **him to the spot** frykten naglet ham til stedet; **5.: ~ up a plant** ta en plante opp med roten.

root and branch *adv; stivt(=completely)* fullstendig *(fx destroy the evil root and branch).*

root crops *landbr(=roots)* rotfrukter.

rooted ['ru:tid] *adj:* rotfestet *(fx a deeply rooted fear);* **~ to the spot** naglet til stedet; ute av stand til å røre seg; *stivt:* **be ~ in***(=be due to)* ha sin årsak i; skyldes.

root filling *tannl:* rotfylling.

rootless ['ru:tlis] *adj; også fig(=without roots)* rotløs.

root rot *bot:* rotråte.

root stalk *bot:* rotstengel; rotstokk.

rootstock ['ru:t,stɔk] *subst; bot(=rhizome)* rotstokk; jordstengel; rhizom.

root sucker *bot(=sucker)* rotskudd.

root syllable *språkv:* rotstavelse.

I. rope [roup] *subst* **1.** tau; reip; rep; *fjellsp:* **on the ~** bundet sammen med tau; **coil of ~** taukveil; **-s***(=cordage)* tauverk; **2.: ~ of pearls***(=pearl necklace; string of pearls)* perlekjede; **3.** *fig:* **give him enough ~ (to hang himself)** la ham løpe linen ut; **give him enough ~ and he'll ruin the whole enterprise** hvis man gir ham spillerom nok, vil han ødelegge hele foretagendet; **give sby plenty of ~** gi en stor handlefrihet; *fig:* **know the -s** kunne knepet; vite hvordan man skal bære seg at med det; **show him the -s** sette ham inn i det; *(se slack rope & tightrope).*

II. rope *vb* **1. US***(=lasso)* fange med lasso *(fx a calf);* **2.** surre (fast) *(fx the suitcase to the roof of the car);* **3.: ~ sby in***(=get sby to help)* kapre en; få en til å hjelpe; **4.: ~ off** avsperre med tau.

ropedancer ['roup,da:nsə] *subst(=tightrope walker)* linedanser.

rope end tauende; tamp.

rope ladder taustige.

ropemaker ['roup,meikə] *subst:* reipslager; tauverksfabrikant.

ropewalker ['roup,wɔ:kə] *subst(=tightrope walker)* linedanser.

ropy ['roupi] *adj* **1.** som kan trekkes ut i tråder; klebrig; seig; **2. T***(=not very good)* ikke videre god; **in a ~ condition** i dårlig forfatning.

rorqual ['rɔ:kwəl] *subst; zo(=finback)* finnhval.

rosary ['rouzəri] *subst; rel:* rosenkrans.

I. rose [rouz] *pret av II. rise.*

II. rose [rouz] *subst* **1.** *bot:* rose *(fx a red rose);* **2.** *ordspråk:* **no ~ without a thorn** ingen roser uten torner; **3.** *ordspråk:* **life is no bed of -s** livet er ingen dans på roser; **4.** *på vannkanne:* spreder; bruser; dyse; *(jvf sprinkler);* **5.** *meget stivt:* **under the ~***(=sub rosa; in secret)* i all hemmelighet; sub rosa.

III. rose *adj(=rose-coloured)* rosa(farget).

rosé ['rouzei] *subst:* rosévin; rosé.

roseate ['rouzi,eit] *adj* **1.** *stivt(=rose-coloured)* rosenrød; **2.** *meget stivt; fig(=rosy)* rosenrød.

rosebay ['rouz,bei] *subst; bot:* **~ willowherb** geit(e)rams.

rosebud ['rouz,bʌd] *subst* **1.** *bot:* roseknopp; rosenknopp; **2.** *litt.; om ung, vakker kvinne:* rosenknopp.

rosebush ['rouz,buʃ] *subst; bot:* rosenbusk.

rose chafer *zo(=rose beetle)* gullbasse; *(jvf cockchafer).*

rose colour rosenrødt; rosefarge.

rose-coloured ['rouz,kʌləd] *adj; også fig:* rosenrød; **see***(=look at)* **sth through ~ spectacles***(=glasses)* se noe i et rosenrødt skjær; **she views the world through ~ spectacles** hun ser verden gjennom rosenrøde briller; *(jvf rosy).*

rose-coloured starling *zo:* rosenstær.

rose-cut ['rouz,kʌt] *adj; om diamant:* med roseform; **~ diamond** rosett; rose(n)stein.

rosefinch ['rouz,fintʃ] *subst; zo(=scarlet grosbeak)* rosenfink.

rosefish ['rouz,fiʃ] *subst; zo(=Norway haddock; redfish;* **US:** *ocean perch)* uer.

rosehip ['rouz,hip] *subst; bot(=hip)* nype.

rose mallow *bot* **1** *(,***US:** *marsh mallow)* rosehibisk; **2. US***(=hollyhock)* stokkrose.

rosemary ['rouzməri] *subst; bot:* rosmarin.

roseola [rou'ziələ] *subst; med.:* lyserødt utslett (som fx meslinger el. røde hunder).

rosery ['rouzəri] *subst:* rosenhage.

rosette [rə'set; rou'set] *subst* **1.** rosett; **2.** *arkit(= rose window)* rosevindu.

rosewater ['rouz,wɔ:tə] *subst:* rosenvann.

rose window *arkit:* rosevindu.

rosewood ['rouz,wud] *subst; bot:* rosentre.

rosin ['rɔzin] *subst(=solid resin)* hard harpiks; kolofonium.

roster ['rɔstə] *subst; stivt:* **(duty)** *~(=duty schedule)* vaktliste; tjenesteliste; turnusliste.

rostrum ['rɔstrəm] *subst* **1***(=platform)* talerstol *(fx he mounted the rostrum and began his speech);* **2.** *sport:* seierspall; **3.** *hist; på skib:* snabel; **4.** *zo:* nebblignende fremspring; *på insekt:* snute.

rosy ['rouzi] *adj* **1***(=rose-coloured)* rosenrød; **2.** *fig:* rosenrød *(fx his future looks rosy); (jvf rose -coloured).*

rosy-cheeked ['rouzi,tʃi:kt] *adj:* med lyserøde kinn.

I. rot [rɔt] *subst* **1.** råte; **dry ~** tørråte; **2. T***(= nonsense)* tull; tøys; sludder *(fx don't talk rot!);* **3. T: the ~ has set in***(=things are beginning to go badly)* det går ikke lenger så bra.

II. rot *vb* **1.** råtne; **2.** *fig:* gå til grunne; råtne *(fx he's rotting in prison).*

rota ['routə] *subst:* liste (over personer som skal gjøre noe etter tur); turnusliste *(fx I've made out a rota for the washing-up);* **by** *~(=turns)* etter tur; **meals were served on a ~ basis** måltidene ble servert i en bestemt rekkefølge.

I. rotary ['routəri] *subst* **US***(=roundabout)* rundkjøring; *(jvf traffic circle).*

II. rotary *adj:* roterende.

rotary cultivator*(=rotary plough)* jordfreser.

rotary press*(=rotary printing press) typ:* rotasjonspresse.

rotary snow cutter*(=snow blower)* snøfreser.

rotary switch *elekt:* dreiebryter.

rotate [rou'teit] *vb* **1.** rotere; dreie; gå rundt *(fx the engine rotated slowly); stivt:* **he -d the handle** *(=he turned the handle)* han dreide håndtaket rundt; **2.** rotere *(fx while he is training he rotates from department to department);* la gå på omgang; **3.** *landbr:* **~ crops** drive vekselbruk.

rotating *adj:* roterende; **~ beacon** roterende radiofyr; **on a ~ basis** på turnusbasis; på omgang.

rotation [rout'teiʃən] *subst* **1.** omdreining; **speed***(= velocity)* **of ~** omdreiningshastighet; **2.** rotering; rotasjon; **3***(=recurrence in a regular order)* veksling *(fx the rotation of the seasons);* **4.** turnus(system); **by ~, in** *~(=by turns)* etter tur.

rotation of crops*(=crop rotation;* **US:** *rotational cropping) landbr:* vekselbruk.

rotator [rou'teitə] *subst* **1.** *flyv; på helikopter:* blad; **2.** *mask:* rotator; **3.** *anat:* dreiemuskel.

rote [rout] *subst(=learning by heart)* pugg; utenatlæring; **by** *~(=heart)* på rams; utenat *(fx learn sth by rote).*

rotifer ['routifə] *subst; zo(=wheel animalcule)* hjuldyr.

roto ['routou] *subst; typ(=rotogravure):* dyptrykk.

rotogravure [,routougrə'vjuə] *subst; typ:* dyptrykk.

rotor ['routə] *subst* **1.** *mask:* **distributor ~** rotor; **2.: (helicopter) ~** rotor.

rotten ['rɔtən] *adj* **1.** råtten; **2. T***(=very bad)* elendig *(fx it was a rotten show);* **~ luck** kjempeuflaks; **~ weather** elendig vær; **3. T***(=mean)* lumpen *(fx don't be rotten – let her go with you!);* **it was a ~ thing to do** det var råttent gjort; **4. T: feel ~** 1. føle seg syk; 2*(=feel ashamed)* føle seg skamfull.

rotter ['rɔtə] *subst* **1.** *glds* **S:** døgenikt; slamp; **2.** *spøkef(=scamp)* skøyer; laban; **the little ~ was fibbing** den vesle labanen stod der og skrønte.

rotund [rə'tʌnd; rou'tʌnd] *adj; stivt* **1***(=round; plump)* rund; buttet *(fx a rotund figure);* **he's jolly and ~** han er rund og jovial; **2.** *om stil(= bombastic)* høyttravende.

rotunda [rou'tʌndə] *subst:* rotunde; rund bygning.

rotundity [rə'tʌnditi], **rotundness** [rə'tʌndnis] *subst:* rundhet.

rouble, ruble ['ru:bəl] *subst; myntenhet:* rubel.

roué ['ru:ei; **US:** ru:'ei] *subst; glds(=dissolute elderly man)* utsvevende eldre mann; *glds:* libertiner.

rouge [ru:ʒ] *subst:* rouge *(fx she uses rouge).*

I. rough [rʌf] *subst* **1.** *golf:* **the ~** det ujevne terrenget utenfor 'fairway'; **2***(=hooligan)* pøbel; ramp *(fx a gang of roughs);* **3.** utkast; **in the** *~(=in the draft stage)* som utkast; **written out in ~** skrevet ferdig på kladd; **4.: nature in the ~** naturen fra sin minst gjestfrie side; **5.: take the ~ with the smooth** ta det onde med det gode.

II. rough *vb* **1. T: ~ it***(=live primitively)* leve primitivt; **2.: ~ out** 1. skissere *(fx a diagram); 2. fig(= outline)* skissere *(fx he roughed out the plan to the others);* 3. *i treskjæring:* blokke (ut); **3. T: ~ sby up***(=beat sby up)* banke en opp; **get oneself -ed up** bli banket opp.

III. rough *adj* **1***(=not smooth)* ru *(fx her skin felt rough);* **2***(=uneven)* ujevn *(fx path);* **3.** *om stemme:* ru; grov; **4.** *om stoff, vevning:* grov; **5.** *om tilværelse:* primitiv *(fx live a rough life);* **6.:** *~(=bad)* **weather** barskt vær; styggvær; **7.** ikke forseggjort; provisorisk *(fx accommodation);* **8.** omtrentlig; **a ~ drawing** et utkast; en løs skisse; **a ~ estimate** et løst overslag; **just to give you a ~ idea of what it's all about** bare slik at du skal ha en slags idé om hva det hele dreier seg om; **a ~ translation** en omtrentlig oversettelse; **9.** *om vesen:* grov; barsk; **~ kindness** barsk vennlighet; **10. T: it's rather ~ on his wife** det er nokså hardt for kona hans; **11. T: give sby a ~ time***(= treat sby badly)* gi en en hard medfart; gi en en ublid behandling; *(jvf II. rough 3: ~ sby up);* **12. T: have a ~ time** være ute i hardt vær.

IV. rough *adv:* **cut up ~** bli ubehagelig; reise bust; **live ~** leve primitivt; **sleep ~** sove ute; være uteligger.

roughage ['rʌfidʒ] *subst; fysiol:* slaggstoffer; mat som er rik på slaggstoffer.

rough-and-ready *adj* **1.** primitiv, men brukbar *(fx definition; method);* **2.** improvisert (men brukbar) *(fx she gave us a rough-and-ready meal; his speech at the dinner was a bit rough-and-ready);* **3.** *om person:* som ikke tar det så nøye med formene.

rough-and-tumble **1.** *subst:* tummel; lek hvor det går litt hardt for seg *(fx he enjoys the rough-and -tumble of the playgroup);* **the children were having a ~ in the garden** barna hadde en liten batalje ute i hagen; **2.** *adj:* hvor det går litt hardt for seg.

rough boarding *tøm(=rough boards)* rupanel.

rough book *skolev:* kladdebok *(fx a rough maths book).*

I. roughcast ['rʌf,ka:st] *subst; bygg:* grovpuss; rapping (av murvegg).

II. roughcast *vb; bygg:* grovpusse; rappe *(fx a wall).*

rough copy*(=rough draft)* kladd.

rough diamond 1. uslepen diamant; **2.** *fig:* person som til tross for dårlige manérer er behagelig å omgås.

rough draft utkast; konsept; kladd.

rough-dry ['rʌf,drai] **1.** *om vasketøy:* tørke, men ikke stryke; **2.** *adj(=ready for ironing)* stryketørr.

roughen ['rʌfən] *vb* **1.** gjøre (,bli) ru (*el.* grov); **anger -ed his voice** sinnet gjorde ham grov i målet; **2.** *om sjøen:* begynne å gå høy.

rough estimate løst overslag; råkalkyle.

rough going 1. tungt terreng (å gå i); **2.** *fig:* **it was ~** det var litt av en påkjenning.

rough-grind ['rʌf,graind] *vb:* grovslipe *(fx a metal part).*

rough-hew ['rʌf,hju:] *vb:* grovhogge; råhogge.

rough-hewn *adj:* grovt tilhogd; grovhogd.

roughhouse ['rʌf,haus] *subst* **S:** bråk; leven; spetakkel.

roughing mill forvalseverk.

rough-legged buzzard *(,***US:** *rough-legged hawk) zo:* fjellvåk.

roughly *adv* **1.** grovt *(fx dressed timbers);* **2.** hardhendt; ublidt; **3.** omtrent; ca. *(fx roughly 20 per cent).*

roughneck ['rʌf,nek] *subst* **1***(=skilled worker on an oil rig)* oljearbeider; **2. S***(=rowdy hooligan)* bølle; bråkmaker.

roughness ['rʌfnis] *subst:* grovhet; ruhet; ujevnhet.

rough plane*(=jack plane)* skrubbhøvel.

rough-plane ['rʌf,plein] *vb:* skrubbhøvle; grovhøvle.

roughrider ['rʌf,raidə] *subst:* innrider; person som rir utemmede hester.

roughshod ['rʌf,ʃɔd] *adj* **1.** *om hest:* skarpskodd; **2.** *fig* **T: ride ~ over** være fullstendig hensynsløs overfor; **ride ~ over sby's objections** fullstendig ignorere ens innvendinger.

rough sketch grovt utkast; løs skisse.

rough-spoken [,rʌf'spoukən; *attributivt:* 'rʌf-,spoukən] *adj:* grov i munnen.

rough stuff T*(=violence)* vold.

rough weather barskt vær; styggvær.

roulade [ru:'la:d] *subst* **1.** *mus:* rulade; **2.** *kul; kjøttrett:* rulade; *(jvf Swiss roll).*

rouleau ['ru:,lou] *subst(=roll of paper containing coins)* pengerull.

roulette [ru:'let] *subst:* rulett *(fx a game of roulette).*

Roumania *se Rumenia.*

I. round [raund] *subst* **1.** noe som er rundt; **a ~ of pastry** en deigklatt; **a ~ of toast** et stykke toast; **~ of beef** lårskive; **2.** omgang *(fx a round of drinks);* **3.** runde *(fx a postman's round); boksing:* runde; *(jvf I. lap 3); fig:* **one's daily ~ (of duties)** ens daglige plikter; **the doctor's (out) on his -s** legen er ute i sykebesøk; **4.** skudd *(fx the soldier fired several rounds);* **500 -s of ammunition** 500 skudd; 500 patroner; **5.: ~ of applause** klappsalve *(fx they gave him a round of applause);* **6.** rekke *(fx of parties);* **7.** *kortsp:* meldeomgang; spill *(fx of bridge);* **8.: a sculpture in the ~** en friskulptur; **9.: out of ~** urund; **wear out of ~** gjøre urund.

II. round *vb* **1.** avrunde; runde av *(fx an edge);* **2.** runde *(fx the corner);*

3.: ~ off 1. runde av; avrunde *(fx sharp corners);* 2*(=express as a round number)* runde av; **~ an amount off to a higher figure** runde av et beløp oppad; 3. *fig:* runde av *(fx the meal with a glass of port);*

4. *aggressivt, med ord; stivt:* **~ on***(=turn on)* snu seg mot *(fx he rounded on her, demanding to know where she had been);*

5.: ~ up 1. drive sammen *(fx the sheep);* omringe og arrestere *(fx a gang of criminals);* 2. runde av oppad *(fx round a number up).*

III. round *adj* **1.** rund *(fx table);* **2.: ~ figures, ~ numbers** runde tall *(fx tell me the costs in round figures);* **a ~ dozen***(=a full dozen)* et helt dusin; dusinet fullt; **3.: he's a square peg in a ~ hole** han har kommet på feil hylle her i livet.

IV. round *adv* **1.** rundt *(fx a wheel goes round); (se 5: go ~);* **all the year ~** hele året rundt; **a crowd soon gathered ~** det samlet seg snart en flokk mennesker; **2***(=from place to place)* fra sted til sted; rundt *(fx we drove round for a while);* **3***(=in circumference)* i omkrets *(fx it measured two metres round);* **for 20 kilometres ~***(=within a radius of 20 kilometres)* i 20 kilometers omkrets; **4.: come ~** 1. komme *(fx Christmas came round once more);* 2*(=drop in)* stikke innom; komme innom *(fx I'll come round and see you tomorrow; are you coming round tonight?);* 3*(=come to)* komme til bevissthet (igjen); 4*(=change one's mind)* ombestemme seg (etter først å ha vært imot) *(fx he'll come round in due course);* **5.: go ~** 1. gå rundt *(fx the wheel went round); fig:* **my head's going ~***(=is swimming)* **today** det går rundt for meg i dag; 2. *om nyheter, etc:* gå rundt; spre seg *(fx the news went round that they had won);* 3*(=be enough)* rekke rundt (til alle); være nok til alle *(fx is there enough food to go round? there isn't enough to go round);* 4. *om omvei:* gå rundt; **go ~ (to) the back** gå bakveien; **6.: hand ~** sende rundt *(fx he handed round the cups of tea);* **7.: he looked ~** 1*(=he looked around him)* han så seg rundt; 2*(=he looked from one to another)* han så seg rundt; han så fra den ene til den andre; 3*(=he looked behind him)* han så seg om; han så bak seg; **8.: pass sth ~** sende noe rundt; by noe rundt *(fx he passed the cigarettes round);* **9.: show sby ~***(=show sby over the place)* vise en rundt; **10.: spin ~** snurre rundt; **11.: stand ~** stå rundt; **they all stood ~ and listened** alle sammen stod rundt og hørte på; **12.** *om fx drosjesjåfør:* **take sby a long way ~** kjøre en lang omvei med en; **13.: turn ~** snu seg (rundt); **turn the car ~** snu bilen.

V. round *prep* **1.** rundt *(fx a wall round the garden); også fig:* **it's just ~ the corner** det er like rundt hjørnet; **2.** om; rundt *(fx she had a necklace round her neck);* **3.** utenom; rundt *(fx drive round a stone);* **4.** omkring i; **he looked ~ the room** han så seg omkring i rommet; **ask questions ~ the class** stille spørsmål til klassen; **the teacher went ~ the class** læreren gikk omkring i klassen, **5.** over *(fx write a play round this subject);* **6.: the news was (all) ~ the town** nyheten var ute over hele byen; **7. T: ~ the bend** *se I. bend 3;* **8.: ~ the clock** døgnet rundt *(fx work round the clock).*

I. roundabout ['raundə,baut] *subst* **1***(=merry-go-round)* karusell; **2***(,***US:** *traffic circle)* rundkjøring; **on a ~** i en rundkjøring; **3.: what you lose on the -s you make up on the swings** det man taper på karusellene, tar man igjen på gyngene.

II. roundabout *adj:* indirekte; **a ~ route** en omvei *(fx I had to take a roundabout route);* **in a ~**

way ad omveier *(fx I heard the news in a roundabout way).*
round angle*(=an angle of 360°)* 360° vinkel.
rounded ['raundid] *adj:* avrundet.
round hand rundskrift.
roundhouse ['raund,haus] *subst; jernb:* ringstall.
roundly *adv:* uten omsvøp; med rene ord *(fx he told her roundly what he thought of her).*
round-nosed pliers: a pair of ~ en rundtang.
round robin*(=signed petition)* klageskriv med underskrifter.
roundsman ['raundzmən] *subst:* **baker's ~** brødkjører.
round steak lårstek.
round timber*(=whole timber)* rundtømmer; rundstokk.
round trip rundreise.
round-trip ticket 1. rundreisebillett; **2. US***(=return ticket)* tur-returbillett; returbillett.
round turn *mar:* rundtørn.
roundup ['raund,ʌp] *subst* **1.** sammendrivning (av kveg); **2.: police ~** politirazzia; **3. T: a ~ of today's news** et sammendrag av dagens nyheter.
roundworm ['raund,wə:m] *subst; med.:* rundorm.
rouse [rauz] *vb* **1***(=wake)* vekke; purre *(fx I'll rouse you at 6 o'clock);* **2.** *fig:* **her interest was -d by what he said** hennes interesse ble vakt av det han sa; **~ a spark of enthusiasm** vekke en gnist av begeistring; **3.** *fig:* **~ sby***(=get sby to act)* vekke en til handling; få en til å handle.
roustabout ['raustə,baut] *subst; oljeind:* dekksarbeider; rigger(assistent); **~ pusher** arbeidsleder.
I. rout [raut] *subst:* (vill) flukt; **put to ~** slå på flukt.
II. rout *vb* **1.** *mil; stivt(=defeat completely)* slå på flukt; **2.: ~ sby out of bed** jage en opp av sengen.
I. route [ru:t] *subst:* rute; vei; **travel by another ~** følge en annen rute; **they descended by an easier ~** de fulgte (*el.* tok) en lettere rute ned; *mar:* **coastal ~** rute langs kysten; **we followed the ~ exactly** vi holdt oss nøye til ruten; **en ~** underveis; på ruten *(fx X and other ports en route);* **on that ~** på den ruten *(fx they run Pullman coaches on that route);* **our ~ took us through the mountains** veien vår gikk over fjellet; *(se NEO II. rute).*
II. route *vb(=send (by a certain route); arrange a route for)* sende *(fx all mail was routed via the Cape);* dirigere *(fx heavy traffic was routed round the towns).*
route march *mil(=pack march)* utmarsj.
router ['rautə] *subst:* **~ plane***(=routing plane)* grunnhøvel.
route sign *langs vei:* orienteringstavle; veiskilt.
routine [ru:'ti:n] **1.** *subst:* rutine *(fx follow one's daily routine);* regelmessighet; et fast mønster *(fx one must have routine in one's life);* **it's purely a matter of ~** det er en ren rutinesak; **2.** *adj:* rutinemessig *(fx question);* **as a matter of ~** rutinemessig *(fx he did it as a matter of routine).*
I. rove [rouv] *pret & perf. part. av II. reeve.*
II. rove *vb* **1.** *litt.(=wander; roam)* vandre; flakke omkring (i); **2.** *om blikk* **T: having a roving eye** se med interesse på andre kvinner.
rover ['rouvə] *subst* **1.** *litt.(=wanderer)* vandrer; **2.** *glds(=pirate (ship))* sjørøver(skip).
Rover (Scout) *hist: se Venture Scout.*
I. row [rou] *subst* **1.** rekke; rad *(fx they sat in the front row);* **a ~ of houses** en husrekke; **in a ~** 1. *om plassering:* på rekke og rad; i rad og rekke; 2. *fig:* på rad *(fx he won three gold medals in a row);* **2.** *i strikking:* omgang; pinne *(fx knit three rows);* **3.** rotur *(fx go for a little row on the river).*
II. row *vb:* ro; **~ with a fast (,powerful) stroke** ro med raske (,kraftige) tak; **~ sby across the lake** ro en over sjøen.
III. row [rau] *subst* **T:** bråk; spetakkel; krangel; **a family ~** en familietrette; et familieoppgjør; **they heard a ~***(=loud noise)* **in the street** de hørte bråk ute på gata; **kick up a ~** lage bråk.
rowan ['rouən] *subst; bot(=mountain ash)* rogn.
rowanberry ['rouən,bəri] *subst:* rognebær.
rowboat ['rou,bout] *subst* **US***(=rowing boat)* robåt.
rowdy ['raudi] *subst(=hooligan)* bølle; pøbel; **young rowdies***(=young hooligans)* ung pøbel.
rowdyism ['raudi,izəm] *subst:* bråk; opptøyer; **football ~** fotballbråk.
rower ['rouə] *subst:* roer.
rowing boat *(,***US:** *rowboat)* robåt.
rowing club roklubb.
rowlock ['rou,lɔk] *subst (,***US:** *oarlock)* tollegang; åregaffel.
I. royal ['rɔiəl] *subst; mar:* røyl.
II. royal *adj* **1.** kongelig; **2.** *stivt(=splendid)* strålende *(fx a right royal welcome; a royal feast).*
Royal Air Force *(fk RAF)* **UK: the ~** luftforsvaret; flyvåpenet.
Royal Army Service Corps *(,***US:** *Quartermaster Corps) svarer til:* Hærens intendantur.
royal blue kongeblå(tt).
royal box *teat:* kongelosje.
royalist ['rɔiəlist] *subst:* rojalist.
royal jelly *zo:* bidronninggelé.
Royal Marine commando marinejeger.
Royal Marines *(fk RM) (,***US:** *United States Marine Corps (fk USMC))* marineinfanteriet; *(jvf I. marine 2).*
Royal Navy *(fk RN)* **UK:** Marinen; Sjøforsvaret.
royal road *fig:* **the ~ to success** den lette veien til suksess.
royalty ['rɔiəlti] *subst* **1***(=royal people)* kongelige; **2.** *stivt(=royal dignity; royal status)* kongeverdighet; **3.** *til forfatter, etc:* royalty *(fx he received thousands of pounds in royalties on(=for) his novel);* **with normal royalties to be paid to him** med normal royalty til ham; **on a ~ basis** på royaltybasis; **4.** *oljeind:* produksjonsavgift; **5.** *til patenthaver:* lisensavgift.
r.p.m., rpm *(fk.f. revolutions per minute)* omdreininger pr. minutt.
I. rub [rʌb] *subst* **1.: he gave the teapot a ~** han gned av tepotten; **2.: there's the ~** der ligger hunden begravet; det er det som er vanskeligheten.
II. rub *vb* **1.** gni; **~ one's hands** gni seg i hendene; **2.** frottere; massere *(fx sby's back);* **3.: ~ along***(=get by)* klare seg *(fx in spite of financial difficulties he's rubbing along);* **~ along with***(=get on with)* komme ut av det med *(fx I rub along all right with my cousins);* **4.: ~ down** 1. frottere *(fx he rubbed himself down);* 2. strigle; 3. slipe *(fx the wall before you paint it);* **5.: ~ in** 1. gni inn *(fx she rubbed cream into her hands);* 2. *fig: om noe ubehagelig, ens feil, etc* **T: ~ sth in***(=harp on sth)* terpe på noe; ustanselig minne en på noe; **don't ~ it in!** ikke minn meg på det hele tiden! **~ sby's nose in it** minne en på det hele tiden; **6.: ~ off** 1. gni av; 2. *fig:* **~ off on** smitte av på *(fx his bad manners have rubbed off on you);* **7.: ~ out** 1*(=erase)* viske ut (med viskelær); 2. **S***(=kill)* kverke *(fx sby rubbed him out);* **8.** *fig:* **~ shoulders with***(=associate with; mix with)* omgås; **9.: ~ two sticks together** gni to pinner mot hverandre; **10.: ~ up** 1*(=polish)* polere; pusse *(fx she rubbed up the silver until it*

shone); 2. *fig* **T: ~ sby (up) the wrong way** stryke en mot hårene; ta en på en gal måte; irritere en *(fx he's always rubbing me (up) the wrong way).*

rubber ['rʌbə] *subst* **1.** gummi; **2***(=indiarubber)* viskelær; **3.** *kortsp; bridge:* robber; **3***(=coarse file)* grovfil; **4.** S*(=condom)* gummi; **5. US: -s***(= rubber boots; gum boots)* gummistøvler.

rubber band*(=elastic band)* gummistrikk.

rubber boots*(=gum boots)* gummistøvler.

rubber cheque *(,***US:** *rubber check)* **T:** dekningsløs sjekk.

rubber cushion 1. gummipute; **2.** gummimellomlegg.

rubberize, rubberise ['rʌbə,raiz] *vb:* gummiere; impregnere med gummi.

rubberized paint gummimaling.

rubberneck ['rʌbə,nek] *subst(=rubbernecker) neds; især* **US T***(=tourist)* (nysgjerrig) turist.

rubber solution solusjon.

rubber stamp 1. gummistempel; **2.** sandpåstrøing.

rubber-stamp ['rʌbə,stæmp] *vb; fig:* strø sand på.

rubbery ['rʌbəri] *adj:* gummiaktig; seig som gummi.

rubbing strip *på bildekk:* sidegummi.

rubbish ['rʌbiʃ] *subst* **1.** søppel; avfall; skrot; **household ~** *(,***US:** *garbage)* husholdningsavfall; **2***(= nonsense)* tøys; tull *(fx don't talk rubbish!).*

rubbish bin*(=kitchen bin)* søppelbøtte; *(jvf dustbin).*

rubbish dump*(=refuse dump)* søppelfylling.

rubbish heap avfallsdynge; søppeldynge; søppelhaug.

rubbish skip avfallscontainer.

rubbishy ['rʌbiʃi] *adj(=worthless; useless)* som er noe skrap *(fx rubbishy jewellery).*

rubble ['rʌbəl] *subst:* murbrokker; **reduce to ~***(=lay in ruins)* legge i ruiner.

rubble masonry bruddsteinsmur.

rubblework ['rʌbəl,wə:k] *subst:* natursteinsmur.

rub-down ['rʌb,daun] *subst:* frottering; **cold ~** kald avrivning.

rubella [ru:'belə] *subst; med.(=German measles)* røde hunder.

rubeola [ru:'biələ] *subst; med.(=measles)* meslinger.

rubicund ['ru:bikənd] *adj; litt.(=ruddy; red)* rødmusset.

rub-off ['rʌb,ɔf]: **~ effect***(=knock-on effect)* smitteeffekt.

rubric ['ru:brik] *subst* **1.** *i bok el. manuskript; om overskrift i rødt el. annen farge:* rubrikk; **2.** *fig(= category; heading):* **they all fall under the same general ~** de hører alle hjemme i samme kategori; **3.** *rel:* liturgisk forskrift; **4.** *skolev; på eksamensoppgave:* instruksjon.

ruby ['ru:bi] **1.** *subst:* rubin; *(i ur)* sten; **2.** *adj:* rubinrød.

ruby wedding 40-års bryllupsdag.

ruche, rouche [ru:ʃ] *subst:* rysj.

ruck [rʌk] *subst; sport:* **the ~** hovedfeltet.

rucksack ['rʌk,sæk] *subst:* ryggsekk; *(jvf I. back -pack 2).*

rudd [rʌd] *subst; zo; fisk:* sørv; flossmort; *(jvf roach).*

rudder ['rʌdə] *subst* **1.** *mar:* ror; **2.** *flyv:* sideror.

rudder pedals *flyv:* siderorspedaler.

rudder pintle *mar:* rortapp.

rudderpost ['rʌdə,poust] *subst; mar* **1***(=rudderstock)* rorstamme; **2.** rorstevn.

rudderstock ['rʌdə,stɔk] *subst; mar:* rorstamme.

rudder tab control *flyv:* siderorstrim.

ruddy ['rʌdi] *adj:* rødmusset.

ruddy duck *zo:* rustand.

rude [ru:d] *adj* **1.** uhøflig *(fx it's rude to stare);* ubehøvlet; grov; **he was ~ about her dress** han sa noe stygt om kjolen hennes; **2***(=indecent; obscene)* uanstendig; obskøn; grov *(fx gesture; pictures);* **a ~ joke** en uanstendig (*el.* grovkornet) spøk; **3.** *lett glds(=roughly made; primitive)* primitiv *(fx rude stone implements; they built a rude shelter);* **4***(=sudden and unpleasant; abrupt):* **a ~ awakening** en brå oppvåkning; **a ~ surprise** en uventet og ubehagelig overraskelse; **5.** *om helse(=robust)* robust *(fx the rude health of their children);* **he was in ~ health** han var ved ypperlig helse.

rudiment ['ru:dimənt] *subst* **1.** *biol:* rudiment; anlegg; **2.: -s***(=elementary facts)* begynnelsesgrunner; **she's learning the -s of cooking** hun holder på å lære det mest elementære i kokekunsten.

rudimentary [,ru:di'mentəri] *adj* **1.** *biol:* rudimentær; uutviklet; **2.** elementær *(fx he has a rudimentary knowledge of the subject; her knowledge of cooking is rudimentary).*

rue [ru:] *vb; glds el. litt.(=regret)* angre *(fx I rue the day I met him).*

rueful ['ru:ful] *adj; stivt(=sorrowful)* bedrøvet *(fx a rueful expression);* **the Knight of the Rueful***(= Sorrowful)* **Countenance** ridderen av den bedrøvelige skikkelse.

I. ruff [rʌf] *subst* **1.** *zo:* brushane; *(jvf I. reeve 1);* **2.** *zo; på fugl:* fjærkrage; **3.** *hist:* pipekrage.

II. ruff *vb; kortsp(=trump)* trumfe (på sidefarge); **cross-~** krysstrumfe.

ruff grouse *zo:* kragerype.

ruffian ['rʌfiən] *subst(=hooligan; bandit)* bølle; banditt *(fx he was attacked by a gang of ruffians).*

I. ruffle ['rʌfəl] *subst* **1***(=frill)* rysj (på kjole, etc); **lace ~** kniplingsrysj; **2.** *stivt; på vann(=ripple)* krusning.

II. ruffle *vb* **1***(=ripple)* kruse *(fx a sudden breeze ruffled the water);* **2***(=rumple)* bringe i uorden; buste til; **don't ~ my hair** bust meg ikke til på håret; **3.** *om fugl:* **~ its feathers** bruse med fjærene; **4***(=become irritated; irritate)* irritere; bli irritert *(fx he's easily ruffled).*

rufous ['ru:fəs] *adj; især zo(=reddish brown)* rødbrun.

rufous bunting *zo:* kastanjespurv.

rug [rʌg] *subst* **1.** *til gulvet(=small carpet)* lite teppe; rye; **bedside ~** sengeforlegger; **hearth ~** kaminteppe; **rag ~** fillerye; **2.** pledd; **travelling ~** reisepledd.

rugby ['rʌgbi] *subst; sport:* **~ (football)** rugby.

rugged ['rʌgid] *adj* **1.** *om fjell(=craggy)* forreven; **2.** *om terreng(=difficult)* ulendt; **3.** *om ansikt:* markert; **~ features***(=striking features)* markerte trekk; **4***(=strong; tough)* robust *(fx he's tall and rugged);* **he had ~ good looks** han virket robust og så godt ut; **5.** *om manérer(=unpolished)* grove; simple *(fx manners);* **6.** anstrengende; hard; krevende *(fx a rugged sport);* **he leads a ~ life** han fører et hardt liv; **7***(=uncompromising):* **a ~ individualist** en urokkelig individualist.

rugger ['rʌgə] *subst* **T***(=rugby)* rugby.

I. ruin ['ru:in] *subst* **1.** ruin *(fx the house was a ruin; the ruins of Pompeii);* **be in -s** ligge i ruiner; **lay a town in -s** legge en by i ruiner; **smouldering -s** rykende ruiner; **2.** *fig:* ruin; ødeleggelse *(fx the ruin of modern drama; whisky was his ruin);* **financial ~** økonomisk ruin; **the company is facing ~** selskapet står overfor ruin; **3.: go to rack and ~***(=become dilapidated)* forfalle (av mangel på vedlikehold) *(fx the castle has gone to rack and ruin).*

II. ruin *vb* **1.** ruinere *(fx these transactions will ruin him);* **2.** ødelegge *(fx the scandal ruined his* *career; the storm has ruined the garden; ruin one's health)*; **3.** *om barn* **T***(=spoil)* skjemme bort *(fx you're ruining that child!)*.

ruined *adj* **1.** ruinert; som ligger i ruiner; **a ~ castle** en borgruin; **2***(=spoiled)* ødelagt *(fx my dress is ruined!)*; **3.** *glds; om kvinne:* ødelagt; forført og sveket.

ruinous ['ruinəs] *adj* **1.** *stivt el. spøkef:* ruinerende *(fx prices)*; **2.: in a ~ condition***(=dilapidated)* forfallen *(fx house)*; **3.** *fig:* ødeleggende; **a ~ course of action** en ødeleggende fremgangsmåte.

I. rule [ru:l] *subst* **1.** styre; herredømme *(fx under British rule)*; **2.** regel; **as a ~***(=usually)* som regel; vanligvis; **an invariable ~** en ufravikelig regel; **a safe ~** en god regel; **lay down a ~** oppstille en regel; **make -s** lage regler; **my ~ is to . . .** jeg har som regel å . . .; **make it a ~ to . . .***(= make a rule of (-ing))* gjøre seg (det) til regel å . . .; **(there's) no ~ without (an) exception** (det er) ingen regel uten unntagelse; **the exception proves the ~** unntagelsen bekrefter regelen; **3.** *typ:* strek *(fx a thin rule)*; **4.: -s 1.** regler; **2***(= regulations)* (ordens)reglement; **the school -s***(=the school regulations)* skolens ordensreglement; **-s and regulations** regler og forordninger; **-s of order***(=rules of procedure)* forretningsorden; **5.** *fig:* **the -s of the game** spillets regler; **those are the -s of the game***(=that's (all) part of the game)* det (*el.* slik) er spillets regler; det er en del av spillet.

II. rule *vb* **1***(=govern)* regjere; styre; herske (*over* over); **she -s her husband** hun hersker over mannen sin; **be -d by one's advisers** bli styrt (*el.* ledet) av sine rådgivere; **2.** *om ordstyrer:* **~ sby out of order** frata en ordet; **~ sth out of order** avgjøre at noe ikke tilhører dagsorden; **3.** *jur:* **~ that** avgi kjennelse for at *(fx Mr Justice Nicholls ruled that NN's will was unfair to his wife)*; **4.** *stivt:* **~***(=draw)* **a line across the page** lage en linje over hele siden; **-d paper***(=lined paper)* linjert papir; **5.: ~ off** skille fra med en strek *(fx he ruled off the rest of the page)*; **6.: ~ out***(= leave out)* utelukke *(fx a possibility)*.

rule of thumb: by ~ of thumb etter tommelfingerregelen *(fx I usually work by rule of thumb)*.

ruler ['ru:lə] *subst* **1.** hersker; regent; **2.** linjal.

rules of the air luftfartsregler.

rules of the road trafikkregler.

rules of the road at sea sjøveisregler.

I. ruling ['ru:liŋ] *subst* **1.** linjering; **2.** *jur:* rettsavgjørelse; kjennelse (*on a matter* i en sak)*(fx the judge gave his ruling on the matter)*.

II. ruling *adj* **1.** regjerende; som har regjeringsmakten; **the ~ class** den herskende klasse; **2.** *stivt(= prevailing)* fremherskende *(fx the ruling feeling was against the war)*; **3.** *merk(=current)* gjeldende; **at the price ~ in Norway** til gjeldende norsk pris.

I. rum [rʌm] *subst; drikk:* rom *(fx Royal Navy rum)*.

II. rum *adj; lett glds(=strange; odd)* underlig; rar *(fx that was a rum thing to do)*; **a ~ chap** en rar fyr.

rumba ['rʌmbə] *subst; dans:* rumba.

I. rumble ['rʌmbəl] *subst:* bulder; rumling *(fx of thunder)*.

II. rumble *vb* **1.** rumle; buldre; *om vogn, etc:* ramle; skramle; **2.** *om mage(=grumble)* knurre *(fx with hunger)*.

rumbling ['rʌmbliŋ] *subst* **1***(=rumble)* rumling; **2.: -s** tegn til uro; skumlerier *(fx about government spending)*.

rumbustious [rʌm'bʌstʃəs] *adj* **T***(=boisterous)* larmende; støyende; bråkende.

rumen ['ru:mən] *subst (pl: rumina) zo:* vom (ɔ: den første av drøvtyggernes fire mager).

ruminant ['ru:minənt] **1.** *subst:* drøvtygger; **2.** *adj:* drøvtyggende.

ruminate ['ru:mi,neit] *vb* **1***(=chew the cud)* tygge drøv; jorte; **2.: ~ on, ~ over, ~ about** gruble over; grunne på *(fx a problem)*.

rumination [,ru:mi'neiʃən] *subst* **1***(=chewing the cud)* drøvtygging; jorting; **2.** grubling; grunning.

ruminative ['ru:minətiv] *adj:* grublende.

I. rummage ['rʌmidʒ] *subst(=thorough search)* gjennomsøking; ransaking.

II. rummage *vb* **1.** rote *(fx in the drawer for a shirt)*; **she -d through the papers on his desk** hun rotet gjennom papirene på skrivebordet hans; **2.** *tollv:* inkvirere; ransake.

rummage sale **US***(=jumble sale)* loppemarked.

rummage squad *tollv:* ransakingslag; **T:** dødsgjeng.

rummy ['rʌmi] *subst; kortsp:* rummy.

I. rumour *(,US: rumor)* ['ru:mə] *subst:* rykte *(fx I heard a rumour that you'd got a new job)*; **there's a ~ going about***(=around)* **that . . .** det går det ryktet at . . .; **scotch a ~***(=put an end to a rumour)* avlive et rykte; **start***(=put out)* **a ~** sette ut et rykte.

II. rumour *(,US: rumor) vb:* **it's -ed that . . .** det går det ryktet at . . .

rumour-monger ['ru:mə,mʌŋgə] *subst:* ryktesmed.

rump [rʌmp] *subst; på dyr:* rumpe.

rumple ['rʌmpəl] *vb* **1.** skrukke; krølle *(fx you've rumpled your shirt)*; **2.: ~ sby's hair***(=tousle sby's hair)* buste en til på håret.

rump steak *(,***T:** *best of beef)* rundbiff.

rumpus ['rʌmpəs] *subst* **T:** ballade; bråk.

rumpus room **US***(=recreation room; rec room)* hobbyrom.

I. run [rʌn] **1.** løpetur; **go for a ~ before breakfast** løpe en tur før frokost; **he had***(=did)* **a good ~** han hadde en fin løpetur; **he came up at a ~***(=he came running up)* han kom løpende; **he set off at a ~** han løp av sted; **he has no ~ left in him** han kan ikke løpe lenger;

2*(=drive; trip)* (kjøre)tur *(fx we went for a run in the country)*; **trial ~** prøvetur;

3. *mar:* **the vessel is now on her ~ to Bombay** skipet er nå underveis til Bombay; **the ship's ~***(=the day's run)* **was 300 miles yesterday** tilbakelagt distanse i går var 300 miles;

4. rute *(fx lorries on the Far East run; there are no double-decker buses on that run)*; *(se NEO II: rute)*;

5. *EDB:* kjøring;

6. *fisk:* **salmon ~***(=run of salmon)* lakseoppgang.

7. *for dyr:* løpegård; **chicken ~***(=poultry yard)* hønsegård;

8. nedtrampet spor; sti *(fx a deer run)*; **ski ~***(=ski track)* skiløype;

9. raknet maske; **I have a ~ in my stocking** det er gått en maske i strømpen min;

10. *mus:* løp;

11. sveisestreng;

12. *cricket:* poeng; løp;

13. *merk(=trend)* tendens *(fx the run of the market)*;

14. *på trevirke:* **the ~ of the grain** den veien årringene går;

15. *teat:* **the play had a good ~** stykket gikk lenge; **the play had a six-month ~***(=the play had a run of six months)* stykket gikk i seks måneder;

16. *om person:* **he's had a ~ of bad (,good) luck** han var uheldig (,heldig) en stund; *kortsp:* han har sittet i utur (,tur) en stund;

17. *stivt (=type; class):* **the common***(=general)* **~**

of students(*=ordinary students)* vanlige studenter;
18.: have the ~ of(*=have free access to)* ha fri adgang til *(fx we had the run of the house and garden);*
19. *om sterk etterspørsel el. pågang:* **a ~ on the pound** sterk etterspørsel etter pund; run på pundet; **there's been a ~ on tickets for the play** det har vært run på (*el.* sterk etterspørsel etter) billetter til stykket; **a ~ on the bank** run på banken;
20. T: the -s(*=diarrhoea)* diaré;
21. *fig* **T: give him a (good) ~ for his money** gi ham valuta for pengene; la ham få føle at han har konkurranse;
22.: in the long ~ i det lange løp;
23.: on the ~ 1. på flukt *(fx prisoners on the run; they were on the run from the police);* 2(*=on the go)* på farten *(fx she's always on the run);* 3(*=on end)* på rad *(fx for three days on the run);*
24. *seilsp:* **I'm on a dead ~** jeg har vinden rett akter;
25. T: give drug smugglers a free ~ gi narkotikasmuglere fritt spillerom (*el.* armslag).

II. run *vb (pret: ran; perf. part.: run)* **1.** løpe *(fx run fast);* **~ a race** løpe et løp; delta i et løp;
2. flyte; renne *(fx rivers run to the sea; his nose is running; smoke makes my eyes run);* **~ dry** løpe tørr; **he left the tap -ning** han lot vannet stå og renne; **is the water -ning in the bathroom?** står vannet og renner på badet? **the butter started to ~** smøret begynte å renne (*el.* smelte); **when I washed my new dress the colour ran** da jeg vasket den nye kjolen min, løp fargen utover;
3. tappe; **~ as little water as possible** tappe så lite vann som mulig; **~ the bath**(*=fill up the bath tub; run water into the bath tub)* tappe (*el.* fylle) i badekaret; **~ sby a bath** tappe (*el.* fylle) i badekaret for en;
4. *EDB:* kjøre *(fx run a program on the computer; run a problem through the computer);*
5(*=drive)* kjøre *(fx I'll run you home; run up to town for the day);*
6. *om bil(=keep)* holde *(fx he runs a Mercedes);* **~ a car on a tight budget** holde bil på et stramt budsjett;
7. *om befordringsmidler:* gå *(fx the buses run every half hour);* **the trains are -ning late** togene går sent (ɔ: til sent på kvelden); *(se NEO gå 3);*
8. *om vei, etc:* gå *(fx the road runs quite close to the village);* **the boundary line -s east** grenselinjen går østover; *(se NEO gå 6);*
9. *om motor:* gå *(fx don't leave the engine running);* la gå *(fx he ran the engine);* **the engine was -ning smoothly** motoren gikk pent; **the engine -s on petrol** motoren går på bensin;
10(*=lay on; put on):* **~ more trains** sette inn flere tog;
11. *om program:* vare *(fx the programme runs for two hours);* gå *(fx the play ran for ten weeks); (jvf I. run 15);*
12. *fig:* gå *(fx everything is running(=going) smoothly at the office);* **if your tastes ~ that way** hvis smaken din går i den retningen; **a thought ran through my mind** det fór en tanke gjennom hodet på meg; **the numbers ~ from 3 to 57** tallene går fra 3 til 57; **the shades ~ from white to dark grey** nyansene går fra hvitt til mørkegrått;
13. *om kontrakt, lån, etc:* løpe *(fx interest on the loan runs from July 1st; the contract runs for seven years);* **the lease has two more years to ~** bygselavtalen løper i to år til;
14. *om ordlyd:* **the letter -s as follows** brevet har følgende ordlyd; brevet lyder som følger;
15. *om hund(=chase)* jage *(fx dogs that run deer);*
16(*=print)* trykke; bringe *(fx they ran his story in the newspaper);*
17. *om blokade:* bryte *(fx they ran the blockade);*
18. drive *(fx run a business; run a hotel; run(= work) a farm);* styre (i) *(fx who runs the country?);* **~ one's own life** bestemme over sitt eget liv *(fx the boys are just not ready to run their own lives);*
19. *sport:* **he ran third**(*=he was third; he came in third)* han kom inn på tredjeplass; han besatte tredjeplassen;
20(*=thrust)* jage; renne; kjøre *(fx he ran his sword into him);*
21. *om laks:* **the salmon are -ning** laksen går opp i elva; *(jvf I. run 6);*
22(*=smuggle)* smugle *(fx run guns);*
23. *mar:* **~ before the wind** lense; **~**(*=scud)* **under bare poles** lense for takkel og tau;
24. *om ledning:* strekke *(fx a wire in from the aerial);*
25. kople; **~ a bell off the light circuit**(*=connect a bell to the mains)* kople en ringeklokke til lysnettet;
26. *i strømpe, etc(=ladder)* rakne *(fx stockings guaranteed not to run); (jvf I. run 9);*
27.: ~ an account at the baker's ha konto hos bakeren;
28.: the disease must ~ its course sykdommen må gå sin gang;
29. *om sjøgang:* **there was a heavy sea -ning** det var svær sjøgang;
30.: ~ sby close være en hard konkurrent for en *(fx he got the job, but a younger man ran him close);* gå en en høy gang *(fx he's running you close!);*
31.: ~ a temperature(*=have a temperature)* ha feber;
32.: ~ across 1. løpe tvers over *(fx the room);* 2. **T**(*=meet by chance)* treffe tilfeldig; støte på *(fx I ran across an old friend);*
33.: ~ after løpe etter *(fx the dog ran after a cat):*
34. *mar:* **~ aground** grunnstøte;
35.: ~ along 1. løpe langs *(fx the river);* 2. *godmodig ordre(=be off):* **~ along now, children!** løp av sted med dere nå, barn! gå med dere nå, barn!
36.: ~ away 1. løpe sin vei; **~ away from home** rømme hjemmefra; 2.: **~ away with** rømme med; stikke av med *(fx he ran away with all her money);*
37.: ~ down 1. løpe ned *(fx he ran down the hill);* 2. *om urverk:* løpe ut; gå ned; 3. kjøre ned *(fx he ran down a pedestrian; I was run down by a bus);* 4. *om batteri(=go flat)* bli flatt; 5(*=groom)* strigle *(fx a horse);* 6. *fig:* snakke nedsettende om *(fx he's always running me down);*
38.: be ~ down 1(*=be dilapidated)* være forfallen *(fx the house is run down);* 2. *om person:* være nedkjørt; **feel ~ down** føle seg nedkjørt;
39.: ~ for 1. løpe for å hente; løpe etter *(fx the doctor); 2.:* **~ for dear life** løpe for livet; **~ for it** løpe alt hva man kan (for å unngå noe el. for å rekke noe); 3. **US**(*=stand for; be a candidate for)* være kandidat til; stille til valg som; **~ for the Presidency, ~ for President**(*=stand for election as President)* stille til valg som president;
40.: ~ in 1(*=om motor)* kjøre inn; **the car's still -ning in** bilen er ikke innkjørt enda; 2. **S**(*= arrest)* arrestere; sette fast; 3. ligge til *(fx musical talent runs in his family);*
41.: ~ into 1. kjøre på; kollidere med *(fx a lamppost); 2(=run across; meet by chance)* møte tilfel-

dig; støte på; løpe på; 3. *om publikasjon:* **the book ran into***(=through)* **ten editions** boka kom i ti opplag; 4.: **~ oneself into the ground** mosjonere seg ihjel; slite seg ihjel;

42.: **~ off** 1*(=run away)* løpe sin vei; 2. tappe ut *(fx the bath water);* 3. kjøre utfor *(fx the road);* 4. *på kopieringsmaskin:* kjøre opp *(fx 30 copies);* 5. **T: ~ sby off his feet** la en holde på til en segner (*el.* stuper); 6.: **~ off with** *se 36: ~ away with;*

43.: **~ on** 1. løpe videre; 2. *om motor:* gå på *(fx petrol);* 3. snakke i ett kjør; la munnen løpe; skravle *(fx he'll run on for an hour if you don't stop him);* 4. *om bokstaver i håndskrift:* henge sammen *(fx you should let the letters run on, not write them separately);* 5. *om samtale el. tanker:* dreie seg om *(fx our talk ran on recent events in East Africa);*

44.: **~ out** 1. løpe ut; 2. renne ut *(fx the water ran out);* 3. *om tid:* løpe ut; **time ran out on me***(=I lost count of the time)* tiden løp fra meg; 4. *om kontrakt, etc(=expire)* utløpe *(fx when does the lease run out?);* 5. *om beholdning, etc:* **their supplies ran out** forsyningene deres tok slutt; **the petrol ran out** det ble slutt på bensinen; **the food has ~ out** vi har sluppet opp for mat; **if oil supplies were to ~ out** om man skulle slippe opp for olje; **~ out of** slippe opp for; **I've ~ out of petrol***(=I'm at the end of my petrol)* jeg har sluppet opp for bensin; 6.: **his wife has ~ out on him** hans kone har løpt fra ham; 7.: **~ oneself out** løpe seg ut; *cricket:* **be ~ out** bli løpt ut; 8*(=jut out)* stikke ut *(fx a pier ran out into the sea);* 9. *mar:* **~ out a hawser** legge ut en trosse;

45.: **~ over** 1. løpe over; 2*(=drive over; knock down)* kjøre over; **get ~ over** bli overkjørt; 3*(=overflow)* renne over; 4. *fig(=go over)* gå over; gjennomgå *(fx let's run over the plan again);* 5.: **he ran his eye over the letter***(=he looked quickly at the letter)* han så raskt på brevet; 6.: **~ over in one's mind** la passere revy; **he ran over the events of the day in his mind** han lot dagens hendelser passere revy; 7. *om møte:* **~ over into the next day** vare helt til neste dag *(fx meetings that run over into the next day);*

46.: **~ through** 1. løpe gjennom; 2*(=pierce)* gjennombore *(fx he ran his sword through him);* 3. se (*el.* gå) igjennom *(fx the names on the list; she ran through their instructions);* 4. *om publikasjon:* **the book ran through***(=into)* **ten editions** boka kom i ti opplag; 5. *penger:* gjøre ende på *(fx he's run through a fortune);* 6.: *~(=draw)* **a line through a word** streke over et ord; 7.: **a note of despair -s through the narrative** fortvilelse går igjen i hele fortellingen;

47.: **~ to** 1. løpe til *(fx he ran to his mother);* 2*(=amount to)* komme opp i *(fx the book runs to 600 pages);* **that will ~ to a pretty penny***(=that will cost a lot of money)* det vil koste mange penger; 3.: **we can't ~ to a new car this year** vi har ikke råd til å kjøpe ny bil i år; **his salary won't ~ to a car** han kan ikke ha bil på den gasjen sin; 4.: **~ to fat***(=put on weight)* legge seg ut; 5.: **~ to earth** *se I. earth 6;*

48.: **~ up** 1. løpe opp *(fx she ran up the stairs);* 2.: **he came -ning up***(=along)* han kom løpende; 3. *fig:* **chills ran up his spine** det løp kalde ilinger oppover ryggen hans; 4*(=hoist)* heise *(fx they ran up the British flag);* 5. **T:** sy i all hast; **T:** snurpe sammen *(fx a dress in a couple of hours);* 6. **T:** bygge i all hast; **T:** smøre opp *(fx he ran up a house);* 7. *om regning(=accumulate)* opparbeide *(fx she ran up an enormous bill);*

49.: **~ up against sth***(=find one's way blocked by sth)* støte på noe *(fx we ran up against a road block); fig: ~(=come)* **up against difficulties** støte på vanskeligheter;

50.: **~ wild** 1. *om barn, etc:* ferdes ukontrollert omkring; løpe vilt *(fx they let their children run wild);* 2. *om plante:* vokse vilt; **their garden is -ning wild** hagen deres er et villnis;

51.: **~ with** 1*(=be full of)* være full av *(fx the gutters were running with water);* 2. *jur; om rettighet, etc:* høre til; **a right of way that -s with the land** en veirett som hører til eiendommen.

runabout ['rʌnə,baut] *subst* **1.** liten bil; **2.: (outboard) ~** passbåt.

I. runaway ['rʌnə,wei] *subst:* flyktning *(fx the police caught the two runaways).*

II. runaway *adj* **1.** som har rømt *(fx a runaway slave);* **2.** *om hest:* løpsk; **3.** *om seier(=very easy)* overlegen.

runaway marriage det at et par som har rømt sammen, gifter seg; **theirs was a ~** de rømte sammen og giftet seg.

I. rundown ['rʌn,daun] *subst* **1.** innskrenkning (av driften); **2.** oppsummering; resymé.

II. rundown *adj* **1.** *om batteri:* flatt; **2.** *om urverk:* gått ned; stanset; **3.** forfallen *(fx house);* **4.** *om person:* nedkjørt.

rune [ru:n] *subst:* rune; **carve -s** riste runer.

I. rung [rʌŋ] *perf. part. av III. ring.*

II. rung *subst* **1.** *på stige:* trinn; **2.** *på stol:* tverrtre; **3.** *fig:* trinn *(fx the bottom rung of the social scale).*

runic ['ru:nik] *adj:* rune-; **in ~ letters** med runeskrift.

run-in ['rʌn,in] *subst* **1***(final part of a race)* sluttløp; **2. US***(=quarrel)* sammenstøt *(fx he had a run-in with the boss).*

runner ['rʌnə] *subst* **1.** *sport:* løper; **2.** *på kjelke:* mei; **3.** *på skøyte(=blade)* jern; **4.** *tekstil:* løper *(fx stair runner; table runner);* **5.** *bot:* utløper; **6. T: do a ~** stikke av (med en annen mann) *(fx she's done a runner).*

runner bean *bot(=scarlet runner; string bean)* prydbønne.

runner-up [,rʌnər'ʌp] *subst; sport:* **be ~** komme inn på annenplass.

I. running ['rʌniŋ] *subst* **1.** løping; **2.** *motors:* gang *(fx quiet running; smooth running);* **this will cause erratic ~** dette vil bevirke ujevn gange; **3.** *sport:* **he's in the ~ for a good second place** han ligger an til en god annenplass; **still in the ~** fremdeles med (i løpet); **out of the ~** ikke lenger med (i løpet); *(jvf 6);* **4.** *av bedrift:* ledelse *(fx the running of a small business);* **5.** *av maskin:* pass *(fx a skilled mechanic has the running of that machine);* drift; **cheap in the ~***(=cheap to run)* billig i drift; **6.** *fig:* **be in the ~ for***(=be a candidate for)* være kandidat til; være med å kjempe om; **he's out of the ~** han er ute av spillet *(,***T:** *dansen); (jvf 3 ovf);* **7.** *mar:* **~ (before the wind)** lensing.

II. running *adj* **1.** løpende *(fx running debt);* rennende *(fx water);* **3.** *om sår:* væskende *(fx a running sore);* **3.** *mar:* løpende *(fx rigging).*

III. running *adv:* **for three days** *~(=three days in succession)* tre dager i trekk; tre dager etter hverandre; tre sammenhengende dager.

running battle: fight a ~ against ligge i stadig kamp med *(fx the police).*

running block *mar(=moveable block)* løperblokk.

running bowline *mar:* løpestikk.
running broad jump *sport:* lengdehopp med tilsprang.
running commentary 1. løpende kommentar; 2. *radio, TV:* direkte overføring; reportasje *(fx the BBC is broadcasting a running commentary on the match).*
running conditions *mask:* driftsforhold; **under ~** under vanlige driftsforhold *(fx tested under running conditions).*
running expenses *merk(=working expenses; operational expenditure);* driftsomkostninger; driftsutgifter; *(jvf operating costs).*
running fit *mask:* løpepasning; løpende pasning.
running free *mar(=sailing off the wind)* romskjøtsseilas.
running head *typ(=running title)* levende kolumnetittel.
running-in [,rʌniŋ'in] *subst; mask:* innkjøring; **~ period** innkjøringsperiode.
running-in tackle *mar:* innhalertalje.
running jump 1. *sport:* sprang med tilløp; 2. *fig* **T: tell him to take a ~ at himself!** be ham ryke og reise!
running knot løpeknute; renneknute; renneløkke.
running lights *mar:* (farts)lanterner.
running line *for hund:* løpestreng.
running mate 1. hest som er pacer for en annen; 2. *ved valg* **US:** kandidat til den minst betydningsfulle av to embeter, fx visepresidentkandidat.
running-on [,rʌniŋ'ɔn] *subst; mask:* glødetenning.
running shoes*(=track shoes)* tennissko; joggesko.
running shorts idrettsbukse.
running title *typ(=running head)* levende kolumnetittel.
runny ['rʌni] *adj* **T** 1. *om kokt egg:* altfor bløtt; 2.: **a ~ nose** en nese som det renner av.
runoff ['rʌn,ɔf] *subst* 1. *hydrologi:* overflatevann; 2. avgjørende løp; omløp.
run-of-the-mill [,rʌnəvðə'mil] *adj(=ordinary)* vanlig *(fx there was nothing special about it; it was just run-of-the-mill stuff);* **a local ~ school** en ganske alminnelig skole på stedet; **a ~ student** en ganske alminnelig student.
I. **run-on** ['rʌn,ɔn] *subst; typ:* fortløpende sats.
II. **run-on** [,rʌn'ɔn] *adj; typ:* fortløpende *(fx matter).*
run-proof ['rʌn,pru:f] *adj(=ladder-proof)* raknefri.
run-up ['rʌn,ʌp] *subst* 1. *sport:* tilløp; tilsprang; 2. innspurt *(fx the run-up to the election).*
runway ['rʌn,wei] *subst* 1. *flyv:* rullebane; runway; 2. *sport:* tilløp; tilløpsbane.
rupee [ru:'pi:] *subst; indisk myntenhet:* rupi.
I. **rupture** ['rʌptʃə] *subst* 1. *med.(=hernia)* brokk; 2. *med.:* brudd *(fx a rupture of the heart muscle);* 3. *meget stivt; fig:* brudd; **there was a ~***(=break)* **between them** det kom til brudd mellom dem; **diplomatic ~** diplomatisk brudd.
II. **rupture** *vb* 1. *om forhandlinger(=break off)* bryte; 2.: **~ oneself** løfte brokk på seg *(fx he ruptured himself lifting a heavy box);* 3.: **he -d a blood vessel** han fikk sprengt et blodkar.
rural ['ru:rəl] *adj:* landlig; **~ life***(=country life)* landliv; livet på landet; **a ~ way of life** en landsens måte å leve på.
rural area landdistrikt.
rural dean *svarer omtrent til:* prost; *(jvf dean 1).*
rural suboffice poståpneri.
ruse [ru:z] *subst; neds(=stratagem)* list; (lurt) knep; **employ a ~** bruke list; **he thought up a cunning ~** han tenkte ut et lurt knep.
I. **rush** [rʌʃ] *subst; bot:* siv.
II. **rush** *subst* 1. *om plutselig bevegelse:* **he made a ~ for the door** han styrtet mot døra; 2*(=hurry)* travelhet; jag; **it was 'one long ~** det var et eneste jag; **I'm in a dreadful ~** jeg har det fryktelig travelt; **Christmas ~** julestri; 3. tilstrømning *(fx a sudden rush of people who want to buy tickets);* 4. *om sterk etterspørsel el. pågang(=run)* run; *(se I. run 19);* 5. *fig; om følelser:* **a quick ~ of sympathy** en plutselig bølge av sympati; 6.: **-es** første kopi av en film (før redigering).
III. **rush** *vb* 1. styrte; fare *(fx into the room);* 2. kjøre av sted med i all hast; **she -ed him to the doctor** han fikk ham til legen i all hast; *mil:* føre fram i all hast *(fx fresh troops were rushed to the front);* 3. skynde på; mase på *(fx don't rush me!);* skynde seg med *(fx he rushed his breakfast);* 4. *om arbeid:* **~ through** skynde seg med *(fx one's work);* 5. storme; renne over ende *(fx they rushed the guard at the door);* 6.: **~***(=jump)* **to conclusions** trekke forhastede slutninger; 7. *fig:* **~ into sth** kaste (*el.* styrte) seg ut i noe; 8. *parl:* **~ a Bill through Parliament** forsere gjennom et lovforslag i Parlamentet.
rush hour rushtid; **during the ~** i rushtiden; **I got caught in the ~ this morning** jeg kom ut i rushtrafikken i dag morges.
rush job hastverksarbeid.
rush order *merk:* hasteordre.
rushy ['rʌʃi] *adj:* sivbevokst; siv-.
rusk [rʌsk] *subst:* kavring; **sweet ~** sukkerkavring.
I. **russet** ['rʌsit] *subst* 1. grovt, rødbrunt hjemmevevd stoff; 2. en eplesort.
II. **russet** *adj(=reddish brown)* rødbrun.
Russia ['rʌʃə] *subst; geogr:* Russland; Sovjet.
Russian ['rʌʃən] 1. *subst:* russer; *språket:* russisk; 2. *adj:* russisk.
Russo- ['rʌsou] russisk- *(fx the Russo-Japanese War).*
I. **rust** [rʌst] *subst* 1. rust *(fx the car was covered with rust);* 2. *på plante(=rust fungus)* rustsopp; rust.
II. **rust** *vb:* ruste; få til å ruste *(fx the rain has rusted the gate);* **~ in** ruste fast; **-ed areas** steder som er rustne; *(jvf rusty).*
I. **rustic** ['rʌstik] *subst; litt.(=countryman; peasant)* landsens menneske; bonde.
II. **rustic** *adj* 1. landsens; bondsk; **~***(=rural)* **life** livet på landet; landlivet; 2. grovt tilvirket; enkel; **~ furniture** naturtremøbler; 3. *om stil:* rustikk; bonde- *(fx rustic style).*
rusticate ['rʌsti,keit] *vb; univ(=send down (for a specified time as a punishment))* bortvise (midlertidig).
rustication [,rʌsti'keiʃən] *subst; univ:* (midlertidig) bortvisning.
rustic bunting *zo:* vierspurv.
rusticity [rʌs'tisiti] *subst:* landlighet; bondskhet; bondsk vesen.
I. **rustle** ['rʌsəl] *subst:* rasling *(fx the rustle of dry leaves blown by the wind).*
II. **rustle** *vb* 1. knitre; rasle *(fx the wind rustled in the trees);* rasle med *(fx she rustled her papers);* 2. **US***(=steal (cattle or horses))* stjele (krøtter el. hester); 3. **S: ~ up***(=get quickly)* få tak i i en fart *(fx he rustled up some food and clean clothes);* **can you ~ up some paper?** kan du få tak i noe papir?
rustler ['rʌslə] *subst* **US***(=cattle thief)* kvegtyv.
rust prevention rusthindrende arbeid.
rustproof ['rʌst,pru:f] *adj:* rustbeskyttet; behandlet mot rust.
rusty ['rʌsti] *adj* 1*(=covered with rust)* rusten *(fx a rusty old bicycle);* 2. **T:** rusten *(fx my French is rusty);* 3. **T***(=hoarse)* hes *(fx my voice is a*

bit rusty).

I. rut [rʌt] *subst* **1.** dypt hjulspor *(fx the road was full of ruts);* **2.** *fig:* **get into a ~** stivne i rutine; begynne å synes at livet er monotont *(fx he felt he was getting into a rut, so he changed his job).*

II. rut *subst; zo; om hanndyr:* brunst; *(jvf I. heat 4).*

III. rut *vb; zo; om hanndyr(=be rutting)* være brunstig.

rutabaga [,ru:tə'beigə] *subst; bot* **US***(=swede)* kålrabi; kålrot; *(jvf kohlrabi).*

ruthless ['ru:θlis] *adj(=cruel)* ubarmhjertig; grusom; skånselløs; hensynsløs.

ruthless exploitation hensynsløs utnytting; rovdrift.

rutting season *zo; om hanndyr:* brunsttid; *(jvf I. heat 4).*

ruttish ['rʌtiʃ] *adj; zo; om hanndyr(=rutting)* brunstig.

rye [rai] *subst* **1.** *bot:* rug; **2***(=rye whiskey)* whisky.

rye bread rugbrød; **a loaf of ~** et rugbrød.

rye-brome ['rai,broum] *subst; bot:* rugfaks.

rye grass *bot:* raigress; *(jvf darnel).*

S

S, s [es] (bokstaven) S, s; *tlf:* **S for Sugar** S for Sigrid; **capital S** stor S; **small s** liten s; **it is spelt with two s's***(=ss)* det skrives med to s'er.

Sabaoth [sæ'beiɔθ] *subst; bibl:* **the Lord of ~** Herren, hærskarenes Gud.

Sabbath ['sæbəθ] *subst* **1.** *hos jødene:* **the ~** sabbaten; **2. witches' ~** heksesabbat.

I. sabbatical [sə'bætikəl] *subst; univ(=sabbatical leave)* tjenestefri med lønn *(fx after seven years' teaching, a lecturer is allowed one term's sabbatical);* **he's on ~ this term** han har tjenestefri dette semesteret.

II. sabbatical *adj* **1.** som tilhører sabbaten; **2.** *univ:* **~ year** sabbatsår; *(se I. sabbatical).*

Sabine ['sæbain] *zo:* **~'s gull** sabinemåke.

sable ['seibəl] *subst* **1.** sobel; **2***(=sable fur)* sobelskinn; sobelpels; **3.** *poet:* svart farge.

sable antelope *zo:* sabelantilope.

sabot ['sæbou] *subst:* tresko (skåret ut av ett stykke); *(jvf I. clog).*

sabotage ['sæbə,ta:ʒ] **1.** *subst:* sabotasje; **2.** *vb:* sabotere; drive sabotasje på *(fx the machinery).*

saboteur [,sæbə'tə:] *subst:* sabotør.

sabre *(,US: saber)* ['seibə] *subst:* ryttersabel.

sabre-rattling ['seibə,rætliŋ] *subst; fig(blustering display of military power)* sabelrasling.

sac [sæk] *subst; anat; bot; zo:* sekk *(fx the poison of venomous snakes is held in small sacs in their heads); bot:* **embryo ~** embryosekk; *anat:* **synovial ~** slimhinnesekk; *(jvf I. sack).*

saccharin ['sækərin] *subst; kjem:* sakkarin.

saccharine ['sækə,rain; 'sækə,ri:n] *adj* **1.** sukker-; som inneholder sukker *(fx a saccharine taste);* **2.** *fig; stivt(=sugary)* sukkersøt *(fx smile);* søtladen.

sachet ['sæʃei] *subst(=small bag)* liten pose *(fx a sachet of shampoo).*

I. sack [sæk] *subst* **1***(=large bag)* sekk; **a ~ of potatoes** en sekk poteter; **2. S: hit the ~***(=go to bed)* gå til sengs; krype til køys; **3. T***(=dismissal)* sparken; **get***(=be given)* **the ~** få sparken; **4.** *hist; mil(=plundering)* (ut)plyndring (av erobret by el. område).

II. sack *vb* **1.** fylle i sekk(er); **2. T: ~ sby** gi en sparken; **3.** *hist; mil:* plyndre *(fx the city).*

sackcloth ['sæk,klɔθ] *subst* **1***(=sacking)* sekkelerret; **2.: in ~ and ashes** i sekk og aske.

sackful ['sækful] *subst* **1.** sekkfull; sekk; **2. T: -s of** mengder av; en hel masse *(fx he collected sackfuls of fines);* **a ~ of songs** en hel del sanger.

sacking ['sækiŋ] *subst:* sekkelerret.

sack race sekkeløp.

sacrament ['sækrəmənt] *subst; rel:* sakrament.

sacramental [,sækrə'mentəl] **1.** *adj:* sakramental; som hører til sakramentet; **2.** *subst; kat.:* **-s** sakramentalier.

sacred ['seikrid] *adj* **1.** *rel:* sakral *(fx music);* **2***(=holy)* hellig *(fx book);(=inviolable)* ukrenkelig; **T: a ~ cow** ei hellig ku; **nothing is ~ to him** ingenting er hellig for ham; **3.: ~ to***(=dedicated to)* helliget; viet til *(fx a tree sacred to the gods);* **a fund ~ to charity** et fond som er viet veldedighet.

sacred concert*(=church concert)* kirkekonsert.

I. sacrifice ['sækri,fais] *subst* **1***(=sacrificing)* ofring; det å ofre; offerhandling; **was the ~ of so many men justified?** var det berettiget å ofre så mange menn? **2***(=offering)* offer; offergave; **they offered a pig as a ~** de ofret en gris; *også fig:* **make a ~** ofre; **the -s made by parents** de offer som foreldrene bringer; **make -s to reach one's goal** ofre noe for å nå sitt mål.

II. sacrifice *vb:* ofre; **~ to idols** ofre til avguder; **~ one's life** ofre livet sitt; **~ oneself** ofre seg.

sacrificial [,sækri'fiʃəl *adj:* offer-; **~ lamb** offerlam; **~ site** offerplass; **~ vessel** offerkar.

sacrilege ['sækrilidʒ] *subst; også fig:* helligbrøde.

sacrilegious [,sækri'lidʒəs] *adj:* **a ~ act** en helligbrøde.

sacristy ['sækristi] *subst:* sakristi.

sacroiliac [,seikrou'ili,æk; ,sækrou'ili,æk] *adj; anat (relating to the sacrum and ilium):* **relaxation of the ~ joints** bekkenløsning.

sacrosanct ['sækrou,sæŋkt] *adj; stivt el. spøkef(=very sacred)* sakrosankt; hellig og ukrenkelig.

sacrum ['seikrəm] *subst; anat:* korsben.

sad [sæd] *adj* **1.** trist; bedrøvet *(fx become sad; look sad; make sby sad); (=melancholy)* melankolsk; vemodig stemt; **that's really ~** det er virkelig trist; **2***(=very bad)* bedrøvelig; trist *(fx the paintwork in this house is in a sad state).*

sadden ['sædən] *vb(=make sad; become sad)* gjøre bedrøvet; bli bedrøvet.

I. saddle ['sædəl] *subst* **1.** sal; *på sykkel:* sete; **2.** *kul:* rygg; sadel *(fx saddle of lamb);* **3.** *fig:* **in the ~***(=in control)* i salen; **sit tight in one's ~***(=be in a secure position)* sitte fast i salen.

II. saddle *vb* **1.** sale; legge sal på; **~ up** sale opp; **2.** *fig:* **~ sby with sth** belemre en med noe; **I'm -d with the children** jeg er belemret med barna.

saddlebag ['sædəl,bæg] *subst:* saltaske.

saddle horse ridehest.

saddler ['sædlə] *subst:* salmaker; *(jvf motor upholsterer).*

saddle roof *arkit(=saddleback)* saltak.

saddletree ['sædəl,tri:] *subst; mar:* salbom.

sadism ['seidizəm; 'sædizəm] *subst:* sadisme.

sadist ['seidist; 'sædist] *subst:* sadist.

sadistic [sə'distik] *adj:* sadistisk.

sadly *adj* **1.** trist; med vemod; **2.** *fig:* sørgelig *(fx the garden has been sadly neglected).*

sadness ['sædnis] *subst:* tristhet; bedrøvelse; tungsinn; vemod; **a joy not untinged with ~** en vemodsblandet glede; **there was an essential ~ in the music** det var en grunntone av melankoli i musikken.

safari [sə'fa:ri] *subst:* safari; **go on a ~** dra på safari.

I. safe [seif] *subst* **1.** pengeskap; safe; **2.: meat ~** matskap med fluenetting for; flueskap; **3. US S***(=condom;* **S:** *rubber)* kondom; **S:** gummi.

II. safe *adj* **1.** sikker; trygg *(fx is the ice safe?);* **a ~***(=sound)* **investment** en sikker pengeanbringelse (*el.* investering); **~ from attack** i sikkerhet mot angrep; *fig:* **on the ~ side** på den sikre siden; **in ~ custody** *om fange:* i sikker (*el.* trygg) forvaring; **in ~ keeping** i trygg forvaring; godt bevart;

make ~ trygge; sikre; **from**(=*at*) **a ~ distance** på trygg avstand; **2**(=*unharmed*) uskadd (*fx the missing child was found safe and well*); **he's ~ and sound** han er i god behold; **3**(=*reliable*): **he's a ~ driver** han er en pålitelig sjåfør; han kjører sikkert; (*se også II. play: ~ safe*).
safeblower ['seif,bloua] *subst:* skrapsprenger (som benytter sprengstoff).
safebreaker ['seif,breikə] *subst(=safecracker)* skapsprenger; (*jvf safeblower*).
safe conduct fritt leide.
safe-deposit box [,seifdi'pɔzit,bɔks] *subst; i bank:* bankboks.
I. safeguard ['seif,ga:d] *subst(=protection)* beskyttelse; vern; **a ~ against accidents** et vern mot ulykker.
II. safeguard *vb(=protect)* beskytte; verne.
safekeeping ['seif'ki:piŋ] *subst:* forvaring; trygg oppbevaring (*fx it was in the safekeeping of the bank*).
safely ['seifli] *adv:* sikkert; uskadd; i god behold; **we can ~ leave that to him** det kan vi trygt overlate til ham.
safe period *m.h.t. risiko for graviditet:* trygg periode.
safety ['seifti] *subst:* sikkerhet; trygghet (*fx I worry about the children's safety*); **a place of ~** et trygt (*el.* sikkert) sted; **for ~'s sake**(=*to be on the safe side*) for sikkerhets skyld.
safety belt(=*seat belt*) sikkerhetsbelte.
safety catch *på skytevåpen:* sikring.
safety chain *for dør:* sikkerhetslenke.
safety deputy verneombud; (*jvf safety overseer*).
safety equipment sikringsutstyr; sikkerhetsutstyr.
safety lock sikkerhetslås.
safety measure sikringstiltak; sikkerhetstiltak; (*jvf security measure*).
safety mechanism sikringsmekanisme.
safety net *også fig:* sikkerhetsnett (*fx the safety net of unemployment benefit*).
safety overseer hovedverneombud; (*jvf safety deputy*).
safety pin 1. sikkerhetsnål; **2.** *mil(=pin)* sikring (på håndgranat); **pull the ~** trekke ut sikringen.
safety programme sikkerhetsopplegg.
safety question sikkerhetsspørsmål; **the loss of this rig will obviously pose many -s affecting the North Sea oil industry** tapet av denne riggen vil naturligvis stille mange sikkerhetsspørsmål som berører Nordsjøens oljeindustri.
safety rail(=*guard rail*) autovern (langs vei).
safety razor barberhøvel.
safety supervisor *oljeind:* sikkerhetssjef; verneleder.
safety system sikkerhetssystem; (*jfv security system*).
safety valve sikkerhetsventil.
saffron ['sæfrən] **1.** *subst:* safran; **2.** *adj(=saffron yellow)* safrangul.
I. sag [sæg] fordypning (*fx in the middle of the bed*).
II. sag *vb* **1.** henge ned (*fx the shelf is sagging in the middle*); **2**(=*become weaker*) bli svakere (*fx our muscles start to sag as we get older*); **3.** *fig:* synke; dale (*fx his spirits began to sag*); (*se sagging*).
saga ['sa:gə] *subst:* saga; slektsroman.
sagacious [sə'geiʃəs] *adj; meget stivt el. spøkef(=very wise; shrewd)* skarpsindig; meget klok.
sagacity [sə'gæsiti] *subst; stivt el. spøkef(=exceptional wisdom, shrewdness)* skarpsindighet; stor klokskap.
I. sage [seidʒ] *subst* **1.** *bot:* salvie; **wood ~** (gull)firtann; **2.** *bot: se sagebrush;* **3.** *litt. el. spøkef(=wise man)* vismann.
II. sage *adj* **1.** *litt. el. spøkef(=wise)* vis; klok; **2**(=*sage-green*) grågrønn.
sagebrush ['seidʒ,brʌʃ] *subst; bot:* Artemisia tridentata (en malurtart).
sage-green *adj(=greyish-green)* grågrønn.
sagging ['sægiŋ] *adj:* slapp; nedhengende; **~ breasts** hengebryster; *fig:* **in the most ~ of spirits** når humøret svikter som mest; når humøret befinner seg på et lavmål; **with ~ springs** nedsittet (*fx chair*).
Sagittarian [,sædʒi'tɛəriən] *subst; astr:* skytte.
Sagittarius [,sædʒi'tɛəriəs] *subst; astr(=the Archer)* Skytten.
sago ['seigou] *subst; bot:* sago.
Sahara [sə'ha:rə] *subst; geogr:* **the ~** Sahara.
said [sed] **1.** *pret & perf. av II. say;* **2.** *adj; stivt el. jur:* ovennevnte; tidligere nevnte; samme (*fx the said motorist was fined £50*).
I. sail [seil] *subst* **1.** seil; **under ~** under seil; **all -s set** for fulle seil; **take in ~** berge seil; **crowd on all -(s)** heise alle seil; seile for fulle seil; **reef the -s** ta rev i seilene, **2**(=*sailing ship*): **a fleet of 20 ~** en flåte på 20 seilskip, **in the days of ~**(=*sailing ships*) i seilskutetiden; **during the last days of ~** i seilskutetidens siste dager; **3.** seiltur; seilas; **4.** *på vindmølle(=vane; windsail)* (mølle)vinge (*fx windmills have four wooden sails*); **5.** *på ubåt(=conning tower)* kommandotårn; **6.** *fig:* **take the wind out of sby's -s** ta luven fra en.
II. sail *vb* **1.** *mar:* seile; **2.** *om skipsavgang el. passasjer:* seile (*fx the ship sails today*); **3.** *om person:* seile på (*fx the seven seas*); reise over (*fx the North Sea*); **4.** *om skyer:* seile (*fx across the sky*); **5.** *fig:* seile; **she -ed off** hun seilte av sted (*el.* ut); **he -ed through his exams** han seilte gjennom eksamen.
sailable ['seiləbl] *adj; om elv, etc:* seilbar.
sailcloth ['seil,klɔθ] *subst(=canvas)* seilduk.
sailboard ['seil,bɔ:d] *subst:* seilbrett.
sailboat ['seil,bout] *subst* **US**(=*sailing boat*) seilbåt.
sailer ['seilə] *subst:* **a fast ~** en hurtigseiler; **a good ~** en god seilbåt.
sailing ['seiliŋ] *subst* **1.** seiling; seilsport; **2.** skipsavgang; seiling; **3.** *fig:* **that's plain ~** det er grei skuring.
sailing boat (,**US:** *sailboat*) seilbåt.
sailing race(=*yacht race; regatta*) kappseilas; regatta.
sailing ship seilskip.
sailor ['seilə] *subst* **1**(=*seaman*) sjømann; **2.: be a bad ~** ikke være sjøsterk; **be a good ~** være sjøsterk.
sailor blouse matrosbluse.
sailor collar matroskrage.
sailor suit matrosdress.
sailplane ['seil,plein] *subst(=glider)* seilfly; glidefly.
I. saint [seint; *foran navn:* s(ə)nt] *subst* **1.** *rel:* helgen; *foran navn:* **Saint** (,*fk: St.*) **Peter** Sankt Peter; **2.** *fig* **T:** engel (*fx you really are a saint!*).
II. saint *vb(=canonize)* gjøre til helgen; kanonisere.
saintly ['seintli] *adj:* helgenaktig; helgen-.
saithe [seiθ] *subst; zo; fisk(=coalfish)* sei.
sake [seik] *subst:* **for the ~ of** for . . . skyld (*fx he did it for the sake of his brother; I'll do it for your sake*); **for the ~ of his wife's health** av hensyn til sin kones helse; **for the ~ of comfort** for bekvemmelighetens skyld; **for the ~ of peace, he said he agreed with her** for fredens skyld sa han at han var enig med henne; **I feel very sorry for your ~ that you didn't get the job** jeg synes det er synd for din skyld at du ikke fikk jobben.
saker ['seikə] *subst; zo:* **~ (falcon)** tatarfalk.
salable ['seiləbl] *adj(=saleable)* salgbar.
salacious [sə'leiʃəs] *adj; stivt(=smutty)* slibrig (*fx*

poem).
salad ['sæləd] *subst:* salat; **raw vegetable ~** råkostsalat.
salad dressing salatdressing.
salad set salatbestikk.
salamander ['sælə,mændə] *subst; zo:* salamander.
salami [sə'la:mi] *subst:* salami.
sal ammoniac *kjem(=ammonium chloride)* salmiakk.
salaried ['sælərid] *adj* **1.** lønnet *(fx consul);* **2.** som mottar gasje; **the ~ staff** kontorpersonalet; funksjonærene.
salary ['sæləri] *subst:* gasje.
salary grade lønnsklasse; lønnsplassering.
sale [seil] *subst* **1.** salg; **counter ~** salg over disk; **the ~ of . . .** salget av . . .; **for ~***(=on sale)* til salgs; **this car has been on ~ for a couple of years** denne bilen har vært i salg i et par år; **2.: -s** salg; omsetning *(fx sales are up this year; he receives a certain commission on the sales);* **-s have recovered** salget har tatt seg opp igjen; *i regnskap:* **net -s***(=(net) sales revenues)* netto salg; **3.: -(s)** salg; utsalg; **I bought it in a ~***(=I bought it at the sales)* jeg kjøpte det på utsalg; **the January -s** utsalget i januar; januarsalget; **4.** avsetning; **have a good ~***(=sell well)* selge godt.
saleable ['seiləbl] *adj(=salable)* salgbar.
saleroom ['seil,rum] *subst (,***US:** *salesroom)* auksjonslokale; salgslokale.
sales assistant*(=shop assistant;* **US:** *sales clerk)* ekspeditør.
sales department salgsavdeling.
sales engineer salgsingeniør.
sales executive salgskonsulent.
sales exhibition salgsutstilling.
salesforce ['seilz,fɔ:s] *subst; merk:* salgskraft.
sales letter *merk:* salgsbrev.
salesman ['seilzmən] *subst:* selger; **van ~** salgssjåfør.
salesmanship ['seilzmən,ʃip] *subst(=sales technique)* salgsteknikk.
sales manager salgssjef.
salesperson ['seilz,pə:sən] *subst:* ekspeditør.
sales manager salgssjef.
sales proceeds salgsutbytte.
sales promotion salgsarbeid; salgsfremmende tiltak.
sales representative *(,***T:** *sales rep)* salgsrepresentant.
sales resistance *merk:* manglende kjøpelyst.
salesroom ['seilz,rum] *subst* **US***(=saleroom)* auksjonslokale; salgsrom.
sales service salgsservice.
sales service clerk salgssekretær.
sales talk *(,***T:** *sales chat)* salgsprat.
sales woman ['seilz,wumən] *subst:* ekspeditrise.
salicylic [,sæli'silik] *adj; kjem:* salisylsur.
salicylic acid *kjem:* salisylsyre.
salient ['seiliənt] *adj:* fremtredende; springende *(fx the salient points of his speech);* **the ~ features of the plan** de fremtredende trekk ved planen.
saliferous [sæ'lifərəs] *adj(=salt-bearing)* saltførende.
saline ['sei,lain] *adj:* saltholdig; salt- *(fx solution).*
salinity [sə'liniti] *subst:* saltholdighet.
saliva [,sə'laivə] *subst(=spit; spittle)* spytt.
salivary ['sælivəri; sə'laivəri] *adj:* spytt-; **~ gland** spyttkjertel.
salivation [,sæli'veiʃən] *subst:* spyttavsondring.
I. sallow ['sælou] *subst; bot:* selje; **common ~** gråselje.
II. sallow *adj; om huden:* gulblek; gusten.
I. sally ['sæli] *subst* **1.** *mil:* utfall; **2.** *litt. el. meget stivt; fig:* utfall; **witty ~***(=witticism)* vittighet.
II. sally *vb:* **~ forth 1.** *mil:* gjøre utfall; **2.** *om person; spøkef(=go out)* dra av sted *(fx we all sallied forth to visit the museum).*
salmon ['sæmən] *subst; zo:* laks; *(jvf grilse; parr; smolt).*
salmonella [,sælmə'nelə] *subst; med.:* salmonella.
salon ['sælɔn] *subst; om skjønnhetssalong, etc:* salong.
Salonica [sə'lɔnikə] *subst; geogr:* Saloniki.
saloon [sə'lu:n] *subst* **1.** *mar(=lounge)* salong *(fx the dining saloon);* **2.: ~ (car)** *(,***US:** *sedan)* kupé; **3.: ~ bar***(=lounge)* den mer komfortable del av en pub; *(jfv public bar).*
saloon rifle salonggevær.
sal soda krystallsoda; *(jvf washing soda).*
I. salt [sɔ:lt] *subst* **1.** salt; **cooking ~** kjøkkensalt; kokesalt; **sea ~** havsalt; **table ~** bordsalt; **2. T: an old ~** en gammel sjøulk; **3.** *fig:* **take it with a pinch of ~** ta det med en klype salt; **4.: he isn't worth his ~***(=he isn't much good)* han er ikke noe tess; han er ikke verdt lønnen sin; **5.: she's the ~ of the earth** hun er et helt igjennom fint menneske.
II. salt *vb* **1.** salte *(fx have you salted the potatoes?);* **2. T: ~ away** salte ned *(fx he's salted away a lot of money).*
III. salt *adj(=salty)* salt; som smaker salt *(fx sea water is salt);* **~ beef** salt oksekjøtt.
saltbox ['sɔ:lt,bɔks] *subst:* saltkar.
saltcellar ['sɔ:lt,selə] *subst:* saltbøsse.
salted ['sɔ:ltid] *adj:* som er tilsatt salt; salt *(fx butter);* **~ herring** salt sild.
salt lick sted hvor dyr slikker salt; saltstein.
saltpetre (,**US:** *saltpeter)* [,sɔ:lt'pi:tə] *subst; kjem:* salpeter.
salt water*(=sea water)* saltvann.
saltwater eel *zo:* kongeål; *(jvf conger).*
saltwort ['sɔ:ltwə:t] *subst; bot:* sodaurt.
salty ['sɔ:lti] *adj:* saltholdig; salt.
salubrious [sə'lu:briəs] *adj; meget stivt el. spøkef* **1***(=wholesome)* sunn *(fx climate);* **2***(=respectable):* **the pubs he goes to are not very ~** det er ikke akkurat noen pene puber han går på.
salutary ['sæljutəri] *adj* **1.** *om advarsel, råd, etc; spøkef el. stivt(=beneficial)* gagnlig; sunn *(fx his angry words had a salutary effect on her);* **2.** *glds(=healthy)* sunn; helsebringende.
salutation [,sælju'teiʃən] *subst; litt. el. stivt(=greeting)* hilsen *(fx he bowed his head to me in salutation).*
I. salute [sə'lu:t] *subst* **1.** *litt. el. stivt(=greeting)* hilsen; **2.** *mil:* hilsen; honnør; **the officer gave a ~** offiseren gjorde honnør; **3.** (kanon)salutt *(fx the Queen's birthday was honoured by a 21-gun salute).*
II. salute *vb* **1.** *litt. el. stivt(=greet)* hilse (på); **2.** *mil:* hilse; gjøre honnør (for); **3.** *mil:* saluttere (for).
I. salvage ['sælvidʒ] *subst* **1.** *mar:* berging; **2.** berget gods *(fx was there any salvage from the wreck?);* **3.** *mar:* bergingslønn; **4.** *om avfall beregnet på omsetning:* skrap.
II. salvage *vb* **1.** *mar:* berge *(fx a ship);* **2.** *ved brann, etc:* redde *(fx a few pictures);* **3.** samle inn avfall med henblikk på utnytting; **4.** *fig:* redde *(fx the company).*
salvage agreement *mar:* bergingskontrakt.
salvage company bergingsselskap.
salvage corps redningskorps *(fx London Salvage Corps).*
salvage depot skraphandlers opplagstomt.
salvage tug*(=salvage vessel)* bergingsfartøy; bergingsskip.
salvation [sæl'veiʃən] *subst* **1.** *rel:* frelse; saliggjørel-

se; **find** ~ finne frelse; **2.** *stivt:* redning *(fx the prompt arrival of the police was his salvation).*
Salvation Army: the ~ Frelsesarméen.
salvationist [sæl'veiʃənist] *subst:* medlem av Frelsesarméen.
I. salve [sæiv] *subst:* salve; **lip** ~ leppepomade; *(jvf ointment).*
II. salve *vb; stivt(=soothe)* berolige *(fx one's conscience).*
salver ['sælvə] *subst:* presenterbrett.
salvo ['sælvou] *subst:* salve (ved saluttering).
sal volatile [sælvə'lætəli] *subst(=smelling salts)* luktesalt.
salvor ['sælvə] *subst; mar:* berger.
samara [sə'ma:rə] *subst; bot(=key fruit)* vingefrukt.
Samaritan [sə'mæritən] *subst:* samaritan; **the good** ~ den barmhjertige samaritan.
same [seim] **1.** *adj:* samme *(fx I'm of the same opinion as you; he went back to the same place where he had found the ring);* **they all look the** ~ **(to me)** de ser alle likedan ut (for meg); **my friend and I are the** ~ **age** min venn og jeg er like gamle; **2.** *adv:* **I don't feel the** ~ **about you as I did** jeg føler ikke lenger det samme for deg som før; **3.: all the** ~**, just the** ~ likevel *(fx I like him all the same);* **it's all the** ~ **to me***(=I don't mind)* det er det samme for meg; jeg har ingenting imot det; **4.: (and) the** ~ **to you!** takk i like måte! takk, det samme! **5. T:** ~ **here!** det samme her! (ɔ: det synes jeg også); **6.: at the** ~ **time** 1. samtidig; på samme tid *(fx we were all shouting at the same time);* 2*(=nevertheless)* likevel; ikke desto mindre; samtidig *(fx mountain -climbing is fun, but at the same time we must not forget the danger);* **7.: much the** ~ stort sett uforandret *(fx "How's your mother?" – "Much the same (as she was).")*
sameness ['seimnis] *subst* **1.** likhet; **his books all had a certain** ~ **about them** det var en viss likhet mellom alle bøkene hans; **2***(=monotony)* ensformighet; **deadly** ~*(=drab monotony)* trist ensformighet.
samphire ['sæm,faiə] *subst; bot* **1***(=rock samphire)* stranddill; **2.: marsh** ~*(=glasswort)* salturt.
I. sample ['sa:mpəl] *subst:* prøve *(fx he gave us some samples of his firm's products; is this a sample of his usual work?);* **random** ~ stikkprøve.
II. sample *vb* **1.** prøve; smake på *(fx a cake);* **2.** *fig:* **they feel that they are sampling the millennium** de synes at de har fått en forsmak på tusenårsriket.
sample inquiry stikkprøveundersøkelse.
sampler ['sa:mplə] *subst:* en som prøver kvaliteten; **a tea** ~ en tesmaker.
sanatorium [,sænə'tɔ:riəm] *subst(,***US:** *sanitarium)* sanatorium.
sanctify ['sæŋkti,fai] *vb* 1*(=hallow)* helliggjøre; hellige; **2***(=free from sin; purify)* rense; lutre *(fx we pray that God will sanctify our hearts).*
sanctimonious [,sæŋkti'mouniəs] *adj; stivt(=hypocritical)* skinnhellig.
I. sanction ['sæŋkʃən] *subst; stivt* **1***(=approval)* godkjenning; sanksjon; approbasjon; **give sth one's** ~ godkjenne (*el.* sanksjonere) noe; **2.** *meget stivt(=permission)* tillatelse; **3.: -s** straffetiltak; sanksjoner.
II. sanction *vb; stivt* **1***(=approve)* godkjenne; sanksjonere; approbere; **2***(=permit)* tillate *(fx sanction the use of corporal punishment in schools).*
sanctity ['sæŋktiti] *subst(=holiness)* hellighet; **the** ~ **of marriage** ekteskapets ukrenkelighet.
sanctuary ['sæŋktjuəri] *subst* **1** helligdom; hellig sted; **2.** *i kirke:* sanktuarium; plass omkring høyalteret; **3***(=refuge)* tilfluktssted *(fx in earlier times a criminal could use a church as a sanctuary);* **4.** reservat *(fx a bird sanctuary).*
sanctum ['sæŋktəm] *subst* **1***(=sacred place; holy place)* hellig sted; helligdom; **2.** *spøkef:* lønnkammer; **the inner** ~ *spøkef:* det allerhelligste.
I. sand [sænd] *subst* **1.** sand; **we lay on the** ~ **and sunbathed** vi lå i sanden og solte oss; **2.: -(s)** sandstrand; sand *(fx the sands of the Sahara);* **3.** *fig:* **the -s are running out***(=there isn't much time left)* tiden er snart omme.
II. sand *vb* **1***(=spread sand on)* strø sand på; **2.:** ~ **down** slipe med sandpapir.
sandal ['sændəl] *subst:* sandal.
sandalwood ['sændəl,wud] *subst; bot:* sandel; ~ **tree** sandeltre.
sandbag ['sæn(d),bæg] *subst:* sandsekk; sandpose (som våpen); *(jvf cosh).*
sandbank ['sæn(d),bæŋk] *subst:* sandbanke.
sand bar sandrevle; sandgrunne; sandbanke.
sandblast ['sæn(d),bla:st] *vb:* sandblåse.
sandbox ['sæn(d),bɔks] *subst* **1.** sandkasse; **2. US***(=sandpit)* sandkasse (til å leke i).
sand castle sandborg; borg i sanden.
sand drift sandflukt.
sand dune sanddyne.
sand eel *zo; fisk:* **greater** ~ storsil; **lesser** ~ småsil.
sanderling ['sændəliŋ] *subst; zo:* sandløper.
sand flea *zo(=chigoe (flea); jigger (flea))* sandloppe.
sand goby*(=common goby) zo; fisk:* sandkutling.
Sandhurst ['sænd,hə:st] *subst:* kjent engelsk offisersskole.
sandman ['sæn(d),mæn] *subst:* **the** ~ Ole Lukkøye.
sand martin *zo:* sandsvale.
sandpaper ['sæn(d),peipə] *subst:* sandpapir.
sandpiper ['sænd,paipə] *subst; zo:* **common** ~ strandsnipe; **broad-billed** ~ fjellmyrløper; **purple** ~*(=American pectoral sandpiper)* fjæreplytt; **red -backed** ~*(=dunlin;* **US:** *dunlin)* myrsnipe; **Siberian pectoral** ~*(,***US:** *peetweet)* flekksnipe; *(jvf I. snipe).*
sandpit ['sæn(d),pit] *subst* **1.** sandtak; **2***(,***US:** *sandbox)* (til å leke i).
sandshoe ['sæn(d),ʃu:] *subst:* strandsko.
sandwich ['sændwidʒ; 'sænwitʃ] **1.** *subst:* sandwich; **2.** *vb:* **he was -ed between two big men and could hardly move** han satt inneklemt mellom to store menn og kunne nesten ikke bevege seg; **his car was -ed between two lorries** bilen hans befant seg mellom to lastebiler.
sandwich board dobbeltplakat; skilt med plakat på begge sider.
sandwich cake*(=layer cake)* lagkake; bløtkake.
sandwich course kurs hvor teoretisk undervisning veksler med praktisk arbeid.
sandwich man plakatbærer (med én plakat foran og én på ryggen).
sandwich tern *zo:* splitterne.
sandwort ['sænd,wə:t] *subst; bot:* sandarve.
sandwort spurrey*(=seaside sandwort) bot:* rødbendel.
sandy ['sændi] *adj* **1.** sandet; sand-; ~ **beach** sandstrand; **2.** sandfarget; rødblond *(fx hair).*
sandy-haired ['sændi,hɛəd] *adj:* rødblond.
sane [sein] *adj* **1.** tilregnelig; normal; **in a perfectly** ~ **state of mind** mentalt sett helt frisk; **2***(=sensible)* fornuftig *(fx person).*
sanely ['seinli] *adv:* fornuftig; på en fornuftig måte.
sang [sæŋ] *pret av sing.*
sangfroid ['sã:ŋ'frwa:] *subst; stivt el. spøkef(=coolness)* kaldblodighet; sinnsro.

sanguinary ['sæŋgwinəri] *adj; meget stivt* **1**(*=full of bloodshed; bloody)* blodig *(fx battle);* **2**(*= bloodthirsty)* blodtørstig.
sanguine ['sæŋgwin] *adj; stivt(=optimistic; hopeful)* optimistisk.
sanicle ['sænikəl] *subst; bot:* sanikel.
sanitarium [,sæni'tɛəriəm] *subst* **US**(*=sanatorium)* sanatorium.
sanitary ['sænitəri] *adj:* sanitær; hygienisk; **~ conditions** sanitære forhold, **~ conveniences**(*=sanitary comfort; sanitation)* sanitære bekvemmeligheter; **~ installations**(*=plumbing)* sanitære installasjoner; sanitæranlegg.
sanitary engineering(*=waste disposal engineering)* renovasjonsteknikk; **heating, ventilation and ~** varme-, ventilasjons- og renovasjonsteknikk; *(se også municipal engineering).*
sanitary towel *(,***US:** *sanitary napkin)* damebind; sanitetsbind; **T:** bind.
sanitation [,sæni'teiʃən] *subst:* sanitære forhold; hygiene.
sanity ['sæniti] *subst* **1.** mental helse; tilregnelighet; forstand *(fx fear for his sanity);* **2.** fornuft *(fx I doubt the sanity of such a plan).*
sank [sæŋk] *pret av II. sink.*
Santa Claus ['sæntə,klɔ:z; ,sæntə'klɔ:z] *subst:* julenissen.
I. sap [sæp] *subst* **1.** *bot:* sevje; saft; **2. T**(*=silly person)* tosk; fjols.
II. sap *vb; fig:* underminere; undergrave; svekke; **the disease -ped his strength** sykdommen tappet ham for krefter; **~ sby's confidence** undergrave ens selvtillit.
sapling ['sæpliŋ] *subst; bot:* ungtre.
saponify [sə'pɔni,fai] *vb; kjem:* forsåpe.
sapper ['sæpə] *subst; mil* **UK:** soldat i Royal Engineers; ingeniørsoldat.
sapphire ['sæfaiə] **1.** *subst; min:* safir; **2.** *adj:* safirblå.
sappy ['sæpi] *adj* **1.** *bot(=full of sap)* full av sevje; sevjerik; saftrik; **2. US S**(*=silly)* tåpelig; fjollet(e).
sapwood ['sæp,wud] *subst; bot, mots kjerneved:* geitê; yte; splint(ved); *(jvf heartwood).*
sarcasm ['sa:kæzəm] *subst:* sarkasme.
sarcastic [sa:'kæstik] *adj:* sarkastisk.
sarcoma [sa:'koumə] *subst; med.:* sarkom.
sarcophagus [sa:'kɔfəgəs] *subst:* sarkofag.
sardine [sa:'di:n] *subst; zo; fisk:* sardin; **we were packed like -s** vi satt (,stod) som sild i en tønne.
Sardinia [sa:'diniə] *subst, geogr:* Sardinia.
sardonic [sa:'dɔnik] *adj; stivt(=scornful)* hånlig.
sargasso [sa:'gæsou] *subst; bot:* **~ (weed)**(*=gulfweed)* sargassotang.
Sargasso Sea *subst; geogr:* **the ~** Sargassohavet.
sartorial [sa:'tɔ:riəl] *adj; stivt el. spøkef:* skredder-; **~ elegance** elegante klær.
sash [sæʃ] *subst* **1.** skulderskjerf; *på kjole:* bredt belte; **2.** *til skyvevindu:* ramme.
sash window skyvevindu; heisevindu.
sassy ['sæsi] *adj; dial el. især* **US T**(*=saucy)* frekk; **a ~ devil** en frekkas.
sat [sæt] *pret & perf. part. av sit.*
Satan ['seitən] *subst:* satan; djevelen.
satanic [sə'tænik] *adj:* satanisk; djevelsk.
satchel ['sætʃəl] *subst:* ransel.
sate [seit] *vb; om sult el. tørst; stivt(=satisfy)* tilfredsstille.
sated ['seitid] *adj:* overmett; **~ with success** mett av fremgang.
sateen [sæ'ti:n] *subst; tekstil:* sateng.
satellite ['sætə,lait] *subst:* satellitt; **communications ~**(*=comsat)* sambandssatellitt; **launch a ~** skyte opp en satellitt.
satellite communications(*=telecommunications by satellite; satellite link)* satellittsamband.
satellite town drabantby.
satiate ['seiʃi,eit] *vb; også fig; stivt(=satisfy totally)* mette helt; gjøre overmett.
satiety [sə'taiəti] *subst:* overmetthet.
satin ['sætin] *subst; tekstil:* atlask.
satire ['sætaiə] *subst:* satire (*on* over).
satirical [sə'tirikəl] *adj:* satirisk.
satirist ['sætirist] *subst:* satiriker.
satirize, satirise ['sætə,raiz] *vb:* satirisere (over).
satisfaction [,sætis'fækʃən] *subst* **1.** tilfredsstillelse *(fx of one's desires);* **2.** *om det som gleder el. gjør tilfreds:* tilfredsstillelse *(fx I had the satisfaction of knowing that . . .); stivt:* **it's a great ~ to me that . . .**(*=I'm very glad that . . .)* jeg er svært glad for at . . .; **3.** æresoppreisning; **get ~** få æresoppreisning; **4.** *stivt:* **is the meal to your ~?**(*=is the meal satisfactory?)* er måltidet tilfredsstillende? **to my entire**(*=complete)* **~** til min fulle tilfredshet.
satisfactory [,sætis'fæktəri] *adj:* tilfredsstillende; **we hope this will be ~ for**(*=to)* **you** vi håper dette vil være tilfredsstillende for Dem; **we trust this will be ~ to both parties** vi håper at dette vil være tilfredsstillende for begge parter.
satisfied ['sætis,faid] **1.** *pret & perf. part. av satisfy;* **2.** *adj;* tilfreds; fornøyd (*with* med); *(=convinced)* overbevist *(fx I was satisfied that he was guilty);* **the court was ~ that . . .** retten fant det godtgjort at . . .; **we're reasonably ~ that . . .** vi er nokså sikre på at . . .
satisfy ['sætis,fai] *vb* **1.** tilfredsstille; **2.** *sult el. tørst:* stille *(fx one's hunger);* **3**(*=convince)* overbevise; **~ oneself that . . .**(*=make sure that)* forvisse seg om at . . .; **4.** *m.h.t. krav til ferdigheter, kunnskaper, etc(=fulfil; meet)* oppfylle *(fx examination requirements).*
satisfying *adj* **1.** *om mat:* mettende; **2.** *fig:* tilfredsstillende *(fx the story had a satisfying ending);* **it's so ~ to get it cleared up** det er så deilig å få det oppklart.
saturate ['sætʃə,reit] *vb* **1.** gjennomvæte; **2.** *fys; kjem:* mette; *fig:* mette *(fx the market).*
saturated *adj; fys, kjem, etc:* mettet; **~ fatty acids**(*=saturated fats)* mettede fettsyrer.
saturation [,sætʃə'reiʃən] *subst; fys, kjem, etc:* metning; metting; mettethet; **degree of ~** metningsgrad; **state of ~** metningstilstand.
saturation point(*=point of saturation)* metningspunkt; **~ has been reached** metningspunktet er nådd.
Saturday ['sætədi] *subst:* lørdag; *(se Friday).*
saturnine ['sætə,nain] *adj; om gemytt; stivt(= gloomy)* mørk; dyster.
satyr ['sætə] *subst; myt:* satyr.
sauce [sɔ:s] *subst* **1.** saus; **brown ~**(*=gravy)* brun saus; **cream ~** fløtesaus; **2.** *lett glds* **T**(*=impertinence)* nesevishet *(fx that's enough of your sauce!);* **3.** *ordspråk:* **what's ~ for the goose is ~ for the gander**(*=what applies to one must apply to the other (as well))* det som gjelder for den ene, må også gjelde for den andre; **what's ~ for the students is ~ for the staff too** det som gjelder for studentene, må også gjelde for personalet.
sauce boat sauseskål.
saucepan ['sɔ:spən] *subst(=stewpan)* kasserolle; kjele; *(jvf I. pan 1).*
saucer ['sɔ:sə] *subst* **1.** skål; **a cup and ~** kopp og skål; **2.: flying ~**(*,***US:** *flying disk)* flygende tallerken; **3.: with eyes as big as -s** med øyne så

store som tinntallerkener.

saucy ['sɔ:si] *adj* **1.** *lett glds* **T:** nesevis *(fx a saucy remark); (jvf cheeky);* **2***(=jaunty; smart)* sveisen *(fx a saucy little hat);* smart; **she wore her hat at a ~ angle** hun hadde hatten sin kjekt på snei.

sauna ['sɔ:nə] *subst:* sauna.

I. saunter ['sɔ:ntə] *subst* **T***(=walk; stroll)* spasertur *(fx we had a saunter in the park).*

II. saunter *vb:* slentre; spasere; **~ by** slentre forbi.

saurel ['sɔ:rəl] *subst* **US***(=horse mackerel)* taggmakrell.

saury ['sɔ:ri] *subst; zo; fisk:* **~ (pike)***(=skipper)* makrellgjedde.

sausage ['sɔsidʒ] *subst:* pølse; **boiling ~***(=dinner sausage)* middagspølse; **(continental) slicing ~***(=German sausage;* **US:** *dry sausage)* påleggpølse.

sausage maker pølsemaker.

sausage roll 1. *til varm pølse:* brød; pølsebrød; **2. UK:** innbakt pølse.

sausage skin*(=sausage casing)* pølseskinn.

sausage stall*(=hot-dog stall; hot-dog stand)* pølsebod.

savable*(=saveable)* ['seivəbl] *adj:* som kan reddes.

I. savage ['sævidʒ] *subst* **1.** *om person som tilhører et primitivt samfunn:* vill; **the -s** de ville; **2.** *stivt:* brutal (*el.* rå) fyr; **T:** råtamp.

II. savage *vb; om dyr(=bite severely)* skambite.

III. savage *adj* **1***(=fierce)* vill; rasende; **~ animals** ville og farlige dyr; **2.** *om bemerkning:* grusom; *om kritikk:* hensynsløs; brutal: *om dom:* urimelig hard; **3.** vill; primitiv *(fx tribe).*

savagery ['sævidʒri] *subst* **1.** villskap *(fx she had been attacked with horrifying savagery);* **2.** grusomhet *(fx the shocking savageries of the invading army);* **3.** vill tilstand; **revert to ~** falle tilbake til vill tilstand.

savanna(h) [sə'vænə] *subst:* savanne.

I. save [seiv] *subst; fotb(=catch)* redning *(fx the goalkeeper made some good saves).*

II. save *vb* **1.** redde; **~ oneself** redde seg; **~ the situation** redde situasjonen; **~ one's face** redde ansiktet; **2.** *fotb:* redde *(fx the goalkeeper saved six goals);* **3.** *rel:* frelse; **4***(=protect);* **God ~ the Queen!** Gud bevare dronningen! **5.** spare *(fx he's saving (his money) to buy a bicycle);* **~ time** spare tid; **if you want to ~ (yourself) time** hvis du vil spare tid; **they're saving for a house** de sparer til hus; **6. T: it'll ~** vi får ha det til gode (til en annen gang); **7.: ~ on** spare på *(fx electricity);* **cooking it all in one pot would ~ on gas** det ville spare gass om vi lagde alt i samme kjele; **8.: ~ up***(=save)* spare *(fx he's saving up for a new bike).*

III. save *prep, konj; glds(=except)* unntatt *(fx all save him).*

save-as-you-earn *(fk SAYE)* **UK:** skattegunstig sparing.

saveloy ['sævi,lɔi] *subst:* servelatpølse.

Save the Children Fund *(fk SCF)* Redd Barna.

Savile Row [,sævəl'rou] *adj:* **~ suit** dress fra et av de velkjente herreskredderier i Savile Row i London.

I. saving ['seiviŋ] *subst* **1.** sparing; **2.** besparelse; **a great ~** en stor besparelse; **a ~ of several pounds** en besparelse på flere pund; **3.: -s** sparepenger; oppsparte penger; **'make your -s grow!'** få sparepengene til å formere seg!

II. saving *prep, konj; glds(=except)* unntatt.

saving grace*(=redeeming feature)* forsonende trekk.

savings account sparekonto.

savings bank sparebank.

savings bond spareobligasjon.

savings certificate sparebrev.

saviour *(,***US:** *savior)* ['seivjə] *subst:* frelser.

savoir faire ['sævwa:'fɛə] *subst; stivt(=social tact)* belevenhet; takt.

savory ['seivəri] *subst* **1.** *krydderurt:* sar; **2. US:** *se savoury.*

I. savour *(,***US:** *savor)* ['seivə] *subst; stivt* **1***(=taste)* smak *(fx of mustard);* **2.** *om vin(=flavour)* aroma; **3.** *fig:* **at my age, life begins to lose its ~** i min alder begynner livet å miste noe av sin tiltrekning.

II. savour (,**US:** *savor) vb; stivt* **1.** *om mat el. drikke:* **he slowly -ed the delicious soup** langsomt lot han seg den deilige suppen smake; *fig:* **she -ed the news with growing delight** hun tok inn nyheten med voksende begeistring; **2***(=enjoy):* **~ the pleasures of country life** nyte landlivets gleder, **3.** *fig; stivt:* **~ of***(=smack of; have a flavour of)* smake av.

I. savoury *(,***US:** *savory)* ['seivəri] *subst(=savoury dish)* liten krydret rett; *også:* cocktailsnack *(fx savouries were served with the drinks).*

II. savoury *(,***US:** *savory) adj* **1.** *om smak:* pikant; velsmakende (men ikke søt); **2.** *fig:* ikke pen *(fx a not very savoury affair).*

Savoy [sə'vɔi] *subst; geogr:* Savoia.

Savoy (cabbage) *bot:* savoikål.

I. savvy ['sævi] *subst* **S***(=common sense; understanding)* sunn fornuft; omløp i hodet; **he's got political ~** han forstår seg på politikk.

II. savvy *vb* **S***(=understand)* forstå; **~?** forstått?

I. saw [sɔ:] *pret av II. see.*

II. saw *subst:* sag; *(se NEO sag).*

III. saw *vb (pret: sawed; perf. part.: sawn)* **1.** sage *(fx he sawed the log in two);* **wood that -s easily** ved som det er lett å sage i; **~ wood** 1. sage ved; 2. US*(=saw them off; drive the pigs home)* dra tømmerstokker (om person som snorker); **2.: ~***(=scrape)* **away at the fiddle** gnikke på fela; **3.: ~ off** sage av; **~ off the branch one is sitting on***(=bring about one's own downfall)* sage av den grenen man selv sitter på; *spøkef; om person som snorker:* **he's -ing them off** *(,***US:** *he's sawing wood)* han (ligger og) drar tømmerstokker; **4.: ~ through** sage gjennom; **5.: ~ up** sage opp *(fx he sawed the tree up for firewood).*

sawbill ['sɔ:,bil] *subst; zo(=goosander; common merganser)* laksand.

saw blade sagblad.

saw cut sagsnitt; sagskur(d).

sawdust ['sɔ:,dʌst] *subst:* sagflis; **fine ~** sagmugg.

sawhorse ['sɔ:,hɔ:s] *subst:* sagkrakk.

sawmill ['sɔ:,mil] *subst(=timber mill)* sagbruk.

sawmiller ['sɔ:,milə] *subst:* sagmester.

sawn [sɔ:n] *perf. part. av III. saw.*

sawn-off ['sɔ:n,ɔf] *adj:* avsagd *(fx a sawn-off shotgun).*

sawtooth ['sɔ:,tu:θ] *subst:* sagtann.

saw-toothed ['sɔ:,tu:ðd] *adj:* sagtakket.

sawyer ['sɔ:jə] *subst:* sager (ɔ: person som sager tømmer).

sax [sæks] *subst; mus* **T***(=saxophone)* saksofon.

saxhorn ['sæks,hɔ:n] *subst; mus:* sakshorn.

saxifrage ['sæksi,freidʒ] *subst; bot:* sildre.

saxifrage pink *bot:* sildrehette.

Saxon ['sæksən] **1.** *subst:* sakser; **2.** *adj:* saksisk.

Saxony ['sæksəni] *subst; geogr:* Sachsen.

saxophone ['sæksə,foun] *subst; mus (,***T:** *sax)* saksofon.

I. say [sei] *subst:* **have***(=say)* **one's ~** uttale seg; si hva man mener (om saken); si sin mening *(fx*

I haven't had my say yet; you've already had your say); **hasn't she a***(=any)* **~ in the matter?** har hun ikke noe hun skal ha sagt (i denne saken)? **we have no ~ in the matter** vi har ikke noe vi skal ha sagt i saken; **we have no ~ in the decision** vi har ingen innflytelse på avgjørelsen; **she ought to have the final ~ about whether we go or not***(=she ought to be the one who decides whether we go or not)* hun bør ha det avgjørende ordet med hensyn til om vi drar eller ei.

II. say *vb (pret & perf. part.: said)* **1.** si; **what was I going to ~?** hva var det (nå) jeg skulle ha sagt? **2.** si frem *(fx one's lesson);* **~ grace** be bordbønn; **3.** stå *(fx it says in this book that . . .);* **4***(=pronounce)* uttale; si *(fx she can't say her h's);* **5.** *om klokke:* vise *(fx the clock says five);* **6.: (let's) ~** la oss si *(fx you'll arrive here in, (let's) say, three hours);* **let's ~ he started at 9 o'clock, when will he arrive?** la oss si han startet klokken 9, når kommer han da frem? **let me take, ~, ten** la meg ta 10 stykker, for eksempel; **7***(=say the word)* si fra *(fx start when I say);* **8.** uttale seg; **I'd rather not ~** det vil jeg helst ikke uttale meg om; det vil jeg helst slippe å si noe om; **9.** *uttrykk for overraskelse el. for å påkalle oppmerksomheten; stivt:* **I ~! what a surprise!** nei, for en overraskelse! **10.: I can't***(=couldn't)* **~***(=I don't know)* jeg vet ikke *(fx "How long will she be away?" – "I couldn't say.");* **11. T: I wouldn't ~ no to . . .** jeg ville ikke si nei takk til . . . *(fx I wouldn't say no to an ice-cream);* **12. T: ~ the word** si fra *(fx if you'd like to come with me, say the word);* **13. T: you can ~ that again!***(=you're absolutely right!)* du har helt rett! **14.: so to ~***(=so to speak)* så å si; om man kan si det slik *(fx the dog is, so to speak, a member of this family);* **15.: it's said that . . .***(=they say that . . .)* det sies at . . .; man sier at; **it's said that her health is very poor** det sies at hun har en meget dårlig helse; **16.: that's to ~** *(fk i.e.)* det vil si *(fk* dvs.) *(fx he was here last Thursday, that's to say the 4th of June);* **17.: there's no -ing . . .** det er ikke mulig å si . . . *(fx there's no saying what will happen next);* **18.: what have you to ~ for yourself?** hva har du å si til ditt forsvar? **19.: there's sth to be said for that** det er meget (*el.* mye) som taler for det; **20.: to ~ nothing of . . .***(=not to mention)* for ikke å snakke om . . .; **21.: not to ~** for ikke å si; **impolite, not to ~ rude** uhøflig, for ikke å si uforskammet; *(se også saying).*

saying ['seiiŋ] **1.** *subst:* munnhell; ordtak; **. . . as the ~ goes** som man sier; som det heter *(fx "Waste not, want not," as the saying goes);* **2.** *pres part.:* **so ~ he left the room** og med disse ordene forlot han rommet; **~ and doing are two different things** det er lettere å love enn å holde; *ordspråk:* å love er ærlig, å holde besværlig; *(se også II. say 17).*

say-so ['sei,sou] *subst* **T 1***(=mere assertion)* løs påstand; **no one will convict him on your ~***(=word)* **alone** ingen vil dømme ham bare på grunnlag av ditt utsagn; **2***(=say)* avgjørende ord; **3.: he left the hospital on his doctor's ~** han forlot sykehuset med legens tillatelse.

scab [skæb] *subst* **1.** *på sår:* skorpe; **the forming of a ~** skorpedannelse; **a ~ has formed on the wound***(=the wound has crusted over)* det har dannet seg skorpe på såret; **2. T***(=blackleg)* streikebryter; **3.** *vet(=mange)* skabb; **4.** *på plante:* skurv; **potato ~** potetskurv.

scabbard ['skæbəd] *subst; for sverd(=sheath)* skjede; slire.

scabby ['skæbi] *adj* **1.** *med.:* skorpet; med skorper; **2.** *vet:* skabbet *(fx a scabby dog).*

scabies ['skeibi:z] *subst* **1.** *med.* *(,T: the itch)* skabb; **2.** *vet(=mange; scab)* skabb.

scad [skæd] *subst; zo; fisk(=horse mackerel)* taggmakrell.

scaffold ['skæfəld] *subst* **1.** skafott; **mount the ~** bestige skafottet; **2***(=scaffolding)* stillas; *(jvf I. stage 2: hanging ~ & staging 2).*

scaffolding ['skæfəldiŋ] *subst* **1.** stillas *(fx scaffolding has been put up round the building so that it can be cleaned);* **2.** (system av) stillaser; **3.** stillasmaterialer.

scalable ['skeiləbl] *adj:* som kan bestiges *(fx cliff).*

I. scale [skeil] *subst* **1.** *zo:* skjell *(fx fish scale);* **2.** *bot:* skjell; **bud ~** knoppskjell; **3.** *metallurgi:* glødeskall; **4.: boiler ~** kjelestein; **5.** *fig:* **the -s fell from my eyes** det falt (som) skjell fra øynene mine.

II. scale *subst* **1***(=scale pan)* vektskål; **(a pair of) -s** en skålvekt; **(a pair of) letter -s** en brevvekt; **tip the -s** 1*(=weigh)* veie *(fx the boxer tipped the scales at 100 kilos);* 2*(=be the deciding factor)* være tungen på vektskålen; gjøre utslaget; være utslagsgivende; **his greater experience tipped the -s in his favour** det at han hadde større erfaring, slo ut til hans fordel;

2. *astr:* **the Scales** Vekten;

3. *mus:* (tone)skala;

4. skala; målestokk; **a map on the ~ of 1:50 000***(=a map drawn to the scale of 1:50 000)* et kart (som er tegnet) i målestokken 1:50 000; **out of ~** i gal målestokk; **drawn to ~** tegnet i riktig målestokk; **the ~ to which I intend to work** den målestokken jeg har tenkt å benytte; *fig:* **the American ~ of things** den amerikanske målestokken; *fig:* **on a hugely greater ~***(=on an infinitely greater scale)* i en uendelig meget større målestokk; **are doctors high on the social ~?** står legene høyt på den sosiale skala?); *(jvf 7 ndf);*

5. omfang; **the business had to be reduced in ~** forretningen måtte reduseres i omfang; *(se 7 ndf);*

6.: salary (,wage) ~ lønnsskala *(fx salary scales vary in length from four to twelve years);* **~ of pay** lønnstariff; lønnstrinn *(fx the lowest scale of pay);*

7.: on a large ~ 1. i stor målestokk; *(jvf 4 ovf);* 2. i stort omfang; i stor målestokk *(fx these guns are being manufactured on a large scale); (jvf 5 ovf).*

III. scale *vb* **1.** skrape skjell av *(fx have you scaled the herring?);* **2.** *av fyrkjele:* banke kjelestein av; **3.** *tannl:* fjerne tannstein; **4***(=climb up; climb over)* klatre opp (langs) *(fx a drainpipe);* klatre over *(fx he scaled the prison walls);* **5.: ~ down** 1*(=adjust downwards)* nedjustere *(fx wages);* 2. *om tegning, etc:* forminske (proporsjonalt); 3*(=reduce gradually)* trappe ned *(fx imports);* **~ up** 1*(=adjust upwards)* oppjustere *(fx wages);* 2. *tegning, etc:* forstørre opp (proporsjonalt); 3*(= increase gradually)* trappe opp.

scale insect *zo(=mealy bug)* skjoldlus.

scale model skalamodell.

scale pan vektskål; *(se II. scale 1).*

scaling ['skeiliŋ] *subst* **1.** kjelerensing; rustbanking; **2.** *tannl:* tannsteinfjerning.

scaling ladder stormstige.

scallion ['skæljən] *subst; bot* **1***(=spring onion)* pipeløk; **2. US***(=shallot)* sjalottløk.

I. scallop ['skɔləp; 'skæləp] *subst* **1.** *zo:* kammusling; **2***(=scallop shell)* skall av kammusling; **3.**

kul: skjell (brukt som form); **3.** *i søm; i pyntekant:* tunge.

II. scallop *vb* **1.** *i søm:* brodere tunger; tunge *(fx a scalloped handkerchief);* **2.** tilberede i skjell; **-ed oysters** østers i skjell; gratinerte østers.

scallywag ['skæli,wæg] *subst; især* **US T***(=rascal)* slubbert; kjeltring.

I. scalp [skælp] *subst* **1.** *anat:* hodebunn; **rub it well into your ~** gni det godt inn i hodebunnen; **2.** skalp.

II. scalp *vb* **1.** skalpere; **2.** *fig:* skalpere (ɔ: klippe altfor kort) *(fx the barber scalped me).*

scalpel ['skælpəl] *subst; med.:* skalpell.

scaly ['skeili] *adj* **1.** skjellet; med skjell *(fx this fish is very scaly);* **2.** *om hud:* skjellet.

I. scamp [skæmp] *subst* **1***(=rascal)* slubbert; **2.** *især om barn; spøkef:* skøyer *(fx he's a little scamp!).*

II. scamp *vb:* **~ one's work** sjuske; slurve med arbeidet; **-ed work** sjusket utført arbeid; slurv.

I. scamper ['skæmpə] *subst; især som ledd i lek:* løping hit og dit; **the dogs had a ~ in the garden** hundene fór omkring ute i hagen.

II. scamper *vb:* fare; renne; pile *(fx the mouse scampered away when it saw me);* **the children were -ing about happily on the beach** barna løp glade omkring på stranden.

scampi ['skæmpi] *subst; pl(=large prawns)* store middelhavsreker.

scan [skæn] *vb* **1.** *stivt el. litt.:* avsøke *(fx the hills with binoculars);* **2***(=glance quickly at)* fare gjennom *(fx the small ads looking for a job);* **3.** *radar; TV:* avsøke; **4.** *røntgenbilde(=read)* avlese *(fx the X-rays);* **5.** skandere; kunne skanderes *(fx the lines don't scan).*

scandal ['skændəl] *subst* **1.** skandale; **2***(=gossip)* sladder.

scandalize, scandalise ['skændə,laiz] *vb; stivt(=shock)* skandalisere; sjokkere.

scandalmonger ['skændəl,mʌŋgə] *subst:* person som sprer sladder; **be a ~** fare med sladder.

scandalous ['skændələs] *adj* **1.** skandaløs *(fx remark);* forargelig; **2.** sjokkerende *(fx his scandalous treatment of his wife).*

Scandinavia [,skændi'neiviə] *subst; geogr:* Scandinavia.

Scandinavian [,skændi'neiviən] **1.** *subst:* skandinav; **2** *adj:* skandinavisk.

scanner ['skænə] *subst:* skanner; avsøker.

scansion ['skænʃən] *subst:* skandering *(fx of a verse).*

scant [skænt] *adj; stivt(=not very much)* knapp; ikke meget; **he gave the matter ~ attention** han ofret ikke meget oppmerksomhet på saken; **he was treated with ~ courtesy** han ble ikke videre høflig behandlet.

scantily ['skæntili] *adv:* knapt; **~ dressed** med lite klær på.

scanty ['skænti] *adj:* knapp; snau; **the potato crop was rather ~ this year** det ble nokså dårlig med poteter i år; **~ clothing** sparsom (*el.* luftig) påkledning; **~ vegetation** sparsom vegetasjon.

scapegoat ['skeip,gout] *subst:* syndebukk.

scapegrace ['skeip,greis] *subst; glds:* uforbederlig slubbert; døgenikt.

scapula ['skæpjulə] *subst; anat; faglig(=shoulder blade)* skulderblad.

scapular ['skæpjulə] *subst; rel:* skapular; skulderklede.

I. scar [ska:] *subst* **1.** *etter sår:* arr *(fx he has a scar on his arm);* **2.** *fig; stivt:* **the tragedy left a ~ on her mind***(=the tragedy marked her for life)* tragedien merket henne for livet.

II. scar *vb:* etterlate arr; danne arr; *(jvf scarred).*

scarab ['skærəb] *subst:* skarabé.

scarce [skɛəs] *adj* **1***(=rare)* sjelden *(fx these paintings are scarce);* **2.** *m.h.t. behovsdekning:* **plums are ~***(=plums are in short supply)* plommer er det lite av; **3. T: make oneself ~** forsvinne (i stillhet); fordufte.

scarcely ['skɛəsli] *adv(=hardly)* knapt; nesten ikke; **you ~ know her** du kjenner henne nesten ikke; **he had ~ gone before they started talking about him** knapt var han gått, før de begynte å snakke om ham.

scarcity ['skɛəsiti] *subst* **1***(=shortage)* mangel; **a ~ of jobs** mangel på arbeid; **2***(=dearth)* dyrtid *(fx in times of scarcity, we must do our best to avoid waste);* **3.: scarcities** varer som det er knapt med; **in wartime there are always scarcities** i krigstid er det alltid vanskelig å få tak i enkelte ting.

scarcity value (høy) verdi pga. sterk etterspørsel; *fx om utøvende kunstner:* **this will enhance her ~** dette vil gjøre henne enda mer etterspurt.

I. scare [skɛə] *subst:* skrekk; forskrekkelse *(fx the noise gave me a scare);* **bomb ~** frykt for bombeeksplosjon; bombefrykt; bombetrus(s)el; **security ~** spionasjefrykt; frykt for at sikkerhetstiltakene ikke er gode nok.

II. scare *vb* **1.** skremme; **he doesn't ~ easily** han er ikke lett å skremme; **2.: ~ sby into (,out of) doing sth** skremme en til (,fra) å gjøre noe; **3.: ~ off***(=away)* skremme bort; **4. T: ~ sby stiff***(=scare sby out of his wits; scare sby to death)* skremme vettet av en; **5. US T: ~ up** få tak i i all hast *(fx a few more men for the party).*

scare campaign skremselskampanje.

scarecrow ['skɛə,krou] *subst; også fig:* fugleskremsel.

scaremonger ['skɛə,mʌŋgə] *subst:* panikkmaker.

scaremongering ['skɛə,mʌŋgəriŋ] *subst:* det å drive skremselskampanje.

scarf [ska:f] *subst (pl. scarves)* **1.** skjerf; **woollen ~** ullskjerf; **2***(=headscarf)* skaut; **3.** *tøm(=scarf joint)* bladskjøt.

scarification [,skɛərifi'keiʃən] *subst; med.:* skarifikasjon; rissing (i huden ved vaksinasjon).

scarify ['skɛəri,fai] *vb; med.:* risse (i huden).

scarlatina [,ska:lə'ti:nə] *subst; med.(=scarlet fever)* skarlagensfeber.

scarlet ['ska:lit] **1.** *subst:* skarlagenrødt; purpurrødt; **2.** *adj:* skarlagenrød; purpurrød.

scarlet fever *med.(=scarlatina)* skarlagensfeber.

scarlet grosbeak *zo(=rosefinch)* rosenfink.

scarlet pimpernel *bot(=shepherd's weatherglass; poor man's weatherglass)* legenonsblom.

scarlet runner *bot(=runner bean; string bean)* prydbønne; pralbønne.

scarper ['ska:pə] *vb* **T***(=run away)* stikke av.

scarred ['ska:d] *adj:* arret; **his face was badly ~** han hadde stygge arr i ansiktet.

scary ['skɛəri] *adj* **T** **1***(=frightening)* skremmende; **T:** nifs *(fx a scary story);* **2***(=easily scared)* lettskremt.

scathing ['skeiðiŋ] *adj; om kritikk, etc.* skarp; bitende; sviende; **a ~ condemnation** en skarp fordømmelse; **he was very ~ about her book** han uttalte seg meget fordømmende om boken hennes.

scatter ['skætə] *vb* **1.** spre; spre seg *(fx the people scattered);* **2.** strø *(fx some crumbs on the ground for the birds).*

scatterbrain ['skætə,brein] *subst* **T:** vims.

scatterbrained ['skætə,breind] *adj* **T:** vimsete.

scattered ['skætəd] *adj:* spredt.

scaup [skɔ:p] *subst; zo:* **~ (duck)** bergand.

scavenge ['skævindʒ] *vb* **1.** *gate, etc:* feie; **2.** lete

etter noe brukbart i søppel; rote i søppeldunker; **3.** *smeltet metall:* lutre.
scavenger ['skævindʒə] *subst* **1.** gatefeier; **2.** *zo:* åtseldyr.
scenario [si'na:ri,ou] *subst* **1***(=film script)* filmmanuskript; *(=shooting script)* dreiebok; **2.** *teat:* scenario; **3***(=brief summary; synopsis)* kort sammendrag; synopsis; **4.** *fig(=scene; background)* scene; **5.** *fig:* opplegg; **on this ~ unemployment could reach 5 million by 19–** med dette opplegget kunne tallet på arbeidsledige nå opp i 5 millioner innen 19–.
scenarist [si'na:rist] *subst(=scenario writer; scriptwriter)* dreiebokforfatter.
scene [si:n] *subst* **1.** scene; **I've retained this ~ in a film I took** denne scenen har jeg bevart i en film jeg tok; **2.** *film:* scene; klipp; **3.** *teat; i skuespill:* scene *(fx Scene 2 of Act II);* **the ~ is laid***(=set)* **in France** scenen er henlagt til Frankrike; **4.: (side) ~** kulisse; *også fig:* **behind the -s** bak kulissene; **5.** *fig:* scene *(fx make a scene);* **6.** *hvor noe foregår:* skueplass; **the ~ of the crime** åstedet (for forbrytelsen); **on the business ~** i forretningsmiljøet; **the drug ~** narkotikamiljøet; **7. T: not my ~***(=not my cup of tea)* ikke noe for meg; ikke noe som jeg er opptatt av (*el.* begeistret for); **8.: appear on the ~** komme til stede; **you're early on the ~** du er tidlig ute; **the doctor was on the ~ very quickly** legen kom fort til stede; **come on the ~***(=arrive; turn up)* komme *(fx now that a baby has come on the scene she has stopped working);* dukke opp *(fx we were enjoying ourselves till you came on the scene);* **9.** *teat; også fig:* **set the ~ for sby** sette en inn i handlingen; **10.** *fig:* **disappear from the ~** forsvinne ut av bildet.
scene painter teatermaler.
scenery ['si:nəri] *subst* **1.** landskap; natur; **2.** *teat:* sceneri; kulisser.
sceneshifter ['si:n,ʃiftə] *subst; teat(=stage mechanic)* maskinmann.
scenic ['si:nik] *adj* **1.** scenisk *(fx effects);* **2.** landskaps- *(fx come to Switzerland and enjoy its scenic beauties!);* **3.** naturskjønn; malerisk; **a ~ route** en naturskjønn (*el.* malerisk) rute.
scenic beauty naturskjønnhet.
scenic railway*(=switchback;* **T:** *big dipper; roller coaster)* berg- og dalbane; rutsjebane.
I. scent [sent] *subst* **1.** duft; behagelig lukt; **2***(=perfume)* parfyme; **she wears too much ~** hun bruker for mye parfyme; **3.** *ved jakt, etc:* spor; **pick up the ~** finne sporet; **4.** *om hund:* teft *(fx a dog has keen scent);* **5** *fig:* **put***(=throw)* **sby off the ~** villede en; bringe en på villspor; **be on the wrong ~***(=be on the wrong track)* være på villspor; **be on the ~***(=track)* **of** være på sporet etter.
II. scent *vb* **1.** få ferten av; lukte; **2.** *fig(=suspect)* ane; få mistanke om *(fx I scented trouble);* **3.** ha parfyme på; **4.** spre vellukt i; parfymere.
scented ['sentid] *adj:* parfymert *(fx writing paper).*
scentless camomile *bot:* vanlig balderbrå; *(jvf camomile).*
sceptic (,**US:** *skeptic)* ['skeptik] *subst:* skeptiker.
sceptical ['skeptikəl] *adj:* skeptisk; **be ~ about sth** være skeptisk med hensyn til (*el.* når det gjelder).
scepticism (,**US:** *skepticism)* ['skeptisizəm] *subst:* skepsis; mistro; *fil:* skeptisisme.
sceptre (,**US:** *scepter)* ['septə] *subst:* septer; **carry the ~** bære septeret.
I. schedule ['ʃedju:l; *især* **US:** 'skedju:l] *subst* **1.** tidsramme; **finish it according to ~** få det ferdig innen den planlagte tidsramme; **ruin the ~** sprenge tidsrammen; **(time) ~** tempoplan; **work to a time ~** arbeide etter en tempoplan; **work ~** arbeidsplan; timeplan *(fx he planned his work schedule for the following month);* **what's on the ~ this morning?** hva står det på programmet i dag? **2.** *stivt el. jur(=list; inventory)* liste; innholdsfortegnelse *(fx a schedule of the contents of the flat);* **3.** *jur; til dokument(=appendix)* tillegg; **4***(=timetable)* ruteplan; rute; kjøreplan; **according to ~** etter ruten; **ahead of ~** foran ruten; **arrive to ~***(=arrive on time)* holde ruten; **operate to ~***(=keep schedule time; run on schedule)* holde ruten; **the boat is behind ~***(=the boat is overdue)* båten er ikke i rute; *(se duty schedule).*
II. schedule *vb; stivt* **1.** *om tidspunkt:* **the meeting is -d for 9 a.m. tomorrow** møtet skal holdes i morgen tidlig klokken 9; **2.** sette opp en liste over *(fx his income and debts);* **3.** *om bygning, etc:* **~ (as an ancient monument), ~ (as a monument)** frede *(fx a scheduled building).*
scheduled flight ruteflyging; rutefly; **on a ~ from X to Y** med rutefly fra X til Y.
I. scheme [ski:m] *subst* **1.** plan; **incentive ~** plan som ansporer til innsats; **wildcat -s** eventyrlige planer; **I'm nursing a ~** jeg omgås med en plan; *skolev:* **work ~***(=scheme of work)* arbeidsplan; **2.** intrige; (ond) plan; **3.** prosjekt *(fx a hydroelectric scheme);* **4.** ordning; plan; opplegg; **colour ~** fargesammensetning; fargeplan; **pension ~** pensjonsordning; **tax ~** skatteopplegg; **in the big ~ of things** i den store sammenheng; **part of the ~** en del av opplegget; **all his novels conform to the same ~** alle romanene hans er skrevet over samme lest.
II. scheme *vb:* intrigere; legge onde planer; **he -d to get himself elected as chairman** han intrigerte for selv å bli valgt til formann; **~ against sby** intrigere mot en; **they have all been scheming for my dismissal** de har alle sammen intrigert for at jeg skulle bli avskjediget.
schemer ['ski:mə] *subst:* intrigemaker; renkesmed.
scheming ['ski:miŋ] *adj:* intrigant; beregnende.
schism ['sizəm; 'skizəm] subst; *stivt(=split)* skisma *(fx a schism arose in the labour movement).*
schist [ʃist] *subst:* skifret bergart; **mica ~***(=mica slate)* glimmerskifer.
schizophrenia [,skitsou'fri:niə] *subst; med.:* schizofreni.
schizophrenic [,skitsou'frenik] *adj:* schizofren.
schnitzel ['ʃnitzəl] *subst; kul:* **Wiener ~***(=veal escalope)* Wienerschnitzel.
scholar ['skɔlə] *subst* **1.** person som har studert (humanistiske fag) *(fx I'm no scholar);* **he's a great ~** han er lærd; **he's a classical ~** han er klassiker; han er klassisk filolog; **2***(=scholarship holder)* stipendiat; **3.** *glds(=pupil)* elev.
scholarly ['skɔləli] *adj:* lærd; vitenskapelig *(fx journal; a scholarly work);* akademisk *(fx he's so scholarly).*
scholarship ['skɔlə,ʃip] *subst* **1.** stipend *(fx she won a scholarship to go to university);* **travel ~***(=travel grant)* reisestipend; **2.** *i humanistiske fag:* kunnskap; lærdom; **draw on the ~ of the ancients** trekke veksler på oldtidens lærdom.
scholarship level *se S level.*
scholastic [skə'læstik] **1.** *subst; fil:* skolastiker; **2.** *adj; stivt:* skolemessig; skole; **~ achievements***(=school attainments)* skoleprestasjoner *(fx his brilliant scholastic achievements);* **a ~ institution***(=an educational establishment)* en utdanningsinstitusjon *(fx universities and other scholastic institutions).*

I. school [sku:l] *subst; om fisk el. sjødyr:* stim; flokk *(fx a school of porpoises); (jvf I. shoal).*

II. school *subst* **1.** skole *(fx school ends at 4 p.m.);* **fee-charging** ~ betalende skole; **public sector** ~*(=publicly maintained school)* offentlig skole; **selective** ~ skole med adgangsbegrensning; **are today's -s very much better than yesterday's?** er dagens skole vesentlig bedre enn den gamle? ~ **and teacher in a hundred years from now***(=education and teachers a hundred years hence)* skole og lærer om 100 år; **at** ~ på skolen; **we were at** ~ **together** vi gikk på samme skole; **in the old type of** ~*(=in old-time schools)* i den gamle skolen; i skoler av den gamle typen; **the** ~ **was given a holiday** skolen fikk fri; **go to** ~ 1*(=attend school)* gå på skolen; 2*(=start school)* begynne på skolen *(fx she's old enough to go to school now);* **go through a hard** ~ gjennomgå en hard skole; **miss** ~*(=be absent from school)* forsømme skolen; *(jvf NEO skulke);* **leave** ~ gå ut av skolen; være ferdig med skolen; **this was her first job after she left** ~ dette var hennes første jobb etter (at hun var ferdig med) skolen; *(se comprehensive school; composite school; grammar school; high school; infant school; junior school; preparatory school; primary school; public school; voluntary school).*
2. *ved universitet:* avdeling *(fx the Mathematics school; the School of Mathematics);*
3. *fig; om retning:* skole *(fx the impressionist school);* ~ **(of art)***(=art trend)* kunstretning; ~ **of thought** åndsretning; **a gardener of the old** ~ en gartner av den gamle skole.

III. school *vb(=teach; train)* skolere; trene opp *(fx we must school ourselves to be patient);* **he had been -ed by experience** han hadde lært av erfaring; **be -ed in hardship** gjennomgå en hard skole; ~ **oneself in patience** trene seg opp til å være tålmodig.

school age skolealder; **of** ~ i skolealderen.

schoolage ['sku:l,eidʒ] *adj:* ~ **children** barn i skolealderen.

school attendance*(=schooling)* skolegang; **compulsory** ~ skoleplikt; obligatorisk skolegang; *(se også schooling).*

schoolbag ['sku:l,bæg] *subst:* skoleveske.

school caretaker*(=school keeper)* (skole)vaktmester.

schoolchild ['sku:l,tʃaild] *subst:* skolebarn.

school complex *(,især* **US:** *school campus)* skolekompleks.

school context: in a ~ i skolesammenheng.

school council (,**US:** *student government)* elevråd.

school counsellor skolerådgiver.

school crossing patrol skolepatrulje (i trafikken).

school fees skolepenger; *(jvf tuition 2).*

school foundation skolelegat.

schooling ['skul:liŋ] *subst:* skolegang; **he had very little** ~ han fikk ikke stort skolegang; **person who has had no regular** ~*(=person without formal education)* person uten (ordnet) skolegang.

school keeper*(=school caretaker)* (skole)vaktmester.

school leaver person som går ut av skolen; **-s** de som nå går ut av skolen.

school-leaving ['sku:l,li:viŋ] **1.** *subst:* det å gå ut av skolen; **2.** *adj:* ~ **age** 1. alder da man går ut av skolen; 2. alder da man tidligst får lov til å slutte på skolen; **the raising of the** ~ **age** hevning av den skolepliktige alder.

school-leaving certificate*(=leaver's report;* **US:** *diploma)* avgangsvitnemål.

school-leaving examination avgangseksamen.

schoolmarm ['sku:l,ma:m] *subst; neds:* lærerinnetype; skolefrøken(type).

schoolmaster ['sku:l,ma:stə] *subst(=teacher)* lærer.

schoolmate ['sku:l,meit] *subst; lett glds(=school friend)* skolekamerat.

schoolmistress ['sku:l,mistris] *subst:* (kvinnelig) lærer.

school party skolefest.

school pass skolebevis.

school place skoleplass.

school practice*(=teaching practice)* undervisningspraksis.

school relations officer UK: polititjenestemann som besøker skoler og orienterer om trafikkreglene.

school results skoleresultater.

schoolroom ['sku:l,rum] *subst:* undervisningslokale; skolestue; klasseværelse.

schools broadcast *radio, TV:* skolesending; skoleprogram.

Schools Council UK: the ~ *svarer til:* Rådet for videregående opplæring.

schoolteacher ['sku:l,ti:tʃə] *subst:* skolelærer.

school welfare officer UK: sosialarbeider med forskjellige oppgaver i forbindelse med elevenes velferd; især er det hans oppgave å finne ut grunnen til uforholdsmessig stort fravær.

schooner ['sku:nə] *subst; mar:* skonnert.

schuss [ʃus] *subst; ski(=straight downhill running)* utforkjøring.

sciatic [sai'ætik] *adj:* hofte- *(fx nerve).*

sciatica [sai'ætikə] *subst; med.:* isjias.

science ['saiəns] *subst:* vitenskap; **Bachelor of Science** *(fk BSc;* **US:** *BS)* universitetsgrad tilsvarende norsk cand. mag. (med realfag); **Master of Science** *(fk MSc* **US:** *MS)* universitetsgrad tilsvarende cand. real; **chemical** ~ kjemi (vesentlig almen og teoretisk); **engineering** ~*(=science of engineering)* ingeniørvitenskap; **(natural)** ~ naturvitenskap; **(branch of) natural** ~ naturfag; ~ **and mathematics** realfag; **a** ~ **subject** et realfag; **political** ~ statsvitenskap.

science side *skolev; hist:* reallinje.

science subject *skolev:* realfag.

science teacher *skolev:* realist.

scientific [,saiən'tifik] *adj:* vitenskapelig; metodisk.

scientific adviser: senior ~ vitenskapelig konsulent I.

scientific officer *(,***US:** *research associate)* amanuensis; **senior** ~*(,***US:** *assistant professor)* førsteamanuensis; *(jvf chief technical officer).*

scientist ['saiəntist] *subst:* vitenskapsmann; *(se chemical scientist & chemical engineer).*

Scilly ['sili] *subst; geogr:* **the** ~ **Isles***(=the Scilly Islands)* Scilly-øyene.

scintillate ['sinti,leit] *vb; stivt el. spøkef(=sparkle)* funkle.

scion ['saiən] **1.** *bot:* podekvist; **2.** *meget stivt; av fornem familie(=descendant)* ætling.

scissors ['sizəz] *subst; pl:* saks; **a pair of** ~ en saks; **where are my** ~? hvor er saksen min?

sclerosis [skliə'rousis] *subst; med.:* sklerose; forkalkning.

scoff [skɔf] *vb* **1.:** ~ **(at)***(=mock)* håne; være hånlig overfor; **2. T***(=eat greedily)* spise grådig; kjøre i seg *(fx who has scoffed all the biscuits?);* **they were sitting round the table -ing** de satt rundt bordet og kjørte (*el.* langet) i seg mat.

scold [skould] *vb:* skjenne på; bruke munn på; ~ **sby in good, round terms***(=give sby a proper dressing-down)* skjelle en ut etter noter.

sconce [skɔns] *subst:* (vegg)lampett.

scone [skoun; skɔn] *subst:* scone; liten; flat kake *(fx we had scones and jam for tea).*

I. scoop [sku:p] *subst* **1.** øsekar; stor sleiv; porsjonsskje (til iskrem); **2. T:** (journalistisk) kupp (*el.* varp); **3. T:** stor fortjeneste; kupp *(fx he got a scoop with those shares he bought).*

II. scoop *vb* **1.** øse; **2.: ~ sth** slå til seg *(fx the lion's share);* **she -ed the football pools** hun vant stort i tipping; **~in the profits** sope inn fortjenesten; **3.: ~ out***(=dig out)* hule ut; grave ut *(fx he scooped out a hole in the sand with his hands);* **4.: ~ together** feie (*el.* sope) sammen *(fx he scooped the crumbs together with his fingers);* **5.: ~ up** øse opp *(fx she scooped up the pebbles in her hands).*

scoot [sku:t] *vb* **T:** stikke av sted; fare av sted; **I must ~** jeg må stikke.

scooter ['sku:tə] *subst:* scooter.

scope [skoup] *subst* **1.** *fig:* rekkevidde; ramme; **within the ~ of this Act** innenfor denne lovs ramme; **that's outside the ~ of my task** det ligger utenfor rammen av min oppgave; **that's beyond the ~ of a childs's understanding** det ligger utenfor et barns fatteevne; **2.** arbeidsområde; virkefelt; **find ~ for** finne virkefelt for; **within the ~ of my job** innenfor mitt arbeidsområde; **3.** spillerom; **give sby free ~** gi en fritt spillerom; **get (ample) ~ for one's energies** få utløp for sin virketrang; **the job gave his abilities and talents full ~** i arbeidet fikk han fritt spillerom for evner og anlegg; **4.** *radar:* skop; **5.** *mar:* slakk i ankerkjetting.

scorbutic [skɔ:'bju:tik] *med.* **1.** *subst:* skjørbukpasient; **2.** *adj:* som lider av skjørbuk; *(jvf scurvy).*

I. scorch [skɔ:tʃ] *subst* **1.** *på fx tøy:* sted hvor det er svidd (*el.* brent); **~ mark** svimerke; **2.** *på plante:* sviing.

II. scorch *vb* **1.** svi; **2.** *mil:* svi av; brenne; **the -ed earth policy** den brente jords taktikk; **3. S***(=drive recklessly)* kjøre uvørent; råkjøre.

scorcher ['skɔ:tʃə] *subst* **1. T***(=very hot day)* meget varm dag *(fx yesterday was a scorcher);* **2***(=reckless driver; speedhog)* råkjører.

scorching ['skɔ:tʃiŋ] *adj* **T***(=very hot)* stekende varmt *(fx scorching weather);* **a ~ day** en stekende varm dag.

I. score [skɔ:] *subst (pl: scores; etter tallord: score)* **1.** snes *(fx a score of people);* **by the ~***(=in scores)* i snesevis; **-s of** snesevis med (*el.* av) *(fx we've scores of things to do);* **2***(=scratch)* ripe; stripe; **3***(=tally; notch)* hakk; strek (på karvestokk); **4.** *mus:* partitur; **full ~** orkesterpartitur; **5.** *sport:* poeng; poengtall; stilling; **final ~** resultat *(fx the final score was 3 – 2);* **6.** *spill & sport:* (poeng)regnskap; **keep (the) ~** føre regnskap(et); *(jvf II. score 4);* **7. T: he knows the ~***(=he knows all the facts of the case)* han er orientert; han vet hvordan det forholder seg; **8.: on that ~** av den grunn; hva det angår *(fx I have no doubts on that score);* **9.** *fig:* mellomværende; **settle an old ~** gjøre opp et gammelt mellomværende; **I have some old -s to settle with you** jeg har noen gamle regnskaper uoppgjort med deg.

II. score *vb* **1***(=scratch)* ripe; risse; *i bok:* lage understrekninger i *(fx a heavily scored book);* **2***(=notch)* lage hakk (*el.* merke) i; **3.** *mus(=arrange)* utsette *(fx for violin and piano);* **4.** *spill & sport(=keep (the) score)* føre regnskap(et) *(fx will you score for us, please?);* **5.** *sport:* score; skyte mål; **he -d***(=got)* **30 points** han fikk (*el.* oppnådde *el.* scoret) 30 poeng, **6.** *spill(=count)* telle *(fx a try scores four points);* **7.: ~ a success** gjøre suksess *(fx he scored a success with his latest novel);* **8.: ~ off; ~ out** stryke (over) *(fx could you score(=take) my name off the list? is that word meant to be scored(=crossed) out?);* **9.: ~ up the customers** holde regnskap med hva kundene (,gjestene) har fått.

scoreboard ['skɔ:,bɔ:d] *subst:* resultattavle; poengtavle; regnskapstavle.

scorer ['skɔ:rə] *subst* **1.** en som lager poeng; *fotb:* målscorer; **2.** *i spill:* regnskapsfører.

I. scorn [skɔ:n] *subst(=contempt; disdain)* forakt; hån; **laugh sby to ~** *(,US: laugh sby down)* le en ut.

II. scorn *vb:* forakte; håne.

scornful ['skɔ:nful] *adj:* foraktelig; hånlig.

scorpion ['skɔ:piən] *subst; zo:* skorpion.

Scot [skɔt] *subst:* skotte; *(jvf Scots; Scottish).*

I. Scotch [skɔtʃ] *subst* **1.** *språket(=Scots)* skotsk; **2***(=Scotch whisky)* whisky *(fx have some Scotch! a Scotch and water; two Scotches, please).*

II. Scotch *adj:* skotsk; *(jvf Scots 2; Scottish).*

Scotch mist*(=thick mist and rain)* regntåke.

Scotch terrier skotsk terrier.

scoter ['skoutə] *subst; zo:* **(common) ~** svartand.

scotfree ['skɔt,fri:] *adj:* **get away ~***(=escape scotfree)* slippe uskadd fra det; **get off ~** 1. gå skuddfri; slippe ustraffet fra det; 2. slippe uskadd fra det.

Scotland ['skɔtlənd] *subst; geogr:* Skottland.

Scotland Yard 1.: (New) ~*(=headquarters of the London Metropolitan Police)* Londons hovedpolitistasjon; **2***(=the Criminal Investigation Department of the London Metropolitan Police)* kriminalpolitiet.

Scots [skɔts] **1.** *subst(=Scotch)* skotsk *(fx speak broad Scots);* **2.** *adj; især jur(=Scottish)* skotsk.

Scotsman ['skɔtsmən] *subst(=Scot)* skotte.

Scottish ['skɔtiʃ] **1.** *subst:* **the ~***(=the Scots)* skottene; **2.** *adj:* skotsk *(fx Scottish football; the Scottish mountains); (jvf Scotch; Scots).*

scoundrel ['skaundrəl] *subst:* skurk; kjeltring.

scoundrelly ['skaundrəli] *adj:* skurkaktig; kjeltringaktig.

I. scour [skauə] *subst:* **these tiles could do with a ~** disse flisene trenger å bli skrubbet.

II. scour *vb* **1***(=scrub)* skrubbe *(fx the floor tiles);* skure *(fx a saucepan);* **2.** *om ull:* vaske *(fx scour wool);* **3***(=excavate)* grave ut *(fx the current has scoured a deep hole in the bank);* **4.** gjennomsøke; avsøke; **~ the country** avsøke terrenget.

scourge ['skə:dʒ] *subst; fig; stivt:* svøpe; **the Huns were the ~ of Europe** hunerne var Europas svøpe.

Scouse [skaus] *subst* **T***(=Liverpudlian)* **1.** person fra Liverpool; **2.** liverpooldialekt.

I. scout [skaut] *subst* **1.** speider; **2.: the (boy) -s** speiderne; **3.: talent ~** talentspeider.

II. scout *vb* **1.** speide; **2. T: ~ about for a good place to eat** holde utkikk etter et godt sted å spise.

scouter ['skautə] *subst; i speideren:* troppsfører.

scoutmaster ['skaut,ma:stə] *subst; hist: se scouter.*

scow [skau] *subst(=lighter)* lekter.

scowl [skaul] **1.** *subst:* skulende blikk; **2.** *vb:* skule *(fx he scowled furiously at her).*

scrabble ['skræbəl] *vb* **1***(=scratch)* skrape *(fx he could hear mice scrabbling about under the floorboards);* **2.: ~ about for** krafse etter.

scraggy ['skrægi] *adj:* tynn; skranglete.

scram [skræm] *vb; især som int(=go away)* forsvinne; **I told him to ~ and he scrammed** jeg ba ham forsvinne og det gjorde han.

I. scramble ['skræmbəl] *subst* **1.** klatring; kravling; **2.** (vilt) kappløp; rush *(fx there was a scramble to get into the shop);* **3***(=moto-cross race)* motocross.

II. scramble *vb* **1.** klatre; kravle; **2.: he -d to his feet** han kom seg i all hast på bena; **he -d out of**

his clothes and jumped into the river han fikk revet av seg klærne og hoppet ut i elven; **3.: ~ for** kappes om; slåss om (å få tak i); **4.** *ved hjelp av elektronisk utstyr:* **~ a telephone conversation** gjøre en telefonsamtale uforståelig (for den som ikke kan dechifrere den).

scrambled eggs eggerøre.

scrambler ['skræmblə] *subst:* kodeforsats; kryptoforsats; *(jvf II. scramble 4).*

I. scrap [skræp] *subst* **1.** stump; bit *(fx a scrap of paper);* **a ~ of material** en stoffbit; **2.** skrap; **the old car was sold as ~** den gamle bilen ble solgt som skrap; **metal ~** metallskrap; **~ metal** skrapmetall; **3.** glansbilde *(fx a sheet of scraps);* **4.:** -s **(of food)** matrester; **5.** *fig(=shred):* **not a ~ of evidence** ikke et fnugg av bevis; **6. T***(=quarrel)* sammenstøt *(fx they had a bit of a scrap).*

II. scrap *vb* **1***(=throw away; discard)* kassere; **2***(=discard)* oppgi *(fx she scrapped the whole plan).*

scrapbook ['skræp,buk] *subst:* scrapbok; utklippsbok.

scrapdealer ['skræp,di:lə] *subst(=rag and waste dealer)* skraphandler.

I. scrape [skreip] *subst* **1.** skraping; skrapende lyd *(fx he pushed back his chair with a loud scrape);* **2***(=graze)* skrubbsår *(fx how did you get that scrape on your knee?);* **3. T***(=trouble; awkward situation):* **get into a ~** komme i vanskeligheter.

II. scrape *vb* **1.** skrape; skrubbe *(fx I scraped my elbow);* **he drove too close to the wall and -d his car** han kjørte for nær veggen og fikk en skramme på bilen sin; **he -d his boots clean** han skrapte av støvlene sine; **she -d the jam jar** hun skrapte ut av syltetøyglasset; **stop scraping your feet!** hold opp med å skrape med føttene! **the boat -d against the landing stage** båten skrapte mot brygga; **the paint will ~ off quite easily** malingen vil lett la seg skrape av; **2.** *fig:* **~***(=scratch)* **a living** skrape sammen til livets opphold; **3.** *fig:* **~ along** få endene til å møtes; **4.** *fig:* **~ the (bottom of the) barrel** skrape bunnen; **5.** *fig; ved prøve:* **~ through** så vidt bestå; slenge igjennom; **6.** *fig:* **~ together***(=scrape up)* skrape sammen *(fx enough money to buy a car);* **7.: they were scraping and saving to educate their children** de spinket og sparte for å holde barna sine på skolen, **8.: bow and ~** bukke og skrape; **9.: ~ (on) the fiddle** gnikke på fela.

scrap heap skraphaug.

scrap iron skrapjern.

scrap merchant*(=scrap dealer)* skraphandler.

scrappy ['skræpi] *adj* **1.** som består av småstykker (*el.* rester); **a ~ meal** et restemåltid; **2.** usammenhengende *(fx a scrappy essay);* planløs *(fx education).*

I. scratch [skrætʃ] *subst* **1.** ripe *(fx the table was covered in scratches);* skramme *(fx I hurt myself but it's only a scratch);* **the dog gave a ~ at the door** hunden skrapte på døren; **2.: needle ~** nålestøy; **3.: start from ~** begynne helt forfra; **build a new school system from ~** bygge opp et nytt skolesystem fra bunnen av; **4.: come up to ~** være bra nok; være god(t) nok *(fx do you think the new employee will come up to scratch? your work doesn't come up to scratch);* **his health isn't up to ~** helsen hans er ikke videre god.

II. scratch *vb* **1.** rispe; ripe (i) *(fx scratch the paint);* skrape *(fx the cat has scratched a hole in the flowerbed);* skrape opp *(fx you've scratched the table with your toy cars);* krasse; risse inn *(fx he scratched his name on the rock with a sharp stone);* **2.** klore *(fx the cat scratched my hand);* **how did you ~ your leg?** hvordan fikk du klort deg opp på benet? *fig:* **~ a living** klore til seg et utkomme *(fx from a tiny farm);* skrape sammen til livets opphold; **3.** klø *(fx the dog);* klø seg på *(fx an insect bite);* **~ oneself** klø seg; **4***(=scribble)* klore ned *(fx he scratched his initials on the desk);* **5***(=erase)* stryke *(fx scratch that last remark from the minutes);* **6.** *sport(=cancel)* avlyse *(fx the fixture was scratched because the other side couldn't raise a team);* **7.** *sport; fra konkurranse:* trekke seg; **that horse has been -ed** den hesten starter ikke; **8.** *fig:* **he merely -es the surface** han går ikke noe større i dybden; han behandler det (,stoffet, *etc*) ikke videre inngående; **9.** *om fx fugler:* **~ about** rote omkring *(fx the birds were scratching about (for food) in the snow);* **10.: ~ out** 1. stryke ut (*el.* over); 2. klore ut; **11.** *fx om hund:* **~ up** grave opp.

III. scratch *adj:* tilfeldig sammensatt *(fx team).*

scratch pad*(=notepad)* notisblokk.

scratch start *sport:* løp med fellesstart.

scratchy ['skrætʃi] *adj* **1.** som skraper *(fx pen);* **2***(=careless)* slurvet *(fx handwriting).*

scrawl [skrɔ:l] **1.** *subst(=untidy handwriting)* kråketær *(fx his handwriting is just a scrawl);* **2.** *vb(=scribble)* rable; **I -ed a hasty note to her** jeg rablet ned et lite brev til henne.

scrawny ['skrɔ:ni] *adj(=thin and bony)* tynn og knoklet; skranglete *(fx she's beginning to look scrawny);* **she has a ~ neck** hun har en mager hals.

I. scream [skri:m] *subst* **1***(=loud, shrill cry)* skrik; **she gave a ~ of pain** hun skrek av smerte; **a ~ of fury** et rasende skrik; et hyl av raseri; **2***(=loud, shrill noise)* hvin *(fx a scream of brakes);* hyl; ul(ing) *(fx the scream of a siren);* **3. T: she's an absolute ~** hun er til å le seg ihjel av; **the play was a ~** stykket var vanvittig morsomt.

II. scream *vb* **1.** skrike *(fx the baby screamed all night);* **she -ed abuse at me** hun skrek skjellsord til meg; **2.** hyle; ule; hvine; **~ with laughter** hyle av latter; **3.: these two reds ~ at each other** disse to rødfargene passer absolutt ikke sammen.

screaming fit: have a ~ sinnaskrike; *(jvf temper tantrum).*

screamingly funny T: fantastisk morsom (,morsomt).

scree [skri:] *subst:* ur; steinur.

screech [skri:tʃ] **1.** *subst:* skingrende skrik; hvin; **she gave a ~** hun satte i et hvin; **stop with a ~ of tyres** stoppe så brått at det skriker i dekkene; **2.** *vb:* skrike (skingrende); hvine; **~ to a halt** stoppe med hvinende bremser.

screech owl *zo* **1.** *Otus asio* (en nordamerikansk ugle); **2. UK:** *løs betegnelse; især(=barn owl)* tårnugle.

I. screed [skri:d] *subst* **1.** harang; tirade; **T:** lang lekse; **2.** *bygg:* lire; avrettingsbord.

II. screed *vb; bygg; med avretterbord:* avrette *(fx the floor).*

I. screen [skri:n] *subst* **1.** skjerm; **(folding) ~** skjermbrett; **2.** *TV, radar:* skjerm; **3.** fremviserskjerm; lerret; **4***(=windscreen)* frontglass; **5.** *tekn:* harpe; **6.: door (,window) ~** fluenetting; **7.** *om noe som gir skjul:* **he hid behind the ~ of bushes** han gjemte seg bak buskene; **8.** *fig(=cover)* dekke; skalkeskjul *(fx his job was a screen for his spying activities);* **9.: smoke ~** røykteppe; **10.: the ~** filmbransjen; **T:** filmen; **you can see him on the ~ quite often** man ser ham ofte på film.

II. screen *vb* **1***(=hide)* skjerme; **~ sby from view** skjerme en; skjule en; **2***(=protect)* beskytte; skjerme *(from* mot); **3***(=make a screen version of)* filmatisere *(fx a novel);* **4.** *tekn:* harpe; **-ed coal** harpet kull; **5.** sortere; sikte *(fx applicants are carefully screened);* **6.** *med.; som ledd i masseundersøkelse:* undersøke *(fx women should be regularly screened for cancer);* **7.** *som sikkerhetsforanstaltning:* undersøke *(fx passengers were screened as they boarded the aircraft);* **8.:** ~ **off** avskjerme; skille fra *(fx part of the room was screened off);* **9.** *om skuespiller:* ~ **well** ha filmtekke; egne seg for filmen.

screen actor*(=film actor)* filmskuespiller.

screen examination skjermbildeundersøkelse.

screening ['skri:niŋ] *subst* **1.** avskjerming; **2.** sikting; sortering; **3.** *tekn:* harping; **4.** *med.:* masseundersøkelse; **5.** *som ledd i sikkerhetsforanstaltning:* undersøkelse *(fx of the passengers); (jvf II. screen 7).*

screening process utvelgelsesprosess.

screenplay ['skri:n,plei] *subst:* filmmanuskript.

screen test *for vordende filmskuespiller:* prøvefilm; **have a** ~ få prøvefilme.

screen version filmatisering; **make a** ~ **of** filmatisere.

screenwriter ['skri:n,raitə] *subst:* filmmanuskriptforfatter.

I. screw [skru:] *subst* **1.** skrue; **2.** *mar(=propeller)* skrue; propell; **3.** omdreining (av skrue) *(fx he tightened it by giving it another screw);* **4.: a** ~ **of paper** en papirtutt *(fx salt in a screw of paper);* **5. S***(=prison officer)* fengselsbetjent; **6.** *vulg:* nummer; **7.** *vulg:* sengekamerat; **8. T: have a** ~ **loose** ha en skrue løs; **9. T: put the -s on sby** legge press på en.

II. screw *vb* **1.** skru; ~ **in** skru inn; ~ **off** skru av *(fx screw the lid off);* **he -ed the handle to the door** han skrudde håndtaket fast på døra; **he -ed down the floorboards** han festet gulvbordene med skruer; **it's -ed on** det er skrudd på; det er fastskrudd; det er festet med skruer; **the nut -s on here** mutteren skal skrus på her; **2.** dreie; vri; **3. T:** ~ **sby** hale penger ut av en; **T:** melke en *(fx they screwed him into the ground);* **4.** *vulg:* knulle (med); **5. T: his head's -ed on the right way** han har hodet på rette sted; **6.:** ~ **up** 1*(=fasten with screws)* skru igjen *(fx the windows are screwed up so that they won't open);* 2*(=crumple)* krølle sammen *(fx he screwed up the letter);* 3.: ~ **up one's face** fordreie ansiktet; **she -ed her nose up in disgust** hun rynket foraktelig på nesen; ~ **up one's eyes***(=peer)* myse; knipe øynene sammen; 4. *vulg(=spoil; ruin; vulg: fuck up)* ødelegge *(fx he screwed up everything).*

screwball ['skru:,bɔ:l] *subst; sport:* skruball.

screw cap*(=screw-on stopper)* skrulokk.

screw-down valve skruventil.

screwdriver ['skru:,draivə] *subst:* skrutrekker; **cross-headed** ~ stjerneskrutrekker; **offset** ~*(=right-angled screwdriver)* vinkelskrutrekker.

screwed [skru:d] *adj* **T***(=drunk)* full.

screwed up *adj:* nervøs; anspent.

screw eye*(=eyelet screw)* øye(n)skrue.

screw jack*(=jack)* donkraft; jekk.

screw stud pinneskrue.

screw tap gjengetapp.

screw thread gjenge.

screw top*(=screw cap)* skrulokk.

screw-top jar glass med skrulokk.

screwy ['skru:i] *adj* **T***(=crazy)* sprø *(fx the whole plan's screwy; is he a bit screwy?)*

scribal ['skraibəl] *adj; hist:* ~ **error***(=error in copying)* avskriftsfeil; avskriverfeil; *(jvf scribe).*

scribble ['skribəl] **1.** *subst(=scribbling)* rabbel; smøreri; **2.** *vb:* rable; rable ned *(fx a letter).*

scribbler ['skriblə] *subst; neds:* blekksmører.

scribbling pad*(=notepad; scratch pad)* notisblokk.

scribe [skraib] *subst* **1.** *hist:* skriver; **2.** *bibl:* skriftklok; skriftlærd.

scriber ['skraibə] *subst:* rissestift.

scrimmage ['skrimidʒ] *subst* **1***(=scuffle)* batalje; forvirret slagsmål; **2. US***(=football practice session)* øvingskamp.

scrimp [skrimp] *vb:* ~ **and save***(=pinch and scrape)* spinke og spare.

scrip [skrip] *subst; for aksjer:* ~ **(certificate)** interimsbevis.

scrip issue*(=bonus issue; capitalization issue)* fondsemisjon; utstedelse av fondsaksjer.

scrip share fondsaksje.

script [skript] *subst* **1.** skrifttype; skriftart; **Russian** ~ russiske skrifttegn; russiske bokstaver; **2.** *radio, TV:* tekst; manuskript *(fx have the actors all got their scripts?);* **3***(=handwriting)* håndskrift *(fx his neat script);* **4.** *skolev; faglig(=answer paper (in an examination))* eksamensbesvarelse; **5.:** *se examination paper.*

scriptural ['skriptʃərəl] *adj:* bibelsk.

Scripture ['skriptʃə] *subst:* **(Holy)** ~*(=the (Holy) Scriptures; Holy Writ; the Bible)* Skriften; Bibelen.

scripture *skolefag:* bibelhistorie.

scriptwriter ['skript,raitə] *subst; radio, TV:* tekstforfatter.

scroll [skroul] *subst* **1.** skriftrulle; **the Dead Sea -s** Dødehavsrullene; **2.** *sammenrullet, trykt på pergament el. lign.:* dokument; (fint) diplom (*el.* vitnemål) *(fx the successful candidates were presented with scrolls stating that they had gained their degrees);* **3.** krusedull, snirkel, **4.** *på fiolin:* snegl.

scroll saw*(=fretsaw)* løvsag.

scrollwork ['skroul,wə:k] *subst:* snirkelverk; løvsagarbeid.

scrotum ['skroutəm] *subst; anat:* skrotum; pung.

I. scrounge ['skraundʒ] *subst* **S: be on the** ~ **for sth** være ute for å bommme (*el.* få tak i) noe.

II. scrounge *vb; ofte spøkef* **T:** bomme; låne *(fx he's always scrounging; do you mind if I scrounge some coffee?).*

scrounger ['skraundʒə] *subst:* en som snylter på andre; en som bommer av andre; en som alltid skal låne av andre.

I. scrub [skrʌb] *subst* **1.** krattskog *(fx miles of scrub);* kratt; **birch** ~ bjørkekratt; **2.** skrubbing; **the floor needs a good** ~ gulvet trenger en omgang med skurekosten.

II. scrub *vb* **1.** skrubbe; skure; **2. T***(=erase)* slette *(fx a recording);* **3. T***(=abandon)* oppgi *(fx we planned to go but had to scrub the idea);* **4.** *kjele, etc:* ~ **out** skure (*el.* skrubbe) ren; gjøre skikkelig ren.

scrubber ['skrʌbə] *subst* **S***(=tart)* tøs.

scrubbing brush skurebørste.

scrubby ['skrʌbi] *adj* **1.** krattbevokst; **2. T:** elendig; dårlig *(fx a scrubby comedy);* **3.** *om kveg(=stunted)* hemmet i veksten.

scruff [skrʌf] *subst:* **the** ~ **of the neck** nakkeskinnet *(fx she picked up the cat by the scruff of the neck).*

scruffy ['skrʌfi] *adj:* pjusket *(fx he was looking his usual scruffy self);* shabby *(fx a pair of scruffy jeans; their house is a bit scruffy); om strøk:* ussel; fattigslig *(fx live in a scruffy neighbourhood).*

scrum [skrʌm] *subst* **1.** *i rugby:* klynge; **2.** *spøkef* **T***(=jostle):* **the morning** ~ **to board the bus** morgenrushet for å komme på bussen.

scrumptious ['skrʌmpʃəs] *adj; især brukt av barn* **T**(*=delicious*) deilig; kjempegod (*fx cake; ice-cream*).
scrumpy ['skrʌmpi] *subst:* sterk eplesider.
scrunch [skrʌntʃ] *vb* **T**(*=crush; crunch*) knuse; knase.
I. scruple ['skru:pəl] *subst:* skruppel; **without ~** uten skrupler; **-s of conscience** moralske skrupler; **I have a slight ~ about deceiving my mother** jeg er litt betenkt ved å føre min mor bak lyset; **he had no -s about accepting the money** han hadde ingen skrupler når det gjaldt å ta imot pengene; **he has suddenly got -s** han har plutselig fått betenkeligheter.
II. scruple *vb:* **he would not ~ to do it**(*=he would have no scruples about doing it*) han ville ikke ha betenkeligheter (*el.* skrupler) med å gjøre det.
scrupulous ['skru:pjuləs] *adj:* (ytterst) samvittighetsfull (*fx he's absolutely scrupulous in his handling of the accounts*); **he paid ~ attention to his instructions** han tok det meget nøye med de instruksene han hadde fått; **~ cleanliness** pinlig renslighet; **~ honesty** absolutt hederlighet; **he's not always ~ about how he achieves his aims** han tar det ikke alltid så nøye med hvordan han når sine mål.
scrutinize, scrutinise ['skru:ti,naiz] *vb; stivt el. spøkef*(*=examine carefully*) undersøke nøye; granske.
scrutiny ['skru:tini] *subst stivt*(*=careful examination*) nøye undersøkelse; gransking; **he gave the document a careful ~** han underkastet dokumentet en nøye undersøkelse.
scuba ['skju:bə] *subst*(*=aqualung*) pressluftapparat (for sportsdykker).
scuba diver sportsdykker; (*jvf skin diver*).
scud [skʌd] *vb* **1.** *om skyer; stivt el. litt.:* jage (*fx clouds were scudding across the sky*), **2.** *mar*(*= run*) lense (for været); **~ under bare poles** lense for takkel og tau.
scuff [skʌf] *vb* **1**(*=drag one's feet*) slepe bena etter seg; subbe med bena; **2.** *om skotøy*(*=wear*): **you've -ed the toes of your new shoes** du har fått skrapt opp tærne på de nye skoene dine.
I. scuffle ['skʌfəl] *subst:* håndgemeng; lite slagsmål.
II. scuffle *vb* **1.** slåss (litt), **2.** *om fx mus:* tasse.
scull [skʌl] **1.** *subst:* vrikkeåre; lett åre (som brukes i sculler); **2.** *vb:* vrikke; ro.
sculler ['skʌlə] *subst; båttype:* sculler.
scullery ['skʌləri] *subst:* grovkjøkken; (*jvf utility room 2*).
sculptor ['skʌlptə] *subst:* billedhogger.
sculptress ['skʌlptris] *subst:* billedhogger(inne).
I. sculpture ['skʌlptʃə] *subst* **1.** billedhoggerkunst; billedhoggerarbeid; **2.** skulptur.
II. sculpture *vb:* hogge ut; skulptere; modellere.
scum [skʌm] *subst* **1.** tykk, skitten hinne på stillestående vann; skum (*fx the pond was covered with (a) scum*); **2.** *om urenheter som stiger til overflaten ved gjæring, koking etc:* skum (*fx boil the bones in water, removing the scum from time to time*); **3.** *fig; neds:* avskum (*fx scum like him should be put up against a wall and shot!*); **the ~ of the earth** menneskehetens avskum (*fx people of that sort are the scum of the earth*).
I. scupper ['skʌpə] *subst; mar:* spygatt.
II. scupper *vb* **1**(*=scuttle*) bore i senk (ved å åpne bunnventilene); **2. T**(*=ruin*) ødelegge (*fx he scuppered his chances of winning the scholarship*).
scuppered *adj* **T**(*=in difficulties; ruined*) i (store) vanskeligheter; **T:** ferdig (*fx 'We're scuppered,' she said*).
scurf [skə:f] *subst* **1**(*=dandruff*) flass; **2.** *på plante:* skurv.
scurfy ['skə:fi] *adj* **1.** flasset; **2.** *om hud:* skurvet.
scurrilous ['skʌriləs] *adj; stivt*(*=rude; insulting; abusive*) uforskammet; sjofel; fornærmelig (*fx scurrilous attacks on politicians*); **~ poem** smededikt.
I. scurry ['skʌri] *subst* **1.** jag; rush (*fx there was a great scurry for ice-cream*); **I heard a ~ of feet in the passage** jeg hørte travle føtter ute i gangen.
II. scurry *vb; med korte, raske skritt:* skynde seg; styrte (*el.* fare) av sted; *om dyr:* smette; pile.
scurvy ['skə:vi] *subst; med.:* skjørbuk; (*jvf scorbutic*).
scut [skʌt] *subst; på fx hare:* halestubb (som står opp).
scutch [skʌtʃ] *vb:* skake; **~ flax** skake lin.
scutch grass *bot*(*=couch grass*) kveke.
I. scuttle ['skʌtəl] *subst*(*=coal scuttle*) kullboks.
II. scuttle *vb* **1.** *mar:* bore i senk (ved å åpne bunnventilene) (*fx scuttle a ship*); **2.** *fig*(*=wreck*) torpedere (*fx the talks*); **3.: ~ off** løpe bort.
scythe [saið] **1.** *subst:* ljå; **2.** *vb:* slå med ljå; **are you good at scything?** er du flink med ljå?
sea [si:] *subst* **1.** hav; sjø; **2.** sjøgang; sjø (*fx there's a rough sea today*); **a calm ~** rolig sjø (*fx you've got a calm sea for the trip*); **3.** *fig:* hav (*fx he looked down at the sea of faces*); **4.: at ~** til sjøs; på sjøen; *fig:* **T: be all at ~** være helt på jordet; **5.: by ~** sjøveien (*fx travel by sea*); **6.: go to ~** dra til sjøs; **7.: by the ~**(*=at the seaside*) ved sjøen.
sea anchor *mar:* drivanker.
sea aster *bot:* strandstjerne.
seabed ['si:,bed] *subst*(*=seafloor*) havbunn.
sea bird *zo:* sjøfugl.
seaboard ['si:,bɔ:d] *subst; især* **US**(*=seashore*) kyst.
seaborne ['si:,bɔ:n] *adj; mil:* **~ invasion** invasjon fra sjøen; **~ troops** tropper fraktet sjøveien.
sea bream *zo; fisk:* **common ~** flekkpagell.
sea breeze sjøbris; havbris.
sea calf *zo*(*=common seal*) steinkobbe.
sea campion *bot:* strandsmelle.
sea captain sjøkaptein.
sea chest skipskiste.
sea cow *zo:* sjøku.
sea cucumber *zo:* sjøpølse.
sea dog *litt.*(*=old sailor*) gammel sjømann; sjøulk.
sea eagle(*=white-tailed eagle;* **US:** *gray sea eagle*) havørn.
seafarer ['si:,fɛərə] *subst; stivt el. litt.*(*=sailor*) sjømann; sjøfarer.
seafaring life *stivt el. litt.*(*=life at sea*) sjøliv; liv til sjøs.
seafloor ['si:,flɔ:] *subst*(*=seabed*) havbunn.
sea food fisk og skalldyr; fiskemat.
sea front **1.** strandpromenade; **2.** husrekke mot sjøen.
sea girdle *bot:* fingertare; (*jvf sea tangle*).
sea-going ['si:,gouiŋ] *adj:* sjøgående; havgående (*fx vessel*).
sea gull *zo*(*=gull*) måke.
sea horse *zo* **1.** sjøhest; **2.** *glds*(*=walrus*) hvalross.
sea kale *bot:* strandkål.
I. seal [si:l] *subst* **1.** *zo:* sel; kobbe; **common ~**(*=sea calf*) steinkobbe; **hair ~** øresel; **harp ~** grønlandssel; **2.** segl; plombe; **wax ~** lakksegl; **~ of office** embetssegl; *også fig:* **set one's ~ on**(*= to*) sette sitt segl på; **their handshake was a ~ of friendship** håndtrykket beseglet vennskapet mellom dem; **~ of approval**(*=official approval*) offisiell godkjenning; **3.** *tekn:* tetning; **felt ~** filttetning; **piston ~** stempelpakning.
II. seal *vb* **1**(*=hunt seal*) drive jakt på sel; **2.** plombere (*fx a door*); forsegle; forsyne med segl; **he licked and -ed the envelope** han slikket på konvo-

lutten og limte den igjen; **3.** *fig:* forsegle *(fx my lips are sealed);* besegle *(fx his fate was sealed);* **4.: ~ off** sperre av *(fx troops sealed off the airport).*

Sealand ['si:lənd] *subst; geogr:* Sjælland.

sea lane*(=shipping lane)* skipsrute.

sealed *adj:* forseglet; hermetisk lukket; lufttett; **~ instructions** forseglede instrukser; **under ~ orders** med forseglede ordrer.

sea legs: get*(=find)* **one's ~** bli sjøsterk; venne seg til sjøen; **he's got his ~** han er sjøsterk.

sealer ['si:lə] *subst* **1.** selfanger; selfangstskip; **2.: (floor) ~** gulvlakk.

sea lettuce *bot:* vanlig sjøsalat.

sea level havflate; **300 metres above ~** 300 meter over havet; 300 m.o.h.

sea lion *zo:* sjøløve.

Sea Lord UK én av de to sjøoffiserer (the First Sea Lord og the Second Sea Lord) som er medlemmer av 'the Admiralty Board of the Ministry of Defence', dvs. flåtens øverste ledelse.

seam [si:m] *subst* **1.** søm; **2.** *mar:* nat; fuge; **3.** *min; geol:* åre.

seaman ['si:mən] *subst* **1***(=sailor)* sjømann; **2.: junior ~** 1. *mil; hist(=junior rate;* **US:** *seaman apprentice)* menig; 2. *i handelsflåten:* jungmann; **3.: ordinary ~** 1. *mil; hist(=ordinary rate;* **US:** *seaman)* menig i særklasse; 2. *i handelsflåten:* lettmatros.

seamanlike ['si:mən,laik] *adj:* som viser godt sjømannskap.

seamanship ['si:mən,ʃip] *subst:* sjømannskap.

sea matweed *bot(=marram (grass))* marehalm.

sea mile sjømil.

seamstress ['semstris] *subst; glds(=sewing woman)* syerske.

seamy ['si:mi] *adj:* **the ~ side of life** livets vrangside (*el.* skyggeside).

seance ['seiɔns] *subst* **1.** *stivt(=session; meeting)* seanse; møte; **2.** seanse; spiritistisk sammenkomst.

sea nettle *zo(=stinging jellyfish)* brennmanet.

sea onion *bot(=sea squill)* strandløk.

sea orach(e) ['si:,ɔritʃ] *subst; bot:* tangmelde.

sea pink *bot(=thrift)* strandnellik.

seaplane ['si:,plein] *subst (,***US:** *hydroplane)* sjøfly.

seaport ['si:,pɔ:t] *subst:* havneby.

sea power sjømakt.

sea protest *jur(=ship's protest)* sjøprotest.

sear [siə] *vb* **1.** *stivt(=scorch)* svi *(fx the sun seared the grass);* **2.** *stivt(=burn)* svi; brenne; **a -ing pain***(=a burning pain)* en brennende smerte.

sea ranger *(,***US:** *mariner)* sjøspeider.

I. search [sə:tʃ] *subst* **1.** leting (*for* etter); **in ~ of** på leting etter; **go in ~ of** gå (,dra) og lete etter; **2.** gjennomleting; gjennomsøking; **~ of a house***(= domiciliary visit)* husundersøkelse; **personal ~***(=bodily search)* kroppsvisitasjon; **3.** leteaksjon; **start a ~** sette i gang en leteaksjon.

II. search *vb* **1.** lete; søke (*for* etter); **2.** gjennomsøke; kroppsvisitere *(fx he was searched);* **~ a house** gjennomsøke et hus; foreta en husundersøkelse; **3. T: ~ me!***(=I really don't know!)* jeg aner ikke! neimen om jeg vet! **4.: ~ out** finne (*el.* lete) frem.

searching *adj:* forskende; undersøkende *(fx look);* inngående *(fx ask searching questions).*

searching light *fig:* **put a ~ on sby** rette søkelyset mot en.

searchingly *adv:* grundig; med ettertanke *(fx read a poem searchingly).*

searchlight ['sə:tʃlait] *subst:* lyskaster.

search party letemannskap.

search warrant husundersøkelsesordre; ransakingsordre.

sea room *mar:* plass å manøvrere på.

sea route sjøvei.

sea salt havsalt.

seascape ['si:,skeip] *subst:* sjøbilde; marinebilde.

sea scorpion *zo; fisk:* ulke.

sea serpent sjøorm.

sea service *mar:* fartstid.

seashell ['si:,ʃel] *subst; zo:* strandskjell.

seashore ['si:,ʃɔ:] *subst* **1.** kyst; **2.** *jur(=foreshore)* strandbelte.

seasick ['si:,sik] *adj:* sjøsyk; **get ~** bli sjøsyk.

seasickness ['si:,siknis] *subst:* sjøsyke.

seaside ['si:said] *subst:* kyst; **we like to go to the ~ in the summer** vi liker å dra til kysten om sommeren; **at the ~***(=by the sea)* ved sjøen.

seaside hotel badehotell.

seaside town*(=coastal town)* kystby; by ved sjøen.

sea snail *zo* **1.** strandsnegl; **2.** *fisk(=snailfish)* ringbuk.

I. season ['si:zən] *subst* **1.** årstid; **the dry ~** tørketiden; **the rainy ~** regntiden; **2.** sesong; **3.: close ~** fredningstid; **the open ~** jakttiden; **4.: in ~** 1. *om matvarer:* **strawberries are in ~** det er jordbærtid; 2*(=at the right time)* i rett(e) tid; 3.: **in ~ and out of ~** i tide og utide; **out of ~** 1. *om matvarer(=not in season):* **strawberries are out of ~** det er ikke årstiden for jordbær; 2*(=at the wrong time)* i utide; *(se også off season).*

II. season *vb* **1.** krydre; **2.** *fig:* krydre *(fx his talk was always seasoned with humour);* **3.** *om tømmer:* lagre *(fx seasoned timber); (se også seasoned).*

seasonable ['si:zənəbl] *adj* **1.** *om været(=normal)* normal *(fx seasonable October weather);* **2.** *stivt(= timely)* i rett(e) tid *(fx seasonable advice).*

seasonal ['si:zənəl] *adj:* sesong- *(fx work);* sesongbetont *(fx hotel work is often seasonal).*

seasoned *adj* **1.** krydret; **2.** lagret; **3.** erfaren *(fx a seasoned politician; seasoned troops).*

seasoning ['si:zəniŋ] *subst* **1.** krydder; **2.** lagring.

season ticket sesongbillett; **monthly ~***(=monthly ticket)* månedskort.

sea squill *bot(=sea onion)* strandløk.

sea swallow *zo* **T***(=tern)* terne.

I. seat [si:t] *subst* **1.** noe å sitte på; (sitte)plass *(fx are there enough seats for everyone?);* *stivt:* **take a ~***(=sit down)* ta plass *(fx please take a seat!);* **he got up from his ~ on the floor** han reiste seg fra sin plass på gulvet; **2.** sete *(fx the seat of a chair);* **driving***(=driver's)* **~** førersete; **front ~** forsete; **3.** *teat, etc:* plass; billett *(fx I've got two seats for the play);* **4.** *på klesplagg:* bak; **trouser ~** buksebak; **he has a hole in the ~ of his trousers** han har et hull i buksebaken; **5.** *evf:* bak *(fx I've got a sore seat after all that riding!);* **6.** *i komité, etc:* sete; plass *(fx she's resigned her seat on the county council);* **he has a ~ on the board of this company** han sitter i styret for dette selskapet; **he won his (parliamentary) ~ in the last election** han kom inn på Parlamentet ved siste valg; **7.** *parl:* mandat *(fx get 50 seats);* **8.** *ved børsen:* medlemsskap; **9.** *mask:* sete; **valve ~** ventilsete; **10.** *om rytter:* **have a good ~** sitte godt på hesten; **11.** sete; **~ of learning** lærdomssete; **the ~ of government** regjeringssete; regjeringsby; **the brain is the ~ of the mind** forstanden sitter i hjernen; **the ~ of the trouble** det stedet hvor sykdommen sitter; **12.** *stivt:* **country ~***(=country house)* landsted.

II. seat *vb* **1.** plassere; la sitte *(fx I seated him on the sofa);* *stivt:* **~ oneself***(=sit down)* sette seg; **2***(=have seats for)* ha plass til; ha sitteplasser til *(fx our table seats eight; this bus seats forty-five* *people);* **the theatre -s 300 people** teateret rommer (*el.* har plass til) 300 mennesker.

sea tangle *bot:* bladtare; **sweet ~** sukkertare; *(jvf sea girdle; serrated wrack).*

seat belt sikkerhetsbelte; *i bil:* bilbelte.

seat belt law: the ~ bilbelteloven.

seat bone *anat:* sitteben.

seated ['si:tid] *adj; stivt(=sitting):* **remain ~***(=keep one's seat; remain sitting)* bli sittende; **be ~ in an armchair***(=be sitting in an armchair)* sitte i en lenestol; **please be ~***(=please sit down)* vær så god og ta plass (*el.* sitt ned).

-seater ['si:tə] *i sms:* -seter *(fx a four-seater);* **a 200-~ airliner** et 200-seters passasjerfly.

seating ['si:tiŋ] *subst* **1.** sitteplasser; stoler *(fx she arranged the seating for the lecture);* **additional ~** ekstra sitteplasser: **2.** *av gjester:* plassering *(fx the seating of the guests took a long time);* **3.** bordplan; bordplassering; **arrange the ~** lage en bordplan; **4.** *til stolsete:* **~ (material)** stoff til trekk; **5.** *mask:* leie; sete; **ball bearing ~** kulelagerleie; **valve ~***(=valve seat)* ventilsete.

seating arrangement: the ~ bordplasseringen; bordplanen.

seating capacity antall sitteplasser; **~ 40** 40 sitteplasser; sitteplasser til 40 personer.

seating washer *mask:* underlagsbrikke; underlagsskive.

seat reservation*(=reserved seat)* reservert plass; plassbillett.

seat reservation ticket*(=reserved seat ticket) jernb:* plassbillett.

sea trout *zo; fisk:* sjøørret.

sea urchin *zo:* sjøpinnsvin.

seawall ['si:,wɔ:l] *subst:* dike (mot havet).

seaward ['si:wəd] *adj* **1.** (som vender) mot sjøsiden; **from the ~ side***(=from the sea)* fra sjøsiden; **on the ~ side***(=seaward)* på sjøsiden; på den siden som vender ut mot sjøen; **2.** *om vind:* **~ wind***(=onshore wind)* pålandsvind *(fx there was a seaward wind).*

seawards ['si:wədʒ] *adv:* mot sjøen; mot havet.

seawater ['si:,wɔ:tə] *subst:* sjøvann.

seaway ['si:,wei] *subst* **1.** *mar:* fart fremover; **2.** sjøgang; **the ship behaves well in a ~** skipet oppfører seg bra i sjøgang; **3***(=sea route)* sjøvei.

seaweed ['si:,wi:d] *subst:* tang; **green ~** grønnalge; **red ~** rødalge.

seaworthiness ['si:,wə:ðinis] *subst:* sjødyktighet.

seaworthy ['si:,wə:ði] *adj:* sjødyktig.

seawrack ['si,ræk] *subst:* oppskylt tang.

sebaceous [si'beiʃəs] *adj:* talgaktig; talg- *(fx gland).*

secant ['si:kənt] *subst; geom:* sekant.

secede [si'si:d] *vb; stivt:* **~ from***(=withdraw from; break away from)* trekke seg ut av; bryte med *(fx some of the southern states seceded from the United States).*

secession [si'seʃən] *subst:* uttredelse *(fx from the Commonwealth);* løsrivelse.

secessionist [si'seʃənist] *subst; polit(=separatist)* separatist; **US** *hist:* sørstatsmann (som var tilhenger av løsrivelse).

secluded [si'klu:did] *adj:* bortgjemt *(fx a secluded garden);* avsidesliggende; bortgjemt *(fx valley);* ensomt beliggende; ensom; **a ~ country cottage** et ensomt hus på landet.

seclusion [si'klu:ʒən] *subst* **1.** avsondrethet; bortgjemt beliggenhet; **in the summer we live in ~ in the country** om sommeren bor vi helt for oss selv på landet; **2***(=privacy):* **she did not weep till she was in the ~ of her own room** hun gråt ikke før hun kom for seg selv på rommet sitt.

I. second ['sekənd] *subst* **1.** sekund; **in a split ~** på brøkdelen av et sekund; **2. T***(=moment)* øyeblikk *(fx wait a second will you? I'll be there in a second);* **3.** nummer to *(fx the second in the line);* **you're the ~ to make that mistake** du er den andre som gjør den feilen; **4.** sekundant; **5.** *i bil(=second gear)* annetgir *(fx drive in second);* **6.** *mus:* **sing -s** synge annenstemme; **7.** *univ(= second-class honours degree)* haud; **8.: -s** 1. *merk:* sekundavarer; 2. **T***(=a second helping)* én porsjon til.

II. second ['sekənd] *vb* **1***(=support)* støtte *(fx I seconded his efforts);* **he proposed the motion and I -ed it** han stilte forslaget og jeg støttet det; **I ~ that** jeg støtter det; det er jeg enig i; **2.** *sport:* være sekundant; sekundere; **3** [si'kɔnd] *om embetsmann; etc:* overføre (midlertidig til annen stilling); låne ut *(fx she was seconded to the British Council); mil:* avgi.

III. second *adj, adv, tallord* **1.** annen; andre; **on the ~ of May***(=on May 2nd; on May 2)* den annen mai; **in ~ place** på annenplassen; **I was ~ in the line** jeg stod som nummer to forfra; jeg var nummer to i køen; **2.** nesteldst *(fx our second son is unmarried);* **3.: they have a ~ house in the country** de har et hus til på landet; **you need a ~ pair of shoes** du trenger et par sko til; **a ~ time** 1. én gang til; 2. for annen gang; **4.: every ~***(=other)* **week** annenhver uke; **5. T: I heard it at ~ hand** jeg hørte det på annen hånd; **6.: be ~ to none** ikke stå tilbake for noen.

Second Advent *rel:* **the ~***(=the Second Coming)* Jesu gjenkomst.

secondary ['sekəndəri] *adj:* sekundær(-); underordnet; bi- *(fx effect).*

secondary education UK: utdanning for elever i alderen 11 til 16 el. 18 år; *(se NEO & NESO videregående).*

secondary modern school UK *hist:* realskole.

secondary school *se comprehensive school.*

second ballot *parl:* omvalg.

second best, second-best *adj:* nestbest *(fx she wore her second-best hat);* **the ~***(=the next best)* den nest beste.

second childhood: be in one's ~ gå i barndommen.

second class *subst* **1.** annen klasse; **2.** *se I. second 7.*

second-class [,sekənd'kla:s; *attributivt:* 'sekənd,kla:s] **1.** annenklasses; annenrangs; **~ post** annenklasses post; **~ passenger** passasjer på annen klasse; **~ ticket** billett på annen klasse; annenklasses billett; **2.** *adv:* **send the letter ~** sende brevet som annenklasses post; **travel ~** reise på annen klasse.

Second Coming *rel:* **the ~** Jesu gjenkomst.

second cousin tremenning.

second-degree burn annengradsforbrenning.

second fiddle *også fig:* **play ~** spille annenfiolin.

second growth *forst:* ettervekst.

second hand sekundviser; *(jvf III. second 5).*

second-hand [,sekənd'hænd; *attributivt:* 'sekənd,hænd] *adj:* brukt *(fx second-hand clothes);* **~ car***(=used car)* brukt bil; bruktbil; **buy sth ~** kjøpe noe brukt.

second-hand bookshop antikvariat.

second-in-command nestkommanderende.

second lieutenant *(fk 2nd Lt) mil* **1.** fenrik; **2.** *flyv* **US***(=pilot officer)* fenrik; **3.** *hist:* sekondløytnant.

second mate *mar:* førstestyrmann.

second nature: it's ~ to him det er noe han gjør helt automatisk.

second officer *mar:* førstestyrmann.

second-rate [,sekənd'reit; *attributivt:* 'sekənd,reit] *adj; neds(=inferior)* annenrangs; middelmådig *(fx* *the play was pretty second-rate).*

second-storey man ['sekənd'stɔ:ri,mæn] *subst(=cat burglar)* innstigningstyv; fasadeklatrer.

second string: have a ~ to one's bow ha et alternativ

second thoughts: on ~ I'd rather stay here ved nærmere ettertanke vil jeg heller bli her; **have ~** ombestemme seg; **he began to have ~** han begynte å tvile; **I'm having ~ about selling the car** jeg tror jeg ombestemmer meg når det gjelder å selge bilen.

secrecy ['si:krisi] *subst* **1.** hemmeligholdelse; diskresjon; **professional ~** taushetsplikt; **promise of ~** taushetsløfte; **2.** hemmelighetsfullhet *(fx complete secrecy surrounded the conference);* **in deep** *~(=in the deepest secrecy)* i dypeste hemmelighet; **the ~ of his plans** det hemmelighetsfulle ved planene hans.

I. secret ['si:krit] *subst:* hemmelighet; **an open ~** en offentlig hemmelighet; **a strict ~** en streng hemmelighet; **keep a ~** bevare en hemmelighet; **have -s from sby** ha hemmeligheter for en; **worm***(=get)* **a ~ out of sby** avlure en en hemmelighet; **in** *~(=secretly)* i (all) hemmelighet; **make a ~ of sth** legge skjul på noe.

II. secret *adj:* hemmelig.

secret agent*(=spy)* hemmelig agent; spion.

secretaire [,sekrə'tɛə] *subst; møbel:* sekretær.

secretarial [,sekrə'tɛəriəl] *adj:* sekretær- *(fx work).*

secretariat [,sekri'tɛəriət] *subst:* sekretariat.

secretary ['sekrətri] *subst* **1.** sekretær; **2.** *fotb; i klubb:* forretningsfører; **3.** *ved ambassade:* **first ~** førstesekretær; **4.: permanent** *~(=permanent under-secretary of State)* departementsråd; *svarer etter rangsforholdene også til:* statssekretær; **5.: ~ of state***(=cabinet minister;* **US:** *minister; secretary)* minister; statsråd; **Foreign Secretary***(=Secretary of State for Foreign and Commonwealth Affairs;* **US** *Secretary of State)* utenriksminister; **Secretary of State for Trade***(=Trade Secretary;* **US:** *Secretary of Commerce)* handelsminister.

secretary bird *zo:* sekretærfugl.

secretary-general ['sekrətri'dʒenərəl] *subst:* generalsekretær *(fx of the United Nations); (jvf general secretary).*

secrete [si'kri:t] *vb* **1.** utsondre; utskille; skille ut; **2.** *stivt(=hide)* skjule.

secretion [si'kri:ʃən] *subst* **1.** sekresjon; utsondring; **2.** sekret.

secretive ['si:kritiv; si'kri:tiv] *adj:* hemmelighetsfull.

secretly *adv:* hemmelig; i (all) hemmelighet.

secretory [si'kri:təri] *adj:* sekresjons-; sekretorisk.

sect [sekt] *subst:* sekt.

sectarian [sek'tɛəriən] **1.** *subst:* sekterer; **2.** *adj:* sekterisk.

sectarianism [sek'tɛəriə,nizəm] *subst:* sektvesen.

section ['sekʃən] *subst* **1.** element *(fx the building was delivered in sections and assembled on the site);* del; bit *(fx she cut a large section from the cake);* **2.** snitt *(fx a section through the house);* **cross ~** tverrsnitt; **3.** *med.:* snitt; **4***(=department)* avdeling; **5.** *i samfunnet, etc:* seksjon *(fx a section of the community);* **6.** *i lov:* paragraf; **7.** *typ:* **~ (mark)** paragraftegn; **8.** *av bok:* avsnitt; **9.** (stål)-profil.

sectional ['sekʃənəl] *adj* **1.** som består av seksjoner *(fx sectional tent poles);* **~ furniture** seksjonsmøbler; **2.** snitt- *(fx drawing);* **3.** profil- *(fx iron);* **~ steel***(=structural steel)* profilstål; **4.: ~ interests** særinteresser.

section mark *typ:* paragraftegn.

sector ['sektə] *subst* **1.** *geom:* sektor; **2.** sektor *(fx the eastern sector of Berlin);* **3.** *fig:* **the private (,public) ~** den private (,offentlige) sektor; **the business and public -s** næringslivet og den offentlige sektor; **the private ~ of the economy** det private næringsliv; **in broad -s of the economy** i store deler av næringslivet.

secular ['sekjulə] *adj:* verdslig; **~ clergy** sekulargeistlighet; **the ~ power** den verdslige makt.

secularity [,sekju'læriti] *subst; stivt(=worldliness)* verdslighet.

secularize, secularise ['sekjulə,raiz] *vb:* sekularisere; verdsliggjøre.

I. secure [si'kjuə] *vb* **1***(=fasten securely)* sikre; gjøre fast; lukke forsvarlig *(fx all the doors and windows before leaving);* **2.** *stivt(=get)* sikre seg; få tak i *(fx two front seats);* **3.** sikre; trygge (*against* mot); **order your tickets early to ~ against disappointment** bestill billettene tidlig for å unngå skuffelse; **by his will, possession of the house is -d to his children** i testamentet sikrer han seg at barna skal få huset; **4.: -d on** med sikkerhet i *(fx a mortgage of £2000 secured on the house).*

security [si'kjuəriti; si'kjɔ:riti] *subst* **1.** sikkerhet *(fx their security could not be guarantteed);* **~ against theft** sikkerhet for tyveri; **live in ~** leve i sikkerhet; **2.** kausjon; sikkerhet; **give ~** stille kausjon (*el.* sikkerhet); **loan on collateral** *~(=collateral loan)* lån mot sikkerhet; **as ~ for** som sikkerhet for *(fx a debt);* **3.** sikkerhet(stiltak); sikkerhetsbestemmelser; sikkerhetssystem; sikkerhetsoppbud; **massive ~ will surround the operation** et massivt sikkerhetsoppbud vil omgi operasjonen; **there has to be tight ~ at a prison** man må være nøye med sikkerheten (*el.* sikkerhetstiltakene) i et fengsel; **a breach of ~** et brudd på sikkerhetsbestemmelsene; **there's a breach***(= gap)* **in our ~** det er et hull i vårt sikkerhetssystem; **~ in Government offices was not very good** sikkerhetstiltakene i regjeringskontorene var ikke videre gode; **4.: securities** verdipapirer; **Government securities** statspapirer; **listed***(=quoted)* **securities** børsnoterte verdipapirer; børspapirer; **securities issue***(=issue (of securities))* emisjon; *(se scrip issue; rights issue).*

security adviser US: national *~(=adviser on defence policy)* sikkerhetspolitisk rådgiver.

security clearance*(=(positive) vetting)* sikkerhetsklarering.

Security Council: the ~ Sikkerhetsrådet (i FN).

security defences *stats; mot spionasje(=security system)* sikkerhetssystem; **plug a gaping loophole in Britain's ~** tette igjen et gapende hull i Storbritannias sikkerhetssystem; *(se også security 3).*

security measure *mot spionasje, etc:* sikkerhetstiltak; **more rigid -s in public offices** strengere sikkerhetstiltak ved offentlige kontorer; *(se også security 3 & security step).*

security officer 1. *mil:* sikkerhetsoffiser; **2.** *stillingsbetegnelse(=night watchman)* nattevakt.

security risk *om person:* sikkerhetsrisiko.

security scare sikkerhetsfrykt; frykt for spionasje (*el.* sabotasje) *(fx there was a security scare at Buckingham Palace).*

security-screen [si'kjɔ:riti,skri:n] *vb:* sikkerhetssjekke *(fx passengers).*

security step *mot spionasje, etc:* sikkerhetstiltak; **we have taken additional -s** vi har truffet ytterligere sikkerhetstiltak; *(se også security 3 & security measure).*

sedan [si'dæn] *subst* **US***(=saloon) biltype:* kupé.

sedate [si'deit] **1.** *adj:* atstadig; satt; sedat; rolig *(fx she became more sedate as she grew older; a*

sedate, middle-aged woman); **2.** *vb; med.:* gi beroligende middel.
sedative ['sedətiv] **1.** *subst:* beroligende middel; **2.** *adj:* beroligende; **have a ~ effect** virke beroligende.
sedentary ['sedəntəri] *adj* **1.** stillesittende *(fx a sedentary job; lead a sedentary life);* **2.** *zo; om fugl:* **~ bird** standfugl.
sedge [sedʒ] *subst:* **~ (grass)** storr(gress); **flea ~** loppestorr; **wood ~** skogstorr.
sedge warbler *zo:* sivsanger.
sediment ['sedimənt] *subst* **1.** bunnfall *(fx in a bottle);* **form a ~** avsette bunnfall; **2.** *geol:* sediment; avleiring.
sedimentary [,sedi'mentəri] *adj:* sedimentær; **~ rocks** sedimentære bergarter.
sedimentation [,sedimen'teiʃən] *subst* **1.** *geol:* sedimentdannelse; **2.** dannelse av bunnfall; **3.** blodsenkning; **have one's ~ checked** ta blodsenkningen; **his ~ is 4***(=BSR is 4 mm per hour)* han har 4 i (blod)senkning; **blood ~ rate** *(fk BSR)* blodsenkningsreaksjon.
sedition [si'diʃən; sə'diʃən] *subst; stivt el. jur(=incitement to riot)* oppvigleri; tilskyndelse til opprør.
seditious [si'diʃəs; sə'diʃəs] *adj; stivt el. jur(=rebellious)* opprørsk; oppviglersk.
seduce [si'dju:s] *vb* **1.** forføre *(fx he seduced her);* **2.** *stivt(=persuade):* **~ sby into thinking that . . .** forlede en til å tro at . . .; få en til å tro at . . .
seducer [si'dju:sə] *subst:* forfører.
seduction [si'dʌkʃən] *subst (,T: laying)* forføring.
seductive [si'dʌktiv] *adj:* forførende; forførerisk.
sedulous ['sedjuləs; US: 'sedʒuləs] *adj; meget stivt el. litt.(=industrious; persistent)* flittig; iherdig.
I. see [si:] *subst* **1***(=episcopal residence)* bispesete; **2***(=diocese; bishopric)* bispedømme.
II. see *vb (pret: saw; perf. part.: seen)* **1.** se; **she was -n going out of the house** hun ble sett idet hun gikk ut av huset; man så at hun gikk ut av huset; **can you ~ into the room?** kan du se inn i rommet? **as you ~, I'm busy** som du ser, er jeg opptatt (*el.* har jeg det travelt); **2.** tenke seg; forestille seg; se *(fx I see many difficulties ahead);* **I can't ~ him as a teacher** jeg kan ikke forestille meg ham som lærer; **I can still ~ her as she was years ago** jeg kan fremdeles se henne for meg slik som hun var for mange år siden; **3***(=understand)* forstå *(fx I don't see what you mean);* innse *(fx can't you see it's wrong?);* **~?** forstår du (det)? **oh, I ~!** å, ja! ja, jeg forstår! **it's Sunday, ~!** det er søndag, skjønner du det! **I can't ~ the advantage of doing that** jeg kan ikke (inn)se fordelen ved å gjøre det; **the way I ~ it, you're in the wrong** slik jeg ser det, er det du som tar feil; **4.** undersøke; se (etter) *(fx I'll see what I can do for you; I'll go and see what the children are doing);* **5***(=meet)* treffe *(fx I'll see him tomorrow);* **6***(=visit)* besøke *(fx come and see us soon!);* **7.** snakke med *(fx can I see the manager? the manager saw all the applications);* ta imot; **8***(=consult)* konsultere; snakke med; gå til *(fx you ought to see a doctor about that throat of yours);* **9.** *når man vil ta avgjørelsen senere:* **we'll ~** vi får se på det *(fx May I have a new bicycle? – We'll see);* **10.** oppleve; se *(fx he's seen better days);* **he had -n army service** han hadde tjenstgjort i hæren; **this spade has -n plenty of use!** denne spaden er meget velbrukt! **11.: let me ~** la meg se; la meg (nå) tenke meg om *(fx Let me see, I think we should turn left here);* **12.: you ~** 1. *utfyllende:* forstår du; skjønner du *(fx I can't meet you tomorrow. I'm going away, you see);* 2. *for å gjøre oppmerksom på at man hadde rett:* **You ~! I told you he wouldn't help us** Der ser du (at jeg hadde rett)! Jeg sa (til deg) at han ikke ville hjelpe oss; **13.: ~ sby home (,to the station)** følge en hjem (,til stasjonen); **14.: ~ you (later)!***(=(I'll) be seeing you!)* ser deg senere! ha det! **15.: ~ that . . .***(=see to it that . . .; make sure that . . .)* sørge for at . . .; **16.: ~ about** sørge for; ta seg av *(fx I'll see about that tomorrow);* **will you ~ about putting the children to bed?** vil du sørge for å få lagt ungene? **17.: you may do as you ~***(=think)* **fit** du får gjøre som du selv finner for godt; du får gjøre som du synes passer best; **I don't ~ fit to allow him to come here!** jeg akter ikke å la ham få lov til å komme hit! **18.** *ergerlig utrop:* **~ here!** hør (nå) her! *(fx See here! When I ask for tea, I don't expect to be given coffee!);* **19.: I can't ~ what he -s in her** jeg forstår ikke hva han ser i henne; **20.: ~ into the future** se inn i fremtiden; **21.: we don't ~ much of him** vi ser ikke stort til ham; **22.: ~ off** 1. si adjø til *(fx he saw me off at the station);* 2. **T***(=chase away)* jage vekk *(fx there were some children stealing my apples, but my dog soon saw them off);* **23.: ~ out** 1. følge ut *(fx I'll see you out);* 2. se ferdig *(fx we'll see the first half of the game out and then leave);* 3*(=last):* **enough fuel to ~ the winter out** brensel som vil vare vinteren ut; **24.: ~ over***(=inspect)* se over; inspisere *(fx we'll see over the house on Friday);* **25.: ~ through** 1. gjennomskue *(fx we saw through him);* 2. gjennomføre *(fx I'd like to see the job through);* 3. hjelpe; støtte *(fx she had a lot of difficulties, but her family saw her through);* 4.: **will this money ~ you through till the end of the week?** klarer du deg med disse pengene uken ut? **that overcoat should ~ me through the winter** den frakken får være god nok til meg vinteren ut; **26.: ~ to***(=attend to; deal with)* ta seg av *(fx I must see to the baby);* **I must have my bicycle -n to** jeg må se til å få reparert sykkelen min; **~ to it that . . .** *se 15 ovf.*
I. seed [si:d] *subst* **1.** *bot:* frø; **grass -(s)** gressfrø; **2.** *bibl; om avkom:* sæd; **3.** *golf, tennis(=seeded player)* seedet konkurransedeltager *(fx they put the seeds together; they keep the seeds apart until the finals are coming);* **he's the No. 1 ~***(=he's the favourite)* han er favoritten; **4.** *fig:* spire *(fx there was already a seed of doubt in her mind);* **5.** *fig:* **go***(=run)* **to ~** forfalle; bli likeglad med sitt ytre; **go to ~ through lack of exercise** forfalle fysisk pga. manglende mosjon.
II. seed *vb* **1.** *bot:* sette frø; frø seg *(fx a plant seeds after it has flowered);* **2.** ta steinene ut av *(fx seed the raisins);* **3.** *golf, tennis:* seede *(fx he's been seeded No. 1);* **a top-seeded tennis star** en toppstjerne i tennis.
seed ball *bot:* frøkapsel.
seed coat *bot:* frøkappe.
seed corn (,**US:** *seed grain)* såkorn.
seed leaf *bot(=cotyledon)* frøblad; kimblad.
seedling ['si:dliŋ] *subst; bot:* frøplante.
seed potato settepotet.
seed vessel *bot(=pericarp)* frøhus.
seedy ['si:di] *adj* **1.** full av frø *(fx fruit);* **2.** *neds(=shabby)* shabby *(fx clothes);* frynset; lurvet; simpel *(fx hotel);* **3. T***(=slightly unwell)* utilpass.
seeing ['si:iŋ] *konj:* **~ that***(=since; in view of the fact that; considering that)* ettersom; siden; i betraktning av at.

seek [si:k] *vb (pret & perf. part.: sought)* **1.** *stivt:* søke *(fx advice);* ~ **an opportunity abroad***(= apply for a job abroad)* søke seg utenlands; **2.** *stivt(=look for; search for)* søke etter; lete etter; **3.** *bibl:* ~ **and you may find!** søk og du skal finne! **4.** *stivt:* ~ **to***(=try to)* søke å; forsøke å; **5.** *meget stivt:* søke; ty til *(fx the cattle sought(= moved into) the shade of a big oak tree);* **6.** *stivt:* ~ **out***(=look up)* oppsøke *(fx he sought out all his old friends);* **there's enough trouble in the world without -ing it out** det er nok fortredeligheter i verden om man ikke også skal oppsøke dem; *(jvf sought-after).*

seem [si:m] *vb:* synes; se ut til å være *(fx he seems quite happy);* **it -s quite easy to me** jeg synes det er lett; det forekommer meg (å være) lett; **she -s kind** hun ser snill ut; **so it -s***(=it seems so)* (ja,) slik ser det ut; ja, det ser ut til det; **the clock -s to be wrong** det ser ut til at klokken går galt; **he -ed to hesitate for a minute** det så ut som om han nølte litt; **I can't ~ to please him***(=I seem not to be able to please him)* det ser ikke ut til at jeg kan gjøre ham til lags; **there ~ to be no difficulties to be discussed** det ser ikke ut til at det er noen vanskeligheter å diskutere; **it -s***(=it would seem)* **that they have quarrelled** det ser ut til at de har trettet; **it -s that . . .** det later til at . . .; det ser ut som om . . .; **I still ~ to hear him** jeg synes enda at jeg hører ham; **I mustn't ~ to . . .** det må ikke se ut som om jeg . . .

seeming ['si:miŋ] *adj; stivt(=apparent)* tilsynelatende *(fx success).*

seemingly *adv(=apparently)* tilsynelatende.

seemly ['si:mli] *adj; glds el. litt.(=suitable)* passende; som det sømmer seg.

seen [si:n] *perf. part. av II. see.*

seep [si:p] *vb:* sive *(fx water was seeping in).*

seepage ['si:pidʒ] *subst; stivt el. tekn:* siving; **put a bucket here to collect the ~** sett en bøtte her for å samle opp det som siver ut.

seer ['siə] *subst; glds(=prophet)* seer; profet.

seesaw ['si:,sɔ:] **1.** *subst:* vippehuske; **T:** dumpehuske; **2.** *vb:* huske.

seethe ['si:ð] *vb* **1.** *glds(=boil; stew)* koke; **2.** *fig; litt.:* syde *(fx with rage);* **swarms of midges -d everywhere***(=the air was thick with midges)* luften var helt tett av knott.

I. segment ['segmənt] *subst* **1.** *geom:* segment; ~ **of a circle** sirkelsektor; **2.** *zo:* ledd; **3.** stykke *(fx chop the stalks into short segments; he divided the orange into segments(=sections)).*

II. segment [seg'ment; **US:** 'segment] *vb:* segmentere; dele i segmenter; leddele; **-ed worm** leddorm.

segregate ['segrə,geit] *vb:* segregere; atskille; holde atskilt fra hverandre *(fx at the swimming pool the sexes are segregated);* ~ **black people from white** holde sorte mennesker atskilt fra de hvite.

segregation [,segrə'geiʃən] *subst:* segregasjon; atskillelse; **racial ~** raseskille.

seine [sein] *subst; fiskeredskap:* not; **purse ~** snurpenot; **shore ~** landnot; *(jvf dragnet).*

seiner ['seinə] *subst:* **purse ~** snurpenotbåt.

seismic ['saizmik] *adj:* seismisk.

seize [si:z] *vb* **1***(=grasp)* gripe; **he -d her by the arm** han grep henne i armen; **2.** pågripe *(fx the police seized him);* **3.** *jur:* beslaglegge; **4.** *fig:* gripe *(fx an idea; fury seized him);* ~ **an opportunity** gripe en anledning; **5.** *fig:* ~ **on** gripe med begeistring *(fx he seized on the idea);* **6.** *mask; om stempler:* ~ **up** skjære seg; **7.** *litt.:* **be -d with***(=be overcome by)* bli overmannet av.

seizing ['si:ziŋ] *subst; mar:* bendsel; seising.

seizure ['si:ʒə] *subst* **1.** *jur:* beslagleggelse; **2.** *glds(= fit)* anfall; **3.** *mask:* fastbrenning (av stempler); sammenbrenning.

seldom ['seldəm] *adv:* sjelden.

select [si'lekt] **1.** *vb:* velge (ut); plukke ut; **2.** *adj:* (særlig) utvalgt *(fx a select group of their friends)* eksklusiv *(fx school);* utsøkt.

select committee *parl:* utredningsutvalg.

selection [si'lekʃən] *subst* **1.** utvelging; utvelgelse; utvalg; **a generous ~ of examples** et rikt utvalg av eksempler; **2.** *zo:* **natural ~** avlsvalg; *(jvf selective breeding).*

selection committee *sport:* uttakingskomité.

selective [si'lektiv] *adj:* selektiv; utvelgings-; **she's very ~ about clothes** hun er meget nøye når det gjelder (å velge) klær.

selective breeding *landbr:* avlsvalg; *(jvf selection 2: natural ~).*

selective streaming *skolev:* utvelgelse og gruppering etter evner.

selective strikes punktstreik.

selectivity [silek'tiviti] *subst* **1.** utvelgingsevne; **2.** *radio:* selektivitet.

selenium [si'li:niəm] *subst; min:* selen.

self [self] *subst (pl: selves)* jeg *(fx his better self);* seg selv *(fx he always thinks first of self).*

self-abasement [selfə'beismənt] *subst:* selvfornedrelse.

self-absorbed [,selfəb'sɔ:bd] *adj(=self-centred)* selvopptatt; selvsentrert.

self-addressed [,selfə'drest; *attributivt også:* 'selfə,drest] *adj:* adressert til en selv *(fx I enclose a stamped, self-addressed envelope for your reply).*

self-adhesive [,selfəd'hi:siv] *adj(=self-sealing)* selvklebende.

self-adjusting [,selfə'dʒʌstiŋ; *attributivt:* 'selfə,dʒʌstiŋ] *adj:* selvjusterende.

self-appointed [,selfə'pɔintid; *attributivt:* 'selfə,pɔintid] *adj:* selvbestaltet.

self-assertion [,selfə'sɔ:ʃən] *subst:* selvhevdelse.

self-assertive [,selfə'sɔ:tiv] *adj:* selvhevdende.

self-assurance [,selfə'ʃɔ:rəns; ,selfə'ʃuərəns] *subst (=assurance)* selvsikkerhet.

self-assured [,selfə'ʃɔ:d; ,selfə'ʃuəd; *attributivt:* 'selfə,ʃɔ:d; 'selfə,ʃuəd] *adj:* selvsikker.

self-aware [,selfə'wɛə] *adj:* klar over egne evner og mangler.

self care ['self,kɛə] *subst:* egenomsorg.

self-catering [,self'keitəriŋ; *attributivt:* 'self,keitəriŋ] *adj:* ~ **accommodation** sted hvor man kan leie rom og stelle for seg selv; **a ~ holiday** en ferie hvor man steller for seg selv.

self-centred *(,US: self-centered)* [,self'sentəd; *attributivt:* 'self,sentəd] *adj:* selvopptatt; selvsentrert.

self-compatible [,selfkəm'pætibl] *adj; bot(=autogamous)* selvbestøvende.

self-complacency [,selfkəm'pleisənsi] *subst(=complacency; self-satisfaction)* selvtilfredshet.

self-complacent [,selfkəm'pleisənt] *adj(=complacent; self-satisfied)* selvtilfreds.

self-confessed [,selfkən'fest; 'selfkən,fest] *adj(= avowed)* erklært *(fx liar);* **a ~ rapist** en som selv innrømmer at han har begått voldtekt.

self-confidence [,self'kɔnfidəns] *subst(=self-assurance)* selvsikkerhet.

self-confident [,self'kɔnfidənt] *adj(=self-assured)* selvsikker.

self-conscious [,self'kɔnʃəs] *adj(=shy)* sjenert; opptatt av egne feil.

self-constituted [,self'kɔnsti,tju:tid; *attributivt:* 'self,kɔnsti,tju:tid] *adj(=self-assumed)* selvbestaltet.

self-contained [,selfkən'teind; *attributivt:* 'selfkən-

,teind] *adj* **1.** *om leilighet:* selvstendig; komplett *(fx flat);* **2.** komplett; selvstendig *(fx a self-contained unit);* **3.** selvforsynt *(fx campers must be fully self-contained).*
self-control [,selfkən'troul] *subst(=self-command)* selvbeherskelse; selvkontroll.
self-critical [,self'kritikəl]; *attributivt:* 'self,kritikəl] *adj(=critical of oneself)* selvkritisk.
self-criticism [,self'kritisizəm] *subst:* selvkritikk.
self-deception [,selfdi'sepʃən] *subst(=self-delusion)* selvbedrag.
self-defeating [,selfdi'fi:tiŋ] *adj; om plan:* som motarbeider seg selv.
self-defence [,selfdi'fens] *subst:* selvforsvar.
self-denial [,selfdi'naiəl] *subst:* selvfornektelse.
self-denying [,selfdi'naiiŋ; *attributivt:* 'selfdi,naiiŋ] *adj:* selvfornektende.
self-destruction [,selfdi'strʌkʃən] *subst:* selvødeleggelse.
self-destructive [,selfdi'strʌktiv] *adj:* selvødeleggende.
self-determination [,selfidi,tə:mi'neiʃən] *subst:* selvbestemmelse; selvbestemmelsesrett.
self-discipline [,self'disiplin] *subst:* selvdisiplin.
self-distrust [,selfdis'trʌst] *subst(=lack of self-confidence)* mangel på selvtillit.
self-draining [,self'dreiniŋ; *attributivt:* 'self,dreiniŋ] *adj* **1.** *mar:* selvlensende; **2.** selvdrenerende *(fx site).*
self-educated [,self'edju,keitid; *attributivt:* 'self ,edju,keitid] *adj:* selvlært.
self-effacement [,selfi'feismənt] *subst:* selvutslettelse.
self-effacing [,selfi'feisiŋ; *attributivt:* 'selfi,feisiŋ] *adj:* selvutslettende.
self-employed [,selfim'plɔid; *attributivt:* 'selfim,plɔid] *adj; om næringsdrivende:* selvstendig *(fx tradesman).*
self-esteem [,selfi'sti:m] *subst; stivt(=self-respect)* selvaktelse; selvrespekt.
self-evident [,self'evidənt; *attributivt:* 'self,evidənt] *adj(=obvious)* selvinnlysende; innlysende.
self-exaltation [,selfigzɔ:l'teiʃən] *subst:* selvforherligelse; selvopphøyelse.
self-examination [,selfig,zæmi'neiʃən] *subst(=self -scrutiny; heart-searching(s))* selvransakelse.
self-explanatory [,selfiks'plænətəri] *adj:* umiddelbart forståelig.
self-expression [,selfiks'preʃən] *subst(=self-fulfilment)* selvutfoldelse.
self-flagellation [,self,flægə'leiʃən] *subst; stivt(=self -torture)* selvpinsel.
self-fulfilling [,selfful'filiŋ] *adj:* selvoppfyllende.
self-governing [,self'gʌvəniŋ; *attributivt:* 'self,gʌvəniŋ] *adj:* som har selvstyre; uavhengig.
self-government [,self'gʌvənmənt] *subst:* selvstyre.
self-guided [,self'gaidid; *attributivt:* 'self,gaidid] *adj; om reise:* uten guide (*el.* reisefører) *(fx tour).*
self-healing [,self'hi:liŋ; *attributivt:* 'self,hi:liŋ] *adj:* selvlegende.
self-help ['self,help] *subst:* selvhjelp.
self-image [,self'imidʒ] *subst; psykol:* selvbilde.
self-important [,selfim'pɔ:tənt] *adj; neds(=conceited; T: stuck-up)* viktig; innbilsk.
selv-induced [,selfin'dju:st; *attributivt:* 'selfin,dju:st] *adj:* selvforskyldt; selvpåført.
self-indulgence [,selfin'dʌldʒəns] *subst:* nytelsessyke.
self-inflicted [,selfin'fliktid; *attributivt:* 'selfin,fliktid] *adj:* selvforskyldt; selvpåført.
self-instructional [,selfin'strʌkʃənəl] *adj:* selvinstruerende *(fx material).*
self-interest [,self'intrist] *subst:* egeninteresse; egennytte; **act out of** ~*(=act from motives of self -interest)* handle i egeninteresse.
selfish ['selfiʃ] *adj:* egoistisk; egenkjærlig.
selfishness ['selfiʃnis] *subst:* egoisme.
self-knowledge [,self'nɔlidʒ] *subst:* selverkjennelse.
selfless ['selflis] *adj:* uselvisk.
self-love [,self'lʌv] *subst:* egenkjærlighet.
self-made [,self'meid; *attributivt:* 'self,meid] *adj* **1***(=home-made)* hjemmelagd; **2.** *fig:* som har arbeidet seg opp ved egen hjelp *(fx a self-made person).*
self-mutilation [,selfmju:ti'leiʃən] *subst:* selvlemlestelse.
self-opinionated [,selfə'pinjə,neited] *adj; stivt(=opinionated)* retthaversk.
self-pity [,self'piti] *subst:* selvmedlidenhet.
self-pollination [,selfpɔli'neiʃən] *subst:* selvbestøving.
self-possessed [,selfpə'zest; *attributivt:* 'selfpə,zest] *adj(=composed; calm)* fattet; behersket *(fx a calm, self-possessed person).*
self-possession [,selfpə'zeʃən] *subst(=composure; calmness; presence of mind)* fattethet; (sinns)ro; åndsnærværelse.
self-praise [,self'preis] *subst:* selvros; ~ **is no recommendation** selvros stinker.
self-preservation ['self,prezə'veiʃən] *subst:* selvoppholdelse; **instinct of** ~ selvoppholdelsesdrift.
self-protection [,selfprə'tekʃən] *subst:* egenbeskyttelse; **for** ~ for å beskytte seg selv.
self-raising [,self'reiziŋ; *attributivt:* 'self,reiziŋ] *adj; om mel:* selvhevende.
self-recording [,selfri'kɔ:diŋ; *attributivt:* 'selfri-,kɔ:diŋ] *adj(=self-registering)* selvregistrerende.
self-reliance [,selfri'laiəns] *subst(=self-help)* selvhjelp.
self-reliant [,selfri'laiənt] *adj(=self-supporting)* selvhjulpen.
self-respect [,selfri'spekt] *subst:* selvrespekt.
self-respecting [,selfri'spektiŋ; *attributivt:* 'selfri-,spektiŋ] *adj:* med respekt for seg selv.
self-righteous [,self'raitʃəs] *adj:* selvrettferdig.
self-righting [,self'raitiŋ; *attributivt:* 'self,raitiŋ] *adj; mar:* selvreisende; som retter seg opp selv.
self-sacrifice [,self'sækri,fais] *subst:* selvoppofrelse.
self-sacrificing [,self'sækri,faisiŋ; *attributivt også:* 'self,sækri,faisiŋ] *adj:* selvoppofrende.
selfsame ['self,seim] *adj; stivt(=the very same)* selvsamme *(fx he left the selfsame day).*
self-satisfaction ['self,sætis'fækʃən] *subst:* selvtilfredshet.
self-satisfied [,self'sætis,faid] *adj:* selvtilfreds.
self-sealing [,self'si:liŋ; *attributivt:* 'self,si:liŋ] *adj* **1.** selvklebende *(fx envelope);* **2.** selvtettende *(fx fuel tank).*
self-scrutiny [,self'skru:tini] *subst(=self-examination; heart-searchings)* selvransakelse.
self service ['self'sə:vis; *attributivt også:* 'self,sə:vis] *subst:* selvbetjening.
self-service [,self'sə:vis] *adj:* selvbetjenings-; selvbetjent *(fx is this petrol station self-service?).*
self-service breakfast frokostbuffet; *(jvf lunch buffet).*
self-styled [,self'staild; *attributivt:* 'self,staild] *adj:* ~ **Christians** folk som kaller seg selv kristne.
self-sufficiency [,selfsə'fiʃənsi] *subst:* selvforsynthet; selvforsyning; **policy of** ~ selvforsyningspolitikk; selvbergingspolitikk.
self-sufficient [,selfsə'fiʃənt] *adj:* selvforsynt.
self-supporting [,selfsə'pɔ:tiŋ; *attributivt:* 'selfsə-,pɔ:tiŋ] *adj* **1.** selvforsørgende; selververvende; *økon; om bedrift:* som kan stå på egne ben; **2.:** ~ **wall***(=load-bearing wall)* bærevegg.

self-taught [ˌselfˈtɔ:t; *attributivt:* ˈselfˌtɔ:t] *adj:* selvlært *(fx he's completely self-taught).*
self-willed [ˌselfˈwild; *attributivt:* ˈselfˌwild] *adj:* egenrådig; sta.
self-winding [ˌselfˈwaindiŋ; *attributivt:* ˈselfˌwaindiŋ] *adj; om klokke:* selvtrekkende.
sell [sel] *vb (pret & perf. part.: sold)* **1.** selge; omsette; **the book -s well** boken selger godt; **it has sold 30,000 copies** den er blitt solgt i 30.000 eksemplarer; ~ **sth at a profit** selge noe med fortjeneste; **it was sold for £20,000** det ble solgt for £20.000; **2.** *om idé, etc* **T:** selge; få godtatt *(fx an idea);* få til å gå på *(fx he sold me a story about how he had lost his money on the train);* **he knows how to ~ himself** han vet hvordan han skal gå frem for å bli godtatt; **3. T: ~ sby down the river** forråde en; **4.: ~ off** selge ut; kvitte seg med; **5. T: be sold on** være begeistret for *(fx I'm sold on the idea of a holiday in Canada);* **6.: ~ out** 1. selge ut; selge unna; 2. la seg kjøpe ut *(fx he sold out and went to live in the country);* 3. **T: ~ out to the enemy** samarbeide med fienden; **7.** *om hus, forretning, etc:* ~ **up** selge *(fx he's thinking of selling up and retiring);* **he has sold up his share of the business** han har solgt sin andel i forretningen.
seller [ˈselə] *subst* **1.** selger; **2. T: it's a good ~** det selger godt.
selling point salgsargument; salgspoeng.
selling price salgspris.
sell-out [ˈselˌaut] *subst* **T 1.** utsolgt hus; **2.** salgssuksess; **3***(=betrayal)* forræderi.
selvage, selvedge [ˈselvidʒ] *subst; på stoff:* jare.
semantic [siˈmæntik] *adj:* semantisk.
semblance [ˈsembləns] *subst; stivt el. spøkef:* **there wasn't even a ~ of cheerfulness in her voice***(= there wasn't the merest hint of cheerfulness in her voice)* det var ikke engang noe som lignet munterhet i stemmen hennes; **coach them into some ~ of a football team by Saturday***(=coach them into something resembling a football team by Saturday)* få noe som ligner et fotballag ut av dem innen lørdag; **we didn't have a ~ of a chance***(= we didn't have anything like a chance; we didn't have anything that even resembled a chance)* vi hadde ikke noe som lignet en sjanse.
semen [ˈsi:mən] *subst; fysiol(=sperm)* sæd; sperma.
semester [siˈmestə] *subst; især* **US***(=term)* semester.
semi [ˈsemi] *subst* **T 1***(=semidetached house;* **US:** *duplex house)* vertikaldelt tomannsbolig; **2.** *fotb (=semifinal)* semifinale.
semi- halv-; semi-.
semiautomatic [ˈsemiˌɔ:təˈmætik] *adj:* halvautomatisk.
semibreve [ˈsemiˌbri:v] *subst; mus (,***US:** *whole note)* helnote; *(jvf minim).*
semicircle [ˈsemiˌsə:kəl] *subst:* halvsirkel.
semicolon [ˌsemiˈkoulən] *subst; gram:* semikolon.
semiconscious [ˌsemiˈkɔnʃəs] *adj:* halvt bevisstløs.
semifinal [ˌsemiˈfainəl] *subst:* semifinale.
semifinalist [ˌsemiˈfainəlist] *subst:* semifinalist.
semimanufacture [ˈsemiˌmænjuˈfæktʃə] *subst:* halvfabrikat.
seminal [ˈseminəl] *adj* **1.** *bot:* frø-; ~ **leaf***(=endoderm)* indre kimblad; *(jvf seed leaf);* **2.** *fysiol:* sæd-; ~ **fluid** sædvæske.
seminar [ˈsemiˌna:] *subst:* seminar.
seminary [ˈseminəri] *subst; kat.:* presteseminar.
semiofficial [ˌsemiəˈfiʃəl] *adj:* halvoffisiell.
semiprecious [ˌsemiˈpreʃəs; *attributivt:* ˈsemiˌpreʃəs] *adj:* ~ **stone** halvedelstein.
semipro [ˈsemiˌprou], **semiprofessional** [ˌsemiprəˈfeʃənəl] *subst:* halvprofesjonell.
semiquaver [ˈsemiˌkweivə] *subst; mus:* $^1/_{16}$ note.
semiquote [ˈsemiˌkwout] *subst:* enkelt anførselstegn.
Semite [ˈsi:mait] *subst:* semitt.
Semitic [siˈmitik] *adj:* semittisk.
semitone [ˈsemiˌtoun] *subst; mus:* halvtone.
semolina [ˌseməˈli:nə] *subst:* semule(gryn).
senate [ˈsenit] *subst:* senat.
senator [ˈsenətə] *subst:* senator.
send [send] *vb (pret & perf. part.: sent)* **1.** sende *(fx she sent me a book; his blow sent me right across the room);* **2.** *fig:* **the sudden excitement sent the patient's temperature up** den plutselige opphisselsen fikk pasientens temperatur til å fyke i været; **it sent him to sleep** det fikk ham til å sove; **3. T: ~ sby about his business***(=send sby packing)* vise en vinterveien; gi en et utvetydig avslag; **4.** *univ:* ~ **sby down** relegere (*el.* utvise) en; **5.: ~ for** sende bud etter (*el.* på) *(fx an electrician; a taxi);* **I've sent for some meat from the butcher's** jeg har bestilt noe kjøtt fra slakteren; **6.: ~ away for***(=send off for)* sende etter *(fx some things that I saw in the catalogue);* **7.: ~ in** sende inn; **8.: ~ off** 1. poste; sende av sted *(fx have you sent off that letter yet?);* 2. se vel av sted *(fx they gathered at the station to send him off);* **9.: ~ off for***(=send away for)* sende etter; **10.: ~ on** 1. videresende; sende etter *(fx do you want your mail sent on?);* 2. sende i forveien *(fx she sent her luggage on (ahead of her));* **11.: ~ up** 1. drive i været *(fx this sent the prices up);* 2. **S***(=make fun of)* drive gjøn med; 3. *især* **US***(=send to prison):* **he was sent up for 20 years** han fikk 20 år.
sender [ˈsendə] *subst* **1.** avsender; **2.** (radio)sender.
sendoff [ˈsendˌɔf] *subst* **T:** hjertelig avskjed; avskjedsfest *(fx they gave him a good sendoff).*
sendup [ˈsendˌʌp] *subst* **T***(=parody)* parodi.
Senegal [ˌseniˈgɔ:l] *subst; geogr:* Senegal.
Senegalese [ˌsenigəˈli:z] **1.** *subst:* senegaleser; *språket:* senegalesisk; **2.** *adj:* senegalesisk.
senescent [siˈnesənt] *adj; med.(=ageing)* aldrende.
senile [ˈsi:nail] *adj:* senil; **he's getting ~** han begynner å bli senil.
senility [siˈniliti] *subst:* senilitet; **she became increasingly affected by ~***(=she was getting more and more senile)* hun ble mer og mer senil.
senior [ˈsi:njə] *subst & adj:* senior; **he's my ~ by two years** han er to år eldre enn meg.
senior aircraftman *(fk SAC) flyv (,***US:** *airman 2nd class) svarer omtr til:* vingsoldat; *(jvf aircraftman & leading aircraftman).*
senior citizen *evf:* eldre menneske; *evf:* pensjonist.
senior citizens' discount pensjonistrabatt.
seniority [ˌsi:niˈɔriti] *subst:* ansiennitet; **advancement is by ~***(=promotion goes by seniority)* forfremmelse skjer etter ansiennitet.
senior officer *mil; m.h.t. ansiennitet:* eldste offiser; **his ~** hans overordnede.
senior park warden *se park warden.*
senior registrar *(,***US:** *chief(=senior) resident)* reservelege.
senior scientific officer *se scientific officer.*
senior service UK: the ~ marinen.
senna [ˈsenə] *subst; bot:* sennesplante.
sensation [senˈseiʃən] *subst* **1.** *stivt(=feeling)* følelse *(fx cold can cause a loss of sensation in the fingers and toes);* **he had a ~ of floating** han hadde en følelse (*el.* fornemmelse) av å sveve; **2.** sansefornemmelse; sansning; **tactile ~** følefornemmelse; **3.** sensasjon; **cause***(=make; create)* **a ~** lage sensasjon.

sensational [sen'seiʃənəl] *adj* **1.** sensasjonell; oppsiktsvekkende; **2. T***(=very good)* fantastisk (god); **3.** *neds:* sensasjonspreget.

sensationalism [sen'seiʃənə,lizəm] *subst:* sensasjonsjag.

I. sense [sens] *subst* **1.** sans *(fx my sister has no sense of smell; we learn by means of the senses);* **it is not perceptible to the -s** det kan ikke oppfattes av sansene; **with all -s alert** med alle sanser våkne; **the deception of the -s** sansenes bedrag; **2.** sans (*of* for); følelse *(fx a well-developed musical sense);* **no ~ of humour** ingen humoristisk sans; **have a ~ of locality***(=have the bump of locality)* ha stedsans; **a ~ of rhythm** rytmesans; rytmefølelse; **have you no ~ of shame?** har du ingen skamfølelse? **he has a continual ~ of failure** han føler hele tiden at han kommer til kort; han føler hele tiden at han ikke strekker til; **3.** oppfatning *(fx he has an exaggerated sense of his own importance);* **4.** fornuft *(fx use your sense!);* **common ~** sunn fornuft; sunt vett; **he has plenty of ~** han er meget fornuftig; **T: he's a bit short on ~** han mangler fornuft; han er ikke særlig godt utstyrt med fornuft; **be in possession of one's -s** være ved sin fulle forstand; **bring sby to his -s** bringe en til fornuft; **take leave of one's -s** *(,T: go round the bend)* gå fra forstanden; **have the ~ to say no** være fornuftig nok til å si nei; **talk ~** snakke fornuft; si noe som der er mening i; **he wouldn't talk ~** det var ikke mulig å få et fornuftig ord ut av ham: **5.** hensikt; vits; **where's***(=what's)* **the ~ in***(=what's the point of)* **going out in the rain?** hva er vitsen med å gå ut i regnet? **6***(=meaning)* betydning *(fx this word can be used in several senses; do you mean 'funny' in the sense of 'odd'?);* **in the best ~ of the word** i ordets beste forstand; **in a***(=the)* **literal ~***(=literally)* i bokstavelig forstand; **in that ~** i den betydningen; i den forstand; **in the ~ that . . .** i den forstand at . . .; **he's big in both -s of the word** han er stor i dobbelt forstand; **in the usual ~ of the word** i den vanlige betydningen av ordet; i ordets vanlige forstand; **in a legal ~** i lovens forstand; **in a more restricted ~** i en snevrere forstand; **7.: make ~** gi mening *(fx that sentence doesn't make sense);* **it doesn't make ~!** det gir ingen mening! det rimer ikke! **can you make ~ of her letter?** kan du få noe ut av brevet hennes? forstår du brevet hennes?

II. sense *vb(=feel)* fornemme; føle; **he -d that she disapproved***(=he sensed her disapproval)* han følte at hun ikke likte det; han følte at hun mislikte det.

senseless ['senslis] *adj* **1***(=unconscious)* sanseløs *(fx the blow knocked him senseless);* **lie ~***(=lie unconscious)* ligge bevisstløs; **2***(=foolish; stupid)* tåpelig *(fx what a senseless thing to do!);* **3***(= meaningless)* meningsløs *(fx a senseless murder).*

sense impression sanseinntrykk.

sense organ sanseorgan.

sense perception sanseoppfatning.

sensibility [,sensi'biliti] *subst* **1.** *litt. el. glds(=sensitivity)* følsomhet; sensibilitet; **2.** *spøkef:* **sensibilities***(=feelings):* **that joke offended his sensibilities** den spøken krenket hans følelser.

sensible ['sensibl] *adj* **1.** fornuftig; **2.** *stivt(=noticeable)* følbar; merkbar *(fx a sensible decrease);* **3.** *glds el. litt.* **be ~ of***(=be aware of)* være klar over; være oppmerksom på.

sensitive ['sensitiv] *adj* **1.** følsom *(fx film);* **~ to red light** følsom overfor rødt lys; *om instrument:* følsom; fintfølende; *om dokument, etc:* følsom; **2.** *om person:* følsom; fintfølende; sensibel; ømfintlig; nærtagende *(fx don't be so sensitive(= touchy)!);* **he's very ~***(=touchy)* **about his large nose** han er meget ømfintlig når det gjelder den store nesen sin.

sensitiveness ['sensitivnis] *subst:* følsomhet.

sensitivity [,sensi'tiviti] *subst* **1.** følsomhet; sensibilitet; *(jvf sensibility);* **2.** følsomhet; innlevelse; **the book shows great ~** boken er skrevet med stor innlevelse.

sensitivity threshold*(=stimulus threshold)* sanseterskel.

sensitize, sensitise ['sensi,taiz] *vb:* gjøre lysfølsom.

sensory ['sensəri] *adj:* sanse-; **~ organ***(=sense organ)* sanseorgan.

sensual ['sensjuəl] *adj* **1.** sanselig *(fx pleasures);* **2.** sensuell *(fx person; lips).*

sensualism ['sensjuə,lizəm] *subst* **1.** *fil:* sensualisme; **2.** *stivt(=sensuality)* sensualitet.

sensualist ['sensjuəlist] *subst:* sensualist.

sensuality [,sensju'æliti] *subst:* sensualitet.

sensuous ['sensjuəs] *adj:* som taler til sansene; sanselig *(fx I find his music very sensuous).*

sent [sent] *pret & perf. part. av send.*

I. sentence ['sentəns] *subst* **1.** *gram:* setning; **2.** *jur:* dom; **deliver the ~***(=pass the sentence)* avsi dommen; **serve a ~** sone en dom; **under ~ of death** dødsdømt.

II. sentence *vb:* dømme (*to* til) *(fx he was sentenced to death)*

sententious [sen'tenʃəs] *adj; stivt(=pompous)* pompøs *(fx don't be so sententious!).*

sentient ['sentiənt] *adj; meget stivt(=feeling)* sansende *(fx a sentient being).*

sentiment ['sentimənt] *subst* **1***(=show of feeling(s))* følelsesytring; følelser *(fx an occasion for sentiment and nostalgia);* **2***(=public feeling)* opinion *(fx anti-smoking sentiment is growing);* **3.** *litt.:* **-(s)***(=feelings)* følelser *(fx his sentiments towards me; noble sentiments).*

sentimental [,senti'mentəl] *adj:* sentimental; følelsesmessig; stemningsbetont; **falsely ~** påtatt sentimental; **~ value** affeksjonsverdi.

sentimentalist [,senti'mentəlist] *subst:* følelsesmenneske.

sentimentality [,sentimen'tæliti] *subst:* sentimentalitet.

sentinel ['sentinəl] *subst; glds(=sentry)* skiltvakt.

sentry ['sentri] *subst; mil:* skiltvakt; **stand ~***(=be on sentry duty)* stå skiltvakt.

sentry box *mil:* skilderhus.

sentry duty *mil:* skiltvakttjeneste.

sepal ['si:pəl] *subst; bot:* begerblad.

separable ['sepərəbl] *adj:* som kan atskilles.

I. separate ['sepə,reit] *vb* **1.** skilles (at) *(fx we separated at the crossroads);* **2.** *jur:* separere; **3.** skille (*from* fra); skille (fra hverandre) *(fx a wall separates the gardens);* **4.** *om skall, etc:* løsne *(fx if you boil tomatoes, their skins will separate easily).*

II. separate ['sep(ə)rit] *adj:* atskilt; separat; særskilt; **have a ~ room** ha sitt eget værelse; **they have ~ bedrooms** de har hvert sitt soveværelse; **the garage is quite ~ from the house** garasjen er helt atskilt fra huset; **I like to keep my job and my home life ~** jeg liker å holde arbeidet og hjemmelivet atskilt; **this happened on two ~ occasions** dette skjedde ved to forskjellige anledninger; **we have two ~ problems to consider** vi har to atskilte problemer å ta i betraktning.

separately ['sep(ə)ritli] *adv:* hver for seg *(fx the two tables were packed separately; she and her husband are living separately);* **this book must be**

packed ~ denne boken må pakkes særskilt (*el.* for seg).

separation [,sepə'reiʃən] *subst* **1.** atskillelse; utskillelse; **she could not bear the thought of** ~ **from her children** hun kunne ikke holde ut tanken på å skulle skilles fra barna sine; **they were together again after a** ~ **of three years** de var sammen igjen etter en atskillelse på tre år; **2.** *jur(=legal separation)* separasjon *(fx they decided on (a) legal separation).*

separatist ['sep(ə)rətist] *subst:* separatist.

separator ['sepə,reitə] *subst; for melk:* separator.

sepsis ['sepsis] *subst; med.(=blood poisoning)* blodforgiftning.

September [sep'tembə] *subst:* september.

septennial [sep'teniəl] *adj:* som inntreffer hvert sjuende år; sjuårs-.

septet [sep'tet] *subst; mus:* septett.

septic ['septik] *adj:* septisk; betent; ~ **finger** finger som det er gått blodforgiftning i.

septic(a)emia [,septi'si:miə] *subst; med.(=blood poisoning)* blodforgiftning.

septic poisoning*(=blood poisoning)* blodforgiftning.

septic tank septiktank.

septuagenarian [,septjuədʒi'neəriən] *subst:* person som er i syttiårene.

septum ['septəm] *subst; anat, etc:* (skille)vegg.

sepulchral [si'pʌlkrəl] *adj; stivt* **1.** grav- *(fx monument);* **2.** *om stemme:* ~ **voice** gravrøst.

sepulchre *(,***US:** *sepulcher)* ['sepəlkə] *subst; glds el. litt.(=tomb)* grav; **the (Holy) Sepulchre** den hellige grav.

sequel ['si:kwəl] *subst* **1.** *av litterært verk:* fortsettelse (*to* av); **2.** etterspill; **the matter will have a** ~ **in court** saken vil få et etterspill i retten.

sequence ['si:kwəns] *subst* **1.** rekkefølge; orden; **in the same** ~*(=order)* **as** i samme rekkefølge som; ~*(=course)* **of events** hendelsesforløp; ~ **of operations***(=cycle of operations)* arbeidsgang; **2.** *EDB, film, kortsp:* sekvens; **3.** *mat.:* tallfølge; sekvens; **4.** *gram:* tidsfølge; sekvens.

sequester [si'kwestə] *vb; jur(=confiscate)* beslaglegge; konfiskere.

sequestered *adj; litt.: se secluded.*

sequestrate [si'kwestreit] *vb: se sequester.*

sequestration [,si:kwe'streiʃən] *subst; jur(=confiscation)* beslagleggelse; konfiskasjon; konfiskering.

sequin ['si:kwin] *subst; på tøy:* paljett.

Serb [sə:b], **Serbian** ['sə:biən] **1.** *subst:* serber; *språket:* serbisk; **2.** *adj:* serbisk.

Serbia ['sə:biə] *subst; geogr:* Serbia.

serenade [,seri'neid] **1.** *subst:* serenade; **2.** *vb:* synge en serenade for *(fx the girl was serenaded by her lover).*

serene [si'ri:n] *adj* **1.** *om person(=imperturbable)* uforstyrrelig *(fx she's calm and serene);* **2.** *litt.; om været(=calm)* rolig *(fx a serene summer day).*

serenity [si'reniti] *subst:* sinnsro; uforstyrrelighet; opphøyd ro.

serf [sə:f] *subst; hist(=villein)* livegen; *(NB en 'serf' hadde lavere status enn en 'villein').*

serfdom ['sə:fdəm] *subst; hist(=villeinage)* livegenskap; *(se serf).*

sergeant ['sa:dʒənt] *subst* **1.** *mil (fk Sgt;* **US** *fk SGT)* sersjant; **2.: (police)** ~ overkonstabel.

serial ['siəriəl] *subst:* fortsettelsesroman; føljetong; *radio, TV:* serie.

serialization, serialisation [,siəriəlai'zeiʃən] *subst:* det å la utkomme som føljetong (*el.* heftevis).

serialize, serialise ['siəriə,laiz] *vb:* gi ut som føljetong; *radio, TV:* bringe som føljetong.

serial number løpenummer; **-s** fortløpende nummer.

serial story føljetong.

series ['siəri:z] *subst (pl: series)* **1.** serie *(fx a television series);* **2.** rekke *(fx she made a series of brilliant scientific discoveries).*

serin ['serin] *subst; zo:* gulirisk; *(jvf linnet; twite).*

serious ['siəriəs] *adj* **1.** seriøs *(fx music);* **2.** alvorlig; **make a** ~ **attempt** gjøre et alvorlig forsøk; **is he** ~ **about wanting to be a doctor?** er det hans alvor at han vil bli lege? **he's quite** ~ han mener det helt alvorlig.

seriously *adv:* alvorlig; ~ **ill** alvorlig syk; **is he** ~ **thinking of becoming a doctor?** tenker han for alvor på å bli lege?

seriousness ['siəriəsnis] *subst:* alvor.

serjeant-at-arms*(=sergeant-at-arms)* **UK** *parl:* ordensmarskalk.

sermon ['sə:mən] *subst:* preken; **deliver a** ~ holde (en) preken.

sermonize, sermonise ['sə:mə,naiz] *vb; neds:* ~ **sby** holde moralpreken for en.

serous ['siərəs] *adj:* serøs *(fx fluid);* ~ **pleurisy** serøs pleuritt.

serpent ['sə:pənt] *subst; glds el. litt.(=snake)* slange.

serpentine ['sə:pən,tain] *adj; litt.(=winding)* buktet.

serrated [sə'reitid] *adj(=saw-toothed)* sagtakket.

serrated wrack *bot:* sagtang; hummertare; *(jvf sea tangle; seawrack).*

serried ['seri:d] *adj:* **in** ~ **ranks***(=drawn up in ranks)* i sluttet rekke.

serum ['siərəm] *subst:* serum.

servant ['sə:vənt] *subst* **1.** tjener; **2.:** *se civil servant & public servant.*

I. serve [sə:v] *subst; tennis:* serve.

II. serve *vb* **1.** tjene *(fx he served his master for many years);* **2.** betjene; ekspedere *(fx customers);* ~ **in a shop** stå i butikk; **3.** servere; ~ **sby with sth** servere en noe *(fx the waiter served us with soup);* **dinner's -d** middagen er servert; **4.** tjenstgjøre; gjøre tjeneste *(fx he served as a soldier);* **I've -d on the committee for five years** jeg har sittet i komitéen i fem år; **5.** sone *(fx a sentence);* **6.** *tennis:* serve; **7.** gjøre nytten; **it will have to** ~*(=it'll have to do)* det må gjøre nytten; ~ **as** gjøre tjeneste som; **pieces of stone and bone -d them for every sort of tool** bein og steinstykker brukte de til alle slags typer (av) redskap; **8.** *jur:* forkynne; **a summons has been -d on him to appear in court** han har blitt innstevnet til å møte i retten; **9.** *landbr:* bedekke; pare; **10.: it -s you right!** det har du godt av! det er til pass til deg! **11.** *ordspråk:* **first come, first -d** den som kommer først til mølla, får først malt; **12.:** ~ **one's apprenticeship** stå i lære *(fx he's serving his apprenticeship as a mechanic);* **13.** *om matoppskrift:* **this recipe -s six persons** denne oppskriften er beregnet på seks personer.

server ['sə:və] *subst* **1.** *tennis:* server; **2.** *kat:* messeassistent; **3.: (pair of) salad -s***(=salad set)* salatbestikk.

I. service ['sə:vis] *subst* **1.** tjeneste; **do sby a great** ~ gjøre en en stor tjeneste; **I owe him a** ~ **in return***(=I owe him a good turn)* jeg skylder ham en gjentjeneste; *stivt el. spøkef:* **at sby's** ~*(=disposal)* til ens tjeneste *(fx my bicycle is at your service);* **I'm at your** ~ jeg står til tjeneste; *(se military service & national service);*

2. *mil:* våpengren; **which of the -s were you in?** i hvilken våpengren tjenstgjorde du?

3.: (divine) ~ gudstjeneste; **hold a** ~ holde gudstjeneste; *(se burial service; commemoration service);*

4. assistanse; hjelp *(fx his service to refugees);*

need the -s of a doctor trenge legehjelp;
5. betjening; ekspedering; service *(fx the service in that restaurant is very poor); servering; mots selvbetjening:* **table ~** bordservering; **extend the -s offered in Australian towns** utvide servicetilbudet i australske byer; **provide ~ for***(=service)* utføre service på; yte service på; **counselling is a ~ provided for pupils and parents** rådgivning er et servicetiltak overfor elever og foreldre; **when did your car last have a ~?** når ble det sist utført service på bilen din? **the car is due for its 15,000-kilometre ~** bilen bør nå få den service den skal ha etter 15.000 km;
6. *tennis:* serve;
7. *jur; av stevning:* forkynnelse;
8. *om (offentlige) tjenester:* **the Customs ~** tolletaten; **bus ~** bussrute; bussforbindelse *(fx there's a good bus service into the city);* **postal ~** postgang; posttjeneste *(fx the postal service is very poor here);* **train ~** toggang; togforbindelse; *om nytt materiell:* **put into ~** ta i bruk *(fx a new locomotive);* **put a ship into ~***(=put a ship into commission)* ta et skip i bruk; sette et skip i fart; *(se civil service; health service; public service);*
9. *økon:* tjenesteytelse *(fx export of goods and services);* **-s** tjenesteytelser; tjenesteyting;
10. *landbr:* bedekning;
11. *glds:* **(domestic) ~***(=domestic post)* huspost; **be in ~***(=have a domestic post)* ha huspost; **go into ~***(=take a domestic post)* ta huspost;
12.: **have seen good ~***(=have seen plenty of use)* være velbrukt *(fx this bicycle has seen good service).*

II. service *vb* **1.** yte service på; ha service på *(fx have you had your car serviced recently?);* **2.** *økon:* **~ a loan***(=meet interest and capital payments on a loan)* betjene et lån.

serviceable ['sə:visəbl] *adj:* brukbar; tjenlig; hensiktsmessig *(fx her clothes are always serviceable rather than fashionable);* brukbar; kjørbar *(fx is the car serviceable?).*

service area *ved motorvei:* rastested (med servicemuligheter); *(jvf picnic area).*

service ball *tennis:* serveball.

service charge *på regning:* service.

service chief *mil:* forsvarsgrenssjef.

Service Corps *mil:* **Royal Army ~** *(,US: omtr: Quartermaster Corps)* Hærens intendantur.

service distinguishing symbol *mil:* kjennetegn for forsvarsgren; *(jvf marking 4).*

service engineer serviceingeniør; reparatør.

service garage serviceverksted.

service hatch serveringsluke.

service industry servicenæring.

service instruction betjeningsforskrift.

service manager verksmester (fx ved bilverksted).

serviceman 1. *mil:* soldat; **2. US***(=garage hand)* servicemann.

service manager *ved bilverksted:* verksmester.

service pipe *bygg(=supply pipe)* stikkledning.

service pit smøregrop.

service road atkomstvei (som løper parallelt med hovedvei).

service station servicestasjon.

service till *ved National Westminster Bank:* minibank; *(jvf cashpoint).*

serviette [,sə:vi'et] *subst(=(table) napkin)* serviett; **paper ~** papirserviett.

servile ['sə:vail] *adj; stivt(=cringing)* servil; krypende.

servility [sə:'viliti] *subst; stivt:* servilitet; kryping.

serving pantry anretning.

serving trolley serveringstralle.

servitude ['sə:vi,tju:d] *subst* **1.** *stivt(=slavery)* trelldom; slaveri; **2.** *jur; i Skottland(=easement)* servitutt; **3.** *hist:* **penal ~***(=imprisonment with hard labour)* straffarbeid.

servo ['sə:vou] *subst* **1***(=servomotor)* servomotor; **2***(=servomechanism)* servomekanisme.

servo brake*(=servo-assisted brake)* servobrems.

sesame ['sesəmi] *subst; bot:* sesam.

sessile ['sesail] *adj* **1.** *bot:* stilkløs; sittende *(fx leaf);* **2.** *zo:* fastsittende; som sitter fast.

session ['seʃən] *subst* **1.** *parl, etc:* sesjon; møte *(fx an afternoon session);* **court ~** rettsmøte; **in ~** samlet; **2. US** *& Skottland; univ(=term)* semester; **3.** *om tid som tilbringes med en el. annen aktivitet:* **filming ~** filming; **recording ~** opptak; **4. T: I had a ~ with him this morning** jeg hadde litt av en diskusjon med ham i dag morges.

session musician studiomusiker.

I. set [set] *subst* **1.** sett *(fx of tools);* **chess ~** sjakksett; **salad ~** salatbestikk; **2.** apparat *(fx television set);* **3.** servise *(fx dinner set; teaset);* **4.** *tennis:* sett; **5.** *film, teat:* dekorasjon; **6.** *om mennesker som har felles holdninger eller interesser:* klikk; gjeng *(fx a wild set);* **the racing ~** veddeløpspublikum; **the smart ~** den elegante verden; **7.** *skolev:* kull *(fx she's in my set);* **8.** *mat.:* mengde; **theory of -s** mengdelære; **9.: a shampoo and ~** vask og legg *(fx he charges £9 for a shampoo and set);* **10.: the ~ of a gun dog when pointing** den måten en jakthund står på når den markerer.

II. set *vb (pret & perf. part.: set)* **1.** *stivt(=put)* sette *(fx she set the tray down);* **2***(=lay)* dekke *(fx set the table);* **3***(=fix)* fastsette *(fx the date for our wedding);* **~ a limit** (fast)sette en grense; **4.** *om oppgave; også skolev:* gi *(fx they set him two tasks);* **~ an essay** gi en stiloppgave; **the essays had been ~ as a punishment** stiloppgavene var blitt gitt som straff; **who ~ this exam?** hvem lagde denne eksamensoppgaven? **5.** foregå; **~ a good example to others** foregå andre med et godt eksempel; **he ought to ~ a better example to his children** han bør være et bedre eksempel for barna sine; **6.** *stivt(=cause; make):* **the sight of him ~ her heart beating fast***(=the sight of him made her heart beat fast)* synet av ham fikk hjertet hennes til å slå fort; **his behaviour ~ people complaining***(=his behaviour made people complain)* oppførselen hans fikk folk til å klage; **7.** *sagblad(=swage-set)* vikke; **8.** *om hår:* **have one's hair ~** få lagt håret; **I want my hair shampooed and ~** jeg vil ha håret vasket og lagt; **9.** *om betong:* størkne; *om gelé:* stivne; **10.** stille inn; stille *(fx the alarm for 7 a.m.);* stille opp; sette opp *(fx the mousetrap);* **11.** *om sola(=go down)* gå ned; **12.** *med.:* sette sammen *(fx his broken arm);* **13.** *smykkestein:* innfatte; **14.** *typ(=set up)* sette *(fx in large type);* **have they ~ the type yet?** har de satt satsen enda? **15.: ~ about** 1. *stivt(=attack)* fare (*el.* gå) løs på; 2.: **~***(=go)* **about sth** ta fatt på noe; **he didn't know how to ~ about it** han visste ikke hvordan han skulle bære seg at med det; **16.** *stivt:* **~***(=turn)* **them against each other** sette dem opp mot hverandre; **17.: ~ aside** 1*(=put aside)* legge til side *(fx some money);* 2. *stivt(=ignore)* ignorere *(fx my objections were set aside);* **18.: ~ back** 1. sinke; hemme *(fx his illness set him back a bit at school);* 2. **T***(=cost)* koste *(fx that must have set you back a few pounds);* 3. trekke tilbake (*from* fra) *(fx the house was set back from the road and partly hidden by trees);* **19.** *om vær el. følelser:* **~ in**

sette inn med *(fx (a) dense fog set in);* komme *(fx winter set in early that year);* **boredom soon ~ in among the children** barna begynte snart å kjede seg; **20.: ~ sth into sth** felle noe inn i noe *(fx a mosaic panel was set into the wall);*
21.: ~ off 1. dra av sted; 2. fremheve *(fx the frame sets off the picture well);* 3.: **~ off the fireworks** sende opp fyrverkeriet; **22.: ~ one's dog on sby** pusse hunden sin på en; **23.: ~ oneself to do sth** sette seg fore å gjøre noe;
24.: ~ out 1. dra av sted *(fx when are we setting out on our trip?);* 2*(=intend)* ha til hensikt *(fx I didn't set out to prove him wrong);* 3*(=display)* utstille; stille ut; 4*(=explain)* forklare *(fx he always sets his ideas out very clearly);*
25.: ~ up 1*(=establish)* etablere; starte *(fx when was the organization set up?);* 2*(=establish)* nedsette *(fx a committee of inquiry);* 3*(=arrange; construct)* sette opp; konstruere; 4. *typ:* sette *(fx the type for the book is being set up);* 5.: **~ sby up in business** hjelpe en å begynne forretning; **he ~ himself up as a bookseller** han begynte som bokhandler; 6. **T: the holiday has really ~ us up again** ferien har virkelig gjort oss godt; **26.: ~ up house on one's own** begynne med sin egen husholdning *(fx he'll soon be earning enough to set up house on his own);* **27.: ~ up shop** 1. begynne forretning; 2. **T: she ~ up shop as a singing teacher** hun slo seg ned som sanglærer; **28.: ~ upon sby** kaste seg over en *(fx he set upon me in the dark).*

III. set *adj* **1.** fast *(fx there's a set procedure for doing this);* **at ~ times** til faste tider; **2.** *om tale(=written beforehand)* ferdigskrevet *(fx deliver a set speech);* **3***(=deliberate):* **with the ~ intention of (-ing)** i den bestemte hensikt å . . .; **4***(=stiff; fixed)* stiv *(fx he had a set smile on his face);* **5.** *om meninger:* fastlåst *(fx he has very set ideas);* **6.** *skolev:* **~ books** pensumbøker; **7.: ~ with** besatt med *(fx pearls);* **8.: be ~ in one's ways** være lite elastisk *(fx the managing director is very set in his ways);* **9.: all ~** helt ferdig *(fx are we all set? we were all set to go when the phone rang);* **10.** *sport:* **Get ready! Get ~! Go!** Klar! Ferdig! Gå!

setback ['set,bæk] *subst* **1.** tilbakegang; **oil production -s** tilbakegang i oljeproduksjonen; **2.** tilbakeslag; **T:** baksmell; **a ~ to** et tilbakeslag for *(fx the American space programme);* **3.** *arkit:* tilbaketrukket (del av) bygning.

set book *skolev:* pensumbok.

set chisel*(=cold chisel)* kaldmeisel.

set-off ['set,ɔf] *subst* **1***(=counterweight)* motvekt; **2.** *merk:* motregning; **3.** flatterende bakgrunn.

set phrase stående uttrykk.

set piece *teat:* settstykke; kulisse.

setscrew ['set,skru:] *subst:* settskrue.

set square vinkelhake.

set(t) [set] *subst:* **(badger) ~***(=badger's earth; badger's burrow)* grevlinghi.

settee [se'ti:] *subst:* sofa; kanapé.

setter ['setə] *subst; hund:* setter.

set theory *mat.:* mengdelære.

setting ['setiŋ] *subst* **1***(=mounting)* innfatning *(fx diamonds in an antique gold setting);* **2.** *fig:* bakgrunn *(fx the old houses provided a beautiful setting for the ceremony);* ramme (for *om(kring)*); **3.: (place) ~** kuvert; **4.** *av betong, etc:* størkning; avbinding; *av gelé:* stivning; **5.** *mask:* innstilling; **readily found ~ of any valve opening required** lettvint innstilling av en hvilken som helst ventilåpning; **6.** *teat:* **(stage) ~** scenearrangement; **7.** *til tekst, fx dikt:* musikk.

setting lotion *for håret:* leggevann.

setting-out [,setiŋ'aut] *subst; bygg:* utstikking; **the ~ of a building** utstikking av en bygning.

settle ['setəl] *vb* **1.** anbringe *(fx he settled his mother in a corner of the compartment);* plassere *(fx I settled myself in the armchair);* **2.** *om støv, etc:* legge seg; **3.** *om fugl:* sette seg; slå seg ned; *om nomader:* bli fastboende; slå seg ned; **4.** *om fundament(=subside)* sette seg; **5.** *om fx vin:* bunnfelle seg; **6***(=settle down)* bosette seg; slå seg ned; **he -d in Canada***(=he made his home in Canada)* han slo seg ned i Canada; **7.** *merk:* **~ a bill***(=pay a bill)* betale en regning; **8.** avgjøre *(fx my future has at last been settled); om strid:* avgjøre; **~ it out of court** avgjøre det i minnelighet; **that -s it!** det avgjør saken! **9.: ~ down** 1. komme til ro *(fx settle down, children! he waited for the audience to settle down before he spoke);* roe; få til å falle til ro *(fx she settled the baby down at last);* 2. slå seg ned *(fx she settled (herself) down in the back of the car);* sette seg til (*for a talk* for å prate); **he -d down comfortably in a chair** han satte seg godt til rette i en (lene)stol; **he -d down with his red pencil** han satte seg til med rødblyanten *(el.* rødstiften); 3.: **~ down to (do) one's work** ta fatt på arbeidet; 4. *i nytt miljø:* falle til ro; finne seg til rette *(fx he's settling down well in his new school);* 5. sette bo *(fx isn't it time you got married and settled down?);* **10.: ~ for***(=accept)* akseptere (som et kompromiss); avfinne seg med *(fx we wanted two single rooms, but had to settle for a room with two beds instead);* **11.: ~ in** komme i orden (etter flytting) *(fx they haven't settled in yet);* **12.: ~ on** 1. bestemme seg for *(fx a plan);* 2. *jur:* båndlegge til fordel for *(fx settle property on sby);* **13.: ~ up***(=pay)* betale; **~ up with** betale; gjøre opp med *(fx sby);* **14.: ~ with** 1. avtale med *(fx have you settled with the builders when they are to start work?);* 2*(=settle up with; pay)* gjøre opp med; betale; 3. *truende:* gjøre opp med; ta seg av *(fx I'll settle with him later!); (jvf I. account 5).*

settled *adj* **1.** *om område:* bebodd; **2.** avgjort; bestemt; **well, that's ~ then** så er det en avtale; **3.** *om vær:* stabilt.

settlement ['setəlmənt] *subst* **1.** ordning; avgjørelse *(fx there is no hope of settlement in this dispute);* **~ out of court** minnelig ordning; forlik; **2***(=agreement)* enighet; avtale; ordning *(fx they have reached a settlement);* **3.** bosetning *(fx when did the settlement of Carolina begin?);* **4.** nybyggerområde; nybyggergrend; koloni; boplass *(fx there was an Iron Age settlement on top of this hill);* **5.** *jur:* båndleggelse; **make a ~ on one's wife** båndlegge midler til fordel for sin kone; **she received a ~ when she got married** det ble båndlagt midler til henne da hun giftet seg; **marriage ~** ektepakt; **6.** *merk(=payment)* betaling *(fx arrange for settlement of the invoice);* dekning; **in ~ of***(=in payment of)* til dekning av; som betaling for; **7.** *fors:* **~ of a claim (,of claims)** skadeoppgjør; **8.** *jur:* **~ of the deceased's estate***(=distribution of the estate)* arveoppgjør; **9. UK: Act of Settlement** *(law regulating succession to the Throne)* arvefølgelov.

settlement pattern bosettingsmønster.

settler ['setlə] *subst:* nybygger; kolonist; settler.

set-to ['set,tu:] *subst* **T:** basketak.

set-up ['set,ʌp] *subst* **T:** arrangement; opplegg; **administrative ~***(=administrative machinery)* administrasjonsapparat.

seven ['sevən] **1.** *subst:* sjutall; **2.** *tallord:* sju.
seventeen ['sevən'ti:n] **1.** *subst:* syttentall; **2.** *tallord:* sytten.
seventeenth ['sevən'ti:nθ] **1.** *subst:* sytten(de)del; **2.** *tallord:* syttende.
seventh ['sevənθ] **1.** *subst:* sju(ende)del; **2.** *tallord:* sjuende.
seventy ['sevənti] **1.** *subst:* syttitall; **2.** *tallord:* sytti.
sever ['sevə] *vb; stivt* **1***(=cut off)* kutte av; rive av *(fx his arm was severed in the accident);* **2***(=break off)* bryte *(fx economic links with a country);* ~ **the connection with him** bryte forbindelsen med ham.
several ['sevərəl] **1.** *adj(=some; quite a few)* noen; flere; atskillige *(fx he did it several times);* ~ **weeks passed before he got a reply to his letter** det gikk flere uker før han fikk svar på brevet sitt; **2.** *pron(=some; a few)* noen *(fx several of them are ill; when I opened the box of eggs, I found that several were broken);* **3.** *adj; stivt:* **they went their** ~ **ways***(=they went their separate ways)* de gikk hver sin vei.
severance ['sevərəns] *subst; stivt(=breaking away)* løsrivelse; *polit(=secession)* uttredelse; løsrivelse *(fx from the Commonwealth).*
severance pay *ved opphør av kontraktmessig ansettelse:* fratredelsesgodtgjørelse.
severe [si'viə] *adj* **1***(=very strict)* meget streng *(fx mother; criticism);* **2.** *om været; stivt(=extreme)* streng *(fx cold; weather conditions);* **3.** *om påkledning, stil, etc:* stiv *(fx hairstyle);* **4***(=serious)* alvorlig *(fx illness).*
severity [si'veriti] *subst(=strictness)* strenghet.
Seville [sə'vil] *subst; geogr:* Sevilla.
sew [sou] *vb (pret: sewed; perf. part.: sewn)* **1.** sy; **have you -n my button on yet?** har du sydd på knappen min enda? **this material is difficult to** ~ dette stoffet er vanskelig å sy i; **2.:** ~ **up** 1. sy sammen *(fx a hole in the shirt);* 2. **T:** *om avtale, etc:* sy sammen; få til *(fx a deal).*
sewage ['su:idʒ; 'sju:idʒ] *subst:* kloakkinnhold; kloakkvann.
sewage disposal plant*(=sewage purification plant)* kloakkrenseanlegg.
sewage pipe*(=sewer (pipe))* kloakkrør, kloakkledning.
I. sewer ['souə] *subst:* syer(ske).
II. sewer ['su:ə; 'sju:ə] *subst(=sewer pipe)* kloakkrør; kloakkledning.
sewerage ['su:əridʒ; 'sju:əridʒ] *subst:* kloakksystem; kloakkanlegg.
sewerage system kloakkanlegg; **be connected to the municipal** ~ være tilkoplet det kommunale kloakkanlegget.
sewing machine symaskin.
sewing machinist *i fabrikk:* syer(ske).
sewn [soun] *perf. part. av sew.*
sewn up *adj; om avtale, etc* **T:** i orden; **T:** i lås *(fx is the agreement (all) sewn up?).*
I. sex [seks] *subst* **1.** kjønn *(fx what sex is the baby?);* **the male** ~ hankjønnet; **the female** ~ hunkjønnet; **why should the -es learn different subjects at school?** hvorfor skulle de to kjønn lære forskjellige fag på skolen? **2.** kjønnsliv; sex; erotikk; **3. T***(=sexual intercourse)* samleie; **casual** ~ tilfeldige seksuelle forhold; **have** *(,stivt: indulge in)* ~ **with** ha samleie med; ligge med.
II. sex *vb(=determine the sex of)* kjønnsbestemme.
sex act *især* **US***(=sexual act)* seksualakt; kjønnsakt.
sexagenarian [,seksədʒi'nɛəriən] *subst:* person i sekstiårene.
sex appeal sex appeal; tiltrekning på det annet kjønn.
sex chromosome kjønnskromosom.
sex crime*(=sexual crime)* seksualforbrytelse; sedelighetsforbrytelse.
sex determination kjønnsbestemmelse.
sex discrimination kjønnsdiskriminering.
Sex Discrimination Act *(fk SDA):* **the** ~ likestillingsloven.
-sexed *adj:* **she's a highly-**~ **woman** hun har en sterk seksualdrift; **T:** hun er meget sexy.
sex equality likestilling mellom kjønnene; kjønnslikestilling.
sex guidance seksualopplysning.
sex harassment *på arbeidsplass; fra kolleger el. overordnede:* sexpress; plagsomme seksuelle tilnærmelser.
sex hygiene seksualhygiene.
sexiness ['seksinis] *subst:* det å være sexy.
sex instruction seksualundervisning; **mixed** ~ seksualundervisning for begge kjønn.
sexism ['seksizəm] *subst:* kjønnsdiskriminering; kvinnediskriminering.
sexist ['seksist] **1.** *subst:* person som praktiserer kjønns- el. kvinnediskriminering; **2.** *adj:* kjønnsdiskriminerende; kvinnediskrimenerende *(fx it's sexist to say that).*
sex labelling kjønnsdiskriminering (i arbeidslivet).
sexless ['sekslis] *adj; også fig:* kjønnsløs.
sex life*(=sexual life)* seksualliv; kjønnsliv; driftsliv.
sex-linked ['seks,liŋkt] *adj:* kjønnsbestemt; kjønnsbundet *(fx inheritance).*
sex lip *anat:* kjønnsleppe.
sex murder seksualmord.
sex murderer seksualmorder.
sex-neutral ['seks,nju:trəl] *adj:* kjønnsnøytral; ~ **occupational titles** kjønnsnøytrale stillingsbetegnelser.
sex organ kjønnsorgan.
sex phobia seksualangst.
sexpot ['seks,pɔt] *subst* **S:** meget sexy pike.
sex reversal kjønnsskifte.
sex role kjønnsrolle; **the female** ~ den kvinnelige kjønnsrolle; **pattern of -s** kjønnsrollemønster.
sex-starved ['seks,sta:vd] *adj:* seksuelt underernært.
sextant ['sekstənt] *subst:* sekstant.
sextet, sextette [seks'tet] *subst; mus:* sekstett.
sexton ['sekstən] *subst:* kirketjener og graver.
sextuple ['sekstjupəl] **1.** *adj:* seksdobbelt; **2.** *vb:* seksdoble.
sexual ['seksjuəl; 'sekʃuəl] *adj:* seksuell; kjønnslig.
sexual harassment sexpress; plagsomme seksuelle tilnærmelser.
sexual instinct*(=sexual urge)* seksualdrift; kjønnsdrift.
sexual insult kjønnsdiskriminerende fornærmelse; **be the victim of -s***(=be sexually insulted)* bli utsatt for kjønnsdiskriminerende fornærmelser.
sexual intercourse samleie; kjønnslig omgang.
sexuality [,seksju'æliti; ,sekʃu'æliti] *subst:* seksualitet.
sexually *adv:* seksuelt; **be** ~ **insulted** bli utsatt for kjønnsdiskriminerende fornærmelser; ~ **mature** kjønnsmoden; ~ **mature at an early age** tidlig kjønnsmoden.
sexual maturity kjønnsmodenhet.
sexy ['seksi] *adj:* sexy *(fx dress; film; girl).*
shabby ['ʃæbi] *adj* **1.** loslitt; shabby; medtatt; **2.** *stivt(=mean)* simpel; sjofel *(fx that was a shabby thing to do).*
shabby-genteel [,ʃæbidʒen'ti:l] *adj:* fattigfornem.
I. shack [ʃæk] *subst; neds:* skur *(fx they don't really have a holiday cottage – it's just a shack).*

II. shack *vb* **S: ~ up together** bo sammen; flytte sammen *(fx they couldn't afford a wedding so they just shacked up together)*; **~ up with** 1. flytte sammen med; 2. sove hos.

shad [ʃæd] *subst; zo; fisk:* **(allis) ~** maisild.

shadbush [ˈʃæd,buʃ] *subst; bot(=saskatoon)* søtmispel; blåhegg.

I. shade [ʃeid] *subst* **1.** skygge *(fx sit in the shade)*; **provide some ~ from the sun** gi litt skygge for sola; **light and ~** lys og skygge; **2.** nyanse *(fx shade of meaning)*; **~ of colour** fargenyanse; **different -s of green** forskjellige grønnsjatteringer; **a pretty ~ of blue** en pen blåfarge; **a ~ better** en tanke bedre; **3.: (lamp) ~** (lampe)skjerm; **4. US: window ~***(=(roller) blind)* rullegardin; **5.: -s US***(=sunglasses)* solbriller; **6.** *fig:* **put in the ~***(=outshine)* stille i skyggen *(fx she's so beautiful that she puts her sister in the shade)*.

II. shade *vb* **1.** skygge for *(fx he put his hand up to shade his eyes)*; gi skygge (*from* for); (av)skjerme; **2.** skyggelegge *(fx a drawing)*; **3.: ~ in** skyggelegge *(fx I've done the outlines of the drawing, but I haven't yet shaded it in)*; **4.: ~ into** gå over i *(fx a blue that shades into green)*.

shading [ˈʃeidiŋ] *subst:* skyggelegging (av tegning); **very fine ~** meget svak skyggelegging.

I. shadow [ˈʃædou] *subst* **1.** (slag)skygge; **in the ~ of a building** i skyggen av en bygning; *fig:* skygge; **2.** *på tegning, etc:* **be in ~** ligge i skygge; **3.** *fig:* antydning; skygge *(fx not a shadow of doubt)*; **is there a ~ of a suspicion that . . .?** fins det en antydning til mistanke om at . . .?

II. shadow *vb* **1.** kaste skygge over *(fx the hat shadowed her face)*; **2. T:** skygge *(fx sby)*.

shadow cabinet *polit:* skyggeregjering.

shadow life: lead a ~ føre en skyggetilværelse.

shadow world*(=world of shades)* skyggeverden.

shadowy [ˈʃædoui] *adj* **1.** skyggefull; **2.** skyggeaktig *(fx a shadowy figure went past in the darkness)*.

shady [ˈʃeidi] *adj* **1***(=shadowy)* skyggefull; **2.** *neds* **T***(=dishonest)* fordektig *(fx he's a rather shady person)*; **a ~ business** en lyssky affære.

shady side skyggeside *(fx the shady side of the house)*.

shaft [ʃa:ft] *subst* **1.** skaft *(fx the shaft of a golf club)*; *på boreplattform:* skaft; *på søyle:* skaft; *zo:* (fjær)skaft; fjærribbe; **2.** sjakt; **lift ~** heisesjakt; **3.** *mask:* (driv)aksel; **connecting ~** forbindelsesaksel; **main ~** hovedaksel; utgående aksel; **4.** vognstang; skåk; drag *(fx the horse stood patiently between the shafts)*; **5***(=ray; beam)*: **a ~ of sunlight** en solstripe; **6.** *litt.(=arrow)* pil.

shaft bearing mask: aksellager.

shaft collar *mask:* akselkrage; akselflens.

shaft coupling *mask:* akselkopling.

shaft journal *mask:* akseltapp.

I. shag [ʃæg] *subst* **1.** *zo:* toppskarv; *(jvf cormorant)*; **2.** ragg; stritt hår; **3.** lang, grov lo.

II. shag *vb; vulg(=fuck; screw)* knulle.

shaggy [ˈʃægi] *adj:* ragget; stridhåret; busket; **~ eyebrows***(=bushy eyebrows)* buskete øyenbryn.

shaggy-dog story humoristisk anekdote med absurd poeng.

I. shake [ʃeik] *subst* **1.** risting; skaking; **a ~ of the head** en hoderysten; **he gave the bottle a ~** han ristet på flasken; **he gave the child a ~** han ristet i ungen; **2.** *drikk:* shake *(fx milk shake)*; **ice -cream ~** iskremsoda; **3. T: no great -s***(=not much good)* ikke noe større tess; ikke rare greiene.

II. shake *vb (pret: shook; perf. part.: shaken)* **1.** riste; **he shook his head** han ristet på hodet; **the dog shook itself** hunden ristet seg; **they were shaking with laughter** de ristet av latter; **2.** skjelve *(fx her voice shook as she told me the sad news)*; **they were shaking with fear** de skalv av redsel; **3***(=shock)* sjokkere *(fx I was very shaken by the news)*; **the news shook him** nyheten rystet ham; *spøkef* **T: that shook you!** det hadde du ikke ventet, vel? **4.** svekke; **be -n***(=receive a blow)* få en knekk; **my confidence in him has been (badly) -n** min tillit til ham har fått en (stygg) knekk; **5.: ~ down** riste ned *(fx apples from a tree)*; **6.: ~ oneself free** riste seg løs; **7.** *også fig:* **~ off** riste av seg; **8.: ~ out** riste ut *(fx shake out the blankets)*; **9. T: ~ up** ruske opp i; få sving på *(fx the new headmistress will soon shake the school up)*.

shakedown [ˈʃeik,daun] *subst* **1***(=makeshift bed; rough bed)* improvisert natteleie; *på gulvet:* flatseng; **2.** prøve (av maskineri, etc for å finne eventuelle feil); **3. US S***(=swindle)* svindel; **4. US S***(=thorough search)* grundig undersøkelse; *(=bodily search)* kroppsvisitasjon.

shakedown cruise *mar:* prøvetur; *(jvf shakedown 2)*.

shaken [ˈʃeikən] *perf. part. av II. shake.*

shakeout [ˈʃeik,aut] *subst* **1.** grundig risting *(fx a shakeout of the carpet)*; **2.** *økon(=minor recession)* lett nedgang; konjunkturtilpasning; **3.** *på børsen:* brått kursfall; **3.:** *se shake-up.*

shaker [ˈʃeikə] *subst:* shaker *(fx cocktail shaker)*.

shake-up [ˈʃeik,ʌp] *subst* **T:** omkalfatring; drastisk omorganisering; **he needs a (thorough) ~** han kan trenge til at noen rusker (ordentlig) opp i ham.

shaky [ˈʃeiki] *adj* **1***(=trembling)* skjelvende *(fx voice)*; **2***(=unsteady)* ustø *(fx handwriting)*; **a ~ chair***(=a rickety chair; a wobbly chair)* en ustø (*el.* vaklevoren) stol; **3.** *fig:* ustø; usikker *(fx he's a bit shaky at arithmetic)*; **~ spelling** usikker (*el.* vaklende) ortografi; **4.** *om ens helse:* skrøpelig *(fx he's getting rather shaky nowadays)*; **5***(=unreliable; wavering)* upålitelig; vaklende.

shale [ʃeil] *subst:* leirskifer.

shall [ʃæl; *trykksvakt:* ʃəl] *vb (pret: should)* **1.** *danner 1. futurum i 1. pers:* **I ~ be glad when . . .** jeg skal være glad når . . .; **~ we see you next week** kommer vi til å se deg neste uke? **we ~ be leaving tomorrow** vi reiser i morgen; **2.** *angir hensikt el. løfte:* **I shan't be late tonight** jeg kommer ikke til å bli sen i kveld; **he ~ have a bicycle if he passes his exam** han skal få sykkel hvis han står til eksamen; **I'm determined that they ~ never do that again** jeg er fast bestemt på at de ikke skal få gjort det én gang til; **3.** *i spørsmål:* **~ I tell him, or shan't I?** skal jeg fortelle ham det, eller skal jeg ikke? **~ we go now?** skal vi gå (,dra) nå? **~ you dismiss the man?***(=have you decided to dismiss the man?)* har du bestemt deg for å si opp mannen? **4.** *stivt; jur el. i regelverk:* **you ~ go if I say you must** du må dra hvis jeg sier du skal; **we have decided that you ~ stay** vi har besluttet at du skal bli; **houseowners ~ keep their gardens in a neat and orderly state** huseiere må holde hagene sine i pen og ordentlig stand; **5.** *danner 2. futurum i 1. pers:* **I ~ have finished this by tomorrow** jeg vil (*el.* kommer til å) være ferdig med dette til i morgen; *(jvf should; will; would)*.

shallot [ʃəˈlɔt] *subst; bot (,US også: scallion)* sjallottløk.

I. shallow [ˈʃælou] *subst:* **-s** grunne; grunt farvann.

II. shallow *vb:* bli (gradvis) grunnere *(fx the channel shallows just here)*.

III. shallow *adj* **1.** grunn *(fx river)*; **2.** *om fat, etc:* flat *(fx that dish is too shallow to serve soup in)*;

3. *om åndedrett(=weak):* ~ **breathing** svakt åndedrett; 4. *fig:* grunn; overfladisk; **she has a rather ~ personality** hun er nokså overfladisk av seg.

I. sham [ʃæm] *subst* 1. humbug *(fx the whole trial was a sham);* 2*(=shamming)* forstillelse *(fx I'm tired of all this sham – why don't you say what you really think?);* 3*(=impostor)* bedrager; svindler; person som utgir seg for noe annet enn han er; humbugmaker.

II. sham *vb; stivt(=pretend)* foregi; **he -med illness***(=he pretended to be ill)* han forega å være syk; han lot som om han var syk; **he's only -ming***(=he's only pretending)* han bare forstiller seg; han bare simulerer.

III. sham *adj; neds(=false)* forloren; uekte; ~ **fight** skinnfektning.

shaman [ˈʃæmən] *subst:* sjaman.

shamble [ˈʃæmbəl] *vb:* sjokke; subbe; gå slepende.

shambles [ˈʃæmbəlz] *subst* **T***(=mess)* (noe) rot *(fx the meeting was a total shambles);* **his room was a ~** på rommet hans var det et eneste rot; **we're in a bit of a ~ at the moment** her er det litt av et rot for øyeblikket.

I. shame [ʃeim] *subst* 1. skam *(fx he felt no shame; this brought shame on his family);* **have you no ~?** har du ingen skam i livet? **it's a ~ to treat a child like that** det er en skam å behandle et barn slik; ~ **on you!** fy, skam deg! 2. **T: it's a ~ to sit indoors on a day like this** det er både synd og skam å sitte inne på en slik dag; **what a ~ that he didn't get the job** så synd at han ikke fikk jobben; 3.: **put sby to ~** skjemme en ut *(fx she works so hard that she puts me to shame).*

II. shame *vb* 1. gjøre skamfull; 2*(=bring shame on)* bringe skam over *(fx one's parents).*

shamefaced [ˈʃeim,feist] *adj; stivt(=ashamed)* skamfull.

shameful [ˈʃeimful] *adj(=disgraceful)* skammelig.

shameless [ˈʃeimlis] *adj:* skamløs; uten skam.

shammy [ˈʃæmi] *subst:* ~ **(leather)** pusseskinn; vaskeskinn.

I. shampoo [ʃæmˈpu:] *subst* 1. hårvaskmiddel; sjampo; 2. (hår)vask *(fx I've been giving my hair a shampoo);* ~ **and set** vask og legg *(fx I had a shampoo and set).*

II. shampoo *vb:* ~ **one's hair** vaske håret.

shamrock [ˈʃæm,rɔk] *subst; irsk nasjonalsymbol:* trebladet hvitkløver.

shandy [ˈʃændi] *subst:* drikk som er en blanding av øl og brus el. øl og ingefærøl.

shanghai [,ʃæŋˈhai] *vb:* sjanghaie.

shank [ʃæŋk] *subst* 1. *mar; på anker:* legg; 2. *anat; oftest spøkef(=shin)* skinneben; 3. *på kniv, fil, etc(=tang; tongue)* tange; *på nøkkel:* stang; *på forskjellige typer verktøy:* mellomstykke; *på skrue:* ugjenget del; *på spiker:* del mellom hodet og spissen; 4. *på knapp:* stilk; hals; 5. *typ:* typelegeme; 6. *spøkef:* **go on shanks's mare***(,***US:** *pony)* bruke apostlenes hester.

shan't [ʃa:nt] *sammentrekning av shall not.*

shanty [ˈʃænti] *subst* 1*(=shack)* skur; 2.: **(sea)** ~ oppsang.

shanty town fattigkvarter (hvor folk bor i skur).

I. shape [ʃeip] *subst* 1*(=form)* form; **take ~** ta form; **in the ~ of** i form av; 2*(=form)* skikkelse *(fx I saw a large shape in front of me in the darkness);* 3. fasong; **keep its ~** beholde fasongen; **out of ~** ute av fasong; i ufasong; **lose ~***(=get out of shape)* få ufasong; 4. **T***(=form)* form; **in top ~***(=in top form; in peak condition)* i toppform; **get into (good) ~** komme i god form; 5*(=mould)* form; 6. **T: get***(=knock; lick)* **into ~** få skikk på *(fx get the garden into shape; knock the team into shape; lick the essay into shape);* 7. **T: not in any ~ or form***(=not at all)* ikke i det hele tatt *(fx I don't accept bribes in any shape or form).*

II. shape *vb* 1*(=form)* forme; 2. *fig:* forme *(fx this event shaped his whole life);* 3. *fig:* ta form *(fx our holiday plans are gradually shaping);* 4. *fig:* ~ **(up) well** skikke seg bra *(fx the boy's shaping well; the team's shaping (up) well).*

shapeless [ˈʃeiplis] *adj:* uformelig.

shapely [ˈʃeipli] *adj:* velformet *(fx shapely legs);* velskapt *(fx she's tall and shapely).*

shard [ʃa:d] *subst: se potsherd.*

I. share [ʃɛə] *subst* 1. andel; del *(fx we each paid our share of the bill; they all had a share of the cake);* **I had no ~ in the decision** jeg hadde ikke noe med avgjørelsen å gjøre; **accept one's ~ of responsibility for sth** ta sin del av ansvaret for noe; 2. aksje; **ordinary** ~*(,***US:** *(share of) common stock)* stamaksje; **preference ~** preferanseaksje; **registered ~** aksje notert på navn; 3. **T: go -s with** spleise med.

II. share *vb* 1. dele; **we -d the money between us** vi delte pengene mellom oss; **he -d the tasks among the children** han delte ut oppgavene blant barna; **they ~ a sitting-room** de deler en stue; de har stue felles; **he -s my interest in photography** han deler min interesse for fotografering; 2.: ~ **in** 1*(=share)* dele; spleise på *(fx he wouldn't let her share (in) the cost of the taxi);* 2. *fig:* ta del i *(fx we all shared in his happiness);* 3.: ~ **and ~ alike***(=share in a friendly fashion)* dele broderlig; dele likt; 4.: ~ **out***(=hand out)* dele ut.

share capital*(,***US:** *capital stock)* aksjekapital; **registered***(=authorized)* ~*(=nominal share capital)* registrert aksjekapital.

share certificate *(,***US:** *stock certificate)* aksjebrev (utstedt på navn); *(jvf share warrant).*

shareholder*(,også* **US:** *stockholder)* aksjonær; andelshaver.

share holding aksjebeholdning; **-s** aksjeportefølje.

share premium *(,***US:** *capital surplus; premium on stock)* overkurs.

share-pushing [ˈʃɛə,puʃiŋ] *subst* **T***(=fraudulent dealing in shares)* aksjesvindel.

share warrant ihendehaveraksje; aksjebrev; *(jvf share certificate).*

shark [ʃa:k] *subst* 1. *zo:* hai; **basking ~** brugde; **blue ~** blåhai; **whale ~** hvalhai; **white ~***(=white pointer)* hvithai; *(se angel shark; hammerhead; smooth hound; thresher 2; tope);* 2. **T***(=crook)* kjeltring.

I. sharp [ʃa:p] *subst; mus:* kryss; note med kryss for; **A ~** aiss; **C double ~** cissis; **D ~** diss.

II. sharp *vb; mus;* **US***(=sharpen)* forhøye (en halv tone).

III. sharp *adj* 1. skarp; spiss *(fx knife; pencil);* 2. skarp; tydelig *(fx image; photo; the sharp outline of the mountain);* 3. *om kurve:* skarp *(fx bend);* **a ~ left turn** en skarp venstrekurve (*el.* venstresving); 4. *om smerte(=keen)* skarp; 5. *om sansing(=keen)* skarp *(fx a sharp sense of smell);* 6. *om smak:* skarp; 7*(=clever; intelligent)* skarp *(fx your son's very sharp, isn't he?);* 8. *om skrik(=shrill)* skarp *(fx he gave a sharp cry);* 9. *om været:* **it's a bit ~ today, isn't it?** det er litt surt i dag; ikke sant? 10. *om ansiktstrekk:* skarp; 11. *om kontrast:* skarp; 12. *mus:* for høy *(fx that last note was rather sharp);* 13. streng; skarp *(fx don't be so sharp with the child! his sharp words hurt her; a sharp answer).*

IV. sharp *adv* **1**(*=exactly*) presis (*fx at 4 o'clock sharp*); **2.** *mus(=at too high a pitch)* for høyt; falskt (*fx you're singing sharp*); **3. T: look ~!**(*=be quick!*) skynd deg (*fx bring me the books and look sharp (about it)!*).

sharpen ['ʃa:pən] *vb* **1.** skjerpe; gjøre skarp; kvesse; slipe (*fx a knife*); *blyant:* spisse; **2.** bli skarpere (*fx the picture sharpened as he adjusted the projector*); **3.** *mus(,***US:** *sharp)* forhøye (en halv tone).

sharper ['ʃa:pə] *subst(=card sharper)* falskspiller.

sharply *adv:* skarpt (*fx he rebuked them sharply; the road turned sharply to the left*).

sharpness ['ʃa:pnis] *subst:* skarphet; *fot:* **lack of ~** manglende skarphet.

sharp practice uhederlig virksomhet; tvilsomme metoder (*fx there has been some sharp practice over this contract*).

sharpshooter ['ʃa:p,ʃu:tə] *subst:* skarpskytter.

sharp-sighted [,ʃa:p'saitid; *attributivt:* 'ʃa:p,saitid] *adj(=sharp-eyed)* med skarpt syn; skarpsynt.

sharp-witted [,ʃa:p'witid; *attributivt:* 'ʃa:p,witid] *adj:* skarp; våken (*fx boy*).

shatter ['ʃætə] *vb* **1**(*=smash*) splintre; smadre; **be -ed**(*=be smashed*) splintres; bli splintret; **~ to bits** slå til pinneved; **2.** *fig:* knuse; tilintetgjøre; **she was -ed by the news of his death** hun var helt knust da hun fikk vite at han var død; **this -ed our hopes** dette knuste våre forhåpninger; **3. T**(*=exhaust*) ta knekken på (*fx climbing that hill absolutely shattered me*).

shattered *adj* **1.** knust; smadret (*fx a shattered window*); **2.** *fig:* ødelagt (*fx his nerves were shattered*); **3.** *fig:* rystet (*fx I'm absolutely shattered by what you have just said*); *spøkef:* **don't look so ~!** se (nå) ikke så sønderknust ut! **4. T**(*= exhausted*) utkjørt (*fx after digging the garden, I felt absolutely shattered*).

shatterproof ['ʃætə,pru:f] *adj:* splintsikker; splintfri.

I. shave [ʃeiv] *subst* **1.** barbering (*fx the razor gives a good shave*); **have a ~** barbere seg; **2. T: that was a close ~!** det var på nære nippet! det var på et hengende hår! det var (bare) så vidt det ikke gikk galt!

II. shave *vb* **1.** barbere (seg); **~ one's legs** barbere seg på bena; **~ off one's beard** barbere av seg skjegget; **he -s once a week** han barberer seg en gang i uken; **his wife had to ~ him** hans kone måtte barbere ham; **2.** skave (*off* av) (*fx he shaved off a thin strip*); **3.** *fig:* barbere (*fx the car shaved the corner*); **4. US**(*=reduce*) redusere (*fx production costs*).

shaven ['ʃeivən] *adj; attributivt & i sms:* barbert (*fx a shaven head*); **clean-~**(*=close-shaven*) glattbarbert; **freshly-~**(*=freshly-shaved*) nybarbert.

shaver ['ʃeivə] *subst:* **(electric) ~** (elektrisk) barbermaskin.

shaving ['ʃeiviŋ] *subst* **1.** barbering; **2.: (wood) -s** spon; høvelspon.

shaving brush barberkost.

shaving cream barberkrem.

shaving foam barberskum.

shawl [ʃɔ:l] *subst:* sjal.

shawl collar sjalskrage.

shawm [ʃɔ:m] *subst; mus:* skalmeie.

she [ʃi:] **1.** *pron:* hun; **2.** *subst:* hun (*fx is a cow a he or a she?*).

she bear hunbjørn.

sheaf [ʃi:f] *subst* **1.** nek (*fx a sheaf of corn*); **2**(*=bundle*) bunt (*fx a sheaf of papers*); knippe.

I. shear [ʃiə] *subst* **1.** klipping (av sau); **2.: a sheep of two -s** en toårs sau; **3.** sakseblad; **-s** (stor) saks; sauesaks; **garden -s** hagesaks; **4.** *tekn:* deformering; forskyvning.

II. shear *vb (pret: sheared (,Australia & New Zealand: shore); perf. part.: sheared; shorn)* **1**(*=clip*) klippe (*fx a sheep*); *stivt:* **be shorn off**(*=be cut off*) bli klippet av (*fx her curls have been shorn off*); **2.** *med metallsaks(=cut)* kutte (*fx a metal sheet in two*); **3.** *stivt el. tekn:* **~ (through)**(*=cut (through)*) skjære gjennom (*fx a tree fell down and sheared (through) the telephone cable*); **4.** *tekn:* bli deformert; vri seg (*fx the bolt may shear*); **~ off** forskyve seg (*fx a piece of the steel girder sheared off*); **5.** *litt.(=slice)* skjene (*fx sea gulls were shearing through the sky*); **6.** *stivt el. spøkef:* **be shorn of**(*=be deprived of; be stripped of*) bli berøvet; bli fratatt (*fx he has been shorn of his authority*).

shear force *fys:* skjærkraft.

shearlegs *se sheerlegs.*

shear strength *fys:* skjærspenning.

shearwater ['ʃiə,wɔ:tə] *subst; zo:* lire; **great ~** storlire; **little ~** dverglire; **Manx ~**(*=North Atlantic shearwater*) havlire; **sooty ~** grålire.

sheath [ʃi:θ] *subst* **1**(*=scabbard*) slire; skjede; **2.** *vet; hos hest el. okse:* kjønnslemmets forhud (*el.* skjede); **3**(*=condom*) kondom.

sheathe [ʃi:ð] *vb* **1.** *stivt el. litt.(=put back into its sheath)* stikke i skjeden; **2.** *tekn:* forhude.

sheathing ['ʃi:ðiŋ] *subst:* forhudning; kledning.

sheath knife slirekniv; tollekniv.

sheave [ʃi:v] **1.** *subst; mar; mask:* (blokk)skive; **2.** *vb:* bunte; binde i nek (*el.* knipper).

Sheba ['ʃi:bə] *subst; bibl:* Saba.

shebang [ʃi'bæŋ] *subst* **US T: the whole ~**(*=the whole caboodle*) hele greia; hele sulamitten.

I. shed [ʃed] *subst:* skur; **bicycle ~** sykkelskur; **workmen's ~**(*=hut*) arbeidsbrakke.

II. shed *vb (pret & perf. part.: shed)* **1.** felle (*fx reindeer shed their antlers; how often does a snake shed its skin? the tree shed its leaves*); **2**(*=moult*) røyte (*fx the cat's shedding*); **3.** *stivt; om lys(= throw)* kaste (*fx the torch shed a bright light on the path ahead*); **~ light on a problem** kaste lys over et problem; **4.** *fig; stivt:* **~ innocent blood**(*= let innocent blood flow*) la uskyldig blod flyte; **~ tears**(*=cry*) felle tårer; gråte.

she'd [ʃi:d] *sammentrekning av she had, she would.*

sheen [ʃi:n] *subst:* skinn; skjær; glans (*fx the sheen of satin; her hair always has such a sheen*).

sheep [ʃi:p] *subst (pl: sheep)* **1.** *zo:* sau; **a flock of ~** en flokk sauer; **2.** *fig:* sau (*fx they think all women are sheep*); **the black ~ of the family** familiens sorte får; **there's a black ~ in every flock** det er brodne kar i alle land; **a wolf in -'s clothing** en ulv i fåreklær; **separate the ~ from the goats** skille fårene fra bukkene.

sheepcote ['ʃi:p,kout] *subst(=sheepfold)* sauekve.

sheep dip **1.** sauevaskmiddel; **2.** basseng til sauevask.

sheepdog ['ʃi:p,dɔg] *subst; zo:* fårehund.

sheepish ['ʃi:piʃ] *adj(=embarrassed)* flau.

sheep's fescue *bot:* sauesvingel; fåresvingel.

sheepskin ['ʃi:p,skin] *subst:* saueskinn.

sheep('s) sorrel *bot(=field sorrel)* småsyre.

I. sheer [ʃiə] *subst; mar:* spring (*fx of the deck*).

II. sheer *vb; mar:* **~ off**(*=swerve*) dreie av (*el.* unna).

III. sheer *adj* **1**(*=straight up and down; vertical*) loddrett (*fx the cliff is absolutely sheer*); **2.** *om tekstil(=transparent)* gjennomsiktig (*fx nylon*); **3**(*=absolute; complete*) ren (*fx her singing was a sheer delight*); **it's a ~ impossibility** det er komplett umulig.

sheet [ʃi:t] *subst* **1.** laken; **2.** ark *(fx a sheet of paper);* **3.** (tynn) plate; **a ~ of corrugated metal** en bølgeblikkplate; **4.** flate *(fx a sheet of ice; a sheet of water);* **5.** *fig* **T: it's coming down in -s***(=it's pouring down)* det styrtregner; det pøsregner; *(se flow sheet).*

sheet anchor 1. *mar:* pliktanker; nødanker; **2.** *fig(= mainstay; last resort)* nødanker; redningsplanke; fast holdepunkt (i farens stund).

sheeting ['ʃi:tiŋ] *subst:* **(linen) ~** lakenlerret.

sheet iron valseblikk.

sheet metal platemetall.

sheet metal worker*(=tinplate worker)* platearbeider.

sheet music (musikk utgitt på) løse noteark; noter.

sheet sleeping bag lakenpose.

sheik(h) [ʃeik; ʃi:k] *subst:* sjeik.

shekel ['ʃekəl] *subst; mynt:* sekel.

sheldrake ['ʃel,dreik] *subst; zo; om hannen:* gravand.

shelduck ['ʃel,dʌk] *subst; zo, om hunnen:* gravand.

shelf [ʃelf] *subst (pl: shelves)* **1.** hylle; **on the top ~** på øverste hylle; **there are shelves running round the walls** det er hyller rundt veggene; **2.** *i fjellvegg, etc(=ledge)* hylle; avsats; **on a ~ of rock** på en fjellhylle; **3.** *geol:* sokkel; **continental ~** kontinentalsokkel; **4.** *om kvinne* **T: on the ~** ikke blitt gift *(fx she's been left on the shelf).*

I. shell [ʃel] *subst* **1.** skall *(fx eggshell);* (tom) belg *(fx pea shell);* **2***(=seashell)* strandskjell; skjell; **3.** *kul:* **(patty) ~** tartelett; **4.** *fig:* **come out of one's ~** komme ut av sitt skall; **retire into one's ~***(=withdraw into oneself)* trekke seg inn i sitt skall; **5.** *bygg:* skallkonstruksjon; **the ~ of a building** et råbygg; **6.** *mar:* forhudning; *(jvf drumshell; racing shell);* **7.** *mil:* granat; *(jvf grenade).*

II. shell *vb* **1.** ta skallet av; **~ peas** belge erter; **~ shrimps** rens(k)e reker; **2.** *mil:* beskyte; bombardere; **3. T: ~ out***(=pay; fork out)* punge ut.

shellac ['ʃelæk] *subst:* skjellakk.

shellback ['ʃel,bæk] *subst; litt.(=old salt)* sjøulk.

shellfish ['ʃel,fiʃ] *subst; zo:* skalldyr.

shell fruit *bot:* skallfrukt.

shell shock*(=battle shock; combat neurosis)* granatsjokk.

I. shelter ['ʃeltə] *subst* **1.** le; ly; **give sby ~ for the night** gi en ly for natten; **take***(=seek)* **~ from the rain** søke ly for regnet; **2.** uværsskur; **bus ~** leskur (på bussholdeplass); **air-raid ~** tilfluktsrom.

II. shelter *vb* **1.** søke ly *(fx from the storm);* **they went into a café to ~** de gikk inn i en kafé for å søke ly; **why didn't you ~?** hvorfor gikk du ikke under tak? hvorfor søkte du ikke ly et sted? **2.** gi ly *(fx from the rain);* skjerme *(fx the trees shelter my garden);* **3.** *fig:* gi ly til; huse; skjule *(fx criminals);* holde skjult.

sheltered *adj* **1.** skjermet; beskyttet; **lead a ~ existence** føre en beskyttet tilværelse; **2.: ~ industries** beskyttede næringer; **~ workshop** vernet bedrift.

shelter hut uværshytte.

shelve [ʃelv] *vb* **1***(=put up shelves in)* sette opp hyller i *(fx a cupboard);* **one wall has been completely -d** det er satt opp hyller over hele den ene veggen; **2***(=abandon)* skrinlegge *(fx a project); (=put off)* utsette; stille i bero *(fx the project has been shelved for the moment);* **3***(=slope)* skråne *(fx the land shelves gently towards the sea; the river bottom shelves here).*

shelving ['ʃelviŋ] *subst* **1.** hyllemateriale; **2.** hylleplass; hyller; **useful ~** nyttig hylleplass; **3***(=(degree of) slope)* skråning(svinkel) *(fx of 20 degrees).*

Shem [ʃem] *subst; bibl:* Sem.

I. shepherd ['ʃepəd] *subst* **1.** sauegjeter; **2.** *glds & litt.:* hyrde.

II. shepherd *vb* **1.** gjete; **2.** føre *(fx he shepherded us through a maze of corridors);* lede *(fx the tourists were shepherded around by a young woman);* **we were -ed into a coach** vi ble loset inn på en buss.

shepherd's pie*(=cottage pie)* kjøtt- og potetmospai.

sherbet ['ʃə:bit] *subst:* sorbett.

sheriff ['ʃerif] *subst* **1. UK:** høy embetsmann i et county med især representative oppgaver; **2.** *i Skottland:* dommer i et 'county'; **3. US:** sheriff.

she's [ʃi:z] *sammentrekning av she is, she has.*

Shetland ['ʃetlənd] *subst; geogr* **1.: the -s** Shetlandsøyene; **2.** *adj:* shetlandsk; shetlands-.

I. shield [ʃi:ld] *subst:* skjold; **heat ~** varmeskjold.

II. shield *vb:* skjerme; verne; beskytte *(from* mot); *fig:* beskytte *(fx shield her from criticism).*

shield bug *zo:* bærfis.

I. shift [ʃift] *subst* **1.** *om arbeidsperiode:* skift *(fx an eight-hour shift; on the night shift);* **work in -s** arbeide i skift; **come on ~***(=come on)* komme på skift; **2.** *glds(=slip)* serk; **3***(=change)* forandring; **a ~ in the wind** en forandring i vindretningen; **4***(=shifting)* forskyvning *(fx the shift that is taking place in our foreign trade);* **a ~ in emphasis** en forskyvning av trykket; **5.** *EDB:* skift; **6.** *lett glds:* **make ~ with***(=make do with)* klare (*el.* greie) seg med.

II. shift *vb* **1. T***(=move)* flytte (på); **we spent the whole evening -ing furniture around** vi tilbrakte hele kvelden med å flytte om på møblene; **someone must've -ed it** noen må ha flyttet på det; **~ yourself!** flytt deg! **2.** skifte plass; forskyve seg *(fx the cargo has shifted);* **3. T***(=remove; get rid of)* fjerne *(fx shift stains);* **4.** *om det at man hele tiden skifter stilling:* **he was -ing uneasily in his chair** han flyttet urolig på seg der han satt; **5.: ~ for oneself** klare (*el.* greie) seg selv; **let him ~ for himself***(,T: let him paddle his own canoe)* la ham seile sin egen sjø; **6.: ~ on to** flytte (*el.* legge) over på *(fx he shifted the load on to the other shoulder);* **~ the blame on to***(=put the blame on)* legge skylden på; velte skylden over på *(fx don't try to shift the blame on to me!);* **7.** *mask* **US: ~ gear***(=change gear)* skifte gir; gire; **~ to third** skifte til tredje gir.

shift character *EDB:* skifttegn.

shifting sand(s) flygesand.

shift key *på skrivemaskin:* skifttast.

shiftless ['ʃiftlis] *adj(=lazy; incompetent)* doven; udugelig *(fx he's a rather shiftless individual).*

shifty ['ʃifti] *adj; om utseende:* **have a ~ look** se upålitelig ut; **~ eyes** flakkende øyne.

shilling ['ʃiliŋ] *subst* **1.** *hist(=five pence; 5p)* shilling; *fortsatt av og til brukt:* **he gave the boy a ~***(=he gave the boy 5 pence)* han ga gutten 5 pence; **2.** *i Øst-Afrika:* shilling *(fx a shilling is divided into 100 cents);* **3.** *ordspråk:* **he looks as if he's lost a ~ and found sixpence** han ser ut som om han har solgt smør og ingen penger fått.

shilling shocker røverroman.

shilly-shally ['ʃili,ʃæli] **1.** *vb; neds(=hesitate)* nøle; vingle; **2.** *adj(=hesitant; indecisive)* nølende; vinglet(e).

shilly-shallier *subst* **US***(=indecisive person)* vinglepave.

I. shim [ʃim] *subst; mask:* mellomlegg; *(jvf rubber cushion 2).*

II. shim *vb:* sette inn mellomlegg.

shimmer ['ʃimə] **1.** *subst:* skimrende lys; flimrende

lys; **2.** *vb:* skimre; flimre; skjelve *(fx the shimmering heat).*
I. shimmy ['ʃimi] *subst* **1.** *mask:* forhjulsvibrasjoner; *(jvf wheel flutter);* **2.** skjelving; vibrasjon; **3. T***(=chemise)* undertrøye; serk.
II. shimmy *vb:* skjelve; vibrere; vri seg; disse.
shin [ʃin], **shinbone** ['ʃin,boun] *subst; anat:* skinneben.
shindig ['ʃin,dig] *subst* **T 1***(=noisy party)* støyende fest; ordentlig kalas; **2.:** *se shindy.*
shindy ['ʃindi] *subst* **T. 1.:** *se shindig;* **2***(=row)* bråk; **the meeting became a bit of a ~ with people shouting at each other** det ble et temmelig livlig møte med folk som skrek til hverandre; **kick up a ~***(=kick up a row)* lage bråk; protestere voldsomt.
I. shine [ʃain] *subst* **1.** glans; **give one's shoes a ~** pusse skoene sine; *fig:* **take the ~ out of** ta glansen av; overstråle; **take the ~ out of sby***(=take the wind out of sby's sails)* ta luven fra en; **2.: come rain, come ~, (come) rain or ~** 1*(=regardless of the weather)* uansett hvordan været er (,blir); 2*(=regardless of circumstances)* uansett hvordan forholdene er (,måtte være); **3. T: take a ~ to***(=become fond of)* bli begeistret for *(fx sby).*
II. shine *vb (pret & perf. part.: shone)* **1.** skinne; **he shone his torch** han lyste med lommelykten (sin); **the light was shining in his eyes and he couldn't see** lyset skinte i øynene på ham, slik at han ikke kunne se; **she polished the silver spoons till they shone** hun pusset sølvskjeene til det skinte av dem; *fig:* **her eyes shone with happiness** øynene hennes skinte (*el.* lyste) av lykke; **2.** *perf. part.: shined:* pusse; **he -d***(=polished)* **his shoes** han pusset skoene sine; **3. T***(=be very good)* briljere *(fx he really shone in that match!);* **~ at sth***(=be very good at sth)* være veldig flink i noe.
shiner ['ʃainə] *subst* **S***(=black eye)* blått øye.
shingle ['ʃiŋgəl] *subst* **1.** takspon; **2.** singel; **3.** *med.:* **-s***(=herpes zoster)* helvetesild.
shining *adj:* skinnende; blank *(fx the silver spoons were all clean and shining);* lysende *(fx he's a shining example to us all);* **a bright, ~ star** en tindrende klar stjerne.
shiny ['ʃaini] *adj:* blank; **your nose is ~** du er blank på nesen; **a ~***(=glossy)* **cover** et blankt bind *(fx on a book);* **the seat of his trousers was thin and ~** buksebaken hans var blank og tynnslitt.
I. ship [ʃip] *subst* **1.** *mar:* skip; **sailing ~** seilskip; seilskute; **command a ~***(=be in command of a ship)* føre et skip; **desert a sinking ~** forlate et synkende skip; **lay up a ~** legge opp et skip; **a laid-up ~** et skip i opplag; **send goods by ~***(=ship goods)* sende varer med skip; **take ~ for Oslo** skipe seg inn til Oslo; **2.** *fig:* **when one's ~ comes home** når man blir rik; når man vinner det store lodd.
II. ship *vb* **1***(=send by ship)* skipe; sende med skip; **2.** ta ombord; **~ the gangplank** ta landgangen ombord; **~ the oars** ta (*el.* legge) inn årene; **~ water** ta inn vann; **3.: ~ the rudder** feste roret; sette på roret; **4.: ~ off** sende av sted *(fx the children to school);* **5.: ~ as***(=sign on as)* ta hyre som *(fx first mate).*
ship biscuit*(=ship's biscuit; hardtack)* skipskjeks.
shipboard: on ~*(=on board a ship)* ombord (på et skip).
shipbuilding ['ʃip,bildiŋ] *subst:* skipsbygging.
ship chandler*(=ship's chandler; marine store dealer)* shipshandler.
shipload ['ʃip,loud] *subst:* skipslast.
shipmaster ['ʃip,ma:stə] *subst:* skipsfører.
shipment ['ʃipmənt] *subst* **1.** forsendelse med skip; sending; (vare)parti *(fx a shipment of wine from France);* **2. US***(=consignment)* forsendelse; sending; vareparti.
shipowner ['ʃip,ounə] *subst:* (skips)reder.
shipper ['ʃipə] *subst:* utskiper.
shipping ['ʃipiŋ] *subst* **1***(=ships)* skip *(fx the harbour was full of shipping);* **2.** skipsfart; shipping; **3.** forsendelse (med skip).
shipping agent *mar:* speditør.
shipping arrival skipsanløp.
shipping articles*(=ship's articles)* hyrekontrakt.
shipping clerk spedisjonsassistent.
shipping company*(=shipping firm)* rederi.
shipping department spedisjonsavdeling.
shipping line 1. fast skipsforbindelse; **2.** rederi.
shipping master hyrebas.
shipping note lasteseddel.
shipping office 1. rederikontor; **2.** hyrekontor.
shipping opportunity skipsleilighet.
ship-rigged ['ʃip,rigd] *adj(=full-rigged)* fullrigget.
ship's articles *se shipping articles.*
ship's biscuit*(=ship biscuit; hardtack)* skipskjeks.
ship's calls*(=calls by ships; shipping arrivals)* skipsanløp.
ship's engineer*(=engineer)* maskinist.
shipshape ['ʃip,ʃeip] *adj(=in good order)* i fin orden.
ship's papers skipspapirer.
ship's passport nasjonalitetspass.
shipway ['ʃip,wei] *subst(=building berth)* byggebedding.
shipworm [ʃip,wə:m] *subst; zo:* pæleorm.
I. shipwreck ['ʃip,rek] *subst* **1***(=wrecked ship, wreck)* vrak; **2.** skibbrudd.
II. shipwreck *vb:* **be -ed** lide skibbrudd.
shipwrecked *adj:* skibbrudden; **the ~ (wo)man** den skibbrudne.
shipwright ['ʃip,rait] *subst:* skipsbygger.
shipyard ['ʃip,ja:d] *subst(=shipbuilding yard)* skipsverft.
shire [ʃaiə] *subst; hist:* grevskap.
shirk [ʃə:k] *vb:* skulke *(fx he's shirking again);* **~ the responsibility of making a decision** løpe fra det ansvaret som er forbundet med å ta en avgjørelse.
shirker ['ʃə:kə] *subst:* skulker.
shirt [ʃə:t] *subst* **1.** skjorte; **in his ~** i bare skjorta; **2. T: keep your ~ on!** hiss deg ned! **3. T: put one's ~ on** satse (*el.* sette) sine siste penger på.
shirtsleeve ['ʃə:t,sli:v] *subst:* skjorteerme; **in one's -s** i skjorteermene.
shirttail ['ʃə:t,teil] *subst:* skjorteflak.
shirty ['ʃə:ti] *adj* **T***(=angry)* sint.
I. shit [ʃit] *subst* **1.** *vulg:* dritt; skitt; **in the ~** i dritten; **when the ~ hits the fan***(=when the real trouble begins)* når det for alvor blir bråk; **I need a ~** jeg må drite (*el.* skite); **2.** *om person el. ting:* dritt *(fx she's a conceited little shit; everything he said was a load of shit);* **3.: I don't give a ~ what he says** jeg bryr meg ikke en dritt om hva han sier; **4.** *int:* **oh, ~!** pokker også! **5.: scare the ~ out of sby** skremme vettet av en; skremme en slik at han gjør på seg; **6. S***(=marihuana)* marihuana.
II. shit *vb(=shite) vulg:* drite; skite.
I. shiver ['ʃivə] *subst* **1***(=shudder; tremble)* skjelven; gys, **a cold ~ ran down my spine** det løp kaldt nedover ryggen på meg; **2. T: the -s** noe som får en til å skjelve (*el.* gyse); **the thought of working for him gives me the -s** tanken på å skulle arbeide for ham får meg til å grøsse; **3.: -s**

of glass glassplinter.
II. shiver *vb(=tremble)* skjelve (*with* av) *(fx fear).*
shivery ['ʃivəri] *adj:* skjelvende; kulsen.
I. shoal [ʃoul] *subst* **1.** stim *(fx of fish);* **2.** *i sjøen:* (sand)grunne.
II. shoal *vb* **1.** stime; svømme i stim; **2***(=become shallow; become less deep)* bli grunn(ere).
I. shock [ʃɔk] *subst* **1.** støt *(fx the shock brought the ceiling down);* **2.** *elekt:* **(electric)** ~ støt; **3.** *også med.:* sjokk *(fx the news was a shock to all of us);* **get a** ~ få et sjokk; **4.** *av kornband:* rauk; **5.: a** ~ **of hair***(=a mop of hair)* en hårmanke.
II. shock *vb* **1.** ryste; sjokkere; **2.** rauke (korn).
shock absorber støtdemper; **telescopic** ~ teleskopstøtdemper.
shock-absorbing ['ʃɔkəb,sɔ:biŋ] *adj:* støtabsorberende.
shock effect sjokkvirkning.
shocking *adj:* **1.** sjokkerende *(fx news);* **2. T***(=very bad)* forferdelig *(fx his work has been really shocking recently);* **a** ~ **cold** en forferdelig kulde.
shockproof ['ʃɔk,pru:f] *adj:* støtsikker *(fx watch).*
shock troops *mil:* støttropper.
shock wave sjokkbølge.
shod [ʃɔd] *pret & perf. part. av II. shoe.*
shoddy ['ʃɔdi] **1.** *subst:* sjoddi (ɔ: ull av revne filler); **2.** *adj(=of inferior quality)* av dårlig kvalitet; ~ **workmanship** slurvet arbeid; arbeid av dårlig kvalitet; **3***(=shabby)* sjofel; tarvelig *(fx a shoddy trick).*
I. shoe [ʃu:] *subst* **1.** sko *(fx a pair of shoes);* **2.: brake** ~ bremsesko; **3.: know where the** ~ **pinches** vite hvor skoen trykker; **4. T: that's another pair of -s***(=that's quite another matter)* det er en helt annen sak.
II. shoe *vb (pret & perf. part.: shod)* sko *(fx a horse).*
shoeblack ['ʃu:,blæk] *subst(=bootblack)* skopusser.
shoelace ['ʃu:,leis] *subst(,også* **US:** *shoestring)* skolisse.
shoemaker ['ʃu:,meikə] *subst:* skomaker.
shoeshine ['ʃu:,ʃain] *subst:* skopussing.
shoestring ['ʃu:,striŋ] *subst* **1.:** *se shoelace;* **2.: on a** ~ med meget beskjedne midler *(fx live on a shoestring; we organized the party on a shoestring);* **happily married on a** ~ fattig, men lykkelig gift.
shone [ʃɔn] *perf. part. av II. shine.*
shoo [ʃu:] *vb* **1***(=chase)* jage; skysse *(fx she shooed the pigeons away);* **2.** *int:* husj! sjt!
shook [ʃuk] *pret av II. shake.*
I. shoot [ʃu:t] *subst* **1.** *bot:* skudd; **2.** jaktselskap; **3***(=shooting right(s))* jaktrett.
II. shoot *vb (pret & perf. part.: shot)* **1.** skyte (*at* på); ~*(=kick; score)* **a goal** skyte mål; **2.** drive jakt; gå på jakt *(fx he fishes, but doesn't shoot);* ~ **grouse** gå på rypejakt; **3.** styrte *(fx coal into the hold);* ~ **no rubbish!** søppeltømming forbudt! **4.** *om film:* ta opp; **5.** *fig:* **he shot a question at me** han fyrte løs med et spørsmål til meg; **she shot me an angry glance** hun kastet et sint blikk på meg; **6.** *om bevegelse:* suse; fare *(fx he shot out of the room; the winner shot past the post);* ~ **the rapids** sette utfor strykene; *om bilist:* ~ **the lights** kjøre over på rødt lys; **7.:** ~ **down** skyte ned *(fx an enemy plane);* **8. T:** ~ **one's mouth off** være indiskret; **S:** slenge med leppa; **9.:** ~ **up** 1. skyte i været; 2. *om priser:* fyke (*el.* skyte) i været *(fx prices have shot up);* 3. *om smerte:* jage *(fx the pain shot up his leg).*
shooter ['ʃu:tə] *subst* **T***(=gun)* skyter.
shooting ['ʃu:tiŋ] *subst* **1.** skyting; **2.** jakt.
shooting box*(=shooting lodge)* jakthytte.
shooting brake*(=estate car)* stasjonsvogn.
shooting gallery innendørs skytebane.
shooting moor jaktdistrikt.
shooting script *film:* dreiebok.
shooting star*(=falling star)* stjerneskudd.
shooting war *mots kald krig:* ordentlig krig.
shoot-out ['ʃu:t,aut] *subst:* oppgjør med skytevåpen; skuddveksling; skyteepisode.
I. shop [ʃɔp] *subst* **1.** butikk; forretning; **2***(=workshop)* verksted *(fx machine shop);* **3. T: all over the** ~ spredt over det hele *(fx his papers were all over the shop);* **4.: set up** ~ åpne forretning; **5.: shut up** ~ 1. stenge (forretningen) for dagen; 2. stenge forretningen; **6.: talk** ~ snakke fag; snakke om jobben.
II. shop *vb* **1***(=go shopping)* handle; gjøre innkjøp; shoppe; **2. S***(=betray)* angi *(fx he shopped his fellow criminals to the police);* **3.** *før man bestemmer seg for et kjøp:* ~ **around** se seg om; sammenligne priser; ~ **around for sth cheaper** se seg om etter noe som er billigere.
shop assistant*(,US: salesclerk; clerk)* ekspeditør.
shopfloor ['ʃɔp,flɔ:] *subst:* verkstedgulv; **the** ~ **T:** gulvet *(fx problems on the shopfloor).*
shop foreman *ved mindre bedrift:* verksmester; *(jvf works manager).*
shopfront ['ʃɔp,frʌnt] *subst:* butikkfasade.
shopkeeper ['ʃɔp,ki:pə] *subst:* handlende; kjøpmann; forretningsdrivende.
shoplift ['ʃɔp,lift] *vb:* stjele i butikker; begå butikktyveri.
shoplifter ['ʃɔp,liftə] *subst:* butikktyv; **"-s will be prosecuted"** butikktyver vil bli anmeldt.
shoplifting ['ʃɔp,liftiŋ] *subst:* butikktyveri.
shop manual verkstedhåndbok.
shopper ['ʃɔpə] *subst:* handlende; en som gjør innkjøp.
shopping ['ʃɔpiŋ] *subst* **1.** innkjøp *(fx he helped her carry her shopping home);* **2.** *om handlingen:* innkjøp; shopping; **I have a lot of** ~ **to do** jeg har en del innkjøp jeg skal ha gjort.
shopping bag innkjøpsveske; shoppingbag.
shopping centre forretningssenter; butikksenter.
shopping list innkjøpsliste.
shopping precinct handlestrøk.
shop practice verkstedpraksis.
shop sign butikkskilt.
shopsoiled ['ʃɔp,sɔild] *adj; merk(,***US:** *shopworn)* lett beskadiget (*el.* tilsmusset).
shop steward tillitsmann (for fagforening); *(jvf convener).*
shoptalk ['ʃɔp,tɔ:k] *subst:* fagprat.
shopwalker ['ʃɔp,wɔ:kə] *subst; i varemagasin(,***US:** *floorwalker)* inspektør.
shop window butikkvindu.
shopworn ['ʃɔp,wɔ:n] *adj* **US:** *se shopsoiled.*
I. shore [ʃɔ:] *subst* **1.** kyst; **go on** ~ gå i land; **2.** avstivningsbjelke; avstiver; støttebjelke.
II. shore *vb:* ~ **up***(=prop up)* støtte opp.
shore-based ['ʃɔ:,beist] *adj:* landbasert.
shore lark*(,US: horned lark)* fjellerke.
shore leave *mar:* landlov.
shoreline ['ʃɔ:,lain] *subst(=coastline)* kystlinje.
shore seine landnot.
shorn [ʃɔ:n] *perf. part. av II. shear.*
I. short [ʃɔ:t] *subst* **1.** kortfilm; **2.** *elekt(=short circuit)* kortslutning; **3.: -s** 1. shorts; 2. *kasserers:* tellepenger; 3. *mots øl:* brennevin og vin *(fx I only drink shorts at a party – at home I drink beer; is your girlfriend on shorts or will she have a pint?);* 4. *forst(=log-ends)* kubb.

II. short *vb(=short-circuit)* kortslutte.

III. short *adj* **1.** kort *(fx a short street; he finished the work in a very short time);* kort; kortvokst *(fx he's short and fat);*
2(*=brief*) kortvarig; kort *(fx a short film);* ~ **trips** småturer;
3(*=curt*) kort; avvisende *(fx he was a bit short with her);*
4. *om vekslepenger el. vekt:* **give ~ weight** gi for snau vekt; **when I checked my change, I found it was 5p ~** da jeg talte over vekslepengene mine, oppdaget jeg at det var 5p for lite;
5.: be ~ mangle *(fx I was two pounds short);* **the throw was ~ by five metres** kastet var fem meter for kort; *(se for øvrig 11 ndf: short of);*
6. *m.h.t. penger* **T: be a bit ~** ha litt lite; være litt innpå *(fx I'd like to lend you the money, but I'm a bit short myself);*
7. *om knapphet(=in short supply):* **butter's (getting) ~** det begynner å bli lite smør; **go ~** være foruten; mangle *(fx if you can lend me some bread, I'd be grateful, but I don't want you to go short);* **go ~ of bread** være uten brød; **our money's running short**(*=we're running short of money)* vi er i ferd med å slippe opp for penger; vi begynner å få for lite penger;
8. *iron:* **~ and sweet** tydelig nok *(fx his reply was short and sweet: "Get out!" he shouted);* **that's ~ and sweet** det er rene ord for pengene;
9.: ~ for en forkortelse for *(fx 'Vic' is short for 'Victor');*
10.: in ~ kort sagt;
11.: ~ of 1.: **the shell fell ~ of the target** granaten nådde ikke frem (til målet); *fig:* **we had hoped to raise £5000, but unfortunately we came** (*=fell*) **~ of our target** vi hadde håpet å få samlet inn £5000, men dessverre klarte vi ikke å nå opp til denne målsettingen; **just ~ of £100** nesten £100; **we stopped five miles ~ of Salisbury** vi stoppet fem miles før vi kom til Salisbury; 2. unntatt *(fx short of murdering her, I'd do anything to get rid of her);* **he couldn't think how he would get all that money, ~ of stealing it** han kunne ikke tenke seg hvordan han skulle få tak i så mange penger, hvis han da ikke skulle stjele dem; 3.: **little ~ of** nesten (det samme som) *(fx that's little short of robbery);* 4.: **nothing ~ of** intet mindre enn *(fx that would be nothing short of suicide!); (se også 5, 6 & 7 ovf);*
12.: make ~ work of gjøre kort prosess med; sette til livs i en fart *(fx the children made short work of the cakes);*
13.: . . . and that's the long and the ~ of it! mer er det ikke å si om den tingen *(fx I made a mistake, and that's the long and the short of it!);* **the long and the ~ of it was that . . .** enden på det hele (,T: enden på visa) ble at . . . *(fx the long and the short of it was that he paid for the wine);*
14. T: be ~ on mangle; være dårlig utstyrt med *(fx the book's a bit short on illustrations);* **a bit ~ on good looks** ikke særlig pen.

IV. short *adv* **1**(*=suddenly; abruptly):* **stop ~**(*=stop dead)* bråstoppe; **2.** ikke langt nok; **the shot fell ~** skuddet var ikke langt nok; skuddet nådde ikke frem; *(jvf III. short 5).*

shortage [ˈʃɔ:tidʒ] *subst:* mangel; knapphet; **a ~ of** mangel på *(fx there's a shortage of water).*

shortbread [ˈʃɔ:t,bred] *subst; slags kakekjeks; svarer i smak omtrent til sandkake.*

shortcake [ˈʃɔ:t,keik] *subst: se shortbread.*

short-change [,ʃɔ:tˈtʃeindʒ] *vb:* **~ sby** gi en igjen for lite vekslepenger.

short circuit kortslutning.

short-circuit [,ʃɔ:tˈsə:kit] *vb:* kortslutte.

shortcoming [ˈʃɔ:t,kʌmiŋ] *subst; stivt(=fault)* feil; mangel *(fx the system has its shortcomings, but . . .; criticize other people for their shortcomings).*

shortcut [ˈʃɔ:t,kʌt] *subst; også fig:* snarvei *(fx I'll show you a shortcut; there's no shortcut to success).*

short-dated [ˈʃɔ:t,deitid] *adj; om gullkantede papirer:* kortfristet (ɔ: med en løpetid på mindre enn 5 år).

short delivery *merk:* levering av et mindre kvantum enn avtalt.

short drink *mots øl:* brennevin el. vin; ufortynnet drink; *(jvf I. short 3).*

short-eared owl *zo:* jordugle.

shorten [ˈʃɔ:tən] *vb* **1**(*=make shorter; become shorter)* gjøre kortere *(fx shorten a dress);* forkorte *(fx he shortened the long wait by telling stories);* bli kortere; **the days are -ing**(*=the days are growing shorter)* dagene blir kortere; **2.** *mar:* **~ sail** minske seil; **3.** *ved baking:* tilsette fett.

shortening [ˈʃɔ:təniŋ] *subst* **1.** forkorting; **2.** *i bakverk:* fett.

shortfall [ˈʃɔ:t,fɔ:l] *subst; merk:* svikt; **~ from the budget** budsjettsvikt; **a ~ in turnover** en svikt i omsetningen; **the ~ in the steel deliveries** svikten i stålleveransene.

shorthand [ˈʃɔ:t,hænd] *subst:* stenografi; **take it down in ~** stenografere det ned.

shorthanded [,ʃɔ:tˈhændid; *attributivt:* ˈʃɔ:t,hændid] *adj:* underbemannet; **be ~** ha for få folk.

shorthand typist *på kontor:* stenograf (og maskinskriverske).

short list [ˈʃɔ:t,list] *subst:* innstillingsliste; liste over de best egnede kandidater til en stilling, et stipend, etc. *(fx John was on the short list for the job but he didn't get it).*

short-list [ˈʃɔ:t,list] *vb(=put on a short list)* sile ut *(fx we have short-listed three of the twenty candidates);* **be -ed** komme med på innstillingslisten.

short-lived [,ʃɔ:tˈlivd; *attributivt:* ˈʃɔ:t,livd] *adj* **1.** som ikke lever lenge *(fx insect; plant);* **2.** kortvarig; som ikke varer lenge *(fx enthusiasm).*

shortly [ˈʃɔ:tli] *adv* **1**(*=curtly)* kort *(fx he answered me rather shortly);* **2**(*=soon; in a short time)* snart *(fx we shall be there shortly);* **~ after that the police arrived** kort etter kom politiet.

short notice kort varsel.

short odds gode odds; gode vinnersjanser.

short range kort hold; **at ~** på kort hold; *(se I. range 2).*

short-range [ˈʃɔ:t,reindʒ] *adj:* kortdistanse- *(fx short-range missiles).*

shorts *se I. short 3.*

short shrift: give sby ~ gjøre kort prosess med en.

short-sighted [,ʃɔ:tˈsaitid; *attributivt:* ˈʃɔ:t,saitid] *adj(=near-sighted; faglig: myopic)* nærsynt.

short-sightedness [ˈʃɔ:t,saitidnis] *subst(=near-sightedness; faglig: myopia)* nærsynthet.

short-staffed [,ʃɔ:tˈsta:ft; *attributivt:* ˈʃɔ:t,sta:ft] *adj:* underbemannet; **we're ~** vi er underbemannet; vi har for få folk.

short story [ˈʃɔ:tˈstɔ:ri] *subst:* novelle.

short-story writer [ˈʃɔ:t,stɔ:riˈraitə; ˈʃɔ:tˈstɔ:ri,raitə] novelleforfatter.

short-tempered [,ʃɔ:tˈtempəd; *attributivt:* ˈʃɔ:t,tempəd] *adj:* hissig; oppfarende.

short term: in the ~(*=taking the short view)* på kort sikt.

short-term [ˈʃɔ:t,tə:m] *adj:* kortsiktig *(fx plan);* **a ~ loan** et kortsiktig lån.

short time*(=reduced working hours)* redusert arbeidstid *(fx be put on short time).*
short-toed ['ʃɔ:t,toud] *adj:* ~ **eagle** *zo:* slangeørn.
short-waisted [,ʃɔ:t'weistid; *attributivt:* 'ʃɔ:t,weistid] *adj:* kort i livet.
short wave kortbølge.
short-winded [,ʃɔ:t'windid; *attributivt:* 'ʃɔ:t,windid] *adj:* kortpustet.
I. shot [ʃɔt] *subst* **1.** skudd *(fx he fired two shots);* **2.** *sport:* kule; *(jvf shot put);* **3.: (lead)** ~ hagl *(jvf shotgun);* **4.** *om skytter:* **he's a good** ~ han er en god skytter; han er flink til å skyte; **5.** *fotb, etc:* skudd; *tennis:* slag *(fx he played some very good shots in that match);* **6.** foto; bilde; *film:* opptak; scene; **7.** injeksjon; sprøyte; **has he had his tetanus ~ yet?** har han fått stivkrampesprøyten sin enda? **8. T: have a ~ at sth** prøve (*el.* forsøke) på noe; forsøke (på noe) *(fx I don't know if I can do that, but I'll have a shot (at it));* **I had a ~ at mending the puncture** jeg gjorde et forsøk på å reparere punkteringen; **9.: like a** ~*(=very quickly)* som et skudd; uten å nøle *(fx he accepted my invitation like a shot);* **10.** *fig:* **a ~ in the arm** en saltvannsinnsprøytning *(fx the loan was a shot in the arm);* **11. T: a ~ in the dark***(=a wild guess)* et skudd i tåken; en ren gjetning; **12.** *fig:* **it's a long ~, but you might find sth** det er ikke videre sannsynlig, men det kunne jo tenkes at du fant noe.
II. shot *pret & perf. part. av II. shoot.*
III. shot *adj* **1.** *om silke:* iriserende; **2.: ~ with** isprengt med *(fx grey);* **~ with gold** gullinnvirket; **3. T***(=ruined)* ødelagt *(fx his nerves are shot);* **4. S: get ~ of***(=get rid of)* bli kvitt.
shotfirer ['ʃɔt,faiərə] *subst; min:* skytebas.
shotgun ['ʃɔt,gʌn] *subst:* haglgevær; *(se pump gun).*
shotgun wedding hastebryllup (fordi det er barn i vente).
shot hole *min:* mineringshull.
shot put *sport:* kulestøt.
should [ʃud; *trykksvakt:* ʃəd] *pret av shall.*
I. shoulder ['ʃouldə] *subst* **1.** *anat:* skulder; **2.: ~ (of mutton)** bogstykke; *(jvf brisket);* **3.: hard ~** bankett; veiskulder med fast dekke; **4.: give sby the cold ~** gi en den kalde skulder; **5. T: put one's ~ to the wheel***(=put one's back into it)* legge seg i selen; **6.: speak straight from the** ~*(=speak one's mind)* snakke fritt fra leveren; **7.** *også fig:* **~ to ~** skulder ved skulder.
II. shoulder *vb* **1.** *om ryggsekk:* ta på seg; ta på ryggen; **2. US: ~ arms!***(=slope arms!)* på aksel gevær! **3.: ~ one's way through a crowd** trenge seg frem gjennom en folkemengde; **4.** *fig:* påta seg *(fx a responsibility).*
shoulder badge *mil:* skulderdistinksjon; *(jvf distinguishing badge).*
shoulder bag skulderveske.
shoulder blade *subst; anat(=scapula)* skulderblad.
shoulder flash *mil: se shoulder badge.*
shoulder strap skulderstropp.
I. shout [ʃaut] *subst* **1.** (høyt) rop; skrik *(fx he heard a shout);* brøl *(fx a shout of laughter);* **2. T***(=round (of drinks))* omgang *(fx I'll buy the next shout).*
II. shout *vb* **1.** rope (høyt); skrike; brøle; **~ sth in(to) her ear** rope noe inn i øret på henne; **~ at** rope til; skrike til; brøle til; **~ sby down** overdøve en; bringe en til taushet; **~ for** rope på *(fx help);* **2.** *fig:* **nothing to ~ about** ikke noe å skryte av.
I. shove [ʃʌv] *subst(=sharp push)* skubb; dytt.
II. shove *vb* **1. T***(=push)* dytte; skubbe; **he -d his way through the crowd** han trengte seg frem gjennom menneskemengden; **2. T: ~ off!***(=go away!* **T:** *buzz off!)* forsvinn! **he's -d off for home** han har gått hjem.
I. shovel ['ʃʌvəl] *subst* **1.** skuffe; skyffel; **snow ~** snøskuffe; **2.** *mask:* skovl.
II. shovel *vb* **1.** skuffe; skyfle *(fx he shovelled snow from the path);* **2.: he -led food into his mouth** han skuffet i seg mat.
shoveller ['ʃʌvələ] *subst; zo:* skjeand.
I. show [ʃou] *subst* **1.** utstilling; **motor ~** bilutstilling; **on ~** utstilt; **2.** *teat:* show; revy; **3.** *fig:* **make a ~ of***(=show off)* skilte med *(fx one's learning);* **he made a ~ of friendship** han lot som om han var en venn; **a ~ of strength** en styrkedemonstrasjon; **he made a ~ of working, but . . .** han lot som om han arbeidet, men . . .; **T: put up a good ~** gjøre det bra; klare seg fint; **T: run the (whole) ~** stå for det hele; **4.: a glorious ~ of colour** en yppig fargeprakt; **5.: a ~ of hands** håndsopprekning *(fx the voting was done by a show of hands).*
II. show *vb (pret: showed; perf. part.: shown)* **1.** vise *(fx show one's membership card);* **~ sby sth, ~ sth to sby** vise en noe *(fx show me your new dress; I showed them to my customers); om signal:* **when the signal -s green** når det viser grønt; **be -n on TV** bli vist på TV; **2***(=prove)* (be)vise *(fx this shows that he's a blackmailer);* **~ one's good will** vise sin gode vilje; **3.** vises; være synlig *(fx your underskirt's showing);* **it hardly -s** det synes nesten ikke; det er nesten ikke synlig; **4.** vise frem; stille ut; **~ a film** vise en film; **this picture is now -ing at the local cinema** denne filmen går nå på stedets kino; **5. US T***(=show up)* vise seg; komme; **6.: ~ off** 1. skilte med *(fx one's knowledge of French);* 2. vise frem (med stolthet) *(fx one's new car);* 3. vise seg; kjekke seg; briljere; **7.: ~ up** 1. avsløre; gjøre lett synlig *(fx this kind of light really shows up the places where I've mended the coat);* **the scratches -ed up badly on the photograph** skrammene så stygge ut på bildet; 2.: **~ up as** være synlig som *(fx lion mauls show up only as round punctures);* 3. **T***(=arrive; appear)* komme; vise seg *(fx he didn't show up).*
show bill*(=show card)* teaterplakat.
showbiz ['ʃou,biz] *subst* **T: the** ~*(=the show business)* underholdningsbransjen.
show card*(=show bill)* teaterplakat.
showcase ['ʃou,keis] *subst:* utstillingsmontre.
showdown ['ʃou,daun] *subst* **1.** *kortsp; poker:* det å vise opp kortene; **2. T:** oppgjør; **a ~ was inevitable** et oppgjør var uunngåelig; **force a ~** tvinge motparten til å tone flagg.
I. shower ['ʃauə] *subst* **1.** byge; skur; **2.** *fig:* regn *(fx of sparks; of questions);* **3.** dusj; **have***(=take)* **a ~** dusje; ta en dusj.
II. shower *vb* **1.** dusje; **2.** overøse *(fx with invitations).*
shower bath*(=shower)* dusj(bad).
showery ['ʃauəri] *adj:* med byger; byge- *(fx showery weather);* **it's a bit ~ today** det regner av og til i dag.
showgirl ['ʃou,gə:l] *subst(=chorus girl)* korpike; dansepike.
showgrounds ['ʃou,graundz] *subst; pl:* utstillingsområde.
showing ['ʃouiŋ] *subst* **1.** fremvisning *(fx he gave a showing of his work);* **the ~ of a film** en filmfremvisning; **2.** *om prestasjon:* **make a good ~** gjøre det godt (*el.* bra); **he made a rather poor ~**

at the interview han gjorde et nokså dårlig inntrykk under intervjuet; **3.** *om gallupresultat:* **on one's previous ~** i forhold til tidligere gallup(resultat) *(fx he's 3% down on his previous showing);* **4.** *stivt:* **on your own** *~(=to judge from your own words)* etter (*el.* ut fra) hva du selv sier *(fx on your own showing, you ought to punish him);* **on present ~ this industry has little future** så vidt man kan se i dag, har denne industrien dårlige fremtidsutsikter.

showman ['ʃoumən] *subst* **1.** sirkusdirektør; **2.** person i underholdningsbransjen; moromann.

shown ['ʃoun] *perf. part. av II. show.*

show-off ['ʃou,ɔf] *subst:* viktigper.

showpiece ['ʃou,pi:s] *subst:* praktstykke (i en samling); *fig:* noe man gjerne viser frem som mønstereksempel.

show rider kunstrytter.

showroom ['ʃou,rum] *subst:* demonstrasjonslokale; utstillingslokale.

showy ['ʃoui] *adj:* prangende.

shrank [ʃræŋk] *pret av II. shrink.*

shrapnel ['ʃræpnəl] *subst; mil:* shrapnel; **piece of ~** (granat)splint; **~ wound** sår forårsaket av splint(er).

I. shred [ʃred] *subst* **1.** fille; trevl; strimmel; **2.** *mil:* **tear to -s** rive opp *(fx the enemy line);* **3.** *fig(=scrap)* fnugg; **not a ~ of evidence** ikke et fnugg av bevis.

II. shred *vb:* skjære i strimler.

shrew [ʃru:] *subst* **1.** *zo:* spissmus; **2.** *om arrig kvinne:* rivjern; hespetre; xantippe.

shrewd [ʃru:d] *adj* **1.** skarpsindig; klok *(fx man);* smart *(fx politician);* **2.: I have a ~ idea that . . .** jeg har en mistanke om at . . .; **that was a ~ guess!** det var godt gjettet!

shrewish ['ʃru:iʃ] *adj; om kvinne(=bad-tempered)* arrig.

shriek [ʃri:k] **1.** *subst:* (skarpt, gjennomtrengende) skrik; hyl *(fx shrieks of laughter);* **she gave a ~** hun satte i et skrik; **2.** *vb:* skrike; hyle.

shrift [ʃrift] **1.** *glds(=confession)* skriftemål; **2.** *fig:* **give sby short ~** gjøre kort prosess med en; ikke kaste bort meget tid på en.

shrike [ʃraik] *subst; zo:* **red-backed ~** *(=butcherbird)* tornskate.

shrill [ʃril] *adj; om lyd:* skingrende; skjærende.

shrimp [ʃrimp] *subst* **1.** *zo:* reke; **2.** *neds:* **little** *~(=little titch)* liten spjæling.

shrine [ʃrain] *subst:* helgenskrin; relikvieskrin; relikviegjemme.

I. shrink [ʃriŋk] *subst* **T***(=psychiatrist)* psykiater.

II. shrink *vb (pret: shrank; perf. part.: shrunk)* **1.** krype *(fx my sweater shrank in the wash);* krympe *(fx do they shrink the material before they make it up into clothes?);* **2.** skrumpe inn *(fx business has shrunk to nothing);* **our resources are -ing***(=dwindling)* våre ressurser skrumper inn; **the -ing***(=dwindling)* **pound** pundet som stadig synker i verdi; den synkende pundverdien; **3.: ~ back** vike tilbake; **4.: ~ from** vike tilbake for; kvie seg for.

shrinkage ['ʃriŋkidʒ] *subst:* krymping.

shrinkage fit *mask:* krympepasning.

shrinkproof ['ʃriŋk,pru:f] *adj* **US***(=shrink-resistant)* krympefri.

shrivel ['ʃrivəl] *vb:* skrumpe inn *(fx one's skin shrivels with age);* visne *(fx the flowers shrivelled);* **~ up** få til å visne.

shroud [ʃraud] *subst* **1.** liksvøp; **2.** *mar:* vant; **3.** *fig:* slør *(fx of mist).*

Shrove [ʃrouv]: **~ Sunday** fastelavnssøndag.

Shrovetide ['ʃrouv,taid] *subst:* fastelavn.

Shrove Tuesday fettirsdag.

shrub [ʃrʌb] *subst; bot(=small bush)* busk; **ornamental ~** prydbusk.

shrubbery ['ʃrʌbəri] *subst* **1.** buskas; **2.** *i hage:* sted hvor man har (pryd)buskbeplantning.

I. shrug [ʃrʌg] *subst:* skuldertrekning; skuldertrekk.

II. shrug *vb* **1.: ~ (one's shoulders)** trekke på skuldrene; **2.: ~ off** 1. riste av seg; 2.: **he -ged it off** han slo det bort; han skjøv det fra seg.

shrunk [ʃrʌŋk] *perf. part. av II. shrink.*

shrunken ['ʃrʌŋkən] *adj:* innskrumpet *(fx he had become old and shrunken since I had last seen him).*

shuck [ʃʌk] *subst* **US:** *se husk & pod.*

shudder ['ʃʌdə] **1.** *subst:* gys; skjelving; **2.** *vb:* gyse; grøsse; skjelve.

I. shuffle ['ʃʌfəl] *subst* **1.** sjokking; subbing; **walk with a ~** subbe (med føttene); **2.** *kortsp:* stokking; **give the cards a ~** stokke kortene.

II. shuffle *vb* **1.** sjokke; subbe (*el.* slepe) med føttene *(fx do stop shuffling (your feet)!);* **2.** *kortsp:* stokke; blande *(fx the cards).*

shun [ʃʌn] *vb; stivt(=avoid)* sky; **he was -ned by his former friends** han ble skydd av sine tidligere venner.

'shun *mil(=attention) int:* **~!** 1. rett! 2. gi(v) akt!

I. shunt [ʃʌnt] *subst* **1.** *elekt:* parallellkrets; shunt; **2.** *med.:* shunt.

II. shunt *vb* **1.** *elekt:* parallellkople; shunte; **2.** *jernb (,***US:** *switch)* pense; rangere; skifte spor.

shunter ['ʃʌntə] *subst; jernb(,ikkefaglig: pointsman;* **US:** *switchman)* sporskifter; **T:** pensemann; **head ~** skiftekonduktør.

shunting ['ʃʌntiŋ] *subst; jernb(,***US:** *switching)* sporskifting.

shunting yard *jernb(=marshalling yard;* **US:** *classification yard)* skiftetomt.

shush [ʃ; ʃuʃ] **1.** *vb:* hysje på; **2.** *int: ~!(=hush!)* hysj!

shut [ʃʌt] *vb (pret & perf. part.: shut)* **1.** lukke *(fx the door);* **~ a drawer***(=push a drawer shut; push a drawer to)* skyve igjen en skuff; **~ your books** lukk igjen bøkene; **2.** *forretning:* stenge; lukke; **3.** kunne lukkes *(fx the door shuts easily);* lukke seg; **the door ~ with a bang** døra smalt igjen; **4.** *om bedrift:* **be** *~(=be shut down; be closed down)* bli nedlagt; **5***(=trap):* **he ~ his finger in the door** han fikk klemt fingeren sin i døra; **6.: ~ away** gjemme bort; isolere *(fx they've shut him away);* **7.: ~ down** nedlegge *(fx the factory);* **8.: ~ in (,out)** stenge inne (,ute); **the dog was ~ inside the house** hunden var stengt inne i huset; **he ~ himself in his room** han stengte seg inne på rommet sitt; **9.: ~ off** 1*(=cut off)* stenge av for *(fx the water);* 2*(=isolate; separate)* isolere; stenge ute (*from* fra) *(fx a village shut off from the rest of the world);* 3. *om automatikk:* kople ut; **10.: ~ out** 1*(=exclude)* utelukke; 2. stenge ute *(fx they shut the cat out at night);* 3. stenge for *(fx we planted trees to shut out the view of the road); (jvf 8 ovf);* **11.: ~ up** 1. **T:** holde munn *(fx tell them to shut up);* **that'll ~ him up!** det vil nok lukke munnen på ham! 2. stenge *(fx it's time to shut up the shop);* **~ up the cottage for the winter** låse av hytta for vinteren; 3*(=shut in):* **he ~ himself up in his room** han stengte seg inne på rommet sitt.

shutdown ['ʃʌt,daun] *subst; av bedrift:* nedleggelse.

shut-eye ['ʃʌt,ai] *subst* **T***(=snooze; nap)* blund; (liten) lur.

shut-off ['ʃʌt,ɔf] *adj:* **~ cock***(=stopcock)* stoppekran.

I. shutter ['ʃʌtə] *subst* **1.** (vindus)skodde; **2.** *fot:* lukker; **diaphragm** ~ sentrallukker.
II. shutter *vb:* sette skodder for *(fx shutter the windows);* **-ed windows** vinduer med skodder for.
shutterer ['ʃʌtərə] *subst:* forskalingssnekker.
shuttering ['ʃʌtəriŋ] *subst(=formwork)* forskaling(s-arbeid).
I. shuttle ['ʃʌtəl] *subst* **1.** *i vev:* skyttel; **2.** buss (,tog, etc) som går i skytteltrafikk; **operate a** ~ drive skytteltrafikk.
II. shuttle *vb* **1.** bevege seg frem og tilbake; **2.** transportere (i skytteltrafikk) *(fx they were shuttled to the shore).*
shuttlecock ['ʃʌtəl,kɔk] *subst* **1.** fjærball; **2.** *fig:* kasteball.
shuttle diplomacy skytteldiplomati.
shuttle service*(=commuter service)* skytteltrafikk; pendeltrafikk.
I. shy [ʃai] *subst* **T 1***(=toss; throw)* kast; **2***(=verbal sally)* verbalt utfall *(fx he took a few shies at the integrity of his opponent);* **3***(=attempt)* forsøk.
II. shy *vb* **1. T***(=throw)* kaste; **2.** *om hest:* skvette; bli skvetten (*el.* sky) (*at* for) *(fx it shied at a paper bag);* **3.** *fig:* ~ **away from** vike tilbake for.
III. shy *adj* **1.** sky; lettskremt; skvetten; **2.** sjenert; **3.:** ~ **of** tilbakeholden overfor *(fx strangers);* **he's ~ of giving his opinion** han er forsiktig med å si sin mening; **4.** *ordspråk:* **once bitten twice** ~*(=a burnt child dreads the fire)* brent barn skyr ilden.
shyster ['ʃaistə] *subst* **US***(=pettifogger)* vinkelskriver; lovtrekker.
Siam [sai'æm; 'saiæm] *subst; geogr; hist:* Siam; *(jvf Thailand).*
Siamese [,saiə'mi:z] **1.** *subst:* siameser; thailending; *språket:* siamesisk; **2.** *adj:* siamesisk; thailandsk.
Siberia [sai'biəriə] *subst; geogr:* Sibir.
Siberian [,sai'biəriən] **1.** *subst:* sibirer; **2.** *adj:* sibirsk.
Siberian tit *zo:* lappmeis.
sibilant ['sibilənt] **1.** vislelyd; sibilant; **2.** *adj:* vislende.
sibling ['sibliŋ] *subst; faglig:* bror el. søster.
sic [sik] *adv(=intentionally so written)* sic; slik står det virkelig.
siccative ['sikətiv] *subst:* sikkativ; tørkemiddel.
Sicilian [si'siljən] *adj:* siciliansk.
Sicily ['sisili] *subst; geogr:* Sicilia.
I. sick [sik] *subst* **1.: the** ~*(=the sick people)* de syke; **care for the** ~ pleie de syke; **the old and (the)** ~ gamle og syke; **2. T***(=vomit)* oppkast *(fx the sofa was covered with sick);* **the room smelt of** ~ det luktet oppkast i rommet.
II. sick *vb* **1. T***(=vomit)* kaste opp; **he -ed it up** han kastet det opp; **2.** *form for streik:* ~ **out** sykmelde seg *(fx they all sicked out).*
III. sick *adj* **1.** syk *(fx a sick child);* **children and ~ people** barn og syke; **the ~ (wo)man***(,ofte: the patient)* den syke; **a very** ~*(=ill)* **old man** en meget syk gammel mann; **US: her husband's very** ~*(=her husband's very ill)* hennes mann er meget syk; *især* **US: be** ~*(=be ill; be unwell; be poorly)* være syk;
2. kvalm; **be** ~ kaste opp *(fx I think I'm going to be sick);* **feel** ~ føle seg kvalm; være kvalm; **that pudding made me** ~ den puddingen ble jeg kvalm av; den puddingen gjorde meg kvalm; *(jvf airsick; carsick; seasick);*
3. *fig:* **be ~ for one's home***(=be homesick)* ha hjemlengsel; ~ **with fear** syk av redsel; **worried** ~ meget bekymret;
4.: go ~*(=report sick)* sykmelde seg *(fx couldn't you go sick?);* **he went ~ and drew sickness benefit** han sykmeldte seg og hevet sykepenger;
5.: be ~ (and tired) of sth være (lut) lei noe.
sick bay 1. *ved kostskole(=san)* sykestue; **2.** *mar:* sykelugar.
sickbed ['sik,bed] *subst:* sykeseng; sykeleie.
sick call *leges, prests:* sykebesøk.
sick children's nurse UK, *ikke i Norge:* barnesykepleier; *(se children's nurse).*
sicken ['sikən] *vb* **1.** gjøre kvalm *(fx the very thought sickens me);* **2.** *litt.:* bli syk *(fx he sickened and died);* **3.: she's -ing for a cold***(=she's got a cold coming on)* hun brygger på en forkjølelse.
sickening *adj* **1.** kvalmende *(fx smell);* **2.** ubehagelig; vemmelig; **a ~ crunch** en vemmelig knasende lyd.
sick headache: a ~ hodepine med kvalme.
sickle ['sikəl] *subst:* sigd.
sick leave sykepermisjon *(fx he's on sick leave).*
sick list sykeliste; **be on the** ~ være sykmeldt.
sickly ['sikli] *adj:* sykelig *(fx child; complexion).*
sickly-sweet [,sikli'swi:t; *attributivt:* 'sikli,swi:t] *adj:* vammel; søtladen.
sickness ['siknis] *subst* **1.** sykdom *(fx there's a lot of sickness in town);* **2.** kvalme *(fx he's suffering from sickness and diarrhoea).*
sickness absence sykefravær.
sickness benefit sykepenger.
sickness container oppkastpose.
sickroom ['sik,rum] *subst* **1.** sykeværelse; **2.** *ved institusjon:* sykestue.
I. side [said] *subst* **1.** side *(fx he was standing by the side of the road; he lives on the same side of the street as me; a cube has six sides);* **on the ~ of the box** på siden av kassen *(fx there's a label on the side of the box);* **there's a door at the ~ of the house** det er en dør på siden av huset; **write on both -s!** skriv på begge sider! **my ~ is sore** jeg er øm i siden; **I've got a pain in my** ~ jeg har vondt i siden; **on the north ~ of the town** på nordsiden av byen; *fig:* **bring him over to our** ~ få ham over på vår side; **2.: (ship's)** ~ skipsside; **pipe the** ~ pipe fallrep; **3.** *skolev:* linje; **get into the modern languages** ~ komme inn på språklinjen; **4.** *fig(=aspect)* side; aspekt *(fx we must look at all sides of the problem);* **the business ~ (of it)** den forretningsmessige siden (av saken); **5.** *sport(=team)* lag *(fx they have a strong side; which side is winning?);* **6.** *om slektsforhold:* side; **on his mother's** ~ på morssiden; **he takes after his father's** ~ han ligner på farens familie; **7.: from all -s** fra alle sider (*el.* kanter); **8.: on all -s** på alle kanter; **9.: on the** ~ på si *(fx he's earning a lot on the side);* **10.: prices are rather on the high** ~*(=prices are rather high)* prisene er i høyeste laget; **this shirt's a bit on the small ~ for me** denne skjorta er litt i minste laget til meg; **11.: on the right (,wrong) ~ of forty** på den gale (,riktige) siden av førti; **12.: you're on the wrong ~ of too many people** du har altfor mange mot deg; du har lagt deg ut med altfor mange mennesker; **13.: be on the safe** ~ være på den sikre siden; **14.: sit ~ by side with Arab children** sitte side om side med arabiske barn; **15.** *i lek:* **pick***(=choose)* **-s** velge parti (*el.* side); **16.: take -s** ta parti *(fx everyone in the office took sides in the dispute; don't take sides against us!);* **he took his friend's** ~ han tok parti for sin venn.
II. side *vb:* ~ **with sby***(=take sby's side)* ta parti for en; ~ **against sby***(=take sides against sby)* ta parti mot en.
sideboard ['said,bɔ:d] *subst; møbel:* buffet.

sideburns ['said,bə:nz] *subst* **US***(=side whiskers; sideboards)* bakkenbarter; kinnskjegg.
side cap *mil:* båtlue.
side (clearance) lights *på bil:* markeringslys.
side effect *med.:* bivirkning.
side issue biting; underordnet spørsmål.
sidelight ['said,lait] *subst* **1.** *mar:* sidelys; **2.** *på bil(=side clearance light)* markeringslys; **3.** *fig:* streiflys; **throw a ~ on sth** kaste et streiflys over noe.
sideline ['said,lain] *subst* **1.** *sport:* sidelinje; **2. T***(= part-time job)* bistilling; ekstrajobb; noe man gjør på si; **3.** *fig:* **looking at this from the -s . . .** når man ser på dette fra tilskuerplass; **stay on the -s** nøye seg med å være tilskuer.
sidelong ['said,lɔŋ] **1.** *adj:* sidelengs; **a ~ glance** et sideblikk; **2.** *adv:* sidelengs; på skrå.
side-on [,said'ɔn] *adj & adv:* med siden til; **a ~ crash** en kollisjon fra siden.
side panel *på bil:* karrosseriplate.
side road sidevei.
side saddle damesal.
sideshow ['said,ʃou] *subst* **1.** *på tivoli, etc:* (gjøgler)-bu; **2.** underordnet ting; biting.
I. sideslip ['said,slip] *subst* **1.** *flyv:* sideslipp; **2.** skrens.
II. sideslip *vb* **1.** *flyv:* utføre sideslipp; **2***(=swerve)* skrense.
I. sidestep ['said,step] *subst:* skritt til siden; *boksing:* sidestep; sidetrinn.
II. sidestep *vb* **1.** ta et skritt til siden; *boksing:* sidesteppe; *ski:* tråkke; **2.** *fig(=avoid):* **I feel you're -ping the problem** jeg føler at du forsøker å unngå problemet.
side street sidegate.
sidetrack ['said,træk] **1.** *subst(=siding)* sidespor; **2.** *vb; fig:* avlede; forlede *(fx I intended to write some letters, but was sidetracked into going to the pictures instead).*
sidewalk ['said,wɔ:k] *subst* **US***(=pavement)* fortau; *(jvf pavement).*
sideways ['said,weiz] *adj & adv:* sidelengs *(fx walk sideways);* fra siden *(fx look at sby sideways(= from the side)).*
side whiskers*(=sideboards;* **US:** *sideburns)* kinnskjegg; bakkenbarter.
siding ['saidiŋ] *subst* **1.** *jernb:* sidespor; **2.** *bygg* **US***(=cladding)* kledning.
sidle ['saidəl] *vb:* bevege seg (,gå) sidelengs; *i håp om å unngå å vekke oppmerksomhet:* **he -d out of the room** han forlot rommet så ubemerket som mulig; **the little boy -d up to me** den lille gutten kom nølende bort til meg.
siege [si:dʒ] *subst; mil:* beleiring; **raise***(=lift)* **the ~** heve beleiringen; **under ~** beleiret; **lay ~ to***(= besiege)* beleire.
siesta [si'estə] *subst:* siesta; middagshvil.
I. sieve [siv] *subst* **1***(=colander)* dørslag; sikt; **coarse ~** såld; *(jvf I. riddle 2);* **2.: he's got a memory like a ~** han husker ikke fra nese til munn.
II. sieve *vb(=sift)* sikte.
sift [sift] *vb* **1.** sikte *(fx the flour);* **2***(=examine carefully)* sikte; vurdere *(fx the evidence);* **3.: ~ down** drysse ned *(fx the snow sifted down);* **4.: ~ out** 1. sikte fra; 2. *fig:* sortere fra; skille ut.
sifter ['siftə] *subst:* strøboks; bøsse; *(jvf castor 3).*
I. sigh [sai] *subst* **1.** sukk; **a ~ of relief** et lettelsens sukk; **2.** *litt.:* (svak) susing.
II. sigh *vb* **1.** sukke; **2.** *litt.:* suse (svakt) *(fx the wind was sighing);* **3.: ~ for** sukke etter.
I. sight [sait] *subst* **1***(=eyesight)* synsevne; syn; **normal** *~(=normal vision)* normalt syn; **he has good ~** han har godt syn; **he lost his ~ in the war** han mistet synet i krigen; *(jvf vision);* **birds have a keen sense of ~** fuglene har et skarpt syn;
2.: come into ~ komme til syne; **out of ~** ute av syne; **out of ~, out of mind** ute av øye, ute av sinn; **be in ~ of land** ha land i sikte; *fig:* **the end of our troubles is in ~** slutten på våre bekymringer er nå i sikte; **the boat was within ~ of land** båten kunne ses fra land;
3. *på våpen:* sikte;
4. syn *(fx what a sight!)* **they were a curious ~** de frembød et underlig syn; **a sad ~** et trist syn; **she was a lovely ~ in her bridal outfit** hun var et syn i brudeutstyr; *iron:* **she's quite a ~ in that hat!** hun er litt av et syn i den hatten!
5*(=glimpse):* **I would like a ~ of those papers** jeg skulle gjerne se litt på de papirene;
6. S: a *~(=a great deal; a lot):* **he got a ~ more money than he expected** han fikk en god del flere penger enn han hadde ventet;
7. T: a ~ for sore eyes*(=a most welcome sight)* et kjærkomment syn; en fryd for øyet; **you're a ~ for sore eyes!** det var deilig at du kom!
8. *om noe komisk:* **it was a ~ for the gods***(=it was a hilarious sight; it was too funny for words)* det var et syn for guder; det var ubeskrivelig komisk;
9. severdighet *(fx the sights of London);*
10.: catch ~ of få øye på;
11.: at *~(=on sight)* straks man får øye på ham *(etc);* øyeblikkelig *(fx instructions were that the murderer should be shot at sight); merk:* **payable at** *~(=on sight)* betalbar ved sikt; **at first ~** ved første blikk; **at the ~ of** ved synet av;
12.: I know him by ~ jeg kjenner ham av utseende;
13.: keep ~ of 1*(=keep an eye on)* holde øye med *(fx he kept sight of her as she walked along the street);* 2. *fig:* ikke tape av syne *(fx we must keep sight of our original plan);*
14.: set one's -s on stile mot; sette seg . . . som mål; **set one's -s too low** stile for lavt; sette seg for lave mål (,et for lavt mål);
15.: ~ unseen usett *(fx they bought it sight unseen).*
II. sight *vb* **1.** *stivt(=catch sight of)* få øye på; **2.** *mar:* få i sikte *(fx they sighted land);* **the ship was -ed off the coast** skipet ble observert utenfor kysten; **3.** *med skytevåpen:* sikte på *(fx he sighted the rabbit and pulled the trigger); om kanon, etc:* stille (*el.* rette) inn; sikte inn.
sight bill *merk(=sight draft; demand bill; demand draft)* siktveksel; sikttratte.
sight credit *merk:* kontantremburs; avistaremburs.
sighting ['saitiŋ] *subst:* det å få øye på; *m.h.t. ettersøkt person:* **after a positive ~ in X** etter at han *(etc)* med sikkerhet var blitt sett i X.
sighting shot prøveskudd.
sight-read ['sait,ri:d] *vb(=play (,sing) at sight)* spille (,synge) fra bladet.
sightseeing ['sait,si:iŋ] *subst:* sightseeing; rundtur til severdigheter; **go ~** dra på sightseeing; dra for å bese seg; dra for å se seg om.
sightseeing trip sightseeingtur.
sightseer ['sait,si:ə] *subst:* person som er ute for å bese seg; turist.
sight unseen *se I. sight 14.*
I. sign [sain] *subst* **1.** tegn *(fx the sign of the cross); (=omen)* jærtegn; **a ~ of** et tegn på; **there were -s of disagreement among those present** det var tilløp til uenighet blant de tilstedeværende; **~ of a change in the weather** tilløp til værforandring; **he made a ~ to me to keep still** han gjorde tegn til meg at jeg skulle forholde meg rolig; **there were no -s of life at the house** det var ingen livs-

tegn i huset; **2.** skilt *(fx road sign);* **hanging ~** uthengsskilt; **electric ~** lysreklame; **shop ~** butikkskilt; **3.** *på kart:* symbol; **4.** *mat.:* **~ (of operation)** fortegn; **change the ~ of operation** bytte fortegn; **with the ~ reversed***(=with an opposite sign)* med motsatt fortegn.

II. sign *vb* **1.** gjøre tegn *(fx she signed to me to say nothing);* **2.** undertegne; skrive under *(fx sign at the bottom, please);* **~ a cheque** 1. undertegne en sjekk; 2*(=make out a cheque)* skrive ut en sjekk *(fx he took out his pen to sign a cheque);* **~ one's name***(=write one's name)* skrive navnet sitt *(fx on a document);* **3.: ~ away** 1. fraskrive seg *(fx he has signed away all his rights);* 2*(=make over to)* skrive over på *(fx she signed away her money to her daughter);* **4.: ~ for** kvittere for *(fx did you sign for it?);* **5.: ~ in (,out)** føre seg inn (,ut); *på hotell(=check in (,out))* sjekke inn (,ut); **6.: ~ off** 1. *radio, TV:* avslutte sendingen *(fx Radio 3 signed off at midnight);* 2. *mar:* mønstre av; 3. **T***(=knock off (work))* ta kvelden *(fx because of the bad weather we signed off at 4);* **7.: ~ on** 1. *mar:* mønstre på; ta hyre; 2. *om arbeidsløs:* melde seg *(fx sign on at the job office; sign on for the dole);* **8.: ~ up** 1. melde seg på (*for* til) *(fx I've signed up for a place on the outing next week);* 2*(=enlist)* melde seg til militærtjeneste; 3. *sport(=engage)* engasjere; undertegne kontrakt med *(fx the club have signed up two new players for this season).*

I. signal ['signəl] *subst* **1***(=sign)* signal; tegn *(fx he gave the signal to advance);* **act as a ~ to** ha en signaleffekt på; **2.** *radio:* signal; **3.** *mil:* **the Signals** sambandet *(fx be in the Signals);* **the Royal Corps of Signals** *(fk RCS)* Hærens samband.

II. signal *vb* **1.** gjøre tegn *(fx the policeman signalled the driver to stop);* **2.** signalisere.

III. signal *adj; meget stivt(=remarkable)* bemerkelsesverdig *(fx a signal achievement).*

signalbox ['signəl,bɔks] *subst; jernb(=signal cabin)* blokkpost.

signal disc *jernb:* signalskive.

signal engineer *jernb:* elektromester; stillverksmester; *(se NEO elektromester).*

signaller ['signələ] *subst; mil:* sambandsmann.

signalman ['signəlmən] *subst* **1.** *jernb(***,US:** *towerman)* stillverksbetjent; **2.** *mar:* signalgast.

signatory ['signətəri] *subst; stivt:* underskriver *(fx he was one of the signatories of the peace treaty).*

signatory power: the -s signatarmaktene.

signature ['signitʃə] *subst* **1.** underskrift; navnetrekk; **attest** *(,som øyenvitne: witness)* **the ~** attestere (*el.* bevitne) underskriftens riktighet; **~ by mark** underskrift i form av bumerke (*el.* kryss); **a campaign to obtain -s to protest against** . . . en underskriftskampanje mot . . .; **2.** *om forfattermerke:* signatur *(fx under the signature (of) "Doc");* **3.** *mus:* **key ~** signatur; *(jvf time signature);* **4.** *typ:* ark.

signature tune kjenningsmelodi.

signboard ['sain,bɔ:d] *subst(=sign)* skilt.

sign character *EDB:* fortegn.

sign digit *EDB:* fortegnssiffer.

signet ['signit] *subst:* signet; (lite) segl.

significance [sig'nifikəns] *subst* **1.** *stivt(=importance)* betydning; viktighet *(fx a matter of great significance);* **2.** *EDB:* vekt; **3.** *i statistikk:* signifikans.

significant [sig'nifikənt] *adj* **1.** viktig; betydningsfull *(fx all the significant facts);* **no ~ change in the patient's condition** ingen nevneverdig forandring i pasientens tilstand; **the difference in their ages is not ~** aldersforskjellen mellom dem er uviktig; **2.** megetsigende *(fx glance);* **3.** *EDB & statistikk:* signifikant; **4.** *språkv:* betydningsbærende.

significant digit *EDB:* signifikant siffer.

signify ['signi,fai] *vb; stivt* **1***(=show)* vise; tilkjennegi; **2***(=mean)* bety *(fx his frown signified disapproval);* betegne *(fx that sign on the map signifies a church with a tower);* **3. T: that signifies***(=that makes sense)* det gir mening; det er det mening i.

sign language tegnspråk

sign-off ['sain,ɔf] *subst; radio:* det å avslutte sendingen.

sign-off (bid) *kortsp; bridge:* avslagsmelding.

signpost ['sain,poust] **1.** *subst:* veiviser; **2.** *vb:* skilte; **inadequately -ed road** dårlig skiltet vei.

silage ['sailidʒ] *subst; landbr:* ensilasje.

I. silence ['sailəns] *subst* **1.** stillhet; **a sudden ~ followed his remark** etter denne bemerkningen hans ble det plutselig stille; **there was a long ~ before anyone spoke** det varte lenge før noen tok ordet; **break the ~** bryte stillheten (*el.* tausheten); **the children listened in ~ to the story** barna satt stille og hørte på historien; **2.** taushet; **your ~ on this subject is disturbing** din taushet når det gjelder dette er foruroligende.

II. silence *vb* **1.** få til å tie stille *(fx the arrival of the teacher silenced the class);* **2.** *fig:* bringe til taushet; få til å forstumme.

silencer ['sailənsə] *subst(=exhaust box;* **US:** *muffler)* eksospotte; lydpotte.

I. silent ['sailənt] *subst(=silent film)* stumfilm.

II. silent *adj* **1.** stille; taus *(fx man);* **he was ~ on that subject** han var taus på det punktet; **it was a ~, windless night** natten var lun og stille; **2***(=quiet)* støyfri; lydløs *(fx this lift is quite silent);* **3.** *fig: stille;* **~ grief** stille sorg; **4.: be ~, keep ~***(=hold one's tongue)* tie.

silent film stumfilm.

Silesia [sai'li:ziə] *subst; geogr:* Schlesien.

silhouette [,silu'et] **1.** *subst:* silhuett; **2.** *vb:* tegne i silhuett; **be -d** avtegne seg i silhuett *(fx the trees were silhouetted against the setting sun).*

silhouette target *ved blinkskyting:* figurskive.

silica ['silikə] *subst; min:* kisel.

siliceous, silicious [si'liʃəs] *adj:* kiselholdig.

silicic [si'lisik] *adj; kjem:* **~ acid** kiselsyre.

silicon ['silikən] *subst; min:* silisium.

silicon bronze *min:* silisiumbronse.

silicones ['sili,kounz] *subst; pl:* silikoner.

silk [silk] *subst* **1.** silke; **2.** *jur* **UK:** silkekappe (som bæres av en Queen's Counsel); **take ~** bli utnevnt til Queen's Counsel; *(se Queen's Counsel);* **3. T:** *se Queen's Counsel.*

silkworm ['silk,wə:m] *subst; zo:* silkeorm.

silky ['silki] *adj* **1** silkeaktig; silkebløt *(fx long, silky hair);* **2.** *om stemme(=ingratiating)* silkevennlig.

sill [sil] *subst; tøm:* svill; **door ~** dørstokk; dørterskel; **ground ~***(=ground beam; sleeper)* bunnsvill; **window ~** vindusbrett; vinduspost; **external window ~** utvendig vindusbrett.

silly ['sili] **1.** *subst* **T***(=silly person)* tosk; dust; **2.** *adj(=foolish)* dum; tåpelig *(fx don't be so silly! that was a silly thing to say).*

silly season dødsesong; stille periode.

silo ['sailou] *subst:* silo.

silt [silt] *subst:* slikk; slam.

silver ['silvə] *subst:* sølv; sølvtøy *(fx they stole all our silver);* **solid ~** rent (*el.* massivt) sølv.

silver eel *zo:* blankål.

silver fir *bot(=noble fir)* edelgran.

silver foil 1*(=silver paper)* sølvpapir; **2***(=tinfoil)* tinnfolie; tinnfolium.

silver fox *zo:* sølvrev.
silver lining: every cloud has a ~ bakom skyen er himmelen alltid blå.
silver paper*(=silver foil)* sølvpapir.
silver plate [,silvə'pleit] *subst:* sølvplett; sølvtøy.
silver-plate ['silvə,pleit] *vb:* forsølve.
silver polish ['silvə,pɔliʃ] *subst:* sølvpuss *(fx a tin of silver polish).*
silver screen: the *~(=the film industry)* det hvite lerret; filmindustrien.
silverside ['silvə,said] *subst; på slakt:* lårtunge.
silversmith ['silvə,smiθ] *subst:* sølvsmed.
silver spoon sølvskje; **be born with a ~ in one's mouth** være født med en sølvskje i munnen; være født av rike foreldre.
silver thaw *Canada(=glaze ice; silver frost;* **US:** *glaze) meteorol; resultat av underkjølt regn:* isslag.
silver-tongued ['silvə,tʌŋd] *adj(=eloquent)* veltalende.
silverware ['silvə,wɛə] *subst(=silver(plate))* sølvtøy.
silver wedding sølvbryllup.
silverweed ['silvə,wi:d] *subst; bot:* gåsemure.
silver-wrapped ['silvə,ræpt] *adj:* (innpakket) i sølvpapir.
silvery ['silvəri] *adj* **1.** sølvblank; **~ hair** sølvgrått hår; **2.** *litt.; om stemme(=as clear as a bell)* klokkeklar; klokkeren; *mus:* sølvklar *(fx the silvery sound of a flute).*
simian ['simiən] *adj:* apeaktig; ape-.
similar ['similə] *adj* **1.** lignende; lik *(fx our jobs are similar);* **your situation is ~ to mine** din situasjon ligner min; **these two signatures are ~** disse to underskriftene ligner hverandre; **~ but not identical** like, men ikke identiske; **have you something ~ but not so expensive?** har De noe som ligner, men ikke er så dyrt? **2.** *mat.:* likedannet *(fx triangle).*
similarity [,simi'læriti] *subst:* likhet.
similarly ['similəli] *adv* **1***(=in the same way; in a similar way)* på en lignende måte; **2.: those ~ disposed** likesinnede.
simile ['simili] *subst:* lignelse; sammenligning *(fx 'her hair was like silk' is an example of simile; 'a mind sharp as a needle' was the simile he used).*
similitude [si'mili,tju:d] *subst; stivt(=similarity)* likhet.
I. simmer ['simə] *subst:* småkoking; surring; putring; **keep it at a ~** la det stå og småkoke.
II. simmer *vb* **1.** småkoke; la småkoke; la surre; **2.** *fig:* ulme *(fx his resentment simmered for weeks);* **3.: ~ down** 1. koke inn; 2. *fig* **T***(=calm down)* roe seg ned *(fx do simmer down! she'll soon simmer down);* legge seg *(fx his anger began to simmer down).*
simper ['simpə] **1.** *subst(=silly smile)* tåpelig smil; **2.** *vb:* smile tåpelig; si med et tåpelig smil; **she -ed her thanks** hun takket med et tåpelig smil.
simple ['simpəl] *adj* **1***(=easy)* lett; enkel *(fx a simple task; a machine that is simple to operate);* **2.** ukomplisert; enkel *(fx a simple choice);* **a ~ fracture** et ukomplisert brudd; **a ~ dress** en enkel kjole; **the ~ truth** den enkle sannhet; **3.** troskyldig; naiv *(fx she's too simple to see through his lies);* **4***(=simple-minded)* enfoldig *(fx he's a bit simple, but he's good with animals);* **a rather ~ boy** en nokså enfoldig gutt; **5.** *glds(=humble)* simpel *(fx a simple peasant).*
simple equation *mat.(=equation of the first degree)* førstegradsligning.
simple-hearted [,simpəl'ha:tid; *attributivt:* 'simpəl-,ha:tid] *adj(=frank; artless; naive)* åpen; ukunstlet; naiv *(fx are you simple-hearted enough to believe all that rubbish?).*
simple-minded [,simpəl'maindid; *attributivt:* 'simpəl-,maindid] *adj* **1.** troskyldig; naiv; **2.** enfoldig.
simpleton ['simpəltən] *subst:* enfoldig tosk.
simplicity [sim'plisiti] *subst* **1.** enkelhet; **2.** troskyldighet *(fx he answered with a child's simplicity).*
simplification [,simplifi'keiʃən] *subst:* forenkling.
simplified ['simpli,faid] *adj:* forenklet *(fx language).*
simplify ['simpli,fai] *vb* **1.** forenkle *(fx can you simplify your language a little?);* **2.** *mat.:* **~ an equation** løse opp en ligning.
simplistic [sim'plistik] *adj:* overforenklet; naiv.
simply ['simpli] *adv* **1.** enkelt *(fx very simply dressed);* **2***(=absolutely)* simpelthen; ganske enkelt *(fx beautiful);* **3***(=only)* bare *(fx for the money).*
simulate ['simju,leit] *vb* **1.** simulere; **2.** hykle *(fx enthusiasm);* **3.** forstille seg; simulere *(fx he's only simulating).*
simulation [,simju'leiʃən] *subst* **1.** simulering; **2.** forstillelse; **art of ~** forstillelseskunst.
simultaneity [,siməltə'ni:iti] *subst:* samtidighet.
simultaneous [,siməl'teiniəs] *adj:* samtidig.
simultaneous interpretation*(=simultaneous translation)* simultantolking.
I. sin [sin] *subst* **1.** *rel:* synd; **deadly ~** dødssynd; **2.** *fig:* **arriving late is a ~ in his eyes** det å komme for sent er en synd i hans øyne; **it's a ~ that all that good food should go to waste** det er en synd at all den gode maten skal gå til spille; **3. T: she's as ugly as ~!** hun er så stygg som arvesynda (,**T:** juling).
II. sin *vb:* synde (*against* mot).
Sinai ['sainai] *subst; geogr:* Sinai.
sin bin S 1*(=brothel)* bordell; **2.** forbedringsanstalt for vanskeligstilte barn; **3.** *ishockey:* fryseboks.
I. since [sins] *konj* **1.** siden; etterat *(fx I haven't seen him since he married);* **ever ~** helt siden; *(jvf III. since);*
2. etterat *(fx since he agreed to come he has become ill);* **~ beginning to make their coffee by means of atomic power, they have learnt that . . .** etterat de begynte å koke sin kaffe med atomkraft, har de lært at . . .;
3*(=because)* siden; ettersom *(fx since you have no money, you can't come; since you are going, I will go too);*
4.: ~ I have been here, I have . . . mens (*el.* så lenge) jeg har vært her, har jeg . . .
II. since *adv* **1.** *stivt(=ever since)* siden; **I have avoided him** *~(=I have avoided him ever since)* siden har jeg unngått ham; **2.** *stivt(=since then)* siden (da); siden dengang; **we have ~ become friends***(=we've become friends since then)* vi har blitt venner siden (dengang); siden da har vi blitt venner; **3. T***(=ago)* for . . . siden *(fx the matter has been settled long since; his wife died a year since);* **long ~** for lengst; for lenge siden.
III. since *prep:* siden *(fx since the war; since last year);* siden; etterat *(fx since my coming here);* **~ his death** siden hans død; etterat han døde, **ever ~ her quarrel with John** hele tiden siden (*el.* helt siden) hun kranglet med John; **~ then** siden da; siden den gangen; siden dengang *(fx he's never spoken to me since then);* **~ last year** siden i fjor *(fx I've changed my mind since last year); (jvf I. since 1).*
sincere [sin'siə] *adj:* oppriktig *(fx sincere friends; a sincere wish);* **he has always been absolutely frank and ~** han har alltid vært helt åpen og oppriktig.
sincerely *adv* **1.** oppriktig; inderlig *(fx I sincerely hope that you will succeed);* **2.** *avslutning av brev*

når man har innledet med 'Dear Mr/Miss/Mrs NN': **Yours sincerely,** Vennlig hilsen; Med vennlig hilsen.
sincerity [sin'seriti] *subst:* oppriktighet.
sine [sain] *subst; mat.:* sinus.
sinecure ['saini,kjuə; 'sinikjuə] *subst (a job for which one is paid but in which one has little or no work to do)* sinekyre *(fx his job is something of a sinecure, I believe).*
sine die ['saini'daii] *adv:* på ubestemt tid.
sine qua non ['saini kwei 'nɔn] *subst:* absolutt betingelse (*el.* forutsetning).
sinew ['sinju:] *subst; anat; stivt(=tendon)* sene.
sinewy ['sinjui] *adj:* senesterk *(fx sinewy arms).*
sinful ['sinful] *adj:* syndig.
sing [siŋ] *vb(pret: sang; perf. part.: sung)* **1.** synge; **~ at the top of one's voice** synge av full hals; **~ at sight** synge fra bladet *(fx sing a song at sight);* **2.** *fig:* synge *(fx the kettle was singing on the stove);* **a punch that made his ears ~***(=ring)* et slag som fikk det til å synge for ørene hans; **3.** S*(=grass; squeal)* tyste; sladre; **4. T: ~ small***(= climb down)* stikke pipen i sekk; **5.: ~ out***(= shout; call out in a loud voice)* rope høyt; **T: ~ out if you want more beer** syng ut hvis du vil ha mer øl.
sing-along ['siŋə,lɔŋ] *subst* **T***(=singsong)* allsang.
singe ['sindʒ] **1.** *subst:* sted hvor det er svidd; svimerke; **2.** *vb:* svi *(fx she singed her dress).*
singer ['siŋə] *subst:* sanger(inne).
Singhalese [,siŋə'li:z]: *se Sinhalese.*
singing voice ['siŋiŋ,vɔis] *subst:* sangstemme.
I. single ['siŋgəl] *subst* **1***(,***US:** *one-way ticket)* enkeltbillett; **2.** *tennis:* **-s** single; **men's -s** herresingle; **play -s** spille single; **3.** *mus:* singleplate; **4.: they arrived in -s and pairs** de ankom enkeltvis og parvis.
II. single *vb:* **~ out** skille ut *(fx from the rest);* **he was -d out to receive special thanks for his help** han ble ekstra valgt ut for å motta en særlig takk for hjelpen.
III. single *adj* **1.** enkelt *(fx the spider hung on a single thread);* **~ bed** enkeltseng; **give me a***(= one)* **~ reason why I should lend you money!** gi meg en eneste grunn til at jeg skulle låne deg penger; **2***(=unmarried)* ugift; enslig *(fx she won't be single much longer – she's getting married on Saturday);* **3.** *mots dobbel:* **a ~ whisky** en whisky.
single bed enkeltseng.
single-breasted [,siŋgəl'brestid; *attributivt:* 'siŋgəl-,brestid] *adj; om jakke, etc:* enkeltspent.
single combat *hist:* holmgang; tvekamp.
single cream kaffefløte; *(se I. cream).*
single entry*(=single-entry bookkeeping)* enkelt bokholderi.
single-handed [,siŋgəl'hændid; *attributivt:* 'siŋgəl-,hændid] *adj & adv* **1.** alene; uten hjelp *(fx he runs the restaurant single-handed);* **~ efforts** forsøk på egen hånd; **2.** med én hånd; beregnet på én hånd; enhånds- *(fx fishing rod).*
single-lane ['siŋgəl,lein] *adj:* **~ road** enfeltsvei.
single-member ['siŋgəl,membə] *adj:* **~ constituency** enkeltmannsvalgkrets.
single-minded [,siŋgəl'maindid; *attributivt:* 'siŋgəl-,maindid] *adj:* målbevisst; som bare har én ting for øye.
singleness ['siŋgəlnis] *subst* **1.** ugift stand; det å være ugift (*el.* enslig); **2.: ~ of purpose** målbevissthet.
single parent eneforelder.
single provider eneforsørger.
single room enkeltrom; enkeltværelse.
singles club klubb for enslige.
single-sex [,siŋgəl'seks; *attributivt:* 'siŋgəl,seks] *adj:* for bare gutter el. bare jenter *(fx a single-sex school.*
singlet ['siŋglit] *subst:* singlet; undertrøye.
single ticket*(,***US:** *one-way ticket)* enkeltbillett; turbillett.
singleton ['siŋgəltən] *subst; kortsp:* singleton.
single-track road smal vei (hvor kjøretøy ikke kan møtes utenom møtestedene ('the passing places')).
singly ['siŋgli] *adv(=one by one; separately)* enkeltvis *(fx they came all together, but they left singly).*
I. singsong ['siŋ,sɔŋ] *subst* **1.** allsang *(fx let's have a singsong!);* **2.** monotont (*el.* messende) tonefall.
II. singsong *adj:* syngende; messende; **in a ~ voice** med monoton stemme.
singular ['siŋgjulə] **1.** *subst; gram:* entall; **2.** *adj; stivt(=remarkable)* bemerkelsesverdig.
singularity [,siŋgju'læriti] *subst; stivt(=oddness; peculiarity)* besynderlighet; eiendommelighet.
Sinhalese [,sinhə'li:z], **Singhalese** [,siŋə'li:z] **1.** *subst:* singaleser; *språket:* singalesisk; **2.** *adj:* singalesisk.
sinister ['sinistə] *adj* **1***(=ominous)* illevarslende *(fx happenings);* uhellsvanger; skummel; **~ motives** skumle motiver; **2.** *her.:* venstre.
I. sink [siŋk] *subst* **1.** oppvaskkum; *fig:* **pour money down the ~** kaste penger ut av vinduet; **2.** *flyv:* gjennomsynkning.
II. sink *vb(pret: sank; perf. part.: sunk)* **1.** synke *(fx the ship sank in deep water; the sun sank slowly behind the hills; he sank thankfully into an armchair; her voice sank to a whisper);* **~ deep** synke dypt; *fig:* **~ low** synke dypt; **2.** senke; skyte i senk; **3.: ~ a well** grave en brønn; **they sank the foundations deep into the earth** fundamentet ble gravd langt ned i bakken; **4.** *om pasient:* **the patient was -ing fast** det gikk raskt nedover (bakke) med pasienten; **5***(=invest)* investere; sette *(fx he sank all his savings in the business);* **6***(=drink down)* drikke *(fx he sank a pint of bitter);* **7.: it's a case of ~ or swim***(=it's neck or nothing)* det får briste eller bære; **8.: we're going to ~ our differences and work together** vi skal glemme våre uoverensstemmelser og samarbeide; **9. S: if he finds out, we're sunk** hvis han oppdager det, er vi solgt; **10.: ~ down***(=collapse)* segne; falle om; **11.: ~ in** 1. *om fx overflatevann:* synke ned *(fx the surface water will soon sink in);* 2. *i fx snø:* synke nedi; 3. *fig(=penetrate; be fully understood)* synke inn *(fx the news took a long time to sink in);* 4. *fig:* **he sank himself in his work***(= he buried himself in his work)* han begravde seg i arbeidet sitt; **12.: ~ into** 1. synke ned i *(fx he sank into the snow);* 2. trenge ned i *(fx the ink sank into the paper);* 3. bore seg inn i *(fx the knife sank into his arm);* 4. synke ned i *(fx he sank into an armchair);* 5.: **he sank his teeth into an apple** han satte tennene i et eple; **13.: ~***(=drop)* **on to a sofa** synke ned på en sofa; **14.: ~ to one's knees***(=go down on one's knees)* synke i kne; falle på kne.
sinker ['siŋkə] *subst* **1.** *fisk:* søkke; **2.: hook, line and ~:** *se I. hook 6.*
sinking *adj:* **have a ~ feeling** ha en sugende fornemmelse i magen.
sinking fund*(=amortization fund)* amortisasjonsfond.
sink seine *fisk:* synkenot.
sink unit*(,***US:** *sink cabinet; cabinet sink)* oppvaskbenk.
sinless ['sinlis] *adj(=free from sin)* syndfri.
sinner ['sinə] *subst:* synder; **a hardened ~** en gam-

mel synder; **-s of both sexes***(=sinners, both men and women)* syndere og synderinner.

Sino- ['sainou] kinesisk-; **~-Soviet talks** kinesisk -russiske forhandlinger.

sinologist [sai'nɔlədʒist] *subst:* sinolog (ɔ: kjenner av kinesisk språk og kultur).

sinter ['sintə] **1.** *subst:* sinter; **2.** *vb:* sintre (sammen).

sinuous ['sinjuəs] *adj; stivt el. litt.* **1***(=winding)* buktet; slynget; svinget *(fx road);* **2***(=supple)* smidig; myk *(fx the dance was slow and sinuous).*

sinus ['sainəs] *subst; anat:* bihule.

sinusitis [,sainə'saitis] *subst; med.:* sinusitt; bihulebetennelse.

sip [sip] **1.** *subst:* nipp; liten slurk *(fx he took a sip of the medicine);* **2.** *vb:* nippe til *(fx one's wine).*

I. siphon ['saifən] *subst* **1.** hevert; **2***(=soda siphon)* sifong.

II. siphon *vb* **1.** *ved hjelp av hevert:* stikke om *(fx a wine);* tappe *(fx petrol into a gallon can);* **2.:** **~ off** 1. tappe *(fx some water);* 2. *fig:* stikke unna; stikke til side *(fx some of the club's funds).*

I. sir, Sir [sə:] **1. UK:** *tittel brukt av en knight el. baronet, fx Sir Winston (Churchill);* **2.** *i høflig tiltale uoversatt, men skolev:* **Sir!** Lærer! **3.** *i forretningsbrev hvor avslutningen er 'Yours faithfully,':* **Dear Sirs,** *intet tilsv.*

II. sir *vb:* tiltale med 'sir' *(fx don't sir me, you know my name).*

I. sire ['saiə] *subst* **1.** *især om hest(male parent)* far; stamfar; **2.** *hist; til konge:* herre *(fx at your service, sire).*

II. sire *vb; især om hest:* være far til *(fx that stallion has sired three champions).*

siren ['saiərən] *subst* **1.** sirene; **factory ~** fabrikksirene; **2.** *myt:* sirene.

sirloin ['sə:lɔin] *subst; ved partering:* filetkam (av okse); **undercut of ~** oksemørbrad: **roast ~ (of beef)** oksemørbradstek; *(se NEO mørbrad).*

sirup *se syrup.*

sisal ['saisəl] *subst:* sisal.

siskin ['siskin] *subst; zo:* grønnsisik.

sissy ['sisi] *subst* **T:** jentete gutt.

sister ['sistə] *subst* **1.** søster; **2.: (ward) ~***(=charge nurse)* avdelingssykepleier; **3.** *om nonne:* søster *(fx Sister Ursula).*

sisterhood ['sistə,hud] *subst:* nonneorden.

sister-in-law ['sistərin,lɔ:] *subst:* svigerinne.

sisterly ['sistəli] *adj:* søsterlig.

sister tutor*(,US: instructor nurse)* instruksjonssykepleier; lærer ved sykepleieskole.

Sisyphus ['sisəfəs] *subst; myt:* Sisyfos.

sit [sit] *vb(pret & perf. part.: sat)* **1.** sitte *(fx he likes sitting on the floor);* sette; plassere *(fx they sat me in a chair and started asking questions);*
2. *om fugl(=perch)* sitte; *på egg:* ruge;
3. *parl & om komité(=be in session)* holde møte; sitte sammen; være samlet; *om jury:* være inne; **Parliament -s from now until the Christmas break** Parlamentet er nå samlet frem til juleferien; **the committee -s***(=meets)* **once a month** komitéen samles (*el.* holder møte) én gang pr. måned;
4. *skolev(=take)* ta *(fx sit an exam);*
5. *om klesplagg:* sitte; **that dress -s very well on you***(=that dress fits (you) very well)* den kjolen sitter meget godt (på deg);
6. *om gjenstanders plassering:* **the parcel was -ting on the table** pakken lå på bordet; **his car sat in the garage for a year** bilen hans stod i garasjen et helt år; **the nut was -ting so awkwardly that he couldn't turn it** mutteren satt så vrient til at han ikke kunne få dreid på den; **the volcano -s right on the border between X and Y** vulkanen befinner seg nøyaktig på grensen mellom X og Y;
7. *om modell:* sitte; **~ for** sitte (,stå) modell for; **~ for a portrait** sitte modell for et portrett;
8.: ~ at table sitte til bords;
9.: ~ back 1. lene seg tilbake (i stol, etc); 2. *fig:* forholde seg passiv *(fx they just sit back and ignore the problems);*
10.: ~ down 1. sette seg (ned); 2.: **~ down to one's work** sette seg ned for å arbeide; 3.: **~ down under an insult** finne seg i en fornærmelse; 4.: **~ down with** sette seg til forhandlingsbordet med;
11.: ~ for 1. *skolev(=sit; take)* ta; være oppe til *(fx sit for an exam);* 2.: *se 7. ovf;* 3. *parl:* **~ for a constituency** representere en valgkrets;
12.: ~ in 1. *skolev(=stand in)* vikariere *(fx sit in for sby);* 2.: **~ in on** være til stede ved; høre på *(fx the headmaster sat in on his lesson);* **~ in on a seminar** delta i et seminar; 3. *form for sivil ulydighet, hvor demonstranter okkuperer en bygning, etc:* **the students seemed tired of -ting in** studentene så ut til å ha gått trett av den sit-in de hadde organisert; 4.: **~ in judgment on sby** sette seg til doms over en;
13.: ~ on 1. sitte på *(fx sit on a chair);* **break sth by -ting on it** sitte noe i stykker; 2. *fig* **T:** sitte på *(fx they sat on his application);* 3. *fig:* **~ on sby** gi en en irettesettelse; 4*(=be a member of (a committee))* være medlem av; sitte i *(fx his brother sits on that committee);*
14.: ~ out 1. *dans:* sitte over *(fx let's sit (this one) out);* 2. bli (sittende) til det er over (*el.* slutt); 3. *seilsp(,US: hike out)* ri; 4. *fig:* **~ out a crisis** ri av en krise; **we'll ~ it out to the very end** vi skal holde ut til siste slutt;
15. T: be -ting pretty sitte trygt i det; være sikret *(fx these problems don't worry you – you're sitting pretty);*
16.: ~ through bli sittende *(fx the audience sat through to the end);*
17. T: ~ tight bli hvor man er *(fx the best thing is to sit tight and see if things improve);*
18.: ~ up 1. sette seg opp (i sengen) *(fx can the patient sit up?);* 2. sette opp *(fx the nurse sat him up against his pillows);* 3. sitte rett *(fx Do sit up in your chair and stop slouching!);* 4. *istedenfor å gå til sengs:* sitte oppe *(fx I sat up until 3 a.m. waiting for you!);* 5. *fig* **T***(=pay attention)* bli oppmerksom; stusse *(fx that'll make him sit up!);*
19.: ~ up to the table sette seg bort til bordet.

sit-down ['sit,daun] *subst* **1***(=sit-down strike)* sit -downstreik; sittestreik; **2. T:** *se sit-down meal.*

sit-down meal *mots stående buffet:* måltid hvor man sitter til bords.

I. site [sait] *subst* **1.** tomt; byggetomt; **building ~** byggeplass *(fx he's got a job on a building site);* **2.** *arkeol:* funnsted; **the ~ of the ancient city** stedet hvor oldtidsbyen hadde ligget; **3.** sted (hvor noe har funnet sted) *(fx the site of the battle).*

II. site *vb; stivt(=place; put)* plassere; anbringe *(fx where are they going to site the new school?).*

site assembly montering på byggeplassen.

site drainage pipe overvannsledning.

site engineer *ved anlegg:* byggeleder; *(jvf clerk of works; residential engineer).*

site plan situasjonsplan; bebyggelsesplan.

sit-in ['sit,in] *subst; demonstrasjonsform:* sit-in *(fx the students staged a sit-in for higher grants).*

sitter ['sitə] *subst* **1.** (levende) modell; **2***(=baby sitter)* barnevakt *(fx we can't get a sitter tonight);* **3.** rugehøne; liggehøne.

sitter-in [ˌsitəˈ(r)in] *subst(=baby sitter)* barnevakt.
sitting [ˈsitiŋ] *subst* **1.** *tid som tilbringes med en el. annen aktivitet(=session):* **I read the book at one ~** jeg leste boka i ett strekk; **2***(=meeting)* møte; **3.** bordsetning.
sitting duck *subst* **T:** lett offer; takknemlig offer.
sitting-out area [ˌsitiŋˈaut ˌɛəriə] *subst; foran hus:* uteplass.
sitting room (daglig)stue.
situated [ˈsitjuˌeitid] *adj* **1.** *stivt(=placed)* plassert; **2.** *stivt:* **be ~***(=be)* befinne seg *(fx the school is situated on the north side of town).*
situation [ˌsitjuˈeiʃən] *subst* **1.** situasjon; **2.** *stivt(=position)* beliggenhet; **3.** *stivt(=post; job)* stilling; **-s vacant***(=vacancies)* ledige stillinger.
situational [ˌsitjuˈeiʃənəl] *adj:* situasjonsbetinget; **~ phrases** situasjonsbetingede uttrykk.
situation comedy situasjonskomedie.
six [siks] **1.** *subst:* sekstall; sekser: **2.** *tallord:* seks; **3.: it's ~ of one and half a dozen of the other** det er hipp som happ, **4.: at -es and sevens** hulter til bulter; i vill forvirring.
six-eight time *mus(=six-eight)* seksåtte(nde)delstakt.
sixfold [ˈsiksˌfould] *adj & adv:* seksfold(ig); seksdobbelt.
sixfooter [ˈsiksˌfutə] *subst:* person som er seks fot(=1,83 m) høy.
sixteen [ˈsiksˈti:n] *tallord:* seksten.
sixteenth [ˈsiksˈti:nθ] **1.** *subst:* seksten(de)del, **2.** *adj:* sekstende.
sixth [siksθ; sikθ; siks] **1.** *subst:* sjettedel; **2.** *subst; mus:* sekst; **3.** *skolev: se sixth form;* **4.** *tallord:* sjette.
sixth form [ˈsiksˌfɔ:m; ˈsikθˌfɔ:m] *subst; skolev:* **the upper ~** øverste klasse i den engelske videregående skole; *svarer til:* 3. gym.; **the lower ~** *svarer til:* 2. gym.
sixth-form college videregående skole, almenfaglig studieretning.
sixth-form education *svarer til:* (examen) artium; **a ~ is necessary for entry to the course** det trengs artium for å komme inn på kurset.
sixth former elev i en av de to øvre klasser i videregående skole, almenfaglig studieretning.
sixtieth [ˈsikstiəθ] **1.** *subst:* sekstiendedel. **2.** *tallord:* sekstiende.
sixty [ˈsiksti] *tallord:* seksti.
sizable*(=sizeable)* [ˈsaizəbl] *adj(=fairly large)* temmelig stor; betydelig *(fx sum).*
I. size [saiz] *subst* **1.** størrelse *(fx an area the size of a football field);* **they're the same ~** de er like store; **they were the wrong ~** det var gal størrelse på dem; **2.** *om klær, sko:* nummer *(fx I take size 5 in shoes; do you have any smaller sizes in this style?);* **3.** format; **4.** limvann; **5. T: that's about the ~ of it** slik omtrent henger det sammen; **6. T: cut him down to ~** jekke ham ned.
II. size *vb* **1.** stryke limvann på *(fx the walls must be sized before you paper them);* **2. T: ~ up** vurdere; ta mål av *(fx he sized up the situation and acted immediately);* **he -d me up** han tok mål av meg; han så vurderende på meg.
sizing [ˈsaiziŋ] *subst(=size)* limvann; *(se II. size 1).*
I. sizzle [ˈsizəl] *subst:* fresing; susing.
II. sizzle *vb* **1.** frese *(fx the sausages were sizzling in the pan);* **2. T***(=be very hot)* være stekende varm.
Skagerrak [ˈskægəˌræk] *subst; geogr:* Skagerrak.
I. skate [skeit] *subst* **1.** skøyte *(fx a pair of skates);* **T: they had better get***(=put)* **their -s on** de burde få fart på seg; **2.** *zo:* glattskate; storskate.
II. skate *vb* **1.** gå på skøyter; **2.** *fig:* **~ on thin ice** være ute på glattisen.
skateboard [ˈskeitˌbɔ:d] *subst:* rullebrett.
skater [ˈskeitə] *subst:* skøyteløper; **speed ~** hurtigløper.
skating rink rulleskøytebane.
Skaw [skɔ:] *subst; geogr:* **the ~** Skagen.
skedaddle [skiˈdædəl] *vb* **T:** fordufte; stikke av.
skeletal [ˈskelitəl] *adj:* skjelett-: **~ structure** benbygning; **they looked positively ~** de så ut som rene skjeletter.
skeleton [ˈskelitən] *subst* **1.** *anat:* skjelett; **2.** *fig; stivt el. litt.(=outline)* skjelett *(fx the steel skeleton of a building);* **3.** *om person:* beinrangel; **4.: ~ in the cupboard***(,US: closet)* ubehagelig familiehemmelighet.
skeleton crew *mar:* stammannskap.
skeleton key*(=master key; passkey)* hovednøkkel.
skeleton staff det aller nødvendigste personale *(fx there will only be a skeleton staff working over Christmas).*
skeptic *se sceptic.*
skerry [ˈskeri] *subst* **1.** skjær; **2.: the skerries** skjærgården.
I. sketch [sketʃ] *subst* **1.** skisse *(fx he made several sketches);* **2.** utkast; skisse; kort beskrivelse *(fx a sketch of the author's life);* **3.** *teat:* sketsj.
II. sketch *vb:* lage en skisse av *(fx a subject);* skissere; lage et utkast til; gi en kort oversikt over.
sketchy [ˈsketʃi] *adj* **1.** overfladisk *(fx a sketchy knowledge of French);* flyktig *(fx he made a sketchy search for it among his papers);* **2.** løst skissert.
skew [skju:] *adj; stivt:* **on the ~***(=at a slant)* skjev(t); på skrå; **that picture is on the ~** det bildet henger skjevt.
skewbald [ˈskju:ˌbɔ:ld] *adj; om hest:* hvitflekket; *(jvf piebald).*
skewer [ˈskjuə] **1.** *subst:* stekespidd; **2.** *vb:* sette (*el.* feste) på spidd; spidde; gjennombore.
I. ski [ski:] *subst:* ski *(fx a pair of skis);* **racing -s** langrennsski; **touring -s** løypeski; turski; **on -s** på ski *(fx he went there on skis; transport supplies on skis); om skihopper:* **drooping -s** hengende ski; **-s too far apart** for bred skiføring; **control over -s** skiføring *(fx excellent control over skis).*
II. ski *vb(=go skiing)* gå (*el.* stå) på ski; **we're going (out) -ing today** vi skal ut på ski i dag; *(jvf skiing).*
skiboots [ˈski:ˌbu:ts] *subst(=skiing boots)* skistøvler.
I. skid [skid] *subst* **1.** sliske; **2.** *montert på fly:* ski; **3.** skrens *(fx my car went into a skid).*
II. skid *vb:* gli; skrense.
skid mark bremsespor.
skidpan [ˈskidˌpæn] *subst:* øvingsbane for glattkjøring.
skier [ˈski:ə] *subst:* skiløper.
skiff [skif] *subst; mar:* slags liten, lett robåt.
ski flying skiflyvning.
skiing [ˈskiiŋ] *subst* **1.** skigåing; **we did a lot of ~** vi gikk mye på ski; **go ~** dra på skitur; *(jvf II. ski);* **2.** skiføre; **how's ~ today?** hvordan er skiføret i dag?
skiing country skiterreng.
skiing trousers *(,US: ski pants)* skibukser.
skiing trip skitur.
ski jump skihopp.
ski jumper skihopper.
ski jumping skihopping.
ski-jumping [ˈskiˌdʒʌmpiŋ] *adj:* **~ hill***(=jumping hill)* hoppbakke.
skilful*(,US: skillful)* [ˈskilful] *adj:* dyktig *(fx a skilful surgeon);* **it was very ~ of you to repair my**

bicycle du var flink som klarte å reparere sykkelen min.
ski lift skiheis.
skill [skil] *subst* **1.** ferdighet; **the basic -s of reading and writing** de grunnleggende ferdigheter i lesning og skrivning; **2.** dyktighet *(fx the job requires quite a lot of skill);* **her acting ~** hennes dyktighet som skuespiller; **~ at writing** det å være flink til å skrive; penneførhet; **she has great ~ with a needle** hun er meget flink med nål og tråd.
skilled *adj* **1.** faglært *(fx worker);* fagutdannet; **2.** dyktig; flink *(fx craftsman);* øvet *(fx the skilled eye of an expert);* **~ at***(=good at)* flink i (*el.* til) *(fx all types of dressmaking);* **3.** *om arbeid:* som krever fagutdannelse; **~ work** fagarbeid.
skillet ['skilit] *subst* **1***(=saucepan)* kjele; **2. US***(=frying pan)* stekepanne.
I. skim [skim] *subst* **1.** noe som er skummet av; **2***(=thin layer)* tynt lag.
II. skim *vb* **1.** skumme *(fx the milk);* **2.** *om bevegelse(=glide)* gli *(fx the skier skimmed across the snow);* **3.: ~ through a book** lese raskt gjennom en bok.
skimmed *adj:* skummet; **~ milk***(=skim milk)* skummet melk.
skim milk skummet melk.
skimmings ['skimiŋz] *subst; pl:* det som skummes av; skum.
skimp [skimp] *vb* **1.: ~ on** være for sparsom med *(fx they skimp on food);* **2.: ~ a job***(=do a job badly)* gjøre en jobb dårlig.
skimpy ['skimpi] *adj* **1.** utilstrekkelig; snau *(fx he ate a skimpy breakfast);* **2.** *om klesplagg:* **a bit on the ~ side** i snaueste laget.
I. skin *subst* **1.** *anat:* hud; **human ~** menneskehud; **2.** *zo:* skinn *(fx a snake can shed its skin);* **3.** snerp *(fx boiled milk often has a skin on it);* **4.** skall *(fx banana skin);* skrell *(fx of a peach);* **5.** *bygg:* kledning; **6.: by the ~ of one's teeth***(=very narrowly)* med nød og neppe *(fx we escaped by the skin of our teeth);* **7.: get under sby's ~ T***(=annoy sby)* ergre en.
II. skin *vb* **1.** flå *(fx an animal);* **2. T***(=graze)* skrubbe *(fx I fell over and skinned my knee);* **3. T: keep one's eyes -ned** holde skarp utkikk.
skin-deep ['skin,di:p] *adj; stivt(=on the surface only)* overfladisk; som ikke går dypt.
skin diver fridykker; *(jvf scuba diver).*
skinflint ['skin,flint] *subst* **T:** gjerrigknark.
skin grafting hudtransplantasjon.
skinny ['skini] *adj:* radmager.
skint [skint] *adj* **S:** blakk *(fx I'm absolutely skint).*
skintight ['skin,tait] *adj:* stramtsittende; meget ettersittende.
I. skip *subst* **1***(=hop)* hopp *(fx the little girl went along with little skips of happiness);* **2.** *for avfall(=rubbish skip)* container; *(jvf skip service).*
II. skip *vb* **1.** hoppe og sprette *(fx the little girl skipped up the path);* **2.** hoppe tau *(fx two girls turned the rope and the others skipped);* **3. T***(=miss out)* hoppe over *(fx I skipped lunch; skip chapter two).*
ski pole US*(=ski stick)* skistav.
skipper ['skipə] *subst* **T 1.** *mar:* skipper; **2.** *flyv:* kaptein; **3.** *sport(=(team) captain)* (lag)kaptein).
skipping rope hoppetau.
skip service containerservice; *(jvf I. skip 2).*
ski rack 1. skistativ; **2.** *på bil:* skiholder.
ski resort skisenter.
I. skirmish ['skə:miʃ] *subst* **1.** *mil:* trefning; **2.** *fig:* forpostfektning.
II. skirmish *vb; mil:* kjempe i spredt orden.
I. skirt *subst* **1.** skjørt *(fx a blouse and skirt);* **2. S***(=girl; woman):* **(a bit of) ~** et skjørt.
II. skirt *vb:* kjøre (,gå) utenom *(fx we skirted the field); fig:* **~ round all the main problems***(=avoid mentioning all the main problems)* gå utenom alle de viktigste problemene.
skirting ['skə:tiŋ] *subst* **1.** skjørtestoff(er); **2***(=skirting board)* fotlist.
ski scooter snøskuter.
ski stick *(,US: ski pole)* skistav.
ski-touring ['ski,tuəriŋ] *subst(=cross-country skiing)* turgåing på ski.
ski track*(=ski trail)* skispor; skiløype.
ski tow skitrekk.
skitters ['skitəz] *subst* **S***(=diarrhoea)* voldsom diaré.
skittish ['skitiʃ] *adj* **1.** *om hest:* skvetten; **2.** *om pike:* overgiven; kokett; **3.** *glds(=coy)* sky.
skittle ['skitəl] *subst* **1.** kjegle; **2.: -s***(,US: ninepins)* kjeglespill; **3.: life's not all beer and -s** livet er ikke bare en dans på roser.
skittle alley kjeglebane.
skive [skaiv] *vb* **T***(=shirk)* sluntre unna; skulke *(fx he's skiving today).*
skiver ['skaivə] *subst* **T***(=shirker)* en som sluntrer unna; skulker *(fx that bloody little skiver!).*
ski wax skismøring.
skua ['skju:ə] *subst; zo:* **great ~** storjo.
skulduggery [skʌl'dʌgəri] *subst* **T:** muffens; svindel.
skulk [skʌlk] *vb:* luske *(fx someone was skulking in the bushes).*
skull [skʌl] *subst* **1.** hodeskalle; **2.: ~ and crossbones** dødningehode med to korslagte knokler under.
skullcap ['skʌl,kæp] *subst:* kalott.
skunk ['skʌŋk] *subst; zo:* stinkdyr.
sky [skai] *subst* **1.** himmel; **in the night ~** på nattehimmelen; **2.** *om vær el. klima:* **grey skies** grå himmel; grått vær; gråvær; **3.: praise sby to the skies** rose en opp i skyene.
sky-blue [,skai'blu:; *attributivt:* 'skai,blu:] *adj:* himmelblå.
sky-high [,skai'hai; *attributivt:* 'skai,hai] **1.** *adj:* himmelhøy; skyhøy *(fx price);* **2.** *adv:* **blow sth ~** sprenge noe i luften.
skyjack ['skai,dʒæk] *vb:* kapre (et fly).
skyjacker ['skai,dʒækə] *subst:* flykaprer.
I. skylark ['skai,la:k] *subst; zo:* lerke.
II. skylark *vb; lett glds(=romp)* være vilter; holde leven.
skylight ['skai,lait] *subst:* (liggende) takvindu; overlysvindu.
skyline ['skai,lain] *subst* **1***(=horizon)* horisont; **on the ~** i horisonten; **2.: the New York ~** New York-himmelen.
skyscraper ['skai,skreipə] *subst:* skyskraper.
sky sign takreklame; lysreklame på taket.
skywards ['skaiwədz] *adv; om bevegelse:* til værs.
skywriting ['skai,raitiŋ] *subst:* røykskrift (på himmelen); luftreklame.
slab [slæb] *subst* **1.** (tykk) plate *(fx a stone slab; a slab of chocolate);* **concrete -s for pavements** støpte fliser til fortau; **2.** *forst:* **(waste) ~** bakhun; bakhon; **3.** *i jernverk:* plateemne; **~ ingot** plateblokk; **4. S:** operasjonsbord; steinbord (i likhus).
I. slack [slæk] *subst; på tau:* slakk; **take up the ~** hale inn (på) slakken; stramme tauet; **there's still a lot of ~ left** tauet er enda ikke på langt nær stramt nok; det er fremdeles en god del slakk på tauet.
II. slack *vb* **1.: ~ (off)***(=slacken off)* slakke *(fx a*

rope); 2. *m.h.t. arbeid:* slappe av *(fx he never slacks).*

III. slack *adj* **1.** slakk *(fx rope);* løs *(fx knot; screw);* **2.** *m.h.t. arbeid(=careless)* slapp *(fx he was very slack about getting things done);* **3.** *om disiplin:* slapp; **4.** *merk:* treg *(fx business has been rather slack lately);* **a ~ season** en stille periode; en dødsesong.

slacken ['slækən] *vb* **1**(=*loosen)* løsne *(fx she felt his grip on her arm slacken);* **2.: ~ off the rope** slakke (på) tauet; fire ut tauet; gi ut tauet; **3.** *m.h.t. tempo:* **~ speed** saktne farten; **4.** *m.h.t. arbeid:* **~ off** slappe av; sette ned farten; **5.: work -s off in the summer** det blir mindre travelt (*el.* mindre å gjøre) om sommeren; **6.** *om vind(=abate)* avta; **7. T: ~ up**(=*go easy; slow down)* ta det mer med ro *(fx the doctor told him to slacken up).*

slacker ['slækə] *subst; neds:* slappfisk.

slack rope slapp line; **perform on a ~** balansere på slakk line.

slag [slæg] *subst:* slagg.

slain [slein] *perf. part. av slay.*

slake [sleik] *vb* **1.** *litt.(=quench)* stille *(fx one's thirst);* **2.** leske; **-d lime** lesket kalk.

slalom ['sla:ləm] *ski:* slalom.

I. slam *subst* **1**(=*bang)* smell *(fx the door closed with a slam);* **2.** *kortsp:* slem; **grand ~** storeslem.

II. slam *vb* **1.** smelle med *(fx the door);* smelle igjen *(fx the door);* **he -med the door in my face** han smalt døra igjen i ansiktet på meg; **she -med the cup and saucer on to the table** hun satte fra seg koppen og skålen på bordet med et smell; **2**(=*crash):* **the car -med into the wall** bilen kjørte rett inn i muren; **3. T**(=*criticize sharply)* kritisere skarpt; **T:** gi på pukkelen.

I. slander ['sla:ndə] *subst:* bakvaskelse.

II. slander *vb:* bakvaske; baktale.

slanderous ['sla:ndərəs] *adj:* ærekrenkende.

I. slang [slæŋ] *subst:* slang.

II. slang *vb* **T:** rakke ned på *(fx I got furious when he started slanging my mother);* skjelle ut.

slanging match(=*shouting match)* skjenneri; munnhuggeri.

slangy ['slæŋi] *adj:* slang-; slangpreget.

I. slant *subst* **1**(=*slope)* skråning; **the roof has a steep ~** taket er meget bratt; **at**(=*on)* **the ~** på skrå; **2**(=*point of view)* synsvinkel *(fx this magazine has a new slant on fashion);* synspunkt; dreining.

II. slant *vb* **1**(=*slope)* skråne *(fx the floor slants a little);* **from here the road -s away to the left** fra dette punktet skråner veien mot venstre; **2.** presentere på en tendensiøs måte *(fx the news);* **~ the programme to appeal to the younger members of the audience** presentere programmet på en slik måte at det appellerer til de yngste blant publikum; **the report on the strike had been -ed to draw sympathy away from the miners** rapporten om streiken ble presentert slik at gruvearbeiderne skulle miste sympati.

slanted *adj(=biased)* tendensiøs; **~ news** fargede nyheter.

slanting ['sla:ntiŋ] *adj(=sloping)* skrånende.

slantwise ['sla:nt,waiz] *adv(=at an angle)* på skrå.

I. slap [slæp] *subst:* slag (med flate hånden); klask; *fig:* **a ~ in the face** et slag i ansiktet.

II. slap *vb* **1.** slå (med flate hånden); klaske; **he -ped my face** han slo til meg i ansiktet; **2.: ~ down** 1. klaske ned *(fx he slapped it down on the table);* 2. *fig(=tell off sharply)* gi en skarp irettesettelse; **3**(=*dismiss)* feie til side; avfeie; **4.: ~ together**(=*cook up)* smøre sammen *(fx a book).*

III. slap *adv:* like; rett *(fx he ran slap(=right) into the wall).*

slap-bang ['slæp'bæŋ] *adv(,***US:** *slam-bang)* **T:** med et brak; voldsomt.

slapdash ['slæp,dæʃ] *adj(=careless)* slurvet; skjødesløs *(fx in a slapdash manner);* **~ work** slurvearbeid.

slaphappy ['slæp,hæpi] *adj* **T**(=*happily careless)* glad og ubekymret; opprømt og likeglad.

slapstick ['slæp,stik] *subst:* **~ (comedy)** grov farse; bløtkakekomedie.

slap-up ['slæp,ʌp] *adj; om måltid* **T**(=*splendid)* førsteklasses; prima *(fx a slap-up dinner).*

I. slash *subst* **1.** drabelig slag; **2.** flenge *(fx there was a slash in her skirt).*

II. slash *vb* **1.: ~ at** slå etter *(fx he slashed at the bush angrily with a stick);* **2.** flenge; spjære; kutte opp *(fx they slashed his face with a razor);* **3. T**(=*reduce drastically)* skjære sterkt ned på *(fx slash prices).*

slat [slæt] *subst:* spile; sprosse: lamell.

I. slate [sleit] *subst* **1.** *min:* skifer; **2.** *hist; skolev:* (liten) tavle; **3.: start with a clean ~** begynne på et nytt blad; begynne på nytt *(fx after being in prison he started his new job with a clean slate);* **wipe the ~ clean** glemme gamle uoverensstemmelser og begynne på nytt; **4. US**(=*list of candidates in an election)* kandidatliste (ved valg); **5. T: on the ~**(=*on credit)* på kreditt.

II. slate *vb* **1.** legge skifer på *(fx the roof);* **2. T**(=*cut to pieces)* kritisere sønder og sammen *(fx the new play was slated by the critics).*

slattern ['slætən] *subst; glds(=slut)* sjuske.

I. slaughter ['slɔ:tə] *subst* **1.** slakting; **2.** *fig(= butchery)* nedslakting; myrderi.

II. slaughter *vb* **1.** slakte; **2.** *fig(=butcher)* slakte (ned).

slaughterhouse ['slɔ:tə,haus] *subst:* slakteri.

Slav [sla:v] **1.** *subst:* slaver; **2.** *adj:* slavisk.

slave [sleiv] **1.** *subst:* slave; **2.** *vb:* **~ (away)**(= *work very hard)* slite *(fx I've been slaving away for you all day while you sit and watch television).*

I. slaver ['sleivə] *subst* **1.** slavehandler; **2**(=*slave ship)* slaveskip.

II. slaver ['slævə] **1.** *subst:* sikkel; savl; **2.** *vb:* sikle.

slavery ['sleivəri] *subst:* slaveri.

slave trade(=*slave traffic)* slavehandel.

Slavic ['sla:vik](=*Slavonic) subst & adj:* slavisk.

slavish ['sleiviʃ] *adj:* slavisk; **a ~ imitation** en slavisk etterligning.

Slavonic [slə'vɔnik] *subst & adj:* slavisk.

slay [slei] *vb(pret: slew; perf. part.: slain) glds el. litt.(=kill)* slå i hjel.

slayer ['sleiə] *subst; glds el. litt.(=killer)* drapsmann.

sleazy ['sli:zi] *adj:* snusket; simpel; tarvelig.

sled [sled] **US:** *se sledge.*

sledge ['sledʒ](*,***US:** *sled)* **1.** *subst:* slede; (stor) kjelke; **timber ~** tømmerslede; **2.** *vb:* ake; **go sledging** ake; dra på aketur.

sledgehammer ['sledʒ,hæmə] *subst:* slegge.

sleek ['sli:k] *adj* **1**(=*smooth; shiny)* glatt; blank *(fx the dog has a lovely sleek coat);* **2**(=*well-kept)* velholdt *(fx cat);* **3.** *neds:* glattslikket *(fx young man).*

I. sleep *subst:* søvn; **in one's ~** i søvne; **get to ~** få sove; **it took me a long time to get the child off to ~** det tok meg lang tid å få ungen til å sove; **go to ~** 1. sovne; 2. *om lem:* sovne *(fx my arm's gone to sleep);* **put to ~** 1. få til å sove *(fx this injection will put you to sleep);* 2. *evf(=kill; destroy; put away)* avlive; ta livet av.

II. sleep *vb(pret & perf. part.: slept)* sove *(fx sleep* *badly; Goodnight – sleep well!);* ~ **around** ha forskjellige seksualpartnere; ~ **in** 1. bo på arbeidsstedet; 2. **T***(=oversleep)* forsove seg; ~ **like a log***(=top)* sove som en stein; ~ **sth off** sove bort noe; sove av seg noe; ~ **it off** sove det av seg; sove ut rusen; ~ **on sth** sove på noe; ~ **out** bo privat (i motsetning til å bo på arbeidsstedet); ~ **rough on the street** være uteligger; *evf:* ~ **together** sove sammen; *evf:* ~ **with** sove sammen med.

sleeper ['sli:pə] *subst* **1.** sovende *(fx nothing occurred to disturb the sleepers);* **I'm a light (,heavy)** ~ jeg sover lett (,tungt); **2.** *jernb:* sovevogn; sovevognskupé; 3. *jernb(,***US:** *tie)* sville; **4.** *tøm(=ground sill)* bunnsville.

sleeping accommodation soveplass(er).

sleeping bag sovepose.

Sleeping Beauty: the ~ Tornerose.

sleeping car *jernb:* sovevogn.

sleeping-car ['sli:piŋ,ka:] *adj:* ~ **attendant** sovevognskonduktør.

sleeping draught sovedrikk.

sleeping partner *merk:* passiv kompanjong.

sleeping pill sovepille.

sleeping sickness sovesyke.

sleepless ['sli:plis] *adj:* søvnløs.

sleepwalk ['sli:p,wɔ:k] *vb:* gå i søvne.

sleepwalker ['sli:p,wɔ:kə] *subst:* søvngjenger.

sleepy ['sli:pi] *adj:* søvnig.

sleepyhead ['sli:pi,hed] *subst* **T:** syvsover.

sleet [sli:t] *subst:* sludd.

sleeve [sli:v] *subst* **1.** *på klesplagg:* erme; **T:** arm; **2.: (record)** ~ plateomslag; **3.** *tekn:* bøssing; muffe; hylse; **4.: wear one's heart on one's** ~ stille sine følelser til skue; **5.: laugh up one's** ~ le i skjegget; **6.: have***(=keep)* **sth up one's** ~ ha noe i bakhånden; **7.: now we must roll up our -s and get down to it!** nå må vi brette opp ermene (*el.* kaste jakken) og ta fatt!

sleigh [slei] *subst:* slede.

sleigh bells dombjeller.

sleight [slait] *subst:* ~ **of hand** fingerferdighet; kunstgrep.

slender ['slendə] *adj* **1.** *stivt(=slim)* slank **2.** *stivt(=thin)* tynn *(fx a glass with a slender stem);* **3.** *fig:* spinkel *(fx evidence);* dårlig *(fx chances);* **on his** ~ **income** med hans sparsomme inntekt.

slept [slept] *pret & perf. part. av II. sleep.*

sleuth [slu:θ] *subst; glds el. spøkef(=detective)* detektiv; *spøkef:* sporhund.

S-level *(fk f scholarship level)* eksamen som A -level kandidater kan melde seg opp til. Det gis tre karakterer: pass, credit og distinction *(fx he took History at S-level and gained a credit).*

slew [slu:] *pret av slay.*

I. slice [slais] *subst* **1.** skive *(fx a slice of bread);* **2. T***(=share)* (an)del *(fx who got the largest slice of the profits?);* **the miners are demanding a larger** ~ **of the cake** gruvearbeiderne forlanger en større del av kaken; **a** ~ **of life** et stykke virkelighet; **3***(=spatula)* spatel; **fish** ~ fiskespade; **4.** *ballspill:* skru; spinn; *golf:* slice.

II. slice *vb* **1***(=cut into slices)* skjære i skiver; skjære opp *(fx the meat);* **2***(=cut)* skjære; **could you** ~ **me a piece of ham, please?** kan du være så snill å skjære av et stykke skinke til meg? ~ **off** kutte av; skjære av *(fx the blade slipped and sliced off the top of his finger);* ~ **through** skjære gjennom *(fx a sheet of steel slipped off the lorry and sliced through the bonnet of the car behind);* **3.** *ballspill:* skru *(fx the ball).*

slicer ['slaisə] *subst(=slicing machine)* oppskjærmaskin.

I. slick [slik] *subst:* **(oil)** ~ oljeflak.

II. slick *adj* **1***(=glib; smart)* glatt; sleip *(fx salesman);* **their methods of selling are a bit too** ~ **for me** salgsmetodene deres er litt for glatte etter min smak; **that was a** ~ **move!** den var sleip!; **2.** *især* **US***(=slippery; smooth)* glatt.

I. slide [slaid] *subst* **1.** glidning; skliing; **some rocks went into a** ~ **down the mountainside** noen steiner begynte å gli nedover fjellsiden; **have a** ~ **on the ice** skli på isen; **2.** akebakke; sklie; **3.** *fot:* lysbilde; dias; **4.** *på dreiebenk:* sleid; **5.** *på paraply el. regnestav:* skyver; **6***(=hair slide)* skyvespenne.

II. slide *vb(pret & perf. part.: slid)* **1.** gli; skli; **all the cups slid to the floor** alle koppene gled ned på gulvet; **2.** skyve *(fx he slid the drawer open; he slid the book quickly out of sight);* **3.** *om bevegelse:* gli *(fx I slid hurriedly past the window);* **4. T: let things** ~ la det skure; ikke ta det så nøye.

slide caliper skyvelære.

slide projector diasfremviser; lysbildeapparat.

slide rest *på verktøymaskin:* bevegelig anlegg (for verktøy).

slide rule regnestav.

slide trombone *mus:* trekkbasun.

sliding bearing *mask:* glidelager.

sliding contact *elekt:* glidekontakt; slepekontakt.

sliding door skyvedør.

sliding gear *mask:* sleiddrev.

sliding scale glideskala.

sliding sunroof *på bil(=slide-back top)* skyvetak.

I. slight [slait] *subst(=snub)* fornærmelse (ved at man helt overser en).

II. slight *vb:* overse; neglisjere.

III. slight *adj* **1.** svak; ubetydelig *(fx improvement);* **she showed** ~ **irritation at my remark** hun var ikke noe større irritert over bemerkningen min;

2. spedlemmet; spinkel; **a man of** ~ **build** en spedbygd mann;

3.: -est minst *(fx the slightest difficulty seems to upset her);* **if you have the -est doubt, don't sign the contract** hvis du har den aller minste tvil, bør du ikke undertegne kontrakten; **I haven't the -est idea where he is** jeg aner ikke hvor han er; **T: I'm just the -est bit uneasy about the situation** jeg er bittelitegrann bekymret over situasjonen; **he'll tell you his life history with only the -est encouragement** han forteller deg livshistorien sin for et godt ord.

slighting ['slaitiŋ] *adj; stivt(=insulting)* krenkende; fornærmende *(fx he made a slighting remark about her).*

I. slim [slim] *vb:* slanke seg; **are you -ming?** er du på slankekur?

II. slim *adj* **1.** slank; **keep** ~ holde seg slank; **2.** *fig(=slight)* svak *(fx there's still a slim chance).*

slime [slaim] *subst:* slim.

slimy ['slaimi] *adj:* slimet.

I. sling [sliŋ] *subst* **1.** fasle; fatle; **2***(=strap)* reim; **3***(=catapult;* **US:** *slingshot)* sprettert.

II. sling *vb(pret & perf. part.: slung)* **1. T***(=throw; hurl)* slenge; kaste; **2.: slung from***(=suspended from)* hengt opp i; **he had a camera slung round his neck** han hadde et kamera om halsen; **3. T:** ~ **one's hook***(=clear off)* stikke av; forsvinne.

slingshot ['sliŋʃɔt] *subst* **US:** *se I. sling 3.*

slink [sliŋk] *vb(pret & perf. part.: slunk)* liste seg; luske *(fx he slunk into the kitchen);* **the dog slunk off** hunden lusket sin vei.

slinky ['sliŋki] *adj* **T 1**(*=clinging*) åletrang (*fx dress*); **2.** åleslank (*fx a slinky blonde*).

I. slip [slip] *subst* **1.** det å gli (*el.* skli); **a ~ on the ice** det å gli på isen; **2.** lapsus; (liten) feil; **a ~ of the tongue** en forsnakkelse; **make a ~ of the tongue** forsnakke seg; **a ~ of the pen** en skrivefeil; **3.** *fig:* feiltrinn; **4.** *bot(=cutting)* stikling (*fx a geranium slip*); **5.** underkjole; **waist ~**(*=half slip*) underskjørt; **6.** seddel; slipp (*fx receipt slip*); **7.** *mar:* (opphalings)slipp; bedding; **8.** *mask:* sluring; **belt ~** reimsluring; **9.** *mar; propellens:* slipp (*fx the slip of the propeller*); **10.** *flyv: se sideslip;* **11.** *keram:* slikker; leirvelling; **12.: pillow ~** putevar; **13.: give sby the ~** smette fra en; **14.: a ~ of a child** en liten unge.

II. slip *vb* **1.** skli; gli (*fx he slipped and fell*); **it -ped out of my hands** det gled ut av hendende på meg;
2. glippe (*fx the knife slipped and he cut his hand*);
3. *om clutch, etc:* slure (*fx the clutch slips*), **~ the clutch** slure på clutchen;
4. *om rask bevegelse:* **she -ped the letter back in its envelope** hun stakk brevet tilbake i konvolutten; **he -ped a pound note into my hand** han stakk en pundseddel i hånden på meg; **she -ped a coat over her shoulders** hun slengte en kåpe rundt seg; **~ out of the room** forsvinne ut av rommet i all stillhet; (*jvf 11*);
5. *om hund:* **~ its collar** få av seg halsbåndet;
6. *om kvalitet:* bli dårligere (*fx his work has slipped*); **we mustn't let things ~** vi må ikke la alt flyte ut;
7.: it completely -ped my mind jeg glemte det helt;
8.: ~ a disc(*=get a slipped disc*) få diskusprolaps;
9.: let ~ 1(*=miss*) la gå fra seg; gå glipp av (*fx an opportunity*); 2. *om bemerkning:* **she let ~ some remark about my daughter** hun kom uforvarende til å si noe om min datter;
10. *om tid:* **~ by** gå uten at man merker det; **the months were -ping by fast** månedene gikk fort;
11. *om rask av- el. påkledning:* **~ into**(*=put on quickly*) ta fort på seg (*fx she slipped into her dress*); **~ off**(*=take off quickly*) ta fort av seg; (*jvf 4 ovf*);
12.: ~ up(*=make a mistake*) gjøre en feil; **~ up badly** gjøre en stygg feil.

slipknot ['slip,nɔt] *subst:* renneknute.

slipped disc *med.:* diskusprolaps.

slipper ['slipə] *subst* **1.** tøffel (*fx a pair of slippers*); **2.** *bot:* **babies' -s**(*=bird's-foot trefoil*) tiriltunge.

slippery ['slipəri] *adj* **1.** glatt; **2.** *fig:* glatt; sleip (*fx he's rather a slippery character*).

slip road innkjøringsvei (til motorvei); avkjøring(svei); utfallsvei.

slipshod ['slip,ʃɔd] *adj; om arbeid el. påkledning:* sjusket.

slipstream ['slip,stri:m] *subst; flyv:* propellstrøm.

slip-up ['slip,ʌp] *subst* **T**(*=mistake*) feil.

slipway ['slip,wei] *subst; mar:* slipp; opphalingsslipp.

I. slit [slit] *subst:* revne; flenge; sprekk; *i skjørt:* splitt.

II. slit *vb(pret & perf. part.: slit)* spalte; flenge; **~ open** sprette opp (*fx she slit the envelope open*).

slither ['sliðə] *vb; på is el. i søle:* skli; rutsje (*fx the dog was slithering about on the ice*).

slithery ['sliðəri] *adj:* sleip; glatt.

slit trench *mil:* skyttergrop.

sliver ['slivə] *subst:* strimmel; flis; splint (*fx of broken glass*).

slob [slɔb] *subst* **T:** slask; **a lazy ~** en doven slask.

slobber ['slɔbə](*=dribble*) **1.** *subst:* savl; **2.** *vb:* sikle.

sloe [slou] *subst; bot:* slåpe(bær).

sloe-black ['slou,blæk] *adj:* **~ eyes** kullsorte øyer.

I. slog *subst* **T 1.** slit (*fx working for exams is a hard slog*); **foot ~** slitsom marsj; **2**(*=hard blow*) hardt slag.

II. slog *vb* **T 1.** slite; streve (*fx she's been slogging all week at her history*); **we -ged on up the hill** vi slet oss videre oppover bakken; **2**(*=hit hard*) slå til.

slogan ['slougən] *subst:* motto; slagord.

sloop [slu:p] *subst; mar; hist:* slupp.

slop [slɔp] *vb* **T 1**(*=splash*) skvulpe (*fx the water was slopping about in the bucket*); **~ over** skvulpe over (*fx the side of the bucket*); **2**(*=spill*) spille; søle (*fx some milk on to the floor*).

I. slope *subst* **1.** skråning; helling; **2.** bakke; **on a gentle ~** i en liten bakke.

II. slope *vb* **1.** skråne; falle (*fx the field slopes steeply towards the road*); **2.** *mil:* **~ arms!** på aksel gevær! **3. T: ~ off** liste seg vekk; stikke av.

sloping *adj:* skrånende; hellende.

slop pail toalettbøtte.

sloppy ['slɔpi] **1.** *om bane, etc(=wet; slushy)* våt; **2.** *om drikk el. mat; neds(=watery)* tynn (*fx porridge*); **3. T**(*=slovenly; careless*) sjusket; *om arbeid også:* slurvet; **4.** *om klesplagg(=loose)* løstsittende (*fx sweater*); **5**(*=slushy*) søtladen (*fx film*); **the film was a lot of ~ rubbish** filmen var noe søtladent sprøyt; **6.** *mask:* med slark; som har slark; **the steering's becoming ~** det begynner å bli slark i styringen.

slops [slɔps] *subst; pl* **1.** skyller; grisemat; **2.** *for pasient(=liquid food)* flytende føde; **3.** *neds:* skvip.

slosh [slɔʃ] *vb* **T 1**(*=splash*) plaske; skvulpe (*fx water sloshed all round him*); **2**(*=spill*) søle; skvulpe over (*fx don't slosh your tea!*); **3**(*=hit*) dra til; slå til.

sloshed *adj* **T**(*=drunk*) full; **get ~**(*=get drunk*) bli full.

I. slot [slɔt] *subst:* sprekk; spalte; smal åpning.

II. slot *vb* **1.** lage sprekk i; **2.: ~ in** 1. stikke inn (i en sprekk); **~ in a cash card** stikke inn et kontantkort; 2. *fig(=fit in)* finne anvendelse for (*fx if you're a good typist I'm sure we could slot you in somewhere in the firm*); **3.: ~**(*=fit*) **into place** få på plass (*fx he slotted the last piece of the puzzle into place*).

sloth [slouθ; **US:** slɔθ] *subst* **1.** *glds el. stivt(=laziness)* dovenskap; **2.** *zo:* dovendyr.

slot machine (salgs)automat.

slot meter *for elekt el. gass:* måler.

slotted *adj:* med spor i; **a ~ screw** en skrue med spor i.

I. slouch [slautʃ] *subst:* lutende gange (*el.* holdning).

II. slouch *vb:* ha en slapp (*el.* lutende) holdning; **he was -ing in an armchair** han satt henslengt i en lenestol; **he was -ing along** han hadde en lutende gange.

slouch hat bløt, bredbremmet hatt.

I. slough [slau] *subst; litt.; fig(=swamp)* myr.

II. slough [slʌf] *subst:* (slange)ham; skinn.

III. slough [slʌf] *vb* **1.: ~ (off)** kaste hammen; **2.** *om hud:* **~ off** falle av.

slovenly ['slʌvənli] *adj:* sjusket.

I. slow [slou] *vb* **1.** sakne farten; **2.** sinke (*fx the snow slowed her progress*); **3.: ~ down** 1. saktne farten; 2. *form for streik(=go slow)* gå sakte; **4.: ~ up** sinke (*fx the snow was slowing up the traffic*).

II. slow *adj* **1.** langsom; **he was very ~ to offer help** han forhastet seg ikke med å tilby hjelp; **my watch is five minutes ~** klokken min går fem minutter for sakte; **2.** treg; tungnem; **he's ~ at**

arithmetic han har tungt for det når det gjelder regning; **T: be ~ on the uptake** ha lang lunte; være treg i oppfatningen.

III. slow *adv:* **go ~ 1.** kjøre langsomt *(fx he went dead slow);* **2.** *form for streik:* gå sakte.

slowcoach ['slou,koutʃ] *subst* **T:** somlekopp; somlebøtte.

slow motion langsom kino.

slow train somletog.

slowworm ['slou,wə:m] *subst; zo:* stålorm.

sludge [slʌdʒ] *subst:* mudder; søle; kloakkslam.

I. slug [slʌg] *subst* **1.** *zo:* nakensnegl(e) **2. T**(= *bullet)* kule.

II. slug *vb* **T**(=*hit hard)* slå hardt.

sluggish ['slʌgiʃ] *adj* **1.** tregtflytende; langsomtflytende *(fx river);* **a ~ heartbeat** langsomme hjerteslag; **2.** dorsk; treg.

I. sluice [slu:s] *subst* **1.** sluse(renne); **2**(=*sluice gate)* sluseport; **3.** *på sykehus:* skyllerom.

II. sluice *vb:* **~ down, ~ out** spyle.

sluice gate sluseport.

slum [slʌm] *subst:* slum.

slumber ['slʌmbə] **1.** *subst:* slummer; **2.** *vb:* slumre.

slum clearance (slum)sanering.

I. slump [slʌmp] *subst* **1.: a ~ in prices** et plutselig prisfall; **2.** *økon:* lavkonjunktur.

II. slump *vb* **1.** (la seg) falle tungt; sitte sammensunket; **he -ed wearily into a chair** han sank trett ned i en stol; **2.** *økon:* falle *(fx prices slumped);* **sales -ed badly** omsetningen gikk sterkt tilbake.

slung [slʌŋ] *pret & perf. part. av II. sling.*

slunk [slʌŋk] *pret & perf. part. av slink.*

I. slur *subst* **1.** sløret uttale; **2.** *mus:* legatobue; sløyfe; **3.** fornærmelse *(fx she decided to ignore the slur implied in his comment);* **cast a ~ on sby** snakke nedsettende om en; bakvaske en.

II. slur *vb* **1.** uttale utydelig *(fx the drunk man slurred his words);* **2.** *fon:* la ordene gå i hverandre; **3.** *mus:* synge (,spille) legato; **4.** *fig:* **~ over**(= *gloss over)* glatte over.

slur campaign bakvaskelseskampanje.

slurp [slə:p] *vb* **T:** slurpe.

slush [slʌʃ] *subst* **1.** snøslaps; **2. T**(=*drip)* sentimentalt sludder.

slushy [slʌʃi] *adj* **1.** slapset; **2**(=*sloppy)* søtladen *(fx film).*

slut [slʌt] *subst; lett glds(=untidy person)* sjuske.

sluttish ['slʌtiʃ] *adj; lett glds(=untidy)* sjusket.

sly [slai] *adj* **1.** slu; lur; **2.** underfundig *(fx he made a sly reference to my mistake);* **3.: on the ~** i smug.

I. smack ['smæk] *subst* **1.** smekk; klask; **2. T: a ~ on the cheek** et smellkyss på kinnet; **3.: (fishing) ~** fiskeskøyte; **4.** *fig:* **there's a ~ of corruption about this affair** denne affæren smaker av korrupsjon.

II. smack *vb* **1.** smekke; klaske; **2.: ~ one's lips** smatte med leppene; **3.** *fig:* smake; **~ of** smake av *(fx bribery).*

III. smack *adv* **T**(=*straight):* **he ran ~ into the door** han løp rett på døra.

smacker ['smækə] *subst* **1. T:** smellkyss; **2. T**(= *pound note)* pundseddel.

I. small [smɔ:l] *subst* **1.: the ~ of the back** korsryggen; **2.: -s** småvask.

II. small *adj* **1.** *om størrelse:* (forholdsvis) liten *(fx a small boy for his age; a small letter);* små *(fx children; letters);* **2.** *m.h.t. betydning:* ubetydelig *(fx actor);* liten *(fx grocery business);* lite *(fx amount of money);* **he's a ~ businessman**(=*he has a small business)* han har en liten forretning; **there are a few ~ points I'd like to discuss with you** det er et par mindre ting jeg gjerne vil diskutere med deg; **3.** *stivt(=little):* **you have ~**(=*little)* **reason to be satisfied with yourself** du har liten grunn til å være tilfreds med deg selv; **it's ~ wonder that . . .**(=*it's not surprising that . . .)* det er ikke til å undres over at . . .; **4.: be a ~ eater** være finspist; **5.: the ~ hours** de små timer; **work into the ~ hours** arbeide til ut i de små timer; **he woke up in the ~ hours** han våknet ut på morgenkvisten; **6.: feel ~** føle seg liten; **7.: look ~ 1.** se flau (*el.* slukkøret) ut; **2**(=*feel small):* **she made him look ~** hun fikk ham til å føle seg liten; **8.: in a ~ voice** spakt; lavmælt; **9.: in a ~ way** i beskjeden målestokk *(fx an antique dealer in a small way; celebrated in a small way at home).*

small ad(=*classified advertisement)* rubrikkannonse.

small arms *mil:* håndvåpen.

small capital *typ:* kapitél.

small change skillemynt; småpenger.

small circle lillesirkel.

small craft småbåt(er).

smallholder ['smɔ:l,houldə] *subst:* småbruker.

smallholding ['smɔ:l,houldiŋ] *subst:* småbruk.

small intestine *anat:* tynntarm.

smallish ['smɔ:liʃ] *adj* **1.** nokså liten; **2.** i minste laget.

small-minded ['smɔ:l,maindid] *adj(=narrow -minded)* sneversynt; trangsynt.

smallness ['smɔ:lnis] *subst:* litenhet.

smallpox ['smɔ:l,pɔks] *subst; med.:* kopper.

small print *i kontrakt:* **the ~** det som står med fint trykk (*el.* små bokstaver).

small scale liten målestokk; **on a ~** i liten målestokk.

small screen T(=*television):* **on the ~** på fjernsynet.

small slam *kortsp:* lilleslem.

small talk småprat.

small-time ['smɔ:l,taim] *adj* **T**(=*unimportant):* **~ criminals** småforbrytere.

smarmy ['sma:mi] *adj; neds(=very slick)* meget glatt (*el.* sleip).

I. smart [sma:t] *subst; også fig:* (sviende) smerte *(fx he could still feel the smart of her insult).*

II. smart *vb; også fig:* svi; **smoke made his eyes ~** røyken fikk det til å svi i øyene hans; **he's still -ing from your remarks** bemerkningene dine svir fremdeles hos ham.

III. smart *adj* **1.** *om slag(=sharp)* sviende *(fx a smart slap on the cheek);* **2**(=*clever)* smart; **3**(=*elegant)* smart *(fx a smart suit; you're looking very smart today!);* **4.** fin *(fx smart Oxford social circles); (jvf smart set);* **5. US: don't get ~ with me!** ikke vær frekk i kjeften overfor meg!

smart Alec(=*smart alec) neds* **S:** bedreviter; viktigper.

smarten ['sma:tən] *vb:* **~ up** pynte på *(fx a building);* bli fiksere *(fx he's smartened up a lot in appearance lately);* **~ oneself up** pynte seg.

smartly ['sma:tli] *adv* **1.** smart *(fx smartly dressed);* **he dresses ~** han er fiks i klærne; **2**(=*sharply)* skarpt *(fx he was smartly rebuked);* **3.: the soldiers stood ~ to attention** soldatene stod i stram giv akt.

smart set: the ~ de fine; fint folk; **Oxford's ~** de fine i Oxford.

I. smash [smæʃ] *subst* **1**(=*crash)* brak *(fx the plate fell to the ground with a smash);* **2**(=*crash)* kollisjon; bilulykke; **3. T**(=*financial collapse):* **that firm's heading for a ~** det firmaet kommer til å gå nedenom; **4. T**(=*strong blow)* hardt slag *(fx he gave him a smash on the face);* **5.** *tennis(hard downward shot)* smash.

II. smash *vb* **1**(=*break)* gå i stykker *(fx the cup dropped on the floor and smashed into little pieces);*

2.: ~ **(up)***(=break)* slå i stykker; knuse *(fx shop windows);(=ruin)* ødelegge *(fx he smashed up his car);* **3.**: ~ **into***(=crash into)* kjøre rett inn i *(fx the car smashed into a lamppost);* **4.**: ~ **one's way into a house** slå seg gjennom for å komme inn i et hus; **5.**: **he -ed his fist down on the table** han slo neven i bordet med et brak.

III. smash *adv:* med et brak *(fx the car went smash into a wall).*

smash-and-grab robbery tyveri med ruteknusing.

smasher ['smæʃə] *subst; om person el. ting* **T:** prakteksemplar *(fx his new car's a smasher! that girl's a smasher!).*

smash hit T: kjempesuksess; knallsuksess.

smashing ['smæʃiŋ] *adj* **T***(=very good)* kjempefin; fantastisk; **we had a** ~ **time** vi hadde det kjempefint.

smash-up ['smæʃ,ʌp] *subst* **T***(=collision)* kollisjon *(fx three cars were involved in the smash-up).*

smattering ['smætəriŋ] *subst(=superficial knowledge):* **he has a** ~ **of French** han kan litt fransk.

I. smear [smiə] *subst* **1.** flekk *(fx of paint; of blood);* **2***(=piece of slander)* bakvaskelse; **3.** *med.:* utstryk.

II. smear *vb* **1.** smøre *(fx jam on the table);* smøre utover *(fx the paint had been smeared);* **2***(=slander)* bakvaske.

smear campaign bakvaskelseskampanje.

smear test *med.:* utstryksprøve.

I. smell [smel] *subst* **1.** lukt; **these flowers have very little** ~ disse blomstene har svært liten lukt; **2.**: **sense of** ~ luktesans *(fx he has a good sense of smell).*

II. smell *vb(pret & perf. part.: smelt; smelled) også fig:* lukte *(fx I smell gas; he could smell danger);* lukte på *(fx smell it! let me smell those flowers);* ~ **good** lukte godt; ~ **at** lukte (prøvende) på; ~ **of** lukte av; ~ **out** 1. lukte seg frem til; snuse opp *(fx the dog smelt it out);* 2.: **that cheese is -ing the room out!** det lukter i hele rommet av den osten! *(se I. rat 1: smell a ~).*

smelly ['smeli] *adj* **T:** illeluktende *(fx fish);* **that dog's rather** ~ **today** det lukter ikke godt av den hunden i dag.

smelt [smelt] **1.** *subst; zo; fisk:* krøkle; **lesser silver** ~ straumsild; **2.** *vb: pret & perf. part av II. smell;* **3.** *vb; min:* smelte (ut).

smew ['smju:] *subst; zo:* lappfiskand.

I. smile [smail] *subst* **1.** smil *(fx the happy smiles of the children);* **she has an attractive** ~ hun har et pent smil; **she gave an amused** ~ hun smilte og lot til å more seg; **he gave her a** ~ **of recognition** han smilte gjenkjennende til henne; **2.**: **be all -s** være lutter smil; smile fornøyd; **3. T: wipe the** ~ **off sby's face** frata en lysten til å smile.

II. smile *vb* **1.** smile (*at* til); **she has little to** ~ **about** hun har ikke mye å smile av; ~ **broadly***(=smile widely)* smile bredt; **2.** *litt.; fig:* ~ **on** smile til *(fx fate smiled on us);* **3.**: **keep smiling!** opp med humøret!

smirk [smə:k] **1.** *subst:* selvtilfreds smil *(fx what has he got that silly smirk on his face for?);* **2.** *vb:* smile selvtilfreds.

smite [smait] *vb(pret: smote; perf. part.: smitten) glds el. spøkef; fig(=hit):* **his conscience smote him** han fikk samvittighetsnag.

smith [smiθ] *subst:* smed.

smithy ['smiθi] *subst:* smie.

smitten ['smitən] **1.** *perf. part. av smite;* **2.** *adj; glds el. spøkef:* ~ **with** rammet av *(fx flu);* **he seems to be strongly** ~ **with her***(=he seems to be very much in love with her)* han ser ut til å være svært forelsket i henne.

smock [smɔk] *subst:* kittel; arbeidskittel.

smog [smɔg] *subst:* røykblandet tåke; smog.

I. smoke [smouk] *subst* **1.** røyk; **2.**: **have a** ~ få (*el.* ta) seg en røyk; **3.**: **go up in** ~ 1. *også fig:* gå opp i røyk; 2. **T***(=lose one's temper)* fly i flint; bli rasende.

II. smoke *vb* **1.** ryke; **2.** røyke *(fx he's smoking);* **3.** *fisk, kjøtt:* røyke; **-d salmon** røykelaks; **4.**: ~ **out** røyke ut *(fx the fox).*

smoke emission*(=the giving off of smoke; build-up of smoke)* røykutvikling.

smokehouse ['smouk,haus] *subst:* røykeri.

smokeless ['smouklis] *adj:* røykfri.

smoker ['smoukə] *subst* **1.** røyker; **2.** *jernb:* røykekupé; **3.**: **-s and non-smokers** 1. røykere og ikkerøykere; 2. kupéer for røykere og kupéer for ikkerøykere.

smokescreen ['smouk,skri:n] *subst; også fig:* røykteppe.

smokestack ['smouk,stæk] *subst:* skorstein; fabrikkpipe.

smoking ['smoukiŋ] **1.** *subst:* røyking; **no** ~ røyking forbudt; **2.** *adj:* rykende; osende.

smoking and health røyking og helse; **UK: the Independent Scientific Committee on Smoking and Health** *svarer til:* Røykskaderådet.

smoking compartment *jernb(=smoker)* røykekupé.

smoky ['smouki] *adj* **1.** røykfylt *(fx the atmosphere of the room was thick and smoky);* **2.**: ~ **blue** røykblå.

smolder US: *se smoulder.*

smolt [smoult] *subst; zo; fisk:* unglaks; *(jvf grilse & parr).*

smooch [smu:tʃ] *vb* **S***(=kiss and cuddle)* kysse og kline.

I. smooth [smu:ð] *vb* **1.** glatte *(fx she smoothed back her hair);* ~ **the creases out** glatte ut foldene; **2.** *fig:* ~ **the path***(=way)* **for** bane (*el.* jevne) veien for; **3.** *fig:* ~ **away difficulties** rydde vanskeligheter av veien; **4.**: ~ **down** 1. glatte (på); 2. berolige; **5.** *fig:* ~ **over** glatte over; ~ **things over** glatte over det hele.

II. smooth *adj* **1.** glatt *(fx skin);* jevn *(fx paste; road);* **2.** *om bevegelse:* **the car came to a** ~ **halt** bilen stoppet mykt; **3.** *fig:* jevn *(fx routine);* **did you have a** ~ **flight from Nairobi?** hadde du en fin flytur fra Nairobi? **4.** *fig(=slick)* glatt *(fx salesman);* **5.**: **take the rough with the** ~ ta det onde med det gode.

smoothbore ['smu:ð,bɔ:] *adj; om våpen:* glattløpet.

smooth hound *zo:* glatthai; *(jvf shark 1).*

smoothing plane pusshøvel; sletthøvel.

smooth-spoken ['smu:ð,spoukən] *adj; neds(=slick; smooth-tongued)* glatt.

smote [smout] *pret av smite.*

smother ['smʌðə] *vb* **1.** kvele; kveles; **2.** *fig:* bekjempe; undertrykke *(fx one's anger);* **3***(=overwhelm)* overvelde; **his children -ed him with kisses** barna hans rundkysset ham.

smoulder*(,US: smolder)* ['smouldə] *vb* **1***(=burn slowly)* ulme; **2.** *fig; litt.(=simmer)* ulme *(fx his resentment smouldered for weeks).*

I. smudge [smʌdʒ] *subst(=smear)* flekk (som er gnidd utover) *(fx there's a smudge of ink on your nose).*

II. smudge *vb:* gni utover *(fx don't smudge my paint);* **the ink has -d** blekket har gått utover.

smug [smʌg] *adj:* selvtilfreds.

smuggle [smʌgəl] *vb:* smugle.

smuggler ['smʌglə] *subst:* smugler.

smut [smʌt] *subst* **1.**: ~ **of soot** (liten) sotflekk;

2. usømmelig språk; skittent språk; porno(grafi) *(fx there's too much smut on television nowadays);* **talk ~** fortelle grove (*el.* skitne) historier; 3. *sykdom i korn:* brann.

smutty ['smʌti] *adj* **1.** med sotflekker; sotet; **2**(*= indecent; vulgar)* usømmelig; vulgær; **tell ~ stories** fortelle skitne historier.

snack [snæk] *subst* **1.** matbit; lite måltid; **2.: -s** knask; smågodt.

snack bar snackbar.

snack lunch liten lunsj.

snaffle ['snæfəl] *vb* **T**(*=steal)* rappe.

I. snag [snæg] *subst* **1**(*=sharp point)* spiss; tagg; *på tre:* avbrukket grenstump; **2**(*=obstacle; drawback; difficulty)* hindring; vanskelighet; ulempe *(fx the snag is, there's no train on Sundays);* **the ~ about it is that . . .** ulempen (*el.* haken) ved det er at . . .; **3.** *på klesplagg:* rift.

II. snag *vb* **1.** bli hengende fast; få revet opp *(fx she snagged(=tore) her tights on the barbed wire);* **2. US**(*=grab):* **he -ged a taxi** han fikk fort tak i en drosje.

snail [sneil] *subst* **1.** *zo:* snegl(e); *(jvf I. slug 1);* **2.: at a -'s pace** i sneglefart.

I. snake [sneik] *subst; zo:* slange; **poisonous ~** giftslange.

II. snake *vb* **1.** *litt.(=move like a snake; wriggle)* sno seg; *om vei(=wind)* sno seg; bukte seg; **2. US** *tøm(=drag):* **~ logs** slepe tømmerstokker.

snake charmer slangetemmer.

snakeroot ['sneik,ru:t] *subst; bot(=snakeweed)* ormerot.

I. snap [snæp] *subst* **1.** glefs; **2.** *om plutselig lyd:* smell *(fx there was a loud snap as his pencil broke);* **3**(*=snapshot; photograph)* bilde; foto; **4**(*=snap fastener; press stud)* trykknapp; *på armbånd, håndveske, etc:* trykklås; **magnet ~**(*=magnet catch; snap fastener)* sneppert; **5.** *slags kortspill for barn;* **6**(*=period):* **a cold ~** en kald periode; **7.** futt; fart *(fx a story with plenty of snap);* **8.** tynn, sprø kake; *(jvf gingersnap).*

II. snap *vb* **1.** glefse (*at* etter); snappe (*at* etter) *(fx fish snapping at the bait);* **2.** *fig:* bite *(fx I didn't mean to snap);* **~ at** bjeffe til; **he -ped out a command** han bjeffet ut en kommando; **3.** knekke *(fx the branch snapped; he snapped the stick in half);* **4.** *fig:* briste *(fx her patience snapped; sth in her snapped)* **5. T**(*=take a photograph of)* ta et bilde av; knipse; **6.** smelle med *(fx snap the whip);* **~ one's fingers** knipse med fingrene; **7.: ~ out of it** riste av seg det dårlige humøret; ta seg sammen; **8.: ~ shut** smekke igjen *(fx the lid);* **9.: ~ up**(*=grab eagerly)* gripe begjærlig; snappe.

III. snap *adj:* overilt; rask; **make ~ decisions** ta raske beslutninger.

snapdragon ['snæp,drægən] *subst; bot:* prydløvemunn.

snap fastener trykknapp; *på armbånd, etc:* trykklås; (*=magnet catch; magnet snap)* sneppert.

snapping beetle *zo(=click beetle)* smeller.

snap ring *mask:* låsering (i stempel); fjærring.

snappy ['snæpi] *adj* **1.** som glefser *(fx dog);* **2.** *fig(= irritable)* irritabel; **3. T**(*=quick)* rask *(fx you'll have to be snappy);* **4. T: he's a ~ dresser**(*=he dresses smartly)* han er fiks i klærne.

snapshot ['snæp,ʃɔt] *subst: se I. snap 3.*

I. snare [snɛə] *subst* **1.** snare *(fx he set a snare for rabbits);* **2.** *stivt el. litt.(=trap)* snare; felle.

II. snare *vb:* fange i snare *(fx he snared a rabbit).*

I. snarl [sna:l] *subst* **1.** snerring *(fx with a snarl the dog leapt at him);* **2. T**(*=tangle)* floke; vase.

II. snarl *vb* **1.** snerre; **2. T: ~ up the machinery** lage ugreie i maskineriet.

snarl-up ['sna:l,ʌp] **T 1.** floke; full forvirring; **2**(*=traffic jam)* trafikkork.

I. snatch [snætʃ] *subst* **1.** bruddstykke; stump *(fx he was humming a snatch (of song) from the new show);* **he overheard a ~ of conversation between them** han kom til å høre et bruddstykke av en samtale dem imellom; **he caught -es of sleep** han fikk sove korte stunder innimellom; **2.: make a ~ at**(*=catch at)* gripe etter.

II. snatch *vb* **1**(*=grab suddenly)* snappe *(fx the monkey snatched the biscuit out of my hand);* **2.** *fig:* snappe *(fx she managed to snatch an hour's sleep);* **T: he -ed a kiss** han stjal et kyss.

snatchy ['snætʃi] *adj:* støtvis; rykkevis; avbrutt *(fx conversation).*

I. sneak [sni:k] *subst* **1.** snik **2. T**(*=telltale)* sladderhank.

II. sneak *vb:* snike *(fx he sneaked into the room);* **she -ed off without telling anyone** hun snek seg av sted uten å si fra til noen.

sneakers ['sni:kəz] *subst; pl* **US**(*=plimsolls; gym shoes)* joggesko.

sneaking ['sni:kiŋ] *adj:* snikende *(fx I had a sneaking suspicion that . . .);* **she had a ~ admiration for his courage** hun beundret i hemmelighet motet hans.

I. sneer [sniə] *subst:* hånlig flir.

II. sneer *vb:* flire hånlig; **~ at** ironisere over.

sneering ['sniəriŋ] *adj(=scornful)* hånlig *(fx comment).*

I. sneeze [sni:z] *subst:* nys; **she suddenly gave a loud ~** plutselig nøs hun høyt.

II. sneeze *vb* **1.** nyse; **2. T: not to be -d at** ikke å forakte; **I certainly wouldn't ~ at the opportunity of working abroad** jeg ville sikkert ikke si nei til en mulighet for arbeid utenlands.

snick [snik] **1.** *subst(=small cut; notch)* (lite) hakk; innsnitt; **2.** *vb:* skjære hakk i; snitte.

snicker ['snikə] *vb; neds* **T**(*=giggle)* flire; fnise.

snide [snaid] *adj(=sneering)* hånlig; insinuerende *(fx remark).*

I. sniff [snif] *subst* **1.** snufs; **2.: a good ~ of sea air** en god porsjon sjøluft.

II. sniff *vb* **1.** snufse; **2.: ~ at** snuse på; **3.: not to be -ed at** *se II. sneeze 2;* **4. T: ~ out**(*=discover)* snuse opp *(fx I'll see if I can sniff out the cause of the trouble).*

sniffer dog(*=detector dog)* narkotikahund.

sniffle ['snifəl] *se sniff.*

snigger ['snigə] *se snicker.*

I. snip [snip] *subst* **1.** *med saks(=cut)* klipp *(fx with a snip of her scissors she cut a hole in it);* **2.** avklipt stykke *(fx snips of paper);* **3. T**(*=bargain)* god forretning; billig *(fx it's a snip at £10!).*

II. snip *vb; med saks:* klippe av.

I. snipe [snaip] *subst* **1.** *zo:* **common ~** enkeltbekkasin; **great ~** dobbeltbekkasin; **jack ~** kvartbekkasin; **red-breasted ~**(*,US: short-billed dowitcher)* bekkasinsnipe; *(jvf sandpiper);*
2. *mil:* skudd fra snikskytter (*el.* skarpskytter).

II. snipe *vb:* snikskyte; **~ at**(*=shoot at)* skyte på; *fig:* **be -d at** være skyteskive *(fx as a politician he's quite used to being sniped at in the newspapers).*

sniper ['snaipə] *subst; mil:* skarpskytter; snikskytter.

snippet ['snipit] *subst; av nyheter, sladder:* bit; bruddstykke *(fx snippets of news).*

snips [snips] *subst:* **tinman's ~**(*=tin shears)* blikksaks.

snitch [snitʃ] *vb* **T**(*=steal)* rappe; kvarte.

I. snivel ['snivəl] *subst:* snufs; snufsing.
II. snivel *vb:* snufse; klynke; sutre.
snob [snɔb] *subst:* snobb.
snobbery ['snɔbəri] *subst:* snobberi.
snobbish ['snɔbiʃ] *adj:* snobbet.
snob value statusverdi; **it has acquired a ~** det er gått snobberi i det; det har fått statusverdi.
snog [snɔg] *vb* **T***(=neck; pet)* kjæle; **T:** kline.
snook [snu:k] *subst; lett glds:* **cock a ~ at***(=thumb one's nose at)* peke nese av.
snooker ['snu:kə] *subst; slags biljard:* snooker.
snoop [snu:p] *vb; neds:* spionere; snuse; **~ into other people's business** snuse i andre folks affærer.
snooper ['snu:pə] *subst:* snushane; **T:** dyneløfter.
snooping ['snu:piŋ] *subst:* spionering; snusing; **T:** dyneløfting.
snooty ['snu:ti] *adj* **T***(=arrogant)* storsnutet; **T:** høy på pæra.
snooze [snu:z] **1.** *subst:* blund; lur; **have a ~ for half an hour** blunde en halv time; **2.** *vb:* blunde; småsove *(fx he was snoozing in an armchair).*
snore [snɔ:] **1.** *subst:* snork; **the sleeper suddenly gave a loud ~** den sovende ga plutselig fra seg et høyt snork; **2.** *vb:* snorke; **~ loudly** snorke høyt.
snorkel ['snɔ:kəl] *subst:* snorkel.
snort [snɔ:t] **1.** *subst:* snøft; *om dyr:* prust; **a ~ of impatience** et utålmodig snøft; **2.** *vb:* snøfte; *om dyr:* pruste; *fig:* **~ at** blåse av.
snorter ['snɔ:tə] *subst* **1.** person som snorker; **2. T:** noe som er fantastisk (imponerende, vanskelig, etc).
snot [snɔt] *subst:* snørr.
snotty ['snɔti] *adj:* snørret *(fx a snotty nose).*
snout [snaut] *subst:* snute.
I. snow [snou] *subst* **1.** snø; **drifting ~** snødrev; **2. S***(=cocaine crystals)* snø; **3.** *ordspråk:* **where's the ~ of yesteryear?** hvor er snøen som falt i fjor?
II. snow *vb* **1.** snø *(fx it's snowing);* **they found themselves -ed in after the blizzard** etter snøstormen var de snødd inne; **2.: -ed under with work** neddynget i arbeid.
I. snowball ['snou,bɔ:l] *subst:* snøball; **get bigger like a ~** vokse som en snøball.
II. snowball *vb* **1.** kaste snøball(er) på; **2.** *fig; om problem, prosjekt, etc:* vokse som en snøball *(fx this whole business has snowballed recently).*
snow base underlagssnø.
snow-blind ['snou,blaind] *adj:* snøblind.
snow blower*(=(rotary) snow cutter)* snøfreser.
snowbound ['snou,baund] *adj:* **be ~** være avskåret fra omverdenen pga. snø; **the road is ~** veien er tilføket av snø.
snow bunting *zo:* snøspurv.
snow clearing snøbrøyting; snørydding.
snow cornice *på bre:* snøkam.
snow-covered ['snou,kʌvəd] *adj(=covered with snow)* snødekt.
(snow)crust ['snou,krʌst] *subst:* skare.
snow cutter: (rotary) ~*(=snow blower)* snøfreser.
snowdrift ['snou,drift] *subst:* snødrive; **~ (with a sharp edge)** snøskavl; *(jvf cornice 3; wind crust; wind slab).*
snowdrop ['snou,drɔp] *subst; bot:* snøklokke.
snowdrop anemone *bot:* skogsymre.
snowfall ['snou,fɔ:l] *subst(=fall of snow)* snøfall; **dense***(=heavy)* **~** snøkav; **a terribly heavy ~** et forferdelig snøkav.
snow fence snøskjerm.
snowfield ['snou,fi:ld] *subst:* snøbre.
snowflake ['snou,fleik] *subst:* snøfloke; **(tiny) ~** snøfnugg; **huge -s pussyfooted down** kjempestore snøfloker dalte sakte mot jorden.
snow flea *zo:* snøloppe.
snow goggles snøbriller.
snow goose *zo:* snøgås.
snowless ['snoulis] *adj:* snøbar.
snow line snøgrense.
snowman ['snou,mæn] *subst:* snømann; **the abominable ~** den avskyelige snømann.
snowplough*(,US: snowplow)* ['snou,plau] **1.** *subst:* snøplog; **2.** *vb(=plough with one's skis)* ploge.
snowshoe ['snou,ʃu:] *subst:* truge.
snow shovel snøskuffe.
snowslide ['snou,slaid] *subst:* snøskred; snøras; *(jvf avalanche).*
snowstorm ['snou,stɔ:m] *subst(=blizzard)* snøstorm.
snow-white [,snou'wait; *attributivt:* 'snou,wait] *adj:* snøhvit.
snowy ['snoui] *adj* **1.** snødekt; snø-; **the ~ scene** snølandskapet; **2.** *litt.(=snow-white; snowy white)* snøhvit; hvit som snø.
snowy owl *zo:* snøugle.
I. snub [snʌb] *subst(=slight; insult)* fornærmelse *(fx he considered it a deliberate snub when she didn't invite him).*
II. snub *vb* **1.** fornærme; vise forakt for *(fx he snubbed me by not replying to my question);* **2.** avbryte skarpt.
III. snub *adj; om nese:* **her nose is rather ~** nesen hennes er temmelig oppstopper.
snub nose oppstoppernese.
I. snuff [snʌf] *subst* **1.** *om utbrent del av veke:* tanne; **2.** snus(tobakk); **take ~** bruke snus; snuse; **3. T: he's up to ~***(=he's no fool)* han er ingen tosk; han er ikke tapt bak en låvedør; **bring the ship up to ~** sette skipet i god stand.
II. snuff *vb* **1***(=put out)* slukke *(fx a candle);* **2.** *om dyr(=sniff)* snuse; **3. S: ~ it***(=die;* **T:** *kick the bucket)* vandre heden; **4.: ~ out** 1*(=put out)* slukke *(fx the light by squeezing the wick between one's thumb and forefinger);* 2. *fig:* blåse ut *(fx an accident that snuffed out a life);* 3*(=put an end to)* gjøre slutt på *(fx opposition was quickly snuffed out).*
snuffer ['snʌfə] *subst* **1.** en som bruker snus; **2.: -s** lysesaks.
I. snuffle ['snʌfəl] *subst* **T***(=loud sniff)* snufs; snøft.
II. snuffle *vb* **1. T***(=sniff noisily)* snufse *(fx he's been snuffling and coughing all day);* **2***(=speak through one's nose)* snøvle.
snug [snʌg] *adj* **1.** koselig; hyggelig *(fx room);* lun; **the children are ~ in bed** barna ligger i sin lune seng; **(as) ~ as a bug in a rug** som lusa i en skinnfell; **2.** *om klesplagg(=tight-fitting)* ettersittende *(fx this jacket is a nice snug fit);* **3.** trygg *(fx a snug hideout);* **4.** *om inntekt:* pen.
snuggle ['snʌgəl] *vb* **T 1.: ~ one's head into the pillows** bore hodet (godt) ned i putene; **2.: ~ down***(=nestle down; curl up)* legge seg godt til rette; **3.: ~ up***(=nestle up; curl up)* legge seg godt til rette; krølle seg sammen; **4.: ~ up to***(=nestle up to; cuddle up to; curl up to)* smyge seg inntil; **she -d up to her mother and went to sleep** hun smøg seg inntil moren og sovnet.
so [sou] *adv & konj* **1.** så *(fx it was so dark that we couldn't see);* **he isn't ~ much ill as depressed** *(=he's depressed rather than ill)* det er ikke så meget det at han er syk, som at han er deprimert; *stivt:* **would you be ~ good as to . . .?***(=Please would you . . .?)* kunne De (,du) være så snill å . . .? **he left without ~ much as a goodbye***(=he left without even a goodbye)* han gikk (,dro) uten så meget som å si adjø; **I can only do ~ much a day** jeg kan bare gjøre et

visst kvantum pr. dag;
2(=*very*) så (*fx thank you so much! we're so pleased to see you! everything has gone so well!*); **T: he's ever ~ nice!**(=*he's very nice!*) han er veldig grei!
3. *predikativt som objekt:* **I hope (,think) ~** jeg håper (,tror) det; **he hasn't yet done ~** han har ikke gjort det enda; **~ I should hope!** det håper jeg da virkelig!
4(=*true*): **is that ~?** stemmer det? er det sant? **it can't be ~!** det kan ikke stemme (*el.* være sant)!
5(=*indeed; most certainly*) også (*fx I hope to win and so I shall!*);
6(=*therefore; consequently*) derfor; følgelig (*fx he wasn't there, so I went home; I don't want to go, so I won't!*);
7. det samme (*fx she has a lot of money, and so has her husband*); også (*fx "I hope we'll meet again!" – "So do I!"*); **he worked hard and ~ did she** han arbeidet hardt, og det samme gjorde hun; han arbeidet hardt, og det gjorde hun også:
8. altså; så (*fx so you think you'd like this job, then? so they got married and lived happily ever after*);
9. slik; på en slik måte (*fx the book is so written that a child could understand it*); **yes, ~ it seems** ja, slik ser det ut; ja, det ser slik ut; **it ~ happens that . . .** det treffer seg slik at (*fx it so happens that I have to go to an important meeting tonight*);
10. **T**(=*so that*) slik at (*fx be quiet so he can sleep*);
11.: **or ~** eller så (*fx a week or so*); **during the last 75 or ~ years** de siste 75 år eller så;
12.: **and ~ on**(=*and so forth*) og så videre;
13.: **just ~**(=*quite so*) nettopp (*fx "We can't expect any results till Friday." – "Just so."*);
14.: **~ as to** 1(=*in order to*) for å (*fx he sat at the front so as to be able to hear*); 2. på en slik måte at; slik at (*fx try not to make a noise so as to upset your father again*); 3.: **~ as not to**(=*in order not to*) slik at . . ikke (*fx he listened carefully so as not to miss anything that was said*);
15.: **~ that** 1(=*in order that*) slik at (*fx I'll wash this dress so that you can wear it*); 2(=*with the result that*) slik at; med det resultat at (*fx he got up very late; so that he missed the bus*);
16.: **~ far** så langt; **~ far, ~ good** så langt er alt bra (*fx So far, so good – we've checked the equipment and everything appears to be in good order*);
17. **T: ~ what?**(=*does it really matter?*) (ja,) hva så?
18.: **~ to speak**(=*as it were*) så å si; (*se for øvrig far: so ~; II. if 8: ~ so; much 22*).

I. soak [souk] *subst* **1.: put sth in ~** legge noe i bløt; **2.** *glds* **T**(=*drunkard*) drukkenbolt.

II. soak *vb* **1.** bløte opp (*fx bread in milk*); **2.** ligge i bløt (*fx your trousers are soaking in the sink*); legge i bløt; la ligge i bløt; **3.** gjøre gjennomvåt (*fx that shower has completely soaked my clothes*); **4.: ~ in, ~ into** trekke seg inn (i) (*fx the ink has soaked into the carpet*); **5.: ~ off** fjerne ved å la ligge i bløt (*fx a good way to get a stamp off an envelope is to soak it off*); **6.** *om flekk:* **~ out** fjerne ved å la ligge i bløt; **7.: ~ through** sive (*el.* trekke) gjennom (*fx the blood has soaked right through the bandage*); **8.: ~ up**(=*suck up*) suge opp (*fx he used blotting paper to soak up the ink; that boy soaks up information!*)

soakage ['soukidʒ] *subst:* utbløting.

soaking (wet) *adj:* gjennomvåt.

So-and-so: Miss ~ frk. NN.

soap [soup] **1.** *subst:* såpe; **soft ~** grønnsåpe; **a piece of ~** en såpe; et såpestykke; **2.** *vb:* såpe inn (*fx she soaped the baby all over*).

soapbox ['soup,bɔks] *subst* **1.** såpekasse; **2.** improvisert talerstol.

soap dish såpeskål.

soap flakes såpespon.

soap powder såpepulver.

soapsuds ['soup,sʌdz] *subst; pl*(=*soapy water*) såpevann.

soapwort ['soup,wə:t] *subst; bot:* såpeurt.

soapy ['soupi] *adj* **1.** som det er såpe på (*fx hands*); såpe- (*fx water*); **2**(=*like soap*) som såpe (*fx this chocolate has a soapy taste*); **3. T**(=*overpolite*) overhøflig.

soar [sɔ:] *vb* **1.** sveve (høyt) (*fx the seagulls soared above the cliffs*); **2.** *fig:* stige (*fx his voice soared easily to the top notes*); **3.** *om priser:* fare i været.

soaring ['sɔ:riŋ] *adj* **1.** høytflyvende; **2.** stadig stigende (*fx prices*); **3.: ~ flight** glideflukt.

sob [sɔb] **1.** *subst:* hulk; **2.** *vb:* hulke.

I. sober ['soubə] *adj* **1.** edru (*fx he was far from sober*); **2.** nøktern; **his account of the accident was factual and ~** hans redegjørelse for ulykken var saklig og nøktern; **on ~ reflection** når man tenker nøkternt etter.

II. sober *vb:* **~ up** bli edru.

sobering *adj:* **it had a ~ effect on him** det fikk ham til å besinne seg.

sober-minded [,soubə'maindid; *attributivt:* 'soubə,maindid] *adj:* sindig; nøktern.

sobriety [sou'braiəti] *subst:* edruelighet.

sob story *neds:* rørende historie.

so-called ['sou,kɔ:ld] *adj; neds:* såkalt (*fx your so -called friends have gone without you!*).

soccer ['sɔkə] *subst* (*fk.f. Association football*) fotball.

sociability [,souʃə'biliti] *subst:* omgjengelighet.

sociable ['souʃəbl] *adj:* omgjengelig; som liker selskap; selskapelig; **our new neighbours haven't been very ~ to us** våre nye naboer har ikke vært videre hyggelige mot oss.

sociable plover *zo:* steppevipe.

I. social ['souʃəl] *subst* **T**(=*social gathering*) selskapelig samvær.

II. social *adj* **1.** sosial (*fx the problems are social rather than medical*); **~ inequality** sosiale misforhold; **~ intercourse** sosialt samkvem; **2.** samfunns-; samfunnsmessig; **~ considerations** samfunnsmessige hensyn; **from a ~ point of view** samfunnsmessig sett; **3.** selskaps- (*fx life*); **his reasons for calling were purely ~** han kom bare innom for å prate.

social and ethical *adj:* sosialetisk; **there are ~ aspects to this matter** det er sosialetiske sider ved denne saken.

social anthropology sosialantropologi.

social asset(=*public asset*) samfunnsgode.

social benefits sosiale ytelser; trygdeytelser; (*jvf social security benefit*).

social climber streber.

social commitment sosialt engasjement.

social consideration(s) samfunnshensyn.

social conventions omgangsformer.

social democracy sosialdemokrati.

social democratic sosialdemokratisk.

social education sosialpedagogikk.

social evening(=*social gathering*) selskapelig samvær; hyggeaften.

social function offisielt arrangement; **attend -s** være til stede ved offisielle anledninger.

social gossip sosietetssladder; **she writes a column**

of ~ hun er forfatter av en sosietetssladderspalte.
social graces evne til å føre seg i selskapslivet; **he has no** ~ han har ingen selskapsmanerer; han oppfører seg klosset i selskapslivet.
social inequality sosial ulikhet; sosiale misforhold.
social injustice sosial urettferdighet.
social intercourse *stivt(=socializing)* selskapelig omgang; sosialt samkvem.
socialism ['souʃə,lizəm] *subst:* sosialisme.
socialist ['souʃəlist] **1.** *subst:* sosialist; **2.** *adj:* sosialistisk *(fx a socialist state).*
socialistic [,souʃə'listik] *adj:* sosialistisk.
socialite ['souʃə,lait] *subst(=person who moves in high society)* person som omgås sosieteten.
socialize, socialise ['souʃə,laiz] *vb* **1.** sosialisere *(fx industry);* **2.:** ~ **with***(=meet socially)* omgås med; ha omgang med *(fx he socializes with his students);* **3.** *ofte spøkef:* blande seg med de andre gjestene *(fx why don't you go and socialize instead of standing here in a corner?).*
socialized medicine US*(=publicly provided medical care)* offentlig helsevesen.
social legislation *se social security legislation.*
social levelling sosial utjevning.
socially *adv:* sosialt; **be** ~ **inferior to** være sosialt mindreverdig i forhold til; **we've never met** ~ vi har aldri truffet hverandre privat; **do you meet any of them** ~*(=in private life)?* omgås du noen av dem privat? **we don't meet** ~*(=we don't meet in private life)* vi omgås ikke privat; **mix** ~ delta i selskapslivet; **he's not particularly used to mixing** ~ han er ikke videre selskapsvant.
socially minded *adj:* sosialt innstilt.
social medicine sosialmedisin; *(jvf socialized medicine).*
social order samfunnsorden; **the established** ~*(=the established order)* den etablerte samfunnsorden.
social policy sosialpolitikk.
social presence: a person of good ~ en representativ person.
social pressures sosialt press *(fx the children are exposed to social pressures at school).*
social science samfunnsvitenskap.
social scientist samfunnsviter.
social security sosialtrygd; trygd; **abuse of** ~ trygdemisbruk; **abuser of** ~ *(,***T:** *welfare cheat)* trygdemisbruker; **live on** ~ *(,***S:** *go on the old social security)* leve på sosialtrygd; **S:** gå på sosialen; **improve** ~ forbedre de sosiale ytelser; **UK: the Department of Health and Social Security** sosial- og helsedepartementet.
social security benefit *om beløpet:* sosialtrygd.
social security legislation sosiallovgivning.
social security office trygdekontor; sosialsentral; *hist:* trygdekasse.
social services sosialtjeneste; sosialomsorg; *i kommune:* **director of** ~*(=social services director)* sosialsjef; **UK: Secretary of State for Social Services** *(,***T:** *Social Services Secretary)* sosialminister.
social services director *kommune:* sosialsjef.
social services sector: in the ~ innen sosialtjenesten; innen sosialomsorgen.
social skills evne til å leve i samfunn med andre.
social studies *skolev:* samfunnsfag.
social system samfunnssystem; **the officially accepted** ~ det offisielt godtatte samfunnssystem.
social worker sosialarbeider; sosionom.
social wrongs sosiale misforhold; sosial urettferdighet.
society [sə'saiəti] *subst* **1.** samfunn; samfunnet; **the demands of** ~ samfunnets krav; **hold our** ~ **together** holde samfunnet vårt sammen; **be reabsorbed in** ~ vende tilbake til samfunnet; bli opptatt i samfunnet igjen; **2***(=association)* forening; **3.** selskapsliv; **introduce sby into** ~ føre en inn i selskapslivet; **4.: high** ~ sosietet; **move in high** ~ omgås sosieteten.
sociological [,sousiə'lɔdʒikəl] *adj:* sosiologisk.
sociologist [,sousi'ɔlədʒist] *subst:* sosiolog.
sociology [,sousi'ɔlədʒi] *subst:* sosiologi; ~ **of education** sosiologisk pedagogikk.
sociopolitical [,sousioupə'litikəl] *adj:* sosialpolitisk.
I. sock [sɔk] *subst* **1.** (halv)strømpe; sokk; **2. T: pull one's -s up***(=pull up one's socks)* ta seg sammen; **3. S: put a** ~ **in it!***(=shut up!)* hold kjeft! **4. T***(=blow)* slag.
II. sock *vb* **T***(=hit)* slå til.
socket ['sɔkit] *subst* **1.** *anat:* leddskål; **flexible** ~ leddpipe; **hip** ~ hofteskål; **eye** ~ øyehule; **2.** *tekn:* fatning; tilslutning; **ball** ~ kuleskål; **bayonet** ~ bajonettholder; **hose** ~ slangesokkel; **lamp** ~ lampeholder; **3.** *elekt(=socket outlet)* stikkontakt.
socket outlet *elekt:* stikkontakt; **multiple** ~ flerveis stikkontakt.
socket set*(=set of sockets)* pipenøkkelsett.
socket spanner*(=box spanner; socket wrench)* pipenøkkel.
Socrates ['sɔkrə,ti:z] Sokrates.
I. sod [sɔd] *subst* **1***(=turf)* gresstorv; **cut***(=turn)* **the first** ~*(,US: break the first ground)* ta det første spadestikk; **2. S***(=idiot)* idiot *(fx those sods had locked the door!).*
II. sod *vb* **S:** ~ **it!** fa'en også! ~ **off!** dra til helvete!
soda ['soudə] *subst* **1.** soda; natron; *til baking:* **baking** ~ natron; **bicarbonate of** ~*(=sodium bicarbonate)* kullsurt natron; sodapulver; **2***(=soda water)* soda(vann).
soda lye*(=solution of caustic soda)* natronlut.
soda pop US*(=(fizzy) lemonade)* brus.
soda water soda(vann).
sodden ['sɔdən] *adj* **1***(=soaked through)* gjennomvåt *(fx the garden is sodden after all that rain; he took off his sodden boots);* **2.** merket av drikk; **his** ~ **features** hans fordrukne trekk.
sodium ['soudiəm] *subst; kjem:* natrium.
sodium chloride *kjem:* natriumklorid.
Sodom ['sɔdəm] *subst; bibl:* Sodoma.
sodomite ['sɔdə,mait] *subst:* sodomitt.
sodomy ['sɔdəmi] *subst:* sodomi.
sofa ['soufə] *subst:* sofa.
sofa bed*(=studio couch; bed couch)* sovesofa.
soft [sɔft] *adj* **1.** bløt; myk *(fx butter);* **2.** *om lyd:* lav *(fx voice);* ~ **crying** dempet gråt; ~ **music** dempet (*el.* intim) musikk; *om lys:* dempet; **3.** *om farge:* bløt; avdempet *(fx a soft pink);* **4.** ikke streng; ettergivende *(fx you're too soft with him);* **a -er line on** en mykere linje overfor; **5.** *om drikk:* alkoholfri *(fx drink);* **6.** *stivt el. litt.:* uten skarpe konturer; bløt *(fx soft shadows);* **7. T***(=silly)* tåpelig *(fx don't be so soft – the dog won't bite you);* **8.** *om vann:* ~ **water** bløtt vann; **9. T: have a** ~ **spot for***(=have a weakness for)* være svak for; **10.** *fon:* bløt *(fx the 'g' in 'gender' is soft).*
soft-boil ['sɔft,bɔil] *vb:* bløtkoke *(fx an egg).*
soft-boiled ['sɔft,bɔild] *adj:* bløtkokt *(fx egg).*
soft-centred ['sɔft,sentəd] *adj; om sjokolade:* fylt.
soft drink alkoholfri drink.
soften ['sɔfən] *vb* **1.** gjøre bløt; *om smør:* gjøre mykt; **2.** dempe *(fx the noise);* **3.** *fig* **T:** ~ **up** myke opp; gjøre mildere stemt.
softening-up [,sɔfəniŋ'ʌp] *subst* **1.** bløtgjøring; **2.** *fig:* oppmykning; **a** ~ **of the course structure in the upper secondary school** en oppmykning av

linjestrukturen i den videregående skole.
soft fruit bærfrukt; bær; **soft and hard fruits** bær og frukt.
soft-hearted [,sɔft'ha:tid; *attributivt:* 'sɔft,ha:tid] *adj:* bløthjertet.
soft light dempet lys.
soft-nosed ['sɔft,nouzd] *adj:* ~ **bullet** dumdumkule.
soft palate *anat:* **the** ~ den bløte gane.
soft pedal ['sɔft,pedəl] *subst; mus:* pianopedal; demperpedal.
soft-pedal ['sɔft,pedəl] *vb* **1.** *mus:* spille med pianopedal; **2.** *fig:* gå varsomt frem; gå stille i dørene når det gjelder *(fx soft-pedal the issue of arms sales; the government is soft-pedalling (on) the wages issue).*
soft roe *zo; i fisk:* melke.
soft shoulder*(=soft verge)* bløt (vei)rabatt.
soft soap 1. grønnsåpe; **2. T***(=flattery)* smiger.
soft-soap ['sɔft,soup] *vb:* smiske for *(fx sby).*
soft-spoken [,sɔft'spoukən; *attributivt:* 'sɔft,spoukən] *adj:* som har en mild røst; blid; mild *(fx she's quiet and soft-spoken).*
soft spot *se soft 9.*
software ['sɔft,wɛə] *subst; EDB:* programvare.
softwood ['sɔft,wud] *subst:* bløtt tre; bløtved.
softy ['sɔfti] *subst; om person* **T:** bløtfisk.
soggy ['sɔgi] *adj:* vasstrukken; *sport:* ~ **track** regntung bane.
soigné(e) ['swa:njei] *adj; om påkledning(=elegant)* elegant; velpleid; velstelt.
I. soil [sɔil] *subst:* jord *(fx good soil; poor soil);* jordsmonn;. jordbunn; **2.** *litt.(=territory)* jord *(fx he was born on Irish soil).*
II. soil *vb; stivt(=dirty)* skitne til.
soil analysis jordbunnsanalyse.
soil cap *geol:* forvitringsskorpe.
soil conditions jordbunnsbeskaffenhet.
soil creep. jordsig.
soil erosion jorderosjon.
soil exhaustion*(=soil sickness)* jordtretthet.
soil investigation*(=soil survey)* jordbunnsundersøkelse.
soil mechanics geoteknikk.
soil pipe *for kloakk:* avløpsrør; soilrør.
soil science jordbunnslære.
soil survey*(=soil investigation)* jordbunnsundersøkelse.
soiree, soirée ['swa:rei] *subst:* soaré.
sojourn ['sɔdʒə:n; **US:** 'soudʒə:rn] *meget stivt el. litt.* **1.** *subst(=stay)* opphold; **2.** *vb(=stay)* oppholde seg.
solace ['sɔləs] *meget stivt el. litt.* **1.** *subst(=comfort)* trøst; **2.** *vb(=comfort)* trøste.
solar ['soulə] *adj:* solar- *(fx camera);* sol- *(fx energy).*
solar eclipse*(=eclipse of the sun)* solformørkelse; **total** ~ total solformørkelse.
solar plexus *anat:* solar plexus.
solarium [sou'lɛəriəm] *subst:* solarium.
sold [sould] *pret & perf. part. av sell.*
solder ['sɔldə] **1.** *subst:* loddetinn; **2.** *vb:* lodde; **hard** ~*(=braze)* hardlodde; **soft** ~ bløtlodde.
soldering bit*(=soldering iron)* loddebolt.
soldering paste loddepasta.
I. soldier ['souldʒə] *subst:* soldat.
II. soldier *vb* **1.** gjøre tjeneste som soldat; **2.** *fig:* ~ **on** fortsette (til tross for vanskeligheter); holde det gående *(fx there have been several power cuts in the office, but we're trying to soldier on (despite them));* fortsette tappert.
soldier ant *zo:* soldatmaur.
soldiering ['souldʒəriŋ] *subst:* soldathåndverk; soldatliv.
soldierly ['souldʒəli] *adj; stivt(=like a soldier)* soldatmessig; militær *(fx he has fine soldierly bearing).*
soldier of fortune lykkeridder; leiesoldat.
sold note *merk; utstedt av megler til selger:* sluttseddel; *(jvf bought note; contract note).*
I. sole [soul] *subst* **1.** *zo:* tungeflyndre; sjøtunge; **lemon** ~ bergflyndre; lomre; **2.** såle.
II. sole *vb:* halvsåle; såle.
III. sole *adj; stivt(=only)* eneste *(fx that's the sole objection to his plan);* **for the** ~ **purpose of . . . (-ing)** med det ene formål å . . .
sole agency eneagentur.
sole agent eneagent; eneforhandler; enerepresentant.
solecism ['sɔli,sizəm] *subst:* språkbommert; språkfeil.
sole heir enearving.
sole responsibility eneansvar *(fx she has the sole responsibility for bringing up the child).*
sole rights enerett *(fx the publishers have bought the sole rights to his next book).*
sole selling rights enerett til salg *(fx the estate agents want sole selling rights for the house).*
solemn ['sɔləm] *adj:* høytidelig; ~ **occasion** høytidsstund; **swear a** ~ **oath** sverge høyt og hellig.
solemnity [sə'lemniti] *subst:* høytidelighet *(fx after the solemnities at the church, there was a large wedding reception);* **the** ~ **of the occasion** stundens alvor.
solemnize, solemnise ['sɔləm,naiz] *vb; meget stivt(=celebrate)* høytideligholde; feire; *om vielse(=perform)* foreta *(fx their marriage was solemnized in church).*
soleprint ['soul,print] *subst; av nyfødt barn for identifikasjon:* fotavtrykk.
solicit [sə'lisit] *vb* **1.** *meget stivt(=ask (for))* anmode om; be om; ~ **a favour***(=ask a favour)* be om en gunstbevisning; be om en tjeneste; **2.** *jur; om prostituert:* oppfordre til utukt; **T:** trekke *(fx she solicits in a different area of the city every night).*
solicitor [sə'lisitə] *subst:* advokat; *(jvf barrister).*
Solicitor General UK: stedfortreder for 'the Attorney General' (regjeringsadvokaten).
solicitous [sə'lisitəs] *adj; stivt(=worried; concerned)* bekymret *(fx he was very solicitous about my health).*
solicitude [sə'lisi,tju:d] *subst; stivt(=worry; anxiety)* bekymring; engstelse.
I. solid ['sɔlid] *subst* **1.** fast legeme; fast stoff; **2.** *geom:* solid figur.
II. solid *adj* **1.** fast; i fast form; **when water becomes** ~når vann går over i fast form; ~ **bodies** faste legemer; ~ **fuel** fast brensel; ~ **substances** faste stoffer; **freeze** ~ bunnfryse; **2***(=not hollow)* massiv *(fx the earliest cars had solid tyres);* ~ **gold** massivt gull; **a** ~ **piece of furniture** et massivt møbel; **cut into** ~ **rock** hogd inn i (selve) fjellet; **3.** *fig:* solid *(fx solid facts; a solid majority; he's a solid, steady worker; we have the solid support of all the members);* **4.** *typ:* ~ **line** opptrukket linje; heltrukket linje; **5.** ubrutt; sammenhengende; tett *(fx the policemen formed themselves into a solid line);* **6.: for six** ~ **hours** seks stive timer; seks timer i ett strekk.
solidarity [,sɔli'dæriti] *subst:* solidaritet; samhold.
solid figure *geom:* romfigur.
solid fuel fast brensel.
solid geometry romgeometri.
solidification [sə,lidifi'keiʃən] *subst:* overgang til fast form.
solidify [sə'lidi,fai] *vb; stivt el. tekn:* anta fast form;

gå over til fast form *(fx the water has solidified)*; **the extreme cold has solidified the water in the pipes** den strenge kulda har fått vannet i rørene til å anta fast form.

solid injection trykkforstøvning.

solidity [sə'liditi] *subst* **1.** soliditet; fasthet; **2.** massivitet; kompakthet.

solidus ['sɔlidəs] *subst; typ(=diagonal; oblique)* skråstrek.

soliloquize, soliloquise [sə'lilə,kwaiz] *vb; stivt el. litt.(=speak to oneself)* snakke med seg selv; holde en enetale.

soliloquy [sə'liləkwi] *subst; stivt el. litt.(=speech made to oneself)* enetale.

solitaire ['sɔli,tɛə; ,sɔli'tɛə] *subst* **1***(=single diamond set by itself (in a ring, etc))* solitaire; **2***(=pegboard)* slags brettspill for én person; **3. US***(=patience)* kabal.

I. solitary ['sɔlitəri] *subst* **1.** *stivt(=hermit; recluse)* eremitt; eneboer; **2. T:** *se solitary confinement.*

II. solitary *adj* **1.** alene; uten ledsager *(fx a solitary walk)*; **a ~ traveller** en enslig reisende; *fig:* **a ~ tree** et enslig tre; et frittstående tre; **2.** som foretrekker å være ensom *(fx a solitary person; the child is rather solitary by nature)*; **3.** *om sted(=lonely)* ensom *(fx a solitary farm)*; **4.** *bot:* enkeltstilt; enkeltsittende *(fx solitary flowers)*; **5***(=only; sole)* eneste *(fx the solitary example)*; *i negert setning(=single)* **not a ~ example** ikke et eneste eksempel; **6***(=isolated)* isolert; enkeltstående *(fx a solitary instance of rape)*.

solitary confinement enecelle; isolat.

solitary soul*(=lone wolf)* einstøing.

solitude ['sɔli,tju:d] *subst; stivt(=being alone; loneliness)* ensomhet *(fx he likes solitude; he lives in solitude)*; **in dignified ~** i opphøyd ensomhet.

I. solo ['soulou] *subst (pl: solos)* **1.** *mus:* solo *(fx a soprano solo)*; **2.** *kortsp:* solo; **3***(=solo flight)* soloflyvning.

II. solo *adv:* solo; **fly ~** fly solo.

solo flight *flyv:* soloflyvning.

soloist ['soulouist] *subst:* solist.

solo part *mus:* soloparti.

solo passage *mus:* soloavsnitt.

Solomon ['sɔləmən] *subst; bibl:* Salomo; **the Song of ~** Salomos høysang.

Solomon Islands *geogr:* **the ~** Salomonøyene.

solstice ['sɔlstis] *subst:* solverv; **summer ~** sommersolverv.

solubility [,sɔlju'biliti] *subst:* oppløselighet.

soluble ['sɔljubl] *adj* **1.** oppløselig *(fx it's soluble in water)*; **2***(=solvable)* som kan løses *(fx do you think the problem is soluble?)*.

solution [sə'lu:ʃən] *subst* **1.** oppløsning; **solid ~** fast oppløsning; **2.** løsning *(fx to a problem)*; **3.** *stivt(=solving)* løsning; det å løse; **~ of the problem proved difficult***(=solving the problem proved difficult)* det viste seg å være vanskelig å løse problemet.

solvable ['sɔlvəbl] *adj:* som kan løses; som lar seg løse *(fx a solvable problem)*; *(jvf soluble)*.

solve [sɔlv] *vb:* løse *(fx a problem)*; oppklare; **that crime has never been -d** den forbrytelsen har aldri blitt oppklart.

solvency ['sɔlvənsi] *subst; merk:* solvens; betalingsevne.

I. solvent ['sɔlvənt] *subst:* oppløsningsmiddel *(fx you'll need a solvent, for example petrol, to get the oil off your sleeve)*; **water is a ~ for salt** vann løser opp salt.

II. solvent *adj* **1.** *merk:* solvent; betalingsdyktig; **T: I won't be ~ till I get paid** jeg har ikke penger før jeg får betaling; **2.** *kjem:* oppløsende; **~ fluids** oppløsende væsker.

Somali [sə'ma:li; sou'ma:li] **1.** *subst:* somali; *språket:* somali; **2.** *adj:* somali.

Somalia [sə'ma:liə; sou'ma:liə] *subst; geogr:* Somalia.

somatic [sə'mætik; sou'mætik] *adj; med.:* somatisk *(fx disease)*; *(se general hospital)*.

sombre*(,US: somber)* ['sɔmbə] *adj; stivt* **1***(=dark; gloomy)* mørk; dyster; trist *(fx black is a sombre colour)*; **the radio played ~ music** radioen spilte trist musikk; **2***(=serious)*: **he was in a ~ mood** han var alvorlig til sinns; **his expression was ~** han så alvorlig ut i ansiktet; han hadde et alvorlig ansiktsuttrykk.

sombre tit *zo:* balkanmeis.

some [sʌm; *trykksvakt:* səm] *pron, adj* **1.** noen *(fx I can see some people down there; you'll need some money)*; noe *(fx some of the ink was spilt on the carpet)*; enkelte; noen *(fx only some parts of the book were written by me; some people like the idea and some don't)*;

2. en eller annen *(fx some person knocked at the door)*; **in ~ book or other** i en eller annen bok; **have I offended you in ~ way?** har jeg fornærmet deg på en eller annen måte?

3. *om begrenset mengde:* noe *(fx "Has she any experience of the work?" – "Yes, she has some")*;

4. *om betydelig mengde:* en god del *(fx I spent some time trying to convince her)*; **he has ~ cause for complaint** han har god grunn til å klage; **T: I'll have ~ problem sorting out these papers!** jeg får litt av et problem med å få orden på disse papirene! **T: you had ~ nerve, telling the boss he was stupid!** du var sannelig ikke skvetten som sa til sjefen at han var dum!

5. T: litt av *(fx that was some party!)*; fin *(fx some pal you were, running away like that!)*; **~ hope (that is)!** du tror vel det og du! jamen sa jeg smør! *(fx "Have you nearly finished that job?" – "Some hope!")*;

6. *foran tallord:* cirka; noe sånt som *(fx it'll take some three weeks to complete the job)*; *(se også someday; sometime)*.

somebody ['sʌm,bɔdi] *pron(=someone)* en eller annen *(fx there's somebody at the door)*; noen; **T: he thinks he's ~** han tror han er noe (til kar).

someday ['sʌm,dei], **some day** en dag (i fremtiden) *(fx we'll manage it someday)*.

somehow ['sʌm,hau] *adv* **1.** på den ene eller den andre måten; på en eller annen måte *(fx I'll get there somehow)*; **2.** hvordan det nå enn kan ha seg; likevel *(fx it scares me somehow)*; **~, I know he'll succeed** jeg vet liksom at han kommer til å greie det.

someone ['sʌm,wʌn] *pron(=somebody)* en eller annen; noen.

somersault ['sʌmə,sɔ:lt] **1.** *subst:* saltomortale; kollbøtte; **turn***(=make)* **a ~** slå en saltomortale; slå kollbøtte; **2.** *vb:* slå en kollbøtte (*el.* saltomortale); slå kollbøtter (*el.* saltomortaler).

I. something ['sʌmθiŋ] *pron* **1.** noe *(fx there's something in what you say)*; **~ hot to drink** noe varmt å drikke; **~ queer's going on** det er noe rart som foregår; **~ tells me she's lying** det er noe som sier meg at hun lyver; **that's ~!** det er da enda noe! *(fx "He's injured his leg, but it's not broken." – That's something!)*; **do all these figures mean ~?** betyr alle disse tallene noe? **2.: he's ~ of a story teller** han er litt av en historieforteller; **3.: make ~ of oneself** bli til noe *(fx I hope he'll make something of himself)*; **4.: see ~ of** se noe til *(fx I hope we'll see something of you now that you live nearby)*; **5.: or ~** eller noe slikt *(fx I like to knit or something while I watch television; her name is Mary or Margaret or something)*; **6.: be***(=have)* **~ to do with***(=be connected with)* ha noe å gjøre med *(fx calculus is(=has) something to do with mathematics, hasn't(=isn't) it?)*; **7.** *erstatter glemt detalj:* **the 4 ~ train** toget som går noe over 4.

II. something *adv* **1***(=a little)*: **he looks ~ like me** han ligner litt på meg; **shaped ~ like a funnel** med en fasong som minner litt om en skorstein; **~ like a horse** ganske (*el.* nokså) lik en hest *(fx a zebra is something like a horse with stripes)*; **~ over £5** noe over £5; **2.: ~ like***(=about)* omtrent; noe bortimot *(fx something like 500 people)*; **3. T: he swears ~ awful** han banner noe aldeles forferdelig.

something-for-nothing attitude: the ~ kravmentaliteten.

sometime ['sʌm,taim] **1.** *adv; om fortid el. fremtid:* en (eller annen) gang; engang *(fx sometime last month; we'll go to Italy sometime; I'll do it sometime)*; på et eller annet tidspunkt *(fx sometime last night)*; **2.** *adj; meget stivt el. litt.(=former)* tidligere *(fx John Smith, sometime priest of this parish, died last week)*; forhenværende.

sometimes ['sʌm,taimz] *adv(=occasionally; now and again)* av og til; nå og da; **~ he seems very forgetful** av og til virker han meget glemsk.

somewhat ['sʌm,wɔt] *adv; stivt(=a little)* noe; litt *(fx he's somewhat better today)*.

somewhere ['sʌm,wɛə] *adv(,US: someplace)* **1.** et eller annet sted *(fx somewhere in London)*; et sted *(fx I'm going somewhere for dinner)*; **they've come from ~ warm** de kommer fra et sted hvor det er varmt; **2.: ~ about** omkring *(fx somewhere about ten o'clock)*; **3. T: at last we're getting ~** endelig begynner det å lysne; **we don't seem to be getting anywhere** det ser ikke ut til at vi kommer noen vei; **4.: go ~** 1. reise et sted; 2. **T:** gå et visst sted (ɔ: på WC).

somewhere else et annet sted *(fx I may have seen him somewhere else)*.

somnambulism [sɔm'næmbju,lizəm] *subst(=walking in one's sleep)* søvngjengeri.

somnambulist [sɔm'næmbjulist] *subst:* søvngjenger.

somnolence ['sɔmnələns] *subst; stivt(=sleepiness)* søvnighet; det å være søvnig.

somnolent ['sɔmnələnt] *adj; stivt(=sleepy)* søvnig.

so much, so much as *se much 22.*

son [sʌn] *subst* **1.** sønn; **2.** *tiltaleform* **T:** gutten min; **3.** *rel:* **the Son of Man** Menneskesønnen.

sonar ['souna:] *subst; mar:* sonar.

sonata [sə'na:tə] *subst; mus:* sonate.

sonde [sɔnd] *subst:* sonde; *(jvf I. probe 1 & radiosonde)*.

song [sɔŋ] *subst* **1.** sang; **he burst into ~** han begynte å synge; **2. T: he bought it for a ~** han kjøpte det for en slikk og (en) ingenting; **3. T***(=fuss)*: **it's nothing to make a ~ and dance about** det er ikke noe å lage (slikt) oppstyr om.

songbird ['sɔŋ,bə:d] *subst:* sangfugl.

songbook ['sɔŋ,buk] *subst:* sangbok.

song thrush *zo:* måltrost.

songwriter ['sɔŋ,raitə] *subst:* visedikter; sangkomponist.

sonic ['sɔnik] *adj:* **~ barrier***(=sound barrier)* lydmur; **~ boom***(=sonic bang)* overlydsknall.

sonic depth finder ekkolodd.

son-in-law ['sʌnin,lɔ:] *subst (pl: sons-in-law)* svigersønn.

sonnet ['sɔnit] *subst:* sonett.

sonny ['sʌni] *subst; tiltaleform* **T:** gutten min.

sonority [sə'nɔriti] *subst:* sonoritet; klangfylde.

sonorous ['sɔnərəs] *adj:* sonor; fulltonende; klangfull *(fx voice)*.

sonorous figures *mus:* klangfigurer.

soon [su:n] *adv* **1.** snart; **2.: too ~***(=too early)* for tidlig; for snart; **3.: I would (just) as ~ go as stay** jeg ville like gjerne dra som å bli; **4.: as ~ as** så snart som *(fx possible)*; så snart; straks *(fx as soon as he had done it, he knew it was a mistake)*.

sooner ['su:nə] *komp av soon* **1.** tidligere; før *(fx sooner than you think)*; **I would have phoned you ~ if I could** jeg ville ha ringt til deg før hvis jeg hadde kunnet; **2.** heller *(fx I would sooner stand than sit)*; **3.: the ~ the better** jo før jo heller; **4.: ~ or later** før eller siden; **5.: no ~ . . . than** ikke før . . . før; aldri så snart . . . før *(fx no sooner had we set off than we realized we'd left the dog behind)*; **6.: no ~ said than done** som sagt så gjort; **this was no ~ said than done** det var fort gjort.

soot [sut] **1.** *subst:* sot *(fx clear the soot out of the chimney)*; **deposit of ~** sotbelegg; **2.** *vb:* sote; **in order to avoid -ing** slik at soting kan unngås.

soothe [su:ð] *vb* **1***(=calm)* berolige; **2***(=ease)* døyve; lindre *(fx the medicine soothed his toothache)*.

soothsayer ['su:θ,seiə] *subst:* sannsiger.

sootiness ['sutinis] *subst:* sotethet.

sooty ['suti] *adj:* sotet; sotsvertet; sotfarget; sot-.

sooty shearwater *zo:* grålire.

sooty tern *zo(=wide-awake)* sotterne; svartryggterne.

I. sop [sɔp] *subst* **1.** stykke oppbløtt brød; **-s** brødsoll; **2.** noe som gis for å berolige el. som bestikkelse; **he was offered another job as a ~ (to his pride)** han ble tilbudt en annen jobb som et plaster på såret; **that's just a ~ to the electors** det er bare valgflesk.

II. sop *vb* **1***(=soak; dip)* bløte opp; dyppe *(fx bread in gravy)*; **2.: ~ up***(=soak up; mop up)* suge opp; tørke opp.

sophism ['sɔfizəm] *subst:* sofisme.

sophistic [sə'fistik] *adj:* sofistisk.

sophisticated [sə'fisti,keitid] *adj* **1.** *om person:* sofistikert; blasert; verdenserfaren; **2.** *om frisyre, klær, smak:* raffinert *(fx clothes; hairstyle)*; forfinet; **this film will appeal to ~ tastes** denne filmen vil appellere til dem med en forfinet smak; **3***(=complicated; advanced)* avansert *(fx equipment; system)*; **that joke was too ~ for the child to understand** den spøken lå for høyt for barnet.

sophistication [sə,fisti'keiʃən] *subst* **1***(=sophistry)* sofisteri; **2.** blaserthet; raffinement; **3.** kompliserthet.

sophistry ['sɔfistri] *subst:* sofisteri.

Sophocles ['sɔfə,kli:z] *subst:* Sofokles.

sophomore ['sɔfə,mɔ:] *subst* **US***(=second-year student)* annet års student.

I. soporific [,sɔpə'rifik] *subst:* sovemiddel.

II. soporific *adj; stivt(=that makes one sleepy)* søvndyssende *(fx music; voice)*; **~ drug** sovemiddel.

sopping wet*(=soaking wet)* dyvåt; gjennomvåt.

soppy ['sɔpi] *adj* **1***(=sloppy; slushy)* søtladen *(fx film)*; **2.** altfor sentimental *(fx girls)*; **3***(=soaked through)* gjennomvåt *(fx lawn)*.

soprano [sə'pra:nou] *subst:* sopran.

soprano string *fiolinstreng:* kvint.

sorbet ['sɔ:bit] *subst: se sherbet.*

sorcerer ['sɔ:sərə] *subst:* trollmann.

sorceress ['sɔ:səris] *subst:* trollkvinne.

sorcery ['sɔ:səri] *subst:* trolldom.

sordid ['sɔ:did] *adj* **1**(*=dirty; squalid)* skitten; simpel *(fx neighbourhood);* snusket *(fx room);* **2.** *fig:* skitten *(fx affair; motives);* **he had his own ~ reasons** han hadde sine egne skitne grunner; **3.: ~ practical details like money** kjedelige praktiske detaljer som penger.

sordino [sɔ:'di:nou] *mus(=mute)* sordin.

I. sore [sɔ:] *subst:* ømt sted; sår *(fx his hands were covered with horrible sores).*

II. sore *adj* **1.** sår *(fx I'm still a bit sore after my operation);* **2.** *fig; især* **US S**(*=upset; annoyed)* ergerlig; sår *(fx he's still a bit sore after what happened);* **3.** *fig:* **a ~ point** et sårt punkt (*with* hos).

sorely ['sɔ:li] *adv; stivt(=badly):* **I'm ~ in need of new shoes** jeg trenger sårt (til) nye sko; **he misses her ~** han savner henne svært; **~ tempted** sterkt fristet.

soreness ['sɔ:nis] *subst:* sårhet; ømhet; **the usual post-operative ~** den vanlige sårheten etter operasjonen.

sorghum ['sɔ:gəm] *subst; bot(=durra)* durra.

I. sorrel ['sɔrəl] *subst* **1**(*=bay horse)* fuks; **2.** *bot:* **(common) ~**(*,US:* **sour dock)** engsyre; **horse ~** kjempehøymole; **sheep('s) ~**(*=field sorrel)* småsyre; **wood ~** gaukesyre.

II. sorrel *adj:* rødbrun; **~ horse**(*=bay horse)* fuks.

I. sorrow ['sɔrou] *subst:* sorg *(fx it was a great sorrow to her that she never saw him again; he felt great sorrow when she died).*

II. sorrow *vb; glds; litt.(=mourn)* sørge.

sorrowful ['sɔrouful] *adj(=sad)* sørgmodig; bedrøvet.

sorry ['sɔri] *adj* **1.** lei seg *(fx he's really sorry for his bad behaviour);* **she's ~ now that she didn't buy it** nå angrer hun på at hun ikke kjøpte den (,det); **I'm ~ you can't stay longer** det er synd du ikke kan bli lenger; **I'm ~ that your mother's ill** jeg synes det er trist at din mor er syk; **I'm ~ about this delay** jeg er lei meg for denne forsinkelsen; du må unnskylde denne forsinkelsen; **don't be so angry with me – I've said ~, haven't I?** ikke vær så sint på meg – jeg har jo bedt om unnskyldning, ikke sant? *iron:* **I'm ~ I spoke!** unnskyld at jeg sa noe (,da)!

2. *int:* **~!** 1. unnskyld! 2.: **~ (,what did you say)?** unnskyld, hva sa du?

3. elendig *(fx this house is in a sorry state);* **a ~ state of affairs** en sørgelig tingenes tilstand; **T:** sørgelige saker; **look a ~**(*=sad)* **sight** være et bedrøvelig syn *(fx he looked a sorry sight in his torn clothes);*

4.: be(*=feel)* **~ for sby** synes synd på en *(fx I feel sorry for that old woman).*

I. sort [sɔ:t] *subst* **1.** sort; slags; **which**(*=what)* **~ of flowers do you like best?** hva slags blomster liker du best? **what ~ of husband are you – getting drunk every night?** hva for slags ektemann er du, som drikker deg full hver kveld? **people of that ~** folk av det slaget; **I like this ~ of book** jeg liker denne typen bøker; **all -s of books** alle slags bøker; **a ~ of**(*=something rather like)* en slags *(fx she was wearing a sort of crown);* **that's a silly ~ of remark to make**(*=that's a silly remark to make)* det er en tåpelig bemerkning å komme med; **2. T: he's a nice ~** han er en kjekk kar; **he's not a bad ~ when you get to know him** han er en kjekk fyr når du blir kjent med ham; **3. T: ~ of**(*=rather; in a way)* liksom *(fx he was sort of peculiar! I feel sort of worried about him);* **4.** *neds:* **of -s** (*=of a sort)* en slags; et slags; **he threw together a meal of -s** han slengte sammen et slags måltid; **5.: out of -s** 1. utilpass *(fx feel a bit out of sorts);* 2(*=grumpy)* gretten.

II. sort *vb* **1.** sortere *(fx mail);* **2.: ~ out** 1. sortere ut *(fx sort out some books that he might like);* 2. ordne opp; **she's good at -ing out a mess** hun er flink til å ordne opp i rot; **let things ~ themselves out in their own way** la tingene ordne seg på sin egen måte; **~ out his problems** ordne opp i problemene hans; **she hoped the doctor would ~ him out** hun håpet at legen ville klargjøre tingene for ham; 3. **S: I'll soon ~ you two out!** jeg skal snart ta meg av dere!

sorter ['sɔ:tə] *subst* **1.** sorterer; **2.** *post; svarer til:* postpakkmester.

sortie ['sɔ:ti] *subst; mil* **1.** utfall; **2.** *flyv:* tokt; **3.** *spøkef:* **this is my first ~ into town since I had flu** dette er første gangen jeg går ut i byen siden jeg hadde influensa.

SOS ['esou'es] *subst:* SOS *(fx send an SOS to the mainland); i radio:* **~ (message)**(*=SOS radio message)* etterlysning *(fx there is an SOS message for John Smith);* **broadcast an ~ for sby** etterlyse en.

so-so ['sousou] *adj* **T:** sånn middels; ikke (noe) videre god *(fx his health is so-so).*

sotto voce ['sɔtou'voutʃi] *adv; stivt(=in a low voice)* lavmælt.

soufflé ['su:flei] *subst; kul:* sufflé; **ice ~** issufflé.

sought [sɔ:t] *pret & perf. part. av seek.*

sought-after ['sɔ:t,a:ftə] *adj:* ettertraktet; etterspurt *(fx the world's most sought-after entertainers; a much sought-after book).*

soul [soul] *subst* **1.** sjel; **2. T: she's a kind old ~** hun er en vennlig gammel sjel; **you mustn't tell a ~ about it** du må ikke fortelle en sjel om det; **not a (living) ~** ikke en levende sjel; **he was the life and ~ of the party** han var midtpunktet i selskapet; han underholdt hele selskapet; *stivt:* **a parish of about 500 -s** et sogn med omkring 500 sjeler; *stivt:* **he's the ~ of honesty** han er hederligheten selv; *stivt:* **shaken to the core of one's ~**(*=being)* rystet til sin sjels innerste; **3.** *mus:* soul; **4.: he put his heart and ~ into his work** han la hele sin sjel i arbeidet; han gikk inn for arbeidet med liv og sjel; **5.: keep body and ~ together**(*=keep alive)* opprettholde livet.

soul-destroying ['souldi,strɔiiŋ] *adj:* åndsfortærende.

soulful ['soulful] *adj:* sjelfull; følelsesfull *(fx eyes).*

soulless ['soulis] *adj* **1.** sjelløs; **2**(*=very dull; uninteresting)* meget kjedelig; uinteressant *(fx task).*

soul-searching ['soul,sə:tʃiŋ] *subst; fig:* sjelegransking.

I. sound [saund] *subst* **1.** lyd *(fx a radio with poor sound);* **add ~ to a film** lydsette en film; **by the ~ of it** hvis man skal dømme etter hvordan det høres ut; **2.** *hos fisk(=air bladder; swim bladder)* svømmeblære; **3.** sund; **the Sound** Øresund; **4.** *med.(=probe)* sonde.

II. sound *vb* **1.** lyde; **T:** låte *(fx that sounds good);* **that -s incredible** det høres utrolig ut; **2.** ringe *(fx the bell sounded);* ringe med *(fx a bell);* blåse på *(fx a trumpet);* **~ the alarm** slå alarm; **~ the gong** slå på gongongen; **~ the retreat** blåse retrett; **~ a prolonged blast on the whistle** blåse en lang tone med fløyten; **3.** *fon(=pronounce)* uttale *(fx in the word 'who' the 'w' is not sounded);* **4.** *med.; ved hjelp av banking:* lytte på *(fx the lungs); ved hjelp av en sonde:* sondere *(fx the bladder);* **5.** *mar(=take soundings)* lodde dybden; *fig:* **~ the depths of sth** lodde dybden i noe; **6.** *fig* **S: ~ off about**(*=scream about)* skrike opp om *(fx the price of tea)*; **7.: ~ out***(=feel out)* sondere terrenget hos; spørre forsiktig ut *(fx will you sound out your father on this?)*; **I -ed out his views in my letter** i brevet mitt spurte jeg ham forsiktig ut om hans synspunkter.

III. sound *adj* **1.** *også fig:* solid *(fx workman; pupil; firm; answer)*; **the foundations are not very ~** fundamentet er ikke videre solid; **2.** sunn *(fx in mind and body)*; sterk *(fx he has a sound constitution)*; **~ timber** friskt tømmer; *fig:* sunn *(fx investment; principle)*; **his advice is always very ~** han har alltid gode råd å gi; **that was scarcely a ~ reason for being absent from work** det var knapt noen god grunn til å være borte fra arbeidet; **John would be a ~ person to ask about this** John ville være en fornuftig person å spørre om dette; **that's not a very ~ suggestion!** det er ikke noe videre godt forslag! **3***(=thorough)* grundig *(fx a sound basic training)*; **4.: be a ~ sleeper** sove tungt (*el.* godt).

IV. sound *adv:* **~ asleep** i dyp søvn; **sleep ~***(= sleep soundly)* sove fast; sove trygt; **you'll sleep the -er for it** da vil du sove bedre.

sound barrier*(=sonic barrier)* lydmur; **break***(=go)* **through the ~** bryte (*el.* gå) gjennom lydmuren.

soundboard ['saund,bɔ:d] *subst; mus:* klangbunn.

sound boarding *tøm:* stubbeloftsgulv.

sound box *mus:* lyddåse.

sound broadcasting lydradio.

sound carrier lydleder; **wires are -s***(=wires carry sound)* metalltråder er lydledere: metalltråder er lydledende.

sound channel *TV:* lydkanal.

sound effect lydeffekt.

sound film lydfilm.

sound-film camera*(,US: sound camera)* lydfilmkamera.

I. sounding ['saundiŋ] *subst* **1.** *mar:* lodding; loddskudd; **take -s** lodde dybden; **2.** *fig:* **take -s** lodde stemningen (*on* når det gjelder) *(fx have you taken any soundings on the likely public reaction to your proposals?)*; *(se for øvrig II. sound)*.

II. sounding *adj; meget stivt: se sonorous & resounding.*

-sounding *i sms:* som lyder; **important-~** som lyder betydningsfull(t); **odd-~** som lyder besynderlig.

sounding board 1. *se soundboard;* **2.** *bygg:* resonansplate; resonansvegg; **3.** *over talerstol:* lydhimmel; **4.** *fig:* klangbunn *(fx the editor was accused of using his newspaper as a sounding board for his political views)*.

sounding lead *mar(=lead)* lodd.

sounding line *mar:* loddeline.

sound insulation lydisolasjon.

sound law *språkv:* lydlov.

soundless ['saundlis] *adj:* lydløs; (helt) uten lyd; *(jvf noiseless)*.

sound level lydnivå.

soundly ['saundli] *adv* **1***(=thoroughly)*: **he scolded them ~** han ga dem ettertrykkelig (*el.* grundig) inn; han skjelte dem ordentlig ut; **2.: sleep ~***(=sleep sound)* sove trygt; sove fast.

sound mind*(=unimpaired mental faculties)* åndsfriskhet; **a person of ~** en åndsfrisk person.

sound post *mus:* stemmepinne; stemmestokk.

soundproof ['saund,pru:f] **1.** *adj:* lydtett; lydisolert; **2.** *vb:* gjøre lydtett *(fx soundproof a room)*.

sound recording lydopptak; *(jvf tape recording)*.

sound recordist *film:* lydtekniker.

sound shift *språkv:* lydforskyvning.

sound technician lydtekniker.

soundtrack ['saund,træk] *subst; film:* lydspor; **magnetic ~***(,film også: magnetic stripe)* magnetisk lydspor.

sound truck US*(=loudspeaker van)* høyttalerbil.

sound wave lydbølge.

I. soup [su:p] *subst* **1.** suppe *(fx chicken soup)*; **2. S: be in the ~** sitte fint i det *(fx if she's found out about it, we're all in the soup!)*; **he's really in the ~ over that business last night** etter det som skjedde i går kveld, er han virkelig kommet ut å kjøre.

II. soup *vb* **T: ~ up***(=tune up)* trimme *(fx an engine)*.

soup ladle suppeøse.

soup plate dyp tallerken; suppetallerken.

I. sour [sauə] *vb* **1***(=become sour; make sour)* bli sur; gjøre sur; **2.** *fig; stivt(=make sour; embitter)* gjøre sur (*el.* bitter) *(fx he was soured by misfortune)*.

II. sour *adj* **1.** sur *(fx milk)*; **a ~ taste** en sur smak; **taste very ~** smake meget surt; **2.** *om person(=bad-tempered; disagreeable)* sur; **look ~** se sur ut; **3.** *om jobb(=unpleasant)* sur *(fx job)*; **4.: go ~** 1*(=turn sour)* bli sur *(fx the milk has gone sour)*; 2. **T** *fig:* gå galt; gå galt med *(fx his marriage went sour; the project went sour)*; **go ~ on** bli lut lei *(fx sth)*; **he's gone ~ on politics***(= politics have gone sour on him)* han er blitt lut lei politikk; **life has gone ~ on him** livet har kommet helt i ulage for ham; han har ingen glede av livet lenger.

source [sɔ:s] *subst* **1.** kilde; utspring *(fx of the Nile)*; **2.** *fig:* kilde; **from a reliable ~***(=on good authority)* fra pålitelig kilde; **3***(=primary source)* kildeskrift; **study of -s** kildestudium.

sour grapes T: it's ~ to him han er bare sur fordi han ikke kan få det selv.

sourpuss ['sauə,pus] *subst* **T:** grinebiter; surpomp; **T:** eddikkrukke.

sous chef ['su:,ʃef] *subst; på restaurant el. hotell(= assistant chef)* assisterende kjøkkensjef.

souse [saus] *vb* **1***(=soak (in water))* dyppe ned (i vann); dukke *(fx his head in a bucket of water)*; slå vann over; **2***(=pickle)* legge ned (i lake).

soutane [su:'tæn] *subst; kat(=cassock)* prestekjole.

south [sauθ] **1.** *subst:* syd; sør; sørlig del; **the South** 1. Syden; 2*(=the South of England)* Sør-England; **in the ~** i syd; **in the South** i Syden; **to the ~ of** sør (*el.* syd) for; **2.** *subst; kompassretningen(= South; S)* sør; syd *(fx we set a course 15° W of S(=west of south))*; **3.** *adv(=towards the south)* mot sør (*el.* syd) *(fx the window faces south)*; **4.** *adj:* sydlig; sørlig *(fx a south wind)*; syd-; sør-.

South Africa Sør-Afrika; **the Republic of ~** Sørafrika-republikken.

South African 1. *subst:* sørafrikaner; **2.** *adj:* sørafrikansk.

South African marsh owl *zo:* kappugle.

South America Sør-Amerika.

southbound ['sauθ,baund] *adj:* sørgående; sydgående; **the ~ carriageway** sørgående felt (av motorveien).

southeast [,sauθ'i:st; *mar:* ,sau'i:st] **1.** *subst:* sørøst; sydøst; **2***(=southeastern)* sørøstlig; sydøstlig; **3.** *adv(=towards the southeast)* mot sørøst (*el.* sydøst); *om vind(=from the southeast)* fra sørøst (*el.* sydøst).

southeaster [,sauθ'i:stə; *mar:* ,sau'i:stə] *subst:* sørøstvind.

southeasterly [,sauθ'i:stəli; *mar:* ,sau'i:stəli] **1.** *subst: se southeaster;* **2.** *adj, adv:* sørøstlig; sydøstlig.

southeastern [,sauθ'i:stən] *adj:* sørøstlig; sydøstlig.

southeastward [,sauθ'i:stwəd; *mar:* ,sau'i:stwəd]

adj, adv: mot sørøst (*el.* sydøst); *om vind:* fra sørøst (*el.* sydøst).
southerly ['sʌðəli] *adj:* sørlig; sydlig *(fx in a southerly direction).*
southern ['sʌðən] *adj:* sørlig; sydlig; sydlandsk; ~ **frontier***(=frontier to the south)* sydgrense; **his accent is ~ English** han har sørengelsk aksent; **your speech sounds ~ to me** for meg høres det ut som om du kommer fra Sør-England.
Southern Cross *astr:* **the ~** Sydkorset.
southerner ['sʌðənə] *subst* **1.** person fra Sør-England; sørlending; **2.** sydlending; person fra et sydlig land; **3. US:** person fra Sørstatene; sørstatsmann; sørstatskvinne.
southernmost ['sʌðən,moust] *adj:* sørligst; sydligst.
southernwood ['sʌðən,wud] *subst; bot:* abrot; ambra.
South German sydtysk.
South Germany Syd-Tyskland.
southing ['sauðiŋ] *subst; mar:* forandret sørlig bredde.
South Pole *geogr:* **the ~** Sydpolen; **the icecap of the ~** sydpolskalotten.
South Schleswig *geogr:* Syd-Slesvig.
south-southeast sør sørøst.
southward ['sauθwəd; *mar:* 'sʌðəd] *adj:* sørlig; sydlig.
southward(s) *adv:* mot sør (*el.* syd) *(fx we're moving southwards).*
southwest [,sauθ'west; *mar:* ,sau'west] **1.** *subst:* sørvest; sydvest; **2.** *adj(=southwestern)* sørvestlig; sydvestlig; **3.** *adv; om vind(=from the southwest)* fra sørvest (*el.* sydvest).
souvenir [,su:və'niə] *subst:* suvenir.
sou'wester [,sau'westə] *subst; hodeplagg:* sydvest.
I. sovereign ['sɔvrin] *subst:* regjerende fyrste; monark.
II. sovereign *adj; meget stivt(=independent):* **a ~ state** en selvstendig stat; en suveren stat.
sovereignty ['sɔvrənti] *subst; meget stivt(=independence)* suverenitet *(fx recognize the sovereignty of a country).*
Soviet ['souviət] **1.** *subst:* sovjet (ɔ: råd); **the -s** sovjetrusserne; sovjeterne; sovjetborgerne; **2.** *adj:* sovjetisk; sovjetrussisk.
Soviet Union: the ~ Sovjetsamveldet.
I. sow [sau] *subst* **1.** *zo:* (grise)purke; sugge; **2.** *zo:* grevlinghun; **3.** *ordspråk:* **you can't make a silk purse out of a ~'s ear***(=you can't get blood out of a stone)* man kan ikke få talg av en trebukk.
II. sow [sou] *vb(pret: sowed; perf. part.: sown; sowed)* **1.:** ~ **(seed)** så *(fx plough, sow (seed) and harvest);* **spring-sown grass** gress som er (,blir) sådd om våren; **the seed should be -n evenly** det bør sås jevnt; **2.** så til *(fx this field has been sown with wheat);* **the ground which has been -n** der hvor det er sådd (til); **3.** *fig; stivt(=spread):* ~ **discontent** så misnøye.
sow bug ['sau,bʌg] *zo* **US***(=woodlouse)* benkebiter; skrukketroll.
sowing ['souiŋ] *subst:* såing; **do the ~** så *(fx April is a good time to do sowing);* **thin patches should be given a further ~** tynne flekker bør sås til igjen.
sown [soun] *perf. part. av II. sow.*
sow thistle ['sau,θisəl] *subst; bot(=milk thistle)* dylle; **prickly ~** stivdylle.
soya ['sɔiə]: ~ **bean***(,US: soybean)* soyabønne.
soya-bean oil*(,***US:** *soybean oil)* soyaolje.
sozzled ['sɔzld] *adj* **T***(=drunk)* (god og) full.
spa [spa:] *subst:* vannkursted; kurbad.
I. space [speis] *subst* **1.** *fys:* rom *(fx time and space);* **warped ~** det krumme rom; **(outer) ~** det ytre rom; (verdens)rommet; **travellers through ~** de som reiser gjennom rommet; **2.** *typ:* spatie; mellomrom; **3.** rubrikk; **in the ~ on the right** i rubrikken til høyre; **4.** plass *(fx I couldn't find a space(=place) for my car);* mellomrom *(fx leave a larger space between words when you write);* **floor ~** gulvplass; **parking ~** parkeringsplass; plass (nok til) å parkere på; **it takes up a lot of ~***(=room)* det opptar mye plass; **lack of ~***(=lack of room)* plassmangel; **5.** *om tid:* **(with)in the ~ of***(=in the course of)* i løpet av *(fx five minutes);* **in that ~ of time***(=in that time)* i løpet av den tiden; på den tiden *(fx he can't have run ten kilometres in that space of time).*
II. space *vb:* ~ **(out) 1.** anbringe med mellomrom; plassere *(fx he spaced out the posts a metre apart);* **2***(=spread)* spre *(fx space out payments over twenty years);* **3.** *typ:* sperre; spatiere; slutte ut; *(se også spaced).*
space age romalder(en).
space bar *på skrivemaskin:* mellomromstast; ordskiller.
space charge *elekt:* romladning.
space capsule romkapsel.
space centre romfartssenter.
spacecraft ['speis,kra:ft] *subst:* romfartøy; romskip.
spaced [speist] *adj* **1.** *typ:* spatiert; sperret; ~ **matter** sperret sats; ~ **type** sperret skrift; **2. T:** ~ **(out)** narkotikapåvirket.
space flight romreise.
space heating romoppvarming.
spaceman ['speismən] *subst(=space traveller; astronaut)* romfarer.
space medicine romfartsmedisin.
space platform*(=space station)* romplattform; romstasjon.
space probe romsonde.
spacer ['speisə] *subst; mask:* avstandskloss.
space research romforskning.
space ring*(=space collar)* avstandsring.
space rocket romrakett.
space-saving ['speis,seiviŋ] *adj:* plassbesparende.
spaceship ['speis,ʃip] *subst:* romskip; *(jvf spacecraft).*
space shuttle romferge.
spacesuit ['speis,su:t; 'speis,sju:t] *subst:* romdrakt.
space travel romfart; reise i rommet.
space walk spasertur i rommet.
spacing ['speisiŋ] *subst* **1.** mellomrom; innbyrdes avstand; **2.** *typ:* spatiering.
spacious ['speiʃəs] *adj:* romslig.
spade [speid] *subst* **1.** spade; **use a ~** bruke en spade; spa; **2.: call a ~ a ~** kalle en spade for en spade; kalle tingen ved dens rette navn; **3.** *kortsp:* **a ~** en spar; **the ten of -s** sparti; **4. S***(=negro)* neger.
spadework ['speid,wə:k] *subst:* grovarbeid; (strevsomt) forarbeid.
spaghetti [spə'geti] *subst:* spaghetti.
Spain [spein] *subst; geogr:* Spania.
Spam [spæm] *subst; varemerke(=tinned pork luncheon meat)* svinekjøtt på boks.
I. span [spæn] *subst* **1***(=wingspan)* vingespenn; **2.** bruspenn; spenn; **a bridge of long ~** en bru med et langt spenn; **3. US** *& Sør-Afrika(=team)* spann (av hester el. okser); **4.** tidsrom; spann; **a ~ of years** et spann av år, **5.** *hist:* spann (ɔ: 23 cm); **6.** *fig:* rekkevidde; spennvidde *(fx the remarkable span of his memory).*
II. span *vb* **1***(=stretch across)* spenne over; føre over *(fx a bridge spans the river);* **2.** *fig:* spenne over *(fx his life spanned nearly a century).*
spangle ['spæŋgəl] *subst(=sequin)* paljett.
Spaniard ['spænjəd] *subst:* spanjol.

spaniel ['spænjəl] *subst; hunderase:* spaniel.
Spanish ['spæniʃ] **1.** *subst; språket:* spansk; **2.** *subst:* **the** ~*(=the Spaniards; the Spanish people)* spanjolene; **3.** *adj:* spansk.
spank [spæŋk] **1.** *subst:* klaps; smekk *(fx his mother gave him a spank on the bottom);* **2.** smekke; rise; **3.** *om bevegelse:* ~ **along** feie av sted *(fx he was spanking along in his new car).*
spanker ['spæŋkə] *subst; mar:* mesan.
I. spanking *subst:* ris *(fx your father will give you a good spanking).*
II. spanking *adj:* **at a** ~ **pace** i strykende fart.
spanner ['spænə] *subst* **1.: (adjustable)** ~*(=adjustable wrench)* skiftenøkkel; stillbar skrunøkkel; **box***(=socket)* ~ pipenøkkel; **hook** ~ hakenøkkel; **peg** ~ tappnøkkel; **ring** ~ stjernenøkkel; **2. T: throw a** ~ **in the works** sabotere foretagendet; stikke en kjepp i hjulet.
I. spar [spa:] *subst* **1.** *mar:* rundholt; **cut** ~ tilhogd rundholt; **2.** *flyv:* (vinge)bjelke; **3.** *min:* spat.
II. spar *vb* **1.** bokse (som trening); **2.:** ~ **(with)** småkrangle i all vennskapelighet (med).
spar buoy *mar:* (bøye)stake.
I. spare [spɛə] *subst* **1.** reserve; reservehjul; **2***(=spare part; replacement part)* reservedel; *(se spare part).*
II. spare *vb* **1.** *stivt:* skåne; spare *(fx death spares no one);* ~ **me the details!** spar meg for detaljene! **if I'm -d***(=if I live that long)* hvis jeg får leve så lenge; **you might as well have -d***(=saved)* **yourself the trouble** du kunne ha spart deg bryet; **he doesn't** ~ **himself** han sparer (*el.* skåner) seg ikke; **he was -d the embarrassment** han ble spart (*el.* forskånet) for å komme i en slik forlegenhet; ~ **her as much as possible** skåne henne så meget som mulig *(fx break the news gently in order to spare her as much as possible);* **2***(=manage without)* unnvære *(fx I can't spare him today; no one can be spared from this office);* **I can't** ~ **the money to buy a new car** jeg har ikke penger å avse til å kjøpe bil for; **can you** ~ **me a minute or two?** har du et par minutter til overs til meg? **3.** *i nektende setning:* sky; ~ **no expense** ikke sky noen utgift; ikke bry seg om hvor store utgiftene blir; **we will** ~ **no effort to . . .** vi skal ikke sky noen anstrengelse for å . . .; **4.: enough and to** ~ mer enn nok; **5.** *ordspråk:* ~ **the rod and spoil the child** den som elsker sin sønn, tukter ham.
III. spare *adj* **1***(=extra)* ekstra *(fx she always carried a spare pair of socks when hiking);* reserve- *(fx tyre);* ~ **(bed)room** gjesteværelse; **2***(=thin)* tynn *(fx he was tall and spare); (se spare part; spare time; spare tyre).*
spare part reservedel; **original -s***(=genuine replacement parts)* originale reservedeler.
spare ribs *kul(cut of pork ribs with most of the meat trimmed off and cooked in a savoury sauce):* slags mager ribbestek; *(jvf I. rib 2: roasted pork ribs).*
spare time fritid *(fx what do you do in your spare time?).*
spare tyre 1. reservedekk; reservehjul; **2.** *fig; om fedme* **T:** bilring *(fx he's got a spare tyre);* **develop***(=put on)* **-s** få bilringer.
sparing ['spɛəriŋ] *adj(=careful; economical):* **a** ~ **use of cosmetics** forsiktig bruk av kosmetikk; **be** ~ **in your use of pepper** spar på pepperet; bruk lite pepper; **he's** ~*(=economical)* **in his use of words** han bruker få ord.
sparingly *adv:* sparsomt; forsiktig *(fx use it sparingly).*
I. spark [spa:k] *subst* **1.** gnist; **strike -s from** slå gnister av; **2.** *mask:* **break** ~*(=spark at breaking contact)* åpningsgnist; **3.** *fig:* gnist; **the** ~**'s gone out of him** han har mistet gnisten; **rouse a** ~ **of enthusiasm** vekke en gnist av begeistring; **4.** *iron* **T: a bright** ~ en luring.
II. spark *vb* **1***(=give off sparks)* gnistre; slå gnister; **2.:** ~ **(off)** gi støtet til; få i gang *(fx this dispute has sparked off a major discussion on pay policy).*
spark gap *mask:* gnistgap.
spark ignition *mask:* gnisttenning.
sparking plug *lett glds(=spark plug;* **US:** *spark plug) mask:* tennplugg.
I. sparkle ['spa:kəl] *subst* **1***(=small spark)* liten gnist; **2.** funkling *(fx there was a sudden sparkle as her diamond ring caught the light);* **the** ~ **of sunlight on the water** det gnistrende solskinnet på vannflaten; **3.** *fig:* liv; **she has lots of** ~ det er mye liv i henne; hun er meget livlig.
II. sparkle *vb* **1***(=glitter)* glitre; gnistre; funkle; tindre; **2.** *om mineralvann & vin:* perle; **3.** *fig(=shine)* briljere; glimre; *(se også sparkling).*
sparkler ['spa:klə] *subst* **1. S***(=diamond)* diamant; **2.** *slags fyrverkeri:* stjerneskudd.
sparkling ['spa:kliŋ] *adj* **1.** glitrende; gnistrende; funklende; tindrende; **2.** perlende; musserende *(fx wine);* **3** *fig:* sprudlende *(fx humour);* **she looked her** ~ **best** hun så absolutt strålende ut.
sparkover ['spa:k,ouvə] *subst; elekt:* overslag.
spark plug *mask:* tennplugg.
sparks [spa:ks] *subst; mar* **S***(=radio officer)* telegrafist.
sparling ['spa:liŋ] *subst; zo; fisk(=smelt)* krøkle.
sparring partner *boksing:* treningspartner; sparring partner.
sparrow ['spærou] *subst* **1.** *zo:* **(common)** ~*(=house sparrow)* (grå)spurv; **2.** *fig:* **a** ~ **among hawks** en spurv i tranedans.
sparrow hawk *zo* **1.** spurvehauk; **2. US***(=American sparrow hawk)* amerikansk tårnfalk; *(se goshawk; harrier 2; hawk).*
sparse [spa:s] *adj:* spredt *(fx vegetation);* **the illustrations in that book are rather** ~ det er nokså sparsomt (,**T:** tynt) med illustrasjoner i den boka.
Spartan ['spa:tən] **1.** *subst:* spartaner; **2.** *adj:* spartansk.
spasm ['spæzəm] *subst* **1.** krampe(trekning); spasme; **a nervous** ~ en nervøs trekning; **a** ~ **of pain** en smertetrekning; **2.** *fig:* **a sudden** ~ **of energy** et plutselig anfall av energi.
spasmodic [spæz'mɔdik] *adj:* spasmodisk; krampaktig *(fx he made spasmodic attempts to do some work).*
spastic ['spæstik] *med.* **1.** *subst:* spastiker; **2.** *adj:* spastisk.
I. spat [spæt] *subst* **1.** *zo(=seed oyster)* østersyngel; **2***(=small gaiter)* kort gamasje.
II. spat *pret & perf. part. av II. spit.*
spate [speit] *subst* **1.** *fig:* flom *(fx a spate of new books for Christmas);* **2.: in** ~ 1. *om elv:* **the river is in** ~ elvens vannføring er nå på sitt høyeste; 2. *fig; om taler:* **in full** ~ i full gang (*el.* sving).
spatial ['speiʃəl] *adj:* romlig *(fx the spatial relationships between objects).*
I. spatter ['spætə] *subst* **1.** *ved sveising:* sprut; **2.: a** ~ **of rain (,applause)** spredt regn (,applaus).
II. spatter *vb* **1***(=scatter; sprinkle)* sprute *(fx the frying pan spattered fat all over the kitchen);* **2***(=splash)* skvette; sprute; **the car -ed her with water** bilen sprutet vann på henne.
spatula ['spætjulə] *subst* **1.** spatel; **2.** stekekniv.
spatulate ['spætjulit] *adj:* spatelformet.

spavin ['spævin] *subst; vet:* spatt.

I. spawn [spɔ:n] *subst; zo:* fiskerogn; egg *(fx frog spawn).*

II. spawn *vb* **1.** *zo:* gyte; yngle; legge egg; **2.** *fig; neds:* produsere (i mengdevis) *(fx they have spawned huge numbers of useless documents);* resultere i; gi støtet til *(fx this spawned(=gave rise to) rumours).*

spawner ['spɔ:nə] *subst; zo:* gytefisk; rognfisk.

spawning ground gyteplass.

spawning season gytetid.

spay [spei] *vb; hundyr ved fjerning av eggstokkene:* sterilisere.

speak [spi:k] *vb(pret: spoke; perf. part.: spoken)* **1.** snakke *(fx he can't speak);* ~ **to***(=talk to)* snakke med *(fx can I speak to you for a moment? I'll have to speak to him);* ~ **about***(=talk about)* snakke om *(fx we spoke for hours about it);* **he never -s of his dead wife** han snakker aldri om (*el.* nevner aldri) sin døde kone; **the text -s of X being a liar** i teksten snakkes det om at X er en løgner; **he -s French** han kan snakke fransk; han snakker fransk; **can you speak English?** kan du snakke engelsk? ~ **the truth** snakke sant;
2. si; **he spoke***(=said)* **a few words to us** han sa noen ord til oss; **she saw me but she didn't** ~ hun så meg, men hun sa ingenting; ~ **one's mind** si sin mening;
3. tale *(fx he spoke at the meeting);*
4. *mar:* utveksle meldinger med *(fx what vessels did you speak?);*
5.: ~ **for** være talsmann for *(fx he spoke for the whole group);* snakke for *(fx I can't speak for John; why don't you speak for yourself?);* **the facts** ~ **for themselves** kjensgjerningene taler for seg selv;
6.: ~ **of** 1. *stivt(=suggest)* tyde på *(fx everything about him speaks of money);* 2*(=speak about; mention)* snakke om; nevne *(fx he never speaks of his dead wife);* 3.: **no talent to** ~ **of** ikke noe nevneverdig talent; ikke noe talent å snakke om;
7.: ~ **out** 1*(=speak loudly enough to be heard)* snakke høyt nok; 2*(=speak straight from the shoulder)* snakke like ut; **T:** snakke rett ut av posen;
8. T: I don't know him to ~ **to** jeg kjenner ham ikke så godt at jeg kan innlede en samtale med ham;
9.: ~ **too soon** uttale seg for tidlig; snakke for tidlig;
10.: ~ **up** 1*(=speak more loudly)* snakke høyere *(fx "Speak up! We can't hear you!");* 2*(=speak)* si noe; ta ordet *(fx nobody spoke up);* 3.: ~ **up for** uttale seg for *(fx speak up for truth and justice);* ~ **up for sby***(=support sby)* tale ens sak; støtte en.

speaker ['spi:kə] *subst* **1.** taler; **the** ~ 1. taleren; 2. den talende; den som snakker (,snakket); **2***(=loudspeaker)* høyttaler; **3.: the Speaker (of the House of Commons)** presidenten i Underhuset.

-speaker: an Italian-~ en italiensktalende; en som snakker italiensk.

speaking in tongues*(=glossolalia)* tungetale.

I. spear [spiə] *subst* **1.** spyd; **2.: (fish)** ~ lyster; **3.** *bot:* spisst blad (*el.* skudd).

II. spear *vb:* spidde; ~ **fish** lystre fisk.

spear blade spydblad.

speargun ['spiə,gʌn] *subst; for undervannsfiske:* harpun.

spearhead ['spiə,hed] **1.** *subst; mil:* angrepsspiss; *fig:* støttropp; **2.** *vb:* gå i spissen (*el.* brodden) for; føre an *(fx the attack).*

spearmint ['spiə,mint] *subst; bot:* grønnmynte.

spear point spydspiss; spydodd.

spear thistle *bot:* veitistel.

spearwort ['spiə,wə:t] *subst; bot:* **great** ~ kjempesoleie; **lesser** ~ grøftesoleie.

spec [spec] *subst* **T***(=speculation):* **on** ~ som en spekulasjon *(fx buy sth on spec);* **I did it on** ~ jeg tok sjansen; jeg tok en sjanse; **I went along on** ~ jeg tok sjansen og gikk *(fx I didn't have an appointment, but I went along on spec).*

I. special ['speʃəl] *subst* **1.** *merk:* **this week's** ~ ukens tilbud; **2.** *på restaurant* **T: today's** ~*(=(special) dish of the day)* dagens (spesial)rett; **3.** *av avis(=special edition)* ekstrautgave; ekstranummer; **4.** *jernb(=special train)* ekstratog; **commuter** ~ ekstratog for pendlere; pendlertog; **5.: a television** ~ **on** et eget fjernsynsprogram om.

II. special *adj* **1***(=unusual; exceptional)* spesiell *(fx this is a special occasion);* **a** ~ **friend** en spesiell venn; **2.** spesial- *(fx offer; tool);* spesiell *(fx a special method of restoring paintings);* sær- *(fx interests).*

Special Air Service *(fk SAS) mil* **UK: a** ~ **unit***(= an SAS unit; a commando unit)* en gruppe kommandosoldater.

Special Boat Squadron *(fx SBS) mar: se Special Air Service.*

Special Branch UK: the (MI 5 and) ~ *svarer til:* overvåkingspolitiet.

special class *skolev:* spesialklasse.

special consideration særhensyn.

special education *skolev:* spesialundervisning.

specialism ['speʃə,lizəm] *subst; stivt(=special field)* spesiale *(fx what's your specialism?).*

specialist ['speʃəlist] *subst:* spesialist.

specialist dictionary spesialordbok.

specialist room *skolev(=subject room)* fagrom; spesialrom.

speciality [,speʃi'æliti] *(,***US:** *specialty* ['speʃəlti]*) subst:* spesialitet *(fx there are many specialities in medicine; brown bread is this baker's speciality).*

specialization, specialisation [,speʃəlai'zeiʃən] *subst:* spesialisering.

specialize, specialise ['speʃə,laiz] *vb:* spesialisere; ~ **in** spesialisere seg på.

special key spesialnøkkel.

special knowledge*(=expert knowledge)* sakkunnskap; sakkyndighet.

special landscape area landskapsvernområde; *(jvf national park; nature reserve; protected area).*

special library*(=specialized library; technical library)* fagbibliotek.

special line *merk:* spesialitet.

special logs spesialtømmer.

specially ['speʃəli] *adv* **1***(=especially; particularly)* spesielt; særlig *(fx he's a nice child, but not specially clever);* **2.:** ~ *(,stivere: especially)* **for you** spesielt til deg; spesielt beregnet på deg; **I came** ~*(=especially)* **to tell you the good news** jeg kom spesielt (*el.* ekstra) for å fortelle deg den gode nyheten; **I came home early** ~ **to watch that programme** jeg kom hjem tidlig for å se (*el.* nettopp fordi jeg ville se) det programmet; **3. T***(=(more) especially; particularly)* især; særlig *(fx these insects are quite common, specially in hot countries).*

specially trained spesialutdannet.

special price spesialpris.

special-purpose language bruksorientert språk.

special-purpose tool(s)*(=special tool(s))* spesialverktøy.

special school spesialskole *(fx for handicapped children).*

special session ekstraordinær sesjon; ekstraordinært

møte.

specialty ['speʃəlti] *subst* **US:** *se speciality.*

species ['spi:ʃi:z] *subst* **1.** *zo:* art *(fx there are several species of zebra);* **2.** *stivt(=kind; sort)* art; slag(s) *(fx a dangerous species of criminal).*

species character*(=specific character)* artspreg.

specific [spə'sifik] *adj* **1***(=precise)* presis *(fx his orders were quite specific);* **be more ~ about when you want us to come** vær litt mer presis med hensyn til når du vil vi skal komme; **2***(=particular)* spesiell *(fx each organ has its own specific function);* **what is the ~ treatment for this kind of poisoning?** hvilken spesiell behandling får man for denne typen forgiftning? **is there anything ~ that you'd like to ask me about?** er det noe spesielt du gjerne vil spørre meg om? **3.** *biol:* artsegen; **4.** spesifikk; **~ gravity***(=weight)* spesifikk vekt; **~ heat** spesifikk varme; egenvarme.

specification [,spesifi'keiʃən] *subst* **1.** spesifikasjon; **2.** spesifisering.

specific character *biol:* artspreg.

specify ['spesi,fai] *vb:* spesifisere *(fx he had specified oak flooring);* angi nærmere; *(jvf itemize).*

specimen ['spesimən] *subst* **1.** prøve *(fx specimens of rock; a specimen of your signature);* **(urine) ~** urinprøve *(fx the doctor asked for a specimen for testing);* **2.: a fine ~** et fint eksemplar (av arten); **3.** *neds:* **he's an ugly-looking ~!** han er en stygg fyr!

specimen copy*(=sample copy)* prøveeksemplar.

specious ['spi:ʃəs] *adj; om argument, etc:* bestikkende; besnærende; falsk *(fx that argument strikes me as very specious);* **a ~ claim** et urettmessig fremsatt krav.

speck [spek] *subst(=small spot; small stain)* liten flekk; **a ~ of dust** et støvfnugg; **the car became a ~ on the horizon** bilen ble til en liten flekk på horisonten.

speckle ['spekəl] *subst; mot bakgrunn av annen farge:* flekk *(fx the eggs were pale blue with dark green speckles).*

speckled *adv (jvf speckle)* med flekker; flekket *(fx egg).*

specs [speks] *subst; pl* **T***(=spectacles)* briller.

spectacle ['spektəkəl] *subst* **1.** *stiv(=sight)* syn; **it was a great ~***(=it made a magnificent sight)* det var et flott syn (,*stivt:* prektig skue); **2.: make a ~ of oneself***(=make a fool of oneself)* blamere seg; **3.: -s***(=glasses)* briller; **a pair of -s** et par briller.

spectacled *adj; zo:* **~ warbler** brillesanger.

spectacle frame brilleinnfatning.

spectacular [spek'tækjulə] *adj* **1***(=impressive)* flott *(fx show);* imponerende; **2***(=dramatic)* dramatisk; oppsiktsvekkende *(fx she made a spectacular recovery);* **a ~ increase in spending** en dramatisk økning i pengeforbruket.

spectacular play*(,***T:***spectacular) teat:* utstyrsstykke.

spectate [spek'teit] *vb:* være tilskuer *(fx I'm only spectating).*

spectator [spek'teitə] *subst:* tilskuer.

spectator sport tilskuersport.

spectral ['spektrəl] *adj* **1.** *stivt el. litt.(=ghostly)* spøkelsesaktig; åndeaktig; **a ~ figure** en spøkelsesaktig skikkelse; **2.** *fys:* spektral- *(fx colours).*

spectre*(,***US:** *specter)* ['spektə] *subst* **1.** *stivt(=ghost)* gjenferd; spøkelse; ånd; **2.** *fig; stivt(=phantom)* spøkelse; gjenferd; **there was a ~ stalking this conference, that of . . .** det var et gjenferd på denne konferansen, nemlig . . .

spectroscope ['spektrə,skoup] *subst:* spektroskop.

spectrum ['spektrəm] *subst(pl: spectra)* spektrum; spekter; **band ~** båndspekter.

spectrum analysis spektralanalyse.

speculate ['spekju,leit] *vb* **1.** spekulere; **~ in mining shares** spekulere i gruveaksjer; **2.** *fig:* spekulere; **it's no use speculating***(=wondering)* **about this now** det nytter ikke å spekulere over dette nå.

speculation [,spekju'leiʃən] *subst* **1.** *merk:* spekulasjon; **2.** spekulasjon *(fx your speculations were all quite close to the truth);* **there was great ~ amongst the pupils as to what was happening** elevene spekulerte svært på hva som foregikk.

speculative ['spekjulətiv] *adj* **1.** spekulasjons- *(fx purchase);* **2.** spekulativ *(fx estimates).*

speculator ['spekju,leitə] *subst:* spekulant.

speculum ['spekjuləm] *subst; med.:* spekulum.

sped [sped] *pret & perf. part. av II. speed.*

speech [spi:tʃ] *subst* **1***(=ability to speak)* taleevne; **lose the***(=one's)* **power of ~** miste talens bruk; *om talehemmet:* **she has practically no ~** hun kan nesten ikke snakke; **2.** det å tale; tale *(fx speech is silvern, silence is golden);* replikk *(fx he forgot one of his speeches);* **closing ~***(=final speech)* sluttreplikk; sluttinnlegg; **freedom of ~** talefrihet; **I believe in free ~** jeg er tilhenger av talefrihet; **make a ~** holde en tale; **his ~ is very slow** han snakker svært langsomt; **3.** *språkv(=spoken language)* talespråk; måte man snakker på; **your ~ sounds southern to me** din aksent minner meg om sørengelsk; **4.** *gram:* **part***(=category)* **of ~** ordklasse.

speech community språksamfunn.

speech day *skolev:* årsfest; avslutningstilstelning.

speech defect*(=impediment (of speech))* talefeil.

speechify ['spi:tʃi,fai] *vb; neds:* holde lange taler.

speech-in-reply svartale.

speechless ['spi:tʃlis] *adj:* målløs; ute av stand til å si noe; **her daring left us all ~** hun var så dristig at vi ble helt stumme alle sammen; **in ~ amazement** i stum forbløffelse.

speech reading*(=lip reading)* munnavlesning.

speech sound språklyd.

speech therapist logoped; talepedagog.

speech therapy logopedi.

speech writer *polit:* taleskribent.

I. speed [spi:d] *subst* **1.** fart; hastighet; **a good ~** god fart; **economical ~** økonomisk hastighet; **four forward -s** fire hastigheter forover; **at a ~ of** med en hastighet av; med en fart av; **at high -s** i høye (*el.* store) hastigheter; **gather ~** 1. skyte fart; akselerere; 2. *fig; om handling(=move faster)* skyte fart *(fx the plot gathered speed in the second act);* **keep up a high ~** holde en høy hastighet; **the car was travelling at ~** bilen kjørte fort; **2. S:** amfetamin.

II. speed *vb(pret & perf. part.: speeded; sped)* **1.** kjøre fort *(fx the car speeded(=sped) along the motorway);* **2.** kjøre for fort; overskride fartsgrensen *(fx he was fined for speeding);* **3.** *stivt(=hurry)* ile *(fx he sped to her bedside);* **4.** *stivt(=hurry up)* påskynde *(fx fresh air and exercise will speed your recovery);* **5.: ~ up** 1. påskynde *(fx production);* 2. sette opp farten *(fx the car speeded up as it left the town).*

speedboat ['spi:d,bout] *subst(=outboard runabout)* passbåt.

speed check fartskontroll; **radar ~** radarkontroll.

speed cop US: trafikkonstabel på motorsykkel.

speeder ['spi:də] *subst(,***T:** *speedhog)* fartssynder.

speed hump*(=traffic ramp) i veibanen:* fartsdemper.

speeding ['spi:diŋ] *subst:* det å kjøre for fort; fartsoverskridelse *(fx he was fined £50 for speeding).*

speed limit fartsgrense; **exceed the ~** overskride

fartsgrensen.
speed line(*=go-faster stripe*) fartsstripe (på bil).
speed-mad ['spi:d,mæd] *adj:* fartsgal.
speedometer [spi:'dɔmitə] *subst:* speedometer.
speedometer cable speedometerwire.
speed skater hurtigløper (på skøyter).
speed skating hurtigløp på skøyter.
speed trap(*=radar trap; radar speed check*) radarkontroll.
speed trial fartsprøve.
speed-up ['spi:d,ʌp] *subst(=acceleration)* fartsøkning.
speedway ['spi:d,wei] *subst* **1.** speedway(bane); **2. US**(*=motorway*) motorvei.
speedwell ['spi:d,wel] *subst; bot:* **field ~** åkerveronika; **(ivy-leaved) ~** veronika.
speed wrench US(*=wheel brace*) hjulavtager; hjulkryss.
speedy ['spi:di] *adj:* rask (*fx a speedy answer*).
speleologist [,spi:li'ɔlədʒist] *subst; stivt(=cave explorer)* huleforsker.
I. spell [spel] *subst* **1.** trylleformular (*fx the witch recited a spell and turned herself into a swan*); **2.** trolldom (*fx the spell of music*); fortryllelse; **he was completely under her ~** han var helt fortryllet av henne; **under a ~** tryllebundet; **break the ~** heve fortryllelsen; **the ~ was broken** fortryllelsen var brutt; **3.** periode (*fx a dry spell; a spell of cold weather*); **4. T**(*=turn*) tørn (*fx I did another spell at the machine*); **5. T: for a ~**(*=for a short time*) en (liten) stund (*fx we stayed in the country for a spell*); **for a brief ~ we weren't poor** en stakket stund var vi ikke fattige; **he was only at home for the briefest of -s** han ble bare hjemme en stakket stund.
II. spell *vb(pret & perf. part.: spelt, spelled)* **1.** stave (*fx how do you spell that word?*); **2.** *om bokstaver:* bli til (*fx c-a-t spells 'cat'*); **3.** *stivt(=mean)* bety (*fx this spells disaster*).
spellbind ['spel,baind] *vb:* tryllebinde (*fx she spellbound him*); fengsle.
spellbound ['spel,baund] *adj:* tryllebundet (*fx we watched spellbound*); **hold**(*=keep*) **sby ~** holde en tryllebundet.
speller ['spelə] *subst:* **be a bad ~** være dårlig til å stave.
spelling ['speliŋ] *subst:* ortografi; stavemåte; staving.
spelling mistake stavefeil.
spelt [spelt] *pret & perf. part. av II. spell.*
spend [spend] *vb(pret & perf. part.: spent)* **1.** *om penger & tid:* bruke (*fx he spends more than he earns*); **~ money (,time) on** bruke penger (,tid) på (*fx he spends all his time on this work*); **we haven't much to ~** (**,T:** *we haven't got a lot of money*) vi har ikke mange penger å rutte med; **I've spent a lot on that house** jeg har brukt mange penger på det huset;
2. *om tid:* tilbringe; bruke; **we spent three weeks in Kenya this summer** vi var (*el.* tilbrakte) tre uker i Kenya i sommer; **he spent from September to December 1984 in this area** han oppholdt seg her i distriktet fra september til desember 1984; **the time was spent on** (*=in*) **travelling** tiden ble brukt (*el:* gikk med) til å reise; **the time spent on actual travelling** den tiden som gikk med til selve reisen;
3. *stivt(=use up)* bruke opp (*fx all one's energy*); **~ oneself**(*=tire oneself out*) slite seg ut; bruke opp alle kreftene sine; **4. T: ~ a penny** slå lens.
spender ['spendə] *subst:* person som bruker (mange) penger (*fx he's a big spender*).
spending money(*=pocket money*) lommepenger.
spending power(*=purchasing power*) kjøpekraft.
spendthrift ['spend,θrift] *subst; neds:* en som sløser med pengene; en som bruker opp alt han har.
spent [spent] **1.** *pret & perf. part. av spend;* **2.** *adj:* utbrent; **a ~ match** en utbrent fyrstikk; **3.** *adj; stivt(=exhausted)* utkjørt (*fx we were all spent*); **4.** *adj; om fisk:* ferdig med å gyte (*fx a spent salmon*).
sperm [spə:m] *subst(=semen)* sæd(væske); sperma; sædcelle.
spermaceti [,spə:mə'seti] *subst:* spermasett.
spermaduct ['spə:mə,dʌkt] *subst; anat(=spermatic duct; vas deferens)* sædleder.
spermatic cord *anat:* sædstreng.
spermatic fluid(*=semen*) sædveske; sæd.
spermatozoon [,spə:mətou'zouən] *subst (pl. spermatozoa* [,spə:mətou'zouə]*)* (*=sperm; zoosperm*) sædlegeme; sædcelle; spermatozo.
sperm cell sædcelle.
sperm whale *zo:* spermasetthval.
spew [spju:] *vb* **1. T**(*=vomit*) spy; **2.** *fig:* **~ (out)** spy ut (*fx a volcano spewing ash and lava*); **flames -ed out** flammene veltet frem.
sphere [sfiə] *subst* **1.** *geom:* kule; **2.** sfære (*fx sphere of interest*); virkefelt; fagområde (*fx it's outside his sphere*); **~ of influence** innflytelsessfære; **3.: in literary -s** i litterære kretser.
spherical ['sferikəl] *adj:* krum (*fx the earth's surface is spherical*); rund (som en kule) (*fx a spherical object*).
sphincter ['sfiŋktə] *subst; anat:* lukkemuskel; **the anal ~** endetarmens lukkemuskel.
sphinx [sfiŋks] *subst:* sfinks.
sphinx moth *zo(=hawk moth)* aftensvermer.
spicate ['spaikeit] *adj; bot:* aksdannet; aksbærende.
I. spice [spais] *subst* **1.** krydder; **2.** *fig:* krydder (*fx her arrival added spice to the party*); **3.** *fig; stivt(=suggestion)* antydning (*of* til) (*fx a remark with a spice of malice*); **4.** *ordspråk:* **variety is the ~ of life**(*=a change is as good as a rest; there's nothing like change*) forandring fryder.
II. spice *vb; også fig:* krydre (*fx his speech was spiced with witty comments*).
spiced *adj:* krydret; **heavily ~** sterkt krydret.
spick and span *adj(=neat and clean):* **in half an hour he had the whole house ~** på en halv time hadde han gjort huset pent og rent.
spicy ['spaisi] *adj* **1.** krydret; **2.** *fig:* vovet; pikant (*fx story*).
spider ['spaidə] *subst* **1.** *zo:* edderkopp; **bird ~** fugleedderkopp; **cross ~** korsedderkopp; **harvest ~** vevkjerring; **2.** *mask:* **~ (of the universal joint)** kardangkryss; mellomakselkryss.
spiderman ['spaidə,mæn] *subst; bygg:* montør av stålkonstruksjoner i stor høyde.
spider's web spindelvev; kingelvev.
spidery ['spaidəri] *adj:* edderkoppaktig.
spiel [ʃpi:l] *subst; neds; især* **US S**(*=glib speech; long flow of talk*) svada; lang historie (*fx he came in with a long spiel about why he was late*).
spigot ['spigət] *subst; på vinfat, etc(=bung)* spuns.
I. spike [spaik] *subst* **1.** pigg; **2.** *bot:* aks; **3.** *zo; på hjortetakk:* spiss; **4.: -s** piggsko.
II. spike *vb* **1.** sette pigger på (*fx boots*); **2.** *hist:* **~ a gun** fornagle en kanon; *fig:* **~ sby's guns** forpurre ens planer; **3.** *om drink* **T:** sprite opp (*fx they spiked her juice with vodka*).
spiked *adj; bot(=spike-flowered)* aksblomstret; aksbærende.
spike heel(*=stiletto heel*) stiletthæl.
spikelet ['spaiklit] *subst; bot:* småaks; **flowers in -s** blomster i småaks.

spiky ['spaiki] *adj* **1.** med pigger; pigget; **2***(=irritable)* irritabel.
I. spill [spil] *subst* **1***(=fall)* fall; **have a ~** falle; *om syklist:* velte; **2.** *til å tenne på med:* fidibus.
II. spill *vb(pret & perf. part.: spilt; spilled)* **1.** spille; søle *(fx she spilt soup down her dress);* **potatoes -ed out of the bag** potetene trillet ut av posen; **2.** *stivt:* **~ blood** la blodet flyte; **before any blood is spilt***(=before there's bloodshed)* før det flyter blod; **3. T: ~ the beans***(=let the cat out of the bag)* være løsmunnet; røpe det hele; **4.** *ordspråk:* **it's no use crying over spilt milk** det nytter ikke å gråte over spilt melk.
spillage ['spilidʒ] *subst:* spill; det som spilles.
spillway ['spil,wei] *subst:* flomløp; overfall; overløp.
spilt [spilt] *pret & perf. part. av II. spill.*
I. spin [spin] *subst* **1.** det å snurre (*el.* virvle) rundt; **2.** *om ball:* spinn; skru; **3.** *flyv & om bil:* spinn *(fx the car struck a patch of ice and went into a spin);* **4. T:** liten, rask kjøretur; **5.** *politi* **S: give them a ~** ta dem med på (politi)stasjonen; **6.: flat ~** 1. *flyv:* flatt spinn; 2. *fig* **T: go into a flat ~** bli helt forstyrret *(fx when her cat died, she went into a flat spin).*
II. spin *vb(pret & perf. part.: spun)* **1.** spinne *(fx wool);* **2.** snurre rundt; gå fort rundt; få til å gå fort rundt *(fx he spun the revolving door round and round);* **~ the ball** skru ballen; **3.** *om person:* **~ round** snurre rundt; snu seg brått; **4.: ~ a coin***(=toss up)* slå mynt og krone; kaste en mynt i været; **5.: his head was -ning***(=swimming)* det gikk rundt i hodet på ham; **6.: ~ a yarn** spinne en ende; fortelle en (god) historie.
spinach ['spinidʒ; 'spinitʃ] *subst; bot:* spinat.
spinal ['spainəl] *adj:* spinal-; ryggmargs-.
spinal column ryggsøyle; ryggrad.
spinal cord*(=spinal marrow)* ryggmarg.
spinal fluid spinalvæske.
spindle ['spindəl] *subst* **1.** spindel; **2.** tein; *på spinnemaskin:* spindel; **3. US***(=stub axle)* hjulspindel; forhjulstapp; **4.** *mask:* **float ~** flottørnål; **valve ~***(=valve stem)* ventilspindel; ventilskaft.
spindlelegs ['spindəl,legz] *subst; om lange, tynne ben:* pipestilker.
spin drier *for tøy:* sentrifuge; *(jvf tumble drier).*
spindrift ['spin,drift] *subst(=sea spray)* sjøsprøyt.
spin-dry ['spin,drai] *vb; tøy:* sentrifugere.
spine [spain] *subst* **1.** *anat(=spinal column)* ryggsøyle; ryggrad; **a cold shiver ran down my ~** det løp kaldt nedover ryggen på meg; **2.** *på kaktus:* torn; **3***(=back of a book)* bokrygg.
spine cancer *med.:* ryggmargskreft.
spineless ['spainlis] *adj* **1.** *zo(=invertebrate)* virvelløs; **2.** *neds* **T:** holdningsløs; svak.
spinet ['spinit] *subst; mus:* spinett.
spinnaker ['spinəkə] *subst; mar:* spinnaker.
spinner ['spinə] *subst* **1.** *person:* spinner(ske); **2.** *flyv:* propellnavkappe; **3.** *fiskeredskap(=spinning bait)* sluk; *(jvf money-spinner).*
spinney ['spini] *subst(=grove)* skogholt.
spinning bait *fiskeredskap:* sluk; *(jvf spoon bait).*
spinning mill spinneri.
spinning wheel rokk; spinnerokk.
spin-off ['spin,ɔf] *subst* **1***(=by-product; secondary product)* biprodukt; sekundærprodukt *(fx spin-offs of space research);* **2***(=further development):* **a ~ from** en videreutvikling av *(fx a spin-off from a successful TV series);* **3***(=ramification):* **-s into many trades and industries resulting from investment in one** forgreninger til mange deler av næringslivet som et resultat av en investering på ett felt.
spinous ['spainəs] *adj(=spiny)* pigget; tornet.
spinster ['spinstə] *subst:* ugift (eldre) kvinne; *neds:* gammel jomfru; peppermø.
spiny ['spaini] *adj:* pigget; tornet.
spiny lobster *zo(=rock lobster; langouste)* langust.
spiraea*(,US: spirea)* [spai'riə] *subst; bot:* spirea.
I. spiral ['spaiərəl] *subst; også fig:* spiral; **inflationary ~***(=wage-price spiral)* inflasjonsspiral.
II. spiral *adj:* spiralformet; spiral-.
III. spiral *vb:* (få til å) bevege seg i en spiral; *om priser:* skru seg i været; **-ling costs** kostnader som hele tiden går i været.
spiral binding spiralhefting.
spiral-bound writing pad spiralblokk.
spiral spring*(=coil spring)* spiralfjær.
spiral staircase*(=winding stairs)* vindeltrapp.
spirant ['spaiərənt] *subst; fon:* spirant.
spire ['spaiə] *subst:* (tårn)spir; **church ~** kirkespir.
spired *adj; om tårn:* med spir.
I. spirit ['spirit] *subst* **1.** ånd *(fx the spirit of reform; the spirits of the dead; the spirit of the 18th century);* **the guiding ~ of an undertaking** den bærende kraft i et foretagende; **according to the ~ of the law** etter lovens ånd; **interpret the rule according to its general ~** fortolke regelen etter dens ånd; **I'll be with you in ~***(=I'll be thinking of you)* jeg skal følge deg i ånden; **he took the criticism (,joke) in the right ~** han tok kritikken (,spøken) i den rette ånd; **the Holy Spirit***(=Ghost)* den Hellige Ånd; **2.** holdning; ånd; innstilling *(fx that spirit will see us through our difficulties);* **3.** sprit; **surgical ~** sykehussprit; **4.: -s** 1. brennevin; **wine and -s** vin og brennevin; 2. humør; **his -s rose** humøret hans steg; **this may raise his -s** dette vil kanskje sette ham i bedre humør; **in good***(=high)* **-s** i godt humør; **in low -s** i dårlig humør.
II. spirit *vb:* **~ away** trylle bort.
spirited *adj:* dristig *(fx attack);* livlig *(fx discussion).*
spiritless ['spiritlis] *adj:* uten temperament; energiløs *(fx person);* livløs *(fx his performance was rather spiritless).*
spirit level vaterpass.
spirit rapping meddelelser fra bankeånder.
spiritual ['spiritʃuəl] *adj:* åndelig; sjelelig; **the ~***(=psychological)* **element** det sjelelige.
spiritual adviser sjelesørger.
spiritual comfort*(=consolation)* sjeletrøst; åndelig trøst.
spiritualism ['spiritʃuə,lizəm] *subst* **1.** *fil:* spiritualisme; **2***(=spiritism)* spiritisme.
spiritualist ['spiritʃuəlist] *subst* **1.** *fil:* spiritualist; **2.** spiritist.
spiritualist association parapsykologisk forening (*el.* selskap); **UK: the Spiritualist Association of Great Britain** *svarer til:* Norsk Parapsykologisk Selskap.
spiritualize, spiritualise ['spiritʃuə,laiz] *vb* **1***(=give a spiritual meaning to; understand in a spiritual sense)* gi en åndelig betydning; oppfatte på en åndelig måte; **2***(=make spiritual)* åndeliggjøre.
spiritual leader åndshøvding.
spiritual life*(=mental life)* sjeleliv.
spirit varnish spritlakk.
I. spit [spit] *subst* **1.** (steke)spidd; **2.** landtunge; tange; **3.** spadestikk *(fx dig it two spit(s) deep); (jvf I. sod 1);* **4***(=spittle; saliva)* spytt.
II. spit *vb(pret & perf. part.: spat)* **1.** spytte; **~ on your hands and use the spade!** spytt i nevene og bruk spaden! **~ it out** spytt det ut; **2.** *om ild:* sende ut; spy *(fx the fire spat (out) sparks);* **3. T***(=drizzle)* duskregne *(fx it's still spitting);* **4.** *om motor:* **~ back (through the carburettor)***(=*

misfire; stutter) fuske; feiltenne; *(jvf II. misfire 1).*
III. spit *vb* **1.** sette på spidd; **2.** spidde *(fx the animal tried to spit him with its horns).*
I. spite [spait] *subst* **1.** ondskap(sfullhet); **she did it out of ~** hun gjorde det for å være ondskapsfull; **2.: in ~ of***(=despite)* til tross for; tross; trass i; **in ~ of the fact that . . .** til tross for at . . .
II. spite *vb:* være ondskapsfull mot; ergre *(fx he only did that to spite me!).*
spiteful ['spaitful] *adj:* ondskapsfull.
spitfire ['spit,faiə] *subst* **1.** sinnatagg; hissigpropp; **2.** *hist; mil; jagerflytype:* spitfire.
spitting cobra *zo:* spyttende kobra.
spitting image T: he's the ~ of his father*(=he's the dead spit and image of his father)* han ligner sin far på en prikk.
spittle ['spitəl] *subst(=saliva)* spytt.
spittoon [spi'tu:n] *subst* **1.** spyttebakke; **2.** *hos tannlege:* spyttekum.
I. splash ['splæʃ] *subst* **1.** plask *(fx he fell in with a splash);* **2.** sprut; skvett; **a ~ of mud** en søleskvett; **3.** *om sterk fargeeffekt:* **a ~ of colour** en fargeklatt; **4. T: make a ~** 1. tiltrekke seg oppmerksomhet; skape sensasjon *(fx it made less of a splash than forecast);* **he's made quite a ~ in his new career as an actor** han har vakt betydelig oppmerksomhet i sitt nye virke som skuespiller; 2*(=lash out)* flotte seg *(fx make a splash and have a really big party).*
II. splash *vb* **1.** skvette; søle på *(fx a passing car splashed my coat);* **~ water about** skvette vann omkring; **2.** plaske *(fx the children were splashing in the sea),* **~ oneself** plaske vann på seg; **3.** *neds(=display)* slå opp *(fx posters were splashed all over the wall);* **4.** *om nyhetsstoff:* slå stort opp *(fx the affair was splashed all over the local papers);* **5. T: ~ money about***(=spend money like water)* øse ut penger; **6. T: ~ out** 1*(=spend a lot of money)* bruke mange penger; flotte seg *(fx you shouldn't splash out like that!);* 2.: **~ out on***(=splurge on)* unne seg; spandere på seg *(fx she splashed out on a new dinner service).*
splashdown ['splæʃ,daun] *subst; om romkapsel:* landing i sjøen.
splatter ['splætə] *vb(=splash)* plaske *(fx rain splattered against the windscreen).*
I. splay [splei] *subst; arkit:* skråkant; dørsmyg; vindussmyg.
II. splay *vb* **1.** *arkit:* gjøre skrå; gi skråkant; **2.** *vet:* forstrekke; forvri *(fx a bone).*
splay-footed ['splei,futid] *adj:* uttilbens.
spleen [spli:n] *subst; anat:* milt; **accessory ~** bimilt.
spleenwort ['spli:nwə:t] *subst; bot:* burkne.
splendid ['splendid] *adj:* strålende; prektig; glimrende; storartet; flott *(fx a splendid piece of work).*
splendour *(,US: splendor)* ['splendə] *subst:* glans; prakt.
I. splice [splais] *subst* **1.** *film:* skjøt; **2.** *mar:* spleis.
II. splice *vb* **1.** skjøte; **2.** *mar:* spleise; **3. T: get -d** bli spleiset (ɔ: bli gift).
splicer: film ~ skjøteapparat.
spline ['splain] *subst; tøm:* løs fjær.
splint [splint] *subst* **1.** *med.:* skinne *(fx put the broken leg in a splint);* **2.** *til fletting:* spon.
I. splinter ['splintə] *subst* **1.** *mil:* splint; **2.** splint; flis *(fx get a splinter in one's finger).*
II. splinter *vb(=shatter)* splintre.
splinter group *polit(=breakaway faction)* utbrytergruppe.
splinter party *polit:* splittelsesparti.
I. split [split] *subst* **1***(=crack)* sprekk *(fx there's a split in one of the sides of the box);* **2.** *fig:* splittelse *(fx a split in the ranks of the Labour Party);* **3.** *gym:* **the -s** spagaten; **do the -s** gå ned i spagaten.
II. split *vb(pret & perf. part.: split)* **1.** spalte; dele; kløyve *(fx firewood);* revne *(fx the skirt split all the way down the back seam);* **T: my head's -ting** jeg har en dundrende hodepine; **2.** *fig:* splitte; dele *(fx this issue split the voters into two opposing groups);* **3. T: ~ on sby** sladre på en; **4.: ~ up** 1. gå fra hverandre *(fx they split up after six months' marriage);* 2. dele (opp) *(fx I've split up the question into three parts);* **~ a pound note** dele en pundseddel; **5. T: ~ with***(=share with)* dele med *(fx sby);* **6.** *m.h.t. pris:* **~ the difference** møtes på halvveien.
split infinitive *gram:* kløyvd infinitiv.
split-level ['split,levəl] *adj:* på to plan *(fx dining room).*
split peas gule erter.
split personality spaltet personlighet.
split pin *mask(=cotter pin)* låsesplint; låsepinne.
split second*(=fraction of a second):* **for a ~ she thought she saw a face at the window** i brøkdelen av et sekund syntes hun at hun så et ansikt ved vinduet.
split-second timing hårfin beregning av tiden.
split shift *om arbeidsskift:* delt skift.
splitting ['splitiŋ] *adj:* **I've a ~ headache** jeg har en dundrende hodepine.
splodge [splɔdʒ]*(,US: splotch* [splɔtʃ]*) subst:* klatt.
I. splurge [splə:dʒ] *subst* **1.** briljering (med sin rikdom, etc); **2. T***(=spending spree)* en ordentlig innkjøpsrunde.
II. splurge *vb* **1***(=make a splurge)* briljere; **2. T** *m.h.t. innkjøp:* (riktig) flotte seg; **~ on a slap-up meal** spandere på seg et flott måltid.
I. splutter ['splʌtə] *subst:* sprut; **the sausages gave a ~** pølsene freste (*el.* sprutet) (i pannen).
II. splutter *vb* **1.** sprute *(fx the sausages spluttered in the pan);* **2.** *om person(=spit when speaking)* spytte (*el.* sprute); **3.** *om kjele når vannet koker(=hiss)* visle; **4.** *om person:* snakke fort og opphisset; snuble i ordene *(fx she was spluttering with indignation).*
spoil [spɔil] *vb(pret & perf. part.: spoilt; spoiled)* **1***(=ruin)* ødelegge *(fx one's appetite; one's holiday);* **the evening was hopelessly -t** kvelden var håpløst ødelagt; **T: ~ sby's fun** ødelegge moroa for en; **2.** *barn:* skjemme bort; **3. T: ~ for a fight***(=be eager for a fight)* være ivrig etter å få slåss.
spoils [spɔilz] *subst; pl; stivt el. litt.(=booty)* bytte *(fx the spoils (of war)).*
spoilsport ['spɔil,spɔ:t] *subst(=killjoy; wet blanket)* gledesdreper.
spoils system US: den praksis at gode embeter fordeles blant tilhengere av det seirende parti.
spoilt [spɔilt] *pret & perf. part. av spoil.*
I. spoke [spouk] *subst* **1.** *i hjul:* eike; **2.** *fig:* **put a ~ in sby's wheel** stikke kjepper i hjulene for en.
II. spoke *pret av speak.*
spoken ['spoukən] **1.** *perf. part. av speak;* **2.** *adj:* muntlig; **~ English** engelsk talespråk; **the ~ word** det talte ord.
spokeshave ['spouk,ʃeiv] *subst* **US***(=drawknife; drawshave)* skavehøvel; skavejern.
spokesman ['spouksmən] *subst:* talsmann.
spondee ['spɔndi:] *subst; versefot:* spondé.
I. sponge ['spʌndʒ] *subst* **1.** svamp; **2.** *med.:* tampong (for sår); **3***(=sponge cake)* sukkerbrød; **4.** gjærdeig (før den knas); **5.: throw in***(=up)* **the ~** gi opp; erklære seg slått.
II. sponge *vb* **1.** vaske med svamp; **2.** *fig:* snylte;

~ off, ~ on snylte på *(fx he's been sponging on us for years);* **3.: ~ up***(=wipe up (with a sponge))* tørke opp; **she -d the mess up off the table** hun tørket sølet av bordet.
sponge bag*(=cosmetic bag)* toalettveske.
sponge cake sukkerbrød; kake lagd av sukkerbrøddeig.
sponge-cake mixture*(=sponge mixture)* sukkerbrøddeig.
sponger ['spʌndʒə] *subst(,***US S** *freeloader)* snyltegjest.
spongy ['spʌndʒi] *adj* **1.** svampaktig; svampet; **2.** *sport; om bane(=soggy)* regntung; vasstrukken; våt.
I. sponsor ['spɔnsə] *subst* **1.** *radio, TV:* sponsor; **2.** *om person som støtter et tiltak med penger:* sponsor; fadder; **3.** *rel(=godparent)* gudfar; gudmor.
II. sponsor *vb* **1.** understøtte *(fx my church is sponsoring a divinity student);* støtte *(fx the firm sponsors several golf tournaments);* **2.** *m.h.t. veldedig formål:* **~ sby** være sponsor for en *(fx will you sponsor me on a 24-mile walk?);* **3.** *radio, TV:* betale for; **a programme -ed by . . .** et program som . . . betaler for; **4.: a scheme -ed by NN** en plan som NN er opphavsmann til; en plan som NN har stått fadder til.
sponsored film betalingsfilm.
sponsorship ['spɔnsə,ʃip] *subst:* det å støtte; støtte.
sponsor teacher US & *Canada(=teaching supervisor) skolev:* veileder (for prøvekandidat).
spontaneity [,spɔntə'ni:iti; ,spɔntə'neiiti] *subst(= spontaneousness)* spontanitet.
spontaneous [spɔn'teiniəs] *adj* **1.** som skjer av seg selv; spontan *(fx invitation);* **2.** naturlig; som skjer uten ytre påvirkning; spontan *(fx recovery).*
spontaneous combustion*(=ignition)* selvantennelse.
spontaneous healing spontan helbredelse.
spoof [spu:f] *subst* **T:** parodi *(fx they performed a brilliant spoof on Shakespearean tragedy).*
spoof Western T: parodisk westernfilm.
spook [spu:k] *subst* **T***(=ghost)* spøkelse; skrømt.
spooky ['spu:ki] *adj* **T:** nifs; spøkelsesaktig.
spool [spu:l] *subst:* spole *(fx of thread);* filmspole.
I. spoon [spu:n] *subst* **1.** skje *(fx soup spoon);* **2.** *fisk(=spoon bait)* (skje)sluk.
II. spoon *vb* **1.** gi med skje *(fx food into the baby's mouth);* **2.: ~ up** øse opp med skje; spise med skje.
spoonbait ['spu:n,beit] *subst; fisk:* skjesluk; *(jvf spinning bait).*
spoonbill ['spu:n,bil] *subst; zo:* skjestork.
spoonful ['spu:nful] *adj:* skjefull; skje.
spoonerism ['spu:nərizəm] *subst:* eksempel på bakvendtsnakk; **talk in -s** *svarer til:* snakke bakvendt *(fx 'in hunt of your frouse' for 'in front of your house' is a spoonerism).*
spoonfeed ['spu:n,fi:d] *vb* **1.** mate med skje; **2.** *fig:* **~ sby** gi en det inn med skjeer.
sporadic [spə'rædik] *adj:* sporadisk; spredt *(fx applause).*
sporangium [spə'rændʒiəm] *subst; bot:* sporehus.
spore [spɔ:] *subst; bot:* spore.
sporran ['spɔrən] *subst; skotsk:* belteveske.
I. sport [spɔ:t] *subst* **1.** sport; **(athletic) -s***(=athletics)* idrett; **go in for ~***(=do a lot of sport)* drive sport; **he does***(=takes part in)* **some kind of ~ three times a week***(=he engages in some sort of sporting activity three times a week)* han driver en eller annen form for sport tre ganger i uken; **engage in competitive -s** delta i konkurranseidrett; **2. T: he's a good ~** han er en real (*el.* grei) kar; **be a ~!** vær nå grei, da! **3.** *stivt:* **make ~***(=fun)* **of** holde leven med; **4.: it becomes a ~** det går sport i det; *(jvf sports).*
II. sport *vb; spøkef(=wear)* gå med *(fx a pink tie).*
sporting ['spɔ:tiŋ] *adj* **1.** sporty *(fx that's very sporting of you);* **2.** sports- *(fx interests).*
sporting chance*(=reasonably good chance)* en rimelig sjanse.
sportingly *adv:* på en sporty måte; **he ~ let me start first** han var sporty nok til å la meg starte først.
sporting nation sportsnasjon; idrettsnasjon.
sportive ['spɔ:tiv] *adj(=playful)* leken; lystig.
I. sports *subst* **1.** sportsgrener; idrettsgrener; idrett; **2***(=sports meeting)* idrettsstevne; **a school ~** et skoleidrettsstevne.
II. sports*(,***US:** *sport) adj:* sports- *(fx equipment).*
sports car sportsbil.
sports day *skolev:* idrettsdag; skoleidrettsstevne.
sports injury idrettsskade.
sportsman ['spɔ:tsmən] *subst* **1.** sportsmann; idrettsmann; **2.** person som viser god sportsånd.
sportsmanlike ['spɔ:tsmən,laik] *adj:* sporty.
sportsmanship ['spɔ:tsmənʃip] *subst:* god sportsånd; det å være sporty; sporty oppførsel.
sports reporter sportsjournalist.
I. spot [spɔt] *subst* **1.** flekk; **a ~ of grease** en fettflekk; **2.** *på mønster:* prikk; **3.** *på huden(=red mark; pimple)* rødt merke; filipens; **come out in -s***(=come out in a rash)* få (et) utslett; **4***(=place)* sted *(fx a nice spot for a picnic);* **on the ~** 1. på stedet *(fx people on the spot);* 2. **T***(=present)* til stede *(fx it was a good thing you were on the spot);* 3. **T***(=at once)* på flekken *(fx she bought it on the spot);* **5. T: in a ~***(=in trouble)* i vanskeligheter; i klemme; **T:** ute å kjøre; **put sby in a ~***(=put sby on the spot)* sette en i klemme *(fx his questions really put the Prime Minister in a spot);* **T:** få en ut å kjøre; **6. T: a ~ of***(=a little)* litt *(fx they had a spot of bother with the car);* **7. T: knock -s off sby***(=beat sby easily)* slå en sønder og sammen.
II. spot *vb* **1. T***(=catch sight of)* få øye på; **2***(=pick out)* plukke ut *(fx the winner of a beauty contest).*
III. spot *adv* **T: ~ on***(=very accurate)* meget treffende *(fx his description of her was spot on).*
spot cash *merk:* kontant ved levering.
spot check*(=spot test)* stikkprøve.
spot-check ['spɔt,tʃek] *vb:* ta stikkprøve på.
spot kick *fotb(=penalty kick)* straffespark.
spot-landing ['spɔt,lændiŋ] *subst; flyv:* merkelanding; presisjonslanding.
spotless ['spɔtlis] *adj; også fig:* plettfri.
I. spotlight ['spɔt,lait] *subst* **1.** prosjektør; søkelys; **2.** *fig:* søkelys *(fx the spotlight of the investigation has been turned on his financial affairs).*
II. spotlight *vb(pret & perf. part.: spotlit; i betydning 2: spotlighted)* **1.** opplyse med prosjektør(er) *(fx the stage was spotlit);* **2.** *fig:* belyse; vise tydelig *(fx the incident spotlighted the difficulties).*
spot market *merk:* spotmarked; locomarked.
spot price pris ved kontant betaling; pris på spotmarkedet.
spotted ['spɔtid] *adj* **1.** flekket *(fx a spotted hyena);* **2.** prikket *(fx a spotted tie);* **3.: her dress was ~ with grease** det var fettflekker på kjolen hennes.
spotted crake *zo:* myrrikse; *(jvf corncrake).*
spotted eagle *zo:* stor skrikeørn; **lesser ~** liten skrikeørn.
spotted fever *med.:* flekktyfus; febersykdom som gir flekker i huden.

spotted goby *zo; fisk:* tangkutling.
spotted sandpiper *zo:* flekksnipe.
spot test*(=spot check)* stikkprøve.
spotty ['spɔti] *adj* **1.** med filipenser; kviset; **2.** *etter sykdom:* **be ~** ha flekker i ansiktet.
spot welding punktsveising.
spouse [spaus] *subst; jur el. spøkef:* ektefelle.
I. spout [spaut] *subst* **1.** *på kjele, kanne, etc:* tut; **2.** kraftig stråle; sprut; *fra hval:* blåst; **3. S: up the ~** 1*(=ruined)* spolert; ødelagt; 2*(=pregnant)* på vei; **S:** på tjukken.
II. spout *vb:* sprute; sprøyte *(fx water spouted from the pump); om hval:* blåse; **the wound was -ing blood** blodspruten stod fra såret.
I. sprain [sprein] *subst:* forstuing.
II. sprain *vb:* forstue.
sprat [spræt] *subst; zo(=brisling)* brisling.
I. sprawl ['sprɔ:l] *subst* **1.: he was lying in a careless ~ on the sofa** han lå henslengt på sofaen med armer og ben strittende i alle retninger; **2.: a ~ of buildings** en uryddig samling bygninger; **urban ~** planløs bymessig bebyggelse; byspredning.
II. sprawl *vb* **1.** ligge (,sitte) med armer og ben strittende i alle retninger; **2.** *om by, etc:* ligge spredt utover på en tilfeldig måte *(fx a town that sprawls across the countryside).*
sprawling ['sprɔ:liŋ] *adj:* som brer seg utover *(fx the huge, sprawling city of Los Angeles).*
I. spray [sprei] *subst* **1.** støvregn *(fx from a waterfall);* **2***(=sea spray)* sjøsprøyt; skumsprøyt; **3.** (fin) dusj *(fx give the roses a spray; the perfume came out of the bottle in a fine spray);* **4.** sprøytevæske; spray; **hair ~** hårspray; **5.** spreder *(fx a spray attached to the bath taps);* **6***(=spray can)* sprayboks; **7.** *av kuler, etc:* regn *(fx of bullets);* **8.** liten gren med blader og blomster på; **a ~ of apple blossom** en gren med epleblomst på; **9.** liten pyntebukett *(fx a spray of roses).*
II. spray *vb* **1.** sprøyte *(fx fruit trees);* dusje *(fx flowers);* **2.** *om dyr i brunsttid:* skvette *(fx the lioness sprayed her invitation jets on the bushes);* **3.** sprute *(fx the water sprayed all over everyone);* **4.** sprøytelakkere; **-ed red** rødlakkert; **5.** *med skytevåpen:* pepre; sprøyte.
spray can sprayboks.
sprayer ['spreiə] *subst:* sprøytelakkerer.
spray gun sprøytepistol; sprøytelakkeringspistol.
spraying paint T*(=car enamel)* (bil)lakk.
spray nozzle *mask(=jet)* (forgasser)dyse.
spray painting sprøytelakkering.
I. spread [spred] *subst* **1.** spredning; utbredelse *(fx the spread of crime among schoolchildren);* **2.: (sandwich) ~** pålegg; **cheese ~** smøreost; **3.** *om mat* **T:** oppdekning *(fx that spread looks good! there was a fantastic spread);* **4.** *i avis:* oppslag; **a two-page ~** et oppslag over to sider; *(se middle -age spread).*
II. spread *vb(pret & perf. part.: spread)* **1.** spre; bre ut *(fx a map);* spile ut *(fx the bird spread its wings);* **~ one's legs** skreve; sprike med bena; **~ the infection** spre smitten; **2.** spre seg *(fx the news spread quickly);* **3.** påføre; smøre *(fx spread honey on one's toast);* **~ sth with sth***(=spread sth on sth)* smøre noe på noe; **4.: ~ out** 1. spre ut; bre ut *(fx a rug on the grass);* legge utover *(fx she spread the leaflets out on the table);* 2. spre seg *(fx they spread out);* 3.: **the fields ~***(=stretched)* **out in front of him** jordene bredte seg ut foran ham.
spreadeagled ['spred,i:gəld] *adj(with arms and legs stretched out)* utstrakt *(fx we found the body lying spreadeagled on the floor).*
spreading effect ringvirkninger; **it's the ~ one is afraid of** det er ringvirkningene man er redd for; *(jvf economic: spreading ~ consequences).*
spree [spri:] *subst* **1.** rangel; **go on a***(=the)* **~** gå på rangel; gå ut for å more seg; **2.: go on a spending ~ to London** dra til London for å bruke penger og more seg.
sprig [sprig] *subst* **1.** kvist; lite skudd; **2***(small nail with little or no head)* dykker.
sprigged ['sprigd] *adj: om tøy:* småblomstret.
sprightly ['spraitli] *adj:* vital *(fx old lady).*
I. spring [spriŋ] *subst* **1.** kilde *(fx hot springs);* **2.** vår; **in (the) ~** om våren; **in the ~ of 1985** våren 1985; **3.** *stivt(=jump)* sprang *(fx the lion made a sudden spring on its prey);* **4.** *mask, etc:* fjær *(fx piston spring);* **5.** fjæring; avfjæring; **have ~** fjære; **6.** *i ski:* spenn; **7.** *i gulv:* svikt *(fx there's a lot of spring in this floor);* **8.** *fig:* **he had a ~ in his walk** han hadde en spenstig gange.
II. spring *vb(pret: sprang; perf. part.: sprung)* **1.** springe *(fx she sprang(=jumped) into the boat);* sprette *(fx a piece of the clock sprang out when he took the back off; he sprang(=jumped) to his feet);* **2.** *om felle:* smelle igjen *(fx the trap must have sprung when the hare stepped in it);* få til å smelle igjen *(fx he sprang the trap);* **3.: ~ from** 1*(=result from)* komme av *(fx a misunderstanding);* 2. *litt.(=be descended from)* stamme fra *(fx he sprang from peasant stock);* **4.** *mar:* **~ a leak** springe lekk; **5.** *om fjær, buestreng, etc:* **~ back** springe tilbake; **6.** *om noe som skjer plutselig el. uventet:* **~ the news on him** la nyheten komme overraskende på ham; **~ a surprise on them** la dem få en overraskelse; **7.: ~ up***(=shoot up)* skyte i været *(fx new buildings are springing up everywhere);* skyte opp *(fx weeds).*
springboard ['spriŋ,bɔ:d] *subst* **1.** springbrett; trampoline; **2.** *fig(=stepping stone)* springbrett *(for* for).
spring chicken 1. US*(=young chicken)* ung kylling; **2. T: she's no ~** hun er ingen ungsau.
spring cleaning vårrengjøring.
spring clip fjærklemme.
spring cotter fjærstift.
springe ['sprindʒ] *subst; til å fange små dyr i(=snare)* snare; done.
spring mattress springmadrass.
spring onion *bot(=salad onion; green onion; scallion)* pipeløk.
spring tide springflo.
springtime ['spriŋ,taim] *subst(=spring)* vår.
spring washer fjærskive; pakning.
springy ['spriŋi] *adj:* fjærende; **be ~** fjære; gi etter.
I. sprinkle ['spriŋkəl] *subst:* dryss *(fx of snow).*
II. sprinkle *vb* **1.** drysse; strø *(fx salt over one's food);* vanne; dusje *(fx the roses with water);* **2***(=drizzle slightly)* småregne.
sprinkled *adj:* **~ with** med . . . innimellom *(fx a field sprinkled with flowers);* **her hair was ~ with grey** hun hadde striper med grått i håret.
sprinkler ['spriŋklə] *subst; på kanne el. vannslange:* spreder.
sprinkling ['spriŋkliŋ] *subst; om lite kvantum:* dryss *(fx a sprinkling of snow);* stenk *(fx with a sprinkling of grey);* **there was also a ~ of older men** det var også enkelte eldre menn innimellom.
I. sprint [sprint] *subst* **1.** *sport:* sprint (om avstander inntil 400 m) *(fx who won the 100 metres sprint?); (jvf I. dash 6);* **2.: he ran up the road at a ~** han sprintet (*el.* løp i full fart) oppover veien (,gaten).

II. sprint *vb:* sprinte; løpe i full fart.
sprinter ['sprintə] *subst:* sprinter.
sprit [sprit] *subst; mar:* spri(stake).
sprite ['sprait] *subst:* alveaktig vesen, som holder til ved vann; **river** ~ *svarer omtr til:* nøkk.
spritsail ['sprit,seil] *subst; mar:* spriseil.
sprocket ['sprɔkit] *subst; mask* **1.** tann (på kjedetannhjul); **2.** kjededrev; kjedehjul; **camshaft** ~ registerakseltannhjul.
sprocket holes *i film:* perforering.
sprocket wheel kjedetannhjul; kjedehjul.
I. sprout [spraut] *subst; bot* **1.** spire; skudd *(fx bean sprouts);* **2.: Brussels***(=brussels)* **-(s)** rosenkål; **3.: (potato)** ~ groe (på potet).
II. sprout *vb* **1.** spire; *om potet:* få groer; *om tre:* ~ **new leaves***(=put out leaves)* få nytt løv; **the young birds are -ing their first feathers** de små fuglene er i ferd med å få sine første fjær; **2.:** ~ **up** 1*(=grow)* vokse *(fx the fruit bush has sprouted up fast);* 2. *om barn* **T:** skyte i været.
I. spruce [spru:s] *subst(=spruce fir;* **T:** *fir)* gran.
II. spruce *vb* **T:** ~ **(oneself) up** gjøre seg fin; pynte seg.
III. spruce *adj:* flott; pyntet; smart *(fx you're looking very spruce today);* **a** ~ **young man** en flott ung mann.
spruce bark beetle *zo:* granbarkbille.
sprung [sprʌŋ] *perf. part. av II. spring.*
spud [spʌd] *subst* **1.** *gart:* lukespade; **2. S***(=potato)* potet.
spume [spju:m] *subst; litt.(=foam)* skum.
spun [spʌn] *pret & perf. part. av II. spin.*
spunk [spʌŋk] *subst* **1***(=tinder)* knusk; **2. T***(=courage)* mot; **that boy's plenty of** ~ den gutten er virkelig modig; **3.** *vulg(=semen)* sæd.
I. spur [spə:] *subst* **1.** spore *(fx dig the spurs into the horse); fig:* **the** ~ **of ambition** ærgjerrighetens spore; **2.** *zo:* spore *(fx on a cock's leg);* **3.** *geol; fjells:* utløper; **4.: on the** ~ **of the moment** på stående fot; ut fra et øyeblikks innskytelse.
II. spur *vb* **1.** spore *(fx they spurred their horses);* **2.:** ~ **on** 1. spore *(fx he spurred his horse on)* 2*(=urge on)* anspore *(fx the thought of the prize spurred her on).*
spurge [spə:dʒ] *subst; bot(=euphorbia)* vortemelk.
spur gear *mask(=spur wheel)* sylindrisk tannhjul.
spurious ['spjuəriəs] *adj; stivt(=fake; false; not genuine)* falsk *(fx document);* forfalsket *(fx signature).*
spurn [spə:n] *vb; om tilbud; stivt(=reject scornfully)* avvise med forakt *(fx he spurned my offers of help).*
spurrey ['spʌri] *subst; bot:* **(corn)** ~ vanlig linbendel.
I. spurt [spə:t] *subst* **1.** stråle; sprut *(fx a spurt of blood);* **2.** spurt; **put on a** ~ spurte; skynde seg; **final** ~ sluttspurt; **a sudden** ~*(=burst)* **of energy** et plutselig anfall av energi; et krafttak.
II. spurt *vb* **1***(=run fast)* spurte; **2***(=gush)* sprute *(fx blood spurted from the wound);* ~ **out** sprute ut.
spur wheel *mask(=spur gear)* sylindrisk tannhjul.
sputter ['spʌtə] *se splutter.*
sputum ['spju:təm] *subst; fagl(=saliva; spittle)* spytt; oppspytt.
I. spy [spai] *subst:* spion; **industrial spies** industrispioner.
II. spy *vb* **1.** spionere *(fx spy for the Russians);* **2.:** ~ **on** spionere på; **3.:** ~ **out** rekognosere *(fx scouts were sent ahead to spy out the land).*
spyglass ['spai,gla:s] *subst:* (liten) kikkert.
spyhole ['spai,houl] *subst:* kikkhull; **a** ~ **in the door***(=a door spy; a door viewer)* et kikkhull i døren.
squab [skwɔb] **1.** *subst; zo:* dueunge; **2.** *adj:* kort og tykk.
I. squabble ['skwɔbəl] *subst(=noisy quarrel)* skjenneri; høylytt krangel *(fx they had a squabble about it).*
II. squabble *vb(=quarrel noisily)* skjennes; krangle høylytt.
squad [skwɔd] *subst* **1***(=working party)* (arbeids)lag *(fx a squad of workmen);* **2.** *mil* **US***(=section)* lag; **3.: firing** ~ eksekusjonspelotong; **4.** *i politiet:* avsnitt; **drug(s)** ~ narkotikaavsnitt.
squad car*(=police car)* politibil.
squadron [skwɔdrən] *subst; mil* **1.** eskadron; **tank** ~*(,***US:** *tank company)* stridsvognseskadron; **2.** *flyv:* skvadron; **fighter** ~ jagerskvadron.
squadron leader *(fk Sqn Ldr) (,***US:** *major (fk MAJ)) flyv:* major.
squalid ['skwɔlid] *adj:* skitten; snusket.
I. squall [skwɔ:l] *subst* **1***(=gust of wind)* stormkast; **2.** *neds(=bawl)* skrik; vræl *(fx the baby's squalls).*
II. squall *vb; neds(=bawl)* skrike; vræle.
squally ['skwɔ:li] *adj; om været:* med stormkast; med kraftige vindstøt *(fx a squally day).*
squalor ['skwɔlə] *subst(=filth)* skitt *(fx they lived in poverty and squalor).*
squander ['skwɔndə] *vb; om penger el. energi(=waste)* kaste bort; ødsle bort; *(jvf I. lavish).*
I. square [skwɛə] *subst* **1.** *mat.:* kvadrat; **9 is the** ~ **of 3** 9 er kvadratet av 3; **2.** kvadratisk stykke; firkant; **3***(=headsquare; headscarf)* skaut; **4.** *i stedsnavn (ofte fk Sq.)* plass *(fx Leicester Square);* **5.** *redskap(=try square)* vinkel; **6.** *om person; neds:* håpløst gammeldags person *(fx my parents are real squares!);* **7. T: go back to** ~ **one***(=start again at the beginning)* begynne forfra igjen; **we're back to** ~ **one** nå er vi tilbake der hvor vi startet; **8.: out of** ~*(=not at right angles)* ikke i vinkel; ikke vinkelrett; hjørneskakk *(fx the house is out of square).*
II. square *vb* **1.** gjøre firkantet (*el.* kvadratisk); gi kvadratisk form; **2.** gjøre rettvinklet; avrette; hogge til; kanthogge *(fx timber);* **3.** *mat.(=multiply by itself)* kvadrere; gange med seg selv; **4.** *om skuldre(=straighten):* **he -d his shoulders** han rettet seg opp; **5.** *om regning* **T***(=settle):* **I must** ~ **my account with you** jeg må gjøre opp med deg; **6. T***(=bribe)* bestikke *(fx he's been squared to hold his tongue);* **7. T:** ~ **up***(=settle up; pay)* gjøre opp; betale; **8.:** ~ **up to** 1. innta kampstilling overfor; 2. *fig; om vanskelig situasjon(=face up to)* innstille seg på; ta *(fx he squared up to the situation);* **9.:** ~ **with** 1*(=agree with)* stemme med *(fx his story doesn't square with the facts);* 2*(=reconcile)* få til å stemme med; bringe i overensstemmelse med *(fx square theory with practice);* **10.:** ~ **the circle***(=attempt the impossible)* forsøke å løse sirkelens kvadratur; forsøke det umulige.
III. square *adj* **1.** kvadratisk; *i sms også om det som er tilnærmet kvadratisk:* firkantet; **2.** kvadrat- *(fx a square metre);* **two metres** ~ to meter i firkant; to ganger to meter; **3.** rett(vinklet) *(fx square and rounded corners);* **4. T***(=settled; paid)* betalt *(fx my account with the grocer is square up to May 1st);* **5***(=fair)* real; **get a** ~ **deal** få real (*el.* ordentlig) behandling; **a** ~ **meal** et ordentlig (*el.* realt) måltid; **6.: be all** ~ 1. *sport(=be even)* stå likt *(fx the golfers were all square at the fourth hole);* 2. kvitt *(fx if I pay you an extra £10, shall we be (all) square?);* **7. T: be***(=get)* ~ **with***(=get even with)* få revansj på; **. . . but we'll**

get ~ with them men det skal de få igjen! *(se også I. peg 8: he's a square ~ in a round hole).*
square-bashing *mil* **T***(=parade-ground drill)* plasseksersis.
square bar iron firkantjern.
square bracket hakeparentes; **in -s** i skarpe klammer.
square-built ['skwɛə,bilt] *adj:* firskåren.
squared paper*(=graph paper)* rutepapir; millimeterpapir.
square file firkantfil.
square knot*(=reef knot)* båtsmannsknop.
squarely ['skwɛəli] *adv* **1***(=firmly; directly)* fast; direkte *(fx she looked squarely at me);* **2***(= honestly)* ærlig *(fx act squarely);* **3.: he came and stood ~ before me** han kom og stilte seg opp foran meg.
square measure*(=measure of area)* flatemål; kvadratmål.
square one *se I. square 7.*
square-rigged ['skwɛə,rigd] *adj; mar:* skværrigget.
square root *mat.:* kvadratrot.
square sail *mar:* råseil; skværseil.
square-shouldered ['skwɛə,ʃouldəd] *adj(=broad -shouldered)* bredskuldret.
I. squash ['skwɔʃ] *subst* **1. T***(=crush)* trengsel *(fx there was a squash in the doorway);* **it was rather a ~** det var temmelig trangt; **2.** klask *(fx the fruit fell to the ground with a squash);* **3.** *om fortynnet drikk:* squash; saft *(fx lemon squash); mots ren saft ('syrup'):* leskedrikk; **4.** *ballspill:* squash; veggtennis; **5. US** *bot:* squash (ɔ: slags gresskar).
II. squash *vb* **1. T***(=squeeze)* presse *(fx he tried to squash too much into his suitcase);* **2. T***(= crush)* knuse; **~ flat** flatklemme *(fx the tomatoes got squashed flat);* **my fingers were -ed***(=trapped)* fingrene mine ble klemt; **3.** *fig:* knuse *(fx a rebellion);* **4.** stoppe munnen på *(fx it's impossible to squash him).*
squashy ['skwɔʃi] *adj* **T***(=soft (and wet))* bløt (og våt) *(fx squashy ground);* **a ~ fruit** en bløt frukt; **a ~ cushion** en bløt sofapute.
I. squat [skwɔt] *subst* **1.** det å sitte på huk; **2***(= squatting)* husokkupasjon; **3. T:** okkupert hus; bygning som er velegnet for husokkupanter.
II. squat *vb* **1.** sitte på huk; **~ down** sette seg på huk; **2.** *uten hjemmel:* slå seg ned; bo ulovlig *(fx two families have been squatting in the empty house).*
III. squat *adj* **1.** *om person; neds:* **he's small and ~** han er liten og tykk; **2.** *om bygning:* lav.
squatter ['skwɔtə] *subst:* husokkupant.
squatting ['skwɔtiŋ] *subst:* husokkupasjon.
squaw [skwɔ:] *subst:* indianerkvinne.
squawk [skwɔ:k] **1.** *subst:* kort, hest skrik; **2.** *vb; især om fugl:* skrike hest; skrike opp.
I. squeak [skwi:k] *subst* **1.** (høyt) pip *(fx the squeaks of the mice; the squeaks of the puppies);* **2***(= escape):* **that was a narrow ~!** det var på nære nippet!
II. squeak *vb(=creak)* pipe; knirke.
squeaky ['skwi:ki] *adj; om dør, etc:* som piper (*el.* knirker) *(fx a squeaky gate);* pipende *(fx noise; voice).*
I. squeal [skwi:l] *subst:* hvin *(fx the squeals of the pigs);* skrik.
II. squeal *vb* **1.** hvine; skrike; **2. S:** tyste; sladre *(fx he squealed on his boss).*
squealer ['skwi:lə] *subst* **S:** angiver; tyster.
squeamish ['skwi:miʃ] *adj* **1***(=slightly sick)* litt kvalm *(fx I start feeling squeamish as soon as I get on a boat);* **2.** pysete; **~ about spiders** pysete når det gjelder edderkopper.
squeegee ['skwi:dʒi:] *subst; for vinduspussing:* nal.
I. squeeze [skwi:z] *subst* **1.** klem *(fx he gave his sister an affectionate squeeze);* **2.: it was a (tight) ~** det var (meget) trangt; **3.** noen få dråper; (liten) sprut *(fx a small squeeze of dish-washing liquid);* **4.** *økon:* **credit ~***(=tightening of credit facilities)* kredittilstramning; **an economic ~** en økonomisk tilstramning.
II. squeeze *vb* **1.** klemme *(fx sby's hand);* presse *(fx he squeezed the clay into a ball);* **he -d through** han presset seg gjennom; **2.** *fig:* presse *(fx information out of sby);* **we're -d on our prices** vi er hardt presset når det gjelder prisene våre; **3.: ~ up** presse seg sammen (for å gi plass til flere).
squeeze box T*(=accordion)* trekkspill.
squeezy ['skwi:zi] *adj:* **~ bottle** myk plastflaske.
I. squelch [skweltʃ] *subst:* svupping; svuppende lyd.
II. squelch *vb:* svuppe; lage svuppende lyder; vasse (med svuppende lyder) *(fx he squelched across the marsh).*
squib [skwib] *subst* **1.** *slags fyrverkeri:* gresshoppe; **2.** *fig; om noe man har stilt forventninger til:* **damp ~** (stor) skuffelse *(fx the debate turned out to be a damp squib as none of the most important speakers came).*
squid [skwid] *subst; zo:* tiarmet blekksprut.
squiffy ['skwifi] *adj* **T***(=slightly drunk)* påseilet; pussa; litt på en snurr.
squiggle ['skwigəl] *subst; om uleselig håndskrift* **T:** krusedull; **-s** kruseduller; snirkler *(fx his writing is just a series of squiggles).*
squiggly ['skwigli] *adj; om håndskrift:* vanskelig å lese; snirklet.
squill [skwil] *se sea squill.*
I. squint [skwint] *subst* **1.** skjeling; **T:** blingsing; **the child is going to have an eye operation to correct her ~** barnet skal ha en øyenoperasjon for å rette på skjelingen; **2. T***(=look):* **let me have a ~ at it** la meg få en titt på det.
II. squint *vb:* **1.** skjele *(fx the child squints);* **2.** myse *(fx up at the sun);* **he -ed through the telescope** han myste gjennom teleskopet.
squint-eyed ['skwint,aid] *adj(,***T:** *cross-eyed)* skjeløyd.
I. squire [skwaiə] *subst* **1.** *hist:* væpner; **2.** godseier.
II. squire *vb; glds el. spøkef(=escort):* **he -d her to the dance** han ledsaget henne til dansen.
squirm [skwə:m] *vb* **1.** sno seg; vri seg *(fx out of sby's grasp);* **2. T:** være flau; **it made me ~** det gjorde meg flau.
squirrel ['skwirəl] *subst; zo:* ekorn.
I. squirt [skwə:t] *subst* **1.** *neds(=titch)* spirrevipp *(fx that little squirt!);* **2.** sprut; stråle; **3***(=water pistol)* vannpistol.
II. squirt *vb:* sprøyte; sprute på *(fx he squirted me with his water pistol).*
squirt gun US*(=water pistol)* vannpistol.
squish [skwiʃ] *se squelch.*
squishy ['skwiʃi] *se squashy.*
I. stab [stæb] *subst* **1***(=stab wound)* stikksår; **2.** *med dolk, etc.:* støt; **~ with a dagger** dolkestøt; **3.** *fig:* **a ~ in the back***(=an underhand attack)* et bakholdsangrep; et dolkestøt i ryggen; **4.:** *om smerte:* stikk *(fx he felt a stab of pain);* **5. T: have a ~ at***(=have a go at)* forsøke seg på.
II. stab *vb* **1.** *med dolk, etc:* dolke; bruke kniv på; stikke *(fx he stabbed the knife into her back);* **he -bed him in the chest** han stakk kniven i brystet på ham; **~ sby in the heart** stikke kniven i hjertet på en; **2.** *også fig:* **~ sby in the back**

dolke en i ryggen; *fig:* falle en i ryggen; *stivt:* **I was -bed with remorse** jeg fikk et anfall av anger; **3.:** ~ **at** stikke etter *(fx the soldiers kept stabbing at them with their bayonets).*

stability [stə'biliti] *subst:* stabilitet.

stabilization, stabilisation [,steibilai'zeiʃən] *subst:* stabilisering.

stabilize, stabilise ['steibi,laiz] *vb:* stabilisere.

stabilizer, stabiliser ['steibi,laizə] *subst* **1.** stabilisator; **2.** *flyv:* **horizontal** ~*(=tail plane)* haleflate; **vertical** ~ halefinne.

I. stable ['steibəl] *subst* **1.** stall; **2.: riding -s** ridestall.

II. stable *vb:* sette (,ha) på stallen; **they -d their horses** de satte hestene sine på stallen.

III. stable *adj* **1***(=steady)* stø *(fx this chair isn't very stable);* **2.** stabil *(fx how stable is the present government?);* **3.** *om person:* som ikke så lett kommer ut av likevekt; stabil *(fx she's the only stable person in the whole family);* **4.** *økon:* stabil *(fx currency);* **5.** *om pasient:* **she's said to be in a ~ condition** det skal ikke være fare for livet hennes.

stableboy ['steibəl,bɔi] *subst:* stallgutt.

stable door stalldør; *ordspråk:* **it is too late to shut the ~ when the steed is stolen** det er for sent å kaste igjen brønnen når barnet er druknet.

stable fly *zo:* stikkeflue.

stable management stallrøkt.

stabling ['steibliŋ] *subst* **1.** det å sette på stallen; **2.** stallplass.

stab wound stikksår.

staccato [stə'ka:tou] *adj; også mus:* stakkato; **she spoke in ~ tones** hun snakket usammenhengende.

I. stack [stæk] *subst* **1***(=pile)* stabel; **hay-~** høystakk; **2.** *mil:* (gevær)pyramide; **3.** *i bibliotek(= stacks)* bokmagasin; **4. T: -s of***(=heaps of; lots of)* hauger av; masser av *(fx I've got stacks of letters to write).*

II. stack *vb* **1.** stable; stable sammen; *om høy:* sette i stakk; **2.** *mil:* sette i pyramide *(fx the rifles);* **3.** fylle med stabler av *(fx stack a lorry with bricks);* **4.** *kortsp; for å snyte:* **the cards were -ed** kortene var ordnet i forveien; kortene var blitt pakket; **5.** *flyv:* holde flyene i ventemønster; *om flyet:* holde; befinne seg i ventemønster.

stadium ['steidiəm] *subst:* stadion.

I. staff [sta:f] *subst* **1.** *mil:* stab; **2.** personale; stab *(fx teaching staff);* **the ~** personalet; staben; de ansatte; **medical ~** medisinsk personale; **the permanent ~** de fast ansatte; den faste staben; **be on the ~ of the library***(=be a member of the library staff)* være ansatt ved biblioteket.

II. staff *subst(pl: staffs; staves) subst* **1.** stang; **flag-~** flaggstang; **(levelling)** ~*(,US: rod)* nivellerstang; **barrel ~** tønnestav; **2.** *mus:* **the ~** de fem notelinjer.

III. staff *vb:* bemanne *(fx the office is staffed by both men and women);* **well-staffed** godt bemannet; godt utstyrt med personale.

staff holiday personalferie; **general ~** fellesferie *(fx most firms have a general staff holiday); (jvf staggered 1).*

staffman ['sta:f,mæn] *subst* **T***(=surveyor's assistant)* stikningsassistent.

staff meeting *skolev:* lærerråd; *(jvf form teachers' meeting).*

staff nurse (utdannet) sykepleier.

staff officer *mil:* stabsoffiser.

staffroom ['sta:f,rum] *subst; skolev:* lærerværelse.

staff sergeant *mil* **UK:** stabssersjant; *(se NEO stabssersjant).*

staff writer *i avis:* fast medarbeider.

stag [stæg] *subst* **1.** *zo:* **(royal) ~** (kron)hjort; **2.** *av hjortedyr:* han(n); **3.** *merk:* emisjonsspekulant.

stag beetle *zo:* eikehjort.

I. stage [steidʒ] *subst* **1.** *teat:* scene; **on the ~** på scenen; **go on the ~***(=become an actor)* gå til scenen; bli skuespiller; *fig:* **hold the centre of the ~** stå i sentrum; være i fokus; *fig:* **set the ~ for***(= pave the way for)* bane vei for *(fx this trend will set the stage for higher earnings);* **2.: hanging ~** hengestillas; **3.** etappe *(fx the first stage of their journey);* **4.** stadium; trinn; punkt; **at this ~** på det nåværende tidspunkt; nå; **the plan in its early -s** planen på et tidlig stadium; **it's still in the experimental ~** det er fremdeles på forsøksstadiet; **we have now reached***(=got to)* **a***(=the)* **~ where . . .** vi har nå kommet til et punkt hvor (*el.* der) . . .; **the matter has now reached***(=got to)* **a***(=the)* **~ where . . .** saken har nå nådd et punkt hvor (*el.* der) . . .; **5.** *av bussrute(=fare stage)* sone *(fx it costs 50p to travel three stages);* holdeplass som markerer sonegrense (*el.* takstgrense); **6.** *i mikroskopi(=object stage; specimen stage)* objektbord; **7.** *romfart:* **(kick) ~** rakettrinn; **8.: by -s***(=stage by stage)* etappevis; **9.: by easy -s** i lette etapper; i ro og mak *(fx he learnt French by easy stages).*

II. stage *vb* **1.** *teat:* iscenesette; oppføre *(fx the play was first staged in 1927);* **2.** *fig(=organize)* arrangere *(fx a protest march);* iscenesette.

stage act nummer man opptrer med på scenen.

stage box *teat:* orkesterlosje.

stagecoach ['steidʒ,koutʃ] *subst; hist:* skyssvogn.

stage carpenter *teat:* dekorasjonssnekker.

stagecraft ['steidʒ,kra:ft] *subst:* sceneteknikk.

stage direction *teat:* sceneanvisning.

stage director *teat:* sceneinstruktør; regissør; iscenesetter.

stage experience scenevanthet.

stage fright lampefeber.

stagehand ['steidʒ,hænd] *subst:* scenearbeider.

stage-manage ['steidʒ,mænidʒ] *vb; fig:* sette i scene; iscenesette; arrangere.

stage manager *teat(=house manager)* inspisient; *(jvf floor manager).*

stage mechanic*(=scene shifter) teat:* maskinmann.

stager ['steidʒə] *subst* **T: an old ~** en gammel rev.

stage rights *teat(=performing rights)* spillerettigheter.

stage school teaterskole.

stage set *teat:* scenebilde; kulisse og rekvisitter.

stage setting *teat:* scenearrangement.

stage-struck ['steidʒ,strʌk] *adj:* teatergal.

stage success *teat:* spillesuksess.

stage trappings*(=stage facilities)* sceneutstyr.

stage whisper teaterhvisking.

stagflation [stæg'fleiʃən] *subst; økon:* stagnasjon og inflasjon.

I. stagger ['stægə] *subst* **1***(=reeling; unsteady walk)* raving; sjangling; ustø gange; **2.** *flyv:* bæreflateforskyvning; **3.** *vet:* **(blind) -s** koller; *(jvf gid).*

II. stagger *vb* **1***(=reel; walk unsteadily)* rave; sjangle; vakle; slingre; **~ on** vakle (*el.* sjangle) videre; **2.** *om arbeidstid, ferie, etc:* forskyve *(fx they have decided to stagger our working hours);* **3. T***(= astonish)* forbløffe *(fx I was staggered to hear he had died).*

staggered *adj* **1.** *om ferier, etc:* forskjøvet; spredt; **our holidays are ~** ferien vår avvikles over tid; vi har ikke fellesferie; *(jvf staff holiday);* **2. T***(= astonished)* forbløffet *(fx I was absolutely staggered!).*

staggering ['stægəriŋ] *adj* **1.** *om slag, etc:* som får en til å vakle *(fx blow);* **2.** *fig:* svimlende *(fx sum);* forbløffende *(fx events; news).*

staging ['steidʒiŋ] *subst* **1.** *teat:* iscenesettelse; oppsetting; **new ~** nyoppsetting *(fx of a play);* **2.** *bygg:* **(builder's) ~** byggestillas; *(jvf I. stage 2: hanging ~; scaffold 2; scaffolding).*

staging inn*(=coaching inn) hist:* skysstasjon.

stagnant ['stægnənt] *adj* **1.** *om vann:* stillestående; **2.** *merk:* stagnerende *(fx economy).*

stagnate ['stæg,neit; stæg'neit] *vb:* stagnere.

stagnation [stæg'neiʃən] *subst:* stagnasjon; stagnering; stillstand.

stag party mannfolkselskap; *for brudgommen(= stag-night party)* utdrikningslag.

stagy*(,***US:** *stagey)* ['steidʒi] *adj(=theatrical)* teatralsk.

staid [steid] *adj:* adstadig; satt; **a person of ~ appearance** en person som ser satt ut; **her choice of clothes is very ~** hun har en nøktern smak i klær.

I. stain [stein] *subst* **1.** flekk; **paint ~** malingflekk; **2.** beis; *for glass el. tekstiler:* farge.

II. stain *vb* **1***(=leave spots)* sette flekker *(fx does juice stain or can it be washed off?);* lage flekk på; **silk -s easily** det er fort gjort å få flekker på silke; **2.** farge *(fx textiles); tre:* beise; **3.** *fig; litt.:* (skam)plett *(fx on sby's reputation).*

stained glass kulørt glass; farget glass.

stained-glass artist glassmaler.

stainless ['steinlis] *adj:* **~ steel** rustfritt stål.

stain remover flekkfjerner.

stair ['stɛə] *subst* **1***(=step)* trappetrinn; **2***(=stairs; flight of stairs)* trapp *(fx this stair goes to the attic);* **on the -s** i trappen; **fall down the -s** falle nedover trappen.

stair carpet trappeløper.

staircase ['stɛə,keis] *subst:* trapp.

stairway ['stɛə,wei] *subst* **1.** trappeoppgang; **2***(= staircase)* trapp.

stairwell ['stɛə,wel] *subst:* trappehus; trappesjakt.

I. stake [steik] *subst* **1.** pæl; påle; stake; **2.** innsats *(fx play cards for high stakes);* **3.** *om investering:* interesse *(fx he has a stake in several companies); fig:* **we all have a ~ in the future of the world** vi har alle del i verdens fremtid; **4.** *fig:* **be at ~** stå på spill *(fx a great deal of money is at stake; their future is at stake);* **5.: suffer death at the ~** dø på bålet.

II. stake *vb* **1.** satse; våge *(fx one's life on sth);* sette *(fx stake £2 on that horse);* **2.** støtte opp (med stake(r)) *(fx new trees);* **3.: ~ out a house** overvåke et hus; ligge i bakhold ved et hus.

stalactite ['stælək,tait] *subst:* stalaktitt; dryppstein.

I. stale [steil] *subst; landbr; av husdyr(=urine)* urin; piss.

II. stale *vb; landbr(=urinate)* urinere; stalle.

III. stale *adj* **1.** *om brød:* gammelt; *om øl(=flat)* dovent; *om luft:* dårlig; *om nyhet:* gammel; **2.** forslitt *(fx joke); om idé, etc(=uninteresting)* uinteressant; **3.: go ~** bli sliten; miste evnen til å gjøre sitt beste.

I. stalemate ['steil,meit] *subst* **1.** *sjakk:* patt; **2.** *fig(=deadlock)* fastlåst situasjon; **the discussions ended in ~** drøftingene låste seg.

II. stalemate *vb* **1.** *sjakk:* sette patt; **2.** *fig:* få til å gå i stå *(fx he stalemated the negotiations).*

I. stalk [stɔ:k] *subst(=stem)* stengel; stilk.

II. stalk *vb* **1.** lure seg inn på *(fx stalk deer);* **2.** skride *(fx she stalked out of the room).*

stalking horse **1.** *jaktuttrykk:* figur av hest, som jegeren gjemmer seg bak; **2.** *fig(=cover)* skalkeskjul.

I. stall [stɔ:l] *subst* **1.** *i fjøs, etc:* bås; spilltau; **2.** (salgs)bod; (markeds)bod *(fx the marketplace was full of traders' stalls);* **3.** *teat:* **-s** parkett; **4.** *i kirke:* korstol; **5.** *flyv:* stalling; steiling; **5.: finger ~** fingersmokk.

II. stall *vb* **1.** sette på bås; sette i stall; **2.** stoppe *(fx the car stalled);* kvele *(fx the engine);* **3.** *flyv:* stalle; miste farten *(fx the plane stalled and crashed on to the runway);* **4** *fig:* trekke ut tiden *(fx they are stalling over the proposals for a new swimming pool);* **~***(=play)* **for time** forsøke å vinne tid.

stallholder ['stɔ:l,houldə] *subst:* innehaver av markedsbod (*el.* salgsbod).

stalling tactics*(=delaying tactics)* forhalingstaktikk.

stallion ['stæljən] *subst; zo:* hingst; avlshingst.

stalwart ['stɔ:lwət] *adj(=dependable; staunch)* pålitelig; trofast *(fx supporter).*

stamen ['steimən] *subst; bot:* støvbærer.

stamina ['stæminə] *subst(=staying power)* utholdenhet *(fx I haven't got the stamina to cope with children);* tæl *(fx he's got plenty of stamina).*

staminate ['stæminit] *adj; bot:* **~ flower***(=male flower)* hanblomst.

I. stammer ['stæmə] *subst:* stamming; **he has a bad ~** han stammer veldig.

II. stammer *vb:* stamme *(fx he stammers);* stamme frem *(fx he stammered an apology).*

I. stamp [stæmp] *subst* **1.** *med foten:* **"No!" she shouted with an angry ~ of her foot** "Nei!" ropte hun og stampet sint i bakken; **2.** stempel; **rubber ~** 1. gummistempel; 2. *fig:* sandpåstrøing; *(se også rubber-stamp);* **3.: (documentary) ~** *(,på varer: revenue stamp)* stempelmerke; **4***(=postage stamp)* frimerke; **commemorative ~** minnefrimerke; **ten 8p -s***(,***T:** *ten eights)* ti frimerker à 8p; **ten 2½p -s***(,***T:** *ten two-and-a-halves)* ti frimerker à 2½p; **put***(=stick)* **-s on** sette på frimerker; sette frimerker på; **5.** *fig:* preg; **the story had the ~***(=hallmark)* **of authenticity** historien bar preg av å være autentisk; **all his work has the ~ of quality** alt han gjør bærer kvalitetsstempel; **6***(=kind; type)* slag(s); type *(fx men of his stamp).*

II. stamp *vb* **1.** stampe; knuse; **2.: ~ one's foot** stampe med foten; trampe i bakken (,gulvet) *(fx he stamped his foot with rage);* **she was -ing with fury** hun stod og trampet av raseri; **3.** tråkke; trampe (*on* på); **4.** stemple; **-ed with the exporter's name** med eksportørens navn påstemplet; **5.** frankere; sette frimerke(r) på; **-ed addressed envelope** *(fk: s.a.e.)* adressert og frankert svarkonvolutt; **6.** *fig:* stemple *(fx this stamps(=labels) him as a cheat); stivt:* **it was -ed on him***(=it had left its mark on him)* det hadde satt sitt preg på ham; **7.: ~ out***(=eradicate)* utrydde *(fx stamp out crime).*

stamp album frimerkealbum.

stamp collector frimerkesamler.

stamp duty stempelavgift.

I. stampede [stæm'pi:d] *subst(=mad rush (of animals or people))* vill flukt; stormløp *(fx there was a stampede for the door).*

II. stampede *vb* **1.** flykte i panikk (*el.* vill uorden); få panikk *(fx the cattle stampeded);* **2.** skremme på flukt *(fx the noise stampeded the elephants);* **3.** *fig:* presse (til å handle overilt) *(fx don't be stampeded into buying a house that you don't like!).*

stamping ground *spøkef:* tilholdssted; jaktmarker *(fx he's gone off to a new stamping ground – he's looking for a new girlfriend);* **your old ~** dine gamle jaktmarker.

stamp mill stampemølle.

stamp pad stempelpute.

stamp tax*(=stamp duty)* stempelavgift.

stance [sta:ns] *subst* **1.** *sport:* måte å stå på; (fot)-stilling *(fx his stance is good);* **2***(=attitude)* holdning; **take up a firm ~** innta en fast holdning; **he took an anti-union ~** han tok stilling mot fagforeningen.

stanch [sta:ntʃ] *vb(=staunch; stem; stop):* **~ the flow of blood** stanse blødningen.

stanchion ['sta:nʃən] *subst* **1.** *om vertikal bjelke:* støtte; stender; **2.** *landbr:* bøylebindsel.

I. stand [stænd] *subst* **1.** posisjon; stilling; plass; *jakt:* post; **take up one's ~ at the gate***(=go to one's post at the gate)* innta sin post ved porten; **take up a ~ near the exit** ta oppstilling ved utgangen; **2.** *fig:* **make a ~ against***(=resist)* motsette seg; gjøre front mot; **toughen one's ~** innta en hardere holdning; **make a ~ for what one believes is right** kjempe for det man tror er rett; **do you take a ~ on . . .?** har du noe bestemt standpunkt når det gjelder . . .? engasjerer du deg i spørsmålet om . . .? **3***(=rack)* stativ *(fx an umbrella stand);* **4.** forhøyning; *for skulptur, etc:* plass *(fx the sculpture was removed from its stand for cleaning);* **5.: taxi ~** drosjeholdeplass; **6.** *teat; under turné:* opphold; *(se one-night stand);* **7.** *ved utstilling, etc:* stand; **a ~ at the book fair** en stand på bokmessen; **8.** *forst:* bestand; **care of the ~** bestandspleie; **9.** *sport:* (tilskuer)tribune *(fx the stand was crowded); (se grandstand);* **10. US: the (witness) ~***(=the witness box)* vitneboksen.

II. stand *vb(pret & perf. part.: stood)* **1.** stå; **he could hardly ~** han kunne nesten ikke stå (oppreist); **few of the original buildings still ~** det er få av de opprinnelige bygningene som har blitt stående; **2.: ~ (up)** reise seg; **he pushed back his chair and stood***(=got)* **up** han skjøv stolen tilbake og reiste seg (*el.* stod opp); **3.** *mar:* stå; seile *(fx the ship was standing into the harbour);* **4***(=be situated)* ligge; stå *(fx the house stands on a hill);* **5***(=put)* stille *(fx a ladder against the wall; he stood the milk bottle on the doorstep);* **6***(=be in force)* stå ved makt *(fx our agreement still stands);* **7.** *om tilstand el. situasjon; stivt:* **he -s***(=is)* **in terrible danger** han svever i den største fare; **as matters now ~***(=in the present state of things; in the present circumstances; as things are at present)* under de nåværende forhold; (slik) som forholdene nå ligger an; **how do you ~ financially?***(=how are you off for money?)* hvordan er det med økonomien din? **he -s well with the boss***(=he's on good terms with the boss)* han står seg godt med sjefen; **8.** spandere *(fx let me stand you a drink);* **9.** utstå; tåle *(fx I can't stand your boss);* **10***(=bear)* stå for; tåle; **it will not ~ comparison with** det tåler ikke sammenligning med; **11.** *beleiring:* utholde *(fx a siege);* **12.** *om persons høyde:* **he -s six feet two** han er seks fot og to tommer høy (ɔ: 1,88 m); **13.** *polit:* **~ for election** stille til valg; **14.: ~ about** stå omkring (og henge); **15.: ~ accused of murder** stå anklaget for mord; **16.: ~ aside** gå til side; **17.: ~ back** trekke (seg) bakover; holde seg på avstand *(fx a policeman ordered everyone to stand back);* **18.: ~ by** 1. forholde seg passiv; (bare) stå der *(fx I couldn't just stand by while he was hitting the child);* 2. være i beredskap *(fx the police were standing by in case of trouble);* 3*(=support):* **she stood by him** hun stod ved hans side; hun ga ham sin støtte; 4. stå ved *(fx I stand by what I have said; I stand by my promise);* **19.** *av sikkerhetshensyn:* **~ clear of***(=move away from)* holde seg unna *(fx stand clear of the doors!);* **20.: ~ down** 1. trekke seg; trekke sitt kandidatur (*in favour of* til fordel for); 2*(=leave the witness box)* forlate vitneboksen; **21.: ~ firm** stå fast; **I'm -ing firm on***(=over)* **this issue** jeg står fast i denne saken; jeg firer ikke i denne saken; **22.: ~ for** 1. bety; stå for *(fx HQ stands for Headquarters);* 2*(=represent)* stå for *(fx I hate commercialism and all it stands for);* 3*(=tolerate)* finne seg i; tolerere *(fx I won't stand for her rudeness);* 4. stille til valg i *(fx stand for one of the London constituencies);* **~ for Parliament** stille til valg som parlamentsmedlem; **23.** *også fig:* **~ one's ground** holde stand; **24.: ~ in** vikariere (*for* for); **25.: ~ on** 1. stå på; *fig:* **~ on one's own (two) feet** stå på egne ben; 2*(=insist on)* stå på; holde fast ved *(fx she stands on her principles); (se også ceremony: stand on ~);* **26.: ~ out** 1. skille seg ut; **~ out from the crowd** skille seg ut fra mengden; 2. *mar:* stå ut; **~ out to sea** stå ut i rom sjø; 3. *stivt(=hold out)* holde ut (*against* mot) *(fx the garrison stood out as long as possible);* **27.** *fig:* **~ over sby** stå over en *(fx I have to stand over him to make him do his schoolwork);* **28.: ~ to** 1. *mil:* holde seg i beredskap; 2*(=risk (-ing))* risikere å *(fx we stand to lose £100);* 3. *om det sannsynlige:* **he -s to get good marks***(=he's likely to get good marks)* han vil få gode karakterer; **he -s to lose** han risikerer å tape; **29.: ~ up** 1. reise seg; 2. *om argument & krav:* holde *(fx does his argument stand up?);* **~ up in court** holde for retten; holde for en domstol *(fx your claim would stand up in court);* 3.: **~ sby up** ikke holde avtalen med en *(fx he stood her up three times);* **30.: ~ up for***(=defend; support)* forsvare; gå i bresjen for *(fx I thanked him for standing up for me);* **31.: ~ up to** 1. tåle *(fx a car which can stand up to rough handling);* 2. ta igjen med; sette seg til motverge mot *(fx he stood up to the bigger boys who tried to bully him).*

I. standard ['stændəd] *subst* **1.** fane; banner; standart; **the ~ of revolt** opprørsfanen; **2.** standard; målestokk; norm *(fx of classification);* nivå *(fx maintain a high standard);* **the ~ of education** nivået i skolen; utdanningsnivået; **~ of living***(=living standard)* levestandard; **~ of reference***(=basis for comparison)* sammenligningsgrunnlag; **by the -s of that time** etter datidens (*el.* den tids) forhold (*el.* målestokk); **lower the ~***(=lower standards)* senke nivået (*el.* standarden); **raise -s** heve nivået (*el.* standarden); **a raising of (the) -s***(=a rise in standards)* en nivåhevning; en standardforbedring; **3.: be below ~** ikke holde mål; **be up to ~** holde mål *(fx his work is not up to standard; her work is well up to standard);* **4. US: Bureau of Standards***(=trading standards service)* justervesen.

II. standard *adj:* standard; **disc brakes are ~** skivebremser er standard.

standard bearer fanebærer.

standard compass kontrollkompass; moderkompass.

standard design standardmodell; standardutførelse.

standard deviation *i statistikk:* standardavvik.

standard gauge *jernb:* normal sporvidde.

standard gold myntgull.

standardization, standardisation [,stændədai'zeiʃən] *subst:* standardisering.

standardize, standardise ['stændə,daiz] *vb:* standardisere.

standard lamp*(=floor lamp)* stålampe.

standard price standardpris; enhetspris; **a ~ was fixed for certain types of goods** det ble fastsatt enhetspriser for visse vareslag.

standard rate enhetstakst.
I. standby ['stænd,bai] *subst* **1.: a good** ~ greit å ty til *(fx fruit's a good standby when children get hungry between meals);* **2.: on** ~ i beredskap; **he's on** ~ han holder seg klar for det tilfelle at det skulle bli bruk for ham.
II. standby *adv; flyv:* **travel** ~ reise på sjansebillett.
standby ticket *flyv:* sjansebillett.
stand-in ['stænd,in] *subst* **1***(=substitute)* vikar; **2.** *film:* stand-in.
I. standing ['stændiŋ] *subst* **1.** det å stå; **2.** anseelse *(fx a man of high standing);* (sosial) stilling; **3.: of long** ~ mangeårig *(fx a friendship of long standing);* **an agreement of long** ~ en gammel avtale.
II. standing *adj* **1.** stående; **2.** *om vann(=stagnant)* stillestående; **3.** *forst:* ~ **timber***(=growing stock)* tømmer på rot; **4.** stående; fast *(fx offer; order);* ~ **joke** stående vits.
standing army stående hær.
standing crop avling på rot.
standing jump *sport; om lengdehopp:* hopp uten tilsprang; *(jvf running broad jump).*
standing order fast oppdrag; **payments under -s** utbetalinger i følge faste oppdrag.
standing room ståplass.
standoffish [,stænd'ɔfiʃ] *adj:* (kjølig) avvisende; utilnærmelig.
standover ['stænd,ouvə] *subst:* **have a** ~ stå over *(fx I think I'll have a standover).*
standpipe ['stænd,paip] *subst:* (rør for) utekran; standrør.
standpoint ['stænd,pɔint] *subst(=point of view)* standpunkt; synsvinkel; synspunkt; **from the** ~ **that** ut fra det synspunkt (*el.* syn) at; **look at it from my** ~ se det fra min synsvinkel.
standstill ['stænd,stil] *subst:* **be at a** ~ være gått i stå; ha stoppet helt opp; **come to a** ~ gå i stå; stoppe helt opp *(fx production has come to a standstill).*
stand ticket *sport(=grandstand ticket)* billett til sittetribune; tribunebillett *(jvf I. terrace 3).*
standup ['stænd,ʌp] *adj* **1.** som står opp; oppstående; stiv *(fx collar);* **2***(=standing)* stående *(fx meal).*
stank [stæŋk] *pret av II. stink.*
stanza ['stænzə] *subst:* strofe; vers.
stapes ['steipi:z] *subst; anat:* stigbøylen.
I. staple ['steipəl] *subst* **1.** *U-formet stift:* krampe; **2.** *til stiftemaskin:* stift; **3.** *i tekstil:* stapel; **4.** *merk(=staple commodity)* stapelvare.
II. staple *vb:* hefte (*together* sammen); feste ved hjelp av stiftemaskin; **he -d it to the notice board** han stiftet det opp på oppslagstavla.
III. staple *adj:* viktigst; hoved-; **novels are her** ~ **reading** hun leser mest romaner; ~ **industry***(=chief industry)* hovednæring(svei).
staple commodity *merk:* stapelvare.
staple food hovednæringsmiddel.
stapler ['steiplə] *subst:* stiftemaskin; heftemaskin.
I. star [sta:] *subst* **1.** stjerne; *typ(=asterisk)* stjerne; **what** ~ **were you born under?** hvilken stjerne er du født under? **the Star of David** davidsstjernen; **2.** *fig:* stjerne *(fx film star);* **3.** *etter slag, fall, etc* **T: see -s** se både sol og måne og stjerner; **4. T: thank one's lucky -s** prise seg lykkelig.
II. star *vb* **1.** merke med stjerne *(fx I've starred the items I want);* **2.** ha en hovedrolle *(fx in a film);* **3.** presentere i hovedrollen *(fx this film, starring Richard Burton, will be shown next week).*
I. starboard ['sta:bəd] *subst; mar:* styrbord (side).
II. starboard *vb:* ~ **the helm** gi styrbords ror; *int:* styrbord med roret!
III. starboard *adj & adv:* styrbord; styrbords-; **to** ~*(=on the starboard side)* om (*el.* til) styrbord; på styrbord side.
starch [sta:tʃ] **1.** *subst; også til tøy:* stivelse; **2.** *vb:* stive *(fx a shirt).*
starchy [sta:tʃi] *adj* **1.** stivelsesholdig; ~ **foods** stivelsesholdige matvarer; melmat; **2.** *fig:* stiv; formell *(fx her parents are rather starchy).*
stardom ['sta:dəm] *subst:* det å være stjerne; **she was catapulted to** ~ **overnight***(=she became a star overnight)* hun ble stjerne over natten.
star dust stjernestøv; stjernetåke.
I. stare [stɛə] *subst:* stirrende blikk; **he fixed her with an insolent** ~ han fikserte henne med et uforskammet blikk; **an uncomprehending** ~ et uforstående blikk.
II. stare *vb* **1.** stirre (*at* på); ~ **hard at** stirre stivt på; fiksere; **2.** *fig:* **the answer to the problem was staring us in the face** svaret på vårt problem lå snublende nær (*el.* lå like for nesen på oss); **ruin -d him in the face** ruinen stirret ham i øynene.
starfish ['sta:,fiʃ] *subst; zo:* sjøstjerne.
stargazer ['sta:,geizə] *subst; spøkef:* stjernekikker.
staring ['stɛəriŋ] *adj:* stirrende.
I. stark [sta:k] *adj* **1.** *i døden:* ~ **and cold** stiv og kald; **2.** *om landskap, etc; stivt(=barren)* naken; gold *(fx a stark, rocky landscape);* **3.** *fig; stivt(=bare):* **a** ~ **room** et nakent rom; **the** ~ **facts** de nakne kjensgjerninger; **4.** *fig(=harsh)* krass *(fx realism).*
II. stark *adv:* ~ **naked** splitter naken; ~ **(staring) mad** splitter gal.
starkers ['sta:kəz] *adj* **S***(=stark naked)* splitter naken.
starless ['sta:lis] *adj:* uten stjerner *(fx night).*
starlet ['sta:lit] *subst:* ung filmstjerne.
starlight ['sta:,lait] *subst:* stjerneskinn; stjernelys.
starling ['sta:liŋ] *subst; zo:* stær.
starlit ['sta:,lit] *adj(=starry)* stjerneklar.
starry ['sta:ri] *adj:* stjerneklar; *poet:* stjernebesatt *(fx sky);* **it's a** ~ **night** det er stjerneklart i kveld.
starry-eyed ['sta:ri,aid] *adj* **1.** med tindrende øyne; **2.** *fig:* blåøyd; naiv.
starry ray *zo; fisk:* kloskate.
Stars and Stripes US: the ~ stjernebanneret.
star shell *mil:* lysgranat.
star-spangled ['sta:,spæŋgəld] *adj(=studded with stars)* stjernebesatt; bestrødd med stjerner.
I. start [sta:t] *subst* **1.** start; **for a** ~*(=in the first place)* for det første *(fx "You can't have a new bicycle because for a start we can't afford one);* **from the** ~ fra starten av *(fx I told him right from the start that . . .);* **the runners lined up at the** ~ løperne stilte opp på startstreken; **this gave him a good** ~ **in politics** dette ga ham en god start i politikken; **make a** ~ **on** ta fatt på *(fx I shall have to make a start on that work);*
2. forsprang; **get ten minutes'** ~ **on** få ti minutters forsprang på; *sport:* **give sby two metres'** ~ gi en to meters forsprang; **have a** ~*(=lead)* **on** ha et forsprang på;
3. sett; **he woke (up) with a** ~ han våknet med et sett; **by fits and -s** rykkevis; i ujevnt tempo *(fx he did his work by fits and starts);* **give a** ~*(=start)* fare sammen *(fx he gave a start of surprise);*
4.: get off to a bad (,good) ~ begynne dårlig (,bra); få en dårlig (,god) start; **he got off to a false** ~ han kom skjevt ut.
II. start *vb* **1.** starte; dra av sted;
2. starte; få i gang *(fx a car; a clock);* **the car won't** ~ bilen vil ikke starte;

3. begynne; starte; begynne med; sette i gang med *(fx he started a school magazine);* **the noise -ed the baby crying** støyen fikk babyen til å gråte; **what -ed you taking an interest in archaeology?** hva var det som fikk deg til å begynne å interessere deg for arkeologi? ~ **sth** 1. begynne med noe; sette i gang med noe; 2. **T***(=cause trouble)* lage bråk; sette i gang noe; ~ **speaking,** ~ **to speak***(=begin speaking; begin to speak)* begynne å snakke;
4*(=jump)* fare sammen; skvette; *(se også 7 & 12);*
5. *jakt(=flush)* jage opp *(fx a hare);*
6.: ~ **afresh***(=start (all over) again)* begynne på nytt; begynne (om) igjen; begynne forfra igjen;
7.: ~ **back** 1. fare tilbake *(fx he started back in terror when he saw the snake);* 2. ta fatt på hjemveien;
8.: prices ~ **from around £100** prisene begynner på ca. £100;
9.: ~ **off** 1*(=start out; set out)* dra av sted; starte; 2*(=begin; start)* begynne; starte; **it -ed off all right** det begynte bra; ~ **off on the wrong foot***(=make a wrong start)* begynne forkjært; komme galt av sted; **she had stopped crying, but his remark -ed her off again** hun hadde holdt opp (med) å gråte, men bemerkningen hans fikk henne til å begynne igjen; 3.: ~ **sby off as** gi en en start som *(fx this sum started him off as a bookseller);*
10.: ~ **on** begynne på *(fx he hasn't started on it yet);*
11.: ~ **out***(=start off; set out)* dra av sted; starte *(fx they started out at dawn);*
12.: ~ **up** 1*(=jump up)* skvette (*el.* fare) opp; 2*(=start)* starte *(fx a new club);* 3. *om plage, etc:* begynne; melde seg *(fx her eye trouble has started up again);* 4. *mask:* starte *(fx an engine);* 5.: ~ **up in business***(=set up in business)* begynne forretning; **if you're -ing up in business . . .** hvis du skal begynne forretning . . .;
13.: to ~ **with** 1*(=to begin with)* til å begynne med *(fx he was very nervous to start with);* 2. *i argumentasjon(=for a start)* for det første *(fx To start with, he isn't qualified).*

starter ['sta:tə] *subst* **1.** *kul:* forrett; **2.** *sport:* starter; **be under** ~**'s orders** stå på startstreken; **3.** *i bil:* selvstarter; **the** ~ **has jammed** starteren har hengt seg opp; **4.** *om person:* **he's a late** ~ han er sent moden.
starting block *sport:* startblokk.
starting gate *ved veddeløp:* startmaskin.
starting grid *på bilveddeløpsbane(,***T:** *grid)* startfelt; **on the** ~ i startfeltet.
starting pay*(=initial salary)* begynnerlønn.
starting point *også fig:* utgangspunkt; **make Nairobi the** ~ **of safaris in different directions***(=make Nairobi a starting point for safaris in different directions)* gjøre Nairobi til utgangspunkt for safarier i forskjellige retninger; **prices are exclusive of travel costs to and from** ~ prisene innbefatter ikke reiseutgifter til og fra utgangspunktet.
starting position startstilling.
starting price *på auksjon:* utropspris.
starting stalls *ved hesteveddeløp:* startbokser.
startle ['sta:təl] *vb:* gi en støkk; skremme; skremme opp *(fx he startled a bird).*
startling effect knalleffekt.
star turn*(=main attraction; high point)* glansnummer; hovedattraksjon.
starvation [sta:'veiʃən] *subst:* sult; **die of** ~ sulte i hjel.
starvation diet sultekur.
starvation wage(s) sultelønn.

starve [sta:v] *vb* **1.** sulte; ~ **to death** sulte i hjel; ~ **a town into surrender***(=starve out a town)* sulte ut en by; **2.** *fig; stivt:* **be -d of,** ~ **for***(=long for)* tørste etter *(fx the children were starving for affection).*
starved *adj* **1.** utsultet; **2.** *fig:* underernært *(fx mentally starved);* **sex-**~ seksuelt underernært.
I. stash [stæʃ] *subst; især* **US***(=cache)* gjemmested; hemmelig forråd.
II. stash *vb* **T:** ~ **away** gjemme unna *(fx money in foreign bank accounts).*
I. state [steit] *subst* **1.** tilstand; forfatning; **the room was in an untidy** ~ det var uryddig i værelset; **it's difficult to know what her** ~ **of mind is** det er vanskelig å vite hvilken oppfatning (*el.* mening) hun har; **the present** ~ **of affairs***(=the present situation)* stillingen for øyeblikket; **he inquired about her** ~ **of health** han forhørte seg om hennes helbred(stilstand); **T: in a** ~*(=angry; excited)* sint; opphisset; ute av seg; **T: get into a** ~ bli opphisset (*el.* ute av seg); **what a** ~ **you're in!** hvordan er det du ser ut! **in no fit** ~*(=not in a(ny) fit state)* uskikket; **he was in no fit** ~ **to drive a car** han var ikke i den forfatning at han kunne kjøre en bil; **2.** stat *(fx the state of Texas);* **the United States (of America)***(=the USA; the US)* De forente stater; **a** ~ **within the** ~ en stat i staten; **the State and local authorities***(=national and municipal authorities)* stat og kommune; **3.** *om avdød:* **lie in** ~ ligge på lit de parade; **4.** *spøkef:* **arrive in** ~ ankomme med pomp og prakt.
II. state *vb:* si; erklære; uttale; **the witness -d***(=said)* **that . . .** vitnet uttalte (*el.* sa) at . . .; **it cannot be too emphatically -d that . . .** det kan ikke sies for tydelig at . . .; **your letter in which you** ~*(=say)* **that***(=your letter stating(=saying) that . . .)* Deres brev hvor De sier at . . .; ~ **one's errand** fremføre ærendet sitt; **I'm merely stating the fact** jeg bare konstaterer faktum; ~ **one's intentions** si fra (om) hvilke hensikter man har; ~ **name and address** oppgi navn og adresse; ~*(=quote)* **a price** oppgi en pris; **the price -d***(=quoted)* den oppgitte pris; **meetings are held at -d times** møter holdes til fastsatte tider.
State attorney US*(=counsel for the prosecution; counsel for the Crown)* aktor.
statecraft ['steit,kra:ft] *subst:* stats(manns)kunst.
State Department US*(=Foreign Office):* **the** ~ utenriksdepartementet.
State Enrolled Nurse*(=Enrolled Nurse; fk: SEN)* hjelpepleier (med toårig utdannelse).
state grant*(=state support)* statsstøtte; *(jvf grant-in-aid & rate support grant).*
stateless ['steitlis] *adj:* statsløs.
state line US *mellom de enkelte stater:* grense.
stately ['steitli] *adj; stivt(=dignified; impressive)* verdig *(fx a stately old lady; she was a woman of stately appearance).*
stately home slott (*el.* borg) som er åpen for almenheten.
statement ['steitmənt] *subst* **1.** konstatering *(fx the statement of such an obvious fact is surely unnecessary);* **2.** melding; kunngjøring *(fx a statement on import controls);* **make** *(,stivt: issue)* **a** ~ komme med en melding *(fx the Prime Minister will make a statement tomorrow on the international crisis);* **3.** uttalelse; utsagn; **give a** ~ uttale seg *(fx he refused to give a statement);* **I have no** ~ **to make***(=I have no comment (to offer); I have nothing to say)* jeg ønsker ikke å uttale meg; **4***(=bank statement)* kontoutdrag; **5.** *merk(=(state-*

ment of) account) avregning *(fx we received a statement from the plumber saying how much we owed him);* **as per ~ rendered***(=as per account rendered)* ifølge avregning; **~ of***(=account of)* avregning over; **6.** *for politiet:* **make a ~** avgi forklaring *(fx he went down to the police station to make a statement); om politiet:* **take -s from** avhøre; oppta forklaring av.

statement of claim *fors:* anmeldelse av fordring.

State Enrolled Nurse *(fk SEN)* hjelpepleier (med toårig utdannelse).

state of the art*(,attributivt: state-of-the-art) adj:* svært avansert *(fx design; technology);* mest avansert; på toppnivå *(fx both picture and sound can be considered pretty much state of the art in every respect).*

state of war krigstilstand.

State Registered Mental Nurse *(fk SRMN)* psykiatrisk sykepleier.

State Registered Nurse *(fx SRN)* sykepleier.

state's evidence US: *se queen's evidence.*

statesman ['steitsmən] *subst:* statsmann.

statesmanlike ['steitsmən,laik] *adj:* som sømmer seg for en statsmann; som man kan vente seg av en statsmann.

statesmanship ['steitsmənʃip] *subst:* statsmannskunst.

state support*(=state grant)* statsstøtte; *(jvf grant-in -aid & rate support grant).*

state trial forræderiprosess; landssviksak; spionsak.

state visit statsbesøk.

static ['stætik] **1.** *subst:* atmosfæriske forstyrrelser; **2.** *adj:* statisk *(fx electricity).*

static cord*(=static line) flyv; festet til flyet:* utløsersnor (for fallskjerm).

statics ['stætiks] *subst:* likevektslære; *(jvf structural mechanics).*

station ['steiʃən] *subst* **1.** stasjon *(fx bus station; fire station; police station; railway station);* **at the ~** på stasjonen; **come into the ~** kjøre inn på stasjonen *(fx the accident happened as the train was coming into the station);* **2.** *lett glds:* **marry above one's ~***(=marry above oneself)* gifte seg over sin stand; **3.** *mil:* **action -s** 1. kampstilling(er); post; 2. *int:* klart skip! **4.** *i Australia:* **sheep ~** sauefarm.

stationary ['steiʃənəri] *adj* **1.** stasjonær *(fx crane; engine);* **2.** *stivt(=not moving):* **a ~ vehicle** et kjøretøy; **the bus remained ~** bussen ble stående.

stationer ['steiʃənə] *subst:* papirhandler; **~'s (shop)** papirhandel.

stationery ['steiʃənəri] *subst* **1***(=writing materials)* skrivesaker; **2.** *merk:* kontorartikler.

Stationery Office: Her Majesty's ~ kontor som utgir offisielle publikasjoner og leverer kontorartikler til regjeringskontorene.

station master stasjonsmester; *(NB ved British Rail nå: 'station manager').*

station wagon US*(=estate car)* stasjonsvogn.

statistical [stə'tistikəl] *adj:* statistisk.

statistician [,stæti'stiʃən] *subst:* statistiker.

statistics [stə'tistiks] *subst:* statistikk.

statuary ['stætjuəri] **1.** *kollektivt(=statues)* statuer; skulpturer; **2.** *adj:* billedhogger- *(fx art; marble).*

statue ['stætju:] *subst:* statue.

statuesque [,stætju'esk] *adj:* statuelignende; som en statue; *spøkef om kvinne:* **a ~ blonde** en staselig blondine; **she was tall and ~** hun var høy og staselig.

statuette [,stætju'et] *subst:* statuett.

stature ['stætʃə] *subst* **1.** *stivt(=height)* høyde; **of gigantic ~** kjempestor; **his gigantic ~***(=his huge figure)* hans kjempestore skikkelse; **2.** *stivt(=reputation)* ry *(fx a musician of international stature).*

status ['steitəs] *subst:* status; stilling *(fx the status of a father);* **social ~** sosial status (*el.* anseelse) *(fx the job pleased him for it raised his social status);* **legal ~** juridisk stilling *(fx what is the legal status of gipsies?).*

status quo ['steitəs 'kwou] *subst; stivt el. jur:* **the ~***(=the situation as it now is)* status quo; **preserve the ~** bevare status quo.

status seeker statusjeger.

status symbol statussymbol.

statute ['stætju:t] *subst* **1.** *jur:* (nedskrevet) lov; **2.** statutt; vedtekt.

statute-barred ['stætju:t,ba:d] *adj; om fordring; jur(=barred)* foreldet *(fx these debts are statute -barred after three years).*

statute book *jur:* lovbok; **it's not on the ~** det står ikke i loven; det er ikke lov.

statute law lov vedtatt av parlamentet; *(jvf common law).*

statutory ['stætjutəri] *adj; jur el. stivt:* som er bestemt ved lov; lovfestet; lovbefalt *(fx the statutory penalty for this offence);* **a ~ age limit***(=a legal age limit; an age limit fixed by law)* en lovfestet aldersgrense; **~***(=legal)* **provisions** lovfestede bestemmelser.

statutory rape US*(=sexual abuse of a minor)* utuktig omgang med mindreårig.

statutory regulations lovregler.

I. staunch [stɔ:ntʃ] *vb(=stanch; stop):* **~ the flow of blood** stanse blødningen.

II. staunch *adj(=firm; loyal; dependable)* pålitelig; trofast *(fx supporter);* **a ~***(=firm)* **believer in . . .** en som har en sterk tro på . . .

I. stave [steiv] *subst* **1***(=barrel stave)* tønnestav; **2.** *mus(=staff):* **the ~** de fem notelinjer; **~ line** notelinje; **3***(=stanza)* strofe.

II. stave *vb(pret & perf. part.: staved; stove)* **1.** *skipsskrog el. tønne:* **~ in***(=batter a hole in)* slå inn; slå hull på; **2.: ~ off** 1. holde på avstand; holde (seg) fra livet *(fx one's creditors);* **~ off one's hunger***(=keep one's hunger at bay)* holde (seg) sulten fra livet; 2. *om krise, etc:* forhale; utsette.

staves [steivz] *subst; pl av I. staff & I. stave.*

I. stay [stei] *subst* **1.** *mar:* stag; **2.** (telt)bardun; **3.** *i korsett:* spile; **3.** opphold *(fx a two days' stay in London);* **an overnight ~** en overnatting; **4.** *jur:* **~ of execution** utsettelse *(fx he was granted a stay of execution for a year).*

II. stay *vb* **1.** oppholde seg; bo (midlertidig) *(fx he's staying with a friend);* bli *(fx how long did he stay? would you like to stay for supper?);* **his mother is coming to ~ for a week** hans mor kommer for å være her en uke; **~ in bed** holde sengen; **he never -s long in any job** han blir aldri lenge i noen jobb; **~ where you are!** bli hvor du er!

2. *jur:* utsette *(fx judgment);*

3.: ~ one's hunger holde sulten stangen;

4.: ~ away utebli, holde seg borte *(fx from a meeting; from school);*

5.: ~ behind bli igjen *(fx to finish some work; to wait for sby);*

6.: ~ in bli inne *(fx I'm staying in tonight to watch television);*

7.: ~ out 1. være ute *(fx the children mustn't stay out after dark);* 2. streike *(fx the miners stayed out for several months);*

8. T: ~ put 1. bli hvor man er *(fx I think I'll*

stay put); 2. ikke løsne; bli sittende (på plass); **9.: ~ the course** holde ut; fullføre løpet; **10.: ~ up** bli oppe *(fx stay up and watch television);* **don't ~ up for me** ikke sitt oppe og vent på meg; **~ up late** sitte (*el.* være) lenge oppe; **11.: ~ with** 1. være hos; bli hos; bo (midlertidig) hos *(fx he's staying with a friend in London);* 2. **US T** *også:* ikke slippe av syne; **let's ~ with him!** ikke la oss slippe ham av syne!

stay-abed ['steiə,bed] *subst(,***US:** *sleepyhead)* sjusover.

stay-at-home ['steiət,houm] *subst* **1***(=homebird)* hjemmemenneske; **2.** *neds:* heimføding.

staying power*(=stamina; endurance)* utholdenhet; **T:** tæl.

staysail ['stei,seil] *subst; mar:* stagseil.

STD code*(=dialling code;* **US:** *area code) tlf:* retningsnummer.

stead [sted] *subst* **1.** *stivt:* **stand sby in good ~***(=be useful to sby)* komme vel med (for en); være nyttig for en; **2.** *stivt:* **in sby's ~***(=in sby's place)* i ens sted.

steadfast ['sted,fa:st] *adj; stivt* **1***(=firm)* fast *(fx refusal);* **a ~ gaze** et ufravendt blikk; **2***(=loyal)* lojal *(fx he remained steadfast to his friend);* trofast.

I. steady ['stedi] *subst* **T***(=steady girlfriend; steady boyfriend)* fast følge.

II. steady *vb* **1.** berolige *(fx these pills will steady your nerves);* **2.** bli roligere *(fx his pulse gradually steadied);* **3.** *int:* **~ (on)!***(=be careful)* vær forsiktig! ikke hiss deg opp! **4.: ~ oneself** gjenvinne balansen; (klare å) holde seg på bena.

III. steady *adj* **1.** stø; stabil; **the table isn't ~** bordet står ikke støtt; **2.** *fig:* stabil *(fx steady prices);* **~ nerves** rolige nerver; **he has a quiet and ~ manner** han er rolig og stø; **3. T: go ~** ha fast følge *(fx they're going steady; he's going steady with his friend's sister).*

steak [steik] *subst:* biff; **cod ~** torskebiff; **~ and onions** biff med løk; **tartar(e) ~***(=steak tartare)* biff tartar.

I. steal [sti:l] *subst* **US T***(=a good buy)* et godt kjøp *(fx it's a steal at that price).*

II. steal *vb(pret: stole; perf. part.: stolen)* **1.** *også fig:* stjele *(fx a kiss);* **2.** *stivt(=slip)* snike; smette *(fx he stole away);* **3.: ~***(=creep)* **up on sby** snike seg innpå en; **4.** *stivt:* **~ a glance at sby***(=look at sby out of the corner of one's eye)* skotte bort på en; **5.: ~a march on sby** komme en i forkjøpet.

stealth [stelθ] *subst; stivt:* **by ~***(=in secret; secretly)* i hemmelighet; i smug.

stealthy ['stelθi] *adj; stivt:* listende *(fx footsteps);* som skjer i smug; stjålen; **~***(=furtive)* **glances** stjålne øyekast.

I. steam [sti:m] *subst* **1.** damp; vanndamp; **2.** *fig:* **full ~ ahead** 1. for full damp *(fx the ship was moving full steam ahead);* 2. **T***(=full blast)* for full damp *(fx work is proceeding full steam ahead);* **3.** *også fig:* **get up ~** få opp dampen; **4.: let off ~** 1. slippe ut damp; 2. *fig:* avreagere; få utløp for sine følelser; **5. T: run out of ~** slippe opp for damp; miste farten; **6. T: under one's own ~** for egen kraft (*el.* damp).

II. steam *vb* **1.** dampe *(fx steaming coffee; the ship steamed into port);* **2.** *kul(=cook by steam)* dampkoke; **~ till tender** mørdampe; **3.: ~ off** fjerne ved hjelp av damp *(fx a stamp);* **4.: ~ open** dampe opp *(fx a letter);* **5.: ~ up** 1. *om vindu, etc(=become steamed up; mist up; become misty)* dugge *(fx kitchen windows steam up easily);* 2. *fig* **T: get -ed***(=worked)* **up** bli opphisset *(about sth* over noe).

steam bath dampbad; badstubad.

steam boiler dampkjele.

steamed-up [,sti:md'ʌp; *attributivt:* 'sti:md,ʌp] *adj: se II. steam 5.*

steam engine dampmaskin.

steamer ['sti:mə] *subst(=steamboat)* dampbåt; dampskip.

steam roller dampveivals.

steamship ['sti:m,ʃip] *subst(=steamer)* dampskip; dampbåt.

steamship company dampskipslinje.

steamy ['sti:mi] *adj* **1.** dampfylt; fullt av damp *(fx the steamy atmosphere of the laundry);* **2.** dugget; **~ glasses** duggete briller; **become ~** dugge.

stearin ['stiərin] *subst:* stearin.

steed [sti:d] *subst; glds, poet el. spøkef(=horse)* ganger.

I. steel [sti:l] *subst* **1.** *også fig:* stål; **alloy ~** legert stål; **compound ~** stållegering; **nerves of ~** nerver av stål; **true as ~** tro som gull; **have a grip of ~***(=have a very strong grip)* **T:** være meget sterk i klypa; **2.** skjerpestål; hvessestål; **3.** *hist:* fyrstål; **4.** *glds; litt.:* sverd; stål.

II. steel *vb:* **~ oneself** stålsette seg *(fx to meet the attack).*

steel band *mus* [orkester med instrumenter som består av avstemte oljefat el. lignende].

steel-blue [,sti:l'blu:; *attributivt:* 'sti:l,blu:] *adj:* stålblå *(fx steel-blue eyes).*

steel cable ståltau.

steel girder*(=steel beam)* stålbjelke.

steel helmet*(,***T:** *tin hat)* stålhjelm.

steel tower*(=pylon)* høyspentmast; lysmast.

steel tube stålrør.

steel wire ståltråd; *(jvf wire fence).*

steel wool*(=wire wool)* stålull.

steelworks ['sti:l,wə:ks] *subst:* stålverk.

steely ['sti:li] *adj:* stålhard; stål- *(fx a steely look).*

steelyard ['sti:l,ja:d] *subst:* bismer.

I. steep [sti:p] *vb* **1. T***(=soak)* legge (,ligge) i bløt *(fx the clothes are steeping);* **2.** *fig; stivt:* **be -ed in***(=be filled with)* være full av *(fx prejudice).*

II. steep *adj* **1.** bratt *(fx hill);* steil; **2.** *fig:* brå; steil; voldsom *(fx a steep rise in juvenile crime);* **3.** *om forlangende, pris etc(=stiff)* drøy.

steepen ['sti:pən] *vb(=become steeper; make steeper)* bli brattere; gjøre brattere.

steeplechase ['sti:pəl,tʃeis] *subst; hesteveddeløp:* steeplechase.

steeplejack ['sti:pəl,dʒæk] *subst:* person som arbeider i store høyder.

I. steer [stiə] *subst(young bull raised for meat)* ungstut.

II. steer *vb* **1.** *bil, skip, etc:* styre; **the car -s well***(=the car is easy to steer)* bilen er lett å styre; **2.** *fig:* styre *(fx she managed to steer the conversation towards the subject of her birthday party);* lose *(fx who is steering this bill through Parliament?);* **3.: ~ clear of***(=avoid)* styre klar av; unngå *(fx you should steer clear of her; steer clear of trouble).*

steerage ['stiəridʒ] *subst* **1***(=steering)* styring; **2.** *mar; hist:* billigste klasse (i akterenden av skipet); tredje plass (*el.* klasse); **travel ~** reise på tredje klasse.

steerageway ['stiəridʒ,wei] *subst; mar:* styrefart *(fx the ship has no steerageway).*

steering ['stiəriŋ] *subst:* styring; **slack (,stiff) ~** slakk (,stiv) styring; **the ~ is becoming sloppy** det begynner å bli slark i styringen.

steering arm*(=steering drop arm) mask:* styrearm;

svingarm.
steering box *mask:* snekkehus.
steering characteristics styreegenskaper.
steering column rattstamme.
steering committee *især parl:* forretningsutvalg.
steering damper *mask:* styringsdemper.
steering drop arm*(=steering arm) mask:* styrearm; svingarm.
steering gear *mask:* styreapparat; styremekanisme.
steering-gear box*(=steering box) mask:* snekkehus.
steering group *merk:* styringsgruppe.
steering instability *mask:* ustabil styring.
steering joint *mask:* styreledd.
steering knuckle*(=stub axle) mask:* forhjulstapp; hjulspindel; styrespindel.
steering rod *mask* **1***(=drag link)* styrestag; **2***(= steering swivel arm)* hovedsvingarm.
steering wheel ratt; **collapsible ~, safety ~** sikkerhetsratt; *(jvf I. wheel 2).*
steering worm *mask:* styresnekke; rattsnekke.
stele ['sti:l(i)] *subst(=pl: stelae* ['sti:li]*) arkeol:* **(funeral) ~** gravstein; stele.
stellar ['stelə] *adj:* stjerne-; *fagl:* stellar-.
I. stem [stem] *subst* **1.** *bot:* stilk; stengel; **2.** stett *(fx of a wine glass);* **3.** *språkv:* (ord)stamme; **4.** *mar:* stavn; stevn; **from ~ to stern** fra for til akter; fra stavn til stavn; **5.** *mus:* (note)hals.
II. stem *vb* **1.** *stivt el. litt.(=staunch)* stanse; stoppe *(fx the flow of blood);* **2.** *stivt el. litt.(=check; stop)* stanse; demme opp for *(fx the German advance);* **3.** *stivt:* **~ from***(=result from; be caused by)* skrive seg fra; skyldes *(fx a feeling of hate that stems from envy).*
stem christie, stem Christie *ski:* kristianiasving.
stemless ['stemlis] *adj; bot:* uten stilk.
stemless thistle *bot(=dwarf thistle)* dvergtistel.
stench [sten(t)ʃ] *subst:* stank; vond lukt.
stencil ['stensəl] **1.** *subst:* stensil; sjablon; **2.** *vb:* stensilere; overføre ved hjelp av sjablon *(fx the pattern had been stencilled on to the cloth).*
stenographer [stə'nɔgrəfə] *subst; glds & US(= shorthand typist)* stenograf.
stenography [stə'nɔgrəfi] *subst(=shorthand)* stenografi.
stentorian [sten'tɔ:riən] *adj; meget stivt el. litt.(= powerful):* **in ~ tones** med stentorrøst.
I. step [step] *subst* **1.** skritt; trinn; fottrinn; trappetrinn; **a pair of -s***(=a stepladder)* en gardintrapp; **2***(=walk)* gange; **I recognize his ~***(=I recognize him by his walk(=step))* jeg kjenner ham på gangen; **3.** *under marsj & fig:* takt; **keep ~** holde takten; **in ~** i takt; **be in ~ with the times***(= keep pace with the times)* være i takt med tiden; **be out of ~ with the general public** være i utakt med folk flest; **4.** *mar:* **(mast) ~** mastespor; **5.** *fig:* skritt *(fx a few steps nearer the grave; a step in the right direction);* **~ by ~***(=gradually)* skritt for skritt; gradvis; **a false ~** et feiltrinn *(fx he has made a false step);* **she needs to be told every ~ of the way** hun må ha det inn med skjeer; **T: watch one's ~***(=be more careful)* ta rev i seilene; **take -s to prevent it** ta skritt for å forhindre det; **take the first ~ (in the matter)** ta det første skritt (i saken); **take the necessary -s***(=action)* ta de nødvendige skritt.
II. step *vb* **1.** sette foten; trå (*on* på); **2***(=walk; go)* gå *(fx he opened the door and stepped out; he stepped down from the train on to the platform; she stepped(=walked) briskly along the road);* **3.: ~ in** 1. gå inn; 2*(=intervene)* gripe inn; ta affære; **4.: ~ into** 1. gå inn i *(fx the room);* 2*(=take over)* overta *(fx sby's job);* **5. T: ~ on it***(=hurry)* forte seg; **6.: ~ out** 1. gå ut; 2. skritte godt ut; lange ut; **7.: ~ up** 1. gå opp *(fx to the table);* 2. øke; trappe opp.
stepbrother ['step,brʌðə] *subst:* stebror.
stepdance ['step,da:ns] *subst:* steppdans.
stepladder ['step,lædə] *subst:* gardintrapp.
stepmother ['step,mʌðə] *subst:* stemor.
steppe [step] *subst:* steppe.
steppe eagle *zo; Aquila nipalensis:* steppeørn; *(jvf tawny eagle).*
stepping stone *subst* **1.** vadestein; **2.** *fig:* springbrett.
stepson ['step,sʌn] *subst:* stesønn.
stereo ['steriou] *subst* **1.** stereoanlegg *(fx have you got (a) stereo?);* **2.: in ~** i stereo *(fx a film made in stereo; it was recorded in stereo).*
stereophonic [,steriə'fɔnik] *adj:* stereofonisk.
I. stereotype ['steriə,taip] *subst* **1.** *typ(=stereotype plate)* stereotypplate; **2.** stereotyp; stereotypt bilde *(fx he's the stereotype of an army colonel).*
II. stereotype *vb; typ:* stereotypere.
stereotyped *adj:* stereotyp *(fx the usual stereotyped opinions about racial characteristics).*
stereotypy ['steriə,taipi] *subst:* stereotypi.
sterile ['sterail] *adj* **1.** steril; ufruktbar; gold; **2.** *med.:* steril; **3.** *fig; stivt(=fruitless)* fruktesløs *(fx negotiations).*
sterility [ste'riliti] *subst:* sterilitet; goldhet; ufruktbarhet.
sterilize, sterilise ['steri,laiz] *vb:* sterilisere *(fx a woman; a surgical instrument); (jvf spay).*
sterling ['stə:liŋ] **1.** *subst; myntfot:* sterling *(fx sterling fell on the international market);* **2.** *adj:* **~ silver** sterlingsølv; **3.** *adj; fig:* god *(fx he has many sterling qualities);* helstøpt *(fx character; personality).*
I. stern [stə:n] *subst; mar:* hekk; akterspeil; akterende; **square ~** speilgattet hekk.
II. stern *adj:* barsk; streng *(fx discipline; expression);* **a ~***(=harsh)* **reprimand** en streng reprimande; **~***(=severe)* **prison sentences** strenge fengselsstraffer; **the -er sex** det sterke kjønn.
stern cable *mar(=stern rope)* aktertrosse; akterfeste; akterfortøyning.
stern fast *mar; se stern cable.*
stern light *mar:* akterlanterne.
sternmost ['stə:n,moust] *adj; mar(=aftmost)* akterst.
sternpost ['stə:n,poust] *subst; mar:* akterstavn; akterstevn.
sternsheets ['stə:n,ʃi:ts] *subst; mar:* akterplikt; aktertofter.
sternson ['stə:nsən] *subst; mar:* akterstavnskne.
sternum ['stə:nəm] *subst; anat(=breastbone)* brystbe(i)n.
sternway ['stə:n,wei] *subst; mar:* fart akterover; *(jvf astern: full speed ~; headway; way 8).*
steroid ['sterɔid] *subst:* steroid.
stertorous ['stə:tərəs] *adj; om lyd(=snoring)* snorkende *(fx a stertorous sound).*
stethoscope ['steθə,skoup] *subst:* stetoskop.
stethoscopy [ste'θɔskəpi] *subst:* stetoskopi.
stevedore ['sti:vi,dɔ:] *subst; mar:* stuer.
I. stew [stju:] *subst* **1.** lapskaus; stuing *(fx I've made some stew);* **beef ~** lapskaus på oksekjøtt; **salt beef ~** saltkjøttlapskaus; *på meny:* **Norwegian lamb ~***(=mutton and cabbage stew)* får-i-kål; **2.** *lett glds* **T: be in a ~***(=be in a tight spot)* sitte i en klemme; **T:** være ute å kjøre.
II. stew *vb* **1.** småkoke *(fx the meat was stewing in the pan);* **2.** stue; **-ed fruit** (frukt)kompott; **-ed rhubarb** rabarbragrøt; *(jvf II. cream 5);* **3.** *om te* **T:** la trekke for lenge (slik at den får en bitter smak); **4. T: ~ in one's own juice** steke i sitt

eget fett.

steward ['stjuəd] *subst* **1.** *mar:* lugartjener; **chief ~** stuert; **2.** *flyv:* **(cabin) ~** steward; *(jvf stewardess 2);* **3.** *i klubb, etc:* tjener; **4***(=attendant; crowd controller)* ordensvakt; **5.** *hesteveddeløp:* **(race) ~** medlem av lavere voldgiftsrett som påser at løpsavviklingen skjer i samsvar med bestemmelsene; **6***(=land agent)* godsforvalter; **7.** *i fagforening:* **shop ~** tillitsmann; **8.** *i fengsel:* forvalter; **9.** *fig; spøkef:* **the ~ of the nation's finances** forvalteren av nasjonens finanser (ɔ: finansministeren).

stewardess ['stjuədis; ,stjuə'des] *subst* **1.** *mar:* lugardame; **chief ~** oldfrue; **assistant chief ~** assisterende oldfrue; **2.** *flyv:* **(air) ~***(=air hostess)* flyvertinne; *(jvf steward 2).*

stewed [stju:d] *adj* **1.** *se II. stew;* **2.** **S***(=drunk)* full; **3.** *om te* **T:** bitter (fordi man har latt den trekke for lenge).

stewpan ['stju:,pæn] *subst(=pan)* kasserolle; gryte.

I. stick [stik] *subst* **1.** kjepp; pinne; **2***(=walking stick)* (spaser)stokk *(fx she walks with a stick);* **3.:** **a ~ of sealing wax** en stang lakk; **a ~ of rhubarb** en rabarbrastilk; **4.** *flyv* **T***(=control column):* **the ~** stikka; **5.: these few -s (of furniture) are all we have** disse få møblene er alt vi har; **6.** *om person:* **dry ~***(=bore)* tørrpinne; **7.** *neds el. spøkef:* **the -s***(=the countryside)* bondelandet; **move out into the -s** flytte ut på bondelandet; **8.: get (hold of) the wrong end of the ~** misforstå; være på feil spor; **9. T: in a cleft ~***(=in a tight spot)* i knipe (*el.* klemme); **T:** ute å kjøre.

II. stick *vb (pret & perf. part.: stuck)* **1.** *med noe spisst(=push)* stikke *(fx a pin through the paper; a knife into the butter);* **2.** klebe; sitte fast *(fx two arrows were sticking in his back);* sitte *(fx these labels don't stick very well);* **the door -s** døra går trangt (*el.* tregt); **~ a tenpenny stamp on this parcel** sett et tipence frimerke på denne pakken; **he stuck the vase together again** han limte vasen sammen igjen; **. . . and the name has stuck** og (det) navnet har blitt sittende; **3. T***(=put)* legge *(fx stick your coat over there; stick the book on the table);* **4. T***(=stay):* **~ indoors all day** holde seg innendørs hele dagen; **a car that's going to ~ in the garage all the time** en bil som kommer til å stå i garasjen hele tiden; **I don't want to ~ in this job for the rest of my life** jeg vil ikke bli sittende i denne jobben resten av livet; **5. T***(=stand):* **I can't ~ her** jeg kan ikke fordra henne; **6. T***(=keep):* **you ~ the job for all I care!** for meg må du gjerne beholde (den) jobben! **7.** *om bevis* **T***(=stand up)* holde *(fx evidence that won't stick);* **8.: be stuck** 1. sitte fast; ikke komme videre; 2. *fig:* stå fast *(fx I'll help you with your homework if you're stuck);* **I was totally stuck for an answer** jeg ble helt opprådd for svar; jeg ble virkelig svar skyldig; **9.: get stuck** kjøre seg fast *(fx in the snow);* **S: get stuck in** 1*(=start working)* ta fatt; 2*(=start eating)* lange innpå *(fx Dinner's ready – get stuck in!);* **10. S: ~ around** holde seg i nærheten *(fx you must stick around if you want a job);* **11.: ~ at** 1. holde seg til *(fx he must learn to stick at his job);* 2.: **they would ~ at nothing to get what they wanted** de ville ikke vike tilbake for noe for å få det de ville ha; **12.: ~ by***(=be loyal to)* holde fast ved; være lojal mot; **13.: ~ on** 1. suge seg fast; klebe seg fast; 2.: *se 3 ovf;* **14.: ~ out** 1. stikke frem *(fx he stuck his foot out and tripped her);* **his front teeth ~ out** han har utstående fortenner; 2. stikke seg ut; være iøynefallende *(fx she has red hair that always sticks out in a crowd);* 3.: **he stuck***(=put)* **his head out of the window** han stakk hodet ut av vinduet; **15. T: ~ it out** holde ut; **16. T: ~ out for***(=refuse to accept less than)* holde fast på kravet om *(fx the men are sticking out for a fifteen per cent pay rise);* **17. T: ~ one's neck out** risikere skinnet; ta en sjanse; **18.: ~ to** 1. klebe ved; henge ved; klebe seg fast til; 2*(=stick with)* holde seg til; være lojal mot *(fx if you stick to me, I'll stick to you);* **~ to the truth** holde seg til sannheten; **19.: ~ together** 1. klebe sammen; lime sammen *(fx stick the pieces together);* henge sammen *(fx these stamps stick together);* 2. holde sammen *(fx they've stuck together all these years);* **20.: ~ up for***(=speak in defence of)* ta i forsvar *(fx my mother always sticks up for me);* **21.: ~ with** 1. holde seg til *(fx he stuck with the firm for twenty years);* 2. *om ubehagelig oppgave, etc:* **get stuck with** bli sittende med *(fx why do I always get stuck with the gardening?);* **he was stuck with it** han ble hengende ved det; 3.: **stuck with** helt dekket av *(fx walls stuck with posters).*

sticker ['stikə] *subst(=stick-on label)* klistremerke; gummiert etikett; merkelapp.

sticking plaster heftplaster.

stick insect *zo(,US: walking stick)* vandrepinne.

stick-in-the-mud ['stikinðə,mʌd] *subst; neds:* **be a ~** være kjedelig; aldri foreta seg noe; **she's become a terrible ~ since she got married** hun har blitt forferdelig kjedelig etterat hun giftet seg.

stickleback ['stikəl,bæk] *subst; zo; fisk:* **three-spined ~** trepigget stingsild.

stickler ['stiklə] *subst:* **be a ~ for** være svært nøye når det gjelder; **he's a ~ for punctuality** han holder strengt på at man skal være punktlig.

sticky ['stiki] *adj* **1.** klebrig; klissen; seig; **his hands were ~ with jam** hendene hans var seige av syltetøy; **2***(=sultry)* lummer *(fx a hot and sticky day);* **3***(=difficult)* vanskelig *(fx question; my mother's a bit sticky about letting me go out in the evening);* **T: a ~ wicket***(=a difficult situation)* en vanskelig situasjon; **4. T***(=unpleasant):* **he came to a ~ end** han fikk en brå død; det endte med forferdelse.

I. stiff [stif] *subst* **S***(=corpse)* lik; kadaver.

II. stiff *adj* **1.** stiv; **walk with a ~ leg** gå strakbent; **2.** treg *(fx the lock is stiff);* **3.** støl; stiv; **my arms are really ~ and aching** jeg er både stiv og støl i armene; **4.** *om drink(=strong)* stiv; **5***(=difficult)* vanskelig *(fx examination);* **6***(=tiring)* anstrengende *(fx climb);* **7.** *om straff(=severe)* streng *(fx sentence);* **8.** *om pris(=steep)* drøy; **9.** stiv; formell; **he was rather ~ with me** han var nokså stiv mot meg; **10.: a ~ breeze got up** det blåste opp til stiv bris; **11.: keep a ~ upper lip** bite tennene sammen; ta det tappert.

III. stiff *adv:* **be bored ~** kjede seg ihjel; **he was scared ~** han ble vettskremt.

stiffen ['stifən] *vb* **1.** gjøre stiv; bli stiv *(fx he stiffened when he heard the sound);* **2.** *tøy:* stive.

stiff-necked ['stif,nekt] *adj(=stubborn)* stivnakket.

I. stifle ['staifəl] *subst; zo(=stifled joint)* kneledd.

II. stifle *vb* **1***(=choke)* få vanskeligheter med å puste *(fx I'm stifling in this heat);* **be -d to death** *(=suffocate)* bli kvalt; **2.** *flammer(=smother)* kvele; **3.** *fig:* **~ a yawn** kvele en gjesp; **~ a smile** undertrykke et smil.

stifled *adj(=smothered)* halvkvalt *(fx sob).*

stifling *adj:* trykkende *(fx atmosphere);* trykkende varmt *(fx it's stifling in here).*

stigma [stigmə] *subst* **1.** *bot:* arr; **2.** *fig:* stigma; skamplett; **there is no ~ attached to being mentally ill** det er ingen skam forbundet med å være mentalt syk.

stigmatize, stigmatise ['stigmə,taiz] *vb* **1.** stigmatisere; **2.** *fig:* brennemerke; ~ **sby as a traitor** stemple en som forræder.

stile [stail] *subst* **1.** klyveled; **2**(=*turnstile*) korsbom; dreiekors; (*jvf turnstile counter*); **3.** *på dør:* ramtre; **lock** ~ låsramtre.

stiletto [sti'letou] *subst:* stilett.

I. still [stil] *subst* **1.** destillerkar; destillasjonsapparat; hjemmebrenningsapparat; **he's got a ~ going** han har en sats stående; **2.** *film(=still photography)* still(foto); **3.** *litt.(=silence):* **in the ~ of the night** i nattens stillhet.

II. still *vb; litt.(=calm)* berolige; dempe (*fx sby's fears*).

III. still *adj* **1.** rolig; stille (*fx sit still*); **2.** ikke musserende; som ikke bruser (*fx still orange juice*); **3.** *ordspråk:* ~ **waters run deep** stille vann har dyp grunn.

stillbirth ['stil,bə:θ] *subst:* dødfødsel.

stillborn ['stil,bɔ:n] *adj:* dødfødt.

still life (*pl: still lifes*) stilleben.

stilt [stilt] *subst:* stylte; **walk on -s** gå på stylter.

stilted ['stiltid] *adj:* oppstyltet.

stimulant ['stimjulənt] *subst* **1.** stimulerende middel; stimulant; **2.** *fig(=stimulus)* stimulus; stimulans.

stimulate ['stimju,leit] *vb:* stimulere; pirre (*fx the discussion stimulated her*).

stimulating ['stimju,leitiŋ] *adj:* stimulerende; *psykol:* utviklende; **have a ~ effect** virke stimulerende; *psykol:* være utviklende.

stimulation [,stimju'leiʃən] *subst:* stimulering; ~ **of the senses** sansepåvirkning.

stimulative ['stimjulətiv] *adj(=stimulating)* stimulerende.

stimulus ['stimjuləs] *subst(pl: stimuli* ['stimju,lai]*)* stimulus; stimulans; spore; incitament.

stimulus threshold(=*sensitivity threshold*) *psykol:* sanseterskel.

I. sting [stiŋ] *subst* **1.** stikk (*fx a bee sting*); **2.** *zo:* (gift)brodd (*fx do bees always leave their stings in the wound?*); **3.** *fig:* brodd (*fx her words had a sting in them*); **a joke with a ~ in the tail** en vits med brodd; **take the ~ out of** ta brodden av; **4.** svindel; **the extent of the giant ~ began to emerge** omfanget av kjempesvindelen begynte å komme for en dag.

II. sting *vb(pret & perf. part.: stung)* **1.** stikke (*fx he was stung by a bee*); **he was badly stung by nettles** han brant seg stygt på brennesler; **2.** *fig:* **I was stung by her remark** bemerkningen hennes gjorde vondt; **3**(=*smart*) svi (*fx the smoke began to sting his eyes*); **4**(=*provoke*) provosere (*fx he was stung into answering rudely*); **be stung into action** få fart på seg; **5**(=*cheat*) snyte (*fx he was stung by a street trader*); **6. S:** ~ **sby for** 1. bomme en for (*fx he stung me for £10*); 2. *om overpris:* **they'll ~ you for £40** de kommer til å flå deg for £40.

stinging ['stiŋiŋ] **1.** *subst:* neglebitt (*fx I've got a frightful stinging in my left thumb*); **2.** *adj:* stikkende; sviende.

stinging jellyfish *zo(=sea nettle)* brennmanet.

stinging nettle *bot:* brennesle.

sting ray *zo; fisk:* piggrokke.

stingy ['stindʒi] *adj* **1.** gjerrig; **2.** knuslete (*fx stingy portions of food*).

I. stink [stiŋk] *subst* **1. T**(=*stench; very bad smell*) stank; meget vond lukt; **what a ~!** for en lukt! **2. S**(=*trouble*)**: cause a ~** lage bølger (*fx sacking that man will cause quite a stink*); **raise a ~**(= *raise hell*) lage bråk (*fx they raised a stink over the plans for the new airport*); **there'll be the devil of a ~ about this** det vil bli et fandens bråk omkring dette.

II. stink *vb(pret: stank; perf. part.: stunk)* **1. T**(= *smell very bad; have a very bad smell*) stinke (*fx the meat stinks; the house stinks of cats*); **2.** *fig:* stinke (*fx the whole thing stinks; the contract stinks of corruption*); **his name -s** navnet hans har en svært dårlig klang; **your plan -s** den planen din lukter lang vei; **he -s with money** han er stinn av penger; **3.:** ~ **out** 1. fylle med vond lukt (*fx the fish has stunk the whole house out*); 2. fordrive med vond lukt; 3. *fig:* ~ **sby out**(=*give sby the cold shoulder*) fryse en ut.

stink bug *zo:* stinktege; (*jvf shield bug*).

stinker ['stiŋkə] *subst* **T 1.** usympatisk person; **2.: the exam was a real ~!** eksamen var ufyselig vanskelig!

stinking ['stiŋkiŋ] *adj* **T**(=*rotten*) vemmelig; ufyselig; elendig.

stinking mayweed *bot(=mayweed; dog fennel).* toppgåseblom.

stinks ['stiŋks] *subst* **S**(=*chemistry*) kjemi (som skolefag).

I. stint [stint] *subst* **1.** *sport:* etappe (*fx run a 200-metre stint*); **2.** (arbeids)kvote; **I've done my ~ for today** jeg har gjort mitt for i dag; **3**(=*period*)**: he did a two-year ~ in the army** han var to år i Hæren; **4.: without ~** uten å være smålig; uten knussel (*fx he gave help without stint*); **he praised her without ~** han sparte ikke på rosen når det gjaldt henne; **5.** *zo:* **little ~** dvergsnipe.

II. stint *vb:* være gjerrig mot; **he doesn't seem to ~ himself with regard to food and wine** det ser ikke ut til at han sparer på noe når det gjelder mat og vin.

stipe [staip] *subst; bot:* (kort) stengel (på sopp, etc).

stipend ['staipend] *subst; især til prest:* gasje; lønn.

stipendiary [stai'pendiəri] *adj(=paid)* lønnet.

stipendiary magistrate *se magistrate.*

stipple ['stipəl] *vb; maleteknikk:* stople.

stipulate ['stipju,leit] *vb* **1.** stipulere; ~ **that**(=*make it a condition that*) sette som betingelse at; stille den betingelse at; **you must ~**(=*state*) **how many hours you can work** du må spesifisere hvor mange timer du kan arbeide; ~(=*specify*) **quality and quantity** spesifisere kvalitet og kvantitet; **2.: ~ for** betinge seg; sette som en betingelse; **we -d for marble** vi satte som en betingelse at vi skulle ha marmor; vi betinget oss marmor.

stipulation [,stipju'leiʃən] *subst; stivt* **1**(=*condition*) betingelse; vilkår (*fx you can have the money but there are several stipulations*); **2.: on the ~ that**(= *on condition that*) på betingelse av at.

stipule ['stipju:l] *subst; bot:* akselblad.

I. stir [stə:] *subst* **1.** det å røre i; **give the soup a ~** rør litt i suppen; **2**(=*fuss; agitation*) oppstyr; oppstuss; røre (*fx it caused quite a stir*).

II. stir *vb* **1.** røre om; tilsette (idet man rører om) (*fx she stirred the sugar into the mixture*); **2.** røre på seg (*fx he stirred in his sleep*); få til å bevege seg (*fx the breeze stirred the leaves*); **T: come on – ~ yourselves!** kom igjen nå, og få fart på! **3.** *litt.(=move)* røre (*fx he was deeply stirred by the news*); **4. T: ~ up trouble**(=*cause trouble*) lage bråk (*el.* vanskeligheter).

stirrup ['stirəp] *subst:* stigbøyle.

stirrup pump fotpumpe.

I. stitch [stitʃ] *subst* **1.** *i søm:* sting; **2.** *med.; i sår:* sting (*fx they had to put in ten stitches*); **re-**

move(*=take out*) **the -es** ta ut stingene; fjerne stingene; **3.** *om smerte:* hold; **I've got a ~** jeg har hold (i siden); **4. T: be in -es**(*=be laughing a great deal*) holde på å le seg i hjel; **5. T: he hadn't got a ~ on**(*=he was completely naked*) han hadde ikke en tråd på kroppen; **6.** *ordspråk:* **a ~ in time (saves nine)** man kan like gjerne hoppe i det som krype i det.

II. stitch *vb* **1**(*=sew*) sy (*fx she was stitching busily*); **~ on** sy på (*fx a button fell off, but I stitched it on again*); **~ together** sy sammen (*fx two pieces*); **2.: ~ up**(*=sew up*) sy sammen (*fx they stitched him up; they stitched up the wound*).

stitchwort ['stitʃ,wə:t] *subst; bot* **1**(*=starwort*) stjerneblom; **2.: greater ~** tvearve; **water ~** sprøarve; (*jvf chickweed*).

stoat [stout] *subst; zo:* røyskatt; (*jvf ermine*).

I. stock [stɔk] *subst* **1.** beholdning; lager; **buy while -s last!** kjøp før det blir utsolgt! **sell off one's ~** selge ut varelageret sitt; **in (,out of) ~** på lager (,ikke på lager); **a large ~ of food** et stort forråd av mat; en stor matbeholdning (*fx we bought a large stock of food for the camping trip*); **2.** *i bibliotek*(*=stock of books*) bokbestand; **3.: (fish) ~** fiskebestand; **4.** suppekraft; **5.** *landbr* (*=livestock*) buskap; besetning; dyr (*fx buy more stock*); **6.** slekt; ætt (*fx he comes of old pioneer stock*); **7.** *bot:* levkøy; **evening ~** hornlevkøy; **Virginia ~** vanlig strandlevkøy; **8**(*=film stock*) råfilm; **9.** *på pisk*(*=handle*) skaft; **10.** *på gevær*(*= butt*) skjefte; kolbe; **11.** *fin* 1. **US**(*=shares*) aksjer; 2.: **-s** børspapirer; **the market-makers in -s** de som dirigerer børsmarkedet (*el.* aksjemarkedet); 3.: **-s and shares** aksjer og obligasjoner; 4.: **consolidated ~**(*=consols*) langsiktige (britiske) statsobligasjoner med fast rente; konsoliderte statspapirer; 5.: **Government ~** statsaksjer; 6.: **issue ~**(*=issue bonds*) utstede obligasjoner; *når flere firmaer gjør det:* **issue -s**(*=issue bonds*) utstede obligasjoner; **loan ~**(*=subordinate loan capital*) ansvarlig lånekapital; (*se capital stock*); *fig:* **his ~ is rising** hans aksjer stiger; **12.: -s** 1. *hist*(*= pillory*) gapestokk; 2(*=building slip*) (bygge)bedding; **on the -s** 1. på beddingen; 2. *fig:* under utarbeidelse; på trappene (*fx another textbook is on the stocks*); **13.: take ~** 1. holde vareopptelling; 2. *fig:* gjøre opp status (*fx take stock of one's life*); **take ~ of the situation** vurdere stillingen; ta mål av situasjonen.

II. stock *vb* **1.** ha på lager; ta inn et lager av; (lager)føre (*fx we don't stock*(*=keep*) *that item*); **2.** *landbr:* kjøpe besetning til (*fx he can't afford to stock his farm*); **3.** sette ut (fiske)yngel i (*fx stock a stream with trout*); **4.: ~ up**(*=lay in*) kjøpe opp (*fx they stocked up (on) chocolate*).

III. stock *adj* **1.** *merk:* som lagerføres; som alltid has på lager (*fx this is one of our stock items*); **~ sizes** vanlige størrelser; lagerførte størrelser; **2**(*=common; usual*) standard- (*fx answer; argument*); stående (*fx joke*); *språkv:* **~ phrase** fast (ord)forbindelse.

stockade [stɔ'keid] *subst*(*=palisade*) palisade.

stockbreeder ['stɔk,bri:də] *subst*(*=cattle breeder*) kvegoppdretter.

stockbroker ['stɔk,broukə] *subst:* aksjemegler; børsmegler.

stock car 1. *jernb* **US**(*=cattle truck*) kuvogn; **2.** personbil med forsterket karosseri og stor motor; olabil.

stock certificate US(*=share certificate*) aksjebrev.

stock check(*=inventory check*) *merk:* lagerkontroll.

stock control *EDB:* lagerkontroll.

stock dividend US(*=bonus share*) friaksje.

stock dove *zo:* skogdue.

stock exchange 1(*=stock market*) fondsbørs; **2.** børskurser (*fx the stock exchange fell heavily today*); **3**(*=business on the stock exchange*) børsforretninger.

stock farming ['stɔk,fa:miŋ] *subst; landbr*(*=livestock farming*) kvegavl, kvegoppdrett.

stockfish ['stɔk,fiʃ] *subst:* stokkfisk; tørrfisk.

stockholder ['stɔk,houldə] *subst*(*=shareholder*) aksjonær; aksjeeier.

stock index(*=stock file*) lagerkartotek.

stockinet [,stɔki'net] *subst; stoff:* trikot; glattstrikket vare.

stockinet knitting(*=stocking stitch*) glattstrikking.

stocking ['stɔkiŋ] *subst:* strømpe; **a pair of -s** et par strømper; **in one's -s** i strømpelesten.

stocking cap topplue; **red ~** nisselue.

stocking stitch glattstrikking.

(stocking) suspender (*,US: garter*) strømpestropp.

I. stock-in-trade [,stɔkin'treid] *subst* **1.** driftsutstyr; utstyr (*fx these tools were part of a shoemaker's stock-in-trade*); **2.** *merk*(*=trading stock*) lagerbeholdning; **3.** *fig:* fast virkemiddel (*fx friendliness is a salesman's stock-in-trade*).

II. stock-in-trade [,stɔkin'treid; *attributivt:* 'stɔkin-,treid] *adj:* **a ~ joke**(*=stock joke*) en stående vits.

stockist ['stɔkist] *subst; merk; om detaljist:* forhandler (som, mot ekstrarabatter og eventuelle andre særfordeler, forplikter seg til alltid å ha en bestemt produsents varer på lager); (*jvf distributor 1*).

stockjobber ['stɔk,dʒɔbə] *subst:* børsspekulant.

stockkeeper ['stɔk,ki:pə] *subst* **1.:** *se cattleman;* **2. US**(*=storekeeper*) lagersjef.

stock market 1(*=stock exchange*) fondsbørs; børsforretninger; **2. US:** børsforretninger; (*se stock exchange 3*).

stockpile ['stɔk,pail] **1.** *subst; mil:* **(strategic) ~** beredskapslager; **2.** *vb; mil:* bygge opp et beredskapslager av; lagre.

stockpiling *subst; mil:* (forhånds)lagring.

stock plant *bot:* morplante.

stock pond *for levende fisk; ved restaurant, etc:* fiskedam.

stock-raising ['stɔk,reiziŋ] *subst; landbr* **US**(*=stock farming*) kvegavl; kvegoppdrett.

stock-still [,stɔk'stil] *adj & adv:* bomstille; helt stille (*fx he stood absolutely stock still*).

stocktaking ['stɔk,teikiŋ] *subst; merk:* vareopptelling.

stocky ['stɔki] *adj:* undersetsig; tettbygd.

stockyard ['stɔk,ja:d] *subst:* krøtterkve.

stodge [stɔdʒ] *subst:* tungt fordøyelig mat.

stodgy ['stɔdʒi] *adj* **1.** *om mat*(*=heavy; hard to digest*) tungt fordøyelig; tungtfordøyelig; **2.** *om person:* kjedelig; som det ikke er noe liv i.

stoep [stu:p] *subst; i Sør-Afrika*(*=verandah*) veranda.

stoic ['stouik] **1.** *subst:* stoiker; **2.** *adj*(*=stoical*) stoisk.

stoke [stouk] *vb:* fyre (i fyrkjele).

stoker ['stoukə] *subst:* fyrbøter.

I. stole [stoul] *subst:* stola.

II. stole *pret av II. steal.*

stolen *perf. part. av II. steal.*

stolid [stɔlid] *adj; om person; ofte neds:* langsom; upåvirkelig; sløv.

stoma ['stoumə] *subst(pl: stomata* [,stou'ma:tə]*)* **1.** *bot:* spalteåpning; **2.** *med.*(*=ostomy*) stomi; utlagt tarm.

I. stomach ['stʌmək] *subst* **1.** *anat:* mage; mage-sekk; **2.** *stivt(=desire):* **he had no ~ for the fight** han hadde ikke lyst på kampen; **3.: on an empty ~** på tom mage; **4.: it turned my ~** det gjorde meg kvalm.

II. stomach *vb* **T***(=put up with; tolerate)* tåle *(fx I can't stomach her rudeness).*

stomachache ['stʌmək,eik] *subst:* mageknip; vondt i magen.

stomach pump *med.:* magepumpe.

stomach-pump ['stʌmək,pʌmp] *vb:* **~ sby** pumpe (magen på) en.

stomp [stɔmp] *vb* **T***(=stamp)* stampe; trampe; **he -ed angrily out of the room** han marsjerte sint ut av rommet.

I. stone [stoun] *subst* **1.** stein; *fig:* **leave no ~ unturned***(=leave no means untried)* ikke la noe (middel) (være) uforsøkt; **2.** *vektenhet(=14 pounds)* 6,35 kg *(fx she weighs 9½ stone; he lost two stone(s)).*

II. stone *vb* **1.** ta steinene ut av *(fx he stoned the cherries);* **2.** *stivt(=throw stones at)* kaste stein på; **he was -d to death** han ble steinet til døde.

Stone Age: the ~ steinalderen.

stone-blind ['stoun'blaind; *attributivt:* 'stoun,blaind] *adj* **1***(=completely blind)* fullstendig blind; **2. US S***(=dead drunk)* døddrukken.

stone broke US S*(=stony broke)* helt blakk.

stonechat ['stoun,tʃæt] *subst; zo:* svartstrupet buskskvett; *(jvf whinchat).*

stone-cold ['stoun'kould] *adj:* iskald; helt kald *(fx my tea's stone-cold).*

stonecrop ['stoun,krɔp] *subst; bot:* bergknapp.

stone curlew *zo:* triel(l).

stone cutter*(=stone dresser)* steinhogger.

stoned [stound] *adj* **1***(=very drunk)* døddrukken; **2.** *av narkotika;* skev; rusa; stein.

stone-dead ['stoun'ded; *attributivt* 'stoun,ded] *adj:* steindød.

stone-deaf ['stoun'def; *attributivt:* 'stoun,def] *adj(=deaf as a post)* stokkdøv.

stone fruit *bot:* steinfrukt.

stoneless ['stounlis] *adj:* steinfri.

stone marten *zo:* husmår.

stone mason gråsteinsmurer.

stone pine *bot:* pinje.

stone quarry steinbrudd.

stone's throw *fig(=short distance)* steinkast *(fx they live only a stone's throw away from here).*

I. stone wall *subst:* steingjerde.

II. stone-wall ['stoun,wɔ:l] *vb* **1.** *cricket; om forsvarer:* spille defensivt; **2.** *parl:* drive obstruksjonspolitikk.

stoneware ['stoun,wɛə] *subst(=crockery)* steintøy.

stonework ['stoun,wə:k] *subst(=masonry)* murverk (av naturstein).

stony [stouni] *adj* **1.** steinet; stein- *(fx a stony beach);* **2.** *fig(=cold; hostile):* **he gave me a ~ stare** han så kaldt på meg.

stony broke S*(,US: stone broke)* helt blakk.

stood [stud] *pret & perf. part. av II. stand.*

I. stooge [stu:dʒ] *subst* **1.** komikers assistent (som er skyteskive for hans morsomheter); **2.** mellommann *(fx he intended to use X as a stooge, wielding the real power himself);* **3. US S***(=police informer;* **S:** *nark)* politispion.

II. stooge *vb* **T: ~ for sby** være løpegutt for en; **~ about, ~ around** gå omkring og være løpegutt; stå på pinne for andre.

stook [stu:k] *subst; av korn(=shock)* rauk.

stool [stu:l] *subst* **1.** krakk *(fx piano stool);* taburett *(fx kitchen stool);* skammel; **foot-~** fotskammel; **fall between two -s** falle mellom to stoler; **2***(=stools)* avføring.

stool pigeon 1. lokkedue; **2.** *især* **US S***(=nark)* politispion.

I. stoop [stu:p] *subst* **1.** foroverbøyd stilling; **walk with a ~** ha en lutende gange; gå foroverbøyd; **2.** *om falk, etc på sitt bytte:* nedslag; **3. US:** lite bislag.

II. stoop *vb* **1.** *stivt(=bend)* bøye seg *(fx she stooped down to talk to the child);* **2.** *fig:* **~ to (-ing)** nedverdige seg til å *(fx surely he wouldn't stoop to cheating!).*

stooping *adj:* foroverbøyd; lutende.

I. stop [stɔp] *subst* **1.** stopp; stans; **we made only two -s on our journey** vi gjorde opphold bare to ganger på turen vår; **come to a ~** stoppe; stanse *(fx work came to a stop for the day);* **put a ~ to sth** sette en stopper for noe; **2.** *mus; på instrument:* grep; **double ~** dobbeltgrep; **3.** *mus:* **(organ) ~** (orgel)register; *i orgel:* **flue ~** labialstemme; **pull out all the -s** 1. *mus(=open all the stops)* trekke ut alle registrene; 2. *fig(=spare no effort)* anstrenge seg til det ytterste; **4.: (bus) ~** (buss)holdeplass; **request ~** bussholdeplass hvor det stoppes bare ved tegn; **5.** *skilletegn(=full stop)* punktum; **6.** *i telegram:* stopp; **7.** *fot:* blender *(fx what stop are you using?);* **open up another half ~** gå opp en halv blender til; **open up two more -s** gå opp to blendere til; **8.** *tekn:* **~ (piece)***(=check piece; locking device)* sperreanordning; stoppeknast; låseanordning; **9.** *på høvelbenk:* **bench ~***(=holdfast; bench hook)* benkehake; **10.** *fon:* lukkelyd; klusil; **glottal ~** støt.

II. stop *vb* **1.** stoppe; stanse; **her pain has -ped** smerten hennes er borte; **~ (-ing)** holde opp med å *(fx it has stopped snowing; he's stopped working);* **2. T***(=stay)* bli *(fx will you be stopping long at the hotel?);* **~ in** bli inne *(fx I'll stop in tonight);* **~ out** bli ute; **~ over** bli over; overnatte *(fx in Paris); (se også 16: ~ up 2);* **3.** *mus; fløytehull:* lukke; *fiolinstreng:* gripe; presse ned *(fx you can play a chord by stopping two strings simultaneously);* **4***(=stop up)* sparkle; **5.** *tannl(=fill)* plombere; **6***(=withhold)* holde tilbake *(fx they have stopped his wages);* stoppe *(fx a cheque);* **7. T: ~ sby (from) (-ing)***(=prevent sby (from) (-ing))* hindre en i å; **8.: ~ one's ears with one's hands** holde hendene for ørene (slik at man skal slippe å høre); **9. T: ~ a bullet** komme i veien for en kule; **10.** *fig:* **~ a gap***(=fill (in) a gap)* fylle igjen et hull; tette igjen et hull; **11.: ~ at nothing** ikke vike tilbake for noe; **12.: ~ dead (in one's tracks)***(=stop short)* bråstoppe; **13.** *fot:* **~ down** blende ned; **14. T: ~ off at** gjøre et opphold i *(fx he stopped off at Bergen);* **15.: ~ short** bråstoppe; **16.: ~ up** 1. tette igjen; stoppe til; **my nose is -ped up** nesen min er tett; 2. **T***(=stay up)* bli oppe *(fx till 2 a.m.);* 3. sparkle.

stop-and-go *adj:* **~ driving** langsom, rykkevis kjøring i trafikkø.

stopcock ['stɔp,kɔk] *subst(=shut-off cock)* stoppekran.

I. stopgap ['stɔp,gæp] *subst:* noe som brukes i mangel av noe bedre; nødløsning; midlertidig foranstaltning *(fx he was made headmaster as a stopgap);* **be invited as a ~** bli invitert fordi en annen har gitt avbud.

II. stopgap *adj:* midlertidig; som brukes i mangel av noe bedre *(fx a stopgap prime minister);* **take ~ measures** gå til midlertidige foranstaltninger.

stoplight ['stɔp,lait] *subst* **1***(=red light)* rødt lys; stopplys; **2.** *på bil(=brake light)* bremselys.

stop line *i kjørebane:* stopplinje.

stop order stoppordre.
stoppage ['stɔpidʒ] *subst* **1.** stans; avbrudd *(fx the building was at last completed after many delays and stoppages);* **2.** *stivt(=block)* tilstopping; blokkering *(fx stoppage of this artery may lead to a heart attack);* **colds usually cause a ~ in the nose** forkjølelse fører vanligvis til at nesen blir tett.
stopover ['stɔp,ouvə] *subst; på reise:* stans; opphold.
stopper ['stɔpə] *subst* **1.** plugg; kork *(fx put the stopper back in!);* **2.** *stoffet:* sparkel(masse).
stop-press ['stɔp,pres] *adj:* **~ news** *i avis:* siste nytt.
stop sign stoppskilt; **drive***(=run)* **through a ~** kjøre mot stoppskilt.
stop signal **1.** stoppsignal; **2.** *EDB:* stoppelement.
stopwatch ['stɔp,wɔtʃ] *subst:* stoppeklokke.
storage ['stɔ:ridʒ] *subst:* lagring *(fx how much will you have to pay for storage?);* **put into ~** lagre *(fx put the furniture into storage); fig:* **put sth into cold ~***(=put sth on ice)* legge noe på is.
storage battery akkumulator(batteri).
storage dam reguleringsdam.
storage expenses lagringsomkostninger.
storage room*(=storeroom)* lager(rom).
storage space lagerplass.
I. store [stɔ:] *subst* **1.** lager; forråd *(fx of canned food);* **ship's -s** skipsproviant; **2***(=shop)* forretning; butikk; **3.** *fig:* forråd; lager *(fx he has a store of interesting facts in his head);* **4***(=stores; storehouse; storeroom)* lager; **in the -(s)** på lageret; **5.: in ~** 1. på lager; 2. i reserve *(fx keep some chocolate in store for the walk);* 3.: **there's a surprise in ~ for you** det venter deg en overraskelse; **6.: set (great) ~ by** vurdere høyt; sette høyt; sette stor pris på; **they don't set much ~ by his advice** de verdsetter ikke rådet (,rådene) hans videre høyt.
II. store *vb* **1.** lagre *(fx furniture);* **2.: be -d with***(= be filled with)* være fylt med *(fx the museum is stored with interesting things);* **3.: ~ up** lagre; ta vare på.
store cattle *landbr:* stamkveg.
storehouse ['stɔ:,haus] *subst* **1.** lager(bygning); **2.** *fig:* skattkammer *(fx of information).*
storekeeper ['stɔ:,ki:pə] *subst* **1***(,***US:** *stockkeeper)* lagersjef; **2. US***(=shopkeeper)* forretningsdrivende; kjøpmann.
storeman ['stɔ:,mæn] *subst: se storesman.*
storeroom ['stɔ:,rum] *subst:* lagerrom; bod; **attic ~***(=box room)* loftsbod.
stores ledger *merk:* lagerprotokoll.
storesman ['stɔ:zmən] *subst:* lagerarbeider; lagerekspeditør.
storesship ['stɔ:z,ʃip] *subst:* depotskip.
storey*(,***US:** *story)* ['stɔ:ri] *subst:* etasje.
-storeyed -etasjes *(fx a two-storeyed house).*
storied ['stɔ:rid] *adj:* sagnomsust *(fx a country with a storied past).*
stork [stɔ:k] *subst; zo:* stork.
storksbill ['stɔ:ks,bil] *subst; bot:* tranehals; **common ~** vanlig tranehals.
I. storm [stɔ:m] *subst* **1.** uvær; full storm; **a ~ is gathering** det trekker opp til uvær; **the ~ is on us** uværet er over oss; *(jvf gale);* **2.** *fig:* storm *(fx of applause);* **a ~ in a teacup** en storm i et vannglass; **the lull before the ~** stillheten før stormen; *også fig:* **take by ~** ta med storm.
II. storm *vb* **1.** *om været:* **it was -ing in the mountains** uværet raste i fjellet; **2.** *mil:* storme; **3.** *fig:* storme *(fx he stormed out of the office);* **~ and rage** rase *(fx he stormed and raged);* **~ at sby***(= shout loudly and angrily at sby)* skjelle og smelle til en.
stormbound ['stɔ:m,baund] *adj:* isolert pga. storm *(fx the island was stormbound for a week);* oppholdt av storm *(fx ships stormbound in the Channel).*
storm centre stormsenter; uværssenter.
storm cloud uværssky.
storm petrel *zo(=stormy petrel)* havsvale; *(jvf petrel).*
storm-tossed ['stɔ:m,tɔst] *adj:* kastet omkring av stormen.
storm troops *mil:* stormtropper.
stormy ['stɔ:mi] *adj* **1.** urolig; uværs-; **a ~ day** en uværsdag; **a ~ voyage** en stormfull reise; **~ weather** uvær; **it's too ~ to sail today** det er for mye vind til at man kan seile i dag; **2.** *fig:* stormfull *(fx meeting);* stormende; **he was in a ~ mood** barometeret stod på storm.
stormy petrel *zo(=storm petrel)* havsvale; *(jvf petrel).*
I. story ['stɔ:ri] *subst* **US***(=storey)* etasje.
II. story *subst* **1.** historie *(fx the story of the disaster);* **2.: tall ~** skipperskrøne; **3.: the ~ goes that . . .***(=people say that)* det sies at . . .; det forteltes at . . .; **he's been married before, or so the ~ goes** han har vært gift før etter hva det fortelles.
storybook ['stɔ:ri,buk] **1.** *subst:* eventyrbok; **2.** *adj(=fairy-tale)* eventyr- *(fx a storybook world).*
storybook ending*(=very happy ending)* meget lykkelig slutt.
storyteller ['stɔ:ri,telə] *subst* **1.** (historie)forteller; **2***(=fibber)* skrønemaker.
stoup [stu:p] *subst* **1.** *glds el. dial(=drinking cup)* staup; **2.** *rel; innfelt i kirkeveggen(=holy-water font)* vievannskar.
I. stout [staut] *subst; sterkt øl:* stout.
II. stout *adj* **1.** *stivt(=strong)* kraftig; solid *(fx a stout stick);* **2.** *litt.(=brave)* modig; tapper *(fx put up a stout resistance);* **3.** *om person; evf(=fat)* tykk *(fx he's getting stout; a stout old lady).*
stove [stouv] *subst* **1.** ovn; **storage ~***(=base burner)* magasinovn; **wood-burning ~** vedovn; **light a fire in the ~** tenne opp i ovnen; **2.: (cooking) ~***(=cooker)* komfyr; ovn *(fx he put the saucepan on the stove).*
stovepipe ['stouv,paip] *subst:* ovnsrør.
stow [stou] *vb* **1.** *især mar(=pack)* stue *(fx one's belongings in the locker);* **2.: ~ away** 1*(=hide)* stue bort; gjemme bort *(fx in the bank);* 2. reise som blindpassasjer *(fx on a cargo ship for New York);* **3.** *mar:* **-ed with***(=loaded with)* lastet med.
stowage ['stouidʒ] *subst; mar(=stowing)* stuing.
stowage plan *mar:* lasteplan.
stowaway ['stouə,wei] *subst:* blindpassasjer.
strabismus [strə'bizməs] *subst; med.(=squint)* skjeling.
straddle ['strædəl] *vb:* skreve; **~ a stool***(=sit astride a stool)* sitte skrevs over en taburett (,skammel).
strafe [streif; stra:f] *vb; mil; flyv:* bestryke.
straggle ['strægəl] *vb* **1.** bre seg på en uryddig måte *(fx his beard straggled over his chest);* **2.** gå enkeltvis; ikke holde følge med resten av gruppen; **they -d along behind the others** de kom gående bak de andre.
straggler ['stræglə] *subst:* etternøler; en som ikke holder tritt med de andre.
straggling ['strægliŋ] *adj; om bebyggelse, etc:* uryddig; som brer seg utover på en uryddig måte *(fx village);* **our ~ country** det vidstrakte landet vårt.
straggly ['strægli] *adj:* uryddig; **a ~ beard** et uryddig skjegg.
I. straight [streit] *subst* **1.** rett ỵeistrekning; **on the ~***(=along the level)* på flatmark; **2.** *sport:* langsi-

de; **back (,home)** ~ bortre (,hitre) langside; **finishing** ~ siste langside; oppløpsside; **on the -s** på langsidene; **on the first** ~ på første langside; **the horses were rounding the bend and coming into the** ~ hestene kom nå rundt svingen og opp på langsiden; **3.** *kortsp; poker:* straight; **4. T***(=heterosexual)* heteroseksuell; heterofil; **gays and -s** homofile og heterofile; **5.** *fig:* **keep to the ~ and narrow** holde seg til den smale vei; holde seg på den riktige siden av loven; **put sby back on the ~ and narrow** få en tilbake på rett kjøl; *(jvf III. straight 7: go ~).*

II. straight *adj* **1.** rett *(fx line; hair);* **~ as an arrow** snorrett; **the picture isn't quite ~** bildet henger ikke helt rett; *boksing:* **a ~ left** en rett venstre; **2***(=honest)* rettlinjet; ærlig (*with* overfor) *(fx you're not being straight with me!);* **~ as a die***(= thoroughly honest)* bunnhederlig; **3***(=frank; candid)* åpenhjertig; oppriktig *(fx answer);* **4. T:** heterofil; heteroseksuell; **5.** *om opplysning, etc:* pålitelig; **a ~ tip on the horses** et pålitelig veddeløpstips; **6.** i orden; **we're now reasonably well installed and almost ~** vi er nå så noenlunde installert og har nesten kommet i orden; **7.: get ~** 1. bringe i orden; få orden på *(fx one's affairs; I'll never get this house straight!);* 2.: **now let's get this ~***(=now let's get the facts right)* la oss nå få klarhet i dette; **8.** *om drink:* ublandet; bar; **9.: keep a ~ face** holde seg alvorlig; bevare masken.

III. straight *adv* **1.** rett *(fx his route went straight across the desert; he went straight home after the meeting);* **you'll get there if you keep ~ on** du kommer dit hvis du fortsetter rett fram; **2.** *fig:* **play ~** spille ærlig spill *(fx you're not playing straight);* **3.: ~ away, ~ off** med én gang *(fx he did it straight away; I knew straight off that she was telling a lie);* **4. T: ~ out***(=frankly)* rett ut *(fx I told him straight out that he was talking nonsense);* **5.: ~ through** 1*(=right through)* tvers igjennom; 2*(=on end)* i ett strekk *(fx he slept for six hours straight through);* **6.: come ~ to the point** komme til saken med én gang; **7.** *fig* **T: go ~** holde seg klar av loven; bli et skikkelig menneske; **T:** holde seg på matta; *(jvf I. straight 5);* **8.: speak ~ from the shoulder***(=speak one's mind)* snakke fritt fra leveren; ta bladet fra munnen; **9.** *fig:* **see ~** se klart *(fx it's difficult to see straight in these matters);* **think ~** tenke klart.

straight acting *teat; om spillemåte:* karakterskuespill; *(jvf straight drama).*

straight dealing ærlighet (i forretninger) *(fx he was known for his fairness and straight dealing).*

straight drama *teat:* karakterskuespill; *(jvf straight acting).*

straightedge ['streit,edʒ] *subst; tøm:* rettholt; rettetre.

straighten ['streitən] *vb* **1.** rette *(fx he straightened his back);* gjøre rett; rette på *(fx he straightened his tie);* rette seg ut *(fx the road curved and then straightened);* **2***(=make tidy):* **~ your desk** rydd opp på skrivebordet ditt; **3.: ~ out** 1. rette ut; **~ out a dent in the wing** rette ut en bulk i skjermen; 2. rette seg ut *(fx just where the road straightens out);* 3. *fig:* **~ out the facts** få brakt kjensgjerningene på det rene; **~ out one's accounts** bringe orden i regnskapet sitt; **4.: ~ up** 1. rette seg opp *(fx he straightened up when he saw me);* 2. *fig:* rydde opp i (,på) *(fx she straightened the room up).*

straight face *se II. straight 9.*

straight fight *parl:* valgkamp mellom bare to kandidater.

straightforward [,streit'fɔ:wəd] *adj* **1.** enkel; liketil *(fx job);* **2.** *om person:* direkte; likefrem; endefram.

I. strain [strein] *subst* **1.** belastning *(fx can nylon ropes take more strain than the old kind of rope?);* påkjenning; **2.** *også fig:* påkjenning; belastning; noe som tar på; **it's a ~** det tar på; **it's a ~ on the eyes** det tar på øynene; **night life's a ~** natteliv(et) tar på; **a ~ on the relations between the two countries** en belastning av forholdet mellom de to landene; **3.** *med.:* forstrekkelse; forstuing; **4.** sort *(fx of wheat);* stamme *(fx of bacteria);* art *(fx a virus of unidentified strain); (=breed)* rase *(fx of cattle);* **5***(=streak; touch):* **a ~ of madness** et snev av galskap; **6.** *stivt el. litt.:* **-s***(= tunes)* toner *(fx the strains of a hymn);* **7.** *fig:* tone; **he continued in a more cheerful ~** han fortsatte i en muntrere tone; **and a lot more in the same ~***(=vein)* og meget mer i samme dur.

II. strain *vb* **1.** anspenne; anstrenge; anstrenge seg *(fx he strained to reach the rope);* **~ one's ears***(= listen with close attention)* lytte anspent; **he -ed every muscle to lift the stone** han anstrengte seg til det ytterste for å løfte steinen; *spøkef:* **don't ~ yourself** ikke overanstreng deg; **2.** *med.:* **~***(=pull)* **a muscle** forstrekke en muskel; **~ one's eyes** overanstrenge øynene; **3.: ~ one's authority** tøye sin myndighet vel langt; **4.: ~ at***(=pull at)* dra i; slite i *(fx ships straining at their anchors);* **5.** sile; filtrere; **~ the potatoes** slå vannet av potetene (ved hjelp av et dørslag); **~ off the water** slå av vannet.

strained *adj:* anspent *(fx she looks rather strained today; there were strained relations between them for weeks);* anstrengt *(fx a strained smile).*

strainer ['streinə] *subst:* sil; filter; *mask:* **oil ~***(=oil filter)* oljefilter; **tea ~** tesil.

strait [streit] *subst* **1***(=straits)* sund; strede *(fx the Strait of Gibraltar);* **2.** *stivt:* **-s***(=difficulties):* **in dire***(=desperate)* **-s** i en fortvilet situasjon; **in financial -s** i økonomiske vanskeligheter.

straitened ['streitənd] *adj:* **be in ~ circumstances***(= be badly off)* sitte i trange kår.

straitjacket ['streit,dʒækit] *subst:* tvangstrøye.

straitlaced ['streit,leist] *adj(=prudish)* snerpet.

I. strand [strænd] *subst* **1.** *litt.(=beach)* strand; **2.** *i tauverk:* dukt; kordel; **3.: ~ of hair** hårstrå.

II. strand *vb* **1.** *mar(=run aground)* strande; gå på grunn; **2.: be -ed** ha kjørt seg fast; ikke kunne komme videre; **-ed motorist** havarert bilist; **3.** *fig:* **be left -ed** stå på bar bakke; bli stående på bar bakke.

strange [streindʒ] *adj* **1.** fremmed *(fx a strange(= unfamiliar) face; she found a strange man in her house; he soon became used to the strange surroundings);* **~ to** fremmed for; **this town is ~ to me** denne byen er fremmed for meg; **2.** rar; underlig; merkelig; **it's ~ that . . .** det er rart at . . .; **~ to say** underlig nok; merkelig nok; **she had a ~ look on her face** hun så rar ut i ansiktet; **there was something ~ about her eyes** det var noe rart med øynene hennes; **-r things have happened** man skal aldri forsverge noe.

strangely *adv:* underlig; merkelig; rart; **~ enough** underlig nok; merkelig nok.

stranger ['streindʒə] *subst* **1.** fremmed *(fx he's a stranger);* **a complete***(=perfect)* **~** en vilt fremmed; **I'm a ~ here** jeg er fremmed her; **I'm a ~ here myself** jeg er ikke kjent her selv *(fx I can't tell you where the post office is – I'm a stranger here myself);* **T: you're quite a ~!** jeg har ikke sett deg på lenge! **they had become -s to one another** de var blitt fremmede for hverandre; **2.** *litt. el. stivt:* **be a ~ to** være ukjent med; ikke kjenne noe til; **he is a ~ to fear***(=he's very brave)* han kjenner ikke frykt; **he is a ~ to truth***(=he's a liar)* han vet ikke hva det vil si å snakke sant; **he is no ~ to computers***(=he knows (all) about computers)* han er ikke fremmed for datamaskiner; han har meget god greie på datamaskiner.

strangers' gallery *parl:* tilhørergalleri.

strangle ['stræŋgəl] *vb* **1.** kvele *(fx sby);* **2.** *fig:* **~ the country's economy** kvele landets økonomi.

stranglehold ['stræŋgəl,hould] *subst; fig:* kvelertak; strupetak.

strangles ['stræŋgəlz] *subst; vet(=equine distemper)* kverke.

strangulation [,stræŋgju'leiʃən] *subst:* kvelning.

I. strap [stræp] *subst* **1.** reim; rem *(fx watch strap);* **2.** stropp.

II. strap *vb* **1.** slå med reim *(fx he was strapped for being rude);* **2.** feste (med reim(er)); spenne (*on* på); **he -ped on his new watch** han tok på seg den nye klokken sin; **they -ped him to a tree** de bandt ham fast til et tre; **~ together** binde sammen (med reimer); **3.: ~ oneself in, ~ oneself down***(=fasten one's seat belt;* **T:** *belt up)* spenne seg fast; ta på seg bilbeltet; **have you -ped the child in?** har du spent fast ungen? **4.: ~ up***(=bandage)* bandasjere; *(se strapped).*

straphang ['stræp,hæŋ] *vb; på buss, etc:* henge i stroppen.

straphanger ['stræp,hæŋə] *subst; på buss, etc(= standing passenger)* ståpassasjer.

strapless ['stræplis] *adj; om kjole, etc:* stroppløs.

strapped ['stræpt] *adj:* fastspent *(fx in one's seat).*

strapping ['stræpiŋ] *adj:* (stor og) sterk.

strata ['stra:tə] *subst: pl av stratum.*

stratagem ['strætədʒəm] *subst(=clever trick)* krigslist; knep.

strategic [strə'ti:dʒik] *adj:* strategisk.

strategist ['strætidʒist] *subst:* strateg.

strategy ['strætidʒi] *subst:* strategi.

stratification [,strætifi'keiʃən] *subst; geol:* lagdeling.

stratify ['stræti,fai] *vb(=arrange in layers)* lagdele.

stratosphere ['strætə,sfiə] *subst:* stratosfære.

stratum ['stra:təm] *subst(pl: strata* ['stra:tə]*) geol & fig:* lag *(fx social strata);* **the upper ~ of society***(= the upper ranks of society)* de øvre lag av samfunnet.

stratus ['stra:təs; 'streitəs] *subst(pl: strati* ['stra:tai; 'streitai]*) subst; meteorol:* stratus.

straw [strɔ:] *subst* **1.** (halm)strå; halm; **a bundle of ~** et knippe med halm; **2.** *til drikk:* sugerør; **3.: the last ~** dråpen som får begeret til å renne over; **T: that's the last ~!** nå får det være nok; nei, nå sier jeg stopp! **a drowning man will clutch at -s** den som holder på å drukne, griper etter et strå; *fig:* **a ~ in the wind***(=a pointer)* en pekepinn; **she doesn't care a ~***(=she doesn't give a damn)* hun gir blaffen.

straw bedding*(=straw litter)* halmstrø.

strawberry ['strɔ:,bəri] *subst; bot:* jordbær; **barren ~** jordbærmure; **wild ~** markjordbær.

straw hat stråhatt.

I. stray [strei] *subst(=stray cat; stray dog)* herreløst (*el.* bortkommet) dyr.

II. stray *vb* **1.** *om dyr(=wander)* gå seg bort; komme bort (fra flokken) *(fx he went to search for some sheep that had strayed);* **2.** *fig:* **~ from the point***(=wander from the subject)* komme bort fra saken; ikke holde seg til saken.

III. stray *adj* **1.** bortkommen; herreløs *(fx a stray dog);* **2.** spredt *(fx a few stray remarks; the weather was beautiful except for one or two stray showers);* **3.** tilfeldig; tilfeldig valgt *(fx this is only a stray example).*

stray bullet villfaren kule.

I. streak [stri:k] *subst* **1.** strime; stripe; **T: like a ~ of lightning***(=like greased lightning)* som et olja lyn; **2.** *fig:* anstrøk; drag; trekk *(fx of cruelty);* **he had a mean ~ in him** det var noe sjofelt ved ham; **he has a malicious ~** han er litt ondskapsfull av seg; **3.** *i spill:* **be on a winning ~** sitte i hell *(fx I'm on a winning streak);* **he had a long winning ~** han satt i hell lenge.

II. streak *vb* **1.** fare; suse; stryke *(fx a jet streaking across the sky);* **2.: be -ed with** ha striper (*el.* strimer) av; **3. T***(=run about naked in public)* streake.

streaky ['stri:ki] *adj:* stripet.

I. stream [stri:m] *subst* **1.** bekk; liten elv; **2.** strøm; **in -s** i strømmer *(fx beer flowed in streams);* **against the ~** mot strømmen; **a ~ of abuse** en strøm av skjellsord; **a ~ of people was coming out of the cinema** det kom en strøm av mennesker ut av kinoen; **3***(=lane)* (kjøre)felt *(fx he got into the wrong stream);* **4.** *skolev; hvor det praktiseres nivågruppering:* gruppe *(fx he's in the A stream); (jvf streaming).*

II. stream *vb* **1.** strømme; **her hair -ed out in the wind** håret hennes flagret i vinden; **the wound was -ing with blood** såret blødde sterkt; **2.** *skolev:* gruppere elevene etter evner; differensiere elevene etter evner; *(jvf streaming).*

streamer ['stri:mə] *subst* **1.** vimpel; **2.: paper -s** serpentiner.

streaming ['stri:miŋ] *subst; skolev:* **(selective) ~ (according to ability)***(=grouping according to ability)* nivågruppering; differensiering etter evner; *(jvf I. stream 4 & II. stream 2).*

streamline ['stri:m,lain] **1.** *subst:* strømlinje; **2.** *vb:* gjøre strømlinjet; modernisere.

streamlined *adj:* strømlinjet.

street [stri:t] *subst* **1.** gate; **in** *(,***US:** *on)* **the ~** på gaten; **T: be on the ~***(=be homeless)* være på gaten *(fx we'll find ourselves on the street if we don't pay the rent); også om prostituert:* **on the -s** på gaten; **go on the -s***(=become a prostitute)* begynne å gå på gaten; bli prostituert; **2.: the man in the ~***(=the ordinary citizen)* den vanlige borger; mannen i gaten; **3.: be -s ahead of***(=be much better than)* være langt bedre enn *(fx your work is streets ahead of hers);* **4. T: not to be in the same ~ as** ikke kunne måle seg med; **5. T: that's (right) up my ~** det er (nettopp) noe for meg.

street brawl T: slåssing i gata.

streetcar ['stri:t,ka:] *subst* **US***(=tram)* trikk; sporvogn.

street cleaner*(=street sweeper; roadsweeper)* gatefeier.

street crossing gatekryss.

street dance brusteinsball.

streetlamp ['stri:t,læmp] *subst(=streetlight)* gatelykt.

street organ lirekasse.

street sweeper 1*(=street cleaner)* gatefeier; **2.** feiemaskin.

street trading gatehandel.

street vendor*(=hawker)* gateselger.

streetwalker ['stri:t,wɔ:kə] *subst(=prostitute)* gatejente; gatepike.

strength [streŋθ] *subst* **1.** styrke *(fx military strength; is your tea the right strength?);* **I hadn't the ~**

to resist him jeg var ikke sterk nok til å stå imot ham; **get one's ~ back** få igjen kreftene *(fx he got his strength back slowly after his illness);* **2.** *m.h.t. bemanning:* styrke; **bring the police force up to ~** bringe politibemanningen opp i full styrke; **below** *~(=short-staffed)* underbemannet; **3.: in great** *~(=in large numbers)* i stort antall *(fx the protesters were present in great strength);* **4.: ~ of character** karakterstyrke; **5.: go from ~ to** *~(=carry everything before it)* gå sin seiersgang; **6.: on the ~ of** i kraft av; i tillit til *(fx on the strength of this offer of money, we plan to start building soon);* **not on the ~ of what I saw** ikke hvis man skal dømme ut fra hva jeg så.

strengthen ['streŋθən] *vb* **1.** bli sterkere *(fx the wind has strengthened);* **2.** styrke *(fx one's muscles);* **3.** *om valuta:* bli styrket (*against* i forhold til) *(fx the pound has strengthened against the dollar);* **4.** bestyrke; **this -s our view that . . .** dette bestyrker oss i det syn at . . .; **his answer -ed my assumption** hans svar bestyrket meg i min antagelse.

strenuous ['strenjuəs] *adj* **1.** anstrengende *(fx making ditches is strenuous work);* **2.: ~ efforts***(= great efforts)* kraftige (*el.* store) anstrengelser.

I. stress [stres] *subst* **1.** *fys:* spenning; **2.** *fon:* trykk *(fx put the stress on the first syllable);* **3.** stress *(fx headaches may be caused by stress);* **cope with the -es of modern life** klare stresset i dagens samfunn; **4.: lay ~ on, put ~ on***(=emphasize)* legge vekt på; understreke *(fx he laid stress on this point);* **he puts too much ~ on dressing neatly** han legger for stor vekt på å være pent kledd.

II. stress *vb* **1.** betone; understreke *(fx he stressed that they must arrive punctually);* **2.** *fon:* legge trykk på *(fx the first syllable).*

I. stretch [stretʃ] *subst* **1.** strekning *(fx a stretch of bad road);* **a ~ of forests** en skogstrekning; **a pretty ~ of country** et pent landskap; **2***(=period)* tidsrom; **even after a ~ of 20 years** selv etter (så lang tid som) 20 år; **3. T***(=term of imprisonment)* fengselsopphold *(fx a nine-year stretch);* **do a ~** sitte inne; **4.** det å strekke seg; det å bli strukket; **he got out of bed and had a good ~** han stod opp av sengen og strakte seg ordentlig; **5***(= elasticity)* elastisitet *(fx this elastic has lost its stretch);* **6.: at a ~** uten pause; i ett strekk *(fx they worked for two hours at a stretch);* **7.: at full ~** 1. fullt utstrakt; 2. *fig:* **be at full** *~(=be going all out)* arbeide for fullt; stå på for fullt *(fx they're at full stretch to complete the work in time);* **8.: by a ~ of the imagination** hvis man tar fantasien til hjelp; med litt godvilje; **it's impossible by any ~ of the imagination** det er umulig uansett hvordan man ser det; **by no ~ of the imagination can I see him as a successful business man** ikke i min villeste fantasi kan jeg forestille meg ham som en fremgangsrik forretningsmann.

II. stretch *vb* **1.** strekke; spenne *(fx the canvas tightly over the frame);* strekkes *(fx his scarf was so long that it could stretch across the room); om tøy:* vide seg ut *(fx this material stretches; the sweater streched when it was washed);* strekke seg *(fx across the table; the dog yawned and stretched (itself));* strekke seg ut *(fx the plain stretched(= extended) ahead of them for miles);* **~ one's legs** strekke på bena; **he opened his eyes and -ed luxuriously** han åpnet øynene og strakte seg velbehagelig; **2.** *om lønn; etc:* få til å strekke til *(fx his wife does her best to stretch the housekeeping money);* **make the money** *~(=make both ends meet)* få pengene til å strekke til; **3.** *fig:* **~ a point** strekke seg lenger enn hva vanlig er; gjøre et unntak *(fx . . . but we might stretch a point this evening);* **~ a theory** trekke en teori etter hårene; **~ the truth***(=exaggerate)* tøye sannheten; overdrive *(fx to say he was ill is streching the truth – he was merely drunk);* **4.** *om manglende utfordring:* **he feels that he isn't being -ed by the work** han synes ikke han får tilstrekkelig utfordring i arbeidet; **he needs -ing** han trenger utfordring; **5.: ~ out** 1. rekke ut (*el.* frem) *(fx one's hands);* strekke ut; 2*(=stretch oneself out)* strekke seg *(fx she stretched out on the bed; he stretched (himself) out on the grass);* 3. *om slag:* **the blow -ed him out on the carpet** slaget var så kraftig at han ble liggende rett ut på teppet.

stretcher ['stretʃə] *subst* **1.** (syke)båre; **2.: (canvas) ~** blindramme; **3.** tverrtre; sprosse (mellom stolbein); **4.** *bygg; murstein:* løper; **course of -s** løperskift; *(jvf header 2).*

stretcher course *se stretcher 4.*

stretching bond *bygg(=stretcher bond; running bond)* løperskift.

stretch mark *med.(=stria)* strekkmerke; hudstripe; stria.

stretch nylon strekknylon.

stretchy ['stretʃi] *adj; om stoff:* som strekker seg.

strew [stru:] *vb(=pret: strewed; perf. part.: strewn)* **1.** *litt. el. spøkef(=scatter)* strø; strø ut; *litt.:* bestrø; **2.: -n with** bestrødd med.

stria ['straiə] *subst(pl: striae* ['straii:]*)* **1.** *geol:* skuringsmerke; **2.** *med.(=stretch mark)* stria; strekkmerke; hudstripe.

stricken ['strikən] **1.** *litt. el. stivt:* **~ with flu***(= struck down with flu)* rammet av influensa; slått ned av influensa; **2.** *i sms:* hjemsøkt av; rammet av; **grief-~** rammet av sorg.

strict [strikt] *adj* **1.** streng (*with* mot); **he had ~ orders to . . .** han hadde streng ordre om å . . .; **in the -est confidence** i dypeste fortrolighet; **2.: in the ~ sense of the word** i ordets egentlige forstand; **in the ~ military sense** i streng militær forstand; **if the ~ truth were known . . .** hvis sannheten skal sies, så . . .

strictly *adv:* strengt; **~ speaking** strengt tatt.

strictness ['striktnis] *subst:* strenghet.

stricture ['striktʃə] *subst* **1.** *med.:* forsnevring; **2.** *meget stivt(=(severe) criticism)* (streng) kritikk.

I. stride [straid] *subst* **1***(=long step)* langt skritt *(fx he was only a stride away from her when he stopped);* **2***(=step)* gange; måte å gå på *(fx he has an easy, swinging stride);* **3.: make great -s***(= make good progress)* gjøre gode fremskritt *(fx he's making great strides in his piano playing);* **4.** *om oppgave, vanskelighet:* **take sth in one's ~** ta noe lett; **T:** ta noe på strak arm.

II. stride *vb(pret: strode; perf. part. sj: stridden)* gå med lange skritt *(fx the captain strides the deck);* **~ across the brook** skritte over bekken; **he strode off in anger** han marsjerte vekk i sinne; *(jvf stomp).*

strident ['straidənt] *adj* **1***(=shrill)* skjærende; skingrende *(fx voice);* **2.** *fig(=vociferous):* **~ slogans** høyrøstede slagord.

strife [straif] *subst; stivt(=trouble; fighting)* strid; konflikt *(fx political strife).*

I. strike [straik] *subst* **1.** streik *(fx a miners' strike);* **buyers' ~** kjøpestreik; **selective -s** punktstreik; **unofficial** *~(=wildcat strike)* ulovlig streik; **be (out) on ~** være i streik; **break a ~** bryte en streik; **call a ~** erklære streik; **call off a ~** avblåse en streik; **go (out) on** *~(=strike (work))* gå til streik; streike;

2.: a lucky ~ et rikt funn *(fx he made a lucky strike);*
3. *mil:* **air ~** luftangrep.
II. strike *vb(pret & perf. part.: struck)* **1.** *stivt(=hit)* slå; ramme; treffe *(fx his head struck the table as he fell);* **T: NN -s again** NN trår til igjen; NN på ferde igjen; **2.** *stivt(=attack)* angripe; **3.: ~ sparks from** slå gnister av; **~ a match** tenne en fyrstikk; rive av en fyrstikk; **4***(=strike work; go (out) on strike)* streike; gå til streik; **~ for higher pay** streike for høyere lønn; **5.** *stivt(=find; discover)* finne; oppdage *(fx they struck gold; if we walk in this direction, we may strike the right path);* **T: ~ (it) lucky** være heldig *(fx we certainly struck lucky in choosing that school);* **T: ~ it rich***(=make a lot of money)* tjene mange (*el.* gode) penger; **6.** *om klokke:* slå; **7.** *mus:* slå an *(fx a note on the piano); også fig:* **~ the right note** slå an den riktige tonen; **8.** *fig:* slå *(fx the thought struck me that . . .);* **I was struck by the resemblance between the two men** jeg ble slått av likheten mellom de to mennene; **how does the plan ~ you?** hva synes du om planen? **~ one as being** gi inntrykk av å være *(fx she strikes me as being efficient);* **9.** prege *(fx a coin);* **10.** stryke *(fx one's flag);* **11.** *om retning man slår inn på; stivt(=go):* **they struck north** de dro nordover; **12.** *glds el. rel:* **~ blind (,deaf)** slå med blindhet (,døvhet); **13.: ~ at** slå etter *(fx he struck at the dog);* **14.: ~ an attitude***(=strike a pose)* stille seg i positur; **15.** *fig:* **~ a balance** finne den riktige balanse *(fx between too much and too little discipline);* **16.: ~ a bargain***(=make a bargain)* 1. gjøre en handel *(fx strike a good bargain);* 2. gjøre en avtale *(fx we struck a bargain with each other);* **17.** *fig:* **~ a blow for** slå et slag for; **18.: ~ camp***(=break camp)* bryte leir; **19.** *fig:* **he was struck down by a terrible disease** han ble rammet av en forferdelig sykdom; **20.: ~ fear***(=terror)* **into them** sette skrekk i dem; skremme dem ordentlig; **21.** *stivt:* **that remark struck***(=went)* **home** den bemerkningen satt; **22.: ~ off** 1. stryke *(fx strike sby's name off a list);* **be struck off the medical register** bli fratatt retten til å praktisere (som lege); 2*(=print)* trykke *(fx strike off 10,000 copies of a book);* **23.: ~ out** 1*(=cross out)* stryke; 2*(=set out)* begi seg av sted; dra av sted; **~ out on one's own** begi seg av sted på egen hånd; **he struck out for the shore** han svømte i vei mot land; 3.: **he struck out wildly** han slo vilt om seg; **24.: ~ up** 1. *mus:* spille opp; falle inn (*with* med) *(fx the band struck up with 'The Red Flag');* 2.: **~ up an acquaintance with** bli kjent med; stifte bekjentskap med.
strikebound ['straik,baund] *adj(=hit by a strike (,by strikes))* streikerammet.
strikebreaker ['straik,breikə] *subst(=blackleg)* streikebryter.
strike pay streikelønn.
striker ['straikə] *subst* **1.** streikende; **2.** *fotb(=forward (player))* angrepsspiller; spiss.
striking ['straikiŋ] *adj:* slående; iøynefallende *(fx she's tall and striking; she always wears striking clothes);* **a woman of ~ beauty***(=a strikingly beautiful woman)* en slående skjønnhet.
Strine [strain] *subst; spøkef(=Australian English)* australsk engelsk.
I. string [striŋ] *subst* **1.** hyssing; **a piece of ~***(,T: a bit of string)* en hyssingstump; **apron ~** forklebånd; **2.** *mus:* streng; **the -s** 1. strengene; 2. strengeinstrumentene; strykerne; **3.** *bot:* strengel *(fx remove the strings from the beans before cooking);* **4.** kjede *(fx of pearls);* rekke *(fx of successes);* **a ~ of shops** en butikkjede; **he has a ~ of girlfriends** han har mange venninner; **a long ~ of words** en lang remse med ord; **5.** *tøm:* **~ (of a staircase)** trappevange; **6.** *fig* **T: -s***(=hidden conditions)* skjulte betingelser; **there are no -s to the offer** det knytter seg ingen betingelser til tilbudet; **a gift with a ~ to it** en gave som det knytter seg betingelser til; en gave som gis med baktanker; **7.** *fig:* **have two -s to one's bow** ha noe (mer) i bakhånden; ha flere strenger å spille på; **you have another ~ to your bow, then?** du har altså noe annet i bakhånden? du har altså en alternativ plan? **8. T: have sby on a ~** 1. ha fullstendig kontroll med en; 2. *spøkef:* **she has him on a ~** hun har ham (gående) på gress; **9.** *fig* **T: pull -s** bruke sin innflytelse; trekke i trådene *(fx his father had to pull strings to get him that job);* **pull the -s** være den som har den egentlige kontroll *(fx the Government pulls the strings when the Bank of England decides to change the bank rate).*
II. string *vb(pret & perf. part.: strung)* **1.** strenge; sette streng(er) på *(fx a bow; a violin);*
2. tre (*el.* træ) på snor; **~***(=thread)* **pearls** tre perler på en snor;
3*(=stretch; extend)* strekke *(fx wires from tree to tree);*
4. strengle *(fx beans);*
5. T: ~ along 1. bli med; gå med *(fx with the others);* 2. holde for narr *(fx with false promises);*
6.: ~ sby along 1. få en til å love å samarbeide; få en med; 2*(=have sby on a string)* ha en gående på gress *(fx you're just stringing me along till you find a girl you like better);*
7.: ~ out 1*(=spread out in a line)* stille opp på rekke *(fx the runners were strung out along the course);* 2. **S:** gjøre (,bli) avhengig av stoff;
8.: ~ up*(=hang)* henge; klynge opp *(fx they strung him up from the nearest tree); (se også strung; strung out; strung up).*
string bag innkjøpsnett.
string band strykeorkester.
string beans US*(=chopped French beans) kul:* snittebønner.
stringency ['strindʒənsi] *subst; stivt(=strictness)* strenghet.
stringent ['strindʒənt] *adj* **1.** *om regel, etc; stivt(=strict)* streng; **2.** *økon(=tight):* **a ~ money market** et stramt pengemarked; **3.** *om tenkning(=closely reasoned)* stringent *(fx thinking).*
stringer ['striŋə] *subst* **1.** *tøm:* langbjelke; bindebjelke; **2.** *mar:* stringer; *i treskip:* skjærgang; **hold ~** laststringer; **3***(=part-time journalist; correspondent)* deltidsjournalist; korrespondent.
string quartet *mus:* strykekvartett.
stringy ['striŋi] *adj* **1.** *om kjøtt(=sinewy)* senet; trevlet; **2.** *om grønnsak:* treen; treet.
I. strip [strip] *subst* **1.** strimmel *(fx of paper);* smal stripe *(fx a strip of lawn);* **a ~ of wood** 1. en skogteig; 2. en trelist; **2.: comic ~***(=strip (cartoon))* tegneserie; **3.** *fotb:* spilledrakt; drakt *(fx the team has a red and white strip);* **4.** flyv: **landing ~***(=airstrip)* (provisorisk) landingsstripe; **5. T: tear sby off a ~, tear a ~ off sby***(=give sby a proper dressing-down)* skjelle en ut etter noter; gi en en ordentlig overhaling; *(se centre strip; chromium strip; insulating strip; median strip; rubber strip; rubbing strip; weatherstrip).*
II. strip *vb* **1***(=undress)* kle av seg; kle av *(fx she stripped the child (naked) and put him in the bath); om kvinne som opptrer:* strippe; **~ to the**

waist kle av seg på overkroppen; **2.** *landbr:* melke tom; tørrmelke *(fx a cow)*; **3.** *bygg:* ~ **the forms** ta av forskalingen; **4.** ta fra hverandre *(fx a rifle)*; **5.:** ~ **the thread of a nut** skru en mutter over gjenge; **6.** *mar:* rigge ned *(fx a mast)*; **7.:** ~ **down** 1. ta fra hverandre *(fx an engine)*; 2. fjerne gammel maling (,tapet); **8.:** ~ **sby of sth** 1*(=deprive sby of sth)* frata en noe *(fx he was stripped of his rights)*; 2. *mil:* ~ **sby of his rank** degradere en; **9.:** ~ **off** fjerne; ta av; rive av *(fx strip the wallpaper off the wall)*; **he -ped his bandage off** han tok av bandasjen.

strip cartoon*(=comic strip)* tegneserie.

stripe [straip] *subst* **1.** stripe *(fx black and white stripes)*; **2.** *på uniformserme:* stripe; **3.** *på bilkarosseri:* **go-faster** ~*(=speed line)* fartsstripe; **4.** *film:* **(magnetic)** ~ magnetisk lydspor.

striped *adj:* stripet.

strip felling*(,US: strip cutting) forst:* stripehogst.

strip lighting lysstoffbelysning; belysning med lysstoffrør.

stripling ['stripliŋ] *subst; litt. el. spøkef:* ung gutt; ungdom.

strip mining *min(=opencast mining)* dagbruddsdrift; drift i åpent brudd.

stripper ['stripə] *subst* **1. T***(=striptease dancer)* stripper(ske); stripteasedanser(inne); **2.: (paint)** ~ malingfjerner.

striptease ['strip,ti:z] *subst:* striptease.

striptease dancer *(,***T:** *stripper)* stripteasedanser(inne); stripper(ske).

strive [straiv] *vb(pret: strove; perf. part.: striven)* **1.** *stivt(=try very hard):* ~ **to** streve etter å; bestrebe seg på å; **2.** *stivt(=struggle):* ~ **against** kjempe mot.

strobe [stroub] *subst; flyv:* ~ **light** roterende lys; ~ **pulse** roterende impuls.

strode [stroud] *pret av II. stride.*

I. stroke [strouk] *subst* **1.** slag *(fx the slave was given ten strokes of the whip)*; hogg *(fx he felled the tree with one stroke of the axe)*; ~ **of the oar** åretak; **he rowed a fast** ~ han rodde med raske tak; **(swimming)** ~ svømmetak *(fx what stroke does she swim?)*; ~ **of the pen** pennestrøk *(fx he erased the name with a stroke of the pen)*; **2.** *med.:* slag; **3.** det å klappe (*el.* stryke); strøk; **he gave the dog a** ~ han klappet hunden; **4.** *fig:* trekk *(fx a masterly stroke!)*; **a** ~ **of genius** en genistrek; et genialt trekk; **a** ~ **of luck***(=a piece of good luck)* et lykketreff; **a** ~ **(of work)** et (arbeids)slag *(fx I haven't done a stroke (of work) all day)*; **5.** *fig:* **at a** ~ med et slag *(fx he solved the problem at a stroke)*; **6.** *fig & sport:* **off one's** ~ ute av slag; **put sby off his** ~ forstyrre en; få en til å miste fatningen; **7.: on the** ~ **of six** på slaget seks; **8.** *mask:* **length of** ~ slaglengde.

II. stroke *vb* **1.** stryke; klappe *(fx a dog)*; **he -d her hair** han strøk henne over håret; **2.** *fig:* ~ **sby the wrong way***(=rub sby (up) the wrong way)* stryke en mot hårene.

stroke oar taktåre; akterste roer.

stroll [stroul] **1.** *subst:* spasertur *(fx go for a stroll)*; **2.** *vb:* spasere; gå omkring; slentre.

stroller ['stroulə] *subst* **1.** spaserende; **2. US***(=pushchair)* sportsvogn (ɔ: type lett barnevogn).

strong [strɔŋ] *adj:* sterk; kraftig; solid *(fx furniture)*; **a** ~ **economy** en sterk økonomi; ~ **evidence** sterke bevis; ~ **lens** kraftig linse; ~ **supporter** ivrig tilhenger; ~ **tea** sterk te; ~ **verb** sterkt verb; **an 18-~ orchestra** et 18-manns orkester.

strongarm ['strɔŋ,a:m] **1.** *adj:* volds-; voldelig; som bruker makt; ~ **tactics** vold; bruk av vold; **2.** *vb* **US***(=use force on)* bruke makt overfor.

strongbox ['strɔŋ,bɔks] *subst(=small safe)* lite pengeskap.

strong gale *meteorol(=severe gale)* liten storm (ɔ: vindstyrke 9).

stronghold ['strɔŋ,hould] *subst* **1.** *mil(=fortified place)* befestning; befestet sted; **2.** *fig:* høyborg *(fx a Labour stronghold)*.

strong meat *fig:* kraftig kost.

strong-minded [,strɔŋ'maindid; *attributivt:* 'strɔŋ-,maindid] *adj:* viljefast.

strongpoint ['strɔŋ,pɔint] *subst; mil:* befestet stilling; befestning.

strong point *fig:* **one of his -s** en av hans sterke sider.

strongroom ['strɔŋ,ru(:)m] *subst(,***US:** *vault)* bankhvelv.

strontium ['strɔntiəm] *subst; min:* strontium.

stroppy ['strɔpi] *adj* **T***(=angry; quarrelsome; difficult)* sur; vanskelig *(fx he gets stroppy if you disagree with him)*.

strove [strouv] *pret av strive.*

struck [strʌk] **1.** *pret & perf. part. av II. strike;* **2. US***(=strikebound)* streikerammet.

structural ['strʌktʃərəl] *adj:* strukturell; struktur-; bygningsmessig *(fx improvement)*.

structural change strukturendring.

structural engineer bygningsingeniør som arbeider med bærende konstruksjoner; statiker.

structural mechanics statikk; *(jvf statics)*.

structural readjustment strukturell omlegning.

structural steel*(=sectional steel)* profilstål.

I. structure ['strʌktʃə] *subst* **1.** byggverk *(fx the Eiffel Tower is a famous structure)*; **2.** oppbygging; konstruksjon; struktur; **appointments** ~ stillingsstruktur; **the course** ~ **in the upper secondary school** linjestrukturen i den videregående skole; **the** ~*(fabric)* **of society** samfunnsstrukturen.

II. structure *vb:* strukturere; **a course -d on . . .** et kurs som er bygd opp på . . .

I. struggle ['strʌgəl] *subst(=fight)* kamp *(fx for independence)*; **. . . but not without a** ~ . . . men ikke uten kamp; **the** ~ **for existence** kampen for tilværelsen.

II. struggle *vb:* kjempe; stri *(fx with illness)*; ~ **against injustice** kjempe mot urettferdighet; **he -d through the mud** han slet seg gjennom sølen; **she -d up from the chair** hun kjempet seg opp av stolen; **the child was struggling in his arms** barnet strittet imot i armene hans; ~ **along** 1. streve seg videre; 2. *fig* **T:** så vidt klare seg (med penger).

strum [strʌm] *vb:* klimpre *(fx the ballad was strummed on a guitar)*; ~ **one's guitar** klimpre på sin gitar.

struma ['stru:mə] *subst; med.(=goitre)* struma.

strumpet ['strʌmpit] *subst; glds(=prostitute)* tøs; hore; *glds el. bibl:* skjøge.

strung [strʌŋ] **1.** *pret & perf. part. av II. string;* **2.** *adj:* **highly** ~*(,***US:** *high-strung)* nervøs.

strung out *adj; om narkoman* **S 1.** nedkjørt; helt nede; **2.:** ~ **on***(=addicted to)* henfallen til; **junkies** ~ **on heroin** narkomane som går på heroin.

strung up *adj* **T***(=highly strung)* nervøs *(fx she's a bit strung up about her exam)*.

I. strut [strʌt] *subst:* stiver; avstiver.

II. strut *vb* **1.** stive av; støtte; **2.** spankulere.

strychnine ['strikni:n] *subst:* stryknin.

I. stub [stʌb] *subst* **1.** stump; **cigarette** ~*(=cigarette end)* sigarettstump; **2***(=counterfoil)* talong; **ticket** ~*(=ticket counterfoil)* billettstamme.

II. stub *vb* **1.** *om tå:* støte; slå *(fx one's toe against* *a stone);* **2.: ~ out a cigarette** stumpe en sigarett.

stub axle*(,***US:** *spindle)* forhjulstapp; hjulspindel; styrespindel.

stubble ['stʌbəl] *subst* **1.** *av korn:* stubb, **2.** skjeggstubb.

stubble field stubbmark.

stubbly ['stʌbli] *adj* **1.** kort *(fx grass);* **he has a ~ beard** han har skjeggstubb; **2***(=unshaved)* ubarbert; skjegget *(fx his face is a bit stubbly).*

stubborn ['stʌbən] *adj* **1***(=obstinate)* sta; **2** *fig:* seig *(fx make stubborn resistance);* **3.** hardnakket *(fx cold);* gjenstridig; vanskelig *(fx skin disease).*

stubby ['stʌbi] *adj:* stump; butt; kort og tykk.

stucco ['stʌkou] *subst:* stukk; stukkatur.

stuck [stʌk] **1.** *pret. & perf. part. av II. stick;* **2.** *adj:* **be ~** stå fast *(fx I'm stuck!);* **get ~** bli sittende fast; kjøre seg fast; **S: be ~ on***(=be crazy about)* være på knærne etter; være helt vill etter; **be ~ with sth** bli sittende med noe *(fx the bill).*

stuck-up ['stʌk,ʌp; ,stʌk'ʌp] *adj:* hoven; overlegen; **T:** høy på pæra.

I. stud [stʌd] *subst* **1.** *bygg(=upright)* stender; stolpe; spikerslag; **2.** knott *(fx boots with studs);* pigg; **3***(=stud farm)* stutteri; **4***(=studhorse)* avlshingst; **5.: racing ~***(=racing stable)* veddeløpsstall (ɔ: hestene); **6.** *tekn:* pinne; bolt; **screw ~** pinneskrue; **wheel ~** hjulbolt; **7.: collar ~** krageknapp; *i tøy:* **press ~***(=snap fastener)* trykknapp; **8.** *om mann; vulg:* bukk.

II. stud *vb:* sette knotter under *(fx a pair of boots);* beslå; sette pigger i.

studded *adj; litt.:* **~ with***(=covered with)* besatt med; **star-~** stjernebestrødd.

studded tyre*(=steel-studded tyre)* piggdekk.

student ['stju:dənt] *subst* **1.** student *(fx a medical student; a student of English);* **a ~ of bird life** en som studerer fuglelivet; **2.** *også, især* **US***(=pupil)* elev *(fx high school students).*

student nurse sykepleierstudent; *(jvf pupil nurse).*

student grant *se studentship.*

student loan studielån.

students' discount studierabatt.

studentship ['stju:dəntʃip] *subst(=student grant)* studiestipend (for universitetsstudent).

student teacher *skolev:* (lærer)kandidat; hospitant.

student teaching: *se teaching practice.*

stud farm stutteri.

studied ['stʌdid] *adj:* tilsiktet *(fx insult);* demonstrativ *(fx carelessness; indifference);* utstudert *(fx indifference);* tilgjort; **he spoke with ~ ease** han snakket tilgjort utvungent.

studio ['stju:di,ou] *subst* **1.** *radio, TV:* studio; **2.** atelier.

studio flat*(,***US:** *studio apartment)* atelierleilighet.

studious ['stju:diəs] *adj* **1.** *stivt(=hard-working)* flittig; **2.** *stivt(=careful):* **his ~ avoidance of unpleasant subjects** hans omhyggelige omgåelse av ubehagelige temaer.

I. study ['stʌdi] *subst* **1.** studie; utkast (*for* til) *(fx a study for the Mona Lisa);*

2. arbeidsværelse;

3. studering(er); det å studere (*el.* lese) *(fx he spends all his evenings in study);*

4. studium; **private ~***(=self-tuition)* lesing på egen hånd; selvstudium; **studies** studier; **his studies** 1. studiene hans; 2*(om elev)* lesingen hans; **skip one's A-level studies** gi opp å lese til artium; **years of ~** et årelangt studium; *skolev:* **course of ~***(=curriculum)* leseplan; *univ:* **a course of ~***(=a (degree) course)* et studium; **this course (of ~)** dette studiet; **a course of academic studies** et akademisk studium; **studies at university level** studier på universitets- og høyskolenivå; studier ved universiteter og høyskoler; **make a comparative ~ of vocational training in Norway and England** foreta et sammenlignende studium av yrkesutdanningen i Norge og England;

5. *skolev:* **branch (of ~)** studieretning;

6. *stivt:* **in a brown ~***(=deep in thought)* i dype tanker;

7.: her face was a ~ ansiktet hennes var et studium verdt; *(se I. period 5: ~ of study & study period).*

II. study *vb* **1.** studere; **~ medicine***(=be a medical student)* studere til lege; **~ architecture***(=study to become an architect; train to be an architect; be a student of architecture)* studere til arkitekt; være arkitektstudent; **she's -ing for a degree in English** hun leser (*el.* studerer) engelsk ved universitetet; **he's -ing to be a teacher** han går på lærerskole; **2.** lære; innstudere *(fx the actor was studying his part);* **3.** se nøye på; studere *(fx the map);* **she studied his face** hun studerte (*el.* gransket) ansiktet hans.

study debt(s)*(=student debt(s); student's debt(s); students' debt(s))* studiegjeld; *(se NEO studiegjeld).*

study group studiegruppe; **leader of a ~***(=group tutor)* studieleder.

study material studiemateriell; studiemateriale.

study period *skolev:* **private ~** studietime; *(jvf I. period 5: ~ of study).*

study purposes: for ~*(=for purposes of study)* i studieøyemed *(fx visit London for study purposes).*

study tour studiereise.

I. stuff [stʌf] *subst* **1. T***(=things)* saker; ting; **the plumber brought his ~** rørleggeren kom med sakene sine; **2. T***(=material; substance)* materiale; stoff *(fx it's made of plastic or similar stuff);* **3. T***(=cloth)* stoff *(fx a dress of coarse stuff);* **4. T***(=books)* (lese)stoff *(fx we've got a lot of stuff about the French Revolution);* **5. T***(=remedy):* **he gave me some good ~ for removing warts** han ga meg et godt middel til å fjerne vorter med; **6. T: show them what ~ you're made of!** vis dem hva slags stoff du er lagd av! **he was made of sterner ~** han var gjort av et annet stoff; **7.** *neds* **T: very poor ~** elendige saker (*el.* greier); **~ and nonsense!** tøys! tull! **don't give me any of that ~!** ikke kom (her) med det sprøytet! **8. T: that's the ~!** sånn ja! slik skal det gjøres! det er fine greier! **that's the ~ to give them!** slik skal de ha det! **9. T: do one's ~** vise hva man kan (*el.* duger til) *(fx "Get out there and do your stuff!");* **10. T: know one's ~** kunne sine ting.

II. stuff *vb* **1.** fylle; stappe; stoppe; *kul:* farsere; **2.** stoppe ut *(fx a tiger);* **3.: ~ oneself with** proppe (*el.* fylle) seg med *(fx cakes);* **4.** *vulg; om mann:* knulle *(fx he stuffed her);* **5. S: you can ~ it!** det der (,den planen din; etc) kan du ha for deg selv! **6. S: get -ed!** ryk og reis! kom deg vekk! **7.: ~ up** 1. tette igjen; **my nose is -ed***(=stopped)* **up** jeg er tett i nesen; 2. dytte opp i *(fx she stuffed the newspapers up the chimney).*

stuffed shirt T*(=conceited fool)* innbilsk narr.

stuffing ['stʌfiŋ] *subst* **1***(=padding)* stopp; polstringsmateriale; **2.** *kul:* fyll; **3. T: knock the ~ out of** 1. rundjule; 2. ta knekken på.

stuffing box *mask(=packing box)* pakningsboks.

stuffy ['stʌfi] *adj* **1.** dårlig ventilert; varmt og kvalmt; **it smells ~ in here** det lukter innestengt her; **2. T***(=formal; prudish)* formell; snerpet; stiv.

stultify ['stʌlti,fai] *vb; stivt(=make useless)* gjøre virkningsløs; umuliggjøre.

I. stumble ['stʌmbəl] *subst* **1**(*=stumbling*) snubling; **2.** *fig(=false step; blunder)* feiltrinn; bommert.
II. stumble *vb* **1.** snuble; ~ **along** snuble av sted; *fig:* ~ **over one's words** snuble i ordene; **2.** *fig:* ~ **across** snuble over; komme over (helt tilfeldig).
stumbling block *fig:* anstøtsstein; hindring.
I. stump [stʌmp] *subst* **1.** (tre)stubbe; **2.** stump *(fx a stump(=stub) of pencil);* **the ~ of a tooth** en tannstubb; en tannstump; **3.** *cricket:* grindpinne; **draw -s** *(finish a day's play)* avslutte spillet for dagen; **4.** *i tegning(=tortillon)* stubb; **5. T: stir your -s!** få opp farten!
II. stump *vb* **1.** stavre *(fx he stumped angrily out of the room);* **2.** *i tegning:* bruke stubb; **3.** *cricket:* slå ut; **4.** *fig; om spørsmål, etc:* være for vanskelig for *(fx the question stumped him);* **S: you've got me -ed there!***(=you have me there!)* der blir jeg deg svar skyldig! der setter du meg fast! **I'm -ed!** jeg står helt fast! **5. T:** ~ **up***(=pay)* betale; punge ut.
stumper ['stʌmpə] *subst; cricket(=wicketkeeper)* gjerdevokter; slåer.
stumpy ['stʌmpi] *adj(=short and thick)* kort og tykk; stubbet.
stun [stʌn] *vb* **1**(*=knock out)* slå ut; svimeslå; **2.** *fig(=shock)* sjokkere; lamslå; svimeslå.
stung [stʌŋ] *pret & perf. part. av II. sting.*
stunk [stʌŋk] *perf. part. av II. stink.*
stunner ['stʌnə] *subst; om person el. ting* **T:** prakteksemplar.
stunning ['stʌniŋ] *adj* **T**(*=marvellous)* deilig *(fx you look stunning today);* fantastisk flott *(fx dress).*
I. stunt [stʌnt] *subst* **1**(*=trick)* trick *(fx an advertising stunt);* **2.** dristig kunststykke.
II. stunt *vb* **1.** gjøre dristige kunststykker; **2.** hemme i veksten *(fx this may stunt the baby's growth).*
stunted *adj:* hemmet i veksten; forkrøplet; **his emotions are ~** han har et avstumpet følelsesliv.
stunt man *film:* stuntmann (ɔ: stedfortreder i farlige scener).
stupefaction [,stju:pi'fækʃən] *subst; stivt:* **in complete** ~*(=greatly surprised; dumbfounded)* helt forbløffet; målløs av forbløffelse.
stupefy ['stju:pi,fai] *vb; stivt* **1**(*=dull)* sløve *(fx her senses were stupefied by the amount she had drunk);* **2**(*=confuse)* forvirre *(fx the rabbit was stupefied by the headlights).*
stupendous [stju:'pendəs] *adj; stivt el. spøkef(=tremendous)* enorm; formidabel *(fx the response to our appeal for money has been stupendous).*
I. stupid ['stju:pid] *subst; neds; i tiltale:* **you ~!** din dummenikk!
II. stupid *adj* **1.** dum; **2.** *stivt(=dazed)* bedøvet; helt sløv *(fx he was (feeling) stupid from lack of sleep);* **3.: just act ~ and you'll be all right***(= if you're stupid(=daft) enough, you can get away with it) svarer til:* de dumme har det godt!
stupidity [stju:'piditi] *subst:* dumhet; **an act of sheer ~** en ren (og skjær) dumhet; **there's no cure for ~** mot dumheten kjemper man forgjeves.
stupor ['stju:pə] *subst; stivt:* sløvhet; bedøvet tilstand; **in a** ~*(=daze)* (helt som) bedøvet.
sturdy ['stə:di] *adj* **1**(*=strong and healthy)* sterk og sunn; robust *(fx he has two sturdy sons);* **2.** *om konstruksjon:* robust *(fx furniture);* **3.** *bot(=hardy)* hardfør.
sturgeon ['stə:dʒən] *subst; zo; fisk:* stør.
I. stutter ['stʌtə] *subst(=stammer)* (hakking og) stamming; **he has a ~** han stammer.
II. stutter *vb(=stammer)* stamme.
sty(e) *subst; med.; på øyet:* sti.
I. style [stail] **1.** *bot:* griffel; **2.** *hist(=stylus)* skrivestift; skjærenål; stylus; *(jvf stylus);* **3**(*=hairstyle)* frisyre; **4**(*=elegance)* stil *(fx she certainly has style!);* **5.: do things in** ~*(=live on a grand scale; T: make a splash)* slå stort på; **live in (grand) ~** føre stort hus; **6.** kunstretning; stilart; stil; **7.** fremstillingsmåte; skrivemåte; stil *(fx a formal style of writing; something in the same style);* **a clear ~** en klar stil; **the ~ is clear, concise and alive** stilen er klar; konsis og levende; **improve the ~ of his essays** få sving (*el.* skikk) på stilene hans; **the matter of his essay is excellent but the ~ is deplorable** innholdet i stilen hans er utmerket, men stilen er elendig.
II. style *vb* **1.** *stivt(=call)* titulere; kalle *(fx they styled themselves socialists);* **2.** gi stilpreg; formgi; tegne *(fx a dress specially styled for the summer season);* konstruere *(fx these chairs are styled(= designed) for comfort);* **have one's hair cut and -d***(=done)* få håret klippet og frisert.
stylish ['stailiʃ] *adj:* fiks; stilig.
stylist ['stailist] *subst* **1.** stilist; **2.: (hair)** ~*(=hairdresser)* frisør.
stylus ['stailəs] *subst:* grammofonstift.
stymie ['staimi] *vb:* legge hindringer i veien for.
styptic ['stiptik] **1.** *subst:* blodstillende middel; **2.** *adj:* blodstillende; ~ **pencil** blodstillerstift.
suave [swa:v] *adj; om person el. opptreden; neds(= smooth)* glatt; urban.
sub [sʌb] *subst* **T 1**(*=submarine)* ubåt; **2**(*=substitute)* vikar; **3**(*=subscription)* medlemskontingent.
sub- under- *(fx subcommittee).*
subalpine [sʌb'ælpain] *adj; bot & zo:* som vokser (,holder til) under tregrensen.
subalpine warbler *zo:* rødbrystsanger; rødstrupesanger.
subaltern ['sʌbəltən] *subst; mil; i hæren:* offiser med lavere grad enn kaptein; lavere offiser.
subaqueous [sʌb'eikwiəs; sʌb'ækwiəs] *adj(=underwater)* undervanns-; som skjer (,forekommer) under vannet.
subatomic [,sʌbə'tɔmik] *adj:* subatomar *(fx particles).*
subcentre ['sʌb,sentə] *subst; flyv:* **rescue ~** underordnet redningssentral.
subclass ['sʌb,kla:s] *subst; biol:* underavdeling.
subconscious [sʌb'kɔnʃəs] **1.** *subst:* **the ~** underbevisstheten; **2.** *adj:* underbevisst.
subcontinent [sʌb'kɔntinənt] *subst:* subkontinent.
I. subcontract [sʌb'kɔntrækt] *subst:* underentreprise.
II. subcontract [,sʌbkən'trækt] *vb:* sette bort som underentreprise.
subcontractor [,sʌbkən'træktə] *subst:* underentreprenør.
subcrossing ['sʌb,krɔsiŋ] *subst:* jernbaneundergang.
subcutaneous [,sʌbkju:'teiniəs] *adj; med.:* subkutan; underhuds- *(fx fat);* ~ **tissue** underhudsvev.
subdivide [,sʌbdi'vaid] *vb:* underinndele.
subdivision [,sʌbdi'viʒən] *subst* **1.** underinndeling *(fx division and subdivision of cells);* **2.** underavdeling.
subdrain ['sʌb,drein] *subst:* stikkrenne; *(jvf culvert).*
subdue [səb'dju:] *vb* **1.** *stivt(=defeat)* slå; kue *(fx the rebels were subdued);* **2.** *fig(=suppress)* undertrykke *(fx she subdued her foolish fears).*
subdued *adj* **1.** underkuet; **2.** dempet *(fx colours; voices);* spak; stillferdig *(fx he seems subdued today).*
subeditor [sʌb'editə] *subst:* redaksjonssekretær.
subheading ['sʌb,hediŋ] *subst:* undertittel.
subhuman [sʌb'hju:mən] *adj* **1.** som står lavere enn menneskene; laverestående *(fx the subhuman primates);* **2.** umenneskelig *(fx behaviour);* ~ **living**

conditions umenneskelige levevilkår.
I. **subject** ['sʌbdʒikt] *subst* **1.** statsborger *(fx a British subject);* undersått *(fx loyal subjects of the Queen);* **2.** *mus(=theme)* tema; **3.** *gram:* subjekt; **4.** *skolev:* fag *(fx he's taking exams in seven subjects);* **special (course)** ~ studieretningsfag; **5**(= *model)* modell; **he gets even nearer to the ~ in the final version** han kommer enda nærmere modellen i den endelige versjonen; **6.** gjenstand *(fx he was a keen collector of anatomical subjects); fig:* **become the ~ of** bli gjort til gjenstand for *(fx the matter has become the subject of renewed negotiations);* ~ **of an experiment** gjenstand for et forsøk; *(jvf I. object 1);* **7.** emne; tema *(fx what was the subject of the discussion?);* **a good ~ for an essay** et godt stilemne; **I've said all I can on that ~** jeg har sagt alt jeg kan om det; **change the ~** skifte tema; begynne å snakke om noe annet; **I don't think her behaviour is a ~ for laughter** jeg synes ikke oppførselen hennes er noe å le av; **this is certainly a ~ for further investigations** dette er bestemt noe som bør undersøkes nærmere; *(jvf 6 ovf).*
II. **subject** [səb'dʒekt] *vb; stivt:* ~ **to** 1*(=submit to)* underkaste *(fx subject sth to a severe test);* 2*(=put through)* underkaste; utsette for *(fx a long cross -examination);* 3. gjøre til gjenstand for.
III. **subject** ['sʌbdʒikt] *adj; stivt:* **be ~ to** 1*(=be prone to)* være utsatt for; ha lett for å få *(fx be subject to colds);* 2.: ~ **to the approval of the sales manager** med forbehold om salgssjefens godkjenning; **the plan is ~ to approval** planen må først godkjennes; *merk:* ~ **to confirmation** uten forbindtlighet; *om funksjonær:* ~ **to dismissal** oppsigelig; *(jvf removable 2).*
subject area*(=area of topics)* emneområde; **a broad spectrum of -s** et bredt spekter av emneområder.
subject catalogue emnekatalog.
subject entry *i kartotek:* emnekort.
subject heading emneord.
subject index emneregister; emnekartotek; emneliste.
subjection [səb'dʒekʃən] *subst; stivt(=suppression)* undertrykkelse; underkuing; underkastelse.
subjective [səb'dʒektiv] *adj:* subjektiv.
subjectivity [,sʌbʒek'tiviti] *subst:* subjektivitet.
subject matter emne; stoff.
subject room *skolev:* fagrom.
sub judice [sʌb'dʒu:disi] *jur:* **the matter is still ~** saken verserer fremdeles for retten.
subjugate ['sʌbdʒu,geit] *vb; stivt(=subdue)* undertvinge; underlegge seg; erobre.
subjunctive [səb'dʒʌŋktiv] *subst; gram:* konjunktiv-.
I. **sublease** ['sʌb,li:s] *subst:* fremleie.
II. **sublease** [sʌb'li:s] *vb(=sublet)* fremleie.
I. **sublet** ['sʌb,let] *subst:* fremleie *(fx this flat is a sublet).*
II. **sublet** [sʌb'let] *vb:* fremleie.
sub-lieutenant [,sʌblə'tenənt] *(fk sub-Lt) subst; mil; mar(,***US:** *lieutenant junior grade, fk LTJG)* fenrik; **engineer ~** fenrik (M); *(jvf pilot officer & second-lieutenant).*
I. **sublimate** ['sʌblimit] *subst; kjem:* sublimat.
II. **sublimate** ['sʌbli,meit] *vb; psykol:* sublimere; *(jvf I. sublime).*
I. **sublime** [sə'blaim] *vb; kjem:* sublimere; *(jvf II. sublimate).*
II. **sublime** *adj; stivt(=lofty)* sublim; opphøyet.
subliminal [sʌb'liminəl] *adj:* subliminal; som påvirker underbevisstheten *(fx subliminal advertising).*
sublimity [sə'blimiti] *subst; stivt(=loftiness)* opphøyethet.

sublunary [sʌb'lu:nəri] *adj* **1.** som ligger mellom månen og jorden; **2**(=*terrestrial)* jordisk.
submachine gun(=*machine pistol)* maskinpistol.
I. **submarine** ['sʌbmə,ri:n; ,sʌbmə'ri:n] *subst:* ubåt; **midget ~** lommeubåt.
II. **submarine** [,sʌbmə'ri:n] *adj:* undervanns-; undersjøisk *(fx cable); (jvf subsea; underwater).*
submarine crew(=*submariners)* ubåtmannskap.
submarine pen ubåtbunker.
submerge [səb'mə:dʒ] *vb* **1.** senke ned i vann; **2.** *om ubåt:* dykke; dukke; **3.** *fig:* drukne *(fx the main point of the discussion is being submerged by unimportant details).*
submerged *adj* **1.** *om ubåt:* neddykket; **1.** undersjøisk.
submerged gully brådyp.
submerged rock undervannsskjær.
submergence [səb'mə:dʒəns], **submersion** [səb'mə:ʃən] *subst* **1.** neddykking; **2.** neddykket tilstand.
submission [səb'miʃən] *subst* **1.** underkastelse; **2.** *stivt(=handing in)* innlevering *(fx January 31st is the date for the submission of the thesis);* **3.** *stivt; især jur:* **my ~ is that . . .** jeg vil hevde at.
submissive [səb'misiv] *adj:* underdanig; ydmyk; ~ **as a lamb** myk som voks.
submit [səb'mit] *vb* **1.** underkaste seg; ~ **to control** underkaste seg kontroll; ~ **to a test***(=undergo a test)* underkaste seg en prøve; **2.** levere inn *(fx a proposal);* **3.** *jur:* forelegge *(fx submit the question to the court);* **4.** *jur:* **I ~ that the witness is lying** jeg vil hevde at vitnet lyver.
subnormal [sʌb'nɔ:məl] *adj:* subnormal; **educationally ~** *(fk ESN)* evneveik (ɔ: med IQ under 70).
suboffice ['sʌb,ɔfis] *subst:* **rural ~** poståpneri.
sub-officer*(,US: fire lieutenant)* underbrannmester.
subpostmaster ['sʌb'poust,ma:stə] *subst:* poststyrer; *hist:* poståpner; *(jvf postmaster).*
subpostmistress ['sʌb'poust,mistris] *subst:* (kvinnelig) poststyrer; *(jvf postmistress).*
I. **subordinate** [sə'bɔ:dinit] **1.** *subst:* underordnet; **2.** *adj:* underordnet *(fx position);* ~ **clause**(= *dependent clause)* bisetning.
II. **subordinate** [sə'bɔ:di,neit] *vb:* underordne *(fx she constantly subordinated her own wishes to the children's welfare);* ~ **oneself (to sth (,sby))** underordne seg (noe (,noen)).
subordination [sə,bɔ:di'neiʃən] *subst:* underordning.
suborn [sə'bɔ:n] *vb; stivt el. jur:* ~ **sby**(=*bribe sby to give false evidence)* bestikke en til å avgi falsk forklaring *(fx he was charged with suborning witnesses).*
subplot ['sʌb,plɔt] *subst:* bihandling; sidehandling; *(jvf underplot).*
subpoena [səb'pi:nə] *jur* **1.** *subst(=summons)* (inn)-stevning; **2.** *vb(=summon)* innkalle; innstevne *(fx sby as a witness).*
subrogation [,sʌbrə'geiʃən] *subst; jur(=substitution of one person for another, expecially a creditor)* innsettelse i en annens sted.
subrogate ['sʌbrə,geit] *vb; jur:* sette (fx en kreditor) i en annens sted.
subscribe [səb'skraib] *vb* **1.** *til veldedig formål, etc; stivt(=give)* gi *(fx large sums to charity);* **2.** *stivt(= contribute)* bidra med *(fx we each subscribed £10 towards the present);* **3.** *meget stivt el. jur(=sign)* undertegne *(fx a document);* ~ **one's name** skrive navnet sitt under; **4.:** ~ **to** abonnere på *(fx a magazine);* **5.** *fig; stivt:* ~ **to**(=*agree with)* si seg enig i; være enig i; **I don't ~ to that (view)** jeg er ikke enig i det synet; **6.** *merk:* ~ **for shares** tegne seg for aksjer.
subscriber [səb'skraibə] *subst* **1.** abonnent (*to* på);

2. *tlf:* abonnent; 3. subskribent (*to* på).
subscription [səb'skripʃən] *subst* **1.** abonnement; **2.** *merk:* tegning (av aksjer); **3**(*=membership fee*) medlemskontingent; **4.** *ved innsamling:* innsamlet beløp; *fra den enkelte:* bidrag; **by public ~** for offentlig innsamlede midler *(fx the playground was provided by public subscription)*; **5.**: *ved boksalg:* subskripsjon; **6.** *jur(=signing; signature)* underskriving (av dokument); underskrift (på dokument).
subscription book subskripsjonsverk.
subscription list innsamlingsliste; bidragsliste, tegningsliste.
subscription rights *merk(=rights)* tegningsretter (til aksjer).
subsea ['sʌb,si:] *adj:* undervanns-; **~ engineer** undervannstekniker; *(jvf II. submarine; underwater)*.
subsection ['sʌb,sekʃən] *subst* **1.** underavdeling; underavsnitt (i klassifikasjonssystem); **2.** *jur:* avsnitt (av lovparagraf).
subsequent ['sʌbsikwənt] *adj; stivt* **1.** påfølgende; etterfølgende *(fx during the subsequent year)*; **his ~ dismissal from the firm** det at han senere ble sagt opp i firmaet; **2.**: **~ to**(*=after*) etter.
subsequently *adv(=afterwards)* etterpå; senere.
subservience [səb'sə:viəns] *subst:* underdanighet; servilitet.
subservient [səb'sə:viənt] *adj; neds:* underdanig; servil; **~ to** underdanig overfor.
subside [səb'said] *vb* **1.** *geol:* synke; *om fundament, etc:* sette seg; **2.** *om flomvann:* synke; **3.** *om vind el. storm:* avta; stilne av; *om feber:* avta; **3.** *spøkef:* **~ into an armchair** synke ned i en lenestol.
subsidence [səb'saidəns; 'sʌbsidəns] *subst* **1.** synking; det at grunnen setter seg; det at grunnen svikter; **2.** det at noe avtar (*el.* stilner av); nedgang.
I. subsidiary [səb'sidiəri] *subst; merk:* datterselskap.
II. subsidiary *adj:* bi- *(fx a subsidiary motive)*; underordnet *(fx detail)*; **~ to** underordnet *(fx this question is subsidiary to the previous question)*.
subsidiary company *merk:* datterselskap.
subsidiary plot(*=sub-plot; subplot*) bihandling.
subsidiary stream(*=tributary*) bielv.
subsidize, subsidise ['sʌbsi,daiz] *vb:* subsidiere.
subsidy ['sʌbsidi] *subst:* statstilskudd; **subsidies** subsidier.
subsist [səb'sist] *vb:* eksistere; opprettholde livet; **~ on** leve av *(fx milk)*; leve på; eksistere på *(fx a pension)*.
subsistence [səb'sistəns] *subst; meget stivt* **1**(*=existence*) eksistens; tilstedeværelse *(fx the subsistence of a quality in a body)*; **2.**: **means of ~**(*=means of existence*) utkomme; mulighet for å opprettholde livet; **their ~ comes from the sea**(*=they live by fishing*) de lever av fiske.
subsistence agriculture(*=subsistence farming*) selvbergingsjordbruk.
subsistence crops *se subsistence agriculture*.
subsistence diet kost som tilfredsstiller minimumsbehovet.
subsistence economy *økon:* naturalhusholdning.
subsistence level eksistensminimum *(fx wages fell to subsistence level)*; **these people are living at ~** disse menneskene lever på et eksistensminimum; **close to the ~** på sultegrensen.
subsoil ['sʌb,sɔil] *subst:* dypere jordlag; undergrunn.
subsoil water grunnvann.
subspecies [sʌb,spi:ʃi:z] *subst; zo:* underart.
substance ['sʌbstəns] *subst* **1.** *stivt(=material)* stoff; substans *(fx an oily substance)*; **2.** *stivt:* innhold *(fx form and substance)*; **3**(*=main argument*) hovedpoeng *(fx of a speech)*; **in ~, he was saying that the scheme was a waste of money** det han sa, gikk ut på at planen var noe pengesløseri; **his speech had no ~** det var ikke noe hold i talen hans; **4.** *stivt:* **walls that have very little ~**(*=very thin walls*) svært tynne vegger; **5.** *glds el. litt.:* **a man of ~**(*=a wealthy man*) en velstående mann.
substandard [sʌb'stændəd] *adj* **1.** ikke på høyde med vanlig standard; av dårlig kvalitet *(fx substandard houses)*; **2.** *språkv:* ikke i overensstemmelse med anerkjent språkbruk.
substantial [səb'stænʃəl] *adj* **1.** betydelig; større *(fx sum of money)*; **a ~ meal**(*=a large meal*) et solid måltid; **2.** materiell; stofflig *(fx the real substantial world)*; **3.** *stivt:* **this was the ~ truth**(*=this was more or less true*) dette var i hovedsaken sant; **we are in ~ agreement**(*=we agree on the main points*) vi er enige om det vesentlige.
substantially *adv* **1**(*=considerably*) vesentlig *(fx the money you gave me helped substantially towards paying for our holiday)*; betraktelig; **2.** i det vesentlige.
substantiate [səb'stænʃi,eit] *vb* **1.** *stivt(=prove; support)* bevise; underbygge *(fx a claim; an accusation)*; **2.** *stivt(=give form to; give real existence to)* gi konkret form; gjøre virkelig.
substantival [,sʌbstən'taivəl] *adj:* substantivisk.
substantive ['sʌbstəntiv] **1.** *subst(=noun)* substantiv; **2.** *adj(=substantival)* substantivisk *(fx phrase)*.
I. substitute ['sʌbsti,tju:t] *subst* **1.** erstatning *(fx guesswork is no substitute for investigation; soya beans are used as a substitute for meat)*; **2.** vikar; stedfortreder.
II. substitute *vb* **1.** sette i stedet (*for* for) *(fx substitute 4 for x in the equation)*; erstatte; **saccharine is -d for sugar**(*=saccharine replaces sugar; sugar is replaced by(=with) saccharine*) sakkarin erstatter sukker; sukker erstattes av sakkarin; **2.** *sport:* bytte ut; **3.**: **~ for** vikariere for; tre i stedet for.
III. substitute *adj:* stedfortredende *(fx I was substitute(=acting) headmaster for a term)*; erstatnings- *(fx substitute parents)*.
substitution [,sʌbsti'tju:ʃən] *subst* **1.** *kjem, gram, jur, mat.:* substitusjon; *mat. også:* innsetting; **2.** innsetting (av en stedfortreder); det å sette en (,noe) i en annens (,noe annets) sted; **the ~ of x for y** det at x settes i stedet for y; det at x byttes ut med y; **in ~ of**(*=instead of*) i stedet for; som erstatning for.
substratum [sʌb'stra:təm; **US:** sʌb'streitəm] *subst (pl: substrata* [sʌb'stra:tə]*)* **1**(*=underlying layer*) underliggende lag; dypere lag; **2.** *språkv:* substrat.
substructure ['sʌb,strʌktʃə] *subst; stivt(=foundation)* underbygning; grunnlag.
subsurface [sʌb'sə:fis] *subst:* det som befinner seg like under overflaten.
subtenancy [sʌb'tenənsi] fremleie(forhold).
subtenant [sʌb'tenənt] *subst:* en som bor på fremleie.
subterfuge ['sʌbtə,fju:dʒ] *subst; stivt* **1**(*=trick*) knep *(fx I'm tired of his plots and subterfuges)*; **2.** utflukter; **resort to ~** gripe til utflukter.
subterranean [,sʌbtə'reiniən] *adj; stivt el. litt.(=underground)* underjordisk.
subtitle ['sʌb,taitəl] *subst* **1.** undertittel; **2.** *film:* **-s** tekst *(fx I found it difficult to read the subtitles)*.
subtle ['sʌt(ə)l] *adj; stivt* **1**(*=faint*) svak *(fx a subtle scent)*; **2.** subtil; vanskelig å definere (*el.* beskrive); hårfin *(fx difference)*; spissfindig *(fx argu-*

ment); 3(=clever) smart; meget dyktig; skarp *(fx he has a subtle mind);* lur *(fx you'll have to be very subtle if you want to persuade her);* **by ~ means** på en lur (*el.* snedig) måte; *4(=artful)* underfundig; slu; **5.** *om gift, etc:* snikende.

subtlety ['sʌt(ə)lti] *subst* **1.** noe som er vanskelig å definere (,beskrive, fatte, sanse, spore); subtilitet; spissfindighet *(fx legal subtleties);* **the ~ of the change** den umerkelige forandringen; **2.** skarpsindighet; *3(=artfulness)* underfundighet; sluhet.

subtly ['sʌtli] *adv:* subtilt; umerkelig; **her appearance had ~ changed** utseendet hennes hadde gjennomgått en umerkelig forandring.

subtract [səb'trækt] *vb:* subtrahere; trekke fra *(fx subtract 5 from 8).*

subtraction [səb'trækʃən] *subst:* subtraksjon; fratrekking; fradrag.

subtropical [sʌb'trɔpikəl] *adj:* subtropisk *(fx climate; region).*

suburb ['sʌbə:b] *subst:* forstad.

suburban [sə'bə:bən] *adj* **1.** forstads-; karakteristisk for forstedene; **2.** *neds:* småborgerlig.

surburban dweller forstads(be)boer.

suburbanism [sə'bə:bənizəm] *subst:* småborgerlighet.

surburbanite [sə'bə:bə,nait] *subst(=suburban (dweller))* forstads(be)boer.

suburbia [sə'bə:biə] *subst; neds:* forstedene.

subvention [sʌb'venʃən] *subst:* subvensjon; tilskudd fra offentlige midler; statsstøtte.

subversion [səb'və:ʃən; **US:** səb'və:ʒən] *subst:* omstyrtning; omveltning.

subversive [səb'və:siv] **1.** *subst:* en som driver samfunnsfiendtlig virksomhet; **2.** *adj:* **~ activities** statsfiendtlig (*el.* samfunnsnedbrytende) virksomhet; *fig:* moldvarparbeid; **be a ~ influence in the class** ha en ødeleggende virkning på disiplinen i klassen.

subvert [səb'və:t] *vb; meget stivt 1(=overthrow)* velte; styrte *(fx a government);* **2.** *fig(=undermine)* undergrave *(fx sby's morals).*

subway ['sʌb,wei] *subst* **1.: (pedestrian) ~** fotgjengerundergang; **2. US***(=underground (railway))* undergrunn(sbane).

sub-zero [sʌb'ziərou] *adj; om temperatur:* under null; beregnet på temperaturer under null.

succeed [sək'si:d] *vb* **1.** etterfølge; **~ to the throne** arve tronen; **who will ~ to the title?** hvem kommer til å arve tittelen? **2.** lykkes; ha hellet med seg *(fx he didn't succeed);* **he's happy to have -ed***(=done well)* **in his chosen career** han er glad over å ha lykkes i det yrket han har valgt; **she tried several times, and at last -ed** hun prøvde flere ganger og klarte det til slutt; **~ in (-ing)** ha hellet med seg i å; klare å.

success [sək'ses] *subst:* suksess; godt (*el.* heldig) resultat; **with varying ~** med vekslende hell; **be a ~** være en suksess; gjøre lykke; **he was not a ~** han gjorde seg ikke; han gjorde ikke lykke; *ordspråk:* **nothing succeeds like ~** fremgang avler fremgang.

successful [sək'sesful] *adj* **1.** heldig; vellykket; **~ applicants** heldige søkere; de som får sine søknader innvilget; **2.** fremgangsrik; som har hellet med seg.

succession [sək'seʃən] *subst* **1.** rekkefølge; rekke *(fx a succession of bad harvests);* **in ~** på rad; etter hverandre; **events followed each other in quick ~** begivenhetene fulgte slag i slag; **2.** *jur:* arvefølge; suksesjon; **who is next in ~ to the throne?** hvem er den nærmeste tronarving?

successive [sək'sesiv] *adj:* suksessiv; **win three ~ victories***(=win three victories in a row)* vinne tre seire på rad; **the ~ governments** de skiftende regjeringer.

successor [sək'sesə] *subst:* etterfølger; **~ to the throne** tronfølger.

succinct [sək'siŋkt] *adj; stivt(=concise)* konsis; knapp *(fx style).*

succour *(,US: succor)* ['sʌkə] *litt.* **1.** *subst(=help)* hjelp *(fx give succour to the poor);* **2.** *vb(=help)* hjelpe.

succulence ['sʌkjuləns] *subst; stivt(=juiciness)* saftighet; saftrikhet.

succulent ['sʌkjulənt] *adj; stivt(=juicy)* saftig; saftrik; **~ plant** saftplante.

succumb [sə'kʌm] *vb; stivt el. spøkef:* **~ (to)***(=yield (to); give in (to); die (from))* bukke under (for) *(fx my father is ill with flu, but the rest of us haven't succumbed yet);* **~ to the temptation***(=be tempted; give way to the temptation)* falle for fristelsen.

such [sʌtʃ] *adj, adv, pron* **1.** slik; sånn; **~ an answer** et slikt svar; **behaviour ~ as hers** en slik oppførsel som hennes; **other ~ clinics** andre slike klinikker; **~ people** slike mennesker; **there's no ~ person here** det er ingen person ved det navn her; **~ a thing** noe slikt *(fx I've never done such a thing before);* **~ is the present situation** slik er situasjonen for øyeblikket; **2.** så *(fx such tall buildings);* **she's ~ a good teacher that . . .** hun er en så flink lærer at . . .; **we've had ~ fun!** vi har hatt det så morsomt! **3.** den (det, de); **~ food as they can eat** den maten de kan spise; **~ visitors as may turn up** de besøkende som måtte komme; **~ books as he has** de (få) bøkene han har; **~ as it is** selv om det ikke er så mye å skryte av; selv om det ikke er store greiene *(fx his house, such as it is . . .; we forced down the soup, such as it was);* **4.: ~ as** som for eksempel *(fx animals, such as elephants and lions);* **5.: . . . and ~** og denslags *(fx milk, butter; cheese and such);* **6.: as ~** som sådan *(fx the gift was worth little as such).*

such and such *adj:* den og den; det og det *(fx he said he went to such and such a place).*

suchlike ['sʌtʃ,laik] *adj, pron:* denslags; slik; slike.

I. suck [sʌk] *subst:* sug; slikk *(fx I gave him a suck of my lollipop).*

II. suck *vb* **1.** suge på *(fx one's thumb); om spedbarn(=feed)* die; patte; **2. T: ~ up to sby** smiske for en.

sucker ['sʌkə] *subst 1(=sucking disc)* sugeskål; **2.** *bot:* villskudd; **root ~** rotskudd; **3.** *zo:* sugefisk; **4. S:** lettlurt tosk; **5.: be a ~ for** være svak for *(fx he's a sucker for small blonde women).*

sucking pig*(=suckling pig)* pattegris.

suckle ['sʌkəl] *vb; glds(=breast-feed)* amme; gi bryst.

suckling ['sʌkliŋ] *subst* **1.** *glds(=infant)* spedbarn; *glds:* pattebarn; **2.** *om ungt dyr, især(=sucking calf)* spedkalv.

sucks [sʌks] *int* **S: (yah boo) ~ to you!** æ, bæ! bæ da!

suction ['sʌkʃən] *subst:* suging; **a vacuum cleaner works by ~** en støvsuger suger.

suction pump sugepumpe.

suction valve *mask:* innsugningsventil.

Sudan [su:'da:n, su:'dæn] *subst; geogr:* **the ~** Sudan.

Sudanese [,su:də'ni:z] **1.** *subst:* sudaneser; **2.** *adj:* sudansk.

sudden ['sʌdən] *adj:* plutselig; brå; **it was all so ~** alt skjedde så brått; det hele kom så brått på; **all of a ~** plutselig; med ett.

suddenly *adv:* plutselig; med ett; brått.

Sudeten [su:'deitən] *subst; geogr:* **the ~***(=Sudeten-*

land) Sudeterland.
Sudeten German sudettysker.
Sudeten Mountains *subst; geogr:* **the ~** Sudetene.
sudorific [,sju:də'rifik] **1.** *subst(=sudorific agent)* svettedrivende middel; **2.** *adj:* svettedrivende.
suds [sʌdz] *subst; pl* **T***(=soapsuds; soapy water)* såpeskum; såpevann.
sue [sju:; su:] *vb; jur:* anlegge sak *(fx are you going to sue?);* **~ sby***(=take sby to court)* anlegge sak mot en; **he is liable to be -d for breach of contract** han kan saksøkes for kontraktbrudd; **~ sby for damages***(=claim damages against sby)* reise erstatningskrav mot en; **he is suing the other driver for £3000 damages** han saksøker føreren av den andre bilen og krever £3000 i skadeserstatning; **~ for divorce***(=institute divorce proceedings)* søke skilsmisse.
suede [sweid] *subst:* semsket skinn; **~ shoes** semskede sko.
suet ['su:it; 'sju:it] *subst:* nyrefett.
Suez ['su:iz] *subst; geogr:* Suez.
suffer ['sʌfə] *vb* **1.** lide; **he -ed terrible pain from his injuries** han hadde fryktelige smerter av skadene sine; **neither of the girls had caught cold or -ed any other ill effects** ingen av de to pikene var blitt forkjølet eller hadde fått andre men; **his health -ed** det gikk ut over helsa hans; **you mustn't let your work ~** du må ikke la det gå utover arbeidet ditt; **this author -s in translation** denne forfatteren taper på å bli oversatt; **2***(=tolerate; put up with)* tåle; finne seg i; **3***(=undergo)* gjennomgå; være utsatt for *(fx changes);* **4.** *glds el. litt.(=allow; permit)* tillate; **5.:** **~ from***(=be ill with)* lide av; **6.:** **~ with** ha smerter pga. *(fx she's been suffering a lot with her bad leg).*
sufferance ['sʌfərens] *subst; stivt(=tacit permission)* stilltiende tillatelse; **on ~** med stilltiende tillatelse, men uten å være velkommen *(fx he's here on sufferance).*
sufferer ['sʌfərə] *subst:* en som lider; **be a migraine ~** lide av migrene.
suffering ['sʌf(ə)riŋ] *subst:* lidelse *(fx she complained about all her sufferings);* **widespread ~** store lidelser.
suffice [sə'fais] *vb; meget stivt(=be enough)* være tilstrekkelig; **~ it to say that . . .***(=I need only say that)* la det være nok å si at . . .; jeg trenger bare nevne at . . .
sufficiency [sə'fiʃənsi] *subst; meget stivt:* **a ~ of** *(=enough)* tilstrekkelig (med) *(fx food).*
sufficient [sə'fiʃənt] *adj(=enough)* tilstrekkelig; nok; *bibl:* **~ unto the day is the evil thereof** hver dag har nok med sin plage.
I. suffix ['sʌfiks] *subst; språkv:* suffiks; endelse.
II. suffix ['sʌfiks; sə'fiks] *vb; språkv(=add (as a suffix))* føye til; **-ed definite article** etterhengt bestemt artikkel.
suffocate ['sʌfə,keit] *vb:* kvele *(fx she suffocated her baby with a pillow);* kveles; bli kvalt; **I'm suffocating** jeg holder på å bli kvalt.
suffocating *adj:* kvelende *(fx fumes);* **the air is ~ in here** det er vanskelig å puste her inne.
suffocation [,sʌfə'keiʃən] *subst:* kvelning.
suffragan ['sʌfrəgən] *subst:* **~ bishop** hjelpebiskop; *kat.:* suffragan.
suffrage ['sʌfridʒ] *subst* **1.** *stivt(=right to vote; franchise)* stemmerett; **women's ~***(=women's franchise)* kvinnelig stemmerett; **2.:** **universal ~** 1*(=popular vote)* alminnelig stemmerett; 2.: **he was chosen by universal ~** han ble valgt ved alminnelig avstemning; **3.** *rel(=intercessory prayer)* forbønn.
suffragette [sʌfrə'dʒet] *subst; hist:* (militant) stemmerettskvinne.
suffuse [sə'fju:z] *vb; stivt(=spread over; flush)* bre seg over *(fx a blush suffused her cheeks).*
sugar ['ʃugə] **1.** *subst:* sukker; **caster ~** (fin) farin; **granulated ~** (grov) farin; strøsukker; **jamming ~** syltesukker; **lump ~***(=cube sugar)* raffinade; **2.** *vb:* sukre; strø sukker på; *fig:* **~***(=gild)* **the pill** sukre pillen.
sugar basin*(=sugar bowl)* sukkerskål.
sugar beet *bot:* sukkerroe.
sugar candy kandissukker.
sugar cane *bot:* sukkerrør.
sugar castor*(=sugar caster)* sukkerbøsse.
sugar daddy *neds* **T:** (meget eldre) kavaler (som skjemmer en bort) *(fx She doesn't have to work – She has a wealthy sugar daddy).*
sugared *adj* **1.** sukret; **2.** *stivt: se sugary.*
sugar pea *bot:* sukkerert.
sugar tongs*(=sugar nippers) pl:* sukkerklype.
sugary ['ʃugəri] *adj* **1.** sukkerholdig; søt som sukker; **too ~***(=too sweet)* altfor søt; **2.** *fig:* søtladen *(fx film; story);* sukkersøt *(fx she spoke in sugary tones).*
suggest [sə'dʒest; **US:** səg'dʒest] *vb* **1.** foreslå; **I -ed it to him** jeg foreslo det (over)for ham; **~ the idea to sby** sette en på tanken; **I -ed Peter for the job** jeg foreslo at Peter skulle få jobben; **I ~ doing it in a different way** jeg foreslår at vi gjør det på en annen måte; **2***(=hint)* antyde *(fx are you suggesting that I'm too old for the job?);* **3.** tyde på *(fx his attitude suggests that he isn't really interested);* **there's nothing to ~ that . . .** det er ingenting som tyder på at . . .; **4.** minne om; lede tankene hen på *(fx the music suggested a spring morning);* **what does this figure ~ to you?** hva minner denne figuren deg om? **does the name ~ anything to you?** sier navnet deg noe? **5.** inspirere; **a play -ed by a historic incident** et skuespill inspirert av en historisk hendelse; **6.:** **~ itself** melde seg *(fx a new problem suggested itself);* **an explanation suddenly -ed itself to me** plutselig kom jeg til å tenke på en forklaring.
suggested price *merk:* veiledende pris.
suggestible [sə'dʒestibl] *adj(=easily influenced)* suggestibel; lett påvirkelig.
suggestion [sə'dʒestʃən] *subst* **1.** forslag; **she acted at***(=on)* **my ~***(=she did what I suggested)* hun gjorde som jeg foreslo; **make a ~** komme med et forslag; foreslå noe; **2***(=hint)* antydning; **a ~ of a smile** en antydning til et smil; **3.** suggererende påvirkning; suggesjon.
suggestive [sə'dʒestiv] *adj* **1.** *om bemerkning, blikk, etc:* megetsigende; suggestiv; (som lar antyde noe) uanstendig *(fx he made suggestive remarks to her);* **2.** *stivt:* **~ of** som minner om; som gir inntrykk av.
suicidal [,su:i'saidəl] *adj* **1.** selvmords-; **feel ~** gå med selvmordstanker; **2***(=extremely dangerous)* selvmordersk; det rene selvmord *(fx driving so fast is suicidal);* **a ~ decision** en selvmordersk avgjørelse.
suicide ['su:i,said; 'sju:i,said] *subst* **1.** selvmord; **commit ~** begå selvmord; *fig:* **financial ~** økonomisk selvmord; **2.** *stivt el. jur:* selvmorder.
suicide note brev som selvmorder etterlater seg.
I. suit [su:t; sju:t] *subst* **1.** dress; *kvinnes:* drakt; *(se bathing suit; diving suit; dress suit; spacesuit);* **2.** *kortsp:* farge; **follow ~** 1. følge farge; 2. gjøre det samme *(fx he went to bed and I followed suit);* følge farge; **3.** *jur(=lawsuit)* prosess; sak *(fx he won his suit);* **she brought a ~ for dam-**

ages against him hun anla erstatningssøksmål mot ham; **4.** *litt. el. glds(=courtship)* beiling; frieri; **5.: strong ~** 1. *kortsp:* sterk farge; 2. *fig(=strong point)* forse; sterk side.

II. suit *vb* **1.** kle *(fx long hair suits her);* **2.** passe; **that -s me fine** det passer meg bra; **that job -s her down to the ground** den jobben passer helt fint til henne; **~ yourself** gjør som det passer deg *(fx you can suit yourself whether you come or not);* **3.** *stivt(=adjust):* **he -ed his speech to his audience** han innrettet talen sin etter tilhørerne; **4.** *litt. el. stivt:* **~ the action to the word***(= suit one's actions to one's words)* la handling følge på ord.

suitability [,s(j)u:tə'biliti] *subst:* skikkethet; (vel)egnethet; hensiktsmessighet; formålstjenlighet.

suitable ['su:təbl; 'sju:təbl] *adj* **1.** passende; hensiktsmessig; egnet; **2.** *om person:* skikket; egnet; **~ for***(=suited for; fitted for)* egnet for; skikket for; **3***(=convenient)* passende *(fx is the time suitable for you?).*

suitably *adv:* passende.

suit carrier: (fold-over) ~ garderobekoffert.

suitcase ['su:t,keis; 'sju:tkeis] *subst:* koffert.

suite [swi:t] *subst* **1.** suite; **2.** møblement *(fx a bedroom suite).*

suited ['su:tid; 'sju:tid] *adj:* **~ for, ~ to** egnet for; skikket for *(fx he's not suited for teaching);* **~ to** avpasset etter *(fx he behaved in a manner suited to the occasion);* **be well ~***(=be well matched)* passe godt sammen *(fx they're well suited as dancing partners).*

suiting ['su:tiŋ; 'sju:tiŋ] *subst:* **~ (cloth)** dresstoff; draktstoff.

suitor ['su:tə; 'sju:tə] *subst; glds el. hist(=wooer)* frier.

sulf- US: *se sulph-.*

sulk [sʌlk] **1.** *subst:* **be in the -s** surmule; furte; **2.** *vb:* surmule; furte.

sulky ['sʌlki] **1.** *subst; til travløp:* sulky; **2.** *adj:* furten; sur; mutt *(fx she's a rather sulky girl).*

sullen ['sʌlən] *adj* **1.** sur; mutt; **2.** *litt.; om himmel(=dark and gloomy)* mørk og truende.

sully ['sʌli] *vb; fig; litt.:* skitne til; *litt.:* besudle; **she felt sullied***(=dirty)* **by his touch** hun følte seg skitten fordi han berørte henne.

sulpha ['sʌlfə]: **~ drug** sulfapreparat.

sulphate ['sʌlfeit] *subst; kjem:* sulfat.

sulphide ['sʌlfaid] *subst; kjem:* sulfid.

sulphite ['sʌlfait] *subst; kjem:* sulfitt.

sulphur *(,US: sulfur)* ['sʌlfə] *subst:* svovel.

sulphurate ['sʌlfju,reit] *vb(=treat with sulphur)* svovle; behandle med svovel.

sulphuric [sʌl'fjuərik] *adj:* **~ acid** svovelsyre.

sulphurous ['sʌlfərəs] *adj:* svovelholdig; svovelaktig.

sulphurous acid *kjem:* svovelsyrling.

sultan ['sʌltən] *subst:* sultan.

sultana [sʌl'ta:nə] *subst* **1***(=sultaness)* sultans kone (*el.* kvinnelig slektning); **2.** liten steinfri rosin; sultana.

sultanate ['sʌltə,neit] *subst:* sultanat; sultans rike.

sultry ['sʌltri] *adj* **1.** lummer; trykkende; **2***(=sensual)* sensuell *(fx a sultry brunette; sultry eyes).*

I. sum [sʌm] *subst* **1.** sum *(fx the sum of 3 and 5 is 8);* **2.** (penge)sum; **3.** regnestykke; **it's a simple ~** det er et enkelt regnestykke; **do a ~** gjøre et regnestykke; regne et stykke; **4.** *skolev:* **-s***(= number work)* regning; tallbehandling; **he's good at -s** han er flink i regning.

II. sum *vb:* **~ up 1.** oppsummere; sammenfatte; **2.** *jur:* gi rettsbelæring; **3.** danne seg et inntrykk av (*el.* en mening om) *(fx I summed him up in five minutes).*

sum assured *fors(=insurance sum)* forsikringssum.

Sumerian [su:'miəriən] *hist* **1.** *subst:* sumerer; **2.** *adj:* sumerisk.

summarily ['sʌmərili] *adv:* summarisk; uten videre *(fx this theory cannot be dismissed summarily).*

summarize, summarise ['sʌmə,raiz] *vb(=sum up)* sammenfatte *(fx the arguments);* gi et sammendrag av.

summary ['sʌməri] **1.** *subst:* sammendrag; resymé; **2.** *adj:* summarisk; kortfattet *(fx report);* **~ jurisdiction** rask rettsbehandling.

summer ['sʌmə] *subst:* sommer; **last ~** i fjor sommer; **this ~** i sommer; nå i sommer; til sommeren; **next ~** neste sommer; til sommeren; **during the ~** i løpet av sommeren; i sommer *(fx during the summer we did some repair work);* **in ~** om sommeren.

summerhouse ['sʌmə,haus] *subst; i park el. hage:* lysthus.

summertime ['sʌmə,taim] *subst:* **in ~** om sommeren.

summer time sommertid; **change to ~** gå over til sommertid.

summery ['sʌməri] *adj:* sommerlig *(fx it's very summery today).*

summing-up [,sʌmiŋ'ʌp] *jur(=directions to the jury)* rettsbelæring *(fx the judge will deliver his summing-up).*

summit ['sʌmit] *subst* **1.** *stivt(=top)* (fjell)topp; **2.** *fig:* topp *(fx the summit of his career).*

summit meeting*(=summit conference) polit:* toppmøte.

summitry ['sʌmitri] *subst; især* **US** *polit:* (avholdelse av) toppmøter.

summon ['sʌmən] *vb* **1.** sende bud på; tilkalle; sammenkalle til *(fx a meeting);* **2.: be -ed to appear in court** bli stevnet for retten; **~ sby as witness** innkalle en som vitne; **3.: ~ (up) one's courage** samle mot.

I. summons ['sʌmənz] *subst(pl: summonses) jur:* stevning; **serve a ~ on sby** forkynne stevning for en.

II. summons *vb: summon 2.*

sump [sʌmp] *subst; i bil:* **~ (pan)***(=oil sump)* bunnpanne.

sumptuous ['sʌmptjuəs] *adj; stivt(=lavish)* overdådig *(fx dinner); (=splendid)* praktfull *(fx robes).*

I. sun [sʌn] *subst:* sol; **the ~ is rising** sola er i ferd med å stå opp; **where the ~ is strong** der hvor sola tar; **the ~ was high** sola stod høyt på himmelen; **catch the ~***(=become sunburnt)* bli solbrent.

II. sun *vb:* **~ oneself** sole seg.

sun bath solbad.

sunbathe ['sʌn,beið] *vb:* ta solbad.

sunbeam ['sʌn,bi:m] *subst:* solstråle.

sunblind ['sʌn,blaind] *subst* **1***(=awning)* markise; **2***(=Venetian blind)* persienne.

sunbonnet ['sʌn,bɔnit] *subst; barns:* solhatt.

sunburn ['sʌn,bə:n] *subst:* solbrenthet; solforbrenning; **suffer from ~** være plaget av solbrenthet.

sunburnt ['sʌn,bə:nt] *adj:* solbrent; **be***(=get)* **~** bli solbrent.

sundae ['sʌndei] *subst:* is med krem og frukt.

Sunday ['sʌndi] *subst:* søndag *(fx I'll see you on Sunday; I went to London last Sunday);* **T: do you think we've got a month of -s?** tror du vi har evigheter å ta av?

Sunday best: one's ~ penklærne; søndagsklærne.

Sunday school søndagsskole.

sun deck *mar:* soldekk.

sundial ['sʌn,daiəl] *subst:* solur.
sundown ['sʌn,daun] *subst; især* **US***(=sunset)* solnedgang.
sundowner ['sʌn,daunə] *subst:* kveldsdrink.
sundrenched ['sʌn,drentʃt] *adj:* solbelyst; solvarm.
sundried ['sʌn,draid] *adj(=dried in the sun)* soltørket.
sundries ['sʌndriz] *subst; pl:* diverse; diverse artikler; diverse omkostninger.
sundry ['sʌndri] *adj* **1.** *stivt(=various)* forskjellige *(fx we had sundry other matters to discuss);* **2.:** **all and** *~(=everyone)* alle (og enhver).
sundry account *bokf(=sundries account)* diversekonto.
sundry creditors *bokf:* diverse kreditorer.
sundry expenses *bokf(=sundries)* diverse omkostninger (*el.* utgifter).
sunfast ['sʌn,fa:st] *adj; især* **US***(=sun-resisting)* lysekte.
sunflower ['sʌn,flauə] *subst; bot:* solsikke; **common** ~ ettårig solsikke.
sung [sʌŋ] *perf. part. av sing.*
sunglasses ['sʌn,gla:siz] *subst; pl:* solbriller.
sunglow ['sʌn,glou] *subst(=sunrise (,sunset) colours)* aftenrøde (,morgenrøde).
sunk [sʌŋk] *perf. part. II. sink.*
sunken ['sʌŋkən] *adj* **1***(=submerged)* sunket *(fx ship);* som ligger under vannflaten; undervanns-; ~ **rock** undervannsskjær; **2.** som ligger lavere enn omkringliggende terreng *(fx garden);* ~ **road** hulvei; **3.** *om kinn:* ~ **cheeks** innfalne kinn; **his cheeks were** ~ han var hulkinnet.
sunlamp ['sʌn,læmp] *subst; elekt:* høyfjellssol.
sunless ['sʌnlis] *adj:* solløs; uten sol *(fx day);* mørk *(fx basement flat);* **this room faces north and is completely** ~ dette rommet vender mot nord og er helt uten sol.
sunlight ['sʌn,lait] *subst:* sollys.
sunlit ['sʌn,lit] *adj:* solbelyst; **a** ~ **scene** en solskinnsscene.
sun lounge *(,***US:** *sun parlor)* solrikt værelse med store vinduer.
sunny ['sʌni] *adj* **1.** sollys; solrik; ~ **day** solskinnsdag; **2.** *fig:* **child with a** ~ **disposition***(=cheerful and happy child)* barn med et lyst sinn; solskinnsbarn.
sunny side 1. solside *(fx of the house);* **2.** *fig(=bright):* **look on the** ~ **side of things** se lyst på tingene.
sunny-side up *adj; om egg* **US T***(=fried without being turned over)* stekt på den ene siden.
sunrash ['sʌn,ræʃ] *subst; med.:* soleksem.
sunrise ['sʌn,raiz] *subst:* soloppgang.
sunrise industry T*(=growth industry)* (ny) vekstindustri.
sunroof ['sʌn,ru:f] *subst; på bil:* soltak.
sunshade ['sʌn,ʃeid] *subst:* solskjerm; parasoll; **collapsible** ~ knekkparasoll.
sunshine ['sʌn,ʃain] *subst:* solskinn.
sunshine roof *på bil(=sunroof)* solskinnstak.
sunstroke ['sʌn,strouk] *subst; med.:* solstikk.
suntan ['sʌn,tæn] *subst:* brunfarge (av sola); **I'm trying to get a** ~ jeg prøver å bli brun.
suntan oil sol(bad)olje.
suntop ['sʌn,tɔp] *subst:* solliv.
suntrap ['sʌn,træp] *subst:* solrikt sted; solkrok.
sunup ['sʌn,ʌp] *subst* **T***(=sunrise)* soloppgang.
sun visor *på bil:* solblender.
sunwheel ['sʌn,wi:l] *subst* **1.** *arkeol:* solhjul; **2.** *mask:* solhjul; differensialdrev.
sun worship*(=worship of the sun)* soltilbedelse; soldyrking.
sun worshipper soltilbeder.
I. sup [sʌp] *subst; især dial(=sip)* slurk; tår.
II. sup *vb* **1.** spise (med skje); drikke i små slurker; **2.** *glds(=have supper)* spise til kvelds.
I. super ['su:pə; 'sju:pə] *subst* **1***(=supernumerary)* statist; **2. T:** *se police superintendent;* **3. T:** *se supervisor.*
II. super *adj* **T***(=superb; wonderful)* super *(fx a super cook);* **we had a** ~ **time** vi hadde det helt supert; **it was just** ~ det var helt supert.
superabound [,su:pərə'baund] *vb; stivt(=be very abundant)* finnes i overflod.
superabundance [,su:pərə'bʌndəns] *subst; stivt el. spøkef(=great abundance)* overmål; overflod; **the children had a** ~ **of energy** barna hadde et overmål av energi.
superabundant [,su:pərə'bʌndənt] *adj; stivt el. spøkef(=very abundant)* meget rikelig *(fx superabundant crops);* ~ **enthusiasm** et overmål av begeistring.
superannuate [,su:pər'ænju,eit] *vb(=retire)* pensjonere.
superannuation [,su:pər,ænju'eiʃən] *subst* **1.** pensjonering; **2.** pensjonstrekk; **3***(=pension)* pensjon.
superannuation scheme*(=pension scheme)* pensjonsordning.
superb [su:'pə:b; sju:pə:b] *adj(=marvellous; wonderful)* superb; prektig; storartet.
supercharger ['su:pə,tʃa:dʒə; 'sju:pə,tʃa:dʒə] *subst; i bilmotor:* kompressor.
supercilious [,su:pə'siliəs; ,sju:pə'siliəs] *adj; stivt(=haughty)* hoven; overlegen.
supercool [,su:pə'ku:l; ,sju:pə'ku:l] *vb:* underkjøle; **-ed rain** underkjølt regn.
supercritical ['su:pə,kritikəl; 'sju:pə,kritikəl] *adj:* overkritisk.
superego [,su:pə'i:gou; ,sju:pə'egou] *subst; psykol:* overjeg.
superelevation [,su:pə,eli'veiʃən; ,sju:pə,eli'veiʃən] *subst; jernb:* overhøyde.
superficial [,su:pə'fiʃəl; ,sju:pə'fiʃəl] *adj; også fig:* overfladisk.
superficiality [,su:pə,fiʃi'æliti; ,sju:pə,fiʃi'æliti] *subst:* overfladiskhet.
superficially *adv:* overfladisk; på overflaten.
superfine ['su:pə,fain; 'sju:pə,fain] *adj:* ekstra fin; superfin; altfor subtil.
superfluity [,su:pə'flu:iti; ,sju:pə'flu:iti] *subst* **1.** overflødighet; **2.** *stivt el. spøkef(=superfluous quantity)* overflod.
superfluous [su:'pə:fluəs; ,sju:'pə:fluəs] *adj:* overflødig; ~ **hair** sjenerende hårvekst.
superheat [,su:pə'hi:t; ,sju:pə'hi:t] *vb; damp el. væske:* overhete.
superhighway ['su:pə,haiwei; 'sju:pə,haiwei] *subst* **US***(=motorway)* motorvei.
superhuman [,su:pə'hju:mən; ,sju:pə'hju:mən] *adj:* overmenneskelig.
superimpose [,su:pərim'pouz; ,sju:pərim'pouz] *vb* **1.** *stivt:* ~ **on***(=place on top of)* legge (,plassere) ovenpå; **2.** *fot:* kopiere inn; **3.** *om lyd:* legge ovenpå *(fx speech on recorded music).*
superincumbent [,su:pərin'kʌmbənt; ,sju:pərin'kʌmbənt] *adj; stivt(=lying on top)* overliggende.
superintend [,su:pərin'tend; ,sju:pərin'tend] *vb(=supervise)* føre tilsyn med; ha overoppsyn med; forestå; overvåke.
superintendence [,su:pərin'tendəns; ,sju:pərin'tendəns] *subst(=supervision)* overoppsyn; tilsyn.
superintendent [,su:pərin'tendənt; ,sju:pərin'tendənt] *subst* **1.:** **(police)** ~ (politi)overbetjent;

2.: (medical) ~ sykehusdirektør; 3. US: ~ of nurses*(=senior nursing officer)* sjefsykepleier; 4. US: ~ of schools*(=((chief) education officer)* skolesjef; 5. *jernb:* operating ~ driftsinspektør; *(se chief superintendent).*

I. superior [su:'piəriə; sju:'piəriə] *subst* **1.** overordnet; foresatt; **2.** *om en som er bedre:* overmann *(fx she considers her husband (to be) her superior in intelligence);* **3.** *rel(=prior)* prior; **mother** ~*(=prioress)* priorinne.

II. superior *adj* **1.** av høyere grad; mer høytstående; **a ~ officer** en høyerestående offiser *(fx he was told how to address a superior officer);* **a ~ court** en høyere domstol; **2.** *om kvalitet; stivt(= first-class)* førsteklasses *(fx wine; workmanship);* **3.** overlegen *(fx the enemy attacked with greatly superior forces);* **in ~ numbers** i overlegent antall; **her ~ memory** hennes overlegne hukommelse; **they thought they were ~ people** de trodde de var bedre enn andre; **4***(=haughty; supercilious)* overlegen *(fx don't be so superior!);* **5.: ~ to** 1*(=above in rank)* av høyere rang enn *(fx is a major superior to a colonel?);* 2. av bedre kvalitet enn; bedre enn; 3. overlegen; **be ~ to sby** være en overlegen.

superiority [su:,piəri'ɔriti; sju:,piəri'ɔriti] *subst:* overlegenhet.

superjacent [,su:pə'dʒeisənt; ,sju:pə'dʒeisənt] *adj (lying immediately upon or above)* overliggende *(fx rocks);* høyereliggende.

superjet ['su:pə,dʒet; sju:pə,dʒet] *subst:* overlydsjetfly; overlydsjet.

I. superlative [su:'pə:lətiv; sju:'pə:lətiv] *subst; gram:* **the** ~*(=the superlative degree)* superlativ; **an adjective in the** ~ et adjektiv i superlativ; **use -s** bruke superlativer.

II. superlative *adj* **1.** *gram:* superlativisk; superlativ-; **the ~ degree***(=the superlative)* superlativ; **2***(=outstanding)* fremragende *(fx play with superlative skill).*

superman ['su:pə,mæn; 'sju:pə,mæn] *subst* **1.** overmenneske; **2. T:** supermann.

supermarket ['su:pə,ma:kit; 'sju:pə,ma:kit] *subst:* supermarked.

supermundane [,su:pə'mʌndein; ,sju:pə'mʌndein] *adj; stivt(=elevated above earthly things)* overjordisk.

supernatant [,su:pə'neitənt; ,sju:pə'neitənt] *adj; stivt(=floating on the surface)* som flyter (*el.* svømmer) ovenpå (*el.* oppå).

supernatural [,su:pə'nætʃrəl; ,sju:pə'nætʃrəl] *adj:* overnaturlig; **the** ~ det overnaturlige.

I. supernumerary [,su:pə'nju:mərəri; ,sju:pə'nju:mərəri] *subst; stivt(=super; walker-on)* statist.

II. supernumerary *adj; meget stivt(=in excess of the usual number; extra)* overtallig *(fx staff).*

superscript ['su:pə,skript; 'sju:pə,skript] *adj; typ:* som står over linjen *(fx a superscript number).*

superscription [,su:pə'skripʃən; ,sju:pə'skripʃən] *subst:* påskrift; noe som er skrevet over; overskrift.

supersede [,su:pə'si:d; ,sju:pə'si:d] *vb; stivt(=replace; take the place of)* erstatte; avløse *(fx buses have superseded trains).*

supersensual [,su:pə'sensjuəl; ,sju:pə'sensjuəl] *adj (=extrasensory)* oversanselig.

supersession [su:pə'seʃən; ,sju:pə'seʃən] *subst:* erstatning; avløsning; *(se supersede).*

supersonic [,su:pə'sɔnik; ,sju:pə'sɔnik] *adj:* supersonisk; overlyds- *(fx travel at supersonic speeds);* **~ bang** overlydssmell.

superstition [,su:pə'stiʃən; ,sju:pə'stiʃən] *subst:* overtro.

superstitious [,su:pə'stiʃəs; ,sju:pə'stiʃəs] *adj:* overtroisk.

superstructure ['su:pə,strʌktʃə; 'sju:pə,strʌktʃə] *subst; bygg:* overbygning *(fx of glass).*

supertanker ['su:pə,tæŋkə; 'sju:pə,tæŋkə] *subst; mar:* supertanker.

supervene [,su:pə'vi:n; ,sju:pə'vi:n] *vb; om noe uforutsett; stivt:* oppstå; inntreffe; **complications -d***(=arose)* det oppstod komplikasjoner.

supertax ['su:pə,tæks; 'sju:pə'tæks] *subst* **T***(=surtax)* ekstraskatt (på høy inntekt).

supervise ['su:pə,vaiz; 'sju:pə,vaiz] *vb:* ha (over)oppsyn med; føre tilsyn med; overvåke *(fx the evacuation troops from X).*

supervision [,su:pə'viʒən; ,sju:pə'viʒən] *subst:* overoppsyn; tilsyn; *skolev; i matsal el. i skolegård:* inspeksjon; **lunchtime ~** inspeksjon i middagspausen; **under the** ~*(=control)* **of** under tilsyn av.

supervisor ['su:pə,vaizə; 'sju:pə,vaizə] *subst* **1.** oppsynsmann; **2.** *skolev* **US***(=head of department)* hovedlærer; **3.** *skolev:* **teaching** ~*(,***US:** *critic teacher; sponsor teacher)* veileder (for prøvekandidat).

supervisory ['su:pə,vaizəri; 'sju:pə,vaizəri] *adj:* oppsyns-; **~ foreman** *jernb:* lesseformann; *(jvf working foreman).*

supervisory training: institute for ~ arbeidslederinstitutt.

supination [,su:pi'neiʃən; ,sju:pi'neiʃən] *subst; anat:* supinasjon; utoverdreining.

I. supine [su:'pain; sju:'pain] *subst; gram:* **(the)** ~ supinum.

II. supine *adj* **1.** *meget stivt(=lying flat on one's back)* liggende flatt på ryggen *(fx a supine figure);* **2.** *fig; stivt(=lazy; sluggish)* doven; dvask.

supper ['sʌpə] *subst:* kveldsmat; **have ~** spise til kvelds; spise aftens; **The Lord's Supper** den hellige nattverd.

supplant [sə'pla:nt] *vb; stivt(=take the place of)* fortrenge *(fx he easily supplanted his rival).*

supple ['sʌpəl] *adj:* myk; smidig; spenstig.

I. supplement ['sʌplimənt] *subst:* supplement; tillegg.

II. supplement ['sʌpliment] *vb:* supplere; **~ one's stock** komplettere lageret sitt.

supplementary [,sʌpli'mentəri] *adj; stivt(=additional)* supplerende; i tillegg; ekstra; **a ~ power source** en ekstra kraftkilde.

supplementary benefit*(,hist: national assistance)* tilleggstrygd.

supplementary grant*(=additional grant)* etterbevilgning; tilleggsbevilgning; **give a ~ of £10,000***(= grant an additional £10,000)* etterbevilge (*el.* tilleggsbevilge) £10.000.

suppliant ['sʌpliənt] **1.** *meget stivt el. litt.(=petitioner)* ydmyk ansøker; supplikant; **2.** *adj; meget stivt el. litt.(=humbly imploring)* ydmyk og bedende.

supplicate ['sʌpli,keit] *vb; meget stivt el. litt.(= implore; beg humbly)* bønnfalle; be ydmykt.

supplies *se I. supply 5.*

supplies and contracts manager *jernb:* forrådsdirektør; *(se NEO jernbanedirektør).*

I. supply [sə'plai] *subst* **1***(=supplies; stock)* forråd *(fx of warm clothing);* **2.** tilførsel; tilgang; forsyning; **the ~ of milk to the town** byens melkeforsyning; **beer was in short ~** det var liten tilgang på øl; **3.** *mil:* forsyningstjeneste; **4.** *økon:* **~ and demand** tilbud og etterspørsel; **5.: supplies** forråd; forsyninger; materiell *(fx school supplies);* **new supplies of food** nye matleveranser.

II. supply *vb* **1***(=provide)* skaffe *(fx extra paper will be supplied by the teacher; the shop was unable to supply what she wanted);* **2.** *merk:* (kunne) levere *(fx we can supply these hats in all sizes); (jvf deliver 1);* **3.** *merk(=meet):* ~ **the demand** dekke etterspørselen; **4.**: ~ **with** forsyne med.

supply teacher lærervikar.

I. support [sə'pɔ:t] *subst* **1.** støtte; *fig:* **lack of** ~ mangel på støtte; **lend sby moral** ~ gi en moralsk støtte; **in** ~ **of** til støtte for; for å støtte *(fx I am writing in support of NN's application);* **2.** stiver; støtte; **3.**: **her wages were the family's only** ~ hennes lønn var alt familien hadde til sitt underhold.

II. support *vb* **1.** støtte *(fx a party; a theory);* **2.** holde oppe; bære (vekten av); støtte *(fx he limped home, supported by a friend on either side of him);* **3.** forsørge; **4.** *tekn:* underholde *(fx oxygen supports combustion);* **5.** underbygge *(fx supported by facts; your points are well supported);* **6.** *glds(=tolerate)* tåle; holde ut.

supportable [sə'pɔ:təbl] *adj; meget stivt(=bearable)* utholdelig; til å holde ut.

support company *(,***US:** *heavy weapons company)* støttekompani.

supporter [sə'pɔ:tə] *subst:* tilhenger; *sport:* supporter.

supporting *adj* **1.** støtte-; ~ **rack** støttestativ; **2.** *teat:* ~ **role** birolle; **the** ~ **cast** birolleinnehaverne.

supportive [sə'pɔ:tiv] *adj:* støtte- *(fx therapy);* **friends have been very** ~ jeg har hatt god støtte hos venner.

supportive measure *skolev:* støttetiltak.

support loan stønadslån.

support weapon *mil:* støttevåpen.

suppose [sə'pouz] *vb* **1.** anta *(fx I supposed(=thought) that you already knew about her death);* gå ut fra; **yes, I** ~ **so** ja, jeg antar det; **no, I don't** ~ **so** nei, jeg tror ikke det; **who do you** ~*(=think)* **phoned today?** hvem tror du ringte i dag? **2.** forutsette; anta; **let's** ~ **that . . .** la oss anta at . . .; **3.** *imperativ; betegner ordre el. høflig oppfordring:* ~ **you make us a cup of tea!** hva om du lagde en kopp te til oss? *(se supposed).*

supposed [sə'pouzd] *adj* **1.** antatt; **his** ~ **date of birth** hans antatte fødselsdato; **2.**: **pills that are** ~ **to kill pain** piller som skal være smertestillende; **she was not** ~ **to have visitors** hun hadde (egentlig) ikke lov til å ha gjester; **we're not** ~ **to do that** det har vi (egentlig) ikke lov til å gjøre; **you're not** ~ **to know** det skal du (egentlig) ikke vite; **twelve hours are** ~ **to elapse between Acts I and II** det forutsettes at det har gått tolv timer mellom første og annen akt.

supposedly [sə'pouzidli] *adv:* formentlig.

supposing [sə'pouziŋ] *konj:* ~ **(that)***(=if)* sett at; hvis *(fx supposing (that) she doesn't come?)*

supposition [,sʌpə'ziʃən] *subst:* formodning; antagelse; **a false** ~ en falsk antagelse.

suppository [sə'pɔzitəri] *subst; med.:* stikkpille.

suppress [sə'pres] *vb; stivt* **1***(=put down; crush)* slå ned; knuse; undertrykke *(fx a rebellion);* **2***(=stifle; keep back)* holde tilbake; undertrykke *(fx a yawn);* **3.** *om publikasjon el. nyhet:* undertrykke; fortie; **4.** *elekt:* dempe; sperre for (forstyrrelser); **internally -ed tool** verktøy med radiostøyfilter.

suppression [sə'preʃən] *subst* **1.** *stivt:* undertrykkelse; **2.** *av publikasjon el. nyhet:* undertrykkelse; fortielse; **3.** *elekt:* demping; sperring (for forstyrrelse); *radio:* **noise** ~*(=interference suppression)* støydemping; *(se suppress 4).*

suppressor [sə'presə] *subst; radio:* **noise** ~*(=noise limiter)* støybegrenser.

suppurate ['sʌpju,reit] *vb; om sår; med.(=run)* suppurere; avsondre puss; væske.

suppuration [,sʌpju'reiʃən] *subst; om sår; med.:* væsking.

supra- ['su:prə; 'sju:prə] *forstavelse:* over-.

supranational [,su:prə'næʃənəl; ,sju:prə'næʃənəl] *adj:* overnasjonal.

suprarenal [,su:prə'ri:nəl; ,sju:prə'ri:nəl] *adj:* ~ **gland***(=adrenal gland)* binyre.

supremacy [su'preməsi; sju'preməsi] *subst; stivt* **1***(=supreme rule)* overherredømme; *mil:* **air** ~ herredømme i luften; **2.** overlegenhet *(fx Shakespeare's supremacy as a playwright).*

supreme [su'pri:m; sju'pri:m] *adj* **1.** høyest; av (aller) høyeste grad; ~ **folly** toppen av tåpelighet; **the** ~ **ruler** (den) øverste hersker; **an act of** ~ **courage** en ytterst modig handling; **treat them with** ~ **contempt** behandle dem med den aller største forakt; **2.**: **reign** ~*(=have absolute power)* være enerådende (*el.* enerådig).

supreme command *mil:* overkommando.

Supreme Court 1. US: høyesterett; **2. UK:** ~ **(of Judicature)** høyesterett; *(NB The Supreme Court (of Judicature) which sits at the Royal Courts of Justice in the Strand, is divided into the Court of Appeal and the High Court of Justice.)*

supremely *adv:* i høyeste grad.

I. surcharge ['sə:,tʃa:dʒ] *subst* **1.** tilleggsavgift; tilleggsgebyr; tilleggsporto; tillegg *(fx pay a surcharge);* **sleeping-car** ~ tillegg for sovevogn; **2***(=overprint (on stamp))* overtrykksmerke; frimerke med overtrykk.

II. surcharge [,sə:'tʃa:dʒ; 'sə:,tʃa:dʒ] *vb* **1.** legge tilleggsavgift på; **2***(=overprint)* overstemple *(fx a bank note or a stamp);* **3.** *fig; meget stivt:* **-d with***(=charged with)* ladet med.

I. sure [ʃuə; ʃɔ:] *adj* **1.** sikker; **you can be** ~ **of that** det kan du være sikker på; **be** ~ **of oneself** være sikker på seg selv; **you're** ~ **of a good dinner** du kan være sikker på å få en god middag; **we're** ~ **of winning** vi er sikre på at vi vinner; **he's** ~ **to win** han vinner sikkert; **he has a** ~ **aim with a rifle** han skyter sikkert med rifle; **2.**: **for** ~*(=for certain)* sikkert *(fx we don't know for sure);* **3.**: **make** ~ skaffe seg visshet; få vite helt sikkert; **make** ~ **that** forvisse seg om at; **you should make** ~ **of (getting) a seat** du burde sikre deg en plass; **4.**: **be** ~ **to***(,***T:** *be sure and)* **switch off the television** glem ikke å skru av fjernsynet.

II. sure *adv* **1. US T***(=certainly)* javisst; jamen *(fx I sure am tired!);* ~**, I'll be there tomorrow** jeg kommer sikkert til å være der i morgen; **2.**: **as** ~ **as I'm standing here** så sikkert som at jeg står her; **as** ~ **as eggs is eggs** så sikkert som at to og to er fire; **and** ~ **enough***(=and in fact)* og ganske riktig.

surefire ['ʃuə,faiə] *adj* **T & US***(=certain to succeed)* som ikke slår feil *(fx recipe);* bombesikker *(fx investment).*

sure-footed ['ʃuə,futid] *adj:* sikker på foten; stø på bena.

surely *adv* **1.** sikkert; **slowly but** ~ langsomt men sikkert; **she knew it as** ~ **as if he had told her** hun visste det like så sikkert som om han hadde fortalt henne det; **2.** *i svar(=certainly; of course)* ja, naturligvis; javisst *(fx "May I come with you?" – "Surely!");* **3.** *for å uttrykke hva den talende anser som sannsynlig:* ~ **you like beer?** du liker (da) vel øl? **you don't believe what she said,** ~? du tror da vel ikke på det hun sa? ~ **she's finished her work by now!** nå må hun da være ferdig med arbeidet sitt!

sure thing T 1. *subst:* noe som ikke kan slå feil

(fx it's a sure thing); **2.** *adv; især* **US***(=yes, indeed; yes, of course)* javisst.

surety ['ʃuəriti; 'ʃuəti] *subst* **1.** kausjonist; **stand ~ for sby** være kausjonist for en; **2.** *glds(=collateral (security))* sikkerhet.

surety bond *jur, fors:* skriftlig garantierklæring.

surf [sə:f] **1.** *subst:* brenning; **2.** *vb(ride on a surfboard)* surfe.

I. surface ['sə:fis] *subst* **1.** flate *(fx a cube has six surfaces);* **2.** overflate; **on (,below) the ~** på (,under) overflaten; **road ~** veidekke; **paved ~***(= tarred surface)* fast dekke; **3.** *fig:* overflate; **look beneath the ~** se under overflaten; **on the ~** på overflaten; tilsynelatende; *om skandale, etc:* **come to the ~** bli kjent; komme for en dag.

II. surface *vb* **1.** *mar; om dykker el. ubåt:* komme til overflaten; **2.** legge fast dekke på *(fx a road);* **3.** *fig; om skandale, etc(=come to the surface)* bli kjent; komme for en dag; **4. T***(=get up)* stå opp *(fx he never surfaces before ten).*

III. surface *adj:* overflate-; på overflaten, overfladisk *(fx likeness).*

surface-dry ['sə:fis,drai] *adj:* overflatetørr; fingertørr.

surface friction overflatefriksjon.

surface friction drag *flyv(=skin friction)* overflatefriksjon.

surface mail *post:* overflatepost.

surface tension overflatespenning.

surface-to-air missile *mil:* bakke-til-luftvåpen.

surfboard ['sə:f,bɔ:d] *subst:* surfebrett; *(jvf sailboard).*

surf duck *zo(=surf scoter)* brilleand.

I. surfeit ['sə:fit] *subst; stivt el. spøkef:* **a ~ of***(= too much)* altfor mye (mat el. drikke); **we had a ~ of spaghetti in Italy***(=we had our fill of spaghetti in Italy)* vi fikk mer enn nok spaghetti i Italia.

II. surfeit *vb; om mat el. drikke; stivt el. spøkef(= feed excessively)* gi for mye mat (*el.* drikke).

surfer ['sə:fə] *subst(=surfrider)* surfer.

surfing ['sə:fiŋ] *subst(=surfriding)* surfing.

surfrider ['sə:f,raidə] *subst(=surfer)* surfer.

surfriding ['sə:f,raidiŋ] *subst(=surfing)* surfing; *(jvf windsurfing).*

surf scoter *zo(=surf duck)* brilleand.

I. surge ['sə:dʒ] *subst* **1***(=swell; large wave)* dønning; stor bølge; **2.** *fig(=wave)* bølge *(fx of enthusiasm).*

II. surge *vb; stivt* **1.** *om vannmasser(=rush)* bruse; fosse *(fx water surged through the gap);* **2.** *fig(= rush)* strømme *(fx she felt the blood surging to her cheeks);* **the crowd -d forwards** menneskemengden bølget fremover; **a surging crowd** et bølgende menneskehav; **3.** *mar; sj(=rise and fall)* stige og falle *(fx a ship surging in heavy seas);* **4.** *mar:* slakke på; fire på; skrense *(fx a hawser).*

surgeon ['sə:dʒən] *subst* **1.** kirurg; **2***(=medical officer in the Royal Navy)* skipslege; *(se dental surgeon; oral surgeon; surgeon dentist).*

surgeon dentist *om lege som har spesialisert seg i kjevekirurgi:* kjevekirurg; *(jvf oral surgeon).*

surgery ['sə:dʒəri] *subst* **1.** kirurgi; **cardiac ~***(= heart surgery)* hjertekirurgi; **open-heart ~** åpen hjertekirurgi; **2.** legekontor; **dental ~** tannlegekontor; **3***(=surgery hours)* konsultasjonstid; kontortid; **4***(=operation)* operasjon; **he's undergoing ~** han blir operert; **5. US***(=operating room)* operasjonssal; **6.** *polit* **UK:** møte hvor parlamentsmedlem er tilgjengelig for spørsmål fra velgerne *(fx the Conservatives ran very good surgeries); (se cosmetic surgery; plastic surgery).*

surgery hours konsultasjonstid; kontortid; *(se surgery 3).*

surgical ['sə:dʒikəl] *adj:* kirurgisk *(fx instrument);* **remove sth -ly** operere bort noe.

surgical emergency: this is a ~ her må det opereres straks.

surgical appliances *pl:* operasjonsutstyr; **maker of ~***(=truss (and belt) maker)* bandasjist; *(jvf surgical store(s)).*

surgical shoe ortopedisk sko.

surgical spirit sykehussprit.

surgical store(s) bandasjistforretning.

surgical training: he has just finished his ~ han er nettopp ferdig utdannet kirurg.

surly ['sə:li] *adj(=sullen; grumpy)* mutt; tverr; sur; gretten.

surmise [sə:'maiz] *stivt* **1***(=guess; supposition)* formodning; antagelse; gjetning; **2.** *vb(=guess; suppose)* formode; anta; gjette.

surmount [sə:'maunt] *vb; stivt* **1***(=overcome)* overvinne *(fx a difficulty; an obstacle);* **2.: a ball -ed by a cross***(=a ball with a cross over it)* en kule med et kors over.

surname ['sə:,neim] *subst(=family name)* etternavn.

surpass [sə:'pa:s] *vb:* overgå *(fx he surpassed all his rivals; he surpassed himself);* **her beauty -es description** hennes skjønnhet overgår enhver beskrivelse; **~ one's expectations** overgå ens forventninger; **he -ed***(=passed)* **all expectations and actually won the prize** han overgikk alle forventninger og vant faktisk prisen.

surplice ['sə:plis] *subst; rel:* messeskjorte; messeserk.

surplus ['sə:pləs] *subst:* overskudd; **a ~ of £100** et overskudd på £100.

surplus energy: I haven't got the ~ to do it jeg har ikke overskudd til å gjøre det; **he's a person with plenty of ~***(=he's an unusually energetic person)* han er et overskuddsmenneske.

surplus population befolkningsoverskudd.

surplus purchasing power *økon:* pengerikelighet.

surplus stock overskuddslager.

I. surprise [sə'praiz] *subst:* overraskelse; forbauselse; **it caused some ~** det vakte en viss forbauselse; **your letter, in which you express some ~ that . . .** Deres brev, hvor De uttaler Deres forbauselse over at . . .; **take by ~** 1. *person(=catch unawares)* komme overraskende over; 2. *mil:* erobre ved overraskelsesangrep; **"Really?" she said in ~** "Jasså?" sa hun overrasket; **to my great ~***(=much to my surprise)* til min store overraskelse.

II. surprise *vb* **1.** overraske; forbause; **2.** overrumple; overraske; **her sudden question -d him into betraying himself** det plutselige spørsmålet hennes fikk ham til å røpe seg.

surprised *adj:* overrasket; forbauset; **I'm ~ at you!** jeg er overrasket over deg! **I shouldn't be ~ if . . .** det skulle ikke forundre meg om . . .; **I'm not ~** det overrasker meg ikke; **I was ~ that***(= because)* **he didn't say anything** jeg var forbauset over at han ikke sa noe.

surprise visit overraskende besøk *(fx he paid them a surprise visit).*

surrealism [sə'riə,lizəm] *subst:* surrealisme.

surrealist [sə'riəlist] *subst:* surrealist.

surrealistic [sə,riə'listik] *adj:* surrealistisk.

I. surrender [sə'rendə] *subst* **1.** overgivelse; **2.** *av rettighet, etc:* oppgivelse *(fx a complete surrender of his authority and power);* **3.** *fors:* gjenkjøp (av en polise).

II. surrender *vb* **1.** overgi seg; overgi; oppgi; **2.**

(måtte) gi fra seg *(fx one's passport)*; **3.** *krav, rettighet; etc:* oppgi *(fx all claim to the throne)*; **4.** *litt.*: **he -ed (himself) to despair***(=he gave himself up to despair)* han henga seg til fortvilelse.
surrender value *fors; livsforsikringspolises:* gjenkjøpsverdi.
surreptitious [,sʌrəp'tiʃəs] *adj, stivt el. spøkef(=furtive)* stjålen *(fx glance)*.
surreptitiously *adv; stivt el. spøkef(=furtively; secretly)* stjålent; i smug.
surrogate ['sʌrəgit] *subst* **1. UK:** biskops stedfortreder (når det gjelder utstedelse av kongebrev); **2. US** *i enkelte stater; kan gjengis:* skifteforvalter; skiftedommer.
I. surround [sə'raund] *subst* **1.** *om del av gulvet som ikke dekkes av teppet:* kant; **2.: fireplace ~***(=mantel(piece))* kaminomramning.
II. surround *vb:* omringe; omgi (*with* med); **-ed by** 1. omringet av; 2. omgitt av.
surrounding [sə'raundiŋ] *prep:* omkring *(fx the controversy surrounding 200 children taken into care)*; som omgir *(fx the mystery surrounding their disappearance)*.
surroundings [sə'raundiŋz] *subst; pl* **1.** omgivelser; **2***(=environment)* miljø; omgivelser *(fx in his usual surroundings)*.
surtax ['sə:,tæks] *subst* **UK:** sterkt progressiv ekstraskatt på høy inntekt.
surveillance [sə'veiləns] *subst:* overvåking; **his home has been under ~** hjemmet hans har vært overvåket; **they are being kept under ~ in case they develop symptoms** de blir passet nøye på for det tilfellet at de utvikler symptomer; **under close ~** under strengt oppsyn; strengt bevoktet; strengt overvåket.
I. survey ['sə:vei] *subst* **1.** oversikt *(fx of English literature)*; **2.** besiktelse; besiktigelse; **3.** oppmåling; **UK: the Ordnance Survey** *svarer til:* Norges geografiske oppmåling.
II. survey [sə:'vei; 'sə:vei] *vb* **1.** kartlegge; måle opp; **2.** besiktige; **3.** gi en oversikt over; ta et overblikk over; **~ the situation***(=review the situation)* ta et overblikk over situasjonen.
surveyor [sə:'veiə] *subst* **1.** landmåler; **2.** *mar:* besiktigelsesmann; **3.** *tollv:* **~ (of customs and excise)** tollstedssjef; **deputy ~ (of customs and excise)** tollkasserer; **4.: city (,borough) ~** oppmålingssjef.
surveyor's level nivellerkikkert.
survival [sə'vaivəl] *subst* **1.** det å overleve; overlevelse; **2.** levning *(fx from the 13th century)*.
survive [sə'vaiv] *vb* **1.** overleve *(fx an accident; an operation)*; **2.** overleve; leve lenger enn *(fx his wife survived him)*; **3.** *om tradisjon, etc:* leve videre; **4.: it has -d its usefulness** det har overlevd seg selv.
surviving *adj:* overlevende; **she has no ~ relatives** hun har ingen slektninger i live; **the ~ relatives** de etterlatte; de gjenlevende; **the only ~ house from that period** det eneste bevarte huset fra den tiden.
survivor [sə'vaivə] *subst:* overlevende.
susceptibility [sə,septə'biliti] *subst:* mottagelighet; **~ (to influence)** påvirkelighet.
susceptible [sə'septəbl] *adj; stivt* **1***(=impressionable)* påvirkelig; som lett lar seg rive med av sine følelser; **a ~ young man***(=a young man who easily falls in love)* en ung mann som lett blir forelsket; **2.: ~ of proof***(=able to be proved)* som lar seg bevise; **3.: ~ to***(=liable to be affected by)* mottagelig for; **~ to flattery** mottagelig for smiger; **she's very ~ to colds** hun har svært lett for å bli forkjølet.

I. suspect ['sʌspekt] 1. *subst:* mistenkt; **a murder ~** en som er mistenkt for mord; **2.** *adj:* mistenkelig; suspekt *(fx his statements are suspect)*.
II. suspect [sə'spekt] *vb* **1.** mistenke; **~ of** mistenke for *(fx I suspect him of killing the girl)*; **we -ed a trap** vi hadde mistanke om at det var en felle; **2***(=distrust)* nære mistro til; mistenke *(fx I suspected her motives)*.
suspend [sə'spend] *vb; stivt* **1***(=hang up)* henge opp; **~ a ball by a thread** henge opp en kule i en tråd; **2***(=hang)* henge; **particles of dust that were -ed in the air** støvpartikler som hang i luften; **3***(=postpone)* utsette *(fx the trial)*; **4.** innstille (midlertidig) *(fx the bus service)*; **~ hostilities** innstille fiendtlighetene; **~ judgment** vente med å uttale seg; **~ payments** innstille betalingene; **5.** suspendere; **6.** inndra *(fx sby's driving licence)*; **7.** *jur; om dom:* gjøre betinget.
suspended animation*(=asphyxia) subst:* skinndød.
suspended sentence *også* **US:** betinget dom.
suspender [sə'spendə] *subst* **1.: (sock) ~***(,US: garter)* sokkeholder; **(stocking) ~***(,US: garter)* strømpestropp; **2. US: -s***(=braces)* bukseseler.
suspender belt*(,US: garter belt)* hofteholder.
suspense [sə'spens] *subst:* spenning; **we waited in ~** vi ventet spent; **an agony of ~** en uutholdelig spenning; **breathless ~** åndeløs spenning; **keep in ~** holde i spenning.
suspense account *bankv:* interimskonto; sperret konto.
suspension [sə'spenʃən] *subst* **1.** suspendering; suspensjon; **2.: ~ of the licence***(=disqualification from driving)* inndragelse av førerkortet; **3.: ~ of payment(s)** betalingsinnstilling; betalingsstans; **4.** *i bil:* oppheng(ning); avfjæring; **front (wheel) ~** forhjulsoppheng; forstilling; **~ on gimbals** kardangoppheng; **independent ~** uavhengig fjæring (*el.* hjuloppheng); **rear ~** bakhjulsoppheng; **rear axle ~** bakakseloppheng; **spring ~** fjæroppheng; **telescopic ~** teleskopfjæring; **wheel ~** hjuloppheng(ning).
suspension bridge hengebru.
suspensive [sə'spensiv] *adj:* utsettende; **~ veto** utsettende veto.
suspensory [sə'spensəri] *subst; med.:* **~ bandage** suspensorium.
suspicion [sə'spiʃən] *subst* **1.** mistanke; **above ~** hevet over mistanke; **I had my -s** jeg hadde mine mistanker; jeg tenkte mitt; **2.** *stivt el. spøkef(=trace)* anelse; liten smule.
suspicious [sə'spiʃəs] *adj* **1.** mistenksom; mistroisk *(fx I'm always suspicious of men like him)*; **2.** mistenkelig; suspekt.
sustain [sə'stein] *vb* **1.** *stivt(=bear; carry):* **~ the weight of** tåle vekten av; **the branch would hardly be able to ~ his weight** grenen ville knapt kunne tåle ham (*el.* vekten hans); **2.** *stivt:* holde oppe *(fx the thought of seeing her again sustained (=supported) him throughout his ordeal)*; **~ life***(=support life)* opprettholde (*el.* underholde) liv; **you've eaten too little to ~ you for the journey** du har spist for lite til at du kan klare deg på reisen; **3.** *stivt:* lide; være utsatt for; **~ defeat***(=suffer defeat; be defeated)* lide nederlag; **the fort -ed***(=suffered)* **several attacks** fortet var utsatt for flere angrep, **~***(=receive)* **severe injuries** bli påført alvorlige skader; få alvorlige skader; **4.** *mus:* **~ a note** holde en tone; **5.** *teat; stivt(=carry):* **~ a part** bære en rolle *(fx he was not a good enough actor to be able to sustain the part)*; **6.** *jur:* godkjenne; gi medhold i *(fx the court sustained his claim)*; **7.** *jur(=support; confirm)* under-

bygge; bekrefte *(fx a testimony that sustains our contention);* **8.** *jur:* ta hensyn til *(fx the court sustained his objection);* **9.** *stivt(=keep going)* opprettholde; holde gående *(fx a conversation).*

sustained *adj:* vedvarende; langvarig; ~*(=prolonged)* **applause** vedvarende (*el.* langvarig) applaus; **a** ~*(=prolonged)* **effort** en vedvarende anstrengelse; ~*(=thorough)* **hard work** gjennomført flid; ~ **irony** gjennomført ironi.

sustaining *adj; stivt el. spøkef(=nourishing)* nærende *(fx eat a sustaining breakfast; a cup of tea isn't sustaining enough).*

sustenance ['sʌstənəns] *subst; stivt el. spøkef(= nourishment)* næring *(fx there isn't much sustenance in a cup of tea);* **means of** ~*(=means of subsistence)* livsfornødenheter; midler til livets opphold; **let me give you some** ~ **before you go!** la meg gi deg litt mat i livet før du går!

suture ['su:tʃə] **1.** *subst; med.:* sutur; *(=stitch)* sting; *anat & bot:* søm; sutur; **2.** *vb; med.:* sy.

svelte [svelt] *adj; stivt(=slender and graceful)* slank og yndig; åleslank.

I. swab [swɔb] *subst* **1.** *med.:* vattpinne; **2.** *med.:* bakteriologisk prøve; **3.** *med.(=tampon)* tampong; **4.** *mar; etc(=mop)* svaber; **5.** *til å trekke gjennom geværløpet(=pull-through)* pussesnor.

II. swab *vb* **1.** *med.:* pensle *(fx sby's throat);* **2.** *mar, etc(=mop)* svabre.

Swabia ['sweibiə] *subst; geogr:* Schwaben.

swag [swæg] *subst* **S***(=stolen goods;* **T:** *loot)* tyvegods; bytte; **stash***(=hide)* **one's** ~ gjemme unna byttet.

I. swage [sweidʒ] *subst; verktøy:* senke.

II. swage *vb:* senksmi.

swage-set ['sweidʒ,set] *vb(=set)* vikke *(fx a saw blade).*

I. swagger ['swægə] *subst* **1.** brauting; arrogant oppførsel; **2.** *om måten å gå på(=strut)* spankulering.

II. swagger *vb* **1.** braute; gå på en brautende måte; **2***(=strut)* spankulere.

swain [swein] *subst; litt. el. glds:* (unger)svenn; tilbeder; beundrer.

I. swallow ['swɔlou] *subst; zo:* svale; **barn** ~ låvesvale; *ordspråk:* **one** ~ **does not make a summer** én svale gjør ingen sommer; *(se I. swift).*

II. swallow 1. *subst:* slurk *(fx he drank his tea at one swallow);* **2.** *vb; også fig:* svelge; ~ **sth the wrong way** få noe i vrangstrupen; **he won't** ~ **that** den går han ikke på; den svelger han ikke; **he was -ed up by the crowd** han ble oppslukt av mengden; **his wife's clothes bills -ed up his wages** hans kones klesregninger slukte lønnen hans.

swallow dive *(,US:* **swan** *dive)* svalestup.

swallowtail ['swɔlou,teil] *subst* **1.** svalehale; **2.** *zo; sommerfugl:* svalestjert.

swallow-tailed flag *mar:* splittflagg.

swam [swæm] *pret av II. swim.*

I. swamp [swɔmp] *subst:* sump.

II. swamp *vb* **1.** fylle (og få til å synke) *(fx a great wave swamped the boat);* **2.** *fig:* oversvømme *(fx cheap textiles are swamping the market; they were swamped with replies to their advertisement);* **I'm -ed** *(,T: snowed under)* **with work** jeg er neddynget i arbeid.

swampy ['swɔmpi] *adj:* sumpet; myrlendt.

I. swan [swɔn] *subst; zo:* svane.

II. swan *vb* **T:** ~ **around** gå og drive (*el.* slenge); ~*(=roam)* **off to Italy** flakse av sted til Italia.

I. swank [swæŋk] *subst* **T***(=boaster; show-off)* skrytepave; viktigper; blærete person.

II. swank *vb* **T***(=boast; show off)* skryte; blære seg.

swanky ['swæŋki] *adj* **S***(=flashy)* smart; flott *(fx car);* ~ **parties***(=expensive and showy parties)* dyre og fine selskaper.

swan song svanesang.

swap [swɔp] *se swop.*

I. swarm [swɔ:m] *subst* **1.** sverm *(fx of bees; of ants);* **2. T: there were -s of people on the beach** det var et mylder (*el.* en vrimmel) av mennesker på stranden.

II. swarm *vb* **1.** sverme; **2.** *fig:* myldre; vrimle; yre; kry; sverme *(fx the children swarmed out of the school);* **the place was -ing with tourists** det vrimlet (*el.* myldret) av turister på stedet; **3.:** ~ **up***(=climb up)* entre (*el.* klatre) opp i.

swarthy ['swɔ:ði] *adj(=dark-skinned)* mørkhudet.

I. swash [swɔʃ] *subst* **1***(=wash of the waves; splashing)* bølgeslag; skvulping; **2***(=swash channel)* sugerenne (mellom rev og kyst).

II. swash *vb(=splash)* skvulpe.

swashbuckler ['swɔʃ,bʌklə] *subst; lett glds:* (brautende) eventyrer; storskryter.

swastika ['swɔstikə] *subst:* hakekors.

swat [swɔt] **1.** *subst:* smekk *(fx he gave the wasp a swat);* **2.** *vb:* smekke *(fx flies); (jvf swot).*

swath [swɔ:θ] *subst; i slåtten:* skåre.

swathe [sweið] *vb; stivt el. glds(=bandage; wrap)* forbinde; svøpe (inn) *(fx in bandages).*

swatter ['swɔtə] *subst(=flyswatter)* fluesmekker.

I. sway [swei] *subst* **1.** svaiing; gynging *(fx he felt the sway of the deck under his feet);* **2.** *litt.(= rule)* herredømme; **hold** ~ ha makten.

II. sway *vb* **1.** svaie *(fx she swayed her hips from side to side as she walked; the branches swayed gently in the breeze);* sjangle *(fx he swayed as he walked along the street);* **2***(=influence)* påvirke; **she's too easily -ed one way or the other by her emotions** hun lar seg altfor lett beherske av sine følelser; **he -ed them in his favour** han vant dem over til sin sak.

sway-backed ['swei,bækt] *adj(=hollow-backed)* svairygget.

swear [swɛə] *vb(pret: swore; perf. part.: sworn)* **1.** sverge; ~ **by** 1. sverge ved *(fx all the saints);* 2. sverge til *(fx they all swear by Maggie);* ~ **in** ta i ed; ~ **to** sverge på *(fx I think he was here this morning, but I wouldn't like to swear to it);* **I'll** ~ **to the truth of what he said** jeg kan sverge på at det han sa er sant; **2***(=curse)* banne; sverge; **he swore at me** han bannet til meg.

swearword ['swɛə,wə:d] *subst:* banneord; ed.

I. sweat [swet] *subst* **1.** svette *(fx he's dripping with sweat; his hair is wet with sweat);* **be all of a** ~ være drivende våt av svette; **cold** ~ kaldsvette; **he was in a cold** ~ han kaldsvettet; **2. T: be in a** ~*(=be nervous)* være nervøs; **3.** kondens(fuktighet); **4. T: (a)** ~*(=hard work)* litt av en jobb.

II. sweat *vb* **1.** svette *(fx it makes you sweat);* **T:** ~ **like a pig***(=be all of a sweat)* være drivende våt av svette; ~ **out a cold** svette ut en forkjølelse; **you must** ~ **it out** du må svette det ut; ~ **with fear** svette av redsel; **the walls are -ing with damp** veggene svetter av fuktighet; **S:** ~ **blood** svette blod; **2. T***(=work hard)* slite *(fx I sweated (away) at my work from morning till night);* ~ **one's guts out** slite livet av seg; **3.** *i industrien:* underbetale; **-ed labour** underbetalt arbeidskraft.

sweatband ['swet,bænd] *subst; på hatt:* svettereim.

sweater ['swetə] *subst:* genser; kofte; **knitted** ~ strikkejakke; **Norwegian** ~*(=coloured knitted sweater)* lusekofte.

sweater girl brystfager pike.

sweat gland *anat:* svettekjertel.
sweat shop bedrift som underbetaler arbeidsstokken.
sweat suit US*(=track suit)* treningsantrekk; joggedress.
sweaty ['sweti] *adj* **1.** svett; **his feet are ~** han svetter på bena; han er svett på bena; **2.: it's ~ work** det er noe man blir svett av.
I. Swede [swi:d] *subst:* svenske.
II. swede *subst; bot(=Swedish turnip;* **US:** *rutabaga)* kålrabi; kålrot; **mashed -s** kålrabistappe; *(se kohlrabi).*
Sweden ['swi:dən] *subst; geogr:* Sverige.
Swedish ['swi:diʃ] **1.** *subst; språket:* svensk; **2.** *adj:* svensk.
Swedish turnip *se II. swede.*
Sweeny ['swi:ni] *subst* **T: the ~***(=the Flying Squad)* **UK:** sivilkledd utrykningspatrulje.
I. sweep [swi:p] *subst* **1.** *om det å feie:* **she gave the rooms a ~** hun feide i rommene; **2.** *om feiende el. svingende bevegelse:* **he watched the ~ of their oars as they rowed away** han betraktet de svingende årene deres idet de rodde sin vei; **she indicated the damage with a ~ of her hand** hun viste skaden med en håndbevegelse; **3.** *stivt el. litt.(=wide expanse)* vidt område; stor flate; **the wide ~ of the bay** den brede bukten; **4. T***(=chimney sweep)* (skorsteins)feier; **5.:** *se sweepstake;* **6.** *fig:* **make a clean ~ (of it)** gjøre rent bord.
II. sweep *vb(pret & perf. part.: swept)* **1.** feie *(fx the room needs sweeping; the room has been swept clean);* **the wave swept him overboard** bølgen feide ham over bord; **2.** *mil; mar:* **~ mines** sveipe miner; **3.** *fig:* **he swept past me** han feide forbi meg; **4.** *fig:* ta med storm *(fx the tune swept London);* **~ all before one** ha overveldende suksess; **5.** *kortsp & fig:* **~ the board** vinne hele innsatsen; **6.** *stivt el. litt.(=stretch):* **the hills ~ down to the sea** åsene strekker seg ned til sjøen; **7.** *polit:* **~ the polls***(=win an overwhelming election victory)* vinne en overveldende valgseier; **8.** *fig:* **~ sth under the carpet** feie noe under teppet.
sweepback ['swi:p,bæk] *subst; flyv:* pilform; tilbakestrøk.
sweeper ['swi:pə] *subst* **1***(=roadsweeper)* gatefeier; **2.** feiemaskin; **carpet ~** teppefeier.
sweeping ['swi:piŋ] *adj* **1.** feiende *(fx gesture);* **2.** gjennomgripende; omfattende *(fx reforms);* **3.** overveldende *(fx victory);* **4.** *neds(=too general)* altfor generell *(fx statement);* **~ generalizations** grove genèraliseringer.
sweepstake ['swi:p,steik] *(,***US:** *sweepstakes) subst; form for veddeløpslotteri:* sweepstake.
sweepings ['swi:piŋz] *subst; pl(=litter)* sammenfeid søppel; oppsop.
I. sweet [swi:t] *subst* **1***(,***US:** *candy)* sukkertøy; **-s** sukkertøy *(pl);* slikkerier; gotter; **2***(=dessert;* **US:** *sweet dessert)* dessert; **what are we having for ~?** hva skal vi ha til dessert? **3. T: my ~***(=my darling; my dear)* kjære *(fx Hallo, my sweet).*
II. sweet *adj* **1.** søt; **2.** *om smør:* usaltet; **3.** *om lukt:* deilig *(fx the sweet smell of flowers);* **4.** *om lyd:* behagelig; melodisk *(fx she has a sweet voice);* **5.** *om jord:* ikke sur; **6***(=charming)* søt; yndig; **7***(=kind and agreeable)* blid; vennlig; behagelig; søt *(fx she's a sweet girl);* **8.** *ordspråk:* **forbidden fruit is ~** forbuden frukt smaker best; **9.: have a ~ tooth** være glad i slikkerier (*el.* søte saker); være slikkmunnet; **10.** *lett glds:* **be ~ on***(=be in love with)* være forelsket i.
sweetbread ['swi:t;bred] *subst; kul:* brissel; **calf's ~** kalvebrissel.
sweetbrier ['swi:t,braiə] *subst; bot(=eglantine)* vinrose.
sweet cherry *bot:* søtkirsebær.
sweet cicely *bot(=cicely)* spanskekjørvel; *(se chervil).*
sweet clover *bot(=melilot)* steinkløver.
sweet corn *bot(=sugar corn)* søtmais.
sweeten ['swi:tən] *vb* **1.** søte; gjøre søt; **did you ~***(=put sugar in)* **my tea?** tok du sukker i teen min? **2.** bli søt *(fx the fruit gradually ripened and sweetened);* **3.** blidgjøre.
sweetener ['swi:tənə] *subst* **1***(=sweetening agent)* søtningsmiddel; **2. T***(=bribe)* bestikkelse.
sweetening ['swi:təniŋ] *subst:* søtningsmiddel.
sweet flag *bot(=calamus)* kalmusrot.
sweet gale *bot(=gale; bog myrtle)* pors.
sweetheart ['swi:t,ha:t] *subst; lett glds(=boyfriend; girlfriend; darling)* kjæreste.
sweetie ['swi:ti] *subst* **T***(=sweet)* sukkertøy; **2. T***(=darling)* kjæreste.
sweetly ['swi:tli] *adv:* søtt *(fx she smiled very sweetly).*
sweatmeat ['swi:t,mi:t] *subst; glds(=sweet)* sukkertøy.
sweet pea *bot:* blomsterert.
sweetshop ['swi:t,ʃɔp] *subst:* sjokoladebutikk.
sweet tangle *bot(=sweet sea tangle)* sukkertare.
sweet tooth: have a ~ være glad i søte saker (*el.* slikkerier); være slikkmunnet.
sweet william *bot:* busknellik.
I. swell [swel] *subst* **1.** dønning; dønninger *(fx there was a heavy swell);* **confused ~** dønninger fra flere sider; **ground ~** underdønning; **2.** *stivt el. litt.; om tiltagende lydstyrke:* **the ~ of sound** lyden som stadig tiltok i intensitet; **3.** *mus:* crescendo fulgt av diminuendo; **4.** *i orgel:* tredje manual.
II. swell *vb(pret: swelled; perf. part.: swelled; swollen)* **1.** hovne opp *(fx her ankles swelled in the heat);* **2.** få til å svulme opp; **the river was swollen by the flood water from the mountains** flomvannet fra fjellet fikk elven til å stige (*el.* svulme opp); **3.** *stivt(=grow)* vokse *(fx the population swelled);* **4.** *litt.:* svulme (*with* av) *(fx with pride);* **5: ~ the numbers** øke antallet; **I invited her to join us on the excursion in order to ~ the numbers** jeg inviterte henne til å bli med på utflukten for at det skulle bli flere av oss; **our numbers were -ed by the arrival of . . .** det ble (langt) flere av oss da . . . ankom; **6.** *lyd:* forsterke *(fx swell the sound);* stige; vokse (*into* til) *(fx the murmur swelled into a roar);* **7.: ~ out***(=swell)* svelle (ut); (få til å) svulme *(fx the sails swelled out; the wind swelled the sails out);* **8.: ~ up***(=swell)* hovne opp; *(se også swelled & swelling).*
III. swell *adj* **US S***(=fine; super)* fin; super; **that's ~!** det er fint (*el.* supert)!
swelled *perf. part. av II. swell; brukes i nøytralt utsagn; jvf swollen.*
swelling ['sweliŋ] **1.** *subst:* hevelse; opphovnet sted; **2.** *adj; stivt(=full)* svulmende; **her ~ bosom***(=the full curves of her bosom)* hennes svulmende barm.
swell organ *mus; i orgel:* tredje manual.
swelter ['sweltə] *vb* **T***(=be very hot)* holde på å avgå av varme; kovne *(fx I'm sweltering in this heat!).*
swept [swept] *pret & perf. part. av II. sweep.*
swept-back, sweptback ['swept,bæk] *adj* **1.** *om hår:* bakoverkjemt; **2.** *flyv:* pilformet; tilbakestrøket *(fx wing).*
I. swerve [swə:v] *subst:* (brå) sidebevegelse; (brått) sidekast; (brå) dreining.
II. swerve *vb* **1.** svinge (brått) til siden; foreta en

(brå) sidebevegelse; foreta et (brått) sidekast; skjene; **the driver -d to avoid the dog** bilisten dreide unna for hunden; **2.** *fig:* **he never -d from his purpose***(=aim)* han vek ikke fra det han hadde satt seg som mål.

I. swift [swift] *subst; zo:* tårnseiler; **alpine ~** alpetårnseiler; **pallid ~** gråseiler; *(se I. swallow).*

II. swift *adj; stivt el. litt.(=quick)* rask *(fx swift to take offence; our methods are swift and efficient).*

I. swig [swig] *subst* **T***(=long gulp)* stor slurk.

II. swig *vb* **T***(=drink)* drikke; tylle i seg.

I. swill [swil] *subst* **1***(=rinse):* **give the bucket a good ~ (out)** skyll bøtten godt; **she gave the cups a ~ in dirty water** hun skylte koppene i skittent vann; **2. T***(=drink)* støyt; (ordentlig) dram; **3***(=pigswill)* grisemat; skyller.

II. swill *vb* **1.: ~ around, ~ about** plaske (*el.* skvulpe) omkring *(fx water was swilling around in the bottom of the boat);* **2.: ~ out***(=rinse out)* skylle; **3. T***(=drink; gulp)* drikke; tylle i seg; **who's been -ing all the milk?** hvem er det som har satt til livs all melken?

swill tub skylledunk.

I. swim [swim] *subst* **1.** svømmetur *(fx did you enjoy your swim?);* **he went for a ~ in the river** han gikk for å svømme (*el.* bade) i elven; **2. T: be in the ~** være med på notene; være orientert om det som skjer.

II. swim *vb(pret: swam; perf. part.: swum)* **1.** svømme; **~ on one's back** svømme på ryggen; **2.: ~ a race** delta i kappsvømming; delta i en svømmekonkurranse *(fx he's swum two races);* **3.: my head's -ming** det går rundt for meg; **everything began to ~ before his eyes** alt begynte å gå rundt for ham; **4.** *fig:* **~ against the tide** svømme mot strømmen.

swimmer ['swimə] *subst:* svømmer.

swimming ['swimiŋ] *subst:* svømming.

swimming bath(s)*(=indoor swimming pool)* innendørs svømmebasseng; svømmehall.

swimming gala svømmestevne.

swimmingly *adv* **T***(=very well)* helt fint; strykende *(fx it went swimmingly).*

swimming pool svømmebasseng.

swimming trunks *pl:* badebukse.

swimsuit ['swim,su:t] *subst:* badedrakt; **two-piece ~** todelt badedrakt.

I. swindle ['swindəl] *subst:* svindel; lureri; **insurance ~** forsikringssvindel.

II. swindle *vb(=cheat)* svindle; lure; **he -d me of £10** han lurte meg for £10; **~ money out of sby** lure penger ut av en; narre penger fra en.

swine [swain] *subst* **1.** *glds(pl: swine)(=pig)* svin; gris; **2.** *om person(pl: swines)* svin *(fx he's an absolute swine).*

I. swing [swiŋ] *subst* **1.** svingning; utslag *(fx the polls reflected a swing against the Conservatives);* **the ~ of the pendulum** pendelens utslag (*el.* svingning); **2.** *golf:* sving(slag) *(fx improve one's swing);* **3.** husking; det å huske; **4.** *for barn:* huske; slenghuske; **5.** markert danserytme *(fx this music should be played with a swing);* **6.: in full ~** i full sving; **7. T: get (back) into the ~ (of things)** komme inn i tingene (igjen); **8. T: go with a ~** gå strykende *(fx the party went with a swing).*

II. swing *vb(pret & perf. part.: swung)* **1.** svinge; **~ sth** svinge med noe; **~ on a rope** henge og dingle i et tau; **~***(=sway)* **one's hips in walking** svaie med hoftene når man går; **2.** påvirke *(fx the voters in their favour);* **3. T: you'll ~***(=be hanged)* **for this!** dette vil du bli hengt for! **4.: ~ to** svinge igjen *(fx the gate swung to);* lukke igjen *(fx will you swing the gate to?); (se I. lead: swing the ~).*

swingboat ['swiŋ,bout] *subst:* båthuske.

swing bridge svingbru.

swingeing ['swindʒiŋ] *adj; fig; stivt(=severe)* sviende *(fx fine).*

swinger ['swiŋə] *subst* **1. T:** en som er med på notene; en som det er futt i; **2. S:** seksuelt aktiv person (især en som deltar i partnerbytte og konebytte).

swing handle *tekn:* leddhåndtak.

swinging ['swiŋiŋ] *subst:* svinging; **2.** *adj:* svingende; **T***(=lively)* livlig *(fx swinging Paris!).*

swinish ['swainiʃ] *adj:* svinsk *(fx behaviour).*

I. swipe [swaip] *subst* **T***(=hard blow)* hardt slag.

II. swipe *vb* **1. T***(=hit)* slå *(fx he swiped the ball over the net);* **2. S***(=steal;* **T:** *nick; pinch; nab; snitch)* kvarte; rappe.

swipes [swaips] *subst; neds* **S***(=beer)* (dårlig) øl.

I. swirl [swə:l] *subst* **1***(=whirl; eddy)* virvel; strømvirvel; **2.** *fig; litt.(=whirl)* virvel *(fx a swirl of events).*

II. swirl *vb(=whirl)* virvle.

I. swish [swiʃ] *subst* **1.** *fra fx stokk som det slås med(=whistle)* susing *(fx the swish of the cane);* **2.** slag (med hale *el.* labb) *(fx keep clear of the swish of a lion's paw);* **the horse gave a ~ of its tail** hesten slo (*el.* dasket) med halen; **3.** *stivt el. litt.(=rustle)* rasling *(fx the swish of leaves against the window).*

II. swish *vb* **1.** slå med *(fx he swished the stick about in the air);* **2.** rasle *(fx her long skirt swished along the floor).*

III. swish *adj* **T***(=smart; fashionable)* smart.

Swiss [swis] **1.** *subst:* sveitser; **the ~** sveitserne; **2.** *adj:* sveitsisk.

Swiss roll*(=jam roll;* **US:** *jelly roll)* rulade.

I. switch [switʃ] *subst* **1.** *elekt:* bryter; **light ~** lysbryter; **2.** *jernb* **US***(=points)* sporveksel; **3***(=thin stick)* tynn kjepp; svolk; **4.** *på dyr:* haledusk; **5***(=tress of false hair)* løsflette; **6***(=change)* omstilling; overgang; **when did you make the ~ from gas to electricity?** når gikk du over fra gass til elektrisitet? **after several -es of direction they found themselves on the right road** etter å ha skiftet retning flere ganger, befant de seg på riktig vei.

II. switch *vb* **1.** *om bryter, etc:* skru (*off* av; *on* på); **2.** *jernb* **US***(=shunt)* pense; **3.** *med kjepp el. pisk; om dyr med halen:* slå; piske *(fx the cat was switching its tail);* **4.: ~ into German** slå over til tysk; **~ (over) to** gå over til; bytte om til; **~ to a vegetarian diet** gå over til vegetarkost; **they -ed their attention to other matters** de viet sin oppmerksomhet til andre ting; **let's ~ to another programme** la oss skru over til et annet program; **5. T: be -ed on** 1. være moderne innstilt; ha moderne smak; være med på notene *(fx my grandmother's really switched on – she enjoys pop music);* 2. være narkoman.

switchback ['switʃ,bæk] *subst(=roller coaster;* **T:** *big dipper)* rutsjebane; berg- og dalbane.

switchboard ['switʃ,bɔ:d] *subst* **1.** *tlf:* sentralbord; **2.** *elekt(=switchboard panel; control panel)* apparattavle; strømtavle.

switch box *elekt:* bryterboks.

switch button *elekt:* bryterknapp.

switchgear ['switʃ,giə] *subst; elekt:* apparatanlegg; fordelingsanlegg; koplingsanlegg.

switch lever *jernb* **US***(=point rod)* sporvekselstang; sporvekselstiller.

switchman ['switʃ,mæn] *subst; jernb* **US***(=shunter)* sporskifter.

switchover ['switʃ,ouvə] *subst(=change-over)* overgang; omstilling.
Switzerland ['switsələnd] *subst; geogr:* Sveits.
I. swivel ['swivəl] *subst; tekn:* dreietapp.
II. swivel *vb(=pivot)* dreie seg (rundt); svinge (rundt) *(fx he swivelled round in his chair).*
swivel arm *mask:* **steering ~** hovedsvingarm; *(se steering rod).*
swivel bridge svingbru.
swivel chair svingstol.
swiz(z) [swiz] *subst* **T: 1.** *om noe som ikke svarer til forventningene:* skuffelse; **2**(*=swindle)* lureri; svindel; juks.
swizzle [swizəl] *subst* **T:** *se swiz(z).*
swollen ['swoulən] **1.** *perf. part. av II. swell; især for å betegne en uttalt og skadelig grad av hevelse; jvf swelled;* **2.** *adj:* opphovnet; oppsvulmet; **~ finger** verkefinger; opphovnet finger.
swollen-headed ['swoulən,hedid] *adj; om person:* oppblåst; blæret(e).
swoon [swu:n] *glds el. litt.* **1**(*=fainting fit)* besvimelse *(fx she lay in a swoon);* **2.** *vb(=faint)* besvime.
I. swoop [swu:p] *subst* **1.** *rovfugls:* nedslag; **2.** *fig:* plutselig angrep; razzia; **drug-squad ~** narkotikarazzia; **at one fell ~**(*=all at once)* på én gang; **T:** i én omgang *(fx the manager got rid of several unwanted employees at one fell swoop).*
II. swoop *vb* **1.** *om rovfugl:* **~ down on** slå ned på; **2.** angripe plutselig; gripe plutselig *(fx he swooped the child off the swing).*
I. swop [swɔp] *subst(=swap)* **1. T**(*=exchange)* bytte *(fx that seems a fair swop);* **2.: -s** frimerker (,mynter) som en samler er villig til å bytte med andre.
II. swop *vb(=swap)* **T**(*=exchange)* bytte *(fx books).*
sword [sɔ:d] *subst* **1.** *hist:* sverd; **2.** *fig:* **cross -s with sby** krysse klinge med en.
swordfish ['sɔ:d,fiʃ] *subst; zo:* sverdfisk.
swordstick ['sɔ:d,stik] *subst(=sword cane)* kårdestokk (ɔ: hul stokk som rommer en kårde).
swore [swɔ:] *pret av swear.*
sworn [swɔ:n] **1.** *perf. part. av swear;* **2.** *adj:* edsvoren *(fx translator);* svoren; **~ enemies** svorne fiender.
I. swot [swɔt] *subst; neds(=swotter)* lesehest; pugghest.
II. swot *vb* **T**(*=study hard; cram)* lese hardt; pugge; **~ for en exam** lese hardt til en eksamen; **~ up (on) sth** lese hardt på noe; pugge noe *(fx I must swot up my history dates; I must swot up on my French).*
swum [swʌm] *pref. part. av II. swim.*
swung [swʌŋ] *pret & perf. part. av II. swing.*
sycamore ['sikə,mɔ:] *subst; bot:* morbærfikentre.
sycophant ['sikəfənt] *subst; stivt(=toady)* spyttslikker.
syllabic [si'læbik] *adj:* syllabisk; stavelsesdannende; stavelses-.
syllable ['siləbl] *subst:* stavelse.
syllabus ['siləbəs] *subst(pl: syllabuses; syllabi* ['silə,bai]*)* **1.** (trykt) studieplan *(fx please send me the syllabus);* **2.** *students:* pensum; **the concept of a ~ must not be defined too narrowly** pensumbegrepet må ikke gis en for trang definisjon; **get through the ~** komme gjennom pensum; *(jvf curriculum & examination requirements).*
syllogism ['silə,dʒizəm] *subst:* syllogisme.
sylph [silf] *subst* **1.** *myt:* sylfe; luftalv; **2**(*slender graceful woman)* sylfide.
sylphlike ['silf,laik] *adj:* sylfideaktig; **she's tall and ~** hun er høy og slank som en sylfide.
sylvan ['silvən] *adj; poet:* skog-; skogrik.
symbiosis [,simbi'ousis] *subst; biol & fig:* symbiose.
symbiotic [,simbi'ɔtik] *adj; biol & fig(=mutually beneficial)* symbiotisk.
symbol ['simbəl] *subst* **1.** symbol (*of* på); **2.** tegn *(fx a chemical symbol).*
symbolic(al) [sim'bɔlik(əl)] *adj:* symbolsk.
symbolism ['simbə,lizəm] *subst* **1.** symbolikk; **2.** *i kunst:* symbolisme.
symbolize, symbolise ['simbə,laiz] *vb:* symbolisere.
symmetrical [si'metrikəl] *adj:* symmetrisk.
symmetry ['simitri] *subst:* symmetri.
sympathetic [,simpə'θetik] *adj* **1.** medfølende; **be ~ towards sby** være medfølende overfor en; **2.: ~ to(wards)** sympatisk (*el.* velvillig) innstilt til *(fx an idea; a plan).*
sympathetic nervous system *anat:* **the ~** det sympatiske nervesystem.
sympathize, sympathise ['simpə,θaiz] *vb* **1.** sympatisere (*with* med); **2.: ~ with sby**(*=express one's sympathy with sby)* kondolere en.
sympathy ['simpəθi] *subst* **1.** medfølelse *(fx he touched her hand to express his sympathy);* **have**(*= feel)* **~ for sby** ha medfølelse med en; føle med en; **2.** kondolanse; **express one's ~ with sby**(*= sympathize with sby)* kondolere en; **letter of ~** kondolansebrev; **3.** sympati; **you have my ~** du har min sympati; jeg sympatiserer med deg; **he has Labour sympathies** han har Labour-sympatier; **my sympathies are with her husband** hennes mann har min sympati; **be in ~ with**(*=agree with)* sympatisere med; være enig med *(fx they are in sympathy with the railwaymen in their claim for more pay);* **I have no ~ with such a stupid attitude** jeg har ingenting til overs for en så tåpelig holdning.
symphonic [sim'fɔnik] *adj; mus:* symfonisk *(fx form).*
symphony ['simfəni] *subst:* symfoni.
symposium [sim'pouziəm] *subst:* symposium.
symptom ['simptəm] *subst:* symptom; tegn (*of* på).
symptomatic [,simptə'mætik] *adj:* symptomatisk (*of* for).
synagogue ['sinə,gɔg] *subst:* synagoge.
synapse ['sainæps] *subst; anat; biol(=synapsis)* synapse.
synapsis [si'næpsis] *subst (pl: synapses* [si'næpsi:z]*)* **1.** *anat: se synapse;* **2.** *biol(=syndesis)* synapsis; synapse.
synch [siŋk] *film; TV* **T 1.** *subst(=synchronization)* synkronisering; **in ~** synkront; **out of ~** ikke synkront *(fx the film was running out of synch);* **2**(*=synchronize)* synkronisere; **3.** *adj(=synchronous)* synkron.
synchroflash ['siŋkrou,flæʃ] *subst; fot:* synkronblitz.
synchromesh ['siŋkrou,meʃ] *adj:* **~ gearbox** synkronisert girkasse.
synchronism ['siŋkrə,nizəm] *subst(=simultaneousness)* synkronisme; samtidighet.
synchronization, synchronisation [,siŋkrənai'zeiʃən] *subst:* synkronisering.
synchronize, synchronise ['siŋkrə,naiz] *vb:* synkronisere *(fx they synchronized their watches);* falle sammen i tid; **in the film the movements of the actors' lips did not ~ with the sounds of their words** på filmen beveget ikke skuespillernes lepper seg synkront med lyden.
synchronous ['siŋkrənəs] *adj:* synkron; synkron-.
syncopate ['siŋkə,peit] *vb:* synkopere.
syncopation [,siŋkə'peiʃən] *subst:* synkopering.
syncope ['siŋkəpi] *subst; språkv:* synkope (ɔ: bortfall av vokal mellom to konsonanter).
syndesis [sin'di:sis] *subst; biol(=synapsis)* synapsis;

synapse.
syndicalism ['sindikə,lizəm] *subst:* syndikalisme.
syndicate ['sindikit] *subst:* syndikat.
syndrome ['sindroum] *subst:* syndrom; symptomkompleks.
syne [sain] *adv, prep, konj; skotsk(=since)* siden.
synod ['sinəd; 'sinɔd] *subst:* synode; kirkemøte.
synonym ['sinənim] *subst:* synonym; **a ~ for** et synonym for.
synonymous [si'nɔniməs] *adj:* synonym *(fx the two words are synonymous);* **~ with** synonym med; entydig med.
synonymy [si'nɔnimi] *subst:* synonymitet; entydighet.
synopsis [si'nɔpsis] *subst(pl: synopses* [si'nɔpsi:z]*) stivt(=summary)* kortfattet sammendrag; resymé; *(til film)* synopsis.
synovia [sai'nouviə; si'nouviə] *subst; anat(=synovial fluid)* leddvæske; leddvann.
synovial [sai'nouviəl; si'nouviəl] *adj:* synovial-; **~ fluid** leddvæske; leddvann; **~ membrane** senehinne; **~ sheath***(=tendon sheath)* seneskjede.
synovitis [,sainou'vaitis; ,sinou'vaitis] *subst; med.:* senehinnebetennelse; synovitt.
syntactic(al) [sin'tæktik(əl)] *adj; gram:* syntaktisk.
syntax ['sintæks] *subst; gram:* syntaks; setningslære.
synthesis ['sinθisis] *subst(pl: syntheses* ['sinθi,si:z]*)* syntese; **form a ~** danne en syntese.
synthesize, synthesise ['sinθi,saiz] *vb.* syntetisere.
synthetic [sin'θetik] *adj:* syntetisk; kunst- *(fx fibres).*
syphilis ['sifilis] *subst; med.(,***T:** *pox)* syfilis; **primary ~** syfilis i første stadium.
syphon ['saifən] *se siphon.*
Syria ['siriə] *subst; geogr:* Syria.
Syrian ['siriən] **1.** *subst:* syrer; *om språket:* syrisk; **2.** *adj:* syrisk.
syringe ['sirin(d)ʒ; si'rin(d)ʒ] **1.** *subst; med.:* **(hypodermic) ~** sprøyte; **disposable (hypodermic) ~** engangssprøyte; **ladies' hygienic ~** damesprøyte; **2.** *vb(=flush out)* skylle ut med sprøyte; skylle.
syrup ['sirəp] *subst* **1***(=fruit syrup)* saft (med høyt sukkerinnhold) *(fx raspberry syrup);* **2***(=golden syrup)* sirup.
syrupy ['sirəpi] *adj* **1.** sirupaktig; siruplignende; **2.** *neds:* vammel *(fx that film was syrupy).*
system ['sistəm] *subst* **1.** system *(fx the solar system; the digestive system);* **back-up ~** reservesystem; *jur:* **the freedom of movement ~** frigangssystemet; *jur:* **penal ~***(=penal practice)* straffesystem; **develop a ~** utvikle et system; **install this ~** installere (*el.* montere) dette systemet; **reduce sth to a ~** sette noe i system; **use the metric ~** bruke det metriske systemet; **2***(=arrangement)* ordning; **the ~ is open to abuse** systemet kan lett misbrukes; **3.: the ~** organismen; kroppen *(fx take a walk every day – it's good for the system!);* **get it out of your ~!** få det ut av systemet! **4***(=method)* metode; **what's your ~ for washing the dishes?** hvordan gjør du det når du vasker opp? **her working methods lack ~***(=she works without system)* det er ikke (noe) system i den måten hun arbeider på; hun arbeider usystematisk; **5***(=network)* nett *(fx railway system);* **6. T: it's all -s go** alt er (liksom) i orden *(fx . . . but for spending the taxpayers' money it's all systems go).*
systematic [,sisti'mætik] *adj:* systematisk; **~***(=classified)* **catalogue** systematisk katalog.
systematically *adv:* systematisk; **proceed ~***(=do it systematically)* gå systematisk til verks; gjøre det på en systematisk måte.
systematics [,sisti'mætiks] *subst:* systematikk.
systematist ['sistimətist] *subst:* systematiker.
systematize, systematise ['sistimə,taiz] *vb:* systematisere.
(system) hacker T: datasnok.
systemic [si'stemik] *adj; med.:* systemisk; som angriper hele kroppen.
systems analysis *EDB:* systemanalyse.
systems analyst *EDB:* systemerer.
systems engineer *EDB:* systemkonsulent.
systems engineering *EDB:* systemarbeid.
systole ['sistəli] *subst; anat:* systole; hjertets sammentrekningsfase; *(jvf diastole).*
systolic [si'stɔlik] *adj; anat:* systolisk.

T

T, t [ti:] (bokstaven) T, t; *tlf:* **T for Tommy** T for Teodor; **capital T** stor T; **small t** liten t; **it is spelt with two t's** det skrives med to t'er; **T: to a T***(=to a tee) (=perfectly; very well)* på en prikk; helt fint *(fx the job suited him to a T; the dress fits you to a T);* **dot one's i's and cross one's t's** være meget omhyggelig.
t' *nordeng; best art=the.*
't *glds el. poet(=it):* **'twill rain***(=it will rain)* det kommer til å regne.
ta [ta:] *int* **T***(=thank you)* takk.
I. tab [tæb] *subst* **1.** liten klaff (*el.* strimmel) (til å trekke i) *(fx open the packet by pulling the tab); på kartotekkort:* rytter; **2.** *på tøy(=loop)* hempe *(fx he hung his jacket up by the tab);* **3***(=name tab; name tape)* navnebånd (på tøy); **4.** *på skrivemaskin(=tabulator)* tabulator; **5.** *flyv(=trim tab)* trimror; **rudder ~ control** siderorstrim; **6. US T: pick up the ~ for***(=pay the bill for)* betale for *(fx he insisted on picking up the tab for the meal);* **7.** *mil:* kragedistinksjon; **8. T: keep -s on** 1*(=watch)* holde øye med; 2*(=keep a check on)* holde rede på; **I like to keep -s on what's happening at home when I'm on holiday** jeg vil gjerne vite hva som skjer hjemme mens jeg er på ferie.
II. tab *vb* **1.** sette hempe (*el.* navnebånd) på; *på kartotekkort:* sette rytter på; **2.:** *se tabulate.*
tabby ['tæbi] *subst(=tabby cat)* stripet (hun)katt.
tabernacle ['tæbə,nækəl] *subst:* tabernakel.
I. table ['teibəl] *subst* **1.** bord; **at (the) ~** ved bordet; **be at ~** sitte til bords; **we were six at ~** vi var seks til bords; **wait at ~** varte opp ved bordet; **clear the ~** ta av (*el.* dekke av) bordet; **lay the ~** dekke bordet; **the whole ~** hele bordet; alle som satt (,sitter) rundt bordet; **2.** tabell; **~ of contents** innholdsfortegnelse; *(se også timetable);* **3.** *geogr(=tableland; plateau)* taffelland; platå; **4.** *fig:* **the -s may turn** situasjonen kan snu seg; bladet kan vende seg; **the -s are turned** situasjonen er nå en helt annen; rollene er byttet om; bladet har vendt seg; **turn the -s on sby** vende spillet mot en; få overtaket over en; **5.** *fig:* **lay***(=put)* **one's cards on the ~** legge kortene på bordet; **6.** *fig:* **drink sby under the ~** drikke en under bordet.
II. table *vb* **1***(=tabulate; arrange in tabular form)* tabulere; stille opp i tabellform; lage en tabell over; **2.** *parl; om (lov)forslag:* fremsette *(the government tabled a bill (,a motion));* **3. US** *parl:* henlegge *(fx a motion).*
tableau ['tæblou] *subst(pl: tableaux)* tablå.
table clearer *i restaurant(,***US:** *bus boy)* ryddegutt.
tablecloth ['teibəl,klɔθ] *subst:* (bord)duk.
table linen dekketøy.
table manners: mind one's ~ holde bordskikk.
table mat *til å sette under varmt fat:* bordskåner.
table napkin *se napkin.*
table salt bordsalt.
tablespoon ['teibəl,spu:n] *subst:* spiseskje.
tablet ['tæblit] *subst* **1***(=pill)* tablett; pille; **sleeping ~***(=sleeping pill)* sovetablett; **2.** *lett glds(=plaque)* plakett; minnetavle; **marble ~** marmortavle.
table talk 1. bordkonversasjon; **2.** *kortsp:* snakking i kortene.
tableware ['teibəl,wɛə] *subst(,***US:** *flatware)* bordservise; kuvertartikler.
tabloid ['tæblɔid] *subst:* dagsavis i tabloidformat.
taboo [tə'bu:] **1.** *subst:* tabu *(fx alcohol is (a) taboo);* **it's under (a) ~** det er tabu(belagt); det er belagt med tabu; **2.** *vb:* erklære for tabu; *fig:* bannlyse.
taboo word tabuord.
tabular ['tæbjulə] *adj* **1.** tabellarisk; **in ~ form** i tabellform; **2.** *geol, etc(=flat)* flat; taffel-; *(jvf I. table 3).*
tabulate ['tæbju,leit] *vb* **1.** *på skrivemaskin, etc:* tabulere; **2.** stille opp i tabellform.
tabulation [,tæbju'leiʃən] *subst:* tabellarisk oppstilling; ordning (*el.* oppstilling) i tabellform.
tabulator ['tæbju,leitə] *subst:* tabulator.
tacho ['tækou] *subst(pl: tachos) (,***US:** *tach)* **T 1.:** *se tachograph;* **2.:** *se tachometer.*
tachograph ['tækə,gra:f] *subst:* fartsskriver.
tachometer [tæ'kɔmitə] *subst; mask(=rev counter)* turteller.
tacit ['tæsit] *adj:* stilltiende; **~ consent** stilltiende samtykke.
taciturn ['tæsi,tə:n] *adj; stivt(=of few words; silent)* ordknapp; fåmælt; taus (av seg).
taciturnity [,tæsi'tə:niti] *subst; stivt(=silence)* ordknapphet; fåmælthet.
I. tack [tæk] *subst* **1.** stift (med stort hode); nudd; nellikspiker; **2.** *i søm(=tacking stitch)* tråklesting; **3.** *mar:* baut; strekk; slag (under kryssing); **be on the port (,starboard) ~** seile for babord (,styrbord) halser; ligge over babord (,styrbord); **we sailed on an easterly ~** vi seilte østover; vi bautet østover; **4.** *fig:* kurs; fremgangsmåte; **he went off on a new ~** han prøvde en annen fremgangsmåte; **change ~** forandre retning (*el.* kurs) *(fx you change tack halfway through your essay!);* **on the right ~** på riktig spor (*el.* kurs); **5.** *fig* **T: get down to brass -s** komme til saken.
II. tack *vb* **1.** stifte; **~ down** stifte fast; **2.** tråkle; neste; **3.** *mar:* baute; gå over stag; krysse; **4.: ~ sth on (to) sth** 1. tråkle (*el.* neste) noe fast på noe; 2*(=add)* føye til *(fx tack a postscript on to a letter).*
I. tackle ['tækəl] *subst* **1***(=equipment; gear):* **fishing ~** fiskeutstyr; **2.: (block and) ~** talje; **-s***(=lifting blocks)* taljer; **suspended by -s** opphengt i taljer; **hook ~** talje med krok; **3.** *mar:* takkel; takkelasje; **4.** *fotb, etc:* takling; **5***(=saddlery)* ridetøy; seletøy.
II. tackle *vb* **1***(=deal with)* takle; ta seg av *(fx a problem; a thief);* **~ sby on***(=over)* **sth** snakke alvorlig med en om noe; **2.** *fotb, etc:* takle *(fx he tackles well).*
tacky ['tæki] *adj* **T***(=sticky)* klebrig *(fx paint).*
tact [tækt] *subst:* takt *(fx she's a person of great tact);* **show ~** vise takt; være taktfull.
tactful ['tæktful] *adj:* taktfull; diskret.
tactical ['tæktikəl] *adj:* taktisk *(fx advantage).*

tactician [tæk'tiʃən] *subst:* taktiker.
tactics ['tæktiks] *subst; pl:* taktikk; **change one's ~** legge om taktikken; **these ~ are unlikely to help you** det er lite sannsynlig at denne taktikken vil hjelpe deg.
tactile ['tæktail] *adj:* taktil; følbar; føle-.
tactile organ *zo:* føleorgan.
tactile sensation berøringsfornemmelse.
tactile sensibility berøringssensibilitet.
tactless ['tæktlis] *adj:* taktløs *(fx person; remark).*
tadpole ['tæd,poul] *subst; zo:* rumpetroll.
taffeta ['tæfitə] *subst; tekstil:* taft.
taffrail ['tæf,reil] *subst; mar:* hakkebrett.
Taffy ['tæfi] *subst; neds* **S***(=Welshman)* waliser.
I. tag [tæg] *subst* **1.** merkelapp; **price ~** prislapp; **name ~** navnelapp; **2.** *på skolisse:* snøredopp; **3***(=stock quotation)* velkjent sitat *(fx a Latin tag);* **4.** *språkv:* **question ~** etterhengt spørreledd *(fx "doesn't he" in "He likes his job, doesn't he?");* **5.** *lek:* sisten *(fx the children were playing tag).*
II. tag *vb* **1.** sette merkelapp på; **2.** *i sisten(= touch)* ta på; gi sisten; **3. T: ~ along (with sby)** traske etter (en); **he's always -ging along behind us** han trasker alltid etter oss; **4.** *fig:* **~ on** henge på *(fx these comments weren't part of his speech – he tagged them on).*
Tahiti [tə'hi:ti] *subst; geogr:* Tahiti.
Tahitian [tə'hi:tiən; tə'hi:ʃən] **1.** *subst:* tahitier; *språket:* tahitisk; **2.** *adj:* tahitisk.
I. tail [teil] *subst* **1.** *zo:* hale; stjert; **2.** bakende; **coat ~** frakkeskjøt; **T: -s***(=tail coat)* kjole og hvitt; **3.** *på mynt:* **-s** mynt; **heads or -s** krone eller mynt; **4.** *om person som skygger en annen:* skygge; **5.** *litt.:* **turn ~***(=turn and run away)* snu og flykte; **6.: the police are on his ~** politiet er i hælene på ham.
II. tail *vb* **1.** *om stikkelsbær:* **(top and) ~** rense; **2.** følge etter; skygge; **3.** *om stemme:* **~ away***(= tail off)* bli gradvis svakere *(fx his voice tailed away into silence);* **4.: ~ off** 1.: *se tail away;* 2. forta seg; avta *(fx his interest tailed off towards the end of the film);* 3.: **the crowds -ed off after a couple of weeks** publikumsbesøket avtok etter et par uker.
tailback: ~ of traffic trafikkø; bilkø.
tailboard ['teil,bɔ:d] *subst(,især* **US:** *tailgate) på lastebil:* baklem; bakfjel; **downfold ~** baklem til å slå ned.
tail coat*(,T: tails)* kjole og hvitt.
tail end 1. siste del *(fx the tail end of a story);* **2.: at the ~ of the queue** bakerst i køen.
tailgate ['teil,geit] *subst; på bil:* hekkdør; bakdør; *(jvf tailboard).*
tail light *på bil:* baklys.
I. tailor ['teilə] *subst:* skredder; **(-'s) cutter** tilskjærer.
II. tailor *vb* **1.** *om skredder:* sy; **he has his suits -ed in London** han får dressene sine sydd i London; **2.** *fig(=adapt)* tilpasse (*to* til) *(fx he tailored his way of living to his income);* **-ed to the same pattern***(=fashioned in the same mould)* skåret over samme lest.
tailored *adj* **1.** fasongsydd; **2.** skreddersydd.
tailoring ['teiləriŋ] *subst* **1.** skredderyrke; skredderhåndverk; **2.** skredderarbeid.
tailor-made ['teilə,meid] *adj; også fig:* skreddersydd.
tailpiece ['teil,pi:s] *subst* **1.** halestykke; endestykke; bakdel; **2.** *mus; på fiolin:* strengeholder; **3.** *typ:* sluttvignett.
tailpipe ['teil,paip] *subst* **1.** *flyv:* utblåsningsrør; **2.** *mask:* eksosrør (bak potten).
tailplane ['teil,plein] *subst; flyv:* haleflate.
tail-wagging *ski:* det å utføre temposvinger.
tail wind medvind.
I. taint [teint] *subst; stivt el. litt.(=stain)* plett *(fx on sby's character);* **the ~ of decay***(=the mark of decay)* forfallets tegn.
II. taint *vb; stivt el. litt.* **1.** *om dårlig innflytelse(= affect slightly)* smitte; infisere *(fx he was tainted by his contact with criminals);* **2.** *om mat(=spoil)* bederve *(fx the meat has been tainted).*
I. take [teik] *subst* **1***(=catch)* fangst; **2.** *i butikk* **T***(=takings)* dagsinntekt; **3.** *film(=shot)* opptak; **4.** *med.:* vaksinasjon som har slått an; **5. T: be on the ~** være mottagelig for bestikkelse.
II. take *vb(pret: took; perf. part.: taken)* **1.** ta *(fx he took her hand; will you take the baby while I look for my keys? take a bath; take a holiday; take the third turning on the right);* **~ a chance** ta (*el.* benytte) en sjanse; **he took the credit** han tok æren;
2. reagere på; ta; **he really took it rather well** han tok det virkelig pent; **how did she ~ the news?** hvordan tok hun nyheten?
3. *gram:* styre; ta *(fx this preposition takes the dative);*
4*(=buy)* kjøpe; ta *(fx how many packets can you take?);*
5. *skolev:* ta *(fx take an exam);* **who -s you for French?** hvem har dere i fransk? **~ English lessons** ta engelsktimer; **who -s Form IV?** hvem er det som har 4. klasse? **he took a Form IV class in biology** han tok en time i biologi i 4. klasse;
6. ta (imot); motta; **he took a bribe** han tok imot en bestikkelse; **he took my advice** han fulgte rådet mitt; **~ things as they come** ta tingene som de kommer; **they won't ~ dollars** de tar ikke imot dollar (som betaling);
7*(=hit)* treffe; ramme *(fx the blow took him on the chin);*
8. *kortsp:* ta *(fx a trick); brettspill:* ta *(fx a piece);* slå *(fx a pawn; the queen takes at any distance in a straight line);*
9. *mil:* innta; ta *(fx enemy forces have taken the airport);* **~ prisoners** ta fanger; **~ sby prisoner** ta en til fange;
10. påta seg; ta *(fx he refused to take responsibility for the accident);*
11. ha plass til *(fx the car takes five people);* **the shelf won't ~ any more books** det er ikke plass til flere bøker på hylla;
12*(=rent)* leie *(fx we have taken a cottage for the summer);*
13. *for å nevne et eksempel:* ta *(fx take John for example);*
14*(=show)* vise; **~ sby over the house***(=show sby round the house)* vise en rundt i huset;
15. notere; ta *(fx the policeman took his name and address);* **~ notes** ta notater *(fx the students were taking notes at the lecture);*
16. fotografere; ta *(fx a photograph; take the children in their party clothes);*
17. *om mat el. drikke:* (inn)ta; nyte *(fx I can't take alcohol; take three pills);*
18. kreve *(fx it took a lot of courage to leave that job);* **he's got what it -s** han har det (motet) som skal til; **it -s some believing** det skal det noe til for å tro;
19. bruke *(fx take size nine in shoes);* **do you ~ sugar (in your tea)?** bruker du sukker (i teen)?
20. *om tid:* ta *(fx it took a long time);* bruke *(fx you've taken(=been) a long time writing that letter!);*
21. *om vaksine:* slå an; virke *(fx did your vaccina-*

tion take?); om transplantasjon: være vellykket *(fx 90 per cent of the grafts take); gart; om stikling(=strike root)* slå rot *(fx have the cuttings taken yet?);*
22(*=stand)* holde ut *(fx I can't take it any longer);*
23. *om vekt(=bear)* tåle *(fx that won't take my weight);*
24(*=subtract):* ~ **two from four** trekke to fra fire;
25(*=win)* ta *(fx he took the first prize);*
26(*=drive)* kjøre *(fx can you take me to the station?);*
27. ledsage; følge *(fx I'll take you home; she took him to the manager);* ta meg seg *(fx he took her to the theatre);* være reiseledsager for; reise med *(fx I once took a group of students from London to Berlin);*
28. bringe *(fx he took her some roses);* ~ **him a cup of tea** gå inn (,bort) til ham med en kopp te;
29(*=subscribe to)* abonnere på *(fx we take the local newspaper);*
30(*=deal with)* behandle; ta *(fx take the comments one at a time);*
31. *vulg(=have intercourse with)* ta *(fx he took her);*
32. forstå; **I ~ your point**(*=I see what you mean)* jeg forstår hva du mener; **he can't ~ a joke** han forstår ikke spøk;
33(*=occupy):* **is this seat -n?** er denne plassen opptatt?
34(*=delight):* **be -n with** bli begeistret for *(fx he was quite taken with her at their first meeting);*
35 *[forskjellige forb]*
~ **after** ta etter; ligne på *(fx he takes after his father);* ~ **away**(*=remove)* fjerne; ta bort; ~ **back** 1. ta tilbake; ta igjen; 2(*=retract)* ta i seg igjen *(fx take back what you said about my sister!);* 3. *fig:* **that -s you back, doesn't it?** det minner deg om noe (,om andre tider), ikke sant? ~ **to be** ta for å være *(fx I take him to be a friend of yours);* ~ **sby by surprise** overraske (*el.* overrumple) en; **it took us all by surprise** det kom overraskende på oss alle sammen; *fig:* **he took them by storm** han tok dem med storm;
~ **down** 1. ta ned *(fx a book from the shelf; the scaffolding round a building);* 2(*=write down)* notere; skrive opp *(fx he took down the details in a notebook);* 3. *flyv:* ta ned *(fx take down a plane); (se også 1. peg 6);*
~ **for** ta for *(fx what do you take me for? I took you for your brother; I took him for an intelligent person); lett glds:* **he took her for a wife**(*= he took her to wife)* han tok henne til hustru; ~ **sth for granted** ta noe for gitt;
~ **from** 1. ta fra *(fx he took it from his brother);* 2(*=take away from)* ta fra *(fx they took it (away) from him);* 3. *fig:* ~ **it from me that . . .** du kan stole på meg når jeg sier at . . .;
~ **in** 1. ta inn *(fx she took in the washing);* 2. gi husly; ta inn *(fx he had nowhere to go, so I took him in);* 3. *mot betaling:* ta imot *(fx take in lodgers; take in washing);* 4(*=take; subscribe to)* abonnere på *(fx a newspaper);* 5. sy inn; ta inn *(fx take in a skirt at the waist);* 6(*=include)* innbefatte *(fx Greater London takes in the county of Middlesex);* 7. *mar:* berge *(fx take in a sail);* 8. oppfatte *(fx I didn't take in what he said; I doubt if she's fit to take in anything at all);* 9. **T**(*=cheat)* snyte; lure; narre *(fx you've been taken in!);* 10.: ~ **a lady in to dinner** føre en dame til bords; ~ **sth into one's head** sette seg noe i hodet; **she's -n it into her head to . . .** hun har satt seg i hodet å . . .;
~ **off** 1. ta av *(fx the lid; one's clothes);* 2. *flyv:* lette; ta av (*for* med kurs for) *(fx the plane took off for Rome);* 3. *ski:* satse; 4. parodiere; imitere *(fx one's teacher);* 5. **T**(*=get started)* komme i gang *(fx Britain's recovery cannot really take off until the world economy revives);* 6. ta . . . fri *(fx I'm taking tomorrow off);* 7.: ~ **sth off one's hands** befri en for noe (ɔ: slik at man slipper bry); overta noe for en *(fx he took the house off my hands);*
~ **on** 1(*=undertake)* påta seg *(fx he took on the job; take on heavy responsibilities);* 2(*=employ)* ta inn *(fx take on many more men; they'll take more on next year);* 3. ta opp kampen med *(fx he took on one of the big boys);* forsøke å slå *(fx I'll take you on at tennis);* 4(*=assume)* anta; få (etter hvert) *(fx his book took on a completely new meaning);* 5(*=pick up)* ta opp (passasjerer) *(fx the bus only stops here to take on passengers);* 6. **T**(*=be upset)* ta på vei *(fx don't take on so!);*
~ **out** 1. ta ut *(fx take money out of the bank; take a child out of school; she took the roast out of the oven);* 2. *fra lomme, veske, etc(=get out)* ta frem *(fx he took out a gun);* 3. gå ut med *(fx take the dog out);* ~ **the dog out for a walk** gå tur med hunden; 4(*=ask out)* be ut; invitere ut *(fx he took her out to dinner);* 5. få fjernet *(fx have one's appendix out; have a tooth out);* 6. *fors:* tegne *(fx take out an insurance policy on sth);* **T:** ~ **it out of** ta på; slite på *(fx the long walk really took it out of me!);* **T:** ~ **it out on** la det gå utover *(fx there's no need to take it out on me!);*
~ **over** ta over *(fx I've taken over his job);* ~ **over from** ta over etter *(fx he drove as far as Paris, then I took over from him);* ~ **to** 1. bli begeistret for *(fx he soon took to the children; she didn't take to the idea);* 2. begynne; **he took to smoking** han begynte å røyke;
~ **up** 1. *fra gulv, etc(=pick up)* ta opp; 2. oppta *(fx his clothes took up most of the wardrobe);* legge beslag på *(fx I won't take up much of your time);* 3(*=shorten)* legge opp *(fx my skirt was too long, so I had to take it up);* 4. bryte opp *(fx they've taken up the road);* 5. hale inn på *(fx the slack in a cable);* 6. *om problem, emne, sak:* ta opp *(fx take up one problem at a time; he took her case up with a lawyer);* 7. begynne med *(fx he's taken up Greek);* ~ **up the violin** begynne å spille fiolin; ~ **sby up on an offer**(*=accept sby's offer)* ta imot ens tilbud; **I might ~ you up on that!** kanskje jeg tar deg på ordet!
stivt: ~ **it upon oneself to**(*=undertake to)* påta seg å *(fx I took it upon myself to make sure she arrived safely);*
T: ~ **up with**(*=become friendly with; begin to associate with)* begynne å vanke sammen med *(fx he's taken up with some very strange people);*
~ **sth (away) with one** ta noe med seg *(fx you can't take it with you);*
be -n with the giggles få et fniseanfall; *(se også 34).*

takeaway ['teikə,wei] *subst(,***US:** *takeout)* gatekjøkken.

take-home ['teik,houm] *adj:* ~ **pay** nettolønn.

takeoff ['teik,ɔf] *subst* **1.** *flyv:* start, **2.** *ski:* sats; **3.** imitasjon; parodi.

takeout ['teik,aut] *subst* **1. US**(*=takeaway)* gatekjøkken; **2.** *kortsp:* ~ **double** opplysningsdobling.

takeover ['teik,ouvə] *subst; merk:* overtagelse (ved oppkjøp av aksjemajoriteten).

take-up reel *for filmfremviser:* tomspole.

takings ['teikiŋz] *subst; pl:* dagens kassebeholdning; det man har tatt inn i løpet av dagen *(fx he took the day's takings to the bank).*
talc [tælk] *subst* **1.** *min:* talk; **2.:** *se talcum powder.*
talcum powder talkum.
tale [teil] *subst* **1.** *stivt(=story)* historie; **2***(=lie)* løgn; oppspinn *(fx he told me he had a lot of money, but that was just a tale);* **tell -s** sladre; fare med sladder.
talent ['tælənt] *subst:* talent.
talented ['tæləntid] *adj(=gifted)* talentfull; begavet; evnerik.
talent scout talentspeider.
I. talk [tɔ:k] *subst* **1.** snakk; prat *(fx it's just a lot of talk);* **idle** ~*(=gossip)* tomt snakk; sladder; **it's the ~ of the town** hele byen snakker om det; **2.** foredrag *(fx on ancient Rome);* **3.** *polit:* forhandlinger; drøftelser; **peace -s** fredsforhandlinger.
II. talk *vb:* snakke (*about* om); **T: ~ about luck!** du snakker om flaks! **~ to** snakke med; **she'd like someone to ~ to** hun vil gjerne ha noen å snakke med; **I'll ~ to him** jeg skal snakke (et alvorsord) med ham; **~ the hind leg off a donkey***(=talk nineteen to the dozen)* snakke ihjel seg; snakke til ørene faller av; snakke oppover vegger og nedover stolper; **~ till sby's head begins to swim***(=go round)* snakke hull i hodet på en; **~ at cross purposes** snakke forbi hverandre; **~ big** være stor i munnen (,**T:** kjeften); **~ shop** snakke fag; **~ back** svare uforskammet *(fx don't talk back to me!);* **~ down to sby** snakke til en i en nedlatende tone; *til barn:* snakke til en på et barnslig språk *(fx children dislike being talked down to);* **~ sby into doing sth** overtale en til å gjøre noe; **~ sby out of sth** snakke en fra noe; **we must ~ it over***(=we must discuss it)* vi må snakke om det; vi må diskutere det; **we -ed over the whole idea** vi diskuterte det hele; **~ round** 1*(=persuade)* overtale; 2. snakke rundt *(fx they talked round it for hours);* **~ sense** snakke fornuft; **~ nonsense** snakke tull; **T: now you're -ing!** det lar seg høre!
talkative ['tɔ:kətiv] *adj:* snakkesalig; pratsom.
talker ['tɔ:kə] *subst:* pratmaker.
talkie ['tɔ:ki] *subst; hist* **T***(=sound film)* lydfilm.
talking ['tɔ:kiŋ] *subst:* snakking; **he did all the ~** det var han som stod for snakkingen.
talking point *subst(=topic of conversation)* samtaleemne; **the big (,main) ~ in our family** det store (,viktigste) samtaleemnet i vår familie; **a major ~** et viktig samtaleemne.
talking-to ['tɔ:kiŋ,tu:] *subst* **T***(=reprimand)* overhaling; skrape; irettesettelse.
talk show *radio, TV(=chat show)* prateprogram.
tall [tɔ:l] *adj* **1.** høy *(fx tree; man);* **2.: a ~ order** et drøyt forlangende; **a ~ story** en skipperskrøne.
tallow ['tælou] *subst:* talg.
I. tally ['tæli] *subst* **1***(=tally stick)* karvestokk; **2.** *på karvestokk(=notch)* hakk; **3***(=counter)* manuelt telleapparat; **4***(=account):* **keep a ~ of***(=keep an account of)* holde regnskap med.
II. tally *vb(=agree)* stemme *(fx his story tallies (with mine)).*
tallyman ['tælimən] *subst; mar:* tallymann; lasteel. lossekontrollør; (kontroll)teller.
talon ['tælən] *subst; zo:* rovfuglklo.
talus ['teiləs] *subst* **1.** *anat(=anklebone)* talus; ristben; **2.** *geol(=scree)* ur; talus; **3.** *mil; hist:* skråning (av brystvern).
tamable*(=tameable)* ['teiməbl] *adj:* som kan temmes.
tambour ['tæmbuə] *subst:* indisk søyletromme.
tambourine [,tæmbə'ri:n] *subst; mus:* tamburin.
I. tame [teim] *vb; også fig:* temme.
II. tame *adj* **1.** tam; **2.** *fig:* tam; kjedelig.
tamis ['tæmis] *subst(=straining cloth)* silduk.
tammy ['tæmi] *subst* **1***(=tam-o'-shanter)* rund, flat skottelue; **2***(=straining cloth)* silduk.
tam-o'shanter *se tammy 1.*
stamp [stæmp] *vb:* stampe *(fx wet concrete).*
tamper ['tæmpə] *vb:* **~ with***(=meddle with)* tukle med *(fx the lock had been tampered with).*
tampon ['tæmpən] *subst; med.:* tampong.
I. tan *subst* **1***(=tanbark)* garvebark; **2.** brunhet; brunfarge.
II. tan *vb* **1.** garve; **2.** bli brun *(fx she tans quickly);* **he was -ned by the sun** han var blitt brun av sola.
III. tan *adj:* gulbrun; gyllenbrun.
I. tandem ['tændəm] *subst* **1.** tandemsykkel; **they rode ~** de syklet på en tandemsykkel; **2.** tandemforspann.
II. tandem *adj:* (anbrakt) etter hverandre.
I. tang [tæŋ] *subst* **1.** *på kniv, fil, etc:* tange; **2.** *stivt(=pungent smell; strong taste)* skarp lukt (,smak); **the ~ of wood smoke** den skarpe lukten av vedrøyk; **the air had a salty ~** luften var ramsalt.
Tanganyika [,tæŋgə'nji:kə] *subst; geogr; hist:* Tanganyika.
I. tangent ['tændʒənt] *subst* **1.** *geom:* tangent; **2.** *fig:* **go off at a ~** komme ut på viddene; komme bort fra emnet.
II. tangent *adj:* tangerende; **be ~ to** tangere.
tangerine [,tændʒə'ri:n] *subst; bot:* mandarin.
tangibility [,tændʒi'biliti] *subst(=palpability)* håndgripelighet.
tangible ['tændʒibl] *adj(=palpable)* håndgripelig; **the silence of the forest was almost ~** stillheten i skogen var nesten til å ta og føle på.
I. tangle ['tæŋgəl] *subst* **1.** sammenfiltret masse; floke; **straighten out all these -s in the string** greie ut alle disse flokene i hyssingen; **the garden was a ~ of old and ugly trees** hagen var et eneste rot av gamle og stygge trær; **2.** *fig:* floke; **3.: all in a ~***(=all mixed up) også fig:* i en eneste floke.
II. tangle *vb* **1.** vikle seg inn i hverandre; filtre seg sammen; floke seg; ugreie *(fx don't tangle my wool when I'm knitting!);* **my wool always seems to ~** garnet mitt blir liksom alltid ugreit; **2.** *fig:* **~ with sby** komme i klammeri med en.
tango ['tæŋgou] **1.** *subst(pl: tangos)* tango; **2.** *vb:* danse tango.
I. tank [tæŋk] *subst* **1.** *mil:* tank; **2.** tank; beholder; **3.** *fot:* fremkallertank; **4. US S***(=jail)* fengsel.
II. tank *vb:* **~ up 1.** tanke; fylle bensin; **2.** *om alkohol* **S***(=drink a lot)* fylle på; tanke.
tankard ['tæŋkəd] *subst:* ølkrus; seidel.
tanker ['tæŋkə] *subst* **1.** tankskip; tanker; **2.** tankbil.
tannery ['tænəri] *subst:* garveri.
tannic ['tænik] *adj; kjem:* garvesur; **~ acid** garvesyre.
tannin ['tænin] *subst; kjem:* tannin; garvesyre.
tansy ['tænzi] *subst; bot:* reinfann.
tantalize, tantalise ['tæntə,laiz] *vb; stivt el. spøkef:* la lide tantaluskvaler; spenne på pinebenken; plage.
tantalizing, tantalising *adj; stivt el. spøkef:* lokkende; forførende *(fx beauty);* fristende *(fx smells from the kitchen).*
tantamount ['tæntə,maunt] *adj:* **be ~ to***(=be equivalent to; be equal to; amount to)* være ensbetydende med.
tantrum ['tæntrəm] *subst:* anfall av dårlig humør;

om barn: **have a temper** ~*(=have a screaming fit)* sinnaskrike.

I. tap [tæp] *subst* **1***(,***US:** *faucet)* kran *(fx most wash basins have hot and cold taps);* **leave the -s running** la vannet stå og renne; **turn the ~ off (,on)** skru av (,på) kranen; **he ran the cold ~** han skrudde på kaldtvannskranen; **at the ~** ved springen *(fx he filled a bottle at the tap);* **on ~** 1*(=on draught)* på fat *(fx beer on tap);* 2. *fig* T*(=readily available)* lett tilgjengelig *(fx you're lucky to have all that information on tap);*
2. *mask; for innvendige gjenger:* gjengeskærer; **dies and -s** snittverktøy; *(jvf I. die 2);*
3. lett banking *(fx a tap at(=on) the door);* lett slag *(fx she felt a tap on her shoulder);*
4. *mil* **US: -s***(=lights-out)* rosignal; "lang tone".

II. tap *vb* **1.** banke lett; gi et lett slag; **he -ped at***(=on)* **the window** han banket lett på vinduet; *på skrivemaskin:* **he -ped out a letter** han slo ned et brev; **T: this music sets your feet -ping!** denne musikken får det til å krible i bena! **2.** tappe *(fx wine from a cask);* **3***(=exploit)* (begynne å) utnytte *(fx tap new sources of revenue);* **4.** *tlf:* avlytte *(fx his phone was being tapped);* **5. S: ~ sby for money** slå en for penger; **6.** *mask:* skjære innvendige gjenger i; *(jvf I. tap 2).*

tap dance steppdans.

tap-dance *vb:* steppe.

I. tape [teip] *subst* **1.** bendelbånd; **2.: (adhesive)** ~*(=sticky tape)* limbånd; tape; **insulating ~** isolasjonsbånd; tjærebånd; **(magnetic) ~** (lyd)bånd; **I've got it on ~** jeg har det på (lyd)bånd; **(measuring) ~** målebånd; **3.** *sport:* **(finishing) ~** målsnor; **take the ~** bryte målsnoren; løpe i mål; **the two girls reached the ~ together** de to pikene løp i mål samtidig.

II. tape *vb* **1.** feste med limbånd; feste med tape; tape; **2.** ta opp (på lydbånd) *(fx they taped the interview);* **3. T: I've got him -d***(=I know exactly what he's like)* jeg vet nøyaktig hvordan han er (*el.* hva for slags kar han er); **we've got it all -d***(=we've got everything under control)* vi har alt under kontroll.

tape machine*(,***US:** *ticker)* børstelegraf; *(se ticker tape).*

tape measure*(=measuring tape;* **US:** *tapeline)* målebånd.

tape player båndavspiller.

I. taper ['teipə] *subst* **1.** konusform; tilspisset form; kjegleform; **2***(=thin candle)* tynt vokslys.

II. taper *vb* **1.** gjøre gradvis smalere; tilspisse; **2.: ~ (off)** tilspisses; **~ off to a point** løpe ut i en spiss.

tape-record ['teipri,kɔ:d] *vb(=record on tape)* ta opp på (lyd)bånd.

tape recorder lydbåndopptager.

tape recording (lyd)båndopptak.

tapering ['teipəriŋ] *adj(=tapered)* som løper ut i en spiss; avsmalnende; konisk; kjegleformet; **~ fingers** smale fingrer.

taper pin *mask:* konisk bolt (*el.* pinne *el.* stift).

tapestried ['tæpistrid] *adj:* behengt med gobeliner.

tapestry ['tæpistri] *subst:* gobelin; billedteppe.

tapeworm ['teip,wə:m] *subst; zo:* bendelorm.

tapir ['teipə] *subst; zo:* tapir.

tappet ['tæpit] *subst; mask:* **(valve) ~** ventilløfter; **(valve) ~ clearance** ventilklaring.

tapping machine *mask:* gjengeboremaskin.

taproom ['tæp,rum] *subst:* skjenkestue; bar.

taps *se I. tap 4.*

I. tar [ta:] *subst* **1.** tjære; **2. T***(=seaman):* **an old** ~*(=an old salt; an old shellback)* en gammel sjøulk.

II. tar *vb* **1.** tjære(bre); **2.** asfaltere *(fx a road);* **3.: they're -red with the same brush** de er to alen av samme stykke; de er helt like; de er av samme ulla.

tarantula [tə'ræntjulə] *subst; zo:* tarantell.

tardy ['ta:di] *adj; stivt(=late)* sen *(fx he was rather tardy in offering to help us).*

tare [tɛə] *subst* **1.** *merk; om vekten av emballasjen:* tara; **2.** *bibl(=weed)* ugress; **distinguish the wheat from the -s** skille klinten fra hveten.

target ['ta:git] *subst* **1.** skyteskive; **fire at a ~** skyte på blink; **2.** *mil & fig:* mål; **3.** *fig:* skyteskive; **be the ~ of** være skyteskive for; være gjenstand for *(fx he was the target of angry criticism);* **she's a fair ~** hun må tåle å være skyteskive.

target area *mil:* målområde; **within the ~** innenfor målområdet *(fx the bombs all fell within the target area).*

target date den dato man har satt seg som mål (at noe skal være ferdig).

target figure det tall man har satt seg som mål; **the ~ was (set at) £10,000** målet var £10.000.

target group målgruppe.

target language 1. *EDB:* målspråk; **2.** *språkv:* **the** ~*(=the language into which a text is translated)* tilspråket.

target practice *mil:* skiveskyting; skyteøvelse.

target-seeking ['ta:git,si:kiŋ] *adj:* målsøkende.

tariff ['tærif] *subst* **1.** *i hotell, restaurant, etc:* prisliste *(fx a copy of the tariff is placed in each bedroom);* **2.: (customs) ~** tolltariff.

tariff barrier*(=tariff wall)* tollmur.

tariff rates: (customs) ~ tollsatser.

tarmac ['ta:mæk] *subst* **1.** asfaltdekke; **2.** *flyv(=runway)* runway; rullebane.

tarmac road asfaltert vei.

tarn [ta:n] *subst:* lite fjellvann; tjern.

tarnish ['ta:niʃ] *vb* **1.** anløpe *(fx silver tarnishes easily);* **2.** *fig:* anløpe *(fx his fine dreams are now tarnished);* **his reputation is -ed** hans rykte har fått en knekk.

tarpaulin [ta:'pɔ:lin] *subst; mar, etc:* presenning.

tarragon ['tærəgən] *subst; krydderplante:* estragon.

I. tarry ['tæri] *vb; glds el. litt.* **1***(=stay)* oppholde seg; **2***(=be slow)* tøve.

II. tarry ['ta:ri] *adj:* tjæreaktig; med tjære på *(fx your shoes are tarry);* **~ marks** tjæreflekker.

tarsal ['ta:səl] *adj; anat:* **~ bone** fotrotsben.

tar sprayer asfaltarbeider.

I. tart [ta:t] *subst* **1.** (fylt) kake; **apple ~** eplekake; **frangipane ~** massarin; **2. T***(=prostitute)* prostituert; **T:** ludder.

II. tart *vb; også neds:* **~ oneself up** pynte seg; spjåke seg ut.

III. tart *adj* **1.** *om smak(=bitter; sour)* besk; sur; **2.** *fig; om bemerkning, etc(=sharp)* skarp *(fx a tart remark).*

tartan ['ta:tən] *subst:* skotskrutet *(fx skirt).*

I. Tartar ['ta:tə] *subst(=Tatar)* tatar.

II. tartar *subst* **1.** tannstein *(fx the dentist scraped the tartar off the boy's teeth);* **2.: cream of ~** vinstein; **3. T***(=tyrant)* tyrann; **4.** *om mann:* **catch a** ~*(=meet one's match)* få kam til håret sitt.

tartare sandwich tartarsmørbrød.

tartaric [ta:'tærik] *adj:* **~ acid** vinsyre.

tartlet ['ta:tlit] *subst(=tart; small tart)* liten fylt kake; *(se I. tart 1).*

task [ta:sk] *subst* **1.** oppgave *(fx an easy task);* **household -s** arbeidsoppgaver i huset; **she threw herself heartily into her ~** hun tok fatt på oppgaven med fynd og klem; **set sby an easy ~** gi en en lett oppgave; **2.** *stivt:* **take sby to** ~*(=***T:** *haul* *sby over the coals)* ta en i skole; ta en fatt; gi en inn; gi en en overhaling.

task force *mil:* kampgruppe; spesialenhet.

task master en som pålegger krevende oppgaver; **the new manager is a hard ~** den nye sjefen er meget hard.

tassel ['tæsəl] *subst:* dusk; kvast.

I. taste [teist] *subst* **1.** smak; **I like to try new -s occasionally** jeg liker å smake på noe nytt av og til; **it's an acquired ~** det er en smak man må venne seg til; **a bad ~** en vond smak; *(se også 3 ndf);* **2**(*=sample)* smakebit *(fx a small taste of sth);* **3.** *fig:* **acquire a ~ for sth** få smaken på noe; **give him a ~ of the whip** la ham få smake pisken; **I've already had a ~ of his temper!** jeg har allerede fått smake temperamentet hans! **bad ~** dårlig smak; smakløshet; **his attempt to cheat left a bad ~ in my mouth** hans forsøk på å snyte ga meg en flau smak i munnen; **that was in very bad ~** det var en smakløshet; **in good ~** smakfull; **in perfect ~** meget smakfull; **dress in perfect ~** kle seg utsøkt smakfullt (*el.* med utsøkt smak); **a lapse of ~** smaksforvirring; **a matter of ~** en smakssak *(fx that's a matter of taste);* **cater for modern -s** tilfredsstille moderne smak; **~ tends to develop in the same direction in Norway as in Britain** smaken har en tendens til å utvikle seg i samme retning i Norge som i Storbritannia; **offer sth to suit all -s** tilby noe for enhver smak; **to ~** etter behag *(fx add salt and pepper to taste);* **each to his ~** hver sin smak; **be to sby's ~** falle i smak; **-s differ***(=there's no accounting for tastes)* smak og behag er forskjellig; smak og behag lar seg ikke diskutere.

II. taste *vb* **1.** smake *(fx it tastes good; he hadn't tasted food for days);* smake på; **~ of** smake av *(fx garlic);* **2.** *fig(=experience)* smake *(fx he had never tasted freedom).*

taste bud *anat; på tungen:* smaksknopp.

tasteful ['teistful] *adj(=in good taste)* smakfull.

tasteless ['teistlis] *adj:* smakløs; uten smak.

taster ['teistə] *subst:* **tea ~** tesmaker; **wine ~** vinsmaker.

tasty ['teisti] *adj* **T:** lekker; meget god *(fx a tasty sandwich); fig; om sladder:* **a ~ bit of gossip** en riktig godbit; **T: she's ~!** det er ei lekker jente!

ta-ta [tæ'ta:; ta'ta:; tə'ta:] *int* **T***(=goodbye)* morna! ha det!

Tatar ['ta:tə] *se Tartar.*

tater ['teitə] *subst; dial(=potato)* potet.

tatters ['tætəz] *subst; pl; litt.:* **~ of clothing***(=rags)* klesfiller; **in ~***(=torn)* i filler; istykkerrevet.

tattle ['tætəl] *subst* **T***(=gossip; idle talk)* (løst) prat; sladder.

I. tattoo [tə'tu:; tæ'tu:] **1.** *mil:* tappenstrek; **sound the ~** blåse tappenstrek; **2***(military parade in the evening)* militærparade om kvelden *(fx the Edinburgh Military Tattoo);* **3.: beat a ~ on the table** tromme med fingrene på bordet; **4.** tatovering.

II. tattoo *vb:* tatovere *(fx sth on sby's arm).*

tatty ['tæti] *adj* **T***(=shabby; untidy)* lurvet; ustelt *(fx you look a bit tatty in those clothes).*

taught [tɔ:t] *pret & perf. part. av teach.*

taunt [tɔ:nt] **1.** *subst:* spydighet; hånsord; **2.** *vb:* håne.

Taurus ['tɔ:rəs] *subst; astr(=the Bull)* Tyren.

taut [tɔ:t] *adj* **1.** *stivt(=tight)* stram; *mar:* tott; **haul ~** hale tott; klosshale; **2.** *mar(=kept in proper order):* **a ~ ship** et skip som er i god stand; **3.** *fig(=tense)* spent *(fx taut nerves).*

tauten ['tɔ:tən] *vb(=tighten)* stramme *(fx a rope); mar(=haul taut)* klosshale; hale tott; **his muscles -ed** musklene hans strammet seg.

tautological [,tɔ:tə'lɔdʒikəl] *adj:* tautologisk.

tautology [tɔ:'tɔlədʒi] *subst:* tautologi; overflødig gjentagelse; **that's a ~***(=that's the same thing twice over)* det er smør på flesk.

tavern ['tævən] *subst; litt. el. glds(=inn)* vertshus; kro.

tawdry ['tɔ:dri] *adj(=cheap and in bad taste)* glorete; prangende *(fx jewellery);* forloren.

tawny ['tɔ:ni] *adj:* gulbrun.

tawny eagle *zo; Aquila rapax:* steppeørn; *(jvf steppe eagle).*

tawny owl *zo(=brown owl)* kattugle.

tawny pipit *zo:* markpiplerke.

tax [tæks] *subst* **1.** (stats)skatt; **income ~** inntektsskatt; **local -es***(,UK: rates)* kommuneskatt; **UK: rates and -es** skatter; **~ on expenditure** skatt på forbruk; **I don't declare all of it for ~** jeg oppgir ikke alt sammen til beskatning; **no ~ is payable on the first £2000** det betales ikke skatt av de første £2000; **2.** avgift *(fx impose a new tax on cigarettes); på pengegave:* **capital transfer ~** *(fk CTT) (,US: inheritance tax)* arveavgift; *(jvf death duty);* **3.** *stivt(=burden; strain)* byrde; belastning *(fx the continual noise was a tax on her nerves);* **it's a severe ~ on our resources***(=it strains our resources)* det er en sterk belastning av våre ressurser.

II. tax *vb* **1.** beskatte; skattlegge; legge avgift på; **he's -ed on his own and his wife's income** han svarer skatt for sin egen og for sin kones inntekt; **alcohol is heavily -ed** det er høye avgifter på alkohol; **2.** *stivt el. spøkef:* **the job -ed his strength***(=the job took it out of him)* arbeidet var en belastning for ham; jobben tok på ham; **3.** *stivt:* **~ sby with sth***(=accuse sby of sth; blame sby for sth)* beskylde (*el.* bebreide) en for noe *(fx they taxed him with having left the door unlocked);* **I -ed him with dishonesty** jeg beskyldte ham for å være uærlig.

taxability [,tæksə'biliti] *subst:* skattbarhet.

taxable ['tæksəbl] *adj:* skattepliktig *(fx income);* som kan beskattes *(fx property);* **estimated ~ income** antatt skattbar inntekt.

tax arrears: (income) ~*(=back tax)* skatterestanse; restskatt.

taxation [tæk'seiʃən] *subst:* beskatning; skattepålegg; **freedom from ~***(=exemption from taxation)* skattefrihet; **enjoy immunity from ~***(=be immune (=exempt) from taxes(=taxation))* nyte skattefrihet; **he managed to get freedom from ~** han greide å skaffe seg skattefrihet; **rate (of ~)** *(,også* **US:** *tax rate)* skatteprosent; *(jvf tax rate); i regnskap:* **profit before ~***(=tax)* resultat før skatt; **profit after ~***(=tax)* **and ordinary depreciation** resultat etter skatter og ordinære avskrivninger.

taxation authority skattemyndighet; **deceive a local ~** føre en kommunal skattemyndighet bak lyset; *(se Inland Revenue).*

taxation revenue*(=revenue from taxes; tax revenues)* skatteinntekter.

tax avoidance skatteminimalisering (innen lovens rammer); *(jvf tax evasion).*

tax bill· T *& US(=income tax demand note)* skatteseddel.

tax burden*(=burden of taxation)* skattebyrde; **a shifting of the ~** en annen fordeling av skattebyrden.

tax certificate *(,***UK:** *inland revenue certificate)* ligningsattest.

tax code UK: kort som viser skatteklasse; skattekort.

tax collector skatteoppkrever.

tax concession(s) skattelettelse(r).
tax consultant skatterådgiver; skattekonsulent.
tax cut skattenedsettelse; skattelettelse.
tax differential marginalskatt.
tax equalisation skatteutjevning.
tax dodger T*(=tax evader)* skattesnyter.
tax evader skattesnyter.
tax evasion *(,***T:** *tax dodging)* skatteunndragelse; skattesvik; skattesnyteri; *(se også taxman).*
tax-exempt [,tæksig'zempt] *adj* **US:** *se tax-free.*
tax exemption*(=exemption from taxation)* skattefrihet; skattefritak.
tax expert skatteekspert.
tax form*(=tax return form)* selvangivelsesskjema.
tax-free ['tæks,fri:] *(,***US:** *tax-exempt) adj & adv:* skattefri *(fx this amount is tax-free; earn money tax-free).*
tax haven skatteparadis.
I. taxi [tæksi] *subst(pl: taxis, taxies)(=taxi-cab;* **US:** *cab)* drosje; taxi; **go by ~** ta drosje; bruke drosje; **I took a ~***(=I went by taxi)* jeg tok drosje.
II. taxi *vb; flyv:* takse.
taxi dancer pike som er betalt for å danse med gjestene; dansepike.
(tax) deduction skattefradrag.
taxi driver drosjesjåfør.
taxidermy ['tæksi,də:mi] *subst:* utstopping og preparering av dyreskinn.
taxidermist ['tæksi,də:mist] *subst:* dyreutstopper.
taximeter ['tæksi,mi:tə] *subst(,***T:** *meter)* taksameter.
tax inspector UK: ligningsrevisor; skatteinspektør; **district ~** ligningssjef; *(se Tax Inspectorate).*
Tax Inspectorate (of the Inland Revenue) UK: the ~ skattedirektoratet; *(NB Inspector of Taxes= skattedirektør).*
taxiplane ['tæksi,plein] *subst:* taxifly.
taxi rank*(=taxi stand;* **US:** *cab rank)* drosjeholdeplass.
taxiway ['tæksi,wei] *subst; flyv(=taxi strip; peritrack)* taksebane; *(jvf runway).*
taxman ['tæksmən] *subst; spøkef:* **the ~** skattefuten; skattemyndighetene; **cheat the ~** snyte på skatten.
tax office ligningskontor; *(se NEO ligningskontor).*
taxpayer ['tæks,peiə] *subst:* skattebetaler; skattyter.
tax provision *i regnskap:* skatteavsetning.
tax rate skatteprosent; **-s** skattesatser; **progressive -s** skatteprogresjon.
tax refugee skatteflyktning.
tax refusal skattenekting.
tax refuser skattenekter.
tax relief*(=tax deduction)* skattefradrag; skattelettelse.
tax remission ettergivelse av skatt.
tax return: (income) ~ selvangivelse; **(income) ~ form** *(,***T:** *tax form; fagl ofte: return)* selvangivelsesskjema; *(se I. return 5).*
tax schedule UK: inntektskategori (hvorav man har 6, fra A til F) *(fx Schedule E: income from employment: wages, salaries, directors' fees; Schedule F: income from company dividends and other distributions); (jvf tax code).*
tea [ti:] *subst:* te *(fx a cup of tea; two teas, please!);* **herbal ~** urtete; **lemon ~** te med sitron; **brew ~***(=make tea)* lage te; **brew another pot of ~** lage en kanne te til; **afternoon ~** *(,ofte bare: tea)* ettermiddagste (med kaker el. smørbrød); **they do cheap (afternoon) -s** det serveres ettermiddagste til gunstige priser; **T: is there any more ~ going?** er det noe mer te å få? **freshly made coffee or a steaming cup of fresh ~** nytraktet kaffe eller en kopp med rykende varm nytraktet te; **T: that's not my cup of ~** det er ikke noe for meg; **he's not my cup of ~!** han er ikke min type.
tea bag tepose.
tea break tepause.
tead caddy teboks.
tea cake tebolle (av gjærdeig, som spises ristet med smør).
teach [ti:tʃ] *vb(pret & perf. part.: taught)* undervise; undervise i *(fx teach French);* **~ sby how to do sth** lære en hvordan man skal gjøre noe; *truende:* **I'll ~ you to come home late!** jeg skal lære deg å komme sent hjem!
teachable ['ti:tʃəbl] *adj* **1.** som det kan nytte å undervise *(fx the child was not considered teachable);* **2.** *om ferdighet, etc:* som kan læres *(fx I doubt if such a skill is teachable).*
teacher ['ti:tʃə] *subst:* lærer; **motor engineering ~** bilfaglærer; **primary (school) ~** lærer i barneskolen; **secondary (school) ~** lærer i den videregående skole; **student ~** lærerkandidat; **subject ~** faglærer; **technical ~** (yrkes)faglærer; **she's thinking of becoming a ~** hun tenker på å bli lærer; hun overveier å bli lærer; **she's training to be a ~** hun skal bli lærer; hun går på pedagogisk høyskole *(,hist:* lærerskole); *(se art teacher; arts teacher; form teacher; science teacher).*
teacher's aid lærerveiledningshefte (til lærebok).
teachers college US*(=college of education; hist: (teachers') training college)* pedagogisk høyskole; *hist:* lærerskole.
teacher training lærerutdannelse.
teach-in ['ti:tʃ,in] *subst; univ* **T:** lengre diskusjonsmøte; høring.
teaching ['ti:tʃiŋ] *subst* **1.** undervisning; det å undervise; **French ~***(=teaching French)* franskundervisning; **~ such a class must be an arduous task** å undervise i en slik klasse må være en slitsom oppgave; **attract more graduates into ~** få flere akademikere til å gå inn i skolen; **as a result of her mother's ~, she never wasted any food** som et resultat av det hennes mor hadde lært henne, lot hun aldri noe mat gå til spille; **2.** doktrine; lære; **the -s of Christ** Kristi lære.
teaching aid læremiddel.
teaching colleague*(=fellow teacher)* lærerkollega.
teaching hospital undervisningssykehus.
teaching medium undervisningsspråk *(fx in both schools the teaching medium is English);* **an English-medium school** en skole hvor undervisningsspråket er engelsk; en skole hvor undervisningen foregår på engelsk.
teaching post lærerstilling; **primary ~***(=primary post)* lærerstilling i barneskolen.
teaching practice *skolev:* hospitering; *(se NEO hospitering).*
teaching qualifications undervisningskompetanse *(fx degree courses that lead to teaching qualifications).*
teaching scheme undervisningsopplegg.
teaching supervisor *skolev(,***US:** *critic teacher; sponsor teacher)* øvingslærer; *hist:* veileder (for prøvekandidat).
tea cloth*(=tea towel;* **US:** *dishtowel)* glasshåndkle; oppvaskhåndkle.
tea cosy tevarmer.
teacup ['ti:,kʌp] *subst:* tekopp; **a storm in a ~** en storm i et vannglass.
tea dance te dansant.
teak [ti:k] *subst; bot:* teak.
tea kettle vannkjele.
teal [ti:l] *subst; bot:* **(common) ~***(,***US:** *European teal)* krikkand.

tea lady kantinehjelp; dame som lager te til de ansatte.
tea leaf teblad.
I. team [ti:m] *subst* **1.** lag; team; gruppe *(fx a team of doctors worked all night to save her life);* **husband-and-wife ~ of doctors***(=husband and wife, both doctors)* legeektepar; **2.** *av trekkdyr:* spann; **~ of oxen***(=ox-team)* oksespann; **3.: they make a good ~***(=they go well together)* de går godt i spann.
II. team *vb:* **~ up** slå seg sammen *(fx they decided to team up);* **T: he's -ed up with a very nice girl** han har slått seg sammen med en meget søt pike.
team effort lagprestasjon; noe man gjør sammen (*el.* er flere om) *(fx it was a team effort).*
teammate ['ti:m,meit] *subst:* lagkamerat.
team play *sport(=playing as a team)* lagspill; samspill.
team spirit lagånd.
teamster ['ti:mstə] *subst* **1. US***(=lorry driver)* lastebilsjåfør; **2.** fører av hestespann; kusk.
team teaching *skolev:* lagundervisning.
teamwork ['ti:m,wə:k] *subst:* samarbeid *(fx the editor depends on good teamwork among his staff); fig:* lagspill; *(jvf team play).*
tea party teselskap.
teapot ['ti:,pɔt] *subst:* tekanne.
I. tear [tiə] *subst:* tåre *(fx tears of joy);* **dissolved in -s** oppløst i tårer; **she was in -s***(=she was crying)* hun gråt; **hot -s***(=tears of distress)* bitre tårer; **shed -s** felle tårer; **burst into -s** briste i gråt.
II. tear [tɛə] *subst* **1.** rift; flenge *(fx there's a tear in my jacket);* **2.: wear and ~***(=wear)* slitasje; *jur:* **fair wear and ~** normal slitasje.
III. tear [tɛə] *vb(pret: tore; perf. part.: torn)* **1.** rive; rive i stykker *(fx I tore it on a nail);* **~ at** rive (og slite) i; **~ one's hair** rive seg i håret; **he tore it in half** han rev det i to; **he tore the photo into pieces** han rev bildet i småstykker; **he tore it to pieces** han rev det i stykker; **~ across** rive over *(fx a piece of paper);* **~ oneself away from** rive seg løs fra; **she tore her clothes off and dived into the river** hun rev av seg klærne og stupte ut i elven; **2.** revne; gå i stykker *(fx newspapers tear easily);* **3. T***(=rush):* **he tore after the bus** han fór etter bussen; **T: be in a -ing hurry***(=be in a great hurry)* ha det forrykende travelt; **4. T: that's torn it!** nå er alt spolert! det ødela det hele! **5.** *om vanskelig valg:* **be torn between . . . and . . .** vakle mellom . . . og *(fx we were torn between staying on in Devizes or moving to Salisbury);* **6.** *fig:* **torn** sønderflenget *(fx a country torn by civil war);* **7. T: ~ a strip off sby** gi en ordentlig inn; ta en ordentlig fatt *(fx he tore a strip off his secretary for arriving at the office half an hour late);* **8.: ~ up** 1*(=tear to pieces)* rive i stykker; 2. rive opp med roten *(fx the wind tore up several trees);* 3. *veidekke(=take up; break up)* bryte opp; rive opp *(fx they've torn up the road).*
tearaway ['tɛərə,wei] *subst* **T:** villbasse.
teardrop ['tiədrɔp] *subst(=tear)* tåre.
tear duct *anat(=lacrimal duct)* tårekanal.
tearful ['tiəful] *adj:* tårefull; tårefylt.
tear gas tåregass.
tearing ['tɛəriŋ] *adj* **1.** heftig; voldsom *(fx pain);* **2. T: be in a ~***(=great)* **hurry** ha det forrykende travelt.
tear-stained ['tiə,steind] *adj(=wet with tears)* tårevåt *(fx face).*
I. tease [ti:z] *subst:* ertekrok.
II. tease *vb* **1.** erte; **2.** erte opp; hisse opp (seksuelt); **3***(=card)* karde *(fx wool);* **4***(=raise the nap)* loe opp; rue.
teasel ['ti:zəl] *subst* **1.** ruemaskin; *(jvf II. tease 4);* **2.** *bot:* kardeborre.
tearoom(s) ['ti:,rum(z)] *subst(=teashop;* **US:** *sweetshop)* konditori; *(se sweetshop).*
teaser ['ti:zə] *subst(=tease)* ertekrok.
tea set*(=tea service)* teservise.
teaspoon ['ti:,spu:n] *subst:* teskje.
tea strainer tesil.
teat [ti:t] *subst* **1.** *på dyr:* patte; spene; **2.: (rubber) ~***(=dummy;* **US:** *(rubber) nipple)* tåtesmokk.
tea things testell.
teatime ['ti:,taim] *subst:* tetid; **at ~** ved tetid.
tea towel*(=tea cloth;* **US:** *dishtowel)* glasshåndkle; oppvaskhåndkle.
tea trolley*(,især* **US:** *tea wagon)* tevogn; tebord på hjul.
technical ['teknikəl] *adj:* teknisk; fag-; faglig; **~ expression** faguttrykk; *jur:* **a ~ error***(=a formal error)* en formell feil; **for ~ reasons** av formelle grunner.
technical assistant 1. teknisk assistent; **2.** *radio:* inspisient; *(jvf floor manager; stage manager);* **3. US***(=technician)* preparant; **junior ~***(=junior technician)* preparant II; **senior ~***(=senior technician)* førstepreparant.
technical college*(,***US:** *technical institute)* teknisk fagskole; *svarer til:* videregående skole, yrkesfaglig studieretning; *hist:* yrkesskole.
technical drawing yrkestegning; fagtegning; teknisk tegning.
technical institute US *se technical college.*
technicality [,tekni'kæliti] *subst* **1***(=technical detail)* teknisk detalj; formalitet; *jur:* **on a ~** pga. en formalitet *(fx the case was dismissed on a technicality);* **2***(=technical term)* fagord; faguttrykk; teknisk uttrykk *(fx the book abounds in technicalities).*
technical officer: chief ~*(,***US:** *assistant professor)* førsteamanuensis; *(jvf senior scientific officer).*
technical sergeant US: *se technician 2.*
technical skill faglig dyktighet.
technical teacher (yrkes)faglærer; *(jvf motor engineering teacher).*
technical term fagord; faguttrykk; teknisk uttrykk; teknisk term; **-s** *også:* tekniske termini.
technician [tek'niʃən] *subst* **1.** tekniker; *ved institusjon:* **animal ~** røkter; **construction ~** bygningstekniker; **dental ~** tanntekniker; **forest ~** skogtekniker; **(graduate) chemical ~** kjemitekniker; **sound ~** lydtekniker; **2.** *mil; flyv:* **chief ~** *(fk Chf Tech) (,***US:** *technical sergeant (fk TSGT))* vingsersjant; **3***(,***US:** *technical assistant)* preparant; **junior ~***(,***US:** *junior technical assistant)* preparant II; **senior ~***(,***US:** *senior technical assistant)* førstepreparant; *(NB ofte vil 'engineer' svare til tekniker; se 'engineer').*
technique [tek'ni:k] *subst* **1.** teknikk *(fx a good piano technique);* **2.** fremgangsmåte; teknikk *(fx a new technique; there are various techniques that have to be learned);* **master the ~ to perfection** beherske teknikken helt ut.
technological [,teknə'lɔdʒikəl] *adj:* teknologisk; **~ university** teknisk høyskole.
technology [tek'nɔlədʒi] *subst:* teknologi; **computerised ~** datateknologi *(fx advanced computerised technology);* **forest ~** skogteknologi; **the strange world of ~** teknikkens forunderlige verden.
technostructure ['teknou,strʌktʃə] *subst:* **the ~** teknostrukturen; de eksperter som kontrollerer et samfunns økonomi.
teddy ['tedi] *subst:* **~ (bear)** teddybjørn.

tedious ['ti:diəs] *adj(=boring)* kjedelig; kjedsommelig *(fx speech)*.
tediousness ['ti:diəsnis] *subst(=boredom)* kjedsommelighet.
tedium ['ti:diəm] *subst(=tediousness; boredom)* kjedsommelighet.
I. tee [ti:] *subst* **1.** *golf:* tee *(fx we walked to the next tee); om underlag for golfball:* tee *(fx I use plastic tees);* **2. T: to a ~***(=to a T; perfectly; very well)* på en prikk; helt fint *(fx the job suited him to a tee; the dress fits you to a tee)*.
II. tee *vb:* **~ off 1.** *golf:* slå det første slaget; **2.** *fig(=begin; start)* begynne; starte.
tee-hee [,ti:'hi:] *int:* hi-hi.
teem [ti:m] *vb* **1.: ~ with** 1*(=abound in)* myldre av; vrimle av; kry av *(fx the pond was teeming with fish);* 2. *fig:* **his mind is -ing with clever ideas** hodet hans er myldrende fullt av fine ideer; **2. T***(=pour)*: **it's -ing***(=it's pouring (with rain))* det pøsregner.
teenage ['ti:n,eidʒ] *adj(=teenaged)* i tenårene; halvvoksen *(fx a teenage girl)*.
teenager ['ti:n,eidʒə] *subst:* tenåring.
teens [ti:nz] *subst; pl:* **in one's ~** i tenårene.
teeny ['ti:ni] *adj* **T***(=teeny-weeny; tiny)*: **~ (little)** bitteliten *(fx there's a teeny little insect crawling up your neck)*.
teenybopper ['ti:ni,bɔpə] *subst; om pike* **T:** motegal tenåring.
teeny-weeny ['ti:ni'wi:ni] *adj: se teeny.*
I. teeter ['ti:tə] *subst* **US***(=seesaw)* dumpehuske; vippehuske.
II. teeter *vb:* vakle; vingle *(fx he was teetering (about) on the edge of the cliff)*.
teeth [ti:θ] *pl av tooth.*
teethe [ti:ð] *vb:* få tenner *(fx the baby's teething)*.
teething ring *for baby:* bitering.
teething troubles *(fig(=initial difficulties)* begynnervanskeligheter.
teetotal [ti:'toutəl] *adj:* totalavholdende.
teetotalism [ti:'toutəlizəm] *subst(=total abstinence)* totalavhold.
teetotaller*(,US: teetotaler)* [ti:'toutələ] *subst(=total abstainer)* totalavholdsmann; **-s** avholdsfolk.
Teheran [,tehə'ra:n; ,teiə'ra:n] *subst; geogr:* Teheran.
tele ['teli] *subst* **T***(=telly; television)* TV; fjernsyn.
telecamera ['teli,kæmərə] *subst(=television camera)* TV-kamera.
I. telecast ['teli,ka:st] *subst(=TV broadcast)* fjernsynssending.
II. telecast *vb(=televise)* sende i fjernsyn.
telecommunications ['telikə,mju:ni'keiʃənz] *subst; pl* **1.** teleteknikk; **2.** telekommunikasjoner *(fx post and telecommunications);* telesamband; **telex ~** telekssamband; **3.: British Telecommunications** *(,***T:** *British Telecom)* Televerket.
telecommunications satellite*(=communications satellite)* telesatellitt.
telecommunications services *pl:* teletjenester.
telecommunications technology*(=telecommunications engineering; telecommunications)* teleteknikk.
telegenic [,teli'dʒenik] *adj:* **be ~** ha fjernsynstekke.
telegram ['teli,græm] *subst:* telegram; **~ of congratulations** gratulasjonstelegram.
telegraph ['teli,gra:f] **1.** *subst:* telegraf; **2.** *vb:* telegrafere.
telegraphic [,teli'græfik] *adj:* telegrafisk.
telegraphist [ti'legrəfist] *subst:* telegrafist; *(jvf radio officer)*.
telegraphy [ti'legrəfi] *subst:* telegrafi.
telemark ['teli,ma:k] *subst; ski:* **~ (turn)** telemarksving.
telemeter [ti'lemitə] *subst:* avstandsmåler.
telemetry [ti'lemitri] *subst:* avstandsmåling; telemetri.
telepathic [,teli'pæθik] *adj:* telepatisk.
telepathy [ti'lepəθi] *subst:* telepati; tankeoverføring.
I. telephone ['teli,foun] *subst(,***T:** *phone)* telefon; **on the ~** i telefonen *(fx she was on the telephone for half an hour);* **I've just had him on the ~** jeg har nettopp snakket med ham i telefonen; **are you on the ~?** har du telefon? **over the ~** over telefonen; **can I contact you by ~?** er det mulig å ringe til deg? *(se for øvrig II. phone)*.
II. telephone *vb(,***T:** *phone)* telefonere; ringe; ringe til *(fx can you telephone Paris from here?);* **~ for a taxi** ringe etter drosje; **~ from England to Norway** ringe fra England til Norge; *(se for øvrig III. phone)*.
telephone answering machine*(=answering machine)* telefonsvarer.
telephone call*(=call)* telefonoppringning; telefonsamtale; *(se I. call 6)*.
telephone connection telefonforbindelse; telefonsamband.
telephone fitter telefonmontør.
telephone number telefonnummer.
telephone operator*(=telephonist)* telefonist; sentralborddame.
telephone receiver telefonrør.
telephonic [,teli'fɔnik] *adj:* telefonisk; telefon-.
telephonist [ti'lefənist] *subst:* telefonist.
telephony [ti'lefəni] *subst:* telefoni.
telephotography [,telifə'tɔgrəfi] *subst:* telefotografering; fotografering med telelinse.
telephoto lens*(,***T:** *long lens)* telelinse.
teleplay ['teli,plei] *subst:* TV-stykke; fjernsynsteaterstykke.
teleprinter ['teli,printə] *subst(=telex (machine);* **US:** *teletype(writer))* fjernskriver; teleks; **by ~***(=by telex; over(=on) the teleprinter)* pr. teleks; over fjernskriveren.
I. telescope ['teli,skoup] *subst:* teleskop; langkikkert.
II. telescope *vb* **1.** skyve sammen (slik at den ene delen glir inn i den andre); **the fishing rod -s into its handle** fiskestangen kan skyves sammen, slik at den får plass i håndtaket; **2.** *ved kollisjon:* bore seg inn i hverandre; trykke sterkt sammen; **3.** *i tid:* trenge sammen; forkorte *(fx a five-day schedule into a three-day schedule)*.
telescopic [,teli'skɔpik] *adj:* teleskopisk; til å slå sammen *(fx umbrella)*.
telescopic sight kikkertsikte *(fx on a rifle)*.
telescopic suspension *i bil:* teleskopfjæring.
tele-teaching ['teli,ti:tʃiŋ] *subst:* fjernsynsundervisning.
teletext ['teli,tekst] *subst:* tekst-tv.
teletypewriter [,teli'taip,raitə] *subst* **US***(=teleprinter)* fjernskriver; teleks; *(se teleprinter)*.
televise ['teli,vaiz] *vb(=broadcast on television)* sende i fjernsyn; **~ live***(=transmit live)* sende (*el.* overføre) direkte *(fx the match was televised live)*.
television [,teli'viʒən] *subst:* fjernsyn; TV; **he's in ~** han arbeider i fjernsynet; **appear on ~** komme i fjernsynet; **the programme was broadcast on German ~** programmet ble sendt i tysk fjernsyn; **we saw it on ~** vi så det på TV; **watch ~***(=watch TV; look at TV;* **T:** *watch telly; look at (the) telly)* se på fjernsyn; se på TV; **closed circuit ~***(TV monitoring)* TV-overvåking; *(se også telly; TV)*.
telex ['teleks] *subst:* teleks; *(se teleprinter)*.
telex call charge teleksavgift.
telex communications*(=teleprinter connection;* **US:**

teletype connection) telekssamband.

telex subscriber*(=telex user; teleprinter user;* **US:** *teletype user)* teleksabonnent.

telex service telekstjeneste.

tell [tel] *vb(pret & perf. part.: told)* **1.** fortelle *(fx a story);* si til *(fx I told you so);* **2.** gi beskjed om; si til; **he told me to do it** han sa til meg at jeg skulle gjøre det; han ba meg gjøre det; **I told you not to do it** jeg sa til deg at du ikke skulle gjøre det; **3.** si *(fx I told him my name; tell the truth; tell me where you live);* **4.** skjelne; se; **I couldn't ~ them apart***(=I couldn't tell one from the other)* jeg kunne ikke skjelne dem fra hverandre; jeg kunne ikke se forskjell på dem; **can you ~ the difference between them?** kan du se forskjell på dem? **I could ~ by his face that . . .***(=I could see from his face that . . .)* jeg kunne se på ansiktet hans at . . .; **5.** avgjøre; fastslå; bestemme; **it's difficult to ~ at this distance** det er vanskelig å avgjøre på denne avstanden; **how can you ~ whether the meat is cooked or not?** hvordan kan du avgjøre om kjøttet er stekt (,kokt)? **6.** vite; **you never can ~***(=one never knows; stranger things have happened)* man kan aldri vite; **7.: all told***(=altogether)* alt i alt *(fx there was an audience of nine all told; this has been a very successful day all told);* **8. T: ~ sby off** gi en inn; ta en kraftig fatt; **9.: ~ on** 1. slite på; ta på *(fx smoking began to tell on his health);* 2. **T***(=tell tales about)* sladre på *(fx don't tell on me!);* **10.: ~ tales** sladre *(about* på) *(fx you must never tell tales).*

teller ['telə] *subst* **1.** *ved valg:* stemmeteller; **2.** bankkasserer; **3.: story ~** historieforteller.

I. telling ['teliŋ] *subst:* **there's no ~***(=it's impossible to know)* det er umulig å vite.

II. telling *adj:* virkningsfull; kraftig *(fx blow);* treffende; rammende *(fx remarks).*

telling-off [,teliŋ'ɔf] *subst* **T:** overhaling; skrape.

I. telltale ['tel,teil] *subst:* sladderhank; **"Telltale tit, your tongue will slit. Every dog in this town will have a little bit!** "Sladrehank skal selv ha bank!"

II. telltale *adj:* som taler sitt eget språk; forrædersk *(fx there were telltale bruises on the child's body).*

telly ['teli] *subst* **T***(=television)* fjernsyn; TV; **on the ~***(=on television; on TV)* på TV; på fjernsynet; **look at the ~, watch ~***(=watch television; watch TV)* se på TV; se på fjernsyn.

telpher ['telfə] *subst:* **~ (line)** taubane for varetransport.

telpherage ['telfəridʒ] *subst:* taubanetransport (av varer).

temerity [ti'meriti] *subst; stivt(=audacity; boldness)* dristighet; **he had the ~ to ask me for money** han var freidig nok til å be meg om penger.

temp [temp] *subst (fk.f. temporary employee)* kontorvikar *(fx work as a temp).*

I. temper ['tempə] *subst* **1.** temperament; sinn; lynne; gemytt; **-s rose to boiling point** gemyttene kom i kok; **she has an even ~** hun har et jevnt humør; **he's in a bad ~***(=he's in a bad mood)* han er i dårlig humør; **she has a terrible ~** hun har et forferdelig temperament (*el.* sinne); **she's in a ~***(=she's furious)* hun er rasende; **she kept her ~***(=she stayed calm)* hun bevarte fatningen; hun ble ikke sint; **lose one's ~** la sinnet løpe av med seg; bli hissig (*el.* rasende); **get his ~ up** få ham sint; tirre ham; **2.** *i metallurgi:* hardhet *(fx the temper of steel).*

II. temper *vb* **1.** *i metallurgi:* herde; **2.** *fig; stivt(=toughen)* herde *(fx tempered in battle);* **3.** *mus:* temperere; **4.: ~ justice with mercy** la nåde gå for rett.

tempera ['tempərə] *subst:* tempera(farge).

temperament ['tempərəment] *subst* **1***(=temper)* temperament; lynne; sinnelag; **2.** *mus:* temperatur.

temperamental [,tempərə'mentəl] *adj* **1.** temperamentsfull; **2.** temperamentsbestemt; **~ attitudes** temperamentsbestemte holdninger; **their differences of opinion are mostly ~** deres meningsforskjeller er for det meste temperamentsbestemte.

temperance ['tempərəns] *subst* **1.** *stivt(=moderation)* måtehold; **2***(=abstinence)* avhold(enhet).

temperance movement avholdssaken; avholdsbevegelsen.

temperate ['temp(ə)rit] *adj* **1.** *stivt(=moderate; sober)* måteholden; behersket; **2.** *om klima:* temperert *(fx climate).*

temperature ['tempritʃə] *subst:* temperatur; **at a low ~** i lav temperatur *(fx the food must be kept at a low temperature);* **have a ~***(=run a temperature)* ha feber; **take sby's ~** måle ens temperatur.

tempest ['tempist] *subst; litt.(=violent storm)* voldsom storm; uvær.

tempestuous [tem'pestjuəs] *adj; også fig; litt.(=stormy)* stormende; voldsom.

Templar ['templə] *subst; hist:* **(Knight) ~***(=Knight of the Temple)* tempelherre.

template ['templit] *subst(=pattern)* mal; sjablon.

temple ['tempəl] *subst* **1.** tempel; **2.** *anat:* tinning.

tempo ['tempou] *subst; mus:* tempo *(fx at a fast tempo).*

temporal ['tempərəl] *adj* **1***(=worldly)* verdslig *(fx power);* **2.** *anat:* tinning- *(fx bone);* **3.** *gram:* tids-; **~ clause** tidsbisetning.

temporarily ['temp(ə)rərili] *adv:* midlertidig; bare for en kort tid.

temporary ['temp(ə)rəri] *adj:* midlertidig *(fx arrangement; job);* provisorisk *(fx repair).*

temporize, temporise ['tempə,raiz] *vb; stivt(=(try to) play for time)* forsøke å vinne tid.

tempo turn *ski:* temposving.

tempt [tem(p)t] *vb:* friste; **be -ed***(=let temptation get the better of one)* la seg friste; falle for fristelsen; **be -ed to** være (*el.* føle seg) fristet til å . . .

temptation [tem(p)'teiʃən] *subst:* fristelse; **give way to the ~***(=be tempted; let temptation get the better of one)* falle for fristelsen; **~ got the better of him***(=he gave way to temptation; he was overcome by temptation)* han falt for fristelsen; **we have -s to overcome** vi har fristelser å stri med; **resist the ~** motstå fristelsen; **I just couldn't resist the ~ of (-ing)** jeg kunne ikke motstå fristelsen til å . . .

temptress ['tem(p)tris] *subst; litt.:* fristerinne.

ten [ten] **1.** *tallord:* ti; **2.** *subst(=number ten)* tier; nummer ti; **3.: ~ to one he finds out***(=he's very likely to find out)* høyst sannsynlig finner han det ut; ti mot en på at han finner det ut.

tenable ['tenəbl] *adj* **1.** *om teori, etc:* holdbar; som kan forsvares; **2.** *om stilling:* **this post is ~ for one year** denne stillingen kan man inneha i ett år.

tenace ['teneis] *subst; kortsp:* saks.

tenacious [ti'neiʃəs] *adj; stivt* **1***(=persistent; stubborn)* hardnakket; seig; stedig; sta; **2***(=firm)* fast; kraftig *(fx grip);* **3***(=retentive):* **a ~ memory** en meget god hukommelse; **T:** en klisterhjerne; **4.: ~ of life** seiglivet.

tenacity [ti'næsiti] *subst:* hardnakkethet; seighet; stahet; stedighet; **~ of life** seiglivethet.

tenancy ['tenənsi] *subst:* leietid *(fx a tenancy of two*

years); **he has the ~ of the farm next to us** han forpakter gården ved siden av vår.
tenant ['tenənt] *subst* **1.** leieboer; **buy a house with a sitting ~** kjøpe et hus som er bortleid; **2***(=tenant farmer)* forpakter.
tenanted ['tenəntid] *adj; stivt(=occupied)* bebodd *(fx house).*
tench [tentʃ] *subst; zo; fisk:* suter.
I. tend [tend] *vb; glds(=look after)* gjete; pleie.
II. tend *vb:* **~ to 1.** ha en tendens til å; ha lett for å *(fx he tends to get angry);* **2***(=tend towards)* helle mot; bevege seg mot *(fx this bicycle tends(= moves) to the left);* **3.** *fig(=tend towards)* tendere mot *(fx his political opinions tend to the left).*
tendency ['tendənsi] *subst:* tendens (*to(wards)* mot); **he has a ~ to forget things** han har en tendens til å glemme.
tendentious [ten'denʃəs] *adj(=bais(s)ed)* tendensiøs.
I. tender ['tendə] *subst* **1.** *jernb:* tender; **2.** *mar:* forsyningsskip; depotskip; **3.** *merk:* offentlig anbud; **invite -s for the supply of** innhente anbud på levering av . . .; **the firm which submits the lowest ~** det firma som kommer med det laveste anbudet; *(jvf I. estimate 2);* **4.: legal ~** lovlig betalingsmiddel.
II. tender *vb* **1.: ~ for** legge inn anbud på *(fx six firms are expected to tender for the contract);* **2.** *stivt(=offer)* fremføre *(fx one's apologies);* **3***(= hand in; proffer)* innlevere; levere inn *(fx one's resignation).*
III. tender *adj* **1***(=soft)* bløt; **~ meat** mørt kjøtt; **2***(=sore)* øm *(fx his leg was still tender);* **~ to the touch** øm for berøring; **3.** *litt. el. spøkef(= loving)* øm; kjærlig; **her ~ care** hennes kjærlige omsorg; **4.** ømtålig; sart *(fx plant);* **5.** *fig(=touchy)* ømtålig *(fx subject);* **touch sby on a ~***(=sore)* **spot** treffe en på et ømt punkt; **6.** *stivt el. spøkef:* **at a ~ age***(=very young)* i svært ung alder; svært ung; **at the ~ age of eight** i den spede (*el.* svært unge) alder av åtte år; **a child of ~ years***(=a very young child)* et svært ungt barn.
tenderfoot ['tendə,fut] *subst(pl: tenderfeet, tenderfoots) (=inexperienced beginner; novice)* uerfaren nybegynner; nykomling.
tenderhearted [,tendə'ha:tid; *attributivt:* 'tendə,ha:tid] *adj(=very kind)* ømhjertet.
tenderize, tenderise ['tendə,raiz] *vb:* mørbanke; gjøre mør; **~ the meat** mørbanke kjøttet.
tenderizer, tenderiser ['tendə,raizə] *subst; kul:* mørkrydder; mørsalt.
tenderloin ['tendə,lɔin] *subst; kul:* mørbrad; **beef ~** oksemørbrad.
tendon ['tendən] *subst; anat:* sene.
tendril ['tendril] *subst; bot:* slyngtråd.
tenement ['tenimənt] *subst; neds:* **~ (building)** leiekaserne.
tenesmus [ti'nezməs; ti'nesməs] *subst; med.:* **rectal ~** (smertefull) avføringstrang.
tenet ['tenit] *subst; stivt(=(basic) principle)* grunnsetning; **(religious) ~***(=article of faith)* trossetning.
tenfold ['ten,fould] *adv(=ten times as much)* tidobbelt; det tidobbelte.
tenner ['tenə] *subst* **T***(=ten-pound note; ten pounds)* tipundseddel; ti pund *(fx I borrowed a tenner from him).*
tennis ['tenis] *subst:* tennis.
tennis court tennisbane.
tenon ['tenən] *tøm* **1.** *subst:* tapp; **mortise-and-~ joint***(=mortise joint)* tappforbindelse; *(jvf dovetail: ~ (joint));* **2.** *vb:* tappe.
tenon saw bakksag.
tenor ['tenə] *subst* **1.** *mus:* tenor; **2.** *stivt(=gist; main points)* hovedinnhold; **the ~ of his speech***(= the gist of (what he said in) his speech; the main points of his speech)* det vesentligste i talen hans; hovedinnholdet i talen hans; **3.** *jur:* ordlyd *(fx of a document).*
tenosynovitis [,tenou,sinou'vaitis] *subst; med.:* seneskjedebetennelse.
tenovaginitis [,tenou,vædʒi'naitis] *subst; med.: se tenosynovitis.*
I. tense [tens] *subst; gram:* tid.
II. tense *vb* **1***(=contract)* stramme; spenne *(fx he tensed his muscles);* **2***(=become taut)* strammes; spennes; spenne seg *(fx the muscles in his arms suddenly tensed).*
III. tense *adj* **1.** spent *(fx situation);* anspent *(fx she was very tense);* **2** *stivt(=tight)* stram.
tensibility [,tensi'biliti] *subst:* strekkevne.
tensile ['tensail] *adj(=ductile)* strekkbar.
tensile force *i statikk:* strekkraft.
tensile strength *i statikk:* strekkfasthet; **very high ~** meget god strekkfasthet; **~ in bending** bøyestrekkspenning; *(jvf tensile stress).*
tensile stress *i strekk:* strekkspenning; **ultimate ~** maksimal strekkfasthet; *(jvf tensile strength).*
tensile test*(=tension test)* strekkprøve; strekkprøving.
tension ['tenʃən] *subst* **1.** spenning; stramming; **2.** *i strikking:* fasthet *(fx the tension should be five stitches to the centimetre);* **3.** *elekt:* spenning; **high ~** høyspenning; **4.** *i mekanikk:* strekk *(fx metal under tension);* **5.** *fig:* spenning *(fx nervous tension);* anspenthet; *psykol:* **resolve a ~** oppheve en spenning; **keep the ~ taut** holde spenningen på et høyt nivå.
tension crack strekkriss.
tension test*(=tensile test)* strekkprøve; strekkprøving.
I. tent [tent] *subst:* telt; **pitch a ~***(=put up a tent)* sette opp et telt; slå opp telt.
II. tent *vb:* telte; ligge i telt.
tentacle ['tentəkəl] *subst; zo:* fangarm; følетråd.
tentative ['tentətiv] *adj* **1.** tentativ; forsøks-; **a ~ arrangement** en forsøksordning; **2***(=uncertain)* famlende; nølende.
tentatively *adv:* forsøksvis; som et forsøk; prøvende.
tenterhooks ['tentə,huks] *subst; pl:* **be on ~** sitte (,stå) som på nåler; være meget spent.
tenth [tenθ] **1.** *tallord:* tiende; **2.** *subst:* tiendedel; tidel.
tent peg teltplugg.
tent pole teltstang.
tenuous ['tenjuəs] *adj; fig; stivt(=thin; flimsy)* tynn; spinkel; **a ~** *(=flimsy)* **argument** et tynt argument.
tenure ['tenjuə; 'tenjə] *subst; meget stivt* **1***(=possession)* besittelse; **feudal ~** lensbesittelse; **2.** *stivt(= period of tenancy)* leietid; *(=appointment)* ansettelsestid *(fx a tenure of three years);* **~ of office***(= term of office)* embetstid; **during his ~ of office***(= while he was in office)* under hans embetstid; **security of ~** ansettelsestrygghet (i embete); **3. US** *univ:* **get ~***(=get a permanent post)* få fast stilling.
tepid ['tepid] *adj* **1.** *ofte neds(=lukewarm)* lunken; halvkald *(fx some tepid soup);* **2.** *fig(=lukewarm)* lunken.
tepidity [te'piditi] *subst(=lukewarmness)* lunkenhet.
I. term [tə:m] *subst* **1.** periode; tid; **a ~ of imprisonment** en tid i fengsel; **~ of office** embetstid; **for a ~ of years** på åremål; **she was approaching her ~** hun nærmet seg tiden (da hun skulle nedkomme); **2.** *skolev(,***US:** *semester)* semester; termin; **3.** *merk:* termin; frist; *for lån el. veksel:*

løpetid; **exceed a ~** oversitte en frist; **4.** *også merk:* **-s** betingelser; vilkår; **-s of delivery** leveringsbetingelser; **-s of payment***(=terms)* betalingsbetingelser *(fx our terms (of payment) are ninety days);* **on our -s** på våre betingelser (*el.* vilkår); **5***(=expression)* uttrykk; **technical -s** faguttrykk; tekniske uttrykk; **6.: in -s of** uttrykt i *(fx in terms of money);* når det gjelder *(fx in terms of health);* **give the answer in -s of a percentage** uttrykke (*el.* gi) svaret i prosent; **he thought of everything in -s of money** han regnet alt om i penger; **I'm thinking in -s of weekly payments** jeg kunne tenke meg ukentlige (inn)betalinger (,avdrag); **they have been treated rather in the -s of a colony** de har blitt behandlet nesten som en koloni; **7.: -s of reference** mandat *(fx that kind of inquiry doesn't come within our terms of reference);* **the dictionary unduly restricts its -s of reference** ordboken gir seg selv en altfor snever ramme; **8.: on equal -s** på like fot; på de samme betingelser; **be on good (,bad) -s with sby** stå på en god (,dårlig) fot med en; **they're on friendly -s** de er venner; **we're not on speaking -s** vi er ikke på talefot; **9.** *økon:* **-s of trade** byttehandel; **10.: come to -s** komme til enighet; komme til en forståelse (*with* med); **come to -s with one's illness** avfinne seg med sin sykdom.

II. term *vb; stivt(=call)* benevne; kalle.

termagant ['tə:məgənt] *subst; stivt(=shrew)* arrig kvinnfolk; rivjern; xantippe.

term bill *merk(=time bill; period bill)* tidveksel.

terminable ['tə:minəbl] *adj:* oppsigelig; som kan sies opp; **the employment is ~ by either side giving three months' notice** for stillingen gjelder tre måneders gjensidig oppsigelsesfrist.

I. terminal ['tə:minəl] *subst* **1***(=terminal station)* endestasjon; terminal *(fx a bus terminal);* **2.** *flyv:* **air ~** flyterminal; **3.** *elekt:* polklemme; **4.** *EDB:* terminal; **5.** *skolev(=terminal exam(ination); mock exam)* tentamen.

II. terminal *adj* **1.** ende-; slutt-; **2.** *med.(=fatal)* dødelig *(fx disease);* **in the ~ stages of cancer** i siste stadium av kreft; i terminalstadiet av kreft; **a ~ case** en terminalkasus; **3.** termin-; **4.** *bot:* endestilt; **5.** *fon:* utlydende; utlyds- *(fx vowel).*

terminal exam(ination)*(=mock exam)* tentamen.

terminally *adv; stivt:* **be ~ ill***(=be dying)* ligge for døden.

terminal moraine *geol:* endemorene.

terminal report 1. terminrapport; **2.** *skolev:* terminkarakter(er).

terminate ['tə:mi,neit] *vb* **1.** *stivt(=end; come to an end)* avslutte *(fx the conversation);* slutte *(fx the meeting terminated at 10 o'clock);* **their engagement has been -d***(=their engagement has been broken off)* deres forlovelse er hevet; **2.** *om svangerskap:* avbryte *(fx a pregnancy);* **3.** *om kontrakt:* si opp.

termination [,tə:mi'neiʃən] *subst* **1.** *stivt(=ending)* slutt *(fx the termination of hostilities);* **the ~ of life** livets slutt; **2.** *gram(=ending)* endelse; **3.** *av kontrakt:* oppsigelse.

terminator ['tə:mi,neitə] *subst; astr:* skyggelinje (på måneoverflaten).

terminology [,tə:mi'nɔlədʒi] *subst:* terminologi.

terminus ['tə:minəs] *subst(=terminal (station))* endestasjon.

termite ['tə:mait] *subst; zo:* termitt.

tern [tə:n] *subst; zo:* terne.

I. terrace ['terəs] *subst* **1.** terrasse; **2***(=terraced houses)* sammenhengende rekke like hus; rekkehus; **houses at the ends of -s are more often burgled than houses in the middle of -s** det er oftere innbrudd i endehus enn i hus midt i rekken; **3.** *fot:* **-s** ståtribune; *(jvf grandstand);* **4. US***(=patio)* atrium.

II. terrace *vb:* terrassere; anlegge i terrasser.

terraced *adj:* anlagt i terrasser; terrasseformet.

terraced house*(,***US:** *row house)* rekkehus; *(se I. terrace 2).*

terracotta [,terə'kɔtə] *subst & adj:* terrakotta.

terra firma ['terə'fə:mə] *subst; spøkef(=dry land)* landejorda *(fx I'm glad to be on terra firma again).*

terrain ['terein; tə'rein] *subst; stivt(=ground)* terreng.

terra incognita ['terəin'kɔgnitə] *subst; stivt(=unknown land)* ukjent land; terra incognita.

terrazzo [tə'rætsou] *subst:* terrasso; mosaikkbetong; helstøpt gulvbelegg.

I. terrestrial [tə'restriəl] *subst; stivt(=earth dweller)* jordbo(er).

II. terrestrial *adj* **1.** jord-; jordisk; *stivt:* **our ~ existence***(=our life here on earth)* vår eksistens her på jorden; **2.** *bot, zo:* som vokser (,lever) på land *(fx animal; plant).*

terrestrial orchid *bot(=night-smelling rocket)* nattfiol.

terrible ['terəbl] *adj* **1.** forferdelig; fryktelig; **2. T***(=very bad)* forferdelig; fryktelig *(fx she's a terrible gossip; that music is terrible).*

terribly *adv* **T 1***(=very much)* forferdelig; **T:** veldig *(fx does your leg hurt terribly?);* **2***(=very)* meget; **T:** veldig *(fx she's terribly clever).*

terrier ['teriə] *subst; zo:* terrier.

terrific [tə'rifik] *adj* **T 1***(=very great):* **at a ~ speed** i en forferdelig fart; **2***(=very good; marvellous; super):* **it was a ~ party** det var et kjempefint selskap.

terrified ['teri,faid] *adj(=scared stiff)* vettskremt.

terrify ['teri,fai] *vb(=frighten very much; scare stiff)* vettskremme; forferde.

terrifying *adj:* skrekkinnjagende.

territorial [,teri'tɔ:riəl] *adj:* territorial(-).

Territorial Army: the ~ and Volunteer Reserve territorialhæren; landevernet.

territorial waters territorialfarvann; **in Norwegian ~** i norsk territorialfarvann.

Territorials T: *se Territorial Army.*

territory ['terit(ə)ri] *subst* **1.** (land)område; territorium; *polit:* territorium; *salgsrepresentants:* område; **2.** *fig(=area of interest)* interesseområde.

terror ['terə] *subst* **1.** terror; **reign of ~** terrorvelde; skrekkvelde; redselsherredømme; **2.** skrekk; redsel; **she screamed with***(=in)* **~** hun skrek av redsel; **she has a ~ of spiders** hun er livredd for edderkopper; **the -s of war** krigens redsler; **3. T:** uskikkelig (*el.* redselsfull) unge *(fx that child's a real terror!); (jvf holy terror 2).*

terror bombing terrorbombing.

terrorism ['terə,rizəm] *subst:* terrorisme.

terrorist ['terərist] *subst:* terrorist.

terrorization, terrorisation [,terərai'zeiʃən] *subst:* terrorisering.

terrorize, terrorise ['terə,raiz] *vb:* terrorisere.

terror-stricken ['terə,strikən] *adj(=terror-struck)* redselsslagen; skrekkslagen.

terry ['teri] *subst(=terry cloth)* frottéstoff.

terse [tə:s] *adj; stivt(=concise; to the point; curt)* konsis; kort (og klar); fyndig; **her reply was ~ and rather rude** svaret hennes var kort og temmelig uhøflig.

tertiary ['tə:ʃəri] *adj:* tertiær; som kommer i tredje rekke; *skolev:* **~ education** utdanning etter videregående skole *(fx tertiary education follows seconda-*

ry education).

tervalent [tə:ˈveilənt] *adj; kjem(=trivalent)* trivalent; treverdig.

I. test [test] *subst* **1.** prøve *(fx tests were carried out on the new aircraft);* **2.** *kjem:* prøve; **preliminary ~** forprøve; **3.** *psykol:* test *(fx intelligence test);* **4.** *skolev:* prøve *(fx they took an arithmetic test);* **5.** *film:* **she was given a ~** hun fikk prøvefilme; **6.** *fig:* **a ~ of his courage** en prøve på motet hans; **put sby to the ~***(=test sby; try sby)* sette en på prøve; **stand the ~***(=pass the test)* bestå prøven.

II. test *vb* **1.** prøve *(fx test a new aircraft);* **they were -ed on their French** de ble prøvd (*el.* testet) i fransk; **have one's eyes -ed** få øynene sine undersøkt; **2.** *psykol:* teste.

testament [ˈtestəmənt] *subst* **1.** *bibl:* testamente; **the New Testament** Det nye testamente; **2.** *jur(=will)* testament; **his last will and ~** hans siste vilje.

testamentary [ˌtestəˈmentəri] *adj:* testamentarisk.

testate [ˈtesteit] *adj:* **die ~** etterlate seg et testament.

testator [teˈsteitə] *subst:* arvelater; testator.

testatrix [teˈsteitriks] *subst:* kvinnelig arvelater.

test ban *m.h.t. atomvåpen:* prøvestans.

test ban treaty prøvestansavtale.

test blast *mil:* prøvesprengning.

test card synsprøvetavle.

test case *jur:* prinsipiell sak; prøvesak.

test drive prøvetur.

test-drive [ˈtestˌdraiv] *vb:* prøvekjøre *(fx a car).*

tester [ˈtestə] *subst* **1.** en som prøver (*el.* undersøker); 2. sengehimmel.

test flight prøveflyvning; **a clean ~** en problemfri prøveflyvning.

testicle [ˈtestikəl] *subst; anat:* testikkel.

testify [ˈtestiˌfai] *vb* **1.** *jur:* **~ against** vitne mot; **~ on behalf of** vitne for; **eligible to ~** vitnefør; **2.: ~ to** vitne om; bekrefte.

testimonial [ˌtestiˈmouniəl] *subst* **1.** *stivt(=certificate)* attest *(fx from your last employer);* **2.** hedersgave *(fx she was given flowers as a testimonial).*

testimony [ˈtestiməni] *subst* **1.** *jur(=evidence)* vitneutsagn; vitneforklaring; **sworn ~** beediget vitneforklaring; **2.** *rel:* vitnesbyrd; **3.** *fig; stivt(=(outward) sign)* (ytre) tegn; bevis; **be ~ of, be a ~ to** bære vitnesbyrd om; være et bevis på.

testing [ˈtestiŋ] *adj:* krevende *(fx task).*

testis [ˈtestis] *subst(pl: testes* [ˈtesti:z]*) anat(=testicle)* testikkel.

test match cricketlandskamp (især mellom England og Australia).

test paper 1. *kjem:* reagenspapir; **2.** *skolev(=question paper)* oppgaveark.

test pattern *TV:* prøvebilde.

test pilot *flyv:* testpilot.

test plot prøvefelt.

test question *skolev:* (prøve)spørsmål; oppgave.

test tube reagensglass; prøverør.

testy [ˈtesti] *adj; stivt(=irritable)* pirrelig; irritabel; gretten.

tetanus [ˈtetənəs] *subst; med.(=lockjaw)* tetanus; stivkrampe.

tetchy [ˈtetʃi] *adj; lett glds(=irritable)* pirrelig; irritabel; gretten.

tête-à-tête [ˌteitəˈteit] *stivt el. spøkef* **1.** *subst(=private conversation)* tête-à-tête; samtale under fire øyne; **2.** *adj(=in private)* tête-à-tête; på tomannshånd *(fx they dined tête-à-tête).*

I. tether [ˈteðə] *subst* **1.** tjor *(fx put the horse on a tether);* **2.** *fig:* **be at the end of one's ~** ikke kunne holde ut lenger; **reach the end of one's ~** komme til et punkt da man ikke holder ut lenger.

II. tether *vb* **1.** tjore *(fx he tethered his horse to a gatepost);* **2.** *fig:* **be -ed to sby** være bundet til en *(fx he was tethered to a woman he no longer loved).*

tetter [ˈtetə] *subst* **T***(=rash; eczema)* utslett; eksem.

Texas Rangers: the ~ statspolitiet i Texas.

text [tekst] *subst* **1.** tekst; **2.** *bibl:* **(sacred) ~** bibelsted; tekst; skriftsted.

textbook [ˈtekstˌbuk] **1.** *subst:* lærebok; **2.** *adj:* typisk *(fx a textbook case);* skole- *(fx example);* ideell *(fx she tried hard to be a textbook Mum).*

I. textile [ˈtekstail] *subst:* tekstil; vevd stoff.

II. textile *adj:* tekstil-; vevd.

textual [ˈtekstjuəl] *adj:* tekst-; **~ context** tekstsammenheng.

texture [ˈtekstʃə] *subst* **1.** *om stoff:* tekstur; vev; vevning; **the close ~ of this cloth** den tette vev(ning)en i dette stoffet; **2.** struktur; sammensetning; konsistens *(fx the texture and flavour of a cheese);* stofflig virkning; stofflighet; **3.** *i kunst:* stoffvirkning *(fx of an oil painting);* **4.** *fig(=pattern)* mønster; struktur *(fx changes in the texture of social life);* **the ~ of life in America** livsmønsteret i Amerika.

Thai [tai] **1.** *subst:* thai; *språket(=Siamese)* thai; siamesisk; **2.** *adj:* thai; siamesisk; thailandsk.

Thailand [ˈtaiˌlænd] *subst; geogr:* Thailand.

Thames [temz] *subst; geogr:* **the ~** Themsen; **he'll never set the ~ on fire** han har ikke oppfunnet kruttet.

than [ðæn; *trykksvakt:* ðən] **1.** *konj:* enn; **I have less ~ you** jeg har mindre enn deg; **T: she likes him more ~ me** 1*(=she likes him more than she likes me)* hun liker ham bedre enn meg; 2*(=she likes him more than I like him)* hun liker ham bedre enn jeg (gjør); **he does it far better ~ I (do it)***(=he does it far better than me)* han gjør det langt bedre enn meg; **I know you better ~ (I do) her** jeg kjenner deg bedre enn henne; **more ~** 1. mer enn; 2. flere enn; **2.: hardly***(=no sooner)* **had we arrived ~ the music started** ikke før var vi kommet, så begynte musikken; vi var knapt kommet da musikken begynte.

thank [θæŋk] *vb:* takke *(fx she thanked me for it);* **you have only yourself to ~** du har bare deg selv å takke; det er din egen skyld; **Don't ~ me! It should be me -ing you!** Ikke takk meg! Det burde heller vært jeg som takket deg! **~ God** gudskjelov; **~ you!** takk! *(fx thank you (very much) for your present! thank you for an enjoyable evening!); (=yes, please)* ja takk *(fx "Would you like another piece of cake?" – "Thank you. I'd love a piece!");* **no ~ you** nei takk.

thankful [ˈθæŋkful] *adj(=grateful)* takknemlig.

thankfully *adv* **1.** takknemlig; **2***(=thank goodness)* gudskjelov *(fx thankfully things have changed).*

thankless [ˈθæŋklis] *adj:* utakknemlig; **a ~ task** en utakknemlig oppgave; *(jvf ungrateful).*

thanks [ˈθæŋks] **1.** *subst; pl:* takk *(fx I didn't expect any thanks for helping them);* **express one's ~** uttrykke sin takk(nemlighet); **I would wish at this stage to offer my warmest ~ to . . .** her vil jeg gjerne fremføre min varmeste takk til . . .; **~ to** takket være; **T: no ~ to***(=in spite of)* til tross for *(fx we eventually managed to finish the job, no thanks to him and his stupid ideas);* **we succeeded, small ~ to him** det var ikke hans skyld (ɔ: fortjeneste) at vi klarte det; **~ be to God!** Gud være lovet!

2. *int* **T***(=thank you)* takk *(fx thanks for the lift);* **no, ~***(=no, thank you)* nei takk; **yes, ~** 1*(=yes, thank you! yes, please!)* ja takk! 2. *som svar* *på forespørsel(=yes, thank you)* ja takk! *(fx "Have you had your tea?" – "Yes, thanks!").*

thanksgiving ['θæŋks,giviŋ] *subst:* takkegudstjeneste.

Thanksgiving Day*(,ofte: Thanksgiving)* **US** høsttakkefest (4. torsdag i november).

thank-you letter takkebrev.

that [ðæt; *trykksvakt:* ðət] **1.** *demonstrativt pron(pl: those)* den; det; *pl:* de *(fx don't take this book – take that one; when are you going to return those books you borrowed?);* **what's ~ you've got in your hand?** hva er det du har i hånden (din)? **this is better than ~** denne (,dette) er bedre enn den (,det) der; **was ~ you knocking?** var det du som banket? **who are those girls?** hvem er de jentene (der)?

2. *relativt pron; sløyfes oftest når det står som objekt; brukes om personer & ting:* som *(fx who was it that told you he was coming? who is the man (that) you were talking to?);* **the year (~) his brother died** det året (da) hans bror døde;

3. *konj; sløyfes ofte:* at *(fx I know (that) you didn't do it; I told him (that) I would do it);* **I'm afraid (~) I shan't be able to come** jeg er redd (for at) jeg ikke kan komme; **there's no doubt ~ . . .** det er ingen tvil om at . . .; **surprised ~ . . .** overrasket over at . . . *(fx I'm surprised that you've come);* **so ~***(,***T:** *so)* slik at; *stivt:* **(in order) ~***(=so that;* **T:** *so)* slik at; forat *(fx I hid it in order that he shouldn't see it; he died that we may live);* **not ~** ikke slik å forstå at *(fx not that he was dishonest);* **now ~***(,***T:** *now)* nå da *(fx now that you're here);* **~ he should be accused of murder** at han skulle bli beskyldt for mord; *litt.:* **oh, ~ I were with her now!***(=I wish I was with her now!)* gid jeg var hos henne nå! jeg skulle ønske jeg var hos henne nå!

4. *adv* **T***(=so)* så *(fx I didn't realize she was that ill);* **not all ~ good***(=not very good)* ikke så god (,bra);

5. *adv(=such):* **~'s life** slik er livet;

6. *adv; forsterkende:* det *(fx he was helpful, and that to an unusual degree);*

7 *[forskjellige forb]* **at ~** 1.: **leave it at ~** la det bli (,være) med det; 2. attpåtil *(fx she was angry at that);* 3*(=too)* også *(fx they say I ought to sack him, and mayby I will at that);* 4. likevel; like fullt *(fx I might decide to go at that);* **like ~***(=in that way)* slik *(fx don't hold it like that!);* **he is like ~***(=that's the way he is)* slik er han; det er slik han er; **not just like ~** ikke sånn uten videre *(fx you can't change jobs just like that);* **that's ~** det var det; mer er det ikke å si om (,gjøre med) den saken; **that's ~ then** (ja,) det var altså det, da; **T: and all ~***(=and that)* og slikt noe; og denslags *(fx he knows about building and (all) that);* **~'s***(=there's)* **a (good) boy (,girl)** så er du snill *(fx "That's a boy. You drink up all your milk);* **~'s***(=there's)* **a dear** så er du snill *(fx give me that book, that's a dear!);* **in ~** for så vidt som; idet; på den måten at . . .; **with ~** dermed *(fx with that he left the room).*

thatch [θætʃ] **1.** *subst:* stråtak; halmtak; takhalm; **2.** *vb:* tekke (med halm el. strå).

thatched cottage hus med stråtak (*el.* halmtak).

thatched roof stråtak; halmtak.

I. thaw [θɔ:] *subst:* tøvær; **spring ~** vårløsning.

II. thaw *vb* **1.** tø *(fx it's thawing);* (få til å) smelte *(fx the sun thawed the ice on the lake);* **2.** *om frossen mat:* tine (opp) *(fx how long will the meat take to thaw?);* **3.** *fig:* tø opp; **4.: ~ out** 1*(=thaw)* tine (opp) *(fx the frozen meat);* 2. *fig:* tine opp; få varmen i seg *(fx in front of the fire);* tø opp *(fx a couple of sherries will thaw out the guests).*

the [ði:; *trykksvakt:* ðə; *foran vokal:* ði] **1.** *best art:* -en; -et; -a; -ene; **~ boy** gutten; **~ girls** jentene; *foran adj:* den; det; de; **~ big boy** den store gutten; **~ boy who saw him** (den) gutten som så ham; *foran familienavn:* **~ Fiils** familien Fiil; Fiils;

2. *emfatisk bruk* [ði:] **he's ~ man** han er nettopp den rette *(fx he's the man for the job);*

3. *adv, foran komp:* **she looks (all) ~ happier for her trip** hun ser gladere ut etter den turen sin; **that makes it all ~ worse** det gjør det (bare) så mye verre; **so much ~ worse** så meget desto verre; **~ less so as . . .** så meget desto mindre som . . .; **~ sooner ~ better** jo før jo heller; **~ harder you work ~ more you earn** jo hardere du arbeider, desto mer tjener du.

theatre *(,US: theater)* ['θiətə] *subst* **1.** teater; drama; dramatiske arbeider; **the ~** teateret; **he's very fond of the ~** han er meget glad i (å gå i) teateret; **go to the ~** gå i teateret; **2. US***(=cinema)* kino; **3.** *med.(=operating theatre)* operasjonssal; **4.** *mil:* **~ of operations** krigsskueplass.

theatre critic teateranmelder.

theatregoer ['θiətə,gouə] *subst:* teatergjenger.

theatre-in-the-round arenateater.

theatre nurse*(=theatre sister;* **US:** *operating sister)* operasjonssøster.

theatrical [θi'ætrikəl] *adj:* teatralsk; teater-.

theatricals *subst:* **amateur ~** amatørteater.

thee [ði:] *pers pron; objektform av 'thou'; glds el. bibl(=you)* deg.

theft [θeft] *subst:* tyveri.

theft victim bestjålet person; **the ~** den bestjålne.

their [ðɛə] *pron:* deres *(fx their new house);* sin; sitt *(fx they have sold their car (,their house));* sine *(fx they took their children out of school).*

theirs [ðɛəz] *pron; når subst står foran el. når subst er underforstått:* deres *(fx That house isn't theirs. Theirs is over there);* sin; sitt; sine *(fx we took our things and they took theirs);* **it's a habit of ~** det er en vane de har.

them [ðem; *trykksvakt:* ðəm] *pers pron* **1.** dem *(fx have you seen them?);* **2.** *dial(=those):* **three of ~ oranges** tre av de eplene; **3.** seg *(fx they took the boy with them); viser tilbake på 'someone' el. 'anyone':* seg; **if anyone brings their children with ~ . . .***(=if any of them bring their children . . .)* hvis noen (av dem) har med seg barna sine . . .

thematic [θi'mætik] *adj:* tematisk; *gram:* **~ vowel** stammevokal; temavokal.

theme [θi:m] *subst* **1.** *stivt(=subject)* tema; emne; **2.** *mus:* tema; **3.: running ~***(=constantly recurring theme)* gjennomgangsmotiv.

theme tune 1. *i film, etc(=theme song)* gjennomgangsmelodi; **2***(=signature tune)* kjenningsmelodi.

themselves [ðəm'selvz] *pron* **1.** seg *(fx they defended themselves);* **2.** seg selv *(fx they helped themselves; they aren't themselves);* **they ~** de selv *(fx they themselves did nothing wrong);* **3.** *viser tilbake på 'someone' el. 'anyone':* seg; **if anyone has to blame ~, it's her***(=if anyone has anything to blame herself(=themselves) for, it's her)* hvis noen har noe å bebreide seg, (så) er det hun.

I. then [ðen] *adv* **1.** den gangen; dengang; da *(fx he was still at school then; the rules then in force; if you're coming next week, I'll see you then);* **before ~** før det (tidspunktet); før da *(fx I'll need the money before then);* **by ~** innen den tid; innen da *(fx I'll be back by then);* **from ~**

on(wards) fra da av; fra det tidspunkt av; **there and** ~*(=then and there)* på stedet; straks; der og da: **goodbye till** ~! adjø så lenge! **T:** ha det så lenge!
2*(=after that; afterwards)* deretter; dernest; etterpå; så *(fx I had a drink, (and) then I went home);* ~ **what?** hva så?.
3*(=in that case)* i så fall; da *(fx if the sides of the triangle are equal, then the angles must be equal);* **what would we do** ~? hva skulle vi da (*el.* i så fall) gjøre? **if you're tired,** ~ **you must rest** hvis du er sliten, må du hvile; ~ **why did you do it?** hvorfor gjorde du det da?
4. dessuten; så *(fx and then you must remember to phone Mr Jones);*
5. *ofte i slutten av en setning, hvor det spørres om en forklaring el. mening el. hvor det antydes overraskelse:* da *(fx what would you think of that, then? why did you do it, then?);*
6. *med underforstått begrunnelse:* altså *(fx you'll have dinner with us today, then? your mind's made up, then?); (jvf NEO altså);*
7*(=accordingly; so)* følgelig *(fx our hero, then, was greatly relieved);*
8. *uttrykker innrømmelse:* enda; attpåtil *(fx and then he was only a beginner);* . . . **but** ~**, of course, he had travelled a lot** men så hadde han da også reist mye; **the pay isn't much, but** ~ **the work is easy** lønnen er ikke stor, men så er da også arbeidet lett;
9.: even ~ selv da *(fx I gave him £100, but even then he didn't have enough);*
10.: now and ~*(=occasionally; from time to time)* nå og da; av og til; fra tid til annen; **every now and** ~ rett som det er (,var).
II. then *adj:* daværende *(fx the then Prime Minister);* ~ **living***(=contemporary)* dalevende.
thence [ðens] *adv; glds(=from there)* derfra.
theodolite [θi'ɔdə,lait] *subst; landmålingsinstrument:* teodolitt.
theologian [,θiə'loudʒiən] *subst:* teolog.
theological [,θiə'lɔdʒikəl] *adj:* teologisk.
theological college presteseminar.
theology [,θi'ɔlədʒi] *subst:* teologi.
theorem ['θiərəm] *subst:* teorem; (lære)setning.
theoretical [,θiə'retikəl] *adj:* teoretisk.
theoretician [,θiəri'tiʃən] *subst(=theorist)* teoretiker.
theorize, theorise ['θiə,raiz] *vb; stivt(=make (up) theories)* teoretisere; ~ **about***(=make (up) theories about)* teoretisere omkring *(fx sth).*
theory ['θiəri] *subst:* teori; **on the** ~ **that . . .** ut fra den teori at . . .; **put forward a** ~ sette fram en teori; fremsette en teori; **stretch a** ~ trekke en teori etter hårene; **study both the** ~ **and practice of music** studere musikk både i teori og praksis.
therapeutic [,θerə'pju:tik] *adj:* terapeutisk; helbredende.
therapeutics *subst; som fag:* terapi; *(jvf therapy).*
therapist ['θerəpist] *subst:* terapeut.
therapy ['θerəpi] *subst:* terapi; behandling.
there [ðεə] *adv* **1.** der *(fx what's he doing there? I don't agree with you there);* **here and** ~ her og der; **in** ~ der inne; **out** ~ der ute; **over** ~ der borte; **not far from** ~ ikke langt derfra;
2. dit *(fx don't go there);* ~ **and back** frem og tilbake; begge veier; dit og tilbake (igjen); bort og hjem; tur retur;
3. *int; trøstende:* så! så så! *(fx there, don't cry!);* ~ **now!** så så!
4. *for å vise at man har rett el. for å angi at noe er fullført:* ~**! I told you he would do it!** Der ser du! Jeg sa deg jo at han kom til å gjøre det! ~**! that's that job done!** Se så! Det var den jobben!
5.: ~ **you are!** 1. *når man rekker en noe:* vær så god! 2*(=there now!)* der kan du selv se! *(fx There you are! I knew it would happen!);*
6. *int; etter avslag:* **so** ~! Så! Nå kan du ha det så godt! *barnespråk:* så bæ da! *(fx I'm not giving you any, so there!);*
7.: ~**'s a (good) boy (,girl)***(=there's a dear)* så er du snill *(fx You finish your soup now – there's a good boy);*
8. *innleder setning:* det *(fx there has been an accident; there seems to be something wrong with the engine; I don't want there to be any mistakes in this letter; there don't seem to be any mistakes in this; it's impossible for there to be any more);* ~**'s***(,stivt: there are)* **two experts in the studio** det er to eksperter i studio; ~**'s a pen and a book on the table** det ligger en penn og en bok på bordet; ~**'s a snake in that box** det er (*el.* ligger) en slange i den kassen; ~**'s no such thing** slikt fins ikke; ~**'s nothing wrong, is** ~**?** det er ikke noe galt, vel? ~**'s a man waiting** det sitter (,står) en mann og venter; **is** ~ **anywhere near here (where) we could get a meal?** er det noe sted her i nærheten, hvor vi kunne få (kjøpt) noe å spise? ~**'s** *(,stivt: there are)* **15 of them***(=they are 15)* det er 15 av dem; ~**'s a garage behind the house***(=behind the house is a garage)* det er en garasje bak huset; **the best coffee** ~ **is***(***,T:** *the best coffee going)* den beste kaffen som fins; **once upon a time** ~ **was a boy called Jack** det var en gang en gutt som het(te) Jack; **long ago** ~ **lived in France a poor shoemaker** for lenge siden levde det i Frankrike en fattig skomaker; ~ **were cries for help** man hørte rop om hjelp; ~**'s money in it** det ligger penger i det; det er penger å tjene på det; ~**'s no knowing** det er umulig å vite; man kan aldri vite; ~**'s friendship for you!** og slikt kaller man vennskap! ~**'s cheese and cheese** ost og ost, fru Blom! ost og ost er to (forskjellige) ting; *ordspråk:* **where** ~**'s a will,** ~**'s a way** det man vil; det kan man; der hvor det er vilje, der er det vei;
9. *innleder setning:* der; ~ **goes the bus!** der går bussen! ~**'s the bell!** der ringer det! ~ **it is** (ja,) slik er det (nå engang); det er det ikke noe å gjøre ved;
10. *etter subst for å fremheve det:* der; **that book** ~ den boka der;
11. T: all ~ våken; kvikk i oppfattelsen; **not all** ~ ikke riktig vel bevart; ikke riktig klok.
thereabouts ['ðεərə,bauts] *adv* **T 1.** deromkring *(fx at the station or thereabouts);* **2.** *om tall:* deromkring *(fx a hundred or thereabouts);* **at 3 o'clock or** ~ rundt omkring klokken tre.
thereafter [,ðεər'a:ftə] *adv; stivt(=afterwards; from that time on)* fra da av.
thereby ['ðεə,bai] *adv; stivt(=because of that)* dermed; derved *(fx he was rude to her and thereby lost her friendship).*
therefore ['ðεə,fɔ:] *adv; stivt(=so; thus)* derfor; **he was** ~ **able to buy a car***(=thus he was able to buy a car)* derfor kunne han kjøpe en bil; **he worked hard, and** ~ **he was able to save money***(=he worked hard, and so was able to save money)* han arbeidet hardt og kunne derfor spare penger.
therein [,ðεər'in] *adv; meget stivt el. jur:* deri.
thereinafter [,ðεərin'a:ftə] *adv; jur:* (nevnt) i det følgende.
thereupon [,ðεərə'pɔn] *adv; stivt(=then)* derpå; så.
thermal ['θə:məl] **1.** *subst; flyv:* varm oppvind;

2. *adj:* termal(-); varme; ~ **baths** termalbad(eanstalt); ~ **spring** varm kilde; termalkilde.
thermometer [θə:'mɔmitə] *subst:* termometer; **clinical** ~ febertermometer.
thermonuclear [,θə:mou'nju:kliə] *adj:* termonukleær.
thermonuclear bomb*(=fusion bomb)* fusjonsbombe.
thermos ['θə:məs] *subst:* ~ **(flask)** termosflaske.
thermos bag*(=cooling bag; cooler)* kjølebag.
thermostat ['θə:mə,stæt] *subst:* termostat.
thermostatic [,θə:mə'stætik] *adj:* termostatisk; ~ **control** termostatstyring.
thermotherapy [,θə:mou'θerəpi] *subst; med.:* varmebehandling; termoterapi.
thesaurus [θi'sɔ:rəs] *subst:* begrepsordbok.
these [ði:z] *pl av this.*
thesis ['θi:sis] *subst(pl: theses* ['θi:si:z]*)* **1***(=dissertation)* avhandling *(fx a doctoral thesis);* **postgraduate** ~ hovedfagsoppgave; **2.** *stivt(=point of view)* tese; synspunkt *(fx he argued his thesis well).*
they [ðei] *pers pron* **1.** de *(fx they were in the garden);* **2***(=people)* man *(fx they say he's rich);* **3. T***(=he/she):* **if anyone does that, ~ are to be severely punished** hvis noen gjør det, skal de straffes strengt; **4.** *andre eksempler, hvor norsk bruker "det":* ~ **were good years** det var (noen) gode år; **what are ~? – trees or animals?** hva er det? trær eller dyr? **they're animals, I think** det er dyr, tror jeg.
I. thick [θik] *subst:* **in the ~ of the forest** i tykke skogen; midt i skogen; **in the ~ of the fight***(=in the thick of it)* der hvor det går (,gikk) som hardest for seg; **T: through ~ and thin** gjennom tykt og tynt *(fx they were friends through thick and thin).*
II. thick *adj* **1.** tykk; **2.** *om væske:* tykk; tyktflytende; **3.** *om tåke, skog(=dense)* tett; tykk; *om hår:* **her hair is long and ~** håret hennes er langt og tykt; **4.** *om stemme:* tykk; grøtet; **his speech was ~** han var tykk (*el.* grøtet) i målet; **5. T***(=stupid)* dum *(fx don't be so thick!);* ~ **pupils** dumme elever; **6.: ~ with** fylt med; full av *(fx the room was thick with smoke);* med et tykt lag av *(fx a piano thick with dust);* **the air was ~ with rumours** ryktene svirret; **7. T: that's a bit ~** det er litt drøyt; det er i stiveste laget; **8.: ~ and fast** tett i tett *(fx the blows fell thick and fast);* slag i slag *(fx new reports arrived thick and fast);* **the accusations were flying ~ and fast** luften svirret av beskyldninger; **9. T: they're as ~ as thieves** de er verdens beste venner; de henger sammen som erteris; **10. T: lay it on ~***(=exaggerate)* smøre tykt på; overdrive.
thicken ['θikən] *vb* **1***(=make thicker)* gjøre tykkere *(fx add some flour to thicken the soup);* **2***(=become thicker)* bli tykkere *(fx the fog thickened).*
thickening ['θikəniŋ] *subst* **1.** *kul:* jevning *(fx use flour as thickening for the soup);* **2.: he noticed the gradual ~ of her waist** han la merke til hvordan hun etter hvert ble tykkere rundt livet.
thicket ['θikit] *subst:* kratt; buskas; (skog)tykning.
thick-headed ['θik,hedid] *adj* **T 1***(=stupid)* dum; **T:** tykkskallet; **2.** *pga. alkohol el. forkjølelse:* ør i hodet *(fx I felt rather thick-headed).*
thick-knee ['θik,ni:] *subst; zo(=stone curlew)* triell.
thickness ['θiknis] *subst* **1.** tykkelse; **2***(=layer)* lag; sjikt *(fx several thicknesses of paper);* **3.** *tekn:* ~ **of material***(=material thickness)* godstykkelse.
thickset [,θik'set; *attributivt:* 'θik,set] *adj* **1.** *om person(=stocky)* tettvokst; tettbygd *(fx he was short and thickset);* **2.** tettplantet *(fx hedge).*
thick-skinned ['θik,skind] *adj* **1.** *om frukt:* med tykt skall; **2.** *fig:* tykkhudet.
thick-skulled ['θik,skʌld] *adj(=stupid; dull)* dum; sløv; tungnem.
thick-witted ['θik,witid] *adj: se thick-skulled.*
thief [θi:f] *subst(pl: thieves* ['θi:vz]*)* tyv; **stop ~!** stopp tyven! *bibl:* **fall among thieves** falle blant røvere; **Ali Baba and the forty thieves** Ali Baba og de førti røvere; **set a ~ to catch a ~** gammel tyv gjør god lensmann; *(jvf burglar).*
thieve [θi:v] *vb; stivt el. spøkef(=steal)* stjele; **T:** rappe *(fx he's always thieving my pencils).*
thievish ['θi:viʃ] *adj:* tyvaktig.
thigh [θai] *subst; anat:* lår; *med.:* **swelling -s** ridebukselår.
thighbone ['θai,boun] *subst; anat(=femur)* lårben.
thill [θil] *subst(=shaft)* vognstang; skåk.
thimble ['θimbəl] *subst* **1.** fingerbøl; **2.: cable ~***(=cable terminal)* kabelsko.
I. thin [θin] *vb* **1.** tynnes; bli tynn(ere) *(fx his hair was thinning);* **2.** tynne ut *(fx the paint);* **3.: ~ out** 1. tynne ut *(fx the plants);* 2.: **the trees -ned out near the river** det ble lenger mellom trærne i nærheten av elven.
II. thin *adj* **1.** tynn *(fx paper; people; walls);* **he rolled the pastry ~** han kjevlet deigen tynn; **his hair's getting rather ~** han begynner å bli ganske tynn i håret; **2.** *om væske:* tynn *(fx beer; soup);* **3.** *om befolkning:* (som bor) spredt; *om fremmøte:* **a ~ audience** få tilhørere; et fåtallig publikum; **4.: ~ air** tynn luft; *fig:* **disappear***(=vanish)* **into ~ air** forsvinne som dugg for solen; **5. T: he's had a ~ time (of it)** han har hatt det vanskelig; **6.: real experts are ~ on the ground***(=real experts are few and far between)* det er langt mellom de virkelige ekspertene; **7.** *m.h.t. økonomien:* **he's had a ~ time of it** han har sittet vanskelig i det.
thine [ðain] *pron; glds(='thy' foran vokal)* din; ditt; dine.
thing [θiŋ] *subst* **1.** ting *(fx they have so many things to talk about);* **what do you use that ~ for?** hva bruker du den tingen til? **2.** *om person* **T: she's a nice old ~** hun er en hyggelig gammel dame; **3.: I hope I haven't done the wrong ~?** jeg håper jeg ikke har gjort noe galt? **4***(=problem)* ting *(fx it's just one thing after another);* **5. T: have a ~ about sth** ha en fiks idé når det gjelder noe *(fx he's got a thing about cats);* **6. T: he wants to do his own ~** han vil stelle (*el.* holde på) med sitt (*el.* sine egne ting); **7.: it's a good ~ you came with us** det var bra du ble med oss; **8.: first ~ (in the morning)** med én gang (i morgen tidlig); **9.: for one ~ . . . for another (~)** for det første . . . for det andre *(fx I can't go. For one thing, I have no money, and for another, I have too much work);* **10.: last ~ before going to bed, I have a good wash** det siste jeg gjør før jeg legger meg; er å vaske meg godt; **she always has a cup of tea last ~ at night** hun drikker alltid en kopp te som det siste hun gjør om kvelden; **11. T: make a ~ of***(=make a fuss about)* gjøre et stort nummer ut av *(fx don't make a thing of leaving early – it's not important);* **12. T: that was a near ~!** det holdt på å gå galt! **13***(=love affair)* forhold *(fx she has a thing going with her boss);* **14.** sak *(fx we must settle this thing now);* **the ~ is that . . .** saken er den at . . .; **the ~ is to say nothing** det gjelder ikke å si noenting; **that's just the ~** det er nettopp det som er saken; **that's just the ~ for you** det er nettopp noe for deg; **as -s are now***(=in the present state of things)* slik som saken nå

står; **15.: I don't feel quite the ~ this morning**(*=I'm not feeling very well this morning)* jeg føler meg ikke helt vel i dag; **16. T: how are -s at home?** hvordan står det til hjemme? **17.: let -s drift**(*=let things slide; let matters take their course)* la det skure; la det stå til; **18.: take a cheerful view of -s**(*=look on the bright(=sunny) side of things)* 1. se lyst på tingene (*el.* situasjonen); 2. se lyst på tilværelsen; **19.: he's very disgruntled at the way -s are going** han er meget sur over den måten tingene utvikler seg på; **20.** *om hallusinasjoner:* **see -s** se syner; **she hears -s** hun hører ting.

thingummy ['θiŋəmi] *subst* **T**(*=thingummyjig)* tingest; dings; greie.

I. think [θiŋk] *subst* **T: have a ~ about it**(*=think about it)* tenke på det *(fx Go and have a think about it and you can tell me what you've decided in the morning);* **you've got another ~ coming!** du kan tenke om igjen! da må du tro om igjen!

II. think *vb(pret & perf. part.: thought)* **1.** tenke *(fx can animals think?);* tenke etter; tenke seg om; **I must ~ what to do** jeg må tenke etter hva jeg skal gjøre; **without stopping to ~**(*=without thinking)* uten å tenke seg om; **I must have time to ~** jeg må ha tid til å tenke meg om; **~ clearly**(*=think straight)* tenke klart; **I was just -ing (to myself) how silly this is** jeg tenkte nettopp ved meg selv hvor tåpelig dette er; **he talks and -s business** han hverken snakker om eller tenker på annet enn forretninger; **~ about** tenke på; **I have thought a good deal about it**(*=I have given it a good deal of thought)* jeg har tenkt meget på det; **I have never thought seriously about it**(*=I have never given it serious thought)* jeg har aldri tenkt alvorlig på det; **this should give us all something to ~ about** dette skulle gi noen hver av oss noe å tenke på; **it needs -ing about** det må jeg (,vi, *etc*) tenke nærmere på; **what are you -ing about?** hva tenker du på? **~ about sth with pleasure**(*=think happily about sth)* tenke på noe med glede; *(jvf 5 ndf: ~ of);* **~ aloud**(*=think out loud)* tenke høyt; **~ back (in time)** tenke tilbake (i tid(en));

2(*=suppose; believe; expect)* tenke; tro *(fx we didn't think we'd have any trouble);* **one would ~ that . . .** man skulle tro at . . .; **I should ~ we'll be finished by the end of the week** jeg skulle anta at vi blir ferdige i løpet av uken (*el.* innen uken er omme); **I should**(*=would)* **have thought she was much older** jeg ville ha trodd hun var meget eldre; **I should ~ so** 1. jeg skulle anta det; det skulle jeg tro; 2(*,***T:** *I should jolly well think so!)* (ja,) det skulle jeg mene! ja; det synes jeg virkelig! *(fx "I've come to apologize for being rude to you." – "I should think so, too!");* **I should ~ not!** det skulle (da også) bare mangle! *(fx "I never drink when I'm going to be driving." – "I should think not!);* **I ~ so** jeg tror (*el.* tenker *el.* antar) det; **I don't ~ so** det tror jeg ikke; **I thought so**(*=I thought(=suspected) as much)* jeg tenkte meg det; det ante meg; **I should never have thought so** det ville jeg aldri ha trodd; **one would have thought so, but . . .** det skulle man ha trodd (*el.* ventet), men . . .;

3.: I can't ~(*=I don't know; I can't imagine):* **I can't ~ what you mean** jeg aner ikke hva du mener; jeg kan ikke tenke meg hva du mener; **I can't ~ where I put it** jeg kan ikke komme på hvor jeg la det (,den); **I couldn't ~ what had happened** jeg ante ikke hva som var skjedd;

4. *iron:* **I don't ~!** jamen sa jeg smør; **in a free country, I don't ~!** i et fritt land, jamen sa jeg smør!

5.: ~ about 1(*=think of)* tenke på; huske på; 2(*=think of)* tenke på; komme på (den tanken); 3(*=think of)* mene om *(fx what do you think about it?);* 4(*=think over)* tenke over; **~ about sth**(*=think sth over)* tenke over noe;

6.: ~ of 1(*=think about)* tenke på; huske på *(fx he has a lot of things to think of before he leaves; you can't think of everything);* 2(*=think about)* mene om *(fx what do you think of it?);* 3. komme på (den tanken); tenke på *(fx why has no -one else thought of it?);* 4. *i nektende setning:* huske; komme på *(fx I couldn't think of her name when I met her);* 5(*=consider)* tenke på; ta hensyn til *(fx a man must think first of his family);* 6(*=regard):* **he -s of himself as a poet** han betrakter (*el.* ser på) seg selv som dikter; 7.: **now that I come to ~ of it** når jeg tenker nærmere etter; når jeg tenker over det; ved nærmere ettertanke *(fx now that I come to think of it, he was late yesterday too);* 8.: **~ of (-ing)** tenke på å; overveie å *(fx my daughter's thinking of becoming a teacher);*

7.:~ better of 1. tro bedre om *(fx I thought better of you than to suppose you would do that);* 2.: **~ better of it**(*=change one's mind about it)* ombestemme seg *(fx he was going to ask for more money, but he thought better of it);*

8.: ~ fit(*=see fit)* finne for godt *(fx you may do as you think fit (to do));*

9.: ~ highly of(*=have a high opinion of;* **T:** *think a lot of)* sette høyt; ha en høy mening om;

10.: ~ little of(*=not think much of)* ikke ha videre høy mening om; ikke synes videre godt om *(fx he thought little of my work);*

11.: ~ too much of(*=have too high an opinion of)* ha for høy mening om; ha for høye tanker om *(fx he thinks too much of himself);*

12.: ~ nothing of it 1(*=don't bother to thank me for it)* det er ikke noe å takke meg for *(fx "Thank you so much for your help." – "Think nothing of it!);* 2(*=it doesn't matter)* det er ikke så farlig; det gjør ikke noe *(fx I'm sorry my dog tore your trousers." – "Oh, think nothing of it.");* 3.: **she -s nothing of working 12 hours a day** hun gjør ingenting av å arbeide 12 timer om dagen;

13.: ~ the world of(*=be very fond of)* sette meget høyt *(fx he thinks the world of his wife);*

14.: ~ out 1(*=plan; work out)* tenke ut *(fx he thought out the whole operation);* 2.: **~ sth out** tenke noe gjennom; **~ things out** tenke tingene gjennom; **~ it out for yourself** tenk det gjennom for deg selv;

15.: ~ sth over tenke gjennom (*el.* over) noe; **I want time to ~ things over** jeg vil ha tid til å tenke meg om; jeg vil ha tid til å tenke det gjennom; **~ it over carefully** tenke grundig over (*el.* gjennom) det;

16.: ~ through a problem tenke et problem (ordentlig) gjennom;

17.: ~ twice(*=hesitate)* tenke seg om; nøle *(fx I wouldn't think twice before going, if I were you);* **. . . but then he thought twice about it** men så betenkte han seg;

18.: ~ up(*=invent)* finne opp; tenke ut *(fx he thought up a new process).*

thinker ['θiŋkə] *subst:* tenker *(fx he's a great thinker).*

I. thinking ['θiŋkiŋ] *subst* **1.** tenkning; **creative ~** kreativ (*el.* skapende) tenkning; **logical ~** logisk tenkning; **be logical in one's ~** tenke logisk;

muddled ~*(=woolly thinking)* uklar tenkning; uklare tanker; **2.** *stivt(=opinion):* **current ~ on immigration** de tanker man i dag gjør seg om innvandring; **3.: way of ~** tenkesett; **the African's way of life and ~ are in the melting pot** afrikanernes livsstil og tenkesett er i støpeskjeen; **to my way of** ~*(=in my opinion)* etter min mening.
II. thinking *adj:* tenkende *(fx all thinking people will agree with me).*
thinking cap T: put on one's ~ legge hodet i bløt.
think tank T: ekspertgruppe; ekspertpanel.
thinly ['θinli] *adv:* tynt.
thinner ['θinə] *subst:* tynner; fortynningsmiddel.
thin-skinned ['θin,skind] *adj* **1.** tynnhudet; *om frukt:* med tynt skall; **2.** *fig(=touchy)* nærtagende; sensibel.
I. third [θə:d] *subst* **1.** tredjedel; **two -s** to tredjedeler; to tredeler; **2.** *mat.:* ters; **3.** *univ; karakter(= third class)* non (condemnendus); **4.** *i bil(=third gear)* tredje(gir); **in** ~*(=in third gear)* i (*el.* på) tredjegir *(fx the car went up the hill in third).*
II. third *tallord:* tredje; *sport:* **come in ~** komme inn på tredjeplass.
third class 1. tredje klasse; **2.:** *se I. third 3.*
third degree tredjegradsforhør.
third-degree burn tredjegradsforbrenning.
thirdhand [,θə:d'hænd; *attributivt:* 'θə:d,hænd] **1.** *adj:* tredjehånds *(fx information);* **2.** *adv:* på tredje hånd.
third party *jur:* tredjemann.
third party insurance *fors:* ansvarsforsikring; *(jvf personal liability insurance).*
third party liability *jur(=public liability)* ansvar etter loven.
third-rate ['θə:d'reit; 'θə:d,reit] *adj:* tredjeklasses.
I. thirst [θə:st] *subst:* tørst: **I have a terrible ~** jeg er forferdelig tørst; *fig:* **his ~ for knowledge** hans kunnskapstørst.
II. thirst *vb* **1.** *glds(=be thirsty)* tørste; **2.** *fig; stivt:* **~ for***(=be eager for)* tørste etter *(fx power).*
thirsty ['θə:sti] *adj* **1.** tørst; **be ~** være tørst; **~ work** arbeid man blir tørst av; **2.** *fig; stivt:* **be ~ for***(=be eager for)* tørste etter *(fx power).*
thirteen ['θə:'ti:n; 'θə:,ti:n; θə:'ti:n] *tallord:* tretten.
thirteenth ['θə:'ti:nθ; 'θə:ti:nθ; θə:'ti:nθ] **1.** *tallord:* trettende; **2.** *subst:* tretten(de)del.
thirty ['θə:ti] *tallord:* tretti.
this [ðis] **1.** *demonstrativt pron(pl: these* [ði:z]*)* denne; dette; *pl:* disse *(fx this car; these books);* **~ is the book I meant, not that one** dette er den boken jeg mente, ikke den der; **~ morning** i dag morges; **~ evening** i kveld *(fx this evening, I shall go to the theatre);* **~ minute** 1*(=at once)* med én gang *(fx come here this minute!);* 2*(=a moment ago):* **I was talking to him just ~ minute** jeg snakket med ham for et øyeblikk siden; **~ year** i år; **like** ~*(=in this way)* på denne måten; **it can't go on like ~** det kan ikke fortsette på denne måten; **one of these days** en av dagene; en dag med det første; **~ and that***(=this that and the other)* dette og hint; ditt og datt; både det ene og det andre;
2. *adv* **T***(=so)* så *(fx I don't expect you to be this late; I didn't know it was this easy);* **I've known her since she was ~ high** jeg har kjent henne siden hun var en neve stor; jeg har kjent henne siden hun var 'så stor.
thistle [θisəl] *subst; bot:* tistel.
thither ['ðiðə] *adv; glds(=to that place; there)* dit; derhen.
thole [θoul] *subst; mar(=tholepin)* tollepinne.
Thomas ['tɔməs] *subst:* Thomas; **doubting ~** vantro Tomas; skeptiker.
thong [θɔŋ] *subst* **1.** lærreim; **2***(=whiplash)* piskesnert.
thoracic [θɔ:'ræsik] *adj; anat:* bryst-, **~ cavity** brysthule.
thorax ['θɔ:ræks] *subst; anat:* toraks; brystkasse.
thorn [θɔ:n] *subst* **1.** *bot:* torn; **a crown of -s** en tornekrone; **2.** *fig:* **no roses without a ~** ingen roser uten torner; **3.: it's a ~ in my side***(=flesh)* det er meg en torn i øyet; *(jvf eyesore).*
thorn apple*(,***US:** *jimson weed) bot:* piggeple.
thornback ['θɔ:n,bæk] *subst; zo:* **~ (ray)** piggskate.
thorny ['θɔ:ni] *adj* **1.** tornet; full av torner; **2.** *fig:* tornefull; **3***(=difficult)* vanskelig; vrien *(fx a thorny problem).*
thorough ['θʌrə] *adj* **1.** grundig *(fx he's very thorough; he's done a thorough job);* **2***(=complete):* **a ~ waste of time** det rene tidsspille.
thoroughbred ['θʌrə,bred] **1.** *subst:* **~ (horse)** fullblodshest; rasehest; *fig:* **this car's a real ~** dette er en virkelig kvalitetsbil; **2.** *adj:* fullblods-; rase- *(fx horse).*
thoroughfare ['θʌrə,fɛə] *subst* **1.** gjennomfartsvei; gjennomgangsvei; hovedvei *(fx don't park your car on a busy thoroughfare);* **2***(way through):* **"No ~"** ingen gjennomkjøring.
thoroughgoing ['θʌrə,gouiŋ] *adj* **1.** gjennomført grundig; **2***(=utter; complete):* **a ~ mess** et eneste rot; **a ~ villain** en erkekjeltring.
those [ðouz] *pl: se that.*
thou [ðau] *pers pron; glds(=you)* du.
though [ðou] **1.** *konj:* **(even)** ~*(=although)* skjønt; enda; selv om *(fx I like the job, even though it's badly paid);* **even ~ I didn't know anybody at the party, I had a good time** selv om jeg ikke kjente noen i selskapet, hadde jeg det hyggelig; **cold ~ it was***(=cold as it was)* kaldt som det var *(fx cold though it was, I went out);* **strange** ~*(= as)* **it may seem** enda så underlig det kan synes; **2.: as** ~*(=as if)* som om; **3.** *glds(=if; even if)* (selv) om *(fx I wouldn't marry her though she was the last girl in the world);* **4.** *etteranstilt* **T***(=however)* men *(fx I wish I hadn't done it, though).*
I. thought [θɔ:t] *subst* **1***(=idea)* idé *(fx I've just had a thought);* innskytelse *(fx I had a sudden thought);* **other people's -s***(=ideas)* andre folks tanker; fremmed tankegods;
2. tanke *(fx I didn't dare to think that thought);* **I appreciate the ~, but . . .** det er pent tenkt (av deg), men . . .; **collect one's -s***(=get one's thoughts together)* samle tankene (sine); **the ~ crossed my mind that . . .** den tanken falt meg inn at . . .; **I didn't give it a ~** jeg skjenket det ikke en tanke; jeg tenkte ikke på det i det hele tatt; **he gave no ~ to the danger** han enset ikke faren; han bekymret seg ikke om at det kunne være farlig; **I have given it a certain amount of** ~*(=I have thought a little about it)* jeg har tenkt litt over (*el.* på) det; **I have given it a good deal of** ~*(=I have thought a good deal about it)* jeg har tenkt meget (*el.* en god del) på det; **I have never given it***(=the subject)* **serious** ~*(=I have never thought seriously about it)* jeg har aldri tenkt alvorlig på det; **she kept her -s a secret** hun beholdt sine tanker for seg selv; **lost in ~** i dype tanker; fordypet i tanker; **it occupied his -s***(= mind)* det beskjeftiget tankene hans; **I'd hardly pursued this ~ to its logical conclusion when . . .** jeg hadde knapt (nok) fått tenkt denne tanken til ende da . . .; **after a great deal of** ~*(=having thought a lot about it)* etter å ha tenkt meget på det *(fx after a great deal of thought we decided*

to emigrate to America); **at the ~ of** ved tanken på *(fx be terribly upset at the thought of violence);* **the very***(=mere)* **~ of it makes me sick** jeg blir syk bare ved tanken på det; **on second -s***(=on reflection)* ved nærmere ettertanke;
3. tenkning *(fx German thought in the 19th century);* **recent scientific ~** nyere vitenskapelig tenkning;
4*(=intention):* **I have no ~ of giving up** jeg har ikke tenkt å gi opp;
5*(=trifle)* tanke *(fx you could be a thought more enthusiastic);*
6*(=regard)* omtanke *(fx he had no thought for his old mother);* **without a ~ for** uten tanke på (*el.* omtanke for);
7*(=brainwork)* tankearbeid; **it takes a lot of ~** det krever mye tankearbeid;
8.: a new channel of ~ en ny tankebane;
9.: (faculty of) ~*(=capability of thought)* tenkeevne; evne til å tenke *(fx it is denied that animals have the faculty of thought);* **it is assumed that animals are incapable of ~** det antas at dyrene ikke kan tenke;
10.: flight of ~*(=soaring thoughts; exalted thinking)* tankeflukt;
11.: food for ~ stoff til ettertanke;
12.: line of ~ tankegang; **if one were to pursue the line of ~ that . . .** hvis man skulle forfølge den tanke(gang) at . . .;
13.: the progression of one's -s ens tankegang;
14.: a sudden switch of ~*(=an inconsequential jump from one idea to another)* et tankesprang;
15.: train of ~*(=chain of thought)* tankerekke; tankegang *(fx I can't follow your train of thought).*
II. thought *pret & perf. part. av II. think.*
thought content tankeinnhold.
thoughtful ['θɔ:tful] *adj* **1.** tankefull *(fx you look thoughtful; in a thoughtful mood);* **2.** omtenksom *(fx she's a very thoughtful person);* **it was very ~ of you** det var meget omtenksomt (gjort) av deg.
thoughtfully *adv:* tankefullt; **read a poem ~***(= searchingly)* lese et dikt med ettertanke.
thoughtless ['θɔ:tlis] *adj:* tankeløs; ubetenksom *(fx words);* **his behaviour had been terribly ~***(=he'd behaved in a terribly thoughtless way)* han hadde oppført seg fryktelig ubetenksomt.
thought reader tankeleser.
thought transference*(=telepathy)* tankeoverføring.
thousand ['θauzənd] *tallord:* tusen *(fx a(=one) thousand pounds; a few thousand people);* **-s of** tusenvis av; tusener av; **T: he's one in a ~** han er en av tusen.
thraldom*(,***US:** *thralldom)* ['θrɔ:ldəm] *subst; glds(= slavery)* trelldom; slaveri.
thrall [θrɔ:l] *subst; glds* **1***(=slave)* trell; slave; **2.** trelldom; *fig:* **in ~***(=spellbound)* tryllebundet *(fx her beauty held him in thrall).*
thrash [θræʃ] *vb* **1.** pryle; denge; **2.** *sport* **T***(=beat decisively)* slå (ettertrykkelig); **T:** banke; **be -ed** bli slått (ettertrykkelig) *(fx our team was thrashed eight–nil);* **3.:** *se thresh;* **4.: ~ about***(=toss about)* kaste på seg *(fx the wounded animal thrashed about on the ground);* **5.** *med armene(=wave)* veive med *(fx he was thrashing his arms);* **6.: ~ out** diskutere seg frem til *(fx an agreement);* **they -ed it out between them** de diskuterte seg frem til en løsning.
thrasher ['θræʃə] *subst; zo(=thresher (shark))* revehai.
thrashing ['θræʃiŋ] *subst; også fig:* juling *(fx I'll give you a thrashing at tennis next week);* **he needs a good ~** han trenger en god omgang juling.

I. thread [θred] *subst* **1.** tråd; **sewing ~***(=sewing cotton)* sytråd; **the button was hanging on a ~** knappen hang i en tråd; *fig; i fortelling:* **lose the ~** miste tråden; *fig:* **resume***(=pick up)* **the ~** ta opp tråden; *fig:* **his life hangs by a ~** livet hans henger i en tråd; **2.: (screw) ~** (skrue)gjenge(r); **external***(=male)* **~** utvendige gjenger; **internal***(= female)* **~** innvendige gjenger; **round***(=knuckle)* **~** runde gjenger; **square ~** flate gjenger; **(sharp) V-~** skarpe gjenger; **trapezoidal ~** trapesgjenger; **strip the ~ of a nut** skru (*el.* trekke) en mutter over gjenge.
II. thread *vb* **1.: ~ a needle** træ (*el.* tre) i en tråd; træ (*el.* tre) en nål *(fx I can't thread this needle);* **2.** *mask:* skjære utvendige gjenger i (*el.* på); *(jvf II. tap 6);* **3.: ~ one's way through the crowd** sno seg frem gjennom menneskemengden.
threadbare ['θred,bɛə] *adj* **1.** *om klær(=worn thin; shabby)* (lo)slitt; tynnslitt; **2.** *fig(=hackneyed; trite)* fortersket; forslitt *(fx argument).*
thread depth*(=depth of thread) mask:* gjengedybde.
threaded ['θredid] *adj; mask:* gjenget; **~ bolt** gjengebolt; **~ joint** gjengeskjøt; gjengeforbindelse.
thread-milling machine*(=thread miller)* gjengefres(emaskin).
threadworm ['θred,wə:m] *subst; zo* **1***(=pinworm)* barneorm; **2***(=filaria)* trådorm.
thready ['θredi] *adj* **1.** trådaktig; **2.** *om væske(= stringy)* seig; **3.** *med.; om puls(=weak)* svak.
threat [θret] *subst; også fig:* trus(s)el (*to* mot).
threaten ['θretən] *vb:* true (*with* med).
threatening *adj:* truende.
three [θri:] **1.** *tallord:* tre; **2.** *subst:* tretall; treer.
three-cornered ['θri:,kɔ:nəd] *adj:* trekantet; tresnutet; **~ hat** tresnutet hatt.
three-D*(=3-D)* [,θri:'di:] **1.** *subst:* tredimensjonalt bilde; tredimensjonal virkning; **2.** *adj(=three -dimensional)* tredimensjonal *(fx a three-D picture).*
three-dimensional [,θri:dai'menʃənəl] *adj:* tredimensjonal.
three-figure ['θri:,figə] *adj(=of three figures)* tresifret.
threefold ['θri:,fould] **1.** *adj(=triple)* tredobbelt; trefoldig; **2.** *adv(=three times as much)* tre ganger så mye; tredobbelt.
three-pin plug *elekt:* stikkontakt med tre plugger.
three-ply ['θri:,plai] *adj:* tretrådet *(fx wool).*
three-point landing 1. *flyv:* trepunktlanding; **2.** *fig:* heldig avslutning.
threescore ['θri:,skɔ:] *tallord; glds(=sixty)* tre snes; seksti.
thresh [θreʃ] *vb; landbr:* treske.
thresher ['θreʃə] *subst* **1.** tresker; treskekar; **2.** *zo(=thrasher (shark))* revehai.
threshing machine *landbr:* treskeverk.
threshold ['θreʃ,ould] *subst* **1.** *stivt(=door sill)* dørterskel; **2.** *fig:* terskel; **be on the ~ of one's career** stå ved inngangen til sin karriere; stå på terskelen til sin karriere; **~ of consciousness** bevissthetsterskel; **~ of pain** smerteterskel.
threshold value *fys, etc:* terskelverdi.
threw [θru:] *pret av II. throw.*
thrice [θrais] *adv; glds el. litt.(=three times)* tre ganger.
thrift [θrift] *subst* **1.** sparsommelighet; nøysomhet; økonomisk sans; **2.** *bot(=sea pink)* fjærekoll.
thrifty ['θrifti] *adj:* sparsommelig; nøysom *(fx thrifty, hard-working farmers).*
I. thrill [θril] *subst* **1***(=shudder of excitement)* velbehagelig gys *(fx of pleasure; of expectation);* **2.** spennende opplevelse *(fx meeting the Queen was*

a great thrill); **it's a real ~** det er virkelig spennende.

II. thrill *vb:* **we were -ed to hear that . . .** vi syntes det var spennende å høre at . . .; **she was -ed at***(=by)* **the invitation** hun syntes det var spennende å bli invitert; **the film -ed the audience** filmen begeistret publikum; **they were -ed with joy (,horror)** de grøsset av fryd (,forferdelse); **T: I'm not -ed to bits about it** jeg er ikke overbegeistret for det.

thriller ['θrilə] *subst; om bok, film, etc:* grøsser.

thrilling ['θriliŋ] *adj(=very exciting)* meget spennende.

thrive [θraiv] *vb(pret: thrived; sj: throve; perf. part.: thrived; glds el. litt.: thriven)* **1.** trives *(fx plants thrive in good soil);* **children ~ on milk** barna trives med å få melk; **~ on hard work** trives med hardt arbeid; **2.** *fig(=do well)* gå godt; blomstre *(fx his business is thriving).*

thriving ['θraiviŋ] *adj(=flourishing)* blomstrende *(fx a thriving business).*

throat [θrout] *subst* **1.** hals; svelg; strupe *(fx cut sby's throat);* **have a sore ~** ha vondt i halsen; **clear one's ~** harke; **paint sby's ~** pensle en i halsen; **it stuck in his ~***(=he choked on it)* han fikk det i halsen (ɔ: i vrangstrupen); **the words stuck in his ~** ordene ble sittende fast i halsen på ham; *fig:* **ram sth down sby's ~** gi en noe inn med skjeer; tvangsfôre en med noe *(fx ram figures down sby's throat);* **2.** *mar; på anker:* hals.

throaty ['θrouti] *adj; om stemme:* guttural; dyp *(fx she has a very throaty voice for a woman); (= hoarse)* hes *(fx she sounded rather throaty on the phone).*

I. throb [θrɔb] *subst:* dunking; banking; regelmessige dunk (*el.* slag); pulsering; **the ~ of her sore finger** dunkingen i den vonde fingeren hennes.

II. throb *vb* **1.** slå; dunke *(fx the engine was throbbing gently);* **2.** *litt. el. fig(=beat)* slå; **her heart -bed with excitement** hjertet hennes slo raskt av spenning.

throbbing *adj:* bankende; pulserende.

throes [θrouz] *subst; pl; også fig:* **death ~** dødskamp; *stivt el. spøkef:* **in the ~ of***(=in the middle of)* midt oppe i *(fx a country in the throes of a minor revolution).*

thrombosis [,θrɔm'bousis] *subst; med.:* trombose; **coronary ~** koronartrombose; koronarblodpropp.

thrombus ['θrɔmbəs] *subst; med.:* trombe; blodpropp; *(jvf thrombosis).*

I. throne [θroun] *subst; også fig:* trone; **come to the ~***(=Throne)* bestige tronen; komme på tronen.

II. throne *vb; meget stivt(=put on the throne; install)* sette på tronen; innsette *(fx a new king).*

throne room tronsal.

I. throng [θrɔŋ] *subst; stivt el. litt.(=crowd):* **a ~ of people** en menneskemengde.

II. throng *vb; stivt(=crowd)* stimle sammen i; **streets -ed with people** gater fulle av mennesker; **they -ed into the theatre** de strømmet inn i teateret i samlet flokk.

throstle ['θrɔsəl] *subst; zo; poet: se thrush.*

I. throttle ['θrɔtəl] *subst* **1***(=throttle valve)* spjeldventil; **2***(=accelerator pedal)* gasspedal; **jab the ~** trå hardt på gasspedalen; **open up the ~***(=go faster)* gi gass; *flyv:* **cut the ~** slå av motoren.

II. throttle *vb* **1***(=strangle)* kvele; strupe; *fig:* **trade was being -d by the government** regjeringen la vanskeligheter i veien for handelen; **2.** *mask:* drosle.

throttle control*(=throttle lever) mask:* bensinregulering; gassregulering.

throttle valve*(=choke) mask:* spjeldventil.

I. through [θru:] *prep* **1.** gjennom; **let sby ~** la en slippe gjennom; **read ~ sth** lese gjennom noe; **she sat ~ the concert** hun overvar hele konserten; hun satt hele konserten ut; **2.** på grunn av; pga.; **~ no fault of his** uten at han hadde noen skyld; **he got the job ~ a friend** hun fikk jobben gjennom (*el.* ved hjelp av) en venn; **3. US: I go to work Monday ~ Friday***(=I go to work from Monday to Friday)* jeg går på arbeidet fra mandag til og med fredag.

II. through *adj* **1.** gjennomgående *(fx train);* **2.** *tlf:* **you're ~** De har forbindelse; **get ~ to sby** få forbindelse med en; **3***(=finished)* ferdig *(fx are you through yet?);* **I'll be ~ writing in a few minutes** jeg er ferdig med å skrive om noen minutter; **T: you're ~ here!** her (hos oss) er du ferdig! **T: I'm ~ with him** jeg er ferdig med ham.

III. through *adv:* (i)gjennom; **he went straight ~** han gikk rett (i)gjennom; *også fig:* **get ~** komme seg (i)gjennom *(fx although I was worried about the exam, I got through okay);* **we must see the plan ~** vi må sørge for at planen blir gjennomført; **~ and ~** tvers igjennom *(fx he's a gentleman through and through).*

throughout [θru:'aut] **1.** *prep:* gjennom hele *(fx throughout the war);* **~ the country** over hele landet; **2.** *adv:* helt igjennom; tvers igjennom; **remain faithful ~** forbli trofast til det siste.

through ticket gjennomgangsbillett.

throve [θrouv] *pret av thrive.*

I. throw [θrou] *subst* **1.** kast *(fx that was a good throw);* **2.** *fig:* **they live a stone's ~ away** de bor bare et steinkast unna; **3.** *mask:* **~ of crankshaft** veivakselslag.

II. throw *vb(pret: threw; perf. part.: thrown)* **1.** kaste *(fx a ball to sby);* **~ stones at** kaste stein på; **he threw himself to***(=on)* **the ground** han kastet seg ned på bakken; **can you ~ well?** er du flink til å kaste? **~ me that book!** kast hit den boka! **a horse that -s its rider** en hest som kaster av rytteren; **2.** *med terning:* kaste; slå; **~ a six** slå en sekser; **3.** *på pottemakerskive:* dreie; forme; **4. T***(=baffle; confuse)* forvirre *(fx he was completely thrown by her question);* **the last question on the test paper threw me** det siste spørsmålet på prøven gjorde meg forvirret; **5.** *i brytning:* kaste; **6***(=construct (temporarily))* bygge (provisorisk) *(fx a pontoon bridge over the river);* **7.** *om dyr(=give birth to)* kaste; få; **she threw large litters** hun fikk store kull; **8***(=twist (into a thread))* sno; tvinne (garn); **9.: ~ a fit***(=have a fit)* 1. få et anfall; 2. *fig* **T: my mother nearly threw a fit when she discovered where I'd been** min mor fikk nesten et anfall da hun oppdaget hvor jeg hadde vært; **10. T***(=give; hold):* **~ a party** holde et selskap; **11.** *sport* **T: ~ the fight** tape kampen (med hensikt); **12.: ~ about***(=throw around)* 1. kaste omkring (seg); strø om seg med *(fx he threw his papers about);* 2. *fig:* **~ one's money about***(=splash one's money about)* slå (*el.* strø) om seg med penger; *(se også I. weight: throw one's ~ about);* **13.: ~ oneself at** 1*(=rush violently at)* kaste seg mot; 2. *fig(=thrust oneself on)* kaste seg om halsen på *(fx she threw herself at him);* **14.: ~ away** 1. kaste; kvitte seg med *(fx one's old clothes);* 2. *om sjanse:* kaste bort; kaste vrak på; 3. *penger:* kaste bort; *fig:* **~ oneself away** kaste seg bort (*on* på) *(fx she threw herself away on an old man);* **15.: ~ back** 1. kaste tilbake; **the cliffs ~ back an echo** klippene kaster lyden tilbake; 2. *fig:* **he was -n back on**

his own resources han ble henvist til seg selv; **16.:** ~ **down** 1. kaste ned; 2. *fig:* ~*(=pour)* **money down the drain** kaste pengene ut av vinduet; **17.:** ~ **in** 1. kaste inn; 2. gi attpå; **get sth -n in (for good measure)** få noe på kjøpet; få noe attpå; **buy four packets and I'll** ~ **in a fifth one free** kjøp fire pakker, så skal jeg gi deg en femte på kjøpet; 3. *fotb:* ta innkast; 4. *fig:* **he threw in a rude remark** han kom med en uforskammet bemerkning; 5. *mask(=engage)* kople inn *(fx throw in the clutch);* 6.: ~ **in one's hand***(=give up)* gi opp; 7.: ~ **in one's lot with** slå seg sammen med; gjøre felles sak med; *(se også I. sponge 5);* **18.:** ~ **oneself into one's work** kaste seg over arbeidet; **she threw herself into looking after the children** hun gikk helt og fullt inn for å ta seg av barna; *(se I. relief 6);* **19.:** ~ **off** 1. kaste av *(fx he threw it off; he threw off his coat and sat down);* 2*(=get rid of)* kvitte seg med; bli kvitt *(fx she finally managed to throw off her cold);* **20.:** ~ **on** 1. kaste på *(fx he threw it on the fire);* 2. *om klær:* slenge på seg *(fx a dressing gown);* 3. *litt.:* **he threw himself on the mercy of the judge** han satte sin lit til at dommeren skulle vise mildhet; 4. *fig:* ~ **cold water on***(=pour cold water on; discourage)* slå kaldt vann på *(fx she often has good ideas but her boss throws cold water on all of them);* ~ **cold water on sby** slå kaldt vann i blodet på en; 5. *fig:* ~ **light on sth** kaste lys over noe; ~ **a sidelight on sth** kaste et streiflys over noe; **21.:** ~ **open** 1*(=open suddenly)* slå opp *(fx he threw open the door and walked in);* slenge opp; 2. gi uhindret adgang til; **the house was -n open to the public** publikum fikk fri adgang til huset; **the competition was -n open to the public** alle fikk adgang til å delta i konkuransen; **22.:** ~ **out** 1. kaste ut; hive ut *(fx he was thrown out of the meeting);* 2*(=confuse)* forvirre *(fx the question threw him out);* 3. *mask(=disengage)* kople ut *(fx the clutch);* 4*(=send out)* sende ut; gi fra seg *(fx the fire threw out heat);* 5*(=make):* ~ **out a remark** komme med en bemerkning; 6*(=reject)* forkaste *(fx the committee threw out the proposal);* 7.: **he threw out his chest and sang** han skjøt brystet frem og sang; **23.:** ~ **over** 1. kaste over *(fx he threw the ball over the fence);* 2. *fig:* ~ **sby over** slå opp med en (*for* til fordel for) *(fx she threw him over for someone with more money);* **24.:** ~ **together** 1. *fig:* føre sammen *(fx fate threw us together);* 2. *fig:* kaste i armene på hverandre *(fx she tries to throw those two young people together);* 3. samle sammen (i all hast) *(fx she threw her clothes together and put them in a suitcase);* 4. *om måltid(=knock together)* slenge sammen *(fx he threw together a delicious curry);* **25.:** ~ **up** 1. kaste opp *(fx he threw it up to me);* 2. løfte *(fx he threw up his hands in horror);* 3. *neds(=build hurriedly)* smøre opp *(fx they threw up a temporary building; new houses thrown up almost overnight);* 4. **T***(=give up)* gi opp *(fx all intellectual work);* **he threw up his job** han sluttet i jobben (sin); 5*(=produce; bring forth)* frembringe *(fx every generation throws up its own leaders);* 6. **T***(=vomit)* kaste opp.

throwaway ['θrouə,wei] *adj* **1***(=disposable)* som kan kastes etter bruk; engangs-; **2***(=casual)* lett henkastet *(fx remark).*

throwback ['θrou,bæk] *subst; biol(=reversion)* reversjon; atavistisk individ; **T: he looks like a** ~ **from the Stone Age** han ser ut som et steinaldermenneske.

thrown [θroun] *perf. part. av II. throw.*

thru [θru:] **US:** *se through.*

I. thrum [θrʌm] *subst:* garnende; trådende; stump (av renningen).

II. thrum *vb* **1***(=strum)* klimpre; **2.** *om vedvarende lav lyd:* tromme *(fx the rain was thrumming on the roof).*

thrush [θrʌʃ] *subst; zo:* trost; **song** ~ *(,poet: mavis)* måltrost.

I. thrust [θrʌst] *subst* **1***(=push)* støt; dytt; skubb; **2***(=stab)* utfall; støt *(fx with a sword);* **3.** *mil; stivt:* **(forward)** ~*(=drive; push)* fremstøt; **4.** *flyv:* trekkraft; ~ **horsepower** reaksjonskraft (*el.* trekkraft) målt i hestekrefter.

II. thrust *vb* **1.** *stivt(=push)* puffe; dytte; skubbe; ~ **forward** trenge seg frem; **2.** *med kraft:* stikke *(fx a spade into the ground);* ~ **a dagger into her heart** stikke en dolk i hjertet på henne; **3.:** ~ **sth on sby***(=force sth on sby)* påtvinge en noe *(fx he thrust £100 on me);* **4.:** ~ **oneself on sby***(=force oneself on sby)* tvinge seg inn på en; påtvinge en sitt selskap.

thrust bearing *mask:* trykklager.

I. thud [θʌd] *subst:* dunk; dump lyd; **he dropped the book with a** ~ boken hans falt i gulvet med et dunk.

II. thud *vb:* dunke; lage en dump lyd; **the tree -ded to the ground** treet gikk i bakken med et dunk.

thug [θʌg] *subst(=hoodlum)* smågangster; råtamp; aggressiv bølle *(fx he was attacked by thugs).*

I. thumb [θʌm] *subst* **1.** *anat:* tommelfinger; tommel; tommeltott; **2.: his fingers are all -s** han har ti tommeltotter; **3.** *fig:* **have a green** ~ ha grønne fingre; **4.** *fig:* **give the -s down on** vende tommelen ned for *(fx a proposal);* **-s up!** lykke til! **5.: be under sby's** ~ være under ens tommel; **he's under his wife's** ~*(=he's henpecked)* han er under tøffelen; **6.: rule of** ~ tommelfingerregel *(fx I usually work by rule of thumb).*

II. thumb *vb* **1.:** ~ **through***(=flick through; leaf through)* bla (raskt) gjennom *(fx a book);* **2.:** ~ **one's nose at** peke nese av; **3.:** ~ **(lifts)***(=hitchhike)* reise på tommelen; *(se well-thumbed).*

thumbnail ['θʌm,neil] *subst; anat:* tommelfingernegl.

thumbnail sketch rask (*el.* løs) skisse.

thumbnut ['θʌm,nʌt] *subst(=wing nut)* vingemutter.

thumbprint ['θʌm,print] *subst:* tommelfingeravtrykk.

thumbscrew ['θʌm,skru:] *subst* **1.** fingerskrue; **2.** *torturinstrument:* tommeskrue.

thumbs-down [,θʌmz'daun] *subst* **T: he gave it the** ~*(=he gave the thumbs-down on it)* han vendte tommelen ned for det.

thumbs-up [,θʌmz'ʌp] *subst* **T: he gave it the** ~*(=he gave the thumbs-up on it)* han godkjente det.

thumbtack ['θʌm,tæk] *subst* **US***(=drawing pin)* tegnestift.

I. thump [θʌmp] *subst:* dunk; tungt slag.

II. thump *vb:* dunke; **his heart was -ing** hjertet dunket i brystet på ham; **the bag -ed on to the floor** vesken havnet i gulvet med et dunk.

thumping *adj* **T***(=very big)* kjempe- *(fx election victory);* ~ **good***(=very good)* kjempegod; veldig god.

I. thunder ['θʌndə] *subst* **1.** torden; **clap of** ~*(=thunderclap; crashing thunder)* tordenbrak; tordenskrall; ~ **was rolling***(=rumbling)* **far off in the mountains** tordenen rullet langt inne i fjellet; **the distant rumble of** ~ tordenen som rullet i det fjerne; **2.** *fig:* torden; **3.** *fig:* **steal sby's** ~ 1. ta æren for noe en annen har gjort; 2. ta ordet ut av munnen på en (ɔ: komme en i forkjøpet ved at man forutser hva han el. hun har tenkt å si).

II. thunder *vb* **1.** tordne; **it started to ~ and lighten** det begynte å lyne og tordne; **2.** *fig:* tordne; buldre; **~ down the stairs** løpe nedover trappen så det dundrer.

thunderbolt ['θʌndə,boult] *subst* **1.** tordenslag; **2.** *fig; stivt(=sudden great surprise)* fullstendig overraskelse *(fx his arrival was a complete thunderbolt); (jvf I. bolt 3: like a ~ from the blue).*

thunderclap ['θʌndə,klæp] *subst:* tordenbrak; tordenskrall.

thundercloud ['θʌndə,klaud] *subst:* tordensky.

thundering *adj* **T***(=very big):* **he's a ~ idiot** han er en kjempetosk.

thunderous ['θʌndərəs] *adj:* tordnende *(fx applause).*

thunderstorm ['θʌndə,stɔ:m] *subst:* tordenvær.

thunderstruck ['θʌndə,strʌk] *adj:* som rammet av lynet; lamslått.

thundery ['θʌndəri] *adj:* torden- *(fx weather);* **it feels ~** det kjennes ut som om det skal bli tordenvær.

Thursday ['θə:zdi] *subst:* torsdag.

thus [ðʌs] *adv* **1.** *glds el. stivt(=in this way)* slik; således; **2***(=and so; stivt: therefore)* derfor; **~ he was able to buy a car** derfor kunne han kjøpe (en) bil; **3.** *stivt:* **~ far***(=so far)* hittil.

I. thwack [θwæk] *subst* **T***(=whack)* kraftig slag (med noe flatt); *om lyden:* kraftig klask; **he struck the water with a ~** han traff vannet med et klask.

II. thwack *vb* **T:** gi et kraftig rapp; rappe til.

I. thwart [θwɔ:t] *subst; mar:* tofte; rorbenk.

II. thwart *vb:* komme i veien for *(fx sby's plans);* komme på tvers av *(fx sby's wishes);* **he doesn't like to be -ed** han liker ikke å bli motarbeidet; **they -ed the plan** de forpurret planen; **like a -ed child** som et barn som ikke får viljen sin.

thy [ðai] *pron; glds:* din; ditt; *pl:* dine; *(jvf thine).*

thyme [taim] *subst; bot:* timian.

thyroid ['θairɔid] *adj:* skjoldbrusk-.

thyroid cartilage *anat:* skjoldbrusk.

thyroid gland *anat:* skjoldbruskkjertel.

thyself [ðai'self] *pron; glds(=yourself)* du selv; deg selv; *brukt refleksivt:* deg.

tiara [ti'a:rə] *subst(=headpiece with jewels)* tiara.

Tibet [ti'bet] *subst; geogr:* Tibet.

Tibetan [ti'betən] **1.** *subst:* tibetaner; *språket:* tibetansk; **2.** *adj:* tibetansk.

tibia ['tibiə] *subst; anat(=shinbone)* skinneben.

tic [tik] *subst:* ansiktstrekning; trekning *(fx she has a nervous tic below her left eye).*

I. tick [tik] *subst* **1.** tikk(ing); **2. T***(=moment):* **wait a ~** vent et øyeblikk; **I'll be with you in two -s** jeg kommer om to små strakser; **3.** *ved avmerking:* hake; merke; **he put a ~ by her name on the list** han satte merke ved navnet hennes på listen; **4.** *zo:* blodmidd; **sheep ~** sauelus; **wood ~** flått; skogbjørn; **5.** *tekstil:* bolster (for pute el. madrass); **6. T: on ~***(=on credit)* på kreditt; **T:** på krita; på bok; på borg.

II. tick *vb* **1.** *om tid:* **~ away** tikke og gå *(fx time was ticking away);* **as the hours -ed by** ettersom timene gikk; **2. T: I'd like to know what makes him ~** jeg skulle gjerne vite hvordan han er innrettet; **that's what makes me ~!** det er 'det som får meg til å fungere! **3.** *på liste, etc:* **~ (off)** krysse av; sette merke ved; **4. T: ~ sby off***(=tell sby off)* gi en en overhaling *(fx his father ticked him off for his impudence);* **get -ed off** få en overhaling (*el.* skrape); **5.: ~ over** 1. *mask(=idle)* gå på tomgang; 2. *fig:* **keep the firm -ing over until I get back** hold firmaet i gang til jeg kommer igjen; **our sales are -ing over nicely at the moment** det er fin fart på omsetningen vår for øyeblikket.

ticker ['tikə] *subst* **1. US***(=tape machine)* børstelegraf; **2. S***(=watch)* klokke; **3. S***(=heart)* hjerte.

ticker tape telegrafstrimmel; *(jvf ticker 1).*

I. ticket ['tikit] *subst* **1.** billett *(for* til); **book of -s** billetthefte; **two -s at 50p (each)***(,***T:** *two at 50p)* to billetter à 50p; **buy***(=take)* **a ~***(=book (a ticket))* kjøpe (*el.* løse) billett; **he bought a second -class ~** han kjøpte billett til annen klasse; **buy a ~ for a play***(=book (a seat) for a play)* kjøpe billett til et teaterstykke; **2.: price ~***(=price tag; price tab)* prislapp; **3.: parking ~** rød lapp; gebyrlapp; *(jvf parking fine & ticket fine);* **4.** *mar* **T: master's ~***(=master's certificate)* skipsførerbevis; *flyv(=pilot's licence)* (fly)sertifikat; *(se pilot's licence);* **5.** *polit* **US***(=platform; party programme)* partiprogram; **6. US***(=list of candidates put forward in an election)* nominasjonsliste *(fx he's on the Democratic ticket);* **7.** *mil:* **get one's ~***(=be discharged from the armed forces; get one's certificate of discharge)* bli dimittert; **8.** *lett glds* **T: just the ~** (nettopp) tingen; det riktige.

II. ticket *vb* **1.** sette (merke)lapp på; **2. US***(=give a ticket fine)* gi en forenklet forelegg *(fx she was ticketed for illegal parking).*

ticket attendant *ved idrettsstevne, etc:* billettør.

ticket collector *jernb:* billettkontrollør; *(jvf gatekeeper).*

ticket control*(=ticket inspection;* **US:** *ticket inspection)* billettkontroll; *(jvf barrier 2).*

ticket counterfoil*(=ticket stub;* **US:** *(ticket) stub)* billettstamme.

ticket fine *jur; som alternativ til bot:* forenklet forelegg; **give sby a ~** gi en forenklet forelegg.

ticket inspector *jernb:* togkontrollør; *(jvf ticket collector).*

ticket-issuing machine*(=ticket-printing machine) jernb:* billettmaskin.

ticket machine: (automatic) ~ billettautomat.

ticket office*(=booking office)* billettkontor.

ticket punch*(=clipper)* billettsaks; billettang.

ticket queue billettkø.

ticket tout person som kjøper opp billetter til idrettsstevne, etc og jobber på dem.

ticket touting jobbing på billetter.

ticking ['tikiŋ] *subst:* bolsterstoff (til madrass, etc).

ticking-off [,tikiŋ'ɔf] *subst* **T***(=telling-off)* skjennepreken; overhaling *(fx give sby a ticking-off).*

I. tickle ['tikəl] *subst:* noe som kiler; kiling; **he got a ~ in his throat** det begynte i kile i halsen hans.

II. tickle *vb* **1.** kile; kildre; pirre; **~ the palate** pirre ganen; **my nose -s** jeg klør i nesen; det kiler i nesen; *fig:* **the toy -d his fancy** han syntes leketøyet så morsomt ut; **2. T.: be -d pink***(=be very pleased)* være (,bli) svært fornøyd (*el.* glad) *(fx he was tickled pink when they asked him to dinner).*

tickler ['tiklə] *subst* **1.** en (,noe) som kiler; **2. T***(=difficult problem; delicate problem)* vrient (*el.* kinkig) problem.

ticklish ['tikliʃ] *adj* **1.** kilen; **2. T***(=difficult)* vanskelig *(fx situation);* **3. T***(=touchy)* kilden; ømtålig *(fx subject);* nærtagende *(fx he's ticklish about his baldness).*

ticktack ['tik,tæk] *subst* **1***(system of hand signals used by bookmakers to pass information about the state of betting)* tegnsystem som brukes av bookmakere på veddeløpsbanen for å formidle opplysninger om odds, etc. til hverandre; **2. US***(=ticktock): se ticktock.*

tick-tack-toe [,tiktæk'tou] *subst; spill* **US***(=noughts*

and crosses) tripp-trapp-tresko.
ticktock ['tik,tɔk] *(,US: ticktack)* **1.** *subst(=ticking)* tikking; tikk-takk; tikk-tikk; **2.** *vb:* tikke.
tidal ['taidəl] *adj:* tidevanns- *(fx erosion).*
tidal dock*(=wet dock)* tidevannsdokk.
tidal lands tidevannsbelte.
tidal water*(=tide)* tidevann.
tidal waters *pl:* strømfarvann; farvann hvor tidevannet gjør seg (spesielt) merkbart.
tidal wave flodbølge.
tidbit ['tid,bit] *subst* **US***(=titbit)* godbit; lekkerbisken.
tiddler ['tidlə] *subst* **T:** småfisk; **he caught only -s** han fikk bare småfisk.
tiddly ['tidli] *adj* **T:** pussa *(fx she got tiddly on brandy).*
tiddlywinks ['tidli,wiŋks] *subst:* loppespill.
I. tide [taid] *subst* **1.** tidevann; **flood (~)** flo; **high ~** høyvann; **low ~***(=ebb)* lavvann; fjære; **next low ~** neste lavvann; **the ~'s coming in** det flør; **the ~'s going out** det ebber; det er ebbe; **turn of the ~** tidevannsskifte; strømkantring; **2.** *fig:* **the ~ of public opinion** den vekslende offentlige mening; **swim against the ~** svømme mot strømmen; *(jvf neap tide; spring tide).*
II. tide *vb:* **he gave me £10 to ~ me over the weekend** han ga meg £10, slik at jeg skulle klare meg over helgen.
tidegate ['taid,geit] *subst(=tidelock)* tidevannssluse.
tidemark ['taid,ma:k] *subst* **1***(=high-water mark)* høyvannsmerke; **2. T:** svart rand i badekaret; svart rand som viser hvor langt ned på halsen man har vasket seg *(fx there's a tidemark round your neck!).*
tidewater ['taid,wɔ:tə] *subst* **1***(=tidal water; tide)* tidevann; **2. US***(=tidal waters): se tidal waters.*
tideway ['taid,wei] *subst* **1***(=strong tidal current)* sterk tidevannsstrøm; **2***(=tidal waters)* strømfarvann.
tidings ['taidiŋz] *subst; pl; glds el. litt.(=news)* nyhet(er); tidende(r); **good ~ of great joy** et gledelig budskap.
I. tidy ['taidi] *vb:* **~ (up)** rydde *(fx we must tidy this place up a bit; we must do some tidying up here; we must tidy up after ourselves);* **'Please ~ the room now'***(='Please do the room now')* 'Vær så snill å gjøre i stand rommet nå'.
II. tidy *adj* **1.** ryddig *(fx room; person);* ordentlig *(fx she's always neat and tidy);* **her hair never looks ~** hun ser aldri stelt ut på håret; **2. T***(=large):* **a ~ profit** en pen fortjeneste; **a ~ sum of money** en pen pengesum.
I. tie [tai] *subst* **1***(,***US:** *necktie)* slips; *på innbydelse:* **black ~** antrekk smoking; **T: white ~***(=(full) evening dress;* **US:** *white tie and tails)* kjole og hvitt; *(se bow tie);* **2.** *mus:* sløyfe; (binde)bue; **3. US***(=sleeper) jernb:* sville; **4.** *bygg; i takkonstruksjon(=tie beam)* bindebjelke; **5.** *fig:* bånd; **-s of friendship** vennskapsbånd; **he had no -s in this life***(=he had nothing to live for)* han hadde ikke noe som bandt ham til livet; han hadde ingenting å leve for; **T: a baby makes a ~***(=a baby makes one very tied)* man er svært bundet av en baby; **6.** *sport(=draw)* uavgjort kamp *(fx the result was a tie);* **7.** *sport:* **cup ~** cupturnering; **8.: a ~ in the voting***(=an equality of votes)* stemmelikhet.
II. tie *vb* **1.** knytte *(fx one's shoelaces);* feste; binde fast på *(fx a label on a parcel);* **she -d on her apron** hun tok på seg forkleet sitt; **the parcel was -d with string** pakken var bundet sammen med hyssing; **they -d the rope to a tree** de festet tauet til et tre; **the belt of this dress -s at the front** beltet på denne kjolen skal knyttes foran; **2.** *sport:* spille uavgjort (*with* mot); **two people -d for first place** to stykker kom på førsteplass; **3.: be -d to one's work** være bundet til arbeidet sitt; **I have my hands -d** mine hender er bundet; **4.: ~ sby down** 1. gjøre en bundet *(fx the baby ties her down a bit);* 2.: **he managed to ~ them down to a definite date** han fikk dem til å binde seg til en bestemt dato; **5.: ~ in with***(=agree with)* stemme med *(fx this doesn't tie in with what he said before);* **6.: ~ up** 1. binde sammen; pakke inn *(fx a parcel);* 2. *om kapital(=lock up)* binde; båndlegge *(fx capital);* 3.: **~ up some loose ends** gjøre seg ferdig med noen små detaljer som gjenstår; 4. **T: ~ sby up in knots** bunte en; slå en sønder og sammen; 5.: **~ up with***(=agree with)* stemme med *(fx this ties up with what you were told before);* **7.: be -d up***(=be busy)* opptatt *(fx I'm a bit tied up tonight; I'm tied up with other things);* **8.: be -d up with***(=be connected with)* henge sammen med *(fx his depression is tied up with his home life).*
tie beam *tøm:* bindebjelke; strekkbjelke; hanebjelke.
tie clip slipsnål.
tied aid bundet uhjelp; bundet bistand.
tied house 1. pub som er forpliktet til å selge bare ett bryggeris produkter; *(mots: free house);* **2.** hus som følger med stillingen.
tie-on ['tai,ɔn] *adj:* til å knytte på.
tiepin ['tai,pin] *subst:* slipsnål.
I. tier [tiə] *subst* **1.** rekke; **-s** (trinnvis stigende) rekker *(fx the seats were arranged in tiers; they sat in the front(=first) tier);* **2.** lag; høyde; **a three-~ cake** en trelags kake; **3.** *bygg:* **~ of beams** bjelkelag.
tie rod *i bil:* parallellstag.
tie-up ['tai,ʌp] *subst(=link; connection)* forbindelse; tilknytning *(fx a political tie-up with gangsters).*
tiff [tif] *subst* **T:** knute på tråden; liten trette *(fx they've had a tiff; she's had a tiff with her boyfriend).*
tiger ['taigə] *subst; zo:* tiger.
tiger moth *zo:* bjørnespinner.
tiger shark *zo:* tigerhai.
I. tight [tait] *adj* **1.** tett *(fx barrel; joint; roof);* **air~** lufttett; **water~** vanntett; **2.** stram; trang; fast; **the lid was too ~** lokket satt for fast på; **the drawer's a little ~** skuffen går litt trangt (*el.* trått); **a ~ nut** en mutter som er trukket hardt til; **a ~ knot** en hard (*el.* stram) knute; **it was a ~ squeeze** det var (,ble) trangt (om plassen); **3.** *fig:* stram; fast *(fx literary style);* **a ~ schedule** et stramt tidsskjema; *om pengemarked:* stramt; **4.** *sport; om kamp(=close)* jevn; **5. T***(=mean; stingy):* **he's ~ (with his money)** han er gjerrig; han er påholden med pengene sine; **6. T***(=drunk)* full; **7. T: get up ~ about sth** hisse seg opp over noe; **8. T: sit ~** bli hvor man er *(fx the best thing is to sit tight and see if things improve);* **9.: she keeps a ~ rein on her emotions** hun har sine følelser under god kontroll; **10. T: be in a ~ corner***(=spot)* være i knipe (*el.* klemme); **T:** være ute å kjøre; **put sby in a ~ spot** sette en i klemme.
II. tight *adv:* tett; **T: sleep ~!***(=sleep well!)* sov godt! **the door was shut ~***(=tightly)* døren sluttet tett til; *(jvf tightly).*
tighten ['taitən] *vb* **1.** stramme *(fx a rope);* stramme seg; **~ (up) the nuts** etterstramme mutrene; **2.** *fig:* **~ one's belt** spenne inn livremmen; **3.** *fig:* **~**

up skjerpe *(fx the rules);* ~ **up on tax dodgers** gå hardere til verks mot skattesnytere.
tightening washer *mask:* pakningsskive.
tight-fisted [,tait'fistid; *attributivt:* 'tait,fistid] *adj* **T**(*=mean)* gjerrig; gnieraktig.
tight fit 1(*=drive fit)* drivpasning; **2.** *om tøy:* **be a** ~(*=fit tightly)* sitte stramt; være ettersittende.
tight-fitting [,tait'fitiŋ; *attributivt:* 'tait,fitiŋ] *adj:* stramtsittende; ettersittende.
tight-lipped ['tait,lipt] *adj* **1.** med sammenknepen munn; **she was ~ with anger** hun var sammenbitt og sint; **2**(*=taciturn)* fåmælt; ordknapp.
tightly ['taitli] *adv:* tett; stramt; ~ **packed**(*=packed tightly)* tettpakket; **a~-packed programme** et tettpakket program.
tightrope ['tait,roup] *subst; i sirkus:* line; *(jvf high wire & slack rope).*
tightrope walker linedanser.
tights ['taits] *subst; pl* **1.** trikot; **2**(*=panty hose)* strømpebukse.
tigress ['taigris] *subst:* hunntiger.
I. tile [tail] *subst* **1.** takstein; **2.** flis; **floor** ~ gulvflis; **wall** ~ veggflis; **Dutch** ~(*=glazed tile)* kakkel; glassert flis; **3.** *landbr:* **drain** ~ dreneringsrør; teglrør; **4. T: (out) on the -s** på rangel; ute på galeien.
II. tile *vb* **1.** legge takstein på *(fx we've had the roof tiled);* **2.** fliselegge; legge fliser på *(fx a floor).*
tiled ['taild] *adj:* flislagt *(fx floor).*
tile layer(*=tile setter)* fliselegger.
I. till [til] *subst* **1.** kassaskuff; pengeskuff; **2**(*=cash register)* kasseapparat; kasse; **he rang up 50p on the** ~ han slo 50p i kassen; **3.** *i bank:* kasse; luke; **"~ closed"** "ingen ekspedering"; **4.: rob the** ~(*=dip into the till)* forsyne seg av kassen.
II. till *vb; landbr(=cultivate)* dyrke (opp); *(=plough)* pløye *(fx they tilled the fields).*
III. till *konj(=until)* til *(fx go on till you get to the station; I'll wait till two o'clock);* **I didn't know ~ five o'clock** jeg fikk ikke vite det før klokken fem; **I didn't know** ~(*=before)* **now that you were ill** jeg visste ikke før nå at du er (,var) syk; jeg har ikke visst før nå at du er (,var) syk.
tillable ['tiləbl] *adj(=arable)* dyrkbar.
tillage ['tilidʒ] *subst* **1**(*=tilling)* dyrking; **2**(*=tilled land)* dyrket mark (*el.* jord); jord under plogen.
tiller ['tilə] *subst* **1.** *mar:* rorkult; **2.** *bot(=sprout)* skudd (fra jordstengel).
I. tilt [tilt] *subst* **1.** *hist(=jousting contest)* turnering (til hest med lanse); **2** *hist(=thrust with a lance)* lansestøt; **3.** *fig(=dispute)* dyst; disputt; **4.** *fig(=attack):* **a ~ at** et angrep på *(fx his critics);* **5.: at a** ~ på skrå; skjev *(fx her hat was at a tilt);* **6**(*=speed):* **(at) full** ~(*=(at) full speed)* i full fart; **he ran full ~ into the old woman** han løp rett på den gamle damen.
II. tilt *vb* **1.** *hist(=joust)* turnere (til hest med lanse); **2.** *hist:* ~ **a lance** føre en lanse; rette en lanse (*at* mot); **3.** *fig(=attack)* angripe; gå løs på; ~ **at windmills** slåss med vindmøller; **4.** vippe *(fx he tilted his chair backwards);* **be -ing** stå skjevt; stå og vippe; **the table's -ing slightly** bordet står litt skjevt.
timbal ['timbəl] *subst; mus; glds(=kettledrum)* pauke.
I. timber ['timbə] *subst* **1**(*,US:* **lumber**) tømmer; tømmerskog *(fx a hundred acres of good timber);* trelast; (grovere) trevirke; **constructional** ~(*=merchantable timber)* gagnvirke; **drift** ~(*=floating timber)* drivtømmer; *(se ndf: unidentified timber);* **saw** ~(*=saw logs)* skurtømmer; sagtømmer; **square** ~(*=square)* firkantvirke; firkant; boks; **standing** ~ tømmer på rot; **trunk** ~ heltømmer; helt tømmer; *fløtningsuttrykk:* **unidentified** ~ krabbas; rektømmer; *(se ovf: drift timber);* **2.** bjelke; *mar:* (tre)spant; **3. US:** *se timberland.*
II. timber *vb:* bygge med tømmer; kle med tømmer.
timbered ['timbəd] *adj* **1**(*=wooded)* skogkledd; **2.** bygd av tømmer; tømmer-.
timber felling(*=felling;* **US:** *logging)* tømmerhogst.
timber floating(*,***US:** *log driving; log running; river driving)* tømmerfløt(n)ing.
timber grapple *forst:* tømmerklo.
timber hauler(*,***US:** *log trucker)* tømmerkjører.
timberhead ['timbə,hed] *subst; mar:* pullert.
timber hitch tømmerstikk.
timberland ['timbə,lænd] *subst(=timber forest)* tømmerskog.
timber line(*=tree line)* tregrense; skoggrense.
timber merchant trelasthandler.
timber mill(*=sawmill)* sagbruk.
timber technicians' school trelastskole.
timber trade trelasthandel.
timberyard ['timbə,ja:d] *subst(,***US:** *lumberyard)* trelasttomt.
timbre ['timbə; 'tæmbə] *subst; mus, fon, etc:* klang; klangfarge *(fx her voice had a pleasant timbre(=quality)).*
I. time [taim] *subst* **1.** tid; ~ **and space** tid og rom; **2**(*=lifetime)* levetid; tid *(fx she was a great singer in her time; in the time of Queen Anne; in Lincoln's time);* **3**(*=apprenticeship):* **work out one's** ~(*=complete one's apprenticeship)* stå læretiden ut; **he has almost finished his** ~ han er nesten ferdig med læretiden; **4. T: he's doing ~ for burglary** han soner (,T: sitter (inne)) for innbrudd; **5.** takt; *mus:* takt(art); **in** ~ i takt; **get out of** ~ komme ut av takt; *(jvf I. step 3);* **6.** *ved tidsangivelse:* **the ~'s two o'clock** klokken er to; **what ~ is it?** hvor mange er klokken? **7.** *om lønn:* **get paid double** ~ få 100% i overtidstillegg; få 100% overtid; **T:** ~ **and a half** 50% overtid; et overtidstillegg på 50%; **8.** gang; **four -s** fire ganger; **four -s four is sixteen** fire ganger fire er seksten; ~ **after** ~(*=time and again; again and again; over and over (again))* gang på gang; **two at a** ~ to om gangen; **9.: -s** tid(er); **in mediaeval -s** i middelalderen; **-s are hard** det er harde tider; **move with the -s** følge med tiden; **10.: it's ~ I told you** det er på tide at jeg forteller deg det; **11.: now's the** ~ nå er tiden inne; nå er det rette øyeblikket kommet; nå gjelder det; **now's the ~ to ask him** nå er det rette tidspunktet å spørre ham på; **the morning is the ~ to work** det er om morgenen man skal arbeide; morgenen er den rette tiden å arbeide på; **will this evening be a good ~ to mention it?** vil det være et gunstig tidspunkt å nevne det i kveld? **12.: I had a difficult ~ persuading him** det var vanskelig for meg å få overtalt ham; **13.: have a good** ~ ha det bra; ha gode dager; **we had a good ~ at the party** vi hadde det fint (*el.* hyggelig) i selskapet; **14.: about this ~ tomorrow** omtrent på denne tiden i morgen; **15.: ahead of** ~(*=ahead of schedule)* før tiden *(fx the bridge was finished ahead of time);* **16.: all the** ~ hele tiden; **17.: all in good** ~ alt til sin tid; i rett tid *(fx the work will be finished all in good time);* **18.: at -s**(*=occasionally; sometimes)* av og til; **19.: at the** ~(*=then; when it happened)* da (det skjedde); akkurat da *(fx I was away at the time; he was in his car at the time);* **at the ~ of the accident** da ulykken skjedde; **at the ~ of the wedding** da bryllupet fant sted; da bryllupet ble feiret; **20.** *stivt:* **be**

behind *~(=be late)* være forsinket *(fx the train's behind time);* **21.: for a long** *~(=for a long while)* 1. lenge; 2. på lenge; **for the ~ being** for øyeblikket; inntil videre; foreløpig; **22.: from that ~ (on)** fra da av; fra den tiden; **from ~ to** *~(=now and then)* fra tid til annen; av og til; **23.: have no ~ for** 1. ikke ha tid å avse til; 2. ha lite til overs for *(fx I've no time for people of that sort);* **24.: in ~** 1. i tide; tidsnok *(fx I arrived in time to catch the train);* 2. med tiden; 3. i takt *(fx they marched in time with the music);* **25.: in one's own ~** 1*(=at one's own rate)* i sitt eget tempo; 2. på egen tid; utenom arbeidstiden; **26.: in no ~ (at all)** på meget kort tid; på rekordtid; meget snart (*el.* fort) *(fx he arrived in no time);* **it took no ~ at all** det tok nesten ingen tid; **27.: make up for lost ~** ta igjen den tiden man har tapt; ta igjen det forsømte; **28.: mark ~** 1. *mil:* marsjere på stedet; 2. *fig:* stå på stedet hvil; **29.: on ~** presis *(fx the train arrived on time);* **30.: pass the ~ of day with** hilse flyktig på; **31.: save ~** spare tid; **32.: take one's ~** ta den tid(en) man trenger; ta seg god tid; **33.: waste ~** kaste bort tiden *(fx we mustn't waste time discussing unimportant matters);* **you're wasting your ~** du kaster bort tiden (din).

II. time *vb* **1.** ta tiden på; **2.** velge tidspunkt for; beregne tiden *(fx you timed your visit beautifully!);* **you -d it very well** du valgte et meget heldig tidspunkt; **3.** *fot:* **he -d the exposure for one second** han stilte inn eksponeringstiden på ett sekund.

time bill *merk(=term bill; period bill)* tidveksel.

time bomb tidsinnstilt bombe.

time card *på arbeidsplass(=clock card)* stemplingskort.

time clock stemplingsur; stemplingsklokke.

time-consuming ['taimkən,sju:miŋ] *adj:* tidkrevende.

time credit *merk:* tidsremburs; kredittremburs.

time deposit *bankv:* termininnskudd.

time deposit account *bankv:* oppsigelseskonto.

time exposure *fot:* tidseksponering; eksponering på tid.

time-honoured ['taim,ɔnəd] *adj:* hevdvunnen *(fx tradition).*

time immemorial: from *~(=time out of mind)* i uminnelige tider.

time interval*(=time lag)* tidsintervall.

timekeeper ['taim,ki:pə] *subst* **1.** timeskriver; **2.** *sport(=timer)* tidtaker; **chief ~** oppmann for tidtakere.

time lapse*(=lapse of time)* tidsforløp.

timeless ['taimlis] *adj:* tidløs *(fx work of art).*

time limit tidsfrist; tidsbegrensning.

timely ['taimli] *adj:* i rette tid; beleilig *(fx your arrival was most timely);* **a ~ visit** et besøk i rette tid.

time-out [,taim'aut] *subst; sport* **US***(=break)* pause.

timepiece ['taim,pi:s] *subst; stivt:* ur.

timer ['taimə] *subst:* tidtaker; *(se timekeeper 2).*

timeserver ['taim,sə:və] *subst:* øyentjener.

time-share flat andelsleilighet som disponeres for en begrenset tid hvert år *(fx he has a time-share flat in Spain).*

time-sharing ['taim,ʃɛəriŋ] *subst; EDB:* tidsdeling.

time sheet arbeidsseddel; timeseddel.

time signal tidssignal.

time signature *mus:* tempoangivelse; tempobetegnelse.

times sign*(=multiplication sign)* multiplikasjonstegn.

time switch *elekt:* tidsbryter.

timetable ['taim,teibəl] *subst* **1.** timeplan; tidsskjema; **it will be difficult for him to meet that ~** det vil bli vanskelig for ham å overholde den timeplanen; **2.** *skolev:* timeplan; **blank ~** timeplanformular; **draw up a ~** legge en timeplan; **3.: bus (,railway) ~** rutebok.

timetabling *subst:* timeplanlegging; **it would assist the job of ~ if . . .** det ville gjøre timeplanleggingen enklere hvis . . .; **owing to ~ difficulties** pga. vanskeligheter med å få lagt timeplanen.

time value *mus(=note value)* (notes) verdi *(fx the time value of each beat).*

timework ['taim,wə:k] *subst:* timebetalt arbeid.

timeworn ['taim,wɔ:n] *adj; litt. el. neds(=old; worn through long use)* medtatt av elde; gammel *(fx custom); spøkef:* **~ excuses** velbrukte unnskyldninger.

timid ['timid] *adj:* engstelig; fryktsom; sky; forknytt.

timidity [ti'miditi] *subst:* engstelighet; fryktsomhet; skyhet; forknytthet.

timing ['taimiŋ] *subst* **1.** tidsberegning; valg av tidspunkt *(fx the timing was excellent);* **2.** *sport:* tidtaking; **3.** *mask:* innstilling; regulering; **ignition ~** tenningsinnstilling.

timing chain *mask(=timing gear chain)* registerkjede.

timing gear *mask:* registerdrev; **camshaft ~** registerakseltannhjul.

timorous ['timərəs] *adj; litt.(=very timid)* forskremt; meget fryktsom.

timothy ['timəθi] *subst; bot:* **~ (grass)** timotei.

timpani ['timpəni] *subst; mus(=timps)* sett pauker.

timpanist ['timpənist] *subst:* paukeslager.

I. tin [tin] *subst* **1.** *min:* tinn; **2***(,***US:** *can)* blikkboks; boks; **cake ~** 1*(=baking tin)* kakeform; 2. kakeboks.

II. tin *vb* **1.** fortinne; **2***(=can)* hermetisere; legge ned på boks.

tin can*(=tin;* **US:** *can)* blikkboks.

tincture ['tiŋktʃə] *subst* **1.** *kjem:* tinktur *(fx of iodine);* **~ of opium***(=laudanum)* opiumsdråper; **2.** *stivt(=slight trace; shade)* antydning; svakt spor; **3.** *glds(=dye)* fargestoff.

tinder ['tində] *subst(=punk; touchwood)* knusk; tønder; **German ~** kjuke.

tinderbox ['tində,bɔks] *subst* **1.** *hist:* fyrtøy; **2.** *fig:* kruttønne; **a political and social** *~(=a potential political and social bomb(shell))* en politisk og sosial kruttønne.

tine [tain] *subst(=prong)* **1.** *på gaffel:* tann; **2.** *zo; på gevir:* takk; spiss.

tinfoil ['tin,fɔil] *subst:* tinnfolie; tinnfolium.

ting [tiŋ] **1.** *subst:* klingende lyd; pling; **2.** *int(= ding)* pling!

I. tinge [tindʒ] *subst; stivt el. litt.* **1.** *om farge(= touch)* anstrøk *(fx a tinge of red);* **2.** *fig(=touch)* anstrøk *(fx the music had a tinge of sadness).*

II. tinge *vb; stivt el. litt.* **1.** *om farge(=give a touch of)* gi et skjær (*el.* anstrøk) av *(fx dawn tinged the sky with pink);* **2.** *fig:* **her laughter was -d with anger***(=there was a trace of anger in her laughter)* latteren hennes røpet at hun var ergerlig.

tingle ['tiŋgəl] **1.** *subst:* prikking; kribling; **2.** *vb:* prikke; krible; **her (,his) skin -d** det prikket i huden; **my fingers are tingling***(=I've got pins and needles in my fingers)* det kribler i fingrene mine; *fig:* **she was tingling with excitement***(=she was very excited)* hun dirret av spenning.

tin god T: he's a little ~ han er en ordentlig liten pave.

tin hat *mil:* (stål)hjelm.

I. tinker ['tiŋkə] *subst; hist:* omreisende kjeleflikker; *(jvf tinsmith)*.

II. tinker *vb* **1.** *hist:* vandre omkring som kjeleflikker; **2.:** ~ **with***(=fiddle with)* fikle med; klusse med; ~*(=fiddle)* **with a car (,motorbike) T:** mekke (på en bil (,motorsykkel)).

I. tinkle ['tiŋkəl] *subst* **1.** *stivt:* klirring; ringling *(fx I heard the tinkle of breaking glass);* **the bell gave a** ~ klokken ga en liten lyd fra seg; **2. T: just give me a** ~! bare ring til meg! **3.** *evf:* **go for a** ~ gå for å tisse *(fx excuse me while I go for a tinkle)*.

II. tinkle *vb* **1.** *stivt(=ring)* ringe (svakt); ringle *(fx the doorbell tinkled);* klirre; **the rain -d on the metal roof** regnet trommet på metalltaket; **2.** *evf(=urinate)* tisse.

tin lizzie S: gammel Ford.

tin loaf*(=tin bread;* **US:** *loaf bread)* formloff.

tinman ['tinmən] *subst(=tinsmith)* blikkenslager.

tinned ['tind] *adj* **1.** fortinnet *(fx iron);* **2.** hermetisk; på boks *(fx tinned fruit);* ~ **food** hermetikk; ~ **meat** kjøtthermetikk; ~ **milk** boksemelk.

tinny ['tini] *adj* **1.** tinnholdig; tinnaktig; blikkaktig; **2.** *om lyd:* klirrende; metallisk; **3.** *om hermetikk:* som smaker av boks; **4.** *om bil; neds:* **a** ~ **car** en blikkboks av en bil.

tin opener*(,***US:** *can opener)* bokseåpner; hermetikkåpner.

tinplate ['tin,pleit] *subst(=sheet metal)* blikk.

tin-plate ['tin,pleit] *vb* **1***(=tin)* fortinne; **2.** beslå med tinn.

tinpot ['tin,pɔt] *adj* **T:** elendig; lite(n) fille- *(fx his tinpot firm);* ubetydelig; tredjerangs.

tinsel ['tinsəl] *subst* **1.** flitterstas; **2.** *juletrepynt:* glitter; **3.** *fig; neds:* glitter; billig virak.

tinsmith ['tin,smiθ] *subst:* blikkenslager.

tin soldier tinnsoldat.

I. tint [tint] *subst* **1.** fargetone *(fx add white until it's several tints lighter);* nyanse; **-s of green***(=green tints)* grønne fargetoner; nyanser av grønt; **2.** hårfargingsmiddel; hårfarge; **3.** *typ:* tontrykk; **4.** *stivt(=hint; trace)* snev; antydning.

II. tint *vb* **1.** farge; fargelegge; **2.** *hår:* farge *(fx she's had her hair tinted);* **3.** *fig; stivt(=colour)* farge.

tinted ['tintid] *adj:* farget; tonet; ~ **glass** farget glass.

tiny ['taini] *adj:* bitteliten *(fx a tiny insect; a tiny little girl)*.

I. tip [tip] *subst* **1.** spiss; topp *(fx the tip of the iceberg);* tupp *(fx the tips of my fingers);* **his nose is red at the** ~ nesetuppen hans er rød; *fig:* **it was on the** ~ **of my tongue** jeg hadde det på tungen; **2.** driks, tips; **3***(=(rubbish) dump)* avfallsplass; fylling; **4. T***(=hint)* tips *(fx he gave me some good tips on(=about) gardening)*.

II. tip *vb* **1***(=tilt)* vippe *(fx the boat tipped to one side);* **2.** forsyne med en spiss; sette en spiss (,holk, *etc*) på; **cork-tipped cigarette** sigarett med korkmunnstykke; **3***(=pour out)* tømme *(fx the water out of the bucket; the rubbish into the dustbin);* **4***(=dump)* tømme; tippe *(fx people have been tipping their rubbish in this field);* **5.** gi driks (*el.* tips) til; gi drikkepenger til; tippe *(fx he tipped the waiter);* **6***(=guess)* tippe; **I** ~ **him to win** jeg tipper at han vinner; ~ **the winner** tippe vinneren; **7.** *som hilsen:* ~ **one's hat to sby** lette på hatten til en; **8***(=hit lightly)* gi et lett slag; **his bat just -ped the ball** balltreet hans sneiet så vidt bort i ballen; **9.:** ~ **the scales** *se II. scale 1;* **10. T:** ~ **sby off** gi en et tips (*el.* en advarsel) *(fx he tipped me off about her arrival); (se 12 ndf);* **11.:** ~ **over** ta overbalanse; velte *(fx he tipped the lamp over);* **she put the cup on the edge of the table and it -ped over** hun plasserte koppen på bordkanten, slik at den gikk i gulvet; **12. T:** ~ **sby the wink that . . .***(=hint to sby that . . .)* gi en et vink om at *(fx he tipped me the wink that the house was for sale); (jvf 10 ovf)*.

tipcart ['tip,ka:t] *subst:* tippvogn; tippkjerre.

tipcat ['tip,kæt] *subst; lek:* vippe pinne; *(NB the cat* pinnen).

tip-off ['tip,ɔf] *subst* **T***(=tip; warning)* tips; vink (*about* om); advarsel.

tipper ['tipə] *subst* **1.** en som gir driks (*el.* drikkepenger); **he's a mean** ~ han er gjerrig når det gjelder å gi driks; **2***(=tipper truck; tip truck; dump truck)* lastebil med tipp.

I. tipple ['tipəl] *subst* **T***(=drink)* drink *(fx my tipple is rum; what's your favourite tipple?)*.

II. tipple *vb* **T***(=drink (too much))* drikke; pimpe *(fx he's always tippling); (jvf guzzle)*.

tippler ['tiplə] *subst:* en som drikker.

tipster ['tipstə] *subst:* en som selger tips.

tipsy ['tipsi] *adj* **T***(=slightly drunk)* pussa; bedugget.

I. tiptoe ['tip,tou] *subst:* **walk on** ~ 1. gå på tåspissene (*el.* tærne); 2. *fig:* gå på tå hev.

II. tiptoe *vb(=walk on tiptoe)* gå på tåspissene; liste seg.

tiptoe dancing tåspissdans.

tip-top [,tip'tɔp; *attributivt:* 'tip,tɔp] *adj:* tipp topp; førsteklasses *(fx the car's in tip-top condition)*.

tip-up seat ['tip,ʌp,si:t] *subst:* klappsete.

tirade [tai'reid] *subst; stivt el. spøkef(=long, angry speech)* tirade *(fx she delivered a tirade against politicians)*.

I. tire [taiə] *subst* **US:** *se tyre.*

II. tire *vb* **1.** trette; gjøre trett *(fx walking tired her);* bli trett *(fx she tires easily);* **2.:** ~ **out** slite ut *(fx the hard work tired her out);* **he's -d himself out with walking** han har gått seg helt sliten; han har slitt seg ut med å gå.

tired *adj* **1.** sliten; **2.:** ~ **of** *(,***T:** *fed up with)* trett av; **he's** ~ **of life** han er lei (*el.* trett av) livet.

tireless ['taiəlis] *adj:* utrettelig.

tiresome ['taiəsəm] *adj; stivt(=boring; annoying)* kjedelig *(fx person);* irriterende *(fx it was tiresome of him to arrive so late)*.

tiring ['taiəriŋ] *adj:* trettende; anstrengende.

tissue ['tisju:; 'tiʃu:] *subst* **1.** *biol:* vev; **cellular** ~ cellevev; **connective** ~ bindevev; **muscular** ~ muskelvev; **2.** *litt.:* **gold** ~ gullmor; **silver** ~ sølvmor; **3***(=paper handkerchief)* papirlommetørkle *(fx he bought a box of tissues);* **4.** *stivt:* **toilet** ~*(=paper)* toalettpapir *(fx a roll of soft toilet tissue);* **5.** *fig(=web)* vev; spinn *(fx a tissue of lies)*.

tissue culture *biol:* vevkultur.

tissue fluid *biol:* vevsaft.

tissue paper renseserviett.

tit [tit] *subst* **1.** *zo(=titmouse)* meis; **blue** ~ blåmeis; **coal** ~ svartmeis; **great** ~ kjøttmeis; **2.** *vulg(=breast)* pupp *(fx what enormous tits she has!);* **3. S***(=teat; nipple)* brystvorte; **4.:** ~ **for tat** like for like; takk for sist! **give him** ~ **for tat** gi ham igjen med samme mynt; gi ham svar på tiltale.

titanic [tai'tænik] *adj; stivt(=gigantic)* gigantisk; kjempemessig.

titbit ['tit,bit] *subst(,***US:** *tidbit)* godbit; lekkerbisken.

titch [titʃ] *subst* **T: little** ~*(=little shrimp)* liten spjæling.

tithe [taið] *subst; hist:* tiende.

titillate ['titi,leit] *vb; stivt el. spøkef(=excite)* kildre; pirre *(fx the senses)*.

titivate ['titi,veit] *vb* **T:** ~ **(oneself)** pynte seg; fiffe seg *(fx in front of the mirror)*.

titlark ['tit,la:k] *subst; zo(=meadow pipit)* heipiplerke.

title ['taitəl] *subst* **1.** tittel; **2.** navn; benevnelse; betegnelse; **3.** *sport:* (mesterskaps)tittel *(fx the world heavyweight title);* **4.** (bok)tittel *(fx they published 25 titles last year);* **5.** *jur(=legal title)* hjemmel *(fx the title rests in the wife);* **have a ~ to** ha hjemmel på (*el.* til); **prove one's ~ to** skaffe hjemmel på; **6.** *film:* **credit -s***(=credits)* fortekster.

titled *adj:* betitlet; adelig *(fx a titled lady).*

title deed *jur:* skjøte; atkomstdokument.

titleholder ['taitəl,houldə] *subst; sport:* tittelinnehaver.

title music *films:* tittelmelodi; *(jvf title track).*

title page *typ:* tittelblad; tittelside.

title role tittelrolle.

title track *på plate:* tittelmelodi; *(jvf title music).*

titmouse ['tit,maus] *subst (pl: titmice) zo: se tit 1.*

titrate ['taitreit] *vb: kjem:* titrere.

titter ['titə] **1.** *subst(=giggle)* fnis; fnising; **she gave a nervous ~** hun fniste nervøst; **2.** *vb(=giggle)* fnise.

tittle ['titəl] *subst; språkv:* tøddel; aksenttegn.

tittle-tattle ['titəl,tætəl] *subst* **T***(=gossip; chatter)* snakk; prat; sladder.

titular ['titjulə] *adj; stivt(=nominal)* nominell *(fx the titular head of a political party).*

titular hero tittelhelt *(fx the titular hero of the play).*

T-junction *se junction 1.*

I. to [tu:; *trykksvakt foran vokal:* tu; *foran konsonant:* tə] *prep* **1.** *betegner retning el. mål:* til *(fx go to Paris; write to one's friends);* i *(fx go to the theatre);* på *(fx go to the cinema);*
2. *ved klokkeslett(,***US:** *of)* på *(fx ten (minutes) to eight);*
3*(=till)* til *(fx how long is it to Christmas? stay to the end of the concert; teach from midday to 4 o'clock);*
4. mot *(fx he turned his back to the door; he's kind to animals; we won the match by 5 goals to 2; the odds are ten to one against; six votes to one);* **this is nothing ~ what it might have been** dette er ikke noe mot hva det kunne ha vært;
5. i; **drawn ~ scale** tegnet i riktig målestokk; **there's 100 pence ~ the £** det er 100 pence i et pund;
6. for; **drink ~ his health** skåle for ham; **indispensable ~** uunnværlig for; **it's important ~ me that . . .** det er viktig for meg at . . .; *(se også important);* **known ~ the police** kjent for politiet; **read ~** lese for; **a room ~ oneself** et rom for seg selv; **secretary ~ a doctor***(=medical secretary)* sekretær for en lege; legesekretær;
7. etter; ut fra; i overensstemmelse med; **work ~ a plan** arbeide etter en plan; **work ~ guidelines** arbeide etter retningslinjer;
8. *forskjellige forb:* **it fell ~***(=on)* **the floor** det falt på gulvet; **listen ~** høre på; **reply ~** svare på *(fx what did you reply to his letter?);* **react ~** reagere på *(fx how did he react to your suggestion?);* **apply the glue ~ both surfaces** smør lim på begge flatene; **there seems to be no answer ~ the problem** det ser ikke ut til å finnes noe svar på problemet; **he put his ear ~ the door** han la øret til (*el.* inn mot) døren; **what did he say ~ that?** hva sa han til det? **~ my surprise (,horror)** til min overraskelse (,skrekk); **he sang ~ his guitar** han spilte gitar og sang til; han sang og spilte gitar; **where's the key ~***(=for)* **this door?** hvor er nøkkelen til denne døren? **give it ~ me** gi meg det; **it seems ~ me that . . .** det forekommer meg at; **it seems quite easy ~ me** det forekommer meg (å være) lett; jeg synes det er lett; **it occurred ~ me that . . .** det falt meg inn at; **it didn't occur ~ him** det falt ham ikke inn.

II. to *adv:* igjen *(fx he pushed the door to; the door was to);* **~ and fro** til og fra *(fx make journeys to and fro between Paris and London).*

III. to *infinitivsmerke:* å *(fx to go; to write);* for å *(fx I've come to see you);* **I'll have ~ leave now** jeg må dra (,gå) nå; **he asked me ~ come** han ba meg komme; han ba meg om å komme; **he told me what ~ say** han fortalte meg hva jeg skulle si; **he didn't know how ~ do it** han visste ikke hvordan han skulle gjøre det; **in order ~***(=to)* for å *(fx he worked hard in order to earn a lot of money);* **he asked her ~ stay but she didn't want ~** han ba henne bli, men hun ville ikke.

toad [toud] *subst; zo:* padde.

toadflax ['toud,flæks] *subst; bot:* torskemunn; **common***(=yellow)* **~** lintorskemunn; **ivy-leaved ~** murtorskemunn.

toad rush*(=toad grass) bot:* paddesiv.

toadstool ['toud,stu:l] *subst; bot; ikke i fagspråket:* fluesopp; **she ate a poisonous ~** hun spiste en giftig fluesopp; *(jvf amanita).*

toady ['toudi] **1.** *subst:* spyttslikker; krypende person; **2.** *vb:* **~ to sby***(=make up to sby)* smiske for en.

toadyism ['toudi,izəm] *subst:* spyttslikkeri.

I. toast [toust] *subst* **1.** ristet brød; toast; **make ~** lage toast; riste brød *(fx make a lot of toast);* **a piece***(=slice)* **of ~** en skive toast (*el.* ristet brød); et stykke toast; **2.** skål; **drink a ~ to***(=drink (to) the health of)* drikke en skål for; skåle for; **propose a ~** utbringe en skål; **propose the ~ of** utbringe en skål for; *(NB "Ladies and Gentleman, I give you Mr Brown!");* **3***(=toast speech)* skåltale; **respond to a ~** svare på en skål (*el.* skåltale); **4.** *fig:* **she's the ~ of London** hun er hele Londons kjæledegge.

II. toast *vb* **1.** riste; toaste *(fx slices of bread for tea);* **2.** *fig* **T***(=warm)* varme *(fx they toasted their feet in front of the fire);* **3***(=drink (to) the health of)* skåle for.

toaster ['toustə] *subst:* brødrister; **pop-up ~** brødrister hvor skivene spretter opp når de er ferdige.

toastmaster ['toust,ma:stə] *subst:* toastmaster.

toast rack oppsats til ristet brød.

tobacco [tə'bækou] *subst:* tobakk; **pipe ~** pipetobakk.

tobacconist [tə'bækənist] *subst:* **~('s shop)** tobakkforretning.

-to-be [tə'bi:] *adj; i sms:* vordende; **mother-to-be** vordende mor.

toboggan [tə'bɔgən] **1.** *subst:* kjelke; **2.** *vb:* ake.

toboggan run akebakke.

today [tə'dei] **1.** *subst:* våre dager; nåtiden; dagen i dag *(fx today's Thursday);* **the people of ~** dagens (*el.* nåtidens) mennesker; **here's ~'s newspaper** her er dagens avis; **2.** *adv:* i dag; *stivt:* **~ week, a week ~***(=a week from today)* i dag om en uke.

toddle ['tɔdəl] *vb* **1.** *om barn:* gå med usikre skritt; stabbe *(fx the child toddled into the garden);* **2. T: I'll just ~ off home** jeg tenker jeg rusler hjem.

toddler ['tɔdlə] *subst:* smårolling.

toddy ['tɔdi] *subst:* toddy *(fx a rum toddy).*

to-do [tə'du:] *subst* **T***(=fuss)* oppstuss *(fx she made a dreadful to-do about missing the train);* ståhei.

I. toe [tou] *subst* **1.** *anat:* tå; **big ~** stortå; **little ~** lilletå; **2.** *strømpe, etc:* tå *(fx there's a hole in the toe of my sock);* **the -s of his shoes** skotuppene hans; skospissene hans; skosnutene hans; **3.** *fig:* **be on one's -s** 1*(=be alert)* være på vakt; 2. **T***(=be ready)* være ferdig *(fx we're all on our toes and just waiting for the order to start);* **tread on sby's -s** tråkke en på tærne.

II. toe *vb:* ~ **the line** lystre; gjøre som man får beskjed om; parere ordre; **T:** holde seg i skinnet.

toecap ['tou,kæp] *subst:* tåhette.

toe dance tåspissdans.

toehold ['tou,hould] *subst* **1.** *fjellsp:* tåfeste; **2.** *fig(=slight footing)* lite fotfeste *(fx in the export market).*

toe-in ['tou,in] *subst:* ~ **(of the front wheels)** forhjulenes spissing.

toenail ['tou,neil] *subst:* tånegl.

toe-out ['tou,aut] *subst:* ~ **(on turns)** forhjulenes spredning i sving.

toffee ['tɔfi] *subst* **1.** slags fløtekaramell; *(jvf butterscotch);* **2. T: he can't do it for** ~*(=he can't do it at all)* han kan det ikke i det hele tatt; **T:** han har slett ikke peiling (på det).

tog [tɔg] *vb* **T:** ~ **out,** ~ **up***(=dress smartly)* kle seg smart; pynte (seg) *(fx he was all togged up in his best clothes); (jvf togs).*

together [tə'geðə] *adv* **1.** sammen *(fx travel together; nail the pieces together);* **get** ~ komme sammen; ~ **with** sammen med; **2.** i fellesskap *(fx together we persuaded him);* **3***(=at the same time)* samtidig *(fx they all arrived together);* **4.: for months** ~ måneder i trekk *(fx he's away from home for months together).*

toggle ['tɔgəl] *subst* **1.** *til å feste i knapphull i stedet for knapp:* pinne *(fx her coat was fastened with toggles);* **2.** *mar:* ters; **3.** *mask(=toggle joint)* kneledd.

togs [tɔgz] *subst; pl* **T***(=clothes)* klær; tøy; **remember to bring your swimming** ~! husk å ta med deg badetøyet ditt! *(jvf tog).*

I. toil [tɔil] *subst(=hard work)* slit.

II. toil *vb* **1***(=work hard)* slite; **2.:** ~ **along** slite seg av sted *(fx he toiled along the road with all his luggage).*

toilet ['tɔilit] *subst* **1***(,T: loo)* toalett; **go to the** ~ gå på toalettet (*el.* w.c.); **where's the ladies' (~)?** hvor er dametoalettet? **2.** toalett; påkledning *(fx she spent an hour on her toilet);* **make one's** ~*(=dress)* gjøre toalett.

toilet cleaner klosettrensemiddel.

toilet paper toalettpapir; klosettpapir.

toiletries ['tɔilitriz] *subst; pl; merk:* toalettartikler.

toilet roll*(,T: loo roll)* toalettrull; rull klosettpapir.

toilet set toalettgarnityr.

toilet soap toalettsåpe; håndsåpe; **a piece of** ~ et stykke håndsåpe; en håndsåpe.

toilet tissue (bløtere) toalettpapir.

toilet training *(for barn)* pottetrening.

toils [tɔilz] *subst; pl:* **he was caught in the** ~ **of the law***(=he was trapped by the law)* han ble fanget i lovens garn.

toilworn ['tɔil,wɔ:n] *adj; litt.(=worn)* slitt *(fx toilworn hands; she's old and toilworn).*

I. token ['toukən] *subst* **1.** tegn (*of* på); uttrykk (*of* for); bevis (*of* på) *(fx a token of our friendship);* **in** ~ **of** som et tegn på *(fx please accept this gift in token of our gratitude);* **2.** *stivt:* **by the same** ~*(=in a similar way; also)* på samme måte; dessuten *(fx by the same token, we should like to thank your wife);* **3.: gift** ~*(=gift voucher; US: gift certificate)* presangkort.

II. token *adj:* symbolsk *(fx a one-day token strike).*

told [tould] *pret & perf. part. av tell.*

tolerable ['tɔlərəbl] *adj* **1***(=bearable)* utholdelig; **a** ~ **pain** en smerte som er til å holde ut; **barely** ~ nesten ikke til å holde ut *(fx the heat was barely tolerable);* **2***(=fairly good)* tålelig bra *(fx food);* **there are few** ~ **hotels here** det er få brukbare hoteller her.

tolerably *adv; stivt:* **a** ~ **good film***(=a fairly good film)* en ganske god film.

tolerance ['tɔlərəns] *subst* **1.** toleranse; **show** ~ **to other people** være tolerant overfor andre mennesker; **religious** ~ religiøs toleranse; **2.** slingringsmonn; toleranse; **3.** *med.:* toleranse (*to; for* overfor).

tolerant ['tɔlərənt] *adj:* tolerant (*towards* overfor); *(fx he was tolerant towards his neighbours);* **be** ~ **of sby's faults***(=take a lenient view of sby's faults)* se mildt på ens feil; være tolerant overfor ens feil.

tolerate ['tɔlə,reit] *vb* **1.** *med.:* tåle *(fx a drug);* **2***(=be tolerant towards)* være tolerant overfor; **3***(=put up with; stand)* tåle *(fx how can you tolerate that girl?);* tolerere; finne seg i *(fx I won't tolerate that kind of behaviour).*

toleration [,tɔlə'reiʃən] *subst(=tolerance)* toleranse *(fx pass a law of religious toleration);* **his** ~ **of her behaviour amazed me** det overrasket meg at han tolererte oppførselen hennes.

I. toll [toul] *subst* **1.** bompenger; bomavgift; veiavgift; **bridge** ~ brupenger; **2.** *fig:* ofre *(fx this disease took a heavy toll);* **death** ~ antall dødsofre; **the** ~ **of the road***(=fatal accidents on the roads)* trafikkdøden; antall døde i trafikken; **the storm took its** ~*(=the storm caused a lot of damage)* uværet gjorde stor skade.

II. toll *vb* **1.** ringe med *(fx it's the sexton's job to toll the bell);* **2.** ringe (med langsomme slag).

toll call *tlf* **US***(=long-distance call)* rikstelefonsamtale; utenbys samtale.

tollgate ['toul,geit] *subst:* bomstasjon; bom.

toll keeper*(=tollman)* bomvokter.

toll road bomvei.

Tom [tɔm]: **any***(=every)* ~, **Dick and***(=or)* **Harry** gud og hvermann; alle og enhver; Per og Pål; kreti og pleti.

tom [tɔm] *subst* **1.** *zo:* han(n); *(=tomcat)* hannkatt; **2.** *mus(=tom-tom)* tamtam; **floor** ~ gulvtamtam.

tomato [tə'ma:tou; **US:** tə'meitou] *subst(pl: tomatoes) bot:* tomat.

tomb [tu:m] *subst* **1.** gravkammer; **2.** *stivt(=grave)* grav; **3***(=tombstone; gravestone)* gravstein.

tombac ['tɔmbæk] *subst(=tambac)* tambak; rødgods.

tombola [tɔm'boulə] *subst:* tombola.

tomboy ['tɔm,bɔi] *subst(=wild girl)* galneheie; guttejente.

tombstone ['tu:m,stoun] *subst(=gravestone)* gravstein.

tomcat ['tɔm,kæt] *subst; zo(=male cat)* hannkatt.

tome [toum] *subst; stivt el. spøkef(=large book)* stort verk *(fx she wrote a tome about Roman religion).*

tomfool ['tɔm,fu:l] **1.** *subst:* fjols; narr; **2.** *adj:* fjollet *(fx his tomfool behaviour).*

tomfoolery [,tɔm'fu:ləri] *subst:* narrestreker; tøys.

tommy bar *del av pipenøkkel:* T-håndtak.

tommygun ['tɔmi,gʌn] *subst* **T***(=submachine gun)* maskinpistol.

tommyrot ['tɔmi,rɔt] *subst* **T***(=utter nonsense)* det rene tull *(fx that's all tommyrot!).*

tomorrow [tə'mɔrou] **1.** *subst:* morgendagen; fremtiden *(fx tomorrow's world);* ~**'s newspaper** morgendagens avis; **let** ~ **take care of itself** ikke tenke på morgendagen (*el.* den dag i morgen); **2.** *adv:* i morgen; ~**'s Friday** i morgen er det fredag; **the day after** ~ i overmorgen; ~ **morning**

i morgen tidlig; i morgen formiddag; ~ **afternoon** i morgen ettermiddag.
Tom Thumb Tommeliten.
tomtit ['tɔm,tit] *subst; zo* T*(=great tit)* kjøttmeis; T: talgmeis; talgtit; *(se tit 1).*
tom-tom ['tɔm,tɔm] *subst; mus:* tamtam; **floor ~** gulvtamtam.
ton [tʌn] *subst* 1*(=metric ton; tonne; 1000 kilograms)* tonn; metertonn;
2*(=register ton; 100 cubic feet)* registertonn;
3*(=freight ton; 40 cubic feet; 1 cubic metre; 1000 kilograms)* frakttonn *(fx freight is charged at £40 per ton of 1 cubic metre);*
4*(=displacement ton; 35 cubic feet)* deplasementstonn;
5.: long ~ 1016,5 kg; 2240 pund;
6. US: short ~ 746,5 kg; 2000 pund;
7. T*(=100 miles per hour)* 100 miles i timen;
8. T: -s of*(=a lot of)* en (hel) masse *(fx he's got tons of money; I've got tons of letters to write).*
tonal ['tounəl] *adj:* tonal; **~ effect***(=acoustic effect)* klangvirkning.
tonality [tou'næliti] *subst:* tonalitet.
I. tone [toun] *subst* **1.** *mus:* tone; **whole ~** heltone; **2.** *fig:* tone *(fx don't talk to me in that tone!);* **he spoke in low -s** han snakket lavt; **the general ~ of the meeting was friendly** stemningen på møtet var vennlig; **3.** *mus(=tone colour)* tonefarge; klangfarge; **4.** *stivt(=shade)* nyanse *(fx various tones of blue);* **5.** *fysiol:* tonus; tonisitet *(fx the muscular tone of the intestines);* **your muscles lack ~** musklene dine er ikke faste nok; *(jvf II. tone 3.: ~ up);* **6.** *tlf(=dialling tone;* **US:** *dial tone)* summetone *(fx wait till you hear the tone, then dial).*
II. tone *vb* **1.: ~ down** tone ned *(fx he was told to tone down his views);* **2.: ~ (in) well with***(=fit in well with)* stå godt til *(fx the blue carpet tones in well with the curtains);* **3.: ~ up** styrke *(fx the exercise toned up his muscles); (jvf I. tone 5).*
tone arm pickuparm.
tone colour *mus:* tonefarge; klangfarge.
toneless ['tounlis] *adj:* tonløs *(fx he spoke in a toneless voice).*
tongs [tɔŋz] *subst; pl(=pair of tongs)* tang; **sugar ~** sukkerklype.
I. tongue [tʌŋ] *subst* **1.** *anat:* tunge; **2.** *stivt:* **~ of land***(=neck of land)* landtunge; **3.** *stivt:* **~ of flame***(=spurt of flame)* stikkflamme; ildtunge; **4.** *stivt(=language)* språk *(fx a foreign tongue);* **native ~***(=first language)* morsmål; **5.** *rel:* **speak in -s** tale i tunger; **6.** *tøm; i pløyd bord:* fjær; **~ and groove** not og fjær; *(jvf I. groove 2 & II. groove 2);* **7.** *i (kirke)klokke(=clapper)* knebel; kolv; **8.** *i beltespenne:* nål; **9.** *i sko:* pløse; **10.: hold one's ~** holde munn; **11.: put***(=stick)* **out one's ~ at sby** rekke tunge til en; **12.: he said it with his ~ in his cheek** han sa det for spøk; han mente det ikke bokstavelig; **13.: it's on the tip of my ~** jeg har det på tungen.
II. tongue *vb:* **groove and ~** pløye *(fx boards).*
tongue-and-groove boards pløyde bord.
tongue-tied ['tʌŋ,taid] *adj:* stum (av sjenerthet).
tongue twister ord (,setning) som det er vanskelig å uttale.
I. tonic ['tɔnik] *subst* **1.** *med.:* tonikum; styrkemiddel; **2***(=tonic water)* tonic; **3.** *fig:* styrkemedisin *(fx the sea air was a tonic);* **4.** *mus:* tonika.
II. tonic *adj* **1.** styrkende; **2.** *språkv:* tonetisk *(fx language);* **3.** *fon:* **~ accent** trykkaksent.
tonight [tə'nait] *adv* **1.** i kveld; **2.** i natt.
tonnage ['tʌnidʒ] *subst:* tonnasje.
tonne [tʌn] *subst: se ton 1.*
tonsil ['tɔnsəl] *subst; anat:* mandel.
tonsillitis [,tɔnsi'laitis] *subst; med.:* mandelbetennelse; tonsilitt.
tonsure ['tɔnʃə] *subst:* tonsur; kronraking.
ton-up ['tʌn,ʌp] T **1.** *subst:* en som elsker å kjøre fort på motorsykkel; **2.** *adj; om motorsykkel:* som kan gå i minst 100 miles i timen; **~ boy** gutt som elsker å kjøre fort på motorsykkel.
too [tu:] *adv* **1.** for *(fx too late; too much);* **all ~ soon, the party was over** bare så altfor fort var selskapet slutt; **I can remember only ~ well . . .** jeg husker bare så altfor godt . . .; **far ~ much, much ~ much** altfor mye; **T: I'm not feeling ~ well***(=I'm not feeling very well)* jeg føler meg ikke helt bra;
2. T: that's ~*(=very)* **bad!** det var synd; **not ~ good***(=not very good)* ikke god (,bra); **that's not ~ bad!** det er slett ikke dårlig! **he's not ~ well** det står temmelig dårlig til med ham; **the party didn't go ~ badly** selskapet var ganske vellykket;
3. også; **me ~!** jeg også! **(and) about time (it was), ~!** og det var på tide også! **. . . and very good ~** og god var den også; og gode var de også; **quite right, too!** (det var) helt riktig! **she wants a fur coat, and her husband's buying her one, too!** hun vil ha en skinnkåpe, og nå skal mannen hennes kjøpe en til henne også!
took [tuk] *pret av II. take.*
I. tool [tu:l] *subst* **1.** verktøy; redskap; **cutting ~** skjæreredskap; **machine ~** verktøymaskin; **the -s you need** det verktøyet du trenger; **2.** *fig:* redskap *(fx he was a tool (in the hands) of the secret police);* **3.** *vulg(=penis)* pikk.
II. tool *vb* **1.** bearbeide; **2.** *bokb:* siselere; **-ed edges** siselert snitt; **3.: ~ up***(=equip with machinery)* utstyre med maskiner *(fx tool up a factory).*
toolbox ['tu:l,bɔks] *subst:* verktøykasse.
toolholder ['tu:l,houldə] *subst; mask:* verktøyholder; stålholder.
tool kit verktøysett.
toolmaker ['tu:l,meikə] *subst:* verktøymaker; **press ~** stansemaker.
tool pusher *oljeind(=drilling section leader)* boresjef.
tool rest *på verktøymaskin:* anlegg; *(jvf slide rest).*
toolroom ['tu:lrum] *på maskinverksted, etc:* verktøybur; verktøyrom.
tool shed redskapsbu; redskapsskur.
tool steel*(=high-carbon steel)* verktøystål.
tool subject *skolev:* verktøyfag.
I. toot [tu:t] *subst(=hoot)* tut.
II. toot *vb(=hoot)* tute; **he -ed (on) the horn** han brukte hornet.
I. tooth [tu:θ] *subst(pl: teeth* [ti:θ]*)* **1.** *anat:* tann; **false teeth***(=dentures)* gebiss; **milk teeth** melketenner; **I've had a ~ out at the dentist's** jeg har fått trukket en tann hos tannlegen; **2.** *mask, etc:* tann; **the teeth of a cogwheel** tennene i et tannhjul; **3.** *på frimerke:* tagg; **4.** *bot; på blad:* tagg; **5.: ~ and nail** innbitt; **T:** med nebb og klør *(fx they fought tooth and nail);* **6.: have a sweet ~** være glad i søte saker; **7.** *fig:* **show one's teeth** vise tenner *(fx the government soon showed its teeth to the rebels);* **8.: escape by the skin of one's teeth** unnslippe med nød og neppe; **9. S: get kicked in one's teeth** få (seg) en på trynet; **10.: lie in***(=through)* **one's (back) teeth***(=lie shamelessly)* lyve skamløst; **T:** lyve så det står etter; **11. T: long in the ~** gammel *(fx he's a bit long in the tooth to think of marrying again);* **I'm getting a bit long in the ~ to climb moun-**

tains jeg begynner å bli for gammel til å klatre i fjellet; **12.: in the teeth of** 1. *stivt(=against)* mot *(fx they were walking in the teeth of a blizzard);* 2. *stivt(=in spite of)* til tross for *(fx in the teeth of opposition);* **13.: armed to the teeth** væpnet til tennene.

II. tooth *vb* **1.** skjære tenner i *(fx a saw);* **2.** fortanne; **3.** *mask; om tannhjul(=interlock)* gripe inn i hverandre.

toothache ['tu:θ,eik] *subst:* tannpine; tannverk; **have ~** ha tannpine; **I've got ~ very badly***(=I've got a very bad toothache)* jeg har fryktelig tannpine; *(jvf headache & stomachache).*

toothbrush ['tu:θ,brʌʃ] *subst:* tannbørste.

toothcomb ['tu:θ,koum] *subst* **1.** finkam; **2.** *fig:* **go over***(=through)* **sth with a (fine) ~** finkjemme noe; granske noe meget nøye.

toothed [tu:θt] *adj* **1.** *mask:* med tenner; **2.** *bot:* tannet.

toothed pinion*(=toothed wheel)* tannhjul; *(jvf bevel gear; cogwheel; spur gear).*

toothpaste ['tu:θ,peist] *subst:* tannpasta.

toothpick ['tu:θ,pik] *subst:* tannpirker.

toothsome ['tu:θsəm] *adj* **1***(=delicious)* deilig; lekker *(fx crisp toothsome fried chicken);* **2.** *om kvinne(,***T:** *tasty)* lekker; seksuelt tiltrekkende.

toothy ['tu:θi] *adj(=showing a lot of teeth)* som viser tennene for mye *(fx she looks toothy in that photo);* **he had a ~ grin** han viste tennene for mye når han smilte.

I. tootle ['tu:təl] *subst* **T***(=little toot)* lite tut; bert.

II. tootle *vb* **T 1.** småtute; berte; **2. T:** gå (,kjøre) i bedagelig tempo; **~ along** 1. rusle av sted; 2. trille av sted.

tootsie, tootsy ['tu:tsi] *subst; barnespråk(=foot)* fot.

I. top [tɔp] *subst* **1.** topp *(fx the top of the hill; a mountain top);* **2***(=lid)* lokk *(fx I've lost the top to this jar);* **bottle ~** flaskekapsel; **3.** *på bil:* tak; *især* **US: folding ~***(=collapsible hood)* kalesje; **4.** *på bord, etc:* plate; **table ~** bordplate; **marble ~** marmorplate; **5.** *mask(=top gear)* toppgir; **6.** øverste del (av noe); **at the ~ of the picture***(=in the top part of the picture)* øverst på bildet; **at the ~ of the page** øverst på siden; **7.** overdel; topp; **buy a new skirt and ~** kjøpe nytt skjørt og topp; **8.** *leketøy:* snurrebass; **9.** *mar:* mers; **10***(=top spin)* toppspinn; **put a bit of ~ on the ball** gi ballen litt toppspinn; **11.: big ~** sirkustelt; **12.** *skolev:* **be ~ in** ha toppkarakter i; være klassens beste i *(fx she's top in French);* **he's ~ of the class***(=he's at the top of the class)* han er bestemann i klassen; **13.** *i sitt yrke:* **reach the ~ of the ladder***(=tree)* nå toppen; **14.: at the ~** 1. på toppen; øverst oppe; 2. blant de beste; 3.: **it's***(=life's)* **hard at the ~** det blåser kaldt på toppene; **15.: blow one's ~** *se II. blow 5;* **16.: from ~ to bottom** fra øverst til nederst *(fx we painted the house from top to bottom);* **17.: from ~ to toe***(=from head to foot)* fra topp til tå; **18.: off the ~ of one's head** på stående fot; uforberedt *(fx I can't give you the figures off the top of my head);* **19.: on ~** øverst *(fx he put the book on top);* **he's a bit thin on ~** han er litt tynn i toppen (*el.* i håret); **20.: on ~ of** 1. øverst oppe på; (oppe) på; 2. *fig:* **don't let it get on ~ of you** ikke la det ta knekken på deg; du må ikke miste motet; 3. *fig:* **keep on ~ of one's job** holde seg på toppen i jobben sin; 4. *fig:* **the situation was on ~ of me before I knew it** før jeg visste ordet av det, hadde jeg mistet kontrollen (over situasjonen); 5. *fig:* **on ~ of everything else he managed to break his arm** på toppen av det hele presterte han å brekke armen; 6.: **be on ~ of the world** være i perlehumør; være i den syvende himmel; **21.: sleep like a ~***(=sleep like a log)* sove som en stein; **22.: over the ~***(=exaggerated; excessively dramatic)* overdrevet; overdramatisert; **go over the ~** overdrive; ta (altfor) sterkt i *(fx that's rather going over the top, isn't it?);* **he goes over the ~ about everything** han tar alltid så sterkt i.

II. top *vb* **1.** skjære toppen av; *om bær:* rense *(fx strawberries); om stikkelsbær:* **~ and tail** rense *(fx gooseberries must be topped and tailed);* **2***(=surpass)* overstige *(fx our exports have topped £100,000);* **3.: ~ up** fylle opp; fylle på *(fx let me top up your glass);* **~ up the tank** fylle (opp) tanken; **4.: she -ped the cake with cream** hun hadde krem på kaken; **5. T: to ~ it all** på toppen av det hele; attpåtil.

III. top *adj:* topp- *(fx price);* øverst *(fx shelf); mus:* **the ~ C** det høye C.

topaz ['toupæz] *subst; min:* topas.

top beam *bygg:* toppsvill.

top boot skaftestøvel.

top brass *mil(=brass hat(s))* **T:** høyere offiser(er).

topcoat ['tɔp,kout] *subst* **1***(=(lightweight) overcoat)* frakk; kappe; **2.** *av maling, etc(=final coat)* siste strøk.

top dog T: be ~*(=be boss)* være sjef.

top drawer T: he's out of the ~ han tilhører det sosiale toppsjiktet.

top dressing *gart:* overgjødsling.

top echelon øverste sjikt; toppsjikt; **the -s of American society** toppsjiktet i det amerikanske samfunn.

tope [toup] *subst; zo:* gråhai; *(jvf shark 1).*

top-flight ['tɔp,flait; ,tɔp'flait] *adj* **T***(=excellent)* førsteklasses; i toppklassen.

topgallant [,tɔp'gælənt; tə'gælənt] *subst; mar* **1***(=topgallant mast)* bramstang; **2***(=topgallant sail)* bramseil.

top gear toppgir; høygir.

top hat*(,***T:** *topper)* flosshatt.

top-heavy [,tɔp'hevi; *attributivt:* 'tɔp,hevi] *adj* **1.** for tung oventil; ustabil; **2.** *merk(=overcapitalized)* overkapitalisert.

topi ['toupi] *subst; zo: antilopeart:* topi; Damaliscus korrigum.

topic ['tɔpik] *subst; stivt(=subject)* emne; tema.

topical ['tɔpikəl] *adj:* (dags)aktuell.

topicality [,tɔpi'kæliti] *subst; stivt(=current interest)* aktualitet.

topless ['tɔplis] *adj:* toppløs; med bare bryster.

top level toppnivå.

top-level athletics toppidrett.

top mark 1. *mar:* toppmerke; **2.** *skolev(=top marks)* toppkarakter.

topmast ['tɔp,ma:st] *subst; mar:* mersestang; **main ~** store mersestang.

topmost ['tɔp,moust] *adj* **1***(=uppermost)* øverst; **2.** *ofte litt.(=highest):* **the ~ peaks** de høyeste toppene.

topnotch ['tɔp'nɔtʃ] *adj* **T***(=excellent)* supert; helt førsteklasses.

topography [tə'pɔgrəfi] *subst:* topografi.

topper ['tɔpə] *subst* **T***(=top hat; high hat)* flosshatt.

topping ['tɔpiŋ] *subst; på mat:* pynt *(fx whipped egg and milk make (an) excellent topping for fruit).*

topping lift *mar:* topplent.

topping-out [,tɔpiŋ'aut] *adj:* **~ ceremony** kranselag.

topple ['tɔpəl] *vb* **1.** *også fig:* velte *(fx a pile of books; a government);* **2.: ~ (over)** falle over ende *(fx the trees slowly toppled to the ground; the child toppled over).*

top placing *sport:* topplassering.
top priority: be a ~ ha førsteprioritet; stå først på dagsordenen; stå øverst på listen.
top-ranking ['tɔp,ræŋkiŋ] *adj:* meget høytstående *(fx officer).*
top round *ved partering av okse:* innerlår.
tops *adj* **T:** topp *(fx he's tops in his field).*
topsail ['tɔp,seil] *subst; mar:* mersseil; *over gaffel:* toppseil; **lower ~** undre mersseil.
top-secret [,tɔp'si:krit; *attributivt:* 'tɔp,si:krit] *adj:* topphemmelig *(fx information);* **this is ~** dette er topphemmelig.
top-shaped ['tɔp,ʃeipt] *adj:* omvendt kjegleformet.
topside ['tɔp,said] *subst* **1***(=top)* overside; **2.** *mar:* skrogets overdel.
topsoil ['tɔp,sɔil] *subst(=humus)* matjord.
top spin*(=top)* toppspinn; *(se I. top 10).*
top storey *også fig:* toppetasje; øverste etasje.
topsy-turvy [,tɔpsi'tə:vi] **1** *subst(=topsy-turviness)* rot; kaos; det at alt står på hodet; **2** *adj(=upside down; in confusion)* på hodet; **it's a ~ world!** det er en bakvendt verden vi lever i! **3.** *adv:* **everything was turned ~** alt ble snudd på hodet; alt ble snudd opp ned.
topsy-turvydom [,tɔpsi'tɔ:vidəm] *subst:* den omvendte verden; bakvendthet.
torch [tɔ:tʃ] *subst* **1**(,**US:** *flashlight)* lommelykt; **2.** *også fig:* fakkel; **a flaming ~** en lysende fakkel; **3.** *fig:* **carry a ~ for** være ulykkelig forelsket i.
torchbearer ['tɔ:tʃ,bɛərə] *subst:* fakkelbærer.
torchlight ['tɔ:tʃ,lait] *subst:* fakkelskjær; fakkellys.
torchlight procession fakkeltog.
I. tore [tɔ:] *subst* **1.** *arkit; på søyle(=torus)* pute; vulst; **2.** *bot(=receptacle)* blomsterbunn.
II. tore *pret av II. tear.*
toreador ['tɔriə,dɔ:] *subst(=bullfighter)* toreador.
I. torment ['tɔ:ment] *subst; stivt* **1***(=pain; anguish)* kval; pine; **2.** *fig:* **her shyness was a ~ to her** sjenertheten plaget henne.
II. torment [tɔ:'ment] *vb; stivt* **1***(=plague; harass)* plage *(fx stop tormenting the dog!);* **2.** *fig:* **-ed by doubt** plaget av tvil.
tormentor [tɔ:'mentə] *subst:* plageånd.
torn [tɔ:n] *perf. part. av II. tear.*
tornado [tɔ:'neidou] *subst:* tornado.
torpedo [tɔ:'pi:dou] *mil* **1.** *subst:* torpedo; **2.** *vb:* torpedere.
torpid ['tɔ:pid] *adj; stivt(=sluggish)* dvask; dorsk.
torpidity [tɔ:'piditi] *subst; stivt(=sluggishness)* dvaskhet; dorskhet.
torpor ['tɔ:pə] *subst; stivt(=lethargy; apathy; stupor)* sløvhet; apati; dvale(tilstand).
torque [tɔ:k] *subst; fys:* vridningsmoment.
torque converter momentomformer.
torque wrench momentnøkkel.
torrent ['tɔrənt] *subst* **1***(=violent stream)* stri strøm *(fx of water);* **2.** *om regn:* **the rain fell in -s***(=it was pouring down)* det regnet i strie strømmer; **3.** *fig:* **she attacked him with a ~***(=flood)* **of abuse** hun angrep ham med en rivende strøm av skjellsord.
torrential [tɔ'renʃəl] *adj* **1.** stri *(fx stream);* **2.: the rain was ~***(=it was pouring down)* det regnet i strie strømmer.
torrid ['tɔrid] *adj; stivt* **1***(=very hot)* brennende het; **2.** *fig:* brennende; glødende *(fx love affair).*
torsion ['tɔ:ʃən] *subst:* vridning; vridningselastisitet.
torsion bar*(=torsion spring)* torsjonsfjær.
torso ['tɔ:sou] *subst(pl: torsos)* torso.
tort [tɔ:t] *subst; jur:* skadevoldende handling; sivil søksmålsgrunn (bortsett fra kontraktbrudd); **damages for ~** erstatning for velferdstap; **the Law of Torts** erstatningsrett.
tortoise ['tɔ:təs] *subst; zo:* landskilpadde.
tortuous ['tɔ:tjuəs] *adj; stivt* **1***(=winding)* buktet; snodd; kroket *(fx road);* **2.** *fig(=devious):* **~ methods** krokveier.
I. torture ['tɔ:tʃə] *subst* **1.** tortur; **2.** pine; kval; lidelse; *fig:* lidelse; plage *(fx it was a torture to listen to him).*
II. torture *vb* **1.** torturere; **2.** *fig:* plage *(fx she was tortured by jealousy).*
Tory ['tɔ:ri] *subst & adj:* konservativ.
Toryism ['tɔ:ri,izəm] *subst:* konservatisme.
I. toss [tɔs] *subst* **1.** kast; støt *(fx the shot-putter had a few warm-up tosses);* **"No!" she said with a ~ of her head** "Nei!" sa hun og kneiset med nakken; **2.** det å kaste krone og mynt; **the decision depends on the ~ of a coin** avgjørelsen kan man kaste krone og mynt om; **3.** *sport:* loddtrekning; **win (,lose) the ~** vinne (,tape) loddtrekningen; **4. T: argue the ~***(=dispute the decision)* bestride avgjørelsen; krangle om avgjørelsen *(fx I'm not going to argue the toss with you);* **5.** *fra fx hest:* fall; **take a ~** falle av.
II. toss *vb* **1.** kaste (opp i luften) *(fx he was tossed by an angry bull; she tossed the ball up into the air);* **T: he -ed the book on to the table** han slengte boken bort på bordet; **2***(=jerk):* **the horse -ed his head** hesten kastet på hodet; **3.** kaste hit og dit *(fx the waves tossed the boat);* kaste på seg *(fx the boat tossed wildly in the rough sea);* **4.: ~ about** kaste på seg; ligge urolig *(fx she tossed about all night, unable to sleep);* **5.: ~ (a coin)** kaste mynt og krone *(fx they tossed a coin to decide which of them should go first);* **let's ~ for it!** la oss kaste mynt og krone om det! **I'll ~ (with) you for it!** jeg skal kaste mynt og krone om det med deg! **6. T: ~ off** 1. helle ned *(fx a pint of beer);* 2. rable ned *(fx a few verses of poetry);* 3. *vulg:* onanere; **7. T: ~ up***(=toss a coin)* kaste krone og mynt.
toss-up ['tɔs,ʌp] *subst* **1.** loddtrekning (ved å kaste mynt og krone); **2.** *fig:* lotteri(spill) *(fx marriage is a toss-up);* **it's a ~ whether . . .** det er tvilsomt om . . . *(fx it's a toss-up whether we shall get there in time).*
I. tot [tɔt] *subst* **1.** dram *(fx a tot of whisky);* **2***(=toddler)* smårolling; **a tiny ~** en liten tass.
II. tot *vb:* **~ up***(=add up)* summere; legge sammen.
I. total ['toutəl] *subst:* sum; totalbeløp; **the ~ was***(=came to)* **£10** det beløp seg til £10; det kom på £10.
II. total *vb* **1.** utgjøre; beløpe seg til; **2.: ~ up***(=add up)* legge sammen; summere.
III. total *adj* **1***(=complete)* fullstendig *(fx it was a total success);* **2.** total *(fx war);* **the car was a ~ wreck** bilen var totalvrak; **3.** samlet *(fx what's the total cost of the holiday?);* **the ~ amount***(=the whole amount)* hele beløpet; **sum ~** samlet beløp; hovedsum.
total abstainer*(=teetotaller)* totalavholdsmann.
total abstinence*(=teetotalism)* totalavhold.
total assets *pl; økon:* forvaltningskapital; sum aktiva.
total eclipse totalformørkelse.
totalitarian [tou,tæli'tɛəriən] **1.** *subst:* tilhenger av totalitær styreform; **2.** *adj:* totalitær *(fx state).*
totality [tou'tæliti] *subst; stivt(=entirety)* helhet *(fx the problem must be studied in its totality).*
totalizator, totalisator ['toutəlai,zeitə] *subst:* totalisator.
total loss *fors:* totalskade; *mar:* totalforlis; **constructive ~** konstruktivt totalforlis.
I. tote [tout] *subst* **T: the ~***(=the totalizator)* totali-

satoren.
II. tote *vb* **US***(=carry):* ~ **a gun** gå med skytevåpen.
totem ['toutəm] *subst:* totem(bilde).
totter ['tɔtə] *vb; også fig:* vakle *(fx he tottered down the road; the building tottered and collapsed; the empire was tottering).*
tottery ['tɔtəri] *adj* **T***(=shaky; unsteady)* ustø; skrøpelig *(fx old lady).*
I. touch [tʌtʃ] *subst* **1.** berøring; **the sense of** ~ berøringssansen; **I felt a** ~ **on my shoulder** jeg kjente at noen berørte (*el.* tok på) skulderen min; **the stone felt cold to the** ~ steinen var kald å ta på; **2.** *fotb:* **he kicked the ball into** ~ han sparket ballen ut (over sidelinjen); *(jvf touchline);* **3.** forbindelse; **I'll be in** ~**!** jeg lar høre fra meg! vi ses! **be in** ~ **with** ha forbindelse (*el.* kontakt) med; **get in** ~ **with** ta kontakt med; sette seg i forbindelse med; **we've lost** ~ vi har mistet forbindelsen med hverandre; vi har kommet fra hverandre; **4.** snev *(fx a touch of fever; a touch of spring in the air);* **aim a** ~ **too low***(= aim a bit too low)* sikte litt for lavt; **he's a** ~ **nervous today** han er litt nervøs i dag; **5.** *mus:* (finger)grep (i streng); anslag; **6.** malemåte; manér; **7.** hånd *(fx the touch of a master);* **a woman's** ~ en kvinnehånd *(fx the house needed a woman's touch);* **8***(=skill):* **he hasn't lost his** ~ **as a writer** han har ikke mistet grepet på skrivingen sin; **she's lost her** ~ hun har mistet grepet; **she has a wonderful** ~ **in dealing with children** hun har et fantastisk godt grep på dette med å behandle barn; **9.: service with a personal** ~ personlig service; **10.: put the final***(=finishing)* **-es to** finpusse *(fx a report; a book);* **11. S: he was an easy** ~ han var lett å bomme (*el.* slå) for penger; *(jvf II. touch 10).*
II. touch *vb* **1.** berøre; røre (ved); ta på *(fx don't touch my papers! don't touch anything before the police come);* streife; komme bort i *(fx the wheel just touched the kerb);* **2.** *geom:* tangere; **3.** *mus:* slå an *(fx a string; the keys);* **4.** gjøre inntrykk på *(fx his story touched them);* røre *(fx I was touched by her generosity);* **5.** *i nektet setning:* **he never -es alcohol** han rører aldri alkohol; **6.** *i nektet setning* **T: I wouldn't** ~ **a job like that** en slik jobb ville jeg holde meg unna; **7.** *mar:* ~ **at***(=call at; put in at)* anløpe *(fx the ship touched at several ports);* **8.:** ~ **and go** usikker *(fx a touch-and-go situation);* **it was** ~ **and go** det var høyst usikkert; **it was** ~ **and go whether . . .** det var høyst usikkert om . . .; **9.** *flyv:* ~ **down** lande; **10. T:** ~ **sby for money** bomme (*el.* slå) en for penger; *(jvf I. touch 11);* **11.:** ~ **off** 1. få til å eksplodere *(fx a spark touched off the gunpowder);* 2. *fig:* gi støtet til *(fx this touched off a storm of protests);* **12.:** ~ **on** 1*(=come close to)* grense til *(fx his actions touch on treason);* 2. *om tema:* berøre; komme inn på *(fx he spoke about social conditions, touching on housing and education);* **13.:** ~ **up** 1. fikse på *(fx he touched up the paintwork);* 2. *fot:* retusjere; 3. **S:** beføle; ta på (i seksuell hensikt) *(fx he touched her up);* **14.:** ~ **wood!** bank i bordet!
touch and go *se II. touch 8.*
touchdown ['tʌtʃ,daun] *subst* **1.** *flyv(=landing)* landing; **2.** *i rugby:* rørt ball.
touched ['tʌtʃt] *adj* **1.** rørt; beveget; **2. T***(=a little mad)* litt gal *(fx he's a bit touched).*
touching ['tʌtʃiŋ] *adj:* rørende *(fx story).*
touchline ['tʌtʃ,lain] *subst; fotb & rugby(=sideline)* sidelinje; *(jvf I. touch 2).*
touchstone ['tʌtʃ,stoun] *subst; fig:* prøvestein.
touch-type ['tʌtʃ,taip] *vb:* skrive touch.
touchwood ['tʌtʃ,wud] *subst(=tinder)* knusk; tønder.
touchy ['tʌtʃi] *adj* **1.** *fig:* ømfintlig *(fx subject);* **2.** nærtagende; som lett blir fornærmet.
I. tough [tʌf] *subst* **T***(=rough criminal)* bølle.
II. tough *adj* **1.** *også fig:* seig *(fx tough meat; a tough old lady);* **2.** *fig(=difficult)* vanskelig *(fx a tough problem; a tough question);* **3.** *fig:* hard *(fx opposition; competition);* **4.** hardhendt *(fx he's too tough for you to play with);* voldsom og uregjerlig *(fx some really tough children);* barsk; hvor det går voldsomt for seg *(fx this is a tough neighbourhood);* **5.: he's a** ~ **customer to deal with** han er vanskelig å ha med å gjøre; **6. T: that was** ~*(=hard)* **luck!** det var ergerlig; det var synd; **7. T: get** ~ **with sby***(=deal harshly with sby)* ta en hardt.
toughen ['tʌfən] *vb* **1.** gjøre seig; **2.** gjøre hard; herde *(fx that job has certainly toughened him (up)!).*
toupee ['tu:pei; **US:** tu:'pei] *subst:* toupet.
I. tour [tuə] *subst* **1.** turistreise; rundreise; rundtur *(fx go on a tour of Spain);* **2***(=guided tour; med reiseleder: conducted tour)* omvisning *(fx the next tour will start at 3 o'clock);* **a guided** ~ **of a castle** en omvisning på en borg; **the new members were taken on a** ~ **of the building** de nye medlemmene ble vist rundt i bygningen; **3.** *teat, etc:* turné; **lecture** ~ foredragsturné; **4.:** ~ **of duty** tjenestetid; **do a** ~ **of duty in** tjenstgjøre i *(fx he did a tour of duty in Kenya); (se conducted tour; package tour).*
II. tour *vb* **1.** reise rundt (i) *(fx we spent our holidays touring; they're touring (in) France);* **2.** *teat, etc:* være på turné; turnere; *om stykke:* bli vist i *(fx the play will tour the provinces in the autumn).*
tour de force ['tuədə'fɔ:s] *subst; litt.* **1***(=feat of strength)* kraftprestasjon; **2.** *fig(=brilliant achievement)* glansprestasjon; glimrende prestasjon.
touring association reiselivsforening.
touring company omreisende teaterselskap.
tourism ['tuərizəm] *subst(=tourist trade; tourist traffic)* turisme; reiseliv; turistnæringen; ~ **is a growth industry in this country** turistnæringen ekspanderer her i landet.
tourist ['tuərist] *subst:* turist; **motor** ~ bilturist.
tourist class turistklasse; **travel** ~ reise på turistklasse.
tourist guide turistvert(inne); *(jvf travel guide).*
tourist traffic turisttrafikk; reiseliv; *(se tourism).*
tournament ['tuənəmənt; 'tɔ:nəmənt] *subst:* turnering.
tourniquet ['tuəni,kei] *subst; med.:* tourniquet.
tour operator turoperatør; reisearrangør.
tousle ['tauzəl] *vb; om håret(=rumple; dishevel):* ~ **sby's hair** buste en til på håret.
I. tout [taut] *subst* **1***(=racecourse tout)* stallspion; **2.** person som prøver å selge et eller annet til folk han møter; kundehai; *(se ticket tout).*
II. tout *vb* **1.** spionere på veddeløpshester under treningen; **2.** forsøke å selge *(fx I had to tout my paintings about for months before I got any buyers); polit:* ~ **for votes** samle stemmer; ~ **for custom** se seg om etter kunder *(fx the taxi driver drove around touting for custom);* **there were men outside the station -ing for hotels** det var noen menn utenfor stasjonen som forsøkte å skaffe kunder til hotellene.
I. tow [tou] *subst* **1***(coarse fibres of flax or hemp)* stry; **2.** slep; tauing; **give us a** ~**!** gi oss slep! ta oss på slep! **3.: in** ~ 1. på slep; **have in** ~ ha

på slep; **take in ~** ta på slep; taue; **have you driven a car in ~ before?** har du blitt tauet før? 2. *fig:* på slep *(fx he had his family in tow);* **he was taken in ~ by a friendly neighbour** en vennlig nabo tok seg av ham; **4.** *oppslag bakpå bil som taues:* **"On Tow"** *kan gjengis* "Bil taues."

II. tow *vb* **1.** slepe; taue; buksere; **2.: ~ away a car***(=remove a car)* taue bort en bil; **3.: ~ a car to get it going** taue i gang en bil.

towage ['touidʒ] *subst* **1.** *mar:* slepelønn; **2***(=towing)* buksering; tauing.

towards [tə'wɔ:dz] *(,***US** *også: toward) prep* **1.** mot; henimot; i retning av *(fx they were driving towards town; somewhere up towards the lake);* **2.** vendt mot *(fx his back was towards me);* **3.** *om tid:* **~ three o'clock***(=just before three o'clock)* henimot (*el.* like før) klokken tre; **~ the end of the year** mot slutten av året; **~ the end of the afternoon***(=in the late afternoon)* sent på ettermiddagen; **4.** *fig:* overfor *(fx what are your feelings towards him? his attitude towards his son was very strange; his behaviour towards me);* **considerate ~** hensynsfull mot; **I feel no hatred ~ them** jeg føler ikke noe hat mot dem; **a long stride ~ disarmament** et langt skritt mot (*el.* i retning av) nedrustning; **5.** (som hjelp) til; (som bidrag) til *(fx here's £10 towards the cost of the journey);* **save ~ a holiday** spare til (en) ferie; **money ~ a new car** penger som skal gå til ny bil.

towbar ['tou,ba:] *subst(=towing bracket)* tilhengerfeste.

towboat ['tou,bout] *subst(=tug)* slepebåt.

I. towel ['tauəl] *subst* **1.** håndkle; **bath ~** badehåndkle; **tea ~***(=tea cloth)* glasshåndkle; **2.: throw in the ~***(=acknowlegde defeat; give up completely)* si seg slått; oppgi kampen; *(se sanitary towel).*

II. towel *vb; stivt(=rub (with a towel))* frottere.

towelling ['tauəliŋ] *subst:* frotté; håndklestoff.

towel rail *på baderværelse:* håndklestang.

I. tower ['tauə] *subst:* tårn *(fx church tower); flyv:* **control ~** kontrolltårn; **2.** *fig:* **a ~ of strength** en virkelig god støtte *(to sby* for en).

II. tower *vb; stivt el. spøkef:* **~ above, ~ over***(= rise high above)* rage over *(fx he towered over his mother);* **the mountain -ed into the sky** fjellet raget helt inn i himmelen.

tower block høyblokk.

towering *adj* **1.** *stivt el. litt.(=very high)* tårnhøy; **2.: he was in a ~ rage** han var voldsomt sint.

towline ['tou,lain] *subst* **1.** *mar:* bukserline; buksertrosse; slepeline; **2.** slepetau.

town [taun] *subst* **1.** by; **in ~** i byen; **T: go on the ~** gå på byen; **go to ~** dra til byen; **I'm going into ~ to do some shopping** jeg skal en tur inn i byen for å gjøre noen innkjøp; **2.** *om menneskene:* **it's the talk of the ~** alle mennesker snakker om det; **the whole ~ turned out to greet the heroes** i byen gikk man mann av huse for å hilse på heltene.

town clerk *hist:* rådmann; *(se chief officer).*

town council bystyre.

town councillor bystyremedlem.

town crier *hist:* utroper.

town hall rådhus.

town house 1 *mots. landsted:* hus i byen; **2***(= expensive modern terraced house)* finere rekkehus.

town manager*(,***US:** *city manager)* kommunal administrasjonssjef.

town plan byplan.

town planning byplanlegging.

township ['taunʃip] *subst* **1.** *hist:* administrativ enhet, identisk med el. en underavdeling av et 'parish' (sogn); **2. US** *& Canada:* kommune; **3.** *i Sør-Afrika(urban area inhabited by nonwhites)* bydel for ikke-hvite; **4.** *i Australia:* område hvor det planlegges å anlegge en by.

townspeople ['taunz,pi:pəl] *subst(=townsfolk)* byfolk.

towpath ['tou,pa:θ] *subst:* trekkvei (langs kanal el. elv).

towrope ['tou,roup] *subst* **1.** *mar:* bukserline; buksertrosse; slepeline; **2.** slepetau.

tow truck US*(=crane truck; breakdown truck)* kranbil.

toxaemia*(,***US:** *toxemia)* [tɔk'si:miə] *subst; med.:* toksemi; forgiftning; **pregnancy ~** svangerskapsforgiftning.

toxic ['tɔksik] *adj; stivt el. fagl(=poisonous)* giftig.

toxicology [,tɔksi'kɔlədʒi] *subst; med.:* toksikologi.

I. toy [tɔi] *subst:* leketøy; leke *(fx he got lots of toys for Christmas); merk:* **novel -s***(=new ideas in toys)* nyheter i leketøy.

II. toy *vb:* **~ with** 1. fingre med *(fx a pencil);* pirke i; 2. *fig:* leke med *(fx the idea of writing a book).*

III. toy *adj:* leketøys- *(fx a toy gun).*

toyshop ['tɔiʃɔp] *subst:* leketøysbutikk.

I. trace [treis] *subst* **1.** spor *(fx a trace of poison was found; there were traces of egg on the plate; traces of a struggle could be seen on the ground);* **he's vanished without a ~** han er sporløst forsvunnet; **there's still no ~ of the missing child** det er fremdeles ikke noe spor etter det savnede barnet; **2***(=touch)* antydning; snev; **there was a ~ of jealousy in her voice** det var et snev av sjalusi i stemmen hennes; **3.** *del av seletøy:* dragreim; **4.** *fig:* **kick over the -s** *(,***T:** *let one's hair down)* slå seg løs; skeie ut.

II. trace *vb* **1.** følge sporet etter *(fx they traced him to London);* **2***(=find)* finne *(fx I can't trace that letter); (discover)* finne (sporet etter) *(fx archaeologists have traced many Roman roads in Britain);* **3.** *fig(=follow)* følge *(fx the history of the labour movement);* **4.: ~ sth back to sth** føre noe tilbake til noe *(fx he traces his descent back to an old Norman family; his fear of dogs can be traced back to a childhood experience);* **5.** tegne opp; streke opp; *på kart:* avsette; *på gjennomsiktig papir:* kalkere; **6.** tegne omhyggelig (*el.* møysommelig) *(fx he traced the words).*

traceable ['treisəbl] *adj:* som kan etterspores; påviselig; **~ to** som kan føres tilbake til.

trace element *kjem:* sporstoff; sporeelement.

tracer ['treisə] *subst* **1.** person som etterspører (fx tapt bagasje); **2.** kalkerstift; tracer; **3.** *mil(=tracer bullet)* sporlysprosjektil; sporlyskule; **4.** *med.:* sporingsisotop.

tracery ['treisəri] *subst* **1.** *arkit:* flettverk; *i gotikk:* **(bar) ~** stavverk; **2.** *fig(=fine pattern)* fint mønster.

trachea [trə'kiə] *subst(pl: tracheae* [trə'ki:i]*) anat(= windpipe)* luftrør.

trachoma [trə'koumə] *subst; med.; øyensykdom:* trakom.

tracing ['treisiŋ] *subst* **1.** ettersporing; **2.** det å streke (*el.* tegne) opp; **3.** *på kalkerpapir:* kopi; kalkering.

tracing paper kalkerpapir.

I. track [træk] *subst* **1.** spor *(fx follow the tracks of an animal);* **wheel ~** hjulspor; **2***(=path)* sti; tråkk; **sheep ~***(=goat path)* sauetråkk; geitesti; **3.** *flyv:* trekk; **~ required** *(fk Tr. Req.)* ønsket trekk; **~ made good** *(fk TMG),* **true ~** *(fk TT)* utfløyet trekk; **4.** skinne; skinnespor; **5.** *bils:* sporvidde; *(jvf I. gauge 2);* **6.** *i grammofonplate:* rille; *på lydbånd:* spor; **7.** *del av LP-plate:* sang;

8. *sport(=racetrack)* bane; **cinder ~** grusbane; **dirt ~** dirt-track bane; **9.: be on the ~ of** være på sporet etter; **10. T: he stopped dead in his -s** han bråstoppet; **11.: cover one's -s** skjule sporene etter seg; **12.: keep ~ of** holde seg à jour med; holde seg orientert om *(fx it's difficult to keep track of my old friends);* **keep ~ of the costs** følge med på hva det koster; **13.: lose ~ of** miste følingen med *(fx I've lost track of what's happening);* **lose ~ of the time** glemme tiden; miste følingen med tiden; **14.: on the wrong ~** på villspor; **15. T: they made -s for home***(=they set off for home)* de tok fatt på hjemveien; *(se beaten: off the ~ track).*

II. track *vb* **1.** følge sporet etter *(fx an animal);* **2.** *film:* følge (med kameraet); *(jvf tracking shot);* **3.: ~ down** spore opp; finne.

tracker dog*(=tracking dog)* sporhund.

track event *sport; øvelse:* løp; *(jvf field events).*

tracking ['trækiŋ] *subst* **1.** oppsporing; **2.** *film:* kamerakjøring; *(jvf tracking shot).*

tracking shot *film:* kjøreopptak; **~ from a car** kjøreopptak fra bil.

track record *sport:* banerekord.

track rod *i bil:* parallellstag.

track shoes*(=running shoes)* piggsko.

tracksuit ['træk,su:t; 'træk,sju:t] *subst:* treningsdrakt.

tract [trækt] *subst* **1.** *stivt(=area)* egn; område; **2.** *stivt(short treatise or pamphlet)* kort avhandling; skrift *(fx a religious tract); rel:* traktat; **3.** *anat:* **the digestive***(=intestinal) ~(=the alimentary canal)* fordøyelseskanalen.

tractability [,træktə'biliti] *subst; stivt(=docility)* medgjørlighet.

tractable ['træktəbl] *adj; stivt(=docile)* medgjørlig.

traction ['trækʃən] *subst* **1.** *med.:* strekk; **lie in ~** ligge i strekk; **2.** *jernb:* **electric ~** elektrisk drift.

traction engine *jernb:* trekkmaskin.

tractive ['træktiv] *adj:* trekk-; **~ force** trekkraft.

tractor ['træktə] *subst:* traktor.

I. trade [treid] *subst* **1.** handel *(fx between two countries);* **balance of ~***(=trade balance)* handelsbalanse; **domestic ~***(=home trade)* innenrikshandel; **foreign ~** utenrikshandel; **a large foreign ~ deficit** et stort underskudd i utenrikshandelen; et stort underskudd i handelsbalansen med utlandet; **~ and industry***(=trade and commerce)* handel og industri; **profits from ~ or business** næringsinntekt;

2. bransje; **he's well in with the ~** han er godt inne i bransjen; **we're in the same ~***(=line of business)* vi er i samme bransje; **the motor ~***(=business)* bilbransjen;

3.: (skilled) ~ fag; **he's a carpenter by ~** han er tømmermann av fag; **the book ~** de grafiske fag; **the engineering -s** maskinfagene; **his sons all followed different -s** alle sønnene hans valgte forskjellige yrker; **~ (and professional) interests** yrkesinteresser; **technical professions and skilled -s** tekniske yrker;

4. *mar:* fart; **coasting ~, home ~** innenriksfart; **foreign ~** utensriksfart; **ships engaged in foreign ~***(=foreign-going ships)* skip i utenriksfart.

II. trade *vb* **1.** handle; drive handel; ha handelsforbindelse (*with* med); **they ~ in fruit and vegetables** de handler med frukt og grønnsaker; **2***(=exchange)* utveksle *(fx they traded secrets);* **3.** *brukt vare:* **~ in** bytte inn; **the car you ~ in** den bilen du bytter inn; **4.: ~ on***(=exploit; take unscrupulous advantage of)* utnytte grovt *(fx he traded on her kindness);* **~ on sby's ignorance** utnytte (*el.* benytte seg av) ens uvitenhet.

trade acceptance *merk(=trade bill; commercial bill)* handelsveksel.

trade agreement handelsavtale.

trade association bransjeforening.

trade board: the British Overseas Trade Board *(fk BOTB)* Det britiske eksportråd; *(se NEO eksportråd).*

trade cycle*(,US: business cycle)* konjunkturbølge; konjunkturforløp; **-s***(,US: business cycles)* konjunkturer; de periodiske konjunkturbevegelser.

trade deficit handelsunderskudd.

trade depression *merk:* dårlige konjunkturer.

trade description *merk:* varebetegnelse; **misleading ~** merkefalsk; falsk (*el.* ulovlig) varebetegnelse.

trade discount *merk:* forhandlerrabatt.

trade fair*(=industrial fair)* varemesse; **the Norwegian Trade Fair Foundation** Norges varemesse.

trade fluctuations *økon:* konjunktursvingninger.

trade gap *økon:* ugunstig handelsbalanse.

trade-in ['treid,in] *subst:* vare som tas i innbytte; vare som byttes inn (ved avbetalingskjøp).

trademark ['treid,ma:k] *subst; merk(=tradename)* varemerke; firmamerke.

trade plate *for motorkjøretøy:* prøveskilt.

trade price *merk(=wholesale price)* engrospris.

trader ['treidə] *subst* **1.** næringsdrivende; handlende; **-s***(=tradespeople)* næringsdrivende; handlende; **2.** en som handler på børsen for egen regning.

Trades Union Congress *(fk TUC):* **the ~** *svarer til:* Arbeidernes Faglige Landsorganisasjon *(fk* LO).

trade surplus *økon:* overskudd på handelsbalansen.

trade union fagforening; *(jvf Trades Union Congress).*

trade unionism*(=trade union movement)* fagforeningsbevegelse.

trade unionist fagforeningsmann.

trade union leader fagforeningsleder.

trade union secretary fagforeningsformann.

trade wind passat(vind).

trading ['treidiŋ] **1.** *subst:* handel; **2.** *adj:* handels-; drifts-.

trading account *merk(=operating account; working account)* driftskonto.

trading estate industriområde.

trading partnership *jur* **1.** ansvarlig handelsselskap; kompaniskap som driver handel; sivilt selskap som driver handel; **2.: non-trading partnership***(=professional partnership)* ansvarlig selskap; kompaniskap; sivilt selskap.

trading post handelsstasjon.

trading profit *merk; i finansielt regnskap:* driftsfortjeneste; *(jvf operating profit).*

trading stamp rabattmerke.

trading stock *merk(=stock-in-trade)* varebeholdning.

tradition [trə'diʃən] *subst* **1.** tradisjon; overlevering; sagn; **according to ~** 1. i følge tradisjonen; 2. i følge sagnet *(fx according to tradition, the castle is haunted);* **these songs have been presevered by ~** disse sangene har blitt bevart ved overlevering;

2*(=custom)* (gammel) skikk; tradisjon *(fx it's one of our family traditions for eldest sons to be called John).*

traditional [trə'diʃənəl] *adj:* tradisjonell; tradisjonsbestemt; konvensjonell *(fx morality).*

traditionalism [trə'diʃənəlizəm] *subst; stivt(=belief in the importance of tradition)* tradisjonsbundethet; tro på tradisjonenes betydning.

Trafalgar [trə'fælgə] *subst; geogr:* Trafalgar.

I. traffic ['træfik] *subst* **1.** trafikk *(fx air traffic; road traffic; there's a lot of traffic on the roads);* **heavy ~** 1. sterk trafikk; 2. tungtrafikk; **drive against the ~** kjøre mot kjøreretningen; **2.** *neds(= trade)* trafikk *(fx the drug traffic);(=dealing)* handel (*in* med) *(fx stolen goods).*

II. traffic *vb(pret & perf. part. trafficked)* **1.** trafikkere; **2.** *neds:* **~ in***(=deal in)* handle med *(fx smuggled goods).*

traffic bollard trafikkstolpe.

traffic circle US*(=roundabout)* rundkjøring.

traffic control 1. trafikkregulering; *ved veiarbeid, etc:* midlertidig lysregulering *(fx 'Traffic Control Ahead'); 2. jernb(=operating control)* togledelse.

traffic-controlled *adj:* **~ signal** trafikkstyrt lyssignal.

traffic controller 1. *jernb:* togleder; **2.** *flyv:* **air ~** flygeleder.

traffic cop US*(=traffic policeman)* trafikkonstabel.

traffic density trafikktetthet.

traffic direction kjøreretning; *(jvf I. traffic: drive against the ~).*

trafficker ['træfikə] *subst; neds(=dealer):* **a ~ in drugs** en som handler med narkotika.

traffic island trafikkøy.

traffic jam trafikkork.

traffic lane kjørefelt; kjørefil.

traffic lane line kjørefeltlinje.

traffic lights trafikklys; lyskryss *(fx turn right at the traffic lights);* **cross against the ~** gå over gaten mot rødt lys; **(over)shoot the ~** kjøre mot rødt lys; **the ~ were red** det var rødt lys.

traffic marking(s) veimerking; oppmerking av kjørebanen.

traffic ramp*(=speed hump)* fartsdemper.

traffic regulations trafikkregler.

traffic sign trafikkskilt.

traffic signal trafikksignal.

traffic stoppage trafikkstans.

traffic ticket US*(=parking ticket)* parkeringsbot; **T:** rød lapp.

traffic warden UK: trafikkbetjent.

tragedian [trə'dʒi:diən] *subst; glds(=actor (,actress) of tragic roles)* tragedieskuespiller; tragiker.

tragedy ['trædʒədi] *subst; også fig:* tragedie *(fx his early death was a great tragedy for his family);* **the ~ of it** det tragiske ved det.

tragic ['trædʒik] *adj:* tragisk.

tragicomedy [,trædʒi'kɔmidi] *subst:* tragikomedie.

I. trail [treil] *subst* **1***(=track)* spor *(fx the trail was easy for the hunters to follow);* **2***(=path)* sti *(fx a mountain trail);* tråkk; **3***(=series of marks)* merker; spor; **a ~ of blood** (et) blodspor *(fx there was a trail of blood across the floor); fig:* **he left a ~ of debts** han etterlot seg gjeld overalt; *fig:* **a long ~ of admirers** en hale av beundrere; **on the ~ of** på sporet av *(fx they were on the trail of the killer).*

II. trail *vb* **1***(=track)* følge sporet etter; være på sporet av; **2.** trekke etter seg *(fx the bird trailed its broken wing; a plane flew across the sky trailing white vapour; he trailed his toy car on a string);* slepe; dra *(fx he trailed his fingers through the water);* **clothes were -ing from the suitcase** det hang klær ut av kofferten; **3. T***(=walk slowly (and wearily))* gå langsomt; traske slitent *(fx he trailed down the road);* **4.: ~ behind** sakke akterut; komme baketter; **a few walkers were -ing behind the main group** noen av fotturistene befant seg bak resten av gruppen; **5.** *om plante; stivt(=creep)* krype; slynge seg *(fx there's ivy trailing all over the wall);* **6.** *mil:* **~ arms!** i hånden gevær!

trailblazer ['treil,bleizə] *subst* **1***(=pathfinder)* stifinner; **2.** *fig(=pioneer)* banebryter; foregangsmann *(fx a trailblazer in astrophysics).*

trailer ['treilə] *subst* **1.** tilhenger *(fx we carry our luggage in a trailer);* **2. US***(=caravan)* campingvogn; campingtilhenger; **3***(=articulated lorry;* **US:** *trailer truck; long haul truck)* trailer; **4.** *film:* trailer (ɔ: forfilm om neste program).

trailer truck US*(=articulated lorry)* trailer.

trailing edge *flyv:* bakkant (av bæreflate); *(jvf leading edge).*

I. train [trein] *subst* **1.** *jernb:* tog; **catch the ~** nå (*el.* rekke) toget; **miss the ~** komme for sent til toget; ikke rekke toget; **go by ~** ta toget; reise med tog; **he caught the ~ to London***(=he went by train to London)* han tok toget til London;
2. *på kjole:* slep;
3. *glds(=retinue)* følge *(fx he was in the King's train);*
4. rekke *(fx then began a train of events which ended in disaster);* **~ of thought** tankebane; tankegang *(fx I can't follow your train of thought);*
5. *mil; hist:* **baggage ~** tren;
6. *fig:* **bring in its ~** føre med seg *(fx the war brought disaster in its train);* **set it all in ~***(=start it all)* sette det hele i gang.

II. train *vb* **1.** *sport:* trene *(fx train for a race; I'll have to train hard before the next match);* **2.** trene opp; lære opp; øve opp *(fx he trained the dog to come when he whistled);* **you've -ed your children very well** du har oppdratt barna dine godt; **3.** utdanne (seg); **he was -ed as a teacher** han fikk utdannelse som lærer; **he's -ing to be an electrician** han skal bli elektriker; **4.** *om kikkert el. våpen(=aim)* sikte inn (*on, at* mot) *(fx he trained the gun on the soldiers);* **5.** *gart:* espaliere *(fx a fruit tree);* binde opp; få til å vokse (i en bestemt retning) *(fx a framework over which climbing plants can be trained).*

trained *adj:* faglært; fullt utdannet; **a ~ animal** et dressert dyr; **a well-~ dog** en veldressert hund; **she's a ~ nurse** hun er utdannet som sykepleier; **she's ~ to look after children** hun har fått opplæring i å passe barn.

trainee [trei'ni:] *subst* **1.** person som er under opplæring; praktikant *(fx he's a trainee with an industrial firm);* **2.** *mil* **US***(=recruit)* rekrutt.

trainee service praktikanttjeneste.

trainer ['treinə] *subst* **1.** trener; **2.: (animal) ~** dressør; **3.** *flyv* **T***(=training plane)* skolefly; **4.: -s***(=track shoes)* joggesko.

train ferry jernbaneferje; togferje.

train indicator*(=indicator board)* togtidstavle; ruteoppslag.

training ['treiniŋ] *subst* **1.** *sport:* trening; **in (,out of) ~** i (,ute av) trening; **he's gone into ~ for the race** han har lagt seg i trening til løpet;
2. utdannelse; opplæring; undervisning; **she's had no particular ~** hun har ikke fått opplæring i noe spesielt; **it takes many years of ~ to be a doctor** man må studere i mange år for å bli lege; *(jvf teacher training).*

training college fagskole; **~ for traffic wardens** fagskole for trafikkbetjenter; *(se teachers college).*

training course opplæringskurs.

training plane skolefly.

training ship skoleskip.

train service toggang; togforbindelse *(fx there's a good train service to London).*

traipse [treips] *vb* **T** *ofte neds:* labbe; traske *(fx I saw her traipsing along the street in a skirt that was too long for her);* **I'm tired of traipsing round**

the shops jeg er trett av å traske omkring i butikkene; *(jvf II. trudge)*.
trait [trei(t)] *subst:* (karakter)trekk *(fx patience is one of his good traits)*.
traitor ['treitə] *subst:* forræder; **turn ~** bli forræder.
traitorous ['treitərəs] *adj; stivt(=treacherous)* forrædersk.
trajectory [trə'dʒektəri] *subst; prosjektils:* bane.
tram [træm] *subst(=tramcar;* **US:** *streetcar)* trikk; sporvogn.
tramline ['træm,lain] *subst:* trikkeskinne.
I. trammel ['træməl] *subst* **1.** *fisk(=trammel net)* trollgarn; **2.** *fig:* **-(s)** bånd; hinder; tvangstrøye *(fx the trammels of convention)*.
II. trammel *vb; stivt* **1**(*=ensnare; catch)* vikle inn (som i et nett); fange; **2**(*=hinder; restrain)* hindre; hemme.
trammel net *fisk:* trollgarn.
I. tramp [træmp] *subst* **1.** landstryker; **2**(*=long walk)* fottur *(fx we went for a tramp over the hills)*; **3**(*=sound of heavy footsteps)* tramp *(fx we heard the tramp of soldiers)*; **4.** *neds* **S**(*= prostitute; promiscuous woman)* ludder; tøs *(fx he married a real tramp)*; **5**(*=tramp steamer)* trampbåt.
II. tramp *vb* **1.** trampe *(fx up the stairs)*; **2.** vandre; dra på fottur *(fx she loves tramping over the hills)*; **he -ed the streets looking for a place to stay** han vandret gatelangs på jakt etter et sted å være; **3.** *mar:* gå i trampfart.
trample ['træmpəl] *vb(=tread heavily (on))* trampe (på); tråkke (på); **cigarette ash had been -d into the carpet** sigarettaske var blitt tråkket ned i teppet; **they -d the grass (underfoot)** de tråkket ned gresset; *også fig:* **~ on** tråkke på; trampe på *(fx he trampled on them)*; **he -d on her feelings***(=he hurt her feelings)* han tråkket på følelsene hennes.
trampoline ['træmpəlin; 'træmpə,li:n] *subst:* trampoline.
tramway ['træm,wei] *subst:* sporvei; trikkelinje.
trance [tra:ns] *subst:* transe; **put sby into a ~** sette en i transe; **in a ~** i transe.
tranny, trannie ['træni] *subst* **T**(*=transistor (radio))* transistorradio; reiseradio.
tranquil ['træŋkwil] *adj; stivt(=quiet; peaceful)* rolig; stille; fredelig; fredfylt *(fx a tranquil scene)*.
tranquillity [træŋ'kwiliti] *subst; stivt(=quiet; peacefulness)* ro; stillhet; fredfylthet.
tranquillizer ['træŋkwi,laizə] *subst:* beroligende middel; **a major ~** et sterkt beroligende middel.
trans- [træns; trænz; tra:ns; tra:nz] *prefiks:* på den andre siden av; trans-.
transact [træn'zækt] *vb; stivt(=do; carry out; conduct)* utføre *(fx the business was to be transacted by experts)*; **I -ed***(=did)* **some business in Paris** jeg utførte noen forretningstransaksjoner i Paris.
transaction [træn'zækʃən] *subst; stivt* **1**(*=business deal)* (forretnings)transaksjon; forretning; **2.** gjennomføring *(fx the transaction of the deal took several days)*; **3.: -s** (lærd selskaps) meddelelser; (trykte) referater *(fx Volume 3 of the Transactions of the Philosophical Society)*.
transatlantic [trænzət'læntik] *adj:* transatlantisk; over Atlanterhavet *(fx flight; telephone call)*; *(se trans-)*.
transcend [træn'send] *vb; stivt el. litt.* **1**(*=surpass)* overgå *(fx the power of God transcends all human knowledge)*; **2.** overskride *(fx national and cultural boundaries)*; **3**(*=overcome)* overvinne *(fx obstacles)*.
transcendental [,trænsən'dentəl] *adj; fil:* transcendental *(fx meditation)*.
transcribe [træn'skraib] *vb* **1**(*=copy; write out in full)* transkribere; skrive av; *om stenogram:* renskrive; **the conversations were recorded on tape and then -d** samtalene ble tatt opp på bånd og deretter skrevet ned; **2.** *mus:* transponere; skrive ut *(fx the sonata has been transcribed for the violin)*.
transcript ['træn,skript] *subst:* avskrift; gjenpart; *av stenogram:* renskrift; **a ~ from the minutes** en utskrift av (møte)protokollen.
transcription [træn'skripʃən] *subst* **1.:** *se transcript;* **2.** transkripsjon; omskriving; renskriving; *fon, også:* lydskrift; **broad ~** grov lydskrift; **narrow ~** fin lydskrift.
transept ['trænsept] *subst; i kirke:* tverrskip.
I. transfer ['trænsfə:] *subst* **1.** overføring *(fx to another football club)*; **2.** forflytning; overføring; overflytting; **3.** *jur:* overdragelse; transport *(fx of a claim)*; **4.** *bokf:* overføring; transport *(fx from one account to another)*; **5.** overføringsmønster *(fx a flower transfer; a transfer of some trees)*; **6**(*=transfer ticket)* overgangsbillett; **7.** *typ:* overtrykk.
II. transfer [træns'fə:] *vb* **1.** overføre; **2.** forflytte; overføre; **I'm -ring to the London office***(=they're transferring me to the London office)* jeg skal forflyttes til kontoret i London; **he has -red to another school***(=he has changed schools)* han har byttet skole; *sport:* **he has -red to another club** han har byttet klubb; **Arsenal have -red***(=sold)* **him to Manchester United** Arsenal har solgt ham til Manchester United; **3.** *jur:* overdra *(fx a property to sby)*; **4.** *bokf:* overføre *(fx to another account)*; **5.** *buss, tog, etc:* bytte; gå ombord på (*el.* i); **at Glasgow I -red to another train***(=I changed trains at Glasgow)* i Glasgow byttet jeg tog; i Glasgow gikk jeg ombord i et annet tog; **6.** *stivt:* **he -red the letter from his briefcase to his trouser pocket***(=he took the letter out of his briefcase and put it into his trouser pocket)* han flyttet brevet over fra dokumentmappen til bukselommen.
transferable [træns'fə:rəbl] *adj:* som kan overdras; overførbar; **this ticket is not ~** denne billetten kan ikke overdras.
transfer card *når motorkjøretøy skifter eier:* salgsmelding.
transference ['trænsfərəns; **US:** træns'fə:rəns] *subst:* overføring; **thought ~** tankeoverføring.
transfer fee *sport; fotb:* overgangssum.
transfer ticket overgangsbillett.
transfer value overføringsverdi.
transfiguration [træns,figju'reiʃən] *subst; stivt:* forklarelse; *bibl:* **the Transfiguration** Forklarelsen på berget.
transfigure [træns'figə] *vb; stivt(=transform)* forklare *(fx a transfigured expression)*; forvandle *(fx her face was transfigured with joy)*.
transfix [træns'fiks] *vb; litt.* **1**(*=impale; pierce)* spidde; gjennombore; **2.** *fig:* **he was -ed with***(=by)* **fear***(=he was unable to move with fear)* han stivnet til i frykt; **he was -ed with***(=by)* **amazement***(= he froze in amazement)* han stivnet til i forbløffelse.
transform [træns'fɔ:m] *vb* **1**(*=change)* forvandle *(fx a caterpillar is transformed into a butterfly; his marriage has transformed him)*; omforme; forvandle *(fx he transformed the old kitchen into a beautiful sitting-room)*; **2.** *mat.:* transformere; **3.** *elekt; fys:* transformere; omforme.
transformation [,trænsfə'meiʃən] *subst:* forvandling; omforming; transformasjon.

transformer [træns'fɔ:mə] *subst; elekt:* transformator; *radio:* **input** ~ inngangstransformator.
transfuse [træns'fju:z] *vb; med.:* overføre *(fx blood).*
transfusion [træns'fju:ʒən] *subst; med.:* **(blood)** ~ (blod)transfusjon; blodoverføring.
transgress [trænz'gres] *vb; stivt el. litt.* **1.** *om lov el. regel(=break)* bryte; overtre *(fx he transgressed the law); 2(=go beyond):* ~ **the bounds of decency** sette seg utover sømmelighetens grenser; **3.:** ~ **against***(=sin against)* synde mot; forsynde seg mot *(fx he transgressed against all the rules).*
transgression [trænz'greʃən] *subst; stivt el. litt.* **1.** *om lov el. regel:* ~ **of***(=infringement of; contravention of; offence against)* overtredelse av *(fx the law);* **2.** *m.h.t. diett:* overskridelse; **larger -s** større overskridelser.
transgressor [trænz'gresə] *subst; stivt(=offender; sinner)* lovovertreder; en som forser (*el.* forsynder) seg.
transience ['trænsiəns] *subst:* flyktighet.
I. transient ['trænziənt; **US:** 'trænʃnt] *subst(=transient guest; transient worker)* gjennomreisende; person som arbeider et sted for et kortere tidsrom; **US: -s***(=transient guests)* korttidsgjester (i hotell).
II. transient *adj:* flyktig; forbigående *(fx feeling; mood);* forgjengelig; ~ **guests** korttidsgjester (i hotell); *(jvf transitory).*
transistor [træn'sistə] *subst:* transistor.
transistor (radio)*(,***T:** *tranny, trannie)* transistorradio; reiseradio.
transit ['trænsit; trænzit; 'tra:nsit; tra:nzit] *subst:* transitt; gjennomreise; **in** ~ 1. på gjennomreise; **2.** under transporten; underveis.
transit camp transittleir; gjennomgangsleir.
transition [træn'ziʃən] *subst:* overgang; **comply with the demand for a soft** ~ imøtekomme kravet om en myk overgang; **the previous paragraph should contain some element capable of providing a natural** ~ **to this new thought** det foregående avsnittet bør inneholde et element som gjør overgangen til denne nye tanken naturlig.
transitional [træn'ziʃənəl] *adj:* overgangs-.
transitional form*(=intermediate form)* overgangsform.
transitional phase overgangsfase; **in the present** ~ **it is important that . . .** nå i overgangsfasen er det viktig at . . .
transitional stage overgangsstadium; **in a** ~ på et overgangsstadium.
transition problem overgangsproblem.
transitive ['trænsitiv] *adj; gram:* transitiv.
transitory ['trænsitəri] *adj; stivt el. litt.(=transient)* flyktig; forbigående; forgjengelig.
transit visa transittvisum.
translatable [træns'leitəbl; trænz'leitəbl] *adj:* oversettelig.
translate [træns'leit; trænz'leit] *vb* **1.** oversette *(fx a book);* ~ **from French into English** oversette fra fransk til engelsk; ~ **by;** ~ **as***(=render by)* oversette med; **an exam question which has been -d and commented on** en oversatt og kommentert eksamensoppgave; **2.** *fig:* ~ **theories into practice***(=put theories into effect)* omsette teorier i handling; ~ **words into deeds***(=suit the action to the word)* la handling følge på ord.
translation [træns'leiʃən; trænz'leiʃən] *subst:* oversettelse; **simultaneous** ~*(=simultaneous interpretation)* simultantolking; ~ **from a foreign language to one's mother tongue** oversettelse fra et fremmedspråk til morsmålet; **a** ~ **into Norwegian** en oversettelse til norsk; **a** ~ **from English to French** *(=an English to French translation)* en oversettelse fra engelsk til fransk; **totally misleading -s** helt misvisende oversettelser; fullstendig gale oversettelser; **mistake***(=error)* **in** ~*(=mistranslation)* oversettelsesfeil; oversetterfeil; *(se loan translation).*
translator [træns'leitə; trænz'leitə] *subst:* oversetter; translatør; ~ **of literature***(=literary translator)* litterær oversetter.
transliterate [trænz'litə,reit] *vb:* omstave fra ett skriftsystem til et annet; translitterere *(fx the Greek word 'λογος' can be transliterated as 'logos').*
translucency [trænz'lu:sənsi] *subst:* gjennomskinnelighet; delvis gjennomsiktighet.
translucent [trænz'lu:sənt] *adj:* gjennomskinnelig; delvis gjennomsiktig *(fx glass).*
transmigrate [,trænzmai'greit] *vb; rel; om sjelen:* ta bolig i et annet legeme.
transmigration [,trænzmai'greiʃən] *subst; rel:* ~ **of souls** sjelevandring.
transmissible [trænz'misəbl] *adj; med.(=communicable)* overførbar *(fx disease).*
transmission [trænz'miʃən] *subst* **1.** overføring *(fx the transmission of disease; the transmission of radio signals);* **2.** *mask:* transmisjon; overføring; **automatic** ~ automatisk girkasse; **auxiliary** ~ hjelpegir; **constant-mesh** ~ girkasse med tannhjul i konstant inngrep; **fluid** ~ væskekopling (i automatisk girkasse); **3.** *radio, TV(=broadcast)* sending; overføring; **live** ~ direkte sending; **news** ~ nyhetssending.
transmit [trænz'mit] *vb* **1.** *stivt(=pass on)* bringe videre *(fx a message);* overføre *(fx insects can transmit disease); (=spread)* formidle *(fx British culture);* **2.** *radio, TV:* sende *(fx they have stopped transmitting on that frequency);* **3.** *mask:* overføre *(fx the power is transmitted by means of gears).*
transmittal [trænz'mitəl] *subst: se transmission.*
transmitter [trænz'mitə] *subst; radio:* sender.
transmute [trænz'mju:t] *vb:* forvandle; omdanne; transmutere.
transom ['trænzəm] *subst* **1.** *arkit:* tverrtre; dørbjelke (mellom dør og vindu over); tverrsprosse (i gotisk vindu); *(jvf mullion);* **2. US***(=fanlight)* lite rektangulært vindu over dør; **3.** *mar(=transom beam)* hekkbjelke.
transom stern *mar:* speilgatt.
transparency [træns'pærənsi] *subst* **1.** gjennomsiktighet; **2***(=slide)* dias; lysbilde *(fx I took some transparencies of Fort Jesus).*
transparent [træns'pærənt] *adj* **1.** gjennomsiktig; **2.** *stivt(=obvious; evident)* opplagt; åpenbar; **I hoped the irony was not too** ~ jeg håpet at ironien ikke skinte for tydelig igjennom; **a** ~ **excuse** en lett gjennomskuelig unnskyldning.
transpiration [,trænspə'reiʃən] *subst; bot:* transpirasjon; *(jvf perspiration).*
transpire [træn'spaiə] *vb* **1***(=become known)* bli kjent; komme for dagen *(fx it transpired that he had been in Paris for the weekend);* **he had been in Paris – or so it later -d** han hadde vært i Paris – det var i hvert fall hva som senere ble sagt; **2. T***(=happen)* hende; skje *(fx he told me what had transpired); (jvf perspire).*
I. transplant ['træns,pla:nt] *subst; med.* **1.** transplantasjon; **do a heart** ~ foreta en hjertetransplantasjon; **2.** transplantat.
II. transplant [træns'pla:nt] *vb* **1.** omplante *(fx we transplanted the rosebush);* **it didn't** ~ **successfully** den tålte ikke så godt å bli omplantet; **40,000 people were -ed** 40.000 mennesker ble omplantet; **2.** *med.:* transplantere.
transplantation [,trænspla:n'teiʃən] *subst* **1.** omplan-

ting; **2.** *med.:* transplantering; transplantasjon.
I. transport ['træns,pɔ:t] *subst* **1.** transport *(fx of goods and passengers; air transport);* **road** ~*(= road haulage)* veitransport; **(means of)** ~ transportmiddel; fremkomstmiddel *(fx my husband's using our car, so I have no (means of) transport; I can take you in my car if you require transport);* **public** ~ kollektive (*el.* offentlige) transportmidler; **we can go there by public** ~ vi kan komme dit med et offentlig transportmiddel; **minister of***(=for)* ~ samferdselsminister; **2.** *mil:* transportkjøretøy; ~ **plane** transportfly; **3.** *tekn:* transport; fremføring; **film** ~ filmtransport; **4.** *fig; stivt:* **go into -s (of joy)***(=go into raptures)* bli (helt) henrykt.
II. transport [træns'pɔ:t] *vb* **1.** *stivt(=carry)* transportere; bringe *(fx a bus transported us from the airport to the city);* **2.** *hist(=deport)* deportere; **3** *stivt el. litt.:* **be -ed with***(=be beside oneself with)* være ute av seg av *(fx grief; joy).*
transportable [træns'pɔ:təbl] *adj:* transportabel; som lar seg transportere.
transport agency transportbyrå.
transportation [,trænspɔ:'teiʃən] *subst* **1***(=transport; transporting)* transport; transportering; **2.** *hist(= deportation)* deportasjon.
transport café transportkafé; kafé for lastebilsjåfører.
transport union transportarbeiderforening; **the Transport and General Workers Union** *(fk the TGWU)* transportarbeiderforbundet.
transport worker transportarbeider.
transpose [træns'pouz] *vb* **1.** *stivt:* **he -d their names on the list***(=he made their names change places on the list)* han lot navnene deres bytte plass på listen; **2** *mus:* transponere *(fx a song into the key of F);* **3.** *mat.:* flytte over (på den andre siden av likhetstegnet).
transposition [,trænspə'ziʃən] *subst* **1.** omflytting; omstilling *(fx the transposition of letters in a word);* **2.** *mus:* transponering.
transsexual [trænz'seksjuəl] *subst* **1.** person som identifiserer seg med det motsatte kjønn; **2.** person som ved kirurgisk inngrep har skiftet kjønn.
transship [træns'ʃip] *vb; mar:* omlaste (til annet skip); omskipe.
Transvaal ['trænzva:l] *subst; geogr:* **the** ~ Transvaal.
transverse ['trænzvə:s] *adj:* tverrgående; tverrliggende; tverrstilt; ~ **beams in the roof** tverrgående bjelker i taket.
transversely [trænz'və:sli] *adv:* på tvers.
transverse presentation *med.:* **(delivery with a)** ~ tverrleie.
transvestite [trænz'vestait] *subst:* transvestitt.
I. trap [træp] *subst* **1.** felle *(fx mousetrap);* **(police) radar** ~*(=speed trap)* radarkontroll; **be caught in a** ~ bli fanget i en felle; **lay***(=set)* **a** ~ **for** sette opp en felle for; **he fell straight into the** ~ han gikk rett i fellen; **she led him into a** ~ hun lokket ham i en felle; **2.** *rørl:* **(air)** ~*(drain trap; stench trap; U-bend)* vannlås; **3.** *hist:* lett tohjuls vogn *(fx a pony trap);* **4. S***(=mouth):* **keep your** ~ **shut!** hold kjeft! **5. S***(=percussion instruments)* slagverk; **6***(=trap door)* lem *(fx he opened the trap at the bar and came out);* **the raised** ~ den åpne lemmen.
II. trap *vb; også fig:* fange (i en felle); lokke i en felle; ~ **animals** fange dyr i felle(r); **she -ped him into admitting that . . .** hun fikk lurt ham til å innrømme at . . .
trap door lem; falldør; *(se også I. trap 6).*
trapeze [trə'pi:z] *subst; sport:* trapes *(fx they performed on the trapeze); (jvf trapezium).*
trapeze artist trapeskunstner.
trapezium [trə'pi:ziəm] *subst; geom(,US: trapezoid)* trapes; *(jvf trapeze & trapezoid).*
trapezoid ['træpi,zɔid] *subst; geom* **1.** trapesoide; **2. US***(=trapezium)* trapes.
trapper ['træpə] *subst:* pelsjeger.
trappings ['træpiŋz] *subst; pl* **1.** pynt; stas; ytre prakt *(fx all the trappings of royalty);* **2.** *til hest:* stassele.
traps [træps] *subst; pl* **T***(=things; belongings)* ting; eiendeler *(fx he picked up his traps and left).*
trapshooting ['træp,ʃu:tiŋ] *subst(=clay-pigeon shooting)* leirdueskyting.
trash [træʃ] *subst* **1.** *neds* **T:** skrap; søppel *(fx it's just trash; that magazine's nothing but a load of trash);* **2. US***(=rubbish; junk)* søppel; avfall; **3.** *om mennesker; neds:* berme; pakk; subb.
trash can US*(=dustbin)* søppeldunk.
trashman ['træʃ,mæn] *subst* **US***(=dustman)* søppelkjører; søppeltømmer.
trashy ['træʃi] *adj* **T***(=worthless; rubbishy)* verdiløs; som er noe skrap *(fx a trashy novel; trashy jewellery).*
trauma ['trɔ:mə] *subst; med. & psykol:* traume; trauma.
traumatic [trɔ:'mætik] *adj:* traumatisk.
travail ['træveil] *subst; litt.(=pangs of childbirth)* barnsnød.
I. travel ['trævəl] *subst* **1***(=travelling)* det å reise; reising *(fx travel to and from work can be very tiring);* **I like** ~ jeg liker å reise; **2.: -s** reise(r); **she's off on her -s again** hun skal ut å reise igjen; **3.: book of** ~*(=travelogue)* reisebeskrivelse; **4.** *mask:* vandring.
II. travel *vb* **1.** reise; **2.** bevege seg; gå *(fx light travels faster than sound); om lyd:* forplante seg; **3.** *mask:* vandre; **4.** *om dyr:* vandre; *om fugl:* trekke; **5.** *om salgsrepresentant:* ~ **in** reise i *(fx he travels in cosmetics).*
travel agency*(=travel bureau)* reisebyrå.
travel agent 1. reisebyråsjef; **2.** en som er ansatt i reisebyrå; **3.: -(s)***(=travel agency)* reisebyrå *(fx have you been to the travel agent(s) yet?).*
travel allowance reisegodtgjørelse.
travel association turistforening.
travelator ['trævə,leitə] *subst:* rullende fortau.
travel brochure*(=travel folder)* reisebrosjyre.
travel bug T*(=desire to travel)* reiselyst *(fx we still have a travel bug); (jvf wanderlust).*
travel costs*(=travelling expenses)* reiseutgifter.
travel goods *pl:* reiseeffekter; **travel and leather goods** reiseeffekter og portefølje.
travel grant reisestipend.
travel guide*(=guide book)* reisehåndbok; *(jvf tourist guide).*
travelled*(,US: traveled) adj* **1.** bereist; **a widely** ~ **young man** en meget bereist ung mann; **2.: a well-**~**route** en rute som blir meget benyttet.
traveller ['træv(ə)lə] *subst* **1.** reisende; veifarende; **commercial** ~*(=sales representative)* handelsreisende; salgsrepresentant; **2.** *mar:* løygang.
traveller's cheque*(,US: traveler's check)* reisesjekk; **cash a** ~ heve en reisesjekk.
I. travelling *subst* **1***(=travel)* reising; det å reise; reisetrafikk; **2.** *gym:* armgang.
II. travelling *adj:* reisende; omreisende *(fx a travelling opera company);* reise-.
travelling bag reiseveske.
travelling companion*(=fellow traveller)* reisefelle; reisekamerat; *stivt:* **I had a pleasant** ~, **I had pleasant -s***(=I had pleasant company on the jour-*

ney) jeg hadde hyggelig reisefølge.
travelling crane løpekran.
travelling distance: within ~ of Dover ikke lenger fra Dover enn at man kan reise dit.
travelling exhibition vandreutstilling.
travelling rings turnringer.
travel medical insurance reisesykeforsikring.
travelogue*(,***US:** *travelog)* ['trævəlɔg] *subst:* reisebeskrivelse; reisebrev; reisefilm *(fx a travelogue about East Africa).*
travel poster turistplakat.
travel receipt reisebilag.
travel-sick ['trævəl,sik] *adj:* reisesyk.
travel sickness reisesyke; **suffer from ~** være reisesyk.
I. traverse ['trævə:s; trə'və:s] *subst* **1.** *mil:* travers; tverrvoll; **2.** *mar; ved bauting:* siksakkurs; **3.** *mask(=sideways movement)* sidebevegelse; **4.** *fjellsp:* travers; **5.** *geodesi(=traverse survey)* blinddrag.
II. traverse [trə'və:s; 'trævə:s] *vb* **1.** *stivt el. glds(=cross; go across)* krysse; gå over *(fx the bridge traverses a brook);* reise gjennom *(fx the desert);* **2.** *fjellsp:* traversere.
III. traverse ['trævə:s] *adj(=transverse; lying across)* tverr-; tverrgående.
travesty ['trævisti] **1.** *subst(=parody; ridiculous copy; poor imitation; caricature)* travesti; parodi; karikatur; vrengebilde; **the trial was a ~ of justice** rettssaken var en ren parodi; **2.** *vb(=make a travesty of; parody; caricature)* travestere; parodiere; karikere; gjøre til den rene parodi.
trawl [trɔ:l] **1.** *subst:* trål; **2.** *vb:* tråle; fiske med trål.
trawler ['trɔ:lə] *subst:* tråler.
tray [trei] *subst* **1.** brett *(fx tea tray);* **2.** brevkurv; **in (,out) ~** kurv for inngående (,utgående) post; **3.** *i arkivskap:* flat skuff; bakke.
tray cloth brettserviett.
treacherous ['tretʃərəs] *adj* **1.** forrædersk; svikefull *(fx act; person);* **2.** *fig:* lumsk; farlig *(fx the roads are treacherous in winter).*
treachery ['tretʃəri] *subst:* forræderi.
treacle ['tri:kəl] *subst* **1***(=black treacle;* **US:** *molasses)* mørk sirup; **2***(=golden syrup)* lys sirup; *(jvf molasses & syrup).*
I. tread [tred] *subst* **1.** trappetrinn; trinnbredde; **2.** gange *(fx I heard his heavy tread);* **3.** *på dekk:* **(tyre) ~** profil; slitebane.
II. tread *vb(pret: trod; perf. part.: trodden)* **1.** trå; **~ carefully** trå forsiktig; være forsiktig med hvor man setter føttene; **~ water** trå vannet; **2.** *stivt(=walk)* gå *(fx tread the long way home);* **3.** tråkke *(fx tread a path);* stampe (med føttene) *(fx tread the grapes); fig:* **~ on sby's toes** tråkke en på tærne; **4.** *spøkef(=dance)* danse *(fx tread a tango);* **5.** *om hannfugl(=copulate with)* pare seg med.
treadle ['tredəl] *subst:* fotbrett; tråbrett; fotpedal; **a ~ sewing machine** symaskin med fotpedal; tråmaskin.
treadmill ['tred,mil] *subst; også fig:* tredemølle; **the ~ of factory work** den tredemølle det er å arbeide i en fabrikk.
tread pattern *i dekk:* (slite)mønster.
treason ['tri:zən] *subst(=high treason)* høyforræderi; landsforræderi.
treasonable ['tri:zənəbl] *adj:* landsforrædersk.
I. treasure ['treʒə] *subst* **1.** skatt *(fx the pirates buried their treasure);* **art ~** kunstskatt; **2.** *om person* **T:** perle *(fx our new cook's a real treasure!).*
II. treasure *vb(=value very highly)* sette høyt; sette stor pris på *(fx they treasured his friendship);* **I ~ the memory of our visit to Paris** vårt besøk i Paris er for meg et kjært minne.
treasurer ['treʒərə] *subst; i forening, etc:* kasserer.
treasure trove 1. skattefunn; funnet skatt (som tilfaller staten) *(fx the gold coins that he dug up in the field were declared to be treasure trove);* **2.** *fig:* verdifullt funn; gullgruve.
treasury ['treʒəri] *subst* **1.** skattkammer; **2.: the Treasury***(,***US:** *the Treasury Department)* finansdepartementet; **3.: the Treasury** statskassen; finansforvaltningen; **4. US: Secretary of the Treasury***(=Chancellor of the Exchequer)* finansminister; *(jvf exchequer 2).*
Treasury bill *merk:* statskasseveksel.
I. treat [tri:t] *subst* **1.** ekstra traktement *(fx she cooked their favourite meal as a treat; he took them to the theatre as a treat);* **2.** tilstelning *(fx a school treat);* **3***(=pleasant surprise):* **there's a ~ in store for you** du har noe hyggelig i vente; **4.: this is my ~** dette er det jeg som spanderer; **stand ~** spandere; **5.: a (real) ~** riktig hyggelig *(fx it was a real treat to visit them);* en (sann) nytelse *(fx it was a treat to hear him play);* **6. T** *adv:* **a ~***(=very well)* meget bra; **the speech went down a ~** talen ble meget bra (*el.* godt) mottatt.
II. treat *vb* **1.** behandle *(fx he treated them badly; they treated me as one of the family; the police are treating his death as a case of murder; the doctor treated her rheumatism);* betrakte *(fx they treated it as unimportant);* **2.** *stivt(=discuss):* **she -s this subject fully in her book** hun drøfter dette emnet inngående i boken sin; **3.: ~ sby to sth** spandere noe på en *(fx I'll treat you to lunch);* **he -ed himself to a new tie** han spanderte på seg et nytt slips; **if you haven't enough money for the cinema, I'll ~ you!** hvis du ikke har nok penger til kinoen, skal jeg spandere på deg!
treatise ['tri:tiz; **US:** 'tri:tis] *subst:* avhandling.
treatment ['tri:tmənt] *subst* **1.** behandling *(fx their treatment of him was very kind);* **rough ~** hardhendt behandling; **they have had less than fair ~ from** de har fått en alt annet enn fair behandling av; **2.** *med.:* behandling; **undergo a ~** gjennomgå en behandling; **~ of** behandling av; *om emne:* **receive (an) exhaustive ~** få en uttømmende behandling; **3. T: give him the full ~** gi ham den behandling han har krav på (*el.* som er vanlig); **the new author got the full ~ of cocktail parties and press interviews** den nye forfatteren ble gjort til gjenstand for all mulig oppmerksomhet i form av cocktailselskaper og presseintervjuer.
treatment centre behandlingshjem
treaty ['tri:ti] *subst* **1.** traktat *(fx sign a peace treaty);* **under the terms of the ~** i henhold til traktaten; **2.** *om eiendomssalg, som alternativ til auksjon:* **sell the house by private ~** selge huset privat.
I. treble ['trebəl] *subst; mus:* diskant *(fx sing treble).*
II. treble *vb:* tredoble; bli tredoblet.
III. treble *adj* **1.** *mus:* diskant- *(fx a treble voice);* **2.** tredobbel; tredobbelt *(fx they have the treble handicap of poverty, parental neglect and bad schooling);* **~ the normal dose***(=three times the normal dose)* tredobbelt dose; **he earns ~ what I do***(=he earns three times as much as I do)* han tjener det tredobbelte av hva jeg tjener.
tree [tri:] *subst; bot:* tre; **at the top of a ~** i toppen av et tre; i en trekrone.
tree frog *zo:* løvfrosk.
tree line*(=timber line)* tregrense.
tree pipit *zo:* trepiplerke.
tree shrew *zo:* trespissmus.
tree sparrow *zo:* pilfink.
tree trunk trestamme.

trefoil ['tri:,fɔil] *subst* **1.** *som ornament:* kløverblad; **2.** *bot(=clover)* kløver; **bird's-foot ~** tiriltunge.

I. trek [trek] *subst* **1.** *om folkevandring:* tog; **the Cimbrian ~** kimbrertoget; **2.** *hist; om sørafrikanske forhold:* reise med okseforspann; **3.** lang (og anstrengende) reise *(fx a trek through the mountains);* **ski ~** (lang) skitur *(fx we had an enjoyable ski trek);* **4. T:** tur *(fx a trek round the supermarket).*

II. trek *vb* **1.** *hist; om sørafrikanske forhold:* reise med okseforspann; **2.** foreta en lang (og anstrengende) reise; reise *(fx they're trekking through the mountains);* **3. T: ~ round the shops** gå rundt i butikkene *(fx I've been trekking round the shops looking for a present for her).*

trellis ['trelis] *subst:* sprinkelverk; tremmeverk; *for plante(=espalier)* espalier.

trelliswork ['trelis,wə:k] *subst(=latticework)* gitterverk; sprinkelverk; tremmeverk.

trelliswork fence flettverksgjerde; *(jvf wattle hurdle).*

I. tremble ['trembəl] *subst:* skjelving; dirring; **the walls gave a sudden ~ as the lorry passed by** veggene skalv idet lastebilen kjørte forbi; **T: be all of a ~** skjelve over hele kroppen; **a ~***(=tremor)* **of fear** et grøss (*el.* gys) av frykt.

II. tremble *vb* **1.** skjelve *(fx his hands trembled);* **~ with** skjelve av *(fx cold);* **2.** *fig:* **I ~ to think what might happen** jeg skjelver ved tanken på hva som kunne skje; **she -d for his safety** hun var redd for at det skulle tilstøte ham noe.

trembling ['tremblŋ] **1.** *subst:* skjelving; *spøkef:* **in fear and ~** med angst og beven; **they go in fear and ~ of their father** de skjelver for sin far; **2.** *adj:* skjelvende.

tremendous [tri'mendəs] *adj:* enorm; kjempe- *(fx we got a tremendous surprise);* **~ savings** enorme besparelser; **the response to our appeal was ~** den responsen vi fikk på appellen vår, var enorm; **that required a ~ effort** det krevde en kjempeanstrengelse.

tremor ['tremə] *subst* **1.** *stivt(=shaking; quivering)* skjelving; dirring; sitring; **2***(=shiver; shudder)* gys *(fx a tremor of excitement);* **3.** rystelse; **(earth) ~** (jord)rystelse; **4.** *fig:* rystelse; **organizational -s** rystelser i organisasjonen.

tremulous ['tremjuləs] *adj; stivt(=trembling)* skjelvende; sitrende; dirrende; **her voice sounded rather ~** hun var nokså skjelven i stemmen.

trench [trentʃ] *subst* **1.** *mil:* skyttergrav; **2.** (dyp) grøft; **irrigation ~** irrigasjonsgrøft.

trenchant ['trentʃənt] *adj; meget stivt* **1***(=sharp)* skarp *(fx analysis);* **2***(=caustic; biting)* skarp; bitende *(fx remark);* **3***(=clear-cut; distinct)* klar; tydelig *(fx the trenchant divisions between right and wrong).*

trencher ['trentʃə] *subst; glds(=wooden plate)* tretallerken.

trencherman ['trentʃəmən] *subst; stivt:* **(good) ~***(=hearty eater)* person som spiser godt.

trend [trend] *subst:* trend; tendens; **the ~ is away from . . .** tendensen er på vei bort fra . . .; **the latest -s in fashion** de siste moteretninger; **an upward ~ in share prices** en oppadgående tendens i aksjemarkedet; **set the ~** være toneangivende; bestemme moten.

trendsetter ['trend,setə] *subst:* person som er toneangivende (*el.* som bestemmer moten).

trendsetting ['trend,setiŋ] *adj:* toneangivende (når det gjelder moter).

trendy ['trendi] *adj* **T:** som slavisk følger de aller siste motene *(fx her mother tries to be trendy; trendy people);* **~ clothes** klær i aller nyeste mote.

trepan [tri'pæn] *med.* **1.** *subst:* trepan; **2.** *vb:* trepanere.

trepidation [,trepi'deiʃən] *subst; stivt(=anxiety; fear)* engstelse; frykt; **be in a state of ~***(=be very nervous)* være meget nervøs.

I. trespass ['trespəs] *subst* **1.** *jur:* **~ (to property)** eiendomskrenkelse *(fx the police charged him with trespass);* **2.** *bibl:* skyld; synd *(fx forgive us our trespasses as we forgive them that trespass against us).*

II. trespass *vb* **1.** *jur:* gjøre seg skyldig i eiendomskrenkelse; befinne seg på annen manns eiendom uten tillatelse; **the hunters were -ing on their fields** jegerne trengte seg inn på jordene deres uten lov; *oppslag:* **no -ing** adgang forbudt (for uvedkommende); **2.** *bibl:* synde *(fx he trespassed against God);* **those who ~ against us** de som synder mot oss; **3.** *fig; stivt:* **~ on sby's time***(=take up too much of sby's time)* legge for sterkt beslag på ens tid *(fx I don't want to trespass on your time).*

trespasser ['trespəsə] *subst; jur:* person som uten lov ferdes på fremmed eiendom; **'-s will be prosecuted'** *svarer til:* 'adgang forbudt for uvedkommende'.

tress [tres] *subst; litt.:* **her long golden -es***(=curls)* hennes lange, gylne lokker.

trestle ['tresəl] *subst:* bukk *(fx the platform was on trestles).*

trestle table bord på bukker; bukkebord.

trestletrees ['tresəl,tri:z] *subst; pl; mar:* langsaling; *(jvf crosstrees).*

trews [tru:z] *subst; pl(=tartan trousers)* (trange) skotskrutede bukser.

triad ['traiæd] *subst* **1***(=group of three)* triade; **2.** *mus:* treklang.

I. trial ['traiəl] *subst* **1***(=test)* prøve *(fx give the new car a trial);* **a ~ of strength** en styrkeprøve; **by ~ and error** ved prøve-og-feilemetoden; **on ~** på prøve *(fx we've had a new washing machine installed but it's only on trial);* **2***(=attempt)* forsøk *(fx three trials);* **3.** *fig:* prøvelse *(fx the trials of one's life; my son is a great trial (to me));* **4.** *jur:* rettslig behandling; rettergang; **everyone has the right to a fair ~** enhver har krav på en rettferdig dom; **go on ~** bli stilt for retten; **stand ~** stå for retten; sitte på tiltalebenken; **he stood ~ for murder***(=he was on trial for murder)* han stod tiltalt for mord.

II. trial *adj:* prøve-.

trial balance *bokf:* råbalanse.

trial drilling *oljeind:* prøveboring.

trial order *merk:* prøveordre.

trial performance *teat:* prøveforestilling.

trial run*(=trial trip; test drive)* prøvetur; prøvekjøring.

triangle ['trai,æŋgəl] *subst* **1.** *geom:* trekant; **2.** *fys:* **~ of forces** krafttrekant; **3.** *mus:* triangel; **4.** *fig:* trekant *(fx a marital triangle);* **5. US***(=set square)* vinkelhake.

triangular [trai'æŋgjulə] *adj:* trekantet; triangulær.

triangular relationship trekantforhold; **she was living in a ~** hun levde i et trekantforhold.

tribal ['traibəl] *adj:* stamme-; **~ customs** stammeskikker.

tribalism ['traibə,lizəm] *subst* **1.** stammesystem *(fx tribalism still exists in many parts of the world);* **2.** stammetilhørighet *(fx their attitude is strongly affected by tribalism);* **3***(=tribal antagonisms; tribal contrasts)* stammemotsetninger.

tribe [traib] *subst* **1.** stamme *(fx the tribes of Israel);* **desert ~** ørkenstamme; **2.** *bot; zo:* stamme; *løst bruk:* **the cat** ~ katteslekten; **3.** *neds* **T:** sleng *(fx Peter and his tribe);* **he despises the whole ~ of politicians** han forakter alt som heter politikere.

tribesman ['traibzmən] *subst:* stammemedlem.

tribespeople ['traibz,pi:pəl] *subst; pl:* **the** ~ stammens medlemmer.

tribulation [,tribju'leiʃən] *subst; stivt(=great misery)* trengsel; **a time of** ~ en trengselens tid; **his -s were not yet over** hans prøvelser var enda ikke over; **the -s of growing old** den prøvelse det er å bli gammel.

tribunal [trai'bju:nəl] *subst* **1.** *hist:* tribunal; **2.** domstol; **industrial** ~ industridomstol; **military** ~ militærdomstol; **rent** ~ husleierett; **the ~ of public opinion** folkets domstol.

tribune ['tribju:n] *subst* **1.** *hist:* tribun; **~ of the people** folketribun; **2.** *fig:* forkjemper for individets rett.

I. tributary ['tribjutəri] *subst* **1.** bielv; **2.** *hist(=tributary nation)* skattskyldig nasjon *(fx Rome and her tributaries).*

II. tributary *adj* **1.** bi- *(fx stream);* side- *(fx valley);* **2.** *hist:* skattskyldig *(fx nation).*

tribute ['tribju:t] *subst* **1.** *hist:* skatt *(fx many Greek cities had to send (a) yearly tribute to Athens);* **2.** tributt; hyllest *(fx this statue has been erected as (a) tribute to a great man); stivt:* **pay ~ to***(=praise)* rose *(fx he paid tribute to his secretary for her help);* **3.: -s of flowers***(=floral tributes)* blomsterhilsener *(fx many tributes of flowers were laid on his grave).*

trice [trais] *subst; glds:* **in a** ~ i en håndvending; på et øyeblikk.

trichina [tri'kainə] *subst(pl: trichinae* [tri'kaini:], *trichinas) zo:* trikin.

trichinosis [,triki'nousis] *subst; med.:* trikinose.

trichinous ['trikinəs; tri'kainəs] *adj:* som inneholder trikiner *(fx meat).*

I. trick [trik] *subst* **1.** knep; trick; **~ of the trade** knep som hører bransjen til *(fx remembering the customer's names is one of the tricks of the trade);* **play a ~ on sby** spille en et puss; **a dirty** ~ et sjofelt knep; **resort to -s** ty til knep; bruke knep; **2.** trick; kunst; **card** ~ kortkunst; **conjuring** ~ tryllekunst; **a dog that does -s** en hund som gjør kunster; **3.** *kortsp:* stikk; **win the** ~ ta stikket; **4.** *mar:* **~ (at the helm)***(=turn at the helm)* rortørn; **5.** *om uvane el. manér:* **have a ~ of (-ing)** ha det med å . . . *(fx he has a trick of stammering slightly);* **6. US S***(=prostitute's client)* horekunde; *(jvf trick book);* **7. T:** gjøre utslaget *(fx that aspirin did the trick);* ha den forønskede virkning; gjøre nytten *(fx I need a piece of paper. This old envelope will do the trick);* **a word with any committee member will do the** ~ hvis du sier fra til et av komitémedlemmene, så klarer det seg; **8. T: he never misses a** ~*(=he's very alert)* det er ingenting som går hus forbi hos ham; han sover ikke.

II. trick *vb:* lure; narre; **~ sby into doing sth** lure en til å gjøre noe.

trick book US S: (prostitute's) ~ prostituerts kundebok.

trickery ['trikəri] *subst:* lureri; snyteri.

I. trickle [trikəl] *subst* **1.** tynn strøm: **there was only a ~ of water** det var bare et lite vannsig; det bare piplet frem litt vann; **2.** *fig:* **at first there was only a ~ of people but soon a crowd arrived** til å begynne med var det tynt med folk, men snart ble det mange.

II. trickle *vb* **1.** sive; piple *(fx blood was trickling down her face);* **rain -d down the window** regnet rant i tynne striper nedover vinduet; **2.** *fig:* **time -s away** tiden går (langsomt men sikkert); **a few people -d into the street** en etter en kom det noen mennesker ut på gaten; **the audience -d out** publikum forsvant en etter en.

trick question*(=catch question)* spørsmål med en felle i.

trickster ['trikstə] *subst; stivt el. glds:* lurendreier; svindler.

tricksy ['triksi] *adj; sj* **1***(=full of tricks)* full av skøyerstreker; **2***(=tricky)* vrien; vanskelig.

tricky ['triki] *adj* **1.** innviklet; vrien *(fx problem);* **a ~ person to deal with** en vanskelig person å ha å gjøre med; **2***(=ticklish)* delikat; vanskelig *(fx a tricky situation; a tricky path through the swamp);* **3.** *om person(=sly)* slu *(fx a tricky politician).*

tricolour ['trai,kʌlə; 'trikələ] **1.** *subst:* trikolor; **2.** *adj:* trefarget.

tricycle ['traisikəl] *subst* **1.** trehjulssykkel; **2.** *jernb:* **rail** ~ dresin.

triennial [trai'eniəl] *adj:* som finner sted hvert tredje år.

I. trifle ['traifəl] *subst* **1.** bagatell; **-s** bagateller; småting; **£10 is a** ~ £10 er bare en bagatell; **make a fuss over -s** henge seg i bagateller; **2.** slags dessert, bestående av gelé med krem el. vaniljesaus på sukkerbrødbunn.

II. trifle *vb:* fjase; tøyse; **he's a man not to be -d with** han er en mann man ikke skal spøke med; ~*(=fool)* **one's time away** tøyse (*el.* fjase) bort tiden.

trifling ['traifliŋ] *adj; stivt* **1***(=very small)* bagatellmessig *(fx a trifling amount of money);* **2***(=unimportant)* ubetydelig *(fx details).*

trifoliate [trai'fouliit; trai'fouli,eit] *adj; bot:* trebladet.

trifolium [trai'fouliəm] *subst; bot(=clover)* kløver.

I. trigger ['trigə] *subst* **1.** avtrekker; **pull the** ~ trykke på avtrekkeren; **2.** *fig:* **act as a ~ for, be a ~ for** utløse *(fx the sight or smell of food may be a trigger for salivation; this announcement acted as a trigger for a series of strikes).*

II. trigger *vb:* **~ (off)***(=start)* utløse *(fx war);* **-ed off by** utløst av.

trigger guard avtrekkerbøyle.

trigger-happy ['trigə,hæpi] *adj:* skyteglad; rask på avtrekkeren; snar til å skyte.

trigonometry [,trigə'nɔmitri] *subst:* trigonometri.

trilateral [trai'lætərəl] *adj* **1.** *geom(=with three sides)* tresidet; **2.** trilateral *(fx conference).*

trilby ['trilbi] *subst:* **~ (hat)** bløt filthatt.

trilingual [trai'liŋgwəl] *adj:* trilingval; trespråklig; som behersker tre språk.

I. trill [tril] *subst* **1.** trille; **2.** *fon:* rulletone.

II. trill *vb* **1.** *om fugl:* slå triller; **2.** *fon:* **-ed r** rullende r.

trillion ['triljən] *subst* **1***(=one million million millions; US: quintillion)* trillion; **2. US***(=one million millions)* billion.

trilogy ['trilədʒi] *subst:* trilogi.

I. trim [trim] *subst* **1.** *på bil, klesplagg, etc:* pynt *(fx the trim on a shirt);* **2.: in** ~*(=in good shape)* i fin form *(fx at fifty he's still in trim);* **3.** *flyv:* trim; **4.** *mar:* amning; **in (good)** ~ på riktig amning; på trim; **out of** ~ på dårlig amning; ikke på trim; **5.** *mar:* **the ~ of the sails** seilenes stilling; **6.** stussing; trimming; stuss; **she went to the hairdresser's for a** ~ hun gikk til frisøren for å få håret stusset.

II. trim *vb* **1.** trimme; stusse; beskjære *(fx trim the hedge);* **have one's hair -med** få håret sitt stusset; **we have -med the book from 500 pages to 450** vi har skåret ned boken fra 500 sider til 450; **2.** *flyv:* trimme; **3.** *mar:* ~ **the cargo (,sails)** trimme lasten (,seilene); **4.** besette; garnere; sette på som pynt *(fx she trimmed the sleeves with lace);* **5.** *fig:* **he -s his sails to the wind** han dreier kappen etter vinden.

III. trim *adj:* pen og ordentlig *(fx appearance);* **she always looks neat and** ~ hun ser alltid pen og velstelt ut.

trimaran ['traimə,ræn] *subst; mar:* trimaran.

trimmer ['trimə] *subst* **1.** *tøm(=trimming joist)* vekselbjelke; **2.** redskap som beskjærer (*el.* trimmer); **hedge** ~ elektrisk hekksaks; **3.** *mar:* **coal** ~*(=coal heaver)* kullemper.

trimming ['trimiŋ] *subst* **1.** beskjæring; trimming; **2.** besetning; pynt; **3.** *kul:* **-s** garnering; tilbehør *(fx roast pork with all the trimmings);* **4.: -s** avklipp; avklippede stykker; stykker som er skåret av.

trim tab *flyv:* trimror.

trim tank *mar:* trimtank.

Trinity ['triniti] *subst:* **the** ~ treenigheten; **the doctrine of the** ~*(=Trinitarianism)* treenighetslæren; *(jvf triune).*

trinket ['triŋkit] *subst:* billig smykke; billig pyntegjenstand *(fx postcards and trinkets).*

trio ['tri:ou] *subst:* trio; *fig:* trekløver *(fx they formed an inseparable trio).*

I. trip [trip] *subst* **1.** tur; tripp *(fx she went on a trip to Paris; she took a trip to Paris);* **2.** *forårsaket av narkotisk stoff* **S:** tripp; **3.** *fig:* **his divorce was a really bad** ~ skilsmissen hans ble en virkelig påkjenning.

II. trip *vb* **1**(=*stumble)* snuble *(fx she tripped and fell);* **she -ped over the carpet** hun snublet i teppet; **2.:** ~ **up** 1. snuble *(fx he kept tripping up over hard words);* 2. spenne ben for *(fx he tripped her up);* 3. få til å forsnakke seg;

2.: ~ **along** trippe av sted *(fx she tripped happily along the road);*

3. *mar:* ~ **the anchor** brekke ankeret.

tripartite [trai'pa:tait] *adj; meget stivt* **1**(=*divided into three parts)* tredelt; **2.** *om avtale(=triple; involving three parties)* tresidig *(fx agreement).*

tripartition [,traipa:'tiʃən] *subst; meget stivt(=division into three)* tredeling.

trip charter *mar; merk:* trippcharter.

tripe [traip] *subst* **1.** *kul:* kallun; **2. T**(=*rubbish; nonsense)* tøys; tull *(fx don't talk tripe).*

trip hammer 1. svanshammer; **2.** *fig:* damphammer *(fx his heart was going like a trip hammer).*

I. triple ['tripəl] *adj* **1.** tredobbelt *(fx triple wages);* **2.** *om avtale:* tresidig *(fx agreement);* trippel- *(fx the Triple Alliance).*

II. triple *vb(=treble)* tredoble *(fx he tripled his income);* tredobles *(fx his income tripled in ten years).*

triple jump *sport:* tresteg.

triplet ['triplit] *subst* **1.** trilling; **2.** *mus:* triol; **3.** trelinjet strofe.

triplicate ['triplikit] *subst; stivt el. merk(=three copies):* **in** ~ i tre eksemplarer; in triplo.

trip meter *i bil:* tripptelier.

tripod ['traipɔd] *subst:* fotostativ.

Tripoli ['tripəli] *subst; geogr:* Tripoli.

tripos ['traipɔs] *subst(honours examination for the Cambridge BA)* adjunkteksamen i filologisk fag ved Cambridge Universitet *(fx the History tripos).*

tripper ['tripə] *subst* **1.: (day)** ~ person på (dags)utflukt; turist *(fx a coachload of trippers);* **2.** *tekn:* utløsermekanisme; sperrehake.

tripping ['tripiŋ] *subst; fotb:* hekting; benkrok.

tripping line *mar:* innhalingsline.

tripping link *mar:* nedhaler.

triptych ['triptik] *subst:* tredelt altertavle.

tripwire ['trip,waiə] *subst:* snubletråd.

trisect [trai'sekt] *vb; geom:* tredele.

trisyllabic [,traisi'læbik] *adj:* trestavelses- *(fx word).*

trisyllable [trai'siləbl] *subst(=word of three syllables)* trestavelsesord.

trite [trait] *adj; om bemerkning, etc:* banal *(fx my letter sounded so trite);* forslitt; triviell; **a** ~ **joke** en fortersket vits.

triumph ['traiəmf] **1.** *subst:* triumf; **they went home in** ~ de dro hjem i triumf; **score a personal** ~ vinne en personlig seier; **2.** *vb:* triumfere; ~ **over sby** 1(=*win a victory over sby)* vinne over en; 2(=*exult over sby)* triumfere (*el.* hovere) over en.

triumphal [trai'ʌmfəl] *adj:* triumf-; seiers-.

triumphal arch triumfbue.

triumphal procession triumftog.

triumphal progress seiersgang; seiersrunde; æresrunde; **the victor makes a** ~ **with the laurel wreath about his shoulders** seierherren går æresrunden med laurbærkransen om skuldrene.

triumphal wreath seierskrans.

triumphant [trai'ʌmfənt] *adj:* triumferende.

triumphantly *adv:* triumferende; i triumf.

triumvir [trai'ʌmvə] *subst:* triumvir.

triumvirate [trai'ʌmvirit] *subst:* triumvirat.

triune ['traiju:n] *adj; rel:* treenig; *(jvf trinity).*

trivet ['trivit] *subst* **1.** kokestativ (til bruk over åpen ild); **2.** *til bruk ved bordet:* lavt metallstativ til å sette varme fat på.

trivia ['triviə] *subst; pl; stivt(=trivial details)* uvesentlige (*el.* trivielle) detaljer; trivialiteter; **a litany of** ~*(=a litany of trivial details)* en oppramsing av trivielle detaljer.

trivial ['triviəl] *adj:* uvesentlig; triviell; *(jvf trivia).*

triviality [,trivi'æliti] *subst:* uvesentlighet; trivialitet.

trochaic [trou'keiik] **1.** *subst: se trochee;* **2.** *adj:* trokeisk.

trochee ['trouki:] *subst; versefot:* troké.

trod [trɔd] *pret av II. tread.*

trodden ['trɔdən] *perf. part. av II. tread.*

troglodyte ['trɔglə,dait] *subst; stivt(=cave dweller)* huleboer.

I. troll [troul] *subst; myt:* troll.

II. troll *vb* **1.** *fisk:* dorge; fiske med sluk etter båt *(fx troll for trout in the lake);* **2. T**(=*stroll)* drive *(around* omkring) *(fx travel writers trolling around from free hotel to free hotel);* **3.** *glds(=hum; sing)* tralle; nynne; synge.

trolley ['trɔli] *subst* **1.** tralle *(fx the airport doesn't have enough luggage trolleys);* **(shopping)** ~ trillevogn; innkjøpsvogn; **tea** ~ tevogn; *i restaurant:* **sweet** ~ dessertvogn; **2. US:** ~ **(car)**(=*tram)* trikk.

trolley bus trolleybuss.

trolley car US(=*tram)* trikk.

trollop ['trɔləp] *subst; glds(=slovenly woman; slut)* sjuske; tøs.

trombone [trɔm'boun] *subst; mus:* basun; **slide** ~ trekkbasun.

I. troop [tru:p] *subst* **1**(=*crowd)* flokk; hop; skare; **-s of children** flokker av barn; **2.** *av speidere:* tropp *(fx a troop of scouts);* **3.** *mil; i artilleriet, ingeniørvåpenet el. kavaleriet:* tropp; *(jvf platoon);* **4.** *mil:* **-s** troppestyrker; tropper; **shock -s** støttropper; **send the -s in** sette inn troppene.

II. troop *vb:* gå (i flokk); **they all -ed into his office** alle sammen marsjerte inn på kontoret hans.

troop carrier *mil* **1.** troppetransportfly; **2**(=*troopship)* troppe(transport)skip; **3.** mannskapsvogn;

personellkjøretøy.

trooper ['tru:pə] *subst* **1.** *mil; hist(=cavalryman)* kavalerist; **2. US** *& Australia(=mounted policeman)* ridende politikonstabel; **3.: swear like a ~** banne så det lyser.

trooping ['tru:piŋ] *subst; mil:* **~ the colours** fanemarsj.

troopship ['tru:p,ʃip] *subst:* troppe(transport)skip.

trophy ['troufi] *subst:* trofé.

tropic ['trɔpik] *subst* **1.** *geogr:* vendekrets; **the Tropic of Cancer** Krepsens (*el.*den nordlige) vendekrets; **the Tropic of Capricorn** Steinbukkens (*el.* den sørlige) vendekrets; **2.: the -s** tropene.

tropical ['trɔpikəl] *adj:* tropisk; trope- *(fx medicine).*

I. trot [trɔt] *subst* **1.** trav; **jog ~** luntetrav; **they rode at a ~** de red i trav; *fig:* **the old man set off at a ~** den gamle mannen travet av sted; **2***(=ride)* ridetur *(fx she joined the other riders for a trot before breakfast);* **3.** *spøkef:* **-s***(=diarrhoea)* diaré *(fx he's got the trots);* **4. T: on the ~***(=in succession; one after the other)* på rad *(fx four games on the trot);* **keep sby on the ~** holde en i aktivitet; holde en beskjeftiget.

II. trot *vb* **1.** *også fig:* trave *(fx the child trotted along beside its mother);* **~ one's horse** få hesten til å trave; **2. T: ~ out***(=produce)* komme med *(fx he trotted out all the old clichés);* **he -ed out an old story** han kjørte opp med en gammel historie.

trotter ['trɔtə] *subst* **1.** travhest; **2.** *kul:* **(pig's) ~** griselabb; **boiled pig's ~** syltelabb.

troubadour ['tru:bə,duə] *subst:* trubadur.

I. trouble ['trʌbəl] *subst* **1.** bekymring *(fx he never talks about his troubles);* **we've had a lot of ~ with our children** vi har hatt mange bekymringer med barna våre; **2.** bry *(fx I had a lot of trouble finding the book you wanted);* **go to a lot of ~ to . . .** gjøre seg mye bry for å . . .; **please don't go to a lot of ~ for me** vær så snill ikke å gjøre deg en hel del bry for min skyld; **put sby to a lot of ~** skaffe en mye bry; **take the ~ to . . .** gjøre seg det bryet å . . .; **he took a lot of ~ over this design** han gjorde seg stor umak med dette mønsteret; **3.** vanskelighet *(fx the patient has trouble breathing);* **engine ~** vanskeligheter med motoren; **4***(=problem; snag)* problem; ulempe *(fx that's the trouble with these newfangled ideas);* **5.** *om sykdom el. plage:* noe galt; **T:** trøbbel *(fx I've got some trouble with my stomach);* **heart ~** hjertesykdom; noe galt med hjertet; **T:** hjertetrøbbel; **she has kidney ~** hun har vanskeligheter (*el.* noe galt) med nyrene; **6.: in ~** 1. i vanskeligheter; 2. *om pike(=pregnant)* gravid (utenfor ekteskap); **in ~ with the police** i konflikt med politiet; **he's been in ~ before** han har hatt med politiet å gjøre før; **get sby into ~** 1. lage vanskeligheter for en; 2*(=make sby pregnant)* gjøre en gravid; **7***(=unrest; disturbances)* uro; **industrial ~** uro i arbeidslivet; *(se ask: ~ for trouble).*

II. trouble *vb* **1.** bekymre *(fx her long absence troubled him);* **he was -d by her behaviour** hennes oppførsel bekymret ham; **2.** bry *(fx I'm sorry to trouble you);* **~ to** gjøre seg det bry å; uleilige seg med å *(fx he didn't even trouble to tell me what had happened);* **don't ~ to explain!** spar deg dine forklaringer! du behøver ikke gjøre deg det bry å forklare! *meget høflig el. stivt:* **could I ~ you to close the door?** kunne du være brydd med å lukke igjen døren? **3.** plage *(fx he's troubled with deafness); (se troubled).*

troubled *adj* **1***(=worried)* bekymret *(fx his troubled face);* **2***(=uneasy)* urolig *(fx he lapsed into a troubled sleep);* **3.** som er i vanskeligheter *(fx Britain's troubled car industry);* **4.** *fig:* **fish in ~ waters** fiske i rørt vann.

troublemaker ['trʌbəl,meikə] *subst:* urostifter; bråkmaker.

troubleshooter ['trʌbəl,ʃu:tə] *subst* **1.** *især* **US:** person som finner feil ved maskineri, etc og reparerer dem; **2.** *fig:* person som løser flokene (*el.* får tingene på gli igjen).

troubleshooting ['trʌbəl,ʃu:tiŋ] *subst:* feilsøking.

troublesome ['trʌbəlsəm] *adj:* plagsom *(fx cough);* brysom *(fx insect; child; neighbour);* **~ times** bekymringsfulle tider; **nothing is too ~ for her to do for others** når det gjelder å gjøre noe for andre, er det ingenting som er for vanskelig for henne.

trouble spot *polit:* urosenter.

trough [trɔf] *subst* **1.** trau *(fx drinking trough);* **2.** *geol(=basin-shaped depression)* mulde; trau; **3.** *meteorol:* lavtrykksrenne; tråg; **4.: ~ (of the waves)** bølgedal *(fx the boat went down into a trough).*

trounce [trauns] *vb; stivt el. spøkef(=thrash; defeat completely)* slå (grundig) *(fx our football team was trounced).*

troupe [tru:p] *subst; glds:* **~ of actors***(=company of actors)* skuespillertrupp.

trouper ['tru:pə] *subst:* medlem av en trupp; omreisende skuespiller.

trouser ['trauzə] *i sms:* bukse- *(fx button; leg; pocket).*

trousers ['trauzəz] *subst; pl* **1***(,***US:** *pants)* bukse(r); *stivt:* benklær; **a pair of ~** en bukse; et par bukser; *stivt:* et par benklær; **2.: she wears the ~***(,***US:** *pants)* hun bestemmer hvor skapet skal stå.

trouser suit*(,***US:** *pant suit)* buksedress.

trousseau ['tru:sou] *subst(pl: trousseaus; trousseaux)* brudeutstyr.

trout [traut] *subst* **1.** *zo:* ørret; **brook ~** bekkørret; **mountain ~** fjellørret; **red-bellied ~***(,***US:** *Dolly Varden trout)* bekkerøye; **rainbow ~** regnbueørret; **sea ~** sjøørret; **2.** *neds om kvinne* **T: old ~** gammel røy.

trowel ['trauəl] *subst* **1.** murskje; **2.: (garden) ~** planteskje.

Troy [trɔi] *subst; geogr; hist:* Troja.

troy weight probervekt; troy-vekt.

truancy ['tru:ənsi] *subst:* skulking.

truant ['tru:ənt] **1.** *subst:* skulker; **2.** *adj:* som skulker; **play ~** skulke.

truce [tru:s] *subst* **1.** våpenhvile; våpenstillstand; **flag of ~** parlamentærflagg; **call a ~** erklære våpenstillstand; **2.** *fig; polit:* borgfred.

I. truck [trʌk] *subst* **1***(=lorry)* lastebil; **2.** tralle; sekketralle; truck; **fork(-lift) ~** gaffeltruck; **3.** *jernb (=(open) goods truck)* (åpen) godsvogn; **4. US: ~ (car)***(=bogie)* boggi; **5.** *i bibliotek:* bokvogn; **6. US** *(fruit and vegetables grown for market)* frukt og grønnsaker dyrket for salg; **7.** *mar:* masteknapp; flaggknapp; **8.** *stivt:* **have no ~ with***(=have nothing to do with)* ikke ha noe å gjøre med *(fx my father would have no truck with politics).*

II. truck *vb* **1.** transportere på lastebil (,tralle); **2. US***(=be a lorry driver)* være lastebilsjåfør.

truckage ['trʌkidʒ] *subst* **US 1***(=lorry transport)* lastebiltransport; lastebilfrakt; **2.** *beløpet(=lorry charge)* lastebilfrakt.

truck body lasteplan; **dropside ~** lasteplan med lemmer.

truck driver*(=lorry driver)* lastebilsjåfør.

trucker ['trʌkə] *subst* **US 1***(=lorry driver)* lastebilsjåfør; **2.:** *se truck farmer.*

truck farm US*(=market garden)* handelsgartneri.
truck farmer US*(=market gardener)* handelsgartner.
truckle bed lav seng på trinser (til å skyve under en annen seng).
truckload ['trʌk,loud] *subst:* lastebillass.
truculence ['trʌkjuləns] *subst; stivt(=aggressiveness)* aggressivitet.
truculent ['trʌkjulənt] *adj; stivt(=aggressive)* aggressiv; *fig:* **his ~ articles in the press** hans aggressive artikler i pressen.
I. trudge [trʌdʒ] *subst:* trasking; slitsom tur *(fx can you manage the long trudge up the hill?).*
II. trudge *vb:* gå tungt; traske *(fx wearily up the hill);* **I hate trudging round the shops** jeg kan ikke fordra å traske omkring i butikkene; **~ along** traske av sted.
I. true [tru:] *subst; mask:* **in** *~(=straight; adjusted; aligned)* rett; justert; innstilt; **out of** *~(=not quite straight; not adjusted; not aligned)* ikke rett; ikke justert; ikke innstilt; **the wheel was running out of** *~(=the wheel wasn't running true)* hjulet kastet.
II. true *vb* **1.** *mask:* **~ up** rette inn; stille inn; **2.** avrette; **~ up the floor***(=level the floor)* avrette gulvet.
III. true *adj* **1.** sann *(fx story);* riktig; **a ~ idea of** et riktig begrep om *(fx the size of the building);* **2.** virkelig; sann *(fx friend; love);* **a ~ copy** en tro kopi; **3.** *mus:* ren *(fx tune);* **4.** *bot, zo:* egentlig; ekte *(fx the true monkeys);* **5.** *om kompassretning:* **~ north** sant nord; *flyv:* **~ heading** rettvisende kurs; **6.** riktig justert; i riktig stilling; **the doorpost isn't quite ~** dørstolpen står ikke helt riktig; **7.** *fig:* **~ as steel** tro som gull; **8.: come ~** gå i oppfyllelse *(fx one's dream);* slå til *(fx one's predictions);* **9.: ~ to** tro mot; **~ to nature** naturtro; **~ to life***(=realistic)* virkelighetstro; **behave ~ to type** oppføre seg slik som man kunne vente *(fx at the party she behaved true to type and flirted with all the men); om plante:* **be ~ to type** være sortekte.
IV. true *adv* **1.** riktig *(fx aim true);* **2.: the wheel wasn't running ~** hjulet kastet (*el.* hadde kast); **3.** *biol:* **breed ~** være i fast kultur.
true-blue [,tru:'blu:] **1.** *subst:* erkekonservativ person; **2.** *adj:* erkekonservativ; **T:** mørkeblå.
true-born ['tru:,bɔ:n] *adj:* ekte(født) *(fx a true-born Japanese).*
truebred ['tru:,bred] *adj(=purebred)* raseren; av ren rase.
true course *mar:* rettvisende kurs; *(jvf true heading).*
true-false test prøve hvor man skal svare ja eller nei på spørsmålene.
true heading *flyv:* rettvisende kurs; *(jvf true course).*
truelove ['tru:,lʌv] *subst; poet(=sweetheart)* hjertenskjær.
truffle ['trʌfəl] *subst:* trøffel.
truing-up [,tru:iŋ'ʌp] *subst* **1.** *mask:* innretting; innstilling; **2.** *bygg:* avretting *(fx the truing-up of a floor).*
truism ['tru:izəm] *subst:* truisme; banalitet; selvinnlysende sannhet.
truly ['tru:li] *adv* **1.** virkelig; oppriktig *(fx I'm truly grateful; he loved her truly);* **a ~ beautiful picture** et virkelig vakkert bilde; **2.: yours ~** 1. *spøkef(=I)* jeg; undertegnede; 2. *stivt; avslutning av brev som innledes med Dear Sir(s), Dear Madam(=yours faithfully)* (med) vennlig hilsen; *glds:* ærbødigst.
I. trump [trʌmp] *subst* **1.** *kortsp:* trumf; **no-trumps** *(,US: no-trump)* grand *(fx one no-trumps);* **score a grand slam in no-trumps** gjøre storeslem i grand; **2.** *især poet:* **the last** *~(=the last trumpet; the trump of doom)* dommedagsbasunen; **3.** *især om det uventede* **T: turn up -s** 1. ha flaks; 2. være (riktig) flink *(fx she was appalling at rehearsals but turned up trumps on the night; when I lost my job my friends really turned up trumps, helping me with my rent and so on).*
II. trump *vb* **1.** *kortsp:* spille trumf; stikke med trumf; **~ high** stikke med en høy trumf; **2.** *om bevis, etc:* **~ up***(=invent)* dikte opp *(fx the police trumped up a charge against him).*
trump card 1*(=trump)* trumfkort; **2.** *fig:* trumfkort; **play one's ~** spille ut trumfkortet sitt.
trumped-up ['trʌmpt,ʌp] *adj:* **a ~ charge** en falsk siktelse.
trumpery ['trʌmpəri] *adj; stivt(=cheap; tawdry)* billig; forloren; **~ finery** forloren stas.
I. trumpet ['trʌmpit] *subst* **1.** *mus:* trompet; **blow the ~** blåse trompet; **he played a tune on his ~** han spilte en melodi på trompeten sin;
2. *elefants:* trompetstøt; **the elephant gave a loud ~** elefanten ga fra seg et høyt trompetstøt;
3. *fig:* **blow one's own ~** gjøre reklame for seg selv; skryte av sitt eget.
II. trumpet *vb; om elefant(=call)* trompetere.
trumpet blast *mus:* trompetstøt; *(jvf I. trumpet 2).*
trumpet call trompetsignal.
trumpeter ['trʌmpitə] *subst; mil:* trompeter.
truncated [trʌŋ'keitid] *adj* **1.** *stivt el. spøkef(=shortened)* beskåret *(fx a truncated version of the play);* **2.** *geom:* **~ cone** avskåret kjegle.
truncheon ['trʌntʃən] *subst* **1***(=baton of office)* kommandostav *(fx a marshal's truncheon);* **2***(=baton)* politikølle.
trundle ['trʌndəl] *vb(=roll)* rulle; trille *(fx he trundled the potatoes home in the trolley; we trundled the boulder down the hill);* **the heavy lorry -d along the road** den tunge lastebilen kjørte bortover veien.
trunk [trʌŋk] *subst* **1.** *bot:* **(tree) ~** (tre)stamme; **2.** *anat(=torso)* torso; kropp *(fx he had a powerful trunk but thin arms);* **3.** US*(=boot)* bagasjerom (i bil); **4.** snabel *(fx the elephant sucked up water into its trunk);* **5.** stor (metall)koffert; **6.: (swimming) -s** badebukse; badeshorts.
trunk call *tlf:* rikstelefonsamtale; **book a personal** *~(=book a person-to-person trunk call)* bestille en rikstelefon(samtale) med tilsigelse.
trunk line 1. *tlf:* hovedlinje; **2.** *jernb:* hovedbane; hovedlinje.
trunk road*(=main road)* hovedvei.
trunnion ['trʌnjən] *subst; mask(=pivot)* svingtapp.
trunnion bearing *mask:* tapplager.
I. truss [trʌs] *subst* **1.** *med.:* brokkbind; **2.** *av høy el. halm(=bundle)* bunt; knippe; **3.** *mar:* rakke; **4.** *arkit:* **roof ~** takstol; **5.** *arkit(=corbel)* konsoll; konsollstein; **6.** *bygg:* fagverk.
II. truss *vb:* **~ (up) 1***(=tie up)* binde (på hender og føtter); *kul:* binde opp *(fx she trussed the chicken and put it in the oven);* **2.** *bygg:* stive av.
truss and belt maker*(=truss maker)* bandasjist.
truss beam *bygg:* fagverksbjelke.
truss bridge fagverksbru.
trussed arch *bygg:* fagverksbue.
trussed beam *bygg(=truss beam)* fagverksbjelke.
I. trust [trʌst] *subst* **1.** tillit; **~ in***(=confidence in)* tillit til; **abuse of ~** tillitsmisbruk; misbruk av tillit; **breach of ~** tillitsbrudd; *(se også 3: breach of ~);* **position of ~** betrodd stilling; tillitspost; **relationship of ~** tillitsforhold; **built up on mutual ~** bygd opp på gjensidig tillit; **take sth on ~** godta noe uten å kreve bevis;

2(=*care; custody)* varetekt; **a child placed in my ~** et barn gitt i min varetekt;
3. *jur:* betrodd gods; betrodde midler; noe man er betrodd å forvalte; **~ (of money)***(=trust property)* forvaltningsformue; **breach of ~***(=misappropriation of a trust fund)* urettmessig bruk av betrodde midler;
4. stiftelse; legat; **public ~***(=charitable trust)* velgjørende stiftelse; **establish a ~ for the endowment of** stifte et legat til fordel for; *(jvf endowment);* **he established a ~ for the education of orphans** han stiftet et legat med det formål å gi utdanning til foreldreløse barn;
5.: hold in ~ forvalte *(fx the money was to be held in trust for his children);* **hold the property in ~ for him** forvalte formuen (*el.* midlene) for ham;
6. *økon:* trust *(fx steel trust).*

II. trust *vb* **1**(=*rely on)* stole på; ha tillit til; vise tillit; **I -ed you implicitly** jeg stolte fullt og fast på deg; *iron:* **~ him to tell her!** stol på at han forteller henne det! **she -ed in his ability to look after her** hun stolte på at han var i stand til å ta seg av henne; **2.: ~ sby with sth** betro en noe; **I can't ~ him with my car** jeg kan ikke betro ham bilen min; **3.** *stivt el. spøkef(=hope)* håpe *(fx I trust (that) you had a good journey).*

trust corporation*(=trust company)* finansieringsinstitutt.

trust deed *jur:* forvaltningsfullmakt.

trustee [trʌ'sti:] *subst* **1.** *bestyrer av myndlings gods:* verge *(fx he was appointed a trustee of the estate until the heir was old enough to manage it himself); (jvf receiver);* **UK: public ~** embetsmann som en hvilken som helst privatperson kan oppnevne som eksekutor, formuesforvalter, etc;
2. *av dødsbo:* **~ (for a deceased's estate)** bobestyrer; bestyrer av dødsbo;
3. *ved konkurs, når den er et faktum:* **~ in bankruptcy** (fast) bobestyrer; **appoint a ~ in bankruptcy** oppnevne en (fast) bobestyrer; *(jvf liquidator; receiver: official ~);*
4. *i institusjon el. organisasjon:* styremedlem; **the -s** styret; **-s for a legacy** legatstyre.

trusteeship [trʌ'sti:ʃip] *subst:* forvaltning; vergemål; formynderskap.

Trusteeship Council: the ~ (of the United Nations) FNs tilsynsråd.

trustful ['trʌstful] *adj(=trusting; full of trust)* tillitsfull.

trust fund betrodde midler; umyndiges båndlagte midler; båndlagt kapital.

trust property *jur:* forvaltningskapital; *(jvf I. trust 3).*

trust territory *under FN:* tilsynsområde.

trustworthiness ['trʌst,wə:ðinis] *subst:* pålitelighet; troverdighet.

trustworthy ['trʌst,wə:ði] *adj:* pålitelig; troverdig.

trusty ['trʌsti] **1.** *subst:* fange som gis visse privilegier; **2.** *adj; glds el. spøkef(=reliable)* pålitelig *(fx my trusty sword);* tro(fast) *(fx a trusty friend).*

truth [tru:θ] *subst:* sannhet; **the plain ~** den rene sannhet; **there's ~ in what she says** det er noe sant i det hun sier; **the ~ of his story** sannheten i historien hans; **nothing hurts like ~** ingenting er verre å høre enn sannheten; **speak the ~** snakke sant; **stretch the ~** tøye sannheten; **tell the ~** si sannheten; **to tell the ~ . . .** sant å si; når sannheten skal sies; **he told her several -s about himself** han fortalte henne flere sannheter om seg selv; **twist the ~** forvrenge sannheten; **the moment of ~** det avgjørende øyeblikk.

truthful ['tru:θful] *adj:* sannferdig; sanndru.

I. try [trai] *subst* **T**(=*attempt)* forsøk; **have a ~** gjøre et forsøk; **she had a ~ at the exam** hun forsøkte seg på eksamen; **have another ~!** prøv igjen!

II. try *vb* **1.** prøve; forsøke *(fx I'll try; he tried to answer the question);* **he tried for a scholarship** han prøvde å få et stipend; **he tried the door** han kjente etter om døren var låst; **2.** sette (*el.* stille) på prøve *(fx it was enough to try the patience of a saint);* **you're -ing my patience** du setter min tålmodighet på prøve; **this experience tried her faith** denne opplevelsen satte hennes (kristen)tro på prøve; **3.** *jur:* pådømme *(fx the case was tried in secret);* bli stilt for retten *(fx they were tried for murder);* **4. T: ~ one's hand at** forsøke seg på *(fx I think I'll try my hand at farming);* **5.: ~ on** 1. prøve på (seg) *(fx I've bought a new dress but I haven't tried it on yet);* 2. **T: ~ it on** prøve seg; forsøke seg (for å se hvor langt man kan gå); **he's only -ing it on** han bare forsøker seg; **6.: ~ out** prøve *(fx he tried out his new bicycle);* prøve ut *(fx new teaching methods).*

trying *adj* **1**(=*irritating)* irriterende *(fx that child's so trying!);* **she's a very ~ woman!** hun er en prøvelse! **2.** vanskelig; som er en påkjenning; **having to stay such a long time in hospital must be very ~** det må være en påkjenning å ligge så lenge på sykehuset.

trying plane *tøm(=jointer)* rubank; sletthøvel.

try-on ['trai,ɔn] *subst* **T:** forsøk på å narre; bløff; **she realized it was a ~** hun innså at det var en bløff; **this is just another of his -s** han bare prøver seg igjen; han er bare ute og bløffer igjen.

tryout ['trai,aut] *subst* **1.** prøve; utprøving; **2.** *teat(=preview)* prøveforestilling; **3.** *sport(=selection)* utvelgelse; uttaking.

trysail ['trai,seil; *mar:* 'traisəl] *subst; mar(=storm trysail)* gaffelseil.

try square *tøm:* ansatsvinkel.

tryst [trist; traist] *subst; glds el. litt.(=lovers' meeting)* møte mellom elskende; stevnemøte.

tsar*(=czar)* [za:] *subst; hist:* tsar.

tsetse ['tetsi; 'tsetsi] *subst; zo:* **~ (fly)** tsetseflue.

T-square ['ti:,skwεə] *subst:* hovedlinjal.

tub [tʌb] *subst* **1.** balje; butt; stamp *(fx a huge tub of water; a rain-water tub); liten, til iskrem:* bøtte; **2**(=*bathtub)* badekar; **3.** *mar; neds:* balje; holk.

tuba ['tju:bə] *subst; mus:* tuba.

tubby ['tʌbi] *adj* **T**(=*chubby; plump)* lubben.

tube [tju:b] *subst* **1.** rør *(fx copper tube; glass tube);* **2.** tube *(fx toothpaste tube);* **3.: (tyre) inner ~** slange (i bildekk); **filling ~** påfyllingsslange (fra bensinpumpe); **4.** *radio* **US**(=*valve)* rør; **5. T: the ~***(=the underground;* **US:** *the subway)* undergrunnsbanen; **6.** *anat(=Fallopian tube; oviduct)* eggleder; **7.** *anat:* **bronchial ~** bronkie(gren); **8.** *bot:* rør *(fx pollen tube).*

tube-feed ['tju:b,fi:d] *vb; med.:* gi sondeernæring.

tube feeding*(=naso-gastric feeding) med.:* sondeernæring.

tubeless ['tju:blis] *adj:* **~ tyre** slangeløst dekk.

tuber ['tju:bə] *subst; bot:* rotknoll *(fx potatoes are the tubers of the potato plant).*

tubercle ['tju:,bə:kəl] *subst* **1.** *anat:* knute; **2.** *med.:* tuberkel.

tuberculin [tju:'bə:kjulin] *subst:* tuberkulin.

tuberculosis [tju:,bə:kju'lousis] *subst; med. (fk TB)* tuberkulose.

tuberculous [tju:'bə:kjuləs] *adj:* tuberkuløs.

tuberous ['tju:bərəs] *adj; bot:* knollet; knollformet;

knollbærende.

tubing ['tju:biŋ] *subst* **1.** rørsystem; **2.** rør *(fx two metres of tubing);* **metal ~** metallrør; **a piece of ~** et rørstykke.

tub-thumper ['tʌb,θʌmpə] *subst:* voldsom predikant.

tubular ['tju:bjulə] *adj:* rørformet.

tubular furniture stålrørsmøbler.

TUC *se Trades Union Congress.*

I. tuck [tʌk] *subst* **1.** *søm:* legg *(fx her dress had tucks in the sleeves);* **put a ~ in** sy et legg *(fx this dress is too large at the waist – I must put a tuck in);* **2.** *lett glds* **T***(=sweets;* **US:** *candy)* godter; **3.** *mar:* akterdel av skipet, hvor bunnplankene møter gillingen.

II. tuck *vb* **1.** *søm:* sy legg i; **2.** folde; brette *(fx he tucked his skirt into his trousers);* **3.: ~ in** 1. brette inn *(fx tuck in the loose ends; tuck the blankets in); om barn:* **I -ed him in** jeg la sengeklærne godt rundt ham; 2. **T:** spise med god appetitt *(fx he started to tuck in straight away);* **4.: you should be -ed up in bed** du skulle vært i seng.

tuck-in ['tʌk,in] *subst* **S***(=big meal)* solid måltid.

tuck shop *på skolens område:* godteributikk.

Tuesday ['tju:zdi] *subst:* tirsdag.

tuft [tʌft] *subst* **1.** dusk; dott; kvast; **2.: a ~ of grass** en gresstue.

tufted ['tʌftid] *adj:* med dusk(er); kvastet.

tufted carpet knytteteppe.

tufted duck *zo:* toppand.

tufted vetch *bot:* fuglevikke.

I. tug [tʌg] *subst* **1.** rykk; napp; **he gave the rope a ~** han nappet (*el.* rykket) i tauet; **2.** *mar(=tugboat)* slepebåt.

II. tug *vb:* nappe; dra (*at* i) *(fx he tugged at the door).*

tugboat ['tʌg,bout] *subst(=tug)* slepebåt.

tug-of-war [,tʌgəv'wɔ:] *subst* **1.** *sport:* dragkamp; tautrekking; **2.** *fig:* tautrekking *(fx a furious tug -of-war behind the scenes).*

tuition [tju:'iʃən] *subst* **1.** undervisning; **he studies under private ~** han leser privat; han får undervisning privat; **2. US***(=school fees)* skolepenger.

tuition fees *univ:* studiegebyr; studieavgift; *(jvf tuition 2; university fees).*

tulip ['tju:lip] *subst; bot:* tulipan.

tulle [tju:l] *subst; tekstil:* tyll.

tum [tʌm] *subst; spøkef: se tummy.*

I. tumble ['tʌmbəl] *subst* **1. T***(=fall)* fall; **she took a ~ on the stairs***(=she fell on the stairs)* hun falt i trappen; **he took a nasty ~** han falt stygt; **2***(=somersault)* kolbøtte; **3.: all in a ~** bare rot *(fx things were all in a tumble).*

II. tumble *vb* **1.** falle; tumle *(fx she tumbled down the stairs; the children tumbled out of the car);* **the box -d off the top of the wardrobe** esken falt (*el.* tumlet) ned fra garderobeskapet; **2.** *i tørketrommel:* tromle; **3. T: ~ to***(=understand)* forstå *(fx she tumbled to his plan quickly).*

tumbledown ['tʌmbəl,daun] *adj(=dilapidated)* forfallen; falleferdig.

tumble drier tørketrommel.

tumbler ['tʌmblə] *subst* **1.** vannglass; ølglass; **2.** *i lås:* tilholder; **3.** *zo; duerase:* tumler; **4***(=tumble drier)* tørketrommel.

tumbler switch *elekt:* vippebryter.

tumbrel ['tʌmbrəl] *subst; hist* **1***(=farm cart)* kjerre; **2.** bøddelkjerre; rakkerkjerre.

tumefaction [,tju:mi'fækʃən] *subst; med.(=swelling)* hevelse.

tumescent [tju:'mesənt] *adj; med.(=swollen)* oppsvulmet; blodfylt *(fx penis).*

tumid ['tju:mid] *adj; med.(=swollen)* oppsvulmet.

tummy ['tʌmi] *subst* **T***(=stomach)* mage *(fx she has a pain in her tummy).*

tummyache ['tʌmi,eik] *subst* **T***(=stomachache)* mageknip.

tummy button T*(=navel)* navle.

tumour*(,US: tumor)* ['tju:mə] *subst; med.:* svulst.

tumult ['tju:mʌlt] *subst; litt.(=commotion)* tumult; ståhei.

tumultuous [tju:'mʌltjuəs] *adj; stivt el. litt.* **1***(=noisy; boisterous)* larmende; støyende *(fx meeting);* **2***(=violent)* voldsom; stormende *(fx passions).*

tumulus ['tju:muləs] *subst; arkeol(=barrow)* gravhaug.

tun [tʌn] *subst* **1***(=large cask)* (vin)fat; (øl)fat; **2.** *rommål:* 210 gallons; 954 liter.

tuna ['tju:nə] *subst; zo; fisk(=tuna fish; tunny)* tunfisk; makrellstørje.

tundra ['tʌndrə] *subst; geogr:* tundra.

I. tune [tju:n] *subst* **1.** melodi; *fig:* **he changed his ~** pipen fikk en annen lyd; *fig:* **call the ~** være den som bestemmer farten; bestemme farten;

2. *fon:* intonasjonsmønster;

3. *mus:* **in ~** stemt *(fx are your instruments in tune?);* rent *(fx play (,sing) in tune);* samstemt; avstemt etter hverandre *(fx the two instruments are not in tune);*

4.: in ~ with 1. *mus:* avstemt etter *(fx is the violin in tune with the piano?* 2. *fig(=in harmony with; in keeping with)* i harmoni med; i pakt med; **be in ~ with the times***(=keep abreast of the times; keep abreast of events)* følge med i tiden; være i pakt med tiden;

5. *mus:* **out of ~** ustemt *(fx the piano is out of tune);* falskt *(fx play (,sing) out of tune);*

6.: out of ~ with 1. *mus:* ikke avstemt etter; 2. *fig(=not in harmony with; not in keeping with)* ikke i harmoni (*el.* pakt) med;

7. *ofte når det antydes at beløpet er høyt* **T: to the ~ of***(=amounting (in all) to)* til et (samlet) beløp av *(fx he paid bills to the tune of a hundred pounds).*

II. tune *vb* **1.** *mask:* finjustere; fininnstille *(fx the engine);* trimme; **a specially -d engine** en spesialtrimmet motor; *(jvf 6 ndf);*

2. *mus:* stemme; **~ the instruments to each other** stemme instrumentene etter hverandre; samstemme instrumentene; *(se også tuned);*

3. *radio:* **~ in** stille inn (*to* på) *(fx we tuned in to London);* **we usually ~ in to the news** vi setter vanligvis på (radioen) til nyhetene; *(se også tuned in);*

4.: ~ out 1. *radio; ved å fininnstille:* fjerne *(fx he tuned out the interference);* 2. *fig:* slutte å høre etter; kople ut *(fx he just tunes out when the politicians start gabbling);*

5.: ~ oneself to*(=adapt oneself to)* tilpasse seg *(fx tune oneself to a slower life);*

6.: ~ up 1. *mus(=tune instruments)* stemme instrumentene *(fx the orchestra stopped tuning up just before the conductor came on stage);* 2. *mask:* trimme *(fx tune up an engine); (jvf 1).*

tuned *adj:* stemt; avstemt; fininnstilt; *radio:* **~ circuit** avstemt krets.

tuned in *adj; fig:* lydhør (*to* overfor) *(fx a politician tuned in to popular feeling on the issue).*

tuneful ['tju:nful] *adj; stivt(=melodious)* velklingende; melodisk; melodiøs.

tuner ['tju:nə] *subst* **1.** *radio:* tuner; avstemmer; **2.: (piano) ~** pianostemmer.

tungsten ['tʌŋstən] *subst:* wolfram; tungstein.

tunic ['tju:nik] *subst* **1.** *hist:* tunika; **2.** uniformsjak-

ke; **3.: gym ~** gymnastikkdrakt (for piker).
tuning fork *mus:* stemmegaffel.
tuning key *mus(=tuning hammer)* stemmenøkkel.
tuning kit *for bil el. motorsykkel:* trimmingssett; trimmesett.
Tunis ['tju:nis] *subst; geogr:* (byen) Tunis.
Tunisia [tju:'ni:ziə; tju:'ni:siə; **US:** tu:'niʒə] *subst; geogr:* (landet) Tunis.
tunnel ['tʌnəl] **1.** *subst:* tunnel; **railway ~** jernbanetunnel; **2.** *vb:* grave tunnel *(fx they escaped from prison by tunnelling under the walls).*
tunny ['tʌni] *subst; zo(=tuna (fish))* tunfisk; makrellstørje.
tuppence ['tʌpəns] *subst: se twopence.*
turban ['tə:bən] *subst:* turban.
turbid ['tə:bid] *adj; stivt* **1***(=muddy; opaque)* gjørmet; grumset; **2.** *fig(=not clear; confused)* uklar; forvirret.
turbine ['tə:bin; 'tə:bain] *subst:* turbin.
turbocharger *mask:* turbolader.
turbojet ['tə:bou,dʒet] *subst:* turbojet.
turboprop ['tə:bou,prɔp] *subst:* turboprop; fly med turbopropmotor.
turbot ['tə:bət] *subst; zo; fisk:* piggvar.
turbulence ['tə:bjuləns] *subst* **1.** *meteorol:* turbulens; **2.** *stivt el. litt.(=confusion; unrest)* forvirring; uro.
turbulent ['tə:bjulənt] *adj; stivt* **1.** *om luft & vann(= violently disturbed)* voldsomt urolig; **2.** *fig:* urolig *(fx the turbulent years of the war);* i opprør *(fx a turbulent mob);* voldsom; **~ passions** voldsomme lidenskaper.
turd [tə:d] *subst; vulg(=excrement; dung)* lort; dritt.
tureen [tə'ri:n; tju'ri:n] *subst:* **(soup) ~** (suppe)terrin.
I. turf [tə:f] *subst* **1***(=sod)* gresstorv *(fx make a lawn by laying turf);* **2.** gressbakke; gress *(fx the turf of a bowling green);* **3.** *i Irland(=(block of) peat)* brenntorv; **4. T: the ~** 1*(=horse-racing)* hesteveddeløp *(fx he's very interested in the turf);* 2*(=the racecourse)* veddeløpsbanen.
II. turf *vb* **1.** legge gresstorv (som alternativ til å så plen) *(fx we're going to turf that part of the garden);* torvtekke; **2. T: ~ out***(=throw out)* kaste ut *(fx we turfed him out of the house).*
turf accountant *stivt(=bookmaker)* bookmaker.
turgid ['tə:dʒid] *adj; stivt* **1***(=swollen)* oppsvulmet; hoven; **2***(=pompous and meaningless; high-flown; bombastic)* svulstig; bombastisk *(fx his prose is rather turgid).*
turgidity [tə:'dʒiditi] *subst; stivt* **1***(=swelling)* oppsvulming; **2***(=bombast)* svulstighet; bombast.
Turk [tə:k] *subst:* tyrker.
Turkey ['tə:ki] *subst; geogr:* Tyrkia.
turkey ['tə:ki] *subst; zo:* kalkun.
turkey cock *zo:* kalkunhane.
Turkish ['tə:kiʃ] **1.** *subst; språket:* tyrkisk; **2.** *adj:* tyrkisk.
Turkish bath tyrkisk bad; dampbad.
Turkish delight geléaktig konfekt bestrødd med melis.
turmoil ['tə:mɔil] *subst; stivt el. spøkef:* (vill) forvirring; opprør; **a ~ of passions** en storm av lidenskaper; **he was in a ~***(=fever)* **of excitement***(=his blood was racing)* blodet bruste i årene hans; **the whole town is in a (state of) ~***(=commotion)* hele byen er i opprør (*el.* i vill forvirring).
I. turn [tə:n] *subst* **1.** omdreining; **he gave the handle a ~** han dreide håndtaket rundt; **2.** dreining; sving *(fx the road takes a sharp turn; a turn in the road);* **3.** *med tau:* slag; tørn *(fx a turn of the rope round a fence post);* **4.** *ved retningsangivelse(=turning):* **take the first ~ on***(=to)* **the right** ta første gate (,vei) til høyre; **5.** (liten) tur *(fx take a turn through the park);* **6.** tur (til å gjøre noe) *(fx it's your turn to choose);* **wait one's ~** vente på tur *(fx he waited his turn in the queue);* **they drove the car ~ (and ~) about***(=they took (it in) turns to drive the car)* de kjørte bilen etter tur; de skiftet (*el.* byttet) på om å kjøre bilen; **by -s** skiftevis; vekselvis; **they did it by -s***(= they did it in turn)* de gjorde det etter tur (*el.* i tur og orden); **they took (it in) -s to do it** de skiftet (*el.* byttet) på om å gjøre det; **. . . and this, in ~, will . . .** og dette vil i sin tur . . .; og dette igjen vil . . .; **out of ~** utenfor tur; i utide *(fx he spoke out of turn); spøkef:* **I'm sorry if I spoke out of ~** jeg er lei meg hvis jeg har sagt noe galt; **7.** vending; retning *(fx the conversation had taken an unexpected turn);* **take a ~ for the better (,worse)** ta en vending til det bedre (,verre); **his thoughts suddenly took a new ~** tankene hans tok plutselig en ny retning; **8.** omslag *(fx a nasty turn of the weather);* skifte; **~ of the tide** *(=tidal change)* tidevannsskifte; strømkantring; **at the ~ of the century** ved århundreskiftet; **9***(=twist)* vri *(fx he gave the old yarn a new turn);* **10.: do sby a good (,bad) ~** gjøre en en tjeneste (,en dårlig tjeneste); **11.: have a practical ~ of mind** være praktisk anlagt; ha praktisk sans; **12.: ~ of phrase***(=mode of expression)* talemåte; vending *(fx typically Norwegian turns of phrase);* **13.** *teat:* (lite) nummer *(fx a comedy turn);* artistnummer; sirkusnummer; **14. T***(= shock)* støkk *(fx it gave me quite a turn); (=fit of dizziness)* svimmelhetsanfall *(fx she had a nasty turn while she was out shopping);* **15.** *stivt el. litt.:* **at every ~***(=everywhere; at every stage)* overalt; ved enhver anledning *(fx she encountered difficulties at every turn);* **16.: on the ~** 1. ved et vendepunkt; ved å vende *(fx the tide is on the turn);* 2. i ferd med å bli sur; **the milk's on the ~** melken holder på å bli sur; **17. T: done to a ~** (helt) passe stekt.
II. turn *vb* **1.** snu *(fx one's head);* dreie *(fx the road turned to the right);* dreie på *(fx he turned the wheel; he turned his head);* gå rundt *(fx the wheels turned);* **~ round** 1. snu seg (rundt); 2. gå rundt *(fx what makes the wheels turn round?);*
2. vende seg *(fx his love turned to hatred);* **his thoughts -ed to supper** han begynte å tenke på kveldsmat;
3. *på bryter, etc:* skru; **~ the tap** skru (*el.* dreie) på kranen; **~ the sound down** skru ned lyden; **~ on the water** skru på vannet; **~ over to another channel** skru over på en annen kanal; **~ up the heating***(=turn the heating higher)* skru på mer varme; sette på mer varme;
4. *mask(=cut on the lathe)* dreie;
5*(=change):* **~ the boys into good citizens** gjøre guttene til gode borgere; **the witch -ed the prince into a frog** heksen gjorde prinsen om til en frosk;
6. bli *(fx his hair turned white; turn pale);* **~ traitor** bli forræder; **~ Catholic (,Protestant)** bli katolikk (,protestant);
7. *om melk:* bli sur *(fx milk soon turns in summer);* gjøre sur *(fx the hot weather turned the milk);*
8. *om løv:* skifte farge *(fx the leaves begin to turn in September);*
9. *om alder el. klokkeslett:* **she must have -ed forty** hun må være over førti; **it's -ed three (o'clock)** klokken er over tre;
10.: ~ a deaf ear vende det døve øret til;
11.: ~ against vende mot; vende seg mot *(fx he*

turned against his friends); ~ **sby against sby** sette en opp mot en *(fx she turned him against his family);* **he felt the world had -ed against him** han følte at verden hadde vendt seg mot ham;
12.: ~ **away** 1. snu seg bort *(fx he turned away in disgust);* 2. sende bort *(fx the police turned them away);* avvise; nekte adgang *(fx dozens of people were turned away from the hostel);*
13.: ~ **back** 1*(=turn away)* avvise *(fx they were turned back at the frontier);* 2. gjøre vendereis; snu *(fx he got tired and turned back);*
14.: ~ **down** 1. *om lydstyrke el. lyskilde:* skru ned *(fx the radio);* 2. *krage, etc:* brette ned *(fx a collar; the sheets on the bed);* 3*(=refuse)* avslå *(fx he turned down her offer of help);*
15.: ~ **in** 1. levere inn *(fx he's capable of better work than he turns in; they turned in unused supplies);* overlevere *(fx they turned the escaped prisoner in to the police);* **he -ed himself in (to the police)** han meldte seg selv (for politiet); 2. **T***(=go to bed)* gå til sengs (*el.* køys) *(fx I usually turn in at about 11 o'clock);*
16.: ~ **off** 1. skru av *(fx I turned off the light);* **I -ed off the tap** jeg stengte for kranen; **I -ed off the water** jeg stengte av for vannet; 2. *fra hovedvei, etc:* ta av *(fx is this where we turn off?);*
17. T: ~ **sby off** 1. få en til å miste interessen *(fx a subject that turned a number of students off);* få en til å miste den seksuelle interessen; frata en lysten; 2. vekke avsky (,ulyst, motvilje) hos en; **people with loud voices ~ me off** jeg kan ikke like (*el.* kan ikke noe med) høymælte mennesker; **this music -s me off** jeg kan ikke fordra denne musikken;
18.: ~ **on** 1. skru på *(fx the light; the radio; the water);* åpne for *(fx I turned on the tap);* 2. vende seg mot; gå løs på *(fx the dog turned on him); også fig:* ~ **one's back on** vende ryggen til *(fx he has turned his back on his past way of life);* 3. *fig:* dreie seg om *(fx the whole debate turns on a single point);* **all his thoughts ~ on her** tankene hans dreier seg bare om henne;
19. T: ~ **sby on** 1. vekke ens interesse; interessere en *(fx what kind of music turns you on?);* 2. vekke ens seksuelle interesse; gi en lyst;
20.: ~ **out** 1*(=put out; turn off)* skru av *(fx the lights);* 2. kaste ut; jage ut *(fx his father threatened to turn him out);* 3.: ~ **out a room** rydde ordentlig opp (*el.* gjøre grundig rent) i et rom (ved først å flytte møblene ut) *(fx they turned out the spare bedroom);* 4. vrenge *(fx he turned out his pockets);* tømme *(fx turn the pudding out onto a flat dish);* 5. *mil; om vakten:* kalle ut *(fx turn out the guard);* 6*(=produce)* produsere; fremstille *(fx 20 cars a day);* frembringe *(fx the school has turned out some first-rate athletes);* 7.: **nicely -ed out** pent kledd *(fx he was nicely turned out in a suit and tie);* 8. vise seg (*to be* å være (,bli)) *(fx the play turned out to be a flop; the weather turned out (to be) fine);* **you were right, as it -s out** det viser seg at du hadde rett; **he -ed out to be right** det viste seg at han hadde rett; **it -ed out that . . .** det viste seg at . . .;
21.: ~ **over** 1. snu; vende; vende på seg *(fx turn over in bed);* 2. skru; ~ **over to another channel** skru over på en annen kanal; *(jvf 3 ovf);* 3. overlate *(fx he's turned the business over to his son);* overlevere *(fx turn the money over to the police);* utlevere; overgi *(fx sby to the police);* 4. *merk:* omsette; ~ **over £500 a week** ha en ukentlig omsetning på £500; omsette for over £500 pr. uke; 5.: ~ **sth over in one's mind***(= think sth over)* overveie noe; tenke over noe *(fx she turned it over in her mind);*
22.: ~ **round** 1. snu på; vende på; 2. dreie rundt; 3. snu seg (rundt) *(fx turn round and let me see your new dress);* 4. losse og laste *(fx turn round a ship);*
23.: ~ **to** 1. vende seg til *(fx sby for help);* 2.: ~ **to (one's work)***(=set to; get down to work)* ta fatt *(fx it's time we turned to);*
24.: ~ **up** 1. brette opp; 2. *om lydstyrke, varme, etc:* skru opp; sette høyere *(fx turn up the radio);* ~ **up the heating***(=turn the heating higher)* skru på mer varme; sette på mer varme; 3*(=appear; arrive)* dukke opp; (an)komme *(fx turn up half an hour late);* 4. bli funnet; dukke opp *(fx his book turned up in the cupboard);* 5*(=discover)* oppdage; finne *(fx the police have apparently turned up som new evidence);* 6. *kortsp:* snu *(fx a card);*
25.: ~ **things upside down** snu opp ned på tingene; *(se I. cheek 1; I. corner 7; hair 10; I. hand 29; I. head 16; I. leaf 6; I. nose 1; I. stomach 4; I. table 4; I. tail 5).*

turnabout ['tə:nə,baut] *subst* **1.** *mar(=180° turn)* 180° vending; **2.** *fig(=about-turn)* helomvending; kuvending *(fx a dramatic turnabout on schools policy).*

turnbuckle ['tə:n,bʌkəl] *subst(=screw shackle)* strekkfisk; bardunstrammer.

turncoat ['tə:n,kout] *subst(=opportunist)* opportunist.

turner ['tə:nə] *subst(=lathe turner)* dreier; **-'s workshop** dreieverksted; *(jvf II. turn 4).*

turnery ['tə:nəri] *subst* **1***(=(piece of) turned work)* dreiearbeid; dreid gjenstand; **2***(=lathe work)* det å arbeide ved dreiebenk; **3.** *glds(=turner's workshop)* dreieverksted.

turning ['tə:niŋ] *subst* **1***(=turn)* (vei)sving; **take the first ~ on***(=to)* **the right** ta første gate (,vei) til høyre; **take the wrong ~***(=take a wrong turn-off)* ta feil vei; ta av på galt sted; **2***(=lathe work)* dreiing; det å arbeide ved dreiebenk; **3.** *søm:* sømmemonn.

turning circle *bils:* vendediameter *(fx a car with an 8-metre turning circle).*

turning lathe*(=lathe)* dreiebenk.

turning point vendepunkt *(fx the turning point in a race; a turning point in his life).*

turnip ['tə:nip] *subst* **1.** *bot:* **(early garden) ~** nepe; **2***(=kohlrabi)* knutekål; **3.** *om gammeldags lommeur* **T:** tambak.

turnkey ['tə:n,ki:] *subst; hist:* slutter.

turnoff ['tə:n,ɔf] *subst* **1***(,US: turnout)* sted hvor man tar av; **take a wrong ~***(=take the wrong turning)* ta av på feil sted; **2.** *især* **US***(=exit (road))* avkjøring(svei); **3. US***(=side road)* sidevei; **4.: she finds hairy men a complete ~** hun kan ikke fordra hårete menn; *(jvf II. turn* **16,** *3).*

turn of phrase måte å uttrykke seg på *(fx he had a witty personality and a neat turn of phrase);* uttrykk; **a clumsy ~** et klossete uttrykk; en språklig padde.

turnout ['tə:n,aut] *subst* **1.** *av vakt, etc:* utrykning; **2.** fremmøte *(fx there was a good turnout at the meeting);* **3.** *polit:* **election ~***(,***US:** *voter participation)* valgdeltagelse; **4. US***(=turnoff)* sted hvor man tar av; **5***(=output)* produsert mengde; produksjon.

turnover ['tə:n,ouvə] *subst* **1.** *merk:* omsetning; **capital ~***(=investment turnover)* kapitalomsetning; **2.: labour ~***(=turnover in labour)* gjennomtrekk i arbeidsstokken; *i sykehus:* **a rapid ~** et lavt

antall liggedager (i gjennomsnitt).
turnpike ['tə:n,paik] *subst* **1.** *glds(=tollgate)* bomstasjon; **2.** **US***(=motorway with tolls)* avgiftsbelagt motorvei.
turnpike money **US***(=toll money)* bompenger.
turnround ['tə:n,raund] *subst:* omlastningsopphold; omlastningstid; *mar:* havneopphold.
turnstile ['tə:n,stail] *subst* **1.** korsbom; **2.** *ved inngangen til stadion, etc:* ~ **(counter)** telleapparat.
turnstone ['tə:n,stoun] *subst; zo:* steinvender.
turntable ['tə:n,teibəl] *subst* **1.** *jernb:* dreieskive; **2.** *på platespiller:* platetallerken.
turntable ladder stigebil; brannbil med stige.
I. turn-up ['tə:n,ʌp] *subst* **1.** oppbrett (på bukseben, etc); **2.** **T: what a ~ for the book(s)!** for en (gledelig) overraskelse!
II. turn-up *adj* **1.** til å brette opp *(fx a turn-up collar);* **2.: ~ nose***(=turned-up nose)* oppstoppernese.
turpentine ['tə:pən,tain] *(,T: turps) subst:* terpentin(olje).
turquoise ['tə:kwɔiz; 'tə:kwa:z] **1.** *subst:* turkis; **2.** *adj:* turkisfarget.
turret ['tʌrit] *subst* **1.** *arkit:* (lite) tårn; **2.** *mil:* kanontårn.
turret lathe *mask:* revolverdreiebenk.
turtle [tə:təl] *subst* **1.** *zo;* havskilpadde; *(jvf tortoise);* **2.** *om bil, etc:* **turn ~** velte (og bli liggende på taket); gå rundt *(fx the car turned turtle); om båt(=capsize)* kantre.
turtledove ['tə:təl,dʌv] *subst; zo:* turteldue.
turtleneck ['tə:təl,nek] *adj:* ~ **sweater** høyhalset genser.
Tuscan ['tʌskən] **1.** *subst:* toskaner; *språket:* toskansk; **2.** *adj:* toskansk.
Tuscany ['tʌskəni] *subst; geogr:* Toscana.
tusk [tʌsk] *subst:* støttann.
tusker ['tʌskə] *subst; zo:* hannelefant (med store støttenner).
tussle ['tʌsəl] *subst* **T***(=struggle; fight)* dyst; nappetak; strid; **he had a ~ with his conscience** han måtte slåss med samvittigheten sin.
tussock ['tʌsək] *subst; stivt(=tuft of grass)* gresstue.
tut [tʌt] *int(=tut-tut):* uttrykk for beklagelse *el.* ergrelse.
tutelage ['tju:tilidʒ] *subst; fig(=guardianship)* formynderskap; **be kept in ~ by foreign powers** stå under formynderskap av fremmede makter; **put him under ~** sette ham under formynderskap.
tutelary ['tju:tələri] *adj:* ~ **saint***(=patron saint)* skytshelgen; ~ **spirit***(=guardian spirit)* skytsånd.
I. tutor ['tju:tə] *subst* **1.** *univ:* studieveileder; 'tutor'; **2.: (private) ~** huslærer; privatlærer.
II. tutor *vb(=teach)* undervise (en enkelt elev el. liten gruppe) *(fx he tutored the child in Greek).*
tutorial [tju:'tɔ:riəl] **1.** *subst; univ:* time hos en 'tutor' *(fx we have lectures and tutorials in history);* **2.** *adj:* som angår en 'tutor'; ~ **post** stilling som tutor; stilling som studieveileder.
tutor organizer fengselslærer.
tutorship ['tju:tə,ʃip] *subst; univ:* stilling som 'tutor'.
(tu-whit) tu-whoo [(tə'wit) tə'wu:] *int; ugles tuting:* uhu!
tuxedo [tʌk'si:dou] *subst* **US***(=dinner jacket)* smoking.
TV [,ti:'vi:] *subst(=television)* TV; fjernsyn; **on ~** på TV; på fjernsynet; **I saw it on ~** jeg så det på TV; **watch ~***(,T: watch telly; look at the telly)* se på TV; **watch too much ~** se for mye på TV.
TV set*(=television set)* TV-apparat; fjernsynsapparat.
twaddle [twɔdəl] *subst* **T***(=nonsense)* vrøvl; tøys; tull *(fx don't talk such twaddle!)*
twaddler ['twɔdlə] *subst* **T***(=jabbering fool)* vrøvlebøtte.
twain [twein] *tallord; glds(=two)* tvenne; **in ~** itu.
I. twang [twæŋ] *subst* **1.** *om lyden av spent streng:* synging; klang *(fx the twang of a guitar);* **2.: nasal ~** neselyd; snøvling; **speak with a nasal ~** snøvle; snakke i (*el.* gjennom) nesen.
II. twang *vb* **1.** *om spent streng:* synge; få til å synge *(fx he twanged the wire);* **2.** *mus:* slå på *(fx he twanged his guitar);* ~ **on***(=strum)* klimpre på *(fx a guitar).*
twat [twæt; twɔt] *subst; vulg(=cunt)* kuse; fitte.
I. tweak [twi:k] *subst:* napp; klyp, **he gave her nose a playful ~** han dro henne spøkefullt i nesen.
II. tweak *vb:* nappe; klype; dra i *(fx he tweaked her nose);* **he -ed a bud from the stem** han kløp en knopp fra stengelen.
twee [twi:] *adj; neds:* liten og søt; nusselig.
tweed [twi:d] *subst:* tweed.
tweeds [twi:dz] *subst:* tweeddress; tweeddrakt.
tweezers ['twi:zəz] *subst:* **a pair of ~** en pinsett.
twelfth [twelfθ] **1.** *subst:* tolvtedel; **2.** *tallord:* tolvte.
Twelfth Day helligtrekongersdag.
twelve [twelv] *tallord:* tolv.
twentieth ['twentiiθ] **1.** *subst:* tjuendedel; **2.** *tallord:* tjuende.
twenty ['twenti] *tallord:* tjue.
twerp [twə:p] *subst(=twirp) neds* **S:** suppegjøk; drittsekk.
twice [twais] *adv:* to ganger; **once or ~** en eller to ganger; ~ **three is six** to ganger tre er seks; **think ~ about (-ing)** betenke seg på å *(fx we thought twice about travelling in the rainy season);* **I wouldn't think ~ about sacking him** jeg ville ikke betenke meg på å gi ham sparken.
twiddle [twidəl] *vb* **T***(=twist round and round)* skru (rundt) på *(fx he twiddled the knob on the radio);* ~ **one's thumbs***(=do nothing)* tvinne tommeltotter; ikke ha noe å ta seg til.
twig [twig] *subst:* kvist; **work the ~***(=dowse)* gå med (ønske)kvisten.
twilight ['twai,lait] *subst:* skumring; tusmørke.
twill [twil] **1.** *subst:* (kiper)twill; **2.** *adj; om stoff:* kipervevd (*el.* diagonalvevd).
I. twin [twin] *subst* **1.** tvilling; **identical -s** eneggede tvillinger; **2.** *fig:* **her dress is the exact ~ of mine** kjolen hennes er nøyaktig maken til min.
II. twin *vb:* **be -ned with** ha . . . som vennskapsby *(fx Basingstoke is twinned with Alençon).*
twin-barrel carburettor *mask:* tospjeldforgasser.
twin beds to enkeltsenger (mots dobbeltseng).
twine [twain] *subst:* snor *(fx packing twine); mar:* seilgarn.
twinflower ['twin,flauə] *subst; bot:* linnea.
twinge [twindʒ] *subst* **1.: ~ (of pain)** stikk (av smerte) *(fx he felt a twinge (of pain) in his neck);* **2.** *fig:* **a ~ of regret** et stikk av anger; **a ~ of conscience** et anfall av samvittighetsnag.
I. twinkle ['twiŋkəl] *subst* **1.** blinking *(fx of stars);* **2.** glimt *(fx he had a twinkle in his eye).*
II. twinkle *vb:* glimte; blinke *(fx the stars were twinkling in the sky);* **his eyes -d mischievously** det glimtet skøyeraktig i øynene hans.
twinkling *subst* **1.** blinking; **2.: in the ~ of an eye***(= in a twinkling)* på et øyeblikk; på et blunk.
twin set cardigansett.
twin town vennskapsby *(fx Devizes has a twin town in Germany).*
I. twirl [twə:l] *subst:* virvling; **she did a quick ~ to show off her dress** hun virvlet fort rundt for å vise frem kjolen sin.

II. twirl *vb* **1.** virvle (*el.* snurre) rundt; **2.** tvinne *(fx she twirled her hair round her finger).*
twirler ['twɜ:lə] *subst; mus:* drillpike.
twirp [twɜ:p] *se twerp.*
I. twist [twist] *subst* **1.** dreining; vri; **he gave my arm a ~** han vred armen min; **2.: machine ~** maskinsytråd *(fx a reel of machine twist);* **3.: a ~ of chewing tobacco** en rull skrå(tobakk); **4***(,***US:** *pretzel)* kringle; **light coffee -s** lette kaffekringler; **5***(=bend)* sving *(fx in the road);* **6.** (papir)tutt *(fx a twist of salt);* **7.** *dans:* twist; **8.: saved by a strange ~***(=quirk)* **of fate** reddet ved et skjebnens lune.
II. twist *vb* **1.** sno; tvinne *(fx she twisted her hair round her finger);* vikle *(fx she can twist him round her little finger);* sno seg; slynge seg *(fx the road twisted through the mountains);* **a -ing road** en vei som går i slyng og sving; **2.** vri; **~ the neck of a bird** vri halsen om på en fugl; **~ sby's arm** vri armen rundt på en; **T: if you ~ my arm** hvis du insisterer; hvis du sier jeg må; **~ and turn** vri og vende seg; **she -ed her ankle** hun fikk vridd ankelen sin; *fig:* **he -ed it (round) so that . . .** han fikk dreid det derhen at . . .; **he managed to ~ it so as to make it appear that NN had committed the offence***(=he managed to make it look as if it was NN who had committed the offence)* han fikk dreid det derhen at det så ut som om det var NN som hadde forbrudt seg; **~ the facts***(=distort the truth)* fordreie kjensgjerningene; **~ the law** forvrenge loven; **he -s everything I say** han forvrenger alt jeg sier; han vrir og vrenger på alt jeg sier; **he -ed his face into a grin** han fordreide ansiktet sitt til et smil; **~ sth off** vri noe av.
twist drill *mask:* spiralbor.
twisted *adj* **1.** snodd; vridd *(fx branch);* **2.** *fig:* fordreid *(fx report);* forskrudd *(fx a twisted sense of humour);* **his mind's all ~** han er helt forskrudd.
twister ['twistə] *subst* **1***(=swindler)* svindler; **2.** *sport:* skruball; **3. US***(=waterspout)* skypumpe; **4.:** *se tongue twister.*
twisty ['twisti] *adj:* snodd; buktet; vridd.
I. twit [twit] *subst* **T***(=fool)* tosk; **stupid ~** dum tosk.
II. twit *vb* **T***(=tease)* erte *(fx they twitted him with his laziness).*
I. twitch [twitʃ] *subst(=jerk)* rykk; rykning; **his foot gave a sudden ~** det rykket plutselig til i foten hans.
II. twitch *vb:* nappe i *(fx he twitched her sleeve);* bevege *(fx the horse twitched its ears; can you twitch your ears?);* **the rabbit's nose -ed** nesen til kaninen beveget seg; **he -ed nervously at his collar** han slet nervøst i snippen; **his hands were -ing** det rykket i hendene hans; **his face -ed with terror** han hadde rykninger (*el.* trekninger) i ansiktet av redsel.
twitch (grass) *bot(=couch grass)* kveke.
twite [twait] *subst; zo:* bergirisk.
I. twitter ['twitə] *subst* **1***(=chirping)* kvidring; kvitring; kvidder; kvitter; **2. T: she was all of a ~***(=she was very excited)* hun var helt opphisset.
II. twitter *vb* **1***(=chirp)* kvidre; kvitre; **2***(=giggle)* fnise; **3.** *neds:* kvitre *(fx she twittered (on) for hours about her children).*
twixt [twikst] *prep; poet(=betwixt)* mellom; *(se between).*
two [tu:] **1.** *subst:* totall; toer *(fx the two of spades);* **by -s** to og to; parvis; **by -s and threes***(=two or three at a time)* to eller tre om gangen; **2.** *tallord:* to; **3.: put ~ and ~ together** legge sammen to og to; **4.: that makes ~ of us** det gjelder meg også; **5.: be in ~ minds about it** ikke kunne få bestemt seg.
two-berth cabin tomannslugar.
two-edged ['tu:,edʒd] *adj* **1***(=double-edged)* tveegget; **2.** *fig:* tveegget; tvetydig.
two-faced ['tu:,feist] *adj* **T***(=deceitful)* falsk *(fx he's a two-faced person).*
twofold ['tu:,fould] **1.** *adj; stivt:* **the answer is ~***(=the answer consists of two parts)* svaret er todelt; svaret består av to deler; **2.** *adj; stivt(=double)* dobbelt *(fx a twofold increase);* **3.** *adv; stivt:* **he repaid the money ~***(=he paid back twice the amount)* han betalte tilbake det dobbelte (beløp).
two-handed [,tu:'hændid; *attributivt:* 'tu:,hændid] *adj* **1.** for begge hender; som man skal bruke begge hender på *(fx a two-handed tool);* som må betjenes av to personer; tomanns- *(fx saw);* **2.** *kortsp:* tomanns- *(fx bridge);* **3.** som kan bruke begge hender like godt *(fx a two-handed person; he's two-handed).*
two-part ['tu:,pa:t] *adj:* todelt.
two-part song tostemt sang; sang utsatt for to stemmer.
twopenny-halfpenny [,tʌpəni'heipəni] *adj(=cheap; tawdry)* billig; gloret; simpel.
two-phase ['tu:,feis] *adj; elekt:* tofaset; tofase- *(fx motor).*
two-piece ['tu:,pi:s] *adj:* todelt *(fx swimsuit).*
two-pin plug *elekt:* støpsel med to plugger.
two-ply ['tu:,plai] *adj* **1.** toslått; totrådet; **2.** dobbeltvevd.
two-seater ['tu:,si:tə] *subst:* toseter.
I. twosome ['tu:səm] *subst* **1.** spill hvor to spiller mot hverandre *(fx they played a twosome at tennis);* **2. T***(=couple)* par *(fx they make a romantic twosome).*
II. twosome *adj:* for to; utført (,spilt) av to.
two-speed ['tu:,spi:d] *adj; mask:* med to hastigheter; togirs.
two-spot ['tu:,spɔt] *subst; kortsp:* toer.
two-stroke ['tu:,strouk]*(,***US:** *two-cycle) adj; mask:* totakts- *(fx engine);* **~ cycle** totaktsperiode.
twot [twɔt] *se twat.*
two-time ['tu:,taim] *vb* **S***(=cheat on; be unfaithful to)* bedra *(fx one's girlfriend (,boyfriend)).*
two-way ['tu:,wei] *adj:* toveis *(fx traffic).*
two-way circuit *elekt:* tolederkrets.
tycoon [tai'ku:n] *subst:* finansfyrste; **industrial ~** industrimagnat; **newspaper ~** aviskonge.
tyke, tike [taik] *subst* **1***(=mongrel (dog))* kjøter; **2.** *dial (boorish, churlish person)* ubehøvlet bondeknoll; **3. T***(=small child)* liten unge; liten fyr; **4.** *neds* **S: (Yorkshire) ~** person fra Yorkshire.
tympanic [tim'pænik] *adj:* **~ membrane***(=eardrum)* trommehinne.
tympanum ['timpənəm] *subst; anat* **1***(=middle ear)* mellomøre; **2***(=cavity of the middle ear)* trommehule; **3***(=tympanic membrane; eardrum)* trommehinne.
I. type [taip] **1.** *typ:* type; skrift; skriftbilde *(fx a type which is made up of dots);* **in ~** i sats; **in large ~** med store typer; med stor skrift; **printed in a different ~** trykt med andre typer; **2***(=kind)* type *(fx a different type of education);* **a new ~** en ny type *(fx a new type of washing powder);* **what ~ of . . .?** hvilken type . . .? *(fx what type of house would you prefer to live in?);* **that ~ of house** den typen hus; den hustypen; **designation of ~** typebetegnelse; **3.** *biol, bot. etc:* type; sort *(fx this type of grape);* **raisins of the seedless**

~ rosiner av den steinfrie typen; **4.** *om person* **T:** fyr *(fx he's quite a pleasant type, really);* type; **a shady ~** en skummel type.
II. type *vb:* skrive på maskin *(fx can you type?);* maskinskrive *(fx a letter);* **~ out a letter** renskrive et brev.
type approval typegodkjenning.
type approved typegodkjent.
typecast ['taip,ka:st] *vb; om skuespiller:* gi den samme type roller hele tiden; **get ~** få den samme type roller hele tiden; **T:** havne i en skuff.
typeface ['taip,feis] *subst; typ(=type)* skriftbilde.
type part *teat(=type of role)* rollefag; **move into another ~** gå over til et annet rollefag.
typescript ['taip,skript] *subst:* maskinskrevet manuskript.
typeset *vb; typ(=set (up); set in type)* sette (opp) *(fx a text).*
typewrite ['taip,rait] *vb(=type)* maskinskrive; skrive på maskin.
typewriter ['taip,raitə] *subst:* skrivemaskin.
typewriter ribbon fargebånd (til skrivemaskin).
typewritten ['taip,ritən] **1.** *perf. part. av typewrite;* **2.** *adj:* maskinskrevet *(fx letter).*
typhoid ['taifɔid] *med.* **1.** *subst:* **~ (fever)***(=enteric fever)* tyfoidfeber; *ikkefaglig også:* tyfus; *(jvf typhus);* **2.** *adj:* tyfoid; tyfus-.
typhoon [tai'fu:n] *subst:* tyfon; taifun.
typhus ['taifəs] *subst; med.:* **~ (fever)** flekktyfus; flekkfeber; *ikkefagl også:* tyfus; *(jvf typhoid 1).*
typical ['tipikəl] *adj:* typisk; karakteristisk (*of* for).
typically *adv:* typisk; det er typisk at *(fx typically, this vowel does not occur in the accents of the north).*
typify ['tipi,fai] *vb; stivt* **1***(=be typical of)* være et typisk eksempel på; være typisk for; **2***(=symbolize)* symbolisere *(fx vandalism at football matches typifies the modern disregard for law and order).*
typing ['taipiŋ] *subst* **1.** maskinskriving; **2.: pages of ~** maskinskrevne sider *(fx five pages of typing).*
typing paper skrivemaskinpapir.
typing pool skrivemaskinstue.
typist ['taipist] *subst:* maskinskriver(ske); skrivemaskindame.
typographer [tai'pɔgrəfə] *subst:* typograf.
typographical [,taipə'græfikəl] *adj:* typografisk.
typography [tai'pɔgrəfi] *subst:* typografi.
tyrannical [ti'rænikəl] *adj:* tyrannisk.
tyrannize, tyrannise ['tirə,naiz] *vb:* **~ (over)** tyrannisere *(fx he tyrannizes his family).*
tyrannous ['tirənəs] *adj(=tyrannical)* tyrannisk.
tyranny ['tirəni] *subst:* tyranni.
tyrant ['tairənt] *subst:* tyrann.
tyre *(,US: tire)* ['taiə] *subst:* dekk *(fx a car tyre);* **cross-ply ~** diagonaldekk; **double-banked ~***(=dual tyre)* tvillinghjul *(fx double-banked rear tyres);* **flat ~** punktering; punktert dekk (*el.* hjul); **drive on a flat ~** kjøre på felgen; **the car had a flat ~** bilen hadde punktert; **radial ~** radialdekk; **re-capped ~***(=retread; remould)* banelagt dekk; **tubed and tubeless -s** dekk med og uten slange; **tubeless ~** slangeløst dekk.
tyre carcass dekkropp.
tyre chains*(=snow chains)* snøkjettinger.
tyre flap dekkinnlegg.
tyre gauge lufttrykkmåler (for bildekk).
tyre lever *(,US: tyre iron)* dekkspak.
tyre pressures lufttrykket i dekkene (*el.* bilringene); **check the ~** kontrollere (*el.* sjekke) lufttrykket i dekkene.
tyre size *på bildekk:* gummidimensjon.
tyre studs dekkpigger.
tyre tread slitebane (på dekk); (dekk)profil.
tyre wear dekkslitasje; **irregular ~** ujevn dekkslitasje.
tyro ['tairou] *subst; stivt(=beginner)* nybegynner.
Tyrol, Tirol [ti'roul; 'tiroul] *subst; geogr:* **the ~** Tyrol.
Tyrolean, Tyrolian [ti'rouliən; ,tirə'liən] **1.** *subst:* tyroler(inne); **2.** *adj:* tyrolsk.
Tyrolese [,tirə'li:z] *se Tyrolean.*

U

U, u [ju:] (bokstaven) U, u; *tlf:* **U for Uncle** U for Ulrik; **capital U** stor U; **smal u** liten u.
U **1**(*fk.f. unclassified) skolev:* ikke bestått; *svarer til:* 0; **2**(*fk.f. universal) om film:* passer for alle aldersgrupper; *(NB film for voksne klassifiseres med tallet 18).*
ubiquitous [ju'bikwitəs] *adj; stivt(=omnipresent)* allestedsnærværende.
ubiquity [ju'bikwiti] *subst; stivt(=omnipresence)* allestedsnærværelse.
U-boat ['ju:,bout] *subst; hist(=German submarine)* tysk ubåt; *(jvf I. submarine).*
udder ['ʌdə] *subst:* jur.
Uganda [ju:'gændə] *subst; geogr:* Uganda.
Ugandan [ju:'gændən] **1.** *subst:* ugander; **2.** *adj:* ugandisk.
ugh [u:k;ʌh;ə:] *int:* æsj; fy *(fx Ugh! The cat's been sick!).*
ugly]'ʌgli] *adj* **1.** stygg *(fx old and ugly; an ugly building);* ~ **as sin** stygg som arvesynden; **2**(*= unpleasant; dangerous)* stygg *(fx an ugly situation);* **he's in an ~ mood** han er i et farlig humør; **the crowd was in an ~ mood** menneskemengden oppførte seg truende; **T: an ~ customer** en skummel type.
uh-huh [ʌ'hʌ] *int* **T**(*=yes)* ja.
UK [,ju:'kei] *(fk f United Kingdom):* **the ~** Det forente kongerike (ɔ: Storbritannia og Nord -Irland).
Ukraine [ju:'krein] *subst; geogr:* **the ~** Ukraina.
Ukranian [ju:'kreiniən] **1.** *subst:* ukrainer; *språket:* ukrainsk; **2.** *adj:* ukrainsk.
ukulele, ukelele [,ju:kə'leili] *subst; mus:* ukulele.
ulcer ['ʌlsə] *subst; med.:* (kronisk) sår *(fx her legs were covered with ulcers(=sores));* **stomach ~**(*=gastric ulcer)* magesår; **duodenal ~** sår på tolvfingertarmen; *med.:* ulcus duodeni.
ulcerate ['ʌlsə,reit] *vb:* danne sår; være full av sår.
ulceration [,ʌlsə'reiʃən] *subst; med.:* sårdannelse.
ulcerous ['ʌlsərəs] *adj:* med sår.
ulna ['ʌlnə] *subst; anat:* ulna; albubein.
ult. [ʌlt] *se ultimo.*
ulterior [ʌl'tiəriə] *adj:* bakenforliggende; underliggende; skjult; **she had an ~ motive** hun hadde en baktanke.
ultimate ['ʌltimit] *adj; stivt* **1**(*=final)* endelig *(fx their ultimate destination was Paris);* **they hoped for ~ success**(*=they hoped they would finally succeed)* de hadde håp om å klare det til slutt; **2**(*=total)* total *(fx the ultimate cost of the storm will not be known for many weeks).*
ultimately *adv; stivt(=in the end)* omsider; til sist *(fx we hope ultimately to be able to buy a house of our own).*
ultimatum [,ʌlti'meitəm] *subst:* ultimatum.
ultimo ['ʌlti,mou] *adv; merk; stivt; oftest forkortet til ult.:* **your letter of the 7th ult.**(*=your letter of the 7th of last month)* Deres brev av den 7. i forrige måned.
ultraconservative [,ʌltrəkən'sə:vətiv] *adj(=extremely conservative)* ultrakonservativ; erkekonservativ.
ultraliberal [,ʌltrə'libərəl] *adj(=extremely liberal)* ultraliberal.
ultramodern [,ʌltrə'mɔdən; *attributivt:* 'ʌltrə,mɔdən] *adj:* ultramoderne.
ultrasonic [,ʌltrə'sɔnik] *adj; om lydbølger:* som ikke kan oppfattes av det menneskelige øret; ultrasonisk *(fx an ultrasonic dog whistle).*
ultrasound ['ʌltrə,saund] *subst:* ultralyd.
ultrasound scan(*,T: scan):* **have an ~**(*,T: have a scan)* få undersøkt fosteret ved hjelp av ultralyd.
ultraviolet [,ʌltrə'vaiəlit] *adj:* ultrafiolett.
ultra vires ['ʌltrə 'vaiəri:z; 'ultrə 'viəreiz] *jur:* **act ~**(*=exceed one's powers)* gå utover sine fullmakter; overskride sin kompetanse.
Ulysses ['ju:li,si:z; ju'lisi:z] *myt (the Latin name of Odysseus)* Ulysses; Odyssevs.
umbel ['ʌmbəl] *subst; bot:* blomsterskjerm.
umbelliferous [,ʌmbi'lifərəs] *adj; bot:* skjermblomstret.
umber ['ʌmbə] **1.** *subst:* umbra; **2.** *adj:* umbrafarget.
umbilical [ʌm'bilikəl] *adj; med.:* navle-.
umbilical cord *anat(=navel string)* navlestreng.
umbilical hernia *med.(=omphalocele)* navlebrokk.
umbilicus [ʌm'bilikəs] *subst; anat(=navel)* navle.
umbrage ['ʌmbridʒ] *subst* **1.** *poet(=shade; shadow)* skygge; **2.** *poet(=shady foliage)* skyggefullt løvverk; **3.** *glds el. spøkef:* **take ~ at**(*=take offence at)* bli støtt over; bli fornærmet over.
umbrella [ʌm'brelə] *subst* **1.** paraply; **2.: (sun) ~**(*=sunshade)* parasoll; **3.** *fig; polit(=protection)* beskyttelse *(fx this action was taken under the umbrella of the United Nations);* **4**(*=authority):* **primary education comes under the ~ of local government** grunnskolen hører inn under kommunen.
umbrella organization paraplyorganisasjon.
umbrella stand paraplystativ.
I. umpire ['ʌmpaiə] *subst* **1.** *sport; i baseball; cricket; golf; tennis:* dommer; *(jvf I. referee 2);* **2.** *mil:* kampdommer; **3.** *fig(=arbitrator)* oppmann; voldgiftsmann.
II. umpire *vb* **1.** *sport:* dømme; være dommer; *(jvf II. referee);* **2.** *mil:* være kampdommer; **3.** *fig:* være oppmann; være voldgiftsmann.
umpteen [,ʌmp'ti:n] *adj* **T**(*=very many)* tusen *(fx I had umpteen things to do);* **for the -th time**(*=for I don't know how many times)* for Gud vet hvilken gang.
UN, U.N. [,ju:'en] *(fk f United Nations):* **the ~**(*=the United Nations)* FN; De forente nasjoner.
un, 'un [ən] *pron; dial(=one)* en *(fx that's a big un);* **the little -s** de små *(fx he caught a lot of fish but threw the little uns back).*
un- [ʌn] *forstavelse* **1.** u- *(fx unhappy; uncertain);* **2.** uten å; **uncomplaining** uten å klage; **3.** -løs; **unconscious** bevisstløs; **4.** -fri; **unblemished** plettfri; **5**(*=not)* ikke; **unattacked trees**(*=trees not attacked)* ikke angrepne trær; trær som ikke er angrepet; **6.** av *(fx unload);* av- *(fx uncover);* fra(-) *(fx uncouple);* opp; **unbutton**(*=undo)* knappe opp; kneppe opp; **7.** in-; **unacceptable** inakseptabel.
unabashed [,ʌnə'bæʃt] *adj; stivt(=not timid; not*

ashamed; not discouraged) (fremdeles) like ivrig; (like) freidig; frekk; uforknytt.
unabated [,ʌnə'beitid] *adj:* usvekket; med uforminsket styrke; **controversy over the language question continued** ~ språkstriden fortsatte med uforminsket styrke; ~ **interest** usvekket interesse.
unable [ʌn'eibl] *adj:* ~ **to** ikke i stand til å; ute av stand til å; **he was** ~ **to move***(=he was not able to move)* han var ikke i stand til å bevege seg.
unabridged [,ʌnə'bridʒd] *adj:* uforkortet *(fx edition).*
unaccented [,ʌnək'sentid] *adj; fon:* trykklett; trykksvak *(fx syllable);* uten aksent.
unacceptable [,ʌnək'septəbl] *adj:* inakseptabel; uantagelig; som ikke kan godtas (*el.* aksepteres).
unaccompanied [,ʌnə'kʌmpənid] *adj* **1.** uledsaget *(fx luggage);* **2.** *mus:* uten akkompagnement.
unaccomplished [,ʌnə'kɔmpliʃt] *adj; stivt(=unfinished)* uferdig; ufullført; **he left with his task** ~ han reiste uten å være ferdig med oppgaven.
unaccountable [,ʌnə'kauntəbl] *adj; stivt* **1***(=inexplicable)* uforklarlig *(fx his unaccountable absence; his mistake is quite unaccountable);* **for some** ~ **reason** av en eller annen uforklarlig grunn; **2***(=puzzling; strange)* underlig; **3***(=not accountable for one's actions)* ikke ansvarlig for sine handlinger.
unaccountably *adv; stivt:* **he was** ~ **ill** han var syk av en eller annen grunn; **he was** ~ **late** av en eller annen grunn var han forsinket.
unaccounted *adj:* ~ **for** som det ikke er gjort rede for; som det ikke kan gjøres rede for; *(jvf II. account 2:* ~ *for).*
unaccustomed [,ʌnə'kʌstəmd] *adj; stivt* **1***(=unusual)* uvanlig *(fx his unaccustomed silence);* **2***(=unfamiliar):* ~ **work** uvant arbeid; ~ **to***(=not used to; unfamiliar with)* uvant med *(fx he was unaccustomed to the work);* ~ **to the good life** uvant med det søte liv; ~ **to appearing in public** uvant med å opptre offentlig; ikke vant til å opptre offentlig.
unacquainted [,ʌnə'kweintid] *adj; stivt:* **be** ~ **with***(=not know about)* være ukjent med; ikke kjenne til.
unadopted [,ʌnə'dɔptid] *adj* **1.** *om barn(=not adopted)* ikke adoptert; **2.** *om vei(=private; not maintained by the local council)* privat.
unadulterated [,ʌnə'dʌltəreitid] *adj; stivt el. spøkef(=pure)* ren *(fx your drink is quite unadulterated);* ~ **nonsense***(=utter nonsense)* det rene tøv.
unadvised [,ʌnəd'vaizd] *adj; stivt* **1***(=rash)* forhastet; overilt; **2***(=unwise)* uklok.
unaffected [,ʌnə'fektid] *adj; stivt* **1***(=natural; not affected)* uaffektert *(fx she's a pleasant, unaffected person);* **2***(=sincere)* oppriktig; ikke tilgjort *(fx his happiness was unaffected);* **3***(=unmoved)* upåvirket (*by* av) *(fx the child seemed unaffected by its father's death);* **4.** *med.(=not affected)* ikke angrepet; **5.** *om arrangement(=unchanged)* uforandret *(fx it has been raining heavily, but this evening's football arrangements are unaffected).*
unafraid ['ʌnə'freid; *attributivt:* 'ʌnə,freid] *adj(=fearless)* uredd.
unaided ['ʌn'eidid; ʌn'eidid; 'ʌn,eidid] *adj(=without help from anyone)* ved egen hjelp; uten hjelp fra noen.
unalienable [ʌn'eiljənəbl] *adj: se inalienable.*
unalloyed [,ʌnə'lɔid] *adj* **1.** ulegert *(fx metals);* **2.** *fig; om glede, etc; litt.(=pure; unmixed)* ren; ublandet.
unalterable [ʌn'ɔ:ltərəbl] *adj:* ufravikelig; som ikke kan gjøres om; **an** ~ **resolve** en beslutning som ikke kan gjøres om; en ufravikelig beslutning.
unaltered ['ʌn'ɔ:ltəd; ʌn'ɔ:ltəd] *adj(=unchanged)* uforandret.
unambiguous [,ʌnæm'bigjuəs] *adj:* utvetydig; entydig; klar.
un-American [,ʌnə'merikən] *adj:* uamerikansk *(fx activities).*
unanimity [,ju:nə'nimiti] *subst; stivt(=complete agreement)* enstemmighet; **reach** ~ nå fram til enstemmighet.
unanimous [ju:'næniməs] *adj:* enstemmig; **the vote was** ~ avstemningsresultatet var enstemmig; **they were** ~ **that . . .***(=they all agreed that . . .)* det hersket enstemmighet om at . . .; de var alle enige om at . . .
unanimously *adv:* enstemmig; **the motion was (put to the meeting and) carried** ~ forslaget ble enstemmig vedtatt.
unannounced ['ʌnə'naunst; *attributivt også:* 'ʌnə,naunst] *adj(=without being announced)* uanmeldt *(fx he walked in unannounced).*
unanswerable [ʌn'a:nsərəbl] *adj; stivt* **1.** *om spørsmål:* umulig å svare på; **2***(=irrefutable)* ugjendrivelig *(fx argument);* **3***(=indisputable)* uimotsigelig; ubestridelig; som ikke kan bestrides *(fx there is an unanswerable case against him).*
unappealable [,ʌnə'pi:ləbl] *adj; jur(=not subject to appeal)* inappellabel.
unappetizing [ʌn'æpə,taiziŋ] *adj:* uappetittlig.
unappreciative [,ʌnə'pri:ʃiətiv] *adj:* uforstående (*of* overfor).
unapproachable [,ʌnə'proutʃəbl] *adj* **1.** *om person:* utilnærmelig; **2.** *om sted(=inaccessible)* utilgjengelig.
unapt [,ʌn'æpt] *adj; stivt:* **he is** ~ **to agree***(=he's unlikely to agree)* det er lite sannsynlig at han vil være enig.
unarm [ʌn'a:m] *vb; sj(=disarm)* avvæpne.
unarmed [ʌn'a:md; *attributivt:* 'ʌn,a:md] *adj:* ubevæpnet.
unashamed [,ʌnə'ʃeimd] *adj:* skamløs; uten skam.
unashamedly [,ʌnə'ʃeimidli] *adv; stivt el. litt.(=without restraint)* uhemmet; hemningsløst *(fx she wept unashamedly).*
unasked [ʌn'a:skt; *attributivt også:* 'ʌn,a:skt] *adj* **1***(=uninvited)* ubedt; **2***(=not asked for)* som ingen har bedt om *(fx advice);* **many of the contributions were** ~ **for** mange av bidragene kom uoppfordret; **3.: there were many** ~ **questions** det var mange spørsmål som ikke ble stilt.
unassailable [,ʌnə'seiləbl] *adj* **1.** *mil(=impregnable; unconquerable)* uinntagelig *(fx fortress);* **2.** *fig:* uangripelig *(fx he has an unassailable reputation).*
unassertive [,ʌnə'sə:tiv] *adj; stivt(=modest; shy)* beskjeden; sjenert.
unassuming [,ʌnə'sju:miŋ] *adj(=unpretentious; modest)* fordringsløs; upretensiøs; uten pretensjoner *(fx an unassuming man);* beskjeden.
unattached [,ʌnə'tætʃt] *adj* **1.** ugift; ledig *(fx she invited unattached young ladies to meet her son);* **at thirty she was still** ~ da hun var 30 var hun fremdeles løs og ledig; **2***(=independent; not associated with a particular organization)* uavhengig; ikke tilknyttet noen bestemt organisasjon; ~ **broker***(=outside broker)* uautorisert megler.
unattainable [,ʌnə'teinəbl] *adj:* uoppnåelig.
unattended [,ʌnə'tendid] *adj* **1.** *om barn; stivt(=alone)* alene; uten tilsyn *(fx it's dangerous to leave small children unattended in the house);* **2.** *om bagasje, etc:* uten tilsyn; ubevoktet *(fx don't leave your car unattended);* **3.** *stivt(=alone; unaccompanied)* uledsaget.
unattractive [,ʌnə'træktiv] *adj* **1.** utiltalende; lite tiltrekkende; **2.** *om klesplagg:* ukledelig.

unauthorized, unauthorised [,ʌn'ɔ:θəraizd] *adj* **1.** uautorisert; **2.** uberettiget, urettmessig *(fx unauthorized use of the firm's equipment).*

unavailing [,ʌnə'veiliŋ; *attributivt også:* 'ʌnə,veiliŋ] *adj; stivt(=useless; in vain)* forgjeves; nytteløs; *stivt:* fruktesløs.

unavoidable [,ʌnə'vɔidəbl] *adj(=inevitable)* uunngåelig.

unavoidably *adv:* **he was ~ absent** han var helt forhindret fra å være til stede.

unaware [,ʌnə'wɛə] *adj* **1. US:** *se unawares;* **2.: be ~ that . . .***(=not know that)* ikke vite at . . .; ikke være oppmerksom på at . . . *(fx she was unaware that the man was in the room);* **~ of***(=not aware of)* ikke oppmerksom på; ikke klar over *(fx I was unaware of the man's presence).*

unawares [,ʌnə'wɛəz] *adv* **1***(=unintentionally)* av vanvare *(fx she dropped the parcel unawares);* **2***(=unexpectedly; without warning)* uforvarende; uventet; plutselig; **catch***(=take)* **sby ~** komme uforvarende på en; overrumple en; **it caught us ~***(=we were caught napping)* det kom uforvarende på oss; vi var ikke forberedt på det.

unbacked [,ʌn'bækt; *attributivt:* 'ʌn,bækt] *adj* **1.** *om bok el. stol:* uten rygg; **2.** uten (økonomisk) støtte; **3.** *om hest:* som ingen har satset på; **4.** *om hest(=not broken in)* uinnridd;*(=which has never been mounted)* som ingen har ridd på.

unbalance [ʌn'bæləns] *vb* **1***(=put out of balance)* bringe ut av balanse; **2.** *fig(=derange mentally)* gjøre sinnsforvirret.

unbalanced [,ʌn'bælənst; *attributivt:* 'ʌn,bælənst] *adj* **1.** ubalansert; **2.** *merk:* som viser underskudd *(fx budget); om regnskap(=not made up)* uoppgjort; ikke avsluttet *(fx accounts);* **3.** *fig:* sinnsforvirret *(fx living alone can make people a bit unbalanced);* **the murderer was completely ~** morderen var helt sinnsforvirret.

unbar [ʌn'ba:] *vb(=unbolt)* skyve slåen fra *(fx the door).*

unbearable [ʌn'bɛərəbl] *adj:* utålelig; ulidelig, ikke til å holde ut *(fx that child's quite unbearable!);* **I find such rudeness quite ~** slik uhøflighet synes jeg er helt utålelig; **I'm suffering from ~ toothache** jeg har en ulidelig tannpine.

unbeatable [ʌn'bi:təbl] *adj:* uslåelig.

unbeaten [ʌn'bi:tən; *attributivt også:* 'ʌn,bi:tən] *adj* **1.** ikke slått (*el.* beseiret) *(fx team);* **~ record** rekord som ikke er blitt slått; **2.** *om egg:* upisket *(fx two unbeaten eggs).*

unbecoming [,ʌnbi'kʌmiŋ] *adj; glds* **1.** *om klesplagg(=unattractive)* ukledelig; **2***(=not proper)* upassende; **it would be ~ for him to accept the money***(=it would not be proper for him to accept the money)* det ville være upassende for ham å ta imot pengene.

unbeknown [,ʌnbi'noun] *adj* **T: ~ to anyone***(=without anyone knowing)* uten at noen vet (,visste) om det.

unbelief [,ʌnbi'li:f] *subst(=incredulity; scepticism; disbelief)* vantro; skeptisisme; mistro.

unbelievable [,ʌnbi'li:vəbl] *adj(=incredible)* utrolig.

unbeliever [,ʌnbi'li:və] *subst; rel:* vantro.

unbend [ʌn'bend] *vb* **1.** *mar(=untie)* løsne; *om seil:* slå fra; *om kabel(=cast loose)* sjakle fra; **2.** *fig; om person:* slå seg litt løs; være (,bli) litt mindre stiv *(fx at the office party even the manager unbent a little);* **she refused to ~ and maintained her hostile attitude** hun var like steil og holdt fast ved sin fiendtlige innstilling.

unbending *adj; stivt* **1***(=inflexible; rigid)* uelastisk; steil; **an ~ will** en ubøyelig vilje; **2***(=harsh; severe)* streng *(fx rule);* **3.** *om vesen el. stemning:* stiv *(fx a rather formal, unbending atmosphere).*

unbias(s)ed [ʌn'baiəst] *adj(=impartial; fair)* upartisk; uhildet; fair; saklig; objektiv; fordomsfri.

unbidden [ʌn'bidən] *adj; litt.(=unasked; uninvited)* ubedt; **the tears came ~ to her eyes** uten å ville det fikk hun tårer i øynene.

unblemished [ʌn'blemiʃt] *adj; fig:* plettfri.

unblinkingly *adv(=without turning a hair)* uten å fortrekke en mine.

unblock [ʌn'blɔk] *vb:* fjerne noe som blokkerer; *om avløpsrør(=unclog; unstop)* rense; stake opp *(fx the drain).*

unblushing [ʌn'blʌʃiŋ] *adj:* uten å skamme seg; uten skam; skamløs.

unbolt [ʌn'boult] *vb(=unbar)* skyve slåen (*el.* bolten) fra *(fx the door).*

unborn [ʌn'bɔ:n; *attributivt:* 'ʌn,bɔ:n] *adj:* ufødt; **innocent as the babe ~** uskyldig som barn i mors liv.

unbosom [ʌn'buzəm] *vb; stivt:* **~ oneself to sby***(=pour one's heart out to sby)* utøse sitt hjerte for en.

unbounded [ʌn'baundid] *adj; stivt el. litt.(=unlimited; very great)* ubegrenset; grenseløs *(fx wealth);* **her ~ enthusiasm** hennes grenseløse begeistring.

unbridled [ʌn'braidəld] *adj; litt.(=unrestrained; uncontrolled)* utøylet *(fx passion; ambition).*

unbroken [ʌn'broukən; *attributivt:* 'ʌn,broukən] *adj* **1.** hel; ikke brutt i stykker; *om vinkasse, etc:* uåpnet; **2.** *landbr:* upløyd; uoppdyrket; **3.** *om hest:* ikke innridd; ikke innkjørt; **4.** ubrutt *(fx they advanced in unbroken ranks);* **~ line** 1. ubrutt linje; 2. *på vei(=continuous line; solid line)* fullt opptrukket linje; **miles of ~***(=uninterrupted)* **forest** flere miles med sammenhengende skog; **5.** *om rekord(=unbeaten)* som ikke er blitt slått; **6.** *om person:* ikke knekt.

unbuckle [ʌn'bʌkəl] *vb* **1***(=unfasten)* spenne opp *(fx he unbuckled his belt);* **2. T***(=relax)* slappe av.

unburden [ʌn'bə:dən] *vb; litt. el. stivt:* **~ oneself of one's troubles***(=relieve oneself of one's troubles)* lette seg for sine bekymringer; **~ oneself to sby***(=pour one's heart out to sby)* utøse sitt hjerte for en; betro seg til en.

unbutton [ʌn'bʌtən] *vb* **1***(=undo)* knappe opp; kneppe opp; **2. T***(=relax)* slappe av; **T:** løse på snippen.

uncalled ['ʌn,kɔ:ld] *adj:* **~ capital** ikke innkalt (aksje)kapital.

uncalled-for [,ʌn'kɔ:ld,fɔ:] *adj* **1***(=unwanted; unnecessary)* uønsket; som man ikke har bedt om; unødvendig; **2***(=undeserved; unprovoked)* ufortjent; uprovosert *(fx insult).*

uncanny [ʌn'kæni] *adj* **1***(=eerie)* nifs; uhyggelig *(fx an uncanny noise; an uncanny silence);* **2.** *fig:* nifs *(fx he has an uncanny sense of direction).*

uncap [ʌn'kæp] *vb(=open)* ta korken av; åpne *(fx he uncapped another bottle of beer).*

uncared-for [ʌn'kɛəd,fɔ:] *adj(=neglected)* forsømt *(fx child; garden).*

unceasing [ʌn'si:siŋ; *attributivt også:* 'ʌn,si:siŋ] *adj; stivt(=incessant; continuous)* uopphørlig; uavbrutt; ustanselig *(fx his unceasing efforts to help the sick and wounded).*

unceremonious [,ʌnseri'mouniəs] *adj* **1***(=informal)* uhøytidelig; uformell; **2***(=abrupt; rude)* brå; uhøflig *(fx an unceremonious dismissal).*

unceremoniously *adv:* uten mange omsvøp; uten for mange omstendigheter.

uncertain [ʌn'sə:tən] *adj:* usikker *(fx plans; weather);* **face an ~ future** gå en usikker fremtid i møte; **be ~ what to do** være usikker på hva man skal gjøre; **a lady of ~ age** en dame av ubestemmelig alder; **a dog of ~ temper** en hund som ikke er til å stole på; **I'm ~ of my future plans** jeg er usikker på mine videre planer; **feel ~ about sby***(=feel unsure of sby)* føle seg usikker på en.

uncertainty [ʌn'sə:tənti] *subst:* usikkerhet; **lead a life of ~** ha en usikker tilværelse; leve et liv i usikkerhet.

unchallenged [ʌn'tʃælindʒd] *adj:* uimotsagt; **let sth pass ~** la noe passere uimotsagt.

uncharitable [ʌn'tʃæritəbl] *adj* **1***(=unkind; hard-hearted)* uvennlig; ukjærlig *(fx words; thoughts);* hardhjertet; **2***(=censorious)* dømmesyk; **3.: put an ~ interpretation on sth***(=put the worst possible construction on sth)* utlegge noe i verste mening.

uncharitableness [ʌn'tʃæritəblnis] *subst; stivt(=unkindness)* ukjærlighet; uvennlighet.

uncharted [ʌn'tʃa:tid; *attributivt også:* 'ʌn,tʃa:tid] *adj:* ikke kartlagt; uutforsket.

unchaste [ʌn'tʃeist; *også attributivt:* 'ʌn,tʃeist] *adj(=impure)* ukysk; uren *(fx unchaste thoughts).*

unchastity [ʌn'tʃæstiti] *subst:* ukyskhet.

unchecked [ʌn'tʃekt; *attributivt:* 'ʌn,tʃekt] *adj:* uhindret; ukontrollert; **if the population explosion continues ~** hvis befolkningseksplosjonen fortsetter ukontrollert; **~ anger** utøylet (*el.* ukontrollert) sinne.

uncircumcised [ʌn'sə:kəm,saizd] *adj:* uomskåret.

uncivil [ʌn'sivəl] *adj; stivt(=rude; impolite)* uhøflig (*to* mot).

unclaimed [ʌn'kleimd; *attributivt:* 'ʌnkleimd] *adj:* uavhentet *(fx luggage).*

unclassified [ʌn'klæsi,faid] *adj* **1.** uklassifisert; *mil:* ugradert; ikke sikkerhetsgradert; **2.** *skolev (fk U)* ikke bestått; *tilsv:* 0.

uncle ['ʌŋkəl] *subst:* onkel.

unclean [ʌn'kli:n; *attributivt:* 'ʌnkli:n] *adj; stivt; især rel(=ceremonially impure)* uren *(fx unclean food).*

unclog [ʌn'klɔg] *vb; tilstoppet avløp, etc:* rense *(fx drain).*

unclouded [ʌn'klaudid] *adj* **1.** *fig:* skyfri; **a life of ~ happiness** et liv i den reneste lykke; **2.** *om væske(=clear)* klar.

uncoil [ʌn'kɔil] *vb(=unwind)* vikle opp; **the snake -ed (itself)** slangen rullet seg ut.

uncomfortable [ʌn'kʌmftəbl] *adj* **1.** ubekvem *(fx chair);* ukomfortabel; **2***(=ill at ease)* ille til mote *(fx feel uncomfortable).*

uncommitted [,ʌnkə'mitid] *adj* **1.** uforpliktet; ikke bundet (*to* til); **2.** *om stat(=neutral; non-aligned)* nøytral; alliansefri.

uncommon [ʌn'kɔmən] *adj(=unusual; rare)* uvanlig; sjelden *(fx this animal is becoming very uncommon).*

uncommonly *adv(=unusually)* ualminnelig *(fx clever).*

uncommunicative [,ʌnkə'mju:nikətiv] *adj:* umeddelsom; lite meddelsom.

uncomplaining [,ʌnkəm'pleiniŋ] *adj:* uten å klage; tålmodig.

uncompromising [ʌn'kɔmprə,maiziŋ] *adj:* kompromissløs; steil.

unconcern [,ʌnkən'sə:n] *subst(=indifference)* ubekymrethet; likegyldighet.

unconcerned [,ʌnkən'sə:nd] *adj* **1***(=not worried; indifferent)* ubekymret; likegyldig; **2.** *stivt:* **~ in***(=not involved in)* ikke innblandet i; **~ with***(=not interested in)* uinteressert i.

unconditional [,ʌnkən'diʃənəl] *adj:* betingelsesløs; **~ surrender** betingelsesløs overgivelse.

unconditionally *adv:* betingelsesløst.

unconditioned [,ʌnkən'diʃənd] *adj; psykol:* ikke betinget *(fx reflex).*

unconfessed [,ʌnkən'fest] *adj; rel:* uten å ha skriftet.

unconfirmed [,ʌnkən'fə:md] *adj:* ubekreftet *(fx report).*

uncongenial [,ʌnkən'dʒi:niəl] *adj* **1.** ikke åndsbeslektet; som ikke passer sammen; **~***(=incompatible)* **roommates** værelseskamerater som ikke passer sammen; **2.** *stivt(=disagreeable)* ubehagelig *(fx task);* **3.: ~ to***(=unsuitable for)*: **a soil ~ to most crops***(=a soil that is unsuitable for most crops)* et jordsmonn som passer dårlig for de fleste avlinger.

unconscionable [ʌn'kɔnʃənəbl] *adj* **1** *litt.(=unscrupulous)* samvittighetsløs *(fx villain);* **2***(=excessive)* overdreven; **~ demands** overdrevne krav; **3***(=unreasonable)* urimelig *(fx he found an unconscionable number of defects in the car);* **T: he took an ~ time over it** han brukte urimelig lang tid på det; **4***(=shocking)*: **~ sales practices** sjokkerende salgsmetoder.

unconscious [ʌn'kɔnʃəs] *adj* **1.** bevisstløs; **in an ~ state** i bevisstløs tilstand; **2.** ubevisst; **an ~ act** en ubevisst handling; **the ~** det ubevisste; **3***(=unintentional)* utilsiktet *(fx she spoke with unconscious wit);* **4.: ~ of***(=unaware of)*: **he was ~ of having said anything rude** han var ikke klar over at han hadde sagt noe uhøflig; han var seg ikke bevisst at han hadde sagt noe uhøflig; **she was quite ~ of her own beauty** hun var seg slett ikke sin egen skjønnhet bevisst.

unconsciously *adv(=unintentionally; without being aware of it)* utilsiktet; uten å vite det *(fx she unconsciously addressed me by the wrong name).*

unconsidered [,ʌnkən'sidəd] *adj* **1.** ikke tatt hensyn til; **2***(=not thought out)* ikke gjennomtenkt; uoverveid *(fx we must avoid unconsidered opinions).*

unconstitutional [,ʌnkɔnsti'tju:ʃənəl] *adj:* forfatningsstridig; grunnlovstridig.

uncontested [,ʌnkən'testid] *adj(=unchallenged)* ubestridt; uomstridt; uomtvistet; **~ election** valg uten motkandidat.

uncontrollable [,ʌnkən'trouləbl] *adj(=ungovernable)* uregjerlig; ustyrlig.

uncork [ʌn'kɔ:k] *vb:* **~ a bottle** trekke opp en flaske.

uncorroborated [,ʌnkə'rɔbə,reitid] *adj; om bevis:* som ikke har latt seg verifisere (*el.* bekrefte).

uncounted [ʌn'kauntid] *adj* **1.** ikke telt (opp); **2***(=innumerable)* talløs; utallig.

uncouple [ʌn'kʌpəl] *vb* **1***(=disconnect)* kople fra *(fx railway wagons);* **2.** *om hunder som er bundet sammen:* løse.

uncouth [ʌn'ku:θ] *adj; neds; stivt(=clumsy; ungainly; rough; rude)* klosset; keitet; grov; ubehjelpelig *(fx he's so uncouth!).*

uncover [ʌn'kʌvə] *vb* **1.** avdekke *(fx he uncovered the dead body);* **2.** *fig(=discover)* oppdage; avdekke *(fx a plot);(=reveal)* avsløre *(fx criminal activities).*

uncovered [ʌn'kʌvəd; *attributivt:* 'ʌn,kʌvəd] *adj* **1.** *fors:* udekket; ikke dekket; **2.** *fin(=not covered by collateral)* uten sikkerhet; **3.** *merk:* **~ loss** udekket tap; **4.** *elekt(=uninsulated)* uisolert; **~ wire** blank (*el.* uisolert) ledning.

uncredited [,ʌn'kreditid] *adj:* som det ikke festes lit til; **rumours hitherto ~** rykter man hittil ikke har festet lit til.

uncritical [ʌn'kritikəl] *adj:* ukritisk; kritikkløs.

uncross [ʌn'krɔs] *vb; om armer, ben, kniver, etc som har ligget i kors:* legge rett *(fx he uncrossed the knives);* **~ one's legs** rette ut benene.

uncrossed [ʌn'krɔst; *attributivt:* 'ʌn,krɔst] *adj* **1.** *om sjekk:* ukrysset; **2.** uten kryss; uten tverrstrek *(fx an uncrossed 7).*

uncrowned [ʌn'kraund; *attributivt:* 'ʌn,kraund] *adj:* ukronet *(fx he's the uncrowned king of jazz).*

unction ['ʌŋkʃən] *subst* **1.** *kat:* salving; salvelse; **extreme** ~*(=anointing of the sick)* den siste olje; **give** *(,stivt: administer)* **extreme ~ to sby** gi en den siste olje; *spøkef:* **I've just given my pupils extreme** ~*(=I've just given my pupils a last desperate briefing)* jeg har nettopp gitt elevene mine den siste olje; **2.** *kat:* salveolje; **3.** *fig(=unctuousness)* salvelse; patos; **speak with ~** snakke med salvelse.

unctuous ['ʌŋktjuəs] *adj* **1.** *meget stivt(=greasy; oily)* fettet; oljeaktig; glatt; **2.** *fig; stivt(=unpleasantly suave;* **T:** *smarmy)* oljeglatt; innsmigrende *(fx I dislike his unctuous manner);* **3.** *fig; stivt(= smug; smugly earnest; smugly virtuous)* salvelsesfull *(fx words and phrases; an unctuous expression).*

uncultivated [,ʌn'kʌlti,veitid; *attributivt:* 'ʌn,kʌlti ,veitid] *adj* **1.** u(opp)dyrket; **2.** *fig(=unused)* ubrukt; ikke dyrket *(fx talent).*

uncultured [ʌn'kʌltʃəd] *adj:* ukultivert.

uncurl [ʌn'kə:l] *vb:* rette ut; rulle ut; **the hedgehog slowly -ed itself** pinnsvinet rullet seg langsomt ut.

uncustomed [ʌn'kʌstəmd; *attributivt:* 'ʌn,kʌstəmd] *adj:* ufortollet; **prohibited or ~ goods** forbudte eller ufortollede varer.

uncut [ʌn'kʌt; *attributivt:* 'ʌn,kʌt] *adj* **1.** *om diamant:* uslipt; **2.** *om bok:* uoppskåret; *om film(= unedited)* uredigert; uforkortet.

undated [,ʌn'deitid; *attributivt:* 'ʌn,deitid] *adj:* udatert *(fx letter).*

undaunted [ʌn'dɔ:ntid; *attributivt også:* 'ʌn,dɔ:ntid] *adj; stivt el. litt.(=fearless; not discouraged)* uforferdet; **he continued his fight ~** han fortsatte kampen ufortrødent (*el.* uten å la seg avskrekke); **he was ~ by his failure to succeed the first time** han mistet ikke motet fordi om han ikke hadde lykkes den første gangen.

undauntedly *adv:* ufortrødent; **they pressed on ~** de fortsatte ufortrødent.

undeceive [,ʌndi'si:v] *vb; stivt:* **~ sby***(=disillusion sby)* rive en ut av villfarelsen.

undecided [,ʌndi'saidid] *adj* **1***(=in doubt)* i tvil; **I'm still** ~*(=I still haven't made up my mind)* jeg er fremdeles i tvil; jeg har enda ikke bestemt meg; **I'm ~ about my plans** jeg er i tvil med hensyn til planene mine; **he's ~ what to do** han vet ikke riktig hva han skal gjøre; han er i tvil om hva han skal gjøre; **she was ~ whether to go to a concert or to the cinema** hun var i tvil om hun skulle gå på konsert eller kino; **2.** ikke avgjort; ikke bestemt *(fx the date of the meeting is still undecided).*

undeclared [,ʌndi'klɛəd; *attributivt:* 'ʌndi,klɛəd] *adj* **1.** ikke erklært; uerklært *(fx an undeclared war);* **2.** ikke oppgitt til fortolling; *(jvf declare 4);* **3.** ikke oppgitt til beskatning; **~ income** inntekt man ikke har oppgitt til beskatning; svart inntekt; *(jvf declare 3).*

undemocratic [,ʌndemə'krætik] *adj:* udemokratisk.

undemonstrative [,ʌndi'mɔnstrətiv] *adj:* som ikke viser sine følelser; reservert.

undeniable [,ʌndi'naiəbl] *adj; stivt(=incontestable)* ubestridelig *(fx evidence);* **of ~ value** av ubestridelig verdi; **~ facts** ubestridelige fakta.

undeniably *adv; stivt(=undoubtedly)* unektelig; utvilsomt *(fx this was undeniably true);* **~, he knew about the plan** han kjente uten tvil til planen.

undenominational ['ʌndi,nɔmi'neiʃənəl] *adj:* konfesjonsløs; *(jvf nondenominational).*

undependable [,ʌndi'pendəbl] *adj(=unreliable)* upålitelig.

I. under ['ʌndə] *prep & adv* **1.** under *(fx under the bed; dive under the water; drive under a bridge);* **2.** *fig:* under *(fx he has fifty men under him; I have worked under him; the business is under new management; under treatment);* **3.** *fig(= below)* under *(fx children under (the age of) ten);* **4.** *om rang(=below)* lavere; **officers ~ the rank of colonel** offiserer av lavere rang enn oberst; **5***(=less than)* mindre enn; under *(fx his salary is under £20,000);* **in ~ two hours***(=in less than two hours)* på under (*el.* mindre enn) to timer; **6***(=in the course of)* i løpet av; under *(fx he died under an operation);* **7.** *ved rubrikkbetegnelser:* under; **the book is catalogued ~ 'novels'** boken står katalogført under «romaner»; **8.** i henhold til *(fx under this agreement; under the 1984 Act);* **~ the terms of this treaty** i kraft av denne traktaten; *(se consideration 3; discussion 2; I. repair 2).*

II. under- *forstavelse:* under- *(fx underagent; underpopulated).*

underachieve [,ʌndərə'tʃi:v] *vb; skolev:* komme til kort.

underachievement [,ʌndərə'tʃi:vmənt] *subst; skolev:* tilkortkomming.

underachiever [,ʌndərə'tʃi:və] *subst; skolev:* tilkortkommer.

underact [,ʌndər'ækt] *vb; teat:* underspille *(fx a role).*

underage [,ʌndər'eidʒ; *attributivt:* 'ʌndər,eidʒ] *adj:* mindreårig; umyndig; **stop ~ drinking** gjør slutt på at mindreårige drikker.

underbid [,ʌndə'bid] *vb* **1.** underby; **2.** *kortsp:* melde for lavt; **we're ~** vi har meldt for lavt.

underbrush ['ʌndə,brʌʃ] *subst; især* **US***(=undergrowth)* underskog.

undercarriage ['ʌndə,kæridʒ] *subst; flyv(=landing gear)* understell; *(se landing gear).*

undercart ['ʌndə,ka:t] *subst* **T:** *se undercarriage.*

undercharge [,ʌndə'tʃa:dʒ] *vb:* **~ sby** ta for lite betalt av en.

underclothes ['ʌndə,klouðz] *subst; pl(=underwear; underclothing)* undertøy.

undercoat ['ʌndə,kout] *subst:* grunningsstrøk (med maling).

undercover ['ʌndə,kʌvə] *adj:* **~ policeman, ~ agent** spaner.

undercurrent ['ʌndə,kʌrənt] *subst* **1.** understrøm; **2.** *fig:* understrøm; understrømning *(fx there are still undercurrents of dissatisfaction).*

I. undercut ['ʌndə,kʌt] *subst* **1.** *forst:* felleskår; **2.** *i sveis:* kantsår; **3.** *ved partering:* **~ (of sirloin)***(= beef tenderloin)* oksemørbrad; **4.** *sport:* underslag; *golf:* (underslag som fremkaller) backspin.

II. undercut [,ʌndə'kʌt] *vb* **1.** *forst:* skåre; **2.** hogge bort (,fjerne, skjære bort) nederdelen av; *min:* underkutte; **3.** *sport:* lage underslag; *golf:* lage backspin; **4.** *merk(=sell at a lower price than)* underby; selge til en lavere pris enn *(fx one's competitors);* **5.** *mask; på dreiebenk:* dreie ned *(fx undercut right down to clean and undamaged material).*

underdevelop [,ʌndədi'veləp] *vb; fot:* underfremkalle *(fx a film).*

underdeveloped *adj* **1.** *fot; om film:* underfremkalt; **2.** underutviklet *(fx muscle);* **3***(not industrially advanced)* underutviklet *(fx country).*

underdog ['ʌndə,dɔg] *subst:* **the ~** den svakere

part; taperen; den underlegne; **help the ~** hjelpe taperne (i samfunnet).
underdone [,ʌndə'dʌn; *attributivt:* 'ʌndə,dʌn] *adj:* for lite stekt (,kokt); råstekt.
underemployment [,ʌndərim'plɔimənt] *subst:* mangelfull sysselsetting; ikke full sysselsetting.
I. underestimate [,ʌndər'estimit] *subst:* for lavt anslag.
II. underestimate [,ʌndər'esti,meit] *vb:* anslå for lavt; undervurdere *(fx I underestimated his strength).*
underexploit [,ʌndərik'splɔit] *vb:* ikke utnytte fullt ut.
underexpose [,ʌndərik'spouz] *vb; fot:* undereksponere; underbelyse.
underfed [,ʌndə'fed; *attributivt:* 'ʌndə,fed] *adj(= undernourished)* underernært.
underfinanced [,ʌndə'fainænst; *også attributivt:* 'ʌndə,fainænst] *adj(=inadequately financed)* underfinansiert.
underfloor ['ʌndə,flɔ:] *adj:* **~ heating** gulvvarme; gulvoppvarming.
underflow ['ʌndə,flou] *subst* **1.** *se undercurrent;* **2.** *EDB:* aritmetisk underflyt.
underfoot [,ʌndə'fut] *adv:* under føttene, på bakken *(fx it's wet underfoot);* **he trampled the flowers ~** han tråkket ned blomstene.
undergarments ['ʌndə,ga:mənts] *subst; pl; stivt(= underwear)* undertøy.
undergo [,ʌndə'gou] vb; *stivt(=go through; experience)* gjennomgå *(fx he underwent a long period of training);* **they underwent terrible hardships** de var utsatt for fryktelige strabaser; **she has been -ing medical treatment** hun har fått legebehandling.
undergrad ['ʌndə,græd] *subst* **T:** *se undergraduate.*
undergraduate [,ʌndə'grædjuit] *subst; univ(student who has not yet taken his first degree)* student.
I. underground ['ʌndə,graund] *subst* **1.** *geol:* undergrunn; **2.** *polit(=underground movement; resistance movement):* **the ~** undergrunnsbevegelsen; motstandsbevegelsen *(fx he's a member of the underground);* **3.: the ~** *(,***T:** *the tube;* **US:** *the subway)* undergrunnsbanen; **go on the ~***(=go by (the) underground)* ta undergrunnsbanen; ta undergrunnen; reise med undergrunnsbanen.
II. underground ['ʌndə,graund] *adj:* underjordisk; som er under jordoverflaten; *fig:* underjordisk; undergrunns-.
III. underground [,ʌndə'graund] *adv* **1***(=under the ground)* under jordens overflate; under jorden; **2.** *fig:* **go ~***(=go into hiding)* gå under jorden; gå i dekning.
undergrowth ['ʌndə,grouθ] *subst:* underskog.
underhand ['ʌndə,hænd; ,ʌndə'hænd] *adj; stivt(= dishonest):* **use ~ methods** benytte uærlige midler; **~ scheme** lumsk intrige; hemmelig plan.
underhung [,ʌndə'hʌŋ; *attributivt:* 'ʌndə,hʌŋ] *adj:* **~ jaw***(,***US:** *undershot jaw)* underbitt.
underinsured [,ʌndərin'ʃuəd] *adj:* underforsikret; for lavt forsikret.
I. underlay ['ʌndə,lei] *subst* **1.** *bygg(=base course)* underlag: **2.** *for teppe:* underlag *(fx a carpet with foam underlay).*
II. underlay [,ʌndə'lei] *vb:* legge (*el.* plassere) under; **we underlaid the carpet with felt***(=we put felt under the carpet)* vi la filt under teppet.
underlet [,ʌndə'let] *vb* **1.** leie ut til en for lav pris; **2.** *sj: se sublet.*
underlie [,ʌndə'lai] *vb* **1.** ligge under (noe annet); **2.** *fig:* ligge til grunn for *(fx ideas underlying the revolution);* **revenge -s her every action** hevntanker er årsaken til alt hun foretar seg; **3.** *fin(= take priority over)* gå foran; ha prioritet fremfor *(fx a first mortgage underlies a second); (jvf underlying).*
underline [,ʌndə'lain] *vb* **1.** streke under; **2.** *fig; stivt(=stress; emphasize)* understreke; fremheve; utheve.
underling ['ʌndəliŋ] *subst; neds(=subordinate)* underordnet; *neds:* lakei; visergutt *(fx I wanted to speak to the manager but he sent me one of his underlings).*
underlying [,ʌndə'laiiŋ] *adj* **1.** som ligger under; underliggende *(fx the underlying rock);* **2.** *fig:* underliggende; **the ~ causes** de underliggende årsaker.
undermanned [,ʌndə'mænd; *også attributivt:* 'ʌndə,mænd] *adj; om skip, fabrikk, etc(=short-handed)* underbemannet; med for få folk; *(jvf understaffed).*
undermentioned ['ʌndə,menʃənd] *adj; stivt(=mentioned below)* nedennevnt; følgende *(fx the undermentioned have passed the examination).*
undermine [,ʌndə'main] *vb* **1.** undergrave; underminere; **2.** *fig:* underminere; undergrave; bryte ned *(fx hard work had undermined his health);* slå bena under.
underneath [,ʌndə'ni:θ] **1.** *adj & adv:* under *(fx he looked underneath(=under) the bed; there is water underneath(=under) the sand; write the date underneath(=directly below) the address);* **she was wearing nothing ~** hun hadde ingenting under; hun hadde ikke undertøy på seg; **2.** *fig:* på bunnen *(fx he's a nice man underneath); (jvf below; beneath; I. under).*
undernourish [,ʌndə'nʌriʃ] *vb:* underernære.
undernourished *adj:* underernært.
undernourishment [,ʌndə'nʌriʃmənt] *subst:* underernæring.
underpaid ['ʌndə,peid; ,ʌndə'peid] *adj:* underbetalt.
underpants ['ʌndə,pænts] *subst; pl(,***T:** *pants)* underbukse(r) *(fx a clean pair of underpants).*
underpass ['ʌndə,pa:s] *subst* **1.** underføring; **road ~** veiundergang; **2. US***(=subway)* fotgjengerundergang.
underpay [,ʌndə'pei] *vb:* underbetale.
underpin [,ʌndə'pin] *vb; bygg:* støtte opp *(fx a building).*
underprivileged [,ʌndə'privilidʒd] *adj:* underprivilegert; **the ~ (in society)** samfunnets stebarn; de som lever på livets skyggeside; *(jvf deprived).*
underproof [,ʌndə'pru:f; *attributivt:* 'ʌndə,pru:f] *adj:* **~ spirit** alkohol under standard styrke; *(jvf III. proof).*
underrate [,ʌndə'reit] *vb; stivt(=underestimate)* undervurdere *(fx I underrated him).*
underscore [,ʌndə'skɔ:] *vb(=underline)* streke under; sette strek under.
undersea ['ʌndə,si:] *adj & adv:* undervanns-; under vannet.
I. underseal ['ʌndə,si:l] *subst(,***US:** *undercoat)* rustbeskyttelse (av bils understell); understellsbehandling.
II. underseal *vb:* understellsbehandle.
undersealing ['ʌndə,si:liŋ] *subst(=underseal)* understellsbehandling; rustbeskyttelse (av bils understell).
undersecretary [,ʌndə'sekrətəri] *subst* **1***(=undersecretary of state) svarer til:* ekspedisjonssjef; **2***(= assistant undersecretary of state) i departement:* sjef for mindre avdeling; *kan svare til:* ekspedisjonssjef; **3.: permanent ~ of state***(=permanent secretary) svarer etter rangforholdene omtr til:*

departementsråd *el.* statssekretær.

undersell [,ʌndə'sel] *vb:* selge til lavere pris (pris enn) *(fx they are trying to undersell all the others);* underselge; underby.

undersexed [,ʌndə'sekst] *adj:* med liten seksualdrift.

undershirt ['ʌndə,ʃə:t] *subst* **US***(=vest)* undertrøye.

undershoot [,ʌndə'ʃu:t] *vb* **1.** skyte for kort; ikke skyte langt nok; **2.** *flyv:* komme inn for lavt (og lande før rullebanen).

underside ['ʌndə,said] *subst:* underside.

undersigned ['ʌndə,saind] *subst; stivt:* **the** ~*(=the writer)* undertegnede; **we, the ~, agree to these arrangements***(=we whose signatures appear below agree to these arrangements)* undertegnerne (*el.* undertegnede) er alle innforstått med denne ordningen.

undersized [,ʌndə'saizd; *attributivt:* 'ʌndə,saizd] *adj:* under normal størrelse; ~ **fish** undermålsfisk.

underskirt ['ʌndə,skə:t] *subst(=waist slip)* underskjørt.

underspend [,ʌndə'spend] *vb:* bruke mindre enn det bevilgede beløp; bruke mindre enn hva det er budsjettert med.

understaffed [,ʌndə'sta:ft; *også attributivt:* 'ʌndə ,sta:ft] *adj; om kontor, sykehus, etc(=short-staffed)* underbemannet; med for få folk; med for lite personale; *(jvf undermanned).*

understand [,ʌndə'stænd] *vb(pret & perf. part.: understood)* **1.** forstå; skjønne; **I (quite) ~** jeg forstår; **I ~ that** det forstår jeg (godt); **do you ~ this sentence?** forstår du denne setningen? **make oneself understood** gjøre seg forstått; *fig:* **she complained that her husband never understood her** hun beklaget seg over at hennes mann ikke forstod henne; **2.** forstå seg på *(fx she understands dogs (,children));* **he -s his job** han kan sine ting; **3.** underforstå; **it was tacitly understood that . . .** det var stilltiende underforstått at . . .; **4.: ~ that** få forståelsen av at *(fx I understood that you were planning to leave today);* **I ~ that . . .** jeg forstår det slik at . . .; **he was understood to be against the plan** man forstod det slik at han var imot planen; **that is how I understood his proposal** slik oppfattet jeg forslaget hans; **they understood him to say that he would telephone** de fikk forståelsen av at han ville ringe; de oppfattet ham slik at han ville ringe; **are we to ~ that you disagree?** skal vi forstå det slik at du er uenig? **as I ~ it** slik jeg oppfatter (*el.* forstår) det; **5.: it is understood that . . .** det er en forutsetning at . . .; det er underforstått at . . . *(fx it is understood that she will have one free day a week);* **6.: ~ about** forstå seg på *(fx he understands about cars);* **7.: he gave me to ~ that . . .** han lot meg forstå at . . .; **I was given to ~ that . . .** man lot meg forstå at . . .; man ga meg det inntrykk at . . .; jeg forstod det slik at *(fx I was given to understand that you were coming at two o'clock).*

understandable [,ʌndə'stændəbl] *adj:* forståelig.

understandably *adv:* forståelig nok.

I. understanding [,ʌndə'stændiŋ] *subst* **1.** forståelse; **a clear ~ of** en klar forståelse av *(fx he had a clear understanding of the reasons for his failure);* **2***(=sympathy)* forståelse; **find (sympathetic) ~***(=find sympathy)* møte forståelse; **his kindness and ~** hans vennlighet og forståelse; **3***(=harmonious relationship):* **a better ~ among nations** en bedre forståelse nasjonene imellom; **4.: come to an ~, reach an ~** komme til en forståelse; komme til enighet; **John and Jane have had an ~ for some years** det har i noen år vært en stilltiende avtale mellom John og Jane om at de skulle gifte seg; **5.: a man of ~** en mann med forstand; **6.: on the ~ that***(=on condition that)* på den betingelse at; under den forutsetning at.

II. understanding *adj:* forståelsesfull.

understate [,ʌndə'steit] *vb:* være for tilbakeholdende ved skildringen av *(fx she understated her difficulties);* ikke ta for hardt i; **~ the number of** oppgi et for lavt tall på *(fx they understated the number of dead after the earthquake).*

understatement [,ʌndə'steitmənt] *subst:* for svakt uttrykk; understatement; **that's an ~** det er for svakt uttrykt; det er en understatement; **they prefer -s** de vil heller si for lite enn for mye.

understeer ['ʌndə,stiə] *subst:* understyring.

I. understudy ['ʌndə,stʌdi] *subst; teat:* dublant; skuespillers stedfortreder.

II. understudy [,ʌndə'stʌdi; 'ʌndə,stʌdi] *vb; teat:* dublere; være stedfortreder for.

undertake [,ʌndə'teik] *vb(pret: undertook; perf. part.: undertaken)* **1.** påta seg *(fx a task; undertake to do sth);* **2.** forplikte seg (*to* til å) *(fx he undertook to do it);* **3.** *stivt(=guarantee)* garantere *(fx I can't guarantee that you will make a profit);* **4.** *stivt:* **~ a journey***(=make a journey)* foreta en reise.

undertaker ['ʌndə,teikə] *subst:* innehaver av begravelsesbyrå; *hist:* bedemann.

undertaking [,ʌndə'teikiŋ] *subst; stivt* **1***(=enterprise)* foretagende; **business ~** forretningsforetagende; **2***(=task)* oppgave *(fx I didn't realise what a large undertaking this job would be);* **T: it's quite an ~***(=it's quite a job)* det er litt av en oppgave; **3***(=promise)* løfte; (bindende) tilsagn; **4.** begravelsesbransjen.

underthings ['ʌndə,θiŋz] *subst; pl* **T***(=underwear)* undertøy.

undertip [,ʌndə'tip] *vb:* **~ the waiter** gi kelneren for lite drikkepenger.

undertone ['ʌndə,toun] *subst* **1.** *stivt:* **they spoke in -s***(=they spoke in lowered voices)* de snakket dempet; **2.** *fig:* undertone *(fx a threatening undertone).*

undertow ['ʌndə,tou] *subst; mar:* utgående understrøm.

undertrick ['ʌndə,trik] *subst; kortsp; bridge:* bet; beit.

undervalue [,ʌndə'vælju:] *vb(=underestimate)* undervurdere.

I. underwater ['ʌndə,wɔ:tə] *adj.:* undervanns- *(fx camera).*

II. underwater [,ʌndə'wɔ:tə] *adv:* under vannet; *(=below the waterline)* under vannlinjen *(fx the ship was hit underwater).*

under way 1*(=in progress)* i gang *(fx preparations were under way)* **2.** *mar:* **be ~** ha kastet fortøyningene; ha lettet anker *(fx the ship is under way).*

underwear ['ʌndə,wɛə] *subst:* undertøy.

underweight [,ʌndə'weit; *attributivt* 'ʌndə,weit] *adj:* undervektig.

underworld ['ʌndə,wə:ld] *subst* **1.** *myt:* **the ~** underverdenen; **2.: the ~***(=the criminal world)* underverdenen.

underwrite ['ʌndə,rait; ,ʌndə'rait] *vb* **1.** *fin(=agree to finance; guarantee financial support of)* påta seg å finansiere; påta seg å dekke (*the cost of* omkostningene ved) *(fx the ministry has underwritten the cost of his research work);* **2.** *merk(=accept financial responsibility for)* ta det økonomiske ansvaret for *(fx the town council has underwritten the publication of the book);* **3.** *sjøfors:* utstede forsikring; forsikre; **underwritten by**

Lloyd's forsikret hos Lloyd's; **the loss of the ship has been underwritten by Lloyd's** man har forsikret skipet hos Lloyd's; **4.** *merk:* ~ **an issue** garantere en emisjon; **5.** *meget stivt(=subscribe to; agree with)* være enig i.

underwriter ['ʌndə,raitə] *subst* **1.** *merk:* tegningsgarant; **2.** *mar:* sjøassurandør; assurandør.

undeserved [,ʌndi'zə:vd; *attributivt også:* 'ʌndi,zə:vd] *adj(=not deserved)* ufortjent.

undeserving [,ʌndi'zə:viŋ; *attributivt også:* 'ʌndi,zə:viŋ] *adj:* ~ **of** som ikke fortjener; uverdig til *(fx confidence).*

undesirable [,ʌndi'zaiərəbl; *attributivt også:* 'ʌndi,zaiərəbl] *adj(=unwanted)* uønsket *(fx undesirable elements in society).*

undetached house*(=house in a row;* **US:** *row house)* rekkehus; *(jvf terraced house).*

undetected [,ʌndi'tektid; *attributivt også:* 'ʌndi,tektid] *adj:* uoppdaget.

undeterred [,ʌndi'tə:d] *adj:* uforknytt; ~ **by** uten å la seg avskrekke av; uten å la seg påvirke av *(fx his anger).*

undeveloped [,ʌndi'veləpt] *adj* **1.** uutviklet; **2.** *om område:* ikke bebygd.

undies ['ʌndiz] *subst; pl* **T***(=women's underwear)* dameundertøy.

undiplomatic [,ʌndiplə'mætik] *adj:* udiplomatisk.

undiluted [,ʌndi'lu:tid] *adj; om væske:* ufortynnet.

undirected [,ʌndi'rektid] *adj; stivt(=unguided)* uten rettledning; planløs *(fx undirected efforts).*

undisciplined [,ʌn'disiplind] *adj:* udisiplinert.

undisguised [,ʌndis'gaizd] *adj:* utilslørt; åpen(lys) *(fx admiration).*

undissolved [,ʌndi'zɔlvd] *adj:* uoppløst.

undistinguished [,ʌndi'stiŋgwiʃt] *adj; stivt; neds(= poor; of poor quality)* dårlig *(fx a rather undistinguished performance of the concerto);* **his latest book is** ~ den siste boken hans er dårlig.

undo [ʌn'du:] *vb (pret: undid; perf. part.: undone)* **1***(=untie)* knyte opp *(fx a knot);* **2***(=unbutton)* knappe (*el.* kneppe) opp *(fx she undid her blouse);* **3***(=unrip; rip up)* sprette opp *(fx undo a seam);* **4.** gjøre om *(fx the evil he did can never be undone; what's done can't be undone);* **5***(=destroy (the effect of))* ødelegge (virkningen av); **that one mistake undid all the good work of the past three months** den ene feilen ødela (*el.* spolerte) alt det fine arbeidet som var gjort i løpet av de tre siste månedene; *(se også undone).*

undock [ʌn'dɔk] *vb* **1.** *mar:* gå (,hale) ut av dokk; seile ut; **2.** *romfart:* ~ **the two spacecraft** kople de to romskipene fra hverandre.

undoing [ʌn'du:iŋ] *subst* **1.** *se undo;* **2***(=ruin; downfall)* ruin; undergang; ulykke *(fx a redhead was to prove his undoing);* **extravagance was his** ~ ødselhet ble hans undergang; ødselhet brakte ham i ulykken; **he hesitated, to his** ~ han nølte, og derfor gikk det galt.

undone [ʌn'dʌn] **1.** *perf. part. av undo;* **2.** *adj:* ugjort *(fx leave a job undone);* **3.** *adj; om knute, etc:* **come** ~ gå opp.

undoubted [ʌn'dautid] *adj:* utvilsom *(fx his undoubted skill);* **the** ~ **popularity of this camera** dette kameraets utvilsomme popularitet.

undoubtedly *adv:* utvilsomt; ~ **there will be problems***(=there will certainly be problems)* det vil uten tvil bli problemer.

undreamed [ʌn'dri:md], **undreamt** [ʌn'dremt] *adj:* ~ **of** *stivt(=completely unexpected; never even imagined)* fullstendig uventet *(fx this brought him undreamt-of fame);* **technical advances** ~ **of a few years ago** tekniske fremskritt som man ikke hadde kunnet forestille seg for noen få år siden.

I. undress [ʌn'dres] *subst* **1.** *mil:* daglig uniform; *(jvf full-dress uniform);* **2.: state of** ~*(=scanty dress)* avkledthet; **in a state of** ~*(=scantily dressed)* sparsomt påkledd; avkledd; naken; **in various stages of** ~ mer eller mindre påkledd.

II. undress [ʌn'dres] *vb* **1.** kle av *(fx the child);* **2.** kle av seg.

undressed [ʌn'drest; *attributivt:* 'ʌn,drest] *adj* **1.** upåkledd; ikke fullt påkledd; **2.** ubearbeidet; uthogd; **3.** ikke bandasjert *(fx wound).*

undrunk [ʌn'drʌŋk; *attributivt:* 'ʌn,drʌŋk] *adj:* ikke drukket (opp); **the tea was left** ~ teen ble ikke drukket opp.

undue [ʌn'dju:; *attributivt:* 'ʌn,dju:] **1***(=not yet payable)* ikke forfalt; **2.** *stivt(=excessive)* utilbørlig *(fx you show undue caution in distrusting him);* **it did not require** ~*(=too much)* **intelligence to foretell the result** det skulle ikke altfor mye intelligens til for å forutsi resultatet; **3.** *stivt(= unnecessary)* unødvendig *(fx with undue haste); (se også unduly).*

undulate ['ʌndju,leit] *vb; stivt el. litt.(=billow)* bølge *(fx the countryside undulated gently).*

undulation [,ʌndju'leiʃən] *subst; stivt el. litt.(=wave motion)* bølgebevegelse.

unduly [ʌn'dju:li; 'ʌn'dju:li] *adv, stivt(=excessively)* urimelig *(fx you were unduly severe with the child);* ~ **pessimistic** overdrevent pessimistisk.

undying [ʌn'daiiŋ] *adj; stivt(=eternal)* evig; udødelig *(fx love; fame).*

unearned [ʌn'ə:nd; *attributivt:* 'ʌn,ə:nd] *adj* **1.** *stivt(=undeserved)* ufortjent; **2.:** ~ **income** arbeidsfri inntekt; *(jvf earned income);* ~ **increment** grunnverdistigning.

unearth [ʌn'ə:θ] *vb* **1.** *stivt(=dig up)* grave opp *(fx a hidden treasure);* **2***(=find; discover)* finne; oppdage; finne fram; **3***(=bring to light)* avdekke; bringe for en dag *(fx they have unearthed a plot).*

unearthed *adj; elekt:* ujordet.

unearthly [ʌn'ə:θli] *adj* **1***(=supernatural)* overnaturlig; ikke av denne verden; **2***(=weird)* nifs; uhyggelig; **3. T***(=ungodly)*: **get up at an** ~ **hour** stå opp på et ukristelig tidspunkt; stå opp før fanden får sko på.

uneasiness [ʌn'i:zinis] *subst(=anxiety)* engstelse; uro; ~ **about one's future** uro med hensyn til sin fremtid; **I could not understand her apparent** ~ jeg kunne ikke forstå hvorfor hun tilsynelatende var så urolig.

uneasy [ʌn'i:zi; 'ʌn'i:zi; *attributivt:* 'ʌn,i:zi] *adj* **1***(= apprehensive)* engstelig; urolig; **2***(=disturbed)*: **an** ~ **sleep** en urolig søvn; **3***(=precarious)* usikker; **an** ~ **truce** en usikker våpenstillstand; **4***(=awkward)* keitet; usikker; **he gave an** ~ **laugh** han lo usikkert (*el.* keitet).

uneconomic [,ʌnekə'nɔmik; ,ʌni:kə'nɔmik] *adj:* uøkonomisk; ulønnsom; urentabel.

uneconomical [,ʌnekə'nɔmikəl; ,ʌni:kə'nɔmikəl] *adj* **1.** ikke sparsommelig; uøkonomisk; **2***(=uneconomic; unprofitable)* uøkonomisk; ulønnsom; urentabel.

unemployed [,ʌnim'plɔid] *adj:* arbeidsløs; arbeidsledig.

unemployment [,ʌnim'plɔimənt] *subst:* arbeidsløshet; arbeidsledighet.

unemployment benefit arbeidsledighetstrygd.

unencumbered [,ʌnin'kʌmbəd] *adj; om eiendom:* gjeldfri; ubeheftet *(fx property).*

unending [ʌn'endiŋ] *adj(=endless; never-ending)* endeløs; uendelig.

unenviable [,ʌn'enviəbl; 'ʌn'enviəbl] *adj:* lite misunnelsesverdig.

unequal [ʌn'i:kwəl] *adj* **1.** ulik; **two sticks of ~ length** to pinner av forskjellig lengde; **2.** *om kamp, etc(=uneven)* ulike; ujevn; **3.** *om oppgave, etc; stivt el. spøkef:* **I feel ~ to the task***(=I don't feel up to the job)* jeg føler meg ikke voksen for oppgaven.

unequalled *adj; stivt(=unrivalled)* makeløs; uten like; uovertruffet *(fx as a performer of Chopin's music);(=unparalleled)* som savner sidestykke; uten sidestykke; uforlignelig *(fx a landscape unequalled for beauty).*

unequivocal [,ʌni'kwivəkəl] *adj; stivt(=unambiguous)* utvetydig.

unerring [ʌn'ə:riŋ] *adj:* ufeilbarlig; usvikelig; sikker; **~ judgment***(=unfailing judgment)* sikker dømmekraft.

unerringly *adv:* med usvikelig sikkerhet.

UNESCO [ju:'neskou] *(fk.f. the United Nations Educational, Scientific, and Cultural Organization)* UNESCO.

unethical [,ʌn'eθikəl] *adj* **1.** uetisk; **2.** **US***(=immoral)* umoralsk.

uneven [ʌn'i:vən; *attributivt:* 'ʌn,i:vən] *adj* **1.** ujevn *(fx road; heartbeat; of uneven quality);* **his work is very ~** arbeidet hans er meget ujevnt; **an ~ race***(=an unequal race)* et ujevnt (*el.* ulike) løp; **2***(=odd)* odde; ulike; **~ number** oddetall.

uneventful [,ʌni'ventful] *adj:* begivenhetsløs; **the flight on to London was ~** flyturen videre til London gikk helt greit.

unexpected [,ʌnik'spektid] *adj:* uventet.

unexpectedly *adv:* uventet.

unfailing [ʌn'feiliŋ] *adj:* ufeilbarlig; usvikelig; sikker; som aldri slår feil *(fx an unfailing trick);* **his ~ courage** hans aldri sviktende mot.

unfair [ʌn'fɛə; 'ʌn'fɛə; *attributivt også:* 'ʌn,fɛə] *adj(=unjust)* urettferdig *(fx he has received unfair treatment);* ureal; ufin *(fx competition);* **~ dismissal** usaklig oppsigelse; **claim ~ dismissal** påstå seg oppsagt uten grunn; **the will was ~ to his wife** testamentet var urettferdig overfor hans kone.

unfaithful [ʌn'feiθful] *adj:* utro; troløs; **~ to** utro mot.

unfaltering [ʌn'fɔ:ltəriŋ] *adj:* fast; uten vakling; sikker *(fx with unfaltering steps).*

unfamiliar [,ʌnfə'miliə] *adj:* ukjent; fremmed *(fx place);* **~ with** ukjent med; uvant med.

unfashionable [ʌn'fæʃənəbl] *adj* **1***(=old-fashioned)* umoderne *(fx clothes);* **2.** ikke fasjonabel(t); **an ~ neighbourhood** et mindre pent strøk.

unfasten [ʌn'fa:sən] *vb(=undo; untie)* løse opp; knyte opp; knappe (*el.* kneppe) opp; **~ the boat from its moorings** løse båten fra fortøyningene.

unfathomable [ʌn'fæðəməbl] *adj; litt.* **1***(=bottomless)* bunnløs *(fx lake);* **2***(=inscrutable)* uutgrunnelig; **~ mystery***(=impenetrable mystery)* uutgrunnelig mysterium.

unfeeling [ʌn'fi:liŋ] *adj* **1.** ufølsom; hard *(fx a stern unfeeling man);* **2.** som ikke kan føle; som ikke har følelser *(fx an unfeeling corpse).*

unfeigned [ʌn'feind] *adj; stivt(=sincere; genuine)* uforstilt *(fx her joy was unfeigned).*

unfettered [ʌn'fetəd] *adj; stivt(=free)* fri; ubundet.

unfigured [ʌn'figəd; *attributivt:* 'ʌn,figəd] *adj; om tekstil(=unpatterned)* umønstret.

unfindable [ʌn'faindəbl] *adj; sj & spøkef:* **my car keys were absolutely ~!** bilnøklene mine var slett ikke til å finne igjen!

unfinished [ʌn'finiʃt; *attributivt:* 'ʌn,finiʃt] *adj:* uferdig; uavsluttet.

unfit [ʌn'fit; *også attributivt:* 'ʌn,fit] *adj* **1.** uegnet (*for* til) *(fx unfit for military service);* **~ for human habitation** uegnet som beboelseshus; **~ to be a doctor** uegnet som lege; **2.** ikke i form; **my present ~ state** den dårlige formen jeg er i nå; **become ~** bli i dårlig form *(fx you become unfit if you don't take regular exercise).*

unfitted [ʌn'fitid] *adj; stivt(=unsuitable)* uegnet (*for* for).

unflagging [ʌn'flægiŋ] *adj; stivt(=untiring)* utrettelig *(fx energy);* aldri sviktende *(fx interest).*

unflappable [ʌn'flæpəbl] *adj* **T:** rolig; som ikke så lett lar seg vippe av pinnen.

unfledged [ʌn'fledʒd; *attributivt:* 'ʌn,fledʒd] *adj* **1.** *om fugl:* (ennå) ikke flygeferdig; **2.** *fig(=callow; immature; not fully developed)* uutviklet; umoden.

unflinching [ʌn'flintʃiŋ] *adj; stivt(=resolute; fearless)* resolutt; uforferdet.

unfold [ʌn'fould] *vb* **1***(=spread out)* brette ut *(fx a newspaper);* **2***(=disclose; reveal; explain)* røpe; forklare *(fx she gradually unfolded her plan to them);* **3***(=proceed):* **as the story -s** etterhvert som historien skrider frem; **4.** *om utsikt(=open out)* åpne seg; bre seg ut *(fx a panorama unfolded before their eyes);* **5.** *fig:* **the events of the previous week -ed before him** hendelsene den siste uken passerte revy.

unforeseen [,ʌnfɔ:'si:n; *attributivt også:* 'ʌnfɔ:,si:n] *adj:* uforutsett.

unforgettable [,ʌnfə'getəbl] *adj:* uforglemmelig.

unforgiving [,ʌnfə'giviŋ] *adj:* som ikke tilgir; uforsonlig.

unfortunate [ʌn'fɔ:tʃənit] *adj* **1***(=unlucky)* uheldig; **2***(=regrettable)* beklagelig *(fx an unfortunate lack of taste);* uheldig; kjedelig; **this is of course most***(=very)* **~ as . . .** dette er naturligvis svært kjedelig da . . .

unfortunately *adv:* dessverre *(fx I'd like to help but unfortunately I can't; unfortunately I haven't enough money to travel abroad);* **the matter, ~, is not so simple** saken er uheldigvis ikke så enkel.

unfounded [ʌn'faundid; 'ʌn'faundid] *adj(=baseless; groundless)* u(be)grunnet *(fx unfounded fears; the rumours are completely unfounded);* uberettiget; grepet ut av luften *(fx accusations).*

unfreeze [ʌn'fri:z] *vb* **1.** *frosset vannrør, etc:* tine (opp) *(fx a frozen pipe);* **2.** *fig(=thaw)* tø opp; **3.** oppheve restriksjonene på; frigi *(fx prices).*

unfrequented [,ʌnfri'kwentid] *adj; stivt(=rarely visited)* lite besøkt *(fx a part of the country as yet unfrequented);* **an ~ spot** et sted som er lite besøkt.

unfrock [ʌn'frɔk] *vb; om prest(=defrock; deprive of ecclesiastical status)* fradømme kappe og krage.

unfruitful [ʌn'fru:tful] *adj* **1.** *om plante el. tre(=barren)* ufruktbar; gold; **2.** *fig(=barren; unproductive)* uproduktiv *(fx period in a writer's life);* **3.** *fig(=unprofitable)* ulønnsom; som ikke kaster noe av seg *(fx business);* **4.** *fig(=fruitless)* fruktesløs. ufruktbar; som ikke fører frem *(fx line of questioning);* **ten years of ~ experience** ti års erfaring til ingen nytte.

unfunny [,ʌn'fʌni; *attributivt også:* 'ʌn,fʌni] *adj; spøkef:* **an ~ joke** en vits som slett ikke er morsom.

unfurl [ʌn'fə:l] *vb:* folde ut; folde seg ut.

unfurnished [ʌn'fə:niʃt] *adj:* umøblert.

ungainly [ʌn'geinli] *adj; stivt(=clumsy; uncouth)* klosset; keitet.

ungated [ʌn'geitid; *også attributivt:* 'ʌn,geitid] *adj; jernb:* **~ level crossing** uvoktet jernbaneovergang.

ungetatable [ʌn'getətəbl] *adj* **T***(=inaccessible)* utilgjengelig.

ungodly [ʌn'gɔdli] *adj* **1.** *lett glds(=wicked; sinful)* ugudelig; **2.** *fig; om tidspunkt(=outrageous)* ukristelig *(fx he gets up at an ungodly hour).*
ungovernable [ʌn'gʌvənəbl] *adj; stivt(=uncontrollable)* uregjerlig; ustyrlig *(fx an ungovernable temper).*
ungracious [ʌn'greiʃəs] *adj; stivt* **1***(=impolite; rude)* uhøflig *(fx it was rather ungracious of you to refuse his invitation);* **2***(=unpleasant; disagreeable)* ubehagelig; uvennlig; unådig.
ungraded school US*(=one-class school)* udelt skole.
ungrateful [ʌn'greitful] *adj:* utakknemlig.
unguarded [ʌn'ga:did; *attributivt:* 'ʌn,ga:did] *adj* **1.** ubevoktet *(fx gate);* ubeskyttet; **2.** uskjermet *(fx an unguarded fire);* **3.** *fig(=careless; incautious)* ubetenksom; uforsiktig *(fx an unguarded tongue);* **in an ~ moment** i et ubetenksomt øyeblikk; i et ubevoktet øyeblikk.
unguent ['ʌŋgwənt] *subst; meget stivt(=ointment)* salve.
unguided [,ʌn'gaidid; *attributivt:* ' ʌn,gaidid] *adj* **1.** *fjellsp:* uten fører; **2.** ustyrt*(fx missile);* **3.** uten rettledning; planløs *(fx effort).*
unhallowed [ʌn'hæloud] *adj; stivt(=unconsecrated)* uinnviet *(fx buried in unhallowed ground).*
unhampered [ʌn'hæmpəd] *adj; stivt(=unhindered)* uhindret; uhemmet.
unhappily [ʌn'hæpili] *adv* **1.** ulykkelig; **2***(=unfortunately)* uheldigvis; ulykkeligvis.
unhappy [ʌn'hæpi] *adj* **1.** ulykkelig; **2***(=unfortunate)* uheldig; **an ~ remark** en uheldig bemerkning.
unharness [ʌn'ha:nis] *vb:* ta seletøyet av *(fx a horse).*
unhealthy [ʌn'helθi; *attributivt også:* 'ʌn,helθi] **1.** usunn *(fx an unhealthy climate); fig:* **an ~ environment** et usunt miljø; **2.** *om person:* usunn *(fx he's fat and unhealthy);* **3.** *stivt(=harmful)* skadelig *(fx the unhealthy consequences of inflation);* **4. T***(=risky)* farlig; risikabel *(fx situation).*
unheard-of [ʌn'hə:dɔv] *adj:* uhørt *(fx behaviour).*
unheeded [ʌn'hi:did; *attributivt også:* 'ʌn,hi:did] *adj:* upåaktet; **his advice went ~** hans råd tok man ikke hensyn til.
unhelpful [ʌn'helpf(ə)l] *adj:* lite hjelpsom.
unheralded [ʌn'herəldid] *adj; litt.(=unannounced)* uvarslet.
unhesitating [ʌn'hezi,teitiŋ] *adj:* som ikke nøler; **an ~ reply** et svar gitt uten å nøle; *~(=unswerving)* **loyalty** urokkelig lojalitet.
unhesitatingly *adv:* uten å nøle.
unhinge [ʌn'hindʒ] *vb* **1.** løfte av hengslene *(fx a door);* **2.** *fig:* bringe forstyrrelse i; *om person:* bringe helt ut av balanse; gjøre sinnsforvirret.
unhitch [ʌn'hitʃ] *vb:* kople fra *(fx the trailer).*
unholy [ʌn'houli] *adj* **1***(=impious; ungodly)* ugudelig; gudløs; **2***(=wicked)* ond *(fx a wicked alliance);* **3. T***(=awful; terrible)* fryktelig; infernalsk; **an ~ racket** et infernalsk spetakkel.
unhook [ʌn'huk] *vb* **1.** ta av kroken; hekte av (*el.* løs); **~ a picture** hekte et bilde ned av veggen; **2.** *om kjole, etc:* ta opp hektene *(fx he unhooked her dress for her).*
unhoped-for [ʌn'houpt,fɔ:] *adj(=unexpected)* uventet; som man ikke hadde kunnet håpe på.
unhorse [ʌn'hɔ:s] *vb:* **be -d** bli kastet av hesten.
unhurried [ʌn'hʌrid] *adj(=leisurely)* uten hastverk; **there was time for an ~ breakfast** det ble tid til å spise frokost i ro og mak; **an ~ walk** en behagelig spasertur; en spasertur i et makelig tempo.
unhurt [ʌn'hə:t; 'ʌn'hə:t; *attributivt:* ' ʌn,hə:t] *adj:* uskadd; uten men; **get off ~** slippe helskinnet fra det.

uni- ['ju:ni] *forstavelse:* uni-; en-; én-; ett-.
uniaxial [,ju:ni'æksiəl] *adj; bot:* énakset.
unicellular [,ju:ni'seljulə] *adj(=one-celled)* encellet.
unicorn ['ju:ni,kɔ:n] *subst; myt:* enhjørning.
unidentified [,ʌnai'denti,faid] *adj:* uidentifisert.
unidfiomatic [,ʌnidiə'mætik] *adj:* uidiomatisk.
unification [,ju:nifi'keiʃən] *subst:* det å bli forent; forening; samling; **tendencies towards ~***(=unitary tendencies)* enhetsbestrebelser; samlingsbestrebelser.
I. uniform ['ju:ni,fɔ:m] *subst:* uniform; *mil:* **service ~** tjenesteuniform.
II. uniform *adj* **1.** enhetlig *(fx goods of uniform quality);* **a ~***(=coherent)* **style** en enhetlig stil; **~ price***(=standard price)* enhetspris; enhetlig pris; **2***(=even)* jevn *(fx acceleration);* **3.** *litt.(=homogeneous)* ensartet *(fx structure; style);* **4.** *litt.(= monotonous; unvarying)* monoton; ensformig *(fx landscape; life; style).*
uniformed ['ju:ni,fɔ:md] *adj:* uniformert.
uniformity [,ju:ni'fɔ:miti] *subst* **1***(=coherence)* enhetlighet *(fx of prices; of style; of a philosophical system);* **2***(=evenness)* jevnhet *(fx of acceleration);* **3.** *litt.(=homogeneity)* ensartethet; **the ~ of structure** den ensartede strukturen; **4.** *litt.(= monotony)* monotoni; ensformighet.
uniformly *adv; meget stivt(=consistently)* enhetlig *(fx goods of uniformly good quality).*
unify ['ju:ni,fai] *vb(=unite)* forene; samle.
unilateral [,ju:ni'lætərəl] *adj; fig; stivt(=onesided)* ensidig; unilateral; **~ disarmament** ensidig nedrustning.
unilaterally *adv; meget stivt:* **act ~***(=act on one's own)* handle på egen hånd.
unimaginative [ʌni'mædʒinətiv] *adj:* fantasiløs.
unimpaired [,ʌnim'pɛəd] *adj; stivt(=uninjured; not weakened)* uskadd; usvekket; **~ vision** usvekket syn; **~ mental faculties***(=sound mind)* åndsfriskhet; **of ~ mental faculties***(=of sound mind)* åndsfrisk.
unimpeachable [,ʌnim'pi:tʃəbl] *adj; stivt* **1***(=above reproach; irreproachable)* uklanderlig; **2.** *fig(= unassailable)* uangripelig *(fx behaviour).*
unimpeded [,ʌnim'pi:did] *adj; stivt(=unhindered)* uhindret; **~ progress to majority rule** uhindret utvikling henimot flertallsstyre.
unimportant [,ʌnim'pɔ:tənt] *adj:* uviktig.
unimproved [,ʌnim'pru:vd] *adj* **1.** *om jord:* uten grunnforbedringer; uoppdyrket; **2.** som ikke har (for)bedret seg; **his health was ~** helsen hans var ikke blitt bedre; **3.** *fig; stivt(=unused; not made the most of)* ubenyttet *(fx resources; wasted time and unimproved opportunities).*
uninformative [,ʌnin'fɔ:mətiv] *adj:* lite opplysende.
uninformed [,ʌnin'fɔ:md] *adj; stivt:* utilstrekkelig informert; **an ~ opinion** meningen til en som ikke er skikkelig informert; **speak on matters about which one is ~** snakke om ting man ikke vet nok om.
uninhibited [,ʌnin'hibitid] *adj:* uhemmet *(fx he's completely uninhibited);* uten hemninger *(fx people).*
uninitiated [,ʌni'niʃi,eitid] *adj:* uinnvidd; uinnviet; **the ~** de uinnvidde; de som ikke har noe greie på det *(fx explain the game for the benefit of the uninitiated).*
uninjured [ʌn'indʒəd] *adj:* uskadd.
uninspired [,ʌnin'spaiəd] *adj; stivt* **1***(=not inspired)* uinspirert; **2***(=dull)* åndløs; kjedelig *(fx speech).*
uninspiring [,ʌnin'spaiəriŋ] *adj:* lite inspirerende.
uninsulated [ʌn'insju,leitid] *adj; også elekt:* uisolert.
unintelligent [,ʌnin'telidʒənt] *adj:* uintelligent.

unintelligible [,ʌnin'telidʒibl] *adj; stivt(=incomprehensible)* uforståelig.
unintended [,ʌnin'tendid] *adj; stivt(=unintentional)* utilsiktet.
unintentional [,ʌnin'tenʃənəl] *adj:* utilsiktet; ikke tilsiktet.
unintentionally *adv:* utilsiktet; uforvarende, uten at det var meningen.
uninterested [,ʌn'intristid] *adj:* uinteressert.
uninterrupted [,ʌnintə'rʌptid] *adj* **1**(*=continuous)* uavbrutt; vedvarende *(fx days of uninterrupted rain);* **2.** *om utsikt:* uhindret *(fx view of the sea).*
uninventive [,ʌnin'ventiv] *adj:* uoppfinnsom.
uninvited [,ʌnin'vaitid] *adj* **1.** ubedt; uinnbudt; ubuden; **2**(*=that has not been encouraged; unwanted)* uoppfordret; uønsket *(fx his uninvited interference).*
uninviting [,ʌnin'vaitiŋ] *adj:* lite innbydende.
union ['ju:niən] *subst* **1.** union; forening; sammenslutning; **2.: trade** ~ fagforening; **3.** *mask:* forbindelse; ~ **nut** forbindelsesmutter; **4.** *meget stivt(=marriage)* ekteskap; **-s of Europeans with Asians**(*=marriages between Europeans and Asians)* ekteskap mellom europeere og asiater.
union branch secretary *i fagforening:* forbundssekretær.
union card fagforeningsbok.
unionist ['ju:niənist] *subst:* **trade** ~ fagforeningsmedlem.
unionize, unionise ['ju:njə,naiz] *vb* **1.** danne fagforening i *(fx a factory);* **2.** *person:* få til å organisere seg; få til å melde seg inn i fagforeningen.
Union Jack: the ~ det britiske nasjonalflagg.
union labour fagorganisert arbeidskraft.
union nut *mask:* forbindelsesmutter.
union shop bedrift hvor også ikke-fagorganiserte kan få arbeid på betingelse av at de melder seg inn i fagforeningen innen en viss tid; *(jvf closed shop; open shop).*
unique [ju:'ni:k] *adj* **1.** *mat.:* entydig; **2.** enestående; unik; **as a writer he has his own ~ style** som forfatter har han sin egen helt spesielle stil; **it's really quite** ~ det er virkelig helt enestående.
unisex ['ju:ni,seks] *adj:* beregnet på begge kjønn; unisex.
unisex education(*=coeducation; mixed sex teaching)* fellesundervisning; undervisning av begge kjønn i samme klasse.
unisexual [,ju:ni'seksjuəl] *adj:* enkjønnet; *bot:* særkjønnet.
unison ['ju:nisən] **1.** *subst:* samklang; *mus:* enklang; *også fig:* **in** ~ unisont; i harmoni; i samklang; **2.** *adj; mus:* unison; enstemmig; samstemt.
unisonous [ju:'nisənəs] *adj:* unison.
unissued capital *merk:* godkjent, ikke utstedt (aksje)kapital.
unit ['ju:nit] *subst* **1.** *mat.:* (tallet) én; enhet; **2.** (måle)enhet; ~ **of weight** vektenhet; **3.** enhet *(fx the family unit);* **4.** (bygge)element; komponent; seksjon; aggregat; **flasher** ~ blink(lys)relé; **power** ~ kraftaggregat; *(jvf assembly 3)* **5.** *mil:* avdeling; gruppe.
unitary ['ju:nit(ə)ri] *adj:* enhets-.
unitary movement *polit:* enhetsbevegelse; samlingsbevegelse.
unitary tendencies(*=tendencies towards unification)* enhetsbestrebelser.
unite [ju:'nait] *vb* **1.** forene *(fx the two countries were united; he united(=combined) charm with severity);* slå seg sammen *(fx the two associations are planning to unite(=combine));* **2.** forene seg; samles; samle seg; stå sammen *(fx let's unite against a common enemy);* **they -d to find a solution to the problem** de gikk sammen om å finne en løsning på problemet.
united *adj:* forent; samlet; **they were a ~ family** det var godt samhold i familien; **present a ~ front** stå sammen; danne en felles front.
United Kingdom *geogr:* **the ~ (of Great Britain and Northern Ireland)**(*=the UK)* Det forente kongerike (ɔ: Storbritannia og Nord-Irland); **he lives in the UK**(*=he lives in Britain)* han bor i Storbritannia.
United Nations: the ~(*=the UN)* De forente nasjoner; FN.
United States (of America) *geogr:* **the** ~ *(the US; the USA)* De forente stater; USA.
unit furniture seksjonsmøbler.
unit of power *fys(=power unit)* ytelsesenhet.
unit price(*=standard price)* enhetspris.
unit trust *(,US: mutual fund)* aksjefond.
unit weight romvekt.
unity ['ju:niti] *subst* **1.** samhold; enighet; ~ **is strength** enighet gjør sterk; **national** ~ nasjonalt samhold; **2.** enhet; **the unities of time and place** tidens og stedets enhet; **be fused in a higher** ~ gå opp i en høyere enhet; **3.** enhetspreg; enhetlig preg; helhetspreg; helhet *(fx the unity of a work of art);* **4.** *mat.:* (tallet) én.
univalent [,ju:ni'veilənt; ,ju:'nivələnt] *adj; kjem:* monovalent; enverdig.
univalve ['ju:ni,vælv] *subst; zo:* enskallet bløtdyr.
universal [,ju:ni'və:səl] *adj* **1.** universell; altomfattende; universal- *(fx genius);* **2.** *om tro, etc:* enerådende; **be** ~ være enerådende; **3.** almen; ~ **validity**(*=general validity)* almengyldighet; **of ~ validity**(*=of general validity; universally valid)* almengyldig.
universal joint *i bil:* kardangledd; universalledd.
universe ['ju:ni,və:s] *subst:* univers; **the** ~ universet.
university [,ju:ni'və:siti] *subst:* universitet; **at** *(,US: in)* ~ på universitetet; **go to** ~ begynne på universitetet; *(NB lavere universitetsgrad (bachelor's degree) tas i USA ved et college; se college 4 & 5).*
university college *se college.*
university course universitetsstudium; kurs ved universitetet.
University Department of Education *(fk UDE) svarer til: Pedagogisk seminar.*
university education universitetsutdannelse; **complete a** ~ gjennomføre et akademisk studium; gjennomføre et universitetsstudium.
university entrance examination opptaksprøve ved universitetet.
university entrance requirements(*=entrance requirements for university courses)* opptakskrav for universitetsstudier; **minimum** ~ minstekrav for å komme inn ved universitetet.
university fees semesteravgift; *(jvf tuition fees).*
university degree universitetseksamen; universitetsgrad.
university lecturer universitetslektor; **senior** ~ førstelektor.
university level universitetsnivå; **at** ~ på universitetsnivå.
university man akademiker.
university student universitetsstudent; *(jvf undergraduate).*
university teacher universitetslærer.
unjust [ʌn'dʒʌst; *attributivt også:* 'ʌn,dʒʌst] *adj:* urettferdig (*to* mot).
unkempt [ʌn'kem(p)t; *attributivt også:* 'ʌnkem(p)t] *adj; stivt el. glds(=untidy)* uflidd; ustelt; **he had an ~ appearance** han så uflidd ut.

unkind [ʌn'kaind] *adj:* uvennlig; **he was ~ to her** han var uvennlig mot henne.
unkindly [ʌn'kaindli] *adj:* uvennlig *(fx unkindly words).*
unknowingly [ʌn'nouiŋli] *adv(=without being aware of it)* uten å være klar over det *(fx she had unknowingly given the patient the wrong medicine).*
unknown [ʌn'noun; *attributivt:* 'ʌn,noun] **1.** *subst:* ukjent *(fx an equation with two unknowns);* **2.** *adj:* ukjent; **an ~ quantity** en ukjent størrelse.
unlace [ʌn'leis] *vb(=undo)* snøre opp *(fx one's shoes).*
unlade [ʌn'leid] *vb; glds: se unload.*
unladen weight tomvekt.
unladylike [ʌn'leidi,laik] *adj; om oppførsel:* som ikke passer seg for en dame *(fx behaviour).*
unlatch [ʌn'lætʃ] *vb; om dør:* åpne (ved å løfte klinken); **leave the door -ed***(=leave the door on the latch)* la døra stå ulåst.
unlawful [ʌn'lɔ:ful; *attributivt også:* 'ʌn,lɔ:ful] *adj* **1***(=illegal)* ulovlig; **2.** *fig:* **~ pleasures** forbudte gleder; **~ sexual intercourse** utuktig omgang.
unleaded [ʌn'ledid; *attributivt:* 'ʌn,ledid] *adj* **1.** *typ:* uskutt; uten reglett; **2.** uten bly(tilsetning); uten blyinnfatning *(fx window);* **~ petrol** (,**US:** *unleaded gasoline)* blyfri bensin.
unlearn [ʌn'lə:n] *vb:* glemme (noe man tidligere har lært); lære om igjen; **he had to ~ it** det måtte han lære om igjen.
unleash [ʌn'li:ʃ] *vb* **1.** *litt.:* **~ the dog***(=let the dog off the lead; let the dog loose; turn the dog loose)* slippe løs hunden; **2.** *meget stivt:* **the full force of his rage was -ed against me***(=he let me have the full brunt of his anger; he let loose all his rage on me)* han slapp løs alt sitt raseri mot meg; **~***(=release)* **latent abilities** slippe løs slumrende evner.
unleavened [ʌn'levənd] *adj; om brød:* usyret.
unless [ʌn'les] *konj* **1***(=if . . . not)* med mindre; hvis . . . ikke *(fx unless I'm mistaken, I've seen that man before; don't come unless I telephone);* **2***(=except when)* unntatt når *(fx we have a meeting every Friday, unless there is nothing to discuss).*
unlettered [ʌn'letəd; *attributivt:* 'ʌn,letəd] *adj* **1.** uten innskrift *(fx tombstone);* uten bokstaver på; **2.** *stivt(=uneducated; illiterate)* ulærd; uopplyst; som ikke kan lese eller skrive.
unlicensed [ʌn'laisənst; *attributivt:* 'ʌn,laisənst] *adj* **1.** uten bevilling; uten skjenkerett; **2.** *stivt(=unrestrained; without restraint)* tøylesløs; utøylet.
unlicked ['ʌn'likt; *attributivt:* 'ʌn,likt] *adj:* **he's an ~ cub** han er en uoppdragen valp.
unlike [ʌn'laik; 'ʌn'laik] **1.** *adj:* ulik; forskjellig; **they are so ~ each other** de er så ulike; **the two books are quite ~** de to bøkene er helt ulike; **the portrait is utterly ~** portrettet er helt ulikt; **2.** *prep(=not like; different from)* ulik; i motsetning til *(fx unlike his father he lacks intelligence);* **it's so ~ him** det er så ulikt ham; **it's ~ Mary to be so silly** det ligner ikke Mary å være så tåpelig.
unlikely [ʌn'laikli] *adj:* usannsynlig *(fx story);* lite sannsynlig *(fx an unlikely possibility);* **he's ~ to succeed** det er lite sannsynlig at han klarer det (*el.* at han vil lykkes); *stivt:* **if, in the ~ event of your having been approached by . . .***(=if, contrary to what seems likely, you have been approached by . . .)* hvis De mot formodning har fått henvendelse(r) fra . . . .
unlimited [ʌn'limitid] *adj* **1.** ubegrenset *(fx power);* **2***(=boundless; infinite)* grenseløs; uendelig *(fx an unlimited expanse of ocean).*
unlined [ʌn'laind; *attributivt:* 'ʌn,laind] *adj* **1.** uten linjer; ulinjert; **2.** uten rynker *(fx his unlined face).*
unlisted [ʌn'listid; 'ʌn'listid] *adj* **1.** ikke oppført på noen liste (,på listen); **2.** *børsuttrykk(=over-the-counter)* unotert; **~ securities** unoterte papirer; **3.** *tlf* **US: ~ number***(=ex-directory number)* hemmelig nummer.
unlit [ʌn'lit; *attributivt:* 'ʌn,lit] *adj:* uopplyst; uten lys; mørk *(fx an unlit room).*
unload [ʌn'loud] *vb* **1.** lesse av; *mar:* losse; **loading and -ing** av- og pålessing; lasting og lossing; **they -ed the boxes on to the jetty** de lesset av kassene på bryggen; **2.** fjerne patronene fra *(fx he unloaded the rifle);* **3.** *fig; stivt(=give vent to; pour forth):* **she -ed her bitter feelings** hun ga sine bitre følelser luft; **4.** *stivt:* **~ oneself to***(=confide in)* betro seg til *(fx he unloaded himself to his friend).*
unlock [ʌn'lɔk] *vb:* låse opp.
unlooked-for [ʌn'lukt,fɔ:] *adj; stivt(=unhoped-for; unexpected; unforeseen)* uventet; uforutsett *(fx success; the praise was unlooked-for).*
unloose [ʌn'lu:s] *vb; litt.(=unfasten)* løsne; løse (på).
unloosen [ʌn'lu:sən] *vb; meget stivt(=unfasten)* løsne; løse (på) *(fx one's belt).*
unlovely [ʌn'lʌvli] *adj; stivt(=unpleasant; unattractive)* ubehagelig; utiltalende; lite tiltrekkende; uskjønn.
unlucky [ʌn'lʌki] *adj* **1.** uheldig *(fx people);* **he's always ~ in love** han er alltid uheldig i kjærlighet; **2***(=unfortunate)* uheldig *(fx remark).*
unmade [ʌn'meid; 'ʌn'meid; *attributivt:* 'ʌn,meid] *adj* **1.** *om seng:* uoppredd; **2.: ~ road** vei uten fast dekke; grusvei.
unmanageable [ʌn'mænidʒəbl] *adj:* uregjerlig; ustyrlig; uhåndterlig; vanskelig å hanskes med.
unmanly [ʌn'mænli] *adj:* umandig.
unmanned [ʌn'mænd; *attributivt:* 'ʌn,mænd] *adj:* ubemannet.
unmannerly [ʌn'mænəli] *adj; stivt el. lett glds:* **he's so ~ 1***(=he has no manners)* han har ingen manerer; **2***(=he's so rude)* han er så ubehøvlet.
unmarked [ʌn'ma:kt; *attributivt:* 'ʌn,ma:kt] *adj* **1.** umerket; **2.** *skolev:* urettet *(fx papers);* **3.: ~ police car***(=nondescript)* sivil politibil.
unmask [ʌn'ma:sk] *vb* **1.** *stivt:* **~ sby***(=take off sby's mask)* ta masken av en; **2.** *stivt(=drop one's mask)* la masken falle; **3.** *litt.(=expose; reveal)* avsløre; demaskere *(fx a traitor).*
unmatched [ʌn'mætʃt] *adj; stivt(=unequalled)* makeløs; uten like; som det ikke finnes maken til.
unmentionable [ʌn'menʃənəbl] *adj:* unevnelig; som det ikke passer seg å snakke om.
unmerited [ʌn'meritid] *adj; stivt(=undeserved)* ufortjent.
unmindful [ʌn'maindful] *adj; stivt:* **he was ~ of the time***(=he was oblivious of (the passage of) time)* han passet ikke på tiden; han tok ikke hensyn til at tiden gikk; han glemte helt tiden.
unmistakable [,ʌnmis'teikəbl] *adj:* ikke til å ta feil av *(fx his meaning was unmistakable).*
unmitigated [ʌn'miti,geitid] *adj; stivt* **1***(=absolute)* absolutt; fullstendig *(fx the evening was an unmitigated disaster);* **an ~ evil** et absolutt onde; **2.: sufferings ~ by any hope of an early rescue** lidelser uten innslag av håp om en snarlig redning.
unmoved [ʌn'mu:vd] *adj:* **~ by** uberørt av; upåvirket av *(fx he was unmoved by her tears); stivt:* **he remained ~ in his determination***(=he refused to be shaken in his determination)* han lot seg ikke rokke i sin beslutning; han stod urokkelig fast på sin beslutning.
unmusical [ʌn'mju:zikəl] *adj:* umusikalsk; ikke inte-

ressert i musikk.

unnamed [ʌn'neimd; *attributivt:* 'ʌn,neimd] *adj:* ikke nevnt ved navn; **he shall remain ~** han skal forbli navnløs; vi (,jeg) skal ikke nevne ham ved navn.

unnatural [ʌn'nætʃ(ə)rəl] *adj* **1.** unaturlig *(fx his manner was forced and unnatural);* **2.***(=contrary to nature)* naturstridig; unaturlig.

unnecessarily *adv:* unødvendig *(fx he was unnecessarily rude).*

unnecessary [ʌn'nesəsəri] *adj:* unødvendig.

unnerve [ʌn'nə:v] *vb; stivt(=frighten; discourage)* skremme; ta motet fra.

unnerving [ʌn'nə:viŋ] *adj(=frightening)* som går på nervene løs; skremmende *(fx it was an unnerving experience).*

unnoticed [ʌn'noutist; *attributivt også:* 'ʌn,noutist] *adj:* ubemerket; **it went ~** det var ingen som la merke til det.

unnumbered [ʌn'nʌmbəd; *mots 'numbered':* 'ʌn-,nʌmbəd] *adj* **1.** unummerert *(fx ticket);* uten sidetall; upaginert *(fx page);* **2.***(=innumerable)* talløs; utallig.

unobjectionable [,ʌnəb'dʒekʃənəbl] *adj* **1.** som ikke vekker anstøt; uanstøtelig; **2.** som det ikke kan reises innvendinger mot; uangripelig *(fx plan).*

unobservant [,ʌnəb'zə:vənt] *adj:* uobservant.

unobstructed [,ʌnəb'strʌktid] *adj(=unhindered)* uhindret.

unobtainable [,ʌnəb'teinəbl] *adj:* uerholdelig; som ikke kan skaffes; **the book is ~** boken kan ikke skaffes.

unobtrusive [,ʌnəb'tru:siv] *adj:* lite iøynefallende; som man ikke så lett får øye på (*el.* legger merke til); **she's quiet and ~** hun er rolig og stillferdig.

unoccupied [ʌn'ɔkju,paid] *adj* **1.** *om hus:* ubebodd; tomt; **2.** *mil:* uokkupert; ubesatt; **3.** *stivt(=not busy)* ubeskjeftiget; **in my ~ hours***(=when I'm not busy)* i mine ledige stunder; **4.***(=free; not taken)* ledig *(fx seat).*

unoffending [,ʌnə'fendiŋ; *attributivt også:* 'ʌnə-,fendiŋ] *adj; stivt(=innocent; harmless; inoffensive)* uskyldig; harmløs *(fx onlooker).*

unofficial [,ʌnə'fiʃəl; *attributivt også:* 'ʌnə,fiʃəl] *adj:* uoffisiell; **~ strike***(=wildcat strike)* ulovlig streik.

unofficially *adv:* uoffisielt.

unopened [ʌn'oupənd; *attributivt:* 'ʌn,oupənd] *adj* **1.** uåpnet; **2.** *om bok(=uncut)* uoppskåret.

unopposed [,ʌnə'pouzd] *adj* **1.** *også mil:* uten å møte motstand; **2.** *parl:* uten motkandidat.

unorganized, unorganised [ʌn'ɔ:gə,naizd] *adj:* uorganisert.

unorthodox [ʌn'ɔ:θə,dɔks] *adj:* uortodoks *(fx teaching methods).*

unostentatious ['ʌn,ɔsten'teiʃəs] *adj:* som ikke trenger seg på; ikke prangende; ikke brautende; fordringsløs.

unpack [ʌn'pæk] *vb* **1.** pakke ut *(fx have you unpacked? he unpacked his clothes);* pakke ut av *(fx a suitcase);* **2.** *EDB:* pakke ut.

unpaged [ʌn'peidʒd; *attributivt:* 'ʌn,peidʒd] *adj:* upaginert; uten sidetall *(fx an unpaged book).*

unpaid [ʌn'peid; *attributivt:* 'ʌn,peid] *adj* **1.** ikke betalt; ubetalt *(fx bill);* **2.** *om arbeid:* ubetalt.

unpalatable [ʌn'pælətəbl] *adj; stivt(=unpleasant; disagreeable; unsavoury)* som ikke smaker godt; usmakelig; ubehagelig *(fx fact; truth);* **an ~ medicine** en vond medisin.

unparalleled [ʌn'pærə,leld] *adj* **1.** uten paralell; **this is ~ in recent history***(=this has no parallel in recent history)* dette er uten parallell (*el.* har ingen parallell) i nyere historie; **2.***(=unequalled)* uten sidestykke; makeløs; uforlignelig.

unparliamentary [,ʌnpa:lə'ment(ə)ri] *adj:* uparlamentarisk *(fx language).*

unpaved [ʌn'peivd; *attributivt:* 'ʌn,peivd] *adj:* ikke brulagt; uten fast dekke *(fx an unpaved road).*

unpick [ʌn'pik] *vb; søm(=unstitch)* sprette opp *(fx the seams of a dress).*

unpickable [ʌn'pikəbl] *adj; om lås:* dirkefri.

unpin [ʌn'pin] *vb:* løsne (ved å ta ut nåler, etc); **he -ned the notice** han tok ned oppslaget.

unplaced [ʌn'pleist; *attributivt:* 'ʌn,pleist] *adj; om hest i veddeløp:* uplassert.

unpleasant [ʌn'plezənt; *attributivt også:* 'ʌn,plezənt] *adj:* ubehagelig *(fx smell; he was rather unpleasant to me);* **not in any ~ sense** ikke i noen odiøs betydning; **he's an ~ type***(=he's an unpleasant (kind of) person)* han er en usympatisk fyr.

unpleasantness [ʌn'plezəntnis] *subst* **1.** ubehagelighet; **the ~ of the situation** det ubehagelige ved situasjonen; **2.** ubehagelig situasjon; kjedelig affære; **3.** *evf(=disagreement)* uenighet; uoverensstemmelse *(fx there has been some unpleasantness between them).*

unplug [ʌn'plʌg] *vb; elekt:* kople fra; **~ the fridge** kople fra kjøleskapet; ta ut stikkontakten til kjøleskapet.

unpolished [ʌn'pɔliʃt; *attributivt:* 'ʌn,pɔliʃt] *adj:* ubonet *(fx floor);* upolert *(fx brass);* **~ shoes** upussede sko.

unpolitical [,ʌnpə'litikəl; *attributivt:* 'ʌnpə,litikəl] *adj:* upolitisk; ikke interessert i politikk.

unpopular [ʌn'pɔpjulə] *adj:* upopulær (*with* hos).

unpopularity [ʌn,pɔpju'læriti] *subst:* manglende popularitet.

unpractical [ʌn'præktikəl] *adj(=impractical)* upraktisk.

unpractised *(,US:* **unpracticed***) adj(=inexperienced)* uøvd; uten praksis; uten erfaring.

unprecedented [ʌn'presi,dentid] *adj; meget stivt:* uten presedens; som savner sidestykke; som det ikke finnes noen parallell til; **this is ~***(=there's no parallel to this)* dette savner sidestykke.

unpredictable [,ʌnpri'diktəbl] *adj:* uberegnelig; ikke til å forutsi *(fx weather);* **he's so ~** han er så uberegnelig; **he must be assumed to have been in an ~ state at the time of committing the act** han må antas å ha vært utilregnelig i gjerningsøyeblikket; *(jvf responsibility & unsound 4).*

unpremeditated [,ʌnpri'medi,teitid] *adj; jur:* uoverlagt *(fx crime).*

unprepared [,ʌnpri'pɛəd] *adj:* ikke forberedt; uforberedt.

unprepossessing ['ʌn,pri:pə'zesiŋ] *adj; meget stivt(=unattractive)* utiltalende; lite tiltrekkende.

unpretentious [,ʌnpri'tenʃəs; *attributivt også:* 'ʌnpri-,tenʃəs] *adj; stivt(=modest; not showing off)* beskjeden; upretensiøs; **~ homes***(=modest homes)* upretensiøse (*el.* beskjedne) hjem.

unprincipled [ʌn'prinsipəld] *adj:* uten prinsipper; prinsippløs; karakterløs; blottet for moral; samvittighetsløs.

unprintable [ʌn'printəbl] *adj:* som ikke kan gjengis på trykk.

unprivileged [ʌn'privilidʒd] *adj:* uprivilegert.

unproductive [,ʌnprə'dʌktiv] *adj:* uproduktiv.

unprofessional [,ʌnprə'feʃənəl] *adj:* uprofesjonell; ufagmessig; **~ conduct** oppførsel som er i strid med standens yrkesetikk.

unprofitable [ʌn'prɔfitəbl] *adj:* ulønnsom; urentabel.

unpromising [ʌn'prɔmisiŋ] *adj:* lite lovende.

unprompted [ʌn'prɔmtid] *adj:* uten tilskyndelse (fra

noen); på eget initiativ.
unpronounced [,ʌnprə'naunst] *adj(=mute)* ikke uttalt; som ikke uttales; stum.
unpronounceable [,ʌnprə'naunsəbl] *adj; om navn:* umulig å uttale.
unpropertied [,ʌn'prɔpətid] *adj:* eiendomsløs *(fx the unpropertied classes).*
unprotected [,ʌnprə'tektid] *adj* **1.** ubeskyttet; **2.** *mil(=not armoured)* upansret; **3.** *merk; om veksel(=protested)* protestert; nødlidende.
unproved [ʌn'pru:vd; *attributivt:* 'ʌn,pru:vd] *adj:* ubevist; ikke bevist; **that remains** *~(=that still remains to be proved)* det gjenstår det enda å bevise.
unproven [ʌn'pru:vən; *attributivt:* 'ʌn,pru:vən] *adj; fig:* uprøvd; **a scheme of ~ value***(=an untried scheme)* en uprøvd plan.
unprovided [,ʌnprə'vaidid] *adj:* ~ **for** uforsørget.
unprovoked [,ʌnprə'voukt] *adj:* uprovosert.
unpublished [ʌn'pʌbliʃt; *attributivt:* 'ʌn,pʌbliʃt] *adj:* upublisert; *om bok:* ikke utgitt.
unqualified [ʌn'kwɔli,faid] *adj* **1.** ukvalifisert; **~ for the post** ukvalifisert for stillingen; **she's ~ to do that job** hun er ikke kvalifisert til å gjøre det arbeidet; **2.** uforbeholden; ubetinget *(fx praise);* **his praise of her was not entirely ~** han var ikke helt uten forbehold i sin ros av henne.
unquenchable [ʌn'kwen(t)ʃəbl] *adj; om tørst:* uslokkelig.
unquestionable [ʌn'kwestʃənəbl] *adj; stivt(=indisputable)* ubestridelig *(fx evidence).*
unquestionably *adv; stivt(=certainly)* utvilsomt; uten tvil *(fx unquestionably, he deserves to be punished).*
unquestioning [ʌn'kwestʃəniŋ] *adj; stivt(=unhesitating)* urokkelig *(fx loyalty);* **~ obedience***(=blind obedience)* blind lydighet.
unquestioningly *adv:* uten å stille spørsmål.
unquiet [ʌn'kwaiət] *litt.* **1.** *subst(=unrest; disorder)* uro; **2.** *adj(=turbulent; agitated)* urolig; **3***(=anxious; uneasy)* engstelig; urolig; **~ minds** urolige sinn.
unquote [ʌn'kwout] *int:* anførselstegn slutt; sitat slutt.
unravel [ʌn'rævəl] *vb* **1***(=disentangle)* bringe orden i; greie ut; **~ the tangled thread** greie ut den tråden som har vaset seg;
2. *strikketøy:* 1. rekke opp; 2*(=get unravelled)* rakne;
3. *fig(=solve)* løse; oppklare *(fx a mystery).*
unread [ʌn'red; *attributivt:* 'ʌn,red] *adj* **1.** ulest *(fx the book remained unread);* **2.** *stivt:* **~ in***(=ignorant of)* lite belest (*el.* uvitende) når det gjelder *(fx he was unread in political science).*
unreadable [ʌn'ri:dəbl] *adj* **1***(=illegible)* uleselig; **2.** ikke leseverdig.
unreal [ʌn'riəl; 'ʌn'riəl; *attributivt:* 'ʌn,riəl] *adj:* uvirkelig.
unrealistic [,ʌnriə'listik; *attributivt:* 'ʌnriə,listik] *adj:* urealistisk.
unreality [,ʌnri'æliti] *subst:* uvirkelighet.
unrealizable, unrealisable ['ʌn'riə,laizəbl] *adj:* urealiserbar.
unreasonable [ʌn'ri:znəbl] *adj* **1.** ufornuftig; fornuftsstridig *(fx attitude);* ikke rimelig; urimelig *(fx it's unreasonable to expect children to work so hard);* **2***(=excessive)* overdrevet; urimelig; **charge ~ prices** forlange urimelige priser.
unreasoning [ʌn'ri:zəniŋ] *adj:* fornuftsstridig; irrasjonell *(fx fear).*
unrecognizable [ʌn'rekəg,naizəbl] *adj:* ugjenkjennelig.
unreel [ʌn'ri:l] *vb(=unwind)* spole av; vikle av; rulle av; **~ the film** spole av filmen.
unrefined [,ʌnri'faind; *attributivt også:* 'ʌnri,faind] *adj* **1.** uraffinert *(fx sugar; oil);* **2.** *fig:* lite raffinert; **~ manners** mindre pene manerer.
unreflecting [,ʌnri'flektiŋ] *adj; stivt(=unthinking)* tankeløs.
unrelenting [,ʌnri'lentiŋ] *adj; stivt(=unbending; inflexible; merciless)* ubøyelig; ubarmhjertig.
unreliable [,ʌnri'laiəbl; *attributivt:* 'ʌnri,laiəbl] *adj:* upålitelig.
unremitting [,ʌnri'mitiŋ] *adj(=constant)* uopphørlig; stadig *(fx unremitting efforts to help the poor).*
unrequited [,ʌnri'kwaitid] *adj; litt.(=unreturned)* ikke gjengjeldt; **~ love** ubesvart kjærlighet.
unreserved [,ʌnri'zə:vd; *attributivt også:* 'ʌnri,zə:vd] *adj* **1.** ikke reservert *(fx these seats are unreserved);* **2.** *om person(=frank)* åpen; ikke reservert; **3***(=unqualified)* uforbeholden *(fx approval);* forbeholdsløs *(fx enthusiasm).*
unreservedly [,ʌnri'zə:vidli] *adv; stivt(=without reservation)* uforbeholdent; uten forbehold.
unresolved [,ʌnri'zɔlvd] *adj* **1.** *stivt(=unsolved)* uløst *(fx mystery);* **2***(=irresolute)* ubeslutsom; **he was ~ as to what to do** han var ubeslutsom med hensyn til hva han skulle gjøre; **3.** *glds: se undissolved.*
unresponsive [,ʌnri'spɔnsiv] *adj:* som ikke reagerer; passiv.
unrest [ʌn'rest] *subst; i samfunnet:* uro *(fx political unrest).*
unrestrained [,ʌnri'streind] *adj; stivt(=without restraint)* tøylesløs; uhemmet; *(=free)* ubundet; fri *(fx they felt happy and unrestrained; the unrestrained life of a tramp).*
unrestricted [,ʌnri'striktid] *adj* **1***(=without restrictions)* uten restriksjoner; uinnskrenket *(fx submarine warfare);* **2.** *om veistrekning:* uten hastighetsbegrensning.
unreturned [,ʌnri'tə:nd; *attributivt:* 'ʌnri,tə:nd] *adj:* ikke gjengjeldt; **~ love** ubesvart kjærlighet.
unrewarding [,ʌnri'wɔ:diŋ] *adj(=thankless)* utakknemlig *(fx task).*
unrhymed [ʌn'raimd; *attributivt:* 'ʌn,raimd] *adj:* urimt; rimfri *(fx verse).*
unriddle [ʌn'ridəl] *vb; stivt(=solve)* oppklare; løse; **~ the murder** oppklare mordgåten.
unrig [ʌn'rig] *vb; mar:* rigge ned; takle av *(fx a ship).*
unrighteous [ʌn'raitʃəs] *adj* **1.** *rel(=sinful; wicked)* syndig; ond; **2.** *stivt(=unjust; unmerited)* urettferdig; ufortjent *(fx intolerable and unrighteous interference).*
unrip [ʌn'rip] *vb(=rip open; slit up; cut up; tear open)* rive opp; skjære opp; sprette opp.
unripe [ʌn'raip; 'ʌn'raip; *attributivt:* 'ʌn,raip] *adj* **1.** umoden; **~ apples** eplekart; **2.** *fig(=immature)* umoden.
unrivalled*(,***US:** *unrivaled)* [ʌn'raivəld] *adj; stivt(=unequalled)* som savner sin like; uovertruffet *(fx she is unrivalled as an actress);* uforlignelig; **he is** *~(=there's nobody to touch him)* det finnes ikke hans like.
unroll [ʌn'roul] *vb* **1.** rulle ut *(fx the mattress);* **2.** rulle seg ut.
unruffled [ʌn'rʌfəld] *adj; stivt(=calm; imperturbable)* rolig (og fattet); uforstyrrelig; uanfektet; **with ~ calm** med stor sinnsro; **remain ~** bevare sinnsroen.
unruly [ʌn'ru:li] *adj:* uregjerlig; ustyrlig; vill.
unsaddle [ʌn'sædəl] *vb* **1.** ta salen av *(fx a horse);* **2***(=unhorse)* kaste av *(fx he was unsaddled).*
unsafe [ʌn'seif; 'ʌn'seif; *attributivt:* 'ʌn,seif] *adj:*

utrygg; usikker; farlig.
unsaid ['ʌn'sed; ʌn'sed] *adj:* usagt; **consider it ~** betrakt det som usagt; **some things are better left ~** enkelte ting bør helst forbli usagt.
unsalaried [ʌn'sælərid] *adj:* ulønnet *(fx official).*
unsaleable [ʌn'seiləbl; 'ʌn'seiləbl] *adj:* uselgelig.
unsatisfactory [,ʌnsætis'fæktəri] *adj:* utilfredsstillende.
unsatisfied [ʌn'sætis,faid] *adj(=not satisfied)* utilfredsstilt.
unsaturated [ʌn'sætʃə,reitid] *adj; kjem:* umettet; **~ fatty acid** umettet fettsyre; **~ solution** umettet oppløsning.
unsavoury*(,US: unsavory)* [ʌn'seivəri] *adj* **1.** *om smak:* ubehagelig; **2.** *fig:* usmakelig; **an ~ assignment** et usmakelig oppdrag; **he's an ~ character** han er en ekkel (*el.* vemmelig) type.
unscathed [ʌn'skeiðd] *adj; stivt(=unharmed)* uskadd *(fx he escaped unscathed).*
unschooled [,ʌn'sku:ld] *adj:* uskolert; uøvd ((*in* i).
unscientific [,ʌnsaiən'tifik] *adj:* uvitenskapelig.
unscramble [ʌn'skræmbəl] *vb(=decode)* dechiffrere; sette om til klarspråk *(fx a message).*
unscrew [ʌn'skru:] *vb:* skru opp *(fx a lid);* skru av *(fx he unscrewed the cupboard door).*
unscripted [ʌn'skriptid; *attributivt:* 'ʌn,skriptid] *adj:* uten manuskript *(fx an unscripted broadcast).*
unscrupulous [ʌn'skru:pjuləs] *adj:* skruppelløs; samvittighetsløs *(fx he's totally unscrupulous).*
unsealed ['ʌn'si:ld; ʌn'si:ld; *attributivt:* 'ʌn,si:ld] *adj:* uforseglet *(fx envelope).*
unseasonable [ʌn'si:zənəbl] *adj* **1***(=not normal for the season)* unormal *(fx weather);* **2.** *stivt(=untimely)* ubetimelig; uheldig *(fx moment to break the news).*
unseat [ʌn'si:t] *vb* **1***(=unsaddle)* kaste av *(fx he was unseated);* **2.** *parl; stivt:* **be -ed***(=lose one's seat)* ikke bli gjenvalgt.
unsecured [,ʌnsi'kjuəd; ,ʌnsi'kjɔəd] *adj* **1***(=loose)* ikke festet; løs; **2.** *om fordring el. fordringshaver:* uprioritert.
unseemly [ʌn'si:mli] *adj; stivt(=improper)* upassende; som ikke passer seg; usømmelig; **~ bickering** usømmelig småkrangling; **his behaviour was ~** han oppførte seg upassende.
I. unseen [ʌn'si:n] *subst; skolev:* ekstemporaltekst; ekstemporal; **I couldn't do the ~** jeg klarte ikke ekstemporalen.
II. unseen [ʌn'si:n; 'ʌn'si:n; *attributivt:* 'ʌn,si:n] *adj* **1.** usett *(fx she came into the room unseen);* **2.** *skolev:* **~ translation** ekstemporaloversettelse.
unselfish [ʌn'selfiʃ] *adj:* uegennyttig; uselvisk; uegoistisk.
unserviceable [ʌn'sə:visəbl] *adj(=unfit for use)* ubrukelig.
unsettle [ʌn'setəl] *vb(=upset)* gjøre urolig *(fx it unsettles the baby).*
unsettled [ʌn'setəld] *adj* **1.** urolig; ustabil *(fx political conditions; the weather);* **2.** *om støv:* som ikke har lagt seg; **3.** *om spørsmål(=undecided)* uavgjort; **4.: an ~ life** et beveget liv; en omtumlet tilværelse; **lead an ~ life***(=be a rolling stone)* ha et beveget liv; føre en omflakkende tilværelse; **5.** *om landområde:* ubebygd; **6.** *merk(=unpaid)* ubetalt *(fx invoice);* **7.** *jur:* **an ~ estate** et uoppgjort bo.
unsettling [ʌn'setliŋ] *adj(=upsetting)* som gjør urolig; **all this travelling is ~ for the baby***(=all this travelling unsettles the baby)* all denne reisingen gjør babyen urolig.
unsewn [ʌn'soun] *adj:* **come ~***(=come unstitched; come apart at the seams)* gå opp i sømmen.
unshackle [ʌn'ʃækəl] *vb* **1.** *mar:* sjakle fra; **2.** *fig; litt.(=free)* befri; løse fra lenkene.
unshakable, unshakeable [ʌn'ʃeikəbl] *adj; fig(=unwavering)* urokkelig *(fx loyalty);* klippefast *(fx faith).*
unshaped [ʌn'ʃeipt; *attributivt:* 'ʌn,ʃeipt] *adj* **1.** ikke formet; utilhogd *(fx timber);* **2.** *fig; om idé:* uferdig; ikke fullt utformet.
unshaved [ʌn'ʃeivd] *adj:* ubarbert *(fx he was unshaved).*
unshaven [,ʌn'ʃeivən, *attributivt:* 'ʌn,ʃeivən] *adj:* ubarbert.
unsheathe [ʌn'ʃi:ð] *vb; litt.:* **~ one's sword***(=draw one's sword)* trekke sverdet; gripe til sverdet.
unsheltered [ʌn'ʃeltəd; *attributivt:* 'ʌn,ʃeltəd] *adj* **1.** uten ly; ubeskyttet; utsatt for vær og vind; **2.** *om industri:* uskjermet; *om bedrift:* uvernet; *(jvf sheltered 2).*
unshielded [ʌn'ʃi:ldid] *adj; fig(=unprotected)* ubeskyttet.
unship [ʌn'ʃip] *vb; mar* **1***(=discharge)* losse *(fx the cargo);* **2.: ~ the tiller** ta av rorpinnen; **~***(=boat)* **the oars** legge inn årene.
unsightly [ʌn'saitli] *adj; stivt(=ugly)* stygg.
unsinkable [ʌn'siŋkəbl] *adj* **1.** som ikke kan synke; synkefri; **2.** usenkelig; som ikke kan senkes.
unskilful*(,US: unskillful)* [ʌn'skilful] *adj; stivt(=clumsy)* klønet; klosset.
unskilled [ʌn'skild; *attributivt også:* 'ʌn,skild] *adj* **1.** ukyndig (*in* i); **2.** ufaglært *(fx worker).*
unsling [ʌn'sliŋ] *vb* **1.** *mar:* huke av (stroppene) *(fx unsling the cargo);* **2.** *mil:* **~ one's rifle** ta geværet av skulderen; **with unslung rifles** med geværene i hånden.
unsmiling [ʌn'smailiŋ; *attributivt:* 'ʌn,smailiŋ] *adj:* som ikke smiler; gravalvorlig.
unsociable [ʌn'souʃəbl] *adj:* uselskapelig *(fx person);* **an ~ neighbourhood** et strøk hvor man har liten kontakt med naboene.
unsocial [ʌn'souʃəl] *adj* **1.** usosial; **2***(=unsociable)* uselskapelig; **3.** *om arbeidstid:* ubekvem; **allowance for ~ hours***(=unsocial hours allowance)* godtgjørelse for ubekvem arbeidstid; **work ~ hours** ha ubekvem arbeidstid.
unsold [,ʌn'sould; *attributivt:* 'ʌn,sould] *adj:* usolgt.
unsolicited [,ʌnsə'lisitid] *adj; stivt(=unasked; which has not been asked for)* ubedt; uoppfordret *(fx interference);* **an ~ offer** et spontant tilbud.
unsolved [,ʌn'sɔlvd; *attributivt:* 'ʌn,sɔlvd] *adj:* uløst.
unsought-for [ʌn'sɔ:t,fɔ:] *adj; stivt(=unasked):* **~ compliments** komplimenter man ikke har invitert til.
unsophisticated [,ʌnsə'fisti,keitid] *adj:* naturlig; ukunstlet; enkel *(fx machine);* **an ~ approach to the problem** en enkel måte å nærme seg problemet på.
unsound [ʌn'saund; *attributivt:* 'ʌn,saund] *adj* **1.** i dårlig forfatning *(fx that building is unsound);* dårlig *(fx an unsound building);* **2.** *økon:* usolid; **an ~ enterprise** et usolid foretagende; **3.** *om argument, teori, etc:* uholdbar *(fx an unsound theory);* **4.** *jur:* **he committed suicide while of ~ mind** han begikk selvmord i et anfall av sinnsforvirring; *(jvf responsibility 2 & unpredictable: in an ~ state).*
unsparing [ʌn'spɛəriŋ] *adj; stivt* **1***(=generous)* rundhåndet (*in* med) *(fx in one's praise);* **2.: be ~ in one's efforts to***(=spare no efforts to)* ikke spare seg noen anstrengelse for å.
unspeakable [ʌn'spi:kəbl] *adj* **1.** som ikke kan sies høyt *(fx unspeakable words);* **2***(=inexpressible)* usigelig *(fx joy);* **3***(=indescribable)* ubeskrivelig; under all kritikk *(fx his conduct was unspeak-*

able); **these hotels are ~** disse hotellene er under all kritikk.

unspeakably *adv(=unbelievably)* utrolig *(fx he was unspeakably rude; the house was unspeakably filthy).*

unspecified [ʌn'spesi,faid] *adj:* uspesifisert; ikke nærmere angitt; **at some future ~ date** på et ikke nærmere angitt tidspunkt i fremtiden.

unstable [ʌn'steibəl] *adj* **1.** ustabil; ustø; **~ equilibrium** ustø likevekt; **2.** *om regjering:* ustabil; **3.** *kjem:* ustabil; **~ compound** løs (*el.* ubestandig) forbindelse; **4.** *om puls(=unsteady)* ujevn; **5.** *om økonomi:* ustabil; **6.** *psykol:* labil.

unstamped [ʌn'stæmpt; *attributivt:* 'ʌn,stæmpt] *adj* **1.** ustemplet; **2.** *post(=unpaid)* ufrankert.

unsteady [ʌn'stedi] *adj* **1.** ustø; vaklevoren *(fx chair);* **be ~ on one's legs***(=be shaky on one's feet)* være ustø på bena; **2.** *om puls el. rytme:* ujevn; **3.** *merk; om marked(=fluctuating)* ustabilt.

unstinting [ʌn'stintiŋ] *adj; stivt(=generous):* **~ in one's praise** gavmild med sin ros; **~ help** rundhåndet hjelp.

unstitch [ʌn'stitʃ] *vb; søm(=unpick)* sprette opp.

unstop [ʌn'stɔp] *vb* **1.** stake opp *(fx the blocked kitchen drain);* **2.** *på orgel:* trekke ut registrene på.

unstratified [ʌn'stræti,faid] *adj; geol:* ikke lagdelt *(fx rock).*

unstrap [ʌn'stræp] *vb:* spenne løs; spenne opp; ta reimen(e) av; **he -ped himself***(=he unbuckled his seat belt)* han spente av seg sikkerhetsbeltet.

unstreamed [,ʌn'stri:md; *attributivt:* 'ʌn,stri:md] *adj; skolev:* ikke differensiert (*el.* gruppert) etter evner; *(jvf II. stream & streaming).*

unstressed [ʌn'strest; *attributivt:* 'ʌn,strest] *adj(=unaccented)* trykksvak; trykklett; ubetont *(fx syllable).*

unstring [ʌn'striŋ] *vb* **1.** ta strengene av *(fx a violin);* **2.** ta av snoren *(fx beads);* **3.** *fig:* bringe ut av fatning; **she was unstrung by the news** nyheten brakte henne ut av fatning.

unstrung [ʌn'strʌŋ; *attributivt:* 'ʌn,strʌŋ] *adj* **1.** uten strenger; med løse strenger *(fx violin);* **2.** opprevet; brakt ut av fatning.

unstuck [ʌn'stʌk] *adj:* **come ~ 1.** gå opp i limingen; falle av *(fx the label has come unstuck);* **2.** **T***(=fail; go badly wrong)* slå feil; **our plans have come ~** det har gått helt galt med planene våre; planene våre har falt helt i fisk.

unstudied [ʌn'stʌdid] *adj; litt.(=natural; unaffected)* naturlig; uaffektert.

unsubstantial [,ʌnsəb'stænʃəl] *adj: se insubstantial.*

unsubstantiated [,ʌnsəb'stænʃi,eitid] *adj; stivt* **1***(=unconfirmed)* ubekreftet *(fx rumour);* **2.** *om argument(=unsupported)* ikke underbygd.

unsuccessful [,ʌnsək'sesful] *adj:* mislykket *(fx attempt);* **be ~** mislykkes; ikke ha hellet med seg.

unsuccessfully *adv(=without success)* uten hell.

unsuitable [ʌn'su:təbl] *adj* **1.** uegnet *(fx method);* **2***(=inappropriate)* upassende.

unsupported [,ʌnsə'pɔ:tid; *attributivt:* 'ʌnsə,pɔ:tid] *adj* **1.** ustøttet; uten støtte; **2** *mask:* ikke opplagret; **3.** *om argument:* ikke underbygd.

unsure [ʌn'ʃuə; ʌn'ʃɔə] *adj:* **~ of** usikker på; **he's ~ of himself***(=he lacks self-confidence)* han er usikker på seg selv; han mangler selvtillit.

unsurpassed [,ʌnsɔ:'pa:st] *adj; stivt(=unequalled)* uovertruffet.

unsuspected [,ʌnsə'spektid] *adj(=unexpected)* uant *(fx he had unsuspected talents).*

unsuspecting [,ʌnsə'spektiŋ] *adj:* intetanende *(fx this product was sold to unsuspecting customers);* **she was completely ~** hun ante slett ingenting *(fx he stole all her money and she was completely unsuspecting).*

unsuspicious [,ʌnsə'spiʃəs] *adj:* umistenksom.

unsweetened ['ʌn'swi:tənd; *attributivt:* 'ʌn,swi:tənd] *adj:* usukret.

unswerving [ʌn'swə:viŋ] *adj(=unhesitating; unwavering)* aldri sviktende; urokkelig *(fx loyalty).*

unsymmetrical [,ʌnsi'metrikəl] *adj:* usymmetrisk.

unsympathetic [,ʌnsimpə'θetik] *adj:* udeltagende; lite forståelsesfull; uforstående *(fx an unsympathetic attitude).*

untangle [ʌn'tæŋgəl] *vb(=disentangle)* greie ut *(fx she untangled the wool that her cat had played with).*

untapped [ʌn'tæpt; *attributivt:* 'ʌn,tæpt] *adj* **1.** *om fat:* utappet *(fx an untapped keg);* **2.** *fig(=unexploited)* uutnyttet *(fx resource).*

untarnished [ʌn'ta:niʃt] *adj; stivt(=unblemished; spotless)* plettfri; uplettet.

untaught [ʌn'tɔ:t; *attributivt:* 'ʌn,tɔ:t] *adj; stivt* **1***(=ignorant; uneducated)* uvitende; uten utdannelse; **2***(=natural; spontaneous)* naturlig; spontan *(fx kindness).*

untenable [ʌn'tenəbl] *adj; fig:* uholdbar *(fx hypothesis).*

untenanted [ʌn'tenəntid] *adj; om hus(=unoccupied)* ubebodd.

unthinkable [ʌn'θiŋkəbl] *adj* **1***(=inconceivable)* ufattelig *(fx unthinkable dangers);* **2***(=too unlikely to be considered)* utenkelig; **3***(=out of the question)* utenkelig *(fx it would be unthinkable to ask him to do that).*

unthinking [ʌn'θinkiŋ] *adj:* tankeløs; ubetenksom; **those ~ people who scatter rubbish in the streets** de tankeløse menneskene som kaster fra seg søppel på gaten.

unthought-of [,ʌn'θɔ:t,ɔv] *adj(=unexpected; undreamt-of)* uant; uventet.

unthread [ʌn'θred] *vb* **1***(=draw out the thread from)* dra tråden ut av *(fx a needle);* **2.** *stivt; fig(=disentangle):* **~ one's confused thoughts** få orden på sine forvirrede tanker; **3.** *stivt(=make one's way through)* finne vei gjennom *(fx a maze).*

untidy [ʌn'taidi] *adj* **1***(=disorderly; messy)* uordentlig; rotet(e); **2***(=unkempt)* ustelt; **3***(=slovenly)* sjusket(e).

untie [ʌn'tai] *vb* **1***(=unfasten)* løse; knyte opp *(fx a knot);* **2.** *fig(=solve)* løse *(fx a knotty problem).*

untied [ʌn'taid; *attributivt:* 'ʌn,taid] *adj:* ubundet.

untied aid*(=untied foreign aid)* ubundet u-hjelp; ubundet bistand.

until [ən'til; n'til; ʌn'til; *også foran trykksterk stavelse:* 'ʌnt(i)l] *prep & konj: se III. till.*

untilled [ʌn'tild; *attributivt:* 'ʌn,tild] *adj:* udyrket; **~ land** udyrket jord.

untimely [ʌn'taimli] *adj; stivt* **1***(=premature)* altfor tidlig *(fx his untimely death);* **2***(=inopportune; inconvenient)* ubetimelig; ubeleilig *(fx his untimely interference);(=unseasonable)* uheldig (anbrakt) *(fx joke);* **~ frost***(=unseasonable frost)* frost som er unormal for årstiden.

untiring [ʌn'taiəriŋ] *adj:* utrettelig *(fx she's been quite untiring in her work for the community).*

untitled [ʌn'tait(ə)ld; *attributivt:* 'ʌn,tait(ə)ld] *adj* **1.** uten tittel *(fx an untitled novel);* **2.** ikke-adelig; uten tittel; ubetitlet.

unto ['ʌntu(:); *foran konsonant:* 'ʌntə] *prep; glds; bibl(=to)* til.

untold [ʌn'tould; *attributivt også:* 'ʌn,tould] *adj* **1***(=not told)* ufortalt; ikke fortalt; **his story remained ~** hans historie forble ufortalt; **2.** *litt.(=countless)* utallig *(fx untold millions);* **3***(=vast)*

umåtelig; ~ **wealth** umåtelige rikdommer.
I. untouchable [ʌn'tʌtʃəbl] *subst:* kasteløs; paria.
II. untouchable *adj* **1.** som ikke må berøres; **2.** *stivt(=beyond reproach)* hevet over kritikk; **3.** *stivt(=unequalled)* uforlignelig; **4.** *stivt(=beyond reach)* utenfor rekkevidde *(fx mineral resources buried deep within the earth).*
untouched [ʌn'tʌtʃt] *adj* **1***(=not touched)* urørt *(fx he left his drink untouched);* **2***(=unaffected)* uberørt; **3.: he left the subject ~** han berørte ikke emnet.
untoward [ʌntə'wɔ:d; ʌn'touəd] *adj; stivt* **1***(=unfortunate)* uheldig *(fx circumstances);* **nothing ~ took place***(=everything went off well)* alt gikk bra; **2***(=unseemly; improper)* usømmelig; upassende *(fx conduct).*
untraceable [ʌn'treisəbl] *adj:* som ikke kan etterspores; som ikke kan påvises; upåviselig *(fx poison).*
untrained [ʌn'treind; *attributivt:* 'ʌn,treind] *adj:* ikke trent opp; utrent.
untrammelled [ʌn'træməld] *adj; stivt(=unhindered)* uhindret.
untried [ʌn'traid; *attributivt:* 'ʌn,traid] *adj* **1.** uprøvd; uforsøkt; **leave no means ~***(=leave no stone unturned; try everything)* ikke la noe være uforsøkt.
untrodden [ʌn'trɔdən; *attributivt:* 'ʌn,trɔdən] *adj; stivt(=not trod)* ubetrådt *(fx path).*
untrue [ʌn'tru:; 'ʌn'tru:; *attributivt:* 'ʌn,tru:] *adj* **1.** usann; uriktig; **factually ~** saklig uriktig; **2** *glds(=unfaithful)* utro (*to* mot); **3***(=out of true)* ikke rett; skjev *(fx untrue doors and windows).*
untruth [,ʌn'tru:θ; 'ʌn'tru:θ; 'ʌn,tru:θ] *subst; stivt* **1***(=falseness)* uriktighet *(fx the untruth of his statement is obvious);* **2.** *evf(=lie)* usannhet.
untuned [ʌn'tju:nd; *attributivt:* 'ʌn,tju:nd] *adj; mus:* ustemt *(fx piano).*
unturned [ʌn'tə:nd; *attributivt:* 'ʌn,tə:nd] *adj* **1.** ikke snudd (*el.* vendt); **2.** *fig:* **leave no stone ~***(=try everything)* ikke la noe være uforsøkt.
untutored [ʌn'tju:təd] *adj; stivt(=uneducated)* uskolert; uten utdannelse; uopplyst.
untwine [ʌn'twain] *vb(=disentangle)* løse opp; tvinne opp; vikle opp.
untwist [ʌn'twist] *vb* **1.:** *se untwine;* **2***(=straighten)* rette ut *(fx he untwisted the wire).*
I. unused [ʌn'ju:zd; *attributivt også:* 'ʌn,ju:zd] *adj:* ubrukt; ubenyttet.
II. unused [ʌn'ju:st] *adj(=unaccustomed):* **~ to** uvant med; ikke vant til.
unusual [ʌn'ju:ʒuəl] *adj:* ualminnelig; usedvanlig; uvanlig *(fx an unusual shade of blue; he has an unusual job);* **it's ~ for it to snow here in May** det er ikke vanlig at det snør her i mai; **nothing ~***(=nothing out of the ordinary)* intet usedvanlig; ikke noe uvanlig.
unusually *adv(=exceptionally)* usedvanlig *(fx it's unusually warm today).*
unutterable [ʌn'ʌtərəbl] *adj; stivt: se unspeakable.*
unvarnished [ʌn'va:niʃt] *adj* **1.** ufernissert; **2.** *fig:* usminket *(fx he told the unvarnished truth).*
unveil [ʌn'veil] *vb* **1.: ~ (one's face)** ta av sløret *(fx after the marriage ceremony, the bride unveils (her face));* **2.** *minnesmerke:* avduke *(fx a statue);* **3.** *stivt(=make public; reveal)* bekjentgjøre; avsløre *(fx they unveiled their plans for a new bridge).*
unvoiced ['ʌn'vɔist; *attributivt:* 'ʌnvɔist] *adj; fon:* ustemt *(fx consonant).*
unwanted [ʌn'wɔntid; *attributivt:* 'ʌn,wɔntid] *adj:* uønsket.
unwarranted [ʌn'wɔrəntid; *attributivt:* 'ʌn,wɔrəntid] *adj* **1.** *stivt(=unjustified)* uberettiget *(fx criticism);* **2.** *stivt el. jur(=unauthorized)* uhjemlet; **it is entirely ~** det savner enhver hjemmel; **3.** *stivt(=not guaranteed)* ikke garantert.
unwary [ʌn'wɛəri] *adj; stivt(=not cautious)* uforsiktig *(fx unwary people; if you're unwary he'll cheat you);* **most television advertising is just a trap for the ~** størstedelen av TV-reklamen er bare noe man blir lurt av hvis man ikke passer på.
unwavering [ʌn'weivəriŋ] *adj:* fast; urokkelig *(fx loyalty).*
unwelcome [ʌn'welkəm] *adj:* uvelkommen.
unwell [ʌn'wel; 'ʌn'wel] *adj:* utilpass; ikke helt frisk *(fx he's unwell);* **feel ~** ikke føle seg helt frisk; føle seg utilpass; være utilpass.
unwholesome [ʌn'houlsəm] *adj:* usunn *(fx climate; food).*
unwieldy [ʌn'wi:ldi] *adj:* (stor og) uhåndterlig; tung (å flytte på); stor *(fx that piece of furniture is too unwieldy for this small house); fig:* uhåndterlig *(fx this organization has become too large and unwieldy).*
unwilling [ʌn'wiliŋ] *adj* **1.** uvillig; ikke villig *(fx he's unwilling to accept the money);* **2***(=reluctant)* motvillig *(fx his unwilling approval);* **3***(=involuntary)* ufrivillig *(fx unwilling witness of(=to) their quarrels).*
unwind [ʌn'waind] *vb(pret & perf. part.: unwound)* **1.** spole av; avhaspe; vikle av; vikle opp *(fx the bandage);* **2.** *om fjær:* bli slakkere *(fx a watch spring starts tightly coiled and gradually unwinds);* **3.** *fig* **T***(=relax)* slappe av.
unwise [ʌn'waiz; *attributivt også:* 'ʌnwaiz] *adj:* uklok.
unwitting [ʌn'witiŋ] *adj; stivt* **1***(=unintentional)* utilsiktet *(fx insult);* **2.: I was the ~ cause of her accident***(=I had caused her accident without being aware of it)* uten å vite det var jeg årsaken til ulykken hennes.
unwittingly *adv(=unintentionally)* uforvarende *(fx I was unwittingly cruel to her).*
unwonted [ʌn'wountid] *adj; stivt(=unusual)* uvanlig; uvant *(fx he received my idea with unwonted enthusiasm).*
unworkable [ʌn'wə:kəbl] *adj; om plan(=impracticable)* ugjennomførbar; ugjennomførlig.
unworldly [ʌn'wə:ldli] *adj* **1***(=not of this world)* ikke av denne verden; **2.** *om person(=worldly innocent; ignorant of the world)* verdensfjern.
unworthy [ʌn'wə:ði] *adj:* uverdig *(fx act; thought);* **he's ~ to have the same name as his father** han er ikke verdig til å ha samme navn som sin far; **~ of** uverdig til; som ikke fortjener *(fx such a remark is unworthy of notice);* **behaviour ~ of an ambassador** oppførsel som ikke er en ambassadør verdig.
unwrap [ʌn'ræp] *vb:* pakke opp; pakke ut *(fx a gift).*
unwritten [ʌn'ritən; *attributivt også:* 'ʌn,ritən] *adj:* uskrevet *(fx law);* **~ sources** muntlige kilder.
unyielding [ʌn'ji:ldiŋ] *adj:* urokkelig; fast; som ikke viker en tomme.
unzip [ʌn'zip] *vb:* **~ a dress** åpne glidelåsen i en kjole.
I. up [ʌp] *subst* **1.: -s and downs** medgang og motgang; **life's full of -s and downs** det går opp og ned her i verden; **2.: hit the ball on the ~** treffe ballen på spretten.
II. up *vb* **T 1***(=increase)* legge på; sette opp *(fx the price);* **2***(=get up suddenly)* sprette opp *(fx she upped and hit him);* **3.** *om noe overraskende el. som skjer brått:* **one day her husband -ped and left** en dag gikk mannen hennes sin vei; **he -ped and married a showgirl** han gikk hen og giftet seg med en korpike; **4.** *mar(=weigh):* **~ anchor** lette anker.

III. up *adj* **1.** oppadgående; som går oppover *(fx the up escalator);* **on the ~ slope** på vei oppover; **2.** *om tog, etc som går til et høyereliggende sted el. til et sted som betraktes som mer betydningsfullt:* **the ~ train to Oxford** toget til Oxford; **the ~ platform** perrongen som toget inn til byen går fra; **3.** *om veidekke(=dug up)* oppgravd *(fx the road's all up for repairs).*

IV. up *adv & prep* **1.** oppe *(fx up in the hills; the office is up on the top floor; the plane was 4000 metres up; the sun is up already; stay up all night; the children aren't up yet);*
2. opp *(fx get up; pull your trousers up; she looked up at him);*
3. *om tid:* ute *(fx time's up); om kontrakt el. permisjon:* utløpt *(fx his leave is up);*
4.: what's ~?*(=what's the matter?)* hva er i veien?
5. *om pris:* gått opp; steget *(fx the price of coffee is up again);*
6. igjen *(fx button up your coat; tie up the parcel; nail up the door);*
7. *sport:* **our team was two goals ~ at half-time** vårt lag ledet med to mål etter første omgang;
8.: be ~ against *(=be faced with)* stå overfor; stå ansikt til ansikt med; ha å gjøre med *(fx he was up against a formidable enemy);* **T: be ~ against it***(=be in great difficulties)* være i store vanskeligheter; **T:** være ute i hardt vær;
9.: be ~ for sale være til salgs *(fx their house is up for sale);*
10.: be ~ for vente dom (,bot) for *(fx he's up for speeding again);*
11.: be ~ in arms være i harnisk;
12.: be well ~ in*(=on)* være godt inne i *(fx he's well up in the subject);*
13. T: be ~ on 1*(=be better than)* være bedre enn *(fx his performance was up on last week's);* 2. være steget i forhold til *(fx imports are up on last year's);* 3*(=be abreast of)* være à jour med *(fx he's up on the news; she's up on her homework);*
14. T: be one ~ on sby*(=be a cut above sby)* være et hakk bedre enn en;
15.: ~ to 1. opp til; inntil *(fx up to 5000 copies a month);* til *(fx he counted up to 100);* **~ to now***(=so far)* hittil; 2*(=until)* til *(fx he worked up to the last minute);* 3*(=as far as)* (så langt som) til *(fx read up to page 40);* **he sank ~ to his knees in mud** han sank ned i søla til knærne; 4.: **it's ~ to you** det blir din sak; det er opp til deg; 5.: **what's he ~ to?** hva driver han med? hva er det han holder på med? **he's ~ to no good** han har ondt i sinne; han har ikke rent mel i posen; 6.: **be ~ to doing sth** kunne klare å gjøre noe *(fx do you think she's up to doing it alone?);* 7.: **feel ~ to***(=feel equal to)* føle at man kan klare *(fx he didn't feel up to the job);* 8. bort til; **walk ~ to sby** gå bort til en.

up-and-coming *adj* **T***(=promising; successful)* lovende; fremgangsrik *(fx he's very much up-and -coming; an up-and-coming young doctor).*

up-and-over *adj:* **~ garage door***(=overhead garage door)* vippeport.

upbeat ['ʌp,bi:t] *subst; mus:* oppslag; opptakt.

upbraid [ʌp'breid] *vb; stivt el. glds(=reproach; scold)* bebreide; skjenne på.

upbringing ['ʌp,briŋiŋ] *subst:* oppdragelse *(fx he had a stern upbringing).*

I. up-country [ʌp'kʌntri] *adj* **1.** som ligger (*el.* hører hjemme) inne i landet; **2.** *neds(=countrified)* bondsk.

II. up-country *adv:* inn i landet *(fx travel up -country);* inne i landet *(fx live up-country).*

update [ʌp'deit] *vb(=bring up to date)* ajourføre; oppdatere *(fx dictionaries constantly need to be updated).*

upend [ʌp'end] *vb* **1.** stille på høykant; **2. T***(=knock down)* slå ned *(fx she upended him with a punch to the jaw).*

I. upgrade ['ʌp,greid] *subst* **1. US***(=uphill slope)* oppoverbakke; **2.** *fig:* **on the ~** på vei oppover; i fremgang; i ferd med å bli bedre.

II. upgrade [ʌp'greid] *vb* **1.** oppgradere *(fx his job has been upgraded);* **2.** sette til mer kvalifisert arbeid; **3.** *merk:* sette opp prisen på; høyne prisen på *(fx this product has been upgraded).*

upgradient ['ʌp,greidiənt] *subst(=uphill (slope))* oppoverbakke; motbakke; **on an ~** i motbakke.

upgrading course *som kvalifiserer til bedre betalt arbeid:* etterutdanningskurs; *(jvf II. upgrade 2).*

upheaval [ʌp'hi:vəl] *subst* **1.** *geol(=uplift)* landhevning; **~ and subsidence** nivåforandring; **2.** *fig:* omveltning; **a time of social ~** en tid med sosiale omveltninger.

I. uphill ['ʌp,hil] *subst:* **~ (slope)** oppoverbakke.

II. uphill [,ʌp'hil; *attributivt:* 'ʌp,hil] *adj* **1.** som går oppover *(fx road);* **2.** *fig(=difficult)* vanskelig *(fx this will be an uphill job).*

III. uphill [,ʌp'hil] *adv* **1.** oppover bakke *(fx it's uphill all the time);* **2.** *fig:* **he seemed to be working ~** det så ut til at arbeidet gikk tungt for ham.

uphold [ʌp'hould] *vb(pret & perf. part.: upheld) stivt* **1***(=maintain)* holde oppe *(fx morale in the besieged city);* opprettholde *(fx old traditions);* **2***(=support)* støtte; **I can't ~ such practice** jeg kan ikke være med på denslags praksis; **3.** *jur:* opprettholde; stadfeste *(fx the decision of the judge was upheld by the appeal court);* **his claim was upheld by the court** retten tok hans påstand til følge.

upholster [ʌp'houlstə] *vb:* polstre; stoppe; trekke *(fx a chair).*

upholstered *adj:* polstret *(fx chair).*

upholsterer [ʌp'houlstərə] *subst:* salmaker; **furniture ~** møbeltapetserer; **motor ~** bilsalmaker.

upholstery [ʌp'houlstəri] *subst* **1.** møbelstopping *(fx she goes to classes in upholstery);* **2***(=upholstery material)* møbelstoff; **3.** polstring; *innvendig, i bil:* trekk.

upkeep ['ʌp,ki:p] *subst(=(cost of) keeping in good order)* vedlikehold; vedlikeholdsomkostninger; **she can't afford the ~ of this house** hun har ikke råd til å sitte med dette huset.

upland ['ʌplənd] **1.** *subst:* **-(s)***(=highlands)* høyland; **2.** *adj(=highland)* høylands-.

I. uplift ['ʌp,lift] *subst* **1.** *geol(=upheaval)* landhevning; **2.** *stivt el. glds:* **his words gave us an ~***(=his words had an edifying effect on us)* ordene hans hadde en oppløftende virkning på oss; **3.: a bra that gives ~** en bysteholder som løfter.

II. uplift [ʌp'lift] *vb* **1.** *stivt(=lift up; raise)* løfte; heve; **2.** *stivt:* **he felt -ed by the music** han følte seg oppløftet av musikken.

upon [ə'pɔn] *prep* **1.** *stivt: se on;* **2.: once ~ a time there was a boy . . .** det var engang en gutt . . .

I. upper ['ʌpə] *subst* **1.** *på sko:* **-s** overlær; **2.: on one's -s** lutfattig; på knærne; **the firm is on its -s** firmaet kjører på stumpene; firmaet er langt nede økonomisk.

II. upper *adj* **1.** øvre *(fx Upper Egypt);* **the ~ Thames***(=the upper reaches of the Thames)* den øvre del av Themsen; **the ~ classes of the school** skolens øverste klasser; **2.** over- *(fx the upper arm; in Britain the House of Lords is the upper*

house); (se upper chamber; upper hand; upper lip).
upper berth overkøye.
upper case *typ:* store bokstaver.
upper-case [ˌʌpə'keis; *attributivt:* 'ʌpəˌkeis] *adj; typ:* stor *(fx letter).*
upper chamber*(=upper house)* overhus; førstekammer.
upper circle *teat:* annen losjerad; øverste galleri; *(jvf dress circle).*
I. upper class [ˌʌpə'klaːs] *subst* **1.** overklasse; **the -es** overklassen; **2.** *skolev:* **the -es of the school** skolens øverste klasser.
II. upper(-)class [ˌʌpə'klaːs; *attributivt:* 'ʌpəˌklaːs] *adj:* overklasse *(fx his accent is very upper class; an upper-class accent).*
I. upper crust [ˌʌpə'krʌst] *subst; neds* **T: the ~***(=the upper classes)* overklassen.
II. upper-crust [ˌʌpə'krʌst; *attributivt:* 'ʌpəˌkrʌst] *adj; neds* **T***(=upper-class)* overklasse- *(fx his accent sounds rather upper-crust; an upper-crust accent).*
uppercut ['ʌpəˌkʌt] *subst; boksing:* uppercut.
upper deck *mar:* øverste dekk.
upper hand: get (,have) the ~ få (,ha) overtaket (*of, over* på) *(fx I've got the upper hand over you).*
upper house*(=upper chamber) parl:* førstekammer; overhus.
upper jaw *anat:* overkjeve.
upper limb *zo:* overlem.
upper lip 1. *anat:* overleppe; **2.** *fig:* **keep a stiff ~** ikke vise seg svak; bite tennene sammen (og ikke gi etter for lysten til å gråte); **T:** være tøff.
uppermost ['ʌpəˌmoust] *adv:* øverst; **keel ~** med kjølen i været; **thoughts of the children were ~ in her mind** først og fremst tenkte hun på barna.
upper school the fire øverste klasser i en 'comprehensive school'.
upper storey T: the ~ øverste etasje (ɔ:hodet).
upper works *mar:* overskip; skipsside over vannlinjen.
uppish ['ʌpiʃ] *adj* **T:** oppesen; kjepphøy; overlegen.
I. upright ['ʌpˌrait] *subst* **1.** *bygg(=stud)* stender; **2.** stolpe *(fx when building the fence, place the uprights two metres apart); fotb(=goal post)* målstolpe.
II. upright 1. *adj; stivt(=just and honest)* rettlinjet; rettskaffen; ærlig; **2.** *adv:* loddrett; rett opp og ned *(fx he placed the books upright);* **stand ~** stå rett opp og ned *(fx she got out of bed and stood upright).*
upright meadow buttercup*(=meadow buttercup) bot:* engsoleie.
upright piano vanlig piano.
uprising ['ʌpˌraiziŋ] *subst; stivt el. glds(=revolt)* oppstand; reisning.
uproar ['ʌpˌrɔː] *subst:* larm; tumult; roping og skriking *(fx his speech was followed by (an) uproar).*
uproarious [ʌp'rɔːriəs] *adj(=very noisy)* støyende; stormende *(fx applause).*
uproot [ʌp'ruːt] *vb* **1***(=dig up with its roots)* grave opp med roten; rykke opp med roten; **2.** *fig:* rykke opp med roten.
uprooted *adj:* rotløs *(fx exile).*
upsadaisy ['ʌpsə'deizi] *int(=upsydaisy)* hoppsan -heisan.
I. upset ['ʌpˌset] *subst* **T 1.** styr og ståk *(fx I couldn't bear the upset of moving house again);* **2.: stomach ~** magebesvær; **3***(=defeat; complete change for the worse)* nederlag; absolutt forverring; **4.** *ved auksjon(=upset price; reserve(d) price)* minimumspris.
II. upset [ʌp'set] *vb* **1***(=knock over; overturn)* velte *(fx a glass);* **2.** kullkaste *(fx sby's plans);* forstyrre; **~ the balance of nature** forstyrre likevekten i naturen; **3.** *om mat:* **all that food ~ her stomach** all den maten hadde magen hennes ikke godt av; **4.** *fig:* bringe ut av likevekt; ryste; virke sterkt på *(fx her death upset him very much);* **-ting news** foruroligende nyheter; **try not to ~ yourself about it** prøv å la være å bekymre deg (*el.* være urolig) på grunn av det; **5.** *mask:* stuke *(fx a bolt); (se applecart).*
III. upset [ʌp'set] *adj:* oppbrakt; urolig; **terribly ~ at the thought of violence** svært oppbrakt ved tanken på vold; **he was quite ~ about it** han var helt ute av seg på grunn av dette.
upshot ['ʌpˌʃɔt] *subst* **T: the ~***(=the (final) result)* det endelige resultatet; resultatet; utfallet.
upside down ['ʌpˌsaid 'daun] *adv* **1.** opp ned; med bunnen i været; **2.** *fig:* **turn sth ~** snu noe på hodet; endevende *(fx the burglars turned the house upside down).*
I. upstage [ʌp'steidʒ] *adv; teat(=at the back of the stage)* i bakre del av scenen; i bakgrunnen.
II. upstage [ʌp'steidʒ; *attributivt:* 'ʌpˌsteidʒ] *adj* **1.** *teat:* bakgrunns-; **~ scenery** bakgrunnskulisser; **2. T***(=haughty; aloof)* overlegen; hoven; reservert; utilnærmelig.
III. upstage [ʌp'steidʒ] *vb* **1.** *teat:* tvinge en skuespiller til å vende seg bort fra publikum ved å snakke til ham fra bakre del av scenen; **2.** *fig* **T***(=steal the show from)* ta luven fra *(fx she upstaged all the other girls at the party);* stille i skyggen.
I. upstairs [ˌʌp'stɛəz; *mots. 'downstairs':* 'ʌpˌstɛəz] *subst; pl:* **the ~ 1.** overetasjen; **2.** *i hus med tjenere:* herskapet.
II. upstairs [ʌp'stɛəz; *attributivt:* 'ʌpˌstɛəz] *adj:* ovenpå; **a little ~ room** et lite rom ovenpå; **an ~ lavatory** w.c. ovenpå (*el.* i annen etasje).
III. upstairs [ˌʌp'stɛəz] *adv* **1.** ovenpå; i annen etasje; **his room is ~** rommet hans er ovenpå (*el.* i annen etasje); **go ~** gå ovenpå **2. T: kick sby ~** sparke en oppover (ɔ: bli kvitt en ved forfremmelse).
upstanding [ʌp'stændiŋ] *adj* **1.** *stivt(=erect; upright)* som står rett opp og ned; *jur; i retten:* **will you please be ~** vil alle reise seg; **2.** *fig(=upright)* rettskaffen; hederlig *(fx a fine upstanding young man).*
upstart ['ʌpˌstaːt] *subst:* oppkomling.
upstate ['ʌp'steit; *attributivt:* 'ʌpˌsteit] **US 1.** *adj:* som befinner seg i den nordligste (*el.* minst sentrale) del av staten; **2.** *adv:* i den nordligste (*el.* minst sentrale) del av staten; til (,fra) den nordligste (*el.* minst sentrale) del av staten.
upstream ['ʌp'striːm; ʌp'striːm; *attributivt:* 'ʌpˌstriːm] **1.** *adj:* som ligger lenger opp langs elven; oppgående; motstrøms-; **2.** *adv:* oppover langs elven; oppover elven *(fx salmon swim upstream to spawn).*
upstroke ['ʌpˌstrouk] *subst* **1.** *mask:* oppslag *(fx the upstroke of a piston);* **2.** *i skriving(=upward stroke)* oppstrek.
upsurge ['ʌpˌsəːdʒ] *subst; især litt.(=rush):* **a sudden ~ of kindness** et plutselig anfall av vennlige følelser.
upswing ['ʌpˌswiŋ] *subst; økon(=recovery)* oppsving.
upsydaisy ['ʌpsi'deizi] *int(=upsadaisy)* hoppsan -heisan.
uptake ['ʌpˌteik] *subst* **1.** *i ildsted:* opptrekk; **2.** *av næring, etc(=intake)* opptak; **3. T: be quick on the ~** være rask i oppfatningen; være rask til

å oppfatte; **T:** ha kort lunte; **be slow on the ~** være sen i oppfatningen; være sen til å oppfatte; **T:** ha lang lunte.

uptight [ʌp'tait] *adj* **T***(=tense; nervous)* anspent; nervøs.

up-to-date ['ʌptə,deit] *adj; attributivt:* ajourført; moderne *(fx methods)*.

up to date, up-to-date [,ʌptə'deit] *adj; predikativt:* ajourført; moderne *(fx the magazine is quite up to date)*; **keep me ~ on***(=with)* **your plans** hold meg underrettet om planene dine.

up-to-the minute, up to the minute *adj:* helt à jour; ultramoderne; aller siste; aller nyeste; **~ information***(=the very latest information)* de aller nyeste informasjoner.

I. upturn ['ʌp,tə:n] *subst(=upward trend)* oppsving; oppadgående tendens.

II. upturn [,ʌp'tə:n] *vb* **1***(=turn up)* vende opp; **2***(=turn upwards)* vende oppad.

upturned [,ʌp'tə:nd; *attributivt:* 'ʌp,tə:nd] *adj* **1.** oppadvendt; **2.** omvendt *(fx bucket)*; **cling to the ~ boat** ri på båthvelvet.

I. upward ['ʌpwəd] *adj:* oppadgående *(fx an upward movement)*; stigende *(fx an upward tendency)*.

II. upward *adv: se upwards.*

upwards ['ʌpwədz] *adv:* opp(over); i været *(fx look upwards)*; **and ~** og derover; og mer *(fx orders of 100 dozen garments and upwards)*; **face ~** med ansiktet opp *(fx lie on the floor face upwards)*; *stivt:* **~ of***(=more than)* mer enn *(fx a hundred people)*.

I. upwind ['ʌp,wind] *subst; meteorol:* oppvind.

II. upwind [ʌp'wind] *adv:* mot vinden *(fx fly upwind)*.

uraemia*(,US: uremia)* [ju'ri:miə] *subst; med.:* uremi; urinforgiftning.

Ural ['juərəl] *subst; geogr:* Ural; **the -s** Uralfjellene.

uranium [ju'reiniəm] *subst; min:* uran.

urban ['ə:bən] *adj:* bymessig; by-; **~ life** byliv(et); livet i en by (,i byen) *(fx he disliked urban life)*.

urban clearway gate med stoppforbud.

urban cycle *faglig(=driving in town (traffic))* bykjøring.

urbane [ə:'bein] *adj:* urban; beleven; meget høflig.

urbanize, urbanise ['ə:bə,naiz] *vb:* urbanisere; gi bypreg.

urban renewal bysanering; *(jvf clearance 4)*.

urban sprawl byspredning.

urchin ['ə:tʃin] *subst; glds:* **street ~** gategutt.

Urdu ['uədu:; 'ə:du:] *subst; språk:* urdu.

ureter [ju'ri:tə] *subst; anat:* urinleder.

urethra [ju'ri:θrə] *subst; anat:* urinrør.

I. urge [ə:dʒ] *subst:* sterk innskytelse; sterkt ønske; **feel the ~ to** ha god lyst til å; **he felt the ~ to sing** han hadde god lyst til å synge; **he's got a strong ~ to talk to sby** han har et sterkt ønske om å kunne få snakke med noen; **she gets these sudden -s** hun får disse plutselige innskytelsene; **he had a sudden ~ to go to Italy** han fikk plutselig lyst til å dra til Italia.

II. urge *vb* **1.** henstille (inntrengende); be *(fx 'Come with me', he urged)*; **he -d her to drive carefully** han ba henne innstendig om å kjøre forsiktig; **she -d him to stay** hun maste på ham om å bli; **2***(=drive)* drive *(fx hunger urged the boy to steal)*; **3***(=encourage)* anspore *(fx urge him to do his best)*; **4***(=stress)* understreke; fremheve *(fx the need for reform)*; **5.: ~ on** 1. drive frem *(fx urge the donkey on)*; *fig:* **he -d himself on** han tvang seg selv til å gå videre; 2.: **~ sth on sby***(=impress sth on sby)* legge en noe på sinne; fremholde noe for en *(fx he urged on them the need for more time)*.

urgency ['ə:dʒənsi] *subst:* det at noe haster (*el.* er presserende); **a matter of great ~** en meget presserende sak; **what's the ~?** hva er årsaken til hastverket? **the ~ of his warning** hans inntrengende advarsel; **ask that sth be dealt with as a matter of ~** *(,parl: call for a vote of urgency)* be om at noe blir behandlet som hastesak.

urgent ['ə:dʒənt] *adj:* presserende *(fx matter; case)*; inntrengende *(fx request)*; **~***(=pressing)* **need** påtrengende behov; **~***(=pressing)* **problems** påtrengende problemer; **be in ~ need of sth** trenge noe med én gang.

urgently *adv:* inntrengende *(fx we must urgently request you to . . .)*; **need sth ~***(=be in urgent need of sth)* trenge noe med én gang; **his return is most ~ required** det er uomgjengelig nødvendig at han kommer tilbake.

Uriah [ju'raiə] *subst; bibl:* Urias.

uric ['juərik] *adj; kjem:* urin-; **~ acid** urinsyre.

urinal [ju'rainəl; 'juərinəl; jɔərinəl] *subst* **1***(=urine bottle)* uringlass; **2.** urinal.

urinary ['juərinəri; 'jɔərinəri] *adj:* urin-; **~ bladder** urinblære.

urinary tract *anat:* **the ~** urinveiene.

urinate ['juəri,neit; 'jɔəri,neit] *vb:* urinere; late vannet.

urination [,juəri'neiʃən; ,jɔəri'neiʃən] *subst:* urinering; vannlating.

urine ['juərin; 'jɔərin] *subst:* urin.

urn [ə:n] *subst* **1.** urne; **2***(=cinerary urn)* askeurne; **3.: tea ~** temaskin; samovar.

urology [ju'rɔlədʒi] *subst:* urologi.

ursine ['ə:sain] *adj:* bjørnelignende; bjørneaktig; bjørne-.

urticaria [,ə:ti'kɛəriə] *subst; med.(=hives; nettle rash)* neslefeber.

Uruguay ['juərə,gwai] *subst; geogr:* Uruguay.

us [ʌs; əs; s] *pers pron* **1.** oss; **it's ~** det er oss; **2. T***(=me)* meg *(fx give us a kiss!)*.

US [,ju'es] *fk.f. United States;* **the ~** USA.

USA [,ju:es'ei] *fk.f. United States of America;* **the ~** USA.

usable ['ju:zəbl] *adj:* brukbar; brukelig.

usage ['ju:sidʒ; 'ju:zidʒ] *subst* **1.** *stivt(=treatment)* behandling; **receive rough ~** få hardhendt behandling; **ill ~***(=ill-treatment)* mishandling; **2.** *stivt el. litt.(=custom)* skikk *(fx ancient traditions and usages)*; **3.** skikk og bruk; kutyme; **trade ~** handelskutyme; **it's a practice established by ~***(=it's an established practice)* det (er noe som) har fått hevd; **4.** språkbruk *(fx correct usage)*; **is this ~ correct?** er dette en riktig måte å bruke ordet (,uttrykket) på? **this ~***(=use)* **of the word is rare** denne bruken av ordet er sjelden; **be in common ~***(=use)* være i vanlig bruk; **~ varies** bruken varierer.

usage label *i ordbok:* etikett.

usance ['ju:zəns] *subst* **1.** *merk:* vekselfrist; **draw a bill at ~** utstede en usoveksel; **2.:** *se unearned 2:* **~** *income.*

I. use [ju:s] *subst* **1.** bruk; anvendelse; benyttelse; **possible -s** anvendelsesmuligheter; **plenty of -s** mange anvendelsesmuligheter; **it has various -s** det kan brukes til litt av hvert; **after ~** etter bruk; **shake the bottle before ~** ryst flasken før bruk; **for immediate ~** for bruk straks; **for everyday ~** til daglig bruk; **for external (,internal) ~** til utvortes (,innvortes) bruk; **for my ~** til mitt bruk *(fx they are too small for my use)*; **for one's personal ~** til eget (*el.* personlig) bruk; **for ~ in**

emergencies til bruk i nødstilfeller; **find a ~ for sth** finne noe å bruke noe til *(fx can you find a use for these empty boxes?)*; **no ~ for** ingen bruk for *(fx they have no use for it)*; **I have no further ~ for these clothes** disse klærne har jeg ingen bruk for lenger; **in ~** i bruk *(fx it's in daily use; how long has the stadium been in use?)*; **it's in general ~** det er meget (*el.* mye) brukt; det brukes mye; **have in ~***(=be using)* ha i bruk; **rigorous training for the crew in its ~** streng trening for mannskapet i bruken av det (ɔ:utstyret); **come into ~***(=begin to be used)* bli tatt i bruk; **when did umbrellas come into ~?** når begynte man å bruke paraplyer? **the ~ of** bruken av; **the proper** *(=correct)* **~ of** riktig bruk av; **proper handling and ~ of the equipment ensures safer welding** riktig behandling og bruk av utstyret betyr sveising under tryggere forhold; **give sby the ~ of** la en få bruke *(fx I gave him the use of my car)*; **have the ~ of** få lov til å bruke *(fx he let us have the use of his car)*; **he lost the ~ of his right arm** den høye armen hans ble ubrukelig; **for the ~ of** til bruk for; til bruk i *(fx for the use of schools)*; **for the ~ of the armed forces***(=for service use)* til militært bruk; **how long has it been out of ~?** hvor lenge er det siden den (,det) var i bruk? **go out of ~***(=cease to be used)* gå av bruk *(fx when did trams go out of use in this city?)*; **make ~ of** gjøre bruk av; **make extensive (,frequent) ~ of** gjøre utstrakt (,flittig) bruk av; **make good ~ of sth***(=put sth to good use)* gjøre god bruk av noe; **make good ~ of one's time** benytte tiden godt; **put to ~** 1*(=make use of)* gjøre bruk av; 2*(=start using)* ta i bruk; *(se også 3 ndf)*;

2. *språkv(=usage)* bruk; **this ~ of the word is rare** denne bruken av ordet er sjelden; **be in common ~** være i vanlig bruk; *(se usage)*;

3. nytte; **be of ~** være til nytte; gjøre nytte; **be of ~ to sby** være til nytte for en; være nyttig for en; **of ~ to us** nyttig for oss; **are they (of) any ~ to you?** kan du nyttiggjøre deg dem? kan du ha noen nytte av dem? kan du bruke dem? **if it's the smallest bit of ~***(=if it's at all helpful)* hvis det kan være til den aller minste nytte; **he's no ~** han har vi ingen nytte av; han er ubrukelig; **it's (of) no ~***(=it's no good)* det nytter ikke; det har ingen hensikt; **it's of little practical ~** det er til liten praktisk nytte; **what's the ~ (of that)?** hva kan det nytte? **what's the ~ of (-ing)?** hva kan det nytte å . . .? **make full ~ of this new system** dra full nytte av dette nye systemet; **make practical ~ of the results of an experiment** dra praktisk nytte av et eksperiment; *(se også I ovf)*.

II. use [ju:z] *vb* **1.** bruke *(fx a hammer; one's head)*; **the car -s very little petrol** bilen bruker svært lite bensin; **~ some of the butter** bruke (noe) av smøret; **I -d some of your butter** jeg brukte (litt) av smøret ditt; **we're using far too much electricity** vi bruker altfor mye elektrisitet (*el.* strøm); **be -d for** bli brukt til; brukes til; **~ up** bruke opp *(fx he used it all up)*; **when using . . .** ved bruk av . . .; når man bruker . . .; **~ wrongly** bruke galt;

2. *person:* behandle *(fx she felt she had been badly used(=treated))*; bruke; **consent to be -d***(= let oneself be used)* la seg bruke; **don't let yourself be -d for that sort of thing***(=don't lend yourself to that sort of thing)* ikke la deg bruke til denslags.

used [ju:zd] *adj:* brukt *(fx a used car)*; *(jvf second -hand)*.

used to ['ju:st tə; *foran vokal:* 'ju:st tu] *adj* **1.** vant til *(fx I'm not used to it)*; **2.: he ~ come in the morning** han pleide å komme om morgenen (,formiddagen); **did he used***(=use)* **to do that?** pleide han å gjøre det? **he didn't use(d) to do it***(=he usen't to do it)* han pleide ikke å gjøre det; **3.: there ~ be a baker's shop here** det stod et bakeriutsalg her engang; **didn't you ~ live near me?***(= didn't you use to live near me?)* bodde du ikke i nærheten av meg den gangen? **didn't there ~ be a church here?***(=didn't there use to be a church here?)* stod det ikke en kirke her engang?

useful ['ju:sful] *adj:* nyttig; **it's ~ to know***(=it's worth knowing)* det er nyttig å vite; **it came in ~** det kom til nytte; det viste seg å være nyttig; **make oneself ~ about the house** gjøre nytte for seg i huset; **~ for** nyttig for *(fx a purpose)*; **~ to sby** nyttig for en *(fx these people might be useful to you)*.

usefully *adv:* på en nyttig måte *(fx he spent the day usefully in repairing the car)*; **a dictionary that may be ~ consulted** en ordbok som det kan være nyttig å slå opp i; **one cannot ~ . . .** det tjener liten hensikt å . . . *(fx consider the form of a poem apart from its content)*.

usefulness ['ju:sfulnis] *subst:* nytte.

useful plant nytteplante.

useless ['ju:slis] *adj:* unyttig *(fx thing)*; nytteløs; ubrukelig; **render ~** gjøre ubrukelig; **it's ~ to try** det nytter ikke å prøve *(fx We can't do it – it's useless to try)*; **men are ~ at housework** menn er ikke noe tess til husarbeid.

user ['ju:zə] *subst* **1.** bruker; **2. T***(=drug addict)* stoffmisbruker.

user-friendly ['ju:zə,frendli] *adj:* brukervennlig *(fx machine)*.

I. usher ['ʌʃə] *subst* **1.** *teat, kino:* plassanviser; **2.: (court) ~** rettsbetjent.

II. usher *vb* **1***(=lead)* føre *(fx the waiter ushered him to a table)*; **2.: ~ in** 1*(=show in)* vise inn; 2*(=be the beginning of)* innvarsle; være begynnelsen til *(fx this ushered in an era of terror)*.

usherette [,ʌʃə'ret] *subst; teat, kino:* plassanviserske; *(jvf I. usher)*.

U.S.S.R. [,ju:eses'a:] *(fk.f. Union of Soviet Socialist Republics)*: **the ~** Sovjetunionen.

usual ['ju:ʒuəl; 'ju:ʒəl] *adj:* vanlig; **as ~** som vanlig; **are you going home by the ~ route?** tar du den vanlige veien hjem?

usually ['ju:ʒuəli] *adv:* vanligvis; **we're ~ at home in the evenings** vi pleier å være hjemme om kveldene; **~ we finish work at five o'clock** vanligvis er vi ferdige med arbeidet klokken fem.

usufruct ['ju:sju,frʌkt] *subst; jur(=right of use)* bruksrett.

usurer ['ju:ʒərə] *subst:* ågerkar.

usurious [ju:'ʒuəriəs] *adj:* åger-; ublu *(fx rates of interest)*.

usurp [ju:'zə:p] *vb* **1.** *hist:* rive til seg; tilrane seg *(fx the throne)*; **2.** *stivt(=monopolize)* monopolisere; legge beslag på *(fx the conversation)*.

usurper [ju:'zə:pə] *subst:* **~ (of the throne)** tronraner; tronrøver.

usury ['ju:ʒəri] *subst:* åger; **practise ~** drive åger.

utensil [ju:'tensəl] *subst:* **eating -s** spiseredskaper; **cooking -s** kokesaker; **domestic -s** husgeråd; **kitchen -s** kjøkkentøy; **writing -s** skrivesaker.

uterine ['ju:tə,rain] *adj* **1.** livmor-; **2.** *om søsken; stivt(=born of the same mother)* født av samme mor.

uterus ['ju:tərəs] *subst; anat(=womb)* livmor.

utilitarian [ju:,tili'tɛəriən] *adj:* nyttebetont; nytte-

preget.
utilitarian study brødstudium.
utilitarian value nytteverdi.
utilitarianism [ju:,tili'tɛəriənizəm] *subst:* nyttemoral.
I. utility [ju:'tiliti] *subst* **1.** *meget stivt(=usefulness)* nytte; **limited ~** begrenset nytte *(fx some of these gadgets have only a limited utility);* **2.** offentlig gode; fellesgode (som elektrisitet, gass, etc); *(se public utility).*
II. utility *adj* **1.** bruks-; nytte-; **2.** *hist; under den 2. verdenskrig:* standard- *(fx utility socks; utility clothes).*
utility animal *zo:* nyttedyr.
utility fire nytteild.
utility room *i privathus:* vaskerom.
utility value bruksverdi.
utilization, utilisation [,ju:tilai'zeiʃən] *subst:* det å gjøre bruk av; utnyttelse.
utilize, utilise ['ju:ti,laiz] *vb; stivt(=use; make use of)* bruke; gjøre bruk av *(fx available resources);* utnytte.
I. utmost ['ʌtmoust] *subst:* **to the ~** til det ytterste; **do one's ~***(=do one's very best)* gjøre sitt ytterste.
II. utmost *adj:* ytterst *(fx the utmost ends of the earth);* **with the ~ care** med den ytterste forsiktighet.
Utopia [ju:'toupiə] *subst:* Utopia.
Utopian [ju:'toupiən] *adj:* utopisk; **a ~ idea** en utopisk idé.
I. utter ['ʌtə] *vb* **1.** *stivt(=speak)* ytre *(fx he didn't utter a single word);* **2.** *stivt(=let out)* utstøte; gi fra seg *(fx she uttered a cry of despair);* **~***(=heave)* **a sigh of relief** trekke et lettelsens sukk; **3.** *jur(=issue):* **~ a false cheque** utstede en falsk sjekk.
II. utter *adj(=absolute; total)* fullstendig *(fx his utter lack of tact);* **there was ~ silence** det var fullstendig stille; **in ~ darkness** i stummende mørke.
utterance ['ʌtərəns] *subst; stivt* **1***(=statement; remark)* ytring *(fx blasphemous utterances);* **2.: give ~ to***(=give expression to)* gi uttrykk for *(fx he had no time to give utterance to his thoughts).*
utterly ['ʌtəli] *adv(=completely)* helt; fullstendig *(fx it's utterly impossible).*
uttermost ['ʌtə,moust] *adj; litt.: se utmost.*
U-turn ['ju:,tə:n] *subst* **1.** U-sving; sving på 180° *(fx no U-turns are allowed on motorways; he made a swift U-turn and went back the way he had come);* **2.** *polit:* helomvending *(fx a U-turn on wage controls).*
uvula ['ju:vjulə] *subst; anat:* drøvel.
uvular ['ju:vjulə] **1.** *subst(=uvular consonant)* uvular; **2.** *adj:* uvulær; drøvel- *(fx a uvular r).*

V

V, v [vi:] (bokstaven) V, v; **V for Victory** enkelt-v; **capital** V stor V; **small v** liten v.

vac [væk] *subst* **T 1.:** *se vacation,* **2. T**(*=vacuum cleaner*) støvsuger; **car ~** bilstøvsuger.

vacancy ['veikənsi] *subst* **1.** ledig stilling (*fx we have a vacancy for a typist*); *i hotell:* ledig værelse; **2**(*=inanity*) tomhjernethet; **3.** *fig*(*=emptiness*) tomhet; **the ~ of his expression** det tomme uttrykket i ansiktet hans; **~ (of mind)**(*=mental vacuity*) tanketomhet.

vacant ['veikənt] *adj* **1.** ledig (*fx room; seat*); ubesatt (*fx there's a vacant seat on the board*); **a ~ post**(*=a vacancy*) en ledig stilling; **2**(*=empty*) tom; ubebodd; **sell a house with ~ possession** selge et innflyttingsklart hus; **3.** *fig:* **a ~ stare** et tomt blikk; **T: he looks rather ~** han ser ikke videre gløgg ut.

vacantly *adj:* med et tomt uttrykk; tomt.

vacate [və'keit; **US:** vei'keit] *vb; stivt* **1**(*=leave*) forlate (*fx hotel guests are requested to vacate their rooms by midday on the day of departure*); flytte fra (*el.* ut av) (*fx a house*); **2**(*=give up*) gi fra seg (*fx one's seat*); fratre (*fx a post*).

I. vacation [və'keiʃən; **US:** vei'keiʃən] *subst* **1.** *især* **US**(*=holiday*) ferie (*fx summer vacation*); **2.** *univ:* ferie; *jur:* **court ~**(*=legal vacation*) rettsferie.

II. vacation *vb* **US**(*=take a holiday*) feriere.

vacationist [vei'keiʃənist] *subst* **US**(*=holiday maker*) ferierende.

vaccinate ['væksi,neit] *vb:* vaksinere.

vaccination [,væksi'neiʃən] *subst:* vaksinering; vaksinasjon.

vaccinator ['væksi,neitə] *subst:* vaksinerende lege.

vaccine ['væksi:n] *subst:* vaksine.

vacillate ['væsi,leit] *vb; stivt* **1**(*=shilly-shally*) vingle (*fx stop vacillating and make up your mind!*); **2**(*=hesitate*) nøle; vakle (*fx he vacillated between accepting and not accepting*).

vacillation [,væsi'leiʃən] *subst; stivt*(*=shilly-shallying; hesitation*) vingling; nøling; vakling.

vacuity [væ'kju:iti] *subst:* **(mental) ~**(*=emptiness of mind*) tanketomhet.

vacuous ['vækjuəs] *adj; stivt*(*=empty*) tom (*fx his face had a vacuous expression*).

I. vacuum ['vækjuəm] *subst* **1.** vakuum; lufttomt rom; **2.** *fig:* tomrom (*fx people who live in a vacuum; his death has left a vacuum in our lives*); **3. T**(*=vacuum cleaner*) støvsuger.

II. vacuum *vb:* støvsuge (*fx a carpet*).

vacuum cleaner (*,T: vac; vacuum*) støvsuger.

vacuum cleaning støvsuging.

(vacuum) flask(*=thermos flask*) termosflaske.

vagabond ['vægə,bɔnd] *subst; glds*(*=tramp*) landstryker; vagabond.

vagary ['veigəri; və'gɛəri] *subst; stivt*(*=whim*) lune (*fx the vagaries of the weather*).

vagina [və'dʒainə] *subst; anat:* vagina; skjede.

vaginal [və'dʒainəl] *adj; anat:* vaginal(-); skjede-.

vagrancy ['veigrənsi] *subst; stivt el. jur:* løsgjengeri.

vagrancy act løsgjengerlov.

I. vagrant ['veigrənt] *subst* **1.** *glds*(*=tramp*) landstryker; **2.** *jur:* løsgjenger (*fx he was arrested as a vagrant because he was sleeping on park benches*); **3.** *stivt*(*=dosser*) herbergist; *neds:* uteligger.

II. vagrant *adj; stivt*(*=wandering*) omstreifende; omflakkende; vandrende (*fx musician*).

vague [veig] *adj:* vag; uklar; utydelig (*fx the vague outline of a ship*); svevende (*fx he's always very vague when making arrangements*); **be rather ~** uttrykke seg nokså uklart; **I have a ~ memory of it** jeg husker det svakt; **~**(*=foggy;* **T:** *fuzzy*) **ideas** uklare begreper; **I haven't the -st idea** jeg aner ikke; **T:** jeg har ikke peiling; **have some ~**(*=dim*) **notion of . . .** ha et uklart begrep om . . .

vaguely *adv* **1.** uklart; utydelig; **I remember him very ~** det er så vidt jeg husker ham; **his face was ~ familiar** det var noe kjent ved ansiktet hans; **2**(*=slightly*)*:* **I felt ~ uneasy** jeg følte meg en tanke urolig; **she felt ~ irritated** hun var en liten smule irritert.

vain [vein] *adj* **1.** forfengelig; **a ~ wish** et fromt ønske; **2**(*=unsuccessful*) forgjeves (*fx make a vain attempt*); **3.** *fig*(*=empty*) tom (*fx vain threats; vain promises*); **4.: in ~** forgjeves (*fx he tried in vain*); **5.** *bibl:* **take the name of the Lord thy God in ~** ta Guds navn forfengelig.

vainly ['veinli] *adv*(*=in vain*) forgjeves.

vainglorious [vein'glɔ:riəs] *adj; meget stivt*(*=boastful and conceited*) skrytende og innbilsk; pralende; brautende.

valance ['væləns] *subst:* hyllebord; kappe (*fx a bedspread with a valance attached*); gardinkappe.

vale [veil] *subst; litt.*(*=valley*) dal.

valediction [,væli'dikʃən] *subst; litt.*(*=farewell*) avskjedshilsen; **in ~** som en avskjedshilsen; til farvel.

valedictory [,væli'diktəri] *adj; litt.*(*=farewell*) avskjeds-; **a ~ salute**(*=a farewell greeting*) en avskjedshilsen.

valence ['veiləns] **US**(*=valency*) *subst; kjem:* valens.

valency ['veilənsi] (*,***US:** *valence*) *subst; kjem:* valens.

valentine ['vælən,tain] *subst* **1.** kjæreste (valgt på St. Valentins dag, den 14. februar); **2.** hilsen (sendt på St. Valentins dag).

valerian [və'liəriən] *subst* **1.** *bot*(*=allheal*) baldrian; vendelrot; **common ~** legevendelrot; **2.: (tincture of) ~** baldriandråper.

valet ['vælit; 'vælei] *subst:* kammertjener.

valet(ing) service garderobeservice.

valiant ['væljənt] *adj; stivt el. litt.*(*=brave*) tapper.

valid ['vælid] *adj:* gyldig (*fx excuse; passport; ticket*); **the ticket is ~ for three months** billetten gjelder i tre måneder; **a ~ conclusion** en velbegrunnet konklusjon.

validity [və'liditi] *subst:* gyldighet; **~ (in law)**(*=legal validity*) lovgyldighet; rettsgyldighet; *om teori:* holdbarhet.

valise [və'li:z; **US:** və'li:s] *subst* **1.** *især* **US**(*=travelling bag*) reiseveske; **2.** *glds:* vadsekk.

valley ['væli] *subst:* dal.

valour(*,***US:** *valor*) ['vælə] *subst; stivt*(*=courage; bravery*) mot; tapperhet.

valuable ['væljuəbl] **1.** *subst:* **-s**(*=articles of value*) verdigjenstander; **2.** *adj:* verdifull.

valuation [,vælju'eiʃən] *subst* **1.** verdiansettelse;

taksering; **have a ~ done on one's house***(=have one's house valued)* få huset sitt taksert; **a commercial ~ of the house** taksering av huset basert på markedsverdien; **2.** takstpris; takst; **that's too low a ~***(=that valuation is too low)* den taksten er for lav.
valuation court: (local) ~ *når det gjelder eiendomssalg; svarer til:* overligningsnemnd.
I. value ['vælju:] *subst:* verdi; **of little ~** av liten verdi; **it's of little ~ to me** det har liten verdi for meg; **to the ~ of** til en verdi av; **the estimated ~ of the house** antatt verdi av huset; **excellent ~ (for money)** utmerket valuta for pengene; **get ~ for money** få valuta for pengene; **get full ~ out of one's leisure** få fullt utbytte av sin fritid.
II. value *vb* **1.** verdsette; **over-** verdsette for høyt; **under-** verdsette for lavt; **2.** taksere; **have sth -d** få noe taksert; **the house is -d at £60,000** huset er taksert til £60.000; **3.** sette pris på *(fx he values your advice very highly)*.
value-added tax *(fk VAT)* merverdiavgift.
valueless ['væljulis] *adj(=of no value)* verdiløs.
valuer ['væljuə] *subst(=valuator)* takstmann.
valve [vælv] *subst* **1.** *mask, etc:* ventil; spjeld; **2.** *mus:* klaff; ventil; **3.** *anat, bot, zo:* klaff; **cardiac ~** hjerteklaff; **4.** *zo:* den ene delen av et diatomeskall; den ene delen av et muslingskall: *(jvf bivalve)*; **5.** *radio(*,**US:** *tube)* rør; **6***(=electron tube;* **US:** *vacuum tube)* elektronrør.
valve base *radio(=valve socket)* rørsokkel.
valve clatter *mask:* ventilklapring.
valve core *i dekk:* ventilnål.
(valve) cotter *mask:* ventillås.
valve flap *mask:* ventilklaff.
valve grinder *mask:* ventilslipemaskin.
valve head *mask:* ventilhode.
valve-in-head engine US*(=overhead-valve engine)* toppventilmotor; toppventilert motor.
valve insert *mask:* ventilpakning.
valve lifter *mask:* ventilløfter.
valve needle *mask; i forgasser:* ventilnål.
valve opening ventilgap.
valve plug *mask:* ventilplugg.
(valve) push rod *mask:* ventilstøtstang.
(valve) rocker arm *mask:* ventilvippearm.
valve rubber ventilgummi.
valve seat *mask:* ventilsete.
valve socket *radio(=valve base)* rørsokkel.
valve spindle *mask:* ventilskaft; ventilspindel.
valve spring *mask:* ventilfjær.
valve-spring compressor ventilfjærtang.
valve stem *mask(=valve spindle)* ventilskaft; ventilspindel.
valve-stem guide *mask:* ventilføring.
(valve) tappet *mask(=valve lifter)* ventilløfter.
(valve-)tappet clearance *mask:* ventilklaring.
valvular ['vælvjulə] *adj:* med ventil(er); ventil-; *med.:* **~ defect** klaffefeil.
vamoose [və'mu:s] *vb* **US S***(=decamp)* fordufte; stikke av.
I. vamp [væmp] *subst* **1.** *på sko:* overlær; **2.** *mus:* improvisert akkompagnement; skomakerbass; **3.** *kvinne:* vamp.
II. vamp *vb* **1.** sette nytt overlær på; **2.** akkompagnere på en improvisert måte etter gehør; kompe *(fx he vamped (a few bars) on the piano while he sang)*; **3.** *om kvinne(=seduce)* forføre; **4.: ~ up** 1*(=invent)* finne på *(fx an excuse)*; 2*(=improve)* forbedre; **T:** flikke på *(fx he vamped up an old speech for the occasion)*.
vampire ['væmpaiə] *subst* **1.** vampyr; blodsuger; **2***(=vampire bat)* vampyr (ɔ: slags flaggermus).
van [væn] *subst* **1.** *mil: se vanguard;* **2.** *jernb:* **(guard's) ~** konduktørvogn; **goods ~***(*,**US:** *box car)* lukket godsvogn; **3.: (delivery) ~***(*,**US:** *panel truck)* varebil; varevogn; **furniture ~***(=removal van)* flyttebil; **4.** *tennis (fk.f. advantage)(*,**US:** *ad)* fordel; **~ in (,out)** fordel inne (,ute).
vandal ['vændəl] *subst:* vandal.
vandalism ['vændəlizəm] *subst:* vandalisme; hærverk; **commit an act of ~***(=cause criminal damage)* begå hærverk.
vandalize, vandalise ['vændə,laiz] *vb:* vandalisere; **be -d** bli utsatt for hærverk.
vane [vein] *subst* **1***(=weathervane)* værhane; **2.** *på vindmølle(=sail)* møllevinge; **3.** *i turbin(=blade)* skovl; **4.** *flyv:* propellblad; **5.** *zo; på fjær:* fane; **6.** *på pil:* styrefjær; *på prosjektil:* styrehale; styrevinge.
vanguard ['væn,ga:d] *subst* **1.** *mil(*,**T:** *van)* fortropp; **2.** *fig:* avantgarde; **we're in the ~ of the movement for reform** vi fører an i reformbevegelsen.
vanilla [və'nilə] *subst:* vanilje.
vanilla custard vaniljekrem; *(jvf pastry cream)*.
vanilla slice*(=custard slice)* napoleonskake.
vanish ['væniʃ] *vb(=disappear)* forsvinne; **~ from sight** forsvinne ut av syne; **~ into thin air** forsvinne som dugg for solen.
vanishing point *i perspektivtegning:* forsvinningspunkt.
vanity ['væniti] *subst* **1.** forfengelighet; **wound sby's ~** såre ens forfengelighet; **2.** *fig:* tomhet; **the ~ of pleasure** tomme fornøyelser; **3. US***(=powder compact)* liten pudderdåse.
vanquish ['væŋkwiʃ] *vb; litt. el. stivt(=defeat; conquer)* beseire; overvinne.
van salesman salgssjåfør.
vantage ['va:ntidʒ] *subst; tennis: se van 4.*
vantage point *mil & fig:* fordelaktig stilling; godt utgangspunkt; sted hvor man har god utsikt (*el.* godt overblikk).
vapid ['væpid] *adj; litt.(=dull; uninteresting)* kjedelig; uinteressant *(fx she's so vapid; he's a vapid talker)*.
vaporize, vaporise ['veipə,raiz] *vb; tekn* **1***(=evaporate)* fordampe; **2***(=cause to evaporate)* få til å fordampe.
vaporous ['veipərəs] *adj; stivt(=steamy)* dampaktig; dampfylt.
vapour*(*,**US:** *vapor)* ['veipə] *subst:* damp *(fx water vapour)*.
vapour trail *flyv(=condensation trail;* **T:** *contrail)* kondensstripe.
variability [,vɛəriə'biliti] *subst:* variabilitet; det å være variabel; foranderlighet; omskiftelighet.
I. variable ['vɛəriəbl] *subst* **1.** *mat.:* variabel størrelse; **2.** *astr(=variable star)* variabel stjerne.
II. variable *adj* **1.** foranderlig; ustadig *(fx weather)*; skiftende *(fx winds)*; **2.** *også mat.:* variabel *(fx number)* **3.** regulerbar; stillbar; **infinitely ~** trinnløst regulerbar; trinnløs; **infinitely ~ regulation of frame frequency** trinnløs regulering av billedfrekvensen.
variable costs *merk(=variable overhead (costs))* variable kostnader.
variance ['vɛəriəns] *subst; stivt:* **be at ~***(=disagree)* ikke stemme overens *(fx their views)*; **(completely) at ~ with***(=in total disagreement with)* (stikk) i strid med *(fx this statement is at variance with what I was told earlier)*.
I. variant ['vɛəriənt] *subst* **1.** variant; **2.** *språkv(=variant form)* variant; sideform.
II. variant *adj:* varierende *(fx forms of a word)*;

~ **pronunciation** uttalevariant; ~ **reading** avvikende lesemåte; ~ **spelling** alternativ stavemåte.
variation [,vɛəri'eiʃən] *subst* **1.** variasjon; **-s on the original idea** variasjoner av den opprinnelige idé; **by way of** *~(=for a change)* til en forandring; **2.** *mus:* variasjon; **3.** *biol(=variety)* varietet; avart; **4.** *mar(=declination)* misvisning; **5.** *mat.:* **calculus of -s** variasjonsregning.
varicella [,væri'selə] *subst; med.(=chickenpox)* vannkopper.
varicose ['væri,kous] *adj; med.:* ~ **veins** åreknuter.
varicosity [,væri'kɔsiti] *subst; med.:* åreknute.
varied ['vɛərid] *adj:* variert; avvekslende *(fx scenery);* forskjellig *(fx his excuses were many and varied).*
variegated ['vɛəri,geitid] *adj; bot:* broket; spraglet.
variety [və'raiəti] *subst* **1.** variasjon *(fx there's a great deal of variety in this job);* avveksling; forandring *(fx he wants variety);* ~ **is the spice of life***(= a change is as good as a rest; there's nothing like change)* forandring fryder; **2.** *biol:* varietet; avart; **3.:** *se variety (theatre);* **4.: a ~ of** forskjellige slags (*el.* typer); forskjellige *(fx he offered a variety of excuses);* **for a ~ of reasons** av mange forskjellige grunner.
variety meat US*(=edible offal)* innmat.
variety show varietéforestilling.
variety (theatre) varieté.
variola [və'raiələ] *subst; med.(=smallpox)* kopper.
various ['vɛəriəs] *adj:* (flere) forskjellige *(fx various people have told me about you);* **he had ~ reasons for doing what he did** han hadde forskjellige grunner til å gjøre det han gjorde; **his reasons were many and** *~(=varied)* han hadde mange forskjellige grunner; *(jvf different).*
varix ['vɛəriks] *subst (pl: varices* ['væri,si:z]*) med.:* åreknute; *(jvf varicose).*
I. varnish ['va:niʃ] *subst* **1.** lakk; **a tin of ~** en boks med lakk; en lakkboks; **boat ~** båtlakk; **nail ~** neglelakk; **2.** lakkferniss; lakkfarge; **oil ~** oljeferniss.
II. varnish *vb:* lakkere *(fx a chair);* fernissere.
varnishing day vernissasje.
varsity ['va:siti] *subst* **T:** *se university.*
vary ['vɛəri] *vb:* variere; veksle; **the goods ~ in quality** varene er av varierende kvalitet; **with -ing success** med vekslende hell.
vascular ['væskjulə] *adj; anat; bot:* kar-; ~ **bundle** karstreng; ~ **tissue** strengvev.
vasculum ['væskjuləm] *subst:* botaniserkasse.
vas deferens ['væs 'defə,renz] *subst; anat (pl: vasa deferentia* ['veisə ,defə'renʃiə] *(=spermaduct; spermatic duct)* sædleder.
vase [va:z; **US:** veis] *subst:* vase.
vasectomy [və'sektəmi] *subst; med.:* vasektomi (ɔ: sterilisering ved overskjæring av sædstrengene).
vaseline ['væsi,li:n] *subst; varemerke:* vaselin.
vassal ['væsəl] *subst; hist:* vasall.
vassal state vasallstat.
vast [va:st] *adj* **1.** *især om utstrekning:* vidstrakt; enorm; ~ **distances** enorme avstander; **the ~ steppes of Asia** Asias vidstrakte stepper; **2. T***(= very great):* **that makes a ~ difference** det blir noe helt annet; ~ **sums of money** kjempesummer; **3.: in the ~ majority of cases** i de aller fleste tilfeller.
vastly *adv(=very much):* **he's ~ superior to me** han er meg langt overlegen.
vat [væt] *subst:* fat; kar; tønne; **brewing ~** bryggekar.
VAT [,vi:ei'ti:] *(fk.f. value-added tax) subst:* merverdiavgift; **T:** moms.

Vatican ['vætikən] *subst:* **the ~** Vatikanet.
vaudeville ['vɔ:dəvil] *subst: se variety show.*
I. vault [vɔ:lt] *subst* **1.** (kjeller)hvelv; **2.** *om gravkammer:* **family ~** familiegrav(sted); **3.** *sport:* **pole ~** stavsprang; **4.** *gym:* oversprang.
II. vault *vb* **1.** bygge hvelv over; **2.** hoppe *(fx (over) the fence).*
vaulting horse *gym:* hest; *(jvf pommel horse).*
vaulting pole *sport(=pole)* stav.
vaunt [vɔ:nt] *vb; meget stivt el. glds(=boast about)* prale med; skryte av.
veal [vi:l] *subst:* kalvekjøtt.
veal brawn*(=jellied veal)* kalvesylte.
veal cutlet kalvekotelett.
veal fricassee kalvefrikassé.
veal roll kalverull.
veal schnitzel kalveschnitzel; **braised ~** langstekt kalveschnitzel.
vector ['vektə] *subst; fys; mat.:* vektor.
I. veer [viə] *subst:* dreining; vending *(fx a sharp veer to the left).*
II. veer *vb* **1.** skifte retning; svinge (brått) *(fx the car veered across the road to avoid hitting a small boy);* **2.** *om vind(=shift (in a clockwise direction))* dreie (med sola).
veg [vedʒ] *subst* **T***(=vegetable(s))* grønnsaker *(fx meat and two veg).*
vegetable ['vedʒətəbl] *subst* **1.** grønnsak; **2.** *om person:* grønnsak; hjelpeløst vrak.
vegetable food planteføde.
vegetable kingdom planterike.
vegetable oil vegetabilsk olje.
vegetable soil moldjord.
vegetarian [,vedʒi'tɛəriən] **1.** *subst:* vegetarianer; **2.** *adj:* vegetarisk; vegetar-; **a ~ dish** en vegetarisk rett; **be on a ~ diet** leve på vegetarkost.
vegetate ['vedʒi,teit] *vb:* vegetere.
vegetation [,vedʒi'teiʃən] *subst:* vegetasjon.
vegetative ['vedʒitətiv] *adj:* vegetativ.
vehemence ['vi:iməns] *subst; stivt(=intensity; heat)* heftighet; voldsomhet; **she replied with some** *~(=heat)* hun svarte nokså heftig.
vehement ['vi:imənt] *adj; stivt(=intense; violent)* heftig; voldsom; **make a** *~(=violent)* **attack on***(= attack vehemently(=violently))* gå til voldsomt angrep på.
vehicle ['vi:ikəl] *subst* **1.** kjøretøy; **motor ~** motorvogn; **2.** *i maling(=base)* bindemiddel; **3.** *farm; kjem:* løsning(smiddel); **4.** *fig; stivt(=means; tool)* middel; redskap *(fx art can be used as a vehicle for propaganda);* **TV and radio are -s for spreading news***(=TV and radio are spreaders of news)* TV og radio er nyhetsspredere.
vehicle (fitness) test sertifisering (ɔ: den periodiske kontroll).
vehicle licence*(=car licence)* motorvognavgift.
vehicle partsman*(=partsman)* delelagerekspeditør.
vehicle tax: motor ~ bilskatt.
vehicular [vi'hikjulə] *adj:* ~ **traffic and pedestrians***(=drivers, cyclists and pedestrians)* kjørende og gående trafikk.
I. veil [veil] *subst* **1.** slør; **bridal ~** brudeslør; **take the** *~(=become a nun)* bli nonne; **2.** *bot(=velum)* svøp; **3.** *fig:* slør *(fx a veil of mist; a light veil of pale green spread over the young birches);* **draw a ~ over sth** kaste et slør over noe; *stivt:* **under a ~ of** 1*(=on the pretext of)* under påskudd (*el.* dekke av) *(fx under the veil of national defence, preparations for war began);* 2.: **under a ~ of secrecy***(=in secret)* i (all) hemmelighet *(fx he carried on these activities under the veil of secrecy).*

II. veil *vb* **1.** tilhylle; dekke med slør; **2.** *fig:* tilsløre.
veiled *adj* **1.** med slør; som har slør; ~ **women** kvinner med slør; kvinner som bærer slør; **the bride was** ~ bruden hadde (*el.* bar) slør; **2.** *fig(=disguised)* tilslørt (*fx threat); **scarcely**(=thinly)* ~ dårlig skjult; **thinly** ~ **contempt** dårlig skjult forakt.
vein [vein] *subst* **1.** *anat:* vene; **2.** *geol:* åre *(fx of gold);* **3.** *bot:* (blad)nerve; (blad)streng; åre; **4.** *fig; stivt el. litt.(=touch)* anstrøk *(fx of irony);* **5.** *fig; stivt(=mood)* stemning *(fx in a merry vein);* **in poetic** ~*(=feeling poetic)* i lyrisk stemning; **6.: in the same** ~ i samme dur; **and a lot more in the same** ~*(=and a lot more of the same sort; and a lot more to the same effect)* og mye mer i samme dur.
veld(t) [velt; felt] *subst; i Sør-Afrika:* veld(t); gresslette.
vellum ['veləm] *subst:* (fin) pergament; vellum.
velocity [vi'lɔsiti] *subst; tekn(=speed)* hastighet.
velour(s) [və'luə] *subst:* velur.
velum ['vi:ləm] *subst* **1.** *bot(=veil)* svøp; **2.** *anat:* **the** ~ velum; ganeseilet; den bløte gane; **3.** *zo; på manet:* randbrem; **4.** *zo(=larval swimming organ)* svømmeseil.
velvet ['velvit] *subst* **1.** fløyel; **as soft as** ~ fløyelsbløt; **2. S: be on** ~*(=have plenty of money)* ha flust med penger.
velvet duck *zo(=velvet scoter;* **US:** *white-winged scoter)* sjøorre.
velveteen [,velvi'ti:n] *subst:* bomullsfløyel.
velvet scoter *(,***US:** *white-winged scoter) zo:* sjøorre.
velvety ['velviti] *adj:* fløyelsaktig; fløyelsbløt; fløyels-.
venal ['vi:nəl] *adj; meget stivt(=corrupt(ible))* bestikkelig; korrupt.
vendace ['vendeis] *subst; zo; fisk:* lagesild; høstsik.
vendetta [ven'detə] *subst:* vendetta; blodhevn.
vending machine salgsautomat.
vendor ['vendə] *subst:* selger; **street** ~ gateselger.
I. veneer [və'niə] *subst* **1.** finér; **2.** *fig:* ferniss; tynt lag *(fx a thin veneer of Western culture);* skall *(fx a different person emerges when you get beneath the veneer).*
II. veneer *vb* **1.** finere; **2.** *fig:* dekke med et tynt lag ferniss.
venerable ['venərəbl] *adj:* ærverdig.
venerate ['venə,reit] *vb; stivt(=respect)* respektere; *stivt:* (høy)akte; akte og ære.
veneration [,venə'reiʃən] *subst; stivt(=respect)* aktelse; respekt.
venereal [və'niəriəl] *adj:* venerisk *(fx disease).*
Venetian [və'ni:ʃən] **1.** *subst:* venetianer; **2.** *adj:* venetiansk *(fx glass).*
Venetian blind persienne.
Venezuela [,veni'zweilə] *subst; geogr:* Venezuela.
vengeance ['vendʒəns] *subst* **1.** *stivt el. litt.(=revenge)* hevn; **seek** ~ søke hevn; **2. T: with a** ~ meget ettertrykkelig; så det forslår; så det står etter.
venial ['vi:niəl] *adj; om synd; stivt(=pardonable)* tilgivelig *(fx he's guilty of a venial sin).*
Venice ['venis] *subst; geogr:* Venezia.
venison ['venisn] *subst:* dyrekjøtt; **roast** ~ dyrestek.
venom ['venəm] *subst* **1.: (snake)** ~ (slange)gift; **2.** *fig; stivt(=spite; malice)* ondskap; gift *(fx there was venom in his reply).*
venomous ['venəməs] *adj* **1***(=poisonous)* giftig *(fx snake);* **2.** *fig(=spiteful; poisonous; malicious)* ondskapsfull; giftig; **a** ~*(=poisonous)* **tongue** en giftig tunge.
venous ['vi:nəs] *adj:* venøs; vene-; ~ **blood** veneblod.
I. vent [vent] *subst* **1***(=air vent)* luftventil *(fx the tent has two vents on each side);* **2.: give** ~ **to one's anger** gi sin harme luft.
II. vent *vb* **1.** *mask:* lufte; **2.** *fig:* **he -ed his anger on her** han lot sinnet sitt gå ut over henne.
ventiduct ['venti,dʌkt] *subst:* ventilasjonskanal.
ventilate ['venti,leit] *vb* **1.** ventilere; lufte; **2.** *fig:* ventilere.
ventilation [,venti'leiʃən] *subst:* ventilasjon.
ventilator ['venti,leitə] *subst* **1.** ventilator; **2.** *med.(=respiratory machine)* respirator *(fx they're (breathing) on ventilators).*
vent pipe*(=outlet pipe)* avtrekksrør; luft(e)rør.
ventral ['ventrəl] *adj:* ventral-; buk-.
ventral fin *zo(=pelvic fin)* bukfinne.
ventricle ['ventrikəl] *subst; anat* **1.** ventrikkel; **2.:** ~ **(of the heart)** hjertekammer.
ventriloquism [ven'trilə,kwizəm] *subst:* buktaleri; buktalerkunst.
ventriloquist [ven'trilə,kwist] *subst:* buktaler.
I. venture ['ventʃə] *subst* **1.** *merk:* spekulasjon(sforetagende); **business** ~ forretningsforetagende; **2.: daring** ~, **bold** ~*(=risky business)* vågespill.
II. venture *vb* **1.** våge; våge seg *(fx venture too far);* ~ **to do sth***(=risk doing sth)* våge (*el.* driste) seg til å gjøre noe; **nothing** ~, **nothing win** den som intet våger, intet vinner; **I** ~ **to say that . . .** jeg våger å si at . . .; **2***(=risk)* våge; satse *(fx he decided to venture all his money on it);* **3.** *stivt:* ~ **on***(=take the risk of starting on)* våge seg ut på; gi seg ut på *(fx you should never have ventured on such an enterprise (,journey)).*
venture capital*(=risk capital)* risikovillig kapital.
Venture Scout*(,hist: Rover;* **US:** *Explorer)* rover.
venturesome ['ventʃəsəm] *adj; stivt(=daring)* dristig.
venue ['venju:] *subst* **1.** sted (hvor noe skal foregå); **which ground is the** ~ **for next week's match?** på hvilken bane skal neste ukes kamp spilles? **2.** *jur:* **legal** ~*(=legal domicile)* verneting; rettskrets.
Venus ['vi:nəs] *subst; astr:* Venus.
veracious [və'reiʃəs] *adj; stivt(=truthful)* sanndru; sannferdig.
veracity [və'ræsiti] *subst; stivt(=truthfulness)* sanndruhet; sannferdighet.
veranda(h) [və'rændə] *subst:* veranda.
verb [və:b] *subst; gram:* verb.
verbal ['və:bəl] *adj* **1.** ord-; verbal(-); språklig *(fx error);* **2.** *stivt(=oral)* muntlig *(fx agreement);* **a** ~ **warning** en muntlig advarsel.
verbal auxiliary *gram(=auxiliary verb)* hjelpeverb.
verbally *adv:* verbalt; i ord.
verbal noun *gram:* verbalsubstantiv.
verbatim [və:'beitim] **1.** *adj(=word-for-word)* ordrett *(fx report);* **2.** *adv(=word for word)* ordrett; ord for ord; fra ord til annet.
verbena [və:'bi:nə] *subst; bot:* jernurt.
verbiage ['və:biidʒ] *subst; meget stivt el. spøkef(=wordiness)* ordgyteri; ordskvalder.
verbose [və:'bous] *adj; neds:* vidløftig; (for) ordrik.
verbosity [və:'bɔsiti] *subst; neds:* vidløftighet; ordrikhet.
verdant ['və:dənt] *adj; litt.(=green)* grønn(kledd).
verdict ['və:dikt] *subst* **1.** *jur; jurys:* kjennelse; **general** ~ kjennelse hvor juryen bare uttaler seg om skyldsspørsmålet; **open** ~ uavgjort kjennelse; kjennelse hvor man lar skyldsspørsmålet stå åpent; **bring in a** ~, **return a** ~ avgi en kjennelse *(fx the jury returned a verdict of not guilty);* **quash a** ~ oppheve en kjennelse; **the** ~ **was suicide** kjennelsen lød på selvmord; **2.** *fig:* dom; **the** ~ **of history** historiens dom.
verdigris ['və:digris] *subst(=copper rust)* irr.

verdure ['və:dʒə] *subst; stivt(=green vegetation)* grønn vegetasjon; grønt.

I. verge [və:dʒ] *subst* **1.** kant *(fx grass verge);* (vei)-rabatt; **soft -s** bløte rabatter; **2.** *fig:* **be on the ~ of (-ing)***(=be just about to)* være på nippet til å; **on the ~ of ruin***(=on the brink of ruin)* på randen av ruin; **3***(=rod)* embetsstav.

II. verge *vb* **1***(=border)* danne kant; kante *(fx a strip of grass verges the road);* **2.** *fig:* **~ on***(= border on)* grense til; **it -s on the ridiculous** det grenser til det latterlige; **3.: ~ towards** skråne (*el.* helle) mot *(fx a track verging towards the cliff edge and disappearing).*

vergeboard ['və:dʒ,bɔ:d] *subst; arkit(=bargeboard)* vindski.

verger ['və:dʒə] *subst* **1.** kirketjener; **2.** *rel:* marskalk; *(jvf I. verge 3).*

verifiable ['veri,faiəbl] *adj:* verifiserbar; kontrollerbar; som kan kontrolleres; som lar seg bekrefte.

verification [,verifi'keiʃən] *subst:* verifisering; bekreftelse *(fx of a document); om fx nedrustningsavtale:* kontroll.

verify ['veri,fai] *vb:* verifisere; bekrefte *(fx a document);* **his statement cannot be verified***(=checked)* hans utsagn er ikke kontrollerbart; hans utsagn lar seg ikke bekrefte.

verily ['verili] *adv; glds(=truly)* sannelig.

verisimilitude [,verisi'mili,tju:d] *subst; meget stivt(= plausibility; probability)* sannsynlighet; tilsynelatende riktighet.

veritable ['veritəbl] *adj; stivt el. spøkef(=real)* veritabel; ren *(fx a veritable triumph).*

verity ['veriti] *subst; meget stivt(=truth)* sannhet.

vermicelli [,və:mi'seli] *subst* **1.** slags trådformet spaghetti (til bruk i supper); **2.** tynne sjokoladetråder brukt som kakepynt.

vermicide ['və:mi,said] *subst; med.: se vermifuge.*

vermiform ['və:mi,fɔ:m] *adj; stivt(=wormlike)* ormlignende; ormformet.

vermifuge ['və:mi,fju:dʒ] *subst; med.:* ormemiddel.

vermilion [və'miljən] *subst & adj:* sinnober(rødt).

vermin ['və:min] *subst* **1.** utøy; skadedyr; **2.** *fig:* skadedyr *(fx blackmailers and similar vermin).*

verminous ['və:minəs] *adj* **1.** forårsaket av utøy *(fx a verminous disease);* **2.** befengt med utøy (*el.* skadedyr).

vermouth ['və:məθ] *subst:* vermut.

I. vernacular [və'nækjulə] *subst:* distriktets (,landets) eget språk; folkemål; dialekt *(fx they spoke to each other in the vernacular of the region).*

II. vernacular *adj:* skrevet på dialekt; **~ writer** forfatter som skriver på dialekt; **~ poem** dikt skrevet på dialekt.

vernacularism [və'nækjulə,rizəm] *subst:* folkelig uttrykk (*el.* ord).

vernal ['və:nəl] *adj; poet(=spring)* vår-; vårlig.

vernal equinox vårjevndøgn.

vernier ['və:niə] *subst:* nonius; **~ calliper** skyvelære med nonius.

versatile ['və:sə,tail] *adj* **1.** allsidig; **2.** som kan brukes til mange ting *(fx tool).*

versatility [,və:sə'tiliti] *subst:* allsidighet; mangesidighet.

verse [və:s] *subst* **1.** vers; **2.** verselinje; **3.: in ~** på vers *(fx he expressed his ideas in verse).*

versed [və:st] *adj; stivt:* **be well ~ in***(=have a thorough knowledge of)* være vel bevandret i.

versification [,və:sifi'keiʃən] *subst:* versifisering.

versifier ['və:si,faiə] *subst:* versemaker; rimsmed.

versify ['və:si,fai] *vb:* skrive vers; skrive rim.

version ['və:ʃən; **US:** 'və:ʒən] *subst* **1.** versjon *(fx he gave his version of what had happened);* **the film ~ of the novel** filmversjonen av romanen; **2.** utgave; versjon; **3.** *av bibelen:* utgave; **4.** *skolev:* oversettelse (fra fremmedspråket).

versus ['və:səs] *prep (fk v (,***US:** *vs)) (=against)* mot *(fx the England v Wales rugby match).*

vertebra ['və:tibrə] *subst (pl: vertebras; vertebrae* ['və:tibri:]*) anat:* **(dorsal) ~** ryggvirvel; **the -s, the vertebrae***(=the spine; the vertebral column; the spinal column)* ryggsøylen; virvelsøylen.

vertebral ['və:təbrəl] *adj; anat:* virvel-; ryggvirvel-.

vertebrate ['və:tibrət] *subst:* **~ (animal)** virveldyr; *(jvf invertebrate).*

vertex ['və:teks] *subst (pl: vertices* ['və:ti,si:z], *vertexes)* **1.** *geom:* spiss; topp; toppunkt; **2.** *anat(= top of the head)* isse; **3.** *astr(=zenith)* senit.

I. vertical ['və:tikəl] *subst:* vertikal; *geom:* loddlinje.

II. vertical *adj:* vertikal; loddrett; **adopt a ~ stance** begynne å gå oppreist *(fx at a certain point in his evolution, man adopted a vertical stance).*

vertical stabilizer *flyv:* halefinne.

vertical union *især* **US***(=industrial union)* industriforbund.

vertigo ['və:ti,gou] *subst; med.(=dizziness (caused by heights))* vertigo; svimmelhet.

verve [və:v] *subst:* liv; kraft; verve *(fx the performance lacked verve);* **the little girl is full of ~ and vitality** den vesle jenta er full av energi.

I. very ['veri] *adj* **1.: the ~ man I want to see** nettopp den mannen jeg vil snakke med; **that's the ~ thing I need!** det er nettopp hva jeg trenger! **at that ~ minute** akkurat i det øyeblikket; **he gave me the ~ same message as he gave you** han ga meg nøyaktig den samme beskjeden som han ga deg; **those were his ~ words** slik var det ordene hans falt; **2.** helt *(fx at the very top of the tree);* **3.** *brukt forsterkende:* **our ~ homes are in danger***(=even our homes are in danger)* til og med våre hjem er i fare; **the ~***(=mere)* **suggestion of a sea voyage makes her feel seasick** bare tanken på en sjøreise får henne til å føle seg sjøsyk.

II. very *adv* **1.** meget; svært *(fx very good; he came very quickly);* **what a ~ pleasant day it's been!** for en deilig dag det har vært! **I haven't ~ much money***(=I have only a little money)* jeg har ikke stort penger; **I'm not feeling ~ well** jeg føler meg ikke helt frisk (*el.* bra); **2.** *brukt foran superlativ el. 'own':* **the ~ best** den (,det) aller beste; **the ~ first thing you must do** det aller første du må gjøre; **she has a car of her ~ own** hun har en bil helt for seg selv; **3.: ~ well** 1. meget godt *(fx I know him very well);* 2. ja vel; all right; **~ well then!** la gå da! 3.: **it's all ~ well for 'you to say that!** (ja,) det kan 'du si det!

vesicle ['vesikəl] *subst:* liten blære; **-s and pustules** blærer og pustler.

Vesper ['vespə] *subst; astr:* aftenstjernen; Venus.

vespers *subst; kat:* aftengudstjeneste.

vessel ['vesəl] *subst* **1.** *stivt(=container)* beholder *(fx a plastic vessel);* kar; **2.** *anat:* **blood ~** blodkar; **3.** *bot:* kar; **4.** *mar:* fartøy; skip; **auxiliary -powered ~** motorseiler.

vest [vest] *subst* **1***(,***US:** *undershirt)* undertrøye; **2. US***(=waistcoat)* vest.

vestal ['vestəl] *subst; hist:* **~ (virgin)** vestalinne.

vested ['vestid] *adj; stivt:* **be ~ with the power to . . .***(=be authorized to . . .)* ha fullmakt til å . . .

vested interest 1. økonomisk interesse; personlig interesse *(fx he has a vested interest in suggesting that we sell our shares);* **he has a ~ in the firm** han har kapital i firmaet; **2,: the ~** kapital- og grunneierinteressene.

vestibule ['vesti,bju:l] *subst; glds el. stivt(=entrance hall)* vestibyle.
vestige ['vestidʒ] *subst; stivt(=trace)* spor; antydning.
vestigial [ve'stidʒiəl] *adj; anat:* rudimentær *(fx tail).*
vestments ['vestmənts] *subst; pl:* ornat.
vestry ['vestri] *subst(=sacristy)* sakristi.
Vesuvius [vi'su:viəs] *subst:* Vesuv.
I. vet [vet] *subst* **T***(=veterinary surgeon)* veterinær.
II. vet *vb* **1***(=examine carefully (for faults, etc))* undersøke nøye; gjennomgå kritisk *(fx a manuscript);* **2.** sikkerhetsklarere; sjekke *(fx every member of staff has been vetted);* **be positively -ted***(=be given a positive vetting)* bli sikkerhetsklarert; *(jvf vetting).*
vetch [vetʃ] *subst; bot:* vikke; **bitter ~** vestlandsvikke; knollerteknapp; **bush ~** gjerdevikke; **common ~** fôrvikke; **crown ~***(,US: axseed)* kronvikke; **hairy ~** lodnevikke; **kidney ~***(=ladies' fingers)* rundskolm; **milk***(=liquorice)* **~** lakrismjelt; **tufted ~** fuglevikke; *(se broad bean).*
veteran ['vetərən] *subst:* veteran; **war ~** krigsveteran.
veteran car veteranbil (fra før 1919); *(jvf vintage car).*
veteran politician (gammel og) erfaren politiker.
veterinarian [,vetəri'nεəriən] *subst* **US:** *se veterinary surgeon.*
I. veterinary ['vet(ə)rinəri] *subst(=veterinary surgeon)* dyrlege; veterinær.
II. veterinary *adj:* dyrlege-; veterinær-.
veterinary science veterinærvitenskap.
veterinary surgeon*(=veterinary;* **T:** *vet;* **US:** *veterinarian)* dyrlege; veterinær.
I. veto ['vi:tou] *subst:* veto; **power of ~***(=right of veto)* vetorett; **exercise one's ~** bruke sitt veto.
II. veto *vb* **1.** nedlegge veto mot *(fx he vetoed our proposal);* **2.** *stivt(=forbid)* nedlegge forbud mot; forby.
vetting ['vetiŋ] *subst (jvf II. vet)* **1.** kritisk gjennomgåelse *(fx of a manuscript);* grundig undersøkelse; **2***(=security clearance; positive vetting)* sikkerhetsklarering; **the lack of early positive ~** mangel på sikkerhetsklarering på et tidlig tidspunkt; **he was given a positive ~***(=he was positively vetted)* han ble sikkerhetsklarert.
vex [veks] *vb; glds el. stivt(=annoy; irritate)* irritere; ergre *(fx his behaviour vexed her); (se også vexed).*
vexation [vek'seiʃən] *subst; glds el. stivt(=annoyance; irritation)* ergrelse; irritasjon *(fx he tried not to show his vexation with the old man);* **minor worries and -s** mindre bekymringer og ergrelser.
vexatious [vek'seiʃəs] *adj; glds el. stivt(=annoying; irritating)* ergerlig; irriterende.
vexed [vekst] *adj* **1.** *glds el. stivt(=annoyed)* ergerlig; **2.** *om spørsmål:* omstridt.
viability [,vaiə'biliti] *subst* **1.** levedyktighet; **2.** *om plan, etc; stivt(=practicability)* gjennomførlighet; gjennomførbarhet.
viable ['vaiəbl] *adj* **1.** levedyktig; **2.** *om plan, etc; stivt(=practicable)* gjennomførlig; gjennomførbar; **3.** gangbar *(fx viable synonyms).*
viaduct ['vaiə,dʌkt] *subst:* viadukt.
vial ['vaiəl] *subst: se phial.*
viands ['vaiəndz] *subst; pl; stivt(=food; provisions)* levnetsmidler.
vibes [vaibz] *subst; pl* **T***(=vibrations)* vibrasjoner *(fx the political vibes seem to be very positive).*
vibrant ['vaibrənt] *adj; stivt* **1***(=vibrating)* vibrerende; *om stemme(=resonant)* resonansrik; **2.** *fig(=lively)* livfull *(fx personality);* **~ with life***(=throbbing with life)* hvor livet pulserer *(fx cities vibrant with life);* **3.** *om farge:* skarp *(fx shade of red).*
vibraphone ['vaibrə,foun] *subst; mus:* vibrafon.
vibrate [vai'breit] *vb:* vibrere; dirre; riste.
vibration [vai'breiʃən] *subst:* vibrasjon; *(jvf vibes).*
vibrator [vai'breitə] *subst* **1.** vibrator; **2.** massasjestav; vibrator.
vibratory ['vaibrət(ə)ri] *adj:* vibrasjons-; vibrerende.
vicar ['vikə] *subst* **1***(=rector)* sogneprest; **2.: the Vicar of Christ** Kristi stedfortreder (ɔ: paven).
vicarage ['vikəridʒ] *subst(=rectory)* prestegård; prestebolig.
vicar apostolic *kat:* apostolisk vikar (ɔ: erkebiskop el. biskop som paven overdrar sin myndighet til).
vicar-general *kat:* generalvikar (ɔ: biskops hjelper el. stedfortreder).
vicarious [vi'kεəriəs; vai'kεəriəs] *adj; stivt* **1***(=delegated)* delegert; stedfortredende *(fx authority);* **2.** *om følelser(=on sby else's behalf)* på en annens vegne *(fx vicarious pleasure);* **3.** *om straff(=suffered for sby else)* for en annens skyld; på en annens vegne *(fx punishment);* **the ~ sacrifice of Christ** Kristi død for menneskenes skyld.
vice [vais] *subst* **1***(,***US:** *vise)* skrustikke; **bench ~** tang (på høvelbenk); **filing ~***(=hand vice)* filklo; **2***(=bad habit)* uvane; last *(fx smoking is his only vice);* **3***(=immorality; prostitution)* lastefullhet; umoral; prostitusjon *(fx a campaign against vice); (jvf vice squad).*
vice- [vais] vise- *(fx vice-president).*
vice-chancellor *univ:* rektor.
vice jaws *pl:* skrustikkebakker.
vice squad sedelighetspoliti.
vice versa ['vaisi 'və:sə] vice versa; omvendt; **. . . or ~***(=or the other way round)* eller omvendt.
vicinity [vi'siniti] *subst; stivt* **1***(=neighbourhood)* nabolag *(fx this isn't a very pleasant vicinity; are there many cinemas in the(=this) vicinity?);* **2.: in the ~***(=near by)* i nærheten; **in his ~***(=near him)* i hans nærhet; **in the ~ of** 1*(=near to)* i nærheten av; 2. *fig(=in the neighbourhood of)* i nærheten av *(fx in the vicinity of a million pounds);* **in close ~ to***(=quite close to)* like ved; i umiddelbar nærhet av.
vicious ['viʃəs] *adj* **1***(=wicked)* ond; lastefull *(fx lead a vicious life);* **2***(=fierce)* arrig; *om dyr:* sint *(fx keep back from that dog – it's vicious);* **~***(=severe)* **storms** voldsomme stormer; **3***(=cruel)* grusom; stygg *(fx his vicious treatment of the children); fig:* **a ~ blow** et grusomt slag; **4***(=spiteful)* ondskapsfull; ondsinnet *(fx gossip);* **5.** *fig:* **it's a ~ circle** det er en ond sirkel.
vicissitude [vi'sisi,tju:d] *subst; stivt:* **the -s of life** livets omskiftelser.
victim ['viktim] *subst:* offer *(fx the murderer's victims were all women);* **a ~ of cancer** en kreftrammet; en som er rammet av kreft; **they became the -s of . . .** de ble offere for . . .
victimize, victimise ['vikti,maiz] *vb:* **~ sby** gjøre en til syndebukk; la det gå ut over en; utsette en for straffereaksjoner *(fx he was victimized by his fellow workers because he did not go on strike).*
victor ['viktə] *subst; stivt* **1***(=conqueror)* seierherre; **2.** *sport(=winner)* vinner; seierherre.
Victoria [vik'tɔ:riə] *subst:* Viktoria.
Victoria Cross viktoriakors.
Victorian [vik'tɔ:riən] **1.** *subst:* viktorianer; **2.** *adj:* viktoriansk.
Victorian age: the ~ viktoriatiden.
victorious [vik'tɔ:riəs] *adj:* seirende *(fx the victorious nations).*
victory ['viktəri] *subst:* seier; **let out a terrible cry of ~** gi fra seg et fryktelig seiershyl (*el.* seiers-

skrik); **intoxication of** ~ seiersrus.

victory wreath US*(=triumphal wreath)* seierskrans.

victuals ['vitəlz] *subst; pl; glds el. spøkef(=food)* mat; levnetsmidler.

video ['vidi,ou] *subst:* videofilm *(fx home videos; a video hire shop).*

videocassette [,vidioukə'set] *subst:* videokassett.

videocassette recorder*(=video recorder)* videoopptaker.

video nasty videofilm med sex og vold.

video recorder videoopptaker.

videotape ['vidiou,teip] *subst:* videobånd.

vie [vai] *vb:* ~ **with sby for sth***(=compete with sby for sth)* konkurrere (*el.* kappes) med en om noe.

Vietnam [,vjet'næm] *subst; geogr:* Vietnam.

Vietnamese [,vjetnə'mi:z] **1.** *subst:* vietnameser; **2.** *adj:* vietnamesisk.

I. view [vju:] *subst* **1.** utsikt *(fx a house with a fine view of the lake);* synsvidde; *fig:* **a distorted** ~ **of** et skjevt bilde av *(fx the situation);* **field of** ~*(= field of vision)* synsfelt; **disappear from** ~ forsvinne ut av syne; **in** ~*(=in sight)* 1. innen synsvidde; i sikte; 2. *fig:* i sikte *(fx no hope in view);* **what reforms have you in** ~?*(=what reforms do you have in mind?)* hvilke reformer har du i tankene? **come in(to)** ~ komme innen synsvidde; komme til syne; **we came in** ~ **of the lake** vi kom til et sted hvor (*el.* der) vi kunne se sjøen (*el.* ses fra sjøen); **keep in** ~*(=keep sight of)* ikke tape (*el.* miste) av syne; **I'm keeping every possibility in** ~ jeg holder alle muligheter åpne; **in** ~ **of** 1. synlig for; **in full** ~ **of** fullt synlig for *(fx in full view of the audience);* 2. *fig:* i betraktning av; *fig:* **with a** ~ **to** med henblikk på; med sikte på; i den hensikt å; *fig:* **take a long** ~*(=plan far ahead)* planlegge på (lang) sikt; arbeide på sikt; **2.** *av bygning(=aspect)* side; **the front (,rear)** ~ **of the house** forsiden (,baksiden) av huset;
3. parti (*of* av) *(fx he painted a view of the harbour);*
4*(=picture postcard)* prospektkort; **some lurid coloured -s of Venice** noen grelle (*el.* glorete) prospektkort fra Venezia;
5. anledning til å se; **be given a private** ~*(=viewing)* **of sth** få anledning til å se noe privat *(fx we were given a private view of the exhibition before it was opened to the public);* **on** ~*(=on display)* utstilt *(fx the latest fashions are now on view);*
6. mening; syn; *stivt:* anskuelse; **(point of)** ~ synspunkt; synsvinkel; **from our point of** ~ fra vårt synspunkt; **see it from our point of** ~ se det fra vår side; se det fra vår synsvinkel; **hold extreme -s** ha ekstreme synspunkter (*el.* meninger); **my** ~ **(of the matter)** mitt syn (på saken); **in my** ~ etter min mening; etter mitt syn; **in the British** ~ ut fra britisk syn(spunkt) *(fx this would be impossible, in the British view);* **I share your** ~*(=I agree with you)* jeg deler ditt syn; jeg er enig med deg; **I don't subscribe to***(=agree with)* **that** ~ jeg er ikke enig i det synet; **take a benevolent***(=kindly)* ~ **of** se mildt på *(fx the headmaster took a benevolent view of his behaviour);* **take a bright***(=cheerful)* ~ **of things** se lyst på tilværelsen; ha et optimistisk syn på det; **take a different** ~ **of sth** ha et annet syn på noe; se annerledes på noe; **take a gloomy***(,T: dim)* ~ **of the situation** se mørkt på situasjonen; mislike situasjonen; **take a serious** ~ **of sth** se strengt på noe; *(jvf ovf: take a benevolent view of);* **take an unprejudiced** ~ **of the matter** ha et uhildet syn på saken.

II. view *vb* **1.** *TV(=watch; see)* se *(fx a television programme);* **2.** *stivt(=look at)* se på; betrakte *(fx she viewed the scene with astonishment);* ta i øyesyn; besiktige *(fx a house);* **3.** *fig(=look on)* se på; betrakte; **he -s the whole thing as a joke** han ser på det hele som en spøk; **he doesn't** ~ **himself as a rebel** han ser ikke på seg selv som en opprører; han betrakter ikke seg selv som en opprører; **4***(=consider):* ~ **all sides of a question** ta alle sider ved et spørsmål i betraktning.

viewdata ['vju:,deitə] *subst:* teledata.

viewer ['vju:ə] *subst* **1.** *TV:* seer; **2.** *fot:* betraktningsapparat; **3.** *i dør(=door spy)* kikkhull.

viewfinder ['vju:,faində] *subst; fot:* søker.

viewing ['vju:iŋ] *subst* **1.** anledning til å se; **be given a private** ~ **of sth** få anledning til å se noe privat *(fx the exhibition);* **2.** visning; **open for (public)** ~ **on March 1st** visning vil finne sted den 1. mars.

viewing room *i bibliotek, etc:* filmrom.

viewing time *TV:* sendetid.

viewphone ['vju:,foun] *subst:* telefon hvor man kan se samtalepartneren.

viewpoint ['vju:,pɔint] *subst* **1***(=point of view)* synspunkt *(fx I understand your viewpoint);* **2***(=standpoint):* **photographed from an oblique** ~ fotografert fra en skjev synsvinkel.

vigil ['vidʒil] *subst:* nattevåking; våking; **keep** ~ **(over)** våke (over) *(fx two of them slept while the third kept vigil; the dog kept vigil over his sleeping master);* **keep a constant** ~ **at***(=by)* **his bedside** våke ved sengen hans hele tiden; ~ **kept with a dying person** nattevåking hos en døende.

vigilance ['vidʒiləns] *subst; stivt(=watchfulness)* vaktsomhet; årvåkenhet.

vigilance committee US: borgervern; *(se vigilante).*

vigilant ['vidʒilənt] *adj; stivt(=watchful)* vaktsom; årvåken.

vigilante [,vidʒi'lænti] *subst* **US:** medlem av 'vigilance committee' (ɔ: *borgervern) (fx parents have formed groups of vigilantes to look out for the murderer; local vigilantes have been fighting against the terrorists).*

vignette [vi'njet] *subst:* vignett.

vignettist [vi'njetist] *subst:* vignettegner.

vigorous ['vigərəs] *adj* **1***(=energetic)* energisk *(fx they made a vigorous attempt to stop him);* **2***(=strong)* kraftig *(fx he was tall and vigorous);* **3.** *om vekst:* kraftig *(fx growth); om plante:* livskraftig.

vigour*(,US: vigor)* ['vigə] *subst; stivt(=strength; energy)* kraft; energi.

viking ['vaikiŋ] *subst:* viking.

vile [vail] *adj; spøkef* **1***(=terrible)* fryktelig; forferdelig; ~ **weather** grisevær; forferdelig vær; **in a** ~*(=filthy)* **temper** i et forferdelig humør; **2***(= disgusting)* motbydelig; **a** ~ **slum** en fæl slum; **3***(=horrid; nasty)* **say** ~ **things about sby** snakke sjofelt om en; si sjofle ting om en.

vilification [,vilifi'keiʃən] *subst; meget stivt(=slander)* bakvaskelse.

vilify ['vili,fai] *vb; meget stivt(=slander; run down)* bakvaske.

villa ['vilə] *subst* **1.** *hist:* villa *(fx a Roman villa);* **2.** *i Italia el. Syd-Frankrike(=country house with a large garden)* villa; **3. UK***(=suburban house)* forstadshus (især eldre i pretensiøs stil); **4. UK** *del av forstadsadresse, fx:* **Laburnum Villas.**

village ['vilidʒ] *subst:* landsby.

village hall forsamlingshus; lokale; **the Village Hall** Folkets Hus.

villager ['vilidʒə] *subst:* landsbyboer.

villain ['vilin] *subst* **1.** *især i drama, etc:* skurk *(fx* *the villain of the play; the villain of the story);* **2.** *ofte spøkef:* **the little -s***(=the little mischiefs)* de små skøyerne; **3.** *ved politiet* **S***(=criminal)* kjeltring; *(jvf villein).*

villainous ['vilinəs] *adj* **1.** *stivt(=wicked)* ond; skurkaktig *(fx a villainous act);* **2.** **T***(=abominably bad)* helt elendig; redselsfull *(fx handwriting).*

villainy ['vilini] *subst; stivt(=wickedness; villainous act)* ondskap; skurkaktighet; skurkestrek.

villein ['vilin] *subst; hist(=serf; bondsman)* livegen bonde; *(jvf villain).*

villeinage ['vilinidʒ] *subst; hist* **1***(=serfdom)* livegenskap; **2.:** *se villein service.*

villein service *hist:* hoveritjeneste.

vim [vim] *subst* **T***(=energy)* energi *(fx feel full of vim);* **she does seem full of ~ today!** jamen er hun energisk i dag!

vindicate ['vindi,keit] *vb; stivt* **1***(=justify)* rettferdiggjøre *(fx our policy has been vindicated by this success);* **2.** *om person; stivt:* **be -d***(=be proved right)* få rett; *om krav, etc(=prove (to be valid))* godtgjøre *(fx one's claim to sth);* **3***(=defend)* forsvare *(fx sby's honour);* hevde *(fx one's claim);* **4.** *glds(=avenge)* hevne.

vindication [,vindi'keiʃən] *subst; stivt* **1.** rettferdiggjørelse; rettferdiggjøring; **2.** godtgjøring (*of* av) *(fx the vindication of one's claim);* **3.** forsvar; hevdelse (*of* av) *(fx the vindication of one's claim).*

vindictive [vin'diktiv] *adj; stivt(=revengeful; spiteful)* hevngjerrig; ondskapsfull *(fx remark; he was cruel and vindictive).*

vindictiveness [vin'diktivnis] *subst; stivt(=lust for revenge; revengefulness; spite)* hevngjerrighet; ondskapsfullhet.

vine [vain] *subst; bot* **1.** ranke *(fx hop vine);* **2***(=grape vine)* vinranke; vinstokk.

vinedresser ['vain,dresə] *subst:* vingårdsgartner.

vinegar ['vinigə] *subst:* eddik; **wine ~** vineddik.

vinegary ['vinəgəri] *adj* **1.** som inneholder eddik; sur som eddik; eddiksur; **2.** *fig:* sur som eddik; eddiksur; **a ~ smile***(=an acid smile)* et surt smil.

vinery ['vainəri] *subst* **1.** drivhus for drueodling; **2.** vinhus.

vineyard ['vinjəd] *subst:* vinmark; vinberg; vingård.

vino ['vi:nou] *subst* **S***(=cheap wine)* billigvin.

vinous ['vainəs] *adj* **1.** vin-; vinaktig; **2.** som er lagd med vin *(fx medications);* **3***(=addicted to wine)* henfallen til vin; vin- *(fx his vinous nose).*

vintage ['vintidʒ] *subst* **1.** vinhøst; **2.: ~ (wine)** årgangsvin; **3.** *fig:* årgang *(fx a piano of 1845 vintage).*

vintage car veteranbil (især om bil produsert mellom 1919 og 1930); *(jvf veteran car).*

vintage port årsgangsportvin.

vintage race veteranbilløp.

vintage wine årgangsvin.

vintage year godt vinår.

vintner ['vintnə] *subst; glds(=wine merchant)* vinhandler.

viol ['vaiəl] *subst; mus(=(viola da) gamba)* gambe.

I. viola [vi'oulə] *subst; mus:* bratsj.

II. viola [vai'oulə; 'vaiələ] *subst; bot:* Viola; fiol; *(se I. violet).*

violate ['vaiə,leit] *vb; stivt* **1***(=infringe; break)* krenke; bryte *(fx the law);* **2***(=desecrate)* krenke; vanhellige *(fx a sacred place);* **3.** *ofte spøkef(=disturb)* krenke; forstyrre *(fx the peace of the countryside; sby's privacy);* **4.** *evf(=rape)* forbryte seg mot; voldta.

violation [,vaiə'leiʃən] *subst* **1.** krenkelse; brudd (*of* på) *(fx a treaty);* **in ~ of** i strid med *(fx act in violation of one's orders);* **2.** krenkelse; vanhelligelse; **3.** *ofte spøkef:* forstyrrelse; krenkelse; **4.** *evf(=rape)* voldtekt.

violence ['vaiələns] *subst* **1.** voldsomhet *(fx the violence of the storm; the violence of his temper);* **2.** vold *(fx police violence);* **act of ~** voldshandling; **~ and vandalism among young people** vold og hærverk blant ungdommen; **crime of ~** voldsforbrytelse; **crowd ~** publikumsvold; **a (tidal) wave of ~** en voldsbølge; *(jvf nonviolence).*

violent ['vaiələnt] *adj:* voldsom *(fx behaviour; storm);* voldelig; **~ crimes***(=crimes of violence)* voldskriminalitet; voldsforbrytelser; **~ criminal** voldsforbryter; **become ~** bli voldsom *(fx the patient became violent);* **a ~ death** en voldsom død; **~ methods** voldsmetoder.

violet ['vaiəlit] *subst; bot:* fiol; **dame's ~***(=(dame's) rocket)* fruefiol; **dog ~***(=marsh violet)* engfiol.

violin [,vaiə'lin] *subst; mus:* fiolin.

violinist [,vaiə'linist] *subst; mus(=violin player)* fiolinist.

violoncello [,vaiələn'tʃelou] *subst; mus(=cello)* fiolonsell; cello.

VIP [,vi:ai'pi:] *(fk.f. very important person)* prominent person; VIP.

VIP treatment: give sby the ~ behandle en som en VIP; gi en særbehandling.

viper ['vaipə] *subst; zo:* hoggorm.

virago [vi'ra:gou] *subst; glds(=bitch)* arrig kvinnfolk; hurpe.

viral ['vaiərəl] *adj:* virus-; **~ infection***(=virus infection)* virusinfeksjon.

virgin ['və:dʒin] **1.** *subst:* jomfru; **the Virgin (Mary)** jomfru Maria; **2.** *adj:* jomfruelig; jomfru-; **~ birth** jomfrufødsel.

virginal ['və:dʒinəl] *adj:* jomfruelig *(fx her face had a virginal look).*

virgin forest*(=primeval forest)* urskog.

Virginia [və'dʒiniə] *subst; geogr:* Virginia.

Virginia creeper *bot:* villvin.

Virginia stock *bot:* vanlig strandlevkøy.

virginity [və'dʒiniti] *subst:* jomfrudom; jomfruelighet; **lose one's ~** miste jomfrudommen; miste dyden.

Virgo ['və:gou] *astr:* **the ~***(=the Virgin)* Jomfruen.

virile ['virail] *adj:* viril *(fx he's young and virile).*

virility [vi'riliti] *subst:* virilitet.

virtual ['və:tʃuəl] *adj* **1.** virkelig; faktisk *(fx the virtual ruler);* **2.** *fys; mots virkelig:* virtuell *(fx image).*

virtually *adv:* faktisk; i realiteten; praktisk talt; **~ impossible** praktisk talt umulig.

virtue ['və:tju:; 'və:tʃu:] *subst* **1.** dyd *(fx honesty is a virtue); glds(=virginity)* dyd; **2***(=advantage)* fortrinn; **it has the ~ of being small** den (,det) har det fortrinn å være liten (,lite); **3.** *stivt:* **by ~ of***(=because of)* i kraft av; på grunn av; fordi; **by ~ of his social position** i kraft av sin sosiale stilling; på grunn av den sosiale stilling han har (,hadde); **4.: make a ~ of necessity** gjøre en dyd av nødvendighet.

virtuosity [,və:tju'ɔsiti] *subst:* virtuositet.

virtuoso [,və:tju'ouzou] *subst:* virtuos.

virtuous ['və:tʃuəs] *adj; stivt(=chaste)* dydig; kysk; meget anstendig; **she's pure and ~** hun er ren og kysk.

virulence ['viruləns] *subst* **1.** *med.:* ondartethet *(fx of an infection);* **2.** *stivt(=fierceness; viciousness)* voldsomhet; bitterhet *(fx of an attack).*

virulent ['virulənt] *adj* **1.** *med.:* ondartet; virulent; **2.** *om gift:* meget kraftig; **3.** *fig:* voldsom; bitter *(fx attack);* **4.** *om farge:* altfor sterk *(fx a virulent purple).*

virus ['vaiərəs] *subst:* virus.
virus infection*(=viral infection)* virusinfeksjon.
visa ['vi:zə] **1.** *subst:* visum; **a 30-day** ~ visum for 30 dager; **apply for a** ~ **for the United States** søke om visum til USA; **2.** *vb:* visere; påtegne *(fx a passport).*
visage ['vizidʒ] *subst; litt.(=face)* ansikt.
I. vis-à-vis [,vi:za:'vi:; **US:** ,vizə'vi:] *subst (pl: vis-a -vis) meget stivt; sj(=person opposite):* **his** ~*(=the person opposite him)* hans vis-à-vis; den som satt rett overfor ham.
II. vis-à-vis *prep; stivt* **1***(=face to face with; opposite)* vis-à-vis; rett (*el.* like) overfor; **2***(=in relation to)* vis-à-vis; i forhold til *(fx what's your country's position vis-à-vis the Common Market?).*
viscera ['visərə] *subst; pl; anat:* innvoller.
viscosity [vis'kɔsiti] *subst:* viskositet; væsketykkelse.
viscount ['vaikaunt] *subst:* adelsmann med rang under 'earl'.
vise [vais] *subst* **US:** *se vice.*
viscous ['viskəs] *adj(=thick; sticky)* tyktflytende; seig.
visibility [,vizi'biliti] *subst:* sikt; **poor** ~ dårlig sikt; **car with good rear** ~ bil med god sikt bakover.
visible ['vizibl] *adj:* synlig; merkbar *(fx change);* ~ **to the naked eye** synlig for det blotte øye.
visible horizon *mar(=apparent horizon)* kiming; naturlig horisont.
vision ['viʒən] *subst* **1.** syn *(fx the visions of a prophet);* visjon *(fx he had a vision of Britain as a prosperous country leading the world); spøkef:* **I had -s of you missing the train** jeg så for meg at du kom for sent til toget; **2***(=lovely sight)* vakkert syn *(fx she looked a vision in that dress);* **she was a** ~ **of loveliness***(=she was very beautiful)* hun var meget vakker; **3.** klarsyn; **a man of** ~ en klarsynt mann; **he lacks** ~ han er trangsynt (*el.* sneversynt); **his political** ~ **is nil** han har ikke engang politisk gangsyn; **4.** syn; synsevne; **normal** ~*(=normal sight)* normalt syn; **his** ~ **is good***(=he has good eyes)* han har godt syn (*el.* gode øyer); **his** ~ **is poor***(=he has poor(=bad) eyes)* han har dårlig syn (*el.* dårlige øyer); **faculty of** ~*(=visual power)* synsevne; **field of** ~ synsfelt; **enter sby's field of** ~ komme innenfor ens synsfelt.
I. visionary ['viʒənəri] *subst:* fantast; svermer; drømmer.
II. visionary *adj* **1.** visjonær; synsk; **2***(=impracticable; unrealistic; utopian)* ugjennomførlig; urealistisk; utopisk.
I. visit ['vizit] *subst:* visitt; besøk *(fx we went on a visit to my aunt's; they're here on a six-week visit);* **doctor's** ~*(=doctor's call)* legebesøk; **a** ~ **to the museum** et besøk på museet; *især* **US: pay a** ~ **to sby***(=pay sby a visit)* avlegge en et besøk; **courtesy** ~*(=courtesy call)* høflighetsvisitt; **flying** ~*(=short visit)* snarvisitt; snartur; **pay a short** ~ **to Bergen** ta en snartur til Bergen.
II. visit *vb* **1.** besøke *(fx sby; a place);* **when are you due to** ~ **the dentist next?** når skal du til tannlegen neste gang? **we** ~ **(each other) quite often nowadays** vi besøker hverandre ganske ofte nå for tiden; **2.** *stivt(=afflict)* hjemsøke *(fx visited by the plague);* **3.** *bibl:* ~ **the sins of the fathers upon the children** hjemsøke fedrenes misgjerninger på barna; **4. US:** ~ **with** 1*(=chat with)* snakke med *(fx visit with sby on the telephone);* 2*(=visit)* besøke *(fx she's visiting with her parents).*
visitation [,vizi'teiʃən] *subst* **1. (bishop's)** ~ (bispe)-visitas; **2.** *rel:* hjemsøkelse; straff *(fx it was a visitation of God for their sins);* **3.** *bibl:* **know the time of one's** ~ kjente sin besøkelsestid; **4.** *glds el. stivt(=visit)* besøk (av overnaturlig art) *(fx the shepherds had a visitation from an angel during the night).*
visiting card*(,***US:** *calling card)* visittkort.
visiting diplomacy besøksdiplomati.
visiting hours *i sykehus:* besøkstid.
visiting nurse US*(omtrent=community nurse)* hjemmesykepleier.
visiting team *sport:* bortelag.
visitor ['vizitə] *subst:* besøkende; gjest *(fx summer visitors); (se health visitor).*
visitors' book gjestebok; fremmedbok.
visor ['vaizə] *subst* **1.** *hist:* visir; hjelmgitter; **2.** *på lue(=peak)* skygge; **3.** *på bil:* solskjerm.
vista ['vistə] *subst* **1.** *stivt(=view)* utsyn; utsikt; **2.** *fig:* utsyn; (fremtids)perspektiv *(fx exciting new vistas opened up before them).*
visual ['vizjuəl; 'viʒuəl] *adj* **1.** syns- *(fx organs);* visuell *(fx impressions);* ~ **disturbance** synsforstyrrelse; **2***(=optical)* optisk *(fx the visual focus of a lens);* **3.** *psykol:* visuell.
visual aids (in teaching) visuelle hjelpemidler.
visual display unit *(fk VDU)(=computer screen)* dataskjerm.
visual field*(=field of vision)* synsfelt.
visual image synsbilde.
visualize, visualise ['viʒuə,laiz] *vb* **1***(=make clear; render plain)* anskueliggjøre; **2***(=envisage)* forestille seg *(fx can you visualize how big this firm could be in ten years' time?);* **3***(=picture)* se for seg *(fx I know his name, but I can't visualize him);* **4.** *med.(=make visible (by surgery or by X-ray))* blottlegge.
visually *adv:* visuelt.
visual nerve *anat(=optic nerve)* synsnerve.
visual sensation*(=visual impression)* synsinntrykk.
vital ['vaitəl] *adj* **1.** vital *(fx she's vital and attractive);* **2.** livsviktig; vital *(fx organ);* **3***(=very important)* meget viktig (*to* for) *(fx speed is vital to the success of our plan).*
vitality [vai'tæliti] *subst:* levedyktighet; livskraft; vitalitet; **a girl of tremendous** ~ en uhyre vital pike.
vitalize, vitalise ['vaitə,laiz] *vb(=animate)* levendegjøre; sette liv i *(fx he has vitalized the whole workforce with his enthusiasm).*
vital process livsprosess.
vital range *zo:* aksjonsområde; *(jvf home range).*
vitals ['vaitəlz] *subst; pl; glds(=vital organs)* vitale organer; livsviktige organer.
vital statistics 1. befolkningsstatistikk; **2. T** (kvinnes) vitale mål (ɔ: byste- hofte- og midjemål).
vitamin ['vitəmin; 'vaitəmin] *subst:* vitamin; ~ **A** A-vitamin.
viticulture ['viti,kʌltʃə] *subst; stivt(=wine growing)* vinavl; vindyrking.
vitreous ['vitriəs] *adj:* glassaktig; glass-; glasshard.
vitreous china sanitærporselen.
vitrify ['vitri,fai] *vb; tekn(=convert into glass; become like glass)* forglasse(s); omdanne(s) til glass.
vitriol ['vitri,ɔl] *subst:* vitriol.
vitriolic [,vitri'ɔlik] *adj* **1.** vitriolholdig; vitriol-; **2.** *fig:* bitende; flengende *(fx criticism).*
vituperative [vi'tju:pərətiv] *adj; stivt el. spøkef(=abusive)* grov *(fx he was very vituperative about her ability as an actress).*
viva ['vaivə] *subst(=viva voce)* muntlig eksamen *(fx we had a written exam yesterday and a viva today).*
vivacious [vi'veiʃəs] *adj(=lively; full of life)* livlig; livfull.

vivacity [vi'væsiti] *subst(=vivaciousness)* livlighet; livfullhet.
viva voce ['vaivə 'voutʃi] *subst(=viva)* muntlig eksamen.
vivid ['vivid] *adj* **1**(*=lively*) livlig *(fx imagination);* **2**(*=clear*) klar; ~ **memories** klare minner; **3.** *fig:* levende *(fx description); (=lifelike)* livaktig *(fx dream);* **a ~ image** et livaktig bilde; **4.** *om farge:* livlig *(fx a vivid yellow);* knall- *(fx red); fig:* **paint sth in ~ colours** skildre noe i sterke farger; **the trees were ~ in their autumn colours** trærne stod der i sine livlige høstfarger.
vivify ['vivi,fai] *vb; stivt(=animate)* levendegjøre; sette liv i.
viviparous [vi'vipərəs] *adj:* som føder levende unger.
vivisect ['vivi,sekt; ,vivi'sekt] *vb:* vivisekere.
vivisection [,vivi'sekʃən] *subst:* viviseksjon.
vixen ['viksən] *subst* **1.** *zo:* hunnrev; revetispe; **2.** *især glds(=ill-tempered woman)* arrig kvinnfolk.
viz. *(fk.f. videlicet)* [viz; 'neimli] *adv:* nemlig.
vocabulary [və'kæbjuləri] *subst* **1.** vokabular; ordforråd; ordtilfang *(fx the vocabulary of everyday speech);* **a wide**(*=copious*) ~ et rikt vokabular (*el.* ordforråd); **2.** glossar; ordliste.
vocal ['voukəl] *adj* **1.** stemme- *(fx apparatus);* **2.** sang- *(fx exercise);* vokal *(fx music);* **3.** *i forsamling:* som lar høre fra seg; **he's always very ~ at staff meetings** han tar stadig ordet i lærerråd.
vocal cords *pl:* stemmebånd.
vocalic [vou'kælik] *adj; fon:* vokalisk.
vocalist ['voukəlist] *subst; stivt(=singer)* vokalist *(fx a female vocalist).*
vocalize, vocalise ['voukə,laiz] *vb* **1.** synge (på vokaler) *(fx vocalize a tune);* **2**(*=utter vocal sounds*) bruke stemmebåndene; gi fra seg lyder *(fx a gorilla was vocalizing);* **3.** *fon:* vokalisere *(fx w is often vocalized);* **4.** *språkv(=provide with vowels or vowel sounds)* vokalisere; forsyne med vokaltegn.
vocal pitch *mus(=pitch)* stemmeleie.
vocation [vou'keiʃən; və'keiʃən] *subst* **1**(*=calling*) kall; **he had a sense of ~ about his job** han hadde en kallsfølelse når det gjaldt arbeidet sitt; **2.** *stivt(=occupation; calling)* erverv; yrke; **3**(*=special aptitude*) legning *(fx he has little or no vocation for teaching);* **4. T: she missed her ~** hun burde vært i en annen jobb.
vocational [vou'keiʃənəl] *adj:* yrkes-; yrkesrettet; **a less narrowly ~ education** en mindre yrkesrettet utdanning.
vocational-guidance counselor US *skolev(=careers master (,mistress))* yrkesveileder.
vocational school fagskole; *(jvf technical college).*
vocational training 1. yrkesopplæring; yrkesutdanning; **2**(*=vocational study*) (yrkes)fagstudium; yrkesrettet studium.
vociferate [və'sifə,reit] *vb; stivt(=bawl; shout)* skrike; skråle.
vociferous [və'sifərəs] *adj; stivt(=loud; noisy)* skrålende; høyrøstet *(fx she was vociferous in her criticism of him).*
vodka ['vɔdkə] *subst:* vodka.
vogue [voug] *subst; stivt el. spøkef(=fashion)* mote; **in ~**(*=in fashion*) moderne; på mote; **it's very much in ~ just now**(*=it's very fashionable just now*) det er meget moderne akkurat nå.
I. voice [vɔis] *subst* **1.** stemme; røst; **in a loud ~** med høy stemme; **in a lowered ~** med dempet stemme; **in a trembling ~** med skjelvende stemme; **in a tearful ~** med gråt i stemmen; med gråtkvalt stemme; **disguise one's ~** fordreie stemmen; **raise one's ~** heve stemmen; **my ~ broke when I was twelve** jeg kom i stemmeskiftet da jeg var tolv år; **his ~ is beginning to crack** han er (kommet) i stemmeskiftet; **2.** *mus:* stemme *(fx a song for three voices);* **3.** *gram:* **in the active (,passive) ~** i aktiv (,passiv); **4.** *fig:* stemme *(fx the party became the voice of the workers);* **5.** *stivt el. litt.(=say):* **I have no ~ in this matter** jeg har ikke noe å si i denne saken; **6.** *stivt(=expression):* **give ~ to** gi uttrykk for *(fx one's indignation);* **7.: with one ~**(*=unanimously*) enstemmig.
II. voice *vb* **1.** *fon:* stemme; **2.** *stivt(=express)* uttrykke; gi uttrykk for *(fx he voiced the discontent of the whole group);* **the concern -d in Britain in the late 1960's** den bekymring som kom til uttrykk i Storbritannia sist på 1960-tallet.
voiced *adj; fon:* stemt *(fx a voiced consonant).*
voiceless ['vɔislis] *adj* **1**(*=mute*) stemmeløs; stum; **2.** *fon(=unvoiced)* ustemt.
voice production stemmebruk; **learn ~** lære stemmebruk.
I. void [vɔid] *subst* **1.** *fig:* tomrom *(fx her death left a void in her husband's life);* **2.: the great ~** det store intet; **3.** *kortsp:* renons.
II. void *adj* **1.** *jur:* **declare (null and) ~** erklære ugyldig *(fx their marriage was declared null and void);* **2.: ~ of** 1. *stivt(=devoid of; without)* blottet for; uten *(fx a statement void of meaning);* 2. *kortsp:* renons i *(fx void of hearts).*
voidable ['vɔidəbl] *adj; jur:* som kan erklæres ugyldig; som kan omstøtes; omstøtelig.
volatile ['vɔlə,tail] *adj* **1.** *fys:* flyktig; som fordamper lett; **2.** *fig; stivt(=explosive)* eksplosiv; farlig ustabil *(fx political situation);* **3.** *stivt; om person(=fickle)* ustadig *(fx she's excitable and volatile).*
vol-au-vent [vɔlə'vã] *subst; kul:* vol-au-vent; **open ~** terteskjell *(fx open vol-au-vent filled with caviar).*
volcanic [vɔl'kænik] *adj:* vulkansk; vulkan-.
volcano [vɔl'keinou] *subst:* vulkan.
vole [voul] *subst; zo* **1.** jordrotte; **2.: water ~**(*=water rat*) vånd; vannrotte; **3.: bank ~** klatremus; **4.: red-backed ~**(*=red-backed mouse*) rødmus.
volition [və'liʃən] *subst; stivt* **1**(*=will*)**: an act of ~** en viljeshandling; en viljesakt; **2.: of one's own ~**(*=of one's own free will*) av egen fri vilje.
volley ['vɔli] *subst* **1.** *også fig:* salve *(fx of questions);* **a ~ of shots** en skuddsalve; **2.** *tennis:* volley.
volleyball ['vɔli,bɔ:l] *subst; sport:* volleyball.
volplane ['vɔl,plein] *vb; flyv(=glide)* sveve; gli.
volt [voult] *subst; elekt:* volt.
voltage ['voultidʒ] *subst; elekt:* spenning; **working ~** arbeidsspenning; driftsspenning; *(se open-circuit voltage).*
voltage control: with ~ spenningsregulert.
voltage drop spenningsfall.
voltaic [vɔl'teiik] *adj; elekt(=galvanic)* galvanisk; voltaisk.
volte-face [,vɔlt'fa:s] *subst; stivt; fig(=about-turn)* helomvending; kuvending; **make a complete ~** gjøre fullstendig helomvending *(fx on an issue).*
voltmeter ['voult,mi:tə] *subst; elekt:* spenningsmåler; voltmeter.
volubility [,vɔlju'biliti] *subst; stivt(=great fluency)* tungeferdighet; tungerapphet.
voluble ['vɔljubl] *adj; stivt(=very fluent; using a lot of words)* tungeferdig; tungerapp.
volubly *adv(=with a lot of words)* med mange ord.
volume ['vɔlju:m] *subst* **1.** *stivt(=book)* bind *(fx this library contains over a million volumes);* **2.** *del av et verk (fk vol.):* bind *(fx volume five of the encyclopedia); av magasin:* årgang *(fx old*

volumes of Punch); **3***(=cubic capacity)* rominnhold; kubikkinnhold; **4***(=amount)* kvantum; mengde *(fx a large volume of work remains to be done);* **-s of***(=large amounts of)* store mengder (av) *(fx volumes of black smoke);* **5.** *i produksjonen:* **the need for ~** behovet for store serier; **6.** *radio, TV:* lyd(styrke); volum; **turn up the ~** skru opp lyden *(fx on the radio);* **vary the ~** regulere lydstyrken (*el.* volumet); **7.** *fig:* **speak -s** si en hel del; tale sitt eget tydelige språk.

volume control *radio, TV:* volumkontroll.

volume growth*(=growth in volume)* volumvekst; volumøkning.

volume of production produksjonsvolum.

volume of sales salgsvolum.

(volume of) trade *stats:* vareomsetning.

volume unit*(=unit volume)* volumenhet.

voluminous [vəˈlu:minəs] *adj; stivt el. spøkef(= large; taking up a lot of space)* voluminøs; omfangsrik; som opptar mye plass.

I. voluntary [ˈvɔləntəri] *subst; mus:* orgelsolo (ved gudstjeneste).

II. voluntary *adj:* frivillig; **their action was completely ~** det de gjorde var helt frivillig.

voluntary agent: man is a ~ mennesket har sin frie vilje.

(voluntary) aided school privat livssynsskole (med kommunal støtte); *(se voluntary school).*

(voluntary) controlled school privat skole (som drives helt med kommunale midler, og som ikke er fritt stilt i livssynsundervisningen); *(se voluntary school).*

voluntary manslaughter *jur:* forsettlig drap; *(se NEO drap).*

voluntary school privat skole oppført av en uavhengig, oftest religiøs, organisasjon, men drevet helt eller delvis av de lokale skolemyndigheter; *(NB det er to typer 'voluntary school'; se (voluntary) aided school & (voluntary) controlled school).*

Voluntary Service Overseas *(fk VSO)* **UK:** *svarer til* Fredskorpset.

I. volunteer [ˌvɔlənˈtiə] *subst:* frivillig; *(se peace corps volunteer).*

II. volunteer *vb* **1.** melde seg som frivillig; melde seg frivillig *(fx for a dangerous task);* **2***(=offer)* tilby seg *(fx he volunteered to act as messenger; he asked for help, but no one volunteered);* komme med *(fx two or three people volunteered suggestions).*

III. volunteer *adj:* frivillig; som utføres av frivillige *(fx volunteer activities);* **a ~ army** en hær som består av frivillige.

voluptuous [vəˈlʌptjuəs] *adj; stivt el. spøkef(producing sensual pleasure)* vellystig; sensuell *(fx music);* yppig *(fx a woman with a voluptuous figure; her breasts are large and voluptuous).*

volvulus [ˈvɔlvjuləs] *subst; med.:* tarmslyng.

I. vomit [ˈvɔmit] *subst:* oppkast; **blood-stained ~** oppkast med blod i.

II. vomit *vb* **1***(=be sick)* kaste opp; **~ blood** kaste opp blod; **2.** *litt.; fig(=spew)* spy (ut).

voracious [vəˈreiʃəs] *adj; stivt(=greedy)* glupsk; grådig; **have a ~***(=ravenous)* **appetite** ha en glupende appetitt.

voracity [vəˈræsiti] *subst; stivt(=greed)* glupskhet; grådighet.

vortex [ˈvɔ:teks] *subst (pl: vortexes; vortices* [ˈvɔ:tiˌsi:z]*) litt.(=whirlpool; whirlwind)* virvel (i vannet); virvelvind; *fig:* malstrøm.

votary [ˈvoutəri] *subst; meget stivt* **1***(=advocate):* **be a ~ of** være forkjemper for; gå sterkt inn for *(fx be a votary of peace);* **2.** *rel:* **a ~ of God***(=a faithful servant of God)* en tro Guds tjener.

I. vote [vout] *subst* **1.** avstemning; votering; **card ~** skriftlig avstemning; **secret ~***(=ballot)* hemmelig avstemning; **put to the ~** sette under avstemning; **take***(=proceed to)* **a ~** gå til avstemning; *(jvf voting);*

2.: a (,the) ~*(=the right to vote) (fx everyone over eighteen has a vote; in Britain, the vote was given to women over twenty-one in 1928);*

3. stemme; **cast***(=give)* **one's ~** avgi (sin) stemme;

4. *kollektivt:* **the Labour ~** arbeiderpartivelgerne *(fx get the Labour vote to the polls);* **the Jewish ~** de jødiske velgerne;

5.: the ~*(=the total number of votes cast)* det totale antall avgitte stemmer;

6*(=grant)* bevilget beløp; bevilgning *(fx a vote of £50,000);*

7.: ~ of censure*(=vote of no confidence)* mistillitsvotum; **~ of confidence** tillitsvotum; tillitserklæring; **propose a ~ of thanks to** holde en liten takketale for *(fx she proposed a vote of thanks to the organizers of the party).*

II. vote *vb* **1.** stemme (*for* for; *against* mot); **~ Labour***(=vote for the Labour party)* stemme på Arbeiderpartiet; **2.: be -d on to a committee***(=be elected a member of a committee)* bli valgt inn i et utvalg (*el.* en komité); **be -d off the committee** *(=not be re-elected a member of the committee)* ikke bli gjenvalgt til utvalget (*el.* komitéen); **3***(=grant)* bevilge *(fx they voted a £100,000 increase);* **they were -d £10,000 to help them in their research** de fikk bevilget £10.000 som en hjelp til forskningsarbeidet; **4. T***(=declare):* **the evening was -d a huge success by everyone** alle var enige om at kvelden hadde vært en stor suksess; **5. T***(=propose):* **I ~ we all go home** jeg stemmer for at vi går hjem alle sammen.

voter [ˈvoutə] *subst:* velger; stemmeberettiget; **register as a ~** la seg registrere som stemmeberettiget; la seg føre inn i manntallet; *(se electoral register; floating vote).*

voting [ˈvoutiŋ] *subst:* avstemning; stemmegivning; **how did the ~ go?** hvordan gikk det med avstemningen? **abstain from ~** ikke delta i avstemningen.

voting share stemmeberettiget aksje.

voting slip stemmeseddel; *(jvf ballot paper).*

voting tie: a ~*(=an equality of votes)* stemmelikhet.

votive [ˈvoutiv] *adj (given in fulfilment of a vow)* votiv-; gitt i følge et løfte; **~ offering** votivgave.

vouch [vautʃ] *vb:* **~ for** gå god for; garantere for *(fx I can vouch for his honesty; my friends will vouch for me; will you vouch for the truth of the statement?).*

voucher [ˈvautʃə] *subst* **1.** *bankv:* regnskapsbilag *(fx vouchers are initialled by senior clerks or officers who are responsible for their correctness);* **cash ~** kasseanvisning; **2***(=ticket; coupon)* kupong; **meal ~, luncheon ~** matkupong.

vouchsafe [ˌvautʃˈseif] *vb; meget stivt el. glds* **1***(= condescend):* **he did not ~ to reply** han nedlot seg ikke til å svare; **2***(=give):* **he refused to ~ any information** han nektet å gi opplysninger.

I. vow [vau] *subst:* (høytidelig) løfte; **~ of chastity** kyskhetsløfte; *ved inngåelse av ekteskap:* **marriage -s** ekteskapsløfte; **monastic ~** munkeløfte; **take the ~** avlegge munkeløfte.

II. vow *vb* **1***(=make a solemn promise)* love (høyt og hellig) *(fx he vowed that he would die rather than surrender);* **2.** *stivt(=swear)* sverge *(fx he vowed revenge on all his enemies);* **3.** *stivt el. glds(=declare)* erklære *(fx she vowed that he was the most unpleasant person she had ever met).*

vowel ['vauəl] *subst:* vokal.
vowel gradation *språkv(=ablaut)* avlyd.
vowel shift *språkv:* vokalskifte; **the great ~** det store vokalskiftet.
vowel sound vokallyd.
vowel point *i arabisk el. hebraisk:* vokaltegn.
voyage ['vɔiidʒ] **1.** *subst:* sjøreise; **2.** *vb; især litt.(=travel)* reise *(fx they voyaged for many months).*
voyager ['vɔiidʒə] *subst; glds el. litt.(=traveller)* reisende.
vulcanize, vulcanise ['vʌlkə,naiz] *vb:* vulkanisere.
vulgar ['vʌlgə] *adj* **1.** vulgær *(fx expression);* **2.** *især glds:* vulgær-; **the ~ tongue** folkemålet.
vulgar fraction alminnelig brøk.
vulgarism ['vʌlgə,rizəm] *subst(=rude expression)* vulgarisme; vulgært uttrykk.
vulgarity [vʌl'gæriti] *subst(=rudeness; lack of good taste)* vulgaritet; simpelhet; vulgær oppførsel.
vulgarize, vulgarise ['vʌlgə,raiz] *vb:* forsimple.
Vulgar Latin vulgærlatin.
vulnerability [,vʌlnərə'biliti] *subst:* sårbarhet.
vulnerable ['vʌlnərəbl] *adj* **1.** sårbar *(fx a vulnerable young girl; the enemy's position is vulnerable);* **2.** *kortsp; bridge:* i faresonen.
vulture ['vʌltʃə] *subst; zo:* gribb; **bearded ~** *(=lammergeier)* lammegribb; **black ~** kuttegribb; **Egyptian ~** åtselgribb; **griffon ~** gåsegribb; **king ~** kongegribb; **lappet-faced ~** øregribb.
vulva ['vʌlvə] *subst; anat:* vulva.

W

W, w ['dʌbəl,ju:] (bokstaven) W, w; **W for William** dobbelt-w; **capital W** stor W; **small w** liten w.
wacky ['wæki] *adj* **T***(=crazy; eccentric)* sprø; eksentrisk.
I. wad [wɔd] *subst* **1.** *av løst materiale:* klump; **a ~ of cottonwool** en bomullsdott; **a ~ of newspaper** en rull med sammenpresset avispapir; **2.** seddelbunt; **a ~ of five-pound notes** en bunt fempundsedler; **3.** *hist; mil:* forladning.
II. wad *vb:* presse (*el.* rulle) sammen; vattere.
wadding ['wɔdiŋ] *subst;* (plate)vatt; stopp.
I. waddle ['wɔdəl] *subst:* vralting; vraltende gange.
II. waddle *vb:* vralte.
wade [weid] *vb* **1.** vade; vasse *(fx across the river);* **2.** *fig:* **~ into***(=plunge into)* kaste seg inn i *(fx he waded into the discussion without thinking);* kaste seg over *(fx he waded into a pile of work);* **3.** *fig:* **~ through a boring book** slite (*el.* pløye) seg gjennom en kjedelig bok; **4***(=attack):* **he -d into the child for lying to him** han tok ungen voldsomt fatt for å ha løyet for ham.
wader ['weidə] **1.** *subst; zo:* vadefugl; **2.: -s** vadere; vadebukser.
wadi ['wa:di] *subst; i Nord-Afrika:* wadi; elveleie som bare periodevis fører vann.
wafer ['weifə] *subst* **1.** (is)kjeks *(fx an ice-cream wafer);* **2.** *rel:* oblat.
wafer-thin ['weifə,θin] *adj(=paper-thin)* løvtynn.
I. waffle ['wɔfəl] *subst* **1.** vaffel; **a round of -s** en vaffelplate; **segment of ~** vaffelhjerte; **2. T***(= nonsense)* vrøvl; tull; tullprat; tørrprat *(fx it was pure waffle).*
II. waffle *vb* **T***(=talk nonsense)* vrøvle; tullprate *(fx what's she waffling about now? she's just waffling);* tørrprate *(fx the lecturer will waffle on for hours).*
waffle iron vaffeljern.
I. waft [wa:ft] *subst:* vift; (mildt) pust; (svak) duft.
II. waft *vb; stivt el. litt.* **1***(=float; drift)* sveve; drive *(fx the smoke wafted gently across the valley);* **2***(=blow)* blåse *(fx the wind wafted the leaves through the windows).*
I. wag [wæg] *subst* **1.: the dog gave a feeble ~** hunden logret svakt; **2***(=joker)* spøkefugl.
II. wag *vb* **1.: ~ (its tail)** logre *(fx dogs wagging and barking; the dog was wagging its tail);* **the bird was -ging its tail** fuglen vippet med stjerten; **they were -ging their heads** de stod der hoderystende; **2.** *fig:* **~ one's finger at sby** løfte fingeren advarende (,misbilligende) til en; **the tongues are -ging** folk har det travelt med å snakke; **this will set their tongues -ging** dette vil gi dem noe å snakke om.
I. wage [weidʒ] *subst(=wages)* lønn *(fx his wage is £70 a week; his wages are £70 a week);* **a steady ~***(=regular pay)* fast lønn; **a high ~, high -s** høy lønn; **get a job at a living ~** få en jobb til en lønn man kan leve av; *(jvf I. pay 1; salaried; salary).*
II. wage *vb; stivt(=carry on):* **~ war** føre krig (*against, on* mot).
wage agreement lønnsavtale.
wage deal*(=wages settlement)* lønnsoppgjør.
wage drift lønnsglidning.
wage earner*(,***US:** *wage worker)* lønnsmottager.
wage freeze lønnsstopp; **wage and earning freeze** lønns- og inntektsstopp.
wage labour *økon:* lønnsarbeid.
wage level*(=level of wages)* lønnsnivå.
wage packet*(=pay packet)* lønningspose.
wager ['weidʒə] *stivt* **1.** *subst(=bet)* veddemål *(fx we made a wager that he would win);* **2.** *vb(= bet)* vedde.
wage rate*(=rate of pay)* lønnssats.
wages arbitration voldgift i lønnstvist; **enforce ~** benytte tvungen lønnsnemnd; *(se NESO lønnsnemnd & voldgift).*
wages board lønnsnemnd; *(se NESO lønnsnemnd).*
wages lag lønnsetterslep.
wage slave *spøkef:* lønnsslave.
wages round lønnsforhandlingsrunde.
waggish ['wægiʃ] *adj(=joking)* spøkefull *(fx remark).*
waggle ['wægəl] **1.** *subst(=wiggle)* vrikking *(fx the waggle of her hips);* **2.** *vb(=shake)* riste *(fx his beard waggled as he ate); (=wiggle)* vrikke med (*el.* på) *(fx she waggled her hips as she walked).*
wag(g)on*(,***US:** *wagon)* ['wægən] *subst* **1.** vogn *(fx a hay waggon);* **2.** *jernb:* **goods ~***(,***US:** *freight car)* godsvogn; **3.: the Wag(g)on***(=the Plough)* Karlsvognen; **4. US** *i sms:* -vogn; **tea ~***(=tea trolley)* tevogn; **5. T: be (,go) on the ~** være (,gå) på vannvogna.
wag(g)oner ['wægənə] *subst:* kjørekar; vognkusk.
wagon train vogntog.
wagtail ['wæg,teil] *subst; zo:* **(white) ~** linerle.
waif [weif] *subst* **1.** *stivt(=homeless, uncared-for child)* hjemløst og forsømt barn; **2.** *glds el. spøkef:* **-s and strays** hjemløse og fattige *(fx homes for waifs and strays).*
I. wail [weil] *subst* **1.** klagende skrik; jammer; **-s of grief** sørgeskrik; klageskrik; **2.** klagende lyd *(fx the wail of an ambulance siren);* **3. T: set up a ~ about sth***(=start complaining about sth)* begynne å beklage seg over noe; stemme i med en klagesang over noe.
II. wail *vb* **1.** *stivt(=lament)* klage *(fx weeping and wailing they followed the coffin);* **loud -ing** høye klagerop; **2. T: start -ing about sth***(=start complaining about sth)* begynne å beklage seg over noe; stemme i en klagesang over noe.
Wailing Wall *i Jerusalem:* **the ~** klagemuren.
I. wainscot ['weinskət] *subst* **1.** *glds(=panelling)* panel; **2.** *glds(=dado)* brystpanel.
II. wainscot *vb* **1.** *glds(=panel)* panele; kle med panel; **2.** *glds(=dado)* lage brystpanel; kle med brystpanel.
wainscoting *subst: se I. wainscot.*
waist [weist] *subst* **1.** liv; midje; livlinje; **have a small ~** være smal om livet; **what size (of) ~ do you have?** hva er livmålet ditt? **can you take in the ~ of these trousers?** kan du ta inn denne buksen i livet? **2.** *på klesplagg:* livstykke.
waistband ['weist,bænd] *subst:* linning *(fx of a*

skirt); **the ~ of a pair of trousers** en bukselinning.

waistcoat ['weist,kout] *subst(,***US:** *vest)* vest; *(jvf vest).*

waist-deep [,weist'di:p; *attributivt:* 'weist,di:p] *adj:* **he was ~ in water** vannet rakk ham til livet; han stod i vann til livet.

waisted ['weistid] *adj; om klesplagg(=that goes in at the waist)* innsvingt i livet *(fx her new jacket is waisted).*

waistline ['weist,lain] *subst* **1.** livvidde; **2.** *på klesplagg:* livlinje; talje *(fx a low waistline).*

waist slip*(=underskirt)* underskjørt.

I. wait ['weit] *subst* **1.: there was a long ~ for the bus** det ble lenge å vente på bussen; **2.: lie in ~ for** ligge på lur etter *(fx they were lying in wait for him).*

II. wait *vb* **1.** vente (*for* på) *(fx he's waiting for John; wait for the next train);* **he's -ing for us to leave** han venter på at vi skal gå (,dra); **she was -ing for her mother to arrive** hun ventet på at hennes mor skulle komme; **~ until I tell you** vent til jeg sier fra; **~ a little!***(=wait a minute)* vent litt! **keep sby -ing***(=let sby wait)* la en vente; **~ dinner (for sby)** vente (på en) med middagen; **they -ed up till their daughter came in** de satt oppe og ventet til datteren deres kom hjem; **don't ~ up (for me)** sitt ikke oppe og vent på meg; **we stood there -ing, but the bus just wouldn't come** vi ventet og ventet, men bussen kom ikke; **2.: ~ at table** varte opp ved bordet; **~ on the guests** oppvarte gjestene; *(jvf I. hand 10: wait on sby ~ and foot).*

waiter ['weitə] *subst:* servitør; kelner; **hired ~** leietjener.

waiting *subst* **1.** venting; *skilt:* **no ~** parkering forbudt; **2.** oppvartning.

waiting game: play a ~*(=adopt a waiting attitude)* stille seg avventende; innta en avventende holdning.

waiting list venteliste; ekspektanseliste; **put sby on a ~** sette en på venteliste; *(jvf wait-list).*

waiting period 1. ventetid; **during the long ~** i den lange ventetiden; **2.** *fors:* karenstid.

waiting room venteværelse.

wait-list ['weit,list] *vb:* **~ sby** sette en på venteliste.

waitress ['weitris] *subst:* (kvinnelig) servitør; serveringsdame.

waive [weiv] *vb* **1.** *stivt(=give up)* frafalle *(fx a claim);* **2***(=take no account of; not enforce)* se bort fra *(fx the age limit);* **the judge -d the sentence and let him go free** dommeren satte dommen til side og lot ham gå fri.

waiver ['weivə] *subst; jur(=relinquishment)* frafallelse *(fx of a claim; of a right).*

I. wake [weik] *subst* **1.** kjølvann; *også fig:* **in the ~ of** i kjølvannet av; **2.** våkenatt før kirkefest; **3.** likvake; **4.** *i Nord-England:* industriferie; fellesferie i fabrikkene; **5.** *i Nord-England:* marked (i forbindelse med industriferien).

II. wake *vb (pret: woke; perf. part.: woken)* **1***(=wake up)* våkne; **2***(=wake up)* vekke *(fx go and wake the others);* **3.** *fig(=evoke)* vekke *(fx the music woke memories of holidays in Spain);* **4.: ~ up** 1. våkne; **~ up!** nå må du våkne! 2. vekke *(fx try and wake him up, will you?);* **5. T: ~ up to***(=realize)* innse; bli klar over *(fx it's time you woke up to the fact that your wife is being unfaithful).*

wakeful ['weikful] *adj* **1.** *stivt(=awake)* våken; **2.** *stivt(=sleepless)* søvnløs *(fx we spent a wakeful night worrying about her).*

waken ['weikən] *vb; stivt: se II. wake.*

Wales [weilz] *subst; geogr:* Wales; *(jvf Welsh).*

I. walk [wɔ:k] *subst* **1.** spasertur; **go for a ~, take a ~** gå en tur; **take the dog for a ~** gå en tur med hunden; **it's a long ~ to the station** det er langt til stasjonen; **it's two hours' ~ to the town** det tar to timer å gå (inn) til byen; **2.** spasersti; turvei *(fx there are many pleasant walks in this area);* **3***(=step)* gange; **I recognise him by his ~** jeg kjenner ham på gangen; **4.: at a ~** ved å gå *(fx you don't have to run – you'll get there easily at a walk);* **5.: the horse slowed to a ~** hesten begynte å gå; **6.: people from all -s of life** folk fra alle samfunnslag.

II. walk *vb* **1.** gå *(fx to the station; across the room);* la gå i skrittgang *(fx he walked the horse);* **~ the dog** gå tur med hunden; **T: I'll ~** *(=see)* **you to the bus stop** jeg skal følge deg til bussholdeplassen; **~***(=see)* **sby home** følge en hjem; **~ the streets alone after dark** gå alene på gaten etter at det har blitt mørkt; *om hjemløs el. prostituert:* **be -ing the streets** gå på gaten; **~ faster than sby** gå fortere enn en; gå fra en; *(jvf 3, 3: walk away from sby);* **2.** *neds* **T: he'll ~ all over you if you let him** han unnser seg ikke for å trampe på deg hvis du lar ham få lov til det; **3.: ~ away** 1. gå sin vei; 2. *fig:* dra av sted (*with* med) *(fx he'll walk away with all the prizes);* 3.: **~ away from sby** gå fra en; *(jvf 1: ~ faster than sby);* **4.: ~ off** 1*(=walk away)* gå sin vei; 2. *fig:* gå av seg *(fx he's gone to try and walk off his hangover);* 3.: **~ sby off** gå av gårde med en *(fx the policeman walked him off);* 4.: **~ sby off his feet** få en til å gå så fort at han blir helt utkjørt; **T:** gå en i senk; **5.: ~ off with** 1*(=steal)* gå av gårde med; 2. *fig(=walk away with)* dra av sted med *(fx all the prizes);* **6.** *fig:* **~ on air** være i den sjuende himmel; **7.: ~ out** 1. gå ut *(fx of the room);* 2*(=walk out on strike)* gå til streik; **8.: ~ out on** 1. gå fra *(fx one's wife);* 2.: **they -ed out on the professor** de gikk midt under professorens forelesning; 3. *fig:* svikte *(fx one's responsibilities).*

walkabout ['wɔ:kə,baut] *subst; polit:* uformell spasertur ute blant folk; det at politiker treffer folk på grasrota.

walkaway ['wɔ:kə,wei] *subst: se walkover.*

walker ['wɔ:kə] *subst:* fotturist *(fx we met a party of walkers);* **I'm not much of a ~** jeg er ikke videre flink til å gå; *(jvf pedestrian 1).*

walking frame *for pasient(=walker; zimmer)* gåstol; rullator.

walking-out dress *mil(,***US:** *class A uniform)* permisjonsantrekk.

walking papers: *se marching orders 2.*

walking race kappgang; **take part in a ~** være med å kappgå; kappgå.

walking stick 1. spaserstokk; **2.** *zo* **US***(=stick insect)* vandrepinne.

walking tour fottur.

walk-on ['wɔ:k,ɔn] *subst; teat* **1***(=walk-on part)* statistrolle; **2.** statist.

walk-out ['wɔ:k,aut] *subst:* proteststreik.

walkover ['wɔ:k,ouvə] *subst* **1.** lett seier; **2.** walkover (ɔ: tildømt seier fordi motparten ikke møter).

walkway ['wɔ:k,wei] *subst* **1. pedestrian ~***(=path for pedestrians)* fotgjengersti; **2.** *i maskinrom:* løpebru; **3.** *i leiegård:* (kjeller)korridor; utvendig etasjekorridor.

I. wall [wɔ:l] *subst* **1.** mur; **retaining ~** støttemur; **facing ~** fasademur; **foundation ~** grunnmur; **2.: garden ~** hagegjerde (av stein); **stone ~** steingjerde; **3.** vegg; **outside these four -s** utenfor disse fire veggene; **4.: go to the ~** bukke under; lide nederlag; **5. T: drive sby to the ~***(=drive sby into a corner)* sette en til veggs; **have one's back to the ~** stå med ryggen mot veggen; **6.: bang one's head against a brick ~** renne hodet mot veggen; **7. T: drive***(=send)* **sby up the ~** gjøre en helt sprø.

II. wall *vb:* **~ up** 1. mure igjen *(fx a wall);* 2. mure inne *(fx they had been walled up alive).*

wall bars *gym:* ribbevegg; ribber.

wallboard ['wɔ:l,bɔ:d] *subst(=building board)* bygningsplate.

wall chart veggplansje.

wall creeper *zo:* murkryper.

wallet ['wɔlit] *subst:* lommebok.

walleyed ['wɔ:l,aid] *adj:* **be ~***(=have an outward squint)* skjele utover.

wallflower ['wɔ:l,flauə] *subst* **1.** *zo:* gyllenlakk; **2.** *fig:* veggpryd.

wallhead ['wɔ:l,hed] *subst; arkit:* murkrone.

wall lizard *zo:* murfirfisle.

I. wallop ['wɔləp] *subst* **1. T***(=hard blow)* kraftig slag *(fx he gave him a wallop right on the chin);* **2. S***(=beer)* øl.

II. wallop *vb* **T 1***(=thrash)* pryle; denge; **2***(=hit hard)* slå hardt; **~ the table** slå i bordet.

walloping *adj* **T***(=whopping; very big)* diger.

wall outlet *elekt(=socket (outlet))* stikkontakt.

I. wallow ['wɔlou] *subst* **1.** det å velte (*el.* rulle) seg; **have a ~ in the mud** velte seg i søla; **I enjoyed my ~ in the hot bath** jeg nøt å ligge og kose meg i det varme badet; **2.** sted hvor dyr kommer for å velte seg i søla.

II. wallow *vb* **1.** velte (*el.* rulle) seg *(fx in the mud);* **she -ed in the hot bath** hun lå og koste seg i det varme badet; **2.** *mar:* stampe *(fx ships wallowing down the coast);* **3.** *fig:* **~ in** 1. velte seg i *(fx he's wallowing in money);* 2*(=revel in; enjoy)* nyte; **he's -ing in self-pity***(=he's enjoying feeling sorry for himself)* han nyter å synes synd på seg selv; **~ in other people's misfortunes** kose seg med andre folks ulykker.

wall painting*(=mural (painting))* veggmaleri.

wallpaper ['wɔ:l,peipə] *subst:* tapet.

wall rue *bot:* murburkne.

wall thickness *rørs:* godstykkelse.

wall-to-wall *adj:* **~ carpet** vegg-til-veggteppe.

walnut ['wɔ:l,nʌt] *subst; bot:* valnøtt.

walrus ['wɔ:lrəs] *subst; zo:* hvalross.

waltz [wɔ:ls; wɔl(t)s] **1.** *subst:* vals; **she has requested a ~** hun har bedt om (at man skal spille) en vals; **2.** *vb:* danse vals *(fx can you waltz?);* danse vals med.

wan [wɔn] *adj; stivt(=(unnaturally) pale)* (unaturlig) blek; gusten; **a ~ little face** et blekt lite ansikt.

wand [wɔnd] *subst:* **magic ~** tryllestav.

I. wander ['wɔndə] *subst* **T***(=walk)*: **go for a ~** gå seg en tur *(fx he's gone for a wander round the shops).*

II. wander *vb* **1.** vandre; streife (*el.* flakke) omkring; **she -ed the streets, looking for her child** hun gikk gatelangs og lette etter barnet sitt; **2***(=stray)* komme bort *(fx our dog has a tendency to wander);* komme på avveier; **3.** *om elv(=meander)* slynge seg; bukte seg; **4.: his mind is -ing***(=he's delirious)* han snakker over seg; han fantaserer; **5.** *om blikk(=stray)* vandre (*from* bort fra) *(fx her eyes wandered from the page);* **let one's eyes ~ along the row of faces** la blikket vandre langs rekken av ansikter; **6.** *fig:* **my attention was -ing** jeg fulgte ikke helt med; jeg satt og var uoppmerksom; **her thoughts -ed back into the past***(=her thoughts found their way back into the past)* tankene hennes vandret bakover i tiden; **~ from the subject***(=get away from the subject)* komme bort fra saken; **~ off** 1. forlate resten av gruppen; stikke av sted; 2. *fig:* komme bort fra saken; 3. *pga. alder el. sykdom:* være uklar; være forvirret.

wanderer ['wɔndərə] *subst:* vandringsmann.

I. wandering ['wɔndəriŋ] *subst* **1.** vandring; omflakkende tilværelse; **2.: -s** (vidløftige) reiser.

II. wandering *adj* **1.** omstreifende; vandrende; **2.** *om blikk:* flakkende *(fx eyes);* **3.** *om kurs el. elveløp:* buktet *(fx a wandering course);* **4.** *fig; om tale:* usammenhengende.

Wandering Jew: the ~ den evige jøde.

wandering kidney *med.:* vandrenyre.

wanderlust ['wɔndə,lʌst] *subst:* reiselyst; utlengsel; **he was born with a ~ (inside him)** han ble født med utlengselen i seg; **he was overcome by ~ again** han ble grepet av reiselyst igjen; **his ~ persisted, and after a couple of months he set out for South America** hans reiselyst fornektet seg ikke, og etter et par måneder dro han av sted til Sør-Amerika; *(jvf itching feet; travel bug).*

I. wane [wein] *subst* **1.** *om månen:* avtagende; **the moon is on the ~** månen er i avtagende (*el.* ne); *fig:* **his influence is on the ~** hans innflytelse blir stadig mindre; **his power is on the ~** hans makt er dalende; **2.** *tøm(=waney edge)* vankant.

II. wane *vb:* avta; bli stadig mindre *(fx his influence is waning); stivt:* **the daylight is waning** dagen er på hell; det blir snart mørkt.

waney edge *tøm(=wane)* vankant.

waney-edged ['weini,edʒd] *adj; tøm:* vankantet.

I. wangle ['wæŋgəl] *subst* **T:** knep; noe man har fått ved knep (*el.* lureri).

II. wangle *vb* **T:** fikse; ordne *(fx he wangled an invitation; could you wangle a job for me?).*

waning moon avtagende måne.

wank [wæŋk] *vb; vulg(=masturbate)* ronke.

I. want [wɔnt] *subst* **1.** *stivt(=need; poverty)* nød; fattigdom *(fx live in want);* **freedom from ~** frihet fra nød; **suffer (from) ~***(=be deprived)* lide nød; **2.** *stivt:* **-s***(=needs)* behov; **satisfy your -s** tilfredsstille dine behov; **my -s are few***(=I have modest needs; I don't need much)* jeg har få behov; **3***(=lack)* mangel; **there's no ~ of** det er ingen mangel på; **for ~ of** av mangel på *(fx for want of sth better);* **it wasn't for ~ of trying** det var ikke fordi det ikke ble forsøkt; **4***(=wish)* ønske; **a long list of -s** en lang liste med ønsker; **5.** *stivt:* **be in ~ of sth***(=be in need of sth)* trenge noe.

II. want *vb* **1.** ville *(fx he wants to go; the cat wants (to get) in);* gjerne ville *(fx she said she wanted to go);* **if you ~ to know** hvis du vil vite det; **say what you ~***(=like)*, **he is efficient** si hva du vil, men han er effektiv; **2.** ville ha *(fx do you want a glass of water? she wants her mummy);* **she -s this dress shortened** hun vil ha denne kjolen lagt opp; **3.** ville snakke med *(fx tell the office boy that I want him);* **4***(=need)* trenge *(fx the car wants petrol);* trenge til; mangle *(fx thousands still want food and shelter);* **5.** *stivt(=lack)* mangle *(fx his answer wants courtesy);* **it -s three minutes to twelve** klokken mangler tre minutter på tolv; **6.: ~ to***(=ought to)*: **you ~ to see a doctor about that finger** du bør gå til lege(n) med den fingeren; **you don't ~ to drive too fast** du bør ikke kjøre altfor fort; **7.: ~ for***(=lack)* mangle *(fx she wants for nothing; he never wants for friends); (se også wanted & wanting).*

want ad US*(=classified ad)* rubrikkannonse.

wanted ['wɔntid] *adj* **1.** ettersøkt; **he's ~ for murder** han er ettersøkt for mord; **2. T: you're ~ on the phone***(=there's a call for you)* det er telefon til deg; **3.: feel ~** føle seg verdsatt *(fx old people must be made to feel wanted).*

I. wanting *adj* **1***(=missing):* **be ~** mangle *(fx a few pages are wanting);* **2***(=inadequate; not up to the required standard):* **he was tested and found ~** han ble prøvd, men fylte ikke kravene; **when it came to the time when courage was necessary, he was found ~** da den tiden kom at mot var nødvendig, kom han til kort.

II. wanting *prep; stivt(=without; in the absence of)* uten; i mangel av; **~ mutual trust, friendship is impossible** når gjensidig tillit ikke er til stede, er vennskap umulig.

wanton ['wɔntən] *adj* **1.** *stivt(=senseless)* sanseløs; formålsløs; meningsløs *(fx destruction);* **2***(= unprovoked)* umotivert *(fx cruelty);* **3***(=malicious)* ondsinnet *(fx damage);* **4***(=unchecked)* ukontrollert *(fx inflation);* **5.** *poet(=luxuriant)* yppig; frodig *(fx growth);* **6***(=wild)* vilter *(fx curls);* **7.** kåt; løssloppen; **8.** *litt.(=promiscuous)* løsaktig *(fx woman).*

I. war [wɔ:] *subst* **1.** krig; **civil ~** borgerkrig; **a ~ of words** en krig med ord; **be at ~ (with)** være i krig (med); **declare ~ on a country** erklære et land krig; **wage***(=carry on)* **~ against***(=on)* føre krig mot; **~ to the knife** krig på kniven; **2.** *fig:* kamp *(fx a war against disease);* **class ~***(=class struggle)* klassekamp; **3. T: he's been in the -s** han har vært ute i hardt vær.

II. war *vb(=carry on war)* krige; ligge i krig *(fx the two countries have been warring for generations).*

I. warble ['wɔ:bəl] *subst; av fugl:* sang.

II. warble *vb:* synge; slå triller.

warble fly *zo(=gadfly)* brems; **ox ~** okseklegg.

warbler ['wɔ:blə] *subst; zo(=songbird)* sangfugl.

warbling ['wɔ:bliŋ] *subst:* (fugle)sang.

war crime krigsforbrytelse.

war cry krigsrop; **let out a ~** sette i et krigshyl.

I. ward [wɔ:d] *subst* **1.** *i by:* valgkrets; **2.** *ved sykehus:* stue; sengestue; **private ~** enerom; **3.** *ved sykehus:* avdeling; **acute ~** akuttavdeling; **delivery ~** fødeavdeling; **locked ~** lukket avdeling; *(jvf unit);* **4.** *jur:* myndling; **~ of the court** person som domstolen er formynder for; **5.** *i borg:* **inner (,outer) ~***(=inner (,outer) bailey)* indre (,ytre) borggård.

II. ward *vb:* **~ off** avparere *(fx a blow);* avverge *(fx a danger);* **~ off suspicion***(=avert suspicion)* bortlede mistanken.

war dance krigsdans.

warden ['wɔ:dən] *subst; ved studenterhjem; ungdomsherberge; aldershjem:* bestyrer; *(se churchwarden; game warden; park warden; traffic warden).*

warder ['wɔ:də] *subst* **1.** *hist; men fortsatt i løst språkbruk(=prison officer)* fengselsbetjent; **2.** US*(=governor)* fengselsdirektør; **3.** *ved museum:* **(supervisory) ~** oppsynsmann.

warding staff *ved museum:* oppsynspersonale.

ward maid *ved sykehus; hist(=domestic)* avdelingshjelp.

ward office *ved sykehus:* vaktrom.

wardrobe ['wɔ:d,roub] *subst* **1.** garderobeskap; **2.** *om klær:* garderobe; **renew one's ~** fornye garderoben.

wardroom ['wɔ:d,ru(:)m] *subst; mil; mar:* offisersmesse; *(jvf officers' mess).*

wardship ['wɔ:dʃip] *subst* **1.** umyndighetsforhold; det å være myndling; **2***(=guardianship)* formynderskap.

ward sister*(=charge nurse)* avdelingssykepleier.

-ware [wɛə] *i sms:* -varer; -tøy *(fx glassware; silverware).*

war effort krigsinnsats.

wares [wɛəz] *subst; pl; glds(=goods; things)* varer.

I. warehouse ['wɛə,haus] *subst:* lager; lagerbygning; pakkhus.

II. warehouse *vb:* lagre; sette på lager.

warehouse charges*(=storage (charges))* lageravgift.

warehouse manager*(=storekeeper)* lagersjef; *(jvf parts manager).*

warehouse rent lagerleie; pakkhusleie.

warfare ['wɔ:,fɛə] *subst:* krig(føring).

war footing krigsfot; **on a ~** 1. på krigsfot; 2. *mil:* krigsoppsatt; krigsutrustet.

warhead ['wɔ:,hed] *subst; mil:* stridshode; **atomic ~** atomsprengladning.

wariness ['wɛərinis] *subst; stivt(=caution)* forsiktighet; varsomhet.

warlike ['wɔ:,laik] *adj:* krigersk *(fx tribe).*

I. warm [wɔ:m] *subst* **T: come into the ~** kom inn i varmen; **give your hands a ~ in front of the fire** varm hendene dine ved (peis)bålet.

II. warm *vb* **1.** varme *(fx he warmed his hands in front of the fire);* varme opp; **2.** *stivt:* **~ to** 1*(=like)* like *(fx I warmed to her from the start);* 2*(=become enthusiastic about)* bli begeistret for *(fx the idea of buying a new car);* **he was -ing to his theme** han snakket seg varm; **3.: ~ up** 1. varme opp *(fx food; a cup of coffee to warm you up);* 2. *sport:* varme opp; 3. bli varm *(fx the room will soon warm up);* **your feet will soon ~ up once you get indoors** du blir snart varm på bena når du først kommer innendørs; 4. *fig:* komme i stemning *(fx the speaker gradually warmed up);* **the party began to ~ up** det begynte å bli stemning i selskapet.

III. warm *adj* **1.** varm *(fx coat; summer's day);* **I'm too ~** det er for varmt for meg; jeg er for varm; **2.** *fig:* varm *(fx smile; welcome);* **3.** *om spor(=fresh)* friskt; **4.** *om farge:* varm; **5.** *om debatt(=lively)* livlig; **6***(=secure):* **a ~ existence in his old age** en trygg tilværelse for ham i alderdommen; **7.** *om arbeid:* **this is ~ work!** dette er noe man blir varm av! **8.** *om sted* **T: the place was getting too ~ for him** det ble for hett for ham der; **9.: get ~** 1. bli varm; varme seg *(fx come and get warm by the fire);* 2. *fig:* **you're getting ~!** tampen brenner!

warm-blooded [,wɔ:m'blʌdid; *attributivt:* 'wɔ:m,blʌdid] *adj* **1.** *zo:* varmblodig; **2.** *fig:* varmblodig.

warm-hearted [,wɔ:m'ha:tid; *attributivt:* 'wɔ:m,ha:tid] *adj:* varmhjertet; hjertevarm.

warm-heartedness [,wɔ:m'ha:tidnis] *subst(=warmth (of heart))* hjertevarme; varmhjertethet.

warming pan *for seng:* varmebekken.

warmonger ['wɔ:,mʌŋgə] *subst:* krigshisser.

warmth [wɔ:mθ] *subst* **1.** varme; **food and ~** mat og varme; **2.** *fig:* varme; **the ~ of her smile** det varme smilet hennes; varmen i smilet hennes; **3***(=warmth of heart)* hjertevarme; **he has very little ~ (of heart)** han har svært liten hjertevarme.

warm-up ['wɔ:m,ʌp] *subst; sport:* oppvarming.

warm-up lap *sport:* oppvarmingsrunde; *(jvf I. lap 3).*

warn [wɔ:n] *vb* **1.** advare (*of* om) *(fx the radio warned of severe snowfalls);* **I did ~ you about this** jeg advarte deg jo (om dette); **~ sby against sth** advare en mot noe; **they -ed him not to do it** de advarte ham mot å gjøre det;
2.: the police were -ing drivers to slow down be-

cause of the fog politiet oppfordret bilistene til å kjøre langsomt pga. tåken;
3*(,stivt: admonish)* formane; ~ **one's children** formane barna sine;
4. *stivt(=inform)* underrette; varsle *(fx I warned them of my intentions);*
5.: ~ **sby off** 1. nekte en adgang; 2. vise en bort; jage *(fx the farmer warned us off his fields).*

I. warning ['wɔ:niŋ] *subst* **1.** advarsel; **he gave her a ~ against driving too fast** han advarte henne mot å kjøre for fort; **let this be a ~ to you** la dette være en advarsel for deg; **cite him as an awful ~** fremheve ham til skrekk og advarsel; **T: give a horrid ~***(=set a warning example)* statuere et eksempel; **take ~ by** ta advarsel av;
2. varsel; **give sby a ~ of** varsle en om *(fx did she give you (any) warning of her move to England?);* **without ~** uten varsel;
3*(,stivt: admonition)* formaning *(fx he was given plenty of warnings by his parents before he left).*

II. warning *adj:* advarende.

warning bell varselklokke.

warning light varsellampe.

warningly ['wɔ:niŋli] *adv:* advarende *(fx she looked warningly at him).*

warning shot [,wɔ:niŋ'ʃɔt] *subst:* varselsskudd; skremmeskudd.

warning sign varselskilt.

warning triangle varselstrekant.

war of attrition utmattelseskrig.

war of nerves nervekrig.

I. warp [wɔ:p] *subst* **1.** *mar:* varp; varpetrosse; **2.** *på fiskegarn:* innhalingsline; **3.** *i vev:* renning; **4.** *i trevirke:* vindskjevhet; **a ~ in the door panel** et sted hvor dørpanelet har slått seg.

II. warp *vb* **1.** *mar:* varpe; forhale; **2.** vri seg; slå seg *(fx the door has warped);* **3.** *fig:* fordreie *(fx the whole story was warped(=distorted) by the newspapers); (se også warped).*

war paint krigsmaling.

warpath ['wɔ:,pa:θ] *subst:* krigssti; **be on the ~** være på krigsstien.

warped *adj* **1.** vridd; forvridd; vindskjev; **2.** *fig:* fordreid; forkvaklet; **a ~***(=distorted)* **sense of humour** en forkvaklet sans for humor.

warplane ['wɔ:,plein] *subst(=military aircraft)* krigsfly.

I. warrant ['wɔrənt] *subst* **1.: (arrest) ~** arrestordre *(fx there's a warrant out for his arrest); jur:* **~ of attorney***(=authorization)* fullmakts(dokument); **search ~** ransakingsordre; husundersøkelsesordre; **2.** *stivt(=justification)* hjemmel *(fx an assertion totally without warrant);* **he had no ~ for saying this** han hadde ingen grunn til å si dette.

II. warrant *vb* **1.** *stivt(=justify)* rettferdiggjøre *(fx nothing could warrant such behaviour);* **2.** *stivt(= authorize)* hjemle *(fx the law warrants this procedure);* **3.** *glds:* **I'll ~ he's gone riding** jeg skal vedde på at han har tatt en ridetur.

warrantable ['wɔrəntəbl] *adj; stivt(=justifiable)* berettiget; forsvarlig.

warrant officer *(fk WO)* **1.** *mil:* høyeste underoffisers grad; **2.** *flyv:* vingløytnant; vingkaptein; **3.** *flyv* **US: chief ~** *(fk CWO) (=warrant officer)* vingkaptein.

warranty ['wɔrənti] *subst; jur(=guarantee)* garanti.

warren ['wɔrən] *subst* **1***(=rabbit warren)* kaningård; område hvor det er yrende fullt av kaniner; **2.** *fig; neds:* kaningård *(fx that block of flats is a real warren);* **3.** *fig(=maze)* labyrint; virvar *(fx the lower floors of this building are a warren of corridors).*

warring ['wɔ:riŋ] *adj:* krigførende; kjempende; stridende *(fx factions).*

warrior ['wɔriə] *subst* **1.** *hist el. i primitiv stamme:* kriger; **2.: the Unknown Warrior** den ukjente soldat.

Warsaw ['wɔ:sɔ:] *subst; geogr:* Warszawa.

war scare krigsfrykt.

warship ['wɔ:ʃip] *subst:* krigsskip.

wart [wɔ:t] *subst* **1.** vorte; **2.: -s and all** slik som det er; med feil og det hele *(fx they have adopted our system, warts and all);* **when you marry someone you must accept him -s and all** når du gifter deg med en, må du godta ham slik som han er.

warthog ['wɔ:t,hɔg] *subst; zo:* vortesvin.

wartime ['wɔ:,taim] **1.** *subst:* krigstid; **in ~** i krigstid; **2.** *adj:* krigs- *(fx conditions).*

war-weary ['wɔ:,wiəri] *adj:* krigstrett.

war whoop *især* **US:** *se war cry.*

war widow krigsenke.

wary ['wɛəri] *adj; stivt(=careful; cautious)* forsiktig *(fx animal);* **~ of***(=careful about)* **(-ing)** forsiktig med å; varsom med å *(fx wary of lending him money).*

was [wɔz; *trykksvakt:* wəz] *1. & 3. pers pret av be.*

I. wash [wɔʃ] *subst* **1.** vask *(fx your sweater is in the wash);* klesvask *(fx I must do a wash today; she's doing a huge wash);* **your car needs a ~** bilen din trenger til å bli vasket; **car ~** bilvask; **have a ~ down** vaske hele seg; **hang out the ~***(=washing)* henge ut vasken (*el.* vasketøyet); **2.** *i sms:* -vann *(fx mouthwash);* **3.** *av vannfarge som er sterkt oppblandet:* **the sky was a pale blue ~** himmelen var malt svakt blå; **4.: colour ~** sterkt fortynnet fargeoppløsning; **5.** *mar(=wake)* kjølvann *(fx in the wash from a ship);* **6.: come out in the ~** 1. *om flekk, etc:* gå av i vask; 2. *fig:* **it'll come out in the ~** det ordner seg (nok) til slutt; det kommer til å gå bra; **these problems will all come out in the ~** alle disse problemene vil løse seg (*el.* bli ordnet etter hvert).

II. wash *vb* **1.** vaske *(fx the car; one's hands);* vaske opp *(fx you wash (the dishes) and I'll dry);* vaske seg *(fx we can wash in the river);* **do you think he ever -es (himself)?** tror du han vasker seg noen gang? **go and get -ed!** gå og vask deg! **this soap -es whiter** denne såpen gir hvitere vask; **2.** bli ren i vasken *(fx this shirt hasn't washed very well);* **3.** tåle å bli vasket *(fx this jumper doesn't wash very well);* **does this dress ~?** kan denne kjolen vaskes? **4.** *om historie, etc* **T: it won't ~** den holder ikke *(fx an interesting story, but it just won't wash);* **his story didn't ~ with me** jeg gikk ikke på historien hans; **5.** *om vann:* vaske (*against* mot) *(fx the waves washed (against) the ship with a gentle rhythm);* skylle (*away* bort) *(fx the floods washed away the houses);* **be -ed ashore** bli skylt i land; **be -ed overboard** bli skylt over bord; **6.: ~ down** 1. skylle ned *(fx he washed it down with a glass of water);* 2. vaske (grundig) *(fx the car);* spyle *(fx the deck);* **7.: ~ out** 1*(=wash off)* vaske av; la seg vaske av *(fx grass stains don't wash out easily);* 2. *sport(=rain off;* **US:** *rain out)* bli avbrutt (*el.* avlyst) pga. regnvær; **8.: ~ up** 1. vaske opp; 2. *fra gulv, etc: se II. wipe 5: ~ up;* 3. **US:** vaske seg (på hendene og i ansiktet); 4.: **be -ed up** bli skylt opp *(fx of lot of rubbish has been washed up on the beach);* **the ship was -ed up on the rocks** skipet ble kastet opp på klippene; **9.: ~ one's hands of** ikke ville ha noe mer å gjøre med *(fx sby; sth).*

washability [,wɔʃə'biliti] *subst:* vaskbarhet.

washable ['wɔʃəbl] *adj:* vaskbar; vaskeekte.
washbasin ['wɔʃ,beisən] *subst(,***US:** *bathroom sink)* håndvask.
washboard ['wɔʃ,bɔ:d] *subst* **1. US***(=skirting board)* vaskelist; **2.** *til klesvask:* vaskebrett; **3.** *mar:* skvettbord; skvettgang.
washbowl ['wɔʃ,boul] *subst:* vaskebolle; vaskevannsfat.
washcloth ['wɔʃ,klɔθ] *subst* **US***(=face cloth; face flannel)* ansiktsklut; vaskeklut til ansiktet.
washday ['wɔʃ,dei] *subst(=washing day)* vaskedag.
washdown ['wɔʃ,daun] *subst:* **have a ~** vaske seg over det hele.
washed-out [,wɔʃt'aut; *attributivt:* 'wɔʃt,aut] *adj* **1.** utvasket *(fx a washed-out dress);* **2. T***(=done in; whacked)* utkjørt; i elendig form *(fx I feel washed -out today).*
washed-up [,wɔʃt'ʌp] *adj* **T***(=finished)* ferdig *(fx he was all washed-up as a footballer at the age of 28).*
washer ['wɔʃə] *subst* **1.:** *se dishwasher; washing machine; windscreen washer;* **2.** *mask:* pakning; **lock ~** låseskive; **mica ~** glimmerskive; **seating ~** underlagsskive; **spring ~** fjærskive; pakning; *(se gasket & valve insert).*
washerwoman ['wɔʃə,wumən] *subst; glds:* vaskekone.
washhand basin: *se washbasin.*
washhouse ['wɔʃ,haus] *subst; hist(=laundry)* brygerhus; *(jvf utility room).*
washing ['wɔʃiŋ] *subst* **1.** vask; vasking; vasketøy; **2.** skylling.
washing line*(=clothesline)* klessnor.
washing machine vaskemaskin.
washing-up [,wɔʃiŋ'ʌp] *subst:* oppvask *(fx I'll help you with the washing-up);* **do the ~***(=do the dishes)* vaske opp; ta oppvasken.
washleather ['wɔʃ,leðə] *subst:* pusseskinn; vaskeskinn.
washrag ['wɔʃ,ræg] *subst* **US:** *se washcloth.*
washout ['wɔʃ,aut] *subst* **1.** utvasking; bortskylling; sted hvor jorden er skylt bort (av regn el. elv); **2. T***(=failure)* fiasko.
washroom ['wɔʃ,ru(:)m] *subst* **1.** vaskerom; *(jvf utility room);* **2. US***(=toilet)* toalett.
washstand ['wɔʃ,stænd] *subst:* vaskeservant.
washtub ['wɔʃ,tʌb] *subst:* vaskebalje.
washy ['wɔʃi] *adj* **1***(=watery; weak)* tynn; svak *(fx tea);* **2.** *fig:* utvannet; oppspedd.
wasp [wɔsp] *subst; zo:* veps.
WASP, wasp *(fk.f. white Anglo-Saxon Protestant)* **US** *neds:* (etterkommer etter) europeisk protestant (og derfor blant de privilegerte i samfunnet).
waspish ['wɔspiʃ] *adj; stivt(=irritable; snappish; unpleasant)* irritabel; bisk; ubehagelig.
wastage ['weistidʒ] *subst* **1.** spill; svinn; det som går til spille; **2.** *i arbeidsstokk:* **natural ~** naturlig avgang.
I. waste [weist] *subst* **1.** sløseri; sløsing (*med* of); det som går til spille; **a ~ of time** et tidsspille; et spill av tid; bortkastet tid; **the ~ of time and money is incredible!** det er utrolig hva som kastes bort av tid og penger! **that was a ~ of an opportunity** det var en anledning man lot gå fra seg; **go to ~** gå til spille; **allow sth to go to ~** la noe gå til spille; **there's no ~ on this joint** på denne steken er det ingenting som vil gå til spille; **2.** *i sms:* -avfall *(fx rubber waste); forst:* **felling ~** hogstavfall; **nuclear ~** kjernefysisk avfall; **3***(=stretch of waste land)* øde strekning; ødemark *(fx the Arctic wastes);* **4***(=printer's waste)* makulatur; makulaturpapir.
II. waste *vb* **1.** sløse med; ødsle med; søle bort; la gå til spille; kaste bort *(fx you're wasting your time); ordspråk:* **~ not, want not** den som sparer, den har; **2***(=lay waste; devastate)* legge øde; ødelegge *(fx land wasted by strip mining);* **3.** *av sykdom:* **~ away** tæres bort *(fx with grief).*
III. waste *adj* **1.** øde; uoppdyrket; ubebodd; **lay ~** legge øde; **lie ~** ligge uoppdyrket; **2.** *i sms:* avfalls- *(fx product);* -avfall *(fx rubber waste);* spill- *(fx oil).*
wastebasket ['weist,ba:skit] *subst* **US***(=wastepaper basket)* papirkurv.
wastebin ['weist,bin] *subst(=rubbish bin; kitchen bin)* søppelspann.
waste cotton avfallsgarn; *(jvf cotton waste).*
wasted *adj:* bortkastet *(fx a wasted evening);* **that's (so much) ~ effort***(=that's a wasted effort; that's all for nothing)* det er spilt møye; **a ~ life** et forspilt liv.
waste disposer*(,***US:** *garbage disposer)* avfallskvern.
wasteful ['weistful] *adj:* ødsel; **a ~ process** en prosess hvor mye går til spille; en uøkonomisk prosess.
waste heat recovery [,weist'hi:tri,kʌvəri] *subst:* varmegjenvinning.
waste oil spillolje.
wastepaper [,weis(t)'peipə] *subst:* avfallspapir.
wastepaper basket*(,***US:** *wastebasket)* papirkurv.
waste pipe *fra håndvask el. kjøkkenvask:* avløpsrør; *(jvf soil pipe).*
waste product avfallsprodukt.
waste wood [,weist'wud] *subst; forst:* avfallsvirke.
waste wool [,weist'wul] *subst:* polergarn.
I. watch [wɔtʃ] *subst* **1.** vakt; **keep ~** holde vakt; holde utkikk *(fx keep a good watch);* **2.** *mar:* vakt; **~ below** frivakt; **middle ~** hundevakt; **3.** ur; **pocket ~** lommeur; *(se wristwatch).*
II. watch *vb* **1***(=look at)* betrakte; iaktta; se på *(fx he watched the train till it moved off);* **~ television** se på TV; **I wasn't -ing** jeg så ikke så nøye etter *(fx "Did you see what he did?" – "No, I wasn't watching");* **2.** passe på *(fx the prisoner);* **~ (it)!** pass på! pass opp! **he's being -ed by the police** politiet holder øye med ham; **3.** våke *(fx by his bedside);* **~ over a sick child** våke over et sykt barn; **4.: ~ for** 1. holde utkikk etter *(fx the postman);* 2. *fig:* vokte på *(fx he was watching for a chance to get his revenge);* **5.: ~ one's chance** vente på en sjanse; **6.: ~ one's step** være forsiktig med hva man sier og gjør; opptre med større forsiktighet; **T:** ta rev i seilene.
watchdog ['wɔtʃ,dɔg] *subst:* vakthund.
watcher ['wɔtʃə] *subst* **1***(=observer)* iakttager; **2.** tolloppsynsmann; **3.** *hist:* våkekone.
watchful ['wɔtʃful] *adj; stivt(=vigilant; alert)* vaktsom; årvåken.
watchmaker ['wɔtʃ,meikə] *subst:* urmaker.
watchman ['wɔtʃ,mən] *subst:* vaktmann; **night ~** nattevakt; *(jvf security officer 2).*
watch night *rel:* våkenatt.
watchnight service våkenattsgudstjeneste.
watchstrap ['wɔtʃ,stræp] *subst(,***US:** *watchband)* klokkereim.
watchtower ['wɔtʃ,tauə] *subst:* vakttårn.
watchword ['wɔtʃ,wə:d] *subst* **1.** *mil(=password;* **US:** *parole)* feltrop; passord; **2***(=slogan)* slagord; valgspråk; motto.
I. water ['wɔ:tə] *subst* **1.** vann *(fx hot and cold water in all rooms);* **hard (,soft) ~** hardt (,bløtt) vann; **running ~** rennende vann; **stagnant***(= standing)* **~** stillestående vann; **above ~** over vannet; *også fig:* **keep one's head above ~** holde

hodet over vannet; **by ~** til vanns; **go by ~** reise til vanns; bruke båt; **in ~** i vann; *også fig:* **in deep ~** på dypt vann; **under ~** under vannet; **be under ~** stå under vann; **have ~ laid on (to a house)** få lagt inn vann (i et hus); *evf:* **pass ~** late vannet; *fig:* **pour***(=throw)* **cold ~ on** dempe begeistringen for *(fx a plan);* **pour***(=throw)* **cold ~ on sby** gi en litt kaldt vann i blodet; dempe ens begeistring; *fig:* **of the first ~** av reneste vann; av ypperste kvalitet; *fig:* **blood is thicker than ~** blod er tykkere enn vann; **hold ~** 1. holde vann; 2. *fig:* holde *(fx his alibi didn't hold water);* holde stikk; stå for (en nærmere) kritikk; **T: spend money like ~** strø om seg med penger; øse ut penger; **go through fire and ~ for sby** gå gjennom ild og vann for en; **that's ~ under the bridge** det hører fortiden til;

2.: -s 1. vann(masser) *(fx the waters of the Nile);* 2. farvann *(fx in tropical waters; outside Norwegian (territorial) waters);* **in smooth -s** i smult farvann; 3. *med.:* **the -s broke** fostervannet gikk; **3.** *fig:* **fish in troubled -s** fiske i rørt vann; **4.: take the -s** gjennomgå en vannkur (ved et vannkursted).

II. water *vb* **1.** vanne *(fx the garden);* gi vann *(fx the horses);* **2.** *om munn el. øyne:* **the dense smoke made his eyes ~***(=the dense smoke brought tears to his eyes)* den tette røyken ga ham tårer i øynene; **her mouth -ed at the sight of all the food** tennene hennes løp i vann ved synet av all maten; *fig:* **this latest scandal will make their mouths ~!** denne siste skandalen vil gi dem noe å snakke om! **3.** *om dyr:* drikke vann; **4.: ~ down** 1. tynne ut med vann; spe opp med vann; 2. *fig:* vanne ut *(fx the truth).*

water authority *myndighet:* vannverk *(fx Wessex Water Authority); (jvf waterworks 1).*

water avens*(=purple avens) bot:* enghumleblom; *(se avens).*

water bag vannsekk.

water bar *bygg(=weather bar)* vannbrett (under vindu).

water beetle *zo(=diving beetle)* vannkalv; **great ~** vannskjær.

water blister*(=blister)* vannblemme.

water boatman *zo* **1.** buksvømmer; **2***(=back swimmer)* ryggsvømmer.

waterborne ['wɔ:tə,bɔ:n] *adj* **1.** *med.:* **~ infection** infeksjon gjennom vannet; **2.: ~ commerce** sjøverts handel.

water bug *zo:* vannbille.

water bowser vanntank (på hjul).

waterbuck ['wɔ:tə,bʌk] *subst; zo:* vannbukk.

water butt regnvannstønne.

water cannon *(pl: water cannon(s))* vannkanon.

water carrier 1. vannbærer; **2.** *astr:* **the Water Carrier***(=Aquarius)* Vannmannen.

water cart*(,US: water wagon)* vannvogn; sprøytebil.

water closet *(fk w.c.) stivt(=lavatory)* vannklosett.

watercolour ['wɔ:tə,kʌlə] *subst:* vannfarge; akvarellfarge; **a pan of ~** en vannfarge (i skål).

water conduit*(=conduit)* vannledning; *(jvf water main & water pipe 2).*

water-cooled ['wɔ:tə,ku:ld] *adj:* vannavkjølt *(fx engine).*

watercourse ['wɔ:tə,kɔ:s] *subst:* vassdrag; **main ~** hovedvassdrag.

watercraft ['wɔ:tə,kra:ft] *subst* **1.** fartøy; **2.** sjøvanthet.

water crake *zo(=spotted crake)* myrrikse.

watercress ['wɔ:tə,kres] *subst; bot:* brønnkarse; vannkarse; **willow ~** grannsumpkarse.

water crowfoot *zo:* vannsoleie.

water devil *zo:* vannkalvlarve; *(jvf water beetle).*

water diviner*(,US: waterfinder)* vannfinner (med ønskekvist).

water dog *om hund el. person som er glad i vannet:* vannhund.

water drop*(=drop of water)* vanndråpe.

water dropwort*(=water fennel)* hestekjørvel; *(jvf chervil; dropwort).*

watered-down [,wɔ:təd'daun; *attributivt:* 'wɔ:təd-,daun] *adj:* utvannet *(fx a watered-down version of the original).*

waterfall ['wɔ:tə,fɔ:l] *subst:* foss.

water flea *zo:* vannloppe.

water fog vassrøyk.

waterfront ['wɔ:tə,frʌnt] *subst:* sjøside; strandpromenade; område langs vannet.

water gate*(=sluice gate; floodgate)* sluse(port).

water gauge vannstandsmåler.

waterguard superintendent *tollv:* førstetolloverbetjent; *(jvf preventive officer; se NEO førstetolloverbetjent).*

water hole vannhull.

water horehound *bot(=bugleweed)* klourt; *(se horehound).*

water hose vannslange.

watering ['wɔ:təriŋ] *subst:* vanning.

watering can*(,US: watering pot)* vannkanne; hagekanne; vannsprøyte.

watering place 1. vanningssted; sted hvor det er drikkevann; **2***(=spa)* vannkursted; kurbad.

water jacket *mask:* kjølekappe; vannkappe.

water-jacketed ['wɔ:tə,dʒækitid] *adj; mask:* kappekjølt.

water jar vannkrukke.

water jug vannmugge.

water jump *sport:* vanngrav.

water level vannstand; **when the ~ is low** når vannstanden er lav; ved lav vannstand.

water lily *bot:* vannlilje; nøkkerose; **yellow ~** stornøkkegull.

waterline ['wɔ:tə,lain] *subst:* vannlinje; **below the ~** under vannlinjen.

waterlogged ['wɔ:tə,lɔgd] *adj:* vasstrukken.

water main hovedvannledning; *(jvf water conduit & water pipe 2).*

watermark ['wɔ:tə,ma:k] *subst* **1.** vannstandsmerke; **high ~** høyvannsmerke; **2.** *på papir:* vannmerke.

watermelon ['wɔ:tə,melən] *subst; bot:* vannmelon.

water mill vannmølle; kvern.

water mint *bot:* vannmynte.

water nymph 1. *myt:* vannymfe; **2.** *bot(=water lily)* vannlilje.

water ouzel *zo(=dipper)* fossekall.

water parting *geogr* **US***(=watershed)* vannskille.

water pipe 1*(=hookah)* vannpipe; **2.** vannrør; *(jvf water conduit; water main).*

water pipit *zo:* skjærpiplerke; *(jvf rock pipit).*

water pistol vannpistol.

water power*(=hydroelectric power)* vannkraft.

waterproof ['wɔ:tə,pru:f] **1.** *vb:* gjøre vanntett; impregnere; **2.** *adj:* vanntett; **~ glue** vannfast lim.

water purslane *bot:* vasskryp.

water rail *zo:* vannrikse; *(jvf corncrake & crake).*

water rat*(=water vole) zo:* vannrotte.

watershed ['wɔ:tə,ʃed] *subst; geogr(,***US:** *water parting)* vannskille.

water shrew *zo:* vannspissmus; *(jvf shrew 1).*

waterside ['wɔ:tə,said] *subst:* vannkant; bredd.

waterside café kafé ved vannet.

water-ski 1. *subst:* vannski; **2.** *vb:* stå på vannski.

water softener avherdingsmiddel; (vann)bløtgjø-

ringsmiddel.
water spider *zo:* vannedderkopp.
waterspout ['wɔ:tə,spaut] *subst* **1.** skypumpe; **2.** *fra tak:* vannspyer.
water starwort *bot:* vannstjerne; vasshår.
water stitchwort *bot:* sprøarve; *(se stitchwort).*
water strider*(=water skater; pond-skater) zo:* vannløper; skomaker.
water supply vannforsyning.
water supply pipe*(=water conduit)* vannledning.
water system vassdrag; *(jvf watercourse).*
water table grunnvannsspeil; grunnvannsnivå.
water tank vanntank.
water tap vannkran; spring.
watertight ['wɔ:tə,tait] *adj; også fig:* vanntett.
water tower vanntårn.
water vole*(=water rat) zo:* vannrotte.
water wagon 1. *især* **US***(=water cart)* vannvogn; **2.** *især* **US S: go on the ~** gå på vannvogna (ɔ: bli avholdsmann).
waterway ['wɔ:tə,wei] *subst:* vannvei.
water wagtail *zo:* engerle.
waterwheel ['wɔ:tə,wi:l] *subst:* vannhjul.
waterworks ['wɔ:tə,wə:ks] *subst; pl* **1.** vannverk; *(jvf water authority);* **2. T***(=urinary system):* **he has trouble with his ~** han har vanskeligheter med vannlatingen (,**T:** med vannet); **3. S: turn on the ~***(=start crying)* begynne å gråte; **S:** skru på krana.
watery ['wɔ:təri] *adj:* vandig; vannholdig; vassen; **a ~ grave** en våt grav.
watt [wɔt] *subst; elekt:* watt.
I. wattle ['wɔtəl] *subst* **1.** kvistflettverk; **2.** *zo; hos fugl:* hakelapp; kjøttlapp; *hos fisk(=barb(el))* haketråd; skjeggtråd.
II. wattle *vb:* lage kvistflettverk; flette med kvister.
wattle-and-mud hut leirklint hytte.
wattle hurdle flettverksgjerde; *(jvf I. wattle 1).*
I. wave [weiv] *subst* **1.** bølge; **light ~** lysbølge; **sound ~** lydbølge; **2.** *i håret:* fall; **are those -s natural?** er den fallen naturlig? **3.** *fig:* bølge *(fx a sudden wave of new arrivals; waves of protest);* **a crime ~** en bølge av forbrytelser; **heat ~** hetebølge; **a ~ of enthusiasm** en bølge av begeistring; **the pain came in -s** smerten kom i bølger (*el.* rier); *fig:* **make -s** lage bølger; **4.: she gave me a ~***(=she waved to me)* hun vinket til meg; **with a ~ of the hand** med en flott gestus.
II. wave *vb* **1.** bølge; vaie *(fx flags were waving in the breeze);* **2.** vinke *(fx he waved to me);* **~ aside** feie til side; vinke til side; **~ sby on** vinke en fram; **3.** *hår:* ondulere *(fx she's had her hair waved);* **her hair -s naturally** hun har naturlig fall i håret.
waveband ['weiv,bænd] *subst:* bølgebånd.
wave crest bølgetopp; bølgekam; bølgerygg.
waved ['weivd] *adj:* bølget; bølge-; *om hår:* ondulert.
wavelength ['weiv,leŋθ] *subst; radio & fig:* bølgelengde; **we're on different -s** vi er ikke på samme bølgelengde.
wave line*(=wavy line)* bølgelinje.
wave motion bølgebevegelse.
waver ['weivə] *vb* **1.** *fig:* vakle *(fx his courage began to waver);* **2***(=be irresolute; hesitate)* være ubesluttsom; nøle; **3.** *litt.; om flamme(=flicker)* blafre; blaffe.
waverer ['weivərə] *subst(=indecisive person;* **T:** *shilly-shallier)* ubesluttsom person; **T:** vinglepave.
I. wavering ['weivəriŋ] *subst* **1.** vakling; **2.** blafring; blaffing.
II. wavering *adj* **1.** vaklende; ubesluttsom; vankelmodig; **2.** blafrende; blaffende.
wavy ['weivi] *adj* **1.** bølgende; bølget; bølge- *(fx line);* **2.** *om trevirke:* **~ grain** flammet ved; **3.** *om håret:* med fall; **she has ~ hair** hun har fall i håret.
I. wax [wæks] *subst* **1.** voks; **2.: sealing ~** lakk; **a stick of sealing ~** en stang lakk; **3.: floor ~***(=floor polish)* bonevoks.
II. wax *vb* **1.** vokse; **2.** bone.
III. wax *vb* **1.** *om månen:* tilta; **a -ing moon** tiltagende måne; **2.** *stivt el. spøkef(=increase)* tilta *(fx his power waxed);* **3.** *stivt el. spøkef(=become)* bli *(fx they began to wax cheerful after several bottles of wine).*
wax bean *bot* **US:** voksbønne.
waxberry ['wæks,bəri] *subst; bot:* snøbær.
wax crayon fettstift.
wax polish bonevoks.
waxwing ['wæks,wiŋ] *subst; zo:* sidensvans.
waxwork ['wæks,wə:k] *subst(=wax figure)* voksfigur; voksarbeid.
waxworks ['wæks,wə:ks] *subst; pl:* vokskabinett.
waxy ['wæksi] *adj:* voksaktig.
way [wei] *subst* **1.** vei *(fx this door is the only way out);* **he lives across the ~** han bor tvers over veien; han bor på den andre siden av gaten; **ask one's***(=the)* **~** spørre om veien; spørre seg fram; **I asked him the ~** jeg spurte ham om veien; **the ~ home** veien hjem; **which ~ did he go?** hvilken vei gikk han? **I missed the ~** jeg tok feil av veien; **it's a long ~ to X** det er langt til X; **the shop's only a short ~ away** butikken ligger bare et lite stykke unna; **be in the ~** være (,stå) i veien; **stand in the ~ of sby's happiness** stå i veien for ens lykke; **get in the ~ of** komme i veien for; **get out of the ~** gå til side (*el.* av veien); komme seg unna;
2. måte *(fx ways of writing a book; I know a good way of doing it);* **in a ~** på en måte; **in this ~** på denne måten; **(in) that ~** på den måten; **there's something strange about the ~ he talks to you** det er noe rart med den måten han snakker til deg på; **in the best possible ~** på best mulig måte; **it can't be done (in) any other ~** det kan ikke gjøres på noen annen måte; **he's got an unpleasant ~ with him***(=he's got an unpleasant manner)* han har en ubehagelig måte å være på;
3. *om vane:* **he has a ~ of (-ing)** han har det med å . . .;
4. *om vilje:* **get***(=have)* **one's (own) ~** få viljen sin; få sin vilje *(fx he always manages to get his own way);* **children want to go their own ~** barn vil gå sine egne veier;
5. *om tilstand:* **that's the ~ things are** slik er det nå engang; **he's in a bad ~** det står dårlig til med ham;
6. *ved deling:* **split it four -s** dele det på fire;
7. *når bevegelsen understrekes:* **push one's ~ through the crowd** skubbe seg fram gjennom mengden; *fig:* **they coughed their ~ through the concert** de hostet seg gjennom konserten; *fig:* **he worked his ~ through college** han arbeidet seg gjennom college;
8. *mar:* fart *(fx the ship kept her way); (jvf headway & sternway); (se også 9: under ~);*
9. *forskjellige forb:* **by the ~** fra det ene til det andre; med det samme jeg husker det; apropos; **by ~ of** 1*(=via)* via *(fx travel by way of Bristol);* 2*(=as)* som *(fx she said it by way of (an) insult);* 3*(=in order to; for the purpose of)* for å; i den hensikt å *(fx he did it by way of helping*

me); **get into bad**(=evil) **-s**(=go off the straight path; **US:** wander from the straight and narrow) komme på skråplanet; **have a ~ with** være flink til å behandle (fx children); **she has a ~ with her**(=she's charming) hun har et vinnende vesen; **have it both -s** få både i pose og sekk; få det på begge måter; *fig* **T: that argument cuts both -s** det argumentet slår begge veier; **on the ~** underveis; på vei (fx they're on the way); **be on the** (=one's) **~ home** være på vei hjem; være på hjemveien; **on the ~ out** *også fig:* på vei ut (fx these customs are on the way out); **out of the ~** 1. ut av veien; 2.: **get one's homework out of the ~** få leksene unnagjort; 3. avsides (fx an out-of-the way place); 4(=unusual) uvanlig (fx there was nothing out of the way about what he said); **rub sby (up) the wrong ~** *se II. rub 10, 2;* **under ~** 1. *mar:* i fart; **the ship is under ~** skipet har lettet anker; skipet er i fart; 2. *fig(=in progress)* i gang (fx a project); **get under ~** komme i gang; starte.

waybill ['wei,bil] *subst; merk(=consignment note)* fraktbrev.

wayfarer ['wei,fɛərə] *subst; glds el. litt.(=traveller on foot)* veifarende; reisende.

waylay [wei'lei] *vb; stivt(=ambush)* overfalle fra bakhold; ligge på lur etter.

ways and means 1. (penge)midler; **a ~ committee** en finanskomité; **2.** måte (å skaffe penger på) (fx you must use any ways and means you can think of).

wayside ['wei,said] *subst* **1.** *stivt el. glds(=roadside)* veikant; **2.** *fig:* **fall by the ~** mislykkes (fx firms not using computers have fallen by the wayside).

way station *jernb* **US**(=manned halt) (betjent) stoppested.

wayward ['weiwəd] *adj; især om barn; stivt(=self-willed)* selvrådig; egensindig.

WC ['dʌbəlju:'si:] *subst (fk.f. water closet)* WC; wc; vannklosett.

we [wi:] *pron:* vi.

weak [wi:k] *adj* **1.** svak (fx he's too weak; this tea's too weak); **a ~ alibi** et svakt alibi; **a ~ joke** en dårlig vits; **2.** *gram:* svak (fx verb).

weaken ['wi:kən] *vb* **1.** svekke; **2.** bli svak (fx at last he weakened and gave her the money); **his strength has -ed** han har blitt svakere; **3.** spe opp; tynne ut; gjøre svakere.

weakling ['wi:kliŋ] *subst:* svekling.

weakly ['wi:kli] **1.** *adj(=feeble; infirm)* svakelig; **2.** *adv:* svakt.

weakness ['wi:knis] *subst* **1.** svakhet; **2**(=weak point) svakhet; **3.: sign of ~** svakhetstegn; **4.** *fig:* **have a ~ for** ha en svakhet for; være svak for (fx a person; strawberries).

weal [wi:l] *subst; på huden:* stripe (etter slag).

wealth [welθ] *subst* **1.** rikdom; **2.** *meget stivt:* **a ~ of**(=a lot of) et vell av (fx information); **have a ~ of knowledge about**(=know a lot about) kunne mye om.

wealth-creating ['welθkri,eitiŋ] *adj:* verdiskapende (fx sector of the industry).

wealthy ['welθi] *adj; stivt(=rich)* rik; (meget) velstående.

wean [wi:n] *vb* **1.** venne fra (brystet); slutte å gi bryst; **2.** *fig:* **~ sby from a bad habit** få en fra en dårlig vane.

weapon ['wepən] *subt; også fig:* våpen; *jur:* **carry an offensive ~** bære (*el.* gå med) et farlig våpen.

weaponry ['wepənri] *subst(=weapons)* våpen.

weapon system *mil:* våpensystem.

I. wear [wɛə] *subst* **1.** slitasje; **be exposed to hard ~** være utsatt for hard slitasje; **stand up to very hard ~** være meget slitesterk; **my shoes are much the worse for ~** skoene mine er meget slitt; *spøkef:* **those shoes won't survive much ~**(=those shoes won't last long) de skoene vil ikke holde lenge; **normal ~ and tear** normal slitasje; **2.: clothes for everyday ~** klær til hverdagsbruk; **3.** -klær (fx sportswear); **men's ~**(=menswear; men's clothing) herrekonfeksjon.

II. wear *vb(pret: wore; perf. part.: worn)* **1.** ha på seg; gå med (fx spectacles; a new pair of trousers); **all I have got are the clothes that I'm -ing** alt jeg har, er det jeg står og går i; **I don't like the way she -s her hair** jeg liker ikke den måten hun har håret sitt på;

2. *om ansiktsuttrykk; stivt(=have)* ha (fx an angry expression);

3. T(=accept; put up with) finne seg i; godta (fx the boss won't wear it);

4. slite (fx a hole in the carpet); bli slitt (fx the carpet has worn in several places); **~ badly** være lite slitesterk; **~ well** være slitesterk; *fig:* **she may be sixty-five, but she's worn well** selv om hun er sekstifem, har hun holdt seg godt; **~ thin** 1. bli tynnslitt; tynnslite; 2. *fig:* **my patience is -ing thin** tålmodigheten min er i ferd med å bli tynnslitt;

5.: ~ away 1. slite bort (*el.* vekk); 2. bli slitt bort (*el.* vekk);

6.: ~ down 1. slite ned; **~ the heels of one's shoes down on one side** skjeve skoene sine; 2. *fig:* bryte ned (fx sby's resistance); **they gradually wore him down** de ga seg ikke før de hadde fått overtalt ham;

7.: ~ off 1. forta seg; gi seg (fx the pain wore off); 2. bli slitt av (fx the pattern had been worn off);

8. *om tid:* **~ on** slepe seg av sted; gå langsomt (fx time wore on);

9.: ~ out 1. slite ut (fx I've worn out my socks); bli utslitt (fx my socks have worn out); 2. *fig:* slite ut (fx he wears me out with his silly chatter); ta slutt (fx his patience wore(=gave) out); **~ out one's welcome**(=outstay one's welcome) bli for lenge; trekke for store veksler på ens gjestfrihet; (se også worn & worn out).

III. wear *vb(pret: wore; perf. part.: worn) mar(=wear ship)* kuvende.

weariness ['wiərinis] *subst; stivt(=tiredness)* tretthet.

wearisome ['wiərisəm] *adj; stivt(=tiring)* trettende.

wear resistance slitestyrke; slitasjefasthet.

I. weary ['wiəri] *vb; stivt* **1**(=tire) gjøre trett; trette (fx his talking wearied them); **2.: ~ of**(=get tired of) gå trett av.

II. weary *adj; stivt(=tired)* trett; sliten; **she gave a ~ smile** hun smilte trett; **~ of**(=tired of) trett av; **~ of life**(=tired of living) livstrett.

weasel ['wi:zəl] **1.: (snow) ~** snømus; **2.** weasel; beltebil.

I. weather ['weðə] *subst* **1.** vær (fx what was the weather like yesterday?); **bad ~** dårlig vær; **it's fine ~** det er fint vær; **the ~ continued fine** været holdt seg fint; **in all -s**(=in all kinds of weather) i allslags vær; **a short spell of brighter ~ in the late afternoon** forbigående noe lettere vær utpå ettermiddagen; **the ~ appears to be on the change** det ser ut til å bli væromslag; (se weather change); **make heavy ~ of sth**(=find sth difficult) synes at noe er vanskelig (*el.* strevsomt); **under the ~** 1. utilpass; uopplagt (fx feel a little under the weather); 2. *evf(=drunk)* beruset;

2. *mar:* **the ~ side**(=the windy side; the windward

side) lo side; **on the ~ bow** tvers til lo.

II. weather *vb* **1.** utsette for vind og vær; forvitre *(fx rocks weathered by wind and water);* **the rocks have been -ed smooth** klippene er blankskurte; **2.** *mar:* gå på lo side av; **~ the storm** ri av stormen; *fig:* komme godt igjennom; overleve *(fx a crisis).*

weather bar*(=water bar) bygg; under vindu:* vannbrett.

weather-beaten ['weðə,bi:tən] *adj:* værbitt.

weather-bound ['weðə,baund] *adj:* værfast.

weather bureau US*(=weather centre)* værvarslingsstasjon; meteorologisk institutt.

weather chart værkart.

weather cock værhane.

weather deck *mar:* overdekk; øverste dekk.

weather eye T: keep one's ~ open være på vakt; ha øynene med seg; **you should keep a ~ on him** du burde holde øye med ham.

weather forecast værmelding; værutsikter.

weather helm *mar:* logjerrighet; **have a ~** være logjerrig.

weatherstrip ['weðə,strip] *subst, fx på bil:* tetningslist *(fx a door weatherlist).*

weather vane værhane.

I. weave [wi:v] *subst; om måten noe er vevd på(= texture)* vev *(fx a close weave; an open weave).*

II. weave *vb(pret: wove; perf. part.: woven)* **1.** veve *(fx on a loom);* **2.** *fig; litt.:* veve; spinne *(fx a fascinating tale).*

III. weave *vb(pret & perf. part.: weaved):* **~ about***(=reel about)* vakle omkring *(fx the boxer weaved about all over the ring);* ~*(=zigzag)* **in and out of the (stream of) traffic** sno seg gjennom trafikken; ~*(=wend)* **one's way home** vakle hjem; **get weaving!***(=hurry up!)* skynd deg!

weaver ['wi:və] *subst:* vever.

web [web] *subst* **1.** *zo:* svømmehud; **2.** *zo:* **spider's ~** edderkoppspinn; **3.** *fig:* **a** ~*(=tissue)* **of lies** et vev av løgner.

webbed ['webd] *adj; zo:* med svømmehud; **~ foot** svømmefot.

webfoot ['web,fut] *subst; zo(=webbed foot)* svømmefot.

wed [wed] *vb(pret & perf. part.: wed(ded))* **1.** *stivt el. spøkef(=marry)* gifte seg; **2.** *stivt(=unite)* forene; **simplicity -ded to beauty** enkelhet forent med skjønnhet.

we'd [wi:d] *fk.f. we had; we would; we should.*

wedding ['wediŋ] *subst:* bryllup; **church ~** kirkebryllup; **the ~ will take place on Saturday** bryllupet finner sted på lørdag.

wedding bouquet brudebukett.

wedding cake bryllupskake.

wedding ceremony vielse.

wedding day bryllupsdag.

wedding dress brudekjole.

wedding ring vielsesring; giftering.

I. wedge [wedʒ] *subst* **1.** kile; **2.** *om noe kileformet:* **a ~ of cheese (,cake)** et stykke ost (,kake); **3.** *fig:* **this is only the thin end of the ~** dette er bare begynnelsen (til noe som blir verre).

II. wedge *vb* **1.** kile fast; **2.: his foot -d in the crack** foten hans ble sittende fastkilt i sprekken; **he got -d in the doorway** han ble sittende fast i døråpningen; **he -d himself in** han (fikk) presset seg inn.

wedlock ['wed,lɔk] *subst; stivt el. glds(=married state)* ektestand; **born out of** ~*(=illegitimate)* født utenfor ekteskap; **holy ~** den hellige ektestand.

Wednesday ['wenzdi] *subst:* onsdag.

I. wee [wi:] *subst* **T:** tiss; **do a ~** tisse.

II. wee *adj; dial el.* **T***(=tiny)* bitteliten; **a ~ house** et bittelite hus; **too** ~*(=too small)* for liten; **a ~ bit***(=a tiny bit; a tiny wee bit)* bittelitegrann; **a ~ bit better***(=a tiny bit better)* bittelitegrann bedre.

I. weed [wi:d] *subst* **1.** ugress; ugressplante; **the garden is full of -s** hagen er full av ugress; *ordspråk:* **ill -s grow apace** ukrutt forgår ikke; **2. T:** tynn og skranglete person; **3. S***(=marijuana)* marihuana.

II. weed *vb* **1.** luke; luke i *(fx the garden);* **2.: ~ out** 1. luke ut; 2. *fig:* luke ut; fjerne; **~ out the unsuitable candidates** luke ut de uegnede kandidatene.

weedkiller ['wi:d,kilə] *subst(=herbicide)* ugressdreper.

weedy ['wi:di] *adj* **1.** full av ugress; **2.** *om person:* tynn og skranglete.

week [wi:k] *subst:* uke; **during the ~** i uken; i løpet av uken; **a six-day ~** en seksdagers uke; **a ~ ago today** i dag for en uke siden; **every ~** hver uke; **every other ~** annenhver uke; hverannen uke; **(for) three -s** i tre uker; **a ~ from today** i dag om en uke; **for the past***(=last)* **three -s** i de siste tre ukene; **in a** ~*(=in a week's time)* om en uke; **in a ~ or so** om en ukes tid; **last ~** i forrige uke; **a ~ last Thursday** torsdag for en uke siden; **next ~** neste uke; til uken; **the ~ after next** ikke (i) neste uke, men den deretter; **£5 per** ~*(=£5 a week)* £5 i uken; £5 pr. uke; £5 om uken; **to the end of the ~** uken ut; **twice a** ~*(=twice weekly)* to ganger pr. uke; to ganger i uken; to ganger ukentlig; **it's been -s since I last saw her** jeg har ikke sett henne på ukevis; **it takes three working -s to finish each copy** det tar tre arbeidsuker å gjøre ferdig hvert eksemplar.

weekday ['wi:k,dei] *subst:* ukedag; hverdag.

I. weekend [,wi:k'end] *subst:* helg; weekend; **during***(=over)* **the ~** i helgen.

II. weekend ['wi:k,end] *adj:* weekend-; helge-.

weekend cottage*(=holiday cottage)* hytte.

weekly ['wi:kli] **1.** *subst:* ukeblad; tidsskrift som kommer én gang i uken; **2.** *adj:* ukentlig *(fx visit);* uke- *(fx wages);* **3.** *adv:* én gang i uken; ukentlig; **the newspaper is published ~** avisen kommer ut én gang i uken; **~ paid***(=paid by the week)* ukelønnet *(fx weekly-paid workers).*

weep [wi:p] *vb(pret & perf. part.: wept) stivt el. litt.(=cry)* gråte; **~ tears of happiness** gråte gledestårer.

weepy ['wi:pi] *adj* **T: feel ~** føle trang til å gråte.

weeping willow *bot:* sørgepil.

weever ['wi:və] *subst; zo:* **greater ~** fjesing; **lesser ~** liten fjesing.

weevil ['wi:vl] *subst; zo(=snout beetle)* snutebille.

wee-wee ['wi:,wi:] *subst: se I. wee.*

weft [weft] *subst; i veving(=woof; filling)* islett; innslag; veft.

weigh [wei] *vb* **1.** veie *(fx what(=how much) does this parcel weigh?);* **~ oneself** veie seg; **2.** *fig:* veie *(fx one's words);* **~ (up) the pros and cons** veie for og (i)mot; **~ the chances** veie sjansene mot hverandre; **3.: ~ down** tynge; presse ned; **-ed down with sorrow** tynget av sorg; **4.: ~ in (,out)** veie inn (,ut) *(fx he had his baggage weighed in);* **5.** *fig:* **~ on** tynge *(fx the burden of his responsibility weighs heavily on his shoulders);* **6.** *mar:* **~ anchor** lette anker.

weighbridge ['wei,bridʒ] *subst:* bruvekt.

weighing machine (stor) personvekt.

I. weight [weit] *subst* **1.** vekt; **sell by ~** selge i løs vekt; **short ~** knapp vekt; **give short ~** snyte på vekten; gi snau vekt; **specific** ~*(=specific gravity)* egenvekt; **bear the whole ~ of the house** bære vekten av hele huset; **that thing won't take my ~!** det der bærer ikke min vekt! **2.** (vekt)lodd *(fx of a clock);* **set of scale (,balance) -s** loddsett; *fys:* **set of standard mass -s** loddsats; **3.** *sport:* vekt; **what ~ does he box at?** hvilken vektklasse bokser han i? **put the ~***(=put the shot)* støte kule; **4.** *fig:* vekt; **carry ~** veie tungt; ha stor vekt; **his views don't carry much ~** hans meninger tillegges ikke stor vekt; **give greater ~ to***(=attach more importance to)* legge større vekt på; **pull one's ~** gjøre sitt; **throw one's ~ about** blære seg; **that's a ~ off my mind!** så behøver jeg ikke bekymre meg mer om det! så har jeg ikke det å tenke på! **win by sheer ~ of numbers** vinne fordi man er tallmessig overlegen.

II. weight *vb* **1.** feste lodd på; **2.: ~ (down)** tynge ned; **she was -ed down by two huge shopping baskets** hun ble tynget ned av to enorme innkjøpskurver; **3.** *ski:* **~ the inside ski** legge tyngden på innerste ski; **4.** *i statistikk:* veie; gi vekttall.

weighting ['weitiŋ] *subst* **1.** vekttallsystem; vekttall; **all questions carry equal ~***(=all questions count as equal)* alle spørsmålene veier like mye; **2.** stedstillegg *(fx a London weighting of £500).*

weightless ['weitlis] *adj:* vektløs.

weight-lifting ['weit,liftiŋ] *subst:* vektløfting.

weight slip veieseddel.

weighty ['weiti] *adj* **1.** *stivt(=important)* vektig; betydningsfull; tungtveiende; **2.** *stivt el. spøkef(=heavy)* tung *(fx box).*

weir [wiə] *subst* **1.** *i elv, for å øke vannstanden:* (lav) demning; **2.** *i elv, for å fange fisk:* fiskedam.

weird [wiəd] *adj* **1***(=uncanny)* nifs; uhyggelig; **2. T***(=odd; strange)* snodig; rar; underlig *(fx clothes).*

weirdie, weirdy ['wiədi] *subst* **T:** raring; snåling.

weirdo ['wiədou] *subst (pl: weirdos)* **T:** *se weirdie.*

I. welcome ['welkəm] *subst:* velkomst; velkomsthilsen; **they gave us a very friendly ~** de tok meget vennlig imot oss; **give sby a smiling ~** ønske en velkommen med et smil; **we received a very warm ~** vi fikk en meget hjertelig mottagelse.

II. welcome *vb:* ønske (*el.* hilse) velkommen *(fx we were warmly welcomed by our host; she will welcome the chance to see him again); int:* velkommen! velkommen hit (til oss)! **~ to Norway!** velkommen til Norge!

III. welcome *adj:* velkommen *(fx a welcome guest);* **he was always ~ in their home** han var alltid velkommen i deres hjem; **you're ~ to read it** du må gjerne lese det; **wish***(=bid)* **sby ~** ønske en velkommen; *som svar på en takk:* **you're ~!** ingen årsak! ikke noe å takke for! **make sby (very) ~** ta (meget) godt imot en.

I. weld [weld] *subst(=welded joint)* sveis; **convex (,flat) ~** råket (,strøket) sveis; **~ between members with prepared edges** sveis i tildannet fuge.

II. weld *vb:* sveise (*together* sammen); **-ed joint** sveis(efuge).

weldability [,weldə'biliti] *subst:* sveisbarhet.

weldable ['weldəbl] *adj:* sveisbar; **easily ~ metals** lett sveisbare metaller.

welder ['weldə] *subst:* sveiser.

welding ['weldiŋ] *subst:* sveising.

welding bead sveiselarve; sveisestreng; påleggstreng.

welding cable sveisekabel.

welding equipment sveiseutstyr.

welding helmet sveisehjelm.

welding rod sveisetråd.

welding torch sveisebrenner; sveiseapparat.

weldless ['weldlis] *adj:* helsveiset.

welfare ['welfεə] *subst:* velferd; velvære; trivsel; **she was concerned for her child's ~** hun var bekymret for sitt barns ve og vel; **T: live on ~***(=live on social security)* leve på trygd.

welfare cheat person som tilegner seg trygdeytelser på falske premisser; person som snyter på trygden.

welfare officer 1*(=social worker)* sosialarbeider; **2.** *mil:* velferdsoffiser.

welfare state velferdsstat.

welfare work 1. velferdsarbeid; **2***(=social work)* sosialarbeid.

I. well [wel] *subst* **1.** brønn; **hand-dug ~** håndgravd brønn; **oil ~** oljebrønn; **2.** *i båt:* **(fish) ~** fiskebrønn; **live-~** brønn for levendefisk; **3.** *om det som er bra:* **leave***(=let)* **~ alone** la det være med det; la det være bra som det er; **. . . but it was better to leave ~ alone and not tell her** men det var bedre å la henne bli i den troen og ikke fortelle det; **wish sby ~** ønske en (alt) godt.

II. well *vb(=flow)* strømme *(fx tears welled from her eyes);* **~ forth, ~ out** velle fram; strømme ut.

III. well *adj; brukt predikativt* **1.** frisk; **get ~** bli frisk (*el.* bra) (*of* av); **I don't feel at all ~** jeg føler meg slett ikke bra; **she doesn't look very ~ today** hun ser ikke bra ut i dag; **2.** bra; **it's as ~ that this happened** det var like bra at dette hendte; **all's ~ that ends ~** når enden er god, er allting godt; **that's all very ~ but . . .** det er vel og bra; men . . .

IV. well *adv:* godt *(fx sleep well; treat sby well; he did his job extremely well);* **mother and baby are both doing ~***(=mother and baby are both healthy)* mor og barn har det (begge) bra; **how ~ did you do in the exam?** hvor godt gjorde du det til eksamen? **I hope everything's going ~ with you** jeg håper alt går bra med dere; **you may ~ look ashamed!** du kan godt se skamfull ut! **you can't very ~ refuse** du (,man) kan ikke godt si nei; **you can damn ~ do it yourself, you idiot!** du kan jamen gjøre det selv, din idiot! **he jolly ~ had to do it (all over) again** han måtte pent (*el.* vær så god) gjøre det om igjen; **pretty ~ all the family***(=almost all the family)* omtrent (*el.* nesten) hele familien; **you're pretty ~ the only person who's willing to help me** du er omtrent den eneste som er villig til å hjelpe meg; **as ~** 1*(=too; also)* også *(fx there were other people there as well; she's pretty as well);* 2.: **(just) as ~** like gjerne *(fx you may (just) as well tell him);* **he might just as ~ have stayed at home** hun kunne like gjerne ha blitt hjemme; **as ~ as** 1. like bra (*el.* godt) som *(fx she sings as well as you do);* 2. både *(fx he's skilful as well as strong; travel by night as well as by day);* **you'll have to pay as ~ as help with the tea** du må både betale og hjelpe til med teserveringen; 3*(=in addition to)* i tillegg til *(fx she works in a restaurant in the evening as well as doing a full-time job during the day);* **~ off** *se well-off;* **T: you're ~ out of it** du kan være glad som ikke er der *(fx there's trouble at the office but you're well out of it);* **T: you're ~ out of that firm** du kan være glad du ikke lenger er ansatt i (,har noen tilknytning til) det firmaet; **T: do ~ out of** tjene godt på *(fx you did well out of that deal);* **be ~ over***(=past)* **forty** være godt over førti; **T: be ~ up in a subject** være godt inne i et emne.

V. well *int:* nå; vel; nå ja *(fx well, it can't be helped);* **~, as I was saying, I saw him last week** vel, som jeg sa, så traff jeg ham i forrige uke; **~, ~!** sier du (virkelig) det! nei, jaså! **~, what about it?** 1. nå, hva blir det til? 2. hva gjør vel det? vel, hva med det? **~, yes** tja; å ja; å jo.

we'll [wi:l] *fk.f. we shall; we will.*
well-adjusted ['welə'dʒʌstid] *adj:* veltilpasset *(fx child).*
well-advised [,weləd'vaizd] *adj; predikativt(=wise):* **you'd be ~ to sell now** det ville være klokt av deg å selge nå.
well-appointed ['welə'pɔintid] *adj; stivt(=well -equipped)* velutstyrt; velinnrettet *(fx house);* velutrustet *(fx ship).*
well-balanced ['wel'bælənst; *attributivt også:* 'wel-,bælənst] *adj* **1.** velbalansert *(fx economy);* godt avbalansert; **a ~ diet** en allsidig kost; **2.** *fig:* avbalansert; likevektig *(fx person).*
well-behaved ['welbi'heivd; *attributivt:* 'welbi,heivd] *adj:* veloppdragen *(fx he's quiet and well-behaved).*
well-being ['wel'biiŋ; 'wel,biiŋ] *subst; stivt(=welfare; health and happiness)* ve og vel *(fx she was always concerned about her mother's well-being);* trivsel; velvære; **physical ~** fysisk velvære.
well-beloved ['welbi'lʌvd; *attributivt:* 'welbi,lʌvd; 'welbi,lʌvid] *adj; stivt el. spøkef(=beloved)* høyt elsket *(fx my well-beloved wife).*
well-born [,wel'bɔ:n; *attributivt:* 'wel,bɔ:n] *adj; stivt(=of good family)* av god familie.
well-bred [,wel'bred; *attributivt:* 'wel,bred] *adj* **1.** *stivt el. lett glds(=well-mannered)* med pene manerer; dannet; kultivert *(fx a well-bred young lady);* **2.** *om dyr(=with a good pedigree)* av good rase; med fin stamtavle.
well-built ['wel'bilt; *attributivt:* 'wel,bilt] *adj(= muscular)* kraftig bygd; muskuløs *(fx he's tall and well-built).*
well-chosen ['wel'tʃouzən; *attributivt:* 'wel,tʃouzən] *adj:* velvalgt *(fx a few well-chosen words).*
well-connected ['welkə'nektid; *attributivt også:* 'welkə,nektid] *adj* **1**(*=of a good family)* av god familie; **2.** med gode (sosiale) forbindelser.
well-cut [,wel'kʌt; *attributivt:* 'wel,kʌt] *adj; om klær:* med godt snitt i *(fx well-cut clothes).*
well deck *mar:* brønndekk.
well-defined [,weldi'faind; *attributivt:* 'weldi,faind] *adj:* veldefinert; skarpt avgrenset; **~ eyebrows** markerte øyenbryn; **a ~ position** et markert standpunkt.
well-disposed [,weldis'pouzd; *attributivt:* 'weldis-,pouzd] *adj:* velvillig innstilt (*towards* til).
well-doer ['wel,du:ə] *subst:* en som gjør godt mot andre; rettskaffent menneske.
well-doing ['wel,du:iŋ; ,wel'du:iŋ] *subst:* godgjørenhet; velgjørenhet; rettskaffen opptreden.
well(-)done ['wel'dʌn; *attributivt:* 'wel,dʌn] *adj:* godt stekt (,kokt); gjennomstekt; gjennomkokt.
well-earned [,wel'ə:nd; *attributivt:* 'wel,ə:nd] *adj:* velfortjent *(fx rest).*
well-educated ['wel'edju,keitid; ,wel'edju,keitid; *attributivt:* 'wel,edju,keitid] *adj:* velutdannet.
well-fed [,wel'fed; *attributivt:* 'wel,fed] *adj:* velnært *(fx child);* i godt hold.
well-founded [,wel'faundid; *attributivt:* 'wel,faundid] *adj:* velfundert *(fx argument);* velbegrunnet *(fx fears).*
well-groomed [,wel'gru:md; *attributivt:* 'wel,gru:md] *adj:* velpleid *(fx woman);* velstelt *(fx lawn; woman).*
well-heeled [,wel'hi:ld; *attributivt:* 'wel,hi:ld] *adj* **T**(*=rich)* rik; **T:** velbeslått *(fx he married a well -heeled widow).*
wellies ['weliz]*(=wellingtons) subst; pl:* gummistøvler.
well-informed [,welin'fɔ:md; *attributivt:* 'welin-,fɔ:md] *adj:* velinformert; velorientert; kunnskapsrik.
well-intentioned [,welin'tenʃənd; *attributivt:* 'welin-,tenʃənd] *adj(=well-meaning)* velmenende; *(=well-meant)* velment.
well(-)kept [,wel'kept; *attributivt:* 'wel,kept] *adj:* velholdt *(fx a well-kept house; the house had the appearance of having been well kept).*
well-knit [,wel'nit; *attributivt:* 'wel,nit] *adj:* velbygd *(fx athlete).*
well-known [,wel'noun; attributivt: 'wel,noun] *adj:* velkjent.
well-lined [,wel'laind; *attributivt:* 'wel,laind] *adj* **T**(*=well-filled)* velfylt; **~ coffers** velfylte pengekister.
well-made [,wel'meid; *attributivt:* 'wel,meid] *adj* **1.** godt lagd; dyktig lagd; **2**(*=shapely)* velskapt.
well-mannered [,wel'mænəd; *attributivt:* 'wel-,mænəd] *adj:* med pene manerer.
well-meaning [,wel'mi:niŋ; *attributivt:* 'wel,min:niŋ] *adj:* velmenende.
well-meant [,wel'ment; *attributivt:* 'wel,ment] *adj:* velment.
wellness ['welnis] *subst; psykol(=well-being)* velvære; **high-level ~** velvære på et høyt plan.
well-nigh ['wel,nai] *adv; stivt(=almost)* nesten; så godt som *(fx he was well-nigh dead when we found him).*
well(-)off [,wel'ɔf; *attributivt:* 'wel,ɔf] *adj* **1**(*=rich)* rik; velstående; **2. T:** heldig (stilt); **you don't know when you're ~** du vet ikke hvor heldig du er.
well-ordered [,vel'ɔ:dəd; *attributivt:* 'wel,ɔ:dəd] *adj:* velordnet *(fx household).*
well(-)paid [,wel'peid; *attributivt:* 'wel,peid] *adj:* godt betalt *(fx job; worker).*
well-preserved ['welpri'sə:vd] *adj* **1.** velbevart; **2.** som har holdt seg godt *(fx woman).*
well-proportioned ['welprə'pɔ:ʃənd; *attributivt også:* 'welprə,pɔ:ʃənd] *adj:* velproporsjonert *(fx young man; room).*
well(-)read [,wel'red; *attributivt:* 'wel,red] *adj:* belest; **he's ~ in history** han har lest mye historie; han er godt inne i historie.
well-regulated [,wel'regju,leitid; *attributivt:* 'wel-,regju,leitid] *adj:* velordnet *(fx household).*
well-reported [,welri'pɔ:tid; *attributivt:* 'welri,pɔ:tid] *adj:* som det er skrevet mye om; **such ~ matters as . . .** ting det er skrevet så mye om, som for eksempel . . .
well(-)reputed ['welri'pju:tid; *attributivt:* 'welri-,pjutid] *adj; merk(=of good standing)* vel ansett; velansett.
well-rounded [,wel'raundid; *attributivt:* 'wel,raundid] *adj* **1**(*=well-constructed)* velformet *(fx sentence);* **2.** vel avrundet; allsidig *(fx this school provides a well-rounded education);* **3.** *om person; spøkef(=plump)* lubben.
well(-)spent [,wel'spent; *attributivt:* 'wel,spent] *adj:* velanvendt *(fx money);* **money well spent** velanvendte penger.
well(-)spoken [,wel'spoukən; *attributivt:* 'wel-,spoukən] *adj* **1.** som fører et kultivert språk; som snakker dannet; **2.: ~ words**(*=well-chosen words)* velvalgte ord.
wellspring ['wel,spriŋ] *subst; også fig:* kilde.
well-thought-of [,wel'θɔ:t,ɔv] *adj:* velansett.
well-thought-out ['wel,θɔ:t'aut] *adj:* veluttenkt; godt uttenkt; gjennomtenkt *(fx plan).*
well-thumbed [,wel'θʌmd; *attributivt:* 'wel,θʌmd] *adj:* velbrukt *(fx dictionary).*
well(-)timed [,wel'taimd; *attributivt:* 'wel,taimd] *adj; stivt el. spøkef(=timely)* som skjer i rett tid; **your arrival was well timed** du hadde valgt det rette tidspunktet å ankomme på.

well-to-do ['weltə'du:; *attributivt:* 'weltə,du:] *adj:* velstående *(fx family).*

well-tried [,wel'traid; *attributivt:* 'wel,traid] *adj:* velprøvd *(fx remedy).*

well-turned [,wel'tə:nd; *attributivt:* 'wel,tə:nd] *adj* **1***(=shapely)* veldreid; velformet *(fx ankle);* **2.** *fig:* velturnert *(fx compliment).*

well-upholstered [,welʌp'houlstəd] *adj; spøkef(=plumb)* lubben.

well-wisher ['wel,wiʃə] *subst:* person som vil en vel *(fx his well-wishers).*

well-worn [,wel'wɔ:n; *attributivt:* 'wel,wɔ:n] *adj* **1.** velbrukt *(fx jacket);* **2.** *neds:* velbrukt *(fx excuse);* fortersket; slitt.

Welsh [welʃ] **1.** *subst:* walisisk; **the ~** waliserne; **2.** *adj:* walisisk.

welsh *vb:* snyte; stikke av uten å betale sin spillegjeld; **~ one's debts (,promises)** løpe fra gjelden sin (,løftene sine); **he -ed on his employer** han snøt arbeidsgiveren sin.

welsher ['welʃə] *subst:* en som snyter; bedrager; en som ikke betaler sin spillegjeld.

Welshman ['welʃmən] *subst:* waliser.

Welsh onion *bot:* pipeløk.

Welsh rarebit*(=Welsh rabbit)* rett bestående av ristet brød med smeltet og krydret ostemasse på.

I. welt [welt] *subst* **1.** *på sko; mellom såle og overlær:* rand; **2***(=rolled hem)* skoning; **3.:** *på metallplate:* fals; **4.:** *se weal.*

II. welt *vb* **1.** randsy; **-ed shoes** randsydde sko; **2.** forsyne (*el.* utstyre) med skoning; **3.** *metallplate:* false; lage fals på.

I. welter ['weltə] *subst; stivt el. spøkef(=jumble)* broket masse; virvar *(fx of useless information).*

II. welter *vb; stivt el. litt.:* **~ in***(=roll in; wallow in)* velte seg i *(fx one's own blood; in crime).*

welterweight ['weltə,weit] *subst; sport:* weltervekt.

wench [wentʃ] *subst; glds el. spøkef(=girl)* jente.

wend [wend] *vb; stivt:* **~ one's way***(=move along (slowly))* gå (langsomt); rusle; vandre *(fx she wended her way through the streets).*

went [went] *pret av II. go.*

wept [wept] *pret & perf. part. av II. weep.*

were [wə:; *trykksvakt:* wə] *pret av be.*

we're [wiə] *fk.f. we are.*

werewolf ['wiə,wulf; 'wɛə,wulf] *subst:* varulv.

I. west [west] *subst* **1.** vest *(fx the sun sets in the west; travel towards the west; in the west of Scotland);* **~ of, to the ~ of** vest for; **in a village ~ of Swindon** i en landsby vest for Swindon; **from the ~** fra vest; **the wind has shifted to the ~** vinden har slått om til vest; **towards the ~** mot vest; vestover; **2.** *på kompasset(=West, W)* vest; **3.: the West** Vesten; **in the West** i Vesten; i de vestlige land.

II. west *adj:* vest-; **the ~ exit** utgangen på vestsiden.

III. west *adv* **1***(=towards the west)* mot vest *(fx the house faces west, out to sea);* **2. S: go ~** 1. bli ødelagt; gå i stykker; **the clutch has gone (~)** kløtsjen er gåen; 2. *om sjanse(=go by the board; go phut)* gå fløyten; **that's all hopes of winning gone ~** der røyk ethvert håp om å vinne.

westbound ['west,baund] *adj(=going towards the west)* som går vestover; som har kurs mot vest; som går i vestlig retning; **the ~ carriageway** vestgående kjørebane; **~ traffic** vestgående trafikk.

West Country: the ~*(=the southwest of England, esp. Devon, Cornwall and Somerset)* Sydvestengland.

westerly ['westəli] *adj:* vestlig; **a wall facing in a ~ direction** en vestvendt vegg.

I. western ['westən] *subst:* villvestfilm; western.

II. western *adj:* vestlig; vest-.

Westerner ['westənə] *subst:* person som bor i vest; **US:** person fra veststatene; vestamerikaner.

westernize, westernise ['westə,naiz] *vb:* innføre Vestens sivilisasjon og idéer i; europeisere.

westernmost ['westən,moust] *adj:* vestligst.

West Indian*(=Westindian)* **1.** *subst:* vestindier; **2.** *adj:* vestindisk.

West Indies *subst; geogr:* **the ~** Vestindia; De vestindiske øyer.

Westminster ['west,minstə] *subst* **1***(=City of Westminster)* bydel i London (hvor bl.a. Parlamentet ligger); **2***(=the Houses of Parliament at Westminster)* Parlamentet.

Westphalia [west'feiliə] *subst; geogr:* Westfalen.

westward ['westwəd] *adj:* vestlig *(fx in a westward direction).*

westwards ['westwədz] *adv(=towards the west)* vestover; vestetter.

I. wet [wet] *subst* **1***(=moisture; wetness)* fuktighet; væte; **2***(=rain; rainy weather)* regn(vær) *(fx come in out of the wet);* **3.** *neds* **T***(=drip)* pyse; **4.** moderat politiker; **a Tory ~** en lyseblå konservativ; **the -s in the Cabinet** de moderate i regjeringen.

II. wet *vb(pret & perf. part.: wet(ted))* **1***(=make wet)* gjøre våt; fukte *(fx she wet her hair);* **2.: ~ the bed** tisse i sengen; **~ oneself** tisse på seg; væte seg; **3.: ~ one's whistle** fukte ganen; ta seg en drink.

III. wet *adj* **1.** våt *(fx paint);* **get ~** bli våt; **~ through** gjennomvåt; **2***(=rainy)* regnfull; **a ~ day** en regnværsdag; **3.** *mht. alkohol:* ikke tørrlagt; **4. T:** pysete *(fx he's really wet!);* **5.** *om politiker:* moderat.

wetback ['wet,bæk] *subst* **US:** meksikaner som oppholder seg i USA illegalt.

wet blanket *fig* **T***(=killjoy)* gledesdreper.

wet-ears ['wet,iəz] *subst* **S***(=greenhorn)* grønnskolling.

wether ['weðə] *subst:* gjeldvær; kastrert vær.

wet nurse amme.

wet-nurse ['wet,nə:s] *vb* **1.** *glds(=breast-feed)* amme; **2.** dulle med; **3.** *fig; om prosjekt, etc:* vie overdreven oppmerksomhet; ta seg ekstra godt av *(fx a project).*

wet-suit ['wet,s(j)u:t] *subst:* våtdrakt.

I. whack [wæk] *subst* **1. T***(=blow)* slag *(fx a whack across the ear);* **2.** *om lyden av slag:* klask; **3. S***(=share (of the loot))* andel; del (av bytte); **4. T***(=go)*: **have a ~ at** forsøke seg på.

II. whack *vb* **1. T***(=hit)* slå til; dra til; **2. T: ~ out a tune on the piano** hamre en melodi på pianoet.

whacked *adj* **T***(=exhausted)* utkjørt; **T:** gåen.

whacking 1. *subst* **T***(=beating)* omgang (juling); **2.** *adj* **T***(=huge; whopping)* diger; kjempestor; **3.** *adv* **T: ~ great** kjempestor; diger *(fx car; oil tanker).*

I. whale [weil] *subst; zo* **1.** hval; **baleen ~** bardehval; **blue ~** blåhval; **2. T: have a ~ of a time***(=have great fun)* ha det veldig morsomt .

II. whale *vb(=go whaling)* drive hvalfangst; fange hval.

(whale) blubber *zo:* hvalspekk.

whalebone ['weil,boun] *subst; zo(=baleen)* hvalbarde.

(whale) factory ship hvalkokeri.

whaler ['weilə] *subst* **1.** hvalfanger; **2.** *skipet:* hvalfangerbåt; hvalfanger.

whaling *subst:* hvalfangst.

whang [wæŋ] *subst:* bang.

wharf [wɔ:f] **1.** *subst (pl: wharfs el. wharves)* brygge; kai; **2.** *vb:* legge til kai.

wharfage ['wɔ:fidʒ] *subst* **1.** bryggeplass; kaiplass; **2.** kaier; kaianlegg; **3.** kaipenger.

I. what [wɔt] *pron; substantivisk:* hva *(fx what is he? I mean what I say);* det som *(fx he took what was mine; what happened was an acccident);* noe som *(fx he took what looked like a gun out of his pocket);* **that's just ~ I need** det er nettopp hva jeg trenger; **did you find ~ you wanted?** fant du det du ville ha? **please lend me ~ you can** vær så snill å låne meg det (*el.* så mye som) du kan; **you know ~ they are (like)** du vet hvordan de er; **~ about . . .?** hva med . . .? *(fx what about a glass of milk?);* **~ . . . for**(*=why*) hvorfor *(fx what did you do that for?);* **~'s that used for?** hva brukes det til? **. . . and ~ 'have you** og Gud vet hva; og så videre; **~ if . . .?** hva om . . .? **T: ~ 'of it** (ja,) og hva så? **~ the devil . . .?** hva fanden . . .? **~ the hell do you think you're doing** hva fanden er det du tror du gjør? **~ with** med *(fx he's very busy what with all these guests to feed);* på grunn av *(fx what with having no exercise and being overweight, he had a heart attack);* **~ with . . . and ~ with . . .** dels på grunn av . . . dels på grunn av . . .; **~ with one thing and (~ with) another** dels på grunn av det ene, dels på grunn av det andre; det ene med det andre; **~'s yours?**(*=what would you like to drink?)* hva vil du ha å drikke? **he knows ~'s ~** han vet beskjed; han vet hva det dreier seg om; **T:** han er ikke tapt bak en vogn.

II. what *pron; adjektivisk:* hvilken; hvilket; hvilke *(fx I don't know what books I shall need);* for noe *(fx what nonsense!),* for et; for en *(fx what a fool he is!);* **~ (little) money he has** det (vesle) han har av penger; de pengene han har; **~ little I know about it** det vesle jeg vet om det.

whatever [wɔt'evə] *pron:* hva . . . enn *(fx whatever he did; show me whatever you have);* **~ happens, I'm going** jeg drar, uansett hva som skjer; **~ did he do that for?** hvorfor i all verden gjorde han det? **nothing ~**(*=nothing at all)* ikke noe i det hele tatt; slett ikke noe *(fx I had nothing whatever to do with that);* **of any shape ~** av enhver form; i en hvilken som helst form; **. . . or ~** eller hva det nå kan være.

whatnot ['wɔt,nɔt] *subst(=what-d'you-call-it)* tingest; dings.

whatsoever [,wɔtsou'evə] *pron: se whatever.*

wheat [wi:t] *subst; bot:* hvete.

wheatear ['wi:t,iə] *subst; zo:* steinskvett.

wheat flour(*=white flour; plain flour)* hvetemel.

wheat germ *bot:* hvetekim.

wheat grain(*=grain of wheat) bot:* hvetekorn; **whole ~** hel hvete.

wheat meal: hard ~(*=graham flour)* hvetegrøpp.

wheedle ['wi:dəl] *vb:* smiske; godsnakke; fralure (ved godsnakking el. smisking) *(fx £10 out of sby).*

I. wheel [wi:l] *subst* **1.** hjul; **change -s** skifte hjul; **change the tyre on a ~** legge om et hjul; **potter's ~** pottemakerhjul; **spinning ~** spinnerokk; **2**(*= steering wheel)* ratt; **at the ~** ved (*el.* bak) rattet; **3.: the ~ has come full circle** ringen er sluttet; *(se I. shoulder 5.: put one's ~ to the wheel; I. spoke 2: put a ~ in sby's wheel).*

II. wheel *vb* **1.** trille *(fx one's bicycle);* **2.** *mil:* **left (,right) ~!** bryt av til venstre (,høyre)! **3.: ~ round** bråsnu; snu seg brått; *om fugl i flukt:* **~ about** kretse omkring; **4.: ~ and deal** kjøpslå; forhandle; **-ing and dealing behind the scenes** kjøpslåing bak kulissene.

wheel aligner forstillingsbukk.

wheel balancing hjulavbalansering.

wheelbarrow ['wi:l,bærou] *subst:* trillebår; trillebør.

wheelbase ['wi:l,beis] *subst:* hjulavstand.

wheel brace hjulavtager; hjulkryss.

wheel camber hjulstyrt.

wheelchair ['wi:l,tʃεə] *subst:* rullestol.

wheel clamp(*,***US:** *Denver boot)* hjullås (som settes på feilparkert bil).

wheel clearance hjulklaring.

wheel cylinder hjulsylinder.

wheel flange hjulflens.

wheel flutter hjulvibrasjoner; *(jvf I. shimmy 1).*

wheelhouse ['wi:l,haus] *subst; mar:* rorhus; styrehus.

wheel loader hjullaster.

wheel nut hjulmutter; *(jvf wheel stud).*

wheel rim hjulfelg.

wheel stud hjulbolt; *(jvf wheel nut).*

wheel suspension hjulopphengning.

wheel track hjulspor.

wheel tracking justering av forstillingen; forstillingskontroll.

wheelwright ['wi:l,rait] *subst; hist:* hjulmaker.

I. wheeze [wi:z] *subst* **1.** pipende pust; piping *(fx a wheeze in his chest);* **the -s of the baby** pustelydene fra babyen; **2. T**(*=clever trick)* smart trick.

II. wheeze *vb* **1.** puste tungt; hive etter pusten; **2.** gispe *(fx "Pass me my pills," he wheezed).*

wheezy ['wi:zi] *adj* **1.** forpustet; pipende *(fx wheezy breathing);* **2. T**(*=clever)* smart; lur.

whelk [welk] *subst; zo:* trompetsnegl; kongesnegl.

when [wen; *trykksvakt:* wən] *adv, konj* **1**(*=at what time)* når *(fx when will he be back? when did you see him?);* **say ~!** si fra når jeg har fylt i nok! si stopp! **2.** da *(fx when he came home, he was tired; they were dancing when I came in);* når *(fx when I come home in the evening, I'm usually tired);* **3.** *brukt relativt:* da; **at a time ~** på et tidspunkt da; **he stayed on until 1972 ~ he left the country** han ble til 1972, da han forlot landet; **now's the time ~ we must fight** nå er tiden kommet da vi må kjempe; **4**(*=if; in the event that)* hvis; når *(fx a contestant is disqualified when he disobeys the rules);* **5.: since ~** 1. hvor lenge *(fx since when has he been here?);* 2. og siden; **the doctor was here yesterday, since ~ she's been better** legen var her i går, og siden (da) har hun vært bedre

whence [wens] *adv; meget stivt* **1**(*=from where)* hvorfra *(fx nobody knows whence he came);* **2.: (from) ~**(*=to the place from which):* **they returned (from) ~ they came** de dro tilbake dit de kom fra; **3.: ~ it follows that . . .**(*=from this it follows that . . .; hence it follows that . . .)* herav (*el.* derav) følger at . . .; det følger av dette at . . .

whenever [wen'evə] *adv, konj* **1**(*=when; every time)* når; hver gang (når) *(fx whenever it rains);* **2**(*=when; at any time)* når (som helst) *(fx come and see me whenever you like);* **3**(*=when; no matter when)* når; når det enn måtte være; uansett når; *stivt:* når . . . enn; **~ possible, he tries to help** når det er mulig, prøver han å hjelpe; **it'll be here, ~ you decide to come for it** det vil befinne seg her, uansett når du måtte bestemme deg for å hente det; **~ (it's) possible the children play outside in the fresh air** når det lar seg gjøre, leker barna ute i frisk luft; **4. T**(*=when in the world)* når i all verden *(fx whenever did you find the time?);* **5. T: or ~**(*=or at any time)* eller når det skal være; *(=or whenever it was)* eller når det (nå) var *(fx in 1927 or whenever).*

where [wεə] *adv, konj:* hvor *(fx where are we now?);* **near ~** nær det sted hvor; **this is ~ I live**

det er her jeg bor; **I can't see him from ~ I am** jeg kan ikke se ham herfra hvor jeg er; **~ are you going (to)?** hvor skal du (hen)? **it's still ~ it was** det er fremdeles der hvor det har vært hele tiden; **we asked ~ to find a good restaurant** vi spurte hvor vi kunne finne en god restaurant; **~ am I wrong?** hvor er det jeg tar feil? på hvilket punkt er det jeg tar feil? **that's ~ you're wrong** det er der du tar feil; **the town has reached the size ~ traffic is a problem** byen har kommet opp i en størrelse hvor trafikken byr på problemer; **he wants a house, ~***(=while)* **I would prefer a flat** han vil ha hus, mens jeg ville foretrekke en leilighet.

whereabouts ['wεərə'bauts] **1.** *subst:* oppholdssted; **his present ~ are a secret** hvor han oppholder seg for øyeblikket, er en hemmelighet; **I don't know his ~** jeg kjenner ikke til hvor han oppholder seg; **2.** *adv:* hvor omtrent *(fx whereabouts is it?);(=where)* hvor *(fx I don't know whereabouts it is).*

whereas [wεər'æz] *konj(=while)* mens *(fx he's tall whereas I'm short);* **he thought I was lying, ~***(=when in fact)* **I was telling the truth** han trodde jeg løy, mens det jeg sa faktisk var sant.

whereby [wεə'bai] *adv* **1***(=according to which)* ifølge hvilken (,hvilket, hvilke); **a law ~ children receive cheap milk** en lov som gir barn billig melk; **2.** *stivt(=by which)* hvorved; **the means ~ he got here before us** den måten han kom hit før oss på.

wherefore ['wεə,fɔ:] **1.** *subst:* **the whys and -s***(= (all) the reasons)* (alle) grunnene *(fx he wants to know the whys and wherefores);* **2.** *adv; glds(= why)* hvorfor.

wherein [wεər'in] *adv; stivt el. glds(=in which)* hvori.

whereupon [,wεərə'pɔn] *adv; stivt(=and then; after which)* hvoretter; og så.

wherever [wεər'evə] *adv, konj* **1.** hvor . . . enn; uansett hvor; overalt hvor; **go ~ he tells you to go** dra dit hvor han måtte be deg om å dra; **2.: ~ did you find that?** hvor i all verden fant du det? **3***(=whenever)* når *(fx wherever (it's) possible).*

wherewithal ['wεəwiδ,ɔ:l] *subst; stivt el. spøkef(= money; means):* **I don't have the ~ to go on holiday** jeg har ikke penger til å dra på ferie.

wherry ['weri] *subst* **1***(=large light barge)* stor flatbunnet lekter; **2***(light rowing boat, pointed at both ends)* robåt som er spiss i begge ender (og som brukes til passasjertransport på elv eller i havnebasseng).

whet [wet] *vb* **1***(=sharpen)* kvesse *(fx a knife on the grindstone);* **2.** *fig:* skjerpe *(fx one's appetite).*

whether ['weδə] *konj* **1***(=if)* om *(fx I don't know whether it's possible);* **I wonder ~ he heard?** jeg lurer på om han hørte det? **you must decide ~ you're going or staying** du må bestemme deg for om du skal dra eller bli her; **2.** om (hvorvidt) *(fx he was in doubt whether this was the right thing to do);* **there is doubt (as to) ~** det hersker tvil med hensyn til om; **create an element of doubt as to ~** skape tvil med hensyn til om; **3.: ~ . . . or** enten . . . eller *(fx whether you like the idea or not);* **we don't know ~ he'll come or not** vi vet ikke om han kommer eller ei; **he didn't know ~ to accept or refuse** han visste ikke om han skulle si ja eller nei.

whetstone ['wet,stoun] *subst(=sharpening stone)* bryne; *(jvf hone).*

whew [fju:; hwju:] *int(=phew)* puh!

whey [wei] *subst:* myse; valle.

which [witʃ] *pron* **1.** *av bestemt antall:* hvilken; hvilket; hvilke; hva for en; hva for et *(fx which tie should I wear?);* **~ is ~?** hva er hva? hvem er hvem? **~ is Mildred and ~ is Betty?** hvem er Mildred, og hvem er Betty? **~***(=what)* **day of the week is the Day's Work Operation to take place?** på hvilken ukedag skal det være Operasjon Dagsverk? **Give me the book. – ~ one?** Gi meg boka. – Hvilken? **Give me the books. – ~ ones?** Gi meg bøkene. – Hvilke? **~ of the two girls do you like best?** hvilken (*el.* hvem) av de to jentene liker du best? **~ is the more likely of these two possibilities?***(=which (one) of these two possibilities is the more likely?)* hvilken av disse to mulighetene er den mest sannsynlige?
2. som *(fx this is the book which(=that) was on the table; have you anything which(=that) you'd like to sell? this church, which is very old, will have to be pulled down); stivt:* **the documents ~ they were searching for***(=the documents (that) they were looking for)* de dokumentene de lette etter;
3. hvilket; noe som *(fx they said I'd done it, which was untrue);* **he can sing, ~ is an advantage** han kan synge, noe som (*el.* og det) er en fordel;
4.: at ~ der; hvor; **temperatures at ~ life cannot exist** temperaturer hvor liv er umulig; **in ~** der; hvor; *stivt el. litt.:* hvori; **a stroke in ~ the ball is hit on the bounce** et slag der (*el.* hvor) ballen treffes straks den har berørt bakken; **your letter of June 1st, in ~ you mention that . . .** Deres brev av 1. juni, der (*el.* hvor) De nevner at . . .; **in ~ case** (og) i så fall *(fx he may come, in which case I'll ask him).*

whichever [witʃ'evə] *pron* **1***(=the one(s) which (,who))* den (,det, de) som *(fx take whichever you like best);* **the prize will go to ~ of them writes the best essay** premien går til den av dem som skriver den beste stilen; **~ you don't want***(= the one(s) you don't want)* den (,det, de) du ikke vil ha; **2***(=any)* hvilken (,hvilket) som helst *(fx take whichever car you like);* **3***(=no matter which)* hvilken (,hvilket, hvilke) . . . enn; uansett hvilken (,hvilket, hvilke) *(fx whichever way I turned, I couldn't escape; whichever you choose, make sure it's a good one).*

whiff [wif] *subst* **1***(=puff)* pust *(fx of fresh air);* **2***(=slight smell)* svak duft; **3.** *med.* **T***(=anaesthetic):* **give him a little ~** gi ham en liten narkose; **4.** *fig(=suggestion)* antydning *(fx the faintest whiff of scandal).*

I. while [wail] *subst* **1.** stund *(fx stay here for a while);* **a good ~, quite a ~** en god stund; **a little ~ longer***(=a little (bit) longer; for a bit longer)* litt til; en liten stund til; **a short***(=little)* **~ ago** for en liten stund siden; for litt siden; **once in a ~***(=occasionally)* en gang imellom; av og til; **2.: worth one's ~** bryet verdt; umaken verdt; **it's not worth your ~ reading this book** det er ikke bryet verdt for deg å lese denne boka; **T: if you do this job for me I'll make it worth your ~** hvis du gjør denne jobben for meg, skal du ikke ha gjort det for ingenting.

II. while *vb:* **~ away the time** fordrive tiden.

III. while *konj* **1.** mens; **~ there's life, there's hope** så lenge det er liv, er det håp; **2.** *stivt(= although)* selv om *(fx while I sympathize, I can't really do very much to help);* **3***(=whereas)* mens (derimot) *(fx he made a fortune while I had nothing).*

whilst [wailst] *konj(=while)* mens.
whim [wim] *subst:* lune; innfall; grille; **full of -s** full av griller.
whimbrel ['wimbrəl] *subst; zo:* småspove; *(jvf curlew; godwit; plover).*
I. whimper ['wimpə] *subst:* klynk *(fx the dog gave a little whimper of fear).*
II. whimper *vb:* klynke.
whimsical ['wimzikəl] *adj* **1***(=capricious)* lunefull; **2***(=odd)* snodig; **3***(=fanciful)* fantastisk *(fx notion);* **4***(=quizzical; playful):* **a ~ smile** et ertende smil.
whimsicality [,wimzi'kæliti] *subst:* lunefullhet; snodighet.
whimsy ['wimzi] *subst; stivt el. litt.* **1***(=whim)* lune; **2***(=fanciful idea)* fantastisk innfall; forskrudd idé.
whinchat ['win,tʃæt] *subst; zo:* buskskvett.
I. whine [wain] *subst:* klynk(ing); jammer; hvin(ing); ul(ing) *(fx of a dog in pain; of an engine);* **I'm tired of her -s** jeg er lei jamringen hennes.
II. whine *vb:* klynke; jamre; hvine; ule.
I. whinny ['wini] *subst:* knegging; vrinsk *(fx I heard the horse's whinnies).*
II. whinny *vb:* knegge; vrinske.
I. whip [wip] *subst* **1.** pisk; **2.** *parl:* **(party) ~** innpisker; **chief ~** sjef for innpiskerne; **3.** *parl:* beskjed fra innpiskeren om å møte til avstemning; **a three-line ~** kategorisk påbud om å møte til avstemning.
II. whip *vb* **1.** piske; **2.** *mar:* surre *(fx a rope);* **3. S***(=pinch; nab)* kvarte; rappe; *(jvf II. swipe 2);* **4. T***(=defeat; beat)* slå *(fx I know when I've been whipped);* **5.** *om flagg:* smelle; **6.** pile; stikke; fare *(fx round the corner);* **7.: ~ away** snappe *(fx she whipped my plate away before I'd finished eating);* **8.: ~ out** rive fram *(fx a gun);* **9.: ~ round** bråsnu *(fx he whipped round and saw me);* **10.: ~ up** 1. piske *(fx a couple of eggs);* 2. **T:** lage i stand *(fx a meal in no time);* 3. *fig:* stable på bena; stampe fram *(fx I can't whip up any support);* **you must try to ~ up some enthusiasm for the project** du må prøve å få folk begeistret for prosjektet; 4. *fig(=stir up):* **~ up a warlike atmosphere** piske opp en krigsstemning.
whip hand 1. den hånden man holder pisken med; **2.** *fig:* **the ~** overtaket *(fx have the whip hand over sby).*
whiplash ['wip,læʃ] *subst:* piskesnert.
whiplash injury *etter bilkollisjon:* halsskade.
whipped cream pisket krem.
whipper-in ['wipə'rin; ,wipə'rin] *subst (pl: whippers -in) jaktuttrykk:* pikør.
whippersnapper ['wipə,snæpə] *subst; lett glds(,***T:** *squirt)* spirrevipp.
whippet ['wipit] *subst; zo:* whippet (ɔ: liten engelsk mynde); *(jvf greyhound).*
whip-round ['wip,raund] *subst* **T:** innsamling; **have a ~***(=ask everybody to give some money)* foreta innsamling; samle inn penger; **T:** sende rundt hatten; **we're having a ~ for John's birthday** vi samler inn penger til Johns fødselsdag.
whipworm ['wip,wə:m] *subst; zo:* piskeorm.
whir *se whirr.*
I. whirl [wə:l] *subst* **1.** virvel; virvling; snurring; **2.** *fig:* **a ~ of entertainment** en virvel av fornøyelser; **live in a ~ of pleasures** leve i sus og dus; **his head's in a ~** det går (helt) rundt for ham.
II. whirl *vb* **1.** virvle; snurre; **~ round** snurre (*el.* virvle) rundt; **2.** *fig:* **my head's -ing** det går rundt i hodet på meg.
whirligig ['wə:li,gig] *subst* **1.** noe som går fort rundt; **2***(=humming top)* snurrebass.
whirligig beetle *zo:* virvler.
whirlpool ['wə:l,pu:l] *subst* **1.** virvel(strøm); malstrøm; **2.** boblebad; **have a ~ bath** ta seg et boblebad.
whirlwind ['wə:l,wind] *subst:* virvelvind.
I. whirr ['wə:] *subst:* surring; summing *(fx the whirr of insects);* svirring.
II. whirr *vb:* surre; summe; svirre.
I. whisk [wisk] *subst* **1.: (egg) ~** visp; **2.** feiende bevegelse; **the cow gave a ~ of her tail** kua dasket med halen.
II. whisk *vb* **1.** piske *(fx egg whites);* **2.** *om rask bevegelse:* **he -ed the children off to bed** han fikk barna i seng i en fart; **he -ed her off to the doctor** han skyndte seg til legen med henne; **they -ed her away** de stakk av sted med henne.
whisker ['wiskə] *subst* **1.** *zo:* værhår; **2.: -s** 1. *zo:* værhår; 2. kinnskjegg.
whiskey ['wiski] *subst:* irsk (*el.* amerikansk) whisky; *(jvf whisky).*
whisky ['wiski] *subst:* whisky; *(jvf whiskey).*
I. whisper ['wispə] *subst* **1.** hvisking; **speak in a ~, speak in -s** føre en hviskende samtale; hviske; **2***(=rumour)* rykte *(fx we heard a whisper that he was married);* **-s of scandal** rykter om skandale.
II. whisper *vb* **1.** hviske; **2.: it's -ed that . . .** det går rykter om at . . .
whist [wist] *subst; kortsp:* whist.
I. whistle ['wisəl] *subst* **1.** fløyt *(fx he gave a loud whistle);* plystring; **2.** fløyte; **penny ~** blikkfløyte; **blow one's ~** blåse i fløyta; **3. T: blow the ~ on sby***(=inform on sby)* angi en; **4.: wet one's ~** fukte ganen; ta seg en drink.
II. whistle *vb* **1.** plystre; fløyte *(fx the electric kettle's whistling);* **~ a tune on one's penny whistle** blåse en melodi på blikkfløyten sin; **2. T: ~ for** skyte en hvit pinne etter *(fx he can whistle for his money).*
whistle buoy *mar:* fløytebøye; lydbøye.
whit [wit] *subst:* **not a ~** ikke det grann.
I. white [wait] *subst* **1.** hvit farge; hvitt; **2.** *om person:* hvit *(fx whites and blacks);* **3.: (egg) ~** (egge)hvite; **4.: the -s of her eyes are bloodshot** det hvite i øynene hennes er blodskutt.
II. white *adj* **1.** hvit *(fx she is white and he is black);* **he went ~ as a sheet** han ble likblek (i ansiktet); **2***(=with milk in it):* **~ coffee** kaffe med melk i.
white ant *zo(=termite)* termitt.
whitebait ['wait,beit] *subst; zo:* småsild.
white-billed diver*(,***US:** *yellow-billed loon) zo:* gulnebblom.
white (blood) cell*(=white blood corpuscle)* hvitt blodlegeme.
white book US: *se white paper.*
white bream *zo; fisk:* flire.
whitecap ['wait,kæp] *subst; på bølge(=crest of foam)* skumskavl; skumtopp.
white coal*(=water power)* hvite kull; vannkraft.
white-collar ['wait,kɔlə] *adj:* hvitsnipp-; kontor-.
white-collar worker hvitsnipparbeider.
white elephant *også fig:* hvit elefant; kostbar, men unyttig ting.
white ensign*(=flag of the Royal Navy)* britisk orlogsflagg.
white-faced ['wait,feist] *adj:* hvit i ansiktet.
white feather: show the ~ vise tegn på feighet.
whitefish ['wait,fiʃ] *subst; zo; fisk* **1.** sik; **2.** *i britisk fiskeindustri:* fisk som er hvit i kjøttet (fx torsk).
white frost*(=hoarfrost)* rimfrost.

white gold hvitt gull.
white goods hvitevarer.
Whitehall [,wait'hɔ:l] *subst* **1.** gate i London (hvor regjeringskontorene ligger); **2.** *fig(=the British Government)* den britiske regjering.
white heat hvitglød.
white horse bølge med skumskavl.
white-hot [,wait'hɔt; *attributivt:* 'wait,hɔt] *adj:* hvitglødende *(fx a white-hot poker).*
White House US: the ~ Det hvite hus (ɔ: presidentboligen).
white lead blyhvitt.
white lie hvit løgn.
white-lining ['wait,lainiŋ] *subst:* veimerking; hvitmaling; maling av hvite striper.
white meat hvitt kjøtt; lyst kjøtt.
whiten ['waitən] *vb(=make white)* gjøre hvit.
whiteness ['waitnis] *subst:* hvithet.
white of egg*(=egg white)* eggehvite; **a beaten ~** en stivpisket eggehvite.
white paper, White Paper *(government report on a problem)* hvitebok; *svarer til:* stortingsmelding.
white poplar *bot(=abele)* sølvpoppel.
White Russia *subst; geogr:* Hviterussland.
whites [waits] *subst; pl(=white goods)* hvitevarer.
white sauce hvit saus.
White Sea *subst; geogr:* **the ~** Kvitsjøen.
white shark *zo(=white pointer)* hvithai.
white slave offer for hvit slavehandel.
white slavery hvit slavehandel.
white spirit white spirit.
white supremacy (doktrinen om) den hvite rases overlegenhet.
white supremacist person som tror på doktrinen om den hvite rases overlegenhet.
white-tailed eagle *zo(=sea eagle;* **US:** *gray sea eagle)* havørn.
whitethroat ['wait,θrout] *subst; zo:* tornsanger; **lesser ~** møller.
white tie 1. hvit sløyfe (som del av antrekket kjole og hvitt); **2***(=evening dress)* kjole og hvitt; *på innbydelse:* antrekk: kjole og hvitt.
white-tie dinner middag hvor antrekket er kjole og hvitt.
white trash US*(=poor whites)* fattige hvite (i Sydstatene).
I. whitewash ['wait,wɔʃ] *subst* **1.** hvittekalk; kalkmaling; **2.** *fig:* hvitmaling; forsøk på å dekke over.
II. whitewash *vb* **1.** hvitte; kalke *(fx a wall);* **2.** *fig(=gloss over; cover up)* dekke over; hvitmale; **3.** *fig:* **~ money***(,***US** *også: launder money)* hvitvaske penger; **~ money not declared for tax purposes** hvitvaske svarte penger.
whitewood ['wait,wud] *subst; om materialet:* hvitved; *om norsk trevirke:* gran; *(jvf I. deal).*
whither ['wiðə] *adv & konj; glds el. litt.:* hvorfra *(fx go whither you came);* hvorhen.
whiting ['waitiŋ] *subst* **1.** hvitting; hvittekalk; slemmekritt; **2.** *zo; fisk:* hvitting.
whiting pout *zo; fisk(=bib)* skjeggtorsk.
whitish ['waitiʃ] *adj:* hvitaktig; nesten hvit.
whitlow ['witlou] *subst:* betent neglerot.
Whit Monday 2. pinsedag.
Whitsun ['witsən] *subst:* pinse; **at ~** i pinsen.
Whitsunday, Whit Sunday [,wit'sʌndi] *subst:* 1. pinsedag.
Whitsuntide ['witsən,taid] *subst:* pinse(tid).
Whit week pinseuken.
whittle ['witəl] *vb* **1.** spikke; skjære til *(fx a toy);* **~ at** spikke på; **2.** *fig:* **~ away** redusere gradvis; bli gradvis redusert *(fx the Labour majority whittled away);* **these bills are whittling away at our savings** disse regningene tærer på sparepengene våre; **~ down** skjære ned på; redusere *(fx we have whittled down the list of applicants to just a few who we want to interview);* **~ down expenses** skjære ned på utgiftene.
whiz(z) [wiz] *vb* **1.** frese *(fx the fireworks whizzed, banged and crackled); om fx pil:* svirre; **the bullets -ed past him** kulene pep ham om ørene; **2.** fare; suse; **the car was whizzing along** bilen suste av sted; **we -ed him (along) to the hospital** vi fikk ham i all hast av sted til sykehuset.
whiz(z) kid T: fremgangsrik (*el.* fremadstormende) ung forretningsmann.
who [hu:] **1.** *spørrende pron:* hvem *(fx who was it?);* **2.** *relativt pron:* som *(fx the people who lived here have left; the people (who) you were talking to are Swedes; Syria, who(=which) was partly to blame . . .); (se også whom).*
whoa [wou] *int; til hest:* ptro.
whodunit [,hu:'dʌnit] *subst* **T***(=detective story)* kriminalroman.
whoever [hu:'evə] *pron* **1***(=anyone who; the person who)* den som; hvem som enn *(fx whoever gets the job will have a lot of work to do);* **2***(=no matter who):* **~ rings, tell them I'm out** uansett hvem som ringer, så skal du si jeg er ute; **3***(=who in the world)* hvem i all verden *(fx whoever said that?).*
I. whole [houl] *subst:* hele; helhet; **a connected ~** et sammenhengende hele; **an ordered ~** et ordnet hele; **as a ~** som en helhet *(fx the firm as a whole);* **the ~ of society** hele samfunnet; **the ~ of one week was spent in sunbathing on the beach** en hel uke ble tilbrakt med solbading på stranden; **in ~ or in part** helt eller delvis; **on the ~** som helhet betraktet; i det store og hele; stort sett; i det hele tatt.
II. whole *adj:* hel *(fx the snake swallowed the rabbit whole; there wasn't a cup left whole);* hele *(fx give it one's whole attention; he made the whole class stay in; it took three whole weeks);* **the ~ idea is to help, not hinder** hensikten er jo nettopp å hjelpe, ikke å være til hinder; **T: he feels a ~ lot better now** han føler seg mye bedre nå.
wholefood ['houl,fu:d] *subst:* fullverdig (fiberrik) mat; *(jvf junk food).*
whole gale*(=storm) om vindstyrke 10:* full storm.
wholehearted [,houl'ha:tid; *attributivt:* 'houl,ha:tid] *adj:* helhjertet *(fx support).*
wholeheartedly [,houl'ha:tidli] *adv:* helhjertet.
whole hog T: go the ~ ta skrittet fullt ut; løpe linen ut; ta i så det forslår.
wholemeal ['houl,mi:l] *adj:* **~ flour***(=wholewheat flour)* sammalt hvetemel; **~ bread***(=wholewheat bread)* brød av sammalt hvetemel.
whole note *mus* **US***(=semibreve)* helnote.
whole number helt tall.
whole rest *mus* **US***(=semibreve rest)* helnotepause.
I. wholesale ['houl,seil] *subst; merk:* engrossalg; **sell by ~***(=sell wholesale)* selge en gros; *(jvf I. retail).*
II. wholesale *adj, adv* **1.** *merk:* en gros; **buy goods ~** kjøpe varer en gros; **2.** *fig(=on a large scale)* i stor målestokk; i stor stil; **~ slaughter** nedslakting *(fx of innocent people).*
wholesale business engrosforretning.
wholesale dealer*(=wholesaler)* grossist.
wholesale murder*(=mass murder)* massemord.
wholesome ['houlsəm] *adj; også fig(=healthy)* sunn; helsebringende *(fx food);* **a ~ respect for the law** en sunn respekt for loven.
wholly ['houlli] *adv; stivt* **1***(=completely)* helt *(fx*

incompetent; I'm not wholly convinced that you're right); 2*(=solely)* utelukkende; bare *(fx a book dealing wholly with herbs).*

whom [hu:m] *pron; avhengighetsform* **1.** *spørrende; stivt(=who)* hvem *(fx whom do you want to see? whom did you give it to?);* **2.** *spørrende; etter prep:* **to ~ did you give it?***(=who did you give it to?)* hvem ga du det til? **3.** *relativt; stivt(=who)* som; **this is the man ~ I gave it to***(=this is the man (that) I gave it to)* dette er den mannen jeg ga det til; **4.** *relativt; etter prep:* **this is the man to ~ I referred***(=this is the man I referred to)* dette er den mannen jeg nevnte.

I. whoop [wu:p; **US** *også:* hu:p] *subst* **1***(=loud cry (of joy, etc))* hyl; høyt skrik; **2.** *med.; hos kikhostepasient:* kiking; gisp.

II. whoop *vb:* skrike (av glede, etc); huie; hyle.

whoopee [wu:'pi:] *int:* hei san! hurra!

whooper ['wu:pə] *subst; zo(=whooper swan)* sangsvane.

whooping cough ['hu:piŋ,kɔf] *subst; med.:* kikhoste.

whoops [wups; wu:ps] *int(=oops)* heisan! au da!

whoosh [wu:ʃ] **1.** *subst:* sus (gjennom luften); susing; blaff *(fx the fire suddenly gave a whoosh);* **2.** *vb:* suse *(fx cars whooshing along the motorway).*

whop [wɔp] *vb* **T***(=beat; thrash)* banke; jule opp; denge.

whopper ['wɔpə] *subst; lett glds* **T 1***(=bumper)* deising; sværing; **a ~ of a fish** en diger fisk; en (ordentlig) deising av en fisk; **2***(=thundering lie)* kjempeløgn; dundrende løgn.

whopping ['wɔpiŋ] **T 1.** *adj(=very big)* diger; kjempe- *(fx they won by a whopping majority);* **a ~ lie***(=a thundering lie)* en dundrende løgn; **2***(=very):* **~ great** kjempe-; kjempestor; kjempediger *(fx a whopping great oil tanker).*

whore [hɔ:] **1.** *subst; neds:* hore; **2.** *vb:* hore; bedrive hor; *fig; litt.:* **~ after***(=seek)* jage etter *(fx wealth).*

whoredom ['hɔ:dəm] *subst:* hor.

whorl [wə:l] *subst* **1.** spiralring; *i sneglehus:* vinding; **2.** *litt.(=curl; twist)* spiral; **-s of smoke** røykspiraler.

whortleberry ['wə:təl,beri] *subst* **1***(=bilberry)* blåbær; **2.: red ~***(=cowberry)* tyttebær; **3. (bog) ~** skinntryte.

whose [hu:z] *pron* **1.** *genitiv av 'who':* hvis *(fx a man whose reputation has suffered);* **T:** hvem sin (,sitt, sine) *(fx whose car is this? whose is this car?);* **~ car did you come back in?** hvilken (,**T:** hvem sin) bil kom du tilbake i? **2.** *genitiv av 'which':* hvis *(fx a house whose windows are broken);* **which is the book ~ pages are torn?** hvilken bok er det som har istykkerrevne sider? **the factory in ~ construction they were involved** fabrikken som de var med på å bygge.

why [wai] **1.** *subst(=reason; cause):* **he wants to know the -s and wherefores** han vil vite grunnene; **2.** *adv:* hvorfor *(fx I don't know why he did it);* **the reason (~)** grunnen til at; **that's (the reason) ~** det er grunnen til at; det er derfor . . .; **so that's ~** det var (,er) altså grunnen; **~ is it that . . .** hva kommer det av at . . .; hva er grunnen til at . . .; **3.** *int:* jamen *(fx why, it's John!);* nå da *(fx why, don't be silly!);* javisst! *(fx Have you got a car? – Why, of course!).*

wick [wik] *subst* **1.** veke; **2. S: get on sby's ~***(=annoy sby intensely)* irritere en grenseløst.

wicked ['wikid] *adj* **1***(=evil)* ond *(fx man);* **2. T***(=very bad)* stygg *(fx that was a wicked thing to do);* **a ~ waste** et stygt sløseri; **3***(=mischievous)* skøyeraktig *(fx grin).*

wicker ['wikə] *subst:* vidjekvist (som brukes til kurvarbeid).

wicker basket flettet kurv; vidjekurv.

wicker bottle kurvflaske; *(jvf demijohn).*

wicker chair kurvstol.

wickerwork ['wikə,wə:k] *subst:* kurvfletning; kurvarbeid.

wicket ['wikit] *subst* **1.** grind; port; **2.** *i cricket:* gjerde; *også:* bane *(fx the wicket has dried out well); fig:* **bat on a sticky ~***(=be in an awkward situation)* være i vanskeligheter; være i en kjedelig situasjon; **3.** *ved idrettsplass, etc:* billettluke; **4. US***(=window)* (billett)luke; ekspedisjonsluke (i bank el. postkontor); **5. US***(=sluice gate)* sluseport.

wicketkeeper ['wikit,ki:pə] *subst; i cricket:* gjerdevokter.

I. wide [waid] *subst; i cricket:* ball som går forbi.

II. wide *adj* **1.** bred *(fx 3 metres wide);* **2.** vid *(fx this jacket's too wide for me);* **3.** *fig:* stor; bred; **a ~ choice of** et godt utvalg i *(fx hats);* **in a ~ choice** i godt utvalg; **have a ~ experience of (-ing)** ha bred erfaring i å . . .; **win by a ~ margin** vinne med god margin; **give sby (,sth) a ~ berth***(=avoid sby (,sth))* unngå en (,noe); gå langt utenom en (,noe); holde seg langt unna en (,noe); **4. S***(=unscrupulous)* samvittighetsløs; slu; smart *(fx wide boys).*

III. wide *adv* **1.** vidt *(fx she opened her eyes wide);* **~ open** vidt åpen; vidåpen; **far and ~** vidt og bredt; **2.: ~ apart** langt fra hverandre; **3.: ~ awake** 1*(=fully awake)* lysvåken; 2. *fig(=alert)* årvåken; lysvåken; på vakt; **4.: ~ of** utenfor; ved siden av; langt fra *(fx her remark was wide of the truth); fig:* **~ of the mark***(=beside the point)* på siden av saken; ved siden av.

wide-angle ['waid,æŋgəl] *adj; fot:* vidvinkel-; **~ lens** vidvinkellinse.

I. wide-awake ['waidə,weik] *subst; zo(=sooty tern)* sotterne; svartryggterne.

II. wide awake *(,attributivt:* wide-awake): *se III. wide 3.*

wide-eyed ['waid,aid] *adj; fig:* storøyd.

widely ['waidli] *adv:* vidt; **~ different** vidt forskjellige; **~ known** kjent i vide kretser; velkjent; **~ read** 1. *om bok el. forfatter:* meget lest; 2. *om person(=well read)* belest; som har lest mye; **~ travelled** bereist; **it's ~ used** det blir meget brukt.

widen ['waidən] *vb* **1***(=make wider)* gjøre bredere; **2***(=become wider)* bli bredere; vide seg ut *(fx the road widens here);* utvide seg; **her eyes -ed in surprise** hun sperret øynene opp i overraskelse.

wide-ranging ['waid,reindʒiŋ] *adj:* vidtspennende; vidtfavnende *(fx his wide-ranging interests).*

widespread ['waid,spred] *adj:* (alminnelig) utbredt.

widgeon *se wigeon.*

I. widow ['widou] *subst:* enke; **become a ~, be left a ~** bli enke; **grass ~** gressenke.

II. widow *vb:* **be -ed** bli enke (,enkemann).

widowed *adj:* som har blitt enke (,enkemann).

widower ['widouə] *subst:* enkemann; **grass ~** gressenkemann.

widowhood ['widou,hud] *subst:* enkestand.

widow's benefit enketrygd.

width [widθ] *subst:* vidde; bredde; **three -s of cloth four metres long** tre bredder stoff à fire meters lengde.

wield [wi:ld] *vb* **1.** *stivt el. litt.(=use)* bruke; håndtere *(fx an axe);* **2.** *fig(=exert)* øve *(fx influence); (=exercise)* utøve; ha *(fx he wields a great deal of authority).*

Wiener schnitzel(=*veal escalope*) wienerschnitzel.
wife [waif] *subst (pl: wives)* kone; *meget stivt:* hustru.
wifely ['waifli] *adj; stivt el. spøkef:* kone-; *stivt el. spøkef:* hustru-; **her ~ duties** hennes hustruplikter.
wife-swapping ['waif,swɔpiŋ] *subst:* konebytte.
wig [wig] *subst:* parykk.
wigeon, widgeon ['widʒən] *subst; zo(,***US:** *European wigeon)* brunnakke.
wiggle ['wigəl] *vb:* sno seg; vri seg *(fx she wiggled through the tight gap between the chairs);* **~ one's bottom** vrikke på rumpa; **she -s her hips as she walks** hun vrikker med hoftene når hun går.
wiggly ['wigli] *adj* **T**(=*wavy*)*:* **a ~ line** en bølget linje; en bølgelinje.
Wight [wait] *subst; geogr:* **the Isle of ~** (øya) Wight.
I. wild [waild] *subst(=wilds)* villmark; ødemark; **the call of the ~** villmarkens kalling; **the lovers of the ~** villmarkens venner; de som er glad i villmarken; **in the ~** i vill tilstand *(fx the giraffe grew up in the wild but it's quite tame now);* **live (out) in the -s** bo ute i ødemarken.
II. wild *adj* **1.** vill *(fx animal; rose);* **2.** *fig:* vill; **he had ~ eyes** han var vill i blikket; **3.** *om været:* barskt; **4.** *om person:* vilter; **5**(=*haphazard*)*:* **a ~ guess** en tilfeldig gjetning; **6**(=*rash; reckless*) forhastet; uvøren *(fx plan);* **7. T**(=*furious*)*:* **~ with** rasende på.
wild basil *bot:* kransmynte.
wild boar *zo:* villsvin.
wildcat ['waild,kæt] *subst; zo:* villkatt.
wildcat strike(=*unofficial strike*) ulovlig streik.
wild celery *bot:* hageselleri.
wild cherry *bot(=sweet cherry)* søtkirsebær.
wild chervil *bot(=cow parsley)* hundekjeks.
wild duck *zo:* villand.
wildebeest ['wildi,bi:st] *subst; zo(=gnu)* gnu.
wilderness ['wildənis] *subst* **1.** villmark; ødemark; **2.** villnis *(fx the garden is a wilderness);* **3.** *fig; litt.:* **her life became a barren ~**(=*her life became a journey through the wilderness*) livet hennes ble en ørkenvandring.
wild-eyed [,waild'aid; *attributivt:* 'waild,aid] *adj:* (som er) vill i blikket (*el.* øynene).
wildfire ['waild,faiə] *subst* **1.** *hist(=Greek fire)* gresk ild; **2.** *fig:* fortærende ild; **3.** *fig:* **like ~** som ild i tørt gress *(fx spread like wildfire);* **they were getting through the mowing like ~** det gikk radig med slåtten.
wildfowl ['waild,faul] *subst:* ville fugler; fuglevilt.
wild goose *zo(=greylag)* grågås; villgås.
wildlife ['waild,laif] *subst:* dyreliv *(fx preserve the wildlife of the area).*
Wildlife Fund: the World ~ Verdens villmarksfond.
wild oat *subst* **1.** *bot:* floghavre; **2.** *fig:* **sow one's -s** løpe hornene av seg; få rast ut.
wild pansy *bot(=heartsease; love-in-idleness;* **US:** *Johnny-jump-up)* stemorsblomst.
wiles [wailz] *subst; pl; neds:* knep; list; **woman's ~**(=*female cunning*) kvinnelist.
wilful ['wilful] *adj* **1.** *stivt(=obstinate)* egensindig; egenrådig; **2**(=*intentional*) overlagt *(fx murder);* forsettlig *(fx damage to property).*
I. will [wil] *subst* **1.** vilje; **against my ~**(=*wish*) mot min vilje; **free ~** den frie vilje; viljens frihet; **of one's own free ~**(=*of one's own accord*) av egen fri vilje; **he has no ~ of his own** han har ingen egen vilje; **2.: (last) ~** testament; *jur:* **his last ~ and testament** hans siste vilje; hans testament; **make a ~** sette opp et testament; **3.: at ~** etter forgodtbefinnende; etter ønske; som det passer en; **you are free to leave the house at ~** du kan forlate huset når du måtte ønske; **4.** *stivt:* **with a ~**(=*with a vengeance*) med fynd og klem; *(se deed 3: take the will for the ~).*
II. will *vb(pret & perf. part.: willed)* **1.** *glds:* ville *(fx God has willed it; the emperor wills it, so it must be done);* **2.** *jur(=leave (by will))* testamentere; **3.** ønske inderlig (ved å bruke all sin viljekraft) *(fx we're all willing you to win);* **I -ed him to live** jeg tvang ham til å leve (ved å sette inn all min viljekraft).
III. will *vb(pret: would)* **1.** *danner 1. futurum:* **they ~ be very angry**(=*they'll be very angry*) de vil bli meget sinte; de kommer til å bli meget sinte; **~**(=*shall*) **we see you again next week?** får vi se deg (,dere) igjen neste uke? **2.** *uttrykker vilje:* **I ~**(=*I'll*) **do that for you if you like** jeg skal gjøre det for deg, hvis du vil; **I can find no one who ~**(=*who'll*) **take the job** jeg kan ikke finne noen som vil ta jobben; **I ~ not**(=*won't*) **do it** jeg vil ikke gjøre det; **3.** *brukes ved ordrer og anmodning:* **shut the window, ~ you, please?** vil du være så snill å lukke igjen vinduet? **~ you please stop talking!** kan du være så snill å holde munn! **4.** *brukes for å uttrykke vanemessighet:* **sometimes they ~ play a trick on him** av og til spiller de ham et puss; **accidents ~ happen** ulykker skjer; **he would go to town twice a week** han pleide å dra (inn) til byen to ganger i uken; **5.** *brukes for å uttrykke mulighet:* **this bucket ~ hold 10 litres of water** denne bøtten rommer ti liter vann; **6.** *brukes for å uttrykke sannsynlighet:* **that ~**(=*that'll*) **be the milkman** det er nok (*el.* sikkert) melkemannen; **7.** *brukes for å uttrykke ønske el. håp:* **you ~**(=*you'll*) **be polite to Mother, won't you?** du er vel høflig mot mor, ikke sant?
willies ['wiliz] *subst; pl* **T: give sby the ~**(=*scare sby*) gjøre en nervøs; skremme en *(fx this dark, mysterious house gives me the willies).*
willing ['wiliŋ] *adj:* villig *(fx a willing helper; she's willing to help in any way she can);* **I said I would be ~ for Jennifer to go next year** jeg sa jeg var villig til å la Jennifer reise neste år.
willingly *adv:* gjerne; **if you wish, I'll ~ deal with this subject in Norwegian** hvis det er et ønske hos dere, skal jeg gjerne behandle dette emnet på norsk.
will-o'-the-wisp [,wiləðə'wisp] *subst* **1**(=*ignis fatuus*) lyktemann; irrlys; **2.** *fig; om forlokkende, men flyktig mål:* irrlys.
willow ['wilou] *subst; bot:* piletre; vier; **weeping ~** hengepil.
willow grouse(,**US:** *willow ptarmigan)* lirype; *(jvf red grouse).*
willowherb ['wilou,hə:b] *subst; bot:* **(rosebay) ~** geitrams; **hairy ~** stormelke.
willow tit(,**US:** *black-capped chickadee) zo:* granmeis.
willow warbler *zo:* løvsanger.
willowy ['wiloui] *adj:* slank og smidig *(fx a willowy darkhaired beauty).*
willpower ['wil,pauə] *subst:* viljestyrke; **crush**(=*destroy*) **sby's ~** knuse ens vilje.
willy-nilly ['wili'nili] *adv:* **you must go, ~** du må dra, enten du vil eller ei.
wilt [wilt] *vb* **1.** *om plante:* henge med bladene; sykne hen; **2.** *fig:* bli slapp (*el.* svak).
wily ['waili] *adj; stivt(=cunning; sly)* slu; listig.
wimp [wimp] *subst; neds om mann* **T:** kvinnfolk; ikke noe ordentlig mannfolk *(fx he's a wimp).*
I. win [win] *subst; sport, etc:* seier *(fx our team has had two wins this summer);* **have a big ~ on the pools** vinne store penger i tipping; **she's had**

two -s out of four races hun har hatt to vinnere på fire løp; **a clear ~** en klar seier; *sport:* **an easy ~** en lettkjøpt seier.

II. win *vb(pret & perf. part.: won)* **1.** vinne; seire; **2. S**(*=organize; lift*) stjele; **S:** orge; **3.: ~ against** vinne over; **~ £10 at cards** vinne £10 i kortspill; *fig:* **~ the day** få overtaket; gå av med seieren *(fx common sense will win the day);* **~ hands down** vinne en lett seier; **~ sby over** vinne en for seg; få en over på sin side; **you'll have to ~ over the whole committee** du må få hele utvalget (,komitéen) over på din side; **~ through** 1. kjempe seg gjennom *(fx they won through to the coast despite heavy losses);* 2. *fig:* kjempe seg gjennom; *ordspråk:* **nothing venture, nothing ~** den som intet våger, intet vinner.

winch [wintʃ] **1**(*=windlass*) vinsj; vinde; (gang)-spill (med vannrett aksel); **2.** *vb:* **~ up** heise (*el.* vinsje) opp.

winch launching *flyv:* vinsjstart.

I. wind [wind] *subst* **1.** vind *(fx the wind's strong today; there wasn't much wind yesterday);* **2**(*=flatus*) tarmgass; vind (i magen); **3. T**(*= breath*) pust *(fx climbing the stairs took all the wind out of him; it took him five minutes to get his wind back; run out of wind);* **4.** *mus:* **the ~**(*=the wind players*) blåserne; **5.** *i boksing(= solar plexus; pit of the stomach)* solar plexus; **6**(*=compass direction*)*:* **the four -s** de fire kompassretninger; **7**(*=idle talk*) munnsvær; tomt snakk *(fx he's all wind – he never does anything);* **8**(*=scent*) fert; teft; **get ~ of sth**(*=scent sth*) få ferten (*el.* teften) av noe; **9.** *mar:* del av skipsside mellom høyeste og laveste vannlinje; vanngang; **between ~ and water** 1. i vanngangen; mellom vind og vann; 2. *fig:* på et ømt punkt; på et sårbart sted;

10. *forskjellige forb:* **with the ~ abeam** med vinden på tvers; **luff from a ~-abeam course** loffe opp fra slør; **against the ~** mot vinden; **run before the ~** lense; **break ~** prompe; *fig:* **see which way the ~ blows** se hvilken vei vinden blåser; **cast**(*= throw; fling*) **caution to the -s** kaste all forsiktighet over bord; **get one's second ~**(*=get one's breath back*) få igjen pusten; **T: get the ~ up**(*= get frightened*) bli redd; **T: have the ~ up**(*=be frightened*) være redd; **T: put the ~ up sby**(*= frighten sby*) skremme en; sette en støkk i en; **in the ~** i gjære *(fx there's sth in the wind);* **like the ~**(*=very quickly*) som en vind; meget raskt; **sail close to the ~** 1. *mar:* seile tett opp til vinden; 2. *fig:* ligge på grensen til det som er tillatt; **take the ~ out of sby's sails** ta luven fra en.

II. wind [wind] *vb:* ta pusten fra *(fx he was winded by the long climb).*

III. wind [waind] *vb(pret & perf. part.: wound)* **1.** sno seg *(fx the path winds down the hill);* slynge seg; bukte seg; **2.** vikle *(fx he wound the rope round his waist);* nøste (opp) *(fx will you wind this wool for me?);* **~ it into a ball** lage et nøste av det; **3.** *klokke, etc(=wind up)* trekke opp; **4.: ~ down** 1. *om urverk:* gå ned *(fx the clock has wound down);* 2. *om virksomhet(=reduce gradually)* trappe ned *(fx they are winding their operations down for the winter);* 3. *om person(=relax)* falle til ro (etter arbeidspress, etc) *(fx it took several days of her holidays to wind down after the pressures of her work);* **5.: ~ up** 1. trekke opp *(fx a clock);* sveive opp *(fx a car window);* 2. nøste opp *(fx wool);* 3. **T**(*=end*) slutte *(fx the meeting finally wound up at about ten o'clock);* 4. **T**(*=end up*) ende *(fx he'll wind up in jail);* **we wound up by going to a pub for a drink** vi avsluttet med å gå på pub for å få en drink; 5. *merk:* avvikle; likvidere *(fx a business);* 6. **T: be (,get) wound up** være (,bli) oppspilt (*about sth* pga. noe).

windbag ['wind,bæg] *subst; neds:* pratmaker.

wind band *mus:* blåseorkester.

windblown ['wind,bloun] *adj:* forblåst *(fx tree).*

windbreak ['wind,breik] *subst:* vindskjerm; lebelte.

windburn ['wind,bə:n] *subst:* hudirritasjon fremkalt av vinden.

wind crust skare innimellom skavlene; *(jvf wind slab).*

windfall ['wind,fɔ:l] *subst* **1.** nedfallsfrukt; **2.** *fig:* uventet hell.

windflower ['wind,flauə] *subst; bot:* anemone.

I. winding ['waindiŋ] *subst:* vinding; vikling; buktning; **drum ~** trommelvikling.

II. winding *adj:* buktet; slynget; *om vei:* svingete.

winding staircase(*=spiral staircase*) vindeltrapp.

winding-up [,waindiŋ'ʌp] *subst; merk(=liquidation)* avvikling; likvidasjon; **controlled ~** styrt konkurs; *(se liquidation).*

windlass ['windləs] *subst:* heisespill; ankerspill; vinsj.

windmill ['win(d),mil] *subst:* vindmølle; **tilt at -s** slåss med vindmøller.

window ['windou] *subst:* vindu.

window bar(*=glazing bar*) vindussprosse.

window display vindusutstilling.

window cleaner vinduspusser.

window dresser(*=display artist*) vindusdekoratør.

window dressing 1. vindusdekorasjon; **2.** *fig:* skuebrød.

windowpane ['windou,pein] *subst:* vindusrute.

window sill vinduspost.

windpipe ['win(d),paip] *subst; anat(=trachea)* luftrør.

windproof ['wind,pru:f] *adj:* vindtett.

windscreen ['wind,skri:n] *subst(,***US:** *windshield)* frontglass; **a shattered ~** et knust frontglass.

windscreen sticker etikett til frontglasset.

windscreen washer vindusspyler(anlegg).

windscreen wiper vindusvisker.

windshield ['wind,ʃi:ld] *subst* **US:** *se windscreen.*

wind slab skavlesnø; *(jvf wind crust).*

windsock ['wind,sɔk] *subst:* vindpølse.

windswept ['wind,swept] *adj:* forblåst *(fx landscape).*

windward ['windwəd] **1.** *subst:* **to ~ (of)** til lo (for); **2.** *adj:* lo; **the ~ side**(*=the weather side; the windy side*) lo side; **~ capsize** kullseiling mot lo.

I. windy ['windi] *subst* **T: do a ~** prompe; slippe en fjert.

II. windy *adj* **1.** forblåst *(fx a windy beach);* **2.: it's ~ today** det blåser i dag; **a ~ day** en dag da det blåser; en dag da det er sterk vind; **3.** *mar:* **the ~ side** *se windward 2;* **4.:** som gir en luft i magen.

I. wine [wain] *subst* **1.** vin; **2.** *fig:* **new ~ in old bottles** ny vin på gamle skinnsekker; **3.** *ordspråk:* **good ~ needs no bush** en god vare anbefaler seg selv.

II. wine *vb:* **~ and dine sby**(*=take sby out for an expensive dinner and drinks*) spandere fin middag med tilbehør på en; **T:** smøre en.

wine bar vinstue.

winebibber ['wain,bibə] *subst; stivt el. spøkef(= compulsive wine drinker)* vindranker.

wine cask vinfat.

wine cellar vinkjeller.

wineglass ['wain,gla:s] *subst:* vinglass.

wine grower vindyrker.
wine list vinkart.
wine merchant vinhandler.
I. wing [wiŋ] *subst* **1.** *zo:* vinge; **2.** *flyv:* vinge; **3.** *av hus:* fløy; **4.** *på bil:* skjerm; **5.** *polit:* fløy; fraksjon; **6.** *mil; flyv; 2 el. 3 skvadroner:* ving; **7.** *teat:* **the -s** kulissene *(fx she was waiting in the wings);* **8.** *fig:* **clip sby's -s** stekke ens vinger; **9.** *fig:* **take sby under one's -s** ta en under sine beskyttende vinger.
II. wing *vb* **1.** *jaktuttrykk(=wound in the wing)* vingeskyte; såre i vingen; **2.** såre (i armen) *(fx he was winged by a sniper).*
wing chair ørelappstol.
wing commander *(fk Wing Cdr)* *(,***US:** *lieutenant -colonel (fk LCT)) flyv:* oberstløytnant.
winged *adj* **1.** med vinger; som har vinger; **2.** vingeskutt; såret.
winger ['wiŋə] *subst; sport:* vingspiller.
wing flap *flyv(=balancing flap)* balanseklaff.
wing mirror *på bil:* skjermspeil.
wing nut*(=thumb nut)* vingemutter.
wingspan ['wiŋ,spæn] *subst* **1.** vingefang; **2.** *flyv:* vingespenn.
I. wink [wiŋk] *subst* **1.** blinking; blunking; blunk *(fx "Don't tell anyone I'm here," he said with a wink);* **2. T: forty -s***(=a nap)* en blund; en lur *(fx have forty winks after lunch);* **I didn't get a ~ (of sleep) all night** jeg fikk ikke blund på øynene i hele natt; **3. T: tip sby the ~***(=give sby a tip(-off))* gi en et tips; **T:** tipse en (*that* om at).
II. wink *vb* **1.** blunke (*at* til) *(fx he winked at her);* **2.** *om lys; litt.(=twinkle)* blinke.
I. winkle ['wiŋkəl] *subst; zo(=periwinkle)* strandsnegl.
II. winkle *vb:* **~ out** 1. (klare å) få ut *(fx he winkled the stone out from inside his shoe);* 2. *fig:* **you must try to ~ some more money out of him** du må prøve å få (halt) noe mer penger ut av ham.
winner ['winə] *subst* **1.** vinner; **2. T: this product's a real ~** dette produktet er en virkelig suksess; **3.** *kortsp(=winner card)* spillestikk; **a sure ~** et sikkert stikk.
winning ['winiŋ] *adj* **1.** som vinner; vinner- *(fx the winning horse);* **2.** vinnende *(fx smile).*
winnings *subst; pl:* (spille)gevinst.
winnow ['winou] *vb(=clean)* renske *(fx corn).*
wino ['wainou] *subst; især* **US T:** forsoffen vindranker.
I. winter ['wintə] *subst:* vinter; **during the ~, in the ~** om vinteren; **we're now in the depths of ~** vi har nå full vinter; **in the ~ of 1940** vinteren 1940; **last ~** i fjor vinter; **next ~** neste vinter; **during the past ~** (nå) sist vinter; **this ~** i vinter.
II. winter *vb(=spend the winter)* overvintre; tilbringe vinteren.
winter coat 1.: (lady's) ~ vinterkåpe; **2.** *dyrs:* vinterdrakt.
wintergarden ['wintə,ga:dən] *subst:* vinterhage.
winter resort vintersportssted.
winter solstice vintersolverv.
winter sports vintersport.
wintry ['wintri] *adj* **1.** vinterlig; vinter- *(fx weather);* **it's ~ today** idag er det vinterlig; **2.** *fig(=cold)* kjølig *(fx greeting; smile).*
I. wipe [waip] *subst:* det å tørke av; **give the table a (quick) ~** tørke (fort) av bordet.
II. wipe *vb* **1.** tørke (av) *(fx would you wipe the table for me?); om oppvask(=dry (up))* tørke (opp) *(fx "You wash, I'll wipe");* **2.: ~ away** tørke bort *(fx she wiped her tears away);* **3.** *vulg:* **~ that smile off your face!** tørk av deg det fliret! **4.: ~ out** 1. tørke (inne i el. nede i) *(fx could you wipe out the washbasin?);* 2. *fig:* viske ut; befri seg for *(fx you must try to wipe out the memory of these terrible events);* 3. utrydde; tilintetgjøre *(fx they wiped out the whole regiment);* **5.: ~ up***(=dry up)* tørke opp *(fx the spilt milk).*
wiper ['waipə] *subst(=windscreen wiper)* vindusvisker.
wiper blade (vindus)viskerblad.
I. wire ['waiə] *subst* **1.** (metall)tråd *(fx copper wire);* ledning *(fx there must be a loose wire in my radio);* **barbed ~** piggtråd; **conducting ~** ledningstråd; **(steel) ~** ståltråd; **2. T***(=telegram)* telegram; **3.** *i sirkus:* **high ~** høy line; **4.: live ~** 1. *elekt:* strømførende ledning; 2. *fig; om barn:* vilter krabat; energibunt; urokråke; **5. T: we must have got our -s crossed** vi må ha misforstått hverandre; **6. US: pull -s***(=pull strings)* trekke i trådene; bruke sin innflytelse bak kulissene.
II. wire *vb* **1.** feste med ståltråd; **2.: ~ a house for electricity***(=install electricity in a house)* legge inn strøm (*el.* elektrisitet) i et hus; **the house has been -d up, but the electricity hasn't been connected yet** det elektriske opplegget i huset er ferdig, men strømmen har ikke blitt koplet til enda; **3. T***(=telegraph)* telegrafere *(fx he wired me; he wired the details to me).*
wire brush stålbørste.
wire cloth*(=wire mesh)* trådduk; *(jvf wire gauze).*
wire cutter*(=(pair of) cutting nippers)* avbitertang.
wired glass trådglass.
wiredraw ['waiə,drɔ:] *vb:* trekke (råemne ut til) tråd(er).
wire fence ståltrådgjerde.
wire gauge trådmål; trådlære.
wire gauze*(=fine wire mesh)* fin trådduk.
wire glass*(=wired glass)* trådglass.
wire-haired ['waiə,hɛəd] *adj:* ruhåret *(fx terrier).*
wireless ['waiəlis] **1.** *subst; glds(=radio)* radio; **2.** *adj:* trådløs.
wire netting netting; ståltrådnetting.
wire wool*(=steel wool)* stålull.
wireworm ['waiə,wə:m] *subst; zo:* smellerlarve.
wiring ['waiəriŋ] *subst:* elektrisk opplegg; **concealed ~** skjult (elektrisk) opplegg.
wiry ['waiəri] *adj* **1.** *om person(=sinewy)* senesterk *(fx he's thin and wiry);* **2.** *om hår(=rough):* **~ hair** stritt hår.
wisdom ['wizdəm] *subst:* visdom; klokskap; **I doubt the ~ of this decision** jeg tviler på om denne avgjørelsen var klok.
wisdom tooth visdomstann.
wise [waiz] *adj* **1.** klok; vis; **a ~ old man** en klok gammel mann; **you would be ~ to do as he suggests** det ville være klokt av deg å gjøre som han sier; **be ~ after the event***(=have hindsight)* være etterpåklok; **2. T: be ~ to***(=be aware of)* være klar over *(fx he was wise to what was happening);* **put sby ~** la en få vite hvordan det forholder seg *(fx he thought I was going to be in charge but I soon put him wise);* **sby must have put him ~ to it** en eller annen må ha orientert ham om det; **3.: no one will be any the -r***(=no one will know anything about it)* ingen vil få vite noe om det; **I'm none the -r***(=I know no more than I did before)* jeg er like klok; jeg vet like lite om det som før.
-wise [waiz] *i sms* **1***(=as regards; from the point of view of)* med hensyn til; -messig *(fx taxwise);* **2.:** *se clockwise; crosswise; likewise; otherwise.*
wiseacre ['waiz,eikə] *subst:* bedreviter; *(jvf smart Alec).*

wisecrack ['waiz,kræk] *subst; neds* **T**(*=joke*) vittighet; morsomhet.

wise guy *iron* **T:** luring (*fx OK wise guy, you try and fix it*); (*jvf smart Alec & wiseacre*).

I. wish [wiʃ] *subst* **1.** ønske (*fx it had always been his wish to travel*); ~ **for** ønske om; **comply with sby's -es** etterkomme ens ønsker; **express the ~ that** uttrykke ønske om at; **they granted him three -es** de lot ham få oppfylt tre ønsker; **2.** *om hilsen:* **with every good ~** med alle gode ønsker; **he sends you his best -es for the future** han sender deg sine beste ønsker for fremtiden.

II. wish *vb* **1.** ønske; **I ~ I were**(*=was*) **in your place** jeg skulle ønske jeg var i ditt sted; **I ~ I knew** jeg skulle ønske jeg visste det; **I -ed that she would go away** jeg ønsket at hun ville gå sin vei; *stivt:* **do you ~**(*=want*) **to see them?** ønsker De å snakke med dem? *stivt:* **we ~**(*=want*) **to book . . .** vi vil gjerne bestille . . .; **if you ~**(*=if you like*) hvis du vil (*fx I'll cancel the arrangement if you wish*); **~ sby well, ~ sby every happiness** ønske en alt godt; *iron:* **I ~ you joy of it!** velbekomme! du kan bare beholde den (,det)!
2.: ~ **for** ønske; ønske seg (*fx I couldn't wish for anything better*); **if you ~ for an interview, write to make an appointment** hvis De vil ha en samtale, så skriv og avtal tid;
3. *om noe uønsket:* ~ **sth on (to) sby**(*=foist sth on to sby*) prakke på en noe; **it was -ed on us** det ble prakket på oss.

wishbone ['wiʃ,boun] *subst; på fugl:* gaffelben.

wishful ['wiʃful] *adj:* ~ **thinking** ønsketenkning.

wish-wash ['wiʃ,wɔʃ] *subst* **T**(*=dishwater*) tynt skvip.

wisp [wisp] *subst* **1.** dott; ~ **of hair** hårdott; **-s of hair that fell over her eyes** noen hårstrå som falt ned over øynene hennes; ~ **of hay** høydott; ~ **of straw** halmvisk; **2.** tynn stripe (*fx a wisp of smoke curled up from the chimney*); **a little ~ of a girl** en tynn liten jentunge; **3.** *litt.:* **a ~ of a smile**(*=a fleeting smile*) et flyktig smil; et tynt smil.

wispy ['wispi] *adj; om hår:* pistrete (*fx her hair is rather wispy*).

wistful ['wistful] *adj* **1**(*=sad*) vemodig; **2.** lengselsfull.

wistfulness ['wistfulnis] *subst*(*=sadness*) vemod.

I. wit [wit] *subst* **1.** vidd; åndrikhet; **brilliant ~** strålende vidd; **pungent ~** skarp vidd; **sparkling with ~** gnistrende av vidd; **I admire his ~** jeg beundrer hans vidd; **2.** *person:* vittig hode; **3.** *stivt*(*=common sense*) sunn fornuft; vett (*fx he didn't have the wit to defend himself*); **4. T: be at one's -s' end** ikke vite hverken ut eller inn; **5.: have**(*=keep*) **one's -s about one** holde hodet kaldt; **6.: live by one's -s** leve av å lure folk; leve på bløff; **7.: scare**(*=frighten*) **sby out of one's -s** skremme vettet av en.

II. wit *adv; glds el. jur:* **to ~**(*=namely*) nemlig.

witch [witʃ] *subst* **1.** heks; **2.** *zo; fisk:* smørflyndre.

witchcraft ['witʃ,kra:ft] *subst:* hekseri.

witch doctor heksedoktor.

witch hunt heksejakt; *fig*(*=heresy hunt*) klappjakt.

witch trial hekseprosess.

with [wið; wiθ] *prep* **1.** med (*fx write with a pen; I danced with her*); sammen med (*fx put this book with the others; he was playing with the other children*);
2. hos (*fx she's staying with her aunt*); **it's a habit ~ me** det er en vane hos meg; **leave your bag ~ me** la vesken din stå hos meg; **it's winter here ~ us** det er vinter her hos oss;
3. for (*fx I bought it with your money*);
4. av (*fx pale with anger; white with terror*);
5. til (*fx bring me some gravy with this steak*);
6(*=in spite of*) til tross for; med (*fx love her with all her faults*);
7(*=except for*) med unntak av; med (*fx they were very similar, with one important difference*);
8. T: be ~ sby 1. forstå en; være med (*fx are you with me so far?*); 2. støtte; være enig med (*fx I'm with you there!*); **I'm ~ you all the way!** jeg støtter deg fullt ut!
9. T: ~ it(*=fashionable; modern*) moderne (*fx he tries to be with it*); **he's very ~ it** han er virkelig med (ɔ: følger med på motene); **a ~-it dress** en moderne kjole;
10. *stivt:* ~ **that**(*=at that point; then*) dermed (*fx 'Goodbye,' he said, and with that, he left*).

withdraw [wið'drɔ:] *vb*(*pret: withdrew; perf. part.: withdrawn*) **1.** trekke tilbake (*fx the troops*); trekke seg tilbake; **2.** *fig:* trekke tilbake (*fx he withdrew his support for the plan*); ta (*el.* trekke) tilbake (*fx a remark*); **3.** ta ut (*fx money from one's account*); **4.: ~ from** 1. trekke seg ut av; tre ut av; 2. *sport:* trekke seg fra (*fx a competition*).

withdrawal [wið'drɔ:əl] *subst* **1.** tilbaketrekning (*fx of troops*); **2.** det å trekke tilbake; **the ~ of his support** det at han trakk støtten sin tilbake; **3.** *jur:* ~ **of the charge** tiltalefrafall; **4.** *fra bankkonto:* uttak; **she has made several -s from her account** hun har tatt ut penger flere ganger fra sin konto.

withdrawal symptom abstinenssympton.

withdrawn [wið'drɔ:n] *adj:* reservert; tilbakeholden (*fx he was very withdrawn*).

withe [wiθ; wið; waið] *subst*(*=withy*) vidjebånd.

wither ['wiðə] *vb:* visne.

withered *adj:* vissen.

withering *adj; fig:* tilintetgjørende (*fx look*); knusende (*fx attack; criticism*).

withers ['wiðəz] *subst; pl:* ryggkam (på hest, etc).

withhold [wið'hould] *vb*(*pret & perf. part.: withheld*)(*=keep back; refuse to give*) holde tilbake (*fx he's withholding his approval until after next week's meeting*).

within [wi'ðin] *prep & adv; stivt*(*=inside*) inne; inne i; inni; innenfor (*fx "Car for sale. Apply within"*); innen (*fx within ten days*); **from ~** innenfra; **his actions were ~ the law** det han gjorde, lå innenfor lovens grenser; **~ the bounds of possibility** innenfor mulighetenes grense; **~ (reasonable) limits** innen(for) rimelige grenser; **~ this area** innenfor dette området; ~(*=in*) **the shipbuilding industry** innen(for) skipsbyggingsindustrien; **~ a few miles of the town** bare noen få miles fra byen.

with-it *se with 8.*

without [wi'ðaut] *prep & adv:* uten (*fx difficulty*); **go ~** være uten (*fx go without sleep; I don't want you to go without*); **he drove away ~ saying goodbye** han kjørte av sted uten å si adjø.

withstand [wið'stænd] *vb*(*pret & perf. part.: withstood*) *meget stivt*(*=resist*) motstå; stå imot.

withy ['wiði] *subst: se withe.*

I. witness ['witnis] *subst:* vitne; **a ~ for the defence** et forsvarsvitne; **a hostile ~** motpartens vitne; et vitne for motparten; **be a ~ of** være vitne til; **call a ~** føre et vitne; **have a ~ to** ha vitne på; **in the presence of -es**(*=before witnesses*) i vitners nærvær.

II. witness *vb; stivt*(*=be a witness of*) være vitne til.

witness box(*,* **US:** *witness stand*) vitneboks; **enter the ~**(*,* **US:** *take the stand*) ta plass i vitneboksen.

witticism ['witi,sizəm] *subst; stivt*(*=joke*) vittighet.

wittingly ['witiŋli] *adv; stivt*(*=deliberately; knowing-*

ly) med vitende og vilje.
witty ['witi] *adj:* vittig *(fx remark; person).*
wizard ['wizəd] *subst* **1.** trollmann; **2.** *fig* **T:** trollmann *(fx he's a financial wizard);* **she's a ~ at making pastry** hun er kjempeflink til å bake kaker.
wizardry ['wizədri] *subst:* hekseri; trolldom.
wizened ['wizənd] *adj; stivt el. litt.* **1.** *om frukt, etc(=withered)* vissen; **2.** *om person:* inntørket; rynket *(fx a wizened old man).*
wo [wou] *int: se whoa.*
I. wobble ['wɔbəl] *subst:* ustøhet; vakling; slark; **this wheel has a bit of a ~** det er litt slark i dette hjulet.
II. wobble *vb:* vakle *(fx the ladder wobbled dangerously);* være ustø *(fx the bicycle wobbled slightly).*
wobbly ['wɔbli] *adj:* ustø *(fx the ladder's wobbly; I felt a bit wobbly when I got out of bed);* **this bike has a ~ wheel** det ene hjulet på denne sykkelen slarker.
woe [wou] *subst; litt. el. spøkef:* **he has many -s***(=he has a lot of trouble)* han har mange vanskeligheter (*el.* bekymringer); **he told a tale of ~** han fortalte en bedrøvelig historie.
woebegone ['woubi,gɔn] *adj; litt. el. stivt(=sad)* bedrøvet *(fx expression).*
woeful ['wouful] *adj; stivt(=sad)* bedrøvet *(fx expression).*
wog [wɔg] *subst* **S:** mørkhudet utlending; dego.
woke [wouk] *pret av II. wake.*
woken ['woukən] *perf. part. av II. wake.*
I. wolf [wulf] *subst (pl: wolves)* **1.** *zo:* ulv; **2. T:** skjørtejeger; **3.: ~ in sheep's clothing** ulv i fåreklær; **4.: lone ~** einstøing.
II. wolf *vb(=eat greedily):* **~ one's food** sluke maten.
wolf cub *zo:* ulveunge.
wolffish ['wulf,fiʃ] *subst; zo(=catfish)* gråsteinbit; havkatt.
wolfish ['wulfiʃ] *adj* **1.** ulveaktig; ulve-; **2.: a ~ appetite** en grådig appetitt.
wolf spider *zo(=hunting spider)* ulveedderkopp.
wolf whistle (beundrende) plystring *(fx she blushed at the wolf whistles from the workmen as she passed by).*
wolverine ['wulvə,ri:n] *subst; zo(=glutton)* jerv.
woman ['wumən] *subst (pl: women* ['wimin]*)* kvinne; voksen kvinne *(fx my daughter will soon be a woman); neds:* kvinnfolk; kvinnemenneske; *om daghjelp, etc:* kone *(fx we have a woman who comes in to do the cleaning);* **~ is an unpredictable creature** kvinnen er en uberegnelig skapning; **babies bring out the ~ in her** babyer vekker kvinnen i henne; **~'s intuition** kvinnelig intuisjon; **a ~'s touch is needed here** her trengs det en kvinnehånd; *(jvf lady).*
womanhood ['wumən,hud] *subst* **1.** det å være kvinne; **reach ~** bli kvinne *(fx she will reach womanhood in a few years' time);* **2***(=womankind)* kvinnekjønnet; kvinner; **a fine example of modern ~** et fint eksempel på den moderne kvinne.
womanish ['wuməniʃ] *adj; om mann:* kvinnfolkaktig; *(jvf mannish).*
womanize, womanise ['wumə,naiz] *vb; neds* **T:** gå på kvinnfolkjakt.
womanizer, womaniser ['wumə,naizə] *subst:* kvinnejeger; skjørtejeger.
womankind ['wumən,kaind] *subst; stivt(=women)* kvinnekjønnet; kvinner (i sin alminnelighet).
womanliness ['wumənlinis] *subst; stivt(=femininity)* kvinnelighet.
womanly ['wumənli] *adj; stivt(=feminine)* kvinnelig *(fx charm; figure).*
woman of the world verdenskvinne.
womb [wu:m] *subst; anat(=uterus)* livmor; **neck***(=cervix)* **of the ~** livmorhals.
women ['wimin] *subst; pl av woman.*
womenfolk ['wimin,fouk] *subst; pl:* kvinner; kvinnfolk.
women's lib, Women's Liberation kvinnesaken.
women's suffrage*(,***US:** *female suffrage)* kvinnelig stemmerett; stemmerett for kvinner; *(se suffrage).*
won [wʌn] *pret & perf. part. av II. win.*
I. wonder ['wʌndə] *subst* **1.** under *(fx the seven wonders of the world);* **that's no ~** det er ikke til å undres over; **the ~ is that . . .** det (for)underlige er at . . .; **the ~ of the discovery is that . . .** det (for)underlige ved oppdagelsen er at . . .; **2.** undring *(fx he was full of wonder at the amazing sight);* **stare with ~** stirre med undring.
II. wonder *vb* **1.** undres; undre seg *(fx he wondered at her beauty);* **it's not to be -ed at** det er ikke til å undres over; **I shouldn't ~ if he's late** det skulle ikke undre meg om han kommer for sent; **I ~ you don't leave** jeg synes det er underlig at du ikke reiser (din vei); **2.** spekulere på; lure på *(fx I wonder what the news is);* **I ~ why** jeg lurer på hvorfor; **have you never -ed about his reasons for wanting this money?** har du aldri spekulert over hvorfor han vil ha disse pengene?
wonderful ['wʌndəful] *adj* **1***(=marvellous)* praktfull; vidunderlig; **2.** deilig *(fx it's wonderful to hear that she's having a baby);* **his mother's a ~ woman** hans mor er en fantastisk kvinne; **that was a ~ opportunity** det var en fantastisk fin anledning.
wonderingly ['wʌndəriŋli] *adv:* undrende.
wonderland ['wʌndə,lænd] *subst:* eventyrland.
wonderment ['wʌndəmənt] *subst; stivt: se I. wonder 2.*
wonky ['wɔŋki] *adj* **T 1***(=wobbly)* ustø *(fx chair);* **2.** skrøpelig; som ikke virker som det (,den) skal *(fx a wonky machine);* **go ~** bli dårlig *(fx our television's gone wonky again).*
wont [wount] *subst; stivt el. litt.(=habit):* **as is his ~***(=as he usually does)* slik han har for vane.
won't [wount] *fk f will not.*
woo [wu:] *vb* **1.** *glds el. litt.(=court)* fri til; *litt.:* beile til *(fx he wooed the daughter of the king);* **2.** *fig:* fri til.
wood [wud] *subst* **1.** tre *(fx a table made of wood);* **2***(=firewood)* ved; **3.** *golf:* trekølle; **4.** skog; **beech ~** bøkeskog; **in the -(s)** i skogen; **5.** *fig:* **we're not out of the -(s) yet** vi er ikke trygge enda; det er enda langt igjen; *ordspråk:* **don't halloo till you're out of the ~** gled deg ikke for tidlig; **6.** *fig:* **he can't see the ~ for the trees** han ser ikke skogen for bare trær; **7.: beer from the ~** øl fra fat; **8.: touch ~!** bank i bordet!
wood alcohol*(=methanol)* tresprit; metanol.
wood ant *zo:* **red ~** rød skogmaur.
wood avens *bot(=herb bennet)* kratthumleblom; *(se avens).*
woodbine ['wud,bain] *subst; bot* **1***(=honeysuckle)* kaprifolium; vivendel; **2. US***(=Virginia creeper)* skjermvin.
woodbox ['wud,bɔks] *subst:* vedkasse.
wood carver treskjærer.
wood carving 1. treskjærerkunst; **2.** treskjærerarbeid; treskurd.
woodchat ['wud,tʃæt] *subst; zo(=woodchat shrike)* rødhodevarsler.
wood chisel stemjern.
woodcock ['wud,kɔk] *subst; zo:* rugde.
wood conversion*(=timber conversion;* **US:** *lumber manufacture)* treforedling.

woodcraft ['wud,kra:ft] *subst:* skogkyndighet; skogsvett.
wood cranesbill *bot:* skogstorkenebb.
woodcut ['wud,kʌt] *subst:* tresnitt.
woodcutter ['wud,kʌtə] *subst(,***US:** *lumberjack)* tømmerhogger.
woodcutting ['wud,kʌtiŋ] *subst(=felling timber;* **US:** *cutting; logging)* tømmerhogst.
wood duck *zo:* brudeand.
wooded ['wudid] *adj:* skogkledd; skogbevokst; trebevokst; **well** ~ skogrik *(fx a well-wooded area).*
wooden ['wudən] *adj* **1.** av tre *(fx that's not plastic – it's wooden!);* tre- *(fx chair);* **2.** *fig(=stiff)* stiv *(fx a wooden stare; she was a bit wooden in front of the television camera).*
wooden-built ['wudən,bilt] *adj(=built of wood)* bygd av tre *(fx wooden-built houses).*
wooden-frame ['wudən,freim] *adj:* ~ **building** bindingsverkshus.
woodenheaded [,wudən'hedid; *attributivt:* 'wudən-,hedid] *adj* **T***(=dense)* dum; treg; **T:** tjukk i hue.
wooden spoon 1. treskje; **2.** *fig(=booby prize)* treskje; jumbopremie.
wood fibre trefiber.
wood-free ['wud,fri:] *adj:* ~ **paper** trefritt papir.
wood grouse *zo(=capercaillie)* tiur.
wood hyacinth*(=wild hyacinth; bluebell) bot:* klokkeblåstjerne; *(jvf bluebell).*
woodland ['wudlənd] **1.** *subst:* skog; skogsterreng; **a beautiful stretch of** ~ en vakker skogstrekning; **2.** *adj:* skog-; skogs-.
woodland berries*(=wild berries)* skogsbær.
woodland bird *zo:* skogsfugl.
woodland district skogbygd.
woodland floor*(=forest floor)* skogbunn.
woodland flora skogflora.
woodlark ['wud,la:k] *subst; zo:* trelerke.
woodlore ['wud,lɔ:] *subst: se woodcraft.*
woodlouse ['wud,laus] *subst; zo(,***US:** *sowbug)* skrukketroll; benkebiter.
woodman ['wudmən] *subst* **1***(=forest worker)* skogsarbeider; **2***(=woodsman)* skogskar.
wood nymph *myt:* skognymfe; *(jvf NEO hulder).*
woodpecker ['wud,pekə] *subst; zo:* hakkespett.
wood pigeon *zo(=ringdove)* ringdue.
woodpile ['wud,pail] *subst* **1.** vedstabel; **2. T:** *se nigger 2: a* ~ *in the woodpile.*
woodprint ['wud,print] *subst(=woodcut)* tresnitt.
wood-processing industry*(=timber-converting industry;* **US:** *lumber(ing) industry)* treforedlingsindustri.
wood products market treforedlingsmarked.
wood pulp tremasse; **chemical** ~*(=chemical pulp)* kjemisk tremasse; cellulose; **mechanical** ~*(=mechanical pulp)* mekanisk tremasse.
woodruff ['wud,rʌf] *subst; bot:* vanlig myske.
woodrush ['wud,rʌʃ] *subst; bot:* frytle; **field** ~ markfrytle.
wood sandpiper *zo:* grønnstilk.
wood screw treskrue.
wood sedge *bot:* skogstorr.
woodshed ['wud,ʃed] *subst:* vedskjul.
woodsman ['wudzmən] *subst* **1.** skogskar; **2. US***(=woodman; forest worker)* skogsarbeider.
wood sorrel *bot:* vanlig gjøkesyre.
wood spirit*(=methanol)* tresprit; metanol.
wood stain trebeis.
wood technologist tretekniker; trelasttekniker.
wood tick *zo:* skogbjørn; flått; *(se I. tick 4).*
wood warbler *zo:* bøksanger.
woodwind ['wud,wind] *subst; mus:* **the** ~ treblåserne.
woodwind instrument treblåseinstrument.
woodwool ['wud,wul] *subst:* treull.
woodwork ['wud,wə:k] *subst* **1.** treverk *(fx all woodwork is in oak);* **2***(=carpentry)* snekkerarbeid; trearbeid; *skolev:* (tre)sløyd.
woody ['wudi] *adj* **1***(=wooded)* skogrik; skogbevokst; **2.** treaktig; ved-; ~ **plant** vedplante; **3. T: it's too** ~ **here** det er for mange trær her.
wooer ['wu:ə] *subst; glds el. litt.:* frier; *litt.:* beiler.
I. woof [wu:f] *subst* **1.** *i vevd stoff(=texture)* vev; **2***(=weft)* innslag; islett.
II. woof [wuf] *int:* voff!
wool [wul] *subst* **1.** ull; **all** ~**, pure** ~ helull; **flock** ~ flokkull; **virgin** ~ ren ull; **2.: (knitting)** ~ (strikke)garn; **3***(=woollen underwear):* **wear** ~ **in (the) winter** bruke (*el.* gå med) ullundertøy om vinteren; **4.: pull the** ~ **over sby's eyes** føre en bak lyset; kaste en blår i øyene.
woolgathering ['wul,gæðəriŋ] *subst(=daydreaming; lack of concentration)* åndsfraværelse; manglende konsentrasjon; **be** ~ være åndsfraværende; sitte og dagdrømme; være langt borte.
woollen*(,***US:** *woolen)* ['wulən] **1.** *subst:* ullstoff; ullplagg; **-s should always be hand-washed** ullplagg bør alltid vaskes for hånden; **2.** *adj:* ull-; av ull.
I. woolly*(,***US:** *wooly)* ['wuli] *subst* **T***(=knitted garment)* ullplagg; **winter woollies** vinterundertøy av ull.
II. woolly*(,***US:** *wooly) adj* **1***(=woollen)* ull-; av ull; **2***(=like wool)* ullen; ullaktig; **3.** *fig(=vague; confused):* ~ **thinking** uklar (*el.* forvirret) tenkning; **4.** *TV(=blurred)* uskarp *(fx a woolly TV picture).*
woolly-headed [,wuli'hedid; *attributivt:* 'wuli,hedid] *adj* **1.** med ullhår; **2.** *fig(=confused; vague)* forvirret; tåket; uklar.
woolsack ['wul,sæk] *subst* **1.** ullsekk; **2***(=seat of the Lord Chancellor in the House of Lords):* **the** ~ lordkanslerens sete i Overhuset.
wool waste polergarn.
woops [wups; wu:ps] *int: se whoops.*
wool winder*(=yarn reel)* garnvinde.
woozy ['wu:zi] *adj* **T***(=dazed; dizzy)* omtåket; ør *(fx feel woozy).*
wop, Wop [wɔp] *subst; neds(=Italian)* italiener; *neds:* dego.
Worcester ['wustə]: ~ **sauce** worcestersauce.
I. word [wə:d] *subst* **1.** ord *(fx he said a few words about it);* **the -s** 1. ordene; 2. teksten.
2*(=promise)* ord; løfte *(fx break one's word; give sby one's word; keep one's word);* **she was as good as her** ~ hun holdt hva hun hadde lovet;
3*(=(brief) conversation):* **catch a quick** ~ **with sby** få vekslet noen ord i all hast med en; **have a** ~ **with sby** veksle noen ord med en *(fx I'd like a (quick) word with you in my office);*
4. beskjed *(fx he sent word that he would be late; when you get there, send word that you've arrived safely);* **I've had no** ~ **from him** jeg har ikke hørt noe fra ham;
5. *om ordre:* **don't move till I give the** ~ ikke beveg (*el.* rør) deg før jeg sier fra; stå (,sitt, ligg) stille inntil jeg sier fra; **when I give the** ~**, fire!** når jeg sier fra, skyt!
6. *bibl:* **the Word** ordet; **the Word of God** Guds ord; **the ministers of the Word** ordets tjenere;
7.: have -s*(=quarrel)* krangle; trette (*with* med);
8.: I'll make him eat his -s! de ordene skal han få ta i seg igjen!
9. T: get a ~ **in edgeways** få flettet inn et ord *(fx I couldn't get a word in edgeways);*

10.: have a ~ in sby's ear*(=tell sby sth confidentially)* hviske en et ord i øret;
11.: say the ~ si fra; **you've only to say the ~** du må bare si fra;
12.: say*(=put in)* **a good ~ for sby** legge inn et godt ord for en;
13.: take him at his ~ ta ham på ordet;
14.: take sby's ~ for it tro en på ens ord; **you can take my ~ for it** det kan du stole på; jeg innestår for at det forholder seg slik;
15.: by ~ of mouth muntlig;
16.: ~ for ~ ord for ord *(fx don't translate word for word; that's precisely what he told me, word for word);*
17.: there's no ~ for it det er (*el.* fins) ikke noe ord for det; **that's just the ~ for it!** det er nettopp ordet! **hungry isn't the ~ (for it)** sulten er ikke det rette ordet;
18.: in a ~*(=in short)* kort sagt;
19.: in other -s med andre ord; **in his own -s** med hans egne ord;
20.: in so many -s med rene ord; like ut; **not in so many -s** ikke med rene ord; ikke like ut *(fx he implied that she was lying but didn't say so in so many words);*
21. *lett glds:* **upon my ~!** æresord!
22. *uttrykk for overraskelse; int:* **my ~!***(=my goodness!)* du store all verden!
II. word *vb:* formulere *(fx how are you going to word the letter so that it doesn't seem rude?);* **a carefully (,sharply) -ed letter** et forsiktig (,skarpt) formulert brev.
word-blind ['wə:d,blaind] *adj:* ordblind.
word division orddeling.
word-for-word *adj(=verbatim)* ordrett *(fx translation).*
wordiness ['wə:dinis] *subst:* ordrikdom; *neds:* ordskvalder.
wording ['wə:diŋ] *subst:* ordlyd *(fx the exact wording of the will);* språklig utforming.
word of honour æresord.
word order *gram:* ordstilling.
word-perfect ['wə:d'pə:fikt; *attributivt:* 'wə:d,pə:fikt] *(,***US:** *letter-perfect) adj:* **be ~** kunne noe helt feilfritt (*el.* ordrett); **a ~ performance** en feilfri forestilling.
word picture*(=vivid description)* malende beskrivelse.
wordplay ['wə:d,plei] *subst(=play on words)* ordspill; lek med ord.
word processor ['wə:d,prousesə] *subst (ofte fk WP)* tekstbehandlingsmaskin.
word processing tekstbehandling.
word spacer *typ:* ordskiller.
word-splitting ['wə:d,splitiŋ] *subst(=hairsplitting)* ordkløveri.
wordy ['wə:di] *adj:* ordrik; som inneholder for mange ord *(fx speech; essay).*
wore [wɔ:] *pret av II. wear.*
I. work [wə:k] *subst* **1.** arbeid *(fx put in a lot of work on a project; this machine can do the work of ten men);*
2. arbeid; verk *(fx the works of Dickens);* **collected -s** samlede verker; **willing hands make light ~** lysten driver verket; **it was the ~ of a moment** det var gjort på et øyeblikk; **these sentences are unmistakeably the ~ of a non-native English speaker** disse setningene bærer et umiskjennelig preg av ikke å ha blitt skrevet av en person med engelsk som morsmål;
3*(=place of work)* arbeid(ssted) *(fx he left work at 5.30 pm);* **go to ~** gå på arbeidet; **I got to ~ very late** jeg kom meget sent på arbeidet; **at ~** på arbeidet;
4.: -s 1. verk *(fx a gasworks);* 2. mekanisme; verk *(fx a clockworks);* 3*(=factory; plant)* anlegg; 4. *mil:* **defensive -s** forsvarsanlegg; 5. *bibl:* gjerninger *(fx the devil and all his works);* 6.: **public -s** offentlige arbeider; 7. **T: give sby the -s***(=give sby the full treatment)* la en få gjennomgå; 8. **T: the whole -s** hele greia; det hele; *(se spanner 2: throw a ~ in the works);*
5.: it's all in the day's ~ det hører med (til jobben); det er slikt som hører med;
6.: at ~ 1. på arbeidet; 2. i arbeid; **he's at ~ on a new novel** han arbeider på en ny roman;
7.: set to ~*(=begin)* gå i gang *(fx she set to work on the mending);*
8.: have one's ~ cut out stå foran en vanskelig oppgave; **you'll have your ~ cut out to finish the job in time** du vil ha din fulle hyre med å bli ferdig tidsnok;
9.: be out of ~*(=be out of a job; be unemployed)* være arbeidsløs;
10. T: make short ~ of sby gjøre kort prosess med en.
II. work *vb* **1.** *også fig:* arbeide *(fx hard; well; for sby; for a cause);*
2. bearbeide; arbeide med *(fx work the icing until smooth and glossy);* **~ the dough** kna (*el.* bearbeide) deigen; **~ cold steel** bearbeide kaldt stål;
3. forarbeide (*into* til) *(fx flint into tools); (jvf 31: ~ up 2);*
4*(=embroider)* brodere *(fx some flowers on a dress);*
5. *om patent:* utnytte; gjøre bruk av *(fx a patent);*
6. *maskin, gård, gruve:* drive *(fx the machine is worked by electricity; work(=run) a farm; work a mine);* **the mine is no longer -ed***(=working)* gruven er ikke i drift lenger; **begin -ing***(=start operating)* begynne driften; starte opp; **stop -ing***(=discontinue operations)* stanse driften; **not -ing***(=not operating)* ute av drift;
7*(=operate)* betjene *(fx this mechanism can be worked by anyone);* bruke *(fx it can be worked under water);* **the lifts don't ~ at night** heisene går ikke om natten;
8*(=drive)* drive *(fx he worked us very hard);*
9. fiske i *(fx a stream);*
10. *om salgsrepresentant:* arbeide i *(fx he used to work Yorkshire and Lancashire);* ta for seg *(fx he worked both sides of the street);*
11. virke; fungere *(fx show me how the machine works);* arbeide *(fx the machine doesn't work properly);* **the brakes didn't ~** bremsene virket ikke; **the door -s smoothly** døra går lett; **my pen doesn't ~** pennen min virker (*el.* skriver) ikke; **if my plan -s** hvis planen min virker (som den skal); **I don't think it'll ~** jeg tror ikke det går; **events have -ed***(=turned out)* **in our favour** begivenhetene har arbeidet for oss; *(jvf 27: ~ out 8);*
12. bevirke *(fx time has worked(=brought about) many changes);* utrette *(fx he worked wonders);* **this -ed wonders** dette gjorde underverker; **~ it so that . . .***(=arrange it so that . . .)* ordne det slik at; få det til slik at *(fx we can work it so that you can take a day off).*
13. *fig(=mature)* modnes; **let the idea ~ in their minds** la det (*el.* tanken) modnes hos dem;
14. *om bolt; mutter, etc:* **~ loose** løsne *(fx the bolt worked (itself) loose);*
15.: ~ oneself free*(=extricate oneself)* arbeide seg løs; komme seg fri; komme løs;

16.: ~ **oneself into a towering rage** arbeide seg opp til et voldsomt raseri; *(jvf 32: ~ up 3);*
17. *mar; når man ikke har penger til billett:* ~ **one's passage** arbeide seg over;
18.: ~ **one's way out of***(=extricate oneself from)* arbeide seg ut av;
19.: ~ **at***(=work on)* 1. arbeide på; arbeide med *(fx a new book; a difficult problem);* **he -s at plumbing***(=he's a plumber)* han er rørlegger; **I've been -ing at these figures** jeg har regnet på disse tallene; *(jvf I. sum 3);* 2. *fig:* **you must ~ at it** du må arbeide (aktivt) med det; du må arbeide med deg selv (slik at du kan klare det); **I'm -ing at it** jeg gjør så godt jeg kan; jeg arbeider (aktivt) med meg selv; *(jvf 25: ~ on 1);*
20.: ~ **by** *se 25: ~ on 2;*
21.: ~ **down (,up)** arbeide seg ned (,opp) *(fx the roots have worked down between(=among) the stones);*
22.: ~ **for** 1. arbeide for *(fx the child should work for what it wants);* 2. *skolev:* lese til *(fx an exam);*
23.: ~ **in** 1. gni inn; arbeide inn *(fx the ointment);* 2. finne tid til; passe inn *(fx I'll work this job in during the day);* finne plass for; innarbeide; 3. *fig:* flette inn *(fx a joke);* 4*(=ride in)* ri inn;
24.: ~ **off** 1. få utløp for *(fx one's anger);* arbeide av seg *(fx some of one's excess energy);* 2.: ~ **off some of the debt** arbeide av (noe) på gjelden; ~ **off the***(=one's)* **debt** nedbetale (hele) gjelden ved å arbeide;
25.: ~ **on** 1. arbeide med (*el.* på) *(fx I'm working on it);* 2*(=work by; operate on)* arbeide med *(fx this welding torch works on acetylene);* 3. *fig:* forsøke å overtale; bearbeide *(fx I'm working on him); (jvf 19: ~ at);*
26.: ~ **open** lirke opp *(fx he worked the door open);*
27.: ~ **out** 1. utarbeide *(fx an agreement; a plan);* 2. drive hardgym *(fx he works out in the gym every morning);* 3. finne ut *(fx they couldn't work out how the prices stayed so low);* regne ut; finne ut av *(fx I can't work out how many should be left);* 4. *om regnestykke:* gå opp *(fx it won't work out);* 5. *m.h.t. utgifter:* bli *(fx gas heating might work out expensive);* 6.: ~ **out at***(=come to)* komme på; bli *(fx it works out at £20.50);* 7. få (lirket) ut *(fx he worked the nail out of his shoe);* 8*(=be all right)* ordne seg; bli bra; gå bra *(fx it'll all work out in the end);* **their marriage didn't ~ out** ekteskapet deres gikk ikke;
28.: ~ **over** 1. gå grundig over; undersøke nøye *(fx the shelf stock tends to get thoroughly worked over by shoppers);* 2. **T***(=beat up)* pryle; gi hardhendt behandling; 3. **US***(=revise)* omarbeide; bearbeide på nytt *(fx a play);*
29.: ~ **(one's way) through sth** arbeide seg gjennom noe *(fx a book);*
30.: ~ **one's fingers to the bone** slite livet av seg;
31.: ~ **to** 1. arbeide etter *(fx a plan);* 2. *teat, etc:* ~ **to a live audience** opptre for et levende publikum; 3. *om arbeidstager, som en form for obstruksjon:* ~ **to rule** holde seg strengt til arbeidsreglementet; *(jvf work-to-rule);*
32.: ~ **up** 1. opparbeide *(fx I can't work (,T: get) up any enthusiasm for this project);* ~ **up a sweat** holde på til man blir svett; 2*(=process)* forarbeide *(fx sth); (jvf 3);* 3. hisse opp *(fx she worked herself up into a fury); (jvf 16 ovf);* 4*(=build up)* arbeide opp *(fx a business);* 5.: ~ **up to** arbeide seg opp til *(fx start off with the easy exercises and work up to the difficult ones);* stige til *(fx a climax);* 6.: ~ **up (,down):** *se 21;* 7. *fig:* ~ **one's way (up)** arbeide seg opp;
33.: ~ **with** 1. arbeide med *(fx a tool);* 2*(=operate with)* operere (*el.* arbeide) med *(fx a small capital);* 3. samarbeide med; ~ **closely with other departments** ha et nært samarbeid med andre avdelinger.

workable ['wə:kəbl] *adj* **1***(=practicable)* gjennomførbar *(fx plan);* **2.** som kan bearbeides; bearbeidelig; *(jvf machinable);* **3.** *min; om forekomst:* drivverdig *(fx a workable vein of coal); (jvf profitable 2).*

workaholic [,wə:kə'hɔlik] *subst* **T***(=work junkie)* arbeidsnarkoman.

work area lighting*(=localized light(ing))* plassbelysning.

workbag ['wə:k,bæg] *subst:* sypose.

workbasket ['wə:k,ba:skit] *subst:* sykurv.

workbench ['wə:k,bentʃ] *subst:* arbeidsbenk.

workbook ['wə:k,buk] *subst; skolev:* arbeidsbok.

workbox ['wə:k,bɔks] *subst:* syskrin.

work camp arbeidsleir.

workday ['wə:k,dei] *subst* **US:** *se working day.*

worked-up [,wə:kt'ʌp; *attributivt:* 'wə:kt,ʌp] *adj* **1.** bearbeidet; forarbeidet; **2***(=excited)* opphisset.

worker ['wə:kə] *subst* **1.** arbeider; **manual ~** kroppsarbeider; **organized -s** organiserte arbeidere; **skilled -s** faglærte arbeidere; **unskilled -s** ufaglærte arbeidere; **2.** *om bie el. maur:* arbeider; ~ **ant** arbeidsmaur; **3.** *om person:* **he's a real ~***(=he works hard)* han sparer seg ikke når det gjelder å arbeide.

Workers' Educational Association *(fk WEA):* **the ~** *svarer til:* Arbeidernes Opplysningsforbund i Norge *(fk* AOF).

work ethic arbeidsmoral.

workfare ['wə:k,fɛə] *subst* **US:** arbeidsledighetstrygd (mot at man utfører tilfeldige jobber som kommunen pålegger en).

workforce ['wə:k,fɔ:s] *subst* **1.** *i bedrift(=(working) staff)* arbeidsstokk; **2.** arbeidsstyrke; arbeidende befolkning *(fx the country's workforce is growing rapidly).*

workhorse ['wə:k,hɔ:s] *subst* **1***(=farm horse)* arbeidshest; **2.** *om person* **T:** arbeidshest (i foretagende, etc); den som drar lasset.

workhouse ['wə:k,haus] *subst; hist:* arbeidsanstalt; fattighus.

work-in ['wə:k,in] *subst:* okkupasjon av arbeidsplassen som protest mot nedleggelse av bedriften.

I. working ['wə:kiŋ] *subst* **1.** arbeid; drift *(fx electric working);* gange *(fx the smooth working of all the machines);* manøvrering *(fx the working of the sails);* **continuous ~** kontinuerlig drift; **resume normal ~** gå tilbake til normal drift;
2. forarbeidelse; bearbeidelse; bearbeiding;
3.: **-s** gruveganger; utgravinger;
4.: **-s** utregninger *(fx the teacher wants to see the workings as well, so that he can see where the pupil has gone wrong);*
5.: **-s** virkemåte; måte noe fungerer (*el.* arbeider) på *(fx the workings of his mind);* **supervise the -s of one's department** ha oppsyn med arbeidet i sin avdeling; **give insight into the -s of the language** *(=provide insight into how the language functions)* gi innsikt i hvordan språket fungerer.

II. working *adj* **1.** arbeids-; drifts-; **2.** arbeidende; **3.** brukbar *(fx have a working knowledge of French).*

working ability*(=ability to work; capacity for work)* arbeidsdyktighet.

working account *merk(=trading account; operating*

account) driftskonto.
working assets *merk(=current assets)* omløpsmidler.
working capital *se I. capital: working ~.*
working class arbeiderklasse.
working-class [,wə:kiŋ'kla:s; *attributivt:* 'wə:kiŋ-,kla:s] *adj:* arbeiderklasse-; av arbeiderklassen; typisk for arbeiderklassen *(fx his attitudes are very working-class).*
working conditions ['wə:kiŋkən,diʃənz] *pl* **1.** arbeidsforhold; arbeidsbetingelser; **pleasant ~** hyggelige arbeidsforhold; **2***(=running conditions)* driftsforhold.
working couple yrkesektepar.
working day*(,***US:** *workday)* arbeidsdag.
working deficit *merk:* driftsunderskudd.
working drawing ['wə:kiŋ 'drɔ:iŋ; 'wə:kiŋ,drɔ:iŋ] arbeidstegning.
working environment arbeidsmiljø; **improved ~** bedre arbeidsmiljø; **a healthy ~** et sunt arbeidsmiljø.
working expenses *merk(=running expenses; operational expenditure)* driftsutgifter; driftsomkostninger.
working foreman *jernb:* lesseformann (som selv utfører manuelt arbeid); *(jvf supervisory foreman).*
working girl *evf(=prostitute)* prostituert.
working hours *pl(=hours (of work))* arbeidstid; **after** *~(=after hours)* etter arbeidstidens slutt; etter arbeidstid.
working knowledge: have a ~ of French kunne nok fransk til å klare seg; ha brukbare franskkunnskaper.
working life ['wə:kiŋ'laif; 'wə:kiŋ,laif] arbeidsliv; yrkesliv *(fx she had a long working life);* **go straight out into ~** gå rett ut i arbeidslivet (*el.* yrkeslivet).
working lunch arbeidslunsj.
workingman ['wə:kiŋmən] *subst:* arbeidsmann; arbeider; **workingmen's club** arbeidersamfunn *(fx Boscomb Village Workingmen's Club).*
working order: in (good) ~ i (god) stand; **this helps to keep small stomachs in ~** dette hjelper små mager til å fungere bra.
working party arbeidsgruppe; arbeidsutvalg *(fx a working party was set up).*
working plan 1. driftsplan; **2***(=workshop drawing)* arbeidstegning.
working title ['wə:kiŋ 'taitəl; 'wə:kiŋ,taitəl] *boks, films:* arbeidstittel.
working tool *også fig:* arbeidsredskap.
working week*(,***US:** *workweek)* arbeidsuke.
working woman ['wə:kiŋ'wumən; 'wə:kiŋ,wumən] *subst* **1.** arbeidskvinne; **2.** *evf(=prostitute)* prostituert.
workload ['wə:k,loud] *subst* **1.** *mask:* arbeidsbelastning; **maximum** *~(=maximum load)* største tillatte arbeidsbelastning; **2***(=burden of work)* arbeidsbyrde; arbeidsbelastning.
workman ['wə:kmən] *subst* **1.:** *se workingman;* **2.: a bad ~** en som gjør dårlig arbeid.
workmanlike ['wə:kmən,laik] *adj:* fagmessig; **job done in a good and ~ manner** arbeid utført på en ordentlig og fagmessig måte.
workmanship ['wə:kmənʃip] *subst:* fagmessighet; faglig dyktighet; håndverksmessig dyktighet; **first -class ~** fagmessig utførelse.
workmate ['wə:k,meit] *subst* **T:** arbeidskamerat; arbeidskollega.
work of art kunstverk.
workout ['wə:k,aut] *subst* **1.** (idrettsutøvers) treningsprogram; **2.** *om gymnastikk* **T:** hardgym; hardt kjør *(fx they had a vigorous workout in the gym after school).*
workpeople ['wə:k,pi:pəl] *subst(=workers)* arbeidere.
work permit arbeidstillatelse; **a first-time ~** en førstegangs arbeidstillatelse.
workpiece ['wə:k,pi:s] *subst:* arbeidsstykke.
work-related [,wə:kri'leitid; *attributivt:* 'wə:kri,leitid] *adj:* arbeidsrelatert.
works committee bedriftsforsamling.
works doctor*(=industrial medical officer)* bedriftslege.
works engineer driftsingeniør.
work sheet 1. arbeidsseddel; **2.** *skolev:* ark med arbeidsoppgaver.
workshop ['wə:k,ʃɔp] *subst* **1.** verksted; **2.** seminar *(fx a history workshop).*
workshy ['wə:kʃai] *adj:* arbeidssky.
works manager driftsleder; verksmester.
(works) management driftsledelse; bedriftsledelse; byggeledelse.
workstation ['wə:k,steiʃən] *subst; EDB:* arbeidsstasjon.
works traffic anleggstrafikk.
work study arbeidsstudie.
worktable ['wə:k,teibəl] *subst* **1.** arbeidsbord; **2.** sybord.
worktop ['wə:k,tɔp] *subst:* arbeidsplate.
work-to-rule [,wə:ktə'ru:l] *subst; form for obstruksjon:* det at man strengt overholder arbeidsreglementet, slik at forsinkelser oppstår; *(jvf II. work 31: ~ to 3).*
world [wə:ld] *subst* **1.** *også fig:* verden *(fx the whole world; he lives in another world);* **travel round the ~** reise jorden rundt; **the animal ~** dyrenes verden; **2.: come into the** *~(=be born)* komme til verden; bli født; **3.: it makes a ~ of difference** det gjør en meget stor forskjell; **it did him a ~ of good** det hadde han meget godt av; **she thinks the ~ of you** hun setter deg meget høyt; **4.: have the best of both -s** ha det helt fint; ha det så godt som noen kunne ønske å ha det; **5. T: dead to the** *~(=fast asleep)* i dyp søvn; **6.: it looked for all the ~ as if he was going to win** alle måtte tro han skulle vinne; **he looked for all the ~ as though he had slept in his clothes** det så granngivelig ut som om han hadde sovet med klærne på; **7.: not for the ~** ikke for alt i verden *(fx he wouldn't hurt her for the world);* **8. T: out of this** *~(=absolutely fantastic)* helt fantastisk *(fx her cooking is just out of this world);* **9.: what in the ~?** hva i all verden? **10.: be on top of the ~** være i perlehumør; være i den sjuende himmel.
world commodity prices (vare)prisene på verdensmarkedet; *(se world market).*
world fair*(=world exhibition)* verdensutstilling.
world-famous [,wə:ld'feiməs; *attributivt:* 'wə:ld,feiməs] *adj:* verdensberømt.
worldliness ['wə:ldlinis] *subst:* verdslighet.
worldly ['wə:ldli] *adj:* verdslig *(fx worldly pleasures).*
worldly innocent*(=ignorant of the world) adj:* verdensfjern.
world market verdensmarked; **prices on the ~** prisene på verdensmarkedet; **oil prices on the** *~(=world oil prices)* oljeprisene på verdensmarkedet; *(se world commodity prices).*
worldly-minded [,wə:ldli'maindid; *attributivt:* 'wə:ldli,maindid] *adj:* verdsligsinnet.
worldly-wise [,wə:ldli'waiz; *attributivt:* 'wə:ldli,waiz] *adj:* verdensklok.
world order verdensorden; **a new world economic order***(=a new international economic order)* en ny økonomisk verdensorden.

world peace verdensfred.
world power verdensmakt.
world press: the ~ verdenspressen.
world record verdensrekord; **set up a ~** sette verdensrekord.
world sense: in a ~ i global sammenheng.
world view *fil:* verdensanskuelse.
world war verdenskrig: **the Second World War***(= World War II)* den annen verdenskrig.
world-weary ['wə:ld,wiəri] *adj; litt.(=tired of life)* livstrett.
worldwide ['wə:ld,waid; ,wə:ld'waid; *attributivt:* 'wə:ld,waid] **1.** *adj:* verdensomspennende *(fx sales network);* **2.** *adv:* over hele verden *(fx their products are sold worldwide).*
worldwide fame verdensberømmelse.
I. worm [wə:m] *subst* **1.** *zo:* mark; **2.: (intestinal) ~** innvollsorm; *(se hookworm; pinworm; roundworm; tapeworm; threadworm; whipworm);* **3.** *mask:* snekke; **steering ~** styresnekke; **4***(=screw thread)* skruegjenge; **5.** ussel person; kryp.
II. worm *vb* **1.** gi ormekur *(fx have you wormed the dog?);* **2. T: ~ one's way** snike seg *(fx he wormed his way to the front of the crowd); neds:* **he -ed his way into her affections***(=he ingratiated himself with her)* han innyndet seg hos henne; **3. T: ~ sth out of sby** lirke (*el.* lure) noe ut av en.
worm drive *mask(=worm gear)* snekkedrev.
worm-eaten ['wə:m,i:tən] *adj:* markspist; markstukken.
worm gear *mask* **1***(=worm drive)* snekkedrev; **2***(=worm wheel)* snekkehjul.
worm-gear drive *mask:* snekketrekk.
worm gearing *mask:* snekkeutveksling.
worm wheel *mask(=worm gear)* snekkehjul; *(jvf worm gear).*
wormwood ['wə:m,wud] *subst; bot:* malurt.
wormy ['wə:mi] *adj* **1.** full av mark *(fx flour);* **~ dog** hund som har orm; **2***(=worm-eaten)* markspist; markstukken.
worn [wɔ:n] *perf. part. av II. wear.*
worn-out [,wɔ:n'aut; *attributivt:* 'wɔ:n,aut] *adj* **1.** *om ting:* utslitt *(fx worn-out shoes; the shoes are worn out);* **2.** *om person:* utslitt *(fx his wife is worn out);* **3.** *fig:* forslitt *(fx excuse).*
worried ['wʌrid] *adj:* bekymret *(fx tired and worried).*
worrier ['wʌriə] *subst:* person som stadig bekymrer seg over et eller annet *(fx he's a worrier).*
I. worry [wʌri] *subst:* bekymring *(fx he's a constant (source of) worry to his mother);* **he has no worries about the future** han har ingen bekymringer når det gjelder fremtiden.
II. worry *vb* **1.** bekymre seg; **T: not to ~!***(=don't worry!)* ta det med ro; **2.** plage *(fx don't worry me just now – I'm busy!);* **3.** *stivt; om hund, etc:* jage; bite etter; plage *(fx the dog was worrying the sheep);* **the dog has been -ing my slippers again** hunden har herjet med tøflene mine igjen.
worrying ['wʌriiŋ] *adj:* bekymringsfull; foruroligende; **his condition is extremely ~** hans tilstand er ytterst foruroligende.
I. worse [wə:s] *subst:* **a change for the ~** en forandring til det verre; **they called him a radical or ~** de kalte ham en radikaler eller det som verre var; **go from bad to ~** bli verre og verre *(fx things are going from bad to worse for the firm).*
II. worse *adj (komp av bad)* **1.** verre; dårligere *(fx I feel worse today than I did yesterday);* **~ was to come** det skulle bli verre: **2.: it will be the ~ for you if you do** det blir ille for deg hvis du gjør det; **the child was none the ~ for being left out in the cold** barnet hadde ikke tatt skade av å ha blitt etterlatt ute i kulda; **he was none the ~ for his little accident** han hadde ikke fått noe mén av den lille ulykken sin; **he looks (all) the ~ for his three years in prison** man kan se at de tre årene i fengsel har tatt på ham; **T: the ~ for wear** medtatt *(fx you look a bit the worse for wear after last night's party).*
III. worse *adv (komp av badly)* verre *(fx it was raining worse than ever).*
worse off *adj:* verre stilt *(fx you're no worse off (for money) these days than I am).*
worsen ['wə:sən] *vb* **1***(=make worse)* gjøre verre; **2***(=become worse)* bli verre; forverres; forverre seg *(fx his illness has worsened).*
I. worship ['wə:ʃip] *subst* **1.** *også fig:* dyrkelse; dyrking; tilbedelse *(fx self-worship; sun worship);* religionsutøvelse; **ancestor ~** anedyrkelse; anekult(us); **~ of God***(=divine worship)* gudsdyrkelse; **image ~***(=cult of images)* billeddyrking; **acts of ~** kultiske handlinger (*el.* seremonier); **(form of) ~** kult(us); form for religionsutøvelse; **freedom of ~** fri religionsutøvelse; **place of ~** 1. kultsted; kultminne; 2*(=house of God)* gudshus; **public ~** offentlig gudstjeneste; **rites of ~** religiøse riter; **the ~ of the dollar** dyrkingen av dollaren; **2.** *tittel til visse høytstående øvrighetspersoner, fx fredsdommer og enkelte borgermestere:* **Your Worship** *kan fx gjengis* 1. herr dommer; 2. Deres nåde; **His Worship the Mayor of Chester** hans nåde, borgermesteren av Chester.
II. worship *vb* **1.** dyrke; tilbe *(fx the Greeks used to worship several gods);* **2. T***(=adore)* tilbe *(fx she absolutely worships her children);* **3.** *stivt(= take part in a church service)* delta i gudstjeneste.
worshipful ['wə:ʃipful] *vb* **1.** *glds(=respectful)* ærbødig; **2.** *som del av tittel til visse høytstående personer, fx fredsdommer, enkelte borgermestere, gamle handelsselskaper i City of London:* velaktet; æret *(fx the Worshipful Company of Mercers; the Worshipsful Mayor of Oxbridge; the Right Worshipful Mr Jones).*
worshipper ['wə:ʃipə] *subst* **1.** *i sms:* -tilbeder *(fx sun worshipper);* **2.** *stivt(=churchgoer)* kirkegjenger; **devout -s** fromme kirkegjengere.
I. worst [wə:st] *subst:* **the ~** det verste; **that's the ~ of keeping rabbits** det er det verste ved (*el.* med) å holde kaniner; **the ~ of it is that . . .** det verste av (*el.* ved) det hele er at . . .; **tell me the ~!** si meg det som det er! **they're the ~ I've ever known for getting people's names wrong** de er de verste jeg noen gang har kjent når det gjelder å ta feil av folks navn; **at ~** i verste fall; **at one's ~** på sitt verste *(fx he's at his worst before breakfast);* **do one's ~** gjøre det verste man er i stand til; gjøre all den skade man kan *(fx the invaders came and did their worst); utfordrende:* **do your ~!** (bare) gjør som du vil! bare gjør det! **if the ~ comes to the ~** i verste fall; om det verste skulle skje; om så galt skulle skje; **get the ~ of it** trekke det korteste strå; **he got the ~ of the argument** han trakk det korteste strå i diskusjonen.
II. worst *vb; stivt(=defeat)* beseire; vinne over.
III. worst *adj (superl av bad)* verst *(fx that was the worst thing you could have done; the worst book I've ever read);* dårligst *(fx the worst singer I know).*
IV. worst *adv (superl av badly)* dårligst; verst *(fx she was the worst-dressed woman at the party);* **she sings ~ of all** hun synger dårligst av alle; **the old suffered ~** de gamle led verst (*el.* mest).

worsted ['wustid] *subst:* kamgarn; ~ **fabric** kamgarnsstoff.

I. worth [wə:θ] *subst* **1.** verdi *(fx books of little or no worth);* **human** ~ menneskeverd; **person of little** ~ person som ikke er noe større verdt; **2.:** **fifty pounds'** ~ **of tickets** billetter for femti pund; **T: three quidsworth of petrol** bensin for tre pund; **£200** ~ **of goods** varer for (*el.* til en verdi av) £200; *fig:* **get one's money's** ~*(=get value for one's money)* få valuta for pengene; *(jvf I. value).*

II. worth *adj:* verdt; verd *(fx he's worth £1 000 000);* **it's** ~ **the money** det er pengene verdt; **it was well** ~ **the effort** det var vel verdt innsatsen; ~ **considering** verdt å tenke på *(fx his suggestion is worth considering);* **this food's not** ~ **eating** denne maten fortjener ikke å bli spist; denne maten er ikke spisendes; **this book is** ~ **reading** denne boken er det vel verdt å lese; ~ **(one's) while** bryet verdt; umaken verdt; *(se worthwhile);* **T: for all one is** ~ alt hva man kan; av alle krefter *(fx he swam towards the shore for all he was worth);* **he drove the little car for all it was** ~ han presset den lille bilen til det ytterste; **for what it's** ~ for det det måtte være verdt; **I'm telling you this for what it's** ~ jeg kan ikke innestå for riktigheten av det jeg forteller deg; **it's as much as my job is** ~ det kan koste meg jobben.

worthless ['wə:θlis] *adj(=of no value)* verdiløs.

worthwhile [,wə:θ'wail; *attributivt:* 'wə:θ,wail] *adj:* som er bryet (*el.* umaken) verdt; som lønner seg *(fx experiment);* ~ **cause** sak det lønner seg å kjempe for; **he felt he was doing a** ~ **job** han syntes han gjorde en brukbar jobb; *(se også II. worth:* ~ *(one's) while).*

I. worthy ['wə:ði] *subst; lett glds el. spøkef:* fremtredende person; storkar; **one of the village worthies** en av landsbyens fremste menn.

II. worthy *adj* **1.** *stivt(=deserving)* fortjenstfull *(fx cause);* **2.** verdig *(fx opponent);* **3.** *stivt(=worthy of respect)* aktverdig; ærverdig *(fx they were all honoured and worthy men);* **4.:** ~ **of** som fortjener; verdig; ~ **of help** som fortjener hjelp; ~ **of a better cause** en bedre sak verdig; **a performance** ~ **of a champion** en forestilling som var en mester verdig.

would [wud] *pret av III. will.*

would-be ['wud,bi:] *adj:* som gjerne vil være; som gir seg ut for å være; **a** ~ **author** en som gir seg ut for å være forfatter; **a** ~ **rapist** en som godt kan tenkes å bli voldtektsforbryter.

I. wound [wu:nd] *subst; også fig:* sår; **how long will the** ~ **take to heal?** hvor lang tid vil det ta før såret gror?

II. wound *vb; også fig:* såre *(fx he wounded two policemen);* ~ **sby's vanity** såre ens forfengelighet; *(se også wounded & wounding).*

III. wound [waund] *pret & perf. part. av III. wind.*

wounded ['wu:ndid] **1.** *subst;* **the** ~ de sårede; **how many** ~ **are there?** hvor mange sårede er det? **2.** *adj:* såret *(fx a wounded soldier);* **it's only** ~ **vanity** det er bare såret forfengelighet.

wound healing sårheling.

wounding ['wu:ndiŋ] *adj:* sårende *(fx it was wounding to his pride).*

woundwort ['wu:nd,wə:t] *subst; bot:* svinerot; legevalurt.

wove [wouv] *pret av II. weave.*

woven ['wouvən] *perf. part. av II. weave.*

I. wow [wau] *subst* **1. S**(=*great success; hit)* kjempesuksess; **2.** *om lydforvrengning:* wow.

II. wow 1. *vb* **S**(=*excite (the audience))* begeistre (publikum); **2.** *int:* oi! neimen! å!

WP [,wi:'pi:] *subst* **1**(*fk.f. word processor)* tekstbehandlingsmaskin; **2**(*fk.f. word processing)* tekstbehandling.

WP training opplæring i tekstbehandling.

wrack [ræk] *subst; bot(=seawrack)* tang; **bladder** ~*(=bladder kelp)* blæretang; **egg** ~, **knotted** ~ grisetang; **serrated** ~ sagtang.

wraith [reiθ] *subst* **1**(=*ghost)* spøkelse; skrømt; **2.** *som ses like før el. etter vedkommendes død:* dobbeltgjenger.

I. wrangle ['ræŋgəl] *subst; neds(=quarrel)* krangel *(fx a long legal wrangle over his will).*

II. wrangle *vb; neds(=quarrel)* krangle; kjekle (*about, over* om).

wrangler ['ræŋglə] *subst* **1**(=*quarrelsome person)* kranglefant; trettekjær person; **2.** *ved Cambridge; om person som har oppnådd 'first-class honours' (laud) til embetseksamen i matematikk.*

I. wrap [ræp] *subst* **1.** *sj(=shawl)* sjal; **2. T: keep sth under -s**(=*keep sth (a) secret)* holde noe hemmelig; **details were kept under tight -s by all concerned** ingen av de involverte ville ut med noen detaljer.

II. wrap *vb* **1.** vikle *(fx he wrapped a handkerchief round his bleeding finger);* **2.:** ~ **(up)** pakke inn *(fx a book in brown paper);* innhylle; hylle inn; tulle inn *(fx the baby in a warm shawl);* **3.** *fig:* ~ **in** omgi med; **-ped in** omgitt med; omgitt av *(fx wrapped in mystery);* **be -ped up in** være oppslukt av; gå helt opp i *(fx one's work);* **-ped up in oneself** selvopptatt.

wrapper ['ræpə] *subst* **1.** papiromslag; innpakning; **2**(=*dust jacket)* smussomslag.

wrapping ['ræpiŋ] *subst:* innpakning; **what kind of** ~? hva slags innpakning? **Christmas** ~ innpakning i julepapir.

wrapping paper innpakningspapir; **Christmas** ~ julepapir; **gift** ~ gavepapir.

wrasse [ræs] *subst; zo; fisk(=labrid)* leppefisk.

wrath [rɔθ; rɔ:θ; **US:** ræθ] *subst; stivt el. litt.(= great anger)* vrede.

wreak [ri:k] *vb; stivt el. litt.:* ~ **havoc**(=*cause destruction)* forårsake ødeleggelse; **he -ed his wrath on her**(=*he took his anger out on her)* han lot sinnet sitt (*el.* sin vrede) gå ut over henne.

wreath [ri:θ] *subst (pl: wreaths* [ri:ðz; ri:θs]*)* **1.** krans *(fx lay a wreath on a coffin);* ~ **of flowers** blomsterkrans; **laurel** ~ laurbærkrans; **triumphal** ~*(=victory wreath)* seierskrans; **lay a** ~ **at a statue** bekranse en statue; legge ned krans ved en statue; **2.** *stivt el. litt.:* **-s of smoke**(=*curls of smoke)* røykspiraler.

wreathe [ri:ð] *vb* **1.** *litt.:* ~(=*make)* **a garland** flette en krans; **2.** *litt.:* (be)kranse; **-d**(=*covered)* **in flowers** kranset (*el.* dekket) med blomster; **their faces were -d**(=*covered)* **in smiles** ansiktene deres var bare smil; **3.** *litt.(=twist; curl):* **smoke -d from the chimney** røyken snodde seg opp fra skorsteinen.

I. wreck [rek] *subst* **1.** *mar:* vrak; **2. T:** vrak (av en bil) *(fx he's driving around in an old wreck);* **3.** *om person:* vrak *(fx a human wreck);* **turn him into a physical and mental** ~ gjøre ham til et fysisk og psykisk vrak; **4.** *litt.(=destruction)* ødeleggelse.

II. wreck *vb* **1.** *mar:* **be -ed** forlise *(fx the ship was wrecked on the rocks);* **2**(=*damage; ruin)* gjøre skade på; ødelegge *(fx the telephone boxes have been wrecked by vandals);* **this should not be allowed to** ~ **a marriage** dette bør ikke få lov til å ødelegge et ekteskap; **you've -ed my plans** du har ødelagt planene mine.

wreckage ['rekidʒ] *subst* **1.** vrakrester; vrakdeler; *av hus, etc:* ruiner; sørgelige rester; **2.** *litt.(= wrecking)* ødeleggelse; tilintetgjørelse *(fx the wreckage of her dreams).*

wrecker ['rekə] *subst* **1.** person som ødelegger ting; **2.** bilopphogger; **3.** **US***(=breakdown lorry)* kranbil; **4.** nedrivingsentreprenør; **5.** *hist:* vrakplyndrer; vrakrøver.

wrecker's yard*(=breaker's yard)* bilopphoggeri.

wren [ren] *subst; zo:* gjerdesmett.

Wren *subst* **T***(member of the Women's Royal Naval Service)* medlem av Marinens kvinnekorps; **T:** lotte i marinen.

I. wrench [rentʃ] *subst* **1***(=violent twist; violent pull)* voldsom vri; voldsomt rykk; **he gave the door handle a ~** han rykket i dørhåndtaket; **2.** *tekn(=spanner)* nøkkel; **(adjustable) ~** skiftenøkkel; **monkey ~** universalnøkkel (ɔ: skiftenøkkel med 90° vinkel); **pipe ~***(=pipe tongs)* rørtang; **socket ~** pipenøkkel; **US: speed ~***(=wheel brace)* hjulkryss; hjulavtager; **torque ~** momentnøkkel; **3.** *fig:* **it will be a ~ to leave** det vil bli trist å reise; det vil bli vanskelig å rive seg løs og reise.

II. wrench *vb* **1***(=pull; twist)* rykke (voldsomt); vri (voldsomt) *(fx he wrenched the gun out of her hand);* **~ the door open** rive opp døra; **2.** *med.; stivt(=twist; sprain)* vrikke; forstue *(fx one's ankle).*

wrest [rest] *vb; stivt(=twist)* vri *(fx he wrested the knife from her);* **~***(=wring)* **a confession from sby** fravriste en en tilståelse; *litt.:* **~ a living from the stony soil** fravriste den steinete jorda et levebrød.

wrestle ['resəl] *vb* **1.** *sport:* bryte (*with* med); **2.** *fig:* **~ with***(=struggle with)* kjempe med; slite med *(fx I've been wrestling with these figures for hours).*

wrestler ['reslə] *subst:* bryter.

wrestling ['resliŋ] *subst:* bryting; **arm ~** håndbak.

wrestling match brytekamp.

wretch [retʃ] *subst* **1.** *glds el. stivt:* **poor ~***(=unhappy creature)* stakkar; **2.** *neds(=cheeky blighter)* frekkas; skurk *(fx that wretch has stolen my wallet!).*

wretched ['retʃid] *adj* **1***(=miserable)* elendig; ussel *(fx dressed in wretched old clothes);* **in a ~ state** i en elendig (*el.* ussel) forfatning; **2.** *i utrop:* **I've lost my ~ socks!** jeg har mistet de elendige sokkene mine!

wretchedness ['retʃidnis] *subst(=misery)* elendighet; usselhet.

I. wriggle ['rigəl] *subst:* vrikk.

II. wriggle *vb* **1.** vrikke; bukte seg *(fx the snake wriggled across the path);* vri *(fx she wriggled (her arm) free of the jacket);* **2.: ~ out of** vri seg unna *(fx one's responsibilities);* komme seg ut av *(fx an awkward situation).*

wring [riŋ] *vb(pret & perf. part.: wrung)* **1.: ~ (out)** vri (vannet ut av); vri opp *(fx wring out the clothes);* **2.** fravriste *(fx wring a confession from sby);* **~ some information from him** vri noen opplysninger ut av ham; **~ one's hands** vri sine hender; **T: ~ sby's neck** vri halsen om på en.

wringer ['riŋə] *subst:* vrimaskin.

wringing wet *adj* **T***(=soaking wet)* dyvåt.

I. wrinkle ['riŋkəl] *subst* **1.** rynke *(fx his face is full of wrinkles);* **2.** *i tøy(=crease)* fold; rynke *(fx she ironed the wrinkles out of her skirt).*

II. wrinkle *vb:* rynke; krølle; gjøre krøllete *(fx the heat had wrinkled the paper).*

wrinkled *adj:* rynkete; skrukkete *(fx face);* krøllete *(fx skirt);* **your stockings are ~ (round your legs)** strømpene dine henger i trekkspill.

wrinkly ['riŋkli] *adj:* rynkete *(fx face); (se wrinkled).*

wrist [rist] *subst; anat:* håndledd.

wristband ['rist,bænd] *subst:* ermelinning; *(jvf neckband).*

wristwatch ['rist,wɔtʃ] *subst:* armbåndsur.

writ [rit] *subst* **1.** *glds:* **Holy Writ***(=the Bible)* Skriften; **2.** *jur:* stevning; **issue a ~** ta ut stevning; **serve a ~ on the defendant** forkynne stevning for motparten.

write [rait] *vb(pret: wrote; perf. part.: written)* **1.** skrive *(fx write neatly; write(=sign) one's name; write home);* **this pen -s badly** denne pennen skriver dårlig; **~ a cheque***(=write out a cheque)* skrive (ut) en sjekk; **~ shorthand** stenografere; **words written alike but pronounced differently** ord som skrives likt, men som uttales forskjellig; **he -s for a living** han lever av å skrive;

2.: ~ about skrive om; **T: it's nothing to ~ home about** det er ikke noe større å skryte av; det er ikke noe særlig; **a lot is being written about . . .** det skrives mye om . . .; **a lot has been written about competition and status symbols** det er (blitt) skrevet mye om konkurranse og statussymboler;

3.: ~ down 1. skrive opp; skrive ned; 2. *økon:* skrive ned *(fx the pound);*

4.: ~ for 1. skrive etter *(fx more money);* **2.** **T***(=apply for)* søke på *(fx a job);*

5.: ~ in 1. skrive med *(fx pencil; it was written in ink);* 2. *til avis; radio, etc:* skrive inn *(fx they have written in to say they like the programme);* 3. *i dokument, etc(=insert)* føye til;

6.: ~ off 1. *merk:* skrive av *(fx write off £10,000);* avskrive; **~ off against profit and loss** avskrive (*el.* bortskrive) mot tap og vinning; **~ off a bad debt** avskrive en uerholdelig fordring; **£3000 has been written off on machinery** det er avskrevet **£3000** på maskiner; **~ off to meet losses** avskrive til dekning av tap; **~ off in the balance sheet** avskrive på regnskapet; 2. kjøre til vrak *(fx he wrote off his car in a bad accident);* 3.: **~***(=send)* **off for information** skrive etter opplysninger;

7. ~ on 1. skrive på *(fx I've got nothing to write on; don't write on this sheet);* **guilt was written on his face** skylden stod skrevet i ansiktet hans; 2.: **~ on top of the rough draft** skrive over i kladden;

8.: ~ out 1*(=copy out)* skrive av (som straff); 2*(=make out)* skrive ut *(fx a cheque);* 2. føre inn; renskrive; **~ out an essay***(=make a fair copy of an essay)* føre inn en stil; renskrive en stil; **~ the letter out again!** skriv brevet om igjen! **~ this out in your neatest handwriting** før dette inn så pent du kan; 4.: **~ oneself out** skrive seg tom *(fx on a subject);*

9.: ~ (to) sby skrive til en; **~ a letter to sby** skrive et brev til en;

10.: ~ up 1. renskrive *(fx one's notes);* 2. ajourføre *(fx a diary);* 3. *bokf:* føre inn *(fx he wrote up the records of the week's takings in the accounts book);* 4. *økon:* skrive opp *(fx write up the pound).*

write-off ['rait,ɔf] *subst* **1.** *merk:* avskrivning; **2.** totalvrak *(fx his car's a write-off).*

writer ['raitə] *subst* **1.** forfatter; skribent; **2.: the ~ of the letter** brevskriveren; **the ~ (of this letter)** undertegnede; **3.: I'm a poor ~** 1*(=I'm a poor correspondent)* jeg er en dårlig brevskriver; jeg er ikke flink til å skrive brev; 2. jeg har en elendig håndskrift.

writer's cramp skrivekrampe.

write-up ['rait,ʌp] *subst; av bok; etc:* anmeldelse *(fx if he likes the book he'll give you a good write-up).*

writhe [raið] *vb; stivt(=twist and turn):* ~ **in agony** vri seg av smerte; **he -d***(=winced)* **under the insult** han krympet seg under fornærmelsen.

writing ['raitiŋ] *subst* **1.** skriving; skrivearbeid; **good at** ~ flink til å skrive; skrivefør; **take up** ~ **as a career***(=take up a literary career)* slå inn på forfatterbanen; **2.** skrift; **in** ~ skriftlig; **have it in** ~ ha det skriftlig; **put it in** ~ sette det på trykk; *fig:* **the** ~ **on the wall** skriften på veggen; **I can't read your** ~ jeg kan ikke lese skriften din; **-s** skrifter; verker *(fx the writings of Plato);* **3.: (manner of)** ~ stil *(fx the scientific manner of writing; good writing should be clear and direct).*

writing-case ['raitiŋ,keis] *subst:* skrivemappe.

(writing) desk skrivebord.

writing paper*(=notepaper)* skrivepapir; brevpapir.

written ['ritən] **1.** *perf. part. av write;* **2.** *adj:* skriftlig *(fx a written exam).*

written character skrifttegn.

written language skriftspråk.

written word: the ~ det skrevne ord.

I. wrong [rɔŋ] *subst* **1.** urett; **do sby a** ~ gjøre en en urett; **the terrible** ~ **he had done his wife** den fryktelige uretten han hadde begått mot sin kone; **remedy the** ~ **done to the farmers** bøte på den urett som var begått mot bøndene; **do sby grievous** ~ gjøre en blodig urett; **you do him** ~ **to suggest that . . .** du gjør ham urett når du antyder at . . .; **2.** *jur:* rettsbrudd; **civil** ~ overgrep mot privatperson; **public** ~ forseelse mot det offentlige; **3.: be in the** ~ ta feil; ha urett; **he always puts me in the** ~ han gir alltid meg skylden; han stiller alltid meg i et uheldig lys.

II. wrong *vb; stivt(=treat unfairly):* ~ **sby** forurette en; øve urett mot en; handle galt overfor en *(fx a girl by promising to marry her).*

III. wrong *adj* **1.** *motsatt riktig:* gal *(fx the wrong direction);* **the** ~ **answer** galt svar; **he went into the** ~ **room** han gikk inn i galt værelse; **go the** ~ **way** gå (,kjøre) feil; ta feil av veien; **that was** ~ **of me** det var galt (gjort) av meg; **on the** ~ **side of 40** på den gale siden av 40; **2.: be** ~*(=be mistaken)* ta feil; ha urett; *(se I. bed: get out of* ~ *on the wrong side; I. stick: get (hold of) the wrong end of the* ~*).*

IV. wrong *adv:* galt *(fx he spelt my name wrong; guess wrong; you've done this sum wrong);* **you did** ~ **to . . .** du gjorde galt i å . . . *(fx you did wrong to refuse his demands);* **don't get me** ~ ikke misforstå meg; **go** ~ 1. gå i stykker *(fx the machine went wrong);* **this machine has gone** ~ det er blitt noe galt med denne maskinen; 2. gå galt *(fx everything has gone wrong for her);* **it went all** ~ det gikk helt galt; **something went badly** ~ det var noe som gikk meget galt; **3***(=make a mistake)* gjøre feil; **where did I go** ~ **in that sum?** hvor var det jeg gjorde feil i det regnestykket? **he didn't put a foot** ~ han begikk ingen feil; **they told you** ~*(=you have been wrongly informed)* du har fått gale opplysninger; man har sagt galt til deg; *(jvf wrongly).*

wrong connection *tlf:* feilringing.

wrongdoer ['rɔŋ,du:ə] *subst: stivt:* en som forser seg; en som gjør noe galt *(fx the wrongdoers must be punished).*

wrongdoing ['rɔŋ,du:iŋ] *subst; stivt:* forseelse; forsyndelse.

wrong-foot ['rɔŋ,fut] *vb:* ~ **sby***(=catch sby off his guard)* komme overraskende på en; overraske en.

wrongful ['rɔŋful] *adj; stivt* **1***(=wrong; unjust)* gal; urettferdig; **2***(=unlawful; illegal)* urettmessig *(fx dismissal);* ~ **claimant** en som fremsetter et urettmessig krav.

wrongheaded [,rɔŋ'hedid; *attributivt:* 'rɔŋ,hedid] *adj(=very stubborn)* meget sta; påståelig (når det gjelder å fastholde noe som er galt); meget stri.

wrongly ['rɔŋli] *adv (jvf IV. wrong)* galt; på gal måte; **he acted** ~ han gikk galt frem; han handlet galt; **he** ~ **refused***(=he did wrong to refuse)* han gjorde galt i å avslå; ~ **addressed letter** galt adressert brev.

wrote [rout] *pret av write.*

wrought [rɔ:t] *adj; glds el. stivt* **1.** smidd *(fx these old iron gates were wrought(=made) by the local blacksmith);* **2.** tilvirket; forarbeidet; **highly** ~ fint forarbeidet; **3.** utsmykket; dekorert; **silver-**~ sølvinnvirket; **4.: get** ~ **up***(=get worked up)* bli opphisset; bli alterert (*el.* oppskaket).

wrought iron smijern.

wrought-iron gate smijernsport.

wrung [rʌŋ] *pret & perf. part. av wring.*

wry [rai] *adj* **1.** *sj(=twisted; bent to one side)* skjev *(fx a wry neck);* **2.: make a** ~ **face***(=pull a face)* gjøre en grimase; **a** ~ **smile** et skjevt smil; **he gave a** ~ **smile** han smilte skjevt.

wynd [waind] *subst; skotsk(=narrow lane)* smug; trang gate.

X

X, x [eks] (bokstaven) X, x; *tlf:* **X for Xerxes** X for Xerxes; **capital X** stor X; **small x** liten x.
Xanthippe [zæn'θipi] *subst:* Xantippe.
xenogamy [ze'nɔgəmi] *subst; bot(=cross fertilization)* kryssbestøvning; xenogami.
xenophobe ['zenə,foub] *subst:* fremmedhater.
xenophobia [,zenə'foubiə] *subst:* fremmedhat.
Xerxes ['zə:ksi:z] *subst:* Xerxes.
X film film forbudt for personer under 18 år.
Xmas ['eksməs; 'krisməs] *subst* **T***(=Christmas)* jul; *(se Christmas).*
I. X-ray ['eks,rei] *subst* **1.** røntgenstråle; **2.** røntgenbilde; **a breast ~** et røntgenbilde av brystet; **-s on the girl showed that . . .** røntgenbilder av piken viste at . . .; **read***(=scan)* **an ~** se på et røntgenbilde; **he went to hospital for an ~** han dro til sykehuset for å få tatt et røntgenbilde; **they took an ~ of my arm** det ble tatt et røntgenbilde av armen min.
II. X-ray *vb:* røntgenfotografere *(fx they X-rayed his arm; he had his arm X-rayed).*
X-ray photograph røntgenbilde.
X-ray therapy røntgenterapi; røntgenbehandling.
xylophone ['zailə,foun] *subst; mus:* xylofon; **finger ~** fingerxylofon.

Y

Y, y [wai] (bokstaven) Y, y; *tlf:* **Y for Yellow** Y for yngling; **capital Y** stor Y; **small y** liten y.
yacht [jɔt] *subst; mar:* yacht; lystyacht.
yacht club yachtklubb; seilerklubb.
yachting ['jɔtiŋ] *subst:* seiling; **go ~** seile.
yachtsman ['jɔtsmən] *subst:* seiler; lystseiler.
yak [jæk] *vb* **S***(=talk incessantly; chatter)* skravle (i ett kjør).
yam [jæm] *subst; zo* **1.** yams(rot); **2.** *skotsk(=potato)* potet; **3. US***(=sweet potato)* søtpotet.
yank [jæŋk] **T 1.** *subst(=jerk; sharp pull)* rykk; hardt napp; **2.** *vb(=jerk; pull sharply)* rykke; nappe hardt.
Yank *subst* **S***(=American)* amerikaner.
Yankee ['jæŋki:] *subst* **T 1***(=American)* amerikaner; **2***(=inhabitant of the Northern US)* nordstatsamerikaner.
I. yap [jæp] *subst* **1.** bjeff *(fx the little dog gave a yap as I entered);* **2. T***(=chatter)* skravl; **3. S***(=mouth)* kjeft *(fx shut your yap!).*
II. yap *vb* **1.** bjeffe; **2. T***(=chatter)* skravle *(fx she's been yapping away for hours).*
I. yard [ja:d] *subst* **1.** *mål:* yard (ɔ: 0,914 m); **2.** *mar:* rå.
II. yard *subst* **1***(=courtyard)* gård(splass); **2.: poultry ~***(=chicken run)* hønsegård; **3***(=railway yard)* jernbanetomt; **goods***(,***US:** *freight)* **~** godstomt; **shunting ~, marshalling ~***(,***US:** *switchyard; classification yard)* skiftetomt; **flat ~** flat skiftetomt; **4.** *forst:* **timber***(,***US:** *lumber)* **~** tømmeropplag(stomt); **5.** *mar(=shipyard; shipbuilding yard)* (skips)verft; **6. T: the Yard** Scotland Yard; *(se breaker 1: ~'s yard; churchyard; farmyard; naval shipyard; stockyard).*
yardarm ['ja:d,a:m] *subst; mar:* rånokk.
yard foreman *jernb:* skifteformann; *(se yardmaster).*
yard inspector *jernb:* skiftekontrollør; *(se yardmaster).*
yardman ['ja:dmən] *subst* **1.** person som arbeider på trelasttomt; tomtearbeider; **2.** *jernb(=labourer)* tomtearbeider; *(se yardmaster).*
yardmaster ['ja:d,ma:stə] *subst; jernb:* skiftemester; *(jvf yard inspector; yard foreman; yardman).*
yardstick ['ja:d,stik] *subst* **1.** yardstokk; **2.** *fig:* målestokk; **apply the same ~ to everybody** skjære alle over en kam.
yarn [ja:n] *subst* **1.** garn; *(jvf I. cotton 3 & knitting wool);* **2. T***(=tall tale; long story)* skipperskrøne; lang historie; **spin a ~** spinne en ende; fortelle en skipperskrøne.
yarrel's blenny *zo; fisk:* hornkvabbe.
yarrow ['jærou] *subst; bot(=milfoil)* ryllik.
yatter ['jætə] *vb* **T***(=chatter)* skravle.
yaw [jɔ:] **1.** *subst; flyv & mar; om ufrivillig avvik fra kurs:* gir; **2.** *vb; flyv & mar:* gire.
yawl [jɔ:l] *subst; mar* **1***(decked sailing boat having main mast and a small mizzen mast that is abaft tiller)* yawl; **2.** *hist(=jolly boat)* skipsbåt.
I. yawn [jɔ:n] *subst:* gjesp *(fx he gave a yawn of sheer boredom);* **stifle a ~** kvele en gjesp.
II. yawn *vb:* gjespe; **~ wide** gjespe stort; **T: ~ one's head off** gjespe kjeven av ledd.
yawning *adj; stivt el. spøkef:* gapende *(fx there were yawning holes in his socks; a yawning hole in the road).*
I. ye [ji:; *trykksvakt:* ji] *pron; glds el. dial(=you)* dere.
II. ye [ði:, ji:] *best artikkel; glds:* the *(fx Ye Olde Englishe Tea Shoppe).*
yea [jei] *adv; glds(=yes)* ja.
yeah [jeə] *adv* **T***(=yes)* ja.
year [jiə; jə:] *subst* **1.** år; **this ~** i år; **this past ~***(=in the past year; during the past year)* i året som gikk; dette siste året; **last ~** i fjor; **for -s (and -s)** 1. i årevis; 2. på mange år; på årevis; **for donkey's -s** på mange herrens år *(fx we haven't seen him for donkey's years);* **he stayed here for two -s** han var (*el.* ble) her i to år; **we haven't seen him for five -s** vi har ikke sett ham på fem år; **he's wise for his -s** han er klok for sin alder; **his early -s***(=his childhood)* hans barndom; **in a ~, in a ~'s time** om et år; om et års tid; **in a couple of -s** om et par år; **in the ~ 1945***(=in 1945)* i (året) 1945; *litt.:* **in the ~ of grace 1880** i det nådens år 1880; **in the past ~:** *se ovf: this past ~;* **in my 16 years of meeting such parents I've never . . .** i de 16 årene jeg har truffet slike foreldre, har jeg aldri . . .; **~ in, ~ out** år ut og år inn; **he's getting on in -s***(=he's getting old)* han begynner å bli gammel; han begynner å trekke på årene; **over the -s** i årenes løp; **over a period of 15 -s** i løpet av 15 år; i en periode på 15 år; **all (the) ~ round** (hele) året rundt; **they take -s to serve anyone in this shop** det tar evigheter å bli ekspedert i denne butikken;
2*(=age group; class; set)* årgang; årskull; kull; **my ~***(=my set)* mitt kull; *(se financial: ~ year; fiscal: ~ year; leap year).*
yearbook ['jiə,buk] *subst:* årbok.
yearling ['jiəliŋ] *subst:* dyr som er ett år gammelt; *om hest:* ettåring.
yearly ['jiəli] **1.** *adj:* årlig *(fx payments);* **he paid a ~ visit to his uncle***(=he went to see his uncle once a year)* han avla ett besøk hos sin onkel hvert år; han besøkte sin onkel én gang i året; **2.** *adv(=every year)* hvert år; år for år *(fx the premium on this insurance policy decreases yearly).*
yearn [jə:n] *vb; litt. el. stivt(=long)* lengte; **~ for***(=long for)* lengte etter.
yearning ['jə:niŋ] *subst; litt. el. stivt(=longing)* lengsel; **man's deepest -s** menneskets dypeste lengsler.
yeast [ji:st] *subst:* gjær; **brewer's ~** ølgjær.
yeasty ['ji:sti] *adj:* gjær-; **taste ~** smake av gjær.
I. yell [jel] *subst* **T***(=scream; shout)* hyl; skrik; **he gave a loud ~** han ga fra seg et høyt skrik; han skrek (*el.* hylte) høyt.
II. yell *vb* **T***(=scream; shout)* hyle; skrike; **she -ed a warning to us** hun skrek en advarsel til oss.
I. yellow ['jelou] *subst:* gult; gul farge; **the ~ of an egg***(=the yolk of an egg)* det gule i et egg; eggeplommen.
II. yellow *vb:* gulne *(fx the leaves were beginning to yellow).*
III. yellow *adj* **1.** gul; **2. T***(=cowardly)* feig; **3.**

skandale-; sensasjons-; **the ~ press** skandalepressen.
yellow-billed loon US*(=white-billed diver) zo:* gulnebblom.
yellow bunting*(=yellowhammer) zo:* gulspurv.
yellowhammer ['jelou,hæmə] *subst; zo(=yellow bunting)* gulspurv.
yellowish ['jelouiʃ] *adj:* gulaktig; gullig.
yellowlegs ['jelou,legz] *subst; zo:* **greater ~** stor gulbeinsnipe; plystresnipe; **lesser ~** gulbeinsnipe.
Yellow Pages, yellow pages*(=classified telephone book)* fagfortegnelse; yrkesliste.
yellow rattle *bot:* engkall.
yelp [jelp] **1.** *subst:* (kort) bjeff; hyl *(fx the dog gave a yelp of pain);* **2.** *vb:* bjeffe; hyle.
Yemen ['jemən] *subst; geogr:* Yemen.
I. yen [jen] *subst (pl: yen)* yen (ɔ: japansk mynt).
II. yen *subst* **T***(=strong desire)* sterkt ønske *(fx he had a yen to go abroad).*
yeoman ['jouman] *subst* **1.** *hist(=small freeholder)* fribonde; selveierbonde; **2.:** *se yeoman of the guard.*
yeoman of the guard*(=yeoman warder; yeoman)* medlem av det engelske livgardekorps.
yes [jes] *adv:* ja; jo.
yes-man ['jes,mæn] *subst* **T***(=puppet)* nikkedukke.
yesterday ['jestə,di; 'jestə,dei] **1.** *subst:* gårsdagen; **2.** *adv:* i går *(fx I saw him yesterday);* **~ morning** i går morges; **the day before ~** i forgårs.
yesteryear ['jestə,jiə] *subst & adv; litt.(=the past)* fortiden; *ordspråk:* **where's the snow of ~?** hvor er snøen som falt i fjor?
yet [jet] *adv* **1.** enda; ennå, **he may come ~** han kan enda komme; **not ~** ikke enda; ikke ennå; **not just ~** ikke riktig enda; **I don't know as ~** jeg vet ikke enda; **2.** *foran adj i komp; stivt(= even)* enda *(fx yet worse; yet greater progress);* **3.** *stivt(=but; however; nevertheless)* men; likevel; *stivt:* dog *(fx strange and yet true);* **I have failed, ~ I shall try again** jeg klarte det ikke, men jeg skal prøve igjen; **he's pleasant enough, (and) ~ I don't like him** han er hyggelig nok, og likevel liker jeg ham ikke; **4.** *foran 'another' & 'more'(= still):* **~ another problem** enda et problem; **~ more potatoes** enda flere poteter; **5.** *litt.:* **nor ~***(=neither)* heller ikke *(fx she was not beautiful, nor yet was she pleasant).*
yew [ju:] *subst; bot:* barlind.
yid [jid] *subst; neds* **S***(=Jew)* jøde.
Yiddish ['jidiʃ] *subst & adj:* jiddisch, jiddisk.
I. yield [ji:ld] *subst* **1.** utbytte; avkastning; ytelse; **a good ~ of wheat** en god hveteavkastning; **the ~***(=dividend)* **on these shares is 15 per cent** utbyttet på disse aksjene er 15%; **~ to redemption***(=redemption yield)* effektiv obligasjonsrente; **prospective ~** forventet utbytte; **2.** *statikk:* flytning.
II. yield *vb* **1.** *stivt(=give way)* gi etter; gi seg *(fx at last the door yielded);* **he -ed this point** på dette punktet ga han etter; **2.: ~ to** 1. *i trafikken:* vike for; 2. gi etter for; bøye av for; **3***(= surrender to)* gi fra seg; avgi; **3.** *om utbytte; avkastning, etc:* gi *(fx this soil should yield good crops; this tree always yields good fruit);* **a bond that -s 12 per cent** en obligasjon som gir 12% utbytte; **4***(=bring in)* innbringe *(fx the tax is expected to yield millions);* **5.: ~ up the ghost***(= give up the ghost)* oppgi ånden.
yob(bo) ['jɔb(ou)] *subst* **S***(=hooligan)* ramp; pøbel *(fx the windows were broken by a bunch of yobs(=yobbos)).*
yodel ['joudəl] **1.** *subst:* jodling; **2.** *vb:* jodle.
yoga ['jougə] *subst:* yoga.
yog(h)urt, yoghourt ['jɔgət] *subst:* yoghurt.
yogi ['jougi] *subst:* yogi.
yo-heave-ho ['jou,hi:v'hou] *mar; int:* hiv-ohoi.
yoke [jouk] *subst* **1.** *også fig:* åk *(fx the yoke of slavery);* **2.** *på kjole:* bærestykke.
yokel ['joukəl] *subst; neds(=country bumpkin)* bondeknoll.
yolk [jouk] *subst* **1.** (egge)plomme; **2.** *i saueull:* ullfett.
yonder ['jɔndə] *adj & adv; litt el. dial:* **~ village***(= that village over there)* den landsbyen der borte; **(over) ~***(=over there)* der borte.
yore [jɔ:] *subst; glds:* **in days of ~***(=in the past)* i fordums dager; før i tiden.
you [ju:] *pron* **1.** du; deg; De, Dem; **2.** dere; **3***(=one)* man; **4.** *foran subst:* **~ fool!** din tosk! **~ stupid fools** dere er noen dumme tosker!
young [jʌŋ] **1.** *subst:* **the ~** de unge; **birds feed their ~ on insects** fuglene mater ungene sine med insekter; **they defend their ~** de forsvarer ungene sine; **2.** *adj:* ung; **~ ones** unger; avkom; **~ people** unge mennesker; ungdom(mer); **two ~ people** to ungdommer; to unge mennesker; *jur:* **~ person** ungdom i alderen 14–17 år; *(jvf child).*
youngish ['jʌŋiʃ] *adj:* nokså ung.
youngster ['jʌŋstə] *subst:* unggutt; yngling; **she's no ~!** hun er ingen yngling! **with two growing -s** med to gutter i oppveksten.
your [jɔ:; *trykksvakt også:* jə] *pron* **1.** din; ditt; dine; deres; Deres *(fx your car);* **2.** *i tiltale:* **Your Majesty** Deres majestet; **3. T: that's ~ typical commuter** det er det som er den typiske pendler.
yours [jɔ:z] *pron (jvf your)* **1.** din; ditt; dine; deres; Deres *(fx this car is yours; yours is on the other side of the street);* **2.** *i avslutning av brev:* **Yours faithfully,** med vennlig hilsen; vennlig hilsen (når brevet åpner med 'Dear Sirs,'; 'Dear Madam,'); **Yours sincerely,** med vennlig hilsen; vennlig hilsen (når brevet åpner med 'Dear Mr . . .,'; 'Dear Mrs . . .,'; 'Dear Miss . . .,'); **3.** *spøkef:* **what's ~?***(=what would you like to drink?)* hva vil du ha å drikke? *(se også truly 2: yours ~).*
yourself [jɔ:'self] *pron:* du (,De) (selv); deg (,Dem) (selv); *når 'you' brukes i betydningen 'man':* seg; **you can dry ~ with one of those towels** man kan tørke seg med et av de håndklærne; **you can jolly well do that ~!** det kan du få lov å gjøre selv!
yourselves [jɔ:'selvz] *pron; pl av yourself.*
youth [ju:θ] *subst (pl: youths* [ju:ðz]*)* **1.** ungdom *(fx he spent his youth in France);* **enjoy your ~!** nyt ungdommen! **he lived there in his ~** han bodde der i sin ungdom; **friend of one's ~** ungdomsvenn; **2.** unge mennesker; ungdom *(fx modern youth; today's youth has little sense of responsibility);* **3.** *ofte neds om gutt:* ungdom; unggutt *(fx a long-haired youth).*
youth club ungdomsklubb; ungdomslag; **religious ~** kristelig ungdomsforening.
youth custody *om straffen:* ungdomsfengsel *(fx nine months' youth custody); (jvf borstal & community home; youth custody centre).*
youth custody centre ungdomsfengsel; *(jvf borstal & community home).*
youthful ['ju:θful] *adj* **1.** ungdommelig *(fx grandmother);* **2***(=young)* ung *(fx youthful dancers);* **3.** *stivt el. litt.(=of youth)* ungdoms-; som hører ungdommen til; ungdommelig *(fx optimism; pleasures).*
youth hostel ungdomsherberge; *(se warden).*
youth leader ungdomsleder.

yowl [jaul] **1.** *subst; især fra dyr(=howl)* hyl; **2.** *vb(=howl)* hyle.
yo-yo ['jou,jou] *subst; leketøy:* jojo; **it's going up and down like a ~** det går opp og ned som en jojo.
yuck [jʌk] *int; især* **US S***(=ugh; bah)* æsj.
yucky ['jʌki] *adj; især* **US S***(=nasty; disgustingly messy)* vemmelig; klissete; grisete.
Yugoslav ['ju:gə,sla:v; 'ju:gou,sla:v] **1.** *subst:* jugoslav; **2.** *adj:* jugoslavisk.
Yugoslavia [,ju:gə'sla:viə; ,ju:gou'sla:viə] *subst; geogr:* Jugoslavia.
yule [ju:l] *subst; glds(=Christmas)* jul.
yuletide ['ju:l,taid] *subst; glds(=Christmastime)* juletid.
yuletide greeting *glds(=Christmas greeting)* julehilsen.
yummy ['jʌmi] *adj* **T***(=delicious; really nice)* lekker.
yum-yum [,jʌm'jʌm] *int:* nam-nam; mm!
Yuppie ['jʌpi] *subst* **T:** japp.

Z

Z, z [zed; **US:** zi:] (bokstaven) Z, z; *tlf:* **Z for Zebra** Z for Zakarias; **capital Z** stor Z; **small z** liten z.

Zaire [za:'iə] *subst; geogr:* Zaire.

Zairean [za:'iəriən] **1.** *subst:* zairer; **2.** *adj:* zairsk; zairisk.

Zambia ['zæmbiə] *subst; geogr:* Zambia.

Zambian ['zæmbiən] **1.** *subst:* zambier; **2.** *adj:* zambisk.

zany ['zeini] *adj* **T***(=crazy)* sprø.

zap [zæp] *vb; især* **US T***(=kill)* kverke; drepe.

zappy ['zæpi] *adj* **T 1***(=fast-moving)* rask *(fx a zappy little car);* **2***(=lively; energetic; dynamic)* livlig; energisk; dynamisk *(fx the zappy presentation of a TV commercial).*

zeal [zi:l] *subst; stivt(=eagerness; keenness)* sterk iver; tjenstiver; nidkjærhet; *(=enthusiasm)* begeistring; iver *(fx she shows great zeal for her work);* **missionary ~** omvendelsesiver; iver etter å omvende.

Zealand ['zi:lənd] *subst; geogr:* Sjælland.

zealot ['zelət] *subst; hist el. stivt(=fanatic; too enthusiastic supporter)* fanatiker; overivrig tilhenger.

zealous ['zeləs] *adj; stivt(=enthusiastic; eager)* ivrig *(fx he was a zealous supporter of our cause);* tjenstivrig; nidkjær; **he's ~ in making converts***(= he's zealous to make converts)* han er nidkjær når det gjelder å omvende folk; han er svært ivrig etter å omvende folk.

zebra ['zebrə; zi:brə; **US:** 'zi:brə] *subst; zo:* sebra.

zebra crossing fotgjengerovergang (med sorte og hvite striper); *(se pedestrian crossing & pelican crossing).*

zed [zed]*(,***US:** *zee* [zi:]) bokstaven z.

zenith ['zeniθ; **US:** 'zi:niθ] *subst* **1.** *astr:* senit; **2.** *fig(=peak)* topp *(fx he's at the zenith of his career).*

zephyr ['zefə] *subst; litt.(=gentle breeze)* mild bris.

I. zero ['ziərou] *subst* **1.** null *(fx the figure 100 has two zeroes in it; zero degrees Fahrenheit; three plus zero equals three);* **2.** nullpunkt *(fx five degrees above (,below) zero; my spirits fell to zero).*

II. zero *vb* **1.** *mil:* **~ in** skyte inn (et våpen) (*on* på); **~ in on a target** skyte seg inn på et mål; **2.** *fig:* **~ in on** 1. konsentrere seg om; 2. flokke seg om *(fx the reporters zeroed in on Miss World).*

zero growth *økon:* nullvekst.

zero hour *mil:* iverksettelsestid (for angrep).

zero option *polit:* null-løsning.

zest [zest] *subst* **1.** *kul(peel of an orange or lemon):* **add the ~ of a lemon** tilsett skall av en sitron; **2.** *fig; stivt(=great enthusiasm; gusto)* stor begeistring; iver; velbehag; **she joined in the game with great ~** hun deltok med stor iver i (ball)spillet; **her ~ for living** hennes appetitt på livet; **3.** *fig; stivt(=spice)* krydder *(fx danger added zest to the undertaking);* **add***(=give)* **~ to life***(= add some spice to life)* sette krydder på tilværelsen.

Zeus [zju:s] *subst:* Zeus.

zigzag ['zig,zæg] **1.** *subst:* siksak: siksaklinje; siksakmønster *(fx a blue shirt with red zigzags);* **2.** *vb:* gå i siksak *(fx the road zigzagged through the mountains);* bevege seg i siksak; **~ in and out of the traffic** sno seg gjennom trafikken.

zigzag line siksaklinje.

zigzag path siksaksti.

Zimbabwe [zim'ba:bwi] *subst; geogr:* Zimbabwe.

zimmer ['zimə] *subst; for pasient(=walking frame)* gåstol; rullator.

zinc [ziŋk] *subst; min:* sink.

zinc ointment *farm:* sinksalve.

zinc spar *kjem(=smithsonite)* sinkspat.

zinc white*(=Chinese white)* sinkhvitt.

I. zing [ziŋ] *subst* **1.** høy, skingrende lyd; piping *(fx the zing of a bullet);* **2. T***(=energy; vitality)* energi; vitalitet; **T:** futt; *(jvf I. zip 3).*

II. zing *vb* **T:** hvine; fløyte; pipe *(fx a bullet zinged past her ear).*

Zion ['zaiən] *subst:* Sion.

Zionism ['zaiə,nizəm] *subst:* sionisme.

Zionist ['zaiə,nist] *subst:* sionist.

I. zip [zip] *subst* **1***(=zip fastener;* **US:** *zipper)* glidelås; **2***(=whizzing)* vislende lyd; visling *(fx they heard the zip of a flying bullet);* **3***(=energy; vitality)* energi; vitalitet; **T:** futt; **she's full of ~** hun er så energisk (*el.* vital); hun er full av vitalitet; **T:** det er virkelig futt i henne.

II. zip *vb* **1.** lukke med glidelås; **this dress -s at the back** denne kjolen har glidelås i ryggen; **~ up one's trousers** lukke (*el.* ha igjen) glidelåsen i buksen sin; **2***(=whizz)* visle *(fx a bullet zipped past him);* svirre, **3***(=go fast; rush)* fare; suse *(fx they zipped through the town).*

zip code US*(=postcode)* postnummer.

zip fastener*(,***US:** *zipper)* glidelås.

zip-up ['zip,ʌp] *adj:* med glidelås *(fx a zip-up dress).*

zither ['ziðə] *subst; mus:* sitar; **Norwegian ~** langeleik.

zodiac ['zoudi,æk] *subst; astr:* **the ~** dyrekretsen; **sign of the ~** himmeltegn.

zombie ['zɔmbi] *subst* **1.** *i Vestindia(dead body which is revived and controlled by witchcraft)* zombi; **2. T:** søvngjengeraktig person; dorsk og uintelligent person; **3.** hasardspiller med pokeransikt; **4.** hest som ikke viser lyst til å delta i løp.

zonal ['zounəl] *adj:* sone-; **~ boundary** sonegrense.

I. zone [zoun] *subst* **1.** sone *(fx a no-parking zone; a traffic-free zone; a smokeless zone; an erogenous zone);* **2.** *geogr:* sone *(fx the Temperate Zone);* **3.** *mat.:* kulebelte.

II. zone *vb* **1.** inndele i soner; **2.** *i byplanlegging:* regulere; **this neighbourhood has been -d as residential** dette området er regulert for boligformål.

zoning ['zouniŋ] *subst* **1.** inndeling i soner; **2.** *i byplanlegging:* regulering.

zoo [zu:] *subst (pl: zoos) (,stivt: zoological garden)* dyrehage; zoologisk hage.

zoological [,zuə'lɔdʒikəl] *adj:* zoologisk.

zoological garden *stivt: se zoo.*

zoologist [zu'ɔlədʒist] *subst:* zoolog.

zoology [zu'ɔlədʒi] *subst:* zoologi.

I. zoom [zu:m] *subst* **1***(=loud buzz (of sth moving fast))* dyp brumming (av noe som beveger seg fort) *(fx the zoom of an aircraft);* **2.** *flyv:* kraftig opptrekk; **3.** *fig:* plutselig oppsving; **4.** *film, fot(=*

zoom lens) zoomlinse; **5.** *film:* zooming.

II. zoom *vb* **1.** fare; suse; brumme (om noe som beveger seg raskt); **she -ed off into the house** hun fór som et lyn inn i huset; **the motorbike -ed***(=whizzed)* **past us** motorsykkelen suste forbi oss; **we -ed***(=whizzed)* **through town** vi suste gjennom byen; **2.** *flyv(climb at a steep angle and high speed)* trekke kraftig opp; **3.** *fig:* skyte i været *(fx prices have zoomed)* **4.** *film:* zoome; ~ **in (,out)** zoome inn (,ut) *(fx zoom in on the door).*

zoom lens *film, fot:* zoomlinse.

zoom range zoomområde *(fx zoom range 5:1).*

zoospore ['zouə,spɔ:] *subst; bot(=swarm spore)* svermespore.

zucchini [tsu:'ki:ni; zu:'ki:ni] **US***(=courgette) subst; bot:* buskgresskar.

Zulu ['zu:lu; 'zu:lu:] *subst & adj:* zulu.

Zürich ['zjuərik] *subst; geogr:* Zürich.

zwieback ['swi:,bæk; 'zwi:,bæk] *subst* **US***(=rusk)* kavring.

zymology [zai'mɔlədʒi] *subst:* zymologi; gjæringsfysiologi.

zymolysis [zai'mɔlisis] *subst; kjem(=process of fermentation)* zymolyse; gjæringsprosess.

zymosis [zai'mousis] *subst* **1.** *med.(=infectious disease)* smittsom sykdom; **2.** *med.(=development and spread of an infectious disease)* utvikling og spredning av en smittsom sykdom; **3.:** *se zymolysis.*

NORSK-ENGELSK MINIORDBOK

fra Per Lysvåg: *Førstehjelp i engelsk*, Del II Problemord fra norsk til engelsk. Universitetsforlaget 1990.

Miniordboken inneholder utvalgte norske ord og uttrykk som erfaringsmessig viser seg å være vanskelige å oversette korrekt til engelsk. Til de norske uttrykkene er det derfor ført opp engelske alternativer med norske forklaringer/kommentarer og, i noen tilfeller, setningseksempler som viser nyanseforskjeller i betydningen.

Bruk Miniordboken sammen med Engelsk-norsk ordbok (ENO): Den første henleder oppmerksomheten på spesielle vanskeligheter mens ENO gir utfyllende opplysninger og eksempler på bruk. En slik kombinert bruk gir dessuten øvelse i effektiv bruk av og kjennskap til systematikken i en større ordbok som ENO.

Romertall og arabertall ved engelske uttrykk i Miniordboken henviser til tilsvarende tall i ENO hvor romertall viser til oppslagsordet og arabertall til betydningsvarianter i ordartiklene. Dersom du slår opp det norske ordet *aktuell* i Miniordboken, vil du finne **topical** med norsk oversettelse og deretter **II. current 2.**, **3.** og **III. present 2.**, **4.**, Symbolet **II**. viser til adjektivet **current** i motsetning til substantivet I. **current** i ENO; **2.**, **3**. viser til betydningsvariantene 2. og 3. under dette oppslagsordet. Tilsvarende gjelder **present**. Tallene viser altså til hvordan disse ordene er systematisert i ENO.

I Miniordboken finner du *annonsere*, med forslag til engelske oversettelser basert på ENO. Men du finner også **NB! announce.** Det er en såkalt «falsk venn» fordi det norske og engelske ordet ligner hverandre i form, men ikke i betydning.

Register, s. 833, inneholder alle engelske uttrykk som er brukt i Miniordboken med henvisning til det norske ordet i denne.

Der det norske ordet er oversatt med et lengre uttrykk på engelsk, er det ***kursiverte*** ordet oppslagsordet i ENO.

UK står for britisk-engelsk, US for amerikansk-engelsk, uf. for uformell.

advokat
→ **lawyer** (generelt ord, *jurist)*
→ **solicitor** (UK: *familieadvokat* uten rett til å representere klienter i høyere domstoler)
→ **barrister** (UK: *advokat* med rett til å føre saker for høyere domstoler, mer prestisjefylt tittel)
→ **attorney 2.** (det vanlige ordet i US. **Attorney General** *justisminister)*
→ **I. counsel 3.** (juridisk ord for *advokat* under rettsforhandlinger)

NB! I. advocate 1. (= *talsmann, forkjemper* for noe (ikke-juridisk))
He's an advocate of equal pay for men and women.

akkurat
→ III. just 1.
→ **exactly**
→ **I. very 1.**

NB! accurate *nøyaktig*
This is an accurate description of what took place.

aktuell
→ **topical** (*(dags)aktuell*; hva man snakker om)
→ **II. current 2., 3.** (*aktuell, nåværende*)
→ **III. present 2., 4.** (*nåværende*)

NB! actual (*virkelig, faktisk, egentlig)*
The actual campaign runs for four months.
Very few people ever get to see an actual bear.
We had hoped for a lot of people, but actually very few came.
He's by far the best player on the team.

allerede
→ **already** (når ordet står til verbet)
→ **I've already told you.**
→ **as early as/as far back as/even** (når en understreker et tidspunkt)
As early as/as far back as in the early 20s people started talking about . . .
→ **very** + substantiv

anledning
→ **opportunity**, **I. occasion 1.**, **I. chance 2.** (*mulighet*, når tidspunktet er gunstig)
→ **I. occasion 3.**, **event 1**. (*begivenhet*)
→ **connection 1.** (*forbindelse*)
→ **I. reason 2.** (*grunn*)
→ **reference 1.** (når man refererer til noe)

annonsere
→ **advertise 1., 3.** , **run a I.** ***commercial*** (på TV)

NB! announce 1. (*bekjentgjøre*)
They announced their engagement last Sunday.
It was announced that the Prime Minister would speak on TV that evening.

arbeider
→ **worker 1.** (det vanlige ordet)
→ **labourer** (en som har hardt fysisk arbeid)
→ **I. labour 2.** (generell gruppebetegnelse på et lands eller industris arbeidere; ingen artikkel)
→ **I.** ***labour*** **2. force** (*arbeidsstokk*)
→ **workman** (omtrent som **worker**)

arv/arve
→ **inheritance 1.**, **to inherit** (*det man arver, å arve*)
→ **heir, heiress** (*den som har rett til en arv*)
→ **heirloom** (*sjeldent arvestykke*)
→ **heritage** (*kulturarv*)
→ **heredity/hereditary** (adj.) (spesielt om *arv i biologisk forstand*)
→ **legacy 1., 2.** (konkret: *testamentarisk gave*, men også mer abstrakt om prinsipper, holdninger som ettertiden må forholde seg til)

avtale
→ **agreement 1., 2.** (generelt ord med betydningen *overenskomst, enighet*)
→ **treaty 1.** (*formell skriftlig avtale mellom nasjoner*)
→ **II. deal 3.** (mer uformelt ord for de fleste typer *avtale*)
→ **appointment 3.** (*timeavtale*)
→ **arrangement 1., 2.** (*praktisk avtale, ordning*)
→ **II. date 3.** (*stevnemøte*, særlig US)

bade, dusje
→ **II. bath** (US: **II. bathe 2.**, *ta karbad*
→ **take/have a I.** ***bath*** **1.** (ledigere, i betydningen *karbad* både i UK og US)
→ **II. bathe 3.** (UK: *bade* i saltvann og ferskvann)
→ **go for a I.** ***swim*** **1./go II.** ***swimming*** **1.** (***bade***)
→ **II. to shower 1. /have or take a I.** ***shower*** **3.** (*dusje*)

bak
→ **II. behind** (den vanlige preposisjonen)
→ **at the I.** ***back*** **2. (of)** (*på baksiden av*)
→ **after 1.**

berømt/beryktet
→ **famous** (det vanlige ordet, *berømt* i vide kretser)
→ **celebrated** (*fetert*)
→ **well-known** (*velkjent*)
→ **known 2.** (*kjent for*, ofte noe som er lite fordelaktig)
→ **notorious** (*beryktet*)
→ **infamous 1.** (Merk uttalen! *beryktet* for noe dårlig og/eller ondt, sterkere enn **notorious**)

NB! Man bør unngå å bruke **known** i betydningen *kjent*.

betaling/lønn
→ **I. pay 1.** (*utbetaling*, det vanlige ordet for lønn)
→ **payment 1.** (*innbetaling, betaling for noe*)
→ **salary** (*gasje, månedslønn*, ofte for ansatte i høye stillinger)
→ **I. wage(s)** (*lønn* til arbeidere, oftest flertall)
→ **money** (uf. *lønn*)
→ **remuneration** (formelt *vederlag*)
→ **fee 1., 2.** (*betaling* til agent, advokat osv., generelt ord for *avgift* for noe)

betale
→ **II. pay 1.** (*betale* regninger og personer)
→ **II. pay for 1.** (*gi for/betale* ved kjøp, legge ut for andre)

→ **II. treat 3.** (*spandere på*, med indirekte objekt)
→ **II. refund** (*refundere, betale tilbake*)
→ **reimburse** (*tilbakebetale*)
→ **II. pay off 12.** (*nedbetale, betale av på*, men også *lønne seg*)
→ **repay 1., 2.** (*gjengjelde*, ikke nødvendigvis med penger)

bli
→ **become 1.** (det vanlige ordet for å beskrive en forandring)
→ **be**
. **2.** ofte med referanse til framtiden
. **2.** ved sinnstilstander som inntreffer fort
. **3.** som hjelpeverb i passivsetninger
→ **get 2.** (*begynne å bli*)
→ **grow 4.** (en mer langsom forandring enn ved **get**, mer lik **become**)
→ **II. turn 6.** (ofte om en forandring som man misliker)
→ **II. go 12.** (sammen med en del adjektiv)
→ **II. fall 5.** (i en del vanlige uttrykk)

bort (fra)
→ **off 1.**
→ **away 2.**

bransje
→ **I. trade 2.**
→ **business 1.**

NB! I. branch 1., 2. (*gren* (på tre), *filial*).

dato
Det er mange måter å skrive datoer på. Den enkleste er bare å bruke tall, men da må vi huske på at britene setter dagen før måneden, mens amerikanerne setter måneden før dagen. 17. juni 1995 blir i UK **17.6.95** og i US **6.17.95**.

Skriver vi månedsnavnet, kan vi finne **June 17th, 1995** og **17th June, 1995**. Vi kan også sløyfe bokstavene -st, -nd, -rd og -th i ordenstallene **1st, 2nd, 3rd** og f.eks. **17th**. Da får vi **June 17 1995** eller **17 June 1995**. Det er ikke uvanlig å forkorte de lengre månedsnavnene til **Jan., Feb., Aug., Sept., Oct., Nov.** og **Dec.** Husk at månedsnavnene skal ha stor bokstav.

delikat
→ **delicious** (om mat)

NB! delicate (*delikat* (farge), *sykelig, tander, skjør, vanskelig*)
It had a delicate, pale cream colour.
Her health was quite delicate.
This is a very delicate question.

de som (den som) (det som) (han/hun som)
→ ***the* 2. one/person/man/woman who ...**
→ **whoever 1.** (brukes spesielt når identiteten er ukjent.)
Whoever left his bag in the lounge must have been terribly absent-minded.
→ **not one to** (*ikke den som*)
Uncle George was not one to underestimate a problem.
→ **those who . . .** (*de som*)
Those who prefer to go by boat should sign up before tomorrow morning.
→ **what** (*det som*)
What worries me most about him is his arrogance.

dessuten
→ **besides 1., furthermore, moreover, in addition 4./additionally**

dum/udyktig
→ **II. stupid 1.** (*dum, lite intelligent*)
→ **foolish 1.** (*ufornuftig*)
→ **silly 2.** (*uklok, tåpelig*)
→ **dumb 5./slow 2./dim(-witted) 4./II. thick) 5.** (uformelle ord for *dum, treg* osv.)
→ **incompetent 1./unprofessional/poorly qualified** (om noen som gjør en jobb dårlig)
→ **less *able* 1./*talented*/*academic*** (penere ord for personer under opplæring som ikke henger med)
→ **II. no 1.** + yrkestittel (en måte å antyde at en person ikke er god nok)
John is no businessman

dyktig/flink/god til
→ **II. good 25., 26.** (generelt)
→ **clever 1., 4.** (*intelligent*, men også *lur*)
→ **talented, able 1.** (*evnerik*)
→ **capable 1.** (ofte om tilegnet dyktighet på spesielle områder)
→ **skilled 2./skilful** (*dyktig* etter opplæring og praksis)
→ **competent 1.** (*velkvalifisert/kompetent*)
andre ord:
→ . **proficient**
. **intelligent**
. **III. smart 2.** (US).
. **bright 4.**
. **II. quick 1., 2.**
. **brainy** (uf.)

dødelig
→ **deadly** (generelt adjektiv, også som adverb i betydningen *dødsens*)
→ **II. mortal 1., 2.** (høytidelig ord for **deadly**, men også i motsetning til **immortal**)
→ **fatal** (med døden som utgang, men også *fatal/skjebnesvanger*)
→ **lethal** (*dødbringende* i konkret og overført betydning)

dømme/bedømme
→ **II. judge** (*dømme, avgjøre*)
→ **II. sentence** (*dømme til straff*)
→ **condemn 1., 2.** (*dømme, fordømme*)
→ **II. convict** (*finne skyldig*)
→ **II. doom** (*dømt av skjebnen*, mest i passiv)
→ **be a I. *referee* 2./to II. referee** (*dømme i sport*)
→ **mediate** (*megle*)
→ **assess 1., 3.** (*bedømme/vurdere en prestasjon, verdien av noe*)
→ **evaluate** (*evaluere, finne verdien av noe*)
→ **appraise** (*bedømme nøyaktig verdi, taksere*)

dårlig/skadelig
→ **bad 1., 9.–11.** (generelt ord for *dårlig, skadelig* i vid forstand, mer presise ord ville være):
. **She is II. ill 1./III. sick 1.**. (US) Hun er syk (**ill** bare som predikativ)
. ***sickly* person** (*sykelig person*)
. **poorly 2./miserable** (*dårlig/elendig*)
. ***wicked* 1., 2./II. *evil* person** (*ond person*)
. ***severe* 4. headache** (*lei hodepine*)
. ***naughty* boy** (*uskikkelig gutt*)
. ***incorrect* spelling** (*gal staving*)
. **not *valid* cheque** (*ugyldig sjekk*)
. ***unpleasant* smell** (*ubehagelig lukt*)
. **II. *poor* 2. performance/essay** (*dårlig forestilling/stil*)
. ***weak* 1. legs** (*svake bein*)
. ***inclement/nasty* weather** (*ufyselig vær*)
. ***unhealthy* 1.–3. climate** (*dårlig/skadelig klima*)
. ***harmful* to somebody** (*skadelig for noen*)
. ***hazardous* smoking** (*skadelig røyking*)
. **something is IV. *mean* 2. of somebody** (*noe er dårlig gjort*)

effektiv
→ **efficient** (om personer, maskiner, organisasjoner osv. som arbeider raskt og godt)
→ **effective 1.** (om noe som har den rette virkning)
→ **effective 2.** (om noe som begynner å virke fra et tidspunkt)

ellers
→ **otherwise 3., (or) *else* 3.** (*i motsatt fall*)
→ ***apart* 4. from that** (*forøvrig*)
→ **usually/generally** (*til andre tider*)
Today he behaved rather strangely.
He's usually/generally a reasonable fellow.
→ **Thank you *anyway*/all the *same* 3.**

(være/bli) enig
→ **agree 1.** (det vanlige verbet)
→ **come to an *agreement*/be in *agreement* 4.**
→ **II. *go* 37. along with** (*gå med på*)
→ **subscribe to 5.** (formelt, *akseptere*)
→ **acquiesce** (formelt, *akseptere*, ofte motvillig, hva andre ønsker eller gjør)
→ **concur 1.** (formelt, *være enig i et utsagn* eller *oppfatning*)

ennå
→ **still** (*fremdeles*)
My car still hasn't been repaired.
He's still waiting to hear from you.
→ **yet 1.** (= *ennå* om noe som er forventet – bare i spørsmål og nektende setninger)

etter
→ **after 1., 2., 4.** (det vanlige ordet)
→ **according to** (i betydningen *i følge, alt etter*)
→ **II. for 22.** (i sammensetninger med en god del verb)
→ **II., III. behind** (*bak*)
→ **II. by 14.** (når vi snakker om lover, regler, standarder osv.)
→ **from 3.** (i betydningen *utfra, fra*)
→ **upon/I.** ***on*** **22.** (i betydningen *like etter*)

eventuelt
→ **possible/possibly**
Any possible information should be reported to the police.
We'll buy a house, or possibly a flat.
→ **if II.** ***necessary***
→ **prospective**
Prospective buyers will be invited to a meeting.
→ ***any*** **2., 3. other business** (*eventuelt* (på sakskart))

NB! eventual 1. (*til slutt, endelig, omsider*)
The eventual aim is to cut out the waste.
Eventually, in the afternoon, they got through to the bank.

fabrikk
→ **factory** (det vanlige ordet)
→ **I. plant 2.** (*fabrikk* (ofte med et spesielt produkt))
→ **I. works 4.** (*verk*, spesielt **iron/steel/brick/glass/gas-works**)
→ **I. mill 3.** (*mølle*, fabrikk som lager tøy eller papir)

NB! fabric (*stoff, tøy, struktur* (billedlig))
These fabrics are imported from Italy. This will change the whole fabric of society.

ferdig
→ **III. ready 1., all III.** ***set*** **9.** (uf.) (*ferdig til å, klar*)
→ **finished** (uf.) (*ferdig med noe*, med hjelpeverbet **be**)
→ **I. completed 1.** (*ferdig med, avsluttet*, mer formelt enn **be finished**)
→ **II. through 3.** (uf.)

fest
→ **party 2.** (det vanlige ordet)
→ **celebration** (mer formell feiring av en anledning, ofte offisiell feiring)
→ **I. function 3.** (som oftest en større formell fest)
→ **reunion 2.** (*gjenforeningsfest*, f.eks. i familier, blant klassekamerater o.l.)
→ **I. do 1.** (uformell beskrivelse av en større eller mindre formell fest)
→ **get-together** (uformelt ord for enhver type sammenkomst for å feire noe)
There's a small get-together at John's place tomorrow.
andre ord:
. **reception 2.** (*mottakelse*)
. **banquet** (*bankett*)
. **pageant(ry) 1.** (*historisk fest (opptog)*)
. ***Dutch treat*****/bring your own (party)** (*spleiselag*)

NB! I. feast 1., 3. (= overdådig måltid eller i overført betydning noe som er storslagent og flott)

flesk
→ **pork** (kjøtt fra gris)

NB! flesh 1. (levende mennesker og dyrs kjøtt)
The knife made a deep cut in the flesh of her thigh.

fly
→ **(air)plane** (UK: også **aeroplane**) (det vanlige ordet for fly med motor)
→ **aircraft** (også om fly uten motor. Ingen **-s** i flertall)

for
→ **II. for 1., 2.** (det vanlige ordet)
→ **of 4.**

→ **I. to 6.** (etter verb som **explain, read, sing, show, lie** osv.)
→ **from 6.**
→ **I. on 4.** (ofte brukt i muntlig engelsk om noe som er *uheldig, ufordelaktig* for noen)

NB! *Det er ikke noe for meg*
That's not my cup of tea.
I don't care much for that.

foran
→ **I. in *front* of** (i fysisk betydning)
→ **ahead of** (i betydningen *bedre enn, foran i rekkefølge*)
→ **II. before 2., 5.** (ikke så vanlig som **in front of** i bokstavelig betydning)

(det er) forbudt
→ ***can*not/not *allow*ed 1./II. *permit*ted/*suppose*d 2.** (vanlig i dagligtalen med personlig subjekt)
You can't leave your bike here.
→ **prohibited 1.** (om noe som er forbudt ved lov eller bestemmelse)
→ **unlawful 1./illegal** (*ulovlig*)
uttrykk for adgang forbudt:
. **no *entry* 1., 2.**
. **no *admittance***
. **II. no *trespassing* 1.**
. **out of I. *bounds* 1.**

forlange/be om
→ **ask 2.** (det vanlige, nøytrale ordet)
→ **beg 2.** (*be inntrengende*)
→ **II. demand** (*kreve, forlange*, et ord som er sterkt og kan virke arrogant)
→ **II. request** (*anmode, be høflig*, et formelt ord)
→ **implore** (*bønnfalle, trygle*)
→ **entreat** (*be ydmykt*, formelt ord)
andre uttrykk:
. **II. press for 5.** (*sette press bak et krav*)
. **insist** (*insistere*)
. **II. charge 1.** (*forlange betaling*)

for . . . siden
→ **... ago**
→ **II. long *since* 3.** (vanligst med verbet i perfektum)

forsiktig
→ **careful** (vanlig ord for *påpasselig, nøye, varsom* og *grundig*)
→ **cautious** (*forsiktig* overfor fare)
→ **prudent 1., 2.** (*fornuftig* og *omtenksom*)
→ **discreet** (*diskret, taktfull*)
→ **wary** (*forsiktig* i betydningen være på vakt mot/være forsiktig med å . . .)
→ **cagey** (mer uformelt ord med betydning *forsiktig med å si noe, tilbakeholden, ikke plaprende*, kan få negativ betydning *slu* og *listig*)

forskjellig
→ **different** (når ting er ulike)
→ **various** (understreker antall snarere enn forskjeller.)
→ **dissimilar** (motsatt av **similar**)
→ **varying** (*varierende*), **varied** (varierte)
→ **distinctive** (*særegen, karakteristisk*)

fotograf
→ **photographer**

NB! I. photograph (*bilde, fotografi*)
Have you got a photograph of your boyfriend?

fra (fra og med)
→ **from 1.** (det vanlige ordet)
→ ***as* from/of 16.** (*fra og med*)

gi/ha fullmakt
→ **authorise 1., give *authority* 3. to** (*bemyndige*)
→ **power of *attorney* 2.** (ofte *skriftlig fullmakt*)
→ **proxy 1., 2.** (*myndighet/fullmakt* til å stemme/handle på andres vegne)

fysiker
→ **physicist**

NB! physician (*lege*)
Dr. Robson is our family physician.

fysikk
→ **physics**

NB! physique (*fysikk, kroppsbygning*)
What a marvellous physique he has!

følge
→ **follow 1.** (*følge etter*)
→ ***come* 41./II. *go* 37. with somebody**
→ **accompany 2.** (*ledsage*)
→ **II. *take* 27./II. *see* 13. somebody somewhere**
→ **succeed 1.** (*etterfølge*)
→ **pursue** (*forfølge*)

først
→ **II. first 1.** (*først* i oppramsing)
→ **I. once** (*så snart (som)*)
→ **not until/III. *till*, only 2.** (*ikke før, først*)
Not until/Only the next day did he discover the mistake.
It's not until you leave your native village, that you begin to like it.
→ **at II. *first* 2.** (*i begynnelsen*)
→ **in the first I. *place* 18.** (*for det første*)

(noen) få
→ **few** (*få*, færre enn ventet (negativ betydning))
→ **a few** (*noen få* (positiv betydning))

få
→ **get 1.** (det vanlige verbet, som kan være et litt for uformelt alternativ til det norske *få*)
andre verb:
. receive 1.
. II. have 3.
. II. win 3./be II. *granted*/II. *awarded*
. suffer 1.
. acquire
. II. land 7.
. make *friends*
. come 3.
II. catch 5., 8.

garanti
→ **I. guarantee II. 1.** (substantiv og verb)
→ **warranty** (bare substantiv, mer forpliktende skriftlig garanti)

genial
→ **II. brilliant 2., masterly**

NB! genial 2. (*vennlig, mild*)
He was a genial but weak person.
She waved genially to the travellers.

gjennom
→ **I. through 1.** (det vanlige ordet)
→ **II. by 5.** (når vi snakker om middel eller måten å gjøre noe på)
→ **I. out of** (*ut igjennom*)
→ **II. over 6.** (*opp gjennom*)

gjøre
→ **II. do 3., 5.–7., 12.** (med grunnbetydningen *gjøre, utføre, drive med;* i veldig mange idiomatiske uttrykk)
→ **I. make 1., 2.** (med grunnbetydningen *lage, produsere; gjøre* oversettes som regel med **make** når *gjøre* + substantiv kan erstattes av et verb med samme stamme som substantivet).

gjøre opp
→ **settle 7./settlement 1., 2.**
→ **be *quits*/be III. *even* 10., 11.** (*være skuls*)
→ **get III. *even* 10.** (*gi/ta igjen*)

glad/fornøyd
→ **happy 1.** (det vanlige ordet)
→ **glad 1.** (brukes ikke så ofte og aldri attributivt, kan som regel erstattes av **happy**, som uttrykker sterkere glede)
→ **pleased** (nøytralt uttrykk for en positiv reaksjon på noe)
→ **cheerful 1.** (om godt humør og lett sinn som vises i oppførsel)
→ **joyful** (mer høytidelig ord om indre glede)
→ **contented** (*fornøyd, tilfreds*, ikke predikativt)
→ **III. content** (i betydningen *tilfreds/glad* uten å forlange eller forvente mer)

grense
→ **I. border 2.** (*grense/grenseområde*, antyder begge sider av en grense)
→ **boundary** (geografisk grense mellom områder, eiendommer og land)
→ **frontier** (politisk grense, men også grense for hvor langt man er kommet i overført eller bokstavelig betydning)
→ **I. limit 1.** (ytterste grense i bokstavelig og overført betydning)

grunnskole
I Storbritannia brukes **primary school** for barn i aldersgruppen 5 til 11 og **secondary school (comprehensive school)** fra 11 til 16. I Amerika kalles skoleperioden fra 5/6 til 13 for **grade school** eller **elementary school**; fra 13 til 16 er navnet vanligvis **junior high school** eller **middle school**. Det er en god del variasjon i begge land.

hals (nakke)
→ **I. neck 1.** (*hals*, utvendig, **back of the neck** = nakken)
→ **throat 1.** (*hals*, innvendig, *strupe*)

halte
→ **II. limp 1.**

NB! II. halt 1. (*stoppe*)
He halted a cab and got in.
The government has been trying to halt or slow down inflation.

historie
→ **history** (studiet og vitenskapen om eldre tider)
→ **II. story** (*fortelling, skrøne*)
→ **I. joke** (*vits, skrøne*)
→ **affair 1., business 6., 11.** (*sak, affære*)

historisk
→ **historic** (*viktig, betydningsfull*)
→ **historical** (knyttet til historien)

hos
→ **with 2.** (det vanlige ordet)
→ **at 1.** (når vi snakker om folks bolig eller om forretninger)
→ **III. in 14.**
I came across this in Shakespeare.
→ **from**
We have ordered everything we need from Massey.

hus/bolig
→ **I. house 1.** (generelt og nøytralt ord)
→ **I. home 2., 3.** (*hjem*, ofte med følelsesmessige overtoner, brukes også om institusjoner for dem som trenger tilsyn, **residential home, home for the elderly**)
→ ***detached* 1. house** (typisk UK, frittstående bolig med egen hage)
→ ***semi*-detached house 1.** (typisk UK, del av vertikaltdelt tomannsbolig)
→ **I. *terrace* 1./terraced house 2.** (UK, like boliger ofte i lange rekker)
→ **residence 1.** (høytidelig ord for finere bolig)
→ **I. flat 1./apartment 1.** (*leilighet*)
→ **condo(minium)** (moderne ord for finere selveierleilighet)
→ **tenement** (typisk UK: leid blokkleilighet, eller hus med slike leiligheter, **tenement house**)
→ ***town* 1. house** (finere bolig i byen, gjerne i to etasjer)
→ **council house** (UK: kommuneeid bolig)
→ **villa 2., 3.** (mest om finere frittstående boliger på kontinentet, men brukes av og til i UK om større hus med egen hage)

hyggelig/koselig
→ om personer: **nice 1.** (*snill*), **likeable** (*sympatisk*), **friendly** (*vennlig*), **considerate** (*omtenksom*), **sociable** (*sosial*), **pleasant** (*behagelig*), **II. kind** (*vennlig*), **affable** (*forekommende*), **charming** (*sjarmerende*)
→ om ting: **comfortable 1.** (*behagelig*), **cosy** 2. (*koselig, varm*), **snug 1.** (*lun og koselig*)
→ ha det hyggelig/koselig: **have a nice 1./enjoyable 2./II. good 23./pleasant . . . time**

hytte
→ **(country)** ***cottage*** **1.** (typisk UK om mindre helårsbolig, ofte med alle bekvemmeligheter)
→ **(log)** ***cabin*** **2.** ((tømmer)hytte, litt mer primitiv, ofte det beste ordet for norsk *hytte*)
→ **I. lodge 1.** (*større turisthytte*)
→ **hut** (*liten hytte*)
→ **I. shack** (ord med negativ klang)
→ **III.** ***second*** **home 3.** (litt skrytende ord for hus/hytte på landet)

høy
→ **II. high 1., 3.** (det vanlige ordet)
→ **tall 1.** (*høy, smal* (spesielt om mennesker))
→ **loud 1.** (om lyd)

i/inne
→ **III. in 1.** (bl.a. om steder og tidsperioder; også i betydningen *inne*)
→ **II. for 7.** (om tidsrom)
→ **at 1., 2.** (bl.a. om steder som oppfattes som punkter, og om alder)
→ **I. on 6.**
Our office is on the third floor.
She hit me on the head.
On the occasion of your birthday we ... (*i anledning ...*)
She's on our teaching staff.
→ **II. by**
She pulled him by the hair.
Hold it by the handle.
Robots are now manufactured by the millions. (*i millioner*)

ikke – før
→ **not . . . II.** ***before*** **1.** (om noe som ikke vil skje foran et punkt i framtiden)
→ **not . . . until/III.** ***till*** (om noe som vil skje først etter et punkt i framtiden)
→ **no** ***sooner*** **. . . than 5.**

innen
→ **II. by 7.** (innen et visst tidspunkt)
→ **within** (innen en tidsperiode, et område, system, budsjett)

invalid
→ **I. cripple, I. invalid**
Engelsk bruker ofte adjektivene **crippled, disabled**.

NB! IV. invàlid (ugyldig, feilaktig). Merk uttale!
Your cheque is invàlid.
Such a comparison is invàlid.

jord
→ **I. earth 1.** (jordkloden som menneskets hjem, og jord som materiale)
→ **I. soil 1.** (*jordsmonn*)
→ **I. ground 1.** (*bakken, terrenget*)
→ **I. land 3.** (*jordeiendom*)

kamerat, venn
→ **friend, companion 1.**
→ **fellow(-)**
Sarah was a fellow-student of hers at Cambridge.
→ **(-)mate**
He was my class-mate. (*klassekamerat*)

NB! comrade (partikamerat (spesielt i kommunistiske land))
They were comrades in the Red Army.

kanal
→ **canal 1.** (lagd av mennesker)
→ **channel**
. **I. 1., 2.** naturlig vannkanal
. **I. 6.** kanal i overført betydning

kinn
→ **I. cheek**

NB! chin (hake)
He hit me on the chin.

klare/lykkes/oppnå
→ **be *able* to 2.** (*være i stand til*)
→ **manage (to) 4.** (*klare noe*)
→ **succeed (in) 2.** (*lykkes (med noe)*)
→ **II. fail to 1., 3.** (*ikke lykkes med* noe)
She failed to get a job with Boeing.
→ **II. make it 10., *carry* 37./II. *pull* 16. something off** (uf. *klare/lykkes*)
→ **accomplish** (formelt, fullføre en handling som krever innsats)
→ **achieve** (nå et mål etter anstrengelser)
→ **II. gain 1.** (oppnå noe fordelaktig)
→ **obtain 1.** (formelt skaffe seg, få, erstattes i dagligtalen med **get**)

klær
→ **clothes 1.** (det vanlige ordet. Merk flertall!)
→ **clothing** (*bekledning*, fellesbetegnelse for klær av alle typer)
→ **I. *article* 1. of clothing** (*klesplagg*)
→ **costume** (*kostyme*, ikke om klær som brukes til vanlig)
→ **I. dress** (*kjole*, men også spesielle klær til bruk ved spesielle anledninger)
→ **I. suit 1.** (*drakt, dress*)
→ **garment** (*klesplagg*, formelt ord)

koke
→ **III. boil 1., 2.**

NB! II. cook 1. (*tilberede/lage mat*)
I can't be bothered to cook for myself.
We cooked it in the microwave oven.

komme
→ **come 1.** (det vanlige ordet. Legg merke til bruken av **come**, i motsetning til **go**, når bevegelsen er i retning mot den som snakker eller der denne vil være)
→ **get 6.** (når betydningen er å komme (seg) fram/ut/opp/inn og retningen er mindre vesentlig)
→ **arrive/II. reach 5.** (*ankomme/nå fram*)

kompanjong
→ **partner 2.**

NB! companion 1., 2. (*ledsager, kamerat, venn*)
His companion on the trip got lost in Madrid.
John is an excellent companion.

konkurrere (konkurrent, konkurranse)
compete, competitor 1., competition, competitive

NB! concurrent 2. (*samtidig, på samme tid*)
The two events were concurrent.

NB! concur 1. (*være enig i*)
We all concur that food shortages are acute.

(in)konsekvent
→ **(in)consistent 1.**

NB! consequent 1., consequently (*som en følge av, derav følgende* (formelt ord), *følgelig*)
There was a rise in prices consequent upon the failure of the crops.
Inflation continued; consequently the sales tax was increased.

konservere, bevare
→ **II. preserve 1., 2.**

NB! II. conserve 1. (*spare, verne om*)
We must conserve more energy.
The conservation of the environment is the top priority among today's politicians.

kontrollere
→ **I. check (on) 12., 13.**

NB! II. control (*beherske, styre, dominere*)
I find it difficult to control my feelings.
This particular sector is controlled by foreign investors.

koste (kostnad, kostnadsberegne)
→ **II. cost** (uregelmessig verb)
→ **be 5.** (svært vanlig i uformelt språk om priser)
→ **I. cost 1., 2., 3.** (*kostnad, utgift*)
kritikk
→ **criticism**

NB! critic (*kritiker*)

NB! critique (*(kritisk) vurdering, analyse*)
His critique was full of biassed statements. (*tendensiøse utsagn*)

krype/krabbe
→ **II. crawl 2.** (på alle fire)

NB! II. creep 3. (*snike (seg)*)

legge
→ **II. lay 1., 6.** (regelmessig, svakt verb, **lay–laid–laid–laying**, brukes i betydningen *plassere noe et sted*, men er vanligst i kombinasjoner med faste objekt og partikler)
→ **I. put 1., 7./II. place 1., 2.** (langt vanligere verb for det norske *legge*)

leie (ut)
→ **II. rent (out) 2.** (*leie noe*, brukes generelt i US om alt en leier, men se også **hire**).
→ **II. hire (out)** (UK spesielt om kortere leie av spesielle ting; i US og UK om å leie personer til å gjøre ting)
→ **I. let** (UK: *leie ut*, spesielt bolig, US: **rent out**)
We have let the room to a student. UK: **Room to let.** US: **Room for rent.**
→ **II. lease** (*leie, bygsle,* spesielt eiendommer og større ting som biler)
He agreed to lease it for twenty years.
→ **II. charter 2.** (*leie transport*, f.eks. hus, båt og fly for spesielle anledninger).

lengte
→ **I. long (for)** (innebærer dyp lengsel, tar ikke adverbialer)
→ **be/feel *homesick***
→ **be/become *nostalgic***

ligge
→ **IV. lie** (uregelmessig intransitivt verb, **lie–lay–lain–lying**, brukes mest om noe(n) som ligger nede, men av og til om lokalisering i mer formelt språk)
→ **be 1.** (meget vanlig for å angi hvor noe er, passer best når en ikke vil antyde noe om horisontal stilling)
→ **sit 6.** (kan brukes som **be** for å angi plassering)
→ **II. sleep** (i betydningen *kan ligge/ha soveplass til* og *å ligge med*)
→ **be + -ing 7.** (når vi på norsk har *ligger og sover/leser/slapper av* . . . osv.)
→ **be *located* 1./*situated*/II. *based*** (mer presise uttrykk for lokalisering)

lik(e)
→ **alike** (om to eller flere som er like eller handler likt, ingen bestemmelse etter)
→ **III. like 1.** (som predikativ når det følger en bestemmelse)
→ **similar 1.** (*like, lignende* kan erstatte **alike**)
→ **II. equal** (like i størrelse, verdi, mengde, o.l., mangler betydningen av *å ligne*)
→ **identical 1.** (identisk)

like
→ **II. like 1.** (det vanlige ordet), (**like** + **-ing**-setning om noe som har skjedd eller skjer), (**would like** + infinitivssetning om noe tenkt)
→ **enjoy 1.** (finne glede eller tilfredshet ved å gjøre eller oppleve noe. En leddsetning etter **enjoy** er alltid en **ing**-setning)

likør
→ **liqueur 1.**

NB! liquor 1. (*brennevin*)
He never drinks any liquor, only beer.

lite/litt
→ **little 2.** (*lite* (negativ betydning))
→ **a little 4.** (*litt* (positiv betydning))

lære

→ **learn** (*lære, få greie på*)
→ **teach** (*undervise (seg selv og andre)*)
→ ***get* 40. to know** (*lære å kjenne*)
→ **II. train 1., 2.** (*lære opp, trene*)

låne

→ **borrow** (*låne av noen*)
→ **lend 1.** (*låne bort*)
→ **II. loan** (forekommer som verb i stedet for **lend**, spesielt i US)
→ **get/give somebody a I. *loan*** (vanlige omskrivninger i dagligtalen)

magasin

→ **department store**

NB! magazine 1. (*tidsskrift, nyhetsmagasin*)
I got the recipe from a woman's magazine.
There is this very good news magazine on BBC 1.

man

→ **one 5.** (formelt og upersonlig, heller uvanlig)
→ **you 3.** (meget vanlig i dagligtalen)
→ **they 2.**
→ passiv (vanlig omskrivning av norsk *man* i skriftlig engelsk)
It was agreed to build a bridge. (*man* ble enig om å ...)

mange

→ **many** (det vanlige ordet)
→ **several 1.** (*flere*)
→ **I. a *number* of 6.** (*et antall*, dvs. *mange*)
→ **quite a *few*** (*ganske mange*)

mangle/mangel på

→ **II. lack, III. be *short* of 5.–7., be run II. *out* of 18., IV. *run* low on 9., 10.**
→ **be missing**
→ **shortage of/scarcity of 1.** (*mangel/knapphet på*)
→ **be at a *premium* 5.** (noe som selges dyrt pga. knapphet)
→ **flaw/defect 1.** (*feil/mangel*)
→ **deficiency 1., 2.** (*underskudd på/mangel på*)
→ **insufficient/not *enough* 1./inadequate**

med

→ **with** *(sammen) med*
→ **II. by 4., 5., 10., 11., 15** (om transport- og betalingsmidler, økning og reduksjon osv.)
→ **III. in 14.** (om noe som er sagt eller skrevet på en spesiell måte)
→ **at 8.** (når vi snakker om hastigheter)
→ **of 2., 7.** (i mengdeuttrykk)
→ **to**
What on earth happened to you?
What have you done to the car?
She was married/engaged to a Welshman.
Stop talking to yourself.

mellom

→ **II. between 1.** (mellom et bestemt antall)
→ **among(st)** (blant et uspesifisert antall. **Amongst** er sjelden i US)

mene, mening

→ **II. think** (*synes, ha en oppfatning* (det vanlige verbet))
→ **II. mean** (*mene, ha til hensikt, bety*)
→ **opinion 1.** (*mening, oppfatning*)
→ **I. view 6.** (*oppfatning, syn*)
→ **idea, purpose 1., 2., intention, I. point 18.** (*mening, idé, poeng, hensikt*)

merkelig/rar/underlig

→ **curious** (*uvanlig, pussig, interessant,* men også *nysgjerrig*)
→ **funny** (veldig vanlig i dagligtale i betydningene *pussig* og *morsom*)
→ **odd 4.** (*underlig*, om det som avviker fra det normale)
→ **peculiar** (*særegen, spesiell,* ofte med en negativ betydning av noe ubehagelig)
→ **strange** (*ukjent, uvanlig* for oss, men også i betydning *uvel*)
→ **III. queer 1.** (*rar, unaturlig.* Merk **I. a queer** = *homoseksuell*)
→ **quaint** (*sjarmerende, attraktiv*)

miljø
→ **environment** (allment ord for sosialt, moralsk, intellektuelt miljø)
→ **the environment** (med. artikkel når vi snakker om naturens beskaffenhet, jord, luft, vann osv.)
→ **surroundings** (flertall substantiv i betydningen *omgivelser*)
→ **neighbourhood/community**
milliard
→ **a billion** (også **a thousand millions** i UK)

mobbe
→ **II. pick on 13.** (*hakke på*)
→ **II. gang up against/on** (*slå seg sammen mot*)
→ **II. bully** (*plage* ikke nødvendigvis av mange)

NB! II. mob (*stimle sammen rundt,* ikke nødvendigvis med onde hensikter)
Pop stars are always being mobbed by their fans.

mord/morder
→ **I. murder 1.** (*mord*), **a murderer** (*morder*), **II. to murder 1.** (*myrde*) (juridisk innebærer det en hensikt til å drepe, ***premeditated*** **murder** (*overlagt drap*))
→ **I. killing** (*drap* uten juridiske implikasjoner)
→ **manslaughter** (*uoverlagt drap*)
→ **homicide 1.** (*drap med eller uten forsett*)
→ **assassinate** (subs. **assassin** (*politisk morder*))

mosjon
→ **I. (physical)** ***exercise*** **1.**

NB! I. motion 1.–3. (*bevegelse, forslag*)
He got off the bus while it was in motion.
His motion was defeated by a small majority.

mot
→ **against 1., 2.** (i *opposisjon til*, i *fysisk berøring med*)
→ **toward(s) 1.—3.** (i *retning/bevegelse mot, overfor,* **toward** er mer vanlig i US)
→ **I. on 10.** (som oftest i fiendtlig betydning)
→ **I. to 4.** (bl.a. i betydningen *overfor*)
→ **versus/vs** (*kontra* (formelt språk))
→ **from 5.**

mye
→ **much 1.–7.** (brukes sammen med utellelige substantiv, mest i nektende og spørrende setninger)
→ **a lot of 7., lots of 8.** (uf., vanligst i positive setninger)
→ **plenty of 3.** (uf.)
→ **considerable** (brukes sammen med utellelige substantiv)
→ **a good/great II.** ***deal*** **of 1.** (brukes sammen med utellelige substantiv)

mystisk
→ **mysterious**

NB! mystical (noe knyttet til religiøse og åndelige forhold)
He claimed to have had a mystical or quasi-religious experience.

natur
→ **scenery 1., countryside** (begge ord brukes om naturen på steder)

NB! nature (*natur* (allment), *karakter, type*)
We must protect the beauty of nature.
The nature of the problem is still not clear.
He was a kind man by nature.

nemlig/faktisk
→ **namely** (foran et tillegg med mer detaljert informasjon. Her kan vi bruke forkortelsen **viz.**, som leses **namely**)
→ **because 1.–3., I. since 3., in** ***fact*** **3.**, eller ingen oversettelse (når *nemlig* på norsk inneholder en begrunnelse)

nesten (ikke/aldri)
→ **almost/nearly 1./practically**
→ **hardly 1./scarcely** (foretrekkes i nektende sammenheng)
→ **II.** ***all*** **but 10.**
→ **III.** ***just*** **7. about** (uf.)

novelle
→ ***short story***

NB! novel 1. (*roman*)
Charles Dickens wrote several long novels.
null
→ **nought 2.** (*tallet*, spesielt i tallsammenheng US: **zero**)
→ **nil 1.** (i fotball og noen andre spill; kan erstattes med **nothing**)
→ **I. zero 1.** (null på en skala)
→ **I. love 6.** (i tennis)
→ **0** (**II. O** (bokstaven) (når en leser siffer). Merk uttale!

nummer
→ **I. number 1.** (**number**, tall (forkortes til **No.** og **Nos.** (flertall))
→ **I. size 1., 2.** (*nummer, størrelse*)
→ **I. issue 6.** (*nummer* i rekkefølge av blader osv.)
→ **I. act 4.** (*nummer*, f.eks. i en sirkusforestilling)

næringsliv
→ **I. trade and *industry* 1.**
→ ***private sector*** (privat næringsliv i motsetning til den offentlige sektor)
→ **business 1.–4.** (et generelt ord for næringslivet i sin alminnelighet, ingen artikkel!)
Business demands international experience of its top executives.
→ **economy 2., 3.** (økonomisk virksomhet)
→ **the *business* community** (del av (lokal)samfunnet med felles interesser)
The local business community will certainly welcome this initiative.

nærmere
→ **II. further** (*ytterligere*)
→ **II. *nearer* 1., IV. *closer* 1.** (*nærmere* (i fysisk forstand))
→ **more *closely* 2.** (*nærmere* (i overført betydning))
I believe you should think it over more closely.

offer
→ **victim, I. sacrifice 2., casualty 1.**

NB! I. offer, II. 1. (*tilbud, tilby*)
He offered me £20,000 for the house.

om
→ **I. about 1., II. 1.** (det vanlige ordet for noe som handler om noe, omkring)
→ **III. in 3.** (i betydning tidsperiode, framover, om morgenen/kvelden/ettermiddagen)
→ **at 9.** (om tid)
→ **during 2.** (i betydning *under, i løpet av*)
→ **I. on 12.** (om innholdet i bøker, taler, diskusjoner osv.)

over
→ **II., III. over** (det vanlige ordet)
They put the sheet over the dead man.
She climbed over the fence.
She spoke for over an hour.
Let's discuss this over a cup of tea.
→ **I. above 1.–4., 6., 7.** (i nivå)
→ **across 1., 2.** (i betydningen *tvers over*)
→ **of 9.**
→ **II. past 1., III. 2.** (om tid, *forbi*)

overta
→ **II. *take* over 35.**

NB! overtake (*kjøre forbi*)
I had no chance of overtaking him.

pakke
→ **I. parcel 1.** (om noe som er pakket inn i papir, ikke industriforpakket)
→ **I. package** (generelt ord for noe som kommer i en forpakning, også om reiser, forretningsavtaler som inneholder ulike ting)
→ **packet 1., 2.** (*mindre pakke*)
→ **I. pack 5.** (kortform om noe som kommer ferdigpakket med et fast antall)

pen/vakker
→ **beautiful** (om ting, kvinner og barn; brukt om kvinner antyder det klassisk skjønnhet)
→ **lovely 1., 2.** (om ting, kvinner og barn, brukt om personer antyder det en mer subjektiv hengivenhet enn **beautiful**)
→ **pretty 1.** (*søt, nett*; om ting, kvinner og barn, kan antyde at noe er overfladisk pent)
→ **charming** (om ting og personer, *sjarmerende*)
→ **handsome 1., 2.** (om ting og personer, brukt om kvinner antyder det *høyreist* og *flott* snarere enn «dukke-pen», også med betydningen **generous**)
→ **good-looking** (nøytralt ord brukt om både kvinner og menn)
→ **III. smart 3.** (*pen, elegant* i klesveien snarere enn av utseende)

plass/sted
→ **I. room 2.** (abstrakt rombetydning)
→ **I. space 1., 2., 4.** (*rom, mellomrom,* også i betydningen *verdensrommet*, uten artikkel!)
→ **I. place 1.–10.** (vanlig ord med mange betydninger; om spesielle steder, plasser på lag, skoler osv., om husvære og i adresser)
→ **I. seat 1., 3.** (*sitteplass*)
→ **scene 6.** (*stedet* for en hendelse)
→ **I. spot 4.** (avgrenset, mindre sted)
→ **I. site 2.** (*byggeplass, tomt*)

NB! Ikke bruk **place** i betydning **room** og **space**

pleie å
→ ***used to* 2.** (*pleide å* (brukes i positive setninger, bare i preteritum!))
→ **usually, normally** (*pleier å* (om vaner i nåtiden))
→ **be in the *habit* of 1.** (*pleie å, ha for vane å*)

politikk
→ **politics** (om politikk generelt og om en persons politiske oppfatning)
→ **policy 1.** (om en bestemt politisk linje, eller mer løselig om et handlingsprogram, framgangsmåte eller målsetning uten partipolitisk innhold)

presentere
→ ***introduce* oneself 4., or others**
→ **II. present 3.** (*presentere* om regninger, veksler osv.)
He presented a bill for payment.

NB! I. present oneself, itself (*innfinne seg, by seg*)
At 10 a.m. he presented himself at the office.
If this opportunity presents itself again, I'll certainly think about it.

presis
→ **accurate** (*nøyaktig* og *sannferdig*)
→ **II. exact** (*detaljert* og *korrekt*)
→ **(hour) 1. + IV. *sharp*** (på slaget . . .)
→ **precise 1.** (om beskrivelser som ikke er omtrentlige eller vage)

NB! precise må ikke brukes om tid; bruk i stedet **punctual** *(punktlig)*, **I. on *time* 29.** *(i rett tid)*
He was a very punctual person.
He's always on time.

NB! in *time* 24. (= *i tide*)
Do you think we'll be there in time for the procession?

prioritere
→ **give *preference* to 2.**
→ **give *priority* to/get one's priorities right 1.**
→ **take *precedence* over 1., 2.**

provisjon
→ **I. commission 1.**

NB! I. provision(s) 2., 4. (*det som er sørget for, forsyninger*)
Have you made any provisions for your children?
We set out with enough provisions for two weeks.

publikum
→ **audience**
→ **spectators** (*tilskuere*)

NB! the I. public (*allmennheten*)
The house is not open to the public on weekdays.
The public are not admitted.

pute
→ **pillow** (*sengepute*)
→ **I. cushion** (*pyntepute* i stoler og sofaer, også *støtpute*)
på
→ **I. on 1., II. 1., 5.** (det vanlige ordet)
→ **at 1., 3.** (bl.a. når vi snakker om et punkt i tid eller rom og etter verb med betydningen *skyte, se, kaste, sikte* osv.)
→ **III. in 2., 3.** (bl.a. når vi mener *i* eller *innenfor* et avgrenset område)
→ **II. for 12., 21.**
I haven't seen him for many years. (om tid)
→ **with** (sammen med en del adjektiv)
Are you angry with me?
→ **of 1., 10.** (bl.a. om tilhørighet/genitivtilknytning)
andre preposisjoner:
. **You get these pills *by* prescription only** (på resept).
. **The bill *came* 34. to £15.**
. **He's the world champion *over* 1,500 m.**

påstå/hevde
→ **II. state** (*uttale, erklære,* nøytralt ord men vektigere enn **say**)
→ **maintain 5.** (*fastholde*, til tross for motsigelser)
→ **II. claim 3.** (*påstå at noe er sant*, ofte med en undertone av skryt)
→ **assert 1., 2.** (*hevde med tyngde* og (for) stor sikkerhet)
→ **allege 1.** (*påstå* noe uten å kunne bevise det. Ordet sår ofte tvil om riktigheten av påstanden)

NB! *Det påstås/hevdes/sies/antas at* han . . .
It is maintained/claimed/II. said 15./assumed 1. that . . . eller
He is said/assumed/supposed 1. to have . . .

reise/tur
→ **I. trip 1.** (generelt ord som dekker mange av de mer presise ordene under)
→ **I. tour 1., 2., 3.** (*reise* eller *omvisning* som går til mange steder, også turné)
→ **go for a *walk* 1./*stroll* 1.** (vanlig for å gå en kortere spasertur)
→ **I. hike/II. go *hiking/walking tour*** (ord for lengre fottur, ofte i veiløst terreng)
→ **I. journey 1.** (generelt ord om reiser til lands)
→ **I. travel 2.** (kan ikke brukes i entall om en reise)
→ **voyage 1.** (om lengre sjøreiser eller i rommet)
andre uttrykk:
. **crossing 5./passage 6.** (*overfart*)
. **flight 2.** (*flytur*)
. **outing** (*skoletur*)

rektor
→ **head(master)** (skole), **I. principal 1.** (høyskole. US: skole), **vice-chancellor** (UK: universitet), **president** (US: universitet)

NB! rector (prest i den engelske kirke)
Has the new rector arrived yet?

rekvirere
→ **II. order 2., II. requisition** (formelt)

NB! require (*anmode, fordre*)
What do you require of me?

resept
→ **prescription 1.** (fra en lege)

NB! I. receipt 2. (*kvittering*)
Did you get a receipt from them?

NB! recipe (*oppskrift* (særlig om mat og drikke))
It was an old recipe for beetroot soup.

rykte
→ **I. rumour** (om noe som ikke er bekreftet)
→ **reputation 1.** (en oppfatning andre har av noe eller noen)

salat
→ **lettuce** (*salat(hode)*)
→ **salad** (blanding av grønnsaker og frukt, eventuelt med andre ting i som kjøtt, fisk osv.)

sammenhengende/vedvarende/kontinuerlig
→ **continual** (*vedvarende*, ofte om uønskede handlinger; det kan være opphold)
→ **continuous** (*uavbrutt*, om situasjoner som er sammenhengende)
→ **coherent** (om skriftlige og muntlige framstillinger som henger sammen, er klare og tydelige)
→ **consecutive** (om noe som er påfølgende, som skjer i trekk)

saus
→ **gravy** (*brun saus*)
→ **sauce 1.** (*saus*, ofte av frukt eller grønnsaker)
→ **custard** (*vaniljesaus*)

NB! (the) sauce (US: slang for brennevin)

se/titte på
→ **II. see 1.–3., 14.** (nøytralt ord, også i betydningen *forstå*, ikke om aktiv bruk av øynene)
→ **II. look at 8.** (vanlig ord for aktiv bruk av øynene)
→ **II. watch 1.** (om noe som beveger seg, et hendelsesforløp)
→ **II. regard 1.** (*se på, betrakte,* vanlig i overført betydning om noe som innebærer en vurdering)
→ **II. glance 1.** (*kaste et blikk på*)
→ **II. peep 1.** (*smugtitte*)
→ **II. peer** (*myse*, når det er vanskelig å se klart/godt)
→ **II. stare 1.** (*stirre*)
→ **I., II. glimpse** (*få et glimt av*, ikke en aktiv handling)
→ **distinguish 1.** (*skjelne*, se forskjeller/detaljer)

si opp
→ **I. give/hand in *notice* 4.**
→ **II. *lay* off 15./make *redundant* 3.** (arbeidsgiver sier opp)
→ **II. fire/II. sack 2./I. give the *sack* 3.** (arbeidsgiver sier opp, uformelt språk)
→ **terminate 3.** (*bringe til ende*, formelt språk)
→ **II. cancel 1.–3./discontinue** (*si opp, ikke fortsette med*)

sikker
→ **certain 1.** (med stor sikkerhet, som oftest den talendes vurdering)
→ **I. sure** (kanskje litt mindre sikker enn **certain**, også om selvsikkerhet)
→ **II. safe 1.** (om personer og ting som er i trygghet, godt forvart, utenfor fare)
→ **safely** (*uten risiko, trygt*)
→ **secure** (vanlig om noe som ikke skaper bekymring, uro)
→ **securely** (som adverb i betydningen *på en betryggende måte*)
→ **confident 1.** (vanlig om personer som er sikre/trygge på seg selv)

simpel
→ **cheap 1., 2.**
→ **IV. mean 2.**
→ **II. common 3.**
→ **coarse 2.**
→ **rude 1., 3.**

NB! simple (*enkel*)
The questions were quite simple.

(i det) sist(e)
→ **recently/lately/of *late* 5.**
→ **IV. in the *last* few weeks/months . . . 1./in *recent* weeks/months**
→ **late 1., 5.** (*sent*)
→ **(the) latest** (*siste*, når vi venter at mer vil skje)
→ **III. (the) last** (forrige eller siste, også *sist i rekke*)

skog
→ **forest** (større skogområde)
→ **wood(s) 4.** (mindre skogområde, oftest i kulturlandskap)

skygge
→ **I. shade 1.** (*skygge* i motsetning til sollys)
→ **I., II. shadow** (*skygge* av noe, også om en som *skygger* noen)

skyldes
→ **because (of) 1., 5.** (vanlig uformell omskriving)
→ **II. due to 5.**
→ **owing to 2.** (*på grunn av*)
→ **ascribe to/II. attribute to** (*tilskrive*)
→ **I. *put* down to 23.** (uf., *tilskrive, forklare med*)

slå (slag)
→ **II. hit 2., 11., 12., 17.** (det vanlige i talespråket, slå med et slag.) (Substantivet er **blow**. **She received a blow to her head.**)
→ **II. beat 1., 2., 4.** (*slå* i konkurranser, *slå/pis*ke med mange (rytmiske) slag)
→ **II. strike 1., 6.–8., 13., 17.** (mer skriftspråklig, men også med betydningen «det slår meg . . .»)
→ **I. stroke 1., 5., 7.** (*slag*)
→ **II. tap 2., 5.** (*slå flere ganger* med fingertupper, tåspissen osv.)
→ **II. knock 1., 3., 7.–10.** (*slå over ende/ned*)
→ **II. slap 1.** (*slå med åpen hånd*)
→ **II. whack 1.** (mer uformelt, *smelle til*)

snakke (med)
→ **II. talk (to**, US: **with)** (vanlig om dagligdagse samtaler)
→ **speak (to**, US: **with) 1., 2.** (ofte litt mer formelt, **speak to** kan oppfattes som irettesettelse)
→ **II. converse with** (svært stivt)
→ **I. have a *word* with 3.** (uhøytidelig)
→ **II. (have a) chat 1., I. 1.** (snakke om noe uviktig, *skravle*)
→ **II. address 2., 3.** (*tale til, henvende seg til*)

spirituell
→ **witty, bright 4., 9., II. quick 1., 2., intelligent**

NB! spiritual (*åndelig, sjelelig*)
The modern world doesn't seem to care much about man's spiritual needs.

staten (det offentlige)
→ **I. the state 2.** (ikke like mye brukt som i norsk)
→ **central I. *government* 2.** (i motsetning til **local government**)
→ **the *public sector*** (i motsetning til **the private sector**)
→ **federal I. *government* 2., I. *state* 2. government** (US: *føderal-* og *delstatsregjering*)

stol
→ **I. chair 1.**

NB! stool 1. (*krakk*), **2.** (*avføring*)
He was sitting on a stool in the kitchen.
You should send a specimen of your stool to your doctor.

stor/større
→ **big 1., 4., 7.** (om noe som er fysisk *stort* men også i betydningen *viktig* og *vesentlig*; kan innebære en subjektiv vurdering)
→ **large 1., 2.** (om noe som kan telles eller måles i omfang og utstrekning. **Large** er som regel nøytralt og objektivt)
→ **great 1.–4.** (brukes spesielt om abstrakte kvaliteter og egenskaper; ofte en subjektiv vurdering)
→ **III. major** (*stor/større*)
andre adjektiv:
. ***siz(e)able* proportion** (*temmelig stor del*)
. ***generous* grant** (*stort, klekkelig stipend*)
. ***numerous* friends** (*stor, tallrik vennekrets*)
. ***bulky* box** (*stor, uhåndterlig boks/eske*)
. **II. *high* speed 3.** (*stor, høy hastighet*)
. ***substantial* 1./*considerable* increase** (*stor, vesentlig økning*)
. ***older* children** (*store, eldre barn*)
. ***heavy* losses 2.** (*store, betydelige tap*)
. ***biggish/largish* town** (*ganske stor by*)
. ***good-sized* rent** (*ganske høy leie*)

stress/stresset/mas
→ **anxious, III. tense, stressed** (om personer), **stressful** (om situasjoner og opplevelser)
→ **I. stress 1.** ((subs.), **I. hassle** (*mas*))
→ **II. to hassle somebody 1.** (*mase på, stresse noen*)

NB! II. to stress 1. (*framheve, understreke*)
He stressed the importance of better public relations.

sykdom
→ **illness** (allment ord for *sykdom*)
→ **disease** (*alvorlig sykdom*)
→ **ailment** (*mindre alvorlig sykdom*)
→ **I. disorder 3.** (om noe som er i ulage og kan rettes)
→ **infirmity** (*skrøpelighet*–særlig om eldre folks plager)

sympatisk
→ **nice 1., lik(e)able**

NB! sympathetic (*medfølende, vennlig innstilt overfor*)
My boyfriend was very sympathetic and made me feel a lot better.
Roger is quite sympathetic to our proposal.

ta
→ **II. take** (det vanlige ordet. Legg merke til bruken av **take** i betydningen *ta med seg bort fra den som snakker*)
→ **bring 1.–3., 7.** (når man tar med seg noe i retning mot den som snakker eller der denne vil være)
→ **II. charge 1.** (*ta betaling*)

ta plass
→ **take one's I. *seat* 1.**

NB! take I. *place* 24. (*finne sted*)
The ceremony will take place next Monday.

til
→ **I. to 1., 3.** (det vanlige ordet)
→ **III. till/until** (i betydningen *inntil*)
→ **II. for 4.** (blant annet om noe som brukes til noe eller er tiltenkt noen)
→ **of 1., 11.**
→ **on 16.**
→ **at 7.** (blant annet om priser)
→ **into 2.** (om forandring fra en tilstand til en annen)
→ **II. by 7.** (i betydningen *innen en tidsfrist*)
→ **with 5.** (når vi snakker om noe som går til mat/drikke/klær)

til slutt
→ **finally, last(ly)** (som oppsummering)
→ **finally, eventually** (*endelig*)
→ ***at* 14. last/finally** (*omsider, til slutt*)
→ **I. in the *end* 3.** (*til slutt*, etter å ha vurdert lenge)
→ **I. at the *end* of the day 3.** (uf. *når alt kommer til alt*)

trapp
→ ***stairs* 2./stairway/staircase/flight of *stairs* 2.** (ord for *innvendig trapp*)
→ ***steps*** (*utvendig trapp*)
→ **I. a step** (ut- og innvendig), **a stair 1.** (innvendig) (= *trappetrinn*)

ulykke
→ **accident 2.** (det vanlige ordet)
→ **disaster/catastrophe** (*alvorlig ulykke*)
→ **misfortune** (være uheldig å . . .)
→ **mishap** (*lite uhell*)

under
→ **I. under 1.–7.** (det vanlige ordet)
→ **during, II. over 10.** (i betydningen *i løpet av*)
→ **II. below 1., 4.** (i betydningen *lavere enn*, under et nivå)
→ **beneath** (formelt ord)

uten
→ **without**
→ **II. out of 18.** (*sluppet opp for*)

utgift/utlegg/kostnad
→ **expense** (det vanlige ordet)
→ **expenditure 2.** (et mer formelt ord om penger som brukes til bestemte formål)
→ **outlay 1.**
→ **I. cost 2., 3.**

(som) vanlig
→ **II. common 1.** (om noe som er *allment* i motsetning til sjeldent)
→ **ordinary 1.** (om noe som er *vanlig*, ikke bemerkelsesverdig; kan ha en negativ klang)
→ **usual** (om noe som er *sedvanlig*)
→ **customary** (omtrent som **usual**, men litt mer høytidelig)
→ **I. frequent** (noe som forekommer ofte)

NB! II. common 3. (også *simpel, smakløs*)

NB! as *usual* (= *som vanlig*)
The telephone box is broken, as usual.

vare
→ **II. last 1., 3.**
→ **II. be *long* 3.**
→ **II. *before* long 1.** (*vare lenge før . . .*)
Before long we'll be able to tell you.
→ **II. *take* long 20.** (*vare lenge før . . .*)

varehus
→ ***department store*, supermarket**

NB! I. warehouse (*lager, pakkhus*)
We have to send for them from the warehouse.

ved
→ **at 1., 5., 9.** (i noen tidsuttrykk og om steder som oppfattes som punkter)
→ **I. by 1./II. 2., 5., 9.** (i betydningen *ved siden av/inntil, ved å* + verb osv.)
→ **II. near 3.** (i betydningen *i nærheten av*)
→ **I. about 5.** (når vi snakker om en persons trekk eller egenskaper)

verdi(gjenstand)
→ **I. value** (det vanlige ordet, også med betydningen *godt kjøp, tilbud*)
→ **assets** (flertallsord, om verdier som kan realiseres; mest i forretningsspråk)
→ **I. worth 1.** (bensin for/til en verdi av . . .)
→ **valuables 1.** (flertallsord, *verdigjenstander*)
→ **I. merit 2.–4.** (*verdi/fortrinn*, ved vurdering av kunst, forslag, ideer osv.)

verre/verst
→ **II. worse 1./III. worst** (det vanlige ordet i sammenligninger)
→ **for the I. *worse*** (*til det verre*)
→ **I. at its *worst*** (*på sitt verste*)
→ **not so/too *bad* 11.** (*ikke så verst*)
→ **it could have been II. *worse*** (*ikke verre* (som en oppmuntrende reaksjon på en annens utsagn))
→ **III. the *worst* thing** (*det verste som . . .*)

videregående skole
I Storbritannia kalles nå den 2-årige utdannelsen fra 16—18 år **6th form college education (lower 6th, upper 6th)**.

I USA er **senior high school** det som nærmest svarer til norsk videregående skole. I en fire-årig **high school** brukes ofte betegnelsene **freshman, sophomore, junior** og **senior** henholdsvis om 1., 2., 3. og 4. året på dette nivå.

vinke
→ **II. wave 2.**

NB! II. wink 1. (*blunke* (med et øye)) (**blink 2.** = *blunke* (med to øyne))
John winked at me across the table to show that he was joking.
They looked at each other without blinking.

vise seg (å være)
→ **appear 2., 6., II. show up 5., II. turn up 24./II. turn out 20.** (*komme, dukke opp*)
→ **II. *turn* out to be 20./*prove* to be 2.** (*vise seg å være*)

vrist
→ **instep**

NB! wrist (*håndledd*)
She grabbed him by the wrist.

være
→ **be 1.** (det vanlige verbet)
→ alternative uttrykk:
. **represent** (*representere, svare til*)
. **constitute 1.** (*utgjøre*)
. **consist of** (*bestå av*)
. **II. amount to** (*beløpe seg til*)
. **III. equal** (*være lik*)
. **II. mean 1.** (*bety*)
. **denote** (*bety*)
. **II. stay 1.** (*være hos*)
. **be located 1./II. based** (*plassert*)
. **take I. *place* 24.** (*finne sted*)
. **II. be *scheduled* 1./*arranged* 1., 2.**
The concert takes place/is scheduled for/arranged for, tomorrow.

vær så god
Vær så god brukes i mange ulike situasjoner på norsk der engelsk vil velge andre uttrykk:
. ***Here* 7. you are** (når man gir noen noe)
. **II. *Help* 2. yourself** (*vær så god forsyn deg*)
. ***After* 1. you** (når man åpner døren for noen)
. **Please come and eat./Dinner is III. *ready* 1.** (når man ber til bords)
. **You're III. *welcome*.**
. **Don't II. *mention* it**. (når man svarer på en annens takk)
. **That's *all right* 1.**.

våkne/vekke
→ **II. wake (somebody) up 1.—4.** (det vanlige ordet, brukt både transitivt og intransitivt)
→ **I. awake (somebody) 1.** (sjeldnere, litterært ord)
→ **awaken** (*vekke interesse*, et litterært ord)
→ **arouse** (vanlig ord for *å vekke* i overført betydning, ikke så vanlig med personlig subjekt og objekt)
→ **rouse** (*vekke/oppildne, gjøre sint, opprørt* osv.)
→ **II. call 9.** (*vekke* på bestilling)
→ **II. cause** (*vekke, forårsake*)

yrke
→ **occupation 1.** (generelt ord for *yrke*, men kan brukes om noe man gjør midlertidig)
→ **profession 1.** (vanlig om yrker som krever høyere utdanning)
→ **I. trade 3.** (håndverksyrker)
→ **I. job 1., 2.** (veldig vanlig, men upresist ord)
→ **I. career 2.** (*karriere*)
→ **vocation 1., 2.** (*kall*; brukes også om yrkesopplæring)

økonomi(sk)
→ **economy 2./economic** (ordet for økonomi i nasjonal og internasjonal sammenheng; sjeldent om en persons økonomiske situasjon)
→ **I. finance(s) 2./financial** (om personers og firmaers økonomiske forhold)
→ **fiscal** (brukes som adjektiv om et lands økonomiske politikk, offentlige pengeforvaltning)

NB! economical (= *økonomisk, sparsommelig*)
Scotsmen are supposed to be quite economical.

ønske
→ **II. want 1., 2.** (ikke med at-setning)
→ **I. wish 1., II. 1., 2.** (mer formelt enn **want** i sammenhenger der begge kan brukes)
→ **I. desire 1., II. 1.** (uttrykker sterke ønsker)

REGISTER

→ se oppslagsordet i Miniordboken

borrow → låne
boundary → grense
brainy → dyktig/flink/god til
branch → bransje
brick works → fabrikk
bright → dyktig/flink/god til; spirituell
brilliant → genial
bring → ta
bring your own (party) → fest
bulky → stor/større
bully → mobbe
business → bransje; historie; næringsliv
business community → næringsliv
by → etter; gjennom; i/inne; innen; med; på; til; ved
cabin → hytte
cagey → forsiktig
call → våkne/vekke
canal → kanal
cancel → si opp
cannot → (det er) forbudt
capable → dyktig/flink/god til
career → yrke
careful → forsiktig
carry something off → klare/lykkes/oppnå
casualty → offer
catastrophe → ulykke
catch → få
cause → våkne/vekke
cautious → forsiktig
celebrated → berømt/beryktet
celebration → fest
central government → staten
certain → sikker
chair → stol
chance → anledning
channel → kanal
charge → forlange/be om; ta
charming → hyggelig/koselig; pen/vakker
charter → leie (ut)
cheap → simpel
check (on) → kontrollere
cheek → kinn
cheerful → glad/fornøyd
chin → kinn
claim → påstå/hevde
clever → dyktig/flink/god til
closely → nærmere
closer → nærmere
clothes → klær
clothing → klær
coarse → simpel
coherent → sammenhengende/vedvarende/kontinuerlig
come → få; komme
come to an agreement → (være/bli) enig
come with somebody → følge
comfortable → hyggelig/koselig
commission → provisjon
common → simpel; (som) vanlig
community → miljø
companion → kamerat, venn; kompanjong, partner
compete → konkurrere
competent → dyktig/flink/god til
competition → konkurrere
competitive → konkurrere
competitor → konkurrere
completed → ferdig
comrade → kamerat, venn
concur → konkurrere; (være/bli) enig
concurrent → konkurrere
condemn → dømme/bedømme
condo(minium) → hus/bolig
confident → sikker
connection → anledning
consecutive → sammenhengende/vedvarende/kontinuerlig
consequent → (in)konsekvent
consequently → (in)konsekvent
conserve → konservere, bevare
considerable → mye; stor/større
considerate → hyggelig/koselig
consist of → være
consistent → (in)konsekvent
constitute → være
content → glad/fornøyd
contented → glad/fornøyd
continual → sammenhengende/vedvarende/kontinuerlig
continuous → sammenhengende/vedvarende/kontinuerlig
control → kontrollere
converse with → snakke (med)
convict → dømme/bedømme
cook → koke
cost → koste; utgift/utlegg/kostnad
costume → klær
cosy → hyggelig/koselig
cottage → hytte
council house → hus/bolig
counsel → advokat
countryside → natur
crawl → krype/krabbe
creep → krype/krabbe
cripple → invalid
crippled → invalid
critic → kritikk
criticism → kritikk
critique → kritikk
crossing → reise/tur
curious → merkelig/rar/underlig
current → aktuell
cushion → pute
custard → saus
customary → (som) vanlig
date → avtale
deadly → dødelig
deal → avtale
defect → mangle/mangel på
deficiency → mangle/mangel på
delicate → delikat
delicious → delikat
demand → forlange/be om
denote → være
department store → magasin; varehus
desire → ønske
detached house → hus/bolig
different → forskjellig
dim(-witted) → dum/udyktig
dinner is ready → vær så god
disabled → invalid
disaster → ulykke
discontinue → si opp
discreet → forsiktig
disease → sykdom
disorder → sykdom
dissimilar → forskjellig
distinctive → forskjellig
distinguish → se/titte på
do → fest; gjøre
don't mention it → vær så god
doom → dømme/bedømme
dress → klær

due to → skyldes
dumb → dum/udyktig
during → om; under
Dutch treat → fest
earth → jord
economic → økonomi(sk)
economical → økonomi(sk)
economy → næringsliv; økonomi(sk)
effective → effektiv
efficient → effektiv
elementary school → grunnskole
else (or else) → ellers
end (in the end) → til slutt
end (at the end of the day) → til slutt
enjoy → like
enough (not enough) → mangle/mangel på
entreat → forlange/be om
entry (no entry) → (det er) forbudt
environment → miljø
equal → lik(e); være
evaluate → dømme/bedømme
even → allerede
eventual → eventuelt
eventually → til slutt
evil → dårlig/skadelig
exact → presis
exactly → akkurat
exercise → mosjon
expenditure → utgift/utlegg/kostnad
expense → utgift/utlegg/kostnad
fabric → fabrikk
factory → fabrikk
fail to → klare/lykkes/oppnå
fall → bli
famous → berømt/beryktet
fatal → dødelig
feast → fest
federal government → staten
fee → betaling/lønn
fellow(-) → kamerat, venn
few → (noen) få
finally → til slutt
finance(s) → økonomi(sk)
financial → økonomi(sk)
finished → ferdig
fire → si opp
first → først
fiscal → økonomi(sk)
flat → hus/bolig
flaw → mangle/mangel på
flesh → flesk
flight → reise/tur
flight of stairs → trapp
follow → følge
foolish → dum/udyktig
for → etter; for; i/inne; på; til
forest → skog
frequent → (som) vanlig
freshman → videregående skole
friend → kamerat, venn
friendly → hyggelig/koselig
from → etter; fra (fra og med); hos; mot
frontier → grense
function → fest
funny → merkelig/rar/underlig
further → nærmere
furthermore → dessuten
gain → klare/lykkes/oppnå
gang up against → mobbe
gang up on → mobbe
garment → klær
gas-works → fabrikk
generally → ellers
generous → stor/større
genial → genial
get → bli; få; klare/lykkes/oppnå; komme
get a loan → låne
get even → gjøre opp
get one's priorities right → prioritere
get to know → lære
get-together → fest
give authority to → gi/ha fullmakt
give notice → si opp
give preference to → prioritere
give priority to → prioritere
give somebody a loan → låne
give the sack → si opp
glad → glad/fornøyd
glance → se/titte på
glass works → fabrikk
glimpse → se/titte på
go → bli
go along with → (være/bli) enig
go for a stroll → reise/tur
go for a walk → reise/tur
go hiking → reise/tur
go swimming → bade
go with somebody → følge
good → dyktig/flink/god til
good-looking → pen/vakker
good-sized → stor/større
grade school → grunnskole
gravy → saus
great → stor/større
ground → jord
grow → bli
guarantee → garanti
halt → halte
hand in notice → si opp
handsome → pen/vakker
happy → glad/fornøyd
hardly → nesten (ikke/aldri)
harmful → dårlig/skadelig
hassle → stress/stresset/mas
have → få
have a chat with → snakke (med)
have a good time → hyggelig/koselig
have a nice time → hyggelig/koselig
have a pleasant time → hyggelig/koselig
have a shower → bade
have a word with → snakke (med)
hazardous → dårlig/skadelig
head(master) → rektor
heavy → stor/større
heir → arv/arve
heiress → arv/arve
heirloom → arv/arve
help yourself → vær så god
here you are → vær så god
hereditary → arv/arve
heredity → arv/arve
heritage → arv/arve
high → høy; stor/større
high school → videregående skole
hike → reise/tur
hire (out) → leie (ut)
historic → historisk
historical → historisk
history → historie
hit → slå (slag)
home → hus/bolig
home for the elderly → hus/bolig
homesick (be/feel homesick) → lengte
homicide → mord/morder

hour → presis
house → hus/bolig
hut → hytte
idea → mene, mening
identical → lik(e)
ill → dårlig/skadelig
illegal → (det er) forbudt
illness → sykdom
implore → forlange/be om
in → hos; i/inne; med; om; på
in addition → dessuten
in fact → nemlig/faktisk
in front of → foran **in recent weeks/months** → (i det) sist(e)
in the first place → først
in the habit of → pleie å
in the last few weeks/months → (i det) sist(e)
in time → presis
inadequate → mangle/mangel på
inclement → dårlig/skadelig
incompetent → dum/udyktig
inconsistent → (in)konsekvent
incorrect → dårlig/skadelig
industry → næringsliv
infamous → berømt/beryktet
infirmity → sykdom
inherit → arv/arve
inheritance → arv/arve
insist → forlange/be om
instep → vrist
insufficient → mangle/mangel på
intelligent → dyktig/flink/god til; spirituell
intention → mene, mening
into → til
introduce → presentere
invalid → invalid
invàlid → invalid
iron → fabrikk
issue → nummer
job → yrke
joke → historie
journey → reise/tur
joyful → glad/fornøyd
judge → dømme/bedømme
junior → videregående skole
junior high school → grunnskole
just → akkurat
just about → nesten (ikke/aldri)
killing → mord/morder
kind → hyggelig/koselig
knock → slå (slag)
known → berømt/beryktet
labour → arbeider
labour force → arbeider
labourer → arbeider
lack → mangle/mangel på
land → få; jord
large → stor/større
largish → stor/større
last → vare
last(ly) → til slutt
late → (i det) sist(e)
lately → (i det) sist(e)
lawyer → advokat
lay → legge
lay off → si opp
learn → lære
lease → leie (ut)
legacy → arv/arve
lend → låne
less able → dum/udyktig
let → leie (ut)
lethal → dødelig
lettuce → salat
lie → ligge
lik(e)able → sympatisk
like → like; lik(e)
like + -ing → like
likeable → hyggelig/koselig
limit → grense
limp → halte
liqueur → likør
liquor → likør
little → lite/litt
loan → låne
local government → staten
located → ligge; være
lodge → hytte
long ago → for . . . siden
long (for) → lengte
long since → for . . . siden
look at → se/titte på
lots of → mye
loud → høy
love → null
lovely → pen/vakker
lower 6th → videregående skole
magazine → magasin
maintain → påstå/hevde
major → stor/større
make → få; gjøre
make it → klare/lykkes/oppnå
make redundant → si opp
manage (to) → klare/lykkes/oppnå
manslaughter → mord/morder
many → mange
masterly → genial
mate → kamerat, venn
mean → dårlig/skadelig; kamerat, venn; mene, mening; simpel; være
mediate → dømme/bedømme
merit → verdi(gjenstand)
middle school → grunnskole
mill → fabrikk
miserable → dårlig/skadelig
misfortune → ulykke
mishap → ulykke
missing → mangle/mangel på
mob → mobbe
money → betaling/lønn
moreover → dessuten
mortal → dødelig
motion → mosjon
much → mye
murder → mord/morder
murderer → mord/morder
mysterious → mystisk
mystical → mystisk
namely → nemlig/faktisk
nature → natur
naughty → dårlig/skadelig
near → ved
nearer → nærmere
nearly → nesten (ikke/aldri)
necessary (if necessary) → eventuelt
neck → hals (nakke)
neighbourhood → miljø
nice → hyggelig/koselig; sympatisk
nil → null
no admittance → (det er) forbudt
no sooner . . . than → ikke – før
No. → nummer
normally → pleie å
Nos. → nummer

nostalgic (be/become nostalgic) → lengte
not allowed → (det er) forbudt
not one to → de som (den som) (det som) (han/hun som)
not so/too bad → verre/verst
(not supposed) → (det er) forbudt
not talented → dum/udyktig
not until → først
not valid → dårlig/skadelig
not . . . before → ikke – før
not . . . until → ikke – før
nothing → null
notorious → berømt/beryktet
nought → null
novel → novelle
number → nummer
numerous → stor/større
O → null
obtain → klare/lykkes/oppnå
occasion → anledning
occupation → yrke
odd → merkelig/rar/underlig
of → for; med; over; på; til
of late → (i det) sist(e)
off → bort (fra)
offer → offer
older → stor/større
on → etter; for; i/inne; mot; om; på; til
on time → presis
once → først
one → man
only → først
opinion → mene, mening
opportunity → anledning
order → rekvirere
ordinary → (som) vanlig
otherwise → ellers
out of → gjennom; uten
out of bounds → (det er) forbudt
outing → reise/tur
outlay → utgift/utlegg/kostnad
over → gjennom; over; på
overtake → overta
owing to → skyldes
pack → pakke
package → pakke
packet → pakke
pageant(ry) → fest
parcel → pakke
party → fest
passage → reise/tur
past → over
pay → betale; betaling/lønn
pay for → betale
payment → betaling/lønn
pay off → betale
peculiar → merkelig/rar/underlig
peep → se/titte på
peer → se/titte på
permitted (not permitted) → (det er) forbudt
photograph → fotograf
photographer → fotograf
physician → fysiker
physicist → fysiker
physics → fysikk
physique → fysikk
pick on → mobbe
pillow → pute
place → legge; plass/sted
plant → fabrikk
pleasant → hyggelig/koselig
please come and eat → vær så god
pleased → glad/fornøyd
plenty of → mye
point → mene, mening
policy → politikk
politics → politikk
poor → dårlig/skadelig
poorly → dårlig/skadelig
poorly qualified → dum/udyktig
pork → flesk
possible → eventuelt
possibly → eventuelt
power of attorney → gi/ha fullmakt
practically → nesten (ikke/aldri)
precise → presis
prescription → resept
present → aktuell; presentere
preserve → konservere, bevare
president → rektor
press for → forlange/be om
pretty → pen/vakker
primary school → grunnskole
principal → rektor
private sector → næringsliv; staten
profession → yrke
proficient → dyktig/flink/god til
prohibited → (det er) forbudt
prospective → eventuelt
prove to be → vise seg (å være)
provision(s) → provisjon
proxy → gi/ha fullmakt
prudent → forsiktig
public → publikum
public sector → staten
pull something off → klare/lykkes/oppnå
purpose → mene, mening
pursue → følge
put → legge
put down to → skyldes
quaint → merkelig/rar/underlig
queer → merkelig/rar/underlig
quick → dyktig/flink/god til; spirituell
quite a few → mange
reach → komme
ready → ferdig
reason → anledning
receipt → resept
receive → få
recently → (i det) sist(e)
reception → fest
recipe → resept
rector → rektor
referee → dømme/bedømme
reference → anledning
refund → betale
regard → se/titte på
reimburse → betale
remuneration → betaling/lønn
rent (out) → leie (ut)
repay → betale
represent → være
reputation → rykte
request → forlange/be om
require → rekvirere
requisition → rekvirere
residence → hus/bolig
residential home → hus/bolig
reunion → fest
room → plass/sted
rouse → våkne/vekke
rude → simpel
rumour → rykte
run a commercial → annonsere

run low on → mangle/mangel på
sack → si opp
sacrifice → offer
safe → sikker
safely → sikker
salad → salat
salary → betaling/lønn
sauce → saus
scarcely → nesten (ikke/aldri)
scarcity of → mangle/mangel på
scene → plass/sted
scenery → natur
scheduled → være
seat → plass/sted
second home → hytte
secondary school → grunnskole
secure → sikker
securely → sikker
see → se/titte på
see somebody somewhere → følge
semi-detached house → hus/bolig
senior → videregående skole
senior high school → videregående skole
sentence → dømme/bedømme
settle → gjøre opp
settlement → gjøre opp
several → mange
severe → dårlig/skadelig
shack → hytte
shade → skygge
shadow → skygge
short story → novelle
shortage of → mangle/mangel på
show up → vise seg (å være)
shower → bade
sick → dårlig/skadelig
sickly → dårlig/skadelig
silly → dum/udyktig
similar → lik(e)
simple → simpel
since → nemlig/faktisk
sit → ligge
site → plass/sted
situated → ligge
siz(e)able → stor/større
size → nummer
skilful → dyktig/flink/god til
skilled → dyktig/flink/god til
slap → slå (slag)
sleep → ligge
slow → dum/udyktig
smart → dyktig/flink/god til; pen/vakker
snug → hyggelig/koselig
sociable → hyggelig/koselig
soil → jord
solicitor → advokat
sophomore → videregående skole
space → plass/sted
speak to/with → snakke (med)
spectators → publikum
spiritual → spirituell
spot → plass/sted
stair → trapp
staircase → trapp
stairs → trapp
stairway → trapp
stare → se/titte på
state → påstå/hevde
state government → staten
stay → være
steel works → fabrikk
step → trapp
steps → trapp
still → ennå
stool → stol
story → historie
strange → merkelig/rar/underlig
stress → stress/stresset/mas
stressed → stress/stresset/mas
stressful → stress/stresset/mas
strike → slå (slag)
stroke → slå (slag)
stupid → dum/udyktig
subscribe to → (være/bli) enig
substantial → stor/større
succeed → følge
succeed (in) → klare/lykkes/oppnå
suffer → få
suit → klær
supermarket → varehus
sure → sikker
surroundings → miljø
swim → bade
sympathetic → sympatisk
take → ta
take a shower → bade, dusje
take long → vare
take one's seat → ta plass
take over → overta
take place → ta plass; være
take precedence over → prioritere
take somebody somewhere → følge
talented → dyktig/flink/god til
talk to/with → snakke (med)
tall → høy
tap → slå (slag)
teach → lære
tenement → hus/bolig
tenement house → hus/bolig
tense → stress/stresset/mas
terminate → si opp
terrace → hus/bolig
terraced house → hus/bolig
that's all right → vær så god
the last → (i det) sist(e)
the latest → (i det) sist(e)
the man who → de som (den som) (det som) (han/hun som)
the one who → de som (den som) (det som) (han/hun som)
the person who → de som (den som) (det som) (han/hun som)
the state → staten
the woman who → de som (den som) (det som) han/hun som)
they → man
thick → dum/udyktig
think → mene, mening
those who → de som (den som) (det som) (han/hun som)
thousand millions → milliard
throat → hals (nakke)
through → ferdig; gjennom
till → først; ikke – før; til
to → for; med; mot; på; til
topical → aktuell
tour → reise/tur
toward(s) → mot
town house → hus/bolig
trade → bransje; næringsliv; yrke
train → lære
travel → reise/tur
treat → betale
trespassing (no trespassing) → (det er) forbudt

trip → reise/tur
turn → bli
turn out → vise seg (å være)
turn up → vise seg (å være)
under → under
unhealthy → dårlig/skadelig
unlawful → (det er) forbudt
unpleasant → dårlig/skadelig
unprofessional → dum/udyktig
until → til
upon → etter
upper 6th → videregående skole
used to → pleie å
usual → (som) vanlig
usually → ellers; pleie å
valuables → verdi(gjenstand)
value → verdi(gjenstand)
various → forskjellig
varying → forskjellig
versus/vs. → mot
very → akkurat
very + substantiv → allerede
vice-chancellor → rektor
victim → offer
view → mene, mening
villa → hus/bolig
viz. → nemlig/faktisk
vocation → yrke
voyage → reise/tur
wage(s) → betaling/lønn
wake (somebody) up → våkne/vekke
walking tour → reise/tur
want → ønske
warehouse → varehus
warranty → garanti
wary → forsiktig
watch → se/titte på
wave → vinke
weak → dårlig/skadelig
well-known → berømt/beryktet
whack → slå (slag)
what → de som (den som) (det som) (han/hun som)
whoever → de som (den som) (det som) (han/hun som)
wicked → dårlig/skadelig
win → få
wink → vinke
wish → ønske
with → hos; med; til
within → innen
without → uten
witty → spirituell
wood(s) → skog
worker → arbeider
workman → arbeider
works → fabrikk
worse → verre/verst
worst → verre/verst
worth → verdi(gjenstand)
would like → like
wrist → vrist
yet → ennå
you → man
you're welcome → vær så god
zero → null

ENGELSK SPRÅKNØKKEL

JAN EMIL TVEIT

1 Substantiver

Tellelige substantiver refererer til noe som kan telles. De kan som regel bøyes i flertall, og kan ha ubestemt artikkel, bestemt artikkel eller tallord foran seg: *a girl, the girl, girls, three girls.*

Den vanligste flertallsendelsen er **-s:** *boy – boys*; etter vislelyd (**-s, -sh, -ch, -z, -x**) tilføyes **-es:** *bus – buses;* etter **-o** tilføyes normalt **-es:** *potato – potatoes,* men etter forkortede fremmedord tilføyes kun **-s:** *disco – discos;* **-y** etter konsonant blir til **-ie + s:** *fly – flies;* **-f(e)** endres som regel til **-ve + s**: *half – halves.* Noen ord danner flertall ved vokalskifte: *foot – feet.* Merk følgende spesielle ord: *child – children; ox – oxen.* Noen ord har samme form i entall og flertall: *Chinese – Chinese; fish – fish; means – means.*

Utellelige substantiver refererer til noe som ikke kan telles, som oftest materialer, væsker eller abstrakte begreper. De har ingen flertallsform og kan ikke ha tallord eller ubestemt artikkel foran seg. De tar verbal i entall: *food, wine, love.*

Tellelige på norsk – utellelige på engelsk: *advice, furniture, information, money, news.* Ettersom disse ordene ikke kan telles, kan de ikke settes i flertall, og de kan ikke ha ord som **a(n), one, two, many, few, these, those** og **tallord** foran seg. Man kan imidlertid gjøre disse substantivene tellelige ved å føye til såkalte delord som **a piece of, an item of, a suite of:** *a piece of advice, two items of information, a suite of furniture.*

Noen substantiver kan være både tellelige og utellelige, avhengig av betydningen:

	Tellelig	**Utellelig**
interest	interesse	rente
experience	opplevelse	erfaring
water	farvann	vann
work	produkt	arbeid
trade	bransje	handel

En del substantiver som betegner en gruppe mennesker, tar verbal i entall eller flertall. Man bruker gjerne entall når det er naturlig å betrakte gruppen som en enhet, og flertall når man fokuserer på medlemmene: *The government is dominated by the prime minister. The board are discussing the budget.*

Police og **cattle** tar alltid verbal i flertall. Det samme gjelder **people,** bortsett fra når det betyr folkeslag: *The police are looking for the murderer. Twenty people were present.*

Substantiver som ender på **-ics** tar oftest verbal i entall. Det samme gjelder sykdommene **mumps** (kusma) og **measles** (meslinger): *Mathematics is difficult. Politics is more interesting than physics. Mumps is an infectious disease.*

En del ord mangler entallsform og tar alltid verbal i flertall: **clothes** – klær; **customs** – toll; **damages** – (skades)erstatning; **goods** – varer; **looks** – utseende; **thanks** – takk.

Pronomener som viser til disse substantivene, står også i flertall: *Her clothes are very expensive. She buys them at Harrods.*

Genitiv uttrykker eieforhold eller nær forbindelse. Vi skiller mellom s-genitiv og of-genitiv. S-genitiv dannes ved apostrof + **s:** *my father's car; the cat's paw.* Når substantivet i flertall allerede ender på **-s,** tilføyes kun apostrof: *three weeks' holiday.* S-genitiv brukes helst om personer og andre levende vesener, samt ved substantiver som uttrykker **tid, mål,** og **vekt**.

Of-genitiv brukes i første rekke om ting, men kan også brukes om levende vesener: *the City of London; the ceiling of the room; The Adventures of Huckleberry Finn.*

2 Artikler

Den ubestemte artikkel er **a** foran konsonantlyd og **an** foran vokallyd og brukes bare foran tellelige substantiver som står i entall. Man bør spesielt merke seg bruken av den ubestemte artikkel foran substantiver som betegner **yrke**: *She is a dentist. He is an economist;* **religion/ideologi:** *Her husband is a Catholic. Are you really a Marxist?;* og **nasjonalitet**: *I'm a Norwegian, and my wife is a Swede.*

Den ubestemte artikkel brukes også i betydningen **every/per** i **tids-** og **målsuttrykk**: *The Cabinet meets once or twice a week. He paid 75 pence a gallon.*

Noen nyttige uttrykk med **a/an** :

to have a headache	å ha hodepine
(*men: to have toothache*	å ha tannpine)
to have a (high/low) temperature	å ha feber
take a seat	sette seg
as a rule	som regel
have/get/catch a cold	være/bli forkjølt
at an early age	i ung alder
to make a fool of oneself	å dumme seg ut
it's a pity	det er synd
to be in a hurry	å ha hastverk
to take an interest in	være/bli interessert i
to take a fancy to	legge sin elsk på
at a distance	på avstand
wait for a long time	vente lenge
keep an eye on	holde øye med
all of a sudden	plutselig, med ett
on a large scale	i stort omfang

Den bestemte artikkel the brukes foran navn på **hav, elver** og noen **land:** *the Atlantic, the Mediterranean; the Thames, the Mississippi; the United Kingdom;* **kinoer, teatre, puber** o.l.: *the Odeon, the Old Vic, the Ritz, the Plaza, the Bull & Bush, the Mousetrap;* **gallerier** og **museer:** *the National Gallery, the British Museum;* **skip:** *the 'Medea', the 'Titanic';* og **aviser**: *the Sun, the Guardian.*

Den bestemte artikkel brukes foran **egennavn i flertall:** *the Alps, the Rocky Mountains, the Channel Islands, the U.S.A., the Netherlands, the West Indies.*

Legg merke til bruken av bestemt artikkel foran musikkinstrument som objekt til verbet **play:** *My daughter plays the accordion and my son plays the guitar.*

Den bestemte artikkel brukes ikke foran ord som **school, prison, church, hospital, court** når det tenkes på funksjonen en slik institusjon har: *She goes to church every Sunday. The murderer is in prison. The patient has to remain in hospital.*

Den bestemte artikkel brukes ikke foran et substantiv i flertall som betegner en gruppe i sin alminnelighet: *Economists think we are facing a recession.* Men: *The economists on Wall Street think we are facing a recession.*

Den brukes heller ikke foran et utellelig substantiv med en generell betydning: *Life is short. Love is all you need. Society cannot tolerate such behaviour.* Men: *The Norwegian society in the early 1970s was marked by conflicts.*

3 Tallord

Grunntall		Ordenstall	
1	one	1st	the first
2	two	2nd	the second
3	three	3rd	the third
4	four	4th	the fourth
5	five	5th	the fifth
6	six	6th	the sixth
7	seven	7th	the seventh
8	eight	8th	the eighth
9	nine	9th	the ninth
10	ten	10th	the tenth
11	eleven	11th	the eleventh
12	twelve	12th	the twelfth
13	thirteen	13th	the thirteenth
14	fourteen	14th	the fourteenth
15	fifteen	15th	the fifteenth
16	sixteen	16th	the sixteenth
17	seventeen	17th	the seventeenth
18	eighteen	18th	the eighteenth
19	nineteen	19th	the nineteenth
20	twenty	20th	the twentieth
21	twenty-one	21st	the twenty-first
30	thirty	30th	the thirtieth
40	forty	40th	the fortieth
50	fifty	50th	the fiftieth
60	sixty	60th	the sixtieth
70	seventy	70th	the seventieth
80	eight	80th	the eightieth
90	ninety	90th	the ninetieth
100	a/one hundred	100th	the hundredth
1000	a thousand	1000th	the thousandth
1,000,000	a/one million	1,000,000th	the millionth
1,000,000,000	a/one billion	1,000,000,000th	the billionth

4 Konjunksjoner

Sideordnende konjunksjoner som **but, or, either … or, nor, both … and, neither … nor** binder sammen ord, setningsledd eller setninger av samme slag: *Joan likes football but John prefers athletics.* Merk at når subjektet består av to deler som knyttes sammen med **or, either … or, neither … nor**, retter verbalet seg som regel etter den delen av subjektet som kommer nærmest: *You or I am wrong. Neither my parents nor my brother is willing to go.*

Underordnende konjunksjoner inndeles i
tidskonjunksjoner: **when, while, as, since, after, before;**
årsakskonjunksjoner: **as, because, since**;
betingelseskonjunksjoner: **if, as, as long as, provided, in case;**
innrømmelseskonjunksjoner: **although, though, even if, even though;**
hensiktskonjunksjoner: **so as to, that, in order that;**
følgekonjunksjoner: **so, so … that, such … that;** og
sammenligningskonjunksjoner: **as, than, as – as, so – as, like**.

En underordnende konjunksjon innleder en leddsetning (bisetning) og knytter den til en helsetning (hovedsetning): *When she was having a bath, the telephone rang. If I pass the exam, I shall sell my textbooks.*

5 Adjektiver

Adjektivet betegner en kvalitet eller en egenskap og brukes for å beskrive et substantiv (som regel en person eller en ting): *a beautiful picture, a small car, a handsome man, a rich woman.*

Enstavelses adjektiver samt tostavelses adjektiver som ender på **-y, -le, -er** og **-ow** får vanligvis endelsen **-(e)r** i komparativ og **-(e)st** i superlativ:

Positiv	**Komparativ**	**Superlativ**
large	larger	largest
wise	wiser	wisest
short	shorter	shortest
thin	thinner	thinnest
happy	happier	happiest
simple	simpler	simplest

Etter konsonant blir **y** forandret til **i** foran **-er** og **-est:** *happy – happier – happiest.*

Konsonant blir fordoblet etter enkel trykksterk vokal: *thin – thinner – thinnest.*

De fleste tostavelses adjektiver og alle adjektiver med flere enn to stavelser gradbøyes med **more** og **most**:

common	more common	most common
beautiful	more beautiful	most beautiful
expensive	more expensive	most expensive

Noen vanlige adjektiver bøyes uregelrett:

good/well	better	best
bad	worse	worst
much/many	more	most

Noen adjektiver har forskjellige bøyningsformer:

far	further/farther	furthest/farthest
old	older/elder	oldest/eldest

Further og **furthest** brukes om både **avstand** og **tillegg,** mens **farther** og **farthest** bare brukes om **avstand**.

Older og **oldest** er langt vanligere enn **elder** og **eldest**. De sistnevnte brukes kun om medlemmer av samme familie: *His elder sister.* (Men også her brukes **old**er.)

Man bør merke seg at komparativ oftest brukes i stedet for superlativ når to personer/ting sammenlignes: *John is the taller of the two brothers.*

Når adjektivet står foran substantivet, sier vi at det brukes attributivt: *She has bought an old cottage. Carl Lewis was a marvellous athlete.*

Adjektivene **upper, inner, outer, daily** og **nuclear** kan bare brukes attributivt.

Adjektivet blir brukt substantivisk, dvs. istedenfor et substantiv, når det betegner mennesker av en bestemt kategori/gruppe: *The old and the young often have differing values. The poor and the rich are poles apart in British society.*

I motsetning til norsk kan adjektivet ikke brukes substantivisk når det betegner en bestemt person (bortsett fra **the accused** (*tiltalte*) og **the deceased** (*avdøde*)): *The old man* (den gamle) *visited her at the hospital.* I slike tilfeller brukes ofte støtteordet **one:** *There were a big guy and a small one.*

Adjektivet brukes substantivisk når det betegner et abstrakt begrep i en generell betydning: *This author is attracted by the beautiful and the grotesque.*

Adjektivet brukes predikativt når det står etter et uselvstendig verb (**be, become, get, turn, remain, look, feel, sound, smell, taste**): *This novel is excellent. You look wonderful tonight.*

Følgende adjektiver kan bare brukes predikativt: *afraid, alike, asleep, alone, content, ill.*

6 Adverb

Bortsett fra basisadverb som **often, now, here, there, soon** dannes adverbet oftest av adjektiv + endelsen **-ly**: *really, beautifully, nicely.*

Enstavelses adverb får endelsene **-(e)r** i komparativ og **-(e)st** i superlativ:

Positiv	**Komparativ**	**Superlativ**
fast	faster	fastest
hard	harder	hardest
soon	sooner	soonest

Adverb med to eller flere stavelser gradbøyes med **more** og **most:**

often	more often	most often
quickly	more quickly	most quickly
frequently	more frequently	most frequently
immaculately	more immaculately	most immaculately

Noen vanlige adverb bøyes uregelrett:

badly	worse	worst
well	better	best
little	less	least
late	later	last

Måtesadverb angir hvordan en handling utføres: **slowly, quickly, fast, well, badly, carefully, easily:** *Phil Collins sings well.*

Stedsadverb angir hvor handlingen finner sted: **here, there, abroad, upstairs, downstairs:** *How long have you lived here?*

Tidsadverb angir når/hvor ofte en handling finner sted: **now, then, when, yesterday, always, often, frequently:** *I met her yesterday.*

Gradsadverb beskriver omfanget av en handling: **really, rather, very, quite, hardly, extremely:** *I'm extremely sorry.*

Adverbet forteller noe om et verb: *John Lennon sang beautifully;* et adjektiv: *His car is terribly expensive;* et annet adverb: *She dances surprisingly well;* eller en hel setning: *Unfortunately, you did not pass the examination.*

Merk: Etter uselvstendige verb brukes adjektiv i stedet for adverb. De viktigste av disse er sanseverbene **taste, feel, smell** samt verbene **be, become, remain, turn, seem, look, appear, sound:** *That looks good. The soup tastes horrible. This newspaper is excellent.*

Noen adverb har samme form som tilsvarende adjektiv: **fast, hard, early, daily, weekly, monthly**: *This is a fast train. It runs fast. It is a hard job. He works hard.*

7 Pronomener

Personlige pronomener

		Subjektsform	**Objektsform**
Entall	1. pers.	I	me
	2. pers.	you	you
	3. pers.	he	him
		she	her
		it	it

Flertall	1. pers.	we	us
	2. pers.	you	you
	3. pers.	they	them

Eiendomspronomener

		Adjektiviske	**Substantiviske**
Entall	1. pers.	my	mine
	2. pers.	your	yours
	3. pers.	his	his
		her	hers
		its	its
Flertall	1. pers.	our	ours
	2. pers.	your	yours
	3. pers.	their	theirs

De adjektiviske former står til et substantiv: *This is not my cup of tea.* De substantiviske står alene: *Is that book mine?*

Påpekende pronomener
Entall: **this** (denne, dette), **that** (den, det)
Flertall: **these** (disse), **those** (de)

Refleksive pronomener
Entall: **myself, yourself, himself, herself, itself:** *He has to behave himself.*
Flertall: **ourselves, yourselves, themselves:** *Are you enjoying yourselves?*

Spørrepronomener
Who (subjektsform) og **whom** (objektsform) brukes om personer. **Whom** brukes lite i moderne engelsk, men er nødvendig etter en preposisjon. **Whose** er eieform og brukes mest om personer: *Who(m) did you meet there? To whom did you send the letter? Whose car was stolen last night?*

What og **which** brukes både om personer og ting. Når **which** brukes, er utvalget begrenset: *What's your name? What people would do a thing like that? Which textbook do you like best? Which Tottenham player do you prefer?*

Relative pronomener
Who om personer brukes både som subjektsform og objektsform. **Whom** er på vei ut som objektsform men må beholdes etter en preposisjon. Ellers brukes formen svært lite i moderne engelsk. **Who** brukes i økende grad som objektsform, spesielt i dagligtale: *David Bowie, who is a marvellous singer, likes to perform in Scandinavia. To whom did you write that letter?/Who did you write that letter to?*

Which brukes om ting (både som subjektsform og objektsform): *His latest novel, which was published last year, is selling well.*

Eieformen **whose** brukes mest om personer, men kan også brukes om ting: *John, whose parents are wealthy, is going to attend Eton College next year.*

That kan brukes både om personer og ting, men bare i nødvendige relativsetninger: *The man who/that married my sister last week has disappeared.* **That** sløyfes ofte som objekt: *The man I saw this morning.*

Her er relativsetningen – *who married my sister* – nødvendig. Uten den ville man ikke vite hvilken mann det var tale om. I motsetning til unødvendige relativsetninger, skal nødvendige relativsetninger ikke skilles ut med komma.

Som relativpronomen betyr **what** *det som, den som: You get what you pay for.*

Resiproke pronomener
Each other, one another: *They loved each other (one another) throughout their marriage.*

Ubestemte pronomener
Some og **any** kan en bruke både substantivisk (alene) og adjektivisk (foran et substantiv).

Some brukes i fortellende og i spørrende setninger der vi venter et positivt svar: *There are some tomatoes in the fridge. Would you like some coffee?*

Any brukes i nektende og i de fleste spørrende setninger. **Any** brukes også i if-setninger og i bekreftende setninger i betydningen *hvilken/hvilket som helst*: *Do you have any money left? Bring any friend you like.*

Somebody, anybody, someone, anyone, something, anything kan bare brukes substantivisk og tar verbal i entall. For øvrig gjelder tilsvarende regler som for **some** og **any**: *Has anyone seen my glasses?*

Ved **no** retter verbalet seg etter substantivet: *No evidence was found. No Norwegians were reported missing.*

Every og **each** tar verbal i entall. **Every** blir bare brukt adjektivisk, mens **each** brukes både substantivisk og adjektivisk: *Every player was exhausted.*

None står alltid substantivisk. Det tar verbal i entall eller flertall: *None of them speak(s) English.*

All og most tar verbal i entall eller flertall, avhengig av betydningen: *All (most) of the cake has been eaten. All (most) of them have gone home.*

Andre ubestemte pronomener: **another, other, both, either, neither, whoever, whichever, whatever.**

It – there
It brukes om avstand og tid: *It is a long way to Paris. It is two o'clock;* om temperatur: *It is three degrees below zero;* om værforhold: *It is raining cats and dogs;* og som foreløpig subjekt når det virkelige subjektet er en infinitiv, en ing-form eller en at-setning: *It is no use pretending. It is obvious that he is mad.*

There brukes som **foreløpig subjekt** dersom **det virkelige subjektet** er **et substantiv** eller **et ubestemt pronomen:** *There are two boys in the garden. There is something I would like to tell you.*

Merk at vi bruker **there** når vi kan si *det finnes/fantes* på norsk i stedet for *det er/var*. Husk også at verbalet retter seg etter det virkelige subjektet (og ikke etter **there**).

8 Preposisjoner

Tidspreposisjoner
At brukes ved angivelse av nøyaktig tidspunkt: *at that moment; at two o'clock.* **On** brukes ved angivelse av dag og dato : *on Friday; on 4th July.* **In** brukes for å angi et tidsrom: *in the winter; in June.* **Ago** tilsvarer *for ... siden: I met her two years ago.* **Since** betyr *siden: We've been married since May.* **For** tilsvarer *i* på spørsmålet *Hvor lenge?: We have been married for two days.* **In** betyr *om: The lesson will end in a minute.* **In** kan også bety *på* og *i* (tidsrom): *He managed in less than a minute. He was injured in the war.* **During** tilsvarer *under, i løpet av: She suffered during the war.* **By** og **within** betyr *innen;* **by** refererer til et tidspunkt eller en dag, mens **within** refererer til et tidsrom: *The job must be completed by midnight/Tuesday. I have to leave within a week.*

Stedspreposisjoner
At betyr *i, på* og brukes om et sted som oppfattes som et punkt på kartet, en skala o.l.: *They are at the airport. She is now staying at Voss.* Denne preposisjonen brukes derfor ofte om mindre steder/byer.

On brukes når stedet oppfattes som en flate/et område: *They sit on the floor when watching TV. Tom lives on a small island.*

In brukes når stedet ikke oppfattes som en flate, men gir fornemmelse av rom (volum). Den brukes derfor om større byer, distrikter og land: *She is in the kitchen. We will remain in Norway. My uncle is in New York.*

Merk forskjellig bruk av stedspreposisjoner på norsk og engelsk: på skolen – *at school;* på kontoret – *at the office;* på hytta – *at the cottage;* på jobben – *at work;* på stasjonen – *at the station;* på flyplassen – *at the airport;* på landet – *in the country;* på gata – *in the street;* på bildet – *in the picture;* på himmelen – *in the sky;* i telefonen – *on the phone;* i radioen – *on the radio;* i fjernsyn – *on television.*

Noen nyttige preposisjonsuttrykk

arrive at the station/airport	ankomme stasjonen/flyplassen
arrive in a city/town/country	ankomme en by/et land

at somebody's disposal	til noens disposisjon
be beside the point	ikke vedkomme saken
by car/train/ship/plane	med bil/tog/skip/fly
by the way	forresten, apropos
by accident	ved en tilfeldighet
by cheque	med sjekk
by heart	utenat
by far	langt
by no means	slett ikke
by and large	i det store og hele
for this reason	av denne grunn
for the time being	for tiden
a cheque for	en sjekk på
an order for	en bestilling på
suffer from something	lide av noe
in reply to	som svar på
in the same way	på samme måte
in a bad mood	i dårlig humør
be in a hurry	ha det travelt
in advance	på forhånd
well off	velstående
off the coast	utenfor kysten
on condition that	på betingelse av at
on the contrary	tvert imot
on my arrival	ved min ankomst
be of use to	være av nytte for
come to dinner	komme til middag
according to	ifølge, i samsvar med
be angry with somebody	være sint på noen
agree with somebody	være enig med noen
place orders with somebody	bestille hos noen
stay with somebody	være/bo hos noen

I motsetning til norsk brukes aldri preposisjon foran en at-setning eller en infinitiv på engelsk. I stedet utelates preposisjonen – eller man skriver om ved hjelp av verbalsubstantiv (ing-form): *Are you sure you don't want to go? She talked about wanting to resign.*

9 Verb

Former av verbet som ikke uttrykker tid

Infinitiv: *to go*

Imperativ: *go*

Presens partisipp: *going*

Perfektum partisipp: *gone*

Former av verbet som uttrykker tid

Presens: *I play (he, she, it plays) the guitar.* (De fleste verb får **-s** i 3. pers. ent. Verb som ender på vislelyd eller **-o**, får **-es**).

Preteritum: *I played the guitar.*

Perfektum: *I have played (he has played) the guitar.*

Pluskvamperfektum: *I had played the guitar.*

Futurum: *I shall/will play the guitar.*

2. futurum: *The police will soon have solved the case.*

Kondisjonalis: *I should/would play the guitar.*

2. kondisjonalis: *I would have bought that house a long time ago if I had been able to borrow the money.*

Regelrette verb har endelsen **-ed** i preteritum, perfektum og pluskvamperfektum.

I samtlige eksempler ovenfor er det brukt **enkel form** av verbet. **Samtidsformen** behandles i forbindelse med verbets tider.

Hjelpeverb
Vi skiller mellom hjelpeverb og hovedverb. Det finnes følgende hjelpeverb: **be** (danner samtidsform og passiv), **have** (danner perfektum og pluskvamperfektum), **can, may, ought to, shall, will, must** (modale hjelpeverb) og **do** (danner nektende og spørrende setninger).

Bøyning av **be, have** og **do:**

Infinitiv	**Preteritum**	**Perfektum partisipp**	**Imperativ**
be	was, were	been	be
have	had	had	have
do	did	done	do

	Presens			**Preteritum**		
I	am	have	do	was	had	did
you	are	have	do	were	had	did
he, she, it	is	has	does	was	had	did
we	are	have	do	were	had	did
you	are	have	do	were	had	did
they	are	have	do	were	had	did

De modale hjelpeverb har bare presens- og preteritumformer.

Can/could uttrykker **tillatelse:** *Can I go now?* **evne:** *I can play tennis;* **mulighet:** *Can this be the original?*

May/might uttrykker **tillatelse:** *May I use your bike?* **mulighet:** *It may start raining again.*

Must uttrykker **nødvendighet** i fortellende setninger: *You must go now;* eller **påbud:** *You must remember to visit her.*
I nektende setninger uttrykkes **forbud:** *You must not disturb the patients.* Det kan også uttrykke **logisk slutning:** *They must have arrived now.*

Ought to uttrykker **plikt** eller **at noe er tilrådelig:** *You ought to pay us more.*

Need uttrykker **nødvendighet:** *She need not do it after all.* Det brukes som hjelpeverb helst i nektende og spørrende setninger.

Will/would behandles i forbindelse med verbets tider.

Omskrivning med to do brukes til å danne nektende og spørrende setninger når verbalet står i enkelt presens eller enkelt preteritum:

Fortellende setning	**Spørrende setning**	**Nektende setning**
She lives here.	**Does** she live here?	She **does** not live here.
He played well.	**Did** he play well?	He **did** not play well.

Merk: Hovedverbet skal alltid stå i infinitiv og skal aldri bøyes.

Omskrivning med to do brukes også til å fremheve verbet i fortellende setninger: *I* ***do*** *like the book. They* ***do*** *come from Scotland.*

Omskrivning med **to do** brukes **ikke** a) når setningen har et hjelpeverb: *He is from Bergen. Is he from Bergen? He is not from Bergen. She can play chess. Can she play chess? She cannot play chess;* b) når verbalet er i en sammensatt tid (og består av hjelpe- og hovedverb): *Have you ever met her? They are not staying here any more. Will he come?* c) når subjektet (eller en del av subjektet) er et spørrepronomen: *Who did it? Which book is best?* Men: *Which book do you like best?*

Uregelrette verb

Infinitiv	Preteritum	Perfektum partisipp	
arise	arose	arisen	(oppstå)
awake	awoke	awoken	(våkne)
be	was/were	been	(være; bli)
bear	bore	born(e)	(føde; bære)
beat	beat	beaten	(slå)
become	became	become	(bli)
begin	began	begun	(begynne)
bind	bound	bound	(binde)
bite	bit	bitten	(bite)
bleed	bled	bled	(blø)
blow	blew	blown	(blåse)
break	broke	broken	(bryte)
bring	brought	brought	(bringe)
build	built	built	(bygge)
burn	burnt/burned	burnt/burned	(brenne)
buy	bought	bought	(kjøpe)
catch	caught	caught	(fange)
choose	chose	chosen	(velge)
cost	cost	cost	(koste)
cut	cut	cut	(skjære)
deal	dealt	dealt	(handle med/om)
dig	dug	dug	(grave)
do	did	done	(gjøre)
draw	drew	drawn	(dra, tegne)
dream	dreamt/dreamed	dreamt/dreamed	(drømme)
drink	drank	drunk	(drikke)
drive	drove	driven	(kjøre)
eat	ate	eaten	(spise)
fall	fell	fallen	(falle)
feed	fed	fed	(mate)
feel	felt	felt	(føle)
fight	fought	fought	(slåss)
find	found	found	(finne)
flee	fled	fled	(flykte)
fly	flew	flown	(fly)
forbid	forbade	forbidden	(forby)
forget	forgot	forgotten	(glemme)
forgive	forgave	forgiven	(tilgi)
freeze	froze	frozen	(fryse)
get	got	got	(få; bli)
give	gave	given	(gi)
go	went	gone	(gå, dra)
grow	grew	grown	(vokse; bli)
hang	hung	hung	(henge)
have	had	had	(ha)
hear	heard	heard	(høre)
hide	hid	hidden	(gjemme)
hit	hit	hit	(treffe)
hold	held	held	(holde)
hurt	hurt	hurt	(såre)
keep	kept	kept	(holde)
know	knew	known	(vite)
lay	laid	laid	(legge)
lead	led	led	(lede)
learn	learnt/learned	learnt/learned	(lære)
leave	left	left	(forlate)
lend	lent	lent	(låne ut)
let	let	let	(la)
lie	lay	lain	(ligge)
light	lit	lit	(tenne)
lose	lost	lost	(tape)

make	made	made	(lage)
mean	meant	meant	(mene, bety)
meet	met	met	(møte)
overcome	overcame	overcome	(overvinne)
pay	paid	paid	(betale)
put	put	put	(legge)
quit	quit	quit	(forlate)
read	read	read	(lese)
ride	rode	ridden	(kjøre, ri)
ring	rang	rung	(ringe)
rise	rose	risen	(reise seg)
run	ran	run	(løpe)
say	said	said	(si)
see	saw	seen	(se)
seek	sought	sought	(søke)
sell	sold	sold	(selge)
send	sent	sent	(sende)
set	set	set	(sette)
sew	sewed	sewn	(sy)
shake	shook	shaken	(riste)
shine	shone	shone	(skinne)
shoot	shot	shot	(skyte)
show	showed	shown	(vise)
shrink	shrank	shrunk	(krympe)
shut	shut	shut	(lukke)
sing	sang	sung	(synge)
sink	sank	sunk	(synke)
sit	sat	sat	(sitte)
sleep	slept	slept	(sove)
smell	smelt/smelled	smelt/smelled	(lukte)
speak	spoke	spoken	(snakke)
spell	spelled/spelt	spelled/spelt	(stave)
spend	spent	spent	(tilbringe)
spit	spat	spat	(spytte)
spoil	spoilt	spoilt	(ødelegge)
spread	spread	spread	(spre)
spring	sprang	sprung	(hoppe)
stand	stood	stood	(stå)
steal	stole	stolen	(stjele)
stick	stuck	stuck	(stikke)
strike	struck	struck	(slå; streike)
swear	swore	sworn	(sverge)
sweep	swept	swept	(feie)
swim	swam	swum	(svømme)
swing	swung	swung	(svinge)
take	took	taken	(ta)
teach	taught	taught	(lære (fra seg))
tear	tore	torn	(rive)
tell	told	told	(fortelle)
think	thought	thought	(tenke, synes)
throw	threw	thrown	(kaste)
understand	understood	understood	(forstå)
wake (up)	woke (up)	woken (up)	(våkne, vekke)
wear	wore	worn	(ha på seg)
weep	wept	wept	(gråte)
win	won	won	(vinne)
wind	wound	wound	(vikle)
write	wrote	written	(skrive)

Infinitiv eller verbalsubstantiv (ing-form)

Noen verb etterfølges av infinitiv, andre av verbalsubstantiv. I tillegg finnes det en gruppe verb som tar både infinitiv og verbalsubstantiv – ofte med meningsforskjell.

Man bruker infinitiv etter hjelpeverbene **do, can, must, may, shall, will**: *I must go now. It may succeed.*

Følgende verb hører blant dem som tar infinitiv: **agree, decide, expect, hope, learn, manage, refuse, seem, wish** : *I decided to help her. She managed to do it.*

Man bruker verbalsubstantiv etter **avoid, deny, dislike, enjoy, finish, give up, keep on, mind, practise, put off, risk, cannot help, cannot stand:** *You should avoid working too much. I enjoy dancing.*

Følgende verb tar infinitiv eller verbalsubstantiv med liten eller ingen meningsforskjell: **begin, start, continue, like, prefer, love, hate:** *I started working/to work. I like dancing/to dance.*

Etter verbene **stop, try, remember, forget** brukes infinitiv eller verbalsubstantiv med forskjellig betydning:

I stopped to smoke.	I stopped in order to smoke.
I stopped smoking.	I brought an end to it.
I will try to get up early.	I will make an effort to get up early.
I will try sending her flowers.	I will send her flowers to see what happens.
Remember/don't forget to lock the door.	You should remember to do something in the future.
I remembered/forgot meeting her.	You remembered/forgot something that took place in the past.

Passiv
Engelsk danner passiv med former av **to be + perfektum partisipp av hovedverbet.**

Aktiv: *He wrote the book.*
Passiv: *The book was written by him.*

Objektet i den aktive setningen (*the book*) blir subjekt i den passive. Hjelpeverbet (*to be*) retter seg i form og tid etter verbalet i den aktive setningen.

Aktiv	**Passiv**
Ben opens the door.	The door is opened by Ben.
Ben is opening the door.	The door is being opened by Ben.
Ben opened the door.	The door was opened by Ben.
Ben was opening the door.	The door was being opened by Ben.
Ben has opened the door.	The door has been opened by Ben.
Ben will open the door.	The door will be opened by Ben.

I noen tilfeller har en aktiv setning både et direkte og et indirekte objekt. Det er da vanligvis det indirekte objektet som blir subjekt i den passive setningen: *Jack gave her a kiss. She was given a kiss by Jack.*

Verbets tider
Enkelt presens uttrykker noe som er vanemessig eller permanent. Formen brukes derfor ofte sammen med adverb som **always, often, frequently, seldom, never:** *The sun sets in the west. John works as a policeman. I take the bus to school. She often goes to the cinema. He rarely smiles.*

Noen verb står vanligvis ikke i samtidsform. Dette gjelder verb som betegner tilstander, egenskaper, følelser, sanseinntrykk, oppfatninger: *The bottle does not contain anything just now. I remember it now. I understand what you mean.*

Enkelt presens brukes også i dramatisk beskrivelse, f.eks. i sportsreferater.

Presens samtidsform brukes om en handling som foregår akkurat nå, eller som blir gjentatt regelmessig i et begrenset tidsrom: *Tyson is trying to knock out his opponent. Jim is reading a French novel. Mother is taking the bus to work this week.* Sammen med adverb som **always, continually, constantly** kan presens samtidsform uttrykke irritasjon: *Father is always watching television. Joan is constantly talking about her ex-husband.*

Preteritum og perfektum uttrykker begge fortid. De har både enkle former og samtidsformer. Generelt kan vi si at vi bruker preteritum for å betegne handlinger/tilstander som tilhører fortiden. Derimot kan vi med perfektum knytte sammen fortid og nåtid: *Jens Bjørnebo wrote some good novels. Tove Nilsen has written some good novels.*

Enkelt preteritum betegner en enkelt fullført handling i fortiden: *The plane arrived at 10 o'clock last night. United's manager was sacked last week.* Det brukes også om en gjentatt handling eller om en tilstand i fortiden: *Shakespeare wrote a number of excellent plays. Dickens lived in London.*

Preteritum samtidsform brukes om en handling som ikke var avsluttet på et bestemt tidspunkt i fortiden: *At ; o'clock he was walking his dog.* Den brukes også om to parallelle handlinger i fortiden: *While John was eading, Mary was playing;* og om bakgrunnshandlinger i fortiden: *While Mary was playing, her mother left the ouse.*

:nkelt perfektum brukes om ubestemt fortid: *He has been in Paris.* Skal denne handlingen tidsbestemmes, .eks. ved hjelp av *last week* eller *in 1956,* må vi bruke preteritum i stedet for perfektum: *He was in Paris in 956/last week.* Det kan også betegne noe som er påbegynt i fortiden og som fremdeles pågår: *I have been here ince May.*

'erfektum samtidsform understreker at en handling som er påbegynt i fortid, fortsatt pågår eller er nylig vsluttet: *I have been working for this company since 1989.* Ofte fokuseres det på resultatet/virkningen av handingen: *I have been working very hard recently. (Therefore I am tired!)*

'luskvamperfektum beskriver noe som hadde skjedd før et tidspunkt i fortiden: *I had met her a few times efore she died.*

:orholdet mellom enkelt pluskvamperfektum og pluskvamperfektum samtidsform er det samme som mellom de ilsvarende perfektumformene.

Enkelt futurum består av **shall/will + infinitiv.** Tidligere var det vanlig med **shall** i første person entall og flerall (etter **I, we**) og ellers **will,** men i økende grad brukes nå **will** i alle personer. Formen uttrykker at noe komner til å skje. Elementer som hensikt, vilje, etc. kommer ikke inn: *I shall (will) die one day. She will be 22 next week.*

Men handlingen som enkelt futurum uttrykker, kan i noen grad være viljebestemt: *I'll see what I can do.*

Futurum samtidsform dannes ved hjelp av **shall/will + be + ing-form.** I motsetning til enkelt futurum brukes formen ikke for å uttrykke at noe er viljebestemt. Futurum samtidsform uttrykker ren fremtid: We shall be landing in a few minutes. Det samme vil kunne uttrykkes ved **shall/will + infinitiv:** *We shall land in a few minutes.*

Futurum samtidsform betegner også en handling som er under utvikling på et bestemt tidspunkt i fremtiden: *What will you be doing at midnight?*

Going to + infinitiv uttrykker hensikt: *I am going to pass the examination. I'm really going to try my best;* og sannsynlighet: *Look! The car is going to hit her. It looks like it's going to rain.*

Enkelt presens kan også uttrykke fremtid, men det er ikke så vanlig på engelsk som på norsk. Merk at den fremtidige handlingen som oftest er bestemt, gjerne timeplanlagt eller på annen måte formelt arrangert: *The queen arrives in Torquay at 2 p.m. tomorrow.*

Formen er vanlig i leddsetninger som begynner med **when** eller **if:** *When/if he arrives, the band will play the National Anthem.*

Presens samtidsform blir langt oftere brukt enn enkelt presens for å uttrykke fremtid på engelsk. Ofte signaliserer den at en handling er planlagt eller avtalt: *I'm meeting her at the station tonight. We are leaving for Paris next week.*

Kondisjonalis sier hva som vil skje dersom et vilkår blir oppfylt. Den dannes av **would (should) + infinitiv:** *John would buy the car if he had enough money.*

2. kondisjonalis sier hva som ville ha skjedd dersom et vilkår var blitt oppfylt. Den består av would (**should**) + **have + perfektum partisipp:** *John would have bought the car if he could have afforded it.*

10 Ordstilling

I fortellende setninger står subjektet foran verbalet både på norsk og engelsk: *Han spiller tennis. He plays tennis.*

Det er imidlertid viktig å merke seg at ordstillingen blir den samme på engelsk også når hovedsetningen innledes med et adverbial eller kommer etter en leddsetning: *In the evening she went home again. When she came, he fainted.*

På engelsk står verbalet (eller en del av verbalet) foran subjektet etter nektende adverb eller nektende konjunksjoner som står først i setningen: *Neither have I.* Dette samme gjelder betingelsessetninger uten **if:** *Had yo listened to me, it wouldn't have happened;* og spørresetninger: *Do you like Dickens?*

Adverbet står vanligvis like foran det ordet det beskriver: *She is well liked. I really enjoyed it.*

Adverbene **alone** og **too** står som regel etter de ordene de beskriver: *You never walk alone. Remember Johr too.*

Enough står etter et verb, adjektiv eller adverb og foran eller etter et substantiv: *You've had enough. That's no good enough. There's enough milk/milk enough.*

Bestemte tidsadverb samt stedsadverb står vanligvis til slutt i setningen. Ønsker vi imidlertid å fremhev tid/sted, kan vi sette adverbet først: *I met Laura yesterday. Last week it happened again. She works hard a school. At school she works hard.*

Ubestemte tidsadverb står foran verb i presens og preteritum (enkle tider). I sammensatte tider står de ofte ette (det første) hjelpeverbet: *Laura often goes abroad. I have always been against smoking.*

Gradsadverb står foran et adjektiv eller et annet adverb: *The amount is considerably higher.*

Inneholder en setning flere adverb, er rekkefølgen vanligvis **måtesadverb + stedsadverb + tidsadverb:** *He spoke eloquently at the conference last week.*

Setningsadverb står gjerne i begynnelsen av setningen: *Fortunately, we managed to avoid lay-offs.*

11 Staveregler

Etter konsonant endres **y** til **i** når en endelse legges til: *carry – carries; baby – babies.*

Enkel konsonant etter enkel trykksterk vokal fordobles foran endelsene **-ing, -ed, -er, -est:** *stop – stopping – stopped; refer – referring – referred; fit – fitter – fittest*

Ordene **all, full og till** mister **-l** i sammensetninger: *till – until; full – beautiful; all – always*

Her er noen forskjeller i stavemåte mellom britisk engelsk (BE) og amerikansk engelsk (AE):

	BE	**AE**
-our/-or	labour	labor
	colour	color
	honour	honor
-re/-er	theatre	theater
	metre	meter
	centre	center
-ce/-se	defence	defense
	licence	license
-ogue/-og	dialogue	dialog
	catalogue	catalog

PRONUNCIATION / UTTALE

a:	**farm**	ə	**a'fraid**	ŋ	**sing**	ð	**then**
æ	**back**	ə:	**bird**	ɔ	**top**	θ	**think**
ʌ	**but**	εə	**hair**	ɔ:	**tall**	ʒ	**pleasure**
ai	**pipe**	ei	**state**	ɔi	**boy**	dʒ	**just**
aiə	**fire**	i	**sit**	ou	**home**	ʃ	**short**
au	**house**	i:	**seat**	ouə	**lower**	tʃ	**chop**
auə	**hour**	iə	**here**	s	**some**	v	**vivid**
e	**bed**	j	**yes**	z	**zoo**	w	**we**

TEGN OG FORKORTELSER
Symbols and abbreviations

S *slang*
T *talespråk* colloquial speech
UK *britisk engelsk* British English; *i Storbritannia* in the United Kingdom
US *amerikansk engelsk* American English; *i USA* in the USA
= *brukt for å vise at etterfølgende ord ville være et godt alternativ* used to indicate that the following word or words would be a good alternative
adj *adjektiv* adjective
adv *adverb* adverb
arkeol *arkeologi* archaeology
arkit *arkitektur* architecture
art *artikkel* article
astr *astronomi* astronomi
atom *atomfysikk* atomic physics
bankv *bankvesen* banking
best *bestemt* definite
bibl *bibelsk* biblical
biol *biologi* biology
bl.a. *blant annet* inter alia
bokb *bokinnbinding* bookbinding
bygg *byggteknikk* civil engineering
dial *dialekt* dialect
EDB edp
el. *eller* or.
elekt *elektrisk, elektrisitet* electric(al), electricity
etc etcetera
etnogr *etnografi* ethnography
evf *evfemistisk* euphemistic(ally)
farm *farmasi* pharmacy
fig *figurlig* figuratively
fil *filosofi* philosophy
fin *finansvesen* finance
fisk *fisk(e)* fish(eries); fishing term
fjellsp *fjellsport* mountaineering
fk *forkortet* abbreviated
fk.f. *forkortet for* abbreviated for
flyv *flyvning* aviation
fon *fonetikk* phonetics
forb *forbindelse(r)* compound(s); collocation(s)
fors *forsikringsvesen* insurance
forst *forstvesen, skogbruk* forestry
fot *fotografering* photography
fotb *fotball* football
fx *for eksempel, f.eks.* for instance, e.g.
fys *fysikk* physics
fysiol *fysiologi* physiology
gart *gartneruttrykk, hagebruk* gardening term
geogr *geografi* geography
geol *geologi* geology
geom *geometri* geometry
glds *gammeldags* archaic
gram *grammatikk* grammar
gym *gymnastikk* gymnastics, physical education
her. *heraldikk* heraldry
hist *historisk* historical
int *interjeksjon* interjection
jernb *jernbaneteknisk uttrykk* railway term
jur *juridisk uttrykk* legal term
jvf *jevnfør* cf.
kat *katolsk* Roman Catholic
keram *keramikk* ceramics
kjem *kjemi* chemistry
komp *komparativ* the comparative (degree)
konj *konjunksjon* conjunction
kortsp *kortspill* card game
kul *kulinarisk uttrykk* culinary term
landbr *landbruk* agriculture
litt. *litterært* literary
m. *med* with
mar *maritimt uttrykk* nautical term
mask *maskinteknikk* engineering
mat. *matematikk* mathematics
med. *medisin, legevitenskap* medicine, medical science
merk *merkantilt uttrykk* commerce
meteorol *meteorologi* meteorology
m.h.t. *med hensyn til* concerning
mil *militært uttrykk* military term
min *mineralogi & bergverksdrift* mineralogy & mining
mots. *motsatt* in contrast to; the opposite of
myt *mytologi* mythology
ndf *nedenfor* below
neds *nedsettende* disparaging(ly)
NEO *norsk-engelsk ordbok, stor utgave, W.A. Kirkeby, Kunnskapsforlaget, 1986* Norwegian-English Dictionary, complete edition, W.A. Kirkeby, Kunnskapsforlaget, 1986